**Ihr Online-Zugang zum Formularhandbuch Datenschutzrecht**

Wegweiser zur elektronischen Version:

1. Rufen Sie die Internetadresse www.freischaltung.beck.de auf.
2. Geben Sie Ihren persönlichen Freischaltcode (s. unten) ein und folgen Sie den Anweisungen auf dem Bildschirm. Wenn Sie noch kein beck-online-Nutzerkonto haben, müssen Sie sich für ein Nutzerkonto registrieren und den beck-online-AGB zustimmen, die Sie auch schon vor einer Registrierung über rsw.beck.de/beck-online-service/agb-beck-online einsehen können.
3. Ihre Zugangsdaten, mit denen Sie sich unter www.beck-online.de einloggen können, erhalten Sie umgehend per E-Mail. Wenn Sie bereits beck-online-Kunde sind, wird das *Formularhandbuch Datenschutzrecht* Ihrem Konto zugeschaltet.
4. Sie können nun mit Ihrem **Benutzernamen** und Ihrem **Passwort** von jedem beliebigen PC, Tablet oder Smartphone auf die Online-Version des Formularhandbuchs zugreifen.
5. Der Code und der Zugriff auf die Online-Version des Formularhandbuchs gelten für einen Nutzer, sind nach der Freischaltung nicht übertragbar und sind bis zum Erscheinen der nächsten Auflage gültig.

Ihr Freischaltcode: KLV-OPHVX-ARDOK-BVSKT-WTTGX

Koreng / Lachenmann
Formularhandbuch Datenschutzrecht

# Formularhandbuch Datenschutzrecht

Herausgegeben von

**Dr. Ansgar Koreng**
Chemnitz

**Dr. Matthias Lachenmann**
Köln

Bearbeitet von
den Herausgebern und von

*Bilal Abedin*, Aachen; *Dr. Holger Achtermann*, Leer; *Matthias Bergt*, Berlin; *Nikolaus Bertermann*, Berlin; *Dr. Martin Braun*, Frankfurt a. M.; *Dr. Stefan Brink*, Berlin; *Gerhard Deiters*, Köln; *Christian Diekmann, LL. M.*, Münster; *Dr. Diana Ettig, LL. M.*, Frankfurt a. M.; *Dr. Stefan Hanloser*, München; *Peter Hense*, Leipzig; *Michael Huth*, Bonn/Köln; *Jörg Jaenichen*, Oldenburg; *Dr. Olaf Koglin*, Berlin; *Sascha Kremer*, Köln; *Dr. Philip Lüghausen*, Köln; *Dr. Joachim Müller*, Hamburg; *Malaika Nolde, LL. M.*, Düsseldorf; *Dr. Carlo Piltz*, Berlin; *Dr. Frederike Rehker*, Langenhagen; *Stefan Sander, LL. M., B. Sc.*, Duisburg; *Stephan Schmidt*, Mainz; *Sebastian Schwiering*, Aachen; *Dr. Anja Stürzl, LL. M.*, Frankfurt a. M.; *Franziska Weber*, München; *Gonne Wehrmann*, Hamburg; *Steffen Weiß, LL. M.*, Hamburg; *Anna Wiesinger*, Wien; *Dr. Stephan Winklbauer, LL. M.*, Wien; *Bernhard C. Witt*, Ulm

4. Auflage 2025

C.H.BECK

Zitiervorschlag: Koreng/Lachenmann DatenschutzR-FormHdB/Bearbeiter

**beck.de**

ISBN 978 3 406 81141 8


Wilhelmstraße 9, 80801 München
info@beck.de
Satz, Druck und Bindung: Druckerei C.H.Beck Nördlingen
(Adresse wie Verlag)
Umschlag: Druckerei C.H.Beck Nördlingen

chbeck.de/nachhaltig
produktsicherheit.beck.de

Gedruckt auf säurefreiem, alterungsbeständigem Papier
(hergestellt aus chlorfrei gebleichtem Zellstoff)

# Vorwort

Panta rhei – alles fließt. Für welches andere Rechtsgebiet gilt das wie im Datenschutzrecht?

Sieben Jahre nach Beginn der Geltung der DS-GVO wird man schwerlich von einer „neuen“ Rechtslage sprechen können. Das Bewusstsein hinsichtlich der Existenz datenschutzrechtlicher Regelungen ist in Unternehmen und Behörden, aber auch bei Privatleuten deutlich gestiegen. Das zeigt nicht nur die stetig zunehmende Zahl an gerichtlichen und behördlichen Entscheidungen zum Datenschutz, sondern auch die weiterhin große Anzahl an Veröffentlichungen. Damit meinen wir nicht allein Fachpublikationen im engeren Sinne, sondern auch die größer werdende Anzahl an Blogs, Podcasts und Zeitungsartikeln, die sich mit dem Datenschutzrecht beschäftigen und die Fachdiskussion unterschiedlich bereichern.

Wer aber meint, das Datenschutzrecht bewege sich langsam auf einen Zustand der Sättigung hin, liegt sicherlich falsch. Die aktuellen Aktivitäten des europäischen Gesetzgebers im Digital- und Datenrecht, zB durch die Europäische Datenstrategie, die Regulierung digitaler Dienste und Märkte sowie künstlicher Intelligenz stellen das Datenschutzrecht vor neue Herausforderungen. Sie werden gewiss in den kommenden Jahren – auch in künftigen Auflagen des vorliegenden Werks – größere Aufmerksamkeit erhalten. Auch Rechtsprechung und Literatur sind bei weitem noch nicht an einem Punkt angelangt, an dem man von einer gesicherten „herrschenden Meinung“ oder „ständigen Rechtsprechung“ wird reden können. Nicht nur auf nationaler Ebene zeigen sich nach wie vor gewisse, teils erhebliche Differenzen zwischen gerichtlichen Entscheidungen, sondern auch der EuGH macht es dem Rechtsanwender vielfach nicht leicht, klare Linien in seiner Rechtsprechung zu erkennen.

Im engeren datenschutzrechtlichen Bereich ist seit Erscheinen der Vorauflage eine gewisse Stagnation in der gesetzgeberischen Aktivität eingetreten. Das mag man begrüßen, aber gerade mit Blick auf die nach wie vor ausstehende ePrivacy-Verordnung auch bedauern. Änderungen in der Rechtslage haben sich für unser Werk hauptsächlich aus dem Inkrafttreten von TDDDG und DDG ergeben. Maßgeblicher Überarbeitungsbedarf ergab sich hauptsächlich durch die Fortbildung des Rechts durch eine große Bandbreite an Gerichtsurteilen und die rechtswissenschaftliche Fachdiskussion. Insbesondere der EuGH hat in den letzten Jahren viel zur Weiterentwicklung des Datenschutzrechts in nahezu allen seinen Teilgebieten beigetragen. Diese Fortentwicklung bildet sich in der neuen Auflage ab. Demgegenüber gibt es eine rege gesetzgeberische Aktivität auf europäischer Ebene im Digitalrecht mit Auswirkungen auf den Datenschutz. Primär ist natürlich die KI-Verordnung zu nennen, aber auch weitere datenrechtliche Themen wie der Data Act, bei denen sich Abgrenzungsfragen zum Datenschutz stellen. Das KI-Recht und das Datenrecht werden nun dargestellt, aber natürlich mit dem Fokus auf die Schnittstelle zum Datenschutzrecht. Wir hoffen, dass dieses Buch seine Leser weiterhin sicher durch das Dickicht des datenschutzrechtlichen Urwalds führen wird.

Das Werk wäre nicht entstanden ohne die Unterstützung einer Vielzahl von Personen. Besonderer Dank gebührt abermals unserer Lektorin, Ruth Schrödl, für ihren unermüdlichen Einsatz und ihre Geduld. Wir bedanken uns auch bei unseren Autoren, die, obgleich ihre Expertise im Alltag sehr stark in Anspruch genommen wird, sich gleichwohl noch die Zeit nehmen, an der Weiterentwicklung des Buches mitzuwirken. Danken möchten wir auch allen, die uns im beruflichen Alltag und privaten Umfeld in langen und intensiven Debatten über das Datenschutzrecht zum Nachdenken angeregt und unseren Horizont erweitert haben. Ein besonderer Dank gilt auch den Lesern, die uns geschrieben haben und mit ihren Hinweisen und Vorschlägen die Qualität des Werks verbessern.

Das Buch ist im Wesentlichen auf dem Stand von Herbst 2024. Wie immer freuen wir uns über jede Art von Kommentaren, Anmerkungen und Anregungen (an matthias.lachenmann@bho-legal.com; ansgar@koreng.eu).

Chemnitz/Köln, Januar 2025

Dr. Ansgar Koreng
Dr. Matthias Lachenmann

# Inhaltsverzeichnis


Seite

Vorwort ... V
Bearbeiterverzeichnis ... XV
Abkürzungsverzeichnis ... XVII
Literaturverzeichnis ... XXXI

A. Organisationsstruktur Datenschutz

I. Rechenschaftspflicht (Art. 5, 24 DS-GVO) ... 1
II. Datenschutz-Compliance ... 12
1. Vorstandspflichten – die Lücke zwischen Datenschutzbeauftragtem und Datenschutz-Compliance ... 12
2. Pflichten und Haftung von Vorständen bzw. Geschäftsleitung sowie von Aufsichtsräten ... 15
3. Anforderungen an ein Compliance-Management-System nach IDW PS 980 und DS-GVO-Prüfung nach IDW PH 9.860.1 ... 20
III. Datenschutzorganisation im Unternehmen ... 25
1. Organisatorischer und strategischer Aufbau ... 25
2. Pflichtübung, Kür oder Privacy-Manager: Vom Datenschutzbeauftragten zu Datenschutz-Compliance ... 32
3. Dienstleister oder Kontrolleur: Die zwei Gesichter von Datenschutzabteilungen ... 37
4. Von der Auftragsverarbeitung bis zur Verbandsarbeit: Zuständigkeitsbereiche im Einzelnen ... 41
5. Risikoverständnis und Reifegrad einer Datenschutzorganisation ... 45
6. Umgang mit Anfragen und Audits der Aufsichtsbehörden ... 48
7. Arbeitsweise am Beispiel Datenschutz-Folgenabschätzung: Dienst nach Vorschrift oder Teamarbeit ... 52
IV. Code of Conduct und Selbstverpflichtung zum Datenschutz ... 60
1. Datenschutz im Code of Conduct ... 60
2. Übersicht zu Hinweisgebersystemen und Meldestellen (Whistleblower-Hotlines) ... 63
3. Meldestelle und Hinweisgebersystem (Whistleblower-Hotline) im Code of Conduct ... 73
4. Datenschutzerklärung für ein elektronisches Hinweisgeberportal ... 74
5. Interne Richtlinie zum Einsatz eines Hinweisgebersystems ... 76
6. Internal Investigations: Unternehmenspflicht vs. Datenschutz ... 85

B. Der Datenschutzbeauftragte

I. Benennung und Abberufung des Datenschutzbeauftragten ... 89
1. Benennung als Datenschutzbeauftragter ... 89
2. Abberufung durch den Arbeitgeber ... 109

II. Verträge mit externen Datenschutzbeauftragten ... 116
1. Dienstvertrag mit einem externen Datenschutzbeauftragten ... 116
2. Beratungsvertrag mit einem Dienstleistungsunternehmen ... 135
3. Aufhebungsvertrag der Parteien ... 146
III. Tätigkeiten des Datenschutzbeauftragten ... 149
1. Entbindung von der Schweigepflicht ... 149
2. Antwort auf ein Auskunftsverlangen der Aufsichtsbehörde ... 152
3. Typische auf den Datenschutzbeauftragten des Vertragspartners bezogene Klauseln anderer Verträge ... 156

C. Dokumentationspflichten im Unternehmen

I. Datenschutzaudit ... 163
II. Verzeichnis von Verarbeitungstätigkeiten (Art. 30 DS-GVO) ... 186
III. Datenschutz-Folgenabschätzung und Konsultation (Art. 35 f. DS-GVO) 195
1. Übersicht über den Verlauf einer Datenschutz-Folgenabschätzung ... 197
2. Positiv- und Negativlisten – eine Phänomenologie der Datenschutz-Folgenabschätzung ... 198
3. Schwellenwertprüfung und Erforderlichkeit einer Datenschutz-Folgenabschätzung ... 199
4. Durchführung einer Datenschutz-Folgenabschätzung ... 201
5. Vorherige Konsultation (Art. 36 DS-GVO) ... 207
IV. Verhaltensregeln und Zertifizierungen ... 218
1. Ökosystem Audit und akkreditierte Zertifizierungen ... 218
2. Verhaltensregeln (Art. 40 DS-GVO) ... 239
3. Zertifizierungen (Art. 42 f. DS-GVO) ... 259
V. Sicherheit der Verarbeitung und risikobasierter Ansatz ... 267
1. Ziele der Maßnahmen zur Sicherheit der Verarbeitung ... 267
2. Einführung zum risikobasierten Ansatz in der DS-GVO ... 270
3. Schema zur Ermittlung von Risiken der Verarbeitungstätigkeiten ... 276
4. Verfahren zur Durchführung von Wirksamkeitskontrollen ... 282
5. Prüfkonzept zu Datenschutz durch Technikgestaltung und durch datenschutzfreundliche Voreinstellungen ... 284
VI. Meldung von Verletzungen des Schutzes personenbezogener Daten (Art. 33 f. DS-GVO) ... 287
1. Mitteilung an die Aufsichtsbehörde (Art. 33 DS-GVO) ... 287
2. Mitteilung an die betroffene Person (Art. 34 DS-GVO) ... 291
3. Dokumentation der Verletzungen des Schutzes personenbezogener Daten (Art. 33 Abs. 5 DS-GVO) ... 295
VII. Vertraulichkeitspflichten der Beschäftigten ... 298
1. Verpflichtung zur Vertraulichkeit mit Merkblatt ... 298
2. Verpflichtung auf das Telekommunikationsgeheimnis mit Merkblatt . 310
3. Deklaratorische Belehrung über die Verpflichtung zur Wahrung von Geschäfts- und Betriebsgeheimnissen mit Merkblatt und Protokoll ... 317
4. Vereinbarung über die Wahrung von Geschäftsgeheimnissen mit Merkblatt ... 324

5. Vereinbarung zur datenschutzrechtlichen Eingliederung freier Mitarbeiter in den Betrieb des Verantwortlichen ... 330
6. Vertraulichkeitsvereinbarung für freie Mitarbeiter ... 337
7. Merkblatt zur Wahrung der Vertraulichkeit in der sozialen Arbeit ... 361

**VIII. Vertreter nach Art. 27 DS-GVO** ... 373
1. Checkliste zu Aufgaben und Umfang des Vertreters nach Art. 27 DS-GVO ... 373
2. Vertrag über die Benennung eines Vertreters nach Art. 27 DS-GVO ... 377

## D. Richtlinien des Unternehmens

**I. Konzernrichtlinie der Geschäftsleitung** ... 387
1. Gesellschafterbeschluss zur Einführung einer Datenschutz-Organisation ... 387
2. Konzernrichtlinie Datenschutz-Organisation ... 388

**II. Unternehmensrichtlinie Datenschutz für Mitarbeiter** ... 395

**III. Richtlinien zur Nutzung durch Beschäftigte** ... 414
1. Richtlinie zur Nutzung von Internet, E-Mail und anderen elektronischen Kommunikationsmitteln ... 414
2. Richtlinie Homeoffice/Mobile Office (Telearbeit) ... 450
3. Richtlinie zur Fernwartung durch eigene Mitarbeiter ... 462
4. Nutzungsvereinbarung zu „Bring Your Own Device“ (BYOD) ... 472
5. Social-Media-Guideline ... 489

**IV. Löschkonzepte** ... 499
1. Aufbewahrungsregeln für ausgewählte Unterlagen ... 513
2. Löschkonzept ... 544
3. Löschungsverfahren ... 564

## E. Technische und organisatorische Datensicherheit

**I. Überblick: Rationalisierung von Datenschutzthemen im Unternehmen** . 575
1. Methodischer Aufbau ... 576
2. Richtlinien zur Ermittlung von Schnittmengen zu anderen Funktionen ... 600
3. Checkliste der Rollen und ihrer Funktionen ... 610
4. Tabellarische Aufstellung von Rollenüberdeckungen ... 621
5. Vermeidung unrationeller Arbeitsweisen ... 634

**II. Technische und organisatorische Maßnahmen (Art. 32, 25 DS-GVO)** ... 648
1. Anwendung bei interner Verarbeitung und Auftragsverarbeitung ... 648
2. Formular zur Prüfung der technischen und organisatorischen Maßnahmen ... 652
3. Vereinfachte Risikobewertung nach Angemessenheitsprinzip für KMU und Vereine ... 697

**III. Prüfkontrolle** ... 722

**IV. Formular zur Prüfung von Berechtigungskonzepten** ... 730

**V. Datenschutz im Krisen- und Notfallmanagement** ... 740

## F. Rechte der betroffenen Person


I. **Informationspflichten bei Erhebung von personenbezogenen Daten (Art. 13 f. DS-GVO)** ... 759
1. Datenschutzerklärung für Websites ... 760
2. Datenschutzerklärung für mobile Apps ... 779
3. Besondere Nutzungsformen von Websites ... 790
4. Newsletter ... 804
5. Web Analytics ... 810
6. Social Media ... 825
7. Online-Werbung ... 835

II. **Auskunftsrecht der betroffenen Person (Art. 15 DS-GVO)** ... 851
1. Auskunftsverlangen der betroffenen Person ... 851
2. Antwort auf Auskunftsverlangen mit Recht auf Kopie (Art. 15 DS-GVO) ... 859

III. **Recht auf Berichtigung (Art. 16 DS-GVO)** ... 870
1. Berichtigungsverlangen des Betroffenen ... 870
2. Antwort des Verantwortlichen an den Betroffenen ... 874

IV. **Rechte auf Löschung und Mitteilung (Art. 17, 19 DS-GVO)** ... 878
1. Recht auf Löschung und „Recht auf Vergessenwerden" (Art. 17 DS-GVO) ... 878
2. Informationspflicht an Dritte bei einem Löschungsersuchen (Art. 17 Abs. 2 DS-GVO) ... 882

V. **Recht auf Einschränkung der Verarbeitung (Art. 18 DS-GVO)** ... 887
1. Verlangen des Betroffenen ... 887
2. Antwort des Verantwortlichen an den Betroffenen ... 890

VI. **Recht auf Datenübertragbarkeit (Art. 20 DS-GVO)** ... 892
1. Verlangen des Betroffenen ... 892
2. Antwort des Verantwortlichen an den Betroffenen ... 895


## G. Zusammenarbeit mit anderen Unternehmen


I. **Vereinbarung der Auftragsverarbeitung (Art. 28 f. DS-GVO)** ... 897
1. Abgrenzung von Auftragsverarbeitung und gemeinsamer Verantwortung ... 897
2. Richtlinie Auftragsverarbeitung ... 904
3. Prüfliste vor Vertragsabschluss einer Auftragsverarbeitung ... 913
4. Vertragsmuster Auftragsverarbeitung ... 919
5. Maßnahmenübersicht und deren risikobasierte Bewertung bei der Auftragsverarbeitung ... 942
6. Standardvertragsklauseln der EU-Kommission für Auftragsverarbeitungsverträge mit Ergänzungsklauseln ... 951
7. Checkliste zur Prüfung von Auftragsverarbeitungsverträgen ... 987

II. **Formulare während der Laufzeit der Auftragsverarbeitung (Art. 28 DS-GVO)** ... 1018
1. Genehmigung von Unterauftragnehmern ... 1018
2. Änderung bei den Weisungsberechtigten/-empfängern ... 1021

3. Änderung beim Datenschutzbeauftragten ... 1022
4. Änderungen in den Verfahren ... 1024
5. Meldebogen Datenschutz- oder IT-Sicherheitsvorfall im Innenverhältnis ... 1025
6. Prüfliste für Auftragsverarbeitung bei Insolvenz des Auftraggebers/Auftragnehmers ... 1033

**III. Fernwartung durch Drittunternehmen** ... 1038
1. Anlage zur Fernwartung für externe Dienstleister ... 1039
2. Datenschutzvereinbarung für den Remotezugriff ... 1051
3. Allgemeine Bestimmungen ... 1052
4. Arbeitsanweisung zur Fernwartung für Dienstleister ... 1053

**IV. Vertraulichkeitsvereinbarungen** ... 1056
1. Vertraulichkeitsvereinbarung bei Dienstleistungsverträgen ... 1056
2. Vertraulichkeitsvereinbarung bei M&A-Transaktionen ... 1066

**V. Gemeinsam für die Verarbeitung Verantwortliche (Art. 26 DS-GVO)** ... 1086
1. Prüftabelle gemeinsam für die Verarbeitung Verantwortliche ... 1090
2. Vereinbarung über die gemeinsame Verantwortung ... 1097
3. Informationsblatt für betroffene Personen ... 1107

**VI. Einsatz von Cloud Computing im Unternehmen** ... 1109
1. Checklisten zur Cloud-Nutzung und zu Besonderheiten bei Auftragsvereinbarung und Auftragsverarbeitungsvereinbarung ... 1109
2. Freigabe und Einsatz von Software as a Service am Beispiel von Microsoft 365 ... 1127

**VII. Datentransfers in Drittstaaten** ... 1138
1. Übersicht über internationale Datentransfers (Art. 44 ff. DS-GVO) ... 1138
2. Standardvertragsklauseln ... 1149
3. Binding Corporate Rules ... 1161
4. Einwilligung der betroffenen Personen ... 1176
5. Antrag auf Genehmigung des Transfers personenbezogener Daten in ein Drittland ohne ausreichendes Datenschutzniveau (Art. 46 Abs. 3 DS-GVO) ... 1188

## H. Beschäftigtendatenschutz

**I. Einwilligung durch Beschäftigte** ... 1191
1. Einwilligungserklärung zur Veröffentlichung von Mitarbeiterfotos ... 1191
2. Einwilligungserklärung zur Speicherung von Bewerberdaten ... 1200

**II. Beschäftigtendatenschutz bei Arbeitsunfähigkeit und betrieblichem Eingliederungsmanagement (BEM)** ... 1210
1. Betriebsvereinbarung zu Kranken- und BEM-Unterlagen ... 1221
2. Einladungsschreiben zum BEM ... 1244

**III. Videoüberwachung auf Firmengeländen** ... 1250
1. Checkliste zur Videoüberwachung ... 1253
2. Richtlinie und Betriebsvereinbarung zur Videoüberwachung im Betrieb ... 1257
3. Festlegungen vor Inbetriebnahme der Videoüberwachung ... 1279
4. Maßnahmen zum Schutz der betroffenen Personen ... 1284

5. Protokoll zur Auswertung von Videoaufnahmen ..... 1286
6. Checkliste zur Videoüberwachung für KMU und Vereine ..... 1287

**IV. Tor- und Spindkontrollen bei Beschäftigten** ..... 1290
1. Checkliste zu Tor- und Spindkontrollen ..... 1292
2. Betriebsvereinbarung über die Durchführung von Tor- und Spindkontrollen ..... 1294

**V. Detektiveinsatz gegen Beschäftigte** ..... 1304

**VI. Betriebsvereinbarung zum Terrorlisten-Screening** ..... 1315

**VII. Screening von Beschäftigten** ..... 1331
1. Kontrollmöglichkeiten der betrieblichen E-Mail-Kommunikation ..... 1331
2. Checkliste zur Zweckänderung ..... 1349
3. Information der betroffenen Person ..... 1354
4. Protokollierung der Einsichtnahme ..... 1361

**VIII. Rahmenbetriebsvereinbarung IT-Systeme** ..... 1365

**I. Kundendatenschutz**

**I. Organisation des Kundendatenschutzes** ..... 1395

**II. Einwilligungen durch betroffene Personen** ..... 1405

**III. Einwilligung in Werbeversand/Newsletter** ..... 1417

**IV. Bonitätsprüfung von natürlichen Personen** ..... 1433
1. Bonitätsprüfung und Informationen bei Kaufverträgen ..... 1435
2. Darlehen-Selbstauskunft ..... 1445
3. Mieter-Selbstauskunft ..... 1453
4. Haushaltsrechnung von natürlichen Personen ..... 1462

**V. Checkliste bei polizeilichen Auskunftsverlangen** ..... 1465

**VI. Mehrparteien-Vereinbarung zwischen gemeinsam Verantwortlichen bei Online-Angeboten** ..... 1479

**VII. Datenschutzerklärung für Kunden** ..... 1497

**J. Datenschutz und Personenbildnisse**

**I. Datenschutz bei Nutzung von Personenbildnissen** ..... 1503

**II. Checkliste Einwilligungserklärung bei Nutzung von Foto- oder Videoaufnahmen** ..... 1512

**III. Model-Release-Vereinbarung** ..... 1517

**IV. Datenschutzinformation für Bildnisnutzung** ..... 1521

**K. Gesundheitsdatenschutz**

**I. Zusammenspiel der Akteure im Gesundheitsbereich** ..... 1525
1. Checkliste zum datenschutzrechtlichen Vertragsmanagement für Apotheken ..... 1528
2. Vereinbarung zur Datenübermittlung zwischen Arzt und medizinischem Laborarzt ..... 1532

**II. Datenschutzrechtliche Einwilligung im Gesundheitsbereich** ..... 1541
1. Einverständnis in die Erstellung der Honorarrechnung und den Einzug inklusive Abtretung der Honorarforderung an zahnärztliche Abrechnungsgesellschaft ..... 1541
2. Datenschutzrechtliche Einwilligungserklärung in die Verarbeitung von personenbezogenen Daten zur Anlage einer Kundenkarte ..... 1548
3. Zustimmung zur Datenübermittlung an den Hausarzt sowie vom Hausarzt an andere Leistungserbringer ..... 1551

**III. Transparenz und Informationspflichten** ..... 1555
1. Datenschutzinformationen über die Verarbeitung von Kundendaten in der Apotheke ..... 1555
2. Richtlinie zu Datenschutz und Datensicherheit in der Apotheke ..... 1568

**IV. Datenschutz in der klinischen und nichtklinischen Forschung** ..... 1580
1. Checkliste zum Datenschutz in der klinischen und nichtklinischen Forschung ..... 1583
2. Vertragsklauseln Auftragsverarbeitung Sponsor/CRO ..... 1584
3. Vertragsklausel gemeinsam Verantwortliche ..... 1588
4. Vertragsklausel getrennt Verantwortliche ..... 1594

**L. Datenschutz in Vereinen, Verbänden und Stiftungen**

**I. Rundschreiben an Mitgliedsverbände durch Dachverband** ..... 1600

**II. Merkblatt Datenschutz für den Vorstand** ..... 1605

**III. Vertraulichkeitsverpflichtung für Vorstände** ..... 1608

**IV. Datenschutzerklärung für Mitglieder** ..... 1610

**V. Verzeichnis von Verarbeitungstätigkeiten gem. Art. 30 DS-GVO** ..... 1618

**M. Datenschutz in der Anwaltskanzlei**

**I. Merkblatt und Verschwiegenheitserklärung zu Datenschutz und Mandantengeheimnis für Angestellte** ..... 1628

**II. Datenschutzerklärung für Mandanten** ..... 1633

**III. Verarbeitungsverzeichnis mit Musterverfahren** ..... 1640

**IV. Einsatz von Dienstleistern, beA und Legal-Tech-Produkten** ..... 1645

**N. Behördliches und verwaltungsgerichtliches Verfahren**

**I. Eingabe an eine Aufsichtsbehörde** ..... 1653

**II. Antrag auf Wiederherstellung der aufschiebenden Wirkung** ..... 1659

**III. Klage gegen eine Anordnung der Aufsichtsbehörde** ..... 1666

**IV. Einstweiliger Rechtsschutz gegen die Informationstätigkeit der Aufsichtsbehörde** ..... 1671

## O. Strafverfahren und Ordnungswidrigkeiten


I. Tabellarische Übersichten zu Sanktionsnormen ... 1685
1. Sanktionsnormen und Anwendungsvorschriften des supranationalen Regelungsregimes ... 1685
2. Sanktionsnormen und Anwendungsvorschriften des nationalen Regelungsregimes ... 1707

II. Anträge auf Akteneinsicht ... 1716
1. Antrag auf Akteneinsicht des Beschuldigten ... 1716
2. Antrag auf Akteneinsicht als Verletzter gem. § 406e StPO/§ 475 StPO 1721
3. Abwehr eines Akteneinsichtsantrags ... 1728

III. Anträge auf Einstellung ... 1730
1. Antrag auf Einstellung gem. § 170 Abs. 2 StPO (ggf. iVm § 46 Abs. 1 OWiG und ggf. iVm § 41 BDSG) ... 1731
2. Antrag auf Einstellung gem. § 47 OWiG (ggf. iVm § 41 BDSG) aus Opportunitätsgründen ... 1735

IV. Einspruch gegen Bußgeldbescheid ... 1739

V. Checkliste: Verhaltensempfehlung bei Durchsuchungen ... 1747

VI. Beschwerde gegen Durchsuchungs- und Beschlagnahmebeschluss ... 1757


## P. Datenökonomie und Datenschutz


I. Data Act/Datenverordnung ... 1765

II. Datenlizenz ... 1781


## Q. Künstliche Intelligenz


I. Checkliste zur Anwendbarkeit der KI-Verordnung ... 1800

II. Checkliste zur Einordnung der Pflichten nach der KI-Verordnung ... 1805

III. Vergleich der Pflichten nach der KI-VO und der DS-GVO ... 1820
1. Normen der DS-GVO mit Bestimmungen der KI-VO ... 1820
2. Normen der KI-VO mit Einfluss auf datenschutzrechtliche Normen 1823


## R. Datenschutz in Österreich


I. Datengeheimnis (= Mitarbeiterverpflichtungserklärung) ... 1827

II. Bildverarbeitung/Videoüberwachung ... 1838

III. Blacklist zur Datenschutz-Folgenabschätzung ... 1851

IV. Antrag an die DSB zur Genehmigung von Verarbeitung für im öffentlichen Interesse liegende Archivzwecke, wissenschaftliche oder historische Forschungszwecke oder statistische Zwecke ... 1856

Sachverzeichnis ... 1863

# Bearbeiterverzeichnis

| | |
|---|---|
| Bilal Abedin, Abedin & Schwiering Partnerschaft von Rechtsanwälten mbB, Aachen | G. IV.2.; I. VII.; L.; M. |
| Dr. Holger Achtermann, BDO DPI AG Wirtschaftsprüfungsgesellschaft, Leer | I. IV. |
| Matthias Bergt, Berliner Beauftragte für Datenschutz und Informationsfreiheit, Berlin | C. IV.2., VII.; D. III.1–3.; G. I.6., 7.; H. I.; I. II. |
| Nikolaus Bertermann, SKW Schwarz Rechtsanwälte Steuerberater Partnerschaft mbB, Berlin | C. I., IV.3. |
| Dr. Martin Braun, Wilmer Cutler Pickering Hale and Dorr LLP, Frankfurt a. M. | G. VII.3. |
| Dr. Stefan Brink, Direktor wiss. Institut für die Digitalisierung der Arbeitswelt, Landesbeauftragter für den Datenschutz und die Informationsfreiheit Baden-Württemberg a. D., Berlin | G. I.4. |
| Gerhard Deiters, BHO Legal PartG mbB, Köln | C. VII.6.; P. |
| Christian Diekmann, LL. M. (Informationsrecht), Rechtsanwalt (Syndikusrechtsanwalt), Atruvia AG, Münster | B. I.2., II.3.; G. VII.2., 4.; I. V. |
| Dr. Diana Ettig, LL. M., SPIRIT LEGAL Rechtsanwaltsgesellschaft mbH, Frankfurt a. M. | J. |
| Dr. Stefan Hanloser, Rechtsanwalt, München | I. VI. |
| Peter Hense, SPIRIT LEGAL Rechtsanwaltsgesellschaft mbH, Leipzig | K. I., III. |
| Michael Huth, dhpg Wirtschaftsprüfer Rechtsanwälte Steuerberater GmbH & Co. KG Wirtschaftsprüfungsgesellschaft Berufsausübungsgesellschaft, Bonn/Köln | H. II., IV., V., VIII. |
| Jörg Jaenichen, DER CONSULTANT, Oldenburg | E. II.3., V.; G. III., IV.1. |
| Dr. Olaf Koglin, LegalCheck 365 GmbH, Berlin | A. II.–IV.; D. I.; G. VI.; I. I., VI. |
| Dr. Ansgar Koreng, Richter am Amtsgericht Chemnitz | C. VI.; F. II.1., III.–VI.; G. VII.5.; I. I.; L.; N. |
| Sascha Kremer, KREMER LEGAL, Köln | B. I.1., II.1., 2., III.; C. II.; D. III.4., 5.; F. II.2. |
| Dr. Matthias Lachenmann, BHO Legal PartG mbB, Köln | A. I.; F. I.; G. I.1., 2., V.; H. III.; I. IV.1.; L.; Q. |
| Dr. Philip Lüghausen, BHO Legal PartG mbB, Köln | C. VII.3., 4.; K. IV. |

| | |
|---|---|
| Dr. Joachim Müller, CONSULECTRA (RWTÜV-Gruppe), Hamburg | C. IV. 1.; E.; G. I. 3., II. |
| Malaika Nolde, LL. M., nolde.legal, Düsseldorf | C. III.; H. VI.; O. |
| Dr. Carlo Piltz, Partner, Piltz Legal, Berlin | H. VII. |
| Dr. Frederike Rehker, Konica Minolta Business Solutions Europe GmbH, Langenhagen | I. III. |
| Stefan Sander, LL. M., B. Sc., Kanzlei Sander, Duisburg | B.; C. II.; D. III. 4., 5.; F. II. 2.; I. V. |
| Stephan Schmidt, TCI Rechtsanwälte, Mainz | C. VIII.; G. I. 4. |
| Sebastian Schwiering, Abedin & Schwiering Partnerschaft von Rechtsanwälten mbB, Aachen | G. I. 1., 2., III., IV. 1.; I. VII.; M. |
| Dr. Anja Stürzl, LL. M., STÜRZL Steuerstrafrecht, Frankfurt a. M. | O. |
| Franziska Weber, comp/lex – Rechtsberatung, München | K. I., II. |
| Gonne Wehrmann, Axel Springer a. D., Berlin | D. IV. |
| Steffen Weiß, LL. M., Rechtsanwalt, Hamburg | D. II.; G. VII. 1. |
| Anna Wiesinger, UNIQA Insurance Group AG, Wien | K. II., III. |
| Dr. Stephan Winklbauer, LL. M., aringer herbst winklbauer rechtsanwälte, Wien | R. |
| Dipl.-Inf. Bernhard C. Witt, SITS Deutschland GmbH, Ulm | C. V.; G. I. 5. |

# Abkürzungsverzeichnis

| | |
|---|---|
| aA | andere Ansicht |
| aaO | am angeführten Ort |
| abl. | ablehnend, ablehnender |
| aF | alte Fassung |
| Abs. | Absatz |
| ADV | Auftragsverarbeitung |
| AEntG | Arbeitnehmer-Entsendegesetz |
| AEUV | Vertrag über die Arbeitsweise der Europäischen Union |
| AG | Amtsgericht |
| AGB | Allgemeine Geschäftsbedingungen |
| AGG | Allgemeines Gleichbehandlungsgesetz |
| AGGVG NRW | Gerichtsverfassungsausführungsgesetz des Landes Nordrhein-Westfalen |
| AICPA | American Institute of Certified Public Accountants |
| AK | Arbeitskreis |
| AktG | Aktiengesetz |
| AMG | Arzneimittelgesetz |
| AMVV | Arzneimittelverschreibungsverordnung |
| Anh. | Anhang |
| Anm. | Anmerkung |
| AnwBl | Anwaltsblatt |
| AnwK WRMR | AnwaltKommentar Wohnraummietrecht |
| AO | Abgabenordnung |
| AP | Arbeitsrechtliche Praxis |
| ApBetrO | Verordnung über den Betrieb von Apotheken |
| API | Application Programming Interface |
| ArbG | Arbeitsgericht |
| ArbGG | Arbeitsgerichtsgesetz |
| ArbNErfG | Arbeitnehmererfindungsgesetz |
| ArbRAktuell | Arbeitsrecht Aktuell |
| ArbSchG | Arbeitsschutzgesetz |
| ArbStättV | Arbeitsstättenverordnung |
| ArbVG | Arbeitsverfassungsgesetz (Österreich) |
| ArchGB | Archivgesetz des Landes Berlin |
| ArchivG NRW | Archivgesetz des Landes Nordrhein-Westfalen |
| Art. | Artikel |
| ÄrzteG | Ärztegesetz (Österreich) |
| ArztR-HdB | Handbuch des Arztrechts |
| ASGG | Arbeits- und Sozialgerichtsgesetz (Österreich) |
| ASiG | Gesetz über Betriebsärzte, Sicherheitsingenieure und andere Fachkräfte für Arbeitssicherheit |
| ASOG | Allgemeines Sicherheits- und Ordnungsgesetz |
| ASP | Application Service Providing |
| ASVG | Allgemeines Sozialversicherungsgesetz (Österreich) |
| AtG | Atomgesetz |
| AufbewahrungsV Bbg. | Aufbewahrungsverordnung des Landes Brandenburg |
| AufbewahrungsVO NRW | Justizschriftgutaufbewahrungsverordnung des Landes Nordrhein-Westfalen |
| AufbewBest Nds. | Justizschriftgutaufbewahrungsbestimmungen des Landes Niedersachsen |

| | |
|---|---|
| AufbewBest – Thür. | Justizschriftgutaufbewahrungsbestimmungen des Landes Thüringen |
| AufbewBest-FV | Aufbewahrungsbestimmungen Finanzverwaltung |
| AufbewV Bbg. | Justizschriftgutaufbewahrungsverordnung des Landes Brandenburg |
| AufbewVO Hess. | Justizschriftgutaufbewahrungsverordnung des Landes Hessen |
| AÜG | Arbeitnehmerüberlassungsgesetz |
| AVG | Allgemeines Verwaltungsverfahrensgesetz 1991 (Österreich) |
| AVRAG | Arbeitsvertragsrechts-Anpassungsgesetz (Österreich) |
| AWV | Arbeitsgemeinschaft für wirtschaftliche Verwaltung eV |
| AZRG | Ausländerzentralregister-Gesetz |
| | |
| B2B | Business to Business |
| B2C | Business to Customer |
| B3S | Branchenspezifischer Sicherheitsstandard gem. § 8a Abs. 2 BSIG |
| BA | Bundesagentur für Arbeit |
| BAFA | Bundesamt für Wirtschaft und Ausfuhrkontrolle |
| BaFin | Bundesanstalt für Finanzdienstleistungsaufsicht |
| BAG | Bundesarbeitsgericht |
| BAGE | Bundesarbeitsgericht, Entscheidungssammlung |
| BAnz. | Bundesanzeiger |
| BArchG | Bundesarchivgesetz |
| BayAGGVG | Gerichtsverfassungsausführungsgesetz des Landes Bayern |
| BayAGVwGO | Bayerisches Gesetz zur Ausführung der Verwaltungsgerichtsordnung |
| BayArchG | Bayerisches Architektengesetz |
| BayAufbewV | Aufbewahrungsverordnung des Landes Bayern |
| BayBG | Bayerisches Beamtengesetz |
| BayDSG | Bayerisches Datenschutzgesetz |
| BayObLG | Bayerisches Oberstes Landesgericht |
| BayLDA | Bayerisches Landesamt für Datenschutzaufsicht |
| BayVBl. | Bayerische Verwaltungsblätter |
| BB | Betriebs-Berater |
| BBG | Bundesbeamtengesetz |
| BbgDSG | Gesetz zum Schutz personenbezogener Daten im Land Brandenburg |
| BbgJSchrAufbG | Justizschriftgutaufbewahrungsgesetz des Landes Brandenburg |
| BBiG | Berufsbildungsgesetz |
| BBK | Bundesamt für Bevölkerungsschutz und Katastrophenhilfe |
| BCM | Business Continuity Management |
| BCR | Binding Corporate Rules |
| Bd. | Band |
| BDG | Beamten-Dienstrechtsgesetz 1979 (Österreich) |
| bDSB | Betrieblicher Datenschutzbeauftragter |
| BEM | Betriebliche Eingliederungsmaßnahmen |
| BDG | Beamten-Dienstrechtsgesetz 1979 (Österreich) |
| BDO | Bundesdisziplinarordnung |
| BDSG | Bundesdatenschutzgesetz |
| BeamtStG | Beamtenstatusgesetz |
| BEM | betriebliches Eingliederungsmanagement |
| Beschl. | Beschluss |
| BetrSichV | Betriebssicherheitsverordnung |
| BetrVG | Betriebsverfassungsgesetz |
| BeurkG | Beurkundungsgesetz |
| BewachV | Bewachungsverordnung |
| BfD | Bundesbeauftragter für den Datenschutz (bis 2006) |
| BfDI | Bundesbeauftragte(r) für den Datenschutz und die Informationsfreiheit |
| BFH | Bundesfinanzhof |
| BGB | Bürgerliches Gesetzbuch |
| BGBl. | Bundesgesetzblatt |

| | |
|---|---|
| BGH | Bundesgerichtshof |
| BGHZ | Bundesgerichtshof, Entscheidungssammlung in Zivilsachen |
| BGSG | Bundesgrenzschutzgesetz |
| BHO | Bundeshaushaltsordnung |
| BIA | Business Impact Analysis |
| BIOS | Basic Input Output System |
| BilMoG | Bilanzrechtsmodernisierungsgesetz |
| BImSchG | Bundesimmissionsschutzgesetz |
| Bitkom | Bundesverband Informationswirtschaft, Telekommunikation und neue Medien eV |
| BIZ | Bank für Internationalen Zahlungsausgleich |
| BKAG | Gesetz über das Bundeskriminalamt und die Zusammenarbeit des Bundes und der Länder in kriminalpolizeilichen Angelegenheiten |
| BlnBfDI | Berliner Beauftragte für Datenschutz und Informationsfreiheit |
| BlnDSB | Berliner Datenschutzbeauftragte |
| BlnDSG | Gesetz zum Schutz personenbezogener Daten in der Berliner Verwaltung |
| BMG | Bundesmeldegesetz |
| BMI | Bundesministerium des Inneren |
| BMV-Ä | Bundesmantelvertrag-Ärzte |
| BMWi | Bundesministerium für Wirtschaft und Energie |
| BNDG | Gesetz über den Bundesnachrichtendienst |
| BNetzA | Bundesnetzagentur für Elektrizität, Gas, Telekommunikation, Post und Eisenbahnen |
| BNotO | Bundesnotarordnung |
| BPersVG | Bundespersonalvertretungsgesetz |
| BRAO | Bundesrechtsanwaltsordnung |
| BR-Drs. | Bundesrats-Drucksache |
| BremAGGVG | Gerichtsverfassungsausführungsgesetz des Landes Bremen |
| BremAufbewV | Justizschriftgutaufbewahrungsverordnung des Landes Bremen |
| BremBG | Bremisches Beamtengesetz |
| BremDSAuditV | Bremische Datenschutzauditverordnung |
| BremDSG | Bremisches Datenschutzgesetz |
| Brem. LfDI | Landesbeauftragter für Datenschutz und Informationsfreiheit der Freien Hansestadt Bremen |
| BSI | Bundesamt für Sicherheit in der Informationstechnik |
| BSIG | Gesetz über das Bundesamt für Sicherheit in der Informationstechnik |
| BSI-KritisV | Verordnung zur Bestimmung Kritischer Infrastrukturen nach dem BSI-Gesetz |
| bspw. | beispielsweise |
| BStatG | Gesetz über die Statistik für Bundeszwecke |
| BStBl. | Bundessteuerblatt |
| BT-Drs. | Bundestags-Drucksache |
| BtMVV | Betäubungsmittel-Verschreibungsverordnung |
| BvD | Bundesverband der Datenschutzbeauftragten Deutschlands eV |
| BVerfG | Bundesverfassungsgericht |
| BVerfGE | Bundesverfassungsgericht, Entscheidungssammlung |
| BVerfSchG | Bundesverfassungsschutzgesetz |
| BVerwG | Bundesverwaltungsgericht |
| BV | Betriebsvereinbarung |
| B-VG | Bundes-Verfassungsgesetz (Österreich) |
| BVwAbgV | Bundeverwaltungsabgabenverordnung 1983 (Österreich) |
| BWAGVwGO | Gesetz zur Ausführung der Verwaltungsgerichtsordnung Baden-Württemberg |
| BY1D | Bring Your One Device |
| BYOD | Bring Your Own Device |

| | |
|---|---|
| BZRG | Bundeszentralregistergesetz |
| bzw. | beziehungsweise |
| CAD | Computer Aided Design |
| CCO | Chief Compliance Officer |
| CCZ | Corporate Compliance Zeitschrift |
| CD-ROM | Compact Disc – Read-Only Memory |
| CDR | Call Detail Records |
| CER | Cooling Efficiency Ratio |
| CERT | Computer Emergency Response Team |
| cic | culpa in contrahendo |
| CISO | Chief Information Security Officer |
| CISPA | Cyber Intelligence Sharing and Protection Act |
| CLS | Controllable Local Systems |
| CMDB | Configuration Management Database |
| CMS | Compliance-Management-System |
| CNIL | Commission Nationale de l'Informatique et des Libertés (frz. Datenschutzbehörde) |
| CoC | Code of Conduct |
| COPPA | Children's Online Privacy Protection Act |
| CPNI | Customer Proprietary Network Information |
| CR | Computer und Recht |
| CRA | Cyber Resilience Act |
| CRM | Customer Relation Management (Verwaltung der Kundenbeziehungen) |
| CRO | Contract Research Organisation |
| CTR | Clinical Trials Regulation |
| CuA | Computer und Arbeit |
| CVE | Common Vulnerabilities and Exposures |
| DA | Verordnung (EU) 2023/2854 des Europäischen Parlaments und des Rates vom 13. Dezember 2023 über harmonisierte Vorschriften für einen fairen Datenzugang und eine faire Datennutzung sowie zur Änderung der Verordnung (EU) 2017/2394 und der Richtlinie (EU) 2020/1828 (Data Act) |
| DAkkS | Deutsche Akkreditierungsstelle GmbH |
| Data Act | Verordnung (EU) 2023/2854 des Europäischen Parlaments und des Rates vom 13. Dezember 2023 über harmonisierte Vorschriften für einen fairen Datenzugang und eine faire Datennutzung sowie zur Änderung der Verordnung (EU) 2017/2394 und der Richtlinie (EU) 2020/1828 (Data Act) |
| Daten-VO | Verordnung (EU) 2023/2854 des Europäischen Parlaments und des Rates vom 13. Dezember 2023 über harmonisierte Vorschriften für einen fairen Datenzugang und eine faire Datennutzung sowie zur Änderung der Verordnung (EU) 2017/2394 und der Richtlinie (EU) 2020/1828 (Data Act) |
| DCGK | Deutscher Corporate Governance Kodex |
| DDG | Digitale-Dienste-Gesetz |
| DDOW | Deutscher Datenschutzrat Online-Werbung |
| DDV | Deutscher Direktmarketing Verband |
| De-MailG | De-Mail-Gesetz |
| ders. | derselbe |
| DEÜV | Datenerfassungs- und -übermittlungsverordnung |
| DEVO | Datenerfassungsverordnung |
| DGA | Data Governance Act |
| DGRI | Deutsche Gesellschaft für Recht und Informatik eV |
| DGUV | Deutsche Gesetzliche Unfallversicherung eV |
| dh | das heißt |
| DIHT | Deutscher Industrie- und Handelstag |
| DIN | Deutsches Institut für Normung eV |

| | |
|---|---|
| DKIM | DomainKeys Identified Mail |
| DL-InfoV | Dienstleistungs-Informationspflichten-Verordnung |
| DMS | Dokumentenmanagement-System |
| DNG | Gesetz für die Nutzung von Daten des öffentlichen Sektors (Datennutzungsgesetz) |
| DOJ | United States Department of Justice (Justizministerium der USA) |
| DONot | Dienstordnung für Notarinnen und Notare |
| DRV | Deutsche Rentenversicherung |
| DSA | Verordnung (EU) 2022/2065 des Europäischen Parlaments und des Rates vom 19. Oktober 2022 über einen Binnenmarkt für digitale Dienste und zur Änderung der Richtlinie 2000/31/EG (Gesetz über digitale Dienste) – Digital Services Act |
| DSAnpUG-EU | Gesetz zur Anpassung des Datenschutzrechts an die Verordnung (EU) 2016/679 und zur Umsetzung der Richtlinie (EU) 2016/680 |
| DSB | Datenschutzbeauftragter |
| DS-BvD-GDD-01 | Standard „Anforderungen an Auftragnehmer nach § 11 BDSG" von GDD und BvD |
| DSFA | Datenschutz-Folgenabschätzung |
| DSFA-AV | Verordnung der Datenschutzbehörde über die Ausnahmen von der Datenschutz-Folgenabschätzung (Österreich) |
| DSFA-V | Verordnung der Datenschutzbehörde über Verarbeitungsvorgänge, für die eine Datenschutz-Folgenabschätzung durchzuführen ist (Österreich) |
| DSG | Datenschutzgesetz (Österreich) |
| DSG BW | Gesetz zum Schutz personenbezogener Daten des Landes Baden-Württemberg |
| DSG-EKD | Kirchengesetz über den Datenschutz der Evangelischen Kirche in Deutschland |
| DSG LSA | Gesetz zum Schutz personenbezogener Daten der Bürger Sachsen-Anhalt |
| DSG MV | Gesetz zum Schutz des Bürgers bei der Verarbeitung seiner Daten Mecklenburg-Vorpommern |
| DSG NRW | Datenschutzgesetz Nordrhein-Westfalen |
| DSG RLP | Landesdatenschutzgesetz Rheinland-Pfalz |
| DSG SH | Schleswig-Holsteinisches Gesetz zum Schutz personenbezogener Informationen |
| DSGSVO | Datenschutzgütesiegelverordnung |
| DS-GVO | Datenschutz-Grundverordnung |
| DS-GVO (E) | Entwurf der EU-Datenschutz-Grundverordnung |
| DSK | Datenschutzkommission (bis 2014; Österreich) |
| DSRL | Richtlinie 95/46/EG des Europäischen Parlaments und des Rates vom 24.10.1995 zum Schutz natürlicher Personen bei der Verarbeitung personenbezogener Daten und zum freien Datenverkehr |
| Dual-Use-VO | Verordnung (EG) Nr. 428/2009 des Rates vom 5.5.2009 über eine Gemeinschaftsregelung für die Kontrolle der Ausfuhr, der Verbringung, der Vermittlung und der Durchfuhr von Gütern mit doppeltem Verwendungszweck |
| DÜVO | Datenübermittlungsverordnung |
| DV | Datenverarbeitung |
| DVGW | Deutscher Verein des Gas- und Wasserfaches |
| DVO-HVD | Durchführungsverordnung (EU) 2023/138 der Kommission vom 21. Dezember 2022 zur Festlegung bestimmter hochwertiger Datensätze und der Modalitäten ihrer Veröffentlichung und Weiterverwendung |
| DWG | Deutsche-Welle-Gesetz |
| E. | Entwurf |
| EA | European Cooperation for Accreditation |
| eAU | elektronische Arbeitsunfähigkeitsbescheinigung |
| ebs. | ebenso |

| | |
|---|---|
| EDPS | European Data Protection Supervisor |
| EDSA | Europäischer Datenschutzausschuss |
| EDSB | Europäischer Datenschutzbeauftragter |
| EDV | elektronische Datenverarbeitung |
| EECC | Richtlinie (EU) 2018/1972 des Europäischen Parlaments und des Rates vom 11.12.2018 über den europäischen Kodex für die elektronische Kommunikation (European Electronic Communications Code) |
| eFA | elektronische Fallakte |
| EFI | Extensible Firmware Interface (erweiterbare Firmware-Schnittstelle) |
| EG | Europäische Gemeinschaft |
| EGBGB | Einführungsgesetz zum Bürgerlichen Gesetzbuch |
| eGK | elektronische Gesundheitskarte |
| EGMR | Europäischer Gerichtshof für Menschenrechte |
| eIDAS-VO | Verordnung (EU) 910/2014 des Europäischen Parlaments und des Rates vom 23.7.2014 über elektronische Identifizierung und Vertrauensdienste für elektronische Transaktionen im Binnenmarkt und zur Aufhebung der Richtlinie 1999/95/EG |
| Einl. | Einleitung |
| EKEK | Richtlinie (EU) 2018/1972 des Europäischen Parlaments und des Rates vom 11.12.2018 über den europäischen Kodex für die elektronische Kommunikation |
| ElGVG | Elektronischer-Geschäftsverkehr-Vereinheitlichungsgesetz |
| ELV | Elektronisches Lastschriftverfahren |
| E-Mail | Electronic Mail |
| EMA | European Medicines Agency |
| engl. | englisch |
| ENISA | European Union Agency for Cybersecurity |
| ePA | elektronische Patientenakte |
| EEPROM | Electrically Erasable Programmable Read-Only Memory |
| EKEK | Europäischer Kodex für elektronische Kommunikation |
| EO | Exekutionsordnung (Österreich) |
| EPROM | Erasable Programmable Read-Only Memory |
| ErfK | Erfurter Kommentar zum Arbeitsrecht |
| Erl. | Erläuterung |
| ERP | Enterprise-Resource-Planning |
| Erwgr. | Erwägungsgrund |
| EstG | Einkommensteuergesetz |
| ESI | Electronically Stored Information |
| etc | et cetera |
| EU | Europäische Union |
| EuR | Europarecht (Zeitschrift) |
| EuroPriSe | European Privacy Seal |
| EuroSOX | Richtlinie 2006/43/EG des Europäischen Parlaments und des Rates |
| EuG | Europäisches Gericht erster Instanz |
| EuGH | Europäischer Gerichtshof |
| EuGRZ | Europäische Grundrechte-Zeitschrift |
| EUV | Vertrag über die Europäische Union |
| EuZW | Europäische Zeitschrift für Wirtschaftsrecht |
| EVN | Einzelverbindungsnachweis |
| evtl. | eventuell |
| EWR | Europäischer Wirtschaftsraum |
| f. | folgende |
| FachGer-AufbewahrungsV Bbg. | Fachgerichtsschriftgutaufbewahrungsverordnung des Landes Brandenburg |
| FahrlehrerG | Fahrlehrergesetz |

FACT ........................ Fair and Accurate Credit Transaction
FamFG ..................... Familienverfahrensgesetz
FAQ ......................... Frequently Asked Questions
FCC ......................... Federal Communication Commission
ff. ............................ fortfolgende
FG ........................... Finanzgericht
FGO ........................ Finanzgerichtsordnung
FinStrG ................... Finanzstrafgesetz (Österreich)
Fn. .......................... Fußnote
FOG ........................ Forschungsorganisationsgesetz (Österreich)
FRCP ...................... Federal Rules of Civil Procedures
FTC ......................... Federal Trade Commission

GA .......................... Generalanwalt
GCP-V .................... Verordnung über die Anwendung der guten klinischen Praxis bei der Durchführung von klinischen Prüfungen mit Arzneimitteln zur Anwendung am Menschen
GDD ....................... Gesellschaft für Datenschutz und Datensicherheit eV
GdPDU .................. Grundsätze zum Datenzugriff und zur Prüfbarkeit digitaler Unterlagen
GDV ....................... Gesamtverband der Deutschen Versicherungswirtschaft
GE .......................... Das Grundeigentum
gem. ........................ gemäß
GEREK ................. Gremium europäischer Regulierungsstellen für elektronische Kommunikation
GeschGehG ........... Gesetz zum Schutz von Geschäftsgeheimnissen
GewO ..................... Gewerbeordnung
GewO 1994 ........... Gewerbeordnung 1994 (Österreich)
GG ......................... Grundgesetz für die Bundesrepublik Deutschland
ggf. ........................ gegebenenfalls
GHB ...................... Geheimschutzhandbuch
GmbH ................... Gesellschaft mit beschränkter Haftung
GmbHG ................ Gesetz betreffend die Gesellschaften mit beschränkter Haftung
GoB ....................... Grundsätze ordnungsgemäßer Buchführung
GO ......................... Geschäftsordnung
GOÄ ...................... Gebührenordnung für Ärzte
GoBD ..................... Grundsätze zur ordnungsmäßigen Führung und Aufbewahrung von Büchern, Aufzeichnungen und Unterlagen in elektronischer Form sowie zum Datenzugriff
GoBS ...................... Grundsätze ordnungsgemäßer DV-gestützter Buchführungssysteme
GRCh ..................... Grundrechtecharta
GU ......................... Generalunternehmer
GVBl. ..................... Gesetz- und Verordnungsblatt
GwG ...................... Geldwäschegesetz

HaagBewÜK ........... Haager Übereinkommen über die Beweisaufnahme im Ausland in Zivil- und Handelssachen – Haager Beweisübereinkommen
HAN ...................... Home Area Network
HArchG ................. Hessisches Archivgesetz
HbbTV .................. Hybrid Broadcast Broadband TV
HbgJSchrAufbVO ... Verordnung über die Aufbewahrung von Schriftgut der Hamburgischen Justiz
HDSIG .................. Hessisches Datenschutz- und Informationsfreiheitsgesetz
HessBG ................. Hessisches Beamtengesetz
Hess. DSB .............. Hessischer Datenschutzbeauftragter
HessDSG ............... Hessisches Datenschutzgesetz
HGB ....................... Handelsgesetzbuch
HinSchG ................ Gesetz für einen besseren Schutz hinweisgebender Personen

| | |
|---|---|
| hL | herrschende Lehre |
| hM | herrschende Meinung |
| HmbArchivG | Hamburgisches Archivgesetz |
| HmbBG | Hamburgisches Beamtengesetz |
| HmbJSchrAufbG | Hamburgisches Justizschriftgutaufbewahrungsgesetz |
| HOAI | Honorarordnung für Architekten und Ingenieure |
| HR | Human Resources (Personal)/Handelsregister |
| Hrsg. | Herausgeber |
| Hs. | Halbsatz |
| HTTP | Hypertext Transport Protocol |
| HwO | Handwerksordnung |
| IaaS | Infrastructure as a Service |
| IAM | Identitäts- und Access-Management |
| ICOFR | Internal Controls Over Financial Reporting |
| ICF | Informed Consent Form |
| ID | Identifikationsnummer |
| idF | in der Fassung |
| IDS | Intrusion Detection System |
| IDMS | Identitätsmanagementsystem |
| IDW | Institut der Wirtschaftsprüfer in Deutschland eV |
| IEC | International Electrotechnical Commission |
| IFG | Informationsfreiheitsgesetz |
| IfSG | Infektionsschutzgesetz |
| iHv | in Höhe von |
| IPR | Internationales Privatrecht |
| IMAP | Internet Message Access Protocol |
| insbes. | insbesondere |
| IPbpR | Internationaler Pakt über bürgerliche und politische Rechte |
| IPS | Intrusion Prevention System |
| iSd | im Sinne des |
| ISO | International Organization for Standardization |
| iSv | im Sinne von |
| ISDN | Integrated Services Digital Network |
| IT | Informationstechnik |
| ITIL | IT Infrastructure Library |
| ITK | Informationstechnologie und Telekommunikation |
| ITRB | Der IT-Rechtsberater |
| IT-SiG | IT-Sicherheitsgesetz |
| IT-Stelle-ErrG Hess. | Gesetz zur Errichtung der Informationstechnik-Stelle der hessischen Justiz |
| IKS | Internes Kontrollsystem |
| IVDR | In Vitro Diagnostic Regulation |
| iVm | in Verbindung mit |
| IuKDG | Informations- und Kommunikationsdienstegesetz |
| JAktAG | Justizaktenaufbewahrungsgesetz |
| JAmt | Das Jugendamt |
| JArbSchG | Jugendarbeitsschutzgesetz |
| JAufbVO LSA | Justizschriftgutaufbewahrungsverordnung des Landes Sachsen-Anhalt |
| JSchrAG SchlH | Landesjustizschriftgutaufbewahrungsgesetz des Landes Schleswig-Holstein |
| JSchrAG LSA | Justizschriftgutaufbewahrungsgesetz des Landes Sachsen-Anhalt |
| JSchrAG-Saar | Schriftgutaufbewahrungsgesetz der Justiz des Saarlandes |
| JSchrAufbVO Hmb. | Justizschriftgutaufbewahrungsverordnung des Landes Hamburg |
| JSchrAufbVO SchlH | Justizschriftgutaufbewahrungsverordnung des Landes Schleswig-Holstein |
| JSchrAVO-Saar | Justizschriftgutaufbewahrungsverordnung des Saarlandes |
| JustG NRW | Justizgesetz des Landes Nordrhein-Westfalen |

Kap. ........................ Kapitel
KassKomm ............. Kasseler Kommentar Sozialversicherungsrecht
KDG ........................ Gesetz über den Kirchlichen Datenschutz
kDL ........................ kritische Dienstleistung
KDR-OG ................ Kirchliche Datenschutzregelung der Ordensgemeinschaft päpstlichen Rechts
KG .......................... Kammergericht Berlin
KO .......................... Konkursordnung
KPI ......................... Key Performance Indicators
KonTraG ................ Gesetz zur Kontrolle und Transparenz im Unternehmen
KSchG .................... Kündigungsschutzgesetz
KSVG ..................... Künstlersozialversicherungsgesetz
KUG ....................... Kunsturhebergesetz
KVP ........................ Kontinuierlicher Verbesserungsprozess
KWG ...................... Gesetz über das Kreditwesen

LAG ........................ Landesarbeitsgericht
LAN ........................ Local Area Network
LArchG BW ........... Landesarchivgesetz des Landes Baden-Württemberg
LBG ........................ Landesbeamtengesetz
LBG Bbg. ............... Landesbeamtengesetz des Landes Brandenburg
LBG Bln. ................ Landesbeamtengesetz des Landes Berlin
LBG LSA ............... Landesbeamtengesetz des Landes Sachsen-Anhalt
LBG MV ................ Landesbeamtengesetz des Landes Mecklenburg-Vorpommern
LBG NRW ............. Landesbeamtengesetz des Landes Nordrhein-Westfalen
LBG RhPf. ............. Landesbeamtengesetz des Landes Rheinland-Pfalz
LBG Saar ............... Landesbeamtengesetz des Saarlandes
LBG SchlH ............ Landesbeamtengesetz des Landes Schleswig-Holstein
LBG BW ................ Landesbeamtengesetz des Landes Baden-Württemberg
LDA Bbg. .............. Der Landesbeauftragte für den Datenschutz Brandenburg
LDSG .................... Landesdatenschutzgesetz
LDSG SchlH ........... Schleswig-Holsteinisches Gesetz zum Schutz personenbezogener Informationen
LfD BW ................. Landesbeauftragter für den Datenschutz Baden-Württemberg
LfD Nds. ............... Der Landesbeauftragte für den Datenschutz Niedersachsen
LfD RLP ................ Der Landesbeauftragte für den Datenschutz Rheinland-Pfalz
LG ......................... Landgericht
LIFG ....................... Landesinformationsfreiheitsgesetz
lit. .......................... Buchstabe
LJAufbewG BW ...... Landesjustizschriftgutaufbewahrungsgesetz des Landes Baden-Württemberg
LJAufbewVO BW ... Landesjustizschriftgutaufbewahrungsverordnung des Landes Baden-Württemberg
LJG SchlH ............. Landesjustizgesetz des Landes Schleswig-Holstein
LJSchrAG MV ........ Landesjustizschriftgutaufbewahrungsgesetz des Landes Mecklenburg-Vorpommern
LKHG BW .............. Landeskrankenhausgesetz Baden-Württemberg
LkSG ..................... Gesetz über die unternehmerischen Sorgfaltspflichten zur Vermeidung von Menschenrechtsverletzungen in Lieferketten (Lieferkettensorgfaltspflichtengesetz)
LMG RhPf. ............. Landesmediengesetz des Landes Rheinland-Pfalz
LMN ...................... Local Metrological Network
Ls. .......................... Leitsatz
LuftSiG .................. Luftsicherheitsgesetz

mAnm .................... mit Anmerkung
MAR ...................... Verordnung (EU) Nr. 596/2014 des Europäischen Parlaments und des Rates vom 16.4.2014 über Marktmissbrauch und zur Aufhebung der Richt-

| | |
|---|---|
| | linie 2003/6/EG des Europäischen Parlaments und des Rates und der Richtlinien 2003/124/EG, 2003/125/EG und 2004/72/EG der Kommission – Marktmissbrauchsverordnung |
| MaRisk | Mindestanforderungen an das Risikomanagement |
| MarkenG | Markengesetz |
| MBO-Ä | (Muster-)Berufsordnung für die in Deutschland tätigen Ärztinnen und Ärzte |
| MDM | Mobile Device Management |
| MDR | Medical Device Regulation |
| MDStV | Mediendienstestaatsvertrag |
| Medienstaatsvertrag HS-H | Medienstaatsvertrag der Länder Hamburg und Schleswig-Holstein |
| MedR | Medizinrecht |
| MietRB | Der Miet-Rechtsberater |
| MIIT | Ministerium für Industrie- und Informationstechnologie |
| MiLoG | Mindestlohngesetz |
| Mio. | Million(en) |
| MiStra | Anordnung über Mitteilungen in Strafsachen |
| MMR | Multimedia und Recht (Zeitschrift) |
| MPBetreibV | Medizinprodukte-Betreiberverordnung |
| MPG | Medizinproduktegesetz |
| MPKPV | Verordnung über klinische Prüfungen von Medizinprodukten |
| MStV | Medienstaatsvertrag |
| MTPD | Maximum Tolerable Period of Disruption |
| MTPEO | Maximum Tolerable Period of Emergency Operation |
| MTPI | Maximum Tolerable Period of Inactivity |
| MüKo | Münchener Kommentar |
| MuSchG | Mutterschutzgesetz |
| mwN | mit weiteren Nachweisen |
| NdsAGVwGO | Niedersächsisches Ausführungsgesetz zur Verwaltungsgerichtsordnung |
| NdsDSG | Niedersächsisches Datenschutzgesetz |
| nF | neue Fassung |
| NIS | Netzwerk- und Informationssicherheit |
| NIS-Richtlinie | Richtlinie (EU) 2016/1148 des Europäischen Parlaments und des Rates vom 6.7.2016 über Maßnahmen zur Gewährleistung eines hohen gemeinsamen Sicherheitsniveaus von Netz- und Informationssystemen in der Union |
| NIS-2-Richtlinie | Richtlinie (EU) 2022/2555 des Europäischen Parlaments und des Rates vom 14. Dezember 2022 über Maßnahmen für ein hohes gemeinsames Cybersicherheitsniveau in der Union, zur Änderung der Verordnung (EU) Nr. 910/2014 und der Richtlinie (EU) 2018/1972 sowie zur Aufhebung der Richtlinie (EU) 2016/1148 |
| NIST | National Institute of Standards and Technology |
| NJW | Neue Juristische Wochenschrift |
| NO | Notariatsordnung (Österreich) |
| NPSI | Nationaler Plan zum Schutz der Informationsinfrastrukturen |
| Nr. | Nummer |
| Nr. | Nummern |
| NSA | National Security Agency |
| NStZ | Neue Zeitschrift für Strafrecht |
| nv | nicht veröffentlicht |
| NWJustG | Gesetz über die Justiz im Land Nordrhein-Westfalen |
| NZA | Neue Zeitschrift für Arbeitsrecht |
| NZS | Neue Zeitschrift für Sozialrecht |
| NZV | Neue Zeitschrift für Verkehrsrecht |
| NZWiSt | Neue Zeitschrift für Wirtschafts-, Steuer- und Unternehmensstrafrecht |

oÄ .......................... oder Ähnliches
o. g. .......................... oben genannt
OECD .................... Organization for Economic Cooperation and Development (Organisation für wirtschaftliche Zusammenarbeit und Entwicklung)
OLG ........................ Oberlandesgericht
OVG ........................ Oberverwaltungsgericht
OWiG ..................... Ordnungswidrigkeitengesetz

PaaS ....................... Platform as a Service
PAG ........................ Polizeiaufgabengesetz
PAuswG ................ Personalausweisgesetz
PC .......................... Personalcomputer
PCI DSS ................. Payment Card Industry Data Security Standard
PDPO .................... Personal Data Privacy Ordinance
PDSV ..................... Verordnung über den Datenschutz bei der geschäftsmäßigen Erbringung von Postdiensten
PGP ........................ Pretty Good Privacy
pharmind ............... die pharmazeutische industrie (Zeitschrift)
PIA ......................... Privacy Impact Assessments
PIAF ....................... Privacy Impact Assessment Framework
PII .......................... Personally Identifiable Information
PIN ......................... Persönliche Identifikationsnummer
PinG ....................... Privacy in Germany
PIPA ....................... Personal Information Protection Act
PKI ......................... Public-Key-Infrastruktur
PolDVG ................. Gesetz über die Datenverarbeitung der Polizei (Hamburg)
PolEDVG 1991 ....... Gesetz über die Datenverarbeitung der Polizei (Hamburg)
PolG ....................... Polizeigesetz
POLP ..................... Principal of Least Privilege
PostG ..................... Postgesetz
PR .......................... Personalrat
PSA ......................... Persönliche Schutzausrüstung
PStSG .................... Polizeiliche Staatsschutzgesetz (Österreich)
PthG ....................... Psychotherapiegesetz (Österreich)
PUE ........................ Power Usage Effectiveness

QM ......................... Qualitätsmanagement

RAID ...................... Redundant Array of Independent Disks (= redundante Anordnung unabhängiger Festplatten)
RAO ........................ Rechtsanwaltsordnung (Österreich)
RAVPV .................. Verordnung über die Rechtsanwaltsverzeichnisse und die besonderen elektronischen Anwaltspostfächer
RBerG .................... Rechtsberatungsgesetz
RDG ........................ Rechtsdienstleistungsgesetz
REF ........................ Renewable Energy Factor
RefE ....................... Referentenentwurf
RegE ....................... Regierungsentwurf
RegR ...................... Registraturrichtlinie
RFC ........................ Request for Comments
RFID ...................... Radio-Frequency Identification
RL .......................... Richtlinie
RL 95/46/EG .......... Richtlinie 95/46/EG des Europäischen Parlaments und des Rates vom 24.10.1995 zum Schutz natürlicher Personen bei der Verarbeitung personenbezogener Daten und zum freien Datenverkehr
Rn. ......................... Randnummer

RöV ........................ Röntgenverordnung
RStV ........................ Rundfunkstaatsvertrag
RTO ........................ Recovery Time Objective
RVO ........................ Reichsversicherungsordnung

S. ........................ Seite
s. ........................ siehe
SaarDSG ................ Saarländisches Gesetz zum Schutz personenbezogener Daten
SaaS ........................ Software as a Service
SächsArchivG ......... Archivgesetz des Landes Sachsen
SächsBG ................. Sächsisches Beamtengesetz
SächsDSG .............. Gesetz zum Schutz der informationellen Selbstbestimmung im Freistaat Sachsen
SächsDTB .............. Sächsische Datenschutz- und Transparenzbeauftragte
SächsJG ................. Sächsisches Justizgesetz
SächsSchriftgVO ..... Justizschriftgutaufbewahrungsverordnung des Landes Sachsen
SaRegG ................... Samenspenderregistergesetz
SAS ........................ Statement on Auditing Standards
SCC ........................ Standard Contractual Clauses
SBOM .................... Software Bill of Materials
SchAufbewVO MV Justizschriftgutaufbewahrungsverordnung des Landes Mecklenburg-Vorpommern
SCHUFA ................ SCHUFA Holding AG (früher: Schutzgemeinschaft für allgemeine Kreditsicherung)
SEC ........................ Securities and Exchange Commission
SGB ........................ Sozialgesetzbuch
SGb ........................ Die Sozialgerichtsbarkeit
SGG ........................ Sozialgerichtsgesetz
SIEM ...................... Security and Information Event Management Systeme; Security Incident Event Management
SigG ........................ Signaturgesetz
SigV ........................ Signaturverordnung
SLA ........................ Service-Level-Agreement
Slg. ........................ Sammlung
S/MIME ................. Secure/Multipurpose Internet Mail Extensions
s. oben ................... siehe oben
sog. ........................ sogenannt, -e, -er
SOX ........................ Sarbanes-Oxley Act
SPA ........................ Schnellinformation für Personalmanagement und Arbeitsrecht
SpBG ...................... Gesetz über die Zulassung öffentlicher Spielbanken in Berlin
SSAE ...................... Statement on Standards for Attestation Engagements
SSD ........................ Solid State Disk
StAnz. .................... Staatsanzeiger
StBerG .................... Steuerberatungsgesetz
StGB ...................... Strafgesetzbuch
StGG ...................... Staatsgrundgesetz über die allgemeinen Rechte der Bürger von 1867 (Österreich)
StPO ...................... Strafprozessordnung
str. ........................ strittig
stRspr .................... ständige Rechtsprechung
StraFo .................... StrafverteidigerForum
StrlSchG ................ Strahlenschutzgesetz
StrlSchV ................. Verordnung zum Schutz vor der schädlichen Wirkung ionisierender Strahlung
StV ........................ Strafverteidiger
s. unten .................. siehe unten

SÜFV ........................ Sicherheitsüberprüfungsfeststellungsverordnung
SÜG ........................ Sicherheitsüberprüfungsgesetz
SzA ........................ Systeme zur Angriffserkennung

TB ........................ Tätigkeitsbericht
TCOR ........................ Verordnung (EU) 2021/784 des Europäischen Parlaments und des Rates vom 29. April 2021 zur Bekämpfung der Verbreitung terroristischer Online-Inhalte
TDDDG ........................ Gesetz über den Datenschutz und den Schutz der Privatsphäre in der Telekommunikation und bei digitalen Diensten (Telekommunikation-Digitale-Dienste-Datenschutz-Gesetz)
TDDSG ........................ Teledienstedatenschutzgesetz
TDG ........................ Teledienstegesetz
TDSV ........................ Telekommunikations-Datenschutzverordnung
Teilurt. ........................ Teilurteil
ThürAGGVG ........................ Thüringer Gesetz zur Ausführung des Gerichtsverfassungsgesetzes
ThürAufbewRL ........................ Schriftgutaufbewahrungsrichtlinie in der Verwaltung des Landes Thüringen
ThürBG ........................ Thüringer Beamtengesetz
ThürDSG ........................ Thüringer Datenschutzgesetz
TKG ........................ Telekommunikationsgesetz
TKG 2003 ........................ Telekommunikationsgesetz 2003 (Österreich)
TKMoG ........................ Telekommunikationsmodernisierungsgesetz
TKÜ ........................ Telekommunikationsüberwachung
TMF ........................ Trial Master File
TMG ........................ Telemediengesetz
TMZ ........................ telemonitorisches Zentrum
TSCO ........................ Trade Secret Compliance Officer
TSVG ........................ Terminservice- und Versorgungsgesetz
TTDSG ........................ Gesetz zur Regelung des Datenschutzes und des Schutzes der Privatsphäre in der Telekommunikation und bei Telemedien (Telekommunikation-Telemedien-Datenschutz-Gesetz)
TÜV ........................ Technischer Überwachungsverein
TVöD ........................ Tarifvertrag für den Öffentlichen Dienst
TzBfG ........................ Teilzeit- und Befristungsgesetz

u. a. ........................ unter anderem
uä ........................ und ähnliches
UAG ........................ Umweltauditgesetz
uU ........................ unter Umständen
UEFI ........................ Unified Extensible Firmware Interface (= vereinheitlichte erweiterbare Firmware-Schnittstelle)
UGB ........................ Unternehmensgesetzbuch (Österreich)
ULD SH ........................ Unabhängiges Landeszentrum für Datenschutz Schleswig-Holstein
UmwG ........................ Umwandlungsgesetz
Urt. ........................ Urteil
USB ........................ Universal Serial Bus
UStDV ........................ Umsatzsteuer-Durchführungsverordnung
UStG ........................ Umsatzsteuergesetz
uU ........................ unter Umständen
UrhG ........................ Urheberrechtsgesetz
URL ........................ Uniform Resource Locator
USV ........................ Unterbrechungsfreie Stromversorgung
UWG ........................ Gesetz gegen den unlauteren Wettbewerb

v. ........................ vom, von
va ........................ vor allem

| | |
|---|---|
| VDE | Verband der Elektrotechnik, Elektronik und Informationstechnik |
| VDG | Vertrauensdienstegesetz (VDG) |
| VerfGH | Verfassungsgerichtshof |
| VerfSchG | Verfassungsschutzgesetz |
| VerSanG | Gesetz zur Sanktionierung von verbandsbezogenen Straftaten |
| VersR | Zeitschrift für Versicherungsrecht, Haftungs- und Schadensrecht |
| VG | Verwaltungsgericht |
| VGH | Verwaltungsgerichtshof |
| vgl. | vergleiche |
| VO | Verordnung |
| VOB | Vergabe- und Vertragsordnung für Bauleistungen |
| Vorb. | Vorbemerkung |
| VPN | Virtual Private Network |
| VSA | Verschlusssachenanweisung |
| VuR | Verbraucher und Recht |
| VVT | Verzeichnis von Verarbeitungstätigkeiten |
| VwGO | Verwaltungsgerichtsordnung |
| VwVfG | Verwaltungsverfahrensgesetz |
| WAN | Wide Area Network |
| W-LAN | Wireless Local Area Network |
| WP | Working Paper |
| WpHG | Wertpapierhandelsgesetz |
| WTBG | Wirtschaftstreuhandberufsgesetz 2017 (Österreich) |
| WuM | Wohnungswirtschaft und Mietrecht |
| WWW | World Wide Web |
| ZAG | Gesetz über die Beaufsichtigung von Zahlungsdiensten |
| ZAWAS | Prozess zur Auswahl angemessener Sicherungsmaßnahmen |
| zB | zum Beispiel |
| ZD | Zeitschrift für Datenschutz |
| ZDA | Zertifizierungsdiensteanbieter |
| ZensG 2021 | Zensusgesetz 2021 |
| Ziff. | Ziffer |
| ZivMediatG | Zivilrechts-Mediations-Gesetz (Österreich) |
| ZMR | Zeitschrift für Miet- und Raumrecht |
| ZPO | Zivilprozessordnung |
| zust. | zustimmend, zustimmender |

# Allgemeines Literaturverzeichnis


Achtermann, Wahrung von Betriebs- und Geschäftsgeheimnissen, Edewecht 2015
Arbeitsgemeinschaft für wirtschaftliche Verwaltung eV (AWV) (Hrsg.), Aufbewahrungspflichten und -fristen nach Handels- und Steuerrecht, 9. Aufl., Berlin 2016
Ascheid/Preis/Schmidt (Hrsg.), Kündigungsrecht, 7. Aufl., München 2024
Assion (Hrsg.), Telekommunikation-Telemedien-Datenschutz-Gesetz (TTDSG), Baden-Baden 2022
Auer-Reinsdorff/Conrad (Hrsg.), Handbuch IT- und Datenschutzrecht, 3. Aufl., München 2019
Bachner/Heilmann, Handbuch Betriebsvereinbarungen, 4. Aufl., Frankfurt a. M. 2022
Bahr, Recht des Adresshandels, Berlin 2011
Bahrte/Gericke, Karlsruher Kommentar zur Strafprozessordnung: StPO, 9. Aufl., München 2023
Bergmann/Möhrle/Herb, Kommentar zum Datenschutzrecht, 65. EL, Stuttgart 2024
Bernzen/Fritzsche/Heinze/Thomsen (Hrsg.), Das IT-Recht vor der (europäischen) Zeitenwende?, Edewecht 2023
Borgmann/Jungk/Schwaiger, Anwaltshaftung, 6. Aufl., München 2020
Bräutigam (Hrsg.), IT-Outsourcing und Cloud-Computing: eine Darstellung aus rechtlicher, technischer, wirtschaftlicher und vertraglicher Sicht, 4. Aufl., Berlin 2019
Bresich/Dopplinger/Dörnhöfer/Kunnert/Riedl, Datenschutzgesetz, Wien 2018
Buchholz, Internationale Rechnungslegung, 16. Aufl., Berlin 2023
Bungartz, Handbuch Interne Kontrollsysteme (IKS): Steuerung und Überwachung von Unternehmen, 6. Aufl., Berlin 2020
Buschbell-Kaniewski, Fristentabelle für die Anwaltspraxis, 11. Aufl., Bonn 2023
von dem Bussche/Voigt (Hrsg.), Konzerndatenschutz, 2. Aufl., München 2019
Byers, Mitarbeiterkontrollen, Praxis im Datenschutz und Arbeitsrecht, 2. Aufl., München 2022
Coenenberg/Haller/Schultze, Jahresabschluss und Jahresabschlussanalyse: Betriebswirtschaftliche, handelsrechtliche, steuerrechtliche und internationale Grundsätze – HGB, IFRS und US-GAAP, 27. Aufl., Stuttgart 2024
Conrad/Grützmacher (Hrsg.), Recht der Daten und Datenbanken im Unternehmen, Köln 2014
Crosby, Quality is free, New York 1978
Däubler/Klebe/Wedde/Weichert, Bundesdatenschutzgesetz, 5. Aufl., Frankfurt a. M. 2016
Dix (Hrsg.), Informationsfreiheit und Informationsrecht Jahrbuch 2015, Berlin 2015
Dörner/Luczak/Wildschütz/Baeck/Hoß (Hrsg.), Handbuch des Arbeitsrechts, 16. Aufl., Köln 2022
Ehmann/Selmayr (Hrsg.), DS-GVO: Datenschutz-Grundverordnung, Kommentar, 3. Aufl., München 2024
Erb/Schäfer (Hrsg.), Münchener Kommentar zum StGB, Bd. 1, 5. Aufl., München 2024
Eßer/Kramer/v. Lewinski (Hrsg.), Auernhammer DS-GVO/BDSG – Datenschutz-Grundverordnung/Bundesdatenschutzgesetz und Nebengesetze, 8. Aufl., Köln 2023 (zit. Auernhammer/Bearbeiter)
Esser/Rübenstahl/Saliger/Tsambikakis (Hrsg.), Wirtschaftsstrafrecht, Kommentar mit Steuerstrafrecht und Verfahrensrecht, Köln 2017
Forgó/Helfrich/Schneider (Hrsg.), Betrieblicher Datenschutz, 3. Aufl., München 2019
Fuhlrott/Hiéramente (Hrsg.), BeckOK GeschGehG, 22. Ed., München 2024
Gadatsch/Mangiapane, IT-Sicherheit: Digitalisierung der Geschäftsprozesse und Informationssicherheit, Wiesbaden 2017
Geppert/Schütz (Hrsg.), Beck'scher TKG-Kommentar, 5. Aufl., München 2023
Gietl/Lobinger, Leitfaden für Qualitätsauditoren: Planung und Durchführung von Audits nach ISO 9001:2008, 7. Aufl., München 2022
Gierschmann/Baumgartner, Telekommunikation-Telemedien-Datenschutz-Gesetz: TTDSG, München 2023
Gierschmann/Schlender/Stentzel/Veil (Hrsg.), Kommentar Datenschutz-Grundverordnung, Köln 2017

Göhler, Gesetz über Ordnungswidrigkeiten: OWiG, 19. Aufl., München 2024
Götting/Lauber-Rönsberg/Rauer (Hrsg.), BeckOK Urheberrecht, 44. Ed., München 2024
Gola/Heckmann (Hrsg.), Datenschutz-Grundverordnung, Bundesdatenschutzgesetz: DS-GVO, BDSG, 3. Aufl., München 2022
Gola/Schomerus, Bundesdatenschutzgesetz, 9. Aufl., München 2007
Gola/Jaspers/Müthlein (Hrsg.), DS-GVO/BDSG im Überblick, 3. Aufl., Frechen 2018
Gola/Reif, Kundendatenschutz: Leitfaden für die Praxis, 3. Aufl., Berlin 2011
Graf (Hrsg.), Beck'scher Online-Kommentar OWiG, 44. Ed., München 2024
Graf (Hrsg.), Beck'scher Online-Kommentar StPO mit RiStBV und MiStra, 53. Ed., München 2024
Götting/Schertz/Seitz (Hrsg.), Handbuch Persönlichkeitsrecht, 2. Aufl., München 2019
v. d. Groeben/Schwarze/Hatje (Hrsg.); Europäisches Unionsrecht, 7. Aufl., Baden-Baden 2015
Grüneberg (Hrsg.), Bürgerliches Gesetzbuch: BGB, 83. Aufl., München 2024
Grünendahl/Steinbacher/Will, Das IT-Gesetz: Compliance in der IT-Sicherheit, 3. Aufl., Wiesbaden 2017
Grünanger/Goricnik (Hrsg.), Arbeitnehmer-Datenschutz und Mitarbeiterkontrolle, 2. Aufl., Wien 2018
Grützner/Jakob (Hrsg.), Compliance von A–Z, 2. Aufl., München 2015
Hamm/Leiphold (Hrsg.), Beck'sches Formularhandbuch für den Strafverteidiger, 6. Aufl., München 2018
Harte-Bavendamm/Henning-Bodewig, Gesetz gegen den unlauteren Wettbewerb: UWG, 5. Aufl., München 2021
Harte-Bavendamm/Ohly/Kalbfus (Hrsg.), Gesetz zum Schutz von Geschäftsgeheimnissen: GeschGehG, 2. Aufl., München 2024
Hau/Poseck (Hrsg.), BeckOK BGB, 72. Ed., München 2024
Hauschka (Hrsg.), Formularbuch Compliance, München 2013
Heintschel-Heinegg (Hrsg.), Beck'scher Online-Kommentar StGB, 63. Ed., München 2024
Heinze (Hrsg.), Daten, Plattformen und KI als Dreiklang unserer Zeit, Edewecht 2022
Heinze/Steinrötter (Hrsg.), KI und Daten: Digitalregulierung auf dem Höhepunkt?, Edewecht 2024
Hilber (Hrsg.), Handbuch Cloud Computing, Köln 2014
Hiller/Bodach/Castor, Praxishandbuch Stromverteilungsnetze, 2. Aufl., Würzburg 2021
Hölters (Hrsg.), Handbuch Unternehmenskauf, 10. Aufl., Köln 2022
Hoeren/Sieber/Holznagel (Hrsg.), Handbuch Multimedia-Recht: Rechtsfragen des elektronischen Geschäftsverkehrs, Loseblattsammlung, 62. EL, München 2024
Hoffmann-Becking/Gebele (Hrsg.), Beck'sches Formularbuch Bürgerliches, Handels- und Wirtschaftsrecht, 14. Aufl., München 2022
Hümmerich/Reufels (Hrsg.), Gestaltung von Arbeitsverträgen, 5. Aufl., Baden-Baden 2022
Hunzinger, Das Löschen im Datenschutz, Baden-Baden 2018
Jandt/Steidle (Hrsg.), Datenschutz im Internet, Baden-Baden 2018
Jarass, Charta der Grundrechte der Europäischen Union, 4. Aufl., München 2021
Josten, Kreditvertragsrecht, 2. Aufl., München 2017
Jotzo, Der Schutz personenbezogener Daten in der Cloud, 2. Aufl., Baden-Baden 2020
Kazemi/Lenhard, Datenschutz und Datensicherheit in der Rechtsanwaltskanzlei, 3. Aufl., Bonn 2016
Kiel/Lunk/Oetker (Hrsg.), Münchener Handbuch zum Arbeitsrecht, 6. Aufl., München 2024
Klaas/Momsen/Wybitul (Hrsg.), Datenschutzsanktionenrecht, München 2023
Klein, Abgabenordnung, 18. Aufl., München 2024
Knauer/Kudlich/Schneider (Hrsg.), Münchener Kommentar StPO, 2. Aufl., München 2023
Knyrim, Der DatKomm, Wien 2024
Knyrim (Hrsg.), Praxishandbuch DS-GVO, 4. Aufl., Wien 2020
Koenig (Hrsg.), Abgabenordnung, 5. Aufl., München 2024
Köhler/Bornkamm/Feddersen, Gesetz gegen den unlauteren Wettbewerb, 42. Aufl., München 2024
Koller/Kindler/Roth/Drüen, Handelsgesetzbuch, 10. Aufl., München 2023
Kopp/Ramsauer, Verwaltungsverfahrensgesetz, 25. Aufl., München 2024
Kopp/Schenke, Verwaltungsgerichtsordnung, 30. Aufl., München 2024
Körber-Risak/Brodil (Hrsg.), Datenschutz und Arbeitsrecht, Wien 2018

Körner/Krasney/Mutschler/Rolfs (Hrsg.), Kasseler Kommentar Sozialversicherungsrecht, 128. EL, München 2024
Krenberger/Krumm, Ordnungswidrigkeitengesetz, 8. Aufl., München 2024
Kühling/Buchner (Hrsg.), Datenschutz-Grundverordnung, Bundesdatenschutzgesetz, 4. Aufl., München 2024
Küttner, Personalbuch, 31. Aufl., München 2024
Lachenmann, Datenübermittlung im Konzern, Edewecht 2016
Lackner/Kühl/Heger, Strafgesetzbuch: StGB, 30. Aufl., München 2023
Lang, Private Videoüberwachung im öffentlichen Raum, Hamburg 2008
Laue/Nink/Kremer, Das neue Datenschutzrecht in der betrieblichen Praxis, 3. Aufl., Baden-Baden 2024
Laufs/Kern/Rehborn (Hrsg.), Handbuch des Arztrechts, 5. Aufl., München 2019
Lehnert/Luther/Christoph/Pluder, Datenschutz mit SAP, 2. Aufl., Bonn 2020
Lenz (Hrsg.), Die Rechtsabteilung, 3. Aufl., Wiesbaden 2019
Leupold/Wiebe/Glossner (Hrsg.), Münchener Anwaltshandbuch IT-Recht, 4. Aufl., München 2021
Little/Chapa, Implementing Backup and Recovery, New York 2003
Lützenkirchen, Anwalts-Handbuch Mietrecht, 7. Aufl., Köln 2024
Marly, Praxishandbuch Softwarerecht: Rechtsschutz und Vertragsgestaltung, 8. Aufl., München 2024
Martini/Wendehorst (Hrsg.), KI-VO: Verordnung über Künstliche Intelligenz, München 2024
Meyer/Hölscheid (Hrsg.), Charta der Grundrechte der Europäischen Union, 6. Aufl., Baden-Baden 2024
Meyer-Goßner/Schmitt, Strafprozessordnung: Gerichtsverfassungsgesetz, Nebengesetze und ergänzende Bestimmungen, 67. Aufl., München 2024
Mitsch (Hrsg.), Karlsruher Kommentar zum Gesetz über Ordnungswidrigkeiten, 5. Aufl., München 2018
Moos (Hrsg.), Datenschutz und Datennutzung. Verträge – Datenschutzklauseln – Datenschutzerklärungen, 4. Aufl., Köln 2024
Müller, Datenschutzzertifizierung nach Stand der Technik im nationalen Ökosystem akkreditierter Zertifizierungen, München 2018
Müller-Glöge/Preis/Schmidt (Hrsg.), Erfurter Kommentar zum Arbeitsrecht, 24. Aufl., München 2024
Neumann/Pahlen/Greiner/Winkler/Jabben, Sozialgesetzbuch IX, Rehabilitation und Teilhabe behinderter Menschen, 15. Aufl., München 2024
Neumayr/Reissner (Hrsg.), Zeller Kommentar zum Arbeitsrecht, 3. Aufl., Wien 2018
Oberthür/Seitz (Hrsg.), Betriebsvereinbarungen, 3. Aufl., München 2021
Oelschlägel/Scholz (Hrsg.), Rechtshandbuch Online-Shop – E-Commerce – M-Commerce – Apps, 2. Aufl., Köln 2016
Paal/Pauly (Hrsg.), Datenschutz-Grundverordnung, 3. Aufl., München 2021
Park, Durchsuchung und Beschlagnahme, 5. Aufl., München 2022
Pein, Der Social Media Manager, 5. Aufl., Bonn 2024
Pelka/Petersen, Beck'sches Steuerberater-Handbuch, 19. Aufl., München 2023
Picot (Hrsg.), Handbuch Mergers & Acquisitions, 5. Aufl., Stuttgart 2012
Plath (Hrsg.), DSGVO/BDSG/TTDSG, 4. Aufl., Köln 2023
Redeker (Hrsg.), Handbuch der IT-Verträge, 54. EL., Köln 2024
Redeker, IT-Recht, 8. Aufl., München 2023
Reinfeld, Das neue Gesetz zum Schutz von Geschäftsgeheimnissen, München 2019
v. Rössing, Betriebliches Kontinuitätsmanagement, Frechen 2005
Römermann (Hrsg.), Beck'scher Online-Kommentar BRAO, 25. Ed., München 2024
Sachs (Hrsg.), Grundgesetz, 10. Aufl., München 2024
Säcker/Körber (Hrsg.), TKG – Telekommunikationsgesetz, 4. Aufl., Frankfurt a. M. 2022
Säcker/Rixecker/Oetker/Limperg (Hrsg.), Münchener Kommentar BGB, Bd. 1, 9. Aufl., München 2021
Schaffland/Holthaus (Hrsg.), Datenschutz-Grundverordnung (DS-GVO), Bundesdatenschutzgesetz (BDSG): Kommentar, Loseblattsammlung, Stand: Oktober 2024, Berlin 2024
Schantz/Wolff, Das neue Datenschutzrecht, München 2017

Schartner/Taeger (Hrsg.), DACH Security 2011, Oldenburg 2011
Schaub (Hrsg.), Arbeitsrechts-Handbuch, 20. Aufl., München 2023
Schlechtriem/Schwenzer/Schroeter (Hrsg.), Kommentar zum UN-Kaufrecht (CISG): Übereinkommen der Vereinten Nationen über Verträge über den internationalen Warenkauf, 7. Aufl., München 2019
Schmidt (Hrsg.), Münchener Kommentar zum Handelsgesetzbuch, Bd. 1, 4. Aufl., München 2021
Schmidt-Futterer (Hrsg.), Mietrecht: MietR. Großkommentar des Wohn- und Gewerberaummietrechts, 16. Aufl., München 2024
Schneider/v. Westphalen (Hrsg.), Software-Erstellungsverträge, 2. Aufl., Köln 2014
Schönke/Schröder (Hrsg.), Strafgesetzbuch: StGB, 30. Aufl., München 2019
Schricker/Loewenheim (Hrsg.), Urheberrecht, 6. Aufl., München 2020
Schröder, Datenschutzrecht für die Praxis, 5. Aufl., München 2023
Schröder/Taeger (Hrsg.), Scoring im Fokus: ökonomische Bedeutung und rechtliche Rahmenbedingungen im internationalen Vergleich, Oldenburg 2014
Schulze/Dörner/Ebert et al., Nomos Handkommentar BGB, 12. Aufl., Baden-Baden 2024
Schuster/Grützmacher, IT-Recht Kommentar, Köln 2020
Schwartmann/Keber (Hrsg.), Social Media im Unternehmen – aber sicher!, Heidelberg 2014
Simitis (Hrsg.), Bundesdatenschutzgesetz, 8. Aufl., Baden-Baden 2014
Simitis/Hornung/Spiecker gen. Döhmann (Hrsg.), Datenschutzrecht, Baden-Baden 2019 (zit. NK-DatenschutzR/Bearbeiter)
Solmecke/Taeger/Feldmann (Hrsg.), Mobile Apps – Rechtsfragen und rechtliche Rahmenbedingungen, Berlin 2013
Specht/Mantz (Hrsg.), Handbuch Europäisches und deutsches Datenschutzrecht, München 2019
Spindler/Schuster (Hrsg.), Recht der elektronischen Medien, 4. Aufl., München 2019
Sydow/Marsch (Hrsg.), Europäische Datenschutzgrundverordnung, 3. Aufl., Baden-Baden 2022
Staub, Legal Management: Management von Recht als Führungsaufgabe, 2. Aufl., Zürich 2006
Stelkens/Bonk/Sachs (Hrsg.), Verwaltungsverfahrensgesetz, 10. Aufl., München 2023
Taeger/Wiebe (Hrsg.), Inside the cloud: neue Herausforderungen für das Informationsrecht, Edewecht 2009 (zit. Bearbeiter DSRITB 2009)
Taeger (Hrsg.), Die Welt im Netz: Folgen für Wirtschaft und Gesellschaft, Edewecht 2011 (zit. Bearbeiter DSRITB 2011)
Taeger (Hrsg.), IT und Internet mit Recht gestalten, Edewecht 2012 (zit. Bearbeiter DSRITB 2012)
Taeger (Hrsg.), Law as a service (LaaS) – Recht im Internet- und Cloud-Zeitalter, Edewecht 2013 (zit. Bearbeiter DSRITB 2013)
Taeger (Hrsg.), Big Data & Co – Neue Herausforderungen für das Informationsrecht, Edewecht 2014 (zit. Bearbeiter DSRITB 2014)
Taeger (Hrsg.), Internet der Dinge – Digitalisierung von Wirtschaft und Gesellschaft, Edewecht 2015 (zit. Bearbeiter DSRITB 2015)
Taeger (Hrsg.), Smart World – Smart Law? Weltweite Netze mit regionaler Regulierung, Edewecht 2016 (zit. Bearbeiter DSRITB 2016)
Taeger (Hrsg.), Recht 4.0 – Innovationen aus den rechtswissenschaftlichen Laboren, Edewecht 2017 (zit. Bearbeiter DSRITB 2017)
Taeger (Hrsg.), Rechtsfragen digitaler Transformationen – Gestaltung digitaler Veränderungsprozesse durch Recht, Edewecht 2018 (zit. Bearbeiter DSRITB 2018)
Taeger (Hrsg.), Die Macht der Daten und der Algorithmen – Regulierung von IT, IoT und KI, Edewecht 2019 (zit. Bearbeiter DSRITB 2019)
Taeger (Hrsg.), Den Wandel begleiten – IT-rechtliche Herausforderung der Digitalisierung, Edewecht 2020 (zit. Bearbeiter DSRITB 2020)
Taeger (Hrsg.), Im Fokus der Rechtsentwicklung – Die Digitalisierung der Welt, Edewecht 2021
Taeger/Gabel (Hrsg.), DSGVO – BDSG – TTDSG, 4. Aufl., Frankfurt a. M. 2022
Taeger/Pohle (Hrsg.), Computerrechtsrechtbuch, 39. EL, München 2024
Thüsing, Beschäftigtendatenschutz und Compliance, 3. Aufl., München 2021
v. Westphalen/Thüsing (Hrsg.), Vertragsrecht und AGB-Klauselwerke, 50. EL, München 2024
Ulmer/Brandner/Hensen (Hrsg.), AGB-Recht, 13. Aufl., Köln 2022
Vahldiek (Hrsg.), Datenschutz in der Bankpraxis, München 2012

Wagner, Anonymität und Transparenz der Investmentanlage – Auskunftsansprüche des Kapitalanlegers und Schutz personenbezogener Mitanlegerdaten, Edewecht 2019
Wagner/Knittel (Hrsg.), Soziale Krankenversicherung, Pflegeversicherung, 122. EL, München 2024
Wandtke/Bullinger (Hrsg.), Praxiskommentar Urheberrecht, 6. Aufl., München 2022
Weichert, Die Europäische Datenschutz-Grundverordnung – ein Überblick, Kiel 2016
Wenzel, Das Recht der Wort- und Bildberichterstattung, 6. Aufl., Köln 2018
Westermann/Grunewald/Maier-Reimer (Hrsg.), Erman BGB Kommentar, 17. Aufl., Köln 2023 (zit. Erman/Bearbeiter)
Weth/Herberger/Wächter/Sorge (Hrsg.), Daten- und Persönlichkeitsschutz im Arbeitsverhältnis, 2. Aufl., München 2019
Weyland, Bundesrechtsanwaltsordnung: BRAO, 11. Aufl., München 2024
Wiese/Kreutz/Oetker, Gemeinschaftskommentar Betriebsverfassungsgesetz (GK-BetrVG), 12. Aufl., München 2021
Winnefeld, Bilanz-Handbuch, 5. Aufl., München 2015
Wolff/Brink/v. Ungern-Sternberg (Hrsg.), Beck'scher Online-Kommentar Datenschutzrecht, 50. Ed., München 2024
Ziebe, Qualitätsmanagement, Freiburg 2010
Ziemons/Jaeger/Pöschke (Hrsg.), Beck'scher Online-Kommentar GmbHG, 62. Ed., München 2024
Zimmermann/Skambraks, KVP – Sofortwissen kompakt, Berlin 2012

# A. Organisationsstruktur Datenschutz

## I. Rechenschaftspflicht (Art. 5, 24 DS-GVO)

Unter der DS-GVO ist es nicht ausreichend, dass Unternehmen die Datenschutzbestimmungen „nur" einhalten. Die Verantwortung der Unternehmen für die Einhaltung der gesetzlichen Vorgaben muss überprüfbar wahrgenommen werden (so bereits Artikel-29-Datenschutzgruppe WP 173, auf das die Regelung zurückgeht). Erforderlich ist daher ein dokumentierter Nachweis der Bewertung und Umsetzung (sog. Rechenschaftspflicht bzw. Accountability nach Art. 5 Abs. 2 DS-GVO). Ergänzend ist festgelegt, dass Unternehmen geeignete technische und organisatorische Maßnahmen zu treffen haben, um sicherzustellen, dass die Datenverarbeitung entsprechend den gesetzlichen Vorgaben erfolgt (Art. 24 DS-GVO). Der Umfang des Nachweises wird nicht näher festgelegt, sondern bestimmt sich nach Art, Umfang, Umständen und Zwecken der Datenverarbeitung sowie Eintrittswahrscheinlichkeit und Schwere der Risiken für die Rechte und Freiheiten der Betroffenen. Die DS-GVO folgt dem risikobasierten Ansatz (→ Form. C. V.; ausf. Artikel-29-Datenschutzgruppe WP 173; WP 243, S. 17; Schröder ZD 2019, 503). Die Nachweispflicht ist bußgeldbewehrt, Art. 83 Abs. 5 DS-GVO.

Noch immer entwickelt sich das Konzept der datenschutzrechtlichen Rechenschaftspflicht in Europa nur langsam, doch wird es zusehends zu einem elementaren Bestandteil der Datenschutz-Managementprozesse. So wird die Rechtslage zusehends durch den EuGH und nationale Gerichte konturiert (zu Art. 5 Abs. 2 DS-GVO als Beweislastregelung sowohl gegenüber der betroffenen Person als auch gegenüber der Aufsichtsbehörde EuGH 24.2.2022 – C-175/20, EuZW 2022, 527 Rn. 77, 81; EuGH 4.5.2023 – C-60/22, GRUR-RS 2023, 8967 Rn. 53; EuGH 4.7.2023 – C-252/21, GRUR 2023, 1131 Rn. 95; EuGH 14.12.2023 – C-340/21, ZD 2024, 150 Rn. 52 ff.; EuGH 25.1.2024 – C-687/21, NZA 2024, 320 Rn. 42 f.; BVerwG 2.3.2022 – 6 C 7.20, NVwZ 2022, 1205 Rn. 50; OLG Hamm 15.8.2023 – 7 U 19/23, GRUR-RS 2023, 22505 Ls. 1; OLG Stuttgart 22.11.2023 – 4 U 20/23, GRUR-RS 2023, 32883 Rn. 401 ff.; zur Einwilligung bereits EuGH 11.11.2020 – C-61/19, ZD 2021, 89 Rn. 42). Nicht ausreichend ist es, den Nachweis nur über das Verzeichnis von Verarbeitungstätigkeiten oder durch Umsetzung der Grundsätze der Datenminimierung zu führen (vgl. zB Paal/Pauly/Frenzel DS-GVO Art. 5 Rn. 50). Vielmehr stellen diese Bereiche jeweils Teilaspekte dar, die um den Nachweis interner Richtlinien (nicht etwa „Strategien", wie die deutsche Übersetzung des englischen Begriffs „policies" in der DS-GVO fälschlich lautet), eine klare Zuteilung von Verantwortlichkeiten und die Umsetzung aller Regelungen der DS-GVO ergänzt werden müssen (vgl. Erwgr. 78 f. DS-GVO). Eine vollständige Umsetzung kann sinnvollerweise nur über ein umfassendes Datenschutz-Managementsystem erfolgen. Vorliegend sollen die grundlegenden Folgen aus dem Grundsatz der Rechenschaftspflicht nach Art. 5, 24 DS-GVO dargestellt werden, um Unternehmen eine praktische Handhabung für den Nachweis der Umsetzung der DS-GVO zu geben.

Eine Orientierung für die Entwicklung eines Accountability-Systems bieten das Working Paper 173 der Artikel-29-Datenschutzgruppe, die ISO/IEC-Normen 29001, 29100 oder 29134 und das Compliance-Managementkonzept IDW PS 980. Es wäre wünschenswert, dass die europäischen Aufsichtsbehörden eine systematisierte Darstellung veröffentlichen und so der Wirtschaft eine Handreichung geben (eine Tabelle bietet BayLDA Prüfkatalog Rechenschaftspflicht nach Art. 5 Abs. 2 DS-GVO bei (Groß-)Konzernen und Datengetriebenen Unternehmen Version 1.0; eine Zusammenfassung der wichtigsten Aspekte BfDI, Die DS-GVO in der Bundesverwaltung v. 12/2020, Nr. 1.1; weiterhin bspw. https://ico.org.uk/for-organisations/uk-gdpr-guidance-and-resources/accountability-and-governance/).

Laut EuGH 27.10.2022 – C-129/21, GRUR 2023, 85 soll die Rechenschaftspflicht auch bei einer Kooperation zwischen verschiedenen Stellen gelten, selbst wenn keine gemeinsame Verantwortlichkeit nach Art. 26 DS-GVO vorliegt. Bereits auf Basis der Rechenschaftspflicht seien Stellen verpflichtet, die Einhaltung datenschutzrechtlicher Vorgaben zu prüfen, zB wenn ein Austausch personenbezogener Daten stattfinde. Dazu müssten Verantwortliche geeignete technische und organisatorische Maßnahmen ergreifen, um weitere Verantwortliche über die Ausübung von Betroffenenrechten zu informieren (Ls. 3).

Im Folgenden wird eine allgemeine, systematisierte Darstellung zum grundlegenden Nachweis der Umsetzung von Datenschutzvorschriften gegeben. Das Dokument kann als Ausgangspunkt für die Umsetzung der detaillierten Regelungen dienen und ausgefüllt und mit Verlinkungen versehen zum Nachweis der einzelnen Umsetzungsschritte der DS-GVO-Vorgaben dienen.

**Maßnahmen zur Umsetzung der datenschutzrechtlichen Vorgaben**

**[Unternehmen] hat sich als Ziel gesetzt, die datenschutzrechtlichen Anforderungen der EU-Datenschutz-Grundverordnung (DS-GVO) umzusetzen. Das vorliegende Dokument dient der Dokumentation der einzelnen Schritte bei der Umsetzung der gesetzlichen Bestimmungen. Das Dokument hat den Zweck, einen Überblick über die Umsetzung der formellen Vorgaben zu geben und dadurch die Einhaltung der organisatorischen und technischen Maßnahmen zum Schutze personenbezogener Daten nachzuweisen. Das Dokument wird regelmäßig aktualisiert und ist im Intranet unter […] abrufbar.**

**Version: […]**
**Datum: […]**
**Zeichnende, verantwortliche Person: […]**
**Datenschutzbeauftragter: […]**

| *Nr.* | *Maßnahme* | *Beschreibung* | *Versions-Nr. und letzte Aktualisierung* | *Prüfung durch/ am* | *Bewertung* |
|---|---|---|---|---|---|
| I. | Formalia | | | | |
| I.1 | Zuweisung von Verantwortlichkeiten im Datenschutz[1] | Das die Verantwortlichkeiten beschreibende Dokument ist abrufbar unter […] | | | |

| *Nr.* | *Maßnahme* | *Beschreibung* | *Versions-Nr. und letzte Aktualisierung* | *Prüfung durch/ am* | *Bewertung* |
|---|---|---|---|---|---|
| I.2 | Bestellung Datenschutzbeauftragter[2] | Als Datenschutzbeauftragter ist unter folgenden Kontaktdaten bestellt: […] | | | |
| I.3 | Einbeziehung Betriebsrat[3] | Zuständige Person für den Datenschutz im Betriebsrat ist […] | | | |
| I.4 | Bereitstellung Verzeichnis der Verarbeitungstätigkeiten[4] | Das Verzeichnis der Verarbeitungstätigkeiten ist abrufbar unter […] | | | |
| I.5 | Bereitstellung IT-Sicherheitshandbuch[5] | Das IT-Sicherheitshandbuch ist abrufbar unter […] | | | |
| I.6 | Bereitstellung IT-Governance-Konzept[6] | Das IT-Governance-Konzept ist abrufbar unter […] | | | |
| II. | Organisation | | | | |
| II.1 | Bereitstellung Organisationsanweisung[7] | Die Organisationsanweisung ist in Version […] abrufbar unter […] | | | |
| II.2 | Verpflichtung der Beschäftigten auf Verschwiegenheit[8] | Das Muster zur Verpflichtung auf Verschwiegenheit ist abrufbar unter […] | | | |
| II.3 | Schulungen: Führungskräfte und jeweils untergeordnete Abteilungen[9] | Ein Konzept zur Durchführung von Datenschutzschulungen ist entwickelt und abrufbar unter […]<br><br>Die Führungskräfte wurden erstmalig in einer Präsenzschulung zur DS-GVO geschult, am […].<br><br>Die Schulungen werden alle zwei Jahre wiederholt. | | | |

| *Nr.* | *Maßnahme* | *Beschreibung* | *Versions-Nr. und letzte Aktualisierung* | *Prüfung durch/ am* | *Bewertung* |
|---|---|---|---|---|---|
| | | Die Präsenzschulungen der weiteren Abteilungen erfolgen regelmäßig, um alle Abteilungen abzudecken. Der Organisations- und Zeitplan ist abrufbar unter […] | | | |
| | | [Das E-Learning-Tool und die Teilnahmebestätigungen für alle Mitarbeiter sind abrufbar unter […] | | | |
| II.4 | Auditierung, Dokumentation und Bewertung von Datenverarbeitungsprozessen[10] | Der Erhebungsbogen zur Auditierung der Datenverarbeitungsprozesse im Unternehmen ist abrufbar unter […]<br><br>Der Durchführungsplan für alle Abteilungen ist abrufbar unter […] | | | |
| II.5 | Anpassung der Datenverarbeitungsprozesse entsprechend der Umsetzungsanalyse | Die Ergebnisse der Gap-Analyse nach erfolgter Auditierung sind abrufbar unter […]<br><br>Der Plan zur Umsetzung der Ergebnisse ist abrufbar unter […] | | | |
| II.6 | Durchführung Wirksamkeitskontrollen[11] | In regelmäßigen Abständen wird ein Kurzaudit durchgeführt, mit dem die Wirksamkeit der getroffenen Maßnahmen kontrolliert wird. Das Auditkonzept ist abrufbar unter […]<br><br>Die Auditberichte der jeweiligen Jahre sind abrufbar unter […] | | | |

| *Nr.* | *Maßnahme* | *Beschreibung* | *Versions-Nr. und letzte Aktualisierung* | *Prüfung durch/ am* | *Bewertung* |
|---|---|---|---|---|---|
| II.7 | Datenschutz-Folgenabschätzung[12] | Die Organisationsanweisung zur Datenschutz-Folgenabschätzung ist abrufbar unter […]<br>Das Formular zur Prüfung, ob eine Datenschutz-Folgenabschätzung durchgeführt werden muss, ist abrufbar unter […]<br>Die Dokumentationen durchgeführter Datenschutz-Folgenabschätzungen sind abrufbar unter […] | | | |
| II.8 | Datenminimierung[13] | Die Vorgaben zur Prüfung der datenschutzfreundlichen Voreinstellungen und Datenschutzgestaltung durch Technik bei Einführung neuer Verfahren sind abrufbar unter […] | | | |
| II.9 | Verfahren zur Zusammenarbeit mit den Aufsichtsbehörden[14] | Das Konzept für die Reaktion auf Anfragen von Aufsichtsbehörden ist abrufbar unter […]<br>Die Zusammenarbeit zwischen dem Datenschutzbeauftragten und den Aufsichtsbehörden wird beschrieben durch […] | | | |
| III. | Einzelpflichten | | | | |
| III.1 | Sicherstellung Auftragsverarbeitung[15] | Die Organisationsanweisung zur Durchführung der Auftragsverarbeitung ist abrufbar unter […] | | | |

| *Nr.* | *Maßnahme* | *Beschreibung* | *Versions-Nr. und letzte Aktualisierung* | *Prüfung durch/ am* | *Bewertung* |
|---|---|---|---|---|---|
| | | Der Mustervertrag zur Vorlage bei Dienstleistern ist abrufbar unter […]<br>Die Dokumentation über die Durchführung der Kontrollrechte bei Dienstleistern ist abrufbar unter […] | | | |
| III.2 | Einschlägige Rechtsgrundlagen für Datenverarbeitung[16] | Die Prüfung der Erfüllung einer Rechtsgrundlage für eine Datenverarbeitung erfolgt durch […]<br>Bei Nutzung einer Einwilligung werden die Anforderungen der DS-GVO gewährleistet durch […]<br>Bei Verarbeitung auf Basis der Interessenabwägung werden die Interessen und das Ergebnis dokumentiert durch das Muster, abrufbar unter […]<br>Die Dokumentation zur Rechtsgrundlage und den erhöhten Anforderungen bei besonderen Kategorien personenbezogener Daten werden dokumentiert durch […] | | | |
| III.3 | Interne Meldepflicht bei Datenschutzverstößen („Data Breach Notification“)[17] | Die Organisationsanweisung mit Prozessbeschreibung und Nennung der Verantwortlichen zum Verhalten bei (möglichen) Daten- | | | |

| *Nr.* | *Maßnahme* | *Beschreibung* | *Versions-Nr. und letzte Aktualisierung* | *Prüfung durch/ am* | *Bewertung* |
|---|---|---|---|---|---|
| | | schutzverstößen ist abrufbar unter […]<br>Die interne Dokumentation über meldepflichtige und nichtmeldepflichtige Verstöße ist abrufbar unter […] | | | |
| III.4 | Umsetzung Betroffenenrechte[18] | Die Organisationsanweisung zum Umgang mit Rechten der Betroffenen ist abrufbar unter […]<br>Die Musterschreiben zur Beantwortung der Ersuchen sind abrufbar unter […]<br>Die Fristenkontrolle erfolgt über […] | | | |
| III.5 | Bereitstellung Zugriffsberechtigungskonzept[19] | Das Muster für den Standard des Zugriffsberechtigungskonzepts ist abrufbar unter: […] | | | |
| III.6 | Bereitstellung Archivierungs- und Löschkonzepte[20] | Das unternehmensweite Archivierungs- und Löschkonzept ist abrufbar unter […]<br>Für die einzelnen Systeme sind Löschkonzepte erarbeitet, die in der jeweiligen Dokumentation enthalten sind. | | | |
| III.7 | Datentransfers in Drittstaaten[21] | Die Organisationsanweisung zum Umgang mit Datenübertragungen in Drittstaaten ist abrufbar unter […]<br>Die Musterdokumente für die Absicherung der Drittstaatentransfers sind abrufbar unter […] | | | |

| *Nr.* | *Maßnahme* | *Beschreibung* | *Versions-Nr. und letzte Aktualisierung* | *Prüfung durch/am* | *Bewertung* |
|---|---|---|---|---|---|
| IV. | Datenschutz-Management | | | | |
| IV.1 | Zertifizierung Datenschutz-Prozesse[22] | Eine Zertifizierung einzelner Prozesse nach den Vorgaben der DS-GVO soll durchgeführt werden, sobald die Aufsichtsbehörden geeignete Prüfstellen zugelassen haben.<br>Anschließend wird eine Prüfung der akkreditierten Stellen mit deren Prüfkatalogen durchgeführt und ein Zertifizierungsverfahren ausgewählt.<br><br>Bereits jetzt wurde intern ein Datenschutz-Audit durchgeführt, durch das eine künftige Zertifizierung vorbereitet und die interne Umsetzung der datenschutzrechtlichen Anforderungen sichergestellt werden soll. | | | |
| IV.2 | Einhaltung genehmigter Verhaltensregeln[23] | Wir haben uns den folgenden genehmigten Verhaltensregeln unterworfen: […]<br><br>Ansprechpartner für die Verhaltensregeln ist: […] | | | |
| IV.3 | Datenschutz-Managementsystem[24] | Das Datenschutz-Management erfolgt über: […] | | | |

## Anmerkungen

**1. Zuweisung von Verantwortlichkeiten.** Zunächst liegt die Verantwortung für die Einhaltung des Datenschutzes bei der Geschäftsleitung des Unternehmens (und nicht etwa bei Datenschutzbeauftragten, → Form. B. I. 1. Anm. 8). Daraus folgt die Notwendigkeit, durch entsprechende Vorgaben die nachgelagerten Führungsebenen in die Verantwortung für die Einhaltung des Datenschutzes einzubeziehen. So kann auf jeder Leitungsebene die Berücksichtigung der Datenschutz-Anforderungen implementiert werden. Das kann innerhalb der Organisationsanweisung oder durch eine gesonderte Arbeitsanweisung erfolgen.

**2. Bestellung des Datenschutzbeauftragten.** Durch die Bestellung eines Datenschutzbeauftragten, selbst wenn sie gesetzlich nicht vorgeschrieben ist, kann die besondere Sachkunde genutzt werden, um die Einhaltung der – sowieso gesetzlich erforderlichen – datenschutzrechtlichen Anforderungen sicherzustellen, → Form. B.

**3. Einbeziehung Betriebsrat.** Wenn ein Betriebsrat vorhanden ist, ist er bei allen Datenverarbeitungsvorgängen einzubeziehen, die der verpflichtenden Mitbestimmung nach § 87 BetrVG oder der freiwilligen Mitbestimmung nach § 88 BetrVG unterliegen. Relevant in Bezug auf datenschutzrechtliche Themen sind insbesondere Fragen zur Ordnung des Betriebs und zum Verhalten der Arbeitnehmer im Betrieb nach § 87 Abs. 1 Nr. 1 BetrVG sowie zur Einführung und Anwendung von technischen Einrichtungen, die dazu bestimmt sind, das Verhalten oder die Leistung der Arbeitnehmer zu überwachen nach § 87 Abs. 1 Nr. 6 BetrVG (ausf. → Form. H. VIII. Vorb.). Der Betriebsrat kann einen wichtigen Beitrag zur Einhaltung der datenschutzrechtlichen Verpflichtungen im Unternehmen leisten (→ Form. H.).

**4. Verzeichnis von Verarbeitungstätigkeiten.** Das Verzeichnis von Verarbeitungstätigkeiten stellt den Ausgangspunkt für die Festlegung und Kenntnis bestehender Datenverarbeitungsvorgänge im Unternehmen dar. Es bildet damit die Basis für die detaillierte Rechenschaft über die Einhaltung des Datenschutzrechts. Vor der Erstellung sollte eine Erfassung aller relevanten Datenverarbeitungsvorgänge im Unternehmen erfolgt sein, → Form. C. II.

**5. IT-Sicherheitshandbuch.** Teil der Sicherstellung der technischen und organisatorischen Datensicherheit (Art. 32 DS-GVO) ist ein IT-Sicherheitsmanagement, → Form. C. V.; → Form. E.

**6. Bereitstellung IT-Governance-Konzept.** → Form. E. I.

**7. Organisationsanweisungen als Ausgangspunkt für die Rechenschaftspflicht.** In den meisten Fällen stellt eine unternehmensinterne Anweisung, etwa in Form einer Arbeitsanweisung zum Datenschutz, den optimalen Ausgangspunkt für die Sicherstellung der Rechenschaftspflichten dar. Darin sollte geregelt sein, wie die datenschutzrechtlichen Regelungen der DS-GVO im Unternehmen umgesetzt werden sollen. Es ist sicherzustellen, dass die Datenschutzanforderungen nach Art. 5 Abs. 1 DS-GVO beschrieben und umgesetzt werden (Muster für eine Organisationsanweisung bzw. Unternehmensrichtlinie → Form. D. II.).

**8. Verschwiegenheitsverpflichtungen der Beschäftigten.** Anders als § 5 BDSG aF sieht die DS-GVO keine ausdrückliche Verpflichtung der Beschäftigten auf das Datengeheimnis vor. Stattdessen wird über Art. 32 Abs. 4, Art. 28 Abs. 2 S. 2 lit. b, Art. 29 DS-GVO deutlich weitergehend verlangt, dass die Beschäftigten auf die Verschwiegenheit verpflichtet werden und die Einhaltung der Verschwiegenheitspflicht kontrolliert wird. Daher stellt die Verpflichtung der Beschäftigten auf Verschwiegenheit einen wichtigen Bestandteil der Rechenschaftspflicht dar, → Form. C. VII.

**9. Schulungen der Mitarbeiter.** Die unternehmensinterne Einführung der Organisationsanweisung sowie weiterer Schritte zur Umsetzung des Datenschutzes sind über Schulungen der Führungskräfte und einzelner Abteilungen sicherzustellen. Als Hauptadressaten solcher Arbeits- bzw. Organisationsschulungen sollten die Führungskräfte gesehen werden, da sie abgestuft unterhalb der Geschäftsleitung die Pflicht trifft, die Einhaltung der Datenschutzvorgaben in ihren jeweiligen Verantwortungsbereichen umzusetzen (zur Anwendung geeigneter Datenschutzvorkehrungen zB NK-DatenschutzR/Petri DS-GVO Art. 24 Rn. 22 ff.). Dementsprechend sollten vorrangig die Führungskräfte zur Teilnahme an den Schulungen verpflichtet werden. In einem zweiten Schritt sollten alle Mitarbeiter mit den wesentlichen Grundlagen der Datenschutz-Vorgaben und der Arbeitsanweisungen des Betriebs vertraut gemacht werden. Die Durchführung der Schulungen und die Namen der Teilnehmer müssen dokumentiert werden, da so ebenfalls dem Grundsatz der Rechenschaftspflicht Rechnung getragen wird.

**10. Auditierung, Dokumentation und Bewertung der Datenverarbeitung.** In einem Fragebogen sollen einzelne Verfahren im Sinne des Datenschutzrechts abgebildet und anschließend die datenschutzrechtliche Zulässigkeit der Datenverarbeitungsprozesse geprüft und dokumentiert werden. Daher geht es um die Zusammenstellung einzelner Datenverarbeitungsvorgänge, die für einen bestimmten Zweck vorgenommen werden und hinreichend abgrenzbar sind.

**11. Durchführung von Wirksamkeitskontrollen.** Ein ständiger Nachweis der Einhaltung der Datenschutzgrundsätze und internen Datenschutzrichtlinien erfordert die Durchführung von Wirksamkeitskontrollen im Unternehmen. Folge der Auswertungen muss die Implementierung von Verbesserungsmaßnahmen sein. Mit der Durchführung der Wirksamkeitskontrollen können Personen, die über die erforderlichen Qualifikationen im Datenschutz verfügen, beauftragt werden. Da Datenschutzbeauftragte ohnehin die Einhaltung der Bestimmungen der DS-GVO zu kontrollieren haben, liegt es nahe, ihnen auch diese Aufgabe zu übertragen. Alternativ könnte die Compliance-Abteilung oder die interne Revision die Kontrollen durchführen.

Die Wirksamkeitskontrollen umfassen die technischen und organisatorischen Maßnahmen, die in der Organisationsanweisung festgelegt sind. Durch die Kontrollen soll im zweiten Schritt geprüft werden, ob die Vorgaben tatsächlich befolgt werden. Zwingend notwendig ist es daher, die Ergebnisse der Prüfung zu dokumentieren. Dabei bestehen (noch) keine festen Kriterien für die Durchführung, die Unternehmen sind frei darin, eine für sie individuell passende Lösung zu finden. Möglich ist zB die Nutzung von Kennzahlen (KPI, vgl. Hansch ZD 2019, 245). Die Wirksamkeitskontrollen sollten zumindest nach dem folgenden Grundkonzept durchgeführt werden:

a) Unmittelbar nach Umsetzung der Organisationsanweisung ist stichprobenartig zu prüfen, ob die Vorgaben tatsächlich eingehalten werden. Im Anschluss sollte eine regelmäßige Überprüfung in festgelegten Zeitabständen (halbjährlich oder jährlich) erfolgen.

b) Die Wirksamkeitskontrollen können mittels Arbeitsplatzbegehung, Beobachtungen im allgemeinen Betrieb oder Befragung der Mitarbeiter durch Auditbögen durchgeführt werden.

c) Zu dokumentieren sind die Zeitpunkte und Ergebnisse der durchgeführten Kontrollen, die erfassten – und anschließend zu beseitigenden – Defizite („Findings") sowie die daraus resultierenden Folgemaßnahmen. Bei einer nachfolgenden Überprüfung sind die erfassten Defizite in die Kontrollen einzubeziehen.

d) Abschließend sollte festgelegt werden, wie an die Geschäftsleitung berichtet wird („Reporting"). Da die Geschäftsleitung die Gesamtverantwortung für die Einhaltung des Datenschutzes trägt, ist eine regelmäßige Weitergabe der Prüfergebnisse sicherzustellen. Weiterhin sollte ein Reporting an die Person erfolgen, in deren Verantwortungsbereich die Wirksamkeitskontrollen durchgeführt werden.

**12. Datenschutz-Folgenabschätzung.** → Form. C. III.

**13. Datenminimierung.** → Form. C. V.5.

**14. Verfahren zur Reaktion auf Aufsichtsbehörden.** Die Datenschutz-Aufsichtsbehörden verfügen nach Art. 58 DS-GVO über weitreichende Befugnisse gegenüber Verantwortlichen und Auftragsverarbeitern. Insbesondere ist ihnen Zugang zu allen personenbezogenen Daten und Informationen, die zur Erfüllung ihrer Aufgaben notwendig sind, zu gewähren (Art. 58 Abs. 1 lit. a, e DS-GVO). Die Nichtgewährung des Zugangs ist gem. Art. 83 Abs. 5 lit. e DS-GVO bußgeldbewehrt. Es ist demnach von großer Bedeutung, dass die von den Aufsichtsbehörden gesetzten Fristen eingehalten werden. Daher müssen alle Mitarbeiter dahingehend geschult werden, dass Anfragen der Aufsichtsbehörden umgehend an die zuständige Stelle im Unternehmen weitergeleitet werden.

**15. Auftragsverarbeitung.** → Form. G. I.; → Form. G. II.

**16. Einschlägige Rechtsgrundlagen für Datenverarbeitung.** Jede Verarbeitung personenbezogener Daten muss gem. Art. 6 Abs. 1 DS-GVO von einem Erlaubnistatbestand abgedeckt sein. Daher ist für jeden Verarbeitungsvorgang sicherzustellen, dass er durch eine Rechtsgrundlage abgedeckt ist.

**17. Interne Meldepflicht bei vermuteten Datenschutzverstößen.** → Form. C. VI.

**18. Umsetzung Betroffenenrechte.** → Form. F.

**19. Zugriffsberechtigungskonzepte.** → Form. E. IV.

**20. Bereitstellung Löschkonzepte.** → Form. D. IV.

**21. Datentransfers in Drittstaaten.** → Form. G. VII.

**22. Zertifizierung des Datenschutz-Managements.** Eine Zertifizierung kann einen wichtigen Bestandteil für den Nachweis der datenschutzkonformen Arbeit im Unternehmen darstellen, → Form. C. IV.; weiterhin → Form. A. IV.

**23. Genehmigte Verhaltensregeln.** → Form. C. IV.

**24. Datenschutz-Managementsystem.** Die Einhaltung der Vorgaben der Rechenschaftspflicht nach Art. 5, 24 DS-GVO kann umfassend durch ein Datenschutz-Managementsystem (DSMS) sichergestellt werden. Ein solches DSMS unter Berücksichtigung der Vorgaben der DS-GVO kann in besonderem Maße zur Umsetzung der Datenschutzvorgaben dienen.

## II. Datenschutz-Compliance

### 1. Vorstandspflichten – die Lücke zwischen Datenschutzbeauftragtem und Datenschutz-Compliance

Das deutsche Recht und weitere Vorgaben legen dem Vorstand bzw. der Geschäftsleitung an mehreren Stellen Pflichten auf, für die **Schaffung einer angemessenen und wirksamen Organisation** zur Verhinderung von **Compliance-Verstößen** Sorge zu tragen (siehe hierzu die nachfolgende Checkliste).

Inhaltlich betrifft dies zunächst die „Klassiker" der Compliance, also die Vermeidung von Korruption und die Unterbindung von Abstimmungen mit Wettbewerbern; bei entsprechender Marktmacht auch weitere kartellrechtliche Aspekte. Im Anwendungsbereich des AktG ergibt sich aus dessen §§ 91 Abs. 2, 107 Abs. 3 S. 2 auch die Pflicht zur Einrichtung eines **Risikomanagement-Systems** sowie eines **internen Kontrollsystems (IKS).** Zukünftig wird vielleicht auch ein **Verbandssanktionengesetz (VerSanG)** zu berücksichtigen sein, das umgangssprachlich als Unternehmensstrafrecht bezeichnet wird. Hinzu kommen, je nach Branche und Ausrichtung (B2B/B2C), weitere Themen wie **Datenschutz,** Exportkontrolle und, wie zB im Medizin- und Pharmasektor oder im Bank- und Finanzbereich, sektorspezifisch weitere regulatorische Anforderungen. Ergänzt wurde und wird dies in letzter Zeit durch nationale und unionsrechtliche Vorgaben wie Digital Services Act und Digital Markets Act, Hinweisgeberschutz- und Lieferkettensorgfaltspflichtengesetze, Barrierefreiheitsstärkungsgesetz sowie Data Act (→ P. I.) und AI Act (→ Q.).

Datenschutz ist somit **eines von mehreren Elementen des Compliance-Programms** eines Unternehmens. Die Unternehmensführung ist verpflichtet, angemessene und wirksame Maßnahmen zu ergreifen, um Verstöße zu vermeiden. Datenschutz darf daher nicht nur aus den datenschutzrechtlichen Gesetzen (insbesondere DS-GVO und ePrivacy-Recht, nebst den entsprechenden Normen der Mitgliedstaaten wie etwa BDSG und TDDDG heraus verstanden werden, sondern auch aus der organisatorischen Pflicht der Unternehmensleitung, für eine **„Datenschutz-Compliance"** zu sorgen.

Diese Pflicht ist **nicht schon dadurch erfüllt,** dass ein Datenschutzbeauftragter bestellt und ihm die notwendigen Informationen und Ressourcen zur Verfügung gestellt werden. Im Gegenteil ist der Datenschutzbeauftragte nach Art. 39 DS-GVO gerade nicht dafür verantwortlich, dass beim Verantwortlichen die datenschutzrechtlichen Gesetze eingehalten werden. Daher verbleibt **eine Umsetzungslücke,** wenn Vorstände und Geschäftsführer (und häufig genug auch Compliance- und Revisionsabteilungen) glauben, dass sie ihre datenschutzrechtlichen Organisationspflichten durch die Benennung eines geeigneten Datenschutzbeauftragten erfüllt hätten. Dies ist vielmehr nur ein Baustein der Compliance-Anstrengungen, so wie nach § 7 Abs. 1 S. 1 GwG ein Geldwäschebeauftragter bestellt werden muss, der aber nur ein begrenztes Aufgaben- und Verantwortungsspektrum hat.

Die zwischen der notwendigen Benennung eines Datenschutzbeauftragten und der Erfüllung der Compliance-Pflichten der Geschäftsleitung bestehende Lücke muss durch weitere **Maßnahmen geschlossen werden.** Hierzu sind organisatorische und personelle Aspekte sowie die Aufgabenverteilung zwischen dem – im Rahmen der gesetzlichen Vorgaben – weisungsfrei agierenden Datenschutzbeauftragten und anderen Abteilungen zu regeln:

| *Themengebiet* | *Organisatorische Maßnahmen zur Einhaltung der datenschutzrechtlichen Gesetze (Datenschutz-Compliance)* |
|---|---|
| Gesamtorganisation | Aufbau einer grundsätzlichen Struktur, die im Konzern Zuständigkeiten und Verantwortlichkeiten für die Information über und Einhaltung von datenschutzrechtlichen Themen regelt[1] |
| | Orientierung des Aufbaus an IDW PS 980, IDW PH 9.860.1 oder anderen anerkannten Standards[2] |
| | Richtlinie/interne Policy, die Organisation und die Verantwortlichkeiten regelt[3] |
| Delegation von Organpflichten; Führungskräfte („Chief Privacy Officer") | Leitung durch Führungskraft auf „C-Level" (einen „Chief" Officer, etwa den Chief Compliance Officer oder Chief Privacy Officer)[4] |
| | Koordination von Datenschutz-Compliance bei Konzerngesellschaften[5] |
| | „Orchestrierung" der Datenschutzbeauftragten (unter Wahrung von deren Unabhängigkeit)[5] |
| Datenschutzbeauftragte | Benennung von geeigneten Datenschutzbeauftragten[6] (soweit rechtlich erforderlich); ggf. Benennung eines Konzerndatenschutzbeauftragten[7] |
| | Erfüllung der Rechte des Datenschutzbeauftragten (Ausstattung, Informationen; Unabhängigkeit)[8] |
| Weitere produkt- und themenbezogene Funktionen (dezentrale Datenschutz-Koordinatoren, lokale Privacy Officer bzw. Privacy Manager sowie Product Owner) | Mit zunehmender Unternehmensgröße wird es erforderlich, operative Arbeit vom Chief Privacy Officer und dem Datenschutzbeauftragten hinunter in die Organisation zu delegieren.[9] |

## Anmerkungen

**1. Compliance-Management-Organisation.** Die Gesamtorganisation zur Datenschutz-Compliance sollte – je nach Unternehmensgröße, Datenschutzrisiken und gewünschter Strategie und Reifegrad zum Datenschutz (→ Form. A. III. 1.; → Form. A. III. 5.) – mindestens aus den hier dargestellten Elementen bestehen und kann sich an Standards wie IDW PS 980 oder IDW PH 9.860.1 orientieren.

**2. IDW PS 980, PH 9.860.1.** Der Prüfungsstandard (PS) 980 nebst Prüfungshinweis (PH) 9.860.1 des Instituts der Deutschen Wirtschaftsprüfer (IDW) fasst best practices zu Compliance-Management-Systemen zusammen und ist der Maßstab, an dem sich Wirtschaftsprüfer in der Regel orientieren (→ Form. A. II.3.).

**3. Richtlinie/interne Policy zu Datenschutz-Compliance.** Bei der Richtlinie/internen Policy zu Datenschutz-Compliance handelt es sich nicht um eine inhaltliche Anweisung zum Umgang mit personenbezogenen Daten, wie sie in üblichen Datenschutz-Richtlinien oder entsprechenden Betriebsvereinbarungen enthalten ist. Vielmehr soll hier der äußere, organisatorische Rahmen für die Einhaltung der datenschutzrechtlichen Gesetze gesetzt werden (→ Form. D. I.2.).

**4. Chief Privacy Officer.** Der Verantwortliche ist für die Einhaltung der Regelungen der DS-GVO verantwortlich und muss deren Einhaltung nachweisen können (Art. 5 Abs. 2 DS-GVO). Diese Organisationspflicht liegt zunächst beim Inhaber bzw. Organ. Dieser bzw. dieses kann (und muss in der Regel) einzelne Aufgaben an nachgelagerte Führungsebenen delegieren, wobei die Durchführung von Wirksamkeitskontrollen nicht vergessen werden darf (→ Form. A. I. Anm. 1 und 11). In Ausnahmefällen kann eine solche Delegation auch an Beauftragte außerhalb des Verantwortlichen erfolgen, wobei die Compliance- oder Datenschutzabteilung der Holding eines Konzerns hierfür in der Regel nicht in Betracht kommt, da sie primär Kontrollaufgaben, aber keine direkten operativen Umsetzungskompetenzen hat. Damit Inhaber bzw. Organe Teile ihrer Organisationspflichten wirksam delegieren können, muss eine eindeutige Beauftragung an eine oder mehrere konkrete Personen erfolgen. Dies beinhaltet eine ausdrückliche, in der Regel schriftliche, ausreichend konkrete und vom Beauftragten angenommene Delegation (qualifizierte Beauftragung). Der Beauftragte sollte auf höchster Ebene unter dem Vorstand bzw. der Geschäftsleitung angesiedelt sein (Führungsebene 1 bzw. „C-Level", zB als „Chief Privacy Officer"). Eine vollständige Delegation ohne jegliche Kontrollpflichten ist freilich in keinem Fall möglich; hierzu die nachfolgend unter → Form. A. II.2. dargestellte Rechtslage.

**5. Koordination unter Konzerngesellschaften und „Orchestrierung" von Datenschutzbeauftragten.** Die thematische Koordination von Gesellschaften im Konzern wird eine der Hauptaufgaben der für Datenschutz-Compliance zuständigen Organisation sein, und häufig sowohl Diplomatie als auch Durchsetzungskraft erfordern. Die Koordination von Datenschutzbeauftragten im Konzern darf selbstredend nur unter Wahrung ihrer Unabhängigkeit erfolgen.

**6. Datenschutzbeauftragte.** Nach der Terminologie des Art. 37 Abs. 1 DS-GVO erfolgt eine bloße „Benennung" (und keine „Bestellung") der Datenschutzbeauftragten (→ Form. B. I.1; Verträge mit externen Datenschutzbeauftragten → Form. B. II.; zur Arbeitsweise und zur Datenschutzorganisation insgesamt → Form. A. III.).

**7. Benennung eines Konzerndatenschutzbeauftragten.** Nach Art. 37 Abs. 2 DS-GVO kann ein Konzerndatenschutzbeauftragter benannt werden (zu den Anforderungen zB Kühling/Buchner/Bergt DS-GVO Art. 37 Rn. 27). Dies war unter dem BDSG aF nicht geregelt, selbst wenn faktisch dieselbe Person für alle Konzerngesellschaften einzeln als jeweiliger Datenschutzbeauftragter bestellt werden konnte.

**8. Ausstattung von Datenschutzbeauftragten.** Art. 38 Abs. 2 DS-GVO stellt klar, dass der Datenschutzbeauftragte nicht nur mit den erforderlichen Informationen, sondern auch mit ausreichend Ressourcen auszustatten ist, um u.a. seine Pflichten aus Art. 39 DS-GVO zu erfüllen. Hierzu Kühling/Buchner/Bergt DS-GVO Art. 38 Rn. 21.

**9. Dezentrale Funktionen (Datenschutz-Koordinatoren, lokale Privacy Officer oder Privacy Manager, Product Owner).** Sofern es sich nicht um Klein- oder Kleinstunternehmen handelt, werden Chief Privacy Officer und Datenschutzbeauftragter nicht alle Sachverhalte kennen und nicht sämtliche Themen alleine abarbeiten können. Einer immer größer werdenden Stabsabteilung würde oft die Nähe zu den Themen vor Ort fehlen. Daher hat es sich etabliert, unterstützende und operative Datenschutzaufgaben in die Organisation zu delegieren. Für allgemeine Datenschutzthemen haben sich lokale bzw. bereichsbezogene Funktionen etabliert, die oft als Privacy Officer oder Privacy Manager bezeichnet werden (→ Form. D. I. 2. § 4). Diese wurden zum Teil auch „dezentrale Datenschutz-Koordinatoren" genannt. Eine solche Bezeichnung lässt diese Rolle aber nicht zwingend attraktiv erscheinen, zumal sie meist zusätzlich zu der bisherigen operativen Arbeit ausgeübt wird (vgl. von dem Bussche/Voigt Konzerndatenschutz/Egle/Zeller Teil 2 Kap. 2 Rn. 54).

Zusätzlich zu diesen Rollen für lokale Querschnittsaufgaben sollten bei Verarbeitungssystemen, die spezielle Risiken oder besonders tiefe Fachkenntnis erfordern – also über das Qualifikations- und Aufgabenprofil eines Privacy Managers hinausgehen – Mitarbeiter als „Pate" für den Datenschutz verpflichtet werden, die mit dem jeweiligen System vertraut sind und vor allem in geplante Änderungen frühzeitig involviert sind. So kann erreicht werden, dass das System in seiner jeweils aktuellen Form datenschutzkonform betrieben wird (→ Form. D. I. 2. § 8). Änderungen des Systems und der darin verarbeiteten Datenkategorien würden einer Querschnittsfunktion wie dem lokalen Privacy Manager oder erst recht dem Konzerndatenschutzbeauftragten nämlich oft entgehen. Diese Funktion wird oft als Product Owner, teilweise auch als Datenschutz-Pate bezeichnet.

## 2. Pflichten und Haftung von Vorständen bzw. Geschäftsleitung sowie von Aufsichtsräten

Gesetzliche Regelungen zur Compliance sind im deutschen Recht nicht zentral kodifiziert, sondern ergeben sich aus einer Vielzahl von Normen sowie einigen wenigen Urteilen. Die nachfolgende Checkliste gibt einen Überblick über die wesentlichen rechtlichen Grundlagen für die Notwendigkeit eines Compliance-Systems, die sich aus den Pflichten (und den Haftungsrisiken) von Organen ergeben.

| Art der Norm | Quelle | Inhalt (verkürzt) |
|---|---|---|
| Gesetze | OWiG<br>§ 130 Abs. 1 | **Bußgeld gegen den Inhaber, falls im Unternehmen Aufsichtsmaßnahmen unterlassen werden und es dadurch zu straf- oder bußgeldbewehrten Gesetzesverstößen kommt, sofern die unterlassene Aufsichtsmaßnahme den Verstoß erleichtert hat.[1]** |

| Art der Norm | Quelle | Inhalt (verkürzt) |
|---|---|---|
| | OWiG<br>§ 30 | Bußgeld bis 10 Mio. EUR gegen ein Unternehmen, wenn Organmitglieder oder Personen in ähnlicher Leitungsfunktion in ihrer Funktion für das Unternehmen Straftaten oder Ordnungswidrigkeiten in bestimmter Weise begangen haben, insbes. zur Bereicherung des Unternehmens. Diese Entscheidung ist jedoch durch den EuGH dahingehend eingeschränkt worden, dass sie als mitgliedsstaatliche Regelung die Geldbußen nach Art. 83 DS-GVO nicht einschränken kann.[2] |
| | AktG<br>§ 91 Abs. 2 | Pflicht zur Einrichtung eines Frühwarnsystems (internes Kontrollsystem): Der Vorstand hat geeignete Maßnahmen zu treffen, insbesondere ein Überwachungssystem einzurichten, damit den Fortbestand der Gesellschaft gefährdende Entwicklungen früh erkannt werden.[3] |
| | AktG<br>§ 93 Abs. 2 S. 1<br>(ähnlich<br>§ 43 Abs. 2<br>GmbHG) | Vorstandsmitglieder, die ihre Pflichten verletzen, sind der Gesellschaft zum Ersatz des daraus entstehenden Schadens als Gesamtschuldner verpflichtet.[4] |
| | AktG<br>§ 107 Abs. 3 S. 2 | Bestellung eines Prüfungsausschusses durch den Aufsichtsrat („Audit Committee")[5] |
| | AktG<br>§ 116 S. 1 | Sorgfaltspflichten des Aufsichtsrats[6] |
| Grundsatzurteile | EuGH iS Deutsche Wohnen | Entscheidung des Gerichtshofs im Kontext einer Geldbuße nach Art. 83 DS-GVO gegen eine juristische Person:<br>1. zur Zurechnung von Verstößen, die durch Mitarbeiter verursacht wurden, auf den Verantwortlichen,<br>2. zum Erfordernis von Vorsatz oder Fahrlässigkeit und damit zur Unanwendbarkeit von Einschränkungen durch § 30 OWiG.[2] |
| | BGH zu Garantenpflicht | Grundsatzentscheidung des BGH zur strafrechtlichen Garantenpflicht von Führungspersonen bei Compliance-Verstößen[7] |
| | LG München I zu Compliance-Pflichten | Grundsatzentscheidung des LG München I zur zivilrechtlichen Haftung von Vorständen für die Folgen von Rechtsverstößen in |

| Art der Norm | Quelle | Inhalt (verkürzt) |
|---|---|---|
| | | Konzerngesellschaften; darin: Voraussetzungen an wirksame Compliance-Systeme[4] |
| Soft Law | DCGK | Deutscher Corporate Governance Kodex[8] |
| | IDW PS 980 | Prüfungsstandard PS 980 des IDW betreffend Compliance-Management-Systeme[9] |
| | IDW PH 9.860.1 | Prüfungshinweis PH 9.860.1 des IDW betreffend Grundsätze, Verfahren und Maßnahmen nach der DS-GVO[9] |
| sonstige Verpflichtungen | CoC | Code of Conduct des jeweiligen Unternehmens, der regelmäßig eine Verpflichtung des Unternehmens auf Einhaltung von Recht und Gesetz beinhaltet[10] |
| | Gesellschafter-Beschlüsse | Beschlüsse zu bestimmten Compliance-Themen, wie die Einführung eines Code of Conduct, von Compliance-Systemen oder Richtlinien in Tochtergesellschaften[11] |
| | Dienstverträge Führungskräfte | Dienst- bzw. Anstellungsverträge mit Geschäftsleitern (Vorstände, Geschäftsführer) und Chief Compliance/Chief Privacy Officer |

## Anmerkungen

**1. Compliance-Maßnahmen („Aufsichtsmaßnahmen") nach § 130 Abs. 1 OWiG.** Wer als Inhaber eines Betriebs oder Unternehmens vorsätzlich oder fahrlässig die Aufsichtsmaßnahmen unterlässt, die erforderlich sind, um in dem Betrieb oder Unternehmen „Zuwiderhandlungen gegen Pflichten" zu verhindern, die den Inhaber treffen und deren Verletzung mit Strafe oder Geldbuße bedroht ist, handelt ordnungswidrig, wenn eine solche Zuwiderhandlung begangen wird, die durch gehörige Aufsicht verhindert oder wesentlich erschwert worden wäre. Zu den erforderlichen Aufsichtsmaßnahmen gehören die Bestellung, die sorgfältige Auswahl und die Überwachung von Aufsichtspersonen.

**2. EuGH zu § 30 OWiG und Geldbußen gegen Unternehmen (Deutsche Wohnen).** In dem vielbeachteten Verfahren um die von der BlnBfDI im Jahr 2019 gegen die Deutsche Wohnen erlassenen Geldbuße von über 14 Mio. EUR adressierte eine der Vorlagefragen das Verhältnis des deutschen § 30 OWiG zur Regelung des Erlasses von Geldbußen in Art. 83 DS-GVO (Rechtssache C-807/21). Das LG Berlin hatte erstinstanzlich entschieden, die Verhängung einer Geldbuße gegen eine juristische Person sei in § 30 OWiG abschließend geregelt (LG Berlin 18.2.2021 – 526 OWi LG 212 Js-OWi 1/20 (1/20), ZD 2021, 270 Rn. 15). Das LG befand, § 30 OWiG finde über § 41 Abs. 1 BDSG auch für Verstöße nach Art. 83 Abs. 4 bis 6 DS-GVO Anwendung, was mit der Ergänzung „sinngemäß" auch dem Wortlaut des § 41 Abs. 1 S. 1 BDSG entspricht.

Das Kammergericht hat dem EuGH sodann zwei Fragen zur Vorabentscheidung vorgelegt (KG 6.12.2021 – 3 Ws 250/21, ZD 2022, 156). Dieser hat zur ersten Vorlagefrage geurteilt, dass Art. 58 Abs. 2 lit. i und Art. 83 Abs. 1 bis 6 DS-GVO einer nationalen Regelung entgegenstehen, nach der eine Geldbuße aus Art. 83 DS-GVO „gegen eine juristische Person in ihrer Eigenschaft als Verantwortliche nur dann verhängt werden kann, wenn dieser Verstoß zuvor einer identifizierten natürlichen Person zugerechnet wurde."

Die zweite Vorlagefrage wurde dahingehend entschieden, dass eine DS-GVO-Geldbuße gegen eine juristische Person in ihrer Eigenschaft als Verantwortliche nur dann verhängt werden kann, wenn dieser Verstoß zuvor einer identifizierten natürlichen Person zugerechnet wurde." Dabei verneint der EuGH unter Hinweis auf den Wortlaut von Art. 83 Abs. 2 lit. b und Abs. 3 DS-GVO, die auf Vorsatz oder Fahrlässigkeit Bezug nehmen, eine verschuldensunabhängige Haftung (auch als „strict liability" bezeichnet), vgl. Rn. 66 ff. der Entscheidung. Gleichwohl bleiben Fragen offen, u.a. zu § 130 OWiG (Golland NJW 2024, 325; zur Entsch. auch Spittka/Zirnstein GRUR-Prax 2024, 17; Grages/Strassemeyer CR 2024, 10; Künstner DSB 2024, 2; Wünschelbaum DSB 2024, 15; Wybitul/Brink ZD 2024, 137).

Zu § 30 OWiG, der in Abs. 2 nur eine Geldbuße bis 10 Mio. EUR vorsieht und zudem eine Geldbuße gegen das Unternehmen nur für Fälle von Straftaten oder Ordnungswidrigkeiten ermöglicht, die von Organen oder anderen Führungskräften begangen werden (Abs. 1), ist festzuhalten, dass diese Einschränkungen keine Beschränkungen im Fall von Geldbußen nach Art. 83 Abs. 1 DS-GVO sind. Gleichwohl bleibt § 30 OWiG für andere Tatbestände anwendbar. Ausf. zu Sanktionen und Bußgeldern → Form. O.

**3. Pflicht zum Aufbau eines internen Kontrollsystems (IKS).** Checkliste zum IKS bei Hauschka Compliance-FormB/Hauschka § 5 B.Dok. 7; ausf. Bungartz, Handbuch Interne Kontrollsysteme (IKS), 2020.

**4. Grundsatzurteil des LG München I (Siemens/Neubürger) zur Schadensersatzpflicht von Vorständen bzw. Geschäftsführern.** In diesem Grundsatzurteil zu Compliance-Pflichten der Organe einer Gesellschaft hat das Gericht über die Organisationspflichten des verklagten ehemaligen Vorstandsmitglieds entschieden und darauf basierend auf eine persönliche Haftung gegenüber der Gesellschaft erkannt, weshalb dieser gegenüber der Siemens AG zur Zahlung von Schadensersatz in Höhe von rund 15 Mio. EUR verurteilt wurde (LG München I 10.12.2013 – 5 HK O 1387/10, CCZ 2014, 142 (→ Form. A.IV.5. Anm. 1)). Die Parteien haben sich in der Folge vergleichsweise auf eine Zahlung von 2,5 Mio. EUR geeinigt, weshalb das Urteil nicht rechtskräftig wurde. Dieser Vergleich war Gegenstand der Hauptversammlung 2015 und daher auf der Homepage der Siemens AG lange Zeit öffentlich einsehbar. Die persönliche Haftung der Organe wird als ein sehr hartes, aber auch besonders wirksames Mittel für die tatsächliche Umsetzung von Compliance-Maßnahmen angesehen. Zur Anwendung der Rechtsprechung des LG München I auf Schäden, die dem Unternehmen durch Datenschutzverstöße entstehen (im Kontext der Geldbuße gegen die Deutsche Wohnen SE → Form. Anm. 2; Koglin, www.cr-online.de/blog/2019/11/15/datenschutz-compliance-ab-wann-beginnt-die-persoenliche-haftung-von-vorstaenden-bei-bussgeldern/).

**5. Prüfungsausschuss.** Gem. § 107 Abs. 3 S. 2 AktG kann der Aufsichtsrat optional insbesondere einen Prüfungsausschuss bestellen, der sich u.a. mit der Überwachung der Wirksamkeit des internen Kontrollsystems und des Risikomanagement-Systems befasst.

**6. Sorgfaltspflichten auch für Aufsichtsratsmitglieder.** Nicht nur die Pflichten und damit das Haftungspotenzial der Vorstandsmitglieder wurden in den vergangenen Jahrzehnten erweitert, sondern auch die Aufsichtsräte unterliegen ähnlichen Pflichten. Für die Sorgfaltspflicht und Verantwortlichkeit der Aufsichtsratsmitglieder gelten gem. § 116 S. 1 AktG die vorstandsbezogenen Regelungen des § 93 AktG mit Ausnahme des § 93 Abs. 2 S. 3 AktG, der die Sorgfaltspflicht und Verantwortlichkeit der Vorstandsmitglieder betrifft (stattdessen gelten für den Aufsichtsrat gem. § 116 S. 2 und 3 spezielle Pflichten bzgl. Verschwiegenheit und der von ihnen festzusetzenden Vergütung der Vorstände). Die auch gegenüber Aufsichtsräten geltenden Regelungen aus § 93 AktG sind daher insbesondere die Pflicht zur ordentlichen und gewissenhaften Ausübung ihres Mandats (§ 93 Abs. 1 S. 1 AktG) und die Haftung gegenüber der Gesellschaft (§ 93 Abs. 2 S. 1 AktG), die unter bestimmten Voraussetzungen auch von Gläubigern der Gesellschaft geltend gemacht werden kann (§ 93 Abs. 5 AktG), nebst Beweislastumkehr bei der Frage, ob die Sorgfalt eines ordentlichen und gewissenhaften Aufsichtsrats angewandt wurde (§ 93 Abs. 2 S. 2 AktG).

**7. BGH zur Garantenstellung bei Compliance-Verantwortlichen (sog. BSR-Entscheidung).** Mit dem Grundsatzurteil zur Garantenstellung von Compliance-Verantwortlichen hat der 5. Strafsenat des BGH entschieden, dass auch durch die Übernahme einer speziellen Position (hier: Leiter der Innenrevision bei der Berliner Stadtreinigung, einer Anstalt des öffentlichen Rechts) eine strafrechtliche Garantenpflicht iSd § 13 Abs. 1 StGB, also eine Strafbarkeit durch Unterlassung entstehen kann (BGH 17.7.2009 – 5 StR 394/08, NJW 2009, 3173). Neben der strafrechtlichen Konsequenz – hier der Beihilfe zu Betrug und Untreue – kann dies über § 823 Abs. 2 BGB auch zivilrechtliche Ansprüche zur Folge haben.

**8. Deutscher Corporate Governance Kodex (DCGK).** Der DCGK beinhaltet Regeln für gute Unternehmensführung (Corporate Governance) bei börsennotierten Unternehmen. Es handelt sich dabei jedoch nicht um verbindlich einzuhaltende Regeln. Vorstand und Aufsichtsrat von börsennotierten Gesellschaften sind gem. § 161 Abs. 1 AktG lediglich verpflichtet, jährlich im Wege einer Entsprechenserklärung die Übereinstimmung mit dem DCGK zu bestätigen oder alternativ zu erklären, welche Regeln des DCGK nicht eingehalten werden, und Abweichungen zu erläutern („comply or explain"). Für diese Art von Regelwerk hat sich der (gleichwohl umstrittene) Begriff „soft law" eingebürgert.

**9. IDW PS 980, PH 9.860.1.** Der Prüfungsstandard (PS) 980 nebst Prüfungshinweis (PH) 9.860.1 des Instituts der Deutschen Wirtschaftsprüfer (IDW) fasst best practices zu Compliance-Management-Systemen zusammen und ist der Maßstab, an dem sich Wirtschaftsprüfer in der Regel orientieren (→ Form. A. II. 3.).

**10. Code of Conduct.** Der Code of Conduct ist ein wichtiges Element zur Compliance-Struktur eines Unternehmens und zur Datenschutz-Compliance. Ein Muster für die Datenschutzpassage im CoC ist abgedruckt unter → Form. A. IV. 1.

**11. Gesellschafterbeschlüsse zu Compliance-Themen.** Zur Einführung von Compliance-Maßnahmen wie einer Richtlinie zur Datenschutzorganisation → Form. D. I. 1.

## 3. Anforderungen an ein Compliance-Management-System nach IDW PS 980 und DS-GVO-Prüfung nach IDW PH 9.860.1

Vor dem Hintergrund der in → Form. A. II.2. dargestellten Rechtspflichten hat der Vorstand bzw. die Geschäftsleitung nicht nur die Pflicht, nach den Vorgaben der DS-GVO einen Datenschutzbeauftragten zu benennen, sondern darüber hinaus die Voraussetzungen für eine **funktionierende Datenschutz-Compliance** zu schaffen (→ Form. A. II.1., 2.).

Zu etlichen Themenfeldern ist das Vorliegen einer wirksamen und angemessenen Compliance-Struktur im Rahmen der Prüfung des Jahresabschlusses durch Wirtschaftsprüfer zu prüfen. Das **„Institut der Deutschen Wirtschaftsprüfer"** (**IDW**) hat für verschiedene Prüfungsfelder Standards verabschiedet. Diese sog. **Prüfungsstandards** („**PS**") haben keine Gesetzeskraft. Da sie von Wirtschaftsprüfern aber regelmäßig als Maßstab für Prüfungen herangezogen werden, haben sie – grob mit DIN-Normen vergleichbar – eine starke faktische Wirkung (vgl. hierzu BGH 14.5. 1998 – VII ZR 184/97, NJW 1998, 2814). Wie bei DIN-Normen unterliegen auch die IDW-Prüfungsstandards urheberrechtlichem Schutz ohne die für Gesetze und Urteile geltenden Ausnahmen des § 5 Abs. 1 UrhG, sodass der Text der Prüfungsstandards **nicht frei verfügbar** ist (vgl. § 5 Abs. 3 S. 1 UrhG).

Der IDW PS 980 beinhaltet **best practices** für Compliance-Management-Systeme (CMS). Sie dienen nicht nur der Prüfung, sondern können auch als Anforderungskatalog für eine allgemein anerkannte Konzeption eines CMS herangezogen werden. Der IDW PS 980 unterstützt dadurch **Führungs- und Aufsichtsorgane** (Vorstand bzw. Geschäftsführung sowie ggf. Aufsichtsrat), ihre Pflichten bezüglich der Corporate Governance zu erfüllen. Wie die meisten Compliance-Maßnahmen hilft sie zugleich bei der **Vermeidung einer persönlichen Haftung** von Organmitgliedern. Ergänzt wird IDW PS 980 durch den Prüfungshinweis (PH) 9.860.1 zur Prüfung datenschutzrechtlicher Grundsätze, Verfahren und Maßnahmen.

PS 980 ist in **zwei Dimensionen** zu verstehen: Er enthält **sieben inhaltliche Kapitel**, etwa zur Compliance-Organisation und zur Compliance-Kommunikation. Diese sieben Themen sind in **drei Ausbaustufen** (A1 bis A3) zu betrachten: Konzeption, Angemessenheit und Wirksamkeit.

Die inhaltlichen Elemente sind **nicht als starre Anforderungen** zu verstehen und wären dafür auch nicht konkret genug. Sie lassen vielmehr Gestaltungsspielraum zu, um im Rahmen der Angemessenheits- und Wirksamkeitsbetrachtungen auf die konkrete Situation des Unternehmens, Unternehmensgröße und die **spezifischen Risiken** eingehen zu können (zur risikoorientierten Datenschutzstrategie → Form. A. III.2., 5.).

**A. Ausbaustufen des Compliance-Management-Systems (CMS) nach IDW PS 980**

**1. Konzeptionsprüfung des CMS (1. Ausbaustufe)**[1]

**2. Angemessenheitsprüfung des CMS (2. Ausbaustufe)**[2]

**3. Wirksamkeitsprüfung des CMS (3. Ausbaustufe)**[3]

**B. Inhaltliche Anforderungen an das Compliance-Management-System (CMS)**

**1. Compliance-Kultur**

**Nach IDW PS 980 ist die Compliance-Kultur die Grundlage für die Angemessenheit und Wirksamkeit des CMS. Die Compliance-Kultur werde maßgeblich davon**

geprägt, wie das Management (Vorstand/Geschäftsleitung und Aufsichtsorgane) es durch seine Grundeinstellungen und tatsächlichen Verhaltensweisen vorlebt („tone from the top").[4] Die Compliance-Kultur beeinflusst, welche Bedeutung die Belegschaft regelkonformem Verhalten beimisst und damit ihre Bereitschaft zu Compliance.

2. Compliance-Ziele
Die Organe legen auf Grundlage der relevanten Regeln fest, welche Ergebnisse mit dem CMS angestrebt werden. Diese Ziele stellen die Basis für die Bewertung von Compliance-bezogenen Risiken in Ziff. 4 dar.[5]

3. Compliance-Organisation
Die Organe definieren die Verantwortlichkeiten und tragen dafür Sorge, dass die für ein wirksames CMS notwendigen Ressourcen vorhanden sind.[6]

4. Compliance-Risiken
Auf Basis der Compliance-Ziele werden diejenigen Compliance-Risiken festgestellt, die zu einem Verstoß gegen relevante Vorschriften führen können. Diese Risiken werden bezüglich der Wahrscheinlichkeit ihres Eintritts und der möglichen Folgen bewertet (Größe des direkten Schadens, eventuelle weitere Folgen wie Reputationsverlust).[7]

5. Compliance-Programm
Basierend auf den Bewertungen der Compliance-Risiken sind „Grundsätze und Maßnahmen" zu veranlassen, um die festgestellten Compliance-Risiken zu reduzieren und letztlich Compliance-Verstöße zu vermeiden.[8]

6. Compliance-Kommunikation
Über das Compliance-Programm und die definierten Verantwortlichkeiten werden sowohl die relevanten Teile der Belegschaft als auch Dritte informiert, damit diese ihre Rollen im CMS ausüben können. Außerdem ist zu definieren, wer bei Hinweisen auf Compliance-Verstöße zu informieren ist.[9]

7. Compliance-Überwachung und -Verbesserung
Abschließend sieht IDW PS 980 vor, dass die Angemessenheit und Wirksamkeit des CMS überwacht werden. Hierfür ist eine entsprechende Dokumentation des CMS zwingend erforderlich.

## C. Prüfung der Grundsätze, Verfahren und Maßnahmen nach DS-GVO und BDSG gem. IDW PH 9.860.1

### 1. IDW PH 9.860.1

Der Prüfungshinweis (PH) IDW PH 9.860.1 ist im Vergleich zum Prüfungsstandard eine speziellere und detailliertere Liste mit Prüfungsthemen und Anforderungen. Nach der Nomenklatur weist er eine Nähe zum IDW EPS 860 auf, der die IT-Prüfung betrifft. Inhaltlich ist IDW PH 9.860.1 jedoch näher am IDW PS 980, der der Prüfung von Compliance-Organisationen dient, und konkretisiert ihn für Datenschutzanforderungen unter der DS-GVO und dem BDSG.

### 2. Themen und Prüfungsbeispiele

Kernstück des PH 9.860.1 ist dessen Anlage 1 mit einer Tabelle von 86 thematischen Elementen, zu denen jeweils „Grundsätze, Verfahren und Maßnahmen" sowie „Beispielhafte Prüfungshandlungen" dargestellt werden. Die vorgeschlagenen Prüfungshandlungen gliedern sich – in Anlehnung an IDW PS 980 – in die Prüfung der Angemessenheit und die Prüfung der Wirksamkeit der Maßnahmen.

Die 86 Elemente decken im Wesentlichen die Bandbreite datenschutzrechtlicher Anforderungen der DS-GVO ab, die den Verantwortlichen und einen Auftragsverarbeiter treffen können. Dies beginnt – erneut in Anlehnung an IDW PS 980 – bei allgemeinen Themen wie der Festlegung von Datenschutz-Zielen sowie der Dokumentation von Zielzustand und Reifegrad (Anlage 1, Nr. 1).[10]

Nach Nr. 4 und 5 ist das Vorliegen eines „Rahmenwerks" sowie eine dazugehörige Dokumentation zu prüfen, welche die zentralen Anforderungen der DS-GVO abdecken. Aufgeführt werden u.a. die Datenschutzorganisation, Zuständigkeiten eines Datenschutzbeauftragten, Verzeichnis von Verarbeitungstätigkeiten, TOMs, Löschung und Betroffenenrechte, Verletzungen nach Art. 33 DS-GVO nebst Meldungen, Auftragsverarbeitung und die Übermittlung von Daten in Drittländer.

In den nachfolgenden Nummern werden diese und weitere Inhalte dann granularer dargestellt. Hierbei werden auch Prüfungsanforderungen gestellt, die über die expliziten gesetzlichen Anforderungen hinausgehen. So müssen nach Nr. 27 zB für die Kommunikation mit Aufsichtsbehörden „Verhaltensregeln sowie die Verantwortlichkeiten und Kontaktpersonen" definiert werden. Hiernach soll die gesamte Kommunikation mit der Aufsichtsbehörde sowie die Beantwortung von deren Anfragen dem Datenschutzbeauftragten auferlegt werden.[11]

## Anmerkungen

**1. Konzeption des CMS.** Im Rahmen der Konzeptionsprüfung ist festzustellen, ob die in der Beschreibung des CMS getroffenen Aussagen zur Konzeption in allen wesentlichen Punkten zutreffend dargestellt wurde und ob alle erforderlichen Grundelemente eines CMS – dh die oben dargestellten sieben inhaltlichen Anforderungen – enthalten sind. Zudem ist die Aufbauorganisation des Compliance-Managements zu beurteilen. Zum Aufbau eines Datenschutz-Managementsystems (DSMS) von dem Bussche/Voigt Konzerndatenschutz/Egle/Zeller Teil 2 Kap. 2. B.; zum Aufbau eines DSMS in Anlehnung an IDW PS 980 und PH 9.860.1 Hansch ZD 2019, 245 (246ff.).

**2. Angemessenheit.** Im Rahmen der Angemessenheitsprüfung ist festzustellen, ob die im CMS dargestellten und implementierten Grundsätze und Maßnahmen geeignet sind, Risiken für wesentliche Regelverstöße mit hinreichender Sicherheit zu erkennen und zu verhindern.

**3. Wirksamkeit.** Im Rahmen der Wirksamkeitsprüfung ist festzustellen, ob die im CMS dargestellten Grundsätze und Maßnahmen zu einem bestimmten Zeitpunkt implementiert und in einem bestimmten Zeitraum wirksam waren. Zudem ist zu überprüfen, ob diese Grundsätze und Maßnahmen den relevanten Personen bekannt waren und von ihnen beachtet wurden.

**4. Compliance-Kultur.** Die Compliance-Kultur und der „tone from the top", also die Sprache und Sichtweise von Inhabern, Vorstand/Geschäftsführung und Führungskräften, wird leicht als „soft fact" abgetan. Durch eine vom Management glaubhaft vorlebte Compliance-Kultur und den dazugehörigen „tone from the top" wird aber ernsthaft vermittelt, dass die Bemühung um eine (Datenschutz-)Compliance ein echtes Anliegen der Unternehmensleitung ist und nicht nur „Gedöns", das allenfalls der Exkulpation des Vorstands dient.

**5. Compliance-Ziele.** Zu Compliance-Zielen siehe die Checklisten zur gewünschten Datenschutzstrategie (→ Form. A. III. 1.) und zum Reifegrad einer Organisation in Datenschutzthemen (→ Form. A. III. 5.). Zu den Zielen eines Datenschutz-Managementsystems von dem Bussche/Voigt Konzerndatenschutz/Egle/Zeller Teil 2 Kap. 2. B. I.

**6. Compliance-Organisation.** Zur Compliance-Organisation → Form. A. III. sowie das Muster einer Richtlinie zur Datenschutzorganisation → Form. D. I. 2. Zur Datenschutzorganisation von dem Bussche/Voigt Konzerndatenschutz/Egle/Zeller Teil 2 Kap. 2. B. III.

**7. Compliance-Risiken.** Die Datenschutzrisiken ergeben sich aus der Datenschutzstrategie (→ Form. A. III. 1.) und dem bestehenden bzw. erwünschten Reifegrad der Datenschutzorganisation (→ Form. A. III. 5.). Die Erfassung der Risiken gehört zu den Aufgaben des Vorstands einer Aktiengesellschaft und erfolgt durch ein internes Kontrollsystem und ein Risikomanagement (→ Form. A. II. 2. Vorb., Anm. 2).

**8. Compliance-Programm.** Aspekte des Compliance-Programms werden sich in der Praxis häufig mit Aspekten aus dem Katalog der Datenschutzorganisation (→ Anm. 6) überschneiden. Zum Compliance-Programm gehörende Maßnahmen sind neben der Richtlinie zum Aufbau einer Datenschutz-Compliance-Organisation und der Definition von Verantwortlichkeiten (→ Form. D. I. 2.) u. a. inhaltliche Richtlinien oder Betriebsvereinbarungen zum Umgang mit personenbezogenen Daten von Mitarbeitern oder Dritten (→ Form. D. II., III; → Form. H.). Zu Kennzahlen (KPI) zur Messung der Effektivität eines Datenschutz-Managementsystems Hansch ZD 2019, 245 (246).

**9. Compliance-Kommunikation.** Die im Rahmen der Compliance-Kommunikation durchzuführenden Maßnahmen umfassen zB Schulungen und überschneiden sich daher mit den operativen Tätigkeiten der Datenschutzbeauftragten. Berichtswege und Verantwortlichkeiten können sich zB über das Muster → Form. D. I. 2. festlegen lassen, die detaillierten Zuständigkeiten bedürfen dann – wie im Muster vorgesehen – weiterer Konkretisierung.

**10. Datenschutzziele und Reifegrad.** Siehe hierzu die Checklisten zur gewünschten Datenschutzstrategie (→ Form. A. III. 1.) und zum Reifegrad einer Organisation in Datenschutzthemen (→ Form. A. III. 5.).

**11. Kommunikation mit Aufsichtsbehörden als Aufgabe des Datenschutzbeauftragten.** Trotz dieser Darstellung als Anforderung nach IDW PH 9.860.1, Anlage 1 Nr. 27 ist es nicht unproblematisch, jegliche Kommunikation mit Aufsichtsbehörden zur Pflichtaufgabe des Datenschutzbeauftragten zu machen (im Rahmen der Aufgaben eines Datenschutzbeauftragten → Form. A. III.4. Anm. 6). Zum Umgang mit Anfragen und Audits von Aufsichtsbehörden → Form. A. III.6. sowie Herbrich DSB 2020, 20. Insbesondere im Rahmen der zahlreichen Verfahren über Geldbußen nach Art. 83 DS-GVO wurde die Kommunikation mit den Aufsichtsbehörden häufig und zu Recht an professionell geführte Wirtschaftsstrafverfahren angeglichen. Selbstverständlich gilt auch unter der DS-GVO der rechtsstaatliche Grundsatz des nemo tenetur, wonach sich niemand selbst belasten muss. Der Verantwortliche (und nicht der Datenschutzbeauftragte) muss entscheiden und am Ende verantworten, ob er im jeweiligen Fall auf eine kooperative oder konfrontative Strategie setzt und welche Kommunikation zur Aufsichtsbehörde er lieber der Rechtsabteilung oder externen Anwälten überlässt (Kritzer Datenschutzrechtliche Pflichten, Sanktionsregime und Selbstbelastungsfreiheit, 2022; Meyer NZWiSt 2022, 99; Spittka RDV 2019, 167; Thiel/Wybitul ZD 2020, 3; Wenzel/Wybitul ZD 2019, 290).

## III. Datenschutzorganisation im Unternehmen

Aus den Vorlesungen von Leo Staub (vgl. Staub Legal Management) stammt die treffende Parabel über einen Bauherrn, der neben seinem Haus eine große Doppelgarage errichten lässt. Er hat nur einen kleinen Pkw und ist sich sicher, mit der komfortablen Garage für die Zukunft mehr als genug Platz zu haben. Doch schon bald fragt der Nachbar, ob er seinen Rasenmäher dort unterstellen kann, die Kinder lagern ihre Fahrräder in der Garage, und nachdem sich der älteste Sohn einen reparaturbedürftigen Oldtimer zugelegt hat, ist für den Wagen des Garagenbesitzers nur noch auf der Straße Platz. Was ist passiert? Genau wie in vielen Rechts- und Datenschutzabteilungen gab es zwar zunächst eine passable Ausstattung mit den notwendigen Ressourcen (Raum bzw. Personal), aber kein Konzept, von wem und in welcher Intensität diese genutzt werden sollen. So werden die vorhandenen Mittel aus einer Mischung von Hilfsbereitschaft und Planlosigkeit vergeudet.

Dieses Beispiel verdeutlicht, wie wichtig für den unternehmensinternen Datenschutzbereich ein klares Konzept und dessen konsequente Umsetzung sind. Im Folgenden wird daher ein Musteraufbau für ein langlebiges Konzept zum Datenschutz im Unternehmen dargestellt, das als Ausgangspunkt für den Aufbau und Betrieb der Organisation dienen kann.

### 1. Organisatorischer und strategischer Aufbau

Die Frage nach den **Zuständigkeitsfeldern,** wer also die Leistungen der Datenschutzorganisation nutzen darf oder auch muss, ist ein wichtiger Baustein der **Organisation und Strategie** einer solchen Abteilung. Welche Unternehmensbereiche rechtliche Begleitung benötigen bzw. erhalten müssen, hängt u. a. von der **Unternehmensgröße,** der Branche, den Märkten und den Produkten ab (zum Datenschutz/Datenschutzkoordinatoren von dem Bussche/Voigt Konzerndatenschutz/Egle/Zeller Teil 2 Kap. 2 Rn. 54; zu Rechtsabteilungen Lenz/Reimann Die Rechtsabteilung S. 61; vgl. allgemein zum Aufbau der Rechtsberatung im Unternehmen Lenz/Wilke Die Rechtsabteilung S. 44 ff.). Die Zuständigkeiten sollten im Rahmen einer **einheitlichen Strategie** festgelegt werden und mit anderen Abteilungen (wie Rechtsabteilung, Compliance, Revision und IT-Sicherheit sowie ggf. lokalen Rechtsabteilungen aus Tochtergesellschaften) abgestimmt sein. Kernfragen einer solchen Strategie sind,

- ob sie lediglich die gesetzlichen **Pflichten des bzw. der Datenschutzbeauftragten** präzisiert und etwaige Mitarbeiter der Datenschutzabteilung nur dem Support des Datenschutzbeauftragten dienen, womit die Datenschutzabteilung lediglich unverbindliche Empfehlungen abgibt und auf die Einhaltung des Datenschutzes „hinwirkt", wie es im BDSG aF formuliert war
- wie in diesem Fall die Lücke zu einer strukturierten **Datenschutz-Compliance** geschlossen wird, wer im Unternehmen also die Zuständigkeit für organisatorische und prozessuale Maßnahmen hat, um die tatsächliche Einhaltung des Datenschutzes zu gewährleisten (→ Form. A. II. 1.)

– ob der (Konzern-)Datenschutzbeauftragte oder ein **Chief Privacy Officer** (→ Form. A. II. 2. Anm. 4) über formale Pflichten hinaus das **Mandat zu verbindlichen Anweisungen** oder zumindest einem **Veto** hat
– ob ein gewisses **Risiko** akzeptiert wird und, wenn ja, eine Systematik existieren soll, Datenschutzrisiken oder gar leichte Verstöße nicht zufällig, sondern konzernweit strukturiert und damit auch bewusst in Kauf zu nehmen, sowie die über allem stehende Frage:
– sind die Antworten hierauf heterogene Einzelentscheidungen oder leiten sie sich von einem übergeordneten, **über das Tagesgeschäft hinausgehenden Konzept** ab? In anderen Worten: Existiert etwas, das die Bezeichnung Plan, Strategie oder gar Vision verdient?

Diese Festlegungen haben großen Einfluss auf die erforderliche fachliche Qualifikation und va auf die Persönlichkeit des (Konzern-)Datenschutzbeauftragten bzw. eines Chief Privacy Officers, aber auch auf die organisatorische und hierarchische Stellung „seiner" Abteilung (→ Form. D. I.; → Form. E. I.). Doch häufig erfolgt der Aufbau nicht deduktiv von der Strategie zum Set-up der Abteilung, sondern induktiv vom Bestand der vorhandenen Ressourcen und ihren jeweiligen Fähigkeiten und Neigungen. Im schlechtesten, aber leider nicht seltenen Fall liegt statt einer wirklichen Strategie nur ein unstrukturiertes Mosaik vor, das sich mit der Zeit aus einer zufälligen Kombination von eigenen Lieblingsthemen und externen Anforderungen gebildet hat.

Daher sollte vor dem Aufbau oder der Evaluation der Struktur einer bestehenden Datenschutzorganisation zunächst eine Strategie zum Umgang mit datenschutzrechtlichen Anforderungen festgelegt werden. Fünf verbreitete Konzepte sind nachfolgend typisiert dargestellt. In der Praxis wird ein größeres Unternehmen dabei Merkmale mehrerer Typen erfüllen. Im Rahmen einer risikoorientierten Compliance- und Datenschutzstrategie erscheint es nicht sachfremd, dass Kerngeschäfte und risikobehaftete Bereiche wie zB der Umgang mit sensitiven Daten intensiver geregelt werden als Randbereiche. Art. 39 Abs. 2 DS-GVO zielt in eine ähnliche Richtung, wonach der Datenschutzbeauftragte bei seinen Tätigkeiten „dem mit den Verarbeitungsvorgängen verbundenen Risiko gebührend Rechnung" tragen soll.

Die Strategietypen eignen sich nicht nur für eine Bestandsaufnahme und Entwicklung der eigenen Datenschutzorganisation, sondern sie können auch im Rahmen einer **Due Diligence** auf potenzielle Targets angewendet werden. So kann ein Eindruck des Risikos vermittelt werden, das sich aus der Organisation insgesamt und nicht aus einzelnen im Datenraum abgelegten Dokumenten ergibt.

| Nr. | Bezeichnung der Strategie | Beschreibung, Verbreitung und Vorteile |
|---|---|---|
| 1. | Keine Datenschutzorganisation:<br>deutliche Unterschreitung der datenschutzrechtlichen Anforderungen (bewusst oder unbewusst) | Typische Merkmale: Bei Geschäftsbeziehungen und der Verarbeitung von Mitarbeiterdaten besteht keine datenschutzrechtliche Sensibilisierung. Vereinbarungen über Auftragsverarbeitung werden meist nur auf Aufforderung von Vertragspartnern und dann in der von ihnen gewünschten Form geschlossen. Ein Verarbeitungsverzeichnis wird nicht geführt. Keine individualisierte Datenschutzerklärung auf Unternehmens-Websites. |

| Nr. | Bezeichnung der Strategie | Beschreibung, Verbreitung und Vorteile |
|---|---|---|
| | | Teilweise erfolgt das Unterschreiten der rechtlichen Anforderungen unbewusst. Meist liegt jedoch eine Art dolus eventualis vor, bei dem der Geschäftsleitung bekannt ist, dass gewisse datenschutzrechtlichen Anforderungen bestehen, die Thematik aber bewusst nicht vertieft wird, um nicht „bösgläubig" zu werden. Sofern die Geschäftsleitung hingegen den Aufwand betreibt, sich über den Datenschutz zu informieren, wird in der Folge meist auch mindestens zur sog. „Feigenblatt-Strategie" (Nr. 2) gewechselt.<br>Verbreitung: Diese Variante ist seit Geltung der DS-GVO kaum noch zu finden, aber teilweise noch bei Unternehmen ohne B2C-Geschäft, kleinen Unternehmen und Tochtergesellschaften nichteuropäischer Konzerne anzutreffen.<br>Vorteil: kaum Kosten und Aufwand, sofern keine Verstöße publik werden.<br>Nachteil: Geldbußen und hoher Aufwand drohen, wenn die Verstöße bekannt werden. Wegen der formalen und damit schnell feststellbaren Verstöße[1] ist das Entdeckungsrisiko sehr hoch. Die Gefahr eines Imageschadens ist angesichts der Größe und der Branche der nach dieser Strategie verfahrenden Unternehmen häufig nicht relevant. |
| 2. | „Feigenblatt-Strategie":<br>Bemühen um Einhaltung der Vorschriften in formaler Hinsicht | Typische Merkmale: Die zentralen datenschutzrechtlichen Anforderungen werden formal eingehalten, um sich insbesondere gegenüber den Aufsichtsbehörden rechtskonform präsentieren zu können. Um den Anforderungen auch materiell zu entsprechen, fehlen der Wille und das Budget. Änderungen der Rechtslage werden nur sehr schleppend umgesetzt. Beispiele sind sowohl die Einführung einer DS-GVO-konformen Organisation als auch die Reaktion auf zentrale Rechtsprechung wie den EuGH-Urteilen zum Einsatz von Cookies und ähnlichen Technologien oder dem Datentransfer in Drittländer.<br>Ein Datenschutzbeauftragter ist schriftlich benannt; jedoch steht ihm für diese Aufgabe neben seinen anderen Tätigkeiten kaum freie Arbeitszeit zur Verfügung. |

| Nr. | Bezeichnung der Strategie | Beschreibung, Verbreitung und Vorteile |
|---|---|---|
| | | Allenfalls geringes Budget für Fortbildungen. Bei externen Datenschutzbeauftragten erfolgen über die Bestellung hinaus kaum Mandatierungen zu Einzelfragen; ein vertieftes Nachfragen oder gar Auditieren durch den Datenschutzbeauftragten ist nicht erwünscht. Ein Austausch mit der Geschäftsleitung zu einzelnen datenschutzrechtlichen Themen findet kaum statt.<br><br>Vereinbarungen über Auftragsverarbeitung werden meist nur auf Aufforderung von Vertragspartnern geschlossen. Ein Verarbeitungsverzeichnis wird allenfalls als knappes, allgemeines Dokument geführt („Wir verarbeiten Daten von Mitarbeitern, Kunden, Lieferanten und anderen Geschäftspartnern."). Datenschutzerklärungen werden nur geringfügig individualisiert und nicht strukturiert aktualisiert.<br><br>Verbreitung: noch häufig.<br><br>Vorteile: aufwandsarm, da den Anforderungen in formaler Hinsicht mit geringem Aufwand entsprochen wird und die Entdeckungsgefahr angesichts der Einhaltung der formalen Vorgaben für viele Unternehmen (abhängig von Größe, Branche und Bekanntheit) überschaubar ist.<br><br>Nachteile: Gefahr von ausführlichen Audits mit aufwändigen Nacharbeiten für das Unternehmen; die Gefahr von Geldbußen dürfte dabei zumindest bei kleineren Unternehmen überschaubar bleiben, solange keine Datenschutzvorfälle (Gesetzesverstöße oder meldepflichtige Datenschutzverletzungen nach Art. 33 DS-GVO) bekannt werden. Großes Risiko für den betreffenden Datenschutzbeauftragten, der seine gesetzlichen Pflichten nicht ausübt und damit auch Grund zu seiner Abberufung und Kündigung setzt. |
| 3. | Einhaltung von zentralen Vorschriften:<br><br>ernsthaftes Bemühen um Einhaltung des Mindestmaßes der zentralen gesetzlichen Vorgaben auch in inhaltlicher Hinsicht | Typische Merkmale: Der Datenschutzbeauftragte hat ein passables Budget an Zeit und Mitteln, auch wenn generell jedes Budget zu knapp erscheint.<br><br>Einige der wesentlichen Pflichten aus DS-GVO und BDSG können ohne gravierende Lücken umgesetzt werden. Dies sind insbesondere: |

| Nr. | Bezeichnung der Strategie | Beschreibung, Verbreitung und Vorteile |
|---|---|---|
| | | Verpflichtung neuer Mitarbeiter auf den Datenschutz,[2] Abschluss von Vereinbarungen über eine Auftragsverarbeitung bzw. gemeinsame Verantwortlichkeit,[3] Erstellung eines ansatzweise individualisierten und etwa jährlich überarbeiteten Verarbeitungsverzeichnisses,[4] Individualisierung von Datenschutzerklärungen.[5] Kunden bzw. Betroffene erhalten, wenn auch mit zeitlicher Verzögerung, eine Antwort.[6]<br>Anderen zentralen Pflichten, wie der Rechenschaftspflicht und einer entsprechenden Dokumentation, wird indes nicht nachgekommen.<br>Verbreitung: sehr häufig anzutreffen in Unternehmen mit größerer Präsenz in Deutschland und Unternehmen mit hohem, aber unkritischem B2C-Anteil (dh keine Gesundheitsdaten, keine Finanzdienstleistungen).<br>Vorteile: ernsthafte Einhaltung etlicher datenschutzrechtlicher Vorgaben; Gefahr von öffentlich gemachten Verstößen ist in vielen Branchen gering.<br>Nachteil: Fehlende organisatorische Vorgaben und die unvollständige Einhaltung des Datenschutzes können ein Compliance-Problem darstellen. Keine Verknüpfung der Arbeit des Datenschutzbeauftragten bzw. der Datenschutzabteilung mit der aus der Presse- oder Marketing-Abteilung. |
| 4. | Datenschutz im Gesamtkontext:<br>weitgehende Einhaltung der zentralen gesetzlichen Vorgaben sowie Behandlung zusätzlicher Themen im Rahmen einer Risiko- und Imagestrategie, jedoch limitierte Mittel | Typische Merkmale: Der Datenschutz nach der DS-GVO, dem BDSG und Nebengesetzen wird in formeller und materieller Hinsicht ernsthaft ausgeführt, auch wenn an einigen – vornehmlich unkritischen Stellen – Lücken bleiben. Über die rein datenschutzgesetzlichen Pflichten hinaus wird der Datenschutz zugleich aus Risiko- und Imagegründen, bisweilen sogar aus ernsthafter Überzeugung gelebt und steht in einem Gesamtkontext mit Unternehmensphilosophie, Pressearbeit und/oder interner Organisation, auch wenn die Ressourcen für die Gesamtheit dieser Themen knapp erscheinen mögen.<br>Die Basispflichten (siehe oben bei Strategie 3 – „Einhaltung der zentralen Vorschriften") werden vergleichsweise sorgfältig eingehalten. Dar- |

| Nr. | Bezeichnung der Strategie | Beschreibung, Verbreitung und Vorteile |
|---|---|---|
| | | über hinaus gibt es zB Schulungen für Mitarbeiter aus datenschutzrechtlich relevanten Abteilungen, grundsätzliche Überlegungen zu Themen wie Cloud oder Social Plug-ins (ohne diese gleich unterbinden zu müssen), häufig auch Guidelines zu Social Media[7] und eine Abstimmung wichtiger datenschutzrechtlicher Themen mit der Presseabteilung und der Geschäftsleitung. Die Geschäftsleitung interessiert sich für die Arbeit und die Themen des Datenschutzbeauftragten, und es finden zwischen ihnen regelmäßige Gespräche statt.<br>Verbreitung: zunehmend verbreitet, und es ist weiter mit einer verstärkten Annäherung an dieses Modell auszugehen. Zum einen in kleinen Unternehmen anzutreffen, bei denen die Gründer/Geschäftsführer aus eigener Überzeugung echtes Interesse am Datenschutz haben. Zum anderen aus Imagegründen bei Konzernen mit bekannten Marken anzutreffen.<br>Vorteile: sehr weitgehende und ansatzweise nachhaltige Einhaltung datenschutzrechtlicher und anderer Themen. Imagefördernd. Homogene Behandlung datenschutzrechtlicher Themen durch die verschiedenen Abteilungen des Unternehmens.<br>Nachteil: hoher, aber angemessener Aufwand. Keine durchgängigen organisatorischen und prozessualen Vorgaben zur Umsetzung der Datenschutzgesetze, daher zT fehlende Datenschutz-Compliance und entsprechendes Haftungsrisiko von Vorstand/Geschäftsleitung.[8] |
| 5. | Datenschutz als wichtiger Aspekt für Compliance und Image:<br>hoher Grad an Compliance | Typische Merkmale: Datenschutz ist ein Baustein des gesamten Compliance-/Risikokonzeptes. In der Regel ist eine eigene Datenschutzabteilung vorhanden. Auch wenn jede Organisation noch vergrößert und verbessert werden kann, ist die Umsetzung des Datenschutzes und verwandter Themen sehr ausgeprägt und grundsätzlich mit anderen Abteilungen abgestimmt. Die Datenschutzmitarbeiter kennen sich mit fast allen für das Unternehmen relevanten Datenschutzthemen einschließlich anstehender Novellen und maßgeblicher Richtlinien detailliert aus und sind |

| Nr. | Bezeichnung der Strategie | Beschreibung, Verbreitung und Vorteile |
|---|---|---|
| | | häufig – auch als Referent – auf einschlägigen Kongressen oder als Autor aktiv. Teilweise wird freiwillig ein Datenschutzbericht veröffentlicht, in dem zB auch die Anzahl staatlicher Anfragen offengelegt wird. Seitens des Unternehmens wird Datenschutz – gezwungenermaßen oder aus Überzeugung – über den gesetzlichen Standard hinaus als Image-Bestandteil oder gar als Wettbewerbsvorteil („Unique Selling Proposition") angesehen. Dies bedeutet nicht zwangsläufig, dass Datenschutz übervorsichtig umgesetzt wird und mehr untersagt wird als rechtlich erforderlich. Vielmehr werden durch gute und spezialisierte Juristen teils Grauzonen mit Fachkenntnis ausgeleuchtet und im vertretbaren Bereich umsatzrelevant genutzt, die anderen Juristen und Unternehmen aufgrund von unzutreffendem „Branchen-Halbwissen" als unzulässig erscheinen.<br><br>Verbreitung: quantitativ immer noch geringe Verbreitung von vermutlich weniger als 3 Prozent der deutschen Unternehmen; in dieser Liga – etwa börsennotierte Konzerne oder gereifte Digital-Start-ups vor einem Börsengang, Banken – ist diese Strategie und die entsprechende Ausstattung jedoch üblich und beinahe unvermeidlich, da es sich um internationale Unternehmen mit starker Präsenz, sehr bekannten Marken und/oder der Gefahr von Imageproblemen handelt. Typische Branchen: Banken, Versicherungen, Finanzindustrie, seriöse Wirtschaftsauskunfteien, Gesundheitsbranche, große eCommerce- oder Social-Media-Plattformen mit sehr vielen registrierten Usern.<br><br>Vorteile: hoher Grad an Datenschutz-Compliance und Image-Gewinn.<br><br>Nachteil: hoher Aufwand, der bei der entsprechenden Unternehmensgröße und -branche allerdings „state of the art" ist. |

## Anmerkungen

**1. Geldbußen bei Datenschutzverstößen.** In der Vergangenheit drohten Geldbußen insbesondere bei formellen Verstößen, wenn Beanstandungen der Aufsichtsbehörden nicht schnell abgeholfen wurde. In letzter Zeit sind die von der Presse aufgegriffenen Millionen-Bußgelder indes wegen materieller Verstöße erlassen worden, wie dem fehlenden Löschkonzept eines Wohnungsverwaltungsunternehmens oder der aus Sicht der zuständigen Aufsichtsbehörde mangelhaften Authentifizierung von Anrufern eines Telekommunikationsanbieters. Gleichwohl bleibt die Bußgeldgefahr bei formalen Verstößen sehr hoch, weil diese Verstöße in der Regel sehr eindeutig sind und tatbestandsmäßig keinem Bewertungsspielraum unterliegen. Zu den Eingangsprüfungen bei einem Audit durch die Aufsichtsbehörde → Form. A. III.4.

**2. Verpflichtung auf das Datengeheimnis.** Die frühere Vorgabe zur Verpflichtung von Mitarbeitern auf den Datenschutz (§ 5 S. 2 BDSG aF) wurde nicht explizit in die DS-GVO aufgenommen, sondern ergibt sich mittelbar aus der DS-GVO (→ Form. A. I. Anm. 8; → Form. C. VII.1.). Die dem früheren Recht entsprechende Regelung des § 53 S. 2 BDSG gilt nur im Anwendungsbereich der RL (EU) 2016/680, aber nicht im Anwendungsbereich der DS-GVO.

**3. Auftragsverarbeitung.** → Form. G. I.

**4. Erstellung eines Verarbeitungsverzeichnisses.** → Form. C. II.

**5. Erstellung von Datenschutzerklärungen.** → Form. F. I.

**6. Antworten auf Auskunftsersuchen von Betroffenen.** → Form. F. II. ff.

**7. Social-Media-Guidelines.** → Form. D. III. 5.

**8. Datenschutz-Compliance und entsprechendes Haftungsrisiko von Vorstand/ Geschäftsleitung.** → Form. A. II.1. und 2.

## 2. Pflichtübung, Kür oder Privacy-Manager: Vom Datenschutzbeauftragten zu Datenschutz-Compliance

Unter Datenschutz wurde vor der DS-GVO vor allem die Einhaltung des damaligen BDSG und weniger Nebengesetze angesehen. Darauf aufbauend wurde als notwendige Datenschutzorganisation die „Bestellung" eines betrieblichen Datenschutzbeauftragten angesehen, der gem. § 4f Abs. 5 S. 2 BDSG aF mit den entsprechenden personellen, räumlichen und sonstigen Mitteln auszustatten war. In fachlich-inhaltlicher Hinsicht bestand die gesetzliche Anforderung an die Wirkungsweise des Datenschutzbeauftragten vor allem darin, dass dieser mit „seiner" Abteilung lediglich unverbindlich auf die Einhaltung des Datenschutzes „hinwirken" sollte (§ 4g Abs. 1 S. 1 BDSG aF); seine Mitarbeiter bezeichnete § 4f Abs. 5 S. 1 BDSG aF als „Hilfspersonal" des Datenschutzbeauftragten. Demgegenüber wurden mit Art. 39 DS-GVO die Aufgaben des Datenschutzbeauftragten erheblich erweitert (Kühling/Buchner/Bergt/Herbort DS-GVO Art. 39 Rn. 1).

Im Rahmen der immer stärkeren Durchdringung rechtlicher Themen durch einen organisatorischen Compliance-Ansatz und als direkte Folge eines zentralen Urteils zur persönlichen Haftung von Vorständen für Schäden, die Unternehmen durch fehlende organisatorische Maßnahmen erlitten haben (LG München I 10.12.2013 – 5 HK O 1387/10, CCZ 2014, 142 = ZIP 2014, 570 – Neubürger; → Form. A. II.2. Anm. 3), wurde schon vor der DS-GVO die Notwendigkeit von organisatorischen Maßnahmen zur Datenschutz-Compliance erkannt. Dies hat sich mit der DS-GVO durch die Bußgeldrahmen von bis zu 20 Mio. EUR bzw. 4 Prozent des konzernweiten Jahresumsatzes gem. Art. 83 DS-GVO verstärkt, und die Entscheidungen der Berliner Aufsichtsbehörde und des EuGH zur Geldbuße iS Deutsche Wohnen (→ Form. A. II.2. Anm. 2) werden noch nicht das Ende dieser Entwicklung markiert haben. Zur Notwendigkeit von Datenschutz-Compliance und zum Aufbau eines Compliance-/Datenschutz-Managementsystems ausf. → Form. A. II.

Ist die grundsätzliche Strategie zum Datenschutz festgelegt worden, sind anschließend die **konkreten Zuständigkeiten** zu definieren. Diese betreffen zum einen die Details innerhalb des Spektrums der von DS-GVO und Nebengesetzen vorgesehenen Aufgaben sowie die Zuständigkeiten für Tochter- oder Beteiligungsgesellschaften im **internationalen Konzernverbund.** Zum anderen müssen Festlegungen für zusätzliche, über den Pflichtenkanon von DS-GVO und Nebengesetzen hinausgehende Aufgaben getroffen werden. Letzteres ist – sowohl bei internen als auch bei externen Datenschutzbeauftragten – vollkommen üblich. Sehr unterschiedlich gehandhabt wird aber, welche Leistungen zusätzlich erbracht werden sollen. Hinzu kommt die Entscheidung, ob der (Konzern-)Datenschutzbeauftragte **verbindliche Anweisungen** erteilen kann oder – wie es auch Art. 39 Abs. 1 DS-GVO vorsieht – lediglich eine **unterrichtend-beratende** sowie **die Einhaltung überwachende, also kontrollierende Funktion** haben soll. So wird sich schnell herauskristallisieren, welches Set-up die Datenschutzorganisation haben soll: Ist ein externer oder interner Datenschutzbeauftragter als „Einzelkämpfer" passend, eine Datenschutzabteilung angemessen oder eine wirklich für die Einhaltung von Datenschutz-Compliance verantwortliche Führungskraft, also etwa ein Chief Privacy Officer, gewünscht?

Die Zuständigkeiten und Befugnisse sollten schriftlich in einer **Stellenbeschreibung** vereinbart werden (im Kontext von Binding Corporate Rules Paal/Pauly/Paal DS-GVO Art. 39 Rn. 4 und Art. 47 Rn. 26; im Kontext von Datenschutz-Compliance und IDW PS 980/ PH 9.860.1 → Form. A. II.2. und 3.). Denn nur durch eine schriftliche Aufgabenzuweisung liegt eine ausreichende Dokumentation vor, um u. a. im Rahmen der Rechenschaftspflicht (Art. 5 Abs. 2 DS-GVO, → Form. A. I.) die Zuständigkeiten für einzelne Aufgaben nachweisen zu können. Für einzelne Beispiele siehe Tabelle → Form. A. III. 3. und 4. Personalseitig gilt dabei: Je weiter die Aufgaben über die gesetzlichen (Mindest-)Aufgaben des Datenschutzbeauftragten hinausgehen und je verbindlicher Entscheidungen des Datenschutzbeauftragten sind, desto stärker wandelt sich das **Anforderungsprofil** vom beratenden Datenschutzrechts- und IT-Spezialisten zum entscheidenden und durchsetzenden Manager, dessen Aufgabe nicht mehr von einem externen Datenschutzbeauftragten wahrgenommen werden kann. Dabei ist zu entscheiden, ob verbindliche Datenschutzaufgaben noch vom Datenschutzbeauftragten wahrgenommen werden sollen oder hierfür eine Compliance-ähnliche Funktion wie ein **„Chief Privacy Officer"** geschaffen werden soll (→ Form. A. II. 1. Anm. 4). Ggf. können beide Aufgaben auch in Personalunion wahrgenommen werden, was das Standing des (Konzern-)Datenschutzbeauftragten nochmals aufwertet (§ 4 des Musters → Form. D. I. 1. Anm. 4 und 5).

Zusammengefasst können Datenschutzabteilungen hinsichtlich des Verantwortungsumfangs in vier Kategorien unterteilt werden:

| Nr. | Bezeichnung | Beschreibung |
|---|---|---|
| 1. | Datenschutzbeauftragter „Pflicht"[1] | Die Aufgaben beschränken sich auf das vorgegebene Pflichtprogramm aus der DS-GVO und den anwendbaren Nebengesetzen.[2] |
| 2. | Datenschutzbeauftragter „Kür" | Über die Pflichtaufgaben hinaus bestehen weitere Zuständigkeiten mit Datenschutzkontext,[3] jedoch ohne Weisungsbefugnis oder sonstige Verantwortung für die tatsächliche Einhaltung der datenschutzrechtlichen Vorgaben.[4] |
| 3. | Privacy-Manager „weisungsbefugt" | Zusätzliche Aufgaben wie bei der „Kür", jedoch mit Weisungsbefugnis,[4] sodass die Abteilung bzw. deren Leiter über ein entsprechendes Mandat gegenüber anderen Abteilungen verfügt.[5] |
| 4. | Chief Privacy Officer „Datenschutz-Compliance" | Der Vorstand bzw. die Geschäftsleitung hat seine bzw. ihre Pflichten hinsichtlich der Compliance mit datenschutzrechtlichen Vorgaben auf eine bestimmte Person (hier als Chief Privacy Officer bezeichnet) delegiert.[6] Sie/Er trägt auch gegenüber Dritten eine Garantenpflicht für das Einhalten dieser Bestimmungen.[7]<br>Ihre/Seine Aufgabe besteht nicht nur darin, in Einzelfragen und reaktiv rechtlich zutreffende Antworten oder verbindliche Weisungen zu erteilen, sondern umfasst – entsprechend der Delegation der Pflichten des Vorstandes – die Verantwortung für die proaktive Einführung wirksamer und angemessener organisatorischer Maßnahmen, um Datenschutzverstöße zu verhindern.[8] |

## Anmerkungen

**1. Pflicht und Kür bei Datenschutz-Compliance.** Zur Datenschutz-Compliance siehe auch den mit „Einführung eines Datenschutz-Management-Systems in Unternehmen – Pflicht oder Kür?" betitelten Beitrag von Wichtermann (Wichtermann ZD 2016, 421), der auch auf die Rechtslage unter der DS-GVO eingeht, jedoch das Datenschutzmanagement stark auf die Pflichten des Datenschutzbeauftragten fokussiert. Zu Datenschutz- und Compliance-Management-Systemen und dem Aufbau in Anlehnung an IDW PS 980 und PH 9.860.1 → Anm. 8; → Form. A. II. 3.; unter Berücksichtigung der Messbarkeit der Wirkung von Datenschutz-Managementsystemen durch KPI Hansch ZD 2019, 245; ausf. auch von dem Bussche/Voigt Konzerndatenschutz/Egle/Zeller Teil 2 Kap. 2 B.

**2. Tätigkeitsumfang und Qualifikation.** Vgl. den möglichen Verantwortungsumfang von Datenschutzbeauftragten in → Form. A. III.4. sowie die Differenzierung nach service- oder kontrollorientierten Tätigkeiten in → Form. A. III. 3. Welche Nebengesetze über das BDSG hinaus konkret zum Zuständigkeitsbereich gehören, sollte branchenspezifisch festgelegt und schriftlich dokumentiert werden, zB in Deutschland in jedem Fall §§ 19 ff. TDDDG und §§ 7 f. UWG. Zum Umfang der Aufgaben des Datenschutzbeauftragten von dem Bussche/Voigt Konzerndatenschutz/von dem Bussche Teil 2 Kap. 1 F.

**3. Weitere Zuständigkeiten.** In der finalen Fassung des Art. 39 DS-GVO finden sich deutlich weniger Zuständigkeiten, als in den Entwürfen der Kommission und des Parlaments vorgeschlagen wurde (Paal/Pauly/Paal DS-GVO Art. 39 Rn. 3). Art. 39 DS-GVO ist jedoch nicht als abschließender Katalog von Tätigkeiten des Datenschutzbeauftragten zu verstehen; es handelt sich vielmehr um seine Mindestaufgaben (Gola/Heckmann/Klug DS-GVO Art. 39 Rn. 1; Paal/Pauly/Paal DS-GVO Art. 39 Rn. 4). Dies ergibt sich bereits aus dem Wortlaut des Art. 39 Abs. 1 S. 1 DS-GVO („zumindest folgende Aufgaben"). Mögliche weitere Aufgaben, die freilich nicht zu einem Interessenkonflikt führen dürften, werden in → Form. A. III. 3. und 4 näher beschrieben. Mit neuen Compliance-Aufgaben ist auch die Frage hinzugekommen, ob ein Interessenskonflikt zwischen dem Datenschutzbeauftragten nach der DS-GVO und dem Meldestellenverantwortlichen des HinSchG besteht (hierzu LfDI BW FAQ Hinweisgeberschutzgesetz Frage 9; → Form. A. IV.5). Festzulegen ist auch, ob – sofern die Datenschutzorganisation aus mehreren Personen besteht – diese Mitarbeiter lediglich Annex zum Datenschutzbeauftragten und dessen gesetzlichem (Mindest-)Auftrag sind.

**4. Weisungsbefugnis.** Ob eine Datenschutzabteilung verbindliche Weisungen erteilen soll, berührt den Kern ihres Mandats und ihres Selbstverständnisses. § 4f Abs. 1 S. 1 BDSG aF enthielt noch die sehr weiche und unverbindliche Aufgabe, auf die Einhaltung des Datenschutzes „hinzuwirken". Art. 39 Abs. 1 DS-GVO enthält hingegen etwas konkretere Aufgaben, neben der Schulungs- und Beratungsaufgabe insbesondere die Pflicht zur Überwachung der Einhaltung der Datenschutzgesetze (Art. 39 Abs. 1 lit. b DS-GVO). Allerdings beinhaltet diese Auditierungspflicht noch nicht, auch für die tatsächliche Einhaltung Sorge zu tragen. Wenn kein entsprechendes Mandat vorliegt, sollte die Geschäftsleitung festlegen, wer stattdessen für die tatsächliche Einhaltung zuständig ist, etwa die Compliance- oder die Rechtsabteilung. Anderenfalls bleibt die Verantwortung für die Einhaltung des Datenschutzrechts bei der Geschäftsleitung (→ Form. A. II.).

**5. Mandat zur Erteilung von Weisungen; Funktionen.** Häufig wird von der Geschäftsleitung implizit erwartet, dass die Datenschutzabteilung, zumindest in bestimmtem Umfang, auch für die Durchsetzung des Datenschutzes zuständig ist. Gleichwohl liegt hierzu nur selten ein klares Mandat von der Geschäftsleitung an die Datenschutzorganisation vor. Falls es erteilt wird, sollte dies eindeutig und schriftlich erfolgen (→ Form. A. II. 1.). Ein solches Mandat zu verbindlichen Anweisungen kann allerdings im Konflikt zu den gesetzlichen Aufgaben des Datenschutzbeauftragten stehen. Aus dem Grundsatz der Weisungsfreiheit wurde nach verbreiteter Auffassung bislang darauf geschlossen, dass Entscheidungen von der Geschäftsleitung, aber nicht vom Datenschutzbeauftragten zu treffen sind (vgl. zum BDSG aF Gola/Schomerus BDSG § 4f Rn. 48; offener aber Gola/Schomerus BDSG § 4g Rn. 8 und Gola/Heckmann/Klug DS-GVO Art. 39 Rn. 4 („typische Compliance-Aufgabe", „In Betracht kommen aber auch abgeleitete Weisungsbefugnisse") sowie Rn. 6 im Kontext der Kommunikation mit Aufsichtsbehörden). Unter der DS-GVO ist angesichts der Formulierung „zumindest folgende Aufgaben" (Art. 39 Abs. 1 S. 1 DS-GVO) zumindest anzuerkennen, dass die Geschäftsleitung zusätzliche Tätigkeiten und auch bestimmte Verantwortungsbereiche für die Wahrung des Datenschutzes an den Datenschutzbeauftragten oder dessen Mitarbeiter delegieren kann. Hierzu gehören zumindest die Erstellung eines Tätigkeitsberichts und weitere Dokumentationen (von dem Bussche/Voigt Konzerndatenschutz/von dem Bussche Teil 2 Kap. 1 F. VI.), wobei aber wohl auch die Erstellung oder zumindest die Mitarbeit an Richtlinien oder Betriebsvereinbarungen gehören können. Zum (umstrittenen) Meinungsstand hinsichtlich einer sich aus Art. 38 Abs. 1 DS-GVO ergebenden Mitwirkung an Richtlinien und der sich daraus ergebenden Stellung eines „starken" Datenschutzbeauftragten siehe Gola/Heckmann/Klug DS-GVO Art. 39 Rn. 4; Paal/Pauly/Paal DS-GVO Art. 39 Rn. 6; Kühling/Buchner/Bergt/Herbort DS-GVO Art. 39 Rn. 14; zu Betriebsvereinbarungen unter der früheren Rechtslage Taeger/Gabel/Scheja BDSG § 4f Rn. 87. Zwar besteht auch unter der DS-GVO der Grundsatz, dass der Datenschutzbeauftragte dem Verantwortlichen primär beratend zur Stelle steht (Kühling/Buchner/Bergt/Herbort DS-GVO Art. 39 Rn. 1), um seine Position als neutrale Kontrollinstanz nicht durch den Zwang zu operativen oder vermeintlich „pragmatischen" Entscheidungen zu unterminieren. Da dann aber im Rahmen einer modernen Compliance-Struktur eine zweite Einheit im Unternehmen für die tatsächliche Durchsetzung des Datenschutzes zuständig sein müsste (zur Datenschutz-Compliance → Form. A. II.) und damit neben der neutralen, aber unverbindlichen Abteilung des Datenschutzbeauftragten noch eine zweite (häufig die Rechts- oder Compliance-Abteilung) für die Umsetzung des Datenschutzes mandatiert wäre, erscheint es in den meisten Fällen im Sinne einer effektiven und vor allem effizienten Umsetzung des Datenschutzes angebracht, beide Aufgaben in einer einzigen, von allen Mitarbeitern anerkannten Abteilung zu konzentrieren. Wichtig für die Selbst- und Fremdwahrnehmung der Funktionen und Rollen in einer solchen Abteilung sind – wie immer – auch ansprechende Bezeichnungen. So dürfte die Rolle eines „Datenschutzmanagers" oder je nach sprachlicher Kultur eines „Privacy Managers" oder gar eines „Chief Privacy Officers" beliebter sein und mehr Respekt mit sich bringen als ein „Dezentraler Datenschutz-Koordinator" oder gar eine verniedlichende Bezeichnung wie „Dezentrali". Zu zentralen und dezentralen Datenschutzorganisationen von dem Bussche/Voigt Konzerndatenschutz/Egle/Zeller Teil 2 Kap. 2 B. IV. 4. und V.

**6. Delegation von Pflichten des Vorstandes/der Geschäftsleitung.** Zur Delegation von Pflichten ausf. → Form. A. II. 2.; organisatorische Richtlinie → Form. D. I. 2.

**7. Garantenstellung von leitenden Compliance-Verantwortlichen.** Aufbauend auf der Garantenstellung von bestimmten Beamten und besonderen Funktionsträgern hat der 5. Strafsenat des BGH festgestellt, dass auch über die Verpflichtung im Arbeits- oder Dienstvertrag eine strafrechtlich relevante Garantenstellung entstehen kann (BGH 17.7.2009 – 5 StR 394/08, NJW 2009, 3173 – BSR; → Form. A. II. 2. Anm. 6): „Eine solche, neuerdings in Großunternehmen als ‚Compliance' bezeichnete Ausrichtung, wird im Wirtschaftsleben mittlerweile dadurch umgesetzt, dass sog. ‚Compliance Officers' geschaffen werden [...]. Deren Aufgabengebiet ist die Verhinderung von Rechtsverstößen, insbesondere auch von Straftaten, die aus dem Unternehmen heraus begangen werden und diesem erhebliche Nachteile durch Haftungsrisiken oder Ansehensverlust bringen können […]. Derartige Beauftragte wird regelmäßig strafrechtlich eine Garantenpflicht im Sinne des § 13 Abs. 1 StGB treffen, solche im Zusammenhang mit der Tätigkeit des Unternehmens stehende Straftaten von Unternehmensangehörigen zu verhindern. Dies ist die notwendige Kehrseite ihrer gegenüber der Unternehmensleitung übernommenen Pflicht, Rechtsverstöße und insbesondere Straftaten zu unterbinden" (vgl. hierzu Kraft/Winkler CCZ 2009, 29; Wybitul BB 2009, 2263). Neben der persönlichen Strafbarkeit eines Chief Officer bringt die Strafbarkeit die zivilrechtliche Haftung nach § 823 Abs. 2 BGB mit sich.

**8. Einführung organisatorischer Maßnahmen.** Das Institut der Wirtschaftsprüfer (IDW) hat einen Prüfungsstandard („PS") für die Prüfung von Compliance-Management-Systemen erstellt (IDW PS 980). Dieser ist keine rechtlich verbindliche Norm, setzt aber faktisch und bezüglich der Chancen einer etwaigen Exculpation Maßstäbe. Zum IDW PS 980, PH 9.860.1 und den Anforderungen an datenschutzbezogene Compliance-Systeme → Form. A. II. 3.; Hansch ZD 2019, 245; vgl. auch ausf. von dem Bussche/Voigt Konzerndatenschutz/Egle/Zeller Teil 2 Kap. 2 B.

## 3. Dienstleister oder Kontrolleur: Die zwei Gesichter von Datenschutzabteilungen

In der Praxis ist zu berücksichtigen, dass Datenschutzabteilungen – ähnlich wie Rechts- oder Compliance-Abteilungen – zwei gänzlich verschiedene Aufgabenarten erfüllen sollen. Zum einen haben Sie gegenüber ihren Kollegen in der Regel eine gewisse **Aufsichts- und Kontrollfunktion,** etwa bezüglich des Einhaltens der Datenschutzgesetze oder den Rat zu einer Datenschutz-Folgenabschätzung. Dies gilt auch, wenn ihre Bewertungen gänzlich unverbindlich sein sollen. Zum anderen dienen sie denselben Kollegen meist im Rahmen einer **Servicefunktion** und geben zB Hilfe bei der Umsetzung von praktikablen Werbekampagnen oder beraten bei der Entwicklung neuer Geschäftsmodelle. Beides gilt es, fachlich und menschlich, zu vereinen.

Eine Einordnung typischer Tätigkeiten findet sich in der nachfolgenden Auflistung:

| Primär kontrollierend (Compliance) | Primär unterstützend (Service) |
|---|---|
| Einhaltung der zwingenden Vorgaben der DS-GVO und der Nebengesetze[1] | Drängen auf Einhaltung von höheren, aber nicht verbindlich vorgesehenen Standards[2] |
| | Unterstützung bei verwandten Rechtsfragen, die nicht zum Datenschutz gehören,<br>wie dem Schutz von nicht personenbezogenen Unternehmensinformationen, Insidergeheimnissen, IT-Sicherheit ohne Bezug zu personenbezogenen Daten, Unterstützung bei der Gestaltung von Werbeeinwilligungen und Gewinnspielen auch in wettbewerbsrechtlicher Hinsicht, Impressumspflichten sowohl im Sinne des Anbieters digitaler Dienste als auch nach Presse-/Medienrecht[3] |

| Primär kontrollierend (Compliance) | Primär unterstützend (Service) |
|---|---|
| Unterstützung bei der Erstellung von Datenschutzerklärungen; diesbezügliche Beratung und Überwachung nach Art. 39 Abs. 1 DS-GVO | vollständige Erstellung von Datenschutzerklärungen als Service-Einheit<br>Bereitstellen von einfach zu verwendenden Musterdokumenten und Erläuterungen |
| Unterrichtung der verantwortlichen Stelle, dass diese nach Art. 30 DS-GVO ein Verarbeitungsverzeichnis zu führen hat, und Kontrolle desselben im Rahmen der Pflicht nach Art. 39 Abs. 1 DS-GVO | Koordination der Zusammenführung der Informationen aus den Fachbereichen; konstruktives „Nudging“ der Kollegen zur Mitteilung der entsprechenden Informationen; Organisation und Verantwortung einer geeigneten Softwarelösung[4] |
| Unterrichtung, Beratung und Überwachung hinsichtlich der Auftragsvereinbarung | Federführung hinsichtlich der Initiierung von Vereinbarungen über die Auftragsvereinbarung einschließlich Formulierung, Inhalt und Verhandlung; Bereitstellen von geeigneten Mustern und Handlungsanweisungen |
| Überwachung der Einhaltung von Datenschutzstrategien (Art. 39 Abs. 1 lit. b DS-GVO) | Vorschlag, ergebnisoffene Diskussion und Festlegung von Datenschutzstrategien und Datenschutzrichtlinien;[5] Erstellung von Musterverträgen und anderen Vorlagen, um Kollegen zu unterstützen und zu entlasten |
| Schulungen im Rahmen der Pflicht zu Unterrichtung und Beratung (Art. 39 Abs. 1 lit. a und c DS-GVO) | darüber hinausgehende Schulungen, Konzeption von eLearning und anderen geeigneten Schulungsmaßnahmen wie Workshops, Q&A-Sessions etc |
| Unterrichtung, Beratung und Überwachung hinsichtlich der Beantwortung von Auskunftsersuchen sowie weiterer Betroffenenrechte (Art. 15 ff. DS-GVO) | Konzeption und Organisation eines angemessenen und funktionsfähigen Auskunftsservices, Beantwortung von zusätzlichen Anfragen, Weiterleitung von eingehenden Vertragskündigungen; Konzeption von Löschkonzept und Recht auf Vergessenwerden, Festlegungen zur Datenportabilität etc[6] |
| Durchführung von Pflichtaudits nach Art. 39 Abs. 1 lit. b DS-GVO | zusätzliche Auditierungen, die über das Mindestmaß der DS-GVO hinausgehen, Nachhalten von festgestellten Mängeln und Umsetzung vereinbarter Maßnahmen |
| Auf Anfrage: Rat bei der Datenschutz-Folgenabschätzung im Rahmen der gesetzlichen Vorgaben (Art. 35 Abs. 2, 39 Abs. 1 lit. c DS-GVO), zB bei Projekten oder M&A-Aktivitäten | proaktive Unterstützung auch im Vorfeld und über die gesetzlichen (Mindest-)Pflichten hinaus, zB Lösungsfindung sowie Vertragsgestaltung und -verhandlung für den datenschutzrechtlichen Teil[7] |

| Primär kontrollierend (Compliance) | Primär unterstützend (Service) |
|---|---|
| Auf Anfrage: Überprüfung von Entwürfen sowie Rat bei anstehenden Vertragsschlüssen und Projekten | Unterstützung beim Erstellen von Ausschreibungen und bei der Abgabe von Angeboten<br>Unterstützung bei Due Diligences (sowohl beim Kauf als auch beim Verkauf)<br>Verbesserung von Datenschutz, Effizienz und Professionalität durch Softwarelösungen und Legal Tech; konstruktive Initiierung solcher Lösungen und fachliche Unterstützung beim Betrieb<br>Erstellung eines Tätigkeitsberichts. Verbands- und Lobbyarbeit[8] |

## Anmerkungen

**1. Kontrollierende Tätigkeiten.** Zwar ist es wünschenswert, wenn auch der kontrollierende Teil der Datenschutztätigkeit konstruktiv, proaktiv und im Team (→ Form. A. III. 7.) erfolgen kann. Hierbei muss es jedoch Grenzen geben, wenn Hinweise oder gar Untersagungen der Datenschutzabteilung nicht befolgt werden. In der deutschen Unternehmenspraxis wird jedoch schon unterschiedlich gehandhabt, ob überhaupt verbindliche Anweisungen ausgesprochen werden. Häufig deklarieren Datenschutzabteilungen, wie auch manche Rechtsabteilungen, ihre Stellungnahmen lediglich als unverbindlichen Hinweis. Die DS-GVO sieht keine verbindlichen Anordnungen des Datenschutzbeauftragten vor (→ Form. A. III. 2.).

**2. Beispiele für höhere Standards.** Aus Imagegründen können Einwilligungen oder Datenschutzerklärungen zB für den Nutzer rechtlich vorteilhafter sein als nach der DS-GVO erforderlich oder zusätzliche, rechtlich nicht notwendige Informationen bereithalten. Um eine Regulierung durch den Gesetzgeber zu vermeiden, wird teilweise auch der Selbstverpflichtung einer Branche oder eines Verbands beigetreten, die dann höhere Standards setzt.

**3. Weitere Zuständigkeiten.** Eine Übersicht möglicher weiterer Tätigkeiten einschließlich der Vor- und Nachteile solcher Zuständigkeiten ist nachfolgend in → Form. A. III. 4. abgedruckt.

**4. Verantwortung für Verarbeitungsverzeichnisse.** Nach Art. 30 DS-GVO liegt die Verantwortung für die Führung eines Verzeichnisses der Verarbeitungstätigkeiten ausschließlich bei dem Verantwortlichen bzw. dem Auftragsverarbeiter, aber nicht beim Datenschutzbeauftragen (Kühling/Buchner/Hartung DS-GVO Art. 30 Rn. 13; Paal/Pauly/Plath/Martini DS-GVO Art. 30 Rn. 36). Da dem Datenschutzbeauftragten unter der DS-GVO zusätzliche Pflichten übertragen werden können (Art. 39 Abs. 1 S. 1 DS-GVO: Ihm „obliegen zumindest" die dort aufgeführten Aufgaben, → Form. A. III.2. Anm. 3) und wenn bei der Organisation der Rahmenbedingungen des Verarbeitungsverzeichnisses, wie zB der Auswahl einer geeigneten Softwarelösung, kein Interessenkonflikt erkennbar ist, können solche Aufgaben durchaus von ihm übernommen werden. Dies wird zwar in der Literatur vereinzelt abgelehnt (Simitis/Hornung/Spiecker gen. Döhmann/Petri DS-GVO Art. 30 Rn. 12) nach hM (Kühling/Buchner/Bergt/Herbort DS-GVO Art. 39 Rn. 22) und ausdrücklich auch nach der Auffassung der Artikel-29-Datenschutzgruppe zu Art. 30 DS-GVO (WP 243 S. 22 Ziff. 2.5) „hindert [den Verantwortlichen] nichts daran, dem DSB die Aufgabe zu übertragen".

Gleiches dürfte auch für die Organisation der einzelnen Informationen aus den Fachbereichen gelten. Unter dem BDSG aF war umstritten, ob dem betrieblichen Datenschutzbeauftragten die gesamte Führung des Verfahrensverzeichnisses aufgebürdet werden darf (Übersicht über den Streitstand bei Kühling/Buchner/Hartung, 3. Aufl. 2020, DS-GVO Art. 30 Rn. 13 Fn. 10; Hansen-Oest PinG 2016, 79 (81)). Angesichts der Öffnungsklausel für weitere Tätigkeiten des Datenschutzbeauftragten (Art. 39 Abs. 1 S. 1 DS-GVO), seiner Überwachungspflicht (Art. 39 Abs. 1 lit. b DS-GVO), für die ein vollständiges Verarbeitungsverzeichnis eine wesentliche Grundlage ist, und der klaren Positionierung der Artikel-29-Datenschutzgruppe zu Art. 30 DS-GVO (WP 243 S. 22 Ziff. 2.5) spricht unter der DS-GVO in Unternehmen mit normaler Risikostruktur (Art. 39 Abs. 2 DS-GVO) nichts dagegen, dem Datenschutzbeauftragten die Führung des Verarbeitungsverzeichnisses zu übertragen, sofern er dafür personell und IT-seitig ausreichend ausgestattet wird, die Fachbereiche ausreichend kooperieren und insbesondere die benötigten Informationen proaktiv zur Verfügung stellen. Letzteres bleibt jedoch in jedem Fall in der Verantwortung des Verantwortlichen und seiner Führungskräfte, nicht in der des Datenschutzbeauftragten.

**5. Datenschutzstrategien und -richtlinien.** Nach dem Wortlaut des Art. 39 Abs. 1 lit. b DS-GVO obliegt dem Datenschutzbeauftragten lediglich die Überwachung existierender Datenschutzstrategien, nicht aber deren Erstellung (zutr. Kühling/Buchner/Bergt DS-GVO Art. 39 Rn. 22). Gleichwohl wird vertreten, dass sich über die „Generalklausel" zur Stellung des Datenschutzbeauftragten (Art. 38 Abs. 1 DS-GVO) eine Pflicht zur Beteiligung des Datenschutzbeauftragten bei der Ausarbeitung solcher Strategien ergibt (so Kühling/Buchner/Bergt/Herbort DS-GVO Art. 39 Rn. 14; vgl. hierzu auch Baumgartner/Hansch ZD 2019, 99; Jaspers/Reif RDV 2012, 78 (81); zu Richtlinien unter der früheren Rechtslage klar bejahend Gola/Schomerus BDSG § 4g Rn. 8; → Form. A. III. 2.). Unzweifelhaft dürfte eine maßgebliche Beteiligung an der Erstellung von Datenschutzstrategien einem aktiven und „starken" Datenschutzbeauftragten entgegenkommen und damit dem Datenschutz dienen. Formulare für Richtlinien zum Datenschutz nebst entsprechendem Gesellschafterbeschluss → Form. D. I. und II. Zu formalen verbindlichen internen Datenschutzvorschriften, die gem. Art. 47 Abs. 1 DS-GVO von der zuständigen Aufsichtsbehörde genehmigt werden müssen und wegen dieses Aufwands entsprechend selten geblieben sind (sog. **Binding Corporate Rules,** BCR); vgl. Art. 47 DS-GVO sowie Artikel-29-Datenschutzgruppe WP 263 rev. 01.

**6. Unterstützung bei der Umsetzung von Betroffenenrechten.** Neben der bloßen datenschutzrechtlichen Unterrichtung (zur Abgrenzung gegenüber einer darüber hinausgehenden Schulung Kühling/Buchner/Bergt/Herbort DS-GVO Art. 39 Rn. 12) und Beratung der Kollegen zu den Betroffenenrechten, von denen **Auskunft, Widerspruch und Löschung** die größte Bedeutung für die Praxis haben, ist im Falle einer vom Datenschutzbeauftragten verfolgten Datenschutz-Strategie ggf. auch ein Konzept zum Umgang mit Privacy Information Managern (PIM), also auch Auskunftsportalen (wie itsmydata oder selbstauskunft.net) zu erstellen. Damit können die Betroffenenrechte effizient umgesetzt und Auskünfte direkt digital erteilt werden. Der Datenschutzbeauftrage kann sich auch bei Auswahl und Betrieb einer entsprechenden Software auf Unternehmensseite engagieren, beachte bzgl. zu vieler Aufgaben aber die Gefahr fehlender Fokussierung → Anm. 8.

**7. Aktive Unterstützung bei Datenschutz-Folgenabschätzung.** Zur Gegenüberstellung von einer formal durchgeführten Datenschutz-Folgenabschätzung und Teamarbeit → Form. A. III.7.; Formulare zur Datenschutz-Folgenabschätzung → Form. C. III.

**8. Unterstützung bei sonstigen Tätigkeiten.** Die Unterstützung und Einbringung bei grundsätzlichen (wie Verbesserung von Datenschutz, Effizienz und Professionalität) und/oder wichtigen Fragen (wie idR M&A) ist sicherlich ein Einsatz, welcher der Stärkung des Datenschutzbereichs und dem Datenschutz selbst dient. Angesichts beschränkter Ressourcen besteht indes bei zu intensiver Unterstützung zu Einzelfragen und Projekten latent die Gefahr, sich zu „verzetteln" und wichtigere, strategische Arbeiten aufzuschieben (→ Form. A. III., Einl. und 1.). Zu zusätzlichen Pflichten auch von dem Bussche/Voigt Konzerndatenschutz/von dem Bussche Teil 2 Kap. 1 F. VI.

## 4. Von der Auftragsverarbeitung bis zur Verbandsarbeit: Zuständigkeitsbereiche im Einzelnen

Nachfolgend sind mögliche **Zuständigkeiten und Befugnisse** aufgelistet, die in die **Stellenbeschreibung** des Datenschutzbeauftragten bzw. der Datenschutzabteilung aufgenommen werden können.

| Zuständigkeit | Pro/Contra |
|---|---|
| (Allein-)Zuständigkeit[1] für weitere regulatorische Themen mit unmittelbarem Bezug zum Datenschutz, zB<br>– TTDSG/TDDDG, insbesondere Consent Management Platforms („Cookie Banner"), Datenschutzerklärungen und Cookies/Tracking[2]<br>– Telekommunikationsdatenschutz und Telekommunikationsgeheimnis<br>– UWG, insbesondere Werbemaßnahmen und Einwilligungen (§§ 7 f. UWG) sowie Gewinnspiele[3]<br>– Einsatz künstlicher Intelligenz, nicht nur im Rahmen der KI-VO[4] | Pro: naheliegende, beinahe zwingende Ergänzung, um Doppelzuständigkeiten zu vermeiden |
| (Allein-)Zuständigkeit für weitere Themen, die selbst keine originäre Datenschutzanforderung sind, jedoch eine | Pro: thematisch sinnvolle Ergänzung, um Datenschutzthemen im Rahmen eines einheitlichen Gesamtkonzepts |

| Zuständigkeit | Pro/Contra |
|---|---|
| große Nähe zum Datenschutz haben und in der Praxis meist gemeinsam mit Datenschutzthemen auftreten. Dies können sowohl rechtliche als auch technische Themen sein, zB:<br>– Impressumspflicht bei Websites und Apps[5]<br>– Pflichtangaben in E-Mail-Signaturen<br>– Social Media<br>– technische und organisatorische Maßnahmen nicht nur im Kontext des Schutzes personenbezogener Daten, sondern konzernweiter IT- und Informationssicherheit | in einer Abteilung zu bündeln; Abgrenzungs- und Zuständigkeitsfragen gegenüber anderen Abteilungen werden vermieden.<br>Contra: Hier und bei allen nachfolgend genannten Themen ist zu berücksichtigen, dass mit den zusätzlichen Aufgaben auch der Bedarf an finanziellen und personellen Ressourcen steigt. Zusätzliche Pflichten dürfen nicht dazu führen, dass der Datenschutzbeauftragte seinen gesetzlichen Pflichten nicht mehr nachkommen kann.[6] |
| Zuständigkeit und Federführung bei gerichtlichen und außergerichtlichen Streitigkeiten, die Datenschutz betreffen, u. a.:[7]<br>– „single point of contact" gegenüber den Datenschutzbehörden<br>– Leitung von Prozessen und Prozessstrategien (sowohl bei Verfahren gegen Aufsichtsbehörden als auch bei Verfahren der ordentlichen Gerichtsbarkeit, insbesondere wegen UWG) | Pro: Bündelung der Datenschutzthemen in einer Abteilung ermöglicht Synergieeffekte, einheitliche Ansprechpartner für interne und externe Kontaktpersonen sowie einen einheitlichen Umgang mit allen relevanten Themen<br>Contra: Insbesondere die Leitung und Lenkung von Rechtsstreitigkeiten kann beim Datenschutzbeauftragten zu Interessenkonflikten führen, da er geneigt sein kann, das Obsiegen in den Streitigkeiten über die tatsächliche Durchsetzung des Datenschutzes zu stellen. |
| Bei Unternehmen im B2C-Bereich: Lenkung von oder zumindest Einbindung bei einer konzernweiten Datenschutz- und Risikostrategie für den CRM-Bereich | Pro: Die Endkundenansprache und damit CRM sind eine nach außen sehr sichtbare Betätigung, die erhebliche Risiken birgt. Sie gilt Datenschützern oft als „heißes Eisen", das lieber nicht angefasst wird. Umso wichtiger ist jedoch, in diesem Bereich proaktiv präsent zu sein und ihn mit Augenmaß zu begutachten.[8]<br>Contra: Schwache und externe Datenschutzbeauftragte können der Gefahr ausgesetzt sein, sich von dem Thema und den dahinterstehenden Führungskräften vereinnahmen zu lassen und schlechte oder gar massiv rechtswidrige Lösungen abzusegnen. |

| Zuständigkeit | Pro/Contra |
|---|---|
| Zuständigkeit oder zumindest Einbindung hinsichtlich politischer, Verbands- und ggf. Lobbytätigkeit bei Datenschutzthemen | Pro: Verstärkt nochmals den konzernweit einheitlichen Umgang mit datenschutzrelevanten Themen.<br>Contra: Kann den Interessenkonflikt verstärken.[9] |
| Konzerninterne Weisungsbefugnis und Informationsrecht für datenschutzrechtliche Themen wie:<br>– Datenspeicherung, -löschung und -weitergabe<br>– Informationen, die für die Erfüllung der Auskunftsrechte der Betroffenen erforderlich sind<br>– Auftragsverarbeitung und entsprechende Vereinbarungen<br>– Entscheidung, ob von Dienstleistern durchgeführte Datenverarbeitungsprozesse als Übermittlung an Dritte, als gemeinsam Verantwortliche oder als Auftragsverarbeitung ausgestaltet werden[10]<br>– Webanalyse/Tracking, Social Media<br>– Werbeeinwilligungen und Werbekampagnen<br>– datenschutzrechtliche Aspekte bei Due Diligences und M&A | Pro: Dient einer tatsächlichen Umsetzung des Datenschutzes im Unternehmen. Verbindlichkeit stärkt die Stellung der Datenschutzorganisation, während Unverbindlichkeit dazu führen kann, dass die Organisation nur begrenzt ernst genommen wird.<br>Contra: Eine solche Weisungsbefugnis ist im Gesetz nicht vorgesehen. Sie kann bezüglich der Neutralität und Aufgabenverteilung zwischen Datenschutzbeauftragten und Geschäftsführung als problematisch angesehen werden.[11] |

## Anmerkungen

**1. Alleinzuständigkeit.** Die Definition einer Alleinzuständigkeit vermeidet Abgrenzungsprobleme zu anderen Abteilungen, sollte sich jedoch auch in die Zuständigkeiten anderer Abteilungen einfügen und für die internen Mandanten einfach nachzuvollziehen sein (→ Form. A. III.1.; zur Rationalisierung von Datenschutzthemen → Form. E. I.). Zur Zulässigkeit der Übernahme von über Art. 39 Abs. 1 DS-GVO hinausgehenden Pflichten → Form. A. III.3.

**2. Datenschutzerklärung.** Zur inhaltlichen Ausgestaltung von Datenschutzerklärungen → Form. F. I.

**3. § 7 UWG als Datenschutznorm.** Die Einteilung des § 7 UWG, insbesondere § 7 Abs. 2 Nr. 3 nebst Abs. 3 UWG, zur Zuständigkeit des Datenschutzes ist auch deswegen naheliegend, weil mit diesen Normen Art. 13 Datenschutzrichtlinie für die elektronische Kommunikation (2002/58/EG) umgesetzt wurde, es sich also weitgehend um die Umsetzung europäischen Datenschutzrechts handelt. Der 2021 mit dem Gesetz für faire Verbraucherverträge eingefügte § 7a UWG hat indes keinen unionsrechtlichen Hintergrund.

**4. Nutzung oder Erstellung von Künstlicher Intelligenz.** Die KI-VO (AI Act) dient einer Vielzahl von Zwecken, darunter der Marktregulierung, der Vertrauenswürdigkeit der KI, dem Gesundheits- und dem Umweltschutz (Art. 1 Abs. 1 KI-VO). Datenschutz wird als Zweck nicht genannt. Nach Art. 2 Abs. 7 KI-VO lässt die KI-VO die datenschutzrechtlichen Regelungen des Unionsrechts unberührt und hat in Art. 10 Abs. 5 (für Hochrisiko-KI-Systeme) und Art. 59 KI-VO spezielle datenschutzbezogene Anforderungen. Daher bedeutet Datenschutz im KI-Kontext weit mehr als die Umsetzung der Pflichten der KI-Verordnung. Zu KI ausf. → Form. Q.

**5. Impressumspflichten.** Die allgemeine Informationspflicht für Medienangebote (Impressumspflicht) ist weiterhin in § 5 TMG geregelt. Da es sich nicht um eine datenschutzrechtliche Norm handelt, wurde sie nicht in das TTDSG ausgegliedert. Zum Begriff des Diensteanbieters und des Telemediendienstes Taeger/Pohle ComputerR-HdB/Ewald Kap. 32.7 Rn. 72ff. Für journalistisch-redaktionelle Telemediendienste gelten mit § 55 Abs. 2 RStV noch weitere Regelungen, ebenso gibt es in vielen regulierten Branchen Sondervorschriften.

**6. Überforderung des Datenschutzbeauftragten.** Verantwortliche und Auftragsverarbeiter sind verpflichtet, dem Datenschutzbeauftragten die zur Erfüllung seiner Aufgaben erforderlichen Ressourcen zur Verfügung zu stellen (Art. 38 Abs. 2 DS-GVO). Ein Verstoß gegen die Art. 37–39 DS-GVO ist nach Art. 83 Abs. 4 DS-GVO bußgeldbewehrt. Der Verantwortliche bzw. der Auftragsverarbeiter hat zudem nach Art. 38 Abs. 6 DS-GVO sicherzustellen, dass zusätzliche Aufgaben nicht zu einem Interessenkonflikt führen (zu über Art. 39 hinausgehenden Aufgaben → Form. A. III.3).

**7. Federführung bei Rechtsstreitigkeiten.** Zu den Pflichtaufgaben gehört die Zusammenarbeit mit der Aufsichtsbehörde und die Tätigkeit als Anlaufstelle für deren Fragen (Art. 39 Abs. 1 lit. d und e DS-GVO). Anders kann es bei Rechtsstreitigkeiten mit der Behörde sein, wenn die Rolle des Datenschutzbeauftragten sich nicht mehr auf die einer „Anlaufstelle" beschränkt, sondern es inhaltlich um die Führung des Prozesses geht. Im Rahmen seiner optionalen Tätigkeiten dürfte eine inhaltliche Einmischung in die Prozessstrategie und -führung jedoch im Interesse des Datenschutzes liegen, sofern der Datenschutzbeauftragte sich dabei auch tatsächlich für die Umsetzung von Datenschutz einsetzt und nicht für eine Taktik des Abblockens oder gar der Unwahrheit. Zur Prozesstaktik in der sog. Datenschutz-Litigation → Form. A. II. 3. Anm. 11, → Form. O. II. ff.

Auch kann es zu Interessenkonflikten führen, wenn der Datenschutzbeauftragte ein wirtschaftliches Interesse am Ausgang hat (Kühling/Buchner/Bergt/Herbort DS-GVO Art. 38 Rn. 41); dies kann sowohl durch Budgetziele als auch durch eine besonders hohe variable Vergütung für den Fall eines bestimmten Verfahrensausgangs entstehen.

**8. Entscheidungsbefugnis.** Eine zu weitreichende Entscheidungskompetenz kann hinsichtlich der Neutralität des Datenschutzbeauftragten als problematisch angesehen werden, → Form. A. III. 2. Anm. 4 und 5.

**9. Verbands- und Lobbyarbeit.** Auch eine zu intensive oder gar einseitige Verbands-/Lobbyarbeit kann als problematisch hinsichtlich der Neutralität des Datenschutzbeauftragten (Art. 38 Abs. 6 S. 2 DS-GVO) angesehen werden. Neben dem Interessenkonflikt besteht auch die Gefahr des „Verzettelns" (→ Form. A. III. 3. Anm. 8).

**10. Abgrenzung zur Übermittlung an einen Dritten und zur gemeinsamen Verantwortung.** Zur Abgrenzung der Auftragsverarbeitung gegenüber der gemeinsamen Verantwortung iSd. Art. 26 DS-GVO ausf. → Form. G. I. 1.; zur „Funktionsübertragung" Kühling/Buchner/Hartung DS-GVO Art. 28 Rn. 41 ff.

**11. Weisungsbefugnis.** Ausf. → Form. A. III. 2. Anm. 4 und 5.

## 5. Risikoverständnis und Reifegrad einer Datenschutzorganisation

Zusammen mit den Zuständigkeiten der Datenschutzabteilung sollte auch eine realistische **Risikostrategie** festgelegt werden (vgl. Art. 39 Abs. 2 DS-GVO). Denn im vergleichsweise jungen Datenschutzrecht und erst recht in brandneuen Materien wie dem „KI-Recht" findet sich nur selten eine eindeutige Rechtsprechung oder eine „herrschende Meinung". Im Datenschutzrecht ist dieses Problem zudem vielschichtiger als in anderen Rechtsgebieten: Es existieren für den jeweiligen Fall wenig höchstrichterliche Entscheidungen. Zudem stammen Entscheidungen häufig aus verschiedenen Gerichtsbarkeiten, etwa aus der Verwaltungsgerichtsbarkeit für Streitigkeiten über Verwaltungsakte der Aufsichtsbehörden, aus dem Zivilrechtsweg bei Schadenersatzklagen nach Art. 82 DS-GVO oder Unterlassungsklagen von Verbraucherschutzverbänden, aus der Arbeitsgerichtsbarkeit im Zusammenhang mit Arbeitnehmerdaten und schließlich von Strafgerichten im Zusammenhang mit Geldbußen oder der strafprozessualen Zulässigkeit des Zugriffs auf E-Mail-Konten. Darüber stehen noch das BVerfG sowie der EuGH. Häufig sind Urteile eines Rechtsweges nicht ohne Weiteres auf Rechtsfragen aus anderen Rechtswegen anzuwenden, wie zB bei den strafprozessualen Urteilen zur Verwendung von E-Mails und der verwandten, aber nicht identischen Thematik des arbeitgeberseitigen Zugriffs bei der privaten Nutzung eines dienstlichen E-Mail-Accounts (→ Form. D. III. 1.). Hinzu kommen zahllose Stellungnahmen von Gremien wie der Konferenz der Datenschutzbeauftragten des Bundes und der Länder (DSK) oder dem EDSA, die freilich unverbindlich sind und inhaltlich die teils einseitigen Positionen der Datenschutzbehörden widerspiegeln (→ Form. G. VI. 2. Anm. 6).

Auch wenn es unter der DS-GVO u. a. durch von den Verbänden initiierte Verhaltensregeln (Art. 40 DS-GVO), durch eine verbindlichere Rolle von Zertifizierungen (Art. 42 DS-GVO; zu Zertifizierungen und Verhaltensregeln → Form. C. IV.) und insbesondere durch einheitliche und verbindliche Vorgaben infolge des Kohärenzverfahrens zwischen den Aufsichtsbehörden (Art. 63 ff. DS-GVO) Hoffnung auf klarere Regeln gibt, haben diese Werkzeuge bis heute in der Praxis nur geringe Bedeutung. Auch die in Deutschland gewählte Struktur von 18 staatlichen Aufsichtsbehörden steht in der Kritik: Es ist bisweilen schwer, auf den Webseiten der deutschen Datenschutzaufsicht Informationen und manchmal auch eine einheitliche Auffassung zu finden.

Vor dem Hintergrund dieser großflächigen Grauzonen muss der Datenschutzbeauftragte eine generelle **Entscheidung über seine Positionierungen** treffen. Wenn auf fast jede Frage die Antwort sinngemäß lautet „Das ist rechtlich nicht klar, aber die Aufsichtsbehörde sieht das eher skeptisch; daher muss ich Ihnen von dem geplanten Vorhaben abraten, aber letztlich müssen Sie es selber verantworten", erkennen die Kollegen bald nicht mehr den Mehrwert dieser Fragerunden und werden die Datenschutzabteilung zukünftig eher spät oder gar nicht einbinden.

Der Mehrwert einer guten **Datenschutzorganisation** kann gerade darin liegen, den anfragenden Mitarbeitern und Abteilungen trotz der rechtlichen Unsicherheit klare **Handlungsanweisungen** an die Hand zu geben und ihnen bei ihren Problemen und Projekten zu helfen, um dabei gleichzeitig die möglichst **einheitliche Handhabung vergleichbarer Rechtsfragen** zu erzielen. Dies erfordert eine Strategie zum Umgang mit datenschutzrechtlichen Risiken. Zunächst ist zu unterscheiden, ob es sich – vor allem im Zusammenhang mit unbestimmten Rechtsbegriffen wie der Sicherheit der Verarbeitung (Art. 32 DS-GVO) oder den Abwägungen zB beim berechtigten Interesse (Art. 6 Abs. 1 S. 1 lit. f DS-GVO) – um rechtliche Grauzonen oder um eindeutige, aber vielleicht geringe Verstöße handelt. Letztere freizugeben oder zumindest, wie es dann ebenso häufig wie euphemistisch heißt, **„pragmatisch zu handhaben"**, erscheint angesichts des gesetzlichen Auftrags des Datenschutzbeauftragten und den Anforderungen von **Rechtmäßigkeit** und **Rechenschaftspflicht** (Art. 5 Abs. 1 lit. a, Abs. 2 DS-GVO) sowie den drohenden **Bußgeldern** problematisch. Doch wer sich zB die Entscheidungen des EU-Parlaments und der europäischen Administration zur Weitergabe von Fluggastdaten ansieht, kann sich des Eindrucks nicht erwehren, dass eine **„pragmatische Handhabung"** auch beim staatlichen Handeln eine anerkannte Vorgehensweise darstellt. Um den Datenschutzbeauftragten und sämtliche damit befassten Mitarbeiter im Umgang mit solchen **„Grauzonen"** abzusichern, empfiehlt es sich, eine Haftungsfreistellung zu Gunsten der handelnden Mitarbeiter zu vereinbaren. Hierdurch können sie in rechtlich heiklen **Themen** agieren, ohne aus Sorge um eine **persönliche Haftung** oder um den Bestand ihres Arbeitsverhältnisses stets nur zu praxisfernen, aber rechtlich vermeintlich sicheren Wegen zu raten.

Der Arbeits- bzw. Dienstvertrag mit dem Datenschutzbeauftragten (→ Form. B. II.) sowie den betreffenden Mitarbeitern sollte eine Klausel zur Haftungsbeschränkung enthalten. Je größer die persönliche Haftung ist, desto eher werden manche Datenschutzbeauftragte aus Selbstschutz riskante Entscheidungen vermeiden wollen (siehe zu dieser Motivation auch die Haftungsbeschränkung für Beamte durch § 839 BGB). Interne Datenschutzbeauftragte unterliegen dabei der Haftungsprivilegierung durch die Grundsätze des innerbetrieblichen Schadensausgleichs, haften also nur für Vorsatz und grobe Fahrlässigkeit (ausf. von dem Bussche/Voigt Konzerndatenschutz/von dem Bussche Teil 2 Kap. 1 H.).

Um für eine abschließende **Risikobetrachtung** die datenschutzrechtliche Durchdringung des Unternehmens einheitlich und systematisch zu erfassen, kann auf die Einteilung in **Reifegrade** zurückgegriffen werden:

| Reifegrad[1]<br>Merkmale | 1<br>Chaos/<br>Black Box | 2<br>Managed | 3<br>Defined | 4<br>Optimized |
|---|---|---|---|---|
| Allgemeine Beschreibung | Keine oder ad hoc und inhomogen festgelegte Prozesse; Art und Dauer der Erledigung hängen maß- | Einzelne Aufgaben und Projekte werden vernünftig erledigt („managed"), jedoch nicht | Über die Qualität der einzelnen Arbeiten hinaus ist die Art und Weise der | Zusätzlich zur Definition der Art und Weise der Bearbeitung wird das System kontinuierlich verbessert; neue |

| Reifegrad[1] Merkmale | 1 Chaos/ Black Box | 2 Managed | 3 Defined | 4 Optimized |
|---|---|---|---|---|
| | geblich von dem bearbeitenden Mitarbeiter ab. | im Rahmen einer einheitlichen Strategie. | Bearbeitung definiert. | Themen werden antizipiert. |
| Was wird bearbeitet? | Es werden hauptsächlich die Themen abgearbeitet, die durch Anfragen an die Datenschutzabteilung herangetragen werden. Proaktiv wird sie nur selten tätig | Es werden überwiegend Themen abgearbeitet, die durch Anfragen an die Datenschutzabteilung herangetragen werden. | Entsprechend der bestehenden Definition ist vorgegeben, welche Themen in welcher Intensität und mit welchem Risiko bearbeitet werden. Dies schließt die Themen ein, die proaktiv angegangen werden sollen. | Wie bei Reifegrad 3; zusätzlich werden neue Themen aufgenommen und die Organisation kontinuierlich verbessert. |
| Konsistenz von Entscheidungen | Ähnliche Anfragen werden mangels vorheriger Festlegung auf verschiedene Weise bearbeitet und daher auch häufig unterschiedlich beantwortet. | Ähnliche Anfragen werden auf verschiedene Weise bearbeitet und teilweise unterschiedlich beantwortet. | Ähnliche Anfragen werden einheitlich beantwortet. | Ähnliche Anfragen werden einheitlich beantwortet. Für erstmalig aufkommende Anfragen wurde meist schon vor der Anfrage ein Umgang mit dem Thema definiert. |

## Anmerkung

**1. Reifegrade.** Die Einteilung von Unternehmensteilen und -prozessen in eine Abstufung von Reifegraden (engl. Maturity Grid) geht auf Philip B. Crosby (Quality is free: the art of making quality certain) zurück. Sie wurde insbesondere bei der Qualitätssicherung von Software populär und floss in ISO/IEC 15504 (SPICE) sowie das Qualitätsmanagementmodell Capability Maturity Model Integration (CMMI) ein, kann jedoch auch im Datenschutzbereich angewendet werden. Das eigentliche System mit fünf Reifegradstufen wurde hier verkürzt und abgewandelt dargestellt, um es auf Datenschutzorganisationen anwenden zu können. Ein ausführliches Modell mit sechs Reifegradstufen nach ITIL/COBIT (Reifegrade Null bis Fünf) wird vorgestellt bei Lorenz/Fox DuD 2024, 3.

## 6. Umgang mit Anfragen und Audits der Aufsichtsbehörden

Die Aufsichtsbehörden haben weitreichende Befugnisse. Sie haben zum einen die für den Verantwortlichen angenehme Pflicht, den Datenschutzbeauftragten und damit den Verantwortlichen zu beraten und zu unterstützen, zB als „Sensibilisierung" nach Art. 57 Abs. 1 lit. d DS-GVO oder als „schriftliche Empfehlungen" nach Art. 36 DS-GVO bei der vorherigen Konsultation im Rahmen der Datenschutz-Folgenabschätzung. Sie haben aber auch weitreichende Auskunfts- und Auditierungsrechte, die von Verantwortlichen nicht immer als angenehm empfunden werden (Art. 58 Abs. 1 DS-GVO).

Noch unangenehmer wird es, wenn Aufsichtsbehörden Maßnahmen und ggf. Untersagungen anordnen oder Geldbußen festsetzen (Art. 58 Abs. 2 DS-GVO). Erst spät nach Inkrafttreten der DS-GVO hat sich bei manchen die Erkenntnis durchgesetzt, dass hier nicht beide Seiten gemeinsam am hehren Ziel des verbesserten Datenschutzes arbeiten, sondern es sich gerade bei Geldbußen um eine strafrechtsähnliche Materie handelt. Dabei gilt selbstverständlich der nemo-tenetur-Grundsatz, was im Konflikt mit dem in Art. 58 Abs. 1 lit. a, b und e DS-GVO formulierten Auskunftspflichten steht. Hierzu → Form. A. II.3. Anm. 11 (zur Kommunikation mit der Aufsichtsbehörde) und → Form. A. II.6. Anm. 3 (im Kontext von § 30 OWiG, nemo tenetur und dem Verfahren iS Deutsche Wohnen). Zu Strafverfahren und Ordnungswidrigkeiten → Form. Q.

Die Wahrscheinlichkeit, in den Fokus des Interesses einer Datenschutzbehörde zu geraten, ist stark abhängig von Größe, Branche und Tätigkeitsfeld eines Unternehmens. Ein Teil der deutschen Unternehmen wird wohl nie von einer Aufsichtsbehörde behelligt werden, sofern keine individuelle Beschwerde vorliegt. Ein weiterer maßgeblicher Faktor ist die personelle Ausstattung der jeweiligen Behörde, die von Bundesland zu Bundesland variiert. Aber trotz der EU-weiten Vereinheitlichung durch die DS-GVO und den EDSA sowie der nationalen Abstimmung in der Datenschutzkonferenz der unabhängigen Datenschutzbehörden des Bundes und der Länder (DSK) gibt es innerhalb der deutschen Aufsichtsbehörden teils verschiedene Auffassungen über Auslegungen und Herangehensweisen. Inwieweit und ab wann die durch die DS-GVO beabsichtigte europaweite Harmonisierung diesbezüglich durchgreifende Änderungen bringen wird, bleibt auch Jahre nach Erlass der DS-GVO abzuwarten.

### § 1 Kooperation: Taktik und verfassungsrechtliche Fragen

**1.1 Wie bei allen regulatorischen Aufsichtsbehörden stellt sich dem Unternehmen die Frage, in welcher Form und in welchem Umfang bei Anfragen und Audits informiert und kooperiert wird. Entsprechendes gilt für die Meldungen von Daten-**

schutzpannen nach Art. 33 DS-GVO, wo die Meldung nebst sehr umfangreichen Informationen binnen 72 Stunden seit Bekanntwerden erfolgen muss.[1]

1.2 Bei der Kommunikation mit der Behörde sind sowohl der aktuell vorliegende Fall als auch die dauerhafte Beziehung zu der zuständigen Aufsichtsbehörde im Auge zu behalten. Klar ist: Eine „Salami-Taktik" ist fast immer eine unkluge Vorgehensweise. Aber auch das Gegenteil, eine ausufernde Antwort und das Darstellen von nicht abgefragten Sachverhalten, ist keine durchdachte Vorgehensweise. Entweder provozieren die zusätzlich gemachten Angaben ein Nachhaken, das im mildesten Fall lediglich zusätzlichen Aufwand zur Folge hat, oder sie rufen den Verdacht hervor, es handle sich um „Nebelbomben", die die Sicht auf die eigentliche Antwort erschweren sollen. Keines von beidem ist förderlich. Teils wird auch auf ein „Spielen auf Zeit" gesetzt. Dies fällt insofern leicht, als die Behörden ihrerseits nur begrenzte Ressourcen für Nachfragen und Audits haben und daher Fristverlängerungen – auch mehrfachen – meist zustimmen. Ob aber durch eine solche Verzögerungstaktik mehr gewonnen wird, als auf beiden Seiten latent Ressourcen zu binden, muss jedes Unternehmen im Einzelfall selbst beurteilen. Wenn von der Anfrage der Behörde und ihrer zeitnahen Zustimmung aber zeitkritische Entscheidungen über neue Produkte oder Unternehmensakquisitionen abhängen, ist dies mit Sicherheit die falsche Taktik.[2]

1.3 Die expliziten, ausgiebigen Rechte der Aufsichtsbehörden in Verbindung mit dem hohen Bußgeldrahmen der DS-GVO und dem Umstand, dass der „Umfang der Zusammenarbeit mit der Aufsichtsbehörde" gem. Art. 83 Abs. 2 S. 2 lit. f DS-GVO bußgeldmindernd zu berücksichtigen ist, führen teilweise zu dem Ratschlag, vollumfänglich mit der Aufsichtsbehörde zu kooperieren. Bezüglich der Sanktionen durch Geldbußen begegnet die Pflicht zur Meldung von Verstößen und zur Kooperation jedoch verfassungsrechtlichen Bedenken. Zumindest sollte bei heiklen Fällen, wie im Straf- und Bußgeldverfahren üblich, vor einer von der Behörde verlangten Auskunft bei dieser Akteneinsicht beantragt werden.[3] Diese wird in der Regel auch problemlos gewährt.

## § 2 Zeitlicher Vorlauf

Audits werden in aller Regel mit ausreichendem zeitlichem Vorlauf von der Datenschutzbehörde angekündigt. Unangekündigte Hausdurchsuchungen wie im Kartell- oder Strafrecht finden – zumindest bislang – praktisch nie statt und begegnen auch rechtlichen Bedenken.[4] Meist werden vorab Unterlagen angefordert und der Umfang des Audits geklärt.

## § 3 Prüfungsinhalt

Ein erstes Audit wird in aller Regel auf einzelne Konzerngesellschaften und/oder auf einzelne (IT-)Bereiche beschränkt. Geprüft werden vorrangig die zentralen und operativ tätigen Konzerngesellschaften, hingegen werden beispielsweise interne Vermögensverwaltungsgesellschaften weniger häufig von Interesse für Datenschutzbehörden sein. Anders kann es freilich sein, wenn Beschwerden zu bestimmten Bereichen oder eine Meldung nach Art. 33 DS-GVO Anlass für die Prüfung war. Inhaltlich stehen neben den formalen Kriterien zu Recht die datenschutzrechtlich sensiblen Bereiche im Fokus der Prüfung. Im Rahmen eines Audits werden häufig die folgenden Punkte geprüft:

a) formale Aspekte wie die ordnungsgemäße Benennung eines betrieblichen Datenschutzbeauftragten, die Führung eines Verarbeitungsverzeichnisses und die Dokumentation der Rechenschaftspflicht
b) die Personalverwaltung
c) die Verpflichtung der Mitarbeiter auf den Datenschutz[5] sowie weitere Schulungsmaßnahmen
d) der Abschluss und Inhalt von Vereinbarungen zur Auftragsverarbeitung (Art. 28 DS-GVO) bzw. zur Gemeinsamen Verantwortlichkeit (Art. 26 DS-GVO)[6]
e) eventuelle Problembereiche, die der Behörde aus der Vergangenheit, durch Beschwerden oder aus der Presse bekannt sind

(je nach Branche)

f) die Bereiche Kundenverwaltung, CRM/Marketing und Werbeeinwilligungen
g) Cookies und ähnliche Technologien bei Web und App nebst Webanalyse, Tracking und Retargeting (Einhaltung der Anforderungen nach § 25 TDDDG und Übereinstimmung mit den Positionen der Aufsichtsbehörden)[7]
h) die Datenverarbeitung von (insbesondere Kranken- und Lebens-)Versicherten oder Bankkunden

§ 4 Priorisierung seitens der Aufsichtsbehörde; Vorfragen

Die Auditierung kann dabei gleichermaßen rechtliche Aspekte als auch IT-Fragen, namentlich die Sicherheit der Verarbeitung nach Art. 32 DS-GVO, betreffen. Verständlicherweise beginnt die Behörde aus Effizienzgründen mit der Prüfung von formalen Themen, da Verstöße hier mit sehr wenig Aufwand aufgedeckt werden können. Außerdem werden Sorgfalt und Aktualität im Umgang mit den formalen Pflichten gerne als Lackmustest herangezogen, wie ernst der Datenschutz in dem betreffenden Unternehmen genommen wird. In der Regel werden bereits vor der Durchführung eines Vor-Ort-Audits entsprechende Unterlagen angefordert, u.a.:

a) die schriftliche Benennung von Datenschutzbeauftragten sowie Unterlagen zu ihren Qualifikationen und Fortbildungen[8]
b) ein Überblick über die hierarchische Eingliederung des Datenschutzbeauftragten im Unternehmen sowie die ihm zur Verfügung stehenden Ressourcen[9]
c) etwaige Zuständigkeitsbeschreibungen und Datenschutz-Richtlinien[10]
d) Unterlagen zur Rechenschaftspflicht (Art. 5 Abs. 2 DS-GVO)[11]
e) das Verarbeitungsverzeichnis (Art. 30 DS-GVO)[12]
f) Mustertexte für die Verpflichtung der Mitarbeiter auf den Datenschutz
g) Informationen über Schulungen und ähnliche Maßnahmen für Mitarbeiter, die personenbezogene Daten verarbeiten (Art. 39 Abs. 1 lit. a DS-GVO)
h) Mustertexte für Werbeeinwilligungen
i) Auflistungen der existierenden Vereinbarungen zur Auftragsvereinbarung

§ 5 Vor-Ort-Audit

Bei einem sich ggf. anschließenden Vor-Ort-Audit kann die Behörde vertieft rechtliche und IT-seitige Themen prüfen und Informationen verlangen.[13] Es empfiehlt sich im Interesse beider Seiten, die Themen und die dafür veranschlagte Zeit vorab zu klären, um unternehmensseitig vorbereitet zu sein und die richtigen Ansprechpartner zur Verfügung zu haben. In der Regel erstellt die Behörde hiernach einen schriftlichen Auditbericht. Soweit keine schwerwiegenden Mängel gefunden

**wurden, sollen kleinere Mängel meist innerhalb einer von der Behörde gesetzten Frist abgestellt werden. Sofern dies erfolgt ist, kann das Audit durch einen Abschlussbericht auch formal beendet werden.**

## Anmerkungen

**1. Meldung von Verletzungen des Schutzes personenbezogener Daten.** Verantwortliche sollten sich unter dem Eindruck der Datenpanne in Verbindung mit dem gegebenen Zeitdruck zur Abgabe der Meldung niemals dazu hinreißen lassen, vorschnell Zusagen zu zukünftigen Änderungen oder Deaktivierungen machen. Auch Art. 33 Abs. 3 lit. d DS-GVO verpflichtet nicht dazu, Maßnahmen anzukündigen, die der Verantwortliche gar nicht plant. Es sollte zu Recht immer damit gerechnet werden, dass die Aufsichtsbehörde auch nach langer Zeit den Stand der Umsetzung abfragt. Zur Meldung nach Art. 33 DS-GVO → Form. C. VI.

**2. Umgang mit Aufsichtsbehörden.** Ein Muster für eine Klage gegen den Bescheid einer Aufsichtsbehörde findet sich in → Form. N. III.; für den Einspruch gegen einen Bußgeldbescheid → Form. O. III.

**3. Selbstbelastung, Akteneinsicht.** Aus verfassungsrechtlichen Gründen ist eine ausufernde Pflicht zur Selbstbelastung nicht zulässig. Sowohl eine Kooperationspflicht mit Aufsichtsbehörden im Bußgeldverfahren als auch die Weiterverwendung von Informationen, die im Rahmen der Meldepflicht nach Art. 33 DS-GVO an die Behörde gegeben werden musste, ist angesichts des Nemo-tenetur-Grundsatzes bedenklich (Wenzel/Wybitul ZD 2019, 290 (292 ff.); Braun ZD-Aktuell 2019, 06445). In Deutschland wurde die Weiterverwendung von Daten aus der Meldung nach Art. 33 DS-GVO durch § 42 Abs. 4 und 43 Abs. 4 BDSG begrenzt. Hiernach ist es den Aufsichtsbehörden verboten, Informationen, die sie durch eine Meldung nach Art. 33 DS-GVO erlangt haben, bei nachfolgenden Bußgeld- oder Strafverfahren zu Lasten des Verantwortlichen zu verwenden. Doch auch hier bleiben Unklarheiten wie die Frage, ob diese Regelung auch zugunsten der Verantwortlichen angewendet werden kann (Wenzel/Wybitul ZD 2019, 290 (292 f.)).

Zu nemo tenetur im Rahmen der Kommunikation mit der Aufsichtsbehörde → Form. A. II.3. Anm. 11, im Kontext von § 30 OWiG und dem Verfahren über eine Geldbuße gegen die Deutsche Wohnen → Form. A. II.6. Anm. 3. Kritisch zu verfassungsrechtlichen Aspekten der Selbstbelastung Härting/Konrad www.cr-online.de/blog/2019/09/16/warum-schweigen-gold-sein-kann-auskunftsersuchen-der-daten schutzbehoerde/; zur Akteneinsicht Härting/Konrad www.cr-online.de/blog/2019/09/24/alternative-blindflug-akteneinsicht-bei-der-aufsichtsbehoerde/.

Ein Muster für den Antrag auf Akteneinsicht und weitere Hinweise finden sich in → Form. O. II. 2.

**4. Hausdurchsuchungen durch Aufsichtsbehörden.** Zum Rechtschutz in solchen Fällen → Form. N. II.; → Form. N. III.; → Form. O. V.

**5. Verpflichtung auf das Datengeheimnis.** Eine Verschwiegenheitsverpflichtung wird auch unter der DS-GVO für notwendig erachtet; → Form. A. I. Anm. 8; → Form. C. VII.1.

**6. Vereinbarungen zu Auftragsverarbeitung bzw. Joint Control.** Dieses Thema wird nach der EuGH-Entscheidung zur Stellung von IAB Europe als (gemeinsam)

Verantwortlicher erhöhte Relevanz erhalten (EuGH 7.3.2024 – C-604/22, GRUR-RS 2024, 3638). Siehe hierzu Koglin DSB 2024, 86; Überblick über die Thematik → Form. D. I.2. Anm. 11; Muster → Form. G. I. bzw. → Form. G. V.

**7. Telemedien und Übereinstimmung mit den Positionen der Aufsichtsbehörden.** Zur Frage von Telemedien, Cookies und Cookie-Bannern haben die Aufsichtsbehörden zahlreiche Positionspapiere veröffentlicht, darunter auch die Orientierungshilfe Telemedien der Konferenz der unabhängigen Datenschutzaufsichtsbehörden des Bundes und der Länder (OH Telemedien 2021, Version 1.1). Hierzu nehmen Aufsichtsbehörden auch proaktiv Untersuchungen vor. Das Bayerische Landesamt für Datenschutzaufsicht hat nach eigenen im Rahmen einer anlasslosen, teils automatisierten Prüfung mehr als 350 Webseiten und 15 Apps überprüft (BayLDA, https://www.lda.bayern.de/media/pm/pm2024_02.pdf).

Die Anforderungen basieren dabei idR auf den aufsichtsbehördlichen Auslegungen und nicht auf einer neutralen Rechtsauslegung. Zur Rechtslage auch → Form. D. I.2. Anm. 11.

**8. Benennung eines Datenschutzbeauftragten.** → Form. B. I. 1.

**9. Organisation des Datenschutzbeauftragten.** → Form. A. III. 1.–5.

**10. Zuständigkeitsbeschreibungen und Richtlinien.** Zu den Zuständigkeiten ausf. → Form. A. III.3. und 4.; zu Datenschutz-Richtlinien → Form. D. I. und II.

**11. Rechenschaftspflicht.** → Form. A. I.

**12. Verarbeitungsverzeichnis.** → Form. C. II.

**13. Vor-Ort-Audit.** → Form. C. I.

## 7. Arbeitsweise am Beispiel Datenschutz-Folgenabschätzung: Dienst nach Vorschrift oder Teamarbeit

Eng verknüpft mit dem Aufbau der Datenschutzorganisation, ihrem Zuständigkeitsumfang und ihrer **Arbeitsweise** (→ Form. A. III. 1.–5.) ist die Frage, wie der Datenschutzbereich bei Projekten oder der Entwicklung neuer Produkte mit den anderen Abteilungen des Unternehmens zusammenarbeitet.

Exemplarisch kann dies am Beispiel der **Datenschutz-Folgenabschätzung** gezeigt werden, die wegen der englischen Bezeichnung Data Privacy Impact Assessment auch als „DPIA" abgekürzt wird. Durch das in Art. 35 DS-GVO festgelegte Erfordernis einer Datenschutz-Folgenabschätzung soll sichergestellt werden, dass bei datenschutzrechtlich heiklen Systemen vor deren Inbetriebnahme eine datenschutzrechtliche Prüfung stattfindet und der Datenschutzbeauftragte eingebunden wird. Bei der Datenschutz-Folgenabschätzung ist nach Art. 35 DS-GVO zunächst durch das Unternehmen zu prüfen, ob eine Datenschutz-Folgenabschätzung erforderlich ist (hierzu § 2 sowie → Form. C. III.). Ist dies der Fall, so ist die Datenschutz-Folgenabschätzung **durch den Verantwortlichen** durchzuführen. Denn sie ist nach dem eindeutigen Wortlaut des Art. 35 Abs. 1 S. 1 DS-GVO („führt der Verantwortliche [...] durch") Aufgabe des Unternehmens, nicht des Datenschutzbeauftragten (vgl. auch Gola/Heckmann/Nolte/Werkmeister DS-GVO Art. 35 Rn. 34). Im Rahmen der

Datenschutz-Folgenabschätzung wird gem. Art. 35 Abs. 2 DS-GVO vom Verantwortlichen lediglich der **„Rat" des Datenschutzbeauftragten** eingeholt.

Zwar heißt es in Art. 35 Abs. 2 DS-GVO, dass dieser Rat „bei" der Durchführung der Datenschutz-Folgenabschätzung und nicht erst danach eingeholt wird. Gleichwohl wird, wie schon früher bei der Vorabkontrolle, der Ablauf klassisch so verstanden, dass in einem recht fortgeschrittenen Stadium eine **ausführliche Darstellung des jeweiligen Vorhabens** sowie die vorläufige Folgenabschätzung mit dem Mindestinhalt des Art. 35 Abs. 7 DS-GVO beim Datenschutzbeauftragten „eingereicht" wird (vgl. Gola/Heckmann/Nolte/Werkmeister DS-GVO Art. 35 Rn. 59: „Ausreichend ist [...] eine nachträgliche Überprüfung des finalen Entwurfs"). Nach angemessener Bearbeitungszeit und ggf. nach weiteren Gesprächen wird dieser dann seinen abschließenden datenschutzrechtlichen Rat abgeben.

Ein solcher statisch-serieller Ablauf kollidiert in der Praxis oft mit schnellen Produkt- und Entwicklungszyklen, bei denen zusätzliche **Freigabeprozesse** nur schwer möglich sind, sowie mit **agilen Projektmethoden.** Das Dilemma des richtigen Zeitpunkts liegt auf der Hand: Bei einer sehr frühen Abgabe der Unterlagen verändert sich das Vorhaben eventuell noch so stark, dass die eingereichten Beschreibungen und die darauf basierende Einschätzung des Datenschutzbeauftragten obsolet werden. Bei einer späten Einbindung indes sind häufig schon so viele Entscheidungen und Investitionen getätigt, dass der Rat des Datenschutzbeauftragten nur noch in gravierenden Fällen Berücksichtigung finden kann. Im schlechtesten Fall erfolgt lediglich ergebnisorientiert eine minimale Maßnahme zur Eindämmung der Datenschutzrisiken, um den Folgen des Art. 36 Abs. 1 DS-GVO, der **vorherigen Konsultation** der zuständigen Aufsichtsbehörde, zu entgehen.

Im Rahmen einer modernen Arbeitsweise der Inhouse-Datenschutzorganisation bietet es sich daher an, die nach Art. 35 DS-GVO vorgesehene Datenschutz-Folgenabschätzung **dynamischer** zu gestalten. Insbesondere sollte der Datenschutz bei großen Projekten schon früh in die Produktentwicklung eingebunden werden, um hinsichtlich der Produktidee und deren IT-seitiger Umsetzung **bereits in der Planungsphase Hinweise** geben zu können (so auch Gola/Heckmann/Nolte/Werkmeister DS-GVO Art. 35 Rn. 59 aE). Gem. Art. 38 Abs. 1 DS-GVO haben Verantwortliche und Auftragsverarbeiter sicherzustellen, dass der Datenschutzbeauftragte ordnungsgemäß und frühzeitig in alle relevanten Fragen eingebunden wird. Doch bereits aus einem zeitlichen Eigeninteresse des Verantwortlichen sollte die Datenschutzorganisation so frühzeitig eingebunden werden, dass diese nicht nur mit einem rechtzeitigen negativen Votum, sondern auch noch gestaltend eingreifen kann (von dem Bussche/Voigt Konzerndatenschutz/Koglin Teil 2 Kap. 5 Rn. 48 f.). Denn ohne frühzeitig eingebunden zu werden, kann der Datenschutzbeauftragte seinem Beratungs- und Überwachungsauftrag nicht ordnungsgemäß nachkommen (BeckOK DatenschutzR/Moos DS-GVO Art. 38 Rn. 2). So kann effektiv und kollegial von der Idee bis zur Umsetzung zusammengearbeitet werden, um zB **„data protection by design"** (Art. 25 Abs. 1 DS-GVO, vgl. zur Datenminimierung auch Art. 5 Abs. 1 lit. c DS-GVO, Erwgr. 78 DS-GVO) sowie **„data protection by default"** (datenschutzfreundliche Voreinstellungen gem. Art. 25 Abs. 2 DS-GVO, Erwgr. 78 DS-GVO) umzusetzen.

Dies kann, im Zusammenspiel mit der generellen Ausrichtung der Datenschutzorganisation, folgende Aspekte umfassen:

§ 1 Rolle des Datenschutzbeauftragten bei der Datenschutz-Folgenabschätzung

| „Dienst nach Vorschrift“ | Durchführung als Teammitglied |
|---|---|
| Der Datenschutzbeauftragte wird durch formale Mitteilung über ein beabsichtigtes Verfahren informiert, da der Verantwortliche gem. Art. 35 Abs. 2 DS-GVO dessen Rat einzuholen hat. | Der Datenschutzbeauftragte kennt die Geschäftsbereiche und ihre wesentlichen Projektvorhaben. |
| Die Zusammenfassung des Vorhabens durch den Verantwortlichen einschließlich einer weitgehend abgeschlossenen Bewertung nach Art. 35 Abs. 7 DS-GVO wird dem Datenschutzbeauftragten wie ein formaler Antrag zugeleitet. | Der Datenschutzbeauftragte ist bei großen oder neuartigen Projekten frühzeitig in die Projektidee und deren datenschutzrechtliche Realisierbarkeit eingebunden. |
| Rückfragen erfolgen formal und reaktiv. | Feedback und lenkende Hinweise werden frühzeitig und proaktiv gegeben und gehen laufend in die Entwicklung und das Datenschutz-Design ein. |
| Die Hauptarbeit des Datenschutzbeauftragten im Rahmen der Datenschutz-Folgenabschätzung liegt in der Ausarbeitung eines schriftlichen Rates gem. Art. 35 Abs. 2 DS-GVO. | Der inhaltliche Beitrag wurde bereits im Team eingebracht und berücksichtigt; abschließend erfolgt allenfalls noch die erforderliche Dokumentation. |
| Ob sein Rat umgesetzt wird und ob ggf. eine vorherige Konsultation nach Art. 36 DS-GVO durchgeführt wird, liegt nicht im Zuständigkeitsbereich des Datenschutzbeauftragten. | Der Datenschutzbeauftragte hat den Ehrgeiz, dass notwendige Ratschläge auch tatsächlich umgesetzt werden und eine Konsultation der Aufsichtsbehörde nicht erforderlich wird. |

§ 2 Checkliste: Voraussetzungen für eine Datenschutz-Folgenabschätzung

| Norm | Voraussetzung/ Einschränkung | Anmerkung |
|---|---|---|
| Art. 35 Abs. 1, Art. 4 Nr. 2, Art. 2 Abs. 1 DS-GVO | Anwendungsbereich; Grundsätzliches: Gegenstand der Datenschutz-Folgenabschätzung muss „eine Form der Verarbeitung“ (Art. 35 Abs. 1 S. 1 DS-GVO) sein. | Über den in Art. 4 Nr. 2 DS-GVO definierten Begriff der „Verarbeitung“ fallen praktisch alle Vorhaben in den Anwendungsbereich des Art. 35 DS-GVO, die Berührung mit personenbezogenen Daten (Art. 4 Nr. 1 DS-GVO) haben.[1] Dies umfasst grundsätzlich auch nichtautomatisierte Verfahren.[2] |

| Norm | Voraussetzung/ Einschränkung | Anmerkung |
|---|---|---|
| Art. 35 Abs. 4 DS-GVO | Positivliste: Eine Datenschutz-Folgenabschätzung ist auf jeden Fall durchzuführen, wenn diese Form der Verarbeitung auf einer Positivliste iSd Art. 35 Abs. 4 DS-GVO aufgeführt wird. | Die Artikel-29-Datenschutzgruppe hatte hierzu im Rahmen des WP 248 bereits eine kleine Liste veröffentlicht. Hierauf aufbauend hat die DSK eine „Muss-Liste“ erstellt (v1.1 v. 28.7.2018).[3] |
| Art. 35 Abs. 5 DS-GVO | Negativliste: Eine Datenschutz-Folgenabschätzung muss nicht durchgeführt werden, wenn diese Form der Verarbeitung auf einer Negativliste iSd Art. 35 Abs. 5 DS-GVO aufgeführt wird. | Auch die im Gegensatz zur Positivliste nach Art. 35 Abs. 4 DS-GVO nur optionalen („kann des Weiteren ... erstellen“). Negativlisten liegen aus Deutschland noch nicht vor. Zudem wird ihre Aussagekraft aller Voraussicht nach begrenzt sein.[4] |
| Art. 35 Abs. 10 DS-GVO | Datenschutz-Folgenabschätzung bereits in Gesetzgebungsverfahren enthalten: Freistellung, wenn gesetzlich konkret vorgesehen | Hierbei handelt es sich um eine Sonderregelung, die zumindest für Deutschland noch keine praktische Relevanz hat.[5] |
| Art. 35 Abs. 3 lit. a DS-GVO | Profiling u. a.: bei rechtlichen oder anderen erheblichen Entscheidungen, die auf Bewertungen/Profiling beruhen. | Die Regelung umfasst neben Profiling iSd Art. 4 Nr. 4 DS-GVO auch andere Fälle systematischer und umfassender Bewertungen, sofern hierauf eine Entscheidung mit Rechtswirkung oder ähnlich erheblicher Beeinträchtigung beruht. |
| Art. 35 Abs. 3 lit. b DS-GVO | Besonders sensible Daten: bei umfangreicher Verarbeitung besonderer Kategorien von personenbezogenen Daten sowie bei personenbezogenen Daten über Straftaten oder strafrechtliche Verurteilungen. | Zu beachten ist dabei das von den Mitgliedstaaten festzulegende Presseprivileg bei der Verarbeitung von personenbezogenen Daten, das in Deutschland über Art. 5 Abs. 1, 2 GG abgesichert ist; auf Unionsebene steht das Grundrecht der Informationsfreiheit aus Art. 11 GRCh (gleichrangig mit dem Grundrecht auf den Schutz personenbezogener Daten, Art. 8 GRCh) als Primärrecht über der DS-GVO als Sekundärrecht. |

| Norm | Voraussetzung/ Einschränkung | Anmerkung |
|---|---|---|
| Art. 35 Abs. 3 lit. c DS-GVO | Systematische Überwachung: bei systematischer und umfangreicher Überwachung öffentlich zugänglicher Bereiche | Dies betrifft insbesondere, aber nicht nur, Videoüberwachung, sondern kann zB auch bei der automatischen Erfassung von Kfz-Kennzeichen in öffentlichen Parkhäusern einschlägig sein. |
| Art. 35 Abs. 1 S. 1 DS-GVO | Generalklausel: Datenschutz-Folgenabschätzung ist durchzuführen, wenn voraussichtlich ein hohes Risiko vorliegt. | Als Generalklausel subsidiär zu prüfen.[6]<br>Die Durchführung einer Datenschutz-Folgenabschätzung ist hiernach erforderlich, wenn<br>– die Form der Verarbeitung, insbesondere bei Verwendung neuer Technologien,<br>– aufgrund der Art, des Umfangs, der Umstände und der Zwecke der Verarbeitung<br>– voraussichtlich ein hohes Risiko<br>– für die Rechte und Freiheiten natürlicher Personen zur Folge<br>hat. |
| (ohne) | Freiwillige Durchführung; Zweifelsfälle: Datenschutz-Folgenabschätzung auch dann möglich, wenn gesetzlich nicht zwingend vorgesehen | Die DS-GVO verbietet nicht, auch ohne zwingendes Erfordernis iSd Art. 35 DS-GVO auf freiwilliger Basis eine Datenschutz-Folgenabschätzung durchzuführen. |
| | | Ebenso kann der Verantwortliche Zweifelsfälle abkürzen, indem er die Vorfrage, ob eine Datenschutz-Folgenabschätzung gesetzlich vorgeschrieben wäre, nicht zu akademisch ausarbeitet und sie stattdessen direkt durchführt.[7] |

## Anmerkungen

**1. Anwendungsbereich und personenbezogene Daten.** Da heute fast jede Software über eine Anmeldung oder gar eine Nutzerverwaltung verfügt und zumindest eine Internetanbindung und damit eine IP-Adresse hat, dürfte die Voraussetzung der Verarbeitung personenbezogener Daten bei fast jedem Verfahren erfüllt sein.

Im Rahmen der Zuständigkeiten und der Verantwortlichkeiten für die Initiierung einer Datenschutz-Folgenabschätzung ist zu beachten, dass nicht nur „offizielle" IT-Projekte oder Eigenentwicklungen, sondern auch durch andere Abteilungen eingekaufte Software oder Dienstleistungen wie Cloud-Angebote eine Datenschutz-Folgenabschätzung erforderlich machen können.

Zur Durchführung der Datenschutz-Folgenabschätzung ausf. → Form. C. III. 3.; vgl. hierzu auch EDSA WP 248 sowie DSK Kurzpapier Nr. 5 Datenschutz-Folgenabschätzung nach Art. 35 DS-GVO; zum Prozess ausf. Kranig/Sachs/Gierschmann Datenschutz-Compliance S. 99 ff.; von dem Bussche/Voigt Konzerndatenschutz/Koglin Teil 2 Kap. 5; Wybitul EU-DSGVO Unternehmen Rn. 118 ff.; ISO-Standards ISO/IEC 29134 (Information technology/Security techniques/Guidelines for privacy impact assessment, 2017) sowie losgelöst von der DS-GVO für den Finanzsektor ISO/IEC 22307 von 2008.

Verstöße gegen die Regeln zur Datenschutz-Folgenabschätzung oder der vorherigen Konsultation (Art. 36 DS-GVO) können nach Art. 83 Abs. 4 lit. a DS-GVO mit dem „kleineren" Bußgeld in Höhe von max. 10 Mio. EUR oder 2 Prozent des Vorjahresumsatzes geahndet werden.

**2. Nichtautomatisierte Verfahren („Papierakten").** Art. 35 Abs. 1 DS-GVO setzt „eine Form der Verarbeitung" voraus. Die Legaldefinition der Verarbeitung findet sich in Art. 4 Nr. 2 DS-GVO. Für die nichtautomatisierte Verarbeitung ist daneben der diesbezügliche sachliche Anwendungsbereich nach Art. 2 Abs. 1 DS-GVO zu beachten: Zwar umfasst Art. 4 Nr. 2 DS-GVO „jeden mit oder ohne Hilfe automatisierter Verfahren" ausgeführten Verarbeitungsvorgang. Nach Art. 2 Abs. 1 Alt. 2 DS-GVO gilt die DS-GVO bei nichtautomatisierten Verarbeitungen nur dann, wenn die personenbezogenen Daten „in einem Dateisystem gespeichert sind oder gespeichert werden sollen". Insoweit ergibt sich ein größerer Anwendungsbereich als nach dem BDSG aF, wo bei Papierakten keine Vorabkontrolle erforderlich war.

**3. Positivlisten.** In der deutschen Sprachfassung des Art. 35 Abs. 4 DS-GVO ist nicht eindeutig, ob die Aufsichtsbehörde zur Erstellung einer Positivliste verpflichtet ist. Angesichts der englischen Fassung („shall") ist davon auszugehen, dass – im Gegensatz zur Negativliste nach Art. 35 Abs. 5 DS-GVO – eine entsprechende Pflicht besteht (Paal/Pauly/Martini DS-GVO Art. 35 Rn. 37; ausführliche Begründung bei Kühling/Buchner/Jandt DS-GVO Art. 34 Rn. 13). Im WP 248 des EDSA, das die Datenschutz-Folgenabschätzung und ihre Voraussetzungen behandelt, findet sich auf S. 10 auch ein Vorschlag für vier Anwendungsfälle, in denen eine Datenschutz-Folgenabschätzung erforderlich sei, sowie zwei Anwendungsfälle, wonach sie nicht zwingend notwendig sei.

Für die Positivliste (wie auch für die Negativliste nach Art. 35 Abs. 5 DS-GVO) sind nach Art. 25 Abs. 4 DS-GVO die Aufsichtsbehörden der Mitgliedstaaten zuständig; nach Art. 51 Abs. 3 DS-GVO ist es bekanntlich möglich, wie in Deutschland mehrere Aufsichtsbehörden zu haben. Im Interesse einer einheitlichen Rechtspraxis wäre eine einheitliche Positivliste der zahlreichen deutschen Aufsichtsbehörden wünschenswert. Die Zusammenarbeit im europäischen Kontext regeln neben Art. 51 ff. DS-GVO die §§ 17 ff. BDSG, die jedoch nicht die Erstellung nationaler Positivlisten betreffen dürften. Die DSK – die selbst ja gerade keine Aufsichtsbehörde ist und bislang auch keine eine eigene Rechtspersönlichkeit innehält – hat erfreulicherweise eine „Liste der Verarbeitungstätigkeiten, für die eine DSFA durchzuführen ist" veröffentlicht (https://www.datenschutzkonferenz-online.de/media/ah/20181017_ah_DSK_DSFA_Muss-Liste_Version_1.1_Deutsch.pdf). Übersicht der vorherigen einzelnen Positivlisten der deutschen Aufsichtsbehörden, wovon nun noch diejenigen der kirchlichen Datenschutzaufsicht (Art. 91 DS-GVO) relevant sind, bei von dem Bussche/Voigt Konzerndatenschutz/Koglin Teil 2 Kap. 5 Vor Rn. 1.

**4. Negativlisten.** Über die Negativlisten können die Aufsichtsbehörden bestimmte Verarbeitungsvorgänge von der Pflicht zur Datenschutz-Folgenabschätzung freistellen. Sie sind jedoch nicht verpflichtet, eine solche zu erstellen oder geprüfte und für unkritisch befundene Verarbeitungsvorgänge dort aufzunehmen (Kühling/Buchner/Jandt DS-GVO Art. 35 Rn. 20). Dabei wird es sicherlich keine vorbehaltslosen Freigaben oder gar „Blankoschecks" für bestimmte Verfahren geben. Vielmehr ist zu vermuten, dass im Rahmen der Negativlisten etliche Voraussetzungen zu einer typischen Nutzung aufgeführt werden und letztlich durch den Verantwortlichen eine nicht unaufwendige Prüfung erfolgen muss, um festzustellen, ob das konkrete Vorhaben im Rahmen dieser Vorgaben liegt und wirklich von der Datenschutz-Folgenabschätzung freigestellt ist. Entsprechend sind auch Formulierungen des EDSA im WP 248, wo es zum Erfordernis der Datenschutz-Folgenabschätzung statt „not required" lediglich „not necessarily" heißt (S. 10, zitiert nach der englischen Fassung).

Die deutschen Aufsichtsbehörden und die DSK haben bislang keine Negativliste vorgelegt. Wie Positivlisten sind auch Negativlisten an den EDSA zu übermitteln (Art. 35 Abs. 5 S. 2 DS-GVO). Bislang hat dieser nur zu den von Tschechien, Spanien und Frankreich vorgelegten Negativlisten Stellung genommen (so Kühling/Buchner/Jandt DS-GVO Art. 35 Rn. 21).

**5. Sonderregelung des Art. 35 Abs. 10 DS-GVO.** Diese Privilegierung betrifft nur Verarbeitungsvorgänge, die auf die Rechtsgrundlage der Erfüllung von rechtlichen Verpflichtungen oder der Wahrnehmung öffentlicher Aufgaben (Art. 6 Abs. 1 lit. c bzw. lit. e DS-GVO) gestützt werden. Unter den in Art. 35 Abs. 10 DS-GVO genannten Voraussetzungen kann eine entsprechende Norm, bei deren Erlass eine Datenschutz-Folgenabschätzung für den dort geregelten „konkreten Verarbeitungsvorgang" bereits integriert ist, die Durchführung einer einzelfallbezogenen Folgeneinschätzung durch den Verarbeiter ersetzen. Entsprechende Normen oder Gesetzgebungsverfahren sind für Deutschland noch nicht bekannt (Kühling/Buchner/Jandt DS-GVO Art. 35 Rn. 22; vgl. aber Roßnagel/Geminn/Johannes ZD 2019, 435 (436) mit Hinweis auf eine Folgenabschätzung zum österreichischen Forschungsorganisationsgesetz).

**6. Prüfung anhand der Generalklausel.** Art. 35 Abs. 1 S. 1 DS-GVO ist als Generalklausel subsidiär gegenüber den konkreten Beispielen des Abs. 3, die nach dem eindeutigen Wortlaut des Abs. 3 S. 1 nicht abschließend sind („insbesondere"). Fälle, die auf die Generalklausel gestützt werden, sollten in ihrer Schwere mit den Beispielsfällen des Art. 35 Abs. 3 lit. a–c DS-GVO vergleichbar sein.

**7. Durchführung in Zweifelsfällen.** Ein vorsorgliches oder gar freiwilliges Durchführen der Datenschutz-Folgenabschätzung ist im Sinne eines „im Zweifel für den Datenschutz" nicht nur akzeptabel, sondern sollte auch im Rahmen der datenschutzrechtlichen Accountability (→ Form. A. I.) sowie bei einer etwaigen Bußgeldbemessung nach Art. 83 Abs. 2 DS-GVO als besonders verantwortungsbewusst honoriert werden. Gleichwohl muss die Frage, ob es sich um eine gesetzlich zwingende Datenschutz-Folgenabschätzung oder um eine freiwillige Maßnahme handelt, für die Frage eines eventuellen Bußgeldes und gesetzliche Dokumentationspflichten berücksichtigt werden. Die Möglichkeit der Verhängung eines Bußgeldes und die Dokumentationspflicht bestehen nur bei einer „echten", also gesetzlich vorgesehenen Datenschutz-Folgenabschätzung. Bei einer überobligatorisch durchgeführten Datenschutz-Folgenabschätzung ist jedoch zu beachten, dass diese bei Kleinunternehmen über § 38 Abs. 1 S. 2 BDSG die Pflicht zur Benennung eines Datenschutzbeauftragten implizieren kann (→ Form. G. VI. 2. Anm. 10).

## IV. Code of Conduct und Selbstverpflichtung zum Datenschutz

### 1. Datenschutz im Code of Conduct

Ein **Code of Conduct** (Verhaltenskodex) ist meist eine **Selbstverpflichtung** eines Unternehmens zu bestimmten, größtenteils von ihm selbst festgelegten Themen (Grützner/Jakob Compliance von A–Z S. 45). Er wird in der Regel durch ausführliche Richtlinien konkretisiert, stellt aber selbst nur eine **sehr allgemeine und abstrakte Zusammenfassung** einzelner Themen dar. Häufig enthalten sind, je nach Branche und Geschäftsfeldern: Korruption, Kartellrecht, Kinderarbeit, Diskriminierungsfreiheit, in den letzten Jahren verstärkt auch Diversität und Inklusion, Umwelt- und Klimaschutz, Lieferkettensorgfalt, der respektvolle Umgang mit Kollegen und das Verbot von Mobbing (vgl. Environmental, Social and Corporate Governance oder kurz Environmental Social and Governance [ESG] und Corporate Social Responsibility Governance [CSR/CSRG]) sowie allgemein die Einhaltung der Gesetze. Meist finden sich auch **wohlwollende Absätze zum Datenschutz,** die häufig mit Aussagen zu Datensicherheit und Vertraulichkeit zu einem Themenkomplex zusammengefasst werden.

Die (Selbst-)Verpflichtungen im Code of Conduct sind in aller Regel außenwirksame und positive Darstellungen. Konkrete rechtliche Angaben, die über „das Einhalten aller einschlägigen Gesetze" hinausgehen, fehlen in aller Regel und wären in einem allgemeinen, konzernweit in verschiedenen Jurisdiktionen geltenden Dokument auch fehl am Platz. Allerdings ergibt sich aus der **Reihenfolge der im Code of Conduct genannten Themen** eine Gewichtung, die häufig wohl eher den Lesern als den dahinterstehenden Unternehmen bewusst wird: Was im Code of Conduct zuerst erwähnt wird, wird für das Unternehmen eine besondere Priorität haben. Eine Erwähnung am Ende unter „ferner liefen" erweckt hingegen den Eindruck, dass dem Unternehmen dieses Thema weniger wichtig ist. Es erscheint dann auch unstimmig – und damit wenig überzeugend – wenn diesen „B-Themen" sprachlich eine Wichtigkeit beigemessen wird, die der Platzierung im Code of Conduct nicht zu entsprechen scheint. Wenn ein Thema erst am Ende des Code of Conduct erwähnt wird, scheint es für dieses Unternehmen schlicht nicht die höchste Priorität zu haben. Ergo: Wer Datenschutz ernst nimmt, sollte ihn im Code of Conduct nicht erst am Ende erwähnen.

Problematisch ist es auch, wenn Themen oder Werte im Code of Conduct übermäßig betont werden, obwohl sie im betreffenden Unternehmen in dieser Form so nicht gelebt werden. Treffend ist insoweit der Schlusssatz in einer früheren Fassung des Code of Conduct der Deutschen Telekom: „Unternehmen werden insbesondere daran gemessen, was sie tun und was sie sagen. Positive Auswirkungen hat unser Code of Conduct also nicht dadurch, dass er vorliegt – sondern nur, indem wir ihn im Tagesgeschäft ‚leben' und einhalten."

Die in einem Code of Conduct zu erwähnenden Themen hängen maßgeblich von der **Branche, den Märkten und den Ländern** ab, in denen das Unternehmen aktiv ist. Das folgende Muster beschreibt nur die Klausel zum **Datenschutz,** die in einen

Code of Conduct aufgenommen werden kann. Diese kann in der gebotenen Kürze zB lauten:

**Datenschutz[1]**

**(1) Der Datenschutz und die Vertraulichkeit der uns anvertrauten Informationen[2] haben für uns einen hohen[3] Stellenwert.**

**(2) Wir werden Ihre Daten nach den Vorgaben der jeweils anwendbaren Datenschutzgesetze[4] verarbeiten[5] und verpflichten uns zu entsprechenden Maßnahmen der Daten- und IT-Sicherheit.[6]**

## Anmerkungen

**1. Bedeutung des Code of Conduct; Umsetzung.** Ob der Code of Conduct lediglich eine Selbstverpflichtung darstellt oder ob Dritte in Ausnahmefällen aus ihm unmittelbare Rechtsansprüche ableiten können, ist umstritten und hängt vom Einzelfall ab. In jedem Fall sollte es flankierend noch klare Vorgaben an die Konzerngesellschaften zur inhaltlichen und organisatorischen Umsetzung geben. Diese Vorgaben können durch verbindliche Richtlinien oder Konzernprinzipien erfolgen, die die Zuständigkeiten und Verantwortlichkeiten verbindlich regeln (→ Form. D. I. 2.). Wie der Code of Conduct selbst sollten auch die dazugehörigen verbindlichen Compliance-Richtlinen in den Tochtergesellschaften durch einen Gesellschafterbeschluss eingeführt werden (→ Form. D. I. 1.).

**2. „Informationen" versus (personenbezogene) Daten.** Nach dem in Art. 2 Abs. 1 DS-GVO definierten sachlichen Anwendungsbereich des Datenschutzrechts müsste die Selbstverpflichtung nur personenbezogene Daten umfassen. Hier scheint es indes einfacher, schlicht von Informationen zu sprechen. Zwar wird der Anwendungsbereich dadurch auch auf nichtpersonenbezogene Daten erweitert. Angesichts der unverbindlichen Rechtsfolge („hat für uns einen hohen Stellenwert") führt dies aber zu keinen zusätzlichen konkreten Pflichten oder Risiken für das Unternehmen.

**3. Zusicherungen und Superlative vermeiden.** Ob der Code of Conduct lediglich eine Selbstverpflichtung darstellt oder ob Dritte in Ausnahmefällen aus ihm unmittelbare Rechtsansprüche ableiten können, ist umstritten und hängt vom Einzelfall ab. Wie bei jedem rechtlichen Dokument sollten Formulierungen vermieden werden, die die Abgabe von Garantien oder Zusicherungen nahelegen. Daher sollten im Code of Conduct entsprechende Formulierungen („sichern wir Ihnen die jederzeitige Einhaltung des Datenschutzes zu") ebenso vermieden werden wie Superlative („... hat für uns höchste Priorität"; „nach höchsten datenschutzrechtlichen Standards"). Denn auch wenn keine direkte rechtliche Wirkung eines konkreten Code of Conduct gegeben sein sollte, stellt er zumindest ein Image-Instrument dar – und gerade für das Image wäre es kontraproduktiv, eine Relevanz des Datenschutzes zuzusagen, die ihm tatsächlich im Unternehmen nicht beigemessen wird. In diesem Zusammenhang wirkt es in einem Code of Conduct auch wenig überzeugend, die Bedeutung des Datenschutzes mit Worten ins Unermessliche steigen zu lassen, wenngleich diese Thematik – für jeden Leser offensichtlich – erst am Ende des Code of Conduct Platz gefunden hat. Die Formulierungen aus dem Code of Conduct sollten im Übrigen mit Standardeinleitungen aus Datenschutzerklärungen und ähnlichen Dokumenten vereinheitlicht werden, um Widersprüchlichkeiten zu vermeiden.

**4. Verweis auf DS-GVO oder andere Normen.** Der Verweis auf einzelne Gesetze, wie zB auf die DS-GVO, ist heikel: Zum einen gibt es neben diesen Hauptnormen auch datenschutzrechtliche Nebenbestimmungen in anderen Gesetzen, in Deutschland etwa im BDSG und in den die ePrivacy-RL umsetzenden Normen. Gerade letztere zeigen die Vergänglichkeit von Gesetzesnamen, welche bei Aufnahme in den Code of Conduct dort stets korrigiert werden müssten: Vom TMG über das TTDSG in das TDDDG. Zum anderen muss ein international tätiger Verantwortlicher auch die außerhalb Deutschlands und der EU geltenden Gesetze beachten, weshalb im Code of Conduct die Nennung nationaler bzw. europäischer Normen wie der DS-GVO oder dem BDSG für internationale Unternehmen unpassend ist. Zudem vermittelt es nicht gerade die oft gewünschte globale Ausrichtung, im Code of Conduct vornehmlich lokale oder kontinentale Normen zu nennen.

Für Zielgruppen in Deutschland war bis Mai 2018 ein Verweis auf das BDSG aF üblich und wirkte vertrauenserweckend. Daher war es damals opportun, bei entsprechenden, also national ausgerichteten Unternehmen etwa zu formulieren „nach den Vorgaben des Bundesdatenschutzgesetzes bzw. der jeweils geltenden Gesetze" (so auch dieses Muster in der 1. Aufl.). Zwar könnte dies auch mit dem BDSG so fortgeführt werden. Da dann aber zumindest auch die DS-GVO mit genannt werden müsste, sprechen Praktikabilitätsgründe dafür, zukünftig auch im nationalen Kontext keine Normen zu nennen. Sofern ein Unternehmen maßgeblich außerhalb der Bundesrepublik Deutschland tätig ist, sollte bereits in der Vergangenheit im Code of Conduct die Benennung des BDSG ausbleiben und lediglich formuliert werden „nach den Vorgaben der jeweils anwendbaren Datenschutzgesetze" (siehe zu beiden Fällen die Anmerkungen in der 3. Aufl.).

Ein Code of Conduct ist ein langfristiges Regelwerk, dessen Einführung und Umsetzung in den Konzerngesellschaften – zB durch jeweilige Gesellschafterbeschlüsse (→ Form. D. I. 1.) – aufwendig und häufig auch langwierig ist. Änderungsbedarf sollte daher vermieden werden, indem auf zu konkrete Benennungen von Gesetzen verzichtet wird.

**5. Keine weiteren Einschränkungen.** Teilweise finden sich unnötige zusätzliche Einschränkungen wie „wenn eine eindeutige rechtliche Norm dies erlaubt". Das Erfordernis von eindeutigen Rechtsgrundlagen sollte jedoch nicht freiwillig postuliert werden. Das Datenschutzrecht hält schlichtweg kaum „eindeutige" Rechtsgrundlagen bereit. Dies gilt unter der DS-GVO schon durch die Vielzahl von Interessenabwägungen und indirekt mitzulesenden Erwägungsgründen. Hinzu kommt, dass mit neuen datenschutznahen Normen wie der KI-VO und ggf. einer zukünftigen ePrivacy-VO neues Recht vorgelegt wird, für das zunächst noch keine Urteile existieren und – wie bei neuen Normen üblich – eine entsprechende Rechtsunsicherheit besteht.

Üblich und angemessen ist, auf die „jeweils anwendbaren" oder die „jeweils geltenden" Gesetze Bezug zu nehmen, auch wenn dies freilich keine konkrete Hilfe für den Leser beinhaltet.

**6. Daten- und IT-Sicherheit.** Verpflichtungen zu technischen und organisatorischen Maßnahmen der Datensicherheit beinhaltet bereits das Datenschutzrecht (insbes. Art. 5 Abs. 1 lit. f und Art. 32 DS-GVO; → Form. E. II.) sowie sektor- und branchenspezifische Spezialnormen wie § 19 Abs. 1 und 4 TDDDG für digitale

Dienste, NIS2-RL für erweitert definierte kritische Infrastrukturen oder DORA für den Finanzsektor. Gleichwohl scheint es angesichts der wiederkehrenden Meldungen über Sicherheitslücken angemessen, dieses Thema im Code of Conduct zu erwähnen. Im vorliegenden Muster wurde es über das reine Datenschutzrecht hinaus erweitert und umfasst auch die generelle IT-Sicherheit, dh es beschränkt sich nicht nur auf Maßnahmen zur Sicherheit von personenbezogenen Daten (→ Anm. 2). Durch die bloße Verweisung auf die den anwendbaren Datenschutzgesetzen „entsprechende" Maßnahmen geht das Unternehmen mit dieser Formulierung keine zusätzlichen Pflichten ein.

## 2. Übersicht zu Hinweisgebersystemen und Meldestellen (Whistleblower-Hotlines)

Unter einem Whistleblower, wörtlich also einer Person, die (zur Benachrichtigung anderer) in die Pfeife bläst, versteht man einen **Hinweisgeber,** der durch Insiderkenntnisse über unrechtmäßige Geschäftspraktiken andere Personen oder auch ein Unternehmen „verpfeift". Zum Teil ist dieser Begriff wegen des denunziatorischen Elementes negativ besetzt. Gleichwohl besteht Einigkeit, dass das **„Whistleblowing"** grundsätzlich ein hilfreiches und notwendiges Instrument ist, um – ggf. auch anonym – Hinweise auf schwerwiegende Verfehlungen abzugeben. Einigkeit besteht auch darüber, dass Unternehmen und Organisationen ab einer bestimmten Größe durch ein entsprechendes Hinweisgebersystem den **Erhalt von Hinweisen erleichtern** und zugleich **kanalisieren** sollten. Ein **Hinweisgebersystem,** auch als Whistleblower-Hotline bezeichnet, kann Hinweise zB über ein Web-Formular und/oder die Schnittstelle zu einer telefonischen Hotline entgegennehmen. So kann teilweise auch vermieden werden, dass mögliche Hinweisgeber sich an Dritte, an Ermittlungsbehörden oder an die **Presse** wenden. Stattdessen bleibt das Unternehmen bzw. die Organisation **Herr des Geschehens.**

Seit Juli 2023 ist das Hinweisgeberschutzgesetz (HinSchG) in Kraft, mit dem in Deutschland die Hinweisgeberrichtlinie (RL (EU) 2019/1937) umgesetzt wurde. Hiernach sind für die in § 2 HinSchG definierten Verstöße ggf. interne Meldestellen einzurichten (vgl. zu den Kriterien § 12 HinSchG). Die Tätigkeit einer solchen internen Meldestelle kann gem. § 14 Abs. 1 HinSchG u. a. von einem intern Beschäftigten oder von einem Dritten wahrgenommen werden. Die Durchführung durch einen Dritten, die strukturell mit dem sog. externen Datenschutzbeauftragten (→ Form. B. II.) vergleichbar ist, darf terminologisch nicht mit einer externen Meldestelle iSd § 19 HinSchG verwechselt werden. Bei letzterer handelt es sich um eine vom Bund beim Bundesamt für Justiz errichtete staatliche Meldestelle, die organisatorisch vom Bundesamt für Justiz getrennt ist (vgl. § 19 Abs. 1 und 2 HinSchG; zu weiteren externen Meldestellen → Anm. 1). Bei den zahlreichen Meldestellen-Angeboten, für die externe Dienstleister werben, handelt es sich um – durch Dritte umgesetzte – interne Meldestellen.

Empirische Untersuchungen haben gezeigt, dass das Abgeben eines Hinweises oft eine große Überwindung des Whistleblowers erfordert. Dies gilt erst recht, wenn Gründe vorliegen, weshalb sich ein aktiver oder ehemaliger Mitarbeiter nicht an seinen Vorgesetzten oder den Compliance Officer wenden will. Insbesondere für Mitarbeiter im bestehenden Arbeitsverhältnis ist typisch und auch nachvollziehbar, dass sie in der weiteren Zeit an ihrem Arbeitsplatz nicht als **„Nestbeschmutzer"** dastehen wollen und Sorge vor **Repressalien** haben, seien es klare rechtliche und wirtschaftliche Nachteile wie der Ausschluss von Beförderungen oder gar der Verlust des Arbeitsplatzes, oder aber die ähnlich schwerwiegenden immateriellen Repressalien wie Sticheleien von Vorgesetzten und Kollegen, Ausgrenzung und andere Spielarten des Mobbing. Auch fallen beim Stichwort Whistleblower schnell die Namen Snowden und Manning, die sich freilich nicht an die betroffene Organisation, sondern an die Presse bzw. WikiLeaks gewandt haben. All dies wird potenzielle Whistleblower überlegen lassen, ob sie wirklich den Aufwand und die mit dem Hinweis verbundenen möglichen Nachteile auf sich nehmen, ohne hierdurch mehr zu erreichen als die Befriedigung des eigenen Gerechtigkeitsgefühls und eventuell die Genugtuung gegenüber Personen, deren Verhalten man jahrelang als unrechtmäßig angesehen hat.

Daher ist es wichtig, die **Hemmschwelle** für das Abgeben von relevanten Hinweisen möglichst niedrig zu halten. Bürokratie, Regeln und zu viele Vorgaben bei den Eingabefeldern schrecken ab und verhindern oder verzögern so die Meldung von vielleicht sehr wichtigen Informationen. Eine zu große Anzahl von Hinweisen, Erläuterungen, Links und Unterseiten ist hier fehl am Platz. Jedes Lesen, Klicken und Suchen kostet wertvolle Zeit und Nerven, in der sich der potenzielle Hinweisgeber vielleicht doch noch von der Abgabe des Hinweises abbringen lässt. Das Eingeben der Hinweise darf daher nicht durch Bürokratie oder Technologie erschwert oder nach dem Durchhaltevermögen des Whistleblowers vorgefiltert werden. Eine Selektion der Hinweise hat ausschließlich nach deren Abgabe im Wege der inhaltlichen Überprüfung durch die zuständigen Stellen (Ombudsmann, Compliance Officer) zu erfolgen.

Empfehlenswert ist daher, die Gelegenheit zum Whistleblowing nicht mit Einschränkungen, Anmeldeprozeduren oder Richtlinien zu überfrachten – egal um welches der folgenden Dokumente es sich handelt:

| Thema/Dokument | Inhalt und Risiken |
|---|---|
| Entscheidung über das Ob und Wie der Einführung einer internen Meldestelle nach HinSchG | § 12 HinSchG: Pflicht zur Einrichtung einer internen Meldestelle; Vor- und Nachteile einer freiwillig betriebenen internen Meldestelle[1]<br>Rechtsgrundlage des Art. 6 Abs. 1 S. 1 lit. c DS-GVO iVm § 10 HinSchG[2]<br>Rechtsgrundlage bei freiwilliger Meldestelle[3]<br>§ 14 HinSchG; Durchführung durch eigenen Beschäftigten oder durch Dienstleister<br>Bewertung, wer ist bei einer internen Meldestelle Verantwortlicher iSd Art. 4 Nr. 7 DS-GVO ist, insbes. beim Einsatz von Dienstleistern und/oder im Konzern[4] |
| Bei interner Meldestelle mit eigenem Beschäftigten: Besetzung und Unabhängigkeit | § 15 HinSchG: Unabhängigkeit und Fachkunde; Interessenskonflikt mit Aufgabe des Datenschutzbeauftragten[5] |

| Thema/Dokument | Inhalt und Risiken |
|---|---|
| Erläuterung der Möglichkeiten zum Whistleblowing im Code of Conduct[6] | Sofern eine interne Meldestelle existiert, sollte diese als zentraler und nach außen sichtbarer Bestandteil der Compliance-Organisation im Code of Conduct genannt und die Bedingungen der Nutzungen in der für einen Code of Conduct gebotenen Kürze erläutert werden. |
| leicht zugängliche Informationen für Beschäftigte[7] | Umsetzung der Anforderungen nach § 13 Abs. 2 HinSchG |
| Erklärung auf der entsprechenden Seite des Hinweisgebersystems; Datenschutzerklärung[8] | Eine Erläuterung zu der Meldestelle ist auf der entsprechenden Website selbstverständlich. Auch sollte aus Transparenzgründen in der Datenschutzerklärung angegeben werden, wie die Daten genutzt und welche zusätzlichen Daten ggf. gespeichert werden.<br>Jedoch besteht die Gefahr, mit den Verlinkungen von der Unternehmens-Website, den Seiten der Compliance-Abteilung, allgemeinen Seiten zum Compliance-Programm und zum Hinweisgebersystem sowie der häufig externen Seite des Hinweisgebersystems eine so komplexe Struktur zu schaffen, dass ein potenzieller Hinweisgeber eher abgelenkt als zur Abgabe eines Hinweises geleitet wird. |
| Technisch-organisatorische Richtlinie (über die Existenz und die technischen Bedingungen der internen Meldestelle sowie betreffend Datenschutz und Datensicherheit)[9] | Eine solche Richtlinie ist sinnvoll, um die Bedingungen für die Meldestelle einschließlich eines Konzepts zum Zugriff auf die Daten verbindlich festzulegen und zu dokumentieren. |
| interne Richtlinie (mit Wirkung gegenüber den Mitarbeitern) | Ohne die kollektiv-arbeitsrechtliche Wirkung einer Betriebsvereinbarung hat eine solche Richtlinie oft nur begrenzten Nutzen. Es besteht die Gefahr, dass Mitarbeiter durch überlange Richtlinien oder durch Drohungen für Fälle von wahrheitswidrigen Meldungen abgeschreckt werden. |
| Betriebs- bzw. anderweitige Kollektivvereinbarung | Teilweise verlangen Betriebsräte bzw. Personalvertretungen den Abschluss einer Betriebsvereinbarung (bzw. entsprechenden Kollektivvereinbarung) für den Einsatz von Meldestellen und Hinweisgebersystemen.[10] |

## Anmerkungen

**1. Einführung einer (ggf. freiwilligen) internen Meldestelle.** Die Frage nach dem Ob und Wie einer internen Meldestelle ist keine datenschutzrechtliche Entscheidung, sondern bemisst sich nach den hinweisgeberrechtlichen Vorgaben (insbes. §§ 12ff. HinSchG) sowie der organisatorisch-strategischen Ausrichtung des Unternehmens.

Auch unterhalb der Schwelle für die gesetzliche Pflicht zur Einführung einer internen Meldestelle können Organisationen eine solche freiwillig einrichten. Obschon dies zunächst überflüssig erscheint, spricht oft eine Reihe von Gründen hierfür. Der erste Grund liegt darin, etwaige Hinweisgeber und ihre Hinweise von den externen, dh staatlichen, Meldestellen fernzuhalten und die Meldung zu der eigenen internen Meldestelle zu ziehen. Zwar kann sich jeder Hinweisgeber ohnehin jederzeit an externe Meldestellen wenden. Diese ist insbesondere die externe Meldestelle nach § 19 HinSchG beim Bundesamt für Justiz. Daneben gibt es mit themenbezogen Sonderzuständigkeiten weitere externe Meldestellen ua bei der Bundesanstalt für Finanzdienstleistungsaufsicht (BaFin), dem Bundeskartellamt, der Bundesnetzagentur und dem Bundeskriminalamt; vgl. §§ 21ff. HinSchG. Eine (freiwillige) interne Meldestelle kann und darf nicht verhindern, dass Personen sich an die externe Meldestelle wenden. Ihre Existenz und ihre leichte Zugänglichkeit zB über die eigene Website kann aber in der Praxis dazu führen, Meldungen zur internen Meldestelle zu kanalisieren. Weitere Argumente für eine freiwillige interne Meldestelle sind insbesondere:

Frühzeitige Problemerkennung und -behebung: Durch eine interne Meldestelle kann ein Unternehmen frühzeitig auf mögliche Missstände aufmerksam werden und entsprechende Maßnahmen ergreifen, bevor diese extern gemeldet und öffentlich werden.

Vermeidung von Reputationsschäden: Wenn Missstände intern gemeldet und behoben werden, kann das Unternehmen potenziellen Reputationsschäden vorbeugen, die durch öffentliche Bekanntmachung externer Meldungen entstehen könnten.

Vertrauensbildung und Unternehmenskultur: Die Einrichtung einer internen Meldestelle kann das Vertrauen der Beschäftigten in das Unternehmen stärken und eine Kultur der Offenheit und Transparenz fördern.

Kosten- und Zeitersparnis: Interne Untersuchungen sind in der Regel schneller und kosteneffizienter als externe Ermittlungen, die nach einer Meldung bei der externen Meldestelle folgen könnten.

Rechtliche Compliance-Vorteile: Durch eine freiwillige interne Meldestelle kann das Unternehmen nachweisen, dass es proaktiv und überobligatorisch Compliance-Maßnahmen ergreift. Dies kann bei der Bewertung von Verschuldensgraden positiv berücksichtigt werden; entsprechendes gilt für die Bewertung, ob die Organe für den Aufbau einer angemessenen Compliance-Organisation Sorge getragen haben und sich dadurch uU von einer persönlichen Haftung exkulpieren können (→ Form. A. II.2; → Form. A. II.3.; → Form. A. III.1.).

**2. Rechtsgrundlage des § 10 HinSchG für die Verarbeitung des Hinweises.** § 10 HinSchG hält eine eigene Berechtigungsnorm für die Verarbeitung von Hinweisen durch interne oder externe Meldestellen bereit. Hiernach sind Meldestellen befugt, personenbezogene Daten zu verarbeiten, soweit dies zur Erfüllung ihrer in §§ 13 und 24 HinSchG bezeichneten Aufgaben erforderlich ist (§ 10 S. 1 HinSchG; → Form. A. IV.4. Anm. 3). Die hinweisgeberrechtlich gewährte Rechtsgrundlage steht in der deutschen Umsetzung der sog. Hinweisgeber-RL (umgangssprachlich auch Whistleblower-RL; RL (EU) 2019/1937 v. 23.10.2019 zum Schutz von Personen, die Verstöße gegen das Unionsrecht melden) also unter dem Vorbehalt der Erforderlichkeit zum Betrieb der Meldekanäle und zur Hinweisbearbeitung.

§ 10 S. 2 HinSchG erweitert diese Berechtigung auf die Verarbeitung besonderer Kategorien personenbezogener Daten nach Art. 9 Abs. 1 DS-GVO. Auch für diese Daten ist also aus nachvollziehbaren Gründen keine Einwilligung des Betroffenen (oder sonstige Berechtigung nach Art. 9 Abs. 2 DS-GVO) nötig. Bei Art.-9-Daten sind aber gem. § 10 S. 3 HinSchG spezifische und angemessene Maßnahmen zur Wahrung der Interessen der betroffenen Person vorzusehen; auch bei ihnen gilt der Grundsatz der Erforderlichkeit zur Hinweisbearbeitung. Zum Verweis in § 10 S. 3 HinSchG auf § 22 Abs. 2 BDSG bzgl. der Anwendbarkeit skeptisch LfDI BW FAQ Hinweisgeberschutzgesetz Frage 5.

Art. 6 Abs. 1 S. 1 lit. c DS-GVO ist keine eigenständige Basis für die Rechtmäßigkeit der Verarbeitung. Benötigt wird die eigentliche Rechtsgrundlage, die im Unionsrecht oder Recht des Mitgliedstaates festgelegt sein muss (vgl. Art. 6 Abs. 3 S. 1 DS-GVO; missverständlich Thüsing/Fischer HinSchG § 10 Rn. 1). Zur Frage, ob der nationale Gesetzgeber die Kompetenz hätte, mit § 10 HinSchG eine eigenständige Rechtsgrundlage zur Datenverarbeitung zu schaffen, die so nicht von Art. 17 Hinweisgeber-RL gedeckt ist, Rüdiger/Adelberg K&R 2023, 172 (177) sowie ausführlich Musiol Hinweisgeberschutz und Datenschutz S. 233 ff.

Von der DS-GVO ausgehend lautet die vollständige Rechtsgrundlagenkette daher Art. 6 Abs. 1 S. 1 lit. c DS-GVO iVm § 10 S. 1 bzw. 2 HinSchG. Art. 6 Abs. 1 S. 1 lit. c DS-GVO verlangt dabei entgegen seinem Wort nicht nur eine rechtliche, sondern eine gesetzliche Pflicht, der der Verantwortliche unterliegt (vgl. Art. 6 Abs. 3 DS-GVO, der weitere Anforderungen an die Rechtsgrundlage nach Art. 6 Abs. 1 S. 1 lit. c DS-GVO normiert; BeckOK DatenschutzR/Albers/Veit DS-GVO Art. 6 Rn. 48). Art. 6 Abs. 1 S. 1 lit. c DS-GVO kann daher iVm § 10 HinSchG unproblematisch als präferierte Rechtsgrundlage dienen, wenn die Meldestelle verpflichtend eingerichtet werden musste (zur Rechtsgrundlage bei freiwillig eingerichteten Meldestellen → Anm. 3). Nach Haak/Spittka CB 2023, 356 (357) stellt § 10 S. 1 HinSchG auch einen Erlaubnistatbestand für die Verarbeitung von Straftatendaten iSd Art. 10 Abs. 1 S. 1 DS-GVO dar, sofern Informationen aus Compliance-Untersuchungen überhaupt als solche Daten angesehen werden.

Angesichts des Grundsatzes der Erforderlichkeit stellt sich bei Art. 6 Abs. 1 S. 1 lit. c DS-GVO iVm § 10 HinSchG die Frage, ob die Erforderlichkeit der Datenverarbeitung individuell für jeden einzelnen Hinweis oder sogar für jeden einzelnen Verarbeitungsschritt zum einzelnen Hinweis zu prüfen sei; ist dies nicht gegeben, muss bei einer entsprechend engen Auslegung auf eine andere Rechtsgrundlage ausgewichen werden oder die Verarbeitung unterbleiben. Ein Mangel der Erforderlichkeit würde in der Verweiskette aus Art. 6 Abs. 1 S. 1 lit. c DS-GVO und § 10 HinSchG gleich doppelt durchschlagen: Ohne Erforderlichkeit entfiele die spezifische Rechtsgrundlage aus § 10 HinSchG, unabhängig davon wäre sie aber ohnehin nicht iSd Art. 6 Abs. 1 S. 1 lit. c DS-GVO erforderlich.

Zunächst ist festzuhalten, dass die Erforderlichkeit ein immanentes Tatbestandsmerkmal jeder rechtmäßigen Verarbeitung personenbezogener Daten ist: Eine nicht erforderliche Datenverarbeitung dürfte regelmäßig gegen allgemein Grundsätze wie Rechtmäßigkeit, Treu und Glauben, Transparenz, Zweckbindung und Datenminimierung verstoßen (Art. 5 Abs. 1 lit. a bis c DS-GVO). Die ergänzende Erwähnung in einer anderen Rechtsmaterie – hier dem Hinweisgeberrecht – sollte nicht dazu führen, dass die Erforderlichkeit „doppelt" vorliegen muss und besonders restriktiv ausgelegt wird. Zudem sieht Art. 17 Hinweisgeber-RL als unionsrechtlicher Rahmen des § 10 HinSchG, anders als die deutsche Umsetzung, im Wesentlichen die Anwendung der DSGVO vor, aber verlangt keine zusätzlichen Maßstäbe hinsichtlich der Erforderlichkeit (→ Anm. 3). Dies bedeutet, dass an Granularität und Bewertungen der Erforderlichkeit die allgemeinen (und unklaren) Maßstäbe der DS-GVO angelegt werden sollten. Danach muss zwar theoretisch für jeden einzelnen Verarbeitungsvorgang Erforderlichkeit vorliegen. Für die Verarbeitung durch die Meldestelle dürfte dies aber in der Praxis nur zu den üblichen Abgrenzungsfragen führen, zumal die Aufgaben der internen Meldestelle insbesondere nach §§ 17 und 18 HinSchG recht klar vorgegeben sind.

**3. Rechtsgrundlage für die Verarbeitung bei freiwilliger Meldestelle.** Bei einer rechtlich nicht erforderlichen internen Meldestelle muss geklärt werden, ob mangels Erforderlichkeit die hinweisgeberschutzrechtliche Datenverarbeitungsrechtsgrundlage des § 10 HinSchG entfällt. Dies würde freilich zu problematischen und ungewollten Konstellationen führen, wenn eine Meldestelle eingerichtet und beworben wurde, diese dann aber die in der Meldung enthaltenen personenbezogenen Daten in Ermangelung einer Rechtsgrundlage nicht verarbeiten dürfte und damit praktisch jeder relevante Hinweis letztlich „versanden" müsste.

Die Rechtsgrundlage des § 10 HinSchG berechtigt ganz allgemein interne und externe Meldestellen, die Daten zu verarbeiten. Der Begriff der internen Meldestelle ist zwar nicht bei den Begriffsbestimmungen des § 3 HinSchG, aber in § 12 Abs. 1 S. 1 HinSchG legaldefiniert. Nach der Gesetzessystematik des § 12 Abs. 1 und 2 HinSchG entfällt bei Unternehmen unter 50 Beschäftigten nicht die Qualifikation als interne Meldestelle, sondern lediglich die zwingende Pflicht zur Einrichtung einer solchen (§ 12 Abs. 2 HinSchG). Wäre die freiwillige Meldestelle keine Meldestelle iSd HinSchG, würde für sie neben dem Recht aus § 10 HinSchG u. a. auch das Vertraulichkeitsgebot nach § 8 HinSchG entfallen. Dies kann nicht gewollt sein und unterstreicht, dass es im Hinweisgeberrecht keine „Nicht-Meldestelle" geben kann.

Zudem hat sich die deutsche Umsetzung der Richtlinie bei der Rechtsgrundlage recht weit von ihrer unionsrechtlichen Vorgabe aus Art. 17 Hinweisgeber-RL entfernt. Dort wird nur allgemein auf die DS-GVO (nebst der RL 2016/680) verwiesen und ergänzt, dass personenbezogene Daten, die für die konkrete Hinweisbearbeitung offensichtlich nicht relevant sind, nicht zu erheben bzw. unverzüglich zu löschen sind. Eine Beschränkung der Rechtsgrundlage auf die Verarbeitung durch (echte) Meldestellen wird in der RL nicht vorgenommen. Auch dies spricht im Rahmen einer richtlinienkonformen Auslegung dafür, dass die Rechtsgrundlage des § 10 HinSchG gleichermaßen für freiwillig eingerichtete Meldestellen gilt.

Eine ähnliche Frage stellt sich im Rahmen des Art. 6 Abs. 1 S. 1 lit. c DS-GVO, wonach die Verarbeitung rechtmäßig ist, wenn eine entsprechende gesetzliche Pflicht besteht (Art. 6 Abs. 3 DS-GVO). Ist eine interne Meldestelle erst einmal eingerichtet – auch freiwillig – und gehen dort Meldungen ein, müssen diese ua gem. § 17 HinSchG verarbeitet werden. Nur die Einrichtung der freiwilligen Meldestelle ist freiwillig; die anschließende Datenverarbeitung ist dann zwingend. Daher kann nach richtiger Auslegung Art. 6 Abs. 1 S. 1 lit. c DS-GVO iVm § 10 HinSchG auch bei freiwilligen Meldestellen als Rechtsgrundlage für die Verarbeitung personenbezogener Daten herangezogen werden.

4. **Betrieb der internen Meldestelle durch eigene Beschäftigte oder Dritte; Verantwortlicher.** Ob eine interne Meldestelle durch eigene Beschäftigte, im Konzern oder durch Dienstleister realisiert werden soll, ist keine datenschutzrechtliche Frage, sondern hängt von Größe und organisatorisch-strategischer Ausrichtung des Unternehmens ab.

Datenschutzseitig muss aber gerade beim Einsatz von Dienstleistern Klarheit herrschen, wer Verantwortlicher iSd Art. 4 Nr. 7 DS-GVO ist, ob und in welchem Umfang eine Auftragsverarbeitung vorliegt, oder ob ggf. eine gemeinsame Verantwortung iSd Art. 26 DS-GVO besteht. Ausgangspunkt für die individuell zu treffende Entscheidung ist stets die (ggf. gemeinsame) Entscheidung über Zweck und Mittel der Datenverarbeitung (Art. 4 Nr. 7 DS-GVO): Wer diese Entscheidungen tatsächlich trifft, ist Verantwortlicher.

Schwierigkeiten bei der Bestimmung des Verantwortlichen ergeben sich daraus, dass die mit den Aufgaben der internen Meldestelle beauftragten Personen in ihrer Tätigkeit unabhängig sind (§ 15 Abs. 1 S. 1 HinSchG), das Unternehmen aber für die rechtskonforme Umsetzung des HinSchG und den Betrieb der Meldestelle verantwortlich bleibt. Dieses Spannungsfeld kennt das deutsche Recht jedoch bereits; es besteht in ähnlicher Form auch beim betrieblichen Datenschutzbeauftragten und anderen Beauftragtenrollen und in entfernterer Form auch bei Betriebs- und Schwerbehindertenvertretungen sowie bei Syndikusrechtsanwälten (die gem. § 46 Abs. 3 und 4 BRAO eine fachlich unabhängige und eigenverantwortlich auszuübende Tätigkeit vollbringen). Zumindest bei Letzteren wird, soweit ersichtlich, nicht ernsthaft vertreten, dass diese durch ihre Unabhängigkeit und Eigenständigkeit zur eigenen verantwortlichen Stelle iSv Art. 4 Nr. 7 DS-GVO werden.

Vergleiche mit (Konzern-)Betriebsräten oder anderen Mitarbeitervertretungen, die als „Staat im Staat" selbst über Zweck und Mittel ihrer Datenverarbeitung entscheiden und somit eigenständiger Verantwortlicher werden könnten (eingehend Brahms/Möhle ZD 2018, 570; Maschmann NZA 2020, 1207; Übersicht bei Kühling/Buchner/Hartung DS-GVO Art. 4 Nr. 7 Rn. 11 f.), sind aufgrund der unterschiedlichen Größen von Mitarbeitervertretungen und internen Meldestellen wohl nur sehr eingeschränkt möglich. Wie auch bei Mitarbeitervertretungen führt jede Einstufung zu Folgeproblemen, etwa bei Betroffenenrechten: Entginge das Unternehmen bei Einstufung der Meldestelle als alleinig Verantwortlichem jeglicher Verpflichtung hinsichtlich Datenschutzinformationen und Auskunftsrechten? Oder müsste es bei der umgekehrten Einstufung die Betroffenenanfragen selbst beauskunften, obwohl die Meldestelle der Vertraulichkeit nach § 8 HinSchG unterliegt und die Hinweisdaten nicht an das Unternehmen geben darf?

Die Rechtslage zum Verantwortlichen der internen Meldestelle ist derzeit sehr umstritten, fragmentiert und ungefestigt. Für die Praxis lassen sich folgende Fallgruppen pauschalisieren:

Eine von einem Beschäftigten geführte interne Meldestelle führt trotz dessen Unabhängigkeit nach § 15 Abs. 1 HinSchG nach verbreiteter Ansicht nicht dazu, dass dieser selbst eine eigene verantwortliche Stelle wird (so auch ohne vertiefte Begründung Gesetzesbegründung, BT-Drs. 372/22, 88). Verantwortlicher iSd Art. 4 Nr. 7 DS-GVO bleibt demnach das Unternehmen bzw. die Organisation, die diese Meldestelle betreibt. Dies ist jedoch nicht zwingend, und unausgesprochen ist, wie der Fall bei großen Meldestellen zu bewerten ist, an deren Betrieb eine Vielzahl von Personen mitarbeitet, die bei diesem Unternehmen beschäftigt sind.

Bei der Auslagerung an einen Dritten wird zu differenzieren sein, ob der Dritte lediglich eine IT-Dienstleistung erbringt, aber das Unternehmen bzw. die Meldestelle weiter die Hoheit über die inhaltliche Fallbearbeitung hat (dann vergleichbar mit der obigen Fallgruppe), oder ob der Dienstleister – etwa im Sinne eines externen Obmanns – eine bearbeitende und entscheidende Rolle hat. In anderer Terminologie kann also danach unterschieden werden, ob ein Business Process Outsourcing an den Dienstleister vorliegt (so für die Konstellation im Konzern Haak/Spittka CB 2023, 356 (359f.); differenzierend nach Entgegennahme und Bearbeitung Musiol Hinweisgeberschutz und Datenschutz S. 127ff.; zusammenfassend Dilling ZD-Aktuell 2024, 04507).

Im Fall einer reinen IT-Dienstleistung zum Betrieb der Meldestelle liegt die Auftragsverarbeitung nahe (so bereits die Gesetzesbegründung BT-Drs. 372/22, 88; hinterfragend Haak/Spittka CB 2023, 356 (357)). Diese ist indes nur erforderlich, sofern der Dienstleister überhaupt Zugriff auf die personenbezogenen Daten hat (diesbezüglich beim Einsatz von Software as a Service → Form. G. VI.1. Anm. 4 und 5). Für die Auftragsverarbeitung muss zuvor geklärt worden sein, ob das Unternehmen oder die interne Meldestelle der Verantwortliche iSv Art. 4 Nr. 7 DS-GVO ist. Nur dieser kann im Rahmen des Art. 28 DS-GVO der Auftraggeber sein.

Falls der Dienstleister statt reiner IT-Dienstleistungen weitere Aufgaben im Sinne eines Business Process Outsourcing übernimmt, insbesondere Teile der Fallbearbeitung, wird das Terrain einer Auftragsverarbeitung schnell verlassen. Hier wird es darauf ankommen, ob eine bloß weisungsgebundene Abarbeitung als „verlängerte Werkbank“ der Meldestelle vorliegt – die im Rahmen der Fallbearbeitung nur in sehr engen, stark formalisierten Grenzen vorstellbar ist – oder ob, vergleichbar mit einem externen Ombudsmann oder Rechtsanwalt, eine eigenverantwortliche Tätigkeit erbracht wird, die mit der Weisungsgebundenheit des Art. 28 DS-GVO unvereinbar ist. Je nach Fallgestaltung kann dabei eine getrennte Verantwortung (zB mit Rechtsanwälten oder eigenständigen Ombudsleuten) oder aber eine gemeinsame Verantwortung mit dem Unternehmen in Betracht kommen. Bei letzterer sind dann zusätzlich die Dokumentations- und Auskunftspflichten des Art. 26 DS-GVO zu berücksichtigen.

Noch komplexer wird es in Konzernstrukturen, bei denen Holding- und Servicegesellschaften Teile der Meldestellendienstleistung übernehmen und/oder vorgeben. Auch hier kommt es auf den Einzelfall an, der indes häufig in eine Bewertung als gemeinsame Verantwortung münden wird (so für eine von mehreren Beschäftigungsgebern betriebene Meldestelle LfDI BW FAQ HinSch Frage 8; ausführlich Haak/Spittka CB 2023, 356 (358f.)). Hat die Konzernmutter Teile der Dienstleistungen an Dritte outgesourct, kann die gemeinsame Verantwortung innerhalb des Konzerns mit einer gemeinsamen Verantwortung gegenüber dem Dienstleister verschachtelt sein.

Es lässt sich also konstatieren, dass die datenschutzrechtliche Einordnung der Verantwortlichkeit umstritten ist. Wie bei jungen Rechtsgebieten und individuellen Konstellationen üblich, wird die datenschutzrechtliche Bewertung daher häufig nicht eindeutig oder „wasserdicht“ sein. Dies zeigt auch die FAQ des LfDI BW, die

die eigene rechtliche Bewertung mit den Worten „Wir gehen aktuell davon aus" einleitet (FAQ HinSch Frage 8). Wichtig ist, wie immer bei solchen Situationen, sich mit solider und einzelfallbezogener Begründung für einen vertretbaren Weg zu entscheiden, die Entscheidung sorgfältig zu dokumentieren und regelmäßig (etwa halb- bis ganzjährig) auf neue rechtliche Entwicklungen zu überprüfen. Auf dieser Basis dürfte in der derzeit unklaren Rechtslage jeder hier aufgezeigte Weg akzeptabel und ohne Bußgeldrisiko sein.

Anschließend ist die einmal getroffene Entscheidung konsequent umzusetzen: Kommt die interne Bewertung zu dem Ergebnis, dass mit dem Dienstleister eine gemeinsame Verantwortung vorliegt, darf mit diesem keine Auftragsverarbeitungs-Vereinbarung abgeschlossen werden, selbst wenn diese im Rahmen des Vertragsabschlusses vom Vertragspartner zwingend vorgegeben wird.

**5. Unabhängigkeit der internen Meldestelle; Interessenskonflikt mit Aufgaben des Datenschutzbeauftragten.** Ähnlich einem Datenschutzbeauftragten und weiteren Beauftragtenrollen sind nach § 15 HinSchG auch die Personen, die mit den Aufgaben einer internen Meldestelle beauftragt wurden, in Ausübung ihrer Tätigkeit unabhängig. Sie müssen über die notwendige Fachkunde verfügen. Weitere Aufgaben dürfen von ihnen wahrgenommen bzw. sie mit diesen beauftragt werden. Dies darf jedoch nicht dazu führen, dass solche Aufgaben und Pflichten zu Interessenskonflikten führen (§ 15 Abs. 1 S. 2 und 3 HinSchG, die insoweit Art. 37 Abs. 6 DS-GVO entsprechen).

Damit stellt sich die Frage, ob die Benennung als Datenschutzbeauftragter und die Tätigkeit in einer internen Meldestelle vereinbar sind oder ob sie sich aufgrund eines Interessenkonflikts ausschließen (offen LfDI BW FAQ HinSchG Frage 9; Überblick bei Kühling/Buchner/Bergt/Herbort DS-GVO Art. 38 Rn. 42a; Leibold ZD-Aktuell 2022, 01333). Die Problematik stellt sich vor allem dann, wenn ein eigener Beschäftigter des Unternehmens oder aus dem Konzernverbund die Rollen wahrnimmt, also kein Dritter als inhaltlich entscheidender Dienstleister eingeschaltet wurde. Vergleichbare Diskussionen gibt es auch hinsichtlich des sog. Menschenrechtsbeauftragten nach § 4 Abs. 3 LkSG.

Im Rahmen dieses Formularhandbuchs ist eine abschließende Antwort auf die Frage, wann ein Interessenkonflikt vorliegt, nicht möglich. Wie bei unklaren Rechtslagen üblich kann ein Verantwortlicher den sicheren Weg wählen und zwei verschiedene Personen mit den jeweiligen Aufgaben betrauen. Zumindest bei kleinen und mittleren Unternehmen bzw. Organisationen (KMU) dürfte dies als sehr bürokratisch empfunden werden und auch das Potential an geeigneten Personen begrenzt sein. Es kann umgekehrt aber auch der weniger risikoaverse Weg gewählt werden, einen einzigen Beschäftigten in Personalunion mit beiden Rollen zu betrauen. Hierzu kann dann argumentiert werden, dass dies zumindest nicht eindeutig unzulässig sei. Bei solchen Entscheidungen im Graubereich sollte die Bewertung aus Compliance- und Rechenschaftsgründen (Art. 5 Abs. DS-GVO) fundiert begründet, dokumentiert und regelmäßig evaluiert werden (→ Anm. 2 und → Anm. 4 aE). Gleichwohl ist nachvollziehbar, dass eine solche „Compliance-Bürokratie" gerade für die hier relevanten KMU auf wenig Verständnis stoßen wird und von diesen kaum zu leisten ist.

**6. Whistleblowing im Code of Conduct.** Die Möglichkeiten zum Whistleblowing sollten knapp im Code of Conduct beschrieben werden (→ Form. A. IV.3.). Auch auf der Website des Unternehmens (bzw. der Konzerngesellschaften) sollte eine entsprechende Information vorhanden sein, um Transparenz über die Möglichkeiten zum „Whistleblowing" zu schaffen und um es für Personen mit Kenntnissen über Missstände möglichst leicht zu gestalten, sich an den Compliance-Bereich zu wenden. Sofern gem. § 12 HinSchG eine interne Meldestelle eingerichtet werden muss, sind nach § 13 Abs. 2 HinSchG auch die Vorgaben zu leicht zugänglichen Informationen für Beschäftigte zu beachten. Diese Informationen können etwas konkreter sein als die Erwähnung im Code of Conduct, da sich diese Texte leichter überarbeiten lassen als der eher starre Code of Conduct.

**7. Whistleblowing im Code of Conduct.** Sofern gem. § 12 HinSchG eine interne Meldestelle eingerichtet werden muss, sind nach § 13 Abs. 2 HinSchG auch die Vorgaben zu leicht zugänglichen Informationen für Beschäftigte zu beachten. Hiernach müssen die internen Meldestellen klare und leicht zugängliche Informationen ua über externe Meldeverfahren bereitstellen. Hierfür können das Intranet und die Homepage genutzt werden, soweit davon auszugehen ist, dass die Beschäftigten auch regelmäßigen Zugriff hierauf haben.

**8. Datenschutzerklärung für die interne Meldestelle und für ein Hinweisgeberportal.** Auch Webseiten, mit denen Unternehmen (oder gemeinnützige Institutionen) ein Portal für Hinweisgebersysteme betreiben, sind digitale Dienste iSd TDDDG und bedürfen entsprechender Datenschutzhinweise nach Art. 13, 14 DS-GVO sowie ggf. der Informationen nach Art. 26 DS-GVO. Zur Frage, wer für den Betrieb der internen Meldestelle – ggf. gemeinsam – Verantwortlicher ist → Anm. 4.

Es versteht sich von selbst, dass eine solche Seite so datensparsam wie möglich betrieben werden sollte, um die Identität des Hinweisgebers bestmöglich zu schützen. Web-Analysedienste wie Google Analytics oder gar Werbenetzwerke (Tracking, Retargeting) sollten ebenso tabu sein wie die Einbindung von Social-Media-Tools, etwa den Login-Funktionen von Facebook & Co. oder einem „Like"-Button für diese Seite. Dadurch können die Datenschutzhinweise regelmäßig sehr knapp und damit übersichtlich gestaltet werden. Für entsprechende Mustertexte → Form. A. IV. 4.

**9. Technisch-organisatorische Richtlinie.** Die Verarbeitung von Hinweisen zu möglichen Compliance-Verstößen einschließlich der dabei als Hinweisgeber („Whistleblower") oder als Beschuldigte/Beteiligte genannten Personen sind unabhängig von ihrem Wahrheitsgehalt sehr sensible Daten. Zugleich ist § 16 Abs. 2 HinSchG zu beachten, wonach (verkürzt wiedergegeben) nur die für die Bearbeitung der Meldungen zuständigen Personen Zugriff auf die eingehenden Meldungen haben dürfen.

Daher hat die Verarbeitung auch in technisch-organisatorischer Hinsicht äußerst sorgfältig und exakt geregelt zu erfolgen. Hierzu gehört, auch zur Umsetzung von § 16 Abs. 2 HinSchG, ein klares Konzept über die Rollen und Rechte der mit dem System arbeitenden Personen (Rollen-/Rechtekonzept). Weitere Ausführungen und ein Muster finden sich in → Form. A. IV. 5.

**10. Betriebs- bzw. anderweitige Kollektivvereinbarungen.** Zur Frage, inwieweit Kollektivvereinbarungen iSd Art. 88 Abs. 1 DS-GVO und § 26 Abs. 1 S. 1 BDSG nach der Entscheidung EuGH 30.3.2023 – C-34/21, ZD 2023, 391 m. Anm. Schild) als „spezifischere Regelungen" datenschutzrechtlich noch als eigene Rechtsgrundlage geeignet sind → Form. H. III. 1; → Form. H. III. 2 Anm. 9; → Form. G. VI. 2 Anm. 11).

## 3. Meldestelle und Hinweisgebersystem (Whistleblower-Hotline) im Code of Conduct

Die Beschreibung des Hinweisgebersystems im Code of Conduct sollte knapp und allgemein gehalten werden, um bei Änderungen am Hinweisgebersystem nicht den Code of Conduct anpassen zu müssen. Der Text ist selbstverständlich abhängig von dem konkreten Hinweisgebersystem nebst den angebotenen Kommunikationskanälen und sollte auch sprachlich an den Code of Conduct angepasst werden. Die Informationspflicht nach § 13 Abs. 2 HinSchG ist gesondert umzusetzen; sie ist kein Pflichtinhalt des Code of Conduct.

Ein generischer Textvorschlag lautet wie folgt:

**So können Sie uns Hinweise über Compliance-Verstöße mitteilen:**

**(1) Wir möchten über rechtswidriges Verhalten in unserem Unternehmen informiert werden, um solche Verhaltensweisen aufklären und abstellen zu können. Daher ermutigen wir jedermann – egal ob Beschäftigte, ehemaliger Kollege, Kunde, Lieferant oder Dritter –, uns Hinweise auf Rechtsverstöße mitzuteilen.**

**(2) Allen Hinweisgebern sichern wir eine vertrauliche Bearbeitung zu.[1] Beschäftigte sollten sich zunächst an ihren Vorgesetzen wenden. Wir haben Verständnis, dass dies nicht in allen Fällen opportun erscheint. Daher kann sich jeder auch unmittelbar an den Chief Compliance Officer[2] wenden (Kontaktdaten: [. . .]) oder unsere Meldestelle ([URL]) nutzen. Hierüber können Sie auch ohne Nennung Ihres Namens Hinweise absenden. Wir bitten Sie jedoch, sich dort zumindest unter einem anderen Namen, der keine Rückschlüsse auf Sie zulässt, ein Postfach einzurichten, damit wir Rückfragen an Sie stellen können. Sie können sich auch stets an unsere interne Meldestelle und/oder an die externen Meldestellen nach §§ 19 HinSchG wenden.**

**(3) Wir bitten um Verständnis, dass das Hinweisgeberportal nur zur Meldung von Verstößen gegen Gesetze, Richtlinien oder gegen unseren Code of Conduct genutzt werden soll. Für Meldestellen iSd HinSchG gilt der Katalog des § 2 HinSchG. Allgemeine Beschwerden sowie Produkt- und Gewährleistungsanfragen werden nicht bearbeitet.[3]**

### Anmerkungen

**1. Vertraulichkeit.** Das Unternehmen kann sich nicht über die Rechte von Gerichten und Strafverfolgungsbehörden hinwegsetzen. Daher sollte nicht durch Superlative („sichern wir absolute Vertraulichkeit zu") oder andere Formulierungen der Eindruck erweckt werden, dass die abgegebenen Hinweise einschließlich der ggf. bekannten Identität des Hinweisgebers unter keinen Umständen weitergegeben werden.

Mit Geltung des HinSchG – und innerhalb seines Anwendungsbereichs – werden die Vertraulichkeit der Melder und Meldungen insbesondere durch §§ 10f. HinSchG und Konfliktaspekte der Geheimhaltung durch §§ 5f. HinSchG geregelt. Diese hinweisgeberrechtlichen Aspekte sind jenseits der datenschutzrechtlichen Rahmenbedingungen zu berücksichtigen.

Einer Compliance-Abteilung steht nach deutschem Recht kein Zeugnisverweigerungsrecht und kein Privileg gegen Ermittlungen zu; das Gleiche gilt für Rechtsabteilungen (EuGH 14.9.2010 – C-550/07 P, NJW 2010, 3557 – Akzo/Nobel) und Dienstleister, die ein Hinweisgebersystem betreiben.

Auch zugelassenen Rechtsanwälten, die extern (also nicht in der eigenen Rechtsabteilung) tätig sind, aber als Ombudsmann eines Unternehmens agieren und Hinweise von Dritten entgegennehmen, wird teilweise mangels einer anwaltlichen Tätigkeit im konkreten Mandat die Privilegierung gegen Ermittlungen abgesprochen (so LG Bochum 16.3.2016 – 6 Qs 1/16, NStZ 2016, 500: § 97 Abs. 1 Nr. 3 StPO sei dahingehend einschränkend auszulegen, „dass allein das Vertrauensverhältnis des Beschuldigten im Strafverfahren zu einem von ihm in Anspruch genommenen Zeugnisverweigerungsberechtigten durch ein Beschlagnahmeverbot geschützt sein soll“, nicht jedoch die Beziehung eines Nichtbeschuldigten zu einem Berufsgeheimnisträger; vgl. hierzu Meyer-Goßner/Schmitt StPO § 97 Rn. 10).

**2. Kontaktpersonen.** Hier kann zunächst die externe und ggf. auch eine interne Meldestelle iSd § 14 HinSchG genannt werden. Entsprechend der jeweiligen Compliance-Organisation können hier auch ein Ombudsmann, der Leiter der internen Revision oder andere Personen genannt werden. Jedoch sollte dem Leser eine klare Leitlinie gegeben werden, an wen er sich wenden sollte, und auch unternehmensintern sollte eindeutig geregelt sein, wer für die Entgegennahme von Hinweisen zuständig ist.

**3. Relevanz der Verstöße.** Nicht zuletzt zur Entlastung der Compliance-Organisation sollte klargestellt werden, dass das Hinweisgebersystem keine allgemeine Beschwerdestelle ist. Im Geltungsbereich des HinSchG, also insbesondere bei der Pflicht zur Einrichtung einer internen Meldestelle nach § 12 HinSchG, ist der recht restriktive Themenkatalog des § 2 HinSchG zu berücksichtigen.

Die Entgegennahme von Hinweisen erfordert meist keine Vollzeitstelle; je nach Geschäftsfeldern und Risiken kann grob von jährlich ca. fünf bis 50 relevanten Hinweisen je 1.000 Mitarbeitern ausgegangen werden.

## 4. Datenschutzerklärung für ein elektronisches Hinweisgeberportal

Sofern das zur Einrichtung der internen Meldestelle verwendete Hinweisgebersystem ein Web-basiertes Interface für die Entgegennahme von Hinweisen hat, benötigt dieses **Hinweisgeberportal** – wie alle digitalen Dienste – **Datenschutzhinweise zur Umsetzung der Informationspflichten nach Art. 13, 14 DS-GVO** (→ Form. F.I.1.). Da Hinweisgeberportale in der Regel keine umfangreichen Web-Analysedienste einbinden, dürfen deren Datenschutzerklärungen recht kurz ausfallen (→ Form. A.IV.2. Anm. 8). Aus Transparenzgründen sollte in der Datenschutzerklärung des Hinweisgeberportals auf die Verarbeitung der erfassten Daten eingegangen werden. Darauf basierend kann der entsprechende Textbaustein für die Datenschutzhinweise lauten:

### Verarbeitung der von Ihnen eingegebenen Daten

§ 1 Zwecke der Datenverarbeitung

Wir verwenden die von Ihnen im Rahmen des Hinweisgebersystems angegebenen Informationen ua zum Zweck der Überprüfung und Dokumentation der Meldungen, für interne Ermittlungen (einschließlich der Weitergabe an externe Rechtsanwälte, Wirtschaftsprüfer oder andere berufsrechtlich zur Verschwiegenheit verpflichtete Berufsträger sowie an betroffene Konzerngesellschaften) und ggf. zur Weitergabe an staatliche Stellen (wie Polizei, Staatsanwaltschaft oder Gerichte).[1] Im Anwendungsbereich des HinSchG gelten die dort vorgegebenen Zwecke und Verarbeitungsmodalitäten.

§ 2 Vertraulichkeit
Im Anwendungsbereich des HinSchG gilt für die Vertraulich §§ 8, 9 HinSchG; zu Verschwiegenheits- und Geheimhaltungspflichten gelten die Regelungen der §§ 5, 6 HinSchG. Im Übrigen sagen wir allen Hinweisgebern eine vertrauliche Bearbeitung zu.[2]

§ 3 Rechtsgrundlagen
Rechtsgrundlagen für die Verarbeitung personenbezogener Daten sind im Anwendungsbereich des HinSchG die Erfüllung rechtlicher Pflichten gem. Art. 6 Abs. 1 S. 1 lit. c DS-GVO iVm § 10 HinSchG; im Übrigen Art. 6 Abs. 1 S. 1 lit. f DS-GVO.[3]

## Anmerkungen

**1. Verwendungszweck.** In diesem Mustertext wird zwischen der Verarbeitung im Rahmen des HinSchG und der sonstigen Verarbeitung unterschieden. Da die hier vorzunehmenden Angaben für die Bestimmung des Zweckes der Datenverarbeitung im Rahmen der allgemeinen datenschutzrechtlichen Zweckbindung relevant sind, sollten sie nicht zu eng (aber dennoch nicht intransparent) gestaltet sein. Bewusst wird der untechnische Begriff der „Weitergabe“ verwendet, um sich auf keine datenschutzrechtliche Einordnung (Auftragsverarbeitung, Übermittlung an Dritte) festzulegen.

**2. Vertraulichkeit.** Dem Unternehmen und den internen Personen, die diese Hinweise bearbeiten, steht kein Zeugnisverweigerungsrecht zu. Daher darf an dieser Stelle nicht der Eindruck vermittelt werden, dass die abgegebenen Hinweise in keinem Fall an Dritte gelangen (→ Form. A. IV.3. Anm. 1). Vielmehr wurden die Kategorien möglicher Empfänger entsprechend Art. 13 Abs. 1 lit. e DS-GVO abstrakt benannt. Im Anwendungsbereich des HinSchG gelten die Vertraulichkeit nach § 8 HinSchG nebst den in § 9 HinSchG normierten Ausnahmen vom Vertraulichkeitsgebot.

**3. Rechtsgrundlage; weitere Informationen.** Neben dem Zweck der Datenverarbeitung (→ Anm. 1) ist nach Art. 13 Abs. 1 lit. c DS-GVO auch die Rechtsgrundlage für die Datenverarbeitung anzugeben. Im Anwendungsbereich des HinSchG gilt die Sonder-Rechtsgrundlage des § 10 S. 1 HinSchG. Hiernach dürfen Meldestellen personenbezogene Daten verarbeiten, soweit dies zur Erfüllung ihrer Aufgaben nach §§ 13 und 24 HinSchG erforderlich ist (→ Form. A. IV.2. Anm. 2 und 3). Dies gilt gem. § 10 S. 2 und 3 HinSchG bei Anwendung bestimmter Maßnahmen auch für besondere Kategorien personenbezogener Daten nach Art. 9 Abs. 1 DS-GVO; auch für diese Daten ist also aus nachvollziehbaren Gründen keine Einwilligung des Betroffenen nötig. Die vollständige Rechtsgrundlage lautet somit Art. 6 Abs. 1 S. 1 lit. c DS-GVO iVm § 10 S. 1 bzw. 2 HinSchG. Zur Rechtsgrundlage, insbesondere beim Einsatz von Dienstleistern und/oder in Konzern-Konstellationen, Haak/Spittka CB 2023, 356 (359 f.) sowie → Form. A. IV.2. Anm. 2 und 3.

Auch außerhalb des HinSchG kann sich eine gesetzliche Pflicht zur Bereitstellung eines Hinweisgebersystems indirekt bereits aus der Pflicht zur Führung eines Internen Kontrollsystems (IKS) und eines Compliance-Management-Systems ergeben (→ Form. A. II.2.). Sofern der Verantwortliche keiner entsprechenden Pflicht unterliegt, muss eine andere Rechtsgrundlage herangezogen werden. Eine Einwilligung (Art. 6 Abs. 1 lit. a DS-GVO) ist unpassend, da sie jederzeit mit Wirkung für die Zukunft widerrufen werden kann (was bei anonymen Meldungen Folgeprobleme verursacht) und – vor allem – weil in der Regel personenbezogene Informationen über Dritte gemeldet werden. Aus letzterem Grund scheidet auch ein „Hinweisgebersystem-Nutzungsvertrag" als Rechtsgrundlage iSd Art. 6 Abs. 1 lit. b DS-GVO aus. Somit bleibt in diesen Fällen nur das berechtigte Interesse. Zwar ist die für Art. 6 Abs. 1 lit. f DS-GVO erforderliche Interessenabwägung immer angreifbar, hier überwiegt aber bei verständiger Betrachtung (und sofern mit den Hinweisen sorgfältig und vertraulich umgegangen wird) das Interesse des Unternehmens die Interessen und Grundrechte der Betroffenen (Meldender und von ihm erwähnte Personen). Die Interessen des Unternehmens dürften in aller Regel auch als zwingende schutzwürdige Gründe iSd Art. 21 Abs. 1 S. 2 DS-GVO zu werten sein, sodass ein etwaiger Widerspruch von Betroffenen unbeachtlich ist. Denn anderenfalls könnten Täter über den Weg des datenschutzrechtlichen Widerspruchs die berechtigten Compliance-Maßnahmen des Unternehmens blockieren. Für öffentliche Stellen ist Art. 6 Abs. 1 S. 2 DS-GVO zu beachten.

## 5. Interne Richtlinie zum Einsatz eines Hinweisgebersystems

Die folgende Richtlinie zum Einsatz eines Hinweisgebersystems legt neben den Mindestvorgaben zu Datenschutz und Datensicherheit auch generell die Existenz eines Hinweisgebersystems sowie seine organisatorische Einbettung im Unternehmen fest. Es sollte nicht nur isoliert auf das Hinweisgebersystem im Sinne einer meist externen IT-Plattform eingehen, sondern auch den Gesamtkontext der Möglichkeiten zur Abgabe von Hinweisen umfassen, sofern Letzteres nicht bereits in anderen Dokumenten geregelt wird

**Richtlinie zum Einsatz des Hinweisgebersystems [Name/Bezeichnung] im [. . .]-Konzern**

**§ 1 Zielsetzung, Zweck und Geltungsbereich dieser Richtlinie[1]**

**(1) Wir möchten über rechtswidriges Verhalten in unserem Unternehmen informiert werden, um solche Verhaltensweisen aufklären und abstellen zu können. Daher ermutigen wir jedermann – egal ob Mitarbeiter, ehemaliger Kollege, Kunde, Lieferant oder Dritter –, uns Hinweise auf Rechtsverstöße mitzuteilen.[2]**

**(2) Diese Richtlinie dient in Deutschland der Einhaltung des Hinweisgeberschutz-Gesetzes (HinSchG) sowie EU-weit von entsprechenden nationalen Gesetzen, die die**

sog. Whistleblower-Richtlinie der EU umsetzen. Darüber hinaus soll unsere Richtlinie im Rahmen des Code of Conduct und der Compliance-Organisation des [Konzerns] die Rahmenbedingungen für die Mitteilung von Hinweisen auf mögliche Compliance-Verstöße an bestimmte Personen oder über ein elektronisches Hinweisgebersystem schaffen. Hierbei soll diese Richtlinie neben der Umsetzung geltende Whistleblower-Rechts (wie dem HinSchG) die ausreichende Berücksichtigung der berechtigten Interessen des Unternehmens, der Hinweisgeber, der betroffenen Personen sowie der Allgemeinheit gewährleisten.

(3) Diese Richtlinie soll darüber hinaus in technisch-organisatorischer Hinsicht gewährleisten, dass Hinweise auf Verstöße gegen Gesetze, den Code of Conduct oder Richtlinien[3] entsprechend den Vorgaben des Code of Conduct sowie von Datenschutz und Datensicherheit entgegengenommen und unter Berücksichtigung der gebotenen Vertraulichkeit verarbeitet, gespeichert, weitergegeben und archiviert werden können.[4]

(4) Diese Richtlinie findet Geltung für alle Unternehmen des [Konzerns], an denen die [AG] eine Beteiligung von mehr als [50 Prozent] mittelbar oder unmittelbar hält oder deren wirtschaftliche Führung sie innehat.[5]

§ 2 Hinweisgeber

(1) Zur Abgabe von Hinweisen ist jede Person berechtigt. Insbesondere ist unerheblich, ob sie Mitarbeiter, Geschäftspartner oder Dritter ist.[6]

(2) Durch diese Richtlinie wird niemand verpflichtet, Hinweise abzugeben. Sofern jedoch gesetzliche, vertragliche oder anderweitige Pflichten oder Obliegenheiten zur Abgabe von Hinweisen bestehen, bleiben diese von Satz 1 unberührt.

§ 3 Abgabe von Hinweisen

(1) Die Abgabe von Hinweisen zu tatsächlichen oder vermuteten Verstößen soll an folgende Personen bzw. Systeme ermöglicht werden:[7]

- Im Anwendungsbereich des HinSchG durch die interne und externen Meldestellen; zudem:
- bei Hinweisen von Mitarbeitern durch das Angebot, Hinweise vertraulich an den Vorgesetzten zu melden; außerdem für alle Personen
- durch direkte Meldung an den [Chief] Compliance Officer
- durch Hinweise an den externen Ombudsmann
- durch die Möglichkeit, Hinweise über unser Web-basiertes Hinweisgeberportal direkt in das Hinweisgebersystem einzugeben.

(2) Beim Hinweisgeberportal sind die Arten der Meldung technisch vorgegeben. Im Übrigen ist die Abgabe von Hinweisen nicht an bestimmte Formen gebunden. Insbesondere können sie persönlich, fernmündlich, per Telefon, Videokonferenz oder via E-Mail mitgeteilt werden.[8]

§ 4 Relevante Hinweise; Gutgläubigkeit

(1) Das Hinweisgebersystem dient ausschließlich der Entgegennahme und Bearbeitung von Meldungen zu tatsächlichen oder vermeintlichen Verstößen gegen Gesetze, Richtlinien oder den Code of Conduct. Es steht insbesondere nicht für allgemeine Beschwerden oder für Produkt- und Gewährleistungsanfragen zur Verfügung.[9]

(2) Es sollen nur solche Hinweise abgegeben werden, bei denen der Hinweisgeber im guten Glauben ist, dass die von ihm mitgeteilten Tatsachen zutreffend sind.[10] Die meldende Person ist nicht im guten Glauben, wenn ihr bekannt ist, dass eine gemeldete Tatsache unwahr ist.[11] Bei Zweifeln sind entsprechende Sachverhalte nicht als Tatsache, sondern als Vermutung, Wertung oder als Aussage anderer Personen darzustellen.

(3) Es wird darauf hingewiesen, dass sich ein Hinweisgeber strafbar und/oder nach § 38 HinSchG sowie anderen Normen schadensersatzpflichtig machen kann, wenn er wider besseren Wissens unwahre Tatsachen über andere Personen behauptet.[12]

(4) Die Regelungen des HinSchG bleiben von dieser Richtlinie unberührt.

§ 5 Schutz des Hinweisgebers

Sämtliche Hinweise, einschließlich der Bezüge zum Hinweisgeber, werden vertraulich und im Rahmen der geltenden Gesetze verarbeitet. Die Regelungen des HinSchG bleiben hiervon unberührt.[13]

§ 6 Vertraulichkeit und Datenschutz

(1) Sämtliche Hinweise sind unabhängig von ihrem Wahrheitsgehalt geeignet, das Ansehen der Betroffenen, der Hinweisgeber und/oder Dritter sowie des Unternehmens in höchstem Maße zu beschädigen.[14] Sie werden daher von uns über die sich aus den Datenschutzgesetzen ergebenen Pflichten hinaus besonders vertraulich behandelt.[15] Die Regelungen des HinSchG bleiben hiervon unberührt.

(2) § 16 Abs. 2 HinSchG ist umzusetzen. Darüber und über das ordnungsgemäß und stets aktualisiert zu führende Verarbeitungsverzeichnis[16] hinaus ist schriftlich festzuhalten, welche Personen auf die Hinweise und die damit verbundenen Daten zugreifen dürfen und welche Rechte sie im Rahmen der Datenverarbeitung haben. Diese Personen sind über etwaige gesetzliche Anforderungen hinaus auf die besondere Vertraulichkeit zu verpflichten. Das Nähere regelt die Anlage „Rollen- und Rechtekonzept Hinweisgebersystem“ (Anlage 1).[17]

§ 7 IT- und Datensicherheit

(1) IT-Lösungen für die Entgegennahme und Verarbeitung von Hinweisen müssen vom Chief Information Security Officer (CISO), dem Chief Compliance Officer (CCO) sowie dem Konzerndatenschutzbeauftragten vor dem Einsatz geprüft und freigegeben werden.[18]

(2) Die Mindestanforderungen ergeben sich ua aus § 16 Abs. 2 HinSchG sowie für den Geltungsbereich der Datenschutz-Grundverordnung aus Art. 32 DS-GVO, den [Konzernrichtlinien zur IT-Sicherheit sowie zum Datenschutz] sowie den Anforderungen der ISO 27001. Der besonderen Sensibilität der Hinweise sowie der Gefahren für Personen und das Unternehmen im Fall des Bekanntwerdens von hinweisbezogenen Daten ist in besonderer Weise Rechnung zu tragen.[19]

§ 8 Löschkonzept

Die Löschung von Daten im elektronischen Hinweisgebersystem hat ausschließlich nach den jeweiligen zeitlichen Vorgaben des Löschkonzepts[20] oder nach der Löschfreigabe durch zwei separate Benutzer (Vier-Augen-Prinzip entsprechend der Anlage „Rollen- und Rechtekonzept Hinweisgebersystem“, Anlage 1) zu erfolgen.[21]

§ 9 Weitere Regelungen/Sonstiges[22]

[...]

Anlage 1: Rollen- und Rechtekonzept Hinweisgebersystem[23]

In dem Hinweisgebersystem sind ausschließlich die folgenden Rollen mit den jeweils aufgeführten Berechtigungen einzurichten:

| Rolle | Rechte | Beispiel/Anmerkung |
|---|---|---|
| Technischer Administrator | – Anlegen und Löschen von Usern (Aktivierung dieser Aktionen jeweils erst nach Bestätigung durch Chief Compliance Officer (CCO))<br>– technische Administration | kein Zugriff auf Inhaltsdaten |
| Hinweisempfänger | – Einsicht in alle eingehenden Hinweise<br>– ggf. Zuordnung zu einem Hinweisbearbeiter | CCO sowie dessen Vertreter/Leiter der internen Meldestelle |
| Hinweisbearbeiter | – Bearbeitung von zugewiesenen Fällen | idR Mitarbeiter der Compliance-Abteilung bzw. der internen Meldestelle, der nach § 16 Abs. 2 HinSchG für die Entgegennahme und Bearbeitung der Meldungen zuständig bzw. unterstützend ist |
| Hinweislöschung | – Abschluss und Löschung von bearbeiteten Fällen | idR Mitarbeiter der Compliance-Abteilung bzw. der internen Meldestelle, der nach § 16 Abs. 2 HinSchG für die Entgegennahme und Bearbeitung der Meldungen zuständig bzw. unterstützend ist<br>Dies sollte eine andere Person als der jeweilige Hinweisbearbeiter sein oder durch das Erfordernis der nachfolgenden Bestätigung durch den CCO dem Vier-Augen-Prinzip unterliegen. |

| Rolle | Rechte | Beispiel/Anmerkung |
|---|---|---|
| Mitarbeiter (Bearbeitung) | – temporäre (Mit-)Bearbeitung eines konkreten Falles durch Mitarbeiter anderer Abteilungen des Unternehmens | Mitarbeiter der Rechtsabteilung oder Revision; ggf. Geschäftsführung. Dabei ist die Einschränkung des § 16 Abs. 2 HinSchG zu beachten. |
| Mitarbeiter (Lesezugriff) | – wie zuvor, jedoch nur mit Leserechten | dito; Mitarbeiter aus Fachbereichen. Dabei ist die Einschränkung des § 16 Abs. 2 HinSchG zu beachten. |
| Externe (Bearbeitung) | – temporäre (Mit-)Bearbeitung eines konkreten Falles durch Externe | Rechtsanwälte, Wirtschaftsprüfer |
| Externe (Lesezugriff) | – wie zuvor, jedoch nur mit Leserechten | Staatsanwaltschaft |
| Bestätigungen | – Bestätigungen nach der Anlage oder dem Löschen von Usern sowie den Veränderungen von Berechtigungen bei bestehenden Usern<br>– ggf. Bestätigungen nach der Löschung von Hinweisen | CCO |

## Anmerkungen

**1. Regelungstiefe.** Dieses Muster verfolgt den Ansatz, nur die relevanten Punkte zu regeln und dadurch übersichtlich zu bleiben. Die gesetzlichen Pflichten des HinSchG gehen selbstverständlich allen Regelungen dieser Richtlinie vor.

**2. Einleitung.** Die Einleitung ist wortgleich mit der entsprechenden Formulierung im Code of Conduct, → Form. A. IV.3.

**3. Definition relevanter Verstöße.** Die Definition, welche Normen bei einem Verstoß Anlass zu einer Überprüfung durch die Compliance-Organisation geben, hat einheitlich mit den übrigen Compliance-Richtlinien zu erfolgen. Auch hier gehen natürlich die Pflichten des HinSchG allen sich mit dieser internen Richtlinie selbst aufgegebenen Regelungen vor. In Frage kommen als Anlässe für eine Compliance-Überprüfung insbesondere:
- der Code of Conduct,
- Gesetze (ggf. „und Verordnungen" oder allgemein „anwendbares Recht"),
- interne Regularien wie Richtlinien, Betriebsordnungen, Geschäftsordnungen oder Hausordnungen,
- Tarifverträge, Betriebsvereinbarungen und andere kollektivrechtliche Regelungen sowie
- Selbstverpflichtungen.

Zwar bedeutet Compliance generell die Einhaltung aller internen und externen Verpflichtungen (→ Form. A. II.). Dabei sollte jedoch überlegt werden, ob jedes Fehlverhalten, wie zB eine versehentliche Fehllieferung an einen Kunden oder ein kleiner Verstoß gegen die Hausordnung, zu einem formalen Ermittlungsverfahren der Compliance-Abteilung führen muss. Dies ist jedoch eine generelle Frage der Zuständigkeitsdefinition der Compliance-Organisation und kein Aspekt des Datenschutzes.

**4. Definition des Zwecks.** Der Zweck der Datenerhebung und -nutzung ist in diesem Richtlinien-Muster bewusst allgemeinverständlich formuliert, um möglichst große Transparenz zu schaffen (Art. 5 Abs. 1 lit. a DS-GVO). Daher wurde darauf verzichtet, zugunsten eines kürzeren Textes mit dem einzigen Begriff der „Verarbeitung" alle über Art. 4 Nr. 2 DS-GVO enthaltenen Begriffe darin zu verstecken. Inhaltlich setzen diese Zwecke den Rahmen für den zulässigen Umfang der Datenverarbeitung (Grundsatz der Zweckbindung, vgl. u. a. Art. 5 Abs. 1 lit. b DS-GVO). Auch im Hinblick auf die spätere Dauer von Speicherung bzw. Archivierung der Daten ist es daher sinnvoll, diese als Zweck zu benennen. Siehe diesbezüglich die Musterklausel zum Löschkonzept (§ 8) in dieser Muster-Richtlinie sowie → Form. D. IV.

**5. Geltung im Konzern.** Zum Zuständigkeitsbereich der Compliance-Organisation → Form. A. II. und III.; für eine Datenschutzrichtlinie → Form. D. I. 2.

**6. Kreis der Hinweisgeber.** Das Unternehmen und die für es handelnden Organe sind dafür verantwortlich, eine Organisation bereitzustellen, die sich Hinweisen auf Compliance-Verstöße nicht verschließt (→ Form. A. II. 2. Anm. 4 zum Urteil des LG München I). Daher sollte, schon aus Gründen der persönlichen Haftung der Organe, der Kreis der meldeberechtigten Personen keinesfalls eingeschränkt werden. Für den Geltungsbereich des HinSchG und damit die internen und externen Meldestellen ist der Geltungsbereich auf den Beschäftigtenkontext begrenzt (§ 1 sowie § 3 Abs. 2 und 3 HinSchG).

**7. Kreis der Adressaten.** Die Formulierung zum Kreis der Adressaten, an die Hinweise gegeben werden können, ist entsprechend den im Unternehmen bestehenden Gegebenheiten anzupassen. Es empfiehlt sich aus den in → Anm. 6 geschilderten Gründen, ihn möglichst breit und offen zu gestalten.

**8. Kommunikationskanäle.** Für die verschiedenen Hintergründe der möglichen Hinweisgeber (Persönlichkeit, Kommunikationsstil, Sprache, Kultur) sollten verschiedene Kommunikationskanäle bereitgehalten werden. Typische Kanäle sind E-Mail, Briefpost, Telefonanrufe sowie Web-basierte Hinweisgeberportale. Die Nutzung dieser Kanäle hängt häufig auch von Art und Umfang des Hinweises ab: Ein vager Verdacht wird mitunter lieber (fern-)mündlich mitgeteilt, wohingegen sich für die Übermittlung eines umfangreichen Konvoluts von Dokumenten und Belegen eher der Upload über ein Hinweisgeberportal, eine E-Mail oder auch der klassische Postweg eignet.

**9. Abgrenzung zu sonstigen Anfragen.** Zwar sollten die Möglichkeiten zur Abgabe relevanter Hinweise nicht eingeschränkt werden. Gleichwohl ist eine Selektion zwischen relevanten Hinweisen und sonstigen Beschwerden nötig, damit die Compliance-Abteilung nicht von sachfremden Anfragen blockiert wird (→ Form. A. IV. 3. Anm. 3).

**10. Gutgläubigkeit.** Der Umgang mit dem Thema Verleumdung ist eine Gratwanderung: Einerseits soll selbstverständlich vermieden werden, dass Dritte wider besseren Wissens eines Verstoßes bezichtigt werden und daraufhin vielleicht sogar interne Ermittlungen gegen den vermeintlichen Täter erfolgen. Andererseits muss das Unternehmen auch Interesse an solchen Hinweisen haben, bei denen sich der Hinweisgeber nicht über jedes Detail absolut sicher ist. Daher wurde hier die sanfte Formulierung „Es sollen nur …" gewählt, statt ein Verbot zu formulieren.

**11. Definition von Gutgläubigkeit.** Die hier verwendete Definition weicht bewusst von der Legaldefinition des § 932 Abs. 2 BGB ab, die guten Glauben auch dann ausschließt, wenn die relevanten Tatsachen „infolge grober Fahrlässigkeit unbekannt" geblieben sind. Denn die Einbeziehung des Kennenmüssens ist bei § 932 BGB sachgerecht, wo es um einen Interessenausgleich zwischen dem gutgläubigen Erwerber und dem tatsächlichen Eigentümer geht. Die Compliance-Meldung hat allerdings eine andere Zielsetzung als § 932 BGB; hier soll vielmehr absichtliche Falschverdächtigung vermieden werden. Zudem wäre die zusätzliche Formulierung für Nichtjuristen kaum verständlich. Auch in diesem Kontext ist das Urteil des LG München I zu Compliance-Systemen (→ Anm. 6) zu berücksichtigen, wonach sich der Vorstand darum bemühen sollte, Hinweise auf Fehlverhalten zu erhalten.

**12. Warnung vor falscher Verdächtigung.** Warnungen vor der Strafbarkeit von unzutreffenden Hinweisen sollten vorsichtig eingesetzt werden, um etwaige Hinweisgeber nicht einzuschüchtern und dadurch von der Abgabe des Hinweises abzuhalten. Denn dies könnte dazu führen, dass wichtige Informationen nicht an das Unternehmen gegeben werden, sodass die Verstöße mangels Kenntnis entweder nicht abgestellt werden können oder sich der Hinweisgeber direkt an die Presse wendet. Da Konzernrichtlinien in der Regel nicht auf Deutschland begrenzt sind, ist es ratsam, sich nicht spezifisch am deutschen Recht (hier insbesondere §§ 164, 186, 187 StGB) auszurichten und in der Richtlinie keine Gesetze zu nennen.

**13. Schutz des Hinweisgebers.** Ein knapper Hinweis zu dieser Thematik sollte ausreichen. Ausführlichere Hinweise oder eine stärkere Betonung des Schutzes des Hinweisgebers würden dazu führen, dass auch die Ausnahmen des Schutzes dargestellt werden müssten, was den Absatz unnötig komplex macht und wieder dazu führen könnte, dass potenzielle Hinweisgeber von der Abgabe der Information abgehalten werden könnten. Zum fehlenden Zeugnisverweigerungsrecht von Compliance-Abteilungen → Form. A. IV. 3. Anm. 1.

**14. Sensibilität der Hinweise.** Seitens des Unternehmens besteht angesichts des großen Kreises der Hinweisadressaten und der diversen Kommunikationskanäle die Notwendigkeit, die Hinweise möglichst zentral, zumindest aber koordiniert zu verwalten und Doppelmeldungen über die verschiedenen Kanäle zu identifizieren und zusammenzuführen. Spätestens hier ist besonderes Augenmerk auf die IT-Sicherheit und im Rahmen des Berechtigungsmanagements für den Datenzugriff ganz besonders auf ein sehr restriktives Rollen-/Rechtekonzept zu legen (dazu Anl. 1 dieser Richtlinie sowie → Form. E. IV.). Denn der zentrale Datensatz ist höchst sensibel und kann bei Bekanntwerden gravierende Auswirkungen haben. Dies betrifft sowohl die Daten des Hinweisgebers, der des Denunzierens bezichtigt werden kann, als auch einen vielleicht zu Unrecht Verdächtigten, der bei Bekanntwerden der Hinweise schnell gesellschaftlich ruiniert sein kann. Darüber hinaus enthält das Hinweisgebersystem höchst sensible Informationen über das Unternehmen selbst: Wenn diese Informationen, die eine geordnete Übersicht zu tatsächlichen oder vermeintlichen Rechtsverstößen innerhalb des Unternehmens enthalten, durch IT-Angriffe oder Sicherheitslücken in falsche Hände geraten, wäre dies der größtmögliche Unfall in einer Compliance-Organisation. Hacker, Presse oder Ermittlungsbehörden würden eine Liste aller möglichen Verstöße wie auf dem Silbertablett präsentiert bekommen.

**15. Zusagen bezüglich Vertraulichkeit und Datenschutz.** Auch hier gilt, dass Superlative oder nicht einzuhaltende Zusagen ausbleiben sollten (→ Form. A. IV. 1. Anm. 3).

**16. Verarbeitungsverzeichnis.** Zum Verzeichnis von Verarbeitungstätigkeiten nach Art. 30 DS-GVO ausführlich → Form. C. II.

**17. Verweis auf Anlage „Rollen- und Rechtekonzept Hinweisgebersystem".** Gerade bei höchst sensiblen Daten wie Hinweisen auf Verstöße sollte das Unternehmen, schon im eigenen Interesse, über ein eindeutiges und restriktives Konzept zu Berechtigungsrollen verfügen. Hierin ist zu regeln, welche Rollen existieren, wie zB ein Chief Compliance Officer, der Zugriff auf alle eingehenden Hinweise hat und die Bearbeitung einzelnen Mitarbeitern oder Anwälten zuweisen darf, jedoch wegen des Vier-Augen-Prinzips nicht alleine über die Löschung eines Hinweises entscheiden kann. Ohne das Vier-Augen-Prinzip bestünde die Gefahr, dass Hinweise, die die löschberechtigte Person betreffen, ohne Gegenkontrolle gelöscht werden können. Daneben sollten eingeschränkte Berechtigungsrollen für Mitarbeiter aus der Compliance-Abteilung vorhanden sein, die die ihnen zugeordneten Fälle verantwortlich bearbeiten, sowie weiter eingeschränkte (Lese-)Rechte für jeweils namentlich zu benennende Mitarbeiter der Rechtsabteilung, der Revision, externen Anwälten und ggf. zur Kooperation und Offenlegung gegenüber Staatsanwaltschaften oder anderen Ermittlungsbehörden. Dies sollte auch mit Funktionen wie der Pseudonymisierung von Daten kombiniert werden. Zum Löschkonzept siehe § 8 des Musters sowie → Form. D. IV.

**18. Freigabeverfahren.** Die Prozeduren und Rollen für die Freigabe von IT-Lösungen müssen selbstverständlich an das konkrete Unternehmen angepasst werden und in der Praxis auch so durchgeführt werden. Zu der Einordnung der verschiedenen Sicherheits- und Datenschutzbeauftragten im Unternehmen → Form. E. I. Häufig sieht der Betriebsrat auch ein Mitbestimmungsrecht nach § 87 Abs. 1 Nr. 1 und 6 BetrVG, und zwar nicht nur wegen der Angaben zu den verdächtigten Mitarbeitern, sondern auch wegen einer möglichen Leistungskontrolle bei denjenigen Mitarbeitern, die diese Hinweise im Hinweisgebersystem oder in einem separaten Compliance Management System (CMS) verarbeiten.

**19. Technische und organisatorische Mindestanforderungen.** Die hier referenzierten Anforderungen sind an die im Unternehmen bzw. Konzern bestehenden Richtlinien und Vorgaben anzupassen. Das Erfordernis der formalen Zertifizierung nach einer Norm wird dadurch unterlaufen, indem lediglich inhaltlich auf die Anforderungen der ISO 27001 (alternativ: der IT-Grundschutz-Kataloge des BSI etc) Bezug genommen wird.

**20. Speicherdauer und Löschfristen.** Noch stärker als bei den allgemeinen Speicher- und Löschungsfristen (→ Form. D. IV.) befinden sich Unternehmen bei der Speicherung von Hinweisen auf Compliance-Verstöße in einem Dilemma: Um sich auch noch Jahre später rechtfertigen zu können, weshalb einem angeblichen Hinweis nicht nachgegangen worden sei, müssen die Hinweise und die eingeleiteten

Maßnahmen sowie ggf. auch eine dokumentierte und begründete Entscheidung, weshalb einem Hinweis nicht nachgegangen wurde, möglichst langfristig gespeichert werden.

Angesichts der höchst sensiblen, für die betreffenden Personen bei Bekanntwerden womöglich vernichtenden Verdächtigungen, könnten diese indes gelöscht werden, sobald sie sich als unwahr herausgestellt haben oder aus anderen Gründen nicht mehr erforderlich sind. Nach Art. 17 Abs. 1 lit. a DS-GVO sind für eigene Zwecke gespeicherte Daten zu löschen, wenn sie für die Erfüllung des Zwecks der Speicherung nicht mehr erforderlich sind (zu den entsprechenden Betroffenenrechten → Form. F. IV.). Daher ist es sinnvoll, nicht nur die Überprüfung von abgegebenen Hinweisen als Zweck der Datenerhebung zu definieren, sondern – wie oben in § 1 Abs. 3 dieser Musterrichtlinie erfolgt – auch die Archivierung.

Neben den Extrempolen der vollständigen Speicherung sowie der vollständigen Löschung sollte gerade bei Compliance-Daten auch auf die Anonymisierung oder Pseudonymisierung zurückgegriffen werden (Art. 32 Abs. 1 lit. a, ErwGr. 28, 29, 75 und 78 DS-GVO). Eine Pseudonymisierung, die viele elektronische Hinweisgebersysteme systemseitig bereithalten, kann zB auch nur dann eingesetzt werden, wenn Nutzer mit Rollen, die nur begrenzte Rechte haben, auf den Fall zugreifen (vgl. hierzu das Rollen- und Rechtekonzept, § 6 Abs. 2 nebst Anl. 1; → Anm. 17). So kann bestimmten Personen, etwa einem Kollegen aus der Buchhaltung oder einem externen Ermittler, nur ein begrenzter Zugriff auf die Daten gewährt werden. Eine endgültige Anonymisierung kann verwendet werden, wenn der Fall endgültig abgeschlossen ist, keine Pflichten zur Aufbewahrung der Namen von Betroffenen mehr vorliegen, aber zur Möglichkeit der Rechtfertigung bei späteren Nachfragen eine Fassung ohne die Namen der Betroffenen behalten werden soll.

Doch nicht nur im Interesse des Datenschutzes und der betroffenen, vielleicht zu Unrecht belasteten Personen ist eine überlange Speicherung zu vermeiden. Auch für das Unternehmen ist es riskant, alle eventuellen oder tatsächlichen Verstöße im Umfeld des Unternehmens in einer zentralen Datenbank zu speichern. Da es in Deutschland für Unternehmensdaten, egal ob in Rechtsabteilungen oder in Compliance-Abteilungen, anders als bei externen Rechtsanwälten oder Steuerberatern immer noch kein Auskunftsverweigerungsrecht gibt (vgl. etwa EuGH 14.9.2010 – C-550/07 P, NJW 2010, 3557 – Akzo/Nobel; → Form. A. IV.3. Anm. 1), besteht die latente Gefahr der Beschlagnahme und Auswertung durch eine Aufsichts- oder Ermittlungsbehörde. Auch wenn wegen einer Sache ermittelt wurde, können die Informationen zu einer anderen Sache – im schlechtesten Fall also die gesamte, seit Jahren befüllte Datenbank etwaiger Verstöße im Unternehmensumfeld – nach den Regelungen über Zufallsfunde womöglich verwendet werden (§ 108 StPO, vgl. aber §§ 161 Abs. 2 und 477 Abs. 2 StPO).

**21. Vier-Augen-Prinzip.** Zum Vier-Augen-Prinzip → Anm. 17.

**22. Schlussbestimmungen.** Abschließende allgemeine Regelungen (wie allgemeine Regelungen für Richtlinien des Unternehmens, salvatorische Klausel, ggf. Recht und Gerichtsstand) sollten sich an den Standardformulierungen des jeweiligen Unternehmens orientieren.

**23. Einschränkung des Zugriffs nach § 16 Abs. 2 HinSchG.** Nach § 16 Abs. 2 HinSchG sind die Kanäle der Meldestelle so zu gestalten, dass nur die für die Entgegennahme und Bearbeitung der Meldungen zuständigen sowie die sie bei der Erfüllung dieser Aufgaben unterstützenden Personen Zugriff auf die eingehenden Meldungen haben. Zumindest im Anwendungsbereich des HinSchG sind also entsprechende Beschränkungen im Rollen-/Rechtekonzept umzusetzen. In normalen Unternehmenskonstellationen wird es weder notwendig noch sinnvoll sein, zwischen dem persönlichen (insbesondere die Beschränkung auf Beschäftige) und sachlichen und weiteren Anwendungsbereichen des HinSchG einerseits und sonstigen Hinweisen andererseits zu differenzieren.

Die Vorgaben des § 16 Abs. 2 HinSchG gelten daher für alle Personen, die über die Meldekanäle Zugriff auf die eingehenden Meldungen haben; auch für einen CCO bzw. Leiter der Meldestelle. Das Gesetz differenziert dabei zwischen den „für die Entgegennahme und Bearbeitung zuständigen" Personen sowie Personen, die – ex contrario ohne eine originäre Zuständigkeit – bei diesen Aufgaben lediglich unterstützen.

Datenschutzrechtliche Rechtsgrundlage für die Verarbeitung der Meldung durch die entsprechenden Personen, organisatorisch also durch den (bzw. die gemeinsam) Verantwortlichen, ist bei der Durchführung durch die interne Meldestelle regelmäßig Art. 13 Abs. 1 lit. c DS-GVO iVm § 10 HinSchG (→ Form. A. IV.2. Anm. 1; → Form. A. IV.4. § 3 und Anm. 3).

Ein Verstoß gegen § 16 Abs. 2 HinSchG unterliegt keiner Bußgeldsanktion nach § 40 HinSchG, kann aber einen Verstoß gegen die DS-GVO beinhalten.

### 6. Internal Investigations: Unternehmenspflicht vs. Datenschutz

Aus den **Grundsätzen der Unternehmensführung,** die erstmalig durch LG München I 10.12.2013 – 5 HK O 1387/10, CCZ 2014, 142 (→ Form. A. II.2. Anm. 4) von einem deutschen Gericht konkretisiert wurden, ergibt sich, dass der Vorstand bzw. die Geschäftsleitung Hinweisen auf Compliance-Verstöße angemessen nachgehen muss. Wenn sich die Hinweise als zutreffend erweisen, muss das Fehlverhalten abgestellt und die Organisation nebst der **internen Prozesse und Kontrollmaßnahmen** ggf. angepasst werden. Erforderlichenfalls sind die Täter oder etwaige Versicherungen in Regress zu nehmen. Auch muss das Unternehmen vorbereitet sein, falls es in den Fokus von Ermittlungen durch Strafverfolgungs-, Kartell- oder andere Aufsichtsbehörden kommen wird. Dies beinhaltet auch, eine **Strategie für die Öffentlichkeitsarbeit** in dieser Angelegenheit vorbereitet zu haben.

Für die internen Ermittlungen ist essenziell, schnellstmöglich detaillierte Informationen zu dem Fall zu erhalten. Auch besteht die Gefahr, dass Daten routinemäßig oder von Mitarbeitern angesichts der bevorstehenden Ermittlungen bewusst gelöscht werden. Vor diesem Hintergrund bestehen unternehmensseitig, ähnlich wie bei Strafverfolgungsbehörden, Begehrlichkeiten nach der Auswertung, zumindest aber Sicherung von möglichst umfangreichen Daten wie E-Mails, Kalendereinträgen, Telefonverbindungen, Dienstreisen sowie gespeicherten Dateien auf lokalen Rechnern, Mobiltelefonen, Gemeinschaftslaufwerken und in ERP-Systemen wie (beim Verdacht auf Fälschung von Abrechnungen) zB den SAP-Modulen FI (Finance) und CO (Controlling).

Offensichtlich ist, dass der Datenschutz und weitere Schutzgesetze wie das Briefgeheimnis (Art. 10 GG) oder das Telekommunikations- und Fernmeldegeheimnis (§ 3 TDDDG als § 88 Abs. 1 TKG aF, § 206 StGB) hier Grenzen setzen (Vertraulichkeitsverpflichtungen der Beschäftigten → Form. C. VII.1. und 2.; allgemein von dem Bussche/Voigt Konzerndatenschutz/Oenning/Oenning, Teil B. 1.). Diese Grenzen werden in Unternehmen oft durch Betriebsvereinbarungen konkretisiert oder sogar enger gezogen, etwa betreffend Einsichtnahme in E-Mails oder in Daten, die auf dem vom Arbeitgeber zur Verfügung gestellten Notebook gespeichert wurden. Auch wenn an dieser Stelle nicht auf die jeweils individuellen Betriebsvereinbarungen eingegangen werden kann (zur Problematik der Kollektivvereinbarung als Rechtsgrundlage zur Datenverarbeitung nach Art. 88 Abs. 1 DS-GVO und § 26 Abs. 1 S. 1 BDSG vor dem Hintergrund EuGH 30.3.2023 – C-34/21 ZD 2023, 391 → Form. H. III. 1; → Form. H. III. 2 Anm. 9; Form. G. VI. 2 Anm. 11), gibt es hinsichtlich der Auswertung von Daten durch den Arbeitgeber stets wiederkehrende Konstellationen. Typische Probleme sind in der nachfolgenden Tabelle aufgeführt:

| Nr. | Datenart, Kontext | Rechtliche Bewertung/Konflikt |
|---|---|---|
| 1. | E-Mails bis zum Abschluss des Übertragungsvorgangs | Auch der Versand von E-Mails unterliegt dem Telekommunikations- und Fernmeldegeheimnis nach § 3 TDDDG, § 206 StGB und Art. 10 GG. Insoweit darf der Arbeitgeber nicht auf E-Mails zugreifen, bei denen der Übertragungsvorgang noch nicht beendet ist.<br>Dieser Zeitpunkt der Übertragungsbeendigung wurde in Analogie zum Zugang eines Briefes klassisch im Herunterladen vom Mailserver gesehen. Mit dem Online-Zugriff durch mehrere Endgeräte bzw. Webbrowser ergeben sich jedoch Abgrenzungsschwierigkeiten, wann der Übermittlungsvorgang – vergleichbar mit dem Erhalt und Öffnen eines Briefumschlags durch den Empfänger – beendet ist.[1] |
| 2. | Arbeitgeber als Anbieter von Telekommunikationsdiensten iSd § 3 Nr. 1 TKG | Insbesondere unter der früheren Rechtslage war jahrelang umstritten, ob ein Arbeitgeber als „Diensteanbieter" iSd § 3 Nr. 6 iVm Nr. 10, 24 TKG aF zu bewerten ist; zum Teil wird differenziert, ob die private Nutzung gestattet ist.<br>Auch unter der TKG-Neufassung von 2021 ist umstritten, ob Arbeitgeber Anbieter von Telekommunikationsdiensten iSd § 3 Nr. 1 TKG nF sind.[2] |
| 3. | E-Mails nach Abschluss des Übertragungsvorgangs | Das Telekommunikations-/Fernmeldegeheimnis ist nicht einschlägig, da lediglich der Übertragungsvorgang geschützt wird. Häufig lässt sich jedoch nicht eindeutig bestimmen, wann der Übertragungsvorgang als beendet anzusehen ist. |

| Nr. | Datenart, Kontext | Rechtliche Bewertung/Konflikt |
|---|---|---|
| 4. | Daten aus einem elektronischen Kalender, Dienstreisenabrechnungen | Das Telekommunikations-/Fernmeldegeheimnis ist nicht einschlägig, da es sich um gespeicherte Inhaltsdaten und nicht um die in der Übertragung befindliche Kommunikation zwischen zwei Personen handelt. |
| 5. | Dateien auf Festplatte des persönlichen Rechners eines Mitarbeiters | Wie zuvor, jedoch können insbesondere bei erlaubter Privatnutzung des Geräts der Schutz von Daten und Persönlichkeitsrechten ein höheres Gewicht haben. |
| 6. | Gemeinschaftslaufwerke | Die auf Gemeinschaftslaufwerken gespeicherten Daten sind datenschutzrechtlich eher unkritisch, da dem jeweiligen Mitarbeiter die (Teil-)Öffentlichkeit der von ihm dort abgelegten Daten bewusst ist. |

## Anmerkung

**1. Einsicht in E-Mails.** Siehe auch die entsprechende Richtlinie → Form. D. III. 1. sowie allgemein Thüsing Arbeitnehmerdatenschutz und Compliance Rn. 59 ff., 220 ff.; Scheben/Klos CCZ 2013, 88 ff.; Gräfin v. Brühl/Sepperer DSRITB 2014, 513; von dem Bussche/Voigt Konzerndatenschutz/Voigt/Oenning/Oenning Teil 5 Kap. 1 Rn. 20 ff.; Kahl/Vogel CB 2023, 340. Nach LAG Hessen (21.9.2018 – 10 Sa 601/18, K&R 2019, 213) kommt ein Verwertungsverbot von E-Mails aus § 88 Abs. 3 TKG aF jedenfalls dann nicht in Betracht, wenn die E-Mails auf einem Ordner abgelegt sind, auf den der Arbeitgeber ohne Zugriff auf das Internet zugreifen kann.

**2. Arbeitgeber als Anbieter von Telekommunikationsdiensten.** Ob und ggf. unter welchen Umständen Arbeitgeber telekommunikationsrechtlich als Diensteanbieter zu qualifizieren sind, ist seit langem Gegenstand juristischer Diskussionen (Überblicke bei Sander K&R 2022, 662; Dieckhoff/Assion ZD 2023, 371).

Eine Stellung des Arbeitgebers als Telekommunikationsdiensteanbieter nach § 3 Nr. 6 iVm Nr. 10, 24 TKG aF hatte das ArbG Weiden abgelehnt (17.5.2017 – 3 Ga 6/17 ZD 2017, 535 unter ausführlicher Darstellung des Meinungsstandes (Rn. 17); ebenso LAG Berlin-Brandenburg 14.1.2016 – 5 Sa 657/15 ZD 2016, 336 (Ls.) mAnm Tiedemann). Hiernach war die E-Mail-Kontrolle alleine nach § 32 BDSG aF, also § 26 BDSG nF, zu beurteilen. Ausführlich auch Plath/Stamer/Kuhnke BDSG § 32 Rn. 95 ff. Nach der noch aktuellen diesbezüglichen DSK-Orientierungshilfe aus 2016 und seinerzeit sehr verbreiteter Auffassung sei der Arbeitgeber hingegen Telekommunikationsdiensteanbieter, sofern er die private Nutzung von Internet oder des betrieblichen E-Mail-Postfaches gestattet (zum TKG aF: DSK OH zur datenschutzgerechten Nutzung von E-Mail und anderen Internetdiensten am Arbeitsplatz, S. 4 f.); ebenso (in einem einstweiligen Verfügungsverfahren) OLG Jena 14.9.2021 – 7 U 521/21, BeckRS 2021, 28260.

Nach verbreiteter Auffassung sind Arbeitgeber hingegen keine „Anbieter von Telekommunikationsdiensten", wie es in 3 Nr. 1 TKG nun formuliert ist. Hierfür wäre erforderlich, dass sie Telekommunikationsdienste iSd § 3 Nr. 61 TKG erbringen. Übersicht bei Sander K&R 2022, 662 (insbes. 666), der zudem die Verletzung höherrangigen Rechts durch § 3 Abs. 2 S. TTDSG (nun TDDDG) rügt; letztlich unentschlossen Dieckhoff/Assion ZD 2023, 371 (376).

Ungeachtet der genannten Orientierungshilfe der DSK wird inzwischen von der LDI NRW eine Bewertung von Arbeitgebern als „geschäftsmäßige Telekommunikationsdienstleister" abgelehnt, da es ihnen gegenüber den Beschäftigten an einem entsprechenden Rechtsbindungswillen fehle (LDI NRW TB 2023 S. 76f.); ähnlich für die reine Nutzung von Videokonferenzdiensten bereits HessBDI TB 2022 S. 29f. Die LDI NRW weist dabei jedoch darauf hin, dass Arbeitgeber regeln sollten, ob Internet und E-Mail privat genutzt werden dürfen und welche Regeln hierfür gelten.

Somit gehen Verantwortliche nur ein sehr niedriges Risiko ein, wenn sie mit der nordrhein-westfälischen Datenschutzaufsicht die Auffassung vertreten, dass sie auch bei Gestattung der Privatnutzung kein Telekommunikationsdiensteanbieter sind. Wer auf Nummer sicher gehen will, sollte hingegen die Privatnutzung ausschließen (Dieckhoff/Assion ZD 2023, 371 (377), die alternativ auch eine Einwilligung vorschlagen). Falls die Privatnutzung untersagt wird, sollte dieses Verbot auch kontrolliert und wirksam durchgesetzt werden. Anderenfalls entsteht eine Duldung der Privatnutzung, die rechtlich zu einem ähnlichen Ergebnis wie die ausdrückliche Gestattung führen kann.

# B. Der Datenschutzbeauftragte

## I. Benennung und Abberufung des Datenschutzbeauftragten

### 1. Benennung als Datenschutzbeauftragter

Die Rolle des Datenschutzbeauftragten (DSB) definiert sich im Wesentlichen durch seine Aufgabe, die Verantwortlichen, Auftragsverarbeiter und deren Beschäftigte, „hinsichtlich ihrer Pflichten" zu unterrichten und zu beraten (Art. 39 Abs. 1 lit. a DSG-GVO) sowie die Einhaltung des Datenschutzes zu überwachen (Art. 39 Abs. 1 lit. b DS-GVO). Der DSB ist damit eine **unabhängige Unterstützungs- und Kontrollinstanz** und nicht derjenige, der die Einhaltung des Datenschutzes realisiert. Die Trennung von Umsetzung und Kontrolle, dh die Verantwortung dafür, dass Interessenkonflikte vermieden werden, liegt gem. Art. 38 Abs. 6 S. 2 DS-GVO beim den DSB benennenden Verantwortlichen oder Auftragsverarbeiter. Soll der DSB auch andere als seine gesetzlichen Aufgaben übernehmen, ist es ihm zur Vermeidung von Interessenkonflikten verboten, mit diesen anderen Aufgaben „im Lager des Verantwortlichen" tätig zu werden, dh an Entscheidungen über Zwecke und Mittel iSv Art. 4 Nr. 7 S. 1 DS-GVO mitzuwirken (EuGH 9.2.2023 – C-453/21, ZD 2023, 334 mAnm Moos/Dirkers; BAG 6.6.2023 – 9 AZR 621/19, ZD 2024, 55 Rn. 41). Verstöße gegen dieses Trennungsgebot sind, wie jeglicher Verstoß gegen die Pflichten des Verantwortlichen oder Auftragsverarbeiters, betreffend den DSB aus den Art. 37–39 DS-GVO, nach Art. 83 Abs. 4 lit. a DS-GVO bußgeldbewehrt.

Eine **Verpflichtung zur Benennung** eines DSB besteht für Verantwortliche und Auftragsverarbeiter nur in den sich aus Art. 37 Abs. 1 DS-GVO sowie aus Art. 37 Abs. 4 DS-GVO iVm §§ 5 Abs. 1, 38 Abs. 1 BDSG ergebenden Fällen (im Einzelnen s. unten). Die Benennungspflicht gilt auch für Berufsgeheimnisträger, etwa Rechtsanwälte, Steuerberater und Wirtschaftsprüfer. Liegen die Voraussetzungen einer verpflichtenden Benennung nicht vor, kann ein DSB – mit denselben Rechtsfolgen (zu Ausnahmen beim Kündigungsschutz → Anm. 11) – gem. Art. 37 Abs. 4 S. 1 DS-GVO **freiwillig benannt** werden. Unabhängig von der Frage, ob eine Pflicht zur Benennung besteht oder nicht, ist das Amt des DSB stets dasselbe, weil die DS-GVO insoweit **keine Differenzierungen** kennt, dh die Aufgaben, Pflichten und Befugnisse des Amtsinhabers sind in beiden Fällen dieselben und ergeben sich vorrangig aus Art. 39 Abs. 1 DS-GVO.

DSB kann immer nur einer sein. **Das Amt des DSB ist nicht teilbar.** Abweichend von älteren Rechtslagen in einigen Bundesländern ist dies mittlerweile fast überall klargestellt (zB in § 5 Abs. 1 HDSIG, § 13 Abs. 1, 2 ThürDSG (die aber im Gegensatz zu den anderen Landesgesetzen noch die Figur des „stellvertretenden Datenschutzbeauftragten" kennen), ebenso in Erläuterungen zur DS-GVO, zB BayLfD Aktuelle Kurz-Information 30 Stand 1.5.2020; noch nicht an die DS-GVO angepasst und daher mangels Öffnungsklausel von ihr verdrängt: § 31 DSG NRW). Von diesem Rechtsgedanken abweichendes Recht ist in Deutschland seit Inkrafttreten der DS-GVO nicht mehr anwendbar. Einen stellvertretenden DSB mit den gleichen Rechten und Pflichten wie der DSB selbst kennen weder die DS-GVO noch das BDSG. Die Öffnungsklausel des Art. 37 Abs. 4 S. 1 DS-GVO ermöglicht es nur, dass in den (Landes-)Gesetzen „Fälle", dh Sachverhalte festgelegt werden, für die eine Pflicht zur Benennung eines DSB gegeben sein soll. Gesetzliche Vorschriften, die die Figur eines „stellvertretenden Datenschutzbeauftragten" vorsehen, werden dadurch nicht ermöglicht. Entsprechende (Landes-)Gesetze werden insoweit von Art. 37 DS-GVO verdrängt. Wird ein Stellvertreter benannt, kann es sich hierbei zunächst um eine Ressource zur Unterstützung des DSB iSd Art. 38 Abs. 2 DS-GVO handeln (zur Unterstützungspflicht → Anm. 10). Alternativ ist denkbar, dass für den längerfristigen Verhinderungsfall des DSB ein anderer DSB benannt wird, der dann als Stellvertreter bezeichnet wird. Letzteres greift jedoch wegen der Einmaligkeit des Amtes in die Rechtsstellung des DSB ein und ist nur mit Zustimmung des DSB möglich. Es muss dann jederzeit eindeutig festgelegt sein, wer der iSd DS-GVO benannte DSB ist. Vor diesem Hintergrund sollte von der missverständlichen Benennung eines stellvertretenden DSB abgesehen werden.

Ist ein DSB benannt, sind dessen **Kontaktdaten** (mindestens Anschrift, E-Mail-Adresse, nicht jedoch der Name, vgl. Laue/Nink/Kremer DatenschutzR/Kremer § 8 Rn. 18) zu veröffentlichen, zB auf der Website des Verantwortlichen, und in die Informationen für betroffene Personen nach Art. 13 Abs. 1 lit. b, Art. 14 Abs. 1 lit. b DS-GVO aufzunehmen. Der Aufsichtsbehörde sind ebenfalls „diese Daten" iSv Art. 37 Abs. 7 DS-GVO bei Benennung des DSB sowie in jedem Einzelfall einer Konsultation im Zusammenhang mit Datenschutz-Folgeabschätzungen gem. Art. 36 Abs. 3 lit. d DS-GVO gesondert mitzuteilen. Die DS-GVO schreibt nicht vor, wie die Mitteilungspflichten zu erfüllen sind, sodass insbesondere die von den Aufsichtsbehörden vorgehaltenen Online-Formulare (die bisweilen mehr „Pflichtfelder" enthalten, zB bzgl. Vor- und Nachname) nicht verwendet werden müssen. Demgegenüber sind intern sowohl der Name als auch die Kontaktdaten des DSB im Verzeichnis der Verarbeitungstätigkeiten (→ Form. C. II.) nach Art. 30 Abs. 1 lit. a, Abs. 2 lit. a DS-GVO zu erfassen und im Einzelfall der Aufsichtsbehörde gem. Art. 33 Abs. 3 lit. b DS-GVO bei Datenschutzverletzungen iSv Art. 4 Nr. 12 DS-GVO mitzuteilen.

**Zwingend zu benennen** ist ein DSB **durch nichtöffentliche Stellen** nach Art. 37 Abs. 1 DS-GVO, wenn die **Kerntätigkeit** des Verantwortlichen oder Auftragsverarbeiters in der Durchführung von Verarbeitungsvorgängen besteht, die aufgrund ihrer Art, ihres Umfang und/oder ihrer Zwecke eine umfangreiche regelmäßige und systematische Überwachung betroffener Personen erforderlich machen (Art. 37 Abs. 1 Nr. 2 DS-GVO). Ferner ist ein DSB zwingend zu benennen, wenn die Kerntätigkeit des Verantwortlichen oder Auftragsverarbeiters in der umfangreichen Verarbeitung besonderer Kategorien von Daten iSv Art. 9 DS-GVO oder Daten über strafrechtliche Verurteilungen iSv Art. 10 DS-GVO besteht (Art. 37 Abs. 1 Nr. 3 DS-GVO). Unter Kerntätigkeit ist nach Erwgr. 97 jeweils die charakteristische Betätigung einer Organisation zu verstehen, mit der der primäre Zweck der Organisation verfolgt wird bzw. die Betätigung, der sie im Wesentlichen nachgeht. Eine die Benennungspflicht auslösende Verarbeitung ist dann eine solch wesentliche Betätigung, wenn der Datenverarbeitung eine wesentliche Aufgabe zur Erreichung der Ziele der Organisation zukommt oder mit einer solchen Aufgabe untrennbar verbunden ist.

Nicht erfasst ist deshalb insbesondere die Verarbeitung von Beschäftigtendaten durch den Arbeitgeber, die in fast allen Fällen nur eine Nebentätigkeit ist (vgl. Laue/Nink/Kremer DatenschutzR/Kremer § 8 Rn. 8). **Behörden und andere öffentliche Stellen,** mit Ausnahme von Gerichten im Rahmen ihrer justiziellen Tätigkeit, haben demgegenüber nach Art. 37 Abs. 1 Nr. 1 DS-GVO stets einen DSB zu benennen. Wie früher schon bei Bundesbehörden darf bei jeder Behörde oder anderen öffentlichen Stellen auch ein Externer als DSB benannt werden. Für Landesbehörden kann dies neu sein, da bisheriges Landesdatenschutzrecht teilweise zwingend einen internen DSB vorsah wie zB § 32a Abs. 1 S. 1 LDSG-NRW. Die Zustimmung der Aufsichtsbehörde zur Benennung eines Externen, der gleichzeitig Bediensteter einer anderen Behörde oder anderen öffentlichen Stelle ist (§ 4f Abs. 2 S. 4 BDSG aF), wird unter der DS-GVO nicht mehr benötigt. Ergänzend zu den Fällen des Art. 37 Abs. 1 DS-GVO hat der deutsche Gesetzgeber von der Öffnungsklausel in Art. 37 Abs. 4 DS-GVO Gebrauch gemacht und damit **weitere Fälle** definiert, in denen **zwingend ein DSB zu benennen** ist.

Gem. § 38 Abs. 1 S. 1 BDSG ist ein DSB demnach durch nichtöffentliche Stellen zu benennen, wenn in der Regel mindestens **zwanzig Personen** ständig mit der automatisierten Verarbeitung personenbezogener Daten beschäftigt sind. Entscheidend ist weiterhin allein die „Kopfzahl", ohne dass es auf eine Stellung der Personen als Beschäftigte iSd § 26 Abs. 8 BDSG ankommt. Auch kommt es nicht auf den Umfang der Beschäftigung an, sodass Teilzeitkräfte, geringfügig Beschäftigte, Auszubildende, Praktikanten, Volontäre, Ehrenamtliche und freie Mitarbeiter jeweils als eine Person gezählt werden (Paal/Pauly/Pauly BDSG § 38 Rn. 6). Durch das Merkmal „ständig" wird festgelegt, dass es für die Anzahl der Personen auf den durchschnittlichen, tatsächlichen und perspektivischen Personalstand und Personalbedarf über einen längeren Betrachtungszeitraum ankommt, während kurzfristige Schwankungen außen vor bleiben (Kühling/Buchner/Kühling/Sackmann BDSG § 38 Rn. 10). Hinzu tritt die **von der Anzahl** der mit der Verarbeitung beschäftigten Personen **unabhängige** Benennungspflicht aus § 38 Abs. 1 S. 2 BDSG, wenn der Verantwortliche oder Auftragsverarbeiter **Verarbeitungen vornimmt,** die einer Datenschutz-Folgeabschätzung nach Art. 35 DS-GVO unterliegen **oder** personenbezogene Daten geschäftsmäßig zum Zweck der Übermittlung, der anonymisierten Übermittlung **oder** für Zwecke der Markt- oder Meinungsforschung verarbeitet werden (Ein Unternehmen, das im Rahmen einer Unternehmensgruppe die Entgeltabrechnung und Personalverwaltung für etwa 80 Arbeitnehmer vornimmt, ist nicht zur Benennung eines Datenschutzbeauftragten verpflichtet, vgl. LAG Hamm 6.10.2022 – 18 Sa 271/22, ZD 2023, 231). Ein geschäftsmäßiges Handeln liegt dabei in jeder nachhaltigen, also auf Dauer oder Wiederholung ausgerichteten Tätigkeit, ohne dass ein entgeltliches oder in Gewinnerzielungsabsicht erfolgendes Handeln erforderlich ist (Kühling/Buchner/Kühling/Sackmann BDSG § 38 Rn. 14, 15). Dass der deutsche Gesetzgeber die Pflicht zur Benennung an bestimmte Verarbeitungszwecke knüpft, ist zwar eine der DS-GVO fremde Regelungstechnik. Gleichwohl sind damit „andere Fälle" iSv Art. 37 Abs. 4 S. 1 DS-GVO wirksam beschrieben, die nach Einschätzung des deutschen Gesetzgebers für betroffene Personen im Vergleich zu den Fällen des Art. 37 Abs. 1 DS-GVO ähnlich gefahrgeneigt sind. Die Erweiterung der Benennungspflichten ist damit europarechtlich unbedenklich. § 5 Abs. 1 S. 1 BDSG enthält gegenüber dem Wortlaut von Art. 37 Abs. 1 lit. a DS-GVO scheinbar eine Erweiterung der Benennungspflichten auf **Gerichte.** Aus der Einschränkung der Aufgaben in § 7 Abs. 1 S. 2 BDSG ergibt sich jedoch, dass der deutsche Gesetzgeber den Wortlaut von Art. 37 Abs. 1 lit. a DS-GVO nur in seinem Sinne klarstellen wollte. § 5 Abs. 1 S. 2 BDSG dürfte indes mehr als nur eine Klarstellung sein, der den **öffentlichen Stellen** ungeachtet ihrer **Teilnahme am Wettbewerb** die Pflicht zur Benennung auferlegt, auch wenn sie im Übrigen zur Vermeidung einer Wettbewerbsverzerrung wie nichtöffentliche Stellen behandelt werden sollen (§ 2 Abs. 5 BDSG).

Zum Zwecke der Rationalisierung stellt Art. 37 Abs. 2 DS-GVO die Zulässigkeit der Benennung eines DSB durch eine Unternehmensgruppe klar und legalisiert damit das sog. Einheitsmodell beim **Konzern-DSB.** Der insoweit missverständliche Wortlaut von Art. 37 Abs. 2 DS-GVO, der von einer Ernennung des DSB durch die Unternehmensgruppe als solche spricht, beschreibt nur das gängige Vorgehen, wonach für alle Unternehmen in einer Unternehmensgruppe ein einheitlicher DSB jeweils durch jedes einzelne Unternehmen benannt wird (vgl. Laue/Nink/Kremer DatenschutzR/Kremer § 8 Rn. 11). Gem. Art. 37 Abs. 3 DS-GVO kann das Einheitsmodell auch bei **öffentlichen Stellen** angewendet werden unter Berücksichtigung ihrer Organisationsstruktur und ihrer Größe. Besondere Voraussetzung für die Benennung eines einheitlichen DSB ist jedoch stets dessen leichte Erreichbarkeit von jeder Niederlassung bzw. Behörde aus. Diese bedingt jedoch keine ubiquitäre Vor-Ort-Präsenz des DSB selbst; es genügt insoweit auch die Erreichbarkeit über die dem DSB zur Verfügung stehenden Ressourcen iSv Art. 38 Abs. 2 DS-GVO in den Niederlassungen. Aus den allgemeinen Voraussetzungen für die Benennung („Fähigkeit zur Aufgabenerfüllung" iSv Art. 37 Abs. 5 DS-GVO) ergibt sich für den einheitlichen DSB eines multinationalen Konzerns eine besondere, bislang nicht gerichtlich geklärte Fragestellung: Muss der DSB lediglich die einheitlich im Konzern gesprochene Sprache (zB Englisch) oder vor dem Hintergrund von Art. 39 Abs. 1 lit. d DS-GVO alle Amtssprachen beherrschen, die von den betroffenen Aufsichtsbehörden verwendet werden (so der EDSA WP 243 rev.01 S. 10)? Würde man dem Verständnis des EDSA folgen, wäre faktisch ein EU-weit tätiger DSB ausgeschlossen; nahezu niemand beherrscht alle Amtssprachen der betroffenen Aufsichtsbehörden. Die Fähigkeit zur Aufgabenerfüllung wird auch nicht dadurch beeinträchtigt, dass der DSB sich eines Übersetzers oder der Amtssprache mächtigen Datenschutzkoordinators vor Ort als „Ressource" iSv Art. 38 Abs. 2 DS-GVO bedient. Es genügt demnach, wenn der DSB die einheitlich im Konzern gesprochene Sprache beherrscht, wenn ihm im Übrigen die für die Ausübung seiner Tätigkeit erforderlichen Ressourcen bereitgestellt werden.

Für den Text der Benennung kann folgendes Muster genutzt werden:

**§ 1**

**Die [Name des Verantwortlichen oder Auftragsverarbeiters, Straße/Hausnummer, PLZ/Ort]**

**– im Folgenden Auftraggeber genannt –**

**benennt[1] hiermit [Name des zu benennenden Datenschutzbeauftragten][2]**

**– im Folgenden Beauftragter genannt –**

**ab dem Beginn des [ENTWEDER:] mit dem Beauftragten abgeschlossenen Arbeitsvertrags[3] [ODER:] mit dem Beauftragten abgeschlossenen Dienstvertrags[3] [ODER:] mit [Name des Dienstleistungsunternehmens, Straße/Hausnummer, Postleitzahl/**

Ort] abgeschlossenen Beratungsvertrags[3] [ENDE DER VARIANTEN], also ab dem [Datum][4] [EVENTUELL ZUSÄTZLICH:] und bis zum [Datum][5] [ENDE DES ZUSATZES] zum Datenschutzbeauftragten gem. Art. 37 DS-GVO [OPTIONAL ZUSÄTZLICH:] und § 38 Abs. 1 BDSG [ENDE DES ZUSATZES].[6] Der Beauftragte wird seine Leistungen zur Wahrnehmung des Amtes als Datenschutzbeauftragter auf der Grundlage des vorgenannten Vertrags und der gesetzlichen Bestimmungen erbringen.[7]

§ 2

Der Beauftragte wird für den Auftraggeber die in Art. 39 DS-GVO definierten Aufgaben eines Datenschutzbeauftragten erfüllen, darunter[8]
- Unterrichtung und Beratung des [ENTWEDER:] Verantwortlichen [ODER:] Auftragsverarbeiters [ENDE DER VARIANTEN] und der Beschäftigten, die Verarbeitungen durchführen, hinsichtlich ihrer Pflichten nach der DS-GVO sowie nach sonstigen anwendbaren Datenschutzvorschriften
- die Überwachung der Einhaltung der DS-GVO, anderer anwendbarer Datenschutzvorschriften sowie der Strategien des Verantwortlichen oder des Auftragsverarbeiters für den Schutz personenbezogener Daten einschließlich der Zuweisung von Zuständigkeiten, der Sensibilisierung und Schulung der an den Verarbeitungsvorgängen beteiligten Mitarbeiter und der diesbezüglichen Überprüfungen
- auf Anfrage Beratung im Zusammenhang mit der Datenschutz-Folgenabschätzung und ihrer Durchführung gem. Art. 35 DS-GVO
- Zusammenarbeit mit der Aufsichtsbehörde
- Tätigkeit als Anlaufstelle für die Aufsichtsbehörde in mit der Verarbeitung zusammenhängenden Fragen, einschließlich der vorherigen Konsultation bei der Datenschutz-Folgenabschätzung gem. Art. 36 DS-GVO und ggf. Beratung zu allen sonstigen Fragen

[EVENTUELL ZUSÄTZLICH:] Der Beauftragte wird für den Auftraggeber zusätzlich die folgenden Aufgaben erfüllen:[8]
- [weitere Aufgaben aufzählen] [ENDE DES ZUSATZES]

§ 3

Der Beauftragte berichtet gem. Art. 38 Abs. 3 S. 2 DS-GVO unmittelbar der höchsten Managementebene des Auftraggebers.[9] [BEI EINEM EXTERNEN BEAUFTRAGTEN ZUSÄTZLICH:] Der Beauftragte wird jedoch nicht weitergehend in den Betrieb des Auftraggebers eingebunden, insbesondere wird ihm kein Weisungsrecht gegenüber Beschäftigten des Auftraggebers eingeräumt.[9] [ENDE DES ZUSATZES] Dem Beauftragten steht kein Recht zu, den Auftraggeber zu vertreten.[9] Der Beauftragte unterliegt in Ausübung seines Amtes keinem Weisungsrecht des Auftraggebers. Dem Auftraggeber ist bekannt, dass sich der Beauftragte durch ihm zu diesem Zweck ggf. vom Auftraggeber bereitgestelltes Hilfspersonal unterstützen lassen kann, dass er dem Beauftragten und seinem Hilfspersonal unverzüglich alle zur Erfüllung seiner Aufgaben und zur Erhaltung seines Fachwissens erforderlichen Ressourcen sowie den Zugang zu personenbezogenen Daten und Verarbeitungsvorgängen zur Verfügung zu stellen hat. Der Auftraggeber wird sicherstellen, dass der Beauftragte ordnungsgemäß und frühzeitig in alle mit dem Schutz personenbezogener Daten zusammenhängenden Fragen eingebunden wird.[10] Dem Auftraggeber ist bekannt, dass er den Beauftragten gem. §§ 6, Abs. 4, 38 Abs. 2 BDSG nur bei Vorliegen eines wichtigen Grundes entsprechend § 626 BGB abberufen[11] kann, wenn eine Benennungspflicht besteht.

§ 4

(1) Die vorliegende Benennung steht unter der auflösenden Bedingung, dass der in § 1 genannte, der Benennung zugrunde liegende Vertrag endet [ENTWEDER:] durch eine Kündigung oder sonstige Erklärung des Beauftragten [ODER:] durch eine Kündigung oder sonstige Erklärung des [Name des Dienstleistungsunternehmens].[12]

(2) [IM FALLE DES VERTRAGS MIT EINEM UNTERNEHMEN ZUSÄTZLICH:] Dem Beauftragten wird mitgeteilt, dass [Name des Dienstleistungsunternehmens] dem Auftraggeber vertraglich garantiert hat, dass dem Beauftragten in Ausübung seiner Tätigkeit als Datenschutzbeauftragter für den Auftraggeber keine Weisungen erteilt werden.[13] Die vorliegende Benennung steht unter der weiteren auflösenden Bedingung, dass das Arbeits- bzw. Dienstverhältnis zwischen dem Beauftragten und [Name des Dienstleistungsunternehmens] endet, ungeachtet des Rechtsgrunds der Beendigung.[12]

Für den Auftraggeber:

| | |
|---|---|
| (Ort, Datum) | (Unterschrift, Funktion des Unterzeichners) |

Ich habe vorstehende Benennung zur Kenntnis genommen:

| | |
|---|---|
| (Ort, Datum) | (Unterschrift des Beauftragten)[14] |

## Anmerkungen

**1. Die Benennung.** Der Terminus „jemanden als Datenschutzbeauftragten benennen" bezeichnet den Vorgang einer Bestellung, also der Einsetzung einer Person in ein Amt. Entgegen einer in der Literatur früher verbreiteten Auffassung vollzieht sich die Bestallung nicht durch Abschluss eines Vertrags iSd §§ 145 ff. BGB zwischen Verantwortlichem und Auftragsverarbeiter und der zu benennenden Person. Denn bereits zur früheren „Bestellung" nach § 4f Abs. 1 S. 1 BDSG aF war höchstrichterlich entschieden, dass diese als rechtsbegründender Akt eine einseitige Erklärung des Verantwortlichen oder Auftragsverarbeiters ist (siehe BAG 22.3.1994 – 1 ABR 51/93, NZA 1994, 1049; 13.3.2007 – 9 AZR 612/05, NJW 2007, 2507). Hieran hat sich durch die DS-GVO nichts geändert. Auch dort wird zwischen der Benennung (Art. 37 Abs. 1 DS-GVO) und dem der Benennung zugrunde liegenden Rechtsverhältnis zwischen Verantwortlichem oder Auftragsverarbeiter und DSB (Art. 37 Abs. 6 DS-GVO) unterschieden, sog. „Trennungsprinzip". Diese Zweiteilung ergibt sich auch im Übrigen unmittelbar aus dem Gesetz, da zwecks Beendigung der Zusammenarbeit einerseits die einseitig erklärte Benennung durch Abberufung des DSB zu beenden (Art. 38 Abs. 3 S. 2 DS-GVO, § 37 Abs. 2 iVm § 6 Abs. 4 S. 1 BDSG), andererseits das zugrunde liegende und zweiseitig begründete Vertragsverhältnis zu kündigen ist (§ 38 Abs. 2 iVm § 6 Abs. 4 S. 2, S. 3 BDSG). Im systematischen Vergleich ist hier eine aus anderen Rechtsgebieten bekannte Unterscheidung zu erkennen, bspw. aus dem Gesellschaftsrecht (zB Anstellung eines GmbH-Geschäftsführers und die seine organschaftlichen Rechte und Pflichten begründende Bestellung), aus dem Sozialrecht (zB Bestellung eines Beauftragten des Arbeitgebers iSv § 98 SGB IX) oder aus vielen Bereichen des Umweltrechts (Beispiele bei Gola/Schomerus BDSG § 4f Rn. 5 mwN).

Die Benennung hat das Amt des DSB zum Gegenstand (→ Anm. 6). Das Amt des DSB als solches ist ein Bündel von Aufgaben, die teils privatrechtlich durch Vertrag, teils öffentlich-rechtlich durch die Benennung (und die daran anknüpfenden gesetzlichen Zuweisungen) aufgegeben werden (→ Anm. 7). Die Benennung ist im Gegensatz zur Begründung des zugrunde liegenden Vertrags eine einseitige, empfangsbedürftige Erklärung des Verantwortlichen oder Auftragsverarbeiters (→ Anm. 14). Es handelt sich nicht um eine Willenserklärung, sondern um eine rechtsgeschäftsähnliche Handlung, weil die Rechtsfolgen der Erklärung insbesondere in Art. 38, 39 DS-GVO und §§ 38 Abs. 2, 6 Abs. 4, Abs. 5 S. 2, Abs. 6 BDSG gesetzlich bestimmt und nicht der Privatautonomie zugänglich sind (zur Einseitigkeit einer Bestellung in anderen Kontexten zB MüKoBGB/Leuschner § 27 Rn. 13 ff.; MüKoAktG/Spindler § 84 Rn. 22; Neumann/Pahlen/Majerski-Pahlen/Pahlen SGB IX § 98 Rn. 3). Wegen der Einseitigkeit der rechtsgeschäftsähnlichen Handlung gibt es auch keine Annahme iSv § 147 BGB in Bezug auf die Benennung. Die Erklärung der Benennung ist nicht an eine bestimmte Form gebunden. Soweit es im Bereich öffentlicher Verantwortlicher noch Formvorgaben für die Benennung im Landesrecht gibt, aus allgemeinen Vorgaben der Verwaltungsverfahrensgesetze oder im Speziellen aus dem Verwaltungsinnenrecht, sind solche landesrechtlichen Anforderungen an die Benennung, die über Art. 37 Abs. 1 DS-GVO hinaus gehen, mangels Öffnungsklausel in der DS-GVO nicht anwendbar. Aus Gründen der Beweisbarkeit bei einer Benennungspflicht empfiehlt sich indes weiterhin zumindest eine Benennung in Textform (§ 126b BGB). Soweit in der Literatur zum BDSG aF gefordert wurde, dass die Bestellung sowohl vom Erklärenden als auch vom Erklärungsempfänger unterschrieben werden müsse (Simitis/Simitis BDSG § 4f Rn. 57 mwN), beruhte diese Schlussfolgerung auf der unzutreffenden Annahme, die Benennung bzw. vormalige Bestellung sei ein zweiseitiger Vertrag und § 126 Abs. 2 BGB sei anwendbar. Die im Muster vorgesehene Unterschrift des Erklärenden dient, ebenso wie die Unterschrift des DSB, ausschließlich der Dokumentation (→ Anm. 14).

Im Bereich der öffentlichen Verantwortlichen ist die Benennung ein eigenständiger Organisationsrechtsakt, der – soweit es im Gesetz vorgesehen ist – ausnahmsweise nicht durch den Verantwortlichen, sondern für den Verantwortlichen durch eine „höhere Behörde" vorgenommen werden kann (zB Art. 12 Abs. 3 BayDSG). War die Benennung formell rechtswidrig, kann ein solcher Organisationsrechtsakt zurückgenommen werden (OVG Münster 8.2.2023 – 6 A 70/22, BeckRS 2023, 1470). Die Bestellung durch eine andere Stelle, aber mit Wirkung für den Verantwortlichen, ist nicht-öffentlichen Verantwortlichen demgegenüber fremd, soweit nicht auf allgemeines Stellvertretungsrecht (und dessen Wirksamkeitsvoraussetzungen) rekurriert wird (selten; anzutreffen zB in Konzernsachverhalten).

Nicht nur zu Dokumentationszwecken wird der privatautonom gestaltbare, zugrunde liegende Vertrag, etwaig mit wechselseitigen Unterschriften, geschlossen (→ Anm. 3). Dieser Vertrag ist der Rechtsgrund iSv § 812 Abs. 1 S. 1 Alt. 1 BGB für

Leistung und Gegenleistung. Die Benennung setzt jedoch zu ihrer Wirksamkeit voraus, dass es einen solchen Vertrag über die Ausübung der mit dem Amt verbundenen Tätigkeiten gibt, wie Art. 37 Abs. 6 DS-GVO bestätigt (→ Anm. 3). Für das zugrunde liegende Vertragsverhältnis ist ebenfalls keine bestimmte Form zu beachten (siehe jedoch bei einem internen DSB § 2 Abs. 1 S. 1 NachwG mit der Pflicht zur schriftlichen Niederlegung der wesentlichen Vertragsbedingungen durch den Arbeitgeber). Die durch Zugang der Benennung vollzogene Bestellung begründet, anders als der zugrunde liegende privatautonome Vertrag, die besonderen gesetzlichen Rechte und Pflichten des DSB (→ Anm. 8). Dazu zählt insbesondere die Pflicht zur Verschwiegenheit aus Art. 38 Abs. 5, Abs. 2 iVm § 6 Abs. 5 S. 2 BDSG, die dem früheren § 4f Abs. 4 BDSG entspricht und auch gegenüber dem Verantwortlichen oder Auftragsverarbeiter besteht (→ Form. B. III.1.). Daneben gibt es beim DSB eines Berufsgeheimnisträgers eine weitere Schweigepflicht des DSB, abgeleitet vom Berufsgeheimnisträger, von dem er benannt wurde. Diese ist gem. § 203 Abs. 4 S. 1 StGB strafbewehrt und durch das Zeugnisverweigerungsrecht gem. § 383 Abs. 1 Nr. 6 ZPO geschützt (wobei Letzteres nicht zu verwechseln ist mit der zusätzlichen, an einen anderen Bezugspunkt anknüpfenden Sonderregelung des § 38 Abs. 2 BDSG iVm § 6 Abs. 6 BDSG, → Form. B. III.1.).

**2. Tauglichkeit des DSB.** Hinsichtlich der Frage, wer tauglicher Erklärungsempfänger der Benennung sein kann, ist darauf hinzuweisen, dass trotz des offenen Wortlauts in Art. 37 Abs. 6 DS-GVO nur eine natürliche Person als DSB benannt werden kann (ähnlich Paal/Pauly/Paal DS-GVO Art. 37 Rn. 15). Dies ergibt sich daraus, dass nur eine natürliche Person über die für die Ausübung des Amts gem. Art. 37 Abs. 5 DS-GVO zwingend zu erfüllenden Voraussetzungen der beruflichen Qualifikation, des Fachwissens sowie der Fähigkeit zur Erfüllung der sich aus Art. 39 DS-GVO ergebenden Aufgaben verfügen kann (zu der für das Amt des DSB erforderlichen „persönlichen Integrität“ vgl. Laue/Nink/Kremer DatenschutzR/Kremer § 8 Rn. 22). Das Maß des jeweils Erforderlichen, etwa des Fachwissens, richtet sich im Einzelfall nach den konkreten Aufgaben des DSB bei dem jeweiligen Verantwortlichen bzw. Auftragsverarbeiter (LAG Mecklenburg-Vorpommern 25.2.2020 – 5 Sa 108/19, ZD 2020, 364 mAnm Eufinger). Die Benennung ist zwingend gegenüber der zum DSB zu benennenden Person abzugeben, was jedoch nicht gleichzeitig bedeutet, dass auch der zugrunde liegende Vertrag, zu dessen Erfüllung der DSB seine Leistung erbringen wird, mit der zum DSB benannten natürlichen Person abgeschlossen werden muss (→ Anm. 3). Denn ob es sich bei der natürlichen Person um einen Arbeitnehmer oder Bediensteten (interner DSB), um eine selbstständig tätige Person (→ Form. B. II.1.) oder um eine für ein Dienstleistungsunternehmen tätige Person (→ Form. B. II.2., in beiden Fällen externer DSB) handelt, bleibt gem. Art. 37 Abs. 6 DS-GVO ausdrücklich dem Wahlrecht des Verantwortlichen oder Auftragsverarbeiters vorbehalten (Organisationsentscheidung). Soll es einen internen DSB geben, muss im Hinblick auf den der Benennung zugrunde liegenden Arbeits- oder Dienstvertrag die Stellenbeschreibung auf das Amt des DSB zugeschnitten sein. Denn die Aufgaben eines DSB sind in der Regel so andersartig, dass sie einem beliebigen Arbeitnehmer vom Arbeitgeber nicht einseitig durch Ausübung des Direktionsrechts iSv § 106 GewO zugewiesen werden können (BAG 13.3.2007 – 9 AZR 612/05, NJW 2007, 2507). Gleiches gilt für die Aufgabenzuweisung gegenüber einem Beamten. Dies ist jedoch eine Frage des Einzelfalls und maßgeblich von der vorherigen Stellenbeschreibung abhängig. In der Regel ist entweder eine Neueinstellung oder ein Änderungsvertrag mit dem Arbeitnehmer bzw. Bediensteten erforderlich. Trotz der Einzigartigkeit des Amtes des DSB innerhalb der Behörde und damit der Konzentration dieser Aufgaben auf die Person des DSB erstreckt sich die „dienstliche Beurteilung" des DSB auch auf seine Tätigkeiten, die er in Ausübung des Amtes als DSB vollbringt (VG Köln 11.8.2016 – 15 K 2423/15, BeckRS 2016, 114298; VG Düsseldorf 6.4.2004 – 2 K 1445/03, BeckRS 2008, 35482). Die regelmäßige Beurteilung der „fachlichen Leistung" ist durch § 21 S. 1 BBG iVm §§ 48 ff. BLV zwingend angeordnet, ohne eine Ausnahme für den als DSB tätigen Beamten.

Durch ein Mitglied eines Organs des Verantwortlichen oder Auftragsverarbeiters, etwa den Geschäftsführer einer GmbH, kann das Amt des DSB nicht ausgeübt werden, weil es dann an der für die Ausübung der Kontrollfunktion notwendigen Unabhängigkeit fehlt. Gem. Erwgr. 97 DS-GVO soll der DSB seine „Pflichten und Aufgaben in vollständiger Unabhängigkeit" ausüben (→ Anm. 13). Daraus ist abzuleiten, dass das Amt des DSB insgesamt mit einer umfänglichen Vertretungsmacht für den Verantwortlichen oder Auftragsverarbeiter, bspw. bei Prokura oder Handlungsvollmacht iSv § 54 HGB, oder mit den Aufgaben diverser leitender Angestellter (Beispiele bei NK-DatenschutzR/Drewes DS-GVO Art. 38 Rn. 55 f.) unvereinbar ist. Denn mit seiner Stellung und Funktion wäre es nicht zu vereinbaren, wenn der DSB in erster Linie seine eigene Tätigkeit kontrollieren müsste. Eine derartige Überschneidung der Interessensphären beeinträchtigt die geforderte vollständige Unabhängigkeit (so zum BDSG aF bereits BAG 22.3.1994 – 1 ABR 51/93, NZA 1994, 1049). Anderenfalls läge ein Interessenkonflikt vor, zu dessen Verhinderung der Verantwortliche oder Auftragsverarbeiter nach Art. 38 Abs. 6 DS-GVO ausdrücklich angehalten ist.

Eine die Unabhängigkeit beeinträchtigende Überschneidung der Interessensphären liegt abweichend zu älterer Rechtsprechung des BAG zum alten BDSG (BAG 23.3.2011 – 10 AZR 562/09, NZA 2011, 1036) generell vor, falls der interne DSB zum Vorsitzenden des Betriebsrats gewählt wird, weil ein unauflösbarer Interessenkonflikt dieser beiden Ämter vorliegt. Dieser berechtigt auch zum Widerruf der Bestellung des DSB (BAG 6.6.2023 – 9 AZR 383/19, ZD 2023, 761). Da der Betriebsrat als Gremium die Zwecke und Mittel der Verarbeitung personenbezogener Daten im Kontext der Betriebsratsarbeit festlegt, fehlt es – nicht nur beim Vorsitzenden – bei allen Mitgliedern des Betriebsrates an der erforderlichen Neutralität und Distanz zu den Aufgaben des Datenschutzbeauftragten (vom BAG so noch nicht entschieden, aber inhaltlich zutreffend in Aussicht gestellt, vgl. BAG 6.6.2023 – 9 AZR 383/19, ZD 2023, 761 Rn. 26, 27).

**3. Das zugrunde liegende Rechtsverhältnis.** Wie bereits dargestellt, bestehen zwischen dem Verantwortlichen oder Auftragsverarbeiter und dem DSB zwei Rechtsverhältnisse. Das Trennungsprinzip (→ Anm. 1) gilt auch, wenn das zugrunde liegende Rechtsverhältnis auf demselben Blatt Papier wie die trotz der Formlosigkeit ggf. schriftlich erfolgte Benennung enthalten sein sollte. Das Rechtsverhältnis (zumeist ein Vertrag) kann zwischen dem Verantwortlichen oder Auftragsverarbeiter und einer natürlichen Person geschlossen werden. In diesem Fall kann der Vertragspartner personenidentisch zum DSB benannt werden (Zwei-Personen-Verhältnis). Dieses der Tätigkeit zugrunde liegende Rechtsverhältnis kann ein zivilrechtlicher Arbeitsvertrag oder, bei Beamten, ein öffentlich-rechtliches Dienstverhältnis sein, sofern sich der Verantwortliche oder Auftragsverarbeiter im Rahmen seiner Organisationsentscheidung für einen internen DSB entscheidet. Falls der Vertrag mit einer Person abgeschlossen werden soll, die nicht Teil des Verantwortlichen oder Auftragsverarbeiters ist (→ Form. B. II.1.), dh die Organisationsentscheidung „Benennung eines externen DSB" getroffen wurde, wird das Rechtsverhältnis ein zivilrechtlicher Dienstvertrag (→ Form. B. II.1. Anm. 2) sein. Im Gegensatz dazu ist es jedoch auch möglich, dass der Verantwortliche oder Auftragsverarbeiter den Vertrag mit einer juristischen Person abschließt, etwa einem entsprechend spezialisierten Dienstleistungsunternehmen (→ Form. B. II.2.). In diesem Fall bestehen die beiden Rechtsbeziehungen des Verantwortlichen oder Auftragsverarbeiters, also Benennung und zugrunde liegendes Rechtsverhältnis, mit zwei verschiedenen Personen (Drei-Personen-Verhältnis). Eine mit dem Dienstleistungsunternehmen verbundene natürliche Person – zB ein Arbeitnehmer oder ein Mitglied eines Organs jener juristischen Person – wird in diesem Fall zum externen DSB des Verantwortlichen oder Auftragsverarbeiters benannt. Die Tätigkeiten dieser natürlichen Person stellen sich im Außenverhältnis gegenüber dem Verantwortlichen oder Auftragsverarbeiter dann aber nicht als Leistung iSv § 362 Abs. 1 BGB dieser natürlichen Person, sondern als Leistung des Dienstleistungsunternehmens dar. Im Innenverhältnis gegenüber dem Dienstleistungsunternehmen ist für den Verantwortlichen oder Auftragsverarbeiter die von der natürlichen Person erbrachte Tätigkeit jedoch eine Leistung zur Erfüllung ihrer Pflicht aus dem zugrunde liegenden Rechtsverhältnis. Dies könnte die Pflicht zur Arbeitsleistung eines Arbeitnehmers oder die Leistung des versprochenen Dienstes aus einem Dienstvertrag, zB des Geschäftsführers einer GmbH, oder die aktive Gesellschaftsförderungspflicht, zB eines persönlich haftenden Gesellschafters einer OHG, sein, je nachdem, wie das Dienstleistungsunternehmern organisiert ist und wer für dieses als DSB bei dem Verantwortlichen oder Auftragsverarbeiter tätig wird. In den Drei-Personen-Verhältnissen iSv Art. 37 Abs. 3 DS-GVO kann es vorkommen, dass es kein in vorstehendem Sinne der Tätigkeit des DSB zugrunde liegendes Rechtsverhältnis zwischen dem Verantwortlichen und dem „Dienstleistungsunternehmen" gibt, falls es sich um zwei Behörden desselben Rechtsträgers handelt (In-sich-Geschäft, zivilrechtliche Konfusion). Wird hingegen der Bedienstete einer Behörde als DSB einer anderen Behörde benannt, bei Verschiedenheit der Rechtsträger (zB Bediensteter eines Landes oder eines Zweckverbandes als DSB einer Kommunalbehörde), handelt es sich bei diesem Leistungsaustausch um fiskalisches Handeln der Behörden, sodass ein zivilrechtlicher Dienstleistungsvertrag (bei Unentgeltlichkeit ein Auftrag) zugrunde liegen kann. Spezielle Vertragsformen des öffentlichen Rechts sind ebenfalls denkbar, vgl. Mustertext für eine Zweckvereinbarung zur interkommunalen Zusammenarbeit vom Bayerischen Innenministerium: https://www.stmi.bayern.de/sus/datensicherheit/datenschutz/reform_arbeitshilfen/.

**4. Beginn der Benennung.** Wirksamkeitsvoraussetzung der Benennung ist das Bestehen des zugrunde liegenden Rechtsverhältnisses (→ Anm. 3). Dieses wurde deshalb in dem Muster für die Benennung referenziert. Die Nennung des Datums für den Vertragsbeginn soll lediglich eine deklaratorische Wiederholung des bereits Vereinbarten sein. Die Angabe ist erforderlich, damit zB die Aufsichtsbehörde im Falle einer Überprüfung allein aus der Benennung heraus erkennen kann, seit wann der DSB benannt ist. Dann muss das zugrunde liegende Rechtsverhältnis der Aufsichtsbehörde (oder anderen zur Prüfung berechtigten Personen, → Form. B. III. 3. Anm. 1) nicht offenbart werden.

Liegt aufgrund eines Übertragungsfehlers oder sonstigen Missgeschicks das Datum der Benennung vor dem Beginn der Laufzeit des zugrunde liegenden Vertrags, ergeben sich zahlreiche Probleme. Der DSB ist zB in dieser Zeit noch nicht verpflichtet, Tätigkeiten zu entfalten, weil er solche noch nicht vertraglich versprochen hat. Durch die einseitige Erklärung des Verantwortlichen oder Auftragsverarbeiters kann er nicht dazu gezwungen werden, selbst wenn er die Erklärung zur Kenntnis genommen hat (→ Anm. 14). Sollte der DSB gleichwohl Tätigkeiten allein in Ansehung der Benennung geleistet haben, handelt es sich insoweit um eine Geschäftsführung ohne Auftrag iSd §§ 677 ff. BGB, falls ein späterer Beginn des zugrunde liegenden Vertrags bereits vereinbart ist. Fehlt es an einem ausdrücklichen zugrunde liegenden Vertrag gänzlich oder ist dieser noch nicht geschlossen, weil noch über ihn verhandelt wird, wird der DSB aber gleichwohl schon tätig, ist zu prüfen, ob das Verhalten beider Seiten dahin gehend auszulegen ist, dass ein der Benennung zugrunde liegender Vertrag bereits durch wechselseitige konkludente Erklärungen geschlossen wurde. Komplexer wird die Situation im Drei-Personen-Verhältnis, sodass im Einzelfall eine anwaltliche Prüfung zu empfehlen ist. Liegt hingegen andersherum das Datum der Benennung nach dem Beginn der Laufzeit des zugrunde liegenden Rechtsverhältnisses, könnte der DSB in dieser Zwischenzeit bereits durch den Verantwortlichen oder Auftragsverarbeiter zu den Tätigkeiten angehalten werden, die er – im Zwei-Personen-Verhältnis – vertraglich versprochen hat. Gleichzeitig sind diese Leistungen vor dem Datum der Benennung regulär nach dem Vertrag zu vergüten. Diese Tätigkeiten stellen sich allerdings im Außenverhältnis gegenüber betroffenen Personen und insbesondere auch gegenüber der Aufsichtsbehörde nicht als Tätigkeiten eines DSB dar, weil es insoweit (noch) an der wirksamen Benennung fehlt. Letzteres ist ebenso im Drei-Personen-Verhältnis der Fall, wobei hier das Verlangen nach Leistungserbringung natürlich nicht gegenüber dem DSB geäußert werden kann.

**5. Befristung der Benennung.** Der Zusatz ist einzufügen, wenn lediglich eine befristete Benennung erklärt werden soll. Im Gegensatz zur Frage der Zulässigkeit von Bedingungen (→ Anm. 12) ist die Zulässigkeit einer Befristung zu bejahen (die der Sache nach nichts anderes ist als die auflösende Bedingung des Erreichens eines bestimmten Datums), selbst wenn der Vorschlag zu einer regelmäßigen Befristung der Benennung auf jeweils zwei Jahre aus dem Kommissions-Entwurf nicht in die finale Fassung der DS-GVO gelangt ist (vgl. Paal/Pauly/Paal DS-GVO Art. 37 Rn. 16). Allgemeine Meinung ist jedoch, dass eine zu kurz bemessene Befristung die Unabhängigkeit des DSB und damit seine persönliche Integrität (→ Anm. 2) gefährdet (so zum bisherigen BDSG Simitis/Simitis BDSG § 4f Anm. 62 ff.). Angesichts des von BDSG und DS-GVO gleichermaßen gewollten Schutzes des DSB vor unmittelbarer oder mittelbarer Benachteiligung führt die DS-GVO insoweit zu keiner abweichenden Bewertung. Zur Laufzeit des der Benennung zugrunde liegenden Vertrags kann daher auf Bekanntes zurückgegriffen werden, so insbesondere auf die Empfehlungen des Düsseldorfer Kreises, die bei Erstverträgen ein bis zwei Jahre, bei Folgeverträgen mindestens vier Jahre vorsehen (so zum früheren BDSG Düsseldorfer Kreis Beschl. v. 24./25.11.2010).

**6. Das Amt des DSB.** Die DS-GVO kennt die Pflicht zur Benennung eines DSB beim Verantwortlichen oder Auftragsverarbeiter außerhalb von Behörden und öffentlichen Stellen nicht als Regelfall. Mit der Erweiterung der Benennungspflicht durch § 38 Abs. 1 BDSG (insgesamt zu den Erweiterungen → Vorb.) wird jedoch die deutsche Rechtstradition fortgeführt, die sich im nichtöffentlichen Bereich gegen eine Fremdkontrolle durch den Staat und für eine Selbstkontrolle der Privaten ausgesprochen hatte (Simitis/Simitis BDSG § 4f Rn. 1). Dem Institut „Datenschutzbeauftragter" werden damit durch das BDSG weit über den in der DS-GVO vorgesehenen Anwendungsbereich hinaus Aufgaben zugewiesen, die ansonsten von den Aufsichtsbehörden in Ausübung der ihnen durch Art. 57 DS-GVO zugewiesenen Aufgaben vollständig hätten erfüllt werden müssen. Diese Verbreiterung des Anwendungsbereichs, die in Art. 37 Abs. 4 S. 1 Hs. 2 DS-GVO ausdrücklich vorgesehen ist, dürfte wohl auch der geringen personellen Ausstattung der Aufsichtsbehörden geschuldet sein, die wiederum den etatmäßigen Beschränkungen Rechnung trägt. Zu beachten ist jedoch, dass die interne Selbstkontrolle des Verantwortlichen oder Auftragsverarbeiters durch den DSB innerhalb des durch DS-GVO und BDSG geschaffenen Rahmens nur eine ergänzende Funktion gegenüber der staatlichen Kontrolle hat. Hieraus erklärt sich, warum die Verschwiegenheitsverpflichtung des DSB gem. Art. 37 Abs. 4 S. 1 DS-GVO iVm §§ 38 Abs. 2, 6 Abs. 5 S. 2 BDSG auch gegenüber dem Verantwortlichen oder Auftragsverarbeiter besteht und der DSB keine Hilfsperson des Verantwortlichen oder Auftragsverarbeiters ist. Obwohl er Aufgaben von dem Verantwortlichen oder Auftragsverarbeiter übertragen bekommt, dient die Erfüllung dieser Aufgaben nicht dem Verantwortlichen oder Auftragsverarbeiter, sondern dem öffentlichen Interesse. Der DSB ist jedoch umgekehrt auch keine Hilfsperson der Aufsichtsbehörden, sondern eine selbstständige „Kontrollstelle" (vgl. umfassende Darstellung von Walz RDV 1994, 173). Dieser Terminus entspringt noch Art. 28 DSRL, die durch Art. 94 Abs. 1 DS-GVO aufgehoben wurde. Indes wurden die zugrunde liegenden Gedanken und Prinzipien des Instituts „Datenschutzbeauftragter" durch die DS-GVO nicht geändert. Daher besteht selbst gegenüber der Aufsichtsbehörde die vorgenannte Verschwiegenheitspflicht. Die damit aus dem Trennungsprinzip (→ Anm. 1) folgende Selbständigkeit des Amtes des DSB sowohl gegenüber dem Verantwortlichen oder Auftragsverarbeiter als auch gegenüber der Aufsichtsbehörde hat zur Folge, dass das Amt nicht auf einen anderen Rechtsträger übergeht (sondern erlischt), wenn der der Benennung zugrunde liegende Vertrag kraft Gesetzes auf einen anderen Rechtsträger übergeht (zu § 144 Abs. 4 S. 2 SGB V vgl. BAG 29.9.2010 – 10 AZR 588/09, NJW 2011, 476; zu § 613a Abs. 1 S. 1 BGB vgl. ArbG Cottbus 14.2.2013 – 3 Ca 1043/12, ZD 2013, 289). Die gem. Art. 39 Abs. 1 lit. d DS-GVO vorgeschriebene Tätigkeit des DSB („Zusammenarbeit mit der Aufsichtsbehörde") verdeutlicht zudem die Vorstellung des Gesetzgebers von der strukturellen Trennung der beiden Kontrollstellen.

**7. Grundlagen des Tätigwerdens.** Die Tätigkeiten des DSB stellen sich in Abhängigkeit vom jeweiligen Vertrag jeweils als Leistung gegenüber dem Vertragspartner dar. Gleichwohl wird der DSB auch unabhängig vom Vertrag allein auf Grundlage von DS-GVO und BDSG bzw. der dort ihm zugeschriebenen Rechte und Pflichten tätig. Dies begründet sich in seiner öffentlich-rechtlichen Funktion als Kontrollstelle (→ Anm. 6). Würden DS-GVO und BDSG als unmittelbare Grundlage seines Handelns fehlen, wäre zB kein Raum für die Verschwiegenheit des DSB gegenüber Aufsichtsbehörden und dem Verantwortlichen oder Auftragsverarbeiter. Denn der mit dem Verantwortlichen oder Auftragsverarbeiter bestehende Vertrag könnte ansonsten als Nebenpflicht iSv § 241 Abs. 2 BGB auch eine Aufklärungspflicht des DSB gegenüber dem Verantwortlichen oder Auftragsverarbeiter über alle personenbezogenen Daten mit sich bringen, die dem DSB zur Kenntnis gelangt sind (MüKoBGB/Bachmann/Roth § 241 Rn. 130ff.; NK-BGB/Krebs § 241 Rn. 56; Erman/Westermann BGB § 241 Rn. 14). Anders als noch § 4g Abs. 1 S. 3 BDSG aF sehen jedoch weder DS-GVO noch BDSG ein ausdrückliches Recht des DSB vor, sich in Zweifelsfällen unmittelbar an die Aufsichtsbehörde wenden zu dürfen, ggf. gegen die hierdurch berührten Interessen des Verantwortlichen oder Auftragsverarbeiters. Insoweit spricht Art. 39 Abs. 1 lit. d DS-GVO nur von einer „Zusammenarbeit mit der Aufsichtsbehörde", Art. 39 Abs. 1 lit. e DS-GVO von einer Tätigkeit des DSB als „Anlaufstelle". Dass der DSB auf Befragen durch die Aufsichtsbehörde wahrheitsgemäß und umfassend über seine Erkenntnisse und Einschätzungen zu berichten hat, unbeschadet seiner Verschwiegenheitspflichten zum Schutze betroffener Personen und ggf. derjenigen zum Schutze eines Berufsgeheimnisses (→ Form. B. III. 1. Anm. 2), steht außer Frage. Zwar sieht Art. 58 Abs. 1 lit. a DS-GVO lediglich den Verantwortlichen, den Auftragsverarbeiter und ggf. deren Vertreter in der Pflicht, der Aufsichtsbehörde Rede und Antwort zu stehen. Gleiches ergibt sich aus der Auslegung der Pflicht zur „Zusammenarbeit". Art. 38 Abs. 5 DS-GVO hat jedoch insoweit Rechtsunsicherheit geschaffen, als dass unklar ist, ob der DSB von ihm als rechtswidrig angesehene Umstände beim Verantwortlichen oder Auftragsverarbeiter, auch soweit er aufgrund tatsächlicher oder rechtlicher Unsicherheit nur einen Verdacht hat, aktiv an die Aufsichtsbehörde herantragen darf (Stichwort „Whistleblowing"). Ob dies zulässig ist, überlässt die DS-GVO dem Recht der Mitgliedstaaten. Im deutschen Recht könnte die sich aus § 241 Abs. 2 BGB resultierende Pflicht zur Rücksichtnahme auf die Interessen des Verantwortlichen oder des Auftragsverarbeiters, sofern es sich um ein Zwei-Personen-Verhältnis handelt und daher ein Vertrag des DSB mit dem Verantwortlichen oder Auftragsverarbeiter besteht, der aktiven Offenbarung von Missständen durch den DSB gegenüber der Aufsichtsbehörde entgegenstehen. Im Unterschied zum Betriebsrat (§ 2 Abs. 1 BetrVG, „zum Wohl des Betriebs") besteht zu Lasten des DSB kein Gesetz, welches ihn auf die innerbetriebliche bzw. innerbehördliche Klärung des Missstands verpflichtet. Insoweit unterscheidet sich die Stellung des DSB deutlich von der des Betriebsrats, der parallel zum DSB auf die Einhaltung von DS-GVO und BDSG als „zugunsten der Arbeitnehmer geltender Gesetze" hinzuwirken hat (§ 80 Abs. 1 Nr. 1 BetrVG). Eine solche Beschränkung auf die interne Klärung ist jedoch mit der Kontrollfunktion des DSB (dh den Aufgaben des DSB im öffentlichen Interesse, → Anm. 6) nicht vereinbar und würde dem DSB die einzige Handlungsoption bei von ihm erkannten Datenschutzverletzungen nehmen, falls Verantwortlicher oder Auftragsverarbeiter auf Hinweise des DSB nicht reagieren sollten. Gleichwohl hätte der Gesetzgeber des BDSG besser daran getan, eine Regelung dazu zu erlassen – in Ausübung der ihm durch die Öffnungsklausel in Art. 38 Abs. 5 DS-GVO verliehenen Kompetenz. Der Umstand, dass § 4d Abs. 6 S. 3 BDSG aF aufgehoben wurde, ist lediglich der Tatsache geschuldet, dass es keine Vorabkontrolle durch den DSB mehr gibt. Mit Aufhebung dieser Norm hat der deutsche Gesetzgeber jedoch nicht zum Ausdruck gebracht, dass er es in Ausübung seiner Kompetenz aus Art. 38 Abs. 5 DS-GVO dem DSB verbieten wollte, unaufgefordert über Missstände mit der Aufsichtsbehörde zu sprechen. Vielmehr muss die aktuelle deutsche Rechtslage mit Blick auf die Ziele der DS-GVO so verstanden werden, dass der DSB befugt ist, sich ggf. auch gegen den Willen des Verantwortlichen oder Auftragsverarbeiters mit der Aufsichtsbehörde über – ggf. auch datenschutzrechtswidrige – Verarbeitungstätigkeiten auszutauschen und insoweit mit dem Ziel der Erreichung einer Datenschutzkonformität zusammenzuarbeiten. Anderenfalls könnte der DSB die ihm durch Art. 39 Abs. 1 lit. b DS-GVO ebenfalls übertragene Überwachungsfunktion nicht effektiv ausüben. Eine Klarstellung dahingehend, dass der DSB sich wegen der von ihm erkannten Datenschutzverletzungen an die Aufsichtsbehörde wenden darf, sollte im Zuge der Umsetzung der Richtlinie (EU) 2019/1937 „zum Schutz von Personen, die Verstöße gegen das Unionsrecht melden" (sog. „Whistleblower-Richtlinie") verankert werden, welche bis zum 17.12.2020 in das Recht der Mitgliedstaaten umzusetzen war.

**8. Umfang der Aufgaben, Art und Weise der Aufgabenerfüllung.** Die Benennung selbst bedarf keiner Aufzählung von Aufgaben. Diese erfolgt im Muster lediglich, um Verantwortlichem oder Auftragsverarbeiter und DSB die Reichweite der Benennung deutlich zu machen. Die Aufgaben, deren Erfüllung der DSB zivilrechtlich schuldet, auch im Hinblick auf das „Ob?" bezüglich bestimmter Teilaufgaben, ergeben sich aus dem der Benennung zugrunde liegenden Vertrag. Daneben tritt als zweite Rechtsquelle – als gesetzliche Folge der Benennung – die DS-GVO mit den zwingenden öffentlich-rechtlichen Pflichten, die sich an das Amt knüpfen (→ Anm. 6 und nachfolgend). Insoweit beschreibt Art. 39 Abs. 1 DS-GVO die dem DSB kraft Gesetzes zugewiesenen Aufgaben abschließend. Eine Öffnungsklausel zugunsten nationaler Sondervorschriften gibt es nicht. Die beiden Pflichtenkreise stehen parallel nebeneinander, auch wenn sie sich zu großen Teilen überschneiden. Sie sind daher vom Ausgangspunkt her getrennt zu betrachten. Übergeordnet für beide Pflichtenkreise stellt Art. 39 Abs. 2 DS-GVO klar, dass der DSB bei der Erfüllung seiner Aufgaben (gleich ob aus Art. 39 Abs. 1 DS-GVO oder dem Vertrag mit Verantwortlichem oder Auftragsverarbeiter) „dem mit den Verarbeitungsvorgängen verbundenen Risiko gebührend Rechnung [trägt], wobei er die Art, den Umfang, die Umstände und die Zwecke der Verarbeitung berücksichtigt". Der DSB schuldet also nicht die bestmögliche Aufgabenerfüllung im Sinne der Durchsetzung eines maximalen Datenschutzniveaus, sondern eine Unterstützungs- und Kontrollfunktion „mit Augenmaß".

Die zivilrechtlichen Pflichten des DSB, die nahezu beliebig ausgestaltbar sind, ergeben sich aus dem Vertrag. Art. 39 Abs. 1 DS-GVO formuliert dies dahingehend, dass dort nur die gesetzlichen Mindestaufgaben des DSB beschrieben werden. Fehlt es im zugrunde liegenden Vertrag an klaren Regelungen bezüglich des „Ob?" einzelner (Teil-)Aufgaben, weil zB nur eine grobe Beschreibung des Tätigkeitsfelds enthalten ist, ist der Vertrag gem. §§ 133, 157 BGB auszulegen. Die zivilrechtlichen Pflichten können bei einem internen DSB auch durch den Verantwortlichen oder Auftragsverarbeiter durch Ausübung seines Direktionsrechts konkretisiert werden. Dieses erlaubt es, einzelne (Teil-)Aufgaben zur Erledigung zuzuweisen. Weisungen zur Art und Weise der Ausführung der Tätigkeiten durch den DSB, also des „Wie?" sind – auch im Falle eines internen DSB – zur Absicherung der Kontrollfunktion des DSB gesetzlich ausgeschlossen (Art. 38 Abs. 3 S. 1 DS-GVO). Mit Blick auf diese Sonderregelung empfiehlt sich die Festlegung der konkreten Aufgaben bzw. Aufgabenbereiche des DSB schon im Arbeitsvertrag, weil damit (ggf. unter Einschränkung des Direktionsrechts) potenziellen Streitigkeiten vorgebeugt wird. Diese Streitigkeiten könnten sich auch auf die Frage beziehen, ob Art. 38 Abs. 3 S. 1 DS-GVO generell jeglichem Weisungsrecht entgegensteht, was jedoch abzulehnen ist. Wäre jegliches Weisungsrecht gegenüber dem internen DSB ausgeschlossen, würde dieser seine Arbeitnehmereigenschaft verlieren. Das Direktionsrecht als solches zählt zu den konstitutiven Merkmalen eines Arbeitsverhältnisses; das Fortbestehen des Weisungsrechts allein bezogen auf das Ordnungsverhalten des Arbeitnehmers im Unternehmen ist insoweit nicht ausreichend. Wenn abweichend hiervon in der Literatur nicht vom Direktionsrecht, sondern von „Prüfaufträgen" gesprochen wird, die keine Weisungen des Arbeitgebers iSv § 106 GewO seien (etwa Taeger/Gabel/Scheja DS-GVO Art. 38 Rn. 60), kann dem nicht gefolgt werden. Abgesehen davon, dass hier keine Aufträge als selbstständige Vereinbarungen iSv § 662 BGB vorliegen, bleiben auch derartige „Prüfaufträge" Konkretisierungen der Arbeits- bzw. Dienstpflichten des DSB im Hinblick auf das „Ob?" einzelner Teilaufgaben.

Zu beachten ist, dass die Zuweisung von über Art. 39 Abs. 1 DS-GVO hinausgehenden Aufgaben gem. Art. 38 Abs. 6 DS-GVO nicht zu Interessenkonflikten beim DSB führen dürfen. Solche liegen regelmäßig vor, wenn – ebenso wie bei der Ausübung anderer Tätigkeiten durch den DSB (→ Anm. 2) – der DSB die von ihm nach Art. 39 Abs. 1 lit. b DS-GVO zu überwachende inhaltliche Tätigkeit selbst ausführt. Dies dürfte etwa gelten, wenn der DSB die Datenschutz-Folgenabschätzung nach Art. 35 f. DS-GVO durchführen oder die Meldung von Datenschutzverletzungen nach Art. 33 f. DS-GVO vornehmen soll. Anders ist dies lediglich für die Durchführung von Schulungen als einer formalen Pflicht des Verantwortlichen oder Auftragsverarbeiters, die entgegen Art. 39 Abs. 1 lit. b DS-GVO trotz der insoweit nur noch vom DSB geschuldeten Überwachung ebenso wie früher nach § 4g Abs. 1 S. 2 Nr. 2 BDSG aF vollständig dem DSB übertragen werden könnte. Ein Interessenkonflikt ist bei der Delegation der Aufgabe „Mitarbeiterschulung" insbesondere deshalb nicht zu befürchten, weil der DSB gem. Art. 39 Abs. 1 lit. a DS-GVO ohnehin zur Unterrichtung der Beschäftigten über ihre Pflichten nach der DS-GVO verpflichtet ist.

Neben die zivilrechtlichen Pflichten treten die unmittelbar an das Amt anknüpfenden Pflichten. Diese dienen im öffentlich-rechtlichen Sinne der Gefahrenabwehr für das Grundrecht der betroffenen Personen auf informationelle Selbstbestimmung als eines der wesentlichen Ziele der DS-GVO nach Art. 1 Abs. 1 DS-GVO. Die Verletzung dieser Pflichten (insbesondere durch Unterlassen) kann strafrechtlich sanktioniert werden (→ Form. B. II. 1. Anm. 19). Schon deshalb setzt die Übernahme des Amtes zwingend die Mitwirkung des DSB voraus. Diese Mitwirkungshandlung liegt in der Begründung des der Benennung zugrunde liegenden Vertragsverhältnisses, welches zur Wirksamkeit der Benennung vorhanden sein muss (→ Anm. 1, → Anm. 3). Die unmittelbar an das Amt anknüpfenden Pflichten sind die gesetzlichen Aufgaben des DSB, die nicht durch den zugrunde liegenden Vertrag eingeschränkt werden können. Der öffentlich-rechtliche Aufgabenkreis ist von dem zivilrechtlichen unabhängig (→ Anm. 6) und im Wesentlichen in Art. 39 Abs. 1 DS-GVO formuliert. Entfallen ist mit der DS-GVO die vormals vom DSB nach § 4d Abs. 6 S. 1 BDSG durchzuführende Vorabkontrolle, an deren Stelle die vom Verantwortlichen oder Auftragsverarbeiter gem. Art. 35, 36 DS-GVO durchzuführende Datenschutz-Folgenabschätzung getreten ist, bei welcher der DSB nur noch auf Anfrage des Verantwortlichen oder Auftragsverarbeiters gem. Art. 39 Abs. 1 lit. c DS-GVO beratend tätig wird. Zudem ist der DSB unmittelbarer Ansprechpartner für alle betroffenen Personen (Art. 38 Abs. 4 DS-GVO), sowohl für den Regelfall der externen betroffenen Person als auch für diejenige beim Verantwortlichen oder Auftragsverarbeiter selbst. Daher sind die Kontaktdaten des DSB vom Verantwortlichen oder

Auftragsverarbeiter gem. Art. 37 Abs. 7 DS-GVO zu veröffentlichen und der Aufsichtsbehörde mitzuteilen (→ Vorb.).

Abschließend ist darauf hinzuweisen, dass das „Wie?“ der Aufgabenerfüllung immer auch retrospektiv interessant ist. Dass der DSB weisungsfrei arbeitet und im Rahmen seiner gesetzlichen Aufgaben aus Art. 39 Abs. 1 DS-GVO kraft seiner Benennung auch unabhängig vom zugrunde liegenden Arbeits- oder Dienstvertrag agiert, steht einer Beurteilung seiner Arbeit in einem Arbeitszeugnis oder einer dienstlichen Beurteilung nicht entgegen, insbesondere werden seine Leistungen nicht in analoger Anwendung von § 33 Abs. 3 BLV mittels einer fiktiven Nachzeichnung beurteilt (OVG Berlin-Brandenburg 28.5.2019 – OVG 10 S 34.18, ZD 2019, 376).

**9. Eingliederung.** Art. 38 Abs. 3 S. 3 DS-GVO verlangt keine Eingliederung des DSB in den Betrieb des Verantwortlichen oder Auftragsverarbeiters, wie sie zB als „Eingliederung in den Betrieb“ als konstitutives Merkmal für jedes Arbeitsverhältnis angesehen wird oder Bezugspunkt von kollektivarbeitsrechtlichen Vorschriften ist, etwa in § 80 Abs. 1 Nr. 4 BetrVG. Mit der Wendung „berichtet unmittelbar der höchsten Managementebene“ ist lediglich die Berichtslinie gemeint, wobei – soweit vorhanden – höchste Managementebene die 2. Führungsebene unterhalb der Unternehmensleitung aus Geschäftsführung oder Vorstand bezeichnet (so LAG Köln 10.9.2008 – 2 Ta 153/08, BeckRS 2008, 57272, welches die Angehörigen der höchsten Managementebene als leitende Angestellte und nicht als Organangehörige des Unternehmens einstuft; anders ua Kühling/Buchner/Bergt DS-GVO Art. 38 Rn. 25: oberste Leitungsebene; Gola/Klug DS-GVO Art. 38 Rn. 3: oberste Leitung als Vorstand oder Geschäftsführung; EDSA WP 243 rev. 01 S. 18: leitendes Management = Vorstand). Welcher Person der DSB innerhalb der höchsten Managementebene beim Verantwortlichen oder Auftragsverarbeiter zu berichten hat, legt die DS-GVO nicht fest. Es ist auch nicht zwingend erforderlich, eine derartige Festlegung in der Benennung zu formulieren. Die optional im Muster vorgesehene Ergänzung ist für den Fall des Drei-Personen-Verhältnisses gedacht (→ Anm. 3). In derartigen Sachverhalten ist Vorsicht geboten, da das Zurverfügungstellen eines externen DSB durch einen Dritten für den Verantwortlichen oder Auftragsverarbeiter unter bestimmten Umständen als Arbeitnehmerüberlassung iSv § 1 Abs. 1 S. 1 AÜG bewertet werden könnte. Dies hätte zur Folge, dass – bei fehlender Erlaubnis des Dienstleistungsunternehmens zur Arbeitnehmerüberlassung – der bei dem Verantwortlichen oder Auftragsverarbeiter als externer DSB eingesetzte Arbeitnehmer des Dienstleistungsunternehmens durch Ausübung seiner Tätigkeit gem. § 10 Abs. 1 S. 1 AÜG zu einem Arbeitnehmer des Verantwortlichen würde. Die Abgrenzung erfolgt dabei auch nach Maßgabe der tatsächlichen Durchführung des Vertrags (zur Abgrenzung und Beweislast BAG 18.1.2012 – 7 AZR 723/10, NZA-RR 2012, 455; LAG Baden-Württemberg 1.8.2013 – 2 Sa 6/13, NZA 2013, 1017; Willemsen/Mehrens NZA 2019, 1473). Daher ist es wichtig, dass der externe DSB rein tatsächlich nur der höchsten Managementebene berichtet und „im Unternehmen nichts zu entscheiden hat“, ihm insbesondere nicht die Ausübung von Weisungsbefugnissen gegenüber Beschäftigten beim Verantwortlichen oder Auftragsverarbeiter oder dessen Vertretung überlassen wird.

**10. Unterstützungspflicht des Verantwortlichen oder Auftragsverarbeiters.** Weil der DSB nicht nur zur Erfüllung des zugrunde liegenden Vertrags tätig ist, sondern auch zur Erfüllung seiner Funktion als Kontrollstelle (→ Anm. 6, → Anm. 7) und er aufgrund dessen mit den Interessen des Verantwortlichen oder Auftragsverarbeiters permanent potenziell im Konflikt steht, statuiert Art. 38 Abs. 3 S. 2 DS-GVO ein spezialgesetzliches Benachteiligungsverbot zu Gunsten des DSB. Dieses ergänzt für den internen DSB die allgemeinere Regelung des § 612a BGB. Die unter dem Stichwort Benachteiligungsverbot geäußerten Erwägungen des Düsseldorfer Kreises zur Ausgestaltung des der Benennung zugrunde liegenden Vertrags mit einem externen DSB gehören zum Thema Unabhängigkeit iSv Erwgr. 97 und damit zum Merkmal der persönlichen Integrität des DSB (Düsseldorfer Kreis Beschl. v. 24./25.11.2010 S. 2, → Anm. 2). Die Unabhängigkeit gewährleistet das BDSG jenseits des Verbots der Zufügung von Nachteilen durch eine Pflicht zur Gewährung von Vorteilen (zum durch das BDSG erweiterten Abberufungs- und Kündigungsschutz des DSB → Anm. 11).

Art. 38 Abs. 2 DS-GVO enthält einen umfassenden Anspruch des DSB auf aktive Unterstützung. Interner und externer DSB müssen zusätzlich zu ihrer vertraglich vereinbarten Vergütung mit den erforderlichen Ressourcen für die Erfüllung ihrer Aufgaben (→ Anm. 8) unterstützt werden. Die Unterstützung ist begrenzt auf die zur Erfüllung der Aufgaben „erforderlichen" Ressourcen. Entgegen der in der Literatur verbreiteten Ansicht ist die Frage, was im Einzelfall erforderlich ist, nicht durch den Verantwortlichen oder Auftragsverarbeiter einseitig zu beantworten (so aber Plath/v. d. Bussche DS-GVO Art. 38 Rn. 6) und unterliegt auch nicht dem vorrangigen Einschätzungsspielraum des Verantwortlichen oder Auftragsverarbeiters. Aus dem Wortlaut der DS-GVO ergibt sich keinerlei Bevorzugung des Verantwortlichen oder Auftragsverarbeiters bei der Festlegung der Erforderlichkeit (ähnlich Gola/Heckmann/Klug DS-GVO Art. 38 Rn. 4). „Erforderlich" iSv Art. 38 Abs. 2 DS-GVO ist ein unbestimmter Rechtsbegriff, dessen Auslegung allein und vollständig durch die Gerichte bestimmt wird. Selbstverständlich kann der DSB seinen Leistungsanspruch aus Art. 38 Abs. 2 DS-GVO einklagen, dies ungeachtet der Möglichkeit zur Einholung einer – unverbindlichen – Bewertung der Erforderlichkeit durch die Aufsichtsbehörde. Zuständig für die Klage sind gem. § 40 Abs. 1 VwGO die Verwaltungsgerichte. Bei den streitentscheidenden Normen, welche den Anspruch des DSB auf aktive Unterstützung begründen sowie dessen Unabhängigkeit und persönliche Integrität als Bestandteil seines Amtes und der ihm öffentlich-rechtlich auferlegten Rechte und Pflichten (→ Anm. 6) gewährleisten, handelt es sich um solche des öffentlichen Rechts. Die Klage des DSB führt deshalb zu einer öffentlich-rechtlichen Streitigkeit, für die der Gesetzgeber keine abdrängende Sonderzuweisung an eine andere Gerichtsbarkeit erlassen hat.

Als Teil der geschuldeten aktiven Unterstützung ist der Verantwortliche oder Auftragsverarbeiter gem. Art. 38 Abs. 2 DS-GVO auch zur Mitwirkung verpflichtet, soweit diese für den DSB zur Erfüllung seiner Aufgaben erforderlich ist. Dies gilt zB bei der Erteilung von Zugriffsmöglichkeiten auf personenbezogene Daten und Verarbeitungsvorgänge, für Zutrittsberechtigungen zu Gebäuden und Anlagen sowie im Hinblick auf die von dem Verantwortlichen oder Auftragsverarbeiter mitzuteilenden Informationen. Ein besonderes Fragment des Anspruchs auf aktive Unterstützung ist die Pflicht zur ordnungsgemäßen und frühzeitigen Einbindung des DSB in alle mit dem Schutz personenbezogener Daten zusammenhängenden Fragen aus Art. 38 Abs. 1 DS-GVO. Auch derartige Realakte können eingeklagt werden, wobei für die Vollstreckung des stattgebenden Urteils Besonderheiten gelten (§ 167 Abs. 1 VwGO iVm § 888 ZPO).

Eine weitere Ausprägung dieses Anspruchs, die in Art. 38 Abs. 2 DS-GVO beispielhaft ausformuliert wurde, ist die Verpflichtung des Verantwortlichen oder Auftragsverarbeiters, dem DSB die erforderlichen Ressourcen zum Erhalt seines Fachwissens zur Verfügung zu stellen. Jedoch hat diese gesetzliche Regelung primär den internen DSB vor Augen. Der Erhalt des eigenen Fachwissens und damit der eigenen Leistungsfähigkeit gehört bei einem Selbstständigen zum Kernbereich seiner eigenen wirtschaftlichen Betätigung, was besonders deutlich wird in Drei-Personen-Verhältnissen (→ Anm. 3). In dem der Benennung zugrunde liegenden Vertrag sollte daher der Umgang der Parteien mit dem Fortbildungsunterstützungsanspruch des DSB geregelt werden (→ Form. B. II. 1. §§ 2, 7; → Form. B. II. 2. §§ 2, 7).

**11. Beendigung des Amtes als DSB.** Aufgrund des Trennungsprinzips (→ Anm. 1) sind die beiden Rechtsbeziehungen (Benennung und zugrunde liegender Vertrag) separat zu beenden. Gestaltungsrechte wie die Abberufung des DSB zur Beendigung einer Benennung oder die Kündigung eines Vertrags werden stets durch einseitige, empfangsbedürftige Erklärungen ausgeübt. Die Abberufung des DSB ist nur wirksam, wenn die nachfolgenden fünf Anforderungen eingehalten werden.

Konnexität: Gehört die Tätigkeit des internen DSB zum arbeitsvertraglichen Pflichtenkreis des Arbeitnehmers, kann die Abberufung wirksam nur bei gleichzeitiger (Teil-)Kündigung dieser arbeitsvertraglich geschuldeten Aufgabe erfolgen (BAG 13.3.2007 – 9 AZR 612/05, NJW 2007, 2507). Ohne Kündigungserklärung ist die Abberufung unwirksam. Die vorstehende Aussage ist verallgemeinerungsfähig und gilt auch bei Beauftragung eines externen DSB, bei dem die Abberufung ohne Kündigungserklärung ebenfalls unwirksam ist. Der Dienstvertrag mit dem externen DSB unterscheidet sich in diesem Punkt nicht von dem Arbeitsvertrag des internen DSB. Praktisch ist dies jedoch nur für Drei-Personen-Verhältnisse (→ Anm. 3) bedeutsam, weil die Rechtsprechung in eine im Übrigen wirksame Abberufungserklärung gleichzeitig eine entsprechende (Teil-)Kündigung hineininterpretiert (zum Widerruf der Bestellung nach dem BDSG aF vgl. BAG 23.3.2011 – 10 AZR 562/09, ZD 2011, 82 = BB 2011, 2683 mAnm Wybitul), was nach der Literatur auch für den externen DSB gelten soll (Simitis/Simitis BDSG § 4f Rn. 191). Durch Inkrafttreten der DS-GVO ändert sich die Grundlage dieser Rechtsprechung nicht.

Zugang: Die Abberufung muss dem Erklärungsempfänger analog § 130 Abs. 1 S. 1 BGB zugehen. Da die rechtsgeschäftsähnliche Handlung der Erklärung der Benennung gegenüber dem DSB vorzunehmen ist, ist auch die aufhebende rechtsgeschäftsähnliche Handlung der Abberufung gegenüber dem DSB vorzunehmen (sog. „actus contrarius"); zur abweichenden Ansicht des BAG zur früheren Rechtslage, welches „irgendein" Verhalten des Verantwortlichen, insbes. ohne eine Erklärung gegenüber dem DSB, für die Abberufung genügen ließ, siehe nachstehend unter Sonderkündigungsschutz und → Form. B. I. 2. Anm. 1 (BAG 5.12.2019 – 2 AZR 223/19, ZD 2020, 258 mAnm Jäger).

Grund: Besteht keine Benennungspflicht für einen DSB (→ Vorb.) ist die Abberufung jederzeit möglich. Dies gilt auch für einen amtierenden DSB, wenn eine frühere Benennungspflicht entfallen sollte (Laue/Nink/Kremer DatenschutzR/Kremer § 8 Rn. 31), etwa nach dem Absinken der Zahl der mit der Verarbeitung befassten Personen unter den Schwellenwert des § 38 Abs. 1 BDSG. Ist eine Benennungspflicht wegen Art. 37 Abs. 1 DS-GVO oder § 38 Abs. 1 BDSG gegeben, ist die Abberufung des internen oder externen DSB nach § 38 Abs. 2 BDSG iVm § 6 Abs. 4 BDSG – bei nichtöffentlichen Stellen und öffentlichen Stellen des Bundes – nur aus wichtigem Grund entsprechend § 626 BGB möglich, was dem früheren § 45 Abs. 3 S. 4 BDSG entspricht. Ein wichtiger Grund für die Abberufung eines DSB iSv § 626 BGB liegt insbesondere vor, wenn die weitere Ausübung dieser Funktion und Tätigkeit unmöglich ist oder sie zumindest erheblich gefährdet erscheint, bspw. weil der DSB die erforderliche persönliche Integrität oder das erforderliche Fachwissen nicht (mehr) besitzt (LAG Mecklenburg-Vorpommern 25.2.2020 – 5 Sa 108/19, ZD 2020, 364 mAnm Eufinger; BAG 23.3.2011 – 10 AZR 562/09, ZD 2011, 82 = BB 2011, 2683 mAnm Wybitul). Eine Abberufung aus wichtigem Grund wegen der Nicht- oder Schlechterfüllung dürfte ausnahmsweise als „ultima ratio" zulässig sein, wenn hierdurch die persönliche Integrität des DSB endgültig entfallen ist oder nicht mehr von einer Aufgabenerfüllung iSv Art. 39 Abs. 1 DS-GVO ausgegangen werden kann (vgl. dazu Laue/Nink/Kremer DatenschutzR/Kremer § 8 Rn. 32). Bei öffentlichen Stellen der Länder ist der Abberufungsschutz aus § 6 Abs. 4 BDSG nicht anwendbar, dh es kommt darauf an, ob im Landesdatenschutzgesetz ein Abberufungsschutz vorgesehen ist (VG Stuttgart 29.3.2021 – 11 K 484/21, BeckRS 2021, 46458; allein aus prozessrechtlichen Gründen bestätigt durch VGH Mannheim 26.7.2021 – VGH 4 S 1225/21, BeckRS 2021, 44274).

Form: Schon mangels eines Formerfordernisses für die Benennung (→ Anm. 1) ist die Abberufung ebenfalls ohne Beachtung einer Form wirksam. Weder die DS-GVO noch das BDSG schreiben eine Form für den Widerruf iSv § 125 S. 1 BGB vor. Ausnahmsweise ist die Einhaltung einer Form jedoch wegen § 125 S. 2 BGB erforderlich, falls in dem zugrunde liegenden Vertrag der Verantwortliche oder Auftragsverarbeiter für die Abberufung die Einhaltung einer bestimmten Form versprochen hat. Verlangt der DSB die Darlegung des wichtigen Grundes für den Widerruf, muss der Verantwortliche oder Auftragsverarbeiter diesen unverzüglich (also ohne schuldhaftes Zögern) „schriftlich mitteilen", wofür jedoch die Textform iSv § 126b BGB genügt (Gotthardt/Beck NZA 2002, 876 (880); Röger NJW 2004, 1764 (1767)). Eine Missachtung dieses Formerfordernisses oder der Frist zur Mitteilung des wichtigen Grundes führt nicht zur Unwirksamkeit der Abberufung (sinngemäß BGH 18.6.1984 – II ZR 221/83, NJW 1984, 2689).

Frist: Ist die Abberufung grundlos möglich, ist keine Frist zu beachten. Beruht die Abberufung bei einer Benennungspflicht auf einem wichtigen Grund, muss sie innerhalb von zwei Wochen entsprechend § 626 Abs. 2 S. 1 BGB dem DSB zugehen. Die Frist beginnt mit dem Zeitpunkt, in dem der Verantwortliche oder Auftragsverarbeiter von den für den Widerruf maßgebenden Tatsachen Kenntnis erlangt (§ 626 Abs. 2 S. 2 BGB).

Sonderkündigungsschutz: Durch § 38 Abs. 2 BDSG iVm § 6 Abs. 4 S. 2, S. 3 BDSG wird der frühere Kündigungsschutz des internen DSB aus § 4f Abs. 3 S. 4, S. 5 BDSG aF fortgeführt. Die Kündigung eines Arbeitsverhältnisses soll hiernach während der Amtstätigkeit und innerhalb von einem Jahr nach der Abberufung nur aus wichtigem Grund gem. § 626 BGB zulässig sein. Die Gesetzeslage hat sich jedoch zum 25.5.2018 für die Fälle geändert, in denen die Benennungspflicht für den DSB (→ Vorb.) entfällt. Während unter dem BDSG aF der nachlaufende Kündigungsschutz mit Wegfall der Benennungspflicht zu laufen begann (BAG 5.12.2019 – 2 AZR 223/19, ZD 2020, 258 mAnm Jäger), erklärt nunmehr § 38 Abs. 2 BDSG alle Regelungen des § 6 Abs. 4 BDSG – unterschiedslos – nur dann bzw. so lange für anwendbar, wie eine Pflicht zur Benennung besteht. Ab dem Zeitpunkt des Wegfalls der Benennungspflicht sind damit gleichzeitig der Abberufungsschutz, der Kündigungsschutz während der Amtstätigkeit und der nachlaufende Kündigungsschutz nicht mehr anwendbar. Für die Einzelheiten zur Kündigung gelten die obigen Ausführungen zur Abberufung entsprechend. Die Regelungen zum Kündigungsschutz im BDSG haben als Arbeitsrecht neben der DS-GVO auch ohne Öffnungsklausel Bestand, ua LAG Nürnberg 19.2.2020 – 2 Sa 274/19, ZD 2020, 418 mAnm Blasek.

**12. Auflösende Bedingungen.** Die Benennung als DSB ist nur eingeschränkt bedingungsfeindlich. Zutreffend ist zwar, dass ein Umgehen der Beschränkungen des Verantwortlichen oder Auftragsverarbeiters bei der Abberufung in Art. 38 Abs. 3 S. 2 DS-GVO und § 38 Abs. 2 BDSG iVm § 6 Abs. 4 BDSG (→ Anm. 11) verhindert werden muss, was bei auflösenden Bedingungen denkbar ist. Allerdings müssen für die Benennung als einseitige Erklärung des Verantwortlichen oder Auftragsverarbeiters (→ Anm. 1) dieselben Ausnahmen wie für andere einseitige Erklärungen gelten, zB Kündigungen (dazu BAG 15.3.2001 – 2 AZR 705/99, NJW 2001, 3355). Hängt der Eintritt der auflösenden Bedingung von einem Ereignis oder Zustand ab, auf dessen Eintritt der Erklärende keinen Einfluss hat (zB bei Abhängigkeit vom Willen des Erklärungsempfängers), spricht nichts gegen die Wirksamkeit einer solchen auflösenden Bedingung für die Benennung, weil keine Umgehung des Abberufungs- und Benachteiligungsschutzes droht (für die Zulässigkeit auflösender Bedingungen auch Reinhard NZA 2013, 1049 (1052) im Anschluss an BAG 23.3.2011 – 10 AZR 562/09, NZA 2011, 1036 (1039)). § 4 Abs. 1 des Musters enthält nicht nur eine zulässige, sondern auch zweckmäßige Bedingung mit Blick auf die von der Rechtsprechung angenommene Konnexität zwischen Benennung und zugrunde liegendem Vertrag (→ Anm. 11). Als Hauptanwendungsfall der „sonstigen Erklärung" ist, abgesehen von der Kündigung, die Anfechtung zu nennen. Die in § 4 Abs. 2 S. 2 des Musters formulierte Bedingung ist sogar geboten. Entfällt im Drei-Personen-Verhältnis (→ Anm. 3) die Vertragsbeziehung zwischen dem DSB und dem Dienstleistungsunternehmen, ist das für die Wirksamkeit der Benennung erforderliche und in diesem Fall mittels zweier Verträge „übers Eck gespielte" Vertragsverhältnis gestört. Eine schlichte Substitution des DSB durch einen anderen Arbeitnehmer des Dienstleistungsunternehmens kann dieses Unternehmen nicht einseitig vornehmen, obwohl seine Leistungsverpflichtung gegenüber dem Verantwortlichen oder Auftragsverarbeiter unverändert fortbesteht. Zusätzlich zu der auflösenden Bedingung für die Benennung sind daher ebenso Klauseln im zugrunde liegenden Vertrag geboten, welche die in diesem Fall zwingend notwendige Mitwirkung des Verantwortlichen oder Auftragsverarbeiters regeln: In Bezug auf den ausgeschiedenen Arbeitnehmer die Abberufung des DSB (sofern nicht wie hier vorgeschlagen durch Bedingung aufgelöst), Prüfung des als Ersatz angebotenen Arbeitnehmers des Dienstleistungsunternehmens durch den Verantwortlichen oder Auftragsverarbeiter mit Blick auf die Eignung iSd Art. 37 Abs. 5 DS-GVO sowie Erklärung der Benennung dieses Arbeitnehmers zum neuen externen DSB (→ Form. B. II. 2. § 2).

**13. Absicherung der Unabhängigkeit.** Für die Ausübung der Kontrollfunktion (→ Anm. 6, → Anm. 7) ist die Unabhängigkeit des DSB zwingende Voraussetzung (→ Anm. 1). Art. 38 Abs. 3 S. 1 DS-GVO gilt jedoch nur für das Verhältnis zwischen dem Verantwortlichen und dem DSB. In Zwei-Personen-Verhältnissen ist insoweit nichts weiter zu beachten. In Drei-Personen-Verhältnissen (→ Anm. 2) ist es demgegenüber geboten, in dem der Benennung zugrunde liegenden Vertrag die Unabhängigkeit vertraglich abzusichern (→ Form. B. II. 2. § 3). Den DSB in der Benennung auf diese Vereinbarung hinzuweisen erscheint zweckmäßig, weil der DSB an dem Vertrag zwischen Verantwortlichem oder Auftragsverarbeiter sowie Dienstleistungsunternehmen nicht als Partei beteiligt ist und davon keine Kenntnis haben muss.

**14. Unterschrift des DSB.** Da es sich um eine empfangsbedürftige Erklärung handelt (→ Anm. 1), setzt die Wirksamkeit der Benennung ihren Zugang bei dem DSB voraus (analog § 130 Abs. 1 S. 1 BGB). Eine Erklärung ist jedenfalls dann dem Erklärungsempfänger zugegangen, wenn er von ihr Kenntnis erlangt hat. Die hier im Muster vom DSB vorgesehene Unterschrift als Empfangsbestätigung ist eine reine Wissenserklärung, keine Willenserklärung iSd §§ 130 ff. BGB. Weil für den Verantwortlichen oder Auftragsverarbeiter schon mit Blick auf den Bußgeldtatbestand in Art. 83 Abs. 4 lit. a DS-GVO das Bedürfnis besteht, die Wirksamkeit der Benennung gegenüber der Aufsichtsbehörde belegen zu können, sollte der Verantwortliche oder Auftragsverarbeiter die Wirksamkeit der Benennung einschließlich des Zugangs beim DSB nachweisen können. Nur für diesen Zugangsnachweis ist daher die Unterschriftenzeile für den DSB vorgesehen. Wirksamkeitsvoraussetzung der Benennung ist die Unterschrift des DSB jedoch nicht (→ Anm. 1). Das Muster sollte daher zweifach (bei gewollter schriftlicher Benennung) ausgefertigt und vom Verantwortlichen oder Auftragsverarbeiter unterzeichnet werden, wobei eine Kopie für den DSB und die von diesem zusätzlich unterzeichnete Kopie für den Verantwortlichen oder Auftragsverarbeiter gedacht ist.

## 2. Abberufung durch den Arbeitgeber

§ 1

Hiermit widerruft[1] [Name des Verantwortlichen, Straße/Hausnummer, PLZ/Ort] die Benennung von [Vor- und Nachname des Datenschutzbeauftragten] zum Datenschutzbeauftragten mit sofortiger Wirkung aus wichtigem Grund.[2]
[EVENTUELL ZUSÄTZLICH:] Der Widerruf erfolgt aufgrund des Verlangens der Aufsichtsbehörde – Bescheid des [Bezeichnung der Behörde, Aktenzeichen], der am [Datum des Zugangs des Verlangens beim Verantwortlichen] zugegangen ist[3] [ENDE DES ZUSATZES].

§ 2

Gleichzeitig wird hiermit der Arbeitsvertrag zwischen [Name des Verantwortlichen, Straße/Hausnummer, PLZ/Ort] und [Vor- und Nachname des Datenschutzbeauftragten] mit sofortiger Wirkung aus wichtigem Grund insoweit gekündigt,[4] als die Tätigkeiten als Datenschutzbeauftragter die vertraglich geschuldete Leistung darstellten.
[EVENTUELL ZUSÄTZLICH:] Gleichzeitig wird [Vor- und Nachname des Datenschutzbeauftragten] von [Name des Verantwortlichen] der Abschluss eines neuen Arbeitsvertrags angeboten, der als Anlage beigefügt ist. [ENDE DES ZUSATZES]

Für den Arbeitgeber:

| | |
|---|---|
| (Ort, Datum) | (Unterschrift, Funktion des Unterzeichners) |

Ich habe vorstehende Abberufung und Kündigung zur Kenntnis genommen:

| | |
|---|---|
| (Ort, Datum) | (Unterschrift des Datenschutzbeauftragten)[5] |

## Anmerkungen

**1. Der Widerruf der Benennung, bzw. die Abberufung.** Der actus contrarius zur Benennung als DSB wird in der DS-GVO nahezu gar nicht betrachtet. Der einzige Textnachweis dafür, dass die DS-GVO überhaupt einen Widerruf der Benennung kennt bzw. für möglich hält, findet sich in Art. 38 Abs. 3 S. 2 DS-GVO. Dort heißt es, dass der DSB nicht wegen der Erfüllung seiner Aufgaben „abberufen" werden darf. Weitere Textnachweise zu diesem Thema gibt es nicht, insbesondere nicht bei den Befugnissen der Aufsichtsbehörden in Art. 58 DS-GVO.

Da das Wort abberufen in Art. 38 Abs. 3 S. 2 in der DS-GVO vorkommt, handelt es sich um einen europäischen Rechtsbegriff. Die rein methodische Auslegung jener Textpassage ergibt nach diesseitiger Auffassung, dass der Ausdruck (den DSB) „abberufen" gleichbedeutend, dh identisch mit dem Widerruf der Benennung und folglich eine Erklärung ist (und kein Verhalten sein kann, welches keine Erklärung darstellt). Unter der alten deutschen Rechtslage, die die Bundesgerichte noch selbst auslegen konnten, sah dies insbesondere das BAG anders: „Abberufung" sei ein Oberbegriff (vgl. § 4f Abs. 3 S. 6 BDSG aF) und der „Widerruf der Bestellung" (vgl. § 4f Abs. 3 S. 4 BDSG aF) nur ein Fall davon. Der Oberbegriff „Abberufung" umfasse jede Beendigung des Amtes, die durch ein Verhalten der verantwortlichen Stelle veranlasst wurde. Darunter falle auch der Fortfall der Bestellungspflicht aufgrund des Absinkens der Beschäftigtenzahl aufgrund von Personalentscheidungen des Arbeitgebers (zuletzt noch BAG 5.12.2019 – 2 AZR 223/19, NJW 2020, 1089). Wie dargestellt, wird dieses vom BAG geäußerte Verständnis aber zukünftig unter der DS-GVO nicht aufrechterhalten bleiben können. Nach ständiger Rechtsprechung sind bei der Auslegung von Unionsvorschriften nicht nur ihr Wortlaut entsprechend ihrem Sinn nach dem gewöhnlichen Sprachgebrauch, sondern auch ihr Zusammenhang und die Ziele zu berücksichtigen, die mit der Regelung, zu der sie gehören, verfolgt werden (EuGH 22.6.2022 – C-534/20, EuZW 2022, 672 Rn. 18 mwN – Leistritz).

Welche Anforderungen an den Widerruf der Benennung bzw. die Abberufung zu stellen sind und unter welchen Voraussetzungen dies möglich ist, ist wegen des Fehlens gesetzlicher Vorgaben prinzipiell offen und der Entwicklung durch die Rechtsprechung überlassen. Daraus folgt, dass es jedem Mitgliedstaat freisteht, in Ausübung seiner vorbehaltenen Zuständigkeit besondere, strengere Vorschriften für die Abberufung eines Datenschutzbeauftragten vorzusehen, sofern diese mit dem Unionsrecht und insbesondere mit den Bestimmungen der DS-GVO, vor allem Art. 38 Abs. 3 S. 2 DS-GVO, vereinbar sind (vgl. idS EuGH 22.6.2022 – C-534/20, EuZW 2022, 672 Rn. 34 – Leistritz).

Richtig dürfte es sein, an den Widerruf der Benennung bzw. die Abberufung als einseitige, empfangsbedürftige Erklärung (genauer: rechtsgeschäftsähnliche Handlung) dieselben Anforderungen zu stellen, die auch für die Benennung gelten (→ Form. B. I. 1. Anm. 1). Wie andernorts bereits ausführlicher dargestellt, ist der Widerruf der Benennung bzw. die Abberufung des DSB nur wirksam, wenn die nachfolgenden fünf Anforderungen eingehalten werden (→ Form. B. I. 1. Anm. 11): Konnexität von Benennung und zugrunde liegendem Vertrag im Hinblick auf das Trennungsprinzip (→ Form. B. I. 1. Anm. 1, 3), Zugang der Erklärung beim DSB, Vorliegen eines wichtigen Grundes bei vorliegender Benennungspflicht, gesetzliche

Formfreiheit und angemessene Berücksichtigung allgemeiner Dokumentationspflichten des Verantwortlichen (→ Form. B. I. 1. Anm. 5) sowie Einhaltung der Zwei-Wochen-Frist bei vorliegender Benennungspflicht.

Hervorzuheben ist insoweit jedoch, dass sich die beiden Voraussetzungen „wichtiger Grund" und „Zwei-Wochen-Frist" nicht aus der DS-GVO ergeben, sondern nur aus den §§ 6 Abs. 4 S. 1, 38 Abs. 2 BDSG iVm § 626 Abs. 2 BGB (näher zu diesem Abberufungsschutz und zu Besonderheiten öffentlicher Stellen der Länder → Form. B. I. 1. Anm. 11). Damit beanspruchen diese Voraussetzungen einer Abberufung keine europaweite Geltung, sondern sind nur in Deutschland zu berücksichtigen. Es ist Sache des nationalen Gerichts, sicherzustellen, dass besondere, gegenüber der DS-GVO strengere Vorschriften für die Abberufung eines Datenschutzbeauftragten mit dem Unionsrecht und insbesondere mit Art. 38 Abs. 3 S. 2 DS-GVO vereinbar sind (EuGH 9.2.2023 – C-453/21, ZD 2023, 334 Rn. 31, 35; EuGH 9.2.2023 – C-560/21, NZA 2023, 223). Für die nähere Ausgestaltung der Abberufung eines DSB enthält die DS-GVO jedoch keine Öffnungsklausel zugunsten des nationalen Gesetzgebers; ein Umstand, der in anderen Zusammenhängen regelmäßig die Frage nach der Wirksamkeit der deutschen Regelung nach sich gezogen hat. Durchgreifende Bedenken gegen die Europarechtskonformität des BDSG insoweit bestehen jedoch nicht, da die DS-GVO im Hinblick auf die Abberufung eine (wohl planwidrige) Regelungslücke enthält. Da Art. 37 Abs. 4 S. 1 DS-GVO für die – spiegelbildliche – Benennung bzw. die dazugehörige Pflicht einen Spielraum zugunsten der nationalen Gesetzgeber vorsieht, kann die aus einer einzigen großen Regelungslücke bestehende Rechtslage im Hinblick auf die Abberufung nicht als abschließende, bewusst in diesem Umfang vollständige Regelung auf europäischer Ebene gesehen werden, die auch mit dem nicht geregelten Teil der Rechtslage Anwendungsvorrang gegenüber den nationalen Gesetzen verdienen würde. Der Schutz der Abberufung, wie er in § 38 Abs. 1, 2 iVm § 6 Abs. 4 S. 1 BDSG vorgesehen ist, ist mit Art. 38 Abs. 3 S. 2 DS-GVO vereinbar (EuGH 9.2.2023 – C-453/21, ZD 2023, 334; EuGH 9.2.2023 – C-560/21, NZA 2023, 223). Zuvor hatte der Gerichtshof bereits entschieden, dass jeder Mitgliedstaat frei darin ist, strengere Regelungen betreffend die Kündigung eines DSB aufzustellen, als sie in der DS-GVO vorgesehen sind (EuGH 22.6.2022 – C-534/20, EuZW 2022, 672).

Soweit § 40 Abs. 6 S. 2 BDSG den Aufsichtsbehörden die Befugnis verleiht, die Abberufung des DSB zu verlangen, ist dies mit Blick auf die Wirksamkeit dieser nationalen Regelung unbedenklich (aA NK-DatenschutzR/Drewes DS-GVO Art. 37 Rn. 65). Denn Art. 58 Abs. 6 S. 1 DS-GVO sieht ausdrücklich vor, dass die nationalen Gesetzgeber den Aufsichtsbehörden zusätzliche Befugnisse verleihen können.

Da das Amt des DSB mit dem Verantwortlichen, dh dem Rechtsträger des Unternehmens verknüpft ist, erlischt das Amt bzw. die Benennung der jeweiligen DSB automatisch in dem Moment, in dem die Verschmelzung des Unternehmens mit einem anderen Unternehmen gesellschaftsrechtlich als wirksam vollzogen gilt (vgl. NK-DatenschutzR/Drewes DS-GVO Art. 37 Rn. 66; Forgó/Helfrich/Schneider Betr. D atenschutz-HdB/Haag Kap. 3. Rn. 36 f.). Wird ein Unternehmen hingegen unter Beibehaltung desselben Rechtsträgers aufgekauft, liegt kein wichtiger Grund zur Abberufung eines vorhandenen betrieblichen DSB vor, selbst wenn der neue Anteilseigner bzw. Mutterkonzern über einen Konzern-DSB verfügt; die Benennungen bleiben deshalb bestehen (Forgó/Helfrich/Schneider Betr. Datenschutz-HdB/Haag Kap. 3. Rn. 38).

**2. Der wichtige Grund.** Aus § 626 Abs. 2 S. 3 BGB ergibt sich (im Umkehrschluss) eindeutig, dass der Grund in der Abberufung nicht angegeben werden muss (→ Form. B. I. 1. Anm. 11). Verlangt der DSB die Darlegung des wichtigen Grundes für den Widerruf der Benennung, muss der Verantwortliche oder Auftragsverarbeiter diesen unverzüglich (also ohne schuldhaftes Zögern) schriftlich mitteilen.

Zur Klarstellung sei nochmals darauf hingewiesen, dass weder ein wichtiger noch sonst ein Grund für die Abberufung erforderlich ist, falls die Benennung eines DSB für den Verantwortlichen oder Auftragsverarbeiter im Zeitpunkt der Abberufung nicht verpflichtend ist (§ 38 Abs. 2 Hs. 2 BDSG). Dies muss zudem entsprechend für den Fall gelten, in welchem durch eine gesetzliche Änderung der Schwellwert für eine verpflichtende Benennung heraufgesetzt wird. Durch das 2. Datenschutz-Anpassungs- und Umsetzungsgesetz EU (2. DSAnpUG-EU) ist der Schwellwert zum 26.11.2019 auf nationaler Ebene von „in der Regel mehr als zehn Personen ständig“ auf „in der Regel mehr als 20 Personen ständig“ erhöht worden. Sofern Betriebe mit einer regelmäßigen Arbeitnehmeranzahl von über zehn, aber unter 20 Personen einen Datenschutzbeauftragten benannt haben, ist die Voraussetzung für eine Pflicht zur Benennung mit dem 26.11.2019 entfallen. Die Folge ist gem. § 38 Abs. 2 Hs. 2 BDSG, dass der Schutz des § 6 Abs. 4 BDSG entfallen ist. Eine Bestandsschutzregelung ist auch mit dem 2. DSAnpUG-EU gesetzlich nicht verankert worden, sodass auch nicht von einer planwidrigen Regelungslücke ausgegangen werden kann. Eine Änderung der Rechtslage (wie sie in Deutschland durch das 2. DSAnpUG-EU eingetreten ist), die die Verpflichtung des Unternehmens zur Benennung eines DSB bei einer regelmäßigen Mitarbeiteranzahl von maximal bis zu 19 Personen entfallen lässt, führt entgegen einer in der Literatur teilweise noch immer vertretenen Ansicht nicht zum automatischen Fortfall des Amtes des DSB (so aber zB ErfK/Franzen BDSG § 38 Rn. 8 unter Hinweis auf eine veraltete Ansicht von Gola/Klug NJW 2007, 119). Mit Art. 37 Abs. 4 S. 1 DS-GVO ist klargestellt, dass ein DSB auch ohne dahin gehende gesetzliche Pflicht benannt werden kann – der dann dieselben Rechte und Pflichten hat, wie ein aufgrund einer Pflicht benannter anderer DSB. Der einzige Unterschied: Ohne eine Pflicht zur Benennung kann der benannte DSB leichter abberufen werden (vgl. § 38 Abs. 2 Hs. 2 BDSG), wobei diese Erleichterung eben auch bei Wegfall der Pflicht zur Benennung aufgrund einer Änderung der Rechtslage eintritt.

Sofern die regelmäßige Mitarbeiteranzahl unter den gesetzlichen Schwellwert abgesunken ist, sollte für die alte Rechtslage vor dem 25.5.2018 aus kündigungsschutzrechtlicher Sicht (dh „nur“ arbeitsrechtlich gesehen) von einem Wegfall des Kündigungsschutzes kraft bestehender Benennung und dem Beginn des nachlaufenden Kündigungsschutzes ausgegangen werden. Die Entscheidung des BAG ist mit Art. 37 Abs. 4 S. 1 DS-GVO nicht in Einklang zu bringen, weil das BAG im 5.12.2019 – 2 AZR 223/19, NJW 2020, 1089 Rn. 46 irrig davon ausgeht, dass der freiwillig benannte DSB andere Aufgaben bzw. Befugnisse hätte als der verpflichtend benannte DSB („Wenn ihm diese gesetzlichen Befugnisse nicht mehr zustehen …“), was Art. 39 DS-GVO widerspricht. Diese Entscheidung über einen Altfall hat aber für die Zukunft keine Bedeutung, weil sich zum 25.5.2018 die Gesetzeslage am entscheidenden Punkt geändert hat. Den Einschub am Satzanfang in § 4f Abs. 3 S. 5 BDSG aF („Ist nach Absatz 1 ein Beauftragter für den Datenschutz zu bestellen, so ist die Kündigung des Arbeitsverhältnisses unzulässig […]“) gibt es als solchen nicht mehr. Die Formulierung wurde geändert, § 6 Abs. 4 S. 2 BDSG. Auch der nachlaufende Kündigungsschutz knüpft vom Wortlaut her nicht mehr wie in § 4f Abs. 3 S. 6 BDSG aF an die Abberufung an, sondern nunmehr an das Ende der Tätigkeit als DSB.

Die Änderungen der Gesetzeslage sind jedoch zum Nachteil des DSB. Während das BAG (5.12.2019 – 2 AZR 223/19, NJW 2020, 1089) damals im Zeitpunkt des Wegfalls der Pflicht zur Benennung den nachlaufenden Kündigungsschutz zu laufen beginnen ließ, ist heute auch dieser, dh jeglicher besondere Kündigungsschutz schlagartig entfallen, wenn die Pflicht zur Benennung entfällt. Denn § 38 Abs. 2 BDSG erklärt den § 6 Abs. 4 BDSG nur dann für anwendbar, wenn die Benennung des DSB verpflichtend ist. Ein nachlaufender Bestandsschutz ist nicht vorgesehen. Ob sich ein solcher aus Vertrauensschutzgesichtspunkten ergeben könnte (vgl. zur alten Rechtslage LAG Hessen 13.2.2019 – 6 Sa 567/18, ZD 2020, 54 mAnm Sörup), ist völlig offen.

Ist die Benennung zwingend (→ Form. B. I. 1.), kommen als wichtige Gründe insbesondere solche in Betracht, die mit der Funktion und Tätigkeit des DSB zusammenhängen und eine weitere Ausübung dieser Tätigkeit unmöglich machen oder sie zumindest erheblich gefährden wie zB ein Geheimnisverrat (Achtung: Art. 38 Abs. 5 DS-GVO) oder eine dauerhafte Verletzung der Kontrollpflichten des DSB sowie die wirksame Beendigung des zugrunde liegenden Arbeitsverhältnisses (BAG 23.3.2011 – 10 AZR 562/09, ZD 2011, 82 (83) mwN; näher auch NK-DatenschutzR/Drewes DS-GVO Art. 37 Rn. 59 ff.). Kein wichtiger Grund liegt vor, wenn die Funktion des intern benannten DSB durch einen externen DSB ersetzt werden soll; es bedarf vielmehr zwingender Gründe, die die Maßnahme unausweichlich machen, wozu Kostenersparnis oder eine „einheitliche Organisationstruktur" nicht ausreichen (BAG 23.3.2011 – 10 AZR 562/09, ZD 2011, 82 (83)). Ob ein DSB vor Ausspruch einer außerordentlichen Kündigung nach § 626 BGB zuvor abzumahnen wäre, ist eine Frage des Einzelfalls. Eine pauschale Aussage verbietet sich aufgrund der unterschiedlichen Klassifizierungen der Aufgaben eines DSB (aA Klasen NJW 2023, 1045). Zwar ist ein DSB bei der Ausführung seiner (zwingenden) Aufgaben inhaltlich weisungsfrei – insofern gibt es schon keinen Ansatzpunkt für eine Abmahnung aufgrund fehlender Vorgaben. Sofern zwingende Aufgaben eines DSB durch den DSB gänzlich nicht vorgenommen werden (zB Verweigerung zur Absolvierung regelmäßiger Fortbildungen etc) besteht ein pflichtwidriges und somit abmahnfähiges Verhalten. Eine Abmahnung ist demnach nur dann erforderlich, wenn die mit ihr bezweckte zweite Chance auch realisierbar ist (MüKoBGB/Henssler BGB § 626 Rn. 99). Abseits des weisungsfreien Leistungsverhaltens steht der DSB dem Arbeitgeber im Bereich des Ordnungsverhaltens jedoch wie jeder andere Arbeitnehmer gegenüber (zB ist die Nichteinhaltung von Verhaltenspflichten zur Sicherheit des Betriebs beim DSB genauso abmahnfähig wie bei jedem anderen Arbeitnehmer; zur schwerwiegenden Verletzung allgemeiner, arbeitsvertraglicher Pflichten durch einen internen DSB, vgl. LAG Mecklenburg-Vorpommern 25.2.2020 – 5 Sa 108/19, ZD 2020, 364).

**3. Angaben zum Verlangen der Aufsichtsbehörde.** Ein Verwaltungsakt gegenüber dem Verantwortlichen, den die Aufsichtsbehörde in Ausübung ihrer Befugnisse aus § 40 Abs. 6 S. 2 BDSG erlässt, hat eine belastende Wirkung für den DSB. Daher kann der DSB selbst, aus eigenem Recht, vor den Verwaltungsgerichten (ausnahmsweise) den nicht an ihn adressierten Verwaltungsakt anfechten und damit einer gerichtlichen Überprüfung zuführen. Als besondere Zulässigkeitsvoraussetzung ermöglicht § 42 Abs. 2 VwGO auch einem Dritten, welcher nicht unmittelbar Adressat eines Verwaltungsaktes ist, gegen diesen vorzugehen, sofern der Dritte durch den Verwaltungsakt in seinen eigenen subjektiv-öffentlichen Rechten beeinträchtigt wird. Dies ist in dem vorbezeichneten Fall gegeben, wenn die Aufsichtsbehörde an das Unternehmen als Verantwortlichem die Aufforderung adressiert, die Benennung des DSB zu widerrufen. Hierzu sind die konkreten Angaben zum Bescheid dem DSB mitzuteilen, der vor dem Hintergrund des potenziellen Wegfalls seines besonderen Kündigungsschutzes (bei Wirksamkeit des Bescheides) auch einen Auskunfts- und Einsichtsanspruch aus § 242 BGB gegenüber dem Verantwortlichen im Hinblick auf jenen Bescheid hat. Dabei ist zu beachten, wenn bei einem Verwaltungsakt mit Drittwirkung in einer ihm beigefügten Rechtsbehelfsbelehrung abstrakt darüber belehrt wird, dass gegen den Bescheid Widerspruch eingelegt werden kann, sich diese Rechtsbehelfsbelehrung ohne Weiteres auch auf einen potenziell Drittbetroffenen bezieht und auch ihm gegenüber die Widerspruchsfrist in Lauf setzt, wenn ihm der Verwaltungsakt bekannt gegeben wird (BVerwG 11.3.2010 – 7 B 36.09, NJW 2010, 1686).

**4. Die (Teil-)Kündigung des Arbeitsvertrags.** Durch § 38 Abs. 2 BDSG iVm § 6 Abs. 4 S. 2, S. 3 BDSG wird der frühere Kündigungsschutz des internen DSB aus § 4f Abs. 3 S. 4, S. 5 BDSG aF fortgeführt. Die Kündigung eines Arbeitsverhältnisses soll hiernach während der Amtstätigkeit und innerhalb von einem Jahr nach der Abberufung nur aus wichtigem Grund gem. § 626 BGB zulässig sein. Für die Wirksamkeit einer außerordentlichen Kündigung aus wichtigem Grund reicht es nicht aus, dass ein wichtiger Grund für sie „objektiv" vorgelegen hat, wenn nur eine ordentliche Kündigung ausgesprochen wurde (BAG 25.8.2022 – 2 AZR 225/20, ZD 2023, 50 Rn. 41).

Liegt ein wichtiger Grund vor, der die Abberufung rechtfertigt – wie zB ein dahin gehendes Verlangen der Aufsichtsbehörde oder die nachträglich vom Verantwortlichen erkannte oder nachträglich eingetretene Untauglichkeit des DSB für die Erfüllung der ihm kraft Gesetzes zukommenden Aufgaben – so rechtfertigt dieser Grund auch die Kündigung des Arbeitsvertrags des internen DSB (bzw. bei einem „Teilzeit"-DSB nur die Teilkündigung des Arbeitsvertrags, eben insoweit, wie der Arbeitnehmer als DSB tätig werden sollte). Denn diese (Teil-)Kündigung und die Abberufung hängen untrennbar zusammen (BAG 23.3.2011 – 10 AZR 562/09, ZD 2011, 82). Dieser Zusammenhang der – was im Einzelfall festzustellen ist – vorrangig gewollten (Teil-)Kündigung mit der Abberufung gilt indes nicht andersherum, dh sofern vorrangig die Abberufung gewollt ist, bedarf diese nicht der (Teil-)Kündigung (BAG 6.6.2023 – 9 AZR 621/19, ZD 2024, 55 Rn. 29).

Da Teilkündigungen grundsätzlich unzulässig sind, sofern der Kündigende einzelne Vertragsbedingungen gegen den Willen der anderen Vertragspartei einseitig ändern will, bedarf es dazu einer ausdrücklichen Einräumung eines solchen Rechts; eine Umgehung eines zwingenden Kündigungsschutzes ist nicht möglich (BAG 23.3.2011 – 10 AZR 562/09, ZD 2011, 82 (84)). In jenem Urteil vom 23.3.2011 führt das BAG indes unter ausdrücklicher Beibehaltung des Trennungsprinzips (→ Form. B.I.1. Anm. 1, 3) aus, dass die nachträgliche Einigung der Arbeitsvertragsparteien über die zusätzliche Übernahme der Aufgaben eines internen DSB (im Ergebnis ein „Teilzeit"-DSB) als eine „auflösend bedingte" Erweiterung bzw. Änderung des bestehenden Arbeitsvertrags auszulegen wäre. Der Schutz der Benennung sei ausreichend, sodass keine Umgehung von Kündigungsschutzvorschriften zu befürchten sei. Wird die Benennung wirksam widerrufen, tritt die auflösende Bedingung ein, sodass es keiner Teilkündigung des Arbeitsvertrags, eben insoweit, wie der Arbeitnehmer als DSB tätig werden sollte, mehr bedarf. Die gleichwohl ausgesprochene Teilkündigung sei dann unwirksam, weil sie unverhältnismäßig ist, da es ihrer nicht bedarf. Unklar und zumindest schwierig erscheint insoweit das Verhältnis dieser älteren BAG-Rechtsprechung zur bereits oben zitierten Entscheidung BAG 27.7.2017 – 2 AZR 812/16, ZD 2018, 321, nach der das schlichte Auslaufen einer Befristung eine Abberufung sein soll – was unter der EU-weit einheitlichen Geltung der DS-GVO wohl nicht aufrechterhalten bleiben kann. Insoweit ist der Ansicht in der Literatur der Vorzug zu geben, wonach eine Beendigungskündigung nicht ohne Widerruf der Benennung erfolgen kann (Ascheid/Preis/Schmidt/Greiner BDSG § 4f aF Rn. 18), der seinerseits den gesetzlichen Voraussetzungen genügen muss – beide Institute also nebeneinander ihre Berechtigung haben. Da die Beendigungskündigung nur ultima ratio sein kann, ist sie unwirksam, wenn eine Änderungskündigung in Betracht kommt. Daher wurde im Muster ein entsprechender Eventualzusatz vorgesehen.

Abweichend zur deutschen Rechtslage im öffentlichen Bereich (zB § 31 Abs. 1 DSG NRW „mehrere Beauftragte sowie mehrere Vertreter"), deren Unwirksamkeit im Lichte der DS-GVO mangels Öffnungsklausel sehr wahrscheinlich ist, kennt die DS-GVO jeweils nur den einen DSB des Verantwortlichen oder des Auftragsverarbeiters – schon ein Vertreter ist insoweit nicht vorgesehen. In der Praxis kommen aber auch außerhalb der Landesbehörden „stellvertretende DSB" und ähnliche Figuren vor, hinsichtlich derer es immer erst zum Schwur kommt, wenn diese Personen den durch § 38 Abs. 2 BDSG iVm § 6 Abs. 4 S. 2, S. 3 BDSG gewährten Kündigungsschutz für sich beanspruchen. Das BAG bejaht auch für stellvertretende DSB den Kündigungsschutz unter der Voraussetzung, dass der Vertretungsfall auch einmal eingetreten und damit die jeweilige Person tatsächlich als DSB tätig war (BAG 27.7.2017 – 2 AZR 812/16, ZD 2018, 321). Die Entscheidung gibt jedoch nur die rein kündigungsschutzrechtliche Sichtweise wieder, sodass es sich aufgrund der Zugehörigkeit zum Arbeitsrecht um eine Besonderheit in Deutschland handelt, die keine europäische Geltung beansprucht. Unter der DS-GVO ist eben nur ein DSB vorgesehen, sowie dessen (personelle) Ressourcen (bzw. nach alter Sprachregelung sein „Hilfspersonal"). Ungeachtet dessen hält die Rechtsprechung daran fest, dass auch der aktuelle § 6 Abs. 4 BDSG auch den „stellvertretenden" Datenschutzbeauftragten vor dem Ausspruch einer ordentlichen Kündigung schützt (LAG Sachsen 17.3.2023 – 4 Sa 133/22, ZD 2024, 114).

**5. Unterschrift des DSB.** Die Abberufung bedarf nicht der Schriftform iSv § 126 BGB, ist also auch ohne eigenhändige Unterschrift wirksam. Die im Muster vorgesehene Unterschrift des DSB soll lediglich der Dokumentation des Zugangs der Erklärung dienen (→ Form. B. I. 1. Anm. 1 und 14).

## II. Verträge mit externen Datenschutzbeauftragten

### 1. Dienstvertrag mit einem externen Datenschutzbeauftragten

§ 1 Vertragsgegenstand

Zwischen [Name des Verantwortlichen oder Auftragsverarbeiters, Straße/Hausnummer, PLZ/Ort]
– im Folgenden Auftraggeber genannt –

und [Name des zu beauftragenden Datenschutzbeauftragten]
– im Folgenden Beauftragter[1] genannt –

wird folgender Dienstvertrag[2] geschlossen:

Der Beauftragte übernimmt für den Auftraggeber im Zusammenhang mit seiner Benennung zum externen Datenschutzbeauftragten des Auftraggebers die Erbringung von Leistungen eines Datenschutzbeauftragten nach Maßgabe dieses Dienstvertrags.[3]

§ 2 Pflichten des externen Datenschutzbeauftragten

(1) Seine Verpflichtungen aus diesem Dienstvertrag wird der Beauftragte nach eigenem billigem Ermessen höchstpersönlich oder durch von ihm zu beschäftigendes Hilfspersonal als Ressource iSv Art. 38 Abs. 2 DS-GVO erfüllen. Als Hilfspersonal wird der Beauftragte nur seine Arbeitnehmer einsetzen.[4] Höchstpersönliche Leistungen schuldet der Beauftragte maximal im Umfang von 15 Stunden pro Kalenderwoche.[5]

(2) Der Beauftragte wird sich während der Laufzeit dieses Dienstvertrags selbstständig um seine Fortbildung zwecks Aufrechterhaltung des notwendigen Fachwissens gem. Art. 37 Abs. 5 DS-GVO kümmern.[6] Von Bescheinigungen über Fortbildungen, die der Auftraggeber dem Beauftragten gem. § 7 Abs. 6 finanziert, lässt der Beauftragte dem Auftraggeber unaufgefordert Kopien zukommen. Im Übrigen wird der Beauftragte eigene Fortbildungsbescheinigungen auf Anforderung des Auftraggebers in Kopie übermitteln.

§ 3 Organisatorische Absprachen, kein Weisungsrecht

(1) Nach Abschluss dieses Dienstvertrags werden die Parteien organisatorische Absprachen [OPTIONAL: , soweit sich diese nicht aus der Anlage zu diesem Vertrag ergeben,] einvernehmlich treffen.[7] Diese betreffen insbesondere die Eingliederung des Beauftragten und den Umfang der Präsenz des Beauftragten im Betrieb des Auftraggebers sowie die vom Auftraggeber dem Beauftragten zur Verfügung zu stellenden Ressourcen für den Kontakt der Arbeitnehmer und Kunden des Auftraggebers sowie sonstigen betroffenen Personen unmittelbar und ausschließlich mit dem Beauftragten.[8] Diese einvernehmlichen Konkretisierungen der Zusammenarbeit bedürfen der Textform (§ 126b BGB).[9]

(2) Dem Beauftragten werden keinerlei Weisungsrechte gegenüber den Arbeitnehmern des Auftraggebers eingeräumt und dem Beauftragten steht kein Recht zu, den Auftraggeber zu vertreten.[10]

§ 4 Vergütung des externen Datenschutzbeauftragten

(1) Die in § 1 genannten Leistungen erbringt der Beauftragte gegen eine pauschale monatliche Vergütung in Höhe von [...] EUR, soweit einzelne Leistungen nicht ausdrücklich durch § 5 ausgenommen sind.[11] Pauschal abgegolten sind
- die Mitwirkung an der Bearbeitung der kalendermonatlich jeweils ersten [zehn] Auskunfts-, Löschungs-, Berichtigungs-, Beschränkungs-, Datenübertragungs- und Widerspruchsersuchen von betroffenen Personen, in Form der zielgerichteten Weiterleitung dieser Ersuchen an die zuständigen Mitarbeiter des Auftraggebers, welche der Auftraggeber auf jederzeitiges Verlangen benennen wird und einer Beratung des Auftraggebers in Bezug auf diese Ersuchen, falls im Einzelfall gewünscht
- die Bearbeitung von oder, je nach Einzelfall, zielgerichtete Weiterleitung von datenschutzrechtlich relevanten Anfragen (Art. 38 Abs. 4 DS-GVO) an die zuständigen Mitarbeiter des Auftraggebers, welche der Auftraggeber auf jederzeitiges Verlangen dem Beauftragten benennen wird
- die Kommunikation mit der gem. Art. 55, 56 DS-GVO zuständigen Aufsichtsbehörde, von der ausdrücklich die Kommunikation im Zusammenhang mit Sachverhalten betreffend Verletzungen des Schutzes personenbezogener Daten („Datenschutzverletzung", Art. 4 Nr. 12, Art. 33 DS-GVO) ausgenommen ist
- die Bereitstellung und Pflege von Formularen und Mustern (zB standardisierte Antwortmuster für Anfragen betroffener Personen)
- die Erstellung jährlicher Tätigkeitsberichte

(2) Die Pauschale iSv § 4 Abs. 1 ist nur das Entgelt für die Leistungen des Beauftragten. Der Anspruch des Beauftragten auf Unterstützung durch den Auftraggeber gem. Art. 38 Abs. 2 DS-GVO wird davon nicht berührt, ebenso wie Ansprüche auf Aufwendungsersatz.

§ 5 Vergütung

Die nachfolgend aufgezählten Teilbereiche der in § 1 genannten Leistungen erbringt der Beauftragte gegen eine aufwandsbezogene Vergütung zu einem Stundenhonorar von [...] EUR. Diese Leistungen können vom Auftraggeber jederzeit durch Anforderung in Textform (§ 126b BGB) in Anspruch genommen werden. Gesondert vergütungspflichtig sind
- die Mitwirkung an der Bearbeitung von Auskunfts-, Löschungs-, Berichtigungs-, Datenübertragungs- und Widerspruchsersuchen von betroffenen Personen ab dem [elften] Ersuchen pro Kalendermonat
- die Schulung der mit dem Umgang mit personenbezogenen Daten befassten Mitarbeiter des Auftraggebers bezüglich der Erfordernisse des Datenschutzes (Art. 39 Abs. 1 lit. b DS-GVO)[12]
- die Mitwirkung bei der Durchführung der Datenschutz-Folgenabschätzung bei Verarbeitungen, die voraussichtlich hohe Risiken für Rechte und Freiheiten von betroffenen Personen haben (Art. 35 DS-GVO)[12]
- die Mitwirkung bei der Erstellung betrieblicher Anweisungen und Richtlinien zum datenschutzkonformen Umgang mit personenbezogenen Daten, etwa hinsichtlich

des Umgangs mit E-Mail und Internet am Arbeitsplatz oder zum mobilen Arbeiten bzw. zum Arbeiten im Home-Office[12]
- die Wahrnehmung von Besprechungen und anderen Terminen, die nicht am Sitz des Auftraggebers stattfinden
- die Durchführung von Vor-Ort-Prüfungen („Audits") bei Subunternehmern, Vorlieferanten oder anderen für den Auftraggeber tätigen Dienstleistern, insbesondere auch die Durchführung von Kontrollen im Rahmen von Auftragsverarbeitungsverhältnissen iSv Art. 28 DS-GVO[12]
- alle Tätigkeiten im Zusammenhang mit Sachverhalten betreffend Datenschutzverletzungen einschließlich vorbeugender Maßnahmen zur Verhinderung und vorbereitender Maßnahmen im Hinblick auf adäquate Reaktionen
- die Beantwortung konkreter Anfragen von Beschäftigten oder der Unternehmensleitung zum Datenschutz jenseits des Tagesgeschäfts (zB datenschutzrechtliche Machbarkeit neuer Geschäftsmodelle)[13]
- die datenschutzrechtliche Beurteilung von konkreten Marketing-, Werbe- oder Vertriebsmaßnahmen (zB Durchführung von Gewinnspielen)[13]
- der Aufbau, die Bewertung oder Fortentwicklung eines umfassenden Datenschutz-Managementsystems oder Teile desselben, zB nach den Empfehlungen des IT-Grundschutz-Kompendiums des BSI

§ 6 Rechnungsstellung und Leistungsnachweise

(1) Die Vergütung nach §§ 4 und 5 ist zum Ende eines jeden Kalendermonats fällig und wird jeweils zu Beginn eines Kalendermonats für den vorausgegangenen Kalendermonat in Rechnung gestellt.

(2) Für die nach Aufwand zu vergütenden Leistungen iSv § 5 werden den Rechnungen Leistungsnachweise beigefügt, aus denen ein Überblick zu den erbrachten Leistungen ihrem Umfang und ihrem Inhalt nach hervorgeht.[14] Die Abrechnung erfolgt minutengenau.[15]

(3) Die Vergütung versteht sich jeweils zzgl. Umsatzsteuer in gesetzlicher Höhe im Zeitpunkt der Leistungserbringung.

§ 7 Aufwendungen des externen Datenschutzbeauftragten

(1) Alle durch An- und Abreise zum Sitz des Auftraggebers verursachten Reisezeiten werden nicht gesondert vergütet. In diesem Zusammenhang dem Beauftragten entstehende Aufwendungen sind mit der Vergütung nach §§ 4, 5 abgegolten.

(2) Durch An- und Abreise zu Terminen an anderen Orten als dem Sitz des Auftraggebers oder dem Ort der geschäftlichen Niederlassung des Beauftragten verursachte Reisezeiten werden [ENTWEDER:] mit [...] EUR pro Stunde vergütet, berechnet ab dem Ort der geschäftlichen Niederlassung des Beauftragten. [ODER:] ebenfalls nicht vergütet. [ENDE DER ALTERNATIVE]

(3) Der Auftraggeber wird bis zu den Grenzen nachfolgend benannter Höchstbeträge, die dem Beauftragten selbst oder seinem Hilfspersonal entstandenen Aufwendungen erstatten:
- [Höchstbeträge für Unterkunft, Verpflegung, Parkgebühren etc]
- [Entfernungsabhängige Pauschale für Anreisen mit eigenem PKW]
- [Erstattungsfähige Klassen von Fahrkarten öffentlicher Verkehrsmittel/Flugtickets]

Der Beauftragte und sein Hilfspersonal sind frei in der Wahl des Reisemittels, der Unterkunft und der Verpflegung. Zu erstattende Aufwände bzw. zu vergütende Reisezeiten werden auf den monatlichen Rechnungen des Beauftragten iSv § 6 Abs. 1 separat ausgewiesen. Seinen Rechnungen wird der Beauftragte Kopien der entsprechenden Rechnungen Dritter beilegen.

(4) Der Beauftragte wird die wegen des Hilfspersonals zu erstattenden Aufwände mit seinen Rechnungen iSv § 6 Abs. 1 gegenüber dem Auftraggeber abrechnen und dort separat ausweisen. Für alle Tätigkeiten des Hilfspersonals wird der Beauftragte seinen Rechnungen Stundennachweise entsprechend § 6 Abs. 2 beifügen, aus denen sich auch die Zuordnung jeder Tätigkeit zu pauschal oder aufwandsbezogen vergüteten Leistungen entsprechend §§ 4, 5 ergibt. Die wegen des Hilfspersonals zu erstattenden Aufwände entsprechen dem beim Beauftragten tatsächlich angefallenen Aufwand, in Ansehung von pauschal vergüteten Leistungen begrenzt auf die Hälfte des Stundenhonorars iSv § 5, in Ansehung von aufwandsbezogen vergüteten Leistungen begrenzt auf die Höhe des Stundenhonorars iSv § 5.[5]

(5) Der Auftraggeber ersetzt dem Beauftragten seine Aufwendungen, die er zwecks Fortbildung seiner eigenen Person, zB als Kosten für Fachlektüre oder der Teilnahme an Lehrgängen hatte, bis zu einer kalenderjährlichen Grenze von [...] EUR.[6] Zu diesen Aufwendungen zählen auch die Aufwendungen für An- und Abreise zu den Fortbildungsveranstaltungen entsprechend § 7 Abs. 2, 3. Im Übrigen wird die Zeit, die der Beauftragte für Fortbildungen oder für An- und Abreise zu Fortbildungsveranstaltungen aufwendet, nicht vergütet. Die zu erstattenden Aufwände werden vom Beauftragten auf seinen Rechnungen nach § 6 Abs. 1 separat ausgewiesen. Seinen Rechnungen wird der Beauftragte Kopien von Rechnungen Dritter beilegen.

### § 8 Laufzeit, Beendigung

(1) Dieser Dienstvertrag hat eine Laufzeit von [zwei] Jahren ab dem Tag der Unterzeichnung. Er verlängert sich jeweils zum Laufzeitende um weitere [vier] Jahre, wenn er nicht vor Ablauf der jeweiligen Laufzeit unter Einhaltung einer Kündigungsfrist von drei Monaten zum Laufzeitende gekündigt wird.[16] Das Recht beider Parteien zur außerordentlichen Kündigung aus wichtigem Grund bleibt unberührt.

(2) Der Beauftragte verzichtet im Voraus auf sein Recht, das ihm durch die Benennung zum Datenschutzbeauftragten des Auftraggebers übertragene Amt vor der Beendigung der Laufzeit dieses Dienstvertrags einseitig niederzulegen. Jede Kündigung dieses Dienstvertrags durch den Beauftragten werden die Parteien gleichzeitig als Niederlegung des Amtes zum Zeitpunkt des Wirksamwerdens der Kündigung behandeln.[17]

(3) Für den Auftraggeber liegt ein zur außerordentlichen Kündigung dieses Dienstvertrags berechtigender wichtiger Grund insbesondere darin, dass er die Benennung des Beauftragten zum Datenschutzbeauftragten wirksam widerrufen hat oder die Benennung des Beauftragten zum Datenschutzbeauftragten aus einem anderen vom Beauftragten zu vertretenden Grund vor Ablauf dieses Dienstvertrags endet.[18]

### § 9 Haftung des externen Datenschutzbeauftragten

(1) Die Haftung des Beauftragten für leicht fahrlässig verursachte Schäden ist ausgeschlossen.[19] Im Übrigen ist die Haftung des Beauftragten kalenderjährlich auf [...] EUR begrenzt.[20]

(2) § 9 Abs. 1 findet keine Anwendung auf Schäden aus der Verletzung des Lebens, des Körpers oder der Gesundheit oder wenn der Beauftragte oder sein Hilfspersonal den Schaden vorsätzlich verursacht hat.

(3) Der Beauftragte haftet dem Auftraggeber für das Verschulden des von ihm eingesetzten Hilfspersonals wie für eigenes Verschulden. § 9 Abs. 1, 2 gelten für den Fall einer Inanspruchnahme des Hilfspersonals durch den Auftraggeber zugunsten des Hilfspersonals entsprechend.[21]

(4) Der Beauftragte verpflichtet sich, während der Laufzeit dieses Dienstvertrags eine Berufshaftpflichtversicherung mit einer Mindestdeckungssumme von [...] EUR aufrechtzuerhalten, die auch diejenigen Schäden abdeckt, für die der Beauftragte gem. § 278 BGB oder § 831 BGB einzustehen hat.[21] Er wird dem Auftraggeber auf dessen Verlangen jederzeit eine Bestätigung seines Versicherers über die bestehende Berufshaftpflichtversicherung und deren Deckungssumme zukommen lassen.

§ 10 Verschiedenes

(1) Der Beauftragte verpflichtet sich, die Geschäftsgeheimnisse des Auftraggebers wie ein Handelsvertreter entsprechend § 90 HGB zu schützen, auch nach Beendigung dieses Vertrags.[22]

(2) Der Beauftragte unterliegt der aus seiner Benennung zum Datenschutzbeauftragten erwachsenden Verschwiegenheitsverpflichtung nach Art. 38 Abs. 5 DS-GVO, § 38 Abs. 2 iVm § 6 Abs. 5 S. 2 BDSG sowie § 203 Abs. 4 StGB.

(3) Bei der Beantwortung von Anfragen betroffener Personen wird der Beauftragte die schützenswerten Interessen des Auftraggebers beachten. Der Beauftragte ist in datenschutzrechtlichen Angelegenheiten gem. Art. 39 Abs. 1 lit. d, e DS-GVO berechtigt, sich selbstständig und unmittelbar an die zuständige Aufsichtsbehörde zu wenden. Dem Auftraggeber ist bekannt, dass den Beauftragten gegenüber der zuständigen Aufsichtsbehörde nur die Verschwiegenheitsverpflichtung zum Schutz der betroffenen Personen trifft. [EVENTUELL ZUSÄTZLICH: Vor diesem Hintergrund verständigen sich die Parteien darauf, dass der Beauftragte dem Auftraggeber die Kontaktaufnahme mit der Aufsichtsbehörde im Regelfall vorab ankündigen soll, um dem Auftraggeber Gelegenheit zu geben, zeitnah für Abhilfe zu sorgen und dadurch eine Kontaktaufnahme mit der Aufsichtsbehörde zu vermeiden.][23]

(4) Der Auftraggeber darf die Benennung des Beauftragten sowie die Nachweise seines Fachwissens iSv Art. 37 Abs. 5 DS-GVO bei berechtigtem Interesse gegenüber Dritten offenlegen, etwa gegenüber der Aufsichtsbehörde, seinen Auftraggebern bei einer Auftragsverarbeitung nach Art. 28 DS-GVO oder mit ihm gem. Art. 26 DS-GVO gemeinsam Verantwortlichen. Dieser Dienstvertrag ist vom Auftraggeber geheim zu halten. Auch Teile davon dürfen nur nach vorheriger schriftlicher (§ 126 Abs. 1 BGB), in jedem Einzelfall erneut einzuholender, Zustimmung des Beauftragten gegenüber Dritten offengelegt werden. Hiervon ausgenommen ist die Offenlegung des Vertrags, soweit der Auftraggeber dazu gesetzlich oder kraft behördlicher Anordnung verpflichtet ist oder sie gegenüber einem Dritten erfolgt, der von Berufs wegen zur Verschwiegenheit verpflichtet und vom Auftraggeber angewiesen ist, den Vertrag im Übrigen geheim zu halten.[24]

§ 11 Schlussbestimmungen

(1) Streitigkeiten aus oder im Zusammenhang mit diesem Dienstvertrag beurteilen sich nach deutschem Recht. Der Auftraggeber bindet sich an diese Festlegung auch für Streitigkeiten zwischen ihm und dem Hilfspersonal des Beauftragten, soweit diese Streitigkeiten im Zusammenhang mit diesem Dienstvertrag stehen.[21]

(2) Änderungen und Ergänzungen dieses Dienstvertrags, die Erklärung einer Kündigung sowie die Abänderung dieser Klausel bedürfen zu ihrer Wirksamkeit der Textform (§ 126b BGB). Der Vorrang individueller Vertragsabreden bleibt hiervon unberührt.[9]

(3) Die Informationen gemäß DL-InfoV liegen diesem Dienstvertrag als Anlage bei.[25]

| Für den Auftraggeber: | Der Beauftragte: |
|---|---|
| (Ort, Datum) | (Ort, Datum) |
| (Unterschrift, Funktion des Unterzeichners) | (Unterschrift des Beauftragten) |

## Anmerkungen

**1. Person des Vertragspartners.** Hat der (allein oder gemeinsam) Verantwortliche oder Auftragsverarbeiter die Organisationsentscheidung für die Benennung eines externen Datenschutzbeauftragten (DSB) getroffen, kann der nach dem Trennungsprinzip (→ Form. B. I. 1. Anm. 1) erforderliche, die Benennung ergänzende, zivilrechtliche Vertrag entweder wie hier mit der zum DSB zu benennenden natürlichen Person oder mit einem hierauf spezialisierten Dienstleistungsunternehmen (→ Form. B. II. 2.) abgeschlossen werden.

**2. Rechtsnatur des Dienstvertrags.** Hat sich der Verantwortliche oder Auftragsverarbeiter für einen internen DSB entschieden, wird der interne DSB auf Grundlage eines Arbeitsvertrags tätig. Bei der Benennung eines externen DSB handelt es sich bei dem zugrunde liegenden Vertrag um einen Dienstvertrag iSd §§ 611 ff. BGB (Wybitul MMR 2011, 372 (376)). Dies gilt unabhängig davon, ob der Vertrag unmittelbar mit dem externen DSB (Zwei-Personen-Verhältnis) oder mit einem spezialisierten Dienstleistungsunternehmen (Drei-Personen-Verhältnis → Form. B. II. 2., zur Abgrenzung → Form. B. I. 1. Anm. 3) geschlossen wird. Für die Arbeit des DSB ist unerheblich, ob diese im Einzelfall eine Geschäftsbesorgung iSv § 675 Abs. 1 BGB zum Gegenstand hat und daher ergänzend zum Dienstvertragsrecht einzelne Regelungen des Auftragsrechts Anwendung finden könnten. Denn die Unterschiede wirken sich wegen vorrangiger Regelungen in DS-GVO und BDSG kaum aus. So würde eine etwaige Rechenschaftspflicht aus § 666 BGB durch die den DSB treffende Verschwiegenheitsverpflichtung aus Art. 38 Abs. 5 DS-GVO, § 38 Abs. 2 iVm § 5 Abs. 5 S. 2 BDSG erheblich eingeschränkt. Der Aufwendungserstattungsanspruch aus §§ 675, 670 BGB ist entbehrlich, da es für ihn wegen der Unterstützungspflicht aus Art. 38 Abs. 2 DS-GVO keine Anwendungsfälle gibt (§ 7 dieses Musters; → Anm. 5 f.; ergänzend → Form. B. I. 1. Anm. 10). Das „Gepräge des Vertrags" ändert sich mithin durch die Geschäftsbesorgung im Einzelfall nicht (vgl. BGH 25.4.1966 – VII ZR 120/65, NJW 1966, 1452). Deshalb bleibt es insgesamt bei der Anwendung des Dienstvertragsrechts.

**3. Grundlagen des Tätigwerdens.** Die weit gefasste Beschreibung des Tätigkeitsbildes „Datenschutzbeauftragter" (→ Anm. 8) ist dem Umstand geschuldet, dass neben den sich durch diesen Vertrag begründeten Aufgaben des DSB auch die sich aus der Benennung (→ Form. B. I. 1. Anm. 1) kraft gesetzlicher Anordnung ergebenden Aufgaben geschuldet sind. Dabei steht es dem Auftraggeber frei, innerhalb des vertraglichen Aufgabenkreises einzelne (Teil-)Aufgaben qua Weisung als zu erledigende Tätigkeiten dem DSB zuzuweisen (→ Form. B. I. 1. Anm. 8). Es liegt nicht im Interesse des Verantwortlichen oder Auftragsverarbeiters, den Aufgabenkreis des DSB im Vertrag zu konkretisieren und damit das Weisungsrecht einzuschränken. Die §§ 4, 5 des Musters betreffen deshalb nur die Frage der Vergütung, ohne den Umfang der versprochenen Leistungen zu begrenzen. Im Grenzbereich liegt § 10 Abs. 3 des Musters mit den Regelungen zur Beantwortung von Anfragen betroffener Personen und der Kommunikation zur Aufsichtsbehörde durch den DSB. Hier werden die aus der Benennung kraft Gesetzes folgenden Pflichten durch den Vertrag erweitert. Eine Vereinbarung, welche die gesetzlichen Aufgaben des DSB aus Art. 39 Abs. 1 lit. d, e DS-GVO beeinträchtigen oder gegen die gesetzliche Regelung „ausgestalten" würde, wäre demgegenüber wegen eines Verstoßes gegen § 307 Abs. 2 Nr. 1 BGB unwirksam.

**4. Leistungserbringung durch Hilfspersonal.** Anders als im Arbeitsrecht (§ 613 S. 1 BGB) ergibt sich mittelbar aus Art. 38 Abs. 2 DS-GVO, dass die Leistungspflichten des DSB keine höchstpersönlichen Pflichten sind. Denn Ressourcen des DSB sind auch das ihm zur Verfügung stehende Hilfspersonal, auch wenn dies in Art. 38 Abs. 2 DS-GVO anders als noch in § 4f Abs. 5 S. 1 BDSG aF nicht ausdrücklich aufgeführt wird (Paal/Pauly/Paal DS-GVO Art. 38 Rn. 6). Anders als durch sein Hilfspersonal könnte sonst etwa ein nach Art. 37 Abs. 2 DS-GVO zulässiger Konzern-DSB (→ Form. B. I. 1.; → Vorb.) seine Aufgaben nicht erfüllen. Der DSB ist deshalb grundsätzlich zur Leistungserbringung durch Dritte auch ohne Einwilligung des Auftraggebers berechtigt, vgl. § 267 Abs. 1 S. 1 BGB. § 2 Abs. 1 S. 1 dieses Musters wirkt deshalb nur deklaratorisch und betont die Stellung des externen DSB als selbstständiger Unternehmer (→ Anm. 11; → Anm. 14).

§ 2 Abs. 1 S. 2 des Musters legt fest, welche Personen unter den Begriff „Hilfspersonal" als Ressourcen iSv Art. 38 Abs. 2 DS-GVO fallen. Bei einem internen DSB werden dies wegen der sich aus Art. 38 Abs. 2 DS-GVO ergebenden Kostentragungspflicht des Auftraggebers (Laue/Nink/Kremer DatenschutzR/Kremer § 8 Rn. 26) wohl immer Arbeitnehmer des Verantwortlichen oder Auftragsverarbeiters sein. Vornehmlich bei einem externen DSB sind vier Varianten des Hilfspersonals möglich: Regelmäßig wird einer der beiden insoweit unkomplizierten Fälle auftreten, in denen es sich entweder um Arbeitnehmer des externen DSB (wenn dieser als Einzelunternehmer handelt) oder bei denen es sich um andere Arbeitnehmer desselben Beratungsunternehmens handelt, bei dem auch der DSB angestellt ist (zu der Konstellation bei einem solchen Drei-Personen-Verhältnis → Form. B. II. 2. Anm. 7). Auch kann es – in der Praxis gelegentlich anzutreffen – zu einem Zirkel kommen, wenn für den externen DSB die Arbeitnehmer des Verantwortlichen oder Auftragsverarbeiters, der ihn zum DSB benannt hat, als Hilfspersonal tätig werden. Hierzu bedarf es keines Vertrags zur Auftragsverarbeitung, aber einer Vereinbarung über die fachlichen Weisungsbefugnisse (solche Vereinbarungen sind mit Blick auf das AÜG sorgfältig zu prüfen). Denkbar – aber in der Praxis sehr selten – ist der Rückgriff auf für den DSB dienstvertraglich tätige Dritte (zB freie Mitarbeiter), wobei häufig mangels gesetzlicher Grundlage zur Offenlegung personenbezogener Daten durch den DSB (dieser handelt insoweit selbst als Verantwortlicher) diese regelmäßig als seine Auftragsverarbeiter einzusetzen sein werden.

§ 2 Abs. 1 S. 2 dieses Musters begrenzt den Begriff des Hilfspersonals vornehmlich aus Vereinfachungsgründen auf eigene Arbeitnehmer des externen DSB. Dadurch kann eine Verarbeitung personenbezogener Daten ohne rechtliche Schwierigkeiten erfolgen. Der externe DSB ist bei der gebotenen juristischen Betrachtungsweise zwingend selbst als ein Verantwortlicher und als Empfänger personenbezogener Daten iSv Art. 4 Nr. 9 DS-GVO zu begreifen. Die ihm gegenüber erfolgende Offenlegung personenbezogener Daten iSv Art. 4 Nr. 2 DS-GVO ist jedoch durch Art. 9 Abs. 2 lit. f, g, Art. 6 Abs. 1 S. 1 lit. c, e DS-GVO gerechtfertigt. Dies ergibt sich aus der Funktion des DSB als Kontrollstelle beim Verantwortlichen oder Auftragsverarbeiter (→ Form. B. I. 1. Anm. 6). Gibt der externe DSB sodann seinen eigenen Arbeitnehmern personenbezogene Daten des Auftraggebers zur Erfüllung seiner Pflichten aus dem Dienstvertrag weiter, liegt hierin keine Verarbeitung in Form der Offenlegung durch Übermittlung an einen Dritten iSv Art. 4 Nr. 10 DS-GVO vor, sondern nur eine Nutzung innerhalb des externen DSB als (eigenem) Verantwortlichen. Wird das Hilfspersonal demgegenüber von einem externen Dienstleister als Unterauftragnehmer des externen DSB gestellt, läge bei der Weitergabe personenbezogener Daten an diesen Dienstleister eine Übermittlung vor, die in jedem Einzelfall einer Rechtfertigung durch Einwilligung oder einer Vorschrift der DS-GVO bedarf, vgl. Art. 6 Abs. 1, Art. 9 Abs. 2 DS-GVO. Vermieden werden kann diese Erlaubnisbedürftigkeit nur, wenn der Unterauftragnehmer als Auftragsverarbeiter iSd Art. 4 Nr. 8, Art. 28 Abs. 1 DS-GVO die als Hilfspersonal geschuldeten Leistungen gegenüber dem externen DSB erbringt. In diesem Fall ist der Unterauftragnehmer (des externen DSB) wegen Art. 4 Nr. 10 DS-GVO kein Dritter, sodass die Offenlegung keiner gesonderten Erlaubnis iSd Art. 6 Abs. 1 DS-GVO bedarf (zur Auftragsverarbeitung → Form. G. I.).

Das Hilfspersonal ist in seinem Tätigwerden nicht beschränkt und kann jede Aufgabe des DSB wahrnehmen, insbesondere auch soweit die Ausführung der Aufgabe zum Kontakt mit besonderen Kategorien personenbezogenen Daten iSd Art. 9 Abs. 1 DS-GVO führt. Die in diesem Zusammenhang in der Vergangenheit diskutierte Strafbarkeitslücke beim Tätigwerden für Geheimnisträger iSd § 203 StGB wurde vom Gesetzgeber 2017 geschlossen (zu den Änderungen in § 203 Backu DStR 2017, 2699 (2702 ff.); Haustein DSRITB 2017, 87 (89 ff.)). Zwar gibt es weiterhin keine ausdrückliche Anordnung einer Verschwiegenheitspflicht für das Hilfspersonal bzw. die personellen Ressourcen iSv Art. 38 Abs. 2 DS-GVO in § 38 Abs. 2 BDSG iVm § 6 Abs. 5 S. 2 BDSG. In der Systematik des § 203 Abs. 3 StGB, der ein Offenbaren gestattet, ist jedoch sowohl der externe DSB als auch sein Hilfspersonal jeweils eine „sonstige, an der Tätigkeit des Berufsgeheimnisträgers mitwirkende Person". Dass der DSB im Abs. 4 der Vorschrift gesondert erwähnt ist, ist an sich überflüssig. Zur Vermeidung einer eigenen Strafbarkeit ist der externe DSB gehalten, sein Hilfspersonal nur nach vorheriger Verpflichtung auf die Verschwiegenheit und Belehrung über die strafrechtlichen Folgen einer Zuwiderhandlung einzusetzen (§ 203 Abs. 4 S. 2 Nr. 2 StGB).

**5. Auswahl und Vergütung von Hilfspersonal.** Handelt es sich bei den Leistungen des DSB um vertretbare Handlungen (→ Anm. 4), gehen DS-GVO und BDSG davon aus, dass der DSB sein Hilfspersonal als Erfüllungsgehilfen iSv § 278 BGB selbst auswählt, obwohl der Verantwortliche oder Auftragsverarbeiter die Kosten für die Einschaltung des Hilfspersonals zu tragen hat (→ Anm. 4). Zwischen der gesetzlichen Förderungspflicht (→ Form. B. I. 1. Anm. 10) und Kostenübernahmeverpflichtung des Verantwortlichen oder Auftragsverarbeiters und der dem DSB unter dem zivilrechtlichen Vertrag geschuldeten Vergütung besteht ein Spannungsverhältnis, insbesondere bei Vereinbarung einer Pauschalvergütung (→ Anm. 11). Im Vertrag sollte deshalb geregelt sein, ob der DSB Hilfspersonal einsetzen darf, ab welcher Arbeitsbelastung er dies ggf. muss und wie der Einsatz des Hilfspersonals durch den Verantwortlichen oder Auftragsverarbeiter zu vergüten ist. Die im Muster vorgeschlagene Grenze von 15 Stunden pro Kalenderwoche soll dem Vorwurf der Scheinselbstständigkeit des externen DSB begegnen (zu Scheinselbständigkeit und Abgrenzungskriterien Lembke NZA 2013, 1312). Der nach § 7 Abs. 5 des Musters für das Hilfspersonal von dem Verantwortlichen oder Auftragsverarbeiter zu vergütende, tatsächlich angefallene Aufwand schließt auch die vom DSB als Arbeitgeber des Hilfspersonals zu leistenden Sozialversicherungsbeiträge oder Pauschalversteuerungen ein. Weiter ausdifferenziert werden könnte das Muster etwa noch mit Blick auf die Umlagefähigkeit von betrieblichen Gemeinkosten auf die einzelne Arbeitsstelle beim Hilfspersonal und deren Erstattung durch den Verantwortlichen oder Auftragsverarbeiter. Im Übrigen sieht das Muster die Übernahme aller Kosten des DSB durch den Verantwortlichen oder Auftragsverarbeiter vor, allerdings mit dem unternehmerischen Risiko des externen DSB geschuldeten betragsmäßigen Begrenzungen.

**6. Aufrechterhaltung der eigenen Leistungsfähigkeit.** Als Selbstständiger hat sich der externe DSB selbst um die Aufrechterhaltung und Verbesserung seiner eigenen Fähigkeiten zu kümmern. Gleichzeitig besteht ein Interesse des Verantwortlichen oder Auftragsverarbeiters an der Aufrechterhaltung des Fachwissens iSv Art. 37 Abs. 5 DS-GVO beim externen DSB, weil er bei Fortfall des Fachwissens Gefahr läuft, seine (nach Art. 83 Abs. 4 lit. a DS-GVO bußgeldbewehrte) Benennungspflicht (→ Form. B. I. 1. Vorb.) zu verletzen. § 2 Abs. 2 S. 1 und § 7 Abs. 6 des Musters sind eine Möglichkeit, wie die Parteien die für einen internen DSB gedachte Regelung des Art. 38 Abs. 2 DS-GVO (→ Form. B. I. 1. Anm. 10) umsetzen können. Im hier vorgeschlagenen Modell einer auf einen Maximalbetrag beschränkten Kostenübernahme durch den Verantwortlichen oder Auftragsverarbeiter ist der externe DSB vorleistungspflichtig bezüglich der Fortbildung und verzichtet auf einen Kostenvorschuss. Eine summenmäßig unbegrenzte Kostenübernahme zugunsten des externen DSB, so wie dies Art. 38 Abs. 2 DS-GVO bei einem internen DSB vorsieht, wäre wegen § 307 Abs. 2 Nr. 2 BGB in Allgemeinen Geschäftsbedingungen unwirksam. Denn der externe DSB, der nach Art. 37 Abs. 5 DS-GVO und § 2 Abs. 2 des Musters einer Fortbildungspflicht zur Erhaltung seines Fachwissens unterliegt, ist regelmäßig für mehrere Verantwortliche oder Auftragsverarbeiter tätig, sodass die Gefahr einer Mehrfachvergütung (von verschiedenen Auftraggebern) zu Gunsten des DSB für eine nur einmalig durchgeführte Fortbildung besteht.

**7. Organisatorische Festlegungen.** Die Absprache über konkrete organisatorische Festlegungen muss nicht zwingend im Vertrag geschehen; dies hätte bei späteren Änderungen jeweils eine Vertragsanpassung zur Folge. Die Festschreibung der Einvernehmlichkeit organisatorischer Festlegungen, welche ggf. auch schon mit Vertragsschluss in einer Anlage zum Vertrag erfolgen können, ist Folge der Selbstständigkeit des externen DSB. Einseitige Weisungen des Verantwortlichen oder Auftragsverarbeiters wären hiermit nicht zu vereinbaren und wegen eines Verstoßes gegen das gesetzliche Verbot aus Art. 38 Abs. 3 S. 1 DS-GVO gem. § 134 BGB unwirksam.

**8. Gegenstand der organisatorischen Festlegungen.** Die in § 3 des Musters aufgezählten Beispiele organisatorischer Festlegungen sind nicht abschließend („insbesondere"). Sie betreffen höchst unterschiedliche Regelungsgegenstände: Zur Einbindung iSv Art. 38 Abs. 1 DS-GVO und Eingliederung iSv Art. 38 Abs. 3 S. 3 DS-GVO ist zunächst die Berichtslinie festzulegen. Darüber hinaus sind (auch mit Blick auf Art. 38 Abs. 2 DS-GVO) interne Zugangs- und Zugriffsberechtigungen zu erteilen sowie Absprachen in Bezug auf Arbeitsabläufe zu treffen. Mit „Umfang der Präsenz" ist nicht nur die Modalität der Leistung des DSB, sondern auch der Umfang der Hauptleistungspflicht des DSB adressiert. Innerhalb des durch den Dienstvertrag begründeten Aufgabenkreises können einzelne Aufgaben einseitig als zu erledigende Tätigkeiten von dem Verantwortlichen oder Auftragsverarbeiter dem externen DSB zugewiesen werden (→ Anm. 3; → Form. B. I. 1. Anm. 7). Diese Rechtslage führt auch zu § 5 S. 2 dieses Musters. Weil die Art und Weise der Ausführung der Tätigkeiten dem Weisungsrecht des Verantwortlichen oder Auftragsverarbeiters gem. Art. 38 Abs. 3 S. 1 DS-GVO entzogen ist, sind auch diejenigen Themen den einvernehmlichen Vereinbarungen zugewiesen, die nicht eindeutig dem „Ob?" und „Wie?" der Leistungserbringung zugeordnet werden können, etwa die Frage nach dem Umfang der Präsenz im Betrieb. Die „zur Verfügung zu stellenden Ressourcen und Zugänge zu personenbezogenen Daten und Verarbeitungsvorgängen" sind dem Anspruch des DSB aus Art. 38 Abs. 2 DS-GVO auf Unterstützung geschuldet. Mit den „zur Verfügung zu stellenden Ressourcen […] für den Kontakt der Arbeitnehmer und Kunden […] sowie sonstigen betroffenen Personen" wird die Ausgestaltung des externen DSB als unmittelbarer und ausschließlicher Ansprechpartner für alle internen und externen betroffenen Personen aus Art. 38 Abs. 4 DS-GVO, § 5 Abs. 1 S. 1 BDSG unter Beachtung der den DSB treffenden Verschwiegenheitsverpflichtung aus § 38 Abs. 2 BDSG iVm § 5 Abs. 5 S. 2 BDSG umgesetzt (→ Form. B. I. 1. Anm. 6).

**9. Formklausel.** Die Vereinbarung von Formklauseln in AGB außerhalb von Arbeitsverträgen (dazu Hromadka DB 2004, 1261 (1264)) ist unter Beachtung der Grenze des § 309 Nr. 13 BGB grundsätzlich zulässig. Ausnahmsweise ist sie unwirksam, wenn sie den Zweck verfolgt, nach Vertragsschluss mündlich getroffene Individualvereinbarungen zu unterlaufen, die gem. § 305b BGB Vorrang gegenüber den AGB genießen, indem sie beim anderen Vertragsteil den Eindruck erweckt, die mündliche Abrede sei entgegen allgemeinen Grundsätzen unwirksam (BGH 10.5.2007 – VII ZR 288/05, NJW 2007, 3712; ausführlich NK-BGB/Noack/Kremer § 125 Rn. 59 ff.). Unter Beachtung des Vorrangs individueller Vertragsabreden darf sich die Formklausel auch auf jederzeit mögliche Vereinbarungen über deren Aufhebung erstrecken (sog. doppelte Schriftformklausel, BGH 25.1.2017 – XII ZR 69/16, NJW 2017, 1017; 2.6.1976 – VIII ZR 97/74, NJW 1976, 1395; anders im Arbeitsrecht BAG 20.5.2008 – 9 AZR 382/07, NJW 2009, 316). Soweit BGH und BAG damit die formlose Aufhebung einer vertraglich vereinbarten Schriftformklausel selbst durch schlüssiges Handeln zulassen (BGH 25.1.2017 – XII ZR 69/16, NJW 2017, 1017; BAG 25.4.2007 – 5 AZR 504/06, NZA 2007, 801; BGH 21.9.2005 – XII ZR 312/02, NJW 2006, 138; OLG Brandenburg 18.7.2001 – 4 U 184/00, NJW-RR 2001, 1673) ist dem nicht zu folgen, weil damit der im Vertrag niedergelegte Parteiwille in sein Gegenteil verkehrt würde (KG 18.8.2005 – 8 U 106/04, NZM 2005,

908; LG Köln 7.1.2010 – 8 O 120/09, BeckRS 2010, 00846). Leben die Parteien die formunwirksame Änderung des Vertrags allerdings sodann in der Praxis, ist ihnen die Berufung auf die Formunwirksamkeit mit Blick auf Treu und Glauben gem. § 242 BGB verwehrt (ausführlich NK-BGB/Noack/Kremer § 125 Rn. 15 ff.).

**10. Vertragliche Klarstellung zur organisatorischen Eingliederung.** Die Vereinbarung im Mustervertrag dient der Klarstellung der Befugnisse und Rechtsverhältnisse. Die Klausel soll, sofern sie auch so gelebt wird, einer Eingliederung in den Betrieb im arbeitsrechtlichen Sinne und damit dem ggf. nachfolgenden Vorwurf einer Scheinselbstständigkeit entgegenwirken. Zudem soll eine so gelebte Vertragspraxis einer strafrechtlichen Haftung des externen DSB als Täter einer Datenschutz-Straftat iSd § 42 BDSG vorbeugen, selbst wenn sie eine Haftung als Teilnehmer nicht verhindern kann (→ Anm. 19). Unmittelbar damit verbunden ist die zivilrechtliche Haftung des DSB im Außenverhältnis auf Schadensersatz iSv § 823 Abs. 2 BGB iVm § 42 BDSG iVm §§ 27, 13 StGB (→ Anm. 19).

**11. Pauschale und aufwandsbezogene Vergütung.** Die Beschreibung, welche Leistungen der DSB dem Verantwortlichen oder Auftragsverarbeiter vertraglich zu leisten versprochen hat, findet sich nur in § 1 (→ Anm. 3). In § 4 ist die pauschale Vergütung als Regelfall ausgestaltet und die aufwandsbezogene Vergütung in § 5 nur für die dort abschließend aufgezählten (Teil-)Leistungen vorgesehen. Die Verteilung einzelner Aufgaben zwischen § 4 und § 5 ist ein Vorschlag und kann beliebig verändert werden. § 4 Abs. 2 dient der Klarstellung, dass auch in Bezug auf pauschaliert vergütete Leistungen der Einsatz von Hilfspersonal denkbar und von dem Verantwortlichen oder Auftragsverarbeiter gesondert zu vergüten ist. Anderenfalls wären diese Aufwände des externen DSB mit seiner pauschalen Vergütung abgegolten, weil der externe DSB als selbstständiger Unternehmer bei der Kalkulation von Pauschalpreisen das unternehmerische Risiko selbst trägt. Zum, mit Blick auf Art. 38 Abs. 2 DS-GVO, hier erforderlichen beiderseitigen Interessenausgleich wurde in § 7 Abs. 5 des Musters eine betragsmäßig eingeschränkte Aufwendungserstattung vorgesehen (→ Anm. 6).

**12. Übertragung weiterer Aufgaben auf den DSB.** Dem Verantwortlichen oder Auftragsverarbeiter steht es frei, dem DSB über Art. 39 Abs. 1 DS-GVO hinaus weitere Aufgaben vertraglich zu übertragen (→ Form. B. I. 1. Anm. 8). Strittig ist insoweit, ob nach dem Wortlaut von Art. 39 Abs. 1 lit. b DS-GVO dem DSB gesetzlich nur noch die Aufgabe der Überwachung und Überprüfung von Strategien des Verantwortlichen oder Auftragsverarbeiters zur Sensibilisierung und Schulung zukommt (so Laue/Nink/Kremer DatenschutzR/Kremer § 8 Rn. 51) oder ob Sensibilisierung und Schulung mit Blick auf Art. 39 Abs. 1 lit. a DS-GVO weiterhin in den gesetzlichen Aufgabenbereich des DSB fallen (so Paal/Pauly/Paal DS-GVO Art. 39 Rn. 6; offengelassen von Plath/v. d. Bussche DS-GVO Art. 39 Rn. 3, 7). Im WP 243 hat sich der EDSA hierzu leider nicht positioniert. Zur Vermeidung von Auseinandersetzungen hierüber empfiehlt sich deshalb, wie im Muster vorgeschlagen, eine Klarstellung dazu, ob der DSB Schulungen selbst durchzuführen hat und ob diese gesondert vergütungspflichtig sind oder bereits von der Pauschalvergütung erfasst werden (→ Anm. 11). Bei anderen Aufgaben ist vor deren vertraglicher Übertragung auf den DSB zu klären, ob ein Interessenkonflikt iSd Art. 38 Abs. 6 S. 2 DS-GVO mit der zwingend nach Art. 39 Abs. 1 lit. b DS-GVO vom DSB auszuübenden Überwachungsaufgabe entstehen könnte (→ Form. B. I. 1. Anm. 8) oder die Zuverlässigkeit des DSB bzw. seine Fähigkeit zur Aufgabenerfüllung iSv Art. 37 Abs. 5 DS-GVO beeinträchtigt. Die Zuverlässigkeit eines internen DSB kann nicht nur infrage stehen, wenn er die mit dieser Aufgabe verbundenen Pflichten verletzt, sondern auch bei einer schwerwiegenden Verletzung von allgemeinen arbeitsvertraglichen Pflichten. Bei einem internen DSB lässt sich dessen Stellung als DSB nicht vollständig von dem zugrundeliegenden Arbeitsverhältnis trennen. Eine schwerwiegende Verletzung arbeitsvertraglicher Pflichten kann dazu führen, dass eine zuverlässige Ausübung der datenschutzrechtlichen Kontrolltätigkeit nicht mehr möglich ist (LAG Mecklenburg-Vorpommern 25.2.2020 – 5 Sa 108/19, ZD 2020, 364).

Ohne Begründung wird ein Widerspruch der an den DSB delegierten Aufgabe zu seinen gesetzlichen Aufgaben bislang vom EDSA im Zusammenhang mit der Führung des Verzeichnisses der Verarbeitungstätigkeiten iSv Art. 30 DS-GVO durch den DSB anstelle des Verantwortlichen oder Auftragsverarbeiters verneint (WP 243, S. 18; krit. → Form. C. II. Anm. 1). Diese Sichtweise ist nur historisch erklärbar und mit der DS-GVO an sich nicht vereinbar. Denkbar ist eine Mitwirkung des DSB bei der internen Bearbeitung von Datenschutzverletzungen iSd Art. 4 Nr. 12 DS-GVO. Der DSB darf jedoch weder die Entscheidung über das Absetzen einer Meldung der Datenschutzverletzung an die Aufsichtsbehörde gem. Art. 33 Abs. 1 DS-GVO oder die Benachrichtigung betroffener Personen gem. Art. 34 Abs. 1 DS-GVO treffen, noch darf er in Vertretung für den Verantwortlichen oder Auftragsverarbeiter die Meldung bzw. Benachrichtigung im Außenverhältnis durchführen. Ebenso ist eine Übertragung der Datenschutz-Folgenabschätzung in den Aufgabenbereich des DSB mit dessen Überwachungsfunktion unvereinbar. Die DS-GVO sieht hier zwar ausdrücklich ein Zusammenwirken des DSB mit dem Verantwortlichen vor, ordnet die Verhältnisse indes dahingehend eindeutig, dass der DSB maximal beratend gegenüber dem Verantwortlichen tätig ist und im Übrigen den Verantwortlichen in Bezug auf die Folgenabschätzung überwacht (Art. 35 Abs. 2, 39 Abs. 1 lit. c DS-GVO).

**13. Schranken der zulässigen Betätigung eines externen DSB.** Die inhaltlichen Grenzen der Betätigung eines DSB sind bislang ungeklärt. Denkbar wäre, die Tätigkeit als externer DSB durch eine natürliche Person als mit § 3 RDG unvereinbar anzusehen. Dies gilt insbesondere, wenn es nicht mehr um gesetzliche Aufgaben des DSB iSv Art. 39 Abs. 1 DS-GVO mit dem Ziel der Umsetzung der DS-GVO und anderer datenschutzrechtlicher Bestimmungen seitens des Verantwortlichen oder Auftragsverarbeiters durch Veränderungen im Tatsächlichen geht, sondern um die rechtliche Bewertung von Vorhaben und Verfahren im Rahmen von Art. 39 Abs. 1 lit. b DS-GVO (Überwachung), der Unterstützung bei der Datenschutz-Folgenabschätzung nach Art. 35 DS-GVO oder um die Erbringung durch den Dienstleistungsvertrag übertragener zusätzlicher Aufgaben, zB die Erstellung von Datenschutz-Richtlinien für die Mitarbeiter des Auftraggebers. Denn jedenfalls bei diesen Teilen der Tätigkeit eines externen DSB handelt es sich um eine Rechtsdienstleistung gem. § 2 Abs. 1 RDG: Hierunter fällt mit dem BGH jede konkrete Subsumtion eines Sachverhalts unter die maßgeblichen rechtlichen Bestimmungen in fremden (→ Anm. 4) Angelegenheiten, die über eine bloß schematische Anwendung von Rechtsnormen ohne weitere rechtliche Prüfung hinausgeht; auf die Schwierigkeit der Rechtsfrage kommt es dabei nicht an (BGH 14.1.2016 – I ZR 107/14, BRAK-Mitt. 2017, 135 Rn. 43).

Vor dem Hintergrund, dass es sich bei der Tätigkeit des DSB regelmäßig um Rechtsdienstleistungen handelt, ist – außer für den internen DSB, der keine fremde

Angelegenheit besorgt – fraglich, ob sich der externe DSB wegen der von ihm vorzunehmenden rechtlichen Prüfungen in Angelegenheiten seines Auftraggebers auf § 5 Abs. 1 S. 1 RDG berufen kann. Diese Norm erlaubt Rechtsdienstleistungen durch Nichtanwälte dann, wenn sie im Zusammenhang mit einer anderen Tätigkeit als Nebenleistungen zum Berufs- oder Tätigkeitsbild gehört. In mehreren die Gewerbesteuerpflichtigkeit der Tätigkeit eines externen DSB betreffenden Entscheidungen hat der BFH entschieden, dass es sich bei der Tätigkeit des DSB um ein eigenständiges Berufsbild handle, zu dessen Ausübung „umfangreiche juristische Kenntnisse" erforderlich seien (BFH 14.1.2020 – VIII R 27/17, NJW 2020, 1542; 5.6.2003 – IV R 34/01, BB 2003, 2108; für den als externen DSB tätigen Rechtsanwalt handelt es sich ungeachtet dessen um ein Mandat im berufsrechtlichen Sinne, so zutreffend RAK Berlin 8.5.2019, www.rak-berlin.de/kammerton/ausgaben/ausgabe/ausgabe-06–07-2019/rechtsanwalt-als-datenschutzbeauftragter-ist-grundsaetzlich-anwaltlich-taetig/). Das Gesetz knüpft die Tätigkeit als DSB nicht an eine bestimmte Ausbildung oder näher bezeichnete Fachkenntnisse. Welche Sachkunde hierfür erforderlich ist, richtet sich insbesondere nach der Größe der zu betreuenden Organisationseinheit, dem Umfang der anfallenden Datenverarbeitungsvorgänge, den eingesetzten IT-Verfahren, dem Typus der anfallenden Daten usw. – regelmäßig sind Kenntnisse des Datenschutzrechts, zur Technik der Datenverarbeitung und zu den betrieblichen Abläufen erforderlich (LAG Mecklenburg-Vorpommern 25.2.2020 – 5 Sa 108/19, ZD 2020, 364).

Ob in der juristischen Tätigkeit des externen DSB eine Nebenleistung liegt, ist gem. § 5 Abs. 1 S. 2 RDG nach ihrem Inhalt, Umfang und sachlichen Zusammenhang mit der Haupttätigkeit unter Berücksichtigung der Rechtskenntnisse zu beurteilen, die für die Haupttätigkeit erforderlich sind. Insoweit erkennt der BFH in den beiden vorgenannten Urteilen an, dass die Ausübung des Berufs des externen DSB „nicht nur vertiefte Kenntnisse der Regelungen des Bundes- und des jeweiligen Landesdatenschutzgesetzes, sondern auch Kenntnisse bzgl. der datenschutzrelevanten Spezialregelungen im Zivil-, Straf-, Steuer-, Sozial-, Arbeits- und Verwaltungsrecht voraussetzt". Eine Tätigkeit als interner Datenschutzbeauftragter kann grundsätzlich – je nach den Umständen des Einzelfalls – die für eine Zulassung als Syndikusrechtsanwalt erforderlichen Tätigkeitsmerkmale des § 46 Abs. 3 Nr. 1–4 BRAO erfüllen und das Arbeitsverhältnis von diesen Merkmalen auch geprägt sein (BGH 15.10.2018 – AnwZ (Brfg) 20/18, NJW 2018, 3701). Die Zulassung als Syndikusrechtsanwalt nach §§ 46 f. BRAO ist grundsätzlich auch für ein Arbeitsverhältnis im öffentlichen Dienst möglich (entschieden für den internen DSB einer Rundfunkanstalt, vgl. BGH 15.10.2018 – AnwZ (Brfg) 20/18, NJW 2018, 3701). Damit liegt es nahe, auch bei umfänglicheren oder schwierigeren juristischen Fragestellungen noch von einer zulässigen Nebenleistung des externen DSB auszugehen (so OLG Düsseldorf 11.2.2003 – 20 U 7/03, NJW 2003, 2247 zur Vorgängerregelung in §§ 1, 5 Rechtsberatungsgesetz für einen Jugendschutzbeauftragten). Liegt jedoch der Schwerpunkt der Leistungserbringung des externen DSB in der Beratung zu rechtlichen Fragen, sei es durch die Übertragung zusätzlicher Aufgaben über Art. 39 Abs. 1 DS-GVO hinaus (→ Anm. 12) oder wegen einer Verlagerung der organisatorisch-technischen Aufgaben auf interne Datenschutzkoordinatoren oder Datenschutzfachkräfte, kann die Tätigkeit als externer DSB erlaubnispflichtig gem. § 3 RDG sein (Laue/Nink/Kremer DatenschutzR/Kremer § 8 Rn. 48; noch strenger für grundsätzlichen Verstoß gegen RDG Kühling/Buchner/Bergt DS-GVO Art. 37

Rn. 59 ff.; zur grundsätzlichen Eignung der Tätigkeit als DSB für die Zulassung als Syndikusrechtsanwalt BGH 15.10.2018 – AnwZ (Brfg) 20/18, NJW 2018, 3701 Rn. 69 ff.). Liegt eine solche Erlaubnis nicht vor und ist der externe DSB nicht etwa als Rechtsanwalt von der Erlaubnispflicht freigestellt, ist die Tätigkeit als externer DSB eine Ordnungswidrigkeit gem. § 20 RDG und der Dienstvertrag mit dem Auftraggeber gem. §§ 139, 134 BGB nichtig (Kühling/Buchner/Bergt DS-GVO Art. 37 Rn. 62).

**14. Detailtiefe von Rechnungen.** Sollte für die Leistungen des externen DSB insgesamt eine Pauschalvergütung vereinbart sein, bedarf es in der Rechnung des DSB keiner Angaben zu den von ihm erbrachten Leistungen. Ähnliches gilt für den Fall einer vollständig aufwandsbezogenen Vergütung. Der DSB schuldet dann nur die Darlegung, wie viele Stunden er für die Erbringung der vertraglichen Leistungen an welchem Tag aufgewendet hat, weil diese Angabe zur Durchsetzung seines Vergütungsanspruchs ausreichend wäre (BGH 28.5.2009 – VII ZR 74/06, NJW 2009, 3426).

Sollte, wie in den §§ 4, 5 des Musters vorgesehen, die Vergütung aus pauschalen und aufwandsbezogenen Komponenten bestehen, muss der Rechnung ein Stundennachweis in Form einer detailliert aufgeschlüsselten Beschreibung der ausgeführten Tätigkeiten beigefügt sein. Denn der DSB schuldet dem Verantwortlichen oder Auftragsverarbeiter eine prüffähige Rechnung und trägt die Darlegungs- und Beweislast für die inhaltliche Richtigkeit der Rechnung (BGH 28.5.2009 – VII ZR 74/06, NJW 2009, 3426; 27.11.2003 – VII ZR 288/02, NJW-RR 2004, 445). Dabei müssen die Angaben in der Rechnung so prüffähig sein, dass dem Auftraggeber die sachliche und rechnerische Überprüfung der Vergütung möglich ist (BGH 27.11.2003 – VII ZR 288/02, NJW-RR 2004, 445). Mangels spezialgesetzlicher Regelung (anders zB § 10 RVG, § 12 GOÄ, §§ 8 ff. HOAI, § 14 VOB/B) ist das eine Einzelfallentscheidung. Zur Bestimmung der objektiv unverzichtbaren Angaben ist vorrangig zu berücksichtigen, welche Bemessungsgrundlagen für die Höhe der Vergütung vereinbart wurden und welche Angaben der DSB vertraglich versprochen hat (BGH 27.11.2003 – VII ZR 288/02, NJW-RR 2004, 445; vgl. § 6 Abs. 2, § 7 Abs. 3, 5, 6 des Musters). Im Übrigen kann § 14 Abs. 4 UStG als Orientierungshilfe dienen. Demnach erscheinen Angaben zu „Umfang und Art der Leistung“, „Zeitpunkt der Leistung“ und zur Höhe des berechneten „Entgelts für die Leistung“ iSv § 14 Abs. 4 Nr. 5, 6 und 7 UStG als unverzichtbar. Da die Tätigkeit des externen DSB nach unzutreffender Auffassung des BFH (14.1.2020 – VIII R 27/17, NJW 2020, 1542; 5.6.2003 – IV R 34/01, BB 2003, 2108) das Betreiben eines Gewerbes und kein freier Beruf ist, ist der externe DSB umsatzsteuerpflichtig, sodass ohnehin von ihm Rechnungen entsprechend § 14 Abs. 4 UStG zu stellen sind. Der externe DSB sollte deshalb den tatsächlich angefallenen Zeitaufwand bei ihm selbst und bei seinem Hilfspersonal zeitnah erfassen und mit stichwortartigen Beschreibungen der Tätigkeiten versehen.

**15. Zu vergütender Aufwand.** Wird ein Zeithonorar vereinbart, ist der DSB gem. § 241 Abs. 2 BGB zur Ausführung seiner Tätigkeiten in der Art einer „wirtschaftlichen Betriebsführung“ verpflichtet (BGH 28.5.2009 – VII ZR 74/06, NJW 2009, 3426 Rn. 18). Darüber hinausgehender Aufwand ist zwar von dem Verantwortlichen oder Auftragsverarbeiter ebenfalls als Vergütung zu zahlen. Ihm steht dann jedoch ein gegenläufiger Schadensersatzanspruch aus §§ 280 Abs. 1, 241 Abs. 2 BGB wegen Verletzung dieser Schutzpflicht in Höhe eben dieses unwirtschaftlichen Aufwands zu. Ob bei der Erfassung des zu vergütenden Aufwands die geleisteten Zeiten gerundet oder genau zu erfassen sind, hängt davon ab, ob ein Zeittakt wirksam vereinbart werden kann. Der BGH erblickte in der Abrechnung in vollen Viertelstunden gegenuber Verbrauchern eine in allgemeinen Geschäftsbedingungen unwirksame Vereinbarung (BGH 13.3.2020 – IX ZR 140/19, MDR 2020, 570; ebenso LG Köln 18.10.2016 – 11 S 302/15, AnwBl 2017, 560; OLG Düsseldorf 18.2.2010 – I-24 U 183/05, AnwBl 2010, 296, aufgehoben aus anderen Gründen durch BGH 21.10.2010 – IX ZR 37/10, NJW 2011, 63). Es empfiehlt sich angesichts dieser Unsicherheiten, nicht nur die Tätigkeiten stichwortartig im Stundennachweis zu dokumentieren, sondern, wie hier vorgeschlagen, eine transparente, minutengenaue Abrechnung zu vereinbaren.

**16. Laufzeit und Kündigung.** Der interne DSB genießt über § 38 Abs. 2 iVm § 6 Abs. 4 BDSG einen besonderen Kündigungsschutz vergleichbar einem Betriebsrat (→ Form. B. I. 1. Anm. 11). Möchte der Verantwortliche, der seine Organisationsentscheidung zunächst so getroffen hat, einen internen DSB zu benennen, diese ändern und den internen DSB zugunsten des geplanten Einsatzes eines externen DSB kündigen, kann der DSB die ordentliche, betriebsbedingte Kündigung erfolgreich unter Berufung auf den Sonderkündigungsschutz angreifen, da diesem die DS-GVO (vgl. Art. 38 Abs. 3 S. 2 DS-GVO) nicht im Sinne einer abschließenden Regelung entgegensteht (EuGH 22.6.2022 – C-534/20, ZD 2022, 552). Anders verhält es sich mit Änderungswünschen des Verantwortlichen, wenn die Organisationsentscheidung zum Einsatz eines externen DSB geführt hatte. Denn für die Kündigung des Dienstvertrags mit einem externen DSB gibt es keine besondere Gesetzesbestimmung. Es gelten die allgemeinen Regeln des Dienstvertragsrechts (§§ 611 ff. BGB), so dass die ordentliche Kündigung möglich ist. Durch § 8 Abs. 1 S. 1 des Musters ist im Rahmen der ersten Laufzeit ein befristeter Vertrag vorgesehen, der als solcher der ordentlichen Kündigung nicht zugänglich ist, soweit es nicht ausdrücklich im Vertrag vorgesehen ist (§ 620 Abs. 1 BGB). Durch § 8 Abs. 1 S. 2 des Musters ist der Vertrag auch nach Ablauf der ursprünglichen Laufzeit wieder ein befristeter Vertrag, womit § 625 BGB abbedungen wird. Daher findet auch im Verlängerungszeitraum die Regelung für ordentliche Kündigungen (§§ 620 Abs. 2, 621 BGB) keine Anwendung.

Sollte in Abweichung vom Muster ein unbefristeter Vertrag vereinbart werden, ist dringend zu einer vertraglichen Regelung zu raten, die von den Kündigungsfristen in §§ 620 Abs. 2, 621 BGB abweicht und die Kündigungsfrist zugunsten des DSB verlängert. Sofern in Abweichung vom Muster keinerlei pauschale Vergütung geschuldet wird, dh keine festen Bezüge vereinbart werden, muss vertraglich der – in diesem Fall tatbestandlich erfüllte – § 627 Abs. 1 BGB ausgeschlossen werden, weil anderenfalls wegen der besonderen Vertrauensstellung zwischen DSB und Auftraggeber eine jederzeitige Kündigung des externen DSB durch den Auftraggeber möglich wäre. Fänden die gesetzlichen Regelungen Anwendung, wäre eine jederzeitige, grundlose Kündigungsmöglichkeit des Auftraggebers ein Eingriff in die vollständige Unabhängigkeit des DSB (vgl. Erwgr. 97 S. 3), wodurch die persönliche Integrität iSv Art. 37 Abs. 5 DS-GVO entfiele. Bei der Bemessung der ursprünglichen Laufzeit und der Dauer des Verlängerungszeitraums im Muster wurden die Empfehlungen des Düsseldorfer Kreises zugrunde gelegt (Düsseldorfer Kreis Beschl. v. 24./25.11.2010, S. 2). § 309 Nr. 9 BGB, der zugunsten von Verbrauchern bestimmte Mindestlaufzeiten und

Kündigungsbeschränkungen in AGB verbietet, ist gem. § 310 Abs. 1 S. 1 BGB auf den Vertrag zwischen externem DSB und Auftraggeber als Unternehmern nicht anwendbar. Ihm kommt im unternehmerischen Geschäftsverkehr auch keine Indizwirkung iRd § 307 Abs. 1 S. 1 BGB zu (Ulmer/Brandner/Hensen/Christensen AGB-Recht § 309 Rn. 22).

**17. Kündigungen durch den DSB und Amtsniederlegungen.** Da in der Literatur zutreffend davon ausgegangen wird, der DSB könne das ihm durch die Benennung übertragene Amt einseitig durch Erklärung gegenüber dem Verantwortlichen oder Auftragsverarbeiter niederlegen (Kühling/Buchner/Bergt DS-GVO Art. 37 Rn. 41), bedarf es einer Regelung im Vertrag zur Aufrechterhaltung der von der Rechtsprechung angenommenen Konnexität zwischen der Benennung und dem zugrunde liegenden Vertrag (→ Form. B.I.1. Anm. 11). Urteile zur Zulässigkeit der einseitigen Amtsniederlegung sind nicht ersichtlich. Der im Muster vorgesehene Verzicht des DSB auf die Möglichkeit zur Amtsniederlegung begegnet mit Blick auf § 307 Abs. 2 Nr. 1, Abs. 1 S. 1 BGB keinen Bedenken, weil dieser ausschließlich der Aufrechterhaltung der Konnexität dient und den DSB in seinen Kündigungsmöglichkeiten in keiner Weise einschränkt.

**18. Außerordentliche Kündigungen.** Regelungen zur Ausgestaltung des beiderseitigen Rechts auf außerordentliche Kündigung sind nur wirksam, soweit sie nicht von wesentlichen Grundgedanken der §§ 626, 624, 314 BGB abweichen (NK-BGB/Krebs/Jung § 314 Rn. 59 f.). Das wäre etwa der Fall, wenn versucht würde, die wichtigen Gründe abschließend vertraglich zu definieren. § 8 Abs. 3 dieses Musters trägt wiederum der von der Rechtsprechung angenommenen Konnexität zwischen der Benennung und dem zugrunde liegenden Vertrag Rechnung (→ Form. B.I.1. Anm. 11). Der Verantwortliche kann die Benennung zum DSB bspw. wirksam widerrufen, wenn die Aufsichtsbehörde von ihm den Widerruf verlangt (§ 40 Abs. 5 S. 2 BDSG).

**19. Haftung des DSB.** Für das Innenverhältnis, also die Haftung des externen DSB gegenüber dem Verantwortlichen oder Auftragsverarbeiter, ist ein pauschaler Haftungsausschluss für leicht fahrlässige Pflichtverletzungen vorgesehen. § 9 Abs. 1 S. 1 des Musters genügt damit auf den ersten Blick wegen § 307 Abs. 2 Nr. 2 BGB nicht den Anforderungen an einen wirksamen Haftungsausschluss (vgl. BGH 24.10.2001 – VIII ARZ 1/01, NJW 2002, 673), denn es fehlt die Rückausnahme vom Haftungsausschluss bezüglich der wesentlichen Vertragspflichten, die zur Erreichung des Vertragszwecks unabdingbar sind. Gleichwohl wurde bewusst die Haftung für leicht fahrlässige Vertragspflichtverletzungen pauschal ausgeschlossen, weil das Tätigkeitsbild eines externen DSB mit dem Tätigkeitsbild eines internen DSB deckungsgleich ist. Trotz der marktüblichen Versicherung des Haftungsrisikos durch den externen DSB (vgl. § 9 Abs. 4 des Musters) liegt kein Unterschied vor, der es unter Berücksichtigung von Treu und Glauben (§ 242 BGB) rechtfertigen würde, den Dienstleister als externen DSB gegenüber dem Arbeitnehmer als internen DSB schlechter zu behandeln. Denn Letzterer profitiert vom Institut des „innerbetrieblichen Schadensausgleichs" (BAG 27.9.1994 – GS 1/89, NJW 1995, 210), dessen Anwendung zu einem pauschalen Haftungsausschluss für einfache Fahrlässigkeit zugunsten des Arbeitnehmers führt. Daher kann es nicht als „unangemessene Benachteiligung" des Verantwortlichen oder Auftragsverarbeiters iSv § 307 Abs. 1 S. 1 BGB bewertet werden, dass ein vergleichbares Haftungsregime durch vertragliche

Vereinbarung für eine nahezu identische Interessenlage herbeigeführt wird. Zudem sehen die für den Datenschutz im nichtöffentlichen Bereich zuständigen Aufsichtsbehörden in der gesetzlich vorgesehenen, umfassenden Haftung des externen DSB im Innenverhältnis zum Auftraggeber eine Beeinträchtigung von dessen Unabhängigkeit, weshalb die Aufsichtsbehörden weitergehende Haftungsfreistellungen durch den Verantwortlichen oder Auftragsverarbeiter fordern (Düsseldorfer Kreis Beschl. v. 24./25.11.2010, S. 2). Gleichwohl ist die Wirksamkeit eines solchen Haftungsausschlusses zugunsten des externen DSB bei einfacher Fahrlässigkeit nicht gerichtlich geklärt.

In Bezug auf das Außenverhältnis, also die Haftung gegenüber betroffenen Personen, läuft der externe DSB bei Schlecht- oder Nichterfüllung des von ihm kraft der Benennung zu beachtenden öffentlich-rechtlichen Aufgabenkreises (→ Form. B. I. 1. Anm. 6) immer Gefahr, sich wegen Beihilfe zu einem Verstoß des Auftraggebers gem. § 42 StGB strafbar zu machen und infolgedessen gegenüber betroffenen Personen auf Schadensersatz gem. § 823 Abs. 2 BGB iVm § 42 BDSG iVm §§ 27, 13 StGB zu haften (→ Anm. 10). Selbst bei Erfüllung seiner ihm öffentlich-rechtlich zugewiesenen Aufgaben kommt eine Haftung des externen DSB im Außenverhältnis aus der Verletzung der von ihm gegenüber dem Auftraggeber vertraglich übernommenen Pflichten in Betracht. Der BGH hat im Urteil zur Haftung eines sog. „Compliance Officer" (BGH 17.7.2009 – 5 StR 394/08, NJW 2009, 3173) eine strafrechtliche Verantwortlichkeit durch „Nichtstun" bejaht, weil der Compliance Officer wegen der von ihm vertraglich für das Unternehmen übernommenen Obhutspflichten eine Garantenstellung habe. Auch das OLG Frankfurt a. M. hat bereits 1987 einen Gewässerschutzbeauftragten, der gem. § 21b WHG auf die Einhaltung bestimmter gesetzlicher Pflichten hinzuwirken hat, allein aus der gesetzlichen Aufgabenzuweisung heraus als Überwachungsgaranten in die strafrechtliche Haftung genommen (OLG Frankfurt a. M. 22.5.1987 – 1 Ss 401/86, NJW 1987, 2753). Angesichts der nun über § 4g Abs. 1 S. 1, S. 3 Nr. 1 BDSG aF hinausgehenden Ausdehnung der Überwachungsfunktion durch Art. 39 Abs. 1 lit. b DS-GVO dürfte damit die Haftung des DSB als Überwachergarant bei Untätigkeit außer Frage stehen. Ebenso deutlich tritt damit die zuvor benannte, dem Strafrecht akzessorische Haftung auf Schadensersatz zu Tage. Diese Haftung entspringt dem deutschen Recht, welches als „das Recht eines Mitgliedstaats" gar nicht betrachtet wurde, als der EDSA äußerte, dass den DSB „unter der DS-GVO" keine persönliche Haftung treffen würde (EDSA, WP 243 rev. 01, S. 4: „DPOs are not personally responsible in case of non-compliance with the GDPR."). Ergänzend sei darauf hingewiesen, dass sich haftungsrechtlich die sehr komplexe Frage nach der sog. „gestörten Gesamtschuld" von DSB und Auftraggeber stellt, auf die hier nicht weiter eingegangen werden soll (ausführlich dazu zB NK-BGB/Völzmann-Stickelbrock § 426 Rn. 21 ff.).

**20. Haftungsbeschränkung.** Die summenmäßige Beschränkung der Haftung ist nur dann wirksam, wenn die Höchstsumme der Haftung die vertragstypischen, vorhersehbaren Schäden abdeckt (BGH 18.7.2012 – VIII ZR 337/11, NJW 2013, 291; 27.9.2000 – VIII ZR 155/99, NJW 2001, 292; 11.11.1992 – VIII ZR 238/91, NJW 1993, 335). Der Betrag sollte entsprechend hoch bemessen sein. Hierbei sind die durch Art. 83 Abs. 4–6 DS-GVO deutlich erhöhten Bußgeldrisiken für Verantwortliche und Auftragsverarbeiter zu berücksichtigen. Im Übrigen sollte der externe DSB darauf hinwirken, dass der Haftungshöchstbetrag die Deckungssumme seiner

Berufshaftpflichtversicherung nicht übersteigt. Für das anwaltliche Tätigwerden gestattet § 51 Abs. 4 BRAO als Ausnahmevorschrift die Vereinbarung einer summenmäßigen Haftungsbeschränkung in AGB auf 1.000.000 EUR je Angelegenheit. Ob dies auf den externen DSB, der auch Rechtsdienstleistungen als Nebenleistung erbringt (→ Anm. 13), übertragbar ist, wurde bislang gerichtlich nicht entschieden und in der Fachliteratur noch nicht erörtert.

**21. Übertragung auf das Hilfspersonal.** Setzt der externe DSB Hilfspersonal ein (→ Anm. 4, → Anm. 5), besteht die Gefahr, dass der Auftraggeber den Haftungsausschluss (→ Anm. 19) und die summenmäßige Haftungsbeschränkung (→ Anm. 20) dadurch aushöhlt, dass er versucht, Ansprüche gegenüber dem Hilfspersonal des externen DSB durchzusetzen. Durch die im Muster vorgeschlagenen Ergänzungen werden – entsprechend dem Regelungsgedanken der §§ 436, 437 HGB – die Privilegierungen vom externen DSB auch auf dessen Hilfspersonal übertragen (vgl. BGH 7.12.1961 – VII ZR 134/60, NJW 1962, 388; dazu zB Schneider/v. Westphalen Software/v. Westphalen S. 1025 ff.).

**22. Geheimhaltungsinteressen des Verantwortlichen und Auftragsverarbeiters.** Die Strafandrohung des § 23 Abs. 1 Nr. 3 GeschGehG bei der Verletzung von Geschäftsgeheimnissen trifft den externen DSB nicht, weil er selbstständiger Unternehmer ist (→ Anm. 4, → Anm. 11, → Anm. 14). Zwar ist der Begriff der bei einem Unternehmen beschäftigten Person iSv § 23 Abs. 1 Nr. 3 GeschGehG weit auszulegen. Selbstständige Gewerbetreibende wie der externe DSB fallen jedoch nicht darunter (zu § 17 Abs. 1 UWG so BGH 26.2.2009 – I ZR 28/06, NJW 2009, 1420). Demgegenüber greifen die Strafdrohungen der §§ 23 Abs. 1 Nr. 1, Nr. 2, Abs. 2–4 GeschGehG für jedermann und damit auch für den externen DSB. Sie haben jedoch einen nur sehr eingeschränkten Anwendungsbereich. Für den externen DSB gelten auch nicht die den Betriebsräten gem. §§ 79, 120 BetrVG und den Wirtschaftsprüfern gem. §§ 323 Abs. 1, 333 HGB vorbehaltenen Strafdrohungen, obwohl er einen ähnlich tiefen Einblick in das Unternehmen erhält. Damit besteht in der Summe kraft Gesetzes keine besondere Pflicht des externen DSB zur umfassenden Geheimhaltung von Geschäftsgeheimnissen seines Auftraggebers. Auch aus dem allgemeinen Dienstvertragsrecht ergibt sich eine solche nicht und die allgemeine Pflicht zur Rücksichtnahme auf die Interessen des Vertragspartners gem. § 241 Abs. 2 BGB bietet keinen hinreichenden Geheimnisschutz.

Gegenüber einem externen DSB muss deshalb vertraglich eine Pflicht zur Geheimhaltung von Geschäftsgeheimnissen begründet werden. Eine solche wird durch die im Muster vorgesehene Unterwerfung unter § 90 HGB bezweckt, die hier auch über das Ende des Vertragsverhältnisses hinaus gelten soll. Fraglich und nur im Einzelfall zu beantworten ist, ob allein die vertragliche Pflicht zur Geheimhaltung ausreicht, damit die Informationen des Verantwortlichen bzw. Auftragsverarbeiter potenziell als Geschäftsgeheimnisse iSv § 2 Nr. 1 GeschGehG einen rechtlichen Schutz erfahren (dafür bedarf es nämlich mindestens „angemessener" Geheimhaltungsmaßnahmen; derartige Maßnahmen, seien sie technisch oder organisatorischer Art, dürfen indes nicht die Kontrolltätigkeiten des DSB behindern). Soweit hierin eine Abweichung von der gesetzlichen Regelung in § 38 Abs. 2 BDSG iVm § 6 Abs. 5 S. 2 BDSG erblickt wird, die nur die Interessen der betroffenen Personen schützt, wäre diese Abweichung aus den vorgenannten Gründen sachlich gerechtfertigt, sodass die im Muster vorgeschlagene Klausel in AGB nicht wegen § 307 Abs. 2 Nr. 1 BGB unwirksam ist. Alternativ zur im Muster vorgeschlagenen Klausel könnte der Auftraggeber mit dem externen DSB eine separate – ggf. auch vertragsstrafenbewehrte – Geheimhaltungsvereinbarung abschließen (→ Form. G. IV. sowie → Form. C. VII.5.). Diese hätte für den Auftraggeber zugleich den Vorteil, dass dort mit Blick auf die Begriffsbestimmung des Geschäftsgeheimnisses in § 2 Nr. 1 GeschGehG Festlegungen zu den ggf. erforderlichen Geheimhaltungsmaßnahmen getroffen werden könnten, welche die Informationen nicht vor dem DSB, sondern beim DSB schützen.

Das Muster könnte um eine Regelung ergänzt werden, die es dem externen DSB zu Gunsten des Auftraggebers untersagt, bei Wettbewerbern des Verantwortlichen oder Auftragsverarbeiters ebenfalls als externer DSB tätig zu werden. Insoweit ist jedoch auf die Stellung des externen DSB als selbstständiger Unternehmer und seine von Art. 12 GG garantierte Unternehmerfreiheit zu achten. Eine solche Regelung müsste sich zudem am gesetzlichen Leitbild des § 90a HGB messen lassen, welches ua die Zahlung einer Karenzentschädigung vorsieht.

**23. Verschwiegenheit und Kommunikation mit der Behörde.** Aus seiner Position als Kontrollstelle des Verantwortlichen oder Auftragsverarbeiters folgen für den externen DSB besondere Rechte und Pflichten, die latent mit den Interessen des Verantwortlichen oder Auftragsverarbeiters in Konflikt stehen. Unproblematisch ist insoweit, dass der DSB bei Bearbeitung der Anfragen betroffener Personen gegenüber dem Verantwortlichen oder Auftragsverarbeiter zur Verschwiegenheit gem. § 38 Abs. 2 BDSG iVm § 5 Abs. 5 S. 2 BDSG verpflichtet ist. Anfragen, die sich an den Verantwortlichen oder Auftragsverarbeiter richten, wie zB Auskunfts- oder Löschungsersuchen, kann er nicht ohne Namhaftmachung der betroffenen Person an den Verantwortlichen oder Auftragsverarbeiter weitergeben (im Einzelnen → Form. B. III. 1.) Mit Wirksamwerden von DS-GVO und BDSG ist die frühere Verpflichtung des externen DSB aus § 4f Abs. 6 S. 3 BDSG entfallen, bei datenschutzrechtswidrigen Vorgängen in der Vorabkontrolle gem. § 4d Abs. 5 BDSG aF die Aufsichtsbehörde hierüber zu unterrichten, also den Auftraggeber „anzuschwärzen" (Laue/Nink/Kremer DatenschutzR/Kremer § 8 Rn. 43, 53). Diese öffentlich-rechtliche Pflicht konnte durch den zivilrechtlichen Vertrag nicht ausgeschlossen werden. Aus Art. 39 Abs. 1 lit. d, e DS-GVO ergibt sich jedoch, dass der DSB weiterhin zur Kommunikation mit der Aufsichtsbehörde über konkrete Verarbeitungsvorgänge beim Auftraggeber oder Verantwortlichen berechtigt ist (→ Form. B. I. 1. Anm. 7). Es ist daher für den DSB ein Vabanque-Spiel, wenn er sich zum Schutz des Auftraggebers gegenüber der Aufsichtsbehörde bedeckt hält. Denn auf eine vertraglich (also durch eigenes Handeln) begründete Verschwiegenheitsverpflichtung (→ Anm. 22) und auf seine Verpflichtung gem. § 38 Abs. 2 BDSG iVm § 6 Abs. 5 S. 2 BDSG kann er sich insoweit nicht berufen.

**24. Einverständnis zur Offenlegung der Qualifikation.** Das im Muster vom DSB erklärte Einverständnis betrifft nur Dokumente, deren Veröffentlichung der eigenen wirtschaftlichen Tätigkeit nicht schaden. Demgegenüber ist für die Bedingungen des Dienstvertrags selbst und damit insbesondere für die vereinbarte Vergütung eine Geheimhaltung durch den Verantwortlichen oder Auftragsverarbeiter vorgesehen (→ Form. B. III.3., § 2). Die Pflicht zur Geheimhaltung findet ihre Grenzen dort, wo gesetzliche oder aus behördlichen Anordnungen resultierende Pflichten zur Offenlegung bestehen. Eine Pflicht zur Geheimhaltung gegenüber Berufsgeheimnisträgern (zB den Anwälten des Verantwortlichen) wäre unbillig. Es ist jedoch darauf zu achten, dass das Berufsgeheimnis (§ 203 StGB) nur den jeweiligen Mandanten schützt und daher nicht den DSB, der die Geheimhaltung begehrt. Daher sieht das Muster die Einschränkung vor, dass die Offenlegung gegenüber dem Berufsgeheimnisträger nur erlaubt ist, wenn dieser angewiesen wird, dieses Geheimnis nicht anderen Personen zu offenbaren.

**25. Informationspflichten.** Selbst wenn davon ausgegangen wird, dass das Amt des DSB nur von natürlichen Personen wahrgenommen werden kann (→ Form. B. I. 1. Anm. 1), liegt in der Ausübung der Tätigkeit als DSB nach Auffassung des BFH das Betreiben eines Gewerbes (→ Anm. 13) vor. Daher treffen den externen DSB als Dienstleister die Informationspflichten gem. §§ 2 ff. DL-InfoV. Verstöße gegen diese sind gem. § 6 DL-InfoV iVm § 146 GewO mit bis zu 1.000 EUR bußgeldbewehrt.

## 2. Beratungsvertrag mit einem Dienstleistungsunternehmen

§ 1 Vertragsgegenstand

(1) Zwischen [Name des Verantwortlichen oder Auftragsverarbeiters, Straße/Hausnummer, PLZ/Ort]
– im Folgenden Auftraggeber genannt –

und [Name des Dienstleistungsunternehmens]
– im Folgenden Dienstleister[1] genannt –

wird folgender Dienstvertrag[2] geschlossen:

Der Dienstleister übernimmt für den Auftraggeber im Zusammenhang mit der Benennung einer für ihn tätigen natürlichen Person[1] zum externen Datenschutzbeauftragten des Auftraggebers die Erbringung von Leistungen eines Datenschutzbeauftragten nach Maßgabe dieses Dienstvertrags.

(2) Für diesen Dienstvertrag gelten die Allgemeinen Geschäftsbedingungen des Dienstleisters, die diesem Dienstvertrag nebst den Informationen gem. DL-InfoV als Anlage beiliegen.[3]

§ 2 Pflichten der Parteien

(1) Der Auftraggeber hat von dem qualifizierten Personal des Dienstleisters zunächst folgende Person ausgewählt, die mit dem Abschluss dieses Dienstvertrags von ihm zeitgleich mit separater Erklärung zum externen Datenschutzbeauftragten benannt wird:

[Name des Beauftragten]
– im Folgenden Beauftragter genannt –

(2) Der Dienstleister wird seine Verpflichtungen aus diesem Dienstvertrag durch den Beauftragten erfüllen. Der Beauftragte wird diese Pflichten nach eigenem billigem Ermessen höchstpersönlich oder durch vom Dienstleister zu beschäftigendes Hilfspersonal als Ressource iSv Art. 38 Abs. 2 DS-GVO erfüllen. Höchstpersönliche Leistungen schuldet der Beauftragte maximal im Umfang von 15 Stunden pro Kalenderwoche.[4]

(3) Der Dienstleister sichert dem Auftraggeber zu, jederzeit in ausreichender Zahl eigene Arbeitnehmer zu beschäftigen, die der Beauftragte als Hilfspersonal einsetzen kann. Alle für den Dienstleister tätigen Personen haben diesem gegenüber vertrag-

lich zugesichert, im Falle ihrer Benennung zum externen Datenschutzbeauftragten des Auftraggebers ihr Hilfspersonal nur aus den Reihen der Arbeitnehmer des Dienstleisters auszuwählen.[5]

(4) Der Dienstleister ist verpflichtet, das Fachwissen des Beauftragten iSv Art. 37 Abs. 5 DS-GVO aufrechtzuerhalten.[6] Diesbezügliche Aufwendungen sind mit der vereinbarten Vergütung abgegolten. Der Dienstleister wird dem Auftraggeber auf dessen Verlangen jederzeit aktuelle Fortbildungsbescheinigungen des Beauftragten in Kopie zukommen lassen.

(5) Ist für den Dienstleister erkennbar, dass der Beauftragte künftig nicht mehr für ihn tätig oder für einen durchgehenden Zeitraum von mehr als einem Monat an der Leistungserbringung gehindert sein wird, wird der Dienstleister dem Auftraggeber unverzüglich den voraussichtlichen Tag des Ausscheidens des Beauftragten beim Dienstleister oder den Tag des Eintritts des Leistungshindernisses mitteilen. Die Parteien sind sich einig, dass in einem solchen Fall ein Wechsel in der Person des Beauftragten notwendig ist. Hierfür gilt § 2 Abs. 1 entsprechend mit der Maßgabe, dass der Auftraggeber die Benennung des bisherigen Beauftragten zum Tag seines Ausscheidens oder des Beginns der Verhinderung beenden und den neuen Beauftragten benennen wird.[7] Im Übrigen gilt § 8 Abs. 3.[8]

(6) § 2 Abs. 5 gilt entsprechend, falls der Beauftragte gegenüber dem Auftraggeber sein Amt niederlegen sollte. Wird das Amt mit sofortiger Wirkung niedergelegt, gilt § 2 Abs. 5 mit der Maßgabe, dass der Wechsel des Beauftragten unverzüglich zu vollziehen ist.[9]

(7) Der Auftraggeber sichert zu, während der Laufzeit dieses Dienstvertrags ausschließlich Personen zum Datenschutzbeauftragten iSd Art. 37 DS-GVO, §§ 5 Abs. 1, 38 Abs. 1 BDSG zu benennen, die zum qualifizierten Personal des Dienstleisters gehören.[10]

§ 3 Organisatorische Absprachen, kein Weisungsrecht

(1) Nach Abschluss dieses Dienstvertrags wird der Auftraggeber mit dem Beauftragten organisatorische Absprachen einvernehmlich treffen.[11] Diese betreffen insbesondere die Eingliederung des Beauftragten iSv Art. 38 Abs. 1, Abs. 2, Abs. 3 S. 3 DS-GVO und den Umfang der Präsenz des Beauftragten im Betrieb des Auftraggebers sowie die vom Auftraggeber dem Beauftragten zur Verfügung zu stellenden Ressourcen zur Erfüllung seiner Aufgaben sowie die zu stellenden Kommunikationsmittel für den Kontakt der Arbeitnehmer und Kunden des Auftraggebers sowie sonstigen betroffenen Personen unmittelbar und ausschließlich mit dem Beauftragten und den Zugang zu personenbezogenen Daten und Verarbeitungsvorgängen. Diese einvernehmlichen Konkretisierungen der Zusammenarbeit bedürfen der Textform (§ 126b BGB) und werden dem Dienstleister unaufgefordert und unverzüglich in Kopie überlassen. Abweichungen von diesem Dienstvertrag sind nicht zulässig.

(2) Dem Auftraggeber werden keinerlei Weisungsrechte gegenüber dem Beauftragten oder dessen Hilfspersonal eingeräumt. Einer weitergehenden Eingliederung des Beauftragten als gem. Art. 38 Abs. 1, Abs. 2, Abs. 3 S. 3 DS-GVO erforderlich, wird sich der Auftraggeber in Ansehung aller für den Dienstleister tätigen Personen enthalten.[12] Dem Dienstleister und dem Beauftragten werden keinerlei Weisungsrechte gegenüber den Arbeitnehmern des Auftraggebers und kein Recht zur Vertretung des Auftraggebers eingeräumt.

(3) Der Dienstleister sichert dem Auftraggeber zu, dass er dem Beauftragten und dessen Hilfspersonal keine Weisungen in Bezug auf die Ausübung des Fachwissens auf dem Gebiet des Datenschutzes erteilen wird, ferner, dass er dem Beauftragten Weisungsrechte gegenüber anderen Arbeitnehmern des Dienstleisters einräumen wird, soweit diese als Hilfspersonal bei der Leistungserbringung gegenüber dem Auftraggeber tätig sind.[13]

§ 4 Pauschalvergütung

Die in § 1 genannten Leistungen erbringt der Dienstleister gegen eine pauschale monatliche Vergütung in Höhe von […] EUR, soweit einzelne Leistungen nicht ausdrücklich durch § 5 ausgenommen sind.[14]

§ 5 Aufwandsbezogene Vergütung

(1) Die in § 5 Abs. 2 aufgezählten Teilbereiche der in § 1 genannten Leistungen erbringt der Dienstleister gegen eine aufwandsbezogene Vergütung. Für jede Stunde Arbeit des Beauftragten wird ein Stundenhonorar von […] EUR, für jede Stunde Arbeit des Hilfspersonals ein Stundenhonorar von […] EUR vereinbart.[5]

(2) Die nachfolgenden Leistungen können vom Auftraggeber jederzeit durch Anforderung in Textform (§ 126b BGB) gegenüber dem Dienstleister in Anspruch genommen werden. Gesondert vergütungspflichtig sind

- die Überprüfung von Verarbeitungsvorgängen auf die Einhaltung der rechtlichen Vorgaben zum Datenschutz und zur Datensicherheit
- die Schulung der mit dem Umgang mit personenbezogenen Daten befassten Mitarbeiter des Auftraggebers bezüglich der Erfordernisse des Datenschutzes
- die Beratung bei der Durchführung der Datenschutz-Folgenabschätzung von Verarbeitungen, die voraussichtlich hohe Risiken für Rechte und Freiheiten von betroffenen Personen haben (Art. 35 DS-GVO)
- die Mitwirkung bei der Erstellung betrieblicher Anweisungen und Richtlinien zum datenschutzkonformen Umgang mit personenbezogenen Daten, etwa hinsichtlich des Umgangs mit E-Mail und Internet am Arbeitsplatz oder zum mobilen Arbeiten bzw. zum Arbeiten im Home-Office
- die Wahrnehmung von Besprechungen und anderen Terminen, die nicht am Sitz des Auftraggebers stattfinden
- die Durchführung von Vor-Ort-Prüfungen („Audits") bei Subunternehmern, Vorlieferanten oder anderen für den Auftraggeber tätigen Dienstleistern, insbesondere die Durchführung von Kontrollen im Rahmen von Auftragsverarbeitungsverhältnissen iSv Art. 28 DS-GVO
- alle Tätigkeiten im Zusammenhang mit Sachverhalten betreffend Verletzungen des Schutzes personenbezogener Daten („Datenschutzverletzungen", Art. 4 Nr. 12 DS-GVO, Art. 33 DS-GVO), einschließlich vorbeugender Maßnahmen zur Verhinderung und vorbereitender Maßnahmen im Hinblick auf adäquate Reaktionen
- die Beantwortung konkreter Anfragen von Beschäftigten oder der Unternehmensleitung zum Datenschutz jenseits des Tagesgeschäfts (zB datenschutzrechtliche Machbarkeit neuer Geschäftsmodelle)
- die datenschutzrechtliche Beurteilung von konkreten Marketing-, Werbe- oder Vertriebsmaßnahmen (zB Durchführung von Gewinnspielen)

– der Aufbau, die Bewertung oder Fortentwicklung eines umfassenden Datenschutzmanagementsystems oder Teile desselben zB nach den Empfehlungen des IT-Grundschutz-Kompendiums des BSI

§ 6 Rechnung, Leistungsnachweise

(1) Die Vergütung nach §§ 4, 5 Abs. 1 ist zum Ende eines jeden Kalendermonats fällig und wird jeweils zu Beginn eines Kalendermonats für den vorausgegangenen Kalendermonat in Rechnung gestellt. Es handelt sich hierbei nur um die Vergütung für die Leistungen des Dienstleisters. Die gesetzlichen Ansprüche des Beauftragten werden dadurch nicht berührt.[15] Insoweit gilt § 7 Abs. 1.

(2) Für die nach Aufwand zu vergütenden Leistungen iSv § 5 Abs. 1 werden den monatlichen Rechnungen Leistungsnachweise beigefügt, aus denen die Person, die die Leistungen erbracht hat, und ein Überblick zu den erbrachten Leistungen ihrem Umfang und ihrem Inhalt nach hervorgeht. Die Abrechnung erfolgt minutengenau.

(3) Die Vergütung versteht sich jeweils zzgl. Umsatzsteuer in gesetzlicher Höhe im Zeitpunkt der Leistungserbringung.

§ 7 Aufwendungen des Dienstleisters

(1) In Ansehung seiner Vergütung verpflichtet sich der Dienstleister, den Auftraggeber von Ansprüchen des Beauftragten freizustellen, soweit dieser vom Auftraggeber gem. Art. 38 Abs. 2 DS-GVO Mittel zur Fortbildung oder Teilnahme an Schulungsveranstaltungen oder die Bereitstellung sachlicher oder personeller Ressourcen verlangen sollte.[15] Die Parteien werden den Beauftragten darauf hinweisen, dass diese Ansprüche direkt gegenüber dem Dienstleister geltend gemacht werden sollen.[16]

(2) Alle durch An- und Abreise zum Sitz des Auftraggebers verursachten Reisezeiten werden nicht gesondert vergütet. In diesem Zusammenhang entstehende Aufwendungen sind mit der Vergütung nach §§ 4, 5 abgegolten.

(3) Durch An- und Abreise zu Terminen an anderen Orten als dem Sitz des Auftraggebers oder dem Ort der geschäftlichen Niederlassung des Dienstleisters verursachte Reisezeiten werden [ENTWEDER:] mit [...] EUR pro Stunde vergütet, berechnet ab dem Ort der geschäftlichen Niederlassung des Dienstleisters. [ODER:] ebenfalls nicht vergütet. [ENDE DER ALTERNATIVE]

(4) Der Auftraggeber wird bis zu den Grenzen nachfolgend benannter Höchstbeträge die dem Beauftragten selbst oder seinem Hilfspersonal entstandenen Aufwendungen erstatten:
– [Höchstbeträge für Unterkunft, Verpflegung, Parkgebühren, etc]
– [Entfernungsabhängige Pauschale für Anreisen mit eigenem PKW]
– [Erstattungsfähige Klassen von Fahrkarten öffentlicher Verkehrsmittel/Flugtickets]

Der Beauftragte und sein Hilfspersonal sind frei in der Wahl des Reisemittels, der Unterkunft und der Verpflegung. Zu erstattende Aufwände bzw. zu vergütende Reisezeiten werden auf den monatlichen Rechnungen des Dienstleisters iSv § 6 Abs. 1 separat und getrennt nach Personen ausgewiesen. Seinen Rechnungen wird der Dienstleister Kopien der entsprechenden Rechnungen Dritter beilegen.

§ 8 Laufzeit, Beendigung

(1) Dieser Dienstvertrag hat eine Laufzeit von [zwei] Jahren ab dem Tag der Unterzeichnung. Er verlängert sich jeweils zum Laufzeitende um [zwei] weitere Jahre, wenn er nicht vor Ablauf der jeweiligen Laufzeit unter Einhaltung einer Kündigungsfrist von drei Monaten zum Laufzeitende gekündigt wird. Auf den Bestand dieses Dienstvertrags hat ein Wechsel in der Person des Beauftragten keinen Einfluss.

(2) Das Recht beider Parteien zur außerordentlichen Kündigung aus wichtigem Grund bleibt unberührt. Für den Auftraggeber liegt ein zur außerordentlichen Kündigung dieses Dienstvertrags berechtigender wichtiger Grund insbesondere darin, dass wegen mangelnder Qualifikation iSv Art. 37 Abs. 5 DS-GVO keine der vom Dienstleister benannten Personen als Datenschutzbeauftragter vom Auftraggeber benannt werden darf.

(3) Für den Dienstleister liegt ein zur außerordentlichen Kündigung dieses Dienstvertrags berechtigender wichtiger Grund insbesondere darin, dass der Auftraggeber eine erforderliche Mitwirkungshandlung zur Erfüllung dieses Dienstvertrags nicht binnen einer vom Dienstleister bestimmten angemessene Frist ausgeführt hat, sofern der Dienstleister bei Bestimmung der Frist die vorzunehmende Handlung konkret bezeichnet und erklärt hat, dass er den Vertrag außerordentlich kündige, wenn die Handlung nicht bis zum Ablauf der Frist vorgenommen werde.[17]

§ 9 Verschiedenes

(1) Der Dienstleister verpflichtet sich, jeweils vor Beginn der Leistungserbringung für den Auftraggeber die in diesem Zusammenhang tätigen Personen
- durch separaten Vertrag zugunsten des Auftraggebers auf die Geheimhaltung von Geschäftsgeheimnissen des Auftraggebers zu verpflichten, sodass die jeweils tätige Person diese Geheimnisse entsprechend § 90 HGB wie ein Handelsvertreter zu schützen hat, auch nach Beendigung ihrer Tätigkeit für den Auftraggeber[18]
- anzuweisen, dass der Anschein einer Vertretung des Auftraggebers zu vermeiden ist. Dies gilt insbesondere bei der unmittelbaren Beantwortung von Anfragen betroffener Personen durch den Beauftragten[19]
- anzuweisen, dass den gesetzlich vorgesehenen Rücksichtnahmepflichten (§ 241 Abs. 2 BGB) gegenüber dem Auftraggeber dadurch Rechnung zu tragen ist, dass der Beauftragte dem Auftraggeber eine von ihm ausgehende unmittelbare Kontaktaufnahme mit der Aufsichtsbehörde vorab ankündigen soll, um dem Auftraggeber Gelegenheit zu geben, zeitnah für Abhilfe zu sorgen und dadurch eine Kontaktaufnahme mit der Aufsichtsbehörde zu vermeiden[19]

(2) Die Verträge über die Geheimhaltungspflichten iSv § 9 Abs. 1 erhält der Auftraggeber vom Dienstleister auf dessen Verlangen unverzüglich in Kopie.[18]

(3) Beiden Parteien und dem qualifizierten Personal des Dienstleisters sind die dem Beauftragten aus seiner Benennung zum Datenschutzbeauftragten erwachsende Verschwiegenheitsverpflichtung gem. § 38 Abs. 2 BDSG iVm § 6 Abs. 5 S. 2 BDSG sowie der Straftatbestand des § 203 Abs. 4 StGB bekannt.

(4) Der Auftraggeber darf die Benennung des Beauftragten sowie die Nachweise seines Fachwissens iSv Art. 37 Abs. 5 DS-GVO bei berechtigtem Interesse gegenüber Dritten offenlegen, etwa der zuständigen Aufsichtsbehörde, seinen Auftraggebern

bei einer Auftragsverarbeitung nach Art. 28 DS-GVO oder mit ihm gem. Art. 26 DS-GVO gemeinsam Verantwortlichen. Dieser Dienstvertrag ist vom Auftraggeber grundsätzlich geheim zu halten. Auch Teile davon dürfen nur nach vorheriger, schriftlicher (§ 126 Abs. 1 BGB), in jedem Einzelfall erneut einzuholender Zustimmung des Dienstleisters gegenüber Dritten offengelegt werden. Dies gilt nicht für eine Offenlegung des Vertrags, soweit der Auftraggeber dazu gesetzlich oder kraft behördlicher Anordnung verpflichtet ist oder sie gegenüber einem Dritten erfolgt, der von Berufs wegen zur Verschwiegenheit verpflichtet und vom Auftraggeber angewiesen ist, den Vertrag im Übrigen geheim zu halten.

(5) Der Auftraggeber verpflichtet sich, das qualifizierte Personal des Dienstleisters während der Laufzeit dieses Dienstvertrags nicht abzuwerben sowie für den Fall, dass das Vertragsverhältnis zwischen einer zum qualifizierten Personal gehörenden Person und dem Dienstleister gleich aus welchem Rechtsgrund enden sollte, die betroffene Person bis zum Ablauf von zwölf Monaten nach Beendigung jenes Vertragsverhältnisses nicht zu beschäftigen, sofern nicht der Dienstleister die Beendigung herbeigeführt oder im Einzelfall vorher schriftlich (§ 126 Abs. 1 BGB) zugestimmt hat.[10]

(6) Ungeachtet seiner Verpflichtungen aus Art. 32 Abs. 1 DS-GVO garantiert der Dienstleister dem Auftraggeber, falls es sich hierbei um einen Berufsgeheimnisträger iSd § 203 StGB handelt, eine physikalische Trennung von den Vorgängen anderer Auftraggeber.[20]

| Für den Auftraggeber: | Für den Dienstleister: |
|---|---|
| ______________________ | ______________________ |
| (Ort, Datum) | (Ort, Datum) |
| ______________________ | ______________________ |
| (Unterschrift, Funktion des Unterzeichners) | (Unterschrift, Funktion des Unterzeichners) |

## Anmerkungen

**1. Vertragsparteien.** Dieses Muster gilt für das Drei-Personen-Verhältnis (→ Form. B. I. 1. Anm. 3). Der Kreis der potenziell für das Dienstleistungsunternehmen bei dem (allein oder gemeinsam) Verantwortlichen oder Auftragsverarbeiter als Datenschutzbeauftragter (DSB) tätigen natürlichen Personen ist nicht auf diejenigen Personen beschränkt, die mit dem Dienstleistungsunternehmen in einem Arbeitsverhältnis stehen (→ Form. B. I. 1. Anm. 3). Für das Hilfspersonal wurde der Kreis der in Betracht kommenden Personen bewusst auf Arbeitnehmer beschränkt (→ Anm. 5).

**2. Dienstvertrag.** Bei der Benennung eines externen DSB handelt es sich im Zwei- und im Drei-Personen-Verhältnis (→ Form. B. I. 1. Anm. 3) bei dem der Benennung zugrunde liegenden Vertrag um einen Dienstvertrag iSd §§ 611 ff. BGB (→ Form. B. II. 1. Anm. 2). Im Folgenden sind nur die Bestimmungen des Musters kommentiert, die den Besonderheiten des Drei-Personen-Verhältnisses geschuldet sind oder als Gestaltungsvorschlag vom Muster in → Form. B. II. 1. abweichen.

**3. Allgemeine Geschäftsbedingungen und ihre Einbeziehung.** Die Verwendung Allgemeiner Geschäftsbedingungen (AGB) ist im unternehmerischen Geschäftsverkehr üblich. Deshalb wurden verschiedene Dinge in diesem Muster nicht geregelt, die sich typischerweise in derartigen Bedingungen finden und insoweit als dort vorhanden für dieses Muster unterstellt werden (ausführlich zur Erstellung allgemeiner Geschäftsbedingungen und Musterklauseln von Westphalen/Thüsing VertrR/AGB-Klauselwerke). Dies gilt insbesondere für die Festlegung von Zahlungszielen und Zahlungsmodalitäten, die Verbindlichkeit terminlicher Absprachen, die Haftung des Dienstleisters einschließlich etwaiger Garantien sowie die Schlussbestimmungen (Formerfordernisse, Rechtswahl, Gerichtsstand und salvatorische Klausel; → Form. B. II.1. § 12). Für AGB ist auch im unternehmerischen Verkehr eine Einbeziehungsvereinbarung erforderlich, sodass AGB nicht durch die bloße Branchenüblichkeit der Verwendung einbezogen werden (BGH 15.1.2014 – VIII ZR 111/13, NJW 2014, 1296). Zwar finden die strengen Anforderungen des § 305 Abs. 2 BGB aufgrund von § 310 Abs. 1 S. 1 BGB keine Anwendung, gleichwohl verlangt der BGH eine „Vereinbarung", mithin nichts anderes als die von § 305 Abs. 2 BGB verlangte Zustimmung des Vertragspartners des Verwenders. Da die Tätigkeit eines externen DSB die Informationspflichten gem. §§ 2 ff. DL-InfoV auslöst (→ Form. B. II.1. Anm. 25), treffen diese Pflichten hier den Dienstleister.

**4. Arbeitsbelastung des Beauftragten und Hilfspersonal.** Wie in → Form. B. I.1. ist auch in diesem Muster eine Bestimmung enthalten, ab welcher Arbeitsbelastung sich der externe DSB durch Ressourcen unterstützen lassen kann. Diente diese Festlegung beim Vertrag zwischen Auftraggeber und externem DSB im Zwei-Personen-Verhältnis der Vermeidung einer Scheinselbstständigkeit (→ Form. B. II.1. Anm. 5), bezweckt sie hier einen flexibleren Einsatz der Arbeitskräfte des Dienstleisters. So kann etwa ein in Vollzeit tätiger Arbeitnehmer für mehr als einen Auftraggeber als externer DSB eingesetzt werden.

**5. Auswahl des Hilfspersonals.** Der Anspruch des DSB auf Unterstützung gem. Art. 38 Abs. 2 DS-GVO kann nicht durch einen Vertrag ausgeschlossen oder begrenzt werden, an dem der DSB nicht als Partei beteiligt ist. Dies wäre ein unwirksamer Vertrag zu Lasten eines Dritten (MüKoBGB/Gottwald § 328 Rn. 261). Auch eine entsprechende Vereinbarung unmittelbar mit dem externen DSB wäre unwirksam, weil der Unterstützungsanspruch aus den unmittelbar aus der Benennung folgenden öffentlich-rechtlichen Rechten des DSB folgt. Zudem beeinträchtigt eine solche vertragliche Verkürzung der Rechte des DSB dessen Zuverlässigkeit iSv Art. 37 Abs. 5 DS-GVO (→ Form. B. I.1. Anm. 2).

Die Auswahl des Hilfspersonals steht dem DSB zu. Zulässig sind insoweit Vereinbarungen darüber, was als „erforderlich" iSv Art. 38 Abs. 2 DS-GVO mit Blick auf das vom externen DSB benötigte Hilfspersonal anzusehen ist. Durch das mit dem Muster begründete stete Angebot einer ausreichenden Anzahl von Hilfspersonen seitens des Dienstleisters und durch Vereinbarung einer gesonderten (geringeren) aufwandsbezogenen Vergütung für Hilfspersonal in § 5 Abs. 1 des Musters, die zu einer möglichst geringen Belastung des Auftraggebers als Schuldner des Unterstützungsanspruchs aus Art. 38 Abs. 2 DS-GVO führt, wird die Auslegung des Begriffs „erforderlich" beeinflusst. Die Beschränkung des als Hilfspersonal iSv Art. 38 Abs. 2 DS-GVO in Betracht kommenden Personenkreises auf Arbeitnehmer des Dienstleisters ist mit Blick auf Verschwiegenheitspflichten und die Zulässigkeit der Weitergabe personenbezogener Daten des Auftraggebers an das Hilfspersonal sinnvoll (→ Form. B. II.1. Anm. 4). Es ist zwar grundsätzlich denkbar, dass der externe

DSB auf weitere externe, bislang nicht beteiligte Dritte als Hilfspersonal zurückgreift und mit diesen Personen selbst Arbeits- oder Dienstverträge schließt. Eine solche Auswahl der Personen läuft jedoch den Interessen von Auftraggeber und Dienstleister zuwider und verletzt wegen der damit einhergehenden Einbeziehung Dritter in die Pflichtenerfüllung des DSB die diesem aus § 241 Abs. 2 BGB als vertragliche Nebenpflichten auferlegten Rücksichtnahmepflichten, sodass dies vertraglich ausgeschlossen sein sollte.

**6. Aufrechterhaltung des Fachwissens.** Selbst wenn der Unterstützungsanspruch des DSB durch den Dienstvertrag zwischen Auftraggeber und Dienstleister nicht beschränkt werden kann (→ Anm. 5), ist gleichwohl wegen der Verpflichtung des Auftraggebers zur Kostenübernahme nach Art. 38 Abs. 2 DS-GVO für Fort- und Weiterbildungsmaßnahmen des DSB (→ Form. B. II. 1. Anm. 6) eine Schuldübernahme iSv § 415 Abs. 1 BGB durch den Dienstleister wegen der insoweit, mangels zwingenden Rechts, freien Vertragsgestaltung durch die Parteien möglich. Zwar ist für die Wirksamkeit der Schuldübernahme die Genehmigung des DSB erforderlich (§ 415 Abs. 1 S. 1 BGB). Der Dienstleister wird jedoch schon durch § 2 Abs. 4 gegenüber dem Auftraggeber verpflichtet, den Anspruch des DSB rechtzeitig zu erfüllen (§ 415 Abs. 3 S. 1 BGB). Weil der Kostenübernahmeanspruch aus Art. 38 Abs. 2 DS-GVO insoweit gerade die Aufrechterhaltung des Fachwissens iSv Art. 37 Abs. 5 DS-GVO bezweckt, ist diese Vereinbarung damit zusätzlich zur Freistellung gem. § 7 Abs. 1 geboten (→ Anm. 15).

**7. Verhinderung oder Ausscheiden des DSB.** Ist der Beauftragte an der Erfüllung seiner Aufgaben als DSB gehindert, liegt ein wichtiger Grund für den Widerruf seiner Benennung iSv § 38 Abs. 2 BDSG iVm § 6 Abs. 4 S. 1 BDSG vor. Da in Rechtsprechung und Literatur nicht geklärt ist, ob im Drei-Personen-Verhältnis die Beendigung des Vertrags zwischen DSB und Dienstleistungsunternehmen ein wichtiger Grund für den Widerruf der Benennung ist, sollte die Benennung vorsorglich auf diesen Fall auflösend bedingt werden (→ Form. B. I. 1. § 4 Abs. 2). Nach hier vertretener Auffassung ist die Beendigung des Dienstvertrags des Verantwortlichen oder Auftragsverarbeiters mit dem Dienstleistungsunternehmen ein wichtiger Grund, der für sich bereits zum Widerruf der Benennung berechtigt. Denn mit der Beendigung des Dienstvertrags entfällt das der Benennung zugrunde liegende Vertragsverhältnis, welches für die Wirksamkeit der Benennung notwendig ist (→ Form. B. I. 1. Anm. 1, → Anm. 11). Die auflösende Bedingung in der Benennungserklärung ist deshalb ausschließlich zur Vermeidung entbehrlicher Auseinandersetzungen erforderlich.

**8. Konnexität.** Die Benennung zum DSB und der zugrunde liegende Dienstvertrag sind in ihrem Bestand wechselseitig voneinander abhängig, sog. Konnexität (→ Form. B. I. 1. Anm. 11). Es liegt jedoch im Interesse des Dienstleisters, den Dienstvertrag selbst dann fortzusetzen, wenn ein Wechsel in der Person des DSB erforderlich ist. Dem wird durch die Bestimmungen in §§ 2 Abs. 6, 8 Abs. 3 Rechnung getragen. Die Konnexität wird gewahrt, indem der Widerruf der Benennung des alten DSB nur wirksam ist, wenn gleichzeitig ein neuer DSB benannt wird. Verfügt der Dienstleister nicht über iSd Art. 37 Abs. 5 DS-GVO zuverlässiges und fachkundiges qualifiziertes Personal, ist der Auftraggeber nach § 8 Abs. 2 des Musters zur außerordentlichen Kündigung des Dienstvertrags aus wichtigem Grund berechtigt und hierzu nach dem Widerruf der Benennung des alten DSB auch gezwungen.

**9. Niederlegung des Amtes durch den DSB.** Weil der Beauftragte an diesem Dienstvertrag nicht beteiligt ist, kann kein Verzicht auf das Recht zur Amtsniederlegung vereinbart werden (anders in → Form. B. II. 1. § 8 Abs. 2). Das in diesem Fall drohende Problem mit der Konnexität (→ Anm. 8) wird mit § 2 Abs. 6 gelöst. Bei sofortiger Niederlegung des Amtes durch den alten DSB ist gem. § 2 Abs. 6 unverzüglich ein neuer DSB zu benennen. Im Übrigen gelten § 8 Abs. 2, Abs. 3 des Musters.

**10. Schutzklauseln zugunsten des Dienstleisters.** § 2 Abs. 7 des Musters schützt den Dienstleister davor, dass der Auftraggeber einen Dritten zum DSB benennt und sodann versucht, vertragswidrig unter Berufung auf § 626 BGB oder § 313 BGB sich vom Dienstvertrag zu lösen oder unter Hinweis auf fehlende Gegenleistungen des Dienstleisters wenigstens weitere Vergütungszahlungen einzustellen. Hiermit wird ein Aushebeln des Vertrags durch den Auftraggeber verhindert, sodass die Klausel nicht wegen eines Verstoßes gegen § 307 Abs. 2 Nr. 1, Nr. 2 BGB unwirksam ist. § 9 Abs. 5 begründet ergänzend ein Abwerbungsverbot zugunsten des Dienstleisters, da § 4 Nr. 4 UWG mangels Wettbewerbsverhältnis zwischen Auftraggeber und Dienstleister in den meisten Fällen nicht greifen dürfte. Wegen des Verzichts auf eine Vertragsstrafe zu Lasten des Auftraggebers bei Zuwiderhandlungen ist die hier vorgeschlagene Schutzklausel auch ohne Verstoß gegen § 307 Abs. 1 S. 1 BGB in AGB zulässig (ua OLG München 26.1.1994 – 7 U 5841/93, NJW-RR 1994, 867; OLG Köln 19.12.2013 – 15 U 99/13, BeckRS 2014, 02437).

**11. Organisatorische Absprachen.** Die von Auftraggeber und DSB zu treffenden organisatorischen Absprachen betreffen unterschiedliche Regelungsgegenstände (→ Form. B. II. 1. Anm. 8). Vermieden werden muss allerdings, dass der DSB in Vertretung des Dienstleisters den Dienstvertrag ändert. Ist in den AGB des Dienstleisters (→ Anm. 3) Schriftform iSv § 126 Abs. 1, Abs. 2 BGB für Änderungen und Ergänzungen dieses Dienstvertrags vorgesehen (zur Zulässigkeit → Form. B. II. 1. Anm. 9), scheitert eine Änderung des Dienstvertrags durch organisatorische Absprachen jedenfalls auch an § 3 Abs. 1 S. 4 des Musters, wenn die organisatorischen Absprachen nur in Textform (§ 126b BGB) zwischen Auftraggeber und DSB getroffen werden. Die organisatorischen Absprachen sind im Übrigen zwingend zwischen Auftraggeber und DSB zu treffen, weil der Dienstleister nicht über die Ausübung des Unterstützungsanspruchs durch den DSB aus Art. 38 Abs. 2 DS-GVO entscheiden darf (→ Anm. 5).

**12. Eingliederung.** Die Bestimmung soll einer gelebten Vertragspraxis vorbeugen, die zur Bewertung des Dienstvertrags als Arbeitnehmerüberlassungsvertrag führen könnte (dazu Willemsen/Mehrens NZA 2019, 1473). Schuldhafte Zuwiderhandlungen durch den Auftraggeber lösen Schadensersatzansprüche des Dienstleisters gem. § 280 Abs. 1 BGB aus. Damit kann der Aufwand aufgefangen werden, der dem Dienstleister dadurch entsteht, dass er neues qualifiziertes Personal suchen und einstellen muss, falls der DSB gem. § 10 Abs. 1 S. 1 AÜG zum Arbeitnehmer des Verantwortlichen oder des Auftragsverarbeiters wurde (→ Form. B. I. 1. Anm. 9).

**13. Absicherung der Unabhängigkeit.** Weil die Anordnung der Weisungsfreiheit des Handelns des DSB durch Art. 38 Abs. 3 S. 1 DS-GVO im Verhältnis von Dienstleister zu DSB nicht greift (→ Form. B. I. 1. Anm. 13), ist eine Bestimmung im Vertrag erforderlich, welche die Weisungsfreiheit des DSB absichert. Sollte der DSB nicht Arbeitnehmer des Dienstleisters sein, sind ggf. weitergehende Handlungen erforderlich. Wird zB ein Organmitglied oder geschäftsführender Gesellschafter des Dienstleisters beim Auftraggeber als externer DSB tätig, bedarf es zusätzlich zu § 3 Abs. 3 des Musters eines Gesellschafterbeschlusses beim Dienstleister, wonach dem DSB in Ausübung seines Fachwissens auf dem Gebiet des Datenschutzes keine Weisungen durch den Dienstleister erteilt werden. In diesem Fall genügt ein Weisungsverzicht durch den Dienstleister nicht, weil dessen Gesellschafter durch Gesellschafterbeschlüsse ihre Organmitglieder oder geschäftsführende Gesellschafter jedenfalls im Innenverhältnis binden könnten, was einer Weisung gleichkommt.

**14. Pauschalvergütung.** Abweichend zum Muster für das Zwei-Personen-Verhältnis (→ Form. B. II.1., § 4 Abs. 1) wurde hier auf die exemplarische Benennung von durch die Pauschalvergütung erfassten Tätigkeiten verzichtet. Während im Zwei-Personen-Verhältnis der externe DSB vom Auftraggeber gestützt auf Art. 38 Abs. 2 DS-GVO einen Ersatz seiner Aufwendungen für das Beschäftigen eigener Arbeitnehmer als Hilfspersonal verlangen kann (→ Form. B. II.1. § 7 Abs. 4; zu den umlagefähigen Kosten → Form. B. II.1. Anm. 5), führt der strukturelle Unterschied zwischen Zwei- und Drei-Personen-Verhältnis dazu, dass der Dienstleister eine feste Vergütung unter Einbeziehung des Hilfspersonals vereinbart und dabei alle anfallenden Kosten in der Pauschale wirtschaftlich üblicherweise mit einkalkuliert.

**15. Freistellung des Auftraggebers.** § 6 Abs. 1 S. 2 stellt klar, dass der gesetzliche Unterstützungsanspruch des DSB gegen den Auftraggeber (→ Anm. 6) von der Vergütungsvereinbarung zwischen Auftraggeber und Dienstleister unberührt bleibt. Weil eine Schuldübernahme durch den Dienstleister der Genehmigung durch den DSB bedürfte (→ Anm. 6), dient die Freistellung des Auftraggebers durch den Dienstleister in § 7 Abs. 1 des Musters der Absicherung des Auftraggebers für den Fall, dass der DSB den gesetzlichen Unterstützungsanspruch unmittelbar gegenüber dem Auftraggeber geltend macht und eine Schuldübernahme durch den Dienstleister vertragswidrig ablehnt. Da eine solche schuldbefreiende Leistung durch den Dienstleister nach § 267 Abs. 1 S. 2 BGB wiederum der Zustimmung durch den Auftraggeber bedürfte, wird durch § 7 Abs. 1 des Musters sichergestellt, dass der Auftraggeber der Leistungserbringung durch den Dienstleister nicht widerspricht. Damit steht dem DSB kein Recht mehr zu, Leistungen des Dienstleisters anstelle des Auftragnehmers in Erfüllung des Unterstützungsanspruchs aus Art. 38 Abs. 2 DS-GVO abzulehnen, vgl. § 267 Abs. 2 BGB. Die Begrenzung in § 7 Abs. 1 auf nichthöchstpersönliche Leistungspflichten des Auftraggebers ist unverzichtbar. Eine Leistungserbringung durch den Dienstleister ist nämlich nicht möglich, wenn der Auftraggeber gem. Art. 38 Abs. 2 DS-GVO eine aktive Mitwirkung, mithin Realakte schuldet (vgl. § 8 Abs. 3; → Form. B. I.1. Anm. 10).

**16. Hinweis an den DSB.** Der Hinweis an den DSB, wonach er die ihm kraft DS-GVO zustehenden Unterstützungsansprüche (gegenüber dem Auftraggeber als Verantwortlicher oder Auftragsverarbeiter) unmittelbar gegenüber dem Dienstleister geltend machen soll, macht den Dienstvertrag nicht zu einem echten Vertrag zugunsten eines Dritten iSv § 328 Abs. 1 BGB. Hierdurch wird kein separater Leistungsanspruch des DSB geschaffen, sondern lediglich vereinbart, dass der DSB als Gläubiger des Anspruchs gegen den Auftraggeber sich unmittelbar an den Dienstleister wenden kann, der seinerseits dem Auftraggeber Freistellung versprochen hat.

**17. Außerordentliche Kündigung bei unterlassener Mitwirkung.** Die Bestimmung ist § 643 BGB nachempfunden, der im Werkvertragsrecht eine Kündigungsmöglichkeit des Auftraggebers bei unterlassener Mitwirkung des Auftragnehmers vorsieht. Ohne eine solche Klausel könnte der Auftraggeber durch Nichtvornahme unvertretbarer Handlungen, die für den externen DSB zur Erfüllung seiner Aufgaben erforderlich sind (→ Form. B. I. 1. Anm. 10), diesen an Ausübung seiner Tätigkeit hindern und damit den Dienstleister an der Erbringung der aus dem Dienstvertrag dem Auftraggeber gegenüber geschuldeten Leistungen.

**18. Geheimhaltungspflichten.** Den Dienstleister und alle für ihn tätigen Personen treffen gegenüber dem Auftraggeber kraft Gesetzes keine besonderen Geheimhaltungspflichten (→ Form. B. II. 1. Anm. 22, → Anm. 23, → Anm. 24). § 23 Abs. 1 Nr. 3 UWG ist zwar auf die für den Dienstleister tätigen Personen anwendbar, schützt aber nicht die Geheimnisse des Auftraggebers, sondern die des Dienstleisters vor einer Offenbarung durch den DSB. Deshalb ist die vertragliche Vereinbarung eines Geheimnisschutzes mit dem DSB und dem Hilfspersonal erforderlich. Genügt der entsprechend § 90 HGB geschuldete Geheimnisschutz den Interessen des Auftraggebers nicht oder soll dieser auf den Dienstleister, ggf. unter Vereinbarung einer Vertragsstrafe, erweitert werden, bieten sich gesonderte Geheimhaltungsvereinbarungen an (→ Form. G. IV. sowie → Form. C. VII. 5.).

**19. Weisungen an den DSB.** Die im Muster vorgesehenen Weisungen an den DSB beziehen sich nicht auf die Ausübung seines Fachwissens auf dem Gebiet des Datenschutzes für den Auftraggeber (→ Anm. 13) und sind deshalb zulässig. Durch die zweite Weisung zur vorherigen Ankündigung einer Kontaktaufnahme mit der Aufsichtsbehörde wird der DSB nicht zu einem bestimmten Vorgehen beim Umgang mit Datenschutzvorfällen gezwungen. Das Recht des DSB, sich unmittelbar an die Aufsichtsbehörde zu wenden (→ Form. B. I. 1. Anm. 7), wird durch die hier vorgeschlagene Klausel nicht eingeschränkt. Die Verwendung des Wortes „soll" stellt klar, dass eine Information an den Auftraggeber nicht zwingend zu erfolgen hat, sondern nur, wenn es mit der Rechtslage nach DS-GVO und BDSG noch vereinbar ist.

**20. Physikalische Mandantentrennung.** Die für den Auftraggeber als DSB tätige natürliche Person ist als Kontrollstelle iSd DS-GVO (→ Form. B. I. 1. Anm. 6) kein eigener Verantwortlicher iSd Art. 4 Nr. 7 DS-GVO wegen ihres Umgangs mit personenbezogenen Daten des Auftraggebers. Verantwortlicher ist im Drei-Personen-Verhältnis zwischen Auftraggeber, Dienstleister und DSB allein der Dienstleister (→ Form. B. II. 1. Anm. 4). Deshalb ist der Dienstleister bereits durch Art. 32 Abs. 1 DS-GVO verpflichtet, die erforderlichen technischen und organisatorischen Maßnahmen zum Datenschutz zu treffen. Danach ist mindestens eine logische Trennung verschiedener Datenbestände zu realisieren, die insbesondere durch die Verwendung mandantenfähiger Software erreicht wird (siehe BayLDA Orientierungshilfe Mandantenfähigkeit v. 11.10.2012).

§ 9 Abs. 6 des Musters sieht demgegenüber eine aufwendigere physikalische Trennung bei einem Berufsgeheimnisträger iSd § 203 StGB als Auftraggeber vor, die sich nicht nur auf personenbezogene Daten des Auftraggebers bezieht, sondern auf den gesamten Vorgang. Hiernach sind alle Akten und anderen Dokumente sowie Datenträger des Auftraggebers von denen anderer Verantwortlicher oder Auftragsverarbeiter physikalisch getrennt zu halten. Diese strikte Trennung soll es dem Dienstleister ermöglichen, eben auch für Berufsgeheimnisträger iSv § 203 StGB tätig zu werden. Denn dies setzt voraus, dass das dem DSB zustehende Zeugnisverweigerungsrecht zum Schutze der Privatgeheimnisse auf den externen DSB gem. § 38 Abs. 2 BDSG iVm § 6 Abs. 6 S. 1 BDSG ausgedehnt wird. Diese Normen würden unterlaufen, falls es das flankierende Beschlagnahmeverbot des § 38 Abs. 2 BDSG iVm § 6 Abs. 6 S. 3 BDSG nicht gäbe. Ohne die durch § 9 Abs. 6 zugesicherte strikte physikalische Trennung würde § 38 Abs. 2 BDSG iVm § 6 Abs. 6 S. 3 BDSG jedoch leerlaufen. Deshalb ist der externe DSB jedenfalls bei einem Tätigwerden für Berufsgeheimnisträger ohnehin gesetzlich zur physikalischen Trennung verpflichtet. Anderenfalls wäre der Schutz der Privatgeheimnisse latent gefährdet.

### 3. Aufhebungsvertrag der Parteien

§ 1

Die Parteien sind sich darüber einig, dass der zwischen ihnen bestehende Dienstvertrag über die Tätigkeiten eines externen Datenschutzbeauftragten mit sofortiger Wirkung beendet wird.[1]

§ 2

Der Auftraggeber widerruft hiermit die Benennung des Beauftragten zum externen Datenschutzbeauftragten mit sofortiger Wirkung.[2]

§ 3

[Vor- und Nachname des Datenschutzbeauftragten] wird dem Auftraggeber unverzüglich nach Zustandekommen dieses Aufhebungsvertrags folgende Gegenstände am Sitz des Auftraggebers übergeben bzw. zurückgeben:[3]
[…]

§ 4

Die Parteien sind sich darüber einig, dass alle bislang entstandenen, wechselseitigen Ansprüche der Parteien, gleich ob bekannt oder unbekannt, mit Erfüllung der vorstehenden Übergabe- bzw. Rückgabepflichten erledigt sein sollen.[4]

§ 5

Von diesem Aufhebungsvertrag unberührt bleiben die zwischen den Parteien vereinbarten sowie die mit den Tätigkeiten zusammenhängenden, gesetzlich bestimmten Verschwiegenheitspflichten und alle wechselseitigen Ansprüche im Hinblick auf diese Pflichten sowie wegen Verletzung dieser Pflichten. Vereinbarte Geheimhaltungspflichten gelten zeitlich unbefristet fort.[5]

| Für den Auftraggeber: | Der Beauftragte: |
|---|---|
| ______________________ | ______________________ |
| (Ort, Datum) | (Ort, Datum) |
| ______________________ | ______________________ |
| (Unterschrift, Funktion des Unterzeichners) | (Unterschrift des Beauftragten) |

## Anmerkungen

**1. Beendigung des zugrunde liegenden Vertrags.** Vorliegendes Muster betrifft den unmittelbar mit dem externen Datenschutzbeauftragten abgeschlossenen Dienstleistungsvertrag (Zwei-Personen-Verhältnis; → Form. B. II. 1. Anm. 1). Bei einem freiberuflich tätigen Rechtsanwalt, der gleichzeitig als externer DSB bestellt ist, endet damit die durchgeführte Dienstleistung als externer DSB, die, anders als die originäre Rechtsberatung, dem Gewerberecht unterfällt (BFH 14.1.2020 – VIII R 27/17, BB 2020, 804). Insofern sollten derartige Personengruppen ggf. eine zusätzliche Berufshaftpflichtversicherung vor Bestellung zum externen DSB abschließen, da die übliche Berufshaftpflichtversicherung für die anwaltliche Tätigkeit die als gewerblich einzustufende Tätigkeit eines externen DSB regelmäßig nicht mit abdeckt. Die Einkünfte aus der Tätigkeit unterliegen der Gewerbesteuerpflicht (BFH 14.1.2020 – VIII R 27/17, BB 2020, 804). Ob die Tätigkeit als externer DSB auch der anwaltlichen Tätigkeit das „gewerbliche Gepräge" gibt und so ggf. die gesamten Einkünfte insgesamt der Gewerbesteuerpflicht unterfallen, ist Frage des konkreten Einzelfalls (→ Form. B. II. 1. Anm. 13; Auer-Reinsdorff/Conrad IT-R-HdB/Conrad § 34 Rn. 365 ff.).

**2. Abberufung des DSB.** Vor dem Hintergrund des Trennungsprinzips sowie der Konnexität (→ Form. B. I. 1. Anm. 1 und 11) ist die Benennung separat, nicht notwendigerweise in einer getrennten Urkunde, zu widerrufen, um eine wirksame Beendigung zu erreichen. Diese Abberufung ist zudem ausdrücklich als eine einseitige Erklärung formuliert. Lässt es sich in den Vertragsverhandlungen besser „verkaufen" bzw. ist es zur Gesichtswahrung einer der Parteien erforderlich, wäre statt der Abberufung ebenso die einseitige Amtsniederlegung durch den DSB (→ Form. B. II. 1. Anm. 17) denkbar. Diese würde auf dasselbe Ergebnis hinauslaufen.

**3. Herausgabe bestimmter Gegenstände.** Dieser Absatz im Muster ist als Merkposten vorgesehen, damit der Blick im Zeitpunkt des Streits nicht auf die Frage verengt wird, ob denn auch tatsächlich alle potenziellen wechselseitigen Zahlungsansprüche erledigt sind und damit Rechtsfrieden geschaffen wird. Ggf. sind noch Schlüssel, Zugangsberechtigungen, Notebook etc an den Auftraggeber herauszugeben, die dem DSB im Zuge seiner Eingliederung in die Betriebsabläufe überlassen wurden (→ Form. B. II. 1. Anm. 8). Für die Kopien von Fortbildungsbescheinigungen, die andersherum dem Auftraggeber überlassen wurden, dürfte es wohl kaum ein Rückgabeinteresse des DSB geben. Falls doch, wäre dies mit zu vereinbaren.

**4. Umfassende Erledigungsklausel.** Die Klausel soll alle wechselseitigen Ansprüche erledigen, nicht nur Zahlungsansprüche. Begrenzt ist sie in ihrer Wirkung auf alle zum Zeitpunkt des Abschlusses des Aufhebungsvertrags bereits entstandenen Ansprüche. Nicht erfasst sind demnach Ansprüche der Parteien, die erst danach entstehen. Im Muster nicht vorgesehen ist die Vereinbarung einer „Abstandssumme" oder sonstigen Kompensation für die vorzeitige Beendigung des Dienstleistungsvertrags, welche natürlich noch aufzunehmen wäre, wenn der DSB sich nichts hat zuschulden kommen lassen und der Auftraggeber ggf. schlicht aus geschäftspolitischen Gründen die Vertragsbeziehung möglichst schnell beenden möchte. Insoweit sind auch etwaige Erstattungsansprüche noch zu bedenken (→ Form. B. II. 1. Anm. 5, 6 und 11).

**5. Schweigepflichten.** Damit ursprünglich eingegangene Geheimhaltungsvereinbarungen (→ Form. B. II. 1. Anm. 22; → Form. G. IV.) nicht unterlaufen werden, wurden die sich aus diesen ergebenden Ansprüche von der umfassenden Erledigung ausgenommen. Die Fortgeltung von Geheimhaltungsvereinbarungen, zB aus einem separaten non-disclosure agreement (NDA), ist vorsorglich hier aufgenommen worden, sollte indes in der ursprünglichen Geheimhaltungsvereinbarung schon enthalten sein.

# III. Tätigkeiten des Datenschutzbeauftragten

## 1. Entbindung von der Schweigepflicht

[An das Gericht ...]

Sehr geehrte Damen und Herren,

in dem Verfahren

[Rubrum]
[gerichtliches Aktenzeichen][1]

entbinde ich hiermit Herrn/Frau [Name des Datenschutzbeauftragten] von seiner/ihrer Schweigepflicht[2] über meine Identität und Umstände, die Rückschlüsse auf mich zulassen.[3, 4] [EVENTUELL ZUSÄTZLICH:] Mir ist bekannt, dass hierdurch auch personenbezogene Daten gegenüber dem Gericht und Dritten offengelegt werden können, die einem Berufs- oder besonderen Amtsgeheimnis beim [ENTWEDER/Oder:] Verantwortlichen/Auftragsverarbeiter unterliegen, für die Herrn/Frau [Name des Datenschutzbeauftragten] als Datenschutzbeauftragter tätig ist [ENDE DES ZUSATZES].[5]

[EVENTUELL ZUSÄTZLICH:] Über die Entbindung von der Schweigepflicht hinaus stimme ich der Heranziehung und Einsichtnahme in die von meinem Arbeitgeber über mich und in die durch mich im Betrieb meines Arbeitgebers geführten Akten und Dateien durch das Gericht zu. Dies bezieht sich insbesondere auf das auf meinen Namen von meinem Arbeitgeber eingerichtete elektronische Postfach mit der Adresse [E-Mail-Adresse]. [ENDE DES ZUSATZES]
In die dazu erforderlichen Verarbeitungen der auf meine Person bezogenen personenbezogenen Daten durch meinen Arbeitgeber und die zur Entscheidung meines Falls berufenen Gerichte willige ich hiermit ein.[6] Mir ist bekannt, dass ich diese Einwilligung jederzeit in gleicher Form widerrufen kann und dass die Rechtmäßigkeit der bis zum Widerruf erfolgten Verarbeitungen durch den Widerruf nicht berührt wird.

| | |
|---|---|
| (Ort, Datum) | (Unterschrift der betroffenen Person)[7] |

### Anmerkungen

**1. Sachverhalt.** Der Datenschutzbeauftragte (DSB) ist nach § 38 Abs. 2 BDSG iVm § 6 Abs. 5 S. 2 BDSG zur Verschwiegenheit verpflichtet (→ Form. B. II. 1. Anm. 23). Die Entbindung von dieser Schweigepflicht kommt praktisch nur in Situationen vor, in denen eine Aussage des DSB für die betroffene Person günstig ist. Das Muster bezieht sich beispielhaft auf die Aussage des DSB über einen Gegenstand seiner Wahrnehmung in einem vor dem Arbeitsgericht geführten Rechtsstreit zwischen dem Arbeitgeber (Verantwortlicher oder Auftragsverarbeiter) und dem Arbeitnehmer (betroffene Person).

**2. Wahrung der Geheimhaltung und Vertraulichkeit durch den DSB.** Die Schweigepflicht des DSB ist in der Vergangenheit nur bezogen auf den Schutz der betroffenen Person wegen der Kenntnisnahme des DSB von personenbezogenen Daten – insbesondere von „Tippgebern" – diskutiert worden. Hiermit befasst sich auch das Muster. Art. 38 Abs. 5 DS-GVO adressiert jedoch zusätzlich die „Geheimhaltung" und „Vertraulichkeit" des DSB, überlässt die Ausgestaltung aber dem Recht der Union und jenem der Mitgliedstaaten. Der deutsche Gesetzgeber hat in Ausgestaltung dieser Öffnungsklausel jedoch lediglich den Wortlaut der bisherigen Regelung in § 38 Abs. 2 BDSG iVm § 6 Abs. 5 S. 2 BDSG fortgeschrieben. Zugleich wurde aber der bisherige § 4f Abs. 2 BDSG aF gestrichen, welcher die Klarstellung enthielt, dass sich die Kontrolle des DSB auf einem Berufs- oder besonderen Amtsgeheimnis unterliegende personenbezogene Daten erstreckte. Mit dieser Streichung ist allerdings keine Beschränkung der Überwachungsrechte des DSB aus Art. 39 Abs. 1 lit. b DS-GVO verbunden. Denn die DS-GVO geht insgesamt davon aus, dass sich ihr Anwendungsbereich und damit die Aufgaben des DSB auch auf Berufs- oder Amtsgeheimnisträger sowie die von diesen verarbeiteten personenbezogenen Daten erstreckt (Laue/Nink/Kremer DatenschutzR/Kremer § 8 Rn. 37 ff; zum DSB als „Whistleblower" → Form. B. I. 1. Anm. 7).

**3. Ursprung und Gegenstand der Schweigepflicht.** Jeden internen und externen DSB (zur Abgrenzung → Form. B. I. 1. Anm. 2) trifft die Pflicht aus § 38 Abs. 2 BDSG iVm § 6 Abs. 5 S. 2 BDSG. Hiernach ist der DSB zur Verschwiegenheit über die Identität der betroffenen Person sowie über Umstände, die Rückschlüsse auf die betroffene Person zulassen, verpflichtet, soweit er nicht davon durch die betroffene Person befreit wird. Der DSB soll nur dann ihm anvertraute Informationen offenbaren, wenn dies die betroffene Person nicht belasten kann. Der DSB hat sämtliche Äußerungen zu unterlassen, durch die eine betroffene Person „identifizierbar" iSd Art. 4 Nr. 1 DS-GVO wird. Die Verschwiegenheitspflicht gilt nicht nur gegenüber dem Verantwortlichen einschließlich dessen Arbeitnehmervertretung und Werksarzt, sondern genauso gegenüber Dritten und Aufsichtsbehörden (Kühling/Buchner/Bergt BDSG § 6 Rn. 20). Ausschließlich die betroffene Person kann den DSB von seiner Verschwiegenheitspflicht befreien, vgl. § 38 Abs. 2 BDSG iVm § 6 Abs. 5 S. 2 BDSG. Die Befreiung kann entsprechend § 167 Abs. 1 BGB gegenüber dem DSB oder, wie hier, gegenüber einem Dritten erklärt werden, dem der DSB die Informationen offenbaren können soll. Eine besondere Berechtigung des DSB zur Verweigerung der Aussage, etwa als Zeuge in einem Zivilprozess, lässt sich aus der allgemeinen Verschwiegenheitspflicht nicht ableiten. Soweit die Verschwiegenheitspflicht reicht, kann sich der DSB jedoch auf § 383 Abs. 1 Nr. 6 ZPO berufen.

**4. Strafrechtliche Konsequenzen bei Zuwiderhandlungen.** Ein Verstoß gegen die Schweigepflicht aus § 38 Abs. 2 BDSG iVm § 6 Abs. 5 S. 2 BDSG ist nicht nach § 203 StGB (Verletzung von Privatgeheimnissen) strafbar. Strafrechtliche Konsequenzen bei Verstößen drohen gleichwohl. Der externe DSB ist wegen der von ihm in Ausübung seiner Befugnisse verarbeiteten personenbezogenen Daten selbst Verantwortlicher iSv Art. 4 Nr. 7 DS-GVO (→ Form. B. II. 1. Anm. 4, → Form. B. II. 2. Anm. 20). Bei einer Verletzung seiner Verschwiegenheitspflicht kann deshalb eine unbefugte Übermittlung vorliegen, die unter den Straftatbestand in § 42 Abs. 2 Nr. 1 BDSG oder einem entsprechenden, vorrangigen Straftatbestand in einem Landesdatenschutzgesetz fallen kann. Der externe DSB gilt in Ausübung seiner durch die Bestellung begründeten öffentlich-rechtlichen Aufgaben (→ Form. B. I. 1. Anm. 6 f.)

„für diese Tätigkeiten" als öffentliche Stelle, § 2 Abs. 4 S. 2 BDSG (zur wortgleichen Vorgängernorm BeckOK DatenschutzR/Hanloser BDSG § 2 Rn. 43), dies ungeachtet der Tatsache, dass diese Tätigkeiten einen Großteil des von ihm ausgeübten Gewerbes (→ Form. B. II. 1. Anm. 14) darstellen. In der Gesetzesbegründung zur Vorgängernorm § 2 Abs. 4 S. 2 BDSG aF heißt es, dass der hoheitliche Funktionen ausübende Unternehmer „hinsichtlich der ihm übertragenen Verwaltungstätigkeit" zu den öffentlichen Stellen gehört und dass die damit in untrennbarem Zusammenhang stehenden Tätigkeiten, die nicht unmittelbar selbst hoheitliches Handeln darstellen, ebenfalls der übertragenen Verwaltungstätigkeit zuzurechnen und nicht den Regelungen für nichtöffentliche Stellen zu unterwerfen sind (BT-Drs. 11/4306, 40). Die Begründung zum BDSG 2018 geht darauf nicht ein, sodass in Anbetracht der wortgleichen Fortgeltung die alte Begründung heranzuziehen ist. Hieraus ergibt sich, dass der externe DSB wie andere öffentliche Stellen des Landes der nach Landesrecht zuständigen datenschutzrechtlichen Aufsicht für den öffentlichen Bereich unterfällt. Soweit der interne DSB in seiner Funktion als unabhängige öffentlich-rechtliche Kontrollstelle tätig ist (→ Form. B. I. 1. Anm. 6 f.), ist er unter Art. 4 Nr. 7 DS-GVO ebenfalls selbständig zu betrachten. Er kann im Hinblick auf die mit der Aufsichtstätigkeit einhergehende Verarbeitung personenbezogener Daten nicht Teil des Verantwortlichen oder Auftragsverarbeiters als seinem Arbeitgeber sein. Eine solche Betrachtung ist unvereinbar mit der Unabhängigkeit des DSB (Erwgr. 97 DS-GVO aE). Daher kann auch die Strafandrohung des jeweiligen Landesdatenschutzgesetzes, die tatbestandlich § 42 Abs. 2 Nr. 1 BDSG entspricht, gleichermaßen ihn wie den externen DSB treffen. Neben strafrechtlichen Sanktionen begründet ein Verstoß gegen die Verschwiegenheitspflicht stets Zweifel an der Fähigkeit des DSB zur Erfüllung der in Art. 39 Abs. 1 DS-GVO genannten Aufgaben iSv Art. 37 Abs. 5 DS-GVO. Zudem löst ein solches Handeln gegen den DSB persönlich gerichtete Schadensersatzansprüche der betroffenen Person gem. § 823 Abs. 2 BGB iVm § 38 Abs. 2 BDSG iVm § 6 Abs. 5 S. 2 BDSG aus (Kühling/Buchner/Bergt BDSG § 6 Rn. 20).

**5. Verschwiegenheitspflicht des DSB bei einem Berufsgeheimnisträger.** Eine zweite, nur von wenigen DSB zu beachtende, Verschwiegenheitspflicht kann sich aus § 203 Abs. 4 S. 1 StGB ergeben. Diese Vorschrift gilt ausschließlich für solche DSB, deren Verantwortlicher oder Auftragsverarbeiter ein Berufsgeheimnisträger iSv § 203 Abs. 1, 2 StGB ist (etwa Arzt, Steuerberater, Wirtschaftsprüfer, Rechtsanwalt) und wirkt auch nach dem Tod des Berechtigten fort (BGH 31.5.1983 – VI ZR 259/81, NJW 1983, 2627; → Form. B. III. 2 Anm. 4). Offenbart der DSB unbefugt ein ihm in dieser Funktion vom Berufsgeheimnisträger anvertrautes „fremdes Geheimnis", macht er sich strafbar. Die Schweigepflicht leitet sich also von derjenigen des Berufsgeheimnisträgers ab und ist keine originäre Verpflichtung des DSB (Schönke/Schröder/Lenckner/Eisele StGB § 203 Rn. 61b). Neben Geschäftsgeheimnissen iSv § 2 Nr. 1 GeschGehG sind auch zum persönlichen Lebensbereich gehörende Geheimnisse erfasst, zB die Angabe, dass eine Schwangere eine Konfliktberatung vor einer möglichen Abtreibung aufgesucht hat (→ Form. C. VII. 6.). Damit wird über § 203 Abs. 4 S. 1 StGB das Berufsgeheimnis akzessorisch auf den bei einem Berufsgeheimnisträger tätigen DSB ausgedehnt. Der Berufsgeheimnisträger ist wie jeder andere Verantwortliche gem. Art. 37 Abs. 1 DS-GVO oder §§ 5, 38 BDSG zur Benennung eines DSB verpflichtet (→ Form. B. I. 1.). Trotz seiner weisungsfreien Tätigkeit, die auch im öffentlichen Interesse erfolgt (→ Form. B. I. 1. Anm. 7), ist der

DSB in der Konstruktion des § 203 StGB eine an der die Verschwiegenheitspflicht begründenden beruflichen Tätigkeit eine „sonstige mitwirkende Person“ iSv § 203 Abs. 3 S. 2 StGB. Dies erlaubt es dem Berufsgeheimnisträger, dem DSB die notwendigen Einblicke zu gewähren. Das akzessorische Aussageverweigerungsrecht und das Beschlagnahmeverbot in § 38 Abs. 2 BDSG iVm § 6 Abs. 6 BDSG beziehen sich ausschließlich auf § 203 Abs. 4 S. 1 StGB (→ Form. B. II.2. Anm. 20).

**6. Einwilligung in Einsichtnahme.** Regelmäßig ist die Entbindung von der Verschwiegenheitspflicht mit der Einwilligung in die Einsichtnahme in die die betroffene Person betreffenden oder von ihr geführten Akten und Dateien verbunden. Beispielhaft wird im Muster der Einblick in das E-Mail-Postfach des betroffenen Arbeitnehmers genannt, der regelmäßig in arbeitsgerichtlichen Streitigkeiten von Interesse ist. Eine entsprechende Einwilligung wird der betroffene Arbeitnehmer nur erteilen, wenn er sich davon ein ihm günstiges Beweismittel verspricht. Die Formulierung entspricht der üblichen Standardvorlage der Gerichte, die insbesondere von Sozialgerichten im Hinblick auf die Heranziehung und Einsichtnahme in Akten der Kranken- und Rentenversicherungen verwendet wird, zB in Rechtsstreitigkeiten über Rentenansprüche. Sie wurde allerdings wegen Art. 7 Abs. 4 DS-GVO ergänzt. Seitens der Gerichte als Dritte iSv Art. 4 Nr. 10 DS-GVO ist zu beachten, dass die DS-GVO auf diese Anwendung findet (vgl. zB Art. 9 Abs. 2 lit. f DS-GVO: „bei Handlungen der Gerichte im Rahmen ihrer justiziellen Tätigkeit“), sich jedoch der Tätigkeitsbereich des DSB nicht auf Verarbeitungen im Rahmen der justiziellen Tätigkeiten des Gerichts erstreckt (Art. 37 Abs. 1 lit. a DS-GVO, § 7 Abs. 1 S. 2 BDSG).

**7. Unterschrift.** Die Entbindung des DSB von der Schweigepflicht gem. § 38 Abs. 2 BDSG iVm § 6 Abs. 5 S. 2 BDSG ist eine höchstpersönliche Erklärung der betroffenen Person. Diese bedarf keiner besonderen Form und kann auch mündlich erteilt werden. Aus Beweisgründen empfiehlt sich jedoch stets eine schriftliche Einwilligung (§ 126 Abs. 1 BGB). Demgegenüber entfällt bei der Verschwiegenheitspflicht des § 203 Abs. 4 S. 1 StGB (→ Anm. 5) die Strafbarkeit nicht nur bei einer formfrei möglichen Entbindungserklärung durch die betroffene Person, sondern auch bei einer Befreiung des DSB durch den jeweiligen Berufsgeheimnisträger. Soweit in der Literatur bisweilen noch vertreten wird, dass eine Offenbarungsbefugnis des Berufsgeheimnisträgers allein nicht ausreichend sei, sondern der DSB darüber hinaus auch eine eigene Entbindung durch die betroffene Person benötige (zB Schönke/Schröder/Lenckner/Eisele StGB § 203 Rn. 23, 61b aE), steht dem der Wortlaut in § 38 Abs. 2 BDSG iVm § 6 Abs. 6 S. 2 BDSG entgegen: „Über die Ausübung dieses [Zeugnisverweigerungs-]Rechts entscheidet die Person, der das Zeugnisverweigerungsrecht aus beruflichen Gründen zusteht […]“. Eine Entbindung von der Schweigepflicht allein durch die betroffene Person genügt indes sowohl für § 38 Abs. 2 BDSG iVm § 6 Abs. 5 S. 2 BDSG als auch für § 203 Abs. 4 S. 1 StGB, sofern die betroffene Person gleichzeitig auch diejenige ist, zu deren alleinigem Schutz das Berufsgeheimnis wirkt.

## 2. Antwort auf ein Auskunftsverlangen der Aufsichtsbehörde

**Sehr geehrte Damen und Herren,**

**unter Ihrem Az. [behördliches Aktenzeichen] forderten Sie uns mit Schreiben vom [Datum] auf, in Bezug auf die uns gegenüber erhobenen Vorwürfe einer betroffenen**

Person[1] Stellung zu nehmen sowie in Ihrem Schreiben im Einzelnen näher bezeichnete Auskünfte zu erteilen.[2]

1.

Zu dem von Herrn/Frau [Name der betroffenen Person] geäußerten Vorwurf der rechtswidrigen Datenverarbeitung nehmen wir wie folgt Stellung: Der von der betroffenen Person geschilderte Sachverhalt ist unvollständig und führt deshalb zu unzutreffenden rechtlichen Bewertungen.

Die Daten von Herrn/Frau [Name der betroffenen Person] erlangten wir [...]. Unzutreffend ist die Behauptung, wir würden [...]. Vom ursprünglichen Zweck der Speicherung umfasst war auch [...]. Anhaltspunkte für einen der Datenverarbeitung entgegenstehenden Willen von Herrn/Frau [Name der betroffenen Person] waren für uns nicht erkennbar.[3]

Aus Anlass Ihres Schreibens vom [Datum] erfuhren wir erstmals von einem der weiteren Datenverarbeitung entgegenstehenden Willen der betroffenen Person. Einer Löschung der Daten steht jedoch entgegen, dass die weitere Speicherung erforderlich ist für [...].

2.

Ihrem Auskunftsverlangen kommen wir gerne wie folgt nach:

Das angefragte Verzeichnis von Verarbeitungstätigkeiten entnehmen Sie bitte der Anlage zu diesem Schreiben.[4] Um Ihnen eine schnellere Einschätzung zu ermöglichen, ob unsere Verarbeitungen personenbezogener Daten mit hohen Risiken für die Rechte und Freiheiten natürlicher Personen einhergehen, fassen wir zudem die Kategorien von personenbezogenen Daten, die durch uns verarbeitet werden, wie folgt zusammen:[5]

– [Aufzählung]

[EVENTUELL ZUSÄTZLICH:] Wir führen keine Kerntätigkeiten aus, die in der Durchführung von Verarbeitungsvorgängen besteht, welche die umfangreiche regelmäßige und systematische Überwachung von betroffenen Personen mit sich bringen würde, die in der umfangreichen Verarbeitung von besonderen Kategorien personenbezogener Daten iSv Art. 9 DS-GVO oder in der umfangreichen Verarbeitung personenbezogener Daten über strafrechtliche Verurteilungen und Straftaten iSv Art. 10 DS-GVO bestehen würde. [ENDE DES ZUSATZES]

Sollten Sie ergänzende Fragen haben, stehen wir selbstverständlich jederzeit für weitere Auskünfte zur Verfügung.

| (Ort Datum) | (Geschäftsführung des Verantwortlichen) |
| --- | --- |

## Anmerkungen

**1. Sachverhalt.** Beispielhaft unterstellt wird im Muster der Fall, in dem die betroffene Person sich bei einer Aufsichtsbehörde (→ Form. J. I.) beschwert, weil sie vom Verantwortlichen – angeblich gegen ihren Willen – Werbung zugesandt bekommen hat.

**2. Maßnahmen der Aufsichtsbehörde, Auskunftspflicht.** Anders als die Staatsanwaltschaft, die bei der Verfolgung von Straftaten über einen Opportunitätsspielraum verfügt, muss die Aufsichtsbehörde jedem Verdacht eines Verstoßes gegen das Datenschutzrecht nachgehen (Legalitätsprinzip; Art. 57 Abs. 1 Hs. 1 DS-GVO: „muss“). Bevor von Abhilfebefugnissen iSd Art. 58 Abs. 2 DS-GVO gegenüber dem Verantwortlichen Gebrauch gemacht werden kann, die bis zum Verbot von Verarbeitungen personenbezogener Daten reichen und damit wie eine Betriebsstilllegung wirken können (Art. 58 Abs. 2 lit. f DS-GVO), muss die Aufsichtsbehörde jedoch zunächst den Sachverhalt aufklären. Dazu stehen ihr die in Art. 58 Abs. 1 DS-GVO verankerten Untersuchungsbefugnisse zu. Verweigert der Verantwortliche die Vor-Ort-Prüfung, obwohl er zu deren Duldung gem. Art. 58 Abs. 1 lit. f DS-GVO verpflichtet war („Zugang zu den Geschäftsräumen, einschließlich aller Datenverarbeitungsanlagen und -geräte“), liegt hierin eine im Gegensatz zu den anderen Untersuchungsbefugnissen der Aufsichtsbehörde deutlich härter sanktionierte Ordnungswidrigkeit (Art. 83 Abs. 5 lit. e DS-GVO: „Nichtgewährung des Zugangs“). Die Duldungspflicht führt dazu, dass der Verantwortliche an der Ermöglichung einer effektiven Kontrolle seiner Verarbeitungen personenbezogener Daten aktiv mitwirken muss (Gola/Heckmann/Nguyen DS-GVO Art. 58 Rn. 8; so schon zum alten Recht Simitis/Petri BDSG § 38 Rn. 65), ohne dass bei einer rechtmäßigen Kontrolle ein Kostenerstattungsanspruch des Verantwortlichen gegenüber der Aufsichtsbehörde besteht, zB für Produktionsausfälle. Zudem können in Abhängigkeit vom jeweiligen Kostenrecht für die aufsichtsbehördliche Tätigkeit Gebühren beim Verantwortlichen erhoben werden (VG Lüneburg 5.7.2007 – 1 A 132/05, RDV 2007, 216; eine Änderung der Rechtslage trat durch die DS-GVO insoweit nicht ein). Die Vor-Ort-Kontrolle ist damit deutlich belastender als eine schriftliche Selbstauskunft, welche von der Aufsichtsbehörde deshalb zur Aufklärung des Sachverhalts unter dem Gesichtspunkt der Verhältnismäßigkeit regelmäßig zuerst eingeholt wird. Zur Erteilung von Auskünften ist der Verantwortliche, jedenfalls im Rahmen einer „Zusammenarbeit mit der Aufsichtsbehörde“, jederzeit verpflichtet (Art. 30 Abs. 4, Art. 31 DS-GVO). Die Auskunfts- bzw. Mitteilungspflichten gehen sogar über die Grenze der Selbstbezichtigung hinaus und verpflichten zur Schaffung von Beweismitteln gegen sich selbst (Art. 33 Abs. 1, 5 DS-GVO). Bemerkenswert ist insoweit, dass die DS-GVO zwar den Grundsatz hervorhebt, dass niemand wegen derselben Tat zweimal „bestraft“ werden darf, etwa durch verwaltungs- und strafrechtliche Sanktionen (Erwgr. 149 aE DS-GVO). Aber die Freiheit, sich nicht selbst belasten zu müssen, die den europäischen Staaten ebenso vertraut ist (Art. 14 Abs. 3 lit. g IPbpR und Art. 6 Abs. 1 S. 1 EMRK) wie dem deutschen Staat (siehe nur § 55 Abs. 1 StPO), wird nicht erwähnt, wenngleich es mehr Anlass dazu gegeben hätte, sich zu diesem Grundsatz anstatt zum Verbot der Doppelbestrafung zu äußern. Für die Rechtsanwendung in Deutschland ist es begrüßenswert, dass §§ 40 Abs. 3, 42 Abs. 4, 43 Abs. 4 BDSG die alte Rechtslage fortführen, also den sich durch Mitteilungen an die Aufsichtsbehörde Selbstbelastenden von einer Sanktionierung freistellen. Dabei kann die Behörde, wie in dem diesem Muster zugrunde liegenden Sachverhalt geschehen, die Geltendmachung ihres Auskunftsanspruchs mit einer Anhörung nach § 28 Abs. 1 VwVfG verbinden, um gleichzeitig etwaige Maßnahmen nach Art. 58 Abs. 2 DS-GVO gegen den Verantwortlichen vorzubereiten. Für derartige Maßnahmen ist das deutsche Verwaltungsrecht maßgeblich, weil die DS-GVO unter Beachtung der sich aus Art. 291 Abs. 1 AEUV ergebenden Verfahrensautonomie bestimmt, dass die „Ausübung" von der Aufsichtsbehörde übertragenen Befugnissen „gemäß dem Recht des Mitgliedstaats" erfolgt (Art. 58 Abs. 4 DS-GVO). Erwgr. 129 DS-GVO vereinheitlicht indes ein „Minimum an Verfahrensvorschriften" für das Handeln von Aufsichtsbehörden europaweit, wobei es sich aus deutscher Sicht um Selbstverständlichkeiten handelt. Der Zugang des im hiesigen Sachverhalt unterstellten Schreibens (→ Anm. 1) sollte deshalb beim Verantwortlichen einen strukturierten Prozess auslösen (→ Form. A. III.3.), an dessen Ende ein Antwortschreiben der Geschäftsführung an die Aufsichtsbehörde zB nach dem vorliegenden Muster steht. Der Datenschutzbeauftragte sollte sorgfältig abwägen, welche Informationen er der Aufsichtsbehörde preisgibt, wenn er unmittelbar von dieser befragt wird (Art. 39 Abs. 1 lit. d, e DS-GVO; → Form. B. I.1. Anm. 7, → Form. B. III.1.).

**3. Eigene Schilderung des Sachverhalts.** Ein von der Aufsichtsbehörde betriebenes Verwaltungsverfahren kann zu Maßnahmen nach Art. 58 Abs. 2 DS-GVO, insbesondere zur Verhängung von Geldbußen gem. Art. 58 Abs. 2 lit. i iVm Art. 83 DS-GVO gegen den Verantwortlichen führen. Auf die Formulierung des Antwortschreibens, insbesondere des vom Verantwortlichen dort geschilderten Sachverhalts, ist deshalb besondere Sorgfalt zu verwenden. Mit Blick auf die Höhe der Geldbußen, die nach Art. 83 Abs. 1 DS-GVO „in jedem Einzelfall abschreckenden Charakter" haben sollen, ist eine rechtliche Prüfung zu empfehlen. Mit Blick auf die anderenfalls drohenden Vor-Ort-Kontrollen (→ Anm. 2) empfiehlt sich ein kooperativer Umgang mit der Aufsichtsbehörde ab der ersten Anfrage. Die Wiedergabe eigener Rechtsansichten (etwa: „Die betroffene Person hatte eingewilligt.") kann zwar für die Schuldfrage und damit für die Bemessung einer Geldbuße relevant sein. Das Auskunftsverlangen wird damit jedoch nicht erfüllt. Es ist der Sachverhalt zu schildern, aufgrund dessen die Aufsichtsbehörde selbstständig eine rechtliche Bewertung vornehmen kann (zB durch Vorlage der unterschriebenen Einwilligungserklärung der betroffenen Person). Zur Schilderung des Sachverhalts gehört auch die Angabe, welche Gesichtspunkte der Verantwortliche in eine Interessenabwägung etwa iSv Art. 6 Abs. 1 lit. f DS-GVO einbezogen hat.

**4. Umfang und Darstellung der zu erteilenden Auskünfte.** Fließtexte sind zur Beantwortung von Auskunftsverlangen nicht zwingend erforderlich. Ist, wie hier, nach dem Verzeichnis von Verarbeitungstätigkeiten gefragt, wird dieses in Kopie übersandt (→ Form. C. II.). Die darin enthaltenen Angaben werden von der Aufsichtsbehörde nicht jedermann zugänglich gemacht, insbesondere nicht der betroffenen Person in Beantwortung einer an die Aufsichtsbehörde gerichteten Beschwerde übermittelt (vgl. Art. 77 Abs. 2 DS-GVO). Die Aufsichtsbehörde hat insoweit nur zusammenfassend zu unterrichten, da eine Weitergabe der Untersuchungsergebnisse regelmäßig deshalb ausscheidet, weil diese „nur für Zwecke der Aufsicht" verarbeitet werden dürfen (§ 40 Abs. 2 S. 1 BDSG). Auch eine Gefahr der Offenbarung von der Aufsichtsbehörde offengelegten Geschäftsgeheimnissen des Verantwortlichen über die Geltendmachung von Ansprüchen Dritter nach den Informationsfreiheitsgesetzen droht nicht. Denn ebenso wie geistiges Eigentum sind Geschäftsgeheimnisse hiernach nicht herauszugeben (§ 6 IFG). Generell gilt für Auskunftsverlangen, dass Geheimhaltungsinteressen des Verantwortlichen hierdurch nicht berührt werden, weil die aus Prüfungen und Besichtigungen gewonnenen Erkenntnisse der Geheimhaltungspflicht der Aufsichtsbehörde nach dem jeweiligen VwVfG unterliegen (so schon zum alten Recht Simitis/Petri BDSG § 38 Rn. 69); an diesen allgemeinen verwaltungsrechtlichen Grundsätzen ändert die DS-GVO nichts. Zu beachten sind allerdings die Ausnahmetatbestände in § 40 Abs. 2 BDSG, die in bestimmten Fällen eine Weitergabe ua an betroffene Personen, an Aufsichtsbehörden, an Gewerbeaufsichtsbehörden sowie an Strafverfolgungsbehörden gestatten.

**5. Kategorien von Daten.** Die DS-GVO differenziert zwischen verschiedenen Kategorien personenbezogener Daten iSv Art. 4 Nr. 1 DS-GVO. Unter die „besonderen Kategorien" personenbezogener Daten iSv Art. 9 Abs. 1 DS-GVO fallen nicht mehr nur personenbezogene Daten, aus denen sich bestimmte Informationen ergeben, sondern nunmehr auch die mit eigenen Begriffsdefinitionen ausgestatteten genetischen Daten (Art. 4 Nr. 13 DS-GVO), zur Identifizierung vorgesehenen biometrischen Daten (Art. 4 Nr. 14 DS-GVO) und Gesundheitsdaten (Art. 4 Nr. 15 DS-GVO). Eine besondere Rolle spielen erstmals personenbezogene Daten, die Informationen über strafrechtliche Verurteilungen und Straftaten oder damit zusammenhängende Sicherungsmaßregeln enthalten (Art. 10 DS-GVO; zum Anwendungsbereich der Norm → Form. I. V. Anm. 4). Neu ist zudem auch, dass personenbezogene Daten, die sich auf Kinder beziehen, mittelbar einen besseren Schutz erfahren (Art. 8 DS-GVO) und deshalb als eine eigene Kategorie von Daten aufgefasst werden sollten.

Trotz der unterschiedlichen Bedingungen für eine rechtmäßige Verarbeitung, die sich an die verschiedenen Kategorien von Daten knüpfen, ist daran zu erinnern, dass bereits 1983 das BVerfG davon sprach, dass „es unter den Bedingungen der automatischen Datenverarbeitung kein belangloses Datum mehr gibt" (BVerfG 15.12.1983 – 1 BvR 209/83, BVerfGE 65, 1). Allen Unterscheidungen von Datenkategorien ist gemein, dass die Zuweisung von personenbezogenen Daten zu einer jener Kategorien (nur) dazu führt, dass besondere Regelungen für die Rechtmäßigkeit der Verarbeitung gelten. Die Bildung weiterer Kategorien von Daten, für die jedoch keine besonderen Regelungen gelten, ist zwar in der Praxis üblich (zB sog. „Kundendaten"), aber nicht zu empfehlen, weil dies zu Fehlzuordnungen und der Erschwerung der eigenen Arbeit führen kann. Nur solange sich aus der Bezeichnung der Kategorie von Daten unmittelbar der Rückschluss auf das zu beachtende Recht ergibt, erleichtert dies die Arbeit des Verantwortlichen, der es darauf anlegt, die Vorgaben des Datenschutzrechts einzuhalten. Denn die jeweils zu beachtenden Sondervorschriften sind etwa für die Erstellung eines Löschkonzepts hilfreich (→ Form. A. V.4.). Abschließend ist darauf hinzuweisen, dass es „Verarbeitungen" personenbezogener Daten gibt, die besondere Verhaltenspflichten beim Verantwortlichen nach sich ziehen, und die Frage, ob eine solche Verarbeitung vorliegt, auch – aber nicht nur – davon abhängt, welche Kategorien von Daten verarbeitet werden. Betroffen sind die Verarbeitungen, die hohe Risiken für die Rechte und Freiheiten natürlicher Personen in sich bergen (siehe Art. 35, 36 DS-GVO).

## 3. Typische auf den Datenschutzbeauftragten des Vertragspartners bezogene Klauseln anderer Verträge

Die nachfolgenden Klauseln sind kein Muster für einen einheitlichen Vertrag. Es handelt sich um **einzelne, voneinander losgelöst zu betrachtende und separat zu verwendende Bestimmungen.** In der Praxis finden sich derartige Bestimmungen in Verträgen unterschiedlicher Art zwischen dem Verantwortlichen und einem Dritten.

Ihre Verwendung ist dabei nicht auf bestimmte Arten von Verträgen oder Geschäftsfeldern bzw. Branchen beschränkt. Typischerweise handelt es sich jedoch um Aufträge über eine Auftragsverarbeitung iSv Art. 28 DS-GVO oder solche Verträge, in deren Rahmen personenbezogene Daten zur Nutzung durch Dritte iSv Art. 4 Nr. 10 DS-GVO übermittelt werden (zB im Marketing oder in der Kundenbetreuung). Dabei kann der Datenschutzbeauftragte, der selbst an diesen Verträgen nicht beteiligt ist, vom Vertragspartner seines Verantwortlichen oder Auftragsverarbeiters durch eine geeignete Vertragsgestaltung zu dessen verlängertem Arm instrumentalisiert werden, sodass der Vertragspartner sich eigene, aufwendige Kontrollen erspart (→ Form. B. I. 1. Anm. 6, Stichwort „interne Selbstkontrolle").

**1. Benennung eines Datenschutzbeauftragten**

Der Anbieter gewährleistet in den gesetzlich in Art. 37 Abs. 1 DS-GVO, §§ 5 Abs. 1, 38 Abs. 1 BDSG bezeichneten Fällen, einen Datenschutzbeauftragten benannt zu haben.[1]

**2. Pflicht zur Benennung eines Datenschutzbeauftragten**

(1) Unabhängig davon, ob der Auftragnehmer kraft Gesetzes dazu verpflichtet ist, hat er die vertragliche Pflicht, einen Datenschutzbeauftragten zu benennen, der seine Tätigkeit gem. Art. 38, 39 DS-GVO ausüben kann.[2]

(2) [EVENTUELL ZUSÄTZLICH: Ein Nachweis über die vom Auftragnehmer vorgenommene Benennung eines Datenschutzbeauftragten ist diesem Vertrag als Anlage beigefügt.][3]

(3) [EVENTUELL ZUSÄTZLICH: Die Nachweise der Aus- und Fortbildungen des Datenschutzbeauftragten des Auftragnehmers, die dessen Fachwissen iSv Art. 37 Abs. 5 DS-GVO belegen, sind dieser Vereinbarung als Anlage beigefügt. Von den Nachweisen über zukünftige Fortbildungen wird der Auftragnehmer dem Auftraggeber unaufgefordert unverzüglich nach Abschluss der jeweiligen Fortbildung eine Kopie überlassen.][4]

**3. Kontaktdaten des Datenschutzbeauftragten, Mitwirkungspflicht**

(1) Name und Kontaktdaten des Datenschutzbeauftragten des Auftragnehmers werden dem Auftraggeber nachfolgend zum Zwecke der unmittelbaren Kontaktaufnahme mitgeteilt.[5] Gegenwärtig ist zum Datenschutzbeauftragten des Auftragnehmers benannt: [Name, Kontaktdaten].

(2) Sollte sich ein Wechsel in der Person des Datenschutzbeauftragten oder eine Änderung in den Kontaktdaten ergeben, wird der Auftragnehmer dies dem Auftraggeber unverzüglich in Textform (§ 126b BGB) anzeigen.[5]

(3) Der Auftragnehmer verpflichtet sich, seinen Datenschutzbeauftragten anzuweisen, die ihm vom Auftraggeber gestellten Fragen zu datenschutzrechtlichen Belangen im Zusammenhang mit den Datenverarbeitungen, die der Auftragnehmer im Auftrag für den Auftraggeber ausführt, unmittelbar und unverzüglich zu beantworten.[6]

**4. Inspektionsrecht des Auftraggebers**

Der Auftraggeber ist befugt, beim Auftragnehmer alle erforderlichen Überprüfungen einschließlich Inspektionen vor Ort zum Nachweis der Einhaltung der Anforderungen aus Art. 28 Abs. 1 DS-GVO durchzuführen. Hierzu ist der Auftraggeber befugt, Zugang zu allen für die Überprüfungen erforderlichen Informationen zu verlangen. Dazu gehören insbesondere Nachweise über die Benennung eines Datenschutzbeauftragten und dessen Fachwissen, die Verpflichtung der Mitarbeiter auf die Vertraulichkeit personenbezogener Daten sowie Konzepte zu technischen und organisatorischen Maßnahmen zum Schutz personenbezogener Daten.[7]

5. Inspektion durch Dritte

Der Auftraggeber kann seine Einsichts- und Kontrollrechte nicht nur durch eigene, zur Verschwiegenheit gesondert verpflichtete Arbeitnehmer oder seinen internen Datenschutzbeauftragten ausüben, sondern auch durch bevollmächtigte Dritte, sofern es sich bei diesen um berufsmäßig zur Verschwiegenheit Verpflichtete handelt, zB vereidigte Wirtschaftsprüfer, Rechtsanwälte oder Steuerberater.[8]

6. Nachweis der Datenschutzkonformität

Unabhängig von den Überprüfungsbefugnissen des Auftraggebers verpflichtet sich der Auftragnehmer, durch ein regelmäßiges, alle [drei] Jahre zu erneuerndes Testat, zB einer anerkannten Wirtschaftsprüfungsgesellschaft, seines Datenschutzbeauftragten oder durch eine andere, den gesetzlichen Anforderungen aus Art. 42 DS-GVO genügende Zertifizierung, den Nachweis der Einhaltung der getroffenen technischen und organisatorischen Maßnahmen iSv Art. 32 Abs. 1 DS-GVO zu erbringen.[9]

7. Überprüfungsrecht des Betriebsrats

Der Betriebsrat hat das Recht, jederzeit unter Wahrung der Persönlichkeitsrechte der Arbeitnehmer die Einhaltung dieser Betriebsvereinbarung unter Hinzuziehung des Datenschutzbeauftragten zu überprüfen.[10]

8. Pflicht zur Datenschutzkonformität

Der Auftragnehmer wird sich bei Ausführung des Auftrags an das geltende Datenschutzrecht halten. Der vom Auftragnehmer benannte Datenschutzbeauftragte verantwortet die Einhaltung [ENTWEDER:] des geltenden Datenschutzrechts [ODER:] der erforderlichen technischen und organisatorischen Maßnahmen iSv Art. 32 DS-GVO.[11]

______________________________

(Unterschrift des Datenschutzbeauftragten)[12]

## Anmerkungen

**1. Gewährleistung der Benennung.** Die Klausel berührt die Interessen des Datenschutzbeauftragten (DSB) nur mittelbar. Sie richtet sich allein darauf, dass Verantwortlicher oder Auftragsverarbeiter gewährleisten, im Fall einer Benennungspflicht aus Art. 37 Abs. 1 DS-GVO oder §§ 5 Abs. 1, 38 Abs. 1 BDSG (→ Form. B. I. 1. Vorb.) überhaupt einen DSB benannt zu haben. Von einer derartigen Vereinbarung verspricht sich der Vertragspartner mittelbar die Einhaltung datenschutzrechtlicher Bestimmungen, bedingt durch die Arbeit des DSB als unternehmensinterne Kontrollstelle (→ Form. B. I. 1. Anm. 6).

**2. Vertragliche Pflicht zur Benennung eines Datenschutzbeauftragten.** Ungeachtet einer etwaigen gesetzlichen Pflicht zur Benennung eines DSB aus Art. 37 Abs. 1 DS-GVO oder §§ 5 Abs. 1, 38 Abs. 1 BDSG wird durch diese Klausel eine vertragliche Pflicht zur Benennung eines DSB begründet. Eine solche freiwillige Benennung lässt Art. 37 Abs. 4 S. 1 DS-GVO ausdrücklich zu. Wegen der sich gleichwohl aus dem Gesetz ergebenden Unabhängigkeit des DSB und seiner Aufgabe als interne Kontrollstelle (→ Form. B. I. 1. Anm. 6, 7) erreicht der Auftraggeber damit mittelbar eine Kontrolle des Auftragnehmers, ohne selbst Kosten tragen zu müssen. Durch die optionalen Zusätze in den Abs. 2 und 3 (→ Anm. 3, 4) sowie die ergänzende Klausel in § 4 (→ Anm. 5) kann das Instrument der Selbstkontrolle beim Auftragnehmer noch für den Auftraggeber kostenfrei verschärft werden.

**3. Nachweis der Benennung.** Die Klausel hat nur deklaratorischen Charakter. Allein der Umstand, dass der Auftraggeber überhaupt zu einem Nachweis der Benennung verpflichtet ist (zum Wegfall der Schriftform für die Benennung → Form. B. I. 1. Anm. 1), erzeugt Druck auf den Auftragnehmer mit Blick auf die tatsächliche Vornahme der Benennung eines DSB.

**4. Vorlage von Nachweisen für das Fachwissen.** Soweit vorhandene Nachweise angesprochen sind, ist die Klausel deklaratorischer Natur. Bezogen auf die Überlassung zukünftiger Nachweise begründet die Klausel eine vertragliche Pflicht des Auftragnehmers. Auch dies dient der Erhöhung des Drucks auf den Auftragnehmer zur gesetzeskonformen Umsetzung des Datenschutzes in seinem Unternehmen. Die für die damit verbundenen Übermittlungen personenbezogener Daten über die Beschäftigten sowie über den DSB an den Auftraggeber erforderliche Rechtsgrundlage ergibt sich aus Art. 6 Abs. 1 S. 1 lit. f DS-GVO.

**5. Ansprache des DSB durch den Auftraggeber.** Der DSB ist gem. Art. 38 Abs. 4 DS-GVO Ansprechpartner für alle betroffenen Personen. Nicht erfasst ist jedoch der Auftraggeber als Vertragspartner des Verantwortlichen oder Auftragsverarbeiters, obwohl dieser häufig ein berechtigtes Interesse daran hat, dass beim Verantwortlichen oder Auftragsverarbeiter die Regelungen des Datenschutzes eingehalten werden. Durch die beiden Klauseln räumt der Verantwortliche oder Auftragsverarbeiter dem Auftraggeber das Recht ein, ungefiltert gleich einer betroffenen Person mit dem DSB in Kontakt zu treten. Zur Absicherung der Kontaktmöglichkeit ist in Abs. 2 eine Verpflichtung vorgesehen, Änderungen mitzuteilen (zum Begriff Kontaktdaten und der Veröffentlichungspflicht aus Art. 37 Abs. 7 DS-GVO → Form. B. I. 1. Vorb.).

**6. Antworten des DSB an den Auftraggeber.** Ergänzend zum Recht des Auftraggebers zur unmittelbaren Ansprache des DSB (→ Anm. 5) verpflichtet diese Klausel den Auftragnehmer dazu, seinen DSB zur unmittelbaren Antwort an den Auftraggeber anzuhalten. Anderenfalls liefe die Kontrollfunktion des DSB für den Auftraggeber weitgehend ins Leere und beschränkte sich auf die Hoffnung des Auftraggebers, dass allein das Vorhandensein eines DSB zu einer Verbesserung des Datenschutzes beim Auftraggeber führen wird. Die dem DSB zu erteilende Weisung betrifft seinen zivilrechtlichen Aufgabenkreis (→ Form. B. I. 1. Anm. 8), steht also nicht in Konflikt zur weisungsfreien Tätigkeit des DSB gem. Art. 38 Abs. 3 S. 1 DS-GVO.

**7. Kontrollen durch den Auftraggeber.** Zu den Mindestinhalten eines Vertrags über eine Auftragsverarbeitung gehören gem. Art. 28 Abs. 3 lit. h DS-GVO Festlegungen über die Kontrollrechte des Auftraggebers (→ Form. E. III. und → Form. G. I. sowie → Form. G. II.). Bestimmte Mindestinhalte gibt die DS-GVO hier nicht vor. Die Musterklausel geht über den Mindestinhalt einer solchen Bestimmung hinaus. Gem. Art. 28 Abs. 3 lit. h DS-GVO wäre es ausreichend, wenn sich die Kontrolle auf die Einhaltung der sich unmittelbar aus Art. 28 DS-GVO ergebenden Anforderungen beschränkte (ausführlich → Form. G. I.; zur Verpflichtung auf das Datengeheimnis → Form. C. VII. 1.).

**8. Verschwiegenheitspflichten und Inspektionen.** Zu den Mindestinhalten eines Auftrags über eine Auftragsverarbeitung gehört gem. Art. 28 Abs. 3 lit. h DS-GVO die Festlegung, ob der Auftraggeber seine Kontrollrechte nur höchstpersönlich ausüben kann bzw. welche Personen als von dem Auftraggeber beauftragte Prüfer zur Vornahme von Inspektionen beim Auftragnehmer berechtigt sind. Der Auftragnehmer muss verhindern, dass Kontrollen durch unmittelbare oder mittelbare Wettbewerber vorgenommen werden. Als Kompromiss wird deshalb regelmäßig eine Beschränkung der Kontrollbefugnisse auf berufsmäßig iSv § 203 StGB zur Verschwiegenheit Verpflichtete vorgesehen. Eine Prüfbefugnis für den DSB des Auftraggebers ist für den Auftragnehmer stets riskant, weil den DSB des Auftraggebers keine Verschwiegenheitspflichten bezogen auf den Auftragnehmer treffen (→ Form. B. III. 1. Anm. 2). Handelt es sich um einen externen DSB, ist dieser kraft Gesetzes noch nicht einmal zur Geheimhaltung zugunsten des Auftraggebers verpflichtet (→ Form. B. II. 1. Anm. 22). Auftragnehmer sollten deshalb Prüfbefugnisse des DSB des Auftraggebers ohne gesondert zugunsten des Auftragnehmers mit dem DSB abgeschlossene Geheimhaltungsvereinbarungen (→ Form. B. II. 1. Anm. 22) grundsätzlich ablehnen.

**9. DSB als Prüfungsautorität.** Wegen der Überprüfungsbefugnisse des Auftraggebers aus Art. 28 Abs. 3 lit. h DS-GVO stellt sich die Frage, ob eigene Prüfungen des Auftraggebers dadurch ersetzt werden können, dass der Auftragnehmer sich selbst einer Prüfung durch einen vertrauenswürdigen Dritten unterzieht und das Ergebnis der Prüfung dem Auftraggeber bereitstellt, zB als Testat oder Auditbericht. Dies ist abhängig von der Bedeutung der von der Verarbeitung betroffenen personenbezogenen Daten und der mit der Verarbeitung einhergehenden Eingriffsintensität möglich (Kremer ITRB 2014, 60 mwN). Für die Durchführung derartiger Prüfungen beim Auftragnehmer kommt grundsätzlich auch dessen DSB als vertrauenswürdige und kraft Gesetzes unabhängige Instanz in Betracht (→ Form. B. I. 1. Anm. 1). Ob externe Prüfer generell unabhängiger sind und dadurch die Vermutung einer höheren Qualität der Prüfung für sich beanspruchen können im Vergleich zu Prüfungen durch Arbeitnehmer, ist eine Einzelfallfrage. Soweit die Aussage pauschal formuliert wird, ist ihr entgegenzutreten. Die wirtschaftliche Abhängigkeit des Auditors vom Auditierten kann bei externen Prüfern viel gravierendere Auswirkungen haben, als sie sich bei einem – mit besonderem Kündigungsschutz ausgestatteten – Arbeitnehmer einstellen (BfDI, BayLDA, BSI ua in GDD-Ratgeber zur Datenträgervernichtung 4. Aufl. 2019 S. 57, auch weiterführend zu Testaten, Prüfberichten und Ähnlichem von Wirtschaftsprüfern, Datenschutzbeauftragten ua). Art. 42 DS-GVO geht zwar davon aus, dass derartige Überprüfungen und Zertifizierungen durch externe Zertifizierungsstellen iSd Art. 43 DS-GVO vorgenommen werden sollen, ist aber keine abschließende Regelung und betrifft auch nicht interne Auditierungen des

Verantwortlichen durch seinen DSB (zu Zertifizierungen gem. Art. 42 DS-GVO → Form. C. IV.; zur Prüfung der technischen und organisatorischen Maßnahmen → Form. E. II.).

**10. Beteiligung des DSB durch den Betriebsrat.** Diese Klausel kommt bisweilen in Betriebsvereinbarungen vor und soll das Schutzniveau anheben. Notwendig ist die Beteiligung des DSB jedenfalls nicht. Der Betriebsrat ist aufgrund eigener Aufgabenzuweisung in § 80 Abs. 1 Nr. 1 BetrVG verpflichtet, die Einhaltung der Vorschriften in DS-GVO, BDSG und anderer datenschutzrechtlich relevanter Vorschriften zu überwachen, soweit diese zugunsten der Arbeitnehmer des Betriebs gelten. Für diese Kontrollen muss der Betriebsrat nicht den DSB hinzuziehen, auch wenn dieser wegen seiner eigenen Aufgabenzuweisung in Art. 39 Abs. 1 lit. b DS-GVO dieselbe Kontrolle durchzuführen hat (→ Form. E. I. 3.). Ist jedoch, wie in der Klausel vorgesehen, der DSB zwingend zu beteiligen, führt dies zu einer Erhöhung des Schutzniveaus.

**11. Haftung des DSB.** Wird die Klausel in einem Vertrag ohne Beteiligung des DSB vereinbart, ist sie als vertragliche Absprache zu Lasten eines Dritten unwirksam (Grüneberg/Grüneberg BGB Einf. § 328 Rn. 10). Nur wenn der Vertrag als dreiseitige Vereinbarung auch vom DSB unterzeichnet wird, kann unter Verwendung einer solchen Bestimmung dem DSB eine Gewährleistung für die Einhaltung datenschutzrechtlicher Bestimmungen beim Auftragnehmer als Verantwortlichem oder Auftragsverarbeiter auferlegt werden. Ein Anspruch des Auftragnehmers gegen seinen DSB auf Unterzeichnung einer solchen Klausel besteht jedoch nicht. Sofern der DSB durch eine derartige Haftungsübernahme finanziell krass überfordert werden sollte oder seitens des Verantwortlichen oder Auftragsverarbeiters zur Unterzeichnung des Vertrags gedrängt wurde, kann die Klausel im Einzelfall gegen die guten Sitten gem. § 138 Abs. 1 BGB verstoßen und unwirksam sein. Auf die §§ 305 ff. BGB kann insoweit nicht abgestellt werden, weil die Klausel der Festlegung der Hauptleistungspflicht des DSB dient und daher wegen § 307 Abs. 3 BGB der AGB-rechtlichen Inhaltskontrolle entzogen ist (Grüneberg/Grüneberg BGB § 307 Rn. 46).

**12. Die Unterzeichnung von Verträgen.** Gelegentlich findet sich unter Verträgen, insbesondere über eine Auftragsverarbeitung iSv Art. 28 DS-GVO, eine Unterschriftenzeile, die „im Namen des Auftragnehmers" zur Unterzeichnung durch dessen DSB vorgesehen ist. Da dieser regelmäßig nicht zur Vertretung des Verantwortlichen oder Auftragsverarbeiters befugt ist (→ Form. B. I. 1. Anm. 9; → Form. B. II. 1. § 3 Abs. 2), kommt bei einer Zeichnung von Verträgen durch den DSB dessen Haftung als vollmachtloser Vertreter iSv § 179 Abs. 1 BGB in Betracht. Der Vertrag ist in diesem Fall bis zur Genehmigung durch den Auftragnehmer gem. § 177 Abs. 1 BGB schwebend unwirksam und ein etwaiger Umgang mit personenbezogenen Daten bei endgültiger Nichterteilung der Genehmigung datenschutzrechtswidrig. Ein DSB, dem ein solcher Vertrag zur Prüfung vorgelegt wird, sollte von der Unterzeichnung absehen und diesen einer vertretungsberechtigten Person seines Verantwortlichen oder Auftragsverarbeiters zur Unterzeichnung vorlegen.

# C. Dokumentationspflichten im Unternehmen

## I. Datenschutzaudit

In einem Audit ermittelt der Auditor den Ist-Zustand und vergleicht diesen mit dem zuvor definierten Soll-Zustand. Der Soll-Zustand kann aus gesetzlichen Vorgaben resultieren oder sich aus selbst gesetzten Vorgaben ableiten. Ein Audit bestätigt also entweder die Konformität des Ist-Zustandes mit dem vorgegebenen Soll-Zustand oder dokumentiert Abweichungen des Ist-Zustandes von dem Soll-Zustand. Nach einem Audit können bei festgestellten Abweichungen Maßnahmen vorgeschlagen werden, um die Abweichungen zu beheben.

Die DS-GVO selbst enthält keine detaillierten Regelungen zu Datenschutzaudits, definiert aber Voraussetzungen für (Datenschutz-)Zertifizierungen (→ Form. C. IV.3). Voraussetzung für die Erteilung eines Zertifikats ist typischerweise ein Audit. Allerdings können Audits auch durchgeführt werden, um der Rechenschaftspflicht nach Art. 5 Abs. 2 DS-GVO nachzukommen oder Nachbesserungsbedarfe zu identifizieren.

Die Vorgaben für Zertifizierungen nach Art. 42 DS-GVO beschränken sich auf die Prüfung und Zertifizierung einzelner, konkret festgelegter Datenverarbeitungen, nicht auf die Zertifizierung von Unternehmen oder Organisationen (Ehmann/Selmayr/Schweinoch/Will DS-GVO Vorb. Art. 40 Rn. 8; vgl. auch Kühling/Buchner/Bergt/Pesch DS-GVO Art. 42 Rn. 3). Durch kombinierte Zertifizierung mehrerer Verarbeitungen können auch Produkte oder Dienstleistungen zertifiziert werden (EDSA, Leitlinien 1/2018 für die Zertifizierung und Ermittlung von Zertifizierungskriterien nach den Artikel 42 und 43 der Verordnung (EU) 2016/679, Kap. 5.1, 5.2). Audits können mehrere Verarbeitungen, Anwendungen, Systeme, Betriebsteile oder ganze Unternehmen umfassen, je nach Ausgestaltung des konkreten Audits und der Prüfungstiefe. Wichtig ist jeweils eine klare Festlegung des Prüfstandards und des Detailgrades der Auditierung.

Die Durchführung von Audits zu ausgewählten Bereichen oder Produkten kann auch helfen, die Datenschutzorganisation kontinuierlich zu verbessern. Audits bestehen üblicherweise aus Fragebögen, Interviews und Vor-Ort-Prüfung. Die Ankündigung und Durchführung des Audits schafft Aufmerksamkeit im Unternehmen und kann auch Trainingscharakter für die betroffenen Abteilungen haben.

Der nachfolgende Fragenkatalog ermöglicht eine Basisauditierung von Unternehmen zur Feststellung des im Unternehmen bestehenden Datenschutzstandards. Er gliedert sich in vier Abschnitte: Fragen zum Unternehmen (Ziff. 1), Fragen zur Datenschutzdokumentation (Ziff. 2), Fragen zur Datenschutzorganisation (Ziff. 3) und Fragen zu eingesetzten IT-Systemen (Ziff. 4). In den Anmerkungen werden jeweils Hinweise auf weitere vertiefende Prüfformulare in diesem Buch gegeben, die mit dem Basisaudit kombiniert werden können. Der Fragenkatalog deckt die wesentlichen Vorgaben der DS-GVO ab und kann daher für die Überprüfung der Datenschutzkonformität von Unternehmen genutzt werden. Es ist aber ebenso möglich, einzelne Fragen herauszunehmen und Teilaudits für einzelne Bereiche, Produkte oder IT-Systeme durchzuführen.

Die vom BayLDA veröffentlichten Fragenkataloge für kleine und mittelständische Unternehmen sowie für Großunternehmen sind in dem Fragenkatalog mitberücksichtigt, können aber insbesondere von Unternehmen mit Sitz in Bayern auch ergänzend als Grundlage für ein Basis-Audit verwendet werden:
- www.lda.bayern.de/media/pruefungen/201811_kmu_fragebogen.pdf
- www.lda.bayern.de/media/pruefungen/201810_rechenschaftspflicht_fragebogen.pdf

| Nr. | Frage | Ja | Nein |
|---|---|---|---|
| 1 | Unternehmen | | |
| 1.1 | Gibt es ein aktuelles Organigramm des Unternehmens oder der Unternehmensgruppe?[1]<br><br>Falls ja, legen Sie es bitte vor. | | |
| 1.2 | Finden Datenverarbeitungen an unterschiedlichen Standorten Ihres Unternehmens statt?[2]<br><br>Falls ja, legen Sie die entsprechenden Unterlagen vor, aus denen sich sämtliche Standorte und die wesentlichen, an den jeweiligen Standorten stattfindenden Datenverarbeitungen ergeben. | | |
| 1.3 | Befinden sich Standorte des Unternehmens in Drittländern, dh in Ländern außerhalb der EU oder des Europäischen Wirtschaftsraumes („EWR")?[3]<br><br>Falls ja, benennen Sie diese bitte (falls nicht bereits vom Organigramm nach Nr. 1.1 abgedeckt). | | |
| 1.4 | Sofern Standorte in Drittländern bestehen:<br>Werden mit diesen Standorten personenbezogene Daten (zB von Beschäftigten oder Kunden) ausgetauscht oder IT-Ressourcen gemeinsam genutzt?[3]<br><br>Falls ja, legen Sie bitte eine vollständige Darstellung, aus der hervorgeht, welche personenbezogenen Daten zu welchen Zwecken von den jeweiligen Standorten verarbeitet und insbesondere ausgetauscht/übermittelt werden, vor. | | |
| 1.5 | Gibt es eine nach Art der Beschäftigung (Festanstellung, Ausbildung, Aushilfe, Praktikum, studentische Beschäftigte, etc) differenzierte Dokumentation, wie viele Beschäftigte in welchen Bereichen des Unternehmens/der Unternehmensgruppe tätig sind?[4]<br><br>Falls ja, legen Sie diese bitte vor. | | |

| Nr. | Frage | Ja | Nein |
|---|---|---|---|
| 1.6 | Gibt es eine Dokumentation der wichtigsten Produkte und Dienstleistungen des Unternehmens, die Daten verarbeiten oder an Datennetzwerke angeschlossen sind?[5]<br><br>Falls ja, legen Sie diese bitte vor. | | |
| 1.7 | Werden im Unternehmen – außerhalb der Personalabteilung – besondere Arten personenbezogener Daten (zB Gesundheitsdaten, biometrische Daten, Informationen zu strafrechtlichen Verurteilungen usw, vgl. Art. 9 Abs. 1 DS-GVO) verarbeitet?[6]<br><br>Falls ja, legen Sie bitte jeweils eine kurze Beschreibung vor. | | |
| 1.8 | Werden im Unternehmen automatisierte Einzelfallentscheidungen mit unmittelbarer Wirkung für den Betroffenen (zB Scoring, Profilbildung, Entscheidungen durch KI-Systeme) getroffen?[7]<br><br>Falls ja, legen Sie bitte eine Übersicht über solche Verfahren vor. | | |
| 1.9 | Verarbeitet das Unternehmen (auch) personenbezogene Daten von Kindern?[8]<br><br>Falls ja, teilen Sie bitte gesondert mit, wie und zu welchen Zwecken dies erfolgt. | | |
| 1.10 | Besteht in Ihrem Unternehmen oder der Unternehmensgruppe ein Betriebsrat?[9] | | |
| 1.11 | Falls ein Betriebsrat besteht:<br>Werden die Datenverarbeitungen des Betriebsrates vom Datenschutzbeauftragen beraten und geprüft?[9] | | |
| 1.12 | Gibt es betriebliche Regelungen zur Verarbeitung personenbezogener Daten der Beschäftigten, wie zB Betriebsvereinbarungen?<br>Falls ja, bitte vorlegen. | | |
| 2 | Datenschutzdokumentation | | |
| 2.1 | Besteht ein Verzeichnis von Verarbeitungstätigkeiten (Art. 30 DS-GVO)?[10]<br>Falls ja, fügen Sie dieses bitte bei. | | |
| 2.2 | Besteht ein Prozess, der eine laufende Aktualisierung des Verarbeitungsverzeichnisses sicherstellt?[11]<br>Falls ja, legen Sie bitte die Prozessbeschreibungen vor. | | |

| Nr. | Frage | Ja | Nein |
|---|---|---|---|
| 2.3 | Ist das Verzeichnis aktuell und vollständig?[12]<br>Falls nein, legen Sie bitte Unterlagen vor, aus denen die weiteren Abteilungen und Prozesse ersichtlich sind, die mit personenbezogenen Daten umgehen. | | |
| 2.4 | Ist sichergestellt, dass Einwilligungen nach den Vorgaben der Art. 6 Abs. 1 S. 1 lit. a und 7 DS-GVO eingeholt werden und jederzeit ebenso leicht widerrufen werden können, wie sie erteilt wurden?[13]<br>Bitte legen Sie aktuelle Beispiele für Einwilligungen vor. | | |
| 2.5 | Besteht ein Prozess, der sicherstellt, dass für jede Datenverarbeitung auf Grundlage des berechtigten Interesses des Unternehmens (Art. 6 Abs. 1 S. 1 lit. f DS-GVO) eine dokumentierte Interessenabwägung durchgeführt wird?[14]<br>Falls ja, bitte legen Sie die Prozessbeschreibung und aktuelle Beispiele für Interessenabwägungen vor. | | |
| 2.6 | Finden Verarbeitungen personenbezogener Daten des Unternehmens durch konzernverbundene Unternehmen (zB im Rahmen einer Auftragsverarbeitung) statt?[15]<br>Falls ja, legen Sie bitte die entsprechenden Vereinbarungen nach Art. 28 DS-GVO oder die Unterlagen, aus denen sich die Rechtsgrundlage für die Übermittlung ergibt, vor. | | |
| 2.7 | Besteht ein Prozess, der bei Zusammenarbeit mit anderen Unternehmen sicherstellt, dass eine Rechtsgrundlage für den Datenaustausch vorliegt und die Verantwortlichkeiten der Parteien (Auftragsverarbeiter, gemeinsam Verantwortliche, eigenständige Verantwortliche) festgeschrieben werden?[16]<br>Falls ja, bitte legen Sie die Prozessbeschreibung vor. | | |
| 2.8 | Setzt Ihr Unternehmen andere Unternehmen als Auftragsverarbeiter im Rahmen einer Auftragsverarbeitungsvereinbarung ein?[17]<br>Falls ja, fügen Sie bitte eine Liste aller Dienstleister, und die abgeschlossenen Verträge zur Auftragsverarbeitung bei. Vermerken Sie bitte – soweit bekannt – jeweils, wenn der Vertrag ganz oder teilweise auf Standardvertragsklauseln (Art. 28 Abs. 7, 8 DS-GVO) beruht, ob sich der Auftragsverarbeiter zur Einhaltung genehmigter Verhaltensregeln (Art. 40 DS-GVO) verpflichtet hat und/oder gem. Art. 42 DS-GVO zertifiziert ist. | | |

| Nr. | Frage | Ja | Nein |
|---|---|---|---|
| 2.9 | Werden von den Auftragsverarbeitern Unterlagen zum Nachweis der Einhaltung der Pflichten aus Art. 28 DS-GVO verlangt?[18]<br><br>Falls ja, legen Sie bitte aktuelle Beispiele vor. | | |
| 2.10 | Ist ein Prozess implementiert, der sicherstellt, dass eine stets aktuelle Übersicht der eingesetzten Auftragsverarbeiter besteht?<br><br>Falls ja, legen Sie die Prozessbeschreibung bitte vor.<br>Falls nein, erläutern Sie bitte, wie die Überwachung der Auftragsvergabe und die Kontrolle der Auftragsverarbeiter praktisch erfolgt. | | |
| 2.11 | Ist ein Prozess implementiert, der sicherstellt, dass (a) Datenverarbeitungen in einem Drittland erkannt werden und (b) dokumentiert überprüft wird, ob ausreichende rechtliche Garantien für die Verarbeitung von personenbezogenen Daten im jeweiligen Drittland bestehen?[19]<br><br>Falls ja, bitte legen Sie die Prozessbeschreibung vor. | | |
| 2.12 | Hat das Unternehmen Maßnahmen ergriffen, die sicherstellen, dass Beschäftigte, die Zugang zu personenbezogenen Daten haben, diese nur nach Weisung des Verantwortlichen verarbeiten?[20]<br><br>Falls ja, fügen Sie bitte die Dokumentation bei. | | |
| 2.13 | Verfügt das Unternehmen über ein Datenschutzmanagementsystem?[21]<br><br>Falls ja, fügen Sie bitte eine Kurzbeschreibung bei. | | |
| 2.14 | Bestehen Zertifizierungen nach Art. 42 DS-GVO?[22]<br><br>Falls ja, legen Sie bitte die Zertifikate vor. | | |
| 3 | Datenschutzorganisation | | |
| 3.1 | Ist im Unternehmen ein Datenschutzbeauftragter („DSB“) bestellt worden?[23]<br><br>Falls ja, legen Sie bitte Angaben zur Qualifikation des DSB vor. | | |
| 3.2 | Falls ein DSB bestellt ist:<br>Ist die Bestellung an die Aufsichtsbehörde gemeldet worden?[23]<br><br>Falls ja, legen Sie bitte die Meldung bzw. deren Bestätigung vor. | | |

| Nr. | Frage | Ja | Nein |
|---|---|---|---|
| 3.3 | Falls kein DSB bestellt ist:<br>Besteht eine Dokumentation, die unter Berücksichtigung von Art. 37 DS-GVO und nationaler Regelungen zum Datenschutzbeauftragten darlegt, warum eine Bestellung nicht erforderlich ist?[24]<br><br>Falls ja, legen Sie bitte die Dokumentation vor. | | |
| 3.4 | Bestehen dokumentierte Prozesse, die sicherstellen, dass für neue Verfahren und für Änderungen an bestehenden Verfahren eine Datenschutzprüfung erfolgt und – sofern bestellt – der DSB frühzeitig eingebunden wird?[25]<br><br>Falls ja, legen Sie bitte die Prozessbeschreibungen vor. | | |
| 3.5 | Gibt es betriebliche Datenschutzkoordinatoren, die den DSB unterstützen?[25]<br><br>Falls ja, legen Sie bitte Informationen vor, wie und in welchem Umfang der DSB unterstützt wird. | | |
| 3.6 | Besteht ein dokumentierter Prozess zur Basis-Risikoanalyse (Schwellwertanalyse) für jede Verarbeitung?[26]<br><br>Falls ja, legen Sie bitte die Prozessbeschreibung vor. | | |
| 3.7 | Besteht ein dokumentierter Prozess zur Festlegung von Schutzbedarfsklassen und zur Definition von Mindestanforderungen an die technischen und organisatorischen Maßnahmen?[27]<br><br>Falls ja, legen Sie bitte die Prozessbeschreibung vor. | | |
| 3.8 | Bestehen einheitliche Vorgaben/Prozessbeschreibungen für die Durchführung und Dokumentation von Datenschutz-Folgenabschätzungen?[28]<br><br>Falls ja, legen Sie bitte die Prozessbeschreibung vor. | | |
| 3.9 | Besteht ein Prozess, der sicherstellt, dass das Unternehmen die Informationspflichten gegenüber den Betroffenen nach Art. 13, 14 DS-GVO vollständig und rechtzeitig erfüllt?[29]<br><br>Falls ja, legen Sie bitte die Prozessbeschreibung vor. | | |
| 3.10 | Bestehen im Unternehmen dokumentierte Vorgaben zur Umsetzung der Grundsätze des „Datenschutz durch Technikgestaltung“ (Privacy by Design) und der „datenschutzfreundlichen Voreinstellungen“ (Privacy by Default)?[30]<br><br>Falls ja, legen Sie diese bitte vor. | | |

| Nr. | Frage | Ja | Nein |
|---|---|---|---|
| 3.11 | Hat das Unternehmen ein Datenschutzkonzept?[31]<br><br>Falls ja, legen Sie dies bitte vor. | | |
| 3.12 | Gibt es im Unternehmen ein Rollen- und Rechtekonzept?[32]<br><br>Falls ja, legen Sie dies bitte vor. | | |
| 3.13 | Besteht eine Dokumentation, welche Person(en) befugt ist/sind, festzulegen, welche (Zugriffs-)Rechte Beschäftigte bei Einstellungen, Versetzungen oder Aufgabenänderung erhalten und welche Rechte ggf. wieder entzogen werden müssen?[33]<br><br>Falls ja, legen Sie bitte die Dokumentation vor. | | |
| 3.14 | Besteht ein standardisierter Prozess beim Ausscheiden von Beschäftigten (zB Rückgabe von Geräten und Schlüsseln, Löschen von persönlichen Laufwerken, Umgang mit dienstlichen E-Mails usw)?[34] | | |
| 3.15 | Ist die dienstliche Nutzung von privaten Geräten wie Smartphones oder Laptop (Bring-your-own-Device, BYOD) verbindlich geregelt?[35]<br><br>Falls ja, bitte Regelung vorlegen. | | |
| 3.16 | Ist die private Nutzung von dienstlichem Internetzugang, dienstlichem E-Mail-Postfach und dienstlichen Geräten (Corporate Owned, Personally Enabled, COPE) verbindlich geregelt?[35]<br><br>Falls ja, bitte Regelung vorlegen. | | |
| 3.17 | Kontrolliert das Unternehmen bei einem bestehenden Verbot der privaten Nutzung von Internetzugang, E-Mail-Postfach und/oder dienstlichen Geräten die Einhaltung des Verbots?[36]<br><br>Falls ja, legen Sie bitte das entsprechende Konzept vor. | | |
| 3.18 | Besteht ein Prozess zur Beauftragung externer Dienstleister, die mit personenbezogenen Daten umgehen?[37]<br><br>Falls ja, legen Sie bitte die Prozessbeschreibung vor. | | |
| 3.19 | Existiert ein dokumentierter Prozess zur Erfüllung von Auskunftsverlangen nach Art. 15 DS-GVO?[38]<br><br>Falls ja, legen Sie bitte die Prozessbeschreibung vor. | | |

| Nr. | Frage | Ja | Nein |
|---|---|---|---|
| 3.20 | Existiert ein dokumentierter Prozess zur Prüfung und Erfüllung von Forderungen nach Datenübertragung nach Art. 20 DS-GVO?[39]<br><br>Falls ja, legen Sie bitte die Prozessbeschreibung vor. | | |
| 3.21 | Existiert ein dokumentierter Prozess zur Prüfung und Erfüllung von Ansprüchen auf Berichtigung, Löschung oder Einschränkung der Verarbeitung personenbezogener Daten?[40]<br><br>Falls ja, legen Sie bitte die Prozessbeschreibung vor. | | |
| 3.22 | Sofern personenbezogene Daten öffentlich gemacht wurden (zB auf der Webseite oder über Social Media):<br>Hat das Unternehmen Prozesse implementiert, um das Recht auf Vergessenwerden umzusetzen?[41]<br><br>Falls ja, legen Sie bitte die Prozessbeschreibung vor. | | |
| 3.23 | Besteht ein Prozess zur Prüfung und Umsetzung von Widersprüchen, wenn Daten Betroffener auf Grundlage einer Interessenabwägung verarbeitet werden?[42]<br><br>Falls ja, legen Sie bitte die Prozessbeschreibung vor. | | |
| 3.24 | Bestehen dokumentierte Prozesse zur Einhaltung von gesetzlichen Aufbewahrungspflichten (Archivierung) und zur Löschung von personenbezogenen Daten?[43]<br><br>Falls ja, legen Sie bitte die Prozessbeschreibung vor. | | |
| 3.25 | Besteht ein Maßnahmenplan für den Fall, dass der Schutz personenbezogener Daten verletzt wird, um ggf. Meldepflichten an die zuständige Aufsichtsbehörde und die Betroffenen sicherzustellen (Art. 33, 34 DS-GVO)?[44]<br><br>Falls ja, legen Sie bitte die Prozessbeschreibung vor. | | |
| 3.26 | Erfolgt eine regelmäßige Schulung der Beschäftigten zu Datenschutzthemen?[45]<br><br>Falls ja, legen Sie bitte das Schulungskonzept vor. | | |
| 4 | IT-Systeme | | |
| 4.1 | Besteht im Unternehmen eine Übersicht über die IT-Infrastruktur und alle Systeme, auf denen personenbezogene Daten verarbeitet werden?[46]<br><br>Falls ja, legen Sie diese bitte vor. | | |

| Nr. | Frage | Ja | Nein |
|---|---|---|---|
| 4.2 | Besteht im Unternehmen – sofern nicht schon in 4.1 enthalten – eine Übersicht über die zentralen Standorte von Datenverarbeitungssystemen?[47]<br><br>Falls ja, legen Sie diese bitte vor. | | |
| 4.3 | Werden die IT-Systeme und IT-Standorte regelmäßig einer externen Prüfung unterzogen (zB ISO 27001, IT-Grundschutz, TÜV geprüftes Rechenzentrum etc)?[48]<br><br>Falls ja, legen Sie bitte aktuelle Prüfberichte vor. | | |
| 4.4 | Unterziehen Sie zentrale IT-Systeme regelmäßigen Sicherheitsüberprüfungen (zB Penetration-Tests oder Security Audit Trails)?[49]<br><br>Falls ja, legen Sie bitte aktuelle Prüfberichte vor. | | |
| 4.5 | Besteht ein Prüfkonzept für die Einführung von IT-Systemen, die künstliche Intelligenz nutzen?[50]<br><br>Falls ja, legen Sie dies bitte vor. | | |
| 4.6 | Setzen Sie eine zentrale Unternehmenssoftware (ERP-System, zB SAP, Sage, Oracle, Infor/Baan) ein?[51]<br><br>Falls ja, legen Sie bitte eine kurze Beschreibung der Anwendung/des Systems und seiner Einsatzgebiete vor. | | |
| 4.7 | Besteht ein externer Zugriff auf einzelne oder alle Systeme im Netzwerk (zB für Homeoffice, E-Mail-Abruf oder Fernwartung)?[52]<br><br>Falls ja, legen Sie bitte eine Dokumentation der Zugriffsberechtigungen der Nutzer und der technischen Absicherung des Zugriffs vor. | | |
| 4.8 | Können Beschäftigte auf Ihren Clients, Laptops oder Tablets eigenständig Software installieren?[53]<br>Falls ja, wie werden dadurch entstehende Risiken für die Infrastruktur erkannt und minimiert? | | |
| 4.9 | Werden die Festplatten/Speichereinheiten mobiler Geräte verschlüsselt?[54] | | |
| 4.10 | Nutzen Sie ein Mobile Device Management-System?[55]<br><br>Falls ja, legen Sie bitte eine kurze Anwendungsdokumentation vor. | | |
| 4.11 | Nutzen Beschäftigte private Cloud-Speicherdienste (wie Google Drive, Dropbox oder Microsoft OneDrive) für dienstliche Zwecke?[56] | | |

| Nr. | Frage | Ja | Nein |
|---|---|---|---|
| 4.12 | Nutzt das Unternehmen Cloud-Services wie Microsoft 365, Google Suite, Salesforce oder ähnliche Dienste?[57] | | |
| 4.13 | Besteht ein IT-Sicherheitskonzept?[58]<br><br>Falls ja, legen Sie dieses bitte vor. | | |
| 4.14 | Werden im Unternehmen Überwachungseinrichtungen wie Videokameras, Mikrofone, Infrarotsensoren etc eingesetzt?[59]<br><br>Falls ja, legen Sie bitte Informationen zur Installation und Ausrichtung der Überwachungseinrichtungen sowie zu den konkreten Gründen für die Überwachung vor. | | |

## Anmerkungen

**1. Organigramm.** Anhand des Organigramms kann der Auditor sich einen ersten Überblick über das Unternehmen, die Abteilungen und die verantwortlichen Personen verschaffen (zu Dokumentationspflichten → Form. A. I.; zur Datenschutzorganisation → Form. A. III.). Bei der Prüfung des Verzeichnisses der Verarbeitungstätigkeiten (→ Form. C. II.) kann abgeglichen werden, ob die Verantwortlichkeiten richtig benannt sind und der Auditor wird in die Lage versetzt, zielgerichtet Fragen an die verantwortlichen Personen zu stellen. Fehlt ein aktuelles Organigramm, kann dies ein Indiz für unzureichende interne Organisation sein.

**2. Standorte.** Die Frage nach Unternehmensstandorten ermöglicht dem Auditor eine Orientierung, ob regelmäßig oder dauerhaft Datenaustausch zwischen Standorten erfolgt. Bei verschiedenen Standorten ist zB im Rahmen der Prüfung der technischen und organisatorischen Maßnahmen insbesondere zu beachten, ob diese an den verschiedenen Standorten unterschiedlich sind. Häufig bestehen mindestens beim Zugang zu Gebäuden und Datenverarbeitungsanlagen Unterschiede. Ein Datenaustausch zwischen verschiedenen Standorten eines Unternehmens führt regelmäßig auch dazu, dass der Auditor besonderes Augenmerk auf die Sicherheit des Datenaustausches zwischen den Standorten richten muss (Art. 32 DS-GVO; → Form. E. II. 1.). Handelt es sich bei den verschiedenen Standorten um unterschiedliche Unternehmen, so sind die Anforderungen an eine rechtmäßige Übermittlung zu erfüllen oder es bedarf entsprechender Vereinbarungen zur Auftragsverarbeitung (Art. 28 DS-GVO, → Form. G. I.).

**3. Drittstaaten.** Befinden sich Konzerngesellschaften außerhalb der EU und des EWR, ist genau zu prüfen, ob und in welchem Umfang personenbezogene Daten ausgetauscht werden. Erfolgt ein Datenaustausch mit Konzerngesellschaften in einem Drittland, muss jeweils die Rechtsgrundlage dafür gesondert geprüft werden. Nach der sog. Schrems-II-Entscheidung des EuGH (EuGH 16.7.2020 – C-311/18, NJW 2020, 2613) bedarf die Prüfung der Einhaltung der Vorschriften für Datenexporte in Drittstaaten (Art. 44 DS-GVO) bei der Nutzung von EU-Standardvertragsklauseln oder verbindlichen internen Datenschutzvorschriften nach Art. 47 DS-

GVO einer gesonderten Prüfung. Die EU-Standardvertragsklauseln (Durchführungsbeschluss [EU] 2021/914) erfordern gem. ihrer Klausel 14 stets eine Wirksamkeitsprüfung (sog. Transfer Impact Assessment, TIA). Sofern behördliche Zugriffe im Drittland nicht ausgeschlossen sind, müssen zusätzliche Schutzmaßnahmen getroffen werden. Im Einzelfall kann auch eine Einwilligung (Art. 49 Abs. 1 lit. a DS-GVO) zulässig sein. Zum Drittlandstransfer → Form. G. VII.

4. **Größe der Standorte.** In der Regel hat die Größe eines Standortes datenschutzrechtlich keine Auswirkung, für den Auditor ist sie vor allem bei kleinen Standorten, in denen einzelne Personen möglicherweise mehrere Funktionen ausüben und daher ggf. auch mit umfassenden Rechten ausgestattet sind, von Bedeutung, da hier ggf. konkret geprüft werden muss, wie Vier-Augen-Prozesse und innerbetriebliche Kontrollen ausgestaltet sind.

5. **Produkte und Dienstleistungen.** In gut strukturierten Unternehmen sollte die Frage unnötig sein, da sich alle Datenverarbeitungen unmittelbar aus dem Verzeichnis der Verarbeitungstätigkeiten (Art. 30 DS-GVO) ergeben sollten. Häufig ist dies jedoch nicht der Fall, sodass die Abfrage von Produkten und Dienstleistungen im Freitext dem Auditor regelmäßig wichtige Hinweise auf datenschutzrechtlich relevante Vorgänge gibt. In jedem Fall ermöglicht eine Übersicht der Produkte und Dienstleitungen der auditierenden Person einen Abgleich mit dem Verarbeitungsverzeichnis und kann Hinweise auf dessen Vollständigkeit geben.

6. **Besondere Kategorien personenbezogener Daten.** In der Personalabteilung fallen regelmäßig Angaben zur Gesundheit der Beschäftigten oder zB zur Gewerkschaftszugehörigkeit an. Für den Auditor ist es wichtig zu wissen, ob außerhalb der Personalabteilung ebenfalls mit besonderen Kategorien personenbezogener Daten umgegangen wird. Die Verarbeitung solcher Daten setzt voraus, dass eine Einwilligung des Betroffenen vorliegt oder einer der aufgeführten Ausnahmetatbestände des Art. 9 Abs. 2–4 DS-GVO greift. Zudem gelten diese Daten als besonders sensibel und bedürfen eines besonderen Schutzes (Erwgr. 51 DS-GVO), was der Auditor bei der Bewertung entsprechend berücksichtigen muss.

7. **Automatisierte Einzelfallentscheidungen.** Die zunehmende Automatisierung in Unternehmen führt dazu, dass immer mehr Entscheidungen in Unternehmen durch – entsprechend parametrisierte – Software oder durch KI-Systeme getroffen werden. Schon Art. 15 DS-RL (umgesetzt in § 6a BDSG aF) kannte ein grundsätzliches Verbot der automatisierten Einzelfallentscheidungen, wie es nun in Art. 22 DS-GVO geregelt ist. Unternehmen müssen daher prüfen, an welchen Stellen automatisierte Entscheidungen getroffen oder Profile gebildet werden und ob jeweils ein Ausnahmetatbestand nach Art. 22 Abs. 2 DS-GVO greift. Dies ist zu dokumentieren, um der generellen Nachweispflicht nach Art. 24 Abs. 1 DS-GVO zu genügen. Art. 22 DS-GVO greift jedoch nur, wenn Entscheidungen ausschließlich automatisiert getroffen werden, nicht, wenn Entscheidungen lediglich automatisiert vorbereitet werden (Roßnagel/Nebel/Richter ZD 2016, 455 (459); Kühling/Buchner/Buchner DS-GVO Art. 22 Rn. 14; Ehmann/Selmayr/Hladjk DS-GVO Art. 22 Rn. 6).

8. **Daten von Kindern.** Werden im Unternehmen (auch) Daten von Kindern verarbeitet, greifen besondere Regeln zum Schutz der Betroffenen. So muss die Information der Betroffenen in einfacher, für Kinder verständlicher Sprache erfolgen (Art. 12 Abs. 1 DS-GVO iVm Erwgr. 58 S. 4). Einwilligungen unterliegen außerdem den besonderen Anforderungen des Art. 8 DS-GVO.

**9. Betriebsrat.** Wenn im Unternehmen ein Betriebsrat (§ 87 BetrVG) besteht, können viele datenschutzrechtlich relevante Regelungen im Rahmen einer Betriebsvereinbarung getroffen werden (Wybitul/Sörup/Pötters ZD 2015, 559). Dies betrifft insbesondere Vereinbarungen zum Einsatz von IT im Unternehmen generell, zur Regelung der privaten Nutzung von Internet und E-Mail (→ Form. D. III.1.), zum Umgang mit privaten Endgeräten im Unternehmen (→ Form. D. III.4.), zum Homeoffice (→ Form. D. III.2.) und zu betrieblichen Eingliederungsmaßnahmen (BEM, → Form. H. II.).

Umstritten war, ob der Betriebsrat ein eigener Verantwortlicher iSd DS-GVO ist oder ob er Teil des Arbeitgebers als Verantwortlichem ist (Dokumentation des Streits: Kranig/Wybitul/Zimmer-Helfrich ZD 2019, 1). Mit der Neufassung des § 79a BetrVG hat der Gesetzgeber klargestellt, dass der Betriebsrat in Ausübung seiner Tätigkeit kein eigener Verantwortlicher ist, sondern die entsprechenden Verarbeitungen in der Verantwortung des Arbeitgebers stehen, auch wenn er selbst sie nur eingeschränkt prüfen kann.

**10. Verzeichnis von Verarbeitungstätigkeiten.** Das Verzeichnis von Verarbeitungstätigkeiten ermöglicht es dem Auditor, sich über die im Unternehmen durchgeführten Verarbeitungen zu informieren. Er hat die Möglichkeit, das Verzeichnis von Verarbeitungstätigkeiten mit den Erkenntnissen und Erwartungen aus dem Organigramm (1.1) und der Beschreibung der Produkte und Dienstleistungen (1.6) abzugleichen und ggf. Unstimmigkeiten aufzudecken. Zudem wird dadurch eine Schwerpunktsetzung bei der weiteren Prüfung ermöglicht. Ausf. → Form. C. II.

**11. Laufende Aktualisierung des Verzeichnisses von Verarbeitungstätigkeiten.** Das Verzeichnis von Verarbeitungstätigkeiten muss laufend aktualisiert werden, um den Anforderungen aus Art. 5 Abs. 2 und Art. 30 DS-GVO gerecht zu werden (Paal/Pauly/Martini DS-GVO Art. 30 Rn. 5d; Kühling/Buchner/Hartung DS-GVO Art. 30 Rn. 31). Es bedarf daher eines dokumentierten Prozesses, der sicherstellt, dass neue Verarbeitungen identifiziert und Änderungen an bestehenden Verarbeitungen erkannt und dokumentiert werden. Ein solcher Prozess kann zB durch eine unternehmensinterne Organisationsanweisung und eine Versionierung des Verzeichnisses umgesetzt werden.

**12. Unvollständiges/fehlendes Verzeichnis von Verarbeitungstätigkeiten.** Ein Verstoß gegen die Pflicht zur Führung eines Verzeichnisses von Verarbeitungstätigkeiten kann nach Art. 83 Abs. 4 lit. a DS-GVO mit einer Geldbuße von bis zu 10 Mio. EUR geahndet werden.

Der Auditor sieht sich häufig mit einer Situation konfrontiert, in der das Verzeichnis von Verarbeitungstätigkeiten vollständig fehlt oder wesentliche Verarbeitungen nicht aufgenommen sind. Systematisch wäre es eigentlich richtig, Recherchen zu nicht dokumentierten Verfahren jeweils bei den für den jeweiligen Prozess verantwortlichen Beschäftigten zu beginnen. In der Praxis hilft es jedoch meist, Verarbeitungsprozesse gemeinsam mit der IT-Abteilung zu recherchieren, da dort in aller Regel eine gute Kenntnis der Systeme, Programme und Schnittstellen vorhanden ist und dadurch (Auftrags-)Verarbeitungen identifiziert werden können, von denen die fachlich zuständigen Beschäftigten mitunter gar keine Kenntnis haben.

**13. Einwilligungen.** Für Einwilligungen gelten die formalen Anforderungen von Art. 7 DS-GVO. Oft übersehen wird, dass der Widerruf einer Einwilligung so einfach gestaltet sein muss wie die ursprüngliche Erteilung der Einwilligung (Art. 7

Abs. 3 S. 4 DS-GVO). Vorausgefüllte Check-Boxen genügen den Anforderungen an eine ausdrückliche Einwilligung nicht (EuGH 1.10.2019 – C-673/17, MMR 2019, 732). Generell sind die Freiwilligkeit der Einwilligung und die Informiertheit besonders zu prüfen. Im Beschäftigungskontext ist § 26 Abs. 2 BDSG besonders zu beachten.

**14. Dokumentation der Interessenabwägung.** Der Verantwortliche trägt die Darlegungslast für sein berechtigtes Interesse und dafür, dass die Rechte der betroffenen Personen nicht überwiegen (Kühling/Buchner/Buchner/Petri DS-GVO Art. 6 Rn. 149). Eine konkrete Form ist nicht vorgeschrieben, allerdings dürfte der Rechenschaftspflicht faktisch nur durch eine mindestens in Textform dokumentierte Interessenabwägung genügt werden können. Die Interessenabwägung hat in drei Stufen zu erfolgen: (1) Dokumentation des berechtigten Interesses des Verantwortlichen, (2) Dokumentation der Erforderlichkeit der konkreten Datenverarbeitung für dieses berechtigte Interesse und (3) Dokumentation der Abwägung des eigenen berechtigten Interesses mit den Interessen, Grundrechten und Grundfreiheiten der betroffenen Personen. Die Datenschutzkonferenz hat in ihrer Orientierungshilfe für Anbieter von Telemedien (https://www.datenschutzkonferenz-online.de/media/oh/20221205_oh_Telemedien_2021_Version_1_1_Vorlage_104_DSK_final.pdf) einen Vorschlag für den Aufbau von Interessenabwägungen sowie eine Musterabwägung veröffentlicht, die sich gut als Orientierung für eigene Interessenabwägungen auch außerhalb des Bereichs der Telemedien eignet.

**15. Datenverarbeitung im Konzern.** Häufig fehlt es innerhalb des Konzernverbundes an Regelungen zur Auftragsverarbeitung oder zur Übermittlung von Daten an Konzerngesellschaften, obwohl die DS-GVO kein generelles Konzernprivileg kennt. Erwgr. 48 DS-GVO führt zwar aus, dass innerhalb einer Unternehmensgruppe ein berechtigtes Interesse für konzerninterne Datenübermittlungen bestehen kann, gleichwohl muss ein solches berechtigtes Interesse zunächst positiv festgestellt werden (vgl. zB Lachenmann Datenübermittlung im Konzern S. 299). Kann ein berechtigtes Interesse festgestellt werden, so ist ferner zu prüfen und zu dokumentieren (→ Anm. 14) ob nicht Interessen, Grundrechte oder Grundfreiheiten des Betroffenen überwiegen (Art. 6 Abs. 1 S. 1 lit. f DS-GVO). Das konkrete berechtigte Interesse muss dem Betroffenen zudem mitgeteilt werden (Art. 13 Abs. 1 lit. d DS-GVO).

Alternativ können innerhalb des Konzerns Verträge zur Auftragsverarbeitung geschlossen werden. Sofern kein Vertrag zur Auftragsverarbeitung geschlossen wurde, sollte schriftlich niedergelegt sein, auf welcher anderen Rechtsgrundlage die Übermittlung stattfindet. Erfolgt die Verarbeitung aufgrund einer Einwilligung, ist insbesondere bei Beschäftigten zu prüfen, ob die Einwilligung freiwillig erteilt wurde (§ 26 Abs. 2 BDSG; BAG 11.12.2014 – 8 AZR 1010/13, NJW 2015, 2140).

**16. Festlegung der Verantwortung bei Partnern und Dienstleistern.** Bei der Zusammenarbeit mit Partnern und Dienstleistern muss in dokumentierter Weise geprüft werden, welche datenschutzrechtliche Rolle die Parteien jeweils einnehmen und auf welcher Rechtsgrundlage Daten verarbeitet werden. Wird ein Unternehmen als Auftragsverarbeiter tätig, ist dem Unternehmen jede Verarbeitung der Daten für eigene Zwecke untersagt (Art. 28 Abs. 10 DS-GVO). Häufig wird bei arbeitsteiligen Tätigkeiten oder der Nutzung von Plattformen und webbasierten Tools zu prüfen sein, ob die Parteien ganz oder teilweise gemeinsam Verantwortliche iSd Art. 26 DS-

GVO sind. Der EuGH hat es für eine gemeinsame Verantwortung ausreichen lassen, wenn ein Unternehmen lediglich Einstellungen auf einer Plattform eines anderen Unternehmens vornimmt (EuGH 5.6.2018 – C-210/16, MMR 2018, 591 – Fanpage). Auch die bloße Ermöglichung einer Datenverarbeitung durch ein anderes Unternehmen kann zu einer gemeinsamen Verantwortung führen (EuGH 29.7.2019 – C-40/17, MMR 2019, 579 – Fashion-ID; zur Abgrenzung Ehmann/Selmayr/Bertermann DS-GVO Art. 26 Rn. 7 ff.).

**17. Auftragsverarbeitung.** Die DS-GVO schreibt keine listenmäßige Erfassung aller Auftragsverarbeitungen vor, allerdings erscheint es mehr als zweckmäßig, eine solche Liste zu führen, da Auftragsverarbeiter Empfänger iSd Art. 4 Nr. 9 DS-GVO sind und daher im Verzeichnis von Verarbeitungstätigkeiten geführt werden müssen. Die einzelnen Auftragsverarbeitungen sind sowohl hinsichtlich des von Art. 28 DS-GVO vorgeschriebenen Mindestinhalts zu prüfen als auch hinsichtlich der technischen und organisatorischen Maßnahmen (→ Form. G. I.).

**18. Kontrolle der Auftragsverarbeiter.** Anders als § 11 BDSG aF und Art. 17 Abs. 2 DS-RL enthält die DS-GVO keine ausdrückliche Pflicht mehr für den Verantwortlichen, sich regelmäßig von der Einhaltung der technischen und organisatorischen Maßnahmen durch den Auftragsverarbeiter zu überzeugen und das Ergebnis zu dokumentieren. Gleichwohl verpflichtet Art. 32 Abs. 1 lit. d DS-GVO sowohl den Verantwortlichen als auch den Auftragsverarbeiter zur regelmäßigen Überprüfung, Bewertung und Evaluation der Wirksamkeit der technischen und organisatorischen Maßnahmen. Art. 28 Abs. 2 lit. h DS-GVO stellt wiederum klar, dass der Auftragsverarbeiter Nachweise zu liefern und Überprüfungen zu ermöglichen und zu unterstützen hat. Es empfiehlt sich, in der Liste der Auftragsverarbeiter jeweils zu vermerken, wann eine Kontrolle durchgeführt wurde, wo das Prüfprotokoll abgelegt ist und wann die nächste Prüfung geplant ist.

**19. Rechtfertigung von Drittlandstransfers.** Eine Übermittlung von Daten in Länder außerhalb der EU und des EWR bedarf einer zusätzlichen Rechtfertigung (→ Form. G. VII.). Dabei ist insbesondere zu beachten, dass viele in der EU ansässige Unternehmen wiederum Dienstleister einsetzen (zB Hosting, Software as a Service), die Daten außerhalb der EU und des EWR verarbeiten. Sofern für das Drittland ein wirksamer Angemessenheitsbeschluss der EU-Kommission vorliegt (vollständige Liste der geltenden Angemessenheitsbeschlüsse ist abrufbar unter https://commission.europa.eu/law/law-topic/data-protection/international-dimension-data-protection/adequacy-decisions_en?prefLang=de), ist der Datentransfer zulässig. Fehlt es an einem solchen Angemessenheitsbeschluss, müssen andere Garantien zum Schutz der Daten in dem Drittland vereinbart werden. Nach der sog. Schrems-II-Entscheidung des EuGH (EuGH 16.7.2020 – C-311/18, NJW 2020, 2613) bedarf die Prüfung der Einhaltung der Vorschriften für Datenexporte in Drittstaaten (Art. 44 DS-GVO) bei der Nutzung von EU-Standardvertragsklauseln oder verbindlichen internen Datenschutzvorschriften nach Art. 47 DS-GVO einer gesonderten Prüfung. Die EU-Standardvertragsklauseln (Durchführungsbeschluss (EU) 2021/914) erfordern gem. ihrer Klausel 14 stets eine Wirksamkeitsprüfung (sog. Transfer Impact Assessment, TIA).

**20. Verpflichtung der Beschäftigten.** Art. 29 DS-GVO schreibt vor, dass Personen, die dem Verantwortlichen oder dem Auftragsverarbeiter unterstellt sind, personenbezogene Daten ausschließlich nach deren Weisung verarbeiten dürfen. Während

§ 5 BDSG aF noch vorsah, dass Beschäftigte gesondert schriftlich auf das Datengeheimnis verpflichtet werden müssen, enthält die DS-GVO für den Verantwortlichen eine vergleichbare Pflicht jedenfalls nicht mehr ausdrücklich. Allerdings trifft den Verantwortlichen nach Art. 24 Abs. 1 DS-GVO eine generelle Nachweispflicht zur Einhaltung der Vorgaben der DS-GVO und Art. 32 Abs. 4 DS-GVO verlangt, dass der Verantwortliche sicherstellt, dass die von ihm eingesetzten Beschäftigten personenbezogene Daten nur nach Anweisung verarbeiten. Neben technischen Maßnahmen wie einem Berechtigungskonzept kann dies auch durch organisatorische Maßnahmen wie einer gesonderten schriftlichen Verpflichtung erreicht werden.

Anders als der Verantwortliche ist allerdings der Auftragsverarbeiter nach Art. 28 Abs. 3 lit. b DS-GVO verpflichtet, alle Beschäftigten, die keiner gesetzlichen Verschwiegenheitspflicht unterliegen, gesondert auf die Vertraulichkeit zu verpflichten. Ein Grund für diese unterschiedliche Regelung ist nicht erkennbar und muss als redaktionelles Versehen angesehen werden (Ehmann/Selmayr/Bertermann DS-GVO Art. 29 Rn. 10).

Die gesonderte schriftliche Verpflichtung der Mitarbeiter auf Vertraulichkeit ist nach der DS-GVO also nur für Auftragsverarbeiter ausdrücklich geregelt, stellt aber auch für Verantwortliche eine einfache und wirksame Maßnahme zur Sicherstellung und zum Nachweis der anweisungskonformen Datenverarbeitung dar und ist daher stets anzuraten. Ein Muster dafür bietet → Form. C. VII.

**21.** **Datenschutzmanagementsystem.** Nach Art. 5 Abs. 2 DS-GVO ist der Verantwortliche verpflichtet, die Einhaltung der Vorgaben von Art. 5 Abs. 1 DS-GVO nachweisen zu können („Rechenschaftspflicht" oder „Accountability"; → Form. A. I.). Auch Art. 24 Abs. 1 DS-GVO verpflichtet den Verantwortlichen, die Einhaltung der Vorgaben der DS-GVO nachweisen zu können. Konkrete Vorgaben an die Art des Nachweises stellt die DS-GVO nicht. Erwgr. 77 verweist auf Leitlinien des Ausschusses und Hinweise des Datenschutzbeauftragten. Daneben nennt die DS-GVO die Einhaltung genehmigter Verhaltensregeln und genehmigter Zertifizierungsverfahren (→ Anm. 22) nach Art. 24 Abs. 3 DS-GVO als Möglichkeit des Nachweises. Besondere Bedeutung kommt daher auch betrieblichen Datenschutzmanagementsystemen zu (Lepperhoff RDV 2016, 197 (198); Wichtermann ZD 2016, 421 (422)), anhand derer der Nachweis einer funktionalen Datenschutzorganisation geführt werden kann.

**22.** **Datenschutzzertifizierungen.** Die DS-GVO führt europaweit die Möglichkeit von Zertifizierungen ein (→ Form. C. IV.; Ehmann/Selmayr/Schweinoch/Will DS-GVO Vorb. Art. 40–43 Rn. 1). Eine Zertifizierung ersetzt nicht die Prüfung durch die Aufsichtsbehörde und mindert auch rechtlich nicht die Verantwortung des Verantwortlichen oder des Auftragsverarbeiters, sie kann aber Teil des vom Verantwortlichen oder dem Auftragsverarbeiter zu führenden Nachweises der Einhaltung der Vorgaben der DS-GVO sein.

**23.** **Datenschutzbeauftragter.** Empfehlenswert ist die schriftliche Bestellung des Datenschutzbeauftragten etwa nach dem Formular → Form. B. I. 1. oder – bei externen Datenschutzbeauftragten – durch den Mustervertrag → Form. B. II. 1. Anders als § 4f BDSG aF enthalten Art. 37 DS-GVO und § 38 BDSG nF keine Formvorgabe mehr für die Bestellung. Ist der DSB auch in anderer Funktion für das Unternehmen tätig, muss der Verantwortliche sicherstellen, dass der DSB durch die Tätigkeit nicht in einen Interessenskonflikt gerät (Art. 38 Abs. 6 DS-GVO). Konkrete Vorgaben zur fachlichen Qualifikation macht die DS-GVO nicht, verweist lediglich darauf, dass er fachlich in der Lage sein muss, die Aufgaben nach Art. 39 DS-GVO zu erfüllen. Dies wird regelmäßig aktuelle Kenntnisse des europäischen und des deutschen Datenschutzrechts, technisches und organisatorisches Verständnis von Verarbeitungsvorgängen, Erfahrungen im Datenschutzmanagement und Kenntnisse des Risikomanagements voraussetzen (Kühling/Buchner/Bergt/Herbort DS-GVO Art. 37 Rn. 33).

Nach Art. 37 Abs. 7 DS-GVO müssen die Kontaktdaten des DSB der zuständigen Aufsichtsbehörde mitgeteilt werden. Die Behörden haben dafür standardisierte Meldeprozesse meist über deren Webseite.

**24. Bestellpflicht für den Datenschutzbeauftragten.** Anders als § 4f BDSG aF und § 38 BDSG nF knüpft Art. 37 DS-GVO die Pflicht zur Bestellung eines DSB nicht an die Zahl der Personen, die mit der Verarbeitung personenbezogener Daten befasst sind, sondern macht sie von der Kerntätigkeit des Unternehmens abhängig (Klug ZD 2016, 315; Kühling/Buchner/Bergt/Herbort DS-GVO Art. 37 Rn. 18). Eine Bestellpflicht besteht für Unternehmen nur dann, wenn die Kerntätigkeit des Unternehmens in der Verarbeitung von personenbezogenen Daten besteht, diese Tätigkeit umfangreich ist und entweder eine regelmäßige und systematische Überwachung von Betroffenen erfordert oder die Verarbeitung besonderer Kategorien personenbezogener Daten umfasst (Art. 37 Abs. 1 lit. b, c DS-GVO). Die Anforderungen der DS-GVO sind leider wenig präzise und erlauben einen weiten Interpretationsspielraum. Adressaten der Regelung dürften vor allem Betreiber sozialer Netzwerke, Marketingdienstleister (zB beim Ad-Targeting), Auskunfteien, Krankenhäuser und Medizindienstleister sowie IT- und Telekommunikationsdienstleister (vgl. auch Klug ZD 2016, 315) sein. Für Behörden besteht stets eine Bestellpflicht (Art. 37 Abs. 1 lit. a DS-GVO). Art. 37 Abs. 4 Hs. 2 DS-GVO enthält eine Öffnungsklausel, die den Mitgliedstaaten eigene Regelungen zur Bestellpflicht ermöglichen.

In Deutschland besteht nach § 38 Abs. 1 BDSG eine Bestellpflicht für Behörden und für Unternehmen, in denen mindestens zwanzig Personen ständig mit der automatisierten Verarbeitung personenbezogener Daten befasst sind. Unabhängig von der Zahl der Beschäftigten gilt eine Bestellpflicht auch dann, wenn das Unternehmen Verarbeitungen durchführt, die der Datenschutz-Folgenabschätzung unterliegen, oder wenn das Unternehmen Daten geschäftsmäßig zum Zweck der Übermittlung oder zur Markt- und Meinungsforschung verarbeitet.

Kommt ein Unternehmen zu dem Ergebnis, dass eine Bestellpflicht aktuell nicht besteht, empfiehlt sich die Dokumentation der Prüfung und des Ergebnisses (Art. 5 Abs. 2 DS-GVO – Rechenschaftspflicht).

**25. Informationsfluss an den Datenschutzbeauftragten.** Es ist sicherzustellen, dass der DSB in alle Prozesse eingebunden ist, bei denen personenbezogene Daten verarbeitet werden können. Zweckmäßig ist es, wenn der DSB generell in Freigabeprozesse eingebunden wird. Um über Entwicklungen im Unternehmen auf dem Laufenden zu bleiben, bieten sich außerdem Regeltermine (Jour Fixes) mit den relevanten Abteilungen an (zB IT, Personal, Marketing). Der Einsatz von Datenschutzkoordinatoren in Fachbereichen und Abteilungen kann die Arbeit des DSB wirksam unterstützen. Gerade bei größeren Organisationen und beim Einsatz eines externen DSB können interne Datenschutzkoordinatoren sogar zur praktischen Notwendigkeit werden.

**26. Basis-Risikoanalyse.** Die DS-GVO sieht vor, dass der Verantwortliche für jede Datenverarbeitung eine Basis-Risikobewertung (häufig auch Schwellwertanalyse genannt) durchführt. Dabei sind insbesondere die „Eintrittswahrscheinlichkeit" und die „Schwere des Risikos für die Rechte und Freiheiten" der betroffenen Personen zu bewerten. Wird für eine Verarbeitung ein hohes Risiko festgestellt, so ist eine Datenschutz-Folgenabschätzung durchzuführen (Art. 35 DS-GVO; → Anm. 28).

Zu der Frage, bei welchen Verarbeitungsvorgängen voraussichtlich ein hohes Risiko für die Rechte und Freiheiten der Betroffenen gegeben ist, hat die Artikel-29-Datenschutzgruppe im Jahr 2017 im WP 248 eine Liste von neun Kriterien veröffentlicht, wobei bei Vorliegen von zwei der Kriterien regelmäßig eine Datenschutz-Folgenabschätzung erforderlich sein soll. Dieses Arbeitspapier wurde am 25.5.2018 vom EDSA gebilligt und gilt daher fort.

Die Aufsichtsbehörden können im Wege des Kohärenzverfahrens Listen von Verarbeitungen erstellen, für die eine DSFA erforderlich oder nicht erforderlich sind (Art. 35 Abs. 4, 5 DS-GVO). Die deutsche Datenschutzkonferenz hat eine so genannte Muss-Liste veröffentlicht, in der Verarbeitungen aufgeführt werden, für die stets eine DSFA erforderlich ist (Version 1.1 v. 17.10.2018). Diese Liste verweist ausdrücklich auch auf das WP 248 der Artikel-29-Datenschutzgruppe.

**27. Schutzbedarfsklassen und Schutzmaßnahmen.** Unternehmen sind verpflichtet, angemessene technische und organisatorische Maßnahmen zum Schutz personenbezogener Daten zu treffen (Art. 24, 32 DS-GVO). Es bietet sich an, im Rahmen der Basis-Risikoanalyse (→ Anm. 26) Schutzbedarfsklassen festzulegen und jede Verarbeitung in eine Schutzbedarfsklasse einzugruppieren. Für diese Schutzbedarfsklassen müssen dann jeweils angemessene technische und organisatorische Maßnahmen als Mindestschutzmaßnahmen festgelegt werden.

**28. Datenschutz-Folgenabschätzung.** Sofern eine Verarbeitung voraussichtlich ein hohes Risiko für die Rechte und Freiheiten natürlicher Personen mit sich bringt, schreibt Art. 35 DS-GVO die Durchführung einer Datenschutz-Folgenabschätzung („DSFA") vor. Im Unternehmen muss daher ein Prozess zur Basis-Risikoanalyse vorhanden sein (→ Anm. 26), der für neue Verarbeitungen prüft, ob eine DSFA durchgeführt werden muss. Sofern für eine Verarbeitung die Durchführung einer DSFA erforderlich ist, muss sichergestellt sein, dass die Mindestanforderungen nach Art. 35 Abs. 7 DS-GVO eingehalten werden (ausf. → Form. C. III.).

**29. Umsetzung von Informationspflichten.** Art. 13, 14 DS-GVO regeln umfassende Informationspflichten, die der Verantwortliche gegenüber den Betroffenen erfüllen muss (Kühling/Buchner/Bäcker DS-GVO Art. 13 Rn. 1 ff.). Im Unternehmen muss daher sichergestellt sein, dass die Betroffenen rechtzeitig und im erforderlichen Umfang informiert werden. Es bietet sich an, das Verzeichnis von Verarbeitungstätigkeiten intern um die Rubrik „Erfüllung der Informationspflichten" zu erweitern.

**30. Privacy by Design/Privacy by Default.** Das BDSG aF hat in §§ 3a, 9 BDSG aF bereits die Grundsätze der Datenminimierung und des Datenschutzes durch Technikgestaltung angelegt, in Art. 25 DS-GVO werden beide Grundsätze nun individuell geregelt (Taeger/Gabel/Lang DS-GVO Art. 25 Rn. 1 ff.). Dabei müssen Unternehmen bereits bei der Gestaltung von Verarbeitungen datenschutzrechtliche Anforderungen berücksichtigen. Insbesondere bei der technischen Gestaltung von Verarbeitungen ist der jeweilige Stand der Technik zu berücksichtigen und die Entscheidung für oder gegen den Einsatz einer datenschutzfreundlichen Gestaltung muss dokumentiert werden, um ggf. den Nachweis nach Art. 24 Abs. 1 DS-GVO erbringen zu können (→ Form. C. V.5.).

**31. Datenschutzkonzept.** Der Begriff „Datenschutzkonzept" ist gesetzlich nicht definiert. Eine Pflicht zur Erstellung eines Datenschutzkonzeptes enthalten weder das BDSG noch die DS-GVO. Nach der Definition in den IT-Grundschutz-Katalogen des BSI hat das Datenschutzkonzept das Ziel, alle datenschutzrechtlichen Aspekte im Unternehmen abzubilden (BSI IT-Grundschutz-Kataloge M 2.503). Es geht damit über die Ist-Beschreibung des Verzeichnisses von Verarbeitungstätigkeiten hinaus und legt zB risikobasiert den Schutzbedarf für Daten fest und macht Vorgaben zur Umsetzung datenschutzrechtlicher Grundsätze wie etwa des Grundsatzes der Datensparsamkeit. Insofern ist ein Datenschutzkonzept gut geeignet, überblicksartig die nach Art. 32 DS-GVO vorgeschriebenen Maßnahmen zur Sicherheit der Verarbeitung zu dokumentieren.

**32. Rollen- und Rechtekonzept.** Gerade bei komplexen IT-Systemen bedarf es einer strukturierten Vergabe von Rechten für die einzelnen Beschäftigten, sodass sichergestellt ist, dass die Beschäftigten jeweils Zugriff auf die für ihre Tätigkeit benötigten Daten erhalten, gleichzeitig aber ebenfalls Sorge dafür getragen ist, dass kein Zugriff auf Daten besteht, die für die eigene Tätigkeit nicht erforderlich sind (→ Form. E. IV.).

**33. Entscheidungsbefugnis über Rollen und Rechte.** Es muss klar geregelt sein, welche Personen oder Funktionen über die Zuteilung von Rollen und Rechten entscheiden dürfen und entsprechende Weisungsbefugnis haben. Dabei können an bestimmte Funktionen oder Stellen im Unternehmen Standard-Rollen und -Rechte geknüpft sein. Individuelle Anpassungen müssen dann von einer entscheidungsbefugten Person freigegeben werden. Dabei ist zu dokumentieren, warum eine Anpassung vorgenommen oder eine weitere Rolle zugewiesen wurde, um die Rechtevergabe nachvollziehbar zu machen und im Falle eines Stellenwechsels auch die Rechte und Rollen anpassen zu können.

**34. Ausscheiden von Beschäftigten.** Ein solcher Prozess sollte mindestens beinhalten: Rückgabe von datenspeichernden Geräten (Smartphone, Laptop etc), Löschung gespeicherter Daten auf Privatgeräten (zB E-Mails, Dokumente etc), Sperrung von Zugangskennungen und Magnetkarten, ggf. Rückgabe von Token, ggf. Sperrung dienstlicher SIM-Karte, ggf. Meldung an Externe über das Ausscheiden, Übergabe Datenbestände an Nachfolger/Vertreter, Regelung für Sperrung oder Auto-Responder für betriebliches E-Mail-Postfach, Zugang für Nachfolger/Vertreter zum dienstlichen E-Mail-Postfach (BSI IT-Grundschutz-Kataloge M 3.6).

**35. Datenschutzrichtlinien.** Die private Nutzung dienstlicher Endgeräte (zB des Smartphones für das Abspielen privater Musik oder zur Herstellung von privaten Fotos) sowie die private Nutzung des dienstlichen Internetzugangs und des dienstlichen E-Mail-Kontos bedürfen konkreter und klarer Regelungen. Gleiches gilt für die dienstliche Nutzung privater Geräte und E-Mail-Konten. Die Vermischung dienstlicher und privater Kommunikation und Mediennutzung stellt für Unternehmen eine große Herausforderung dar. Beispiele für übliche Richtlinien sind unter → Form. D. III. abgedruckt.

**36. Kontrolle der Einhaltung von Richtlinien.** Wichtig ist, dass aufgestellte Richtlinien vom Unternehmen verbindlich gemacht werden und ihre Einhaltung kontrolliert wird. Spätestens wenn dem Unternehmen Hinweise auf die Missachtung oder Umgehung von Richtlinien bekannt werden, sollte dringend kontrolliert werden.

Duldet das Unternehmen dauerhaft Verstöße gegen bestehende Richtlinien, kann dies dazu führen, dass Richtlinien von den Beschäftigten nicht mehr als verbindlich angesehen werden.

**37. Auswahlkriterien für Dienstleister.** Sollen externe Dienstleister oder Partner personenbezogene Daten erhalten, ist zunächst sicherzustellen, dass die Rollen der Beteiligten festgelegt sind und eine Rechtsgrundlage für die Datenübermittlung besteht (→ Anm. 16). Besonders bei Auftragsverarbeitern sind Prüfkriterien festzulegen, die sicherstellen, dass angemessene technische und organisatorische Maßnahmen unter Berücksichtigung des festgestellten Schutzbedarfs (→ Anm. 27) getroffen sind und eingehalten werden.

**38. Prozess zur Auskunftserteilung.** Mustervorlagen zur Beantwortung von Auskunftsverlangen von Betroffenen und von Behörden finden sich unter → Form. F. II. Der entsprechende Prozess hat sicherzustellen, dass entsprechende Anfragen unverzüglich dem für das zu beauskunftende Verfahren zuständigen Beschäftigten und dem Datenschutzbeauftragten vorgelegt werden, damit eine zügige Bearbeitung der Anfragen möglich ist.

**39. Prozess zur Gewährleistung der Datenübertragbarkeit.** Betroffene haben nach Art. 20 DS-GVO in bestimmten Fällen das Recht, Daten von dem Verantwortlichen in einem strukturierten, gängigen und maschinenlesbaren Format bereitgestellt zu bekommen. Voraussetzung des Anspruches ist im Kern, dass die betroffene Person die Daten selbst bereitgestellt hat und dass die Verarbeitung automatisiert auf Grundlage einer Einwilligung oder eines zwischen den Parteien bestehenden Vertrages erfolgt (Art. 20 Abs. 1 DS-GVO). Sofern der Verantwortliche Adressat eines solchen Herausgabeanspruches sein kann, muss in einem Prozess sichergestellt werden, wie Daten, auf die sich der Anspruch bezieht, in den Systemen des Verantwortlichen identifiziert und für einen Export selektiert werden können. Dabei muss der Prozess sicherstellen, dass Daten Dritter nicht selektiert und herausgegeben werden, da solche von dem Anspruch nicht erfasst sind (Art. 20 Abs. 4 DS-GVO; Jülicher/Röttgen/v. Schönfeld ZD 2016, 358 (359)).

**40. Prozesse zur Berichtigung, Löschung und Einschränkung der Verarbeitung.** Der Verantwortliche muss dafür Sorge tragen, dass Aufforderungen zu Berichtigung (Art. 16 DS-GVO), Löschung (Art. 17 DS-GVO) oder Einschränkung der Verarbeitung (Art. 18 DS-GVO; im BDSG aF als „Sperrung" bezeichnet) geprüft und im berechtigten Fall umgesetzt werden. Betroffenenrechte sind nach Art. 12 Abs. 3 DS-GVO unverzüglich, jedenfalls aber innerhalb eines Monats zu erfüllen. In Ausnahmefällen (Vielzahl von Anfragen, Komplexität) kann die Frist um bis zu zwei Monate verlängert werden. Die Voraussetzungen für eine solche Fristverlängerung sind jedoch eng auszulegen (Simitis/Hornung/Spiecker gen. Döhmann/Dix DS-GVO Art. 12 Rn. 25). Fehlende interne Prozesse verlängern die Frist nicht.

**41. Recht auf Vergessenwerden.** Schon nach § 35 Abs. 7 BDSG aF war die verantwortliche Stelle verpflichtet, im Falle von Berichtigungen oder Löschungen die bisherigen Empfänger der Daten nach Möglichkeit zu informieren. Gleiches gilt auch nach Art. 19 S. 1 DS-GVO. Hat der Verantwortliche personenbezogene Daten öffentlich gemacht, so ist er nach Art. 17 Abs. 2 DS-GVO verpflichtet, andere Verantwortliche, die die personenbezogenen Daten verarbeiten, davon zu unterrichten, dass der Betroffene die Löschung der Daten verlangt hat. Die DS-GVO verbessert damit die Position des Betroffenen, ohne jedoch rechtlich völliges „Neuland" zu betreten (Schantz NJW 2016, 1841 (1845)). Auch im Äußerungsrecht existiert ein vergleichbarer Folgenbeseitigungsanspruch, der allerdings etwas höhere Anforderungen aufweist (dazu iE BGH 28.7.2015 – VI ZR 340/14, NJW 2016, 56 Rn. 40).

Der Verantwortliche muss nachvollziehbar dokumentieren, welche Technologien er in solchen Fällen nutzen wird und aus welchen Gründen (zB unverhältnismäßig hohen Implementierungskosten) er auf andere Maßnahmen zur Löschung bei Dritten verzichtet.

**42. Widerspruchsrecht bei Interessenabwägung.** Sofern der Verantwortliche personenbezogene Daten auf Grundlage einer Interessenabwägung (Art. 6 Abs. 1 lit. e, f DS-GVO) verarbeitet, muss ein Prozess implementiert sein, in dem Widersprüche betroffener Personen nach Art. 21 DS-GVO geprüft und umgesetzt werden. Voraussetzung für die Wirksamkeit des Widerspruchs ist, dass in der Person des Betroffenen besondere Gründe vorliegen und der Verantwortliche keine zwingenden schutzwürdigen Gründe für die Verarbeitung nachweisen kann. Die konkreten Anforderungen an die „besonderen Gründe" in der Person des Betroffenen und die „zwingenden Gründe" aus Sicht des Verarbeiters sind in der DS-GVO offen gelassen, Erwgr. 70 DS-GVO verweist beispielhaft lediglich auf Fälle des Direktmarketings (→ Form. I. I.). Mit Blick auf die Rechenschaftspflicht sollte der Prozess einheitliche Kriterien für die Bearbeitung von Widersprüchen festlegen und vorsehen, dass Widersprüche und die Entscheidung über die Widersprüche dokumentiert werden. Naheliegend ist die Wirksamkeit des Widerspruchs in Fällen, in denen die besonderen Gründe, die die betroffene Person geltend macht, im Rahmen der Interessenabwägung des Verantwortlichen nicht berücksichtigt worden sind.

**43. Aufbewahrungspflichten und Löschroutinen.** Unternehmen müssen auf der einen Seite gesetzliche Aufbewahrungspflichten einhalten (zB nach Handels- und Steuerrecht; → Form. D. IV. 1.), auf der anderen Seite sicherstellen, dass personenbezogene Daten gelöscht werden, wenn sie nicht mehr erforderlich sind. Üblicherweise eignet sich dazu ein Löschkonzept (zB nach DIN 66398; → Form. D. IV. 2.). Dabei müssen neben den Live-Systemen auch Backups und Archive berücksichtigt werden. Sofern in Backups und Archiven eine selektive Löschung nicht direkt umgesetzt werden kann, sind Maßnahmen zu treffen, die eine Wiederherstellung im Live-System gelöschter Daten verhindern.

**44. Maßnahmenplan Datenschutzvorfall.** Wird der Schutz personenbezogener Daten verletzt, so muss der Verantwortliche unverzüglich prüfen, ob die Verletzung ein Risiko für die Rechte und Freiheiten der Betroffenen darstellt (iE → Form. C. VI.). Besteht ein solches Risiko, ist die Aufsichtsbehörde binnen 72 Stunden zu informieren (Art. 33 Abs. 1 DS-GVO). Diese Frist gilt auch an Wochenenden und Feiertagen. Wegen der knappen Frist zur Information der Aufsichtsbehörde muss ein effizienter Prozess implementiert werden. Zudem ist sicherzustellen, dass der Vorfall und die ergriffenen Maßnahmen dokumentiert werden (Art. 33 Abs. 5 DS-GVO).

Birgt die Verletzung des Schutzes personenbezogener Daten ein hohes Risiko für die Rechte und Freiheiten der Betroffenen, so sind die Betroffenen unverzüglich zu informieren. Der Verantwortliche muss daher einen Maßnahmenplan erstellen, wie er die ggf. sehr große Zahl von Betroffenen effizient und sicher informiert.

**45. Unterrichtung der Beschäftigten zu Datenschutzthemen.** Zu den Aufgaben des Datenschutzbeauftragten gehört auch die Unterrichtung und Beratung des Verantwortlichen, des Auftragsverarbeiters und der Beschäftigten. Diese Aufgabe lässt sich zumindest hinsichtlich der Beschäftigten durch Schulungen, die inhaltlich auf die Tätigkeit der Beschäftigten abgestimmt sind, erreichen. Zweckmäßig ist dazu die Erstellung eines Schulungsplanes, es kommen aber auch andere Formen der Unterrichtung in Betracht, etwa das Erstellen von Merkblättern und Checklisten.

**46. Dokumentation der IT-Infrastruktur.** Im Verzeichnis von Verarbeitungstätigkeiten kann häufig die meist komplexe IT-Infrastruktur aufgrund des Abstraktionsgrades des Verarbeitungsverzeichnisses nicht abgebildet werden. Für die Prüfung durch den Auditor ist es jedoch wichtig, einen Überblick auch über die technische Infrastruktur zu gewinnen. Dabei können Schnittstellen, Datenflüsse und eingebundene Dienstleister identifiziert und mit der bestehenden Dokumentation abgeglichen werden.

**47. Dokumentation der IT-Standorte.** Verfügt ein Unternehmen oder eine Unternehmensgruppe über mehrere IT-Standorte, so muss sich der Auditor einen Überblick verschaffen, welche Verarbeitungen wo durchgeführt werden. Insbesondere, wenn die IT-Standorte von unterschiedlichen Dienstleistern betrieben oder betreut werden oder wenn die Standorte zu unterschiedlichen Unternehmen einer Unternehmensgruppe gehören.

**48. Prüfberichte und Zertifikate.** Dokumentierte Prüfungen und Zertifikate von dritter Seite können dem Auditor viel Arbeit abnehmen. Besonders wichtig ist es hierbei, den Rahmen („Scope") der jeweiligen Prüfung/Zertifizierung genau zu prüfen. Häufig werden nur einzelne Systeme oder Verfahren geprüft/zertifiziert, sodass der Auditor prüfen muss, ob die Prüfung oder das Zertifikat für die eigene Prüfung überhaupt Relevanz hat. Auch ist zu prüfen, welche Qualität die Prüfung oder das Zertifikat besitzen und ob für den Auditor nachvollziehbar ist, nach welchem Standard die Prüfung oder Zertifizierung stattgefunden hat. Sind Standard und Prüfbericht nicht einsehbar, ist die Aussagekraft des Prüfergebnisses/Zertifikats gering.

**49. Sicherheitsüberprüfungen.** Prüfungen einzelner Systeme oder Funktionen durch externe Dienstleister oder die eigene IT-Abteilung können helfen, Sicherheitslücken frühzeitig zu identifizieren oder die Wirksamkeit der getroffenen technischen und organisatorischen Maßnahmen belegen.

**50. Einsatz von KI-Systemen.** Immer mehr IT-Systeme und -Anwendungen nutzen künstliche Intelligenz. Dies gilt nicht nur für generative KI und Large Language Modelle, sondern auch für viele hoch spezialisierte KI-Systeme, etwa in Sicherheitsanwendungen oder bei der Unterstützung von Beschäftigten bei der Softwareentwicklung. Dabei müssen KI-Systeme nicht nur den Anforderungen der EU-KI-Verordnung genügen, sondern auch vor ihrem Einsatz auf Konformität mit den Anforderungen der DS-GVO geprüft werden. Das Bayerische Landesamt für Datenschutzaufsicht hat eine Checkliste für die Entwicklung und den Einsatz von KI-Systemen erstellt (https://www.lda.bayern.de/media/ki_checkliste.pdf). Mehr zu Datenschutz und KI unter → Form. Q.

**51. ERP-Systeme.** Kommt im Unternehmen eine Software zum Enterprise Ressource Planning („ERP") zum Einsatz, sollte sich der Auditor über die Fähigkeiten und Unzulänglichkeiten des jeweiligen Systems informieren und prüfen, ob – sofern datenschutzrelevant – im Unternehmen geeignete Maßnahmen ergriffen wurden (am Beispiel SAP: BSI IT-Grundschutz-Kataloge Baustein B 5.13).

**52. Remote-Access.** Häufig besteht für Beschäftigte und Dienstleister eine Möglichkeit, von extern auf einzelne oder alle Systeme zugreifen zu können. Hier muss sichergestellt sein, dass ein solcher Zugriff nur über verschlüsselte Verbindungen möglich ist. In der Regel sollte eine Zwei-Faktor-Authentifizierung vorgeschrieben sein, dh neben Benutzerkennung und Passwort sollte eine weitere unabhängige Sicherheitseingabe erforderlich sein (zB ein Token). Vorschläge zur Auswahl einer angemessenen Authentifikation sind enthalten in BSI-Grundschutz-Kataloge M 4.133. Ferner ist sicherzustellen, dass Nutzer durch den Fernzugriff maximal die gleichen Rechte erhalten, die auch bei einer Anmeldung innerhalb des Netzwerkes bestehen. → Form. D. III.2.

**53. Administratorrechte der Beschäftigten.** Verfügen die Nutzer selbst über Administratorenrechte auf ihren dienstlichen Endgeräten, so erhöht sich zunächst das Risiko, dass sich Schadsoftware auf den Endgeräten einnisten kann. Außerdem können die Nutzer dann beliebige Software installieren, die Sicherheitslücken aufweisen oder die gezielt für unberechtigte Zugriffe auf Daten genutzt werden kann. Es stellt sich dann die Frage, ob das Unternehmen seinen Pflichten aus Art. 5 Abs. 1 lit. f und Art. 32 DS-GVO in ausreichendem Umfang nachgekommen ist. Jede auf dienstlichen Endgeräten installierte Software sollte durch die IT-Abteilung geprüft und freigegeben sein.

**54. Verschlüsselung von Festplatten.** Bei mobilen Endgeräten besteht ein erhöhtes Risiko, dass diese versehentlich oder durch Diebstahl Dritten in die Hände fallen. Sind die Speichereinheiten solcher Geräte nicht verschlüsselt, können Unbefugte Kenntnis von den Daten erlangen. Handelt es sich um besondere Kategorien personenbezogener Daten oder andere Daten, deren Offenbarung Risiken für die Rechte und Freiheiten der Betroffenen vermuten lassen, kann eine Informationspflicht gegenüber der Aufsichtsbehörde und gegenüber allen Betroffenen entstehen (Art. 33, 34 DS-GVO). Die Verschlüsselung von mobilen Endgeräten und Datenträgern gehört heute zum anerkannten Stand der Technik und ist in der Regel leicht umsetzbar.

**55. Mobile Device Management (MDM).** Über MDM ist eine zentrale Administration von mobilen Endgeräten möglich. Der Administrator kann Sicherheitsupdates einspielen, Geräte sperren oder Einschränkungen hinsichtlich der auf den Geräten installierbaren Anwendungen vornehmen (Black- oder Whitelists). Der Auditor muss prüfen, ob die private Nutzung mobiler Endgeräte ausreichend klar geregelt ist, anderenfalls kann der Einsatz eines MDM einen Datenschutzverstoß gegenüber den Beschäftigten darstellen. Für den Auditor ist auch wichtig, ob die MDM-Software lokal im Unternehmen installiert ist, oder ob es sich um einen Cloud-Service (SaaS) handelt, der in der Regel als Auftragsverarbeitung einzustufen wäre.

**56. Private Cloud-Speicherdienste.** Aufgrund der einfachen Bedienbarkeit nutzen Beschäftigte mitunter für den Datenaustausch oder den einfachen Zugriff auf Daten Speicherdienste in der Cloud. Häufig wird hierbei übersehen, dass für die datenschutzkonforme Nutzung solcher Dienste ein Vertrag zur Auftragsverarbeitung erforderlich ist, was viele der Dienstleister gerade für die kostenlosen Endkunden-Versionen ihrer Anwendung gar nicht anbieten. Verarbeitet der Speicherdienst die Daten (auch) in einem Drittland, sind zusätzliche Sicherheitsmaßnahmen erforderlich (zu Drittlandtransfers → Anm. 19 und → Form. G. VII.). Hier können leicht erhebliche Datenschutzverstöße erfolgen. Zum Einsatz von Cloud-Speicherdiensten in Unternehmen → Form. G. VI.

**57. Cloud-Services.** Neben Speicherdiensten gibt es eine Vielzahl von Anwendungen (IaaS, PaaS, SaaS), die als Webservice in der Cloud angeboten werden. Auf Business-Kunden ausgerichtete Anbieter bieten inzwischen häufig schon Vereinbarungen zur Auftragsverarbeitung an. Hier ist – neben den Mindestinhalten eines solchen Vertrages nach Art. 28 DS-GVO – regelmäßig zu prüfen, ob die Datenverarbeitung tatsächlich nur innerhalb der EU oder des EWR erfolgt. Anderenfalls reicht eine Vereinbarung zur Auftragsverarbeitung allein nicht aus, da zusätzlich ein angemessenes Schutzniveau für die Daten sichergestellt werden muss (zu Drittlandtransfers → Anm. 19 und → Form. G. VII.).

**58. IT-Sicherheitskonzept.** Das IT-Sicherheitskonzept ist das zentrale Dokument im Sicherheitsprozess eines Unternehmens. Es beschreibt die geplante Vorgehensweise, um die gesetzten Sicherheitsziele zu erreichen (BSI IT-Grundschutz-Kataloge M 2.195). Typischerweise enthält es Vorgaben zum Rollen- und Berechtigungskonzept, zum Vier-Augen-Prinzip, zur Aktualisierung von Systemen und auch zur Passwortsicherheit. Das IT-Sicherheitskonzept stellt einen Baustein bei der Dokumentation der nach Art. 32 DS-GVO vorgeschriebenen Maßnahmen zur Sicherheit der Verarbeitung dar.

**59. Technische Überwachungseinrichtungen.** Der Einsatz von Überwachungseinrichtungen kann datenschutzrechtlich erforderlich sein, wenn diese dem Schutz personenbezogener Daten dienen (zB Zutrittskontrolle). Überwachungseinrichtungen können jedoch auch für andere Zwecke eingesetzt werden. Wichtig ist, dass der Verantwortliche eine vollständige Dokumentation der Anlagen vorhält. Häufig wird eine Interessenabwägung erforderlich sein, bei einer systematischen und umfangreichen Überwachung öffentlich zugänglicher Bereiche kann nach Art. 35 Abs. 3 lit. c DS-GVO auch eine Datenschutz-Folgenabschätzung erforderlich sein. Die DSK hat am 17.7.2020 eine umfangreiche aktualisierte „Orientierungshilfe Videoüberwachung durch nicht-öffentliche Stellen" veröffentlicht, die auch eine Checkliste enthält.

## II. Verzeichnis von Verarbeitungstätigkeiten (Art. 30 DS-GVO)

Die nachstehend unter § 1 skizzierte Tabelle ist eine Vorlage für ein vom Verantwortlichen bei Bedarf intern zu führendes Verzeichnis der von ihm für Datenverarbeitungen eingesetzten Anlagen. Ein **Verzeichnis der eingesetzten Datenverarbeitungsanlagen** ist dem Text der DS-GVO fremd. Gleichwohl ist es ratsam, ein solches Verzeichnis zu führen (und falls die IT im Unternehmen inventarisiert ist, lässt es sich mit geringem Aufwand erstellen). Denn vielfach ist es erforderlich, um der **Rechenschaftspflicht aus Art. 5 Abs. 1 lit. f, Abs. 2 DS-GVO** nachzukommen (→ Form. A. I.). Die im Verzeichnis der Datenverarbeitungsanlagen zusammengetragenen Informationen sind essentiell zur Realisierung der für ein angemessenes Schutzniveau geeigneten technischen und organisatorischen Maßnahmen iSv **Art. 32 Abs. 1 DS-GVO,** sowie für weitere Zwecke, etwa ein mit Blick auf § 99 UrhG dringend zu empfehlendes Lizenzmanagement bezüglich der gesamten, zu betrieblichen Zwecken genutzten Software (Auer-Reinsdorff/Conrad IT-R-HdB/Kremer § 28 Rn. 70; Umnuß/Rath/Kuß Corporate Compliance Checklisten Kap. 8 Rn. 15; Kremer/Sander ITRB 2012, 275). „Datenverarbeitungsanlagen und -geräte" iSv **Art. 58 Abs. 1 lit. f DS-GVO** ist dabei die sperrige Umschreibung für jegliche Computer (insbesondere Server, Arbeitsplatzrechner, Notebooks), mobile Devices (insbesondere Tablets, Smartphones) und sonstige zur Datenverarbeitung geeignete Geräte, zB Multifunktionsgeräte mit lokalen Speichermöglichkeiten und Anschluss ans Netzwerk sowie externe Speichermedien, zB USB-Sticks, Speicherkarten und Festplatten. Auch bezüglich dieser Geräte müssen Maßnahmen nach Art. 32 Abs. 1 DS-GVO getroffen werden (→ Form. E. II.), zudem fallen sie unter das Besichtigungsrecht der Aufsichtsbehörde aus Art. 58 Abs. 1 lit. f DS-GVO. Für den Fall, dass der Einsatz privater Hardware der Arbeitnehmer für betriebliche Zwecke erlaubt ist (Bring your own Device (BYOD), → Form. D. III.4.) und deshalb mit den vom Unternehmen als Verantwortlichem verarbeiteten personenbezogenen Daten in Berührung kommt, erstrecken sich die Pflichten des Verantwortlichen aus Art. 32 Abs. 1 DS-GVO auch auf diese Hardware. Deshalb sollten auch **private Geräte** der Beschäftigten in das Verzeichnis aufgenommen werden, wenn sie planmäßig für Verarbeitungen des Verantwortlichen eingesetzt werden. Hinsichtlich etwaiger verbotswidrig für betriebliche Zwecke genutzter privater Hardware sollte demgegenüber das Verzeichnis dadurch vollständig und richtig gehalten werden, dass das Verbot durchgesetzt wird. Eine Pflicht des Verantwortlichen, das Verbot durchzusetzen, ergibt sich aus Art. 24 Abs. 1, 2 sowie Art. 32 Abs. 1 DS-GVO.

Die nachstehend unter § 2 vorgeschlagene Tabelle ist eine Vorlage für die Erfüllung der sich aus Art. 30 Abs. 1 DS-GVO ergebenden Pflicht des Verantwortlichen und ggf. seines Vertreters iSd Art. 27 DS-GVO zur Führung eines **Verzeichnisses von Verarbeitungstätigkeiten** (kurz auch „VVT"). Es besteht keine Verpflichtung, das Verzeichnis papiergebunden zu führen, sodass sich die Tabelle nur als Sinnbild für die Ordnungsstruktur versteht. Da es schriftlich zu führen ist, was gem. Art. 30 Abs. 3 DS-GVO auch in einem elektronischen Format erfolgen kann, hat es sich in der Praxis etabliert, Softwarelösungen für das Führen des Verarbeitungsverzeichnisses zu nutzen. Die nachstehenden Erläuterungen zum Muster gehen davon aus, dass insgesamt nur ein Verzeichnis geführt wird und darin alle in den §§ 1 und 2 genannten Angaben enthalten sind. Der früher in Deutschland übliche Begriff des Verfahrens ist synonym zu dem von der DS-GVO gewählten Ausdruck Verarbeitungstätigkeit. Eine solche ist eine Vorgangsreihe von einzelnen Verarbeitungen iSv Art. 4 Nr. 2 DS-GVO, deren Zusammenfassung zu einer Verarbeitungstätigkeit durch den jeweils identischen „Zweck der Verarbeitung" entsteht (so auch BfDI, BayLDA, BSI ua GDD-Ratgeber zur Datenträgervernichtung, 4. Aufl. 2019, S. 17). Das Verzeichnis von Verarbeitungstätigkeiten ist ausschließlich der Aufsichtsbehörde auf deren Anfrage gem. Art. 30 Abs. 4 DS-GVO zur Verfügung zu stellen und stellt im Übrigen eine interne Dokumentation dar. Durch die **Betrachtung nach Zwecken,** die über die eingesetzten Mittel der Verarbeitung abstrahiert, ergibt sich de facto eine starke Ähnlichkeit zu einer etwaig ggf. bereits für das Qualitätsmanagement vorhandenen Dokumentation von Geschäftsprozessen.

In der Theorie gibt es Ausnahmen von der **Pflicht** zum Führen eines Verzeichnisses von Verarbeitungstätigkeiten. Der praktische Anwendungsbereich von Art. 30 Abs. 5 DS-GVO ist jedoch marginal, da Verarbeitungen selten keine Risiken für Rechte und Freiheiten der betroffenen Personen entfalten. Unabhängig von der Pflicht ist jedoch zu konstatieren, dass das Verzeichnis der Verarbeitungstätigkeiten das zentrale Artefakt zur Erreichung von Compliance im Datenschutz ist. Es ist mit Blick auf die diversen anderen Pflichten aus der DS-GVO unverzichtbar und schon deshalb von jedem Verantwortlichen bzw. Auftragsverarbeiter zu führen.

Gem. Art. 30 Abs. 2 DS-GVO führt der Auftragsverarbeiter und ggf. sein Vertreter iSv Art. 27 DS-GVO ein zum Verzeichnis des Verantwortlichen akzessorisches, indes formell selbstständiges Verfahrensverzeichnis für die von ihm im Auftrag ausgeführten Verarbeitungstätigkeiten (Paal/Pauly/Martini DS-GVO Art. 30 Rn. 20). Dem trägt die unter § 3 vorgeschlagene, vom Auftragsverarbeiter alternativ zu § 2 zu befüllende Tabelle Rechnung.

Ist ein Datenschutzbeauftragter benannt (zur Benennung → Form. B. I. 1.), sind ihm das Verzeichnis von Verarbeitungstätigkeiten sowie Aktualisierungen hierzu unverzüglich zugänglich zu machen. Dies folgt aus Art. 38 Abs. 1, 2 DS-GVO, da das Verzeichnis von Verarbeitungstätigkeiten eine für die Erfüllung der Überwachungsaufgaben des Datenschutzbeauftragten aus Art. 39 Abs. 1 lit. b DS-GVO **bedeutende Ressource** darstellt.

§ 1[1]

| | |
|---|---|
| **Beschreibung und Identifizierungsmerkmale**[2] | |
| **detaillierte Beschreibung**[3] | |
| **Schnittstellen und Peripheriegeräte**[4] | |
| **Standort oder Name des Beschäftigten**[5] | |
| **mit der Anlage ausgeführte Verfahren**[6] | |

§ 2

| | | |
|---|---|---|
| Namen und Kontaktdaten des Verantwortlichen[7] | | |
| Namen und Kontaktdaten des Datenschutzbeauftragten[7] | | |
| Namen und Kontaktdaten eines ggf. vorhandenen Vertreters[7] | | |
| Laufende Nummer der Verarbeitungstätigkeit[8] | 1 | 2 |
| Zwecke der Verarbeitung | | |
| Namen und Kontaktdaten eines ggf. vorhandenen gemeinsam Verantwortlichen | | |
| Kategorien betroffener Personen | | |
| Kategorien von Daten bzw. Datenarten | | |
| Regelfristen für die Löschung | | |
| Kategorien von Empfängern[9] | | |
| Drittland oder die internationale Organisation, an das oder die ggf. übermittelt wird, sowie ggf. die Dokumentation geeigneter Garantien[10] | | |
| allgemeine Beschreibung der Maßnahmen gem. Art. 32 Abs. 1 DS-GVO[11] | | |

§ 3[12]

| | | |
|---|---|---|
| Laufende Nummer der im Auftrag ausgeführten Verarbeitungstätigkeiten | A1 | A2 |
| Namen und Kontaktdaten des Verantwortlichen und seines Datenschutzbeauftragten | | |
| Namen und Kontaktdaten eines ggf. gleichzeitig mitbeauftragten Auftragsverarbeiters | | |
| Kategorien von Verarbeitungen | | |
| Drittland oder die internationale Organisation, an das oder die ggf. übermittelt wird, sowie ggf. die Dokumentation geeigneter Garantien[10] | | |
| allgemeine Beschreibung der Maßnahmen gem. Art. 32 Abs. 1 DS-GVO[11] | | |

## Anmerkungen

**1. Verzeichnis von Verarbeitungstätigkeiten.** Das Verzeichnis der Verarbeitungstätigkeiten, das nicht selten weiterhin mit dem gängigen Begriff „Verfahrensverzeichnis" betitelt wird, ist wegen Art. 30 Abs. 3 DS-GVO in Textform (§ 126b BGB) oder sonst als elektronisches Dokument zu führen. Die Formvorgabe bezweckt, sowohl den Informationsaustausch mit der Aufsichtsbehörde als auch die Auswertung der ggf. übermittelten Aufzeichnungen zu erleichtern. Deshalb sollten die Aufzeichnungen aus dem elektronischen Verzeichnis in ein dem Stand der Technik entsprechendes Standardformat (zB PDF) exportiert werden können (Laue/Nink/Kremer DatenschutzR/Laue § 10 Rn. 85). Art. 30 Abs. 1 DS-GVO weist die Pflicht und damit die zu erfüllende Aufgabe dem Verantwortlichen zu. Der Datenschutzbeauftragte hat auch insoweit den Verantwortlichen nur über seine Pflichten zu informieren und sodann zu kontrollieren, ob der Verantwortliche die Verordnung einhält. Zuwiderhandlungen gegen die Pflichten aus Art. 30 DS-GVO können nach Art. 83 Abs. 4 lit. a DS-GVO sanktioniert werden. Dem Verantwortlichen ist es nach Art. 38 Abs. 6 S. 2 DS-GVO untersagt, die Aufgabe des Führens des Verzeichnisses von Verarbeitungstätigkeiten an den Datenschutzbeauftragten zu delegieren, weil Interessenskonflikte aufgrund seiner vorgenannten Aufgaben gem. Art. 39 Abs. 1 DS-GVO die unvermeidbare Folge sind. Damit kann bereits die Vornahme der Delegation für sich betrachtet nach Art. 83 Abs. 4 lit. a DS-GVO sanktioniert werden.

Der Begriff der Verarbeitungstätigkeiten iSv Art. 30 Abs. 1 DS-GVO umfasst jede einzelne oder mehrere Verarbeitungen iSv Art. 4 Nr. 2 DS-GVO, soweit sie durch einen oder mehrere Zwecke verkettet werden. Die Begriffsdefinition der Verarbeitung gebietet eine kleinteilige Betrachtung des Lebenssachverhalts zur Ermittlung der einzelnen Glieder dieser Kette, wobei zu beachten ist, dass der Begriff technikneutral ist und – losgelöst von der separat betrachteten Frage des sachlichen Anwendungsbereichs nach Art. 2 Abs. 1 DS-GVO – auch durch eine rein menschliche Handlung, ohne technische Hilfsmittel, erfüllt werden kann (entschieden für die mündliche Preisgabe von Informationen und ihrer Bewertung als Offenlegung, EuGH 7.3.2024 – C-740/22, NVwZ 2024, 653 mAnm Gerhold/Lauenstein). Ausweislich Erwgr. 82 DS-GVO müssen die Angaben so detailliert sein, dass „die betreffenden Verarbeitungsvorgänge anhand dieser Verzeichnisse kontrolliert werden können". Gewollt ist ausdrücklich eine Kontrolle der Verantwortlichen und Auftragsverarbeiter durch die Aufsichtsbehörden „vom Schreibtisch aus". Zulässig ist die Zusammenfassung von Arbeitsabläufen oder Prozessen in einem Verfahren, etwa zum Bewerbermanagement, der Kreditverwaltung oder der Kundenbetreuung, sofern dadurch nicht die Zielerreichung vereitelt wird, eine Kontrolle der Verarbeitungen durch die Aufsichtsbehörden allein mittels der Verzeichnisse zu ermöglichen. In Anbetracht der Mindestangaben, die Art. 30 Abs. 1 DS-GVO fordert (zB gehören Angaben zu dem für das Verfahren genutzten Erlaubnistatbestand nicht dazu), gehen die Möglichkeiten der Aufsichtsbehörden jedoch nicht weit darüber hinaus, die Einhaltung von Art. 32 Abs. 1 DS-GVO kontrollieren zu können. Mehr Möglichkeiten für Kontrollen ergeben sich dann, wenn der Verantwortliche freiwillig sein Verzeichnis von Verarbeitungstätigkeiten mit Informationen anreichert, die eigentlich von Art. 30 Abs. 1 DS-GVO gar nicht verlangt werden.

**2. Beschreibung und Identifizierungsmerkmale.** In diesem Feld sind alle Angaben aufzuführen, die zur äußeren Identifizierung der Anlage erforderlich sind, etwa Hersteller, Marke, Modellbezeichnung, Seriennummer, eine ggf. intern von der verantwortlichen Stelle vergebene Inventarnummer sowie die der Identifizierung der Anlage im Netzwerk dienende Bezeichnung (zB SERVER91).

**3. Detaillierte Beschreibung.** Hier sind die nach den individuellen Bedürfnissen des Verantwortlichen zur Beschreibung der jeweiligen Anlage sinnvollen, die allgemeinen Identifizierungsmerkmale (→ Anm. 2) ergänzenden Angaben zu machen. Art und Umfang richten sich nach dem verfolgten Zweck. Mit Blick auf Art. 32 Abs. 1 DS-GVO wäre etwa das jeweilige Betriebssystem zu erfassen (zB „Android 7.0" bei einem Smartphone), um so potenzielle Risiken für Datenschutz und Datensicherheit etwa wegen nicht mehr erfolgender Sicherheitsupdates oder bekannter Sicherheitslücken zu erkennen.

**4. Schnittstellen und Peripherie.** Zur Risikoeinschätzung und Etablierung der nach Art. 32 Abs. 1 DS-GVO erforderlichen Maßnahmen ist die Erfassung der Schnittstellen der jeweiligen Anlage bedeutsam, zB WLAN-Adapter nebst Verschlüsselungsverfahren. Miterfasst werden sollte, welchen Benutzern die Schnittstelle zur Verfügung steht. Zu ergänzen sind die Angaben zur Schnittstelle um die hierüber mit der Anlage dauerhaft oder vorübergehend kommunizierenden Peripheriegeräte, zB vier USB-C Ports, davon einer mit Drucker [Dateistatut Nr. X] und drei frei für alle Benutzer zugänglich und aktiv). Sind die Peripheriegeräte nicht bereits im Verzeichnis der Datenverarbeitungsanlagen (→ Vorb.) erfasst, sollten hier die Beschreibung und Identifizierungsmerkmale (→ Anm. 2) sowie ggf. erforderliche detaillierte Angaben (→ Anm. 3) erfasst werden.

**5. Standort oder Name des Beschäftigten.** Traditionell ist für jede im Dateistatut bzw. Verzeichnis der Datenverarbeitungsanlagen verzeichnete Anlage der Standort zu erfassen, etwa durch Angabe von Gebäude und Raumnummer, in dem die Anlage steht. Angesichts der zunehmenden Verbreitung mobiler Endgeräte ohne festen Standort sollte alternativ der Name des Nutzers und unmittelbaren Besitzers der Anlage oder ein sonstiges Identifizierungsmerkmal erfasst werden, etwa dessen Personalnummer.

**6. Mit der Anlage ausgeführte Verfahren.** Die Angabe der mit der Anlage ausgeführten Verarbeitungstätigkeiten ist für die inhaltliche Verknüpfung des Verzeichnisses der Datenverarbeitungsanlagen mit den Angaben im Verfahrensverzeichnis essenziell. So liefern die Angaben im Verzeichnis der Datenverarbeitungsanlagen wertvolle Informationen für die Beurteilung der Geeignetheit der nach Art. 32 Abs. 1 DS-GVO zu treffenden Maßnahmen (→ Anm. 11). Erst durch die Gesamtschau auf Anlage und Verfahren lassen sich von einem Verfahren auf eine oder mehrere Anlagen zu vererbende Sicherheitsanforderungen feststellen. Tritt eine Verletzung der Sicherheit personenbezogener Daten auf, können aufgrund der Verknüpfung des Verzeichnisses der Datenverarbeitungsanlagen und des Verfahrensverzeichnisses die Gefahrenlage besser eingeschätzt und schneller reagiert werden.

**7. Angaben zum Verantwortlichen.** Die von Art. 30 Abs. 1 lit. a DS-GVO geforderten Angaben dienen der Aufsichtsbehörde zur Erfüllung ihrer Aufgaben. Die Bezeichnung des Verantwortlichen sowie im Fall des Art. 27 DS-GVO seines Vertreters bei Verarbeitungen durch einen nicht in der Union niedergelassenen Verantwortlichen dient der Feststellung des Adressaten für aufsichtsbehördliche Maßnahmen. Ausweislich Art. 4 Nr. 17 DS-GVO vertritt der Vertreter den Verantwortlichen bei der Erfüllung der ihm gesetzlich obliegenden Pflichten, sodass er bei Verstößen des Verantwortlichen gegen die DS-GVO Durchsetzungsverfahren unterworfen werden kann (Erwgr. 80 DS-GVO). Ist der Verantwortliche oder Vertreter eine natürliche Person, ist der vollständige Vor- und Zuname zu benennen oder, sofern es sich um einen Kaufmann iSd §§ 1 ff. HGB handelt, alternativ dessen „Firma" iSd § 17 Abs. 1 HGB. Die Angabe einer bloßen Etablissement-Bezeichnung, etwa bei einem Kleingewerbetreibenden, ist nicht ausreichend. Handelt es sich beim Verantwortlichen oder Vertreter um eine juristische Person, ist stets deren Firma anzugeben. Zusätzlich ist gem. Art. 30 Abs. 1 lit. a DS-GVO der ggf. benannte Datenschutzbeauftragte (zur Benennung → Form. B. I. 1.) mit seinen Kontaktdaten anzugeben, weil dieser im Rahmen der Zusammenarbeit und seiner diesbezüglichen Tätigkeit als Anlaufstelle nach Art. 39 Abs. 1 lit. d, e DS-GVO der Aufsichtsbehörde für inhaltliche Fragen bereitstehen soll (zum Problem des „Datenschutzbeauftragten als Whistleblower" → Form. B. III. 1.). Als Kontaktdaten sind neben der vollen, ladungs- oder zustellungsfähigen Anschrift mit Blick auf Erwgr. 23 DS-GVO jeweils auch die E-Mail-Adresse anzugeben. Allein die Angabe einer Internet- oder E-Mail-Adresse reicht nicht aus (Laue/Nink/Kremer DatenschutzR/Laue § 10 Rn. 88).

**8. Angaben zu einzelnen Verarbeitungstätigkeiten.** Für eine einfache Darstellung der nach Art. 30 Abs. 1 lit. b–g DS-GVO erforderlichen Angaben bietet sich eine tabellarische Gestaltung an. Die im Muster vorgeschlagene Tabelle liest sich so, dass unter dem Feld mit der vorgesehenen laufenden Nummer des Verfahrens (einer notwendigen Ergänzung zwecks Verknüpfung der Verfahren mit den im Verzeichnis der Datenverarbeitungsanlagen erfassten Anlagen, → Anm. 6) zunächst der Zweck oder die Zwecke der Verarbeitungen festgelegt werden. Der Zweck ist das verbindende Element bei mehreren Verarbeitungen, wenn diese als eine Verfahrenstätigkeit zusammengefasst werden (→ Anm. 1). Angesichts des eindeutigen Wortlauts von Art. 30 Abs. 1 lit. b DS-GVO sind alle Zwecke zu erfassen, die bei Geltendmachung des Auskunftsrechts durch eine betroffene Person gem. Art. 15 Abs. 1 lit. a DS-GVO beauskunftet werden müssten (→ Form. F. II. Anm. 3).

Anschließend ist bei gemeinsam Verantwortlichen iSv Art. 26 Abs. 1 DS-GVO der andere Verantwortliche anzugeben (grundlegend zu „gemeinsamen Verantwortlichen" Laue/Nink/Kremer DatenschutzR/Laue § 5 Rn. 15 ff.; Lachenmann Datenübermittlung im Konzern S. 307 ff.; im Übrigen → Form. G. V.). Gibt es gemeinsam Verantwortliche, ist zwingend zu beachten, dass über das insoweit synchron bei allen Verantwortlichen zu führende Verfahrensverzeichnis hinaus auch gem. Art. 26 Abs. 1 S. 2 DS-GVO eine separate Vereinbarung erforderlich ist, aus der sich ergeben muss, „wer von ihnen welche Verpflichtung gemäß dieser Verordnung erfüllt".

Sodann beginnt die immer feiner aufgliedernde Darstellung mit den Kategorien der von dem Verfahren betroffenen Personen. Für jede Kategorie, also jeden Kreis betroffener Personen, ist unter der Bezeichnung des Verfahrens eine eigene Spalte anzulegen (im Muster beispielhaft zwei Spalten für zwei Kategorien betroffener Personen; die Tabelle ist entsprechend anzupassen). Ebenso kann in Bezug auf jede Kategorie von Betroffenen mehr als nur eine Kategorie von Daten betroffen sein, sodass unterhalb einer jeden Kategorie von Betroffenen wieder entsprechend viele Spalten für die Kategorien von Daten vorzusehen sind (im Muster wiederum beispielhaft zwei Spalten; zur Kategorisierung von Daten → Form. B. III.2. Anm. 5). Gibt es für die Zulässigkeit der Verarbeitung keine Sondervorschriften, können diese schlicht als „personenbezogene Daten“ eingetragen werden. Die saubere Erfassung der Kategorien von Daten je Betroffenengruppe erleichtert sodann die Bestimmung der Regelfristen für die Löschung der Daten.

**9. Kategorien von Empfängern.** Gem. Art. 30 Abs. 1 lit. d DS-GVO sind die Kategorien von Empfängern aufzulisten, einschließlich der Empfänger in Drittländern oder internationalen Organisationen, nebst weiterer ergänzender Angaben zu solchen Übermittlungen (→ Anm. 10). Der Begriff des Empfängers ist in Art. 4 Nr. 9 DS-GVO definiert. Über den Begriff des Dritten iSv Art. 4 Nr. 10 DS-GVO hinaus ist jeder Empfänger, dem „personenbezogene Daten offengelegt werden, unabhängig davon, ob es sich […] um einen Dritten handelt oder nicht“. Zu erfassen sind insbesondere Auftragsverarbeiter iSv Art. 4 Nr. 8 DS-GVO (Laue/Nink/Kremer DatenschutzR/Kremer § 10 Rn. 91). Da die iSv Art. 29 DS-GVO unterstellten Personen nicht ausdrücklich aus der Begriffsdefinition des Empfängers ausgenommen wurden, war umstritten, ob auch unselbstständige, interne Unterteilungen des Verantwortlichen wie Zweigstellen, Filialen, Abteilungen oder einzelne Mitarbeiter anzugeben sind. Für die Praxis ist diese Frage nun durch den EuGH abschließend geklärt worden (EuGH 22.6.2023 – C-579/21, EuZW 2023, 661 Rn. 73), in dem Sinne, dass auch hier das Rechtsträger- bzw. Verbandsprinzip maßgeblich ist und diese daher keine Empfänger sind. Entscheidend ist ihre, sich in der Weisungsunterworfenheit ausdrückende Eingliederung in die Organisation des Verantwortlichen, die einer Bewertung als (eigenständige) Empfänger entgegensteht. Ausdrücklich ausgenommen werden durch Art. 4 Nr. 9 S. 2 DS-GVO Behörden, die für einen bestimmten Untersuchungsauftrag möglicherweise personenbezogene Daten erhalten (weiterführend zum Wechselspiel zwischen Verarbeitungen und Empfängern → Form. I. V. Anm. 3).

**10. Übermittlung an Drittländer oder internationale Organisationen.** Drittländer sind alle Länder, die nicht (oder nicht mehr) EU-Mitgliedstaaten sind. Es kommt nicht darauf an, ob der Inhalt der DS-GVO als gemeinschaftlicher Besitzstand auch mittelbar für die dem EWR angehörenden Nicht-EU-Mitglieder, also Island, Liechtenstein und Norwegen gilt (mithin die EFTA-Staaten, abgesehen von der Schweiz). Die drei vorgenannten Staaten sind ebenso als Drittländer anzugeben wie etwa Indien, China oder die USA, weil es für den Begriff des „Drittlandes“ nicht darauf ankommt, ob dort ein ausreichendes Schutzniveau für einen Angemessenheitsbeschluss iSv Art. 45 DS-GVO vorhanden ist. Ausreichend für die Verpflichtung zur Benennung des Drittlandes im Verfahrensverzeichnis ist eine Planung der Übermittlung; ob diese tatsächlich stattfindet ist ohne Bedeutung (zur Übermittlung in Drittstaaten → Form. B. III.3. Anm. 13–18). Zur internationalen Organisation als Empfänger einer Übermittlung siehe die Definition in Art. 4 Nr. 26 DS-GVO.

Zur Dokumentation der geeigneten Garantien gehört nicht nur die Ablage der mit dem Empfänger im Drittland bzw. der internationalen Organisation individuell geschlossenen Vereinbarung (Hinweis: Der Vertragstext des Einzelfalls ist den betroffenen Personen proaktiv verfügbar zu machen, vgl. Art. 13, 14 DS-GVO: „Kopie von ihnen zu erhalten“). Sie umfasst ferner die Nachweise dafür, dass den Kontroll- und Prüfpflichten im Kontext der jeweiligen Vereinbarung bzw. des bindenden Dokuments (allgemeingültig für die Fälle des Art. 46 Abs. 2 DS-GVO) genüge getan wurde (für Standarddatenschutzklauseln siehe EuGH 16.7.2020 – C-311/18, NJW 2020, 2613 Rn. 134: „Folglich obliegt es vor allem diesem Verantwortlichen bzw. seinem Auftragsverarbeiter, in jedem Einzelfall – gegebenenfalls in Zusammenarbeit mit dem Empfänger der Übermittlung – zu prüfen, […]").

**11. Allgemeine Beschreibung der technischen und organisatorischen Maßnahmen.** Die – „wenn möglich" – allgemeine Beschreibung der technischen und organisatorischen Maßnahmen für die einzelnen Verarbeitungstätigkeiten nach Art. 30 Abs. 1 lit. g DS-GVO bei Verantwortlichen, bzw. Art. 30 Abs. 2 lit. d DS-GVO bei Auftragsverarbeitern sind mit Bedacht zu formulieren. Die Angaben müssen so beschaffen sein, dass sie einer Prüfung durch die Aufsichtsbehörde „von deren Schreibtisch aus" (→ Anm. 1) standhalten. Es ist möglich, sich wiederholende Angaben durch Auslagerung der Angaben in einen Anhang oder anderes Dokument zu vermeiden. So ist es in der Praxis durchaus üblich, Verarbeitungstätigkeiten eine standardisierte Sicherheitsstufe zuzuweisen, wobei in einem Anhang zum Verzeichnis die technischen und organisatorischen Maßnahmen beschrieben werden, die mit der Sicherheitsstufe assoziiert sind. Dieser Gedanke wird in vorgeschlagenem Muster besonders durch die Verknüpfung des Verzeichnisses der Datenverarbeitungsanlagen und des Verzeichnisses von Verarbeitungstätigkeiten begünstigt, da die gebündelte Beschreibung von (für mehrere Verfahren geltenden) technischen und organisatorischen Maßnahmen im Zusammenhang mit den eingesetzten Verarbeitungsanlagen als Mittel der Verarbeitung erfolgen kann.

**12. Verarbeitungstätigkeiten im Auftrag.** Art. 30 Abs. 2 DS-GVO führt die Verpflichtung des Auftragsverarbeiters zur Führung eines Verzeichnisses der im Auftrag durchgeführten Verarbeitungstätigkeiten ein. Damit ist erstmals ohne Weiteres ersichtlich, welche Verarbeitungstätigkeiten etwa in einem Rechenzentrum für welche Verantwortlichen betrieben werden. Dies kann etwa für die Ermittlung der bei Datenschutzverletzungen iSv Art. 4 Nr. 12 DS-GVO nach Art. 33, 34 DS-GVO meldepflichtigen Verantwortlichen relevant sein. Möglicherweise erlaubt ein solches Verzeichnis auch eine Aussage darüber, welche Anlagen eines Auftragsverarbeiters bei objektiver Betrachtung als „kritische Infrastruktur" iSv § 2 Abs. 10 BSIG gesehen werden sollten. Es bleibt abzuwarten, ob ggf. zukünftige Fassungen der BSI-KritisV auch auf inhaltliche Kriterien abstellen, die sich aus einem solchen Verzeichnis eines Auftragsverarbeiters ermitteln ließen (zum BSIG und den zugehörigen Verordnungen Gehrmann DSRITB 2016, 263). Das Verzeichnis beim Auftragsverarbeiter soll wegen der im Auftrag ausgeführten Verarbeitungstätigkeiten dasjenige des Verantwortlichen nach Art. 30 Abs. 1 DS-GVO ergänzen, weshalb die dort nach Art. 30 Abs. 2 lit. a–d DS-GVO zu dokumentierenden Angaben von denen des Verantwortlichen abweichen (→ Anm. 8 ff.). Soweit die Angaben bei Verantwortlichem und Auftragsverarbeiter gleichermaßen zu machen sind (zB Art. 30 Abs. 1 lit. e und Abs. 2 lit. c DS-GVO) oder komplementär zueinander sind (zB Art. 30 Abs. 1 lit. a, lit. d und Abs. 2 lit. a DS-GVO), sollten die Angaben in den jeweils zu führenden Verzeichnissen identisch sein. Eine entsprechende, die inhaltliche Übereinstimmung absichernde Gestaltung des Vertrags zur Auftragsverarbeitung ist zu empfehlen. Soweit der Wortlaut in Art. 30 Abs. 2 lit. a DS-GVO mehrere Auftragsverarbeiter in Bezug nimmt, die Pflicht zur Verzeichnisführung aber selbstverständlich jeden Auftragsverarbeiter einzeln trifft, ist die Frage offen, ob alle nachfolgenden Unterauftragsverarbeiter in der gesamten Wertschöpfungskette zu dokumentieren sind. In vielen Situationen dürfte das de facto unmöglich sein. Sinn und Zweck der Vorschrift ist es, die Aufsichtsbehörde in die Lage zu versetzen, im Zweifel die Kette der an einer Auftragsverarbeitung beteiligten Akteure nachverfolgen zu können. Diese Nachverfolgbarkeit der Wertschöpfungskette ist jedoch bereits dann gewährleistet, wenn der Auftragsverarbeiter lediglich die von ihm unmittelbar in Anspruch genommenen Unterauftragnehmer im Verzeichnis benennt. Die Aufsichtsbehörde kann dann bei diesen Informationen zu etwaigen weiteren Unterauftragnehmern in der Auftragskette einholen (Laue/Nink/Kremer DatenschutzR/Laue § 10 Rn. 95). Unklar ist, was der Gesetzgeber in Art. 30 Abs. 2 lit. b DS-GVO mit der Angabe der „Kategorien von Verarbeitungen" bzw. in Art. 23 Abs. 2 DS-GVO mit den „Verarbeitungskategorien" meinte, da die DS-GVO im Übrigen nur Kategorien von Daten (zB Art. 9 Abs. 1 DS-GVO), Kategorien von betroffenen Personen (zB Art. 28 Abs. 3, 33 Abs. 3 DS-GVO) und Kategorien von Verantwortlichen, Auftragsverarbeitern (zB Art. 37 Abs. 4 DS-GVO) und Empfängern (zB in Art. 13 Abs. 1, 30 Abs. 1 DS-GVO) kennt. Gedacht haben dürfte der Gesetzgeber dabei wahrscheinlich an eine übergeordnete Beschreibung der vom Auftragsverarbeiter für Verantwortliche erbrachten Leistungen, unter denen es zur Verarbeitungstätigkeit kommt, also zB die Angabe „Abfrage von Bonitätsinformationen als Prozessor bei Auskunfteien" oder „Erstellen von Backups für Storage-Systeme" (ebenso Laue/Nink/Kremer DatenschutzR/Laue § 10 Rn. 96).

## III. Datenschutz-Folgenabschätzung und Konsultation (Art. 35f. DS-GVO)

Technikfolgenabschätzungen sind in der Risikogesellschaft seit Jahrzehnten das Mittel der Wahl, um den Unwägbarkeiten neuer Entwicklungen und Technologien vor ihrer Inbetriebnahme strukturell bestmöglich und effizient Rechnung zu tragen. Obwohl der Bedarf nach einer Analyse gesamtgesellschaftlicher Auswirkungen automatisierter Datenverarbeitung frühzeitig identifiziert war, wurden Technikfolgenabschätzungen in unserem Rechtsraum lange eher mit Themen wie Umwelt, Nachhaltigkeit und Gesundheit in Verbindung gebracht. Es trägt der gewachsenen Bedeutung des Datenschutzes Rechnung, dass die DS-GVO nun eine ausführliche Regelung der Folgenabschätzung in Art. 35 und 36 DS-GVO vorsieht.

Trotz einiger Vorläufer gilt die Datenschutz-Folgenabschätzung (DSFA) insbesondere aus nationaler Sicht als „eine der wenigen echten regulatorischen Innovationen“ (Paal/Pauly/Martini DS-GVO Art. 35 Rn. 2) der DS-GVO. Wie sich auch aus Erwgr. 89 DS-GVO ergibt, tritt dabei an die Stelle „unterschiedsloser allgemeiner Meldepflichten“, wie sie die DS-RL im Wesentlichen noch vorsah, zur Entbürokratisierung ein risikobasierter Ansatz.

Das Instrument scheint bislang überwiegend als sperriger Formalismus gesehen zu werden, der – sei es auch holzschnittartig – abgehakt werden muss, um seine Einhaltung nachweisen zu können und Haftungsrisiken zu vermeiden. Nicht zuletzt der deutlich gewachsene Verfolgungseifer der Aufsichtsbehörden dürfte das Instrument weiter befördern. Die Bußgeld-Übersichten nennen bezogen auf Art. 35 DS-GVO bereits Verfahren im zweistelligen Bereich aus diversen Mitgliedstaaten. Überwiegend beziehen sich die Vorwürfe dabei noch auf eine gar nicht durchgeführte Datenschutzfolgenabschätzung, häufig auch flankierend zu weiteren festgestellten Verstößen. Dabei ist auch die vergleichsweise leichte Beweisführung eines Verstoßes gegen Art. 35 DS-GVO zu berücksichtigen. Vereinzelt wurde jedoch auch schon eine fehlerhaft durchgeführte Abschätzung zum Anknüpfungspunkt einer Geldbuße, wie entsprechende Enforcement Tracker zB für das in Griechenland geführte Verfahren gegen das Telekommunikationsunternehmen Cosmote ausweisen.

Orientiert am Text der Verordnung lassen sich die insgesamt 16 Absätze der Art. 35 DS-GVO (DSFA) und Art. 36 DS-GVO (Vorabkonsultation) für einen ersten Überblick auf folgende Grundaussagen zusammenfassen: Birgt eine Verarbeitung ausgehend von einer Prognose ein – ausdrücklich: hohes – Risiko für die Rechte und Freiheiten natürlicher Personen, hat der Verantwortliche vorab die Folgen für den Schutz personenbezogener Daten abzuschätzen. Er zieht nach Bedarf den Datenschutzbeauftragten zu Rate, holt ggf. den Standpunkt der betroffenen Personen ein und berücksichtigt auch genehmigte Verhaltensregeln gem. Art. 40 DS-GVO. Trifft er keine Maßnahmen zur Eindämmung eines festgestellten hohen Risikos, konsultiert der Verantwortliche vor der Verarbeitung die Aufsichtsbehörde. Erachtet diese die geplante Verarbeitung als nicht im Einklang mit der DS-GVO, unterbreitet sie binnen einer bestimmten Frist Empfehlungen.

Schon diese Kurzversion macht deutlich, dass im Zentrum (auch) dieser Regelung eine Risikoanalyse steht, wie sie für die DS-GVO in zahlreichen Artikeln prägend ist. Im White Paper des Forum Privatheit ist die DSFA entsprechend definiert als „ein Instrument, um das Risiko zu erkennen und zu bewerten, das für ein Individuum in dessen unterschiedlichen Rollen (als Bürger, Kunde, Patient etc) durch den Einsatz einer bestimmten Technologie oder eines Systems durch eine Organisation entsteht." (Friedewald/Obersteller/Nebel/Bieker/Rost White Paper: Datenschutz-Folgenabschätzung S. 7).

Die Vorgaben der DS-GVO werden durch die Erwgr. 84 und 89–96 DS-GVO näher bestimmt. In Erwgr. 84 DS-GVO werden Sinn und Zweck der Folgenabschätzung zusammengefasst: „Damit diese Verordnung in Fällen, in denen die Verarbeitungsvorgänge wahrscheinlich ein hohes Risiko für die Rechte und Freiheiten natürlicher Personen mit sich bringen, besser eingehalten wird, sollte der Verantwortliche für die Durchführung einer Datenschutz-Folgenabschätzung, mit der insbesondere die Ursache, Art, Besonderheit und Schwere dieses Risikos evaluiert werden, verantwortlich sein."

Es liegen zahlreiche Empfehlungen vor, um die Vorgehensweise gem. Art. 35 DS-GVO zu operationalisieren. Dabei kann auch auf das WP 248 der Artikel-29-Datenschutzgruppe weiterhin zurückgegriffen werden, da dieses zu den vom EDSA bestätigten Leitlinien der Artikel-29-Gruppe gehört. Die nationalen Aufsichtsbehörden unterstützen ferner mit diversen Übersichten. Hervorzuheben ist hier exemplarisch das modular aufgebaute Online-Angebot des Bayerischen Landesbeauftragten. In Niedersachsen hingegen wurde der praxisorientierte Prozess ZAWAS (Prozess zur Auswahl angemessener Sicherungsmaßnahmen) entwickelt. Vor diesem Hintergrund empfiehlt sich bis auf Weiteres eine absichernde Orientierung an den Vorgaben der zuständigen Aufsicht.

Als Positivliste bzw. Blacklist liegt zwar eine einheitliche Fassung der Datenschutzkonferenz vor. Die zuvor veröffentlichten Blacklists der einzelnen Aufsichtsbehörden zeigten aber schon im Inland, wie schwer voraussehbar Schwellenwertprüfung und Prognosen anhand des Normtextes selbst sind. Trotz gewisser Parallelen ergab sich ein breites föderales Spektrum.

Rar sind hingegen bislang – auch bei internationaler Betrachtung – Negativ- oder Whitelists, also Zusammenstellungen der Verarbeitungsformen, bei denen von der Entbehrlichkeit einer Folgenabschätzung ausgegangen werden kann („Nicht-nötig-Liste", vgl. etwa zu den Listen aus Frankreich Votteler ZD 2020, 184). Ohnehin wird in der Kommentarliteratur einleuchtend darauf hingewiesen, gerade eine solche Zusammenstellung berge bei geringfügigen Abweichungen das Risiko einer Scheinsicherheit durch ein nur vermeintlich valides Negativattest (BeckOK DatenschutzR/Hansen DS-GVO Art. 35 Rn. 36).

Insgesamt birgt der vergleichsweise gut in Checklistenform zu fassende Prozess einer DSFA dennoch großes Potenzial, insbesondere im Bereich von Legal Tech und Legal-Design-Entwicklungen.

So bietet die französische Commission Nationale de l'Informatique et des Libertés (CNIL) auf ihrer Website eine Open Source-Software an (vgl. HBDI 47. Tätigkeitsbericht S. 160 ff., für eine Bewertung des Tools, va im Bereich KMU).

Auch die European Union Agency for Cybersecurity – ENISA – stellt ein Online-Tool zur Verfügung („Evaluating the level of risk for a personal data processing operation").

## 1. Übersicht über den Verlauf einer Datenschutz-Folgenabschätzung

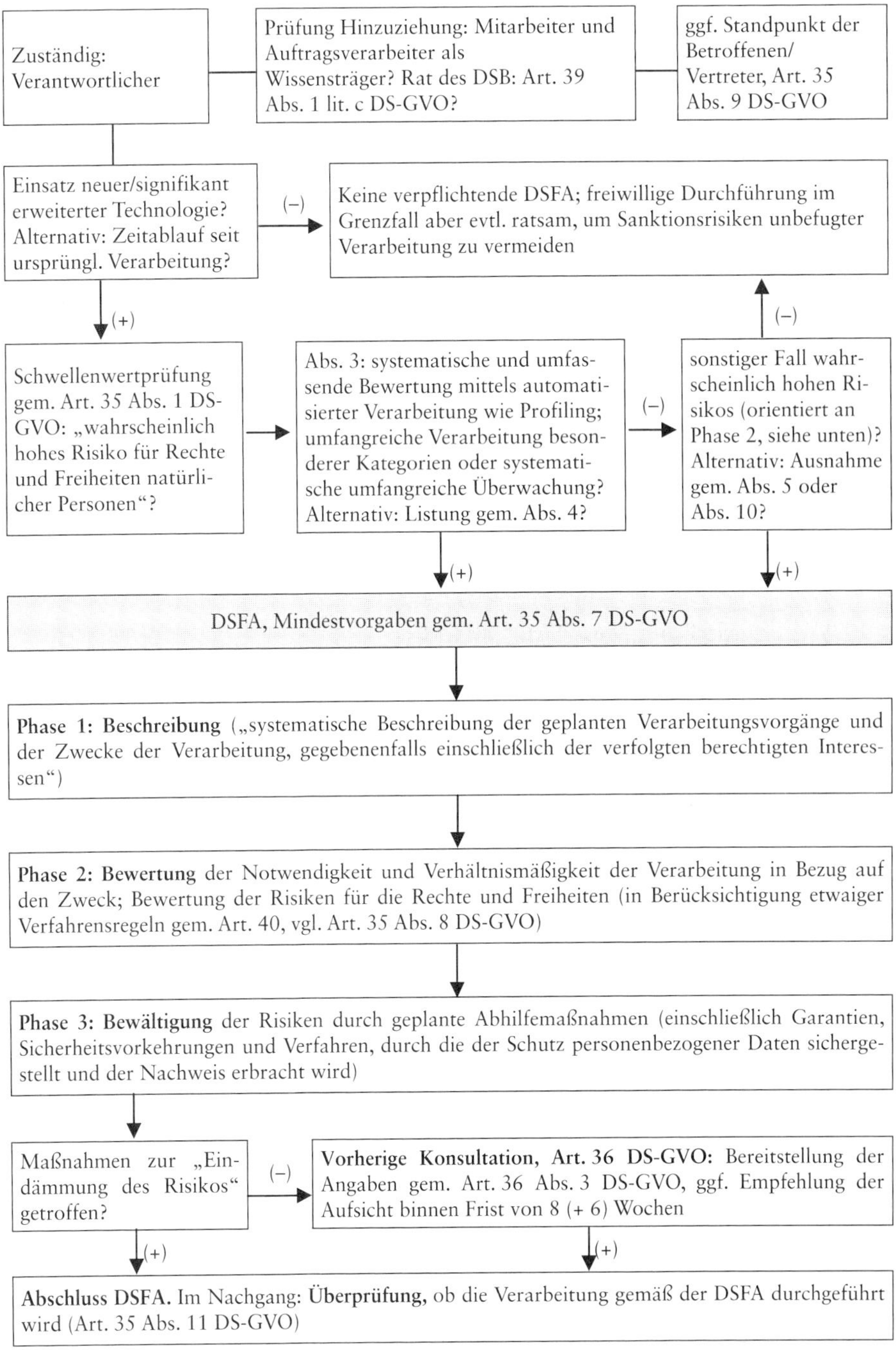

## 2. Positiv- und Negativlisten – eine Phänomenologie der Datenschutz-Folgenabschätzung

Auch nach der ersten Aufschlusselung des Art. 35 DS-GVO und nach dem Überblick in Form des Flussdiagramms mag das Instrument noch vergleichsweise blutleer und wenig greifbar erscheinen. Der weiteren Befassung seien daher Auszüge aus Positiv- und Negativlisten vorangestellt, die im Weiteren wie Formulare zum Einsatz kommen und eingebunden werden können. Insbesondere in der Gesamtschau können sie – bei restriktiver Betrachtung – den Charakter von Leitplanken gewinnen.

Zwar liegt inzwischen eine verbindliche Liste gem. Art. 35 Abs. 4 DS-GVO vor. Die in der Liste aufgeführten Verfahren bilden jedoch lediglich eine exemplarische Aufzählung. Zudem können weiche Formulierungen wie Begrenzungen auf „umfangreiche Verarbeitungen" trügerische Sicherheit erzeugen, wenn eine solche im Gegenschluss vorschnell verneint wird.

Für den öffentlichen Bereich sei vor allem auf die auf der Website des BfDI veröffentlichte Liste hingewiesen, die eine ähnliche Stoßrichtung prägt.

Da die Erstellung von Negativ- bzw. „Nichtnötig"-Listen optional ist, gibt es bisher nur wenige Fassungen, etwa aus Belgien, Frankreich und Österreich. Auch das WP 248 der Artikel-29-Datenschutzgruppe enthält Ausführungen, „wann keine Datenschutz-Folgenabschätzung erforderlich ist" (S. 9 der deutschen Fassung). Es sei jedoch betont, dass ein vorschneller Ausschluss der Erforderlichkeit unter primärem Verweis auf derartige Listen Haftungsrisiken bergen kann.

**§ 1 DSFA erforderlich („Muss-Liste", Blacklist)**

- **umfangreiche Verarbeitung von personenbezogenen Daten über das Verhalten von Beschäftigten, die nach einer Bewertung ihrer Arbeitstätigkeit Rechtsfolgen für die Betroffenen haben oder in anderer Weise erheblich beeinträchtigen (zB Geolokalisierung, Data-Loss-Prevention-Programme)**
- **Erstellung umfassender Profile über die Interessen, Netzwerke persönlicher Beziehungen oder die Persönlichkeit der Betroffenen (zB Dating- oder Social-Media-Portale)**
- **umfangreiche Verarbeitung von Daten, die dem Sozial-, einem Berufs- oder besonderen Amtsgeheimnis unterliegen, auch wenn es sich nicht um Daten gem. Art. 9 Abs. 1 und 10 DS-GVO handelt (zB „große Anwaltssozietäten")**
- **umfangreiche Erhebung und Veröffentlichung oder Übermittlung von personenbezogenen Daten, die zur Bewertung des Verhaltens und anderer persönlicher Aspekte von Personen dienen und Rechtswirkungen entfalten oder in ähnlich erheblicher Weise beeinträchtigen können,**
  **ebenso: automatisierte Auswertung von Audio- oder Videoaufnahmen zur Verhaltensbewertung und umfangreiche Profilbildung**
- **Big Data-Analyse von Daten, die mit Angaben aus Drittquellen angereichert wurden (Zusammenführung in großem Umfang oder unter Zweckänderung)**
- **Einsatz von Künstlicher Intelligenz zur Verarbeitung personenbezogener Daten zur Steuerung der Interaktion mit Betroffenen oder zur Verhaltensbewertung**
- **Analysen von Verkehrsströmen oder Kundenbewegungen mittels Mobilfunkdaten**
- **innovative Auswertungen von Daten gem. Art. 9 und 10 DS-GVO, etwa Telemedizin und Auswertung von Fitness-Armbändern**

- Anonymisierung von besonderen Arten personenbezogener Daten nach Art. 9 DS-GVO
- Verarbeitung von biometrischen und genetischen Daten, wenn mindestens eines der folgenden Kriterien gegeben ist:
  - Daten zu schutzbedürftigen Betroffenen
  - systematische Überwachung
  - innovative Nutzung oder Anwendung neuer technologischer oder organisatorischer Lösungen
  - Bewerten oder Einstufen (Scoring)
  - Abgleichen oder Zusammenführen von Datensätzen
  - automatisierte Entscheidungsfindung mit Rechtswirkung oder ähnlich bedeutsamer Wirkung
  - Betroffene werden an der Ausübung eines Rechts oder der Nutzung einer Dienstleistung bzw. Durchführung eines Vertrags gehindert

  Diese Kriterien vermitteln ihrerseits – insbesondere bei Kumulation – Anzeichen für die Erforderlichkeit einer Folgenabschätzung.

§ 2 DSFA voraussichtlich nicht erforderlich

- Kunden- und Lieferantenverwaltung, Rechnungswesen, Logistik, Buchführung
- Personalverwaltung
- Mitgliederverwaltung
- Kundenbetreuung und Marketing für eigene Zwecke
- Sach- und Inventarverwaltung
- Register, Evidenzen, Bücher
- Zugriffsverwaltung für EDV-Systeme
- Zutrittskontrollsysteme
- Datenverarbeitung im Zuge der Aktivitäten der Betriebsräte (Whitelist der CNIL)
- stationäre Bildverarbeitung und die damit verbundene Akustikverarbeitung zu Überwachungszwecken; zu beachten ist hier insbesondere eine mögliche Blacklist-Einordnung zur Auswertung und Verhaltensbewertung
- Bild- und Akustikverarbeitungen zu Dokumentationszwecken
- Patienten-/Klienten-/Kundenverwaltung und Honorarabrechnung einzelner Ärzte, Gesundheitsdiensteanbieter und Apotheken; siehe insbesondere hierzu die vorgehende Blacklist-Einordnung, etwa im Fall innovativer Auswertungen von Daten gem. Art. 9 und 10 DS-GVO
- Rechts- und Beratungsberufe; siehe dazu einerseits Erwgr. 91 S. 4 DS-GVO, jedoch andererseits auch die vorgehende Blacklist-Einordnung im Fall „umfangreicher" Verarbeitung, etwa durch „große Anwaltskanzleien"
- Archivierung, wissenschaftliche Forschung und Statistik

## 3. Schwellenwertprüfung und Erforderlichkeit einer Datenschutz-Folgenabschätzung

- Zuständig:[2] Verantwortlicher, ggf. unterstützt durch beteiligte Mitarbeiter
- Option: Beratung durch den Datenschutzbeauftragten, sofern ein solcher benannt wurde

- Option: Hinzuziehung eines involvierten Auftragsverarbeiters als Wissensträger
- Option: Einholung des Standpunkts betroffener Personen, sowohl einzelner konkreter Personen als auch Interessengruppen- oder Verbandsbeteiligung denkbar
- Wer begleitet und dokumentiert zur Gewährleistung von Nachweispflicht und Accountability?
- Zeitpunkt: vor Beginn einer Verarbeitung

Werden nachfolgend Bullet Points unter a) und b) jeweils mindestens einmal als zutreffend bejaht, sollte eine DSFA durchgeführt werden. Etwas anderes kann gelten, sofern risikoreduzierende Faktoren gem. c) noch zu einer anderen Prognose führen.

a) Anlass der Prognose

- Handelt es sich um eine neue Technologie oder eine neuartige Verarbeitung (Einführung nach 25.5.2018)?
- Erfährt eine bereits eingesetzte Technologie signifikante Veränderungen?
- Ergibt sich durch eine Veränderung im Prozess eine Risikoerhöhung iSv 2b)?
- Ergibt sich durch eine Zweckänderung eine Risikoerhöhung iSv 2b)?
- Ergibt sich durch eine Änderung der Umstände in der Gesellschaft oder der Organisation eine Risikoerhöhung iSv 2b) (zB neue „Randgruppenbildung", EU-Austritt)?
- Ist seit Einführung der ursprünglichen Verarbeitung längere Zeit, zB mehr als drei Jahre, vergangen?
- Ist ggf. eine freiwillige DSFA-Durchführung auch für bereits bestehende Verarbeitungsvorgänge sinnvoll zur Vermeidung von Sanktionsrisiken, zB aufgrund einer zweifelhaften Rechtsgrundlage oder streitigen Verhältnismäßigkeit?

b) Wahrscheinlichkeit eines hohen Risikos?[3, 4]

- Ist die Verarbeitung in einer Positivliste der Aufsichtsbehörden gem. Art. 35 Abs. 4 DS-GVO aufgeführt?

Allgemeiner:

- Ergibt sich ein Risiko für die Rechte und Freiheiten natürlicher Personen, das voraussichtlich hoch ist aufgrund
  - der Art der verarbeiteten Daten?
  - des Umfangs der Daten?
  - der Umstände der Verarbeitung? Insbesondere: Erfolgt die Verarbeitung systematisch und umfassend? Erfolgt die Verarbeitung automatisiert? Sind Verarbeitungsvorgänge ihrerseits Grundlage für Entscheidungen?
  - des Zwecks der Verarbeitung? Liegt eine unvorhersehbare Zweckänderung vor?

Die Regelbeispiele in Art. 35 Abs. 3 DS-GVO zeigen in der Gesamtschau, dass eine spezifische Risikoerhöhung bestehen muss, zB durch die Kombination aus zwei Risikofaktoren wie besonders sensiblen Daten einerseits und einer umfangreichen oder systematischen Verarbeitung andererseits.

Konkret:

- Handelt es sich um eine systematische und umfassende Bewertung persönlicher Aspekte natürlicher Personen, die sich auf automatisierte Verarbeitung – einschließlich Profiling – gründet? Erfolgt zB eine Zusammenführung von Datensätzen, etwa aus Verarbeitungen zu unterschiedlichen Zwecken?

- Entfaltet die Verarbeitung Rechtswirkungen gegenüber natürlichen Personen oder beeinträchtigt sie diese in ähnlich erheblicher Weise?
- Kann das Ergebnis der Datenverarbeitung die Rechts- oder Vertragsausübung eines Betroffenen oder Nutzung einer Dienstleistung beeinträchtigen?
- Handelt es sich um eine umfangreiche Verarbeitung besonderer Kategorien von personenbezogenen Daten gem. Art. 9 Abs. 1 DS-GVO? Sind die betroffenen Personen besonders schutzwürdig, oder besteht ein erkennbares Machtgefälle, zB Daten von Beschäftigten, älteren Menschen, Kindern, Menschen mit Behinderung, Asylsuchenden?
- Handelt es sich um eine umfangreiche Verarbeitung personenbezogener Daten über strafrechtliche Verurteilungen und Straftaten gem. Art. 10 DS-GVO?
- Handelt es sich um systematische umfangreiche Überwachung öffentlich zugänglicher Bereiche, zB durch Videoanlagen?

Beispiele:
- umfangreiche Sammlung von Social-Media-Einträgen, um sie als Profile in einer Kontaktdatenbank zusammenzuführen (vgl. auch bereits unter 2.) – DSFA (+)
- Einsatz einer Mailing-Liste, um Newsletter zu versenden – DSFA (–)

c) Risikoreduzierende Aspekte
- Ist die Verarbeitung in einer Negativliste der Aufsichtsbehörden gem. Art. 35 Abs. 5 DS-GVO aufgeführt? (Achtung: Eine restriktive Betrachtung der Vergleichbarkeit von Verarbeitungsvorgängen ist gerade in diesem Bereich erforderlich, um „false negatives" zu vermeiden. Bis zu einer einheitlichen white-list deutscher Behörden mögen die ersten Listen aus dem Ausland einen Anhaltspunkt bieten, die unter 2. eingeflossen sind.)
- Beruht der konkrete Verarbeitungsvorgang auf einer Rechtsgrundlage im Unionsrecht oder im Recht des Mitgliedstaats, und erfolgte bereits eine allgemeine Folgenabschätzung im Zusammenhang mit dem Erlass dieser Rechtsgrundlage, Art. 35 Abs. 10 DS-GVO?
- Wurde bereits eine DSFA für einen ähnlichen Verarbeitungsvorgang vorgenommen, die sich übertragen lässt?
- Gilt die Verarbeitung nicht als umfangreich, weil sie personenbezogene Daten von Patienten oder Mandanten betrifft und durch einen einzelnen Arzt, Angehörigen eines Gesundheitsberufs oder Rechtsanwalt erfolgt (Erwgr. 90 DS-GVO aE)?

## 4. Durchführung einer Datenschutz-Folgenabschätzung

Die Durchführung gliedert sich in die Phasen Beschreibung – Bewertung – Bewältigung der Risiken.[5]
- Zuständig: Verantwortlicher, ggf. unterstützt durch beteiligte Mitarbeiter
- Option: Beratung durch den Datenschutzbeauftragten, sofern ein solcher benannt wurde
- Option: Hinzuziehung eines involvierten Auftragsverarbeiters als Wissensträger
- Option: Einholung des Standpunkts betroffener Personen, sowohl einzelner konkreter Personen als auch Interessengruppen- oder Verbandsbeteiligung denkbar

- Wer begleitet und dokumentiert zur Gewährleistung von Nachweispflicht und Accountability?
- Zeitpunkt: vor Beginn der Verarbeitung
- Haben ähnliche Verarbeitungsvorgänge ein ähnliches Gefahrenpotenzial und können zusammen einer DSFA unterzogen werden? (Beispiel: Videoüberwachung an mehreren vergleichbaren Standorten)
- Kann ggf. auf eine allgemeine DSFA eines Herstellers zurückgegriffen und darauf spezifisch aufgesetzt werden?

a) Phase 1: Beschreibung

- systematische Beschreibung der geplanten Verarbeitungsvorgänge
  - Art, Umfang, Umstände und Zwecke der Verarbeitung
  - Art der personenbezogenen Daten, Empfänger und Speicherfristen
  - eingesetzte Datenträger, Wissensträger und/oder Trägermedien (Hardware, Software, Netzwerke, Personen, Papier etc)
  - Branche, Rolle des Verantwortlichen und Rolle des Betroffenen
  - zusammenfassend: Alle datenschutzrelevanten Sachverhaltsmerkmale und die eingesetzte Technik müssen so konkret beschrieben werden, dass sich die Phasen der Bewertung und der Bewältigung anschließen können.

| Phase der Verarbeitung | (Betroffene Person) | Verantwortlicher | Auftrags-verarbeiter | Dritte |
|---|---|---|---|---|
| Erhebung | Registrierung | Zusammen-führung und Weiterleitung | | Informations-bereitstellung |
| Speicherung | | | Speicherung etc | |
| Nutzung | | | | |
| Übermittlung | | | | |
| Löschung | | | | |

  - systematische Beschreibung der Zwecke der Verarbeitung, zB Abrechnung, Diebstahlschutz, Aufklärung von Straftaten
  - systematische Beschreibung der von dem Verantwortlichen verfolgten berechtigten Interessen: rechtlicher, wirtschaftlicher, ideeller oder sonstiger Art (Überschneidungen mit der Beschreibung des Zwecks möglich)
- Identifikation der maßgeblichen Rechtsgrundlagen

b) Phase 2: Bewertung

- Liegen genehmigte Verhaltensregeln iSd Art. 40 DS-GVO vor, die gem. Art. 35 Abs. 8 DS-GVO zu berücksichtigen sind?
- Bewertung der Notwendigkeit und Verhältnismäßigkeit der Verarbeitung in Bezug auf den Zweck
  - konkret bestimmte spezifische – und legitime – Zwecke der Verarbeitung
  - Einhaltung der Zweckbindung
  - Berücksichtigung von Betroffenenrechten (Benachrichtigung, Berichtigung etc)
  - Bewertung der Risiken für die Rechte und Freiheiten der betroffenen Personen

- Welche Schutzziele sind im Rahmen des Art. 35 DS-GVO maßgeblich?
  - Vertraulichkeit
  - Integrität
  - Verfügbarkeit
  - Transparenz
  - Intervenierbarkeit
  - Nicht-Verkettung von personenbezogenen Verfahren
  - Datensparsamkeit
- Im Sinne des DS-GVO-Konzepts „Datenschutzes als Instrument des Vorfeldschutzes" sind auch mögliche physische, materielle oder immaterielle Schäden in die Risikobewertung eines Verarbeitungsvorgangs einzubeziehen (Erwgr. 4 und insbesondere Erwgr. 75 DS-GVO):
  - Einbuße von Rechten oder Freiheiten
  - Diskriminierung
  - Identitätsdiebstahl
  - finanzielle Verluste
  - Rufschädigung
  - Verlust der Vertraulichkeit von dem Berufsgeheimnis unterliegenden Daten
  - Kontrollverlust bezogen auf personenbezogene Daten, die Aufschluss über rassische oder ethnische Herkunft, politische Meinung, weltanschauliche Überzeugung oder Gewerkschaftszugehörigkeit geben, genetische Daten
  - unbefugte Aufhebungen einer Pseudonymisierung
  - Profilerstellung unter Nutzung von Aspekten wie Arbeitsleistung, wirtschaftliche Lage, Gesundheit, persönliche Vorlieben oder Interessen etc
  - andere erhebliche wirtschaftliche oder gesellschaftliche Nachteile.
- Welche Bedrohungen ergeben sich aus der Perspektive der Betroffenen?
  - unbefugter Zugriff
  - unerwünschte Veränderung von Daten
  - Verlust von Daten.
- Welche Angreifer und Risikoquellen kommen in Betracht? Beispiele: Staatliche Stellen, Unternehmen, Arbeitgeber, Banken, Krankenhäuser, Ärzte etc.
- Das Risiko bemisst sich als Produkt der Faktoren „Schwere des drohenden Schadens" und „Eintrittswahrscheinlichkeit". Für ein hohes Risiko iSd Art. 35 Abs. 1 DS-GVO müssen in der Regel mindestens „wesentliche" in Kombination mit „maximalen" Faktoren aufeinandertreffen:

| Eintrittswahrscheinlichkeit | | | | |
|---|---|---|---|---|
| maximal | | | (hohes Risiko) | (hohes Risiko) |
| wesentlich | | | | (hohes Risiko) |
| begrenzt | | | | |
| vernachlässigbar | | | | |
| | vernachlässigbar | begrenzt | wesentlich | maximal | Schwere |

– Zur Bewertung der einzelnen Faktoren (nach ISO 29134, Annex A):

Bemessung der Schwere

| | |
|---|---|
| Maximal | möglicher Eintritt signifikanter, sogar irreversibler Konsequenzen, die nicht überwunden werden können (Vernichtung der wirtschaftlichen Existenz, Arbeitsunfähigkeit, dauerhafte physische oder psychische Konsequenzen, Tod) |
| Wesentlich | möglicher Eintritt signifikanter Konsequenzen, die sich – wenn auch ggf. mit großen Anstrengungen –überwinden lassen (Verlust der Kreditwürdigkeit, Verlust von Eigentum, gesundheitliche Verschlechterung) |
| Begrenzt | möglicher Eintritt signifikanter Konsequenzen, die sich mit nur geringen Anstrengungen wieder überwinden lassen (Zusatzkosten, Stress, geringe physische Belastungen) |
| Vernachlässigbar | Eintritt allenfalls bloßer Belästigungen, die sich ohne Probleme ertragen lassen (Ärgernisse, kurzer Zeitverlust etc) |

Bemessung der Eintrittswahrscheinlichkeit

| | |
|---|---|
| Maximal | Realisierung der Bedrohung erscheint aufgrund der gewählten Ressourcen sehr leicht möglich (zB Aufbewahrung im öffentlich zugänglichen Bereich) |
| Wesentlich | Realisierung der Bedrohung erscheint aufgrund der gewählten Ressourcen möglich (zB Aufbewahrung im öffentlich zugänglichen Bereich mit leicht umgehbarer Zutrittskontrolle/-beschränkung) |
| Begrenzt | Realisierung der Bedrohung erscheint aufgrund der gewählten Ressourcen schwer möglich (zB einfache Zugangssicherung) |
| Vernachlässigbar | Realisierung der Bedrohung erscheint aufgrund der gewählten Ressourcen nicht möglich (zB doppelte Zugangssicherung) |

c) Phase 3: Bewältigung der identifizierten Risiken[6]

– Beschreibung der zur Bewältigung der Risiken geplanten Abhilfemaßnahmen, einschließlich Garantien, Sicherheitsvorkehrungen und Verfahren, durch die der Schutz personenbezogener Daten sichergestellt wird:
  – Welche Schutzmaßnahmen werden ergriffen, um auf Schaden und/oder Eintrittswahrscheinlichkeit Einfluss zu nehmen, und Eingriffe in die Rechte und Freiheiten und konkrete Schäden so zu vermeiden oder zu reduzieren?
  – „Wer macht was bis wann?“: Welche Akteure sind für die Umsetzung zuständig oder einzubinden, bis zu welchem Zeitpunkt?
  – Woran ist die Effektivität der Maßnahme zu messen?

- Berücksichtigung der bereits gem. Art. 32 DS-GVO für die Sicherheit der Verarbeitung zu beachtenden technischen und organisatorischen Maßnahmen für ein dem Risiko angemessenes Schutzniveau:
- Pseudonymisierung und Verschlüsselung
- Sicherstellung von Vertraulichkeit
- Verfügbarkeit und Belastbarkeit der Systeme
- rasche Wiederherstellungsmöglichkeit von Verfügbarkeit und Zugang nach einem Zwischenfall
- regelmäßige Überprüfung und Bewertung der Maßnahmen.

- Orientiert am jeweils verfolgten Schutzziel und erwarteten Bedrohungsszenario sind ferner Maßnahmen der Risikobewältigung für die Schutzziele gemäß Standarddatenschutzmodell bzw. Art. 5 DS-GVO zu entwickeln, zB:

| Schutzziel | Denkbare Schutzmaßnahme gegen Bedrohung |
|---|---|
| Vertraulichkeit | – Rollen- und Rechtekonzept mit regelmäßiger Prüfung und beschränkten Admin-Rechten<br>– Beschränkung des User-eigenen Hardware- und Software-Einsatzes<br>– Mandantentrennung, Partitionierung<br>– Verschlüsselung<br>– Protokollierung, Log-Dateien aller Anfragen und Server-Aktivitäten<br>– IT und Privacy-Compliance-Richtlinie/Einbeziehung in Code of Conduct: zB Sperrbildschirm bei Verlassen des Arbeitsplatzes aktivieren<br>– Schulungen<br>– Verpflichtungs- und Vertraulichkeitserklärungen, NDAs der involvierten Personen<br>– Risikohinweise, zB auf Social Engineering, neue Angriffsformen<br>– gut sichtbare Warnhinweise auf in Dokumenten oder Dateien enthaltene personenbezogene Daten, ggf. sogar besonderer Kategorie gem. Art. 9 DS-GVO |
| Integrität | – Hash-Werte<br>– Zugriffskontrollen<br>– elektronische Signaturen<br>– Schreibschutz |
| | – Lösch- und Korrekturkonzept<br>– Auditierung<br>– Protokollierung, Log-Dateien aller Anfragen und Server-Aktivitäten |
| Verfügbarkeit | – Zugriffskontrollen<br>– Redundanz<br>– Virenscanner-Einsatz<br>– Firewalls<br>– Partitionierung |

| Schutzziel | Denkbare Schutzmaßnahme gegen Bedrohung |
|---|---|
| | – angemessene Speichermedien und -Umstände (Schutz gegen Feuer, Korrosion etc)<br>Vermeidung von Speicher-/Server-Standort mit geographischen, tektonischen, aber auch rechtlichen Herausforderungen (letzteres zB bei plötzlichem Wegfall des angemessenen Schutzniveaus) |
| Nichtverkettbarkeit und Zweckbindung | – Schulungen<br>– Rollen- und Rechtekonzepte, u.a. Grenzen von Admin-Rechten<br>– Anonymisierung<br>– Pseudonymisierung |
| Transparenz | – Dokumentation<br>– Protokollierung, auch von Änderungen, zB der Konfiguration |
| Intervenierbarkeit | – Zugriff zur Ausübung von Betroffenenrechten, unmittelbar oder über geeignete Kontaktperson/Hotline/Helpdesk |

- Eine andere interessante und übersichtliche Vorgehensweise der Risikobehandlung findet sich in den CNIL-Empfehlungen (S. 13 des ersten Papers) mit der abgeschichteten Reihenfolge:
  - Governance/unternehmensbezogene Kontrollen (Privacy Policy, Risk Management)
  - an personenbezogenen Daten orientierte Ansätze: Datensparsamkeit, Anonymisierung etc, schon zur Vermeidung einer Verletzung
  - an der Wirkung orientierte Ansätze, die das Risiko-/Schadensausmaß im Fall einer erfolgten Verletzung reduzieren (Backups, Integritätsprüfungen etc)
  - an Risiko- und ggf. Angreiferquellen orientierte Ansätze, die deren Schädigungspotential limitieren sollen (Zugangskontrollen, Verschlüsselung, Schutz gegen Malware)
  - an „supporting assets" wie Trägermedien orientierte Ansätze, die die Verwundbarkeit von Software, Hardware, Papierdokumenten etc erkennen und einschränken sollen
- Kommen konkretere als solche generischen „Referenz-Schutzmaßnahmen" in Betracht und sind gleichermaßen effektiv?
- Bei einer – sinnvollen – Einbeziehung der Compliance-Sicht in die DSFA lassen sich durch derartige Maßnahmen der Risikobewältigung zugleich auch Compliance-Risiken reduzieren.
- Sind die Risiken durch die getroffenen Maßnahmen aus Sicht des Verantwortlichen ausreichend eingedämmt? Dann kann die DSFA als abgeschlossen betrachtet werden. Art. 35 Abs. 11 DS-GVO sieht allerdings auch nach Abschluss der DSFA eine Überprüfung dahingehend vor, ob die Verarbeitung gemäß der DSFA durchgeführt wird, u.a., wenn sich eine Änderung der Risikolage ergeben hat.

## 5. Vorherige Konsultation (Art. 36 DS-GVO)

- Führen die im Rahmen der DSFA getroffenen Maßnahmen aus Sicht des Verantwortlichen nicht zu einer „Eindämmung" des Risikos, konsultiert er vor der Verarbeitung die Aufsichtsbehörde.[7]
- Mindestinformationen, die der Aufsichtsbehörde bereitzustellen sind:
  - Angaben zum oder zu den Verantwortlichen und ggf. Auftragsverarbeitern
  - Zweck und Mittel der Verarbeitung
  - Maßnahmen und Garantien zum Schutz der Rechte und Freiheiten
  - Kontaktdaten des Datenschutz-Beauftragten
  - DSFA gem. Art. 35 DS-GVO
  - alle weiteren von der Aufsichtsbehörde angeforderten Informationen.
- Gem. Art. 36 Abs. 2 DS-GVO muss die Behörde im Regelfall innerhalb einer Frist von acht Wochen nach Erhalt des Ersuchens um Konsultation Empfehlungen aussprechen. Bei entsprechender Komplexität ist die Frist um weitere sechs Wochen verlängerbar.

## Anmerkungen

**1. Leitlinien und Orientierungshilfen.** Bei der Implementierung des Instruments kann auf zahlreiche – teils sehr praxisorientierte – Leitlinien aus unterschiedlichen Quellen zurückgegriffen werden. Spätestens seit der Bereitstellung der Positiv- und (international bereits auch) Negativlisten zur Erforderlichkeit durch die Aufsichtsbehörden ist das Material zu DSFA bzw. dem internationalen Pendant der Privacy Impact Assessments (PIA) allerdings so vielfältig, dass die Informationsflut dem wesentlichen Ziel, datenschutzkonforme Prozesse durch eine gut operationalisierbare Abwägung sicherzustellen, fast schon entgegenläuft. Es ergibt sich jedoch auch eine Schnittmenge gleichlautender Empfehlungen, die überwiegend in die obigen Listen und Formulare einbezogen wurde.

Gerade angesichts der möglichen Haftungsfolgen – und tatsächlich erfolgender Sanktionen – spricht naturgemäß viel dafür, im Zweifel eine DSFA durchzuführen und zur Wahrung der Accountability-Vorgaben (Art. 5 Abs. 2 DS-GVO) auch zu dokumentieren.

Zum Teil sind technik- bzw. bereichsspezifischen Empfehlungen und Erfahrungswerte aus der Entwicklungsphase des Instruments – etwa einem Rahmenwerk zur Folgeabschätzung bei RFID-Einsatz – auch bereits in die allgemeinen Vorgaben der DS-GVO eingeflossen.

Andere – allgemeinere – Leitlinien setzen Schwerpunkte bei unterschiedlichen Themen und können entsprechend punktuell zu Rate gezogen werden, um eine Informationsüberfrachtung zu vermeiden: Dies gilt etwa für das rechtsvergleichende Privacy Impact Assessment Framework (PIAF-)Projekt der Europäischen Kommission, das die Vorgehensweisen der DSFA in Australien, Kanada, Irland, Neuseeland, Großbritannien und den USA verglichen hat (vgl. auch Wright/Finn/Rodrigues A Comparative Analysis of Privacy Impact Assessment in Six Countries). Ein Fokus der Empfehlungen liegt auf der Beteiligung der Stakeholder. Auch wurde damals schon herausgearbeitet, dass neben der Risikobewertung auch die Risikoreduktion ein DSFA-Bestandteil sein muss („forum for the identification of risks and solutions").

Einen Fokus auf den DSFA-Prozess selbst legen etwa die Impulse des „Privacy Impact Code of Practice" des britischen Information Commissioner Offices, das bereits 2014 einen tragfähigen Prozess zum Privacy Impact Assessment entwickelt hat. Die dort vorgesehenen Schritte umfassen, jeweils unter Einbeziehung der internen Projektbeteiligten und der Betroffenen:

- eine Erforderlichkeitsprüfung („Need for a PIA")
- die Beschreibung des Datenflusses („Information flow")
- die Identifikation von Risiken („Identifying privacy and related risks")
- die Bestimmung von Maßnahmen des Risikoumgangs („Privacy solutions")
- die Ergebnisbeschreibung („recording PIA outcomes")

Die CNIL stellt ein auch in englischer Sprache verfügbares Manual in drei Teilen – „Methodology (how to carry out a PIA)", „Tools (templates and knowledge bases)" und „Good Practices" – bereit. Das einführende Dokument, Teil 1, befasst sich mit Risikoidentifikation und -bewertung anhand von Eintrittswahrscheinlichkeit und Schwere. Dieser Bewertung vorgeschaltet ist dabei jedoch noch ein Prüfungsschritt „Controls: Compliance Components", der sich unter „Legal Controls" mit Zweckbindung, Datensparsamkeit, Löschfristen, Einwilligung etc und unter „Risk-treatment controls" mit Projektmanagement, Anonymisierung, Verschlüsselung, Partitionierung etc befasst. Folgende zwei Bausteine sieht das CNIL-Manual als die zwei zentralen DSFA-Säulen an:

- die Berücksichtigung nicht verhandelbarer rechtlicher Prinzipien einerseits und
- technische und organisatorische Maßnahmen des Risikomanagements andererseits.

Zusammengefasst finden sich den DS-GVO-Vorgaben vergleichbare Bausteine, was praxisbezogene Anleihen für die unternehmenseigene Entwicklung des Prozesses ermöglicht. Gleiches gilt für das zweite Paper, das als „Tools und Templates" zahlreiche konkrete praxisbezogene Arbeitsblätter bereitstellt. Auch das dritte Dokument stellt Ansätze wie Verschlüsselung, Anonymisierung und Monitoring etc im DSFA-Zusammenhang vor, mit denen jeweils passgenau auf unterschiedliche Bedrohungsszenarien reagiert werden soll. Es enthält ebenfalls zahlreiche Muster und Formulare, teilweise auch bereichsspezifisch (zB „targeted advertising techniques").

Maßgeblich zu berücksichtigen ist ferner weiterhin das WP 248 der Artikel-29-Datenschutzgruppe, das auf die zentralen Fragen eingeht, wann eine DSFA erfolgen soll, wann sie nicht erfolgen muss, wie sie auszuführen ist und in welchen Fällen aufgrund verbleibender Risiken die Aufsichtsbehörde zu kontaktieren ist. Die Vorschläge aus dieser Quelle dürften – verglichen mit den anderen Handreichungen und Leitlinien – am genauesten auf die DS-GVO bezogen sein und den höchsten Grad an Orientierungssicherheit vermitteln.

Eine Orientierung über den Anwendungsbereich der DS-GVO hinaus, insbesondere bei angestrebten Zertifizierungen, vermittelt auch die International Organization for Standardization, die mit dem ISO-Standard 29134 sowohl Leitlinien für einen DSFA-Prozess vorgeben will als auch Struktur und Inhalt eines DSFA-Reports. Das Dokument sei dabei „applicable to all types and sizes of organizations, including public companies, private companies, government entities and not-for-profit organizations". Bedeutung dürften auch die Verschränkungen und Referenzen gegenüber den ISO-Risikomanagement-Vorgaben sowie ferner den Standards der 27000-

Reihe (Standards der IT-Sicherheit) und 29100 (IT/„Privacy framework") erlangen.

**2. Adressatenstellung und andere Unterschiede zur Vorabkontrolle.** Zwar hatte der deutsche Gesetzgeber auch vor der DS-GVO Freiräume der DS-RL genutzt, bei Bestellung eines Datenschutzbeauftragten die Meldepflicht entfallen lassen und so das Regel-Ausnahme-Verhältnis in § 4d BDSG aF weitgehend umgekehrt: Statt durch extern geführte Melderegister wurde ein Datenschutz „‚von innen' heraus" (Plath/v.d. Bussche DS-GVO Art. 35 Rn. 2) implementiert. Gewährleistet werden sollte dies auch durch die Vorabkontrolle seitens des Datenschutzbeauftragten, § 4d Abs. 5 BDSG aF (vgl. auch Syckor/Strufe/Lauber-Rönsberg ZD 2019, 390).

Der Prozess der DSFA knüpft prima facie an vergleichbare Parameter an wie die Vorabkontrolle, soweit u. a. auf „besondere Kategorien von personenbezogenen Daten" abgestellt wird (zum Vergleich der Instrumente auch Kaufmann ZD 2012, 358 (361)). Während jedoch § 4d Abs. 5 BDSG aF u. a. schon bei Vorliegen einer Verarbeitung solcher personenbezogenen Daten iSd § 3 Abs. 9 BDSG aF die Vorabkontrolle vorsah und als Ausschlusskriterien lediglich die Trias „gesetzliche Verpflichtung, Einwilligung oder Erforderlichkeit für ein Schuldverhältnis" ergänzte, erlaubt der risikobasierte Ansatz der DS-GVO ein differenzierteres Vorgehen und kombiniert bspw. den Risikofaktor der besonderen Kategorien personenbezogener Daten mit dem des Umfangs der Verarbeitung. Erst das Vorliegen beider Faktoren verlangt eine DSFA.

Der Datenschutzbeauftragte konnte bei der bisher von ihm durchzuführenden Vorabkontrolle die Verarbeitung zudem im Wesentlichen nur beanstanden und sich in Zweifelsfällen an die Aufsicht wenden. Adressat des Art. 35 DS-GVO ist jedoch der Verantwortliche selbst mit allen Rechten und Pflichten. Entsprechend kann – und soll gerade auch – im Rahmen der DSFA bereits unmittelbar gestaltend und risikomindernd Einfluss genommen werden (Gola/Heckmann/Nolte/Werkmeister DS-GVO Art. 35 Rn. 9). Das Instrument dient nicht nur einer Privacy by Design-Gestaltung, sondern maßgeblich auch der Einhaltung der Vorgaben der DS-GVO durch entsprechende Gestaltungs- und Einflussmöglichkeiten. Die DSFA verfolgt das Ziel eines „operationalisierbaren Grundrechtsschutzes" (Friedewald/Obersteller/Nebel/Bieker/Rost White Paper: Datenschutz-Folgenabschätzung S. 7) und enthält daher zumindest grundlegende Anforderungen an die Vorgehensweise.

**3. Risikoprognose, -management und Compliance.** Betrachtet man den Normtext für sich, ist die DSFA zwar kein Compliance-„Risikomanagement" im engeren Sinne, da ein solches in der Regel zentral auf die Haftungs- und Sanktionsrisiken des Verantwortlichen ausgerichtet ist (Bieker/Hansen/Friedewald RDV 2016, 188 (190)) und nicht – wie die DSFA – auf die Sicht der Betroffenen bezogen auf ihre Rechte und Freiheiten. Eine nationale Regelung der DSFA im Anwendungsbereich der JI-RL ist im Übrigen in § 67 BDSG nF enthalten und weitgehend deckungsgleich. Sie stellt zentral darauf ab, ob „voraussichtlich eine erhebliche Gefahr für die Rechtsgüter betroffener Personen" besteht.

Die Kommentarliteratur sieht allerdings – über den auf die Folgen/Gefahren der Verarbeitung für betroffene Personen beschränkten Wortlaut hinaus – die Rechtmäßigkeit des Verarbeitungsverfahrens als Gegenstand der DSFA. Risikobehaftete Verarbeitungen seien sowohl mit Blick auf den Erlaubnistatbestand als auch zu berücksichtigender technischer und organisatorischer Maßnahmen an den Vorgaben der Verordnung zu messen und mit ihr in Einklang zu bringen (Paal/Pauly/Martini DS-GVO Art. 35 Rn. 22). Dies zu gewährleisten sei das maßgebliche Ziel des neuen Instruments. Regelkonformität und Haftungsvermeidung – somit auch Compliance kommt somit bei der DSFA ebenfalls zentrale Bedeutung zu.

Der Zusammenhang zeigt sich zudem als (Rechts-)Reflex bei einer sanktionsbezogenen Betrachtung des Art. 35 DS-GVO: Denn werden DSFA und/oder Vorabkonsultation unterlassen, führt diese Verletzung von Art. 35, 36 DS-GVO gem. Art. 83 Abs. 4 lit. a DS-GVO unmittelbar zu einem erheblichen Sanktionsrisiko. Hat das Unterlassen wiederum eine unbefugte Verarbeitung zur Folge, könnte sich die dort vorgesehene Höchstgrenze für Bußgelder mittelbar gem. Art. 83 Abs. 5 DS-GVO sogar noch verdoppeln. Eine effektive DSFA schützt somit nicht nur die Rechte und Freiheiten natürlicher Personen, sondern mittelbar auch den Verantwortlichen selbst.

Die DSFA ist auch vor diesem Hintergrund nicht isoliert, sondern gerade mit Blick auf den risikobasierten Ansatz (mindestens) iVm Art. 24, 25 und 32 DS-GVO zu sehen, also mit der Verantwortungsregelung sowie den Vorgaben zu Privacy by Design und Sicherheit der Verarbeitung (vgl. Veil ZD 2015, 347 (348); Stoll/Rost RDV 2017, 53 ff.).

Der Bitkom eV führt daher im Leitfaden „Risk Assessment und DSFA“ zutreffend aus, die DSFA erfordere ebenso wie „eine Sicht auf die Rechte und Freiheiten natürlicher Personen“ auch eine „Compliance-Sicht“, in der entlang des Lebenszyklus personenbezogener Daten diverse Datenschutzprinzipien geprüft werden müssten. Von diesem doppelten Fokus können beide Perspektiven profitieren. Insbesondere können die Vorerfahrungen der Compliance-Sicht mit dem risikobasierten Ansatz genutzt werden, der sich zB auch bei Anti-Geldwäsche-Maßnahmen gemäß dem GwG durchgesetzt hat (Renz/Frankenberger ZD 2015, 158 ff.).

**4. In welchen Fällen ist eine DSFA durchzuführen?** Aufmerksamkeit und Ressourcen der Verantwortlichen sollen sich entsprechend dem risikobasierten Ansatz auf solche Verarbeitungsvorgänge konzentrieren, die ein hohes Risiko mit sich bringen. Zu analysieren sind dabei Risiken für die Rechte und Freiheiten natürlicher Personen.

Wie in der Einführung bereits dargestellt, ist entscheidender Anlass zur Durchführung einer DSFA, dass

- eine Form der Verarbeitung, etwa bei Verwendung neuer Technologien,
- ein „voraussichtlich hohes Risiko“ für die Rechte und Freiheiten natürlicher Personen zur Folge hat.

Der Terminus „Technologie“ bzw. „neue Technologie“ wird allerdings weder in anderem Zusammenhang der DS-GVO gebraucht noch definiert (Schmitz/Dall’Armi ZD 2017, 57 (58)). Die Kommentarliteratur verweist zur Begriffsausfüllung auf risikogeneigte Verarbeitungsformen wie „Body-Cams, Videoüberwachung, geodatenbasierte Dienste und Online-Bewertungsplattformen“ (Paal/Pauly/Martini DS-GVO Art. 35 Rn. 18), aber auch abstraktere Technologiebeschreibungen wie selbstlernende Algorithmen.

Die Positivliste nennt auch bereits den „Einsatz von künstlicher Intelligenz zur Verarbeitung personenbezogener Daten zur Steuerung der Interaktion mit den Betroffenen oder zur Bewertung persönlicher Aspekte der betroffenen Person“.

Der risikobasierte Ansatz bei der „Verwendung neuer Technologien" dürfte aktuell va bei der erheblich gestiegenen Praxisrelevanz der Einbindung künstlicher Intelligenz in Verarbeitungsvorgänge von wachsender Bedeutung sein.

Eine risikoorientierte Betrachtung liegt auch auf der Linie der KI-Regulierung insgesamt und trägt den zahlreichen Ungewissheiten in diesem Bereich noch bestmöglich Rechnung (vgl. Schürmann ZD 2022, 316). Zu berücksichtigen sind dabei insbesondere der Blackbox-Charakter und die Komplexität des KI-Einsatzes.

Im „Positionspapier der DSK zu empfohlenen technischen und organisatorischen Maßnahmen bei der Entwicklung und dem Betrieb von KI-Systemen" wird darauf verwiesen, dass in KI-Systemen „in der Regel automatisierte Entscheidungen getroffen oder vorbereitet" werden. Die Durchführung einer Datenschutz-Folgenabschätzung sei insbesondere geboten, wenn die Vorbereitungen oder die Auswirkungen automatisierter Entscheidungen voraussichtlich hohe Risiken zur Folge haben. Bei „systematischer und umfassender Bewertung persönlicher Aspekte" sei an das Regelbeispiel aus Art. 35 Abs. 3 DS-GVO zu denken. Grundsätzlich müsse „nachvollziehbar sein,

- welche Daten verarbeitet wurden,
- welche Programme und Systeme zum Einsatz kommen und
- wie diese organisatorisch in die Verarbeitungstätigkeit eingebunden sind.

Die speziellen Funktionsweisen der unterschiedlichen KI-Komponenten müssen erklärt werden können."

Die DSK verweist in diesem Zusammenhang darauf, dass va die Hersteller von KI-Systemen dabei gefordert seien. In der aktuellen Dynamik erscheint allerdings für die Hersteller selbst oft fraglich, ob sie die Logik und Funktionsweisen hinreichend durchdringen (vgl. auch Hessel/Dillschneider RDi 2023, 458). Angesichts der noch verbleibenden Unsicherheit in tatsächlicher wie rechtlicher Hinsicht wird gerade bei großen durch Scraping oder Crawling gewonnenen Datensätzen eine DSFA verpflichtend, jedenfalls aber eine freiwillige Durchführung empfehlenswert sein (Franke RDi 2023, 565 (570)).

Am anderen Pol der Betrachtung ist fraglich, ob die Durchführung einer DSFA auch für Verarbeitungen zu erwägen ist, die bereits vor dem 25.5.2018 eingeführt wurden. Erwgr. 171 DS-GVO sieht vor, dass auch bestehende Verarbeitungen mit der DS-GVO binnen zwei Jahren in Einklang zu bringen sind. Die DSFA ist jedoch nur als Prüfinstrument für Verarbeitungsvorgänge, nicht als eigene Verarbeitung in diesem Sinne zu sehen (Gola/Heckmann/Nolte/Werkmeister DS-GVO Art. 35 Rn. 27). Trotzdem ist empfehlenswert, die DSFA nicht primär als verpflichtende Formalie oder Selbstzweck zu begreifen, sondern als gut strukturiertes Hilfsmittel, um komplexe Verarbeitungen auf ihre Konformität zu prüfen. Auch die freiwillige Durchführung kann daher helfen, die durch die DS-GVO noch einmal erheblich verschärften Sanktionsrisiken infolge unbefugter Verarbeitung (gem. Art. 83f. DS-GVO) zu vermeiden und rechtzeitig ggf. risikosenkende Maßnahmen zu implementieren.

Auch gem. Art. 35 Abs. 1 DS-GVO – wie korrespondierend in Art. 24, 25 und 32 DS-GVO – sind

- Art,
- Umfang,
- Umstände und
- Zwecke der Verarbeitung

als Faktoren der (durch das Wort „voraussichtlich" angezeigten) Risiko-Prognoseentscheidung maßgeblich. Es sind alle Verarbeitungsvorgänge zu erfassen, bei denen die Wahrscheinlichkeit eines hohen Risikos bejaht wird (Gola/Heckmann/Nolte/Werkmeister DS-GVO Art. 35 Rn. 27).

Die Vorgaben der Verordnung wurden (erst) mit der ersten Vereinheitlichung der Positiv- und Negativlisten der nationalen Aufsichtsbehörden gem. Art. 35 Abs. 4 und 5 DS-GVO (bzw. Abs. 6 unter Einbeziehung des Kohärenzverfahrens gem. Art. 63 DS-GVO bei einer mitgliedstaatsübergreifenden Verarbeitungstätigkeit) ansatzweise fassbar. Hinzu kommt: Einerseits wird bereits eine – zumindest prognostisch-summarische – Risikobewertung erwartet. Andererseits soll es sich gerade um eine Vorprüfung handeln, ob die eigentliche DSFA – inklusive Risikobewertung unter Berücksichtigung von Schaden und Eintrittswahrscheinlichkeit – überhaupt erfolgen muss. In der Literatur wird daher inzwischen angeregt, die Eintrittswahrscheinlichkeit im Rahmen der Vorprüfung noch außer Betracht zu lassen, da sie nur in direktem Zusammenhang zu den geplanten technischen und organisatorischen Maßnahmen zu ermitteln ist (Liesem RDV 2020, 297).

Konkretisierung liefert der Normtext selbst nur durch die enumerative Auflistung von Alternativen des Art. 35 Abs. 3 DS-GVO, die drei Konstellationen nennt, in denen eine DSFA „insbesondere" durchzuführen sei, nämlich:

- die systematische und umfassende Bewertung persönlicher Aspekte, die sich auf automatisierte Verarbeitung gründet und die ihrerseits als Grundlage für Entscheidungen dient, Rechtswirkung gegenüber natürlichen Personen entfaltet oder diese in ähnlich erheblicher Weise beeinträchtigt
- soweit besondere Kategorien von personenbezogenen Daten iSd Art. 9 Abs. 1 DS-GVO betroffen sind, ist zusätzliche Voraussetzung, dass es sich um eine umfangreiche Verarbeitung handelt. Gleiches gilt von dem sicher selteneren Fall personenbezogener Daten über strafrechtliche Verurteilungen und Straftaten gem. Art. 10 DS-GVO
- als dritter Fall wird die systematische umfangreiche Überwachung öffentlich zugänglicher Bereiche genannt

Ähnlich wie Art. 35 Abs. 3 DS-GVO bereits durch diese Beispiele eine gewisse Grundorientierung vermittelt, gelingt eine tragfähige Bewertung vor allem durch Vergleiche mit bzw. Abgrenzungen zu der Positiv- und Negativliste der Aufsichtsbehörden und die sich in der Gesamtbetrachtung ergebenden Indikatoren. Ferner geben die Leitlinien im WP 248 der Artikel-29-Datenschutzgruppe weiteren Aufschluss, die vom EDSA bestätigt wurden.

**5. Schritte zur Durchführung einer DSFA.** Die Empfehlungen der Artikel-29-Datenschutzgruppe verhalten sich in ihrem Kapitel C. „How to carry out a DPIA?" auch zum Ablauf und zur Methodologie und ordnen dabei im Wesentlichen die oben mit Bezug auf Art. 35 Abs. 7 DS-GVO genannten Schritte als iterativen Prozess an, indem sie als weitere Schritte neben „Documentation" auch „Monitoring and review" anfügen und damit den Kreis erneut beginnen lassen. Als Anlage 2 ist den Ausführungen der Artikel-29-Datenschutzgruppe eine mit konkreteren Schritten ausgeführte Checkliste beigefügt, die auch in die nachfolgenden Vorschläge dieses Beitrags Eingang gefunden hat.

U.a. ist nach diesen Empfehlungen auch der Standpunkt der betroffenen Personen einzuholen. Hierzu sei eine Vielzahl von Wegen der Einbeziehung denkbar, etwa eine Studie, eine Befragung zukünftiger Kunden oder auch eine konkretere Befragung von Interessenvertretungen. Gem. Art. 35 Abs. 2 DS-GVO muss sich, wie bereits erwähnt, der Verantwortliche selbst mit der DSFA befassen, kann aber gem. Art. 39 Abs. 1 lit. c DS-GVO auch den Datenschutzbeauftragten beratend hinzuziehen. Soweit Auftragsverarbeiter in den Verarbeitungsvorgang einbezogen sind, sollen diese ebenfalls in die DSFA involviert werden, damit sämtliche Informationen für die Abschätzung bereitstehen (zur Unterstützungspflicht des Auftragsverarbeiters gem. Art. 28 Abs. 3 lit. f DS-GVO vgl. Forgó/Helfrich/Schneider Betr. Datenschutz-HdB/Schneider Teil VII. Kap. 2 Rn. 115 f.).

Wenn keine Einbeziehung solcher Stakeholder erfolgt, sollten die Gründe vorsorglich ebenfalls dokumentiert werden. Auch dies erleichtert die Nachweispflicht des Verantwortlichen und die „Accountability"-Anforderungen der DS-GVO, Art. 5 Abs. 2 und Art. 24 DS-GVO.

Einsetzen muss die DSFA jedenfalls vor der Verarbeitung, so früh wie möglich, selbst wenn Teile des Vorgangs noch unbekannt sind. Dies entspricht auch dem Gesamtkontext der Verordnung, etwa Art. 24 DS-GVO. Allerdings bieten sich kontinuierliche Plan-Do-Check-Act-Zyklen an, um die dynamischen Auswirkungen etwaiger Anpassungen und Entwicklungen auf die Risikobewertung erneut umfassend berücksichtigen zu können.

Die Berücksichtigungs- oder „Ausführungsreihenfolge" der Instrumente gem. Art. 32 und Art. 35 DS-GVO soll maßgeblich davon abhängen, ob es sich um eine gravierende Weiterentwicklung (dann Berücksichtigung von Art. 32 vor (ggf.) Art. 35 DS-GVO) oder eine vollständige Neuentwicklung einer Technologie (dann Art. 35 vor Art. 32 DS-GVO) handelt (so Stoll/Rost RDV 2017, 53 (57)). Auch Art. 32 DS-GVO fordert für die Sicherheit der Verarbeitung geeignete technische und organisatorische Maßnahmen für ein dem Risiko angemessenes Schutzniveau. Diese Maßnahmen zur Sicherheit der Verarbeitung sind u.a.:

- Pseudonymisierung und Verschlüsselung
- Sicherstellung von Vertraulichkeit
- Verfügbarkeit und Belastbarkeit der Systeme
- rasche Wiederherstellungsmöglichkeit von Verfügbarkeit und Zugang nach einem Zwischenfall
- regelmäßige Überprüfung und Bewertung der Maßnahmen

Ersichtlich haben auch diese – unabhängig von einer Risikoprognose ohnehin gebotenen – Maßnahmen Einfluss auf die Risikobewertung.

Art. 35 DS-GVO tritt somit sinnvollerweise nur oder primär dann an die erste Stelle und in den Vordergrund, wenn – über das Verarbeitungsverzeichnis gem. Art. 30 DS-GVO hinaus – zunächst eine systematische Beschreibung (vgl. Art. 35 Abs. 7 DS-GVO) und Auseinandersetzung mit dem geplanten Verarbeitungsvorgang dienlich ist, um die geplante Technologie und die damit verbundenen Risiken überhaupt bewerten und über Abhilfemaßnahmen befinden zu können.

Die Verordnung selbst sieht in Art. 35 Abs. 7 DS-GVO Mindestanforderungen an die Vorgehensweise einer DSFA vor. Erforderlich sind nach diesem Minimalprogramm:

- eine systematische Beschreibung der geplanten Verarbeitungsvorgänge und -zwecke
- eine auf den Zweck bezogene Bewertung der Notwendigkeit und Verhältnismäßigkeit der Verarbeitungsvorgänge

- eine Bewertung der Risiken für die Rechte und Freiheiten der betroffenen Person(en)
- die zur Bewältigung der Risiken geplanten Abhilfemaßnahmen, einschließlich Garantien, Sicherheitsvorkehrungen und Verfahren

Zusammenfassen lässt sich somit die Trias Beschreibung – Bewertung – Bewältigung.

In der Phase der Beschreibung (Art. 35 Abs. 7 lit. a DS-GVO), teils auch als „Vorbereitungsphase" bezeichnet, geht es um die Identifikation des Prüfungsgegenstandes orientiert an

- der betroffenen Datenart,
- den Verarbeitungsschritten und
- den dabei – und jeweils zu welchem Zweck – involvierten Akteuren.

Diese Phase der Beschreibung steht in enger Beziehung zum (retrospcktiven, vgl. Paal/Pauly/Martini DS-GVO Art. 35 Rn. 47) Verzeichnis gem. Art. 30 DS-GVO. Die Einbeziehung der verfolgten „berechtigten Interessen" bereitet die Prüfung der Rechtsgrundlagen und der entsprechenden Interessenabwägungen in der anschließenden Bewertungsphase vor. Es bieten sich graphische oder tabellarische Übersichten zur systematischen Beschreibung des konkreten Flusses der Verarbeitung an.

Ein Beschreibungsvorschlag aus der CNIL-Tool-Sammlung sieht – als mögliche Alternative zu der in das Formular aufgenommenen Version – folgende Systematik vor:

| Datum | Kategorie | Empfänger | Personen mit Zugriffsmöglichkeit | Löschfrist |
|---|---|---|---|---|
| ... | | | | |

Je nach Gegenstand kann alternativ auch eine Beschreibung sinnvoll sein, die sich – wie zum Teil in ausführlichen Einwilligungserklärungen, die dem „informed consent"-Prinzip genügen sollen – am konkreten Vorgehen, der eingesetzten IT und weitere Faktoren wie involvierten Mitarbeitern orientiert:

- Erfassen, Besorgung
- Ordnen, Organisieren
- Speichern
- Abfragen
- Verknüpfen
- Änderung
- Übermitteln

| Phase der Verarbeitung | konkrete Beschreibung des Vorgehens | eingesetztes Informationssystem | nichtautomatisierte Faktoren (andere „assets on which personal data rely") |
|---|---|---|---|
| Erhebung | zB Erfassung von Stamm- und Rechnungsdaten | Mitarbeiter-PC, Spezialsoftware | Mitarbeiter Buchhaltung/ Rechnungswesen<br>Übermittlung von Papier/Hardcopies |
| Speicherung | | | |
| Nutzung | | | |
| Übermittlung | | | |
| Löschung | | | |

Tabellarische Strukturen wie diese Übersicht dienen nur dazu, sich operationalisierbar einer vollständigen Erfassung der Verarbeitungsschritte zu nähern. Bei der Beschreibung des DSFA-Prüfungsgegenstands muss jedoch keine starre Zuordnung unter die Punkte wie Technologie, Art, Umfang, Zweck etc erfolgen (vgl. Kühling/Buchner/Jandt DS-GVO Art. 35 Rn. 38). Die Beschreibung ist insoweit weder Pflichtübung noch Selbstzweck. Im Zentrum soll vielmehr stehen, die Phasen der Bewertung und Bewältigung zu ermöglichen.

Die nächste – in Art. 35 Abs. 7 lit. b und c DS-GVO angesprochene – Phase der Bewertung wird als „Herzstück" (Paal/Pauly/Martini DS-GVO Art. 35 Rn. 48) der DSFA bezeichnet. U.a. geht es um die Bewertung der Risiken für die Rechte und Freiheiten der betroffenen Personen gem. Abs. 1. Das Begriffspaar „Rechte und Freiheiten" bezieht sich auf die europäischen Individualgrundrechte und findet sich entsprechend in der Grundrechte-Charta (Bieker/Hansen/Friedewald RDV 2016, 188). Der Gesamtkontext ergibt sich zum einen aus Erwgr. 4 DS-GVO („Verordnung steht im Einklang mit allen Grundrechten [...], insbesondere Achtung des Privat- und Familienlebens, der Wohnung und der Kommunikation, Schutz personenbezogener Daten, Gedanken-, Gewissens- und Religionsfreiheit, Freiheit der Meinungsäußerung und Informationsfreiheit, unternehmerische Freiheit, Recht auf einen wirksamen Rechtsbehelf und ein faires Verfahren und Vielfalt der Kulturen, Religionen und Sprachen."), aber auch aus der Risikobeschreibung in Erwgr. 75 DS-GVO. Dessen Katalog (Diskriminierung, Identitätsdiebstahl etc, siehe oben) wird entsprechend auch in Erwgr. 85 DS-GVO noch einmal im Zusammenhang mit Vorgaben einer Data Breach Notification aufgegriffen.

Die Kommentarliteratur und Vertreter der Aufsichtsbehörden nehmen im Zusammenhang mit der Bewertungsphase häufig Bezug auf das Standard-Datenschutzmodell: Diese von der Konferenz der unabhängigen Datenschutzbeauftragten des Bundes und der Länder veröffentlichte Methodik zur Sicherstellung einer bundesweit einheitlichen Datenschutzpraxis verfolgt ebenfalls das Ziel, Verarbeitungen anhand von Unterkategorien der Gewährleistung systematisch auf ihre Rechtskonformität mit den Datenschutzvorgaben zu überprüfen. Trotz geringer Abweichungen im Prüfungsfokus sei das Standard-Datenschutzmodell eine geeignete Vorlage.

Dieser Ansatz des Modells findet sich nicht nur in Art. 5 DS-GVO nahezu in Gänze widergespiegelt, sondern auch im ISO-Standard 29134, wenn „privacy risks“ dort ebenfalls nicht auf die Trias Vertraulichkeit, Integrität, Verfügbarkeit – bzw. CIA: Confidentiality, Integrity, Availability – beschränkt bleiben, sondern u.a. auch der Mangel an Transparenz, Mangel an Datensparsamkeit (excessive collection) sowie unbefugte Verkettung (unauthorized linking) und Weitergabe an Dritte als Risiken genannt werden (ISO-Standard 29134, 6.4.4.1, S. 16).

**6. In Betracht kommende Maßnahmen der Risikoreduktion.** Ist mit der Bewertung ein umfassender Überblick über die Risikolage gewonnen, ist abschließend in der Bewältigungs- oder Maßnahmenphase (Art. 35 Abs. 7 lit. d DS-GVO) zu prüfen, inwieweit durch geeignete Abhilfe – ggf. durch technische und organisatorische, ferner aber auch rechtliche Maßnahmen – das erkannte Risiko soweit reduziert werden kann, dass es sich als vertretbar und angemessen betrachten lässt und kein Verstoß gegen die DS-GVO begründet wird. In diesem Zusammenhang ist auch nochmals auf das Zusammenwirken von (u.a.) Art. 25, 32 und 35 DS-GVO hinzuweisen.

Konkret auf Art. 35 DS-GVO bezogen werden verschiedene Risikobewältigungsstrategien aus dem Bereich des Projekt- und Risikomanagements diskutiert. Zu nennen sind grundsätzlich:

- Risikovermeidung
- Risikoreduktion
- Risikoakzeptanz
- Risikoübertragung

Allerdings ist zu berücksichtigen, dass aufgrund des Ziels der DSFA, eine Konformität mit den Vorgaben der DS-GVO sicherzustellen, grundsätzlich weder eine reine Akzeptanz von Risiken für Rechte und Freiheiten der Betroffenen in Betracht kommt noch eine Risikoübertragung wie etwa der Abschluss einer Versicherung. Üblicherweise sind die Verantwortlichen weder für eine Akzeptanz noch eine Übertragung ausreichend dispositionsbefugt.

Somit sind Risiken entweder durch eine entsprechende Gestaltung oder Anpassung des Prozesses zu vermeiden oder durch Schutzmaßnahmen zu reduzieren. Den jeweiligen Schutzzielen lassen sich verschiedene Schutzmaßnahmen zuordnen. Sehr konkret und praxisnah ist insoweit insbesondere das dritte Paper der CNIL-Empfehlungen (Good Practices – Measures for the risk treatment), das zu verschiedenen Ansatzpunkten „Good Practices“-Vorgehensweisen darstellt und insoweit einen vielfältigen Maßnahmenkoffer der Risikobewältigung bereitstellt.

Ob die DSFA mit der Phase der Bewertung abgeschlossen ist, hängt davon ab, ob die als hoch erkannten Risiken durch die ergriffenen Maßnahmen eingedämmt sind. Ist dies nicht der Fall, steht die vorherige Konsultation der Aufsicht gem. Art. 36 DS-GVO an.

Der Befund einer hinreichend reduzierten Risikolage als Abschluss der DSFA ist – über Erwgr. 94 DS-GVO hinaus, der auf die „Auffassung“ des Verantwortlichen abstellt – gerichtlich voll überprüfbar (Plath/v. d. Bussche DS-GVO Art. 36 Rn. 3).

Ohnehin sieht Art. 35 Abs. 11 DS-GVO auch im Nachgang „erforderlichenfalls“ eine Beobachtung vor, ob die Verarbeitung entsprechend der DSFA durchgeführt wird.

**7. Vorherige Konsultation.** Obwohl der Wortlaut in der Kommentarliteratur teils für nicht eindeutig gehalten wird, soll eine vorherige Konsultation der zuständigen

Aufsichtsbehörde nicht in jedem Fall eines (initial) als hoch identifizierten Risikos erfolgen müssen. Durch geeignete Maßnahmen der Bewältigung kann der Verantwortliche die von ihm erkannten hohen Risiken vielmehr so reduzieren, dass er damit die in Art. 36 DS-GVO vorgesehene Konsultationspflicht abwenden kann (Plath/v. d. Bussche DS-GVO Art. 36 Rn. 3).

Es handelt sich auch nicht um ein Genehmigungsverfahren ieS. Eine fehlende Zustimmung der Aufsichtsbehörde macht eine per se zulässige Verarbeitung nicht etwa formell rechtswidrig. Eine Verletzung der Konsultationspflicht bringt aber ein eigenes Sanktionsrisiko gem. Art. 83 Abs. 4 lit. c DS-GVO mit sich, das ggf. auch zu den Haftungs- und Sanktionsrisiken infolge einer etwaigen unbefugten Verarbeitung hinzutritt.

Die vorherige Konsultation ist nach der Kommentarliteratur (vgl. Kühling/Buchner/Jandt DS-GVO Art. 36 Rn. 5) auch nicht nur dann vorgesehen, wenn die DSFA aus Sicht des Verantwortlichen zu dem Ergebnis kommt, dass keinerlei Sicherheitsvorkehrungen und Mechanismen der Risikobewältigung zur Verfügung stehen. Es soll ausreichen, wenn der Verantwortliche den Aufwand solcher Maßnahmen inklusive Implementierungskosten nicht als vertretbar einstuft. Ein entsprechendes Kostenbewusstsein und in der Konsequenz der Verzicht auf eindämmende Maßnahmen könne allerdings im Ergebnis zur Untersagung der Verarbeitungsform durch die Aufsicht führen.

Im Konsultationsprozess prüft die Aufsichtsbehörde nach einer eigenen Risikobewertung ihrerseits Empfehlungen zur Erreichung einer datenschutzkonformen Verarbeitung durch rechtliche Bewertung und technische Beurteilungen. Sie erteilt ihre Empfehlungen schriftlich binnen festgelegter Frist von bis zu acht bzw. längstens 14 Wochen.

Während des Konsultationsprozesses ist der Verantwortliche zur umfassenden Informationserteilung und zur Mitwirkung verpflichtet. Unter Compliance-Gesichtspunkten ist diese erzwungene Offenheit angesichts der Janusköpfigkeit der Aufsichtsbehörden durch die vielfach gegebene Zuständigkeit auch als Sanktionsbehörde durchaus kritisch zu sehen. Schon die Konsultation selbst kann schließlich dokumentieren, dass der Verantwortliche seine Maßnahmen der Risikobewältigung nicht als ausreichend erachtet. Diesem Eindruck ist bei der Kommunikation im Rahmen der Konsultation ggf. ausdrücklich entgegenzuwirken, wenn die DSFA und die beratende Hinzuziehung der Aufsicht in Grenzfällen nur als überobligatorische Compliance-Maßnahme der bestmöglichen Risikoreduktion wahrgenommen werden.

## IV. Verhaltensregeln und Zertifizierungen

### 1. Ökosystem Audit und akkreditierte Zertifizierungen

Die datenschutzrechtliche Praxis war in den vergangenen 30 Jahren vor allem von einer **juristischen und einer technischen** Seite geprägt. Eher unzureichend betrachtet wurde demgegenüber die prozessuale Sicht. Insofern hat sich durch die DS-GVO und das von ihr etablierte Datenschutzmanagementsystem ein **Paradigmenwechsel** vollzogen. Durch seine **Prozessorientierung** wurde die **prozessuale Managementsteuerung in den Vordergrund gerückt,** sodass der Datenschutz in die definierten Unternehmensprozesse eingebettet wird. Als ein völlig neuer Aspekt zieht sich die **Rechenschaftspflicht** („Accountability") als roter Faden durch die DS-GVO (→ Form. A. I.; → Form. D. II.) Hier liegen letztlich auch die Herausforderungen, denn die Dokumentation von IT-Infrastruktur, Systemen und Software ist umfangreich und aufwändig. Oft werden als Gründe, dass keine **ausreichende Dokumentation** erstellt wurde, betriebswirtschaftliche Effizienz oder fehlende Ressourcen (Personal, Zeit) angeführt. Doch der Grund liegt nicht in der Technik, sondern in der **Betriebsführung** und ist damit Managementaufgabe. Genau diesen Punkt adressieren die DS-GVO (als gesetzliche Vorgabe) und das ISMS (Informationssicherheitsmanagementsystem) als technische Regel gleichermaßen (→ Form. E. I.).

Die **DS-GVO lehnt sich insofern an den Standard der ISO 27001** an (vgl. Albrecht, BF/M, Studie ISMS, 2018, S. 5) und ermöglicht die Anwendung der Norm auf personenbezogene Daten. Nach beiden Regularien stehen die Bereiche **Vertraulichkeit, Integrität und Verfügbarkeit von Informationen** für das Unternehmen im Vordergrund.

Gegen Ende des Jahres 2018 erschien der Entwurf der „ISO/IEC DIS 27552: 2018-12 – Entwurf Sicherheitstechniken – Erweiterung zu ISO/IEC 27001 und ISO/IEC 27002 für das Management von Informationen zum Datenschutz – Anforderungen und Leitlinien" als zunächst erster Ansatz auf die vorhandene DIN ISO/IEC 27001, um ein **Datenschutz-Managementsystem** normativ zu ergänzen. Daraus entstand der neue internationale Standard, der nun seit 2021 auch ein DIN-Standard ist („**DIN EN ISO/IEC 27701:2021-07** Sicherheitstechniken – **Erweiterung zu ISO/IEC 27001** und ISO/IEC 27002 für das Management von Informationen zum Datenschutz – Anforderungen und Leitlinien"). Da der Schutz der **Informationen und der Schutz personenbezogener Daten hohe Deckungsgleichheit** aufweisen, erscheint diese Entwicklung als logisch und sinnvoll. Das ISO/IEC 27701 Datenschutz-Informationsmanagementsystem (Privacy Information Management System, PIMS) ist wie die DIN ISO/IEC 27001 als **prozessorientierte Norm** aufgebaut und bildet ein Managementsystem ab. Darin liegt auch der große Unterschied zu einer Datenschutzzertifizierung nach Art. 42 und 43 DS-GVO. Die DS-GVO legt als Zertifizierungsgrundlage die EN-ISO/IEC 17065/2012 (es gibt bereits aktualisierte Versionen dieser Norm) für die Konformitätsbewertung, also die Anforderungen an Stellen, die Produkte, Prozesse und Dienstleistungen zertifizieren, fest. Für die ISO/IEC 27001-Normenfamilie, die prozessorientierte Managementsysteme beschreibt, ist für die Zertifizierungsstellen die „DIN EN ISO/IEC 17021-1:2015-11 Konformitätsbewertung – Anforderungen an Stellen, die Managementsysteme auditieren und zertifizieren" als verbindlich anzusehen.

Eine **Zertifizierung nach ISO/IEC 27701 ist derzeit nicht direkt möglich.** Es muss zunächst eine erfolgreiche ISO 27001-Zertifzierung durchgeführt werden, erst dann können die erweiterten Anforderungen zur Informationssicherheit und zum Datenschutz nach DIN ISO/IEC 27701 überprüft und testiert werden. Eine **Vergleichbarkeit mit den Anforderungen aus der DS-GVO besteht** aufgrund der unterschiedlichen normativen Konformitätsgrundlagen bei der Herangehensweise bei den Prüfkriterien und deren Durchführung **nicht. Eine Datenschutz-Zertifizierung nach Art. 43 DS-GVO ist nur auf Grundlage der ISO 17065 (Zertifizierung von Produkten und Prozessen) möglich. Zertifizierungen von Datenschutz-Management-Systemen finden somit keine Anerkennung im Sinne der DS-GVO (EDSA, Leitlinien 4/2018 zur Akkreditierung von Zertifizierungsstellen gemäß Artikel 43 Fassung 3.0 4. Juni 2019).**

Die Durchführung eines Audits ist nicht zwangsläufig mit einer Zertifizierung verbunden (→ Form. C. IV.). Die Basis sowohl eines Audits wie auch einer Zertifizierung sind meist Standards und Normen, im vorliegenden Fall die DS-GVO. Es gibt weltweit zahlreiche Gremien, die sich mit der Entwicklung von Sicherheitsstandards bzw. Normen beschäftigen (BITKOM, https://kompass-sicherheitsstandards.de/).

Es gibt zwei wesentliche Unterschiede, die die Vergleichbarkeit eines Zertifikates ausmachen. Von **geregelten Zertifizierungen** spricht man, wenn es sich um **normkonforme Zertifizierungsverfahren** handelt, die von der Akkreditierungsstelle des jeweiligen Landes auf Basis international anerkannter Normen als solche anerkannt sind. **Ungeregelte Zertifizierungen** sind solche, die durch Zertifizierungsstellen selbst **auf Basis verschiedener anerkannter Prüfkriterien entwickelt** wurden. Dieses Prüfverfahren wird mit einem (freiwilligen, ungeregelten) Prüfzeichen zum Ausdruck gebracht. Die Stiftung Datenschutz listet in ihrer „Übersicht zu Zertifizierungen und Gütesiegeln im Datenschutz nach Stand Februar 2017" insgesamt 32 ungeregelte Zertifizierungen und **Datenschutz-Gütesiegel** auf. Alle diese Zertifizierungen sind **keine akkreditierten Zertifikate** iSd **Art. 42, 43 DS-GVO** und sind im Hinblick auf Aussagekraft und Vertrauenswürdigkeit von **reinen Marketing-Zertifikaten** nicht zu unterscheiden.

Für Zertifizierungen im Datenschutzrecht (Bestätigung der Konformität mit der DS-GVO) bedarf es demgegenüber einer Akkreditierung der Zertifizierungsstelle durch die Deutsche Akkreditierungsstelle iSd **§ 39 BDSG** anhand der Kriterien, die von der zuständigen Bundes- oder Landesdatenschutzbehörde oder vom Europäischen Datenschutzausschuss gemäß **Art. 63 DS-GVO** genehmigt worden sind.

Eine wirkliche **Vergleichbarkeit** ist also vor allem bei Zertifizierungen gegeben, die auf internationalen oder europäischen Normen basieren, wie die DIN EN ISO/IEC 27001(in der jeweils aktuellen Version) und durch ein bei der **DAkkS akkreditiertes Verfahren** anerkannt sind.

Die nachfolgende Checkliste gibt einen kompletten **Überblick des international und europäisch gültigen Ökosystems der Auditierung und Zertifizierung akkreditierter Zertifizierungsverfahren.** Aufgrund der Nähe zwischen einem Datenschutzmanagementsystem (DSMS) nach DS-GVO und der ISO 27001 in der aktuellen Version, wird (wegen derzeit noch fehlender akkreditierter Verfahren zum DSMS) das Informationssicherheitsmanagementsystem (ISMS) als beispielgebend herangezogen.

## Checkliste Ökosystem Audit und akkreditierte Zertifizierungen

### § 1 Normen, regulatorische Anforderungen, gesetzliche Regelungen

Zertifikate, Testate, Prüfzeichen oder Attestierungen werden am Markt angeboten. Die Voraussetzungen, die Durchführungen und die Wertigkeit unterscheiden sich deutlich. Normen wie die der ISO (Internationale Organisation für Normung), des DIN (Deutsches Institut für Normung) oder der (EN Europäischen Normen) sind im europäischen Raum (neben anderen) bekannt und finden dort ihre Anwendung. Normen sind zunächst keine generellen gesetzlichen Vorschriften, können und werden aber in rechtlichen Auseinandersetzungen als gängige Praxis oder Regelwerke herangezogen[1] und werden innerhalb von Branchen auch als Branchenstandard festgelegt. Dabei können branchenspezifische Anpassungen vorgenommen werden.

Die regulatorische Anforderung zur Umsetzung einer Norm oder eines Branchenstandards ergibt sich aus der sektorspezifischen Gesetzgebung. So wurde mit dem § 11 Abs. 1a und 1b EnWG die Verpflichtung für die betroffenen Unternehmen geschaffen sich nach IT-Sicherheitskatalog (im Kern nach die ISO 27001) zertifizieren zu lassen und dies gegenüber der Bundesnetzagentur durch Übersendung des Zertifikates regelmäßig nachzuweisen.

Mit dem ITSiG und dem § 8a Abs. 1 BSIG sind Betreiber Kritischer Infrastrukturen verpflichtet, „nach Inkrafttreten der Rechtsverordnung nach § 10 Abs. 1 angemessene organisatorische und technische Vorkehrungen zur Vermeidung von Störungen der Verfügbarkeit, Integrität, Authentizität und Vertraulichkeit ihrer informationstechnischen Systeme, Komponenten oder Prozesse zu treffen, die für die Funktionsfähigkeit der von ihnen betriebenen Kritischen Infrastrukturen maßgeblich sind“. Gem. § 8a Abs. 2 BSIG können Branchenverbände branchenspezifische Sicherheitsstandards zur Gewährleistung der Anforderungen nach Abs. 1 vorschlagen, diese werden vom BSI auf deren Eignung geprüft und nach positivem Ergebnis veröffentlich.[2] Diese branchenspezifischen Sicherheitsstandards werden abgekürzt als B3S 3 bezeichnet.

### § 2 Die Zertifizierung

Eine Zertifizierung ist ein Verfahren, mit dem durch eine unabhängige dritte Partei ein Produkt, ein Verfahren oder eine Betriebsorganisation anhand eines gültigen Anforderungskatalogs (Prüfkatalog) überprüft und dessen Zertifizierungsreife nachgewiesen wird. Im Zusammenhang mit Zertifizierungen ist grundsätzlich zu beachten, in wessen Hoheit die Ausstellung eines Zertifikates vorgenommen wird. Zertifikate werden u. a. von akkreditierten Zertifizierungsstellen, Bundesämtern, Prüfverbänden, Prüfinstituten, Prüflaboren, Gutachtern und Wirtschaftsprüfungsgesellschaften ausgestellt.

Die Zertifizierung ist für ein Unternehmen in zweierlei Hinsicht ein Positivum. Ein Zertifikat kann einerseits ein Alleinstellungsmerkmal gegenüber den Marktbegleitern sein, anderseits ist die dahinterstehende Umsetzung im Unternehmen ein wichtiger Beitrag zur betriebswirtschaftlichen Grundmotivation des Unternehmens. Durch geregelte, dokumentierte und gelebte Unternehmensprozesse und den kontinuierlichen Verbesserungsprozess ist der reibungslose Ablauf innerhalb der Organisation ein wichtiger Beitrag zur Ressourceneffizienz.

Zertifizierungen für Managementsysteme, wie die der ISO 27001, sind mittlerweile prozessorientiert und erfordern seitens der Organisation, die die Zertifizierung anstrebt, einen deutlichen Aufwand zur Erreichung der Zertifizierungsreife. Aus diesem Grund ist die Verpflichtung des Managements aus der Norm heraus ein wesentlicher Faktor. Anders ausgedrückt: Steht die Geschäftsleitung nicht aufrichtig zur internen Umsetzung und Verbesserung, sondern steht für sie nur das Zertifikat im Vordergrund, so haben die innere Organisation und die Mitarbeiter alle Not mit der Erreichung der Normziele und somit auch mit dem Erhalt des Zertifikates. Im Falle des IT-Sicherheitskataloges ist eine Zertifizierung gesetzlich vorgeschrieben. Im Falle des Art. 42 DS-GVO ist die Umsetzung des Datenschutz-Managementsystems aktuell für alle Unternehmen freiwillig.

### § 3 Die Deutsche Akkreditierungsstelle GmbH (DAkkS)

Die Deutsche Akkreditierungsstelle GmbH (DAkkS)[4] ist die nationale Akkreditierungsstelle der Bundesrepublik Deutschland auf Basis der Verordnung (EG) Nr. 765/2008 und dem Akkreditierungsstellengesetz (AkkStelleG). Sie ist eine nicht gewinnorientierte Gesellschaft, die aufgrund Beleihung durch den Bund hoheitliche Akkreditierungsaufgaben innerhalb der Bundesrepublik Deutschland wahrnimmt. Die DAkkS ist eine GmbH, deren Gesellschafter die Bundesrepublik Deutschland, die Bundesländer Bayern, Hamburg, Nordrhein-Westfalen und der Bundesverband der Deutschen Industrie eV (BDI) sind.

Der gesetzliche Auftrag der DAkkS ist die Akkreditierung von Konformitätsbewertungsstellen, dazu gehören ua Inspektions- und Zertifizierungsstellen, Laboratorien und andere Prüfungseinrichtungen. Mit einer Akkreditierung bestätigt die DakkS, dass diese Stellen ihre Aufgaben fachkundig und nach geltenden Anforderungen erfüllen. Die DAkkS prüft also gewissermaßen die Prüfer.

### § 4 Die Zertifizierungsstelle

Die Zertifizierungsstelle ist eine Organisation (ein gewinnorientiertes, betriebswirtschaftlich geführtes Unternehmen), die auf Basis der Akkreditierungen durch die DAkkS Zertifizierungsaudits durchführt, einen Auditbericht erstellt und bei Erfolg ein Zertifikat oder Testat ausstellt und ein Prüfzeichen vergibt, zB TÜV-Gesellschaften und andere Zertifizierungsstellen[5] wie Deutsche Zertifizierung (DeuZert), DQS, InterCert, FOX-Certification, Dekra u.a. Wichtig im Zusammenhang mit gesetzlich (resultierend aus der deutschen Gesetzgebung, zB EnWG) geforderten Zertifizierungen[6] ist, dass die prüfende Zertifizierungsstelle eine Akkreditierung bei der Deutschen Akkreditierungsstelle innehat.

In Art. 42 DS-GVO werden die Einführung von datenschutzspezifischen Zertifizierungsverfahren sowie von Datenschutzsiegeln und -prüfzeichen geregelt, um den Nachweis der Einhaltung (Rechenschaftspflicht) der Verordnung bei Verarbeitungsvorgängen von Verantwortlichen und Auftragsverarbeitern nachzuweisen. Die Auditierung und anschließende Zertifizierung sind freiwillig. Art. 43 DS-GVO ergänzt Art. 42 DS-GVO um die Zielsetzung der Zertifizierung, die Genehmigung der Zertifizierungskriterien, des Kriterienkataloges und die Akkreditierung der Zertifizierungsstelle gemäß der europäischen Verordnung (EG) Nr. 765/2008 und des Akkreditierungsstellengesetzes. Zertifizierungen sind daher ebenso wie Verhaltensregeln wichtige Elemente der Rechenschaftspflicht nach Art. 24 Abs. 1 DS-GVO.

Für Zertifizierungen im Datenschutzrecht (Bestätigung der Konformität mit der DS-GVO) bedarf es einer Akkreditierung der Zertifizierungsstelle durch die Deutsche Akkreditierungsstelle iSd § 39 BDSG anhand der Kriterien, die von der zuständigen Bundes- oder Landesdatenschutzbehörde oder vom Europäischen Datenschutzausschuss gem. Art. 63 DS-GVO genehmigt worden sind. Andere, europäische Zertifizierungsstellen, die durch die Nationalen Akkreditierungsstellen der EU-Mitgliedstaaten entsprechend Art. 4 Abs. 1 der europäischen Verordnung (EG) Nr. 765/2008 akkreditiert sind, werden vom Bundesamt als gleichwertig zu Akkreditierungen der DAkkS angesehen.

Die Zertifizierungsstelle beruft Auditoren, die entsprechend den normativ festgelegten Regularien ausgewählt und aufgrund ihrer Fach- und Sachkunde, ihrer Berufserfahrung, ihrer Schulung und erfolgreichen Prüfung zur Norm, sowie der vorgeschriebenen Anzahl an Traineetagen in Zertifizierungsaudits, zum Einsatz kommen.

§ 5 Das Witness-Audit

Das Witness-Audit ist eine der Grundvoraussetzungen für eine Zertifizierungsstelle, die Akkreditierung für den geregelten Zertifizierungsbereich zu erhalten. Voraussetzung für ein Witness-Audit ist zunächst die genaue Beschreibung des Zertifizierungsverfahrens und der Verfahrensabläufe innerhalb der beantragenden Zertifizierungsstelle. Diese werden durch Begutachter der DAkkS im Rahmen eines Geschäftsstellen-Audits überprüft. Sind die Dokumente, Prüflisten, Verfahrensbeschreibungen, das Auditoren-Management und dessen Auswahlkriterien als entsprechend den Normanforderungen von den Begutachtern anerkannt, so ist der Weg frei für die Durchführung eines Witness-Audits durch die Auditoren, die von der Zertifizierungsstelle benannt wurden und die ebenfalls im Rahmen der Begutachtung vor Ort beim Kunden (des auditierten Unternehmens) geprüft werden.

Die Rolle des DakkS-Begutachters im Witness-Audit ist die eines stillen Beobachters. Der Begutachter muss entsprechend den Anforderungen und der Stellenbeschreibung der DakkS über die berufliche und fachliche Kompetenz verfügen. Er muss über mindestens vier Jahre Berufserfahrung verfügen und umfangreiche Normenkenntnisse im jeweiligen Fachgebiet mitbringen. Außerdem sind persönliche Eigenschaften wie Unparteilichkeit, Aufrichtigkeit, Diskretion, Diplomatie, Selbstsicherheit und andere Merkmale gefordert.[7]

Bei Begutachtern wie auch bei Auditoren finden sich unterschiedliche menschliche und persönliche Charaktere. Damit muss ein Unternehmen, welches ein Witness-Audit bei sich durchführen lässt, umgehen. Erfahrungen von Unternehmen, insbesondere solcher, die bisher keine Auditerfahrung haben, führen mitunter dazu, dass sie Witness-Audits eine Absage erteilen.[8] Wird aber kein Witness-Audit der Zertifizierungsstelle durchgeführt (zB weil sich niemand bereit erklärt dies bei sich durchführen zulassen), ist die Konsequenz, dass die Zertifizierungsstelle keine Akkreditierung erhält. Erhält die Zertifizierungsstelle keine Akkreditierung, kann diese keine Zertifizierungen in dieser Norm durchführen. Erfahrungsgemäß findet sich schlussendlich meist ein Unternehmen für ein Witness-Audit. Die Anzahl der akkreditierten und damit zugelassenen, am Markt verfügbaren Zertifizierungsstellen, hängt somit auch ein Stück an der Bereitschaft zur Durchführung eines Witness-Audits seitens der Unternehmen. Natürlich ist in einem solchen Audit die Anspannung aller Beteiligter besonders hoch, denn alle müssen und wollen ihre Aufgabe möglichst gut erledigen. Der Begutachter kann im Audit an den leitenden Auditor Fragen zu dessen Vorgehen oder Entscheidungen stellen, um seinerseits die Korrektheit zur angewandten Norm und den definierten Verfahren der Zertifizierungsstelle feststellen zu können. Diese Fragen sind vom Auditor zu beantworten, während das Unternehmen hier iA nicht involviert ist, denn der Begutachter prüft den Auditor und die Verfahren der Zertifizierungsstelle, nicht das auditierte Unternehmen. Und so ist es wichtig, dass man erfahrene Berater oder Auditoren im Witness-Audit zur Seite hat, die in sachlicher, ruhiger und lösungsorientierter Art mögliche Befindlichkeiten erörtern und auflösen.

## § 6 Der Auditor

Auditoren sind häufig externe Mitarbeiter oder Mitarbeiter aus Unternehmen, können aber auch fest angestellte Mitarbeiter (der Zertifizierungsstelle), die die Audits und Bewertungen im Auftrag der jeweiligen Zertifizierungsstelle durchführen, sein. Bei der Auswahl sind entscheidende Merkmale die Qualifikation, die Kompetenz im Fachgebiet, die kontinuierliche Weiterbildung und eine hohe Qualität der erbrachten Dienstleistung. Die Auswahlkriterien für Auditoren unterscheiden sich zwischen den Zertifizierungsstellen in Deutschland nur minimal, da auch hier Regelungen der Norm und der DAkkS greifen.

Für die Berufung zum Auditor sind also zunächst fachliche Eigenschaften, wie Berufsausbildung oder vergleichbarer Abschluss, mehrjährige Berufserfahrung, im Bereich Informationssicherheit (für ISO 27001) nötig. Gefordert ist auch die erfolgreiche Teilnahme (Nachweis durch bestandene Prüfung) an einer anerkannten Auditorenausbildung der ISO 19011, ISO 17021. Diese Normen bilden die Standards für das Auditvorgehen. Im Falle eines ISO 27001-Auditors sind zudem die nachgewiesenen Kenntnisse (Schulung und Prüfung wie zuvor) für ISO 27001 Voraussetzung. Diese Kriterien darf man auch bei der Akkreditierung zum Datenschutzmanagement gemäß der DS-GVO erwarten.

Darüber hinaus sind persönliche Eigenschaften gefordert, wie soziale Kompetenz, Objektivität und Neutralität, schnelle Auffassungsgabe, effektive Kommunikation, kritisches Urteilvermögen und weitere.

Bevor die Berufung zum Auditor durch die Zertifizierungsstelle erfolgt, muss der angehende Auditor Auditerfahrung von mehreren vollständigen Audits mit bis zu 20 Tagen Umfang, davon eine entsprechende Anzahl an Tagen vor Ort unter der Aufsicht und Anleitung eines erfahrenen (leitenden) Auditors gesammelt haben, um die Qualifikation als Auditor erhalten zu können.[9]

Der angehende Auditor ist also zunächst als „Trainee“ begleitend bei den Audits dabei, eine Berechnung oder eine Zuweisung von Audittätigkeiten ist in der Regel nicht zulässig. Fragen stellen darf der angehende Auditor selbstverständlich. Anschließend folgt ein Monitoring Audit, welches erfolgreich absolviert werden muss.[10]

Sofern Auditoren bereits bei einer Zertifizierungsstelle berufen sind,[11] können sie bei anderen Zertifizierungsstellen unter Vorlage und Prüfung aller Dokumente (Lebenslauf, Zeugnisse, Personenzertifizierungen, Aus- und Fortbildungsnachweise, Auditorenberufungen und Führungszeugnis) berufen werden, denn die entsprechenden Anforderungen sind erfüllt. Es folgt immer eine Einweisung in die Abläufe und

Verfahren der jeweiligen Zertifizierungsstelle, da sich diese, wie bereits erwähnt, unterscheiden. Die Berufung zum Auditor erfolgt schriftlich durch die jeweilige Zertifizierungsstelle.

Auditoren müssen an den regelmäßigen, meist jährlich stattfindenden Erfahrungsaustausch der Zertifizierungsstelle teilnehmen. Erfolgt diese Teilnahme nicht nachvollziehbar regelmäßig, kann der Auditor abberufen werden, da er sich nicht mehr ausreichend mit den Verfahren und Anweisungen der Zertifizierungsstelle und möglicherweise den aktuellen Entwicklungen im Fachgebiet auskennt.

Jeder Auditor hat in seinem Berufsleben fachspezifisches Wissen angesammelt. Dies spiegelt sich in den von ihm durchgeführten Audit wider. Entsprechende Branchenexpertise ist wichtig, derzeit aber nicht in allen akkreditierten Zertifizierungen vorgeschrieben. Es gibt Zertifizierungsbereiche, in denen Auditoren ihre Berufserfahrung und Qualifikation vor der Zulassung zu Audits einer bestimmten Branche gemäß den Branchencodes (EA-Codes) nachweisen müssen (IT-Sicherheitskatalog, ISO 9001 u. a.). Der EA-Code[12] legt fest, in welcher Branche ein Auditor Zertifizierungsaudits durchführen darf. Aktuell gilt dies nicht für die ISO 27001, hier kann ein zugelassener Auditor in jeder Branche auditieren. Die ISO/IEC TS 27006-2:2021-02 („Anforderungen an Stellen, die Informationssicherheits-Managementsysteme auditieren und zertifizieren – Teil 2: Datenschutz-Managementsysteme") legt fest, welche Anforderungen an die Kompetenzen im Bereich Datenschutz an die beteiligten Akteure gestellt werden.

Der Auditor kann Angestellter oder Mitarbeiter eines Unternehmens sein. Allerdings dürfen Berater, die auch als externe Auditoren tätig sind, Unternehmen, bei denen sie beratend tätig waren zwei Jahre nach Abschluss der Beratungstätigkeiten nicht auditieren, sind also als Auditor ausgeschlossen.[13] Auch dieser Umstand wird durch die DAkkS strikt geprüft. Beratung und Audit schließen sich aus. Das heißt auch, dass Auditoren während ihrer Audittätigkeiten, im Audit, in den Pausen (wann auch immer) das auditierte Unternehmen nicht beraten dürfen. Jedoch dürfen Auditoren Verbesserungspotentiale aufzeigen, die gängige Praxis, andere Normen oder Vorschriften reflektieren. Es kann daher sachdienlich sein, dem Auditor aufmerksam zuzuhören.

Oft sind die Diskussionspunkte im Audit zwischen Auditor und Unternehmen auf sehr formaler Basis. Das ist sicherlich bis zu einem gewissen Punkt richtig und wichtig. Aber es geht darum, dass das Unternehmen normkonform mit dem Managementsystem in die richtige Richtung gebracht wird – das ist der Sinn des Audits. Auditoren mit wenig Erfahrung neigen zu Pedanterie und Förmelei, um selbst keine Fehler zu machen. Denn der Auditor muss schnell und umfassend ein sehr komplexes Thema in einem ebenso komplexen Unternehmen mit einer eigenen Kultur erfassen.

Sollte sich während des Audits herausstellen, dass dieses nicht im Sinne des auditierten Unternehmens abläuft, ist es ratsam, bei Vorbehalten gegen den Auditor mit der Zertifizierungsstelle (zB Leiter der Zertifizierungsstelle) zu sprechen und nach Möglichkeiten eines Wechsels des Auditors oder eines zusätzlichen Auditors/Fachexperten als begleitende (vermittelnde) Person zu fragen, wobei allerdings zu beachten ist, dass dies zu zusätzlichen Kosten führen kann. Im Vorfeld der Beauftragung einer Zertifizierungsstelle sollte auch der Umstand geprüft werden, dass der von der Zertifizierungsstelle ausgewählte Auditor Mitarbeiter eines Unternehmens aus der Branche ist. Da der Auditor während des Audits auch Dokumente mit Geschäftsgeheimnissen (Risikomanagement, Notfallpläne, Sicherheitskonfigurationen u. a.) einsehen kann, sollte bewusst abgewogen werden, ob der Auditor zum Einsatz kommen kann. Auditoren können durch das beauftragende Unternehmen (auch ohne Begründung) abgelehnt werden.

§ 7 Der Fachexperte

Da das zu prüfende Themenfeld häufig sehr spezielle Fachkenntnisse erfordert, können Auditoren während des Auditprozesses durch Fachexperten der Zertifizierungsstelle unterstützt werden. Analog zu den Anforderungen an Auditoren werden auch von Fachexperten entsprechende Qualifikationen gefordert. Dies umfasst eine entsprechende Ausbildung (in der Regel ein erfolgreich abgeschlossenes Studium einer passenden Fachrichtung), spezifische Weiterbildungen und Personenzertifikate sowie mehrjährige Berufserfahrung im jeweiligen Fachgebiet.

So sind zB für die Zertifizierung gemäß IT-Sicherheitskatalog Fachexperten von den Zertifizierungsstellen einzusetzen, nachdem diese von der Bundesnetzagentur (BNetzA) für geeignet befunden wurden. Hierzu sind alle relevanten Unterlagen vorab zur Prüfung (im vorliegenden Fall) bei der BNetzA einzureichen. Insbesondere die Berufserfahrung wird geprüft, eine Tätigkeit bei einem Energieversorgungsunternehmen qualifiziert nicht automatisch für die Fachexpertentätigkeit. Es wird geprüft, ob tatsächlich die geforderten Erfahrungen und Qualifikationen in der leitungsgebunden Strom- und Gasversorgung und insbesondere der zugehörigen Fernwirk- und SCADA-Technik vorliegen. Fachexperten kommen auch in anderen normativen Zertifizierungen zum Einsatz, zB bei Prüfungen der IT-Infrastruktur oder in der Softwareprogrammierung. Im Bereich einer Datenschutzzertifizierung sei hier auf die zuvor genannte ISO/IEC TS 27006-2:2021-02 verwiesen, die sich jedoch nur auf ISO/IEC 27701 in Verbindung mit der ISO/IEC 17021 (nicht 17065) bezieht.

§ 8 Das Monitoring-Audit

Das Monitoring-Audit dient der Überwachung und Kontrolle der berufenen Auditoren der jeweiligen Zertifizierungsstelle. Jede Zertifizierungsstelle muss ihre Auditoren in regelmäßigen Abständen durch einen weiteren Auditor des gleichen Normgebietes und ggf. mit der entsprechenden Branchenkenntnis in einem Zertifizierungsaudit überprüfen lassen. Dabei fertigt der prüfende Auditor über seinen Auditorenkollegen auf Grundlage des Verfahrens und der Formvorgaben der jeweiligen Zertifizierungsstelle einen Bericht. Die Berichte werden in der Zertifizierungsstelle gegengeprüft und archiviert. In den Geschäftsstellen-Audits durch die DAkkS (siehe zuvor) werden diese durch die Begutachter der DakkS stichprobenhaft geprüft und im Bedarfsfall mit dem Leiter der Zertifizierungsstelle besprochen.

§ 9 Das auditierte Unternehmen

Das Unternehmen, welches auditiert wird, sollte im Vorfeld Mitarbeiter und Unternehmensleitung mit dem anstehenden Audit vertraut machen. Wichtig ist selbstbewusstes Auftreten, nicht arrogant und nicht rechthaberisch. Letztendlich entscheidet das Management des Unternehmens über die getroffenen Maßnahmen, deren Umsetzung und Risikoeinschätzung und begründet diese im Audit gegenüber dem/den Auditor/en und Fachexperten. Die Begründung muss überzeugend und normkonform sein. Die damit in Zusammenhang stehenden Risiken müssen dokumentiert bewertet worden sein. Die im Auditprozess involvierten Mitarbeiter müssen versiert sein, in dem was sie tun, in dem wie es dokumentiert ist und in dem, was die Norm fordert. Der Auditor entscheidet nicht über die Richtigkeit der Maßnahmen,[14] er schaut, ob diese normkonform, plausibel, durchführbar, praktikabel, zukunftsorientiert und vor allem wirksam sind.

§ 10 Der Berater des auditierten Unternehmens

Die Auswahl des Beraters ist wohl eine der schwierigsten Disziplinen in der gesamten Normenumsetzung. Wichtige Merkmale sind Erfahrung des Beraters in der Managementberatung zum geforderten Managementsystem sowie Branchenkenntnis und bestenfalls auch Erfahrung als Auditor.[15]

Der Berater sollte gemeinsam mit der Geschäftsführung beim Audit dabei sein, vor allem dem Stufe-2-Audit. Während des Audits darf der Berater maßvoll und angemessen unterstützen.

Dabei ist allerdings zu beachten, dass das Unternehmen auditiert wird. Also müssen die Mitarbeiter (auch Manager, Geschäftsführer und Vorstände sind Mitarbeiter des Unternehmens) die das Managementsystem des Unternehmens betreiben, die Fragen des Auditorenteams beantworten. Die Antworten müssen von den jeweiligen Fachverantwortlichen und deren Mitarbeitern beantwortet werden. Wenn statt ihrer der Berater übermäßig antwortet, kann dies den Eindruck erwecken, dass das Unternehmen sein eigenes Managementsystem nicht kennt. Wenn der anwesende Berater in das Audit eingreift oder womöglich den Auditor maßregelt, kann dies Auswirkungen auf den Fortgang des Audits haben. Um den Erfolg des Audits nicht zu gefährden, ist es ratsam, in solchen Fällen etwa danach zu fragen, aus welcher Norm sich die vom Auditor möglicherweise genannte Anforderung ergibt. Kommunikationskultur spielt hier eine wichtige Rolle. Hat man das Gefühl festgefahren zu sein, kann man auch um eine kurze (angemessene) Beratungspause bitten, um sich intern zu der Fragestellung oder dem Diskussionspunkt abzustimmen. Formal ist das keine Auditzeit, dh es gibt dafür „Nachspielzeit".

§ 11 Der auditierte Geltungsbereich

Man unterscheidet zwischen dem Geltungsbereich („Scope") des Managementsystems und dem Geltungsbereich für die Zertifizierung, also dem Bereich, der auf dem Zertifikat beschrieben/aufgeführt ist.[16] Sinnvollerweise gilt das Managementsystem, im vorliegenden Beispiel ISO 27001 für das gesamte Unternehmen. Den „Scope" für den zu zertifizierenden Bereich legt man zunächst auf ein gefordertes Mindestmaß fest. Dies ermöglicht es, die reine Auditierung zur Zertifizierung im ersten Schritt möglichst klein zu halten. Später kann man das Zertifikat auf weitere Geltungsbereiche sukzessive ausweiten, bis schlussendlich das gesamte Unternehmen zertifiziert ist.

Es ist dringend empfohlen, in einem Unternehmen oder Unternehmensgefüge (Konzern) nur ein einheitliches Informationssicherheitsmanagementsystem einzuführen, was freilich gleichermaßen auch für andere Managementsysteme gilt. Dabei können Unternehmenseinheiten mit speziellen branchenspezifischen Anforderungen selbstverständlich Änderungen oder Ergänzungen zu dem unternehmens- bzw. konzernweiten Informationssicherheitsmanagementsystem vornehmen. Diese sind schriftlich zu dokumentieren und von der jeweiligen Geschäftsführung für verbindlich zu erklären.

Die Festlegung des zu zertifizierenden Bereiches erfolgt durch das Unternehmen selbst. Die beauftragte Zertifizierungsstelle überprüft die „Scope"-Festlegung auf Basis der gültigen Normen und unter Hinzuziehung eines fachkundigen Auditors, im vorliegenden Fall eines berufenen Auditors für ISO 27001 (in einer oder auch mehreren Personen). Beim Zuschnitt des „Scope" ist zu beachten, dass es sich um wesentliche, für die Geschäftserbringung notwendige Organisationseinheiten, Standorte und Prozesse/Verfahren handelt. Der „Scope" ist also organisatorisch und technisch zu betrachten, wobei der Schwerpunkt die Organisation ist, denn es handelt sich um ein Managementsystem. Dies ist auch die Basis für die Prüfung durch die Zertifizierungsstelle. Erscheint den prüfenden Personen der Geltungsbereich als unschlüssig, so wird üblicherweise Rücksprache genommen und in gemeinsamer Abstimmung der „Scope" ggf. verändert. Auf dieser Basis erfolgt die Angebotsstellung für das Zertifizierungsaudit durch den jeweiligen Anbieter der Zertifizierung.

## § 12 Das interne Audit

Die ISO 27001 schreibt im Anforderungsteil[17] an das Managementsystem unter Kapitel 9.2 „internes Audit" die Durchführung eines internen Audits vor. Dies ist auch in vielen weiteren Managementsystemen identisch. „Intern" bedeutet dabei, dass es sich nicht um ein Audit im Rahmen des Zertifizierungsaudit handelt, sondern um ein durch das Unternehmen in Eigenregie organisiertes Audit (ähnlich wie interne Revisionsaufträge). Da ein in der Auditierung unerfahrenes Unternehmen nur schwer die Anforderungen der Norm erfüllen kann, muss sichergestellt sein, dass das Unternehmen selbst einen fachkundigen und personenzertifizierten Mitarbeiter zur Verfügung hat, der das interne Audit durchführen kann. Hierzu werden auch externe Berater mit entsprechender Personenzertifizierung zur Durchführung des internen Audits beauftragt. Diese können auch von dem mit dem Einführungsprojekt beauftragen Beratungsunternehmen oder einem anderen Beratungshaus sein. Wichtig dabei ist, dass die Objektivität und Unabhängigkeit der jeweiligen Personen sichergestellt sind und diese auch dokumentiert nachgewiesen werden können.

Wichtig ist an dieser Stelle auch, dass durch das interne Audit, und zwar vor dem Stage 1, die gesamte Norm, also normativer Teil und Controls des Anhangs A der ISO 27001, einmal komplett geprüft und dokumentiert wurden. Es ist nicht zwingend erforderlich die Controls alle innerhalb eines Audits durchzuprüfen. Es ist aber sicherzustellen, dass sie vor den weiteren Verfahren alle einmal durchgeprüft worden sind.

Innerhalb des auf das Erstzertifizierungsaudit folgenden Zertifizierungszyklusses ist es erst wieder zum Rezertifizierungsaudit, entsprechend im dritten Jahr nach der Erstzertifizierung, notwendig die erneute vollumfängliche Prüfung des Anhanges A nachzuweisen. Wurde kein die Norm vollumfänglich umfassendes internes Audit durchgeführt, wird dies vom Auditor als wesentliche Nichtkonformität (auch Hauptabweichung) bewertet.

## § 13 Das Voraudit

Das optionale Voraudit ist ein Audit, in dem die Zertifizierungsreife des Unternehmens festgestellt wird. Das Voraudit an sich ist kein Bestandteil des regulären

Zertifizierungsverfahrens. Der Ablauf des Voraudits ist in den Verfahrensbeschreibungen der jeweiligen Zertifizierungsstelle beschrieben. Grundsätzlich kann ein Voraudit empfohlen werden, denn es gibt insbesondere dem auditierten Unternehmen die Möglichkeit, einen „Trockenlauf" vor dem Zertifizierungsaudit durchzuführen und auch ein Gefühl für die Schwerpunkte der Prüfung an sich zu bekommen. Darüber hinaus lernt man Auditor und Regularien der Zertifizierungsstelle kennen und kann sich natürlich auch mit dem Auditor im zugelassenen Rahmen austauschen.

§ 14 Das Erstzertifizierungsaudit

Die Verfahren für die Durchführung der Erstzertifizierung sind in der dazugehörigen Norm[18] und den Verfahrensanweisungen der jeweiligen Zertifizierungsstelle beschrieben. Im Letzteren gibt es Unterschiede, die meist formaler Natur innerhalb der Zertifizierungsstelle sind. Dazu gehören der Umgang mit den Unterlagen, wie Beauftragungen zu erfolgen haben, welche Bestätigungen (ua Handelsregisterauszug) benötigt werden und vor allem der Prüfkatalog. Der Prüfkatalog wird auf Basis der zu zertifizierenden Norm von der Zertifizierungsstelle erstellt und im Rahmen der Begutachtung durch die DAkkS abgenommen. Der Prüfkatalog für eine Norm, im Beispiel die ISO 27001 umfasst somit alle Punkte aus der Norm inklusive der Controls aus dem Anhang A. Im Falle des IT-Sicherheitskatalog umfasst dieser Prüfkatalog inhaltlich die DIN ISO/IEC 27001, die DIN EN ISO/IEC 27019:2020-08 und die Anforderungen aus dem Konformitätsbewertungsprogramm der Bundesnetzagentur (BNetzA) in der jeweils aktuellen Fassung. In den Abläufen der Prüfung und dem Umgang der inhaltlichen Fragen bestehen Unterschiede. Die Auditzeiten sind in der Norm ISO/IEC 27006:2015-10 (mit dem Amendment 1 ISO/IEC 27006 AMD 1:2020-03), ISO/IEC TS 27006-2:2021-02 für die Erweiterung Datenschutz und für den IT-Sicherheitskatalog auch im Konformitätsbewertungsprogramm des IT-Sicherheitskataloges geregelt und berechnen sich an der Anzahl der Mitarbeiter im Zertifizierungsbereich („Scope"), Anzahl der Standorte und der dauerhaft besetzten oder nicht dauerhaft besetzten Betriebsstätten, sowie Komplexität und weiteren Faktoren. Nicht zu den Auditzeiten zählen Pausen, sowie Fahrzeit zwischen Standorten/Betriebsstätten. Zusätzlich gibt es als „Mandatory Document" bzw. auch als „verbindliches IAF-Dokument" bezeichnete Vorgaben der DAkkS.[19] Das Erstzertifizierungsaudit besteht aus dem Stufe-1-Audit und dem Stufe-2-Audit.

§ 15 Das Stufe-1-Audit (auch als „Stage 1" bezeichnet)

Das Stufe-1-Audit dient überwiegend der Prüfung der Dokumente, Unterlagen, Verfahrensanweisungen etc des zu zertifizierenden Unternehmens im Vorfeld zum Stufe-2-Audit und dem Kennenlernen der Gegebenheiten vor Ort. In Stufe-1-Audit erfolgt die Überprüfung der Art und der Vollständigkeit der Dokumentation (digitale und Papierdokumente, Aufzeichnungen, interne Auditberichte, Pentest-Berichte etc). Die Dokumentenprüfung erfolgt nicht komplett vor Ort. Es ist aber festgelegt, dass Teile des Audits der Stufe 1 vor Ort durchgeführt werden, um die Auditziele entsprechend prüfen zu können. Die Dauer der anzuwendenden Zeit ist festgelegt. Dies ergibt sich aus den Vorgaben der Zertifizierungsstelle und den normativen Vorgaben.

Bei der Bereitstellung der Dokumente durch das Unternehmen ist unbedingt die Vertraulichkeit der Informationen sicherzustellen. Der Austausch der Dokumente zwischen dem Unternehmen und der Zertifizierungsstelle muss auf einem gesicherten und verschlüsselten Weg erfolgen, also besser nicht durch einfachen E-Mail-Verkehr. Die Dokumente können bspw. in gedruckter Form oder auf DVD in einem verschlossenen Einschreiben übersandt werden, das ist der altmodische Weg. Die Bereitstellung digitaler Dokumente ist üblich. Hierbei ist zu beachten, dass die Übertragung verschlüsselt ist. Dies ist im Dialog mit der Zertifizierungsstelle zu regeln. So gibt es Zertifizierungsstellen welche S/MIME-Verschlüsselung der E-Mails anbieten oder mit HTTPS-verschlüsselte Upload-Server (private Cloud-Speicher) bereitstellen, auf die der Kunde exklusiven Zugang erhält. Das Unternehmen selbst kann natürlich auch verschlüsselte Downloadbereiche für die Auditoren bereitstellen oder den Versand in passwortgeschützten ZIP-Verzeichnissen vornehmen (hierzu sollte das dazugehörige Passwort auf anderem Weg bereitgestellt werden, zB SMS).

Die Vorbereitung des Auditors auf den Besuch vor Ort erfolgt anhand der vorab bereitgestellten Dokumente. Dabei ist eines der Kerndokumente die Anwendbarkeitserklärung (Statement of Applicability, SoA). Die SoA ist auch ein Kerndokument für den Auditor. Je besser und übersichtlicher dieses Dokument gestaltet ist, desto schneller findet sich der Auditor in dem zu prüfenden Managementsystem zurecht. Die Norm lässt hier Ausschlüsse zu, diese müssen stichhaltig begründet werden. Der Auditor wird sich dieser Punkte als erstes und mit besonderer Hingabe widmen. Es besteht durchaus die Möglichkeit, keine Ausschlüsse zu definieren und stattdessen im Maßnahmenplan solche Controls aufzuführen, die für das Unternehmen derzeit nicht in Frage kommen. Beispiel aus der ISO 27001: Sie haben keinen Anlieferungsbereich in ihrem Unternehmen. In Control A.11.1.6 (Anlieferungs- und Ladebereiche) lautet die Fragestellung, wie Sie diesen Bereich gegen unbefugten Zutritt absichern. Statt des Ausschlusses in der SoA definieren Sie im Maßnahmenplan eine regelmäßige (also mindestens jährliche) Prüfung, ob durch bauliche Änderung, Umzug, Neuanmietung etc Liefer- oder Ladebereiche entstanden/geplant/gebaut wurden. Die Maßnahme definiert dabei im positiven Fall (Lieferbereich jetzt neu), dass die Maßnahmen aus dem Control der Norm beschrieben, bewertet (Risiko), behandelt und überprüft werden. Wobei gilt, dass grundsätzlich auch die Anlieferung von Post und Paketen an oder in das Unternehmen als Anlieferungsbereich definiert sind. Das Stufe-1-Audit ist eine Konformitätsprüfung des Systems mit den Auditkriterien und eine Überprüfung der Plausibilität dieser.

### § 16 Das Stufe-2-Audit (auch als „Stage 2“ bezeichnet)

Das Stufe-2-Audit ist das alles Entscheidende. Ziel des Stufe-2-Audits ist es, die Umsetzung und Wirksamkeit des Managementsystems des Kunden/des Unternehmens zu beurteilen. Das Stufe-2-Audit muss vollständig an dem bzw. den Standort/-en des Kunden stattfinden. Welche Standorte besucht werden, wird im Vorfeld durch den Auditplan festgelegt, die Anzahl der zu begutachtenden Orte ist in der Norm, bzw. dem Konformitätsbewertungsprogramm geregelt.

Auditierung beruht grundsätzlich auf einem Stichprobenverfahren und stellt hinsichtlich der zur Verfügung gestellten Informationen immer ein gewisses Unsicherheitselement in Bezug auf die Auditnachweise dar. Darüber müssen sich alle Beteiligten im Klaren sein, denn darauf werden die Auditergebnisse und die Schlussfolgerungen (Maßnahmen) getroffen. Das auditierte Unternehmen tut gut daran, sich seiner Verantwortung bewusst zu sein und im Rahmen des kontinuierlichen Verbesserungsprozesses alle Auditergebnisse zu verifizieren.

Die Vorgehensweise beruht auf Fragestellungen aus den Prüfkatalogen und den darin formulierten Maßnahmenzielen, die der Auditor sich zunächst im Audit erklären lässt. In der Folge muss ihm der Sachverhalt in dokumentierter Form aufgezeigt werden, was als Nachweis vom Auditor im Bericht erfasst wird. Im Anschluss daran lässt sich der Auditor den beschriebenen und dokumentierten Sachverhalt in der Umsetzung zeigen. Erst nach diesem Ablauf gilt ein Maßnahmenziel (Control), bei normgerechter Umsetzung, als erfüllt.

Der vom Auditor erstellte Auditplan enthält die zu prüfenden Managementsystem-Anforderungen, benennt die involvierten Organisationseinheiten/Abteilungen des Kunden/Unternehmens und betrachtet die Prüfpunkte. Der leitende Auditor hat stets den Auditplan im Auge und achtet auf das Zeitmanagement. Entsprechend der ISO/IEC 17021-1:2015 kann das Audit auch Aktivitäten des Remote Auditing beinhalten, diese dürfen maximal 30 Prozent der vorgegebenen Auditzeit betragen.

Wichtig: Das Unternehmen muss den Auditor im Vorfeld in die Sicherheitshinweise des Unternehmens einweisen, Fluchtwege, Notrufnummern, Helmpflicht, Tragen von Arbeitsschuhen. Ist der Auditor nicht dafür gerüstet, kann das Unternehmen passende Arbeitskleidung bereitstellen. Dieser Punkt ist im Vorfeld zum Audit unbedingt zu klären, damit es nicht zu unerwarteten Verschiebungen in der Auditplanung kommt.

Nachdem das offizielle Eröffnungsgespräch erfolgt ist und das Audit offiziell vom leitenden Auditor eröffnet wurde, kommen auch schon die ersten Fragen zum normativen Teil des Managementsystems, den organisatorischen Faktoren.

In diesem Audit müssen das Management und die oberste Leitung ihr Engagement und Verpflichtung zum Managementsystem und die Wahrnehmung ihrer Verantwortung deutlich aufzeigen. Geschäftsführer und zuständige Vorstände sind bei der Auditeröffnung und dem Auditabschluss anwesend. Führungskräfte mit Leitungsfunktion sind auch sonst gern gesehen, zB bei den täglichen Abschlussgesprächen.

Dass eine Einladung in die Kantine zum Mittagessen oder Getränke nicht als Bestechung anzusehen sind, sondern zum guten Ton in einer Geschäftsbeziehung gehören, kann als gängige Praxis angesehen werden, wobei Auditoren dies unterschiedlich handhaben.

Im Vorfeld zum Audit sind die Kommunikationskanäle und die Sprache zu klären, denn direkte und sofortige Kommunikation zwischen Auditierten und Auditor bei Feststellungen tragen erheblich zur Transparenz des Audits bei und vermeiden Missverständnisse im Nachgang.

Im Vor-Ort-Audit, das auch als Zertifizierungsaudit bezeichnet wird, prüft der Auditor mit geeigneten Mitteln (einer Checkliste, einem Prüfkatalog, seinem Wissen, seiner Erfahrung) die Konformität (oder Nichtkonformität) des vorliegenden aktuellen Prüfkataloges der Norm, in unserem mit der DIN ISO/IEC 27001. Die Durchführungszeit ist in der jeweiligen Prüfungsordnung zum Zertifikat geregelt (siehe auch Stufe 1).

Die von den Zertifizierungsstellen angewandten Prüflisten beinhalten die Fragen zur geprüften Norm und deren Erfüllungsgrad. Die Fragen der Checkliste sind als geschlossene Fragen formuliert, so dass sie mit „ja“ oder „nein“ beantwortet werden. Wobei „ja“ für „konform“ und „nein“ für „nicht konform“ anzusehen sind.

Zusätzlich muss ein Nachweis (in Form eines Dokumentes, einer Logdatei, eines Screenshots oÄ) eingesehen und vom Auditor dokumentiert werden.

Dabei ist die Nachvollziehbarkeit zu beachten, diese entspricht weitgehend der von der DS-GVO vorgeschriebenen Rechenschaftspflicht. Dies ist der Nachweis, dass eine Auditfrage durch Dokumente oder Sichtprüfung vor Ort erfüllt wurde. Klassisch wird bei der Einteilung nach Handlungsnotwendigkeiten wie folgt unterschieden:

- MUSS = Diese Anforderung ist immer zu erfüllen
- SOLL = Diese Anforderung sollte erfüllt werden können, wenn das Unternehmen durch Mittel und Ressourcen dazu in der Lage ist, einfach ausgedrückt: „Sollen" ist „müssen", wenn man kann
- KANN = Diese Anforderung muss nicht zwangsläufig erfüllt sein. Ihre Erfüllung wirkt sich jedoch positiv auf die Gesamtbeurteilung aus

Man unterscheidet zwischen diesen drei Kriterien, da nicht immer alle Anforderungen von Unternehmen aller Größen erfüllt werden können.

Im Auditablauf der Erstzertifizierung nimmt sich das Auditteam zunächst des Managementsystems an. Wie funktioniert das System, sind die Führungskräfte in ihrer Vorbildfunktion sichtbar und unterstützen das System? In der Folge kommt man zu den Maßnahmen, die das Unternehmen zur Umsetzung und Aufrechterhaltung des ISMS und den Anforderungen des IT-Sicherheitskatalog implementiert hat und wie die Umsetzung zu den bereits in Stufe 1 geprüften Leitlinien, Konzepten, Richtlinien, Prozessbeschreibungen und Arbeitsanweisungen passt. Es folgen die Begehungen um sich ein Gesamtbild des Zusammenspiels zwischen „Theorie" (Beschreibungen der Mitarbeiter und der vorliegenden Dokumentation) und der „Praxis" (Umsetzung und gelebte Praxis) zu machen. Selbstredend empfiehlt es sich für die auditierten Unternehmen, bei Darstellung und Beschreibung bei der Wahrheit zu bleiben. Die Norm will das Unternehmen nicht umbauen, es gilt allein, dass das Unternehmen wissen muss, was es tut. Wenn das Unternehmen dem Auditor stichhaltig nachweisen kann, dass die implementierten und umgesetzten Maßnahmen aus Sicht des Unternehmens und unter Heranziehung der Risikobewertung die derzeit beste und sinnvollste Maßnahme darstellen, ist daran nur wenig zu kritisieren. Trotzdem gilt: Verbesserungspotential gibt es immer, dessen muss man sich annehmen.

Mit der Einführung der ISO/IEC 17021-1:2015 wurde das bisherige Wording Haupt- und Nebenabweichung (allgemeine Bezeichnung) verändert:

- wesentliche Nichtkonformität = Haupt-Nichtkonformität
- untergeordnete Nichtkonformität = Neben-Nichtkonformität

Es gilt also zu bedenken, ob die Fähigkeit des Managementsystems, die beabsichtigen Ergebnisse zu erreichen, derart durch die festgestellte wesentliche Nichtkonformität beeinträchtigt ist, dass erhebliche Zweifel daran bestehen, dass eine wirksame Prozesslenkung besteht. Dabei können aber auch mehrere Neben-Nichtkonformitäten (siehe nachfolgend), die sich auf dieselbe Anforderung beziehen, eine Haupt-Nichtkonformität ergeben. Das Unternehmen ist bei derartigen Nichtkonformitäten aufgefordert, Ursachenanalysen durchzuführen. Es müssen Korrekturen und Korrekturmaßnahmen unter Beachtung von Fristen festgelegt, dokumentiert und umgesetzt werden. Die durchgeführten Ursachenanalysen und die festgelegten Korrekturen und Korrekturmaßnahmen, sowie deren Wirksamkeit, müssen innerhalb der im Audit festgelegten Zeiträume in der Zertifizierungsstelle vorliegen sowie von ihr bewertet, angenommen und (durch einen Auditor) verifiziert worden sein.

Eine wesentliche Nichtkonformität kann auch zu einem Abbruch des Audits durch den Auditor führen, muss es aber nicht zwingend, denn hier hat der Auditor entsprechenden Ermessenspielraum. An solchen Stellen zahlt sich kooperatives Verhalten aus. Es sollte gemeinsam mit dem im Rahmen des zulässigen sicherlich auch selbst ergebnisorientierten Auditteam nach Lösungsmöglichkeiten gesucht werden. Mangelnde Kooperation seitens des Auditierten ist demgegenüber kontraproduktiv.

Bei der untergeordneten Nichtkonformität ist die Fähigkeit des Managementsystems als Ganzes, die beabsichtigten Ergebnisse zu erreichen, nicht derart beeinträchtigt wie bei der wesentlichen Nichtkonformität, aber es wird eine einzelne Anforderung nicht erfüllt. Auch hier müssen Ursachenanalysen durchgeführt werden und Korrekturmaßnahmen unter Beachtung von Fristen festgelegt, dokumentiert und umgesetzt werden. Auch hier obliegt die Bewertung der eingereichten Korrekturen der Zertifizierungsstelle.

### § 17 Das Nachaudit

Ein Nachaudit kann vom Auditor festgelegt werden, sofern Abweichungen im Audit festgestellt wurden, die das System (und damit das Zertifikat) in Frage stellen. Das Unternehmen bekommt eine angemessene Zeit, um Korrekturmaßnahmen umzusetzen, die dann im Nachaudit auf ihre Wirksamkeit geprüft werden. Hier entstehen zusätzlich Kosten, die vom Unternehmen im Rahmen des Zertifizierungsvorganges zu tragen sind.

### § 18 Die Überwachungsaudits

Entsprechend den Regelungen der Zertifizierungsstelle für eine bestimmte Zertifizierung erfolgt ein Überwachungsaudit, in dem festgestellt werden muss, ob die Zertifizierung weiter aufrechterhalten werden kann, in der Regel vor Ablauf eines Jahres nach dem vorangegangenen externen Audit. Das bedeutet in einem üblichen Dreijahreszeitraum einer Gültigkeitsdauer eines Zertifikates zwei Überwachungsaudits in Jahr zwei und drei nach der Erstzertifizierung oder der Rezertifizierung.

### § 19 Das Wiederholungsaudit/Rezertifizierungsaudit

Entsprechend den Regelungen der Zertifizierungsstelle für eine bestimmte Zertifizierung erfolgt ein Wiederholungsaudit vor Ablauf des Zertifikates, in der Regel vor Ablauf des dritten Jahres nach einem Erst- oder Rezertifizierungsaudit.

Das Unternehmen tut also gut daran, sich umgehend nach den Audits um die weitere Fortführung und Verbesserung des Managementsystems zu kümmern. Erfahrungsgemäß ist dies ein Lernprozess im Unternehmen, der sich mit jedem weiteren Audit verbessert und schließlich auch zu den von der Norm gewünschten Effekten innerhalb der Organisation führt: das lernende Unternehmen.

### § 20 Ratschläge für das Audit

Der Auditor darf bei der Durchführung des Audits nicht in das Unternehmensgeschehen eingreifen oder dieses durch sein Verhalten beeinflussen, also etwa irgendwelche Schalter betätigen. Dies kann zu einer Haftung des Auditors führen. Auch darf der Betrieb des Unternehmens nicht dadurch gestört werden, dass der Auditor die sofortige Anwesenheit eines bestimmten Mitarbeiters verlangt. In solchen Fällen sollte kooperativ nach Lösungsmöglichkeiten gesucht werden, zB könnte in einer kurzen Pause beraten werden, ob ein adäquater Vertreter des betreffenden Kollegen die Fragen des Auditors beantworten kann oder das Thema auf den Nachmittag bzw. den Folgetag vertagt werden kann.

Der Auditor darf zwar ggf. Einblick in Vertraulichkeitsvereinbarungen oder Fortbildungsnachweise verlangen, wenn dies im Rahmen der Norm erforderlich ist, er darf aber keine Gehaltsdaten oder Krankendaten einsehen. Auch der Auditor hat seinerseits das Datenschutzrecht zu beachten. Das Unternehmen darf ihm Einsichtnahme in Unterlagen mit Geschäftsgeheimnissen verwehren. Darauf sollte das Unternehmen im Zuge der Auftragserteilung gegenüber der Zertifizierungsstelle bereits hinweisen. Dokumente können auch mit geschwärzten Passagen zur Einsicht durch den Auditor vorgelegt werden. Auditoren sind aber auch nur Menschen, deshalb können auch sie in Gedanken schon mal unbeabsichtigt vorpreschen. Freundliche, klare Ansagen verdeutlichen die Souveränität mit dem entsprechenden Prozess. Der Auditor darf auch keine Notizen aus Personaldokumenten anfertigen, die ein personenbezogenes Datum darstellen. Das Ergebnis kann nur lauten „Norm erfüllt" oder „Norm nicht erfüllt".

In Auditsituationen neigen Mitarbeiter des Kunden mitunter dazu, bei der Beantwortung von Fragen auszuschweifen oder gar den Pfad der Wahrheit zu verlassen. Die Mitarbeiter sollten vor dem Audit deshalb auf die Nachvollziehbarkeit der Nachweise, Belege und Umsetzungsdokumentationen fokussiert werden. Es ist immer vorzuziehen, nicht zu viel Prosa erzählen, bei den Tatsachen und Dokumenten bleiben, den Auditor fragen lassen und angemessene kurze und klare Antworten geben.

Selbst wenn eine wahrheitsgemäße Antwort möglicherweise eine Abweichung offenlegt, schafft eine solche Antwort doch jedenfalls Vertrauen im Audit und erfüllt die normativen und ggf. gesetzlichen Anforderungen.

Grundlage des prozessorientierten Audits ist eine Checkliste mit Fragen und/oder Prüfpunkten. Die Fragen für die Checkliste ergeben sich aus Vorgaben, die für den Prozess notwendig sind. Dazu zählen beispielsweise Prozess- und Funktionsbeschreibungen sowie Verfahrens- und Arbeitsanweisungen.

Mit Ausschlüssen aus der Norm sollte, wie oben bereits angesprochen, in der Anwendbarkeitserklärung sparsam umgegangen werden. Ausschlüsse führen zwangsläufig zu Diskussionen und es zeigt sich oft, dass die Ausschlüsse der Betrachtung durch den Auditor nicht standhalten. Auch wenn ein Auditor in einem bestimmten Audit einen Ausschluss akzeptiert, kann dies beim nächsten Audit oder bei einem anderen Auditor auf Vorbehalte treffen.

## Anmerkungen

**1. ISO, DIN, EN.** Die Regelwerke der ISO, DIN, EN aber auch des VDE und des DVGW zielen mit ihren definierten Präventivmaßnahmen auf die Verbesserung des Mensch-Maschine-Systems durch Verbesserungen an den technischen Anlagen, der Mitarbeiterqualifikation und der Betriebsorganisation. Dies umfasst auch technische und organisatorische Maßnahmen als Teil der Betriebsorganisation und des Managementsystems.

**2. Verfahren der Eignungsprüfung (B3S).** Das hierzu notwendige Verfahren ist auf der Website des BSI eingehend beschrieben. Stellt das BSI fest, dass ein B3S-Standard geeignet ist, die Anforderungen an den „Stand der Technik" in diesem speziellen Bereich einer Branche und Betrachtung der möglichen Risiken zu erfüllen, wird dieser auf der Website des BSI unter der Rubrik „Übersicht über Branchenspezifische Sicherheitsstandards (B3S)" veröffentlicht. Die Prüfung der Eignung erfolgt in Abstimmung mit dem BBK und den zuständigen Aufsichtsbehörden und hat eine Gültigkeitsdauer von zwei Jahren.

**3. B3S.** Ein branchenspezifischer Sicherheitsstandard B3S ist kein Standard, der von einer Normungsorganisation erstellt wird. B3S soll in den jeweiligen Branchen Betreiber Kritischer Infrastrukturen bei der Umsetzung des § 8a Abs. 1 BSIG unterstützen. Aufgrund möglicher spezifischer Anforderungen kann es in einer Branche auch mehr als einen B3S-Standard geben. Das BSI hat eine Orientierungshilfe zu Inhalten und Anforderungen an branchenspezifische Sicherheitsstandards (B3S) gem. § 8a Abs. 2 BSIG als Handlungsempfehlung für Autoren, Betreiber und Prüfer herausgegeben: Orientierungshilfe zu Inhalten und Anforderungen an branchenspezifische Sicherheitsstandards (B3S) gemäß § 8a Absatz 2 BSIG (Version 1.2 vom 11.7.2023). Das BSI stellt zur Einreichung eines zu genehmigenden B3S eine sog. Mapping-Tabelle bereit, die sicherstellen soll, dass die Nachvollziehbarkeit der Umsetzung aller Aspekte der Orientierungshilfe erfüllt wird. Ein für eine Branche erstellter B3S zeigt auf, wie die Sicherheit und der Schutz nach „Stand der Technik" in der jeweiligen Branche realisiert werden kann. Anders als bei Normen kann eine Branche festlegen, ob der B3S oder Teile davon als vertraulich eingestuft und damit nur bestimmten Betreibern zur Verfügung gestellt werden soll.

Ein B3S muss nicht zwingend ein komplett neu erstelltes Rahmenwerk sein, es kann auch als Ergänzungsdokument zu einem bestehenden Standard ausgelegt werden. Das BSI weist in seiner Orientierungshilfe darauf hin, dass „gängige ISMS-Regelwerke wie ISO 27001 oder IT-Grundschutz praxiserprobt sind und einen Großteil der auch in der Orientierungshilfe B3S erläuterten Kriterien behandelt". Um spezielle branchenspezifische Besonderheiten zu berücksichtigen, die sich so in den Normenwerken nicht wiederfinden, kann ein Ergänzungsdokument verfasst werden, das die sich „ergebenden zusätzlichen Anforderungen definiert und Angaben der zugrunde liegenden Standards konkretisiert oder einschränkt". Unter Anwendung der DIN ISO/IEC 27009:2022-09 („Informationssicherheit, Cybersicherheit und Datenschutz – Sektorspezifische Anwendung der ISO/IEC 27001 – Anforderungen") besteht die Möglichkeit, einen auf ISO 27001 basierenden Branchenstandard zu definieren, welcher gezielt mit den Besonderheiten Kritischer Infrastrukturen unter Berücksichtigung des deutschen Rechts erstellt werden kann.

Zwischen B3S und IT-Sicherheitskatalog der Bundesnetzagentur (BNetzA) besteht eine klare Abgrenzung. Das BSI weist auf seiner Website ausdrücklich darauf hin, dass der § 8a BSIG in einigen dedizierten Bereichen der Kritischen Infrastrukturen keine Gültigkeit hat, da hier spezialgesetzliche Regelungen gelten. Dies gilt für die Bereiche der öffentlichen Telekommunikation. Hier gilt der Katalog von Sicherheitsanforderungen nach § 166 TKG für das Betreiben von Telekommunikations- und Datenverarbeitungssystemen sowie für die Verarbeitung personenbezogener Daten als Grundlage für das Sicherheitskonzept nach § 181 TKG und für die zu treffenden technischen und organisatorischen Schutzmaßnahmen nach § 165 TKG. Für Energienetze sowie die nach der BSI-KritisV bestimmten Energieanlagen gelten der IT-Sicherheitskatalog für Netze gem. § 11 Abs. 1a EnWG und für Energieanlagen der entsprechende gem. § 11 Abs. 1b EnWG.

Gem. § 8a Abs. 3 BSIG muss der Betreiber Kritischer Infrastrukturen mindestens alle zwei Jahre die Erfüllung der Anforderungen nach § 8a Abs. 1 BSIG auf geeignete Weise nachweisen. Der Nachweis kann durch Sicherheitsaudits, Prüfungen oder Zertifizierungen erfolgen.

Der Nachweis kann durch eine Testierung (Attestat) des B3S erfolgen. Hierbei muss die prüfende Stelle ein geeignetes Verfahren zur Durchführung der Prüfung nachvollziehbar dokumentieren. Das Verfahren selbst und die Überwachung des Verfahrens auf Unparteilichkeit und Unabhängigkeit erfolgt nach ähnlichen oder gleichen Kriterien wie dies im Zertifizierungsumfeld bei Zertifizierungsstellen üblich ist. Auch ist die Verwendung einer ISO 27001-Zertifizierung des Unternehmens als Nachweis möglich, sofern der Geltungsbereich des Zertifikates den für den nach § 8a BSIG relevanten Geltungsbereich umfasst. Ist dies nicht der Fall, so muss der Geltungsbereich um den für die kritische Dienstleistung (kDL) relevanten Geltungsbereich auf Basis der vollständig umfassenden Prozess-Sicht erweitert werden.

Auch die Nutzung eines bestehenden C5-Testates (Cloud Computing Compliance Controls Catalogue, kurz C5) ist als Bestandteil eines Nachweises gem. § 8a Abs. 3 BSIG möglich, sofern bei der Testierung entsprechende Rahmenparameter eingehalten wurden.

Gemäß der Orientierungshilfe für B3S umfasst die Dokumentenprüfung beim KRITIS-Betreiber durch den/die Prüfer u. a. folgende Dokumente:
- Sicherheitskonzept (inklusive Darstellung umgesetzter und geplanter Maßnahmen, insbesondere der branchenspezifischen Maßnahmen und der aus der kDL abgeleiteten KRITIS-Schutzziele)
- Beschreibung des Informationssicherheitsmanagementsystems (ISMS)
- Notfallkonzept und Beschreibung des Continuity Managements
- Dokumente des Asset Managements
- Dokumentation der Prozesse zur baulichen und physischen Sicherheit (zB Zutrittskontrollen oder Brandschutzmaßnahmen)
- Dokumentation der personellen und organisatorischen Sicherheit (zB Aufzeichnungen über Mitarbeiterschulungen, Sensibilisierungskampagnen, Berechtigungsmanagement)
- Konzepte und Dokumentation zur Vorfallerkennung und -bearbeitung (zB Beschreibung zu Incident Management, Detektion von Angriffen, Forensik)
- Konzepte und Dokumentation von Überprüfungen (zB Prüfberichte der internen Revision sowie anderer durchgeführter Audits, Übungen, systematische Log-Auswertungen usw)
- Richtlinien zur externen Informationsversorgung, Richtlinien zum Umgang mit Lieferanten und Dienstleistern (zB Service Level Agreements und andere die Sicherheit betreffende Vereinbarungen mit Dienstleistern)

Darüber hinaus kann die prüfende Stelle weitere Dokumente zur Prüfung heranziehen.

**4. Deutsche Akkreditierungsstelle.** „Die DAkkS ist die nationale Akkreditierungsstelle der Bundesrepublik Deutschland. Sie handelt nach der Verordnung (EG) Nr. 765/2008 und dem Akkreditierungsstellengesetz (AkkStelleG) im öffentlichen Interesse als alleiniger Dienstleister für Akkreditierung in Deutschland." (DAkkS, www.dakks.de/). Es ist stets darauf zu achten, dass auf den vorgelegten Zertifikaten für eine Normzertifizierung, also zB ISO 9001, ISO 27001, ein Siegel mit Logo der

DAkkS aufgebracht ist. Nur so ist sichergestellt, dass diesem Zertifikat vertraut werden kann.

**5. Zertifizierungsstellen.** Es gibt am Markt operierende eigenständige TÜV-Gesellschaften (es gibt nicht „den TÜV"). Diese sind keine Behörden oder Vereine, sondern privatwirtschaftliche Unternehmen, wie alle anderen am Markt operierenden Zertifizierungsstellen.

**6. Zertifizierungen.** Zertifizierungen sind nicht an Firmenbezeichnungen gebunden, alle akkreditierten Zertifizierungsstellen sind durch die Begutachtung und regelmäßige Überprüfung durch die DAkkS gleichgestellt, dh es gibt keine irgendwie gearteten Unterschiede in der Wertigkeit der ausgestellten Zertifikate.

**7. DAkkS-Begutachter.** Die Anforderungen an Begutachter, die für die DAkkS tätig sein wollen, sind auf der Website unter der Rubrik https://www.dakks.de/debegutachter-werden.html abrufbar.

**8. Witness-Gutachter.** Wie die Studie der Universität Bayreuth (vgl. BF/M, Studie ISMS, 2018, S. 48 ff.) feststellt, wurde die Teilnahme der DAkkS-Begutachter sehr kontrovers von den auditierten Unternehmen aufgenommen.

**9. Verfahren in der Zertifizierungsstelle.** Die definierten Verfahren innerhalb einer Zertifizierungsstelle basieren auf den Vorgaben der Normen ISO 17021 in der jeweils aktuellen Version (DAkkS, Checkliste zu DIN EN ISO/IEC 17021:2015). Die Liste enthält ua Fragen zu Rechts- und Vertragsangelegenheiten, zu Unparteilichkeit, Haftung und Finanzierung, Organisationsstruktur, Personalkompetenz, Zertifizierungsdokumenten, Vertraulichkeit, Prozessanforderungen, Ermittlung der Auditaufwände, Auditumfang und -planung, Durchführung der Zertifizierungsaudits, Auditbericht, Zertifizierungsentscheidung, Überwachungstätigkeiten, Re-Zertifizierung, Aussetzen und Zurückziehen von Zertifikaten, Beschwerdemanagement und Managementsystem innerhalb der Zertifizierungsstelle.

**10. Auditoren-Trainee.** Gemäß den Anforderungen nach DIN EN ISO/IEC 17021-1 zur Akkreditierung von Zertifizierungsstellen (DAkkS, Spezielle Anforderungen nach DIN EN ISO/IEC 17021-1 zur Akkreditierung von Zertifizierungsstellen, die Managementsysteme nach DIN EN 15224:2017 „Qualitätsmanagementsysteme – EN ISO 9001:2015 für die Gesundheitsversorgung" zertifizieren – 71 SD 6 053, Revision: 1.1 v. 29.1.2018, S. 7 ff.) ist die Auditerfahrung zum erfolgreichen Abschluss als Auditor durch das zu absolvierende Traineeprogramm von der DAkkS vorgeschrieben.

**11. Auditorenberufungen.** Auditorenberufungen werden auf Grundlage des AkkStelleG ausschließlich von akkreditierten Zertifizierungsstellen (DAkkS oder Akkreditierungsstellen anderer Staaten) anerkannt.

**12. EA-Code.** IAF/EA- und NACE-Code (International Accreditation Forum, European Accreditation, NACE französisch: „Nomenclature statistique des activités économiques dans la Communauté européenne" bzw. deutsch: „Statistische Systematik der Wirtschaftszweige in der Europäischen Gemeinschaft"), auch als ISO Certification Scope und EA Code (European Accreditation Codes) bekannt, zB EA 33 = Datenverarbeitung/Dienstleistungen; EA 25 = Elektrizitätsversorgung (weiterführend www.bvd-auditoren.de/nace-code.html). Grundlage ist die Verordnung (EG) Nr. 1893/2006 des Europäischen Parlaments und des Rates vom 20.12.2006 zur

Aufstellung der statistischen Systematik der Wirtschaftszweige NACE Revision 2 und zur Änderung der Verordnung (EWG) Nr. 3037/90 des Rates sowie einiger Verordnungen der EG über bestimmte Bereiche der Statistik.

**13. Interessenkonflikt Beratung und Auditierung.** Gemäß den Vorgaben der DAkkS und der „Checkliste zur DIN EN ISO/IEC 17021:2015 für Stellen die Managementsysteme auditieren und zertifizieren" gilt gemäß Prüfpunkt 5.2.10: „Um sicherzustellen, dass es keinen Interessenkonflikt gibt, darf das Personal, das Beratungen zu Managementsystemen geleistet hat, einschließlich derjenigen Personen, die in leitender Position tätig sind, nicht in einem Audit oder in anderen Zertifizierungstätigkeiten eingesetzt werden, sofern sie an Managementsystem-Beratung gegenüber dem Kunden beteiligt waren. Eine anerkannte Minimierung dieser Gefährdung ist, wenn das Personal frühestens zwei Jahre nach Ende der Beratungen zum Managementsystem eingesetzt werden darf."

**14. Auditorenentscheidungen.** Auditorenentscheidungen müssen normkonform und herstellerunabhängig sein. Mögliche subjektive Meinungen des Prüfers/Auditors gehören nicht ins Audit. Drängt der Auditor zu einer bestimmten Maßnahme oder einem bestimmten Hersteller, so kann das als (unzulässige) Beratung ausgelegt werden. Hinweise zu Herstellerempfehlungen oder Best Practice, anderen Normen oder Normpunkten, zB in der Umsetzungshilfe zur Norm (in unserem Beispiel die ISO 27002 in der aktuellen Version) sind zulässig und hilfreich. Die genaue Nachfrage gegenüber dem Auditor, auf welche Norm sich seine Entscheidung gründet, führt oft zur gewünschten Transparenz. Bedenken sie stets, der Auditor muss ihre komplexe Prozesswelt und Infrastruktur in kurzer Zeit erfassen, etwas wofür sie womöglich Monate und Jahre benötigt haben.

**15. Auditor.** Die Bezeichnung Auditor kann durch Schulung und erfolgreiche Prüfung erlangt werden. Für die Durchführung von Audits sind weitere Schritte notwendig. Für die Durchführung von Audits für DAkkS-akkreditierte Zertifizierungsstellen sind das Durchlaufen des Traineeprogrammes und die Akkreditierung des Auditors für jeden einzelnen Normbereich notwendig sowie ggf. weitere Schulungen und Prüfungen nötig. Die Fach- und Sachkunde muss regelmäßig (im Konformitätsbewertungsprogramm des IT-Sicherheitskatalog „spätestens jedoch alle 3 Jahre") durch Teilnahme an einschlägigen Fortbildungsveranstaltungen aktualisiert werden. Der Nachweis der Teilnahme muss der jeweiligen Zertifizierungsstelle nachgewiesen werden.

**16. Geltungsbereich, „Scope".** Der Anwendungsbereich ist der Bereich, in dem das Managementsystem, hier beispielhaft das ISMS, gilt. Alle Mitarbeiter haben sich daran zu halten und entsprechend der ISMS-Dokumentation zu verfahren. Mitunter wird dieser Bereich auch als Geltungsbereich des ISMS bezeichnet. Der Geltungsbereich, engl. Scope, ist in der Auditoren-Terminologie der Geltungsbereich der Zertifizierung und wird auditiert. Um Missverständnissen entgegenzuwirken kann man auch vom Zertifizierungsbereich sprechen.

**17. Gliederung der ISO 27001.** Die ISO 27001 gliedert sich mit ihren branchenneutralen Vorlagen in zwei wesentliche Teile. Im ersten Teil finden sich die Anforderungen an das Managementsystem, die zusammen den PDCA-Zyklus (ausführlich → Form. E. I. 5) widerspiegeln. Im normativen Teil des Anhang A finden sich nach Sicherheitskategorien gegliedert die Referenzmaßnahmenziele und -maßnahmen („Controls“). Während im ersten Teil des Managementsystems die Steuerungsfunktionen des Managements gefragt sind, finden sich im normativen Teil die Informationssicherheitsziele und deren Erreichung vor dem Hintergrund der drei Grundwerte Vertraulichkeit, Integrität und Verfügbarkeit.

Im Zuge der Aktualisierung der ISO 27001 und 27002 wurden 2022 die neuen finalen englischen Versionen veröffentlicht:
- ISO/IEC 27001:2022-10
- Informationssicherheit, Cybersicherheit und Datenschutz – Informationssicherheitsmanagementsysteme – Anforderungen
- ISO/IEC 27002:2022
- Information security, cybersecurity and privacy protection – Information security controls

Dabei hat sich die Gliederung insbesondere im Anhang A (Annex A) verändert. Während die noch gültige ISO 27001:2017 noch mit 114 Informationssicherheitsmaßnahmen in 14 Kategorien zusammengefasst war, ist die Struktur im neuen Anhang A der aktualisierten ISO/IEC 27001:2022 mit 93 Maßnahmen in vier Kategorien ausgestattet. Diese vier Hauptkategorien gliedern die Sicherheitsmaßnahmen (Controls) in die Themenbereiche organisatorische, personelle, physische und technische Maßnahmen. Es sind keine Maßnahmen der vorhergehenden Normversion entfallen, stattdessen kommen weitere Maßnahmen hinzu und der Komplexitätsgrad ist deutlich gestiegen. Hinzugekommen sind elf neue Maßnahmen, die nachfolgend kurz vorgestellt werden:
- Bedrohungsintelligenz (Threat Intelligence): das Sammeln und analysieren von Bedrohungen zur Gestaltung und Einleitung entsprechender Schutz- und Gegenmaßnahmen.
- Nutzung von Cloud-Diensten (Cloud Services): Gestaltung sicherer Prozesse für Clouddienste in Übereinstimmung mit den Anforderungen des jeweiligen Unternehmens, sowie Ausstiegs-Strategien aus der Cloud.
- IKT-Bereitschaft für Business Continuity (Business Continuity): Planung, Umsetzung, Aufrechterhaltung und regelmäßige Prüfung der IKT-Kontinuität im Hinblick auf die Anforderungen von Wiederherstellungsmaßnahmen.
- Physische Sicherheitsüberwachung (Physical Security Monitoring): physiche und umgebungsbezogene Überwachungen und Sicherungsmaßnahmen zum Schutz gegen Unbefugte.
- Konfigurationsmanagement (Configuration Management): nachhaltige Umsetzung von Sicherheitskonfigurationen in Hardware, Software, Diensten und Netzwerken.
- Löschung von Informationen (Information Deletion): Löschkonzept im Hinblick auf Datenschutz.
- Datenmaskierung (Data Masking): Anonymisierung, Pseudonymisierung von Daten unter Berücksichtigung geltender Rechtsvorschriften.
- Verhinderung von Datenlecks (Data Leakage Prevention): Maßnahmen zur Verhinderung von Abfluss sensibler und kritischer Geschäftsinformationen.
- Überwachung von Aktivitäten (Monitoring): Überwachung der IT-Infrastruktur auf anormales Verhalten, um geeignet bei Sicherheitsvorfällen Gegenmaßnahmen einzuleiten.
- Webfilterung (Web Filtering): Verwaltung externer Webseiten unter dem Aspekt der Gefährdung durch bösartige Inhalte.

– Sicheres Coding (Secure Coding): Beachtung von Security by Design und Secure Coding in der Softwareentwicklung.

Darüberhinaus wurden Attribute in der Norm eingeführt, um die Suche nach bestimmten Themenbereichen zu erleichtern.

**18. Konformitätsbewertung.** ISO/IEC 17021-1:2015-06 – Konformitätsbewertung – Anforderungen an Stellen, die Managementsysteme auditieren und zertifizieren – Teil 1: Anforderungen; ISO/IEC 17021-2:2016-12 – Konformitätsbewertung – Anforderungen an Stellen, die Managementsysteme auditieren und zertifizieren – Teil 2: Anforderungen an die Kompetenz für die Auditierung und Zertifizierung von Umweltmanagementsystemen; ISO/IEC 17021-3:2017-03 – Teil 3: Anforderungen an die Kompetenz für die Auditierung und Zertifizierung von Qualitätsmanagementsystemen.

**19. IAF MD 1:2018.** In diesem verbindlichen IAF-Dokument für die Auditierung und Zertifizierung von Managementsystemen in Organisationen mit mehreren Standorten werden zusätzliche Vorgaben für festgelegte Geltungsbereiche gemacht und Definitionen festgelegt. Hiermit wird ein einheitliches Verständnis und Auditvorgehen durch die Akkreditierungsstelle erreicht. In diesem beispielhaft genannten verbindlichen Dokument wird ua festgelegt, wie die Kalkulation der Auditzeiten für Standorte berechnet wird. Hier sind Festlegungen für Arten von Standorten definiert, dazu gehören, permanente Standort, temporäre Standorte, Multi-Standorte oder virtuelle Standorte. Für jede Art dieser Standorte ist der Umgang und die Anwendung in der Kalkulation in der Auditierung und Zertifizierung festgelegt.

## 2. Verhaltensregeln (Art. 40 DS-GVO)

Eine große Schwierigkeit bei der Umsetzung der Anforderungen der DS-GVO in Unternehmen und Organisationen ist die **Unbestimmtheit vieler Regelungen,** etwa der Frage, wann eine Verarbeitung personenbezogener Daten zur Vertragserfüllung nach Art. 6 Abs. 1 S. 1 lit. b DS-GVO erforderlich ist, nach Art. 6 Abs. 1 S. 1 lit. f DS-GVO erlaubt ist, weil die Interessenabwägung zu Gunsten des Verantwortlichen ausgeht, welche technisch-organisatorischen Maßnahmen zur Datensicherheit nach Art. 32 DS-GVO erforderlich sind oder wann eine Datenpanne nach Art. 33, 34 DS-GVO meldepflichtig ist. Die DS-GVO sieht **verschiedene Möglichkeiten vor, die gesetzlichen Generalklauseln zu konkretisieren** (zu Verhaltensregeln als Mittel zur Beseitigung der Rechtsunsicherheit in der DS-GVO Bergt CR 2016, 670). Art. 40 DS-GVO gibt dabei auch der **Wirtschaft** ein Initiativrecht, **Verhaltensregeln** aufzustellen und genehmigen zu lassen.

Zwar bedeutet die Einhaltung genehmigter Verhaltensregeln nicht automatisch die Einhaltung des Gesetzes; die eigene Verantwortlichkeit bleibt grundsätzlich unberührt (vgl. EuGH 7.12.2023 – C-26/22 und C-64/22, NJW 2024, 417 Rn. 104 f.). Doch kann die Einhaltung von genehmigten Verhaltensregeln bei den verschiedenen **Nachweispflichten** der DS-GVO berücksichtigt werden (vgl. die Auflistung bei Kühling/Buchner/Bergt/Pesch DS-GVO Art. 40 Rn. 45 f.).

Nach dem Schufa-Speicherfristen-Urteil des EuGH (EuGH 7.12.2023 – C-26/22 und C-64/22, NJW 2024, 417) ist offen, ob genehmigte Verhaltensregeln noch die bisher von der herrschenden Meinung angenommene **Rechtssicherheit** bieten können: Eigentlich müsste die Genehmigung durch die zuständige Aufsichtsbehörde als feststellender Verwaltungsakt zunächst die genehmigende Behörde binden, außerdem auch alle Aufsichtsbehörden, die der Genehmigung zugestimmt haben, etwa durch eine Abstimmung innerhalb Deutschlands in der DSK oder innerhalb Europas im Kohärenzverfahren (Kühling/Buchner/Bergt/Pesch DS-GVO Art. 40 Rn. 41; BeckOK DatenschutzR/Jungkind DS-GVO Art. 40 Rn. 31; Taeger/Gabel/Kinast DS-GVO Art. 40 Rn. 53 ff.; Plath/Wittmann/Ingenrieth DS-GVO Art. 40 Rn. 21; aA Wolff ZD 2017, 151 [152]: Rechtsgutachten mit Zusicherung; zum Streit über die Rechtswirkungen feststellender Verwaltungsakte Bergt CR 2016, 670 [676]; Stelkens/Bonk/Sachs/Sachs VwVfG § 43 Rn. 134 ff.). Dem steht allerdings entgegen, dass der EuGH ausdrücklich festgehalten hat, dass „Verhaltensregeln, die zu einer anderen Beurteilung führen würden als derjenigen, die sich nach Art. 6 Abs. 1 Unterabs. 1 Buchst. f DSGVO ergibt, bei der Abwägung nach dieser Bestimmung nicht berücksichtigt werden“ können (EuGH 7.12.2023 – C-26/22 und C-64/22, NJW 2024, 417 Rn. 105). Diese Entscheidung erging in einem Verfahren einer betroffenen Person gegen eine Aufsichtsbehörde, die im Rahmen der Abstimmung innerhalb der DSK den Verhaltensregeln zugestimmt hatte (vgl. Genehmigungsbescheid der LDI NRW 25.5.2018 – 55.2–2369/16 S. 2). Dem Wortlaut des Urteils nach misst der EuGH genehmigten Verhaltensregeln überhaupt keine Bedeutung für die Bewertung der materiellen Rechtslage bei. Er beschränkt seine Aussage auch nicht auf gerichtliche Verfahren (so aber offenbar das Verständnis von BeckOK DatenschutzR/Jungkind DS-GVO Art. 40 Rn. 31). In der Praxis ist dennoch nicht zu erwarten, dass nach bisheriger Dogmatik gebundene Aufsichtsbehörden in ihrem aufsichtlichen Vorgehen von genehmigten Verhaltensregeln abweichen werden. Der EuGH wird daher voraussichtlich keine Möglichkeit erhalten, diese Frage aufzuklären. Denn dass Gerichte und Dritte nicht an eine Genehmigung von Verhaltensregeln gebunden sind, ist klar.

Anders ist die Situation allerdings, wenn die **Kommission Verhaltensregeln für allgemeingültig erklärt** hat. Dann sind **sämtliche Behörden und nationalen Gerichte an die Feststellung gebunden,** dass die Verhaltensregeln der DS-GVO entsprechen (Kühling/Buchner/Bergt/Pesch DS-GVO Art. 40 Rn. 51, 53 mit Nachweisen auch zur Gegenansicht). Denn bei der Allgemeingültigerklärung der Verhaltensregeln handelt es sich um einen Unionsrechtsakt, dessen Ungültigkeit Behörden und nationale Gerichte nicht feststellen können. Die Allgemeingültigerklärung kann nur nach Art. 263 AEUV durch das EuG und in der Rechtsmittelinstanz den EuGH bzw. nach Art. 267 AEUV durch den EuGH für ungültig erklärt werden.

**Teilweise** wird darüber hinaus sogar vertreten, dass die Allgemeingültigerklärung durch die Kommission – ein Durchführungsrechtsakt iSv Art. 291 AEUV – im Sinne einer **Allgemeinverbindlichkeit** jeden in den Anwendungsbereich der Verhaltensregeln fallenden Verantwortlichen oder Auftragsverarbeiter verpflichte, die Verhaltensregeln einzuhalten, im Sinne einer Umgestaltung der zunächst privatrechtlichen Verhaltensregeln in eine hoheitliche Rechtsnorm (BeckOK DatenschutzR/Jungkind DS-GVO Art. 40 Rn. 32; Paal/Pauly/Paal/Kumkar DS-GVO Art. 40 Rn. 28a; Simitis/Hornung/Spiecker gen. Döhmann/Raschauer DS-GVO Art. 40 Rn. 43; Wolff ZD 2017, 151 (153); Martini NVwZ-Extra 6/2016, 1 (11); aA Kühling/Buchner/Bergt/Pesch DS-GVO Art. 40 Rn. 51; Ehmann/Selmayr/Schweinoch DS-GVO Art. 40 Rn. 64; Taeger/Gabel/Kinast DS-GVO Art. 40 Rn. 50 f.; Plath/Wittmann/Ingenrieth DS-GVO Art. 40 Rn. 27). Da Verhaltensregeln auch strenger sein können als die DS-GVO (Kühling/Buchner/Bergt/Pesch DS-GVO Art. 40 Rn. 17; Ehmann/Selmayr/Schweinoch DS-GVO Art. 40 Rn. 43; Spindler/Schuster/Spindler/Dalby DS-GVO Art. 40 Rn. 3; Bergt CR 2016, 670 (672); implizit Wolff ZD 2017, 151 (153); aA Gola/Heckmann/Lepperhoff DS-GVO Art. 40 Rn. 13), würde der Kommission damit allerdings „durch die Hintertür" die Möglichkeit gegeben, die Regelungen der DS-GVO zu verschärfen (sowie bis zur Ungültigerklärung durch den EuGH auch bindend das Datenschutzniveau zu senken) und somit materiell zu verändern. Der Vorschlag der Kommission, sich entsprechende Rechtssetzungsbefugnisse vorzubehalten (vgl. Kühling/Buchner/Herbst DS-GVO Art. 92 Rn. 4), konnte sich im Gesetzgebungsverfahren jedoch gerade nicht durchsetzen. Für materielle Rechtsänderungen ist zudem die Form eines Durchführungsrechtsakts nicht das richtige Mittel (EuGH 16.7.2015 – C-88/14, BeckRS 2015, 80951 Rn. 31; Kühling/Buchner/Bergt/Pesch DS-GVO Art. 40 Rn. 51a; vgl. auch Spindler ZD 2016, 407 (411); Ehmann/Selmayr/Schweinoch DS-GVO Art. 40 Rn. 65). Nähme man eine Allgemeinverbindlichkeit – oder in den Worten des Art. 290 Abs. 1 S. 1 AEUV eine allgemeine Geltung – nicht nur der Feststellung der Rechtmäßigkeit der Verhaltensregeln, sondern auch der Verhaltensregeln an sich an, würde damit der normative Inhalt der DS-GVO geändert, was nach der Rechtsprechung des EuGH den Durchführungsrechtsakt vom delegierten Rechtsakt abgrenzt (EuGH 16.7.2015 – C-88/14, BeckRS 2015, 80951 Rn. 42). Die hier vertretene Ansicht dagegen beschränkt die Wirkungen der Allgemeingültigkeitsentscheidung der Kommission darauf, vorbehaltlich einer gegenteiligen Bewertung durch den EuGH verbindlich festzustellen, dass ein bestimmtes Verhalten nicht gegen die Regelungen der DS-GVO verstößt, mithin den interpretationsbedürftigen „geltenden Vorschriften des Basisrechtsaktes Wirkung zu verleihen" (Mitteilung der Kommission an das Europäische Parlament und den Rat zur Umsetzung von Art. 290 AEUV v. 9.12.2009, KOM(2009) 673 endgültig, Ziff. 2.3), indem sie praktisch anwendbar werden. Der Gesetzgeber hat keine freie Wahl zwischen Durchführungs- und delegiertem Rechtsakt (GA Mengozzi 7.5.2015 – C-88/14, ECLI:EU:C:2015:304 Rn. 34 ff.; Kühling/Buchner/Bergt/Pesch DS-GVO Art. 40 Rn. 51a; iE auch EuGH 16.7.2015 – C-88/14, BeckRS 2015, 80951 Rn. 46; Mitteilung der Kommission an das Europäische Parlament und den Rat zur Umsetzung von Art. 290 AEUV v. 9.12.2009, KOM(2009) 673 endgültig, Ziff. 2.2), was bei der Frage zu berücksichtigen ist, welche Wirkungen ein Rechtsakt haben soll, bei dem das Gesetz sich zu dieser Frage nicht eindeutig äußert. Im Übrigen ist zu beachten, dass alle wesentlichen Grundzüge der zu regelnden Materie in der DS-GVO selbst geregelt werden müssen (vgl. EuGH 17.12.1970 – 25/70, NJW 1971, 1006 (1007); Kühling/Buchner/Bergt/Pesch DS-GVO Art. 40 Rn. 51a). Hätte die Allgemeingültigerklärung die Wirkung einer Allgemeinverbindlicherklärung, könnte die Kommission allerdings im Verstoß gegen Art. 290 Abs. 1 AEUV auch wesentliche Regelungen der DS-GVO ändern. Unabhängig von diesen dogmatischen Fragen würde ein allgemeiner Anwendungsbefehl für Verhaltensregeln zu **enormen praktischen Problemen** führen – von der Frage, wie die gesetzesändernden Verhaltensregeln bekannt gemacht werden sollen (Art. 40 Abs. 10 DS-GVO sieht nur eine Veröffentlichung „in geeigneter Weise" vor), über den Umgang mit sich widersprechenden Verhaltensregeln bis hin zur Frage, welche Funktion die Überwachungsstelle haben soll (vgl. Kühling/Buchner/Bergt/Pesch DS-GVO Art. 40 Rn. 51b).

Durch die Kommission für allgemeingültig erklärte Verhaltensregeln zusammen mit einer rechtlich bindenden Verpflichtung können zudem **Garantien für Datenex-**

**porte in unsichere Drittstaaten** darstellen (Art. 40 Abs. 3 DS-GVO; EDSA, Leitlinien 4/2021 über Verhaltensregeln als Instrument für Übermittlungen Version 2.0 v. 22.2.2022 Rn. 5; Kühling/Buchner/Bergt/Pesch DS-GVO Art. 40 Rn. 15, 47 mwN auch zur Gegenansicht). Allerdings ist die Rechtsprechung des EuGH in der Sache **„Schrems II"** (EuGH 16.7.2020 – C-311/18, ZD 2020, 511 Rn. 132 ff.) zu beachten, wonach die von der EU-Kommission genehmigten Standardvertragsklauseln nur den zivilrechtlichen Aspekt geeigneter Garantien darstellen und **hinsichtlich behördlicher Zugriffsrechte eine gesonderte Überprüfung des Datenschutzniveaus des Drittlands** zu erfolgen hat, ggf. zusätzliche Garantien erforderlich sind (vgl. EDSA, Empfehlungen 01/2020 zu Maßnahmen zur Ergänzung von Übermittlungstools zur Gewährleistung des unionsrechtlichen Schutzniveaus für personenbezogene Daten Version 2.0 v. 18.6.2021 Rn. 23). Verhaltensregeln können derartige Überprüfungen und ggf. erforderliche ergänzende Garantien enthalten (EDSA, Empfehlungen 01/2020 zu Maßnahmen zur Ergänzung von Übermittlungstools zur Gewährleistung des unionsrechtlichen Schutzniveaus für personenbezogene Daten Version 2.0 v. 18.6.2021 Rn. 111 Fn. 96). In einem solchen Fall könnten die rechtlich verbindlich gemachten und für allgemeingültig erklärten **Verhaltensregeln als solche ohne weitere Prüfung oder weitere Garantien den Datenexport rechtfertigen** (→ Anm. 4).

Diese große und durch das Schrems-II-Urteil des EuGH nochmals vergrößerte Bedeutung von Verhaltensregeln geht damit einher, dass Art. 40 Abs. 4, Art. 41 DS-GVO eine **Überwachung der Einhaltung der Verhaltensregeln** vorschreiben (→ Anm. 11).

Zwar enthalten **Verhaltensregeln** mit der Überwachungsstelle auch ein gewisses Element der Kontrolle; primär dienen sie allerdings der **Konkretisierung der Rechtslage.** Für den **Nachweis, dass die Anforderungen der DS-GVO tatsächlich** eingehalten werden, lassen sich **Zertifizierungen** heranziehen (→ Form. C. IV. 3.). Beide Elemente lassen sich gut kombinieren.

Bei Erarbeitung, Genehmigung und Einsatz von Verhaltensregeln sind insbesondere folgende Punkte zu beachten:

### 1. Erarbeitung von Verhaltensregeln

#### 1.1 Berechtigte Verbände

Das Recht, Verhaltensregeln bei der Aufsichtsbehörde zur Genehmigung einzureichen, haben „Verbände und andere Vereinigungen, die Kategorien von Verantwortlichen oder Auftragsverarbeitern vertreten", in der Wortwahl der Aufsichtsbehörden als „Inhaber von Verhaltensregeln" bezeichnet.[1]

#### 1.2 Regelungsgebiet

Verhaltensregeln können beliebige Ausschnitte der Regelungen der DS-GVO präzisieren und, wie Art. 40 Abs. 2 lit. k DS-GVO zeigt, auch darüber hinausgehende Fragen wie außergerichtliche Streitbeilegungsverfahren. Die in Art. 40 Abs. 2 DS-GVO genannten Regelungsgegenstände sind ausdrücklich nur Beispiele. Je größer die Rechtsunsicherheit, die die unbestimmten und auslegungsbedürftigen Begriffe der DS-GVO verursachen, desto größer ist der Nutzen, die damit verbundenen Rechtsfragen durch Verhaltensregeln zu klären. Zu beachten ist, dass Verhaltensregeln auch alle Regelungsgegenstände tatsächlich gegenüber dem Gesetz präzisieren müssen (→ Ziff. 1.3). Ein umfassender Regelungsansatz bedeutet daher einen sehr großen Aufwand.

### 1.3 Inhaltliche Anforderungen: Präzisierung des Gesetzes

Verhaltensregeln sollen nach Art. 40 Abs. 1 DS-GVO „zur ordnungsgemäßen Anwendung" der DS-GVO beitragen und deren Regelungen nach Art. 40 Abs. 2 DS-GVO „präzisieren". Verhaltensregeln sollen damit insbesondere unbestimmte Rechtsbegriffe und Ermessensspielräume ausfüllen und allgemeine Anforderungen definieren. Verhaltensregeln dürfen ein strengeres Datenschutzniveau als die DS-GVO vorsehen, müssen es aber nicht. Sie dürfen allerdings keinesfalls das Schutzniveau der DS-GVO unterschreiten.[2] Erforderlich für die Genehmigungsfähigkeit von Verhaltensregeln ist es, dass diese ausreichend auf die spezifischen Fragen und Probleme des Datenschutzes in ihrem jeweiligen Anwendungsbereich eingehen und hierfür ausreichend klare Lösungen bieten.[3] Diese Präzisierung muss für den gesamten Anwendungsbereich erreicht werden.

### 1.4 Sonderfall: Rechtfertigung von Datenexporten

Nach Art. 40 Abs. 9 DS-GVO durch die EU-Kommission für allgemeingültig erklärte Verhaltensregeln können geeignete Garantien zur Rechtfertigung von Datenexporten in unsichere Drittstaaten darstellen, Art. 40 Abs. 3 DS-GVO. Die Entscheidung, ob Verhaltensregeln hinreichende Garantien für Datenexporte darstellen sollen, ob sie allgemein für sämtliche oder nur für bestimmte Drittländer gelten sollen und ob sie darüber hinaus eine Bewertung des Datenschutzniveaus des Drittlands und ggf. erforderliche weitere Garantien enthalten sollen, obliegt dem Inhaber der Verhaltensregeln. Entscheidet er sich für eine dieser Möglichkeiten, müssen die Verhaltensregeln selbst alle erforderlichen Regelungen zum Schutz der Grundrechte der betroffenen Personen enthalten.[4]

### 1.5 Regelungen zur Überwachung der Einhaltung

Diejenigen Verantwortlichen und Auftragsverarbeiter, die sich Verhaltensregeln unterwerfen, müssen zwingend darauf überwacht werden, ob sie die Verhaltensregeln auch tatsächlich einhalten. Art. 40 Abs. 4 DS-GVO schreibt vor, dass die Verhaltensregeln Verfahren vorsehen müssen, die eine Überwachung durch die Überwachungsstelle iSv Art. 41 DS-GVO ermöglichen. Hierzu gehört unter anderem auch eine Festlegung der Rechte, die der Überwachungsstelle gegenüber den überwachten Unternehmen zustehen, insbesondere Kontroll- und Sanktionsbefugnisse.[5] Da umstritten ist, wie sich Verantwortliche und Auftragsverarbeiter den Verhaltensregeln unterwerfen, ist unbedingt eine Regelung hierzu erforderlich, die auch die Frage eines Kostenbeitrags des sich unterwerfenden Unternehmens berücksichtigt.[6] Bevorzugt in den Verhaltensregeln selbst, notfalls in den internen Verfahrensregeln der Überwachungsstelle, sollte festgelegt werden, welche Anonymität bei Beschwerden zu erwarten ist.[7]

## 2. Genehmigung von Verhaltensregeln

### 2.1 Zuständigkeit

Zuständig für die Genehmigung der Verhaltensregeln ist nach Art. 40 Abs. 5 DS-GVO die nach Art. 55 DS-GVO zuständige Aufsichtsbehörde. Der Europäische Datenschutzausschuss geht von einem sehr weiten Wahlrecht des Inhabers der Verhaltensregeln aus, bei welcher Aufsichtsbehörde der Antrag auf Genehmigung gestellt werden soll.[8]

### 2.2 Allgemeingültigerklärung

Verhaltensregeln, die von der EU-Kommission für allgemeingültig erklärt worden sind, bieten eine erhebliche Rechtssicherheit und können Datenexporte in unsichere Drittstaaten rechtfertigen (→ Ziff. 1.4). Voraussetzung für eine Allgemeingültigerklärung ist, dass der Europäische Datenschutzausschuss eine positive Stellungnahme zum Entwurf der Verhaltensregeln abgegeben hat, was wiederum erfordert, dass der Entwurf der Verhaltensregeln im Kohärenzverfahren behandelt wird. Das Kohärenzverfahren ist verpflichtend, wenn Verarbeitungen personenbezogener Daten in mehreren Mitgliedstaaten geregelt werden. Ist dies nicht der Fall, greift das nationale Genehmigungsverfahren. Wird trotzdem eine Allgemeingültigerklärung angestrebt, sollte mit der Aufsichtsbehörde abgestimmt werden, dass diese die Verhaltensregeln im optionalen Kohärenzverfahren dem Europäischen Datenschutzausschuss vorlegt.[9]

### 2.3 Antragstellung

Es ist zu beachten, dass die Verhaltensregeln vollständig ausgearbeitet und in genehmigungsfähiger Form bei der ausgewählten Aufsichtsbehörde einzureichen sind.[10]

## 3. Einsatz von Verhaltensregeln

### 3.1 Notwendigkeit einer Überwachungsstelle

Art. 40 Abs. 4, Art. 41 DS-GVO schreiben eine spezielle Überwachung vor, ob die Verhaltensregeln durch diejenigen Verantwortlichen und Auftragsverarbeiter, die sich ihnen unterwerfen, tatsächlich eingehalten werden. Die in Art. 41 DS-GVO vorgesehene Überwachungsstelle hat zudem von Gesetzes wegen die Aufgabe, die Verhaltensregeln in ihrer praktischen Anwendung zu evaluieren. Die Selbstkontrolle führt dabei nicht nur zu einer besseren Compliance hinsichtlich der Einhaltung der Verhaltensregeln und damit auch des Gesetzes, sondern ermöglicht es außerdem, Beschwerden zu den Überwachungsstellen zu kanalisieren. Eine funktionierende Selbstkontrolle durch die Überwachungsstelle führt dann dazu, dass die Aufsichtsbehörden von kleineren Gesetzesverstößen überhaupt keine Kenntnis erlangen und diese nicht zum Anlass für aufsichtsbehördliches Einschreiten, insbesondere die Verhängung von Geldbußen, nehmen können. Verhaltensregeln sind nur genehmigungsfähig, wenn sie mindestens eine akkreditierte Überwachungsstelle benennen.[11] Behörden dürfen sich nach Art. 41 Abs. 6 DS-GVO nicht der Überwachung durch eine Überwachungsstelle unterwerfen.[12]

### 3.2 Akkreditierung der Überwachungsstelle

Eine Überwachungsstelle iSv Art. 41 DS-GVO bedarf der Akkreditierung durch die zuständige Aufsichtsbehörde, Art. 41 Abs. 1 DS-GVO. Die Kriterien der Akkreditierung werden nach Art. 41 Abs. 3 DS-GVO durch die zuständige Aufsichtsbehörde ausgearbeitet und im Kohärenzverfahren nach Art. 63 ff. DS-GVO durch den Europäischen Datenschutzausschuss beschlossen. Ob eine Überwachungsstelle einen Anspruch auf Akkreditierung hat, wenn sie die Kriterien erfüllt, ist umstritten.[13] Eindeutig regelt Art. 41 Abs. 5 DS-GVO dagegen, dass die Akkreditierung zwingend zu widerrufen ist, wenn ihre Voraussetzungen nicht oder nicht mehr erfüllt sind.

Nach Art. 41 Abs. 1 DS-GVO ist Voraussetzung der Akkreditierung, dass die Überwachungsstelle „über das geeignete Fachwissen hinsichtlich des Gegenstands der Verhaltensregeln verfügt". Da Verhaltensregeln beliebige datenschutzrechtliche

Fragen regeln können (→ Ziff. 1.2), kann das erforderliche Fachwissen je nach Regelungsgegenstand sehr eng und spezifisch sein, unter Umständen aber auch sehr weit und umfassend. Es ist stets eine Einzelfallbetrachtung vor dem Hintergrund der konkret zu überwachenden Verhaltensregeln erforderlich und die Akkreditierung der Überwachungsstelle entsprechend zu beschränken, wenn nicht ausnahmsweise eine Überwachungsstelle umfassende Fachkompetenz für jede datenschutzrechtliche und -technische Frage vorweisen kann.

Weitere Anforderungen an die Organisation der Überwachungsstelle stellt Art. 41 Abs. 2 DS-GVO auf: Unabhängigkeit und Abwesenheit von Interessenkonflikten,[14] geregelte Verfahren für Bewertung, Überwachung und Überprüfung[15] sowie geregeltes Beschwerdemanagement.[16]

3.3 Verfahren der Überwachungsstelle

Die Überwachungsstelle muss einerseits gemäß den Vorgaben der Verhaltensregeln und der internen Verfahrensvorschriften proaktiv diejenigen Unternehmen (stichprobenartig) überwachen, die sich den Verhaltensregeln unterworfen haben. Andererseits muss die Überwachungsstelle grundsätzlich jeder Beschwerde nachgehen und jede Beschwerde beantworten.[17] Beschwerdebefugt sind nicht nur betroffene Personen, sondern jedermann; eine Popularbeschwerde ist damit zulässig, solange sie nicht aus besonderen Gründen missbräuchlich ist, wenn auch die deutschen Aufsichtsbehörden nur für Beschwerden betroffener Personen eine Pflicht zur Beantwortung annehmen. Erhält die Überwachungsstelle Kenntnis von Verstößen gegen die Verhaltensregeln, ist sie verpflichtet, „geeignete Maßnahmen, einschließlich eines vorläufigen oder endgültigen Ausschlusses des Verantwortlichen oder Auftragsverarbeiters von den Verhaltensregeln" zu ergreifen und die für den Verantwortlichen bzw. Auftragsverarbeiter zuständige Aufsichtsbehörde hierüber zu informieren (Art. 40 Abs. 4 DS-GVO).[18] Verstößt eine Überwachungsstelle gegen ihre Pflicht, Maßnahmen zu ergreifen und die Aufsichtsbehörde zu informieren, droht ihr nicht nur eine Geldbuße nach Art. 83 Abs. 4 lit. c DS-GVO, sondern auch ein Widerruf der Akkreditierung nach Art. 41 Abs. 5 DS-GVO. Ein Widerruf der Akkreditierung kommt auch bei sonstigen Pflichtverstößen der Überwachungsstelle in Betracht.

3.4 Regelungen für den Fall des Widerrufs der Akkreditierung der Überwachungsstelle

Besteht für Verhaltensregeln keine akkreditierte Überwachungsstelle mehr, muss die Genehmigung der Verhaltensregeln zwingend suspendiert oder gar dauerhaft widerrufen werden. Verhaltensregeln sollten daher diesen Fall von vornherein verhindern oder aber jedenfalls Regelungen hierzu enthalten.[19]

## Anmerkungen

**1. Berechtigte Verbände.** Erforderlich ist eine gewisse Homogenität der durch den Inhaber der Verhaltensregeln vertretenen Gruppe, wobei jedoch insoweit keine hohen Ansprüche zu stellen sind (Kühling/Buchner/Bergt/Pesch DS-GVO Art. 40 Rn. 12). Vorlageberechtigt sind bspw. Wirtschaftsverbände, Konzerne und sogar Vereinigungen, die sich nur zum Zweck der Ausarbeitung der Verhaltensregeln gegründet haben, nicht aber reine Betroffenenvertretungen (Kühling/Buchner/Bergt/

Pesch DS-GVO Art. 40 Rn. 13 f.). Auch wenn Behörden gem. Art. 41 Abs. 6 DS-GVO nicht durch die Überwachungsstelle kontrolliert werden dürfen, sind öffentlich-rechtlich organisierte Kammern und andere Behörden nicht per se von der Berechtigung ausgeschlossen, Verhaltensregeln zu erarbeiten und als ihr Inhaber zu fungieren (Kühling/Buchner/Bergt/Pesch DS-GVO Art. 40 Rn. 13; Paal/Pauly/Paal/Kumkar DS-GVO Art. 40 Rn. 9; aA Wolff ZD 2017, 151 (152)). Gerade das Beispiel der Kammern zeigt aber deutlich, dass zwischen Verband (Kammer, öffentlich-rechtlich) und sich unterwerfendem Unternehmen (Kammermitglied, privatrechtlich) zu unterscheiden ist. Auch im Übrigen können sich private Verantwortliche und Auftragsverarbeiter Verhaltensregeln unterwerfen, die eine Behörde aufgestellt hat.

**2. Verschärfung der DS-GVO.** Verhaltensregeln können auch strengere Vorschriften zum Schutz der betroffenen Personen vorsehen als die DS-GVO (Kühling/Buchner/Bergt/Pesch DS-GVO Art. 40 Rn. 17; Paal/Pauly/Paal DS-GVO Art. 40 Rn. 15; Ehmann/Selmayr/Schweinoch DS-GVO Art. 41 Rn. 43; Bergt CR 2016, 670 (672); implizit Schantz/Wolff Neues DatenschutzR/Wolff Rn. 1295; aA Gola/Heckmann/Lepperhoff DS-GVO Art. 40 Rn. 13). Einen solchen „datenschutzrechtlichen Mehrwert" verlangt die DS-GVO allerdings nicht (Kühling/Buchner/Bergt/Pesch DS-GVO Art. 40 Rn. 17 mwN).

**3. Ausreichende Präzisierung durch Verhaltensregeln.** Verhaltensregeln, die die spezifischen Probleme ihres Regelungsgebietes nicht ausreichend klar lösen, im schlimmsten Fall gar im Wesentlichen nur das Gesetz wiedergeben, sind nicht genehmigungsfähig (EDSA, Leitlinien 1/2019 über Verhaltensregeln und Überwachungsstellen gemäß der Verordnung (EU) 2016/679, Version 2.0 v. 4.6.2019, Rn. 37; Kühling/Buchner/Bergt/Pesch DS-GVO Art. 40 Rn. 18). Damit Verhaltensregeln tatsächlich ihr Ziel erreichen können, Rechtssicherheit zu schaffen – und dies besonders bei den in Art. 40 Abs. 1 DS-GVO explizit angesprochenen kleinen und mittleren Unternehmen, die keine Heerscharen an Rechtsanwälten beschäftigen können –, sollten Verhaltensregeln klare Ja-Nein-Entscheidungen vorsehen und nur im Ausnahmefall mit Regelbeispielstechnik arbeiten (Kühling/Buchner/Bergt/Pesch DS-GVO Art. 40 Rn. 19; vgl. auch EDSA, Leitlinien 1/2019 über Verhaltensregeln und Überwachungsstellen gemäß der Verordnung (EU) 2016/679, Version 2.0 v. 4.6.2019, Rn. 37). Zu beachten ist, dass eine Präzisierung für sämtliche Regelungsgegenstände der Verhaltensregeln erreicht werden muss. Es ist also nicht ausreichend, wenn einzelne Teile der Verhaltensregeln präzisieren, andere Teile dagegen nur das Gesetz wiedergeben oder umformulieren (Kühling/Buchner/Bergt/Pesch DS-GVO Art. 40 Rn. 18). Ergänzende Hinweise auf die gesetzlichen Regelungen außerhalb des Regelungsbereichs der Verhaltensregeln sind möglich, möglicherweise zur Vermeidung von Missverständnissen sogar geboten. Sie müssen aber stets auf den ersten Blick kenntlich machen, was eigene Regelung der Verhaltensregeln und was Gesetz ist. Unter dieser Voraussetzung kann sogar der Gesetzeswortlaut, etwa als Fußnote, ergänzend aufgenommen werden (Kühling/Buchner/Bergt/Pesch DS-GVO Art. 40 Rn. 18). Nicht zulässig sind dagegen sinngemäße oder leicht umformulierte Wiedergaben des Gesetzes, selbst wenn auf die Gesetzesnorm ausdrücklich Bezug genommen wird, denn hier werden sowohl Auslegungsmaßstäbe unklar als auch der Umfang der Überwachung durch die Überwachungsstelle.

**4. Garantien für den Schutz der Grundrechte bei Datenexporten.** Nach Art. 40 Abs. 2 lit. j DS-GVO ist die Übermittlung personenbezogener Daten an Drittländer oder an internationale Organisationen nur ein möglicher, aber kein verpflichtender Regelungsgegenstand von Verhaltensregeln. Es bleibt also die Entscheidung des Inhabers der Verhaltensregeln, ob die Verhaltensregeln auch geeignete Garantien zur Rechtfertigung von Datenexporten enthalten sollen. Da es genügt, dass der Datenimporteur sich nach Art. 40 Abs. 3 DS-GVO den Verhaltensregeln auch mit Wirkung zu Gunsten der betroffenen Personen unterwirft, müssen die Verhaltensregeln selbst ausreichende Garantien für den Schutz der Grundrechte der betroffenen Personen bieten (Kühling/Buchner/Bergt/Pesch DS-GVO Art. 40 Rn. 15).

Diese geeigneten Garantien stellen allerdings entsprechend der Rechtsprechung des EuGH in der Sache „Schrems II" zu den von der EU-Kommission genehmigten Standardvertragsklauseln (EuGH 16.7.2020 – C-311/18, ECLI:EU:C:2020:559 = ZD 2020, 510 Rn. 132 ff.) nur den zivilrechtlichen Aspekt geeigneter Garantien dar. Hinsichtlich behördlicher Zugriffsrechte müssen dagegen Datenexporteur und Datenimporteur eine gesonderte Überprüfung des Datenschutzniveaus des Drittlands vornehmen und ggf. zusätzliche Garantien vorsehen (vgl. EDSA, Empfehlungen 01/2020 zu Maßnahmen zur Ergänzung von Übermittlungstools zur Gewährleistung des unionsrechtlichen Schutzniveaus für personenbezogene Daten, Version 2.0 v. 18.6.2021, Rn. 23). Denn auch auf Verhaltensregeln trifft die Argumentation des EuGH zu den Standardvertragsklauseln zu, dass sie Behörden des Drittlands nicht binden können, also für sich genommen nicht ausreichen, einen Datenexport zu rechtfertigen.

Anders als die Standardvertragsklauseln es sind, müssen Verhaltensregeln allerdings nicht notwendig auf die Rechtfertigung von Datenexporten in sämtliche Drittländer der Welt ausgerichtet sein. Sie könnten die Rechtfertigung von Datenexporten auch auf bestimmte Drittländer beschränken und eine umfassende Analyse des Datenschutzniveaus dieser Drittländer beinhalten. Ergeben sich unzulässige Zugriffsrechte von Behörden oder unzulässige Defizite im Rechtsschutz, können die Verhaltensregeln ergänzende Garantien vorsehen. Als ergänzende Garantien gegenüber Behörden dürften allerdings regelmäßig nur technische Maßnahmen in Betracht kommen, etwa starke Verschlüsselung und Pseudonymisierung (vgl. EDSA, Empfehlungen 01/2020 zu Maßnahmen zur Ergänzung von Übermittlungstools zur Gewährleistung des unionsrechtlichen Schutzniveaus für personenbezogene Daten, Rn. 79 ff.). Nur ganz ausnahmsweise dürften rechtliche oder organisatorische Maßnahmen in Betracht kommen (vgl. EDSA, Empfehlungen 01/2020 zu Maßnahmen zur Ergänzung von Übermittlungstools zur Gewährleistung des unionsrechtlichen Schutzniveaus für personenbezogene Daten, Rn. 92 ff.), wenn diese nämlich nach dem Recht des Drittlands Wirkungen haben, etwa wenn das Recht des Drittlands vorsieht, dass der Datenimporteur sich gegen eine Herausgabeanordnung mit aufschiebender Wirkung mit dem Argument erfolgreich wehren kann, die Herausgabe sei nach Art. 48 DS-GVO unzulässig. Ob überhaupt ausreichende ergänzende Garantien denkbar sind, muss dabei stets für die konkreten Datenarten, die konkreten Verarbeitungstätigkeiten und die Rechtslage im konkreten Drittland geprüft werden (vgl. EDSA, Empfehlungen 01/2020 zu Maßnahmen zur Ergänzung von Übermittlungstools zur Gewährleistung des unionsrechtlichen Schutzniveaus für personenbezogene Daten, Rn. 32 ff.). Die ergänzenden Garantien können in den Verhaltensregeln detailliert für die einzelnen Datenarten, Verarbeitungstätigkeiten und Drittländer festgelegt werden.

In einem solchen Fall würde sich die Genehmigung und Allgemeingültigerklärung der Verhaltensregeln einem Angemessenheitsbeschluss nach Art. 45 DS-GVO annähern, der ebenfalls eine gesamtheitliche Betrachtung des Datenschutzniveaus eines Drittlands vornimmt. Der verbindlich die Rechtskonformität der Verhaltensregeln feststellende Beschluss könnte sich dann sowohl auf die zivilrechtlichen als auch auf die behördlichen Aspekte des Datenschutzniveaus und ggf. die Angemessenheit der festgelegten ergänzenden Garantien erstrecken. Anders als Standardvertragsklauseln könnten dann die rechtlich verbindlich gemachten Verhaltensregeln als solches ohne weitere Prüfung oder weitere Garantien den Datenexport rechtfertigen (vgl. für diese Lösung EuGH 16.7.2020 – C-311/18, ZD 2020, 510 Rn. 130 in der französischen, englischen, spanischen, portugiesischen, rumänischen und italienischen Sprachfassung des Urteils im Gegensatz zur deutschen Sprachfassung). Ob sich diese Auffassung allerdings im EDSA durchsetzen wird, ist zweifelhaft.

Sollen Verhaltensregeln Datenexporte rechtfertigen, müssen sie sämtliche Anforderungen der Rechtsprechung des EuGH und über Art. 52 Abs. 3 S. 1 GRCh auch des EGMR erfüllen, insbesondere aus dem Safe-Harbor-Urteil (EuGH 6.10.2015 – C-362/14, MMR 2015, 753 – Schrems I; Bergt MMR 2015, 753 (760ff.); Dix/Franßen/Kloepfer/Schaar/Schoch/Voßhoff/Bergt Informationsfreiheit und Informationsrecht Jahrbuch 2015 S. 303, 309ff.) und dem Privacy-Shield-Urteil (EuGH 16.7.2020 – C-311/18, ZD 2020, 510 – Schrems II; umfassende Anleitung zur Prüfung beim EDSA, Empfehlungen 01/2020 zu Maßnahmen zur Ergänzung von Übermittlungstools zur Gewährleistung des unionsrechtlichen Schutzniveaus für personenbezogene Daten). Datenexporte stellen zudem besondere Anforderungen an die Überwachung der Datenimporteure (→ Anm. 15).

**5. Kontrollrechte und Sanktionsbefugnisse.** Die Verhaltensregeln sollten zumindest in Grundzügen regeln, welche Kontrollrechte die Überwachungsstelle gegenüber den Verantwortlichen und Auftragsverarbeitern hat, die sich den Verhaltensregeln unterwerfen. Die deutschen Aufsichtsbehörden halten zwar auch eine Vereinbarung außerhalb der Verhaltensregeln für zulässig (DSK, Anforderungen zur Akkreditierung einer Überwachungsstelle für Verhaltensregeln nach Art. 41 DS-GVO iVm Art. 57 Abs. 1 lit. p Alt. 1 DS-GVO v. 23.9.2020, Kap. 3.2), hiergegen hat sich allerdings der Europäische Datenschutzausschuss positioniert (EDSA, Stellungnahme 10/2020 zum Entwurf des Beschlusses der zuständigen Aufsichtsbehörden Deutschlands betreffend die Genehmigung der Akkreditierungsanforderungen an eine Stelle für die Überwachung der Einhaltung von Verhaltensregeln nach Artikel 41 DS-GVO, Rn. 11). In Betracht kommt etwa eine Pflicht des Unternehmens, Fragen zu beantworten und Auskünfte zu erteilen, Unterlagen vorzulegen und Kontrollen vor Ort und bei Auftragsverarbeitern zu dulden und zu unterstützen bzw. bei Auftragsverarbeitern auch vertraglich zu vereinbaren und damit überhaupt erst zu ermöglichen. Soweit Verarbeitungen durch Auftragsverarbeiter nicht bereits vom Regelungsgegenstand der Verhaltensregeln ausgenommen sind, muss sich die Überwachung – und müssen sich die Befugnisse der Überwachungsstelle – auch auf Verarbeitungen durch Auftragsverarbeiter beziehen. Ausnahmen von der Überwachung sind nicht zulässig.

Nach Art. 41 Abs. 4 DS-GVO ist die Überwachungsstelle verpflichtet, bei Verstößen gegen die Verhaltensregeln geeignete Maßnahmen zu ergreifen. Bereits aus dem Gesetz wird sich damit die Befugnis der Überwachungsstelle ergeben, bspw. betroffene Personen oder die Öffentlichkeit zu informieren, dem verstoßenden Unternehmen Auflagen zu erteilen und einen Ausschluss von den Verhaltensregeln für den

Fall der Nichteinhaltung dieser Auflagen anzudrohen und im Extremfall das Unternehmen von den Verhaltensregeln auszuschließen (Kühling/Buchner/Bergt/Pesch DS-GVO Art. 41 Rn. 12). Diese gesetzlichen Befugnisse sind allerdings sehr grob und umfassen letztlich nur die Information Dritter und den Ausschluss von den Verhaltensregeln. Verhaltensregeln sollten deswegen vorsehen, dass die Überwachungsstelle zu weiteren Maßnahmen berechtigt ist, bspw. dazu, Vertragsstrafen zu verhängen, das Unternehmen zu Schadensersatzzahlungen zu verpflichten, Anordnungen über die Datenverarbeitung zu erlassen oder dem Unternehmen die Hinzuziehung von externem Rat oder die Durchführung externer Kontrollen vorzuschreiben (vgl. Kühling/Buchner/Bergt/Pesch DS-GVO Art. 41 Rn. 12; Ehmann/Selmayr/Schweinoch DS-GVO Art. 41 Rn. 29; EDSA, Stellungnahme 12/2020 zum Entwurf des Beschlusses der zuständigen Aufsichtsbehörde Finnlands betreffend die Genehmigung der Akkreditierungsanforderungen an eine Stelle für die Überwachung der Einhaltung von Verhaltensregeln nach Artikel 41 DS-GVO, Rn. 26). Details der Ausübung dieser Rechte können die internen Verfahrensregeln der Überwachungsstelle festlegen, nicht aber Kontroll- und Abhilferechte an sich begründen. Für den Fall, dass sich die Ansicht durchsetzt, dass jedes Unternehmen, das sich Verhaltensregeln unterwirft, ohnehin einen zivilrechtlichen Vertrag mit der Überwachungsstelle abschließen muss (→ Anm. 6), können damit natürlich die internen Verfahrensregeln einschließlich der Kontroll- und Abhilferechte zum Vertragsgegenstand gemacht werden. Auch in diesem Fall scheint es aber empfehlenswert, einen Mindeststandard an Sanktionsmöglichkeiten und Kontrolldichte bereits in den Verhaltensregeln festzuschreiben, um „starke" Verhaltensregeln sicherzustellen und auch den Aufsichtsbehörden zu verdeutlichen, dass bei allen Unternehmen, die sich den Verhaltensregeln unterworfen haben, eine starke Selbstkontrolle besteht und damit weniger staatliche Kontrolle erforderlich ist – unabhängig von der konkreten Überwachungsstelle.

**6. Regelung des Unterwerfungsverfahrens und Kostenbeitrag.** Die DS-GVO regelt leider nicht, wie Verhaltensregeln für Verantwortliche und Auftragsverarbeiter verbindlich werden. Nur Art. 40 Abs. 4 DS-GVO gibt einen Hinweis, wenn es dort heißt, „die sich zur Anwendung der Verhaltensregeln verpflichten". Das Gesetz betont damit die Freiwilligkeit einer Unterwerfung unter Verhaltensregeln. Unklar bleibt allerdings, ob eine einseitige Verpflichtungserklärung des Unternehmens genügt (so wohl EDSA, Stellungnahme 10/2020 zum Entwurf des Beschlusses der zuständigen Aufsichtsbehörden Deutschlands betreffend die Genehmigung der Akkreditierungsanforderungen an eine Stelle für die Überwachung der Einhaltung von Verhaltensregeln nach Artikel 41 DS-GVO, Rn. 11), ob es des Abschlusses eines Vertrags mit der Überwachungsstelle bedarf (so wohl Gola/Heckmann/Lepperhoff DS-GVO Art. 41 Rn. 11; Paal/Pauly/Paal DS-GVO Art. 41 Rn. 13) oder gar zweier Verträge, nämlich sowohl mit dem Inhaber der Verhaltensregeln als auch mit der Überwachungsstelle (so Ehmann/Selmayr/Schweinoch DS-GVO Art. 40 Rn. 71 ff.). Damit verbunden ist letztlich auch die Frage, ob Verhaltensregeln auch kraft Mitgliedschaft im Inhaber der Verhaltensregeln verbindlich werden können, wenn dieser die Verhaltensregeln mittels Satzung für seine Mitglieder verbindlich macht (vgl. Wolff ZD 2017, 151 (152); BeckOK DatenschutzR/Jungkind DS-GVO Art. 40 Rn. 26; Kühling/Buchner/Bergt/Pesch DS-GVO Art. 40 Rn. 8; so wohl auch EDSA, Stellungnahme 10/2020 zum Entwurf des Beschlusses der zuständigen Aufsichtsbehörden Deutschlands betreffend die Genehmigung der Akkreditierungsanforderungen an eine Stelle für die Überwachung der Einhaltung von Verhaltensregeln nach Artikel 41 DS-GVO, Rn. 11) oder ob er nur seine Mitglieder zur Selbstverpflichtung verpflichten kann (so offenbar Gola/Heckmann/Lepperhoff DS-GVO Art. 40 Rn. 22). Dass auch Nichtmitglieder des Inhabers der Verhaltensregeln sich Verhaltensregeln unterwerfen können, wird vereinzelt zu Unrecht bestritten (so wohl BeckOK DatenschutzR/Jungkind DS-GVO Art. 40 Rn. 27; auch Nichtmitglieder zulassend dagegen Gola/Heckmann/Lepperhoff DS-GVO Art. 40 Rn. 17; Kühling/Buchner/Bergt/Pesch DS-GVO Art. 40 Rn. 8; Ehmann/Selmayr/Schweinoch DS-GVO Art. 40 Rn. 70). Dass eine Selbstverpflichtung durch Nichtmitglieder zulässig sein muss, ergibt sich schon aus der Möglichkeit, Verhaltensregeln gem. Art. 40 Abs. 9 DS-GVO für allgemeingültig zu erklären.

Für den Fall, dass sich die Ansicht durchsetzt, dass zumindest ein Vertrag mit der Überwachungsstelle erforderlich ist, können Fragen der Vergütung der Überwachungsstelle in diesem Vertrag geregelt werden. Da die Frage derzeit jedoch offen ist, sollten die Verhaltensregeln selbst unbedingt die Frage eines Kostenbeitrags der überwachten Unternehmen regeln – und sei es durch eine Regelung, wonach ein Vertrag mit der Überwachungsstelle zu schließen ist, in dem deren Vergütung zu regeln ist –, wobei die nur geringe finanzielle Leistungsfähigkeit kleinster, kleiner und mittlerer Unternehmen zu beachten ist (Kühling/Buchner/Bergt/Pesch DS-GVO Art. 40 Rn. 20). Als Anreiz, die Verhaltensregeln tatsächlich einzuhalten, ist es empfehlenswert, etwa die Kosten der Bearbeitung berechtigter Beschwerden oder für Kontrollen, bei denen Verstöße festgestellt werden, dem jeweils kontrollierten Unternehmen aufzuerlegen. Dies bringt zudem auch einen finanziellen Anreiz für die Überwachungsstelle mit sich, Beschwerden ordnungsgemäß zu bearbeiten. Gegen eine unberechtigte Auferlegung von Kosten kann sich das Unternehmen (zivil-)gerichtlich wehren; auch eine interne Widerspruchsmöglichkeit kann vorgesehen werden. Damit die Überwachungsstelle nicht aus finanziellen Gründen auf den Ausschluss eines Unternehmens von den Verhaltensregeln verzichtet, sollte die Zahlungsverpflichtung in diesem Fall noch eine gewisse Zeit fortbestehen (DSK, Anforderungen zur Akkreditierung einer Überwachungsstelle für Verhaltensregeln nach Art. 41 DS-GVO iVm Art. 57 Abs. 1 lit. p Alt. 1 DS-GVO v. 23.9.2020, Kap. 2.2.2; Kühling/Buchner/Bergt/Pesch DS-GVO Art. 41 Rn. 7; vgl. auch EDSA, Stellungnahme 12/2020 zum Entwurf des Beschlusses der zuständigen Aufsichtsbehörde Finnlands betreffend die Genehmigung der Akkreditierungsanforderungen an eine Stelle für die Überwachung der Einhaltung von Verhaltensregeln nach Artikel 41 DS-GVO, Rn. 16) oder mit einer Vertragsstrafe verbunden werden. Ebenfalls darf es nicht möglich sein, dass sich ein Unternehmen seiner Verpflichtungen zur Beitragszahlung entledigen kann, um eine Sanktionierung zu vermeiden (EDSA, Opinion 11/2021 on the draft decision of the competent supervisory authority of Norway regarding the approval of the requirements for accreditation of a code of conduct monitoring body pursuant to article 41 GDPR, Rn. 15).

Bis zu einer Klärung sollten die Verhaltensregeln ausdrücklich festhalten, ob zur Unterwerfung ein Vertrag mit der Überwachungsstelle erforderlich ist. Denkbar wäre auch, dass nach Wahl des Unternehmens jede Überwachungsstelle, die von einer Aufsichtsbehörde für den Regelungsbereich der konkret in Rede stehenden Verhaltensregeln akkreditiert ist, die Überwachung vornehmen kann (vgl. Kühling/Buchner/Bergt/Pesch DS-GVO Art. 40 Rn. 22; Gola/Heckmann/Lepperhoff DS-

GVO Art. 41 Rn. 22; in diese Richtung wohl auch Ehmann/Selmayr/Schweinoch DS-GVO Art. 41 Rn. 53, 72; auch die EDSA, Leitlinien 1/2019 über Verhaltensregeln und Überwachungsstellen gemäß der Verordnung (EU) 2016/679, Version 2.0 v. 4.6.2019, Rn. 60 verlangen nur die konkrete Benennung einer akkreditierten Überwachungsstelle in den Verhaltensregeln selbst, Rn. 84 nur die Akkreditierung neuer Überwachungsstellen). Selbst wenn sich diese Rechtsauffassung nicht als gesetzlicher Standard durchsetzen sollte, dürfte jedenfalls rechtlich nichts dagegen sprechen, wenn die Verhaltensregeln selbst eine derartige Öffnung oder jedenfalls verschiedene Überwachungsstellen nach Wahl des überwachten Unternehmens oder mit getrennten örtlichen Zuständigkeiten vorsehen. Faktisch allerdings ist zu berücksichtigen, dass die Gefahr eines „race to the bottom" besteht, wenn die zu kontrollierenden Unternehmen sich ihren Kontrolleur aussuchen können oder gar einfach ihre eigene Überwachungsstelle gründen können, wie es skandalgeplagte Produzenten von Bioeiern 2017 getan hatten. Wie die Biobranche deutlich zeigt, sind die Anforderungen, die eine Überwachungsstelle an sich selbst stellt, erheblich bedeutender als die theoretisch bestehende staatliche Überwachung der Überwachungsstellen. Angesichts der chronischen Unterausstattung der Aufsichtsbehörden dürfte auch die der Überwachungsstelle bei Verstößen gegen ihre Pflichten drohende Geldbuße an diesem Befund nichts ändern.

**7. Anonymität.** Müssen Beschwerdeführer damit rechnen, dass ihre Identität gegenüber dem Beschwerdegegner offengelegt wird, kann dies zu Zurückhaltung führen, Beschwerden an die Überwachungsstelle zu richten. Auch wenn eine Offenlegung gegenüber dem Beschwerdegegner in den meisten Fällen nur mit Einwilligung des Beschwerdeführers zulässig sein dürfte (Kühling/Buchner/Bergt/Pesch DS-GVO Art. 41 Rn. 10), empfiehlt sich eine klare, aktiv kommunizierte Regelung. Dies schafft Vertrauen und kann verhindern, dass Beschwerden an die Aufsichtsbehörde gerichtet werden, nutzt damit letztlich auch den kontrollierten Unternehmen.

**8. Zuständige Aufsichtsbehörde.** Der Antrag auf Genehmigung der Verhaltensregeln kann bei jeder nach Art. 55 DS-GVO zuständigen Aufsichtsbehörde gestellt werden. Der EDSA empfiehlt den Inhabern die Auswahl nach bester Eignung der Aufsichtsbehörde und nennt als mögliche – ausdrücklich weder abschließende noch zwingende – Kriterien etwa den Ort der Verarbeitung, den Wohnort der betroffenen Personen, den Sitz des Inhabers der Verhaltensregeln, den Sitz der Überwachungsstelle oder von einer Aufsichtsbehörde in einem bestimmten Bereich entwickelte Initiativen wie veröffentlichte einschlägige Grundsatzpapiere (EDSA, Leitlinien 1/2019 über Verhaltensregeln und Überwachungsstellen gemäß der Verordnung (EU) 2016/679, Version 2.0 v. 4.6.2019, Anh. 2).

**9. Allgemeingültigerklärung und Verfahren.** Die DS-GVO kennt zwei verschiedene Verfahrensarten für die Genehmigung von Verhaltensregeln: einerseits das Verfahren nach Art. 40 Abs. 5, 6 DS-GVO für rein nationale Sachverhalte (hierzu EDSA, Leitlinien 1/2019 über Verhaltensregeln und Überwachungsstellen gemäß der Verordnung (EU) 2016/679, Version 2.0 v. 4.6.2019, Rn. 42 ff.; Kühling/Buchner/Bergt/Pesch DS-GVO Art. 40 Rn. 27 ff.), andererseits das Verfahren vor dem EDSA nach Art. 40 Abs. 7, 8 DS-GVO für Verarbeitungen in mehreren Mitgliedstaaten, für das der EDSA ein gegenüber dem Gesetz erheblich vereinfachtes Verfahren eingeführt hat (hierzu EDSA, Leitlinien 1/2019 über Verhaltensregeln und Überwachungsstellen gemäß der Verordnung (EU) 2016/679, Version 2.0 v. 4.6.2019,

Rn. 48 ff.; Kühling/Buchner/Bergt/Pesch DS-GVO Art. 40 Rn. 30 ff.). Für die Zuordnung kommt es nicht darauf an, ob personenbezogene Daten von Personen aus mehreren Mitgliedstaaten verarbeitet werden, sondern nur auf den Ort der Verarbeitungstätigkeiten (BeckOK DatenschutzR/Jungkind DS-GVO Art. 40 Rn. 18, Kühling/Buchner/Bergt/Pesch DS-GVO Art. 40 Rn. 28).

Nur wenn der Europäische Datenschutzausschuss eine positive Stellungnahme abgegeben hat, kann die Europäische Kommission nach Art. 40 Abs. 9 DS-GVO durch einen delegierten Rechtsakt beschließen, dass den Verhaltensregeln allgemeine Gültigkeit in der ganzen Europäischen Union zukommt (hierzu Kühling/Buchner/Bergt/Pesch DS-GVO Art. 40 Rn. 49 ff.). Art. 64 Abs. 2 DS-GVO ermöglicht allerdings auch die freiwillige Vorlage eines Entwurfs von rein nationalen Verhaltensregeln durch die zuständige Aufsichtsbehörde, wobei die Aufsichtsbehörde zu einer solchen Vorlage im optionalen Kohärenzverfahren im Sinne einer Ermessensreduktion auf Null auch verpflichtet sein dürfte (Kühling/Buchner/Bergt/Pesch DS-GVO Art. 40 Rn. 29; aA Ehmann/Selmayr/Schweinoch DS-GVO Art. 40 Rn. 61). Um diese Frage nicht im Falle eines Falles vor Gericht klären zu müssen, empfiehlt es sich, entweder mit der Aufsichtsbehörde vorab zu vereinbaren, dass sie nationale Verhaltensregeln im optionalen Kohärenzverfahren beim EDSA vorlegt oder aber die Verhaltensregeln von vornherein so zu gestalten, dass sie Verarbeitungen in mehreren Mitgliedstaaten regeln. Teilweise wird vertreten, dass Verarbeitungen in mehreren Mitgliedstaaten iSv Art. 40 Abs. 7 DS-GVO bereits dann vorliegen, wenn Verhaltensregeln sich auch nur in mehreren Mitgliedstaaten anwenden lassen (Gola/Heckmann/Lepperhoff DS-GVO Art. 40 Rn. 29). Sollte sich diese Rechtsauffassung durchsetzen, gäbe es kaum Anwendungsfälle für das rein nationale Genehmigungsverfahren.

**10. Einreichung eines fertigen Entwurfs.** Das Verfahren der Genehmigung von Verhaltensregeln ist ausdrücklich nicht dazu gedacht, mit der Aufsichtsbehörde über die Bestimmungen der Verhaltensregeln zu beraten, sondern es soll ein fertiger Entwurf vorgelegt werden, der nur noch durch die Aufsichtsbehörde bewertet wird (EDSA, Leitlinien 1/2019 über Verhaltensregeln und Überwachungsstellen gemäß der Verordnung (EU) 2016/679, Version 2.0 v. 4.6.2019, Rn. 58). Ein – ggf. gar umfangreicher – iterativer Prozess im Genehmigungsverfahren ist nicht vorgesehen. Bei Bedarf muss daher ein informelles Vorgespräch mit der Aufsichtsbehörde gesucht werden.

**11. Notwendigkeit einer Überwachungsstelle.** Verhaltensregeln sind nur genehmigungsfähig, wenn in den Verhaltensregeln mindestens eine akkreditierte Überwachungsstelle benannt ist, die entweder extern oder intern beim Inhaber der Verhaltensregeln eingerichtet werden kann (EDSA, Leitlinien 1/2019 über Verhaltensregeln und Überwachungsstellen gemäß der Verordnung (EU) 2016/679, Version 2.0 v. 4.6.2019, Rn. 60, 62, 64). Denn die Rechtswirkungen von Verhaltensregeln sind nur dann zu rechtfertigen, wenn eine effektive Kontrolle ihrer Einhaltung erfolgt. Das Verfahren der Genehmigung von Verhaltensregeln ist nicht dafür gedacht, rein abstrakt Rechtsfragen zu klären, ohne dass daraus Konsequenzen folgen würden. Die Praxis erlaubt es allerdings auch, in den Verhaltensregeln nur eine Verpflichtung des Inhabers zur Benennung einer akkreditierten Überwachungsstelle vorzusehen. Die Genehmigung wird dann unter einem entsprechenden Vorbehalt erteilt.

Die Überwachungsstelle muss eine Niederlassung im EWR haben (EDSA, Opinion 11/2020 on the draft decision of the competent supervisory authority of Ireland regarding the approval of the requirements for accreditation of a code of conduct monitoring body pursuant to article 41 GDPR, Rn. 30). Sie kann zwar eine (intern unabhängige) Stelle beim Inhaber der Verhaltensregeln sein, aber nicht bei einer Stelle, die sich den Verhaltensregeln unterwirft (EDSA, Opinion 13/2020 on the draft decision of the competent supervisory authority of Italy regarding the approval of the requirements for accreditation of a code of conduct monitoring body pursuant to article 41 GDPR, Rn. 13).

**12. Behörden und Verhaltensregeln.** Bei Behörden und anderen öffentlichen Stellen verbleibt es nach Art. 41 Abs. 6 DS-GVO bei der ausschließlichen Überwachungszuständigkeit der Aufsichtsbehörde. Behörden können sich zwar zur Einhaltung der Verhaltensregeln verpflichten, und die Verpflichtung ist gegenüber den betroffenen Personen auch wirksam, soweit die Verhaltensregeln für die betroffenen Personen günstiger sind als das Gesetz. Behörden können allerdings nicht von den rechtlichen Wirkungen genehmigter Verhaltensregeln profitieren (Ehmann/Selmayr/Schweinoch DS-GVO Art. 41 Rn. 6), ausgenommen die Feststellungswirkung der Rechtskonformität für allgemeingültig erklärter Verhaltensregeln (→ Vorb.). Der Begriff der Behörde bzw. öffentlichen Stelle ist unionsrechtlich zu verstehen, sodass auch in Deutschland öffentlich-rechtlich organisierte Betriebe wie Krankenhäuser oder Krankenkassen keine Behörden sind (Kühling/Buchner/Bergt/Pesch DS-GVO Art. 41 Rn. 18; Ehmann ZD 2017, 201 (202)).

**13. Anspruch auf Akkreditierung der Überwachungsstelle.** Nach Art. 41 Abs. 2 DS-GVO „kann" die zuständige Aufsichtsbehörde eine Überwachungsstelle akkreditieren, wenn sie die hierfür aufgestellten Kriterien erfüllt. Man wird davon ausgehen müssen, dass die Überwachungsstelle einen Anspruch auf Akkreditierung hat, wenn sie die Kriterien erfüllt, und dass das Gesetz der Aufsichtsbehörde kein Ermessen (auf Rechtsfolgenseite) einräumt, wenn auch (auf Tatbestandsseite) einen weiten Beurteilungsspielraum (Kühling/Buchner/Bergt/Pesch DS-GVO Art. 41 Rn. 4; Paal/Pauly/Paal/Kumkar DS-GVO Art. 41 Rn. 6, 7, 10; HK-DS-GVO/BDSG/Raschauer DS-GVO Art. 41 Rn. 13, 17, 19; Ehmann/Selmayr/Schweinoch DS-GVO Art. 41 Rn. 25; Gola/Heckmann/Lepperhoff DS-GVO Art. 41 Rn. 14).

**14. Unabhängigkeit und Abwesenheit von Interessenkonflikten.** Um eine sinnvolle Überwachung zu gewährleisten, muss die Überwachungsstelle unabhängig von den zu überwachenden Unternehmen und müssen Interessenkonflikte ausgeschlossen sein. Ähnlich wie ein Datenschutzbeauftragter (→ Form. B. I. 1. Anm. 2, 8) muss die Überwachungsstelle insbesondere weisungsfrei handeln können und vor Sanktionen wegen ihrer Aufgabenerfüllung geschützt sein (EDSA, Leitlinien 1/2019 über Verhaltensregeln und Überwachungsstellen gemäß der Verordnung (EU) 2016/679, Version 2.0 v. 4.6.2019, Rn. 65, Rn. 68; Kühling/Buchner/Bergt/Pesch DS-GVO Art. 41 Rn. 7; zu Einzelfragen der Unabhängigkeit von Datenschutzbeauftragten Bergt DuD 2024, 389). Während eine Einbindung der Überwachungsstelle in den Inhaber der Verhaltensregeln für sich genommen noch kein Problem darstellt, wird es bei personellen, gesellschaftsrechtlichen oder sonst wirtschaftlichen Verknüpfungen zwischen Überwachungsstelle und zu überwachendem Unternehmen regelmäßig zu Einschränkungen der Unabhängigkeit und zu Interessenkonflikten kommen (Kühling/Buchner/Bergt/Pesch DS-GVO Art. 41 Rn. 7; Gola/Heckmann/Lepperhoff DS-GVO Art. 41 Rn. 16; Ehmann/Selmayr/Schweinoch DS-GVO Art. 41 Rn. 22). Auch eine gleichzeitige oder (jedenfalls nicht allzu lange) zurückliegende

Tätigkeit der Überwachungsstelle oder ihres Personals als Berater oder gar Auftragsverarbeiter für die zu überwachenden Unternehmen führt regelmäßig zu Interessenkonflikten (vgl. Kühling/Buchner/Bergt/Pesch DS-GVO Art. 41 Rn. 7; EDSA, Stellungnahme 12/2020 zum Entwurf des Beschlusses der zuständigen Aufsichtsbehörde Finnlands betreffend die Genehmigung der Akkreditierungsanforderungen an eine Stelle für die Überwachung der Einhaltung von Verhaltensregeln nach Artikel 41 DS-GVO, Rn. 21, 23; EDSA, Opinion 13/2020 on the draft decision of the competent supervisory authority of Italy regarding the approval of the requirements for accreditation of a code of conduct monitoring body pursuant to article 41 GDPR, Rn. 20). Ebenso ist darauf zu achten, dass die Überwachungsstelle keine personellen, gesellschaftsrechtlichen oder sonst wirtschaftlichen Verknüpfungen zu in die Datenverarbeitung involvierten Beratern oder Auftragsverarbeitern der zu überwachenden Unternehmen hat.

Bei internen Überwachungsstellen ergeben sich besondere organisatorische Anforderungen an die Unabhängigkeit und die Vermeidung von Interessenkonflikten. Erforderlich sind in solchen Fällen eine klare organisatorische Trennung sowie der Schutz vor Sanktionen oder Beeinträchtigungen infolge der Wahrnehmung der Überwachungsaufgaben (EDSA, Leitlinien 1/2019 über Verhaltensregeln und Überwachungsstellen gemäß der Verordnung (EU) 2016/679, Version 2.0 v. 4.6.2019, Rn. 65, 67, 68; Kühling/Buchner/Bergt/Pesch DS-GVO Art. 41 Rn. 7).

Voraussetzung der Unabhängigkeit ist auch eine ausreichende finanzielle Ausstattung, wobei eine Finanzierung auch über die zu überwachenden Unternehmen möglich ist, solange einige Vorsichtsmaßnahmen ergriffen werden, etwa durch eine auch bei Ausschluss von den Verhaltensregeln nicht sofort endende Beitragspflicht (DSK, Anforderungen zur Akkreditierung einer Überwachungsstelle für Verhaltensregeln nach Art. 41 DS-GVO iVm Art. 57 Abs. 1 lit. p Alt. 1 DS-GVO v. 23.9.2020, Kap. 2.2.2; Kühling/Buchner/Bergt/Pesch DS-GVO Art. 41 Rn. 7). Optimal ist eine langfristige, gesicherte Finanzierung durch den Inhaber der Verhaltensregeln.

**15. Verfahren für Bewertung, Überwachung und Überprüfung.** Art. 41 Abs. 2 lit. b DS-GVO macht zur Voraussetzung für die Akkreditierung der Überwachungsstelle, dass diese verschiedene interne Verfahren festgelegt hat. Naturgemäß von besonderer Bedeutung ist dabei das konkrete Überwachungsverfahren, das in den Verhaltensregeln selbst ggf. nicht im Detail festgelegt ist. Insbesondere organisatorische Regelungen sind erforderlich, etwa zur Frage, nach welchem System die laufende Überwachung stattfinden soll, welche konkreten Kontrollen geplant sind und wie die zu kontrollierende Stichprobe – eine Vollkontrolle aller unterworfenen Verantwortlichen und Auftragsverarbeiter ist weder realistisch noch erforderlich, dafür sind Zertifizierungen (→ Form. C. IV.3.) vorgesehen – festgelegt wird. Eine intensivere Überwachung ist erforderlich, wenn Datenimporteure in Drittstaaten die Verhaltensregeln nutzen wollen, um Garantien iSd Art. 46 Abs. 2 lit. a DS-GVO bereitzustellen und damit den Datenexport zu erlauben. Denn in diesem Fall fehlt das Korrektiv der konkurrierenden Zuständigkeit der Aufsichtsbehörde, eine Kontrolle der Datenverarbeitung des Nicht-EWR-Datenimporteurs erfolgt nur durch die Überwachungsstelle (Kühling/Buchner/Bergt/Pesch DS-GVO Art. 41 Rn. 8).

Entweder in den Verhaltensregeln selbst oder in den internen Verfahren sollte zudem festgelegt werden, welche Anonymität gegenüber den sich den Verhaltensregeln unterwerfenden Stellen Beschwerdeführer erwarten können (→ Anm. 7). Zudem hat die Überwachungsstelle die Aufgabe einer konzeptionellen Überprüfung, ob die Verhaltensregeln tatsächlich praxisgerecht sind. Dazu gehört, ob die Verhaltensregeln die datenschutzrechtlichen Probleme ausreichend präzise und umfassend genug regeln, ob sie verständlich geschrieben sind und ob sie von den Unternehmen in der Praxis akzeptiert werden (Kühling/Buchner/Bergt/Pesch DS-GVO Art. 41 Rn. 8). Geregelt werden sollte auch, dass und ggf. wie die Überwachungsstelle den Inhaber der Verhaltensregeln informiert, wenn sie Defizite in diesen Punkten feststellt.

**16. Beschwerdemanagement.** Nach Art. 41 Abs. 2 lit. c DS-GVO muss die Überwachungsstelle ein Beschwerdemanagement einrichten, das Beschwerden über Verstöße gegen die Verhaltensregeln oder über die Auslegung der Verhaltensregeln durch unterworfene Unternehmen („Art und Weise, in der die Verhaltensregeln von dem Verantwortlichen oder dem Auftragsverarbeiter angewendet werden oder wurden") nachgeht. Die Überwachungsstelle muss dabei sowohl Verfahren als auch Strukturen festlegen, insbesondere also die interne Aufgabenverteilung. Diese Verfahren und Strukturen muss die Überwachungsstelle „für betroffene Personen und die Öffentlichkeit transparent" machen. Eine prominente Veröffentlichung auf der Website der Überwachungsstelle ist dabei das Minimum (DSK, Anforderungen zur Akkreditierung einer Überwachungsstelle für Verhaltensregeln nach Art. 41 DS-GVO iVm Art. 57 Abs. 1 lit. p Alt. 1 DS-GVO v. 23.9.2020, Kap. 4.2). Zusätzlich sollte die Überwachungsstelle auch in jeder Eingangsbestätigung für eine Beschwerde auf ihre Verfahrensregelungen hinweisen (Kühling/Buchner/Bergt/Pesch DS-GVO Art. 41 Rn. 9).

Bei der technischen Gestaltung des Beschwerdeverfahrens ist insbesondere auf ausreichende technische Sicherheit (→ Form. E. II.) zu achten. Bspw. kann es bei elektronisch eingereichten Beschwerden unter Umständen erforderlich sein, ein Online-Beschwerdesystem zu verwenden, das nur unspezifische Benachrichtigungen über Antworten per E-Mail versendet und die eigentliche Antwort nur in dem zugangsgesicherten Online-Beschwerdesystem zugänglich macht, wenn vom Beschwerdeführer weder eine Postanschrift noch eine Möglichkeit zur Ende-zu-Ende-Verschlüsselung bekannt, die Antwort aber vertraulich ist, etwa weil sie personenbezogene Daten enthält (Kühling/Buchner/Bergt/Pesch DS-GVO Art. 41 Rn. 10).

Unter Umständen kann es auch sinnvoll sein, Anforderungen an die Feststellung der Identität des Beschwerdeführers aufzustellen, wenn diesem in einer Antwort personenbezogene Daten offengelegt werden müssen. Dabei ist allerdings zu beachten, dass eine Verpflichtung zur Bearbeitung der Beschwerde unabhängig davon besteht, ob die Beschwerde namentlich oder anonym erhoben wird (→ Anm. 7). Sollen dem Beschwerdeführer personenbezogene Daten (regelmäßig: über sich selbst) mitgeteilt werden, ist insbesondere zu beachten, dass eine einfache Personalausweiskopie völlig ungeeignet ist, jemanden zu identifizieren. Ausweiskopien sind sehr einfach zu erhalten oder zu erstellen; Kopien können manipuliert oder in anderer Form elektronisch erzeugt worden sein (VG Wiesbaden 20.1.2015 – 6 K 1567/14.WI, LKRZ 2015, 229 Rn. 16; LG Hamburg 12.10.2004 – 312 O 407/04, BeckRS 2006, 00273; zust. Mayer NJOZ 2010, 1316 (1318); Bergt CRonline Blog v. 24.3.2015; vgl. auch EDSA, Leitlinien 01/2022 zu den Rechten der betroffenen Person – Auskunftsrecht, Rn. 74 f.; LSG Berlin-Brandenburg 30.4.2019 – L 26 AS 2621/17, ZD 2019, 471 (472); AG München 21.12.2021 – 813 Ls 740 Js 2242/20, BeckRS 2021, 45068; Kühling/Buchner/Bergt DS-GVO Art. 77 Rn. 13; vgl. auch den Wortlaut von § 30 Abs. 1 S. 1 WaffRG, der für die Geltendmachung des Auskunftsrechts nach Art. 15 DS-GVO die Vorlage einer amtlich beglaubigten Ausweiskopie oder amtlich beglaubigten Unterschrift verlangt). Gerade in Fällen, in denen jemand ein Interesse daran haben könnte, Auskünfte zu nahestehenden Personen zu erhalten, wird regelmäßig auch die Möglichkeit bestehen, eine Ausweiskopie anzufertigen (abwegig daher die Ansicht des BayLDA, TB 2013/2014 S. 77, dass nur die betroffene Person eine Ausweiskopie von sich vorlegen könne, insbesondere nicht Mitbewohner, Ehepartner usw; wie hier dagegen LfDI BW, Identitätsprüfung bei elektronischen Auskunftsersuchen nach Art. 15 DS-GVO, www.baden-wuerttemberg.datenschutz.de/identitaetspruefung-bei-elektronischen-auskunftsersuchen-nach-art-15-ds-gvo/, 6.2.2019, Ziff. 4.2; Petrlic DuD 2019, 1 (4); vgl. auch Kühling/Buchner/Buchner/Kühling DS-GVO Art. 8 Rn. 26; einige Möglichkeiten zur Identifizierung betroffener Personen bei Bergt CRonline Blog v. 24.3.2015). Über eine Videokonferenz lassen sich zwar grundsätzlich auch die Sicherheitsmerkmale des Personalausweises prüfen, doch scheint es nur eine Frage der Zeit, bis in Echtzeit mittels KI generierte Videos diese Authentifizierungsmethode ungeeignet machen. Die praktische, nicht immer perfekte Anwendung des Verfahrens hat der Chaos Computer Club zudem bereits vor Jahren als unsicher vorgeführt (https://www.ccc.de/de/updates/2022/chaos-computer-club-hackt-video-ident). Trotzdem wird das Verfahren noch umfassend akzeptiert. Insbesondere die eIDAS-VO hat neue Möglichkeiten eröffnet, auch wenn das niedrigschwellige Angebot von yes.com, das die Möglichkeit bot, über ein bestehendes Online-Banking die eigene Identität nachzuweisen, zwischenzeitlich in der Wallet-Lösung von Verimi aufgegangen ist.

**17. Bearbeitung von Beschwerden.** Die Überwachungsstelle ist verpflichtet, jede Beschwerde inhaltlich zu prüfen, den Sachverhalt aufzuklären und – jedenfalls dann, wenn der Beschwerdeführer selbst betroffen ist (DSK, Anforderungen zur Akkreditierung einer Überwachungsstelle für Verhaltensregeln nach Art. 41 DS-GVO iVm Art. 57 Abs. 1 lit. p Alt. 1 DS-GVO v. 23.9.2020, Kap. 4.1) – den Beschwerdeführer über das Ergebnis der Prüfung zu informieren (Gola/Heckmann/Lepperhoff DS-GVO Art. 41 Rn. 20; Kühling/Buchner/Bergt/Pesch DS-GVO Art. 41 Rn. 9). Zu beachten ist, dass die Überwachungsstelle ohne eine entsprechende Einwilligung des Beschwerdeführers regelmäßig nicht befugt ist, dessen Identität oder andere zur Identifizierung geeignete Informationen gegenüber dem Beschwerdegegner offenzulegen (→ Anm. 7).

Da die Überwachungsstelle letztlich wie eine Aufsichtsbehörde auf freiwilliger Basis arbeitet, erscheint es angemessen, an beide dieselben Anforderungen an die Bearbeitung und Beantwortung von Beschwerden zu stellen (Kühling/Buchner/Bergt/Pesch DS-GVO Art. 41 Rn. 9). Analog Art. 77 Abs. 2 DS-GVO sollte die Überwachungsstelle deshalb den Beschwerdeführer innerhalb einer angemessenen Frist über den Fortgang und das Ergebnis der Untersuchung unterrichten (vgl. auch DSK, Anforderungen zur Akkreditierung einer Überwachungsstelle für Verhaltensregeln nach Art. 41 DS-GVO iVm Art. 57 Abs. 1 lit. p Alt. 1 DS-GVO v. 23.9.2020, Kap. 4.1). Es sollte kurzfristig eine Eingangsbestätigung versandt werden, und wie eine Aufsichtsbehörde sollte auch eine Überwachungsstelle versuchen, die Beschwerde innerhalb von drei Monaten abschließend zu bearbeiten und den Beschwerdeführer über die Ergebnisse zu informieren. Ist dies ausnahmsweise nicht möglich, sollte regelmäßig, also spätestens drei Monate nach der letzten Information (für Aufsichtsbehörden vgl. Kühling/Buchner/Bergt DS-GVO Art. 77 Rn. 22), eine Zwischeninformation erfolgen. Die Antwort auf die Beschwerde sollte, wie bei Aufsichtsbehörden, sowohl die tatsächlichen Feststellungen als auch die rechtliche Bewertung sowie die von der Überwachungsstelle getroffenen bzw. die vom Verantwortlichen bzw. Auftragsverarbeiter freiwillig ergriffenen Maßnahmen beinhalten. Ein Hinweis auf die Möglichkeit Betroffener, gerichtlich gegen den Verantwortlichen bzw. Auftragsverarbeiter vorzugehen, ist nicht erforderlich.

Analog der Regelung über Aufsichtsbehörden in Art. 57 Abs. 4 DS-GVO kann auch von der Überwachungsstelle nicht verlangt werden, offenkundig unbegründete oder exzessive Beschwerden zu bearbeiten. Missbräuchliche und offensichtlich querulatorische Beschwerden müssen nicht beantwortet werden, wobei der Beschwerdeführer zumindest einmalig darüber informiert werden sollte, dass seine Beschwerden im auslösenden Fall und ggf. auch in Zukunft wegen Missbräuchlichkeit nicht mehr bearbeitet und beantwortet werden (zu Aufsichtsbehörden Kühling/Buchner/Bergt DS-GVO Art. 77 Rn. 18). Bei offensichtlich unbegründeten Beschwerden ist denknotwendig zumindest eine rudimentäre Prüfung erforderlich, bis die offensichtliche Unbegründetheit ersichtlich wird. Eine Information des Beschwerdeführers ist regelmäßig geboten, allein schon aus Sicht der unterworfenen Unternehmen, um den Beschwerdeführer von einer weiteren Beschwerde bei der Aufsichtsbehörde abzuhalten. Eine Missbräuchlichkeit wegen exzessiver Beschwerden kann bejaht werden, wenn eine bereits ausreichend bearbeitete Beschwerde erneut eingereicht wird oder der Beschwerdeführer zu Unrecht auf einer weiteren Behandlung seiner Beschwerde besteht (zu Aufsichtsbehörden Kühling/Buchner/Bergt DS-GVO Art. 77 Rn. 20). Reicht jemand eine Vielzahl zulässiger Beschwerden ein, handelt es sich dagegen nicht um Missbrauch: Selbstverständlich dürfen massenhafte Rechtsverstöße auch massenhaft verfolgt werden (zu Aufsichtsbehörden Kühling/Buchner/Bergt DS-GVO Art. 77 Rn. 20; vgl. auch GA Richard de la Tour SchlA v. 5.9.2024 – C-416/23 Rn. 66, 94). Auch wenn die Beschwerde primär anderen Zwecken dient, etwa eine Rachemaßnahme im Rahmen von Auseinandersetzungen zwischen Beschwerdeführer und Beschwerdegegner darstellt, ist sie nicht missbräuchlich.

**18. Verpflichtung zum Ergreifen von Maßnahmen und zur Information der Aufsichtsbehörde.** Gelangen der Überwachungsstelle Verstöße gegen die Verhaltensregeln zur Kenntnis, ist sie nach Art. 41 Abs. 4 DS-GVO verpflichtet, geeignete Maßnahmen zu ergreifen. Ziel dieser Maßnahmen sollte zunächst eine Abstellung des Verstoßes und eine Vermeidung künftiger Verstöße sein (EDSA, Leitlinien 1/2019 über Verhaltensregeln und Überwachungsstellen gemäß der Verordnung (EU) 2016/679, Version 2.0 v. 4.6.2019, Rn. 76; Kühling/Buchner/Bergt/Pesch DS-GVO Art. 41 Rn. 12; vgl. zur entsprechenden Verpflichtung der Aufsichtsbehörde EuGH 7.12.2023 – C-26/22 und C-64/22, NJW 2024, 417 Rn. 57; EuGH 26.9.2024 – C-768/21 Rn. 33, 41 ff.). Als Beispiel für Maßnahmen nennt das Gesetz den vorläufigen oder endgültigen Ausschluss von den Verhaltensregeln, wodurch das betroffene Unternehmen sich weder auf die Rechtsvorteile der Verhaltensregeln berufen kann noch mit den Verhaltensregeln werben darf (darin läge ein Wettbewerbsverstoß, Kühling/Buchner/Bergt/Pesch DS-GVO Art. 41 Rn. 25). Weniger einschneidend wären bspw. die Information betroffener Personen oder der Öffentlichkeit oder eine Erteilung von Auflagen an das Unternehmen, verbunden mit der Androhung eines Ausschlusses, wenn die Einhaltung der Auflagen nicht nachgewiesen wird (Kühling/Buchner/Bergt/Pesch DS-GVO Art. 41 Rn. 12). Empfehlenswert ist es, dass die Verhaltensregeln der Überwachungsstelle die Befugnis geben, weitere Maßnahmen anzuordnen, beispielsweise Vertragsstrafen zu verhängen, das Unternehmen zu Schadensersatzzahlungen zu verpflichten, Anordnungen über die Datenverarbeitung zu erlassen oder dem Unternehmen die Hinzuziehung von externem Rat oder die Durchführung externer Kontrollen vorzuschreiben (→ Anm. 5).

Die Überwachungsstelle darf nur auf Maßnahmen gegen das Unternehmen verzichten, wenn das Unternehmen bereits selbst durch geeignete Garantien die Notwendigkeit einer Maßnahme beseitigt hat (vgl. zu Aufsichtsbehörden EuGH 26.9.2024 – C-768/21 Rn. 43, 46). Dazu kann bspw. zählen, dass abhandengekommene Daten sicher verschlüsselt waren oder das Unternehmen selbst alle erforderlichen Maßnahmen getroffen hat, um künftige Verstöße zu vermeiden, etwa durch Beauftragung externer Überprüfungen oder das Versprechen von Vertragsstrafen (Kühling/Buchner/Bergt/Pesch DS-GVO Art. 41 Rn. 15; vgl. auch BeckOK DatenschutzR/Jungkind DS-GVO Art. 41 Rn. 14). Die Überwachungsstelle ist nur dann verpflichtet, die Aufsichtsbehörde nach Art. 41 Abs. 4 S. 2 DS GVO über den Verstoß zu informieren, wenn sie eine Maßnahme verhängt hat, also wegen eines Verstoßes gegen die Verhaltensregeln einseitig gegen das Unternehmen vorgegangen ist. Reine Untersuchungsmaßnahmen sind nicht als informationspflichtige Maßnahme iSd Gesetzes zu verstehen (vgl. EDSA, Opinion 11/2020 on the draft decision of the competent supervisory authority of Ireland regarding the approval of the requirements for accreditation of a code of conduct monitoring body pursuant to article 41 GDPR, Rn. 26). Einigt sich die Überwachungsstelle kurzfristig mit dem Unternehmen über geeignete Schritte, liegt keine Maßnahme iSd Gesetzes vor, sodass eine Information der Aufsichtsbehörde nicht erforderlich ist (BeckOK DatenschutzR/Jungkind DS-GVO Art. 41 Rn. 15; Kühling/Buchner/Bergt/Pesch DS-GVO Art. 41 Rn. 15). Die deutschen Aufsichtsbehörden verlangen – insoweit trotz des Widerspruchs zum Gesetzeswortlaut und zu den Leitlinien (EDSA, Leitlinien 1/2019 über Verhaltensregeln und Überwachungsstellen gemäß der Verordnung (EU) 2016/679, Version 2.0 v. 4.6.2019, Rn. 78) ohne Beanstandung durch den EDSA – sogar nur eine Benachrichtigung über schwerwiegende Maßnahmen (DSK, Anforderungen zur Akkreditierung einer Überwachungsstelle für Verhaltensregeln nach Art. 41 DS-GVO iVm Art. 57 Abs. 1 lit. p Alt. 1 DS-GVO v. 23.9.2020, Kap. 2.6.5). Eine starke Selbstkontrolle, die Beschwerden bei der Überwachungsstelle kanalisiert, und eine umgehende Reaktion der betroffenen Unternehmen auf Verstöße können so dazu führen, dass die Aufsichtsbehörden von Verstößen letztlich keine Kenntnis mehr erlangen und weder zur genaueren Prüfung veranlasst werden noch Geldbußen verhängen.

**19. Regelungen für den Fall des Widerrufs der Akkreditierung der Überwachungsstelle.** Besteht für Verhaltensregelungen nur eine einzige Überwachungsstelle, führt der Widerruf von deren Akkreditierung notwendig zur Suspendierung oder gar zu einem dauerhaften Widerruf der Genehmigung der Verhaltensregeln, weil dann deren Überwachung wegfällt (EDSA, Leitlinien 1/2019 über Verhaltensregeln und Überwachungsstellen gemäß der Verordnung (EU) 2016/679 Version 2.0 v. 4.6.2019 Rn. 86). Verhaltensregeln sollten nach Möglichkeit ausschließen, dass es hierzu kommt, entweder durch Benennung mehrerer Überwachungsstellen oder – vorzugswürdig – eine ausreichend starke Ausgestaltung der Überwachungsstelle(n). Entstehen bei einer Überwachungsstelle keine Gründe für den Widerruf der Akkreditierung, ist sie also insbesondere eindeutig unabhängig und ohne Interessenkonflikte sowie solide finanziert und setzt sie die Verhaltensregeln konsequent durch, ist dies der beste Schutz für die Verhaltensregeln und deren Anwender.

### 3. Zertifizierungen (Art. 42 f. DS-GVO)

Die DS-GVO regelt in Art. 42 f. die Einführung von datenschutzspezifischen Zertifizierungsverfahren sowie von Datenschutzsiegeln und -prüfzeichen (nachfolgend einheitlich **„Zertifizierungen“**). Mit der Aufnahme von Zertifizierungen in die DS-GVO soll dem festgestellten **Vollzugsdefizit** im Datenschutz Rechnung getragen werden (Ehmann/Selmayr/Will DS-GVO Art. 42 Rn. 1; Kühling/Buchner/Bergt/Pesch DS-GVO Art. 42 Rn. 1). Zertifizierungen sind daher ebenso wie Verhaltensregeln wichtige Elemente der Rechenschaftspflicht nach Art. 5, 24 Abs. 1 DS-GVO.

Bis heute muss man jedoch ein ebenso chronisches Umsetzungsdefizit bei den Zertifizierungen feststellen. In Deutschland hat es bereits sehr lange gedauert, überhaupt eine Akkreditierungsstelle für Datenschutz einzurichten, bei der sich Anbieter als Zertifizierungsstellen akkreditieren lassen können. Inzwischen ist die Deutsche Akkreditierungsstelle (DAkkS, www.dakks.de) auch für die Akkreditierung von Zertifizierungsstellen im Datenschutz beauftragt. Erst im Dezember 2023 wurde eine erste Zertifizierungsstelle akkreditiert, die bisher ausschließlich eine Zertifizierung für Auftragsverarbeiter anbietet und bis zum April 2024 keinen einzigen Anbieter zertifiziert hat. Auch auf europäischer Ebene ist die Zahl der zugelassenen Zertifizierungsanbieter und der erfolgreichen Zertifizierungen mau geblieben. Trotzdem werden aktuell auch in Deutschland zahlreiche Zertifikate, Prüfzeichen und Siegel zum Datenschutz angeboten. Das Angebot reicht von reinen Marketing-Zeichen bis hin zu komplexen Datenschutzsiegeln. Dies belegt den **Bedarf für harmonisierte und klare Zertifizierungsregelungen** (Ehmann/Selmayr/Will DS-GVO Art. 42 Rn. 8; Kühling/Buchner/Bergt/Pesch DS-GVO Art. 42 Rn. 1). Die Regelungen in Art. 42, 43 DS-GVO orientieren sich am Vorbild der Umwelt-Auditverordnung, lassen selbst aber klare Regelungen zum Verfahrensablauf vermissen (Ehmann/Selmayr/Will DS-GVO Art. 42 Rn. 4).

Eine Zertifizierung erfolgt gem. Art. 42 Abs. 5 DS-GVO entweder durch eine akkreditierte Zertifizierungsstelle oder durch die zuständige Datenschutzaufsichtsbehörde. Die deutschen Behörden haben bislang selbst keine Zertifizierungen ausgestellt. Der EDSA hat sowohl für die Akkreditierung von Zertifizierungsstellen (Leitlinien 4/2018 zur Akkreditierung von Zertifizierungsstellen gemäß Artikel 43 der Datenschutz-Grundverordnung (2016/679), Version 3.0 v. 4.6.2019) als auch für Zertifizierungen und Zertifizierungskriterien (EDSA Leitlinien 1/2018 für die Zertifizierung und Ermittlung von Zertifizierungskriterien nach den Artikeln 42 und 43 der Verordnung (EU) 2016/679, Version 3.0 v. 4.6.2019) Leitlinien veröffentlicht.

Die Akkreditierung von Zertifizierungsstellen erfolgt durch die Deutsche Akkreditierungsstelle (DAkkS) gemeinsam mit der zuständigen Datenschutzaufsichtsbehörde (§ 39 BDSG). Die Antragstellung auf eine Akkreditierung als Zertifizierungsstelle ist in Deutschland seit dem 1.1.2019 möglich, jedoch wurde bislang, wie eingangs dargestellt, erst eine Stelle akkreditiert.

Die Kriterien für eine Zertifizierung werden von den Zertifizierungsstellen erarbeitet und im Rahmen des Akkreditierungsprozesses durch die Aufsichtsbehörde genehmigt (Art. 57 Abs. 1 lit. n iVm Art. 42 Abs. 5 DS-GVO). Nach der Genehmigung sollen die Kriterien von der Aufsichtsbehörde veröffentlicht werden (Art. 43 Abs. 6 S. 2 DS-GVO). Die Kommission kann u.a. technische Standards für Zertifizierungsverfahren festlegen (Art. 43 Abs. 9 DS-GVO). Der EDSA kann im Rahmen der Genehmigungsprüfung auch das Europäische Datenschutzsiegel für die genehmigten Kriterien vergeben (Kühling/Buchner/Bergt/Pesch DS-GVO Art. 42 Rn. 18). Dies hat der EDSA in seiner „Stellungnahme 28/2022 zu den Europrivacy-Zertifizierungskriterien in Bezug auf ihre Genehmigung als Europäisches Datenschutzsiegel durch den Ausschuss gemäß Artikel 42 Absatz 5 (DSGVO)" (angenommen am 10.10.2022) bisher nur einmal getan. Der EDSA führt eine Liste mit Zertifizierungsmechanismen, Siegeln und Prüfzeichen unter https://www.edpb.europa.eu/our-work-tools/accountability-tools/certification-mechanisms-seals-and-marks_de. Im April 2024 hatte die Liste ganze vier Einträge.

Da das Angebot an formellen Zertifikaten nach der DS-GVO weiterhin ausgesprochen gering ist und die Verfahren ausgesprochen komplex sind, ist damit zu rechnen, dass zumindest auf absehbare Zeit **alternative Zertifizierungen durch private Stellen** weiterhin am Markt angeboten und nachgefragt werden. Aus der DS-GVO ergibt sich kein grundsätzliches Verwendungsverbot für private Zertifizierungen, die nicht den Anforderungen der Art. 42, 43 DS-GVO entsprechen (Kühling/Buchner/Bergt/Pesch DS-GVO Art. 42 Rn. 17). Allerdings werden Verwender und Anbieter sicherzustellen haben, dass die von Ihnen genutzten und angebotenen Zertifikate nicht den Eindruck erwecken, Zertifizierungen iSd Art. 42, 43 DS-GVO zu sein. In der Praxis drohen bei der unlauteren Verwendung von nicht grundverordnungskonformen Zertifikaten **wettbewerbsrechtliche Abmahnungen** wegen Irreführung. Regelmäßig wird ein ausdrücklicher und deutlicher Hinweis erforderlich sein, dass es sich nicht um eine Zertifizierung iSd Art. 42, 43 DS-GVO handelt (Kühling/Buchner/Bergt/Pesch DS-GVO Art. 42 Rn. 36). Maßnahmen der Aufsichtsbehörden nach Art. 58 und 83 DS-GVO sind zudem denkbar, wenn im Übrigen Verstöße gegen die DS-GVO vorliegen.

Vor diesem Hintergrund können alternative Zertifikate und Siegel sowohl für Verantwortliche als auch für Auftragsverarbeiter wichtige und geeignete Mittel sein, die eigenen Datenschutzstandards gegenüber Kunden und Geschäftspartnern, aber auch gegenüber den Aufsichtsbehörden sichtbar zu machen.

Für Verantwortliche und Auftragsverarbeiter stellt sich daher die Frage, wie sie **aussagekräftige und vertrauenswürdige alternative Zertifikate** von reinen Marketing-Zertifikaten unterscheiden und wie sie einem angebotenen Zertifikat den richtigen datenschutzrechtlichen Aussagegehalt beimessen können. Wichtig für die Beurteilung alternativer Zertifikate ist, an welcher Stelle die alternativen Zertifikate von Grundanforderungen der Art. 42 f. DS-GVO abweichen, wenn man die Zertifikatserteilung durch eine akkreditierte Zertifizierungsstelle anhand genehmigter Kriterien außer Betracht lässt. Die nachfolgende **Checkliste** führt Kriterien auf, die entweder unmittelbar den Art. 42 f. DS-GVO entnommen sind oder die zusätzlich zu den Vorgaben der DS-GVO für die Bewertung der Belastbarkeit einer Zertifizierung hilfreich sein können. Jedes „Nein" bei der Prüfung nach der Checkliste mindert die Belastbarkeit des Zertifikats.

## Checkliste zu Zertifizierungen

| Nr. | Anforderung | Erfüllt? |
|---|---|---|
| 1. | Die Zertifizierung bezieht sich auf eine oder mehrere konkret beschriebene, klar abgrenzbare Verarbeitungen.[1] | ☐ ja ☐ nein |
| 2. | Die zertifizierten Verarbeitungen sind aus dem Zertifikat klar erkennbar.[2] | ☐ ja ☐ nein |
| 3. | Die Zertifizierung beruht nicht nur auf der Prüfung von Angaben des Antragstellers, sondern (auch) auf einer eigenen Prüfung der Verarbeitung(en) durch den Prüfer.[3] | ☐ ja ☐ nein |
| 4. | Die Prüfkriterien sowie Art und Umfang der Prüfungen sind öffentlich zugänglich.[4] | ☐ ja ☐ nein |
| 5. | Die Prüfkriterien decken alle Anforderungen der DS-GVO ab, denen die zertifizierte Verarbeitung unterliegt.[5] | ☐ ja ☐ nein |
| 6. | Die Echtheit und der Bestand des Zertifikats lassen sich von jedermann jederzeit leicht überprüfen, zB durch eine öffentlich zugängliche Datenbank auf der Webseite der Zertifizierungsstelle.[6] | ☐ ja ☐ nein |
| 7. | Der Prüfbericht zu jedem Zertifikat oder eine Zusammenfassung des Prüfberichts sind öffentlich oder nach Glaubhaftmachung eines berechtigten Interesses einsehbar.[7] | ☐ ja ☐ nein |
| 8. | Das Zertifikat ist zeitlich auf maximal drei Jahre befristet.[8] | ☐ ja ☐ nein |
| 9. | Die Einhaltung der Zertifizierungskriterien wird während der Gültigkeit des Zertifikats überwacht.[9] | ☐ ja ☐ nein |
| 10. | Der Widerruf der Zertifizierung bei Verstoß gegen die Zertifizierungsregelungen ist vorgeschrieben.[10] | ☐ ja ☐ nein |
| 11. | Die Zertifizierungsstelle ist bei der Prüfung frei von Interessenskonflikten.[11] | ☐ ja ☐ nein |
| 12. | Die Zertifikatserteilung erfolgt nicht durch den Prüfer selbst, sondern durch eine neutrale Zertifizierungsstelle.[12] | ☐ ja ☐ nein |

## Anmerkungen

**1. Zertifizierung von konkreten Verarbeitungen.** Gegenstand einer Zertifizierung nach Art. 42f. DS-GVO können stets nur einzelne, konkret benannte Datenverarbeitungen sein; die Zertifizierung einer Organisation oder eines Unternehmens ist in der DS-GVO nicht vorgesehen (Ehmann/Selmayr/Schweinoch/Will DS-GVO Vor Art. 40 Rn. 8; vgl. auch Kühling/Buchner/Bergt/Pesch DS-GVO Art. 42 Rn. 3). Zwar ist die Prüfung einer gesamten Organisation oder Organisationseinheit auf die

Einhaltung der DS-GVO nicht generell ausgeschlossen, es sollte aber stets geprüft werden, ob die behauptete Prüfung einer gesamten Organisation oder Organisationseinheit auch in der erforderlichen Tiefe erfolgt ist (→ Anm. 3, 4). Pauschale Angaben wie „Geprüfter Datenschutz“ sollten stets kritisch hinterfragt werden.

**2. Angabe der konkret zertifizierten Verarbeitung.** Die Art. 42 f. DS-GVO enthalten keine konkreten Vorgaben zur inhaltlichen und grafischen Gestaltung von Zertifikatsurkunden, allerdings normiert Art. 42 Abs. 3 DS-GVO ein weit gefasstes Transparenzgebot für das gesamte Zertifizierungsverfahren (Ehmann/Selmayr/Will DS-GVO Art. 42 Rn. 23). Insofern ist sowohl für Zertifizierungen nach Art. 42 f. DS-GVO als auch für alternative Zertifikate erforderlich, dass diese die jeweils konkret zertifizierte Verarbeitung klar benennen. Nach den Vorgaben des EDSA müssen die Ziele des Zertifizierungsmechanismus und das Ziel der Überprüfung klar beschrieben sein (EDSA Leitlinien 1/2018 für die Zertifizierung und Ermittlung von Zertifizierungskriterien nach den Artikeln 42 und 43 der Verordnung (EU) 2016/679, Version 3.0 v. 4.6.2019, Anhang 2 Nr. 2).

**3. Eigene Prüfung der Verarbeitung durch einen Prüfer.** Eine Vielzahl von aktuell angebotenen „Datenschutz-Siegeln“ beschränkt sich bei der Prüfung entweder auf Angaben des Auftraggebers oder auf die Existenzprüfung einer Mindestdokumentation (bspw. dem Vorhandensein einer „Datenschutzerklärung“ auf der Webseite). In etlichen Fällen findet keine inhaltliche Prüfung der Dokumente statt – geschweige denn eine Prüfung der Verarbeitung selbst. Für eine Zertifizierung nach Art. 42 f. DS-GVO muss der Verantwortliche (bzw. der Auftragsverarbeiter) nicht nur alle erforderlichen Informationen zur Verfügung stellen, sondern der Zertifizierungsstelle auch Zugang zu den zu prüfenden Verarbeitungstätigkeiten gewähren (Art. 42 Abs. 6 DS-GVO). Damit unterstreicht der Verordnungsgeber, dass die Zertifizierung auf Grundlage einer umfassenden Prüfung der Verarbeitung erfolgen muss (Ehmann/Selmayr/Will DS-GVO Art. 42 Rn. 40), allein die Prüfung vorgelegter Dokumente reicht für eine Zertifizierung nicht aus. Zwar kann auch eine Prüfung allein der Datenschutzdokumentation bereits wichtige Erkenntnisse über einen Verantwortlichen oder Auftragsverarbeiter bringen; eine Zertifizierung allein der Dokumentation wäre jedoch gegenüber der konkreten Prüfung und Zertifizierung der konkreten Verarbeitung ein erhebliches Minus und würde nicht der gesetzlichen Anforderung entsprechen, wonach die Entscheidung über eine Zertifizierung auf vollständiger und richtiger Tatsachengrundlage getroffen werden muss (zu dieser Anforderung Kühling/Buchner/Bergt/Pesch DS-GVO Art. 42 Rn. 20).

**4. Transparenz der Prüfkriterien und des Umfangs der Prüfung.** Obwohl eine seriöse Bewertung von Prüfungen und Zertifizierungen ohne Kenntnis der konkret angewendeten Prüfkriterien und des Umfangs der durchgeführten Prüfung unmöglich ist, scheint es derzeit weit verbreitete Praxis zu sein, dass selbst ernannte Prüfstellen ihre Prüfkriterien und den Umfang der jeweiligen Prüfungen nicht offenlegen – nicht einmal auf Nachfrage und Hinweis auf ein berechtigtes Interesse oder gar mit Zustimmung des geprüften Unternehmens. Derartige Prüfungen sind mit den Anforderungen von Art. 42, 43 DS-GVO nicht vereinbar. Die Veröffentlichung der Prüfkriterien ist ein zentrales Element des Transparenzgebotes (Ehmann/Selmayr/Will DS-GVO Art. 42 Rn. 4; Kühling/Buchner/Bergt/Pesch DS-GVO Art. 43 Rn. 22). Ohne Kenntnis der Prüfkriterien ist eine Bewertung der erteilten Zertifizierung nicht möglich und die Zertifizierung läuft Gefahr, als datenschutzrechtlich irrelevantes Marketingmittel eingestuft zu werden. Die DS-GVO schreibt in Art. 43 Abs. 6 eine Veröffentlichung der Zertifizierungskriterien durch die Aufsichtsbehörde zwingend vor. Hierfür bietet sich vor allem das Internet an; aus Transparenzgründen wäre es zudem wünschenswert, wenn der EDSA eine EU-weite Liste der Kriterien veröffentlichen würde (Kühling/Buchner/Bergt/Pesch DS-GVO Art. 43 Rn. 22). Bisher hat der EDSA eine Leitlinie für die Zertifizierung und für Zertifizierungskriterien herausgegeben (EDSA Leitlinien 1/2018 für die Zertifizierung und Ermittlung von Zertifizierungskriterien nach den Artikeln 42 und 43 der Verordnung (EU) 2016/679, Version 3.0 v. 4.6.2019). Das „Register of certification mechanisms, seals and marks" wird auf der Webseite des EDSA veröffentlicht. Die DSK hat eine kurze Information (DSK Kurzpapier Nr. 9 Zertifizierung nach Art. 42 DS-GVO) herausgegeben. Für Deutschland werden die Zertifizierungsprogramme einschließlich der genehmigten Kriterien in der Programmdatenbank der DAkkS unter www.dakks.de veröffentlicht.

Die Verwendung von Datenschutzzertifikaten, die nicht den Anforderungen der Art. 42f. DS-GVO entsprechen, ist als Irreführung wettbewerbswidrig, wenn nicht deutlich auf den Umstand hingewiesen wird, dass es sich nicht um eine Zertifizierung nach der DS-GVO handelt (Kühling/Buchner/Bergt/Pesch DS-GVO Art. 42 Rn. 36).

**5. Umfassender Prüfungskatalog.** Eine Vielzahl der heute angebotenen „Datenschutz-Siegel" prüft allenfalls einen kleinen Ausschnitt aus dem datenschutzrechtlichen Pflichtenkatalog, im Extremfall etwa nur das Vorhandensein einer Datenschutzerklärung auf der Webseite, nicht einmal deren Korrektheit. Selbst wenn der Zweck der Verbrauchertäuschung nicht so offen zutage tritt wie im vorgenannten Fall, ist ein Siegel wertlos, das zwar etwa prüft, ob der Webshop HTTPS-verschlüsselt ist, aber unverschlüsselt per E-Mail versandte Bestellbestätigungen mit personenbezogenen Daten ignoriert (dies ist unzulässig, Grüneberg/Grüneberg BGB § 312i Rn. 7; Bergt NJW 2011, 3752), möglicherweise nicht einmal Transportverschlüsselung verlangt. So müssen u.a. die Erlaubnisnormen für die Datenverarbeitung (einschließlich ggf. der Wirksamkeit der Einwilligung), die Erfüllung der Betroffenenrechte (einschließlich bspw. des Vorhandenseins eines Löschkonzepts mit festgelegten Löschfristen, Art. 17 DS-GVO, und deren Kommunikation, Art. 13 Abs. 2 lit. a und Art. 14 Abs. 2 lit. a DS-GVO, sowie ggf. einer manuellen Überprüfungsmöglichkeit für negative Scoring-Ergebnisse, Art. 22 Abs. 3 DS-GVO), die Einhaltung der allgemeinen und speziellen Verarbeitungspflichten (etwa „Privacy by Design" und „Privacy by Default", Art. 25 DS-GVO, ordnungsgemäße Auftragsverarbeitungsverträge, Art. 28 DS-GVO, die technisch-organisatorische Sicherheit, Art. 32 DS-GVO) und die Einhaltung der Vorschriften für Datenexporte in Drittstaaten (Art. 44 DS-GVO) überprüft werden. Die zu zertifizierende Verarbeitung muss umfassend geprüft werden, eine Beschränkung auf Teilaspekte genügt nicht (EDSA Leitlinien 1/2018 für die Zertifizierung und Ermittlung von Zertifizierungskriterien nach den Artikeln 42 und 43 der Verordnung (EU) 2016/679, Version 3.0 v. 4.6.2019 Rn. 48).

**6. Überprüfbarkeit der Zertifizierung.** Sämtliche Prüfverfahren und Zertifizierungen sind gem. Art. 42 Abs. 8, 43 Abs. 6 und 70 Abs. 1 lit. o DS-GVO durch den EDSA in einem zentralen Register zu veröffentlichen (Kühling/Buchner/Dix DS-GVO Art. 70 Rn. 15). Dadurch ist sichergestellt, dass die Zertifizierung und ihr aktuelles Bestehen von jedermann bei einer neutralen Stelle überprüft werden können. Ohne ein solches zentrales Register besteht das Risiko, dass gefälschte Zertifikate im Verkehr genutzt werden, ohne dass die Fälschung leicht aufgedeckt werden kann. Insofern sollte auch bei alternativen Zertifikaten zumindest die Zertifizierungsstelle stets eine aktuelle, öffentlich zugängliche Liste der aktiven Zertifikate vorhalten und pflegen.

**7. Zugänglichkeit des Prüfberichts.** Die Publizitätspflichten nach Art. 42, 43 DS-GVO sind auf die Veröffentlichung der erfolgten Zertifizierungen und die Benennung der akkreditierten Zertifizierungsstellen beschränkt. Eine Pflicht zur Veröffentlichung von Prüfberichten oder von Zusammenfassungen von Prüfberichten im Rahmen der Zertifizierung sieht die DS-GVO selbst nicht vor. Allerdings fordert der EDSA eine vollständige Dokumentation der Prüfung und eine Veröffentlichung der Ergebnisse jedenfalls dergestalt, dass eine Vergleichbarkeit der Ergebnisse gewährleistet ist (EDSA Leitlinien 4/2018 zur Akkreditierung von Zertifizierungsstellen gemäß Artikel 43 der Datenschutz-Grundverordnung (2016/679), Version 3.0 v. 5.6.2019, Rn. 66). Teilweise nutzen private Zertifizierungsgesellschaften die Veröffentlichung von Prüfberichten oder von für die Öffentlichkeit zusammengefassten Prüfberichten zur Erhöhung der Transparenz und damit der Nachvollziehbarkeit von Zertifizierungsentscheidungen. Derartige Veröffentlichungen sind geeignet, das Vertrauen in das alternative Zertifikat zu stärken. Aus Sicht der Zertifizierungsstelle ist dabei jedoch jeweils zu beachten, dass durch die Veröffentlichung des Prüfberichts weder Geschäftsgeheimnisse des Zertifizierten noch potenzielle Sicherheitslücken in den Systemen des Zertifizierten für Dritte erkennbar werden.

**8. Zeitliche Beschränkung des Zertifikats.** Zertifizierungen dürfen nach Art. 42 Abs. 7 S. 1 DS-GVO nur befristet für maximal drei Jahre vergeben werden. Eine Verlängerung des Zertifikats ist möglich, wenn die Voraussetzungen der Zertifizierung weiterhin gegeben sind. Dies muss von der Zertifizierungsstelle erneut geprüft werden. Aufgrund der ständig fortschreitenden technischen Entwicklung erscheint eine Befristung für jede Art von Zertifizierung zwingend erforderlich, anderenfalls könnten veraltete Sicherheitsmaßnahmen dauerhaft als angemessen zertifiziert werden. Art. 32 Abs. 1 lit. d DS-GVO sieht zudem vor, dass Verantwortliche und Auftragsverarbeiter Verfahren zur regelmäßigen Überprüfung, Bewertung und Evaluierung der Wirksamkeit von technischen und organisatorischen Maßnahmen zur Gewährleistung der Sicherheit der Verarbeitung einsetzen müssen. Sofern sich technische oder organisatorische Maßnahmen als nicht mehr angemessen herausstellen, bedarf es unter Berücksichtigung des risikobasierten Ansatzes der DS-GVO einer Anpassung der technischen und organisatorischen Maßnahmen (Kühling/Buchner/Jandt DS-GVO Art. 32 Rn. 29). Ob eine entsprechende Anpassung stattgefunden hat, lässt sich nur im Rahmen einer erneuten Prüfung durch die Zertifizierungsstelle feststellen, weshalb eine zeitliche Beschränkung für jede Art von seriöser Zertifizierung zwingend erforderlich ist.

**9. Überwachung des Zertifikats.** Nach Art. 42 Abs. 7 iVm Art. 43 Abs. 2 lit. c DS-GVO muss die Zertifizierungsstelle auch während der Gültigkeit einer Zertifizierung regelmäßige Überprüfungen vornehmen. Überprüfungen können sowohl als Stichprobenkontrollen durchgeführt werden als auch in Folge konkreter Beschwerden oder Auffälligkeiten (Kühling/Buchner/Bergt/Pesch DS-GVO Art. 42 Rn. 22). Stichprobenkontrollen müssen zumindest in einem Umfang erfolgen, dass eine realistische Gefahr der Entdeckung von Verstößen besteht. Ist eine entsprechende Pflicht der Zertifizierungsstelle für alternative Zertifizierungen nicht in den Zertifizierungskriterien vorgesehen, so besteht die Gefahr, dass der Zertifizierte unmittelbar nach Erteilung des Zertifikats von den geprüften Rahmenbedingungen der Verarbeitung abweicht und dennoch weiter als zertifiziert gilt. Das Fehlen einer entsprechenden Überwachungspflicht wäre daher ein erhebliches Minus gegenüber den Anforderungen für Zertifizierungen nach Art. 42, 43 DS-GVO. Ein Hinweis auf eine Zertifizierung, obwohl deren Anforderungen nicht mehr eingehalten werden, ist wettbewerbswidrig (Kühling/Buchner/Bergt/Pesch DS-GVO Art. 42 Rn. 36).

Für Zertifizierungen nach Art. 42, 43 DS-GVO sieht der EDSA vor, dass die Zertifizierungsstelle die eigenen Prüfkriterien einer fortlaufenden Überprüfung unterziehen und sie ggf. ändern oder anpassen muss, zB bei Änderung der Rechtslage (EDSA Leitlinien 1/2018 für die Zertifizierung und Ermittlung von Zertifizierungskriterien nach den Artikeln 42 und 43 der Verordnung (EU) 2016/679, Version 3.0 v. 4.6.2019 Rn. 75). Für seriöse alternative Zertifikate muss ebenfalls ein Mechanismus vorhanden sein, der sicherstellt, dass die Anforderungen des Zertifikats aktuell sind.

**10. Widerruf der Zertifizierung.** Wird im Rahmen einer Überprüfung festgestellt, dass die Voraussetzungen der Zertifizierung nicht (mehr) vorliegen, so muss die Zertifizierung nach Art. 42 Abs. 7 S. 2 DS-GVO widerrufen werden. Dazu ist auch die Aufsichtsbehörde befugt (Art. 58 Abs. 2 lit. h DS-GVO). Nur wenn die Zertifizierungsstelle in konkret beschriebenen Situationen das Recht und zugleich die Pflicht hat, eine erteilte Zertifizierung zu widerrufen, besteht ausreichender Anlass für den Zertifizierten, die Voraussetzung der Zertifizierung dauerhaft aufrechtzuerhalten. Insofern ist die Widerrufsmöglichkeit ein wichtiges Kriterium für die Bewertung von alternativen Zertifizierungen.

Für Zertifizierungen nach Art. 42 f. DS-GVO muss nach Art. 43 Abs. 2 lit. d DS-GVO zudem sichergestellt sein, dass die Zertifizierungsstelle Beschwerden über die Verletzung von Zertifizierungen oder die Art und Weise, wie eine zertifizierte Organisation mit der Zertifizierung umgeht, überprüft. Entsprechende Anforderungen finden sich auch in der Leitlinie des EDSA (EDSA Leitlinien 4/2018 zur Akkreditierung von Zertifizierungsstellen gemäß Artikel 43 der Datenschutz-Grundverordnung (2016/679)) Version 3.0 v. 4.6.2019, Anhang 1 Ziff. 4.1.2 Nr. 8, Ziff. 7.13).

**11. Keine Interessenkonflikte der Zertifizierungsstelle.** Die Zertifizierungsstelle muss frei von personellen, gesellschaftsrechtlichen oder sonst wirtschaftlichen Verknüpfungen mit der zu zertifizierenden Organisation sein, anderenfalls wäre ihre Unabhängigkeit eingeschränkt (Kühling/Buchner/Bergt/Pesch DS-GVO Art. 43 Rn. 8, Art. 41 Rn. 7; Gola/Heckmann/Lepperhoff DS-GVO Art. 43 Rn. 19). Auch eine erst kurz zurückliegende oder noch anhaltende Beratertätigkeit leitender Angestellter für das zu zertifizierende Unternehmen führt regelmäßig zu einem Interessenkonflikt (Gola/Heckmann/Lepperhoff DS-GVO Art. 43 Rn. 19; vgl. Kühling/Buchner/Bergt/Pesch DS-GVO Art. 43 Rn. 8, Art. 41 Rn. 7).

**12. Unabhängigkeit von Prüfer und Zertifizierungsstelle.** Die Art. 42 f. DS-GVO machen keine konkreten Vorgaben dazu, ob und ggf. in welcher Weise ein Zertifizierungsverfahren mehrstufig abzulaufen hat. Im Rahmen der derzeit angebotenen privaten Datenschutzsiegel ist vielfach zu beobachten, dass die private Zertifizierungsstelle die Prüfung und im Anschluss daran auch die Vergabe des Zertifikats selbst vornimmt. Einer solchen Konstellation ist das Risiko immanent, dass die selbst prüfende Zertifizierungsstelle in Anbetracht der meist nicht unerheblichen Kosten einer Zertifizierung ein gewisses eigenes Interesse an der Erteilung des Zertifikates entwickelt. Teilweise haben sich aber auch Modelle entwickelt, in denen ein von der Zertifizierungsstelle unabhängiger Auditor die Prüfung bei dem zu Zertifizierenden durchführt, einen Prüfbericht darüber erstellt und eine Empfehlung für oder gegen die Zertifikatserteilung ausspricht. Die Zertifizierungsstelle selbst prüft dann den Auditbericht, kann Nachprüfungen verlangen und anschließend auf Grundlage des Auditberichts und etwaiger Nachprüfungen unabhängig über die Vergabe des Zertifikats entscheiden. Eine Pflicht zur Vornahme einer solchen Trennung der Aufgaben ist der DS-GVO nicht zu entnehmen. Sie ist allerdings in anderen anerkannten Zertifizierungsverfahren (zB ISO 27001) üblich.

## V. Sicherheit der Verarbeitung und risikobasierter Ansatz

### 1. Ziele der Maßnahmen zur Sicherheit der Verarbeitung

Gegenüber Art. 17 DS-RL wurde Art. 32 DS-GVO dahingehend **konkretisiert,** dass sich die technischen und organisatorischen Maßnahmen an Art, Umfang, Umständen und Zwecken der Verarbeitung zu orientieren haben, dass bei den Risiken sowohl deren Schwere (hinsichtlich eines damit verbundenen physischen, materiellen oder immateriellen Schadens) als auch Eintrittswahrscheinlichkeit zu ermitteln sind (entsprechend gängigen Risikomanagementverfahren) und welche Maßnahmen ausdrücklich als geeignet angesehen werden. Die Berücksichtigung des Standes der Technik, der mit der Verarbeitung verbundenen Risiken und der Schutzziele Vertraulichkeit, Integrität und Verfügbarkeit waren bereits in Art. 17 Abs. 1 DS-RL vorgesehen, wobei die Ziele dort nicht explizit so aufgelistet wurden. Der Sicherheit der Verarbeitung durch Ergreifung geeigneter technischer und organisatorischer Maßnahmen wird in der DS-GVO insgesamt ein höheres Gewicht verliehen als in der DS-RL oder dem BDSG aF bzw. in weiteren Spezialvorschriften.

**Neu hinzugekommen** ist, dass die Ergreifung unzureichender Maßnahmen bußgeldbewehrt ist, dass die ergriffenen Maßnahmen regelmäßig hinsichtlich ihrer Wirksamkeit zu überprüfen sind und dass die Systeme und Dienste, mit denen personenbezogene Daten verarbeitet werden, auch belastbar sein müssen, dh störungsresistent. Die Güte der getroffenen Maßnahmen wird entlastend bei der Festsetzung von Bußgeldern berücksichtigt. Die Eignung der Maßnahmen wiederum wird bewertet anhand der von der betreffenden Verarbeitung ausgehenden Risiken einer Verletzung des Schutzes personenbezogener Daten und ihrer möglichen Folgen für die Rechte und Freiheiten natürlicher Personen sowie ob ihrer Angemessenheit unter Berücksichtigung des Stands der Technik, der Implementierungskosten und der Art, des Umfangs, der Umstände und der Zwecke dieser Verarbeitung.

**Verstöße** gegen die Grundsätze für die Verarbeitung und insbesondere auch gegen den Grundsatz der Integrität und Vertraulichkeit aus Art. 5 Abs. 1 lit. f DS-GVO können nach Art. 83 Abs. 5 lit. a DS-GVO mit Geldbußen von bis zu 20 Mio. EUR oder im Fall eines Unternehmens von bis zu 4 Prozent seines gesamten weltweit erzielten Jahresumsatzes des vorangegangenen Geschäftsjahrs geahndet werden, je nachdem, welcher der Beträge höher ist.

Jeder an einer Verarbeitung beteiligte Verantwortliche haftet zudem nach Art. 82 Abs. 2 DS-GVO für den Schaden, der durch eine nicht dieser Verordnung entsprechende Verarbeitung verursacht wurde. Eine Person, die von einem Verstoß gegen die DS-GVO betroffen ist, muss jedoch den Nachweis erbringen, dass die nachteiligen Folgen des Verstoßes ursächlich für den geltend gemachten Schaden waren. Ein Auftragsverarbeiter haftet für den durch eine Verarbeitung verursachten Schaden nur dann, wenn er speziell den ihm als Auftragsverarbeiter auferlegten Pflichten aus der DS-GVO nicht nachgekommen ist oder unter Nichtbeachtung der rechtmäßig erteilten Anweisungen des für die Datenverarbeitung Verantwortlichen oder gegen diese Anweisungen gehandelt hat.

Nach Art. 32 Abs. 1 lit. b DS-GVO müssen Systeme oder Dienste, mit denen personenbezogene Daten verarbeitet werden, die **Schutzziele** Vertraulichkeit, Integrität, Verfügbarkeit und Belastbarkeit berücksichtigen. Dies kann anhand von Art. 32 Abs. 2 DS-GVO und Art. 32 Abs. 1 lit. c DS-GVO wie folgt konkretisiert werden.

**Schutzziele und deren Anforderungen aus der DS-GVO**

| Schutzziel | Definition | Anforderung aus der DS-GVO |
|---|---|---|
| Vertraulichkeit (confidentiality)[1] | Eigenschaft, dass die Information unbefugten Personen, Entitäten oder Prozessen nicht verfügbar gemacht oder offengelegt wird (ISO/IEC 27000, Abschnitt 2.12) | keine unbefugte Offenlegung von personenbezogenen Daten |
| | | kein unbefugter Zugang zu personenbezogenen Daten, die übermittelt, gespeichert oder auf sonstige Weise verarbeitet werden |
| Integrität (integrity)[1] | Eigenschaft der Richtigkeit und Vollständigkeit (ISO/IEC 27000, Abschnitt 2.40) | keine unbeabsichtigte oder unrechtmäßige Veränderung von personenbezogenen Daten |
| | | keine unbeabsichtigte oder unrechtmäßige Vernichtung von personenbezogenen Daten |
| | | kein unbeabsichtigter oder unrechtmäßiger Verlust von personenbezogenen Daten |
| Verfügbarkeit (availability)[2] | Eigenschaft der Zugänglichkeit und Nutzbarkeit, wenn eine befugte Entität Bedarf hat (ISO/IEC 27000, Abschnitt 2.9) | keine unbeabsichtigte oder unrechtmäßige Vernichtung von personenbezogenen Daten |
| | | kein unbeabsichtigter oder unrechtmäßiger Verlust von personenbezogenen Daten |
| | | rasche Wiederherstellung der Verfügbarkeit von bzw. dem Zugang zu personenbezogenen Daten bei einem physischen oder technischen Zwischenfall |
| Belastbarkeit (resilience)[2] | Fähigkeit einer Organisation, einer Beeinträchtigung durch Störung zu widerstehen (ISO/IEC 27031, Abschnitt 3.14) | rasche Wiederherstellung der Verfügbarkeit von bzw. dem Zugang zu personenbezogenen Daten bei einem physischen oder technischen Zwischenfall |

## Anmerkungen

**1. Schutzziele Integrität und Vertraulichkeit.** Nach Art. 5 Abs. 1 lit. f DS-GVO müssen personenbezogene Daten in einer Weise verarbeitet werden, die eine ange-

messene Sicherheit der personenbezogenen Daten gewährleistet. Dies beinhaltet den Schutz vor
- unbefugter Verarbeitung
- unrechtmäßiger Verarbeitung
- unbeabsichtigtem Verlust
- unbeabsichtigter Zerstörung
- unbeabsichtigter Schädigung

Ein entsprechender Schutz ist durch geeignete technische und organisatorische Maßnahmen zu gewährleisten.

Kommt es zu einer Verletzung des Schutzes personenbezogener Daten iSv Art. 4 Nr. 12 DS-GVO, können sich daraus Meldepflichten nach Art. 33 und 34 DS-GVO ergeben (→ Form. C. VI.). Nach Art. 82 Abs. 1 DS-GVO hat zudem jede Person, der wegen eines Verstoßes gegen diese Verordnung ein materieller oder immaterieller Schaden entstanden ist, Anspruch auf Schadensersatz gegen den Verantwortlichen oder gegen den Auftragsverarbeiter.

Eine Verletzung der Schutzziele Integrität und Vertraulichkeit kann gem. Art. 83 Abs. 5 lit. a DS-GVO ein höheres Bußgeld auslösen als eine Verletzung der Schutzziele Verfügbarkeit und Belastbarkeit, da die Schutzziele Integrität und Vertraulichkeit in Art. 5 Abs. 1 lit. f DS-GVO als Grundsätze verankert sind und deren Verletzung im neuen Bußgeldkonzept der Datenschutzkonferenz, veröffentlicht im Oktober 2019, als materieller Verstoß eingestuft ist. Verfügbarkeit und Belastbarkeit unterfallen demgegenüber dem „kleinen" Bußgeld für formelle Verstöße nach Art. 83 Abs. 4 lit. a DS-GVO. Materielle Verstöße schlagen in der Regel mit einem doppelten Faktor bei der Berechnung der Bußgelder zu Buche (siehe Nr. 8 unter www.datenschutzkonferenz-online.de/media/ah/20191016_bußgeldkonzept.pdf).

Gemäß der vom EDSA am 24.5.2023 angenommenen Leitlinien 04/2022 für die Berechnung von Geldbußen im Sinne der DS-GVO hängt die Schwere des Verstoßes maßgeblich ab von
- der Art der Verarbeitung, inklusive ihres Kontextes,
- dem Umfang der Verarbeitung,
- dem Zweck der Verarbeitung (wobei gilt: je eher Kerntätigkeit des Verantwortlichen, desto schwerwiegender),
- der Zahl der Betroffenen (wobei gilt: je höher, desto systemischer) und
- der Höhe des erlittenen Schadens.

Zudem wird einem Verstoß von längerer Dauer mehr Gewicht beigemessen. Bei hohem Schweregrad wird bei der Berechnung der Geldbuße ein Wert zwischen 20 und 100 Prozent des anwendbaren gesetzlichen Höchstmaßes angesetzt, bei mittlerem Schweregrad zwischen 10 und 20 Prozent und bei einem geringen Schweregrad zwischen 0 und 10 Prozent.

Die Verhängung der Geldbuße muss jedoch nach Art. 83 Abs. 1 DS-GVO im Einzelfall wirksam, verhältnismäßig und abschreckend sein, wobei die wirtschaftliche Überlebensfähigkeit des Unternehmens auf Basis der letzten fünf Jahre und der Prognosen für die nächsten beiden Jahre in der Regel durch die Geldbuße nicht gefährdet sein darf. Bei Unternehmen mit einem Jahresumsatz bis 2 Mio. EUR soll der Betrag zwischen 0,2 und 0,4 Prozent des Ausgangsbetrags liegen, bei Unternehmen mit einem Jahresumsatz über 2 Mio. EUR bis 10 Mio. EUR dagegen zwischen 0,3 und 2 Prozent, bei Unternehmen mit einem Jahresumsatz über 10 Mio. EUR bis 50 Mio. EUR zwischen 1,5 und 10 Prozent, bei Unternehmen mit einem Jahresumsatz über 50 Mio. EUR bis 100 Mio. EUR zwischen 8 und 20 Prozent, bei Unternehmen mit einem Jahresumsatz über 100 Mio. EUR bis 250 Mio. EUR zwischen 15 und 50 Prozent, bei Unternehmen mit einem Jahresumsatz über 250 Mio. EUR bis 500 Mio. EUR zwischen 40 und 100 Prozent und bei Unternehmen mit einem Jahresumsatz über 500 Mio. EUR ohne Anpassung des ermittelten Ausgangsbetrags. Für konzernangehörige Unternehmen ist hierbei auf die wirtschaftliche Einheit iSv Art. 101 und 102 AEUV abzustellen (Wybitul/Brink ZD 2024, 137 (141)). Eine Ahndung mittels Geldbuße kommt jedoch nur dann zum Tragen, wenn der zugrunde liegende Verstoß durch die juristische Person vorsätzlich oder zumindest fahrlässig begangen wurde (Roßnagel/Rost ZD 2024, 183 (187)).

Bei den dokumentierten technischen und organisatorischen Maßnahmen ist es von Vorteil, ausdrücklich auszuweisen, welchem Schutzziel die einzelne Maßnahme dient. So kann insbesondere nachgewiesen werden, dass ein ausreichender Schutz der Integrität und Vertraulichkeit der personenbezogenen Daten gewährleistet ist.

**2. Schutzziele Verfügbarkeit und Belastbarkeit.** Nach Art. 32 Abs. 1 lit. b DS-GVO müssen neben den Schutzzielen Integrität und Vertraulichkeit auch die Schutzziele Verfügbarkeit und Belastbarkeit von den Systemen und Diensten im Zusammenhang mit der Verarbeitung auf Dauer sichergestellt sein. Nach Art. 32 Abs. 1 lit. c DS-GVO haben die ergriffenen Maßnahmen die Verfügbarkeit der personenbezogenen Daten und den Zugang zu ihnen bei einem physischen oder technischen Zwischenfall, durch den die Verfügbarkeit der Daten zumindest gestört wurde, rasch wiederherzustellen.

## 2. Einführung zum risikobasierten Ansatz in der DS-GVO

Nach der ISO/IEC 27000, Abschnitt 2.68, ist unter Risiko die „Auswirkung von Ungewissheit auf Ziele" zu verstehen. Zu den gesetzten Zielen zählen einerseits unmittelbar regulatorisch vorgeschriebene Ziele, andererseits selbst gesetzte Ziele und aus Rechtsvorschriften, insbesondere dem Haftungsrecht, abgeleitete Ziele.

Im Kontext der DS-GVO gelten damit (unabhängig von den durch den Verantwortlichen und/oder Auftragsverarbeiter selbst gesteckten Zielen) als **Ziele**

- die Einhaltung der DS-GVO im Allgemeinen und
- die Reduzierung der Haftung beim Umgang mit personenbezogenen Daten im Besonderen auf das akzeptable Maß.

Als zu betrachtende **Risiken** resultieren daraus

- einerseits das Risiko der Nichteinhaltung der DS-GVO, in erster Linie sanktioniert durch entsprechende Bußgeldvorschriften
- andererseits das Risiko auf Schadensersatz durch Verarbeitung personenbezogener Daten, die die Rechte und Freiheiten der Betroffenen nicht angemessen berücksichtigt

Erwgr. 75 DS-GVO liefert konkrete Hinweise, welche Aspekte bei der **Ermittlung der mit der Verarbeitung verbundenen Risiken** für die Rechte und Freiheiten der Betroffenen zu berücksichtigen sind.

Nach Erwgr. 89 DS-GVO gehören zu den Verarbeitungsvorgängen, die aufgrund

- ihrer Art,
- ihres Umfangs,

– ihrer Umstände und
– ihrer Zwecke

wahrscheinlich ein hohes Risiko für die Rechte und Freiheiten natürlicher Personen mit sich bringen. Dabei handelt es sich insbesondere um solche,

– bei denen neue Technologien eingesetzt werden oder die neuartig sind und
– bei denen der Verantwortliche noch keine Datenschutz-Folgenabschätzung durchgeführt hat
– bzw. bei denen aufgrund der seit der ursprünglichen Verarbeitung vergangenen Zeit eine Datenschutz-Folgenabschätzung notwendig geworden ist.

Hat gem. Art. 35 Abs. 1 DS-GVO eine Form der Verarbeitung, insbesondere

– bei Verwendung neuer Technologien
– aufgrund der Art, des Umfangs, der Umstände und der Zwecke der Verarbeitung

voraussichtlich ein hohes Risiko für die Rechte und Freiheiten natürlicher Personen zur Folge, so führt der Verantwortliche vorab eine Abschätzung der Folgen der vorgesehenen Verarbeitungsvorgänge für den Schutz personenbezogener Daten durch. Für die Untersuchung mehrerer ähnlicher Verarbeitungsvorgänge mit ähnlich hohen Risiken kann eine einzige Abschätzung vorgenommen werden.

**Zu den Risiken sind jeweils sowohl die Schwere der Folgen bei Eintritt des Risikos als auch die zu erwartende Eintrittswahrscheinlichkeit hierfür anzugeben.**

Das Risiko sollte nach Erwgr. 76 DS-GVO **anhand einer objektiven Bewertung** beurteilt werden, bei der festgestellt wird, ob die Datenverarbeitung ein Risiko oder ein hohes Risiko birgt.

Bevor eine Verarbeitung personenbezogener Daten durchgeführt wird, ist unabhängig von der Frage, ob hierzu eine Datenschutz-Folgenabschätzung nach Art. 35 DS-GVO durchzuführen ist oder nicht, zu prüfen, ob durch die geplante Verarbeitung voraussichtlich (!) ein hohes Risiko für die Rechte und Freiheiten der Betroffenen entstehen kann. Dies ist auch für bereits bestehende und noch nicht entsprechend überprüfte Verarbeitungen nach Erwgr. 89 DS-GVO im Laufe der Zeit zu prüfen. Erst nach dieser Abschätzung ist zu prüfen, welche technischen und organisatorischen Maßnahmen zu ergreifen sind, um die Schwere und/oder die Eintrittswahrscheinlichkeit des festgestellten Risikos eindämmen zu können, bis ein ausreichendes Schutzniveau besteht.

**Risikomatrix[1] zur IT-Sicherheit nach DS-GVO**

| | Schwere des potenziellen Schadens[2] | | |
|---|---|---|---|
| Eintrittswahrscheinlichkeit[3] | niedrig | normal | hoch |
| hoch | | | handeln[4] |
| normal | | prüfen[5] | |
| niedrig | akzeptieren | | |

## Anmerkungen

**1. Risikomatrix.** Im Deutschen hat sich der Begriff „Risikomatrix“ für die Darstellung einer Übersicht von Risiken etabliert, selbst wenn es sich hierbei nicht um eine Matrix im mathematischen Sinne handelt. Die Anzahl der Felder der anzuwendenden m x n Risikomatrix im angegebenen Beispiel mit m = 3 Zeilen und n = 3 Spalten ist frei wählbar. Üblicherweise lautet dabei eine wesentliche Frage, ob man eine gerade oder ungerade Anzahl bevorzugt, um die „Tendenz zur Mitte" nach eigenem Ermessen geeignet zu beeinflussen. Die identifizierten Risiken werden dabei in die betreffenden Felder in Abhängigkeit der ermittelten Werte eingeordnet und nicht an den Übergängen. Die Werte festgestellter Risiken sind in diesem Zusammenhang im mathematischen Sinne als diskret und nicht als kontinuierlich aufzufassen. Die jeweiligen Wertgrenzen sind damit überschneidungsfrei. Die von der Datenschutzkonferenz in ihrem Kurzpapier Nr. 18 dargestellte Risikomatrix entspricht soweit leider nicht dem Stand der Technik, da diese auf eine Bewertung kontinuierlicher Werte hindeutet, was methodisch unzutreffend ist, da ein Feld stets einheitlich bewertet wird. Das heißt, dass es in einem Feld der Risikomatrix keine Einträge mit unterschiedlicher Bewertung (also farblich unterschiedlich markierte Einträge) geben darf.

In der ISO/IEC 29134 (→ Form. C. III.) ist im vergleichbaren Beispiel in Abbildung D2 aus Annex D dagegen folgerichtig für eine 4 × 4-Risikomatrix eine einheitliche Bewertung der einzelnen Felder ausgewiesen. Das dort angegebene Beispiel liefert jedoch eine zu granulare Abstufung mit den dort ausgewiesenen sieben Stufen der Risikobewertung (durch Abstufung von Grautönen nachfolgend dargestellt):

| | Eintrittswahrscheinlichkeit | | | |
|---|---|---|---|---|
| Auswirkungsstufe | gering | begrenzt | wesentlich | maximal |
| maximal | prüfen | prüfen | handeln | handeln |
| wesentlich | prüfen | prüfen | prüfen | handeln |
| begrenzt | akzeptieren | prüfen | prüfen | prüfen |
| gering | akzeptieren | akzeptieren | prüfen | prüfen |

Die Bewertung hinsichtlich der Handlungserfordernisse wurde dem anschaulichen Beispiel auf der Webseite des Bayerischen Landesamts für Datenschutzaufsicht (www.lda.bayern.de/media/themen/03_dsfa_fallbeispiel_baylda_iso29134.pdf) entnommen.

Die im August 2019 veröffentlichte ISO/IEC 27701 macht an dieser Stelle keine Vorgabe zur Methodik, weist in Abschnitt 5.4.1.2 aber darauf hin, dass im Geltungsbereich des Datenschutzmanagementsystems einerseits eine Risikoanalyse zur Informationssicherheit im Hinblick auf den Verlust von Vertraulichkeit, Integrität und Verfügbarkeit durchzuführen ist und andererseits in einer Risikoanalyse zur Privatheit Risiken im Hinblick auf die Verarbeitung personenbezogener Daten zu identifizieren sind. Die Beziehung zwischen Informationssicherheit und Schutz personenbezogener Daten muss wiederum geeignet gesteuert werden, entweder indem die Risikoanalysen integriert durchgeführt werden, wie bei einem integrierten Managementsystem üblich, oder durch zwei separate Prozesse. Bei der Risikoanalyse sind die potenziellen Konsequenzen sowohl für die Organisation, sprich die datenverarbeitende Stelle (Verantwortlicher oder Auftragsverarbeiter), als auch für die betroffenen Personen zu bewerten. Bei der Risikobehandlung sind nach Abschnitt 5.4.1.3 der ISO/IEC 27701 beide Typen von Risiken einzubeziehen.

Die angegebene Risikomatrix ist dafür geeignet, beides, also Informationssicherheit und Datenschutz, mit einem Prozess abzubilden. Bei der Informationssicherheit wird hierbei die Analyse im Hinblick auf jegliche Verarbeitung von Daten durch die datenverarbeitende Stelle durchgeführt, beim Datenschutz zusätzlich noch die Analyse im Hinblick auf die betroffenen Personen bei der Verarbeitung personenbezogener Daten.

Oftmals wird bei der Betrachtung von Risiken zur Informationssicherheit eine etwas risikofreudigere Risikomatrix angewandt, da zur Risikobehandlung grundsätzlich auch Methoden wie der Abschluss einer Versicherung zur Aufteilung von Risiken oder das bewusste Eingehen eines Risikos zugunsten einer Chance genutzt werden kann, was bei Gesetzesverstößen allerdings untauglich ist, und Akzeptanzkriterien selbst festgelegt werden können. In diesen Akzeptanzkriterien werden idR auch Vorgaben der Stakeholder berücksichtigt. Dazu zählt insbesondere der Gesetzgeber. Risiken mit niedriger Eintrittswahrscheinlichkeit oder mit niedrigem Schaden lösen im Kontext der Informationssicherheit allerdings nicht unbedingt ein Handeln aus, da die eingesetzten Mittel und Ressourcen effizient einzusetzen sind. Die Risikomatrix zur Informationssicherheit sieht im vergleichbaren Fall üblicherweise wie folgt aus:

| | Schwere des potenziellen Schadens | | |
|---|---|---|---|
| Eintrittswahrscheinlichkeit | niedrig | normal | hoch |
| hoch | | | handeln |
| normal | | prüfen | |
| niedrig | akzeptieren | | |

**2. Schaden für die Rechte und Freiheiten natürlicher Personen.** Nach Erwgr. 75 DS-GVO können die Risiken für die Rechte und Freiheiten natürlicher Personen – mit unterschiedlicher Eintrittswahrscheinlichkeit und Schwere – aus einer Verarbeitung personenbezogener Daten hervorgehen, die zu einem

- physischen Schaden,
- materiellen Schaden oder
- immateriellen Schaden

führen könnte.

Nach Art. 82 Abs. 3 DS-GVO wird der Verantwortliche oder der Auftragsverarbeiter von seiner Haftung für eingetretene Schäden befreit, wenn er nachweist, dass er in keinerlei Hinsicht für den Umstand, durch den der Schaden eingetreten ist, verantwortlich ist. Ein solcher Nachweis dürfte jedoch nur möglich sein, wenn für die einzelnen Verarbeitungstätigkeiten (inkl. Planung) dokumentiert ist, dass einerseits die Vorschriften aus der DS-GVO berücksichtigt und andererseits angemessene technische und organisatorische Maßnahmen zum Schutz der personenbezogenen Daten ergriffen wurden.

Der EDSA kann nach Erwgr. 77 DS-GVO Leitlinien für solche Verarbeitungsvorgänge ausgeben, bei denen davon auszugehen ist, dass sie kein hohes Risiko für die Rechte und Freiheiten natürlicher Personen mit sich bringen und angeben, welche Abhilfemaßnahmen in diesen Fällen ausreichend sein können.

Für die Einstufung zur Schwere des Schadens bietet sich eine dreistufige Einteilung an, da in der DS-GVO nur zwischen keinem Risiko, einem bestehenden (normalen bzw. durchschnittlich ausgeprägten) Risiko und einem hohen Risiko unterschieden wird. Bei den etablierten Risikomanagementmethoden, wie in der ISO

31000 oder in der ISO/IEC 27005 ausgeführt, gibt es die Einstufung „kein Risiko" nicht, da Risiko gemäß ISO/IEC 27000, Abschnitt 2.68, sowie gem. ISO 31000, Abschnitt 3.1, als „Auswirkung von Ungewissheit auf Ziele" definiert ist. Bei keinem Risiko gibt es keine Ungewissheit. Insofern wird hier von geringem Risiko gesprochen, zumal ein Ausschluss eines Risikos eher selten postuliert werden kann.

In Annex A der ISO/IEC 29134 (und infolgedessen auch in DSK Kurzpapier Nr. 18) wird bei der Ermittlung der Schadenshöhe eine Vierteilung mit folgender Aufteilung empfohlen (→ Form. C. III.):
- maximal: wesentliche oder irreversible Folgen für betroffene Personen, die nicht von diesen bewältigt werden können
- wesentlich: wesentliche Folgen für betroffene Personen, die von diesen unter großen Schwierigkeiten bewältigt werden können
- begrenzt: bedeutsame Unannehmlichkeiten für betroffene Personen, die von diesen trotz geringer Schwierigkeiten bewältigt werden können
- gering: keine oder geringe Unannehmlichkeiten für betroffene Personen, die von diesen problemlos bewältigt werden können

Die Grenze zwischen maximal und wesentlich ist dabei wenig trennscharf, weshalb diese in der angegebenen Risikomatrix aus Praktikabilitätsgründen zusammengefasst wurde: „maximal" und „wesentlich" werden darin als „hoch" zusammengefasst, „begrenzt" als „mittel" bezeichnet.

Eine Dreiteilung hat zudem den Vorteil, dass zunächst stets von der mittleren Stufe („normal") ausgegangen werden und einigermaßen komfortabel geprüft werden kann, ob erleichternde oder erschwerende Umstände zur Anwendung kommen, die damit zu einer Anhebung oder Senkung der Einstufung des potenziellen Schadens führen. Bei Risikoanalysen ist wichtig, dass Ergebnisse reproduzierbar sind.

**3. Eintrittswahrscheinlichkeit.** Nach Erwgr. 76 DS-GVO sollten Eintrittswahrscheinlichkeit und Schwere des Risikos für die Rechte und Freiheiten der betroffenen Person in Bezug auf
- die Art,
- den Umfang,
- die Umstände und
- die Zwecke der Verarbeitung

bestimmt werden.

Auch für die Einstufung zur Eintrittswahrscheinlichkeit bietet sich aus Symmetriegründen eine dreistufige Einteilung an. Einerseits lassen sich Eintrittswahrscheinlichkeiten nur schwerlich quantitativ valide berechnen. Andererseits kann man jedoch ausreichend gut abschätzen, wie leicht es einem Angreifer fallen würde, unbefugt auf zu schützende Daten zuzugreifen und wie oft ein Verstoß fahrlässig verursacht werden kann. Nach Art. 4 Nr. 12 DS-GVO sind bei einer Verletzung des Schutzes personenbezogener Daten sowohl die unrechtmäßige als auch die unbeabsichtigte Verletzung der Sicherheit und damit von Art. 32 DS-GVO zu betrachten. In drei Stufen lässt sich das erfahrungsgemäß gut abschätzen.

In Annex A der ISO/IEC 29134 (und infolgedessen auch in DSK Kurzpapier Nr. 18) wird dagegen wie schon bei der Ermittlung der Schadenshöhe eine Vierteilung bei der Ermittlung der Eintrittswahrscheinlichkeit mit folgender Aufteilung empfohlen (→ Form. C. III.):
- maximal: extrem leicht ausnutzbare Eigenschaft eines Supporting Assets, dh einer zur Verarbeitung einer Information eingesetzten Ressource

- wesentlich: mit geringem Aufwand ausnutzbare Eigenschaft eines Supporting Assets
- begrenzt: schwer ausnutzbare Eigenschaft eines Supporting Assets
- gering: unmöglich ausnutzbar erscheinende Eigenschaft eines Supporting Assets

In diesem Zusammenhang ist die Grenze zwischen begrenzt und gering zu wenig trennscharf, weshalb diese in der angegebenen Risikomatrix aus Praktikabilitätsgründen zusammengefasst wurden: „begrenzt" und „niedrig" werden daher zu „gering", „wesentlich" zu „mittel", da in der Praxis der Normalfall, und „maximal" zu „hoch".

**4. Ergreifen geeigneter Abhilfemaßnahmen.** Weist ein festgestelltes Risiko für die Rechte und Freiheiten der Betroffenen einen hohen potenziellen Schaden auf, dh der potenzielle Schaden für die betroffenen Personen ist wesentlich oder es besteht eine hohe Eintrittswahrscheinlichkeit, dh der Eintritt eines Schadens ist leicht möglich, ist das Ergreifen geeigneter Abhilfemaßnahmen notwendig.

In einigen Fällen wird das Feld mit niedrigem Schaden, aber hoher Eintrittswahrscheinlichkeit sowie das Feld mit hohem Schaden, aber niedriger Eintrittswahrscheinlichkeit der Handlungsoption „prüfen" zugeordnet, da sich ein entsprechendes Risiko nur bedingt einstellt. Unter Wegstreichen der beiden überflüssig erscheinenden Bereiche aus der Risikomatrix nach der ISO/IEC 29134 wäre das sogar naheliegend. In der angegebenen Risikomatrix wurde im Muster die Variante gewählt, die stärker an den Interessen der betroffenen Personen ausgerichtet ist. Das gewährleistet, dass große Schäden mit geringer Eintrittswahrscheinlichkeit nicht automatisch vernachlässigt werden (Bieker/Bremert/Hansen DuD 2018, 492 (494)).

Während nach Art. 30 Abs. 1 lit. g DS-GVO lediglich eine allgemeine Beschreibung der technischen und organisatorischen Maßnahmen für das Verzeichnis von Verarbeitungstätigkeiten gefordert ist, ist für die risikoadäquate Betrachtung eine spezifische Beschreibung der technischen und organisatorischen Maßnahmen erforderlich. Dabei gilt: Je höher der Schutzbedarf der verarbeiteten personenbezogenen Daten ausfällt (wie für Daten nach Art. 9 Abs. 1 DS-GVO, sofern deren Verarbeitung umfangreich erfolgt, oder für Verarbeitungen zum Zweck des Profilings, sofern deren Verarbeitung systematisch und umfassend erfolgt) bzw. je höher ein Risiko für die Rechte und Freiheiten der Betroffenen ausfallen kann, desto präziser sind entsprechende technische und organisatorische Maßnahmen zu treffen.

Anleitungen, wie der Verantwortliche oder Auftragsverarbeiter geeignete Maßnahmen durchzuführen hat und wie die Einhaltung der Anforderungen nachzuweisen ist, insbesondere was die Ermittlung des mit der Verarbeitung verbundenen Risikos, dessen Abschätzung in Bezug auf Ursache, Art, Eintrittswahrscheinlichkeit und Schwere und die Festlegung bewährter Verfahren für dessen Eindämmung anbelangt, könnten gem. Erwgr. 77 DS-GVO insbesondere in Form von

- genehmigten Verhaltensregeln
- genehmigten Zertifizierungsverfahren
- Leitlinien des Europäischen Datenschutzausschusses nach Art. 70 Abs. 1 lit. d–m DS-GVO
- Hinweisen eines Datenschutzbeauftragten

gegeben werden.

Zum Schutz der in Bezug auf die Verarbeitung personenbezogener Daten bestehenden Rechte und Freiheiten natürlicher Personen ist es nach Erwgr. 78 DS-GVO erforderlich, dass geeignete technische und organisatorische Maßnahmen getroffen werden, damit die Anforderungen der DS-GVO erfüllt werden. Um die Einhaltung der Vorgaben der DS-GVO nachweisen zu können, sollte der Verantwortliche interne Strategien festlegen und Maßnahmen ergreifen, die insbesondere den Grundsätzen des Datenschutzes durch Technik (data protection by design) und durch datenschutzfreundliche Voreinstellungen (data protection by default) Genüge tun.

Die Ergebnisse der Datenschutz-Folgenabschätzung sind nach Erwgr. 84 DS-GVO zu berücksichtigen, wenn darüber entschieden wird, welche geeigneten Maßnahmen ergriffen werden müssen, um nachweisen zu können, dass die Verarbeitung der personenbezogenen Daten mit den Vorschriften der DS-GVO in Einklang steht. Geht aus einer Datenschutz-Folgenabschätzung hervor, dass Verarbeitungsvorgänge ein hohes Risiko bergen, das der Verantwortliche nicht durch geeignete Maßnahmen in Bezug auf verfügbare Technik und Implementierungskosten eindämmen kann, so sollte die Aufsichtsbehörde vor der Verarbeitung konsultiert werden.

**5. Prüfung, ob Abhilfemaßnahmen zu ergreifen sind.** Für alle anderen Risiken, die nicht nur einen niedrigen potenziellen Schaden und zugleich eine niedrige Eintrittswahrscheinlichkeit aufweisen und insoweit im Rahmen des risikobasierten Ansatzes als akzeptabel gelten, ist zu prüfen, ob Abhilfemaßnahmen zu ergreifen sind. In diesen Fällen spielt das Argument der Wirtschaftlichkeit aufgrund der Höhe der Implementierungskosten eine größere Rolle, da es hier in begründeten Fällen unverhältnismäßig sein kann, eine mögliche Maßnahme zeitnah oder vollständig zu ergreifen. Hier besteht insoweit in der Praxis ein größerer Spielraum für den Verantwortlichen.

### 3. Schema zur Ermittlung von Risiken der Verarbeitungstätigkeiten

Zur Ermittlung der Risiken von Verarbeitungstätigkeiten mit personenbezogenen Daten ist ein systematisches Vorgehen erforderlich. Dabei sind im Einzelnen zu betrachten:
- Welche Datenarten sollen verarbeitet werden?
- Erhöhen ggf. bestimmte Faktoren das Risiko für die Rechte und Freiheiten natürlicher Personen?
- Bestehen besondere Gefährdungspotenziale für die Rechte und Freiheiten natürlicher Personen, die zu einem Schaden für diese Personen führen können?
- Wie lässt sich die Eintrittswahrscheinlichkeit eines festgestellten Risikos ermitteln?

**Ermittlung von Risiken der Verarbeitungstätigkeiten**

**§ 1 Feststellung über die Notwendigkeit zur Durchführung einer Risikoanalyse**

**(1) Sollen folgende Datenarten[1] verarbeitet werden? (bitte entsprechend ankreuzen)**

| Nr. | Datenart | Ja | Nein |
|---|---|---|---|
| 1 | Daten über die rassische oder ethnische Herkunft | | |
| 2 | Daten über politische Meinungen | | |
| 3 | Daten über religiöse oder weltanschauliche Überzeugungen | | |
| 4 | Daten über die Zugehörigkeit zu einer Gewerkschaft | | |
| 5 | genetische Daten | | |

| Nr. | Datenart | Ja | Nein |
|---|---|---|---|
| 6 | biometrische Daten zur eindeutigen Identifizierung | | |
| 7 | Gesundheitsdaten | | |
| 8 | Daten über das Sexualleben oder die sexuelle Orientierung | | |
| 9 | Daten über strafrechtliche Verurteilungen oder Straftaten | | |
| 10 | Daten zur Bewertung der Arbeitsleistung | | |
| 11 | Daten zur Bewertung der wirtschaftlichen Lage | | |
| 12 | Daten zur Bewertung der Gesundheit | | |
| 13 | Daten zur Bewertung persönlicher Vorlieben oder Interessen | | |
| 14 | Daten zur Bewertung der Zuverlässigkeit | | |
| 15 | Daten zur Bewertung des Verhaltens | | |
| 16 | Daten zur Bewertung des Aufenthaltsortes oder von Ortswechseln | | |
| 17 | Daten von Kindern | | |

(2) Wurde in der Tabelle in Abs. 1 an wenigstens einer Stelle bei „Ja" ein Kreuz gesetzt und soll die Verarbeitung zu Nr. 1–9 umfangreich bzw. zu Nr. 10–16 systematisch und umfassend erfolgen, ist nach Art. 35 Abs. 3 DS-GVO die Durchführung einer Datenschutz-Folgenabschätzung und daher die Durchführung einer Risikoanalyse erforderlich,[2] sofern die Verarbeitung iSv Erwgr. 91 DS-GVO nicht durch einen einzelnen Arzt, sonstigen Angehörigen eines Gesundheitsberufes oder Rechtsanwalt erfolgt. Die Verarbeitung weist zudem potenziell ein hohes Risiko für die Rechte und Freiheiten der Betroffenen auf, wenn die Einschränkung nicht einschlägig ist. Für die zugehörigen Verarbeitungstätigkeiten ist daher eine Risikoanalyse durchzuführen.

(3) Wurden in der Tabelle in Abs. 1 nur in der Spalte „Nein" Kreuze gesetzt, ist nur dann eine Risikoanalyse durchzuführen, wenn die Verarbeitung aus anderen Gründen gem. § 2 ein hohes Risiko für die Rechte und Freiheiten der Betroffenen aufweist.[3]

§ 2 Bestimmung der Schwere des potenziellen Risikos

(1) Treffen folgende Faktoren[4] bei der geplanten bzw. neu zu bewertenden Verarbeitung zu? (bitte entsprechend ankreuzen)

| Nr. | Faktor | Ja | Nein |
|---|---|---|---|
| 1 | Bei der Verarbeitung soll eine neue, bisher noch nicht in einer Datenschutz-Folgenabschätzung untersuchte Informations- und Kommunikationstechnik eingesetzt werden. | | |
| 2 | Bei der Verarbeitung soll eine hochkomplexe und stark miteinander vernetzte Informations- und Kommunikationstechnik eingesetzt werden. | | |
| 3 | Bei der Verarbeitung soll eine große Menge personenbezogener Daten verarbeitet werden. | | |
| 4 | Von der Verarbeitung ist eine große Anzahl von Personen betroffen. | | |

| Nr. | Faktor | Ja | Nein |
|---|---|---|---|
| 5 | Die Verarbeitung dient der systematischen und umfangreichen großflächigen Überwachung im öffentlichen Raum. | | |
| 6 | Die Verarbeitung soll teilweise oder vollständig (zB hinsichtlich Speicherung, Datensicherung oder Fernwartung) in einem Drittland durchgeführt werden, welches gemäß der Rechtsauffassung der EU-Kommission über kein angemessenes Datenschutzniveau verfügt. | | |
| 7 | Die Verarbeitung ermöglicht eine umfassende und mit dem ursprünglichen Zweck der Datenerhebung nicht unmittelbar vereinbare Verknüpfung und Auswertung der gespeicherten Daten unter Berücksichtigung von Art. 6 Abs. 4 DS-GVO. | | |
| 8 | Für die Verarbeitung sollen zahlreiche Auftragsverarbeiter eingesetzt werden, die über einen Fernwartungszugang verfügen. | | |
| 9 | Die Verarbeitung ermöglicht den Betroffenen keinerlei Form einer unmittelbaren Kontrolle ihrer Daten (zB vom Betroffenen aufrufbare Anzeige der über ihn gespeicherten Daten) oder erschwert den Betroffenen die Ausübung ihrer Rechte entgegen der Vorgabe aus Art. 12 Abs. 2 DS-GVO. | | |
| 10 | Die Verarbeitung soll zu einer automatisierten Entscheidungsfindung führen, die gegenüber dem Betroffenen eine rechtliche Wirkung entfaltet oder den Betroffenen in ähnlicher Weise erheblich beeinträchtigt, ohne dass der Betroffene seinen Standpunkt zur Anfechtung der Entscheidung vortragen kann. | | |
| 11 | Die Verarbeitung kann die Betroffenen an der Nutzung einer Dienstleistung bzw. an der Durchführung eines Vertrags hindern. | | |
| 12 | Die Verarbeitung befindet sich auf der von Aufsichtsbehörden veröffentlichten Liste nach Art. 35 Abs. 4 DS-GVO über Verarbeitungsvorgänge, zu denen eine Datenschutz-Folgenabschätzung durchzuführen ist. | | |

(2) Treffen folgende Gefährdungspotenziale[5] bei der geplanten bzw. neu zu bewertenden Verarbeitung potenziell zu? (bitte entsprechend ankreuzen)

| Nr. | Gefährdungspotenzial | Ja | Nein |
|---|---|---|---|
| 1 | Die unbefugte Verwendung der gespeicherten Daten ermöglicht eine Diskriminierung des Betroffenen. | | |
| 2 | Die gespeicherten Daten können von einem Unbefugten für Identitätsdiebstahl oder Identitätsbetrug verwendet werden. | | |
| 3 | Eine unbefugte Verwendung der gespeicherten Daten kann für den Betroffenen zu einem finanziellen Verlust führen. | | |
| 4 | Eine unbefugte Verwendung der gespeicherten Daten kann für den Betroffenen zu einer Rufschädigung führen. | | |

| Nr. | Gefährdungspotenzial | Ja | Nein |
|---|---|---|---|
| 5 | Eine unbefugte Einsichtnahme in die gespeicherten Daten verletzt ein bestehendes Berufsgeheimnis, dem die personenbezogenen Daten unterliegen. | | |
| 6 | Die Pseudonymisierung gespeicherter Daten kann von einem Unbefugten nach Zugriff auf die gespeicherten Daten aufgehoben werden. | | |
| 7 | Eine unbefugte Verwendung der gespeicherten Daten kann für den Betroffenen zu einem erheblichen wirtschaftlichen Nachteil führen. | | |
| 8 | Eine unbefugte Verwendung der gespeicherten Daten kann für den Betroffenen zu einem erheblichen gesellschaftlichen Nachteil führen. | | |

(3) Wurde in mindestens einer Tabelle zu § 1 Abs. 1, § 2 Abs. 1 oder § 2 Abs. 2 an wenigstens einer Stelle bei „Ja" ein Kreuz gesetzt, besteht potenziell ein hohes Risiko für die Rechte und Freiheiten der Betroffenen.

(4) Ein geringes Risiko liegt nur vor, wenn wenigstens eines der folgenden Kriterien erfüllt ist (bitte entsprechend ankreuzen) und an keiner Stelle ein hohes Risiko für die Rechte und Freiheiten der Betroffenen ermittelt wurde:

| Nr. | Kriterium | Ja | Nein |
|---|---|---|---|
| 1 | Die Verarbeitung beschränkt sich auf die für die verfolgten Zwecke absolut notwendigen Daten und diese weisen nur dann einen Personenbezug auf, wenn es für den jeweiligen Zweck zwingend erforderlich ist. | | |
| 2 | Der Betroffene wird umfassend über die Verarbeitungstätigkeiten und die dabei verfolgten Haupt- wie Nebenzwecke informiert, kann die Verarbeitung weitgehend überwachen und an mehreren Stellen der Verarbeitung intervenieren. | | |

(5) Wurde an keiner Stelle der Tabellen zu § 1 Abs. 1, § 2 Abs. 1, § 2 Abs. 2 und § 2 Abs. 4 im Feld „Ja" ein Kreuz gesetzt bzw. in nur einer Tabelle zu § 1 Abs. 1, § 2 Abs. 1, § 2 Abs. 2 und zum Ausgleich ein Kreuz in der Tabelle zu § 2 Abs. 4 im Feld „Ja" gesetzt, liegt ein normales Risiko für die Rechte und Freiheiten der Betroffenen vor. Solche Risiken können in der Regel mit üblichen Basismaßnahmen bereits adäquat adressiert werden. Je höher die Eintrittswahrscheinlichkeit des potenziellen Risikos ausfällt, desto mehr technische und organisatorische Maßnahmen sind zu ergreifen, um auch das normale Risiko geeignet eindämmen zu können.

§ 3 Bestimmung der Eintrittswahrscheinlichkeit des potenziellen Risikos

(1) Von einer hohen Eintrittswahrscheinlichkeit ist auszugehen, wenn wenigstens eines der folgenden Kriterien erfüllt ist (bitte entsprechend ankreuzen):

| Nr. | Kriterium | Ja | Nein |
| --- | --- | --- | --- |
| 1 | Ein Angreifer oder Störer benötigt für einen unbefugten Zugriff auf die gespeicherten oder übertragenen Daten nur alltägliche und weit verbreitete Informations- und Kommunikationstechnik und für seinen Angriff keine besonderen Spezialkenntnisse. | | |
| 2 | Die gespeicherten Daten sind im verwendeten Informations- bzw. Kommunikationssystem komfortabel und bereits im Zuge vom Nutzer selbst erstellbarer Reports miteinander kombinierbar. | | |
| 3 | Auf die gespeicherten bzw. übertragenen personenbezogenen Daten besteht für zahlreiche Nutzer ein umfassender Zugriff, um diese Daten wenigstens lesen zu können. | | |
| 4 | Bei der Entwicklung der Software wurden weder der Grundsatz „Datenschutz durch Technikgestaltung“ noch der Grundsatz „datenschutzfreundliche Voreinstellung“ berücksichtigt. | | |
| 5 | In der Vergangenheit wurden bereits Verletzungen des Datenschutzes festgestellt (die Gründe, die dazu geführt haben, sind unerheblich). | | |
| 6 | Beim Verantwortlichen bzw. Auftragsverarbeiter wird weder ein Datenschutzbeauftragter (bzw. Data Protection Officer) noch ein IT-Sicherheitsbeauftragter (bzw. Informationssicherheitsbeauftragter oder Chief Information Security Officer) eingesetzt. | | |
| 7 | Der Schutz der personenbezogenen Daten basiert überwiegend darauf, dass die mit der Datenverarbeitung befassten Personen lediglich organisatorische Vorgaben einhalten müssen. | | |

(2) Wurde an wenigstens einer Stelle in der Tabelle zu § 3 Abs. 1 bei „Ja“ ein Kreuz gesetzt, sind technische oder organisatorische Maßnahmen zu ergreifen, um die festgestellten Risiken einzudämmen.

(3) Eine geringe Eintrittswahrscheinlichkeit liegt nur vor, wenn wenigstens eines der folgenden Kriterien erfüllt ist (bitte entsprechend ankreuzen) und an keiner Stelle in der Tabelle zu § 3 Abs. 1 ein Kreuz bei „Ja“ gesetzt wurde:

| Nr. | Kriterium | Ja | Nein |
| --- | --- | --- | --- |
| 1 | Die eingesetzte Software setzt den Grundsatz „Datenschutz durch Technikgestaltung“ um. | | |
| 2 | Die eingesetzte Software setzt den Grundsatz „datenschutzfreundliche Voreinstellung“ um. | | |
| 3 | Die Verarbeitung personenbezogener Daten erfolgt auf der Grundlage von durch die zuständige Aufsichtsbehörde genehmigten Verhaltensregeln oder genehmigten Zertifizierungsverfahren. | | |

| Nr. | Kriterium | Ja | Nein |
|---|---|---|---|
| 4 | Für die Verarbeitungstätigkeiten besteht ein Datenschutzkonzept bzw. Sicherheitskonzept, das spezifisch für die Verarbeitungstätigkeiten konkrete, dem Stand der Technik entsprechende und wirksame technische und organisatorische Maßnahmen aufführt. Diese Maßnahmen müssen sowohl die Grundsätze für die Verarbeitung personenbezogener Daten aus Art. 5 DS-GVO, als auch die Ziele der Maßnahmen zur Sicherheit der Verarbeitung aus Art. 32 DS-GVO adressieren. | | |
| 5 | Für die Verarbeitungstätigkeiten wurde eine Datenschutz-Folgenabschätzung nach Art. 35 DS-GVO durchgeführt, deren Ergebnis nachweist, dass die zur Bewältigung der Risiken getroffenen Abhilfemaßnahmen wirksam den Eintritt eines festgestellten Risikos verhindern. | | |

## Anmerkungen

**1. Indikator Datenarten für die Durchführung einer Risikoanalyse.** Nach Erwgr. 75 DS-GVO kann die Verarbeitung dieser Datenarten potenziell einen hohen Schaden für die Rechte und Freiheiten natürlicher Personen auslösen.

**2. Notwendigkeit zur Durchführung einer Risikoanalyse.** Der EDSA empfiehlt in seinem Working Paper 248 (rev.01), S. 12 f., dass eine Datenschutz-Folgenabschätzung durchzuführen ist, sobald wenigstens zwei Verarbeitungen mit diesen Datenarten bzw. Verarbeitungsweisen zum Einsatz kommen sollen, die potenziell ein hohes Risiko aufweisen (wie automatisierte Entscheidung, Kombination von für unterschiedliche Zwecke erhobenen Daten etc).

**3. Voraussichtlich hohe Risiken für die Rechte und Freiheiten der Betroffenen.** Nach Art. 35 Abs. 1 DS-GVO ist eine Datenschutz-Folgenabschätzung nur durchzuführen, wenn die Verarbeitung voraussichtlich ein hohes Risiko für die Rechte und Freiheiten Betroffener zur Folge hat (→ Form. C. III.). Dabei sind (im Gegensatz zu Syckor/Strufe/Lauber-Rönsberg ZD 2019, 390 (392)) beide Dimensionen, der potenzielle Schaden für die Rechte und Freiheiten der Betroffenen sowie die potenzielle Eintrittswahrscheinlichkeit, unter der Maßgabe bereits wirksam getroffener Maßnahmen, zB zur Standortsicherheit, zum generellen Schutz der Verarbeitungsanlage sowie zum ordnungsgemäßen Betrieb, wie in → Form. G. I.7 für die Auftragsverarbeitung oder generell in → Form. E. II. aufgelistet, zu betrachten, da keine Verarbeitung personenbezogener Daten „auf der grünen Wiese“ stattfindet und es Ziel der Datenschutz-Folgenabschätzung ist, durch die Festlegung geeigneter Abhilfemaßnahmen ein hohes Risiko wirksam zu verhindern. Andernfalls muss der Verantwortliche bei Fortbestand eines hohen Risikos die Aufsichtsbehörde nach Art. 36 Abs. 1 DS-GVO konsultieren. Das vorgestellte Schema zur Ermittlung von Risiken der Verarbeitung zeigt nachvollziehbar auf, warum dadurch eben nicht zu allen Verarbeitungen eine Datenschutz-Folgenabschätzung durchzuführen ist.

**4. Weitere Faktoren zur Notwendigkeit von Datenschutz-Folgenabschätzungen.** Sowohl in der DS-GVO selbst (in Art. 35 DS-GVO und Erwgr. 71, 75 und 91 DS-

GVO) als auch in dem Working Paper 248 der Artikel-29-Datenschutzgruppe werden neben den Datenarten weitere Kriterien benannt, die die Durchführung einer Datenschutz-Folgenabschätzung erfordern.

**5. Gefährdungspotenziale.** Nach Erwgr. 75 DS-GVO können einige Umstände einen hohen Schaden für die Rechte und Freiheiten natürlicher Personen auslösen und sind insoweit als risikoerhöhende Gefährdungspotenziale anzusehen.

## 4. Verfahren zur Durchführung von Wirksamkeitskontrollen

Nach Art. 32 Abs. 1 lit. d DS-GVO sind Wirksamkeitskontrollen zu etablieren. Das jeweilige Prüfverfahren muss dazu geeignet sein, die jeweiligen Anforderungen auf eine Weise abzuprüfen, dass der Verantwortliche ausreichende Garantien dafür erhält, dass eine angemessene Sicherheit der Verarbeitung besteht. Insoweit ist es notwendig, dass von einer vertrauenswürdigen Stelle kontrolliert wird, ob festgelegte technische oder organisatorische Maßnahmen tatsächlich eingehalten werden. Wirksamkeitskontrollen stellen ein Instrument zur systematischen Überprüfung der prognostizierten Risiken dar. Negative Feststellungen in durchgeführten Wirksamkeitsprüfungen zeigen ebenso wie eingetretene Vorfälle, dass technische und organisatorische Maßnahmen nicht ausreichend umgesetzt wurden. Bei Bedarf sind daher in diesen Fällen die Ergebnisse durchgeführter Risikoanalysen entsprechend anzupassen. Zur Wirksamkeitskontrolle kommen die folgenden Verfahren in Frage.

Eignung von Prüfverfahren zur Wirksamkeitskontrolle

| Prüfverfahren | Eignung für |
|---|---|
| Kontrolle durch den Datenschutzbeauftragten[1] | Eigenkontrolle |
| Kontrolle durch einen externen Dritten[2] | Auftragskontrolle |
| Selbstaudit der verarbeitenden Stelle[3] | Eigenkontrolle, Auftragskontrolle mit geringem Schutzbedarf |
| Sample Audit[4] | regelmäßig durchzuführende Kontrollen |
| technische Prüfungen[5] | Kontrolle spezifischer Anwendungen oder Infrastrukturen |

### Anmerkungen

**1. Wirksamkeitskontrolle durch Datenschutzbeauftragte.** Datenschutzbeauftragte sind aufgrund ihrer Unabhängigkeit und ihrer Aufgabe als prüfende statt ausführende Stelle nach Erwgr. 97 DS-GVO dazu prädestiniert, Wirksamkeitskontrollen durchzuführen, zumal sie bei ihrer Tätigkeit keinen Interessenkonflikten nach Art. 38 Abs. 6 DS-GVO ausgesetzt sein dürfen. Die vom Datenschutzbeauftragten durchgeführten Kontrollen sind in einer Weise zu dokumentieren, die sowohl risikosteigernde als auch risikomindernde Umstände aussagekräftig festhält. Kontrolliert der Datenschutzbeauftragte des Auftragsverarbeiters für den Verantwortlichen, ist ggf. der zugehörige Bericht empfängergerecht aufzuteilen.

2. **Wirksamkeitskontrolle durch einen externen Dritten.** Wenn die Kontrolle durch einen externen Dritten erfolgen soll, ist darauf zu achten, dass der verwendete Prüfplan alle für den Verantwortlichen relevante Punkte beinhaltet. Erfolgt die externe Kontrolle bspw. im Rahmen einer von den Aufsichtsbehörden genehmigten Zertifizierung und weist diese Zertifizierung einen geeigneten Anwendungsbereich auf, dient das Zertifikat sowohl für den Auftragsverarbeiter als auch den Verantwortlichen als geeigneter Nachweis iSv Art. 24 Abs. 3, 25 Abs. 3, 28 Abs. 5, 32 Abs. 3 bzw. 46 Abs. 2 lit. f DS-GVO. Dabei ist jedoch vor allem darauf zu achten, dass die Zertifizierung tatsächlich im Einklang mit Art. 42 Abs. 5 DS-GVO von einer bei der Deutschen Akkreditierungsstelle (DAkkS – nationale Akkreditierungsstelle nach Art. 43 Abs. 1 lit. b DS-GVO) oder einer Aufsichtsbehörde nach Art. 43 Abs. 1 lit. a DS-GVO akkreditierten Stelle erteilt wurde und dass sich die Zertifizierung auf einen geeigneten Anwendungsbereich bezieht (ersichtlich aus dem Zertifikat). In der Regel kann durch den Verantwortlichen beim Auftragsverarbeiter auch die der Zertifizierung unterliegende Anwendbarkeitserklärung eingesehen werden. In dieser werden die der Zertifizierung zugrunde liegenden technischen und organisatorischen Maßnahmen im Einzelnen aufgelistet.

3. **Wirksamkeitskontrolle durch Selbstaudit.** Führt die verarbeitende Stelle selbst unter Verwendung einer Checkliste Wirksamkeitskontrollen durch, spricht man von einem Selbstaudit. Weisen die verarbeiteten Daten nur einen geringen Schutzbedarf auf oder erfolgt abwechselnd ein Selbstaudit und danach ein Fremdaudit (bzw. andersrum), liefert ein Selbstaudit auf der Grundlage einer definierten Checkliste ausreichende Gewissheit.

4. **Wirksamkeitskontrolle durch Sample Audit.** Unter einem Sample Audit ist die Kontrolle fachkundig ausgewählter Bereiche zu verstehen. Diese Vorgehensweise stellt sicher, dass im Rahmen des Auditprogramms über einen festgelegten Zeitraum alle Bereiche kontrolliert werden. Im Auditplan werden die in dem betreffenden Audit ausgewählten Bereiche ausgewiesen. Das Auditprogramm weist aus, welche Bereiche mit welchem Auditplan abgeprüft werden. Sichergestellt wird dadurch auch, dass im folgenden Audit die im vorangegangenen Audit festgestellten Defizite behoben werden. Zertifizierungen berücksichtigen diese Vorgehensweise üblicherweise.

5. **Wirksamkeitskontrolle durch technische Prüfungen.** Mittels eines Penetrationstests oder Sicherheitsaudits können Spezialisten in der Regel fundierter prüfen, wie anfällig eine Anwendung oder technische Infrastruktur für Angriffe ist. Ziel ist dabei nicht die Verarbeitung personenbezogener Daten, sondern die Ermittlung von Schwachstellen, die durch Angreifer ausgenutzt werden können, um sich unbefugt Zugriff zu verschaffen. Die Berichte über die technische Prüfung sollten aussagekräftig sein, die getroffenen Feststellungen präzise beschreiben und Empfehlungen zur Behebung der festgestellten Schwachstellen enthalten. Anhand der Empfehlungen ist schließlich zu prüfen, welche Abhilfemaßnahmen getroffen werden können, um das Risiko für die Rechte und Freiheiten der Betroffenen zu reduzieren.

## 5. Prüfkonzept zu Datenschutz durch Technikgestaltung und durch datenschutzfreundliche Voreinstellungen

Um die Einhaltung der DS-GVO nachweisen zu können, sollte der Verantwortliche nach Erwgr. 78 DS-GVO **interne Strategien** festlegen und Maßnahmen ergreifen, die insbesondere den Grundsätzen des Datenschutzes durch Technik (data protection by design) und durch datenschutzfreundliche Voreinstellungen (data protection by default) Genüge tun.

**Maßnahmen** zu diesen beiden Grundsätzen könnten nach Erwgr. 78 DS-GVO u.a. darin bestehen, dass
- die Verarbeitung personenbezogener Daten minimiert wird,
- personenbezogene Daten so schnell wie möglich pseudonymisiert werden,
- Transparenz in Bezug auf die Funktionen und die Verarbeitung personenbezogener Daten hergestellt wird,
- der betroffenen Person ermöglicht wird, die Verarbeitung personenbezogener Daten zu überwachen, und
- der Verantwortliche in die Lage versetzt wird, Sicherheitsfunktionen zu schaffen und zu verbessern.

In Bezug auf **Entwicklung, Gestaltung, Auswahl und Nutzung von Anwendungen, Diensten und Produkten,** die entweder auf der Verarbeitung von personenbezogenen Daten beruhen oder zur Erfüllung ihrer Aufgaben personenbezogene Daten verarbeiten, sollten die Hersteller der Produkte, Dienste und Anwendungen nach Erwgr. 78 DS-GVO ermutigt werden, das Recht auf Datenschutz bei der Entwicklung und Gestaltung der Produkte, Dienste und Anwendungen zu berücksichtigen und unter gebührender Berücksichtigung des Stands der Technik sicherzustellen, dass die Verantwortlichen und die Verarbeiter in der Lage sind, ihren Datenschutzpflichten nachzukommen.

Der EDSA hält dabei in seinen im Oktober 2020 angenommenen Leitlinien 4/2019 nur solche Maßnahmen für geeignet, dem Grundsatz des Datenschutzes durch Technik Genüge zu tun, die (zB mittels geeigneter Key Performance Indikatoren) demonstriert werden können. Die Maßnahmen müssen zudem robust sein und auch für eine umfangreichere Verarbeitung sowie für die voraussichtliche Einsatzdauer der Verarbeitung und deren Bestandteile (wie Architektur der Software, Prozeduren, Protokolle und Ansichten) geeignet sein. Beim Grundsatz des Datenschutzes durch datenschutzfreundliche Voreinstellung muss als Grundeinstellung, dh als Startzustand, eines Verfahrens oder einer Software die Variante zum Einsatz kommen, die dem Datenschutz vor allem im Sinne der Datenminimierung Rechnung trägt. Dies betrifft sowohl die Menge (Anzahl als auch Kategorien) der zu verarbeitenden Daten, als auch den Detailierungsgrad dieser Daten und die Dauer eines möglichen Zugriffs auf personenbezogene Daten.

### Prüfung der Datenminimierung

#### § 1 Datenschutz durch Technik

**Bei der Prüfung zur Einhaltung des Grundsatzes des Datenschutzes durch Technik sind folgende Aspekte näher zu betrachten:**[1]

| Nr. | Aspekt | Ja | Nein |
|---|---|---|---|
| 1 | Wurde das Verarbeitungssystem bereits bei dessen Entwicklung so konstruiert, dass Anforderungen des Datenschutzes (wie frühzeitige Pseudonymisierung mit entsprechender Separierung des Zuordnungsmerkmals, ohne dass dies im Verarbeitungssystem selbst wieder zusammengeführt werden kann) standardmäßig implementiert sind? | | |
| 2 | Verfügt das Verarbeitungssystem über Funktionen, die der Betroffene selbst oder über einen Vertreter nutzen kann, um die zu seiner Person gespeicherten Daten einsehen zu können? | | |
| 3 | Unterstützt das Verarbeitungssystem die Erfüllung der Betroffenenrechte aus den Art. 12–23 DS-GVO? | | |
| 4 | Werden vom Verarbeitungssystem verarbeitete Daten verschlüsselt gespeichert? | | |
| 5 | Wird die Einhaltung des Grundsatzes des Datenschutzes durch Technik durch Vorlage eines einschlägigen Zertifikats belegt? | | |

§ 2 Datenschutzfreundliche Voreinstellungen

Bei der Prüfung zur Einhaltung des Grundsatzes datenschutzfreundlicher Voreinstellung sind folgende Aspekte näher zu betrachten:[2]

| Nr. | Aspekt | Ja | Nein |
|---|---|---|---|
| 1 | Wurde das Verarbeitungssystem bereits bei dessen Entwicklung so konstruiert, dass Anforderungen des Datenschutzes (wie die Implementierung einer Funktion zur Übertragbarkeit der Daten oder zur Löschung der Daten) standardmäßig implementiert sind? | | |
| 2 | Ist der Datenumfang, der im Verarbeitungssystem verwendet wird, hinsichtlich der personenbezogenen Daten auf das zur Zweckerfüllung absolut Notwendige beschränkt? | | |
| 3 | Verfügt das Verarbeitungssystem über ein umfassendes Berechtigungskonzept, mit dem ein differenziertes Berechtigungswesen abgebildet werden kann, das den generellen Zugriff nach dem Need-to-know-Prinzip gewährt und den Zugriff auf besonders schützenswerte Daten nur unter Einhaltung eines Vier-Augen-Prinzips zulässt? | | |
| 4 | Sind die implementierten Sicherheitsfunktionen im Verarbeitungssystem so eingestellt, dass einem Angreifer im Fall eines fehlerhaften Anmeldeversuchs keine Angaben angezeigt werden, die ihm einen verbesserten Angriffsversuch ermöglichen (zB aufgrund der Angabe, gegen welche Passwortregel konkret verstoßen wurde)? | | |

| Nr. | Aspekt | Ja | Nein |
|---|---|---|---|
| 5 | Werden Daten im Verarbeitungssystem von vornherein mit einem Verfallsdatum gespeichert und nach Erreichen dieses Verfallsdatums automatisch durch das Verarbeitungssystem gelöscht? | | |
| 6 | Ist die Nutzung bestimmter Funktionen unmittelbar an das Vorliegen einer wirksamen Einwilligung des Betroffenen gebunden? | | |
| 7 | Wird die Einhaltung des Grundsatzes datenschutzfreundlicher Voreinstellung durch Vorlage eines einschlägigen Zertifikats belegt? | | |

## Anmerkungen

**1. Datenschutz durch Technik.** Nach Art. 25 Abs. 1 DS-GVO trifft der Verantwortliche geeignete technische und organisatorische Maßnahmen (wie zB Pseudonymisierung)
- sowohl zum Zeitpunkt der Festlegung der Mittel für die Verarbeitung
- als auch zum Zeitpunkt der eigentlichen Verarbeitung.

Maßnahmen zum Datenschutz durch Technik sind nach Art. 25 Abs. 1 DS-GVO darauf ausgelegt, die Datenschutzgrundsätze, wie etwa Datenminimierung, wirksam umzusetzen und die notwendigen Garantien in die Verarbeitung aufzunehmen, um den Anforderungen dieser Verordnung zu genügen und die Rechte der betroffenen Personen zu schützen.

Die Festlegung geeigneter Maßnahmen zum Datenschutz durch Technik erfolgt nach Art. 25 Abs. 1 DS-GVO unter Berücksichtigung
- des Stands der Technik
- der Implementierungskosten
- der Art der Verarbeitung
- des Umfangs der Verarbeitung
- der Umstände der Verarbeitung
- der Zwecke der Verarbeitung
- der unterschiedlichen Eintrittswahrscheinlichkeit und Schwere der mit der Verarbeitung verbundenen Risiken für die Rechte und Freiheiten natürlicher Personen.

**2. Datenschutzfreundliche Voreinstellungen.** Der Verantwortliche trifft wiederum nach Art. 25 Abs. 2 DS-GVO geeignete technische und organisatorische Maßnahmen, die sicherstellen, dass durch Voreinstellung grundsätzlich nur personenbezogene Daten, deren Verarbeitung für den jeweiligen bestimmten Verarbeitungszweck erforderlich ist, verarbeitet werden. Diese Verpflichtung gilt für die Menge der erhobenen personenbezogenen Daten, den Umfang ihrer Verarbeitung, ihre Speicherfrist und ihre Zugänglichkeit. Solche Maßnahmen müssen insbesondere sicherstellen, dass personenbezogene Daten durch Voreinstellungen nicht ohne Eingreifen der Person einer unbestimmten Zahl von natürlichen Personen zugänglich gemacht werden.

# VI. Meldung von Verletzungen des Schutzes personenbezogener Daten (Art. 33f. DS-GVO)

## 1. Mitteilung an die Aufsichtsbehörde (Art. 33 DS-GVO)

An die
Datenschutzbehörde [...][1]

[Ort], den [...]

Mitteilung gemäß Art. 33 DS-GVO

Sehr geehrte(r) Frau/Herr [...],
ich zeige hiermit an, dass ich die [...-GmbH] vertrete.[2] Eine ordnungsgemäße Originalvollmacht übersende ich anbei.[3]

Ich zeige Ihnen hiermit an, dass personenbezogene Daten von [1.500] Kunden meiner Mandantin einem oder mehreren Dritten unrechtmäßig zur Kenntnis gelangt sind.

Meine Mandantin ist ein in [...] ansässiges Unternehmen, dessen Geschäftsgegenstand der Verkauf von Elektronikartikeln über das Internet ist. Meine Mandantin ist bereits seit mehr als zehn Jahren erfolgreich am Markt tätig und erfreut sich bundesweit großer Beliebtheit. Obgleich meine Mandantin dies zum Zweck der Bestellung nicht zwingend verlangt, haben sich bis heute [1.500] Kunden dazu entschieden, einen dauerhaften Account bei meiner Mandantin einzurichten und dort ihren Namen, ihre Anschrift, ihre E-Mail-Adresse und ihre Bankverbindung zu hinterlegen. Der Account eines jeden Kunden ist durch Benutzername und Passwort geschützt. Die Accounts werden in einer marktüblichen Datenbank auf einem gesonderten, in den Räumlichkeiten meiner Mandantin befindlichen Server gespeichert, der durch eine Firewall geschützt ist.[4]

Vor drei Tagen erhielt meine Mandantin per E-Mail das diesem Schreiben als Anlage 1 beigefügte Schreiben, das als Absender lediglich ein Pseudonym enthält. Der Autor des Schreibens behauptet, er habe sich durch das Hacken der Firewall Zugang zu der Kundendatenbank meiner Mandantin verschafft und die gesamte Datenbank kopiert. Zum Beweis dessen hat er eine vollständige Excel-Tabelle der Datenbank mitgeschickt. Der Absender droht damit, die Datenbank an Kriminelle zu verkaufen, sollte meine Mandantin nicht pro Nutzer 100 EUR bezahlen, also insgesamt 150.000 EUR. Ich habe im Auftrag meiner Mandantin bereits die Staatsanwaltschaft in [...] eingeschaltet, die in der Sache ermittelt [Az. ...].[5]

Weil durch den Datenverlust für die Betroffenen das Risiko besteht, Opfer eines Betrugs oder Identitätsdiebstahls zu werden, hat meine Mandantin am heutigen Tag an jeden der Betroffenen Kunden ein Schreiben abgesendet, in dem der Sachverhalt geschildert wird. Ein Muster dieses Schreibens habe ich als Anlage 2 beigefügt.[6]

*Koreng*

Darin empfiehlt meine Mandantin ihren Kunden insbesondere, ab sofort genauestens auf verdächtige Abbuchungen auf ihren Konten zu achten. Darüber hinaus wird, obwohl die Passwörter in der Datenbank verschlüsselt abgelegt waren, den Kunden empfohlen, das Passwort überall dort zu ändern, wo es ein weiteres Mal verwendet wurde. Außerdem hat meine Mandantin zunächst einmal die Passwörter aller Accounts zurückgesetzt, um irreguläre Zugriffe zu verhindern und das IT-Sicherheitsunternehmen [...] damit beauftragt, den Einbruch zu untersuchen und geeignete Gegenmaßnahmen für die Zukunft zu ergreifen.

Für eventuelle Rückfragen stehe ich Ihnen zur Verfügung.

Mit freundlichen Grüßen

Rechtsanwalt

## Anmerkungen

**1. Zuständige Behörde.** Zu benachrichtigen ist nach Art. 33 Abs. 1 S. 1 DS-GVO die „gemäß Artikel 51 zuständige Aufsichtsbehörde", also die Behörde am Sitz des Verantwortlichen (→ Form. N. I. Anm. 1).

**2. Benachrichtigungspflichtige Stelle.** Zur Benachrichtigung der Aufsichtsbehörde verpflichtet ist „der Verantwortliche" (Art. 33 Abs. 1 S. 1 DS-GVO). Dies ist nach der Legaldefinition des Art. 4 Nr. 7 DS-GVO „die natürliche oder juristische Person, Behörde, Einrichtung oder andere Stelle, die allein oder gemeinsam mit anderen über die Zwecke und Mittel der Verarbeitung von personenbezogenen Daten entscheidet". Dabei besteht kein Unterschied mehr zwischen öffentlichen und nichtöffentlichen Stellen, beide sind gleichermaßen zur Meldung von Datenpannen verpflichtet (Taeger/Gabel/Schultze-Melling DS-GVO Art. 33 Rn. 7). Handelt es sich bei der öffentlichen Stelle allerdings um ein Gericht, so ist zu beachten, dass Verstöße insoweit nicht der Meldepflicht unterfallen, als sie der justiziellen Tätigkeit des Verantwortlichen zuzuordnen sind, weil es insoweit mit Blick auf Art. 55 Abs. 3 DS-GVO an einer zuständigen Aufsichtsbehörde fehlt. Dabei dürfte der Begriff der justiziellen Tätigkeit tendenziell weit zu verstehen sein. Der EuGH hat etwa die Herausgabe von personenbezogenen Unterlagen aus einem anhängigen Verfahren durch die Kommunikationsabteilung eines Verwaltungsgerichts an Journalisten als justizielle Tätigkeit im Sinne von Art. 55 Abs. 3 DS-GVO angesehen und unter anderem ausgeführt, dass eine justizielle Tätigkeit in diesem Sinne nicht auf die Verarbeitung personenbezogener Daten beschränkt ist, die von den Gerichten im Rahmen konkreter Rechtssachen durchgeführt wird (EuGH 24.3.2022 – C-245/20, NVwZ 2022, 625 Rn. 34).

Im Fall gemeinsamer Verantwortlichkeit (Art. 26 Abs. 1 DS-GVO) ist jeder Verantwortliche zunächst für eigene Datenpannen meldepflichtig. Soweit es Datenpannen eines anderen gemeinsam Verantwortlichen betrifft, bleibt es zwar grundsätzlich den gemeinsam Verantwortlichen selbst überlassen, im Innenverhältnis die Meldepflicht zu regeln (Art. 26 Abs. 1 S. 2 DS-GVO). Allerdings sollte eine solche Regelung tunlichst auch getroffen und ihre Einhaltung überwacht werden, weil eine Absprache im Innenverhältnis gem. Art. 26 Abs. 3 DS-GVO nichts an der gemeinsamen Verantwortlichkeit gegenüber dem Betroffenen zu ändern vermag (näher Paal/Pauly/Martini DS-GVO Art. 33 Rn. 14a; Taeger/Gabel/Schultze-Melling DS-

GVO Art. 33 Rn. 8). Wird eine Absprache nicht getroffen, bleibt es beim Grundsatz des Art. 26 Abs. 1 S. 1 DS-GVO und damit bei der gemeinsamen Verantwortlichkeit für die Meldung der Datenpanne.

Die nach früherem Recht umstrittene Frage, ob auch ein Auftragsverarbeiter seinerseits benachrichtigungspflichtig sein konnte, ist von Art. 33 Abs. 2 DS-GVO nun dahingehend gelöst worden, dass der Auftragsverarbeiter nicht zur Benachrichtigung der Behörde, wohl aber zur Benachrichtigung des Verantwortlichen verpflichtet sein soll, sodass der Verantwortliche die Datenpanne des von ihm eingesetzten Auftragsverarbeiters wie eine eigene zu melden hat (Taeger/Gabel/Schultze-Melling DS-GVO Art. 33 Rn. 9 mwN; vgl. auch Spittka DSRITB 2016, 387 f.).

**3. Originalvollmacht.** → Form. N. I. Anm. 2.

**4. Verletzung des Schutzes personenbezogener Daten.** Die Vorschrift des Art. 33 DS-GVO knüpft an die Verletzung des Schutzes personenbezogener Daten an und damit an die Legaldefinition aus Art. 4 Nr. 12 DS-GVO. Gemeint ist demnach „eine Verletzung der Sicherheit, die, ob unbeabsichtigt oder unrechtmäßig, zur Vernichtung, zum Verlust, zur Veränderung, oder zur unbefugten Offenlegung von beziehungsweise zum unbefugten Zugang zu personenbezogenen Daten führt, die übermittelt, gespeichert oder auf sonstige Weise verarbeitet wurden". Dies meint eine Verletzung der Sicherheit der Datenverarbeitung iSv Art. 32 DS-GVO sowohl in Form externer Angriffe, als auch in Form eines Fehlverhaltens von Mitarbeitern (Gola/Reif DS-GVO Art. 33 Rn. 35 ff. mwN; Spittka DSRITB 2016, 387 (389)).

Nach hier vertretener Meinung dürften aber Verstöße innerhalb des Verantwortlichen iSd Art. 4 Nr. 7 DS-GVO in der Regel nicht unter Art. 4 Nr. 12 DS-GVO zu subsumieren sein, weil die Vorschrift Risiken für die Rechte und Freiheiten natürlicher Personen im Blick hat, die bei Verstößen innerhalb verantwortlicher Stellen nicht ebenso schwer wiegen wie bei Datenlecks, die zu einer unkontrollierten Preisgabe von Daten nach außen führen. Denn trotz der Grundsätze von Erforderlichkeit und Zweckbindung (mit dem „need to know"-Grundsatz als Auswirkung) dürfte für den Betroffenen im Regelfall keine gesteigerte Gefährdung bei einem weitergehenden Zugriff innerhalb des Unternehmens, dem er seine Daten anvertraut hat, vorliegen. Interne Verstöße können daher nur dann eine Verletzung des Schutzes personenbezogener Daten darstellen, wenn sich das Risiko für den Betroffenen deutlich erhöht. Nicht jede rechtswidrige Datenverarbeitung führt automatisch zu einer Meldepflicht. Umgekehrt kommt es, weil es für den Betroffenen im Ergebnis keinen Unterschied macht, nicht darauf an, ob Sicherheitsmaßnahmen von vornherein nicht implementiert oder ob sie überwunden wurden. Anders als nach bisheriger Rechtslage ist es zudem nicht mehr Voraussetzung, dass es zur unrechtmäßigen Kenntniserlangung von besonderen Arten personenbezogener Daten durch Dritte kam. Der Tatbestand ist nun wesentlicher weiter und umfasst alle Arten personenbezogener Daten.

Zu melden hat der Verantwortliche auch Verletzungen, die er nicht selbst verursacht oder verschuldet hat. Die DS-GVO stellt allein auf das Ergebnis ab (Paal/Pauly/Martini DS-GVO Art. 33 Rn. 16a). So hat der Verantwortliche auch eine Datenschutzverletzung seines Auftragsverarbeiters zu melden, ebenso wie Eingriffe Dritter (Paal/Pauly/Martini DS-GVO Art. 33 Rn. 16b). Zu beachten ist auch, dass Art. 4 Nr. 12 DS-GVO im Gegensatz zur früheren Rechtslage nicht alleine die Verletzung der Vertraulichkeit im Blick hat, sondern auch die Verletzung der Integrität der Daten, da auch die Vernichtung und die Veränderung von Daten für notifikationspflichtig erklärt (weiterführend Spittka DSRITB 2016, 387 (390 f.)).

Während nach alter Rechtslage die positive Feststellung einer „schwerwiegende[n] Beeinträchtigung für die Rechte oder schutzwürdigen Interessen der Betroffenen" Voraussetzung der Meldepflicht war, ist nach nunmehriger Rechtslage lediglich eine Ausnahme von der Meldepflicht für den Fall vorgesehen, dass die Verletzung „voraussichtlich nicht zu einem Risiko für die persönlichen Rechte und Freiheiten" des Betroffenen führt. Die Verordnung verhält sich nicht weiter zu der Frage, welche Risiken sie hier im Blick hat. Richtigerweise wird zur Beantwortung dieser Frage wohl einerseits auf die Schwere, andererseits aber auch auf die Eintrittswahrscheinlichkeit abzustellen sein (Taeger/Gabel/Schultze-Melling DS-GVO Art. 33 Rn. 26; Paal/Pauly/Martini DS-GVO Art. 33 Rn. 23), wobei es insofern auf Menge und Art der betroffenen Daten und das Missbrauchspotential ankommen dürfte. Die Verordnung selbst spricht in ErwG 85 insbesondere von „Diskriminierung, Identitätsdiebstahl oder -betrug, finanzielle Verluste, unbefugte Aufhebung der Pseudonymisierung, Rufschädigung". Die Datenschutzverletzung darf „voraussichtlich" nicht zu einem solchen Risiko führen. Dies erfordert eine Prognose hinsichtlich der Wahrscheinlichkeit eines Schadenseintritts. Da Prognosen stets ein Element der Ungewissheit anhaftet, kann insofern lediglich verlangt werden, dass sie „auf einer methodisch nachvollziehbaren Analyse des zum Zeitpunkt der Prognose verfügbaren Wissens" beruht (Paal/Pauly/Martini DS-GVO Art. 33 Rn. 26). Dass sich die Prognose, wonach die Verletzung voraussichtlich nicht zu einem Risiko führt, später unter Umständen als falsch herausstellt, macht die Ex-ante-Bewertung nicht automatisch rechtswidrig. Unterlässt der Verantwortliche im Fall einer Datenschutzverletzung die Meldung an die Aufsichtsbehörde, so muss er den Nachweis führen können, dass die Datenschutzverletzung voraussichtlich nicht zu einem Risiko für die persönlichen Rechte und Freiheiten des Betroffenen führt (Paal/Pauly/Martini DS-GVO Art. 33 Rn. 28).

**5. Form, Frist und Inhalt.** Die Meldung nach Art. 33 DS-GVO ist an keine bestimmte Form gebunden (Taeger/Gabel/Schultze-Melling DS-GVO Art. 33 Rn. 35; Paal/Pauly/Martini DS-GVO Art. 33 Rn. 29). Freilich empfiehlt es sich im Regelfall, die Meldung in schriftlicher Form an die Behörde zu schicken, da Art. 33 Abs. 3 DS-GVO eine Reihe von inhaltlichen Anforderungen an die Meldung aufstellt, die anders als in schriftlicher Form schwer erfüllbar sein dürften. Viele Datenschutzbehörden bieten mittlerweile Online-Formulare an, mittels derer Datenpannen gemeldet werden können (zB die Sächsische Datenschutz- und Transparenzbeauftragte unter https://www.datenschutz.sachsen.de/meldung-eines-datenschutzverstosses.html).

Art. 33 Abs. 3 DS-GVO macht konkrete Vorgaben zum Mindestinhalt der Meldung an die Aufsichtsbehörde. Neben der Art der Verletzung, der ungefähren Zahl der betroffenen Personen und Datensätze und der Kategorien der Daten (lit. a) sind dies außerdem Name und Kontaktdaten des Datenschutzbeauftragten bzw. einer sonstigen Anlaufstelle für weitere Informationen (lit. b), die Beschreibung der wahrscheinlichen Folgen (lit. c) und die Beschreibung der bereits getroffenen Maßnahmen (lit. d). Auf Art. 33 Abs. 3 lit. b, c und d DS-GVO nimmt auch Art. 34 Abs. 2 DS-GVO Bezug, in dem die Benachrichtigungspflicht gegenüber den Betroffenen (→ Anm. 6) geregelt ist. Die Informationen nach Art. 33 Abs. 3 DS-GVO können gem. Art. 33 Abs. 4 DS-GVO unter Umständen auch schrittweise zur Verfügung gestellt werden. Die Möglichkeit einer Teilmeldung dient nicht der Verzögerung der Meldung, sondern im Gegenteil ihrer Beschleunigung. Ist eine Teilmeldung (insbesondere hinsichtlich des „Ob" einer Datenschutzverletzung) bereits möglich, so ist sie Pflicht. Die übrigen Informationen können dann schrittweise nachgeliefert werden (Paal/Pauly/Martini DS-GVO Art. 33 Rn. 51 ff.).

Musste die Benachrichtigung nach früherem Recht „unverzüglich", also ohne schuldhaftes Zögern (§ 121 Abs. 1 S. 1 BGB), erfolgen, so schreibt die Verordnung eine Regelfrist von 72 Stunden vor, von der allerdings in vom Verantwortlichen zu begründenden Ausnahmefällen abgewichen werden kann (Art. 33 Abs. 1 S. 2 DS-GVO). Gleichwohl bleibt es auch nach der DS-GVO bei einer Pflicht zur „unverzüglichen" Meldung, die von der Norm genannten 72 Stunden dürften demnach eher als Höchstfrist zu verstehen sein, die im Einzelfall sogar unangemessen lang sein kann (Paal/Pauly/Martini DS-GVO Art. 33 Rn. 34).

**6. Information der Betroffenen.** Während Art. 33 Abs. 1 DS-GVO regelt, dass der Verantwortliche die Aufsichtsbehörde zu informieren hat, ordnet Art. 34 Abs. 1 DS-GVO an, dass auch die Betroffenen informiert werden müssen (→ Form. C. VI. 2.). Insofern gilt allerdings, dass der Grad des Risikos, der zu einer Information des Betroffenen verpflichtet, ein höherer ist als der Grad des Risikos, aufgrund dessen die Aufsichtsbehörde informiert werden muss: Nur, wenn die Datenschutzverletzung „voraussichtlich ein hohes Risiko für die persönlichen Rechte und Freiheiten natürlicher Personen zur Folge" (Art. 34 Abs. 1 DS-GVO) hat, muss der Verantwortliche die betroffene Person von der Verletzung in Kenntnis setzen. Während im Rahmen von Art. 33 Abs. 1 DS-GVO der Verantwortliche in der Pflicht ist, den Nachweis zu erbringen, dass kein Risiko besteht, um sich von der Informationspflicht zu befreien, ist im Anwendungsbereich von Art. 34 Abs. 1 DS-GVO die positive Feststellung eines hohen Risikos erforderlich, um die Informationspflicht auszulösen.

Gemeinsam ist den Pflichten aus Art. 33 und Art. 34 DS-GVO, dass die Information jeweils „unverzüglich" erfolgen muss, wenngleich Art. 34 DS-GVO keine Höchstfrist kennt, wie sie in Art. 33 Abs. 1 DS-GVO mit 72 Stunden definiert wird. Im Gegensatz zur Meldung an die Behörde nach Art. 33 DS-GVO macht Art. 34 DS-GVO in seinem Abs. 2 etwas ausführlichere Vorgaben dazu, in welcher Form der Betroffene informiert werden muss: Gefordert ist eine Information in „klarer und einfacher Sprache", die die „Art der Verletzung des Schutzes personenbezogener Daten enthält" und zumindest die in Art. 33 Abs. 3 lit. b, c und d DS-GVO genannten Informationen beinhaltet. Die Information muss für den Betroffenen zwingend unentgeltlich erteilt werden (Art. 12 Abs. 5 S. 1 DS-GVO).

Die Aufsichtsbehörde kann den Verantwortlichen nach Art. 58 Abs. 2 lit. e DS-GVO anweisen, seiner Verpflichtung aus Art. 34 DS-GVO nachzukommen.

## 2. Mitteilung an die betroffene Person (Art. 34 DS-GVO)

Nach Art. 34 Abs. 1 DS-GVO hat der Verantwortliche nicht nur die Aufsichtsbehörde, sondern auch „die betroffene Person" über eine Verletzung des Schutzes personenbezogener Daten zu benachrichtigen, sofern diese Verletzung voraussichtlich ein hohes Risiko für die persönlichen Rechte und Freiheiten natürlicher Personen zur Folge hat. Dadurch wird der Betroffene in die Lage versetzt, seine Rechte und ggf. **Schadensersatzansprüche** auf informierter Grundlage geltend zu machen (Paal/

Pauly/Martini DS-GVO Art. 34 Rn. 1). Zudem wird es dem Betroffenen ermöglicht, eigene **Schutzmaßnahmen,** wie etwa die Änderung von Kennwörtern, Sperrung von Kreditkarten etc, zu ergreifen (Taeger/Gabel/Schultze-Melling DS-GVO Art. 34 Rn. 3).

Der Unterschied zu Art. 33 DS-GVO liegt auf Tatbestandsseite in dem Grad des Risikos für die Rechte und Freiheiten des Betroffenen, der gegeben sein muss, um die Benachrichtigungspflicht auszulösen. So geht Art. 33 DS-GVO im Ausgangspunkt davon aus, dass jeder Datenschutzverstoß eine Benachrichtigungspflicht auslöst und diese nur entfällt, wenn voraussichtlich kein Risiko für die Rechte und Freiheiten des Betroffenen besteht. Umgekehrt liegt Art. 34 DS-GVO zugrunde, dass eine Benachrichtigungspflicht gegenüber dem Betroffenen prinzipiell nicht besteht, es sei denn, die Verletzung des Schutzes personenbezogener Daten hat voraussichtlich ein hohes Risiko für die persönlichen Rechte und Freiheiten natürlicher Personen zur Folge.

Auf Rechtsfolgenseite sind die Unterschiede ebenfalls erheblich. Die Information des Betroffenen muss gem. Art. 34 Abs. 2 DS-GVO lediglich die in Art. 33 Abs. 3 lit. b–d DS-GVO genannten Informationen sowie Maßnahmen zum Inhalt haben. Sie muss zudem in „klarer und einfacher Sprache" formuliert sein. Aus Erwgr. 86 DS-GVO lässt sich folgern, dass der Gesetzgeber eine **Absprache mit der Aufsichtsbehörde** hinsichtlich des konkreten Inhalts der Benachrichtigung für wünschenswert hält. Verpflichtend ist eine solche Absprache indes nicht. Aus Art. 12 Abs. 5 S. 1 DS-GVO folgt des Weiteren, dass die Information unentgeltlich erfolgen muss.

Gemeinsam ist den Pflichten aus Art. 33 und Art. 34 DS-GVO, dass die Information jeweils **„unverzüglich"** erfolgen muss, wenngleich Art. 34 DS-GVO **keine** (Höchst-)**Frist** kennt, wie sie in Art. 33 Abs. 1 DS-GVO mit 72 Stunden definiert wird. Die Aufsichtsbehörde kann den Verantwortlichen nach Art. 58 Abs. 2 lit. e DS-GVO anweisen, seiner Verpflichtung aus Art. 34 DS-GVO nachzukommen.

**Herrn/Frau […][1]**

**[Ort], den […]**

**Mitteilung gemäß Art. 34 DS-GVO**

**Sehr geehrte(r) Frau/Herr [Name],**

**wir schreiben Ihnen, weil Sie sich als Kunde für den Online-Shop unseres Unternehmens unter [URL] registriert haben.[2]**
**Wir sind stets darauf bedacht, unsere IT-Systeme auf dem aktuellen Stand halten. Datenschutz und Datensicherheit sind für uns nicht nur leere Worte, sondern haben für uns einen hohen Stellenwert. Umso mehr bedauern wir es, Ihnen mitteilen zu müssen, dass die IT-Systeme unseres Unternehmens am [Datum] durch einen Hackerangriff kompromittiert wurden. Dabei erlangten uns bislang unbekannte Dritte Zugriff auf Teile unserer Kundendatenbank. Den Angreifern wurden in diesem Zusammenhang gegen unseren Willen personenbezogene Daten unserer Kunden offengelegt.[3]**
**Nach den uns bislang vorliegenden Informationen müssen wir bedauerlicherweise davon ausgehen, dass auch Ihre Account-Informationen durch die Angreifer eingesehen werden konnten. Wir haben bereits die zuständige Staatsanwaltschaft eingeschaltet und hoffen, dass die Täter schnell ermittelt werden können. Zudem haben**

wir die zuständige Behörde, nämlich [Name der Datenschutzbehörde], von dem Vorfall in Kenntnis gesetzt. Wir haben außerdem ein spezialisiertes IT-Sicherheitsunternehmen damit beauftragt, den Angriff zu untersuchen und uns dabei zu unterstützen, unsere IT-Systeme gegen vergleichbare Angriffe für die Zukunft noch besser abzusichern.[4]

Weil Sie auch Ihre Bankdaten in unserem System hinterlegt haben, besteht durch den Hackerangriff das Risiko, dass Sie Opfer eines Betrugs oder Identitätsdiebstahls werden könnten.[5] Wir empfehlen Ihnen daher, ab sofort genauestens auf verdächtige Abbuchungen auf ihren Konten zu achten. Darüber empfehlen wir Ihnen auch, Ihr Passwort nicht nur in unserem Online-Shop, sondern auch überall dort zu ändern, wo Sie es ein weiteres Mal verwendet haben.[6]

Für eventuelle Rückfragen stehen wir Ihnen unter folgenden Kontaktdaten gerne zur Verfügung: [Kontaktdaten].[7]

Mit freundlichen Grüßen
[Unternehmen]

## Anmerkungen

**1. Adressat.** Zu benachrichtigen ist nach Art. 34 Abs. 1 DS-GVO die „betroffene Person", dies meint alle Personen, die von der Verletzung des Schutzes personenbezogener Daten betroffen sind. Gefordert ist eine individuelle Nachricht an jede Person (Taeger/Gabel/Schultze-Melling DS-GVO Art. 34 Rn. 20; Paal/Pauly/Martini DS-GVO Art. 34 Rn. 47).

**2. Sachverhaltsdarstellung.** Nach Art. 34 Abs. 2 DS-GVO enthält die Benachrichtigung der betroffenen Person „in klarer und einfacher Sprache" eine Beschreibung der Art der Verletzung des Schutzes personenbezogener Daten und die in Art. 33 Abs. 3 lit. b, c und d DS-GVO genannten Informationen und Empfehlungen. Nach dem Wortlaut der Vorschrift ist es daher nicht zwingend erforderlich, darzustellen, in welcher Beziehung der Verantwortliche zum Betroffenen steht und woher der Verantwortliche die Daten der betroffenen Person überhaupt hatte. Gerade im Fall bestehender Vertragsbeziehungen liegt es allerdings nahe, der betroffenen Person auch zur Vermeidung von Rückfragen zu erläutern, weshalb der Verantwortliche überhaupt über dessen personenbezogene Daten verfügte. Wird eine solche Auskunft nicht proaktiv gegeben, wird die betroffene Person häufig eine entsprechende Auskunft einfordern, auf die sie nach Art. 15 DS-GVO auch einen Anspruch hat (→ Form. F. II.). Für die Anforderungen an eine „klare und einfache Sprache" kann auf die Anforderungen aus Art. 12 Abs. 1 DS-GVO Bezug genommen werden. Danach muss die Information so einfach wie möglich präsentiert werden. Komplexe sprachliche Konstruktionen sind zu vermeiden (näher Taeger/Gabel/Pohle/Spittka DS-GVO Art. 12 Rn. 12 mwN).

**3. Darstellung der Art der Verletzung des Schutzes personenbezogener Daten.** Kern der Informationspflicht des Verantwortlichen ist die Auskunft über die Art der Verletzung des Schutzes personenbezogener Daten. Gemeint ist damit die Darstellung, welche der Modalitäten des Art. 4 Nr. 12 DS-GVO einschlägig ist, der insoweit Vernichtung, Verlust, Veränderung und unbefugte Offenlegung anspricht. Die reine Nennung eines dieser Stichworte (hier: „Offenlegung") dürfte indes nicht genügen, weil sich für den Betroffenen allein daraus noch nicht abschätzen lässt, welche Risiken mit der Verletzung für seine eigenen Rechte und Freiheiten einhergehen. Daher dürfte eine kurze Darstellung der tatsächlichen Umstände, die zur Verletzung geführt haben, im Regelfall erforderlich sein.

4. **Darstellung der Abhilfemaßnahmen.** Art. 34 Abs. 2 DS-GVO verweist für den Inhalt der Information ua auf Art. 33 Abs. 3 lit. d DS-GVO. Hiernach hat der Verantwortliche u.a. die von ihm ergriffenen Maßnahmen zur Behebung der Verletzung des Schutzes personenbezogener Daten und ggf. Maßnahmen zur Abmilderung ihrer möglichen nachteiligen Auswirkungen mitzuteilen. Der konkrete Inhalt dieser Ausführungen wird stark von den Umständen des Einzelfalls abhängen, wobei Erwgr. 86 S. 3 DS-GVO eine Absprache mit der Aufsichtsbehörde und ggf. anderen involvierten Behörden empfiehlt. Es dürfte ratsam sein, hier ein möglichst großes Maß an Offenheit zu zeigen, da nur durch ein ehrliches Bemühen um Aufklärung und Vorsorge für die Zukunft das verlorene Vertrauen wiedergewonnen und gegenüber der Aufsichtsbehörde deutlich gemacht werden kann, dass die Angelegenheit ernst genommen wird. Es kann in diesem Zusammenhang jedenfalls nicht schaden, darauf hinzuweisen, dass der Verantwortliche sich bereits selbst um die Einschaltung der zuständigen Behörden gekümmert hat, um zu vermeiden, dass die betroffenen Personen sich selbst noch dazu bemüßigt fühlen oder den Eindruck erhalten, es solle etwas vertuscht werden.

5. **Wahrscheinliche Folgen des Vorfalls.** Zum Pflichtinhalt der Mitteilung gehört nach Art. 34 Abs. 2 DS-GVO iVm Art. 33 Abs. 3 lit. c DS-GVO auch eine Beschreibung der wahrscheinlichen Folgen der Verletzung des Schutzes personenbezogener Daten. Beim Verlust von Bankdaten dürften derartige Folgen vor allem darin liegen, dass versucht werden wird, an das Geld des Betroffenen zu gelangen. Beim Verlust von Zugangsdaten oder Informationen über die Identität des Betroffenen wird die Möglichkeit eines Identitätsdiebstahls zu Betrugszwecken nicht fernliegen. Die Fallgestaltungen sind freilich zu mannigfaltig, um sie hier abschließend darzustellen und werden stark von den Umständen des jeweiligen Einzelfalls abhängen. Die Aufsichtsbehörden verfügen insofern über einen reichen Erfahrungsfundus, weshalb es sicherlich nicht fernliegt, sich bei der Formulierung des Informationsschreibens an den Betroffenen von der Behörde beraten zu lassen, zumal dieser Gedanke der Verordnung ausweislich Erwgr. 86 S. 3 DS-GVO zugrunde liegt.

6. **Empfehlungen an den Betroffenen.** Art. 34 Abs. 2 DS-GVO iVm Art. 33 Abs. 3 lit. d DS-GVO schreibt auch die Mitteilung von Maßnahmen zur Behebung der Verletzung des Schutzes personenbezogener Daten und ggf. Maßnahmen zur Abmilderung ihrer möglichen nachteiligen Auswirkungen vor. Entsprechendes ergibt sich auch aus Erwgr. 86 S. 2 DS-GVO, wonach die Benachrichtigung „eine Beschreibung der Art der Verletzung des Schutzes personenbezogener Daten sowie an die betroffene natürliche Person gerichtete Empfehlungen zur Minderung etwaiger nachteiliger Auswirkungen dieser Verletzung enthalten" soll. Vermag der Verantwortliche dem Betroffenen also Ratschläge zu geben, wie er die Folgen der Verletzung abmildern kann, so ist er dazu nach dem Gesetz verpflichtet. Dazu können insbesondere Maßnahmen wie der Passwortwechsel, die Sperrung von Kreditkarten, die Beobachtung des eigenen Kontos auf verdächtige Abbuchungen und dergleichen gehören (vgl. Taeger/Gabel/Schultze-Melling DS-GVO Art. 34 Rn. 20). Die Einzelheiten werden von den jeweiligen Umständen des Einzelfalls abhängen.

**7. Angabe von Kontaktdaten.** Art. 34 Abs. 2 DS-GVO iVm Art. 33 Abs. 3 lit. b DS-GVO schreibt vor, dass der Name und die Kontaktdaten des Datenschutzbeauftragten oder einer sonstigen Anlaufstelle für weitere Informationen angegeben werden müssen. Die Formulierung ist daher mehr als eine auch ansonsten verbreitete Floskel, sondern obligatorischer Inhalt des Informationsschreibens.

## 3. Dokumentation der Verletzungen des Schutzes personenbezogener Daten (Art. 33 Abs. 5 DS-GVO)

Nach Art. 33 Abs. 5 DS-GVO ist der Verantwortliche verpflichtet, die Verletzungen des Schutzes personenbezogener Daten einschließlich aller im Zusammenhang mit der Verletzung des Schutzes personenbezogener Daten stehenden Fakten, deren Auswirkungen und die ergriffenen Abhilfemaßnahmen zu dokumentieren. Die Dokumentation muss so beschaffen sein, dass sie es der Aufsichtsbehörde ermöglicht, die Einhaltung der Bestimmungen des Art. 33 DS-GVO zu überprüfen. Darin liegt eine Konkretisierung des aus Art. 5 Abs. 2 DS-GVO folgenden Grundsatzes der Rechenschaftspflicht (Paal/Pauly/Martini DS-GVO Art. 33 Rn. 54). Die Dokumentation hat den Zweck, einerseits eine Überprüfung dahingehend zu ermöglichen, ob die Meldung sachlich richtig war. Sie soll es andererseits auch ermöglichen, nachzuvollziehen, ob die Einschätzung eines Verantwortlichen, nach der er im Einzelfall nicht zur Meldung verpflichtet gewesen sein soll, weil er kein hinreichendes „Risiko für die Rechte und Freiheiten natürlicher Personen" (Art. 33 Abs. 1 S. 1 Hs. 2 DS-GVO) sah, zutreffend war. Zu berücksichtigen ist freilich, dass nach dem Wortlaut von Art. 33 Abs. 5 DS-GVO die Dokumentationspflicht nur für Fälle besteht, in denen jedenfalls tatbestandsmäßig eine Verletzung des Schutzes personenbezogener Daten iSv Art. 33 Abs. 1 S. 1 DS-GVO vorliegt (Paal/Pauly/Martini DS-GVO Art. 33 Rn. 56).

Auf welche Art und Weise die Dokumentation zu erstellen ist, schreibt Art. 33 Abs. 5 DS-GVO nicht vor. Die Dokumentation wird auch je nach Unternehmen, Art und Umfang der Verletzung und ergriffener Maßnahmen sehr unterschiedlich ausfallen. Das nachfolgende Muster soll daher keine strikte Vorgabe dazu darstellen, auf welche Art die Verletzung zu dokumentieren ist, sondern mehr als Merkliste für die zu dokumentierenden Fakten dienen. Die Dokumentation muss der Verantwortliche lediglich erstellen und vorhalten. Er ist nicht verpflichtet, sie von sich aus der Aufsichtsbehörde zuzuleiten (Paal/Pauly/Martini DS-GVO Art. 33 Rn. 58a; Taeger/Gabel/Schultze-Melling DS-GVO Art. 34 Rn. 50).

**Dokumentation eines Vorfalls nach Art. 33 DS-GVO**

| | |
|---|---|
| Datum, Uhrzeit des Vorfalls und der Kenntnis des Vorfalls[1] | |
| betroffenes System/Datenbank etc[2] | |
| Art des Vorfalls (Vernichtung/Verlust/ Änderung/Offenlegung von Daten)[3] | |
| Anzahl betroffener Personen[4] | |

| | |
|---|---|
| **Art der betroffenen Daten**[5] | |
| **Ursache (Angriff von außen, internes Fehlverhalten etc, bitte näher beschreiben)**[6] | |
| **Benachrichtigung der Betroffenen erfolgt?**[7]<br>**Falls ja: Wann?**<br>**Falls nein: Warum nicht?** | |
| **Benachrichtigung der Aufsichtsbehörde erfolgt?**[7]<br>**Falls ja: Wann?**<br>**Falls nein: Warum nicht?** | |
| **ergriffene Abhilfemaßnahmen**[8] | |

## Anmerkungen

**1. Identifizierung des Vorfalls.** Die Angabe von Datum und Uhrzeit dient primär dem Zweck, den Vorfall ein- und von eventuellen anderen Vorfällen innerhalb des gleichen Unternehmens abzugrenzen. Sie kann zudem der Analyse und der Entwicklung von Gegenmaßnahmen dienen, etwa wenn Angriffe typischerweise zu Zeiten erfolgen, in denen nur eine geringe Beobachtung der Systeme besteht, zB während der Nacht oder an Feiertagen. Darüber hinaus dient die Dokumentation des Zeitpunkts der Kenntnisnahme des Vorfalls dazu, es der Aufsichtsbehörde zu ermöglichen, zu überprüfen, ob der Verantwortliche den Vorfall fristgerecht nach Art. 33 Abs. 1 S. 1 DS-GVO der Aufsichtsbehörde gemeldet und ggf. auch den Betroffenen „unverzüglich" iSv Art. 34 Abs. 1 DS-GVO informiert hat.

**2. Betroffenes System.** Auch die Angabe des betroffenen Systems dient einerseits der näheren Identifizierung des Vorfalls, andererseits der Ermittlung von Schwachstellen innerhalb der IT des betroffenen Unternehmens.

**3. Art des Vorfalls.** Die Kategorisierung nach der Art des Vorfalls folgt der sich aus Art. 33 Abs. 1 S. 1 DS-GVO ergebenden Unterscheidung. Die sich aus dem Vorfall für die Rechte und Freiheiten der betroffenen Person ergebenden Risiken sind je nach Art des Vorfalls sehr unterschiedlich, so kann die Offenlegung etwa von Bankdaten mit erheblich größeren Belastungen für den Einzelnen einhergehen, als deren Löschung aus den IT-Systemen eines Online-Kaufhauses.

**4. Anzahl betroffener Personen.** Die Angabe der Anzahl der betroffenen Personen dient der näheren Einschätzung über die Tragweite des Vorfalls. Zudem bezieht sich die Dokumentationspflicht insbesondere auch auf die „Auswirkungen" des Vorfalls (Art. 33 Abs. 5 S. 1 DS-GVO), wozu die Zahl der betroffenen Personen zwanglos zu zählen sein dürfte.

**5. Art der betroffenen Daten.** Die Risiken, die aus dem Vorfall für die Rechte und Freiheiten der betroffenen Person resultieren, sind je nach Art der betroffenen Daten unterschiedlich. Anders als nach bisher geltendem Recht ist nicht mehr Voraussetzung der Meldepflicht, dass besondere Arten personenbezogener Daten betroffen sind (→ Form. C. VI. 1. Anm. 4). Gleichwohl ist es gerade bei solchen Daten besonders naheliegend, dass ihr Verlust besondere Risiken für die Rechte und Freiheiten des Einzelnen mit sich bringt, was nicht zuletzt mit Blick auf die Pflicht zur Benachrichtigung der Betroffenen nach Art. 34 Abs. 1 DS-GVO von Bedeutung ist. Sind also solche Daten betroffen, wird es für den Verantwortlichen schwer sein zu begründen, weshalb er gleichwohl nicht von einer Meldepflicht ausgegangen ist. Gerade die Dokumentation der Art der betroffenen Daten dürfte daher von besonderer Wichtigkeit sein, wenn es darum geht, der Aufsichtsbehörde die Nachprüfung der Einschätzung des Verantwortlichen zu ermöglichen.

**6. Ursache.** Die Feststellung der Ursache des Vorfalls ist erforderlich, um über die richtigen Abhilfemaßnahmen iSv Art. 33 Abs. 5 S. 1 DS-GVO entscheiden zu können. Sie kann zudem zur Beurteilung der Frage herangezogen werden, welches Risiko für die Betroffenen mit dem Datenverlust einhergeht. Ist der Datenverlust bspw. auf einen gezielten Diebstahl von außen (zB Hackerangriff) zurückzuführen, so ist die Wahrscheinlichkeit, dass es zu einem Missbrauch der entwendeten Daten kommt, erheblich höher, als wenn der Vorfall darauf zurückzuführen ist, dass bspw. ein Mitarbeiter versehentlich für eine gewisse Zeit den Passwortschutz einer über das Internet erreichbaren Webcam deaktiviert und dadurch die eher theoretische Möglichkeit geschaffen hat, dass die übertragenen Bilddaten – bspw. des Eingangsbereichs einer Fabrik – für Dritte einsehbar waren. Das ist nicht zuletzt mit Blick auf die Pflicht zur Benachrichtigung Betroffener aus Art. 34 Abs. 1 DS-GVO von Bedeutung.

**7. Benachrichtigung der Betroffenen und der Aufsichtsbehörde.** Art. 33 Abs. 1 S. 1 DS-GVO schreibt vor, dass der Verantwortliche die Verletzung des Schutzes personenbezogener Daten innerhalb von 72 Stunden an die Aufsichtsbehörde zu melden hat. Diese Pflicht entfällt nur dann, wenn die Verletzung voraussichtlich nicht zu einem Risiko für die Rechte und Freiheiten natürlicher Personen führt (→ Form. C. VI.1. Anm. 4). Bringt die Verletzung des Schutzes der Vertraulichkeit personenbezogener Daten voraussichtlich ein hohes Risiko für die persönlichen Rechte und Freiheiten Betroffener mit sich, so ist auch die betroffene Person zu benachrichtigen, wobei diese Benachrichtigung „unverzüglich" zu erfolgen hat (Art. 34 Abs. 1 DS-GVO; → Form. C. VI.2.). Die Dokumentationspflicht dient dazu, der Aufsichtsbehörde die Überprüfung zu ermöglichen, ob der Verantwortliche seine diesbezüglichen Pflichten ordnungsgemäß erfüllt hat. Es ist daher von Bedeutung, dass im Rahmen der Dokumentation festgehalten wird, ob und wann eine Benachrichtigung der Aufsichtsbehörde und ggf. der Betroffenen erfolgt ist bzw. warum ggf. von einer Benachrichtigung abgesehen wurde.

Freilich besteht insofern ein gewisses Spannungsverhältnis mit dem Recht des Verantwortlichen, sich nicht selbst belasten zu müssen. Während diese Pflicht in § 42a S. 6 BDSG aF noch explizit angesprochen wurde, findet sich in Art. 33 DS-GVO keine entsprechende Regelung. Allerdings hat der deutsche Gesetzgeber das Problem dadurch entschärft, dass er in § 42 Abs. 4 BDSG bzw. § 43 Abs. 4 BDSG geregelt hat, dass eine Meldung nach Art. 33 DS-GVO oder eine Benachrichtigung nach Art. 34 DS-GVO in einem Straf- oder Ordnungswidrigkeitenverfahren gegen den Meldepflichtigen oder Benachrichtigenden oder seine in § 52 Abs. 1 StPO bezeichneten Angehörigen nur mit Zustimmung des Meldepflichtigen oder Benachrichtigenden verwendet werden darf (ausführlich → Form. O. I. Anm. 6).

**8. Abhilfemaßnahmen.** Nach Art. 33 Abs. 5 S. 1 DS-GVO hat der Verantwortliche insbesondere zu dokumentieren, welche Abhilfemaßnahmen er mit Blick auf den Vorfall ergriffen hat. Dies wird unter anderem dann von Interesse sein, wenn es zu wiederholten Vorfällen kommt.

## VII. Vertraulichkeitspflichten der Beschäftigten

### 1. Verpflichtung zur Vertraulichkeit mit Merkblatt

Die DS-GVO sieht **keine ausdrückliche Verpflichtung** aller bei der Datenverarbeitung beschäftigten Personen auf das Datengeheimnis vor. Nach Art. 28 Abs. 2 S. 2 lit. b DS-GVO müssen nur der Verantwortliche und der Auftragsverarbeiter einen **Auftragsverarbeitungsvertrag** abschließen, der „gewährleistet, dass sich die zur Verarbeitung der personenbezogenen Daten befugten Personen zur Vertraulichkeit verpflichtet haben oder einer angemessenen gesetzlichen Verschwiegenheitspflicht unterliegen". Art. 29 DS-GVO sieht vor, dass „der Auftragsverarbeiter und jede dem Verantwortlichen oder dem Auftragsverarbeiter unterstellte Person, die Zugang zu personenbezogenen Daten hat, [...] diese Daten ausschließlich auf Weisung des Verantwortlichen verarbeiten [dürfen], es sei denn, dass sie nach dem Unionsrecht oder dem Recht der Mitgliedstaaten zur Verarbeitung verpflichtet sind". Nach Art. 32 Abs. 4 DS-GVO unternehmen der Verantwortliche und der Auftragsverarbeiter „Schritte, um sicherzustellen, dass ihnen unterstellte natürliche Personen, die Zugang zu personenbezogenen Daten haben, diese nur auf Anweisung des Verantwortlichen verarbeiten, es sei denn, sie sind nach dem Recht der Union oder der Mitgliedstaaten zur Verarbeitung verpflichtet". Daraus und aus der **allgemeinen Organisations- und Rechenschaftspflicht** (Art. 5, 24 DS-GVO; → A.I.) des Verantwortlichen lässt sich schließen, dass weiterhin alle Mitarbeiter, die mit personenbezogenen Daten in Kontakt kommen, zur Vertraulichkeit zu verpflichten und entsprechend zu schulen sind (DSK Kurzpapier Nr. 19 Unterrichtung und Verpflichtung von Beschäftigten auf Beachtung der datenschutzrechtlichen Anforderungen nach der DS-GVO; vgl. auch Schröder DatenschutzR S. 62). Aus der entsprechenden Aufgabenzuweisung an den betrieblichen Datenschutzbeauftragten in Art. 39 Abs. 1 lit. a DS-GVO folgt, dass die **Mitarbeiter über ihre datenschutzrechtlichen Pflichten zu unterrichten** sind, was etwa der Belehrung nach Rechtslage vor Geltung der DS-GVO im Rahmen der Verpflichtung auf das Datengeheimnis entspricht, und ferner durch das Unternehmen **zum Datenschutzrecht zu schulen** sind, wie sich aus der entsprechenden Überwachungspflicht des Datenschutzbeauftragten in Art. 39 Abs. 1 lit. b DS-GVO ergibt.

Besonders zu beachten ist, dass der Verantwortliche auch den **Nachweis führen** können muss, dass er seine Pflichten einhält (Art. 5 Abs. 2, Art. 24 Abs. 1 DS-GVO). Den Entlastungsbeweis muss das Unternehmen nicht nur gegenüber der Aufsichtsbehörde, sondern auch für Schadensersatzansprüche (die unter der DS-GVO ohne irgendwelche Bagatellgrenzen auch immaterielle Schäden umfassen, Kühling/Buchner/Bergt DS-GVO Art. 82 Rn. 18f.) führen, sondern auch im Bußgeldverfahren (Kühling/Buchner/Bergt DS-GVO Art. 83 Rn. 111), in dem zudem Geldbußen bis zu 20 Mio. EUR oder vier Prozent des weltweiten Konzernjahresumsatzes drohen. Dies bedeutet letztlich eine **umfassende Dokumentationspflicht,** der am besten nachzukommen ist, wenn die Mitarbeiter eine **schriftliche Erklärung** abgeben (vgl. DSK Kurzpapier Nr. 19 Unterrichtung und Verpflichtung von Beschäftigten auf Beachtung der datenschutzrechtlichen Anforderungen nach der DS-GVO).

Indem den Mitarbeitern durch Unterrichtung und Schulung der Datenschutz nähergebracht und dessen Bedeutung durch die Vertraulichkeitsverpflichtung unterstrichen wird, verbessert sich zudem deren **Sensibilisierung für Datenschutzthemen** und verringert sich damit auch rein praktisch die Wahrscheinlichkeit von Verstößen. Nur wenn der Mitarbeiter Kenntnis von seinen Pflichten hatte, ist ihm zudem Verschulden vorzuwerfen, was wiederum **Voraussetzung für haftungs- und arbeitsrechtliche Konsequenzen** ist.

Art. 28 Abs. 3 lit. b DS-GVO spricht nur von einer Vertraulichkeitsverpflichtung der beim Auftragsverarbeiter „zur Verarbeitung der personenbezogenen Daten befugten Personen". Deutlicher ist insoweit Art. 32 Abs. 4 DS-GVO, der die Pflicht, die Vertraulichkeit sicherzustellen, auf alle „Personen, die Zugang zu personenbezogenen Daten haben", erstreckt. Es ist also weiterhin erforderlich, alle Personen, die eine **tatsächliche Möglichkeit des Zugangs** zu personenbezogenen Daten haben, zur Vertraulichkeit zu verpflichten und zu schulen, unabhängig davon, ob sie zu diesem Zugang **berechtigt** sind **oder nicht** (vgl. BeckOK DatenschutzR/Spoerr DS-GVO Art. 28 Rn. 64) oder ob sie tatsächlich Zugriff nehmen oder nicht (Gola/Piltz DS-GVO Art. 32 Rn. 54). Dies sind einerseits praktisch alle Personen, die mit Computern arbeiten (zB einen E-Mail-Account haben) oder Papierakten bearbeiten. Selbst bei Produktionsmaschinen ist je nach Steuerung der Umgang mit personenbezogenen Daten denkbar. Andererseits gehören auch Personen wie Reinigungs- und Wachpersonal dazu, bei denen es in der Praxis nicht möglich ist, ihren Arbeitsplatz so „klinisch" von personenbezogenen Daten zu befreien, dass sie mit diesen nicht in Kontakt kommen können. Eine Kenntnisnahme von den Daten durch **nicht berechtigte Personen** muss allerdings eigentlich regelmäßig durch technische und/oder organisatorische Maßnahmen ausgeschlossen werden, etwa durch Einschließen. Unterrichtungs- und Schulungspflichten beziehen sich nach Art. 39 Abs. 1 lit. a DS-GVO auf alle „Beschäftigten, die Verarbeitungen durchführen" und nach Art. 39 Abs. 1 lit. b DS-GVO auf alle „an den Verarbeitungsvorgängen beteiligten Mitarbeiter".

Auf das **zivilrechtliche Verhältnis** kommt es für die Organisationspflichten letztlich nur insoweit an, dass jedes Unternehmen hinsichtlich der in seinen Geschäftsbetrieb eingebundenen Personen – neben Arbeitnehmern und Geschäftsführern auch Gesellschafter, Leiharbeitnehmer oder Personen, die aufgrund eines Werkvertrages vergleichbar eingebunden sind – selbst für eine Verschwiegenheitsverpflichtung zu sorgen hat, hinsichtlich Auftragsverarbeitern dagegen nur für eine Art. 28 Abs. 3 S. 2 lit. b DS-GVO entsprechende vertragliche Regelung. Bei Leiharbeitern, Werkaufträgen usw sollte in jedem Fall **vertraglich vereinbart** werden, wer die Verpflichtung übernimmt.

**Zur Verpflichtung gehört auch eine Belehrung** über die datenschutzrechtlichen Pflichten (DSK Kurzpapier Nr. 19 Unterrichtung und Verpflichtung von Beschäftigten auf Beachtung der datenschutzrechtlichen Anforderungen nach der DS-GVO). Der Mitarbeiter sollte **neben der Verpflichtungserklärung ein Merkblatt** erhalten, das die wichtigsten Aspekte der Vertraulichkeitsverpflichtung allgemeinverständlich erläutert. Um zu verhindern, dass der Mitarbeiter das Formular nur unterschreibt, das Merkblatt aber nicht liest, sollte auf eine **mündliche Unterrichtung** oder eine durch eine Lernerfolgskontrolle gestützte Online-Schulung keinesfalls verzichtet werden, selbst wenn Art. 39 Abs. 1 lit. a DS-GVO nicht ausdrücklich eine mündliche Unterrichtung vorschreibt. Fehlen sollte auch nicht der Hinweis, dass sich die

Mitarbeiter nicht scheuen sollten zu fragen und an wen sie sich wenden können. Die Belehrung sollte dabei **arbeitsplatzbezogen** erfolgen. Deshalb kann das hier entworfene **Merkblatt nur einen groben Rahmen** vorgeben, der je nach den im Unternehmen anfallenden Datenverarbeitungen zu ergänzen, zu kürzen und zu modifizieren ist. Ggf. kommen ergänzende Merkblätter in Betracht, etwa für Personalabteilung, Buchhaltung, EDV-Administratoren, Homeoffice-Nutzer oder auch sämtliche Mitarbeiter, die einen Internetzugang bzw. E-Mail-Account haben (für Letzteres siehe den Vorschlag am Ende des Musters; für weitere mögliche Inhalte → Form. D. III.). Im Bereich besonderer Rechte (Medienprivileg, vgl. Art. 85 DS-GVO und die umsetzenden landesrechtlichen Vorschriften, wie etwa § 19 BlnDSG) oder Verschwiegenheitspflichten (§ 203 StGB) sind ebenfalls Anpassungen erforderlich. Zusätzlich ist in jedem Fall auf drohende Konsequenzen bei Verstößen hinzuweisen. Ergänzend sollten im Merkblatt die wichtigsten Vorschriften im Wortlaut abgedruckt werden. Eine umfassende und verständliche schriftliche Belehrung empfiehlt sich auch im Hinblick darauf, dass Verschulden des Arbeitnehmers vom Arbeitgeber zu beweisen ist (§ 619a BGB). Wird über **unterschiedliche Verschwiegenheitspflichten** (→ Form. C. VII.2., → Form. C. VII.3. und → Form. C. VII.6.) belehrt, bietet sich ein zusammenfassendes Formular an (vgl. DSK Kurzpapier Nr. 19 Unterrichtung und Verpflichtung von Beschäftigten auf Beachtung der datenschutzrechtlichen Anforderungen nach der DS-GVO); in jedem Fall sollten die Verpflichtungen aber zeitgleich erfolgen. Der richtige Termin hierfür ist der erste Arbeitstag, bevor es zu einem Kontakt mit personenbezogenen Daten kommt. Es ist zwar auch eine Verpflichtung vor der Aufnahme der Tätigkeit, etwa im Zusammenhang mit dem Abschluss des Arbeitsvertrags bzw. im Arbeitsvertrag, möglich; eine Aufnahme des sprachlich angepassten ersten Absatzes der Vertraulichkeitsverpflichtung in den Arbeitsvertrag ist durchaus empfehlenswert – auch um zu verhindern, dass Mitarbeiter die Unterschrift verweigern. Doch sollte jedenfalls die Unterrichtung erst zur Tätigkeitsaufnahme erfolgen und die vollständige Vertraulichkeitsverpflichtung dann unterzeichnet werden, wenn zwischen Vertragsschluss und Arbeitsaufnahme allenfalls wenige Tage liegen.

Eine regelmäßige **Wiederholung der Vertraulichkeitsverpflichtung bzw. eine Erinnerung daran** ist jedenfalls vor dem Hintergrund der Nachweispflichten empfehlenswert (vgl. LDA Bayern 7. Tätigkeitsbericht 2015/2016 Kap. 15.7; DSK Kurzpapier Nr. 19 Unterrichtung und Verpflichtung von Beschäftigten auf Beachtung der datenschutzrechtlichen Anforderungen nach der DS-GVO). Die Mitarbeiter sollten als Minimum von Zeit zu Zeit im Rahmen ihrer Schulungen das jeweils aktuelle Merkblatt erhalten (vgl. Art. 39 Abs. 1 lit. b DS-GVO, der Schulungen als Bestandteil der Datenschutz-Strategie des Unternehmens beschreibt; der Begriff „Datenschutzvorkehrungen" in Art. 24 Abs. 2 DS-GVO meint letztlich die Datenschutzstrategie, Kühling/Buchner/Hartung DS-GVO Art. 24 Rn. 21).

### 1. Vertraulichkeitsverpflichtung

**Personenbezogene Daten, also alle Informationen, die sich auf einen benannten oder identifizierbaren Menschen beziehen, dürfen nicht unbefugt erhoben, genutzt, weitergegeben oder sonst verarbeitet werden. Ich verpflichte mich, personenbezogene Daten vertraulich zu behandeln und ausschließlich auf Weisung von [Unternehmen] zu verarbeiten. [Optional: Soweit personenbezogene Daten im Auftrag eines Dritten verarbeitet werden, geht eine eventuelle Weisung dieses Dritten im Rahmen**

der Gesetze vor.] Diese Vertraulichkeitsverpflichtung besteht auch nach Beendigung meiner Tätigkeit für [Unternehmen] fort.

Verstöße gegen meine Vertraulichkeitsverpflichtung können nach Art. 83 der Datenschutz-Grundverordnung (DS-GVO), §§ 42 und 43 des Bundesdatenschutzgesetzes (BDSG) und anderen Gesetzen mit Geldbuße bis zu 20.000.000 EUR, Geld- oder Freiheitsstrafe geahndet werden. Eine Verletzung meiner Vertraulichkeitsverpflichtung kann zugleich eine Verletzung arbeitsvertraglicher Pflichten oder spezieller Geheimhaltungspflichten darstellen und beispielsweise zu Abmahnung, fristloser oder fristgerechter Kündigung und/oder Schadensersatzpflichten führen. Gesetzliche Folge von Verstößen gegen meine Vertraulichkeitsverpflichtung können auch Schadensersatzansprüche der Personen, auf die die Daten sich beziehen, gegen mich persönlich sein, für die ich unter Umständen unbeschränkt mit meinem gesamten Vermögen und ohne Möglichkeit einer Restschuldbefreiung in einem Insolvenzverfahren hafte. Sonstige Geheimhaltungsverpflichtungen, etwa aus dem Arbeitsvertrag, bestehen neben dieser Vertraulichkeitsverpflichtung.

[Ort, Datum, Unterschrift des Mitarbeiters]

Ich bestätige, dass ich heute über die Bedeutung meiner Verpflichtung zur Verschwiegenheit über personenbezogene Daten belehrt wurde. Ein Exemplar dieses Formulars sowie ein Merkblatt mit Erläuterungen und dem Text der Art. 29 DS-GVO, Art. 83 Abs. 4–6 DS-GVO, § 42 Abs. 1 und 2 BDSG und § 43 Abs. 1 und 2 BDSG habe ich erhalten.

[Ort, Datum, Unterschrift des Mitarbeiters][1]

## 2. Merkblatt zur Vertraulichkeitsverpflichtung[2]

Sie werden heute über Ihre Pflichten im Umgang mit personenbezogenen Daten unterrichtet und unterzeichnen eine entsprechende Vertraulichkeitsverpflichtung. Dieses Merkblatt gibt Ihnen die Möglichkeit, das Wichtigste noch einmal nachzulesen. Sollten Sie Fragen haben – insbesondere wenn es darum geht, ob ein bestimmter Umgang mit personenbezogenen Daten erlaubt ist –, zögern Sie nicht, Ihren Vorgesetzten oder den betrieblichen Datenschutzbeauftragten, Telefon […], zu fragen.

### Datenschutz schützt das Persönlichkeitsrecht

Ihre Vertraulichkeitsverpflichtung dient – wie das gesamte Datenschutzrecht – dem Schutz des Persönlichkeitsrechts derjenigen Menschen, auf die sich die Daten beziehen. Diese Menschen nennt das Gesetz „betroffene Personen". Das können unsere Kunden sein, Ihre Kollegen – oder auch Sie als unser Mitarbeiter.

Das Persönlichkeitsrecht gibt jedem Menschen das Recht, grundsätzlich selbst darüber zu entscheiden, wer was über ihn wissen darf. Beispielsweise darf jeder Kunde selbst entscheiden, wer seinen Wohnort erfahren soll, und Sie dürfen entscheiden, wer Ihren Gesundheitszustand kennen darf. Es ist Ihre Entscheidung, ob das geheim bleibt oder Sie es veröffentlichen.

Ausnahmen, in denen nicht nur der Wille des Betroffenen gilt, muss es natürlich geben – aber jede Ausnahme braucht nach dem Gesetz eine Rechtfertigung. Das kann nach der Regelung in Art. 6 Abs. 1 DS-GVO eine Einwilligung der betroffenen Person oder eine gesetzliche Erlaubnis sein. Die wichtigste gesetzliche Erlaubnis gilt für diejenigen Daten, die unbedingt benötigt werden, um einen Vertrag mit der betroffenen Person zu erfüllen. Deshalb darf Ihr Vermieter beispielsweise Ihren Namen speichern, ohne dass Sie einwilligen müssten.

Neben der DS-GVO, die in der gesamten Europäischen Union gilt, gibt es in Deutschland unter anderem auch noch das Bundesdatenschutzgesetz (BDSG), das bestimmte Sonderfälle regelt.

Ihre Vertraulichkeitspflichten

Sie müssen personenbezogene Daten nicht nur vertraulich behandeln, Sie dürfen sie zB nicht an Dritte weitergeben oder offen herumliegen lassen. Das Gesetz verpflichtet Sie vielmehr dazu, nur dann mit personenbezogenen Daten zu arbeiten, wenn dies erlaubt ist – unabhängig davon, ob Sie diese Daten beispielsweise lesen, notieren, löschen oder weitergeben. Diese Erlaubnis muss einerseits [Unternehmen] als Unternehmen haben, andererseits aber auch Sie persönlich nach unserer unternehmensinternen Aufgabenverteilung. Die gesetzlichen Vertraulichkeitspflichten einzuhalten, ist also auch Ihre ganz persönliche Verpflichtung. Diese Pflicht ergibt sich übrigens bereits aus dem Gesetz (u.a. Art. 29 DS-GVO). Ihre heutige förmliche Verpflichtung zur Vertraulichkeit dient nur dazu, Ihnen deutlich zu machen, wie wichtig diese Pflicht ist.

Bitte beachten Sie: Ihre Pflicht zur Vertraulichkeit gilt zeitlich unbefristet, und zwar selbst dann, wenn Sie nicht mehr für uns tätig sind. Sie gilt gegenüber allen Personen, die nicht dienstlich für die jeweilige Sache zuständig sind – also auch gegenüber allen anderen Kollegen, Ihrer Familie und der Presse.

Wenn Sie mit personenbezogenen Daten arbeiten, müssen Sie sich dabei immer an die Weisungen Ihres Vorgesetzten halten. [Optional: [Unternehmen] verarbeitet auch als sog. Auftragsverarbeiter personenbezogene Daten für unsere Kunden, etwa im Rahmen von [Webhosting, Abrechnungsdiensten, Software as a Service, ...]. Sollte im Fall von Auftragsverarbeitung Ihr Vorgesetzter Ihnen eine bestimmte Weisung erteilen, unser Kunde aber eine andere Weisung, geht die Weisung unseres Kunden vor, solange unser Kunde nichts Verbotenes verlangt.] In ganz besonderen Fällen kann auch ein Gesetz vorschreiben, personenbezogene Daten zB an eine Behörde herauszugeben. [Optional: Widersprüchliche Weisungen und] gesetzliche Verarbeitungspflichten sind sehr selten, und die damit verbundenen komplizierten Rechtsfragen werden Sie kaum alleine entscheiden können. Wenden Sie sich daher bitte immer sofort an Ihren Vorgesetzten oder den betrieblichen Datenschutzbeauftragten, Telefon [...].

Der Begriff „personenbezogene Daten"

Das Datenschutzrecht gilt für alle „personenbezogenen Daten". Personenbezogene Daten sind Informationen, die sich auf eine identifizierte oder identifizierbare natürliche Person, also einen Menschen, beziehen (Art. 4 Nr. 1 DS-GVO). Das kann die Angabe sein, dass jemand Mitglied in einem Verein ist, wo er wohnt oder wie viel Geld er auf dem Konto hat.

Personenbezogenes Datum kann ebenso die Angabe sein, dass die Kontonummer 123456 ihren Dispokredit überzogen hat. Denn obwohl hier kein Name genannt wird, ist einfach zu ermitteln, wer Inhaber dieses Kontos ist: Es handelt sich um Angaben zu einer „identifizierbaren" Person. Eine Person ist identifizierbar, wenn man – eigene und fremde – Informationen kombinieren kann und dadurch erfährt, um wen es sich handelt. Das geht sehr viel einfacher als man denkt: So konnten Forscher jeden einzelnen von 1,5 Millionen Menschen eindeutig identifizieren, wenn sie nur wussten, wo er sich zu elf beliebigen Zeitpunkten aufhielt (www.taz.de/!5070185/). Auch genügen Geburtsdatum, Postleitzahl und Geschlecht, um 87 Prozent der US-Amerikaner eindeutig zu identifizieren (www.chip.de/artikel/Re-Identifizierung-Die-neue-Kunst-der-Datenkraken-3_140297704.html).

Auch wenn Sie selbst denken, dass bestimmte Daten niemandem zuzuordnen sind, dürfen Sie diese deshalb nicht ohne Zustimmung Ihres Vorgesetzten und des betrieblichen Datenschutzbeauftragten an Dritte weitergeben oder veröffentlichen – abgesehen davon, dass es sich auch um Betriebsgeheimnisse handeln könnte, die Sie ebenfalls streng vertraulich behandeln müssen.

Für welche Daten das Datenschutzrecht gilt

Das Datenschutzrecht gilt einerseits für Computer-Daten (wozu auch die Daten vieler technischer Geräte zählen). Wichtig ist aber zu wissen, dass es genauso für „die nichtautomatisierte Verarbeitung personenbezogener Daten, die in einem Dateisystem gespeichert sind oder gespeichert werden sollen" (Art. 2 Abs. 1 DS-GVO) gilt. Dabei ist unter Dateisystem jede geordnete Ablage zu verstehen (Art. 4 Nr. 6 DS-GVO) – etwa eine Patientenkartei auf Papier oder eine alphabetische Sammlung ausgefüllter Formulare. Das Datenschutzrecht gilt zudem dann, wenn die Daten später in einer Datei gespeichert werden sollen oder aus einer Datei stammen – etwa eine ausgedruckte Liste mit Kundendaten. Daten von Mitarbeitern oder Bewerbern werden in jeder Form durch das deutsche BDSG geschützt, selbst wenn es sich um einen unsortierten Stapel handschriftlicher Notizen handelt, der weggeworfen werden soll.

Die Telefonnummern Ihrer Kinder auf Ihrem Handy dürfen Sie übrigens weiterhin speichern, ohne dass Sie eine Rechtsgrundlage benötigen: rein persönliche oder familiäre Tätigkeiten sind von der Geltung des Datenschutzrechts ausgenommen (Art. 2 Abs. 2 lit. c DS-GVO).

Unsere und Ihre Pflichten

Wir als Unternehmen und Sie als unser Mitarbeiter dürfen personenbezogene Daten nur dann verarbeiten, wenn es dafür eine Rechtsgrundlage gibt. Art. 4 Nr. 2 DS-GVO beschreibt den Begriff der Verarbeitung äußerst weit, sodass er letztlich jeden Kontakt mit personenbezogenen Daten umfasst: „jeden mit oder ohne Hilfe automatisierter Verfahren ausgeführten Vorgang oder jede solche Vorgangsreihe im Zusammenhang mit personenbezogenen Daten wie das Erheben, das Erfassen, die Organisation, das Ordnen, die Speicherung, die Anpassung oder Veränderung, das Auslesen, das Abfragen, die Verwendung, die Offenlegung durch Übermittlung, Verbreitung oder eine andere Form der Bereitstellung, den Abgleich oder die Verknüpfung, die Einschränkung, das Löschen oder die Vernichtung". Als mögliche Rechtsgrundlage nennt Art. 6 Abs. 1 DS-GVO eine Einwilligung der betroffenen Person und verschiedene gesetzliche Erlaubnisse.

Für welche Daten es bei welchem Verfahren eine solche Rechtsgrundlage gibt, sagt Ihnen Ihr Vorgesetzter. Bitte beachten Sie: Andere Daten dürfen Sie nicht verwenden. Personenbezogene Daten dürfen zudem nur zu dem jeweils konkret festgelegten Zweck verwendet werden. Eine Zweckänderung braucht eine eigene Rechtsgrundlage. Das bedeutet, dass zB Kundendaten, die bisher nur für die Vertragsabwicklung verwendet wurden, nicht ohne Weiteres für Werbung genutzt werden dürfen. Auch hier sagt Ihnen Ihr Vorgesetzter, ob eine Zweckänderung erlaubt ist.

Als wichtigste Regel sollten Sie sich hier merken, dass Sie personenbezogene Daten nie aus eigener Entscheidung heraus weitergeben oder für sich selbst nutzen (beispielsweise außerhalb dienstlicher Notwendigkeit lesen) dürfen.

Außerdem müssen personenbezogene Daten geschützt werden, sodass Unbefugte keine Kenntnis von ihnen nehmen und sie nicht versehentlich verloren gehen können. Deshalb verschlüsseln wir personenbezogene Daten, wenn wir sie über das Internet übertragen müssen, und machen regelmäßig Sicherungskopien (Backups). Das Gesetz verpflichtet uns zu vielen weiteren Sicherheitsmaßnahmen. So dürfen zB Ausdrucke mit personenbezogenen Daten oder Datenträger wie CDs, USB-Sticks oder Festplatten keinesfalls einfach weggeworfen oder weggegeben werden, sondern müssen ordnungsgemäß geschreddert oder durch die EDV-Abteilung sicher gelöscht werden.

Dass Sie Ihr Passwort nicht an Kollegen oder Dritte weitergeben oder gar auf einem Zettel an den Computer kleben dürfen, sollte sich von selbst verstehen – es ist Ihr persönliches Passwort, und wenn es jemand missbraucht, sind Sie persönlich dafür verantwortlich (siehe „Folgen von Verstößen").

Rechte der betroffenen Personen

Einer der wichtigsten Aspekte des Persönlichkeitsrechts ist es, zu wissen, was andere über einen wissen. Wenn ein Unternehmen Daten über jemanden sammelt, muss es daher fast immer die betroffene Person informieren. Jeder Mensch kann zudem von jedem Unternehmen eine Kopie der Daten verlangen, die das Unternehmen über ihn gespeichert hat (Art. 15 DS-GVO). Dies bedeutet, dass alles, was Sie beispielsweise über einen Kunden notieren, auch schriftlich zu diesem Kunden gelangen kann. Achten Sie deshalb bitte darauf, dass Sie nur Angaben notieren, für die wir auch eine Erlaubnis zum Speichern haben – Ihr Vorgesetzter sagt Ihnen, welche Daten das in Ihrem konkreten Fall sind. Und achten Sie bitte auch darauf, wie Sie es aufschreiben: knapp, neutral und niemals beleidigend oÄ. Das Auskunftsrecht ist ein spezielles Recht des Betroffenen: An andere Personen und Stellen dürfen wir normalerweise keine Auskünfte geben – das wäre eine Übermittlung, für die wir eine Erlaubnis bräuchten.

Benötigen wir bestimmte Daten nicht mehr, müssen wir sie löschen (Art. 17 DS-GVO); falsche Daten müssen wir berichtigen (Art. 16 DS-GVO). Wenn Sie feststellen, dass nicht mehr benötigte Daten weiterhin gespeichert bleiben, sprechen Sie bitte Ihren Vorgesetzten darauf an. Denn die Speicherung von Daten, die eigentlich zu löschen wären, kann mit Geldbußen bis 20.000.000 EUR oder vier Prozent des weltweiten Jahresumsatzes des gesamten Konzerns – je nachdem, was höher ist – bestraft werden. Zusätzlich haben betroffene Personen einen Anspruch auf Schadensersatz einschließlich Schmerzensgeld für die Verletzung ihres Rechts auf Datenschutz.

Jede betroffene Person kann uns zudem verbieten, ihre Daten für Werbezwecke zu benutzen (Art. 21 Abs. 2, 3 und 5 DS-GVO) und hat auch in bestimmten anderen Fällen ein Widerspruchsrecht (Art. 21 Abs. 1 DS-GVO). Betroffene Personen haben zudem weitere Rechte, die aber für Sie als Mitarbeiter normalerweise nicht von Bedeutung sind.

Sollte ein Auskunftsersuchen, ein Widerspruch oder ein anderer Wunsch oder Hinweis mit Datenschutzbezug bei Ihnen eingehen, leiten Sie ihn bitte sofort an [den betrieblichen Datenschutzbeauftragten] weiter. Selbstständig dürfen Sie solche

Dinge nur bearbeiten, wenn wir Ihnen diese Aufgabe ausdrücklich zugewiesen haben. In Zweifelsfällen fragen Sie den betrieblichen Datenschutzbeauftragten (Telefon [...]). Beachten Sie bitte, dass auch Behörden oder die Polizei nicht ohne Weiteres Daten von uns erhalten können. Wir benötigen hier einen förmlichen Beschlagnahmebeschluss. In bestimmten Fällen genügt ein förmliches Auskunftsersuchen. Wenn Sie von der Polizei oder einer anderen Behörde kontaktiert werden, informieren Sie bitte sofort Ihren Vorgesetzten und den betrieblichen Datenschutzbeauftragten.

Folgen von Verstößen

Verstöße gegen das Datenschutzrecht können für [Unternehmen] schwerwiegende Folgen haben – aber auch für Sie persönlich.

Fast alle Verstöße gegen das Datenschutzrecht können mit Geldbuße bestraft werden (Art. 83 DS-GVO). Diese Geldbuße kann bis zu 20.000.000 EUR pro Verstoß betragen oder für uns als Unternehmen bis zu vier Prozent des weltweiten Jahresumsatzes des gesamten Konzerns, je nachdem, was höher ist. Geldbußen können sogar gegen einzelne Mitarbeiter verhängt werden: Geben Sie beispielsweise ohne eine entsprechende Anweisung von [Unternehmen] personenbezogene Daten weiter oder nutzen Sie sie für Ihre eigenen Zwecke, können Sie persönlich mit einer Geldbuße bis zu 20.000.000 EUR bestraft werden. Zudem sind bestimmte Verstöße gegen das Datenschutzrecht Straftaten, die mit Gefängnis bestraft werden können (§ 42 BDSG): Beispiel: Jemand verkauft weisungswidrig eine Festplatte mit personenbezogenen Daten anstatt sie zu zerstören.

Verstöße gegen das Datenschutzrecht können zudem nach anderen Gesetzen strafbar sein, zB nach § 23 GeschGehG (Verletzung von Geschäftsgeheimnissen), § 202a StGB (Ausspähen von Daten) oder § 263a StGB (Computerbetrug).

Jede betroffene Person kann Schadensersatz für eine unzulässige Verarbeitung ihrer Daten verlangen, und zwar einschließlich Schmerzensgeld für die Persönlichkeitsrechtsverletzung (Art. 82 DS-GVO, §§ 823 ff. BGB). Unter Umständen müssen Sie persönlich diesen Schadensersatz ganz oder teilweise bezahlen, wenn Sie mittlere oder schwere Verstöße begangen oder personenbezogene Daten weisungswidrig verarbeitet haben, etwa für Ihre eigenen Zwecke genutzt haben. Fragen Sie daher lieber einmal zu viel als zu wenig.

Schwere Schäden für [Unternehmen] kann es verursachen, wenn eine sog. Datenpanne öffentlich bekannt wird. Kunden verlieren das Vertrauen und kaufen nicht mehr bei uns, wenn sie nicht sicher sein können, dass ihre Daten bei uns in guten Händen sind. Hinzu kommt, dass wir nach Art. 34 Abs. 1 und Abs. 3 lit. c DS-GVO verpflichtet sein können, eine Datenpanne allen Betroffenen mitzuteilen oder gar öffentlich bekanntzumachen. Bitte helfen Sie mit, dass es niemals dazu kommt.

Nicht zuletzt können wir arbeitsrechtliche Konsequenzen ziehen, wenn Sie gegen Ihre Vertraulichkeitspflichten verstoßen. Denkbar sind je nach Schwere Ihres Fehlverhaltens insbesondere eine Abmahnung, eine fristgerechte Kündigung oder sogar eine fristlose Kündigung ohne vorherige Verwarnung.

Neue Verfahren mit personenbezogenen Daten[3]

Sie sind an einem Projekt beteiligt, bei dem personenbezogene Daten eine Rolle spielen? Dann sorgen Sie bitte dafür, dass der betriebliche Datenschutzbeauftragte von Anfang an einbezogen wird. Er kann Ihnen sagen, ob es überhaupt rechtlich möglich ist, was Ihr Projektteam plant, und Tipps geben, was Sie verbessern könnten, insbesondere, welche Anforderungen wir zu „Privacy by Design" und „Privacy by Default" (Art. 25 DS-GVO) oder zur Sicherheit (Art. 32 DS-GVO) einhalten müssen. Wenn Sie diese Fragen rechtzeitig mit dem betrieblichen Datenschutzbeauftragten klären, können Sie von Anfang an das richtige Verfahren entwickeln. Wenn Sie ihn erst kurz vor Schluss einbeziehen, kann es sein, dass Ihr Projekt komplett scheitert, weil es rechtlich nicht oder nur unter aufwendigen Änderungen umzusetzen ist. [Optional: Außerdem sind Sie nach Art. 38 Abs. 1 DS-GVO verpflichtet, den betrieblichen Datenschutzbeauftragten ordnungsgemäß und frühzeitig in alle mit dem Schutz personenbezogener Daten zusammenhängenden Fragen einzubinden, unter Umständen eine Datenschutz-Folgenabschätzung nach Art. 35 DS-GVO durchzuführen und das Verfahren zum Verzeichnis der Verarbeitungstätigkeiten nach Art. 30 DS-GVO anzumelden. Werden Dritte eingeschaltet, etwa weil wir den Server nicht selbst betreiben, müssen besondere Verträge abgeschlossen werden (Art. 28 DS-GVO). Bei Zusammenarbeit mit Dritten kommt auch eine gemeinsame Verantwortlichkeit nach Art. 26 DS-GVO in Betracht.] Wichtig ist, dass wir als Unternehmen jederzeit beweisen können, dass wir das Gesetz vollständig einhalten (Art. 5 und 24 DS-GVO). Können wir diesen Nachweis nicht vollständig erbringen, haften wir auf Schadensersatz und Geldbußen – und auch Sie persönlich, wenn Sie das Verfahren ohne Genehmigung eingeführt haben.

Besondere Hinweise für Nutzer von Internet und E-Mail

Internet und E-Mail sind sehr praktisch, weil man innerhalb von Sekunden Daten ans andere Ende der Welt schicken kann. Gerade diese Geschwindigkeit macht sie aber auch so risikoreich. Hinzu kommt, dass das Internet als Medium zur Kommunikation zwischen Wissenschaftlern erfunden wurde, die sich gegenseitig absolut vertrauen konnten. Deshalb gibt es standardmäßig keine Sicherheitsmaßnahmen. Das ist heute nicht mehr angemessen und eine große Gefahr für vertrauliche Daten. Denn eine E-Mail ist eigentlich nichts anderes als eine elektronische Postkarte, die vom Wind durch die Stadt getrieben und immer wieder von allen möglichen Leuten aufgehoben, angeschaut und wieder in die Luft geworfen wird. Deshalb beachten Sie bitte folgende Grundregeln:

Vertrauliche Daten – insbesondere auch personenbezogene Daten – dürfen Sie niemals per normaler E-Mail versenden. Wenn die EDV-Abteilung Ihren Computer mit einem Programm zur E-Mail-Verschlüsselung ausgestattet hat und der Empfänger der E-Mail ebenfalls solch ein Programm verwendet, können Sie ihm eine verschlüsselte Nachricht schicken, die gegen Abhören und Manipulation geschützt ist. [Optional: Für bestimmte Empfänger hat die EDV-Abteilung eine automatische Verschlüsselung eingerichtet. Hierzu erhalten Sie eine gesonderte schriftliche Nachricht.][4] Bitte prüfen Sie aber in jedem Fall vorher, ob Sie die Daten überhaupt an den Empfänger weitergeben dürfen!

Bevor Sie eine E-Mail versenden, achten Sie bitte unbedingt darauf, ob der richtige Empfänger im Adressfeld steht. Hier liegt eine große Fehlerquelle, wenn mehrere Leute einen ähnlichen Namen oder eine ähnliche E-Mail-Adresse haben. Schauen Sie vor dem Abschicken noch einmal genau darauf! Durch solche Verwechslungen sind schon extrem vertrauliche Informationen an die Öffentlichkeit gekommen.

Beachten Sie den Unterschied zwischen „To:/An:" (Adressat), „CC:" (Kopie) und „BCC:" (Blindkopie): Jeder Empfänger der E-Mail sieht sämtliche anderen Empfänger, die im To:- bzw. CC:-Feld stehen. Soll ein Empfänger für die anderen nicht sichtbar sein, müssen Sie ihn ins BCC:-Feld schreiben. Die Daten aller To:/CC:-Empfänger übermitteln Sie im rechtlichen Sinne an die anderen Empfänger. Und dafür benötigen Sie, wie Sie wissen, eine Erlaubnis. Wenn Sie Nachrichten an viele Empfänger senden müssen, sprechen Sie deshalb bitte mit der EDV-Abteilung, ob dafür eine Mailingliste oÄ eingerichtet werden sollte oder ob die Versendung über das BCC:-Feld ausreichend ist. Es wurden bereits Bußgelder gegen Mitarbeiter verhängt, die alle Empfänger ins To:-Feld geschrieben haben![5]

Sie dürfen niemals vertrauliche Daten an Ihren privaten E-Mail-Account weiterleiten oder woanders als auf unseren Servern speichern – insbesondere nicht in der „Cloud". Dies bedeutet unter anderem, dass Sie auch keinesfalls eine automatische Weiterleitung Ihres E-Mail-Accounts an Ihre private E-Mail-Adresse einrichten dürfen.

Sie werden möglicherweise E-Mails erhalten, die Sie im Namen von [Unternehmen] oder einem anderen Unternehmen auffordern, auf einen Link in der E-Mail zu klicken oder eine bestimmte Seite aufzurufen und dort Ihr Passwort oder andere Daten einzugeben. Tun Sie dies niemals! Es handelt sich bei diesen Mails um gefälschte, sog. Phishing-Mails, die darauf abzielen, Ihre Passwörter, Zugangsdaten oder sonstige vertrauliche Informationen „abzufischen". Selbst wenn Sie in der E-Mail persönlich angesprochen werden, Bezug auf bestimmte Personen oder Umstände genommen oder gar auf eine alte E-Mail geantwortet wird, hat dies nichts zu sagen – diese Daten wurden wahrscheinlich bereits zuvor gestohlen, im Zweifel durch einen erfolgreichen Phishing-Angriff auf einen Ihrer Kollegen. Melden Sie derartige E-Mails bitte immer sofort an die EDV-Abteilung per [Nachricht – Weiterleiten als Anhang] an [phishing@example.com], Telefon [...].

Vertrauen Sie nicht zu sehr auf E-Mails. Absenderangaben von E-Mails lassen sich problemlos fälschen – (weitgehend) vertrauen können Sie nur digital signierten und verschlüsselten E-Mails, falls Sie ein entsprechendes Programm von der EDV-Abteilung erhalten haben. Seien Sie daher bitte auch sehr vorsichtig, wenn Sie unaufgefordert E-Mails mit Anhängen (Attachments) erhalten: Oftmals enthalten diese Anhänge Schadprogramme (Viren). Viren werden heutzutage häufig auch mittels E-Mails versendet, die an eine frühere Kommunikation anknüpfen – wenn nämlich bereits der Computer eines Ihrer Kommunikationspartner infiziert ist und dort alte E-Mails ausgelesen wurden. Daher müssen Sie auch bei Ihnen (vermeintlich) bekannten Absendern die gleiche Vorsicht walten lassen wie bei unbekannten Absendern. Wir versuchen, Viren so gut wie möglich auszufiltern, damit sie überhaupt nicht in Ihrem Postfach ankommen – aber die Kriminellen sind uns häufig ein Stück voraus. Bevor Sie einen solchen Anhang öffnen, fragen Sie bitte im Zweifel bei der EDV-Abteilung nach per [Nachricht – Weiterleiten als Anhang] an [virus@example.com], Telefon [...]. [Optional: Seien Sie auch misstrauisch, wenn vermeintlich Ihr Vorgesetzter per E-Mail intern besondere Vertraulichkeit für ein angebliches besonderes Projekt verlangt.[6] Fragen Sie lieber noch einmal auf einem anderen Kommunikationskanal – am sichersten im persönlichen Gespräch, denn auch beispielsweise die Stimme einer Person lässt sich heutzutage in Echtzeit fälschen – nach.]

Bitte ändern Sie nicht die Einstellungen, insbesondere die Sicherheitseinstellungen, Ihrer Programme. Die EDV-Abteilung hat sich etwas bei der Konfiguration gedacht. Wenn Sie Änderungsvorschläge haben, sprechen Sie diese bitte mit der EDV-Abteilung ab – vielleicht können ja alle Mitarbeiter von Ihrer Idee profitieren.

**[Beachten Sie bitte außerdem unsere Richtlinie zur E-Mail- und Internetnutzung. Falls Sie ein Homeoffice oder Mobile Office nutzen, gilt zudem unsere diesbezügliche Richtlinie. Private Geräte dürfen Sie nur dann im Betrieb bzw. zum Zugriff auf dienstliche E-Mails nutzen, wenn Sie unsere Bring-Your Own-Device-Richtlinie einhalten. All diese Richtlinien enthalten auch Regelungen zur Sicherheit und sind für Sie verbindlich.][7]**

Wortlaut der Gesetze

**[Es ist der Wortlaut der Art. 29, 83 Abs. 4–6 DS-GVO sowie §§ 42 Abs. 1 und 2, 43 Abs. 1 und 2 BDSG einzufügen.][8]**

## Anmerkungen

**1. Unterschrift des Mitarbeiters.** Zu berücksichtigen ist, dass nach § 309 Nr. 12 lit. b BGB eine AGB-Bestimmung unwirksam ist, in der der andere Teil bestimmte Tatsachen bestätigt (BGH 24.3.1988 – III ZR 21/87, NJW 1988, 2106; Graf v. Westphalen/Thüsing VertrR/AGB-Klauselwerke/Graf v. Westphalen/Thüsing Vertragsabschlussklauseln – Einbeziehung Rn. 67ff. mwN; Wolf/Lindacher/Pfeiffer/Dammann BGB § 309 Nr. 12 Rn. 51ff.). Dies gilt jedoch nicht für Empfangsbekenntnisse, die gesondert unterschrieben sind, § 309 Nr. 12 aE BGB. Vorliegend bestätigt der Mitarbeiter, dass er über seine Pflichten unterrichtet wurde und das Merkblatt erhalten hat, sodass eine nach § 309 Nr. 12 aE BGB zulässige Empfangsbestätigung vorliegt. Wer Bedenken hegt, ob S. 1 der Bestätigung des Mitarbeiters eine Empfangsbestätigung iSv § 309 Nr. 12 aE BGB darstellt, sollte nach jedem einzelnen Satz der Bestätigung des Mitarbeiters dessen Unterschrift vorsehen. In der Praxis ist dann allerdings peinlich genau darauf zu achten, dass der Mitarbeiter auch tatsächlich zweimal unterschreibt, weil sonst ein Indiz dafür besteht, dass nur dasjenige tatsächlich passiert ist, was der Mitarbeiter auch schriftlich bestätigt hat.

Weigert sich ein Mitarbeiter, die Bestätigung über seine Verpflichtung zu unterschreiben, hat dies keine Auswirkungen auf die Pflichten, die sich ohnehin bereits aus Art. 29 DS-GVO ergeben. Allerdings verlangt Art. 28 Abs. 3 S. 2 lit. b DS-GVO im Rahmen der Auftragsverarbeitung eine Vertraulichkeitsverpflichtung oder eine angemessene gesetzliche Verschwiegenheitspflicht. Bei Arbeitnehmern dürfte nach hiesiger Ansicht als Vertraulichkeitsverpflichtung im deutschen Recht bereits die Verpflichtung aus arbeitsvertraglichen ungeschriebenen Nebenpflichten, ggf. konkretisiert durch arbeitsvertragliche Weisungen, genügen (BeckOK DatenschutzR/Spoerr DS-GVO Art. 28 Rn. 66). Allerdings nehmen die deutschen Datenschutz-Aufsichtsbehörden ausweislich ihres Kurzpapiers Nr. 19 nur Beschäftigte im öffentlichen Bereich, deren Verschwiegenheitspflicht ausdrücklich gesetzlich oder tariflich geregelt ist, von der Notwendigkeit einer gesonderten Vertraulichkeitsverpflichtung aus (DSK Kurzpapier Nr. 19 Unterrichtung und Verpflichtung von Beschäftigten auf Beachtung der datenschutzrechtlichen Anforderungen nach der DS-GVO). Gesetzliche Verschwiegenheitspflichten liegen etwa bei Berufsgeheimnisträgern nach § 203 StGB vor (BeckOK DatenschutzR/Spoerr DS-GVO Art. 28 Rn. 67; DSK Kurzpapier Nr. 19 Unterrichtung und Verpflichtung von Beschäftigten auf Beachtung der datenschutzrechtlichen Anforderungen nach der DS-GVO). Im Hinblick auf die Nachweispflichten des Arbeitgebers sollte aber zumindest ein Vermerk über die Unterrichtung und den Hinweis auf die arbeitsrechtlichen Vertraulichkeitspflichten angefertigt und von einem Zeugen unterschrieben werden. Die Gefahr, dass Beschäftigte ihre Unterschrift verweigern, spricht dafür, den sprachlich angepassten ersten Absatz der Vertraulichkeitsverpflichtung bereits in den Arbeitsvertrag aufzunehmen.

**2. Sprache.** Das Merkblatt versucht, das Datengeheimnis auch für Nichtjuristen verständlich zu machen. Denn angesichts der Ubiquität von Datenverarbeitung darf man nicht davon ausgehen, dass nur Studierte zur Vertraulichkeit zu verpflichten sind – im Gegenteil sollte man die Vertraulichkeitsverpflichtung als Standard ansehen, weil selbst der typische Supermarktkassierer (Kartenzahlung, Kundenbindungsprogramme), die typische Reinigungskraft (Unterlagen in den zu reinigenden Räumen) oder die typische Mitarbeiterin der Stadtreinigung (Liste der zu leerenden Mülltonnen) mit personenbezogenen Daten umgehen. Juristensprache verbietet sich ohnehin bei Nichtjuristen, wenn ein Effekt erzielt werden soll, der den Anforderungen der Rechenschaftspflicht (Accountability-Prinzip) genügt. Vielmehr wäre je nach Zielgruppe das Merkblatt noch deutlich verständlicher zu formulieren.

**3. Keine Darstellung der Erlaubnistatbestände.** In manchen allgemeinen Merkblättern zum Datengeheimnis wird über Seiten ausgebreitet, unter welchen Umständen ein Erlaubnistatbestand greift. Kaum einer der Leser wird das benötigen – und keiner, der es nicht schon weiß, hinlänglich verstehen, weil die Darstellung doch nicht ausreichend ist. Das Muster sieht daher nur einen relativ kurzen Hinweis vor, bei allen Projekten, die mit personenbezogenen Daten zu tun haben, rechtzeitig den betrieblichen Datenschutzbeauftragten einzuschalten. Zur Verdeutlichung, warum die frühzeitige Einbeziehung des Datenschutzbeauftragten so wichtig ist, sind verschiedene für die Entwicklung neuer Verfahren bedeutsame Vorschriften genannt. Diese können je nach Unternehmenskultur weggelassen werden, unter Umständen auch der nicht als optional markierte Hinweis auf die Rechenschaftspflicht und die Konsequenzen für Schadensersatz und Sanktionen. Der Datenschutzbeauftragte bzw. die Rechtsabteilung werden sich der Sache nach einer Information annehmen und ggf. für eine weitere Information/Schulung der betroffenen Mitarbeiter sorgen. Bei vielen Mitarbeitergruppen kann der Abschnitt auch völlig entfallen, weil sie niemals in Verlegenheit geraten werden, Einfluss auf ein Verfahren zur Verarbeitung personenbezogener Daten zu nehmen. Dagegen sollten Merkblätter für spezielle Gruppen durchaus Erläuterungen der in Betracht kommenden Erlaubnistatbestände enthalten – aber stets am konkreten Bedarf orientiert. So sollte die Personalabteilung Art. 6 DS-GVO und § 26 BDSG (einschließlich dessen teilweiser Unionsrechtswidrigkeit, vgl. EuGH 30.3.2023 – C-34/21, NJW 2023, 1639) erläutert bekommen; Entwickler von EDV-Anwendungen müssen zB die Grenzen des Art. 6 Abs. 1 S. 2 lit. b DS-GVO und der Einbindung von Drittanbieter-Diensten kennen.

**4. Verschlüsselungs-Proxies, Transportverschlüsselung.** Manche E-Mail-Server-Software ermöglicht es, zentral gesteuert und für die Nutzer transparent E-Mails zu ver- und entschlüsseln. Ebenso können abgesicherte Übertragungen mit Transportverschlüsselung (zB zwingende Anwendung von TLS mit DANE, RFC 7672) sicheren E-Mail-Verkehr zwischen Unternehmen garantieren (zur E-Mail-Verschlüsselung siehe auch DSK Orientierungshilfe Maßnahmen zum Schutz personenbezogener Daten bei der Übermittlung per E-Mail, 16.6.2021, wobei der dort zu findende Verzicht auf eine Forderung nach DANE und die weite Zulassung opportunistischer Verschlüsselung darin begründet liegen dürfte, dass die von den Aufsichtsbehörden genutzten E-Mail-Dienstleister selbst den Stand der Technik missachten). Ein Risiko liegt allerdings in genau dieser Transparenz, dass eben die Mitarbeiter nicht ohne Weiteres erkennen können, ob eine E-Mail verschlüsselt (oder sicher transportverschlüsselt übertragen) wird oder nicht.

**5. Offene E-Mail-Verteiler.** Der Landesbeauftragte für den Datenschutz Sachsen-Anhalt verhängte gegen eine Privatperson ein Bußgeld von gut 2.600 EUR, da diese zehnmal E-Mails versandt hatte, in denen alle jeweils über hundert Empfänger für die anderen Empfänger sichtbar waren (https://www.mz.de/lokal/merseburg/hunderte-adressen-im-verteiler-merseburger-muss-fur-wut-mails-uber-2-000-euro-zahlen-1527369). Unternehmen können dies verhindern, indem eine Grenze von maximal zulässigen Adressen im „To:"-Feld vorgesehen wird. Bei eigenmächtiger Datenverarbeitung wird der Mitarbeiter selbst zum Verantwortlichen und unterliegt entsprechenden Sanktionen (Kühling/Buchner/Hartung DS-GVO Art. 29 Rn. 6).

**6. Fake-President-Betrug.** In letzter Zeit häufen sich Meldungen, dass Kriminelle gezielt betrügerische Überweisungen veranlassen, indem sie sich als Vorgesetzte ausgeben und besondere Geheimhaltung verlangen („Fake President"). Die Entwicklungen im Bereich der generativen Künstlichen Intelligenz lassen erwarten, dass Betrüger in absehbarer Zeit sogar Videokonferenzen als Mittel zur Überzeugung ihrer Opfer nutzen werden, bei denen Ton und Bild in Echtzeit gefälscht werden (vgl. aktuell https://www.sueddeutsche.de/wirtschaft/deepfake-betrug-videokonferenz-hongkong-1.6344209). Dies ist kein datenschutzrechtliches Problem, kann aber gut im Zusammenhang angesprochen werden, da es in beiden Fällen wesentlich um Sensibilisierung der Beschäftigten geht.

**7. Richtlinien.** Bestehen im Unternehmen Richtlinien, etwa zur E-Mail- und Internetnutzung (→ Form. D. III.1.), zur Nutzung eines Homeoffice (→ Form. D. III.2.) oder zu Bring Your Own Device (→ Form. D. III.4.), sollte zur Klarstellung auf diese verwiesen werden.

**8. Aktualität der Gesetze.** Es ist darauf zu achten, dass bei Änderungen der abgedruckten Gesetzestexte der aktuelle Wortlaut verwendet wird.

## 2. Verpflichtung auf das Telekommunikationsgeheimnis mit Merkblatt

Mit Wirkung vom 1.12.2021 hat der deutsche Gesetzgeber das Telekommunikations-Datenschutzrecht neu geregelt. Die Regelungen finden sich nunmehr statt im TKG im TTDSG, seit 14.5.2024 Telekommunikation-Digitale-Dienste-Datenschutz-Gesetz, kurz TDDDG, genannt. Doch hat es der deutsche Gesetzgeber auch in diesem Rahmen **versäumt, das deutsche Telekommunikations-Datenschutzrecht unionsrechtskonform zu gestalten.** Denn weiterhin setzt der deutsche Gesetzgeber die Datenschutzrichtlinie für elektronische Kommunikation 2002/58/EG überschießend um, ohne dass hierfür überall eine Öffnungsklausel besteht. Die **Rechtslage im Telekommunikations-Datenschutzrecht bleibt daher äußerst unübersichtlich.** Denn nach Art. 95 DS-GVO geht die RL 2002/58/EG den Vorschriften der DS-GVO vor, soweit die RL 2002/58/EG Vorschriften enthält, „die dasselbe Ziel verfolgen" (teilweise wird eine Unanwendbarkeit des TDDDG auch auf Art. 12 Abs. 1 der RL (EU) 2018/1972 über den europäischen Kodex für die elektronische Kommunikation – TK-Kodex bzw. EKEK – gestützt). Dies führt dazu, dass **verschiedene Regelungen**

**des TDDDG in verschiedenen Konstellationen nicht angewendet werden dürfen** (im Detail Dieckhoff/Assion ZD 2023, 371; Gierschmann MMR 2023, 22; Sander K&R 2022, 662; Kühling/Sauerborn CR 2021, 271). Kritisch ist dabei insbesondere die **Ausdehnung auf geschlossene Benutzergruppen und Mitwirkende.**

Entsprechend den Regelungen des TK-Kodex EKEK ist zwar mittlerweile auch im deutschen Recht grundsätzlich geregelt, dass **Over-the-top-Dienste (OTT-Dienste) als interpersonelle Kommunikationsdienste** Telekommunikation darstellen. Dies betrifft Dienste, bei denen der Anbieter selbst keine Erfolgsverantwortung für den Transport der Kommunikationsinhalte übernimmt, wie E-Mail, Messenger und Videotelefoniedienste, die das Internet nutzen. Ungeklärt ist leider weiterhin, unter welchen genauen Bedingungen OTT-Dienste tatsächlich Telekommunikation darstellen und somit auch dem Fernmeldegeheimnis unterfallen. Namentlich bei vielen Videokonferenzdiensten ist es nicht möglich, jemanden „anzurufen", sodass fraglich ist, ob iSd Art. 2 Nr. 2 EKEK „die Empfänger von den Personen bestimmt werden, die die Kommunikation veranlassen oder daran beteiligt sind". Denn wenn die Teilnahme an einer Videokonferenz über Link und Passwort (ggf. auch ohne Passwort) möglich ist, dann gibt es keine direkte Kontrolle darüber, wer an der Telekommunikation beteiligt ist. Ebenfalls besteht keine funktionale Äquivalenz zu herkömmlicher Telekommunikation oder einem (Video-)Anruf zu einer Person, die über eine bestimmte Kennung erreichbar ist (wie etwa bei Signal, WhatsApp oder Threema). Denn über eine linkbasierte Videokonferenz ist nur eine Kommunikation mit Personen möglich, die über einen anderen Kommunikationskanal die Zugangsdaten und den festgelegten Zeitpunkt der Videokonferenz erhalten haben und zu diesem Zeitpunkt von sich aus eine entsprechende Verbindung aufbauen. Aus Sicht der Nutzer sind solche Videokonferenzdienste mithin nicht „in der Funktionsweise gleichwertig" (Erwgr. 15 EKEK). Für eine Anwendbarkeit des Fernmeldegeheimnisses in einem solchen Fall spricht letztlich nur ein möglichst umfassender Schutz der betroffenen Personen. Angesichts dieser Unklarheiten sind die weiteren Entwicklungen daher zu beobachten. Das Formular behandelt E-Mail und „Videotelefonie" als Telekommunikation, lässt aber offen, ob das Telekommunikationsdatenschutzrecht im konkreten Fall anwendbar ist. Wer die Rechtsauffassung vertritt, dass etwa das angebotene BigBlueButton nicht unter das Fernmeldegeheimnis fällt, kann entweder „Video-" streichen oder eine Abgrenzung zwischen Videotelefonie und Videokonferenzen ohne Anruf-Funktion einführen. Die oben bereits angesprochene Problematik der überschießenden Umsetzung stellt sich bei solchen Videokonferenzlösungen ganz besonders.

Von besonderer Bedeutung für die Praxis ist, dass Unternehmen, die ihren Arbeitnehmern die **private Nutzung von E-Mail und Internet am Arbeitsplatz** gestatten, seit Anwendbarkeit der DS-GVO nach der hier vertretenen Ansicht nicht mehr den telekommunikationsdatenschutzrechtlichen Vorschriften unterfallen, sondern der DS-GVO, weil Art. 3 Abs. 1 RL 2002/58/EG regelt, dass diese nur „für die Verarbeitung personenbezogener Daten in Verbindung mit der Bereitstellung öffentlich zugänglicher elektronischer Kommunikationsdienste in öffentlichen Kommunikationsnetzen" gilt, also nicht für geschlossene Nutzergruppen. Der deutsche Gesetzgeber hat dies allerdings unionsrechtswidrig in § 3 Abs. 2 TDDDG ausdrücklich anders geregelt und von der insoweit zuständigen BfDI dürfte eine weite Auslegung zu erwarten sein. Von der Frage der Anwendbarkeit oder Unanwendbarkeit des § 3 TDDDG unberührt bleibt in jedem Fall die Strafbarkeit nach § 206 StGB, weil diese nicht an die datenschutzrechtlichen Vorschriften des TDDDG anknüpft, sondern eine vollständige eigenständige Regelung – wenn auch vergleichbaren Inhalts – beinhaltet. Auch der Arbeitgeber, der die private Nutzung des dienstlichen E-Mail- oder Internetzugangs gestattet, ist zwar nach hier vertretener Ansicht kein Diensteanbieter nach TDDDG, aber ein Unternehmen, das geschäftsmäßig Telekommunikationsdienste erbringt, wie § 206 Abs. 1 StGB dies voraussetzt. § 206 StGB ist auch unter Geltung der DS-GVO anwendbar; es handelt sich um eine nationale Sanktionsvorschrift nach Art. 84 DS-GVO (Kühling/Buchner/Bergt DS-GVO Art. 84 Rn. 26). Allerdings ist für das Tatbestandsmerkmal „unbefugt" aus § 206 Abs. 1 StGB auch auf Erlaubnisnormen aus der DS-GVO abzustellen, soweit diese, namentlich bei geschlossenen Nutzergruppen, nach hier vertretener Ansicht anwendbar ist. Zur Verwendung gegenüber betroffenen Administratoren können, wenn keine Eigenschaft als Diensteanbieter im Sinne des TDDDG vorliegt, die allgemeine Verschwiegenheitsverpflichtung und das Merkblatt (→ Form. C. VII.1) um einen Verweis auf § 206 StGB ergänzt werden.

Änderungen der Rechtslage sollen sich künftig durch die ePrivacy-VO ergeben, die die RL 2002/56/EG vollständig ersetzen soll. Doch stockt das Gesetzgebungsverfahren seit vielen Jahren und es ist unklar, wann und ob überhaupt die ePrivacy-VO in Kraft treten wird.

Es ist damit zu rechnen, dass sich viele Mitarbeiter nicht bewusst sind, dass sie (ggf. auch nur nach Ansicht des deutschen Gesetzgebers) verpflichtet sind, das Telekommunikationsgeheimnis zu wahren. Zudem bleibt im Fall der Privatnutzung im Unternehmen oder bei Over-the-top-Diensten wie E-Mail, Messengern und Videokonferenzen – und damit nach hiesiger Ansicht Anwendbarkeit der DS-GVO statt des TDDDG – dennoch § 206 StGB anwendbar. Daher erscheint es sinnvoll, die betroffenen Mitarbeiter **förmlich auf das Telekommunikationsgeheimnis zu verpflichten.** Es gibt zwar auch hierfür keine ausdrückliche gesetzliche Verpflichtung, doch gilt die DS-GVO neben dem TDDDG subsidiär. Die **Rechenschaftspflicht** (**Accountability-Prinzip;** → Form. A. I.) der DS-GVO, dass also das Unternehmen darlegen und beweisen muss, dass es das Datenschutzrecht eingehalten hat, dürfte über Art. 95 DS-GVO anwendbar bleiben; für Haftung und Sanktionen enthält sogar Art. 15 Abs. 2 der Richtlinie 2002/58/EG einen ausdrücklichen Verweis auf die DS-RL, der nach Art. 94 DS-GVO als Verweis auf die DS-GVO gilt.

Das Telekommunikationsgeheimnis gilt bereits nach dem Gesetz, sodass es sich bei der Verpflichtung auf das Telekommunikationsgeheimnis rechtlich um eine Belehrung handelt, deren Bedeutung nur durch eine eher moralische „Verpflichtung" unterstrichen wird. Doch eine entsprechende **Belehrung und Verpflichtung** ist nicht nur vor dem Hintergrund der Fürsorgepflicht des Arbeitgebers geboten, sondern auch um Gesetzesverstöße zu vermeiden, für die letztlich das Unternehmen haften würde. Arbeitsrechtlich lässt sich Mitarbeitern nur dann ein Verschulden vorwerfen, wenn diese ihre Pflichten kannten. Die **Unterrichtungs- und Schulungspflicht** hinsichtlich des Datenschutzrechts (→ Vorb. C. VII. 1.) gilt zudem auch für das Telekommunikations-Datenschutzrecht.

Von der Verpflichtung zur Wahrung des Fernmeldegeheimnisses nach § 3 Abs. 2 TDDDG erfasst sind alle, die eine Einwirkungsmöglichkeit auf den Schutz des Fernmeldegeheimnisses haben, insbesondere **Mitarbeiter und Erfüllungsgehilfen** eines Anbieters.

Wer etwa in einem **Hotel, Krankenhaus oder Restaurant** ein Gästetelefon oder einen freien Internetzugang (zB WLAN-Hotspot) bereitstellt, ist Anbieter im Sinne des

TDDDG; eine geschlossene Benutzergruppe liegt wegen des Angebots an eine unbestimmte Gruppe nicht vor. Es genügt eine gewisse Dauerhaftigkeit eines Angebots, das sich an Dritte richtet; eine Gewinnerzielungsabsicht ist nicht erforderlich.

Es empfiehlt sich ein schriftliches Protokoll über Belehrung und Verpflichtung auf das Telekommunikationsgeheimnis, das durch eine schriftliche Bestätigung des Mitarbeiters ergänzt wird. Diese **doppelte Schriftform unterstreicht die Bedeutung** des Telekommunikationsgeheimnisses und dient zudem der **Beweisbarkeit,** insbesondere im Hinblick auf die Beweislastverteilung zu Lasten des Arbeitgebers (§ 619a BGB), die Rechenschaftspflicht (Art. 5, 24 DS-GVO) und die Nachweispflichten auch im Schadensersatz- (Kühling/Buchner/Bergt DS-GVO Art. 82 Rn. 49 ff.) und Sanktionsrecht (Kühling/Buchner/Bergt DS-GVO Art. 83 Rn. 111; zu Art. 5 Abs. 2 DS-GVO als Beweislastregelung sowohl gegenüber der betroffenen Person als auch gegenüber der Aufsichtsbehörde EuGH 24.2.2022 – C-175/20, EuZW 2022, 527 Rn. 77, 81; EuGH 4.5.2023 – C-60/22, GRUR-RS 2023, 8967 Rn. 53; EuGH 4.7.2023 – C-252/21, GRUR 2023, 1131 Rn. 95; EuGH 14.12.2023 – C-340/21, ZD 2024, 150 Rn. 52 ff.; EuGH 25.1.2024 – C-687/21, NZA 2024, 320 Rn. 42 f.; EuGH 11.7.2024 – C-757/22, ZD 2024, 510 Rn. 52; BVerwG 2.3.2022 – 6 C 7.20, NVwZ 2022, 1205 Rn. 50; OLG Hamm 15.8.2023 – 7 U 19/23, GRUR-RS 2023, 22505 Ls. 1; OLG Stuttgart 22.11.2023 – 4 U 20/23, GRUR-RS 2023, 32883 Rn. 401 ff.; zur Einwilligung bereits EuGH 11.11.2020 – C-61/19, ZD 2021, 89 Rn. 42). Der Mitarbeiter sollte **neben der mündlichen Belehrung ein Merkblatt** erhalten, das die wichtigsten Aspekte des Telekommunikationsgeheimnisses allgemeinverständlich erläutert. Um zu verhindern, dass der Mitarbeiter das Formular nur unterschreibt, das Merkblatt aber nicht liest, sollte jedenfalls auch eine mündliche Belehrung durchgeführt werden.

Die Verpflichtung auf das Telekommunikationsgeheimnis sollte zeitgleich zu **weiteren Verschwiegenheitsverpflichtungen** und Belehrungen erfolgen (→ Form. C. VII.1., → Form. C. VII.3. und → Form. C. VII.7.). Ein gemeinsames Protokoll für die verschiedenen Verpflichtungen bietet sich an.

### 1. Verpflichtung auf das Telekommunikationsgeheimnis

**Frau/Herr [Name des Mitarbeiters] wurde heute darüber belehrt, dass [Unternehmen] [geschäftsmäßig] [öffentlich zugängliche] Telekommunikationsdienste erbringt [bzw. Telekommunikationsanlagen betreibt, mit denen geschäftsmäßig Telekommunikationsdienste erbracht werden bzw. öffentliche Telekommunikationsnetze betreibt] und dass sie/er deshalb nach § 206 StGB und § 3 TDDDG zur Wahrung des Fernmeldegeheimnisses verpflichtet ist. Sie/Er wurde auf die Wahrung des Fernmeldegeheimnisses verpflichtet. Diese Verpflichtung besteht nach § 3 Abs. 2 S. 2 TDDDG auch nach Beendigung der Tätigkeit fort.**

**Dem Fernmeldegeheimnis unterliegen der Inhalt der Telekommunikation und ihre näheren Umstände, insbesondere die Tatsache, ob jemand an einem Telekommunikationsvorgang beteiligt ist oder war. Das Fernmeldegeheimnis erstreckt sich auch auf die näheren Umstände erfolgloser Verbindungsversuche.**

**Verstöße gegen das Fernmeldegeheimnis können nach § 206 StGB, ggf. auch nach anderen Gesetzen, mit Geldbuße, Geld- oder Freiheitsstrafe geahndet werden. Eine Verletzung des Fernmeldegeheimnisses kann zugleich eine Verletzung arbeitsvertraglicher Pflichten darstellen und beispielsweise zu Abmahnung, fristloser oder fristgerechter Kündigung und/oder Schadensersatzpflichten führen. Die datenschutz-**

rechtliche Verschwiegenheitspflicht und sonstige Geheimhaltungsverpflichtungen, etwa aus dem Arbeitsvertrag, bestehen neben dem Fernmeldegeheimnis.

[Ort, Datum, Unterschrift der verpflichtenden Person][1]

Ich bestätige, dass ich heute auf das Fernmeldegeheimnis verpflichtet und über seine Bedeutung belehrt wurde. Ein Exemplar dieses Formulars sowie ein Merkblatt mit Erläuterungen und dem Text des § 3 TDDDG und des § 206 StGB habe ich erhalten.

[Ort, Datum, Unterschrift des Mitarbeiters][2]

2. Merkblatt zum Telekommunikationsgeheimnis[3]

Sie werden heute auf das Fernmeldegeheimnis verpflichtet. Dabei erhalten Sie eine Belehrung über die Pflichten, die sich für Sie aus dem Fernmeldegeheimnis ergeben. Dieses Merkblatt gibt Ihnen die Möglichkeit, das Wichtigste noch einmal nachzulesen. Sollten Sie Fragen haben, zögern Sie nicht, Ihren Vorgesetzten oder den betrieblichen Datenschutzbeauftragten, Telefon [. . .], zu fragen.

Das Fernmelde- oder Telekommunikationsgeheimnis

Das Fernmeldegeheimnis schützt nicht nur Telefonate und Faxe, sondern auch moderne Kommunikationsformen wie E-Mail, Messenger-Dienste und Videotelefonie. Es wird daher auch Telekommunikationsgeheimnis genannt. Es handelt sich um ein Grundrecht (Art. 10 des Grundgesetzes – GG), das in § 3 des Telekommunikations-Digitale-Dienste-Datenschutz-Gesetzes (TDDDG) und § 206 des Strafgesetzbuches (StGB) genauer geregelt ist. §§ 3 ff. TDDDG regeln den Datenschutz bei Telekommunikation. In manchen Fällen kann statt des TDDDG auch die Datenschutz-Grundverordnung (DS-GVO), ggf. auch das Bundesdatenschutzgesetz (BDSG), anwendbar sein.

Das Fernmeldegeheimnis schützt einerseits den Inhalt der Kommunikation: Was wurde bei dem (Video-) Telefonat besprochen? Welche Daten wurden übertragen? Was steht in der E-Mail oder der Chat-Nachricht? Und auch: Was steht im Betreff der E-Mail?

Das Fernmeldegeheimnis schützt andererseits aber auch die „näheren Umstände der Telekommunikation“: Wer hat wann mit wem telefoniert oder gemailt? Welche WWW-Seiten wurden aufgerufen? Wer hat vergeblich versucht, eine Telefonverbindung aufzubauen?

Nicht nur wir als Unternehmen, sondern auch Sie persönlich müssen das Fernmeldegeheimnis einhalten. Diese Pflicht ergibt sich übrigens bereits aus dem Gesetz (§ 3 TDDDG, § 206 StGB). Ihre heutige förmliche Verpflichtung auf das Fernmeldegeheimnis dient nur dazu, Ihnen deutlich zu machen, wie wichtig diese Pflicht ist.

Bitte beachten Sie: Das Fernmeldegeheimnis gilt zeitlich unbefristet, und zwar selbst dann, wenn Sie nicht mehr für uns tätig sind (so ausdrücklich § 3 Abs. 2 S. 2 TDDDG; dies gilt aber auch für § 206 StGB). Es gilt gegenüber allen Personen, die nicht dienstlich für die jeweilige Sache zuständig sind – also auch gegenüber allen anderen Kollegen, Ihrer Familie und der Presse.

Ihre Pflicht zur Wahrung des Fernmeldegeheimnisses

Informationen, die dem Fernmeldegeheimnis unterliegen, müssen Sie absolut vertraulich behandeln. Sie dürfen also beispielsweise nicht Einzelverbindungsnachweise oder Logfiles über Telekommunikationsverbindungen auswerten, E-Mail-Postfächer einsehen oder Ähnliches, außer dies ist ausnahmsweise gesetzlich erlaubt. Die wichtigste Erlaubnis enthält § 3 Abs. 3 S. 1 TDDDG: Wenn wir den Telekommunikationsdienst nur erbringen können, unsere Telekommunikationsnetze oder unsere Telekommunikationsanlagen nur betreiben können bzw. unsere Telekommunikationssysteme nur schützen können, wenn wir von bestimmten dem Fernmeldegeheimnis unterliegenden Informationen Kenntnis haben, ist uns die Kenntnisnahme erlaubt. §§ 9 und 10 TDDDG erlauben uns, Verbindungsdaten zu speichern und zu verwenden, soweit das für die Abrechnung erforderlich ist. Zur Störungs- und Betrugsbekämpfung erlaubt uns § 12 TDDDG in bestimmten Fällen, Verbindungsdaten zu nutzen. (In manchen Fällen kann statt des TDDDG auch die DS-GVO, evtl. das BDSG, anwendbar sein. Wenn Sie sich auch im Fall der Anwendbarkeit der DS-GVO und ggf. des BDSG an die Regelungen des TDDDG halten, machen Sie nichts falsch.) Welche Daten im konkreten Fall wofür gespeichert und genutzt werden dürfen, erläutert Ihnen Ihr Vorgesetzter.

Beachten Sie bitte, dass diese Erlaubnisse nur so weit bestehen, wie die Kenntnis, Speicherung oder Nutzung unbedingt für den jeweiligen Zweck erforderlich ist, es also „nicht ohne geht". Müssen Sie zur Behebung eines technischen Fehlers beispielsweise zwingend in eine Mailbox schauen, dürfen Sie dies nur insoweit, wie es sich nicht vermeiden lässt: Genügt es etwa, den Header einer E-Mail auszuwerten, dürfen Sie den Nachrichtentext selbst nicht lesen. Natürlich dürfen Sie Dinge, die dem Fernmeldegeheimnis unterliegen, auch dann nicht weitersagen, wenn Sie zur Administration ausnahmsweise legal davon Kenntnis erlangt haben – auch nicht Ihrem Vorgesetzten. Ausnahme: Wenn Sie zufällig davon erfahren, dass eine schwere, in § 138 StGB genannte Straftat geplant wird.

Auskunftsverlangen

Es kann sein, dass die Polizei oder andere Stellen auf Sie zukommen und bestimmte Informationen wünschen, etwa zu Nutzern oder Angaben, die dem Telekommunikationsgeheimnis unterliegen. Derartige Anfragen leiten Sie bitte sofort an [Ansprechpartner, Telefon, usw] weiter. Sie selbst dürfen keine Auskünfte erteilen, wenn dies nicht ausdrücklich zu Ihrem Aufgabengebiet gehört.

Folgen von Verstößen

Verstoßen Sie gegen das Fernmeldegeheimnis, drohen Ihnen dafür unter Umständen bis zu fünf Jahre Haft. § 206 StGB stellt es (unter anderem) unter Strafe, Informationen weiterzugeben, die dem Fernmeldegeheimnis unterliegen. Ebenfalls ist es strafbar, anvertraute Sendungen (insbesondere E-Mails) unbefugt zu unterdrücken, etwa zu löschen oder über längere Zeit zurückzuhalten.

Bestimmte Verstöße gegen das TDDDG können zudem ein Bußgeld zur Folge haben, zB wenn unzulässig Daten erhoben oder nicht gelöscht werden (§ 28 TDDDG). Unter Umständen kommen weitere Bußgeld- und Straftatbestände in Betracht, etwa Verstöße gegen das Datenschutzrecht (Art. 83 DS-GVO, §§ 42, 43 BDSG), Verletzung von Geschäftsgeheimnissen (§ 23 GeschGehG), Ausspähen von Daten (§ 202a StGB), Computerbetrug (§ 263a StGB).

Schwere Schäden für [Unternehmen] kann es verursachen, wenn eine sog. Datenpanne öffentlich bekannt wird. Kunden verlieren das Vertrauen und nutzen nicht mehr unsere Dienste, wenn sie nicht sicher sein können, dass ihre Daten bei uns in guten Händen sind. Hinzu kommt, dass wir nach der Datenschutzverletzungen-Benachrichtigungs-Verordnung[4] verpflichtet sein können, eine Datenpanne allen

Betroffenen mitzuteilen und ggf. zusätzlich die Öffentlichkeit informieren müssen. Bitte helfen Sie mit, dass das Fernmeldegeheimnis bei uns immer gewahrt bleibt.

Kommt es durch Verstöße gegen das Fernmeldegeheimnis zu Schäden, müssen wir und ggf. auch Sie persönlich Schadensersatz leisten. Ihnen persönlich drohen zudem arbeitsrechtliche Konsequenzen, wenn Sie gegen das Fernmeldegeheimnis verstoßen. Denkbar sind je nach Schwere Ihres Fehlverhaltens insbesondere eine Abmahnung, eine fristgerechte Kündigung oder sogar eine fristlose Kündigung ohne vorherige Verwarnung.

Wortlaut der Gesetze

[Es ist der Wortlaut des § 3 TDDDG und des § 206 StGB einzufügen.][5]

## Anmerkungen

**1. Zuständigkeit für die Verpflichtung.** Da zu einer Verpflichtung auf das Fernmeldegeheimnis keine ausdrückliche gesetzliche Verpflichtung besteht, gibt es auch keine Regelung zur Zuständigkeit hierfür. Es empfiehlt sich allerdings, die Verpflichtung auf das Fernmeldegeheimnis zusammen mit der datenschutzrechtlichen Verschwiegenheitsverpflichtung (→ Form. C. VII. 1.) und ggf. weiteren Verschwiegenheitsverpflichtungen vorzunehmen. Für diese Tätigkeit ist unabhängig von der Verantwortung der Geschäftsführung der Datenschutzbeauftragte prädestiniert.

**2. Unterschrift des Mitarbeiters.** Zu berücksichtigen ist, dass nach § 309 Nr. 12 lit. b BGB eine AGB-Bestimmung unwirksam ist, in der der andere Teil bestimmte Tatsachen bestätigt (BGH 24.3.1988 – III ZR 21/87, NJW 1988, 2106; Graf v. Westphalen/Thüsing/Pamp VertrR/AGB-Klauselwerke/v. Westphalen/Thüsing Vertragsabschlussklauseln – Einbeziehung Rn. 67 ff. mwN; Wolf/Lindacher/Pfeifer/Damann BGB § 309 Nr. 12 Rn. 51 ff.). Dies gilt jedoch nicht für Empfangsbekenntnisse, die gesondert unterschrieben sind, § 309 Nr. 12 aE BGB. Vorliegend bestätigt der Mitarbeiter, dass er auf das Fernmeldegeheimnis verpflichtet und über seine Bedeutung belehrt wurde und Formular und Merkblatt erhalten hat, sodass eine nach § 309 Nr. 12 aE BGB zulässige Empfangsbestätigung vorliegt. Wer Bedenken hegt, ob S. 1 der Bestätigung des Mitarbeiters eine Empfangsbestätigung iSv § 309 Nr. 12 aE BGB darstellt, sollte nach jedem einzelnen Satz der Bestätigung des Mitarbeiters dessen Unterschrift vorsehen. In der Praxis ist dann allerdings peinlich genau darauf zu achten, dass der Mitarbeiter auch tatsächlich zweimal unterschreibt, weil sonst ein Indiz dafür besteht, dass nur dasjenige tatsächlich passiert ist, was der Mitarbeiter auch schriftlich bestätigt hat.

Weigert sich ein Mitarbeiter, die Bestätigung über seine Verpflichtung zu unterschreiben, hat dies keine Auswirkungen auf die Pflichten, die sich ohnehin bereits aus § 3 TDDDG ergeben. Allerdings verlangt Art. 28 Abs. 3 S. 2 lit. b DS-GVO im Rahmen der Auftragsverarbeitung – die auch im Rahmen der Erbringung von Telekommunikationsdiensten zulässig ist – eine Vertraulichkeitsverpflichtung oder eine angemessene gesetzliche Verschwiegenheitspflicht. Bei Arbeitnehmern dürfte nach hiesiger Ansicht als Vertraulichkeitsverpflichtung im deutschen Recht bereits die Verpflichtung aus arbeitsvertraglichen ungeschriebenen Nebenpflichten, ggf. konkretisiert durch arbeitsvertragliche Weisungen, genügen (BeckOK DatenschutzR/Spoerr DS-GVO Art. 28 Rn. 66). Allerdings nehmen die deutschen Datenschutz-Aufsichtsbehörden ausweislich ihres Kurzpapiers Nr. 19 nur Beschäftigte im öffentlichen Bereich, deren Verschwiegenheitspflicht ausdrücklich gesetzlich oder tariflich geregelt ist, von der Notwendigkeit einer gesonderten Vertraulichkeitsverpflichtung aus (DSK Kurzpapier Nr. 19, Unterrichtung und Verpflichtung von Beschäftigten auf Beachtung der datenschutzrechtlichen Anforderungen nach der DS-GVO). Weigert sich ein Mitarbeiter, die Bestätigung über seine Verpflichtung zu unterschreiben, sollte die Beweissituation des Arbeitgebers (vgl. § 619a BGB, Art. 5 Abs. 2, 24 Abs. 1, 82 Abs. 3 DS-GVO) durch Unterschrift eines Zeugen unter einem entsprechenden Vermerk verbessert werden.

**3. Sprache.** Das Merkblatt versucht, das Fernmeldegeheimnis auch für Nichtjuristen verständlich zu machen. Die Situation ist beim Fernmeldegeheimnis zwar anders als beim Datengeheimnis: Mit personenbezogenen Daten kommen auch Menschen in Kontakt, die sehr einfache Tätigkeiten ausüben, während Personen, die an der Erbringung von Telekommunikationsdiensten mitwirken, typischerweise eine höhere Ausbildung haben. Dennoch verbietet sich Juristensprache.

**4. Datenpannen-Verordnung.** Die Verordnung (EU) Nr. 611/2013 der Kommission vom 24.6.2013 über die Maßnahmen für die Benachrichtigung von Verletzungen des Schutzes personenbezogener Daten gemäß der Richtlinie 2002/58/EG des Europäischen Parlaments und des Rates (Datenschutzrichtlinie für elektronische Kommunikation) – inoffiziell als Datenschutzverletzungen-Benachrichtigungs-Verordnung bezeichnet – stellt an Telekommunikations- und Internetanbieter schärfere Anforderungen für die Meldung von Datenpannen als die DS-GVO (zB Online-Meldung innerhalb von 24 Stunden, Art. 2 iVm Anh. I Datenschutzverletzungen-Benachrichtigungs-VO).

**5. Aktualität der Gesetze.** Es ist darauf zu achten, dass bei Änderungen der abgedruckten Gesetzestexte der aktuelle Wortlaut verwendet wird.

## 3. Deklaratorische Belehrung über die Verpflichtung zur Wahrung von Geschäfts- und Betriebsgeheimnissen mit Merkblatt und Protokoll

Arbeitnehmer unterliegen bereits wegen ihrer **arbeitsrechtlichen Treuepflicht** (§§ 241 Abs. 2, 242 BGB) gewissen Verschwiegenheitsverpflichtungen (zu freien Mitarbeitern → C.VII.6.). Hieran ändert sich auch unter der Geltung des GeschGehG nichts. Der Gesetzgeber macht mit § 1 Abs. 3 Nr. 4 Var. 1 GeschGehG deutlich, dass mit der Schaffung des GeschGehG der bisherige arbeitsrechtliche Pflichtenkanon – und damit insbesondere der Umgang mit Geschäftsgeheimnissen – nicht verändert werden soll. Dies gilt sowohl für bestehende arbeitsrechtliche Gesetze als auch für richterrechtliche Vorgaben oder Ausprägungen bestehender arbeitsrechtlicher Pflichten (BeckOK GeschGehG/Fuhlrott § 1 Rn. 33). § 24 ArbNErfG normiert zudem eine Geheimhaltungspflicht für Diensterfindungen.

Während der Dauer des Arbeitsverhältnisses ist Arbeitnehmern sowohl die Offenlegung von Betriebs- und Geschäftsgeheimnissen an Dritte als auch deren Nutzung zu eigenen Zwecken verboten. Dritter ist jeder, der nicht Inhaber des Geschäftsgeheimnisses ist, indem er die rechtmäßige Kontrolle über das Geschäftsgeheimnis hat. Wer im Einzelfall der Inhaber des Geschäftsgeheimnisses ist, ist nicht pauschal zu benennen, sondern richtet sich nach den Umständen des Einzelfalls und in der Regel danach, wer dinglich oder schuldrechtlich Nutzungsberechtigter an das Geschäftsgeheimnis verkörpernden Gegenständen oder Aufzeichnungen ist bzw. wer Nutzungsberechtigter von Arbeitsergebnissen ist. In der Regel ist dies der Inhaber des

Unternehmens (wozu aufgrund der europarechtlich geprägten Auslegung des Begriffes des „Inhabers“ natürliche oder juristische Personen zählen). Dritte können aber nicht nur Unternehmensfremde sein, sondern auch Mitarbeiter des eigenen Unternehmens, denen das Geschäftsgeheimnis nicht bekannt ist (im Einzelnen Köhler/Bornkamm/Feddersen/Alexander, § 2 GeschGehG Rn. 97).

Auch nach Vertragsende darf ein Arbeitnehmer Geschäftsgeheimnisse nicht offenlegen. Die Rechtsprechung des BAG gestattet – im Gleichklang mit dem GeschGehG – lediglich, das im Laufe der bisherigen Tätigkeit erworbene berufliche Erfahrungswissen einschließlich der Kenntnis von Betriebs- oder Geschäftsgeheimnissen für eine eigene Tätigkeit zu nutzen (BAG 19.5.1998 – 9 AZR 394/97, NZA 1999, 200 (201)). Das GeschGehG kodifiziert insofern die bisherige Rechtslage insbesondere in § 3 Abs. 1 Nr. 2 lit. b GeschGehG. Gleichwohl führt auch nach aktueller Rechtslage die **Beendigung des Arbeitsverhältnisses zu einer gewissen Zäsur** im Hinblick auf den Schutzumfang des Geschäftsgeheimnisses. Sowohl während als auch nach Beendigung des Arbeitsverhältnisses sind Geschäftsgeheimnisse einerseits gegen Offenlegung (an Dritte) und andererseits gegen Nutzung durch den Arbeitnehmer geschützt. Vor Offenlegung sind sie zudem auch nach der Beendigung des Arbeitsverhältnisses geschützt, nicht aber vor Nutzung durch den Arbeitnehmer zu eigenen Zwecken. Dies gilt jedenfalls, soweit der Arbeitnehmer die Geschäftsgeheimnisse rechtmäßig im Sinne des § 3 GeschGehG erlangt hat. Ein solches rechtmäßiges Erlangen dürfte unter Geltung des § 3 Abs. 2 lit. b GeschGehG nach wie vor ausgeschlossen sein, etwa wenn der Arbeitnehmer seine Kenntnis von einem Geschäftsgeheimnis vor seinem Ausscheiden noch einmal „aufgefrischt“ hat (BGH 7.11.2002 – I ZR 64/00, GRUR 2003, 356 (358)). Der Arbeitnehmer ist nach Vertragsende zudem verpflichtet, alle Geschäftsunterlagen herauszugeben (BAG 14.12.2011 – 10 AZR 283/10, ZD 2012, 385 (386)). Behält ein Arbeitnehmer Unterlagen – auch selbst angefertigte – über Geschäftsgeheimnisse, ist ein Geheimnis, das er hieraus entnimmt, „unbefugt verschafft“ (zur insoweit entsprechenden alten Rechtslage BGH 27.4.2006 – I ZR 126/03, GRUR 2006, 1044 (1045)).

Da die §§ 15, 16 GeschGehG keine ausschließliche Rechtswegzuweisung für Ansprüche nach dem GeschGehG normieren, verbleibt es dabei, dass Verstöße gegen das GeschGehG sowohl durch aktuelle als auch durch ehemalige Arbeitnehmer gem. § 2 Abs. 1 Nr. 3 lit. d ArbGG in die **ausschließliche Zuständigkeit der Arbeitsgerichte** fallen (dazu Franken NZA 2019, 1665 (1666)).

**Was ein Geschäftsgeheimnis** ist, wird – anders als nach der hergebrachten Rechtslage unter Geltung des § 17 UWG aF – in § 2 Nr. 1 GeschGehG legaldefiniert. Das Geschäftsgeheimnis setzt sich aus folgenden Elementen zusammen: Es muss sich (1) um eine Information handeln, die (2) weder insgesamt noch in der genauen Anordnung und Zusammensetzung ihrer Bestandteile den Personen in den Kreisen, die üblicherweise mit dieser Art von Informationen umgehen, allgemein bekannt oder ohne weiteres zugänglich ist, (3) daher einen wirtschaftlichen Wert hat, (4) Gegenstand von den Umständen nach angemessenen Geheimhaltungsmaßnahmen durch ihren rechtmäßigen Inhaber ist und (5) bezüglich der ein berechtigtes Interesse an der Geheimhaltung der Information besteht. Gesetzlich nicht ausdrücklich geregelt, aber dem Begriff des Geschäftsgeheimnisses immanent, ist (6) das Erfordernis eines Geschäfts- bzw. Unternehmensbezugs der Information.

Diese **enge Definition** führt im Ergebnis dazu, dass – maßgeblich anders als zur früheren Rechtslage – ein besonderes Augenmerk auf den aktiven Schutz der Geschäftsgeheimnisse gelegt werden muss. Während nach der Rechtsprechung zu § 17 UWG aF ein subjektiv erkennbarer (BGH 26.11.1968 – X ZR 15/67, GRUR 1969, 341) Geheimhaltungswille (BGH 26.2.2009 – I ZR 28/06, GRUR 2009, 603 (604)), der sich in objektiven Umständen manifestiert hat (BGH 10.5.1995 – 1 StR 764/94, NJW 1995, 2301) für den gesetzlichen Schutz von Betriebs- und Geschäftsgeheimnissen ausreichte, fordert § 2 Nr. 1 lit. b GeschGehG „den Umständen nach **angemessene Geheimhaltungsmaßnahmen", damit eine Information überhaupt als Geschäftsgeheimnis** den Schutz des GeschGehG genießen kann. Da derjenige, der sich auf den Schutz beruft, für das Vorliegen angemessener Geheimhaltungsmaßnahmen beweisbelastet ist (Reinfeld, Das neue Gesetz zum Schutz von Geschäftsgeheimnissen, § 1 Rn. 151), ist es zwingend erforderlich, diese Geheimhaltungsmaßnahmen zu dokumentieren.

Zu diesen Geheimhaltungsmaßnahmen zählt auch die **Verpflichtung der Mitarbeiter auf den Schutz der Geschäftsgeheimnisse.** Eine solche Verpflichtung wirkt in ihrem Gesamtgefüge und besteht im Idealfall aus einer deklaratorischen Belehrung nach dem nachfolgenden Muster kombiniert mit einer rechtswirksamen Vereinbarung zwischen Arbeitgeber und Arbeitnehmer zur Verpflichtung der Mitarbeiter auf den Schutz der Geschäftsgeheimnisse (→ C.VII.4.). Dieses Gesamtgefüge ist daher nicht nur deklaratorischer Natur, sondern (auch) notwendiges materielles Erfordernis, um in den Genuss des Geschäftsgeheimnisschutzes zu gelangen. Gleichwohl ist allein eine Verpflichtung der Mitarbeiter auf den Schutz der Geschäftsgeheimnisse zur Schaffung eines gesetzlichen Schutzes in der Regel nicht ausreichend. Vielmehr sind regelmäßig weitere Geheimhaltungsmaßnahmen erforderlich. Welche Geheimhaltungsmaßnahmen den Umständen nach angemessenen sind, kann das Gesetz aufgrund der Vielschichtigkeit der Geschäftsgeheimnisse nicht regeln (zu den Auswirkungen s. Köhler/Bornkamm/Feddersen/Alexander GeschGehG § 2 Rn. 49).

Darüber hinaus kommt der Verpflichtung der Mitarbeiter auf den Schutz der Geschäftsgeheimnisse eine weitere wesentliche Funktion zu: Sie beschränkt während der Dauer des Arbeitsverhältnisses die Erlaubnis zur Erlangung von Geschäftsgeheimnissen, beispielsweise durch Untersuchung, Beobachtung, Rückbau und Test (sog. Reverse Engineering) durch den rechtmäßig „besitzenden" Arbeitnehmer (vgl. § 3 Abs. 1 Nr. 2 lit. b GeschGehG). Dabei verbietet sich aber eine pauschalisierende Vertragsgestaltung, bei der über sog. „Catch-All-Klauseln" versucht werden soll, den Arbeitnehmer zur Verschwiegenheit über schlicht „alle Betriebs- und Geschäftsgeheimnisse sowie aller sonstigen, im Rahmen der Tätigkeit zur Kenntnis gelangten Angelegenheiten und Vorgänge" des Arbeitgebers zu verpflichten (ausführlich Fuhlrott NZA 2022, 809 (812 ff.)).

**Sonstige vertrauliche Informationen,** die dem Arbeitnehmer zur Kenntnis gelangt sind, können ggf. durch Spezialgesetze geschützt sein, etwa das Datenschutzrecht. (→ C.VII.1.).

Die nachfolgende deklaratorische Belehrung über die Verpflichtung zur Wahrung von Geschäftsgeheimnissen kann als erste – gleichwohl aufgrund des den Arbeitnehmer nicht verpflichtenden Charakters nur schwach wirkende – Geheimhaltungsmaßnahme in Unternehmen genutzt werden.

Sie sollte in jedem Fall begleitend zur vertraglichen Verpflichtung zur Wahrung von Geschäftsgeheimnissen an angestellte Mitarbeiter (→ C.VII.4.) und freie Mitarbeiter (→ C.VII.6.) ausgehändigt und die Übergabe protokolliert werden.

Die Verpflichtung zur Wahrung von Geschäftsgeheimnissen sollte zeitgleich zur datenschutzrechtlichen Vertraulichkeitsverpflichtung und ggf. weiteren Verschwiegenheitspflichten erfolgen (→ C.VII.1., → C.VII.2.). Ein gemeinsames Protokoll für alle Verpflichtungen bietet sich an.

**1. Belehrung über die Verpflichtung zur Wahrung von Geschäftsgeheimnissen**

Frau/Herr [Name des Arbeitnehmers] (nachfolgend nur Arbeitnehmer genannt) wurde heute über ihre/seine Pflicht zur Wahrung der Vertraulichkeit von betrieblichen Informationen und insbesondere Geschäftsgeheimnissen der [Unternehmen mit Rechtsform] (nachfolgend nur „[Unternehmen]" genannt) belehrt.

Geschäftsgeheimnisse sind alle Informationen, die (1) weder insgesamt noch in der genauen Anordnung und Zusammensetzung ihrer Bestandteile den Personen in den Kreisen, die üblicherweise mit dieser Art von Informationen umgehen, allgemein bekannt oder ohne Weiteres zugänglich sind und daher (2) von wirtschaftlichem Wert sind und die (3) Gegenstand von den Umständen nach angemessenen Geheimhaltungsmaßnahmen durch [Unternehmen] sind und hinsichtlich derer (4) ein berechtigtes Interesse an der Geheimhaltung besteht.

Der Arbeitnehmer wurde darauf hingewiesen, dass [Unternehmen] nicht nur alle ausdrücklich als vertraulich bezeichneten betrieblichen Angelegenheiten und Informationen, deren Vertraulichkeit offensichtlich ist, als Geschäftsgeheimnisse ansieht,[1] sondern insbesondere auch – nicht abschließend – einzelne Geschäftsvorgänge, Angebots- und Vertragsunterlagen, Kunden- und Lieferantendaten, Marktdaten, Marktstrategien, Kalkulationen, Preise, Konditionen, Bilanzen, Mitarbeiterdaten, Organisation, Konstruktionspläne und -gedanken, Rezepturen, Kontrollverfahren und -ergebnisse, Eigenschafts- und Wirkungsanalysen, Funktionsweisen, Produktionsmethoden, Verfahrensabläufe, Planungen für neue Produkte oder Änderungen, Entwicklungen einschließlich der angestrebten Aufgabenlösung, Entwicklungsschritte, Konstruktions- oder Programmiermethoden.[2]

Geschäftsgeheimnisse dürfen auch nach Beendigung der Tätigkeit bei [Unternehmen] Dritten gegenüber nicht offengelegt werden. Geschäftsgeheimnisse dürfen zudem nicht zu eigenen Zwecken des Arbeitnehmers genutzt werden.

Das Erlangen eines Geschäftsgeheimnisses durch Beobachten, Untersuchen, Rückbauen oder Testen eines Produkts oder Gegenstands (einschließlich Software) von [Unternehmen] ist ausdrücklich verboten.

Alle Geschäftsunterlagen müssen bei Ende des Arbeitsverhältnisses zurückgegeben werden. Auch selbst erstellte Notizen (zB Dateien) müssen zurückgegeben bzw. gelöscht werden.

Wer unbefugt Geschäftsgeheimnisse erlangt, Dritten gegenüber offenbart oder nutzt, kann sich nach § 23 GeschGehG strafbar machen. Weitere mögliche Folgen sind insbesondere Schadensersatzpflichten, Unterlassungsklagen und – während des Bestehens des Arbeitsverhältnisses – fristgerechte oder fristlose Kündigung.

Die Verpflichtung zur Vertraulichkeit hinsichtlich personenbezogener Daten (Datengeheimnis) und sonstige Geheimhaltungsverpflichtungen bestehen neben der Verpflichtung zur Wahrung von Geschäftsgeheimnissen.

[Ort, Datum, Unterschrift der belehrenden Person]

Ich bestätige, dass ich heute über meine Pflicht zur Wahrung von Geschäftsgeheimnissen belehrt wurde. Ein Exemplar dieser Belehrung sowie ein Merkblatt mit Erläuterungen habe ich erhalten.

[Ort, Datum, Unterschrift des Mitarbeiters][3]

2. Merkblatt zu Geschäftsgeheimnissen

Sie werden heute über Ihre Pflicht zur Wahrung von Geschäfts- und Betriebsgeheimnissen belehrt. Dieses Merkblatt gibt Ihnen die Möglichkeit, das Wichtigste noch einmal nachzulesen. Sollten Sie Fragen haben, zögern Sie nicht, Ihren Vorgesetzten anzusprechen.

Was müssen Sie geheim halten?

Geheim halten müssen Sie:

- alle Geschäftsgeheimnisse,
- alle betrieblichen Angelegenheiten vertraulicher Natur, deren Geheimhaltung durch [Unternehmen] angeordnet oder deren Geheimhaltungsbedürftigkeit offensichtlich ist,
- alle betrieblichen Informationen vertraulicher Natur, die für Ihr berufliches Spezialgebiet fachfremd sind (zB bei einem Informatiker Daten zu einem chemischen Prozess),
- alle nicht offenkundigen betrieblichen Informationen vertraulicher Natur, die Sie im Rahmen des Arbeitsverhältnisses direkt oder über [Unternehmen] von Dritten, insbesondere von Kunden oder Kooperationspartnern von [Unternehmen], erhalten haben und deren Vertraulichkeit entweder offenkundig ist oder Ihnen mitgeteilt wurde.

Geschäftsgeheimnis ist jede Information, die (1) weder insgesamt noch in der genauen Anordnung und Zusammensetzung ihrer Bestandteile den Personen in den Kreisen, die üblicherweise mit dieser Art von Informationen umgehen, allgemein bekannt oder ohne Weiteres zugänglich ist und daher (2) von wirtschaftlichem Wert ist und die (3) Gegenstand von den Umständen nach angemessenen Geheimhaltungsmaßnahmen durch [Unternehmen] ist und hinsichtlich derer (4) ein berechtigtes Interesse an der Geheimhaltung besteht.

Ein Geschäftsgeheimnis kann auch die Information sein, dass ein Unternehmen ein eigentlich offenkundiges Verfahren oder ein bestimmtes Computerprogramm nutzt. Ein Geschäftsgeheimnis ist beispielsweise auch eine Diensterfindung, selbst wenn Sie selbst die Erfindung gemacht haben und noch niemand außer Ihnen von davon weiß.

Bevor Sie eine Information, die Sie im Rahmen Ihrer Tätigkeit bei [Unternehmen] erhalten haben, weitergeben oder für sich selbst verwenden, fragen Sie bitte sicherheitshalber stets bei [Ihrem Vorgesetzten] nach, ob hiergegen Bedenken bestehen. Dies gilt auch nach dem Ende Ihrer Tätigkeit bei [Unternehmen].[4]

Was ist kein Geschäftsgeheimnis?

Wenn eine Tatsache offenkundig ist, stellt sie kein Geschäfts- oder Betriebsgeheimnis mehr dar. Offenkundig ist eine Tatsache, wenn sie beliebigem Zugriff preisgegeben ist, etwa durch Veröffentlichung in einer Zeitung oder auf unserer Website.

Für eine Offenkundigkeit genügt es nicht schon, dass etwa Zusammensetzung und Herstellungsweise eines Produkts durch detaillierte Untersuchungen und Überlegungen aufgedeckt werden können. Auch darf Mitarbeitern das Geheimnis bekannt gemacht werden, ohne seinen Charakter als Geheimnis zu verlieren, da für Mitarbeiter eine gesetzliche Verschwiegenheitspflicht gilt. Die Einweihung externer Personen ist unschädlich, wenn sich das Erfordernis der Verschwiegenheit ausdrücklich oder aus den Umständen ergibt. Dies nimmt die Rechtsprechung auch ohne Vereinbarung an, wenn bspw. ein anderes Unternehmen Pläne ausführen soll oder fremde Experten hinzugezogen werden. Selbst wenn ein Geheimnis verraten wird, beseitigt dies den Geheimnischarakter nicht ohne Weiteres.

Welche Geheimhaltungs- und Rückgabepflichten haben Sie?

Im Hinblick auf sämtliche oben unter „Was müssen Sie geheim halten?" genannten Informationen müssen Sie jederzeit Verschwiegenheit wahren. Sie dürfen sie ohne ausdrückliche Zustimmung der Geschäftsleitung von [Unternehmen] weder Dritten gegenüber offenlegen oder anderweitig zugänglich machen noch sie für eigene Zwecke nutzen. Dritter ist jeder, dem das Geheimnis nicht zugänglich ist. Dies betrifft nicht nur Konkurrenten, sondern auch Mitarbeiter von [Unternehmen], die das Geheimnis nicht kennen, Familienangehörige usw.

Ihre Vertraulichkeitspflichten gelten zeitlich unbegrenzt auch über die Beendigung des Arbeitsverhältnisses hinaus. Nur wenn Sie nach Ende des Arbeitsverhältnisses ausnahmsweise durch bestimmte Verschwiegenheitsverpflichtungen in Ihrem beruflichen Fortkommen unangemessen behindert werden, können Sie von [Unternehmen] verlangen, dass diese Verschwiegenheitsverpflichtungen aufgehoben werden. Keinesfalls dürfen Sie ohne Befreiung Ihre Verschwiegenheitsverpflichtungen brechen, nur weil Sie der Ansicht sind, durch diese in Ihrem beruflichen Fortkommen unangemessen behindert zu werden!

Geschäftsunterlagen oder andere Materialien, Geräte oder Unterlagen, die geheim zu haltende Informationen enthalten, dürfen Sie nur aus dem Betrieb mitnehmen, wenn Sie dafür die Erlaubnis Ihres Vorgesetzten haben. [Falls Sie im Home oder Mobile Office arbeiten, gilt für Sie zusätzlich die Richtlinie Home Office/Mobile Office (Telearbeit).][5] Andere Geheimhaltungspflichten – etwa Ihre datenschutzrechtlichen Vertraulichkeitspflichten – können zusätzlich eingreifen.

Alle Geschäftsunterlagen, egal, ob Sie diese von [Unternehmen] oder von Dritten erhalten oder selbst erstellt haben, müssen Sie bei Ende des Arbeitsverhältnisses unaufgefordert zurückgeben. Auch selbst erstellte Notizen (zB Dateien) müssen Sie zurückgeben bzw. löschen. Ihr Vorgesetzter kann Sie auch während des Arbeitsverhältnisses jederzeit zur Rückgabe auffordern.

[Wenn Sie im Rahmen Ihrer Tätigkeit bei [Unternehmen] auf Missstände stoßen und der Ansicht sind, diese nicht mit Ihrem Vorgesetzten klären zu können, können Sie sich an unsere Whistleblowing-Stelle [Kontaktdaten] wenden und im Rahmen des Notwendigen auch Geschäftsgeheimnisse benennen.][6]

Welche Folgen drohen bei Verstößen?

Wenn Sie sich unbefugt Geschäftsgeheimnisse verschaffen oder sichern (beispielsweise ein Geheimnis kopieren oder es aus dem Gedächtnis aufschreiben – auch wenn Ihnen das Geheimnis rechtmäßig bekannt ist), sie an Dritte mitteilen oder verwerten, können Sie nach § 23 GeschGehG mit bis zu fünf Jahren Haft bestraft werden.

Weitere mögliche Folgen von Verstößen gegen Ihre Vertraulichkeitspflichten sind Schadensersatzpflichten und Unterlassungsklagen (ggf. auch gegen Ihren neuen Arbeitgeber) und (während des Bestehens des Arbeitsverhältnisses) fristgerechte oder fristlose Kündigung.

## Anmerkungen

**1. Keine Ausweitung der Definition der Geschäftsgeheimnisse.** Geschäftsgeheimnisse sind nur diejenigen Informationen, die tatsächlich unter die Definition des Geschäftsgeheimnisses gem. § 2 Nr. 1 GeschGehG fallen. Es ist dem Arbeitgeber verwehrt, einseitig weitere Informationen als Geschäftsgeheimnis zu definieren; allerdings ist in gewissem Rahmen eine Vereinbarung weitergehender – nicht strafbewehrter – Verschwiegenheitspflichten möglich (→ Form. C.VII.4.).

**2. Aufzählung von Geschäftsgeheimnissen.** Das Merkblatt enthält bereits eine umfangreiche Aufzählung einzelner Geschäftsgeheimnisse. Es ist nicht erforderlich, aber möglich, diese in das Protokoll der Verpflichtung selbst aufzunehmen, um eine Unterschrift des Mitarbeiters unter der gesamten Liste zu haben und dem Arbeitnehmer möglichst deutlich vor Augen zu führen, bei welchen Informationen er Vorsicht walten lassen sollte. Es ist empfehlenswert, die Auflistung in Bezug auf die unterschiedlichen Rollen des zu verpflichtenden Arbeitnehmers so konkret wie möglich anzupassen. Die aktuelle unterinstanzliche Rechtsprechung hat verschiedentlich konkretisiert, wie kleinteilig und konkret eine Bezeichnung von Geschäftsgeheimnissen erfolgen muss, damit für den Arbeitnehmer erkennbar ist, was ein Geschäftsgeheimnis ist und was nicht. Catch-All-Klauseln, mit denen versucht wird, pauschal „alle Betriebs- und Geschäftsgeheimnisse sowie alle sonstigen, im Rahmen der Tätigkeit zur Kenntnis gelangten Angelegenheiten und Vorgänge" des Arbeitgebers als geheim zu haltende Informationen zu definieren, sind regelmäßig unwirksam (ausführlich Fuhlrott NZA 2022, 809 (812ff.)). Eine Verdichtung in Richtung aller beim Arbeitgeber im Dateisystem gespeicherten und verwalteten Informationen wurde vom ArbG Hamburg als zulässig erachtet (ArbG Hamburg 27.1.2022 – 4 Ca 356/20, BeckRS 2022, 4994 Rn. 82).

**3. Unterschrift des Mitarbeiters.** Dazu → Form. C.VII.1. Anm. 1.

**4. Bitte um Nachfrage.** Der Arbeitnehmer wird gebeten, zunächst beim Unternehmen nachzufragen, wenn er eine bestimmte Information weitergeben oder verwerten will. So erfährt das Unternehmen möglicherweise von den Plänen des (ehemaligen) Mitarbeiters und kann ggf. geschäftspolitisch gegensteuern, auch wenn es rechtlich möglicherweise keine Handhabe gibt.

**5. Unternehmensinterne Richtlinien.** Es empfiehlt sich eine Klarstellung, dass zusätzliche Anforderungen, etwa aus einer unternehmensinternen Richtlinie zur Nutzung eines Home oder Mobile Office (→ Form. D.III. 2.), unberührt bleiben.

**6. Whistleblowing-Stelle.** Nach hergebrachter hM bestand eine Geheimhaltungspflicht auch bei illegalen Geheimnissen, zB Beteiligung an einem Kartell, Schmiergeldzahlungen, Verstoß gegen Umweltschutzvorschriften. Gem. § 5 GeschGehG ist der Schutz insoweit durchbrochen, als die Erlangung Offenlegung und Nutzung des Geschäftsgeheimnisses zum Schutz eines berechtigten Interesses erfolgt. Ein solches berechtigtes Interesse liegt zB vor, wenn die Handlung der Aufdeckung einer rechtswidrigen Handlung oder eines beruflichen oder sonstigen Fehlverhaltens dient und geeignet ist, das allgemeine öffentliche Interesse zu schützen oder wenn die Offenlegung durch Arbeitnehmer gegenüber der Arbeitnehmervertretung erforderlich ist, damit die Arbeitnehmervertretung ihre Aufgaben erfüllen kann.

Im Rahmen der Belehrung muss aber nicht zwingend auf diese Durchbrechung des Schutzes hingewiesen werden, weil sie sich ohnehin aus dem Gesetz ergibt. Besitzt das Unternehmen eine Whistleblowing-Stelle (→ Form. A.IV., auch zur entsprechenden Richtlinie), sollte daher klargestellt werden, dass diese auch dann eingeschaltet werden darf, wenn dabei Betriebs- oder Geschäftsgeheimnisse mitgeteilt werden müssen. Auch eine Mitteilung an Dritte kann gerechtfertigt sein, etwa nach § 34 StGB oder wenn der Mitarbeiter sich selbst an einer strafbaren Handlung beteiligen würde.

## 4. Vereinbarung über die Wahrung von Geschäftsgeheimnissen mit Merkblatt

Der gesetzliche Schutz von **Geschäftsgeheimnissen** gegenüber Arbeitnehmern weist **Schutzlücken** auf (→ C.VII.3.). Die Berechtigung des Arbeitnehmers, ihm redlich zur Kenntnis gelangte Geschäftsgeheimnisse nach seinem Ausscheiden zu seinem eigenen beruflichen Fortkommen zu nutzen, kann allerdings auch nach dem GeschGehG durch eine **Vereinbarung** zwischen Arbeitgeber und Arbeitnehmer begrenzt werden (s. auch § 3 Abs. 1 Nr. 2 lit. b GeschGehG). Ein solches Nutzungsverbot kann zeitlich unbeschränkt und ohne Karenzentschädigung vereinbart werden, wenn es sich auf konkret bezeichnete Geschäftsgeheimnisse bezieht (BAG 19.5.1998 – 9 AZR 394/97, NZA 1999, 200 (201)). Diese Vorgabe bleibt auch unter der Geltung des GeschGehG bestehen. Der Gesetzgeber macht mit § 1 Abs. 3 Nr. 4 GeschGehG deutlich, dass mit der Schaffung des GeschGehG der bisherige arbeitsrechtliche Pflichtenkanon nicht verändert werden sollte. Dies gilt sowohl für bestehende arbeitsrechtliche Gesetze als auch für richterrechtliche Vorgaben oder Ausprägungen bestehender arbeitsrechtlicher Pflichten (BeckOK GeschGehG/Fuhlrott, § 1 Rn. 33). Ferner kann nur über eine Vereinbarung mit dem Arbeitnehmer die Zulässigkeit des sog. „Reverse Engineering“, also des Erlangen von Geschäftsgeheimnissen durch zB Beobachten von Mechanismen oder das Dekompilieren von Software, ausgeschlossen werden (vgl. § 3 Nr. 2 lit. b GeschGehG).

Die folgenden Vertraulichkeitsklauseln können bspw. im Arbeitsvertrag verwendet werden. Im Zusammenhang mit der datenschutzrechtlichen Vertraulichkeitsverpflichtung kann dem Mitarbeiter seine vertragliche Verpflichtung nochmals durch eine zusätzliche **Belehrung** in Erinnerung gerufen und ihm ein entsprechendes **Merkblatt** mit einer Zusammenfassung seiner Pflichten übergeben werden.

Wichtig ist eine **regelmäßige Überprüfung,** ob alle zu schützenden Geheimnisse umfasst sind und ob der Schutz möglicherweise einem Wettbewerbsverbot gleichkommt, das bei Bedarf ausdrücklich und korrekt vereinbart werden müsste und – im Falle der nachvertraglichen Wirkung – zwingend einer Karenzentschädigung bedarf (§§ 74 ff. HGB).

1. Vereinbarung über die Wahrung von Geschäftsgeheimnissen

**(1) Der Arbeitnehmer verpflichtet sich, über Geschäftsgeheimnisse sowie betriebliche Angelegenheiten vertraulicher Natur, deren Geheimhaltung durch [Unternehmen] angeordnet oder deren Geheimhaltungsbedürftigkeit offensichtlich ist – insbesondere weil sie Geheimhaltungsmaßnahmen unterliegen –, Verschwiegenheit zu wahren, sie ohne ausdrückliche Zustimmung der Geschäftsleitung Dritten gegen-**

über nicht offenzulegen und sie nicht für eigene Zwecke zu nutzen.[1] Dem Arbeitnehmer ist es ausdrücklich verboten, sich Geschäftsgeheimnisse durch Beobachten, Untersuchen, Rückbauen oder Testen eines Produkts oder Gegenstands (einschließlich Software) von [Unternehmen] zu verschaffen.

(2) Geschäftsgeheimnisse sind im Zusammenhang mit [Unternehmen] stehende Tatsachen, Umstände und Vorgänge, die nicht offenkundig, sondern nur einem begrenzten Personenkreis zugänglich sind und an deren Nichtverbreitung [Unternehmen] ein berechtigtes Interesse hat, insbesondere – nicht abschließend – einzelne Geschäftsvorgänge, Angebots- und Vertragsunterlagen, Kunden- und Lieferantendaten, Marktdaten, Marktstrategien, Kalkulationen, Preise, Konditionen, Bilanzen, Mitarbeiter, Organisation, Konstruktionspläne und -gedanken, Rezepturen, Kontrollverfahren und -ergebnisse, Eigenschafts- und Wirkungsanalysen, Funktionsweisen, Produktionsmethoden, Verfahrensabläufe, Planungen für neue Produkte oder Änderungen, Entwicklungen einschließlich der angestrebten Aufgabenlösung, Entwicklungsschritte, Konstruktions- oder Programmiermethoden sowie Geschäftsgeheimnisse iSv § 2 Nr. 1 GeschGehG. Betriebliche Angelegenheiten vertraulicher Natur sind – ohne Geschäftsgeheimnisse zu sein – betriebliche Informationen vertraulicher Natur (zB – nicht abschließend – einzelne Geschäftsbeziehungen von [Unternehmen] mit Dritten, soweit sie nicht offenkundig sind).

(3) Der Arbeitnehmer verpflichtet sich zudem, hinsichtlich aller betrieblichen Informationen vertraulicher Natur, die für das berufliche Spezialgebiet des Arbeitnehmers fachfremd sind (zB bei einem Informatiker Daten zu einem chemischen Prozess) Verschwiegenheit zu wahren, sie ohne ausdrückliche Zustimmung der Geschäftsleitung gegenüber Dritten nicht offenzulegen und sie nicht für eigene Zwecke zu nutzen.[2]

(4) Der Arbeitnehmer verpflichtet sich weiter, über Geschäftsgeheimnisse und betriebliche Angelegenheiten vertraulicher Natur, die er im Rahmen des Arbeitsverhältnisses direkt oder über [Unternehmen] von Dritten – insbesondere von Kunden oder Kooperationspartnern von [Unternehmen] – erhalten hat und deren Vertraulichkeit entweder offenkundig ist – insbesondere weil sie Geheimhaltungsmaßnahmen unterliegen – oder dem Arbeitnehmer mitgeteilt wurde, Verschwiegenheit zu wahren, sie ohne ausdrückliche Zustimmung der Geschäftsleitung Dritten nicht zugänglich zu machen und sie nicht für eigene Zwecke zu verwerten.[3]

(5) Die vorstehenden Verpflichtungen gelten auch über die Beendigung des Arbeitsverhältnisses hinaus.

(6) Sollten die nachvertraglichen Verschwiegenheitsverpflichtungen den Arbeitnehmer in seinem beruflichen Fortkommen unangemessen behindern, hat der Arbeitnehmer gegen [Unternehmen] einen Anspruch auf Befreiung von diesen Verpflichtungen.[4]

(7) Der Anspruch aus Abs. 6 besteht nicht, soweit [Unternehmen] gegenüber dem Dritten, von dem der Arbeitnehmer die Information im Rahmen des Arbeitsverhältnisses direkt oder über [Unternehmen] erhalten hat, zur Vertraulichkeit verpflichtet ist.

(8) Der Arbeitnehmer verpflichtet sich, sämtliche Unterlagen, Produkte und Gegenstände einschließlich Software und Daten, die Geschäftsgeheimnisse oder sonstige Informationen beinhalten, über die der Arbeitnehmer nach den vorstehenden Regelungen Verschwiegenheit zu wahren hat, (1) auf Verlangen von [Unternehmen]

unverzüglich oder (2) bei Ende des Arbeitsverhältnisses unaufgefordert – je nachdem, was früher eintritt – zurückzugeben. Auch Kopien und selbst erstellte Notizen (zB Dateien) müssen zurückgegeben bzw. gelöscht werden.[5]

(9) Die Geltendmachung eines Zurückbehaltungsrechts gegen die Pflichten gem. Abs. 8 ist ausgeschlossen.[6]

(10) Weitergehende gesetzliche [oder tarifvertragliche] Verschwiegenheitspflichten bleiben unberührt.

2. Merkblatt zu Geschäftsgeheimnissen

Im Arbeitsvertrag haben wir mit Ihnen vereinbart, dass Sie verschiedene betriebliche Informationen vertraulich behandeln werden. Wir verweisen auf den Wortlaut des Vertrages. Die Belehrung wird Sie heute noch einmal an Ihre Pflichten erinnern. Dieses Merkblatt gibt Ihnen die Möglichkeit, das Wichtigste noch einmal nachzulesen. Sollten Sie Fragen haben, zögern Sie nicht, Ihren Vorgesetzten anzusprechen.

Was müssen Sie geheim halten?

Geheim halten müssen Sie:
- alle Geschäftsgeheimnisse,
- alle betrieblichen Angelegenheiten vertraulicher Natur, deren Geheimhaltung durch [Unternehmen] angeordnet oder deren Geheimhaltungsbedürftigkeit offensichtlich ist,
- alle betrieblichen Informationen vertraulicher Natur, die für Ihr berufliches Spezialgebiet fachfremd sind (zB bei einem Informatiker Daten zu einem chemischen Prozess),
- alle Geschäftsgeheimnisse und betrieblichen Angelegenheiten vertraulicher Natur, die Sie im Rahmen des Arbeitsverhältnisses direkt oder über [Unternehmen] von Dritten – insbesondere von Kunden oder Kooperationspartnern von [Unternehmen] – erhalten haben und deren Vertraulichkeit entweder offenkundig ist oder Ihnen mitgeteilt wurde.

Geschäftsgeheimnis ist jede Information die (1) weder insgesamt noch in der genauen Anordnung und Zusammensetzung ihrer Bestandteile den Personen in den Kreisen, die üblicherweise mit dieser Art von Informationen umgehen, allgemein bekannt oder ohne Weiteres zugänglich ist und daher (2) von wirtschaftlichem Wert ist und die (3) Gegenstand von den Umständen nach angemessenen Geheimhaltungsmaßnahmen durch [Unternehmen] ist und bei der (4) ein berechtigtes Interesse an der Geheimhaltung besteht.

Ein Geschäftsgeheimnis kann auch die Information sein, dass ein Unternehmen ein eigentlich offenkundiges Verfahren oder ein bestimmtes Computerprogramm nutzt. Ein Geschäftsgeheimnis ist bspw. auch eine Diensterfindung, selbst wenn Sie selbst die Erfindung gemacht haben und noch niemand außer Ihnen von davon weiß.

Offenkundig ist die Geheimhaltungsbedürftigkeit insbesondere dann, wenn eine Information Geheimhaltungsmaßnahmen unterliegt.

Bevor Sie eine Information, die Sie im Rahmen Ihrer Tätigkeit bei [Unternehmen] erhalten oder entwickelt haben, weitergeben oder für sich selbst verwenden, fragen Sie bitte sicherheitshalber stets bei [Ihrem Vorgesetzten] nach, ob hiergegen Bedenken bestehen. Dies gilt auch nach dem Ende Ihrer Tätigkeit bei [Unternehmen].[7]

Was ist kein Geschäftsgeheimnis?

Wenn eine Tatsache offenkundig ist, stellt sie kein Geschäfts- oder Betriebsgeheimnis mehr dar. Offenkundig ist eine Tatsache, wenn sie beliebigem Zugriff preisgegeben ist, etwa durch Veröffentlichung in einer Zeitung oder auf unserer Website.

Für eine Offenkundigkeit genügt es nicht schon, dass etwa Zusammensetzung und Herstellungsweise eines Produkts durch detaillierte Untersuchungen und Überlegungen aufgedeckt werden können. Auch darf Mitarbeitern das Geheimnis bekannt gemacht werden, ohne seinen Charakter als Geheimnis zu verlieren, da für Mitarbeiter eine gesetzliche Verschwiegenheitspflicht gilt. Die Einweihung externer Personen ist unschädlich, wenn sich das Erfordernis der Verschwiegenheit ausdrücklich oder aus den Umständen ergibt. Dies nimmt die Rechtsprechung auch ohne Vereinbarung an, wenn beispielsweise ein anderes Unternehmen Pläne ausführen soll oder fremde Experten hinzugezogen werden. Selbst wenn ein Geheimnis verraten wird, beseitigt dies den Geheimnischarakter nicht ohne Weiteres.

Welche Geheimhaltungs- und Rückgabepflichten haben Sie?

Im Hinblick auf sämtliche oben unter „Was müssen Sie geheim halten?" genannten Informationen müssen Sie jederzeit Verschwiegenheit wahren. Sie dürfen sie ohne ausdrückliche Zustimmung der Geschäftsleitung weder Dritten gegenüber offenlegen oder anderweitig zugänglich machen noch sie für eigene Zwecke nutzen. Dritter ist jeder, dem das Geheimnis nicht zugänglich ist. Dies betrifft nicht nur Konkurrenten, sondern auch Mitarbeiter von [Unternehmen], die das Geheimnis nicht kennen, Familienangehörige usw.

Ihre Vertraulichkeitspflichten gelten zeitlich unbegrenzt auch über die Beendigung des Arbeitsverhältnisses hinaus. Nur wenn Sie nach Ende des Arbeitsverhältnisses ausnahmsweise durch bestimmte Verschwiegenheitsverpflichtungen in Ihrem beruflichen Fortkommen unangemessen behindert werden, können Sie von [Unternehmen] verlangen, dass diese Verschwiegenheitsverpflichtungen aufgehoben werden. Keinesfalls dürfen Sie ohne Befreiung Ihre Verschwiegenheitsverpflichtungen brechen, nur weil Sie der Ansicht sind, durch diese in Ihrem beruflichen Fortkommen unangemessen behindert zu werden! Sie müssen unbedingt zunächst eine Befreiung von Ihren Verschwiegenheitsverpflichtungen bei [Unternehmen] beantragen.

Geschäftsunterlagen oder andere Materialien, Geräte oder Unterlagen, die geheim zu haltende Informationen enthalten, dürfen Sie nur aus dem Betrieb mitnehmen, wenn Sie dafür die Erlaubnis Ihres Vorgesetzten haben. [Falls Sie im Home oder Mobile Office arbeiten, gilt für Sie zusätzlich die Richtlinie Home Office/Mobile Office (Telearbeit).][8] Andere Geheimhaltungspflichten – etwa Ihre datenschutzrechtlichen Vertraulichkeitspflichten – können zusätzlich eingreifen.

Alle Geschäftsunterlagen, Produkte und Gegenstände einschließlich Software und Daten, egal, ob Sie diese von [Unternehmen] oder von Dritten erhalten oder selbst erstellt haben, müssen Sie bei Ende des Arbeitsverhältnisses unaufgefordert zurückgeben. Auch selbst erstellte Notizen (zB Dateien) müssen Sie zurückgeben bzw. löschen. Ihr Vorgesetzter kann Sie auch während des Arbeitsverhältnisses jederzeit zur Rückgabe auffordern.

[Wenn Sie im Rahmen Ihrer Tätigkeit bei [Unternehmen] auf Missstände stoßen und der Ansicht sind, diese nicht mit Ihrem Vorgesetzten klären zu können, können

Sie sich an unsere Whistleblowing-Stelle [Kontaktdaten] wenden und im Rahmen des Notwendigen auch Geschäftsgeheimnisse benennen.][9]

Welche Folgen drohen bei Verstößen?

Wenn Sie sich unbefugt Geschäftsgeheimnisse verschaffen oder sichern (beispielsweise ein Geheimnis kopieren oder es aus dem Gedächtnis aufschreiben – auch wenn Ihnen das Geheimnis rechtmäßig bekannt ist), sie an Dritte mitteilen oder verwerten, können Sie nach § 23 GeschGehG mit bis zu fünf Jahren Haft bestraft werden.

Weitere mögliche Folgen von Verstößen gegen Ihre Vertraulichkeitspflichten sind Schadensersatzpflichten und Unterlassungsklagen (ggf. auch gegen Ihren neuen Arbeitgeber) und (während des Bestehens des Arbeitsverhältnisses) fristgerechte oder fristlose Kündigung.

**Ich bestätige, dass ich heute an meine Pflicht zur Wahrung von Geschäftsgeheimnissen erinnert wurde. Ein Exemplar dieses Merkblatts habe ich erhalten.**

[Ort, Datum, Unterschrift des Mitarbeiters][10]

## Anmerkungen

**1.** **Grenzen der nachvertraglichen Geheimhaltungspflicht.** Eine umfassende Verschwiegenheits- und Nichtbenutzungsklausel für die Zeit nach Vertragsende, die nicht nur Geschäftsgeheimnisse, sondern auch bspw. „alle Angelegenheiten des Betriebs" oder allgemein „alle Informationen, die der Arbeitnehmer durch seine Tätigkeit beim Arbeitgeber erlangt hat" umfasst, ist im Hinblick auf die Berufsfreiheit des Arbeitnehmers (Art. 12 GG) unwirksam (vgl. die umfassende Darstellung bei Hümmerich/Reufels Gestaltung ArbV/Reufels Rn. 3820ff., zusammenfassend Rn. 3861ff.). Die Grenze für nachvertragliche Vertraulichkeitspflichten dürften (objektiv) vertrauliche Informationen darstellen, die entweder ausdrücklich als geheimhaltungsbedürftig bezeichnet oder offensichtlich geheimhaltungsbedürftig sind (vgl. die Regelung in § 3 Abs. 3 TVöD, die von MüKoBGB/Müller-Glöge § 611 Rn. 1219 als Beispiel vertraglicher Erweiterungen der Verschwiegenheitspflicht angegeben wird, und Hümmerich/Reufels Gestaltung ArbV/Reufels Rn. 3872) und die nach wohl hM konkret zu bezeichnen sind (mwN jeweils Küttner Personalbuch/Kreitner Kap. Betriebsgeheimnis Rn. 7 und Holthausen NZA 2019, 1377 (1380f.)). Zwar spricht das BAG regelmäßig davon, dass eine dauerhafte, entschädigungsfreie Vereinbarung über die Nichtnutzung bezüglich ein oder mehrerer konkret bezeichneter Betriebsgeheimnisse zulässig sei; es grenzt eine solche zulässige Vereinbarung gegen eine Vertraulichkeitsklausel ab, die sich „unterschiedslos auf alle Geschäftsvorgänge" – also nicht nur Geschäftsgeheimnisse – bezieht (etwa BAG 19.5.1998 – 9 AZR 394/97, NZA 1999, 200 (201)). Damit ist aber noch nicht gesagt, dass eine Begrenzung auf Geschäftsgeheimnisse – möglicherweise gar auf einzelne – erforderlich ist; zum „Graubereich" trifft das BAG keine Aussage (aA AnwHdB ArbR/Rinck Teil 2 A Rn. 263; zusätzlich eine Beschränkung auf einzelne Geschäftsgeheimnisse fordernd Schaub ArbR-HdB/Linck § 53 Rn. 53; nach Diller AP BGB § 611 Treuepflicht Nr. 11, darf zudem die berufliche Betätigung des Arbeitnehmers nicht unzumutbar beeinträchtigt werden (→ Anm. 4)). Wer hier allerdings sichergehen möchte, muss sich nachvertraglich auf eine Vertraulichkeitspflicht hinsichtlich konkret zu benennender Geschäftsgeheimnisse beschränken.

**2. Fachfremde Geheimnisse.** Eine fortbestehende Vertraulichkeitspflicht für fachfremde Geheimnisse kann den Arbeitnehmer nicht in seinem beruflichen Fortkommen beeinträchtigen, sodass diese Klausel zulässig sein muss (vgl. Wertheimer BB 1999, 1600 (1602)).

**3. Geheimnisse Dritter.** Die Vereinbarung einer dauerhaften Vertraulichkeit muss auch zulässig sein – wenn sie nicht gar bereits aus § 242 BGB unmittelbar abzuleiten ist – für Informationen, die von einem Dritten stammen und die der Arbeitgeber geheim zu halten verpflichtet ist. Insoweit handelt es sich nicht um Know-how des Arbeitgebers (vgl. Redeker IT-Verträge-HdB/Kies 5.2 Rn. 67ff.). Angesichts der Üblichkeit umfassender Verschwiegenheitsklauseln im geschäftlichen Verkehr muss es Unternehmen zudem möglich sein, allgemein ihre Vertraulichkeitspflichten an ihre Arbeitnehmer weiterzureichen. Hierfür besteht ein berechtigtes Interesse des Unternehmens, während die Berufsfreiheit des Arbeitnehmers jedenfalls nicht unbillig beeinträchtigt wird. Deshalb sieht Abs. 5 ein dauerhaftes Fortbestehen der Vertraulichkeitspflichten vor und schließt Abs. 7 Geheimnisse Dritter vom Anspruch des Arbeitnehmers nach Abs. 6 aus, von den Vertraulichkeitspflichten befreit zu werden, wenn dadurch sein berufliches Fortkommen unangemessen behindert wird. Streng genommen wäre Abs. 7 verzichtbar und könnte gar problematisch sein, weil er auch unangemessene Beeinträchtigungen erlaubt, wenn diese nur durch Geheimhaltungsvereinbarungen gedeckt sind.

**4. Befreiungsanspruch.** Hat der Arbeitnehmer einen Anspruch auf Befreiung von den vereinbarten nachvertraglichen Vertraulichkeitspflichten, wenn diese sein berufliches Fortkommen unangemessen behindern, kann seine Berufsfreiheit nicht betroffen sein (vgl. Hümmerich/Reufels Gestaltung ArbV/Reufels Rn. 3872, 3874). Zwar darf nicht auf eine Einzelfallprüfung abgestellt werden, ob eine umfassende nachvertragliche Verschwiegenheitsklausel den Arbeitnehmer konkret in seiner beruflichen Tätigkeit behindern würde (Diller AP BGB § 11 Treuepflicht Nr. 11; aA LSG Berlin-Brandenburg 29.11.2005 – L 16 AL 14/02, openJur 2012, 2766, Rn. 30), doch verhindert bereits die vorgeschlagene Klausel an sich eine unangemessene Behinderung, nicht erst ihre Anwendung im Einzelfall.

**5. Rückgabepflicht für Unterlagen.** Die in Abs. 8 geregelte Rückgabepflicht für Unterlagen ist deklaratorisch, da ein Arbeitnehmer ohnehin analog § 667 BGB wie ein Beauftragter zur Herausgabe von allem verpflichtet ist, was er zur Ausführung der ihm übertragenen Arbeiten erhalten und was er aus dem Arbeitsverhältnis erlangt hat (BAG 14.12.2011 – 10 AZR 283/10, ZD 2012, 385 (386)). Behält ein Arbeitnehmer Unterlagen – auch selbst angefertigte – über Geschäftsgeheimnisse, ist ein Geheimnis, das er hieraus entnimmt, „unbefugt verschafft" (zu § 17 Abs. 2 UWG aF: BGH 27.4.2006 – I ZR 126/03, GRUR 2006, 1044 (1045)).

**6. Zurückbehaltungsrecht.** Mangels Gegenseitigkeit, jedenfalls aber aus der Natur des Schuldverhältnisses, steht dem Arbeitnehmer an Geschäftsunterlagen kein Zurückbehaltungsrecht nach § 273 BGB zu (vgl. BGH 3.7.1997 – IX ZR 244/96, NJW 1997, 2944 (2945); Grüneberg, BGB § 273 Rn. 15; Dörner/Luczak/Wildschütz/Baeck/Hoß HdB FA ArbR Kap. 9 Rn. 127; s. auch Bergwitz NZA 2018, 333 mwN).

Daher besteht auch in Verträgen mit AGB-Charakter kein Konflikt mit § 309 Nr. 2 lit. b BGB.

**7. Bitte um Nachfrage.** Der Arbeitnehmer wird gebeten, zunächst beim Unternehmen nachzufragen, wenn er eine bestimmte Information weitergeben oder verwerten will. So erfährt das Unternehmen möglicherweise von den Plänen des (Ex-) Mitarbeiters und kann ggf. geschäftspolitisch gegensteuern, auch wenn es rechtlich möglicherweise keine Handhabe gibt.

**8. Unternehmensinterne Richtlinien.** Es empfiehlt sich eine Klarstellung, dass zusätzliche Anforderungen, etwa aus einer unternehmensinternen Richtlinie zur Nutzung eines Home oder Mobile Office (→ Form. D.III. 2.), unberührt bleiben.

**9. Whistleblowing-Stelle.** Nach hergebrachter hM bestand eine Geheimhaltungspflicht auch bei illegalen Geheimnissen, zB Beteiligung an einem Kartell, Schmiergeldzahlungen, Verstoß gegen Umweltschutzvorschriften. Gem. § 5 GeschGehG ist der Schutz insoweit durchbrochen, als die Erlangung Offenlegung und Nutzung des Geschäftsgeheimnisses zum Schutz eines berechtigten Interesses erfolgt. Ein solches berechtigtes Interesse liegt zB vor, wenn die Handlung der Aufdeckung einer rechtswidrigen Handlung oder eines beruflichen oder sonstigen Fehlverhaltens dient und geeignet ist, das allgemeine öffentliche Interesse zu schützen oder wenn die Offenlegung durch Arbeitnehmer gegenüber der Arbeitnehmervertretung erforderlich ist, damit die Arbeitnehmervertretung ihre Aufgaben erfüllen kann.

Im Rahmen der Belehrung muss aber nicht zwingend auf diese Durchbrechung des Schutzes hingewiesen werden, weil sie sich ohnehin aus dem Gesetz ergibt. Besitzt das Unternehmen eine Whistleblowing-Stelle (→ Form. A.IV., auch zur entsprechenden Richtlinie), sollte daher klargestellt werden, dass diese auch dann eingeschaltet werden darf, wenn dabei Betriebs- oder Geschäftsgeheimnisse mitgeteilt werden müssen. Auch eine Mitteilung an Dritte kann gerechtfertigt sein, etwa nach § 34 StGB oder wenn der Mitarbeiter sich selbst an einer strafbaren Handlung beteiligen würde.

**10. Unterschrift des Mitarbeiters.** Dazu → Form. C.VII.1. Anm. 1.

## 5. Vereinbarung zur datenschutzrechtlichen Eingliederung freier Mitarbeiter in den Betrieb des Verantwortlichen

Hinsichtlich des Einsatzes **freier Mitarbeiter** im Unternehmen brachte die DS-GVO nach hier vertretener Ansicht eine Vereinfachung. Denn Art. 4 Nr. 10 DS-GVO nimmt vom Begriff des „Dritten“ alle „Personen, die unter der unmittelbaren Verantwortung des Verantwortlichen oder des Auftragsverarbeiters befugt sind, die personenbezogenen Daten zu verarbeiten“, aus. Noch etwas weitergehender verpflichtet Art. 29 DS-GVO „jede dem Verantwortlichen oder dem Auftragsverarbeiter unterstellte Person, die Zugang zu personenbezogenen Daten hat“, personenbezogene Daten ausschließlich auf Weisung des Verantwortlichen zu verarbeiten. Schon nach dem BDSG aF war von einzelnen Aufsichtsbehörden anerkannt, dass Externe, die nach den Vorgaben und unter der Aufsicht der verantwortlichen Stelle, vergleichbar den festangestellten Mitarbeitern (zB zur Bewältigung von Arbeitsspitzen), tätig werden, als Teil der verantwortlichen Stelle und damit nicht Dritte angesehen werden können, während zB die eigenständige Wartung von Software als Auftragsdatenverarbeitung eingeordnet wurde (BayLDA TB 2013/2014 S. 41). Nach der hier vertretenen Ansicht geht die DS-GVO über diese Möglichkeiten hinaus.

Leider ist weiterhin **nicht völlig klar, ob freie Mitarbeiter Dritte iSv Art. 4 Nr. 10 DS-GVO** sind oder ob sie auch Teil des Verantwortlichen sein können. Paal/Pauly/Ernst DS-GVO Art. 4 Rn. 60 verweist zutreffend auf die Funktion einer Person, die Dritter sein soll, wenn sie für sich selbst tätig ist, nennt dann allerdings ohne weitere Differenzierung freie Mitarbeiter als ein Beispiel für Dritte. Kühling/Buchner/Hartung DS-GVO Art. 4 Nr. 10 Rn. 9 und Art. 29 Rn. 13 differenziert dagegen: Einzelne Personen wie freie Mitarbeiter oder Berater, die zwar organisatorisch nicht dem Verantwortlichen oder einem Auftragsverarbeiter angehören, ihm aber fachlich so unterstellt sind, dass sie die Weisungen des Verantwortlichen hinsichtlich der Datenverarbeitung nach Art. 29 DS-GVO beachten müssen, sollen demnach nicht Dritte sein (ähnlich Taeger/Gabel/Lutz/Gabel DS-GVO Art. 29 Rn. 9; BeckOK DatenschutzR/Spoerr DS-GVO Art. 29 Rn. 11). Auch Paal/Pauly/Martini DS-GVO Art. 29 Rn. 14 sieht den Dritten und die unterstellte Person mit Zugang zu personenbezogenen Daten komplementär und nimmt kraft Werkvertrags, Arbeitnehmerüberlassung oder Zeitarbeit in den Geschäftsbetrieb des Verantwortlichen bzw. Auftragsverarbeiters eingebundene Personen vom Begriff des Dritten aus. Hierüber geht NK-DatenschutzR/Petri DS-GVO Art. 29 Rn. 10 hinaus, der nicht nur freie Mitarbeiter und externe Berater dem Art. 29 DS-GVO unterstellen will, sondern auch Beschäftigte von fremden Dienstleistungsunternehmen.

Es erscheint zumindest dann richtig, **freie Mitarbeiter nicht als Dritte anzusehen, wenn** der Verantwortliche diesen gegenüber **unmittelbar,** also ohne Zwischenschaltung weiterer Personen, ein **rechtlich abgesichertes Weisungsrecht** hat. Denn anders als die deutsche Sprachfassung unterscheidet die englische Sprachfassung von Art. 4 Nr. 10 und Art. 29 DS-GVO nicht zwischen Verantwortung und Unterstellung, sondern benutzt in beiden Fällen den Begriff der „authority"; ebenso die spanische („bajo la autoridad"), die portugiesische („sob a autoridade") und die rumänische („sub autoritate") Fassung (mit unterschiedlichen Begriffen arbeiten allerdings auch die französische und die italienische Fassung). Der Unterschied zwischen Art. 4 Nr. 10 und Art. 29 DS-GVO liegt dann nur noch in der Frage, ob die Unterstellung direkt sein muss oder auch indirekt sein kann. Die Definition des Dritten in Art. 4 Nr. 10 DS-GVO schließt Personen aus, die unter der unmittelbaren Verantwortung des Verantwortlichen oder des Auftragsverarbeiters befugt sind, die personenbezogenen Daten zu verarbeiten, setzt für den Ausschluss also ein direktes Weisungsrecht voraus, sodass vieles dafür spricht, dass ein solches direktes Weisungsrecht für die Anwendbarkeit von Art. 29 DS-GVO erforderlich ist (so wohl auch Paal/Pauly/Martini DS-GVO Art. 29 Rn. 17; anders offenbar NK-DatenschutzR/Petri DS-GVO Art. 29 Rn. 10, der auch Beschäftigte von fremden Dienstleistungsunternehmen einbeziehen will; anders auch Taeger/Gabel/Lutz/Gabel DS-GVO Art. 29 Rn. 9, die jede auch indirekte Weisungsbindung genügen lassen wollen, dabei jedoch die Unterscheidung im Gesetzeswortlaut zwischen „Auftragsverarbeiter" und der „dem Verantwortlichen oder dem Auftragsverarbeiter unterstellte[n] Person" nivellieren). Der Schutz der betroffenen Personen wird durch die Einschränkung des Begriffs des „Dritten" nicht geschmälert, da die Rechtsfolgen dieselben sind, wenn ein strikt weisungsgebundener freier Mitarbeiter gegen Weisungen des Verantwortlichen verstößt oder wenn dies ein Arbeitnehmer tut.

**Voraussetzung der Unterstellung unter den Verantwortlichen und die damit verbundene Ausnahme vom Begriff des Dritten** ist definitionsgemäß das Bestehen eines strikten, direkten und rechtlich abgesicherten Weisungsrechts. Arbeitnehmer unterliegen den Weisungen des Arbeitgebers, § 106 GewO. Für freie Mitarbeiter sind dagegen vertragliche Vereinbarungen erforderlich, die allerdings weniger detaillierte Regelungen erfordern als ein Auftragsverarbeitungsvertrag. Mit der Unterstellung ist der Verantwortliche auch dafür zuständig, **den freien Mitarbeiter zur Vertraulichkeit zu verpflichten** (→ Form. C. VII.1) und zu schulen (vgl. den Wortlaut des Art. 32 Abs. 4 DS-GVO). Vertraulichkeitsverpflichtung und Unterstellung sind erforderlich, sobald der freie Mitarbeiter faktisch – und sei es auch unbefugt – die Möglichkeit hat, mit personenbezogenen Daten in Berührung zu kommen (→ Form. C. VII.1. Vorb.).

Die Anwendung des Art. 29 DS-GVO darf allerdings nicht dazu missbraucht werden, den Abschluss von Auftragsverarbeitungsverträgen nach Art. 28 DS-GVO zu umgehen (Kühling/Buchner/Hartung DS-GVO Art. 29 Rn. 14; BeckOK DatenschutzR/Spoerr DS-GVO Art. 29 Rn. 11). Fälle, in denen der freie Mitarbeiter Verarbeitungsvorgänge mit seiner eigenen Hard- und/oder Software ausübt, sollten daher über einen **Auftragsverarbeitungsvertrag** (→ Form. G. I.) geregelt werden, weil es sich um den klassischen Fall der Auftragsverarbeitung handelt. Gleiches gilt, wenn der freie Mitarbeiter nicht in den Räumen des Verantwortlichen tätig wird, sondern etwa zu Hause oder in seinem eigenen Büro. Eine Absicherung analog einer Homeoffice-Vereinbarung mit Angestellten (→ Form. D. III.2.) könnte wegen der gleich mehrfachen Abweichung vom Normalfall als Umgehung des Art. 28 DS-GVO angesehen werden. **Anwendungsfall der vertraglichen Unterstellung eines freien Mitarbeiters unter den Verantwortlichen** dürften damit vor allem Fälle sein, in denen Solo-Selbstständige als **Berater, Programmierer, Administratoren oÄ im Haus des Verantwortlichen** tätig sind.

Erhält der freie Mitarbeiter sonstige **Zugriffsrechte auf personenbezogene Daten** zu eigenen Zwecken oder ohne strikte Weisungsgebundenheit, so liegt darin eine **rechtfertigungsbedürftige Offenlegung durch Bereitstellung** und im Fall des tatsächlichen Zugriffs eine **rechtfertigungsbedürftige Offenlegung durch Übermittlung** (Art. 4 Nr. 2 DS-GVO). Dies gilt natürlich erst recht, wenn **Datenträger mit personenbezogenen Daten übergeben** werden und es sich nicht um eine Auftragsverarbeitung handelt. Hierfür muss nach Art. 6 Abs. 1 DS-GVO entweder eine legitimierende Rechtsvorschrift bestehen oder eine Einwilligung des Betroffenen vorliegen.

Die folgende Vereinbarung dient nur der **Begründung eines Weisungsverhältnisses hinsichtlich personenbezogener Daten,** das nach der hier vertretenen und wohl in der Literatur mittlerweile herrschenden Ansicht den freien Mitarbeiter vom Begriff des Dritten ausnimmt. Wie jede andere Person, die mit personenbezogenen Daten umgeht, muss auch der datenschutzrechtlich eingegliederte freie Mitarbeiter zur Vertraulichkeit verpflichtet und entsprechend belehrt werden (→ Form. C. VII.1). Kann der freie Mitarbeiter mit sonstigen **vertraulichen Informationen** wie Geschäftsgeheimnissen in Kontakt kommen, sollte zusätzlich eine Vertraulichkeitsvereinbarung (→ Form. C. VII.6) geschlossen werden.

Für den Ausschluss der Einordnung als Dritter sind jedenfalls eine gewisse organisatorische Anbindung an den Verantwortlichen und ein striktes Weisungsrecht erforderlich. Dies sind Merkmale, die sozialversicherungs- und arbeitsrechtlich zur Annahme einer abhängigen Beschäftigung (sog. **Scheinselbständigkeit**) führen könnten. Im Formular wird das Weisungsrecht zwar auf den Umgang mit personenbezogenen Daten beschränkt, doch muss jeder Auftraggeber für sich genau prüfen, ob das Gesamtbild der Tätigkeit des freien Mitarbeiters in solchen Konstellationen nicht für eine abhängige Beschäftigung spricht.

Vereinbarung einer strikten datenschutzrechtlichen Weisungsgebundenheit

§ 1 Gegenstand der Vereinbarung

(1) Die Parteien haben mit Vertrag vom [Datum] vereinbart, dass der Auftragnehmer für den Auftraggeber als freier Mitarbeiter tätig wird. Im Rahmen der Tätigkeit des Auftragnehmers als freier Mitarbeiter ist es möglich, dass der Auftragnehmer für den Auftraggeber personenbezogene Daten verarbeitet. Diese Vereinbarung dient dazu, dass der Auftragnehmer über eine strikte Weisungsbindung und weitere Beschränkungen bei der Verarbeitung personenbezogener Daten datenschutzrechtlich als Teil des Auftraggebers behandelt wird.

(2) Personenbezogene Daten sind nach Art. 4 Nr. 1 DS-GVO alle Informationen, die sich auf eine identifizierte oder identifizierbare natürliche Person beziehen; als identifizierbar wird eine natürliche Person angesehen, die direkt oder indirekt, insbesondere mittels Zuordnung zu einer Kennung wie einem Namen, zu einer Kennnummer, zu Standortdaten, zu einer Online-Kennung oder zu einem oder mehreren besonderen Merkmalen, die Ausdruck der physischen, physiologischen, genetischen, psychischen, wirtschaftlichen, kulturellen oder sozialen Identität dieser natürlichen Person sind, identifiziert werden kann. Im Sinne dieser Vereinbarung beschränkt sich der Begriff der „personenbezogenen Daten" auf solche personenbezogenen Daten, für die der Auftraggeber Verantwortlicher iSv Art. 4 Nr. 7 DS-GVO ist, dh hinsichtlich derer er allein oder gemeinsam mit anderen über die Zwecke und Mittel der Verarbeitung entscheidet.

(3) Der Begriff des „Verarbeitens" umfasst nach Art. 4 Nr. 2 DS-GVO jeden mit oder ohne Hilfe automatisierter Verfahren ausgeführten Vorgang oder jede solche Vorgangsreihe im Zusammenhang mit personenbezogenen Daten wie bspw. (nicht abschließend) das Erheben, das Erfassen, die Organisation, das Ordnen, die Speicherung, die Anpassung oder Veränderung, das Auslesen, das Abfragen, die Kenntnisnahme,[1] die Verwendung, die Offenlegung durch Übermittlung, Verbreitung oder eine andere Form der Bereitstellung, den Abgleich oder die Verknüpfung, die Einschränkung, das Löschen oder die Vernichtung.

(4) Diese Vereinbarung räumt dem Auftragnehmer keinerlei Anspruch auf Zugänglichmachung personenbezogener Daten oder Rechte hieran ein.

§ 2 Außerbetriebliche Verarbeitung und Übermittlung personenbezogener Daten[2]

(1) Eine Verarbeitung personenbezogener Daten durch den Auftragnehmer mittels eigener Hard- und/oder Software des Auftragnehmers oder außerhalb der Räumlichkeiten des Auftraggebers (nachfolgend zusammenfassend „außerbetriebliche Verarbeitungen") oder eine Verarbeitung personenbezogener Daten durch den Auftragnehmer zu eigenen Zwecken oder zu Zwecken Dritter ist strikt untersagt, solange die Parteien hierüber keinen gesonderten schriftlichen Vertrag abgeschlossen haben.

(2) Soweit Mitarbeiter des Auftraggebers oder andere für den Auftraggeber tätige Personen

(a) den Auftragnehmer zu außerbetrieblichen Verarbeitungen auffordern oder ihm personenbezogene Daten zu diesem Zweck offenlegen oder offenlegen wollen,

(b) dem Auftragnehmer personenbezogene Daten zu eigenen Zwecken des Auftragnehmers oder zu Zwecken Dritter offenlegen oder offenlegen wollen,

ohne dass die Parteien hierüber einen gesonderten schriftlichen Vertrag abgeschlossen haben, wird der Auftragnehmer diese Personen unverzüglich ausdrücklich darauf hinweisen, dass er im Fall (a) zu außerbetrieblichen Verarbeitungen bzw. im Fall (b) zur Annahme und Verarbeitung nicht berechtigt ist, und unverzüglich den Auftraggeber schriftlich sowie vorab mündlich über den Vorfall informieren.

§ 3 Strikte Weisungsgebundenheit hinsichtlich personenbezogener Daten[3]

(1) Der Auftragnehmer verpflichtet sich, ausschließlich nach Maßgabe ausdrücklicher Weisungen des Auftraggebers personenbezogene Daten zu verarbeiten und jede Weisung des Auftraggebers in Bezug auf die Verarbeitung personenbezogener Daten oder deren Unterlassung unverzüglich zu befolgen, soweit die Weisung nicht gegen zwingendes anwendbares Recht der Europäischen Union oder ihrer Mitgliedstaaten verstößt.

(2) Der Auftragnehmer wird insbesondere

(a) ohne ausdrückliche Weisung des Auftraggebers keinerlei Zugriff auf personenbezogene Daten nehmen (zB diese lesen) oder diese anderweitig verarbeiten;

(b) personenbezogene Daten keinesfalls für andere als die vom Auftraggeber festgelegten Zwecke, nur in dem vom Auftraggeber festgelegten Umfang und nur mit den vom Auftraggeber festgelegten Mitteln verarbeiten;

(c) personenbezogene Daten nicht ohne ausdrückliche Weisung des Auftraggebers weitergeben, und zwar weder an Dritte noch an Personen beim Auftraggeber;

(d) ohne ausdrückliche Weisung des Auftraggebers keine Kopien personenbezogener Daten anfertigen.

(3) Die Verpflichtungen aus Abs. 1 und Abs. 2 bleiben auch über das Ende der Tätigkeit des Auftragnehmers als freier Mitarbeiter zeitlich unbeschränkt und ohne Möglichkeit der Kündigung bestehen, Verpflichtungen zu aktivem Handeln jedoch nur, solange der Auftragnehmer im Besitz personenbezogener Daten ist.

(4) Weitergehende Pflichten des Auftragnehmers, bspw. aus Vertraulichkeitsvereinbarungen oder anderen Verträgen, bleiben unberührt.

(5) Die Geltendmachung eines Zurückbehaltungsrechts gegen die Pflichten aus § 3 ist ausgeschlossen.

§ 4 Vertragsstrafe,[4] Freistellungsverpflichtung

(1) Für jeden Fall der schuldhaften Verletzung von Verpflichtungen aus § 2 Abs. 1 oder § 3 durch den Auftragnehmer verpflichtet dieser sich, an den Auftraggeber eine Vertragsstrafe zu zahlen, deren Höhe durch den Auftraggeber nach billigem Ermessen festgelegt wird, [5.000 EUR] nicht unterschreiten und [100.000 EUR] nicht überschreiten darf und im Streitfall vom zuständigen Gericht zu überprüfen ist.

(2) Im Fall von Dauerverstößen gilt jeder angefangene Monat einer Verletzung von Verpflichtungen aus § 2 Abs. 1 oder § 3 als eigenständiger Verstoß. Als Dauerverstoß gilt die fortgesetzte Verarbeitung derselben personenbezogenen Daten.

(3) Weitergehende Schadenersatzansprüche bleiben unberührt.

(4) Die Geltendmachung der Vertragsstrafe durch den Auftraggeber befreit den Auftragnehmer nicht von der Pflicht zur Einhaltung der vertraglichen Verpflichtungen [für die Zukunft].[5]

(5) Der Auftragnehmer verpflichtet sich, den Auftraggeber von sämtlichen Schadensersatzansprüchen, Aufwendungen und sonstigen Verpflichtungen, einschließlich angemessener Anwaltskosten, die aus einer [schuldhaften][6] Verletzung der Verpflichtungen aus § 2 Abs. 1 oder § 3 durch den Auftragnehmer entstehen, freizustellen. Der Auftraggeber wird den Auftragnehmer unverzüglich informieren, wenn Dritte ihm gegenüber unter die vorstehende Freistellungsverpflichtung fallende Ansprüche erheben, und ihm, soweit möglich und zumutbar, Gelegenheit zur Abwehr des geltend gemachten Anspruchs geben. Der Auftragnehmer ist verpflichtet, dem Auftraggeber unverzüglich alle ihm verfügbaren Informationen über den betreffenden Sachverhalt vollständig mitzuteilen. Eventuelle darüber hinausgehende Ansprüche des Auftraggebers bleiben unberührt.

§ 5 Schlussbestimmungen

(1) Diese Vereinbarung unterliegt deutschem Recht unter Ausschluss des Kollisionsrechts. [Als ausschließlicher Gerichtsstand wird das Landgericht [Ort] vereinbart. Der Auftraggeber kann für Streitigkeiten aus diesem Vertrag auch ein nach den allgemeinen Gesetzen zuständiges Gericht wählen. Das Recht der Parteien, einstweiligen Rechtsschutz vor den nach den allgemeinen Gesetzen zuständigen Gerichten zu beantragen, bleibt unberührt.][7]

(2) Sollten eine oder mehrere Bestimmungen dieser Vereinbarung unwirksam oder undurchführbar sein oder werden, bleibt diese Vereinbarung im Übrigen wirksam. Die Parteien verpflichten sich, in diesem Fall über eine wirksame und durchführbare Regelung zu verhandeln, die dem von den Parteien mit der unwirksamen bzw. undurchführbaren Bestimmung verfolgten Zweck möglichst nahe kommt.

## Anmerkungen

**1. Definition des Verarbeitens.** Die Definition des Verarbeitens entspricht im Wesentlichen dem Wortlaut der (weiten) gesetzlichen Definition in Art. 4 Nr. 2 DS-GVO. Die Kenntnisnahme ist allerdings zur besseren Verständlichkeit hinzugefügt.

**2. Außerbetriebliche Verarbeitung und Übermittlung personenbezogener Daten.** Die Regelung dient dazu, den Auftragnehmer mit in die Pflicht zu nehmen, dass Mitarbeiter des Auftraggebers nicht rechtswidrig „auf dem kleinen Amtsweg" den Auftragnehmer zum Dritten machen oder eine Auftragsverarbeitung vereinbaren. Hierzu empfiehlt sich auch eine Richtlinie für die eigenen Mitarbeiter (→ Form. D. II.; G. I. 2.).

**3. Strikte Weisungsgebundenheit zum Ausschluss der Klassifizierung des Auftragnehmers als „Dritter".** Voraussetzung der Unterstellung unter den Verantwortlichen und die damit verbundene Ausnahme vom Begriff des Dritten ist das Bestehen eines strikten, direkten und rechtlich abgesicherten Weisungsrechts (→ Vorb.). Der Auftragnehmer ist nach der in der Vorbemerkung hergeleiteten Rechtsansicht nur dann nicht als Dritter zu klassifizieren, wenn das Weisungsverhältnis unmittelbar zwischen dem Auftraggeber und dem Auftragnehmer als selbst Handelndem besteht. Dies erfordert zwingend, dass der Auftragnehmer eine natürliche Person ist, die ohne Zuhilfenahme Dritter tätig wird. Die Klausel beschränkt das Weisungsrecht zwar auf den Umgang mit personenbezogenen Daten, doch ist in jedem Einzelfall genau zu prüfen, ob das Gesamtbild der Tätigkeit des freien Mitarbeiters nicht für eine abhängige Beschäftigung und damit eine Scheinselbständigkeit spricht.

**4. Vertragsstrafe.** Bei Verstößen gegen das Datenschutzrecht lassen sich die beim Auftraggeber als Verantwortlichem entstehenden Schäden zwar besser beziffern und beweisen als bei Verstößen gegen sonstige Vertraulichkeitspflichten (→ Form. C. VII.6. Anm. 13). Rufschädigungen, Umsatzverluste uÄ bleiben aber praktisch nicht beweisbar, sodass die Vereinbarung einer Vertragsstrafe insoweit die einzige realistische Möglichkeit ist, eine finanzielle Kompensation zu erhalten. Eine drohende Vertragsstrafe führt dem Auftragnehmer auch die Bedeutung seiner Verpflichtung vor Augen und erhöht so die Compliance. Das Vertragsstrafeversprechen ist (ebenso wie die Freistellungsverpflichtung aus Abs. 5) auf aktive unzulässige Verarbeitungen durch den Auftragnehmer und die Missachtung von Weisungen beschränkt, also Verstöße gegen originär eigene Pflichten des Auftragnehmers. Die Vereinbarung einer festen Vertragsstrafe hat den Nachteil, dass sie schnell in die eine oder andere Richtung unangemessen ist. Die Lösung über § 315 BGB hat den Vorteil, dass einerseits der Einzelfall berücksichtigt werden kann; andererseits dient die Vereinbarung von Mindest- und Höchstbeträgen einer gewissen Kalkulierbarkeit. Der Mindestbetrag sollte auch beim leichtesten denkbaren Verstoß noch angemessen sein (vgl. BGH 20.1.2016 – VIII ZR 26/15, NJW 2016, 1230 (1232)).

Die Vereinbarung, dass bei Dauerverstößen für jeden angefangenen Monat eine neue Vertragsstrafe verwirkt ist, ist zulässig; eine solche Regelung kann sich sogar durch Auslegung der Klausel „für jeden Fall der Zuwiderhandlung" ergeben (BAG 26.9.1963 – 5 AZR 2/63, NJW 1964, 317 Ls. 1). In der Praxis handelt es sich bei einer derartigen Vertragsstrafengestaltung neben gerichtlichem Eilrechtsschutz um die einzige Möglichkeit, eine zeitnahe Abstellung des Verstoßes zu erreichen; anderenfalls hätte der Auftragnehmer nach der Rechtsprechung vieler Gerichte eine „Flatrate". Gerade bei Datenschutzverstößen kommt es auf eine schnelle Beendigung des Verstoßes an, sodass auch eine Verwirkung einer neuen Vertragsstrafe pro angefangene Woche zulässig sein muss. In diesem Fall ist allerdings besonders darauf zu achten, dass der Mindestbetrag der Vertragsstrafe auch bei Minimalverstößen angemessen bleibt. Eigentlich sollte bei den in Rede stehenden Verstößen klar sein, was unter einem Dauerverstoß zu verstehen ist (als Gegenbeispiel für mangelnde Transparenz, allerdings gegenüber einem besonders schutzbedürftigen Arbeitnehmer, BAG 14.8.2007 – 8 AZR 973/06, NZA 2008, 170 (172)). Vorsichtshalber werden die Dauerverstöße dennoch definiert.

**5. Unterlassung neben Vertragsstrafe.** § 340 Abs. 1 BGB, wonach ein Vertragsstrafeverlangen an die Stelle des Erfüllungsanspruchs tritt, gilt nicht für den zukünftigen Anspruch bei Dauerverpflichtungen (MüKoBGB/Gottwald § 340 Rn. 2). Die Klausel ist also hinsichtlich Unterlassungsverpflichtungen rein klarstellend. Individualvertraglich kann zudem vereinbart werden, dass auch bei anderen als Dauerverpflichtungen nicht nur der zukünftige Anspruch bestehen bleibt (vgl. Jauernig/Stadler BGB § 340 Rn. 3). In AGB sollten dagegen die Worte „für die Zukunft" eingefügt werden, da die Vertragsstrafe auch die Nichtbefolgung einzelner Weisungen erfasst; im Individualprozess entstehen allerdings keine Rechtsnachteile, wenn dies unterlassen wird.

**6. Freistellungsanspruch.** Nach der Rechtsprechung des BGH sind verschuldensunabhängige Freistellungsklauseln in AGB unwirksam (BGH 5.10.2005 – VIII ZR 16/05, NJW 2006. 47). Allerdings sieht die Klausel den Freistellungsanspruch nur für solche Vertragsverstöße des Auftragnehmers vor, die zugleich auch einen Verstoß gegen öffentlich-rechtliche Normen (Art. 28, 29 DS-GVO) darstellen. Insoweit sollte eine formularmäßige Freistellungsklausel auch dann wirksam sein, wenn sie sich nicht auf Verschulden beschränkt (Ayad/Schnell BB 2011, 1745 (1747)). Dies gilt insbesondere vor dem Hintergrund, dass die Klausel im Ergebnis nicht weit von der Regelung des Art. 82 Abs. 5 DS-GVO entfernt ist, der für Schadensersatzansprüche der betroffenen Person einen Gesamtschuldnerausgleich zwischen den beteiligten Verantwortlichen und Auftragsverarbeitern vorsieht, der im Fall von Verstößen gegen § 2 Abs. 1 Fall 3 oder 4 oder § 3 des Musters zu einer alleinigen Haftung des Auftragnehmers führen dürfte (im Fall von Verstößen gegen § 2 Abs. 1 Fall 1 und 2 ist ein Mitverschulden des Auftraggebers denkbar), wenn der Auftragnehmer nicht gerade etwa wegen eines Unfalls daran gehindert ist, eine Weisung auszuführen und nachweisen kann, dass ihn an der Nichtausführung der Weisung keinerlei Verschulden trifft und die Nichtausführung der Weisung zudem sein einziger Verstoß ist (zu den Anforderungen vgl. Kühling/Buchner/Bergt DS-GVO Art. 82 Rn. 49 ff.).

**7. Gerichtsstandsvereinbarung.** Die Grenzen des § 38 ZPO sind zu beachten, insbesondere muss ein inländischer Auftragnehmer für die Wirksamkeit einer Gerichtsstandsvereinbarung Kaufmann und auch der Auftraggeber prorogationsfähig sein. Bei einem ausländischen Auftragnehmer – der wegen der Beschränkung auf Tätigkeiten im Betrieb des Auftraggebers seltener vorkommen dürfte – empfiehlt sich eine Option für den Auftraggeber, im Heimatland des Auftragnehmers klagen zu können, um Schwierigkeiten bei der internationalen Vollstreckung zu vermeiden.

## 6. Vertraulichkeitsvereinbarung für freie Mitarbeiter

Hinsichtlich **freier Mitarbeiter** könnte die DS-GVO – wenn auch in Deutschland mit erheblichen Grenzen und Risiken im Hinblick auf eine mögliche Scheinselbstständigkeit – eine Vereinfachung bringen, weil diese datenschutzrechtlich in vielen Fällen in den Verantwortlichen eingegliedert werden können, wenn Solo-Selbstständige als **Berater, Programmierer, Administratoren oÄ im Haus des Verantwortlichen** tätig sind (→ Form. C. VII.5.). Sind die Voraussetzungen einer solchen vertraglichen Unterstellung eines freien Mitarbeiters unter den Verantwortlichen nicht gegeben, gelten die allgemeinen Regeln und es muss eine Auftragsverarbeitung vereinbart werden oder es liegt eine rechtfertigungsbedürftige Offenlegung vor.

Freie Mitarbeiter können auch mit anderen vertraulichen Informationen als personenbezogenen Daten in Kontakt kommen – etwa indem ihnen vertrauliche Daten oder Unterlagen mit Geschäftsgeheimnissen bereitgestellt werden. Die **folgende Vertraulichkeitsvereinbarung** dient dem **Schutz vertraulicher Informationen,** bei denen es sich nicht um personenbezogene Daten handelt. Sobald personenbezogene Daten ins Spiel kommen, ist deren Offenlegung rechtlich abzusichern, je nach Situation etwa durch eine Vereinbarung zur Auftragsverarbeitung (→ Form. G. I.), durch eine datenschutzrechtliche Eingliederung (→ Form. C. VII. 5.) oder durch eine Rechtfertigung der Übermittlung. Bei jedem Einsatz freier Mitarbeiter sollte darauf geachtet und regelmäßig überprüft werden, dass keine Scheinselbstständigkeit vorliegt.

Das auf der **Geheimnisschutz-RL** (Richtlinie (EU) 2016/943 des Europäischen Parlaments und des Rates vom 8.6.2016 über den Schutz vertraulichen Know-hows und vertraulicher Geschäftsinformationen (Geschäftsgeheimnisse) vor rechtswidrigem Erwerb sowie rechtswidriger Nutzung und Offenlegung) basierende Gesetz zum Schutz von Geschäftsgeheimnissen (GeschGehG) hat das deutsche Recht zum Schutz der Geschäftsgeheimnisse umfassend umgestaltet. Von besonderer Bedeutung ist, dass ein Geschäftsgeheimnis nur noch vorliegt, wenn (u.a.) der Inhaber des Geschäftsgeheimnisses den Umständen nach angemessene Geheimhaltungsmaßnahmen trifft (§ 2 Nr. 1 lit. b GeschGehG). Trifft der Inhaber des Geheimnisses keine oder keine ausreichenden Schutzmaßnahmen, ist der Information jeder Schutz nach dem GeschGehG zu versagen. Für weitere Ausführungen zu den Auswirkungen des GeschGehG → Form. C. VII. 3. Vorb.

Die in Anbetracht der langjährigen Geltung des Schutzes von Betriebs- und Geschäftsgeheimnissen über das UWG immer noch recht neue Rechtslage führt zu vielen Unklarheiten und Unsicherheiten, auch wenn in den letzten Jahren eine Vielzahl von ober- und auch höchstgerichtlichen Entscheidungen ergangen sind, die die Anforderungen des GeschGehG immer weiter präzisieren. Wichtig ist, dass die obergerichtlichen Entscheidungen hervorheben, dass nicht auf die einzelne Maßnahme zum Schutz von Geschäftsgeheimnissen bei der Bewertung der angemessenen Geheimhaltungsmaßnahmen nach § 2 Nr. 1 lit. b GeschGehG abgestellt wird, sondern auf das entsprechende Maßnahmenbündel. So macht das OLG Schleswig Ausführungen zu mehreren Maßnahmen und bewertet diese dann in einer zusammenfassenden Würdigung (OLG Schleswig 28.4.2022 – 6 U 39/21, GRUR-RR 2022, 404 Rn. 64 ff., Rn. 90), während das OLG Stuttgart betont, dass eine Gesamtbetrachtung getroffener Maßnahmen vorzunehmen ist (OLG Stuttgart 19.11.2020 – 2 U 575/19, GRUR-RS 2020, 35613 Rn. 169 ff.). Das OLG Hamm verneint in einem Urteil das Vorliegen angemessener Geheimhaltungsmaßnahmen mit der Begründung, dass nur „ein Minimum an Schutzvorkehrungen" ergriffen worden sei (OLG Hamm 15.9.2020 – 4 U 177/19, MMR 2021, 506 Rn. 161), während das OLG Düsseldorf in einem Urteil das Vorliegen von angemessenen Geheimhaltungsmaßnahmen damit begründet, dass sich die Maßnahmen „keineswegs auf vereinzelte Aspekte beschränkt" hätten (OLG Düsseldorf 11.3.2021 – 15 U 6/20, MMR 2022, 68 Rn. 51). Alle genannten Urteile beginnen die Prüfung mit der Aussage, dass ein „optimaler Schutz" keineswegs erforderlich sei, sondern die Angemessenheit eine Frage des Einzelfalls wäre. Im Ergebnis lässt sich daher der Schluss ziehen: Weder genügt der bloße Abschluss einer Vertraulichkeitsvereinbarung nach diesem Muster per se, noch ist der Schutz von Geschäftsgeheimnissen ausgeschlossen, wenn im Einzelfall keine oder aber eine ggf. unwirksame Vertraulichkeitsvereinbarung abgeschlossen wird (siehe hierzu OLG Schleswig 28.4.2022 – 6 U 39/21, GRUR-RR 2022, 404 Rn. 72 ff.). Die Rechtsprechung ist auch weiterhin unbedingt zu verfolgen und das Muster ggf. an neue Entwicklungen in der Rechtsprechung anzupassen.

Für Arbeitnehmer siehe das Muster in → Form. C. VII. 4.

Vertraulichkeitsvereinbarung für freie Mitarbeiter
(„Vertraulichkeitsvereinbarung“)

§ 1 Gegenstand dieser Vertraulichkeitsvereinbarung

(1) Die Parteien haben mit Vertrag vom [Datum] vereinbart, dass der Auftragnehmer für den Auftraggeber als freier Mitarbeiter tätig wird.[1] Um die Tätigkeit des Auftragnehmers als freier Mitarbeiter zu ermöglichen oder zu erleichtern, ist es möglich, dass der Auftraggeber, selbst oder durch Dritte, dem Auftragnehmer verschiedene vertrauliche Informationen des Auftraggebers oder Dritter (wie zB von Vertragspartnern und Kunden des Auftraggebers) offenlegt bzw. dem Auftragnehmer eine Zugriffsmöglichkeit hierauf eröffnet oder der Auftragnehmer sonst Kenntnis von vertraulichen Informationen erhält.[2]

[(2) Die Regelungen dieser Vertraulichkeitsvereinbarung gelten, sofern in dem jeweiligen Vertrag keine anderweitige Regelung getroffen wird, auch für sämtliche zukünftigen Verträge, unter denen der Auftragnehmer als freier Mitarbeiter für den Auftraggeber tätig wird.]

[(3) Der Auftraggeber hat dem Auftragnehmer bereits seit dem [Datum] Informationen zugänglich gemacht, die die Tätigkeit des Auftragnehmers als freier Mitarbeiter betreffen. Jede dieser Informationen gilt ebenfalls als vertrauliche Information im Sinne dieser Vertraulichkeitsvereinbarung. [Die im Hinblick auf diese Informationen bereits bestehende Vereinbarung zur Vertraulichkeit [vom ...] wird durch die vorliegende Vertraulichkeitsvereinbarung ersetzt.]

§ 2 Vertrauliche Informationen

(1) „Vertrauliche Informationen“ im Sinne dieser Vertraulichkeitsvereinbarung sind sämtliche Informationen, Unterlagen und Materialien, egal ob verkörpert oder nicht, die der Auftraggeber dem Auftragnehmer – einschließlich dessen Mitarbeitern und gesetzlichen Vertretern („nahestehenden Personen“) – im Rahmen des § 1 direkt oder indirekt selbst oder durch Dritte zugänglich macht oder gemacht hat, sowie Schlussfolgerungen daraus. Das Zugänglichmachen kann in beliebiger Form erfolgen, beispielsweise, aber nicht abschließend, schriftlich, elektronisch, mündlich oder durch Möglichkeit der Kenntnisnahme. Als vertrauliche Informationen im Sinne dieser Vereinbarung gelten auch sämtliche Kopien vertraulicher Informationen, Notizen oder Protokolle über vertrauliche Informationen und sonstige Verkörperungen von vertraulichen Informationen, unabhängig davon, wer diese angefertigt hat.

(2) Vertrauliche Informationen im Sinne dieser Vertraulichkeitsvereinbarung sind zudem sämtliche Informationen iSd Abs. 1, die der Auftragnehmer im Rahmen seiner Tätigkeit entsprechend nach § 1 alleine oder zusammen mit dem Auftraggeber oder Dritten entwickelt, recherchiert, erstellt oder in sonstiger Weise erfährt oder erfahren hat. Ausgenommen bleiben allgemeine Ideen, Konzepte oder Modelle, die der Auftragnehmer im Rahmen des § 1 entwickelt hat, es sei denn, dass gerade die Entwicklung einer allgemeinen Idee, eines allgemeinen Konzepts oder eines allgemeinen Modells Gegenstand des Vertrages zwischen den Parteien ist.[3]

(3) Diese Vertraulichkeitsvereinbarung räumt dem Auftragnehmer keinerlei Anspruch auf Zugänglichmachung vertraulicher Informationen ein. Mitwirkungspflichten des Auftraggebers unter dem Vertrag bleiben unberührt.

(4) Diese Vertraulichkeitsvereinbarung oder im Rahmen dieser Vertraulichkeitsvereinbarung zugänglich gemachte vertrauliche Informationen räumen dem Auftragnehmer keinerlei Lizenzen oder andere Rechte an dem Auftraggeber oder Dritten gehörenden Patenten, Know-how, Geschäftsgeheimnissen oder sonstigen Schutzrechten ein. Gleichfalls hat der Auftragnehmer keinen Anspruch auf Erteilung solcher Lizenzen oder Rechte; nach dem Vertrag eingeräumte Lizenzen oder Rechte bleiben unberührt.

(5) Inhaber vertraulicher Informationen können sowohl der Auftraggeber als auch Dritte sein.

§ 3 Personenbezogene Daten[4]

(1) Personenbezogene Daten dürfen nur dann an den Auftragnehmer weitergegeben oder ihm der Zugriff ermöglicht werden, wenn die Parteien hierüber einen gesonderten Vertrag in Textform abgeschlossen haben.

(2) Der Auftragnehmer verpflichtet sich, personenbezogene Daten nicht wissentlich anzunehmen bzw. auf diese zuzugreifen und bei unwissentlicher Annahme bzw. unwissentlichem Zugriff diese sofort dem Auftraggeber zurückzugeben bzw. alle Kopien zu löschen, soweit kein gesonderter Vertrag nach Abs. 1 vorliegt. Er wird insbesondere die Daten nicht lesen, kopieren, nutzen, weitergeben oder sonst verarbeiten.

(3) Soweit Mitarbeiter des Auftraggebers oder andere für den Auftraggeber tätige Personen dem Auftragnehmer personenbezogene Daten offenlegen oder offenlegen wollen (zB durch Übermittlung oder Einräumung von Zugriffsrechten), ohne dass die Parteien hierüber einen gesonderten Vertrag in Textform abgeschlossen haben, wird der Auftragnehmer diese Personen unverzüglich ausdrücklich darauf hinweisen, dass eine Offenlegung an ihn nicht zulässig ist, und unverzüglich den Auftraggeber in Textform sowie vorab mündlich über den Vorfall informieren.

(4) Der Begriff des „Verarbeitens" umfasst jeden mit oder ohne Hilfe automatisierter Verfahren ausgeführten Vorgang oder jede solche Vorgangsreihe im Zusammenhang mit personenbezogenen Daten wie beispielsweise (nicht abschließend) das Erheben, das Erfassen, die Organisation, das Ordnen, die Speicherung, die Anpassung oder Veränderung, das Auslesen, das Abfragen, die Kenntnisnahme, die Verwendung, die Offenlegung durch Übermittlung, Verbreitung oder eine andere Form der Bereitstellung, den Abgleich oder die Verknüpfung, die Einschränkung, das Löschen oder die Vernichtung.

(5) Weitergehende Pflichten des Auftragnehmers bleiben unberührt.

§ 4 Vertraulichkeits- und Informationspflichten; Schutz von Geschäftsgeheimnissen

(1) Der Auftragnehmer verpflichtet sich, alle vertraulichen Informationen streng vertraulich zu behandeln. Er verpflichtet sich insbesondere, (1) die vertraulichen Informationen keinem Dritten – direkt oder indirekt, schriftlich, mündlich oder in sonstiger Weise – zugänglich zu machen, (2) sie ausschließlich im Rahmen des § 1 zu verwenden und (3) alle erforderlichen Maßnahmen zu treffen, um Kenntnisnahme und Verwertung der vertraulichen Informationen durch Dritte zu verhindern („Verpflichtung zur Geheimhaltung, Nichtbenutzung und Sicherung").

(2) Dem Auftragnehmer ist es untersagt, sich Kenntnis von Informationen des Auftraggebers oder Dritter zu verschaffen, die als vertraulich gekennzeichnet sind

oder deren Vertraulichkeit offenkundig ist oder sich aus der Natur der Information ergibt und deren Kenntnis nicht für die Erfüllung seiner Pflichten nach dem Vertrag erforderlich ist. Derart verschaffte Informationen sind unverzüglich an den Auftraggeber herauszugeben oder, falls die Verschaffung in Form der Duplizierung erfolgt ist, unwiderruflich zu löschen bzw. zu vernichten.[5]

(3) Sofern der Auftraggeber Maßnahmen zum Schutz vertraulicher Informationen getroffen hat bzw. trifft und diese dem Auftragnehmer bekannt werden, ist es dem Auftragnehmer untersagt, Handlungen vorzunehmen, die diese Maßnahmen umgehen, einschränken oder in ihrer Wirkung beeinträchtigen. Hat der Auftragnehmer Handlungen vorgenommen, die dem Auftragnehmer bekannte Maßnahmen des Auftraggebers zum Schutz vertraulicher Informationen umgehen, einschränken oder in ihrer Wirkung beeinträchtigen, hat der Auftragnehmer die Wirkungen derartiger Handlungen unverzüglich zu beseitigen.

(4) Erkennt der Auftragnehmer, dass vom Auftraggeber getroffene oder vorgesehene Maßnahmen zum Schutz vertraulicher Informationen nicht wie vorgesehen umgesetzt sind (zB dadurch, dass eine nach den Vorgaben des Auftraggebers zu verschlüsselnde Datei tatsächlich unverschlüsselt abgespeichert ist), wird er den Auftraggeber hierüber unverzüglich informieren.

(5) Erkennt der Auftragnehmer, dass ihm Informationen des Auftraggebers oder eines Dritten, die vertraulicher Natur sind, zugänglich sind, obwohl diese Informationen nicht für die Erfüllung seiner Pflichten nach dem Vertrag erforderlich sind (zB indem er Zugriff auf einen Dateiordner hat, der nicht zu dem konkret vom Auftragnehmer zu bearbeitenden Projekt gehört), wird er den Auftraggeber hierüber unverzüglich informieren. Auf derart zugänglich gemachte Informationen wird der Auftragnehmer nicht wissentlich zugreifen oder sie sonst in seinen Besitz bringen und keine Kopien anfertigen. In seinen Besitz gelangte derartige Informationen sind unverzüglich an den Auftraggeber herauszugeben oder, falls die Verschaffung in Form der Duplizierung erfolgt ist, unwiderruflich zu löschen bzw. zu vernichten.

(6) Unabhängig von den Verpflichtungen aus den vorstehenden Abs. 1–5 wird der Auftragnehmer vertrauliche Informationen mindestens durch die in Anlage 1 aufgeführten technischen und organisatorischen Maßnahmen schützen.[6] Sofern der Auftragnehmer vertrauliche Informationen außerhalb des Betriebes des Auftraggebers speichert oder aufbewahrt, darf dies nur [im Betrieb des Auftragnehmers] erfolgen; Abweichungen bedürfen einer schriftlichen Einwilligung des Auftraggebers. Insbesondere ist die Nutzung von Cloud-Services zur Speicherung vertraulicher Informationen verboten.[7] [Vertrauliche Informationen, die als Geschäftsgeheimnisse des Auftraggebers oder eines Dritten gekennzeichnet oder als solche erkennbar sind, darf der Auftragnehmer nur mit ausdrücklicher schriftlicher Zustimmung des Auftraggebers aus dem Betrieb des Auftraggebers mitnehmen oder außerhalb des Betriebes des Auftraggebers speichern oder aufbewahren, ausgenommen den Fall, dass der Auftraggeber die vertraulichen Informationen dem Auftragnehmer in dessen Betrieb übersandt hat.][8] Zur Klarstellung: Die Einhaltung der Verpflichtungen und Beschränkungen dieses Absatzes rechtfertigt nicht die Speicherung oder Aufbewahrung vertraulicher Informationen, sondern der Auftragnehmer bedarf hierfür stets einer anderweitigen Erlaubnis.

(7) Die vertraulichen Informationen dürfen auch nahestehenden Personen des Auftragnehmers nicht offengelegt werden, außer in dem zur Umsetzung der in § 1

definierten Ziele und zur Erfüllung der Verpflichtungen aus dieser Vertraulichkeitsvereinbarung nötigen Umfang und unter der Voraussetzung, dass diese nahestehenden Personen in mindestens gleichem Umfang zur Geheimhaltung und Nichtbenutzung der vertraulichen Informationen verpflichtet sind.

(8) Sofern der Auftragnehmer Unterauftragnehmer einsetzen oder Dritten vertrauliche Informationen (einschließlich Unterauftragnehmern) zugänglich machen will, ist dies nur mit vorheriger schriftlicher Zustimmung des Auftraggebers zulässig.

(9) Der Auftragnehmer steht vollumfänglich dafür ein, dass die Bestimmungen dieser Vereinbarung von seinen nahestehenden Personen, Unterauftragnehmern und sonstigen Dritten, denen der Auftragnehmer vertrauliche Informationen zugänglich gemacht hat, beachtet werden, und zwar auch nach Beendigung eines etwaigen Vertrags- bzw. Näheverhältnisses zwischen dem Auftragnehmer und der nahestehenden Person.

(10) Nicht unter die Verpflichtung zur Geheimhaltung, Nichtbenutzung und Sicherung fallen vertrauliche Informationen, die nachweislich

a) vor der Zugänglichmachung durch den Auftraggeber rechtmäßig im Besitz des Auftragnehmers waren und die weder direkt noch indirekt vom Auftraggeber stammen

b) öffentlich bekannt sind oder werden, außer aufgrund einer Verletzung von Vertraulichkeits- und/oder Sicherungspflichten

c) grundsätzlich mit Informationen übereinstimmen, die dem Auftragnehmer durch einen Dritten, der rechtmäßig darüber verfügen kann, ohne Verpflichtung zu Geheimhaltung oder Nichtbenutzung übermittelt wurden, oder

d) unabhängig von der Offenlegung der vertraulichen Informationen durch den Auftraggeber vom Auftragnehmer entwickelt wurden.

§§ 3, 5 GeschGehG bleiben von den Regelungen dieser Vertraulichkeitsvereinbarung unberührt.

(11) Ist der Auftragnehmer aufgrund gesetzlicher, behördlicher oder gerichtlicher Anordnungen verpflichtet, vertrauliche Informationen offenzulegen, ist dies im absolut notwendigen Umfang zulässig, vorausgesetzt, der Auftragnehmer setzt den Auftraggeber hiervon unverzüglich in Kenntnis und unterstützt ihn (auf Kosten des Auftraggebers) bei den erforderlichen Schritten zur Vermeidung oder Begrenzung der Offenlegung. Außerhalb des jeweiligen Verfahrens, das die Offenlegung erfordert, bleiben alle Verpflichtungen zu Geheimhaltung, Nichtbenutzung und Sicherung vollumfänglich bestehen. Im Rahmen derartiger Verfahren sind alle erforderlichen Maßnahmen zu treffen, um eine vermeidbare Kenntnisnahme und Verwertung der Informationen durch Dritte zu verhindern. Insbesondere ist demjenigen, dem gegenüber die Informationen offenzulegen sind, mitzuteilen, dass es sich bei den offenzulegenden Informationen um vertrauliche Informationen bzw. Geschäftsgeheimnisse des Auftraggebers bzw. eines Dritten handelt und dass die Informationen entsprechend zu behandeln sind.

(12) Der Auftragnehmer verpflichtet sich, den Auftraggeber unverzüglich im Einzelnen zu informieren, wenn vertrauliche Informationen abhandengekommen oder Unbefugten bekannt geworden sind oder ein derartiger Verdacht besteht („Zwischenfall"). Gleiches gilt, wenn der Auftragnehmer der Ansicht ist, dass für eine ver-

trauliche Information Abs. 10 oder Abs. 11 eingreift, sodass sie nicht bzw. nur beschränkt der Verpflichtung zur Geheimhaltung, Nichtbenutzung und Sicherung unterfällt.[9]

(13) Strengere Pflichten und Verbote, beispielsweise aus § 3 oder einer gesonderten Vereinbarung in Bezug auf personenbezogene Daten, bleiben unberührt.

§ 5 Herausgabepflichten

(1) Mit (1) Ablauf der Verpflichtung zur Geheimhaltung, Nichtbenutzung und Sicherung, (2) Beendigung der Tätigkeit des Auftragnehmers als freier Mitarbeiter des Auftraggebers oder (3) auf Verlangen des Auftraggebers – je nachdem, was früher eintritt – hat der Auftragnehmer dem Auftraggeber unverzüglich alle vertraulichen Informationen, die nicht im Zusammenhang mit der Tätigkeit des Auftragnehmers nach § 1 aufgebraucht wurden, zurückzugeben. Das Eigentum an allen verkörperten vertraulichen Informationen verbleibt jederzeit beim Auftraggeber. Eventuelle Kopien und Verkörperungen vertraulicher Informationen fertigt der Auftragnehmer für den Auftraggeber an, überträgt das Eigentum an den verwendeten Datenträgern an den Auftraggeber und verwahrt die Kopien, Verkörperungen und Datenträger für diesen. Soweit vertrauliche Informationen auf Datenträgern Dritter gespeichert sind, sind diese zu löschen und die Löschung ist dem Auftraggeber schriftlich zu bestätigen; der Auftraggeber ist berechtigt, die Löschung zu überprüfen, es sei denn, dies ist dem Auftragnehmer ausnahmsweise nicht zuzumuten. Eine Löschung kann auch durch Löschung des Schlüssels erfolgen, wenn die Daten mit einem Verschlüsselungsverfahren nach dem Stand der Technik verschlüsselt sind und der Schlüssel nicht rekonstruiert werden kann und der Datenträger alsbald anderweitig beschrieben wird.[10] [Um ggf. erheblichen Aufwand bei der Löschung vertraulicher Informationen aus Sicherungskopien zu vermeiden, sollte der Auftragnehmer vertrauliche Informationen daher nur verschlüsselt speichern und den Schlüssel getrennt speichern. Eventuelle diesbezügliche Verpflichtungen des Auftragnehmers nach § 4 Abs. 1 S. 2 und Abs. 2 gehen dieser Empfehlung vor.]

(2) Gesetzliche Aufbewahrungspflichten bleiben von den Pflichten nach Abs. 1 unberührt. Die nach S. 1 aufbewahrten Unterlagen dürfen nur entsprechend den Zwecken der gesetzlichen Aufbewahrungspflicht genutzt werden und unterliegen im Übrigen seitens des Auftragnehmers einem absoluten Nutzungs-, Verwertungs- und Weitergabeverbot. Der Auftragnehmer hat die Einhaltung dieses Verbots durch technische und organisatorische Maßnahmen (einschließlich solcher nach § 4 Abs. 6) sicherzustellen, jede unbefugte Kenntnisnahme zu verhindern und den Auftraggeber unverzüglich von jeder tatsächlichen, vermuteten oder beabsichtigten Kenntnisnahme Dritter („Vertraulichkeits-Zwischenfall“) zu informieren.

(3) Die Geltendmachung eines Zurückbehaltungsrechts gegen die Pflichten aus Abs. 1 und Abs. 2 ist ausgeschlossen.

§ 6 Betriebliche Regelungen[11]

(1) Soweit der Auftragnehmer im Rahmen seiner Tätigkeit nach § 1 Zugriff auf Datenverarbeitungsanlagen des Auftraggebers erhält, vereinbaren die Parteien, dass die dafür im Betrieb geltenden Regelungen, die als Anlage 2 dieser Vereinbarung beigefügt sind, auch für den Auftragnehmer gelten.

(2) Im Sinne der Anlage 2 gilt der Auftragnehmer als [Mitarbeiter].

(3) Erlässt der Auftraggeber während der Laufzeit dieser Vertraulichkeitsvereinbarung neue betriebliche Regelungen zur Nutzung der Datenverarbeitungsanlagen des Auftraggebers oder ändert er diese, gelten die jeweils aktuellen und dem Auftragnehmer zur Verfügung gestellten Regelungen, es sei denn, dass dies dem Auftragnehmer unzumutbar ist. Der Auftraggeber hat dem Auftragnehmer die Änderung oder Neueinführung von Regelungen mit einem Vorlauf von mindestens 30 Tagen anzukündigen und dem Auftragnehmer die neuen Regelungen zu übersenden, wobei im Fall von geänderten Regelungen die konkreten Änderungen deutlich zu kennzeichnen sind. Die vorgenannte Frist darf ausnahmsweise unterschritten werden, wenn und soweit dies aus wichtigen Gründen erforderlich ist, etwa in Reaktion auf Sicherheitslücken oder Angriffe. Ergeben sich durch neue betriebliche Regelungen oder Änderungen an diesen für den Auftragnehmer Mehraufwände, kann der Auftragnehmer eine Anpassung seiner Vergütung verlangen, soweit Mehraufwände nicht an anderer Stelle durch Minderaufwände ausgeglichen werden.

§ 7 Dauer der Verpflichtungen[12]

(1) Sämtliche Pflichten aus dieser Vereinbarung gelten auch nach Beendigung der Tätigkeit des Auftragnehmers als freier Mitarbeiter unbefristet fort. Sie gelten auch dann, wenn eine solche Tätigkeit nicht zustande kommt.

(2) Wenn und soweit die Verpflichtungen zur Geheimhaltung und Nichtbenutzung nach Abs. 1 den Auftragnehmer in seinem beruflichen Fortkommen unangemessen behindern, hat der Auftragnehmer insoweit gegen den Auftraggeber einen Anspruch auf Freistellung von diesen Verpflichtungen.

(3) Eine unangemessene Behinderung iSv Abs. 2 besteht nicht, soweit vertrauliche Informationen betroffen sind, bezüglich derer der Auftraggeber gegenüber Dritten zur Geheimhaltung und Nichtbenutzung verpflichtet ist.

(4) Eine unangemessene Behinderung iSv Abs. 2 besteht weiterhin nicht, soweit und solange vertrauliche Informationen betroffen sind, die ein Geschäftsgeheimnis des Auftraggebers iSv § 2 Nr. 1 GeschGehG darstellen.

§ 8 Vertragsstrafe,[13] Freistellungsverpflichtung

(1) Für jeden Fall der schuldhaften Verletzung von Verpflichtungen aus §§ 4 oder 5 durch den Auftragnehmer („Verstoß") verpflichtet sich dieser, an den Auftraggeber eine Vertragsstrafe zu zahlen, deren Höhe durch den Auftraggeber nach billigem Ermessen festgelegt wird, [5.000 EUR] nicht unterschreiten und [100.000 EUR] nicht überschreiten darf und im Streitfall vom zuständigen Gericht zu überprüfen ist. Im Fall eines Verstoßes gegen § 4 Abs. 4 und Abs. 5 beträgt abweichend der Mindestbetrag der Vertragsstrafe [500 EUR].

(2) Die Vertragsstrafe ist auch zu zahlen, wenn der Auftragnehmer gem. § 4 Abs. 9 für ein schuldhaftes Handeln oder Unterlassen eines Dritten einzustehen hat, unabhängig von einem eigenen Verschulden des Auftragnehmers. Bei der Ausübung des Ermessens ist an Stelle des Verschuldens des Auftragnehmers auf das Verschulden des Dritten abzustellen.

(3) Erstreckt sich ein Verstoß über mehr als einen Monat („Dauerverstoß"), fällt für jeden angefangenen Monat eine neue Vertragsstrafe an. Als Dauerverstoß gilt es,

wenn mehrere auf einem einheitlichen Willen beruhende gleichartige Handlungen rechtlich zu einer Einheit zusammengefasst werden; in diesem Fall ist jedoch die Anzahl der verwirkten Vertragsstrafen auf die Anzahl der einzelnen zu einer rechtlichen Einheit zusammengefassten Handlungen beschränkt. Als Dauerverstoß gilt im Fall eines Verstoßes gegen

- § 4 Abs. 1 S. 2 Fall 1 die Beibehaltung eines Zugriffsrechts auf dieselbe vertrauliche Information oder eine sonstige fortgesetzte Bereitstellung derselben vertraulichen Information
- § 4 Abs. 1 S. 2 Fall 2 die fortgesetzte Verwendung derselben vertraulichen Information in einer dauernden Handlung
- § 4 Abs. 1 S. 2 Fall 3 die fortgesetzte Unterlassung der gebotenen Maßnahmen, die es Dritten ermöglicht, von derselben vertraulichen Information Kenntnis zu nehmen und/oder diese zu verwerten
- § 4 Abs. 3 S. 2 das fortgesetzte Unterlassen der Beseitigung der Auswirkungen von Handlungen, die Maßnahmen zum Schutz vertraulicher Informationen umgehen, einschränken oder in ihrer Wirkung beeinträchtigen
- § 4 Abs. 4 und Abs. 5 das fortgesetzte Unterlassen der Information des Auftraggebers
- § 4 Abs. 6 S. 1 die fortgesetzte Unterlassung derselben technisch-organisatorischen Maßnahme
- § 4 Abs. 6 S. 2 [und S. 4] die fortgesetzte Speicherung oder Aufbewahrung derselben vertraulichen Information außerhalb des Betriebs des Auftraggebers
- § 4 Abs. 7 die Beibehaltung eines Zugriffsrechts auf dieselbe vertrauliche Information oder eine sonstige fortgesetzte Bereitstellung derselben vertraulichen Information
- § 4 Abs. 8 die Beibehaltung der Einsetzung desselben Unterauftragnehmers für dieselbe Tätigkeit
- § 4 Abs. 11 S. 3 und S. 4 die fortgesetzte Unterlassung derselben Maßnahme im Hinblick auf dieselbe Offenlegung an denselben Empfänger
- § 4 Abs. 12 S. 1 das fortgesetzte Unterlassen der gebotenen Information des Auftraggebers hinsichtlich desselben Zwischenfalls
- § 5 Abs. 1 S. 1 das fortgesetzte Unterlassen der Rückgabe derselben vertraulichen Information
- § 5 Abs. 1 S. 4 Hs. 1 das fortgesetzte Unterlassen der Löschung derselben vertraulichen Information
- § 5 Abs. 2 S. 3 Fall 1 die fortgesetzte Unterlassung der gebotenen technisch-organisatorischen Maßnahmen, die es ermöglicht, gegen das Verbot des § 5 Abs. 2 S. 1 zu verstoßen
- § 5 Abs. 2 S. 3 Fall 3 das fortgesetzte Unterlassen der gebotenen Information des Auftraggebers hinsichtlich desselben Vertraulichkeits-Zwischenfalls

(4) Weitergehende Schadensersatzansprüche bleiben unberührt.

(5) Die Geltendmachung der Vertragsstrafe durch den Auftraggeber befreit den Auftragnehmer nicht von der Pflicht zur Einhaltung der vertraglichen Verpflichtungen [für die Zukunft].[14]

[(6) § 348 HGB wird ausgeschlossen.][15]

(7) Der Auftragnehmer verpflichtet sich, den Auftraggeber von sämtlichen Schadensersatzansprüchen, Aufwendungen und sonstigen Verpflichtungen, einschließlich

angemessener Anwaltskosten, die aus einer [schuldhaften][16] Verletzung der Verpflichtungen aus §§ 4 oder 5 durch den Auftragnehmer oder durch Personen, für die er nach § 4 Abs. 9 einsteht, entstehen, freizustellen. Der Auftraggeber wird den Auftragnehmer unverzüglich informieren, wenn Dritte ihm gegenüber unter die vorstehende Freistellungsverpflichtung fallende Ansprüche erheben, und ihm, soweit möglich und zumutbar, Gelegenheit zur Abwehr des geltend gemachten Anspruchs geben. Der Auftragnehmer ist verpflichtet, dem Auftraggeber unverzüglich alle ihm verfügbaren Informationen über den betreffenden Sachverhalt vollständig mitzuteilen. Eventuelle darüberhinausgehende Ansprüche des Auftraggebers bleiben unberührt.

§ 9 Schlussbestimmungen

(1) Diese Vereinbarung unterliegt deutschem Recht unter Ausschluss des Kollisionsrechts. [Als ausschließlicher Gerichtsstand wird das Landgericht [Ort] vereinbart, soweit dies nicht nach § 15 GeschGehG ausgeschlossen ist. Der Auftraggeber kann für Streitigkeiten aus diesem Vertrag den Auftragnehmer auch vor einem nach den allgemeinen Gesetzen zuständigen Gericht verklagen, soweit dies nicht nach § 15 GeschGehG ausgeschlossen ist. Das Recht der Parteien, einstweiligen Rechtsschutz vor den nach den allgemeinen Gesetzen zuständigen Gerichten zu beantragen, bleibt unberührt.][17]

(2) Sollten eine oder mehrere Bestimmungen dieser Vereinbarung unwirksam oder undurchführbar sein oder werden, bleibt diese Vereinbarung im Übrigen wirksam; dies gilt insbesondere auch für die einzelnen Regelungen des § 7. Die Parteien verpflichten sich, in diesem Fall über eine wirksame und durchführbare Regelung zu verhandeln, die dem von den Parteien mit der unwirksamen bzw. undurchführbaren Bestimmung verfolgten Zweck möglichst nahekommt.[18]

Anlage 1

[Ausgefüllte Checkliste → Form. E. II. 2.]

Anlage 2

[Einbezogene interne Richtlinien des Auftraggebers im Volltext][19]

ABWANDLUNG: Vertraulichkeitsvereinbarung für freie Mitarbeiter unter verstärkter Berücksichtigung des Risikos wirtschaftlicher Abhängigkeit

[§§ 1–6 wie in der Grundfassung]

§ 7 Dauer der Verpflichtungen[20]

(1) Der Auftragnehmer verpflichtet sich, hinsichtlich der folgenden Geschäftsgeheimnisse des Auftraggebers

- [Herstellungsverfahren,
- Bezugsquellen und
- Kalkulationen]

auch über das Ende seiner Tätigkeit als freier Mitarbeiter des Auftraggebers hinaus alle Verpflichtungen zur Geheimhaltung, Nichtbenutzung und Sicherung gemäß dieser Vereinbarung einzuhalten.

(2) Der Auftragnehmer verpflichtet sich, hinsichtlich aller vertraulichen Informationen, die für das berufliche Spezialgebiet des Auftragnehmers fachfremd sind (zB bei einem Informatiker Daten zu einem chemischen Prozess) auch über das Ende seiner Tätigkeit als freier Mitarbeiter des Auftraggebers hinaus alle Verpflichtungen zur Geheimhaltung, Nichtbenutzung und Sicherung gemäß dieser Vereinbarung einzuhalten.

(3) Der Auftragnehmer verpflichtet sich, vertrauliche Informationen auch über das Ende seiner Tätigkeit als freier Mitarbeiter des Auftraggebers hinaus nicht an Dritte zu übertragen bzw. Dritten Rechte an ihnen einzuräumen.

(4) Der Auftragnehmer verpflichtet sich, vertrauliche Informationen auch über das Ende seiner Tätigkeit als freier Mitarbeiter des Auftraggebers hinaus Dritten nicht in sonstiger Weise zugänglich zu machen.

(5) Sämtliche Pflichten aus dieser Vereinbarung gelten im Übrigen auch nach Beendigung der Tätigkeit des Auftragnehmers als freier Mitarbeiter fort oder wenn eine solche Tätigkeit nicht zustande kommt.

(6) Sollten die Verpflichtungen zur Geheimhaltung und Nichtbenutzung nach Abs. 5 den Auftragnehmer in seinem beruflichen Fortkommen unangemessen behindern, hat der Auftragnehmer gegen den Auftraggeber einen Anspruch auf Freistellung von diesen Verpflichtungen.

(7) Eine unangemessene Behinderung iSv Abs. 6 besteht nicht, soweit es um vertrauliche Informationen geht, bezüglich derer der Auftraggeber gegenüber Dritten zur Geheimhaltung und Nichtbenutzung verpflichtet ist, oder soweit und solange es sich bei den vertraulichen Informationen um Geschäftsgeheimnisse des Auftraggebers iSv § 2 Nr. 1 GeschGehG handelt.

§ 8 Vertragsstrafe,[13] Freistellungsverpflichtung[21]

(1) Für jeden Fall der schuldhaften Verletzung von Verpflichtungen aus §§ 4, 5 oder 7 durch den Auftragnehmer verpflichtet sich dieser, an den Auftraggeber eine Vertragsstrafe zu zahlen, deren Höhe durch den Auftraggeber nach billigem Ermessen festgelegt wird, [5.000 EUR] nicht unterschreiten und [100.000 EUR] nicht überschreiten darf und im Streitfall vom zuständigen Gericht zu überprüfen ist. Im Fall eines Verstoßes gegen § 4 Abs. 4 und Abs. 5 beträgt abweichend der Mindestbetrag der Vertragsstrafe [500 EUR].

(2) Die Vertragsstrafe ist auch zu zahlen, wenn der Auftragnehmer gem. § 4 Abs. 9 für ein schuldhaftes Handeln oder Unterlassen eines Dritten einzustehen hat, unabhängig von einem eigenen Verschulden des Auftragnehmers. Bei der Ausübung des Ermessens ist an Stelle des Verschuldens des Auftragnehmers auf das Verschulden des Dritten abzustellen.

(3) Im Fall von Dauerverstößen gilt jeder angefangene Monat einer Verletzung von Verpflichtungen aus §§ 4, 5 oder 7 als eigenständiger Verstoß.

[§ 8 Abs. 3 ab S. 2 wie in der Grundfassung, ergänzt um den folgenden Satz:]

Als Dauerverstoß gilt im Fall eines Verstoßes gegen § 7 Abs. 4 die Beibehaltung eines Zugriffsrechts auf dieselbe vertrauliche Information oder eine sonstige fortgesetzte Bereitstellung derselben vertraulichen Information.

(4) Weitergehende Schadensersatzansprüche bleiben unberührt.

(5) Die Geltendmachung der Vertragsstrafe durch den Auftraggeber befreit den Auftragnehmer nicht von der Pflicht zur Einhaltung der vertraglichen Verpflichtungen [für die Zukunft].[14]

[(6) § 348 HGB wird ausgeschlossen.][15]

(7) Der Auftragnehmer verpflichtet sich, den Auftraggeber von sämtlichen Schadensersatzansprüchen, Aufwendungen und sonstigen Verpflichtungen, einschließlich angemessener Anwaltskosten, die aus einer [schuldhaften][16] Verletzung der Verpflichtungen aus §§ 4, 5 oder 7 durch den Auftragnehmer oder durch Personen, für die er nach § 4 Abs. 9 einsteht, entstehen, freizustellen. Der Auftraggeber wird den Auftragnehmer unverzüglich informieren, wenn Dritte ihm gegenüber unter die vorstehende Freistellungsverpflichtung fallende Ansprüche erheben und ihm, soweit möglich und zumutbar, Gelegenheit zur Abwehr des geltend gemachten Anspruchs geben. Der Auftragnehmer ist verpflichtet, dem Auftraggeber unverzüglich alle ihm verfügbaren Informationen über den betreffenden Sachverhalt vollständig mitzuteilen. Eventuelle darüberhinausgehende Ansprüche des Auftraggebers bleiben unberührt.

[§ 9 und Anlagen wie in der Grundfassung]

## Anmerkungen

**1. Kein Projekt.** Vertraulichkeitsvereinbarungen definieren typischerweise ein konkretes Projekt und gelten ausschließlich für den Informationsaustausch im Rahmen dieses Projekts. Die Definition eines Projekts ist erfahrungsgemäß schwierig; die vorliegende Vertraulichkeitsvereinbarung stellt dagegen in § 1 Abs. 1 nur auf den Vertrag ab. Nachteil ist, dass die Definition konkreter nachvertraglich bestehenbleibender Vertraulichkeitspflichten erschwert wird (→ Anm. 12). Für Folgeaufträge wäre daher eine weitere Vereinbarung zu schließen. Diese kann sich allerdings auch darauf beschränken, eine entsprechende Anwendung der Vertraulichkeitsvereinbarung auf den neuen Vertrag vorzusehen. Optional wird in § 1 Abs. 2 bereits mit dem Abschluss der Vertraulichkeitsvereinbarung festgelegt, dass diese sich auch auf Folgeverträge erstreckt, in denen der Auftragnehmer für den Auftraggeber als freier Mitarbeiter tätig wird, es sei denn, in dem jeweiligen Vertrag wird eine anderweitige Regelung getroffen. Die Regelung soll allerdings lediglich eine Absicherung des Auftraggebers bewirken, da es in der Regel sinnvoller sein dürfte, eine aktuelle und auf die möglicherweise bestehenden Besonderheiten des jeweiligen Vertrags angepasste Vertraulichkeitsvereinbarung abzuschließen. Dies gilt ganz besonders, wenn die Abwandlung (→ Anm. 20, → Anm. 21) genutzt wird.

**2. Informationsaustausch vor Abschluss einer Vertraulichkeitsvereinbarung.** Es kann vorkommen, dass der Auftragnehmer bereits im Vorfeld eines Vertrages über freie Mitarbeit vertrauliche Informationen erhalten muss, etwa um ein Angebot erstellen oder ein Projekt vereinbaren zu können. Vertrauliche Informationen sollten stets erst nach Abschluss einer Vertraulichkeitsvereinbarung fließen. Dazu kann Abs. 1 wie folgt gefasst werden:

„Die Parteien befinden sich in Verhandlungen über eine Tätigkeit des Auftragnehmers als freier Mitarbeiter des Auftraggebers. Um diese Verhandlungen und eine eventuelle spätere Tätigkeit des Auftragnehmers als freier Mitarbeiter zu ermöglichen oder zu erleichtern, ist es möglich, dass der Auftraggeber, selbst oder durch Dritte, dem Auftragnehmer verschiedene vertrauliche Informationen offenlegt bzw. dem Auftragnehmer eine Zugriffsmöglichkeit hierauf eröffnet oder der Auftragnehmer sonst Kenntnis von vertraulichen Informationen erhält."

Die Klausel begegnet durch ihre umfassende Formulierung dem praktischen Problem rein vorvertraglicher Vertraulichkeitsvereinbarungen, die immer wieder nicht oder nicht passend in den eigentlichen Vertrag übernommen werden. Zu beachten bleibt, dass der eigentliche Vertrag nicht versehentlich die Vertraulichkeitsvereinbarung durch Ersetzung „sämtlicher bisheriger Vereinbarungen der Parteien" oÄ aufhebt. Wenn eine Ersetzungsklausel aufgrund überholter Vorverträge oÄ dennoch gewünscht ist, sollte eine vor Vertragsschluss abgeschlossene Vertraulichkeitsvereinbarung entweder hiervon ausgenommen oder ausdrücklich bestätigt werden. Hierfür bietet sich eine Formulierung an wie „Dieser Vertrag ersetzt sämtliche bisherige Vereinbarungen der Parteien über den Vertragsgegenstand mit der Ausnahme der Vertraulichkeitsvereinbarung vom [Datum]."

Sollten vertrauliche Informationen bereits vor Abschluss einer Vertraulichkeitsvereinbarung geflossen sein, bietet Abs. 3 die Möglichkeit einer nachträglichen Einbeziehung dieser Informationen in die Vertraulichkeitsvereinbarung.

**3. Definition der vertraulichen Informationen.** Der Begriff der vertraulichen Informationen wird sehr weit definiert. Unter Umständen ist die Definition abhängig von den vereinbarten Aufgaben und der (im Vertrag über die freie Mitarbeit zu treffenden) Regelung bezüglich der Rechte an den Arbeitsergebnissen einzuschränken. Im Hinblick auf das Risiko einer unangemessenen Knebelung des Auftragnehmers werden allgemeine Konzepte, Ideen und Modelle ausgenommen, es sei denn, dass gerade die Entwicklung eines derartigen allgemeinen Konzepts Vertragsgegenstand ist. Natürlich lässt sich über die Weite der Vertraulichkeitspflicht und die Bestimmtheit der Begriffe diskutieren. Allerdings ist zu berücksichtigen, dass die umfassende Vertraulichkeitspflicht nach Vertragsende nur eingeschränkt fort gilt (→ Anm. 12, → Anm. 20). Die hier vorgeschlagene „Alles"-Klausel hat zumindest den Vorteil, nicht bereits bei der Positiv-Definition der geschützten Informationen schwammig zu sein und gleichzeitig auch nicht das Risiko, durch eine Aufzählung einzelner Gruppen von Informationen unübersichtlich und am Ende wahrscheinlich trotzdem unvollständig zu werden. Beschränkt sich das Vertraulichkeitsinteresse des Auftraggebers allerdings auf bestimmte, klar zu beschreibende Informationen, sollte der Weg des geringsten Risikos gegangen und sollten nur diese konkreten Informationen als vertraulich definiert werden. Aufgrund der Weite der Definition der vertraulichen Information sind Geschäftsgeheimnisse iSv § 2 Nr. 1 GeschGehG umfasst, was im Hinblick darauf, dass Geschäftsgeheimnisse nach § 2 Nr. 1 lit. b GeschGehG „Gegenstand von den Umständen nach angemessenen Geheimhaltungsmaßnahmen" sein müssen, um dem Schutz des GeschGehG zu unterfallen, wichtig ist.

Freie Mitarbeiter arbeiten oftmals intensiv mit Mitarbeitern des Auftraggebers zusammen, wobei es typischerweise zu wenig formalisiertem Informationsaustausch kommt. Eine Beschränkung der Vertraulichkeitspflichten auf als vertraulich gekennzeichnete (oder bei mündlicher Bekanntgabe nachträglich schriftlich als vertraulich fixierte) Informationen ist für solche Fälle nicht praxistauglich und kann allenfalls in der Beratung des Auftragnehmers empfohlen werden.

Im Hinblick auf die Zusammenarbeit des Auftragnehmers mit den Mitarbeitern des Auftraggebers ist abseits von Vertraulichkeitspflichten auf die Problematik hinzuweisen, dass eine weitreichende Einbindung des freien Mitarbeiters in die Organisation des Auftraggebers dazu führen kann, dass der freie Mitarbeiter die Anforderungen des § 611a Abs. 1 BGB erfüllt und damit als Arbeitnehmer anzusehen ist (siehe hierzu BAG 1.12.2020 – 9 AZR 102/20, NZA 2021, 552 Rn. 35 ff.; BAG 25.8.2020 – 9 AZR 373/19, NZA 2020, 1537 Rn. 31; LAG BW 3.6.2019 – 1 Sa 1/18, BeckRS 2019, 17089). Eine ähnliche Problematik stellt sich bei der von dieser Vertraulichkeitsvereinbarung nicht erfassten Situation, dass ein Auftragnehmer einen seiner Arbeitnehmer zB als Berater oder im IT-Projektgeschäft einsetzt und die Einbindung des Arbeitnehmers in das Unternehmen des Auftraggebers derart erfolgt, dass eine erlaubnispflichtige Arbeitnehmerüberlassung iSv § 1 Abs. 1 S. 1 AÜG vorliegt (zur Problematik der Arbeitnehmerüberlassung speziell im IT-Bereich Schuster/Grützmacher/Bergt/Horstkotte BGB § 611 Rn. 22 ff.).

**4. Personenbezogene Daten.** Eine ausführliche Regelung zur Verarbeitung personenbezogener Daten ist in dieser Vertraulichkeitsvereinbarung nicht vorgesehen, da die Vertraulichkeitsvereinbarung den Schutz des Auftraggebers vor dem Verlust für ihn wertvoller und möglicherweise unternehmenskritischer Informationen bezweckt, während das Datenschutzrecht Betroffene vor der unrechtmäßigen Verarbeitung personenbezogener Daten schützt und ganz andere Anforderungen aufstellt. Die Regelung in dieser Vertraulichkeitsvereinbarung dient dazu, den Auftragnehmer mit in die Pflicht zu nehmen, dass Mitarbeiter des Auftraggebers nicht rechtswidrig „auf dem kleinen Amtsweg" eine Auftragsverarbeitung (Art. 28 DS-GVO) vereinbaren oder personenbezogene Daten als jeweils unabhängige oder gemeinsam Verantwortliche im Sinne von Art. 26 DS-GVO übermitteln. Hierzu empfiehlt sich auch eine Richtlinie für die eigenen Mitarbeiter (→ Form. D. II.). Art. 28 DS-GVO schreibt vor, dass ein Auftragsverarbeitungsvertrag schriftlich abzuschließen ist, was auch in einem elektronischen Format erfolgen kann (Art. 28 Abs. 9 DS-GVO), wobei damit nicht die elektronische Form nach § 126a BGB gemeint ist, sodass auch eine Vereinbarung in Textform nach § 126b BGB, zB per E-Mail, genügt (→ Form. G. I. Anm. 2). Art. 26 Abs. 1 S. 2 DS-GVO verlangt eine transparente Vereinbarung der gemeinsam Verantwortlichen und Art. 5 Abs. 2 DS-GVO, dass der Verantwortliche die Einhaltung seiner Pflichten nachweisen kann, was beides eine mündliche oder konkludente Vereinbarung ausschließt. Das Formular sieht daher vor, dass der gesonderte Vertrag in Textform zu schließen ist, womit regelmäßig – weitgehend analog zu den datenschutzrechtlichen Anforderungen – auch aus vertragsrechtlicher Sicht zB E-Mail genügt (§§ 126b, 127 BGB).

Aus Sicht des Auftragnehmers sollte auf die Klausel verzichtet werden, da es in erster Linie Sache des Auftraggebers ist, dafür zu sorgen, dass dem Auftragnehmer nicht unbefugt personenbezogene Daten offengelegt werden.

Die Definition des nach Abs. 2 S. 2 unzulässigen Verarbeitens in Abs. 4 entspricht im Wesentlichen der gesetzlichen Definition in Art. 4 Nr. 2 DS-GVO. Das Beispiel Kenntnisnahme ist allerdings zur besseren Verständlichkeit hinzugefügt, ohne dass damit eine inhaltliche Änderung verbunden wäre.

**5. Aktiver Schutz vertraulicher Informationen, insbesondere von Geschäftsgeheimnissen.** Üblicherweise legen Vereinbarungen zur Vertraulichkeit lediglich fest, welche Informationen vertraulich zu behandeln sind und unter welchen Umständen sie genutzt und weitergegeben werden dürfen.

Ob dies insbesondere im Hinblick auf den Schutz von Geschäftsgeheimnissen iSv § 2 Nr. 1 GeschGehG noch ausreichend ist, ist zumindest fraglich (→ Form. C. VII.3. Vorb.). Während nach der Rechtsprechung zu § 17 UWG aF ein subjektiv erkennbarer Geheimhaltungswille, der sich in objektiven Umständen manifestiert hat, für den gesetzlichen Schutz von Betriebs- und Geschäftsgeheimnissen ausreichte, fordert § 2 Nr. 1 lit. b GeschGehG „den Umständen nach angemessene Geheimhaltungsmaßnahmen", damit eine Information als Geschäftsgeheimnis den Schutz des GeschGehG genießt. Da derjenige, der sich auf den Schutz beruft, für das Vorliegen angemessener Geheimhaltungsmaßnahmen darlegungs- und beweisbelastet ist (BeckOK GeschGehG/Fuhlrott § 2 Rn. 66), ist es zwingend erforderlich, diese Maßnahmen zu dokumentieren. Der Gesetzgeber nennt als mögliche Geheimhaltungsmaßnahmen „physische Zugangsbeschränkungen und Vorkehrungen wie auch vertragliche Sicherungsmechanismen" (BT-Drs. 19/4724, 24). Die Auflistung in der Gesetzesbegründung erhebt jedoch keinen Anspruch auf Vollständigkeit (Harte-Bavendamm/Ohly/Kalbfus/Harte-Bavendamm GeschGehG § 2 Rn. 42). Bei der Frage, wann Geheimhaltungsmaßnahmen „angemessen" sind, sollen „der Wert des Geschäftsgeheimnisses und dessen Entwicklungskosten, die Natur der Informationen, die Bedeutung für das Unternehmen, die Größe des Unternehmens, die üblichen Geheimhaltungsmaßnahmen in dem Unternehmen, die Art der Kennzeichnung der Informationen und vereinbarte vertragliche Regelungen mit Arbeitnehmern und Geschäftspartnern" berücksichtigt werden (BT-Drs. 19/4724, 24 f.). Vertraulichkeitsvereinbarungen wie die vorliegende können daher ein Teil von angemessenen Geheimhaltungsmaßnahmen darstellen und zu einer „Need-to-know"-Kultur im Unternehmen beitragen (siehe zum Ganzen BeckOK GeschGehG/Fuhlrott § 2 Rn. 32). Es ergibt sich dabei aus der Natur der Sache, dass Geheimhaltungsmaßnahmen keinen absoluten Schutz bieten können und dies auch nicht müssen (Harte-Bavendamm/Ohly/Kalbfus/Harte-Bavendamm GeschGehG § 2 Rn. 42c). Allerdings dürfte eine bloße vertragliche Pflicht zur Vertraulichkeit allein keine angemessene Geheimhaltungsmaßnahme darstellen (hierzu Partsch/Rump NJW 2020, 118 (120 f.)), wenn diese nicht effektiv kontrolliert (BeckOK GeschGehG/Fuhlrott § 2 Rn. 62), umgesetzt und durch begleitende Maßnahmen flankiert wird. Davon unabhängig ist der Umstand, dass den Auftragnehmer als Empfänger vertraulicher Informationen häufig im Hinblick auf die Einhaltung der Vereinbarung eine sekundäre Darlegungslast treffen dürfte (vgl. Harte-Bavendamm/Ohly/Kalbfus/Harte-Bavendamm GeschGehG § 2 Rn. 64a). Die hier entworfene Vertraulichkeitsvereinbarung kann im Ergebnis nur einen Teil zum Schutz von Geschäftsgeheimnissen beitragen. Die § 4 Abs. 2–5 sollen die Verpflichtungen zur Vertraulichkeit noch einmal schärfen.

§ 4 Abs. 2 stellt klar, dass sich der Auftragnehmer keinen Zugriff auf Informationen verschaffen darf, die als vertraulich gekennzeichnet oder als vertraulich erkennbar sind. Die Regelung mag zwar nicht zwingend erforderlich sein, allerdings füllt sie eine potenzielle Schutzlücke, die dadurch entsteht, dass die Definition der vertraulichen Informationen in § 2 Abs. 1 und Abs. 2 lediglich die Informationen betrifft, die dem Auftragnehmer zugänglich gemacht werden. Der Auftragnehmer soll sich jedoch in keinem Fall Zugang zu Informationen verschaffen, die für die Vertragserfüllung nicht erforderlich sind.

§ 4 Abs. 3 enthält das Verbot, dem Auftragnehmer bekannte Maßnahmen zum Schutz vertraulicher Informationen abzuschwächen; ist zB ein Bereich des Unternehmens durch besondere Vorrichtungen gegen unbefugten Zugang geschützt, darf dieser Schutz nicht dadurch beeinträchtigt werden, dass zB ein Keil eine Tür dauerhaft offen hält. Da diese Vertraulichkeitsvereinbarung keine abschließenden Maßnahmen festlegen kann und diese nach dem Willen des Gesetzgebers individuell an die jeweiligen Geschäftsgeheimnisse anzupassen sind, verweist Abs. 3 lediglich auf dem Auftragnehmer bekannte Maßnahmen. § 6 dieser Vertraulichkeitsvereinbarung hingegen bezieht konkrete betriebliche Richtlinien in die Vertraulichkeitsvereinbarung ein.

§ 4 Abs. 4 und Abs. 5 verpflichten den Auftragnehmer zum aktiven Schutz von vertraulichen Informationen. Erkennt der Auftragnehmer, dass Maßnahmen zum Schutz von vertraulichen Informationen nicht eingehalten werden, muss er dies dem Auftraggeber melden. Dadurch solch verhindert werden, dass Schutzmaßnahmen durch Vernachlässigung schleichend außer Kraft gesetzt werden. Das in § 4 Abs. 4 genannte Beispiel der fehlenden Verschlüsselung einer Datei ist ein klassischer Fall, da die Verschlüsselung von Dateien je nach technischer Umsetzung häufig ein umständlicher Vorgang ist, eine fehlende Verschlüsselung gerade beim Versand von E-Mails oder bei der Speicherung von Dateien jedoch ein erhebliches Risiko darstellt. § 4 Abs. 5 soll bewirken, dass der Auftragnehmer nicht nur Abstand nimmt vom möglichen Zugriff auf Informationen, die für seine Vertragserfüllung nicht erforderlich sind, sondern die Möglichkeit des Zugriffs aktiv anspricht. Ein klassischer Fall ist beispielsweise, dass ein Auftragnehmer nicht nur Zugriff auf einen Projektordner erhält, sondern gleich auch das gesamte Laufwerk. Merkt er dies, hat er es entsprechend zu melden. Unabhängig von der Wahrung von Geschäftsgeheimnissen und dem Schutz vertraulicher Informationen kann ein unberechtigter Zugriff in einer Verletzung des Schutzes personenbezogener Daten nach Art. 4 Nr. 12 DS-GVO münden, die wiederum nach Art. 33 f. DS-GVO regelmäßig meldepflichtig ist.

§§ 3 und 5 GeschGehG regeln Ausnahmen vom Schutz für Geschäftsgeheimnisse. Um eine AGB-rechtliche Unwirksamkeit der gesamten Vertraulichkeitsverpflichtungen nach § 307 Abs. 1 S. 1, Abs. 2 Nr. 1 BGB zu vermeiden, enthält § 4 Abs. 10 am Ende eine Klausel, nach der die Vertraulichkeitsvereinbarung als Ganzes die §§ 3 und 5 GeschGehG nicht einschränkt. Die Platzierung und Formulierung mag im Hinblick auf § 307 Abs. 1 S. 2 BGB nicht völlig bedenkenfrei sein, doch sollte ein – wie vorliegend ausreichend klarer – Verweis auf das Gesetz zulässig sein. Zudem ist die Klausel im § 4 Abs. 10, der die Ausnahmen von der Vertraulichkeitspflicht regelt, auch an der richtigen Stelle zu finden.

**6. Sicherung.** § 4 Abs. 1 S. 2 der Verschwiegenheitsvereinbarung erlegt dem Auftragnehmer pauschal die Verpflichtung auf, „alle erforderlichen Maßnahmen zu treffen, um Kenntnisnahme und Verwertung der vertraulichen Informationen durch Dritte zu verhindern", dh letztlich eine Erfolgspflicht. Die Bewertung, welche Maßnahmen der Auftragnehmer konkret anwendet, wird ihm überlassen. Die Abs. 2–5 konkretisieren dies zwar, machen aber keine Vorgaben zu bestimmten technischen und organisatorischen Maßnahmen. Kommt es zu einer Kenntnisnahme Unbefugter, ist davon auszugehen, dass die Sicherheitsmaßnahmen nicht ausreichend im Sinne dieser Klausel waren, auch wenn ein hundertprozentiger Schutz selten möglich sein wird. Eine solche Regelung mag zwar rechtlich die Verantwortung dem Auftragnehmer zuschieben; in der Praxis ist es aber doch der Auftraggeber, der den Schaden hat, wenn vertrauliche Informationen abhandenkommen, und ihn nicht vom Auftragnehmer ersetzt bekommt. § 4 Abs. 6 schreibt daher ergänzend einen Mindeststandard an Sicherheitsmaßnahmen vor, die der Auftragnehmer in jedem Fall einhalten muss. Als Anlage 1 kann die entsprechend den Sicherheitsanforderungen des Auftraggebers ausgefüllte Checkliste → Form. E. II.2. verwendet werden. Arbeitet der Auftragnehmer ohnehin im Betrieb des Auftraggebers mit dessen EDV, kann es sich empfehlen, dem Auftragnehmer die Nutzung seiner eigenen Geräte zu untersagen, wobei hier wiederum auf die oben angesprochene Problematik der Abgrenzung zur Arbeitnehmerstellung hinzuweisen ist, wenn zB Arbeitsmittel wie Computer zur Verfügung gestellt werden. Zu überlegen ist auch, dem freien Mitarbeiter jede Speicherung vertraulicher Informationen auf eigenen Datenträgern zu verbieten (zu einer Regelung für die Homeoffice-Nutzung durch eigene Mitarbeiter → Form. D. III.3.). In der Praxis sollte zudem restriktiv geprüft werden, welche Daten dem freien Mitarbeiter überhaupt zugänglich gemacht werden, → Anm. 5.

**7. Ort der Aufbewahrung/Speicherung.** Der Auftraggeber sollte darauf achten, dass er stets weiß, wo seine vertraulichen Informationen aufbewahrt werden. Da die Zugriffsmöglichkeiten im Ausland oftmals anders sind als in Deutschland und viele ausländische Geheimdienste ausdrücklich auch die Aufgabe der Wirtschaftsspionage haben, sollte eine Verbringung vertraulicher Informationen nur nach einer Risikobewertung erfolgen. Das ausdrückliche Verbot der Nutzung von Cloud-Services zur Speicherung vertraulicher Daten dient der Risikominimierung und ergänzt die Sicherungsvorschriften, → Anm. 6, ist aber im Zusammenhang insbesondere mit der Nutzung ausreichender Verschlüsselungsverfahren zu sehen. Im Hinblick auf die unter → Anm. 5 erläuterte Obliegenheit zum verstärkten Schutz von Geschäftsgeheimnissen wird die Erlaubnis, diese außerhalb des Betriebs des Auftragnehmers aufzubewahren oder zu speichern, von einer ausdrücklichen vorherigen Zustimmung des Auftraggebers abhängig gemacht. Diese Zustimmung kann selbstverständlich auch bereits im Vertrag erklärt werden, sollte dann aber von konkreten Maßnahmen abhängig gemacht werden und möglichst restriktiv ausgestaltet sein.

**8. Erlaubnis für Mitnahme und externe Speicherung/Aufbewahrung von Geschäftsgeheimnissen.** Um Klarheit zu schaffen und zu verhindern, dass sich ein beim Diebstahl von Geschäftsgeheimnissen ertappter freier Mitarbeiter erfolgreich darauf berufen kann, er habe Geschäftsgeheimnisse zur Erfüllung seiner vertraglichen Pflichten benötigt, kann die Mitnahme und externe Speicherung bzw. Aufbewahrung von Geschäftsgeheimnissen nur mit vorheriger Zustimmung gestattet werden. Dies kann natürlich nicht gelten, wenn der Auftraggeber dem Auftragnehmer diese selbst in seinen Betrieb übersandt hat und ist nur sinnvoll, wenn die Geschäftsgeheimnisse im Rahmen des Vertrages den Betrieb des Auftraggebers normalerweise nicht verlassen sollen. Zu beachten ist, dass desto eher eine Scheinselbständigkeit vorliegt, je weiter die Eingliederung des Auftragnehmers in den Betrieb reicht.

**9. Informationspflicht.** Die Klausel verpflichtet den Auftragnehmer einerseits, Datenpannen zu melden, und andererseits, den Auftraggeber zu informieren, wenn er der Ansicht ist, bestimmte Informationen weitergeben oder selbst nutzen zu dürfen. Im Hinblick auf die Informationspflicht bei Datenpannen ist zu berücksichtigen, dass eine „Erheblichkeitsschwelle", wie sie in Art. 33 f. DS-GVO vorgesehen ist, bei vertraulichen Informationen und insbesondere Geschäftsgeheimnissen nicht angewendet werden kann; vielmehr ist jede Datenpanne meldepflichtig. Nur so erhält der Auftraggeber die Möglichkeit, die möglichen Auswirkungen einzuschätzen und negative Auswirkungen zu minimieren – und zwar nicht nur die Auswirkungen von

Datenpannen, sondern wegen der Informationspflicht, wenn der Auftragnehmer der Ansicht ist, eine vertrauliche Information selbst nutzen zu dürfen, auch die einer zulässigen Konkurrenztätigkeit des Auftragnehmers.

**10. Probleme bei vertraulichen Informationen in Backups.** Speichert der Auftragnehmer vertrauliche Informationen bei sich, werden sich diese auch im Backup des Auftragnehmers wiederfinden. Eine Löschung aus dem Backup kann einen unvertretbaren Aufwand erfordern. Es wäre möglich, dem Auftragnehmer eine Befugnis zur weiteren Speicherung in Backups einzuräumen, etwa durch Anfügung eines Abs. 4: „Abs. 2 gilt innerhalb [eines Jahres] ab dem Zeitpunkt der Verpflichtung zur Löschung entsprechend für Kopien vertraulicher Informationen, die in üblichen Sicherungskopien gemäß den Standard-Richtlinien des Auftragnehmers für Sicherungskopien enthalten sind.“ Eine andere – aus Gründen der Datensicherheit vorzugswürdige und daher im Formular als Option für den Auftragnehmer vorgesehene – Möglichkeit ist, dass der Auftragnehmer vertrauliche Informationen nur verschlüsselt speichert und die Schlüsseldatei außerhalb des normalen Backups gesichert wird. Wird dann der Schlüssel (nebst Backups des Schlüssels) gelöscht, sind auch die vertraulichen Informationen gelöscht, da nicht wiederherstellbar – jedenfalls soweit eine sichere Verschlüsselungsmethode gewählt wurde, was seinerseits sicherzustellen ist (zum Löschen mittels Verschlüsselung Simitis/Hornung/Spiecker gen. Döhmann/Roßnagel DS-GVO Art. 4 Nr. 2 Rn. 31; Winter/Battis/Halvani ZD 2019, 489 (491); zur Feststellung des Standes der Technik bei Verschlüsselungsverfahren – wenn auch mit dem Fokus auf Transportverschlüsselung – vgl. Bergt CR 2014, 726 (729 f.)). Zu beachten ist, dass eine Verschlüsselung mittels eines einzugebenden Passworts allein nicht ausreicht, da dieses nicht sicher aus dem Gedächtnis der Mitarbeiter zu „löschen“ ist. Die letzten beiden Sätze des Abs. 1 dienen nur dazu, den Auftragnehmer ausdrücklich auf die Problematik hinzuweisen.

**11. Betriebliche IT-Richtlinien.** Wenn der freie Mitarbeiter die IT des Auftraggebers nutzen soll, muss er auch den dafür geltenden Richtlinien unterliegen, was gesondert vereinbart werden muss. In Betracht kommen zB eine Richtlinie zur E-Mail- und Internetnutzung (→ Form. D. III.1.), zur Arbeit im Homeoffice/Mobile Office (→ Form. D. III.2.) oder zur Verwendung eigener Geräte (BYOD, → Form. D. III.4.). Soweit eine Einwilligungserklärung erforderlich ist, darf diese nicht vergessen werden. Zur Klarstellung sollte in der Vereinbarung mit dem freien Mitarbeiter festgehalten werden, welchen Status er im Rahmen der Richtlinien hat, insbesondere dann, wenn sich die Richtlinie selbst zuallererst an die Beschäftigten des Auftraggebers richtet und nicht an freie Mitarbeiter. Idealerweise erfasst jedoch bereits die Richtlinie freie Mitarbeiter, sodass im Rahmen der Bezugnahme auf die entsprechende Richtlinie keine Missverständnisse auftreten können.

§ 6 Abs. 3 soll sicherstellen, dass die Anpassung einbezogener Richtlinien oder die Einführung neuer Richtlinien nicht per se eine Änderung der Vertraulichkeitsvereinbarung zur Folge haben muss. Das damit verbundene einseitige Recht zur Vertragsänderung wird abgefedert durch eine Zumutbarkeitsklausel, eine Pflicht zur rechtzeitigen und (durch Markierung der Änderungen) transparenten Ankündigung und zur Anpassung der Vergütung. In Ausnahmefällen wird eine rechtzeitige Ankündigung nicht möglich sein, etwa wenn auf akute Sicherheitslücken reagiert werden muss, die aktuell nicht behoben, sondern nur umgangen werden können, oder wenn akute Angriffe bestimmte Änderungen im Verfahren erfordern. Für solche Fälle ist eine Ausnahme von der Ankündigungsfrist vorgesehen, soweit dies (zwingend) erforderlich ist. Reine Verkürzungen der Frist dürften in der Praxis selten sein – üblicherweise muss entweder sofort reagiert werden, dann gelten die Neuregelungen sofort, oder aber es ist ausreichend Zeit für eine fristgerechte Ankündigung. Betrachtet man die Entwicklung der letzten Jahre und geht man davon aus, dass Unternehmen ihre Daten in Zukunft deutlich besser schützen wollen, als dies vielerorts bisher geschieht, muss berücksichtigt werden, dass Neuregelungen auch höhere Aufwände bedeuten können. Dementsprechend sieht die Klausel einen Anspruch auf Anpassung der Vergütung vor, um eine AGB-rechtliche Unwirksamkeit zu vermeiden. Alternativ könnte, um die Vertraulichkeitsvereinbarung von solchen Business-Fragen freizuhalten und eine ggf. dort vorhandene detailliertere Regelung zu nutzen, folgender Satz verwendet werden: „Ergeben sich durch neue betriebliche Regelungen oder Änderungen an diesen für den Auftragnehmer Mehraufwände, finden in Bezug auf eine Anpassung der vertraglichen Vergütung ausschließlich die Regelungen des Vertrags Anwendung." Im Vertrag muss dann eine entsprechende Klausel vorhanden sein, die sinnvollerweise regeln sollte, dass nicht jede Abweichung im Aufwand gleich zur Anpassung der Vergütung führt. Vielmehr sollten gewisse Schwellen eingeführt werden, deren Überschreitung zur Anpassung führt.

**12. Verpflichtung über das Vertragsende hinaus.** Arbeitnehmer dürfen wegen ihrer nachwirkenden Treuepflicht Geschäfts- und Betriebsgeheimnisse selbst ohne besondere Vertraulichkeitsvereinbarung auch nach Vertragsende nicht an Dritte weitergeben. Erlaubt ist es ihnen dagegen, ihr im Laufe der bisherigen Tätigkeit erworbenes berufliches Erfahrungswissen einschließlich der Kenntnis von Geschäftsgeheimnissen für ihre eigene Tätigkeit zu nutzen. Eine solche Nutzung kann ihnen zwar vertraglich zeitlich unbeschränkt und ohne Karenzentschädigung verboten werden, jedoch nur hinsichtlich konkret bezeichneter Geschäftsgeheimnisse (BAG 19.5.1998 – 9 AZR 394/97, NZA 1999, 200 (201)). Eine umfassende Verschwiegenheits- und Nichtbenutzungsklausel für die Zeit nach Vertragsende, wie sie das Muster vorsieht, wäre gegenüber Arbeitnehmern unwirksam (vgl. die Darstellung bei Holthausen NZA 2019, 1377 (1380 f.) und BeckOK GeschGehG/Fuhlrott/Hiéramente § 1 Rn. 37–38.1).

Auch wenn die Interessenlage bei freien Mitarbeitern je nach Einzelfall völlig anders als bei Arbeitnehmern sein kann, ist eine an den Einzelfall angepasste ausdifferenzierte Klausel, welche Verpflichtungen über das Vertragsende hinaus bestehen bleiben sollen, sicher das Optimum (siehe hierzu das Fazit der Geheimhaltungs-Rechtsprechung bei Hümmerich/Reufels Gestaltung ArbV/Reufels § 1 Rn. 4148 ff., § 4 Rn. 118 sowie Wertheimer BB 1999, 1600 (1602) zu fachfremden Geheimnissen und einem Verbot der Geheimnisveräußerung). Dies gilt jedenfalls, wenn die Verpflichtung nicht nur als ggf. nicht durchsetzbare Drohkulisse gegenüber dem Auftragnehmer verwendet werden soll.

Die eingangs angesprochene Rechtsprechung, die Arbeitnehmern die Weitergabe von Geschäfts- und Betriebsgeheimnissen grundsätzlich verbietet und ein vertragliches Verbot auch für deren Nutzung durch den Arbeitnehmer erlaubt, muss auch für Informationen gelten, die von einem Dritten stammen und die der Auftraggeber geheim zu halten verpflichtet ist. Insoweit handelt es sich nicht um Know-how des Auftrag- bzw. Arbeitgebers (vgl. Harte-Bavendamm/Ohly/Kalbfus GeschGehG B. Rn. 24 ff.). Angesichts der Üblichkeit umfassender Verschwiegenheitsklauseln im geschäftlichen Verkehr muss es Unternehmen zudem möglich sein, allgemein ihre Vertraulichkeitspflichten an ihre Arbeitnehmer und sonstigen Mitarbeiter weiterzureichen. Hierfür besteht zweifelsfrei ein berechtigtes Interesse des Unternehmens, während die Berufsfreiheit des Mitarbeiters jedenfalls nicht unangemessen beeinträchtigt wird.

Zu berücksichtigen ist, dass umfassende Vertraulichkeitsverpflichtungen wie in der vorliegenden Vereinbarung je nach der Lage im Einzelfall einem Wettbewerbsverbot gleichkommen können (vgl. BGH 3.5.2001 – I ZR 153/99, GRUR 2002, 91 (94)). Zwar gelten die §§ 74ff. HGB grundsätzlich nicht für freie Mitarbeiter. Die Rechtsprechung wendet sie aber entsprechend an, wenn die freien Mitarbeiter wirtschaftlich vom Auftraggeber abhängig sind (BGH 10.4.2003 – III ZR 196/02, NJW 2003, 1864 (1865)), was daher durch entsprechende Vertragsgestaltung und -praxis vermieden werden sollte. Ein zeitlich unbeschränktes Wettbewerbsverbot wäre bei einem wirtschaftlich abhängigen freien Mitarbeiter unabhängig von der Frage seiner inhaltlichen Grenzen und einer Karenzentschädigung (§ 74 Abs. 2 HGB) unzulässig (§ 74a Abs. 1 S. 3 HGB), könnte jedoch auf das zeitlich zulässige Maß (bis zu zwei Jahre) reduziert werden (BGH 10.12.2008 – KZR 54/08, NJW 2009, 1751 (1753)). Aber auch außerhalb des Anwendungsbereichs der §§ 74ff. HGB kann ein Wettbewerbsverbot an § 1 GWB und § 138 BGB scheitern; es muss stets auf das räumlich, gegenständlich und zeitlich notwendige Maß beschränkt werden (BGH 10.12.2008 – KZR 54/08, NJW 2009, 1751 (1753)).

Abs. 1 sieht eine – jedenfalls bei wirtschaftlich abhängigen freien Mitarbeitern – problematische umfassende Vertraulichkeitspflicht auf Dauer vor. Diese kann faktisch einem Wettbewerbsverbot gleichkommen und wäre in einem solchen Fall wohl gegenüber jedem freien Mitarbeiter unwirksam (§ 1 GWB, § 138 BGB), unabhängig von der Frage einer wirtschaftlichen Abhängigkeit. Abs. 2 sieht, um die umfassende Verpflichtung des Abs. 1 möglicherweise wirksam zu machen, einen Anspruch auf Befreiung von den Vertraulichkeitspflichten vor, wenn der Auftragnehmer sonst in seinem beruflichen Fortkommen unangemessen behindert würde (vgl. Richters/Wodtke NZA-RR 2003, 281). Problematisch bleibt, dass damit zwar vielleicht die zweite Stufe (§ 74a Abs. 1 S. 2 HGB) – die nicht übermäßige Beschränkung der Berufsfreiheit des Auftragnehmers – erfüllt werden könnte, aber die erste Stufe (§ 74a Abs. 1 S. 1 HGB) – berechtigtes Interesse des Auftraggebers – noch nicht notwendig gesichert ist, weil die Vertraulichkeitspflicht nach Abs. 1 umfassend ist und über den Schutz von Geschäftsgeheimnissen hinausgeht.

Eine Freistellungsverpflichtung, wie sie in Abs. 2 vorgesehen ist, darf aber nicht dazu führen, dass der Auftraggeber selbst gegenüber seinen Kunden, für die der freie Mitarbeiter tätig war, übernommene Vertraulichkeitsverpflichtungen nicht mehr einhalten kann. Insoweit handelt es sich nicht um Know-how des Auftraggebers, sodass die Ausnahme in Abs. 3 zulässig sein muss. Die Zulässigkeit weit gefasster Wettbewerbsverbote erkennt auch der BGH grundsätzlich an, wenn etwa zur Ausführung eines Vertrages Betriebsgeheimnisse offenbart werden müssten (BGH 10.12.2008 – KZR 54/08, NJW 2009, 1751 (1753)).

Dasselbe muss auch für Geschäftsgeheimnisse des Auftraggebers gelten, da bereits die Definition in § 2 Nr. 1 lit. c GeschGehG ein berechtigtes Interesse an der Geheimhaltung vorsieht und der vertragliche Schutz gerade eine der in § 2 Nr. 1 lit. b GeschGehG zum Schutz der Information vorgeschriebenen Geheimhaltungsmaßnahmen darstellt. Daher sieht das Muster in Abs. 4 vor, dass die Freistellungsverpflichtung aus Abs. 2 auf Geschäftsgeheimnisse keine Anwendung findet, da der

Schutz eines Geschäftsgeheimnisses keine unangemessene Behinderung im beruflichen Fortkommen darstellen sollte. Da ein Geschäftsgeheimnis nach § 2 Nr. 2 GeschGehG der rechtmäßigen Kontrolle des Inhabers des Geschäftsgeheimnisses unterliegt, sollte Abs. 4 auch eine wirksame Einschränkung der Freistellungsverpflichtung in Abs. 2 darstellen.

Das vorstehend beschriebene Muster geht davon aus, dass (1) der freie Mitarbeiter nicht wirtschaftlich vom Auftraggeber abhängig ist und (2) die Vertraulichkeitsverpflichtung nicht zu einem faktischen Wettbewerbsverbot führt, was im Einzelfall durch eine Einschränkung der Definition der „vertraulichen Informationen" in § 2 sicherzustellen wäre. Da sich eine wirtschaftliche Abhängigkeit jedoch auch während der Vertragsdurchführung ergeben kann – insbesondere, wenn die Zusammenarbeit besonders erfolgreich ist und der freie Mitarbeiter seine ganze Arbeitskraft in das gemeinsame Projekt steckt – und wegen der auch im Übrigen nicht eindeutigen Rechtslage wäre auch die in der Abwandlung vorgestellte alternative Gestaltung denkbar. In solchen Fällen ist jedoch insbesondere das Problem der Scheinselbstständigkeit zu berücksichtigen.

Aus Gründen der Risikominimierung wird jeder Aspekt in einem eigenen Absatz geregelt, um zu erreichen, dass im Fall, dass eine der Klauseln als unwirksam angesehen wird, noch die anderen bestehen bleiben. Zwar könnten die nachvertraglichen Vertraulichkeitspflichten als Gesamtregelung bewertet werden, insbesondere im Rahmen des § 138 BGB, doch sollten die vorgesehenen detaillierten Einzelregelungen in Kombination mit der salvatorischen Klausel in § 9 Abs. 2, die bei Unwirksamkeit einzelner Klauseln die Fortgeltung der übrigen anordnet, einer solchen Gesamtbewertung entgegenstehen (vgl. Gehle DB 2010, 1981 (1983)). Anderenfalls wäre zu beachten, dass die Rechtsprechung des BGH eine geltungserhaltende Reduktion eines seinem Wortlaut nach gegen § 138 BGB verstoßenden Wettbewerbsverbots nur insoweit für zulässig hält, als ausschließlich dessen zeitliche Höchstgrenzen überschritten werden und das Wettbewerbsverbot im Übrigen für im Ganzen nichtig hält, sobald auch nur ein Teilaspekt außer der zeitlichen Höchstgrenze unzulässig ist (BGH 10.12.2008 – KZR 54/08, NJW 2009, 1751 (1753)). Insoweit besteht ein wesentlicher Unterschied zur Anwendung des (eine lex specialis zu § 138 BGB darstellenden) § 74a Abs. 1 HGB durch das BAG, das die im Gesetz vorgesehene geltungserhaltende Reduktion sowohl in zeitlicher als auch in sachlicher und örtlicher Hinsicht anwendet (so etwa BAG 21.4.2010 – 10 AZR 288/09, NJW 2010, 2378 (2379 f.)).

**13. Vertragsstrafe.** Da der Auftraggeber seinen Schaden bei Verstößen gegen Vertraulichkeitspflichten kaum je wird beweisen können, ist die Vereinbarung einer Vertragsstrafe die einzige realistische Möglichkeit, eine finanzielle Kompensation zu erhalten. Die Vereinbarung einer festen Vertragsstrafe hat den Nachteil, dass sie schnell in die eine oder andere Richtung unangemessen ist. Die Lösung über § 315 BGB hat den Vorteil, dass einerseits der Einzelfall berücksichtigt werden kann; andererseits dient die Vereinbarung von Mindest- und Höchstbeträgen einer gewissen Kalkulierbarkeit. Der Mindestbetrag muss auch angesichts des typischerweise geringsten Vertragsverstoßes noch angemessen sein (vgl. BGH 31.8.2017 – VII ZR 308/16, NJW 2017, 3145 (3145 f.)).

Die Vereinbarung, dass bei Dauerverstößen für jeden angefangenen Monat eine neue Vertragsstrafe verwirkt ist, ist zulässig; eine solche Regelung kann sich sogar durch Auslegung der Klausel „für jeden Fall der Zuwiderhandlung" ergeben (BAG 26.9.1963 – 5 AZR 2/63, NJW 1964, 317 Ls. 1). In der Praxis handelt es sich bei einer derartigen Vertragsstrafengestaltung neben gerichtlichem Eilrechtsschutz um die einzige Möglichkeit, eine zeitnahe Abstellung des Verstoßes zu erreichen; andernfalls hätte der Auftragnehmer nach der Rechtsprechung vieler Gerichte eine „Flatrate". Gerade bei Vertraulichkeitsverstößen kommt es auf eine schnelle Beseitigung an, sodass sogar eine Verwirkung einer neuen Vertragsstrafe pro angefangener Woche zulässig sein müsste. In diesem Fall ist allerdings besonders darauf zu achten, dass der Mindestbetrag der Vertragsstrafe auch bei Minimalverstößen angemessen bleibt. Daher wird für Verstöße gegen § 4 Abs. 4 und Abs. 5 der Mindestbetrag der Vertragsstrafe deutlich verringert, weil es hier nur um Fehler des Auftraggebers geht, über die nicht informiert wird (§ 4 Abs. 4 und Abs. 5 S. 1) und wo die erhaltenen Informationen nicht zurückgegeben bzw. gelöscht werden (§ 4 Abs. 5 S. 2).

Vorsichtshalber werden die Dauerverstöße definiert (als Gegenbeispiel für eine unwirksame Regelung zu Dauerverstößen mangels Transparenz, allerdings gegenüber einem besonders schutzbedürftigen Arbeitnehmer BAG 14.8.2007 – 8 AZR 973/06, NZA 2008, 170 (172)). Im Fall der von der Rechtsprechung praktizierten Zusammenfassung mehrerer auf einem einheitlichen Willen beruhender gleichartiger Handlungen zu einer rechtlichen Einheit (BGH 25.1.2001 – I ZR 323/98, NJW 2001, 2622) sollte eine Behandlung als Dauerverstoß vereinbart werden. Da die rechtliche Einheit auf einer Auslegung des Vertragsstrafeversprechens basiert, sollten dem keine AGB-rechtlichen Bedenken entgegenstehen, solange verhindert wird, dass durch die eigentlich den Schuldner privilegierende Zusammenfassung zusätzliche Vertragsstrafen verwirkt werden (etwa, weil sich, wie im zitierten BGH-Fall, vier rechtlich zusammengefasste Verstöße über mehr als ein Jahr verteilen). Wichtig dürfte sein, im Prozess über die Vertragsstrafe dem Gericht zu verdeutlichen, dass selbst Verstöße, die nicht eine aktive Nutzung umfassen, sondern etwa „nur" die Ermöglichung eines Zugriffs durch Unbefugte, ein enormes Schadenspotenzial haben und deswegen sofort zu unterbinden sind, sodass die Klausel nicht unangemessen ist.

**14. Unterlassung neben Vertragsstrafe.** § 340 Abs. 1 BGB, wonach ein Vertragsstrafeverlangen an die Stelle des Erfüllungsanspruchs tritt, gilt nicht für den zukünftigen Anspruch bei Dauerverpflichtungen (MüKoBGB/Gottwald § 340 Rn. 2), sondern lediglich für den Zeitraum, auf den sich die verwirkte Vertragsstrafe bezieht (BeckOK BGB/Janoschek § 340 Rn. 2). Die Klausel ist also hinsichtlich Unterlassungsverpflichtungen rein klarstellend. Individualvertraglich kann zudem vereinbart werden, dass auch bei anderen als Dauerverpflichtungen nicht nur der zukünftige Anspruch bestehen bleibt. In AGB sollten dagegen die Worte „für die Zukunft" eingefügt werden, da die Vertragsstrafe auch die Nichterfüllung nur einmaliger Handlungspflichten erfasst; im Individualprozess entstehen allerdings keine Rechtsnachteile, wenn dies unterlassen wird.

**15. Herabsetzung der Strafe.** Ist der Auftragnehmer Kaufmann, so sollte bei Vereinbarung einer Vertragsstrafe aus seiner Sicht § 348 HGB ausgeschlossen werden. Zwar sind die bei der Festlegung der angemessenen Höhe der Vertragsstrafe anzuwendenden Kriterien im Rahmen des § 315 BGB vergleichbar mit den im Rahmen des § 343 BGB relevanten (BGH 30.9.1993 – I ZR 54/91, NJW 1994, 45 (46f.); MüKoBGB/Gottwald § 339 Rn. 29; nach Erman/Metzger BGB § 343 Rn. 9 soll § 315 Abs. 3 BGB sogar strenger sein). Ist nur eine einzige Vertragsstrafe verwirkt, dürfte dem Ausschluss von § 348 HGB somit keine Bedeutung zukommen. Auch droht bei der hier gewählten Lösung über § 315 BGB keine Kumulierung fester Vertragsstrafen bei Mehrfachverstößen, die außerhalb von AGB bei Unanwendbarkeit von § 343 BGB nur noch im Rahmen des § 242 BGB reduziert werden kann (nach BGH 17.7.2008 – I ZR 168/05, NJW 2009, 1882 (1885) kann hierfür ein Anhaltspunkt das Doppelte des angemessenen Betrags sein). Selbst wenn der Mindestbetrag der Vertragsstrafe im Vertrag gering gewählt (hierzu → Anm. 13) und die hohe Zahl der verwirkten einzelnen Vertragsstrafen zugunsten des Auftragnehmers bei der Festsetzung der billigen Vertragsstrafe berücksichtigt wird, sind allerdings auch hier existenzgefährdende Summierungen bei mehrfachen Verstößen möglich. Dies gilt verstärkt vor dem Hintergrund, dass eine Senkung der Vertragsstrafe durch das Gericht nur dann möglich ist, wenn der Auftraggeber den ihm zustehenden Ermessensspielraum überschritten hat (BGH 19.5.2005 – I ZR 299/02, GRUR 2005, 757 (760); MüKoBGB/Würdinger § 315 Rn. 31) und dass bei der Festsetzung der billigen Höhe der Vertragsstrafe außer der Sanktions- und Verhütungsfunktion auch ihre Funktion als pauschalierter Schadensersatz bedeutsam ist (BGH 30.9.1993 – I ZR 54/91, NJW 1994, 45 (47); BGH 17.7.2008 – I ZR 168/05, NJW 2009, 1882 (1885); OLG München 7.11.2013 – 29 U 2019/13, CR 2014, 703). Hier könnte § 343 BGB möglicherweise über eine Gesamtbetrachtung der Angemessenheit der verwirkten Vertragsstrafe zu einer Reduktion führen.

**16. Freistellungsanspruch.** Nach der Rechtsprechung des BGH sind verschuldensunabhängige Freistellungsklauseln in AGB unwirksam (BGH 17.11.2020 – XI ZR 294/19, NJW 2021, 1458 Rn. 28).

**17. Gerichtsstandsvereinbarung.** Die Grenzen des § 38 ZPO sind zu beachten, insbesondere ist eine Gerichtsstandsvereinbarung im Regelfall nur zwischen Kaufleuten möglich. Bei einem ausländischen Auftragnehmer empfiehlt sich eine Option für den Auftraggeber, im Heimatland des Auftragnehmers klagen zu können, um Schwierigkeiten bei der internationalen Vollstreckung zu vermeiden. Da § 15 Abs. 2 GeschGehG eine ausschließliche örtliche Zuständigkeit (zur Systemwidrigkeit dieser Regelung siehe BeckOK GeschGehG/Gregor § 15 Rn. 11) für Verfahren über Ansprüche nach dem GeschGehG bestimmt, wird in der Gerichtsstandsvereinbarung ausdrücklich festgelegt, dass § 15 GeschGehG unberührt bleibt.

**18. Salvatorische Klausel.** Die Klausel sieht kein automatisches Eingreifen einer Ersatzklausel vor, weil eine solche Regelung unwirksam wäre (BAG 16.6.2005 – 6 AZR 451/04, NZA 2005, 1111; ErfK/Preis BGB §§ 305–310 Rn. 95), sondern beschränkt sich auf eine Pflicht der Parteien, über eine Lösung des Problems zu verhandeln. Auch diese Klausel ist nicht frei von Bedenken, sollte aber wirksam sein (im Detail → Form. D. III. 1. Anm. 39).

**19. Feste Verbindung in einer Urkunde.** Aus Beweisgründen sollten alle Blätter der Vereinbarung mit beiden Anlagen – also auch dem vollständigen Text der geltenden Richtlinien – fest zu einer Urkunde verbunden werden. Wird etwa eine Richtlinie zur E-Mail- und Internetnutzung (→ Form. D. III. 1.) einbezogen, die eine Einwilligungserklärung erfordert, sollte besonders darauf achtgegeben werden, ob der Auftragnehmer auch die Einwilligungserklärung unterschrieben hat.

**20. Abwandlung zur Verpflichtung über das Vertragsende hinaus.** Im Hinblick auf eine sich möglicherweise erst während der Vertragsdurchführung ergebende wirtschaftliche Abhängigkeit des freien Mitarbeiters und die auch im Übrigen nicht eindeutige Rechtslage kann die in der Abwandlung vorgeschlagene Formulierung vorzugswürdig sein.

Abs. 1 sieht zunächst vor, bestimmte besonders wichtige Geschäftsgeheimnisse ganz konkret zu definieren, um eine Rückfallebene zu haben, was der freie Mitarbeiter auf jeden Fall dauerhaft geheim halten muss. Denkbar wäre auch, die Klausel auf „alle Geschäftsgeheimnisse" ohne konkrete Aufzählung zu erweitern. Eine solche Klausel sollte noch wirksam sein (vgl. BGH 10.12.2008 – KZR 54/08, NJW 2009, 1751 (1753)); sicherheitshalber könnte aber der Freistellungsanspruch aus Abs. 6 dieser Abwandlung auch auf Abs. 1 der Abwandlung bezogen werden. Zumindest in AGB sollte angesichts des Risikos einer Unwirksamkeit wegen Unklarheit (§ 307 Abs. 1 S. 2 BGB) bei einer Erstreckung auf „alle Geschäftsgeheimnisse" aber der Begriff der Geschäftsgeheimnisse definiert werden, etwa durch Anfügung der gesetzlichen Definition oder zumindest eines Verweises auf diese (vgl. BVerfG 14.3.2006 – 1 BvR 2087/03 und 1 BvR 2111/03, MMR 2006, 375 (376)).

Abs. 2 sieht eine fortbestehende Vertraulichkeitspflicht für fachfremde Geheimnisse vor, weil der freie Mitarbeiter dadurch nicht in seinem beruflichen Fortkommen (Grundrecht Berufsfreiheit, Art. 12 GG) beeinträchtigt werden kann (vgl. Wertheimer BB 1999, 1600 (1602)).

Abs. 3 verbietet dem freien Mitarbeiter dauerhaft den Verkauf, die Auslizenzierung bzw. eine vergleichbare Verwertung der vertraulichen Informationen (vgl. Wertheimer BB 1999, 1600 (1602)). Durch dieses Verbot wird die berufliche Entfaltung des Auftragnehmers nicht betroffen, sondern nur eine illoyale rein monetäre Verwertung fremder Geheimnisse verhindert.

Abs. 4 dehnt das Verbot des Abs. 3 auf sämtliche Arten der Zugänglichmachung an Dritte aus. Hier können sich allerdings Probleme ergeben, wenn eine Nutzung eines in das berufliche Fachgebiet des freien Mitarbeiters fallenden Geheimnisses zwangsweise zu einer Zugänglichmachung an Dritte führt. Der BGH dürfte solche Klauseln wohl nur anerkennen, wenn sie sich auf Geschäftsgeheimnisse beschränken (vgl. BGH 10.12.2008 – KZR 54/08, NJW 2009, 1751 (1753)). Um die Klausel möglicherweise wirksam zu machen, wäre eine Einschränkung auf „vertrauliche Informationen, die der Auftragnehmer vom Auftraggeber oder Kunden oder Kooperationspartnern des Auftraggebers erhalten hat" denkbar, dh es wären vom Auftragnehmer selbst entwickelte vertrauliche Informationen ausgeschlossen. Eine solche Klausel sollte man als „notwendig [anerkennen], um einen Vertragspartner vor einer illoyalen Verwertung der Erfolge seiner Arbeit durch den anderen Vertragspartner zu schützen" (BGH 10.12.2008 – KZR 54/08, NJW 2009, 1751 (1753)).

Als Abs. 5 folgt dann der leicht modifizierte Abs. 1 der Grundfassung.

Es folgen sodann als Abs. 6 der in seinem Verweis angepasste Abs. 2 der Grundfassung. Abs. 7 kombiniert die Abs. 3 und 4 der Grundfassung.

Aus Gründen der Risikominimierung wird jeder Aspekt in einem eigenen Absatz geregelt, um zu erreichen, dass im Fall, dass eine der Klauseln als unwirksam angesehen wird, noch die anderen bestehen bleiben. Zwar könnten die nachvertraglichen Vertraulichkeitspflichten als Gesamtregelung bewertet werden, insbesondere im Rahmen des § 138 BGB; doch sollten die vorgesehenen detaillierten Einzelregelungen in Kombination mit der salvatorischen Klausel in § 9 Abs. 2, die bei Unwirksamkeit einzelner Klauseln die Fortgeltung der übrigen anordnet, einer solchen Gesamtbewertung entgegenstehen (vgl. Gehle DB 2010, 1981 (1983)). Anderenfalls wäre zu beachten, dass die Rechtsprechung des BGH eine geltungserhaltende Reduktion eines seinem Wortlaut nach gegen § 138 BGB verstoßenden Wettbewerbsverbots nur insoweit für zulässig hält, als ausschließlich dessen zeitliche Höchstgrenzen überschritten werden und das Wettbewerbsverbot im Übrigen für im Ganzen nichtig hält, sobald auch nur ein Teilaspekt außer der zeitlichen Höchstgrenze unzulässig ist (BGH 10.12.2008 – KZR 54/08, NJW 2009, 1751 (1753)). Insoweit besteht ein wesentlicher Unterschied zur Anwendung des (eine lex specialis zu § 138 BGB darstellenden) § 74a Abs. 1 HGB durch das BAG, das die im Gesetz vorgesehene geltungserhaltende Reduktion sowohl in zeitlicher als auch in sachlicher und örtlicher Hinsicht anwendet (so etwa BAG 21.4.2010 – 10 AZR 288/09, NJW 2010, 2378 (2379 f.)).

**21. Abwandlung zur Vertragsstrafenregelung und Freistellungsverpflichtungen.** Die Abwandlung des § 8 entspricht der Grundfassung, ausschließlich mit dem Unterschied, dass nicht nur auf §§ 4 und 5, sondern auch auf § 7 verwiesen und ein Dauerverstoß aus § 7 definiert wird, da dieser in der Abwandlung nicht nur auf §§ 4 und 5 verweist, sondern einen eigenen Regelungsgehalt aufweist.

## 7. Merkblatt zur Wahrung der Vertraulichkeit in der sozialen Arbeit

Wer in der sozialen Arbeit tätig ist, benötigt typischerweise ein **absolutes Vertrauensverhältnis** zu seinen Klienten. Diese müssen sich, wenn sie hilfreiche Unterstützung und Beratung erhalten wollen, bis in die Intimsphäre öffnen. Der Gesetzgeber hat daher in **§ 203 Abs. 1 Nr. 4, 5 und 6 StGB** auch Ehe-, Familien-, Erziehungs-, Jugend- und Suchtberater in anerkannten Beratungsstellen, Schwangerschaftskonfliktberater und anerkannte Sozialarbeiter und Sozialpädagogen einer **strikten Schweigepflicht** unterworfen, ähnlich etwa Ärzten (§ 203 Abs. 1 Nr. 1 StGB) und Rechtsanwälten (§ 203 Abs. 1 Nr. 3 StGB). Da soziale Arbeit oftmals durch kleine Vereine geleistet wird, die nicht über die gebotenen Strukturen verfügen, besteht dennoch ein besonderes Risiko, dass Daten- und Geheimnisschutz grob missachtet werden und etwa Klientenakten einfach ungeschreddert in den Altpapiercontainer entsorgt werden (vgl. den Fall https://taz.de/!5114728/).

Über die allgemeine Verpflichtung auf das Datengeheimnis hinaus empfiehlt es sich daher, Beratern in der sozialen Arbeit die **Wichtigkeit der Vertraulichkeit deutlich zu machen** und sie für bestimmte immer wieder auftretende Problemfälle zu sensibilisieren. Das vorliegende Merkblatt zur Wahrung der Vertraulichkeit in der sozialen Arbeit **ergänzt die allgemeine datenschutzrechtliche Vertraulichkeitsverpflichtung** nebst Merkblatt (→ Form. C. VII. 1.) und ggf. die Richtlinien zur Nutzung von Internet und E-Mail (→ Form. D. III. 1.) und Homeoffice/Mobile Office/Telearbeit (→ Form. D. III. 2.). Der Übersichtlichkeit halber kann dieses Muster am Ende des Merkblatts zum Datengeheimnis eingefügt werden, sodass die Mitarbeiter ein einheitliches Merkblatt erhalten. Optimalerweise sollte auch hier eine mündliche Belehrung erfolgen; auch sollte den Mitarbeitern von Zeit zu Zeit die aktuelle Fassung des Merkblatts übergeben und ihnen die Lektüre empfohlen werden.

Das Merkblatt richtet sich an freie Träger und adressiert insbesondere Berufsgeheimnisträger iSv § 203 StGB und berücksichtigt daher nicht § 35 Abs. 3 SGB I. Denn § 35 Abs. 3 SGB I betrifft nur die Leistungsträger (und deren Beschäftigte), nicht aber die leistungserbringenden freien Träger und deren Beschäftigte. Auch indirekt kommt § 35 Abs. 3 SGB I nicht zur Anwendung auf freie Träger: § 78 Abs. 1 S. 3 SGB X regelt nur die Geheimhaltungspflichten der Empfänger von Sozialdaten, aber keine Zeugnisverweigerungsrechte. Soweit im konkreten Fall einschlägig, wäre es allerdings sinnvoll, das Merkblatt um den Hinweis nach § 78 Abs. 2 SGB X zu ergänzen (passend wäre der Abschnitt „Spezielle Vertraulichkeitspflichten"). § 61 Abs. 3 SGB VIII schreibt vor, dass bei Inanspruchnahme von Einrichtungen und Diensten der Träger der freien Jugendhilfe der Träger der öffentlichen Jugendhilfe sicherstellen muss, dass der Schutz der personenbezogenen Daten bei der Verarbeitung entsprechend dem Schutz bei öffentlichen Trägern gewährleistet ist, etwa durch vertragliche Vereinbarung. Allerdings kann eine solche Vereinbarung nicht Zeugnispflichten beschränken, sodass im Ergebnis der Schutz bei freien Trägern hinter dem Schutz bei öffentlichen Trägern zurückbleibt. Fachkräfte des Jugendamtes haben auch im Strafprozess nach § 35 Abs. 3 SGB I keine Zeugnispflicht für iSv § 65 Abs. 1 SGB VIII anvertraute Daten, Fachkräfte freier Träger dagegen – vorbehaltlich anderer Zeugnisverweigerungsrechte – schon (jurisPK-SGB VIII/Kirchhoff § 61 Rn. 81).

### Merkblatt zur Wahrung der Vertraulichkeit in der sozialen Arbeit

Sie wissen selbst, dass Vertrauen die Basis unserer gemeinsamen Arbeit ist. Wer unsere Hilfe und Beratung in Anspruch nimmt, muss teilweise intimste Informationen bekanntgeben, damit wir ihm helfen können. Er muss sich deshalb sicher sein können, dass wir sein Vertrauen nicht enttäuschen und dass die Dinge, die er uns anvertraut, absolut vertraulich bleiben. Mit diesem Merkblatt möchten wir Ihnen einige besonders wichtige Aspekte zur Wahrung der Vertraulichkeit in der sozialen Arbeit ins Gedächtnis rufen. Sollten Sie hierzu Fragen haben, wenden Sie sich bitte an [Ansprechpartner, Telefonnummer].

#### Datenschutzrechtliche Vertraulichkeitsverpflichtung[1]

Die Informationen, die Sie von oder über unsere Klienten erhalten, stellen in aller Regel personenbezogene Daten im Sinne des Datenschutzrechts dar. Sie müssen daher alle Vorschriften über den Schutz personenbezogener Daten einhalten. Bitte beachten Sie hierzu insbesondere auch das Merkblatt zur Vertraulichkeitsverpflichtung, dessen Inhalt wir hier nicht wiederholen, der aber ergänzend in vollem Umfang gilt.

#### Spezielle Vertraulichkeitspflichten

Ihre Vertraulichkeitspflichten gehen allerdings noch weit über die datenschutzrechtliche Vertraulichkeitsverpflichtung hinaus. Insbesondere machen Sie sich als [Ehe-, Familien-, Erziehungs-, Jugend-, Sucht-, Schwangerschaftskonfliktberater, Sozialarbeiter, Sozialpädagoge][2] nach § 203 Abs. 1 Nr. [4, 5, 6] StGB sogar strafbar, wenn Sie Geheimnisse an Dritte gelangen lassen, die Ihnen Ihre Klienten anvertraut haben. Bitte beachten Sie, dass ein Geheimnis nicht nur ist, was der Klient Ihnen berichtet – sondern bereits der Umstand, dass jemand überhaupt entsprechende Beratung sucht oder in Beratung ist. Ob jemand bei uns bzw. Ihnen in Beratung ist, muss daher geheim bleiben. Sobald Sie als Berater einen Namen oder eine Adresse eines Klienten weitergeben, offenbaren Sie das Geheimnis, dass der Klient bei Ihnen in Beratung war oder ist.

Sie müssen deshalb verhindern, dass andere irgendetwas über die Beratung erfahren, das irgendwie auf eine bestimmte Person zurückgeführt werden kann. Dies bedeutet insbesondere, dass Sie Klientenakten keinesfalls an Dritte weitergeben oder herumliegen lassen oder gar offen in der Bahn lesen dürfen. Bitte beachten Sie, dass Sie Klientenakten überhaupt nur dann aus dem Büro mitnehmen dürfen, wenn es unvermeidbar ist, etwa für einen Vor-Ort-Besuch.

Auch im Büro legen bzw. stellen Sie Akten bitte so ab, dass Besucher nichts lesen können. Verlassen Sie Ihren Arbeitsplatz (und sei es nur kurz, etwa zur Toilette), muss sichergestellt sein, dass kein Dritter auf Klientendaten zugreifen kann. Sie müssen also Ihren Computer sperren, sodass bei Rückkehr zumindest die Eingabe des Passwortes erforderlich ist, [die Chipkarte mitnehmen] und – wenn nicht Kollegen Ihren Arbeitsplatz „bewachen" – Fenster schließen und Türen abschließen. Bei längerer Abwesenheit müssen Sie alle Akten einschließen. Bitte beachten Sie, dass Sie sich auch durch Unterlassen strafbar machen können, etwa wenn Sie nicht einschreiten, wenn ein nicht am Fall beteiligter Kollege die auf Ihrem Tisch liegende Akte eines Ihrer Klienten liest.

Ihre Vertraulichkeitspflichten gelten auch gegenüber Kollegen. Sie dürfen Informationen zu Klienten nur dann an Kollegen weitergeben, wenn diese die konkrete Information unbedingt kennen müssen – etwa im Rahmen einer Urlaubsvertretung oder wenn Sie einen Fall gemeinsam bearbeiten. Pausengespräche über identifizierbare Klienten sind tabu: Wenn Sie sich bei einem Kollegen einen Rat zu einem Fall einholen möchten, müssen Sie den Fall anonym darstellen.

Die Vertraulichkeit müssen Sie auch gegenüber Freunden und Verwandten des Klienten wahren: Es ist der Klient, der entscheidet, ob etwa die Familie die Dinge erfahren darf, die er Ihnen anvertraut hat. Eine Ausnahme gilt nur dann, wenn dem Klienten die natürliche Einsichts- und Urteilsfähigkeit fehlt, dh er überhaupt nicht versteht, welche Bedeutung und Auswirkungen eine Einwilligung zur Informationsweitergabe hat – dann entscheiden die Personensorgeberechtigten.[3] Dies bedeutet, dass Sie typischerweise zwar über ein sechsjähriges Kind den Eltern berichten dürfen, nicht aber über sechzehnjährige Jugendliche.

### Ausnahmen bei Kindeswohlgefährdung

Ihre Verschwiegenheitspflicht wird eingeschränkt, wenn Ihnen in Ihrer Tätigkeit als [Ehe-, Familien-, Erziehungs-, Jugend-, Sucht- oder Schwangerschaftskonfliktberater, Sozialarbeiter, Sozialpädagoge] gewichtige Anhaltspunkte dafür bekannt werden, dass das Wohl eines Kindes oder Jugendlichen gefährdet ist – etwa durch Vernachlässigung, sexuellen Missbrauch oder sonstige Gewalt. § 4 des Gesetzes zur Kooperation und Information im Kinderschutz (KKG) erlaubt Ihnen hier ein gestuftes Vorgehen: Wenn möglich und sinnvoll, sollen Sie das Problem mit dem Kind bzw. den Eltern besprechen. Sie haben dabei einen Rechtsanspruch auf Beratung durch das Jugendamt, dürfen dafür aber nur pseudonymisierte Daten weitergeben – also keine Klarnamen. Wenn der kooperative Ansatz nicht ausreicht oder aussichtslos ist und Sie ein Einschreiten des Jugendamtes für erforderlich halten, dürfen Sie das Jugendamt informieren und die erforderlichen Daten an das Jugendamt weitergeben (aber keinesfalls ungeprüft Ihre komplette Akte). Vorher müssen Sie Kind und Eltern auf Ihre Absicht hinweisen, das Jugendamt einzuschalten, und dass dieses Ihnen eine Rückmeldung geben kann, ob es Ihre Einschätzung bestätigt sieht und ob es tätig geworden ist und noch tätig ist, es sei denn, dass damit der wirksame Schutz des Kindes oder Jugendlichen in Frage gestellt wird.

Ungeachtet dieser rechtlichen Möglichkeiten der Einschaltung des Jugendamtes stehen natürlich auch wir Ihnen jederzeit mit Rat und Unterstützung zur Seite. Sie können sich jederzeit an unseren Ansprechpartner für Fälle von Kindeswohlgefährdung [Name, Telefon] wenden, was wir Ihnen dringend ans Herz legen, wenn bei Ihnen ein solcher Fall auftritt. [Er/Sie] steht Ihnen sowohl für eine Unterstützung ohne Nennung der Namen der Betroffenen als auch für eine fachkundige Mitbearbeitung des Falls zur Verfügung.[4]

Zeugnisverweigerungsrecht [– Variante für Schwangerschaftskonflikt- und Betäubungsmittelberater in anerkannten Beratungsstellen][5]

Als [Schwangerschaftskonfliktberater, Berater für Fragen der Betäubungsmittelabhängigkeit] in einer anerkannten Beratungsstelle haben Sie entsprechend Ihrer strafrechtlichen Verschwiegenheitsverpflichtung ein Zeugnisverweigerungsrecht über alles, was Ihnen in dieser Eigenschaft anvertraut worden oder bekanntgeworden ist (§ 53 Abs. 1 Nr. [3a, 3b] StPO, § 383 Abs. 1 Nr. 6 ZPO). Als Berufsgeheimnisträger werden Sie auf dieses Recht nicht gesondert hingewiesen – Sie müssen es selbst kennen und beachten, weil Sie sich ansonsten strafbar machen, wenn Sie Fragen des Gerichts oder der Polizei beantworten.

Zeugnisverweigerungsrecht [– Variante für andere Tätigkeiten]

Sie sind zwar nach § 203 StGB grundsätzlich zur Verschwiegenheit verpflichtet – doch es gibt Ausnahmen. Als Zeuge im Zivil- oder Verwaltungsprozess haben Sie ein Zeugnisverweigerungsrecht über alles, für das Ihre Verschwiegenheitspflicht gilt (§ 383 Abs. 1 Nr. 6 ZPO). Anders im Strafprozess: Nach § 53 StPO haben nur Betäubungsmittel- und Schwangerschaftsberater ein automatisches Zeugnisverweigerungsrecht. Für alle nicht dort genannten Berufsgruppen – also auch Sie – gibt es nur ausnahmsweise ein Zeugnisverweigerungsrecht. In diesem Fall geht Ihre Pflicht zur (wahrheitsgemäßen) Aussage Ihrer Verschwiegenheitspflicht vor.

Aber Achtung: In besonderen Einzelfällen können Sie aus verfassungsrechtlichen Gründen trotzdem ein Aussageverweigerungsrecht haben, etwa wenn es um intime Informationen Ihres Klienten geht, aber nur leichte Kriminalität in Rede steht. Dann dürfen Sie keine Aussage machen. Sollten Sie je in eine solche Situation kommen, halten Sie bitte rechtzeitig mit uns oder einem Rechtsanwalt Ihres Vertrauens Rücksprache. Im Notfall teilen Sie dem Gericht ausdrücklich mit, dass Sie Berufsgeheimnisträger sind und Zweifel haben, ob Sie die konkrete Frage überhaupt beantworten dürfen. Fragen Sie ausdrücklich, ob Sie verpflichtet sind, die Frage zu beantworten. Die Antwort mag zwar nicht immer richtig sein, aber sie kann Sie vor Strafverfolgung schützen. Bitten – einen Anspruch haben Sie nicht – Sie das Gericht, ins Protokoll aufzunehmen, dass das Gericht Ihnen ausdrücklich mitgeteilt hat, dass Sie die Frage beantworten müssen. Beantragen Sie in kritischen Fällen ausdrücklich die Beiordnung eines Zeugenbeistands nach § 68b Abs. 2 StPO, möglichst rechtzeitig vor der Vernehmung.

In jedem Fall gilt: Vor der Polizei sind Sie nicht zum Erscheinen bzw. zur Aussage verpflichtet, sondern nur vor Staatsanwaltschaft und Gericht (§§ 48 Abs. 1, 161a Abs. 1 StPO). Ausnahme: Wenn der Ladung ein Auftrag der Staatsanwaltschaft zugrunde liegt, müssen Sie auch bei der Polizei erscheinen und aussagen (§ 163 Abs. 3 S. 1 StPO). Als Berufsgeheimnisträger werden Sie auf Ihr Recht zur Zeugnisverweigerung nicht hingewiesen – Sie müssen es selbst kennen und beachten, weil Sie sich ansonsten strafbar machen, wenn Sie Fragen des Gerichts oder der Polizei beantworten.

Auskunftsrechte des Klienten

Bitte beachten Sie, dass der Klient nach Art. 15 DS-GVO Auskunft über den Inhalt seiner Akte verlangen kann. Unter Umständen kann es erforderlich sein, dem Klienten den Akteninhalt mündlich zu erläutern – etwa wenn dort Feststellungen und Wertungen enthalten sind, die „schwer zu verdauen" sind.[6] Verlangt der Klient aber eine Kopie, muss er auch diese erhalten. Berücksichtigen Sie dies bitte bereits, wenn Sie Eintragungen vornehmen und bleiben Sie immer sachlich und korrekt.

Sicherheit der Kommunikation

Personenbezogene Daten dürfen nicht per normaler (unverschlüsselter) E-Mail versendet werden, siehe die „besonderen Hinweise für Nutzer von Internet und E-Mail" im „Merkblatt zur Vertraulichkeitsverpflichtung". Auch die Nutzung von Messenger-Apps wie WhatsApp, Signal, Threema, Telegram oder Wire ist nur ausnahmsweise zulässig, wenn Sie hierfür eine schriftliche Erlaubnis von uns haben und nur für die Art von Nutzungen, die wir Ihnen ausdrücklich schriftlich erlaubt haben. Einige dieser Messenger weisen zwar einen guten Schutz gegen Abhören auf. Wenn wir einen Messenger nutzen, müssen wir die Sicherheit und alle weiteren Konsequenzen der Nutzung allerdings vor der ersten Nutzung und laufend prüfen.

Es kann nun vorkommen, dass Klienten oder auch Dritte per E-Mail oder Messenger mit Ihnen kommunizieren wollen. Um dies zu verhindern, geben Sie bitte Ihre E-Mail-Adresse oder Mobilfunknummer, die bei einem Messenger-Dienst registriert ist, möglichst nicht von sich aus heraus, sondern verweisen Sie auf sicherere Kommunikationswege wie Post oder Telefon. Weisen Sie darauf hin, dass unverschlüsselte E-Mails oder Nachrichten über viele Messenger von Unbefugten mitgelesen werden können und dass dies Ihrem Klienten schwere Nachteile verursachen kann. Bereits das Bekanntwerden des Umstandes, dass ein Klient mit uns kommuniziert, kann ihm Nachteile bereiten, sodass selbst verschlüsselte E-Mails und Ende-zu-Ende-verschlüsselnde Messenger problematisch sind, da doch immer bekannt ist, wer wann mit wem kommuniziert.

Will Ihr Klient – bzw., falls dieser nicht einwilligungsfähig ist, dessen Personensorgeberechtigte – unbedingt per E-Mail oder Messenger mit Ihnen kommunizieren, lassen Sie sich die in der Anlage beigefügte Einwilligungserklärung unterschreiben.[7] Bei Jugendlichen zwischen 14 und 17 Jahren sollten sicherheitshalber sowohl der Jugendliche als auch die Eltern unterschreiben.

Sollten Sie von Behörden oder anderen Einrichtungen unverschlüsselte vertrauliche E-Mails oder Nachrichten über nicht ausdrücklich zugelassene Messenger erhalten, beschweren Sie sich beim Absender und im Wiederholungsfall beim Datenschutzbeauftragten der Behörde bzw. Einrichtung oder informieren Sie unseren Datenschutzbeauftragten [Name, Telefon, E-Mail] – bitte ohne Nennung von Namen oder gar Informationen zum Klienten. Leiten Sie insbesondere die erhaltene E-Mail oder Nachricht nicht weiter.

Sollten Sie von Dritten unverschlüsselte vertrauliche E-Mails oder Messenger-Nachrichten erhalten, bitten Sie um Kontaktaufnahme auf einem sicheren Weg. Antworten Sie per Post, nicht per E-Mail/Messenger.

Sichere Aktenentsorgung

Bitte denken Sie unbedingt daran: Alle Informationen, die Sie zu Klienten aufschreiben, müssen sicher vernichtet werden, wenn sie nicht in die Akte gehören. Unter keinen Umständen dürfen Sie Notizen, Briefe oÄ zu Klienten ungeschreddert in den Müll oder ins Recycling geben – das wäre ein grober Vertrauensbruch, und Sie könnten dafür bestraft werden. Benutzen Sie bitte immer den Aktenvernichter im Büro. Akten, deren Aufbewahrungsfrist abgelaufen ist, werden von uns ebenfalls sicher vernichtet.[8]

Wortlaut der Gesetze

[Es ist – soweit für die jeweiligen Mitarbeiter von Relevanz – der Wortlaut der § 203 StGB, § 161a Abs. 1, 53, 48 Abs. 1 StPO, § 383 Abs. 1 Nr. 6 ZPO, § 4 KKG einzufügen.][9]

Anlage: Einwilligung in die unverschlüsselte Kommunikation[7]

Kommunikation per unverschlüsselter E-Mail oder per nicht Ende-zu-Ende-verschlüsselter Messenger-Nachricht kann von Unbefugten mitgelesen, kopiert und manipuliert werden. [Beratungsstelle] verzichtet daher grundsätzlich auf unverschlüsselte E-Mails und Messenger, wenn es um vertrauliche Inhalte wie etwa Beratung – einschließlich der Vereinbarung von Terminen – geht. Denn Informationen darüber, dass ich bei [Beratungsstelle] Beratung und Hilfe suche, können unter Umständen später gegen mich verwendet werden. Dies gilt sogar dann, wenn die konkreten Inhalte verschlüsselt sind – bereits der Umstand, dass ich mit [Beratungsstelle] kommuniziere, könnte gegen mich verwendet werden.

Ungeachtet dieses Risikos möchte ich per unverschlüsselter E-Mail und/oder Messenger mit [Beratungsstelle] kommunizieren. Ich willige daher ein, dass [Beratungsstelle]

☐ mir unverschlüsselte E-Mails sendet,

☐ mit mir über den Messenger [Name] kommuniziert,

auch wenn darin personenbezogene Daten – einschließlich besonders vertraulicher Daten über mein(e) [ethnische Herkunft, politische Meinungen, religiöse oder philosophische Überzeugungen, Gewerkschaftszugehörigkeit, Gesundheit, Sexualleben] – und Informationen, die der gesetzlichen Verschwiegenheitspflicht der [Ehe-, Familien-, Erziehungs-, Jugend-, Sucht-, Schwangerschaftskonfliktberater, Sozialarbeiter, Sozialpädagogen] nach § 203 StGB unterfallen, enthalten sind. Die beteiligten Dienstleister erfahren zudem zwangsläufig, dass ich mit [Beratungsstelle] in Kontakt stehe. Ich kann diese Einwilligung jederzeit mit Wirkung für die Zukunft widerrufen.

[Datum, Unterschrift]

## Anmerkungen

**1. Einheitliches Merkblatt.** Werden Merkblatt zur Vertraulichkeitsverpflichtung und Merkblatt zur Wahrung der Vertraulichkeit in der sozialen Arbeit in einem

Dokument kombiniert, sollte der einleitende Verweis auf die allgemeine Vertraulichkeitsverpflichtung gestrichen werden.

**2. Berufsgruppen.** Das gesamte Formular sollte einerseits in seinem Wortlaut und den zitierten Vorschriften an die jeweilige Berufsgruppe angepasst werden. Andererseits empfehlen sich auch inhaltliche Ergänzungen, soweit möglich.

**3. Einwilligungsfähigkeit.** Vgl. hierzu Schönke/Schröder/Lenckner/Sternberg-Lieben StGB Vor §§ 32 ff. Rn. 39 ff., zur datenschutzrechtlichen Einwilligung Minderjähriger → Form. I. I. Anm. 6.

**4. Mitbearbeitung bei Kindeswohlgefährdung.** Es sei daran zu erinnern, dass die Verschwiegenheitsverpflichtung – ebenso wie die datenschutzrechtliche Verschwiegenheitspflicht, → Form. C. VII. 1. – auch gegenüber Kollegen gilt, soweit diese nicht für ihre Tätigkeit Kenntnis von den Informationen benötigen (vgl. Schönke/Schröder/Eisele StGB § 203 Rn. 22; Lackner/Kühl/Heger StGB § 203 Rn. 17; zur aF, die insoweit nach BR-Drs. 163/17, 2 durch die aktuelle Gesetzesfassung nur kodifiziert werden sollte, BGH 10.8.1995 – IX ZR 220/94, NJW 1995, 2915 (2916)). Auch der Tatbestandsausschluss nach § 203 Abs. 3 S. 1 StGB erschafft keine Möglichkeit zur freien Weitergabe von Geheimnissen an Mitarbeiter, sodass auch ein Anwaltsgehilfe Geheimnisse unbefugt iSv § 203 StGB erlangen kann (zur aF, die insoweit nach BR-Drs. 163/17, 2 durch die aktuelle Gesetzesfassung nur kodifiziert werden sollte, BGH 6.3.1997 – IX ZR 92/96, BeckRS 1997, 129810). Vielmehr kommt es auf die Erforderlichkeit der Informationsweitergabe für die ordnungsgemäße Bearbeitung des Falls an (vgl. zur aF, die insoweit nach BR-Drs. 163/17, 2 durch die aktuelle Gesetzesfassung nur kodifiziert werden sollte, BGH 11.11.2004 – IX ZR 240/03, NJW 2005, 507 (508); zur Offenbarung an berufsmäßig tätige Gehilfen und zur Vorbereitung auf den Beruf tätige Personen Schönke/Schröder/Eisele StGB § 203 Rn. 28; iÜ vgl. Wortlaut § 203 Abs. 3 S. 2 StGB). Im Ergebnis gleichlaufend sind die Fälle, in denen die betroffene Person ihre Geheimnisse aus ihrer Sicht nicht bestimmten Personen, sondern einer Einrichtung anvertraut, sodass das Geheimnis an die bei dieser Einrichtung mit der Sachbearbeitung befassten Personen weitergegeben werden darf (vgl. Schönke/Schröder/Eisele StGB § 203 Rn. 22 und Rn. 74). Dass oftmals ein Beratungsvertrag mit einer juristischen Person geschlossen wird, macht deshalb keinen Unterschied. Die konkrete Ausgestaltung des Beratungsvertrags kann allerdings im Einzelfall auch dazu führen, dass alle Mitarbeiter zur Einsichtnahme in die Akten befugt sein sollen (vgl. zur Einbeziehung später eintretender Sozietätsmitglieder einer Rechtsanwalts-GbR in den Anwaltsvertrag BGH 13.6.2001 – VIII ZR 176/00, NJW 2001, 2462 (2463)). Auch datenschutzrechtlich handelt es sich etwa beim Lesen von Akten oder den Gebrauch des Informationsgehalts personenbezogener Daten um eine rechtfertigungsbedürftige Verwendung personenbezogener Daten (Kühling/Buchner/Herbst DS-GVO Art. 4 Nr. 2 Rn. 18, 28). Angesichts der in der sozialen Arbeit meist besonders sensiblen Informationen wird eine zulässige Weitergabe regelmäßig auf die mitbearbeitenden Personen beschränkt sein. Für eine allgemeine Hilfestellung ist typischerweise keine Namensnennung erforderlich; anders im Fall einer Mitbearbeitung der Angelegenheit.

**5. Zeugnisverweigerungsrecht.** Zwar sind viele in der sozialen Arbeit Tätige zwischenzeitlich als Berufsgeheimnisträger in § 203 StGB aufgenommen. Ein wichtiger Unterschied zu anderen Berufsgruppen besteht allerdings hinsichtlich des strafprozessualen Zeugnisverweigerungsrechts (§ 53 StPO), das nur für Betäubungsmittel- und

Schwangerschaftsberater gesetzlich geregelt ist (sodass für diese ein anderer Merkblattinhalt erforderlich ist als für die anderen Tätigkeiten). § 35 Abs. 3 SGB I gilt nur im öffentlichen Bereich (→ Vorb.). Im Fall der Suchtberatung ist zu berücksichtigen, dass das strafprozessuale Zeugnisverweigerungsrecht aus § 53 Abs. 1 S. 1 Nr. 3b StPO nur für „Berater für Fragen der Betäubungsmittelabhängigkeit" gilt, dh für illegale Drogen nach dem BtMG (vgl. MüKoStPO/Kreicker StPO § 53 Rn. 34), während § 203 Abs. 1 Nr. 4 StGB umfassender auf alle „Berater für Suchtfragen" anwendbar ist.

Dass es kein ausdrücklich geregeltes Zeugnisverweigerungsrecht gibt, bedeutet allerdings nicht, dass die anderen in § 203 StGB genannten in der sozialen Arbeit Tätigen generell kein Zeugnisverweigerungsrecht hätten (und damit die strafprozessuale Aussagepflicht nach §§ 48 Abs. 1 bzw. 161a Abs. 1 StPO der Verschwiegenheitspflicht immer vorginge) – denn ein Zeugnisverweigerungsrecht kann sich auch unmittelbar aus dem Grundgesetz ergeben, was jedoch eine Frage des Einzelfalls ist (BVerfG 19.7.1972 – 2 BvL 7/71, BVerfGE 33, 367 (374)).

Der in der sozialen Arbeit tätige Zeuge ist damit in einer Zwickmühle: Verweigert er zu Unrecht die Aussage, ergehen gegen ihn Ordnungsmittel (§ 70, ggf. iVm § 161a Abs. 2 StPO); sagt er unberechtigt aus, macht er sich strafbar. Auch wenn das Gesetz zwischenzeitlich teilweise geändert ist, bleibt somit die Forderung von Hammer NZA 1986, 305 (310) im Grundsatz aktuell, jedem als Zeugen geladenen Berater nach § 68b Abs. 2 StPO einen Zeugenbeistand beizuordnen. Die Beratungsstelle als Arbeitgeber sollte hier idealerweise für eine – unbedingt fundiert rechtskundige, sonst scheidet ein unvermeidbarer Verbotsirrtum aus (MüKoStGB/Joecks/Kulhanek StGB § 17 Rn. 65 ff.) – Beratung sorgen.

**6. Auskunftsrechte.** Auch bei medizinischen – und erst recht bei anderen § 203 StGB unterfallenden – Daten hat die betroffene Person ein Recht auf Auskunft und Datenkopie nach Art. 15 DS-GVO, vgl. Erwgr. 63 DS-GVO. Art. 15 Abs. 3 S. 3 DS-GVO bestimmt, dass elektronisch gestellte Auskunftsersuchen nach Möglichkeit auf elektronischem Weg zu beantworten sind, wenn die betroffene Person nichts anderes angibt. Entsprechendes regelt Art. 12 Abs. 3 S. 4 DS-GVO allgemein für die Geltendmachung von Betroffenenrechten. Eine elektronische Auskunftserteilung über das Internet wird jedoch vor dem Hintergrund der Sicherheitsanforderungen (Art. 32 DS-GVO) und des in der sozialen Arbeit kaum denkbaren „Fernzugangs zu einem sicheren System" (Erwgr. 63 S. 4 DS-GVO) auf absehbare Zeit ausscheiden, wenn nicht ohnehin mit dem Klienten per Ende-zu-Ende-verschlüsselter E-Mail oder Ende-zu-Ende-verschlüsselndem Messenger kommuniziert wird. Auch wenn Art. 15 Abs. 3 S. 3 DS-GVO seinem Wortlaut nach bei elektronischer Antragstellung eine elektronische Übersendung der Datenkopie zwingend vorschreibt, wenn nicht die betroffene Person etwas anderes angibt, ist dieser Anspruch keineswegs unbedingt; vielmehr steht die Form der Auskunft unter dem Vorbehalt ausreichender Sicherheit gem. Art. 32 DS-GVO (vgl. EDSA, Guidelines 01/2022 on data subject rights – Right of access, Version 2.0, Rn. 40; Gola/Heckmann/Franck DS-GVO Art. 15 Rn. 42; Franck RDV 2016, 111 (117); tendenziell in diese Richtung auch DSK Kurzpapier Nr. 6 Auskunftsrecht der betroffenen Person, Art. 15 DS-GVO S. 2; Kühling/Buchner/Bäcker DS-GVO Art. 15 Rn. 44d; Simitis/Hornung/Spiecker gen. Döhmann/Dix DS-GVO Art. 15 Rn. 32; Taeger/Gabel/Mester DS-GVO Art. 15 Rn. 22; Ehmann/Selmayr/Ehmann DS-GVO Art. 15 Rn. 69). Kann die gebotene Sicherheit nicht erreicht werden, etwa weil als elektronischer Kommunikationskanal nur unverschlüsselte E-Mail zur Verfügung steht, muss und darf die Auskunft nicht elektronisch erteilt werden. Als elektronische Auskunft denkbar ist dann allenfalls die Übersendung eines Datenträgers per Post (so auch die Lösung des EDSA, Guidelines 01/2022 on data subject rights – Right of access, Version 2.0, Rn. 40), wobei angesichts der Brisanz der Informationen die Daten verschlüsselt (zB verschlüsselte ZIP-Datei, VeraCrypt-Container; vgl. auch Gola/Heckmann/Franck DS-GVO Art. 15 Rn. 42) und das (sichere, insbesondere lange) Passwort auf anderem Weg übermittelt und/oder der Brief zB als Einschreiben oder Paket mit Ausschluss der Ersatzzustellung verschickt werden sollten (dies gilt regelmäßig ebenfalls für Auskunftserteilungen per Post). Bereits dieser Aufwand spricht dafür, der betroffenen Person anzubieten, die Auskunft persönlich zu erteilen, etwa den Akteninhalt zu erläutern. Auch aus fachlicher Sicht dürfte eine persönliche Erläuterung oftmals empfehlenswert sein, weil die Akten in der sozialen Arbeit Feststellungen und Wertungen enthalten können, deren unbegleitete Kenntnisnahme die betroffene Person psychisch stark belasten kann. Nach Art. 12 Abs. 1 S. 3 DS-GVO erfüllt auch eine mündliche Auskunft nach entsprechendem Verlangen der betroffenen Person den Auskunftsanspruch, sodass bei vollständiger mündlicher Auskunft theoretisch kein weitergehender Anspruch auf eine verkörperte Auskunft besteht. Jedoch wird eine mündliche Auskunft oft nicht vollständig sein, außerdem kann die betroffene Person ohnehin eine Kopie der Daten nach Art. 15 Abs. 3 DS-GVO verlangen oder – in den Grenzen des Rechtsmissbrauchs, Gola/Heckmann/Franck DS-GVO Art. 15 Rn. 50 hält eine quartalsweise Anfrage für zulässig, jedenfalls bei sich ändernden Daten ist sicherlich auch eine höhere Frequenz zulässig; zu Kriterien vgl. EDSA, Guidelines 01/2022 on data subject rights – Right of access, Version 2.0, Rn. 182 ff. – eine neue Anfrage stellen. Deshalb sollte der betroffenen Person nach der mündlichen Erläuterung unmittelbar die gewünschte Kopie übergeben werden; dies wird oft genug nur ein Auszug sein.

**7. Einwilligung in die unverschlüsselte Kommunikation und per Messenger.** Grundsätzlich ist davon auszugehen, dass E-Mail- und Messenger-Kommunikation nur (Ende-zu-Ende-)verschlüsselt erfolgen darf, wenn personenbezogene Daten enthalten sind (offenbar aA Datenschutzbehörde Österreich 16.11.2018 – DSB-D213.692/0001-DSB/2018 Ziff. 3.2.2; aA bzgl. Ende-zu-Ende-Verschlüsselung bei normalem Schutzbedarf auch DSK Orientierungshilfe Maßnahmen zum Schutz personenbezogener Daten bei der Übermittlung per E-Mail, 16.6.2021, Ziff. 2, 4.2.1). Die Position der DSK, dass bei normalem Schutzbedarf bereits eine einfache (opportunistische) Transportverschlüsselung genüge (zu den technischen Anforderungen DSK Orientierungshilfe Maßnahmen zum Schutz personenbezogener Daten bei der Übermittlung per E-Mail, 16.6.2021, Ziff. 5.1, 5.2), dürfte darauf zurückzuführen sein, dass die Datenschutz-Aufsichtsbehörden regelmäßig auf die IT-Dienstleister der Bundesländer zurückgreifen, deren E-Mail-Implementierungen weit hinter dem Stand der Technik zurückbleiben, sodass die Aufsichtsbehörden selbst nicht den Anforderungen des Art. 32 DS-GVO gerecht werden. Die Erforderlichkeit von Ende-zu-Ende-Verschlüsselung gilt ganz besonders, wenn – wie vorliegend – hoch vertrauliche Informationen in Rede stehen, die einem Berufsgeheimnis unterliegen (hierfür auch DSK Orientierungshilfe Maßnahmen zum Schutz personenbezogener Daten bei der Übermittlung per E-Mail, 16.6.2021, Ziff. 4.2.3).

Bereits unter Geltung des BDSG aF war umstritten, ob datenschutzrechtlich eine Einwilligung in unverschlüsselte E-Mail-Kommunikation möglich ist (vgl. im Detail → 1. Aufl. 2015, Form. C. II.6. Anm. 7). Die Einwilligung nach Art. 4 Nr. 11, Art. 6 Abs. 1 lit. a, Art. 7 DS-GVO bezieht sich klar nur auf das „Ob“ der Datenverarbeitung, nicht auf das „Wie“ (Kühling/Buchner/Jandt DS-GVO Art. 32 Rn. 40; Franck CR 2016, 238 (239); iE auch Datenschutzbehörde Österreich 16.11.2018 – DSB-D213.692/0001-DSB/2018 Ziff. 3.2.2). Auch ein Abstellen auf die Angemessenheit des Schutzniveaus (zum BDSG vgl. Bergt NJW 2011, 3752 (3755); zust. Wybitul ZD 2013, 539 (540f.)) erscheint wegen des objektiven Ansatzes der Angemessenheitsprüfung nach Art. 32 DS-GVO nicht mehr möglich: Art. 32 Abs. 1 DS-GVO verlangt ein „dem Risiko angemessenes Schutzniveau“, nach Art. 32 Abs. 2 DS-GVO sind „insbesondere die Risiken zu berücksichtigen, die mit der Verarbeitung verbunden sind“. Das Risiko verändert sich aber nicht, wenn die betroffene Person einwilligt.

Dennoch zeigt die umfassende Nutzung von E-Mail und Messengern für die Übersendung personenbezogener Daten, dass es eine praktische Notwendigkeit hierfür gibt. Franck (CR 2016, 238 (240f.)) zeigt dogmatische Möglichkeiten auf, weiterhin mit Einwilligung der betroffenen Person per unverschlüsselter E-Mail zu kommunizieren. Da Verstöße gegen die Sicherheitsanforderungen des Art. 32 DS-GVO in Art. 83 Abs. 4 lit. a DS-GVO mit Geldbuße bis zu zehn Mio. EUR oder zwei Prozent des weltweiten Konzernvorjahresumsatzes bedroht sind, ist jedoch fraglich, ob das Risiko unverschlüsselten E-Mail- oder Messenger-Verkehrs mit Einwilligung eingegangen werden sollte. Zu berücksichtigen ist zudem, dass bei Unwirksamkeit der Einwilligung auch ein „Schmerzensgeld“ in Rede stehen könnte, dem nach zutreffender Ansicht nicht einmal ein Mitverschulden in Form der Einwilligung entgegengehalten werden kann (Kühling/Buchner/Bergt DS-GVO Art. 82 Rn. 59 und zur Höhe Rn. 18). Die Frage der Möglichkeit einer Einwilligung in unverschlüsselten E-Mail-Verkehr bzw. in die Messenger-Kommunikation erscheint allerdings prädestiniert für eine Regelung in Verhaltensregeln nach Art. 40, 41 DS-GVO, wodurch ein erhebliches Maß an Rechtssicherheit zu erzielen wäre (dazu Kühling/Buchner/Bergt/Pesch DS-GVO Art. 40 Rn. 40ff., 49ff.; zu Unsicherheiten aufgrund neuester Rspr. des EuGH → Form. C. IV.2. Vorb.).

In jedem Fall ist zu berücksichtigen, dass sich die datenschutzrechtliche Einwilligung nur auf Daten desjenigen beziehen kann, der die Einwilligung erklärt. Ggf. müssen zusätzliche – im Wortlaut auf die Situation angepasste – Einwilligungserklärungen der sonstigen betroffenen Personen, etwa der anderen Familienmitglieder, eingeholt werden.

Unabhängig von einer Einwilligung sollte der verwendete E-Mail-Server zumindest Transportverschlüsselung (STARTTLS) mit zeitgemäßen Verfahren (zB TLS 1.3, PFS, DANE) nutzen, und mindestens bei ausgehenden Verbindungen erzwingen (vgl. DSK Orientierungshilfe Maßnahmen zum Schutz personenbezogener Daten bei der Übermittlung per E-Mail, 16.6.2021, Ziff. 5.2; Bergt CR 2014, 726). Wird sichere Transportverschlüsselung erzwungen, insbesondere auch mit DNSSEC und DANE ein Man-in-the-Middle-Angriff verhindert, besteht eine Zugriffsmöglichkeit nur an den E-Mail-Servern des Absenders und des Empfängers. Wird der von der Beratungsstelle verwendete E-Mail-Server selbst betrieben, liegt damit nur eine Offenlegung an den E-Mail-Anbieter des Empfängers vor. Der zweite Absatz der Anlage „Einwilligung in die unverschlüsselte Kommunikation“ könnte deshalb auf eine Offenlegung an den E-Mail-Anbieter des Empfängers beschränkt werden, was auch unter Geltung der DS-GVO möglich ist; Grenzen ergeben sich allerdings durch die Bestimmtheit der Einwilligung (→ Form. I. II. Anm. 1), sodass der folgende Formulierungsvorschlag streng genommen geeignet spezifiziert werden muss und nur die genannten Daten in unverschlüsselten E-Mails versendet werden dürfen, was aber etwa für Terminabsprachen machbar sein sollte. Dass der Offenlegungsempfänger nicht namentlich benannt wird, ist unproblematisch, da es schließlich die einwilligende Person selbst ist, die ihren E-Mail-Anbieter ausgewählt hat und damit weiß, um wen es sich handelt.

Formulierungsvorschlag für eine solche Einwilligung zur Offenlegung an den Betreiber des E-Mail-Servers des Empfängers:

„Ungeachtet dieses Risikos möchte ich per unverschlüsselter E-Mail mit [Beratungsstelle] kommunizieren. [Beratungsstelle] nutzt technische Maßnahmen, die sicherstellen, dass die E-Mail-Kommunikation zwischen dem E-Mail-Server von [Beratungsstelle] und dem E-Mail-Server des Empfängers durch sichere Verschlüsselung vor dem Zugriff Unbefugter nach dem Stand der Technik geschützt ist. Der Betreiber des E-Mail-Servers, den ich nutze, kann aber in jedem Fall meine E-Mail-Kommunikation mit [Beratungsstelle] lesen. Ich willige ein, dass der Betreiber des von mir verwendeten E-Mail-Servers durch unverschlüsselte E-Mail-Kommunikation zwischen [Beratungsstelle] und mir die technische Möglichkeit erhält, auf die in der jeweiligen E-Mail-Kommunikation mit mir enthaltenen Informationen zu [Auflistung] zuzugreifen, auch wenn darin personenbezogene Daten – einschließlich besonders vertraulicher Daten über mein(e) [ethnische Herkunft, politische Meinungen, religiöse oder philosophische Überzeugungen, Gewerkschaftszugehörigkeit, Gesundheit, Sexualleben] – und Informationen, die der gesetzlichen Verschwiegenheitspflicht der [Ehe-, Familien-, Erziehungs-, Jugend-, Sucht-, Schwangerschaftskonfliktberater, Sozialarbeiter, Sozialpädagogen] nach § 203 StGB unterfallen, enthalten sind."

Intern ist in diesem Fall deutlich zu kommunizieren, dass ein E-Mail-Versand ausschließlich an Empfänger mit zeitgemäßen Sicherungsmaßnahmen möglich ist, wozu zum Redaktionsschluss dieser Auflage Anbieter wie GMX, web.de, freenet, Proton Mail, Tuta, mail.de, mailbox.org oder Posteo gehören, nicht aber T-Online, Yahoo, Outlook.com oder Google Mail. Bei erzwungener Transportverschlüsselung mit DANE ist kein E-Mail-Verkehr mit Empfängern möglich, die kein DANE unterstützen.

Als Alternative zur E-Mail-Kommunikation könnte sich unter Umständen eine Ende-zu-Ende-verschlüsselte Kommunikation per Messenger-App anbieten. Hierzu vgl. BlnBDI Jahresbericht 2019 Kap. 1.1 und für den Krankenhaus-Bereich, dessen Anforderungen vergleichbar mit den Anforderungen in der sozialen Arbeit sind, DSK, Stellungnahme „Technische Datenschutzanforderungen an Messenger-Dienste im Krankenhausbereich", 29.4.2021. Bei der Messenger-Nutzung ist auch darauf zu achten, dass keine Übermittlung des Telefonbuchs und damit der Kontakte an den Anbieter oder gar an Dritte erfolgen darf (wie zB bei WhatsApp). Wichtig ist, dass für die Kommunikation ein gesondertes dienstliches Gerät verwendet wird, um eine Bring-Your-Own-Device-Problematik (→ Form. D. III. 4.) zu vermeiden. Dokumentationspflichtige Kommunikation stellt bei App-Nutzung eine technische Herausforderung dar, wenn keine (ggf. parallele) Desktop-Nutzung möglich oder eine entsprechende Schnittstelle vorhanden ist.

Eine Einwilligung zur Offenlegung an den Betreiber des Messenger-Dienstes könnte wie folgt aussehen:

„Ungeachtet dieses Risikos möchte ich über den Messenger [Name] mit [Beratungsstelle] kommunizieren. Ich willige ein, dass der Betreiber des Messengers [Name], das Unternehmen [Unternehmen, Anschrift], durch die Kommunikation über den Messenger [Name] zwischen [Beratungsstelle] und mir die technische Möglichkeit erhält,

[Variante 1 bei nicht sicher verschlüsselndem Messenger:] auf die in der jeweiligen Kommunikation mit mir enthaltenen Informationen zu [Auflistung] zuzugreifen, auch wenn darin personenbezogene Daten – einschließlich besonders vertraulicher Daten über mein(e) [ethnische Herkunft, politische Meinungen, religiöse oder philosophische Überzeugungen, Gewerkschaftszugehörigkeit, Gesundheit, Sexualleben] – und Informationen, die der gesetzlichen Verschwiegenheitspflicht der [Ehe-, Familien-, Erziehungs-, Jugend-, Sucht-, Schwangerschaftskonfliktberater, Sozialarbeiter, Sozialpädagogen] nach § 203 StGB unterfallen, enthalten sind.

[Variante 2 bei sicher verschlüsselndem Messenger:] den Umstand und den Umfang der Kommunikation zwischen [Beratungsstelle] und mir zu erfahren, auch wenn dies Schlüsse auf ein Beratungsverhältnis zwischen mir und [Beratungsstelle] zulässt."

Im Hinblick auf Art. 25 Abs. 1 DS-GVO sollte die Nutzung von nicht sicher verschlüsselnden Messengern und damit die Nutzung von Variante 1 vermieden werden.

Größere Organisationen können auch selbst einen Messenger-Dienst betreiben. Hierfür gibt es geeignete Open-Source-Software.

**8. Sichere Aktenentsorgung.** Für die Organisation des Beratungsbüros sollte gerade bei kleineren Einheiten wie Vereinen noch während des laufenden Betriebs Vorsorge getroffen werden, was mit den Akten geschieht, wenn die Aufbewahrungsfrist abgelaufen ist – und zwar auch für den Fall, dass es den Verein nicht mehr gibt. Hierfür müssen Finanzmittel eingeplant werden, sonst besteht eine erhebliche Gefahr, dass der letzte Vorsitzende, der die Akten bei sich zu Hause gelagert hat, diese schlicht in die Altpapiertonne seines Mehrfamilienhauses wirft – so wie es offenbar im Fall https://taz.de/!5114728/ geschehen ist.

**9. Aktualität der Gesetze.** Es ist darauf zu achten, dass bei Änderungen der abgedruckten Gesetzestexte der aktuelle Wortlaut verwendet wird.

# VIII. Vertreter nach Art. 27 DS-GVO

## 1. Checkliste zu Aufgaben und Umfang des Vertreters nach Art. 27 DS-GVO

Die DS-GVO enthält mit Art. 27 DS-GVO, wie andere europäische Digitalgesetze inzwischen auch (siehe zB Art. 26 Abs. 3 NIS2-RL, Art. 11 Abs. 3 DGA, Art. 13 DSA, Art. 17 Abs. 1 TCOR), eine Regelung über die obligatorische Bestellung von EU-Vertretern. Art. 27 DS-GVO schreibt vor, dass bei Geschäften von Drittstaatenverarbeitern (Verantwortlichen oder Auftragsverarbeitern, welche in einem Drittland niedergelassen sind), die unter das sog. Marktortprinzip des Art. 3 Abs. 2 DS-GVO fallen, innerhalb der EU ein Vertreter zu bestellen ist, wenn die Niederlassung des Drittstaatenverarbeiters nicht innerhalb der EU liegt. In den Anwendungsbereich der DS-GVO fallen Drittstaatenverarbeiter dann, wenn sie personenbezogene Daten von in der EU befindlichen betroffenen Personen verarbeiten und dies im Zusammenhang mit dem (entgeltlichen oder unentgeltlichen) Angebot von Waren oder Dienstleistungen oder der Beobachtung des Verhaltens von betroffenen Personen, die sich in der EU befinden, tun. Art. 27 DS-GVO geht auf eine entsprechende Vorschrift der DS-RL zurück, nach der bereits eine Verpflichtung bestand, einen im Hoheitsgebiet des genannten Mitgliedstaats ansässigen Vertreter zu benennen (Art. 4 Abs. 1 lit. c DS-RL). In den „Guidelines 3/2018 on the territorial scope of the GDPR“ hat der EDSA Leitlinien für das Benennungsverfahren, die Niederlassungsverpflichtungen und die Verantwortlichkeiten des Vertreters in der Union vorgelegt, die bei der Benennung eines Vertreters berücksichtigt werden sollten (Guidelines 3/2018 on the territorial scope of the GDPR (Art. 3) Version 2.0 v. 12.11.2019). Vertreter und Vertretener schließen über die Vertretung und die Leistungen des Vertreters einen Geschäftsbesorgungsvertrag. Gegenüber Dritten wird die Vertretung jedoch nur und erst mit schriftlicher Bestellung manifest (ähnlich wie bei § 172 BGB) und wirksam (so auch Gierschmann/Schlender/Stenzel/Veil/Schlender DS-GVO Art. 27 Rn. 20). Die Nichtbefolgung der Bestellungspflicht kann nach Art. 83. Abs. 4 lit. a DS-GVO mit einer Geldbuße von bis zu zehn Mio. EUR oder zwei Prozent des weltweiten Jahresumsatzes geahndet werden.

Der Vertreter wird in Art. 4 Nr. 17 DS-GVO als „eine in der Union niedergelassene natürliche oder juristische Person, die von dem Verantwortlichen oder Auftragsverarbeiter schriftlich gem. Art. 27 bestellt wurde und den Verantwortlichen oder Auftragsverarbeiter in Bezug auf die ihnen jeweils nach dieser Verordnung obliegenden Pflichten vertritt“ definiert. Der Vertreter soll also sowohl betroffenen Personen als auch den Aufsichtsbehörden als Ansprechpartner innerhalb der EU zur Verfügung stehen. Nach Art. 13 Abs. 1 lit. a, Art. 14 Abs. 1 lit. a DS-GVO sind die betroffenen Personen über den Vertreter zu informieren. Die Informationen zum Vertreter sollten vom Verantwortlichen in die Datenschutzerklärung und etwaige Vorabinformationen aufgenommen werden, die den betroffenen Personen zum Zeitpunkt der Datenerhebung zur Verfügung gestellt werden. Außerdem ist die Bestellung in das Verzeichnis der Verarbeitungstätigkeiten gem. Art. 30 Abs. 1 S. 2

lit. a und Abs. 2 lit. a DS-GVO aufzunehmen. Eine Verpflichtung, den Vertreter einer Aufsichtsbehörde gegenüber anzuzeigen, besteht dagegen nicht. In zivilgerichtlichen Verfahren betroffener Personen wegen Verstößen gegen die DS-GVO ist der Vertreter gem. § 44 Abs. 3 S. 1 BDSG zustellungsbevollmächtigt.

Teilweise uneinheitlich wird die Frage beantwortet, inwieweit der Vertreter auch Durchsetzungsmaßnahmen von Aufsichtsbehörden unterworfen werden kann. Nach Erwgr. 80 DS-GVO soll der bestellte Vertreter bei Verstößen des Verantwortlichen oder Auftragsverarbeiters Durchsetzungsverfahren unterworfen werden. Nach der Definition des Vertreters in Art. 4 Abs. 17 DS-GVO „vertritt" der Vertreter in Bezug auf die ihm nach der Verordnung obliegenden Pflichten den Drittstaatenverarbeiter. Der Vertreter wird dabei regelmäßig ein außerhalb des Drittstaatenverarbeiters stehender Dritter sein. Denn hätte der Drittstaatenverarbeiter eine Niederlassung innerhalb der EU, bräuchte er den Vertreter nicht. Ein Dritter kann zwar Zustellungen entgegennehmen und „im Namen des Verantwortlichen oder des Auftragsverarbeiters" tätig werden (wie es auch Erwgr. 80 DS-GVO vorsieht), gegen ihn können aber keine Vollstreckungsmaßnahmen zur Durchsetzung von gegen den Drittstaatenverarbeiter gerichteten Maßnahmen erfolgen und daher auch keine Bußgelder verhängt werden. Er tritt nicht persönlich als Haftungsschuldner neben den eigentlichen Schuldner. Dies wäre unverhältnismäßig und zudem nicht vom Wortlaut der Vorschrift des Art. 27 DS-GVO gedeckt, der in Abs. 4 lediglich davon spricht, dass der Vertreter zusätzlich oder neben dem Drittstaatenverarbeiter als Anlaufstelle für Aufsichtsbehörden und betroffene Personen dienen soll. Dem Vertreter können daher Bescheide und Schriftstücke zugestellt werden. Eine weitergehende Auslegung der Vorschrift im Sinne einer Vollstreckung gegenüber dem Vertreter wäre aber zu weitgehend verstieße zudem gegen den Bestimmtheitsgrundsatz (so auch Gierschmann/Schlender/Stenzel/Veil/Schlender DS-GVO Art. 27 Rn. 21; Taeger/Gabel/Lang DS-GVO Art. 27 Rn. 45; Ehmann/Selmayr/Bertermann DS-GVO Art. 27 Rn. 11 ff.; aA BeckOK DatenschutzR/Hanloser DS-GVO Art. 27 Rn. 5, der „Anlaufstelle" als einen Übersetzungsfehler und deutschen Sonderweg ansieht).

## Checkliste

**1. Der Drittstaatenverarbeiter benötigt einen Vertreter in der EU, wenn[1]**
- **a) der Verantwortliche oder Auftragsverarbeiter ohne Niederlassung in der EU ist; und**
- **b) ein Zusammenhang zum Angebot von Waren oder Dienstleistungen gegenüber betroffenen Personen in der EU besteht oder**
- **c) ein Zusammenhang zu einer Verhaltensbeobachtung innerhalb der EU besteht; und**
- **d) keine Ausnahme iSd Art. 27 Abs. 2 DS-GVO vorliegt.[2]**

**2. Anforderung an die Person des Vertreters:[3]**
- **a) Ist der zu Benennende eine natürliche oder juristische Person mit Niederlassung in der EU?**
- **b) Befindet sich der Sitz des Vertreters in einem Mitgliedstaat, in dem der Drittstaatenverarbeiter Waren oder Dienstleistungen anbietet?**
- **c) Ist der zu Benennende nicht zugleich Datenschutzbeauftragter?[4]**

d) **Hat die zu benennende natürliche oder juristische Person die notwendigen Kapazitäten und Qualifikationen für die Benennung?[5]**

3. **Formelle Voraussetzungen der Bestellung:[6]**
**Erfolgt die Vereinbarung schriftlich oder in Textform?**

## Anmerkungen

**1. Anwendungsbereich.** Art. 27 Abs. 1 DS-GVO verweist für seinen Anwendungsbereich auf die Fälle des Art. 3 Abs. 2 DS-GVO. Erfasst sind mithin alle Verarbeitungsvorgänge, die im Zusammenhang mit dem Angebot von Waren oder Dienstleistungen in der EU (unabhängig davon, ob und von wo eine etwaige Zahlung zu leisten ist) oder mit der Beobachtung von Verhalten betroffener Personen innerhalb der EU stehen. Es bietet sich hier eine Drei-Schritt-Prüfung an (so auch Uecker ZD 2019, 67; Paal/Pauly/Martini DS-GVO Art. 27 Rn. 16; Spies ZD-Aktuell 2018, 06396). Erstens: Ist der Verantwortliche oder Auftragsverarbeiter ohne Niederlassung in der EU? Zweitens: Handelt es sich um eine taugliche betroffene Person? Drittens: Gibt es einen Zusammenhang zum Angebot von Waren oder Dienstleistungen in der EU oder Verhaltensbeobachtung innerhalb der EU? Zur Erläuterung dessen, was der Gesetzgeber mit „Verhaltensbeobachtung" meint, muss Erwgr. 24 DS-GVO herangezogen werden. Verarbeitungen, mit denen Internetaktivitäten nachvollzogen werden sollen, stellen demnach ein solches Beobachten dar. Eine Analyse der verarbeiteten Daten muss nicht zwingend erfolgen. Exemplarisch sei hier insbesondere das Tracking im Internet (zB durch Cookies, Browser-Fingerprinting oder andere Trackingtools) genannt, soweit durch dieses personenbezogene Daten betroffen sind. Aber auch die Verfolgung und Aufzeichnung des Klickverhaltens auf Webseiten oder in Apps soll ebenso erfasst werden, wie die Aufzeichnung des Kaufverhaltens in einem Online-Shop (Gola/Heckmann/Piltz DS-GVO Art. 3 Rn. 42).

**2. Ausnahmen von der Bestellungspflicht.** Ein Vertreter muss nicht bestellt werden, wenn die Verarbeitung nur gelegentlich erfolgt, nicht umfangreich sensitive Daten iSd Art. 9 Abs. 1 DS-GVO und Art. 10 DS-GVO verarbeitet werden und die Verarbeitung nicht zu einem Risiko für die Rechte und Freiheiten natürlicher Personen führt (Prognose unter Berücksichtigung der Art, der Umstände, des Umfangs und der Zwecke der Verarbeitung). Diese Voraussetzungen des Art. 27 Abs. 2 lit. a DS-GVO müssen kumulativ vorliegen. Ob die Verarbeitung gelegentlich erfolgt, bedarf einer Einzelfallbetrachtung. Die Verarbeitung darf jedenfalls nicht regelmäßig erfolgen oder den Kernbereich des Geschäftsbereichs des Verantwortlichen oder Auftragsverarbeiters ausmachen (Kühling/Buchner/Hartung DS-GVO Art. 27 Rn. 8; HK-DS-GVO/Ingold Art. 27 Rn. 6). Der EDSA verweist in seiner Leitlinie 3/2018 auf den bereits von der Artikel-29-Datenschutzgruppe vertretenen Standpunkt, dass eine Verarbeitungstätigkeit nur als „gelegentlich" angesehen werden kann, wenn sie nicht regelmäßig durchgeführt wird und außerhalb der normalen Geschäftstätigkeit oder Tätigkeit des Drittstaatenverarbeiters stattfindet. Der EDSA empfiehlt insoweit, wie bereits die Artikel-29-Datenschutzgruppe im WP 243 zum Datenschutzbeauftragten, eine Prüfung anhand der folgenden Faktoren: Anzahl der betroffenen Personen, die Datenmenge und/oder die Bandbreite der verschiedenen zu verarbeitenden Datenelemente; die Dauer oder die Häufigkeit der Datenverarbeitung; die geografische Ausdehnung der Verarbeitung.

Behörden und öffentliche Stellen sind gem. Art. 27 Abs. 2 lit. b DS-GVO von der Pflicht zur Bestellung eines Vertreters befreit. Zum Begriff der öffentlichen Stelle wird zumindest im Anwendungsbereich des BDSG auf § 2 Abs. 1 und 2 BDSG zurückgegriffen werden können.

**3. Begriff des Vertreters.** Art. 4 Nr. 17 DS-GVO legaldefiniert den Vertreter als in der Union niedergelassene Person, die von dem Verantwortlichen oder Auftragsverarbeiter schriftlich bestellt wurde und diesen in Bezug auf die ihm nach der DS-GVO obliegenden Pflichten vertritt. Neben natürlichen Personen können auch juristische Personen, also Unternehmen und Vereine, als Vertreter agieren und müssen dem Unternehmen oder der Unternehmensgruppe des Verantwortlichen oder des Auftragsverarbeiters nicht angehören (Gola/Heckmann/Piltz DS-GVO Art. 27 Rn. 6). Die DS-GVO macht zwar keine Ausführungen zur Qualifikation, allerdings ist es ratsam, den Vertreter nach seinem Wissen und seiner Erfahrungen im Datenschutzrecht in rechtlicher und technischer Hinsicht auszuwählen. Vertreter können allerdings auch Tochtergesellschaften oder sonstige mit dem Verantwortlichen oder dem Auftragsverarbeiter verbundene Unternehmen sein. Ein Vertreter kann auch im Namen mehrerer Drittstaatenverarbeiter handeln.

Der Vertreter muss in einem der Mitgliedstaaten niedergelassen sein, in denen die angebotenen Waren oder Dienste des Drittstaatenverarbeiters verfügbar sind oder in denen das Verhalten von betroffenen Personen beobachtet wird (Art. 27 Abs. 3 DS-GVO). Der Vertreter muss für alle betroffenen Personen in Mitgliedstaaten, in denen er nicht niedergelassen ist und in denen die Dienstleistungen oder Waren angeboten werden, leicht erreichbar sein. Er sollte daher neben der Sprache seines Mitgliedsstaates mindestens auch der englischen Sprache mächtig sein oder zumindest kurzfristig auf entsprechende Übersetzungsmöglichkeiten zurückgreifen können. Eine gesetzliche Anforderung an eine Mehrsprachigkeit des Vertreters ergibt sich aus der DS-GVO jedoch nicht.

**4. Personenverschiedenheit mit dem externen Datenschutzbeauftragten.** Der Vertreter handelt im Namen und Auftrag des Drittstaatenverarbeiters auf Grundlage direkter Weisungen, der Datenschutzbeauftragte handelt jedoch grundsätzlich weisungsfrei. Die Vereinigung beider Funktionen in einer Person ist mithin nicht zulässig (so auch Gola/Heckmann/Piltz DS-GVO Art. 27 Rn. 6 unter Verweis auf Erwgr. 80 S. 5 DS-GVO). Auch der EDSA hält die Funktion des Vertreters nicht für vereinbar mit der Rolle eines externen Datenschutzbeauftragten (Leitlinien 3/2018 zum räumlichen Anwendungsbereich der DSGVO (Artikel 3) Version 2.0 v. 12.11.2019).

**5. Anforderung an Qualifikation und Kapazitäten des Vertreters.** Über die Anforderungen an den Sitz des Vertreters hinaus stellt die DS-GVO keine Anforderungen an die Qualifikation des Vertreters. Insbesondere gibt es keine mit der Qualifikation eines Datenschutzbeauftragten vergleichbaren Regelungen. Auftraggeber sollten jedoch darauf achten, dass der Vertreter über entsprechende datenschutzrechtliche Qualifikationen und auch entsprechende Kapazitäten verfügt. Da der Vertreter in datenschutzrechtlichen Fragen für den Auftraggeber insbesondere auch gegenüber Aufsichtsbehörden auftreten soll, muss der Auftraggeber diesen sorgfältig auswählen und sollte auch sicherstellen, dass ein Mindestmaß an Qualifikation nachgewiesen wird.

**6. Formelle Voraussetzungen.** Das Erfordernis der schriftlichen Benennung ergibt sich aus dem Wortlaut des Art. 27 Abs. 1 DS-GVO. Unklar ist allerdings, ob lediglich die Benennung oder auch die Beauftragung schriftlich zu erfolgen hat. Erwgr.

80 DS-GVO spricht abweichend vom Wortlaut des Art. 27 Abs. 1 DS-GVO von einer ausdrücklichen Bestellung und einer schriftlichen Beauftragung. Im Ergebnis wird man wohl den entscheidenden Vorgang, die konkrete Angabe zur Person, ihrer Anschrift und ihrer Funktion als Vertreter, schriftlich gestalten müssen, um auch dem Grundsatz der Rechenschaftspflicht (Art. 5 Abs. 2 DS-GVO) ausreichend nachzukommen (vgl. Gola/Heckmann/Piltz DS-GVO Art. 27 Rn. 14). Die DS-GVO setzt allerdings nicht zwingend das deutsche Schriftformverständnis iSd § 126 BGB voraus, sondern erfasst nach richtiger Auffassung auch die elektronische Form sowie die Textform. Dies ist zwar strittig, wird sich aber nicht anders rechtfertigen lassen, da für die Benennung eines Vertreters nicht ein strengeres Formerfordernis als bei der Einschaltung eines Auftragsverarbeiters oder der Benennung eines Datenschutzbeauftragten gelten kann (für die strengere Form Paal/Pauly/Martini DS-GVO Art. 27 Rn. 18 ff. mit dem Argument der Beweis- und Authentizitätssicherung; Kühling/Buchner/Hartung DS-GVO Art. 27 Rn. 13; HK-DS-GVO/Ingold Art. 27 Rn. 8; aA Gola/Heckmann/Piltz DS-GVO Art. 27 Rn. 15, der meint, dass die Textform ausreicht).

Im Ergebnis wird man allerdings davon ausgehen müssen, dass Erwägungsgründe gerade keine Rechtsverbindlichkeit entfalten und die europarechtlichen Formvorgaben autonom auszulegen sind. Zweck der Schriftlichkeit ist hier lediglich, dass Dritte erkennen können, wer zum Vertreter benannt wurde, hierzu reicht auch die Textform. Eines Übereilungsschutzes, wie er § 126 BGB immanent ist, bedarf es hier gerade nicht (Gola/Heckmann/Piltz DS-GVO Art. 27 Rn. 15, 16 mwN). Zur Vermeidung von Risiken ist in der Praxis jedoch eine Benennung durch beiderseitige Unterschrift und Austausch der Originalunterschriften zu empfehlen.

## 2. Vertrag über die Benennung eines Vertreters nach Art. 27 DS-GVO

Das nachfolgende Muster geht davon aus, dass der Vertreter Anfragen im Rahmen eines gewissen Kontingents empfängt und bearbeitet bzw. weiterleitet. Es ist nicht für die Abwicklung einer Bestellung geeignet, in deren Rahmen mit einer großen Menge von Anfragen, zB durch betroffene Personen, zu rechnen ist.

**Vertrag über die Benennung als Vertreter iSd Art. 27 DS-GVO**

**zwischen**
**[Name, Anschrift]**
**– im Folgenden Auftraggeber genannt –**

**und**
**[Name, Anschrift]**
**– im Folgenden Vertreter genannt –**
**– im Folgenden auch einzeln Partei und gemeinsam Parteien genannt –**

**Präambel**

**Der Auftraggeber ist ein nicht in der Europäischen Union ansässiges Unternehmen, dessen Datenverarbeitungstätigkeit in den Regelungsbereich der DS-GVO fällt.**

*Schmidt*

Der Auftraggeber ist daher verpflichtet, einen Vertreter iSd Art. 27 DS-GVO zu benennen.

Der Vertreter hat seinen Sitz in einem der Mitgliedsstaaten der Europäischen Union und wird den Auftraggeber iSd Art. 27 DS-GVO vertreten.

§ 1 Benennung und Gegenstand der Vertretung[1]

(1) Der Auftraggeber benennt den Vertreter für die Laufzeit dieses Vertrages als Vertreter in der Europäischen Union iSd Art. 27 und Art. 4 Nr. 17 DS-GVO. Der Vertreter nimmt diese Benennung an.

(2) Der Vertreter wird für den Auftraggeber gem. Art. 27 Abs. 4 DS-GVO für Aufsichtsbehörden und betroffene Personen bei sämtlichen Fragen im Zusammenhang mit der Verarbeitung von Daten sowie der Gewährleistung und Einhaltung insbesondere der in Art. 15, 16, 17, 18 und 20 DS-GVO genannten Rechte, zusätzlich oder eigenständig als Anlaufstelle dienen. Für diese Zwecke ist der Vertreter zur Vertretung des Auftraggebers gegenüber Dritten befugt. Der Vertreter wird von dieser Befugnis nur im Rahmen dieses Vertrages Gebrauch machen.[2]

(3) Der Vertreter wird zur Erfüllung seiner Verpflichtungen aus diesem Vertrag mindestens eine natürliche Person einsetzen, die mit den betroffenen Personen oder Aufsichtsbehörden kommuniziert und der jeweiligen Amtssprache des Mitgliedsstaates des Vertreters mächtig ist. Der Vertreter wird diese Person dem Auftraggeber gegenüber benennen und jeden Wechsel in der Person unverzüglich mitteilen.

(4) Der Auftraggeber ist jederzeit berechtigt, die Benennung des Vertreters einschließlich der damit verbundenen Vertretungsbefugnis zu widerrufen. Bestehende Vergütungsansprüche des Vertreters bleiben von dem Widerruf unberührt. [OPTIONAL: Die Niederlegung der Vertretung durch den Vertreter ist während der Laufzeit dieses Vertrages ausgeschlossen.][3]

(5) Der Vertreter tritt nicht in den Pflichtenkreis des Auftraggebers als Verantwortlicher oder Auftragsverarbeiter nach der DS-GVO ein.[4] Ihm obliegen persönlich nur die Pflichten zur:

a) Vorhaltung des vom Auftraggeber zur Verfügung gestellten Verarbeitungsverzeichnisses iSd Art. 30 Abs. 1 DS-GVO
b) Führung des eigenen Verarbeitungsverzeichnisses betreffend die Tätigkeit als Vertreter iSd Art. 30 Abs. 1 DS-GVO
c) Zusammenarbeit mit Aufsichtsbehörden bei der Erfüllung ihrer Aufgaben iSd Art. 31 DS-GVO
d) Bereitstellung von erforderlichen Informationen an Aufsichtsbehörden gem. Art. 58 DS-GVO.[5]

§ 2 Verfügbarkeit und Organisation der Vertretung[6]

Der Vertreter richtet eine Anlaufstelle für Betroffene und Aufsichtsbehörden oder sonstige Dritte ein, die unter einer festgelegten Anschrift erreichbar ist. Ferner wird der Vertreter eine E-Mail-Adresse bereitstellen, die ausschließlich im Rahmen dieser Vertretung nach diesem Vertrag Verwendung findet.

Der Auftraggeber wird die nachfolgenden Kontaktdaten des Vertreters bei einer Benennung des Vertreters gegenüber Dritten verwenden und im Rahmen der Informationspflicht aus Art. 13, 14 DS-GVO bereitstellen:

Name/Firma: [•]
Anschrift: [•]
E-Mail: [•]

§ 3 Weisungsgebundenheit; Informationspflichten[7]

(1) Der Vertreter erfüllt seine Aufgaben weisungsgebunden. Mündliche Weisungen des Auftraggebers sind unverzüglich, mindestens in Textform zu bestätigen.

(2) Maßnahmen und Anfragen von Aufsichtsbehörden hat der Vertreter unverzüglich Folge zu leisten. Den Auftraggeber hat der Vertreter über die jeweilige Maßnahme/Anfrage im Rahmen des tatsächlich Möglichen und gesetzlich Zulässigen unverzüglich zu unterrichten. Die Parteien stimmen sich vorab über die Reaktion auf die Maßnahme bzw. Beantwortung der Anfrage ab.

(3) Der Vertreter hat den Auftraggeber unverzüglich, spätestens jedoch am folgenden Werktag über eingehende Korrespondenz elektronisch per E-Mail an die Adresse [•] zu informieren. Hierzu zählen insbesondere, aber nicht nur behördliche oder gerichtliche Zustellungen oder die Korrespondenz mit betroffenen Personen. Sämtliche Korrespondenz ist für die Laufzeit des Vertrages aufzubewahren und dem Auftraggeber jederzeit auf Verlangen, spätestens jedoch bei Vertragsende herauszugeben.

(4) Die Beantwortung von eingegangener Korrespondenz erfolgt ausschließlich auf Weisung des Auftraggebers. Der Vertreter ist verpflichtet, Antworten spätestens am zweiten Werktag nach der Weisung durch den Auftraggeber abzusenden.

§ 4 Pflichten des Auftraggebers[8]

(1) Der Auftraggeber stellt dem Vertreter nach Vertragsbeginn ein Verzeichnis der Verarbeitungstätigkeiten des Auftraggebers iSv Art. 30 Abs. 1 bzw. 2 DS-GVO zur Verfügung. Der Auftraggeber ist verpflichtet, den Vertreter über neue Verarbeitungen und Änderungen unverzüglich zu informieren.

(2) Der Auftraggeber benennt für die Laufzeit des Vertrages einen Ansprechpartner für den Vertreter.

§ 5 Verschwiegenheitsverpflichtung und Herausgabeanspruch[9]

(1) Die Parteien vereinbaren für den Zeitraum der Zusammenarbeit und darüber hinaus, Stillschweigen über sämtliche Informationen zu bewahren, die im Zusammenhang mit diesem Vertrag erlangt wurden. Ausgenommen sind Informationen, die im Zeitpunkt der Überlassung allgemein bekannt oder der Öffentlichkeit zugänglich waren. Von dieser Verpflichtung kann die jeweils andere Partei durch schriftliche Erklärung befreit werden.

(2) Keine Verschwiegenheitsverpflichtung besteht, soweit eine Pflicht zur Offenlegung aufgrund einer gesetzlichen Vorschrift oder gerichtlicher bzw. behördlicher Anordnung besteht. Der Vertreter hat den Auftraggeber hierüber im Rahmen des tatsächlich Möglichen und gesetzlich Zulässigen unverzüglich zu informieren.

(3) Der Vertreter hat dem Auftraggeber unverzüglich, spätestens mit Beendigung dieses Vertragsverhältnisses, alles, was er durch die Ausführung seiner Vertretung erlangt hat, herauszugeben. Davon umfasst sind insbesondere die Originalkorres-

pondenzen mit betroffenen Personen und/oder Behörden. Statt der Herausgabe kann der Auftraggeber auch die datenschutzgerechte Vernichtung der Originale verlangen. Die Vernichtung wird der Vertreter dem Auftraggeber in geeigneter Weise nachweisen. Zurückbehaltungsrechte des Vertreters gegenüber Ansprüchen des Auftraggebers aus dieser Ziffer sind ausgeschlossen.

§ 6 Vergütung[10]

(1) Die Pauschalvergütung beträgt […] EUR monatlich zuzüglich eventuell anfallender Umsatzsteuer. [OPTIONAL: Die Pauschalvergütung umfasst maximal die Bearbeitung von [x] Korrespondenzen pro Monat.] Die Vergütung wird jeweils zum Beginn eines Kalendermonats im Voraus fällig und ist innerhalb von 14 Tagen ab Zugang einer ordnungsgemäßen Rechnung zu bezahlen.

(2) Über die Pauschalvergütung hinausgehende Aufwände und Aufwendungen werden nur nach vorheriger schriftlicher Zustimmung durch den Auftraggeber erstattet. Die Vergütung für solche Aufwände wird jeweils zum Ende eines Kalendermonats [/-halbjahres/-jahres] fällig und ist innerhalb von 14 Tagen ab Zugang einer ordnungsgemäßen Rechnung, welche auch einen entsprechenden Tätigkeitsnachweis enthalten muss, zu bezahlen.

§ 7 Laufzeit und Kündigung[11]

(1) Das Vertragsverhältnis läuft auf unbestimmte Zeit ab Unterzeichnung durch beide Parteien.

(2) Es kann mit einer Frist von […] Monaten zum Ende eines Monates schriftlich gekündigt werden.

(3) Eine Kündigung nach § 627 Abs. 1 BGB ist ausgeschlossen. Das Recht der Parteien zur außerordentlichen Kündigung aus wichtigem Grund bleibt unberührt.

[OPTIONAL: (4) Im Falle einer Kündigung unterstützt der Vertreter den Auftraggeber auf dessen Verlangen in angemessenen Umfang bei der geordneten Überleitung seiner Tätigkeit auf einen neuen Vertreter bzw. den Auftraggeber. Diese Verpflichtung besteht auch noch [•] Monate nach der Vertragsbeendigung. Für die Unterstützungsleistungen erhält der Vertreter keine gesonderte Vergütung.]

§ 8 Unterauftragnehmer[12]

Ohne vorherige, schriftliche Zustimmung des Auftraggebers ist es dem Vertreter nicht gestattet, Dritte zur Erfüllung seiner in diesem Vertrag genannten Aufgaben hinzuzuziehen.

§ 9 Prüfungsrechte des Auftraggebers[13]

Auf Verlangen hat der Vertreter dem Auftraggeber sämtliche Informationen zur Verfügung zu stellen, die die Einhaltung seiner Verpflichtungen belegen. Der Auftraggeber ist zur Überprüfung der Einhaltung der Verpflichtungen des Vertreters berechtigt und kann hierzu Dritte beauftragen, sofern diese nicht in einem Wettbewerbsverhältnis zum Vertreter stehen. Der Vertreter hat im Rahmen dieser Überprüfung den Auftraggeber oder den Dritten zu unterstützen.

§ 10 Haftung und Freistellung[14]

(1) Die Parteien haften einander im Rahmen der gesetzlichen Bestimmungen, soweit nicht in dieser Vereinbarung etwas anderes geregelt ist.

(2) Der Auftraggeber stellt den Vertreter verschuldensunabhängig, vollumfänglich und dauerhaft von sämtlichen etwaigen Ansprüchen Dritter im Zusammenhang mit der Verletzung seiner Pflichten als Verantwortlicher und Auftragsverarbeiter nach der DS-GVO frei und ersetzt diesem verschuldensunabhängig sämtliche durch derartige Ansprüche oder durch deren Geltendmachung verursachte Aufwendungen, Kosten und Schäden (einschließlich angemessener Rechtsverfolgungsaufwendungen).

(3) Der Vertreter stellt den Auftraggeber verschuldensunabhängig, vollumfänglich und dauerhaft von sämtlichen etwaigen Ansprüchen Dritter im Zusammenhang mit der Verletzung seiner Pflichten als Unionsvertreter gem. Art. 30, 31 und 58 Abs. 1 lit. a DS-GVO frei und ersetzt diesem verschuldensunabhängig sämtliche durch derartige Ansprüche oder durch deren Geltendmachung verursachte Aufwendungen, Kosten und Schäden (einschließlich angemessener Rechtsverfolgungsaufwendungen).

(4) Im Falle der Geltendmachung von Ansprüchen Dritter im Sinne der vorstehenden Absätze verpflichten sich die Parteien, sich jeweils gegenseitig unverzüglich schriftlich zu informieren und das weitere Vorgehen abzustimmen. Die in Anspruch genommene Partei wird den Anspruch ohne schriftliche Zustimmung der zur Freistellung bzw. zum Ersatz verpflichteten Partei weder anerkennen noch sich hierüber vergleichen.

(5) Auf die vorstehenden Freistellungs- und Ersatzansprüche findet § 254 BGB entsprechende Anwendung.

§ 11 Schlussbestimmungen

(1) Änderungen und Ergänzungen dieses Vertrages, die Erklärung des Widerrufs und jede Niederlegung der Vertretung oder Kündigung sowie die Abänderung dieser Klausel bedürfen zu ihrer Wirksamkeit der Schriftform (§ 126 Abs. 1, 2 BGB). Die Ersetzung der Schriftform durch die elektronische Form (§§ 126 Abs. 3, 126a BGB) oder die Textform (§ 126b BGB) ist ausgeschlossen. Der Vorrang individueller Vertragsabreden bleibt hiervon unberührt.[15]

(2) „Werktage“ im Sinne dieses Vertrags sind Wochentage mit Ausnahme von Samstagen, Sonntagen und gesetzlichen Feiertagen am Sitz des Vertreters.

(3) Die Parteien sind zur Abtretung von Ansprüchen aus oder im Zusammenhang mit diesem Vertrag nur mit vorheriger schriftlicher Zustimmung der jeweils anderen Partei berechtigt. § 354a HGB bleibt von dieser Regelung unberührt.

(4) Sofern in diesem Vertrag nicht ausdrücklich abweichend geregelt, ist der Vertreter gegenüber dem Auftraggeber nur zur Aufrechnung bzw. zur Ausübung von Zurückbehaltungsrechten berechtigt, wenn der betreffende Gegenanspruch unbestritten oder rechtskräftig festgestellt ist.

(5) Sollten einzelne Bestimmungen dieser Vereinbarung ganz oder teilweise nicht rechtswirksam oder nicht durchführbar sein oder werden, so wird hierdurch die Gültigkeit der jeweils übrigen Bestimmungen nicht berührt.

**(6) Dieser Vertrag unterliegt deutschem Recht unter Ausschluss der Kollisionsregeln des internationalen Privatrechts.**

**(7) Gerichtsstand ist der Sitz des Vertreters, soweit kein abweichender ausschließlicher Gerichtsstand begründet ist.**

**Datum und Unterschriften**

## Anmerkungen

**1. Benennung und Gegenstand der Vertretung.** Die Benennung sollte bereits zu Nachweiszwecken schriftlich erfolgen. Dies meint allerdings nicht das Schriftlichkeitserfordernis iSd § 126 BGB (→ Form. C.VIII.1. Anm. 6). Da die Benennung eigene, teils bußgeldbewehrte Verpflichtungen des Vertreters begründet (Art. 59 Abs. 1 lit. a, 83 Abs. 5 lit. e DS-GVO), ist sie kein einseitiger Rechtsakt, sondern bedarf zu ihrer Wirksamkeit der Annahme durch den Vertreter. Die Benennung kann im Rahmen der hier vorgeschlagenen Beauftragung erfolgen. Ein Erfordernis einer gesonderten Benennungsurkunde kann sich allenfalls daraus ergeben, dass kommerzielle Abreden bei Prüfungen der Aufsichtsbehörden nicht offengelegt werden sollen. Aus dem Wortlaut des Art. 27 Abs. 1 DS-GVO ergibt sich keine solche Anforderung. Das hier vorgeschlagene Muster sieht in § 1 Abs. 2 eine Beschreibung des Gegenstands der Vertretung vor. Der Vertreter ist lediglich zustellungsbevollmächtigt und ein weiterer Ansprechpartner für Betroffene und Aufsichtsbehörden. Er tritt nicht in die Pflichten des Verantwortlichen oder Auftragsverarbeiters ein (Kühling/Buchner/Hartung DS-GVO Art. 27 Rn. 15; Gola/Heckmann/Piltz DS-GVO Art. 27 Rn. 32–36). Zu den Anforderungen an den Vertreter → Form. C.VIII.1. Anm. 3. und 5. Da der Vertreter auch inhaltliche Korrespondenz mit Aufsichtsbehörden oder Betroffenen führt, muss zumindest eine natürliche Person hierzu verfügbar sein und diese sollte die Amtssprache eben jenes Mitgliedsstaates sprechen. Die Benennung wird hier bewusst von der Laufzeit und der Kündigung (§ 6) des Vertrages getrennt. Diese sind zwei unterschiedliche Rechtsakte, die allerdings in einer Urkunde zusammengefasst werden können.

**2. Aufgabenbereich des Vertreters.** Der Vertreter hat, wie bereits dargestellt, die Funktion einer „Anlauf- oder Poststelle“, um mögliche Komplikationen, die eine Kontaktaufnahme mit einem nicht in der EU niedergelassenen Verantwortlichen oder Auftragsverarbeiter mit sich bringt, zu vermeiden (HK-DS-GVO/Ingold Art. 27 Rn. 10). Betroffene Personen sollen sich eben nicht auf den Verantwortlichen außerhalb der EU verweisen lassen müssen. Nach Abs. 4 kann der Auftraggeber als Vertretener entscheiden, ob er selbst zusätzlich Kommunikation entgegennehmen will oder ob der Vertreter der ausschließliche Ansprechpartner sein soll. Dies wird im Außenverhältnis jedoch nur wirksam, wenn es dem jeweiligen Kommunikationspartner gegenüber angezeigt wurde (Simitis/Hornung/Spiecker gen. Döhmann/Hornung DS-GVO Art. 27 Rn. 24). Der Vertreter hat also eine passive Rolle als Ansprechpartner für Aufsichtsbehörden und betroffene Personen. Für letztere meint das namentlich das Auskunftsrecht aus Art. 15 DS-GVO, das Recht auf Berichtigung aus Art. 16 DS-GVO, das Recht auf Löschung aus Art. 17 DS-GVO, das Recht auf Einschränkung der Verarbeitung nach Art. 18 DS-GVO und das Recht auf Datenübertragbarkeit nach Art. 20 DS-GVO (BeckOK DatenschutzR/Hanloser DS-GVO Art. 27 Rn. 11). Darüber hinaus gilt der Vertreter nach § 44 Abs. 3 S. 1 BDSG als bevollmächtigt, Zustellungen in gerichtlichen Verfahren entgegenzunehmen. Dies bezieht sich auf Zustellungen nach § 171 ZPO, § 7 VwZG bzw. die Verwaltungsvollstreckungsgesetze der Länder und § 56 Abs. 2 VwGO (BeckOK DatenschutzR/Hanloser DS-GVO Art. 27 Rn. 15). Nicht davon erfasst sind Klagen von Wettbewerbern (Simitis/Hornung/Spiecker gen. Döhmann/Hornung DS-GVO Art. 27 Rn. 27).

**3. Widerruf der Benennung des Vertreters.** Die vorgeschlagene Klausel lässt den Widerruf der Benennung einseitig und ohne Erfordernis eines wichtigen Grundes zu. Die DS-GVO selbst enthält keine Regelungen zum Widerruf oder zur Niederlegung durch den Vertreter. Es ist daher auch keine bestimmte Form dafür vorgeschrieben. Empfehlenswert ist allerdings die Einhaltung der gleichen Form, wie für die Benennung selbst. Ebenfalls empfehlenswert ist auch die Regelung, dass eine Niederlegung durch den Vertreter nicht innerhalb der Laufzeit des Vertrages stattfinden kann. Der Verantwortliche oder Auftragsverarbeiter sieht sich sonst im Zweifel starken Haftungsrisiken ausgesetzt und es drohen Bußgelder für die Zeit bis zur Benennung eines neuen Vertreters. Da der Vertreter bis zum Vertragsende eine Vergütung erhält, ist kein schutzwürdiges Interesse des Vertreters erkennbar, welches eine Bindung des Vertreters für die Vertragslaufzeit als unangemessen erscheinen lassen würde.

**4. Verantwortlichkeit des Vertreters.** Der Wortlaut von Erwgr. 80 S. 6 DS-GVO veranlasst einige Stimmen in der Literatur, den Vertreter im Wege eines „Durchsetzungsverfahrens" auch als Adressat von Sanktionen anzusehen (Lantwin ZD 2019, 14 mwN). In der Verordnung selbst ist allerdings kein entsprechendes „Durchsetzungsverfahren" oder gar ein Bußgeldtatbestand vorgesehen. Für eine Sanktionierbarkeit des Vertreters hätte es jedoch eines klar definierten Bußgeldtatbestands im verfügenden Teil der Verordnung bedurft. Eine Haftung des Vertreters für Verstöße des Vertretenen wird daher zutreffend überwiegend abgelehnt (Kühling/Buchner/Hartung DS-GVO Art. 27 Rn. 24; HK-DS-GVO/Ingold Art. 27 Rn. 11 f.; Paal/Pauly/Martini DS-GVO Art. 27 Rn. 53 ff.; Voigt/Bastians MMR 2022, 930 [931]; Simitis/Hornung/Spiecker gen. Döhmann/Hornung DS-GVO Art. 27 Rn. 37; aA BeckOK DatenschutzR/Hanloser DS-GVO Art. 27 Rn. 7, 8). Eine Ausweitung der Haftung auf den Vertreter ist auch deshalb abzulehnen, weil der Vertreter keine rechtliche Handhabe hat, etwaige Verstöße des Verantwortlichen oder Auftragsverarbeiters abzustellen oder gar zu beseitigen (Lantwin ZD 2019, 14 (17) mwN). Auch der EDSA vertritt insoweit die Ansicht, dass die Möglichkeit, einen Vertreter direkt haftbar zu machen, auf seine direkten Verpflichtungen gem. Art. 30 und Art. 58 Abs. 1 lit. a DS-GVO beschränkt ist (EDSA Leitlinien 3/2018 zum räumlichen Anwendungsbereich der DSGVO (Artikel 3) Version 2.0 v. 12.11.2019).

Entgegen der vom EDSA vertretenen Ansicht erscheint aber auch keine Bußgeldhaftung für den Fall des Verstoßes gegen eigene Pflichten des Vertreters möglich. Ein Fehlverhalten des Vertreters in Bezug auf seine eigenen, originären Pflichten kann weder nach Art. 83 Abs. 4 lit. a DS-GVO noch nach Art. 83 Abs. 5 lit. e Var. 5 DS-GVO mit einem Bußgeld belegt werden, da sich bereits aus dem Wortlaut der Vorschriften ergibt, dass sich die Sanktionierungsmöglichkeit allein auf Verstöße gegen die originären Pflichten eines Verantwortlichen oder Auftragsverarbeiters bezieht. Eine analoge Anwendung auf die Haftung des Vertreters scheidet als Verstoß gegen das Bestimmtheitsgebot aus.

**5. Pflichten des Vertreters.** Dem Vertreter werden durch Art. 30, 31 und 58 DS-GVO auch eigenständige Pflichten zugewiesen, die durch § 1 Abs. 5 dieses Musters aus Gründen der Klarstellung wiedergegeben wurden. Diese Pflichten umfassen neben dem Vorhalten des Verarbeitungsverzeichnisses des Auftraggebers auch das Führen eines Verarbeitungsverzeichnisses zusätzlich zum Verantwortlichen sowie Offenlegungs- und Unterstützungspflichten gegenüber Aufsichtsbehörden. Nur so ist sichergestellt, dass für Aufsichtsbehörden ein Ansprechpartner in der EU zur Verfügung steht (Lantwin ZD 2019, 14, der den Vertreter plakativ als „Briefkasten" bezeichnet; Bell IAPP-Artikel v. 3.5.2018, iapp.org/news/a/is-article-27-the-gdprs-hidden-obligation/). Die Verpflichtung zum Führen eines eigenen Verfahrensverzeichnisses gilt, soweit diese Verfahren der Zuständigkeit des Vertreters unterliegen. Das Verzeichnis erfasst also nicht sämtliche Verarbeitungen des Verantwortlichen, sondern nur die, aufgrund derer der räumliche Anwendungsbereich nach Art. 3 Abs. 2 DS-GVO eröffnet ist (Simitis/Hornung/Spiecker gen. Döhmann/Hornung DS-GVO Art. 27 Rn. 30). Der Umfang dieses Verzeichnisses bemisst sich nach Art. 30 Abs. 1 und 2 DS-GVO. Das Verzeichnis ist schriftlich zu führen und den Aufsichtsbehörden auf Anfrage zur Verfügung zu stellen; vgl. Art. 30 Abs. 3 und 4 DS-GVO. Obwohl die DS-GVO dem Vertreter in Art. 30 Abs. 1 DS-GVO eigene Pflichten auferlegt, ist er auch bei einem Verstoß gegen diese Pflichten nicht Adressat der Bußgeldvorschriften der DS-GVO, da sich diese nur an den Verantwortlichen und den Auftragsverarbeiter richten (vgl. Ehmann/Selmayr/Bertermann DS-GVO Art. 27 Rn. 14; aA Gola/Heckmann/Piltz DS-GVO Art. 27 Rn. 49).

**6. Kontaktdaten des Vertreters.** Die DS-GVO macht keine Angaben über verpflichtend anzugebene Kommunikationswege. Notwendig ist allerdings mindestens die Angabe einer postalischen ladungsfähigen Anschrift, damit dem Vertreter Dokumente auch zugestellt werden können (BeckOK DatenschutzR/Schmidt-Wudy DS-GVO Art. 14 Rn. 40). Die Angabe eines Postfaches ist insoweit nicht ausreichend. Das Muster geht daneben von der Benennung einer E-Mail-Adresse aus, die ausschließlich für diesen Zweck eingerichtet wird. Dieses Vorgehen ist insbesondere aus Vertretersicht sinnvoll, da dieser so durch Abschaltung der Mailadresse nach Widerruf der Benennung sicherstellen kann, dass ihn keine weiteren Anfragen erreichen. Alternativ ist es denkbar, dass der Auftraggeber eine E-Mail-Adresse zur Verfügung stellt, die er nach Vertragsende auf einen neuen Vertreter übertragen könnte, ohne diese in seinen Datenschutzinformationen ändern zu müssen. Die Angabe einer Telefonnummer ist dagegen nicht erforderlich.

**7. Weisungen und Informationspflichten.** Um für beide Parteien eine gewisse Sicherheit hinsichtlich der Weiterleitung von Korrespondenz zu gewährleisten, sieht das Muster an dieser Stelle zum einen vor, dass der Vertreter nur aufgrund konkreter Weisungen handeln darf und zum anderen, an welche Adresse beim Auftraggeber er Korrespondenz weiterzuleiten hat. So kann sichergestellt werden, dass auch auf Auftraggeberseite eine ordnungsgemäße Bearbeitung erfolgen kann, ist doch davon auszugehen, dass in der Regel bestimmte Fristen mit der beim Vertreter eingehenden Korrespondenz einhergehen, deren Versäumnis zB im Fall der Geltendmachung von Rechten durch betroffene Personen zu Bußgeldern führen könnte.

**8. Verfahrensverzeichnis des Auftraggebers.** Art. 30 Abs. 1 bzw. Abs. 2 DS-GVO verpflichten neben dem Verantwortlichen und dem Auftragsverarbeiter auch dessen Vertreter iSd Art. 27 DS-GVO zur Führung eines Verzeichnisses der Verarbeitungstätigkeiten. Dass Art. 30 Abs. 1 und 2 DS-GVO den Vertreter direkt als Verpflichteten nennen, führt dazu, dass der Vertreter nicht nur ein eigenes Verzeichnis hinsichtlich „seiner" Verarbeitungen als Vertreter führen muss, sondern auch das Verzeichnis des Auftraggebers vorzuhalten hat. Er ist nach Art. 30 Abs. 4 DS-GVO zusätzlich verpflichtet, das Verzeichnis des Auftraggebers der Datenschutzbehörde auf Anfrage zur Verfügung zu stellen. Um diese Verpflichtung erfüllen zu können, ist der Vertreter darauf angewiesen, dass der Auftraggeber ihm das Verzeichnis (welches vom Auftraggeber zu führen ist) und etwaige Änderungen und Aktualisierungen zur Verfügung stellt.

**9. Verschwiegenheit und Herausgabepflichten.** Da der Auftraggeber die Vertraulichkeit der Verarbeitung zu gewährleisten hat (Art. 5 Abs. 1 lit. f DS-GVO) greift die Klausel diese auch als vertragliche Nebenpflicht bestehende Pflicht des Vertreters auf und konkretisiert sie. Der genaue Umfang der Klausel kann und sollte auf die individuellen Bedürfnisse angepasst werden. Das Muster stellt insoweit eine Minimallösung dar. Ergänzend werden in Abs. 3 der Klausel Herausgabepflichten geregelt. Da das vorliegende Muster nur den Fall gelegentlicher Anfragen per Post oder E-Mail abdecken soll, sind auch keine ausführlicheren Regelungen zu den Herausgabepflichten des Vertreters notwendig. Wenn eine größere Zahl von Anfragen im Vertragszeitraum bearbeitet werden soll, sollten weitergehende Regelungen zu Art und Weise der Herausgabe (insbesondere zB zum Format einer elektronischen Herausgabe) aufgenommen werden. Der Ausschluss eines Zurückbehaltungsrechts des Vertreters soll sicherstellen, dass der Auftraggeber jederzeit seine Pflichten nach der DS-GVO erfüllen kann.

**10. Vergütung.** Welche konkreten Vergütungsregelungen getroffen werden, hängt immer von den kommerziellen Entscheidungen der Parteien ab. Da das Muster von nur gelegentlicher Korrespondenz ausgeht, sieht es ein Pauschalhonorar vor, welches selbst dann fällig ist, wenn der Vertreter im jeweiligen Abrechnungszeitraum gar nicht aktiv werden muss. Optional vorgesehen ist jedoch auch eine mengenmäßige Beschränkung der Korrespondenz pro Monat, um den Vertreter vor unzutreffenden Schätzungen des Auftraggebers zu schützen. Umso genauer der Auftraggeber bereits absehen kann, wie hoch die Anzahl der Anfragen sein wird, um so detaillierter lässt sich an dieser Stelle natürlich auch die Vergütung regeln. Denkbar wären insoweit auch Pauschalen pro Vorgang oder eine Abrechnung nach tatsächlichem Aufwand auf Stundensatzbasis, wobei der Vertreter dann das Risiko hat, trotz wirksamer Bestellung eventuell gar kein oder nur sehr wenig Honorar zu erhalten. Auch eine zusätzliche Auslagenregelung für Post- und Telekommunikationsausgaben ist selbstverständlich denkbar.

**11. Laufzeit und Kündigung.** Die im Muster gewählte Regelung sieht eine unbegrenzte Laufzeit und für beide Parteien ausgeglichene Kündigungsfristen vor. Denkbar wäre sicherlich auch eine längere Kündigungsfrist des Vertreters zum Schutze des Verantwortlichen oder Auftragsverarbeiters, der schließlich einen neuen Vertreter bestellen muss. Eine Kündigungsfrist von mindestens drei Monaten wird mit Blick auf das Haftungsrisiko des Auftraggebers hinsichtlich möglicher Schadensersatzansprüche und Bußgelder aus Art. 82 und 83 DS-GVO empfohlen, um einen nahtlosen Übergang zu einem neuen Vertreter zu ermöglichen. In § 7 Abs. 3 sieht das Muster den Ausschluss des gegebenenfalls in Betracht kommenden jederzeitigen fristlosen Kündigungsrechts nach §§ 675, 627 Abs. 1 BGB vor, da ein solches nicht den beiderseitigen

Interessen der Parteien entspricht und eine Regelung nur zu Lasten einer Partei nicht angemessen erscheint. Die optionale Regelung des § 7 Abs. 4 sieht vor, dass der Vertreter bei der Überleitung ohne Anspruch auf Vergütung angemessene Unterstützungsleistungen erbringen muss. Insbesondere hinsichtlich Korrespondenz und Dokumenten ist dies ratsam, sodass der Auftraggeber oder sein neuer Vertreter Aufsichtsbehörden oder Dritte über den Wechsel informieren kann. Ergänzend zu den im Muster vorgeschlagenen Regelungen sind auch hier weitere Regelungen, zB eine Regelung zur Kostentragung hinsichtlich der Unterstützungsleistungen denkbar.

**12. Unterauftragnehmer.** Aufgrund der besonderen Vertrauensstellung des Vertreters wird die Zulässigkeit des Einsatzes von Unterauftragnehmern von der Zustimmung des Auftraggebers abhängig gemacht. Der Auftraggeber kann mit Blick auf sein Haftungsrisiko und die Wahrung der Vertraulichkeit regelmäßig kein Interesse daran haben, dass der Vertreter unabgestimmt beliebige Dritte mit der Wahrnehmung der Aufgaben aus diesem Vertrag (unter)beauftragt. Darüber hinaus dürfte dem Auftraggeber auch die Erfüllung seiner Informationspflichten gegenüber betroffenen Personen nicht möglich sein, wenn es dem Vertreter möglich wäre, ohne Zustimmung Dritte einzusetzen. Der Auftraggeber würde dann unter Umständen die vom Auftragnehmer eingesetzten Dritten nicht kennen und könnte diese daher auch nicht in seinen Datenschutzinformationen benennen.

**13. Kontrollrechte.** Zwar stehen dem Auftraggeber auch ohne ausdrückliche Regelung Auskunftsrechte gem. §§ 675 Abs. 1, 666 BGB zu. Aus Gründen der Klarstellung und zum Schutz des Vertreters davor, dass etwaige Kontrollen im Auftrag des Auftraggebers von Mitbewerbern des Vertreters durchgeführt werden, sieht das Muster ausdrückliche Regelungen zu Informations- und Kontrollrechten des Auftraggebers zur Prüfung der ordnungsgemäßen Vertragsdurchführung vor.

**14. Haftung und Freistellung.** Im Verhältnis zueinander haften die Parteien entsprechend den zivilrechtlichen Regelungen zum Schadensersatz aus Verletzung einer Pflicht aus dem Vertragsverhältnis (insbesondere § 280 BGB). Begeht der Vertreter Pflichtverletzungen, die zu einem Schaden beim Auftraggeber führen (leitet er zB Schreiben nicht oder nicht innerhalb der Fristen weiter und vereitelt so die DS-GVO-konforme Erfüllung von Betroffenenrechten), haftet er dem Auftraggeber nach den allgemeinen Vorschriften. Eine Haftung des Vertreters im Außenverhältnis kommt, wie oben dargestellt, nicht in Betracht. Dennoch sieht das Muster vorsorglich eine entsprechende Freistellung vor. In der Praxis wird der Vertreter zur zusätzlichen Absicherung eine Haftungsbeschränkung vorsehen wollen, eine solche wäre dann entsprechend aufzunehmen.

**15. Vorrang individueller Vertragsabreden.** Ausführlich → Form. B. II. 1. Anm. 9.

# D. Richtlinien des Unternehmens

## I. Konzernrichtlinie der Geschäftsleitung

### 1. Gesellschafterbeschluss zur Einführung einer Datenschutz-Organisation

Inzwischen ist es sehr verbreitet, in Unternehmen eine interne Datenschutz-Richtlinie – international oft als „Policy" bezeichnet – vorzuhalten. Es stellt sich jedoch die Frage, wie stabil die Geltung solcher Dokumente ist, gerade gegenüber Geschäftsführung bzw. Vorstand. Wenn die Richtlinie, wie im Mittelstand üblich, vom Geschäftsführer einer GmbH „erlassen" wird – kann er die Anwendung sich selbst gegenüber auf Basis seiner „Gesetzgebungskompetenz" auch wieder abbedingen?

Um Konflikte mit § 46 Nr. 6 GmbHG (→ Anm. 3) zu vermeiden und um eine unumstößliche Geltung einer internen Richtlinie wie der nachfolgend dargestellten Konzernrichtlinie Datenschutz-Organisation (→ Form. D. I. 2.) zu erreichen, sollte sie daher von den Gesellschaftern bzw. im Konzern von der Muttergesellschaft beschlossen werden. Ein solcher Gesellschafterbeschluss zur Geltung der Konzernrichtlinie sollte zugleich auch die Geschäftsführer verpflichten, sie in allen Tochtergesellschaften verbindlich in Kraft zu setzen. Damit setzen auch die Gesellschafter bzw. Aufsichtsgremien (und nicht nur die Geschäftsführer der betroffenen Gesellschaft) den Datenschutz in der Gesellschaft aktiv in Kraft und nehmen die Geschäftsführung bzw. den Vorstand in die Pflicht.

Gesellschafterbeschluss

der [Name der Muttergesellschaft, HR-Eintrag, weitere Angaben]
– im Folgenden „[M]" –

gegenüber der [Name der Tochtergesellschaft, HR-Eintrag, weitere Angaben]
– im Folgenden „[T]" –

1. [Einleitende Formulierungen, entsprechend der gesellschaftsrechtlichen Situation und der Standards bei Gesellschafterbeschlüssen des Konzerns bzw. der M: Übliche formale Feststellungen, zB über Beteiligungsverhältnisse „Die [M] ist alleinige Gesellschafterin der [T]."][1]
2. Unter Verzicht auf jegliche Form- und Fristvorschriften hält die M eine Gesellschafterversammlung ab und beschließt was folgt:
   a) Die als Anhang 1 beigefügte „Konzernrichtlinie Datenschutz-Organisation" gilt ab [...] verbindlich in [...].[2]
   b) Die Geschäftsführer der [T] werden verbindlich angewiesen, (i) die vorbezeichnete Konzernrichtlinie zu beachten, (ii) bis Ende des Monats [...] alle organisatorischen oder sonstigen Maßnahmen zu treffen, um die Vorgaben der Richtlinie angemessen und wirksam in der T [und deren Tochtergesellschaf-

ten] umzusetzen, und (iii) bis [...] sowie anschließend jährlich dem Vorstand der M über die wesentlichen Maßnahmen, ihren Umsetzungsstand sowie etwaige diesbezügliche Defizite oder Risiken zu berichten.[3]

3. Weitere Beschlüsse werden nicht gefasst. Die Gesellschafterversammlung ist sodann beendet.

Anhang 1: Konzernrichtlinie Datenschutz-Organisation

[Unterschriften]

## Anmerkungen

**1. Formaler Rahmen für den Gesellschafterbeschluss.** Der Gesellschafterbeschluss sollte den üblichen Beschlüssen der Muttergesellschaft bzw. des Konzerns entsprechen. Vgl. für entsprechende Muster zB BeckFormB GmbHR/Döbereiner/Frank Form. I. IV. 1.

**2. Beschluss über die Einführung der Richtlinie in der Gesellschaft.** Um die Richtlinie in Tochtergesellschaften verbindlich vorzugeben, sollte sie – ebenso wie ein einzuführender Code of Conduct oder andere zentrale Compliance-Anforderungen – bei einer GmbH per Gesellschafterbeschluss (§ 48 GmbHG) beschlossen werden. Es sind die §§ 46 ff. GmbHG sowie die Satzung und ggf. weitere gesellschaftsrechtliche Vereinbarungen wie ein Investment oder Shareholder's Agreement zu berücksichtigen.

**3. Beschluss über die Verpflichtung der Geschäftsführer.** Ergänzend sollten zudem die GmbH-Geschäftsführer zur Einführung und Umsetzung der Richtlinie verpflichtet werden. Dies dient als weiteres und sehr konkretes Mittel, die tatsächliche Umsetzung der Richtlinie voranzutreiben und dokumentiert zugleich die diesbezügliche Anstrengung der Gesellschafter. Entsprechendes gilt für ein regelmäßiges Reporting an die Gesellschafter, das freilich von diesen eingefordert, mit der Geschäftsführung besprochen und in der Folge auch inhaltlich berücksichtigt werden sollte. Bei einem datenschutzrechtlichen Verstoß können solche Maßnahmen gem. Art. 83 Abs. 2 lit. d DS-GVO bußgeldmindernd berücksichtigt werden.

Die Verpflichtung der Gesellschafter nebst der entsprechenden Dokumentation durch den Gesellschafterbeschluss kann als ein Teil der Rechenschaftspflicht nach Art. 5 Abs. 2 DS-GVO betrachtet werden (→ Form. A. I.). Gesellschaftsrechtlich kann die Verpflichtung des Geschäftsführers nebst dem Reporting eine Maßregel zur Prüfung und Überwachung der Geschäftsführung iSd § 46 Nr. 6 GmbHG darstellen. Zur Compliance-seitigen Einordnung solcher Vorgaben → Form. A. II. 2. unter „Sonstige Verpflichtungen".

## 2. Konzernrichtlinie Datenschutz-Organisation

Im Konzern umfasst Datenschutz-Compliance nicht nur Schulungen und Verhaltensanweisungen gegenüber den Mitarbeitern der Gesellschaft (→ Form. D. II.). Vielmehr sind auch die Konzerngesellschaften und ihre Geschäftsführungen entsprechend anzuweisen. Dies kann, zumindest gegenüber GmbH-Geschäftsführern, durch Richtlinien mit detailliert ausgearbeiteten Vorgaben erfolgen. Diese haben jedoch den Nachteil, dass sie nicht in allen Situationen und Rechtsordnungen exakt passen werden. Stattdessen kann die Vorgabe im Rahmen einer dezentralen Organisation darauf reduziert werden, nur einen Rahmen mit Mindestanforderungen zu benennen (auch als Konzerngrundsätze oder „Corporate Principles" bezeichnet). Durch welche konkreten organisatorischen Vorgaben und Prozesse diese Anforderungen dann umgesetzt werden, obliegt – sofern die Umsetzung angemessen und wirksam ist – dem Gestaltungsspielraum der lokalen Gesellschaft bzw. ihrer Geschäftsführung. Um in der jeweiligen Tochtergesellschaft verbindlich verankert zu werden, erlässt die Konzern-/Muttergesellschaft einen entsprechenden Gesellschafterbeschluss, mit dem die Geltung der Konzernrichtlinie beschlossen und die Geschäftsführer zur Umsetzung verpflichtet werden (→ Form. D. I. 1.).

## Konzernrichtlinie Datenschutz-Organisation

Ziel dieser Konzernrichtlinie ist, im Konzern organisatorische[1] Mindeststandards und einen einheitlichen Rahmen für die Nutzung und den Schutz personenbezogener Daten zu schaffen und damit Imageschäden vom Konzern und seinen Marken abzuwenden. Sie gilt weltweit für alle Mehrheitsbeteiligungen des Konzerns der [... AG] mit Ausnahme von Einheiten, in denen Daten nur in unerheblichem Umfang verarbeitet werden (zB Vorratsgesellschaften); die betreffenden Mehrheitsgesellschaften werden im Folgenden jeweils als „Konzerngesellschaft" bezeichnet.

§ 1

Die Geschäftsführung jeder Konzerngesellschaft ist für die Umsetzung dieser Richtlinie, die den Aufbau und die Aufrechterhaltung einer angemessenen Compliance-Organisation für datenschutzrelevante Sachverhalte regelt, und insgesamt für die Einhaltung des Datenschutzes zuständig.[2] Sie muss sich über die jeweiligen landespezifischen Anforderungen zum Datenschutz informieren.

§ 2

Die Geschäftsführung hat dafür Sorge zu tragen, dass Führungskräfte, Mitarbeiter und etwaige Dritte, die mit personenbezogenen Daten arbeiten, mindestens entsprechend den lokalen Anforderungen informiert und, soweit erforderlich, geschult werden.[3]

§ 3

Die Aufgaben und Verantwortlichkeiten im Umgang mit personenbezogenen Daten sind eindeutig festzulegen, regelmäßig zu kontrollieren und zu dokumentieren.[4]

§ 4

Für jede Konzerngesellschaft ist ein lokaler Privacy Officer zu ernennen. Der Privacy Officer ist über die gesetzlichen Pflichten eines Datenschutzbeauftragten hinaus für die Einhaltung datenschutzrechtlicher Vorgaben verantwortlich.[5] Zudem ist er für die Koordination datenschutzrechtlicher Themen und dieser Konzernrichtlinie in der jeweiligen Konzerngesellschaft zuständig. Er dient auch als Ansprechpartner für den Konzern und den Chief Privacy Officer und stellt ihm Informationen zur Verfügung. Soweit gesetzlich vorgesehen, ist auch ein Datenschutzbeauftragter zu bestellen; dieser kann in Personalunion die Aufgaben des Privacy Officers mit ausüben.[6]

§ 5

Der Chief Privacy Officer des Konzerns unterstützt die Konzerngesellschaften und ihre lokalen Privacy Officer bei der täglichen Arbeit und koordiniert datenschutzrechtliche Themen mit konzernweiter Relevanz.[7]

§ 6

Die datenschutzrechtlichen Risiken einschließlich damit verbundener Reputationsrisiken müssen von der Konzerngesellschaft mindestens einmal pro Jahr erhoben und hinsichtlich möglicher Auswirkungen auf die Geschäftsprozesse bewertet werden. Die Ergebnisse der Risikoanalyse müssen dokumentiert und sofern für den Konzern wesentlich in das zentrale Risikomanagement einfließen.[8]

§ 7

Der Chief Privacy Officer ist, sofern eine Relevanz für den Konzern vorliegt, unverzüglich zu informieren[9]

a) im Fall der Verletzung des Schutzes personenbezogener Daten, bevor eine Meldung an Aufsichtsbehörden getätigt wird, sowie,
b) bei Anfragen von Ermittlungsbehörden, Aufsichtsbehörden oder Rechtsstreitigkeiten mit Bezug zu personenbezogenen Daten; in den letztgenannten Fällen ist auch die Rechtsabteilung einzubinden.

§ 8

Für Anwendungen, die besondere datenschutzrechtliche Betreuung benötigen, ist ein Product Owner namentlich zu benennen, der dort direkt im operativen Betrieb tätig ist und als interne Kontaktperson für datenschutzrechtliche Themen agiert.[10] Solche Anwendungen sind in der Regel (i) Webseiten und Apps, (ii) die Verwaltung von Einwilligungen (Opt-Ins) und Widersprüchen, auch im Rahmen von Consent Management Plattformen (CMPs, umgangssprachlich Cookie-Banner),[11] (iii) IT-Systeme, in denen in großer Menge Endkundendaten verarbeitet werden (Kunden- und Userverwaltung, BI, CRM), (iv) Verarbeitungen, die der KI-Verordnung (sog. AI Act) unterfallen,[11] sowie (v) die Verarbeitung von Beschäftigtendaten, Gesundheitsdaten, Bank-/Kreditkartendaten oder anderen besonders sensiblen Daten.

§ 9

Bei Geschäftsmodellen und IT-Systemen, die personenbezogene Daten verarbeiten, sind die rechtlichen und technischen Anforderungen des Datenschutzes bereits in der Konzeption zu beachten (u.a. „Privacy by Design“; „Privacy by Default“). Dies beinhaltet insbesondere angemessene aktuelle technische Anforderungen, technische und organisatorische Maßnahmen, die Trennung und Verschlüsselung von Daten sowie die Erstellung und Einhaltung eines Konzeptes für die Aufbewahrung und Löschung der Daten.[12]

## Anmerkungen

**1. Organisatorische Mindestanforderungen.** Diese Richtlinie setzt – basierend auf den rechtlichen Anforderungen zu Compliance sowie IDW PS 980 und PH 9.860.1 (→ Form. A. II.3.) – einen organisatorischen Rahmen zur Erreichung von Compliance in datenschutzrechtlichen Themen. Materiell-rechtliche Fragen des Datenschutzes werden mit Ausnahme von den sehr allgemeinen IT-Anforderungen in § 9 nicht geregelt, da sie nicht in allen Ländern (insbes. nicht in Ländern außerhalb des Geltungsbereichs der DS-GVO) einheitlich sind und einer häufigeren inhaltlichen Überarbeitung bedürfen würden als diese Richtlinie. Entsprechendes gilt für Anforderungen aus der NIS2-RL oder dem Cyber Resilience Act (vgl. hierzu → Form. E. I. 2.).

Daher ist diese organisatorische Richtlinie auch keine Alternative zu inhaltlichen Vorgaben wie zB im nachfolgenden Muster einer Datenschutz-Richtlinie (→ Form. D. II.) oder zu einer IT-Sicherheitsrichtlinie (hierzu → Form. E. II.). Vielmehr werden beide Arten von Richtlinien benötigt, wenn die inhaltliche Befolgung der Datenschutzgesetze durch geeignete organisatorische Maßnahmen umgesetzt werden soll, die durch definierte Verantwortlichkeiten den Anforderungen einer Datenschutz-Compliance genügt.

**2. Datenschutz-Compliance als Pflicht der Geschäftsführung.** Es sollte klar geregelt sein, dass die jeweilige Geschäftsführung (und nicht der Datenschutzbeauftragte) für die Umsetzung dieser Richtlinie und die Einhaltung der datenschutzrechtlichen Regeln verantwortlich ist. Denn für die Einhaltung der Gesetze einschließlich datenschutzrechtlicher Normen ist der Verantwortliche bzw. deren handelndes Organ zuständig (→ Form. A. II. 1. und → Form. A. II.2.; zur datenschutzrechtlichen Rechenschaftspflicht/Accountability → Form. A. I.). Die Geschäftsleitung sollte nicht der Fehlvorstellung unterliegen, dass der Datenschutzbeauftragte als Compliance-Einheit die von der Geschäftsleitung verantworteten Compliance-Pflichten umsetzt. Daher handelt es sich bei dem hier niedergelegten Prinzip eines Chief Privacy Officers mit lokalen Privacy Officern um eine vom unabhängigen Datenschutzbeauftragten zu unterscheidende Compliance-Einheit, auch wenn beide Aufgaben uU in Personalunion ausgeführt werden können (ausf. → Anm. 5 und 6).

**3. Verantwortlichkeit für Informationen und Schulungen.** Unabhängig von den Schulungsaufgaben der Datenschutzbeauftragten und ihrer diesbezüglichen Unabhängigkeit – die bezüglich ihrer inhaltlichen Ausgestaltung von Schulungen auch den Mitbestimmungsrechten des Betriebsrates vorgeht – hat die Geschäftsführung die Pflicht, alle relevanten Mitarbeiter und ggf. auch Dritte über Zuständigkeiten und etwaige Verbote zu informieren und ggf. Schulungen anzubieten. Solche Schulungen können bei Standardthemen in Form von eLearnings durchgeführt werden. Die Teilnahme der betreffenden Mitarbeiter und Dritter sollte dabei verpflichtend sein und es sollte zum Absolvieren der Schulung durch einen kurzen Wissenstest geprüft und dokumentiert werden, dass der Teilnehmer nun über das entsprechende Basiswissen verfügt.

**4. Aufgaben und Verantwortlichkeiten im Umgang mit personenbezogenen Daten.** Die Aufgaben und Verantwortlichkeiten sind nicht nur klar festzulegen und zu dokumentieren. Vielmehr ist die Einhaltung auch regelmäßig zu kontrollieren. Nur so kommt der Vorstand bzw. die Geschäftsführung ihren Pflichten nach; zum Internen Kontrollsystem (IKS) → Form. A. II.2. sowie zu Compliance-Programm und Compliance-Risiken im Rahmen der IDW PS 980 und PH 9.860.1 → Form. A. II.3.

**5. Festlegung lokaler Privacy Officer in Tochtergesellschaften.** Da die Datenschutzbeauftragten vorbehaltlich anderer Vereinbarungen nur die ihnen durch die DS-GVO auferlegten Aufgaben haben, aber nicht für eine echte Datenschutz-Compliance im Sinne der tatsächlichen Einhaltung der Gesetze (→ Form. A. II.) zuständig sind, wird ein dezentraler Ansprechpartner benötigt, der auch als echter „Umsetzer" für Vorgaben aus der Datenschutz-Compliance agiert. Diese Rolle ist nicht zu verwechseln mit dezentralen Hilfskräften, die dem Datenschutzbeauftragten unterstellt sind und teilweise als „dezentraler Datenschutzkoordinator" bezeichnet werden (vgl. hierzu von dem Bussche/Voigt Konzerndatenschutz/Egle/Zeller Kap. 2 Rn. 52 ff.). Vielmehr ist der (hier so bezeichnetet) lokale Privacy Officer eine dezentrale Unterstützung für die Datenschutz-Compliance. Der lokale Privacy Officer berichtet daher nicht an den Datenschutzbeauftragten, sondern ist fachlich dem Chief Privacy Officer unterstellt, und sein Aufgabenspektrum leitet sich nicht aus dem (recht unverbindlichen) Auftrag des Datenschutzbeauftragten ab, sondern aus einer Compliance-Funktion (→ Form. A. II.1.). Da aber die Rolle des Chief Privacy Officers mit der des (Konzern-)Datenschutzbeauftragten sowie die der (lokalen) Datenschutzbeauftragten mit denen der (lokalen) Privacy Officer grundsätzlich in Personalunion wahrgenommen werden können, können im Alltag die Grenzen verschwimmen. Gerade daher ist es elementar wichtig, die Aufgaben der Datenschutz-Compliance eindeutig konkreten Personen zuzuordnen, um die Lücke zwischen Datenschutzbeauftragten und Datenschutz-Compliance (→ Form. A. II.1.) zu schließen und dies zu dokumentieren.

**6. Verhältnis der (lokalen) Privacy Officer zum (lokalen) Datenschutzbeauftragten.** Der lokale Privacy Officer ist Teil der datenschutzbezogenen Compliance-Struktur des Konzerns und kein Mitarbeiter des (lokalen) Datenschutzbeauftragten (→ Anm. 5). In entsprechend großen Gesellschaften können die Funktion des lokalen Privacy Officers und die des lokalen Datenschutzbeauftragten durch zwei verschiedene Personen wahrgenommen werden, falls es nicht ohnehin einen (Konzern-)Datenschutzbeauftragten gibt, der auch für diese Gesellschaft als Datenschutzbeauftragter bestellt ist. Denn die Berichtspflichten oder inhaltliche Vorgaben, die dem lokalen Privacy Officer gemacht werden, können mit der Unabhängigkeit des lokalen Datenschutzbeauftragten kollidieren. In vielen Fällen wird jedoch der Vorteil überwiegen, dass beide Aufgaben und Kompetenzen in einer Hand gebündelt sind. Zumindest theoretisch ist dabei jedoch zu differenzieren, welche (weisungsgebundenen) Tätigkeiten die Person als Privacy Officer durchführt, und wo er als unabhängiger (Teilzeit-)Datenschutzbeauftragter handelt. In jedem Fall sollten aber die verschiedenen Rollen und Personen in kollegialer Kooperation zusammenwirken, da beide das gemeinsame Ziel haben, dass die datenschutzrechtlichen Vorgaben bekannt sind und eingehalten werden.

**7. Chief Privacy Officer.** An den (hier so bezeichneten) Chief Privacy Officer werden von Vorstand/Geschäftsführung wesentliche Teile ihrer Pflichten zur Einhaltung von Datenschutz-Compliance delegiert. Er koordiniert die datenschutzrechtlichen Themen des Konzerns. Von ihm kann im Rahmen einer Transparenz-Kultur ein Bericht veröffentlicht werden, in dem zB quantitativ über Auskunftsersuchen von Behörden und Strafverfolgungsbehörden informiert wird.

*Koglin*

Ob sein Zuständigkeitsbereich wie im vorliegenden Mustertext alle (dh weltweite) Mehrheitsbeteiligungen umfasst oder ob die Beschränkung auf 100-Prozent-Beteiligungen oder eine abschließende Liste die bessere Wahl ist, hängt vom jeweiligen Konzern und seiner Kultur ab. Vor dem Hintergrund der unter der DS-GVO drohenden exorbitanten Haftung von bis zu 4 Prozent des weltweiten Vorjahresumsatzes des Konzerns besteht jedenfalls das Risiko, dass die Aufsichtsbehörden den aus dem Kartellrecht entlehnten Unternehmensbegriff heranziehen werden.

Im Rahmen der Zuständigkeit sollte bedacht werden, dass der Chief Privacy Officer in den in seinen Zuständigkeitsbereich fallenden Gesellschaften dann tatsächlich in der Verantwortung steht und hier tätig werden muss, also auch die nötigen Ressourcen benötigt. Zugleich muss die Geschäftsleitung eine Entscheidung treffen (und idealerweise dokumentieren), wer in den nicht in diesen Zuständigkeitsbereich fallenden Gesellschaften für Compliance in Datenschutzfragen zuständig ist.

**8. Risk Assessment.** Das Unternehmen ist nach den in → Form. A.II.2. skizzierten Grundsätzen zu einem Risikomanagement verpflichtet. Hierbei sollten die lokalen Privacy Officer zur Mitarbeit verpflichtet werden, soweit datenschutzrechtliche Risiken in Rede stehen.

**9. Information des Chief Privacy Officers.** Bei Vorfällen mit konzernweiter Relevanz sollte eine Pflicht bestehen, diese von der lokalen Ebene dem Chief Privacy Officer zu melden. So ist er informiert, auskunftsfähig und kann die richtigen Maßnahmen koordinieren. Auch können Maßnahmen veranlasst werden, die gem. Art. 83 Abs. 2 S. 2 lit. c, f, h und k DS-GVO bußgeldmindernd zu berücksichtigen sind.

**10. Product Owner.** Schon in mittelgroßen Organisationen ergibt sich das Problem, dass der Datenschutzbeauftragte nicht in jede IT-seitige Änderung eingebunden ist und nicht jeden Betriebsteil überwachen kann. Dadurch können datenschutzrechtlich relevante Umstellungen durch das Netz einer angemessenen Kontrolle „durchrutschen". Auch durch allgemein für eine Tochtergesellschaft oder einen Unternehmensteil zuständige dezentrale Datenschutzkoordinatoren und auch durch einen lokalen Privacy Officer kann dieses Problem nicht gelöst werden. Hier hilft es, konkret in dem jeweiligen Betrieb eine Person zu etablieren, die Kenntnis von solchen Änderungen hat und bei dem konkreten IT-System als „Pate" für den datenschutzrechtskonformen Betrieb zur Verfügung steht.

Eine solche Rolle ist freilich nur bei Systemen erforderlich, von denen besondere datenschutzrechtliche Risiken ausgehen. Die Auflistung im Muster sollte auf das konkrete Unternehmen und seine Risiken hin überprüft und angepasst werden.

**11. Spezielle Techniken wie CMP und AI.** Diese Technologien benötigen eine intensive Betreuung und besondere Expertise. Daher ist hier ein Product Owner erforderlich, der die vorgenommene Datenverarbeitung und geplante Änderungen im Blick hat und sich zu aktuellen rechtlichen Themen wie dem ePrivacy-Recht informiert hält. Dies betrifft allgemein „Cookies", „Tracking" und weitere Fragen rund um § 25 TDDDG (Schumacher/Sydow/v. Schönfeld MMR 2021, 603; Gierschmann MMR 2023, 22; Schmitz MMR 2022, 735; zur Vereinbarkeit mit § 327e BGB Hanloser ZD 2022, 135) einschließlich der Fragen zur Freiwilligkeit der Einwilligung bei sog. PUR-Modellen (auch als „Pay or OK" bezeichnet, hierzu bej. Beschluss der Datenschutzkonferenz v. 22.3.2023; kritischer wohl EDSA, Opinion 08/2024 on Valid Consent in the Context of Consent or Pay Models Implemented by Large Online Platforms; vertiefend Kühling/Sauerborn ZfDR 2022, 339; Nikol/Rost NJW 2022, 975), Consent Management Plattformen (CMP) und Standards wie den IAB TCF (hierzu u.a. EuGH 7.3.2024 – C-604/22, GRUR-RS 2024, 3638; Übersicht zu CMP, IAB und TCF bei Halank/Koglin DSB 2020, 92; Muster zur gemeinsamen Verantwortung innerhalb der TCF-Parteien → Form. I. VI.; zur Rechtslage Baumgartner/Hansch ZD 2020, 45; Koglin DSB 2023, 86). Zu zukünftigen Anforderungen unter dem AI Act (→ Form. Q. II.).

**12. Grundlegende IT-Anforderungen (u.a. Privacy by Design).** Zentrale und abstrakte Anforderungen an die IT-Architektur und IT-Sicherheit können ebenfalls in die Richtlinie aufgenommen werden. Zu Privacy by Design/by Default → Form. C. V. 5. Konkrete technische Anforderungen sowie inhaltlich-datenschutzrechtliche Anforderungen sollten hingegen nicht in die grundsätzliche Richtlinie aufgenommen werden, um sie regelmäßig und kurzfristig aktualisieren zu können.

## II. Unternehmensrichtlinie Datenschutz für Mitarbeiter

Die Aufforderung zur Einhaltung der Bestimmungen der DS-GVO zieht sich wie ein roter Faden durch deren Erwägungsgründe und Artikel. Dieser grundlegende und zunächst abstrakt formulierte Appell wird mit der Verpflichtung von Verantwortlichen verbunden, die Einhaltung der gesetzlichen Vorgaben nachweisen zu können, was mit einer Rechenschaftspflicht („Accountability") gleichzusetzen ist. Die Form der Umsetzung dieser Rechenschaftspflicht wird nicht weiter konkretisiert, sodass Dokumentationen und Sensibilisierungsmaßnahmen zugunsten der Mitarbeiter ebenso denkbar sind, wie begleitende und nachvollziehbare technisch-organisatorische Maßnahmen. Eine Unternehmensrichtlinie zum Datenschutz kann einen wesentlichen Beitrag dabei leisten, die Mitarbeiter des Unternehmens in die Einhaltung der gesetzlichen – oder unternehmenseigenen – Bestimmungen einzubeziehen. Gerade diese Personengruppe ist als wichtiger Adressat der Vorgaben zum Datenschutz anzusehen, da ihre Tätigkeit in einer digitalisierten Arbeitswelt einen fortwährenden Umgang mit personenbezogenen Daten bedingt. Entsprechend muss auch sie ihren Teil zu einer unternehmensinternen Umsetzung beitragen. Diese Einbeziehung der Mitarbeiter vollzieht sich in einem ersten Schritt durch eine umfassende Information über bestehende Ge- und Verbote zum Datenschutz.

Hierbei sollten die bestehenden gesetzlichen Anforderungen mit eigenen Vorgaben des Verantwortlichen zum Schutz personenbezogener Daten ergänzt und konkretisiert werden. Hat ein Verantwortlicher alle ihn betreffenden Ge- und Verbote identifiziert, gilt es, diese in die Unternehmensorganisation zu überführen (→ Form. A. I. bis → Form. A. IV.). Das Gestaltungsmittel einer Unternehmensrichtlinie zum Datenschutz ist eine Möglichkeit, bestehende Vorgaben zum Datenschutz in einem **zentralen Dokument** zu verankern und die Adressaten mit den Grundprinzipen des Datenschutzes vertraut zu machen. Sie ist dabei als **übergeordnetes Regelwerk** zu sehen, das an entsprechender Stelle auf weitere Richtlinien, Arbeitsanweisungen oder sonstige Anforderungen verweisen kann. Ferner bietet es sich an, über eine Unternehmensrichtlinie eine verbindliche Grundlage für einen rechtmäßigen Umgang mit personenbezogenen Daten zu schaffen. Ob diese Verbindlichkeit nochmals durch eine Verankerung im Arbeitsvertrag selbst oder durch eine Zusatzvereinbarung hergestellt wird, steht im Ermessen des Verantwortlichen. Zu prüfen sind jedoch ggf. bestehende Mitbestimmungsrechte des Betriebsrats beim Erlass einer Unternehmensrichtlinie, die das Ordnungsverhalten von Beschäftigten näher regeln möchte (vgl. LAG Schleswig-Holstein 6.8.2019 – 2 TaBV 9/19, NZA-RR 2019, 647).

Neben der Schaffung von Verbindlichkeit stärkt die Unternehmensrichtlinie aufgrund einer Bündelung von Datenschutzvorgaben den Schutz der Rechte und Interessen von Betroffenen. Immerhin wird den Mitarbeitern ein zentraler Zugang zu den vorhandenen Unternehmensstandards ermöglicht. Gleichzeitig kann eine Richtlinie das innerbetriebliche Bewusstsein für den Datenschutz stärken.

Die Unternehmensrichtlinie muss **von der Geschäftsleitung in Kraft gesetzt** werden und für alle Beschäftigten und leitenden Angestellten des Unternehmens sowie etwaiger Tochtergesellschaften oder unselbständiger Niederlassungen verbindlich gelten. Nur so kann ein einheitlicher Standard für sämtliche Datenverarbeitungsvorgänge geschaffen werden.

Das nachfolgende Formular verwendet ausschließlich die Begrifflichkeit der Unternehmensrichtlinie, ohne auf die Spezifika bei der Zusammenarbeit mit der Arbeitnehmervertretung und deren Einbeziehung einzugehen. Im Übrigen enthält das Formular allgemeine datenschutzrechtliche Anforderungen und Vorgaben. Es ist im Einzelfall an die Besonderheiten des jeweils Verantwortlichen anzupassen. Ferner bezieht es sich aus Gründen der Vereinfachung auf Unternehmen mit Sitz in Deutschland, auch wenn die DS-GVO europaweit einheitliche Vorgaben enthält.

## Unternehmensrichtlinie[1] Datenschutz

### § 1 Bedeutung, Ziel, Zugänglichkeit

**(1) Diese Unternehmensrichtlinie ist die verbindliche Basis für den rechtskonformen Umgang mit und nachhaltigen Schutz von personenbezogenen Daten im Unternehmen.**

**(2) Mit dieser Unternehmensrichtlinie sollen die Grundrechte und Grundfreiheiten von Betroffenen, insbesondere ihr Recht auf Schutz personenbezogener Daten, gewahrt und geschützt werden. Sollte ein Datenschutzgesetz strengere Anforderungen als solche dieser Richtlinie vorsehen, gilt das Gesetz vorrangig.**

**(3) Die Unternehmensrichtlinie muss für alle Beschäftigten und leitenden Angestellten jederzeit leicht zugänglich sein.**

### § 2 Geltungsbereich[2]

**(1) Diese Richtlinie findet Geltung für alle Unternehmen des [Name des Konzerns], an denen die [Name der Muttergesellschaft] eine Beteiligung von mehr als [50 Prozent] mittelbar oder unmittelbar hält oder deren wirtschaftliche Führung sie innehat. Sie gilt jedoch nur, wenn der Sitz oder eine Niederlassung des auftraggebenden Unternehmens in Deutschland ist.**

**(2) Sie gilt persönlich für alle Beschäftigten sowie leitenden Angestellten des Unternehmens.**

**(3) Die Gebote und Verbote dieser Unternehmensrichtlinie gelten für jeglichen Umgang mit personenbezogenen Daten, unabhängig davon, ob dieser elektronisch oder in Papierform vonstattengeht. Ebenso beziehen sie alle Arten von Betroffenen (Kunden, Beschäftigte, Lieferanten etc) in ihren Geltungsbereich ein.**

### § 3 Begriffsbestimmungen

**(1) Personenbezogene Daten sind alle Informationen, die sich auf eine identifizierte oder identifizierbare natürliche Person beziehen (Betroffener). Kundendaten gehören ebenso zu den personenbezogenen Daten wie Personaldaten von Beschäftigten. Beispielsweise lässt der Name eines Ansprechpartners ebenso einen Rückschluss auf eine natürliche Person zu, wie seine E-Mail-Adresse. Es genügt, wenn die jeweilige Information mit dem Namen des Betroffenen verbunden ist oder unabhängig hiervon aus dem Zusammenhang hergestellt werden kann. Ebenso kann eine Person bestimmbar sein, wenn die Information mit einem Zusatzwissen erst verknüpft**

werden muss, so zB beim Autokennzeichen. Das Zustandekommen und die Art bzw. Verkörperung der Information ist für einen Personenbezug unerheblich. Auch Fotos, Video- oder Tonaufnahmen können personenbezogene Daten darstellen.

(2) Besondere Kategorien personenbezogener Daten sind Informationen, aus denen die rassische und ethnische Herkunft, politische Meinungen, religiöse oder weltanschauliche Überzeugungen sowie eine eventuelle Gewerkschaftszugehörigkeit hervorgehen kann sowie genetische Daten, biometrische Daten, Gesundheitsdaten oder Daten zum Sexualleben bzw. der sexuellen Orientierung einer natürlichen Person. Auch personenbezogene Daten zu strafrechtlichen Verurteilungen und Straftaten oder damit zusammenhängenden Sicherungsmaßregeln stehen unter einem besonderen gesetzlichen Schutz.

(3) Verarbeitung ist jeder mit oder ohne Hilfe automatisierter Verfahren ausgeführte Vorgang oder jede solche Vorgangsreihe im Zusammenhang mit personenbezogenen Daten, wie das Erheben, das Erfassen, die Organisation, das Ordnen, die Speicherung, die Anpassung oder Veränderung, das Auslesen, das Abfragen, die Verwendung, die Offenlegung durch Übermittlung, Verbreitung oder eine andere Form der Bereitstellung, der Abgleich oder die Verknüpfung, die Einschränkung, das Löschen oder die Vernichtung.

(4) Einschränkung der Verarbeitung ist die Markierung gespeicherter personenbezogener Daten mit dem Ziel, ihre künftige Verarbeitung einzuschränken. Personenbezogene Daten können beispielsweise auch in ihrer Verarbeitung eingeschränkt werden, wenn sie in ein Archivsystem überführt werden.

(5) Ein Verfahren stellt einen Ablauf von Verarbeitungsschritten dar, mit denen eine oder mehrere (vom Standpunkt des Verantwortlichen und des Betroffenen aus betrachtet) miteinander verbundene Zweckbestimmungen realisiert werden sollen. So sind beispielsweise die Personalverwaltung oder die Videoüberwachung als Verfahren anzusehen. Aber selbst eine einzelne Applikation kann ein Verfahren darstellen, wenn hierdurch ein eigenständiger Zweck verfolgt werden soll.

(6) Profiling bezeichnet jede Art der automatisierten Verarbeitung personenbezogener Daten, die darin besteht, dass diese personenbezogenen Daten verwendet werden, um bestimmte persönliche Aspekte, die sich auf eine natürliche Person beziehen, zu bewerten, insbesondere um Aspekte bezüglich Arbeitsleistung, wirtschaftliche Lage, Gesundheit, persönliche Vorlieben, Interessen, Zuverlässigkeit, Verhalten, Aufenthaltsort oder Ortswechsel dieser natürlichen Person zu analysieren oder vorherzusagen. Die Analyse des Surfverhaltens von Kunden auf der Webseite des Unternehmens kann beispielsweise ein Profiling darstellen.

(7) Als automatisierte Einzelentscheidung werden Entscheidungen über einen Menschen bezeichnet, die ausschließlich auf einer automatisierten Verarbeitung personenbezogener Daten beruhen und diese Entscheidung gegenüber dem Betroffenen eine rechtliche Wirkung entfaltet oder diesen in ähnlicher Weise beeinträchtigt. Beispielsweise liegt eine automatisierte Einzelfallentscheidung vor, wenn durch das Unternehmen Bewerberfragebögen automatisiert ausgewertet und nur diejenigen Bewerber, die eine bestimmte Punktzahl erreicht haben, zum Bewerbungsgespräch eingeladen werden.

(8) Pseudonymisierung ist die Verarbeitung personenbezogener Daten in einer Weise, dass die personenbezogenen Daten ohne Hinzuziehung zusätzlicher Informationen nicht mehr einer spezifischen betroffenen Person zugeordnet werden können,

sofern diese zusätzlichen Informationen gesondert aufbewahrt werden und technischen und organisatorischen Maßnahmen unterliegen, die gewährleisten, dass die personenbezogenen Daten nicht einer identifizierten oder identifizierbaren natürlichen Person zugewiesen werden. Eine einfache Form der Pseudonymisierung ist das Ersetzen von Identifikationsmerkmalen (zB Name und Anschrift) mit einer individuellen Kennnummer. Pseudonymisierte Daten unterliegen, im Gegensatz zu anonymen Daten, den Datenschutzgesetzen.

(9) Anonymisierung ist die Veränderung von personenbezogenen Daten, so dass mit den generierten Daten eine natürliche Person nicht mehr identifiziert werden kann.

(10) Verantwortlicher ist die natürliche oder juristische Person, Behörde, Einrichtung oder andere Stelle, die allein oder gemeinsam mit anderen über die Zwecke und Mittel der Verarbeitung von personenbezogenen Daten entscheidet. In der Regel ist das Unternehmen ein Verantwortlicher für eine Verarbeitung.

(11) Auftragsverarbeiter ist eine natürliche oder juristische Person, Behörde, Einrichtung oder andere Stelle, die personenbezogene Daten im Auftrag des Verantwortlichen verarbeitet. Dem Auftragsverarbeiter steht keine Befugnis zu, selbst über die Zwecke der Verarbeitung personenbezogener Daten des Verantwortlichen zu entscheiden.

(12) Empfänger ist eine natürliche oder juristische Person, Behörde, Einrichtung oder andere Stelle, der personenbezogene Daten offengelegt werden, unabhängig davon, ob es sich bei ihr um einen Dritten (s. den nachfolgenden Absatz) handelt oder nicht.

(13) Dritter ist eine natürliche oder juristische Person, Behörde, Einrichtung oder andere Stelle, außer der betroffenen Person, dem Verantwortlichen, dem Auftragsverarbeiter und den Personen, die unter der unmittelbaren Verantwortung des Verantwortlichen oder des Auftragsverarbeiters befugt sind, die personenbezogenen Daten zu verarbeiten.

(14) Eine Einwilligung des Betroffenen ist jede freiwillig für den bestimmten Fall, in informierter Weise und unmissverständlich abgegebene Willensbekundung in Form einer Erklärung oder einer sonstigen eindeutigen bestätigenden Handlung, mit der der Betroffene zu verstehen gibt, dass er mit der Verarbeitung der ihn betreffenden personenbezogenen Daten einverstanden ist. Hinsichtlich der Ausgestaltung und Form der Einwilligung ist der Datenschutzbeauftragte beizuziehen. Einwilligungen sind aufgrund bestehender Rechenschaftspflichten des Unternehmens stets zu dokumentieren.

(15) Das Verzeichnis von Verarbeitungstätigkeiten ist eine strukturierte Datenschutzdokumentation und hilft dem Verantwortlichen, einen Nachweis hinsichtlich der Erfüllung der gesetzlichen Vorgaben zum Datenschutz zu erbringen.

§ 4 Rollen und Verantwortlichkeiten[3]

(1) Die Geschäftsführung hat Sorge zu tragen, dass im Unternehmen ein Datenschutzmanagement und IT-Sicherheitsmanagement etabliert ist. Sie ist insgesamt für die Einhaltung des Datenschutzes verantwortlich.

(2) Für jede Verarbeitung personenbezogener Daten ist ein Verfahrensverantwortlicher zu bestimmen und im Verzeichnis von Verarbeitungstätigkeiten zu dokumen-

tieren. Der Verfahrensverantwortliche führt die Anweisungen der Geschäftsführung zur Umsetzung der gesetzlichen Vorgaben zum Datenschutz aus. Er trägt die Verantwortung für das jeweilige Verfahren und hat dafür zu Sorge zu tragen, dass die gesetzlichen Anforderungen zum Datenschutz sowie Anforderungen aus dieser Richtlinie im jeweiligen Verfahren eingehalten werden (insbesondere Privacy by Design/by Default, Löschkonzepte, Erfüllung gesetzlicher Transparenzpflichten, arbeitsplatzbezogene Instruktion des einzelnen Mitarbeiters oder die frühzeitige Einbindung des Datenschutzbeauftragten etc).

(3) Jeder Mitarbeiter hat im Rahmen der Verarbeitung personenbezogener Daten folgende Pflichten:
- das Vertrautmachen mit internen Regelungen und gesetzlichen Vorschriften zum Datenschutz und die Einhaltung dieser Vorgaben
- das Zurateziehen des Datenschutzbeauftragten in datenschutzrechtlichen Zweifelsfällen
- die Meldung von Verstößen gegen diese Richtlinie

§ 5 Datenschutzbeauftragter[4]

(1) Der Datenschutzbeauftragte überwacht die Einhaltung der gesetzlichen Vorgaben zum Datenschutz, einschließlich der Anforderungen der vorliegenden und anderer Richtlinien des Unternehmens zum Datenschutz. Er berät und unterrichtet die Unternehmensleitung hinsichtlich bestehender Datenschutzpflichten und ist für die Kommunikation mit Aufsichtsbehörden zuständig. Ausgewählte Prozesse werden durch ihn stichprobenartig, risikoorientiert und in angemessenen Zeitabständen auf ihre Datenschutzkonformität hin kontrolliert.

(2) Der Datenschutzbeauftragte nimmt seine Aufgaben weisungsfrei und unter Anwendung seines Fachwissens wahr. Er berichtet unmittelbar der Geschäftsführung.

(3) Das Unternehmen bzw. seine Mitarbeiter haben den Datenschutzbeauftragten bei der Erfüllung seiner Aufgaben zu unterstützen.

(4) Das Unternehmen hat einen Datenschutzbeauftragten bestellt. Diesen erreichen Sie unter folgenden Kontaktdaten: [Kontaktdaten des Datenschutzbeauftragten].

§ 6 Umgang mit personenbezogenen Daten

(1) Die Verarbeitung personenbezogener Daten ist grundsätzlich verboten, es sei denn, eine gesetzliche Norm erlaubt explizit den Datenumgang. Personenbezogene Daten dürfen nach der DS-GVO grundsätzlich verarbeitet werden:
- Bei einem bestehendes Vertragsverhältnis mit dem Betroffenen.
  Beispiel: Die Speicherung und Verwendung erforderlicher personenbezogener Daten im Rahmen eines Darlehensvertrages.
- Im Zuge vorvertraglicher Maßnahmen auf Anfrage des Betroffenen sowie der Vertragsabwicklung mit dem Betroffenen.
  Beispiel: Kunde K fordert Informationen zu Produkt X an und erwirbt dieses. Die erforderlichen Daten zur Zusendung des Informationsmaterials sowie zur Abwicklung des Geschäfts (Lieferung der Ware sowie Zahlung des Kaufpreises) dürfen verarbeitet werden.

- Wenn und soweit der Betroffene eingewilligt hat.
  Beispiel: Der Betroffene meldet sich zum Erhalt eines Newsletters an.
- Wenn eine rechtliche Verpflichtung besteht, der das Unternehmen unterliegt.
  Beispiel: Gesetzliche Aufbewahrungsfristen nach Handelsgesetzbuch (HGB) und Abgabenordnung (AO).
- Wenn berechtigte Interessen des Unternehmens bestehen, sofern nicht die Interessen oder Grundrechte des Betroffenen überwiegen, insbesondere wenn es sich um ein Kind handelt. Datenverarbeitungen unter Berufung auf ein berechtigtes Interesse sollten jedoch nicht ohne vorherige Beratung durch den Datenschutzbeauftragten vorgenommen werden und bedürfen einer sorgfältigen Abwägung und Dokumentation.
  Beispiel: Das Unternehmen möchte Videokameras zur Überwachung der Ladezonen installieren. In einem solchen Fall muss eine Interessensabwägung[5] vorgenommen werden, wobei die Interessen des Unternehmens (z.B. Schutz vor Diebstahl) mit den Interessen der betroffenen Personengruppen abgewogen werden.

(2) Betroffene dürfen nicht einer ausschließlich auf einer automatisierten Verarbeitung – so auch dem Profiling[6] – beruhenden Entscheidung unterworfen werden, die ihnen gegenüber eine rechtliche Wirkung entfaltet oder sie in ähnlicher Weise erheblich beeinträchtigt. Der Verfahrensverantwortliche stimmt solche Verarbeitungen vorab mit dem Datenschutzbeauftragten ab.

(3) Personenbezogene Daten sind für einen zuvor festgelegten, eindeutigen und legitimen Zweck zu verarbeiten. Eine Datenhaltung ohne Zweck, beispielsweise die Speicherung von Daten auf Vorrat, ist unzulässig.

(4) Falls möglich, sollte auf einen Umgang mit personenbezogenen Daten verzichtet werden. Pseudonyme oder anonyme Datenverarbeitungen sind solchen mit Personenbezug vorzuziehen.

(5) Die Änderung einer Ziel- und Zweckbestimmung, die einem Datenumgang ursprünglich zugrunde gelegt wurde, ist – neben der diesbezüglich erklärten Einwilligung durch den Betroffenen – nur zulässig, wenn der Zweck der Weiterverarbeitung mit dem ursprünglichen Zweck vereinbar ist. Hierbei sind insbesondere die vernünftigen Erwartungen des Betroffenen hinsichtlich einer solchen Weiterverarbeitung gegenüber dem Unternehmen, die Art der verwendeten Daten, die Folgen für den Betroffenen sowie Möglichkeiten einer Verschlüsselung oder Pseudonymisierung zu berücksichtigen.

(6) Der Betroffene ist bei der Erhebung seiner personenbezogenen Daten umfassend über den Umgang mit seinen Daten zu informieren. Die Information hat die Zweckbestimmung, die Identität der verantwortlichen Stelle, die Empfänger seiner personenbezogenen Daten sowie alle sonstigen Information iSd Art. 13 DS-GVO zu beinhalten, um eine faire und transparente Verarbeitung zu gewährleisten. Die Information ist in einer verständlichen und leicht zugänglichen Form sowie einer möglichst einfachen Sprache zu verfassen. Falls notwendig, kann die Information in abgestufter Form bereitgestellt werden, so zB über Verlinkung auf eine ausführliche Datenschutzerklärung für die Verarbeitung über einen QR-Code.

(7) Werden personenbezogene Daten nicht beim Betroffenen erhoben, sondern werden beispielsweise bei einem anderen Unternehmen beschafft, ist der Betroffene nachträglich (spätestens nach einem Monat) und umfassend gem. Art. 14 DS-GVO über den Umgang mit seinen Daten zu informieren. Dies gilt auch für die Änderung

einer Ziel- und Zweckbestimmung der Datenverarbeitung (Art. 13 Abs. 3 DS-GVO).

(8) Personenbezogene Daten müssen sachlich richtig und, wenn nötig, auf dem neusten Stand sein. Der Umfang der Datenverarbeitung sollte hinsichtlich der festgelegten Zweckbestimmung erforderlich und relevant sein. Der jeweilige Verfahrensverantwortliche hat für die Umsetzung durch die Etablierung entsprechender Prozesse Sorge zu tragen. Ebenso sind Datenbestände regelmäßig auf ihre Richtigkeit, Erforderlichkeit und Aktualität hin zu überprüfen.

§ 7 Besondere Kategorien personenbezogener Daten

Besondere Kategorien personenbezogener Daten dürfen grundsätzlich nur mit ausdrücklicher Einwilligung des Betroffenen oder ausnahmsweise aufgrund einer expliziten gesetzlichen Erlaubnis erhoben, verarbeitet oder genutzt werden. Ferner sind angemessene technische und organisatorische Maßnahmen (zB Verschlüsselungen nach dem Stand der Technik, eingeschränkte Zugriffsrechte oder Pseudonymisierung) zum Schutz besonderer Kategorien personenbezogener Daten zu ergreifen.

§ 8 Datenübermittlung

(1) Die Übermittlung von personenbezogenen Daten an Dritte ist nur aufgrund gesetzlicher Erlaubnis oder der Einwilligung des Betroffenen zulässig.

(2) Befindet sich der Empfänger personenbezogener Daten außerhalb der Europäischen Union oder des Europäischen Wirtschaftsraums, bedarf es besonderer Maßnahmen zur Wahrung von Rechten und Interessen Betroffener. Eine Datenübermittlung ist zu unterlassen, wenn bei der empfangenden Stelle kein angemessenes Datenschutzniveau[7] vorhanden ist oder nicht hergestellt werden kann (beispielsweise über besondere Vertragsklauseln).

(3) Übermittlungen personenbezogener Daten in ein Drittland sind vorab mit dem Datenschutzbeauftragten abzustimmen.

§ 9 Externe Dienstleister/Kooperationen

(1) Sofern externe Dienstleister Zugriff auf personenbezogene Daten erhalten sollen, ist der Datenschutzbeauftragte vorab zu informieren.

(2) Dienstleister mit einem möglichen Zugriff auf personenbezogene Daten sind vor der Auftragserteilung sorgfältig auszuwählen. Die Auswahl ist zu dokumentieren und sollte insbesondere die folgenden Aspekte berücksichtigen:
- fachliche Eignung des Auftragnehmers für den konkreten Datenumgang
- technisch-organisatorische Sicherheitsmaßnahmen
- Erfahrung des Anbieters im Markt
- sonstige Aspekte, die auf eine Zuverlässigkeit des Anbieters schließen lassen (Datenschutz-Dokumentationen, Kooperationsbereitschaft, Reaktionszeiten etc).

(3) Soll ein Dienstleister personenbezogene Daten im Auftrag verarbeiten,[8] bedarf es des Abschlusses eines Vertrags zur Auftragsverarbeitung. Hierin sind Datenschutz- und IT-Sicherheitsaspekte zu regeln.

(4) Der Dienstleister ist im Hinblick auf die mit ihm vertraglich vereinbarten technisch-organisatorischen Maßnahmen regelmäßig, abhängig von Art und Um-

fang der verarbeiteten personenbezogenen Daten, zu überprüfen. Das Ergebnis ist zu dokumentieren.

(5) Für den Fall, dass mit einem oder mehreren Verantwortlichen gemeinsam über die Zwecke und Mittel einer Verarbeitung personenbezogener Daten entschieden werden soll (zB im Rahmen einer Kooperation), muss zwischen den gemeinsam für die Verarbeitung Verantwortlichen ein Vertrag geschlossen werden, der die Rollen und Aufgaben zur Einhaltung der gesetzlichen Vorgaben zum Datenschutz innerhalb des gemeinsamen Unterfangens transparent wiedergibt.[9]

§ 10 Datenminimierung, Privacy by Design/Privacy by Default

(1) Der Umgang mit personenbezogenen Daten ist an dem Ziel auszurichten, so wenige Daten wie möglich von einem Betroffenen zu erheben, zu verarbeiten oder zu nutzen („Datenminimierung"). Insbesondere sind personenbezogene Daten zu anonymisieren oder zu pseudonymisieren, soweit dies nach dem Verwendungszweck möglich ist. Beispielsweise wird es im Rahmen einer statistischen Auswertung von Daten nicht notwendig sein, den vollen Namen eines Betroffenen zu kennen und zu verwenden. Vielmehr kann diese Information durch einen Zufallswert ersetzt werden, der eine Unterscheidbarkeit der zugrunde liegenden Information ebenfalls gewährleisten kann. Der Datenschutzbeauftragte ist in Verfahren zur Anonymisierung oder Pseudonymisierung personenbezogener Daten einzubeziehen.

(2) Entsprechendes gilt für die Auswahl und Gestaltung von Datenverarbeitungssystemen. Der Datenschutz ist von Anfang an in die Spezifikationen und die Architektur von Datenverarbeitungssystemen zu integrieren, um die Einhaltung der Grundsätze des Schutzes der Privatsphäre und des Datenschutzes zu erleichtern, so insbesondere den Grundsatz der Datenminimierung.

§ 11 Rechte von Betroffenen

(1) Betroffene haben das Recht auf Auskunft über die im Unternehmen über ihre Person gespeicherten personenbezogenen Daten.[10]

(2) Bei der Bearbeitung von Anträgen ist die Identität des Betroffenen zweifelsfrei festzustellen. Bei begründeten Zweifeln an der Identität können zusätzliche Angaben vom Antragsteller angefordert werden.[11]

(3) Die Auskunftserteilung erfolgt schriftlich oder elektronisch, je nach Art und Form des Antrags des Betroffenen. Der Auskunft umfasst grundsätzlich die zur Person vorhandenen personenbezogenen Daten, die Empfänger von Daten, den Zweck der Speicherung sowie alle weiteren gesetzlich geforderten Informationen nach Art. 15 DS-GVO, um den Betroffenen die Verarbeitung bewusst zu machen und die Rechtmäßigkeit selbst beurteilen zu lassen. Auf besonderen Wunsch des Betroffenen werden die Daten in einem strukturierten, gängigen und maschinenlesbaren Format zur Verfügung gestellt. Die zuständige IT-Abteilung legt den hierfür vorzusehenden Standard fest („Recht auf Datenübertragbarkeit"). Der Umfang des Auskunftsrechts sowie die Frage, ob im Einzelfall ein Recht auf Datenübertragbarkeit besteht, sind mit dem Datenschutzbeauftragten abzustimmen.

(4) Betroffene haben einen Anspruch auf Berichtigung ihrer personenbezogenen Daten, wenn sich diese als unrichtig erweisen. Ebenso können sie die Vervollständigung unvollständiger personenbezogener Daten verlangen.

(5) Ein Betroffener hat das Recht auf Löschung seiner personenbezogenen Daten unter den folgenden Voraussetzungen:[12]
- die Kenntnis der Daten ist für die Erfüllung des Zwecks der Speicherung nicht mehr erforderlich (zB ein Bewerber wird abgelehnt)
- der Betroffene hat eine Einwilligung widerrufen und es fehlt an einer anderweitigen Rechtsgrundlage für die Verarbeitung
- ihre Verarbeitung ist unzulässig (zB besteht keine Rechtsgrundlage für die Verarbeitung)
- der Betroffene legt Widerspruch gegen die Verarbeitung zu Werbezwecken ein (zB ein Newsletter wird abbestellt) oder beruft sich auf ein Widerspruchsrecht aufgrund einer besonderen – zu begründenden – persönlichen Situation
- es besteht eine anderweitige rechtliche Verpflichtung zur Datenlöschung.

Besteht eine Verpflichtung zur Löschung und wurden die personenbezogenen Daten zuvor öffentlich gemacht oder an Dritte übertragen, sind die Empfänger grundsätzlich über das Löschbegehren des Betroffenen hinsichtlich seiner Daten, sowie im Falle einer erfolgten Veröffentlichung, auch hinsichtlich aller Kopien seiner Daten sowie aller Links zu diesen Daten zu informieren.

(6) Der Betroffene kann die Einschränkung der Verarbeitung seiner Daten verlangen, wenn
- die Richtigkeit der personenbezogenen Daten strittig ist, jedoch nur so lange, wie die Richtigkeit durch die zuständige Fachabteilung überprüft wird oder
- die Verarbeitung unzulässig ist, der Betroffene die Datenlöschung aber ablehnt, oder
- das Unternehmen die personenbezogenen Daten für Zwecke der Verarbeitung nicht mehr benötigt, der Betroffene die Daten jedoch zur Geltendmachung, Ausübung oder Verteidigung von Rechtsansprüchen benötigt, oder
- der Betroffene Widerspruch gegen die Verarbeitung aufgrund einer besonderen Situation eingelegt hat und die zuständige Fachabteilung noch mit der Prüfung des Widerspruchs befasst ist.

(7) Der Betroffene ist spätestens innerhalb eines Monats über alle ergriffenen Maßnahmen, die auf seinen Antrag hin erfolgt sind, zu informieren.

(8) Der Datenschutzbeauftragte steht bei der Wahrung der Betroffenenrechte beratend zur Verfügung.

§ 12 Auskunftsersuchen Dritter über Betroffene[13]

(1) Sollte eine Stelle Informationen über Betroffene fordern, so beispielsweise über Kunden oder Beschäftigte dieses Unternehmens, ist eine Weitergabe von Informationen nur zulässig, wenn
- die Auskunft suchende Stelle ein berechtigtes Interesse hierfür darlegen kann, und
- eine gesetzliche Norm zur Auskunft verpflichtet, sowie
- die Identität des Anfragenden oder der anfragenden Stelle zweifelsfrei feststeht.

(2) Auskunftsersuchen von Dritten und deren Beantwortung sind zu dokumentieren.

§ 13 Verfahrenseinführungen und -prüfungen[14]

(1) Mit Erreichen eines konkreten Planungsstadiums einer beabsichtigen Verarbeitungstätigkeit (Verfahrens) meldet der Verfahrensverantwortliche die Verarbei-

tung an den Datenschutzbeauftragten anhand eines Meldeformulars. Mithilfe des Formulars wird die Einhaltung der gesetzlichen Anforderungen, einschließlich einer Risikoklassifizierung sichergestellt.

(2) Der Verfahrensverantwortliche wählt, ggf. unter Zurateziehung der IT-Abteilung, geeignete technische und organisatorische Maßnahmen aus, um sicherzustellen, dass die Anforderungen an Privacy by Design/Privacy by Default eingehalten werden (vgl. § 10).

(3) Die Verarbeitungstätigkeit wird durch den Verfahrensverantwortlichen im Verzeichnis der Verarbeitungstätigkeiten (vgl. § 14) dokumentiert. Der Verfahrensverantwortliche sorgt ggf. für weitere Dokumentationen, um die Einhaltung des Verfahrens mit den gesetzlichen Bestimmungen sowie den Bestimmungen dieser Richtlinie nachweisen zu können.

(4) Der Verfahrensverantwortliche nimmt in regelmäßigen Abständen sowie anlassbezogen (zB bei einer Datenpanne, einer Beschwerde eines Betroffenen oder beim Erkennen falscher bzw. unvollständiger Angaben in den Verfahrensdokumentationen) eine Überprüfung bestehender Verfahren vor:
- Verfahren mit einer Risikoklassifizierung „gering“ alle drei Jahre
- Verfahren mit einer Risikoklassifizierung „mittel“ alle zwei Jahre
- Verfahren mit einer Risikoklassifizierung „hoch“ jährlich

Die Prüfung beinhaltet die Wirksamkeit der getroffenen technisch-organisatorischen Maßnahmen sowie die Aktualität der Angaben für das Verzeichnis von Verarbeitungstätigkeiten.

§ 14 Verzeichnis von Verarbeitungstätigkeiten[15]

(1) Das Unternehmen hat ein Verzeichnis über alle Datenverarbeitungen zu führen. Jede Fachabteilung hat einen Verfahrensverantwortlichen zu benennen, der alle notwendigen Informationen zu den Verfahren der jeweiligen Abteilung nach den gesetzlichen Anforderungen des Art. 30 DS-GVO dokumentiert. Der Datenschutzbeauftragte kann zur Beratung hinsichtlich der gesetzlich geforderten Informationen hinzugezogen werden.

(2) Das Unternehmen stellt der Aufsichtsbehörde das Verzeichnis auf Anfrage zur Verfügung. Zuständig hierfür ist der Datenschutzbeauftragte im Einvernehmen mit der Geschäftsführung.

§ 15 Werbung[16]

(1) Die werbliche Ansprache von Betroffenen per Brief, Telefon, Fax, oder E-Mail ist grundsätzlich nur zulässig, wenn der Betroffene zuvor in die Verwendung seiner Daten zu Werbezwecken eingewilligt hat.

(2) Ausnahmen sind nur bei Vorliegen einer Erlaubnisnorm zulässig. Bitte konsultieren Sie diesbezüglich den Datenschutzbeauftragten.

(3) Ist eine Verarbeitung personenbezogener Daten zu Werbezwecken beabsichtigt, ist der Betroffene, neben den notwendigen Angaben nach Art. 13 DS-GVO, spätestens bei der ersten Kommunikation auf sein Widerspruchsrecht in hervorgehobener Form (zB Fettdruck) hinzuweisen. Eingelegte Widersprüche hinsichtlich der werblichen Ansprache sind verpflichtend und ohne weitere Prüfung umzusetzen. Eine Sperrliste ist zur Identifikation eingelegter Widersprüche vom jeweiligen Verfahrensverantwortlichen anzulegen.

§ 16 Schulung[17]

Beschäftigte, die ständig oder regelmäßig Zugang zu personenbezogenen Daten haben, solche Daten erheben oder Systeme zur Verarbeitung solcher Daten entwickeln, sind in geeigneter Weise über die datenschutzrechtlichen Vorgaben zu schulen. Der jeweilige Verfahrensverantwortliche entscheidet über Form und Turnus der entsprechenden Schulungen in Absprache mit dem Datenschutzbeauftragten.

§ 17 Datengeheimnis[18]

(1) Beschäftigten ist es untersagt, personenbezogene Daten unbefugt zu erheben, zu verarbeiten oder zu nutzen. Es ist nur gestattet, personenbezogene Daten in dem Umfang und in der Weise zu verarbeiten, wie es zur Erfüllung der übertragenen Aufgaben erforderlich ist. Beschäftigte sind vor Aufnahme ihrer Tätigkeit über einen vertraulichen Umgang mit personenbezogenen Daten zu unterrichten.

(2) Mitarbeiter mit besonderen Geheimhaltungsverpflichtungen (zB Fernmeldegeheimnis) werden von der Unternehmensleitung ergänzend schriftlich unterrichtet.

§ 18 Beschwerden

(1) Jeder Betroffene hat das Recht, sich über eine Verarbeitung seiner Daten zu beschweren, sollte er sich hierdurch in seinen Rechten verletzt fühlen. Ebenso können Beschäftigte Verstöße gegen diese Unternehmensrichtlinie jederzeit anzeigen.

(2) Die zuständige Stelle für die oben genannten Beschwerden ist der Datenschutzbeauftragte als unabhängige und weisungsfreie interne Instanz.

§ 19 Audits[19]

(1) Um ein hohes Datenschutzniveau zu gewährleisten, werden relevante Prozesse durch regelmäßige Audits interner Stellen oder durch externe Auditoren überprüft. Im Falle der Feststellung eines Verbesserungspotentials sind unmittelbare Abhilfemaßnahmen zu treffen.

(2) Die beim Audit gewonnenen Erkenntnisse sind zu dokumentieren. Die Dokumentation ist dem Datenschutzbeauftragten, der Unternehmensleitung sowie den Fachverantwortlichen für den jeweiligen Prozess zu übergeben.

(3) Ein Audit ist erfolgreich abgeschlossen, wenn alle im Bericht dokumentierten Maßnahmen umgesetzt sind. Bei Bedarf werden Follow-up-Audits durchgeführt, indem Empfehlungen des initialen Audits einer Überprüfung ihrer Implementierung unterzogen werden.

§ 20 Interne Ermittlungen[20]

(1) Maßnahmen zur Sachverhaltsaufklärung und zur Vermeidung oder Aufdeckung von Straftaten oder schwerwiegenden Pflichtverletzungen im Arbeitsverhältnis sind unter genauer Beachtung der einschlägigen gesetzlichen Datenschutzvorschriften durchzuführen. Insbesondere muss die damit einhergehende Datenverarbeitung zum Erreichen des Ermittlungszwecks erforderlich, angemessen und mit Blick auf die schutzwürdigen Interessen des Betroffenen verhältnismäßig sein.

(2) Der Betroffene ist so bald wie möglich über die zu seiner Person durchgeführten Maßnahmen zu informieren.

(3) Bei allen Formen der internen Ermittlungen ist der Datenschutzbeauftragte hinsichtlich der Auswahl und Ausgestaltung der Maßnahmen vorab einzubeziehen.

§ 21 Verfügbarkeit, Vertraulichkeit und Integrität von Daten

(1) In Abhängigkeit von der Art, dem Umfang, der Umstände und Zwecke der Verarbeitung sowie der Eintrittswahrscheinlichkeit hat für jedes Verfahren eine dokumentierte Schutzbedarfsfeststellung und Analyse[21] hinsichtlich der Risiken für Betroffene zu erfolgen.

(2) Zur Wahrung der Verfügbarkeit, Vertraulichkeit und Integrität von Daten wird ein allgemeines Sicherheitskonzept in Abhängigkeit der Schutzbedarfsfeststellung und Risikoanalyse erstellt, das für alle Verfahren verbindlich ist. Hierin ist insbesondere der Stand der Technik ebenso zu berücksichtigen, wie Mittel und Maßnahmen zur Verschlüsselung[22] und Datensicherung. Das Sicherheitskonzept ist hinsichtlich der Wirksamkeit der dort vorgesehenen technisch-organisatorischen Maßnahmen regelmäßig zu überprüfen, zu bewerten und zu evaluieren.

(3) Es ist zu verhindern, dass Datenverarbeitungssysteme von Unbefugten genutzt werden können. Türen unbesetzter Räume sind zu verschließen. Wirksame Maßnahmen zur Zugangskontrolle an Geräten müssen vorhanden und aktiviert sein. Systemzugänge sind in Abwesenheit stets zu sperren.

(4) Passwörter ermöglichen einen Zugang zu Systemen und den darin gespeicherten personenbezogenen Daten. Sie stellen eine persönliche Kennung des Nutzers dar und sind nicht übertragbar. Es ist sicherzustellen, dass Passwörter stets unter Verschluss gehalten werden. Passwörter müssen eine minimale Länge von zwölf Zeichen aufweisen und aus einem Zeichenmix bestehen. Passwörter dürfen nicht in einem Wörterbuch vorkommen oder aus leicht zu erratenden Begriffen gebildet werden, insbesondere nicht Begriffe, die im Zusammenhang mit dem Unternehmen oder dem jeweiligen Nutzer stehen.

(5) Zugriffe auf personenbezogene Daten sollen nur diejenigen Personen erhalten, die im Zuge ihrer Aufgabenwahrnehmung Kenntnis von den jeweiligen Daten erhalten müssen („Need-to-know-Prinzip"). Zugriffsberechtigungen müssen genau und vollständig festgelegt und dokumentiert sein. Jede Zugriffsberechtigung ist durch einen Verfahrensverantwortlichen zu genehmigen.

(6) Datenübertragungen durch öffentliche Netze sind nach Möglichkeit zu verschlüsseln. Eine Verschlüsselung hat zwingend zu erfolgen, falls es der Schutzbedarf der personenbezogenen Daten erfordert.

(7) Zu unterschiedlichen Zwecken erhobene personenbezogene Daten sind getrennt voneinander zu verarbeiten. Die Trennung von Daten ist durch geeignete technische und organisatorische Maßnahmen sicherzustellen. Eine Trennung kann auf logischer Ebene (zB innerhalb einer Datenbank) oder auf physikalischer Ebene (zB durch Verarbeitung in unterschiedlichen Systemen) vorgenommen werden.

(8) Wartungsarbeiten an Systemen oder Telekommunikationseinrichtungen durch externe Dienstleister sind zu beaufsichtigen. Ferner ist zu gewährleisten, dass Dienstleister nicht unbefugt auf personenbezogene Daten zugreifen können. Fernwartungszugänge sind nur im Einzelfall zu gewähren und müssen dem Prinzip der minimalen Rechtevergabe folgen. Fernwartungsaktivitäten sind nach Möglichkeit aufzuzeichnen oder zu protokollieren.[23]

(9) Das Unternehmen hat einen Informationssicherheitsbeauftragten benannt. Diesen erreichen Sie unter folgenden Kontaktdaten: [Kontaktdaten des Informationssicherheitsbeauftragten].

§ 22 Datenschutz-Folgenabschätzung[24]

(1) Jeder Verfahrensverantwortliche ist zur Durchführung von Datenschutz-Folgenabschätzungen für Verfahren, die unter seiner Verantwortung erfolgen, vor der Verarbeitung personenbezogener Daten verpflichtet, wenn ein hohes Risiko für Rechte und Freiheiten von Betroffen aufgrund der Datenverarbeitung zu erwarten ist. Bei der Datenschutz-Folgenabschätzung werden Risiken für Betroffene und deren Eintrittswahrscheinlichkeit ermittelt, bewertet und dokumentiert. Die Datenschutz-Folgenabschätzung hat alle gesetzlich geforderten Beschreibungen des Art. 35 Abs. 7 DS-GVO zu enthalten.

(2) Der Datenschutzbeauftragte berät die Verfahrensverantwortlichen bei der Durchführung der Datenschutz-Folgenabschätzung sowie bezüglich der Frage, wann Verarbeitungen ein hohes Risiko für Betroffene beinhalten können.

§ 23 Verletzungen des Schutzes von Daten („Datenpanne")[25]

(1) Sollten personenbezogene Daten unrechtmäßig Dritten offenbart worden sein (zB wurden Daten an einen falschen Empfänger übermittelt oder ein IT-System bzw. eine Applikation wurden kompromittiert), sollten personenbezogene Daten versehentlich geändert oder nicht mehr verfügbar sein, ist darüber unverzüglich das unternehmensinterne Incident Response Team zu informieren. Das Incident Response Team bezieht unverzüglich den Datenschutzbeauftragten im Rahmen der Sachverhaltsaufklärung ein. Die Kontaktdaten des Incident Response Teams lauten wie folgt: [Kontaktdaten des Incident Response Teams].

(2) Die Meldung hat alle relevanten Informationen zur Aufklärung des Sachverhalts zu umfassen, insbesondere die empfangende Stelle, die betroffenen Personen sowie Art und Umfang der übermittelten Daten.

(3) Die Erfüllung einer etwaigen Informationspflicht gegenüber der Aufsichtsbehörde erfolgt ausschließlich durch den Datenschutzbeauftragten. Betroffene werden durch die Geschäftsleitung informiert, wobei der Datenschutzbeauftragte beratend hinzugezogen wird.

§ 24 Folgen von Verstößen

Ein fahrlässiger oder gar mutwilliger Verstoß gegen diese Richtlinie kann arbeitsrechtliche Maßnahmen nach sich ziehen, einschließlich einer fristlosen oder fristgerechten Kündigung. Ebenso kommen strafrechtliche Sanktionen und zivilrechtliche Folgen wie Schadenersatz in Betracht.

§ 25 Rechenschaftspflicht

Die Einhaltung der Vorgaben dieser Richtlinie muss jederzeit nachgewiesen werden können. Hierbei ist insbesondere auf die Nachvollziehbarkeit und Transparenz getroffener Maßnahmen zu achten, so beispielsweise über zugehörige Dokumentationen.

**§ 26 Aktualisierung der Richtlinie; Nachweisbarkeit**

**(1) Im Rahmen der Fortentwicklung des Datenschutzrechts sowie technologischer oder organisatorischer Veränderungen wird diese Richtlinie regelmäßig auf einen Anpassungs- oder Ergänzungsbedarf hin überprüft.**

**(2) Änderungen an dieser Richtlinie sind formlos wirksam. Die Beschäftigten und leitenden Angestellten sind umgehend und in geeigneter Art und Weise über die geänderten Vorgaben in Kenntnis zu setzen.**

## Anmerkungen

**1. Bezeichnung und Art der Umsetzung.** Vorliegend wird das Gestaltungsmittel der Richtlinie als eine unternehmensweite Anweisung für ein aus Datenschutzsicht erwartetes Verhalten gewählt. Im Falle des Vorhandenseins einer Arbeitnehmervertretung kann stattdessen das Mittel der Betriebsvereinbarung gewählt werden (dazu die Formulierungen in → Form. H. II.1., → Form. H. VI. und → Form. H. IV.2.). Das vorliegende Muster ist für mittelständische Unternehmen entwickelt. Bei größeren Unternehmen oder Unternehmensgruppen sind andere Datenschutzorganisationen zu erwarten, in denen bspw. die Einbeziehung oder Konsultation von Datenschutzabteilungen anstatt einzelner Datenschutzbeauftragten erfolgt.

**2. Geltungsbereich.** Die Richtlinie beansprucht einen weiten Geltungsbereich, indem sowohl automatisierte als auch nicht-automatisierte Verarbeitungen personenbezogener Daten pauschal hiervon erfasst sind. Das verfolgt den Zweck, die Bedeutung des Datenschutzes in der Unternehmenskultur hervorzuheben. Ferner kann durch einen weiten Geltungsbereich vermieden werden, dass gezielt Verarbeitungsformen gewählt werden, die der Geltung der Unternehmensrichtlinie entzogen sind.

**3. Rollen und Verantwortlichkeiten.** Die gesetzlichen Anforderungen an ein Datenschutzmanagement gem. Art. 24 Abs. 1 DS-GVO müssen sich personell in der Datenschutzorganisation eines Unternehmens wiederfinden. Hierzu bietet es sich an, bereits in einer grundlegenden Datenschutzrichtlinie Rollen und Verantwortlichkeiten beim Schutz personenbezogener Daten festzulegen. Ein Datenschutzmanagement insgesamt einzuführen, liegt in der Zuständigkeit der Geschäftsleitung, die ferner die Gesamtverantwortung für den Schutz personenbezogener Daten im Unternehmen trägt. Diese Gesamtverantwortung wird über die Konzernrichtline Datenschutz-Organisation konkretisiert (ausführlich → Form. D. I.).

Die Ausführung der unternehmensweiten Anforderungen an den Schutz personenbezogener Daten obliegt im Weiteren den Verfahrensverantwortlichen. Dies sind regelmäßig Personen im Unternehmen, die für ein Verfahren fachlich sowie konzeptionell verantwortlich sind. Verfahrensverantwortliche sollten jeweils Personen mit einer Leitungsfunktion innerhalb einer Fachabteilung sein, damit die unternehmensweiten Anforderungen wirksam durchgesetzt werden können. Der Verfahrensverantwortliche ist die zentrale Stelle für die Einhaltung der gesetzlichen Anforderungen, einschließlich des Erbringens notwendiger Nachweise im Rahmen der bestehenden Rechenschaftspflicht. Ihm ist es möglich, einzelne operative Aufgaben auf Mitarbeiter zu delegieren. Der jeweilige Mitarbeiter hat die wesentliche Pflicht – neben der Erfüllung der ihm übertragenen Aufgaben –, sich mit den im Unternehmen bestehenden Richtlinien zum Schutz personenbezogener Daten vertraut zu machen, in Zweifelsfällen den Datenschutzbeauftragten zu kontaktieren sowie mögliche Verstöße gegen die Unternehmensrichtlinie zu melden. Eine „eigene" Verantwortlichkeit für Mitarbeiter hinsichtlich der Einhaltung gesetzlicher oder unternehmensweiter Vorgaben zum Datenschutz besteht grundsätzlich nicht (vgl. Entschließung der 97. Konferenz der unabhängigen Datenschutzaufsichtsbehörden des Bundes und der Länder vom 3.4.2019). Eine persönliche Verantwortlichkeit kann ggf. ausgelöst werden, wenn ein Mitarbeiter personenbezogene Daten außerhalb einer bestehenden Weisung eines Vorgesetzten oder außerhalb einer betrieblichen Aufgabenerfüllung zu eigenen Zwecken verarbeitet.

**4. Datenschutzbeauftragter.** Die Unternehmensrichtlinie geht von einer freiwilligen oder per Gesetz vorgeschriebenen Benennung eines Datenschutzbeauftragten aus (zur Benennung ausführlich → Form. B. I. 1). Die Aufgaben des Datenschutzbeauftragten ergeben sich aus Art. 39 Abs. 1 DS-GVO. Die Richtlinie gibt wesentliche und für die Beschäftigten relevante Aufgaben wieder. Eine ausführliche Aufgabenbeschreibung kann abseits dieser Richtlinie (zB in einem Dokument zur Stellenbeschreibung) oder innerhalb der Unternehmensrichtlinie dokumentiert werden. Dem Datenschutzbeauftragten werden im Übrigen keine fachlichen Weisungs- oder Entscheidungsbefugnisse eingeräumt. Er ist jedoch im Sinne seiner gesetzlichen Beratungsfunktion in den in der Richtlinie beschriebenen Fällen verpflichtend zu konsultieren. Die frühzeitige Einbindung des Datenschutzbeauftragten ist für eine datenschutzkonforme Verarbeitung personenbezogener Daten essenziell. Auch sind die Mitarbeiter nach dieser Richtlinie angehalten, den Datenschutzbeauftragten bei der Erfüllung seiner Aufgaben zu unterstützen. Dies kann durch die Erteilung von Auskünften ebenso erfolgen, wie durch das Bereitstellen von Dokumentationen oder der Demonstration von Systemen oder Applikationen auf dessen Anforderung. Unabhängig von der gesetzlichen Pflicht zur Bestellung eines Datenschutzbeauftragten sollte in der Unternehmensrichtlinie zum Datenschutz zumindest ein Verantwortlicher für den Datenschutz verankert werden, der die Einhaltung der Vorgaben der Richtlinie überwacht. Unterfällt eine verantwortliche Stelle nämlich nicht der gesetzlichen Bestellpflicht, hat die Unternehmensleitung die Einhaltung der gesetzlichen Vorgaben selbst sicherzustellen. Entsprechend ist zumindest eine zuständige Person zu bestimmen, die sich für die Erfüllung des Gesetzesauftrags zuständig zeigt und den Datenschutz innerhalb des Unternehmens überwacht und koordiniert. Zur Organisation im Betrieb → Form. A. I. bis → Form. A. IV.; → Form. B. I. und III.; → Form. E.

**5. Interessensabwägung.** Zur Abwägung der Interessen bei der Videoüberwachung → Form. H. III. 3. Sollten ein Beschäftigtendatenschutzgesetz in Deutschland verabschiedet werden, ist zu prüfen, ob eine spezielle Vorschrift die Überwachung von Personen mittels optisch-elektronischer Einrichtungen bereits regelt. In einem solchen Fall wären die Voraussetzungen der Norm vorrangig gegenüber der Interessensabwägung nach Art. 6 Abs. 1 S. 1 lit. f DS-GVO zu prüfen.

**6. Profiling.** Zum Profiling → Form. I. IV.

**7. Angemessenes Datenschutzniveau.** Betroffene dürfen durch die Weitergabe ihrer personenbezogenen Daten an Empfänger außerhalb der Europäischen Union oder des Europäischen Wirtschaftsraums keinen unverhältnismäßigen Eingriff in ihre Persönlichkeitsrechte erfahren. Daher müssen hierbei die Bedingungen des Kapitels V der DS-GVO erfüllt werden, um ein angemessenes Schutzniveau beim Datenempfänger im Drittland zu gewährleisten (ausführlich → Form. G. VII.).

**8. Verarbeitung personenbezogener Daten im Auftrag.** Im Rahmen der Auftragsverarbeitung fungiert der Dienstleister als verlängerter Arm des Verantwortlichen. Er ist aus Sicht der DS-GVO als Teil des Verantwortlichen anzusehen, sodass ein Datenaustausch zwischen Auftraggeber und Auftragnehmer keine Datenübermittlung an einen Dritten darstellt (ausführlich → Form. G. I. 1.). Um diese gesetzliche Privilegierung in Anspruch nehmen zu können, bedarf es der Erfüllung der Vorgaben aus Art. 28 DS-GVO. Hierzu zählt insbesondere der Abschluss einer Datenschutzvereinbarung nach den Vorgaben des Art. 28 Abs. 3 DS-GVO sowie die sorgfältige Auswahl des Dienstleisters anhand seiner technisch-organisatorischen Maßnahmen vor Auftragserteilung.

**9. Gemeinsam für die Verarbeitung Verantwortliche.** Im Sinne der gesetzlichen Definition der „Joint Controller" gem. Art. 4 Nr. 7 DS-GVO legen hierbei mehrere Verantwortliche gemeinsam die Zecke und Mittel einer Verarbeitung personenbezogener Daten fest (zur gemeinsamen Verantwortlichkeit ausführlich → Form. G. V.). Abzugrenzen ist die gemeinsame Verantwortlichkeit von der Übermittlung personenbezogener Daten an einen neuen Verantwortlichen sowie von der Auftragsverarbeitung. Die Unternehmensrichtlinie verwendet beispielhaft eine Kooperation als mögliche gemeinsame Verantwortlichkeit. Dies ist jedoch im Einzelfall zu prüfen, insbesondere, ob die Beteiligten ein übergeordneter, gemeinsamer Zweck verbindet und zu dieser Zweckerreichung personenbezogene Daten verarbeitet werden.

**10. Auskunftsrechte der Betroffenen.** Zur Umsetzung der Auskunftspflicht im Unternehmen → Form. F. II.

**11. Identitätsfeststellung.** Eine Überprüfung der Identität des Antragstellers wird gesetzlich nur bei der mündlichen Beauskunftung explizit gefordert (vgl. Art. 12 Abs. 1 S. 2 DS-GVO). Die in dieser Unternehmensrichtlinie verankerte Pflicht zur Kontrolle der Identität des Antragstellers bei begründeten Zweifeln (vgl. Art. 12 Abs. 6 DS-GVO) soll verhindern, dass personenbezogene Daten – insbesondere bei Anfragen per E-Mail – unbefugt übermittelt werden. Denkbar sind verschiedene Varianten einer Identitätsprüfung, bspw. das Abfragen nur dem Betroffenen bekannter Informationen oder das Bereitstellen eines passwortgeschützten Nutzerbereichs zum Abruf der gewünschten Information. Die Hürde an eine Identitätsprüfung sollten jedoch nicht zu hoch gesetzt werden. Alle beim Antragsteller vorhandenen Informationen (zB Login-Daten bei einer elektronischen Auskunft) oder andere durch ihn bereitgestellten Informationen, die seine Identifizierung ermöglichen, sollen als Grundlage für die Erfüllung eines Betroffenenrechts dienlich sein (EDSA Leitlinien 1/2022, S. 32). Die Ausgestaltung der Identitätsprüfung liegt grundsätzlich im Ermessen des Verantwortlichen, ebenso wie der Übertragungsweg (ausführlich zur Identitätsprüfung vgl. Petrlic DuD 2019, 71). Ob die Vorlage einer Kopie des Personalausweises zur Feststellung der Identität zulässig ist, bedarf einer gesonderten Prüfung, da eine Verwendung nur in den gesetzlichen erlaubten Fällen der §§ 18–20 PAuswG, so bspw. beim Vorliegen einer Einwilligung des Ausweisinhabers, gestattet ist. Eine Ablichtung eines Personalausweises muss dabei eindeutig und dauerhaft als Kopie erkennbar sein und darf nicht an Dritte weitergegeben werden. Ferner ist das Schwärzen nicht relevanter Merkmale des Personalausweises im Rahmen der Identitätsfeststellung geboten. Da auch die Übermittlung einer Personalausweiskopie nicht in allen Fällen eine unbefugte Übermittlung verhindern kann, so zB bei Wohn- oder Lebensgemeinschaften, sollten alternative Möglichkeiten, zB eine Vorlage vor

Ort beim Verantwortlichen oder die Identifizierung über ein Online-Nutzerkonto, vorab geprüft werden.

**12. Löschkonzept.** Zur Einrichtung eines Löschkonzepts im Unternehmen → Form. D. IV.

**13. Auskunftsersuchen Dritter.** Im Falle von Anfragen Dritter über einen Betroffenen besteht die Gefahr einer unzulässigen und als Ordnungswidrigkeit einzustufenden Datenübermittlung. Daher empfiehlt es sich, über die Unternehmensrichtlinie verbindliche Prüfvorgaben vor der Beauskunftung zu kommunizieren. Wesentliches Merkmal sollte wiederum die Frage nach der Legitimationsgrundlage sein. Ebenso sollte die anfragende Stelle ein berechtigtes Interesse darlegen können, um der verantwortlichen Stelle die Prüfung zu ermöglichen, ob der Tatbestand der Datenweitergabe mit der gesetzlichen Erlaubnis im Einklang steht. Wie bereits im Zuge der Auskunftserteilung nach Art. 15 DS-GVO erwähnt, empfiehlt es sich auch hier, die Identität der anfragenden Stelle zweifelsfrei festzustellen, wobei die Vorlage einer Personalausweiskopie hierbei nicht zielführend sein dürfte. Diese Vorgaben zu den Auskunftsbegehren Dritter gelten entsprechend für den Umgang mit staatlichen Ersuchen (hierzu Kamp RDV 2007, 236 (241)).

**14. Verfahrenseinführungen und -prüfungen.** Um eine frühzeitige Einbindung des Datenschutzbeauftragten zu gewährleisten, müssen neue Verfahren vom Verfahrensverantwortlichen an den Datenschutzbeauftragten gemeldet werden. Hier bietet es sich an, ein einheitliches Meldeformular im Unternehmen zu verwenden, das die gesetzlich vorgeschriebenen Inhalte an ein Verzeichnis für Verarbeitungstätigkeiten berücksichtigt (→ Form. C. II.). Es bietet sich zusätzlich an, das jeweilige Verfahren mit einer Risikoklassifizierung zu versehen, die in Absprache mit dem Datenschutzbeauftragten vorgenommen wird (→ Form. C. V.3.). Eine solche Klassifizierung hat bspw. Auswirkungen auf die vorzunehmenden technisch-organisatorischen Maßnahmen oder das festzulegende Prüfintervall für bestehende Verfahren durch Verfahrensverantwortliche oder den Datenschutzbeauftragten. Ein Meldeformular ermöglicht insoweit eine datenschutzrechtliche Prüfung von Verfahren, die sich unterhalb der Schwelle eine Datenschutz-Folgenabschätzung bewegen.

**15. Verfahrensverzeichnis.** Gem. Art. 30 DS-GVO hat jeder Verantwortliche ein Verzeichnis aller Verarbeitungstätigkeiten zu führen, das die gesetzlichen Vorgaben erfüllt (→ Form. C. II.). Diese Verantwortlichkeit wird im Zuge dieser Unternehmensrichtlinie stellvertretend durch die Verfahrensverantwortlichen wahrgenommen. Das Sammeln der für das Verzeichnis relevanten Informationen sollte vor der Inbetriebnahme eines Verfahrens erfolgen. Entgegen der alten Rechtslage wird dieses Verzeichnis beim Verantwortlichen bzw. der jeweiligen Fachabteilung geführt. Der Datenschutzbeauftragte wird im Sinne seiner gesetzlich zugewiesenen Aufgaben beratend hinzugezogen. Verlangt eine Aufsichtsbehörde die Vorlage des Verzeichnisses, erfolgt dies durch den Datenschutzbeauftragten als zentrale Kontaktstelle für die Zusammenarbeit mit der Behörde (vgl. Art. 39 Abs. 1 lit. d DS-GVO).

**16. Werbung.** Da die Anwendung der gesetzlichen Ausnahmen zur Verwendung personenbezogener Daten zu Zwecken der Werbung ohne Einwilligung des Betroffenen einer hinreichenden und vertieften Kenntnis der relevanten Vorschriften bedarf, die zudem in Abhängigkeit zum Medium der jeweiligen Ansprache stehen, sollte innerhalb der Unternehmensrichtlinie lediglich der Grundsatz des Einwilligungsvorbehalts kommuniziert und für weitere Details bspw. auf den Datenschutzbeauftragten verwiesen werden. Zur Einwilligung in Werbeversand/Newsletter ausführlich → Form. I. III.

**17. Schulung.** Entsprechend der gesetzlichen Vorgabe des Art. 39 Abs. 1 lit. b DS-GVO hat der Datenschutzbeauftragte zu überwachen, dass beteiligte Mitarbeiter an Verarbeitungsvorgängen hinsichtlich der Einhaltung der gesetzlichen Anforderungen sowie eigener Richtlinien des Verantwortlichen oder Auftragsverarbeiters zum Schutz personenbezogener Daten sensibilisiert und geschult werden. Im Rahmen seiner vollständigen Unabhängigkeit bei der Ausübung seiner Rolle wäre es jedoch möglich, die operative Schulung der Mitarbeiter auf den Datenschutzbeauftragten zu übertragen. Immerhin stehen zusätzliche Aufgaben des Datenschutzbeauftragten lediglich unter dem gesetzlichen Vorbehalt etwaiger Interessenskonflikte (vgl. Jaspers/Reif RDV 2016, 61 (66)).

**18. Datengeheimnis.** Beschäftigte sollen hinsichtlich eines vertraulichen Umgangs mit personenbezogenen Daten neben allgemeinen Schulungsmaßnahmen gesondert unterrichtet werden. Dies kann über entsprechende Geheimhaltungsklauseln im Arbeitsvertrag oder über gesonderte Verpflichtungserklärungen erfolgen (→ Form. C. VII. 1).

**19. Audits.** → Form. C. I.

**20. Interne Ermittlungen.** Der ordnungsgemäße Umgang mit personenbezogenen Daten im Rahmen von internen Ermittlungen birgt eine Vielzahl von Herausforderungen, die eine verantwortliche Stelle zu beachten hat (ausführlich → Form. A. IV. 6.; sowie → Form. H. III. bis → Form. H. VII.). Es wäre im Rahmen dieser Richtlinie verfehlt, detailliert auf die gesetzlichen Vorgaben zum Umgang mit Beschäftigtendaten bei der Prävention und Aufdeckung von Pflichtverletzungen oder Straftaten einzugehen. Im Rahmen der Unternehmensrichtlinie sollte eine Sensibilisierung dergestalt erfolgen, dass interne Aufklärungsmaßnamen nur unter Wahrung gesetzlicher Vorgaben und der Einbeziehung fachkundigen Personals durchzuführen sind.

**21. Risikoanalyse.** Mit der Risikoanalyse sollen bereits vor der eigentlichen Implementierung eines Verfahrens zur Verarbeitung personenbezogener Daten die spezifischen Risiken für die Rechte und Freiheiten der Betroffenen identifiziert und bewertet werden, die mit dem Verfahren verbunden sind. Die Richtlinie erlaubt dem Verantwortlichen, Art und Umfang der Risikoanalyse von der Schutzbedürftigkeit der personenbezogenen Daten abhängig zu machen. Die diesbezüglichen Kriterien sollten gesondert dokumentiert und den relevanten Adressaten zugänglich gemacht werden.

**22. Verschlüsselung.** Die DS-GVO erkennt die Verschlüsselung als wirksame Maßnahme zur Eindämmung möglicher Risiken für Rechte und Freiheiten der Betroffenen an (vgl. Erwgr. 83 sowie Art. 32 Abs. 1 lit. a DS-GVO). Es sollen nach dem Willen des Gesetzgebers jedoch nur solche Verfahren zum Einsatz kommen, die dem Stand der Technik entsprechen.

Eine Definition des Begriffs „Stand der Technik" findet sich in der DS-GVO nicht, sodass auf andere Quellen zurückgegriffen werden muss. Hierunter kann das entwickelte Stadium der technischen Möglichkeiten zu einem bestimmten Zeitpunkt verstanden werden, soweit Produkte, Prozesse und Dienstleistungen betroffen sind, basierend auf entsprechend gesicherten Erkenntnissen von Wissenschaft, Technik und Erfahrung (vgl. ISO/IEC Guide 2:2004: Normung und damit zusammenhängende Tätigkeiten – Allgemeine Begriffe, Ziff. 1.4).

Verschlüsselungstechniken bergen auch Risiken, die aus Sicht des Datenschutzes zu beachten sind. Die Stärke der jeweiligen Verschlüsselungstechnik wird im Wesentlichen durch die Schlüssellänge bestimmt (zu den Verschlüsselungsverfahren vgl. technische Richtlinien des BSI TR-02102-1 bis TR-02102-4).

Ob und wann personenbezogene Daten beim Transport über öffentliche Netze einer Verschlüsselung unterzogen werden sowie die Frage nach der Wahl einer bestimmten Verschlüsselungstechnik ist zweckmäßigerweise auf Grundlage einer Risikoanalyse zu entscheiden, die den aktuellen Stand der Technik im Blick hat. Diese Analyse hat jede verantwortliche Stelle in Abhängigkeit der Schutzbedürftigkeit der Daten durchzuführen. Je nach Ergebnis der vorgenommenen Einstufung, die außerhalb der Unternehmensrichtlinie erfolgt, soll eine Verschlüsselung dann verpflichtend vorzunehmen sein. Zum technischen Datenschutz ausführlich → Form. E.

**23. Wartungs- und Remotezugriff.** Zum Remote-Zugriff durch externe Dritte → Form. G. III. Zum Zugriff durch Mitarbeiter von externen Orten → Form. D. III. 3. Zu Zugriffsrechten externer Dritten bei sensiblen Daten wie Videoüberwachung → Form. G. III. Zu Vertraulichkeitsvereinbarungen mit Externen → Form. G. IV.

**24. Datenschutz-Folgenabschätzung.** Zur Datenschutz-Folgenabschätzung ausführlich → Form. C. III.

**25. Datenpanne.** Gem. Art. 33 DS-GVO können eine verantwortliche Stelle Informationspflichten gegenüber der zuständigen Aufsichtsbehörde treffen, sollte eine Verletzung des Schutzes personenbezogener Daten zu einem Risiko für Rechte und Freiheiten von Betroffenen führen (→ Form. C. VI. 1.). Ist ein solches Risiko gar hoch einzuschätzen, bedarf es gem. Art. 34 DS-GVO einer zusätzlichen Information Betroffener (→ Form. C. VI. 2.). Der Anwendungsbereich der Meldung von sog. „Datenpannen" wird vorliegend auf sämtliche Datenpannen, unabhängig einer Prüfung hinsichtlich bestehender Risiken für Betroffenen, erstreckt. So kann verhindert werden, dass ein solcher Vorfall nur deshalb nicht gemeldet wird, weil der jeweilige Mitarbeiter einer solchen Panne fälschlicherweise keinen Risikobezug zubilligt. Die Einordnung, ob ein meldepflichtiger Sicherheitsvorfall vorliegt, sollte durch das zuständige Incident Response Team unter Beteiligung des Datenschutzbeauftragten vorgenommen werden. Ob als erste Kontaktstelle der jeweiligen Meldung der Datenschutzbeauftragte fungieren soll oder ein Verantwortlicher für die Sachverhaltsaufklärung, bleibt dem jeweiligen Unternehmen überlassen.

## III. Richtlinien zur Nutzung durch Beschäftigte

### 1. Richtlinie zur Nutzung von Internet, E-Mail und anderen elektronischen Kommunikationsmitteln

Internet und elektronische Kommunikation einschließlich der immer wieder zu Unrecht totgesagten E-Mail sind aus dem Unternehmens- und mittlerweile auch Behördenalltag kaum mehr wegzudenken. Elektronische Kommunikationsformen verdrängen mehr und mehr die herkömmliche Post (für Social-Media-Accounts → Form. D. III.5). Doch während für die papierene Post niemand auf die Idee kommen würde, dass ein Mitarbeiter seine privaten Briefe unter der Firmenanschrift und auf Firmen-Briefpapier schreiben darf und bei eingehender Geschäftspost nach Gutdünken entscheiden kann, ob der Chef sie sehen darf, ist die **private Nutzung dienstlicher Accounts elektronischer Kommunikationsmedien** oftmals völlig ungeregelt. Dabei ist der ungehinderte Zugriff auf elektronische dienstliche Kommunikation für Unternehmen ebenso wichtig wie der Zugriff auf Briefpost. Hier wie dort können wichtige Nachrichten (zB Willenserklärungen wie Kündigungen) eingehen, hier wie dort entstehen **aufbewahrungspflichtige Geschäfts- bzw. Handelsbriefe** (§ 147 AO, § 257 HGB). Dürfen allerdings Mitarbeiter die dienstlichen Kommunikationsmittel auch privat nutzen, kann der Arbeitgeber seinen Pflichten (und sei es nur aus Art. 15 DS-GVO) nicht mehr ohne Weiteres nachkommen. Auch wenn keine ausdrücklichen Regelungen getroffen sind, besteht die Gefahr, dass Arbeitnehmer **grundsätzlich von einer Erlaubnis auch zur privaten Kommunikation** über einen dienstlichen E-Mail-Account ausgehen können (so LAG Stuttgart 27.1.2023 – 12 Sa 56/21, ZD 2023, 696 Ls. 5) oder eine **betriebliche Übung** entsteht, nach der die Privatnutzung zulässig ist (hierzu Kania/Ruch ArbRB 2010, 352; das LAG Nürnberg 5.8.2015 – 2 Sa 132/15, BB 2015, 2622 (2623) lehnt in einem obiter dictum eine betriebliche Übung mangels Kenntnis des konkreten Umfangs der Privatnutzung ab).

**Ob** ein Unternehmen die **private Nutzung** des dienstlichen Internetzugangs und/oder des dienstlichen E-Mail-Accounts erlaubt, steht ihm frei (LAG Hamm 7.4.2006 – 10 TaBV 1/06, NZA-RR 2007, 20), und zwar auch bei Bestehen eines Betriebsrats. Auch Regeln für die rein dienstliche Nutzung von E-Mail und Internet sind nach § 87 Abs. 1 Nr. 1 und 10 BetrVG **mitbestimmungsfrei,** da es sich dabei um eine Konkretisierung der Arbeitspflicht handelt. Gleiches gilt für ein Verbot bisher erlaubter oder geduldeter Privatnutzung (LAG Hamm 7.4.2006 – 10 TaBV 1/06, NZA-RR 2007, 20; zum PersVG Berlin OVG Bln-Bbg 29.9.2016 – OVG 60 PV 10.15, ZD 2017, 94). Ein **Mitbestimmungsrecht** besteht allerdings nach § 87 Abs. 1 Nr. 6 BetrVG, wenn zur Überwachung geeignete Verfahren (wie E-Mail, Internet oder Microsoft 365, BAG 8.3.2022 – 1 ABR 20/21, NZA 2022, 1134 Rn. 29 ff.) neu eingeführt oder angewendet werden, etwa wenn zur Kontrolle des Verbots privater Internetnutzung **Logfiles** geführt werden sollen (ArbG Hamburg 7.11.2012 – 27 BVGa 3/12, BeckRS 2013, 68964) oder Zugriff auf E-Mails genommen werden soll (LAG Köln 19.7.2019 – 9 TaBV 125/18, ZD 2020, 262 (263)), aber auch, wenn

– wie eigentlich immer bei elektronischer Kommunikation – ein neues Verfahren zwar nicht zur Leistungskontrolle genutzt werden soll, aber hierzu geeignet ist (zur detaillierten Überwachung beim Einsatz von Microsoft 365 Breyer/Hirschel K&R 2024, 555 (556f.)). Werden **Regeln für die private Nutzung** aufgestellt, handelt es sich um mitbestimmungspflichtige Fragen des Ordnungsverhaltens und der Lohngestaltung iSv § 87 Abs. 1 Nr. 1 und 10 BetrVG (LAG Hamm 7.4.2006 – 10 TaBV 1/06, MMR 2006, 700; vgl. zu § 75 Abs. 3 BPersVG entsprechend VG Düsseldorf 9.9.2013 – 33 K 1669/12.PVB, BeckRS 2013, 57657; OVG Münster 1.9.2015 – 20 A 2311/13.PVB, BeckRS 2015, 54282).

Eine **Erlaubnis zur privaten Nutzung dienstlicher Kommunikationsmittel** führt nach der hier vertretenen Ansicht **nicht** dazu, dass der Arbeitgeber **die datenschutzrechtlichen Vorschriften des TDDDG** einhalten, insbesondere das Fernmeldegeheimnis nach § 3 TDDDG wahren müsste. Der deutsche Gesetzgeber hat dies allerdings unionsrechtswidrig in § 3 Abs. 2 TDDDG ausdrücklich anders geregelt und von der insoweit zuständigen BfDI dürfte eine weite Auslegung zu erwarten sein. Die Unionsrechtswidrigkeit beruht darauf, dass Art. 3 der Richtlinie 2002/58/EG regelt, dass diese nur „für die Verarbeitung personenbezogener Daten in Verbindung mit der Bereitstellung öffentlich zugänglicher elektronischer Kommunikationsdienste in öffentlichen Kommunikationsnetzen" gilt, also nicht für geschlossene Nutzergruppen. Die DS-GVO **gestattet keine überschießende Umsetzung wie im deutschen TDDDG.** Teilweise wird die Unanwendbarkeit des TDDDG auch auf Art. 12 Abs. 1 RL (EU) 2018/1972 gestützt. Die Unionsrechtswidrigkeit führt dazu, dass verschiedene Regelungen des TDDDG wie die **Ausdehnung des Fernmeldegeheimnisses auf die Privatnutzung dienstlicher Kommunikationsmittel nicht angewendet werden dürfen** (im Detail Dieckhoff/Assion ZD 2023, 371; Gierschmann MMR 2023, 22; Sander K&R 2022, 662; Kühling/Sauerborn CR 2021, 271). Eine Beibehaltung im Beschäftigungsverhältnis auf Basis der Öffnungsklausel des Art. 88 DS-GVO scheidet aus, weil die Norm zwar gewisse Abweichungen zu ermöglichen scheint, aber wohl nur, soweit diese Abweichungen noch als „spezifischere Vorschriften" (Art. 88 Abs. 1 DS-GVO) zu bezeichnen sind und zudem Art. 88 Abs. 2 DS-GVO erfüllen (EuGH 30.3.2023 – C-34/21, NZA 2023, 487 Rn. 61ff.).

Änderungen der Rechtslage sollen sich künftig durch die ePrivacy-VO ergeben, die die RL 2002/56/EG vollständig ersetzen soll. Doch stockt das Gesetzgebungsverfahren seit vielen Jahren und es ist unklar, wann und ob überhaupt die ePrivacy-VO in Kraft treten wird.

Davon unberührt bleibt allerdings die **Strafbarkeit nach § 206 StGB,** weil diese nicht an die datenschutzrechtlichen Vorschriften des TDDDG anknüpft, sondern eine vollständige eigenständige Regelung – wenn auch vergleichbaren Inhalts – beinhaltet. § 206 StGB ist **auch unter Geltung der DS-GVO anwendbar;** es handelt sich um eine nationale Sanktionsvorschrift nach Art. 84 DS-GVO (Kühling/Buchner/Bergt DS-GVO Art. 84 Rn. 26). Auch der Arbeitgeber, der die private Nutzung dienstlicher Kommunikationsmittel gestattet, ist ein Unternehmen, das geschäftsmäßig Telekommunikationsdienste erbringt, wie § 206 Abs. 1 StGB dies voraussetzt. Allerdings ist für das Tatbestandsmerkmal „unbefugt" aus § 206 Abs. 1 StGB auch auf Erlaubnisnormen aus der DS-GVO abzustellen, soweit diese, wie nach der hier vertretenen Ansicht namentlich bei geschlossenen Nutzergruppen, anwendbar ist. Dem Arbeitgeber ist also nicht mehr faktisch jeder Zugriff auf die E-Mails unter Strafdrohung verboten, wie dies bei unbeschränkter Anwendbarkeit der §§ 3ff.

TDDDG der Fall wäre, sondern eine Strafbarkeit nach § 206 StGB kommt nur in Betracht, wenn auch die – nach DS-GVO deutlich weitere – datenschutzrechtliche Erlaubnis für den Zugriff nicht gegeben ist.

**Maßstab für die Rechtmäßigkeit** des Zugriffs auf die betrieblichen Accounts elektronischer Kommunikationsmedien und für die Überwachung der Internetnutzung im Betrieb ist **ausschließlich die DS-GVO** bzw. das auf Basis von Art. 88 DS-GVO erlassene nationale Recht, **unabhängig davon, ob eine Privatnutzung erlaubt oder verboten ist** (LAG Stuttgart 27.1.2023 – 12 Sa 56/21, ZD 2023, 696 Rn. 118 = Landesrecht BW Rn. 220). § 26 Abs. 1 BDSG ist keine Präzisierung iSd Art. 88 DS-GVO (vgl. EuGH 30.3.2023 – C-34/21, NJW 2023, 1639), sodass die Prüfung anhand von Art. 6 Abs. 1 DS-GVO zu erfolgen hat. Hinsichtlich der Anforderung, dass die Kontrollen „erforderlich" sein müssen, empfiehlt sich ein abgestuftes Kontrollsystem (vgl. § 8 Abs. 3 ff. des Musters; → Anm. 29).

Nach der Rechtsprechung des EuGH ist die **Erforderlichkeit im Zusammenhang mit dem Grundsatz der Datenminimierung** aus Art. 5 Abs. 1 lit. c DS-GVO zu prüfen (EuGH 7.12.2023 – C-26/22 u. C-64/22, NJW 2024, 417 Rn. 78 mwN). Die Prüfung überschneidet sich insoweit, als dass **bereits die Prüfung der Erforderlichkeit eine Abwägung der einander gegenüberstehenden Rechte und Interessen** erfordert (EuGH 7.12.2023 – C-26/22 u. C-64/22, NJW 2024, 417 Rn. 92; ähnlich ohne ausdrückliche Bezugnahme auf Art. 5 Abs. 1 DS-GVO auch EuGH 7.3.2024 – C-740/22, NVwZ 2024, 653 Rn. 53; EuGH 22.6.2021 – C-439/19, ZD 2021, 625 Rn. 106). Diese Interessenabwägung im Rahmen der Prüfung der Erforderlichkeit lässt sich am Tatbestandsmerkmal „angemessen" aus Art. 5 Abs. 1 lit. c DS-GVO festmachen. Die Prüfung des zweiten Tatbestandsmerkmals Erforderlichkeit unterteilt sich deshalb in einerseits die **„absolute" Erforderlichkeit** iSv „unbedingt notwendig" (EuGH 7.12.2023 – C-26/22 u. C-64/22, NJW 2024, 417 Rn. 88) bzw. „objektiv unerlässlich" (EuGH 4.7.2023 – C-252/21, GRUR 2023, 1131 Rn. 98), also die Erforderlichkeit iSv Art. 6 Abs. 1 UAbs. 1 lit. f DS-GVO, und andererseits die Prüfung des Grundsatzes der Datenminimierung aus Art. 5 Abs. 1 lit. c DS-GVO. Hier ist neben der Erheblichkeit und der Notwendigkeit vor allem die **„relative" Erforderlichkeit** zu prüfen, also ob Umfang, Intensität, Dauer usw. der Verarbeitung „in einem angemessenen Verhältnis zu dem verfolgten Zweck stehen" (vgl. EuGH 4.5.2022 – C-140/20, ZD 2022, 677 Rn. 93 – Commissioner of the Garda Síochána) bzw. im Verhältnis zu diesem Zweck „nicht übermäßig" sind (vgl. EuGH 30.1.2024 – C-118/22, ZD 2024, 264 Rn. 41), also die Angemessenheit iSv Art. 5 Abs. 1 lit. c DS-GVO. Im Rahmen der Prüfung der „relativen" Erforderlichkeit kann ein abgestuftes Kontrollsystem (vgl. § 8 Abs. 3 ff. des Musters; → Anm. 29) ebenso entscheidend sein wie bei der Interessenabwägung auf der dritten Prüfungsstufe. Zu beachten ist, dass Art. 6 Abs. 1 UAbs. 1 DS-GVO nur dann als Rechtsgrundlage in Betracht kommt, wenn der Verantwortliche auch allen anderen ihm obliegenden Pflichten aus der DS-GVO nachkommt (EuGH 4.10.2024 – C-621/22, NJW 2024, 3769 Rn. 50; EuGH 12.9.2024 – C-17/22 u. C-18/22, NJW 2024, 3637 Rn. 58). Auch im Übrigen muss jede Verarbeitung personenbezogener Daten jedenfalls den Kapiteln II und III der DS-GVO entsprechen (EuGH 4.10.2024 – C-446/21, GRUR-RS 2024, 26053 Rn. 46; EuGH 11.7.2024 – C-757/22, ZD 2024, 510 Rn. 49 mwN), insbesondere alle Grundsätze aus Art. 5 Abs. 1 DS-GVO und die diese Grundsätze konkretisierenden Vorschriften (EuGH 4.10.2024 – C-621/22, NJW 2024, 3769 Rn. 27; EuGH 11.7.2024 – C-757/22, ZD 2024, 510 Rn. 49 mwN), sonst ist sie unheilbar rechtswidrig (Hense ZD 2024, 510 (514)).

Ist **ausschließlich eine dienstliche Nutzung** der elektronischen Kommunikationsmittel oder des Internetzugangs gestattet, darf der Arbeitgeber etwa die Logfiles des E-Mail-Servers dahingehend auswerten, ob eine verbotene Privatnutzung erfolgt (vgl. LAG Stuttgart 27.1.2023 – 12 Sa 56/21, ZD 2023, 696 Rn. 119; Kühling/Buchner/Maschmann DS-GVO Art. 88 Rn. 80). Auf dienstliche E-Mails darf der Arbeitgeber in gleichem Maße zugreifen wie auf den dienstlichen Briefverkehr (LAG Stuttgart 27.1.2023 – 12 Sa 56/21, ZD 2023, 696 Rn. 119 = Landesrecht BW Rn. 221). Insbesondere darf er grundsätzlich alle eingehenden E-Mails einsehen (Kühling/Buchner/Maschmann DS-GVO Art. 88 Rn. 80). Wegen der Unionsrechtswidrigkeit des § 26 Abs. 1 S. 1 BDSG ist Rechtsgrundlage in den vorgenannten Fällen Art. 6 Abs. 1 UAbs. 1 lit. b DS-GVO. Der Zugriff auf private Nachrichten ist dagegen (außerhalb der Missbrauchskontrolle, bei der jedoch regelmäßig auch keine oder jedenfalls keine vollständige Kenntnisnahme des Inhalts erforderlich ist) nicht für das Beschäftigungsverhältnis erforderlich und somit nicht nach Art. 6 Abs. 1 UAbs. 1 lit. b DS-GVO zu rechtfertigen. Stattdessen ist regelmäßig eine Rechtfertigung durch Art. 6 Abs. 1 UAbs. 1 lit. f DS-GVO erforderlich, die jedoch jedenfalls bei offensichtlich privaten Nachrichten mangels eines berechtigten Interesses des Arbeitgebers an deren Kenntnis scheitert (vgl. Byers Mitarbeiterkontrollen Rn. 71). Die Verhältnismäßigkeit muss stets gewahrt bleiben, sodass eine dauerhafte Kontrolle des E-Mail-Verkehrs unzulässig ist (Kühling/Buchner/Maschmann DS-GVO Art. 88 Rn. 80). Entscheidend ist zudem, dass die **Kontrollmaßnahmen nicht heimlich** erfolgen (EGMR 12.1.2016 – 61496/08, DuD 2016, 395 Rn. 37; Kühling/Buchner/Maschmann DS-GVO Art. 88 Rn. 47; Gola/Heckmann/Pötters DS-GVO Art. 5 Rn. 10). Die entsprechende Transparenz lässt sich durch das vorgeschlagene Muster herstellen.

Ist eine **private Nutzung gestattet,** ist der gesetzliche Ausgangspunkt für die Zulässigkeit des Zugriffs auf die E-Mails derselbe wie bei verbotener Privatnutzung. Der Zugriff auf erkennbar private E-Mails ist, von ganz besonderen Einzelfällen etwa bei der Verfolgung von Straftaten abgesehen, in jedem Fall unzulässig, da der Arbeitgeber hierfür kein berechtigtes Interesse geltend machen kann (Art. 6 Abs. 1 UAbs. 1 lit. f DS-GVO). Unglücklicherweise ist in der Praxis oftmals **nicht erkennbar, ob eine E-Mail privat oder dienstlich** ist, solange sie nicht vollständig gelesen wurde. Gerade wenn sich – wie oft – die Kommunikationspartner auch privat kennen, kann eine vermeintlich private E-Mail auch Dienstliches enthalten und umgekehrt. Denkbar wäre, bei erlaubter Privatnutzung den Mitarbeitern aufzugeben, private E-Mails sofort zu löschen oder in ein gesondertes Verzeichnis zu verschieben – und zwar nicht nur eingehende, sondern auch ausgehende Nachrichten (nach LAG Stuttgart 27.1.2023 – 12 Sa 56/21, ZD 2023, 696 Rn. 121 muss bei erlaubter Privatnutzung regelmäßig vor einem Zugriff der Mitarbeiter informiert und ihm die Gelegenheit gegeben werden, private E-Mails in einen gesonderten Ordner zu verschieben, auf den nicht zugegriffen wird). Die Fehlerquote eines solchen Aussortierens privater E-Mails ist hoch, und es zeigt erst Wirkung, nachdem der Mitarbeiter händisch sortiert hat. Im Vertretungsfall oder wenn grundsätzlich eine Sekretariats-Kopie erfolgt, erhält die Vertretung bzw. das Sekretariat auch die privaten E-Mails. Die gebotene **revisionssichere Archivierung** (§ 147 AO, § 257 HGB) wäre nicht gegeben, wenn es möglich wäre, nachträglich einzelne E-Mails zu entfernen; eine nur selektive Archivierung scheidet aus praktischen bzw. rechtlichen Gründen aus, da nicht sichergestellt werden könnte, dass tatsächlich alle Handelsbriefe erfasst werden, sodass in der Praxis nur die pauschale Archivierung aller ein- und ausgehenden E-Mails in Betracht kommt (aA Aßmus DSRITB 2014, 829). Auch für das betriebliche Backup wäre der Aufwand einer Löschung unvertretbar; allenfalls kann der Ordner „privat" vom Backup ausgenommen werden, worüber die Mitarbeiter allerdings wiederum informiert werden sollten. Somit werden sich bei erlaubter Privatnutzung zwangsweise private E-Mails in betrieblichen Datensammlungen finden, wo sie beispielsweise auch dem Zugriff von Ermittlungs- und Aufsichtsbehörden unterliegen. Eine Rechtfertigung dieser Verarbeitungen ist nicht aus Art. 6 Abs. 1 UAbs. 1 lit. c DS-GVO möglich, weil das Gesetz nicht die Speicherung der privaten E-Mails verlangt, sondern nur Praktikabilitätsgründe eine Trennung verhindern.

Es erscheint zwar denkbar, eine **Einwilligung der Mitarbeiter** für diese eigentlich nicht erforderlichen Verarbeitungen einzuholen. Doch ist zu berücksichtigen, dass die Einwilligung **jederzeit widerruflich** ist, Art. 7 Abs. 3 DS-GVO. Ist die Einwilligung die Rechtsgrundlage der Verarbeitung, sind die Daten unverzüglich nach dem Widerruf zu löschen, Art. 17 Abs. 1 lit. b DS-GVO. **Unverhältnismäßiger Aufwand für die Löschung** ist kein Grund, auf diese zu verzichten; § 35 Abs. 1 BDSG, der dies vorsieht, ist unionsrechtswidrig (Stellungnahme des Bundesrates, BR-Drs. 110/17, 40; vgl. auch Kühling/Buchner/Herbst DS-GVO Art. 17 Rn. 90). Wirtschaftlicher Aufwand ist kein zulässiger Grund für Beschränkungen iSv Art. 23 Abs. 1 DS-GVO (EuGH 26.10.2023 – C-307/22, ZD 2024, 22 Rn. 64). Ob § 242 BGB, der Sachzusammenhang und/oder eine Klausel in der Einwilligungserklärung den Widerruf insoweit ausschließen können, wie er sich auf Zeiten auswirken würde, zu denen die Einwilligung noch bestand (etwa bezüglich einer rückwirkenden Missbrauchskontrolle oder der revisionssicheren Archivierung), oder ob Art. 6 Abs. 1 UAbs. 1 lit. f DS-GVO in diesem Fall die weitere Verarbeitung rechtfertigen kann, ist unklar (→ Anm. 12). Während es vielleicht im Einzelfall noch zu verschmerzen sein mag, dass ein Widerruf der Einwilligung eine Kündigung wegen unzulässigen „Privat-Surfens" verhindert, muss der Zugriff auf alle elektronischen Handelsbriefe für die gesamte Zeit der Aufbewahrungspflicht unabhängig von möglicherweise widerrufenen Einwilligungen möglich sein.

Insbesondere internationale Unternehmen können sich zudem Gerichtsverfahren in anderen Rechtsordnungen ausgesetzt sehen, die umfassende Vorlagepflichten für elektronische Kommunikation vorsehen (**E-Discovery;** dazu zB Deutlmoser/Filip ZD-Beil. 2012 Heft 6, 1 mwN). Wird die Einwilligungsklausel nun so formuliert, dass sie auch derartige Vorlagepflichten umfasst, dürfte sie mangels Bestimmtheit und Kenntnis der wesentlichen Umstände der Verwendung unwirksam sein.

Eine **Betriebsvereinbarung als Ersatz für die individuelle Einwilligung** des Arbeitnehmers kommt **nicht in Betracht.** Denn Art. 88 DS-GVO enthält nur die Möglichkeit, spezifischere Regelungen in Kollektivvereinbarungen zu erlassen. Diese können jedoch nicht Verarbeitungen rechtfertigen, die nach der DS-GVO unzulässig wären, sondern allenfalls einen strengeren Schutz vorsehen (so die deutsche Sprachfassung von EuGH 30.3.2023 – C-34/21, NZA 2023, 487 Rn. 51, 78; unklar dagegen die französische, englische und spanische Sprachfassung; jedenfalls dürfen Kollektivvereinbarungen nicht gegen den Inhalt und die Ziele der DS-GVO verstoßen, EuGH 30.3.2023 – C-34/21, NZA 2023, 487 Rn. 59, was aber vorliegend der Fall wäre).

Zu berücksichtigen ist zudem, dass auch E-Mails die **Pflichtangaben** nach §§ 37a, 125a HGB, § 35a GmbHG uä enthalten müssen (MüKoGmbHG/Stephan/Tieves § 35a Rn. 8; MüKoHGB/Schmidt/Drescher § 125a Rn. 5). Verkauft nun beispielsweise ein Mitarbeiter unter Verwendung seiner dienstlichen E-Mail-Adresse sein gebrauchtes Notebook online (und übergibt es dem Käufer auch noch auf dem Firmenparkplatz), bestehen für den Arbeitgeber erhebliche Risiken, dass er wegen Sachmängelgewährleistung (oder auch unzulässigen Gewährleistungsausschlusses) in Anspruch genommen wird.

Nach alldem verbleibt eine derartige Vielzahl von Problemen und Unsicherheiten, dass **von einer Erlaubnis für die private Nutzung des dienstlichen E-Mail-Accounts und vergleichbarer Dienste dringend abzuraten** ist, selbst wenn entsprechend der hier vertretenen Auffassung die Ausdehnung der Datenschutzvorschriften unionsrechtswidrig ist und das Fernmeldegeheimnis daher entgegen dem Gesetzeswortlaut nicht gilt.

Trotzdem bieten sich für Unternehmen verschiedene Möglichkeiten, um ihren Mitarbeitern das Versenden privater E-Mails vom Arbeitsplatz aus zu gestatten. So kommt in Betracht, dass Unternehmen ihren Beschäftigten eine **vollständig getrennte E-Mail-Infrastruktur zur Privatnutzung** bereitstellen, etwa mit E-Mail-Adressen des Typs name@privat.example.com (oder auch unter einer komplett neutralen Domain). Um hier Fehler durch die Wahl der falschen Adresse zu vermeiden, ist auch denkbar, diesen Privat-Betriebs-Account beispielsweise nur per Webmail oder über eine App auf dem privaten Smartphone des Mitarbeiters zugänglich zu machen. Ebenfalls relativ unproblematisch ist es, den Mitarbeitern die Nutzung ihrer **privaten Webmail-Accounts** zu gestatten, ebenso wie die private Internetnutzung als solche oder die Nutzung flüchtiger Kommunikationsmittel wie Videokonferenzen, da diese weniger kritisch ist als die Privatnutzung des dienstlichen E-Mail-Accounts. Die **Gefahr des Abflusses geheimer Daten** besteht stets und lässt sich durch ein reines Verbot der Privatnutzung nicht nennenswert verringern. Besteht die Gefahr eines Datendiebstahls, sind entsprechende technisch-organisatorische Maßnahmen (Art. 32 DS-GVO; → Form. E. II.) zu treffen, die dann allerdings umfassend sein sollten (inklusive Deaktivierung von Schnittstellen wie USB, FireWire usw, Absicherung des Netzwerkzugangs, Verhinderung der Nutzung fremder Software uvm, ggf. gar Verbot des Mitbringens von Handys und Fotoapparaten und entsprechende Kontrollen, um Abfotografieren vom Bildschirm zu verhindern; alle Maßnahmen zudem unter Berücksichtigung des durch die Restriktionen geweckten Umgehungsdrangs der Mitarbeiter). Das Bereitstellen eines vom normalen betrieblichen Netzwerk **getrennten WLANs**, das die Mitarbeiter mit ihren privaten Smartphones nutzen können, vermeidet, dass unsichere Privatgeräte die Firmen-IT gefährden und senkt die Motivation zur Privatnutzung des Dienstrechners. Das Aufstellen spezieller, nicht mit dem eigentlichen Firmennetz verbundener Rechner, an denen die Privatnutzung (ausschließlich) zulässig ist, stellt typischerweise eher eine Maßnahme zur zeitlichen und inhaltlichen Beschränkung der Privatnutzung durch soziale Kontrolle dar als eine Sicherheitsmaßnahme, wenn nicht zugleich die Arbeitsrechner gesichert werden.

In jedem Fall gilt es sicherzustellen, dass **keinerlei (auch) betriebliche Kommunikation über den Privat**-Betriebs-Account oder den Privat-Account geführt wird. Hierfür sollten alle Mitarbeiter und insbesondere auch die Vorgesetzten sensibilisiert und Verstöße geahndet werden. **Schulung und Sensibilisierung** sind – neben Datensparsamkeit, einer strikten Vergabe von Zugriffsrechten nach dem Erforderlichkeitsprinzip und grundlegender technischer Sicherheit – ohnehin die praktisch **wichtigsten Elemente eines IT-Sicherheits- und Datenschutzkonzepts.**

Angesichts der persönlichkeitsrechtlichen Brisanz einer vollständigen Protokollierung der E-Mail- und Internetnutzung erfordert deren Einführung eine **Datenschutz-Folgenabschätzung** nach Art. 35 DS-GVO (DSK, Liste der Verarbeitungstätigkeiten, für die eine DSFA durchzuführen ist, Version 1.1, Nr. 8; zur Datenschutz-Folgenabschätzung → Form. C. III.).

Schatten-IT wird sich dauerhaft nur verhindern lassen, wenn den Mitarbeitern diejenigen Dienste bereitgestellt werden, die sie für ihre Arbeit benötigen. Dies ließ sich besonders bei Behörden, in geringerem Maße aber auch bei Unternehmen beobachten, wo während der Corona-Pandemie zur Aufrechterhaltung des Betriebs private E-Mail-, Videokonferenz- und sonstige Kollaborations-Tools und private Handys genutzt wurden, ggf. auch „irgendwelche" Lösungen „irgendwie" und häufig abseits der regulären Verfahren auf Behörden- oder Unternehmenskosten bestellt wurden, ohne sich mit den datenschutzrechtlichen Folgen zu beschäftigen. Compliance zu erreichen, erfordert also auch ein offenes Ohr für die Bedürfnisse der Mitarbeiter und gelegentlich sowie bei speziellen Anlässen ausdrückliches Fragen nach diesen.

Das **folgende Muster** geht nach alledem davon aus, dass die **private Nutzung des Internetzugangs, des Telefons und der Videokonferenzlösung gestattet, die private Nutzung des dienstlichen E-Mail-Accounts und anderer nicht flüchtiger Kommunikationsmittel jedoch verboten** wird.

Die **Abwandlung** gestattet, auch wenn hiervon nur **dringend abgeraten** werden kann, auch die **private Nutzung des dienstlichen E-Mail-Accounts und anderer nicht flüchtiger Kommunikationsmittel wie Messenger und Telefax.**

**Ergänzen** ließe sich die Richtlinie auch um Regelungen, wie Daten auf den dienstlichen Geräten zu speichern sind (zB ausschließliche Server-Speicherung dienstlicher Daten; mobile Datenträger; Kalender/Adressbücher; Privatnutzung; ansatzweise → Form. D. III. 1.). Soll die Nutzung privater Endgeräte gestattet werden (BYOD/BY1D), sind auch hierzu Regelungen erforderlich (→ Form. D. III. 4.).

**Richtlinie[1] zur Nutzung von Internet, E-Mail und anderen elektronischen Kommunikationsmitteln**

**§ 1 Ziel [– Variante Zusatzvereinbarung]**

**[Arbeitnehmer] (folgend: „Mitarbeiter") und [Arbeitgeber] haben mit Datum vom [Datum] einen Arbeitsvertrag geschlossen, der keine[2] Regelungen über die Nutzung der dienstlichen Kommunikationsmittel wie E-Mail- und Internetzugang enthält. Um die Interessen beider Parteien – insbesondere die gesetzlichen Verpflichtungen von [Arbeitgeber] und das Persönlichkeitsrecht des Mitarbeiters – angemessen in Übereinstimmung zu bringen und die Maßnahmen von [Arbeitgeber] zu Protokollierung, Kontrolle und Datenzugriff transparent zu regeln, schließen [Arbeitgeber] und Mitarbeiter diese Zusatzvereinbarung zum Arbeitsvertrag.**

**§ 1 Ziel [– Variante Betriebsvereinbarung]**

**Die Nutzung der dienstlichen Kommunikationsmittel wie E-Mail und Internet bei [Arbeitgeber] ist derzeit weitgehend ungeregelt. Um die Interessen von [Arbeitgeber] – insbesondere die gesetzlichen Verpflichtungen von [Arbeitgeber] – und das Persönlichkeitsrecht der Mitarbeiter angemessen in Übereinstimmung zu bringen und die**

Maßnahmen von [Arbeitgeber] zu Protokollierung, Kontrolle und Datenzugriff transparent zu regeln, schließen [Arbeitgeber] und Betriebsrat diese Betriebsvereinbarung.

§ 2 Anwendungsbereich der Vereinbarung

[Variante Betriebsvereinbarung: (1) Diese Betriebsvereinbarung gilt für alle Arbeitnehmerinnen und Arbeitnehmer iSv § 5 BetrVG, die dem Betrieb von [Arbeitgeber] angehören (folgend: „Mitarbeiter").[3] Sonstige bei [Arbeitgeber] tätige Personen werden vertraglich zur Einhaltung der Regeln dieser Betriebsvereinbarung verpflichtet.]

(2) Diese Vereinbarung regelt die Nutzung der durch [Arbeitgeber] bereitgestellten elektronischen Kommunikationsmittel und elektronischen Post, wie in Abs. 3 definiert. Sie gilt für alle Arten der Bereitstellung von elektronischen Kommunikationsmitteln und elektronischer Post durch [Arbeitgeber] und deren Nutzung durch Mitarbeiter, insbesondere im Betrieb, im Homeoffice und im Rahmen mobiler Nutzung (zB via Notebook, Tablet, Smartphone).[4]

(3) „Elektronische Post" im Sinne dieser Vereinbarung sind alle von [Arbeitgeber] zur Verfügung gestellten Betriebsmittel, die eine nicht flüchtige individuelle elektronische Kommunikation ermöglichen (insbesondere E-Mail, De-Mail, Chat, Messenger, SMS, Dateiaustausch) und Telefax, einschließlich der damit im Zusammenhang stehenden Hard- und Software. „Elektronische Kommunikationsmittel" im Sinne dieser Vereinbarung sind alle von [Arbeitgeber] zur Verfügung gestellten Betriebsmittel, die elektronische Kommunikation, insbesondere den Abruf von Daten aus dem und/oder den Versand von Daten in das Internet, ermöglichen, einschließlich der damit im Zusammenhang stehenden Hard- und Software, mit Ausnahme elektronischer Post. Soweit Betriebsmittel verschiedene Arten von Kommunikation (Dienste) ermöglichen, sind diese Dienste einzeln zu bewerten. Ein umfassendes Tool zur Zusammenarbeit ist daher in seinen Bestandteilen zu bewerten: Videokonferenzdienste ohne Aufnahmefunktion ermöglichen nur flüchtige Kommunikation und gelten somit nicht als elektronische Post, während eine Funktion zum Chat während der Videokonferenz, zur Aufzeichnung der Videokonferenz, zum gemeinsamen Arbeiten an Texten oder zum Teilen von Dateien als elektronische Post gilt, selbst wenn die Daten mit dem Ende der Nutzung automatisch gelöscht werden.

§ 3 Grundsatz

Elektronische Post und elektronische Kommunikationsmittel werden von [Arbeitgeber] ausschließlich zu dienstlichen Zwecken bereitgestellt und dürfen nur zu betrieblichen Zwecken genutzt werden, soweit nicht diese Vereinbarung ausdrücklich Ausnahmen vorsieht.

§ 4 Stets unzulässige Nutzungen

(1) In jedem Fall unzulässig – auch bei gestatteter privater Nutzung – ist jegliche Nutzung von elektronischer Post und elektronischen Kommunikationsmitteln, die geeignet ist, die Interessen von [Arbeitgeber] zu beeinträchtigen. Eine Beeinträchtigung der Interessen von [Arbeitgeber] liegt insbesondere vor, wenn das öffentliche Ansehen von [Arbeitgeber] oder die Sicherheit der IT von [Arbeitgeber] beeinträchtigt werden, [Arbeitgeber] sonstige Nachteile entstehen oder gegen Rechtsvorschriften oder Weisungen von [Arbeitgeber] verstoßen wird.

(2) Unzulässig sind danach insbesondere, aber nicht abschließend:

- jegliche Preisgabe oder Gefährdung von Betriebs- oder Geschäftsgeheimnissen, personenbezogenen Daten oder sonstigen Informationen von [Arbeitgeber], die als vertraulich gekennzeichnet sind oder bei denen sich die Vertraulichkeit aus der Natur der Information ergibt;
- Abruf, Anbieten, Verbreiten oder Speichern von Inhalten, die gegen Persönlichkeitsrecht, Urheberrecht, Datenschutzrecht oder Strafrecht verstoßen, insbesondere das unerlaubte Herunterladen oder Anbieten von Musik, Filmen, Software oder anderen urheberrechtlich geschützten Inhalten;[5]
- Abruf, Anbieten, Verbreiten oder Speichern von rufschädigenden, beleidigenden, verleumderischen, diskriminierenden, menschenverachtenden, rassistischen, verfassungsfeindlichen, sexistischen, gewaltverherrlichenden oder pornografischen Inhalten;[6]
- Abruf, Anbieten, Verbreiten oder Speichern von Computerviren oder anderer Schadsoftware sowie sonstige Aktivitäten, die sich gegen die Sicherheit von IT-Systemen richten (zB Hacking, Portscans);
- Verwenden, Abruf, Anbieten, Verbreiten oder Speichern von Software, die dem Arbeitnehmer nicht von [Arbeitgeber] bereitgestellt wurde; gegebenenfalls erforderliche Software wird ausschließlich durch die IT-Abteilung beschafft und installiert;
- Abruf von für [Arbeitgeber] kostenpflichtigen Inhalten, soweit dies nicht mit Zustimmung des Vorgesetzten zu betrieblichen Zwecken erfolgt;
- Anbieten oder Verbreiten religiöser, weltanschaulicher oder politischer Inhalte;
- Anbieten oder Verbreiten von Informationen, Behauptungen oder Meinungsäußerungen jeder Art (zB durch Einstellen in Diskussionsforen, Mitarbeit an Wikipedia-Beiträgen), wenn dabei entweder
  - die Betriebszugehörigkeit erkennbar ist (zB die IP-Adresse gespeichert wird[7] oder eine Angabe erfolgt) oder
  - die Informationen, Behauptungen oder Meinungsäußerungen einen Bezug zur betrieblichen Tätigkeit haben,

  soweit dies nicht mit Zustimmung des Vorgesetzten zu betrieblichen Zwecken erfolgt;[8]
- Nutzung von elektronischer Post und elektronischen Kommunikationsmitteln zu außerbetrieblichen kommerziellen oder sonstigen geschäftlichen Zwecken;

selbst wenn dies nach Einschätzung des Mitarbeiters betrieblichen Zwecken dient.

(3) Wer feststellt, dass ihm unzulässige Inhalte als Bestandteil von Nachrichten zugesandt wurden, die (beispielsweise wegen ihrer Zugehörigkeit zu einem Auftrag) nicht ohne Weiteres gelöscht werden können, hat die Entscheidung des Vorgesetzten einzuholen. Dieser hat in Zweifelsfällen den Datenschutzbeauftragten zu befragen.

§ 5 Private Nutzung

(1) Ein Anspruch auf private Nutzung von elektronischer Post und elektronischen Kommunikationsmitteln besteht nicht. Soweit [Arbeitgeber] im Rahmen dieser Vereinbarung eine private Nutzung ausnahmsweise gestattet, erfolgt dies freiwillig und steht im alleinigen Ermessen von [Arbeitgeber]. Verfügbarkeit und Fehlerfreiheit der elektronischen Kommunikationsmittel sind nicht geschuldet; Störungen und jederzeitige Beschränkungen, insbesondere Sperrung bestimmter Dienste und Beschrän-

kung der verfügbaren Bandbreite, bleiben vorbehalten. [Arbeitgeber] ist jederzeit nach freiem Ermessen berechtigt, die Gestattung zu beenden oder zu widerrufen. Dies gilt insbesondere (aber nicht abschließend), wenn Mitarbeiter gegen diese Vereinbarung verstoßen oder Tatsachen einen diesbezüglichen Verdacht begründen.[9]

(2) Elektronische Post darf ausschließlich betrieblich genutzt werden. Dies gilt sowohl für ausgehende Nachrichten als auch für eingehende (etwa Angabe der betrieblichen E-Mail-Adresse bei privaten Bestellungen). Zur betrieblichen Nutzung im Sinne dieses Absatzes gehören auch die sogenannte betrieblich veranlasste Privatnutzung, etwa wenn der Mitarbeiter wegen kurzfristiger Überstunden einen privaten Termin absagt, und die Kommunikation mit betrieblichen Interessenvertretungen, dem Betriebsarzt, dem Datenschutzbeauftragten, der betrieblichen Beschwerdestelle nach § 13 AGG und einer Meldestelle für Hinweisgeber nach HinSchG.

(3) Für den Fall und solange der Mitarbeiter entsprechend Anlage 1 in die Kontrolle seiner Nutzung der elektronischen Kommunikationsmittel eingewilligt hat,[10] gestattet [Arbeitgeber] dem Mitarbeiter die private Nutzung der elektronischen Kommunikationsmittel vor Dienstbeginn und nach Dienstschluss sowie in den Arbeitspausen.[11] Diese Gestattung gilt nur, soweit die ordnungsgemäße Erbringung der Arbeitsleistung und sonstiger dem Mitarbeiter obliegender Pflichten nicht beeinträchtigt wird; insbesondere muss dem Mitarbeiter trotz der privaten Nutzung der elektronischen Kommunikationsmittel eine ausreichende Erholung möglich sein. Ebenso dürfen andere Mitarbeiter oder Interessen von [Arbeitgeber] nicht beeinträchtigt werden.

(4) Die Einwilligung entsprechend Anlage 1 ist freiwillig und kann jederzeit mit Wirkung für die Zukunft widerrufen werden. Gesetzliche Erlaubnistatbestände bleiben von einem Widerruf unberührt. Der Widerruf ist ausgeschlossen, soweit er sich auf Daten und Informationen bezieht, die vor dem Widerruf entstanden sind. Damit kann [Arbeitgeber] insbesondere auch nach einem Widerruf die in § 8 beschriebenen Kontrollen durchführen und Konsequenzen bei Verstößen ziehen, soweit der Zeitraum vor dem Widerruf betroffen ist, und zwar auch auf der Basis einer Interessenabwägung (Art. 6 Abs. 1 UAbs. 1 lit. f DS-GVO). Der Ausschluss des Widerrufsrechts gilt nicht, soweit ihm auch unter Berücksichtigung der berechtigten Interessen von [Arbeitgeber] berechtigte Interessen des Mitarbeiters entgegenstehen.[12]

(5) Die Gestattung zur privaten Nutzung der elektronischen Kommunikationsmittel gem. Abs. 3 endet
- mit Zugang der Beendigungs- oder Widerrufserklärung von [Arbeitgeber] beim Mitarbeiter,
- [Variante Betriebsvereinbarung: mit Wirksamwerden der Kündigung dieser Betriebsvereinbarung, sobald der Mitarbeiter hiervon Kenntnis erlangt,]
- wenn der Mitarbeiter seine Einwilligung entsprechend Anlage 1 widerruft oder
- wenn die Einwilligung gem. Anlage 1 unwirksam wird (etwa durch eine Änderung der Rechtslage) und der Mitarbeiter hiervon Kenntnis erlangt,[13]

je nachdem, was früher eintritt.

(6) Der Mitarbeiter kann sich angesichts der nicht sichergestellten Verfügbarkeit der elektronischen Kommunikationsmittel nicht darauf verlassen, dass diese tatsächlich zur Verfügung stehen, wenn der Mitarbeiter sie nutzen möchte.

(7) Für die Sicherung privater Nachrichten und anderer privater Daten ist ausschließlich der Mitarbeiter verantwortlich.

§ 6 Betriebliche Kommunikation, elektronische Post

(1) Sämtliche betriebliche Korrespondenz – einschließlich der elektronischen Post – unterliegt der ausschließlichen Verfügungsbefugnis von [Arbeitgeber].

(2) Für betriebliche Kommunikation dürfen ausschließlich die von [Arbeitgeber] zur Verfügung gestellten technischen Einrichtungen genutzt werden, insbesondere nur betriebliche elektronische Post und betriebliche Videokonferenzdienste, jedoch keine privaten Accounts und keine privaten Computer.[14]

(3) Die Umleitung, Weiterleitung oder Speicherung dienstlicher Informationen, Nachrichten oder Dateien (insbesondere E-Mails) an private Accounts oder auf privaten Datenträgern oder Speicherdiensten (insbesondere Cloud-Services) ist verboten.[15]

(4) Vertrauliche Informationen, insbesondere personenbezogene Daten im Sinne des Datenschutzrechts, dürfen außerhalb von [Arbeitgeber] nur Ende-zu-Ende-verschlüsselt versandt werden. Dies gilt nicht, wenn [Arbeitgeber] für den jeweiligen Einzelfall oder für eine bestimmte Art von Fällen – im Fall personenbezogener Daten mit Zustimmung des Datenschutzbeauftragten – einen unverschlüsselten Versand schriftlich oder elektronisch gestattet hat.[16] Unabhängig von der Verschlüsselung darf eine Weitergabe personenbezogener Daten an Dritte nur erfolgen, wenn sie datenschutzrechtlich zulässig ist.

(5) Gehen über betriebliche elektronische Post Nachrichten mit privatem Inhalt ein,[17] hat der Empfänger den Absender darauf hinzuweisen, dass die betriebliche elektronische Post nur für betriebliche Zwecke verwendet werden darf und daher keine weiteren privaten Nachrichten an die betriebliche Anschrift gesandt werden sollen. Enthält die Nachricht ausschließlich private Inhalte, ist sie unverzüglich durch den Empfänger zu löschen; sie darf zuvor an einen privaten Account des Empfängers weitergeleitet werden. Ebenfalls zulässig ist die Weiterleitung der ausschließlich privaten Teile einer gemischt betrieblich-privaten Nachricht. Die Löschung einer gemischt betrieblich-privaten Nachricht außerhalb des normalen Geschäftsgangs ist nur mit schriftlicher oder elektronischer Zustimmung des Vorgesetzten gestattet. Nicht gelöschte Nachrichten privaten Charakters gelten hinsichtlich der Zugriffsrechte von [Arbeitgeber] als betriebliche Nachrichten, sodass der Mitarbeiter auch in seinem eigenen Interesse seiner Löschpflicht nachkommen sollte.

(6) Im Rahmen der Vertretung (siehe § 7) oder sonstiger betrieblicher Aufgaben (insbesondere Systemadministration, Kontrollen, Vorlagepflichten) kann nicht ausgeschlossen werden, dass Nachrichten privaten Charakters von anderen Personen als dem jeweiligen Inhaber des Zugangs zu elektronischer Post zur Kenntnis genommen werden. Über den Inhalt ist in diesem Fall Stillschweigen zu bewahren, soweit nicht besondere Erlaubnistatbestände außerhalb dieser Vereinbarung (zB gesetzliche Erlaubnis zur Verfolgung von Straftaten) vorliegen. Im Rahmen der Systemadministration ist die Erforderlichkeit des Zugriffs auf fremde Nachrichten stets gesondert zu prüfen.

(7) Ein- und ausgehende elektronische Post wird von [Arbeitgeber] automatisch für die Dauer gesetzlicher Aufbewahrungspflichten (vgl. § 147 AO, § 257 HGB) und gegebenenfalls betrieblicher Notwendigkeiten, insbesondere im Rahmen von Rechtsstreitigkeiten, archiviert; dies gilt nicht für nicht aufgezeichnete Videokonferenzen [und nicht für [Datenaustausch], [SMS], […]]. Ebenfalls werden regelmäßig

Sicherungskopien der elektronischen Post angefertigt. Hierbei erfolgt aus technischen Gründen keine Unterscheidung zwischen Nachrichten betrieblichen und privaten Charakters. Eine selektive Löschung bestimmter, insbesondere privater, Nachrichten ist nicht möglich. Es liegt daher auch im Interesse des Persönlichkeitsrechts des Mitarbeiters, das Verbot der privaten Nutzung elektronischer Post strikt einzuhalten.

(8) [Arbeitgeber] kann durch in- und ausländische Gesetze verpflichtet sein, auf Nachrichten und Dateien des Mitarbeiters zuzugreifen, diese auszuwerten und sie an in- und ausländische Stellen weiterzugeben. Diese Vereinbarung lässt eventuelle diesbezügliche Rechte und Pflichten von [Arbeitgeber] unberührt.[18]

§ 7 Abwesenheit, Ausscheiden

(1) Um sicherzustellen, dass eingehende betriebliche Nachrichten stets rechtzeitig bearbeitet werden können, soll jeder Mitarbeiter im Einvernehmen mit seinem Vorgesetzten mindestens einen Vertreter benennen, der bei Abwesenheit des Mitarbeiters auf elektronische Post des Mitarbeiters zugreifen kann.[19] Benennt ein Mitarbeiter keinen Vertreter gem. S. 1 oder ist bei Abwesenheit des Mitarbeiters kein gem. S. 1 benannter Vertreter anwesend, bestimmt der Vorgesetzte einen oder mehrere Vertreter und informiert den Mitarbeiter hierüber. Hat der Mitarbeiter einen Vertreter gem. S. 1 benannt, ist die Bestimmung eines weiteren Vertreters durch den Vorgesetzten nur bei Abwesenheit des Mitarbeiters und aller Vertreter von mindestens einem Tag oder bei schriftlich gegenüber dem Datenschutzbeauftragten zu begründender Gefahr im Verzug zulässig.[20]

(2) Vertreter gem. Abs. 1 dürfen nur während der Abwesenheit oder nach dem Ausscheiden des Mitarbeiters auf dessen elektronische Post zugreifen.[21] Erkennbar private Nachrichten dürfen durch Vertreter nicht geöffnet werden. Ergibt sich der private Charakter erst nach dem Öffnen, ist die Nachricht umgehend zu schließen; über den Inhalt ist Stillschweigen zu bewahren. Absender privater Nachrichten sind jedoch auch durch den Vertreter darauf hinzuweisen, dass die betriebliche elektronische Post nur für betriebliche Zwecke verwendet werden darf und daher keine weiteren privaten Nachrichten an die betriebliche Anschrift gesandt werden sollen.

(3) Unabhängig von den Einschränkungen des Abs. 2 sind [Arbeitgeber] und von [Arbeitgeber] beauftragte Personen im Rahmen der Verhältnismäßigkeit jederzeit berechtigt, lesenden Zugriff auf alle betrieblichen Nachrichten der elektronischen Post des Mitarbeiters zu nehmen, soweit dies betrieblichen Zwecken dient.[22]

(4) Die Einsichtnahme in die Kommunikation des Mitarbeiters mit betrieblichen Interessenvertretungen, dem Betriebsarzt, dem betrieblichen Datenschutzbeauftragten, der betrieblichen Beschwerdestelle nach § 13 AGG und Meldestellen für Hinweisgeber nach HinSchG bleibt ausschließlich dem Mitarbeiter vorbehalten.

(5) Nach dem Ausscheiden (auch Versterben) des Mitarbeiters kann [Arbeitgeber] den persönlichen Zugang zu elektronischer Post noch bis zu drei Monate aufrechterhalten und einem Vertreter Zugriff gewähren bzw. eingehende Nachrichten an diesen weiterleiten.[23] Alle Absender sind durch den Vertreter oder automatisch darauf hinzuweisen, dass der Mitarbeiter nicht mehr unter dieser Anschrift erreichbar ist und, im Fall betrieblicher Nachrichten, wer neuer betrieblicher Kontakt ist.

(6) Nach dem Ausscheiden (auch Versterben) eines Mitarbeiters oder wenn ein Mitarbeiter bis zum rechtlichen Ausscheiden freigestellt ist, sind eingehende oder

gespeicherte private Nachrichten je nach Weisung des Mitarbeiters zu löschen oder an eine vom Mitarbeiter benannte E-Mail-Adresse weiterzuleiten und danach zu löschen. Die Weiterleitung kann einmal monatlich gesammelt erfolgen, wenn der Aufwand häufigerer Weiterleitung nicht nur unwesentlich ist; in diesem Fall ist der ausgeschiedene Mitarbeiter hierüber zu informieren und sind die betreffenden Nachrichten – soweit technisch möglich, insbesondere bei E-Mails – bis zur Weiterleitung in einen gesonderten Ordner zu verschieben. Erkennbar private Nachrichten dürfen durch Vertreter nicht geöffnet werden. Ergibt sich der private Charakter erst nach dem Öffnen, ist die Nachricht umgehend zu schließen; über den Inhalt ist Stillschweigen zu bewahren.

(7) Hat der Mitarbeiter vor seinem Ausscheiden (auch Versterben) oder seiner Freistellung bis zum rechtlichen Ausscheiden keine Weisung zum Umgang mit eingehenden oder gespeicherten privaten Nachrichten erteilt, sind diese in einen gesonderten Ordner zu verschieben. Der Mitarbeiter ist schriftlich oder per E-Mail (bei Versterben schriftlich seine Erben) an seine letzte bekannte Anschrift zu informieren, dass er innerhalb von vier Wochen nach Zugang des Schreibens eine Weisung gem. Abs. 6 mitteilen kann. Schweigen auf ein solches Schreiben gilt als Weisung zur Löschung der Nachrichten, worauf in dem Schreiben ausdrücklich hinzuweisen ist. Im Fall des Versterbens des Mitarbeiters sind die Erben zur Entscheidung berechtigt.[24]

§ 8 Filter, Protokollierung, Kontrolle

(1) Elektronische Post dient ausschließlich, elektronische Kommunikationsmittel dienen vorrangig der betrieblichen Nutzung. [Arbeitgeber] ist daher berechtigt, nach freiem Ermessen die Nutzung von elektronischer Post und elektronischen Kommunikationsmitteln durch Einsatz von Filtersystemen zu beschränken.[25] In Betracht kommen beispielsweise, aber nicht abschließend, Sperren bestimmter Adressen (zB Domains, IP-Adressen, URLs), Dienste/Protokolle (zB Filesharing, Streaming) oder Ports, der Einsatz von inhaltsbasierten Filtersystemen (zB Sperrung bestimmter Schlagwörter oder Dateitypen) sowie der Einsatz von Spam- und Virenfiltern. Mit dem Einsatz solcher Systeme ist technisch bedingt in vielen Fällen eine automatische Analyse auch des Inhalts der Kommunikation verbunden.

(2) [Arbeitgeber] ist auch berechtigt, die Annahme von Nachrichten einzelner Absender, Gruppen von Absendern oder Domains zu verweigern, insbesondere wenn zu vermuten ist, dass es sich um eine unzulässige Privatnutzung elektronischer Post oder sonstige unerwünschte Nachrichten handelt.[26]

(3) Die Nutzung von elektronischer Post und elektronischen Kommunikationsmitteln wird protokolliert und gespeichert. Eine Unterscheidung zwischen privater und betrieblicher Nutzung ist aus technischen Gründen nicht möglich. Die Protokollierung erfolgt mit Datum/Uhrzeit, genutztem Dienst (zB E-Mail, HTTP), Daten von Absender und Empfänger (zB IP-Adressen, Namen der Rechner, E-Mail-Adressen), ggf. Benutzerdaten (zB Benutzername bei E-Mail-Versand oder bei Einsatz eines Proxy-Servers), gegebenenfalls URLs der aufgerufenen Webseiten, technischen Statuscodes und übertragener Datenmenge.[27] Die Protokolle werden nach sieben Tagen hinsichtlich der IP-Adresse und des Namens des eine Webseite aufrufenden bzw. eine Nachricht empfangenden bzw. sendenden betrieblichen Rechners sowie hinsichtlich der als Empfänger bzw. Absender fungierenden betrieblichen Ad-

resse anonymisiert, soweit nicht eine längere Speicherung im Einzelfall aus Gründen der Daten- und Systemsicherheit oder zur Fehleridentifikation und -behebung erforderlich ist oder eine personenbezogene Protokollierung nach Abs. 8 oder Abs. 9 erfolgt.[28]

(4) Soweit aus Gründen der Daten- und Systemsicherheit oder zur Fehleridentifikation und -behebung erforderlich, können ausnahmsweise auch Inhalte der Nutzung von elektronischer Post und elektronischen Kommunikationsmitteln protokolliert oder kann auf Nachrichten elektronischer Post zugegriffen werden. Die gewonnenen Informationen dürfen nur zu den in S. 1 genannten Zwecken und zur Verfolgung von Straftaten genutzt werden und sind unverzüglich zu löschen, sobald sie nicht mehr benötigt werden.

(5) Die Protokolle nach Abs. 3 werden ausschließlich zu Zwecken der Gewährleistung/Wiederherstellung der Systemsicherheit, Analyse und Korrektur technischer Fehler und Störungen, Kapazitätsplanung und Lastverteilung sowie Optimierung der IT-Infrastruktur, statistischen Feststellung des Nutzungsumfangs, Missbrauchskontrolle und -verfolgung sowie bei Verdacht auf eine Straftat verwendet. Die Nutzung der Protokolle muss den Grundsätzen einer datenschutzgerechten Kontrolle entsprechen, insbesondere dem Grundsatz der Verhältnismäßigkeit. Wenn möglich, erfolgt die Auswertung daher zunächst anonymisiert. Bei Hinweisen auf eine Infektion mit Schadsoftware oder möglicherweise erfolgreiche Angriffe auf Zugangsdaten (Phishing) sind die Protokolle unverzüglich umfassend personenbezogen daraufhin auszuwerten, bei welchem Rechner eine Infektion bzw. bei welchem Mitarbeiter ein erfolgreicher Angriff zu vermuten ist, und hat die IT-Abteilung unverzüglich Gegenmaßnahmen zu ergreifen. Eine Nutzung der Protokolle zur individuellen Verhaltens- und Leistungskontrolle ist unzulässig, es sei denn, sie erfolgt unter den Voraussetzungen der Abs. 8 und 9.

(6) Die Protokolle nach Abs. 3 werden regelmäßig nach Anonymisierung iSv Abs. 3 durch eine von [Arbeitgeber] beauftragte Person stichprobenartig hinsichtlich der Kommunikationspartner (zB Absender eingehender und Empfänger ausgehender E-Mails) sowie der aufgerufenen Adressen (zB URL von Websites) ausgewertet.[29] Die statistische Auswertung erfolgt wenn möglich automatisch.

(7) Ergibt die Auswertung der Protokolle nach Abs. 6 keinen Hinweis auf einen Verstoß gegen die Regeln dieser Vereinbarung („Missbrauch"), sind die Protokolle zu löschen. Ergibt sich dagegen ein Hinweis auf Missbrauch, werden die Mitarbeiter hierauf in allgemeiner, nicht personenbezogener Form hingewiesen. Die Mitarbeiter werden dabei auch darauf hingewiesen, dass bei fortgesetztem Missbrauch personenbezogene Auswertungen der Protokolle erfolgen und (arbeits-)rechtliche Konsequenzen drohen.[30]

(8) Ergibt in der Folge eine Auswertung der anonymisierten Protokolle – die sich nicht auf Stichproben beschränken muss – weiterhin Missbrauch, bleiben die personenbezogenen Protokolle gespeichert. Ergibt die Auswertung der anonymisierten Protokolle nach Abs. 6 Missbrauch, so ist eine personenbezogene Auswertung der Protokolle hinsichtlich der konkret festgestellten Missbrauchsfälle zulässig; soweit kein Missbrauch festgestellt wurde, sind die Protokolle zu löschen. Die personenbezogene Auswertung darf nur in Anwesenheit des Datenschutzbeauftragten erfolgen. Der Betriebsrat ist mindestens einen Werktag vor Beginn der personenbezogenen Auswertung zu informieren und hat das Recht, der Auswertung beizuwohnen.

Nimmt der Betriebsrat an der Auswertung teil, muss keine Informationsfrist eingehalten werden.[31]

(9) Begründen zu dokumentierende Tatsachen den Verdacht, dass elektronische Post oder elektronische Kommunikationsmittel zur Begehung von Straftaten missbraucht wurden, dürfen die Protokolle nach Abs. 3 und die Nachrichten selbst im erforderlichen Umfang und unter Beachtung des Verhältnismäßigkeitsgrundsatzes ausgewertet werden.[32] Die Auswertung darf nur in Anwesenheit des Datenschutzbeauftragten erfolgen, es sei denn, aus dem Datenschutzbeauftragten mitzuteilenden besonderen Gründen ist eine sofortige Auswertung erforderlich und der Datenschutzbeauftragte an einer Teilnahme gehindert. Der Betriebsrat ist mindestens einen Werktag vor Beginn der Auswertung zu informieren und hat das Recht, der Auswertung beizuwohnen. Nimmt der Betriebsrat an der Auswertung teil oder ist aus dem Betriebsrat mitzuteilenden besonderen Gründen eine sofortige Auswertung erforderlich, muss keine Informationsfrist eingehalten werden. Soweit nicht dadurch Ermittlungen gefährdet oder nicht nur unwesentlich verzögert werden, ist der betroffene Mitarbeiter von der Auswertung zu benachrichtigen und ist ihm die Teilnahme zu ermöglichen.[33]

(10) Das Ergebnis der personenbezogenen Auswertung gem. Abs. 8 und 9 ist zu dokumentieren. Der betroffene Mitarbeiter ist über die personenbezogene Auswertung und ihre wesentlichen Ergebnisse zu informieren, sobald hierdurch Sinn und Zweck der personenbezogenen Auswertung nicht gefährdet werden; ihm ist auf Anforderung die vollständige ihn betreffende Auswertung mitzuteilen.[34] Ein Zurückstellen der Information des Mitarbeiters für mehr als drei Monate bedarf der schriftlichen Zustimmung des Datenschutzbeauftragten. Der betroffene Mitarbeiter hat das Recht, zu jeder ihn betreffenden personenbezogenen Auswertung Stellung zu nehmen. Wird der Missbrauchsverdacht entkräftet, sind alle durch das Kontrollverfahren entstandenen personenbezogenen Daten zu löschen, soweit nicht der Mitarbeiter widerspricht.

(11) Spätestens drei Monate nach dem Datum des letzten festgestellten Missbrauchs ist wieder zur Anonymisierung gem. Abs. 3 S. 4 zurückzukehren.

(12) Unzulässig sind Auswertungen der Protokolle, um Informationen über die Nutzung von elektronischer Post und elektronischen Kommunikationsmitteln im Zusammenhang mit besonders zu schützenden Funktionen (betrieblichen Interessenvertretungen, Betriebsarzt, Datenschutzbeauftragten, betrieblicher Beschwerdestelle nach § 13 AGG, Meldestellen für Hinweisgeber nach HinSchG) zu erlangen.[35]

(13) Die Protokolle sind vor unbefugtem Zugriff besonders gesichert aufzubewahren.[36]

### § 9 Folgen von Verstößen

Im Fall eines Missbrauchs ist [Arbeitgeber] berechtigt, sämtliche arbeitsrechtlichen Maßnahmen anzuwenden, einschließlich einer fristlosen oder fristgerechten Kündigung. Ebenfalls kommen strafrechtliche Sanktionen und zivilrechtliche Folgen wie Schadensersatz in Betracht.[37]

### § 10 Normenhierarchie

Soweit Regelungen dieser Vereinbarung im Widerspruch zu anderen Vereinbarungen oder Weisungen stehen, geht diese Vereinbarung vor.

§ 11 Schlussbestimmungen [– Variante Zusatzvereinbarung]

(1) Änderungen dieser Vereinbarung durch individuelle Vertragsabreden sind formlos wirksam. Im Übrigen bedürfen Vertragsänderungen der Schriftform; dies gilt auch für die Änderung dieser Schriftformabrede. Dies bedeutet, dass keine Ansprüche aus betrieblicher Übung entstehen.[38]

(2) Sollte eine Bestimmung dieser Vereinbarung unwirksam oder undurchführbar sein oder werden, wird dadurch die Wirksamkeit der Vereinbarung im Übrigen nicht berührt. Die Parteien verpflichten sich, in diesem Fall über eine wirksame und durchführbare Regelung zu verhandeln, die dem von den Parteien mit der unwirksamen beziehungsweise undurchführbaren Bestimmung verfolgten Zweck möglichst nahekommt, soweit die Bestimmungen dieser Vereinbarung ohne die unwirksame beziehungsweise undurchführbare Regelung eine unzumutbare Härte für eine der Parteien darstellen würden.[39]

§ 11 Schlussbestimmungen [– Variante Betriebsvereinbarung]

(1) Diese Betriebsvereinbarung tritt [mit Unterzeichnung] in Kraft. [Sie löst die Betriebsvereinbarung [Bezeichnung] vom [Datum] ab.]

(2) Diese Betriebsvereinbarung kann mit einer Frist von [drei] Monaten zum Ende eines [Kalenderjahres] gekündigt werden, [erstmalig jedoch zum [Datum]].

(3) Mit dem Wirksamwerden der Kündigung ist jegliche private Nutzung von elektronischer Post und elektronischen Kommunikationsmitteln verboten. Eine betriebliche Übung wird durch die vor Wirksamwerden der Kündigung im Rahmen dieser Betriebsvereinbarung gestattete Privatnutzung nicht begründet. Diese Betriebsvereinbarung entfaltet nur insoweit Nachwirkung, wie sie die betriebliche Nutzung von elektronischer Post und elektronischen Kommunikationsmitteln sowie die Protokollierung und Kontrolle regelt.[40]

(4) [Arbeitgeber] stellt sicher, dass alle Mitarbeiter über die Protokollierung und Kontrolle der betrieblichen wie privaten Nutzung elektronischer Post und elektronischer Kommunikationsmittel informiert werden.

(5) Die in Anlage 1 beigefügte Einwilligungserklärung derjenigen Mitarbeiter, die den Internetzugang auch privat nutzen möchten, ist nicht Bestandteil dieser Betriebsvereinbarung, wird vom Betriebsrat aber zustimmend zur Kenntnis genommen.

[Datum, Unterschriften]

Anlage 1: Einwilligungserklärung zur privaten Nutzung der betrieblichen elektronischen Kommunikationsmittel

[Variante Betriebsvereinbarung: Mit der vorstehend abgedruckten Betriebsvereinbarung vom [Datum] haben [Arbeitgeber] und Betriebsrat die Nutzung der betrieblichen elektronischen Post und elektronischen Kommunikationsmittel einschließlich Protokollierung und Maßnahmen gegen Missbrauch geregelt. Ich bin damit einverstanden, dass die private Nutzung der betrieblichen elektronischen Post nicht und die private Nutzung der betrieblichen elektronischen Kommunikationsmittel (jeweils wie definiert in § 2 Abs. 3 der Betriebsvereinbarung) ausschließlich in dem in der vorstehend abgedruckten Betriebsvereinbarung geregelten Umfang zulässig ist.][41]

Ich willige ein, dass [Arbeitgeber] meine private Nutzung der betrieblichen elektronischen Post und elektronischen Kommunikationsmittel protokolliert und auswertet und die Daten so nutzt, wie in der vorstehend abgedruckten[42] Vereinbarung beschrieben.[43]

Ich kann insbesondere bei einer privaten Nutzung der betrieblichen elektronischen Post und elektronischen Kommunikationsmittel keine Vertraulichkeit erwarten.[44]

Diese Einwilligung ist freiwillig. Erteile ich sie nicht, entstehen mir keine weiteren Nachteile, als dass ich die betrieblichen elektronischen Kommunikationsmittel nicht privat nutzen darf. Die betriebliche elektronische Post darf unabhängig von einer Einwilligung nicht privat genutzt werden.

Ich kann diese Einwilligung jederzeit mit Wirkung für die Zukunft widerrufen. Ab meinem Widerruf entfällt die Berechtigung zur privaten Nutzung der betrieblichen elektronischen Kommunikationsmittel.

Ein Widerruf der Einwilligung ist ausgeschlossen, soweit er sich auf Daten und Informationen bezieht, die vor dem Widerruf entstanden sind. Ein Widerruf lässt zudem gesetzliche Erlaubnistatbestände für die Datenverarbeitung unberührt. Damit kann [Arbeitgeber] insbesondere auch nach einem Widerruf die in § 8 der Vereinbarung beschriebenen Kontrollen durchführen und Konsequenzen bei Verstößen ziehen, soweit der Zeitraum vor meinem Widerruf betroffen ist, und zwar auch auf der Basis einer Interessenabwägung (Art. 6 Abs. 1 S. 1 lit. f DS-GVO). Der Ausschluss des Widerrufsrechts gilt nur, soweit ihm auch unter Berücksichtigung der berechtigten Interessen von [Arbeitgeber] meine berechtigten Interessen nicht entgegenstehen.

Die Kontrolle der dienstlichen Nutzung von elektronischer Post und elektronischen Kommunikationsmitteln richtet sich unabhängig von meiner Einwilligung nach gesetzlichen bzw. kollektivvertraglichen Vorschriften.

Ich weise [Arbeitgeber] zudem an, nach meinem Ausscheiden bei [Arbeitgeber] über meine betriebliche elektronische Post eingehende und gespeicherte Nachrichten privaten Charakters zu löschen, wenn ich nicht ausdrücklich eine andere Weisung entsprechend § 7 Abs. 6 der vorstehend abgedruckten Vereinbarung erteile.[45]

[Datum, Unterschrift]

Ich bestätige den Empfang eines Exemplars der Vereinbarung und der Einwilligungserklärung.

[Datum, Unterschrift][46]

Abwandlung: Variante mit Erlaubnis auch zur privaten Nutzung der dienstlichen elektronischen Post

[§§ 1–5 Abs. 1 wie in der Grundfassung]

(2) Für den Fall und solange der Mitarbeiter entsprechend Anlage 1 in die Kontrolle seiner Nutzung der betrieblichen elektronischen Post eingewilligt hat,[10] gestattet [Arbeitgeber] dem Mitarbeiter die private Nutzung seines persönlichen Zugangs der betrieblichen elektronischen Post vor Dienstbeginn und nach Dienstschluss sowie in den Arbeitspausen[11] unter den folgenden Bedingungen:
- Der Mitarbeiter darf bei ausgehenden Nachrichten private und dienstliche Nutzung nicht vermischen.

- Der Mitarbeiter darf in private Nachrichten keine Angaben aufnehmen, die auf [Arbeitgeber] als Absender hindeuten. Insbesondere muss er sicherstellen, dass private Nachrichten keine dienstliche Signatur enthalten.[47]
- Vermischt ein Kommunikationspartner private und dienstliche Kommunikation in einzelnen Nachrichten, ist der Mitarbeiter verpflichtet, den Kommunikationspartner zu bitten, künftig private und dienstliche Kommunikation zu trennen.
- Ein- und ausgehende private Nachrichten hat der Mitarbeiter sofort in den Ordner „privat" zu verschieben oder zu löschen, außer der jeweilige Kommunikationsdienst ermöglicht beides nicht.
- Alle Nachrichten, die nicht im Ordner „privat" gespeichert sind, dürfen von [Arbeitgeber] als dienstlich behandelt werden. Dies gilt auch, wenn der Mitarbeiter (etwa wegen Krankheit) noch keine Möglichkeit hatte, private Nachrichten in den Ordner „privat" zu verschieben oder zu löschen oder wenn der jeweilige Kommunikationsdienst keinen Ordner „privat" oder die Möglichkeit einer Löschung vorsieht.

Die vorstehenden Bedingungen schränken die Rechte von [Arbeitgeber] nicht ein, sondern dienen ausschließlich der Arbeitserleichterung für [Arbeitgeber].

(3) Im Übrigen darf der Mitarbeiter betriebliche elektronische Post ausschließlich dienstlich nutzen. Zur betrieblichen Nutzung im Sinne dieses Absatzes gehören auch die sogenannte betrieblich veranlasste Privatnutzung des persönlichen Zugangs zur elektronischen Post, etwa wenn der Mitarbeiter wegen kurzfristiger Überstunden einen privaten Termin absagt, und die Kommunikation mit betrieblichen Interessenvertretungen, dem Betriebsarzt, dem Datenschutzbeauftragten, der betrieblichen Beschwerdestelle nach § 13 AGG und einer Meldestelle für Hinweisgeber nach HinSchG.

(4) Für den Fall und solange der Mitarbeiter entsprechend Anlage 1 in die Kontrolle seiner Nutzung der elektronischen Kommunikationsmittel eingewilligt hat,[10] gestattet [Arbeitgeber] dem Mitarbeiter die private Nutzung der elektronischen Kommunikationsmittel vor Dienstbeginn und nach Dienstschluss sowie in den Arbeitspausen.[11]

(5) Die Gestattungen gem. Abs. 2 und 4 gelten nur, soweit die ordnungsgemäße Erbringung der Arbeitsleistung und sonstiger dem Mitarbeiter obliegender Pflichten nicht beeinträchtigt wird; insbesondere muss dem Mitarbeiter trotz der privaten Nutzung von elektronischer Post und elektronischen Kommunikationsmitteln eine ausreichende Erholung möglich sein. Ebenso dürfen andere Mitarbeiter oder Interessen von [Arbeitgeber] nicht beeinträchtigt werden.

(6) Die Einwilligung entsprechend Anlage 1 ist freiwillig und kann jederzeit mit Wirkung für die Zukunft widerrufen werden. Gesetzliche Erlaubnistatbestände bleiben unberührt. Der Widerruf ist ausgeschlossen, soweit er sich auf Daten und Informationen bezieht, die vor dem Widerruf entstanden sind. Damit kann [Arbeitgeber] insbesondere auch nach einem Widerruf die in § 8 beschriebenen Kontrollen durchführen und Konsequenzen bei Verstößen ziehen, soweit der Zeitraum vor dem Widerruf betroffen ist, und zwar auch auf der Basis einer Interessenabwägung (Art. 6 Abs. 1 S. 1 lit. f DS-GVO). Der Ausschluss des Widerrufsrechts gilt nicht, soweit ihm auch unter Berücksichtigung der berechtigten Interessen von [Arbeitgeber] berechtigte Interessen des Mitarbeiters entgegenstehen.[12]

(7) Die Gestattung zur privaten Nutzung von elektronischer Post und elektronischen Kommunikationsmitteln gem. Abs. 2 und 4 endet

- mit Zugang der Beendigungs- oder Widerrufserklärung von [Arbeitgeber] beim Mitarbeiter,
- [Variante Betriebsvereinbarung: mit Wirksamwerden der Kündigung dieser Betriebsvereinbarung, sobald der Mitarbeiter hiervon Kenntnis erlangt,]
- wenn der Mitarbeiter seine Einwilligung entsprechend Anlage 1 widerruft oder
- wenn die Einwilligung gem. Anlage 1 unwirksam wird (etwa durch eine Änderung der Rechtslage) und der Mitarbeiter hiervon Kenntnis erlangt,[13]

je nachdem, was früher eintritt.

(8) Mit dem Ende der Gestattung zur privaten Nutzung der elektronischen Post hat der Mitarbeiter unverzüglich und ohne Ausnahme die von ihm in der betrieblichen elektronischen Post gespeicherten privaten Nachrichten zu löschen, und zwar auch die im Ordner „privat" gespeicherten.

(9) Der Mitarbeiter kann sich angesichts der nicht sichergestellten Verfügbarkeit von elektronischer Post und elektronischen Kommunikationsmitteln nicht darauf verlassen, dass diese tatsächlich zur Verfügung stehen, wenn der Mitarbeiter sie nutzen möchte.

(10) Für die Sicherung privater Nachrichten und anderer Daten ist ausschließlich der Mitarbeiter verantwortlich.

§ 6 Betriebliche Kommunikation, elektronische Post

[§ 6 Abs. 1–4 wie in der Grundfassung]

(5) Ist der jeweilige Mitarbeiter nicht zur privaten Nutzung der betrieblichen elektronischen Post befugt und gehen auf seiner betrieblichen elektronischen Post Nachrichten mit privatem Inhalt ein,[17] ist der Absender darauf hinzuweisen, dass die betriebliche elektronische Post des Mitarbeiters nur für betriebliche Zwecke verwendet werden darf und daher keine weiteren privaten Nachrichten an die betriebliche Anschrift gesandt werden sollen. Enthält die Nachricht ausschließlich private Inhalte, ist sie unverzüglich durch den Empfänger zu löschen; sie darf zuvor an einen privaten Account des Empfängers weitergeleitet werden.

(6) Gehen über betriebliche elektronische Post Nachrichten mit gemischtem privatem und dienstlichem Inhalt ein, darf der Mitarbeiter die ausschließlich privaten Teile der Nachricht an seinen privaten Account weiterleiten. Die Löschung einer gemischt betrieblich-privaten Nachricht außerhalb des normalen Geschäftsgangs ist nur mit schriftlicher oder elektronischer Zustimmung des Vorgesetzten gestattet.

(7) Im Rahmen der Vertretung (siehe § 7) oder sonstiger betrieblicher Aufgaben (insbesondere Systemadministration, Kontrollen, Vorlagepflichten) kann nicht ausgeschlossen werden, dass Nachrichten privaten Charakters von anderen Personen als dem jeweiligen Inhaber des Zugangs elektronischer Post zur Kenntnis genommen werden. Über den Inhalt ist in diesem Fall Stillschweigen zu bewahren, soweit nicht besondere Erlaubnistatbestände außerhalb dieser Vereinbarung (zB gesetzliche Erlaubnis zur Verfolgung von Straftaten) vorliegen. Im Rahmen der Systemadministration ist die Erforderlichkeit des Zugriffs auf fremde Nachrichten stets gesondert zu prüfen.

(8) Ein- und ausgehende elektronische Nachrichten werden von [Arbeitgeber] automatisch für die Dauer gesetzlicher Aufbewahrungspflichten (vgl. § 147 AO, § 257 HGB) und gegebenenfalls betrieblicher Notwendigkeiten, insbesondere im Rahmen von Rechtsstreitigkeiten, archiviert. Ebenfalls werden regelmäßig Sicherungskopien

der elektronischen Post angefertigt [OPTIONAL: ; dies gilt nicht für nicht aufgezeichnete Videokonferenzen]. Hierbei erfolgt aus technischen Gründen keine Unterscheidung zwischen Nachrichten betrieblichen und privaten Charakters.[48] Eine selektive Löschung bestimmter, insbesondere privater, Nachrichten ist nicht möglich. Dies muss der Mitarbeiter bei der privaten Nutzung der elektronischen Post berücksichtigen.

(9) [Arbeitgeber] kann durch in- und ausländische Gesetze verpflichtet sein, auf Nachrichten und Dateien des Mitarbeiters zuzugreifen, diese auszuwerten und sie an in- und ausländische Stellen weiterzugeben. Diese Vereinbarung lässt eventuelle diesbezügliche Rechte und Pflichten von [Arbeitgeber] unberührt.[18]

§ 7 Abwesenheit, Ausscheiden

(1) Um sicherzustellen, dass eingehende betriebliche Nachrichten stets rechtzeitig bearbeitet werden können, soll jeder Mitarbeiter im Einvernehmen mit seinem Vorgesetzten mindestens einen Vertreter benennen, der bei Abwesenheit des Mitarbeiters auf die elektronische Post des Mitarbeiters zugreifen kann.[19] Benennt ein Mitarbeiter keinen Vertreter gem. S. 1 oder ist bei Abwesenheit des Mitarbeiters kein gem. S. 1 benannter Vertreter anwesend, bestimmt der Vorgesetzte einen oder mehrere Vertreter und informiert den Mitarbeiter hierüber. Hat der Mitarbeiter einen Vertreter gem. S. 1 benannt, ist die Bestimmung eines weiteren Vertreters durch den Vorgesetzten nur bei Abwesenheit des Mitarbeiters und aller Vertreter von mindestens einem Tag oder bei schriftlich gegenüber dem Datenschutzbeauftragten zu begründender Gefahr im Verzug zulässig.[20]

(2) Vertreter gem. Abs. 1 dürfen nur während der Abwesenheit oder nach dem Ausscheiden des Mitarbeiters auf dessen elektronische Post zugreifen.[21] Erkennbar private Nachrichten dürfen durch Vertreter nicht geöffnet werden. Ergibt sich der private Charakter erst nach dem Öffnen, ist die Nachricht umgehend zu schließen; über den Inhalt ist Stillschweigen zu bewahren. Stellt sich heraus, dass eine nicht im Ordner „privat" gespeicherte Nachricht eindeutig ausschließlich privaten Charakter hat, soll der Vertreter diese in den Ordner „privat" verschieben. Ist der Mitarbeiter nicht zur privaten Nutzung der elektronischen Post berechtigt, sind Absender privater Nachrichten auch durch den Vertreter darauf hinzuweisen, dass die betriebliche elektronische Post des Mitarbeiters nur für betriebliche Zwecke verwendet werden darf und daher keine weiteren privaten Nachrichten an die betriebliche Anschrift gesandt werden sollen.

[§ 7 Abs. 3 bis § 8 Abs. 1 wie in der Grundfassung]

(2) [Arbeitgeber] ist auch berechtigt, die Annahme von Nachrichten einzelner Absender, Gruppen von Absendern oder Domains zu verweigern, insbesondere wenn zu vermuten ist, dass es sich um unerwünschte Nachrichten handelt.[26]

[§ 8 Abs. 3 bis § 11 wie in der Grundfassung]

Anlage 1: Einwilligungserklärung zur privaten Nutzung von betrieblichen elektronischen Kommunikationsmitteln

[Variante Betriebsvereinbarung: Mit der vorstehend abgedruckten Betriebsvereinbarung vom [Datum] haben [Arbeitgeber] und Betriebsrat die Nutzung von betrieblicher elektronischer Post und elektronischen Kommunikationsmitteln einschließlich Protokollierung und Maßnahmen gegen Missbrauch geregelt. Ich bin damit einverstanden, dass die private Nutzung der betrieblichen elektronischen Post und elektronischen Kommunikationsmittel ausschließlich in dem in der vorstehend abgedruckten Betriebsvereinbarung geregelten Umfang zulässig ist.][41]

Ich willige ein, dass [Arbeitgeber]
- meine privaten Nachrichten zusammen mit den betrieblichen Nachrichten verarbeitet, insbesondere auch in der revisionssicheren Archivierung speichert, aus der eine Löschung nicht möglich ist,
- meine privaten Nachrichten zu Zwecken der Gewährleistung der Systemsicherheit, zur Analyse und Korrektur technischer Fehler und Störungen und zur Abwehr unerwünschter oder schädlicher Inhalte (zB Spam, Viren) automatisch und erforderlichenfalls manuell analysiert,
- [dem mir zugeordneten Sekretariat automatisch auch eine Kopie aller eingehenden privaten Nachrichten übersendet,]
- im Rahmen der vorstehend abgedruckten Vereinbarung auf meine privaten Nachrichten zugreift und anderen Mitarbeitern den Zugriff ermöglicht,
- meine private Nutzung der betrieblichen elektronischen Post und elektronischen Kommunikationsmittel protokolliert und auswertet und
- die Daten verarbeitet, insbesondere zu Kontrollzwecken nutzt, wie in der vorstehend abgedruckten[42] Vereinbarung beschrieben.[43]

Andere, insbesondere gesetzliche Erlaubnisse für [Arbeitgeber], personenbezogene Daten und insbesondere private Nachrichten zu verarbeiten, bleiben unberührt.

Ich kann bei einer privaten Nutzung der betrieblichen elektronischen Post und elektronischen Kommunikationsmittel keine Vertraulichkeit erwarten, auch nicht hinsichtlich als privat markierter oder in den Ordner „privat" verschobener Nachrichten.[44]

Diese Einwilligung ist freiwillig. Erteile ich sie nicht, entstehen mir keine weiteren Nachteile, als dass ich die betriebliche elektronische Post und elektronischen Kommunikationsmittel nicht privat nutzen darf.

Ich kann diese Einwilligung jederzeit mit Wirkung für die Zukunft widerrufen. Ab meinem Widerruf entfällt die Berechtigung zur privaten Nutzung der betrieblichen elektronischen Post und elektronischen Kommunikationsmittel.

Ein Widerruf der Einwilligung ist ausgeschlossen, soweit er sich auf Daten und Informationen bezieht, die vor dem Widerruf entstanden sind, und ein Widerruf lässt zudem gesetzliche Erlaubnistatbestände für die Datenverarbeitung unberührt. Damit kann [Arbeitgeber] insbesondere auch nach einem Widerruf die in § 8 der Vereinbarung beschriebenen Kontrollen durchführen und Konsequenzen bei Verstößen ziehen, soweit der Zeitraum vor meinem Widerruf betroffen ist, und zwar auch auf der Basis einer Interessenabwägung (Art. 6 Abs. 1 UAbs. 1 lit. f DS-GVO). Der Ausschluss des Widerrufsrechts gilt nur, soweit ihm auch unter Berücksichtigung der berechtigten Interessen von [Arbeitgeber] meine berechtigten Interessen nicht entgegenstehen.

Die Kontrolle der dienstlichen Nutzung von elektronischer Post und elektronischen Kommunikationsmitteln richtet sich unabhängig von meiner Einwilligung nach gesetzlichen bzw. kollektivvertraglichen Vorschriften.

Ich verpflichte mich,
- bei ausgehenden Nachrichten private und dienstliche Nutzung nicht zu vermischen,

- für private Nachrichten ausschließlich meinen persönlichen Zugang elektronischer Post [OPTIONAL: [Bezeichnung, etwa vorname.nachname@example.com]] zum Versand zu nutzen und/oder zum Empfang anzugeben, nie jedoch allgemeine oder mehreren Personen zugewiesene oder nicht mir als Person, sondern mir in meiner Funktion zugewiesene Accounts (Rollenaccounts, etwa [info@example.com] oder [vertrieb@example.com]),
- in private Nachrichten keine Angaben aufzunehmen, die auf [Arbeitgeber] als Absender hindeuten, insbesondere eine ggf. automatisch voreingestellte dienstliche Signatur zu entfernen,
- meinen Kommunikationspartner zu bitten, künftig private und dienstliche Kommunikation zu trennen, wenn der Kommunikationspartner private und dienstliche Kommunikation in einzelnen Nachrichten vermischt,
- ein- und ausgehende private Nachrichten sofort in den Ordner „privat" zu verschieben oder zu löschen, außer der jeweilige Kommunikationsdienst ermöglicht beides nicht.

Alle Nachrichten, die nicht im Ordner „privat" gespeichert sind, dürfen von [Arbeitgeber] als dienstlich behandelt werden. Dies gilt auch, wenn ich (etwa wegen Krankheit) noch keine Möglichkeit hatte, private Nachrichten in den Ordner „privat" zu verschieben oder zu löschen oder wenn der jeweilige Kommunikationsdienst keinen Ordner „privat" oder die Möglichkeit einer Löschung vorsieht.[49]

Ich habe keinen Anspruch auf private Nutzung von elektronischer Post und elektronischen Kommunikationsmitteln und kann mich nicht auf deren Verfügbarkeit verlassen. Ebenso kann ich, insbesondere angesichts des Einsatzes von niemals vollständig fehlerfreien Filtersystemen (zB für Spam, Viren), nicht erwarten, dass jede Nachricht tatsächlich ihren Empfänger erreicht.

Ich weise [Arbeitgeber] zudem an, nach meinem Ausscheiden bei [Arbeitgeber] über meine betriebliche elektronische Post eingehende sowie dort gespeicherte Nachrichten privaten Charakters zu löschen, wenn ich nicht ausdrücklich eine andere Weisung entsprechend § 7 Abs. 6 der vorstehend abgedruckten Vereinbarung erteile.[45]

[Datum, Unterschrift]

Ich bestätige den Empfang eines Exemplars der Vereinbarung und der Einwilligungserklärung.

[Datum, Unterschrift][46]

## Anmerkungen

**1. Bezeichnung und Art der Umsetzung.** In Betracht kommt entweder, die Geltung der Richtlinie über eine Zusatzvereinbarung zum Arbeitsvertrag mit jedem einzelnen Arbeitnehmer zu vereinbaren, eine Personal- oder Betriebsvereinbarung entsprechenden Inhalts mit dem Personal- bzw. Betriebsrat zu schließen oder – wenn es keinen Betriebsrat gibt – sie im Rahmen des Direktionsrechts zu erlassen. Ersteres ist – von der Änderungskündigung abgesehen – wohl auch die einzige Möglichkeit, eine bestehende Berechtigung zur Privatnutzung wieder aufzuheben. Die Anl. 1 enthält daher eine entsprechende Erklärung des Mitarbeiters. Je nach Art der Umsetzung (Zusatzvereinbarung, Personal-/Betriebsvereinbarung, Direktionsrecht) ist die Bezeichnung im gesamten Text anzupassen. Zu beachten ist, dass eine nicht näher definierte „Richtlinie", „Policy" oÄ für sich wegen ihrer unklaren Rechtsnatur keine geeignete Art der Regelung ist, sodass bei der Bezeichnung als „Richtlinie" jedenfalls ergänzend deutlich gemacht werden muss, dass die „Richtlinie" etwa auf dem Direktionsrecht beruht.

**2. Regelungsbestand.** Typischerweise wird der Arbeitsvertrag keine Regelungen zur Nutzung von Internet, E-Mail und anderen Kommunikationsmitteln enthalten. Sollte dies anders sein, ist anders zu formulieren, etwa „nur rudimentäre".

**3. Persönlicher Anwendungsbereich.** Soweit die Richtlinie als Vorlage für eine Betriebsvereinbarung genutzt werden soll, ist zu beachten, dass diese für die in § 5 Abs. 2–4 BetrVG genannten Personen nicht gilt, sondern hier eine Vereinbarung im Einzelfall erforderlich ist. Entsprechendes gilt für Diplomanden, Schülerpraktikanten und ähnliche Personen, die weder ausgebildet werden noch eine verwertbare Arbeitsleistung für den Betrieb erbringen, Mitarbeiter externer Dienstleister usw.

**4. Zugriff von zu Hause.** Es ist zu verhindern, dass die Regelungen der Richtlinie dadurch umgangen werden, dass Mitarbeiter etwa von zu Hause auf den dienstlichen E-Mail- oder Messenger-Account zugreifen. Zur Arbeit im Homeoffice → Form. D. III.2., zur Nutzung privater Endgeräte → Form. D. III.4.

**5. Störerhaftung.** Das reine Bereitstellen eines Internetzugangs an Mitarbeiter ohne konkrete Anhaltspunkte einer drohenden Rechtsverletzung löst mangels Verletzung von Prüfpflichten keine Störereigenschaft des Anschlussinhabers aus (LG München I 4.10.2007 – 7 O 2827/07, MMR 2008, 422; hierzu Burkart ITRB 2008, 30). Da sich die Haftungsbeschränkungen aus §§ 7, 8 DDG erst noch in der Praxis bewähren müssen (Kritik u. a. bei Spindler CR 2023, 602 Rn. 17 ff.) und auch eine unberechtigte Abmahnung Aufwand und Kosten beim Abgemahnten verursacht, empfiehlt sich dennoch eine Belehrung der Mitarbeiter wie im Formular vorgesehen, die zudem die Compliance erhöhen und die Belastung des Unternehmensnetzes mit Filesharing-Traffic verringern wird.

**6. Presse uÄ.** Soweit der Abruf derartiger Inhalte, etwa für Medien-Recherchen, erforderlich ist, könnte die Klausel wie folgt ergänzt werden: „[…], es sei denn, Abruf und/oder Speicherung sind dienstlich veranlasst, insbesondere im Rahmen von Recherchen. In diesem Fall ist die Nutzung im Hinblick auf eine Missbrauchskontrolle zu dokumentieren."

**7. Feste IP-Adresse.** Die Speicherung der IP-Adresse ist nur von Relevanz, wenn sich daraus eine offensichtliche Zurückverfolgbarkeit ergibt, etwa über eine feste IP-Adresse bzw. einen IP-Adress-Block des Unternehmens. Surfen die Mitarbeiter über dem Access-Provider zugeteilte dynamische IP-Adressen im Netz, sollte dieser Punkt gestrichen werden.

**8. Meinungen, Schleichwerbung.** Soweit eine Regelung nicht bereits zB in Social Media Guidelines (→ Form. D. III.5.) erfolgt, sollten derartige Äußerungen verboten werden, soweit der Arbeitgeber Einflussmöglichkeiten hat. Eine solche Einflussmöglichkeit besteht bei der Nutzung betrieblicher IT und sollte hier schon deswegen genutzt werden, weil über die IP-Adresse oftmals ein Bezug zum Unternehmen herzustellen ist. Zu dem Risiko, dass Wikipedia-Einträge mit Bezug zur beruflichen Tätigkeit als Schleichwerbung gegen § 5a Abs. 4 UWG verstoßen, siehe OLG München 10.5.2012 – 29 U 515/12, MMR 2012, 534; Bergt IPRB 2013, 38. Gibt es Diskussionsforen im Intranet, können diese ausgenommen werden.

**9. Freiwilligkeit und Widerruflichkeit.** Wenn der Arbeitgeber eine Privatnutzung seiner betrieblichen Kommunikationsmittel gestattet, darf sich daraus kein Anspruch der Mitarbeiter auf fortgesetzte Gewährung ergeben. Die Klausel enthält daher sowohl einen Freiwilligkeitsvorbehalt, damit gar nicht erst ein Anspruch entstehen kann, als auch einen Widerrufsvorbehalt, um einen dennoch entstandenen Anspruch insbesondere bei Missbrauch wieder beenden zu können. Dem Ausschluss eines Anspruchs aus betrieblicher Übung dient § 11 Abs. 1 (→ Anm. 38).

**10. Zusätzliche Einwilligungserklärung.** Eine zusätzliche Einwilligungserklärung des Mitarbeiters ist bei Nutzung als Betriebsvereinbarung oder Anweisung im Rahmen des Direktionsrechts in jedem Fall erforderlich, denn Kollektivvereinbarungen können nicht Verarbeitungen rechtfertigen, die nach der DS-GVO unzulässig wären, sondern allenfalls einen strengeren Schutz vorsehen (vgl. die deutsche Sprachfassung von EuGH 30.3.2023 – C-34/21, NZA 2023, 487 Rn. 51, 78; unklar dagegen die französische, englische und spanische Sprachfassung; jedenfalls dürfen Kollektivvereinbarungen nicht gegen den Inhalt und die Ziele der DS-GVO verstoßen, EuGH 30.3.2023 – C-34/21, NZA 2023, 487 Rn. 59, was aber vorliegend der Fall wäre). Im Fall der Nutzung als Zusatzvereinbarung zum Arbeitsvertrag müsste zumindest die Einwilligungserklärung hervorgehoben werden (Art. 7 Abs. 2 S. 1 DS-GVO, Kühling/Buchner/Buchner/Kühling DS-GVO Art. 7 Rn. 25; HK-DS-GVO/BDSG/Marsch/Ingold DS-GVO Art. 7 Rn. 24; zurückhaltender Simitis/Hornung/Spiecker gen. Döhmann/Klement DS-GVO Art. 7 Rn. 77), sodass eine klare Trennung auch in diesem Fall vorzugswürdig ist.

**11. Zeiten.** Eine Regelung des zulässigen zeitlichen Umfangs der privaten Nutzung des betrieblichen Internetzugangs sollte unbedingt erfolgen. Fehlt eine solche Regelung, kann der Mitarbeiter davon ausgehen, in einem – letztlich nachträglich vom Gericht festzulegenden – Umfang privat im Internet surfen zu dürfen, statt zu arbeiten. Dies dürfte einerseits durch den Arbeitgeber nicht gewollt sein und andererseits eine kaum vertretbare Rechtsunsicherheit mit sich bringen, wie lange privates Surfen während der Arbeitszeit erlaubt sein könnte. Soll – entgegen dem hiesigen Vorschlag – das private Surfen auch während der Arbeitszeit erlaubt werden, sollte unbedingt eine feste Zeitbegrenzung eingeführt werden, etwa durch das Anfügen einer Formulierung wie „sowie für bis zu 15 Minuten täglich während der Arbeitszeit". Eine Regelung, die privates Surfen während der Arbeitszeit davon abhängig macht, dass die versäumte Arbeitszeit nachgeholt wird, dürfte in der Praxis selten funktionieren.

**12. Ausschluss des Widerrufs.** Eine Einwilligung ist grundsätzlich für die Zukunft frei widerruflich (Art. 7 Abs. 3 S. 1 DS-GVO), ein vertraglicher Ausschluss des Widerrufs im Grundsatz nicht möglich. Nach Treu und Glauben muss allerdings ein Widerruf insoweit ausgeschlossen sein, als die Einwilligung Gegenstand eines Vertrages ist oder jedenfalls für dessen ordnungsgemäße Abwicklung erforderlich und die andere Vertragspartei sich vertragskonform verhält und auch sonst dem Mitarbeiter ein Festhalten an der Einwilligung nicht unzumutbar ist (ähnlich Gola/Heckmann/Schulz DS-GVO Art. 7 Rn. 60; Taeger/Gabel/Taeger DS-GVO Art. 7 Rn. 82 f.; Simitis/Hornung/Spiecker gen. Döhmann/Klement DS-GVO Art. 7 Rn. 92; für eine teleologische Einschränkung des Widerrufsrechts BeckOK DatenschutzR/Riesenhuber DS-GVO Art. 88 Rn. 40; aA Spelge DuD 2016, 775 (781); krit. auch Kühling/Buchner/Buchner/Kühling DS-GVO Art. 7 Rn. 38 ff.). Der Arbeitgeber gewährt die

Erlaubnis zur Privatnutzung nur im Gegenzug zur Einwilligung. Könnte sich der Mitarbeiter durch einen Widerruf nach begangenem Missbrauch vor den angemessenen Konsequenzen seines Handelns schützen, wäre dies ein für den Arbeitgeber unzumutbarer Zustand. Nach hier vertretener Ansicht ist daher die vorgesehene Einschränkung des Widerrufsrechts wirksam; sie enthält sogar ausdrücklich eine Interessenabwägungsklausel für den Einzelfall.

Selbst wenn man nicht der vorstehend dargelegten Ansicht folgt, dürfte die fortgesetzte Verarbeitung in dem durch die Klausel gezogenen Rahmen nach Art. 6 Abs. 1 UAbs. 1 lit. f DS-GVO zulässig sein. Denn wenn der Arbeitgeber auf Basis einer Einwilligung Dispositionen trifft und dem Mitarbeiter die private Nutzung des betrieblichen Internetzugangs freiwillig gestattet, hat dies Auswirkungen auf die Erforderlichkeit bestimmter Verarbeitungen und die Interessen der Parteien (für eine Lösung solcher Fälle über Art. 6 Abs. 1 UAbs. 1 lit. f DS-GVO Kühling/Buchner/Maschmann DS-GVO Art. 88 Rn. 50). Gesetzliche Erlaubnistatbestände bleiben von einem Widerruf der Einwilligung unberührt, Art. 17 Abs. 1 lit. b aE DS-GVO, und eine Einschränkung der weiteren Verarbeitung aus dem Gesichtspunkt einer Irreführung bei der Einholung der Einwilligung (vgl. Kühling/Buchner/Buchner/Petri DS-GVO Art. 6 Rn. 23, 60; Kühling/Buchner/Buchner/Kühling DS-GVO Art. 7 Rn. 18) scheidet angesichts der klaren Formulierung aus. Ein Problem kann sich allerdings daraus ergeben, dass bereits aufgerufene URL besondere Kategorien personenbezogener Daten iSv Art. 9 DS-GVO darstellen können (EuGH 4.7.2023 – C-252/21, GRUR 2023, 1131 Rn. 72; vgl. zum indirekten Hervorgehen besonderer Kategorien EuGH 1.8.2022 – C-184/20, ZD 2022, 611 Rn. 123 ff.; EuGH 4.10.2024 – C-21/23, GRUR-RS 2024, 26048 Rn. 78 ff.). Auf eine diesbezügliche Auswertungsabsicht oder auch die Richtigkeit kommt es nicht an (EuGH 4.7.2023 – C-252/21, GRUR 2023, 1131 Rn. 69 f.; EuGH 4.10.2024 – C-21/23, GRUR-RS 2024, 26048 Rn. 87). Wenn ein Datensatz, der sowohl sensible als auch nicht sensible Daten enthält, verarbeitet wird, ohne dass die Daten voneinander getrennt werden können, unterfällt die Verarbeitung dieses Datensatzes Art. 9 DS-GVO (EuGH 4.7.2023 – C-252/21, GRUR 2023, 1131 Rn. 89).

**13. Änderung der Rechtslage, Kündigung der Betriebsvereinbarung.** Art. 88 DS-GVO gestattet den Mitgliedstaaten, Einwilligungen von Beschäftigten nur unter Bedingungen zu erlauben (Erwgr. 155 DS-GVO). § 26 Abs. 2 BDSG sieht in S. 1 und S. 2 zwar letztlich keine inhaltlichen Einschränkungen vor, sondern nur in S. 3 das grundsätzliche Erfordernis schriftlicher oder elektronischer Form. Dennoch ist es möglich, dass nationales Recht oder eine Änderung der DS-GVO künftig die Einwilligung unwirksam werden lässt. Ein automatisches Erlöschen der Erlaubnis zur Privatnutzung des Internetzugangs in solchen Fällen erscheint im Hinblick auf § 307 BGB bedenklich. Entsprechendes gilt, wenn der Mitarbeiter keine Kenntnis vom Wirksamwerden einer Kündigung der Betriebsvereinbarung hat. Da der erste Punkt nur deklaratorisch aufgeführt ist, ist der Regelungsgehalt der Klausel daher nicht viel umfassender, als dass die Gestattung automatisch mit dem Widerruf durch den Mitarbeiter erlischt. Das Erlöschen muss dabei nicht an den Zugang des Widerrufs geknüpft werden, da aus der Erklärung des Widerrufs nur Verhaltenspflichten des Mitarbeiters, also des Erklärenden, entstehen.

**14. BYOD.** Es ist zu verhindern, dass dienstliche Kommunikation über private Kommunikationskanäle (insbesondere E-Mail- oder Messenger-Accounts) und

Computer abgewickelt wird. Soll die Nutzung privater Endgeräte erlaubt werden (BYOD/BY1D → Form. D. III.4.), muss zumindest sichergestellt werden, dass keine betriebliche Kommunikation über private Accounts abgewickelt wird.

**15. Weiterleitungen.** Der Arbeitgeber muss unbedingt verhindern, dass betriebliche Daten in privaten E-Mail-Accounts oder Cloud-Speichern landen. Selbst wenn es sich dabei ausnahmsweise einmal nicht um eine rechtswidrige Übermittlung der Daten handeln sollte, könnte der Arbeitgeber zumindest seinen gesetzlichen Pflichten etwa zur Auskunft (Art. 15 DS-GVO) oder Löschung (Art. 17 DS-GVO) nicht mehr nachkommen und hätte keinerlei Kontrolle über die IT-Sicherheit (Art. 32 DS-GVO) mehr. Im Übrigen stiege auch die Gefahr eines Missbrauchs der Daten enorm. Automatische Weiterleitungen außerhalb des Betriebs sollten, soweit softwareseitig möglich, bereits technisch unterbunden werden.

**16. Verschlüsselung.** Personenbezogene Daten dürfen in aller Regel nur per E-Mail versandt werden, wenn sie nach dem Stand der Technik verschlüsselt sind (Art. 32 Abs. 1 lit. a DS-GVO; Kühling/Buchner/Jandt DS-GVO Art. 32 Rn. 21), also in der Regel Ende-zu-Ende-verschlüsselt. In der laufenden Kommunikation zwischen Unternehmen kann allerdings auch eine technisch erzwungene und etwa mittels DNSSEC und DANE gegen Man-in-the-Middle-Attacken abgesicherte Transportverschlüsselung genügen (vgl. auch DSK Orientierungshilfe „Maßnahmen zum Schutz personenbezogener Daten bei der Übermittlung per E-Mail“ v. 16.6.2021. Insoweit ist allerdings zu beachten, dass die Orientierungshilfe stillschweigend nur den B2B-Bereich betrachtet, in dem die E-Mail-Server regelmäßig rechtlich Absender bzw. Empfänger zugeordnet sind, also der Provider Auftragsverarbeiter ist. Nicht betrachtet wird der B2C-Bereich, in dem der E-Mail-Provider Dritter ist, an den die Daten offengelegt werden). In jedem Fall sollte der verwendete E-Mail-Server eine qualifizierte Transportverschlüsselung (STARTTLS) mit zeitgemäßen Verfahren (zB TLS 1.3, PFS, DNSSEC, DANE) nutzen, möglichst erzwingen (vgl. Bergt CR 2014, 726; DSK Orientierungshilfe „Maßnahmen zum Schutz personenbezogener Daten bei der Übermittlung per E-Mail“ v. 16.6.2021; BSI, TR-03108-1 Secure E-Mail Transport, Version 1.0.2).

Bereits unter Geltung des BDSG aF war umstritten, ob datenschutzrechtlich eine Einwilligung in unverschlüsselte E-Mail-Kommunikation möglich ist (vgl. im Detail → 1. Aufl. 2015, Form. C. III.1. Anm. 16). Die Einwilligung nach Art. 4 Nr. 11, Art. 6 Abs. 1 lit. a, Art. 7 DS-GVO bezieht sich klar nur auf das „Ob“ der Datenverarbeitung, nicht auf das „Wie“ (Kühling/Buchner/Jandt DS-GVO Art. 32 Rn. 40; Franck CR 2016, 238 (239)). Sie betrifft den Grundsatz der Rechtmäßigkeit der Verarbeitung iSv Art. 5 Abs. 1 lit. a DS-GVO, nicht den Grundsatz der Integrität und Vertraulichkeit iSv Art. 5 Abs. 1 lit. f DS-GVO. Nach ständiger Rechtsprechung des EuGH muss jede Verarbeitung personenbezogener Daten nicht nur auf einer Rechtsgrundlage aus Art. 6 Abs. 1 DS-GVO beruhen, sondern auch sämtliche Grundsätze des Art. 5 Abs. 1 DS-GVO einhalten (EuGH 7.12.2023 – C-634/21, NJW 2024, 413 Rn. 67 mwN). Auch ein Abstellen auf die Angemessenheit des Schutzniveaus (zum BDSG vgl. Bergt NJW 2011, 3752 (3755); zust. Wybitul ZD 2013, 539 (540 f.)) erscheint wegen des objektiven Ansatzes der Angemessenheitsprüfung nach Art. 32 DS-GVO nicht mehr möglich: Art. 32 Abs. 1 DS-GVO verlangt ein „dem Risiko angemessenes Schutzniveau“, nach Art. 32 Abs. 2 DS-GVO sind „insbesondere die Risiken zu berücksichtigen, die mit der Verarbeitung verbunden sind". Das Risiko verändert sich aber nicht, wenn die betroffene Person einwilligt. Eine Einwilligung in den Verzicht auf gebotene technisch-organisatorische Maßnahmen, wie den verschlüsselten Versand von E-Mails, ist unter der DS-GVO mithin nicht mehr möglich.

Dennoch zeigt die umfassende Nutzung von E-Mail für die Übersendung personenbezogener Daten, dass es eine praktische Notwendigkeit hierfür gibt. Franck (Franck CR 2016, 238 (240f.)) zeigt dogmatische Möglichkeiten auf, weiterhin mit Einwilligung der betroffenen Person per unverschlüsselter E-Mail zu kommunizieren. Da Verstöße gegen die Sicherheitsanforderungen des Art. 32 DS-GVO in Art. 83 Abs. 4 lit. a DS-GVO mit Geldbuße bis zu 10.000.000 EUR oder zwei Prozent des weltweiten Konzernvorjahresumsatzes bedroht sind, ist jedoch fraglich, ob das Risiko unverschlüsselten E-Mail-Verkehrs mit Einwilligung eingegangen werden sollte. Die Frage der Möglichkeit einer Einwilligung in unverschlüsselten E-Mail-Verkehr erscheint allerdings prädestiniert für eine Regelung in Verhaltensregeln nach Art. 40, 41 DS-GVO (→ Form. C. IV. 1), wodurch ein erhebliches Maß an Rechtssicherheit zu erzielen wäre (dazu Kühling/Buchner/Bergt/Pesch DS-GVO Art. 40 Rn. 40ff., 49ff.; → Form. C. IV. 1 Vorb.). Denkbar wäre aber auch eine Einwilligung zur Offenlegung gegenüber dem E-Mail-Anbieter des Empfängers. Wird durch eine qualifizierte Transportverschlüsselung (insbesondere erzwungene Verschlüsselung mit DNSSEC und DANE) sichergestellt, dass die E-Mail nur an den E-Mail-Anbieter des Empfängers gelangt, erscheint dies eine gangbare Lösung. Überdenkenswert bleibt, ob sich Erleichterungen ergeben können, wenn der E-Mail-Anbieter des Empfängers dem Fernmeldegeheimnis unterliegt und dieses auch in der Praxis beachtet. Hier ist aber wieder zu beachten, dass das Fernmeldegeheimnis nur die (Un-)Zulässigkeit von Zugriffen des E-Mail-Anbieters auf die (Inhalte der) Kommunikation regelt, also die Rechtmäßigkeit der Verarbeitung iSv Art. 5 Abs. 1 lit. a DS-GVO betrifft, während Ende-zu-Ende-Verschlüsselung die Vertraulichkeit iSv Art. 5 Abs. 1 lit. f DS-GVO betrifft.

In jedem Fall ist zu berücksichtigen, dass sich die datenschutzrechtliche Einwilligung nur auf Daten desjenigen beziehen kann, der die Einwilligung erklärt.

**17. Private Nachrichten auf dem dienstlichen Account.** In der Praxis wird es sich nicht vollständig ausschließen lassen, dass Mitarbeiter ungewollt über die betriebliche E-Mail-Adresse und betriebliche Messenger privat kontaktiert werden. Soweit möglich, sollten derartige Nachrichten aber umgehend aus dem betrieblichen Bereich entfernt werden, sodass sie zumindest nicht unnötig lange auf dem E-Mail-Server oder im Backup gespeichert sind. Eine Löschung aus der Archivierung scheidet notwendig wegen der erforderlichen Revisionssicherheit aus.

**18. E-Discovery.** Eine pauschale Einwilligung in die Datennutzung und -weitergabe im Rahmen einer E-Discovery wäre unwirksam (→ Vorb.). Es wird daher hier nur klargestellt, dass evtl. bestehende andere, insbesondere gesetzliche, Erlaubnistatbestände nicht eingeschränkt werden.

**19. Abwesenheits-Benachrichtigung, Vertreter.** Eine automatische Benachrichtigung des Absenders über die Abwesenheit des Mitarbeiters ist in vielen Fällen sinnvoll. Sie genügt aber nicht, weil die E-Mail in aller Regel dennoch bereits zugegangen ist (§ 130 Abs. 1 BGB; Grüneberg/Ellenberger BGB § 130 Rn. 5, 7a; vgl. zum Zugang von E-Mails auch Bergt ITRB 2014, 133). Der Arbeitgeber muss daher eine tatsächliche zeitnahe Bearbeitung sicherstellen, also durch Vertreter.

Als actus contrarius kann der Mitarbeiter die Benennung des Vertreters auch zurücknehmen, und zwar auch dann, wenn der Arbeitgeber im Rahmen seiner Notfallkompetenz nach S. 2 den Vertreter bestellt hat.

**20. Sekretariats-Kopie.** Erhält beispielsweise das Sekretariat automatisch eine Kopie des eingehenden E-Mail-Verkehrs oder anderer elektronischer Post, sollte die Überschrift aus Transparenzgründen um „Sekretariats-Kopie" ergänzt werden und Abs. 1 könnte wie folgt formuliert werden:

„Um sicherzustellen, dass eingehende betriebliche Nachrichten stets rechtzeitig bearbeitet werden können, erhält das dem Mitarbeiter zugeordnete Sekretariat automatisch eine Kopie aller eingehenden Nachrichten. Für den Fall, dass ein Zugriff auf gesendete Nachrichten, Entwürfe oä erforderlich ist, soll jeder Mitarbeiter im Einvernehmen mit seinem Vorgesetzten mindestens einen Vertreter benennen, der bei Abwesenheit des Mitarbeiters auf die elektronische Post des Mitarbeiters zugreifen kann. Benennt ein Mitarbeiter keinen Vertreter gem. S. 2 oder ist bei Abwesenheit des Mitarbeiters kein gem. S. 2 benannter Vertreter anwesend, bestimmt der Vorgesetzte einen oder mehrere Vertreter und informiert den Mitarbeiter hierüber. Hat der Mitarbeiter einen Vertreter gem. S. 2 benannt, ist die Bestimmung eines weiteren Vertreters durch den Vorgesetzten nur bei Abwesenheit des Mitarbeiters und aller Vertreter von mindestens einem Tag oder bei schriftlich gegenüber dem Datenschutzbeauftragten zu begründender Gefahr im Verzug zulässig."

Erhält das Sekretariat zudem eine Kopie der ausgehenden Nachrichten, ist nur der erste Satz erforderlich mit der Abwandlung „ein- und ausgehenden"; ferner ist Abs. 2 anzupassen, im Fall der Abwandlung auch der entsprechende Punkt der Einwilligungserklärung.

**21. Zugangsdaten.** Der Zugriff des Vertreters sollte nicht durch Weitergabe der Zugangsdaten des Mitarbeiters erfolgen, weil dann nicht mehr festzustellen wäre, wer die personenbezogenen Daten erhalten, eingegeben, gelöscht oder sonst verarbeitet hat und bei jeder Änderung der Zugangsdaten die neuen Zugangsdaten auch an den Vertreter kommuniziert werden müssten. Stattdessen sollte eine weitere Zugangskennung mit entsprechenden Zugriffsrechten angelegt oder sollten einer bestehenden Zugangskennung die erforderlichen Rechte zugewiesen werden.

**22. Zugriff des Arbeitgebers.** Der Arbeitgeber hat für betriebliche E-Mails und andere elektronische Kommunikation grundsätzlich die gleichen Zugriffsbefugnisse wie für Briefpost, jedoch ist stets die Erforderlichkeit zu beachten (zur zweistufigen Prüfung der Erforderlichkeit nach der Rechtsprechung des EuGH → Vorb.). Insbesondere darf der Arbeitgeber grundsätzlich alle eingehenden E-Mails einsehen (Kühling/Buchner/Maschmann DS-GVO Art. 88 Rn. 80), jedenfalls, soweit es sich nicht um offensichtlich private Nachrichten handelt (Byers Mitarbeiterkontrollen Rn. 71).

**23. Beibehaltung der E-Mail-Adresse.** Aus betrieblichen Gründen wird es regelmäßig erforderlich sein, die betriebliche E-Mail-Adresse auch nach dem Ausscheiden eines Mitarbeiters noch eine gewisse Zeit aufrechtzuerhalten, wenn nicht alle Geschäftspartner vom Ausscheiden Kenntnis haben. Im Hinblick auf die Persönlichkeitsrechte des Mitarbeiters – die Absender der Nachrichten erwarten immerhin, den Mitarbeiter persönlich unter dessen persönlicher E-Mail-Adresse zu erreichen – ist dieser Zeitraum so kurz wie möglich zu wählen. Er sollte drei Monate keinesfalls überschreiten.

**24. Private Nachrichten nach Ausscheiden.** Es kann trotz Verbots der Privatnutzung dazu kommen, dass auch nach dem Ausscheiden eines Mitarbeiters private Nachrichten über dienstliche elektronische Post eingehen. Im Hinblick darauf, dass eine Löschung des E-Mail-Accounts eines Mitarbeiters auch nach Vertragsende nur mit Zustimmung des Mitarbeiters zulässig ist, wenn dieser dort private E-Mails speichert (OLG Dresden 5.9.2012 – 4 W 961/12, ZD 2013, 232; hierzu Bergt ITRB 2013, 56), sollte eine explizite Weisung des Mitarbeiters eingeholt werden, auch wenn die Geltendmachung von Schadensersatzansprüchen bei der vorliegend verbotenen Privatnutzung wohl gegen § 242 BGB verstoßen würde und § 249 Abs. 1 BGB ebenfalls zum Ausschluss von Ansprüchen führen müsste. Um Risiken im Hinblick auf § 308 Nr. 5 BGB zu verringern, sieht die beigefügte Einwilligungserklärung zudem eine ausdrückliche Weisung zur Löschung privater Nachrichten vor, soweit der Mitarbeiter nichts Abweichendes erklärt. Hat der Mitarbeiter verbotswidrig dienstliche elektronische Post privat genutzt und die Nachrichten vor seinem Ausscheiden nicht gelöscht, schließt der Wortlaut der Vereinbarung nicht aus, dass der Mitarbeiter eine Weiterleitung dieser Nachrichten verlangen kann. Sollten hieraus erhebliche Kosten entstehen, sollte der Arbeitgeber diese – ob über § 304 BGB oder über § 280 Abs. 1 BGB – erstattet verlangen können. Eine Regelung, wer nach dem Tod des Mitarbeiters entscheidungsbefugt sein soll, empfiehlt sich trotz der Wertungen des (vorliegend nicht anwendbaren) § 4 TDDDG und von BGH 12.7.2018 – III ZR 183/17, GRUR 2019, 100 (wo es ebenfalls um einen anderen Sachverhalt ging). Wegen des damit verbundenen Fristbeginns sollte der Zugang der Information über die Möglichkeit, einen Wunsch zum Umgang mit den E-Mails zu äußern, dokumentiert werden (Einwurf-Einschreiben bzw. Logfile-Auszug oder DSN zur Übergabe an den Empfangs-Server/MX-Record).

**25. Filter.** Der Einsatz von Filtersystemen ist bereits vor dem Hintergrund sinnvoll, dass aus rein faktischen Gründen die missbräuchliche Nutzung des Internetzugangs sinken wird. Spam- und Virenfilter sind aus technischen Gründen unabdingbar; eine scharf konfigurierte Firewall verhindert nicht nur viele Arten unzulässiger Internetnutzung, sondern auch etwa, dass der infizierte File-Server auf dem eigentlich für E-Mail vorgesehenen Port 25 „nach Hause telefoniert".

**26. Reject statt discard oder bounce.** Sowohl beim Einsatz von Spam- und Virenfiltern als auch beim selektiven Blockieren von Absendern ist unbedingt darauf zu achten, dass E-Mails keinesfalls mit „discard" gelöscht oder mit „bounce" eine Fehlermeldung an den (vermeintlichen) Absender generiert wird. Denn in beiden Fällen hat der annehmende E-Mail-Server die Annahme der E-Mail bereits mit dem Quittungscode „250 – OK" bestätigt. Damit hat er nach dem Internet-Standard RFC die volle Verantwortung für die E-Mail übernommen (RFC 5321, Abschn. 6.1). Die Nachricht ist damit im Herrschaftsbereich des Empfängers angekommen, sodass – vom zeitlichen Aspekt abgesehen – Zugang iSv § 130 Abs. 1 BGB vorliegt (Bergt ITRB 2014, 133; ähnlich Redeker IT-R Rn. 952; Tiedemann MMR 2014, 709 (712); ohne detaillierte technische Begründung letztlich auch BGH 6.10.2022 – VII ZR 895/21, NJW 2022, 3791 Rn. 20). Ein „bounce" von Spam- oder Viren-Mails entspricht einem „Annahme verweigert", das allerdings typischerweise an den falschen Absender geschickt wird und zur Blacklistung des Mail-Servers führt.

Dementsprechend sollten auch Spam-Filter keinesfalls Spam-Mails nur mit einer Markierung versehen („taggen") und/oder in einen Ordner verschieben, sondern von vornherein nicht annehmen („reject"). Durch ein „reject" wird der Zugang ausgeschlossen (Grüneberg/Ellenberger BGB § 130 Rn. 17; Bergt ITRB 2014, 133). Eine als Spam getaggte E-Mail muss mit derselben Sorgfalt gelesen werden wie eine nicht getaggte (vgl. Grüneberg/Ellenberger BGB § 130 Rn. 17; LG Bonn 10.1.2014 – 15 O 189/13, BeckRS 2014, 05275; FG BW 15.4.2015 – 1 K 23/13, BeckRS 2015, 95653; LG Stuttgart 7.3.2018 – 13 S 159/17, BeckRS 2018, 3007; Redeker IT-R Rn. 952; Bergt ITRB 2014, 133 (134); aA Perino-Stiller GRUR-Prax 2022, 299; Köhler/Bornkamm/Feddersen/Bornkamm/Feddersen UWG § 13 Rn. 47: kein Zugang, wodurch es jedoch Empfängern ermöglicht würde, beliebig den Zugang von E-Mails zu verhindern, indem sie nur ihren Spam-Filter oder ihre „Firewall" möglichst schlecht konfigurieren). Die Erfahrung zeigt aber, dass der Inhalt von Spam-Ordnern meist ungelesen gelöscht wird, was untragbare Haftungsrisiken mit sich bringt (vgl. etwa LG Bonn 10.1.2014 – 15 O 189/13, BeckRS 2014, 05275; LG Hamburg 7.7.2009 – 312 O 142/09, MMR 2010, 654; LG Stuttgart 7.3.2018 – 13 S 159/17, BeckRS 2018, 30).

Wird eine E-Mail mit (vermeintlich) virenverseuchtem Attachment angenommen und wird das Attachment schlicht von der E-Mail entfernt, so ist es dennoch zugegangen (Schlechtriem/Schwenzer/Schroeter CISG Art. 24 Rn. 36; aA grds. gegen den Zugang von Attachments, die nicht geöffnet werden, Köhler/Bornkamm/Feddersen/Bornkamm/Feddersen UWG § 13 Rn. 47; einschränkend auch OLG Hamm 9.3.2022 – 4 W 119/20, NJW 2022, 1822; dagegen zu Recht Hengstberger NJW 2022, 1782 Rn. 6, 9). Nur geöffnete Attachments als zugegangen anzusehen, würde den Zugang von tatsächlich in den Machtbereich des Empfängers gelangten Attachments ins Belieben des Empfängers stellen und jeden Beweis ihres Zugangs verunmöglichen, solange der Empfänger nicht die Kenntnisnahme selbst bestätigt. Der Absender würde so nicht einmal von dem auf einer freien Entscheidung des Empfängers beruhenden Nicht-Zugang erfahren. Geschäftliche Empfänger können daher allenfalls Formate, die sie nicht lesen können oder bei denen es objektive Hinweise gibt, dass sie Schadsoftware enthalten, mittels ausdrücklicher Nachricht an den Absender zurückweisen, wie sich auch niemand ein Mikrofiche-Lesegerät zulegen muss, weil ihm ein Schriftstück auf Mikrofiche zugeschickt wurde. Allenfalls in offensichtlichen Fällen wie der Versendung von Mikrofiche oder unüblichen Dateiformaten lässt sich auch ohne Rüge von einer mangelnden Möglichkeit der Kenntnisnahme ausgehen. Gleiches gilt allerdings auch, wenn ohne Hinweis im Mail-Text Attachments versendet werden, möglicherweise gar noch mit nichtssagenden Dateinamen. Dann ist regelmäßig nicht von einer zumutbaren Kenntnisnahmemöglichkeit auszugehen. Darüber hinaus gilt aber: Was der Empfänger – bzw. sein E-Mail-Server in seinem Auftrag – nach dem Empfang der E-Mail (Bestätigung mit Statuscode „250 – OK") mit der E-Mail macht, ist Sache des Empfängers, nicht des Absenders. Auch der Empfänger eines Briefes (oder sein Postdienstleister, wenn er einen entsprechenden Auftrag des Empfängers hat) ist frei darin, Teile des Briefes (oder den gesamten Brief) ungelesen wegzuwerfen – er kann sich aber nicht darauf berufen, dass ihm diese nicht zugegangen seien. Dies ist insbesondere bei irrtümlich als Schadsoftware behandelten und deshalb aus einer E-Mail gelöschten Dateien fatal, aber auch, wenn zB ein Textdokument neben rechtlich relevanten Inhalten auch Makroviren enthält. Auch (vermeintlich) virenverseuchte E-Mails sollten – wie Spam – schlicht nicht angenommen werden, sodass zumindest der Absender vom Fehlschlagen der Zustellung Kenntnis erhält. Ein Reject sollte ohne Bewertung als Zugangsvereitelung auch für risikoreiche Dateiformate möglich sein, etwa Word-Dokumente, die Makros enthalten oder enthalten können. Für Privatpersonen dürften dagegen weit geringere Anforderungen gelten. Wenn diese nicht im Rahmen der bisherigen Kommunikation zu erkennen haben, dass sie bestimmte Dateitypen lesen können, kann dies von ihnen auch nicht erwartet werden. Denn Privatpersonen benutzen oftmals Mobilgeräte mit eingeschränkter oder teils völlig fehlender Möglichkeit, auch nur PDF-Dokumente zu lesen, geschweige denn Textverarbeitungs-Dateien.

**27. Protokollierung, Informationspflichten nach Art. 14 DS-GVO.** Die bei der Protokollierung anfallenden Datentypen sollten so konkret benannt werden, dass sich die Mitarbeiter darunter etwas vorstellen und so informiert einwilligen können, nicht aber in technische Einzelheiten gehen und damit Änderungen unmöglich machen (vgl. Art. 14 Abs. 1 lit. d DS-GVO: „Kategorien" personenbezogener Daten, wofür allgemeine Angaben ausreichen, solange diese so präzise und spezifisch gefasst sind, dass die betroffene Person die Risiken abschätzen kann, die mit der Verarbeitung der erhobenen Daten verbunden sein können, Kühling/Buchner/Bäcker DS-GVO Art. 14 Rn. 17). Eine allgemeine Regelung, dass die Nutzung personenbezogen protokolliert wird, genügt nicht. Die Beschreibung ist daher an die konkreten technischen Gegebenheiten im Betrieb anzupassen.

Zu beachten ist, dass bei einer personenbezogenen Protokollierung Informationspflichten nach Art. 14 DS-GVO bestehen können, da etwa externe Absender oder Empfänger von E-Mails regelmäßig nicht alle informationspflichtigen Details kennen werden. Es erscheint allerdings vertretbar, auf eine Information der Absender und evtl. auch der Empfänger auf der Basis von Art. 14 Abs. 5 lit. b S. 1 Hs. 1 Fall 2 DS-GVO zu verzichten, weil der Aufwand hierfür unverhältnismäßig ist. Zwar wäre denkbar, unter jeder ausgehenden E-Mail einen Link auf die Information nach Art. 14 DS-GVO anzubringen und jede eingehende E-Mail automatisch mit dem Link auf die Information zu beantworten. Die betroffenen Personen als Teilnehmer einer E-Mail-Kommunikation können sich aber denken, dass ihre Kommunikation gespeichert wird; im Hinblick auf die revisionssichere Archivierung von Handels- und Geschäftsbriefen ist dies sogar gesetzlich vorgeschrieben (vgl. Art. 14 Abs. 5 lit. c DS-GVO, der allerdings unmittelbar nur für Erhebungen und Offenlegungen gilt). Ihre Interessen werden durch einen Verzicht auf die Information daher nur unwesentlich berührt, während der Verantwortliche – was grundsätzlich kein Argument für die Annahme einer Unverhältnismäßigkeit darstellt – eine Vielzahl von Personen informieren müsste (zu diesen Kriterien Kühling/Buchner/Bäcker DS-GVO Art. 14 Rn. 55) und eine automatische Antwort an alle Absender wegen der üblicherweise erheblichen Anzahl gefälschter Absender-Adressen die Gefahr mit sich bringt, dass der E-Mail-Server geblockt wird. Soll, auch vor dem Hintergrund der Bedrohung mit Geldbuße in Art. 83 Abs. 5 lit. b DS-GVO, jeder Absender und Empfänger informiert werden, sollte (auch im Hinblick auf die Rechenschaftspflicht aus Art. 5 Abs. 2 DS-GVO und die damit verbundene Beweislastverteilung zu Lasten des Verantwortlichen) eine Protokollierung erfolgen und ein Überfluten des Absenders durch mehrfache Hinweise bei mehrfachen E-Mails vermieden werden. Eine datenschutzfreundliche Protokollierung (Art. 25 Abs. 1 DS-GVO) verwendet statt der Klar-Adresse einen Hashwert der E-Mail-Adresse. Sendet ein Unternehmen allerdings ohnehin Eingangsbestätigungen für E-Mails oder informiert ohnehin wegen der anschließenden Verarbeitung der Daten, gibt es keinen Grund, den Hinweis auf die Informationen nach Art. 14 DS-GVO hinsichtlich der Protokollierung nicht in diese aufzunehmen. Verzichtet ein Unternehmen auf die Information nach Art. 14 DS-GVO, wird es regelmäßig zumindest die Informationen auf seiner Website veröffentlichen müssen (Art. 14 Abs. 5 lit. b aE DS-GVO).

**28. Anonymisierung.** Aus Gründen der Angriffs- und Fehlererkennung und -beseitigung kann eine kurzzeitige personenbezogene Speicherung der Protokolle erforderlich oder jedenfalls sinnvoll sein. Ein Urteil des BGH (BGH 13.1.2011 – III ZR 146/10, NJW 2011, 1509; hierzu Rössel ITRB 2011, 122; Breyer MMR 2011, 573; zweites Revisionsurteil BGH 3.7.2014 – III ZR 391/13, NJW 2014, 2500) wird oftmals dahin ausgelegt, dass eine siebentägige anlassunabhängige Vorratsdatenspeicherung durch Provider stets zulässig sei. Tatsächlich gilt dies zwar nur, soweit eine betriebliche Notwendigkeit zur Fehler- und Störungsbekämpfung besteht; in der Praxis wird man diese für Server im Internet aber oftmals bejahen können. Der Betreiber muss dabei auf im normalen Geschäftsbetrieb eingehende Beschwerden noch reagieren können. Da Antispam-Dienste wie SpamCop beispielsweise Beschwerden über zwei Tage alte Spam-E-Mails akzeptieren, muss die zulässige personenbezogene Speicherdauer für einen E-Mail-Server mehr als zwei Tage betragen. Denn reagiert der Server-Betreiber nicht auf die Beschwerden, wofür er die Logfiles benötigt, wenn nicht Informationen über den tatsächlichen Absender im E-Mail-Header enthalten sind, wird sein Server auf die Blockingliste gesetzt und kann keine Mails mehr versenden. Auch die Frage, ob E-Mails von Mitarbeitern tatsächlich dem Empfänger zugestellt werden konnten, stellt sich typischerweise erst nach mehreren Tagen, wenn keine Antwort kommt (auch wenn nach dem hier vorgeschlagenen Wortlaut die Zustellung anhand von Datum/Uhrzeit und Empfänger feststellbar bliebe; diese Daten lassen sich aus dem Postausgangs-Ordner des Absenders ermitteln). Eine siebentägige Speicherung der E-Mail-Logfiles erscheint daher iSv § 12 Abs. 1 TDDDG oder Art. 6 Abs. 1 UAbs. 1 lit. f DS-GVO erforderlich, jedenfalls wenn man die Grundannahmen des BGH teilt (krit. Plath/Jenny TTDSG § 12 Rn. 4 ff.; Geppert/Schütz/Braun TTDSG § 12 Rn. 13 ff.; Schwartmann/Jaspers/Eckhardt/Brauer/Ritter TTDSG § 12 Rn. 35; dagegen auch umfassend mit beachtlichen Argumenten Breyer MMR 2011, 573). Nach der Rechtslage unter der DS-GVO ist der Arbeitgeber allerdings nach der hier vertretenen Rechtansicht bereits nicht Diensteanbieter im Sinne des TDDDG (→ Vorb.); die Rechtfertigung ergibt sich daher aus Art. 6 Abs. 1 UAbs. 1 lit. f DS-GVO.

Ob die Rechtfertigung für eine Logfile-Speicherung auch für andere Server im selben Umfang gilt – bei einem Webserver kommt es beispielsweise nur darauf an, die Quelle eines Angriffs zu identifizieren, was bei Geeignetheit, Erforderlichkeit und positiver Interessenabwägung durch Art. 6 Abs. 1 UAbs. 1 lit. f DS-GVO gerechtfertigt sein könnte – oder gar für die Protokollierung der Website-Aufrufe, erscheint dagegen zweifelhaft (vgl. das Sachverständigengutachten im Verfahren LG Berlin 31.1.2013 – 57 S 87/08, ZD 2013, 618, https://www.daten-speicherung.de/wp-content/uploads/Surfprotokollierung_2011-07-29_Sachverst_an_LG.pdf). Aus Datenschutzgründen wäre daher die von vornherein (soweit möglich, schließlich können auch bereits die aufgerufenen Websites Rückschlüsse auf die aufrufenden Personen erlauben) anonyme Protokollierung der Web-Zugriffe vorzugswürdig, die nur nach Feststellung von Missbräuchen auf eine unmittelbar personenbezogene Speicherung eskaliert wird.

In jedem Fall sollte eine Begründung für die Erforderlichkeit personenbezogener Speicherung für jeden protokollierten Datentyp schriftlich festgehalten werden; die berechtigten Interessen sind im Rahmen der Transparenzpflichten nach Art. 14 Abs. 2 lit. b DS-GVO mitzuteilen. Zu beachten ist, dass nicht nur die Mitarbeiter betroffene Personen sein können, die informiert werden müssen, sondern ggf. auch Dritte als Kommunikationspartner.

Ist die personenbezogene Protokollierung nicht im strengen Sinne erforderlich, muss sie unterbleiben. Das Muster geht davon aus, dass die Erforderlichkeit im konkreten Fall nachgewiesen werden kann und sieht daher eine personenbezogene Speicherung vor, was in dieser Pauschalität zweifelhaft ist, dennoch aber auch von den Aufsichtsbehörden so vorgeschlagen wird (vgl. DSK Orientierungshilfe der Datenschutzaufsichtsbehörden zur datenschutzgerechten Nutzung von E-Mail und anderen Internetdiensten am Arbeitsplatz, Januar 2016, Anh. 1 und 2, jeweils Ziff. 8).

**29.** **Missbrauchskontrolle.** Eine stichprobenhafte Kontrolle der E-Mail- und Internetnutzung auf möglichen Missbrauch kann sich grundsätzlich empfehlen (Kort ZD 2016, 555 (559); Brink ZD 2015, 295 (298); gar – ohne Begründung – Kontrollpflichten behaupten Heidrich/Wegener/Scheuch RDV 2016, 246; Brühl/Sepperer ZD 2015, 415 (417)). Keinesfalls zulässig ist eine vollständige Überwachung, weil dies unverhältnismäßig in die Persönlichkeitsrechte der Mitarbeiter eingreifen würde (→ Vorb.; Kühling/Buchner/Maschmann DS-GVO Art. 88 Rn. 80). Vielmehr sollte eine Kontrolle nach einem Stufenmodell erfolgen, wie es auch an anderer Stelle (etwa DSK Orientierungshilfe der Datenschutzaufsichtsbehörden zur datenschutzgerechten Nutzung von E-Mail und anderen Internetdiensten am Arbeitsplatz, Januar 2016, Anh. 1 und 2, jeweils Ziff. 9) in verschiedensten Ausformungen vorgeschlagen wird. Das Stufenmodell ermöglicht eine Vielzahl von Gestaltungen. Im Sinne eines grundrechtsschonenden Vorgehens empfiehlt es sich, im Grundsatz von einer nicht personenbezogenen Speicherung oder jedenfalls Auswertung auszugehen; zudem dürfte nur ein solches Vorgehen den Anforderungen des Art. 6 Abs. 1 UAbs. 1 lit. f DS-GVO entsprechen (vgl. aber DSK Orientierungshilfe der Datenschutzaufsichtsbehörden zur datenschutzgerechten Nutzung von E-Mail und anderen Internetdiensten am Arbeitsplatz, Januar 2016, die in Anh. 1 und 2, jeweils Ziff. 8, eine personenbezogene Speicherung vorsieht und nur, jeweils in Ziff. 9, eine – zunächst – nicht personenbezogene Auswertung).

**30.** **Ankündigung von Kontrollen.** Die bloße Ankündigung von Kontrollen hat erfahrungsgemäß bereits eine disziplinierende Wirkung. Für E-Mail-Accounts hat sich in der Praxis – mit beschränkter Reichweite – auch eine Regelung bewährt, wonach zu Kontrollzwecken stichprobenartig Einsicht in die Accounts genommen wird, ob eine unzulässige Privatnutzung vorliegt. Erfolgen die Kontrollen angekündigt, werden private Nachrichten zumindest durch die Mitarbeiter gelöscht, sodass sich die Frage des Umgangs mit ihnen im Fall von Abwesenheit oder Ausscheiden (dazu → § 7) nicht mehr stellt.

**31.** **Anwesenheit des Betriebsrats.** Die Regelung ermöglicht, in Abstimmung mit dem Betriebsrat eine sofortige personenbezogene Auswertung vorzunehmen, indem ein Betriebsratsmitglied teilnimmt. Im Hinblick auf den Grundsatz der Datenminimierung (Art. 5 Abs. 1 lit. c DS-GVO) will Brink (ZD 2015, 295 (299)) die Auswertung nur durch eine einzelne Person durchführen lassen, was zwar einerseits tatsächlich die Kenntnisnahme durch Dritte verringern könnte, andererseits aber auch die Kontrolle hinsichtlich etwaiger übermäßiger und unrechtmäßiger Zugriffe. Sinnvoller erscheint es, dass mehrere Personen anwesend sind und dadurch übermäßige Zugriffe verhindern, aber regelmäßig nicht selbst von den konkreten Daten Kenntnis nehmen.

**32. Straftaten.** Besteht der Verdacht, dass strafbare Handlungen begangen wurden, ermöglicht die Klausel einen weitgehend unbeschränkten Zugriff auf die Protokolle und Nachrichten. Wegen der hohen Eingriffsintensität sieht die Klausel jedoch vor, dass dieser Verdacht auf Tatsachen beruhen muss, die zudem zu dokumentieren sind (so auch § 26 Abs. 1 S. 2 BDSG). Zu beachten ist, dass nach der Rechtsprechung des BAG eine am Verhältnismäßigkeitsprinzip orientierte, die Interessen des Arbeitgebers und des Beschäftigten berücksichtigende Abwägung im Einzelfall notwendig ist, also nicht auf die reine Erforderlichkeit im herkömmlichen Sinne abzustellen ist (BAG 20.6.2013 – 2 AZR 546/12, ZD 2014, 260 (262)). Dies entspricht dem Maßstab von Art. 6 Abs. 1 UAbs. 1 lit. f DS-GVO, der nach der Rechtsprechung des EuGH im Rahmen der Prüfung der Erforderlichkeit auch eine Interessenabwägung erfordert (→ Vorb.) und auch durch Betriebsvereinbarungen nicht unterschritten werden darf (Gola/Heckmann/Pötters DS-GVO Art. 88 Rn. 26; Kort ZD 2016, 555 (557); vgl. auch die deutsche Sprachfassung von EuGH 30.3.2023 – C-34/21, NZA 2023, 487 Rn. 51, 78; unklar dagegen die französische, englische und spanische Sprachfassung).

**33. Information des betroffenen Mitarbeiters.** Im Hinblick auf die Rechtsprechung des BAG (BAG 20.6.2013 – 2 AZR 546/12, NZA 2014, 143), das bei einer heimlichen Spindkontrolle ein Verwertungsverbot angenommen hat, weil eine offene Kontrolle nicht weniger effektiv gewesen wäre, empfiehlt sich bei Verdacht von Straftaten eine Hinzuziehung des Mitarbeiters, wann immer dadurch die Ermittlungen nicht gefährdet oder (etwa wegen Urlaubs oder Krankheit) verzögert werden.

**34. Information des Mitarbeiters.** Der betroffene Mitarbeiter muss gem. Art. 14 DS-GVO informiert werden, sobald hierdurch nicht die Verwirklichung der Ziele dieser Verarbeitung unmöglich gemacht oder ernsthaft beeinträchtigt werden, Art. 14 Abs. 5 lit. b S. 1 Hs. 2 Fall 2 DS-GVO.

**35. Geschützte Funktionen.** Die Kommunikation von Betriebsarzt, Betriebsrat uä ist naturgemäß besonders sensibel im Hinblick auf eine Kenntnisnahme des Arbeitgebers. Denkbar wäre, sie von vornherein von der Auswertung auszunehmen, was durch eine entsprechende Filterung der Protokolle problemlos möglich ist (oder von vornherein nur beschränkt zu protokollieren). Die vorgeschlagene Formulierung lässt dagegen eine allgemeine Missbrauchskontrolle auch bei besonders geschützten Funktionen zu und verbietet nur eine gezielte Auswertung. Eine Kontrolle des Inhalts etwa der E-Mail-Kommunikation zwischen Mitarbeitern und Betriebsrat scheidet allerdings aus (zum BDSG aF DSK Orientierungshilfe der Datenschutzaufsichtsbehörden zur datenschutzgerechten Nutzung von E-Mail und anderen Internetdiensten am Arbeitsplatz, Januar 2016, D.II.; Brink ZD 2015, 295 (299)).

**36. Besondere Sicherung.** Personenbezogene Protokolle der E-Mail- und Internetnutzung sind besonders vertraulich. Sie müssen daher besonders gegen unbefugten Zugriff gesichert werden, Art. 32 DS-GVO. Empfehlen würde sich, die Protokolle von vornherein für die zugriffsberechtigten Personen (asymmetrisch oder aus Performancegründen hybrid) verschlüsselt zu speichern und eine entsprechende Regelung in die Vereinbarung aufzunehmen.

**37. Beweisverwertungsverbot.** Es ist denkbar, dass der Betriebsrat darauf besteht, Verstöße des Arbeitgebers gegen die Regelungen der Vereinbarung mit einem Beweisverwertungsverbot – insbesondere im arbeitsgerichtlichen Verfahren – zu sanktionieren, da unstreitiger Sachverhalt und auch rechtswidrig erlangte Beweise nur in Ausnahmefällen unberücksichtigt bleiben dürfen (BAG 29.6.2023 – 2 AZR 296/22, NZA 2023, 1105 Rn. 27 ff.; BAG 13.12.2007 – 2 AZR 537/06, NZA 2008, 1008 (1010 ff.)). Das BAG hat allerdings entschieden, dass Betriebsvereinbarungen nicht wirksam vorsehen können, dass personelle Maßnahmen, die auf Informationen beruhen, die unter Verstoß gegen die Betriebsvereinbarung erlangt wurden, unwirksam sind (BAG 29.6.2023 – 2 AZR 296/22, NZA 2023, 1105 Rn. 53 f.). Jedoch kann sich ein Verbot, Beweise oder gar bereits den Sachvortrag zu berücksichtigen, aus Verfassungsrecht ergeben (BAG 29.6.2023 – 2 AZR 296/22, NZA 2023, 1105 Rn. 29 f.).

**38. Ausschluss betrieblicher Übung.** Siehe hierzu AnwFormB ArbR/Lingemann M 2.1a Ziff. 15.

**39. Salvatorische Klausel.** S. 1 der Klausel entspricht der gesetzlichen Regelung in § 306 Abs. 1 BGB, der eingreift, weil es sich im Fall der einzelvertraglichen Vereinbarung mit allen Mitarbeitern um AGB handelt. S. 2 sieht kein automatisches Eingreifen einer Ersatzklausel vor, weil eine solche Regelung unwirksam wäre (ErfK/Preis BGB § 310 Rn. 95), sondern beschränkt sich auf eine Pflicht der Parteien, über eine Lösung des Problems zu verhandeln. Auch diese Klausel ist nicht frei von Bedenken, weil sie die Parteien – und somit auch den Gegner des AGB-Verwenders – dazu verpflichtet, zielgerichtet über einen Ersatz der unwirksamen Klausel zu verhandeln und so die Unwirksamkeitsfolgen zu vermeiden. Allerdings wird diese Verpflichtung auf die Fälle beschränkt, in denen ohnehin nach dem Gesetz ausnahmsweise der Vertrag insgesamt unwirksam ist (§ 306 Abs. 3 BGB), sodass diese sehr eingeschränkte Ersatzklausel daher kaum als unangemessen angesehen werden kann. Ohnehin – selbst ohne die hier vorgesehene Beschränkung entsprechend § 306 Abs. 3 BGB – greift bei einer Verhandlungsklausel nicht die Argumentation gegen salvatorische Ersetzungsklauseln, der Verwender des Formularvertrags wälze „das ihn treffende Risiko der Wirksamkeit in unangemessener Weise auf den [Gegner] und auch auf das Gericht ab, dem zugemutet wird, den jeweils gerade noch zulässigen Inhalt unwirksamer Klauseln zu ermitteln" (BGH 6.10.1982 – VIII ZR 201/81, NJW 1983, 159 (162)). Denn was Vertragsinhalt wird, ist nicht automatisch aus dem ursprünglichen Vertrag zu entnehmen, sondern von den Parteien – zwar zielgerichtet, aber doch im Ergebnis letztlich frei – zu verhandeln und ggf. zu vereinbaren. Schelling (BeckOF-V/Schelling 2.1.10, § 21 Abs. 2) schlägt denn auch eine nahezu wortgleiche salvatorische Klausel ohne die hier vorgesehene Einschränkung vor.

**40. Nachwirkung.** Die Klausel sieht eine Nachwirkung der Betriebsvereinbarung im Wesentlichen für die Rechte des Arbeitgebers vor (zur Nachwirkung ErfK/Kania BetrVG § 77 Rn. 100 ff., insbesondere Rn. 103 zur Zulässigkeit des Ausschlusses).

**41. Gesonderte Vereinbarung zur Beseitigung einer eventuellen betrieblichen Übung.** Sofern Mitarbeiter – etwa aus ausdrücklicher Vereinbarung oder betrieblicher Übung (das LAG Nürnberg 5.8.2015 – 2 Sa 132/15, BB 2015, 2622 (2623) lehnt in einem obiter dictum eine betriebliche Übung mangels Kenntnis des konkreten Umfangs der Privatnutzung ab) – E-Mail- und Internetzugang bisher privat nutzen durften, kann dieser Anspruch nicht durch eine Betriebsvereinbarung beseitigt werden. Es empfiehlt sich daher, in die Einwilligungserklärung eine vertragliche Regelung aufzunehmen, die den Anspruch beseitigt. Für Mitarbeiter, die keine Arbeitnehmer iSv § 5 BetrVG sind, ist in jedem Fall eine gesonderte Vereinbarung erforderlich.

**42. Abdruck der Vereinbarung.** Durch den vollständigen Abdruck der Betriebsvereinbarung bzw. die Aufnahme der Zusatzvereinbarung zum Arbeitsvertrag und die Einwilligungserklärung in eine einheitliche Urkunde werden nicht nur Streitigkeiten vermieden. Die Bezugnahme auf die Vereinbarung ist zudem erforderlich, um eine lesbare und verständliche Länge des Einwilligungstextes zu erreichen. Die Bezugnahme der Einwilligungserklärung auf andere Dokumente sollte jedenfalls dann unkritisch sein, wenn diese mit dem Einwilligungsformular verbunden sind (vgl. die von BGH 16.7.2008 – VIII ZR 348/06, NJW 2008, 3055 akzeptierte Gestaltung; die Muster-Einwilligungserklärung in DSK Orientierungshilfe der Datenschutzaufsichtsbehörden zur datenschutzgerechten Nutzung von E-Mail und anderen Internetdiensten am Arbeitsplatz, Januar 2016, Anh. 1 und 2, jeweils Ziff. 2 der Anl. 1, verweist sogar auf eine nicht beigefügte Betriebsvereinbarung. Für die Zulässigkeit spricht auch Erwgr. 32 DS-GVO, der verlangt, eine elektronische Einwilligung „in klarer und knapper Form und ohne unnötige Unterbrechung des Dienstes" einzuholen, was nur durch Verlinkung der Details möglich ist).

**43. Hervorhebung.** Da zusammen mit der eigentlichen datenschutzrechtlichen Einwilligungserklärung noch weitere Erklärungen abgegeben werden, muss die eigentliche Einwilligungserklärung hervorgehoben werden, etwa durch Fettdruck (Art. 7 Abs. 2 S. 1 DS-GVO: „von den anderen Sachverhalten klar zu unterscheiden"; Kühling/Buchner/Buchner/Kühling DS-GVO Art. 7 Rn. 25), was hier im Formular nicht dargestellt werden kann.

**44. Ausschluss der Vertraulichkeitserwartung.** Die Klausel stellt in Anlehnung an die Rechtsprechung des EGMR (EGMR 12.1.2016 – 61496/08, DuD 2016, 395 Rn. 37) klar, dass Mitarbeiter bei privater Nutzung des betrieblichen E-Mail- und Internetzugangs keine Vertraulichkeit erwarten können.

**45. Weisung zur Löschung privater Nachrichten.** Die Klausel soll verhindern, dass das Verfahren nach § 7 Abs. 7 erforderlich wird. Denkbar wäre ebenfalls, dem Mitarbeiter hier eine Auswahlmöglichkeit zu geben. In jedem Fall muss sichergestellt sein, dass Weisungen des Mitarbeiters zum Umgang mit privaten Nachrichten dokumentiert und umgesetzt werden. Es bietet sich an, dies zusammen mit der Frage erlaubter Privatnutzung und erklärter/widerrufener Einwilligung in der Personalakte auf einem Formblatt zu dokumentieren bzw. in einer elektronischen Personalakte entsprechende Datenfelder einzuführen. Zu beachten ist, dass die Erklärungsfiktion des § 7 Abs. 7 nur dann eingreift, wenn eine diesbezügliche Vereinbarung getroffen ist. Dies ist der Fall, wenn die Vereinbarung als Zusatzvereinbarung zum Arbeitsvertrag genutzt wird. Ob es auch genügt, wenn die Regelung ausschließlich in einer Betriebsvereinbarung enthalten ist, ist unklar.

**46. Zweite Unterschrift.** Zu berücksichtigen ist, dass nach § 309 Nr. 12 lit. b BGB eine AGB-Bestimmung unwirksam ist, in der der andere Teil bestimmte Tatsachen bestätigt (BGH 24.3.1988 – III ZR 21/87, NJW 1988, 2106; Graf v. Westphalen/Thüsing/Pamp VertrR/AGB-Klauselwerke/v. Westphalen/Thüsing Vertragsabschlussklauseln – Einbeziehung Rn. 67ff. mwN; Wolf/Lindacher/Pfeifer/Damann BGB § 309 Nr. 12 Rn. 51ff.). Dies gilt jedoch nicht für Empfangsbekenntnisse, die gesondert unterschrieben sind, § 309 Nr. 12 aE BGB. Vorliegend bestätigt der Mitarbeiter, dass er ein Exemplar der Vereinbarung und der Einwilligungserklärung erhalten hat, sodass eine nach § 309 Nr. 12 aE BGB zulässige Empfangsbestätigung vorliegt.

**47. Keine dienstliche Signatur.** Wenn Mitarbeiter die dienstlichen Kommunikationsmittel privat nutzen, sollten sie nicht durch Beifügung der dienstlichen Signatur den Eindruck erwecken, sie würden für ihren Arbeitgeber handeln. Wird über einen dienstlichen E-Mail-Account mit dienstlicher Signatur etwa ein Kaufvertrag (beispielsweise über gebrauchte Sachen, daher „ohne Garantie") abgeschlossen, wird der Arbeitgeber schnell Probleme bekommen, wenn die gekaufte Sache nicht mangelfrei ist, oder auch wegen unzulässigen Gewährleistungsausschlusses.

**48. Backup-Ausschluss für den Ordner „privat".** Denkbar ist ein Ausschluss privater Nachrichten aus dem betrieblichen Backup nur hinsichtlich des Ordners „privat". Da private Nachrichten allerdings ohnehin in der revisionssicheren Archivierung gespeichert werden, erscheint der Gewinn für die Privatsphäre der Mitarbeiter sehr beschränkt. Er dürfte die Nachteile eines fehlenden Backups nicht aufwiegen. Sollte der Ordner „privat" dennoch aus dem betrieblichen Backup ausgenommen werden, sollten die Mitarbeiter explizit hierauf hingewiesen werden.

**49. Hervorhebung.** Bei der Zustimmung, private Nachrichten als dienstliche zu behandeln, soweit diese nicht im Ordner „privat" gespeichert sind, könnte es sich um eine Einwilligung handeln, die den Zugriff auf diese Nachrichten erleichtert. Sie müsste dann, da zusammen mit weiteren Erklärungen abgegeben, hervorgehoben werden, etwa durch Fettdruck (Art. 7 Abs. 2 S. 1 DS-GVO: „von den anderen Sachverhalten klar zu unterscheiden"; Kühling/Buchner/Buchner/Kühling DS-GVO Art. 7 Rn. 25), was hier im Formular nicht dargestellt werden kann. Anders als unter Geltung des BDSG dürfte eine Hervorhebung grenzwertiger Klauseln nicht mehr schädlich sein, sodass die Klausel jedenfalls sicherheitshalber hervorgehoben werden sollte.

## 2. Richtlinie Homeoffice/Mobile Office (Telearbeit)

Dienstliche Tätigkeiten auch von zu Hause („Homeoffice") und/oder unterwegs („Mobile Office") auszuüben, stellt im Zeitalter allgegenwärtiger Computertechnik und Internetzugänge technisch bei weitem nicht mehr das Problem dar, das **„Telearbeit"** in ihren Anfangsjahren war. **Im Vordergrund** stehen heute vielmehr Fragen des **Datenschutzes und der Datensicherheit.** In der Corona-Pandemie haben viele Unternehmen und Behörden den Wert von Arbeit im Homeoffice schätzen gelernt. Problematisch ist allerdings, dass ein großer Teil davon sehr unvorbereitet ins Homeoffice „gestolpert" ist. Während die (funktions-)technischen Fragen in den ersten Monaten meist geklärt wurden, wurde die Klärung (datenschutz-)rechtlicher und datensicherheitstechnischer Fragen oftmals vergessen und bis heute nicht immer nachgeholt. Dies ist äußerst problematisch.

Denn typischerweise wird ein Mitarbeiter im Homeoffice auch mit personenbezogenen Daten arbeiten – spätestens sobald er den dienstlichen E-Mail-Zugang nutzt. Der **Arbeitgeber** bleibt voll für die Daten einschließlich ihrer Sicherheit **verantwortlich,** da der **Arbeitnehmer nicht „Dritter"**, sondern weisungsgebunden ist (vgl. auch EuGH 22.6.2023 – C-579/21, NJW 2023, 2555 Rn. 73; anderenfalls läge eine erlaubnisbedürftige Übermittlung oder jedenfalls eine Auftragsverarbeitung nach Art. 28 DS-GVO vor; zur Abgrenzung → Form. G. I. 1.). Der Arbeitgeber muss daher auch – und gerade – bei der Verarbeitung personenbezogener Daten im Homeoffice die **nach Art. 32 DS-GVO erforderlichen Sicherheitsmaßnahmen** umsetzen (ausf. → Form. E. II.). Die Situation bezüglich eines Homeoffice ist insoweit mit der Nutzung privater IT für dienstliche Zwecke (Bring Your Own Device, BYOD; → Form. D. III. 4.) vergleichbar, als sich in beiden Fällen die IT physisch außerhalb des betrieblichen Zugriffs befindet. Durch die Verlagerung von Daten – ggf. auch Akten – in den außerbetrieblichen Bereich verringern sich die Kontrollmöglichkeiten des Arbeitgebers, während die Gefahr unberechtigter Zugriffe steigt.

Die Tätigkeit im **Mobile Office** weist im Wesentlichen dieselben Probleme auf wie die Arbeit im Homeoffice, nur mit der Verschärfung, dass hierbei notwendig mobile Geräte außerhalb abgrenzbarer Räume verwendet werden, woraus ein ungleich höheres Risiko des Abhandenkommens und damit eines unberechtigten Zugriffs Dritter auf die Daten sowie ihrer Beschädigung bzw. ihres Verlusts folgt (Stichwort Verfügbarkeit, Art. 32 Abs. 1 lit. b Fall 3 DS-GVO), aber auch das Risiko einer Einsichtnahme Dritter in die auf dem Bildschirm angezeigten Daten.

Die Geltung der folgenden Richtlinie sollte durch **Einbeziehung in eine (schriftliche) Homeoffice-Vereinbarung** sichergestellt oder ihre Regelungen sollten dort eingefügt werden. Eine solche ausdrückliche Vereinbarung kann weder durch das Direktionsrecht noch durch Betriebsvereinbarung ersetzt werden, da die Richtlinie Kontrollrechte vor Ort vorsieht und somit in das Grundrecht auf Unverletzlichkeit der Wohnung eingreift, wozu weder der Arbeitgeber noch der Betriebsrat befugt sind. Allerdings besteht zusätzlich ein Mitbestimmungsrecht des Betriebsrats (Kramer IT-ArbR/Hoppe § 2 Rn. 709).

## Richtlinie Homeoffice/Mobile Office (Telearbeit)

### § 1 Gegenstand der Richtlinie, Allgemeines

(1) Diese Richtlinie regelt Fragen des Datenschutzes und der Datensicherheit, wenn Mitarbeiter in der eigenen Wohnung oder sonst außerhalb des Betriebs von [Arbeitgeber] für [Arbeitgeber] tätig sind (Homeoffice/Mobile Office – der entsprechende Arbeitsplatz folgend zusammenfassend „Heimarbeitsplatz" genannt). Sie ergänzt die allgemeinen betrieblichen Bestimmungen zu Datenschutz und Datensicherheit, die auch am Heimarbeitsplatz stets einzuhalten sind. Im Fall von Widersprüchen geht diese Richtlinie vor.

(2) Eine Tätigkeit am Heimarbeitsplatz darf nur gestattet werden und erfolgen, wenn die dort zu leistende Tätigkeit zur Erledigung außerhalb des Betriebs geeignet ist, insbesondere mit Blick auf Datenschutz- und Datensicherheitsaspekte.[1] In jedem Fall ist eine schriftliche Vereinbarung mit dem betroffenen Mitarbeiter erforderlich.

(3) Eine Tätigkeit am Heimarbeitsplatz darf nur gestattet werden und erfolgen, wenn der Mitarbeiter eine Schulung über Datenschutz und Datensicherheit bei Nutzung von Heimarbeitsplätzen absolviert hat, die in angemessenen Abständen zu wiederholen ist. Ist eine solche Schulung ausnahmsweise nicht erforderlich, darf eine Tätigkeit am Heimarbeitsplatz auch nach einer entsprechenden Entscheidung des

Vorgesetzten mit Zustimmung des Datenschutzbeauftragten gestattet werden und erfolgen.[2]

§ 2 Umgang mit Daten

(1) Auch wenn Mitarbeiter an ihrem Heimarbeitsplatz tätig werden, bleiben sie Teil von [Arbeitgeber]. Dies bedeutet, dass alle vertraglichen Weisungsrechte bestehen bleiben und insbesondere alle betrieblichen Daten, Informationen und Unterlagen, auf die Mitarbeiter von ihrem Heimarbeitsplatz aus Zugriff haben, ausschließlich im Hoheitsbereich von [Arbeitgeber] bleiben. Allen Mitarbeitern ist es daher untersagt, betriebliche Daten, Informationen oder Unterlagen – insbesondere personenbezogene und sonst vertrauliche Daten – an Dritte weiterzugeben, sie Dritten zur Kenntnis gelangen zu lassen (etwa durch Einsichtnahme am Bildschirm oder auf Ausdrucken), sie auf eigenen Speichermedien abzuspeichern, unbefugt zu kopieren oder zu anderen als betrieblichen Zwecken zu verwenden.

(2) Insbesondere

- ist es verboten, Dritten Passwörter oder sonstige Zugangsmöglichkeiten zur dienstlichen EDV (zB Chipkarten, Transponder, Sicherheits-Stick) mitzuteilen oder zugänglich zu machen, zB durch Notieren von Passwörtern oder Lagerung der Chipkarte am Lesegerät;
- ist es verboten, Dritten (zB Familienmitgliedern, sonstigen Mitbewohnern, Besuchern) Zugriff auf die betriebliche EDV und/oder betriebliche Unterlagen zu gewähren;
- ist es verboten, betriebliche Daten auf anderen Speichermedien als von [Arbeitgeber] schriftlich zugelassen zu speichern; zugelassen ist die Speicherung auf betrieblichen Servern (Laufwerk [...]).[3] Verboten ist somit insbesondere die Speicherung von betrieblichen Daten auf privaten Smartphones, USB-Sticks, Computern, in privaten Cloud-Diensten oÄ;
- ist es verboten, dienstliche Daten mit privaten Geräten zu verarbeiten; dazu gehört auch der Abruf des dienstlichen E-Mail-Accounts mit einem privaten Computer, Smartphone oÄ;[4]
- ist es verboten, Sicherheitsmaßnahmen zu deaktivieren oder zu umgehen oder sonstige technische Veränderungen an den durch [Arbeitgeber] zur Verfügung gestellten Geräten vorzunehmen. Software darf nur durch die IT-Abteilung installiert werden;
- müssen eventuelle Ausdrucke mit vertraulichen Informationen (zB personenbezogenen Daten) sicher vernichtet werden, wenn sie nicht mehr benötigt werden (Aktenvernichter).[5]

(3) Alle Störungen oder Auffälligkeiten bei der EDV-Nutzung sind unverzüglich der IT-Abteilung zu melden.

(4) Die private Nutzung der für den Heimarbeitsplatz bereitgestellten betrieblichen Geräte bzw. Zugangsmöglichkeiten (insbesondere Computer und Internetzugang) ist verboten.[7]

(5) [Arbeitgeber] ist jederzeit berechtigt, vom Mitarbeiter die Herausgabe sämtlicher betrieblicher Daten, Unterlagen und Akten einschließlich sämtlicher Kopien zu verlangen; sind zum Zugriff auf betriebliche Daten Passwörter oder sonstige Schlüssel erforderlich, sind diese mit herauszugeben.[6] Der Mitarbeiter kann hiergegen kein Zurückbehaltungsrecht geltend machen.

§ 3 Sicherheitsmaßnahmen im Homeoffice

(1) Als Heimarbeitsplatz in der Wohnung des Mitarbeiters darf nur ein Raum genutzt werden, der abschließbar ist. Er soll bei Nichtnutzung durch den Mitarbeiter abgeschlossen werden. Hat der Mitarbeiter Gäste (auch Handwerker) in seiner Wohnung, muss der Raum verschlossen sein. Halten sich Dritte am Heimarbeitsplatz auf (zB Handwerker, die hier arbeiten müssen), muss der Mitarbeiter sie jederzeit beobachten. Von dem Erfordernis eines abschließbaren Raums kann mit schriftlicher Zustimmung des Datenschutzbeauftragten abgewichen werden, wenn andere Sicherheitsvorkehrungen getroffen sind, die der Vertraulichkeit der verarbeiteten Daten angemessen sind. Abweichungen von den Anforderungen aus Satz 4 und Abs. 2 dieses § 3 sind nicht zulässig.

(2) Verlässt der Mitarbeiter seinen Heimarbeitsplatz (und sei es nur kurz, etwa zur Toilette), muss sichergestellt sein, dass kein Dritter auf betriebliche Daten oder Akten zugreifen kann. Dies bedeutet insbesondere, dass
- der verwendete Computer gesperrt werden muss, sodass bei Rückkehr zumindest die Eingabe des Passwortes erforderlich ist;[8]
- Fenster verschlossen sein müssen, außer bei kurzzeitiger Abwesenheit, während der ein Eindringen realistischerweise ausgeschlossen werden kann (zB 10. Stock und keine Möglichkeit, aus der Nachbarwohnung herüberzuklettern);
- bei Nutzung von Papierakten diese in einem Schrank einzuschließen[9] sind oder der Heimarbeitsplatz-Raum abzuschließen ist; dies gilt nur dann nicht, wenn der Mitarbeiter allein zu Hause ist und seinen Heimarbeitsplatz nur kurzzeitig verlässt;
- bei Verlassen der Wohnung ein ggf. genutztes Zugangsmedium (zB Chipkarte, Transponder, Sicherheits-Stick) vom Computer entfernt werden muss und bei Nutzung von Papier-Akten diese in einem Schrank einzuschließen sind.[10]

§ 4 Zusätzliche Sicherheitsmaßnahmen im Mobile Office

Bei der Nutzung eines mobilen Arbeitsplatzes (Mobile Office) außerhalb der Wohnung des Mitarbeiters gilt:

(1) Mobile Arbeitsplätze dürfen nur genutzt werden, wenn eine Kenntnisnahme Dritter von vertraulichen Informationen – besonders personenbezogenen Daten – ausgeschlossen werden kann. Dies gilt insbesondere in öffentlichen Verkehrsmitteln, wo das Risiko besteht, dass hinter oder neben dem Mitarbeiter sitzende Personen Einblick in den Bildschirm erhalten können. Werden Bildschirme oder Schutzfolien verwendet, die den Einblick Dritter beschränken sollen, muss der Mitarbeiter vor der Nutzung überprüfen, in welchem Umfang (insbesondere: bei welchem Einblickswinkel) tatsächlich ein Einblick verhindert wird. Da Schutz vor Einblick durch hinter dem Mitarbeiter sitzende Personen üblicherweise technisch nicht gegeben ist, sind regelmäßig Sitzplätze vor Wänden, Gepäckablagen oÄ zu wählen. Insbesondere bei der Eingabe von Passwörtern ist zu beachten, dass diese nicht durch Überwachungskameras aufgezeichnet werden können, etwa durch Abdeckung der Tastatur.

(2) Der Mitarbeiter darf den mobilen Arbeitsplatz außerhalb eines verschlossenen Raums nicht – auch nicht kurzzeitig – unbeaufsichtigt lassen, wenn nicht eine Aufsicht durch einen anderen Mitarbeiter von [Arbeitgeber] sichergestellt ist. Ausnahmsweise kann der Vorgesetzte Ausnahmen zulassen, wenn der mobile Arbeitsplatz an feste oder ausreichend große Gegenstände angeschlossen, eine ausreichende

soziale Kontrolle sichergestellt, die Abwesenheit nur kurz ist und keine besonders vertraulichen Daten verarbeitet werden. Akten dürfen niemals – auch nicht kurzzeitig – unbeaufsichtigt gelassen werden, wenn nicht eine Aufsicht durch einen anderen Mitarbeiter von [Arbeitgeber] sichergestellt ist, wobei jedoch Voraussetzung ist, dass dieser Mitarbeiter entweder zur Einsicht in die Akten berechtigt ist oder die Akten in einem verschlossenen Behältnis aufbewahrt werden.

(3) Bevor der Mitarbeiter seine direkte Aufmerksamkeit vom mobilen Arbeitsplatz entfernt, ist der Computer zu sperren und sind alle Zugangsmedien (zB Chipkarte, Transponder, Sicherheits-Stick) zu entfernen und sicher zu verwahren.

(4) Die mobile Nutzung von Akten bedarf der vorherigen [schriftlichen] Zustimmung des Vorgesetzten. Diese darf nur erteilt werden, wenn der Datenschutzbeauftragte im Einzelfall oder für eine bestimmte Art von Akten, gegebenenfalls beschränkt auf einen bestimmten Nutzungsort, zugestimmt hat.[11]

(5) Die Mitnahme des mobilen Arbeitsplatzes und/oder von Akten ins Ausland bedarf der Zustimmung des Vorgesetzten und des Datenschutzbeauftragten, wenn nicht der Datenschutzbeauftragte in Abstimmung mit der Geschäftsführung für sämtliche Ziel- und Transitländer eine allgemeine Freigabe erteilt hat.[12]

### § 5 Sicherheitsmaßnahmen beim Transport und bei der Übertragung von Akten und Daten

(1) Jede Mitnahme betrieblicher Daten und Akten benötigt die vorherige [schriftliche] Zustimmung des Vorgesetzten.[13] Mitnahme bezeichnet die Verbringung an einen Ort außerhalb des üblichen gesicherten Aufbewahrungsbereichs im Betrieb von [Arbeitgeber].

(2) Nimmt der Mitarbeiter betriebliche Akten mit, dürfen diese nur in verschlossenen Behältnissen transportiert werden (zB verschlossene Kiste, verschlossener Aktenkoffer). Der Mitarbeiter darf die Akten beim Transport zu keiner Zeit unbeaufsichtigt lassen, wenn nicht eine Aufsicht durch einen anderen Mitarbeiter von [Arbeitgeber] sichergestellt ist. Dies gilt auch, wenn das verschlossene Behältnis im Kofferraum eines Autos transportiert wird (zB ist ein Verlassen des Fahrzeugs zum Einkaufen auf dem Heimweg nicht zulässig). Der Vorgesetzte kann Ausnahmen von der Anforderung des Transports in verschlossenen Behältnissen zulassen, wenn es sich um Akten geringen Umfangs handelt, diese am Körper oder in der Hand getragen werden und ein unbefugter Zugriff realistischerweise ausgeschlossen werden kann (zB darf ein Rucksack mit Akten regelmäßig nicht auf dem Rücken getragen werden).

(3) Nimmt der Mitarbeiter betriebliche Daten mit, muss der Datenträger mit einem von der IT-Abteilung freigegebenen Verfahren nach dem Stand der Technik verschlüsselt sein.[14]

(4) Jede Datenübertragung zwischen dem Heimarbeitsplatz und dem Betrieb – einschließlich Terminal-Zugriff – muss nach dem Stand der Technik verschlüsselt sein. Hierfür trägt die IT-Abteilung Sorge.[15]

(5) Zugriffe und Zugriffsversuche vom Heimarbeitsplatz werden von [Arbeitgeber] protokolliert und regelmäßig ausgewertet.[16] Diese Daten werden nur zur Missbrauchsentdeckung, -bekämpfung und -verfolgung verwendet und nicht zur Leistungs- oder Verhaltenskontrolle.

§ 6 Kontroll- und Zutrittsrechte zur Wohnung

(1) Der Mitarbeiter räumt folgenden Personen das Recht ein, zur Kontrolle des Heimarbeitsplatzes seine Wohnung zu betreten:

a) zur Kontrolle der Arbeitssicherheit einer von [Arbeitgeber] hierfür gesondert beauftragten Person;
b) zur Kontrolle der Datensicherheit dem Datenschutzbeauftragten sowie der IT-Abteilung bzw. sonstigen hierfür gesondert beauftragten Personen;
c) zur Einrichtung, Prüfung, Wartung, Reparatur, Änderung, Abholung der von [Arbeitgeber] bereitgestellten Arbeitsmittel der IT-Abteilung bzw. sonstigen hierfür gesondert beauftragten Personen, soweit nicht der Arbeitnehmer unverzüglich jeden erforderlichen Transport selbst übernimmt;
d) zu den gesetzlich vorgesehenen Kontrollen allen Behörden, die den Heimarbeitsplatz aufsuchen dürften, wenn sich dieser im Betrieb befände, beispielsweise der Datenschutz-Aufsichtsbehörde, soweit sie nicht ohnehin bereits entsprechende Rechte aus dem Gesetz hat;[17]
e) dem Betriebsrat, wenn er eine der unter a) bis d) genannten Personen begleitet;
f) einer von [Arbeitgeber] hierfür gesondert beauftragten Person, wenn sie eine Kontrolle gem. lit. d begleitet.

Das Zutrittsrecht ist auf den Heimarbeitsplatz (einschließlich zugehöriger Einrichtungen, etwa Telefonanschluss im Keller oÄ) begrenzt und auf das unbedingt Erforderliche zu beschränken. Jeder Zutritt ist rechtzeitig im Voraus abzustimmen, wobei auf die Interessen des Mitarbeiters, wie beispielsweise Kinderbetreuung, Rücksicht zu nehmen ist, und auf Werktage zwischen 8:00 Uhr und 18:00 Uhr zu beschränken, es sei denn, aus besonderen Gründen ist ein sofortiger oder kurzfristiger Zutritt oder ein Zutritt zu einem bestimmten Termin unbedingt erforderlich. Im Fall des Zutrittsrechts nach S. 1 lit. d (Behörden) richten sich eventuelle Abstimmungspflichten und Zeiten nach den Befugnissen der Behörde, die diese hätte, wenn sich der Heimarbeitsplatz im Betrieb befinden würde, und beschränken sich die Pflichten von [Arbeitgeber] darauf, den Mitarbeiter unverzüglich zu informieren, sobald ihm der Zutrittswunsch bekannt wird, und auf Wunsch des Mitarbeiters zur Behörde zu vermitteln, um einen anderen Termin zu vereinbaren.[18]

(2) Die Erlaubnis zur Einrichtung und Nutzung des Heimarbeitsplatzes steht zudem unter der aufschiebenden Bedingung, dass (der Heimarbeitsplatz darf also erst eingerichtet und genutzt werden, wenn) sämtliche Mitbewohner des Mitarbeiters die gleichen Zutrittsrechte einräumen.[19] [Arbeitgeber] kann jederzeit verlangen, dass der Mitarbeiter die Zustimmung aller Mitbewohner schriftlich nachweist.

(3) Widerruft der Mitarbeiter oder einer seiner Mitbewohner das Zutrittsrecht oder kommt ein neuer Mitbewohner hinzu, der nicht die Zutrittsrechte nach Abs. 1 einräumt, erlischt automatisch die Berechtigung des Mitarbeiters, den Heimarbeitsplatz zu nutzen. Der Mitarbeiter ist verpflichtet, dies sofort [Arbeitgeber] anzuzeigen, sämtliche betrieblichen Akten und Datenträger sofort in den Betrieb zurückzubringen und seine Arbeitsleistung auf Wunsch von [Arbeitgeber] im Betrieb zu erbringen.[20]

(4) Widerruft der Mitarbeiter oder einer seiner Mitbewohner das Zutrittsrecht oder kommt ein neuer Mitbewohner hinzu, der nicht die gleichen Zutrittsrechte einräumt, kann [Arbeitgeber] zudem verlangen, dass der Mitarbeiter unverzüglich sämtliche von [Arbeitgeber] bereitgestellten Arbeitsmittel auf eigene Kosten in den Betrieb zurückbringt.[21]

§ 7 Beendigung der Heimarbeitsplatz-Nutzung

(1) Enden die Berechtigung des Mitarbeiters zur Nutzung des Heimarbeitsplatzes oder das Arbeitsverhältnis oder wird der Mitarbeiter unwiderruflich von der Pflicht zur Arbeitsleistung freigestellt, hat der Mitarbeiter unaufgefordert unverzüglich sämtliche betrieblichen Zugangsmedien (zB Chipkarten, Transponder, Sicherheits-Sticks),[6] Datenträger und Akten (einschließlich Kopien) in den Betrieb zurückzubringen und dem Vorgesetzten zu übergeben. Sind zum Zugriff auf betriebliche Daten Passwörter oder sonstige Schlüssel erforderlich, sind diese mit zu übergeben.

(2) Der Mitarbeiter hat zudem die Abholung sämtlicher von [Arbeitgeber] bereitgestellter Arbeitsmittel durch von [Arbeitgeber] beauftragte Personen nach angemessener Ankündigungsfrist zu ermöglichen.

§ 8 Hinweis auf rechtliche Folgen bei Verstößen

[Arbeitgeber] weist darauf hin, dass Verstöße gegen diese Richtlinie nicht nur arbeitsrechtliche Folgen (Ermahnung, Abmahnung, fristgerechte oder fristlose Kündigung) haben, sondern auch mit Geldbuße bedroht und/oder strafbar sein können (zB im Fall des Kopierens von Daten nach Art. 83 DS-GVO, § 42 BDSG, § 23 GeschGehG [ggf.: § 203 StGB]). Darüber hinaus können Verstöße gegen diese Richtlinie Unterlassungs- und Schadensersatzansprüche nach sich ziehen.[22]

## Anmerkungen

**1. Geeignete Tätigkeiten.** Bevor ein Homeoffice eingerichtet wird, ist zu klären, welche Tätigkeiten außerhalb des Betriebs erledigt werden sollen und ob diese Tätigkeiten und der jeweilige Mitarbeiter überhaupt für Homeoffice geeignet sind. Persönliche Voraussetzung sind umfassendes Vertrauen zu dem jeweiligen Mitarbeiter, ausreichende Kompetenz des Mitarbeiters sowie seine Schulung und Sensibilisierung im Hinblick auf Datenschutz und Datensicherheit. Die Tätigkeit muss auch grundsätzlich auslagerungsfähig sein (keine Präsenz im Betrieb erforderlich), was jedoch nicht Gegenstand dieses Formulars ist. Bezüglich der zu verarbeitenden Daten ist zu differenzieren, wie sensibel diese sind: Daten ohne Personenbezug können aus datenschutzrechtlicher Sicht problemlos im Homeoffice verarbeitet werden. Hier ist der begrenzende Faktor das betriebliche Geheimhaltungsinteresse, etwa bei Forschungs- oder Konstruktionsdaten.

Bei personenbezogenen Daten sind aus rechtlicher Sicht angemessene Schutzmaßnahmen nach Art. 32 DS-GVO erforderlich. Kann angesichts der erweiterten Zugriffsmöglichkeiten im Homeoffice und der Vertraulichkeit der konkret in Rede stehenden Daten kein ausreichendes Sicherheitsniveau geschaffen werden, dürfen diese Daten nicht im Homeoffice verarbeitet werden. Dies dürfte insbesondere bei besonderen Kategorien personenbezogener Daten (Art. 9 DS-GVO – etwa Gesundheitsdaten) typischerweise, sowie bei Daten, die einem Berufs- oder Amtsgeheimnis unterliegen, oftmals der Fall sein (BfD 18. TB Kap. 18.9). Dabei ist stets der Einzelfall zu betrachten: Auch Personaldaten sind nicht per se so vertraulich, dass sie nur im Betrieb verarbeitet werden dürften – Daten über Erkrankungen oder Beurteilungen sollten den Betrieb nicht verlassen, während Angaben über Fortbildungen auch im Homeoffice verarbeitet werden können (BfDI TB 2007/08 Kap. 11.4). Gerade die IT ermöglicht es aber, statt mit Klardaten mit Pseudonymen – zB Aktenzeichen – zu arbeiten. Werden beispielsweise bei Zugriff aus dem Homeoffice Name usw ausgeblendet, kann auch der Fernzugriff auf eigentlich sensible Daten zulässig sein (vgl. BfD TB 2003/04 Kap. 6.1.2.1).

Besonders kritisch ist die Homeoffice-Arbeit, wenn dafür Papier-Akten benötigt werden. Diese lassen sich naturgemäß nicht pseudonymisieren, müssen mit dem entsprechenden Verlustrisiko physisch transportiert werden, und es gibt typischerweise keine Sicherungskopie. Hier sind besondere Sicherheitsmaßnahmen vorzusehen (siehe § 3 Abs. 2, § 4 Abs. 3 und § 5 Abs. 2).

**2. Schulung und Sensibilisierung.** Den meisten Mitarbeitern – auch solchen, die im Umgang mit EDV grundsätzlich kompetent sind – sind weder die technischen Risiken unbefugter Datenzugriffe bekannt noch die Gefahren sowohl für die Persönlichkeitsrechte der betroffenen Personen als auch für das Ansehen und den wirtschaftlichen Erfolg des Arbeitgebers (Stichwort Vertrauens- und Kundenverlust bei Datenpannen, vermehrt auch das Risiko von Schadensersatzklagen nach Art. 82 DS-GVO). Sicherheitsmaßnahmen werden daher nicht verstanden und in der Folge nicht beachtet oder gar umgangen. Sensibilisierung und Schulung der Mitarbeiter in Datenschutzfragen sind daher unerlässlich, wenn ein Arbeitgeber außerbetriebliches Arbeiten gestatten will oder muss. Damit Vorgesetzte ihre Mitarbeiter nicht leichtfertig von der Teilnahme an der Schulung befreien, sieht die Richtlinie vor, dass hierfür der Datenschutzbeauftragte zustimmen muss, der dies nur tun sollte, wenn er sich davon überzeugt hat, dass der Mitarbeiter die Problematik verinnerlicht hat. Eine solche Zustimmung könnte man als Entscheidung über Datenverarbeitungen ansehen, sodass der Datenschutzbeauftragte sich letztlich selbst kontrollieren müsste und ein nach Art. 38 Abs. 6 S. 2 DS-GVO unzulässiger Interessenkonflikt vorläge. Dies ist aber nicht der Fall, denn der Datenschutzbeauftragte kann nicht selbst von der Schulung befreien, sondern kontrolliert nur die bejahende Entscheidung des jeweiligen Vorgesetzten. Der Arbeitgeber ordnet im Ergebnis nur an, der nach dem Gesetz unverbindlichen Beratung/Kontrolle des Datenschutzbeauftragten unbedingt zu folgen.

**3. Datenspeicherung.** Der Arbeitgeber bleibt auch dann datenschutzrechtlich Verantwortlicher (Art. 4 Nr. 7 DS-GVO), wenn personenbezogene Daten nicht im Betrieb, sondern im Rahmen eines Homeoffices bei Mitarbeitern gespeichert werden. Die Erteilung einer Auskunft nach Art. 15 DS-GVO oder auch nur die Führung des Verzeichnisses von Verarbeitungstätigkeiten nach Art. 30 DS-GVO werden unter diesen Voraussetzungen unvertretbar aufwendig, weil der Arbeitgeber letztlich jeden einzelnen Rechner in jedem Homeoffice untersuchen muss. Doch Aufwand und Kosten, die dem Verantwortlichen durch eine Auskunftserteilung entstehen, sind keine Gründe, die die Auskunftspflicht entfallen lassen würden, wie Art. 12 Abs. 3 DS-GVO zeigt, der unter Umständen eine Fristverlängerung ermöglicht. Soweit § 34 BDSG entsprechende Einschränkungen vorsieht, sind sie nicht durch Art. 23 Abs. 1 DS-GVO gedeckt (Kühling/Buchner/Golla BDSG § 34 Rn. 7; NK-DatenschutzR/Dix DS-GVO Art. 15 Rn. 36; vgl. auch EuGH 26.10.2023 – C-307/22, NJW 2023, 3481 Rn. 64, 66, 69, wonach wirtschaftliche und rein administrative Interessen keine Einschränkungen auf der Basis von Art. 23 Abs. 1 DS-GVO rechtfertigen können). Es ist also Sache des Arbeitgebers, seine IT so zu organisieren, dass er seinen Auskunftspflichten in der gebotenen Schnelligkeit und mit betrieblich vertretbarem

Aufwand nachkommen kann, vgl. Art. 12 Abs. 1 S. 1 DS-GVO. Damit wird es regelmäßig erforderlich sein, dass sämtliche Datenspeicherungen nur zentral auf den Servern des Arbeitgebers erfolgen und Mitarbeiter im Homeoffice sich nur etwa per Terminal-Zugriff die Daten anzeigen lassen. Ist dies technisch – wie oftmals im mobilen Einsatz wegen schlechter Funkverbindungen – nicht möglich, sollten jedenfalls Lösungen mit automatischer Synchronisierung genutzt werden. Dabei ist sicherzustellen, dass die automatische Synchronisierung regelmäßig erfolgt: Beispielsweise können sich in einem nur gelegentlich genutzten E-Mail-Client noch Daten befinden, die auf dem Server längst gelöscht sind. Dies gilt selbst dann, wenn der Zugriff über das IMAP-Protokoll erfolgt, weil die Clients typischerweise eine lokale Kopie des E-Mail-Bestandes oder aber zumindest der Nachrichten-Header vorhalten. Bei IMAP-Clients handelt es sich somit zumeist nicht um geeignete Synchronisierungslösungen, sondern hier ist Spezial-Software zu verwenden.

Eine lokale Speicherung von Daten sollte nur in absolut nicht vermeidbaren Ausnahmefällen erfolgen. Derartige Fälle sollten nicht im Verzeichnis der Verarbeitungstätigkeiten nach Art. 30 DS-GVO versteckt bleiben, sondern geben Anlass, Richtlinien für den Umgang mit Auskunftsersuchen Betroffener zu erstellen und hier genau festzuhalten, welche Datentypen bzw. Gruppen von der lokalen Speicherung betroffen sind und wie die Recherche der zu beauskunftenden Daten erfolgt. Art. 12 Abs. 3 DS-GVO verlangt eine unverzügliche Auskunftserteilung, was der EDSA in seinen Leitlinien 01/2022, Version 2.1, Rn. 158, mit „so schnell wie möglich" übersetzt, und setzt zusätzlich noch – unabhängig von der Unverzüglichkeit – eine Obergrenze bei einem Monat. Die Obergrenze kann nur ausnahmsweise überschritten werden, wenn gerade die konkrete Anfrage, deren Bearbeitungsfrist verlängert werden soll, im Vergleich zu anderen vergleichbaren Anfragen besonders komplex ist, und die Zahl der Anfragen, die zum Zeitpunkt der Fristverlängerung vorliegen, das bei einem Verantwortlichen dieser Art und Größe üblicherweise zu erwartende Maß deutlich übersteigen (Kühling/Buchner/Bäcker DS-GVO Art. 12 Rn. 34; HK-DS-GVO/BDSG/Greve DS-GVO Art. 12 Rn. 25). Verspätete, falsche, unvollständige oder gar nicht erteilte Auskünfte können mit Geldbuße bis zu 20.000.000 EUR oder vier Prozent des weltweiten Konzernjahresumsatzes bestraft werden. Ebenso droht eine Verurteilung zur Versicherung der Richtigkeit und Vollständigkeit der Auskunft an Eides Statt analog §§ 259 Abs. 2, 260 Abs. 2 BGB (Kühling/Buchner/Bergt Art. 79 Rn. 9a; BeckOK DatenschutzR/Schmidt-Wudy DS-GVO Art. 15 Rn. 31; OLG Köln 26.7.2018 – 9 W 15/18, ZD 2018, 536) und entsprechend eine Strafbarkeit des Geschäftsführers bei falscher oder unvollständiger Auskunft.

Lokale Datenspeicherungen stellen zudem besondere Anforderungen an die technisch-organisatorischen Maßnahmen nach Art. 32 DS-GVO. Die Zutrittskontrolle ist naturgemäß eingeschränkt, da Mitarbeiter selten allein leben und nur in den seltensten Fällen über einbruchshemmende Türen, einen Wachschutz uÄ verfügen werden. Dieses Manko lässt sich durch konsequente Nutzung von Festplattenverschlüsselung zumindest teilweise ausgleichen. Komplettverschlüsselung hilft – neben der Deaktivierung alternativer Boot-Medien und einer Zwei-Faktor-Authentifizierung – auch, den Zugang zu den Datenverarbeitungsanlagen zu kontrollieren. Hinsichtlich der Verfügbarkeit ist auf eine konsequente Datensicherung zu achten, die sinnvollerweise außerhalb der Wohnung erfolgen sollte.

Die Erlaubnis zu lokaler Datenspeicherung sollte nur schriftlich erfolgen und stets die konkreten Bedingungen (zB konkrete Art der Verschlüsselung) benennen.

**4. Bring Your Own Device.** Diese Richtlinie geht davon aus, dass die IT-Ausstattung des Homeoffice oder Mobile Office durch den Arbeitgeber erfolgt. Andernfalls sei auf das Muster zu Bring Your Own Device (BYOD) → Form. D. III.4. verwiesen.

**5. Aktenvernichter.** Zu jedem Drucker im Homeoffice gehört ein Aktenvernichter mit ausreichender Sicherheitsstufe, andernfalls wird es mit an Sicherheit grenzender Wahrscheinlichkeit zu Datenpannen (mit den sich aus Art. 33, 34 DS-GVO ergebenden Folgen, → Form. C. VI.) kommen.

**6. Zugangsmittel.** Ist das Zugangsmittel eine Chipkarte, die eine Funktion zur Erstellung qualifizierter elektronischer Signaturen besitzt, darf die Karte nicht an den Arbeitgeber herausgegeben werden. Solche Karten sind daher nicht als Zugangsmittel geeignet, wenn sie nicht nur zur Authentifizierung des Mitarbeiters dienen (und dann der Zugriff auf auch anderweitig – etwa mit Administratorrechten – verfügbare Daten freigeschaltet wird), sondern ohne Signaturkarte ein Zugriff auf die Daten nicht möglich ist, weil die Daten (nur) für den Schlüssel dieser Signaturkarte verschlüsselt sind. Eine Verschlüsselung für eine einzelne konkrete Hardware ist aber auch unabhängig vom Problem der Herausgabe der Signaturkarte zu vermeiden, weil die Hardware ebenso einen Defekt aufweisen oder verlorengehen kann.

**7. Privatnutzung.** Während im Betrieb ein nachvollziehbares Interesse des Mitarbeiters besteht, den Dienst-Computer nebst Internetzugang gelegentlich privat zu nutzen (→ Form. D. III.1.), verfügen praktisch alle Mitarbeiter zu Hause über eigene Computer. Es besteht daher kein Grund, die private Nutzung des betrieblichen Homeoffice-Equipments zu gestatten, zumal Sicherheit und Kontrolle im Homeoffice viel schwieriger sind. Allenfalls wäre denkbar, über einen entsprechend konfigurierten Router die private Mitnutzung des Internetzugangs über private Computer ohne Anschluss an das betriebliche Datennetz zu gestatten. Hierfür sollten unbedingt ergänzende Regelungen getroffen werden, insbesondere im Hinblick auf das Risiko einer Störerhaftung des Arbeitgebers bei Urheberrechtsverletzungen (dazu Hoeren/Sieber/Holznagel MMR-HdB/Hoeren Teil 18.2 Rn. 72), solange diese Frage nicht endgültig geklärt ist.

**8. Bildschirm-Sperrung.** Eine automatische Sperrung des Endgeräts nach Inaktivität sollte in den allgemeinen Sicherheitsregeln erfolgen und wird hier vorausgesetzt. Denkbar ist auch die Nutzung einer automatischen Abwesenheitserkennung. In jedem Fall sollten die Mitarbeiter zur manuellen Sperrung verpflichtet werden, sobald ein Zugriff Dritter nicht ausgeschlossen werden kann.

**9. Sicherheitsniveau der Arbeitsmittel.** Der Arbeitgeber hat dem Mitarbeiter die benötigten Arbeitsmittel zur Verfügung zu stellen; die entsprechende Vereinbarung gehört in die allgemeine Homeoffice-Vereinbarung. Der Arbeitgeber sollte im eigenen Interesse darauf achten, dass das Sicherheitsniveau der zur Verfügung gestellten Gegenstände iSv Art. 32 DS-GVO angemessen, der verschließbare Schrank also beispielsweise ausreichend stabil ist.

**10. Verlassen der Wohnung.** Sobald der Mitarbeiter seine Wohnung verlässt, erhöht sich die Gefahr eines Zugriffs Dritter erheblich. Liegen etwa bei einem Einbruch Chipkarten, Sicherheits-Sticks oder Akten offen herum, besteht ein deutlich erhöhtes Risiko, dass diese entwendet werden – und der Arbeitgeber beispielsweise aus der Zeitung erfährt, dass seine vertraulichen Unterlagen auf einer Parkbank gefunden wurden. Ungezielten Diebstählen lässt sich durch Einschließen gut begegnen; besteht die Gefahr gezielter Diebstähle, ist die Tätigkeit nicht fürs Homeoffice geeignet.

**11. Mobile Nutzung von Papier-Akten.** Die mobile Nutzung von Akten hat ein ganz anderes Risikoprofil, da sich diese weder verschlüsseln lassen noch Backups vorhanden sind. Ergänzend → Anm. 13.

**12. Ausland.** In Anbetracht der Praxis verschiedener Länder (zB USA), teilweise Geschäftsreisenden bei Einreise Notebook und Smartphone zeitweise abzunehmen und mutmaßlich Daten zu kopieren oder möglicherweise Systeme mit Spionage-Software zu infizieren, sollten Auslandsreisen mit dem Mobile Office nur nach einer Risikoanalyse zugelassen werden. Zu berücksichtigen ist, dass in manchen Staaten (zB Großbritannien) sogar die Herausgabe von Verschlüsselungspasswörtern verlangt und durch drohende mehrjährige Haftstrafen durchgesetzt werden kann (brit. Regulation of Investigatory Powers Act 2000, Part III; vgl. Bradbury RDV 2001, 84; Ewer/Thienel NJW 2014, 30; nicht mehr zutr. ist die Aussage von Hoeren/Sieber/Holznagel MMR-HdB/Kuner Teil 17 Rn. 11, wonach dieses Gesetz noch nicht in Kraft sei, vgl. Commencement No. 4 Order 2007).

**13. Erlaubnis bei Mitnahme von Daten und Akten.** Um Klarheit zu schaffen und zu verhindern, dass sich ein beim Datendiebstahl ertappter Mitarbeiter vor dem Arbeitsgericht erfolgreich darauf berufen kann, er habe die Daten und Akten seiner Ansicht nach dienstlich benötigt, sollte die Mitnahme von Daten und Akten nur mit vorheriger Erlaubnis des Vorgesetzten gestattet sein. Aus Gründen der Beweisführung und vor dem Hintergrund des Accountability-Prinzips (Art. 5 Abs. 2 DS-GVO) wäre es empfehlenswert, für die Erlaubnis die Schrift- oder zumindest Textform vorzuschreiben. Wichtig ist, dass diese Regelung gelebt wird und Verstöße unbedingt sanktioniert werden.

**14. Datenträgerverschlüsselung.** Mobile Speichermedien haben ein derart großes Verlustrisiko, dass sie keinesfalls ohne Verschlüsselung genutzt werden dürfen. Dabei ist zu beachten, dass ein betriebsweit bekanntes, für alle Mitarbeiter gleiches Passwort nur einen deutlich geringeren Schutz bietet und die gesetzlichen Benachrichtigungspflichten nach Art. 33, 34 DS-GVO oder Art. 3 VO (EU) Nr. 611/2013 (Datenschutzverletzungen-Benachrichtigungs-VO) ggf. nicht vermeiden kann (vgl. auch Art. 4 VO (EU) Nr. 611/2013).

**15. Datenübertragungsverschlüsselung.** Wegen der leichten Abhörbarkeit und der umfassenden Überwachung des Internet- und Telefonverkehrs dürfen vertrauliche Daten keinesfalls unverschlüsselt über Datennetze übertragen werden. Wichtig ist dabei insbesondere auch die Qualität der eingesetzten Verschlüsselungsverfahren – so gilt das immer noch in der Praxis anzutreffende RC4-Verfahren als in Echtzeit entschlüsselbar, auch das insbesondere bei PPTP-VPNs genutzte MS-CHAP und die Versionen 1.0 und 1.1 von TLS sind unsicher. Für die Übertragung personenbezogener Daten dürfen nur Perfect-Forward-Secrecy-fähige Algorithmen eingesetzt werden, idealerweise ergänzt um eine quantensichere Verschlüsselung, und die aktuellen Entwicklungen sollten stets beobachtet werden. Hierfür sollte eine klar definierte Zuständigkeit in der IT-Abteilung geschaffen werden (→ Form. E. I.; Deusch/Eggendorfer DSRITB 2014, 539; Bergt CR 2014, 726). Im Homeoffice oder Mobile Office ist eine fehlende Verschlüsselung von Telefonaten – die häufig per SIP völlig unverschlüsselt über das Internet übertragen werden – noch gefährlicher als im Büro. Telefon-Anbieter, die immer noch keine Transportverschlüsselung anbieten, dürfen vor dem Hintergrund von Art. 32 DS-GVO nicht genutzt werden.

**16. Protokollierung und Auswertung.** Die Protokollierung und Auswertung der Zugriffe sollte tatsächlich – möglichst (auch) automatisch und zeitnah, etwa jeweils nachts – erfolgen, um Sicherheitsverletzungen erkennen und abstellen zu können. Unauffällige Protokolle sind zu löschen (Art. 17 Abs. 1 lit. a DS-GVO).

**17. Zutrittsrecht für Datenschutzaufsicht.** Teilweise wird vertreten, dass Telearbeit (wie auch Auftragsverarbeitung) in Privatwohnungen nur zulässig sei, wenn der Arbeitgeber ein Zutrittsrecht entsprechend Art. 58 Abs. 1 lit. f DS-GVO für die Aufsichtsbehörde vereinbart habe (Gola/Heckmann/Gola BDSG § 40 Rn. 32; Paal/Pauly/Pauly BDSG § 40 Rn. 32; zum BDSG aF etwa LfD MV, Orientierungshilfe „Datenschutz bei Telearbeit", Stand Juni 2000, Kap. 5.1; Fischer/Schierbaum CR 1998, 321 (325 f.)). Um Auseinandersetzungen zu vermeiden, sollte daher eine solche Regelung getroffen werden. Allerdings stellt die Berichtigung der DS-GVO v. 4.5.2016 klar, dass sich das Betretungsrecht der Aufsichtsbehörde aus Art. 58 Abs. 1 lit. f DS-GVO auf alle „Räumlichkeiten" bezieht, nicht nur auf Geschäftsräume. Zudem umfasst der Begriff der Geschäftsräume auch geschäftlich genutzte Räume in Privatwohnungen (Gola/Heckmann/Nguyen DS-GVO Art. 58 Rn. 8) und sogar gemischt genutzte Räume (Simitis/Hornung/Spiecker gen. Döhmann/Polenz DS-GVO Art. 58 Rn. 23; allg. zu Heimarbeit auch Sydow/Marsch/Ziebarth DS-GVO Art. 58 Rn. 33; allg. zu Wohnungen auch Kühling/Buchner/Boehm DS-GVO Art. 58 Rn. 19; offenbar aA Gola/Heckmann/Gola BDSG § 40 Rn. 32; differenzierend Paal/Pauly/Pauly BDSG § 40 Rn. 32).

**18. Zutritt.** Ein Zutritt des Arbeitgebers oder Dritter kann je nach Lage des Heimarbeitsplatzes einen erheblichen Eingriff in die Privatsphäre des Mitarbeiters bedeuten. Er ist daher strikt auf das Erforderliche zu beschränken. Nicht immer wird dem Arbeitgeber eine einvernehmliche Terminabstimmung oder auch nur eine rechtzeitige Ankündigung möglich sein. Im Rahmen des absolut Erforderlichen sieht die Klausel daher ein Zutrittsrecht ohne (rechtzeitige) Abstimmung oder Ankündigung vor. Da die Datenschutz-Aufsichtsbehörde nach Art. 58 Abs. 1 lit. f DS-GVO, § 40 Abs. 5 BDSG unangekündigt (für nicht-öffentliche Stellen nach § 16 Abs. 4 S. 2 BDSG nur während der üblichen Betriebs- und Geschäftszeiten) kontrollieren darf, sind die für betrieblichen Zutritt geltenden Einschränkungen hier nicht vorgesehen.

**19. Mitbewohner.** Nicht nur der Mitarbeiter, sondern auch seine Mitbewohner müssen die Kontrollrechte einräumen (BfD TB 1999/2000 Kap. 18.9; Schwiering/Zurel ZD 2016, 17 (19)), soweit sie nicht bereits aus dem Gesetz folgen, wie zB die Rechte der Aufsichtsbehörde (→ Anm. 17). Trotz der Erläuterung des Rechtsbegriffs „aufschiebende Bedingung" in der Klammer sollte der Arbeitgeber vom Mitarbeiter zumindest die ausdrückliche, möglichst schriftliche, Erklärung verlangen, dass alle Mitbewohner die Zutrittsrechte ebenfalls eingeräumt haben. Am besten stellt der Arbeitgeber dem Mitarbeiter an den Arbeitgeber adressierte Formulare bereit, die die ausdrückliche Regelung beinhalten, dass ein Widerruf gegenüber dem Arbeitgeber erklärt werden muss, und nimmt diese nach Unterschrift der Mitbewohner zur Personalakte.

**20. Widerruf.** Wird das Zutrittsrecht widerrufen oder im Fall eines neu hinzugekommenen Mitbewohners nicht erteilt, muss die Arbeit im Homeoffice umgehend beendet werden, da (ausgenommen die gesetzlichen Kontrollrechte der Aufsichtsbehörde, → Anm. 17) keine Kontrollmöglichkeiten mehr bestehen. Während man bei dem Mitarbeiter selbst an eine Einschränkung des Widerrufsrechts entsprechend der Kündigungsfrist für die Homeoffice-Vereinbarung aus § 242 BGB denken kann, gilt dies nicht für dessen Mitbewohner.

**21. Kostentragung bei Widerruf.** Einrichtung und Abbau eines Homeoffices können nennenswerte Kosten verursachen. Soweit der Grund für die außerordentliche Auflösung des Homeoffices beim Arbeitnehmer liegt, erscheint es nicht unangemessen (§ 307 BGB), diesem auch die damit verbundenen Kosten aufzuerlegen. Dies gilt besonders vor dem Hintergrund, dass der Aufwendungsersatzanspruch nach § 670 BGB insoweit dispositiv ist (BAG 14.10.2003 – 9 AZR 657/02, NJW 2004, 2036), als es sich nicht um essenzielle Arbeitsmittel handelt (BAG 10.11.2021 – 5 AZR 335/21, BeckRS 2021, 47855) und dass in den durch die vorliegende Richtlinie geregelten Fällen der Wunsch nach Arbeit im Homeoffice regelmäßig vom Arbeitnehmer ausgehen dürfte, sodass beispielsweise für Kosten des häuslichen Arbeitszimmers ohnehin kein Anspruch nach § 670 BGB besteht (BAG 12.4.2011 – 9 AZR 14/10, NZA 2012, 97; siehe auch Kramer IT-ArbR/Hoppe § 2 Rn. 673 f.). Dies gilt auch unter Berücksichtigung des Umstandes, dass eine ordentliche Kündigung durch den Mitarbeiter möglich wäre: Denn auf eine ordentliche Kündigung kann der Arbeitgeber sich einstellen, wohingegen bei einer plötzlichen Beendigung unter Umständen nicht einmal ein betrieblicher Arbeitsplatz für den Mitarbeiter bereitsteht. Aus Gründen der Risikominimierung ist diese Regelung dennoch in eine gesonderte Klausel ausgelagert.

**22. Hinweis auf Folgen bei Verstößen.** Ein gesonderter Hinweis auf die rechtlichen Folgen von Verstößen empfiehlt sich bereits zur Verbesserung der Compliance. Er mag aber auch hilfreich sein, wenn es tatsächlich um die Durchsetzung von Sanktionen geht.

## 3. Richtlinie zur Fernwartung durch eigene Mitarbeiter

Um einen Server – oder auch einen Arbeitsplatzrechner – zu warten, ist heute meist kein Vor-Ort-Einsatz mehr nötig. Bei gemieteten Servern in Rechenzentren hat der Nutzer typischerweise ausschließlich Fernzugriff, bei virtuellen Servern oder Cloud-Diensten prinzipbedingt immer. Die Vorteile liegen auf der Hand: Im Notfall kann sich sogar der Administrator aus dem Urlaub am anderen Ende der Welt schnell auf dem Firmen-Server einloggen und das Problem beseitigen. Doch diese **umfassende Zugriffsmöglichkeit bringt massive Gefahren für die Datensicherheit** mit sich.

Die folgende Richtlinie regelt die Fernwartung von Servern und Mitarbeiter-Arbeitsplätzen durch **eigenes Personal** des Unternehmens. Sie enthält spezifische Regelungen zur Fernwartung an sich. Soll die **Fernwartung auch aus dem Home oder Mobile Office** erfolgen, ergänzend → Form. D. III.2. Für Fernwartung durch externe Dienstleister → Form. G. III.

Diese Richtlinie kann im Rahmen des Direktionsrechts erlassen oder als Vorlage für eine Betriebsvereinbarung genutzt werden. Ein **Mitbestimmungsrecht** des Betriebsrats besteht nach § 87 Abs. 1 Nr. 6 BetrVG, wenn zur Überwachung geeignete

Verfahren neu eingeführt oder angewendet werden; dies ist hier im Hinblick auf die vorgesehene Protokollierung und den Mitschnitt der Fall.

Zu beachten ist, dass wegen der umfangreichen Überwachungsmöglichkeiten sowohl durch die Ermöglichung von Fernwartung als auch durch die vorgesehene Protokollierung eine **Datenschutz-Folgenabschätzung** nach Art. 35 DS-GVO zu erfolgen hat (→ Form. C. III.).

## Richtlinie zur Fernwartung durch eigene Mitarbeiter

### § 1 Gegenstand und Ziel, weitere Richtlinien

(1) Die Sicherheit der gespeicherten Daten, die Persönlichkeitsrechte der Menschen, die diese Daten betreffen und die Persönlichkeitsrechte der Mitarbeiter von [Unternehmen] sind für [Unternehmen] äußerst wichtig. Um Daten und Persönlichkeitsrechte zu schützen und Risiken und Chancen der Fernwartung in einen angemessenen Ausgleich zu bringen, regelt diese Richtlinie, unter welchen Voraussetzungen eine Fernwartung von Servern und Arbeitsplatzrechnern bei [Unternehmen] durch Mitarbeiter von [Unternehmen] zulässig ist, wie sie zu erfolgen hat und welche Vorkehrungen gegen Missbrauch zu treffen sind.

(2) Ergänzend zu dieser Richtlinie sind die Regelungen [der Richtlinie Homeoffice/ Mobile Office (Telearbeit)] zu beachten [, die im Fall von Widersprüchen dieser Richtlinie vorgehen].[1]

### § 2 Begriff der Fernwartung

(1) „Fernwartung" im Sinne dieser Richtlinie liegt vor, wenn durch einen „Servicetechniker" auf ein anderes EDV-Gerät als das physisch genutzte zum Zweck der Konfiguration, Administration, Fehlererkennung, Fehlereingrenzung, Fehlerbeseitigung oder Unterstützung des Nutzers des anderen EDV-Geräts („Nutzers") zugegriffen wird.

(2) „Passive Fernwartung" liegt vor, wenn der Servicetechniker nur den Inhalt des Bildschirms des Nutzers oder sonstige Informationen angezeigt bekommt, selbst jedoch keine Eingaben oder Änderungen vornehmen kann.

(3) „Aktive Fernwartung" liegt vor, wenn der Servicetechniker Eingaben oder Änderungen auf dem ferngewarteten EDV-Gerät vornehmen kann.

### § 3 Grundsatz

(1) Auch bei der Nutzung von Fernwartung ist jederzeit ein hohes Datenschutz- und -sicherheitsniveau nach dem jeweiligen Stand der Technik zu gewährleisten. Eine Fernwartung, die die Vertraulichkeit, Integrität oder Verfügbarkeit personenbezogener oder sonst vertraulicher Daten gefährden könnte, darf nicht erfolgen, selbst wenn die sonstigen in dieser Richtlinie aufgestellten Anforderungen erfüllt werden.

(2) Bei jeder Fernwartung ist der Zugriff auf personenbezogene oder sonst vertrauliche Daten auf das absolut erforderliche Minimum zu beschränken.

(3) Wenn möglich und sinnvoll, sollte eine passive Fernwartung erfolgen. Dies gilt insbesondere beim Zugriff auf aktuell genutzte Arbeitsplatzrechner und beim Zugriff von außerhalb des Betriebs.

(4) Die Fernwartung von außerhalb des Betriebs muss stets mit den geringstmöglichen Zugriffsrechten erfolgen. Hierfür sind Anforderungsprofile zu erstellen, mit entsprechend eingeschränkten Zugriffsrechten ausgestattete Benutzerkonten einzurichten und diese je nach Rechtebedarf im Einzelfall zu nutzen. So ist beispielsweise ein Fernzugriff mit vollen Administratorrechten unzulässig, wenn auch ein eingeschränkter Account geeignet wäre.[2]

§ 4 Zulässigkeit der Fernwartung

(1) Fernwartung von Geräten, die nicht (wie zB Arbeitsplatzrechner) von bestimmten Nutzern genutzt werden, ist zulässig, wenn (a) der Zugriff betrieblich erforderlich ist und (b) vom Betrieb aus erfolgt.

(2) Fernwartung von Arbeitsplatzrechnern und sonstigen EDV-Geräten, die von bestimmten Nutzern genutzt werden, ist zulässig, wenn die Voraussetzungen des Abs. 1 eingehalten werden und zusätzlich entweder (a) der Nutzer der Fernwartung im Einzelfall aktiv zugestimmt hat und während der gesamten Zeit der Fernwartung diese dem Nutzer deutlich auf seinem Bildschirm angezeigt wird oder (b) die Fernwartung in einer Form erfolgt, die ausschließt, dass der Servicetechniker Bildschirm-Aktivitäten des Nutzers beobachten kann (zB Einspielen von Updates nachts oder auf Kommandozeilen-Ebene).[3]

(3) Abweichend von Abs. 1 Anforderung (b) darf eine Fernwartung von außerhalb des Betriebs erfolgen, wenn diese unbedingt erforderlich ist und ein Abwarten, bis die Fernwartung aus dem Betrieb erfolgen könnte, auch unter Berücksichtigung der Risiken unverhältnismäßig wäre.[4]

(4) Eine Fernwartung darf ausschließlich von betrieblichen Geräten aus erfolgen. Die Nutzung privater Geräte ist verboten.[5]

(5) Eine Fernwartung darf ausschließlich aus [Deutschland] erfolgen.[6]

§ 5 Technische Anforderungen an die Fernwartung

(1) Die in diesem Paragraphen definierten technischen Anforderungen werden durch die EDV-Abteilung umgesetzt.

(2) Jede Fernwartung – auch im Betrieb – darf ausschließlich über nach dem jeweiligen Stand der Technik verschlüsselte Verbindungen erfolgen.[7]

(3) Jede Fernwartung kann protokolliert und vollständig mitgeschnitten werden.

(4) Die Fernwartungssoftware stellt sicher, dass eine Fernwartung von Arbeitsplatzrechnern und sonstigen EDV-Geräten, die von bestimmten Nutzern genutzt werden, nur unter den Voraussetzungen des § 4 Abs. 2 möglich ist.

(5) Die Konfiguration der verwendeten Fernwartungssoftware ist gesperrt und kann nur von Personen verändert werden, die mit der Administration des Fernwartungsprozesses zu tun haben.

§ 6 Vorgehen bei der Fernwartung

(1) Die Fernwartung ist persönlich unter Verwendung der dem jeweiligen Servicetechniker zugewiesenen persönlichen Zugangsmittel (wie Zugangsdaten, kryptografische Schlüssel, Hardware-Sicherheitsmodule, Zwei-Faktor-Authentifizierungsgeräte

und -software) durchzuführen. Zugangsmittel dürfen Dritten keinesfalls zugänglich gemacht werden. Allgemeine Rollen-Accounts (wie „root") dürfen nur dann verwendet werden, wenn dies technisch unbedingt erforderlich ist.

(2) Jede Fernwartung ist [im Ticket-System] mit Datum, Uhrzeit, ausführendem Mitarbeiter, genutztem Zugangsmittel und ausgeführten Tätigkeiten zu protokollieren.[8]

(3) Sämtliche Anforderungen dieser Richtlinie sind zu beachten, insbesondere dürfen nur sichere betriebliche Rechner zur Fernwartung verwendet werden und sind Zugänge mit den geringstmöglichen Zugangsrechten zu nutzen.

(4) Bei jedem Verbindungsaufbau zur Fernwartung ist das kontaktierte System (ggf. automatisch) zu authentifizieren, um Man-in-the-Middle-Angriffe zu verhindern (bei SSH beispielsweise durch Überprüfung des SSH-Fingerabdrucks). Nur bei erfolgreicher Authentifizierung darf ein Login erfolgen.

(5) Sollte es im Rahmen der Fernwartung ausnahmsweise erforderlich werden, Daten auf den für die Fernwartung genutzten Rechner zu kopieren, gilt Folgendes:

a) Die Übernahme von Daten auf den Fernwartungsrechner, die Anfertigung von Ausdrucken oder die Anfertigung von Dumps, Traces oder Debugger-Protokollen und dergleichen (all dies zusammenfassend im Folgenden als „Datenübertragung" bezeichnet) sind nur dann zulässig, wenn und soweit sie unbedingt erforderlich sind.
b) Vor Beginn der Datenübertragung sind der Vorgesetzte und der Datenschutzbeauftragte per E-Mail über die beabsichtigte Datenübertragung zu informieren. Die konkret betroffenen Daten sind zu benennen.[9]
c) Die Datenübertragung darf nur erfolgen, wenn die Daten nach dem Stand der Technik verschlüsselt gespeichert werden.[10]
d) Die auf den Fernwartungsrechner übertragenen Daten sind unverzüglich unwiederherstellbar zu löschen, sobald sie nicht mehr erforderlich sind. Ausdrucke sind unverzüglich im Betrieb oder – wenn der Servicetechniker im Rahmen eines Homeoffice einen Aktenvernichter erhalten hat – im Homeoffice im Aktenvernichter zu vernichten.[11]

(6) Ergeben sich bei der Fernwartung irgendwelche Auffälligkeiten oder Störungen, sind diese unverzüglich und möglichst detailliert [dem Sicherheitsbeauftragten] zu melden. Dies gilt insbesondere im Fall von Hinweisen auf Angriffe oder wenn personenbezogene oder sonst vertrauliche Daten zerstört, verändert, abhandengekommen, unrechtmäßig übermittelt oder Dritten zur Kenntnis gelangt sind oder ein unbefugter (auch interner) Zugang besteht oder bestand oder eine Gefahr der vorgenannten Geschehnisse besteht.

§ 7 Protokollierung und Kontrolle der Fernwartung

(1) Jeder Fernwartungszugriff und jeder entsprechende Zugriffsversuch werden automatisch mit [Datum, Uhrzeit, Herkunft, Ziel, übertragener Datenmenge, Zugriffsverfahren und Zugangskennung] protokolliert.

(2) Bei Systemen mit besonders vertraulichen Daten kann jeder Fernwartungsvorgang mit sämtlichen Eingaben und Anzeigen mitgeschnitten werden; im Übrigen erfolgt der Mitschnitt stichprobenhaft. Begründen zu dokumentierende Tatsachen den Verdacht, dass Fernwartungszugänge missbraucht werden, ist ein Mitschnitt jedes Fernwartungsvorgangs zulässig.[12]

(3) Die Protokolle und Mitschnitte werden ausschließlich zu Zwecken der Gewährleistung/Wiederherstellung der Systemsicherheit, Analyse und Korrektur technischer Fehler und Störungen, statistischen Feststellung des Umfangs der Fernwartung, Missbrauchskontrolle und -verfolgung sowie bei Verdacht auf eine Straftat verwendet. Die Protokolle und Mitschnitte werden regelmäßig automatisch oder durch eine von [Unternehmen] beauftragte Person mit den Protokollen der Servicetechniker gem. § 6 Abs. 2 abgeglichen und auf Hinweise auf Missbrauch (einschließlich Angriffen und Sicherheitsproblemen) geprüft. Sie sind vor Zugriff durch sonstige Personen zu sichern [und nach dem Stand der Technik verschlüsselt zu speichern].[13] Die Nutzung der Protokolle und Mitschnitte muss den Grundsätzen einer datenschutzgerechten Kontrolle entsprechen, insbesondere dem Grundsatz der Verhältnismäßigkeit. Wenn möglich, erfolgt die Auswertung der Protokolle daher automatisiert. Die Protokolle können vollständig geprüft werden, die Mitschnitte werden stichprobenhaft geprüft. Bei Hinweisen auf Missbrauch oder wenn bereits der Mitschnitt nur stichprobenhaft erfolgte, ist eine vollständige Prüfung der Mitschnitte zulässig.[14]

[(4) Der Betriebsrat und der Datenschutzbeauftragte haben das Recht, an der Prüfung der Mitschnitte teilzunehmen.]

(5) Ergeben sich Hinweise auf Missbrauch durch Servicetechniker, ist der betroffene Servicetechniker über die wesentlichen Ergebnisse zu informieren, sobald hierdurch weitere rechtmäßige Ermittlungen nicht gefährdet werden. Ein Zurückstellen der Information des Servicetechnikers für mehr als drei Monate ist nur zulässig, wenn der Datenschutzbeauftragte nach detaillierter Information schriftlich mitgeteilt hat, hiergegen keine Bedenken zu haben. Der betroffene Servicetechniker hat das Recht, zu den Vorwürfen Stellung zu nehmen. Wird der Missbrauchsverdacht entkräftet, sind alle durch das Kontrollverfahren entstandenen personenbezogenen Daten unverzüglich zu löschen (Protokolle und Mitschnitte erst nach Ablauf der Fristen des Abs. 7), soweit nicht der betroffene Servicetechniker widerspricht. Der betroffene Servicetechniker ist im Rahmen seiner Anhörung über sein Recht zum Widerspruch zu informieren.

(6) Eine Nutzung der Protokolle und Mitschnitte zur individuellen Verhaltens- und Leistungskontrolle oder zu sonstigen, nicht in Abs. 3 genannten Zwecken ist unzulässig. [Unter Verstoß gegen diese Vorschrift erlangte Informationen und Beweise unterliegen einem Verwertungsverbot einschließlich des Verbots der Verwendung in Sachvortrag; hierauf beruhende personelle Maßnahmen sind unwirksam.][15]

(7) Protokolle der Fernwartungszugriffe von innerhalb des Betriebs sowie sämtliche Mitschnitte werden spätestens nach drei Monaten gelöscht. Für Protokolle der Fernwartungszugriffe von außerhalb des Betriebs beträgt die Frist ein Jahr. Diese Fristen gelten nicht, solange die Protokolle und Mitschnitte ausnahmsweise, insbesondere bei festgestelltem Missbrauch, länger zu den in Abs. 3 genannten Zwecken benötigt werden.

§ 8 Information der Beschäftigten

Jeder Servicetechniker ist vor Aufnahme seiner Tätigkeit ausdrücklich darüber zu informieren, dass Fernwartungszugriffe protokolliert und mitgeschnitten werden können und die Protokolle und Mitschnitte ausgewertet werden. Ein Exemplar dieser Richtlinie ist zu übergeben.[16]

**[§ 9 Charakter der Betriebsvereinbarung**

**Diese Betriebsvereinbarung regelt die Verarbeitung personenbezogener Daten im Anwendungsbereich der Betriebsvereinbarung [nicht] abschließend.][17]**

**[§ 10 Informationen zur Verarbeitung personenbezogener Daten][18]**

## Anmerkungen

**1. Weitere Richtlinien, Normenhierarchie.** Bestehen im Unternehmen weitere Regelungswerke, sollte klargestellt werden, dass diese ebenfalls zu beachten sind. Dabei ist es wichtig, genau zu prüfen und festzulegen, welche Regelungen im Fall von Widersprüchen vorgehen, bei mehreren Richtlinien gestaffelt.

**2. Gestufte Rechte für Fernwartung.** Natürlich ist es einfacher, jeden Fernzugriff mit Administratorrechten auszuführen, unabhängig davon, ob diese im konkreten Fall überhaupt benötigt werden. Damit besteht jedoch ein erheblich erhöhtes Missbrauchsrisiko, weil nicht nur ein Teil der Daten Gefahr läuft, kompromittiert zu werden, sondern der gesamte Datenbestand und das gesamte System, auf die sich ein Nutzer mit Administratorrechten naturgemäß Zugriff verschaffen kann. Auch haben bestimmte Angriffe von außen ein erheblich größeres Schadenspotenzial, wenn (Domänen-)Administratorrechte genutzt werden. Selbst bei kleinen Unternehmen mit beispielsweise nur einem einzigen Server bestehen viele Möglichkeiten gestufter Rechtevergabe, selbst wenn ein Administratorzugriff erforderlich ist: Beispielsweise kann ein Administratorzugriff auf den Webserver erfolgen, ohne den Fileserver zu gefährden, wenn diese in unterschiedlichen virtuellen Maschinen oder Containern laufen und unterschiedliche Zugangskennungen (zB SSH-Keys mit unterschiedlichen Passwörtern auf dem Fernwartungsrechner) verwenden.

**3. Keine heimliche Beobachtung.** Die Aktivitäten von Mitarbeitern dürfen nicht heimlich beobachtet werden (Kühling/Buchner/Maschmann DS-GVO Art. 88 Rn. 47, BDSG § 26 Rn. 69; HK-DS-GVO/BDSG/Tiedemann DS-GVO Art. 88 Rn. 20), wofür sich eine Fernwartungsfreigabe des Arbeitsplatzrechners naturgemäß anbieten würde. Auch Betriebsvereinbarungen können keine heimlichen Datenverarbeitungen rechtfertigen (Kühling/Buchner/Maschmann DS-GVO Art. 88 Rn. 47, BDSG § 26 Rn. 69; HK-DS-GVO/BDSG/Tiedemann DS-GVO Art. 88 Rn. 20). Dass die Art. 12 ff. DS-GVO bestimmte Transparenzpflichten aufstellen, bedeutet noch nicht, dass bereits die allgemeine Information über die geplante Beobachtung ausreichen würde. Vielmehr muss der Mitarbeiter bei Zugriff auf seinen Computer auch im Einzelfall von der Beobachtung wissen (vgl. Erwgr. 58 S. 3 DS-GVO). Soweit auf Arbeitsplatzrechner zugegriffen werden soll, sollte die Software daher so konfiguriert werden, dass die Fernwartung nur mit ausdrücklicher Zustimmung des angemeldeten Mitarbeiters erfolgen kann. Dabei muss der Mitarbeiter vor seiner Zustimmung informiert werden, ob nur passive oder auch aktive Fernwartung erfolgen soll. Die Software sollte auch einen jederzeitigen Abbruch der Fernwartungsverbindung durch den Nutzer ermöglichen. Der Mitarbeiter muss ebenso wissen, wann die Fernwartung beendet ist und er nicht mehr beobachtet wird; dies sollte durch einen während der Fernwartung dauerhaft eingeblendeten deutlichen Hinweis erfolgen, der auch anzeigen sollte, ob es sich um eine aktive oder passive Fernwartung handelt.

Software-Updates, Konfigurationsänderungen usw, die nicht bereits automatisch erfolgen, werden typischerweise ausgeführt, wenn der Rechner gerade nicht genutzt wird; alternativ kommt eine Anmeldung mit einem weiteren Benutzerkonto in Betracht. In diesen Fällen ist eine ausdrückliche Zustimmung des Mitarbeiters zur Fernwartung nicht sinnvoll und typischerweise auch nicht möglich. Sie ist auch nicht zum Schutz der Persönlichkeitsrechte des Mitarbeiters erforderlich, wenn und weil seine Aktivitäten nicht beobachtet werden können. Zwar lässt sich nicht vollständig ausschließen, dass der mit Administratorrechten ausgestattete Servicetechniker sich (etwa durch Ausspähen des Browser-Verlaufs im Benutzerkonto des Mitarbeiters) heimlich gewisse Kenntnisse über die vorangegangene Nutzung des Arbeitsplatzrechners durch den Mitarbeiter verschafft; diese Gefahr besteht bei einem ungenutzten Computer aber stets, weil dann auch ein unbeobachteter lokaler Zugriff möglich ist. Der Umfang der möglichen Erkenntnisse eines derartigen Vorgehens liegt zudem weit unter dem einer Live-Beobachtung. Missbraucht ein Administrator seine Administratorrechte, rechtfertigt dies eine fristlose Kündigung (LAG Köln 14.5.2010 – 4 Sa 1257/09, MMR 2010, 858; LAG München 8.7.2009 – 11 Sa 54/09, K&R 2009, 751).

**4. Abwägung zwischen Nachteilen des Abwartens und Risiken des Fernzugriffs.** Eine Fernwartung von außerhalb des Betriebs wird sich nicht immer vermeiden lassen, insbesondere bei nächtlichen Störungen, die den Bereitschafts-Administrator zu Hause erreichen und ein schnelles Handeln erfordern. In anderen Fällen mag sich ein etwa von einem gestörten Anwendungsprogramm betroffener Mitarbeiter ohne größere Schwierigkeiten noch zwei Stunden bis zum Eintreffen des Administrators gedulden können. Die wesentliche Frage, ob ein Fernzugriff vertretbar erscheint, dürfte die Sicherheit des für den Fernzugriff verwendeten Gerätes und der Verbindung sein: Ein SSH-Fernzugriff über ein mit BIOS-/UEFI-Passwort und voll verschlüsselter Festplatte, idealerweise noch mit zusätzlich zum Starten erforderlicher Hardware, gesichertes Notebook, das die Hände des Administrators nie verlassen hat oder zumindest über eine Tamper Detection für physischen Zugriff auf die Festplatte verfügt, stellt kaum ein größeres Sicherheitsrisiko dar, wenn die üblichen Sicherheitsmaßnahmen eingehalten werden. Wurde der Besitzer dagegen etwa bei der Einreise in die USA zwecks Befragung von seinem Notebook getrennt, sollte dieses nicht mehr für vertrauliche Zwecke wie Fernwartung eingesetzt, sondern ersetzt werden. Je nach Bedrohungsprofil mag eine Neuinstallation nebst BIOS-Update genügen.

**5. Kein BYOD für Fernwartung.** Jeglicher Zugriff auf die betrieblichen Daten von privaten Geräten aus (BYOD/BY1D) ist sicherheitstechnisch wie rechtlich äußerst problematisch (→ Form. D. III.4.). Eine Nutzung privater/fremder Geräte zu Fernwartungszwecken lässt sich rechtlich kaum mehr rechtfertigen, weil das Unternehmen damit faktisch jede Kontrolle darüber aufgibt, wer auf seine EDV zugreifen kann. Dies ist besonders problematisch, da es bei Fernwartungszugriffen, die so eilig sind, dass sie nicht warten können, bis ein Firmengerät zur Hand ist, um die kritischsten Systeme und Daten des Unternehmens gehen wird. Die Verfügbarkeit derartig unternehmenskritischer Systeme muss im Zweifel dadurch sichergestellt werden, dass der jeweilige Bereitschafts-Administrator firmeneigene Hardware bereitgestellt bekommt.

**6. Ort des Fernzugriffs.** Je nach dem Ort des Fernzugriffs können sich Probleme auf Sicherheits- wie auf rechtlicher Ebene ergeben. Denn auch wenn der Administrator als Mitarbeiter Teil der verantwortlichen Stelle ist und dies auch bleibt, wenn er den EU-/EWR-Bereich verlässt, erfolgt bei einem Fernzugriff aus einem Drittstaat eine Offenlegung an einen Empfänger – nämlich den Servicetechniker – in diesem Drittstaat (aA EDSA, Leitlinien 5/2021 über das Zusammenspiel zwischen der Anwendung des Artikels 3 und der Bestimmungen über internationale Übermittlungen nach Kapitel V DSGVO, Version 2.0, Rn. 20 Bsp. 8, Rn. 31; dies war allerdings auch unter den Aufsichtsbehörden umstritten. Darüber hinaus erinnert der EDSA in Rn. 31 ff. seiner Leitlinien 5/2021 daran, dass ggf. vergleichbare Anforderungen gelten können, auch wenn rechtlich keine Übermittlung in ein Drittland vorliegt). Nach Art. 44 DS-GVO ist eine derartige Offenlegung nur unter besonderen Bedingungen zulässig. Dass die deutsche Fassung von Art. 44 ff. DS-GVO den Begriff der „Übermittlung" verwendet, ist auf eine unpräzise Übersetzung zurückzuführen (vgl. Paal/Pauly/Pauly DS-GVO Art. 44 Rn. 3; Simitis/Hornung/Spiecker gen. Döhmann/Schantz DS-GVO Art. 44 Rn. 10).

Dies bedeutet faktisch, dass die Fernwartung auf den EU-/EWR-Bereich (und die Gebiete, für die die EU-Kommission einen Angemessenheitsbeschluss nach Art. 45 Abs. 1 DS-GVO erlassen hat) beschränkt werden muss, weil sonst eine Rechtfertigung für den Drittstaatentransfer erforderlich wird (oder nach der abweichenden Ansicht des EDSA jedenfalls umfassende Prüfungen erforderlich sind, da Verantwortliche nach Art. 5 Abs. 2 DS-GVO die Darlegungs- und Beweislast tragen, dass sie die Grundsätze des Art. 5 Abs. 1 DS-GVO einhalten, siehe EDSA, Leitlinien 5/2021 über das Zusammenspiel zwischen der Anwendung des Artikels 3 und der Bestimmungen über internationale Übermittlungen nach Kapitel V DSGVO, Version 2.0 Rn. 31 ff.). Die Anforderungen hieran sind nach der Schrems-II-Entscheidung des EuGH (EuGH 16.7.2020 – C-311/18, MMR 2020, 597) sehr hoch. Insbesondere genügen die Standardvertragsklauseln für sich genommen nicht mehr zur Rechtfertigung, sondern es ist eine umfassende Bewertung des Datenschutzniveaus für jedes einzelne Drittland erforderlich (im Detail EDSA, Empfehlungen 01/2020 zu Maßnahmen zur Ergänzung von Übermittlungstools zur Gewährleistung des unionsrechtlichen Schutzniveaus für personenbezogene Daten, Version 2.0). Im Hinblick auf die umfassende Überwachung durch auch europäische Geheimdienste und Datenzugriffe insbesondere bei der Einreise (→ Form. D. III.2. Anm. 12) sollte auch innerhalb Europas streng geprüft werden, ob die Mitnahme von betrieblichen Computern ins Ausland und die Möglichkeit einer Fernwartung von dort vertretbar sind. Darüber hinaus sind eventuelle sozialversicherungsrechtliche Implikationen zu berücksichtigen.

**7. Verschlüsselte Verbindungen.** Auch innerhalb des Betriebs besteht die Gefahr, dass Geräte – unternehmenseigene wie (ggf. unzulässig mitgebrachte) private – kompromittiert sind. Deshalb sollte konsequent jede Fernwartungsverbindung nach dem Stand der Technik verschlüsselt sein (dazu Bergt CR 2014, 726 [729 f.]). Vor der Implementierung und sodann regelmäßig sollte geprüft werden, ob das einzusetzende Verfahren noch sicher ist. Bekannt unsichere Protokolle und Chiffren (etwa MS-CHAPv2, SSL, TLS 1.0 und 1.1, RC4, MD5, SHA-1) sollten unbedingt vermieden werden, auch wenn sie noch standardmäßig vorgesehen sind. Da das Unternehmen alle Endstellen kontrolliert, sollte konsequent auf sichere und aktuelle Protokolle und Chiffren gesetzt werden (bei TLS etwa nur Version 1.3; Version 1.2 sollte deaktiviert werden).

**8. Protokollierung durch die Servicetechniker.** Unberechtigte Zugriffe lassen sich erheblich schwerer identifizieren, wenn es keine Liste berechtigter Zugriffe gibt. Zum Abgleich mit der automatischen Protokollierung von Fernwartungszugriffen (§ 7) sollten entsprechende Datenfelder im Ticket-System vorgesehen werden.

**9. Vorherige Ankündigung.** Muss die Übernahme von Daten vor Beginn angekündigt werden, kann sich ein beim Datendiebstahl ertappter Mitarbeiter nicht nachträglich darauf berufen, dass die nicht angekündigte Übernahme angeblich zur Fehlerbehebung erforderlich gewesen sei. Eine solche Ankündigungspflicht verdeutlicht auch die Brisanz der Datenübernahme.

**10. Verschlüsselte Speicherung.** Datenpannen passieren erstaunlich oft dadurch, dass vertrauliche Daten unverschlüsselt gespeichert werden und die Datenträger dann – ggf. im Rahmen von Serviceleistungen oder nach Ausmusterung – an Dritte gelangen, oder dass Daten „nur eben" unverschlüsselt auf öffentlich zugänglichen FTP-Servern abgelegt werden. Vertrauliche Daten sollten daher nach Möglichkeit nur verschlüsselt gespeichert werden. Bei Fernwartungsrechnern sollte die verschlüsselte Festplatte Standard sein, weil bei stationären Rechnern möglicherweise übersehen wird, dass sich hier Reste vertraulicher Datenbestände finden könnten; bei mobilen Rechnern kommt das hohe Verlustrisiko hinzu. Bei SSDs kommt das Problem hinzu, dass auch beim vermeintlich vollständigen Überschreiben des gesamten Datenträgers keine vollständige Löschung sichergestellt werden kann, weil SSDs Schreibzugriffe verteilen und für das Betriebssystem unzugängliche Reserve-Speicherbereiche besitzen, um eine gleichmäßige Abnutzung zu erreichen.

**11. Aktenvernichter.** Zu jedem Drucker gehört ein Aktenvernichter, jedenfalls wenn sich der Drucker im Homeoffice befindet (zum Homeoffice/Mobile Office → Form. D. III.2.).

**12. Vollständiger Mitschnitt.** Besteht der Verdacht auf Missbrauch, ermöglicht die Klausel eine vollständige Überwachung der gesamten Fernwartung. Wegen der hohen Eingriffsintensität einer derartigen Totalüberwachung sieht die Klausel jedoch vor, dass dieser Verdacht auf Tatsachen beruhen muss, die zudem zu dokumentieren sind (vgl. auch die Formulierung in § 26 Abs. 1 S. 2 BDSG). Geht es um Systeme mit besonders vertraulichen Daten, ist eine vollständige Überwachung dagegen auch aus Vorsorgegesichtspunkten vertretbar.

**13. Sicherungsmaßnahmen für Protokolle und Mitschnitte.** Die Protokolle und Mitschnitte müssen vor unbefugtem Zugriff geschützt und die nach Art. 32 DS-GVO erforderlichen Sicherheitsmaßnahmen ergriffen werden. In Betriebsvereinbarungen soll eine ausdrückliche Regelung der Zugriffsberechtigungen erforderlich sein (Kühling/Buchner/Maschmann BDSG § 26 Rn. 68).

**14. Auswertung der Protokolle.** Sofern die Protokolle der Servicetechniker – etwa im Rahmen eines dafür geeigneten Ticket-Systems – eine automatische Auswertung zulassen, empfiehlt sich ein ständiger automatischer Abgleich, um Hinweise auf Angriffe oder Missbrauch schnellstmöglich zu entdecken. Im Übrigen sollte eine stichprobenhafte Kontrolle erfolgen, und zwar auch hinsichtlich der durch die Servicetechniker durchgeführten Tätigkeiten, um Missbrauch zu entdecken.

**15. Verwertungsverbot.** Aus Sicht des Betriebsrats liegt es nahe, ausdrücklich ein Verwertungsverbot für Informationen und Beweise zu vereinbaren, die unter Verstoß gegen die Vereinbarung erlangt wurden, da unstreitiger Sachverhalt und auch rechtswidrig erlangte Beweise nur in Ausnahmefällen unberücksichtigt bleiben dürfen (BAG 29.6.2023 – 2 AZR 296/22, NZA 2023, 1105 Rn. 27ff.; BAG 13.12.2007 – 2 AZR 537/06, NZA 2008, 1008 (1010ff.)). Das BAG hat allerdings entschieden, dass Betriebsvereinbarungen nicht wirksam vorsehen können, dass personelle Maßnahmen, die auf Informationen beruhen, die unter Verstoß gegen die Betriebsvereinbarung erlangt wurden, unwirksam sind (BAG 29.6.2023 – 2 AZR 296/22, NZA 2023, 1105 Rn. 53f.). Jedoch kann sich ein Verbot, Beweise oder gar bereits den Sachvortrag zu berücksichtigen, aus Verfassungsrecht ergeben (BAG 29.6.2023 – 2 AZR 296/22, NZA 2023, 1105 Rn. 29f.). In neuerer Rechtsprechung wird angenommen, dass aus Verstößen gegen das Datenschutzrecht regelmäßig ein Verbot der Verwertung der unzulässig beschafften Daten und Erkenntnisse folgt und für eine Verwertbarkeit besondere Umstände hinzukommen müssen (LAG Baden-Württemberg 27.1.2023 – 12 Sa 56/21, ZD 2023, 696 Rn. 115; → Form. H. III.2. Anm. 6).

**16. Information der Servicetechniker.** Ebenso wie eine heimliche Überwachung der Nutzer der ferngewarteten Geräte unzulässig ist (→ Anm. 3), ist eine heimliche Überwachung der Servicetechniker unzulässig. Die DS-GVO erweitert in Art. 12ff. die Transparenzpflichten des Verantwortlichen deutlich. Es empfiehlt sich, jeden Servicetechniker schriftlich bestätigen zu lassen, dass er über die Protokollierung, Mitschnitt und Auswertung der Fernwartungszugriffe informiert wurde und ein Exemplar der Richtlinie erhalten hat, und diese Erklärung zur Personalakte zu nehmen. Insoweit ist zu beachten, dass Art. 12ff. den Transparenzgrundsatz des Art. 5 Abs. 1 DS-GVO konkretisiert, sodass die Beweislast für dessen Einhaltung nach Art. 5 Abs. 2 DS-GVO beim Arbeitgeber liegt (zu Art. 5 Abs. 2 DS-GVO als Beweislastregelung EuGH 24.2.2022 – C-175/20, EuZW 2022, 527 Rn. 77, 81; EuGH 4.5.2023 – C-60/22, GRUR-RS 2023, 8967 Rn. 53; EuGH 4.7.2023 – C-252/21, GRUR 2023, 1131 Rn. 95; EuGH 14.12.2023 – C-340/21, ZD 2024, 150 Rn. 52ff.; EuGH 25.1.2024 – C-687/21, NZA 2024, 320 Rn. 42f.; EuGH 11.7.2024 – C-757/22, ZD 2024, 510 Rn. 52; BVerwG 2.3.2022 – 6 C 7.20, NVwZ 2022, 1205 Rn. 50; OLG Hamm 15.8.2023 – 7 U 19/23, GRUR-RS 2023, 22505 Ls. 1; OLG Stuttgart 22.11.2023 – 4 U 20/23, GRUR-RS 2023, 32883 Rn. 401ff.; zur Einwilligung bereits EuGH 11.11.2020 – C-61/19, ZD 2021, 89 Rn. 42).

**17. Charakter der Betriebsvereinbarung.** Eine Betriebsvereinbarung kann als solche wohl keine Rechtsgrundlage für die Verarbeitung personenbezogener Daten darstellen, sondern nur die Regelungen der DS-GVO konkretisieren, Art. 88 DS-GVO (Ehmann/Selmayr/Selk DS-GVO Art. 88 Rn. 98ff.). Es sollte aber geregelt werden, ob die Betriebsvereinbarung abschließend festlegen soll, was in ihrem Anwendungsbereich zulässig ist, oder nicht. Dies ist insoweit zulässig, als dass der Arbeitgeber sich verpflichten kann, auf bestimmte, nach dem Gesetz eigentlich zulässige Datenverarbeitungen zu verzichten. Aus Sicht der Beschäftigtenvertretung sollten die Regelungen abschließend sein.

**18. Transparenzpflichten.** Das Muster erfüllt auch die Anforderungen des Art. 6 Abs. 1 S. 1 lit. f DS-GVO. Soll nicht eine Betriebsvereinbarung Rechtsgrundlage der Verarbeitung sein (wohl nicht möglich, → Anm. 17), sondern die gesetzliche Abwägungsnorm des Art. 6 Abs. 1 S. 1 lit. f DS-GVO, sind die Servicetechniker entsprechend sowie über die berechtigten Interessen des Arbeitgebers zu informieren (Art. 13 Abs. 1 lit. c, d DS-GVO). Dies kann bei einem Erlass der Richtlinie im Rahmen des Direktionsrechts etwa durch Anfügung eines entsprechenden Paragraphen erfolgen. Soweit der jeweilige Servicetechniker über die Pflichtinformationen nach Art. 13 DS-GVO nicht bereits verfügt, Art. 13 Abs. 4 DS-GVO, können auch diese am Ende der Richtlinie angefügt werden.

Streng genommen könnte es oftmals auch erforderlich sein, dem jeweiligen Nutzer des Rechners, auf den ein Fernzugriff erfolgt, vor seiner Einwilligung in die Fernwartung die Informationen gem. Art. 13 DS-GVO (etwa als Link über dem Zustimmungs-Button) bereitzustellen, wenn er über diese Informationen nicht bereits verfügt.

## 4. Nutzungsvereinbarung zu „Bring Your Own Device" (BYOD)

§ 1 Gegenstand der Vereinbarung und zugelassene Endgeräte

(1) Zwischen

[Name des Arbeitgebers, Straße/Hausnummer, PLZ/Ort]
– im Folgenden „Arbeitgeber" genannt –

und

[Name des Arbeitnehmers]
– im Folgenden „Arbeitnehmer" genannt –

wird die folgende Nutzungsvereinbarung geschlossen, welche den Arbeitsvertrag der Parteien vom [Datum] ergänzt.[1] Mit dieser Nutzungsvereinbarung gestattet der Arbeitgeber dem Arbeitnehmer, dass dieser die im Alleineigentum[2] des Arbeitnehmers stehenden, nachfolgend aufgelisteten Endgeräte aus dem Bereich Informationstechnologie/Telekommunikation (im Folgenden nur „Endgeräte" genannt) zu betrieblichen Zwecken benutzt.

(2) Zugelassene Endgeräte iSv § 1 Abs. 1 sind ausschließlich:[3]

– [Aufzählung, mit eindeutiger Beschreibung, bzw. Kennzeichnung pro Gerät]

Die Verwendung anderer Endgeräte für betriebliche Zwecke bleibt unzulässig, wenn diese nicht dem Arbeitnehmer vom Arbeitgeber zu diesem Zweck zugewiesen wurden. Die Parteien werden bei Bedarf – etwa bei Verlust oder Zerstörung eines der genannten Geräte – die vorstehende Liste durch einen Zusatz zu dieser Nutzungsvereinbarung in Textform (§ 126b BGB) aktualisieren.

(3) Dritte im Sinne dieser Nutzungsvereinbarung sind alle anderen Personen als der Arbeitnehmer selbst und der Arbeitgeber. Unter den Begriff „Dritte" fallen insbesondere auch Familienangehörige des Arbeitnehmers und andere Arbeitnehmer des Arbeitgebers.[4]

§ 2 Pflichten des Arbeitnehmers

(1) Auf dem Endgerät des Arbeitnehmers sind die betrieblichen Inhalte stets von privaten Inhalten des Arbeitnehmers zu trennen.[5] [EVENTUELL ZUSÄTZLICH:] Der Arbeitnehmer wird dies durch die Verwendung einer vom Arbeitgeber vorgegebenen und kostenfrei zu diesem Zweck bereitgestellten Anwendung sicherstellen. [ENDE DES ZUSATZES]

(2) Der Arbeitnehmer ist verpflichtet, sein Endgerät so aufzubewahren, dass Dritte ohne seine Kenntnis keinen physischen Zugriff hierauf nehmen können. Darüber

hinaus stellt der Arbeitnehmer sicher, dass Dritte selbst bei Zugriff auf das Endgerät keine Kenntnis von betrieblichen Inhalten erlangen können.

(3) Personenbezogene Daten, für deren Verarbeitung der Arbeitgeber Verantwortlicher im Sinne der Datenschutz-Grundverordnung ist, sowie Geschäftsgeheimnisse des Arbeitgebers dürfen ohne vorherige Zustimmung des Arbeitgebers in Textform (§ 126b BGB) nicht auf dem Endgerät gespeichert werden. Ohne Zustimmung des Arbeitgebers darf eine Verarbeitung dieser personenbezogenen Daten und Geschäftsgeheimnisse mittels des Endgeräts ausschließlich durch einen Zugriff über eine gesicherte Verbindung auf die im Betrieb des Arbeitgebers vorhandenen IT-Systeme (Fernzugriff) erfolgen.[6]

(4) Der Arbeitnehmer wird für die betriebliche Nutzung seines Endgeräts ausschließlich die Software verwenden, die der Arbeitgeber gem. § 5 Abs. 3 installiert hat oder deren Nutzung zu betrieblichen Zwecken der Arbeitgeber zuvor zugestimmt hat.[7] Die Möglichkeit der Nutzung des Endgeräts zu betrieblichen Zwecken und damit insbesondere auch die Nutzung der Software zur Ermöglichung des gesicherten Fernzugriffs iSv § 2 Abs. 3 muss vom Arbeitnehmer durch ein ausreichend sicheres Passwort [EVENTUELL ZUSÄTZLICH:] nach den Anforderungen der betrieblichen Passwortrichtlinie [ENDE DES ZUSATZES] eingeschränkt werden. In diesem Zusammenhang verwendete Passwörter dürfen nicht auf dem Endgerät gespeichert werden.[7]

(5) Der Arbeitnehmer hat den Arbeitgeber rechtzeitig, in der Regel mindestens zwei Kalenderwochen vor Beginn einer Reise, von jeder Verbringung eines Endgeräts zu einem Ort außerhalb der Bundesrepublik Deutschland zu informieren. Der Arbeitgeber ist berechtigt, entsprechend § 5 Abs. 4 für die Dauer des Auslandsaufenthalts betriebliche Inhalte vom Endgerät des Arbeitnehmers zu löschen.[8]

(6) Der Arbeitnehmer informiert den Arbeitgeber unverzüglich, wenn sein Endgerät[9]

a) gestohlen oder verloren wurde oder in sonstiger Weise abhandengekommen ist. Dies gilt auch, falls der Verlust des Endgeräts aus Sicht des Arbeitnehmers nur vorübergehend sein wird; oder
b) gepfändet wurde oder die Eröffnung eines Insolvenzverfahrens über das Vermögen des Arbeitnehmers oder dessen Ehe-/Lebenspartner beantragt wurde; oder
c) beschädigt, zerstört oder die Gebrauchstauglichkeit in anderer Weise beeinträchtigt wurde.

(7) Ist das Endgerät beschädigt oder die Gebrauchstauglichkeit in anderer Weise beeinträchtigt, verpflichtet sich der Arbeitnehmer zur unverzüglichen Beauftragung von Reparaturen durch den Gerätehersteller oder qualifiziertes Personal auf eigene Kosten, sofern die auf Basis eines Kostenvoranschlags zu erwartenden Reparaturkosten nicht den gegenwärtigen Neupreis für ein Gerät desselben Modells übersteigen, bzw. mangels eines solchen den ursprünglichen Neupreis des beschädigten Geräts.[10] Die Reparatur kann auch als Leistung im Rahmen der gesetzlichen Mängelhaftung oder einer Garantie des Herstellers oder Verkäufers erbracht werden. Übersteigen die voraussichtlichen Reparaturkosten die vorgenannte Grenze, behandeln die Parteien dieses Gerät als zerstört.

(8) Wurde das Endgerät zerstört, gestohlen oder verloren oder ist es in sonstiger Weise abhandengekommen, besteht für den Arbeitnehmer keine Pflicht zur Beschaffung eines Ersatzgeräts. Mit der Mitteilung nach § 2 Abs. 6 hat der Arbeitnehmer

dem Arbeitgeber mitzuteilen, ob er innerhalb von zwei Wochen ein Ersatzgerät auf eigene Kosten beschaffen wird.[10] [EVENTUELL ZUSÄTZLICH:] Innerhalb von einer Woche ab Kenntnis von der Zerstörung oder dem Verlust des Endgeräts kann der Arbeitgeber vom Arbeitnehmer verlangen, dass dieser unverzüglich ein Ersatzgerät zu beschaffen hat, wenn der Arbeitgeber gleichzeitig die Erstattung der Beschaffungskosten bis zur Grenze des jeweils gegenwärtigen Neupreises für ein Gerät des zerstörten oder verlorenen Modells, bzw. mangels eines solchen bis zum ursprünglichen Neupreis des zerstörten oder verlorenen Geräts verspricht. [ENDE DES ZUSATZES]

(9) Dem Arbeitnehmer steht es frei, sein Endgerät auf eigene Kosten zu versichern.

§ 3 Nutzung des Endgeräts durch den Arbeitnehmer

(1) [ENTWEDER:] Der Arbeitnehmer verpflichtet sich, während der Arbeitszeit die private Nutzung seines Endgeräts zu unterlassen. Ausgenommen davon ist eine Nutzung zu privaten Zwecken, sofern diese nur eine verhältnismäßig nicht erhebliche Zeit in Anspruch nimmt und notwendig ist wegen eines in der Person des Arbeitnehmers liegenden Grundes, den er selbst nicht schuldhaft herbeigeführt hat.[11] [ODER:] Während der Arbeitszeit ist die Nutzung des Endgeräts für private Zwecke in gleichem Umfang und zu denselben Bedingungen zulässig wie die Privatnutzung der betrieblichen Hardware und des betrieblichen Internetanschlusses gemäß der Betriebsvereinbarung vom [Datum]. Darüber hinaus wird der Arbeitnehmer während der Arbeitszeit jede private Nutzung seines Endgeräts unterlassen.[11] [ENDE DER ALTERNATIVE]

(2) Außerhalb der Arbeitszeit stellt der Arbeitnehmer sicher, sein Endgerät ausschließlich zu privaten Zwecken zu nutzen, sodass es vorbehaltlich im Einzelfall angeordneter Überstunden zu keiner Überschreitung der arbeitsvertraglich vereinbarten Arbeitszeit kommt. Es besteht weder beim Arbeitgeber eine Erwartungshaltung der fortwährenden Erreichbarkeit noch eine Verpflichtung des Arbeitnehmers zur betrieblichen Nutzung seines Endgeräts außerhalb der Arbeitszeit.[12]

(3) Dem Arbeitnehmer ist es aus Gründen der Sicherheit betrieblicher Inhalte auf seinem Endgerät verboten,[13] [ENTWEDER:] die in Anlage [...] zu dieser Nutzungsvereinbarung bezeichneten Anwendungen auf dem Endgerät zu installieren. [ODER:] Software auf seinem Endgerät zu installieren, soweit diese nicht in Anlage [...] zu dieser Nutzungsvereinbarung in entsprechender Version aufgelistet ist. Die Installation jeder anderen Software bedarf der vorherigen Zustimmung durch den Arbeitgeber in Textform (§ 126b BGB). [ENDE DER ALTERNATIVE] Dem Arbeitgeber bleibt vorbehalten, die Anlage [...] inhaltlich abzuändern, soweit es aus Gründen der Datensicherheit oder der Informationssicherheit erforderlich und dem Arbeitnehmer zumutbar ist. Über solche Änderungen wird der Arbeitgeber den Arbeitnehmer unverzüglich in Textform (§ 126b BGB) in Kenntnis setzen. Dieser hat unverzüglich nach Kenntniserlangung von der neugefassten Anlage etwaige hiernach unzulässige, aber derzeit vorhandene Software von seinem Endgerät vollständig zu deinstallieren.[14]

(4) Sind auf dem Endgerät des Arbeitnehmers betriebliche Inhalte gespeichert, ist der Arbeitnehmer zur Erstellung von Datensicherungen des gesamten Datenbestands

des Geräts außerhalb der hierfür vom Arbeitgeber bereitgestellten Dienste nicht berechtigt. Untersagt sind in jedem Fall Datensicherungen von betrieblichen Inhalten in sog. Cloud-Dienste (zB Dropbox, OneDrive, Google Drive oder iCloud).[15] Auf private Inhalte begrenzte Datensicherungen darf der Arbeitnehmer in eigener Verantwortung durchführen.

§ 4 Schutz des Endgeräts vor Missbrauch durch den Arbeitnehmer

(1) Der Arbeitnehmer versichert, alleiniger Nutzer des Endgeräts zu sein und jederzeit Dritte von der Nutzung fernzuhalten. [EVENTUELL ZUSÄTZLICH:] Dies gilt nicht in Bezug auf Dritte, die mit dem Arbeitnehmer ständig in einem gemeinsamen Haushalt leben, wenn die betrieblichen Inhalte in einem eigenen, verschlüsselten Speicherbereich auf dem Endgerät oder innerhalb einer eigenständig zugangsgesicherten Applikation vollständig isoliert sind und ein Zugriff hierauf im Rahmen der Nutzung des Endgeräts durch Dritte ausgeschlossen ist.[16] [ENDE DES ZUSATZES]

(2) Der Arbeitnehmer verpflichtet sich, das Endgerät während der Laufzeit dieser Nutzungsvereinbarung nicht zu vermieten, zu verleihen oder sich sonst vorsätzlich oder fahrlässig des Besitzes des Endgeräts zu begeben. Zu unterlassen ist eine Besitzaufgabe im Zuge einer Entsorgung des Endgeräts. Ausgenommen vom Verbot der Aufgabe des Besitzes ist die Abgabe des Gerätes zur Reparatur.

(3) Der Arbeitnehmer ermächtigt den Arbeitgeber, im eigenen Namen die gesetzlichen Besitzschutz- und wegen Eigentumsverletzung bestehende Unterlassungsansprüche des Arbeitnehmers gegenüber Dritten geltend zu machen und diese auch gerichtlich durchzusetzen.[17]

(4) Der Arbeitnehmer verpflichtet sich, sein Alleineigentum am Endgerät während der Laufzeit dieser Nutzungsvereinbarung nicht zu belasten (zB durch Verpfändung) und nicht zu übertragen (zB anlässlich eines Verkaufs).[18]

§ 5 Zugriff des Arbeitgebers auf das Endgerät des Arbeitnehmers

(1) Der Arbeitnehmer ist verpflichtet, alle in § 1 Abs. 2 aufgezählten Endgeräte während seiner Arbeitszeit stets mit in den Betrieb zu bringen, um dem Arbeitgeber auf jederzeitiges Verlangen das Endgerät aushändigen zu können. Der Arbeitgeber wird es unverzüglich zurückgeben, sobald der physische Zugriff für ihn nicht mehr erforderlich ist, spätestens jedoch zum Ende der Arbeitszeit des Arbeitnehmers am Tag der Herausgabe. Der Arbeitgeber darf das Endgerät Dritten zugänglich machen, soweit dies für ihn zur Erfüllung eigener Verpflichtungen, etwa gegenüber Aufsichtsbehörden, erforderlich ist.[19]

(2) Der Arbeitnehmer ist verpflichtet, zur Sicherung der betrieblichen Inhalte auf dem Endgerät dieses durch den Arbeitgeber nach Maßgabe der Anlage [...] administrieren zu lassen und selbst auf die Befugnis zur Administration des Endgeräts zu verzichten.[20] Er hat dazu das Endgerät dem Arbeitgeber auszuhändigen und an der Einräumung von Administrationsbefugnissen zu Gunsten des Arbeitgebers mitzuwirken.

(3) Der Arbeitgeber ist berechtigt, auf dem Endgerät Software zu installieren (zum Schutz betrieblicher Inhalte oder im Hinblick auf die betriebliche Nutzung durch den Arbeitnehmer) und diese so zu konfigurieren, dass sie bei jeder Benut-

zung des Endgeräts im Hintergrund aktiv ist, sofern er dem Arbeitnehmer mitteilt, welche Software er installiert hat.[20]

(4) Der Arbeitgeber ist jederzeit berechtigt, per Fernzugriff die betrieblichen Inhalte auf dem Endgerät des Arbeitnehmers zu löschen. Verletzt der Arbeitnehmer seine Pflicht aus § 2 Abs. 1 zur Trennung privater und betrieblicher Inhalte auf dem Endgerät, ist der Arbeitgeber zur Löschung sämtlicher auf dem Endgerät gespeicherten Inhalte berechtigt.

(5) Spätestens vier Wochen nach Beendigung dieser Nutzungsvereinbarung hat der Arbeitgeber auf dem ihm zu diesem Zweck ausgehändigten Endgerät seine eigenen Administratorbefugnisse gem. § 5 Abs. 2 und die gem. § 5 Abs. 3 installierte Software zu entfernen sowie dem Arbeitnehmer wieder die Administrationsbefugnisse zu verschaffen, die er vor Beginn der Nutzungsvereinbarung innehatte.

§ 6 Einwilligung des Arbeitnehmers in die Verarbeitung personenbezogener Daten durch den Arbeitgeber

In Bezug auf diese Nutzungsvereinbarung hat der Arbeitnehmer eine Einwilligung in die Verarbeitung seiner personenbezogenen Daten erteilt, die als Anlage [...] zu dieser Nutzungsvereinbarung genommen wird.[21] Das Recht des Arbeitnehmers, diese Einwilligung jederzeit mit Wirkung für die Zukunft frei zu widerrufen, wird durch Abschluss dieser Nutzungsvereinbarung nicht eingeschränkt.

§ 7 Unentgeltlichkeit, Aufwandsentschädigung

(1) Für die Nutzung des privaten Endgeräts zu betrieblichen Zwecken erhält der Arbeitnehmer kein Entgelt.[22]

(2) Der Arbeitgeber zahlt an den Arbeitnehmer während der Laufzeit dieser Nutzungsvereinbarung jeweils zeitgleich mit dem Arbeitsentgelt einen pauschalierten Betrag in Höhe von [Betrag] pro [Zeitraum] zur Abgeltung aller Aufwendungsersatzansprüche des Arbeitnehmers im Zusammenhang mit der betrieblichen Nutzung des Endgeräts.[23]

§ 8 Anwendungen auf dem Endgerät des Arbeitnehmers

(1) Der Arbeitgeber beschafft für die von ihm dem Arbeitnehmer zu betrieblichen Zwecken überlassenen Anwendungen die erforderlichen Nutzungsrechte.[24]

(2) Will der Arbeitnehmer andere als vom Arbeitgeber vorgegebene Anwendungen für betriebliche Zwecke einsetzen, stellt der Arbeitnehmer sicher, dass er die hierfür erforderlichen Nutzungsrechte besitzt, insbesondere für die kommerzielle Nutzung der Anwendungen zu Gunsten des Arbeitgebers.[24]

(3) Der Arbeitnehmer wird den Arbeitgeber unverzüglich in Textform (§ 126b BGB) informieren, wenn Dritte gegenüber dem Arbeitnehmer Ansprüche aus der Verletzung von Schutzrechten wegen der vom Arbeitnehmer für den Arbeitgeber genutzten Anwendungen geltend machen.

§ 9 Laufzeit, Beendigung dieser Vereinbarung

(1) Die durch diese Nutzungsvereinbarung begründeten Rechte und Pflichten können in ihrer Gesamtheit durch eine Kündigung dieser Nutzungsvereinbarung

beendet werden.[1] Abweichend von den für den Arbeitsvertrag im Übrigen geltenden Bestimmungen kann die Nutzungsvereinbarung von beiden Seiten unter Beachtung einer Frist von vier Wochen zum Ende eines Kalendermonats jederzeit ordentlich gekündigt werden.[25]

(2) Diese Nutzungsvereinbarung steht unter der auflösenden Bedingung, dass der Arbeitnehmer den Widerruf seiner Einwilligung iSv § 6 erklärt oder im Rahmen eines behördlichen oder gerichtlichen Verfahrens die Unwirksamkeit der Einwilligungserklärung iSv § 6 festgestellt wird.[25]

(3) Verstößt der Arbeitnehmer schuldhaft gegen seine Pflichten aus §§ 4, 5, kann dies ein wichtiger Grund iSv § 626 BGB sein, aufgrund dessen der Arbeitgeber zur außerordentlichen Kündigung dieser Nutzungsvereinbarung oder des Arbeitsvertrags insgesamt aus wichtigem Grund berechtigt ist. [26]

(4) Mit Beendigung dieser Nutzungsvereinbarung, gleich aus welchem Rechtsgrund, hat der Arbeitnehmer die ausschließlich auf seinem Endgerät gespeicherten betrieblichen Inhalte unverzüglich an den Arbeitgeber herauszugeben. Sodann hat der Arbeitnehmer sämtliche betrieblichen Inhalte von den Endgeräten zu löschen. Auf in Textform (§ 126b BGB) zu stellendes Verlangen des Arbeitgebers hat der Arbeitnehmer die Löschung unverzüglich nachzuweisen und zu diesem Zweck das Endgerät zur Überprüfung an den Arbeitgeber unverzüglich herauszugeben.

§ 10 Schlussbestimmungen

Änderungen und Ergänzungen dieser Nutzungsvereinbarung sowie deren Kündigung bedürfen zu ihrer Wirksamkeit der gesetzlichen Schriftform (§ 126 Abs. 1, Abs. 2 BGB). Die Ersetzung der Schriftform durch die elektronische Form (§§ 126 Abs. 3, 126a BGB) oder die Textform (§ 126b BGB) wird dabei ausgeschlossen.

| | |
|---|---|
| (Ort, Datum) | (Unterschrift des Arbeitnehmers) |

Für den Arbeitgeber:

| | |
|---|---|
| (Ort, Datum) | (Unterschrift, Funktion des Unterzeichners) |

## Anmerkungen

**1. Gegenstand der Vereinbarung, Rechtsnatur und Formbedürftigkeit.** Gegenstand der Nutzungsvereinbarung ist die Ermöglichung der Nutzung privater Endgeräte zu betrieblichen Zwecken, etwa Notebooks, Smartphones oder Tablets (auch POCE = „Personally Owned, Company Enabled“ genannt), etwa als Bestandteil von „New Work“-Modellen (Kühn/Huynh BB 2023, 1849). Dies ist nicht zu verwechseln mit der rechtlich anders zu bewertenden privaten Nutzung betrieblicher Endgeräte und Einrichtungen (COPE = Corporate Owned, Personally Enabled). Bei letzterem Modell erwirbt das Unternehmen das Endgerät und bleibt dessen Eigentümer. Dem Arbeitnehmer wird jedoch die Nutzung des Endgeräts für private Zwecke gestattet.

Das Muster erlaubt BYOD sowohl als Betriebsmittelersatz als auch dessen ergänzende bzw. optionale Nutzung (zur Abgrenzung Zöll/Kielkowski BB 2012, 2625; zu

Vorteilen von BYOD Kascherus/Pröpper BB 2021, 756). Charakteristisch für BYOD ist, dass trotz der betrieblichen Nutzung das Endgerät im Eigentum des Arbeitnehmers bleibt. Anders als der Vermieter oder der Verleiher einer Sache bleibt der Arbeitnehmer neben dem Arbeitgeber weiterhin zur (privaten) Nutzung des Endgeräts berechtigt. Zudem ist der Arbeitgeber nur insoweit berechtigt, dass er das Gerät zu betrieblichen Zwecken durch diesen Arbeitnehmer (nicht durch einen anderen) nutzen kann (Arning/Moos/Becker CR 2012, 592). Das Privateigentum bedingt es, dass dem Arbeitgeber Einwirkungsmöglichkeiten auf das Gerät nur durch einen individuellen Vertrag mit dem Arbeitnehmer eingeräumt werden können. Deshalb kann BYOD nicht einseitig durch Ausübung des Direktionsrechts nach § 106 GewO angeordnet (Zöll/Kielkowski BB 2012, 2625; Müller öAT 2021, 23) oder mit Wirkung für und gegen alle Arbeitnehmer allein über eine Betriebsvereinbarung eingeführt werden (→ Anm. 21). Aus der besonderen Interessenlage im Arbeitsverhältnis ergibt sich, dass BYOD nicht als selbstständiger Vertrag begriffen werden kann, sondern als Ergänzung des Arbeitsvertrags zu sehen ist (Kremer/Sander ITRB 2012, 275). Möglich ist es, Teile dieser Nutzungsvereinbarung in eine BYOD-Richtlinie auszulagern, die sodann zum Bestandteil der Nutzungsvereinbarung gemacht wird.

Als „Gegenleistung" für die vom Arbeitgeber gewährte „Erlaubnis" (ungeachtet dessen, dass bisweilen vom Arbeitgeber die Initiative ausgeht, BYOD einzuführen) hat der Arbeitnehmer in Bezug auf sein Endgerät eine Reihe von Einschränkungen seiner ihm durch § 903 BGB gewährten Eigentümerfreiheiten für die Laufzeit der Nutzungsvereinbarung zu versprechen (§§ 2–5; → Anm. 4 ff.). Weil die Nutzungsvereinbarung für sich betrachtet ein Ergänzungsvertrag zu dem zwischen den Parteien bestehenden Arbeitsvertrag ist, muss sie den für den Arbeitsvertrag und dessen Beendigung vorgesehenen Formvorschriften genügen (§ 2 NachwG, § 623 BGB). Plant der Arbeitgeber die Einführung von BYOD, ist der Betriebsrat gem. § 87 Abs. 1 Nr. 1 BetrVG (Conrad/Schneider ZD 2011, 153) und gem. § 87 Abs. 1 Nr. 6 BetrVG (→ Anm. 20) in die Planung einzubeziehen und zu beteiligen, ggf. auch gem. § 87 Abs. 1 Nr. 2, Nr. 14 BetrVG.

**2. Alleineigentum.** Das Alleineigentum des Arbeitnehmers am Endgerät ist keine zwingende Voraussetzung für BYOD. Es wurde jedoch im Muster zur Voraussetzung gemacht, weil damit Folgefragen und Probleme vermieden werden, die etwa aus einem Miteigentum von Ehe-/Lebenspartnern entstehen würden. Die uneingeschränkte Verfügungsbefugnis des Eigentümers ist in der Regel auch erforderlich, um dem Arbeitgeber hinreichende Berechtigungen am Endgerät einräumen zu können, damit dieser seine Pflichten aus Art. 32 Abs. 1 DS-GVO zur Gewährleistung der Sicherheit der Verarbeitung sowie aus Art. 24 Abs. 1, 25 Abs. 1 DS-GVO zur Gewährleistung einer datenschutzkonformen Verarbeitung insgesamt auch auf dem privaten Endgerät erfüllen kann, etwa im Zusammenhang mit Folgemaßnahmen der internen Meldestelle nach § 18 HinSchG oder internen Ermittlungen (dazu Bartz/Grotenrath CCZ 2019, 184 (185 ff.)). Mit der BYOD innewohnenden Vermischung von Privatem und Betrieblichem geht stets eine Risikoerhöhung für die Verarbeitung personenbezogener Daten durch den Arbeitgeber und Schutz von Geschäftsgeheimnissen einher, die auch durch diese Nutzungsvereinbarung nicht vollständig neutralisiert wird (zum Geheimnisschutz im Überblick Ohly GRUR 2019, 441; speziell im Arbeitsrecht Preis/Seiwerth RdA 2019, 351; Naber/Peukert/Seeger NZA 2019, 583; zur Beanstandung von BYOD bei der Polizei Niedersachsen wegen nicht mitigierter Risiken durch die LfD Niedersachsen siehe Pressemitteilung v. 18.3.2021). Besonders hinzuweisen ist bereits an dieser Stelle darauf, dass Informationen nur dann einen rechtlichen Schutz als Geschäftsgeheimnis erfahren, wenn sie über ihren gesamten Lebenszyklus im Unternehmen hinweg (von ihrer Beschaffung bzw. Generierung bis hin zur Löschung bzw. Vernichtung) Gegenstand von mindestens angemessenen Geheimhaltungsmaßnahmen waren (→ Anm. 8). Mindestens angemessene Maßnahmen müssen deshalb auch während der Nutzung des privaten Endgeräts umgesetzt werden, die der Arbeitgeber nur anordnen kann, wenn er sich die Anordnungsbefugnis gegenüber dem Arbeitnehmer wirksam mittels der Nutzungsvereinbarung ausbedungen hat.

**3. Festlegung des Endgeräts.** Die Nutzungsvereinbarung verzichtet bewusst darauf, dem Arbeitnehmer die Nutzung beliebiger Endgeräte für betriebliche Zwecke zu gestatten. Das liefe den Interessen und datenschutzrechtlichen Verpflichtungen des Arbeitgebers zuwider, der anderenfalls die von ihm nach Art. 24 Abs. 1, 25 Abs. 1, Art. 32 Abs. 1 DS-GVO auch wegen der privaten Endgeräte zu treffenden technischen und organisatorischen Maßnahmen auf alle denkbaren Kombinationen von Endgeräten und Betriebssystemen ausrichten müsste. Die Vereinbarung muss an dieser Stelle präzise die Geräte bezeichnen (nach Hersteller, Typbezeichnung, Betriebssystemversion), deren Nutzung zu betrieblichen Zwecken erlaubt werden soll. Mit Blick auf § 4 würde sonst auch dem sachenrechtlichen Bestimmtheitsgebot (MüKoBGB/Oechsler § 929 Rn. 6) nicht genügt.

**4. Dritte.** Anders als bei vom Arbeitgeber gestellten Betriebsmitteln ist dem Arbeitnehmer nicht zuzumuten, dass das in seinem Eigentum stehende Endgerät auch durch andere Arbeitnehmer zu betrieblichen Zwecken benutzt wird (→ Anm. 1; Arning/Moos/Becker CR 2012, 592). Sonst würde die Möglichkeit des Arbeitnehmers zur privaten Nutzung seines Eigentums über Gebühr eingeschränkt, was ein Verstoß gegen § 307 Abs. 2 Nr. 1 iVm § 903 S. 1 BGB wäre. Anderseits ist nur der Arbeitnehmer beim Arbeitgeber angestellt, nicht auch dessen Familie oder andere potenzielle Mitnutzer des Endgeräts. Weil Mitnutzer des Endgeräts neben dem Arbeitnehmer die Risiken für Datenschutz und Geheimnisschutz zu Lasten des Arbeitgebers weiter erhöhen, knüpft die Nutzungsvereinbarung die Berechtigung zur Nutzung des Endgeräts für betriebliche Zwecke an den Verzicht zur Überlassung des Endgeräts zur weiteren privaten Nutzung an Dritte (Kamps ArbRB 2013, 350). Für Haushaltsangehörige kann eine Ausnahme vorgesehen werden, die jedoch Risiken für den Arbeitgeber mit sich bringt (→ Anm. 16).

**5. Trennung von Privatem und Betrieblichem.** Ohne eine Trennung von betrieblichen und privaten Inhalten auf dem Endgerät stünde die Einführung der für BYOD erforderlichen technischen und organisatorischen Maßnahmen nach Art. 24 Abs. 1, Art. 25 Abs. 1, Art. 32 Abs. 1 DS-GVO vor erheblichen Schwierigkeiten. Sämtliche Maßnahmen würden dann auch private Inhalte des Arbeitnehmers betreffen und hätten damit eine ungleich höhere Eingriffsintensität, was deren Rechtfertigung sowohl mit Blick auf das Datenschutzrecht als auch auf die Grenzen der Gestaltungsfreiheit einer solchen Nutzungsvereinbarung aus den §§ 305 ff., 310 Abs. 4 S. 2 BGB deutlich erschweren würde. Der Begriff betrieblicher Inhalt ist sehr weit gefasst und erstreckt sich auch auf die vom Arbeitgeber auf dem Endgerät installierten Anwendungen. Die Trennung muss nicht zwingend physisch vorgenommen werden, sondern kann auch – abhängig vom Betriebssystem des Endgeräts und der einzusetzenden Anwendungen – durch Verwendung verschiedener Benutzerkonten, Virtualisierungstechniken (etwa mittels „Containern“ oder „Sandboxing“, dazu Bartz/Grotenrath CCZ 2019, 184 (185)) oder die Ablage der betrieblichen Inhalte in separaten Bereichen oder eigenständig zugangsgesicherten Apps auf dem Endgerät herbeigeführt werden (zur Zugriffsberechtigung des Arbeitgebers auf private Daten beim Verdacht auf Pflichtverletzungen BAG 31.1.2019 – 2 AZR 426/18, ZD 2019, 419 Rn. 54 ff.).

**6. Datenvermeidung auf dem Endgerät.** Der Verzicht auf lokale Verarbeitungen personenbezogener Daten und betrieblicher Informationen auf dem Endgerät dient als technische Schutzmaßnahme iSd Art. 32 Abs. 1 DS-GVO (→ Anm. 20) der Datenvermeidung. Eine denkbare Lösung wäre zB der Zugriff mittels eines VPN-Tunnels auf einen Terminalserver beim Arbeitgeber (BlnDSB TB 2012, 37; als Mindestanforderung bezeichnet dies Ambrock DSB 2022, 120 (122)). Alternativ kommt in Betracht, insbesondere für die Nutzung der betrieblichen E-Mail-Adresse und betrieblicher Kontakte auf dem Endgerät, dass personenbezogene Daten und betriebliche Informationen auf dem Endgerät gespeichert werden dürfen, sofern dies ausschließlich verschlüsselt erfolgt und Verarbeitungsprozesse in einer isolierten, abgekapselten Laufzeitumgebung (Virtualisierung, → Anm. 5) ausgeführt werden. Diese Festlegung obliegt allein dem Arbeitgeber als Verantwortlichem iSd Art. 4 Nr. 7 DS-GVO. Wird eine lokale Verarbeitung zugelassen, sind ergänzende Maßnahmen wie etwa eine Fernlöschung (Remote Wipe, § 5 Abs. 4 des Musters) bei Nichtverfügbarkeit oder Verlust des Endgeräts erforderlich. Die vom Bundesgesetzgeber seit dem EuGH-Urteil zu § 23 HDSIG (EuGH 30.3.2023 – C-34/21, NZA 2023, 487 mAnm Meinecke NZA 2023, 492) angekündigte gesetzliche Regelung zur Datenverarbeitung bei BYOD, welche für Arbeitgeber Rechtssicherheit schaffen konnte, steht leider weiterhin aus (siehe BMI, Datenstrategie 2023 „Fortschritt durch Datennutzung“ v. 30.8.2023).

**7. Zwecks betrieblicher Nutzung zu verwendende Software.** Welche Anwendungen der Arbeitnehmer zu betrieblichen Zwecken zur Erfüllung seiner Arbeitspflicht zu verwenden hat, kann der Arbeitgeber qua Direktionsrecht aus § 106 GewO einseitig vorgeben (zum Lizenzmanagement → Anm. 24). Gleiches gilt für die Anordnung, dass Passwörter nicht auf dem Endgerät gespeichert werden dürfen. Das betrifft insbesondere globale Passwortmanager/Passwortsafes (ggf. über mehrere Endgeräte weg mit Synchronisation in der Cloud) sowie Funktionen wie „angemeldet bleiben“ oder „Passwort merken“ in einzelnen Anwendungen. Im Falle des Verlusts eines Endgeräts wäre damit die durch das Passwort gewonnene Sicherheit entwertet (siehe LfDI BW, „Hinweise zum Umgang mit Passwörtern“, www.baden-wuerttemberg.datenschutz.de/hinweise-zum-umgang-mit-passwoertern/).

**8. Vorbereitung von Auslandsaufenthalten.** Vorbereitungen von Auslandsaufenthalten mit einem „Bereinigen“ der Endgeräte durch Löschen verschlüsselter und vertraulicher Inhalte sind aus zwei Gründen erforderlich. Zum einen hat der Arbeitgeber das Risiko des unbefugten Zugangs oder der unbefugten Offenlegung personenbezogener Daten und Geschäftsgeheimnisse zu prüfen und bei Bedarf gegenzusteuern (zum Geheimnisschutz nach dem GeschGehG → Form. G. IV.). Darüber hinaus gibt es in verschiedenen Ländern Zollbestimmungen, die das Mitführen eines Gerätes mit verschlüsselten Inhalten, die nicht auf Aufforderung des Zolls entschlüsselt werden können, untersagen und sanktionieren (→ Form. D. III. 2.

Anm. 11). Dies steht nicht im Zusammenhang mit den Art. 44 ff. DS-GVO zur Übermittlung personenbezogener Daten an Drittländer oder internationale Organisationen. Der Arbeitnehmer bleibt auch Teil des Verantwortlichen (Arbeitgeber), wenn er Reisen unternimmt, gleich ob ihn diese in EU/EWR-Staaten oder Drittländer führen (ebenso Ambrock DSB 2023, 120 f.). Seine geographische Lokalisation ist datenschutzrechtlich irrelevant, sodass für die private oder betriebliche Nutzung des Endgeräts insoweit keine Sonderregeln zu beachten sind (→ Form. D. III.3. Anm. 6).

**9. Informationspflichten.** Die hier ausformulierten Informationspflichten bestünden auch ohne konkrete Vereinbarung nach § 241 Abs. 2 BGB als ungeschriebene Nebenpflichten des Arbeitnehmers aus dem Arbeitsvertrag (BeckOK BGB/Sutschet § 241 Rn. 77 ff.; NK-BGB/Krebs § 241 Rn. 56). Die mitzuteilenden Informationen sind für den Arbeitgeber essenziell für die Risikobeurteilung hinsichtlich eines potenziellen Abflusses geheimhaltungsbedürftiger Informationen sowie den vom Arbeitgeber zu gewährleistenden Schutz personenbezogener Daten. Zudem kann der Arbeitgeber datenschutzrechtlichen Pflichten, zB bei Datenschutzverletzungen iSv Art. 4 Nr. 12 DS-GVO der Meldepflicht gegenüber der Aufsichtsbehörde gem. Art. 33 Abs. 1 DS-GVO, nur nachkommen, wenn er um den (potenziellen) Verlust personenbezogener Daten weiß. Weitere Informationspflichten des Arbeitnehmers aus § 241 Abs. 2 BGB werden durch die Vereinbarung nicht ausgeschlossen. Auf welche Art und Weise der Arbeitgeber zu informieren ist, sollte in der Nutzungsvereinbarung festgelegt werden. Hier kann etwa auf eine beim Arbeitgeber vorhandene Notfall-Hotline abgestellt oder eine Mitteilung in Textform (§ 126b BGB) an eine bestimmte E-Mail-Adresse (beispielsweise incident@example.com) vorgesehen werden.

**10. Reparaturen und Ersatzbeschaffungen.** Durch das bei BYOD beim Arbeitnehmer verbleibende Eigentum am Endgerät (→ Anm. 1) ist der Arbeitgeber gehindert, selbstständig das Endgerät zu reparieren. Ohne vertragliche Vereinbarung besteht keine Pflicht des Arbeitnehmers zur Reparatur des Endgeräts oder zur Beschaffung eines Ersatzgeräts bei Zerstörung oder Verlust (Kascherus/Pröpper BB 2021, 756 (758)). Der Arbeitgeber müsste deshalb ungeachtet der Einführung von BYOD im Fall der Nichtnutzbarkeit des privaten Endgeräts dem Arbeitnehmer ein Ersatzgerät stellen oder in Kauf nehmen, dass der Arbeitnehmer ohne sein Endgerät seine Arbeit nicht oder nicht wie mit dem Endgerät ausführen kann. Denn die Einführung von BYOD ändert nichts an der Verpflichtung des Arbeitgebers zur Bereitstellung der vom Arbeitnehmer benötigten Betriebsmittel (BAG 10.11.2021 – 5 AZR 334/21, NZA 2022, 401) und des damit vom Arbeitgeber in diesen Fällen zu tragenden Risikos des Arbeitsausfalls, § 615 S. 3 BGB. Eine Verpflichtung des Arbeitgebers zur Vorhaltung einer arbeitgeberseitigen Infrastruktur als Fallback-Lösung für BYOD wäre jedoch unwirtschaftlich und würde die Zielsetzung von BYOD konterkarieren. § 2 Abs. 7 des Musters, der den Arbeitnehmer in bestimmten Grenzen zur Reparatur verpflichtet, und § 7 Abs. 2 des Musters, der einen Aufwendungsersatzanspruch zu Gunsten des Arbeitnehmers vorsieht (→ Anm. 23) sind im Zusammenhang zu betrachten. Grundsätzlich sind Reparaturkosten vom Eigentümer zu tragen. Steht die Beschädigung (ebenso Zerstörung oder Verlust) jedoch im Zusammenhang mit der betrieblichen Nutzung des Endgeräts, hat der Arbeitnehmer einen Anspruch auf Ersatz der Reparaturkosten gegen den Arbeitgeber entsprechend § 670 BGB bis zur Grenze des vollständigen Wertersatzes (Hümmerich/Reufels Gestaltung ArbV/Reufels § 1 Rn. 1925 f.). Dieser Aufwendungsersatzanspruch kann zwar durch Vertrag ausgeschlossen oder begrenzt werden (BAG 14.10.2003 – 9 AZR 657/02, NJW 2004, 2036). Bei formularmäßiger Vereinbarung wäre eine solche Haftungsbegrenzung jedoch wegen § 310 Abs. 4 S. 2 BGB an § 307 Abs. 1 S. 1 BGB zu messen (im Einzelnen → Anm. 23).

**11. Privatnutzung während der Arbeitszeit.** Einerseits steht das Endgerät im Eigentum des Arbeitnehmers, sodass er es frei nach seinem Belieben nutzen darf. Andererseits ist die Pflicht zur Arbeitsleistung eine vom Arbeitnehmer während der Arbeitszeit zu erbringende höchstpersönliche Pflicht. Die im Muster vom Verbot der Privatnutzung während der Arbeitszeit formulierte Ausnahme ist geboten, um eine unangemessene Benachteiligung des Arbeitnehmers iSv § 307 Abs. 2 Nr. 1 BGB zu vermeiden. Obwohl die Ausnahme sprachlich schwerfällig klingt, ist sie nach hier vertretener Auffassung nicht intransparent iSv § 307 Abs. 1 S. 2 BGB, denn sie entspricht dem Regelungsgedanken des § 616 S. 1 BGB. Die alternative Formulierung knüpft an eine ggf. zu einem derartigen Sachverhalt vorhandene Betriebsvereinbarung zur Privatnutzung betrieblicher Kommunikationsmittel an; alternativ wäre in nicht mitbestimmten Unternehmen eine Bezugnahme auf eine diesbezügliche Richtlinie möglich.

**12. Arbeitszeit und Arbeitsschutz.** Ein Verstoß gegen die gesetzlichen Festlegungen zur Arbeitszeit, einschließlich der Pflicht zu deren Erfassung (BAG 13.9.2022 – 1 ABR 22/21, NZA 2022, 1616), ist gem. §§ 22 Abs. 1, 23 Abs. 1 ArbZG bußgeld- und strafbewährt. Die Wahrscheinlichkeit hierfür steigt mit der Einführung von BYOD deutlich: Wird ein Endgerät zu privaten und betrieblichen Zwecken genutzt, führt dies zu einer unmittelbaren Überlagerung dieser beiden Lebenssphären des Arbeitnehmers. Gibt das Endgerät etwa ein akustisches Zeichen für den Eingang einer neuen Nachricht, ist für den Arbeitnehmer bis zum Lesen der Nachricht nicht ersichtlich, ob es sich um eine private oder betriebliche Nachricht handelt. § 5 Abs. 1 ArbZG schreibt jedoch strikt einzuhaltende Ruhephasen zwischen zwei Phasen der Arbeitszeit vor, wobei auch kurze dienstlich veranlasste Tätigkeiten (wie zB das Lesen einer neuen betrieblichen Nachricht) als Arbeitszeit bewertet werden und damit die Ruhephase unterbrechen. Deshalb muss vertraglich die Einhaltung des ArbZG sichergestellt werden (Arning/Moos/Becker CR 2012, 592). Um Konflikte mit dem ArbZG zu vermeiden, könnte der Arbeitgeber zusätzlich zu der im Muster vorgesehenen organisatorischen Maßnahme weitere Maßnahmen ergreifen, etwa den betrieblichen E-Mail-Dienst im Rahmen einer technischen Maßnahme so konfigurieren, dass dieser zu bestimmten Zeiten eingehende Nachrichten nur verzögert an den Account des Arbeitnehmers weiterleitet. Ein Mitbestimmungsrecht des Betriebsrates gem. § 87 Abs. 1 Nr. 2, 3 BetrVG ist insoweit nach dem Wortlaut der Norm nicht gegeben, wenn mit der Einführung von BYOD die Arbeitszeiten nicht verändert werden.

Die soeben angesprochene, naheliegende Unterbrechung von Ruhephasen sollte der Arbeitgeber nicht nur zur Vermeidung vorgenannter Sanktionen gegen ihn aus eigenem Antrieb vermeiden. Vielmehr ist der Arbeitgeber gem. §§ 3, 4 ArbSchG auch dazu verpflichtet, den Gesundheitsgefährdungen im psychischen Bereich (Stichwort: „always online“) entgegenzuwirken und möglichst zu vermeiden. Die Art und Weise, wie Gesundheitsschutz realisiert wird, unterliegt indes dem Mitbestimmungsrecht des Betriebsrates gem. § 87 Abs. 1 Nr. 7 BetrVG (ausf. Müller öAT 2021, 23 (24)). Kommt es mit der Einführung von BYOD auch zum mobilen Arbeiten, besteht überdies ein Mitbestimmungsrecht aus § 87 Abs. 1 Nr. 14 BetrVG.

**13. Verbotene Software.** Das Verbot der Installation bestimmter Anwendungen auf dem Endgerät ist eine organisatorische Maßnahme iSv Art. 32 Abs. 1 DS-GVO, die ggf. durch ein Mobile Device Management (→ Anm. 20) als technische Maßnahme verstärkt werden kann. Derartige Maßnahmen müssen vom Arbeitgeber zum Schutz der von ihm als Verantwortlichem iSd Art. 4 Nr. 7 DS-GVO verarbeiteten personenbezogenen Daten ergriffen werden. Anderenfalls hat der Arbeitgeber keine Kontrolle darüber, welche Anwendungen auf die im Endgerät ggf. gespeicherten betrieblichen Inhalte zugreifen. So übermittelt etwa die beliebte Messaging-Anwendung WhatsApp mindestens die in der jeweiligen Kontakte-App gespeicherten Rufnummern vollständig an deren Anbieter oder etwa bestimmte Versionen von Outlook die für den Abruf der E-Mails erforderlichen Passwörter an Microsoft (siehe https://heise.de/-9357691 v. 9.11.2023). Eine sorgfältige Vorabkontrolle der auf den Endgeräten installierbaren Anwendungen ist deshalb unvermeidbar, sofern keine vollständige technische Abschottung von privaten und betrieblichen Inhalten vorgenommen wird (→ Anm. 5).

**14. Änderungsvorbehalt für Anlage Software.** Die vom Arbeitgeber nach Art. 24 Abs. 1, 25 Abs. 1, Art. 32 Abs. 1 DS-GVO zu treffenden technischen und organisatorischen Maßnahmen unterliegen mit Blick auf die fortlaufende Entwicklung neuer Apps sowie die Entdeckung von Sicherheitslücken in vorhandenen Apps einem stetigen Wandel. Dem Arbeitgeber, der für die Rechtmäßigkeit der Verarbeitung personenbezogener Daten die Verantwortung trägt, muss deshalb die Möglichkeit zustehen, die Anlage inhaltlich (→ Anm. 13) zur Umsetzung der von ihm zu treffenden Maßnahmen anzupassen. Da es sich bei der Anlage um eine konkretisierende Leistungsbeschreibung handelt, deren Änderung gesetzlich zwingend vom Arbeitgeber vorzunehmende Maßnahmen absichert, handelt es sich bei dem Änderungsvorbehalt nicht um eine Klausel, die in Bezug auf das Hauptleistungsversprechen des Arbeitnehmers (§ 4 Abs. 1 des Musters, → Anm. 16) die geschuldete Leistung „abweichend" vom Gesetz einschränkt, ausgestaltet oder modifiziert. Sie unterliegt daher gem. § 307 Abs. 3 BGB keiner AGB-Kontrolle (BGH 15.11.2007 – III ZR 247/06, NJW 2008, 360 Rn. 18).

**15. Verbot der Datensicherung.** Abgesehen davon, dass sich der Arbeitnehmer bei Datensicherungen von betrieblichen Inhalten unter Beteiligung eines Dritten gem. § 23 Abs. 1 Nr. 3 GeschGehG strafbar machen kann (→ Form. C. VII.3.), ist zu beachten, dass die betrieblichen Inhalte auch personenbezogene Daten enthalten können, für deren Verarbeitung der Arbeitgeber Verantwortlicher iSv Art. 4 Nr. 7 DS-GVO ist. Eine Übermittlung dieser Daten an einen Ort außerhalb von EU/EWR ist, selbst wenn dies nur zur Erstellung einer Datensicherung geschieht, in der Regel gem. Art. 44 S. 1 DS-GVO verboten, wenn der Verantwortliche nicht die Beachtung der besonderen Anforderungen der Art. 45 ff. DS-GVO für Übermittlungen an Drittländer sicherstellt. Dies kann für den Arbeitgeber eine Geldbuße gem. Art. 83 Abs. 5 lit. c DS-GVO zur Folge haben. Backups in einer privaten Cloud des Arbeitnehmers sollten deshalb wie hier vorgeschlagen grundsätzlich unterbunden werden.

**16. Nutzung des Endgeräts durch Dritte.** Mit der hier vorgeschlagenen Klausel übernimmt der Arbeitnehmer die schuldrechtliche Verpflichtung, jeden Dritten von der Nutzung des Endgeräts auszuschließen. Dies ist keine unangemessene Benachteiligung iSv § 307 Abs. 2 Nr. 1 BGB, selbst wenn hierdurch in die Verfügungsbefugnis des Arbeitnehmers als Eigentümer des Endgeräts aus § 903 S. 1 BGB eingegriffen wird. Einerseits ist die Einschränkung angemessen, weil sie für den Arbeitgeber zwecks Ermöglichung eines datenschutzkonformen Verhaltens unverzichtbar ist. Andererseits macht diese Klausel den Kern der Nutzungsvereinbarung aus, weil sie eine wesentliche Gegenleistung des Arbeitnehmers beschreibt. Daher dürfte sie als sog. Preisvereinbarung (der vom Arbeitnehmer für die betriebliche Nutzung seines privaten Endgeräts zu zahlende Preis ist der Verzicht auf die Mitnutzung seines Endgeräts durch Dritte) ohnehin der AGB-Kontrolle nicht unterworfen sein (HK-BGB/Schulte-Nölke § 307 Rn. 7). Aufgrund familiärer Verbundenheit kann ein erhebliches Interesse des Arbeitnehmers daran bestehen, sein Eigentum auch den mit ihm in einem Haushalt lebenden Familienangehörigen zugänglich zu machen. Lässt sich der Arbeitgeber unter der Voraussetzung einer technisch wirksamen Abschottung betrieblicher Inhalte auf dem Endgerät darauf ein, ist der vorgesehene Zusatz mit aufzunehmen. Gleichwohl kann es zu rechtlichen Folgeproblemen kommen. Ungeklärt ist etwa die Frage der Strafbarkeit des Arbeitnehmers nach § 23 Abs. 1 Nr. 3 GeschGehG im Zusammenhang mit der Weitergabe eines Tablets oder Smartphones innerhalb der Familie zwecks gemeinsamer Nutzung vor dem Hintergrund, dass die Endgeräte bis heute (von Ausnahmen abgesehen) nicht mehrbenutzerfähig sind und damit der Arbeitnehmer gar keine Möglichkeit hat, Dritte von einem Zugriff auf seine betrieblichen Inhalte durch Konfiguration mehrerer Benutzer auf dem Endgerät auszuschließen. Im Regelfall dürfte eine Strafbarkeit zwar am Vorsatz scheitern (Bierekoven ITRB 2012, 106 (107)) oder an einem entsprechenden Beweis desselben (Auer-Reinsdorff/Conrad IT- und DatenschutzR-HdB/Conrad § 37 Rn. 312), aber dies steht einem Anfangsverdacht und Ermittlungsmaßnahmen der Staatsanwaltschaft gegen den Arbeitnehmer nicht entgegen.

**17. Besitzschutz zugunsten des Arbeitgebers.** Das Endgerät des Arbeitnehmers ersetzt bei BYOD eigene Betriebsmittel des Arbeitgebers. Deshalb muss der Arbeitgeber ebenso wie bei eigenen Betriebsmitteln neben dem Arbeitnehmer in der Lage sein, gegenüber Dritten Besitzschutzansprüche iSd §§ 861, 862 BGB geltend zu machen, um die bei Dritten befindlichen Endgeräte herausverlangen zu können. Eigene Besitzschutzansprüche des Arbeitgebers bezogen auf das Endgerät des Arbeitnehmers würden eigenen Besitz des Arbeitgebers voraussetzen, den dieser jedoch weder als Teilbesitz, Mitbesitz noch als mittelbaren Besitz durch BYOD erlangt. Physischen Besitz am Endgerät erlangt der Arbeitgeber am Endgerät nicht, was jedoch Voraussetzung für einen Mitbesitz wäre, denn allein an einem ideellen Teil einer Sache kann kein Mitbesitz bestehen (BGH 10.11.1982 – V ZR 245/81, NJW 1983, 568). Eine Aufteilung des Endgeräts zur Ermöglichung von Teilbesitz des Arbeitgebers an einem abgrenzbaren Teil iSv § 865 BGB ist praktisch nicht realisierbar. Mittelbarer Besitz wiederum würde verlangen, dass das Endgerät für die Dauer der Nutzungsvereinbarung an den Arbeitgeber übereignet würde (vgl. BGH 11.6.1953 – IV ZR 181/52, NJW 1953, 1506; BGH 19.1.1955 – IV ZR 135/54, NJW 1955, 499), was mit dem Charakteristikum vom BYOD, die Eigentumsverhältnisse nicht zu verändern, nicht in Einklang zu bringen ist. Der Interessenlage würde es entsprechen, in der Person des Arbeitnehmers unmittelbaren eigenen Mitbesitz und gleichzeitig unmittelbaren Fremdbesitz für den Arbeitgeber zu vereinen, der damit mittelbaren eigenen Mitbesitz erlangen würde. Ein derartiger ungleichstufiger Mitbesitz ist jedoch nicht möglich (BGH 10.11.1982 – V ZR 245/81, NJW 1983, 568). Besitzschutzansprüche zugunsten des Arbeitgebers lassen sich deshalb nur dadurch erreichen, dass der Arbeitgeber durch den Arbeitnehmer wie im Muster vorgesehen ermächtigt wird, die Ansprüche des Arbeitnehmers selbstständig geltend zu machen (sog. Einziehungsermächtigung, vgl. MüKoBGB/Roth/Kieninger § 398 Rn. 47ff.).

**18. Vertragliche Einschränkung der Verfügungsbefugnis.** Damit die dem Arbeitgeber ausschließlich aufgrund der Nutzungsvereinbarung zustehenden Rechte am Endgerät des Arbeitnehmers nicht dadurch entzogen werden, dass der Arbeitnehmer das Endgerät in das Eigentum eines Dritten gibt oder sonst mit Rechten Dritter belastet, untersagt das Muster dem Arbeitnehmer jede Belastung des Eigentums an dem Endgerät oder dessen Übertragung auf einen Dritten. Etwaige unter Verstoß gegen dieses Verbot vorgenommene Verfügungen des Arbeitnehmers wären gleichwohl wirksam, weil ein derartiges vertragliches Verfügungsverbot nicht dinglich wirkt, § 137 BGB. Zuwiderhandlungen des Arbeitnehmers führen deshalb nur zu Schadensersatzansprüchen des Arbeitgebers und können ein wichtiger Grund zur außerordentlichen Kündigung sein (§ 9 Abs. 3 → Anm. 26), wenn die mit der verbotswidrigen Verfügung einhergehende potenzielle Offenbarung von Geschäftsgeheimnissen oder Offenlegung personenbezogener Daten gegenüber einem Dritten iSd Art. 4 Nr. 10 DS-GVO zu einem schwerwiegenden Vertrauensverlust beim Arbeitgeber führt.

**19. Physischer Zugriff des Arbeitgebers auf das Endgerät.** Wird das Endgerät tatsächlich für den Arbeitgeber eingesetzt und vom Arbeitnehmer mit sich geführt, ist eine entsprechende Pflicht des Arbeitnehmers als organisatorische Maßnahme iSv Art. 25 Abs. 1, Art. 32 Abs. 1 DS-GVO vertraglich zu begründen (ebenso Auer-Reinsdorff/Conrad IT- und DatenschutzR-HdB/Conrad § 37 Rn. 307). Anderenfalls könnte der Arbeitgeber mangels Zugriffs auf das Endgerät die von ihm bei BYOD nach Art. 25 Abs. 1, Art. 32 Abs. 1 DS-GVO zu treffenden weiteren technischen und organisatorischen Maßnahmen nicht realisieren (→ Anm. 20). Im Übrigen benötigt der Arbeitgeber Zugriffsmöglichkeiten auf das Endgerät, wenn bei ihm selbst Auditierungen und Überprüfungen durch Aufsichtsbehörden iSv Art. 58 Abs. 1 lit. e, lit f. DS-GVO iVm § 38 Abs. 5 BDSG oder durch Auftraggeber einer Auftragsverarbeitung iSv Art. 28 Abs. 3 S. 2 lit. h DS-GVO durchgeführt werden. Die Beschränkung der Herausgabedauer auf die tägliche Arbeitszeit ist notwendig, um den Arbeitnehmer nicht durch den Entzug der privaten Nutzungsmöglichkeit außerhalb der Arbeitszeit unangemessen iSv § 307 Abs. 2 Nr. 1 BGB zu benachteiligen (für eine längere Herausgabedauer bei Stellung eines Ersatzgerätes Göpfert/Wilke NZA 2012, 765).

**20. Mobile Device Management (MDM).** Ohne die Berechtigung zur Administration des Endgeräts und der Installation arbeitgebereigener Anwendungen auf dem Endgerät bei gleichzeitiger Beschränkung der Administrationsrechte des Arbeitnehmers kann der Arbeitgeber seinen Pflichten aus Art. 25 Abs. 1, Art. 32 Abs. 1 DS-GVO nicht nachkommen. Der Arbeitgeber ist für Datenverarbeitungen auf dem Endgerät zu betrieblichen Zwecken Verantwortlicher iSv Art. 4 Nr. 7 DS-GVO, sodass es dem Arbeitgeber obliegt, entsprechende Maßnahmen auch in Bezug auf das im Eigentum des Arbeitnehmers stehende Endgerät zu treffen (Conrad/Schneider ZD 2011, 153; Hilfestellung zu den Maßnahmen BITKOM, Leitfaden – Bring Your Own Device www.bitkom.org/noindex/Publikationen/2013/Leitfaden/BYOD/130304-LF-BYOD.pdf).

Das Eigentum des Arbeitnehmers an dem zur Verarbeitung personenbezogener Daten durch den Arbeitgeber genutzten Endgerät ändert nichts daran, dass der Arbeitnehmer auch insoweit Teil des Arbeitgebers als Verantwortlichem und kein Dritter iSv Art. 4 Nr. 10 DS-GVO oder Empfänger iSv Art. 4 Nr. 9 DS-GVO ist (EuGH 22.6.2023 – C-579/21, NJW 2023, 2555 Rn. 73, 74, 79 ff.). Im Verhältnis zum Arbeitnehmer handelt es sich mithin nicht um eine Offenlegung personenbezogener Daten an einen Dritten, sondern um eine interne Verwendung innerhalb des Verantwortlichen iSv Art. 4 Nr. 2 DS-GVO. Daher greifen die an Übermittlungen anknüpfenden Spezialvorschriften der Art. 45 ff. DS-GVO (→ Anm. 8) ebenso wenig ein, wie im Verhältnis von Arbeitgeber zu Arbeitnehmer eine Auftragsverarbeitung iSv Art. 28 DS-GVO vorliegt (ebenso Auer-Reinsdorff/Conrad IT- und DatenschutzR-HdB/Conrad § 37 Rn. 300). Bei BYOD kann etwa eine Antivirus-Software, ein Dienst zur Ermöglichung von Fernzugriffen, ein Dienst zum regelmäßigen Backup betrieblicher Inhalte oder gleich eine Anwendung zum Mobile Device Management (MDM) zu installieren sein, die verschiedene Funktionalitäten in sich vereint (ausf. zu möglichen Maßnahmen Auer-Reinsdorff/Conrad IT- und DatenschutzR-HdB/Conrad § 37 Rn. 311 ff.). Die Pflicht des Arbeitgebers, den Arbeitnehmer darüber zu informieren, welche Anwendungen installiert wurden, was für den Arbeitnehmer bei einem Ablaufen im Hintergrund nicht offenkundig sein muss, wurde vorsorglich zum Schutz des Persönlichkeitsrechts des Arbeitnehmers vorgesehen und steht im Zusammenhang mit der vom Arbeitnehmer ergänzend zum Abschluss der Nutzungsvereinbarung zu erteilenden datenschutzrechtlichen Einwilligung (→ Anm. 21). Die potenzielle Geeignetheit der zu installierenden Anwendungen zur Überwachung von Leistung und Verhalten des Arbeitnehmers löst ein Mitbestimmungsrecht des Betriebsrats gem. § 87 Abs. 1 Nr. 6 BetrVG aus. Eine solche Betriebsvereinbarung steht selbständig neben dieser Nutzungsvereinbarung, weil der Betriebsrat nicht über das Eigentum des Arbeitnehmers verfügen kann (→ Anm. 1, Checkliste zu den denkbaren Inhalten einer solchen Betriebsvereinbarung Auer-Reinsdorff/Conrad IT- und DatenschutzR-HdB/Conrad § 37 Rn. 346).

**21. Einwilligung, Betriebsvereinbarung und Telekommunikation.** Mit der Einführung von BYOD kommt es regelmäßig, etwa bei Nutzung einer Software zum MDM → (Anm. 20) oder einer Befugnis des Arbeitgebers zum Fernzugriff auf das Endgerät des Arbeitnehmers, zu einer Verarbeitung personenbezogener Daten des Arbeitnehmers durch den Arbeitgeber. Soweit auch personenbezogene Daten des Arbeitnehmers aus dessen Privatsphäre betroffen sind, was regelmäßig der Fall ist, fehlt es an einem gesetzlichen Erlaubnistatbestand zugunsten des Arbeitgebers. Als Lösung kommt dafür eine Einwilligung des Arbeitnehmers iSd Art. 6 Abs. 1 S. 1 lit. a DS-GVO in Betracht. Diese lässt sich nicht abstrakt, sondern nur für den Einzelfall formulieren und muss den Anforderungen aus Art. 4 Nr. 11, Art. 7, Art. 8 DS-GVO und § 26 Abs. 2 BDSG genügen. Von der Freiwilligkeit der Einwilligung durch den Arbeitnehmer dürfte dabei mit Blick auf § 26 Abs. 2 S. 2 BDSG regelmäßig auszugehen sein, da bei BYOD Arbeitgeber und Arbeitnehmer gleichgelagerte Interessen verfolgen. Wegen § 26 Abs. 2 S. 3 BDSG ist die Einwilligung regelmäßig schriftlich oder elektronisch einzuholen (dazu Laue/Nink/Kremer DatenschutzR/Laue/Nink/Kremer § 3 Rn. 25 und § 11 Rn. 28 ff.) und sollte als Anlage zur Nutzungsvereinbarung genommen werden; zur Frage, über was der Einwilligende nachweislich vor Abgabe seiner Erklärung informiert worden sein muss, verweist der EuGH pragmatisch, wenn auch systemwidrig, auf Art. 13 DS-GVO (vgl. EuGH 1.10.2019 – C-673/17, ZD 2019, 556 Rn. 75 ff.); zur Einwilligung generell → Form. I. II. und durch Beschäftigte → Form. H. I. Der Bestand der Nutzungsvereinbarung kann vom Bestand der Einwilligung trotz des in Art. 7 Abs. 4 DS-GVO formulierten Kopplungsverbots abhängig gemacht werden. Denn wie oben ausgeführt ist die Einwilligung mangels gesetzlicher Erlaubnistatbestände zur Erfüllung der Nutzungsvereinbarung zu BYOD für den Arbeitgeber erforderlich. Denkbar wäre etwa folgender Text für die Einwilligung:

„Ich willige in die Verarbeitung meiner privaten, personenbezogenen Daten im Zusammenhang mit der von mir unterzeichneten Nutzungsvereinbarung zu Bring Your Own Device vom [DATUM] ein. Diese Einwilligung kann ich jederzeit mit Wirkung für die Zukunft widerrufen. Mit dem Widerruf der Einwilligung endet automatisch die Nutzungsvereinbarung zu Bring Your Own Device. Art und Umfang der Datenverarbeitung sowie meine Rechte als betroffene Person ergeben sich aus den Datenschutzinformationen des Arbeitgebers zu Bring Your Own Device."

Ein Ersetzen der Einwilligung durch die Schaffung passender Erlaubnistatbestände durch die Betriebspartner in einer Betriebsvereinbarung kommt nicht in Betracht; Art. 88 Abs. 1 DS-GVO erlaubt unter Beachtung der Vorgaben aus Art. 88 Abs. 2 DS-GVO ausschließlich Regelungen zum „Ob" einer Datenverarbeitung, kann jedoch die nach dem EuGH „erschöpfende und abschließende Liste" möglicher Bedingungen einer zulässigen Datenverarbeitung aus Art. 6 Abs. 1 S. 1 DS-GVO nicht erweitern (EuGH 21.12.2023 – C-667/21, ZD 2024, 146 Rn. 75; EuGH 30.3.2023 – C-34/21, ZD 2023, 391 Rn. 70). Eine (nicht vom Arbeitgeber erzwingbare) Betriebsvereinbarung allein reicht jedoch ohnehin nicht aus, um BYOD einzuführen (→ Anm. 1, 2); indes kann der Abschluss aus anderem Grund zwingend sein (→ Anm. 12; Muster einer Betriebsvereinbarung zu BYOD in Oberthür/Seitz Betriebsvereinbarungen/Panzer-Meemeier B.V.2.b.cc Rn. 150).

Für Informationen, die in den Schutzbereich des Fernmeldegeheimnisses fallen (zur Abgrenzung qua Bestimmung des Begriffs „Telekommunikation", vgl. EuGH 5.6.2019 – C-142/18, MMR 2019, 517 und EuGH 13.6.2019 – C-193/18, NJW 2019, 2597; europarechtskonform anzuwenden ist dann § 3 Abs. 2 TDDDG; → Form. C. VII. 2.) ist zu beachten, dass § 3 Abs. 3 TDDDG die Möglichkeit einer Einwilligung nicht kennt (str., dazu HK-TTDSG/Assion § 3 Rn. 138 ff.; zur teilweisen Europarechtswidrigkeit von § 3 TTDSG BeckOK IT-Recht/Heilmann/Herrmann TTDSG § 3 Rn. 33). Allerdings ist bei Verwendung einer SIM-Karte des Arbeitnehmers davon auszugehen, dass der Arbeitgeber hierdurch nicht zum Anbieter von Telekommunikationsdiensten iSv § 3 Nr. 1 TKG wird. Eine erhebliche Änderung auch des Datenschutzrechts im Bereich elektronischer Kommunikation steht indes mit Blick auf die ePrivacy-VO, welche die RL 2002/58/EG dereinst einmal ablösen soll, weiterhin aus.

**22. Entgelt für die Nutzung zu betrieblichen Zwecken.** Die Einräumung der Nutzungsmöglichkeit am Endgerät des Arbeitnehmers ist für den Arbeitgeber ein Wirtschaftsgut, welches vom Arbeitgeber steuerrechtlich zu bewerten und ggf. zu berücksichtigen ist. Würde man anders als im Muster eine monatliche Vergütung des Arbeitnehmers vorsehen, wären dies Betriebsausgaben des Arbeitgebers, die der Arbeitnehmer als Einnahmen zu versteuern hätte (Koch ITRB 2012, 35 (38)).

**23. Aufwendungsersatz.** Um als formularmäßige Vereinbarung der Inhaltskontrolle für Allgemeine Geschäftsbedingungen nach § 307 Abs. 2 Nr. 1 BGB standzuhalten, muss die Pauschale so bemessen sein, dass sie folgende Kostenfaktoren und typische Risiken beim Arbeitnehmer abdeckt: durch die betriebliche Nutzung des Endgeräts entstehende Entgelte für Telekommunikationsleistungen (differenzierend Arning/Moos/Becker CR 2012, 592), durchschnittlich zu erwartende Reparaturkosten oder Versicherungsprämien gegen Beschädigung, Verlust oder Zerstörung (etwa entsprechend dem Abschreibungswert oder marktüblichen Leasingraten; zum Zusammenspiel mit der Reparaturpflicht des Arbeitnehmers bei Beschädigung des Endgeräts → Anm. 10).

**24. Lizenzmanagement.** Für Anwendungen, die der Arbeitgeber gem. § 5 Abs. 3 auf dem Endgerät installiert und die der Arbeitnehmer zu betrieblichen Zwecken nutzt, werden regelmäßig ausreichende Nutzungsrechte vorliegen. Problematisch ist die Verwendung anderer Anwendungen auf dem Endgerät des Arbeitnehmers, etwa ein auf dem Endgerät vorinstalliertes Office-Paket, welches der Arbeitnehmer zu betrieblichen Zwecken nutzen will. Die Lizenzbedingungen können insoweit vorgeben, dass Anwendungen ausschließlich zu privaten Zwecken oder zu Bildungszwecken (sog. Education- oder Bildungs-Lizenzen) genutzt werden dürfen. Der Arbeitgeber hat ein erhebliches Interesse daran, dass der Arbeitnehmer durch die betriebliche Nutzung privater Anwendungen keine Urheberrechtsverletzungen begeht, weil der Arbeitgeber für diese verschuldensunabhängig gem. § 99 UrhG haften würde (Wandtke/Bullinger/Bohne UrhG § 99 Rn. 1). Zudem machen sich Arbeitgeber, die BYOD realisieren, ohne sich der Lizenzierungsfrage anzunehmen, unter Umständen gem. §§ 106, 108a UrhG als Teilnehmer oder täterschaftlich durch Unterlassen als Überwachergarant oder aus Ingerenz strafbar (Herrnleben MMR 2012, 205). Dem tragen die § 2 Abs. 4, § 8 Abs. 2 Rechnung. Ein vergleichbares Problem ergibt sich auch in anderem Kontext. Sofern das Endgerät zur Telekommunikation fähig ist (etwa Smartphones), hat der Arbeitnehmer zumeist auch einen Vertrag mit einem Telekommunikationsdiensteanbieter. Diese Verträge enthalten häufig Beschränkungen, wonach der Kunde die vom Telekommunikationsdiensteanbieter erbrachten Leistungen nur im jeweils vereinbarten Umfang nutzen darf. Auch insoweit kann eine betriebliche Nutzung ausdrücklich ausgeschlossen sein (Imping/Pohle K&R 2012, 470). Durch die betriebliche Nutzung könnte der Arbeitnehmer demnach diesen Vertrag verletzen und sich schadensersatzpflichtig machen. Unter Umständen haftet der Arbeitgeber unmittelbar aus dem Gesichtspunkt der sittenwidrigen Schädigung iSd § 826 BGB (BeckOK BGB/Förster § 826 Rn. 28), wenn er den Arbeitnehmer durch die Nutzungsvereinbarung über BYOD vorsätzlich zum Vertragsbruch verleitet.

**25. Kündigungsfristen.** Obwohl die Nutzungsvereinbarung eine Ergänzungsvereinbarung zum Arbeitsvertrag ist ( → Anm. 1), gelten für deren Kündigung weder das KSchG noch die arbeitsrechtlichen Kündigungsfristen. Diese Regelungen bezwecken ausschließlich den aus sozialen Gründen gerechtfertigten Bestandsschutz des Arbeitsverhältnisses. Mit dem Wegfall der Nutzungsvereinbarung zu Bring Your Own Device wird dieser jedoch nicht gefährdet oder gar beeinträchtigt; Konsequenz ist lediglich, dass der Arbeitnehmer (wieder) Betriebsmittel des Arbeitgebers anstelle seiner eigenen Endgeräte für die Erbringung der Arbeitsleistung zu nutzen hat. Demgegenüber ist das Schriftformerfordernis in § 623 BGB wegen der damit einhergehenden Warnfunktion auch für die Nutzungsvereinbarung zu berücksichtigen (vgl. § 10). Zu beachten ist, dass dem Arbeitnehmer über den Widerruf seiner datenschutzrechtlichen Einwilligung iSv § 6 im Zusammenspiel mit § 9 Abs. 2 faktisch ein jederzeitiges außerordentliches Kündigungsrecht zusteht. Ohne die als datenschutzrechtliche Rechtfertigung wirkende Einwilligung ist dem Arbeitgeber die Fortführung der Nutzungsvereinbarung nicht möglich.

**26. Außerordentliche Kündigung aus wichtigem Grund.** Da die Nutzungsvereinbarung eine Ergänzungsvereinbarung zum Arbeitsvertrag ist (→ Anm. 1), können Pflichtverletzungen des Arbeitnehmers betreffend die Nutzungsvereinbarung zugleich Pflichtverletzungen des Arbeitsvertrags sein. Schwerwiegende Verletzungen der Nutzungsvereinbarung können daher nicht nur zur außerordentlichen Kündigung derselben aus wichtigem Grund führen, sondern auch zur außerordentlichen Kündigung des Arbeitsvertrags aus wichtigem Grund. Eine solche verhaltensbedingte Kündigung des Arbeitsvertrags verlangt allerdings (a) regelmäßig eine vorherige Abmahnung des Arbeitgebers (ErfK/Niemann BGB § 626 Rn. 29 ff.), und (b) die Beachtung des KSchG, soweit dessen Geltungsbereich gemäß § 23 KSchG eröffnet ist.

## 5. Social-Media-Guideline

Der Umgang von Arbeitnehmern mit Social Media kann durch den Arbeitgeber mit unterschiedlichen Instrumenten beeinflusst werden. Um zu einer sinnvollen Ausgestaltung zu gelangen, sollte der Arbeitgeber sich zuvor auf seine Social-Media-Strategie festlegen. Hierfür ist das Muster keine Vorlage, dieses bildet vielmehr eine vom Arbeitgeber gewollte, Social Media freundliche Strategie ab (Hilfestellung zur Strategiebildung Schwartmann/Keber/Silberkuhl Social Media im Unternehmen S. 12 ff.). Der Kern von Social Media ist die Befassung mit Sachthemen, also das Verbreiten von Inhalten und der anschließende Dialog hierüber. In Betracht kommt deshalb eine Verwendung von Social Media als Absatzkanal oder Recruitment-Option (weitere Beispiele siehe Hoeren/Sieber/Holznagel MMR-HdB/Solmecke Teil 21.1 Rn. 1; Hoffman/Lex RDi 2021 242 (245); Kramer IT-ArbR/Oberthür § 2 Rn. 780 ff.). Heute wird Social Media von Arbeitgebern überwiegend für Customer Care und das Monitoring der eigenen Marke, des eigenen Images und zu Zwecken des Wettbewerbs genutzt, ggf. auch mittelbar über Influencer (→ Anm. 4).

Teil der Social-Media-Strategie muss neben der eigenen, unternehmerischen Verwendung von Social Media eine eindeutige Positionierung des Arbeitgebers zu der Frage sein, wie er zur privaten Nutzung von Social Media durch seine Arbeitnehmer steht. Die Einflussnahme hierauf ist Gegenstand dieser Social-Media-Guideline. Grundsätzlich stehen dem Arbeitgeber für eine solche Einflussnahme sowohl für die betriebliche als auch für die private Nutzung von Social Media durch die Arbeitnehmer verschiedene Instrumente zur Verfügung. Diese Instrumente sind unverbindliche Leitlinien, Weisungen im Rahmen des Direktionsrechts, individualvertragliche Vereinbarungen (dazu Hümmerich/Reufels Gestaltung ArbV/Borgmann/Müller § 1 Kap. 56 Rn. 3436 ff.; Klauseln bei Hümmerich/Reufels Gestaltung ArbV/Borgmann/Müller § 1 Rn. 3455) und kollektivrechtliche Regelungen wie Betriebsvereinbarungen (Thüsing Beschäftigtendatenschutz/Thüsing/Traut § 14 Rn. 64 ff.). Dabei empfehlen sich stets umfassende Regelungen. Denn 81 Prozent der deutschen Bevölkerung sind in Deutschland sind in mindestens einem, durchschnittlich sogar in mehr als sechs sozialen Netzwerken angemeldet (siehe Statistiken unter https://blog.hubspot.de/marketing/social-media-in-deutschland). Für den Arbeitgeber sind die Gefahren dieselben, gleich zu welcher Zeit der Arbeitnehmer Social Media nutzt (während oder außerhalb der Arbeitszeit) und mittels wessen Hardware die Nutzung vollzogen wird (betriebliche oder private Endgeräte; zu Bring Your Own Device → Form. D. III.4.). Deshalb ist die Nutzung von Social Media durch Arbeitnehmer stets ganzheitlich zu betrachten und umfassend im Rahmen der rechtlichen Gestaltungsmöglichkeiten zu beeinflussen.

Allerdings ist die persönliche Lebensgestaltung der Regelungsmacht des Arbeitgebers entzogen. Deshalb können dem Arbeitnehmer außerhalb seiner Arbeitszeit auf Grundlage des Arbeitsvertrags keine verbindlichen Verhaltensregeln vorgeschrieben werden (BAG 22.7.2008 – 1 ABR 40/07, NJW 2008, 3731). Auch kollektivrechtliche Regelungen entfalten ihre Wirkung nur im Betrieb, sodass auch die Betriebspartner oder Tarifparteien keine verbindlichen Regelungen für das Verhalten von Arbeitnehmern in deren Freizeit treffen können. Es ist jedoch im Einzelfall zu prüfen, ob ein Verhalten außerhalb der Arbeitszeit tatsächlich nur der „persönlichen Lebensgestaltung" dient. Denn der Begriff des Betriebs ist nicht räumlich, sondern funktional zu verstehen, sodass auch Verhalten in der Freizeit, etwa das Tätigen von Investitionen oder nebenberufliches Engagement, durch mittelbare Auswirkungen wie bei Interessenkollisionen Teil des betrieblichen Geschehens werden kann (BAG 22.7.2008 – 1 ABR 40/07, NJW 2008, 3731; BAG 28.5.2002 – 1 ABR 32/01, NZA 2003, 166). Damit werden Teile des privaten Lebensbereichs dem Arbeitsverhältnis zugerechnet, sodass sie der Regelungsmacht des Arbeitgebers und damit auch kollektivrechtlichen Vereinbarungen zugänglich sind (siehe auch Thüsing Beschäftigtendatenschutz/Wurth/Willemsen § 5 Rn. 71). Diese enge Ausnahme kann allerdings nicht für generelle, an alle Arbeitnehmer gerichtete abstrakte Regelungen in Anspruch genommen werden, wie dies bei einer Social-Media-Guideline der Fall ist. Wegen der privaten Nutzung von Social-Media-Angeboten können Arbeitnehmer deshalb weder angewiesen werden, sich in bestimmter Weise zu verhalten, noch hat der Arbeitgeber ein Recht auf Offenlegung der Korrespondenz, die über diesen Zugang geführt wird (Oberwetter NJW 2011, 417; Gabriel/Cornels MMR-Aktuell 2011, 316759; als nicht geklärtes Spannungsverhältnis bezeichnen das Hoffmann/Lex RDi 2021, 242 (246)); zulässig wäre demgegenüber ein vollständiges Verbot der Social Media-Nutzung während der Arbeitszeit zu anderen Zwecken als der Erfüllung des Arbeitsvertrags (Hümmerich/Reufels Gestaltung ArbV/Borgmann/Müller § 1 Rn. 3439). Bei einer ganzheitlichen Betrachtung bleibt von den genannten Instrumenten also nur die unverbindliche Richtlinie als Regelungsinstrument.

Die Richtlinie im Muster soll Arbeitnehmern vor Augen führen, welche ihrer Verhaltensweisen zu welchen Reaktionen des Arbeitgebers führen kann, wobei es nur um die Ausübung der dem Arbeitgeber ohnehin aufgrund des Arbeitsvertrags und der gesetzlichen Regelungen zustehenden Rechte geht. Mit dieser gleichförmigen Rechteausübung gegenüber allen Mitarbeitern ist die Richtlinie einseitig zu Lasten des Arbeitgebers verbindlich. Wird etwa eine Abmahnung erst für den zweiten Verstoß gegen die Richtlinie und die Kündigung erst für den dritten Verstoß in Aussicht gestellt, bedarf eine sofortige außerordentliche Kündigung aus wichtigem Grund beim ersten Verstoß aufgrund des allgemeinen arbeitsrechtlichen Gleichbehandlungsgrundsatzes eines noch größeren Begründungsaufwands als ohnehin schon, wenn sie denn entgegen der Richtlinie überhaupt möglich ist. Diese Herangehensweise ist vergleichbar mit den Erwägungen zur Selbstbindung der Verwaltung bei

Ermessensentscheidungen (Stelkens/Bonk/Sachs/Sachs VwVfG § 40 Rn. 104ff.), die auf den verfassungsmäßigen Gleichbehandlungsgrundsatz zurückgehen.

§ 1 Warum eine Social-Media-Richtlinie und an wen richtet sie sich?[1]

(1) Wir sind ein modernes Unternehmen mit modernen Mitarbeitern. Deshalb gehört für uns die Nutzung sozialer Netzwerke wie Facebook und Instagram sowie anderer sozialer Netzwerke wie Twitter/X genauso selbstverständlich zum Geschäftsbetrieb, wie sie für die meisten von Ihnen zu Ihrem Privatleben gehört. Wir richten unsere Profile in sozialen Netzwerken immer selbst ein und pflegen diese ausschließlich durch die von uns damit befassten Mitarbeiter. Mit Ihren Kollegen, die diese Aufgaben wahrnehmen, haben wir arbeitsvertraglich spezielle Regelungen vereinbart.[2] Demgegenüber richtet sich diese allgemeine Richtlinie an alle unsere Mitarbeiter.

(2) Wir wollen Ihnen mit dieser Richtlinie eine Hilfestellung geben, was Sie aus unserer Sicht immer beherzigen sollten, wenn Sie Social Media nutzen.[3] [EVENTUELL ZUSÄTZLICH:] Die Hinweise gelten gleichermaßen für Ihre privaten Aktivitäten und im Einzelfall auch für die Nutzung von Social Media für die Zwecke unseres Unternehmens.[4] [ENDE DES ZUSATZES] Dabei beschränken wir uns jedoch auf Hinweise für alltägliche Vorgänge in Social Media sowie besonders Wichtiges. Mit dieser Richtlinie werden Ihnen also keine neuen Pflichten auferlegt.

(3) [ENTWEDER:] Wir möchten Sie zunächst daran erinnern, dass eine Nutzung der Geräte und Internetverbindung unseres Unternehmens für private Zwecke und damit auch zur Nutzung von Social Media zu privaten Zwecken verboten ist. Daran wird durch diese Richtlinie nichts geändert. [ODER:] Für die nachfolgenden Hinweise kommt es nicht darauf an, ob Sie Social Media mit ihrem privaten Computer oder mit den Ihnen von uns an Ihrem Arbeitsplatz oder sonst zur Verfügung gestellten Geräten nutzen.[5] [ENDE DER ALTERNATIVE]

(4) Anlass für diese Richtlinie ist, dass es leider immer wieder vorkommt, dass von Mitarbeitern die Grenzen „reiner Privatsachen" überschritten werden. Während dies bei Beleidigungen und anderen Straftaten für alle Beteiligten meistens offensichtlich ist, ist zB die Grenze zu Verletzungen der allen Mitarbeitern obliegenden arbeitsvertraglichen Treue- und Geheimhaltungspflicht oft nicht eindeutig bestimmbar. Mit dieser Richtlinie wollen wir Sie auf rechtliche Risiken und Gefahren aufmerksam machen, damit Sie diese vermeiden, um sich selbst und zugleich auch uns zu schützen, wovon Sie wiederum als Teil unseres Unternehmens profitieren.

§ 2 Die wichtigsten Spielregeln[6]

(1) Treuepflicht: Sie dürfen auch im privaten Bereich die Interessen Ihres Arbeitgebers nicht beeinträchtigen. Vor allem darf der Ruf unseres Unternehmens nicht geschädigt werden. Direkte oder indirekte Bezugnahmen auf uns sollten Sie deshalb vermeiden. Bilder oder Texte aus dem privaten Bereich sind selbstverständlich nicht verboten, aber achten Sie hierbei bitte darauf, keinen erkennbaren Kontakt zu unserem Unternehmen herzustellen. [EVENTUELL ZUSÄTZLICH:] Eine klare Trennung zwischen Beruf und Privatleben ist uns sehr wichtig.[5] [ENDE DES ZUSATZES] Zu vermeidende Beispiele: Diskreditierende oder peinliche Aussagen oder Bilder, die einen Bezug zu unserem Unternehmen haben, zB Partybilder eines Team-

leiters mit unserem Logo auf dem T-Shirt und Kommentaren wie „Wir saufen uns hier jeden Abend auf Kosten von [...] die Hucke voll – wenn der das wüsste" oder „OMG, die Idioten von [...] sind alles durchgeknallte Aluhutträger und glauben an Chemtrails" oder „Mein Chef ist ein rassistischer Mistkerl, der den ganzen Tag ausländerfeindliche Witze reißt".

(2) Äußerungen in unserem Namen: Wie Sie wissen, dürfen Sie sich für unser Unternehmen in der Öffentlichkeit nur äußern, wenn Sie dazu ausdrücklich berechtigt sind. Deshalb sollten Sie immer Ihre Meinung als private Äußerung kenntlich machen, falls die Gefahr besteht, dass Dritte diese Äußerung als eine Äußerung unseres Unternehmens auffassen könnten. Wenn Sie zulässigerweise Angaben über uns machen, müssen diese der Wahrheit entsprechen.[3]

(3) Geheimhaltung: Auch außerhalb Ihrer Arbeitszeit müssen Sie unsere Geschäftsgeheimnisse geheim halten; das gilt auch gegenüber Freunden und Familienangehörigen. Nicht der Geheimhaltung bedürfen nur solche Angaben, die mit unserem Unternehmen im Zusammenhang stehen und die für jedermann offenkundig sind, zB weil in den Medien bereits darüber berichtet worden ist. Zu vermeidende Beispiele: Tweet mit dem Inhalt „Morgen fliegt Kollege XY raus – haha, der weiß noch nix davon" oder „Unser neues Produkt [...] wird super!" nebst Produktabbildung mit noch geheimen Logo oder Abspeichern von individuellen Kundenverträgen in der „Cloud" anstatt auf unserem zentralen Server.

(4) Urheber- und Markenrechte: Texte, Fotos, Zeichnungen (auch Entwürfe) und Filmmaterial sind meistens durch das Urheberrecht geschützt. Eine Verwendung ist in der Regel nur mit vorheriger Zustimmung des Urhebers oder sonstigen Rechteinhabers (zB Verlag) zulässig. Ohne eine solche Zustimmung dürfen derartige Inhalte insbesondere nicht kopiert und/oder über Social Media öffentlich zugänglich gemacht werden. Auch die Verwendung von Logos, Firmennamen oder Produktbezeichnungen ist häufig nur nach vorheriger Zustimmung des Rechteinhabers möglich. Das gilt ebenso für unsere Logos und Schriftzüge, die durch das Markenrecht geschützt werden.[5] Zu vermeidende Beispiele: Ein Mitarbeiter verwendet unser Logo als Teil seines Profilfotos auf Facebook.

(5) Recht am eigenen Bild: Bilder von anderen Personen dürfen normalerweise nicht ohne deren vorherige Zustimmung veröffentlicht werden. Eine Veröffentlichung ohne Zustimmung verletzt zwar nicht automatisch die Rechte unseres Unternehmens, aber die der abgebildeten Person/-en. Zu vermeidende Beispiele: Foto von der letzten Weihnachtsfeier, auf dem Kolleginnen und Kollegen Arm in Arm zu sehen sind, die in die Veröffentlichung des Fotos nicht eingewilligt haben.

(6) Daten- und Informationssicherheit:[7] Die sichere Verarbeitung personenbezogener Daten dient nicht nur dazu, dass wir dem geltenden Datenschutzrecht genügen, sondern schützt auch unsere geschäftlichen Interessen. Geschäftsgeheimnisse müssen vor unberechtigten Zugriffen Dritter geschützt werden. Dies wird nahezu unmöglich, wenn diese Dritten sich Ihrer Profile bedienen und damit vortäuschen, Sie zu sein. Deshalb sollten Sie stets sichere Passwörter [EVENTUELL ZUSÄTZLICH:] entsprechend unserer Passwort-Richtlinie [ENDE DES ZUSATZES] verwenden und bei Bedarf Ihre Passwörter abändern. Fragen hierzu beantworten Ihnen gerne auch unser Datenschutzbeauftragter und unser Informationssicherheitsbeauftragter. Sie sollten niemals darauf vertrauen, dass sich hinter einem Profil, mit dem Sie gerade zB chatten, tatsächlich auch die Ihnen persönlich bekannte Person steckt.

Denn auch deren Profil könnte von einem Dritten missbraucht werden. Tauschen Sie sich deshalb niemals mittels Social Media über geheimhaltungsbedürftige Themen aus, auch dann nicht, wenn Sie glauben, ihr Gegenüber (zB ein Arbeitskollege) würde das „Geheimnis“ ja ohnehin selbst auch kennen.

§ 3 Verstöße gegen Spielregeln

(1) Die Pflichten, die den Spielregeln zugrunde liegen, enden nicht automatisch, wenn sich unsere Wege trennen. Auch nach Beendigung eines Arbeitsverhältnisses können insbesondere Treue- und Geheimhaltungspflichten fortwirken und deshalb können Sie auch dann noch gegen diese verstoßen.[8]

(2) Es ist nicht unser Anliegen, auf jede Missachtung der Spielregeln in dieser Richtlinie mit einer Abmahnung oder gar einer Kündigung zu reagieren. Auch wenn dies im Einzelfall notwendig sein kann, wollen wir Sie nicht abschrecken, sondern ganz im Gegenteil ermutigen, Social Media zu nutzen.

(3) Weil Sie selbst ein Gefühl dafür bekommen sollen, was Social Media ist und was mit Social Media möglich ist, wollen wir Ihnen jede Angst nehmen, dass wir in Ihrem Verhalten nach Kündigungsgründen suchen. Wenn wir der Meinung sein sollten, dass Sie Spielregeln missachtet haben, werden wir (abgesehen von Fällen offensichtlicher und schwerwiegender oder vorsätzlicher Rechtsverletzungen) zunächst das Gespräch mit Ihnen suchen. Sollten Sie der Meinung sein, dass in einem bestimmten Social-Media-Angebot eine Geschäftschance für uns liegt, freuen wir uns, wenn Sie mit uns das Gespräch suchen. Über etwaige Belohnungen werden wir im Einzelfall entscheiden. In allen diesen Gesprächen, ob aus positivem oder negativem Anlass, wollen wir Ihnen auf Augenhöhe begegnen. Die Ergebnisse der Gespräche werden wir, mit Ihrem Einverständnis oder auf Ihren Wunsch ohne jeden Bezug zu Ihrer Person, im Kreis aller Mitarbeiter bekannt geben, damit alle von diesen Erfahrungen profitieren können.

(4) Darüber hinaus wollen wir Ihnen anbieten, dass Sie sich immer dann, wenn Sie selbst einen eigenen Verstoß gegen die Spielregeln feststellen, sich vertrauensvoll an uns wenden können. Auch wenn Sie Fragen haben oder im Einzelfall unsicher sind, „was geht und was nicht geht“, freuen wir uns, wenn Sie das Gespräch mit uns suchen. Bitte wenden Sie sich direkt an [Name, Kontaktdaten].

(5) Sollten Sie selbst in vorstehendem Sinne mit uns das Gespräch gesucht haben, werden wir dies in jedem Fall berücksichtigen. Da wir jedoch nicht abschätzen können, wie ein Verstoß gegen diese Spielregeln im konkreten Fall aussehen wird und ob Sie gegebenenfalls im Einzelfall böswillig eine Straftat begangen haben, müssen wir darauf hinweisen, dass wir gegebenenfalls auch von arbeitsrechtlichen Sanktionsmitteln wie Abmahnungen und Kündigungen Gebrauch machen werden. Selbstverständlich erfolgt die Reaktion immer bezogen auf den konkreten Einzelfall; eine allgemeine Regel, wann eine Abmahnung oder eine Kündigung erfolgt, wollen und können wir nicht aufstellen.

§ 4 Zum Schluss

(1) Wie Sie sehen, wollen wir uns der herausragenden Bedeutung von Social Media für die Gesellschaft und den damit bestehenden Möglichkeiten, uns im sozialen Netz ein Gesicht zu geben und das positive Bild unseres Unternehmens in die Inter-

**netöffentlichkeit zu transportieren, nicht verschließen. Wenn Sie Interesse haben, daran regelmäßig mitzuwirken oder Fotos, Geschichten von und über uns haben, die für eine Veröffentlichung geeignet sind, freuen wir sehr darüber. Bitte wenden Sie sich direkt an [Name, Kontaktdaten].**

**(2) Diese Richtlinie gilt nicht auf alle Ewigkeit. Wir freuen uns, wenn Sie Ihre Erfahrungen an uns weitergeben und wir die Spielregeln so im Lauf der Zeit nicht nur an Ihre und unsere Bedürfnisse, sondern auch an den technischen Fortschritt anpassen können. Für Anregungen und ein offenes Gespräch stehen wir deshalb jederzeit zur Verfügung.**

**Vielen Dank!**

## Anmerkungen

**1. Zweck der Richtlinie und Vorgehen bei der Einführung.** Für den Arbeitgeber ist das Eingehen einer Selbstbindung durch eine Social-Media-Guideline keinesfalls negativ. Durch die mit einer solchen Richtlinie einhergehende Sensibilisierung der Arbeitnehmer für Verhaltensweisen, welche diese selbst ggf. gar nicht als problematisch eingeschätzt hätten, in Verbindung mit dem Hinweis auf etwaige Sanktionen erreicht der Arbeitgeber eine positive Verhaltenssteuerung (Braun NJ 2013, 104; Köhler Social Media Management S. 55). Dies kann tatsächlich den Schutz der Interessen und Werte des Arbeitgebers erhöhen, ohne dass er sich durch eine Social-Media-Guideline neue Handlungsoptionen bei Rechtsverletzungen wie Rufschädigungen verschafft. Zur Erreichung dieser Ziele taugt die Richtlinie aber nur, wenn sie von den Mitarbeitern in der überwiegenden Mehrheit berücksichtigt wird. Daher muss sie mindestens leicht verständlich sein (Diercks K&R 2014, 1).

Soweit die Richtlinie sich wie das Muster auf eine Selbstbindung des Arbeitgebers beschränkt und ansonsten keine eigenständigen Rechte und Pflichten begründet, sondern lediglich die geltende Rechtslage sowie die denkbaren Reaktionen des Arbeitgebers bei Zuwiderhandlungen beschreibt, unterfällt mangels Eingriffs in die Ordnung im Betrieb die Einführung einer solchen Richtlinie nicht dem Mitbestimmungsrecht des Betriebsrats (ebenso Hoeren/Sieber/Holznagel MMR-HdB/Solmecke Teil 21.1 Rn. 79; aA Gutzeit NZA 2021 301 [303]). Ob im Übrigen ein Mitbestimmungsrecht des Betriebsrats wegen der Social Media-Richtlinie insgesamt oder wegen Teilen hiervon besteht (BAG 22.7.2008 – 1 ABR 40/07, NJW 2008, 3731) ist abhängig von den konkreten Inhalten der Richtlinie und eine Frage des Einzelfalls (Beispiele bei Thüsing Beschäftigtendatenschutz/Thüsing/Traut § 14 Rn. 62). Rechtsprechung ist hierzu bislang nicht ersichtlich (zum Mitbestimmungsrecht des Betriebsrats bei der Nutzung von Social Media durch den Arbeitgeber selbst siehe BAG 13.12.2016 – 1 ABR 7/15, NZA 2017, 657, zu Facebook; LAG Hamburg 13.9.2018 – 2 TaBV 5/18, MMR 2019, 64, zu Twitter/X; zur Mitbestimmung bei aktiver Kommentarfunktion VG Berlin 29.5.2020 – VG 72 K 7.19 PVB, BeckRS 2020, 33438). Abhängig von den Inhalten der Richtlinie kommen als Mitbestimmungstatbestände § 87 Abs. 1 Nr. 1, Nr. 3, Nr. 6, Nr. 14 BetrVG und §§ 94, 95 BetrVG in Betracht (ausf. Kramer IT-ArbR/Oberthür § 2 Rn. 788 ff.). Ungeachtet eines Mitbestimmungsrechts ist der Betriebsrat jedenfalls rechtzeitig und umfassend über die Einführung einer solchen Richtlinie zu informieren, vgl. § 80 Abs. 2 S. 1

BetrVG (zur Erforderlichkeit eines Sachverständigen nach § 80 Abs. 3 S. 2 BetrVG Redeker IT-Verträge-HdB/Kremer/Lenzen Kap. 5.6 Rn. 13c) und ggf. auch § 102 Abs. 2, 3 BetrVG. Flankierend kann seitens des Arbeitgebers ein sog. Social-Media-Workshop unter Beteiligung der Arbeitnehmer durchgeführt werden (dazu Köhler Social Media Management S. 240), welcher dem Arbeitgeber zudem wertvollen Input für Problemfelder und Formulierungen liefern kann.

**2. Social-Media-Arbeit als Teil der Arbeitsleistung.** Für die in § 1 Abs. 1 S. 2 des Musters angesprochenen Arbeitnehmer in Vertrieb, Marketing oder PR-Abteilung kann es zu den arbeitsvertraglich geschuldeten Pflichten gehören, die auf das Unternehmen angelegten Profile in Social-Media-Angeboten zu betreuen. Die Zuweisung dieser Pflicht zu einer bestimmten Abteilung im Unternehmen richtet sich nach dessen Social-Media-Strategie (→ Vorb., zum Beruf des Social Media Managers siehe Pein Social Media Manager). Die Art und Weise der Erfüllung dieser Pflichten bedarf sodann der gesonderten Festlegung durch den Arbeitgeber, insbesondere auch mit Blick auf die Einhaltung der gesetzlichen Arbeitszeit (Hoffmann/Lex RDi 2021 242 (246); dazu BAG 13.9.2022 – 1 ABR 22/21, NZA 2022, 1616; Bayreuther NZA 2023, 193). Gehört es nach dem Anstellungsvertrag zu den Aufgaben des Arbeitnehmers, den Arbeitgeber in beruflichen oder privaten Zwecken der Nutzer dienenden sozialen Netzwerken zu repräsentieren (beides ist zulässig, zu Recht Moos/Ziegler § 26.17), etwa weil er ausdrücklich als „Social-Media-Manager“ eingestellt wurde, kann der Arbeitnehmer die Anweisung, einen Account in einem bestimmten sozialen Netzwerk anzulegen und die dafür erforderlichen personenbezogenen Daten preiszugeben, nicht mit „Datenschutzbedenken“ verweigern (BAG 25.9.2013 – 10 AZR 270/12, ZD 2014, 154 mAnm Hornung ZD 2014, 158; krit. Moos Datenschutz/Zieger § 26.15). Sollen Arbeitnehmer mit Aufgaben betraut werden, die auch zur Einrichtung von Social-Media-Accounts für den Arbeitgeber führen können, sollte zuvor eine Zuordnung getroffen werden, wem diese Accounts gehören, damit auch eine rechtliche Zuordnung der unter dem Account verfügbaren Inhalte oder Follower möglich ist. Zu differenzieren sind insoweit privat genutzte Accounts, dienstlich genutzte Accounts und selbstständige Unternehmens-Accounts (grdl. BGH 19.12.2002 – I ZR 119/00, GRUR 2003, 453; Mustertexte hierzu bei Redeker IT-Verträge-HdB/Kremer/Lenzen Kap. 5.6 Rn. 50ff.). Wird eine solche Zuordnung nicht getroffen und „nimmt“ ein Arbeitnehmer einen Social-Media-Account „mit“, kann dem Arbeitgeber ein erheblicher wirtschaftlicher Nachteil entstehen, zB durch den Verlust langjährig aufgebauter Follower zu einem Twitter/X-Account. Allerdings setzen Schadensersatzansprüche gegen einen ausgeschiedenen Arbeitnehmer, der den Account „mitnimmt“, die konkrete Bezifferung des Schadens voraus, was die Geltendmachung solcher Ansprüche in der Praxis meist verhindert (weiterführend Hoffmann-Remy/Tödtmann NZA 2016, 792 mwN), von prozessualen Fragen der Darlegungs- und Beweislast ganz abgesehen (ArbG Hamburg 24.1.2013 – 29 Ga 2/13, BeckRS 2013, 68150).

**3. Zeitliche Geltung der Richtlinie.** Die im Muster formulierte Richtlinie gilt immer, adressiert aber im Wesentlichen das Verhalten des Arbeitnehmers außerhalb der Arbeitszeit. Denn während der Arbeitszeit ist zu arbeiten, nicht privat zu kommunizieren. Private Kommunikation während der Arbeitszeit, die über eine „verhältnismäßig nicht erhebliche Zeit“ iSv § 616 S. 1 BGB hinaus geht oder den durch Arbeitsvertrag oder Betriebsvereinbarung festgelegten Rahmen überschreitet, kann als

Arbeitszeitbetrug gem. § 263 Abs. 1 StGB strafbar sein (ausf. Ascheid/Preis/Schmidt/Vossen BGB § 626 Rn. 285 ff.). Der Arbeitgeber kann zudem zur außerordentlichen Kündigung aus wichtigem Grund berechtigt sein (BAG 6.9.2007 – 2 AZR 264/06, NJW 2008, 1097; LAG Nds 31.5.2010 – 12 Sa 875/09, NJW 2010, 8).

**4. Geltung der Richtlinie für Nutzungen zu bestimmten Zwecken.** Im Muster wird wegen des hier gewählten ganzheitlichen Ansatzes (→ Anm. 1) nicht zwischen der Nutzung von Social Media zu betrieblichen oder privaten Zwecken differenziert. Die Nutzung zu betrieblichen Zwecken wird ergänzend durch die Arbeitsverträge mit den entsprechenden Arbeitnehmern konkretisiert (→ Anm. 2). Alternativ könnte man in der Richtlinie ein vollständiges Verbot der betrieblichen Nutzung durch arbeitsvertraglich nicht hiermit befasste Arbeitnehmer aussprechen. Dies erscheint auf den ersten Blick nicht nur wegen der Providerhaftung des Arbeitnehmers für eigene Inhalte aus Art. 6 Abs. 2 Gesetz über digitale Dienste sinnvoll (dazu NK-DSA/Hofmann Art. 6 Rn. 14 ff.) oder wegen des Risikos von Schadensersatzansprüchen betroffener Personen aus Art. 82 DS-GVO bei datenschutzwidrigen Datenverarbeitungen (Moos Datenschutz/Zieger § 26.42), sondern auch wegen der verschuldensunabhängigen Zurechnung vermeintlich privaten Handelns zum Arbeitgeber (zB nach § 8 Abs. 2 UWG bei unlauterer Werbung für den Arbeitgeber in einem privaten Facebook-Profil, LG Freiburg 4.11.2013 – 12 O 83/13, MMR 2014, 118; Zurechnung einer vermeintlich neutralen Rezension zum Arbeitgeber, OLG München 10.5.2012 – 29 U 515/12, MMR 2012, 534; siehe auch § 99 UrhG; zum auch für Arbeitgeber riskanten (Corporate) Influencer Marketing Hoffmann/Lex RDI 2021, 242; Schwenke DSB 2020, 88; Fuchs-Galilea ITRB 2020, 247; Ahrens GRUR 2018, 1211; Peifer GRUR 2018, 1218; Mach DSRITB 2018, 805; KG 27.7.2018 – 5 W 149/18, MMR 2019, 114; OLG Celle 8.6.2017 – 13 U 53/17, MMR 2017, 769) oder drohenden Auseinandersetzungen bei Beendigung von Arbeitsverhältnissen (zB wegen der zukünftigen Berechtigung zur Nutzung eines bestimmten Social-Media-Profils, grdl. Ernst CR 2012, 276; Hoffmann-Remy/Tödtmann NZA 2016, 792; zur Herausgabe oder Löschung von Kontakten in einem Social-Media-Profil ArbG Hamburg 24.1.2013 – 29 Ga 2/13, BeckRS 2013, 68150). Allerdings führt selbst ein ausdrückliches Verbot der betrieblichen Nutzung als Regelung im Innenverhältnis zwischen Arbeitnehmer und Arbeitgeber wegen der zuvor angesprochenen verschuldensunabhängigen Zurechnung des Arbeitnehmerhandelns nicht zu einer Beschränkung der Haftung des Arbeitgebers im Außenverhältnis gegenüber Dritten, sodass die Vor- und Nachteile eines solchen Verbots wegen seiner (psychologischen) Wirkung auf die Arbeitnehmer sorgfältig abgewogen werden müssen. Zudem kann es gerade zur Social-Media-Strategie des Unternehmens (→ Vorb.; → Form. D. III. 1. Anm. 8) gehören, sich durch möglichst viele Mitarbeiter in Social Media repräsentieren zu lassen. Insoweit könnten individuelle private Profile mit erkennbarem Bezug zum Unternehmen geduldet oder sogar Arbeitnehmer gezielt ermutigt werden, sich in sozialen Netzwerken zu ihrem Arbeitgeber zu bekennen (zB über die Bezugnahme auf ein Unternehmensprofil in LinkedIn, dazu Hoffmann/Lex RDi 2021 242 (247)).

**5. Nutzung von Social Media mittels bestimmter Endgeräte.** Das Verbot der Nutzung betrieblicher Hardware zu privaten Zwecken ist die Ausgangslage, die durch diese Richtlinie nicht verändert werden soll. Wurde die private Nutzung betrieblicher Hardware aber durch das Unternehmen bereits im Einzelfall, durch Betriebsvereinbarung oder schlichtweg durch kollektive Duldung erlaubt, ist zur Vermeidung von Widersprüchen die alternative Formulierung zu wählen. Auf eine Differenzierung der Richtlinie nach der Art der Endgeräte oder deren eigentumsrechtlicher Zuordnung zu Arbeitgeber oder Arbeitnehmer (zu Bring Your Own Device → Form. D. III.4.) wurde verzichtet. Einen Mehrwert bietet eine derartige Differenzierung für den Arbeitgeber nicht.

**6. Anpassung des Musters an individuelle Anforderungen.** Soll das Muster an individuelle Anforderungen angepasst werden, sollten die in § 1 geregelten Themen (Anwendungsbereich, Adressatenkreis) erhalten bleiben. Ggf. sind Querverweise zwischen dieser Richtlinie und anderen Richtlinien oder Betriebsvereinbarungen im Unternehmen widerspruchsfrei herzustellen (Diercks K&R 2014, 1), zB zur erlaubten Privatnutzung (→ Form. D. III.1.) oder zu Bring Your Own Device (→ Form. D. III.4.). Die „Spielregeln" in § 2 sind frei individualisierbar. Dies gilt nicht nur für die anzusprechenden Themen, sondern insbesondere auch wegen des gegenüber den Arbeitnehmern im Unternehmen üblichen Sprachgebrauchs („Sie/Du", gendern u.a.; siehe auch die im Imperativ formulierte Muster von Moos Datenschutz/Zieger § 26, und Kramer IT-ArbR/Oberthür § 2 Rn. 842). Ggf. sind Selbstverständlichkeiten wie die gewünschten Umgangsformen anzusprechen (sog. Netiquette), Gestaltungshinweise beizufügen (BeckFormB Anwaltskanzlei/Auer-Reinsdorff L.III.3 Anm. 5), oder Beispiele gelungener Kommunikation in sozialen Netzwerken über „Best Practices" als Anlagen zur Richtlinie zu nehmen (Hoffmann/Lex RDi 2021, 242 (246)). Die Formulierungen in § 3 zu den Folgen von Verstößen gegen die Richtlinie sind von zentraler Bedeutung für die beabsichtigte Steuerung des Verhaltens der Arbeitnehmer. Das Muster ist an dieser Stelle sehr zurückhaltend formuliert, weil das Ziel durch Aufklärung und Sensibilisierung erreicht werden soll. Alternativ kann im Sinne einer Zielerreichung durch Abschreckung in § 3 deutlich drastischer formuliert werden, welches Instrumentarium an Sanktionen der Arbeitgeber nutzen wird. Dies bietet sich insbesondere an, wenn zuvor in § 2 die Mitarbeiter im Imperativ angesprochen werden (siehe Muster bei Kramer IT-ArbR/Oberthür § 2 Rn. 842: „Verstöße … werden … als arbeitsvertragliche Pflichtverletzung gewertet"). Auf § 4 mit der Aufforderung an die Arbeitnehmer zur Rückmeldung an den Arbeitgeber kann ersatzlos verzichtet werden, wenn im Unternehmen ein anderer Umgang gepflegt wird.

**7. Datensicherheit und Informationssicherheit.** Die Pflicht des Unternehmens zur Vornahme der erforderlichen technischen und organisatorischen Maßnahmen iSd Art. 24 Abs. 1, Abs. 2, 25 Abs. 1, Art. 32 DS-GVO kann nicht auf dessen Arbeitnehmer abgewälzt werden. Neben der Verarbeitung personenbezogener Daten durch die Arbeitnehmer bei der Nutzung von Social Media ist insbesondere auf den – auch ohne ausdrückliche Regelung für den Arbeitnehmer verpflichtenden (Hümmerich/Reufels Gestaltung ArbV/Borgmann/Müller § 1 Rn. 3444) – Schutz von Geschäftsgeheimnissen zu achten (→ Form. D. III.4. Anm. 8; zu Geheimnisschutz und Cybersicherheit Dittrich NZWiSt 2023, 10 ff.), ggf. auch von Berufsgeheimnissen (zum anwaltlichen Mandatsgeheimnis BeckFormB Anwaltskanzlei/Auer-Reinsdorff L.III.3. Anm. 4). Die Absicherung der privaten Profile der Arbeitnehmer liegt auch im Interesse des Unternehmens, weil ein sog. Identitätsdiebstahl bei einem Arbeitnehmer auch das Unternehmen bedrohen kann. Mit dem von Arbeitnehmern zu hegenden Misstrauen gegenüber ungeprüften Kontakten in Social Media ist zugleich das sog. Social Engineering (Ann GRUR 2014, 12; BSI IT-Grundschutz-Kompendium Edition 2023, G 0.42; BKA, Warnhinweise des BKA zum CEO-Fraud, https://www.bka.de/SharedDocs/Downloads/DE/IhreSicherheit/CEOFraud.html) als ein wesentliches Instrument der Wirtschaftsspionage und Internetkriminalität angesprochen. Bei gefährdeten Unternehmen sind neben dem Hinweis in der Richtlinie eine umfangreiche Aufklärung und Schulung der Mitarbeiter im Erkennen und Umgang mit Angriffen via Social Engineering angezeigt. Hilfestellungen zur Prävention und im Ernstfall bieten die Verfassungsschutzbehörden der Länder, die von betroffenen Unternehmen eher angefragt werden, als dass Anzeigen bei den Strafverfolgungsbehörden erstattet werden. Aber auch dort haben sich die Behörden den neuen Bedrohungslagen angepasst. So verfügen die meisten Landeskriminalämter mittlerweile über zentrale Abteilungen, die häufig als Cybercrime-Kompetenzzentrum oÄ betitelt sind und Spezialisten vorhalten, die ganzjährig rund um die Uhr erreichbar sind.

**8. Nachwirkungen eines Arbeitsverhältnisses.** Das Arbeitsverhältnis kann, wie alle Dauerschuldverhältnisse, nach seiner Beendigung noch nachwirkende Verhaltenspflichten der ehemaligen Parteien mit sich bringen, insbesondere fortgeltende Vertraulichkeitspflichten des Beschäftigten (dazu → Form. C. VII.). Hierauf wird zur Sensibilisierung der Arbeitnehmer hingewiesen.

## IV. Löschkonzepte

Es gehört zu den ausdrücklich geregelten Pflichten des Verantwortlichen wie des Auftragsverarbeiters, ein Verzeichnis aller Verarbeitungstätigkeiten zu führen (Art. 30 Abs. 1 lit. f. DS-GVO; → Form. C. II.). Das Verzeichnis ist schriftlich oder elektronisch zu führen (Art. 30 Abs. 3 DS-GVO) und auf Anfrage der Aufsichtsbehörde zur Verfügung zu stellen (Art. 30 Abs. 4 DS-GVO). Zu den Verarbeitungstätigkeiten gehört auch das Löschen (Art. 4 Nr. 2 DS-GVO), so dass auch das Löschen Teil dieses Verzeichnisses ist (sog. **Löschkonzept**) und vorliegen muss, soweit im Einzelfall die Befreiung gem. Art. 30 Abs. 5 DS-GVO wegen geringer Betriebsgröße und mangels Risikos für Rechte und Freiheiten der betroffenen Personen nicht einschlägig ist (→ Form. C. II.). Unabhängig davon ist jeder Verarbeitungsvorgang, also auch das Löschen, gem. Art. 5 Abs. 2 DS-GVO zu dokumentieren. Das geschieht durch sog. **Löschprotokolle.**

Die DS-GVO ist **technologieneutral** und erfasst dabei nicht nur digitalisierte Daten, die (zumindest teilweise) automatisiert verarbeitet werden, sondern auch analoge, also Daten, die nichtautomatisiert verarbeitet werden, aber nach bestimmten Kriterien geordnet sind (Art. 2 Abs. 1; Erwgr. 15 DS-GVO; Forgó/Helfrich/Schneider Betr. Datenschutz-HdB/Scheja/Quae/Conrad/Hausen Teil IV Kap. 1 Rn. 88; Paal/Pauly/Ernst DS-GVO Art. 2 Rn. 5, 7 ff.; zB Akten, Karteien, Fotogalerien, körperliche Archive, Listen).

Wenn es keine durch Löschkonzepte und -protokolle dokumentierten sicheren Prozesse und Verfahrensweisen für das Löschen und Vernichten von Informationen und Datenträgern gibt oder diese nicht korrekt angewendet werden, ist nicht sichergestellt, dass vertrauliche Informationen sicher und rechtzeitig zB auch nur durch Anonymisierung oder Pseudonymisierung eingeschränkt, gelöscht bzw. vernichtet werden. Damit ist nicht absehbar, wo diese Informationen oder etwaige Restinformationen verbleiben und ob diese für Dritte zugänglich sind (vgl. BSI IT-Grundschutz-Kompendium 2023 CON 6 S. 1, https://www.bsi.bund.de/DE/Themen/Unternehmen-und-Organisationen/Standards-und-Zertifizierung/IT-Grundschutz/IT-Grundschutz-Kompendium/it-grundschutz-kompendium_node.html).

Das Löschen von Altdaten und vor allem das diesbezügliche Erstellen und Umsetzen einer strukturierten Vorgabe, die die Bezeichnung „Konzept" verdient, wird in der Unternehmenspraxis oft immer noch stiefmütterlich behandelt. Vielfach geht gerade das Bemühen der IT-Nutzer dahin, möglichst viele Daten zu sichern (vgl. Keppeler/Berning ZD 2017, 314; Katko/Knöpfle/Kirschner ZD 2014, 238; Forgó/Helfrich/Schneider Betr. Datenschutz-HdB/Scheja/Quae/Conrad/Hausen Teil IV Kap. 1 Rn. 1 ff.; DIN 66398:2016-05 Einl.). Dabei ist auch das Sperren und Löschen Gegenstand der Prüfungen und Beanstandungen der Aufsichtsbehörden (Lehnert/Luther/Christoph Datenschutz mit SAP/Pluder Kap. 3.1.2). Wie wichtig es ist, ein datenschutzgerechtes Löschen sicherzustellen, belegt das am 30.10.2019 verhängte Bußgeld in Höhe von 14,5 Mio. EUR gegenüber einer Gesellschaft, die sich mit der Vermietung von Wohnungen befasst, durch die Berliner Beauftragte für Datenschutz und Informationsfreiheit, das seinen Grund darin hatte, dass das Archivsystem der

Gesellschaft keine Möglichkeit vorsah, nicht (mehr) benötigte Daten zu löschen (EuGH 5.12.2023 – C-807/21, NJW 2024, 343; BlnDSB Pressemitteilung v. 5.11. 2019 – 711.412.1; Roßnagel/Rost ZD 2024, 183 ff.).

Die **Bußgeldandrohung** für Nichtetablierung geeigneter technischer und organisatorischer Maßnahmen u. a. im Hinblick auf die Löschung ergibt sich aus Art. 25 DS-GVO (Art. 83 Abs. 4 DS-GVO; vgl. EuGH 5.12.2023 – C-807/21, NJW 2024, 343 ff.). Die Geldbuße allein hierfür kann bis zu 10 Mio. EUR oder – **für Unternehmen** – 2 Prozent des weltweiten Jahresumsatzes betragen. Bei Verletzung der in Art. 83 Abs. 5 DS-GVO genannten Bestimmungen ergibt sich eine Bußgeldandrohung sogar bis zu 20 Mio. EUR oder – **für Unternehmen** – bis zu 4 Prozent des weltweiten Jahresumsatzes. Zu den höher bußgeldsanktionierten Normen gehört auch das subjektive Recht des Betroffenen, unter den Voraussetzungen gem. Art. 17 Abs. 1 DS-GVO Löschung verlangen zu können (Art. 83 Abs. 5 lit. b DS-GVO). Die Verletzung der Löschpflichten kann also gravierende Folgen nach sich ziehen (ausf. zu Bußgeldern → Form. O.). Nicht zuletzt darf nicht aus dem Blick verloren werden, dass andererseits die rechtswidrige Löschung von Daten strafbar sein kann (§ 303a StGB).

Jede einzelne Verarbeitung personenbezogener Daten erfordert, diese Vorgänge durch dem Risiko entsprechende, geeignete und angemessene Maßnahmen so umzusetzen, dass die „Rechte und Freiheiten" der betroffenen Personen gewahrt bleiben (DSK – Das Standard-Datenschutzmodell Teil A. A1 und A2, https://www.datenschutz-mv.de/static/DS/Dateien/Datenschutzmodell/SDM-Methode-V30a.pdf). Auch das Löschen als datenvernichtender Verarbeitungsprozess (Art. 4 Nr. 2 DS-GVO; Lehnert/Luther/Christoph Datenschutz mit SAP/Pluder Kap. 1.2.3) unterliegt damit dem **Verbot mit Erlaubnisvorbehalt** gem. Art. 6 Abs. 1 S. 1 DS-GVO. Aus den Rechtsgrundsätzen der **Zweckbindung** und **Datenminimierung** (Art. 5 Abs. 1 lit. b und c DS-GVO; siehe auch Erwgr. 39 DS-GVO) sowie auch der **Richtigkeit** (Art. 5 Abs. 1 lit. d DS-GVO), der **Speicherbegrenzung** (Art. 5 Abs. 1 lit. e Hs. 1 DS-GVO) und der **Verpflichtung zur Implementierung geeigneter technischer und organisatorischer Maßnahmen zur Umsetzung dieser Datenschutzgrundsätze** (Art. 25 Abs. 1 DS-GVO iVm dem **Grundsatz der Datenminimierung** (Art. 5 Abs. 1 lit. c DS-GVO); siehe auch Erwgr. 39 S. 7 ff. DS-GVO) folgt, dass Daten nach Wegfall oder Erreichen des Zwecks zu löschen sind, für den sie erforderlich waren (Art. 17 Abs. 1 lit. a DS-GVO; Erwgr. 39 S. 7 f. DS-GVO; DSK – Das Standard-Datenschutzmodell B.1.5, https://www.datenschutz-mv.de/static/DS/Dateien/Datenschutzmodell/SDM-Methode-V30a.pdf; vgl. Forgó/Helfrich/Schneider Betr. Datenschutz-HdB/Scheja/Quae/Conrad/Hausen Teil IV. Kap. 1 Rn. 45 ff.; Keppeler/Berning ZD 2017, 314 (315)), sofern nicht eine weitere Nutzung zB zu **wissenschaftlichen, historischen Forschungszwecken, statistischen Zwecken oder im öffentlichen Interesse liegenden Archivzwecken** zulässig ist (Art. 5 Abs. 1 lit. e DS-GVO). Die **Löschung als datenvernichtender Verarbeitungsvorgang** (Art. 4 Nr. 2 DS-GVO; Lehnert/Luther/Christoph Datenschutz mit SAP/Pluder Kap. 1.2.3) rechtfertigt sich selbst in der Konsequenz aus der rechtlichen Verpflichtung zur Einhaltung der Datenschutzgrundsätze, insbesondere der Zweckbindung, der Datenminimierung und der Speicherbegrenzung, und somit aus Art. 6 Abs. 1 S. 1 lit. c DS-GVO. In § 75 Abs. 1 und 2 BDSG hat der Bundesgesetzgeber die allgemeine **Verpflichtung zur Datenlöschung bei Unrichtigkeit** der Daten, bei Unzulässigkeit der Datenverarbeitung, bei Bestehen einer rechtlichen Verpflichtung zur Löschung und, wenn sie nicht mehr zur Aufgabenerfüllung erforderlich sind, **ausdrücklich normiert.**

*Wehrmann*

Eine datenschutzkonforme **Löschung** muss dazu führen, dass die Daten nicht mehr verarbeitet werden können (DSK – Das Standard-Datenschutzmodell Teil B1.12, https://www.datenschutz-mv.de/static/DS/Dateien/Datenschutzmodell/SDM-Methode-V30a.pdf), sei es auch nur durch **Anonymisierung.** Die radikalste Form des Löschens ist die **Vernichtung des gesamten Datenträgers** (zu dem Begriff „Löschen" siehe auch DIN 66398:2016-05 Nr. 4.3 S. 16; hierzu https://www.din-66398.de/index.html).

Unter den Voraussetzungen der §§ 35 Abs. 1 f.; 58; 75 Abs. 3 BDSG kann anstelle einer Löschung auch eine **Einschränkung der Datenverarbeitung** erfolgen. Gem. § 75 Abs. 4 BDSG sind **verfahrensmäßig Fristen** vorzusehen oder angemessene **Fristen für eine regelmäßige Überprüfung** der Notwendigkeit der Speicherung von Daten. Es ist durch ein etabliertes Verfahren sicherzustellen, dass diese Fristen eingehalten werden, was in der Konsequenz ein **Löschkonzept** impliziert. Die Löschung selbst gehört zu den gem. § 76 Abs. 1 Nr. 6 BDSG; Art. 5 Abs. 2 DS-GVO (Art. 5 DS-GVO gilt gem. Art. 4 Nr. 2 DS-GVO für die automatisierte wie für die nicht automatisierte Datenverarbeitung) **zu protokollierenden Datenverarbeitungsvorgängen.**

Da ein ungeregeltes Verfahren zur Löschung von Daten angesichts der vielfältigen hierbei zu beachtenden Umstände das Risiko mit sich bringt, dass eine Verletzung des Schutzes personenbezogener Daten eintritt, ist es unabhängig von der Verpflichtung zur **Führung eines Verarbeitungsverzeichnisses** ein **Teil der organisatorischen Maßnahmen** iSv Art. 25 DS-GVO (→ Form. E. II.2), die Modalitäten der Datenlöschung in einem Konzept festzulegen, so dass eine sichere Datenlöschung gewährleistet ist (vgl. BSI IT-Grundschutz-Kompendium 2023 CON 2 S. 1 f.; CON 6 S. 1, https://www.bsi.bund.de/DE/Themen/Unternehmen-und-Organisationen/Standards-und-Zertifizierung/IT-Grundschutz/IT-Grundschutz-Kompendium/it-grundschutz-kompendium_node.html).

Ein solches **Löschkonzept** unterliegt unterschiedlichen Anforderungen hinsichtlich der Beachtung von gesetzlichen Aufbewahrungsfristen, der erforderlichen technischen und organisatorischen Maßnahmen in Bezug auf das Vernichten von Daten und das Festlegen von Speicher- bzw. Löschfristen (BSI IT-Grundschutz-Kompendium 2023 CON 6 S. 1, 3). Dabei sind Aufbewahrungspflichten teilweise gesetzlich vorgegeben, woraus die minimalen Speicher- und Archivierungspflichten folgen, nach deren Ablauf der mit den Aufbewahrungs**pflichten** gesetzlich verfolgte Zweck entfällt, woraus grundsätzlich mit Blick auf die Zweckbindung der Datenverarbeitung die Verpflichtung zur sicheren und zeitnahen Löschung folgt (vgl. BSI IT-Grundschutz-Kompendium 2023 CON 6 S. 1), soweit kein anderer Zweck die weitere Datenverarbeitung und damit einher gehende Aufbewahrung unter Berücksichtigung des Grundsätze der Datensparsamkeit und Datenminimierung eröffnet (Art. 5 Abs. 1 lit. c–e, Art. 6 Abs. 4, Art. 17 f. DS-GVO; vgl. Kühling/Klar ZD 2014, 506 f.).

Die sich aus Art. 6 Abs. 1 S. 1 lit. c DS-GVO ergebenden Berechtigungen zur Löschung, die spätestens bei einer bestehenden Verpflichtung zur Löschung eröffnet sind, unterliegen ihrerseits der **Öffnungsklausel** des Art. 6 Abs. 2 DS-GVO, wonach die Mitgliedstaaten **spezifischere Bestimmungen** im Hinblick auf die Erfüllung rechtlicher Verpflichtungen (Art. 6 Abs. 1 S. 1 lit. c DS-GVO) und die Wahrnehmung von Aufgaben im öffentlichen Interesse oder zur Ausübung öffentlicher Gewalt (Art. 6 Abs. 1 S. 1 lit. e DS-GVO) einführen oder beibehalten können. Die zahlreichen gesetzlichen Aufbewahrungsfristen stellen Regelungen dar, die derartige rechtliche Verarbeitungspflichten konkretisieren. Derartige Fristen sind als **Mindestaufbewahrungsfristen** einzuhalten (vgl. Erwgr. 81 S. 5 DS-GVO).

Die Verpflichtung zur Löschung von Daten ist in der DS-GVO neben der geschilderten allgemeinen Verpflichtung auch als **subjektiver Anspruch des Betroffenen** geregelt, wonach die betroffene Person unter den Voraussetzungen des Art. 17 Abs. 1 DS-GVO Löschung verlangen kann (**„Recht auf Vergessenwerden"**). Die Normierung eines subjektiven Anspruchs auf Löschung enthebt allerdings nicht von der unabhängig davon bestehenden gesetzlichen Pflicht zur Datenminimierung, deren Verletzung eine Geldbuße nach sich ziehen kann (Art. 83 Abs. 5 lit. a DS-GVO; Keppeler/Berning ZD 2017, 314).

Dieses Recht auf Vergessenwerden ist gem. Art. 17 Abs. 3 lit. a DS-GVO ausdrücklich eingeschränkt gegenüber der Ausübung des **Rechts auf freie Meinungsäußerung** iSv Art. 11 GRCh, wobei in diesem Rahmen der Begriff Journalismus weit auszulegen ist (Erwgr. 153 S. 2, 7 DS-GVO). Es ist außerdem eingeschränkt zur **Erfüllung rechtlicher Verpflichtungen** nach dem Recht der Union oder der Mitgliedstaaten (Beispiele bei Simitis/Hornung/Spiecker gen. Döhmann/Roßnagel DS-GVO Art. 6 Abs. 1 Rn. 54), zur **Wahrnehmung von Aufgaben im öffentlichen Interesse** oder zur **Ausübung öffentlicher Gewalt**, im **öffentlichen Gesundheitsinteresse** (z. B. §§ 6 ff. IfSG), für **im öffentlichen Interesse liegende Archivzwecke**, wissenschaftliche oder historische **Forschungszwecke** oder **statistische Zwecke** und zur **Geltendmachung, Ausübung oder Verteidigung von Rechtsansprüchen** (Art. 17 Abs. 3 DS-GVO).

Unter den Voraussetzungen des Art. 23 DS-GVO kann außerdem neben der Union der **nationale Gesetzgeber** das „Recht auf Vergessenwerden" unter Beachtung des Wesensgehaltes der Datenschutzrechte zu Zwecken der **nationalen oder öffentlichen Sicherheit**, der **Landesverteidigung**, in Bezug auf **Straftaten**, zur Verfolgung **wichtiger Ziele des öffentlichen Interesses**, zum Schutz der **Unabhängigkeit der Justiz und der Gerichtsverfahren**, in Bezug auf **Verstöße von Berufsregeln** reglementierter Berufe, zu Zwecken der **Ausübung öffentlicher Gewalt**, zum **Schutz der Rechte von betroffenen oder anderen Personen** oder zur **Durchsetzung zivilrechtlicher Ansprüche** beschränken (vgl. auch Art. 85–91 DS-GVO). Von dieser Ermächtigung hat der Gesetzgeber zB in §§ 35, 45 ff. BDSG; § 32 f. AO; § 84 Abs. 1 SGB X Gebrauch gemacht (zur Vereinbarkeit mit Art. 17 Abs. 3 und 23 DS-GVO siehe Simitis/Hornung/Spiecker gen. Döhmann/Dix DS-GVO Art. 17 Rn. 29, 32; Art. 23 Rn. 18, 32 f.). **§ 35 Abs. 1 BDSG** sieht dementsprechend ergänzend zu den Löschungsausnahmen gem. Art. 17 Abs. 3 DS-GVO weitere Ausnahmen von der Löschungspflicht vor, wenn folgende Voraussetzungen kumulativ vorliegen: (1.) bei **nicht automatisierter Datenverarbeitung** (Papierakten, Optische Datenträger) (2.) ist wegen der **besonderen Art der Speicherung** die **Löschung nicht oder nur mit unverhältnismäßigem Aufwand möglich** und (3.) das **Interesse der betroffenen Person an der Löschung ist als gering anzusehen.** Sind diese Voraussetzungen gegeben, muss gem. § 35 Abs. 1 f. BDSG eine Einschränkung der Datenverarbeitung iSv Art. 18 DS-GVO vorgenommen werden. Dies betrifft praktisch per Hand geordnete Papierablagen (Paal/Pauly/Ernst DS-GVO Art. 2 Rn. 7), kann aber zB auch Daten erfassen, die zu ihrem ursprünglichen Zweck nicht mehr, aber zur Verfolgung rechtlicher Interessen legitimerweise vorgehalten werden sollen oder müssen (Art. 18 Abs. 1 lit. c DS-GVO; siehe auch Art. 18 Abs. 1 lit. a, b und c DS-GVO). Sie dürfen dann nur unter den Voraussetzungen des Art. 18 Abs. 2 DS-GVO noch genutzt werden. Werden Papierakten aber **gescannt oder digital kopiert,** um sie anschließend in einer IT-Anlage zu speichern, wäre schon der Scan- oder Kopiervorgang aber wieder eine automatisierte Verarbeitung, sodass die Ausnahme von der Löschungspflicht als nicht automatisierte Datenverarbeitung iSv § 35 Abs. 1 BDSG nicht greift und hierfür ein eigenes Löschkonzept erforderlich wäre (vgl. Paal/Pauly/Ernst DS-GVO Art. 2 Rn. 4 f.; zB auch Mikroficheablagen entstehen teilweise wegen des Einsatzes von Technik automatisiert).

Die Verarbeitung personenbezogener Daten zum **Zweck der Verhütung, Ermittlung, Aufdeckung oder Verfolgung von Straftaten oder der Strafvollstreckung** fällt auf Grund von Art. 2 Abs. 2 lit. d DS-GVO (hierzu auch Art. 4 Abs. 2 S. 3 EUV) zwar nicht unter den Geltungsbereich der DS-GVO, aber unter den der RL (EU) 2016/680 zum Zwecke der Verhütung, Ermittlung, Aufdeckung oder Verfolgung von Straftaten oder der Strafvollstreckung (Art. 2 Abs. 2 lit. d; Erwgr. 19 S. 3 DS-GVO; siehe hierzu auch §§ 45 ff. BDSG). Hiernach haben die Mitgliedstaaten im nationalen Recht vorzusehen, dass Daten nur zweckgebunden verarbeitet und nicht länger, als es für die Zwecke, für die sie verarbeitet werden, erforderlich ist, in einer Form gespeichert werden, die die Identifizierung der betroffenen Personen ermöglicht (Art. 4 Abs. 1 lit. b, e RL (EU) 2016/680). Die Mitgliedstaaten haben vorzusehen, dass für die Löschung von personenbezogenen Daten oder eine regelmäßige Überprüfung der Notwendigkeit ihrer Speicherung angemessene Fristen vorgegeben sind. Durch verfahrensrechtliche Vorkehrungen ist sicherzustellen, dass diese Fristen eingehalten werden (Art. 5 RL (EU) 2016/680).

Eine weitere Ausnahme von der Löschungspflicht sieht § 35 Abs. 2 BDSG bei begründeter **Befürchtung der Beeinträchtigung schutzwürdiger Interessen der betroffenen Person** durch die Löschung ihrer Daten vor. In diesem Fall gelten die Rechtsfolgen des § 35 Abs. 1 S. 1 und 2 BDSG (Ausnahme von der Löschungspflicht und Einschränkung der Verarbeitung) entsprechend. Die betroffene Person ist zu benachrichtigen. Schließlich lässt § 35 Abs. 3 BDSG die Löschpflicht entfallen, wenn die **Satzung eines Vereins oder einer Gesellschaft** oder ein **Vertrag zwischen Vertragspartnern Aufbewahrungsfristen normiert** (Kühling/Buchner/Herbst BDSG § 35 Rn. 26, zB für **Aufsichtsrats- und Vorstandsprotokolle**).

Art. 85 Abs. 2 DS-GVO (**Medienprivileg**) verpflichtet darüber hinaus die Mitgliedstaaten, zu Zwecken der **freien Meinungsäußerung und Informationsfreiheit** iSv Art. 11 GRCh (Erwgr. 153 S. 2, 7 DS-GVO) einschließlich der Verarbeitung zu **journalistischen** und zu **wissenschaftlichen, künstlerischen oder literarischen Zwecken** Abweichungen oder Ausnahmen vorzusehen von den Art. 5–11 DS-GVO (Kap. II. Grundsätze), 12–23 DS-GVO (Kap. III. Rechte der betroffenen Personen), 24–43 DS-GVO (Kap. IV. Verantwortlicher und Auftragsverarbeiter), 44–50 DS-GVO (Kap. V. Übermittlung personenbezogener Daten an Drittländer oder an internationale Organisationen), 51–59 DS-GVO (Kap. VI. Unabhängige Aufsichtsbehörden), 60–76 DS-GVO (Kap. VII. Zusammenarbeit und Kohärenz) und 85–91 DS-GVO (Kap. IX. Vorschriften für besondere Verarbeitungssituationen). Dies wurde zB im Medienstaatsvertrag, in Landespresse- und/oder -datenschutzgesetzen oder in Landesmedienstaatsverträgen umgesetzt (zB §§ 12 Abs. 1 S. 4; 23 MStV v. 14. bis 28.4.2020; § 36 Abs. 1 MedStV HSH; § 12 Abs. 1 PresseG BW; Art. 38 BayDSG, § 19 BlnDSG, § 22a Abs. 1 Bln PresseG; § 12 Landespressegesetz NRW, § 46 LMG NRW; Überblick bei Paal/Pauly DS-GVO Art. 85 Rn. 4). Hiernach finden von der DS-GVO lediglich noch die Kap. I (Art. 1–4, Allgemeine Bestimmungen), VIII (Art. 77–84,

Rechtsbehelfe, Haftung und Sanktionen), X (Art. 92 f., Delegierte Rechtsakte und Durchführungsrechtsakte) und XI (Art. 94–99, Schlussbestimmungen), die Art. 5 Abs. 1 lit. f (Sicherheit der Datenverarbeitung) und Abs. 2 DS-GVO (Rechenschaftspflicht, dh Dokumentation von Datenverarbeitungen), Art. 24 DS-GVO (Verantwortung des für die Verarbeitung Verantwortlichen) und Art. 32 DS-GVO (Sicherheit der Verarbeitung) zwingend Anwendung sowie Art. 82 und Art. 83 DS-GVO (Schadensersatz und Geldbußen), soweit Art. 82 und Art. 83 DS-GVO sich auf die vorbezeichneten anderen noch Anwendung findenden Bestimmungen beziehen. Die dem Medienprivileg unterfallenden Datenverarbeitungen verpflichten folglich nicht, über die **Gewährleistung der Datensicherheit** durch technische und organisatorische Maßnahmen zur Datensicherheit und **Dokumentation von Datenverarbeitungsprozessen (Löschprotokoll)** hinaus ein Löschkonzept vorzusehen. Hiervon getrennt zu beurteilen ist allerdings, ob die Datenverwendung zu privilegierten Medienzwecken einem Zeitablauf auf Grund anderer als datenschutzrechtlicher Anforderungen unterliegt (vgl. BVerfG 5.6.1973 – 1 BvR 536/72, NJW 1973, 1226 (1229 ff.); BVerfG 6.11.2019 – 1 BvR 16/13, NJW 2020, 300 (309); BVerfG 6.11.2019 – 1 BvR 276/17, NJW 2020, 314 (325); EGMR 28.6.2018 – 60798/10, 65599/10, NJW 2020, 295 (298)). Die DS-GVO normiert nämlich lediglich die Maßstäbe für die datenschutzrechtliche Zulässigkeit. Sie setzt die Rechtmäßigkeit der Informationsnutzung gemäß der allgemeinen Rechtsordnung voraus (Erwgr. 39 S. 6 DS-GVO; vgl. Simitis/Hornung/Spiecker gen. Döhmann/Roßnagel DS-GVO Art. 6 Abs. 1 Rn. 52). Ist eine Maßnahme nach allgemeinem Recht unzulässig, folgt daraus auch die datenschutzrechtliche Unzulässigkeit (Art. 5 Abs. 1 lit. a DS-GVO).

Nicht zuletzt erfordern Datenverarbeitungen durch **gemeinsame Verantwortliche** oder **Auftragsverarbeiter** geeignete **vertragliche Regelungen** auch in Bezug auf die Löschung als Element der Datenverarbeitung (Art. 4 Nr 2 DS-GVO), so dass gewährleistet ist, dass eine effektive Löschung iSd DS-GVO auch tatsächlich erfolgt (Art. 26, 28 DS-GVO). Die frühere hausinterne Datenverarbeitung wird aktuell vermehrt durch eine **Datenverarbeitung in der Cloud** ersetzt (zu den Chancen und Risiken von Cloud-Produkten siehe Völker/Schnatz/Breyer MMR 2022, 427 ff.; → Form. G VI.). Die Löschung von Daten ist auch hier rechtlich relevant (Völker/Schnatz/Breyer MMR 2022, 427 (432)) und muss in der Praxis in der Regel in eine vertragliche Regelung einbezogen werden im Sinne einer Garantie gem. Art. 28 Abs. 1 f., Abs. 3 lit. g DS-GVO, so dass die Datenverarbeitung allen datenschutzrechtlichen Anforderungen entspricht. Diesbezügliche Vertragsmuster hat u. a. auch der Beauftragte der Bundesregierung für Informationstechnik im Internet veröffentlicht (https://www.cio.bund.de/Webs/CIO/DE/digitale-loesungen/it-beschaffung/evb-it-und-bvb/evb-it/evb-it-node.html). Im Regelfall werden sich auch Private an diese für öffentliche Stellen konzipierten Vertragsmuster anlehnen können. Wichtig ist insbesondere, dass dem Verantwortlichen die Bestimmung über das Löschkonzept und dessen Aktualisierung vorbehalten bleibt oder das Löschkonzept mit der Maßgabe Gegenstand der vertraglichen Regelung ist, dass Anpassungen des Löschkonzeptes gemäß dem Stand der Technik, der Implementierungskosten und der Art, des Umfangs, der Umstände und der Zwecke der Verarbeitung sowie der unterschiedlichen Eintrittswahrscheinlichkeit und Schwere des Risikos sowie etwaiger Veränderungen der Rechtslage und sachlich begründeten Rechtsauffassungen insbesondere der Aufsichtsbehörden vorbehalten bleiben.

Die **Verpflichtung zur Löschung besteht nicht absolut,** sondern in **Abhängigkeit von dem Zweck,** für den das Datum verarbeitet wird (Erwgr. 39 S. 7 DS-GVO;

Lehnert/Luther/Christoph Datenschutz mit SAP/Pluder Kap. 3.1; Simitis/Hornung/Spiecker gen. Döhmann/Roßnagel DS-GVO Art. 5 Rn. 92, 152 ff.; Kühling/Klar ZD 2014, 506 (508); Keppeler/Berning ZD 2017, 314 (315); DIN 66398:2016-05 Kap. 1; vgl. zB § 67c Abs. 1 S. 1 SGB X; § 4 Abs. 5 BDSG; § 16 Abs. 5 LDSG SchlH; § 10 Abs. 6 HmbDSG). Weder der EuGH noch der Verordnungsgeber haben mit Art. 17 DS-GVO ein absolutes „Recht auf Vergessen" oder gar eine „Pflicht zum Vergessen" statuiert im Sinne einer alleinigen Bestimmung durch den Betroffenen, welche Daten er freigibt (BVerfG 6.11.2019 – 1 BvR 16/13, NJW 2020, 300 (309); Simitis/Hornung/Spiecker gen. Döhmann/Dix DS-GVO Art. 17 Rn. 1; Kühling/Buchner/Herbst DS-GVO Art. 17 Rn. 67 ff.), sondern **wägen den Zweck der Speicherung mit dem Recht auf Löschung verhältnismäßig ab** (vgl. EuGH 13.5.2014 – C 131/12, NJW 2014, 2257 (2263 f.); EuGH 9.3.2017 – C-398/15, BeckRS 2017, 103300 Rn. 57, 60, 63 f.; BVerfG 6.11.2019 – 1 BvR 16/13, NJW 2020, 300 (310); BVerfG 6.11.2019 – 1 BvR 276/17, NJW 2020, 314 (325 f.)). Die EU-Kommission hat bereits im Vorfeld des Inkrafttretens der DS-GVO das subjektive Recht auf Löschung unter die Voraussetzung gestellt, dass keine anderen legitimen Gründe für die Aufbewahrung von Daten vorliegen (KOM(2012) 09 endgültig, Nr. 2; https://eur-lex.europa.eu/legal-content/DE/ALL/?uri=CELEX%3A52012DC0009).

Solange also ein **legitimer Zweck** die Datenverarbeitung rechtfertigt, besteht keine Verpflichtung zur Löschung (Art. 5 Abs. 1 lit. c DS-GVO; Erwgr. 39 S. 7 f. DS-GVO; Erwgr. 65 S. 2, 5 DS-GVO; EuGH 9.3.2017 – C-398/15, BeckRS 2017, 103300 Rn. 45). Je nach Zweck können sich folglich unterschiedliche Löschfristen und -maßnahmen für Daten und Datenarten im jeweiligen Kontext ergeben (DIN 66398:2016-05 Kap. 4.4.1).

Die DS-GVO definiert nicht, was als **legitimer Zweck** (iSv Art. 5 Abs. 1 lit. b DS-GVO; vgl. Erwgr. 39 S. 6 DS-GVO) zur Rechtfertigung einer Datenverarbeitung und insbesondere -speicherung angesehen werden kann. Die Artikel-29-Datenschutzgruppe hatte zu dem bis zum Inkrafttreten der DS-GVO geltenden Art. 6 Abs. 1 lit. a DS-RL 95/46/EG und der Frage, was legitime Interessen sein können, wie folgt Stellung genommen: „Das **Erfordernis der Legitimität** bedeutet, dass die **Zwecke im weitesten Sinne ‚rechtskonform'** sein müssen. Dazu gehören **alle Formen des schriftlichen und gewöhnlichen Rechts,** des **Primär- und Sekundärrechts,** der **Kommunalbeschlüsse,** der **Präzedenzfälle,** der **Verfassungsgrundsätze,** der **Grundrechte,** der **anderen Rechtsgrundsätze** sowie der **Rechtsprechung,** da dieses ‚Recht' von den zuständigen Gerichten ausgelegt und berücksichtigt würde. Im Rahmen des Gesetzes können auch andere Elemente wie **Zoll, Verhaltenskodexe, Ethikkodexe, vertragliche Vereinbarungen** sowie **der allgemeine Kontext** und die **Fakten des Falles** bei der Feststellung, ob ein bestimmter Zweck legitim ist, berücksichtigt werden. Dazu gehört auch die Art der zugrunde liegenden Beziehung zwischen dem für die Verarbeitung Verantwortlichen und den betroffenen Personen, unabhängig davon, ob es sich um geschäftliche oder sonstige Beziehungen handelt" (Artikel-29-Datenschutzgruppe WP 203 S. 20; Hervorhebungen nicht im Original).

Wenn der Verordnungsgeber der DS-GVO vor dem Hintergrund des WP 203 auf eine eigenständige Definition von Legitimität verzichtet hat, kann davon ausgegangen werden, dass das Rechtsverständnis vor Inkrafttreten der DS-GVO auch nach deren Inkrafttreten unverändert bleiben sollte, sodass **Legitimität** unverändert als **Rechtskonformität im weitesten Sinn** verstanden werden kann. Insofern nimmt die DS-GVO hinsichtlich der legitimen Zwecke auf die Rechtsordnung im Übrigen Bezug. Was in diesem Sinn rechtskonform ist, wird somit auch durch die von der DS-GVO unabhängige Rechtsordnung vorgegeben, die **kein spezifisches Gesetz zur Datenverarbeitung erfordert,** sondern auf Grundlage von Art. 6 Abs. 2 und 3 DS-GVO, zB durch Anordnung von Aufbewahrungsfristen, Verarbeitungspflichten und Einraumung von zweckentsprechenden Aufbewahrungsrechten im Zusammenhang mit rechtmäßigen Handlungen, die eine Datenverarbeitung mit sich bringen. Das gilt auch, ohne dass ein Gesetz spezifisch und ausdrücklich die Datenverarbeitung regelt (vgl. Erwgr. 39 S. 6, 41 S. 1, 45 S. 2f. DS-GVO).

Diverse gesetzliche Bestimmungen geben **Verpflichtungen zur Aufbewahrung** von Unterlagen vor. Auch eine **Verpflichtung zur Datenverarbeitung** iSv Art. 6 Abs. 1 S. 1 lit. c DS-GVO beinhaltet eine Verpflichtung zur Datenaufbewahrung, die einer Löschung entgegensteht, weil ohne die Daten eine Datenverarbeitung naturgemäß unmöglich wäre. Sind die Verarbeitungszwecke als **Verarbeitungspflichten** normiert oder dienen Aufgaben dem öffentlichen Interesse, einschließlich des Bereichs der öffentlichen Gesundheit oder der Ausübung öffentlicher Gewalt, stehen solche Pflichten auch dem subjektiven Löschungsanspruch der betreffenden Person entgegen (Art. 17 Abs. 3 lit. b und c DS-GVO).

Zur Ableitung der Fristen, in denen Private Daten gemäß gesetzlich normierter Wertungen legitimerweise in der Regel zumindest nutzen dürfen, geben die gesetzlich geregelten **Aufbewahrungspflichten** auch für Private Anhaltspunkte. Diese normierten Fristen sind als **Mindestfristen** zu verstehen, in denen der Gesetzgeber ein legitimes Interesse regelmäßig anerkennt. Sie schließen mit Blick auf die Maßgeblichkeit des legitimen Zwecks allerdings nicht aus, dass Private die Daten auch über einen darüber hinausgehenden Zeitraum nutzen dürfen. Wenn gesetzliche Fristen in Bezug auf bestimmte Datenverarbeitungen für öffentliche Zwecke ein legitimes Interesse zur Datenaufbewahrung indizieren, wird im Regelfall dieses Interesse zumindest gleichermaßen bei Privaten für entsprechende Datenverarbeitungen anzuerkennen sein. Entscheidend bleibt aber allein das Vorliegen eines legitimen Zwecks für die Datenaufbewahrung bei dem Verantwortlichen. **Aufbewahrungsrechte** können also bestehen, solange ein **legitimer Zweck** die Aufbewahrung als Teil der Datenverarbeitung (Art. 4 Nr. 2 DS-GVO) rechtfertigt.

In zahlreichen Vorschriften ist die **Löschung von Daten** explizit gesetzlich **angeordnet** (zB §§ 489, 499 StPO; § 49c OWiG; §§ 67bff., 84 SGB X; § 19 SchwarzArbG; § 19 FlugDaG; § 58 Abs. 4 BRAO; § 35 Abs. 6 BNotO; zur Videoüberwachung öffentlich zugänglicher Räume siehe § 4 Abs. 5 BDSG; § 107 Abs. 1 SGB XI; Datenschutz-, Verfassungsschutz- und Sicherheitsüberprüfungsgesetze des Bundes und der Länder, zB Art. 8 BayVSG; §§ 19, 22 SÜG; § 23 BremSÜG; § 4 HmbDatSchO), so dass aus dem Fehlen einer derartigen gesetzlichen Vernichtungs- oder Löschungsanordnung in anderen Gesetzen (wie im Umkehrschluss auch aus Art. 6 Abs. 1 lit. c DS-GVO) gefolgert werden darf, dass mit Ablauf der gesetzlichen Aufbewahrungsfristen nicht automatisch eine Vernichtungs- und Löschungspflicht eintritt, solange ein legitimer Zweck die Verarbeitung noch zulässt (Art. 5 Abs. 1 lit. b, c und e DS-GVO; vgl. Forgó/Helfrich/Schneider Betr. Datenschutz-HdB/Scheja/Quae/Conrad/Hausen Teil IV. Kap. 1 Rn. 45; vgl. BVerwG 16.3.1988 – 1 B 153.87, NVwZ 1988, 621 Rn. 12f.).

Bestehen die **Verarbeitungszwecke als Rechte,** stehen diese Rechte dem subjektiven Löschungsanspruch entgegen, soweit es zB um die Ausübung des Rechts auf **freie Meinungsäußerung und Information** (Art. 17 Abs. 3 lit. a iVm Art. 85 DS-GVO und

Art. 11 GRCh) und um die **Geltendmachung, Ausübung oder Verteidigung von Rechtsansprüchen** geht (Art. 17 Abs. 3 lit. e DS-GVO). Darüber hinaus stehen die Verwendung für **im öffentlichen Interesse liegende Zwecke im Bereich der Gesundheit, Archivzwecke, wissenschaftliche** oder **historische Forschungszwecke** oder für **statistische Zwecke** der Löschung entgegen (Art. 17 Abs. 3 lit. d DS-GVO). Im Anwendungsbereich des subjektiven Löschungsanspruchs gem. Art. 17 DS-GVO überwiegen derartige Verarbeitungsrechte das Freiheitsrecht auf den Schutz personenbezogener Daten (Art. 7, 8 GRCh).

Die Anforderungen an den Schutz personenbezogener Daten können Einschränkungen der Freiheitsrechte anderer bewirken (zB unternehmerische Betätigungsfreiheit iSv Art. 16 GRCh). Bei Beachtung des Grundsatzes auf Datenminimierung und insbesondere Art. 17 DS-GVO und bei dessen Auslegung sind das Recht auf Schutz personenbezogener Daten nach **Maßgabe des Verhältnismäßigkeitsgrundsatzes** mit den Rechten und Freiheiten der Datennutzer und ggf. mittelbar betroffenen Personen (zB in einem Schriftsatz aufgeführten Zeugen oder Sachverständigen; angestellten Verfassern eines Schriftsatzes in einem Kündigungsschutzverfahren) in Einklang zu bringen, sodass die Rechte für alle Beteiligten möglichst weitgehend wirksam werden und die DS-GVO im „Einklang mit allen Grundrechten" der Grundrechtscharta steht (Erwgr. 4 S. 2 f. DS-GVO; Art. 52 Abs. 1 S. 2 GRCh; EuGH 9.3.2017– C-398/15, BeckRS 2017, 103300 Rn. 39; BVerfG 6.11.2019 – 1 BvR 16/13, NJW 2020, 300 (306); BVerfG 19.10.1993 – 1 BvR 567/89, NJW 1994, 36 (38); BAG 23.8.2018 – 2 AZR 133/18, ZD 2019, 226 (226 f.); BGH 7.6.2016 – KZR 6/15, NJW 2016, 2266 (2271); BGH 26.11.2019 – VI ZR 12/19, NJW 2020, 770 (772, 774); Jarass/Jarass GRCh Art. 53 Rn. 17; vgl. Simitis/Hornung/Spiecker gen. Döhmann/Schantz DS-GVO Art. 6 Abs. 1 Rn. 98 ff.).

In diesem **weit gesteckten Rahmen** der vom Datenschutzrecht vorausgesetzten Legitimität bzw. Rechtmäßigkeit nach Maßgabe der Rechtsordnung im Übrigen ist auch die Bewahrung von verfahrensübergreifendem **Wissen und Information im Unternehmen** (Know-how) zu würdigen, welche sich nicht allein auf Betriebs- und Geschäftsgeheimnisse beschränkt. Da auch Verfassungsgrundsätze und Grundrechte legitime Interessen begründen, die ausgeübt und gewahrt werden dürfen, ist zB auch die Frage aufgeworfen, inwieweit die Archivierung von Vorgängen zur **Sicherung des verfahrensübergreifenden beruflichen Know-hows des Mitarbeiters** ein legitimer Zweck ist und eine Aufbewahrung von Daten rechtfertigen kann. Sowohl das Unternehmen, als auch dessen Mitarbeiter haben ein nicht unerhebliches Interesse an der Sicherung von verfahrensübergreifendem Know-how, zumal die berufliche Stellung und das Fortkommen des Mitarbeiters sowie seine letztlich auch dem Unternehmen zu Gute kommenden Erfolge auch von seinem beruflichen Erfahrungsschatz abhängen, welcher zB auch in der Aufbewahrung von Unterlagen zu früheren Projekten und sonstigen Herausforderungen besteht, sodass diese zur präzisen Erinnerung und Prüfung im Hinblick auf einen über den Tag hinaus nutzbar zu machenden Aussagegehalt genutzt werden können (zB bei Prozessen oder Beratungen durch Anwälte und Unternehmensberater, Arbeitserfahrung aus Projekten, Notizen zu medizinisch-wissenschaftlichen Zwecken, die nur evtl. später wieder herangezogen werden sollen). Gem. Art. 52 Abs. 1 S. 2 GRCh muss nämlich auch bei Einschränkung der Freiheiten und legitimen Interessen der Datennutzer durch die DS-GVO der **Verhältnismäßigkeitsgrundsatz** berücksichtigt werden (vgl. EGMR 5.9.2017 – 61496/08, NLMR 2017, 430; NK-EuGRCh/Schwerdtfeger GRCh

Art. 52 Rn. 36). Insofern sind alle Grundrechte der Charta, zB auch die **Berufsfreiheit** (Art. 15 GRCh) und die **unternehmerische Freiheit** (Art. 16 GRCh), auf Seiten der Datennutzer zu berücksichtigen (Erwgr. 4 S. 3 DS-GVO). In diesem Zusammenhang ist auch der **Eigentumsschutz** iSv Art. 17 GRCh zu berücksichtigen. Für den **Eigentumsbegriff** sieht das Unionsrecht selbst keine Eigentumsordnung vor (NK-EuGRCh/Bernsdorff GRCh Art. 17 Rn. 13; Jarass/Jarass GRCh Art. 17 Rn. 1; Charta-Erläuterung zu Art. 17 – Eigentumsrecht Abs. 2 UAbs. 2 (ursprünglich Abs. 3) S. 1 GRCh, ABl. 2007 C 303, 17 (23); EuGH 13.12.1979 – 44/79, NJW 1980, 505 (505)). Daher ist zu berücksichtigen, dass der Schutzumfang der Grundrechte der Charta der Grundrechte der Europäischen Union auch durch die gemeinsamen Verfassungsüberlieferungen der Mitgliedstaaten beeinflusst wird (Art. 52 Abs. 4 GRCh; Jarass/Jarass GRCh Art. 52 Rn. 66; zur Maßgeblichkeit des GG siehe BVerfG 6.11.2019 – 1 BvR 16/13, NJW 2020, 300 (303); vgl. EGMR 5.9.2017 – 61495/08, NZA 2017, 1443 (1445): „Die Wahl der zur Sicherstellung der Befolgung von Art. 8 EMRK im Bereich der Beziehungen zwischen Privaten gedachten Mittel ist grundsätzlich eine Angelegenheit, die in den Ermessensspielraum der Vertragsstaaten fällt"; vgl. Art. 6 Abs. 3 EUV, Art. 345 AEUV). Unter Berücksichtigung der Verfassungsüberlieferungen der Mitgliedstaaten ist bei voll vereinheitlichtem Unionsrecht wie etwa im Fall der DS-GVO die GRCh gleichwohl ein eigenständiger Prüfungsmaßstab vor den Bestimmungen des Grundgesetzes (BVerfG 6.11.2019 – 1 BvR 276/17, NJW 2020, 314 (316, 317); EuGH 16.7.2020 – C-311/18, GRUR-RR 2020, 16082 Rn. 100; EuGH 18.10.2016 – C-135/15, NJW 2017, 141 (142)).

Vom Eigentumsbegriff erfasst wird auch die **unternehmerische Betätigung,** soweit es um das Erworbene und um diesbezügliche Pflichten geht (Jarass/Jarass GRCh Art. 52 Rn. 4), einschließlich der **Geschäftsgeheimnisse** (Erwgr. 63 S. 5 DS-GVO; vgl. Erwgr. 41 S. 3 RL 95/46/EG; von der Groeben/Schwarze/Hatje/Wollenschläger GRCh Art. 17 Rn. 16). Unter den Eigentumsschutz des Grundgesetzes fällt alles, was in seiner Gesamtheit den wirtschaftlichen Wert eines Betriebes konkret ausmacht, einschließlich des relevanten erworbenen **Know-hows** und **Erfahrungswissens** (Dürig/Herzog/Scholz/Papier/Shirvani GG Art. 14 Rn. 200, 204). Diese Rechtslage ist auch gem. Art. 52 Abs. 4 DS-GVO bei der Auslegung des zwar eigenständigen europarechtlichen Eigentumsbegriffs der Grundrechtecharta zu berücksichtigen, weil auch diese Verfassungsüberlegungen die Grundrechte der Europäischen Union beeinflusst haben (von der Groeben/Schwarze/Hatje/Terhechte GRCh Art. 52 Rn. 18).

Hierbei dürfte außerdem zu berücksichtigen sein, dass eine Maßnahme zum Schutz der Betroffenenrechte, wie die Löschung, zugleich auch den Zugang des Betroffenen selbst zu seinen eigenen Daten beschränkt, also auch den Betroffenen selbst trifft, der zB Rentenanwartschaften nicht mehr durch Daten belegen kann, die bei seinem (früheren) Arbeitgeber noch vorhanden wären, oder der im Rahmen einer auf Grund von Langzeitfolgen ausbrechenden Berufskrankheit nicht mehr in der Lage ist, seine Exposition in Bezug auf Gefahrstoffe darzulegen und darauf aufbauend etwaige Schadensersatz- und/oder soziale Leistungsansprüche geltend zu machen. Im Zusammenhang mit der Interessenabwägung zwischen dem Grundrecht auf Schutz personenbezogener Daten (Art. 8 GRCh) und den Grundrechten auf Berufsfreiheit, unternehmerische Freiheit und Eigentum (Art. 15 ff. GRCh) wäre im Übrigen zB eine **Einschränkung der Zugriffsmöglichkeit** auf zu Know-how-Zwecken gespeicherte Daten **auf den konkreten Mitarbeiter, dessen Erfahrungswissen gesichert werden darf,** eine mögliche geeignete Datenschutzgarantie iSv Art. 6

Abs. 4 lit. e, 18, 89 Abs. 1, Erwgr. 50 S. 6 DS-GVO, sodass eine Löschung nicht zwingend notwendig wäre, solange diese Zweckbindung gewährleistet ist, also die Daten zu keinem anderen Zweck als der Erhaltung von Erfahrungswissen verwendet werden. Es wäre allerdings eine gesetzgeberische Klarstellung wünschenswert.

In diesem Zusammenhang ist auch zu berücksichtigen, dass die **Verarbeitung personenbezogener Daten für andere Zwecke** (zB Sicherung von Know-how) als die, für die die personenbezogenen Daten ursprünglich erhoben wurden, ausdrücklich zulässig ist, wenn die für andere Zwecke erfolgende Verarbeitung mit den Zwecken, für die die personenbezogenen Daten ursprünglich erhoben wurden, vereinbar ist (Erwgr. 50 S. 1, 65 S. 2 DS-GVO; Art. 6 Abs. 4 DS-GVO; vgl. EuGH 2.3.2023 – C-268/21, ZD 2023, 396 Rn. 33 ff.; BAG 29.6.2023 – 2 AZR 296/22, NZA 2023, 1105 Rn. 22 ff.; Kühling/Buchner/Petri DS-GVO Art. 6 Rn. 181 ff., wonach auf Grund der Entstehungsgeschichte die zweckändernde weitere Verarbeitung eine Rechtfertigung iSv Art. 6 Abs. 1 DS-GVO erfordert). In dem Fall der zweckändernden weiteren Verarbeitung ist gem. Erwgr. 50 S. 2 DS-GVO keine andere gesonderte Rechtsgrundlage erforderlich als diejenige für die Erhebung der personenbezogenen Daten. Sofern die Kriterien des Art. 6 Abs. 4, Erwgr. 50 S. 6 DS-GVO erfüllt sind, deckt der ursprüngliche Rechtfertigungsgrund die weitere Verarbeitung über den eigentlichen Zweck hinaus ab. Andernfalls liefe Art. 6 Abs. 4 DS-GVO ins Leere.

Die Erhaltung von Know-how ist zumindest regelmäßig mit dem Zweck vereinbar, zu dem die Daten erhoben wurden, wenn die Daten zB im Zuge eines Projekts oder Rechtsstreits erhoben wurden, denn für derartige Verfahren sind Daten Ausgangspunkt der zu gewinnenden Erkenntnisse und des daraus folgenden Know-how-Erwerbs. Die Daten werden gerade wegen des im Projekt oder Rechtsstreit angestrebten Erkenntnisgewinns erhoben. Die rechtmäßige Datenerhebung iSv Art. 6 Abs. 1 DS-GVO bezweckt auch die Bereitstellung von Entscheidungsgrundlagen, was den Erwerb von Erfahrungswissen bei der Person naturgemäß einschließt, die mit den Daten umzugehen und darauf aufbauend Maßnahmen zu treffen hat. Insofern ist die über den ursprünglichen unmittelbar verfolgten Zweck hinausreichende Datenverarbeitung zum Erhalt der gewonnenen verfahrensübergreifenden Erkenntnisse von der Rechtfertigung des ursprünglichen Zwecks mit umfasst, sodass Erwgr. 50 S. 1 f. DS-GVO diesbezüglich nicht ins Leere geht. Die betroffene Person sollte in jedem Fall aber über diese anderen Zwecke unterrichtet sein (Erwgr. 50 S. 8 DS-GVO).

Die DS-GVO lässt offen, auf welche legitim entstandene **Dateneinheit** sich die Löschungspflicht bezieht. Sind mehrere Daten auf einem Datenträger vorhanden, die nicht isoliert löschbar sind, ohne die Nachvollziehbarkeit der Information zu beeinträchtigen (Papierakten, Schriftsätze, E-Mails, Mikrofiche, Blockchaintechnik) wird eine Löschpflicht sich nicht auf das einzelne Datum beziehen können. Wenn die Daten nicht für sich allein einem Zweck dienen, sondern **Element eines Datenträgers oder -objekts** (zB Schriftsatz, E-Mail) oder einer **Datenkette** (Blockchain) sind, bestimmt der Zweck, für den das Dokument oder die Datenkette benötigt wird, in der Folge auch die Aufbewahrungsbefugnis hinsichtlich der darin enthaltenen Daten (vgl. BAG 23.8.2018 – 2 AZR 133/18, NZA 2018, 1329 (1333); BVerfG 6.11.2019 – 1 BvR 16/13, NJW 2020, 300 (312); Weth/Herberger/Wächter/Sorge Arbeitnehmerdatenschutz-HdB/Breyer Teil B Rn. 7 ff.). Andernfalls wäre die Nachvollziehbarkeit eines Vorgangs relativiert, wenn nicht gar beseitigt, wenn einzelne Angaben in einem Dokument, das personenbezogene Daten verschiedener betroffener Personen enthält, gelöscht würden, sofern eine Löschung eines einzelnen Datums, zB des Namens eines Zeugen, bei Dokumenten in Papierform überhaupt technisch-praktisch umsetzbar wäre. Insofern bezieht sich die Löschungsfrist auf den Datenträger bzw. das Datenobjekt, soweit die Vollständigkeit, Integrität und Authentizität eines Datenobjekts/-trägers zu gewährleisten ist oder die Löschung einzelner Daten (technisch) nicht möglich ist (Nr. 3 – AfE Hess.; §§ 4 Abs. 1; 18 RegR; Aufbewahrungsvorschriften und Aufbewahrungsfristen für Schriftgut in obersten Bundesbehörden und nachgeordneten Einrichtungen, vgl. § 14 BArchG; BAG 19.7.2012 – 2 AZR 782/11; NZA 2013, 91 (92)).

Verstünde man den Datenschutz demgegenüber aber im Sinne einer **extensiven Auslegung** und folglich einer **Anwendung auf jedes einzelne personenbezogene Datum**, ergäben sich in der Praxis über die Beeinträchtigung der Vollständigkeit und Nachvollziehbarkeit der auf dem Datenträger/-objekt enthaltenen Informationen hinaus (fast) unlösbare praktische Schwierigkeiten. Zumindest bei Datenobjekten, also Elementen, die unterschiedliche Daten zu ggf. unterschiedlichen Betroffenen enthalten, wie zB Akten, Dokumente, Datensätze oder Attribute/Metadaten (DIN 66398:2016-05 Kap. 2.8; vgl. www.secorvo.de/publikationen/din-leitlinie-loeschkonzept-hammerschuler-2012.pdf, Kap. 3) und Datenträgern (DIN 66399-1:2012-10 Kap. 2.5: „Datenträger, ein Objekt oder Gegenstand, der Daten enthält") müsste jedes einzelne Datum, gleich auf welchem Datenträger (Papier oder zB Mikrofiche) es auch immer sich befindet, identifiziert und gelöscht werden, sobald dieses konkrete Datum nicht mehr benötigt würde. Insbesondere bei Datenobjekten in Papierform (Akten) ist das je nach Größe der Datensammlung nur arbeitsaufwendig lösbar. Dementsprechend müsste zB auch der Auskunftsanspruch gem. Art. 15 DS-GVO jedes einzelne Datum einbeziehen (vgl. Forgó/Helfrich/Schneider Betr. Datenschutz-HdB/Veil Teil II Kap. 1 Rn. 1 ff.). Bei Gerichten würde eine derart extensive Auslegung etwa auch zur Folge haben, dass auf die Anfrage einer natürlichen Person gem. Art. 15 DS-GVO, welche Daten in Bezug auf sie bei Gericht gespeichert seien (automatisiert oder nicht automatisiert; siehe Art. 2 Abs. 1 DS-GVO), jede einzelne Akte zu prüfen wäre, ob diese Person zB als Zeuge oder Sachverständiger in einem Dokument benannt worden sein könnte. Denn auch für die Tätigkeit der Gerichte findet die DS-GVO mit Ausnahme des Bereichs der Verhütung, Aufdeckung, Untersuchung oder Verfolgung von Straftaten oder zur Vollstreckung strafrechtlicher Sanktionen (Art. 2 Abs. 2 lit. d DS-GVO) und den weiteren Ausnahmevorschriften (Art. 9 Abs. 2 lit f., Art. 37 Abs. 1 lit. a, Art. 55 Abs. 3 DS-GVO) Anwendung (Erwgr. 20 DS-GVO), wobei Mitgliedstaaten allerdings festlegen können, wie die Verarbeitungsvorgänge und -verfahren im Einzelnen auszusehen haben, sodass Eingriffe in die Datenschutzrechte und -pflichten als solche unzulässig wären (BeckOK DatenschutzR/Schild Syst. E. Rn. 5). Insbesondere auch mit Blick auf Wohnsitz-, Praxis-, Kanzlei- oder Betriebssitzwechsel wäre dies faktisch nicht rechtssicher zu lösen. Der Name eines Arztes als Ausstellender einer Arbeitsunfähigkeitsbescheinigung, die als Anlage zu einem Schriftsatz im Rahmen einer Klage vor dem Arbeitsgericht gegen eine krankheitsbedingte Kündigung beigefügt wäre, wäre praktisch derzeit wohl kaum zu finden. Es wäre schon in kleinen Organisationseinheiten kaum möglich, die Erwähnung einer bestimmten Person in zB einer E-Mail herauszufiltern, die diese Person nicht als Absender, Adressaten hat oder im Betreff, sondern nur im Fließtext angibt. Dasselbe würde im nicht-öffentlichen Bereich gelten, wenn zB ein Anwalt solche Auskünfte geben müsste. Auch im medizinischen Bereich kann die Löschung von Daten Informationen vernichten, deren Auswertung auch nur evtl. für die Behandlung von Patienten relevant sein können, wenn es zB um die Löschung der von einem Radiologen angefertigten Röntgenaufnahmen oder Patientenberichte von Krankenhäusern an behandelnde Ärzte ginge (Hänold ZD-Aktuell 2019, 06720). Der Löschung einzelner Daten steht im Rahmen von steuer- und handelsrechtlichen Aufbewahrungsfristen ohnehin das **Radierverbot** gem. § 146 Abs. 4 AO und § 239 Abs. 3 HGB entgegen, wonach Inhalte von Belegen nicht derart verändert werden dürfen, dass deren Inhalt nicht mehr feststellbar ist (Keppeler/Berning ZD 2017, 314 (317); v. d. Bussche/Voigt Konzerndatenschutz/Voigt Teil 2 Kap. 6 Rn. 50 ff.).

Dementsprechend sehen die Vorschriften zur Schriftgutaufbewahrung in der Justiz die **Aufbewahrung als vollständige Akte oder (separierbarer) Aktenteil** unabhängig davon vor, welche unterschiedlichen personenbezogenen Daten darin enthalten sind (zB §§ 1, 2 Abs. 2 LJAufbewVO BW iVm § 1 Abs. 2 LJAufbewG BW; § 1 AufbewV Bay iVm Art. 52 Abs. 2 AGGVG Bay; § 2 AufbewV Bbg und § 2 FachGer-AufbewahrungsV Bbg iVm § 1 Abs. 2 BbgJSchrAufbG; § 2 Abs. 2 SchrAV Bln iVm § 1 Abs. 2 SchrAG Bln; § 1 BremAufbewV iVm § 29 Abs. 2 AGGVG Brem; § 2 Abs. 4 HmbJSchrAufbVO iVm § 2 HmbJSchrAufbG; § 1 AufbewVO – Hess iVm § 5 Abs. 2 IT-Stelle-ErrG Hess; § 1 SchAufbewVO MV iVm § 1 Abs. 3 LJSchrAG MV; § 2 AufbewahrungsVO NRW iVm § 77 Abs. 2 AGGVG NRW; § 2 SchrGGA-VO RhPf iVm § 1 Abs. 2 SchrGG RhPf; § 2 JSchrAVO-Saarl iVm § 1 Abs. 2 JSchrAG-Saarl; §§ 2, 3 SächsSchriftgVO iVm § 2 Abs. 2 SächsArchivG; § 2 JAufb-VO LSA iVm § 1 Abs. 3 JSchrG LSA; § 2 SchrAufbVO SchlH iVm § 1 Abs. 2 JSchrAG SchlH (außer Kraft seit 31.5.2018; § 26 Abs. 2 LJG SchlH); Ziff. 1 AufbewBest–Thür iVm § 25 Abs. 2 ThürAGGVG, Ziff. 1,1 f. ThürAufbewRL, Anl. 1, 2 AufbewBest-FV; idS auch BAG 23.8.2018 – 2 AZR 133/18, NZA 2018, 1329 (1333); BVerfG 6.11.2019 – 1 BvR 16/13, NJW 2020, 300 (312); BAG 19.7.2012 – 2 AZR 782/11; NZA 2013, 91 (92); VG Hannover 20.2.2023 – VG 10 A 1101/22, ZD 2023, 415 (416 Rn. 26); § 110a Abs. 1 Nr. 1 lit. a SGB IV). Beispielsweise § 3 RegR und § 56 Abs. 1 S. 1 GGO I Bln definieren den **Begriff „Akte"** wie folgt: „**Akten** sind geordnete Zusammenstellungen von Schriftgut zu einem Sachverhalt mit eigenem Aktenzeichen. Sie können in Papierform oder in elektronischer Form vorliegen" und sollen nachvollziehbar sein (§ 61 Abs. 2 GGO I Bln), sodass sich die Aufbewahrung grundsätzlich auf eine **vollständige Akte** bezieht. An dieser öffentlich-rechtlichen Wertung, wie sie sich beispielsweise aus den zitierten jeweiligen landesrechtlichen Aufbewahrungsvorschriften und der Vielzahl vergleichbarer Vorschriften für die Verwaltung ergibt, werden sich auch nichtöffentliche Verantwortliche orientieren dürfen.

Damit korrespondiert, dass gem. Art. 14 Abs. 5 lit. b DS-GVO eine Pflicht zur Information des Betroffenen, wenn die Datenerhebung nicht bei ihm stattfindet, u. a. nicht bestehen soll, wenn die Unterrichtung sich als unmöglich erweist oder mit unverhältnismäßigem Aufwand verbunden ist, sodass die einzelnen Daten, die praktisch nicht oder nur mit unrealistischem Aufwand herausgefiltert werden können, nicht von dem **Auskunftsrecht** erfasst sind. Der Verordnungsgeber geht offensichtlich davon aus, dass derartige Daten die Rechte und Freiheiten natürlicher Personen nicht grundsätzlich gefährden (vgl. Erwgr. 62 S. 1 DS-GVO; siehe auch § 14 Abs. 3 BMG). Eine entsprechende Regelung wie in Art. 14 Abs. 5 DS-GVO erübrigt sich im Fall der Informationserhebung beim Betroffenen iSv Art. 13 DS-GVO, da Art. 13 Abs. 4 DS-GVO tatbestandlich davon ausgeht, dass der Betroffene die Kenntnis ohnehin hat, also wegen der Datenerhebung bei ihm selbst weiß, dass er zB in einem Datenobjekt oder -träger Erwähnung gefunden hat (vgl. Erwgr. 50 S. 6 DS-GVO). Eine Auskunft zu Daten einer Person, die in irgendeiner Korrespondenz, Notiz oder irgendeinem Schriftsatz Erwähnung gefunden hat, ist praktisch unmöglich, sodass die Geltendmachung des subjektiven Rechts auf Löschung auch an der praktischen Unmöglichkeit einer Auffindung solcher Daten und folglich Auskunft diesbezüglich wohl scheitern würde. Sonst müsste ein Anwalt jeden Zeugen informieren, sobald er dessen personenbezogenen Daten in seiner Akte festhält und in einem Schriftsatz verarbeitet. Entsprechendes würde für Verwaltung und Gerichte gelten, die derartige Daten zu ihren Unterlagen nehmen.

Die Datenkategorien und die hierfür jeweils vorzusehenden, **sich aus der Zweckbestimmung ableitenden Löschungsfristen** (Erwgr. 39 S. 6 ff. DS-GVO) sind in dem **Verzeichnis der Verarbeitungstätigkeiten** grundsätzlich aufzuführen (Art. 30 Abs. 1 S. 2 lit. f DS-GVO). In den **Datenschutzerklärungen oder -hinweisen** iSv Art. 13, 14 DS-GVO ist die **Dauer einer Aufbewahrung** oder sind zumindest die **Kriterien für die Bemessung der Aufbewahrung** anzugeben, soweit dies für eine faire und transparente Verarbeitung notwendig ist (Art. 13 Abs. 2 lit. a, Art. 14 Abs. 2 lit. a DS-GVO). Daher ist es notwendig, sich schon vor Erhebung von Daten Gedanken über die Löschungsfristen und -zeitpunkte zu machen und diese in einem **Löschkonzept** als organisatorische Maßnahme iSv Art. 25 DS-GVO festzulegen.

Die DS-GVO gibt allerdings nicht explizit vor, welche **Löschfristen** und **Maßstäbe zur Bemessung** gelten (vgl. schon zum Recht vor Inkrafttreten der DS-GVO Kühling/Klar ZD 2014, 506). Die Beantwortung der Frage, welche Löschfristen und Maßstäbe zur Bemessung gelten, ist anhand des **Zwecks**, der die Datenerhebung und die weitere -verarbeitung legitimiert, zu beantworten (Erwgr. 39 S. 6 ff.; DIN 66398: 2016-05 Kap. 1). **Unabhängig vom Zweck** einer Datenverarbeitung sind Daten auf einem **auszutauschenden Datenträger** (Altdatenträger) bei Auswechselung des alten Datenträgers zu löschen, sodass die noch zulässigerweise zu speichernden Daten lediglich noch auf dem neuen Datenträger vorhanden sind, sofern der Altdatenträger nicht als Backup-Lösung zur Gewährleistung der Datensicherheit und -verfügbarkeit iSv Art. 32 Abs. 1 lit. b DS-GVO und Erwgr. 49 DS-GVO dient.

Soweit keine einschlägigen gesetzlichen Vorgaben zur Bemessung von Löschfristen existieren, insbesondere in der freien Wirtschaft, können zur Orientierung bei deren Festlegung nur die in anderen Bestimmungen normierten Aufbewahrungsfristen als Maßstab vergleichend herangezogen werden, die der nationale Gesetz- und Verordnungsgeber zB für öffentlich-rechtliche Zwecke vorgesehen hat. Dabei ist allerdings zu bedenken, dass der staatliche Zweck der Aufbewahrung von Dokumenten darin besteht, einen funktionierenden Rechtsstaat zu garantieren (vgl. EuGH 2.3.2023 – C-268/21, ZD 2023, 396 (398)). Dieser öffentlich-rechtliche Zweck kann eine kürzere Aufbewahrungsfrist erforderlich machen als das Interesse bzw. der legitim verfolgte Zweck etwa eines privaten Unternehmens. Dessen zivilrechtlich rechtmäßiges Interesse, zB seine (verfassungsmäßigen) Rechte zu wahren, kann eine längere Aufbewahrung erfordern als die staatlich verfolgten Zwecke etwa der Gewährleistung von Rechtsstaatlichkeit, Funktionsfähigkeit des Gemeinwesens und historischen Dokumentation. Die für Zwecke der Gesetzgebung, Justiz und Verwaltung vorgesehenen Aufbewahrungsfristen können folglich kürzer sein, als der Zeitraum, in welchem der Einzelne die Datenobjekte und -träger für eigene Zwecke benötigt und dementsprechend zB auf Basis des Art. 6 Abs. 1 S. 1 lit. c oder f DS-GVO verarbeiten, insbesondere speichern darf. Die für staatliche Stellen geltenden Aufbewahrungsfristen, die den Zeitraum beschreiben, in dem der Gesetzgeber Daten mögliche Relevanz beimisst, können somit in der Regel wie **Mindestfristen** betrachtet werden (vgl. § 32f Abs. 4 AO), die der nationale Gesetz- und Verordnungsgeber konzediert und in Anlehnung daran auch der private Datennutzer zur Bestimmung der in seinem konkreten Fall anzuwendenden Löschfristen als Vergleichsmaßstab heranziehen kann, weil öffentliche Aufbewahrungsnormen selbst den Speicherzweck noch als hinreichend erheblich ansehen und folglich die Fristen zu den jeweiligen Daten rechtlich als angemessen iSv Erwgr. 39 S. 7 DS-GVO bewerten.

Die **Speicherfrist** ist jedoch stets auf das **unbedingt notwendige Mindestmaß** zu beschränken (Erwgr. 39 S. 7, 10 DS-GVO). Sie ist vor Beginn der Datenerhebung dokumentiert iSv Art. 5 Abs. 2 DS-GVO festzulegen (Art. 5 Abs. 1 lit. b iVm lit. c DS-GVO), regelmäßig zu überprüfen und zu aktualisieren (Art. 24 Abs. 1 S. 2; Erwgr. 39, S. 10 DS-GVO), wozu ein **Löschkonzept** dient.

Es steht außer Frage, dass die Beachtung **steuerlicher** (§ 147 Abs. 3 AO), **handelsrechtlicher** (§ 257 Abs. 4 HGB) oder anderer **gesetzlicher Aufbewahrungspflichten** (zB § 28f SGB IV; § 3 Abs. 3 S. 3 IfSG) sowohl zu den **legitimen Interessen** iSv Art. 6 Abs. 1 S. 1 lit. f DS-GVO zählt, als auch der Erfüllung einer **rechtlichen Verpflichtung** iSv Art. 6 Abs. 1 S. 1 lit. c DS-GVO dient.

Es werden im Folgenden einige grundlegende Beispiele aus unterschiedlichen Bereichen angesprochen, die eine Orientierungshilfe für die Bandbreite der Verwendung personenbezogener Daten geben. Daraus lassen sich ggf. auch Anhaltspunkte für die Festlegung von Löschungsterminen ableiten, die nicht gesetzlich vorgegeben sind. Wegen der weiteren Einzelheiten ist der weitere Kontext der jeweiligen Bestimmung zu beachten. Für Unternehmen sind zB folgende Aufbewahrungsregeln

## 1. Aufbewahrungsregeln für ausgewählte Unterlagen

| *Unterlagen* | *Aufbewahrungsfrist*[1] | *Rechtsgrundlage*[2] |
|---|---|---|
| Steuer- sowie Handelsrecht und betriebliches Know-how | | |
| steuerliche und handelsrechtliche Buchführungspflicht[3] | sechs Jahre (allgemein)<br>zehn Jahre (Buchungsbelege) | § 147 AO<br>§ 257 HGB |
| Rechnungen | zehn Jahre | § 14b UStG |
| handelsvertreterrechtlicher Ausgleichsanspruch[4] | für die Dauer der Möglichkeit der Geltendmachung von Rechten durch den Handelsvertreter je nach Einzelfall | § 89b HGB |
| betriebliches Know-how[5] | einzelfallabhängiges Aufbewahrungsrecht so lange, wie Unterlagen bleibenden bzw. archivwürdigen Wert haben (zumindest in Anlehnung an vergleichbare öffentlich-rechtliche Aufbewahrungsregeln) | Art. 6 Abs. 1 S. 1 lit. f DS-GVO |

| *Unterlagen* | *Aufbewahrungsfrist*[1] | *Rechtsgrundlage*[2] |
|---|---|---|
| Arbeitsrecht[6] | | |
| Lohnkonten | sechs Jahre (30 Jahre, soweit die Daten ggf. zur Geltendmachung, Ausübung oder Verteidigung von sozialversicherungsrechtlichen Ansprüchen dienen können) | § 41 Abs. 1 S. 9 EStG; § 28f SGB IV (§ 25 Abs. 1 SGB IV) |
| dienstliche Korrespondenz einschließlich E-Mail-Dokumente | sechs Jahre<br>zehn Jahre (sofern es Buchungsbelege sind) | § 147 AO |
| Arbeitsverträge und vergleichbar wesentliche Unterlagen (zB einseitige Zusagen) | Aufbewahrungsrecht für Zwecke der Wahrung eigener Rechte bis zum Ablauf der Verjährungsfrist;<br>zehn Jahre nach Ausscheiden für steuerliche Zwecke | § 199 Abs. 3 Nr. 2 BGB;<br>§ 147 Abs. 1 Nr. 1 AO |
| persönliche Arbeitnehmerdaten (Geburtsdatum, Schwerbehinderteneigenschaft, Schwangerschaft, Auskünfte, Nebentätigkeiten, Familienstand, Unterhaltspflichten, Nebentätigkeiten, Betriebszugehörigkeiten) | Aufbewahrungspflicht: zehn Jahre nach Ausscheiden (steuerliche Zwecke);<br>Aufbewahrungsrecht:<br>30 Jahre (Identifikationsdaten);<br>zehn Jahre (sonstige Daten)<br>(darüber hinaus, soweit Daten etwa für Leistungen an ausgeschiedene Mitarbeiter gewährt und hierfür benötigt werden) | § 147 Abs. 1 Nr. 1 AO;<br>§ 199 Abs. 3 Nr. 2 BGB;<br>§ 199 Abs. 3 Nr. 1 BGB |
| Qualifikationsnachweise, Testergebnisse, Lebensläufe, Zeugnisse, Beurteilungen, Tätigkeitsnachweise, berufliche Entwicklung, Schulungen | zehn Jahre, soweit diese Daten noch zum Nachweis einer Vertragserfüllung oder zur Wahrung anderer rechtlicher Interessen erforderlich sind<br>(darüber hinaus, soweit diese Unterlagen für die berufliche Entwicklung eines Mitarbeiters im Unternehmen herangezogen werden) | § 199 Abs. 3 Nr. 1 BGB |

| *Unterlagen* | *Aufbewahrungsfrist*[1] | *Rechtsgrundlage*[2] |
|---|---|---|
| Dokumentation der Erfüllung des Anspruchs auf Durchführung eines betrieblichen Eingliederungsmanagements | für die Dauer eines Verfahrens zur betrieblichen Eingliederung, darüber hinaus, soweit diese zum Beleg dafür dienen können, dass vor Ausspruch einer krankheitsbedingten Kündigung ein betriebliches Eingliederungsmanagementverfahren durchgeführt wurde (idR bis zu fünf Jahre, soweit Kollektivvereinbarungen keine anderen Fristen vorsehen; sofern die Daten steuerlich relevant sein sollten, besteht Aufbewahrungspflicht für mind. sechs Jahre) | § 167 Abs. 2 SGB IX; § 147 Abs. 1 Nr. 5 AO; vgl. BAG 19.7.2012 – 2 AZR 782/11, NZA 2013, 91 (92) |
| Nachweise zur Erfüllung von Ansprüchen auf Leistungen im Arbeitsverhältnis (zB Fehlzeitennachweise zur Abrechnung von Entgeltfortzahlung; Abrechnungsunterlagen, DEÜV-Meldungen) | Aufbewahrungsrecht besteht regelmäßig für die Dauer der zehnjährigen Verjährung von Ansprüchen.<br>Soweit diese Daten zB für die Bemessung von Betriebsrenten grundlegend sein sollten, besteht ein Aufbewahrungsrecht für die Dauer des monatlich entstehenden Betriebsrentenanspruchs und dessen Verjährung (drei Jahre für die jeweilige Rentenzahlung).<br>Aufbewahrungspflicht für steuerliche Zwecke mind. zehn Jahre nach letzter Buchung | § 199 Abs. 3 Nr. 1 BGB; § 195 BGB; § 147 Abs. 1 Nr. 1, 4 AO; § 257 Abs. 1 Nr. 1, 4 HGB |
| Fehlzeitennachweise | Aufbewahrungspflicht als Buchungsbeleg zu steuerlichen und buchhalterischen Zwecken zehn Jahre;<br>Aufbewahrungsrecht zu arbeitsrechtlichen Zwecken: Dauer der notwendigen Fehlzeitenbeobachtung (idR für fünf Jahre (im Einzelfall zur Darlegung der Erwartung er- | § 147 Abs. 1 Nr. 4 AO; § 257 Abs. 1 Nr. 4 HGB; vgl. BAG 20.11.2014 – 2 AZR 755/13, NZA 2015, 612 f. |

| *Unterlagen* | *Aufbewahrungsfrist*[1] | *Rechtsgrundlage*[2] |
|---|---|---|
| | heblicher Fehlzeiten auch in der Zukunft auf Grund der Fehlzeiten der Vergangenheit auch länger), soweit nicht Kollektivvereinbarungen andere Fristen vorsehen) | |
| Abmahnungen und sonstige Voraussetzungen für Kündigungen[7] | Aufbewahrungsrecht je nach Dauer der Möglichkeit des Bestehens einer rechtlichen Relevanz im Einzelfall[7] | BAG 19.7.2012 – 2 AZR 782/11, NZA 2013, 91 (92, 94) |
| Dokumentation von Überwachungsmaßnahmen (Videozugangskontrolle oder elektronische Zutrittssysteme) | Aufbewahrungsrecht, so lange zu speichern, bis der Zweck, die dem Arbeitgeber obliegende Darlegungs- und Beweislast in einem potenziellen Rechtsstreit um die Wirksamkeit einer Kündigung und/oder das Bestehen von Schadensersatzansprüchen zu erfüllen, entweder erreicht oder aufgegeben oder nicht mehr erreichbar ist | BAG 23.8.2018 – 2 AZR 133/18, NZA 2018, 1329 (1330 ff.) |
| Unfallmeldungen gem. § 193 SGB VII,<br>Gefährdungsbeurteilungen gem. § 6 ArbSchG, § 3 Abs. 8 BetrSichV, § 3 ArbStättV | Aufbewahrungsrecht:<br>30 Jahre (Eine Aufbewahrungspflicht für die Anzeigepflichtigen ist nicht geregelt; KassKomm/Ricke SGB VII § 193 Rn. 16) | § 199 Abs. 2 BGB |
| Dokumentation von Erste-Hilfe-Leistungen | Aufbewahrungspflicht:<br>fünf Jahre;<br>Aufbewahrungsrecht:<br>30 Jahre | § 24 Abs. 6 DGUV Vorschrift 1<br>§ 199 Abs. 2 BGB |
| Urlaubspläne und -bewilligungen | bei Mutterschutz und Elternzeit: müssen bis zum Ablauf des Kalenderjahres aufbewahrt werden, in dem der Mutterschutz/die Elternzeit endet; bei Arbeitsunfähigkeit: bis zum Ablauf der in diesem Fall geltenden Verfallfrist, dh bei Übertragung wegen Arbeitsunfähigkeit bis zum 31.3. des übernächsten Jahres nach dem Urlaubsjahr, in | § 195 BGB;<br>§ 147 Abs. 1 Nr. 1, 4 AO;<br>§ 257 Abs. 1 Nr. 1, 4 HGB |

| *Unterlagen* | *Aufbewahrungsfrist*[1] | *Rechtsgrundlage*[2] |
|---|---|---|
| | dem die Arbeitsunfähigkeit vorlag;<br>zu Zwecken der Jahresurlaubsplanung:<br>bis zum Eintritt der dreijährigen Regelverjährung für die Erfüllung von Urlaubsansprüchen.<br>Soweit die Urlaubspläne und -bewilligungen zur Rückstellungsbildung dienen, bestehen steuer- und handelsrechtliche Aufbewahrungspflichten von zehn Jahren. | |
| Sozialversicherungsabrechnungsunterlagen | sozialversicherungsrechtliche Aufbewahrungspflicht: bis zum Ablauf des auf die letzte Prüfung durch die Rentenversicherung folgenden Kalenderjahres; steuer- und handelsrechtlich besteht eine Aufbewahrungspflicht von zehn Jahren | § 28f SGB IV;<br>§ 147 Abs. 1 Nr. 1, 4 AO;<br>§ 257 Abs. 1 Nr. 1, 4 HGB |
| Anmeldeunterlagen zur Sozialversicherung | Aufbewahrungspflicht: bis zum Ablauf des auf die letzte Prüfung durch die Rentenversicherung folgenden Kalenderjahres Aufbewahrungsrecht: zehn Jahre;<br>soweit im Rahmen der Prüfung des Bestehens der Anmeldepflicht gem. § 28a SGB IV im Hinblick auf die Eigenschaft des Betroffenen als Arbeitnehmer Daten zum Beleg des Ergebnisses dieser Prüfung erhoben werden, besteht diesbezüglich ein Aufbewahrungsrecht von 30 Jahren; ggf. auch länger, soweit zivilrechtliche Verjährungsfristen darüber hinausgehen (gem. § 199 Abs. 3 Nr. 2 BGB – bei Ungewissheit, ob und wann ein An- | § 28f SGB IV;<br>§ 199 Abs. 3 S. 1 BGB;<br>§ 147 Abs. 1 Nr. 1, 4 AO;<br>§ 257 Abs. 1 Nr. 1, 4 HGB;<br>§ 25 Abs. 1 S. 2 SGB IV |

| *Unterlagen* | *Aufbewahrungsfrist*[1] | *Rechtsgrundlage*[2] |
|---|---|---|
| | spruch entstehen könnte – 30 Jahre nach Entstehung eines Schadensersatzanspruchs). | |
| Kurzarbeitergeldantragsunterlagen | Aufbewahrungspflicht: sechs Jahre (Handelsbrief)<br>Aufbewahrungsrecht: 30 Jahre | § 147 Abs. 1 Nr. 2 AO<br>§ 257 Abs. 1 Nr. 3 HGB<br>für die Verjährung eines Schadensersatzanspruchs der Arbeitsagentur gem. § 321 SGB III insbesondere in Bezug auf Abrechnungen gilt § 199 Abs. 3 BGB entsprechend (Gagel/Winkler SGB III § 321 Rn. 15), sodass sich daraus ein 30-jähriges Aufbewahrungsrecht für den Fall ableitet, dass der Anspruch erst derart spät entstehen sollte |
| Tarifverträge | Aufbewahrungspflicht: sechs Jahre (enthalten idR keine personenbezogenen Daten) | § 147 Abs. 1 Nr. 5 AO |
| Sozialpläne | Aufbewahrungspflicht: zehn Jahre, soweit diese als Buchungsbelege dienen;<br>sechs Jahre, soweit diese nur zum Verständnis der Abrechnungen dienen<br>Aufbewahrungsrecht: zehn Jahre<br>Soweit ein Sozialplan keine personenbezogenen Daten enthält, kann er unbegrenzt aufbewahrt werden. | § 147 Abs. 1 Nr. 4, 5 AO;<br>§ 257 Abs. 1 Nr. 3 HGB;<br>§ 199 Abs. 4 BGB |

| *Unterlagen* | *Aufbewahrungsfrist*[1] | *Rechtsgrundlage*[2] |
|---|---|---|
| betriebliche Vereinbarungen über freiwillige Leistungen | Aufbewahrungspflicht: zehn Jahre, soweit diese als Buchungsbelege dienen;<br>sechs Jahre, soweit diese nur zum Verständnis der Abrechnungen dienen<br>Aufbewahrungsrecht: zehn Jahre<br>Soweit eine Regelung über freiwillige Leistungen keine personenbezogenen Daten enthält, kann sie unbegrenzt aufbewahrt werden. | § 147 Abs. 1 Nr. 4, 5 AO;<br>§ 257 Abs. 1 Nr. 3 HGB;<br>§ 199 Abs. 4 BGB |
| Schichteinsatzpläne | Aufbewahrungspflicht: zehn Jahre, soweit diese als Buchungsbelege dienen;<br>sechs Jahre, soweit diese nur zum Verständnis der Abrechnungen dienen<br>Aufbewahrungsrecht:<br>30 Jahre, soweit diese Unterlagen zum Beweis der Einhaltung von Arbeitsschutzbestimmungen im Rahmen der Abwehr von Schadensersatzansprüchen dienen sollen | § 147 Abs. 1 Nr. 4, 5 AO;<br>§ 257 Abs. 1 Nr. 3 HGB;<br>§ 199 Abs. 3 Nr. 2 BGB |
| Listen der Leiharbeitnehmer | Aufbewahrungspflicht: zehn Jahre, soweit diese als Buchungsbelege dienen;<br>sechs Jahre, soweit diese nur zum Verständnis der Abrechnungen dienen | § 147 Abs. 1 Nr. 4, 5 AO;<br>§ 257 Abs. 1 Nr. 3 HGB |
| Lohnkonten | Aufbewahrungspflicht: sechs Jahre<br>Aufbewahrungsrecht: zehn Jahre, soweit diese Unterlagen zum Beweis ordnungsgemäßer Erfüllung von Ansprüchen herangezogen werden sollen | § 41 Abs. 1 S. 9 EStG Die Aufbewahrungspflicht nach § 41 Abs. 1 S. 9 EStG geht gem. § 41 Abs. 1 S. 10 EStG anderen Aufbewahrungsvorschriften vor (BT-Drs. 18/7457, 101);<br>§ 199 Abs. 4 BGB |

| *Unterlagen* | *Aufbewahrungsfrist*[1] | *Rechtsgrundlage*[2] |
|---|---|---|
| Dokumentation der über die durchschnittliche werktägliche Arbeitszeit von acht Stunden hinausgehenden Arbeitszeit | Aufbewahrungspflicht: zwei Jahre; ggf. sechs Jahre, soweit diese Unterlagen für die Besteuerung von Bedeutung sind; als Buchungsbeleg besteht eine Aufbewahrungspflicht von zehn Jahren<br>Aufbewahrungsrecht:<br>30 Jahre zum Nachweis der Erfüllung arbeitszeitrechtlicher Ausgleichsansprüche bei Geltendmachung von Spätschäden infolge der Verletzung von Arbeitsschutzbestimmungen | § 16 Abs. 2 S. 1 ArbZG;<br>§ 147 Abs. 1 Nr. 4, 5 AO;<br>§ 199 Abs. 3 Nr. 2 BGB |
| Dokumentation von Beginn, Ende und Dauer der täglichen Arbeitszeit von geringfügig Beschäftigten und Mitarbeitern in den Wirtschaftsbereichen des § 2a SchwarzArbG (Baugewerbe, Gaststätten- und Beherbergungsgewerbe, Personenbeförderungsgewerbe, Speditions-, Transport- und damit verbundenem Logistikgewerbe, Schaustellgewerbe, Fortwirtschaft, Gebäudereinigungsgewerbe, Messeauf- und -abbaugewerbe, Fleischwirtschaft und Prostitutionsgewerbe) | Aufbewahrungspflicht:<br>zwei Jahre<br>Aufbewahrungsrecht:<br>zehn Jahre | § 17 MiLoG<br>§ 199 Abs. 4 BGB |
| Dokumentation von Beginn, Ende und Dauer der täglichen Arbeitszeit für Mitarbeiter, die einer Verordnung über Lohnuntergrenzen in der Leiharbeit unterfallen | Aufbewahrungspflicht: zwei Jahre; soweit die Unterlagen als Buchungsbeleg dienen: zehn Jahre; soweit die Unterlagen zum Verständnis der Besteuerung relevant sind: sechs Jahre<br>Aufbewahrungsrecht:<br>zehn Jahre | § 17c AÜG;<br>§ 147 Abs. 1 Nr. 4, 5 AO;<br>§ 199 Abs. 4 BGB |
| Dokumentation von Beginn, Ende und Dauer der täglichen Arbeitszeit für Mitarbeiter, soweit ein allgemeinverbindli- | Aufbewahrungspflicht: zwei Jahre; soweit die Unterlagen als Buchungsbeleg dienen: zehn Jahre; soweit die Unter- | § 19 AEntG;<br>§ 147 Abs. 1 Nr. 4, 5 AO;<br>§ 199 Abs. 4 BGB |

| *Unterlagen* | *Aufbewahrungsfrist*[1] | *Rechtsgrundlage*[2] |
|---|---|---|
| cher Tarifvertrag oder eine Rechtsverordnung auf das Arbeitsverhältnis Anwendung findet, der/die die Dauer des Erholungsurlaubs, eines Urlaubsentgelts, eines zusätzlichen Urlaubsgelds oder die Einziehung von Beiträgen und die Gewährung von Leistungen im Zusammenhang mit Urlaubsansprüchen nach dem AEntG regelt, sowohl durch in- wie auch ausländische Arbeitgeber | lagen zum Verständnis der Besteuerung relevant sind: sechs Jahre<br>Aufbewahrungsrecht: zehn Jahre | |
| Dokumentation der Arbeitsentgelte der Versicherten und der geleisteten Arbeitsstunden sowie der Lohnnachweise in der gesetzlichen Unfallversicherung | Aufbewahrungspflicht: fünf Jahre; soweit die Unterlagen als Buchungsbeleg dienen: zehn Jahre; soweit die Unterlagen zum Verständnis der Besteuerung relevant sind: sechs Jahre<br>Aufbewahrungsrecht: zehn Jahre; soweit die Unterlagen auch zum Nachweis der Beachtung der Arbeitsschutzbestimmungen dienen können, können diese Unterlagen auch 30 Jahre aufbewahrt werden | § 165 Abs. 4 SGB VII;<br>§ 147 Abs. 1 Nr. 4, 5 AO;<br>§ 199 Abs. 3 Nr. 2, Abs. 4 BGB |
| Dokumentation der gewährten arbeitsfreien Sonn- und Feiertage sowie der Dauer und Lage der an diesen arbeitsfreien Tagen gewährten Ruhezeiten bzw. der gewährten Ersatzruhezeiten und deren Dauer | Aufbewahrungspflicht: zwei Jahre<br>Aufbewahrungsrecht: zehn Jahre | § 7 Sonn- und Feiertagsarbeitsverordnung Eisen- und Stahlindustrie;<br>§ 199 Abs. 4 BGB |
| Dokumentation der Beschäftigungsart und -zeiten der werdenden und stillenden Mütter sowie Lohn und Gehaltzahlungen | Aufbewahrungspflicht: fünf Jahre<br>Aufbewahrungsrecht: 30 Jahre | § 14 MuSchG<br>§ 199 Abs. 3 Nr. 2 BGB |
| Verzeichnisse der bei dem Arbeitgeber beschäftigen Jugendlichen | Aufbewahrungspflicht: zwei Jahre | §§ 49 f. JArbSchG;<br>§ 14 Abs. 2 TzBfG (vgl. BVerfG |

| *Unterlagen* | *Aufbewahrungsfrist*[1] | *Rechtsgrundlage*[2] |
|---|---|---|
| | Aufbewahrungsrecht: bis eineunbefristete spätere Einstellung ausgeschlossen werden kann, die den Betroffenen in seinem beruflichen Fortkommen behindert | 6.6.2018 – 1 BvL 7/14, NZA 2018, 774 (779)) |
| Dokumentation ärztlicher Bescheinigungen für Mitarbeiter, die noch nicht 18 Jahre alt sind | Aufbewahrungspflicht: bis zur Beendigung der Beschäftigung, längstens aber bis zur Vollendung des 18. Lebensjahres | § 41 Abs. 1 JArbSchG |
| Dokumentation der Gefährdungsbeurteilungen über Arbeitsbedingungen | im Bereich der StrlSchV besteht eine dauerhafte Aufbewahrungspflicht; im Übrigen mit Blick auf die möglichen Schadensersatzansprüche im Fall einer Gesundheitsschädigung darf ein Aufbewahrungsrecht für die 30-jährige Dauer der Verjährungsfrist zu Grunde gelegt werden. | § 97 StrlSchV<br>§ 199 Abs. 3 Nr. 2 BGB |
| Datenschutzrecht | | |
| Einverständniserklärungen und/oder datenschutzrechtliche Einwilligungen zur Datenverarbeitung[8] | Aufbewahrungspflicht: für die Dauer der Möglichkeit der Geltendmachung von Rechten durch den Betroffenen | Art. 5 Abs. 2, Art. 6 Abs. 1 UAbs. 1 lit. a DS-GVO |
| Rechtsanwälte und Notare | | |
| Urkundenrolle, Erbvertragsverzeichnis, Namensverzeichnis zur Urkundenrolle und Urkundensammlung einschließlich der gesondert aufbewahrten Erbverträge | Aufbewahrungspflicht: 100 Jahre | § 18 Abs. 4 DONot, § 51 Abs. 1 NotAktVV |
| Verwahrungsbuch, Massenbuch, Namenverzeichnis zum Massenbuch, Anderkontenliste, Generalakten | Aufbewahrungspflicht: 30 Jahre | § 18 Abs. 4 DONot, § 51 Abs. 1 NotAktVV |

| *Unterlagen* | *Aufbewahrungsfrist*[1] | *Rechtsgrundlage*[2] |
|---|---|---|
| Nebenakten | Aufbewahrungspflicht: sieben Jahre, der Notar kann spätestens bei der letzten inhaltlichen Bearbeitung schriftlich eine längere Aufbewahrungsfrist bestimmen, zB bei Verfügungen von Todes wegen oder im Falle der Regressgefahr, die Bestimmung kann auch generell für einzelne Arten von Rechtsgeschäften, wie zB für Verfügungen von Todes wegen, getroffen werden | § 18 Abs. 4 DONot, § 51 Abs. 1 NotAktVV |
| Sammelbände für Wechsel- und Scheckproteste | Aufbewahrungspflicht: fünf bzw. sieben Jahre | § 18 Abs. 4 DONot bzw. § 51 Abs. 1 NotAktVV |
| Abschriften der Verfügungen von Todes wegen, die gem. § 16 Abs. 1 S. 5 DONot zu den Nebenakten genommen worden sind | Aufbewahrungspflicht: 100 Jahre | § 18 Abs. 4 DONot, § 51 Abs. 3 NotAktVV |
| vor dem 1.1.1950 entstandenen Unterlagen | Aufbewahrungspflicht: dauernd | § 18 Abs. 4 DONot; § 51 Abs. 4 NotAktVV |
| anwaltliche Handakten | Aufbewahrungspflicht: sechs Jahre | § 50 Abs. 1 BRAO |
| Beamtenrecht | | |
| Personalakten | fünf Jahre; die Frist beginnt allerdings erst mit dem Tod des letzten Versorgungsberechtigten, sofern versorgungs- oder altersgeldberechtigte Hinterbliebene vorhanden sind. Stirbt der Beamte ohne versorgungsberechtigte Hinterbliebene, beginnt die Aufbewahrungsfrist mit dem Tod des Beamten und im Fall eines Ausscheidens aus dem öffentlichen Dienst ohne Versorgungsan- | § 113 Abs. 1 BBG, § 86 LBG BW, Art. 110 BayBG, § 90 LBG Bln, § 100 LBG Bbg, § 91 BremBG, § 91 HmbBG, § 92 HBG Hess, § 90 LBG MV, § 94 NBG Nds, § 90 LBG NRW, § 96 LBG RhPf, § 101 BG Saarl, § 117 SächsBG, |

| *Unterlagen* | *Aufbewahrungsfrist*[1] | *Rechtsgrundlage*[2] |
| --- | --- | --- |
| | sprüche mit dem Erreichen seiner Regelaltersgrenze. (in der Privatwirtschaft ist ein entsprechendes Recht zur Führung von Personalakten anzuerkennen, wobei die arbeitsrechtlichen Rahmenbedingungen die Aufbewahrung einzelner Aktenteile limitieren können, zB bei Abmahnungen) | § 90 LBG LSA, § 91 LBG SchlH, § 87 ThürBG |
| Justiz | | |
| Handelsregister | Aufbewahrungspflicht: dauernd | jeweilige Vorschriften über die Schriftgutverwahrung in der Justiz (LJAufbewVO BW, AufbewahrungsV Bbg, FachGer-AufbewahrungsV Bbg, SchrAV Bln, BremAufbewV, HmbJSchrAufbVO, AufbewVO – Hess, SchAufbewVO MV, AufbewBest – Nds, Aufbewahrungs-VO NRW; SchrGGAVO RhPf, JSchrAVO Saarl, SächsSchriftgVO, JAufbVO LSA, JSchrAufbVO SchlH, AufbewBest – Thür) |
| Handelsregisterakten | Aufbewahrungspflicht: zehn Jahre | |
| Jahresabschlüsse für Handelsregister | Aufbewahrungspflicht: zehn Jahre | |
| Partnerschaftsregister | Aufbewahrungspflicht: dauernd | |
| Vereinsregister | Aufbewahrungspflicht: dauernd | |
| Vereinsregisterakten | Aufbewahrungspflicht: fünf Jahre | |
| Musterregister | Aufbewahrungspflicht: 50 Jahre | |
| Musterregisterakten | Aufbewahrungspflicht: fünf Jahre | |
| Sammelakten mit Begleitumschlägen bei Untersuchungsgefangenen | Aufbewahrungspflicht: ein Jahr | |
| Urteile und Strafbefehle | Aufbewahrungspflicht: 30 Jahre | |
| Urteile und Vergleiche in Erbsachen | Aufbewahrungspflicht: 100 Jahre | |

| *Unterlagen* | *Aufbewahrungsfrist*[1] | *Rechtsgrundlage*[2] |
|---|---|---|
| Mahnangelegenheiten mit vollstreckbarem Inhalt | Aufbewahrungspflicht: 30 Jahre | |
| Mahnsachen | Aufbewahrungspflicht: zwei Jahre | |
| Akten von Ansprüchen von Kindern gegen den Vater | Aufbewahrungspflicht: 70 Jahre | |
| Anerkennung der Vaterschaft, Adoption | Aufbewahrungspflicht: 120 Jahre | |
| zur Zwangsvollstreckung geeignete Titel und Entscheidungen, alle Urteile, Vergleiche jeder Art, Vollstreckbarerklärungen und Vollstreckungsbescheide | Aufbewahrungspflicht: 30 Jahre | |
| Akten über Verfügungen von Todes wegen (Testamente, Erbverträge, Erklärungen gem. § 13 der Erbhofrechtsaufhebungsverordnung) | Aufbewahrungspflicht: 100 Jahre | |
| Verwaltung | | |
| Einwohnermeldeunterlagen | Aufbewahrung grds. 50 Jahre | §§ 13 Abs. 2, 14 BMG |
| Medizin | | |
| ärztliche Behandlungsunterlagen[9] | Aufbewahrungspflicht: zehn Jahre (berufsrechtlich)<br>Aufbewahrungsrecht: 30 Jahre (mit Blick auf die eventuelle Abwehr von Haftungsansprüchen) | § 10 Abs. 3 MBO-Ä; § 57 Abs. 2 BMV-Ä[9]<br>§§ 197 Abs. 1 Nr. 1, 199 Abs. 3 Nr. 2 BGB |
| Aufzeichnungen über Röntgenbehandlungen | Aufbewahrungspflicht: 30 Jahre | § 28 Abs. 3 RöV |
| nach § 6 SaRegG zu übermittelnde Daten | Aufbewahrungspflicht: 110 Jahre | §§ 8 Abs. 1 S. 1, 13 Abs. 3 f. SaRegG |
| Informationen nach Art. 21 Abs. 1 Verordnung (EG) Nr. 504/2008 | Aufbewahrungspflicht: 35 Jahre | Art. 21 Abs. 2 VO (EG) Nr. 504/2008 |

| *Unterlagen* | *Aufbewahrungsfrist*[1] | *Rechtsgrundlage*[2] |
|---|---|---|
| Datenschutzrecht | | |
| Verarbeitungsverzeichnis inkl. Löschkonzept[10] | | Art. 30 DS-GVO |
| Unterlagen zur Dokumentation der Verarbeitungen personenbezogener Daten[10] | | Art. 5 Abs. 2 DS-GVO |
| Dokumentation zu technischen und organisatorischen Maßnahmen[10] | | Art. 5 Abs. 2 DS-GVO |
| Sonstige Unterlagen | | |
| Fahrtenschreiber | ein Jahr lang aufzubewahren und anschließend bis zum 31.3. des Folgejahres zu vernichten | § 1 Abs. 6 S. 7 Nr. 3 f. FPersV |
| Dokumentationen nach dem Geldwäschegesetz | Aufbewahrungspflicht: fünf Jahre; soweit die Unterlagen als Buchungsbeleg dienen: zehn Jahre; soweit die Unterlagen zum Verständnis der Besteuerung relevant sind: sechs Jahre Aufbewahrungsrecht: zehn Jahre | § 8 Abs. 4 GwG; § 147 Abs. 1 Nr. 4, 5 AO; § 199 Abs. 4 BGB |
| Unterlagen, die für die zollrechtliche Beurteilung eines Sachverhalts von Relevanz sind oder sein können iSv Art. 15 Unions-Zollkodex (zB Verträge, Rechnungen, Warenlisten, Versicherungsdokumente, Buchungsunterlagen etc) | Aufbewahrungspflicht: drei Jahre; soweit die Unterlagen als Buchungsbeleg dienen: zehn Jahre; soweit die Unterlagen zum Verständnis der Besteuerung relevant sind: sechs Jahre Aufbewahrungsrecht: zehn Jahre | Art. 51 VO (EU) Nr. 952/2013; § 147 Abs. 1 Nr. 4, 5 AO; § 199 Abs. 4 BGB |
| mündlich, elektronisch (zB E-Mail, SMS, Chat) oder telefonisch erteilte Kundenaufträge zu Wertpapiergeschäften | Aufbewahrungspflicht: fünf Jahre; soweit die Unterlagen als Buchungsbeleg dienen: zehn Jahre; soweit die Unterlagen zum Verständnis der Besteuerung relevant sind: sechs Jahre Aufbewahrungsrecht: zehn Jahre | § 83 Abs. 8 WpHG; § 147 Abs. 1 Nr. 4, 5 AO; § 199 Abs. 4 BGB |

| *Unterlagen* | *Aufbewahrungsfrist*[1] | *Rechtsgrundlage*[2] |
|---|---|---|
| Daten aus Videoüberwachungssystemen[11] | | § 4 Abs. 3, 5 BDSG |
| Verjährungsfristen[12] | | §§ 195 ff. BGB |

## Anmerkungen

**1. Allgemeines zur Fristberechnung und -bemessung.** Für eine Fristberechnung ist insbesondere der Beginn der Aufbewahrungsfrist zu beachten, der dazu führen kann, dass Unterlagen uU deutlich länger aufzubewahren sind, als es die reine Aufbewahrungsfrist nahelegt. Grundsätzlich beginnt zB die steuerliche und handelsrechtliche Aufbewahrungsfrist erst mit Ablauf des Jahres, in welchem die letzte Eintragung in das jeweilige Buch (Grundbuch mit Kassen- und Bankbuch sowie Bücher für den Warenein- und -ausgang, Hauptbuch und Nebenbücher; siehe BeStLex/Hottmann Buchführung Rn. 26.; MüKoBilanzR/Graf HGB § 257 Rn. 13; Koenig/Haselmann AO § 147 Rn. 24; BeckStB-HdB 2023/2024/Zwirner/Heydt/Krauß A Rn. 20a; siehe auch MHdB ArbR/Francke § 139 Rn. 12 ff.) gemacht wurde (§ 147 Abs. 4 AO; § 257 Abs. 5 HGB). Außerdem läuft die steuerliche Aufbewahrungsfrist nicht ab, soweit und solange die Unterlagen für Steuern von Bedeutung sind, für welche die Festsetzungsfrist gem. § 169 ff. AO noch nicht abgelaufen ist (§ 147 Abs. 3 AO). Im Arbeitsverhältnis besteht entsprechend bei Anstellungsverträgen, soweit diese Grundlage der Buchungen sind, die steuer- und handelsrechtliche Aufbewahrungspflicht für zehn Jahre im Rahmen des gesamten Arbeitsverhältnisses (MHdB ArbR/Francke § 139 Rn. 13; vgl. Herfs-Röttgen NZA 2013, 478 (480)). Eine Personalakte muss vollständig sein (Herfs-Röttgen NZA 2013, 478 (479 f.); BAG 19.7.2012 – 2 AZR 782/11, NZA 2013, 91 (92)). Folglich beginnen die aus steuerlichen und handelsrechtlichen Aufbewahrungspflichten von Anstellungsverträgen als Buchungsgrundlage resultierenden datenschutzrechtlichen Aufbewahrungsrechte mit dem Auslaufen eines Arbeitsvertrages oder mit der Beendigung des Arbeitsverhältnisses auszulaufen (AWV Aufbewahrungspflichten und -fristen nach Handels- und Steuerrecht S. 77, 123). Arbeitsverträge dürfen selbst über diese Frist hinaus aufbewahrt werden, soweit die Datenverarbeitung für andere Zwecke (zB Betriebsrentenberechnung, Pensionärsbetreuung, Nachrufe, Abwehr von möglichen Ansprüchen) auch nach Ablauf des Arbeitsverhältnisses noch weiter benötigt wird (vgl. Gola Beschäftigtendatenschutz-HdB Kap. 8.2; MHdB ArbR/Francke § 139 Rn. 26 f.). Auch ausgeschiedene Mitarbeiter zählen zu den Beschäftigten iSd § 26 BDSG (§ 26 Abs. 8 S. 2 BDSG), so dass die Verarbeitung von deren Daten für die Durchführung dieses Beschäftigungsverhältnisses gem. § 26 Abs. 1 BDSG erforderlich und rechtmäßig ist.

Die nach Jahren zu bemessenden Fristen dürften im Interesse strukturierter organisatorischer Abläufe in Anlehnung an § 199 Abs. 1 BGB (analog, soweit es nicht um den subjektiven Löschungsanspruch des Betroffenen geht, der unverzüglich zu erfüllen ist) mit Ablauf des Kalenderjahres beginnen, in dem ein Vorgang oder eine Akte letztmalig zweckentsprechend benötigt wurde, sodass die Löschung nach Ablauf der jeweiligen Aufbewahrungsfristen entsprechend mit Ablauf des 31.12. des letzten Jahres der Aufbewahrungsfrist vorgenommen werden müsste (vgl. Anl. 5.I.3

RegR; Anl. BI. (5) und BII (4) des AFE-Hessen), sofern nicht andere vereinbare Zwecke die weitere Aufbewahrung rechtfertigen iSv Art. 6 Abs. 4; Erwgr. 50 S. 2 DS-GVO und keine gesetzlichen Regelungen abweichende Fristabläufe statuieren. Der Fristablauf zum Jahresende läge im Interesse der klaren technischen und organisatorischen Ordnung der Verarbeitung iSv Art. 25 DS-GVO.

Ein Verantwortlicher muss auch, um seine Rechte wahren zu können, Änderungen der Rechtsauffassung, Rechtsprechung und Gesetzgebung einkalkulieren dürfen. Ein Beispiel mag das verdeutlichen: § 14 Abs. 2 TzBfG sieht die Möglichkeit vor, eine Befristung eines Arbeitsverhältnisses für maximal zwei Jahre zu vereinbaren, ohne dass, wie bei einer Befristung mit Sachgrund (Urlaubs-, Krankheitsvertretung, Projektarbeit, Probezeit, vorübergehender sonstiger Bedarf; iSv § 14 Abs. 1 TzBfG), ein die Befristung als solche und deren Dauer rechtfertigender sachlicher Grund vorhanden sein muss. Voraussetzung ist gem. § 14 Abs. 2 S. 2 TzBfG, dass nicht zuvor mit demselben Arbeitgeber bereits ein befristetes oder unbefristetes Arbeitsverhältnis bestanden hatte. Ob ein lange zurückliegendes früheres Arbeitsverhältnis eine sachgrundlose Befristung lebenslang ausschließt, regelt die Norm nicht. Das Bundesarbeitsgericht hatte hierzu zunächst die Auffassung vertreten, jedes irgendwann vorangegangene Arbeitsverhältnis ohne zeitliche Limitierung schließe eine sachgrundlose Befristung dauerhaft aus (BAG 6.11.2003 – 2 AZR 690/02, NZA 2005, 218 (220)). Selbst eine Vorbeschäftigung als studentische Aushilfe hätte hiernach eine sachgrundlose Befristung lebenslang ausgeschlossen und damit später derartige Stellenbewerber für befristete Arbeitsplätze benachteiligt. Diese Rechtsprechung gab das Bundesarbeitsgericht 2011 auf (BAG 6.4.2011 – 7 AZR 716/09, NZA 2011, 905 (906 f.)). Seither standen lediglich Vorbeschäftigungen innerhalb von drei Jahren vor Begründung eines sachgrundlos befristeten Arbeitsverhältnisses einer sachgrundlosen Befristungsvereinbarung entgegen. Die Arbeitgeber brauchten folglich – abgesehen von steuerlichen und handelsrechtlichen Aufbewahrungsfristen – nur die Daten zu Vorbeschäftigungen für drei Jahre vorzuhalten, um rechtskonform eine sachgrundlose Befristung vereinbaren zu können. Das BVerfG hat diese Rechtsprechung wegen Überschreitung der Grenzen zulässiger richterlicher Rechtsfortbildung aufgehoben (BVerfG 6.6.2018 – 1 BvL 7/14, NZA 2018, 774 f. (780 f.)). Nunmehr haben die Fachgerichte zu entscheiden, ob der gesetzliche Ausschluss der Möglichkeit für den Arbeitnehmer, einen sachgrundlos befristeten Vertrag zu erhalten, den Arbeitnehmer unzumutbar in seinem beruflichen Fortkommen beeinträchtigt, weil zB eine Vorbeschäftigung sehr lange zurückliegt, ganz anders geartet war oder von sehr kurzer Dauer gewesen ist, wie bei geringfügigen Nebenbeschäftigungen während der Schul- und Studien- oder Familienzeit, bei Werkstudierenden und studentischen Mitarbeiterinnen und Mitarbeitern im Rahmen ihrer Berufsqualifizierung oder bei einer erzwungenen oder freiwilligen Unterbrechung der Erwerbsbiographie, die mit einer beruflichen Neuorientierung oder einer Aus- und Weiterbildung einhergeht (BVerfG 6.6.2018 – 1 BvL 7/14, NZA 2018, 774 (779)). Aktuell hat das BAG eine Entscheidung des LAG Schleswig-Holstein (LAG Schleswig-Holstein 27.7.2017 – 4 Sa 221/16, BeckRS 2017, 125923) aufgehoben und eine 22 Jahre zurückliegende Vorbeschäftigung als einer sachgrundlosen Befristung nicht entgegenstehend angesehen (BAG 21.8.2019 – 7 AZR 452/17, NZA 2020, 40 (41 f.); siehe auch BAG 15.12.2021 – 7 AZR 422/20, NZA 2022, 478; BAG 15.12.2021 – 7 AZR 530/20, NZA 2022, 774). Man wird Arbeitgebern vor dem Hintergrund der rechtlichen Unsicherheiten, die sich aus Änderungen der Rechtslage und

Rechtsprechung ergeben können, als berechtigt iSv Art. 6 Abs. 1 lit. f und 21 Abs. 1 S. 2 DS-GVO ansehen müssen, die hiernach zur Vereinbarung rechtmäßiger Befristungsverträge notwendigen Daten über frühere Mitarbeiter für die Dauer eines Berufslebens aufzubewahren, wobei ein Berufsleben auch über das Erreichen des Rentenalters denkbar ist.

Zu den berechtigten Interessen iSv Art. 6 Abs. 1 S. 1 lit. f und Art. 21 Abs. 1 S. 2 DS-GVO sowie zur Erfüllung rechtlicher Pflichten iSv Art. 6 Abs. 1 S. 1 lit. c DS-GVO zählt beispielsweise auch die Beachtung der Regeln für das in den USA bestehende Pre-trial-Discovery-Verfahren, bei dem ab dem Bestehen der Möglichkeit, in einen Zivilprozess hineingezogen zu werden, ein Verbot besteht, mögliche prozessrelevante Informationen zu löschen (Katko/Knöpfle/Kirschner ZD 2014, 238 (239)).

**2. Rechtsgrundlagen für die Aufbewahrung von Unterlagen.** Eine rechtliche Verpflichtung zur Datenverarbeitung und Speicherung verlangt nicht unbedingt ein spezifisches Gesetz (Erwgr. 41 S. 1; 45 S. 2 DS-GVO). Eine Verpflichtung oder ggf. nur Obliegenheit zur Datenspeicherung kann sich auch daraus ergeben, dass zB rechtliche Auskunfts- oder Berichtspflichten zu erfüllen oder Nachweise hinsichtlich der Erfüllung gesetzlicher Pflichten – zweckdienlicher Weise – vorzuhalten sind (zB Einwilligung in Bezug auf Werbemaßnahmen gem. § 7 UWG oder Prüf- bzw. Meldepflichten oder Obliegenheiten gem. zB § 28a SGB IV; § 199 SGB V; § 190 SGB VI; §§ 164f. SGB IX; § 27 MuSchG; § 32 Abs. 1 S. 3, Abs. 2 BMG; §§ 6, 7 IfSG; § 138 StGB) und deswegen legitimerweise vorgehalten werden dürfen oder zur Erfüllung gesetzlicher Pflichten bzw. zu deren Nachweis vorgehalten werden müssen (siehe Art. 17 Abs. 3 lit. b, e, Art. 21 Abs. 1 S. 2 DS-GVO). Die Datenverarbeitung kann auch durch Normen gerechtfertigt sein, die eine Datenverarbeitung nicht ausdrücklich verlangen, sondern lediglich erlauben oder im Rahmen zeitgemäßer Leistungserbringung voraussetzen (zB zur Begründung, Erfüllung, Durchführung und Beendigung von Arbeitsverhältnissen iSv § 26 BDSG oder die Rechtsgrundlagen für Ansprüche unter Berücksichtigung der Verjährungsfristen, im Rahmen der Erfüllung oder des Nachweises rechtlicher sowie mE auch sittlicher Verpflichtungen oder Obliegenheiten und nicht zuletzt gem. § 167 Abs. 2 SGB IX im Rahmen eines betrieblichen Eingliederungsmanagements). Nicht in allen Bestimmungen ist die Dauer der jeweiligen Aufbewahrungsfrist gesetzlich definiert oder abschließend erschließbar determiniert.

Solange aus rechtlichen Bestimmungen, insbesondere mitgliedstaatlichen Normen, eine Aufbewahrungs- oder Dokumentationspflicht, -obliegenheit oder -berechtigung ausdrücklich direkt begründet wird oder sich nur mittelbar aus rechtlichen Bestimmungen ableitet, ist sie legitim und damit gerechtfertigt, weil die Datenverarbeitung nicht in spezifisch als Datenverarbeitungsnormen erkennbaren Gesetzen geregelt werden muss und auch die EU-Mitgliedstaaten die Zwecke der Datenverarbeitung, die Speicherdauer, die Bestimmung des Verantwortlichen etc „spezifischer" regeln, dh die einzelnen Modalitäten der Datenverarbeitung normieren dürfen (vgl. Art. 6 Abs. 2; Erwgr. 45 S. 2 und 4; 155 S. 1 DS-GVO; Simitis/Hornung/Spiecker gen. Döhmann/Albrecht DS-GVO Art. 6 Rn. 7; Kühling/Buchner/Petri DS-GVO Art. 6 Rn. 76; Ehmann/Selmayr/Heberlein DS-GVO Art. 6 Rn. 15). Die rechtliche Bestimmung muss allerdings hinreichend klar und präzise sein, sodass die Anwendung der Bestimmung für den Rechtunterworfenen vorhersehbar ist

(Erwgr. 41 S. 2 DS-GVO). Solange eine solche Rechtsgrundlage besteht, steht sie einer Löschung entgegen (vgl. Lorenz VuR 2019, 213 (217 f.)). Entsprechende Normen können sein: europarechtliche Vorschriften, nationales Parlamentsgesetz (Bundes- und Landesrecht), Rechtsverordnung, Satzungen, normative Teile von Tarifverträgen und Betriebsvereinbarungen (Paal/Pauly/Frenzel DS-GVO Art. 6 Rn. 17 f., 34 ff.). Es ist somit stets die sich aus derartigen Normen ergebende längste verpflichtende Aufbewahrungsfrist zu berücksichtigen, um nicht gegen eine Aufbewahrungsverpflichtung iSv Art. 6 Abs. 1 S. 1 lit. c iVm Art. 6 Abs. 2 und 3 DS-GVO zu verstoßen. Kommt eine derartige normative Verpflichtung nicht in Betracht, sondern nur eine Aufbewahrungsberechtigung, ergibt sich die Rechtfertigung der Datenverarbeitung zumindest iSv Art. 6 Abs. 1 S. 1 lit. f DS-GVO (vgl. Kühling/Buchner/Petri DS-GVO Art. 6 Rn. 76), soweit keine spezifischere Erlaubnisnorm eingreift, zB bei Beschäftigungsverhältnissen § 26 BDSG.

Einige nationale Regelungen enthalten ausdrückliche Löschungsverpflichtungen nach dem Ende der Aufbewahrungspflicht (zB § 35 Abs. 6 BNotO; § 2 Abs. 1 Hmb JSchrAufbG iVm § 1 Abs. 1 Hmb JSchrAufbVO; §§ 8 Abs. 4; 35 Abs. 10; 37 Abs. 2; 38 Abs. 3 GwG; § 5 Abs. 4 ZensG 2022; §§ 13 Abs. 2, 14, 15 BMG; §§ 4 Abs. 4; 5 Abs. 4; 36 AZRG; §§ 31a Abs. 3; 282b Abs. 3; 298 Abs. 2 SGB III; § 34 Abs. 9; § 64e Abs. 9c S. 4; Abs. 10a S. 5; Abs. Abs. 10b S. 5; § 275 Abs. 1 S. 9; § 276 Abs. 4 S. 4; § 284 Abs. 3 S. 2; §§ 291a Abs. 6 S. 2; 304 SGB V; §§ 97, 107 SGB XI; §§ 19, 22 SÜG; § 14 Abs. 3 IfSG). Andere Gesetze ordnen das Löschen nicht ausdrücklich an, sodass sich die Löschungsverpflichtung aus dem Wegfall aller Aufbewahrungspflichten und dem Fehlen eines (anderen) legitimen noch nicht erledigten Verarbeitungszwecks iSv Art. 6 Abs. 4 DS-GVO ergibt (Erwgr. 39 S. 6 ff.; 50 DS-GVO), denn auch die Verpflichtung zur Löschung setzt voraus, dass eine weitere legitime Verwendung – etwa wegen eines Rechtsstreits – nach Ablauf der verpflichtenden Aufbewahrungsfrist nicht besteht (siehe Art. 21 Abs. 1 S. 2; Art. 17 Abs. 3 lit. e DS-GVO; so ausdrücklich auch zB § 35 Abs. 6 S. 3 BNotO).

3. **Buchführungsunterlagen.** Die Buchführungsbestimmungen verpflichten dazu, Bücher (Grundbuch mit Kassen- und Bankbuch sowie Bücher für den Warenein- und -ausgang, Hauptbuch und Nebenbücher; siehe BeStLex/Hottmann Buchführung Rn. 29 ff.; MüKoBilanzR/Graf HGB § 257 Rn. 13; Koenig/Haselmann AO § 140 Rn. 6; BeckStB-HdB 2019/2020/Zwirner/Heydt A Rn. 20 a; MHdB ArbR/Francke § 139 Rn. 13) und Aufzeichnungen, Inventare, Jahresabschlüsse, inklusive Vorstands- und Aufsichtsratsprotokolle, soweit diese für den Jahresabschluss relevant sind (vgl. AWV Aufbewahrungspflichten S. 79), Lageberichte, die Eröffnungsbilanz sowie die zu ihrem Verständnis erforderlichen Arbeitsanweisungen und sonstigen Organisationsunterlagen, Buchungsbelege (handelsrechtlich zählen Rechnungen zu den Handelsbriefen; Lieferscheine, soweit diese Buchungsbelege sind; Klein/Rätke AO § 147 Rn. 46) und erforderliche Unterlagen und Informationen zur Abwicklung der zollrechtlichen Formalitäten oder Kontrollen abgewickelt gem. Art. 15 Abs. 1 und Art. 163 Zollkodex der Union (VO (EU) Nr. 952/2013) und Arbeitsanweisungen sowie sonstige Organisationsunterlagen, die für die Überprüfung der Buchführung durch einen sachverständigen Dritten erforderlich sind (Klein/Rätke AO § 147 Rn. 19 f.: zB Verfahrensdokumentation zur EDV-Buchführung, Anweisungen zur Umprogrammierung als auch die Bedienungsanleitungen) für zehn Jahre nach dem Ende des Kalenderjahres des letzten Eintrags in eines der Buchhaltungsbücher auf-

zubewahren (§ 147 Abs. 3, 4 AO; § 257 Abs. 5 HGB; Koenig/Haselmann AO § 147 Rn. 10; Winnefeld Bilanz-HdB Kap. A.XVI), soweit nicht in anderen Steuergesetzen kürzere Aufbewahrungsfristen zugelassen sind (§ 147 Abs. 3 S. 1 Hs. 2 AO). Für Lohnkonten hat der Gesetzgeber speziell eine nur sechsjährige Aufbewahrungsfrist normiert (§ 41 Abs. 1 S. 9 EStG).

Personenbezogen werden regelmäßig Buchungsbelege sein (zB Stundenerfassungen von Mitarbeitern, Spesenabrechnungen, arbeitsvertragliche Regelungen), ggf. auch Zollunterlagen und entsprechende Lohnkonten und -journale, sodass dementsprechend im Regelfall hauptsächlich diese Unterlagen nach Ablauf der Aufbewahrungspflicht den datenschutzrechtlichen Löschungsregeln unterfallen und ansonsten unbefristet aufbewahrt werden dürften.

Zu den zehn Jahre aufzubewahrenden sonstigen Organisationsunterlagen iSd § 147 Abs. 1 Nr. 1 AO zählen Unterlagen, die zum Verständnis der Bücher und Aufzeichnungen, Inventare, Jahresabschlüsse, Lageberichte und der Eröffnungsbilanz erforderlich sind (Koenig/Haselmann AO § 147 Rn. 8), Kontenpläne und Abkürzungsverzeichnisse, Arbeitsanweisungen, Organisationsunterlagen, wie die Verfahrensdokumentation zur EDV-Buchführung, soweit diese erforderlich ist, um die Buchführung nachvollziehen zu können, und Anweisungen zur Umprogrammierung von Kassensystemen und die Bedienungsanleitungen.

Freilich müssen diese Unterlagen nicht notwendigerweise personenbezogene Daten enthalten, sodass in diesen Fällen diesbezügliche Aufbewahrungspflichten datenschutzrechtlich nur im Hinblick darauf relevant wären, dass die steuerliche Aufbewahrungspflicht einen Anhaltspunkt dafür gibt, welche Fristen bei bestimmten Dokumenten gesetzlich zu Grunde gelegt werden und auf ähnlich gelagerte Sachverhalte entsprechend in der Regel übertragen werden dürften, wenn diese personenbezogene Daten enthalten.

Abgesandte und empfangene Handels- oder Geschäftsbriefe (Entwürfe sind nicht aufbewahrungspflichtig; GoBD v. 28.11.2019, Abschn. 1.3, BStBl. 2019 I S. 1269) und nicht zu den Organisationsunterlagen iSv § 147 Abs. 1 Nr. 1 AO zählende sonstige Unterlagen, die für die Besteuerung von Belang sind (Projektunterlagen, Fertigungsunterlagen), sind steuerlich sechs Jahre lang aufzubewahren, soweit nicht in anderen Steuergesetzen kürzere Aufbewahrungsfristen zugelassen sind (§ 147 Abs. 3 S. 1 Hs. 2 AO). Der steuerrechtliche und der handelsrechtliche Begriff des Handelsbriefs (§ 257 Abs. 2 HGB, § 147 Abs. 1 Nr. 2, 3 AO) stimmen weitgehend überein. Handelsbriefe sind Schriftstücke inkl. Postkarten, Telebriefe, Faxe, Telegramme, E-Mail, Internetseiten, Fernschreiben, die ein Handelsgeschäft betreffen (MüKoBilanzR/Graf HGB § 257 Rn. 13). Erfasst wird die gesamte geschäftliche Korrespondenz des Kaufmanns, soweit sie sich auf die Vorbereitung, Durchführung oder Rückgängigmachung eines Handelsgeschäfts (§§ 343f. HGB) bezieht (vgl. Koenig/Haselmann AO § 147 Rn. 9). Dies betrifft: Klageakten, Preislisten, Aufträge (Angebot und Annahme), Auftragsbestätigungen, erhaltene und abgesandte Rechnungen, Reklamationen, Rabattunterlagen, Zahlungsbelege, Verträge, Bewirtungsrechnungen, die ein Gastwirt seinen Gästen ausstellt (§ 147 Abs. 1 Nr. 3 AO; Klein/Rätke AO § 147 Rn. 23) und Prozessakten, soweit diese Grundlage von Buchungen sind. Wird ein Handels- oder Geschäftsbrief iSv § 147 Abs. 1 Nr. 2 oder Nr. 3 AO mit einem Kontierungsvermerk versehen, wird er zum Buchungsbeleg und damit von § 147 Abs. 1 Nr. 4 AO erfasst und ist zehn Jahre aufzubewahren (Klein/Rätke AO § 147 Rn. 24)

Nicht zu den Handels- oder Geschäftsbriefen, sondern nur zu den sonstigen Unterlagen iSv § 147 Abs. 1 Nr. 5 AO, die für die Besteuerung von Bedeutung sind, können Schriftstücke gehören, die nicht zum Abschluss eines (Handels-)Geschäfts geführt haben, wie zB: Vorstands- und Aufsichtsratsprotokolle, soweit nicht für den Jahresabschluss relevant (vgl. AWV Aufbewahrungspflichten S. 79), Belege zu Belegschaftsfeiern (ggf. aber lohnsteuerrelevant und dann als Buchungsunterlage zehn Jahre lang aufzubewahren), Nutzflächenermittlungen, nicht angenommene Angebote, Prospekte, sonstiges Informationsmaterial, Kassenstreifen und Kassenzettel, Speisekarten bei Gaststätten (FG München 29.10.2009 – 15 K 219/07, BeckRS 2009, 26030296; FG BW 18.2.1997 – 6 V 49/96, BeckRS 1997, 30930191), Statistikstreifen bei Automatenaufstellern (FG Niedersachsen 25.3.2003 – 6 K 961/99, BeckRS 2003, 26014375), Akkordzettel, Stundenlohnzettel, Reisekostenabrechnungen, Fahrtenbücher, Rechnungsbelege über Auslagenersatz oder auch Freistellungsbescheinigungen, soweit diese nicht Buchungsbelege sind, Schichtzettel (im Taxigewerbe, siehe BFH 26.2.2004 – XI R 25/02, BStBl. 2004, 599; BFH 14.6.2006 – XI B 130–132/05, BeckRS 2006, 25010426), ggf. Bildmaterial zur Dokumentation von Firmenveranstaltungen (geeignet zB zum Beleg, ob es sich um eine Mitarbeiterveranstaltung gehandelt hat oder eine, die sich an Externe richtet), Internet-Protokoll-Adressen (IP-Adressen) bei Internet-Unternehmen, Due-Diligence-Berichte, anlässlich Anteilskaufs an einem Unternehmen, E-Mails, sofern sie nicht nur als Mittel der Übersendung von sonstigen Unterlagen, Geschäftsbriefen oder Rechnungen verwendet werden, Warenwirtschaftssysteme, Unterlagen von Fahrschulen nach § 18 Abs. 1 und 2 FahrlehrerG etc, Prozessakten, soweit diese nicht Grundlage von Buchungen sind.

Derartige Unterlagen sind steuerlich sechs Jahre lang aufzubewahren (vgl. Klein/Rätke AO § 147 Rn. 27).

Die steuerlichen und handelsrechtlichen Aufbewahrungsfristen in Bezug auf einzelne Typen von Unterlagen weichen im Einzelfall voneinander ab. Selbst die Einordnungen zu den steuerlichen und handelsrechtlichen Aufbewahrungspflichten in der Literatur weichen im Detail voneinander ab (vgl. Koller/Kindler/Roth/Drüen/Morck/Drüen HGB § 257 Rn. 3; AWV Aufbewahrungspflichten S. 70 ff.; Buschbell-Kaniewski Fristentabelle S. 127 ff.). Deshalb ist zur Sicherheit zu empfehlen, im Zweifel die jeweils längere Frist zu Grunde zu legen, um nicht gegen gesetzliche Aufbewahrungsfristen zu verstoßen.

Bei steuer- und handelsrechtlichen Dokumentationspflichten ist auch das Radierverbot gem. § 146 Abs. 4 AO und § 239 Abs. 3 HGB zu beachten, wonach Inhalte der Unterlagen nicht so verändert werden dürfen, dass der Inhalt nicht mehr feststellbar ist. Praktisch überlagern folglich die handels- und steuerrechtlichen Aufbewahrungsfristen etwaige kürzere Löschungsfristen (Keppeler/Berning ZD 2017, 314 (317)). Auch Personalakten, das sind Sammlungen von Urkunden und Vorgängen, die die persönlichen und dienstlichen Verhältnisse eines Mitarbeiters betreffen und in einem inneren Zusammenhang mit dem Dienstverhältnis stehen, sollen ein möglichst vollständiges, wahrheitsgemäßes und sorgfältiges Bild über diese Verhältnisse geben, sodass einzelne Daten nur im Ausnahmefall entfernt werden dürfen, etwa wenn eine Interessenabwägung im Einzelfall ergibt, dass die weitere Aufbewahrung zu unzumutbaren beruflichen Nachteilen für den Arbeitnehmer führen könnte, obwohl der beurkundete Vorgang für das Arbeitsverhältnis rechtlich bedeutungslos geworden ist (BAG 19.7.2012 – 2 AZR 782/11, NZA 2013, 91 (92)). Das betrifft namentlich Abmahnungen und sonstige Dokumentationen mit für den Arbeitnehmer negativem Inhalt.

Ein Dokumentenverzeichnis mit den je nach Datenobjekt und -träger unterschiedlich bemessenen Aufbewahrungspflichten ist veröffentlicht zB in AWV Aufbewahrungspflichten S. 67 ff. (siehe auch Buschbell-Kaniewski Fristentabelle S. 127 ff.; Endriss Bilanzbuchhalter-HdB/Becker Kap. 5 Teil G. V.5.).

**4. Handelsvertreter.** Sehr lange Aufbewahrungsrechte können sich zB wegen der Bemessung des handelsvertreterrechtlichen Ausgleichsanspruchs ergeben. Dieser Anspruch setzt gem. § 89b HGB voraus, dass der Handelsvertreter im Laufe der Zusammenarbeit neue Stammkunden geworben hat, der Handelsvertreter nicht ohne wichtigen Grund selbst gekündigt hat und der Geschäftsherr aus der werbenden Tätigkeit des Handelsvertreters nach Beendigung der Zusammenarbeit Vorteile in der Zukunft haben wird. Die Eigenschaft als Neukunde beurteilt sich danach, welche Kunden bei Aufnahme der Handelsvertretertätigkeit schon vorhanden waren oder nicht (BGH 10.5.1984 – I ZR 36/82, NJW 1985, 58; vgl. Hopt/Hopt HGB § 89b Rn. 12 ff.) oder danach, ob die Geschäftsbeziehung wesentlich erweitert worden ist (§ 89b Abs. 1 S. 2 HGB). Das bringt es mit sich, die bei Beginn der Handelsvertretertätigkeit getätigten Umsätze bereits existierender Kunden sowie die weitere Entwicklung der Geschäftsbeziehung mit Blick auf von der Rechtsprechung gewährte Beweiserleichterungen zu Gunsten des Handelsvertreters zu dokumentieren und im Streitfall beweisen zu können, wenn auch die grundsätzliche Beweislast beim Handelsvertreter liegt (BGH 19.1.2011 – VIII ZR 149/09, BeckRS 2011, 3878; BGH 21.4.2010 – VIII ZR 108/09, NJW-RR 2010, 1550 (1552); Hopt/Hopt HGB § 89b Rn. 33). Ein nur pauschales Vorbringen des Geschäftsherrn kann eine detaillierte Aufstellung des Handelsvertreters über angeblich geworbene Neukunden nämlich nicht entkräften (BGH 28.4.1999 – VIII ZR 354/97, NJW 1999, 2668 (2670)). Entsprechendes gilt für Vertragshändler (BGH 13.1.2010 – VIII ZR 25/08, NJW-RR 2010, 1263 (1264); MüKoHGB/v. Hoyningen-Huene § 89b Rn. 18 mwN).

**5. Betriebliches Know-how.** Neben den rechtlichen Aufbewahrungspflichten, die einzuhalten sind, können legitime Interessen bestehen, die Aufbewahrungsrechte iSv Art. 6 Abs. 1 S. 1 lit. f DS-GVO begründen. Einem Unternehmer wird man nicht verwehren können, sich über zB steuerliche Aufbewahrungspflichten hinaus einen wirtschaftlichen Überblick über seine Unternehmungen, wesentlichen Entscheidungen und die Geschichte und Entwicklung des Unternehmens zu verschaffen und historisch dokumentieren zu können, auch wenn zur Vollständigkeit personenbezogene Daten mit den Unterlagen verknüpft sein können (zB Unterschriften, Erwähnung maßgeblicher Personen). Außerdem werden personenbezogene Daten im Rahmen eines berechtigten Interesses iSv Art. 6 Abs. 1 lit. f DS-GVO über eine Beendigung des Arbeitsverhältnisses gespeichert werden dürfen, wenn diese Daten genutzt werden, um etwa zu Jubiläen oder im Todesfall Grüße oder Kondolenzschreiben zu versenden (vgl. Gola Beschäftigtendatenschutz-HdB Kap. 8.2 f.). Als legitimes Interesse, das einer Löschung entgegensteht (Art. 17 Abs. 3 lit. e DS-GVO), kommen grundsätzlich insbesondere die Wahrnehmung des Rechts auf freie Berufsausübung (Art. 15 GRCh), die unternehmerische Freiheit (Art. 16 GRCh, Erwgr. 4 S. 3 DS-GVO) und das Recht auf Eigentum (Art. 17 GRCh) in Betracht, die gem. Art. 52 GRCh im Rahmen der Verhältnismäßigkeit gegen das Recht auf Schutz personenbezogener Daten im Rahmen von Art. 6 Abs. 1 S. 1 lit. f DS-GVO abzuwägen sind

(Erwgr. 4 S. 2 DS-GVO; vgl. statt aller EuGH 16.12.2008 – C-73/07, MMR 2009, 175 (177); EuGH 2.3.2023 – C-268/21, ZD 2023, 396 (398)). Es gibt im Rahmen der Anwendung des Verhältnismäßigkeitsgrundsatzes nach Art. 52 Abs. 1 GRCh keinen Vorrang einzelner Grundrechte vor anderen (vgl. BVerfG 6.11.2019 – 1 BvR 276/17, NJW 2020, 314 (326); BVerfG 6.11.2019 – 1 BvR 16/13, NJW 2020, 300 (306); von der Groeben/Schwarze/Hatje/Terhechte GRCh Art. 53 Rn. 11; Jarass/Jarass GRCh Art. 53 Rn. 16f.; Lenaerts EuR 2012, 3 (10); Simitis/Hornung/Spiecker gen. Döhmann/Dix DS-GVO Art. 85 Rn. 20), sodass Art. 7 GRCh „Schutz des Privat- und Familienlebens" sowie Art. 8 GRCh „Schutz personenbezogener Daten" keinen Vorrang gegenüber den Art. 15ff. GRCh genießen (vgl. Erwgr. 13 S. 2 DS-GVO), sondern so auszulegen sind, dass die jeweiligen Grundrechte möglichst weitgehend zur Anwendung kommen (EuGH 9.11.2010 – C-92/09 und – C-93/09, EuZW 2010, 939 Rn. 86; vgl. Simitis/Hornung/Spiecker gen. Döhmann/Dix DS-GVO Art. 85 Rn. 20).

Das Grundrecht der Berufsfreiheit (Art. 15 GRCh) gewährt ein Abwehrrecht gegen Behinderungen der Arbeit zum Schutz der auf Erwerb gerichteter Tätigkeit, die der Schaffung und Erhaltung einer Lebensgrundlage dient (NK-EuGRCh/Bernsdorff GRCh Art. 15 Rn. 12f., 16). Der berufliche Stellenwert einer Person wird bestimmt u.a. durch seine beruflichen Kenntnisse und Fähigkeiten, wozu auch sein Erfahrungswissen zählt. Sein berufliches Fortkommen, seine Anerkennung und Wertschätzung im Beruf sowie seine Arbeitsplatzsicherheit werden nicht unwesentlich hierdurch mitbestimmt. Es würde einen Arbeitnehmer erheblich in seiner beruflichen Tätigkeitsausübung, Existenz und Entwicklung beeinträchtigen, würde es ihm unmöglich gemacht, Erfahrungswissen zu sammeln, um bei Bedarf darauf zurückgreifen zu können, sodass er zB nachvollziehen kann, weshalb ein Verfahren oder Projekt so und nicht anders abgelaufen ist und was man hätte besser machen können. Obwohl Daten (zB E-Mails), die im geschäftlichen Verkehr entstehen, dem Arbeitgeber gehören (Gola Beschäftigtendatenschutz-HdB Kap. 1.5.3.2), wird der Arbeitgeber im Rahmen vorhandener Ressourcen wegen seiner Verpflichtung zur Wahrung der Interessen seiner Mitarbeiter auch hinsichtlich ihrer beruflichen Entwicklung (Fürsorgepflicht gem. § 241 Abs. 2 BGB; vgl. BAG 24.9.2009 – 8 AZR 444/08, NZA 2010, 337 (338)) seinem Arbeitnehmer wohl nicht zu verwehren haben, Erfahrungswissen zu sammeln.

Für die Frage, welche Fristen sich aus Aufbewahrungsrechten für nicht-öffentlich-rechtliche Verantwortliche ergeben und zugrunde gelegt werden können, können angesichts der weitgehend fehlenden Bestimmungen Hinweise aus gesetzlichen Bestimmungen abgeleitet werden, soweit keine spezialgesetzliche Regelung einschlägig ist. Nur selten ist die Löschung von Daten explizit gesetzlich angeordnet (§ 35 Abs. 6 NotO; zur Videoüberwachung öffentlich zugänglicher Räume siehe § 4 Abs. 5 BDSG), sodass aus dem Fehlen einer derartigen gesetzlichen Vernichtungs- oder Löschungsanordnung gefolgert werden darf, dass mit Ablauf der gesetzlichen Aufbewahrungsfristen nicht automatisch eine Vernichtungs- und Löschungspflicht eintritt, solange der Zweck der Verarbeitung diese (als Speicherung für legitime Zwecke) noch zulässt (siehe Art. 5 Abs. 1 lit. b, c und e DS-GVO; vgl. Forgó/Helfrich/Schneider Betr. Datenschutz-HdB/Scheja/Quae/Conrad/Hausen Teil IV. Kap. 1 Rn. 45ff. sowie Rn. 89ff.; vgl. BVerwG 16.3.1988 – 1 B 153.87, NVwZ 1988, 621).

Die gesetzlichen Regelungen zur Aufbewahrung rechtlich relevanter Dokumente, Unterlagen und Akten der öffentlichen Hand über die Verfahrensbeendigung hinaus enthalten die Wertung des Gesetzgebers, dass deren Archivierung auch über den ursprünglichen Zweck (die Durchführung des eigentlichen Verfahrens) hinaus grundsätzlich mit den Zwecken des Gesetzes vereinbar iSv Art. 6 Abs. 4; Erwgr. 50 S. 1 f. DS-GVO ist, sofern ein mit dem ursprünglichen Zweck vereinbarer weiterer legitimer Zweck vorhanden ist. Vor diesem Hintergrund wird auch die Aufbewahrung von Dokumenten, Unterlagen und Akten zu Zwecken des Nachvollzugs privaten unternehmerischen Handelns und zur Bewahrung von Wissen und Information im Unternehmen und zur Bewahrung von verfahrensübergreifendem Erfahrungswissen im Unternehmen und beim Mitarbeiter (Know-how) ebenso wie die Aufbewahrung zu Zwecken der Wahrung oder Ausübung von Rechten als mit den ursprünglichen Zwecken vereinbar iSv Art. 6 Abs. 4 und Erwgr. 50 DS-GVO angesehen werden müssen, für die die Daten ursprünglich erhoben wurden, sodass deren Aufbewahrung keine eigenständige Rechtsgrundlage benötigt, sondern von der ursprünglichen Rechtfertigungsgrundlage mit umfasst ist. In welchen Fällen dies der Fall ist, beurteilt sich anhand der Kriterien des Art. 6 Abs. 4, Erwgr. 50 S. 6 DS-GVO. Dabei ist zu berücksichtigen, dass letztlich Know-how-bezogene Unterlagen, Dokumente und Akten gerade deshalb entstanden sind, um Erkenntnisgrundlagen, Wissen und Information zu dokumentieren. Zu berücksichtigen ist auch, dass solche Unterlagen auch zur Wahrung der Grundrechte insbesondere in Bezug auf die unternehmerischen Freiheiten, die Berufsausübung und Eigentum aufbewahrt werden.

Eine exakt bestimmbare Grenze oder Anhaltpunkte für die Bemessung von Löschungspflichten gibt die DS-GVO nicht vor. Vereinzelt ordnen nationale Bestimmungen Löschungspflichten an. Darüber hinaus geben diesbezüglich die nationalen Bestimmungen nur Anhaltspunkte, sodass die rechtlich normierten Aufbewahrungsfristen Orientierungspunkte bilden, die legitime Fristen beschreiben, die auch außerhalb ihres Anwendungsbereichs im konkreten Fall herangezogen werden können. Entsprechend dem legitimen Zweck, zB Wissen und Information zu erhalten oder Rechtspositionen zu wahren, können Aufbewahrungsfristen aber auch von den in gesetzlichen Regelungen jeweils geregelten Fristen abweichend zu bemessen sein, die auf vergleichbar erscheinende gesetzlich geregelte Sachverhalte anzuwenden sind. In Anlehnung an die Archivgesetze (zB §§ 3 Abs. 1 S. 1; 5 Abs. 2; 11 BArchG; § 2 Abs. 2 f. BayArchG; § 1 HmbArchivG; § 7 Abs. 1 HessArchivG; § 1 ArchivG NRW) wird archivierungswürdiges Material, also Material mit bleibendem Wert (zB § 3 BArchG, § 2 Abs. 2 BayArchG, § 4 Abs. 2 ArchGB), zumindest zu wissenschaftlichen, historischen oder statistischen Forschungszwecken über gesetzliche Aufbewahrungspflichten zu dem ursprünglichen Verarbeitungszweck hinaus aufbewahrt werden dürfen.

Auch dem Privaten wird ein legitimes Interesse zuzubilligen sein, für ihn über den Tag hinaus relevante Vorgänge zur Sicherung seines fachlichen und historischen Wissens archivieren zu dürfen. Stets bleibt jedoch der Zweck als Grenze jeder Verarbeitung zu berücksichtigen, sodass auch eine Archivierung zu Zwecken des Nachvollzugs unternehmerischen Handelns und zur Bewahrung von Wissen und Information im Unternehmen und beim Mitarbeiter (Know-how) gem. Art. 5 Abs. 1 lit. b DS-GVO nur im Rahmen festgelegter, eindeutiger und legitimer Zwecke und darüber hinaus nur für Archivzwecke, an denen ein legitimes Interesse besteht, zulässig ist (Art. 5 Abs. 1 lit. e DS-GVO). So lange also die Aufbewahrung von Daten eine sachlich begründete bleibende, über den Einzelvorgang hinaus bestehende Relevanz hat, ist sie legitim. Die zweckfremde Aufbewahrung und Datennutzung sind in jedem Fall aber unzulässig. Geht es also um die Bewahrung von verfahrensübergreifendem beruflichen Know-how einer natürlichen Person, zB eines Mitarbeiters, werden aber im Fall der legitimen entsprechenden Aufbewahrung von Unterlagen geeignete technische und organisatorische Maßnahmen iSv Art. 6 Abs. 4 lit. e, Art. 24 Abs. 1, Art. 89 DS-GVO zu treffen sein, um die zweckfremde Nutzung der Daten, insbesondere durch Dritte oder für Zwecke Dritter, auszuschließen (vgl. § 15 Abs. 2 BArchG). Kann zB ein Vorgang nur deshalb noch archiviert werden, um als Vergleichsfall in ähnlich gelagerten Fällen dem einzelnen Arbeitnehmer zuverlässige Wissensgrundlagen für ähnliche Sachverhalte zu liefern, ist sicherzustellen, dass der Arbeitgeber auf derartige personenbezogene Daten nicht nach Ablauf der Zeiträume zurückgreift, in denen der Arbeitgeber diese Daten zur Wahrung seiner Rechtspositionen voraussichtlich noch nutzen dürfte, um daraus – nun zweckentfremdend – zB arbeitsrechtliche Maßnahmen in Bezug auf den Betroffenen abzuleiten.

Aus dem Zweck leitet sich auch die Begrenzung der Dauer der Aufbewahrung ab (Erwgr. 39 S. 7 DS-GVO). Das aufbewahrte Material muss dem Zweck (noch) dienen können. In Anlehnung an die Bundes- und Landesarchivgesetze muss in diesem Sinn archiviertes Wissen archivwürdig sein, dh einen über die reine Vorgangsdauer und eine evtl. sich anschließende Aufbewahrungsfrist hinausgehenden Erkenntnisnutzen vermitteln („bleibenden Wert" haben; vgl. § 5 Abs. 2 BArchG; § 2 Ab. 2 S. 2 LArchG BW; § 2 Abs. 2 BayArchG; § 4 Abs. 2 ArchGB; § 2 Abs. 2 HmbArchivG). Soweit zB eine Rechtsfrage keinerlei Relevanz mehr haben kann, ist eine Archivierung diesbezüglicher früherer Verfahrensunterlagen eines Juristen auch nicht mehr zur Sicherung von Know-how, sondern vielleicht noch zu historischen Forschungszwecken zulässig. Derartige Unterlagen könnten allenfalls zur Klärung noch herangezogen werden, ob Veränderungen in der Rechtsprechung oder im Gesetzeswortlaut Einfluss auf die nachfolgende Rechtsprechung haben könnten.

**6. Unterlagen mit Bezug zum Arbeitsverhältnis.** Generell gilt im Arbeitsrecht, dass die Existenz eines legitimen Zwecks wie die Geltendmachung, Ausübung oder Verteidigung von Rechten oder die Ausübung von Kontrollen (allerdings nicht ins Blaue hinein; BAG 31.1.2019 – 2 AZR 426/18, NZA 2019, 893 (898 f.)) die Dauer der Aufbewahrungsrechte bestimmt. Dabei ist zu berücksichtigen, dass § 26 BDSG eine Rechtsgrundlage zur Verarbeitung personenbezogener Daten zur Begründung, Durchführung und Beendigung von Beschäftigungsverhältnissen darstellt (iVm Art. 88 DS-GVO; vgl. zu § 32 Abs. 1 S. 1 BDSG aF BAG 23.8.2018 – 2 AZR 133/18, NZA 2018, 1329 (1331 f.)), was auch die Erfüllung von Rechten und Pflichten aus Kollektivvereinbarungen einschließt (Tarifverträge, Betriebs- und Dienstvereinbarungen), sodass auch Kollektivvereinbarungen Rechtsgrundlagen für Datenverarbeitungen und somit Aufbewahrungszeiträume nach Maßgabe von Art. 88 DS-GVO schaffen können (Art. 88 Abs. 1; Erwgr. 155 DS-GVO).

Neben den steuer-, handels- und sozialrechtlichen Bestimmungen zur Aufbewahrung von Unterlagen, die Buchführungszwecken dienen, gibt es diverse spezielle arbeitsrechtliche Aufbewahrungspflichten (§ 257 HGB; § 147 AO; § 41 EStG; § 28 f. SGB IV; § 165 Abs. 4 SGB VII sowie zB § 16 Abs. 2 ArbZG; § 17 MiLoG; § 19 Abs. 1 S. 2 AentG; § 7 Sonn- und Feiertagsarbeitsverordnung Eisen- und Stahlindustrie; § 8 der Sonn- und Feiertagsarbeitsverordnung Papierindustrie; § 41 Abs. 1; § 50 Abs. 2 JArbSchG; § 27 Abs. 5 iVm Abs. 3 MuSchG; § 17c AÜG; § 22 Abs. 3 Nr. 2 LadSchlG, § 3 SeeArbG sowie Aufbewahrungsfristen bei arbeitsmedizinischen

Aufzeichnungen und zu Vorsorgeuntersuchungen). Ansonsten ist keine generelle Aufbewahrungspflicht von Unterlagen zum Arbeitsverhältnis gesetzlich normiert (Gola Beschäftigtendatenschutz-HdB Kap. 15.2.2; MHdB ArbR/Francke § 139 Rn. 26), sondern diese ergibt sich mittelbar unter Berücksichtigung von Verjährungsfristen, Dokumentationspflichten oder -obliegenheiten iSv § 11 BBiG oder § 623 BGB (Gola Beschäftigtendatenschutz-HdB Kap. 15.2.2; Schröder DatenschutzR Kap. 3 I.3). In der Praxis empfiehlt es sich in jedem Fall, Personalakten zu Dokumentations- sowie zu Nach- und Beweiszwecken zu führen (zB zu Gefährdungsbeurteilungen nach § 6 ArbSchG und/oder Unterweisungen nach § 12 ArbSchG und/oder zur Prüfung von Vorbeschäftigungen bei der Prüfung der Voraussetzungen für ein sachgrundlos befristetes Arbeitsverhältnis iSv § 14 TzBfG zu begründen; → Anm. 1; vgl. MHdB ArbR/Francke § 139 Rn. 26). Werden Personalakten geführt, unterliegen diese dem Personalaktenrecht (Gola Beschäftigtendatenschutz-HdB Kap. 15.2.2). Daraus können sich arbeitsrechtliche Löschungspflichten ergeben wie etwa die Pflicht zur Entfernung von Abmahnungen oder von unzutreffenden Angaben.

Die zehnjährige Aufbewahrungspflicht für steuerliche Zwecke betrifft unter anderem: Anstellungsverträge während des Arbeitsverhältnisses und ab letzter Buchung (idR Vertragsende), Gehalts-, Lohnabrechnungen, inkl. Sozialversicherungsabrechnungsunterlagen, Kurzarbeiterarbeitsentgeltabrechnungen, Lohnbücher, -journale, Leistungsnachweise, Akkordunterlagen, Arbeitszeitnachweise, Überstundennachweise, Dienstwagenabrechnungsunterlagen, Lohnsteuerjahresausgleiche, Vorschüsse, Abschlagszahlungen, Darlehen, freiwillige Leistungen, Spesenabrechnungen, Reiseabrechnungen, Fahrtenbücher, Auslagenerstattungen, Telefonkostenabrechnungen, Provisionen, Erfolgshonorare, Entgelte für Vertragsabschlüsse, Tantiemen, Fehlzeitenunterlagen, Arbeitsunfähigkeitsbescheinigungen, Aufhebungsverträge, Abwicklungsverträge, Zusagen und Buchungsunterlagen zur betrieblichen Altersversorgung, Unterlagen zu Betriebsunfällen, soweit diese als Buchungsbeleg dienen und Belegschaftsfeierunterlagen.

Bei langfristig sich auswirkenden Beziehungen wie beispielsweise in Arbeitsverhältnissen bestehen Interessen des Arbeitgebers, Daten teilweise erheblich länger aufzubewahren als es die steuer- und handelsrechtlichen und anderen gesetzlichen Mindestaufbewahrungsfristen vorsehen (zu Aufbewahrungsfristen in Arbeitsverhältnissen siehe MHdB ArbR/Francke § 139 Rn. 12–27). Dabei besteht ein berechtigtes Interesse iSv Art. 6 Abs. 1 lit. f DS-GVO des Arbeitgebers, auch nach Beendigung des Arbeitsverhältnisses dem Arbeitnehmer noch Auskünfte zu seinem früheren Arbeitsleben erteilen zu können (Gola Beschäftigtendatenschutz-HdB Kap. 8.2). Es könnte außerdem zB auch eine Nichtberücksichtigung von Betriebszugehörigkeitszeiten zu Erfüllungs- oder Schadensersatzansprüchen hinsichtlich der betrieblichen Altersversorgung führen. Die dreijährige Verjährungsfrist gem. § 195 BGB würde gem. § 199 Abs. 1 BGB erst mit Entstehung des Betriebsrentenanspruchs, also mit der Fälligkeit der Betriebsrentenzahlung beginnen (Höfer BetrAVG I/Höfer BetrAVG § 18a Rn. 7f.; BT-Drs. 14/6040, 108; vgl. BAG 14.12.2006 – 8 AZR 628/05, NZA 2007, 262 (265)). Es hilft nicht wesentlich, die zehnjährige Verjährungsfrist des § 199 Abs. 3 Nr. 1 BGB zu Grunde zu legen, denn die Fälligkeit entsteht jeden Zahlungsmonat neu, sodass Ansprüche bei Rentenbeginn mit zB Vollendung der Regelaltersgrenze ohne Kenntnis der anspruchsbegründenden Umstände einschließlich der Person des Schuldners bzw. grob fahrlässiger Unkenntnis zwar am Ende des Jahres der Vollendung des 75. Lebensjahres verjährt wären, es sei denn, die zu einem späteren Zeitpunkt eintretenden Schadensfolgen wären schon zu einem früheren Zeitpunkt absehbar gewesen (BGH 8.11.2016 – VI ZR 200/15, NZG 2017, 753 (755)). Von der Verjährung wäre somit grundsätzlich lediglich der aus der Frist fallende jeweilige Zahlungsmonat betroffen. Um etwa unberechtigte Betriebsrentenforderungen abwehren zu können, muss ein Arbeitgeber Ein- und Austrittszeitpunkte von Mitarbeitern somit über den Austrittstermin und Rentenbeginn hinaus dokumentieren können. Das allein würde aber zB den Vortrag nicht entkräften können, bestimmte Zeiten der Betriebszugehörigkeit unberücksichtigt gelassen oder nicht vollwertig berücksichtigt zu haben. Der Arbeitgeber sollte daher zur Wahrung seiner Rechtsposition iSv Art. 17 Abs. 3 lit. e DS-GVO Eintritts- und Austrittsdaten sowie – soweit Ansprüche von der Entgelthöhe abhängen – Lohnlisten und Lohnkonten oÄ mit den Namen aller Beschäftigten gem. § 199 Abs. 3 Nr. 2 BGB aufbewahren, um ggf. Zeugen identifizieren und durch deren Aussagen belegen zu können, dass er für den Anspruchsteller in den fraglichen Zeiträumen keine Entgelte oder keine Entgelte in der behaupteten Höhe geschuldet hat oder Ansprüche bereits nach § 199 Abs. 1 BGB verjährt sind, weil der Betreffende die anspruchsbegründenden Umstände kannte oder ohne grobe Fahrlässigkeit kennen musste.

Die Ermöglichung von Rückgriffen auf derartige Daten hilft uU auch dem Arbeitnehmer beispielweise bei der Geltendmachung von Ansprüchen wegen einer Berufskrankheit als Spätfolge einer Gesundheitsgefährdung zB durch eine Gefahrstoffexposition während seiner beruflichen Tätigkeit. Wäre nicht mehr nachvollziehbar, ob der Anspruchsteller tatsächlich zum Zeitpunkt einer strittigen Gefahrstoffexposition als Arbeitnehmer in dem konkreten Gefährdungsbereich tätig und einer Gefährdung ausgesetzt war, könnte er gegenüber der Berufsgenossenschaft eine solche Gefährdungslage als Voraussetzung für eine Berufsunfähigkeitsrente nur schwer nachweisen.

Umgekehrt muss auch der Arbeitgeber in Fällen der Beeinträchtigung von Körper und Gesundheit Ansprüchen entgegentreten können, die darauf aufbauen, dass die Gefährdung vom Arbeitgeber vorsätzlich herbeigeführt worden sein soll und folglich die Haftungsverlagerung auf die Berufsgenossenschaften nicht eintritt, sodass der Arbeitgeber gem. § 104 Abs. 1 SGB VII iVm §§ 241 Abs. 2, 280 Abs. 1, 618 Abs. 3 BGB wegen eines vorsätzlich herbeigeführten Personenschadens haftet. Die Verjährungsfrist beträgt 30 Jahre (§§ 197 Abs. 1 Nr. 1, 199 Abs. 2 BGB). Ein Arbeitgeber, der etwaigen Ansprüchen entgegentreten will, wird daher gut beraten sein, entlastende Unterlagen, wie etwa Gefährdungsbeurteilungen iSv § 5 ArbSchG, bis zum Ablauf der 30-jährigen Verjährungsfrist der §§ 197 Abs. 1 Nr. 1, 199 Abs. 2 BGB aufzubewahren. Die Frist beginnt mit dem Schadensereignis (MHdB ArbR/Francke § 139 Rn. 26). Spätfolgen betreffen aber regelmäßig gerade Fälle, in denen zum Zeitpunkt der Schadensverursachung noch nicht anerkannt, bekannt oder absehbar ist, dass das Geschehen nach längerer Zeit einen Schaden auslösen könnte (zB Asbestose wegen Verbaus von Asbest; Herstellungs- und Verwendungsverbot von Asbest durch § 15 GefahrstoffV; Sicherungspflicht sowie Herstellungs- und Verwendungsbeschränkungen gem. § 15 Abs. 5 und Anh. II Nr. 1 GefahrstoffV). Folglich ist auch der Zeitpunkt der (vorsätzlichen) Schadensverursachung und dementsprechend der Beginn einer 30-jährigen Verjährungsfrist uU nicht eindeutig feststellbar. Daraus folgt, dass ein Arbeitgeber Unterlagen zu den Arbeitsbedingungen zur Wahrung seiner Rechte über einen längeren Zeitraum als 30 Jahre wird aufbewahren dürfen. Der Arbeitgeber hat bei Tätigkeiten mit bestimmten krebserzeugenden, keimzellmutagenen oder reproduktionstoxischen Gefahrstoffen ein jeweils aktuelles Verzeichnis über die Beschäftigten, die Tätigkeiten mit solchen Gefahrstoffen ausüben, zu führen und dieses Verzeichnis mit allen Aktualisierungen für die Dauer von 40 Jahren nach Ende der Exposition des Mitarbeiters aufzubewahren (§ 14 Abs. 3 GefahrstoffV). Ein Recht zur längeren Aufbewahrung besteht, soweit etwaige Langzeitfolgeschäden denkbar sind, so dass später Ansprüche wegen vorsätzlicher Personenschädigung (siehe § 104 SGB VII) in den Raum gestellt werden können.

Unterlagen von Stellenbewerbern sind spätestens innerhalb von sechs Monaten nach Ablehnung der Bewerbung zurückzugeben. Die Frist leitet sich aus dem legitimen Interesse ab, Forderungen iSv § 15 Abs. 4 AGG unter Berücksichtigung von möglichen Verzögerungen bei der Zustellung gerichtlicher Schriftsätze abwehren zu können. Das Absageschreiben selbst kann zum Nachweis der Bewerbung als solche länger aufbewahrt werden (vgl. www.bfdi.bund.de/DE/Datenschutz/Themen/Arbeit_Bildung/BeschaeftigungArbeitArtikel/Bewerbungsunterlagen.html). Mit Einwilligung des Bewerbers darf ein Arbeitgeber Bewerbungsunterlagen länger aufbewahren.

Daten zum Beleg der Entwicklung von Arbeitsunfähigkeitszeiten können so lange aufbewahrt werden, wie dies zur möglichst aussagefähigen und prozessual belastbaren Prüfung notwendig ist, ob eine negative Gesundheitsprognose im Zusammenhang mit einer krankheitsbedingten Kündigung indiziert sein kann (ggf. auch mehr als fünf Jahre, siehe BAG 20.11.2014 – 2 AZR 755/13, NZA 2015, 612 (613), dem Sachverhalt nach erfolgte eine Aufbewahrung über einen Zeitraum von 2007 bis 2011), wobei dem Arbeitgeber zuzubilligen sein wird, dass er auch einkalkulieren muss, dass ein Gericht je nach Einzelfall und ggf. bei einem erstmals im gerichtlichen Verfahren aufkommenden Tatsachenvortrag eine Darlegung der Fehlzeiten über einen längeren Zeitraum als fünf Jahre für erforderlich halten könnte.

Gem. §§ 257 ff. HGB, § 147 AO sind Arbeitsunfähigkeitsbescheinigungen ohnehin für steuer- und handelsrechtliche Zwecke 10 Jahre aufzubewahren (AWV Aufbewahrungspflichten S. 79).

Sofern kein legitimer (arbeits-)rechtlicher Zweck mehr verfolgt wird und werden kann, dem die Datenverarbeitung dient, besteht stets eine Löschungspflicht, die der Datenaufbewahrung entgegensteht.

**7. Abmahnungen.** Eine Unschärfe besteht hinsichtlich der Aufbewahrungsfristen für Abmahnungen. Diese sind dann ersatzlos zu entfernen, wenn eine Abmahnung durch Zeitablauf ihre Warnfunktion verloren hat und die Abmahnung für den Arbeitgeber bedeutungslos geworden ist. Dabei sind sämtliche Umstände des Einzelfalls zu berücksichtigen, insbesondere die Art und Schwere der Verfehlung, das weitere Verhalten des Arbeitnehmers und dessen Einstellung zur Verfehlung im Anschluss an die Abmahnung und ob eine neue Abmahnung nicht ausgesprochen wurde, ohne dass es hierfür eine feststehende Aufbewahrungsfrist gäbe (BAG 19.7.2012 – 2 AZR 782/11, NZA 2013, 91 (92 ff., 94); Gola Beschäftigtendatenschutz-HdB Kap. 5.3.2.4). Soweit keine weiteren Vertragsverletzungen hinzutreten (BAG 19.7.2012 – 2 AZR 782/11, NZA 2013, 91 (93)), erscheint im Rahmen der dargelegten Abwägung die Aufbewahrung einer Abmahnung, die inhaltlich weder unbestimmt ist noch unrichtige Tatsachenbehauptungen enthält noch auf einer unzutreffenden rechtlichen Bewertung des Verhaltens des Arbeitnehmers beruht oder den Grundsatz der Verhältnismäßigkeit verletzt (BAG 9.9.2015 – 7 ABR 69/13,

NZA 2016, 57 (60); BAG 19.7.2012 – 2 AZR 782/11, NZA 2013, 91 (92)) im Normalfall datenschutzrechtlich so lange als vertretbar, wie arbeitsrechtlich eine zu Recht erteilte Abmahnung etwa für eine zukünftige Entscheidung über eine Versetzung oder Beförderung und die entsprechende Eignung des Arbeitnehmers, für die spätere Beurteilung von Führung und Leistung in einem Zeugnis oder für die im Zusammenhang mit einer möglichen späteren Kündigung erforderlich werdende Interessenabwägung uä von Bedeutung sein kann. Eine feste, für alle Sachverhalte geltende zeitliche Grenze hat die Rechtsprechung nicht festgelegt. Darüber hinaus kann es im berechtigten Interesse des Arbeitgebers liegen, die Erteilung einer Rüge im Sinne einer Klarstellung der arbeitsvertraglichen Pflichten weiterhin dokumentieren zu können (BAG 19.7.2012 – 2 AZR 782/11, NZA 2013, 91 (93)). Eine längere Aufbewahrungszeit bei gravierenden Pflichtverletzungen oder Folgeverstößen wird in Betracht gezogen werden dürfen, weil arbeitgeberseitig nicht ausgeschlossen werden kann, dass die Abmahnung in diesem Zeitrahmen ihre Dokumentations-, Hinweis- und Warnfunktion noch zu erfüllen vermag (BAG 19.7.2012 – 2 AZR 782/11, NZA 2013, 91 (93); ErfK/Niemann BGB § 626 Rn. 35a). Es wäre wünschenswert, wenn die Rechtsprechung hier eine präzisere Orientierungshilfe gäbe.

**8. Datenschutzrechtliche Einwilligungen.** Sofern eine Einwilligung für die Datenverarbeitung erforderlich ist (zB schriftlich im Arbeitsverhältnis gem. § 26 Abs. 2 BDSG, bei Formen automatisierter Werbung iSv § 7 UWG oder – nicht zuletzt – zum Zweck der Fotoveröffentlichung iSv §§ 22f. KUG; näher → Form. H. I. 1.), ist sie datenschutzrechtlich zu dokumentieren (Art. 5 Abs. 2 DS-GVO iVm Art. 5 Abs. 1 lit. a DS-GVO). Bei Folgewerbung iSv § 7 Abs. 3 UWG müssen die Voraussetzungen für die Zulässigkeit für die Dauer der Zulässigkeit dargelegt und ggf. bewiesen werden können, insbesondere der Vorverkauf ähnlicher Ware (siehe hierzu Köhler/Bornkamm/Feddersen/Köhler UWG § 7 Rn. 1ff.). Im Rahmen von Arbeitsverhältnissen ist eine erforderliche Einwilligung ohnehin schriftlich abzugeben, sofern nicht eine andere Form auf Grund besonderer Umstände angemessen ist (§ 26 Abs. 2 BDSG; vgl. BAG 11.12.2014 – 8 AZR 1010/13, NZA 2015, 604 (606)). Wann besondere Umstände vorliegen, lässt das BDSG nicht erkennen. Zu denken ist zB an Bewerbungen, die online erfolgen (Gola/Heckmann/Gola BDSG § 26 Rn. 13) oder an eine besondere Eilbedürftigkeit. Besondere Umstände liegen nach Auffassung des BAG aber nicht vor, wenn der Arbeitnehmer etwa die Veröffentlichung seines Fotos auf der Homepage kennt und duldet oder in Kenntnis der Verwendungsabsicht für die Internetpräsenz des Arbeitgebers an einem Belegschaftsfotoereignis teilnimmt (ErfK/Franzen BDSG § 26 Rn. 44; Grau/Schaut NZA 2015, 981 (983); aA BGH 11.11.2014 – VI ZR 9/14, NJW 2015, 1450f., konkludente Einwilligung zur Fotoveröffentlichung einer Hostess auf Partyveranstaltung mit Prominenten). Bei der Aufnahme von Servicepersonal auf Veranstaltungen, auf denen üblicherweise Bilder angefertigt werden, dürfte es zur Vertragserfüllung zählen, dass Servicepersonal auch im Zusammenhang mit der Fertigung von Teilnehmerfotos (zB Prominenten) fotografiert werden kann, sodass die Anfertigung der Fotos gem. Art. 6 Abs. 1 lit. b. und f. DS-GVO gerechtfertigt ist (vgl. Gola Beschäftigtendatenschutz-HdB Kap. 1.5.5.1). Die ggf. anschließende Verbreitung dieser Fotoaufnahmen ist gem. § 23 KUG zulässig, sofern das mit abgebildete Servicepersonal nur „Beiwerk" und nicht Kern des Motivs ist (Gola Beschäftigtendatenschutz-HdB Kap. 1.5.5.2). Eine konkludente, stillschweigende oder gar mutmaßliche Einwilligung reicht zur

Wahrung der Form des § 26 Abs. 2 BDSG nicht aus (vgl. zu § 28 BDSG aF BT-Drs. 16/12011, 33). Soweit zB die Außenrepräsentation eines Mitarbeiters zur Vertragserfüllung zählt, ist die Veröffentlichung eines Fotos eines Mitarbeiters in Broschüren mit Nennung von Ansprechpartnern und auf Visitenkarten uä Teil seiner Verpflichtungen zur ordnungsgemäßen Vertragserfüllung. Der Arbeitgeber kann folglich gem. § 611a BGB, § 106 GewO verlangen, dass der Mitarbeiter sein Bildnis für Kontaktangaben und etwa werbende Anschreiben zur Verfügung stellt bzw. seine Einwilligung erteilen muss (Gola Beschäftigtendatenschutz-HdB Kap. 1.5.5.1). Entsprechendes gilt etwa, wenn Servicepersonal auf einer gesellschaftlichen Veranstaltung serviert, auf der zur Veröffentlichung bestimmte Fotos gefertigt werden, auf denen die Servicekräfte nicht Kern des Motivs sind (vgl. BGH 11.11.2014 – VI ZR 9/14, NJW 2015, 1450 f.). Die datenschutzrechtliche Rechtfertigung der sich aufgrund von § 611 BGB, § 106 GewO ergebenden Rechte zur Fotoverwendung im Beschäftigungszusammenhang ergibt sich aus Art. 6 Abs. 1 S. 1 lit. b und f DS-GVO. Die datenschutzrechtliche Rechtfertigung der nicht mit der arbeitsvertraglichen Aufgabenstellung verbundenen Datenverarbeitung ergibt sich demgegenüber aus der Einwilligung gem. Art. 6 Abs. 1 S. 1 lit. a DS-GVO. Das Einverständnis kann so erteilt werden, dass es über die Beendigung des Arbeitsverhältnisses hinauswirkt (BAG 11.12.2014 – 8 AZR 1010/13, NJW 2015, 2140 (2143); BAG 19.2.2015 – 8 AZR 1011/13, ZD 2015, 380 (382)). Derartige Einwilligungen und Einverständnisse können und müssen zur Erfüllung der Dokumentationspflicht gem. Art. 5 Abs. 2 DS-GVO so lange aufbewahrt werden, wie es zur Erfüllung der Zweckbestimmung bei der Einwilligung (zB iSv §§ 22 f. KUG) erforderlich ist, also auch ggf. über die Beendigung eines Arbeitsverhältnisses hinaus, soweit eine Fotonutzung rechtlich weiter zulässig ist. Im Geltungsbereich des Medienprivilegs sind dessen Besonderheiten zu berücksichtigen. Auch im Rahmen der **Einholung von Werbeeinwilligungen** und deren Nutzung (→ Form. I. II.) bestehen umfassende Pflichten und Obliegenheiten zur Dokumentation und Speicherung von (Sekundär-) Daten. Unklarheit besteht, für wie lange Werbeeinwilligungen Gültigkeit beanspruchen können (dazu Keppeler/Berning ZD 2017, 314 (315); Auer-Reinsdorff/Conrad IT- und DatenschutzR-HdB/Conrad/Hausen § 36 Rn. 194 f.; LG Berlin 2.7.2004 – 15 O 653/03, MMR 2004, 688 (Gültigkeit zwei Jahre bei Nichtnutzung); LG Berlin 9.12.2011 – 15 O 343/11, BeckRS 2012, 8644 (Gültigkeit eineinhalb Jahre); LG Hamburg 17.2.2004 – 312 O 645/02 (Gültigkeit zehn Jahre bei Nichtnutzung); LG München I 8.4.2010 – 17 HK O 138/10, ITRB 2012, 12 (Gültigkeit keine 17 Monate, wenn dann erstmals genutzt); aA BGH 1.2.2018 – III ZR 196/17, GRUR 2018, 545 (548 f.), der keine zeitliche Grenzbestimmung in der von der DS-GVO abgelösten RL 2002/58/EG noch in § 7 UWG erkennt; OLG Köln 7.12.2012 – 6 U 69/12, GRUR-RR 2013, 219 (221)). Hier wäre eine gesetzgeberische Klarstellung wünschenswert. Vor dem Hintergrund der aktuellen Rechtslage wird man einem Werbetreibenden kaum verwehren können, für die Dauer der zulässig erscheinenden Gültigkeit der Einwilligung und darüber hinaus für den Zeitraum der zur Abwehr möglicher Forderungen maßgeblichen Verjährungsfrist (idR drei Jahre gem. § 195 BGB, beginnend mit dem Jahresende) Einwilligungen aufzubewahren.

**9. Ärztliche Behandlungsunterlagen.** Nach § 57 Abs. 1 BMV-Ä (vgl. auch zB § 10 Abs. 1 S. 1 Berufsordnung für die Ärzte Bayerns, § 630f Abs. 1 und 2 BGB) hat der Vertragsarzt die Befunde, die Behandlungsmaßnahmen sowie die veranlassten Leistungen einschließlich des Tages der Behandlung „in geeigneter Weise zu dokumentieren".

Wenn dazu – wie in dem entschiedenen Fall bezogen auf die GOP 01100 EBM-Ä (Gebührenordnungsposition 01100 des Einheitlichen Bewertungsmaßstabes für ärztliche Leistungen – EBM-Ä, „unvorhergesehene Inanspruchnahme") – keine weitergehenden Anforderungen zB in der Leistungslegende formuliert worden, richten sich Inhalt und Umfang der erforderlichen Dokumentation grundsätzlich nach den medizinischen Erfordernissen. Die Aufbewahrungsfrist für die Dokumentation beträgt mindestens zehn Jahre (BSG 15.7.2020 – B 6 KA 13/19 R, BeckRS 2020, 23939 Rn. 33).

**10. Datenschutzrechtliche Dokumentation (insbesondere Löschprotokoll).** Gem. Art. 5 Abs. 2 DS-GVO besteht die Pflicht des Verantwortlichen, jeden Vorgang einer Verarbeitung personenbezogener Daten zu dokumentieren, was auch den Löschungsprozess einschließt (vgl. als spezialgesetzliche Regelung zB § 76 Abs. 1 BDSG; § 62 Abs. 1 BlnDSG; § 64 Abs. 1 LDSG RhPf; § 52 Abs. 1 LDSG SchlH). Der Zweck der Protokollierung besteht darin, ein Verfahren zur Verarbeitung personenbezogener Daten so transparent zu machen, dass die Ordnungsmäßigkeit bzw. ein Verstoß gegen die Ordnungsmäßigkeit einer Verarbeitung personenbezogener Daten nachweisbar ist. Die Protokolldaten müssen dementsprechend darüber Auskunft geben können, wer wann welche personenbezogene Daten in welcher Weise verarbeitet hat (Arbeitskreis „Technische und organisatorische Datenschutzfragen" der Datenschutzbeauftragten des Bundes und der Länder, herausgegeben vom BSI Orientierungshilfe v. 2.11.2009 S. 3).

Selbst die **Löschung von Löschprotokolldaten** erfordert Angaben darüber, welche Person oder welche Systemkomponente die Löschung dieser Protokolldaten zu welchem Zeitpunkt vorgenommen hat (BSI Orientierungshilfe v. 2.11.2009 S. 9), sofern die Löschungsvorgänge nicht vollständig automatisiert ablaufen. Dokumentationen iSv Art. 5 Abs. 2 DS-GVO enthalten somit bei nicht vollständig automatisierten Verarbeitungsprozessen personenbezogene Daten, die ebenfalls den Grundsätzen des Art. 5 Abs. 1 DS-GVO unterliegen, also auch der Verpflichtung zur möglichst frühzeitigen Unbrauchbarmachung.

Es versteht sich von selbst, dass die zB in Verarbeitungsprotokollen rechtlich geforderten personenbezogenen Daten über den Verarbeitungsvorgang hinaus aufzubewahren sein müssen. Die Speicherung von Protokolldaten basiert folglich regelmäßig auf einer anderen Rechtsgrundlage als die der Daten, die der eigentlichen Verarbeitung zugrunde liegen (vgl. DSK, Standard-Datenschutzmodell, Baustein 60 „Löschen und Vernichten", S. 2).

In der Regel dürfen Protokolldaten nur zu den Kontroll- und Nachweiszwecken für die effektive Datenvernichtung, die Anlass für ihre Speicherung waren, ausgewertet werden (DSK, Standard-Datenschutzmodell, Baustein 43 „Protokollieren", S. 2, https://www.datenschutz-mv.de/datenschutz/datenschutzmodell/). Diese Kontroll- und Überwachungsfunktion ist der Maßstab für die Löschung (Forgó/Helfrich/Schneider Betr. Datenschutz-HdB/Scheja/Quae/Conrad/Hausen Teil IV Kap. 1 Rn. 36). Ein Löschprotokoll dient allein dazu, die rechtmäßige Verarbeitung dauerhaft sicherstellen und nachweisen zu können, sowohl für die Organisation selbst als auch gegenüber anderen Organisationen und Aufsichtsbehörden (DSK, Standard-Datenschutzmodell, Baustein 42 „Dokumentieren", S. 1).

Die Verpflichtung zu Protokollierungen und die Löschung von Protokolldaten ist teilweise spezialgesetzlich normiert (zB § 16 f. TKÜV; § 52 Abs. 4 LDSG SchlH). Gem. zB § 76 Abs. 1 BDSG; § 62 Abs. 1 BlnDSG; § 64 Abs. 4 LDSG RhPf; § 52 Abs. 4 LDSG

SchlH sind die Protokolldaten am Ende des auf deren Generierung folgenden Jahres zu löschen. Diesen mitgliedstaatlichen Regelungen ist zu entnehmen, dass für Protokolldaten eine kurze Aufbewahrungspflicht für zweckentsprechend erachtet wird. Ob dies für Private gleichermaßen anzunehmen ist, erscheint zweifelhaft. Immerhin besteht die Verpflichtung, dass der Verantwortliche jederzeit zur Vermeidung empfindlicher Bußgelder „nachweisen können" muss, dass die Datenverarbeitung unter Einhaltung aller datenschutzrechtlichen Vorgaben erfolgt (Art. 5 Abs. 2 DS-GVO). Es würde dem Rechtsstaatsprinzip widersprechen, wenn der Verantwortliche verpflichtet wäre, seine Nachweise ordnungsgemäßer Datenverarbeitung zu frühzeitig vernichten zu müssen, um sich in der Folge gegen etwaige gegen ihn gerichtete Verfahren insbesondere der Aufsichtsbehörden verteidigen zu können (vgl. EuGH 2.3.2023 – C-268/21, ZD 2023, 396 Rn. 46 ff.). Da sich die Einleitung von Verfahren gegen den Verantwortlichen kaum zeitlich und sachlich abschätzen lässt, wird die abstrakte Möglichkeit eines potenziellen Anspruchs oder einer Geldbuße die Aufbewahrung von Datenverarbeitungs- und namentlich Löschprotokollen auf der Rechtsgrundlage des Art. 5 Abs. 2 DS-GVO gerechtfertigt sein (vgl. Katko Checklisten DS-GVO § 8 Rn. 15).

Die Aufbewahrung von Protokollen zur Datenverarbeitung wird daher für mehrere Jahre nach einem Verarbeitungsvorgang wie etwa der Löschung rechtmäßig sein. Es wird regelmäßig schwierig bis unmöglich sein, im Voraus zuverlässig eine Löschfrist mit einem festen Löschtermin vorauszusehen und entsprechend von vornherein festzulegen. Es empfiehlt sich daher, **statt der Festlegung eines festen Löschtermins** von der ausdrücklich von Erwgr. 39 S. 10 DS-GVO eingeräumten Möglichkeit Gebrauch zu machen, nach Ablauf einer festzulegenden Mindestfrist in angemessen kurzen Prüfintervallen eine **Prüfroutine** zu etablieren. So wird regelmäßig geprüft, ob die Protokolldaten noch zu Nachweiszwecken benötigt werden könnten.

Allerdings muss hierbei sichergestellt sein, dass die Daten nur zu dem Nachweiszweck des Art. 5 Abs. 2 DS-GVO und nicht zu anderen Zwecken als der Prüfung und dem Nachweis der Rechtmäßigkeit der Datenverarbeitung bzw. Löschung genutzt werden. Das kann durch Zugangs- und Zutrittsbeschränkungen sowie Verschlüsselung von Daten erreicht werden (EuGH 2.3.2023 – C-268/21, ZD 2023, 396 Rn. 56).

**11. Daten eines Videoüberwachungssystems.** Daten aus Videoüberwachungssystemen (Webcams, Dashcams, Grundstücks-Videoüberwachungsanlagen, Smartphones, Klingelanlagenkameras, Drohnen, Wildkameras) in der Öffentlichkeit berühren Persönlichkeitsrechte, soweit Personen aus den Videodaten heraus identifizierbar sind (DSK – Orientierungshilfe Videoüberwachung durch nicht-öffentliche Stellen v. 17.7.2020, S. 1, 5). Bereits die Aufnahme erfordert dementsprechend einen Zweck und eine rechtliche Grundlage (Art. 5 Abs. 1 lit. a DS-GVO; zu den Rechtsgrundlagen des § 4 BDSG: Aufgabenerfüllung öffentlicher Stellen (Nr. 1), die Wahrnehmung des Hausrechts (Nr. 2) und die Wahrnehmung berechtigter Interessen für konkret festgelegte Zwecke (Nr. 3), siehe BeckOK DatenschutzR/Wilhelm-Robertson BDSG § 4 Rn. 22 ff.). Es versteht sich von selbst, dass Videoaufzeichnungen nach Zweckerreichung wie jedes andere Datum auch zu löschen sind (Art. 17 Abs. 1 DS-GVO; § 4 Abs. 3, 5 BDSG). Die DSK-Orientierungshilfe Videoüberwachung geht davon aus, dass im Regelfall die Zweckerreichung auch unter Abwägung mit den schutzwürdigen Belangen der Betroffenen im Regelfall nach Ablauf von 72 Stunden gegeben ist. Im Normalfall soll eine weitere Speicherung damit unzulässig sein. Eine längere Speicherung ist bei mehrtägigen Feiertagen und in Urlaubszeiten möglich, wenn der

Geschäftsbetrieb entsprechend eingeschränkt ist. Außerdem kann ein besonderer Überwachungszweck eine längere Speicherung rechtfertigen, wenn ein besonderer Sachverhalt beweisbar nachvollziehbar sein muss, der sich über einen längeren Zeitraum erstreckt (DSK, Orientierungshilfe Videoüberwachung durch nicht-öffentliche Stellen, 17.7.2020, S. 23; vgl. EuGH 2.3.2023 – C-268/21, ZD 2023, 396 ff.; BAG 29.6.2023 – 2 AZR 296/22, NZA 2023, 1105 ff.). Ein solcher Überwachungszweck erfasst beispielsweise die Notwendigkeit, den Objekt- und Personenschutz bei Objekten zu gewährleisten, die zum Ziel von Angriffen werden könnten und in Gefahr stehen, längere Zeit im Voraus ausgespäht zu werden.

**12.** **Verjährungsfristen.** Aus Verjährungsfristen (§§ 195 ff. BGB) lassen sich nur begrenzt Schlüsse auf Speicherfristen ableiten, da personenbezogene Daten selbst nach Fristablauf in (anderen) Verfahren noch von Bedeutung sein können (vgl. EuGH 2.3.2023 – C-268/21, ZD 2023, 396 ff.; BAG 29.6.2023 – 2 AZR 296/22, NZA 2023, 1105 ff.). So kann etwa nach Maßgabe des § 215 BGB auch mit verjährten Ansprüchen aufgerechnet werden, wenn die Aufrechnungslage bereits in unverjährter Zeit bestand (Kühling/Klar ZD 2014, 506 (509)). „Die – gegebenenfalls zweckändernde – Verarbeitung von personenbezogenen Daten durch das Gericht kommt selbst dann in Betracht, wenn die vor- oder außergerichtliche Erhebung dieser Daten durch eine Prozesspartei sich nach Maßgabe der DS-GVO oder des nationalen Datenschutzrechts – wie vom LAG angenommen – als rechtswidrig darstellt“ (BAG 29.6.2023 – 2 AZR 296/22, NZA 2023, 1105 Rn. 26). Außerdem kann der Beginn des Fristlaufs zeitlich hinausgeschoben sein, insbesondere soweit der Beginn von der Kenntnis des Anspruchsinhabers abhängt, der Anspruch sich auf sich über längere Zeit erstreckende Rechtsverstöße bezieht oder Ansprüche auf dauernde Leistungen spät geltend gemacht werden (zB bei Spätfolgen einer Körperverletzung oder neuen wissenschaftlichen Erkenntnisse über Schadstoffe).

## 2. Löschkonzept

Ein Löschkonzept muss insbesondere schon wegen Art. 4 Nr. 2; Art. 30 Abs. 1 lit. b und f DS-GVO als Datenverarbeitungsprozess die erforderlichen Angaben des schriftlich oder elektronisch zu führenden **Verarbeitungsverzeichnisses** enthalten. Es kann auch Teil des Verarbeitungsverzeichnisses sein (Simitis/Hornung/Spiecker gen. Döhmann/Petri DS-GVO Art. 30 Rn. 29 f.). Dies empfiehlt sich jedoch mit Blick auf die speziellen ergänzenden Anforderungen zur Sicherstellung des effektiven Löschungsprozess und auch allein schon hinsichtlich der ggf. erforderlichen eigenständigen Aktualisierung uU nicht. Ein speziell auf den Löschprozess ausgerichtetes Verfahrenskonzept wäre präziser und dürfte Fehler vermeiden, indem über die Angaben im Verfahrensverzeichnis hinaus alle weiteren erforderlichen Aspekte niedergelegt sind und im Bedarfsfall nicht übersehen werden (vgl. DIN 66398, Leitlinie zur Entwicklung eines Löschkonzeptes, S. 6 ff.).

Im Verarbeitungsverzeichnis würde ein Hinweis auf ein externes Löschkonzept genügen, sofern das Löschkonzept seinerseits die Angaben gem. Art. 30 Abs. 1 lit. b und f DS-GVO enthält. Umgekehrt könnte in einem Löschkonzept auch eine **Bezugnahme auf Angaben des Verarbeitungskonzeptes** erfolgen. Die **Inhalte eines Löschkonzeptes** müssen in beiden Varianten im **Mindestmaß** also die Inhalte eines Verarbeitungskonzeptes widerspiegeln. Das ergibt sich auch bei einem verselbständigten Löschungskonzept daraus, dass auch die Löschung ein Datenverarbeitungsvorgang ist (Art. 4 Nr. 2 DS-GVO). In der Praxis dürfte jedoch ein rein auf die Sicherstellung der Löschung fokussiertes und mit zusätzlichen Angaben im Interesse einer effektiven Datenvernichtung ergänztes Konzept den Erfolg besser gewährleisten. In jedem Fall muss ein **Löschkonzept zumindest mit den Angaben im Verarbeitungsverzeichnis übereinstimmen.**

Die Übernahme der Inhalte eines Verarbeitungsverzeichnisses in ein Löschkonzept empfiehlt sich als **organisatorische Maßnahme** iSv Art. 25 Abs. 2 DS-GVO selbst dann, wenn ein Verantwortlicher oder Auftragsverarbeiter von der Verpflichtung zur Führung eines Verarbeitungsverzeichnisses gem. Art. 30 Abs. 5 DS-GVO befreit ist, zumal die organisatorischen Maßnahmen ausdrücklich die Speicherfristen zum Gegenstand haben (Art. 25 Abs. 2 S. 2 DS-GVO). Soll ein Verarbeitungsverzeichnis auch ein Löschkonzept beinhalten, müssten dort Angaben eingepflegt werden, die im Rahmen technischer und organisatorischer Maßnahmen erforderlich sind.

Es ergeben sich demnach gem. Art. 30 Abs. 1 f. DS-GVO folgende Mindestangaben aus den **Angaben des Verarbeitungsverzeichnisses** heraus (hierzu im Detail → Form. C. II).

| Verantwortlicher | Auftragsverarbeiter |
|---|---|
| **Namen und Kontaktdaten** des Verantwortlichen und ggf. des gemeinsam mit ihm Verantwortlichen, des Vertreters des Verantwortlichen sowie eines etwaigen Datenschutzbeauftragten (Art. 30 Abs. 1 lit. a DS-GVO) | **Namen und Kontaktdaten** des Auftragsverarbeiters oder der Auftragsverarbeiter und jedes Verantwortlichen, in dessen Auftrag der Auftragsverarbeiter tätig ist, sowie gegebenenfalls des Vertreters des Verantwortlichen oder des Auftragsverarbeiters und eines etwaigen Datenschutzbeauftragten (Art. 30 Abs. 2 lit. a DS-GVO) |
| | **Kategorien von Verarbeitungen,** die im Auftrag jedes Verantwortlichen durchgeführt werden (Art. 30 Abs. 2 lit. b DS-GVO) |
| **Zwecke der Verarbeitung** (Art. 30 Abs. 1 lit. b DS-GVO) | |
| **Beschreibung der Kategorien betroffener Personen** und der **Kategorien personenbezogener Daten** (Art. 30 Abs. 1 lit. c DS-GVO) | |
| **Kategorien von Empfängern,** gegenüber denen die personenbezogenen Daten offengelegt worden sind oder noch offengelegt werden, einschließlich Empfänger in Drittländern oder internationalen Organisationen (Art. 30 Abs. 1 lit. d DS-GVO) | |

| Verantwortlicher | Auftragsverarbeiter |
|---|---|
| ggf. **Übermittlungen von personenbezogenen Daten an ein Drittland oder an eine internationale Organisation,** einschließlich der Angabe des betreffenden Drittlands oder der betreffenden internationalen Organisation, sowie bei den in Art. 49 Abs. 1 UAbs. 2 genannten Datenübermittlungen die **Dokumentierung geeigneter Garantien** (Art. 30 Abs. 1 lit. e DS-GVO) | ggf. **Übermittlungen von personenbezogenen Daten an ein Drittland oder an eine internationale Organisation,** einschließlich der Angabe des betreffenden Drittlands oder der betreffenden internationalen Organisation, sowie bei den in Art. 49 Abs. 1 UAbs. 2 genannten Datenübermittlungen die **Dokumentierung geeigneter Garantien** (Art. 30 Abs. 2 lit. c DS-GVO) |
| wenn möglich, die vorgesehenen **Fristen für die Löschung** der verschiedenen Datenkategorien (Art. 30 Abs. 1 lit. f DS-GVO) | |
| wenn möglich, eine allgemeine Beschreibung der **technischen und organisatorischen Maßnahmen** gem. Art. 32 Abs. 1 (Art. 30 Abs. 1 lit. g DS-GVO) | wenn möglich, eine allgemeine Beschreibung der **technischen und organisatorischen Maßnahmen** gem. Art. 32 Abs. 1 (Art. 30 Abs. 2 lit. d DS-GVO) |

Gem. Art. 32 Abs. 1 f. DS-GVO kann die schriftliche oder elektronische Dokumentation weiterer Punkte als **organisatorische Maßnahme** zweckdienlich oder – je nach Organisationsstruktur – sogar erforderlich sein, um das „dem Risiko angemessene Schutzniveau zu gewährleisten" (zu den hierbei zu würdigenden Aspekten → Form. E.). und die effektive Löschung sicherzustellen. Hierfür sollten zumindest folgende Grundinhalte strukturiert und zweckorientiert festgelegt werden (vgl. DIN 66398, Leitlinie zur Entwicklung eines Löschkonzeptes, S. 13 f.).

- Welche **Zwecke** bedingen die **Löschungsregeln** und für **welche Daten** gelten diese?
- Wie wird die **Umsetzung der Löschung** gemäß den Vorgaben des Löschkonzeptes erreicht?
- Wie werden die Löschregeln, Umsetzungsvorgaben (zB durch Weisungen) und Löschmaßnahmen **dokumentiert,** einschließlich der Aktualisierungen?
- Wer ist für die verschiedenen sich aus dem Löschungsgebot und dem entsprechenden Löschkonzept ergebenden **Aufgaben der Umsetzung, Überprüfung und Aktualisierung verantwortlich** (inkl. Vertretung)?

Grundlage für Speicherpflichten und –rechte ist der Zweck der Datenverarbeitung. **Wichtigster Baustein** eines Löschkonzeptes ist daher die **Dokumentation der Zwecke,** zu denen Daten erhoben, gespeichert oder anderweitig verarbeitet werden, da deren Kenntnis eine elementare Voraussetzung für die Bemessung der Speicherfrist ist und schließlich schon wegen Art. 30 Abs. 1 lit. b und f; Art. 4 Nr. 2 DS-GVO auch mit dem Verarbeitungsverzeichnis iSv Art. 30 DS-GVO übereinstimmen.

Gem. Erwgr. 39 S. 7 f. und 10 DS-GVO soll der Verantwortliche (a) **Löschfristen** festlegen **oder** (b) **regelmäßige Überprüfungen** vorsehen (siehe auch Art. 30 Abs. 1 lit. f. DS-GVO), um zu gewährleisten, dass die Datenverarbeitung auf das durch den Verarbeitungszweck vorgegebene und rechtlich erforderliche **Mindestmaß** be-

**schränkt** ist (Simitis/Hornung/Spiecker gen. Döhmann/Roßnagel DS-GVO Art. 5 Rn. 158). Ob die Festlegung von Löschfristen oder die Überprüfung der weiteren Erforderlichkeit der Datenverarbeitung angemessen ist, bestimmt sich danach, welche Maßnahme am besten die Begrenzung der Datenverarbeitung auf das nach dem Zweck der Datenverarbeitung festzulegende Mindestmaß gewährleisten kann. Das wird bei feststehenden Verarbeitungszwecken in der Regel die Dokumentierung von **bestimmten Löschfristen** sein. Es kann aber auch im Einzelfall (zB bei Datenverarbeitungen zu wissenschaftlichen Zwecken, vgl. Erwgr. 33 S. 1 DS-GVO) schwierig sein, von vornherein die Dauer des Vorliegens von Zwecken einzuschätzen und die daraus abzuleitende Verarbeitungsdauer von Beginn an verbindlich festzulegen. In derartigen Fällen ist es ausreichend, Fristen zu definieren, in denen das weitere **Vorliegen des Zwecks der Datenverarbeitung geprüft** wird. Die Überprüfungszeiträume sind dabei so zu bemessen, dass gewährleistet wird, dass mit dem Entfallen eines Zwecks auch zeitnah die Daten gelöscht werden.

Gem. Art. 13 Abs. 2 lit. a und 14 Abs. 2 lit. a DS-GVO muss der Verantwortliche der betroffenen Person die Speicherfristen für die auf sie bezogenen Daten **mitteilen.** Nach Art. 15 Abs. 1 lit. d DS-GVO hat er ihr auf Antrag **Auskunft** über die Speicherfristen zu geben (Simitis/Hornung/Spiecker gen. Döhmann/Roßnagel DS-GVO Art. 5 Rn. 160). Die im Löschkonzept dokumentierten Fristen dürfen folglich **nicht im Widerspruch zu diesen Mitteilungen** stehen.

Entsprechendes gilt für den Fall, dass eine Weiterverarbeitung personenbezogener Daten in zulässiger Weise für andere Zwecke als den oder die ursprünglichen erfolgt. Auch für diese Weiterverarbeitung gelten die datenschutzrechtlichen Bestimmungen.

Gem. Art. 32 Abs. 4 DS-GVO haben Verantwortliche und der Auftragsverarbeiter Schritte zu unternehmen, „um sicherzustellen, dass ihnen unterstellte natürliche **Personen, die Zugang zu personenbezogenen Daten haben,** diese nur auf Anweisung des Verantwortlichen verarbeiten" (inkl. Verarbeitung zur Löschung, Art. 4 Abs. 2 DS-GVO). Das impliziert im Rahmen eines Löschkonzeptes die Festlegung von Rollen- und Berechtigungen, die bestimmt, welche Personen in welcher Weise Zugriff auf welche Daten haben, zur Löschung von Daten berechtigt sind und – bei etwaigen verschiedenen erforderlichen Schritten – für welche Maßnahmen welche Personen hierbei die unternehmensinterne Verantwortung tragen. Im Hinblick auf die gebotene Fähigkeit, die Vertraulichkeit, Integrität, Verfügbarkeit und Belastbarkeit der Systeme sicherzustellen (Art. 32 Abs. 1 lit. b DS-GVO), ist auch der Vertretungsfall bei Ausfall des intern Verantwortlichen zu regeln. Das schließt auch ein funktionsfähiges Identity & Access Management (IAM) ein, durch das zB bei Austritt des ausgeschiedenen Mitarbeiters automatisch intern Verantwortliche bestimmt werden oder bei deren Aufgabenveränderung sichergestellt wird, dass die Berechtigungen im Rahmen der Datenlöschung entzogen und neu vergeben werden und bei Tätigkeits- oder Abteilungswechseln die Berechtigungen im Konzept entsprechend aktualisiert werden.

Es empfiehlt sich, die Kontaktdaten jeweils aktuell zu dokumentieren, damit u. a. auch eine unverzügliche Löschung (Art. 5 Abs. 1 lit. d DS-GVO) nicht verzögert wird.

Ein Löschkonzept muss, um seinen Zweck umfassend zu erreichen, auch Kontroll- und Prüfroutinen zur Prüfung beinhalten, ob evtl. eine außerplanmäßige Löschung geboten ist. So werden erforderliche **Löschungen unabhängig von dem planmäßigen Ablauf** des Verarbeitungsbedarfs iSv Art. 5 Abs. 1 lit. d; 25 Abs. 2 DS-GVO gewährleistet, der sich an der Erledigung eines legitimen Zwecks ausrichtet. Der Verantwortliche muss sowohl die Richtigkeit von Daten wie auch die Existenz von Rechten der betroffenen Personen iSv Art. 16 ff., Erwgr. 65 DS-GVO aktiv prüfen, die zu einem Anspruch auf unverzügliche Löschung führen (Simitis/Hornung/Spiecker gen. Döhmann/Roßnagel DS-GVO Art. 5 Rn. 142 ff.; Art. 5 Rn. 160).

Folgende Inhalte sollte ein Löschkonzept umfassen, damit es ein zweckdienliches Instrument zur ordnungsgemäßen Unbrauchbarmachung von Daten iSv Art. 25 Abs. 2 DS-GVO darstellt. An das Löschkonzept wurde ein Löschprotokoll angefügt, weil die Angaben aus dem Konzept auch im Löschprotokoll schon aus Zuordnungsgesichtspunkten und Gründen der Vollständigkeit der Informationen in Bezug auf die Löschungsroutine zumindest teilweise verwendet werden sollten (vgl. BSI IT-Grundschutz-Kompendium 2023 CON.6).

| | | |
|---|---|---|
| **Angaben zur eindeutigen Bestimmbarkeit des Verarbeitungsprozesses und der Aktualität des Löschkonzepts** | | |
| 1 | Datum/Version des Löschkonzepts[1] | |
| 2 | Eindeutige Bezeichnung des Datenverarbeitungsprozesses (dem jeweiligen Zweck der Verarbeitung entsprechend)[1] | |
| 3 | Zweck der Verarbeitung[1] | |
| 4 | Kategorien personenbezogener Daten[2] | |
| 5 | Schutzklasse der Daten[2] | |
| **Zuständigkeiten und Kontaktdaten des Verantwortlichen und der Aufsichtsbehörde** | | |
| 6 | Verantwortlicher[3] | |
| | Kontaktdaten des Verantwortlichen | |
| 7 | Vertreter des Verantwortlichen (inkl. Kontaktdaten) | |
| 8 | Datenschutzbeauftragter[4] des Verantwortlichen[3] | |
| | Kontaktdaten des Datenschutzbeauftragten des Verantwortlichen | |
| | Vertreter des Datenschutzbeauftragten (inkl. Kontaktdaten) | |
| 9 | Zuständiger für Aktualisierung des Löschkonzeptes (inkl. Kontaktdaten)[5] | |
| | Vertreter des für die Aktualisierung des Löschkonzeptes Zuständigen (inkl. Kontaktdaten) | |
| 10 | Interne Zuständigkeit für Löschung (zuständiger Fachbereich, Mitarbeiter, Zuständigkeit ggü. Auftragsverarbeiter, inkl. Kontaktdaten)[5] | |
| | Vertreter des Zuständigen für Löschung (Fachbereich, Mitarbeiter, inkl. Kontaktdaten) | |

| Angaben zur eindeutigen Bestimmbarkeit des Verarbeitungsprozesses und der Aktualität des Löschkonzepts | | |
|---|---|---|
| 11 | Weisungsberechtigter für die Anweisung zur Löschung[5] | |
| | Vertreter des Weisungsberechtigten (inkl. Kontaktdaten) | |
| 12 | Zuständige Aufsichtsbehörde | |
| | Kontaktdaten der Aufsichtsbehörde | |
| Angaben zur Verarbeitung | | |
| 13 | Verarbeitungsorte[6] | |
| 14 | Speicherorte[6] | |
| 15 | Übermittlungen von personenbezogenen Daten in ein Drittland oder an eine internationale Organisation | |
| 16 | Bei Übermittlung der Daten in ein Drittland: geeignete Garantien | |
| 17 | Sicherungsdateien (zB ausgelagerte Backup-Dateien etc)[6] | |
| 18 | Auflistung der beteiligten Datenträger[6] | |
| 19 | Auftragsverarbeiter[4] | |
| | Kontaktdaten des Auftragsverarbeiters[6] | |
| | Zuständiger des Auftragsverarbeiters für die Datenverarbeitung (inkl. Kontaktdaten) | |
| | Zuständige Person des Auftragsverarbeiters für die Datenlöschung (inkl. Kontaktdaten) | |
| | Vertreter der extern zuständigen Person für Datenlöschung (inkl. Kontaktdaten) | |
| 20 | Kategorien von Verarbeitungen, die im Auftrag des Verantwortlichen durchgeführt werden | |
| 21 | Weitere Auftragsverarbeiter[6] | |
| | Kontaktdaten des weiteren Auftragsverarbeiters/der weiteren Auftragsverarbeiter | |
| | Extern zuständige Person für die Datenlöschung (inkl. Kontaktdaten) | |
| 22 | Kategorien von Verarbeitungen, die im Auftrag des Verantwortlichen durchgeführt werden | |
| 23 | Beschreibung der Kategorien betroffener Personen | |
| 24 | Kategorien von Empfängern | |

| Angaben zur eindeutigen Bestimmbarkeit des Verarbeitungsprozesses und der Aktualität des Löschkonzepts | | |
|---|---|---|
| Festlegung der planmäßigen Verarbeitungsdauer | | |
| 25 | Gesetzliche Aufbewahrungspflicht[7] | |
| 26 | Planmäßiges Aufbewahrungsrecht (gem. Zweck)[7] | |
| 27 | Längere Verwendung iSv Art. 5 Abs. 1 lit. e, 17 Abs. 3 DS-GVO[7] | |
| 28 | Konkrete planmäßige Verarbeitungsdauer[7] | |
| Regelmäßige Prüfungen von Verpflichtung zur unverzüglichen außerplanmäßigen Löschung[8] | | |
| 29 | Anlässe für unverzügliche Löschungen vor Ablauf der geplanten Verarbeitungsdauer | |
| | Außerplanmäßiger Wegfall des Zwecks der Verarbeitung (Art. 17 Abs. 1 lit. a DS-GVO) | |
| | Außerplanmäßiger Wegfall der Einwilligung der betroffenen Person (Art. 6 Abs. 1 lit. a; Art. 17 Abs. 1 lit. b DS-GVO)[8] | |
| | Außerplanmäßige Erledigung der Erfüllung eines Vertrages (Art. 6 Abs. 1 lit. b DS-GVO) | |
| | Außerplanmäßiger Wegfall der Erfüllung rechtlicher Verpflichtungen (Art. 6 Abs. 1 lit. c DS-GVO) | |
| | Außerplanmäßiger Wegfall berechtigter Interessen (Art. 6 Abs. 1 lit. f DS-GVO) | |
| | Außerplanmäßiger Wegfall der lebenswichtigen Interessen der betroffenen Person oder einer anderen natürlichen Person (Art. 6 Abs. 1 lit. d DS-GVO) | |
| | Außerplanmäßiger Wegfall der Wahrnehmung einer Aufgabe, die im öffentlichen Interesse liegt oder in Ausübung öffentlicher Gewalt (Art. 6 Abs. 1 lit. e DS-GVO) | |
| | Anordnung der Aufsichtsbehörden gem. Art. 58 Abs. 2 lit. g DS-GVO | |
| 30 | Zeitpunkte zur Prüfung der aktuellen Berechtigung zur Datenaufbewahrung bzw. der Anlässe für unverzügliche Löschung | |
| | Prüfungsmaßnahmen (Beschreibung, auf welche Weise die Prüfung durchgeführt wird) | |
| | Zuständige Person für die Prüfung der aktuellen Berechtigung zur Datenaufbewahrung (inkl. Kontaktdaten) | |

| Angaben zur eindeutigen Bestimmbarkeit des Verarbeitungsprozesses und der Aktualität des Löschkonzepts | | | |
|---|---|---|---|
| Löschungsvorgang[9] (Bezeichnung, welcher Löschungsvorgang Gegenstand des Dokumentes ist) | | | |
| 31 | Löschung durch (Name des Zuständigen, Abteilungsbezeichnung, Kontaktdaten) | | |
| | Für den Pseudonymisierungsprozess von Daten | | |
| | Für den Anonymisierungsprozess von Daten | | |
| | Für den Überschreibungssprozess von Daten | | |
| | Für den Vernichtungsprozess von Datenträgern | | |
| | Ggf.: Für die Überspielung von Daten auf andere Datenträger | | |
| | Datenkategorien, die überspielt werden | | |
| | Neuer Datenträger | | |
| | Standort des neuen Datenträgers | | |
| 32 | Unbrauchbar zu machende Daten | digitale Daten (Datenbezeichnung/en) | analoge Daten (Datenbezeichnung/en) |
| | Durch Pseudonymisierung unbrauchbar zu machende Daten (-kategorien) | | |
| | Durch Anonymisierung unbrauchbar zu machende Daten (-kategorien) | | |
| | Durch Überschreibung oder Schwärzung unbrauchbar zu machende Daten (-kategorien) | | |
| | Vor Vernichtung des Datenträgers zu sichernde/übertragende Daten (-kategorien) | | |
| | Nach etwaiger Datensicherung zu vernichtende Datenträger | | |
| 33 | Löschungs-/Vernichtungsort (Angabe, an welchen Orten die Maßnahme stattfindet? | | |
| | Pseudonymisierungsort | | |
| | Anonymisierungsort | | |
| | Ort der Überschreibung | | |
| | Ort der Datensicherung vor Vernichtung des Datenträgers | | |
| | Ort der Vernichtung eines Datenträgers nach etwaiger vorheriger Datensicherung | | |

| Angaben zur eindeutigen Bestimmbarkeit des Verarbeitungsprozesses und der Aktualität des Löschkonzepts | | |
|---|---|---|
| 34 | Löschungsmethode (nachvollziehbare Angaben zur anzuwenden Methode) | |
| | Pseudonymisierungsmethode | |
| | Anonymisierungsmethode | |
| | Überschreibungsmethode | |
| | Datensicherungsmethode | |
| | Vernichtungsmethode | |
| 35 | Verantwortung für Löschung (Zuständige Person, Positionskennzeichnung, getrennt nach der jeweiligen Maßnahme, wenn unterschiedliche Zuständigkeiten bestehen) | |
| | Pseudonymisierung | |
| | Anonymisierung | |
| | Überschreibung | |
| | Datensicherung | |
| | Vernichtung Datenträger | |
| 36 | Dienstleister für Löschung (Name/Firma, Kontaktdaten des Dienstleisters und der von diesem eingesetzten Mitarbeiter, getrennt nach der jeweiligen Maßnahme, wenn unterschiedliche Aufgabenverteilungen bestehen) | |
| | Pseudonymisierung | |
| | Anonymisierung | |
| | Überschreibung | |
| | Datensicherung | |
| | Vernichtung Datenträger | |
| 37 | Verantwortung für Löschprotokoll[9] (Name, Kontaktdaten und Position desjenigen, der das Löschprotokoll verantwortlich zu erstellen hat; getrennt nach der jeweiligen Maßnahme, wenn unterschiedliche Zuständigkeiten bestehen) | |
| | Pseudonymisierung | |
| | Anonymisierung | |
| | Überschreibung | |
| | Datensicherung | |
| | Vernichtung Datenträger | |
| Allgemeine Beschreibung der technischen und organisatorischen Maßnahmen zur Gewährleistung einer effektiven Löschung[10] | | |
| 38 | Technische und organisatorische Maßnahmen zur Sicherstellung der Unbrauchbarmachung der Daten | Nachvollziehbare Beschreibung der technischen und organisatorischen Maßnahmen, mit denen sichergestellt wird, dass die Daten bis zum Zeitpunkt der Unbrauchbarmachung beim Verantwortlichen/Auftragsverarbeiter vor Verlust und Missbrauch geschützt sind, sowie der |

| Angaben zur eindeutigen Bestimmbarkeit des Verarbeitungsprozesses und der Aktualität des Löschkonzepts | | | |
|---|---|---|---|
| | | Maßnahmen, die gewährleisten, dass die Daten beim Einsatz eines Dienstleisters zuverlässig unbrauchbar gemacht werden und kein Missbrauch stattfindet (vgl. SI, IT-Grundschutz-Kataloge 2016, M2.436, M2.252) oder ein klarer Hinweis auf eine gesonderte Dokumentation der technischen und organisatorischen Maßnahmen in Bezug auf den Einsatz des Dienstleisters einfügen | |
| 39 | Soweit ein Transport erforderlich ist, sind Sicherungsmaßnahmen gegen Datenschutzverletzungen bei dem Transport zu dokumentieren. | | |
| 40 | Verantwortlicher für den Transport (inkl. Kontaktdaten) | | |
| Löschungsprotokoll[11] | | | |
| 41 | Ort, Datum, ggf. Uhrzeit der Unbrauchbarmachung durch … | | |
| | Pseudonymisierung | | |
| | Anonymisierung | | |
| | Überschreibung | | |
| | Datensicherung | | |
| | Vernichtung Datenträger | | |
| | Unbrauchbarmachung der Daten | planmäßig | außerplanmäßig |
| | Ggf außerplanmäßiger Anlass für die Unbrauchbarmachung der Daten | | |
| 42 | Betroffene Daten oder -kategorien durch … | | |
| | Pseudonymisierung | | |
| | Anonymisierung | | |
| | Überschreibung | | |
| | Datensicherung | | |
| | Vernichtung Datenträger | | |
| 43 | Betroffene Datenträger (Bezeichnung, Standort) | | |
| | Pseudonymisierung | | |
| | Anonymisierung | | |
| | Überschreibung | | |

| Angaben zur eindeutigen Bestimmbarkeit des Verarbeitungsprozesses und der Aktualität des Löschkonzepts | | |
|---|---|---|
| | Datensicherung | |
| | Vernichtung Datenträger | |
| 44 | Nachvollziehbare Beschreibung, welche Ereignisse und Operationen auf dem System stattfanden, die zur Unbrauchbarkeit der Daten geführt hat: | |
| | Pseudonymisierung | |
| | Anonymisierung | |
| | Überschreibung | |
| | Datensicherung | |
| | Vernichtung Datenträger | |
| 45 | Ausgelöst durch ... (Name und Funktion der mit der Tätigkeit zur Unbrauchbarmachung der Daten befassten Person/-en bzw. Bezeichnung der befassten Systemkomponente/-n) bei ... | |
| | Pseudonymisierung | |
| | Anonymisierung | |
| | Überschreibung | |
| | Datensicherung | |
| | Vernichtung Datenträger | |
| 46 | Aufbewahrungsfrist oder -zeitraum zur Überprüfung der weiteren Aufbewahrung des Löschprotokolls | |
| 47 | Aufbewahrungsort des Löschprotokolls | |
| 48 | Zugangsberechtigung zum Aufbewahrungsort des Protokolls | |
| 49 | Zugriffsberechtigung auf das Protokoll | |
| 50 | Ort, Datum des Abschlusses der Unbrauchbarmachung und Unterschrift der für die Löschung verantwortlichen Person/-en oder elektronische nicht nachträglich veränderbare Signatur | |

## Anmerkungen

**1. Datum/Version/Anwendungsbereich/Gegenstand und Zweck des beabsichtigten Löschkonzepts.** Bei einem neuen Projekt zur Erstellung eines Löschkonzepts oder bei der Evaluation bestehender Löschprozesse sollte zunächst überlegt werden, in welchem Umfang und in welcher Detailtiefe die Betrachtung erfolgen soll. Mit Blick auf ein klares und übersichtliches Konzept ist es regelmäßig notwendig, zum einen nach fachlichen Kriterien, zum anderen nach intern zuständigen Organisationseinheiten für den Prozess (BSI IT-Grundschutz-Kompendium 2023 CON.6.3.1

und CON.6.A1) und des Weiteren nach Gleichartigkeit der Verarbeitung **getrennte Löschkonzepte** anzulegen. Datenverarbeitungen können je **nach Zweck** unterschiedliche Anforderungen stellen. Sie müssen daher auch im Löschkonzept nach dem Zweck in bestimmbarer Weise unterschieden werden (BSI IT-Grundschutz-Kompendium 2023 CON.6.A1; vgl. DIN 66398, Leitlinie zur Entwicklung eines Löschkonzeptes, S. 21).

Zur **Identifizierung des Konzepts** ist eine Bezeichnung des Verarbeitungsvorgangs sowie eine **Kennzeichnung zum Aktualitätsstand** erforderlich (Datum und/oder Versionsnummer), da das Löschkonzept bei Veränderungen zu **aktualisieren** ist und Gewissheit darüber erforderlich ist, dass keine veralteten Löschungsprozesse stattfinden (vgl. Art. 24 Abs. 1 S. 2 DS-GVO).

Essentiell ist in diesem Zusammenhang, dass der **Zweck der Datenverarbeitung** festgehalten ist, da dieser die Grundlage für alle Datenverarbeitungsprozesse überhaupt bildet (Erwgr. 39 S. 7 ff. DS-GVO; EuGH 13.5.2014 – C-131/12, NJW 2014, 2257 (2262)). Mit Erledigung des legitimen Zwecks der Datenverarbeitung inkl. des Rechts auf Archivierung entfällt grundsätzlich die Rechtsgrundlage, die eine Speicherung (Aufbewahrung, Archivierung) iSv Art. 5 Abs. 1 lit. e, 6 Abs. 1 DS-GVO iVm Erwgr. 4 Nr. 2 39 S. 7, 65 S. 2 DS-GVO gerechtfertigt hat, sofern nicht eine Verarbeitung für andere (neue) Zwecke erfolgt, die mit dem ursprünglichen Zweck vereinbar sind und deswegen keine neue Rechtsgrundlage benötigen (Erwgr. 50 S. 1 f. DS-GVO; Art. 6 Abs. 4 DS-GVO). Sofern keine legitimen Zwecke die Verarbeitung und insbesondere die weitere Speicherung mehr rechtfertigen, hat dies zur Folge, dass die Daten in keiner Weise mehr verarbeitungsfähig sein dürfen. Die DS-GVO beschreibt die diesbezüglichen Prozesse mit den Begriffen **„Löschen"** und **„Vernichten"** (Art. 4 Nr. 2 DS-GVO) sowie **„Anonymisierung"** (Erwgr. 26 DS-GVO), was anzeigt, dass mit diesen unterschiedlichen Begriffen entsprechend unterschiedliche Prozesse angesprochen sind (→ Anm. 8).

Die **Pseudonymisierung** belässt es bei der Identifizierbarkeit einer natürlichen Person und stellt folglich keine (gleichwertige) Unbrauchbarmachung der Daten dar (Erwgr. 26 S. 2 DS-GVO). Zusätzliche Informationen, mit denen die personenbezogenen Daten einer speziellen betroffenen Person zugeordnet werden können, müssen gesondert aufbewahrt werden (Erwgr. 29 DS-GVO). Pseudonymisiert sind Daten, wenn sie nach „allgemeinem Ermessen" nur durch Heranziehung zusätzlicher Informationen einer natürlichen Person zugeordnet werden könnten, ohne aber im Prinzip nicht (Erwgr. 26 S. 2 DS-GVO). Auf eine Pseudonymisierung kann der Verantwortliche zurückgreifen, wenn bessere Maßnahmen zum Schutz der Daten der Betroffenen die legitime Datenverarbeitung nicht eröffnen und der Verantwortliche sicherstellt, dass die zusätzlichen Informationen, mit denen die personenbezogenen Daten einer speziellen betroffenen Person zugeordnet werden können, gesondert aufbewahrt werden (Erwgr. 29 S. 1 DS-GVO).

Der **(legitime) Zweck** ist folglich der zentrale Parameter für die Bemessung der Dauer der zulässigen Verarbeitung sowie für die Festlegungen in Bezug auf den Löschungsprozess als solchen und deshalb auch bereits im Verarbeitungsverzeichnis grundsätzlich (dh abgesehen von hinzukommenden, mit dem ursprünglichen Zweck zu vereinbarenden Zwecken) zu dokumentieren (Art. 30 Abs. 1 lit. b DS-GVO).

2. **Kategorien personenbezogener Daten, Schutzklasse der Daten.** Die Erfassung der Kategorien personenbezogener Daten ist Grundlage für die Bestimmung des

Schutzbedarfs, welcher bei der Datenlöschung anzuwenden ist. Aus der Art der Daten leitet sich der Schutzbedarf unter Berücksichtigung des Grades der Wahrscheinlichkeit des Einsatzes der Mittel ab, die nach allgemeinem Ermessen zur Umkehr der Aufhebung des Personenbezugs von Daten eingesetzt werden würden (Erwgr. 26 S. 3 f. DS-GVO; DIN 66398, Leitlinie zur Entwicklung eines Löschkonzeptes, S. 7). Das vernünftigerweise geeignete Löschungs- und/oder Vernichtungsverfahren hängt nicht nur von der Art des Datenträgers ab, also von der eingesetzten Technik, sondern wird auch durch den Grad des Schutzbedarfs bestimmt (BSI-Standard 200-2 IT-Grundschutz-Methodik 3.2; BSI IT-Grundschutz-Kataloge 2016 2.1; Leeb/Lorenz ZD 2018, 573 (575); BSI IT-Grundschutz-Kataloge 2016 M 2.431).

Hinsichtlich der Methoden des Löschens und der Vernichtung von Datenträgern gibt das BSI Hinweise (BSI IT-Grundschutz-Kataloge 2016 M 2.167; hinsichtlich der Vernichtung unter Bezugnahme auf die DIN 66399-1:2012-10). Im Hinblick auf die Gründlichkeit des Lösch- oder Vernichtungsvorgangs unter Berücksichtigung der allgemeinen Wahrscheinlichkeit, mit der vernünftigerweise eine Umkehr der Datenlöschung ausgeschlossen werden kann (vgl. Erwgr. 26 S. 3 f. DS-GVO), differenziert die DIN 66399-1:2012-10 hinsichtlich des Schutzbedarfs der Daten nach drei Schutzklassen, die in mehrere Sicherheitsstufen (1 = Allgemeine Daten; 2 = Interne Daten; 3 = Sensible Daten; 4 = Besonders sensible Daten; 5 = Geheim zu haltende Daten; 6 = Geheime Hochsicherheitsdaten; 7 = Top Secret Hochsicherheitsdaten) unterteilt werden (DIN 66399-1:2012-10 Kap. 3.; Leeb/Lorenz ZD 2018, 573 (576)). Je höher die Sicherheitsstufe ist, desto intensiver sind die Anforderungen zB an die Größe der Datenträgerpartikel nach einem Zermahlen des Datenträgers. Auch der BSI-Standard 200-2 – IT-Grundschutz-Methodik (Kap. 7.5 und 8.2.1; vgl. auch Piltz DSB 2019, 200) nimmt eine vergleichbare Einstufung allerdings nur in drei Schutzbedarfskategorien „normal", „hoch" und „sehr hoch" vor, wobei die Anforderungen an die Daten für die Einstufung anders umschrieben werden. Die Einstufung in die Schutzkategorie bestimmt sich nach BSI-Standard 200-2 – IT-Grundschutz-Methodik entsprechend der Schwere der Auswirkungen beim Betroffenen durch (1.) einen Verstoß gegen Gesetze/Vorschriften/Verträge, (2.) eine Beeinträchtigung des informationellen Selbstbestimmungsrechts, (3.) eine Beeinträchtigung der persönlichen Unversehrtheit, (4.) eine Beeinträchtigung der Aufgabenerfüllung des Verantwortlichen, (5.) etwaige negative Innen- oder Außenwirkung und (6.) die finanziellen Folgen.

Diese Regelwerke haben nicht Gesetzesrang, sondern stellen unverbindliche Empfehlungen dar (Hunzinger Das Löschen im Datenschutzrecht S. 69 ff.; Leeb/Lorenz ZD 2018, 573 (575)). Gleichwohl können sie als wichtiger Anhaltspunkt für die Praxis herangezogen werden. Differenziert wird nach Art eines Schadens (zB Verstoß gegen ein Gesetz) und dessen möglichen Folgen. Die Einstufungen und Beschreibungen hierzu sind in nachfolgender Tabelle mit den verschiedenen Anhaltspunkten zur Beurteilung und eigenen Schutzbedarfseinstufung in Kurzform zusammengefasst. Das Ergebnis der Beurteilung sowie die Festlegung der entsprechenden Intensität der Schutzmaßnahmen ist in einem Sicherheitskonzept (Löschkonzept als Teil des Sicherheitskonzepts) zu dokumentieren (BSI-Standard 200-2 – IT-Grundschutz-Methodik Kap. 8.2.1). Die Schutzklassen können in Anlehnung an die vorgenannten Klassifizierungen wie folgt charakterisiert werden (vgl. Leeb/Lorenz ZD 2018, 573 (576); DIN 66399-1:2012-10 Kap. 2.11 und 3; BSI-Standard 200-2 – IT-Grundschutz-Methodik Kap. 7.5 und 8.2.1; → Form. E. II.2.).

| | |
|---|---|
| Schutzklasse/ Kategorie 1 – normal | Die Schadensauswirkungen sind begrenzt und überschaubar. ZB: Einfache interne Daten, deren Weitergabe eine wenig bedeutende Rechtsverletzung darstellt, die auf die gesellschaftliche oder wirtschaftliche Stellung wenig Einfluss hat und ohne Gefahr für Leben und körperliche Unversehrtheit sind, wie Telefonlisten, allgemeine Kundenlisten oder Adressdatenbanken. |
| Schutzklasse/ Kategorie 2 – hoch | Die Schadensauswirkungen können beträchtlich sein. ZB: Vertrauliche Daten, deren Weitergabe auf die gesellschaftliche oder wirtschaftliche Stellung Einfluss haben oder die körperliche Unversehrtheit gefährden kann und deshalb auf einen begrenzten Personenkreis beschränkt sein sollen (erhebliche Rechtsverletzung) wie Ermittlungs-, Prozess-, Personalakten, Daten zu üblichen Online-Einkäufen. |
| Schutzklasse/ Kategorie 3 – sehr hoch | Die Schadensauswirkungen können ein existenziell bedrohliches, katastrophales Ausmaß erreichen. ZB: Besonders vertrauliche und geheime Daten, deren Weitergabe auf einen sehr kleinen, namentlich bekannten Kreis von Zugriffsberechtigten zu beschränken ist, eine unberechtigte Weitergabe ernsthafte (existenzbedrohende) Auswirkungen hätte und/oder gegen Berufsgeheimnisse, Verträge oder Gesetze verstoßen würde, wie etwa Gesundheitsdaten, Strafakten, Kreditauskünfte, Bank, und Vermögensdaten inkl. Zugangsdaten zu Online-Banking uä, Grundbuchunterlagen, Steuerdaten, Daten von Kindern (vgl. Roßnagel ZD 2020, 88 ff.) und besondere Daten iSv Art. 9 DS-GVO. |

**3. Verantwortlicher.** Gemeint ist die natürliche oder juristische Person, Einrichtung oder andere Stelle, die Verantwortlicher iSv Art. 4 Nr. 7 DS-GVO für die Verarbeitung der Daten ist, insbesondere also diejenige Person, für deren (Geschäfts-) Zwecke oder in deren Interesse die Verarbeitung erfolgt (Fragen zur Feststellung des Verantwortlichen sind zB: Wer ist aufgrund rechtlicher Bestimmungen oder aufgrund tatsächlicher Umstände zuständig für die Entscheidung über (eigene) Zwecke und Mittel der Verarbeitung? Wer entscheidet, mit welchem Ziel die Verarbeitung durchgeführt wird? Wer veranlasst die Verarbeitung? Wem nutzt die Verarbeitung?; vgl. Artikel-29-Datenschutzgruppe WP 169 S. 10 ff.). Die Verantwortung für die ordnungsgemäße Löschung trägt auch im Rahmen einer Auftragsverarbeitung der Verantwortliche (Art. 24 DS-GVO; DIN 66398:2016:05 Kap. 4.2).

Mitarbeitervertretungen in Betrieben und Unternehmen und Konzernen (sowie in Körperschaften, Anstalten und Stiftungen des öffentlichen Rechts) sollen mit Blick auf die fehlende Rechtspersönlichkeit und ungeachtet ihrer Unabhängigkeit und Kontrollfreiheit gegenüber dem Arbeitgeber und sogar gegenüber dem Datenschutzbeauftragten selbst für die Erfüllung datenschutzrechtlicher Pflichten verantwortlich, nicht aber deshalb Verantwortlicher sein. Sie wurden vom BAG bisher als Teil des datenschutzrechtlich allein verantwortlichen Arbeitgebers angesehen (BAG 14.1.2014 – 1 ABR 54/12, NZA 2014, 738 (739); BAG 11.11.1997 – 1 ABR 21/97, NZA 1998, 385 (386 ff.); BAG 7.2.2012 – 1 ABR 46/10, NZA 2012, 744 (747); BAG 18.7.2012 – 7 ABR 23/11, NZA 2013, 49 (51)). Ob diese auf die nicht beim Betriebsrat, sondern nur beim Arbeitgeber vorliegende Eigenschaft als (juristische oder ggf. natürliche) Person abstellende Rechtsauffassung nach Inkrafttreten der DS-GVO zu halten ist, war umstritten, weil gem. Art. 4 Nr. 7 DS-GVO der Verantwortliche nicht nur juristische oder natürliche Personen, sondern auch „jede andere Stelle" ist, die eigene, ggf. gesetzlich vorgegebene Zwecke mit der Datenverarbeitung verfolgt (Maschmann NZA 2020, 1207ff.; Wybitul NZA 2017, 413 (414); Kort ZD 2017, 319; Lücke NZA 2019, 658; Simitis/Hornung/Spiecker gen. Döhmann/Seifert DS-GVO Art. 88 Rn. 209; Simitis/Hornung/Spiecker gen. Döhmann/Drewes DS-GVO Art. 39 Rn. 27; Gola Beschäftigtendatenschutz-HdB Kap. 9.5.1). Neben dem Verzicht auf die Personeneigenschaft des Verantwortlichen in Art. 4 Nr. 7 DS-GVO (Simitis/Hornung/Spiecker gen. Döhmann/Petri DS-GVO Art. 4 Nr. 7 Rn. 16) ist auch die Regelung zur Subsidiarität des Datenschutzrechts gegenüber dem Betriebsverfassungsrecht (§ 1 Abs. 3, § 32 Abs. 3 BDSG aF) mit Inkrafttreten der DS-GVO entfallen, so dass nun die Vorgaben der DS-GVO vorrangig gegenüber dem BetrVG gelten (Art. 288 Abs. 2 AEUV). Folglich bestimmt in ihrem Geltungsbereich allein die DS-GVO die Rolle des Verantwortlichen. Das Betriebsverfassungsrecht muss folglich ebenso wie zB die §§ 176ff. SGB IX zur Schwerbehindertenvertretung mit der DS-GVO im Einklang stehen.

Dennoch wurde in das BetrVG mWv 18.6.2021 der § 79a auf Grundlage der nationalen Gestaltungskompetenz gem. Art. 4 Nr. 7 HS 2 DS-GVO eingefügt. Hiernach soll der Arbeitgeber Verantwortlicher bleiben und der Betriebsrat verpflichtet sein, die Bestimmungen des Datenschutzes einzuhalten (zur Frage des DS-GVO-Konformität ErfK/Kania BetrVG § 79a Rn. 2).

**4. Datenschutzbeauftragter.** Die Angaben zum Datenschutzbeauftragten sind zur Durchführung des vorgesehenen Löschverfahrens nicht erforderlich. Gleichwohl weist seine Nennung auf ihn als Berater und überwachende interne Stelle hin. Das kann in konkreten Situationen hilfreich sein. Die Regelungen zum Löschen und Vernichten müssen mit dem Datenschutzbeauftragten abgestimmt sein (BSI IT-Grundschutz-Kompendium 2023 CON.6.A1).

**5. Interne Zuständigkeit (zuständiger Fachbereich, Mitarbeiter), Weisungsgeber, Vertretung, Nachfolge.** Zur Vermeidung von Unklarheiten und zur Vorbeugung der Gefahr, dass sich am Ende keine interne Stelle zuständig fühlt, muss ein Löschkonzept klare Verantwortungen für die Löschung im Unternehmen festlegen (BSI IT-Grundschutz-Kompendium 2019 CON.6.A1). Dazu gehört es festzulegen, wer die hierzu erforderlichen Weisungen, insbesondere die Freigabe der Daten für die Datenlöschung gibt, das zu diesem Zeitpunkt nach dem Stand der Technik geeignete Löschungsverfahren ggf. anpasst und den Löschungsvorgang auslöst. Es ist auch festzulegen, wer die Löschung durchführt und wer für die Aktualisierung des Löschkonzepts zuständig ist.

Zu dem Sicherheitsstandard zählt auch die Festlegung der Vertretung des Zuständigen bei dessen Ausfall oder Weggang (BSI IT-Grundschutz-Kompendium 2023 ORP.2.A2 S. 2)

**6. Verarbeitungsorte, Speicherorte, Sicherungsdateien, Datenträger, Auftragsverarbeiter und weitere Auftragsverarbeiter.** Es sind alle Datenträger, analoge, wie Papier oder Filme, und die Träger der digitalen Systemstruktur, wie Festplatten, SSDs oder CDs, einzubeziehen (BSI IT-Grundschutz-Kompendium 2023 CON 6 S. 1).

Um zu verhindern, dass zu löschende Daten übersehen werden, müssen alle Orte der Verarbeitung, alle Speicherorte, alle Orte, an denen sich Datenträger und Sicherungsdateien, einschließlich derjenigen der Auftragsverarbeiter und der etwaigen weiteren Auftragsverarbeiter, befinden, erfasst und niedergelegt werden. Es muss sichergestellt und folglich niedergelegt sein, wenn die Daten zu einem speziellen Entsorgungsort verbracht werden müssen, sodass diese dorthin auch sicher transportiert werden. Die Erfassung der möglichen Datenträger ist zur daraus abzuleitenden Bestimmung der für den/die jeweiligen Datenträger und der hierfür geeigneten Löschmethode (Überschreiben, Sicherung weiter benötigter Daten und Vernichtung von Datenträgern, Pseudonymisierung oder Anonymisierung einzelner Daten) erforderlich (BSI IT-Grundschutz-Kompendium 2023 CON.6.A4, 6.A12; BSI IT-Grundschutz-Kataloge 2016 M 2.431).

Werden externe Dienstleister wie etwa Auftragsverarbeiter mit der Datenverarbeitung, ggf. auch nur mit der Löschung, beauftragt oder anderweitig beteiligt, muss der Löschungs- oder Vernichtungsprozess wie bei einer Vernichtung oder Löschung durch den Verantwortlichen selbst sicher und nachvollziehbar gleichermaßen niedergelegt sein (BSI IT-Grundschutz-Kompendium 2023 CON 6 S. 4). Der Auftragsverarbeiter muss Garantien zur Sicherstellung der ordnungsgemäßen Datenverarbeitung bieten (Art. 28 Abs. 1 DS-GVO). Der Verantwortliche muss sich daher vergewissern, dass auch tatsächlich eine effektive Unbrauchbarmachung erfolgt und ein Missbrauch den Risiken entsprechend und nach dem Stand der Technik ausgeschlossen ist, wenn die Tätigkeit durch bzw. bei einem Auftragsverarbeiter vorgenommen wird (zu den vielfältigen Risiken siehe BSI IT-Grundschutz-Kompendium 2023).

Der Begriff „Vernichtung" beschreibt die Zerstörung des Datenträgers, unabhängig davon, ob es sich um analoge oder digitale Datenträger handelt. Vernichtung stellt somit eine unwiderrufliche körperliche Zerstörung des Datenträgers dar (DSK Das Standard-Datenschutzmodell Baustein 60 „Löschen und Vernichten" S. 1). Die Vernichtung ist ein „Vorgang, bei dem Form oder Zustand von Datenträgern in der Regel durch Zerkleinern, Auflösen, Schmelzen, Erhitzen oder Verbrennen verändert werden, wodurch die Wiederherstellung von Informationen erschwert oder unmöglich wird." (DIN 66399 1: 2012-10 Kap. 2.1 Forgó/Helfrich/Schneider Betr. Datenschutz-HdB/Scheja/Quae/Conrad/Hausen Teil IV Kap. 1 Rn. 8 ff.). Zur Vernichtung iSd DIN 66399 hat die GDD einen Ratgeber veröffentlicht (https://www.gdd.de/service/publikationen-und-aktionen/#gdd-ratgeber).

Das Löschen personenbezogener Daten definiert DIN 66398:2016-05 (Kap. 2.9; siehe auch Forgó/Helfrich/Schneider Betr. Datenschutz-HdB/Scheja/Quae/Conrad/Hausen Teil IV Kap. 1 Rn. 19 ff.) wie folgt: „Prozess, durch den personenbezogene Daten derart irreversibel verändert werden, dass sie nach dem Vorgang nicht mehr vorhanden oder unkenntlich sind und nicht mehr verwendet oder rekonstruiert werden können". Der frühere § 3 Abs. 4 Nr. 5 BDSG aF definierte das Löschen ähnlich, aber sprachlich vereinfachend, als das Unkenntlichmachen gespeicherter personenbezogener Daten. Eine aktuelle Definition wurde gesetzlich nicht mehr verankert, sodass die bisher maßgeblichen Definitionen als inhaltlich gleich und allgemeingültig vom Verordnungsgeber der DS-GVO vorausgesetzt worden sein dürften und somit weiterhin – für digitale und analoge Löschungsverfahren (Erwgr. 15 DS-GVO) – zu Grunde gelegt werden können (Forgó/Helfrich/Schneider Betr. Datenschutz-HdB/Scheja/Quae/Conrad/Hausen Teil IV Kap. 1 Rn. 8 ff.). Bei der Löschung bleibt der Datenträger als solcher erhalten.

Wann Daten als gelöscht gelten, definiert der Gesetzgeber nicht explizit. Zahlreiche Recovery-Programme ermöglichen es, vermeintlich gelöschte Daten wiederherzustellen (Forgó/Helfrich/Schneider Betr. Datenschutz-HdB/Scheja/Quae/Conrad/Hausen Teil IV Kap. 1 Rn. 82; Hunzinger Das Löschen im Datenschutzrecht S. 107, zum Streitstand insbesondere S. 57 ff.). Aufschluss gibt Erwgr. 26 DS-GVO. Hiernach soll die DS-GVO nicht anwendbar sein, wenn es um anonyme Daten geht. Anonyme Daten iSv Erwgr. 26 S. 3 f. DS-GVO sind solche Informationen, bei denen die betroffene Person „nach allgemeinem Ermessen wahrscheinlich" nicht (mehr) identifiziert ist und auch nicht mehr identifiziert werden kann. Ob eine Person identifizierbar ist, soll unter der Berücksichtigung der Mittel zur Feststellung der Identität einer Person beurteilt werden, die „nach allgemeinem Ermessen wahrscheinlich" genutzt werden. Dabei sollen alle objektiven Faktoren wie Kosten der Identifizierung (zur Kostenbetrachtung allg. vgl. BSI-Standard 200-2 – IT-Grundschutz-Methodik Kap. 9.2), der erforderliche Zeitaufwand sowie die verfügbare oder voraussichtlich verfügbare Technologie berücksichtigt werden (Erwgr. 26 S. 4 DS-GVO). Die DS-GVO geht folglich von keinem absoluten zu gewährleistenden Datenschutz aus (vgl. bereits Erwgr. 26 der RL 95/46/EG, wonach zur Feststellung, ob eine Person identifizierbar ist, alle Mittel berücksichtigt werden sollen, die „vernünftigerweise" hierfür eingesetzt werden könnten; HK-DS-GVO/Ziebarth Art. 4 Rn. 30 ff.). Darüberhinausgehende Anforderungen wären schon angesichts der Möglichkeiten der Kryptoanalyse zB durch automatisierte Schlussfolgerungen aus einer Datenbank (Inferenz) und der Komplexität der Technologie unrealistisch und praktisch wohl kaum erfüllbar (vgl. Boehme-Neßler NVwZ 2014, 825: „Das Internet vergisst nichts."; Hunzinger Das Löschen im Datenschutzrecht S. 143).

Wenn demnach die DS-GVO für anonymisierte Daten nicht mehr gilt, müssen Daten auch dann als gelöscht betrachtet werden, wenn nach dem Löschprozess die betroffene Person nur nach denselben Maßstäben identifizierbar wäre wie im Fall einer Anonymisierung, denn dann wäre die DS-GVO nicht mehr anwendbar und kann folglich keine Verpflichtungen diesbezüglich statuieren. Bei einer Anonymisierung würden die Daten nämlich quasi als „gelöscht" gelten, weil die DS-GVO gem. Erwgr. 26 S. 3 f. DS-GVO die Daten nicht mehr als personenbezogene Daten ansieht, da diese nur mit unwahrscheinlichen Mitteln aus der Anonymität heraus wiederherstellbar sein können. Strittig ist, ob zur Anonymisierung ausreicht, dass Dritte den Personenbezug nicht mehr herstellen können (relative Anonymität) oder ob auch der Verantwortliche (und alle etwaigen Auftragsverarbeiter) dazu nicht mehr in der Lage sein darf (absolute Anonymität; siehe Artikel-29-Datenschutzgruppe WP 216 S. 11; HK-DS-GVO/Ziebarth Art. 4 Rn. 33 ff.). Ausgehend von Erwgr. 26 DS-GVO kommt es darauf an, dass die Wahrscheinlichkeit der Wiederherstellbarkeit der Daten durch Mittel des „Verantwortlichen oder einer anderen Person" unter Berücksichtigung des wirtschaftlichen und zeitlichen Aufwands sowie der technischen Möglichkeiten unwahrscheinlich ist. Dementsprechend muss die Anonymität sowohl für den Verantwortlichen wie auch für Auftragsverarbeiter und Dritte praktisch iSd absoluten Anonymität ausgeschlossen erscheinen (EuGH 19.10.2019 – C-582/14, NJW 2016, 3579 (3581)). Die Wahrscheinlichkeit muss so gering sein, dass Daten einer bestimmten Person unter Betrachtung der Mittel, die vernünftigerweise zur Umkehrung der Anonymisierung eingesetzt werden können, zugeordnet werden können, dass die Zuordnung nach der Lebenserfahrung oder der wissenschaftlichen Prognose praktisch ausscheidet (Roßnagel/Scholz MMR 2000, 721 (725 f.); EuGH 19.10.2019 – C-582/14, NJW 2016, 3579 (3581); vgl. Artikel-29-Datenschutzgruppe WP 216 S. 6, 10). Daten gelten somit erst als gelöscht, wenn deren Wiederherstellung nur denkbar wäre, wenn dies mit unwahrscheinlich hohem Aufwand verbunden wäre (vgl. Jandt/Steidle Datenschutz-HdB/Hammer Teil B.IV. Rn. 279 ff.); Leeb/Lorenz ZD 2018, 573 (574); EuGH 19.10.2019 – C-582/14, NJW 2016, 3579 (3581); aA Hunzinger Das Löschen im Datenschutz S. 90).

Festzuhalten ist, dass die DS-GVO auf anonymisierte Daten nicht anzuwenden ist (Erwgr. 26 S. 5 DS-GVO; Roßnagel/Scholz MMR 2000, 721 (725 f.); HK-DS-GVO/Ziebarth Art. 4 Rn. 32), sodass die Anforderungen an eine Anonymisierung als Maßstab für die Datenlöschung herangezogen werden können. Die DS-GVO kann zusammenfassend keine über die Erreichung der Anonymisierung hinausgehenden Anforderungen stellen, weil die DS-GVO dann nicht gilt.

Das subjektive Recht des Einzelnen auf Löschung seiner personenbezogenen Daten gem. Art. 17 DS-GVO bringt einen Anspruch auf Vernichtung von Datenträgern nicht ausdrücklich zum Ausdruck. Soweit die Daten aber allein durch Vernichtung des Datenträgers und damit aller weiteren auf dem Datenträger enthaltenen personenbezogenen Daten gelöscht werden könnten (zB Mikrofiche; → Anm. 2), könnte der Löschungsanspruch in Bezug auf die personenbezogenen Daten nur durch Vernichtung des Datenträgers insgesamt erfüllt werden. Allerdings darf der Anspruch auf Löschung von Daten nicht automatisch auch zum Anspruch auf Vernichtung des jeweiligen Datenträgers insgesamt führen, wenn damit die Datensicherheit und -verfügbarkeit anderer auf den Datenträger enthaltenen Daten gefährdet würde, deren Verarbeitungsfähigkeit zu einem späteren Zeitpunkt abläuft und deren Verfügbarkeit bis zu diesem Zeitpunkt zu gewährleisten ist (vgl. Art. 4 Nr. 12, 32 Abs. 2 DS-GVO). Nur soweit es technisch möglich ist, die jeweils zu löschenden Daten einzeln vom Datenträger praktisch irreversibel zu löschen, kann der Verantwortliche Daten einzeln löschen. In diesem Sinn hat auch der EuGH die Verpflichtung zur Löschung ehrverletzender Äußerungen eines Nutzers durch den Hosting-Anbieter u. a. mit den vorhandenen technischen Möglichkeiten begründet (EuGH 3.10.2019 – C-18/18, NJW 2019, 3287 (3289)). Ist die Löschung einzelner Daten auf einem Datenträger technisch nicht möglich, ohne gleichzeitig auch alle anderen auf dem Datenträger enthaltenen Daten zu löschen (zB Mikrofiche), wird der Verantwortliche zunächst alle Daten von dem alten Datenträger auslesen und auf einen neuen Datenträger überspielen (duplizieren) müssen, um dann die noch weiter benötigten Daten herauszufiltern, die nicht mehr benötigten Daten auf einem lösch- oder vernichtbaren Datenträger zu übertragen, so dass der gesamte Ursprungsdatenträger und die zu löschenden Daten auf den lösch- oder vernichtbaren Datenträger gelöscht oder vernichtet werden können. Die weiter benötigten Daten befinden sich sodann auf einem neuen Datenträger, der nicht gelöscht wurde. Dieser komplexe Vorgang wird in der Regel Sicherungsmaßnahmen gegen versehentlichen Datenverlust erfordern. Um diesen Anforderungen Rechnung tragen zu können, sind entsprechende und technisch mögliche datenschutztechnische Voreinstellungen iSv Art. 25 Abs. 2 DS-GVO vorab im Löschkonzept vorzusehen.

Die Artikel-29-Datenschutzgruppe erkannte die Anonymisierung als eine Strategie an, die Datenschutzrisiken zu verringern und geeignete Garantien für den Schutz der Privatsphäre zu schaffen, wobei es schwer sei, die Anonymisierung tatsächlich zu erreichen (Artikel-29-Datenschutzgruppe WP 216 S. 3 f.). Ziel ist die Umkehrbarkeit der Anonymisierung durch Mittel zu verhindern, die vernünftigerweise zur Umkehr der Anonymisierung eingesetzt werden könnten, sodass eine bestimmte Person aus einem Datenbestand heraus, ggf. auch nur durch Verknüpfung mit anderen Daten oder durch Inferenz, nicht mehr identifiziert werden kann (Artikel-29-Datenschutzgruppe WP 216 S. 9 ff.). Anonymisierungstechniken sind solche, die zB unter den Oberbegriffen Randomisierung und Generalisierung zusammengefasst werden. Bei der Randomisierung werden Daten unter Verwendung eines Zufallsmechanismus so verfälscht, dass die Daten nicht mehr zugeordnet werden können (Artikel-29-Datenschutzgruppe WP 216 S. 13 f.). Bei der Generalisierung werden zur Identifizierung geeignete Merkmale personenbezogene Daten durch verallgemeinernde Daten ersetzt (zB 12.4.1957 durch 1957 oder Ort „Hamburg" durch „Region Deutschland Nord"; Artikel-29-Datenschutzgruppe WP 216 S. 19). Auf die einzelnen Anonymisierungstechniken und Anbieter solcher Techniken kann an dieser Stelle nicht eingegangen werden. Es sollte ein geeigneter Dienstleister eingeschaltet werden, sofern das entsprechende Know-how im Unternehmen nicht vorhanden ist.

Das Bundesamt für Sicherheit in der Informationstechnik (BSI) weist darauf hin, dass naturgemäß analoge Daten (körperliche Akten und Dokumente, Lochkarten sowie Mikrofiche und -filme) andere Verfahren zur Unkenntlichmachung erfordern als digitale Daten, die auf optischen, magnetischen und elektronischen Speichermedien abgelegt sind. Selbst digital gespeicherte Daten unterliegen je nach Medium anderen Löschungs- und Vernichtungsmöglichkeiten bzw. -techniken (vgl. BSI IT-Grundschutz-Kataloge 2016 M 2.167 und M 2.433). Zusätzliche Schwierigkeiten entstehen bei einer Datenspeicherung in der Cloud und bei Einsatz von Blockchain-Technologie (→ Anm. 2, Tabelle; Martini/Weinzierl NVwZ 2017, 1251 ff.).

**7. Verarbeitungsdauer.** Das Löschkonzept soll die Löschung organisatorisch umsetzen und zugleich den Datenschutzbereich und seine Juristen sowie ggf. den Datenschutzbeauftragten dadurch entlasten, dass sie in Standardfällen nicht mehr befragt werden, weil die Umsetzung der Löschung an festgelegte Mitarbeiter delegiert oder direkt durch die IT automatisiert wird (zur Rationalisierung von Datenschutzthemen → Form. E. I.). Daher müssen die Angaben zu Datenkategorien und diesbezüglichen Fristen so klar und eindeutig sein, dass jeder Mitarbeiter ohne Rückfragen versteht, wann Daten aus dieser Kategorie zu löschen sind. Falls in der Anweisung an den Mitarbeiter unbestimmte Formulierungen wie „nach Ablauf der gesetzlichen Aufbewahrungsfrist" oder „sofern keine längere Aufbewahrungsfrist einschlägig ist" enthalten sind, eröffnet dies Spielraum für Fehldeutungen, die zu Datenschutzverletzungen führen können (zu Entscheidungen der Gerichte und Aufsichtsbehörden in diversen Einzelfragen siehe Forgó/Helfrich/Schneider Betr. Datenschutz-HdB/Scheja/Quae/Conrad/Hausen Teil IV. Kap. 1 Rn. 27 ff., 37 ff.).

**8. Widerruf einer Einwilligung durch den Betroffenen.** Gem. Art. 7 Abs. 3 S. 2 DS-GVO wird durch den Widerruf der Einwilligung durch den Betroffenen die Rechtmäßigkeit der aufgrund der Einwilligung bis zum Widerruf erfolgten Verarbeitung nicht berührt.

**9. Löschvorgang.** → Form. D. IV. 3.

**10. Technische und organisatorische Maßnahmen.** Zu den Aspekten hinsichtlich der technischen und organisatorischen Maßnahmen → Form. E. II. 2 sowie Forgó/Helfrich/Schneider Betr. Datenschutz-HdB/Scheja/Quae/Conrad/Hausen Teil IV. Kap. 2 Rn. 29.

**11. Löschprotokoll.** Eine Orientierungshilfe zur Erstellung von Protokollen hat der Bundesbeauftragte für den Datenschutz und die Informationssicherheit veröf-

fentlicht (Arbeitskreis „Technische und organisatorische Datenschutzfragen" der Datenschutzbeauftragten des Bundes und der Länder (BfDI), herausgegeben vom Bundesbeauftragten für den Datenschutz und die Informationssicherheit, Orientierungshilfe v. 2.11.2009, https://www.bfdi.bund.de/SharedDocs/Downloads/DE/DSK/Orientierungshilfen/OH_Protokollierung.html, im Folgenden BfDI Orientierungshilfe „Protokollierung"; siehe auch Datenschutzbeauftragte des Bundes und der Länder, Standard-Datenschutzmodell (SDM), Baustein 43 „Protokollieren", S. 2 ff., https://www.datenschutz-mv.de/datenschutz/datenschutzmodell/). Hiernach müssen die Protokolldaten zu folgenden Punkten Auskunft geben:
- den Zeitpunkt einer Tätigkeit bzw. eines Ereignisses
- die zutreffende Bezeichnung einer Tätigkeit oder eines Ereignisses
- die mit der Tätigkeit oder dem Ereignis befasste Person bzw. Systemkomponente und
- den Zweck und Umfang der Tätigkeit
- welche Person oder welche Systemkomponente die Löschung der Daten zu welchem Zeitpunkt ausgelöst und wann vorgenommen hat
- welche Person oder welche Systemkomponente die Protokollierung vorgenommen hat.

Die Darstellung der Tätigkeit bzw. des Ereignisses muss eindeutig Auskunft geben, welche Tätigkeit durchgeführt wurde bzw. welche Ereignisse und Operationen auf dem System stattfanden.

Je nachdem, ob eine Person oder ein Server die Löschung auslöst, muss die Person oder der Server eindeutig bestimmbar sein.

Werden nur Teile von Daten gelöscht, muss diese Teilmenge klar eingegrenzt werden, zB durch Benennung der geänderten Datenfelder und Angabe der Feldinhalte vor und nach der Änderung.

Bei der Protokollierung von Löschvorgängen für Protokolldaten dürfen keine der zu löschenden personenbezogenen Daten in den Inhalten des Lösch-Protokolls enthalten sein. Es versteht sich von selbst, dass die im Protokoll gemachten Angaben gegen nachträgliche Veränderungen geschützt sein müssen (BfDI Orientierungshilfe „Protokollierung" S. 3, 5 und 8). Ein solcher Schutz kann durch eigenhändige Unterschrift auf Papierformaten oder elektronische Signaturen mit seinerseits gegen Veränderungen geschützter Protokollierung des Zugriffs hergestellt werden.

Personenbezogene Daten dürfen in der Regel nur so lange in einer Form gespeichert werden, die eine Identifizierung der betroffenen Personen erlaubt, wie dies erforderlich ist. Die Einhaltung der Grundsätze muss nachweisbar sein („Rechenschaftspflicht"; DSK Das Standard-Datenschutzmodell v. 24.11.2022 Einl.; BfDI Orientierungshilfe „Protokollierung" S. 3). Das Löschprotokoll muss also zusammenfassend inhaltlich und hinsichtlich seiner Eignung zur nicht manipulierbaren Dokumentation derart ausgestaltet sein, dass der Nachweis der ordnungsgemäßen Löschung durch das Protokoll erbracht wird (BfDI Orientierungshilfe „Protokollierung" S. 3). Das folgt neben der Erfüllung der Dokumentationspflicht gem. Art. 5 Abs. 2 DS-GVO bereits aus dem Transparenz-, Richtigkeits- und Integritätsgebot gem. Art. 5 Abs. 1 lit. a, d und f DS-GVO.

Protokolldaten müssen dann durch zusätzliche Maßnahmen revisionsfest gespeichert und deren Vertraulichkeit gewährleistet sein, so dass eine unbefugte Auswertung außerhalb ihres Zweckes, des Nachweises ordnungsgemäßer Löschung, ausgeschlossen ist (DSK Das Standard-Datenschutzmodell v. 24.11.2022 Version 3.0

S. 55). Das muss durch Einschränkung der Datennutzung iSv Art. 18 Abs. 1 lit. c DS-GVO geschehen, zB durch strenge Beschränkung und Dokumentation des Zugangs zu den Protokolldaten bzw. des Zugriffs darauf und Verschlüsselung, indem die Daten vor dem Zugriff Dritter geschützt in einem abgesonderten und gesicherten Bereich aufbewahrt werden (DSK Das Standard-Datenschutzmodell v. 24.11. 2022 Version 3.0 OPS. 1.1.5.A10, OPS. 1.1.5.A12). Auch zu diesem Sicherungsverfahren ist seinerseits ein Verarbeitungsverzeichnis und Löschkonzept erforderlich.

### 3. Löschungsverfahren

**„Löschen"** beschreibt jede Handlungsform, die dazu dient, dass **Daten nicht mehr verwendet werden können** (Simitis/Hornung/Spiecker gen. Döhmann/Roßnagel DS-GVO Art. 4 Nr. 2 Rn. 30; DSK Das Standard-Datenschutzmodell (SDM) Baustein 60 „Löschen und Vernichten" S. 1; DIN 66398, Leitlinie zur Entwicklung eines Löschkonzeptes, S. 11; DSK Das Standard-Datenschutzmodell v. 24.11.2022 B1.12). Nicht mehr verwendet werden können Daten, wenn die betroffene Person nicht mehr – ggf. unter Heranziehung zusätzlicher Informationen – identifizierbar ist, wobei bei der Frage der Identifizierbarkeit alle Mittel berücksichtigt werden müssen, die von dem Verantwortlichen oder einer anderen Person nach allgemeinem Ermessen wahrscheinlich genutzt werden, um die natürliche Person direkt oder indirekt zu identifizieren. Zur Einschätzung, welche Mittel nach allgemeinem Ermessen wahrscheinlich zur Identifizierung der natürlichen Person genutzt werden, sollten alle objektiven Faktoren, wie die Kosten der Identifizierung und der dafür erforderliche Zeitaufwand, herangezogen werden, wobei die zum Zeitpunkt der Verarbeitung verfügbare Technologie und technologische Entwicklungen berücksichtigt werden (Erwgr. 26; vgl. DIN 66398, Leitlinie zur Entwicklung eines Löschkonzeptes, S. 11).

Je nach Art des Datenträgers ist ein geeignetes Löschungsverfahren anzuwenden, das im Laufe der Entwicklung der Technik anzupassen ist (BSI IT-Grundschutz-Kataloge 2016 M 2.167, M 2.431, M 2.433). Daher wird der Technik des Datenträgers folgend entweder eine **mechanische (physisches Zerkleinern)**, eine **thermische (Zerschmelzen unter Hitze)**, eine **fotoelektronische (Bestrahlung durch UV-Licht), elektromagnetische (Röntgenstrahlung)** oder **magnetische Zerstörung** des Datenträgers oder – alternativ – das ein- oder **mehrmalige Überschreiben des Datenträgers mit Zufallswerten** zur Anwendung kommen (vgl. BSI IT-Grundschutz-Kataloge 2016 M 2.167, siehe auch NIST, Guidelines for Media Sanitation, NIST Special Publication 800-88, Section 5; Fox DuD 2009, 111). Eine **Löschung einzelner Daten** ist, abgesehen vom Überspielen lediglich der noch benötigten Daten auf einen anderen Datenträger und anschließendem mehrmaligen Überschreiben oder anschließender Zerstörung des Ursprungsdatenträgers, nur bei hierfür geeigneter Technik und mit Spezialprogrammen (sog. Wipe-Tools) möglich (BSI IT-Grundschutz-Kataloge 2016 M2.433 Überschreiben einzelner Daten). Die mechanische (physische) Zerstörung durch **Zerkleinerung von Datenträgern** kann immer noch dazu führen, dass selbst bei kleinen Teilen noch Daten ausgelesen werden können. Wenn man bedenkt, dass zB kleinste Speicherzellen von SSDs eine Größe von nur 10 $mm^2$ haben (Hunzinger Das Löschen im Datenschutzrecht S. 140), gewinnt man eine Vorstellung von den Anforderungen an eine wirksame Vernichtung durch Zerhacken.

*Wehrmann*

Das **Austragen aus elektronischen Verzeichnissen** bzw. Tabellen und anschließender Reorganisation bspw. durch Datenbank-Löschbefehle mit anschließender Reorganisation der Datenbank kommt nur in Betracht, soweit gesichert ist, dass im Zuge der Reorganisation die zu löschenden Daten überschrieben werden (DSK Standard-Datenschutzmodell (SDM) Baustein 60 Löschen und Vernichten S. 3).

Ein **magnetisches Vernichtungsverfahren** bietet sich nur bei Magnetdatenträgern (HDD oder Magnetband) an. Bei diesem Verfahren wird der Datenträger einem durch entsprechende Geräte (sog. Degausser) erzeugten extrem starken Magnetfeld ausgesetzt, durch den er seine magnetischen Eigenschaften verliert und zerstört wird (Hunzinger Das Löschen im Datenschutzrecht S. 141; Fox DuD 2009, 110).

Eine für den normalen Schutzbedarf ausreichende physikalische Löschung kann erreicht werden, indem der komplette Datenträger **überschrieben** wird. Mit speziellen Softwarewerkzeugen werden dabei die Datenträger einmal oder mehrfach mit vorgegebenen Zeichenfolgen oder Zufallszahlen überschrieben (BSI IT-Grundschutz-Kataloge 2016 M2.433 „Überschreiben einzelner Daten"). Eine wirklich vollständige Löschung durch Überschreiben erfolgt erst, wenn die nach (logischer) Löschung (zB Löschung einer Datei im Windows-Explorer), nach wie vor in den von ihnen belegten Sektoren des Datenträgers noch vorhandenen Daten mehrfach überschrieben werden (Hunzinger Das Löschen im Datenschutzrecht S. 125 f.; Fox DuD 2009, 111). Das ein- oder mehrfache Überschreiben bietet aber letztlich keine absolute Sicherheit. Selbst bei einer 35-fachen Überschreibung können angeblich bis zu 71,7 Prozent der Daten wiederhergestellt werden (Hunzinger Das Löschen im Datenschutzrecht S. 143; vgl. Bitkom Leitfaden zum sicheren Datenlöschen Kap. 2.2). Letztlich kann es – wie gesagt (→ Form. D. IV. 2. Anm. 6) – auch deshalb bei der Datenlöschung nicht um einen absoluten Schutz gehen. Es geht darum, dass nach allgemeinem Ermessen unwahrscheinlich ist, dass ein Unbefugter die Anonymisierung durch Überschreiben wieder rückgängig machen wird (Erwgr. 26 S. 3 f. DS-GVO). Eine vollständige Löschung von Datenträgern lässt sich praktisch nur durch Zerschmelzen bei Hochtemperatur, Zermahlen oder – bei entsprechender Technik – durch eine Bestrahlung mit UV-Licht, Röntgenstrahlung und magnetischer Vernichtung garantieren.

Das **Löschen einzelner Daten**, bei dem der Datenträger unbeschädigt bleibt, lässt sich praktisch mit Spezialsoftware und/oder durch Spezialisten realisieren, weil eine irreversible Löschung einzelner Daten ohne gleichzeitige Vernichtung des Datenträgers praktisch nicht ohne weiteres möglich ist (Hunzinger Das Löschen im Datenschutzrecht S. 142 ff.). Die Bitkom empfiehlt diesbezüglich, Programme zum bis zu 7fachen Überschreiben der Festplatten mit unterschiedlichem Standard zu verwenden, die von einem bootfähigen Medium (zB externe Festplatte, USB-Stick) gestartet werden und die Festplatten im Ganzen überschreiben (Bitkom Leitfaden zum sicheren Datenlöschen 2.2). Noch benötigte Daten müssen zuvor auf einem anderen Datenträger vorsorglich gesichert werden.

Hinsichtlich der **physischen Vernichtung von Datenträgern** ordnet die DIN 66399-1: 2012-10 (Kap. 5.1.) den drei Schutzklassen (→ Form. D. IV. 2. Anm. 6) sieben sich bei den Schutzklassen überlappende Sicherheits-Stufen der Intensität der Datenträgervernichtung zu. Der BSI-Standard 200-2 (BSI-Standard 200-2 – IT-Grundschutz-Methodik Kap. 8.2.9) ordnet den drei Schutzklassen/Kategorien jeweils eine Sicherheits-Stufe zu. Diese Zuordnung in der Empfehlung des BSI beansprucht Geltung für die Vorgänge der Löschung einzelner Daten und der Vernichtung des gesamten Datenträgers. In der Schutzklasse/Kategorie 1 „normal" werden die Empfehlungen zum IT-Grundschutz des BSI-Standard 200-2 für ausreichend und angemessen betrachtet. Bei der Schutzklasse/Kategorie 2 „hoch" werden die Empfehlungen zum IT-Grundschutz gem. BSI-Standard 200-2 unter Umständen nicht mehr als ausreichend angesehen, sodass weitergehende Maßnahmen nach Ergebnissen einer Risikoanalyse ggf. erforderlich sein könnten. In der Schutzklasse/Kategorie 3 „sehr hoch" wird der IT-Grundschutz gem. BSI-Standard 200-2 als nicht mehr ausreichend angesehen, sodass die erforderlichen und zum IT-Grundschutz zusätzlichen Sicherheitsmaßnahmen in jedem Fall durch eine einzelfallbezogene Risikoanalyse zu ermitteln sein sollen. In Anlehnung an diese Empfehlung werden hier für die Vernichtung bestimmter Datenträger entsprechend den technischen Möglichkeiten unter Berücksichtigung der drei Schutzklassen/Kategorien Maßnahmen wiedergegeben, sodass ein Orientierungsrahmen beschrieben ist.

Da selbst **zerkleinerte Datenträger** ausgelesen werden können (Hunzinger Das Löschen im Datenschutzrecht S. 139ff.), empfiehlt die DIN 66399-2: 2012-10 Tabellen 1 bis 7, die Vernichtung des Datenträgers hinsichtlich der Größe der zerschnittenen Teile bzw. Methoden der sonstigen physischen Vernichtung in Abhängigkeit vom Sicherheitsniveau und nach der Art der Datenträger und will damit der Abwägung iSv Erwgr. 26 S. 3f. DS-GVO hinsichtlich des auszuschließenden wahrscheinlichen (vernünftigerweise zu befürchtenden) Mitteleinsatzes zur Wiederherstellung der Daten folgen, die auf den vernichteten Datenträgern auch nach Zerkleinerung enthalten sind.

Das BSI gab in den IT-Grundschutzkatalogen 2016 Empfehlungen zur Datenlöschung und Vernichtung von Datenträgern, die für den **normalen Schutzbedarf** als ausreichend und angemessen angesehen wurden (BSI IT-Grundschutz-Kataloge 2016 1.2; vgl. auch NIST Guidelines for Media Sanitation, NIST Special Publication 800-88, Section 5). Im Hinblick auf die Vernichtung von Datenträgern nimmt das BSI Bezug auf die DIN 66399: 2012-10 (BSI IT-Grundschutz-Kataloge 2016 M 2.167). Teilweise ist allerdings technisch auch eine Löschung einzelner Daten ohne Notwendigkeit der Vernichtung des gesamten Datenträgers möglich.

Wie die datenschutzgerechte Löschung angesichts der geschilderten Methoden herbeigeführt wird, ist vom Verantwortlichen zu entscheiden (Art. 24f. DS-GVO). Die zitierten, teilweise sehr weit gehenden **Empfehlungen sind nicht zwingend.** Lediglich im Hinblick auf die physikalischen Löschungsmethoden durch **Erhitzen und Entmagnetisierung** lassen sich die hierfür geltenden Naturgesetze nicht ausblenden. Im Hinblick auf die Methoden Zerkleinerung und Überschreiben hängt die zu erreichende Partikelgröße bzw. die Anzahl der Überschreibungen letztlich davon ab, welche „Mittel nach allgemeinem Ermessen wahrscheinlich zur Identifizierung der natürlichen Person genutzt werden". Hierbei sollen außer der **Kritikalität der Daten namentlich Kosten, Zeitaufwand** und die zum Zeitpunkt der Löschung verfügbare Technologie berücksichtigt werden (Erwgr. 26 S. 3f. DS-GVO; vgl. bereits Erwgr. 26 RL 95/46/EG). Es darf im Regelfall wohl davon ausgegangen werden, dass vernünftigerweise die auf unterer bzw. normaler Schutzbedarfsstufe zerkleinerten Datenträger nicht mehr rekonstruiert werden, weil der Aufwand hierfür es nicht Wert ist, Datenträgerteile in dieser Partikelgröße auszulesen. Das wird insbesondere dann der Fall sein, wenn nicht nur ein Datenträger zerkleinert wird, sondern mehrere oder gar in großen Mengen (Altpapiersammlung), was die Zuordnung der einzelnen Teile erschwert. Eine Reversion der Zerkleinerung in derart kleine Teile erscheint nach allgemeinem Ermessen unwahrscheinlich iSv Erwgr. 26 S. 3f. DS-GVO. Entsprechendes gilt für das Überschreiben von Daten. Obwohl selbst ein 35-faches Überschreiben reversibel sein soll (Hunzinger Das Löschen im Datenschutzrecht S. 143; vgl. Bitkom Leitfaden zum sicheren Datenlöschen 2.2), wird dieser Aufwand besondere Sachkenntnis erfordern und voraussichtlich regelmäßig nicht betrieben werden, sodass zumindest ein **dreifaches Überschreiben** aller Wahrscheinlichkeit nach üblicherweise zur Löschung ausreichen wird. Bei diesem Verfahren wird die Festplatte im ersten Durchgang mit einem fest vorgegebenen Wert und anschließend mit dem Komplementärwert überschrieben. Im letzten Durchgang wird die Festplatte mit Zufallszahlen überschrieben (Bitkom Leitfaden zum sicheren Datenlöschen 2.2). Etwas anderes mag bei Daten gelten, die ein besonderes Interesse ggf. sogar der Öffentlichkeit auf sich ziehen (Bankdaten, Steuerdaten, Daten von Prominenten, besonders sensible Daten wie etwa Gesundheitsdaten, Daten zur sexuellen Identität oder Daten zu Vorstrafen etc). Bei derartigen Daten erscheint die Verbrennung des Datenträgers (nach vorheriger Sicherung der noch aufzubewahrenden Daten) als die sicherste Methode der Datenlöschung, was allerdings zB bei Rechenzentren wirtschaftlich ausscheidet. Rechenzentren werden nicht zuletzt deshalb gegen unbefugten Zugriff auf Daten besonders intensiv geschützt, sodass die dort bestehenden technischen und organisatorischen Maßnahmen zur Datensicherheit auch zur Irreversibilität des Überschreibungsvorgangs beitragen und die Wiederherstellung unwahrscheinlich iSv Erwgr. 26 S. 3 f. DS-GVO zu machen haben.

| | |
|---|---|
| Analoge Speichermedien | |
| Papierunterlagen/-akten, Lochkarte, Lochstreifen | Schreddern, Zermahlen oder Verbrennen[1] |
| Mikrofilm, Mikrofiche | Schreddern oder Verbrennen[2] |
| Magnetische Speichermedien | |
| Festplatten mit magnetischem Datenspeicher, Magnetbandkassetten, Disketten | Löschung durch mehrfaches vollständiges Überschreiben, Vernichtung physisch, thermisch oder durch Degaussierung[3] |
| Halbleiterspeicher | |
| RAM, SRAM, DDR1/2/3 oder 4-SRAM, DRAM, nicht Flash-Technik basierte PCMCIA-Karten[4] | Trennung von der Stromversorgung bis zur vollständigen Entladung. Eine physische Vernichtung des Speichers kann durch Zerkleinern (empfohlene Partikelgröße ≤ 160 mm²) oder thermisch durch Erhitzen für mindestens 60 Minuten bei über 800 °C erfolgen. |
| FRAM | Löschungsmöglichkeiten durch vollständiges Überschreiben nach Spezifikation des Herstellers. Eine Vernichtung des Speichers kann durch Zerkleinern oder Erhitzen oberhalb der materialabhängigen Curietemperatur erfolgen.[5] |
| EPROM (zB elektronische Chipkarten) | Löschung durch Bestrahlung mit UV-Licht/Röntgenstrahlung/vollständiges Überschreiben; Vernichtung physisch oder thermisch[6] |

| | |
|---|---|
| EEPROM (zB elektronische Chipkarten) | Löschung einzelner Daten möglich durch Anlegen elektrischer Spannung/Überschreiben; Vernichtung physisch oder thermisch[7] |
| Flash-Speicher/Flash-EEPROM (SSD-Festplatten, Flash-Speicherkarten [SD-Karten], PC-Karten mit Flash-Technik [PCMCIA-Karten] für MP3-Player, Digitalkameras, Smartphones und Tablets, USB-Sticks) | Löschung durch vollständiges Überschreiben, Vernichtung thermisch oder physisch[8] |
| RFID-Transponder (zB Reisepass, Personalausweis, EC-Karte, Transponder mit Schlüsselfunktion, Gesundheitskarte, Warensicherung etc) | thermische oder physische Vernichtung[9] |
| SIM-Karte, MicroSD-Karte (Smartphones uä) | vollständiges Überschreiben, physische Vernichtung[10] |
| Optische Speicher | |
| CD, DVD | soweit technisch möglich ist, vollständiges Überschreiben, iÜ physische Vernichtung[11] |
| Cloud-Speicherung | |
| Cloud Storage | je nach Cloud-Anbieter[12] |
| Blockchain-Technologie-Speicherung | |
| Bitcoin, Supply Chain Management | Löschung praktisch nicht möglich[13] |

## Anmerkungen

**1. Papierunterlagen.** Geräte sollen gem. Empfehlung der DIN 66399-2: 2012-10 Tabelle 1, bei normaler Sicherheitsstufe die Datenträger zerkleinern, sodass grundsätzlich die Materialteilchenfläche ≤ 2.000 mm² (44 × 44 mm) oder die Streifenbreite ≤ 12 mm beträgt und in der höchsten Sicherheitsstufe nach Zerkleinerung die Materialteilchenfläche ≤ 5 mm² (rd. 2,2 × 2,2 mm) oder die Streifenbreite ≤ 1 mm beträgt, Auflösung oder zu Asche verbrennen bei Materialteilchenfläche ≤ 5 mm² (vgl. BSI IT-Grundschutz-Kataloge 2016 M 2.167).

**2. Mikrofilm, Mikrofiche.** Schreddern oder Verbrennen oberhalb von 300 °C über mindestens 60 Minuten (BSI IT-Grundschutz-Kataloge M 2.167). Geräte sollen gem. Empfehlung der DIN 66399-2: 2012-10 Tabelle 2, in der untersten Sicherheitsstufe die Datenträger zerkleinern, sodass grundsätzlich die Materialteilchenfläche ≤ 160 mm² (rund 12,5 × 12,5 mm) beträgt und in der höchsten Sicherheitsstufe die Materialteilchenfläche durch Zerkleinerung, Auflösung oder zu Asche verbrennen, Materialteilchenfläche ≤ 0,2 mm² (0,44 × 0,44 mm) beträgt.

**3. Magnetische Datenträger.** Die Löschung von Datenträgern erfolgt in der Regel durch mehrfaches softwarebasiertes Überschreiben des gesamten Datenträgers, da durch die Löschung über den Löschbefehl des Betriebsprogramms lediglich die Verweise auf die Daten im Datenträgerverzeichnis gelöscht (logische Löschung) und dadurch die Speicherplätze zum Überschreiben freigegeben werden, die Daten aber auf dem Speicherplatz selbst bis zum Überschreiben des jeweiligen Datenfeldes noch vorhanden bleiben, sodass die Daten rekonstruiert werden können (logische Löschung; Fox DuD 2009, 110; Bitkom Leitfaden zum sicheren Datenlöschen 2.2, https://www.bitkom.org/Bitkom/Publikationen/Leitfaden-zum-Sicheren-Datenloeschen.html). Hierzu gibt es zahlreiche auf dem Markt verfügbare Software, sog. Recovery-Tools (Hunzinger Das Löschen im Datenschutzrecht S. 107), die eine Datenwiederherstellung ermöglichen.

Eine Datenlöschung durch physische Vernichtung des Speichers kann durch Erhitzen (thermische Vernichtung) für mindestens 15 Minuten bei einer Temperatur über 1.000 °C oder durch Zerkleinern (mechanische Vernichtung) bei einer empfohlenen Partikelgröße von maximal 2.000 mm² (44 × 44 mm; bei höherem Schutzniveau kleiner, sodass eine Rekonstruktion der Daten praktisch als ausgeschlossen angesehen werden kann) erfolgen. Um ein Festplattenlaufwerk thermisch durch Erhitzung zu vernichten, muss mindestens 15 Minuten lang eine Erhitzung von über 1.000 °C erfolgen (bei SSD-Karten reichen 15 Minuten über 800 °C; siehe BSI IT-Grundschutz-Kataloge 2016 M 2.167), um die notwendige Curie-Temperatur (vgl. Hunzinger Das Löschen im Datenschutzrecht S. 142) zu überschreiten.

Ein magnetischer Speicher kann auch durch Entmagnetisierung (Degaussierung) mittels eines speziellen Gerätes (Degausser) vernichtet werden. Nach einer Degaussierung kann der Speicher nicht mehr verwendet werden (Bitkom Leitfaden zum sicheren Datenlöschen 2.3.2).

Für Festplatten empfiehlt die DIN 66399-2: 2012-10 Tabelle 5 hinsichtlich der physischen Vernichtung in der untersten Sicherheitsstufe, die Festplatte mechanisch (Zerschreddern) oder „elektronisch" funktionsunfähig zu machen, womit das Degaussieren gemeint sein dürfte. In der höchsten Sicherheitsstufe soll die Festplatte mehrfach zerteilt und verformt sein, wobei die Materialteilchenfläche ≤ 5 mm2 (rund 2,25 × 2,25 mm) betragen soll, oder die Festplatte soll durch Hitze für mindestens 15 Minuten bei Erhitzung über 1.000 °C zusammengeschmolzen sein (BSI IT-Grundschutz-Kataloge M 2.167; vgl. Hunzinger Das Löschen im Datenschutzrecht S. 142). Für Disketten, magnetische ID-Karten und Magnetbandkassetten empfiehlt die DIN 66399-2: 2012-10 Tabelle 4 hinsichtlich der physischen Vernichtung in der untersten Sicherheitsstufe, dass die Datenträger mechanisch funktionsunfähig sein sollen, und in der höchsten Sicherheitsstufe soll die Materialteilchenfläche nach Zerschreddern, Zusammenschmelzen oder Zerkleinerung zu Asche ≤ 2,5 mm² (1,5 × 1,5 mm) betragen.

Sollen nur einzelne Daten gelöscht werden, müssen die nicht zu löschenden Daten zuvor auf einem anderen Datenträger abgespeichert werden, sodass mit der vollständigen Überschreibung des Ursprungsdatenträgers alle dort befindlichen Daten gelöscht werden können und nur die noch aufzubewahrenden Daten auf dem neuen Datenträger gespeichert sind.

**4. RAM-Speicher.** Diese flüchtigen Speicher basieren auf Kondensator- oder Transistortechnik und verlieren ihre Informationen nach einiger Zeit vollständig, sobald sie von jeglicher Stromversorgung abgeschnitten sind und sich entladen haben, inkl. von Batterie- oder Akkuversorgung gegen Stromausfall (BSI IT-Grundschutz-Kataloge 2016 M 2.167). Die Vernichtung des Datenträgers kann physisch oder thermisch erfolgen.

**5. FRAM.** Zu diesem nichtflüchtigen Speichertyp gibt das BSI keine Empfehlung ab, sodass die Spezifikationen des jeweiligen Herstellers hinsichtlich der Löschungsmöglichkeit durch Überschreiben zu beachten sind.

Bei Erhitzung oberhalb von 1.000 °C ist prinzipiell jeder Datenträger zerstört (vgl. Hunzinger Das Löschen im Datenschutzrecht S. 142). Ansonsten ist die Zerkleinerung denkbar, wobei sich die Empfehlung zur Partikelgröße nach der Sicherheitsstufe richtet. In Ermangelung konkreter Empfehlungen zu diesem Speichertyp dürften die Empfehlungen der DIN 66399-2:2012-10 zu Halbleiterspeichern (Tabelle 6) analog herangezogen werden können, die auf der untersten Stufe eine Zerteilung oder Funktionsunfähigkeit vorsehen und bei höherem Schutzbedarf eine Partikelgröße ≤ 160 $mm^2$, für besonders sensible und vertrauliche Daten wird eine Größe ≤ 0,5 $mm^2$ empfohlen (DIN 66399-1:2012-10 Tabelle 6). Nicht zu löschende Daten müssen zuvor anderweitig gesichert werden.

**6. EPROM.** Diese Speicher lassen sich nur vollständig löschen durch Bestrahlung mit UV-Licht oder Röntgenstrahlung für mindestens 30 Minuten, wenn ein Quarzfenster vorhanden ist, andernfalls nur durch Röntgenstrahlung. Das BSI empfiehlt auch das softwarebasierte dreimalige vollständige Überschreiben (BSI IT-Grundschutz-Kataloge 2016 M 2.167). Einzelne Daten sind im Gegensatz zu EEPROM-Speichern nicht löschbar. Sollen nur einzelne Daten gelöscht werden, müssen die nicht zu löschenden Daten vor dem vollständigen Überschreiben auf einem anderen Datenträger abgespeichert werden. Eine physische Vernichtung des Speichers kann durch Zerkleinern (empfohlene Partikelgröße ≤ 30 $mm^2$) oder thermisch durch Erhitzen für mindestens 60 Minuten bei über 800 °C erfolgen (BSI IT-Grundschutz-Kataloge 2016 M 2.167).

**7. EEPROM.** Bei diesem Speicher lassen sich einzelne Daten durch Anlegen elektrischer Spannung gem. den Spezifizierungen des Herstellers löschen. Das BSI empfiehlt das softwarebasierte dreimalige Überschreiben (BSI IT-Grundschutz-Kataloge 2016 M 2.167). Eine physische Vernichtung des Speichers kann durch Zerkleinern (empfohlene Partikelgröße ≤ 30 $mm^2$) oder thermisch durch Erhitzen für mindestens 60 Minuten bei über 800 °C bewirkt werden (BSI IT-Grundschutz-Kataloge 2016 M 2.167).

**8. Flash-Speicher.** Bei Flash-Halbleiterspeichern werden die zu speichernden Daten von einem Controllerchip automatisch auf die Speichersektoren verteilt. Man kann deshalb nicht gezielt einzelne Daten, die in den Speichersektoren vorhanden sind, ohne Weiteres ansteuern und löschen (Hunzinger Das Löschen im Datenschutzrecht S. 135 f.). Sollen nur einzelne Daten gelöscht werden, müssen die nicht zu löschenden Daten zuvor auf einem anderen Datenspeicher abgespeichert und der alte Datenspeicher mindestens dreimal vollständig überschrieben werden. Dazu ist eine entsprechende Software erforderlich. Der Befehl ATA-„EnhancedSecurity Erase“ (AT Attachment (Bus)) soll bei modernen Festplatten die gesamte Festplatte inklusive defekter Speicherbereiche löschen (https://www.bsi.bund.de/DE/Themen/

Verbraucherinnen-und-Verbraucher/Informationen-und-Empfehlungen/Cyber-Sicherheitsempfehlungen/Daten-sichern-verschluesseln-und-loeschen/Daten-endgueltig-loeschen/daten-endgueltig-loeschen_node.html). Die Programme ‚Darik' Boot And Nuke [DBAN] und LINUX Parted Magic beispielsweise sollen eine vollständige Löschung bei Festplatten leisten können (siehe ehemalige Veröffentlichung des BSI, BSI für Bürger – Daten auf Festplatten richtig löschen, abgerufen am 18.9.2019). Entsprechende Angebote finden sich im Internet, von deren Effektivität sich der Verantwortliche vergewissern muss. Er muss sich vergewissern, dass insbesondere keine Daten zB als temporäre Dateien, Sicherungskopien oder im Cache zurückbleiben (BSI IT-Grundschutz-Kataloge 2016 M2.433, Überschreiben einzelner Dateien) und die Zahl sowie die Methode der Überschreibungen dem Schutzniveau der Daten entspricht (vgl. Bitkom Leitfaden zum sicheren Datenlöschen 2.2).

Bei Smartphones und Tablets ist je nach Alter und Hersteller die Löschung von Daten in unterschiedlichen Verfahren möglich (BSI, Daten auf Festplatten und Smartphones endgültig löschen, https://www.bsi.bund.de/DE/Themen/Verbraucherinnen-und-Verbraucher/Informationen-und-Empfehlungen/Cyber-Sicherheitsempfehlungen/Daten-sichern-verschluesseln-und-loeschen/Daten-endgueltig-loeschen/daten-endgueltig-loeschen_node.html). Bei iOS-(Apple)Geräten und Blackberry-Handys soll ein Rücksetzen auf Werkseinstellungen die Daten vollständig löschen, indem der Schlüssel für die bereits standardmäßig automatisierte Datenverschlüsselung vernichtet wird, sodass die Daten sich nur unter hohem Rechneraufwand durch Ausprobieren unzähliger Schlüssel rekonstruieren ließen (t-online, So löschen Sie Ihre Daten auf dem Smartphone, www.t-online.de/digital/smartphone/id_78005322/daten-auf-dem-smartphone-loeschen-so-geht-es-richtig.html). Bei Android-Geräten ist vor der Rücksetzung auf Werkseinstellungen eine Verschlüsselung der Daten durchzuführen (Ferrari-Herrmann, Android-Smartphone: Daten löschen und sicher zurücksetzen, www.androidpit.de/private-daten-loeschen-android-zuruecksetzen).

Darüber hinausgehende Sicherheit bietet die physische Zerstörung durch Erhitzen oder Zerkleinern des Speichers (BSI Daten auf Festplatten und Smartphones richtig löschen, www.bsi-fuer-buerger.de/BSIFB/DE/Empfehlungen/RichtigLoeschen/richtig loeschen_node.html; siehe Empfehlungen hierzu Abels/Labs c't 29.11.2017, www.heise.de/ct/artikel/Sicher-Loeschen-Daten-von-Festplatten-SSDs-und-Handys-entfernen-3891831.html; DIN 66399-1:2012-10 Tabelle 6). Die Erhitzung beansprucht eine Temperatur von 800 °C über eine Dauer von 15 Minuten (BSI IT-Grundschutz-Kataloge 2016 M 2.167). Angesichts einer Speicherzellengröße von 10 $mm^2$ wird eine Zerkleinerung zu Teilen unter 7,5 $mm^2$ empfohlen (siehe Hunzinger Das Löschen im Datenschutzrecht S. 140).

In der untersten Sicherheitsstufe soll laut DIN 66399-1: 2012-10 (Tabelle 6) der Datenträger mechanisch oder elektronisch funktionsunfähig sein, und in der höchsten Sicherheitsstufe soll der Datenträger mehrfach zerteilt und verformt oder zu Asche zerkleinert sein mit einer Materialteilchenfläche $\leq 0,5$ $mm^2$ ($0,7 \times 0,7$ mm).

**9. RFID.** Durch hochfrequente elektromagnetische Wechselfelder eines Lesegeräts wird dem (je nach Technik – ROM, EPROM, EEPROM, SRAM, FRAM, selten RAM; BSI Risiken und Chancen des Einsatzes von RFID-Systemen Kap. 5.2.2, https://www.bsi.bund.de/SharedDocs/Downloads/DE/BSI/ElekAusweise/RFID/RIKCHA_pdf.html) wiederbeschreibbaren RFID-Transponder Energie zugeführt, der durch diesen Energieimpuls aktiviert wird und die vom Lesegerät abgefragten Antworten an das Lesegerät sendet. Hier kommt eine sichere Löschung durch Vernichtung durch Erhitzen oder Zerstückelung in Kleinstteile in Betracht.

**10. SIM-Karten.** Persönliche Daten auf SIM-Karten (Flash-Technik) sollen nicht mehr lesbar sein, wenn mehrfach eine falsche PIN Nummer und anschließend mehrfach eine falsche PUK-Nummer eingegeben wurde. Ein Überschreiben ist mittels Shredder-Apps (WondershareSafeEraser) angeblich möglich, die durch (mindestens dreifaches) vollständiges Überschreiben die Daten löschen sollen. Durch Rücksetzen des Smartphones auf die Werkseinstellungen werden alle Nutzerdaten und Apps vom Gerät gelöscht. Neben der physischen Vernichtung von MicroSD-Karten sollen diese auch durch geeignete Software gelöscht werden können.

**11. Optische Speichermedien.** Das BSI empfiehlt zur Löschung bei wiederbeschreibbaren Datenträgern (CD-RW, DVD-RW) und normalem Schutzbedarf, den gesamten Speicherbereich mit einer geeigneten Software zu überschreiben (BSI IT-Grundschutz-Kataloge 2016 M 2.167); ansonsten bleibt nur die physische Vernichtung durch – je nach Schutzklasse – Zerkleinern/Zermahlen, Zerschmelzen oder Verbrennen.

Geräte sollen gem. Empfehlung DIN 66399-1:2012-10 Tabelle 3, in der untersten Sicherheitsstufe die Datenträger zerkleinern, sodass die Materialteilchenfläche ≤ 2.000 $mm^2$ (44 × 44 mm) beträgt und in der höchsten Sicherheitsstufe bei physischer Zerkleinerung oder Zerkleinerung zu Asche die Materialteilchenfläche ≤ 0,2 $mm^2$ (0,44 × 0,44 mm) beträgt, oder der Datenträger durch Hitze bei 300 °C über eine Dauer von 60 Minuten zusammengeschmolzen wird (BSI IT-Grundschutz-Kataloge 2016 M 2.167). Beim Zerschmelzen entstehen allerdings giftige Dämpfe, und in der Mikrowelle besteht Explosionsgefahr.

**12. Cloud-Storage.** Die meisten Cloud-Anbieter (→ Form. G. VI.) greifen auf geografisch voneinander entfernte Rechenzentren zu, auf denen die Inhalte gespiegelt sind (Bitkom Cloud Computing – Was Entscheider wissen müssen S. 79). So verteilt etwa Google Rechenleistung im Google File System auf eine ungenannte Zahl von Servern. Der Vorteil des Cloud Computing ist, dass auf die Cloud-Dienstleistung von jedem beliebigen Ort mit Internetzugang zugegriffen werden kann.

Anders als bei der der Datenspeicherung auf einem Datenträger sind in der Cloud also verschiedene Datenträger (in verschiedenen Rechenzentren und an verschiedenen Orten) involviert, auf die die Daten verteilt werden und die folglich nicht nur Datensätze eines einzigen Verantwortlichen in einem ihm zugeordneten Rechenzentrum verarbeiten. Der Verantwortliche hat keine Kontrolle über die Server. Das macht die Löschung schwierig.

Google beschreibt die Datenlöschung in der Google Cloud wie folgt (cloud.google.com/security/deletion/?hl=de). Nach Erhalt des Löschbefehls wird diesem eine Projektnummer zugeordnet und alle dieser Projektnummer zugeordneten Vorgänge werden für die Dauer eines Wiederherstellungszeitraums von 30 Tagen gesperrt. Nach Ablauf des Wiederherstellungszeitraums findet in aktiven Systemen eine logische Löschung statt, indem die Bereiche der „gelöschten" Daten als frei markiert sind und nach und nach überschrieben werden. Hierzu werden regelmäßig sog. Mark-and-Sweep-Speicherbereinigungen durchgeführt, durch die Speicherplatz freigegeben wird und Daten überschrieben werden. In Archivsystemen (Google Cloud Storage) werden kryptografische Verfahren zur Anonymisierung eingesetzt. Durch diese Verfahrensweise sollen laut Google in 180 Tagen die Daten gelöscht sein.

*Wehrmann*

**13. Blockchain.** Die Blockchain-Technologie speichert Daten in Datenblöcken, die miteinander verkettet werden. Die Verkettung erfolgt mittels sog. Hashes, einer eindeutigen Kennzeichnung jedes Datenblocks. Jeder nachfolgende Block speichert den Hash des vorangehenden Blocks. Die durch diese Verkettung entstehende gesamte Datenkette liegt auf den Rechnern aller Teilnehmer derartiger Anwendungen. Wenn ein Teilnehmer einen neuen Datenblock an die Blockkette anfügen will, legitimiert er sich mit seinem Identifikationsschlüssel. Sodann müssen alle Teilnehmer die Transaktion prüfen, indem jeder Rechner jedes Teilnehmers die gesamte Blockchain des einen neuen Block anfügenden Teilnehmers mit der gesamten bisherigen Blockchain auf dem eigenen Rechner auf übereinstimmende Lückenlosigkeit abgleicht. Erst nach Freigabe des neuen Blocks durch alle Teilnehmer wird die Blockchain um den neuen Datenblock erweitert. Durch diesen massenweisen Abgleich der bisherigen Blockchain bei allen am System beteiligten Rechnern auf Unverändertheit ist diese Technologie gegen Manipulierbarkeit besonders intensiv geschützt (Janicki/Saive ZD 2019, 251; Martini/Weinzierl NVwZ 2017, 1251; Hülsbömer/Genovese, www.computerwoche.de/a/blockchain-was-ist-das,3227284). Die Nachvollziehbarkeit der Transaktionshistorie der Blockchain ist damit Voraussetzung für die Funktionalität und daher uneingeschränkt erforderlich (Martini/Weinzierl NVwZ 2017, 1251 (1254); Janicki/Saive ZD 2019, 251), sodass eine Datenlöschung systemwidrig ist. Diese Sicherheit macht diese Technologie zur Grundlage von Kryptowährungen, Technologien zur Nachverfolgung von Lebensmitteln („Food Trust" von IBM) oder anderen Services, in denen es um die Nachverfolgbarkeit und Richtigkeit der Daten geht.

Die Blockchain-Technik ist allerdings in der Lage, gegenstandslos gewordene Blöcke zu löschen, soweit diese Daten nicht mehr zum Nachvollzug der lückenlosen Kette benötigt werden. Auf derartige irrelevant gewordene Daten bauen sich keine Folgedaten mehr auf. Eine Löschung im Rahmen noch relevanter Datenketten setzt demgegenüber wegen des geschilderten Verifizierungsverfahrens für neue Blocks eine Löschung auf allen Rechnern und bei allen Teilnehmern voraus, wodurch eine Löschung weiterhin zur Prüfung der Vollständigkeit der Kette benötigter Blocks derzeit praktisch nicht möglich ist (Martini/Weinzierl NVwZ 2017, 1254 (1258); vgl. Janicki/Saive ZD 2019, 251 (256)).

# E. Technische und organisatorische Datensicherheit

## I. Überblick: Rationalisierung von Datenschutzthemen im Unternehmen

Dieses Kapitel beschreibt eine holistische **Methodik zur Effizienzsteigerung** der Datenschutzorganisation durch Rationalisierung gleichartiger Themenbereiche wie u. a. Informationssicherheit, IT-Sicherheit, Datenschutz und Geschäftsgeheimnisschutz innerhalb der Aufbau- und Ablauforganisation eines Unternehmens. Getrieben von IT-Sicherheitsvorfällen, digitalen Einbrüchen in Unternehmen und massiven Störangriffen sieht sich der Gesetzgeber EU-weit genötigt, Regelungen zu konkretisieren und zu verschärfen, um ein angemessenes Schutzniveau zu schaffen. Hierdurch entstehen zusätzliche und erhöhte Aufwände für Unternehmen und Behörden gleichermaßen, die durch zusätzliche Rollen und Funktionen abgebildet werden müssen. Anhand von Richtlinien zur Ermittlung von **Schnittmengen zu anderen Rollen und Funktionen im Unternehmen** werden im Themenkontext „Datenschutz" Tätigkeitsanalysen verglichen, um Rollenüberdeckungen zu ermitteln. Diese Rollenüberdeckungen werden aus Parallelsträngen der Rollen und Funktionen innerhalb der Unternehmensinstitutionen (Abteilungen) zusammengeführt, um unrationelle Arbeitsweisen zu vermeiden. Es wird in den Anmerkungen zu den Richtlinien aufgezeigt, wie eine praktische Umsetzung unter Anwendung der aufgezeigten Herleitungen erfolgen kann. Ausgehend von branchenspezifischen wie auch übergreifend gültigen Gesetzesanforderungen und Regelwerken können gleichartige Tätigkeiten aus verschiedenen Rollen und Funktionen unter Anwendung der ganzheitlichen Methodik rationell und damit **betriebswirtschaftlich sinnvoll** betrieben werden.

Die in den folgenden Kapiteln ausgeführten Texte können jeweils als Muster den verantwortlichen Personen (zB Datenschutz-, IT- und Compliance-Beauftragte, Geschäftsgeheimnisschutzbeauftragte, Vorstände, Geschäftsführer) vorgelegt werden, um die jeweilige Organisation des Bereiches zu koordinieren und überwachen zu können.

**Begriffe und Terminologien** werden erklärt, um ein einheitliches Verständnis zu gewährleisten. Diese Festlegung kann als Vorlage für die unternehmensweite Kommunikation verwendet werden, um Begriffsverwechslungen entgegenzuwirken. Angesichts neuer Gesetzgebung ist ein klares Verständnis der verwendeten Begriffe in der Kommunikation zwischen Beteiligten besonders wichtig, um Missverständnissen und daraus möglichen Fehlern in der Abarbeitung oder den Verfahren des Unternehmens entgegenzuwirken und somit Schaden vom Unternehmen abzuwenden.

## 1. Methodischer Aufbau

§ 1 Begriffe

| | |
|---|---|
| Compliance | Unter Compliance versteht man die Gesamtheit an rechtlichen, regulatorischen und organisatorischen Maßnahmen zur Erreichung eines ordnungsgemäßen Geschäftsbetriebs. |
| Informationssicherheit | Sicherheit und Schutz wirtschaftlich sensibler und wirtschaftlich vorteilhafter Informationen und Daten (Informationswert, Asset) wird unter dem Begriff Informationssicherheit zusammengefasst. Diese umfasst die Organisationsmaßnahmen (Aufbau- und Ablauforganisation) und beinhaltet die Teilmenge IT-Sicherheit. Informationssicherheit wird irrtümlich auch als Informationsschutz oder Datensicherheit bezeichnet. |
| ISMS | Ein Informationssicherheits-Managementsystem (ISMS) ist mit seinem prozessorientierten Ansatz die Grundlage für die Ausrichtung hinsichtlich Informationssicherheit im Unternehmen. Ein Informationssicherheits-Managementsystem kann nach der ISO/IEC 27001 zertifiziert werden. Die ISO 27000-Normenreihe enthält sowohl Prüfkriterien wie auch Best-Practice-Vorschläge für Maßnahmen und die Implementierung des Managementsystems innerhalb der Unternehmensorganisation. Aktivitäten durchführende Ressourcen im Unternehmen werden als Prozess bezeichnet. Die prozessorientierte Betrachtung sieht Prozesse als Input für den Folgeprozess (Prozesskette). Wie bei allen Managementsystemen muss auch das ISMS in allen Hierarchieebenen eines Unternehmens implementiert sein und von Verantwortlichen betreut werden. |
| IT-Sicherheit | IT-Sicherheit meint die rein technische Sicherheit von IT-Systemen und -Infrastruktur zur Sicherstellung der Vertraulichkeit, Verfügbarkeit und Integrität. Teile der IT-Sicherheit sind bspw. der Einsatz einer Firewall oder eines Schadsoftwareschutzes (oft auch als Virenschutz bezeichnet). Darunter fällt auch die Betriebssicherheit zur Sicherstellung einer fehlerfrei funktionierenden IT-Infrastruktur. |

Betriebssicherheit, sicherer Betrieb der IT-Infrastruktur und -systeme

| | |
|---|---|
| Informationsschutz | Informationsschutz definiert den Schutz der IT-Systeme und der darin gespeicherten Informatio- |

nen. Die Ermittlung des Schutzbedarfs[1] wird durch die Verantwortlichen für die Informationssicherheit ermittelt und festgelegt. Der Schutzbedarf für einzelne Informationen variiert nach Geschäftszweck und Branche des Unternehmens.

Firmenwert

Der Firmenwert (auch Geschäfts-/Vermögenswert) bezeichnet im Rechnungswesen die immateriellen Vermögensposten[2] eines bilanzierenden Unternehmens. Firmenwerte sind demnach auch Stammkundschaft, gutes Management, rationelle Verfahren, Know-how und anderes. Zum Zwecke der Bilanzierung (Bilanz) wird zwischen derivativem und originärem Firmenwert[3] unterschieden.

Informationswerte

Nach der ISO 27000-Normenfamilie[4] ist der Informationswert weitergehender als nur die Festlegung in Wort, Schrift und Bild. Auch „immaterielle Informationsformen" wie Wissen, Ideen und Marken stellen in Verbindung mit Geschäftsprozessen, Systemen und Personal in einer digital vernetzten Welt organisationseigene Werte dar, die zu schützen sind.

Asset

Als Asset wird jede Ressource oder Fähigkeit eines Unternehmens bezeichnet. Auch das Management, die Organisation, Geschäftsprozesse, Wissen, Mitarbeiter, Informationen, Anwendungen, Infrastruktur und finanzielles Kapital sind Assets und stellen einen Firmenwert dar. Diese werden daher mitunter auch als Firmen- oder Unternehmens-Asset bezeichnet.

Geschäftsgeheimnis

Geschäftsgeheimnisse betreffen vornehmlich kaufmännisches Wissen, durch das die wirtschaftlichen Verhältnisse eines Betriebs maßgeblich bestimmt werden können.[5] Die unbefugte Verwertung ist nach §§ 203, 204 StGB strafbewehrt. Informationen iSd § 2 Abs. 1 GeschGehG stellen ein Geschäftsgeheimnis dar, wenn

- die genaue Anordnung und Zusammensetzung nicht allgemein bekannt sind
- eine begrenzte, bestimmte Personengruppe Zugriff auf diese Informationen hat
- diese Information geheim ist
- sie einen wirtschaftlichen Wert darstellt
- sie nicht ohne Weiteres zugänglich ist
- der rechtmäßige Inhaber der Information angemessene Geheimhaltungsmaßnahmen (vertraglich, technisch, organisatorisch) zum Informationsschutz getroffen hat.

| | |
|---|---|
| Betriebsgeheimnis | Betriebsgeheimnisse umfassen im Wesentlichen technisches Wissen im weitesten Sinne und unterliegen dem strafrechtlichen Schutz nach §§ 203, 204 StGB. Technisches Wissen sind Betriebsabläufe, Verfahren wie Herstellungsverfahren, Rezepte und Rezepturen. Die Unterscheidung zwischen Geschäftsgeheimnis und Betriebsgeheimnis wird im GeschGehG nicht mehr fortgeführt. |
| Geheimnisschutz | Bestimmte Berufsgruppen wie u.a. Rechtsanwälte, Notare, Ärzte und Apotheker, Mitarbeiter von Krankenversicherungen und deren Dienstleister unterliegen der Schweigepflicht bzgl. der ihnen in ihrer beruflichen Eigenschaft anvertrauten Daten und Informationen und sind strafbewehrt nach § 203 StGB. |
| Geheimschutz und Sabotageschutz | Der Schutz sensibler Informationen unterliegt verschiedenen gesetzlichen Regelungen zur Geheimhaltung, die zu beachten sind. Der staatliche Geheimschutz dient dem Schutz von im öffentlichen Interesse geheimhaltungsbedürftigen Informationen. Der Sabotageschutz soll mit seiner Sicherheitsüberprüfung von Personen, die in kritischen Infrastrukturen tätig werden sollen, vor Innentätern schützen.[6] |
| Datenschutz | Der Schutz personenbezogener Daten natürlicher Personen vor Verletzung der Persönlichkeitsrechte ist in der DS-GVO, dem BDSG und weiteren, teilweise bereichsspezifischen Datenschutzvorschriften geregelt. |
| DSMS | Ein Datenschutz-Managementsystem[7] (DSMS) ist ein auf Prozessen und Systemen basierendes Steuerungsinstrument für Führungskräfte. Siehe auch PIMS und DPMS. |
| PIMS | In der ISO-Normenwelt wird der englische Begriff PIMS (Privacy oder Personal Information Management System) in Verbindung mit der Implementierung und dem Betrieb eines Managementsystems zum Schutz personenbezogener Daten/Informationen angewandt. Dies findet sich in der Erweiterung der ISO 27001 durch die ISO 27701 als klassisches normatives Managementsystem (siehe auch DSMS) wieder. Der Begriff PIMS kann somit als synonym für DSMS angesehen werden. Auch der British Standard (BS) 10012:2017[8] legt ein Rahmenwerk für Data Protection (Datenschutz) vor, in dem die Spezifikationen für ein Personal Information Management System (PIMS) beschrieben sind. |

| | |
|---|---|
| PIM | PIM (Personal Information Management) ist eine Ableitung aus dem Begriff Personal Identifiable Information (PII, dt. personenbezogene Informationen) und bezieht sich auf das organisatorische und technische Management dieser Informationen. |
| PIM/PIMS (gem. EDSB) | Der Begriff PIM (Personal Information Management) wird vom Europäischen Datenschutzbeauftragten im Zusammenhang mit der Stellungnahme zu technischen Systemen der persönlichen Eigenverwaltung von Daten (PIMS, Personal Information Management System) im Internet grundlegend anders angewandt. In der Stellungnahme 2016/C 463/10 des EDSB zu solchen technischen Systemen für das Personal Information Management (PIM) ist dies als ein Technologiekonzept beschrieben, welches Menschen in die Lage versetzen soll, die Weitergabe ihrer personenbezogenen Daten zu kontrollieren. Menschen sollen danach ihre Online-Identität managen und kontrollieren können (weiterführend: EDSB, Stellungnahme des EDSB zu Systemen für das Personal Information Management [PIM] v. 20.10.2016). |
| DPMS | Der Begriff DPMS (Data Protection Management System) entspricht dem deutschen Begriff des DSMS (Datenschutz-Managementsystem). Gleichwohl wird der Begriff DPMS auch auf personenbezogene Daten, Data Privacy Management System (mit identischer Abkürzung DPMS), angewandt. |
| Datensicherung/Datensicherheit | Schutz der Hard-, Software, der Daten und der Organisation vor Verlust, Zerstörung oder Missbrauch durch Unbefugte. Oft auch als Datensicherheit bezeichnet. |
| Rechenschaftspflicht | Der Auftragnehmer ist gegenüber dem Auftraggeber zur Rechenschaft (engl. Accountability) verpflichtet, der Verantwortliche gegenüber den Behörden. Dh, dass er dem Auftraggeber die maßgebenden Informationen seiner Tätigkeiten und Ausführungen aus dem Auftrag – den Status, den Zustand, die Risiken – und weitere vertraglich vereinbarte Meldungen berichtet. Die Berichterstattung über die Einhaltung datenschutzrechtlicher Vorgaben hat als dokumentierte Information zum Nachweis schriftlich zu erfolgen, um eine Nachvollziehbarkeit sicherzustellen. Eine |

| | |
|---|---|
| | Rechenschaftspflicht besteht aus Verträgen und deren Anlagen (zB Service Level Agreements), Gesetzen und allgemeinen Rechtsgrundsätzen. |
| Lieferkettensorgfaltspflicht | Unternehmen sind gesetzlich zur Sorgfalt beim Management ihrer Lieferkette verpflichtet. Auch das Thema Cybersicherheit zählt mittelbar zu diesen Sorgfaltspflichten. |
| Cyber-Security | Kunstwort aus den Begriffen Cyberspace (virtueller Raum, Synonym für das Internet) und Security (Sicherheit). Bedeutet die Absicherung gegen Gefahren aus dem Internet.[9] |
| Resilience | Definiert die Widerstandsfähigkeit eines Unternehmens vor, während und nach einem Notfall oder einer Krise. Widerstandsfähigkeit basiert auf organisatorischen und technischen Umsetzungen, deren Planung im Vorfeld erfolgte, und der Sicherstellung, dass ein betroffenes Unternehmen mit geringen Nachwirkungen durch eine Krise kommt. |
| Managementsystem | Managementsysteme sind Steuerungsinstrumente für Führungskräfte. Managementsysteme beschreiben die Aufgaben des Managements/der Führungskräfte und der Prozesse und verknüpften Methoden zur Steuerung, Kontrolle und Verbesserung der Ziele aus den verantworteten Managementaufgaben. Ein Managementsystem kann eine oder mehrere Fachdisziplinen adressieren. Die Elemente des Systems beinhalten die Organisationsstruktur, Rollen und Verantwortlichkeiten, Funktionen, Planung, operativen Betrieb etc. Der Anwendungsbereich eines Managementsystems kann die gesamte Organisation, einzelne Funktionen, einzelne Bereiche oder eine oder mehrere Funktionen über mehrere Organisationen/Abteilungen (Aufbau- und Ablauforganisation) einschließen. |
| Stand der Technik | Der Begriff „Stand der Technik“ findet sich in verschiedenen Rechtsnormen (zB § 3 Abs. 6 BImSchG) und stammt aus dem Ingenieurwesen. In den technischen Regelwerken des VDE und des DVGW (beispielhaft) sind die sicherheitstechnischen Maßnahmen vorgegeben. Danach müssen technische Anlagen entsprechend den in den Regelwerken geforderten Sicherheitsstandards ausgelegt und betrieben werden. Das BSI definiert ihn wie folgt: „Stand der Technik“ ist ein gängiger juristischer Begriff. Die technische |

Entwicklung ist schneller als die Gesetzgebung. Daher hat es sich in vielen Rechtsbereichen seit vielen Jahren bewährt, in Gesetzen auf den „Stand der Technik" abzustellen, statt zu versuchen, konkrete technische Anforderungen bereits im Gesetz festzulegen. Was zu einem bestimmten Zeitpunkt „Stand der Technik" ist, lässt sich zB anhand existierender nationaler oder internationaler Standards und Normen von bspw. DIN, ISO, DKE oder ISO/IEC oder anhand erfolgreich in der Praxis erprobter Vorbilder für den jeweiligen Bereich ermitteln. Da sich die notwendigen technischen Maßnahmen je nach konkreter Fallgestaltung unterscheiden können, ist es nicht möglich, den „Stand der Technik" allgemeingültig und abschließend zu beschreiben.

In der Methodik kommen die in der folgenden Grafik dargestellten Grundbegriffe zur Anwendung. Weitere Begriffe lassen sich diesen zuordnen und stellen somit Detailbereiche dar, deren Betrachtung bei der Methodik nachrangige Relevanz hat.

| | |
|---|---|
| Datenschutz (DS) | •Schutz personenbezogener Daten gem. BDSG und EU-DSGVO |
| IT-Sicherheit (IT-S) | •technische Sicherheit der IT-Systeme |
| Informationssicherheit (IS) | •Schutz und Sicherheit wirtschaftlich sensibler und wirtschaftlich vorteilhafter Daten |
| Geschäftsgeheimnisschutz | •besonders geschützte, nicht ohne weiteres zugängliche Information von hohem wirtschaftlichem Wert |
| Risiken | •finanzielle, organisatorische, technische Gefahren von innen und außen |
| Compliance | •Ordnungsgemäßer/rechtmäßiger Geschäftsbetrieb |

§ 2 Zielsetzung

ITK (Informations- und Telekommunikationstechnologie)-Infrastrukturen sind für unsere gesamte Volkswirtschaft von existenzieller Bedeutung. Durch die zunehmende Vernetzung und Digitalisierung von geschäftlichen Prozessen werden die Verfügbarkeit, die Integrität von Daten und Prozessen sowie die Vertraulichkeit von Informationen zu einem immer wichtigeren Gut innerhalb der Geschäftstätigkeit aller Unternehmen.

Auf der anderen Seite haben in den letzten Jahren die Bedrohungen infolge von Computerkriminalität und Spionage bzw. Sabotage stetig zugenommen. Tagtägliche Angriffe über das Internet (auch als Cyberangriff, Cyberattacke bezeichnet) unterstreichen die Notwendigkeit für Cyber-Security. Durch die globale Entwicklung und die Durchführung kriegerischer Auseinandersetzungen sind die digitalen Angriffe auf Staaten und deren Behörden, Institutionen, Unternehmen und die Bevölkerung extrem angestiegen. Kriegsführende wie verteidigende Parteien führen neben den Kampfplätzen einen digitalen Parallelkrieg über die weltweit verfügbaren IT-Infrastrukturen, unterstützt durch organisierte kriminelle Gruppierungen, die weltweit an unterschiedlichen Standorten tätig sind.

Infolge der zunehmenden Komplexität der IT-Infrastrukturen ist der Betrieb der Anlagen und Systeme deutlich schwieriger und damit risikobehafteter geworden. Mit der zunehmenden Einführung des „Machine Learning“[10] werden in immer größerem Umfang Prozesse, unter Aufsicht von Menschen, durch Software angelernt. In der Folge davon werden die betreffenden Systeme bei einer für angemessen gehaltenen Fehlerfreiheit in den Status einer selbst entscheidenden „Künstlichen Intelligenz“[11] gehoben.

Es gilt, wirtschaftliche, finanzielle und Imageschäden abzuwenden, indem geeignete Maßnahmen innerhalb eines integrierten, abgestuften Informationssicherheitskonzepts unter deutlicher Berücksichtigung des Datenschutzes entwickelt, umgesetzt und einer ständigen Verbesserung zugeführt werden. Hinzu kommen technische Abhängigkeiten beim Betrieb von systemrelevanten Anlagen (Versorgungswirtschaft) und der Produktion (auch Zulieferer) militärisch sensibler Komponenten und Produkte. Zu den genannten Schadensmöglichkeiten kommen somit auch solche hinzu, die die Volkswirtschaft oder die Verteidigungssicherheit negativ beeinträchtigen können.

## § 3 Einordnung der Begriffe

Die Methodik basiert auf der Einordnung der Grundbegriffe aus § 1 sowie deren gegenseitiger Abhängigkeiten und Zusammenhänge.

Die Gesamtheit an rechtlichen, regulatorischen und organisatorischen Maßnahmen zur Erreichung eines ordnungsgemäßen Geschäftsbetriebs beinhaltet als wesentlichen Baustein die Informationssicherheit. Kern der Methodik ist die Einordnung des Datenschutzes in die Informationssicherheit, denn auch personenbezogene Daten stellen wichtige schützenswerte Informationen im Sinne dieser Methodik dar und sind durch die technische Absicherung der IT-Infrastruktur im Rahmen der technischen und organisatorischen Maßnahmen zur IT-Sicherheit zu schützen. Die methodische Zusammenlegung bei der Umsetzung der Disziplinen Informationssicherheit, IT-Sicherheit und Datenschutz birgt somit wesentliche Rationalisierungspotenziale bei Ressourcen und Kosten und führt zu Effizienzgewinnen innerhalb des Unternehmens. Durch den gesetzlich nunmehr neu geregelten Geschäftsgeheimnisschutz erfährt diese Methodik eine Ergänzung um die durch dieses Gesetz betroffenen Firmenwerte.

Risiken finden sich dabei in allen Bereichen und haben eine hohe gegenseitige Abhängigkeit. Sind bspw. Berechtigungen für Personalsysteme in den IT-Applikationen nicht korrekt umgesetzt, können Daten von Unbefugten eingesehen werden, wodurch ein Gesetzesverstoß besteht und damit die Gesamtheit an rechtlichen, regulatorischen und organisatorischen Maßnahmen zur Erreichung eines ordnungsgemäßen Geschäftsbetriebs nicht mehr gegeben ist. Dieses Beispiel zeigt, dass die reine Betrachtung finanzieller und rechtlicher Risiken ohne Betrachtung der Informationssicherheits- und IT-Risiken nicht ausreichend ist. Risiken aus den Bereichen Informationssicherheit, IT-Sicherheit, Datenschutz und Geschäftsgeheimnisschutz müssen erfasst und bewertet in das übergeordnete Unternehmensrisikomanagement einfließen. Ohne diese zusammenhängende Risikobetrachtung werden Unternehmen immer wieder durch Datenschutzvorfälle oder Hackereinbrüche überrascht, da keine ausreichenden Risikobehandlungsmaßnahmen in den sensiblen und komplexen IT-Landschaften durchgeführt wurden.

Der zuvor beschriebene Zusammenhang zwischen der Informationssicherheit, der IT-Sicherheit und dem Datenschutz wird auch in der Umsetzung internationaler Normen und Standards zunehmend deutlicher. Dies zeigen Normen wie die ISO/IEC 27701:2019 und die ISO/IEC 27018 aus der ISO/IEC 27000-Familie, sowie die ISO/IEC 29100. Die ISO/IEC 29100:2020-09 (ergänzt um Klarstellungen gem. ISO/IEC 29100 AMD 1:2018-06) ist eine internationale Norm, die ein Rahmenwerk zum Schutz personenbezogener Daten und Informationen (Personally Identifiable Information, kurz „PII") bereitstellt. Dieser internationale Standard ist anwendbar auf natürliche Personen und Organisationen, die involviert sind in der Spezifikation, der Beschaffung, dem Entwurf, der Entwicklung, dem Test, der Wartung, der Verwaltung und dem Betrieb von Informations- und Kommunikationstechnologien, -systemen oder -dienstleistungen, die personenbezogene/beziehbare Daten und Informationen verarbeiten. Eine Vergleichstabelle gibt einen Überblick über die zuvor beschriebene Vorgehensweise zur Rationalisierung:

| Matching ISO/IEC 29100 concepts to ISO/IEC 27000 concepts | |
|---|---|
| ISO/IEC 29100 concepts | ISO/IEC 27000 concepts |
| Privacy stakeholder<br>(„privat" Interessierter – Privatsphäre) | Stakeholder<br>(interessierte Parteien) |
| Personally identifiable information – PII<br>(personenbezogene Daten/Informationen) | Information asset (Informations-/Vermögenswert) |
| Privacy breach<br>(Verletzung der Privatsphäre) | Information security incident<br>(Informationssicherheitsereignis) |
| Privacy control<br>(private Kontrollen, Maßnahmen) | Control (Kontrollen, Maßnahmen) |
| Privacy risk (Risiken für die Privatsphäre) | Risk (Risiken) |
| Privacy risk management<br>(Risiken für die Privatsphäre und deren Management) | Risk management<br>(Risikomanagement) |
| Privacy safeguarding requirements<br>(Datenschutzsicherungsanforderungen) | Control objectives<br>(Maßnahmen-Kontrollziele) |
| Quelle: ISO/IEC 29100:2011: Information technology – Security techniques – Privacy framework, Annex A, S. 20, 15.12.2011 | |

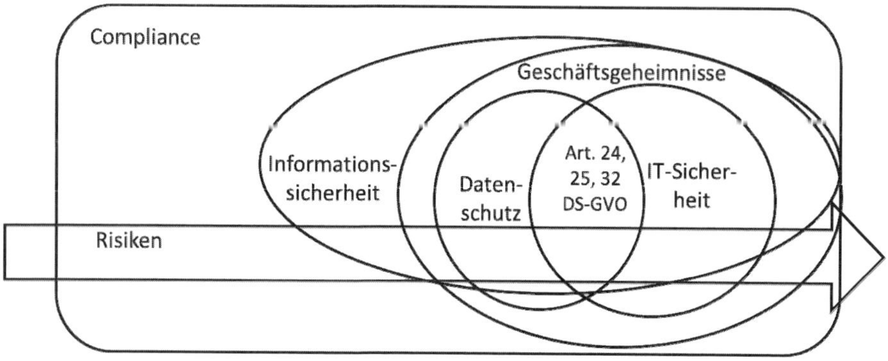


§ 4 Rechtliche Anforderungen

Das am 25.7.2015 in Kraft getretene IT-Sicherheitsgesetz wurde am 18.5.2021 durch das Zweite Gesetz zur Erhöhung der Sicherheit informationstechnischer Systeme („IT-Sicherheitsgesetz 2.0“) erweitert. Mit der zweiten Version des Gesetzes bekommt das BSI neue Kompetenzen, um als zentrales Kompetenzzentrum der Informationssicherheit die sichere Digitalisierung zu gestalten und u.a. Mindeststandards für die Bundesbehörden verbindlich festzulegen und effektiver zu kontrollieren. Darüber hinaus werden seitens der EU durch die NIS-Richtlinien[12] weitere Anstrengungen unternommen, die IT-Sicherheit zu verbessern. Auf der anderen Seite gibt es die DS-GVO, die in Bezug auf personenbezogene Daten konkrete Anforderungen stellt. Das seit dem 26.4.2019 geltende GeschGehG verlangt vom Geheimnisträger die Einhaltung bestimmter Pflichten beim Umgang mit Geschäftsgeheimnissen. Auch hier besteht eine starke Verknüpfung zwischen den schutzbedürftigen personenbezogenen Daten und dem Informationsschutz. Die rechtlichen Anforderungen müssen, in Abhängigkeit von Branche und Firmensitz, aus vielen verschiedenen Gesetzen zusammengetragen werden. Nur wer einen Überblick über die aktuellen gesetzlichen Bestimmungen hat, kann ein ganzheitliches Informationssicherheitskonzept erstellen und das Unternehmen rechtssicher schützen.

Wichtige Aspekte, die es in diesem Zusammenhang zu beachten gilt, sind haftungsrechtliche Aspekte, datenschutzrechtliche Anforderungen, steuerrechtliche und handelsrechtliche Anforderungen und das Urheberrecht (hier insbesondere Lizenzrecht). Aber auch gesellschaftsrechtliche Anforderungen, das IT-SiG (sofern das Unternehmen im Sinne der Rechtsverordnung betroffen ist) sowie das GeschGehG sind im Zusammenhang mit dem Aufbau eines Managementsystems zu beachten. Somit ist die „Compliance“ im Unternehmen natürlich in erster Linie ein rechtliches Thema, auch wenn in vielerlei Hinsicht technische, organisatorische und physische/umgebungsbezogene Aspekte es beeinflussen.

§ 5 Organisatorische Anforderungen

Grundsätzlich sollte die organisatorische Maßnahme immer vor ihrer technischen Umsetzung stehen, da sie die Geschäftsabläufe des Unternehmens darstellt, die dann informationstechnisch abgebildet werden. Niedergelegt sind diese in Ordnungswerken, Anweisungen, Richtlinien, Betriebsvereinbarungen, Dienstvereinbarungen oder Konzepten wie zB dem Notfallplan, einem Wiederanlaufplan, der Brandschutzordnung, der Schlüsselordnung, der Besucherordnung, der Arbeitsplatzordnung, der Datenschutzordnung, der Ordnung zum Datenträgertransport, der Ordnung zur Auftragsverarbeitung, der Archivordnung sowie der Ordnung des zentralen Benutzerservice (Servicedesk/Helpdesk), jeweils soweit diese bestehen.

Um einen korrekten Betrieb von IT-Systemen sicherzustellen, ist eine Dokumentation der Betriebsprozesse notwendig. Diese sollte u.a. die Verarbeitung und Handhabung von Informationen, die Datensicherung (Back-up), den Wiederanlauf (Restore) von Systemen nach einem Ausfall, Anweisungen für die Fehlerbehebung, ein Notfallkonzept und die Systemwiederherstellung beinhalten. Dabei ist auch die benötigte Wiederherstellungszeit (die Zeit, die zwischen dem Verlust der Daten bis zu deren kompletten Wiederherstellung vergeht) zu beachten, um den normalen Geschäftsbetrieb wieder aufnehmen zu können.

Auch das Change Management[13] muss geregelt und dokumentiert werden, da jede Veränderung an den Systemen eine erhebliche Auswirkung auf deren Funktionsweise und Sicherheit haben kann. Planung und Tests von Änderungen, Bewertung der Auswirkungen, der Genehmigungsprozess für Änderungsvorschläge und ein eventuelles Rücksetzverfahren („Rollbackszenarien") müssen schriftlich geregelt und dokumentiert werden.

Erforderlich sind außerdem klar definierte Regeln und Prozesse in Zusammenarbeit mit Dienstleistern und externen Mitarbeitern. Besonders wichtig ist in diesem Zusammenhang auch die Vertragsgestaltung, die entsprechende Geheimhaltungsklauseln beinhalten sollte, sowie ein Berechtigungskonzept nach dem Minimalprinzip.[14]

## § 6 Personelle Anforderungen

Einer der wichtigsten Faktoren in puncto Sicherheit ist der Mensch. Menschliches Fehlverhalten verursacht in Unternehmen einen Großteil der Schäden. Studien[15] zufolge sind zwischen 50 Prozent und 80 Prozent der Schäden an unternehmenskritischen IT-Systemen in einem Unternehmen auf Fehler eigener Mitarbeiter[16] zurückzuführen. Die Gründe sind dabei vielfältig: Leichtsinn, Unachtsamkeit, Unwissenheit, Spieltrieb, Frustration und negative Motivation, kriminelle Motive, Innentäter, aber auch Übereifer spielen hierbei eine Rolle. Wichtige Maßnahmen sind die regelmäßige Schulung und Sensibilisierung der Mitarbeiter in fachspezifischen Themen (rund um den eigenen Arbeitsplatz) sowie in den Bereichen Informationssicherheit, IT-Sicherheit, Geschäftsgeheimnisschutz und Datenschutz. Auch hierbei ist es wichtig, maßvoll und angemessen vorzugehen, um eine Desensibilisierung der Mitarbeiter zu vermeiden.

Erfahrungsgemäß ist neben dem Anstellungsprozess auch auf den Wechsel- und Austrittsprozess von Mitarbeitern besonderes Augenmerk zu legen. Vor der Anstellung gilt es, den Bewerber im gesetzlich zulässigen Rahmen zu überprüfen. Arbeitsverträge sind sorgfältig zu fassen, Aufgaben und Verantwortlichkeiten schriftlich festzulegen und Schulungsmaßnahmen[17] zeitnah einzuleiten.

Während der Beschäftigung eines Mitarbeiters trägt das Management die Verantwortung für den Mitarbeiter. Das bedeutet für den hier interessierenden Kontext, dass Mitarbeiter aus- und fortgebildet (Qualifikation) und für Querschnittsthemen (wie zB Informations- und IT-Sicherheit sowie den Datenschutz und den Geschäftsgeheimnisschutz) sensibilisiert und geschult werden müssen.

Der mit Abstand kritischste Prozess ist die Beendigung der Anstellung. Hier zeigen sich in der Umsetzung oft massive Missstände bei der Rückgabe von Unternehmenswerten oder der Löschung von Zutritts-, Zugangs- und Zugriffsrechten. Der Umgang mit vertraulichen Personaldaten und die Verantwortung der Mitarbeiter für die Einhaltung der Informationssicherheit (Geschäftsgeheimnisse) sowie der Umgang mit externen Mitarbeitern und Dienstleistern (Beaufsichtigung) ist ein integraler Bestandteil für den Fortbestand des Unternehmens. Dies zeigt sich in Vorfällen der vergangenen Jahre.[18]

## § 7 Infrastrukturelle Anforderungen (physische und umgebungsbezogene Sicherheitsanforderungen)

Die infrastrukturelle Sicherheit definiert Anforderungen an Sicherheitsbereiche wie Zutritts- und Zugangskontrollen, also den physischen Schutz von Büros, Räumen und Einrichtungen. Physischer Schutz gegen Feuer, Wasser, Erdbeben, Explosionen, zivile Unruhen und andere Formen natürlicher und von Menschen verursachter Katastrophen sollte vorgesehen und umgesetzt sein. Auch unterstützende Versorgungseinrichtungen müssen geschützt werden, was bspw. vorbeugende Maßnahmen gegen Stromausfälle in Rechenzentren, Server- oder Technikräumen beinhaltet. Es kann auch notwendig sein, die Verkabelung gegen Beschädigung oder Abhören zu schützen. Durch die zunehmende drahtlose Kommunikation gilt es, auch diese vorrangig mit einzubeziehen und drahtlose Netzwerke wie Bluetooth, Wireless LAN, GSM, UMTS, LTE, 5G[19] und All-IP[20] nach dem Stand der Technik abzusichern.

## § 8 Technische Anforderungen

Die unterste Ebene bildet die Technik. Diese stellt unterstützende IT-Systeme vielfältiger Ausprägung bereit und sollte durch ausgebildete IT-Mitarbeiter betrieben werden. Die technischen Sicherheitsmaßnahmen sind Komponenten, Maßnahmen, Konfigurationen und Software, die eine Wahrung der Vertraulichkeit, Integrität und Verfügbarkeit von Daten und Informationen sicherstellen. Technische Komponenten der IT-Sicherheit sind Firewalls, Clustersysteme, Spam-Filter, Schadsoftwareschutz oder Systeme zur Angriffserkennung (SzA). All diese Systeme können nur implementiert und administriert werden, wenn klare Informationssicherheitsleitlinien und IT-Standards (iSv Unternehmensstandards) vorliegen. Grundsätzlich gilt, dass zuerst die organisatorische Maßnahme konzipiert bzw. definiert sein muss, bevor eine technische Umsetzung vorgenommen wird.

## § 9 Methodenanwendung

Zur Erreichung der Rationalisierungseffekte und des Effizienzgewinns ist eine Themenverknüpfung vorzunehmen und alle IT- und informationssicherheitsrelevanten Bereiche sind im Sicherheitskonzept des Unternehmens zu berücksichtigen. Dies schließt insbesondere den Datenschutz und den Geschäftsgeheimnisschutz mit ein. Die Anwendung der Methodik führt bei konsequenter Umsetzung zu einer deutlichen Reduzierung von Aufwand und Kosten und stärkt in der Außendarstellung das Vertrauen der Kunden in das Unternehmen.

Ziel des integrierten Informationssicherheitsmanagements ist es, eine einheitliche Darstellung IT-sicherheitsrelevanter Fragestellungen im Unternehmen zu erzeugen. Die unternehmensweite Verantwortung für Informationssicherheit, IT-Sicherheit,

Geschäftsgeheimnisschutz und Datenschutz ist für das gesamte Unternehmen in einer Institution[21] zu bündeln. Eine Ausweitung auf die Themen IT-Risikomanagement und IT-Compliance sollte bereits im Vorfeld des Aufbaus der Organisation aus Optimierungsgründen erwogen werden.

Der Datenschutz wird, was privatwirtschaftliche Unternehmen anbelangt, vornehmlich durch die DS-GVO geregelt. Dieses Gesetz verpflichtet Unternehmen, entsprechende Schutzmaßnahmen zu treffen. Der Schutz wirtschaftlich sensibler Daten und Informationen ist im GeschGehG und in branchenspezifischen Gesetzen geregelt. So ergibt sich etwa aus § 6a EnWG, dass die dort angesprochenen Unternehmen die Vertraulichkeit wirtschaftlich sensibler Informationen zu gewährleisten haben. Ungeachtet dessen entspricht es aber auch dem wirtschaftlichen Eigeninteresse eines jeden Unternehmens, die eigenen sensiblen und vorteilhaften Daten und Informationen gegen Kenntnisnahme durch Unbefugte zu sichern. Hierzu gehören neben Ideen, Konstruktionen und Patenten auch das Wissen und das Know-how der Mitarbeiter – geben diese doch dem Unternehmen entsprechende Marktvorteile im Wettbewerb.

Die Methodik wählt den ganzheitlichen Ansatz, wobei die Sicht auf die Informationssicherheit zu fokussieren ist, in die die Teilbereiche Datenschutz, Geschäftsgeheimnisschutz und IT-Sicherheit eingebettet sind. Die Datensicherheit lässt sich auf diese Weise effizient in den technischen Teil der Informationssicherheit, die IT-Sicherheit, integrieren (wie bereits die Grafik § 3 aufzeigt). Zwischen IT-Sicherheit und Datensicherheit gibt es Gemeinsamkeiten, die eine Abstimmung der beiden Bereiche als sinnvoll erscheinen lassen. Durch den Abgleich zwischen den Bereichen werden parallele Tätigkeiten und damit unnötige Kosten vermieden. Es gibt noch weitere Themen, die unter dem Dach der Informationssicherheit zusammengefasst werden können und so eine Kosten- und Ressourceneffizienz sowie die Vermeidung von Reibungsverlusten ermöglichen: ISAE 3402 und SSAE 16 (Ablösung von SAS 70)[22] oder PS330.[23] Diese Prüfungsstandards finden Anwendung in der Jahresabschlussprüfung der Wirtschaftsprüfungsunternehmen, die das Unternehmen prüfen und den Jahresabschluss testieren. Auch hier werden bspw. Berechtigungskonzepte geprüft, um im Bereich des Rechnungswesens Rollenkonflikte und Betrugsmöglichkeiten ausschließen zu können.

Die Besonderheit der Methodik liegt also darin, dass einheitliche Maßstäbe für vergleichbar sensible Daten und Informationen eines Unternehmens angelegt werden, deren Sensibilität aus dem Geschäftszweck heraus beurteilt wird. Die Art der Daten und Information und deren Zuordnung zu einem Unternehmensbereich spielt hierbei eine nachgelagerte Rolle. Entscheidend ist die Zuordnung zum Geschäftsprozess und dessen Kritikalität im Unternehmen.

Dies gilt auch für das Risikomanagement. Berücksichtigt wird der Risikokontext finanzieller, organisatorischer und technischer Gefahren, die von innen wie auch von außen auf das Unternehmen einwirken. Durch die digitale Verarbeitung von massenhaften Informationen und der Möglichkeit der explosionsartigen Verteilung über das Internet können Imageschäden für Unternehmen schnell zu einem existenzbedrohlichen Risiko werden. Dieser Punkt wird bei der Betrachtung der Unternehmensrisiken oft unterschätzt.

Auch die Auswirkung von Vorfällen und Verstößen in den Bereichen Informationssicherheit, IT-Sicherheit und Datenschutz haben als Teil der Unternehmens-Compliance entsprechende Auswirkungen auf ein Unternehmen und dessen Management. Fehlende oder schwache Sicherheitsmaßnahmen in der IT strahlen auf das Gesamtgefüge aus und können Folgen[24] für die verantwortlichen Manager nach sich ziehen.

Das Entfernen einzelner Elemente aus der Methodik führt zu einem erheblichen Mehraufwand an Personal, Dokumentation und Abstimmung. Wird im Rahmen der Informationssicherheit der Themenschwerpunkt Datenschutz nicht beachtet, so müssen die nach Art. 30 DS-GVO technisch und organisatorisch umzusetzenden Maßnahmen zum Schutz personenbezogener Daten eigenständig behandelt werden. Hierbei handelt es sich in großen Teilen um IT-sicherheitsspezifische Anforderungen, die im Rahmen der IT-Sicherheit ebenfalls durchgeführt werden müssen. Allerdings gibt es bei der IT-Sicherheit noch weiterführende Anforderungen, die durch den Datenschutz nicht gefordert werden. Es entsteht somit eine Kompetenzverwirrung, weil Datenschutzbeauftragter und IT-Sicherheitsbeauftragter jeweils mit unkonsolidierten Anforderungen an IT-Bereiche herantreten und die Umsetzung ihrer Maßgaben fordern. Hinzu kommt der Geschäftsgeheimnisschutz. Die entsprechenden Strukturen müssen mehrfach und aus unterschiedlichen Perspektiven gepflegt werden. Dies zeitigt weitere Folgen mit Blick auf die Dokumentationsanforderungen aus der DS-GVO. Zu erstellende Verzeichnisse der Verarbeitungstätigkeiten[25] müssen separat erarbeitet werden, obwohl an anderer Stelle im Unternehmen ähnliche Prozessbeschreibungen und Verfahrensabläufe bereits existieren. Eine aussagefähige Dokumentation kann somit aufgrund mangelnder Abstimmung zwischen den beteiligten Parteien nicht im erforderlichen Maß zur Verfügung gestellt werden. Derartige unbefriedigende Doppelstrukturen können häufig der durch die Organisation verursachten Silobildung, dh der separierten Zuordnung gesetzlicher Anforderungen an das Unternehmen, geschuldet sein. Ursächlich hierfür ist zumeist ein unzureichendes Interesse der Unternehmensleitung, denn das vordergründige Interesse liegt meist nur im offenkundigen Nachweis der Einhaltung der gesetzlichen Anforderungen zum Zweck der Außendarstellung. Im Prinzip ist auch dies ein Versuch der Unternehmensleitung, die Verlagerung der eigenen Verantwortung zu erwirken, aber: Verantwortung ist nur in Grenzen delegierbar.

Gleiches gilt für prozessorientierte Anforderungen aus dem Datenschutz, der Informationssicherheit und dem Geschäftsgeheimnisschutz. Eine konsolidierte Ansicht auf organisatorische Fragestellungen, etwa hinsichtlich Zutritts-, Zugangs- und Zugriffsberechtigung,[26] schont Ressourcen und nutzt die vorhandenen Kapazitäten optimal aus.

Wird der Datenschutz nicht im Rahmen der unternehmensweiten Compliance betrachtet, sondern als separate eigene Institution betrieben, vervielfacht sich der Aufwand aufgrund unterschiedlicher Ansätze gemeinsamer Themen. Hinzu kommt, dass durch die separate Risikobetrachtung einheitliche Maßnahmen kaum umsetzbar sind, da unterschiedliche Betrachtungsweisen im Risikokontext zu differierenden Umsetzungswegen führen. Die holistische Bearbeitung der genannten Themenbereiche stellt besonders in wirtschaftlich kritischen Zeiten einen Marktvorteil dar, da alle beteiligten Ressourcen optimal eingesetzt und effizient gesteuert werden können.

Die Grafik aus § 3 stellt die integrative Sicht der beschriebenen Methodik dar. Zwischen den Themenbereichen Datenschutz und IT-Sicherheit bilden die gesetzlichen Anforderungen aus Art. 30 DS-GVO eine große Schnittmenge. Diese hat den zuvor beschriebenen, größten Rationalisierungseffekt bei einer gemeinsamen Bearbeitung beider Bereiche im Unternehmen. Sowohl Datenschutz als auch IT-Sicherheit stellen gleichermaßen auf die Sicherheit schützenswerter Informationen ab und bilden so eine Teilmenge der Informationssicherheit (und des Geschäftsgeheimnisschutzes als Teilmenge der Informationssicherheit). Die Informationssicherheit wiederum stellt sich als eine der wesentlichen Teilmengen eines ordnungsgemäßen Geschäftsbetriebs dar, ist also Teil der unternehmensweiten Compliance. Alle Disziplinen (Compliance, Informations-, IT-Sicherheit, Daten- und Geschäftsgeheimnisschutz) werden in ihrer Laufzeit (Bestandszeit des Geschäftsbetriebs) von Gefahren bedroht, die sich sowohl aus dem Inneren des Unternehmens wie auch von außen ergeben können. Treffen diese Gefahren auf Schwachstellen und Sicherheitslücken in der Organisation oder der Technik, stellen sie ein Risiko dar. Diese Risiken müssen von den zuständigen Beauftragten identifiziert werden (wobei es immer auch nichtidentifizierte/identifizierbare Risiken gibt). Alle Disziplinen haben den risikobasierten Ansatz der Risikoanalyse und -bewertung, gefolgt von Gegenmaßnahmen (Risikomaßnahmenplan) zur Minimierung, Verlagerung oder Akzeptanz. Durch diesen ganzheitlichen Risikoansatz wird schnell verständlich, dass eintretende Risiken in Teildisziplinen wie Datenschutz, Informations- und IT-Sicherheit Auswirkung auf das Gesamtsystem und somit auf die Compliance des Unternehmens haben. Teilbetrachtungen („Silobildung") sind kontraproduktiv und führen erfahrungsgemäß dazu, dass Sicherheitsereignisse, -vorfälle und -verstöße nicht wahrgenommen werden, da unmethodische Verantwortlichkeiten und Zuständigkeiten ausschnittsgeprägte Sicht- und Bearbeitungsweisen begünstigen.

## Anmerkungen

**1.** **Schutzbedarfsfeststellung.** Welcher Schutz für die Informationen und die eingesetzte Informationstechnik ausreichend und angemessen ist, wird unter Zuhilfenahme der Grundschutz-Kataloge ermittelt (BSI-Standard 200-2 – IT-Grundschutzmethodik, Version 1.0, 2018, Kap. 7.5).

**2.** **Immaterieller Vermögensposten.** Der Firmenwert entspricht dem Gesamtbetrag, den ein möglicher Käufer für ein Unternehmen als Ganzes zu zahlen bereit ist. Dh es werden zum Wert der einzelnen Vermögensgegenstände (unter Berücksichtigung aller Schulden) auch wertbildende Faktoren hinzugerechnet, bspw. Stammkundschaft, gutes Management, rationelle Verfahren, Know-how etc (Buchholz Int. Rechnungslegung S. 74).

**3.** **Derivativer und originärer Firmenwert.** Zum Zwecke der Bilanzierung (Bilanz) wird zwischen derivativem und originärem Firmenwert unterschieden. Ersterer entsteht bei dem Kauf eines Unternehmens und darf bilanziert und innerhalb von fünf Jahren steuerlich abgeschrieben werden, Letzterer ist der selbstgeschaffene Firmenwert, welcher nicht bilanziert werden darf (Coenenberg/Haller/Schultze Jahresabschluss/Coenenberg S. 149).

**4.** **ISO 27000-Normenfamilie.** Die ständig erweiterte ISO-27000-Normenreihe enthält eine Sammlung von Standards, die Sicherheitsmaßnahmen für den Schutz von Informationen und der Informationstechnik definiert. Sie beinhaltet Best-Practice-Empfehlungen für den Aufbau und Betrieb eines Informationssicherheits-Managementsystems für die gesamte Organisation/das gesamte Unternehmen (ISACA Implementierungsleitfaden ISO/IEC 27001:2022 S. 8 ff.).

*Müller*

**5. Geschäftsgeheimnis.** Als Betriebs- und Geschäftsgeheimnisse werden alle auf ein Unternehmen bezogene Tatsachen, Umstände und Vorgänge verstanden, die nicht offenkundig, sondern nur einem begrenzten Personenkreis zugänglich sind und an deren Nichtverbreitung der Rechtsträger ein berechtigtes Interesse hat. Das BVerfG hat in seinem Beschluss vom 14.3.2006 (BVerfG 14.3.2006 – 1 BvR 2087/03, MMR 2006, 375) die Geschäftsgeheimnisse als kaufmännisches Wissen in Trennung zu Betriebsgeheimnissen, denen das technische Wissen zugrunde liegt, verstanden.

Hier sei angemerkt, dass auch Verfahren und Prozesse technisches Wissen im weiteren Sinne darstellen und somit von wirtschaftlich sensiblen oder wirtschaftlich vorteilhaften Informationen gesprochen werden kann (→ Form. E. I. 3.). Als Beispiele von Geschäftsgeheimnissen können Kundendaten, Produktionsverfahren, Kreditwürdigkeit, technisches Wissen, Marketingkonzepte, Strategien oder Kalkulationen angesehen werden. Auch Kundenreferenzen auf Websites von Lieferanten können Geschäftsgeheimnisse beinhalten und sollten daher stets kritisch betrachtet werden, insbesondere im Bereich von Cybersicherheitsprodukten.

Seit dem 26.4.2019 ist das Geschäftsgeheimnisschutzgesetz (GeschGehG) in Kraft. Das Gesetz zum Schutz von Geschäftsgeheimnissen dient zur Umsetzung der Richtlinie (EU) 2016/943 des Europäischen Parlaments und des Rates vom 8.6.2016 über den Schutz vertraulichen Know-hows und vertraulicher Geschäftsinformationen (Geschäftsgeheimnisse) vor rechtswidrigem Erwerb sowie rechtswidriger Nutzung und Offenlegung (ABl. 2016 L 157, 1). Das Gesetz schafft größere Rechtssicherheit beim Schutz von Geschäftsgeheimnissen und bietet eine europaweit einheitliche Sicht auf Haftungsfragen. Damit gelten teilweise strengere Anforderungen an das Vorliegen eines Geschäftsgeheimnisses und deren angemessene Geheimhaltungsmaßnahmen, die durch den rechtmäßigen Eigentümer (natürliche oder juristische Person) sicherzustellen sind. Das GeschGehG geht von einem einheitlichen Begriff des Geschäftsgeheimnisses aus. Eine Unterscheidung zwischen kaufmännischen Informationen („Geschäftsgeheimnisse“) und dem technischen Wissen und der Erfahrung eines Unternehmens („Betriebsgeheimnisse“), wie sie bislang gepflegt wurde, wird im GeschGehG – der Richtlinie folgend – zugunsten eines einheitlichen Begriffs eines beide Kategorien umfassenden Geschäftsgeheimnisses aufgegeben. Ein Geschäftsgeheimnis genießt zwar weiterhin keinen Schutz als absolutes Recht wie etwa Patente, Urheber- oder Markenrechte – sodass es etwa redliche prioritätsjüngere Parallelnutzungen durch Dritte nicht hindern kann –, ist diesen jedoch in seiner Ausgestaltung angenähert.

**6. Geheimschutz und Sabotageschutz.** Nach § 8 Abs. 1 Nr. 1 SÜG sind solche Personen einer Sicherheitsüberprüfung zu unterziehen, die den Zugang zu Verschlusssachen (VS-VERTRAULICH und höher) erhalten sollen oder ihn sich verschaffen können. Durch die Überprüfung soll sichergestellt werden, dass die tätigen Personen mit den Informationen sorgfältig umgehen und kein Sicherheitsrisiko darstellen. Dies gilt auch für den Einsatz von IT-Systemen, an denen im Rahmen dieser Tätigkeiten gearbeitet wird. Sofern der Ausfall oder die Zerstörung von Einrichtungen, die für das Gemeinwesen unverzichtbar sind, große Teile der Bevölkerung erheblich bedrohen kann, sind diese vor Innentätern zu schützen. Personen, die in solch einem Bereich eingesetzt werden, haben sich nach den Bestimmungen des

SÜG daher einer Sicherheitsüberprüfung zu unterziehen. Bei derartigen Anfragen ist auf die exakte Schreibweise und die komplette Angabe der Vor- und Nachnamen zu achten.

**7. Datenschutz-Managementsystem.** Mit der ISO/IEC 27701:2019-08 „Informationstechnik – Sicherheitsverfahren – Erweiterung zu ISO/IEC 27001 und ISO/IEC 27002 für das Datenschutzmanagement – Anforderungen und Leitfaden“ wurde eine Ergänzungsnorm zur ISO 27001 (ISMS) geschaffen, mit der ein bestehendes Managementsystem um die Aspekte des Datenschutzes erweitert werden kann. (Die ISO/IEC 27701 wurde ursprünglich als ISO/IEC 27552 entwickelt.) Grundsätzlich sind die Normen der ISO-Managementsysteme so konzipiert, dass diese einzeln oder in Kombination implementiert werden können. Dabei sind auch sektorspezifische Normen jederzeit bei Bedarf einzubinden.

Da die Anforderungen und Leitlinien für den PII-Schutz je nach Kontext des Unternehmens variieren und nationale Gesetze und/oder regulatorische Anforderungen bestehen, werden diese entsprechend berücksichtigt. Dies sind die ISO/IEC 29100 (→ Form. E. I. 1.), die ISO/IEC 27018 (→ Form. E. I. 1.), die ISO/IEC29151 (DIN EN ISO/IEC 29151:2022-07 – Informationstechnik – Sicherheitsverfahren – Leitfaden für den Schutz personenbezogener Daten) und die DS-GVO.

Die ISO/IEC 27701 spezifiziert die Anforderungen an die Einrichtung, Implementierung, Aufrechterhaltung und kontinuierliche Verbesserung eines Datenschutz-Informationsmanagementsystems (DSMS, engl. PIMS Personal Information Management System) in Form einer Erweiterung der ISO/IEC 27001 und ISO/IEC 27002 für das Datenschutzmanagement im Rahmen des Unternehmens. Die Norm ist gleichermaßen für PII-Controller und PII-Prozessoren anwendbar und kann für alle Arten, Branchen und Größen von Unternehmen einschließlich öffentlicher und privater Unternehmen zur Anwendung kommen.

Die ISO/IEC 27701 enthält darüber hinaus ergänzende Anforderungen an den normativen Teil der ISO 27001, den Annex A, die in der ISO/IEC 27002 beschrieben, in dieser neuen Norm ergänzt werden. Wesentliche Ergänzungen sind:

- Ergänzung der Leitlinie und der Richtlinien um Datenschutzaspekte
- Ernennen eines Verantwortlichen für das Datenschutz-Managementsystem
- Schulung der Mitarbeiter zum Datenschutz
- Umgang mit Verschlüsselungen von personenbezogenen Daten
- Umgang und Prüfung von Sicherheitsvorfällen im Rahmen von Datenschutzverletzungen

Die ISO 27701 enthält ein tabellarisches Mapping zur ISO/IEC 29100 sowie ein Mapping zur DS-GVO. Ebenso ist ein Mapping zur ISO/IEC27018 und zur ISO/IEC 29151 enthalten.

Die Zertifizierung ist nach dieser Norm nicht möglich, hier wird immer die ISO/IEC 27001 herangezogen. Jedoch kann man die Erweiterungen im Rahmen des Zertifizierungsaudits prüfen lassen und durch eine zusätzliche Bestätigung in Form eines Testates bestätigen lassen. Dies hat jedoch keinerlei Bezug zu einer Zertifizierung nach Art. 42 DS-GVO (→ Form. C. IV.)

**8. BS 10012:2017.** Der British Standard (BS) 10012:2017 ist Rahmenwerk für Managementsysteme personenbezogener Daten und orientiert sich an den Grundsätzen der DS-GVO.

**9. Internetverbindungen.** IT-Infrastrukturen, Hardware- und Software-Systeme verfügen oftmals über unbekannte, nicht bekannte oder nicht beachtete Verbindungen in das Internet und sind damit von Milliarden anderer Systeme erreichbar. Systeme sind für Wartungs- und Update-Verbindungen über das Internet erreichbar, Hardwarekomponenten, vor allem aus dem IoT-Umfeld (Internet of Things), haben herstellerseitig aktivierte Cloud-Verbindungen (Internetverbindung) zu Servern der Hersteller. Software und andere Applikationen suchen regelmäßig nach Updates.

Anders gelagert ist die Verbindungssituation bei Web-Anwendungen. Hier werden bewusst Schnittstellen im Internet für bestimmte Dienste und Applikationen bereitgestellt. Dabei handelt es sich zB um Kunden- oder Lieferantenzugänge, Datenübertragungs-Schnittstellen oder API. Solche Schnittstellen verfügen sowohl über dokumentierte und undokumentierte als auch über unbekannte Funktionen oder Fehler, die sich erst nach Jahren offenbaren (beispielhaft: Heartbleed-Sicherheitslücke, Shellshock, REST-API von WordPress, MOVEit von Progress Software). Hinzu kommt, dass solche Schnittstellen in Unternehmen oder Behörden nicht als Internetverbindungen wahrgenommen werden. So werden u.a. Daten für Wetterprognosen (Versorgungswirtschaft, Luftfahrt, Schifffahrt u.a.) über Internetverbindungen abgerufen, ohne dass solche Verbindungen den Risikobewertungen einer Internetverbindung unterzogen wurden. Auch mobile Systeme, allen voran Smartphones, verfügen über mobile Applikationen, die ebenfalls APIs nutzen.

**10. Machine Learning.** Machine Learning (ML), maschinelles Lernen, ist eine Form angewandter Mathematik und Informatik. Dabei versuchen Computerprogramme, Muster und Zusammenhänge in Daten zu erlernen. ML wird als Schlüsseltechnologie der künstlichen Intelligenz (KI) verstanden, da es die Grundlage zB für autonom fahrende Autos bildet. ML und KI sind Teilgebiete der Mathematik und Informatik und sollen Maschinen, Systeme, Anwendungen und Dienste befähigen, die ihnen anprogrammierten Aufgaben „intelligent" auszuführen. Die Bedeutung des Begriffs „intelligent" ist im Zusammenhang mit ML und KI nicht festgelegt, auch nicht welche Technologien oder Techniken dies sind.

ML ist aus Methoden der Statistik und KI hervorgegangen und wurde theoretisch bereits in den späten 1940er-Jahren durch erste Konzepte von künstlichen neuronalen Netzen (KNN) entwickelt. Künstliche neuronale Netze, bestehend aus künstlichen Neuronen, sind Forschungsgegenstand der Neuroinformatik. Bei dem Forschungsgebiet der Neuroinformatik dient das Gehirn als Vorbild, um die Funktionsweisen von Nervenzellen (Neuronen) und Netzen aus Neuronen künstlich, dh technologisch umzusetzen. Durch Verbindungen zwischen den Neuronen des Gehirns wird eine Netzstruktur aufgebaut, in dessen Verbund die Neuronen zu den bemerkenswerten Leistungen fähig ist. Diese hier sehr einfach dargestellte Eigenschaft macht sich die Technik zu eigen und adaptiert die Funktionsweisen mit künstlichen Neuronen, die mittels Software auf leistungsfähigen Rechnersystemen simuliert werden. Dabei ist in künstlichen neuronalen Netzen im Unterschied zu allgemein angewandten, starren IT-Technologien die Netzstruktur in der Art der Verbindungen und der Verbindungsstärken unterschiedlich. Das Netz ist somit selbst in der Lage, Veränderungen in der Verbindungsstruktur vorzunehmen, und somit „lernfähig". In der praktischen Technologie finden künstliche neuronale

Netze Anwendung in Software zur Spracherkennung, Bildverstehen und Prozessregelung.

Durch ML wird bezweckt, Wissen durch Erfahrung zu generieren. Im Gegensatz zur KI besteht ML aus gesammelten Werten der Technik, die statistisch aufbereitet werden. Aus der Fülle von Daten und deren statistischer Aufbereitung werden mithilfe von programmierten Abläufen Erkenntnisse generiert. KI kann diese Erkenntnisse bewerten und Entscheidungen treffen. ML setzt zunächst auf sog. Trainingsdaten auf. Diese Trainingsdaten werden simuliert oder real erfasst und werden verwendet, um das geplante Zielmodell zu erreichen. Dabei teilt man die Trainingsdaten und das erwartete Ergebnis in definierte Variablen auf. Das erwartete Ergebnis basiert also auf den Daten der Vergangenheit, den Trainingsdaten.

Hier erfolgt nun der Eingriff von Experten, um beim Lernen der Zusammenhänge zwischen Variablen und Ergebnissen neue Modelle zu trainieren, die entstehen, indem man einen bestimmten Machine-Learning-Algorithmus auf die Trainingsdaten anwendet. Mit diesem Vorgehen versucht man, möglichst genaue Prognosen zu treffen. In der objektorientierten Programmierung spricht man von Klassen und meint damit Objekttypen, die die Basis der Hauptklassifizierung bilden. Eine Beschreibung klassifiziert den Typ oder auch die Kategorie: zB Mitarbeiter (Basisklasse), Geschäftsführer, Manager, Teamleiter (Unterklassen), Teamleiter Jürgen Meier (Objekt mit Unterklasse Teamleiter in der Objektklasse Mitarbeiter). Dabei kommt es zu Klassifikationsproblemen, wenn falsche Klassen (Objekttypen) vorhergesagt werden. Diese sog. Fehlklassifikationsrate ist der Anteil an Daten, für den eine falsche Objektklassifizierung vorliegt. Beim Anlernen der Systeme wird auf drei verschiedene Lernmethoden zurückgegriffen:

- Überwachtes Lernen (Supervised Learning): Hier versucht der Algorithmus, eine vorgegebene Zielgröße in den vorhandenen Daten möglichst genau anhand anderer Datenpunkte vorherzusagen.
- Unüberwachtes Lernen (Unsupervised Learning): Hier hat der Algorithmus die Aufgabe, die Datengrundlage möglichst gut zu erlernen, um bestimmbare Muster und einheitliche Gruppierungen in den Daten zu erkennen.
- Verstärkendes Lernen (Reinforcement Learning): Hier arbeitet der Algorithmus (auch als Agent bezeichnet) nicht auf statistischer Basis, sondern lernt seine Vorhersagen basierend auf dem Feedback seiner Umgebung, und adaptiert diese kontinuierlich. Damit hat verstärkendes Lernen inhaltlich elementare Schnittmengen zur KI. Auch Roboter, die sich autonom in ihrer Umgebung bewegen, lernen durch diese Methode.

Die Technik des ML hat, wie zuvor beschrieben, einerseits erhebliche Schwächen, andererseits haben die Verfahren zum Anlernen in ihren Abläufen datenschutzrechtliche und sicherheitstechnische Aspekte: Eine mathematische „Schwäche" des ML ist die vorhersehbare Ungleichheit bei der Objekterkennung (Algorithmic bias). Diese algorithmische Verzerrung beschreibt systematische und wiederholbare Fehler in einem Computersystem, die zu unkorrekten Ergebnissen führen. Wie in der Studie (http://arxiv.org/pdf/1902.11097.pdf) nachgewiesen wurde, ist für Menschen mit dunkler Hautfarbe ein höheres Risiko vorhanden, von autonom fahrenden Autos überfahren zu werden. Der Grund liegt in einer schlecht programmierten und unzureichend angelernten Bilderkennungs-Software der Notbremssysteme. Im Schnitt lag der Studie zufolge die Erkennungsrate bei Personen mit sehr dunkler Haut um fünf Prozentpunkte unter der bei Personen mit heller Haut. Das galt bei allen Sicht- und

Lichtverhältnissen. Denkbar hierfür ist, dass die KI-Systeme beim Anlernen nicht mit ausreichend vielen Bildern dunkelhäutiger Menschen befüllt wurden. Hinzu kommt, dass die verarbeitenden Algorithmen die Vielfalt der menschlichen Hauttypen nicht ausreichend berücksichtigen, so die Studie.

Um die Spracherkennung der Assistenzsoftware Alexa zu verbessern, haben Amazon-Mitarbeiter Aufzeichnungen von Nutzern angehört und schriftlich erfasst. Nach Bekanntwerden (http://www.cbsnews.com/news/amazon-workers-are-listening-to-what-you-tell-alexa/) dieser Verfahren (welches auch von anderen Herstellern von Assistenzsystemen angewandt wird (http://www.spiegel.de/netzwelt/web/alexa-gespraeche-warum-amazon-auch-babygeschrei-notiert-a-1262678.html) hat Amazon erklärt, alle Informationen würden streng vertraulich behandelt und es werde mit Zugangseinschränkungen und Verschlüsselung gearbeitet. Auch in diesem Fall handelt es sich um Methoden des Machine Learning.

In den Datenschutzeinstellungen der jeweiligen Software finden sich dazu Schalter, mit denen Nutzer diese Verfahren für sich selbst unterbinden können. Dabei sind die Fragestellungen oder Hinweise oft intransparent und verbergen sich hinter Fragen wie „Wollen Sie bei der Entwicklung neuer Funktionen mithelfen?“ oder „Legen Sie fest, ob ihre Daten verbessert werden sollen“.

**11. Künstliche Intelligenz.** Künstliche Intelligenz (KI), englisch Artificial Intelligence (AI), bezieht sich auf Maschinen, Anlagen, Geräte und Software, die dem Menschen zugeschriebene intelligente Handlungen künstlich reproduzieren können. Dabei ist der Begriff KI an sich als Konzept zu sehen und nicht als Funktion, denn KI findet nicht nur bei elektronischen Verfahren Anwendung, sondern auch bei mechanischen Automaten.

KI-Software kommt insbesondere bei autonom fahrenden Autos zum Einsatz. Hier zeigt sich auch bereits bei ersten tödlichen Unfällen, wie offenkundig schwierig das Anlernen mittels Machine Learning (ML) ist. Die Software muss erheblich komplexe Aufgaben in Echtzeit ausführen, basierend auf Sensordaten von Kamera, Radar, Lidar (optische Abstands- und Geschwindigkeitsmessung), Ultraschall und anderen verbauten Sensoren. Dabei müssen gefährliche Situationen zuverlässig erkannt werden. KI heißt nicht nur Lernen, sondern auch Entscheiden, wobei sowohl das Lernen als auch das Entscheiden ein durch Menschen programmiertes Verhalten ist, da dem Programm entsprechende Algorithmen unterliegen. Die Entscheidungsfindung erfolgt somit nach programmierter Abwägung.

Denkende Maschinen beschäftigen die Menschheit bereits seit Jahrhunderten. Bereits Charles Babbage (1791–1871) entwarf die erste Maschine zur Berechnung bestimmter Werte polynominaler Funktionen, die aber damals nicht gebaut werden konnte. Auch heute gilt noch die Aussage seiner Mitarbeiterin Lady Ada Lovelace (1815–1852), die den Einwand erhob, eine solche Maschine könne nur das tun, was ihr gesagt wurde, dh, sie könne keine eigenen Handlungen initiieren. Der aktuelle Hype um KI führt auch zu fehlerhaften Annahmen oder Entscheidungen bei der Entwicklung von Maschinen und Systemen, da die Begriffe „KI“ und „smart“ (oder „intelligent“) gerne in Marketingaussagen genutzt werden, um Produkte als besonders einfach bedienbar darzustellen.

**12. NIS-Richtlinien.** NIS (EU Network and Information Security directive) und NIS2 sind die Abkürzungen für zwei Richtlinien der EU zur Stärkung der Netzwerk- und Informationssicherheit. Die im Jahr 2016 eingeführten Cybersicherheitsvorschriften der EU wurden durch die 2023 in Kraft getretene NIS2-Richtlinie (RL EU 2022/2555) aktualisiert.

Der modernisierte Rechtsrahmen soll mit der zunehmenden Digitalisierung und einer stetig zunehmenden Bedrohungslandschaft für Cybersicherheit Schritt halten. Dafür wurde der Anwendungsbereich der Sicherheitsvorschriften auf weitere Sektoren und Einrichtungen ausgeweitet, um die Resilienz/Widerstandsfähigkeit und Reaktionskapazitäten öffentlicher und privater Stellen, der zuständigen Behörden und der EU insgesamt, zu steigern. Hierzu gehören u. a. ein zentrales Computer Security Incident Response Team (CSIRT) und eine nationale Behörde für Netzwerk- und Informationssysteme (NIS). Im Fokus stehen hier alle Sektoren, die für die Wirtschaft und Gesellschaft von entscheidender Bedeutung sind und stark auf IKT angewiesen sind, wie Energie, Verkehr, Wasser, Banken, Finanzmarktinfrastrukturen, Gesundheitsversorgung und digitale Infrastruktur. Wichtige Anbieter digitaler Dienste wie Suchmaschinen, Cloud-Computing-Dienste und Online-Marktplätze müssen die Sicherheits- und Benachrichtigungsanforderungen der Richtlinie erfüllen.

Das Gesetz zur Umsetzung von NIS-2 und Stärkung der Cybersicherheit liegt seit Frühling 2023 als NIS2UmsuCG im Entwurf vor. Schätzungen zufolge werden etwa 30.000 Unternehmen in Deutschland betroffen sein und sich mit höheren Cybersecurity-Anforderungen und mehr Befugnissen des BSI auseinandersetzen müssen (Wilmes-Horváth IR 2023, 213; weiterführend zB Kipker/Dittrich MMR 2023, 481).

Wesentliche Inhalte sorgen aufgrund der erweiterten Sanktionsvorschriften (zwischen 100.000 und 20 Mio. EUR), der geplanten persönlichen Haftung der Unternehmensführung für die Umsetzung von Sicherheitsmaßnahmen oder der erweiterten staatlichen Aufsicht durch Registrierungspflichten, Nachweise, Meldepflichten und verbindlichen Informationsaustausch bereits für viel Diskussion in den betroffenen Branchen.

Verschiedene Anforderungen aus dem NIS2UmsuCG sollen durch eine oder mehrere Rechtsverordnungen konkretisiert oder definiert werden. Gefordert wird auch eine Billigungs-, Überwachungs- und Schulungspflicht für Geschäftsleiter besonders wichtiger Einrichtungen und wichtiger Einrichtungen, um ausreichende Kenntnisse und Fähigkeiten zur Erkennung und Bewertung von Risiken sowie Risikomanagementpraktiken im Bereich der Cybersicherheit und deren Auswirkungen auf die von der Einrichtung erbrachten Dienste zu erwerben.

Das BMI hat am 23.7.2024 den Entwurf eines Zeitplans eines Gesetzes zur Umsetzung der NIS-2-Richtlinie und zur Regelung wesentlicher Grundzüge des Informationssicherheitsmanagements in der Bundesverwaltung (NIS-2-Umsetzungs- und Cybersicherheitsstärkungsgesetz) vorgelegt (Datenblatt-Nr.: 20/06032).

Das Gesetz NIS2UmsuCG tritt am Tag nach der Verkündung in Kraft. Das bisherige BSI-G tritt in der alten Fassung dann außer Kraft. Die NIS2-Pflichten für Unternehmen und Einrichtungen gelten ab Inkrafttreten, Übergangsfristen zur Umsetzung der Pflichten gibt es nicht.

Gem. § 33 Abs. 1 NIS2UmsuCG-E müssen

- besonders wichtige Einrichtungen,
- wichtige Einrichtungen und
- Betreiber kritischer Anlagen (auch § 33 Abs. 2 NIS2UmsuCG)

sich selbst identifizieren und innerhalb von drei Monaten nach Identifizierung die Registrierung beim BSI durchführen.

Mit Stand März 2025 informiert das BSI auf seiner Website: Aufgrund der vorgezogenen Wahlen konnte das parlamentarische Verfahren zum NIS-2-Umsetzungs- und Cybersicherheitsstärkungsgesetz (NIS2UmsuCG) nicht abgeschlossen werden. Die Umsetzung der NIS-2-Richtlinie bleibt weiterhin vordringlich

**13. Change-Management.** Die Änderungsverwaltung bezieht sich auf alle Komponenten aus Hard- und Software in einer IT-Infrastruktur wie auch auf organisatorische Änderungen in der Betriebsstruktur.

**14. Minimalprinzip.** Das Minimalprinzip wird auch als Need-to-know-Prinzip („Kenntnis nur, wenn nötig") bezeichnet. Danach soll jeder Benutzer nur auf die Datenbestände zugreifen und die Programme ausführen dürfen, die er für seine tägliche Arbeit auch wirklich benötigt (BSI IT-Grundschutz-Kompendium, 2023, APP.4.2.A6, SYS. 3.2.2.A20). Die Erstellung eines nachvollziehbaren Berechtigungskonzepts, in dem genau festgelegt ist, wer bestimmte Daten lesen, ändern, löschen oder versenden darf, ergibt sich auch aus den gesetzlich geforderten technischen und organisatorischen Maßnahmen nach Stand der Technik (Art. 24, 25, 32, 35 DS-GVO).

**15. Gartner-Studie.** Sowohl die sog. „Gartner-Studie" (Colville/Spafford Top Seven Considerations for Configuration Management for Virtual and Cloud Infrastructures, Gartner RAS Core Research Note G00208328 RA6 05012011 S. 2.) wie auch Interviews mit bekannten Hackern (→ Form. E. V.5.) zeigen, dass hinter der Ausnutzung von Sicherheitslücken oft weder böse Absicht noch kriminelle Energie stecken, sondern einfach nur Spieltrieb und Neugierde.

**16. Mitarbeiter.** Einer Umfrage unter IT-Verantwortlichen zufolge, die Opfer eines Cyberangriffs geworden waren, gaben 53 Prozent an, von einer Phishing-E-Mail getäuscht worden zu sein (news.sophos.com/de-de/2019/07/16/studie-deutschland-ueberdurchschnittlich-oft-opfer-von-phishing-attacken-und-ransomware/).

**17. Schulungsmaßnahmen.** → Form. A. III. 1. und → Form. C. VII. 1.

**18. Insolvenz durch mangelhafte IT-Sicherheit.** Ein bekanntes Beispiel im Zusammenhang mit gestohlenen digitalen Zertifikaten und elektronischen Signaturen ist das 1997 gegründete niederländische Unternehmen DigiNotar, das auch eine digitale Zertifizierungsstelle für die Regierung der Niederlande betrieb. Nach der Übernahme im Jahre 2011 durch das renommierte Sicherheitsunternehmen VASCO Data Security International wurde im September des gleichen Jahres bekannt, dass sich Unbekannte Zugang zu den DigiNotar-Servern verschafft und gefälschte Zertifikate in Umlauf gebracht hatten. Die Root-Zertifikate und die elektronischen Unterschriften wurden für ungültig erklärt und die niederländische Regierung untersagte DigiNotar, neue Signaturen und Zertifikate auszustellen. Das Unternehmen geriet daraufhin in die Insolvenz. Untersuchungen der beauftragten IT-Sicherheitsfirma hatten massive Sicherheitslücken und das Fehlen von Sicherheitsmaßnahmen identifiziert (isc.sans.edu/diary.html?date=2011-09-06).

**19. Mobilfunkstandards.** Die Mobilfunksparte der Telekommunikationsbranche unterscheidet derzeit fünf Generationen, wobei der jüngste Mobilfunkstandard „5G" in aktuellen Tests Datenraten von 3,67 GBit/s erreicht. Um 5G gibt es einen aktuell starken Hype, da die Funkübertragungsgeschwindigkeiten eine Echtzeitübertragung ermöglichen sollen, um damit hochauflösendes TV, Machine-to-Machine (auch Device-to-Device, D2D) -Kommunikation in der vernetzen Produktion und autonomes Fahren zu ermöglichen. Die Empfehlung (EU) 2019/534 der Kommission vom 26.3.2019 zur Cybersicherheit der 5G-Netze sieht deren Einführung einhergehend mit einer Reihe von neuen Sicherheitsrisiken. Sie empfiehlt eine Reihe konkreter Maßnahmen zur Bewertung der Cybersicherheitsrisiken von 5G-Netzen und zur Stärkung von Präventivmaßnahmen.

**20. All-IP.** Moderne (rein digitale) All-IP-Netze (AIPN) stellen alle Dienste wie zB Internettelefonie (VoIP), Internetfernsehen (IPTV), Online-Spiele, Datenübertragung usw jedem Benutzer zu jeder Zeit an jedem beliebigen Ort zur Verfügung. Da alle Dienste digital verarbeitet werden, sind bei All-IP auch alle bekannten (und bisher nicht bekannten) IT-Risiken zu betrachten. Mit All-IP lösen die Telekommunikationsunternehmen u.a. analoge Leitungen und Dienste wie auch ISDN-Leitungen und Dienste sukzessive ab.

**21. Institutionalisierung.** Unter Institutionalisierung im Unternehmen versteht man die Ausrichtung von Prozessen auf Abteilungen anstatt auf Personen. Viele Unternehmen haben eine auf Personen ausgerichtete Prozesssteuerung („das macht der Müller"), wodurch bei Abwesenheit und Urlaub Abarbeitungsstaus entstehen. Hinzu kommt, dass die personenorientierte Abwicklung von Geschäftsabläufen keine Wachstumsmöglichkeiten innerhalb der Abteilungen (Institutionen) ermöglicht. Die konsequente Ausrichtung von Unternehmensprozessen auf die Fachabteilung (Institution) bietet managementgerechte Entwicklungsmöglichkeiten beim Mitarbeiterwachstum.

**22. Sarbanes Oxley Act.** Als Folge amerikanischer Bilanzskandale der Unternehmen Enron und MCI Worldcom wurde in den Vereinigten Staaten von Amerika im Jahr 2002 der Sarbanes Oxley Act als Gesetz zur Sicherung der Richtigkeit und Verlässlichkeit der veröffentlichten Finanzdaten von Unternehmen verabschiedet. Das Gesetz gilt für inländische und ausländische Unternehmen, die an US-Börsen gelistet sind, sowie für ausländische Tochterunternehmen börsennotierter amerikanischer Gesellschaften.

Eine der wesentlichen durch das Gesetz begründeten Verpflichtungen ist es, in den veröffentlichten Jahresabschlüssen zu bestätigen, dass die Geschäftsleitung für die Einrichtung und Aufrechterhaltung eines angemessenen internen Kontrollsystems (IKS) Sorge zu tragen hat. Hierzu werden einige detaillierte Hinweise gegeben:
- Die Funktionalität und Qualität des internen Kontrollsystems müssen von der Geschäftsführung zeitnah beurteilt werden.
- Die Geschäftsleitung ist aufgefordert, im Rahmen ihrer Beurteilung mitzuteilen, ob Änderungen am internen Kontrollsystem vorgenommen wurden, um festgestellte Mängel zu beheben.
- Die Geschäftsleitung muss sicherstellen, dass alle wesentlichen Informationen auch allen Mitgliedern der Geschäftsführung zugänglich gemacht wurden.
- Die Geschäftsleitung muss über Schwächen des internen Kontrollsystems unaufgefordert informieren.

Um den Nachweis der Kontrollen zu erbringen, werden Prüfberichte über die Kontrollsysteme von Wirtschafts- und Steuerbratungsgesellschaften erstellt. Im Jahr 2002 wurde dazu im Rahmen der Verabschiedung des Sarbanes-Oxley-Act die Anwendung des Standard SAS 70 (Statement on Auditing Standards No. 70) eingeführt. Dieser wurde in den folgenden Jahren weiterentwickelt und es entstand der weltweite Standard des IAASB (International Auditing and Assurance Standards Board), der ISAE 3402 (International Standard on Assurance Engagements 3402).

Der SAS 70 wurde darüber hinaus durch den US-Standard des AICPA (American Institute of Certified Public Accountants) den SSAE No. 16 (Statement on Standards for Attestation Engagements No. 16) abgelöst.

Unterschieden werden zwei Berichtsformen des ISAE 3401/ SSAE 16.

Typ 1 ISAE 3402 oder SSAE 16 Bericht:

Die Berichterstattung erfolgt aufgrund der eingerichteten Kontrollen im Unternehmen, bezogen auf einen zuvor festgelegten Zeitraum. Die Kontrollen werden auf die Ausgestaltung und den Grad der Darstellung im Unternehmen geprüft. Die Prüfungstiefe ist begrenzt, eine Prüfung der Wirksamkeit erfolgt nicht. Im Wesentlichen werden das Design und die Geeignetheit für die Organisation untersucht. Eine solche Typ-1-Prüfung wird im Auftrag im ersten Prüfungsjahr durchgeführt. Diese Prüfberichte werden nicht von anderen Prüfern verwendet und stellen somit keine Erhöhung der Prüfungssicherheit dar.

Typ 2 ISAE 3402 oder SSAE 16 Bericht:

Die Berichterstattung beinhaltet die Ausgestaltung des Kontrollsystems und die Prüfung der Wirksamkeit üblicherweise in einem Zeitraum von sechs bis zwölf Monaten. Die Wirksamkeitsprüfung ist das wesentliche Unterscheidungskriterium zum Typ-1-Bericht. Derartige Prüfungen haben einen starken Schwerpunkt auf Nachweise zu den Prüfungskriterien und erfordern höhere interne und externe Arbeitsaufwände. Im Gegensatz zum Typ 1 stellen die Typ-2-Berichte die Verwendung durch andere Prüfer dar und reduzieren so die Prüfungshandlungen in anderen Prüfungen des Unternehmens.

**23. IDW PS 330.** IDW PS 330 bezieht sich auf die Abschlussprüfung bei Einsatz von IT und ist ein Prüfungsstandard des IDW. Wirtschaftsprüfer können, unbeschadet ihrer Eigenverantwortlichkeit, im Rahmen von Abschlussprüfungen (Jahres-, Konzern-, Zwischenabschlüsse) Systemprüfungen beim Einsatz von IT durchführen.

Die nachfolgende Grafik aus dem Prüfungsstandard PS330 erläutert die Prüfungskriterien und die Prüfungsziele, die bei der IT-Systemprüfung mit den Themengebieten IT-gestützte Geschäftsprozesse, IT-Anwendungen und IT-Infrastruktur geprüft und testiert werden.

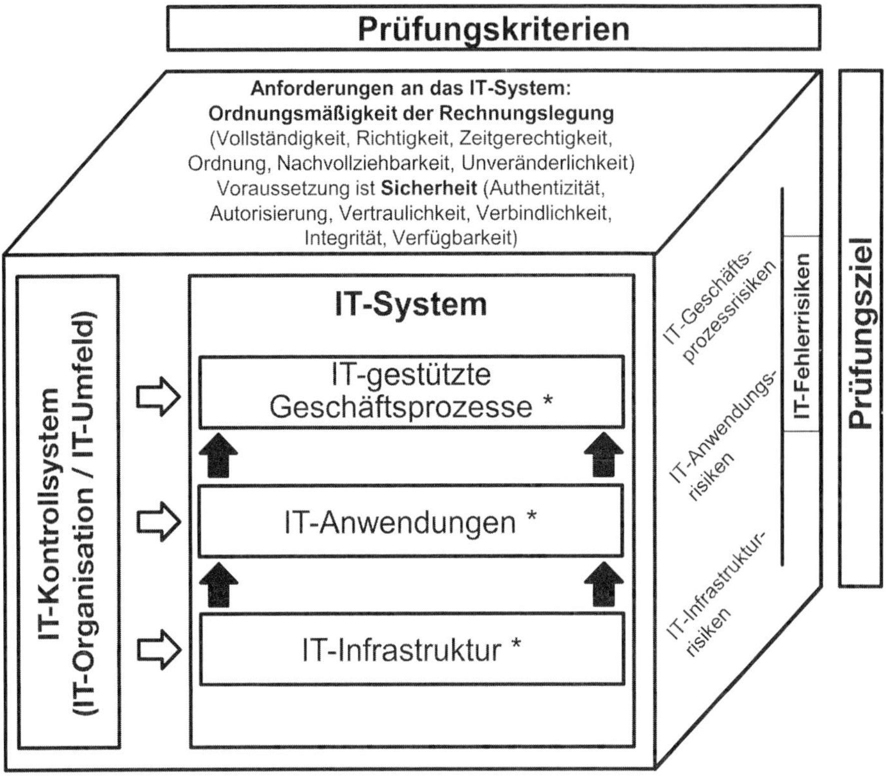


* soweit rechnungslegungsrelevant
IT-Systemprüfung nach IDW (Quelle: [IDW PS 330 2002], Tz. 8)

Der Prüfer muss entsprechend dem Prüfungsstandard anhand der Prüfliste IDW-Prüfungshinweise 9.330.1 (IDW PH 9.330.1) das durch IT-Systeme unterstützte Rechnungslegungssystem des Mandanten beurteilen. Dabei muss dies den gesetzlichen Anforderungen und den im IDW RS FAIT 1 dargelegten Anforderungen an Ordnungsmäßigkeit und Sicherheit entsprechen. Nur so können die nach § 322 Abs. 1 S. 1 HGB iVm § 317 Abs. 1 S. 1 HGB und § 321 Abs. 2 S. 2 HGB geforderten Prüfungsaussagen über die Ordnungsmäßigkeit der Buchführung getroffen werden. In diesem Zusammenhang sei noch auf die Prüfung von Softwareprodukten beim Hersteller IDW PS 880 (IDW, Prüfungsstandard: Die Prüfung von Softwareprodukten, IDW PS 880) zur Erteilung und Verwendung von Softwarebescheinigungen, hingewiesen. Weiterführende Hinweise können der Website des IDW (www.idw.de) entnommen werden.

**24. Folgen für Manager.** Manager wie auch Geschäftsführer, IT-Leiter oder Datenschutzbeauftragte haften für ihr Tun oder Unterlassen. So haftet zB ein Geschäftsführer nach den Maßstäben eines ordentlichen Geschäftsmannes (§ 43 Abs. 1 und 2 GmbHG), wenn er kein organisatorisches, vertragliches und technisches Sicherheitsmanagement betreibt (Bitkom, Leitfaden Matrix der Haftungsrisiken, https://www.bitkom.org/sites/default/files/file/import/BITKOM-Leitfaden-Matrix-der-Haftungsrisiken-V11f.pdf). Zuletzt bestätigte das LG München I (LG München I 10.12.2013 – 5 HK O 1387/10, CCZ 2014, 142 mAnm Fett CCZ 2014, 143), dass die Einrichtung eines funktionierenden Compliance-Systems zur Gesamtverantwortung des Vorstands gehört.

**25. Verzeichnisse der Verarbeitungstätigkeiten.** Verzeichnisse von Verarbeitungstätigkeiten sind eine gesetzlich geforderte Beschreibung von Prozessen (Art. 30 DS-GVO), bei denen personenbezogene Daten verarbeitet werden (→ Form. C. II.). Dieses ist nicht zu verwechseln mit der nach den Grundsätzen zur ordnungsgemäßen Führung und Aufbewahrung von Büchern, Aufzeichnungen und Unterlagen in elektronischer Form sowie zum Datenzugriff geforderten Verfahrensdokumentation für jedes DV-gestützte Buchführungssystem (GoBD, 10.1 Verfahrensdokumentation, Nr. 151 ff., IV A 4 – S 0316/19/10003:001, 2019/0592405, 11.7.2019).

**26. Zugang und Zutritt.** Sowohl Zugang als auch Zutritt zu einem Rechenzentrum müssen geregelt sein (BSI, INF.2: Rechenzentrum sowie Serverraum, 2021). Anforderungen hierzu kommen nicht nur aus dem Datenschutz, sondern auch aus anderen Gesetzen, Regelwerken und Verordnungen. Eine separate Einzelsicht aus dem Blickwinkel eines bereichsspezifisch Verantwortlichen (zB nur Datenschutz) ist somit nicht sinnvoll.

## 2. Richtlinien zur Ermittlung von Schnittmengen zu anderen Funktionen

Die Schnittstellen zu bereits bestehenden Rollen und Prozessen spielen eine besondere Rolle, da das Datenschutzmanagement ein wesentlicher Bestandteil des integrierten Managementsystems des Unternehmens ist. Hier gilt es sicherzustellen, dass sowohl Anforderungen als auch **Rollen und Verantwortlichkeiten** bei der Datenschutzorganisation (→ Form. A. III. und → Form. A. IV.) aufeinander abgestimmt werden, um Doppelungen und Ineffizienzen zu vermeiden. Folgende Schnittstellen und inhaltliche Gesichtspunkte sind zu berücksichtigen:

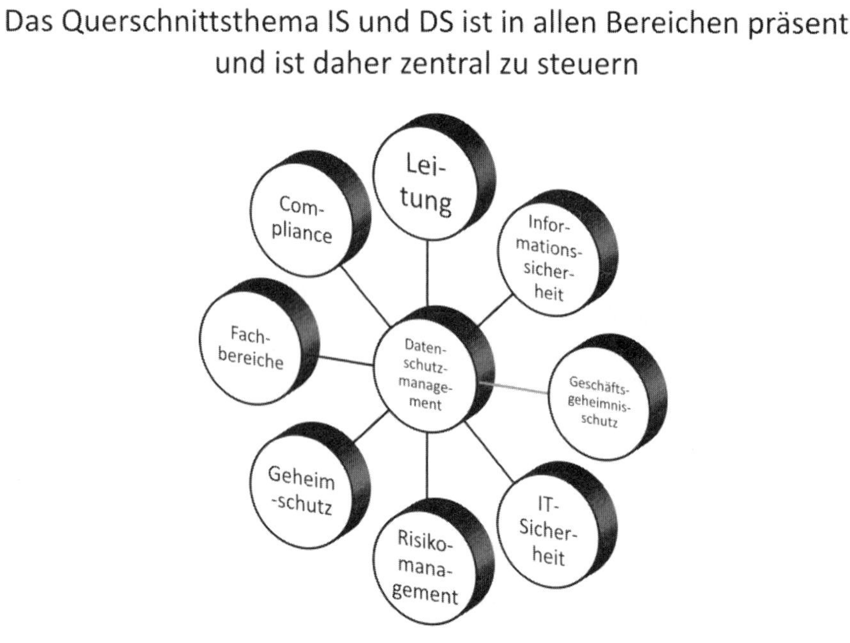

Die Anforderungen im Zusammenhang mit dem IT-SiG und dem EnWG in Bezug auf die Kritischen Infrastrukturen lassen sich wie nachfolgend abgebildet skizzieren:

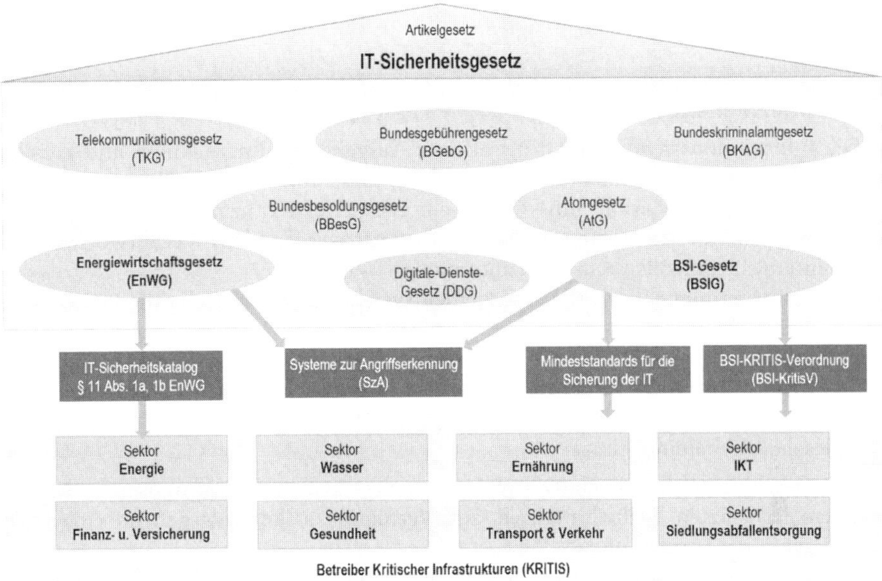


Durch das IT-SiG sind nach Inkrafttreten die Inhaber von Genehmigungen nach dem Atomgesetz betroffen (Art. 2 IT-SiG). Die Betreiber müssen IT-Sicherheitsvorfälle, die zu einer Gefährdung der nuklearen Sicherheit führen können, an das BSI melden.

Öffentliche Netze und Dienste bereitstellende Telekommunikations-Provider müssen Ereignisse, die zu beträchtlichen Sicherheitsverletzungen führen können, an die BNetzA melden. Sofern den Betreibern Störungen auf den Systemen von Nutzern zur Kenntnis gelangen, müssen die Betroffenen darüber unverzüglich informiert werden. Auch müssen die Betreiber die Nutzer im zumutbaren Rahmen auf Möglichkeiten zur Abhilfe und Behebung hinweisen (Art. 5 Nr. 3 lit. c IT-SiG).

Betreiber, die geschäftsmäßig Websites betreiben oder Telemediendienste erbringen, müssen technische und organisatorische Maßnahmen nach dem Stand der Technik ergreifen, um sowohl unerlaubte Zugriffe auf ihre technischen Einrichtungen und Daten als auch Störungen zu verhindern (§ 165 TKG).

Für Betreiber kritischer Infrastrukturen im Sinne des BSIG und des EnWG gelten nach dem IT-SiG und der BSI-KritisV Pflichten zur Absicherung ihrer IT nach dem Stand der Technik und zur Meldung erheblicher IT-Sicherheitsvorfälle. Hierzu gehört auch die Installation und der Betrieb von Systemen zur Angriffserkennung (SzA) für KRITIS-Betreiber.

### § 1 Leitung (Unternehmensleitung)

- **Der Datenschutz hat durch geeignete Maßnahmen und Zieldefinitionen die Entwicklung und Umsetzung der Datenschutzorganisation zu unterstützen.**

- Die Unternehmensleitung muss durch ein geeignetes Reporting und entsprechende Prozesse in die Lage versetzt werden, ihrer Verantwortung für den gesetzeskonformen Datenschutz im Unternehmen nachzukommen.
- Das Datenschutzmanagementsystem (DSMS) muss wirtschaftlich betrieben werden.

§ 2 Informationssicherheit

- Die Informationssicherheit hat als oberste Aufgabe, die Entwicklung und Umsetzung der Informations-Sicherheitsstrategie zu unterstützen.
- Die Unternehmensleitung muss durch ein geeignetes Kennzahlensystem und daraus resultierendes Reporting in die Lage versetzt werden, ihrer Verantwortung für ein internes Kontrollsystem nachzukommen.
- Das Informationssicherheits-Managementsystem muss wirtschaftlich betrieben werden.
- Durch konsolidierte Betrachtung, einheitliche Dokumentation und Anforderungsumsetzung kann Aufwand reduziert werden.

§ 3 Geschäftsgeheimnisschutz

- Der Geschäftsgeheimnisschutz stellt sicher, dass geheime Informationen, die nur einem begrenzten Teilnehmerkreis zur Verfügung stehen, als geheim eingestuft und geschützt werden und
- dass ein berechtigtes Interesse an der Geheimhaltung besteht und geeignete und angemessene Geheimhaltungsmaßnahmen umgesetzt sind.
- Die Geschäftsgeheimnisse müssen angemessen und dem Firmenwert entsprechend verhältnismäßig mit organisatorischen, technischen und rechtlichen Schutzmaßnahmen gesichert werden.
- Es müssen Geheimhaltungsvereinbarungen und Vertragserweiterungen geschaffen werden, die einen angemessenen Schutz vor Reverse Engineering bieten und auch bei gerichtlichen Auseinandersetzungen den Schutz und die Geheimhaltung sichern.
- Die Mitarbeiter müssen regelmäßig geschult werden.

§ 4 IT-Sicherheit

- Durch die prozessuale Orientierung im Bereich IT-Betrieb muss die technische Umsetzung den Unternehmenserfordernissen folgen. Bestehende Prozesse und Ziele sind um die Sicherheitsaspekte zu erweitern.
- Standardisierung und Industrialisierung[1] im Bereich der Prozesse (Incident Management, Problem Management, Availability Management, Change Management)[2] münden in einer Verschlankung der Komplexität technischer Verfahren.
- Eine Verzahnung der operativen Sicherheitsprozesse muss dauerhaft sichergestellt werden.

§ 5 IT-Sicherheit (iSd § 166 TKG)

In § 166 TKG ist die Benennung eines Sicherheitsbeauftragten und die Erstellung eines Sicherheitskonzepts für Betreiber öffentlicher Telekommunikationsnetze oder öffentlich zugänglicher Telekommunikationsdienste gesetzlich vorgeschrieben. Betreiber wie auch Diensteanbieter[3] (Service-Provider) müssen Sicherheitsverletzungen in den von ihnen betriebenen Infrastrukturen unverzüglich der BNetzA und dem BSI mitteilen (§ 168 TKG).

§ 6 IT-Sicherheit (iSd § 11 EnWG)

In § 11 Abs. 1a EnWG wird durch den Gesetzgeber ein angemessener Schutz gegen Bedrohungen für Telekommunikations- und elektronische Datenverarbeitungssysteme, die der Netzsteuerung dienen, gefordert. Die BNetzA hat hierzu in Abstimmung mit dem BSI einen Katalog von Sicherheitsanforderungen erstellt und veröffentlicht. Die Einhaltung kann überprüft werden (§ 11 Abs. 1a EnWG).[4] Der IT-Sicherheitskatalog für Energieanlagen (§ 11 Abs. 1b EnWG) wurde am 18.12.2018 von der BNetzA veröffentlicht. Darin formulierte regulatorische Vorgaben betreffen Unternehmen, die die entsprechenden Schwellenwerte für KRITIS-Anlagen überschreiten. Welche Unternehmen als kritische Infrastruktur im Sinne des Energiewirtschafts- und BSI-Gesetzes gelten, wird durch die BSI-KritisV definiert.

Wesentliche Forderungen der IT-Sicherheitskataloge[5] sind:
- Sicherer Betrieb der TK- und EDV-Systeme zur Netzsteuerung und Steuerung von Energieanlagen
- Implementierung und Etablierung eines Informationssicherheits-Managamentsystems (ISMS) nach DIN ISO/IEC 27001[6] sowie besondere Berücksichtigung der DIN ISO/IEC TR 27019[7]
- Zertifizierung des ISMS bis zum 31.1.2018 (für Strom- und Gasnetze) und bis zum 31.3.2021 (für Energieanlagen) durch eine akkreditierte[8] Zertifizierungsstelle für Informationssicherheitsmanagementsystem[9] gem. ISO/IEC 27001 und dem Konformitätsbewertungsprogramm zur Akkreditierung von Zertifizierungsstellen für den IT-Sicherheitskatalog gem. § 11 Abs. 1a EnWG[10] auf Grundlage der ISO/IEC 27006[11]
- Anwendung des kontinuierlichen Verbesserungsprozesses[12]
- Erstellung eines Netzstrukturplans mit allen IT-Komponenten
- Offizielle Benennung eines IT-Sicherheitsbeauftragten
- Einhaltung von Vorgaben (Compliance)
- Betrieb der Sekundärtechnik[13] nach Stand der Technik
- Berücksichtigung auch der Büro- und Verwaltungsinformationssysteme (nur Energieanlagen)

§ 7 IT-Sicherheit (iSd IT-SiG[14])

Ordnungsgemäßer Betrieb im Sinne des IT-SiG und die fortlaufende Verfügbarkeit der angebotenen kritischen Dienstleistungen sind:
- Vermeidung von Störungen der Verfügbarkeit, Integrität, Vertraulichkeit und Authentizität der IT-Systeme, Komponenten oder Prozesse durch organisatorische und technische Vorkehrungen
- Anwendung branchenspezifischer Mindestanforderungen an die IT-Sicherheit
- Berücksichtigung des Stands der Technik
- Umsetzung von Best Practices, aber auch nationaler, europäischer und internationaler Normen und Standards sowie vergleichbarer Verfahren
- Betreiber dürfen abweichend vom branchenspezifischen Standard eigene den Stand der Technik berücksichtigende Maßnahmen umsetzen.

§ 8 Risikomanagement

- Aufbauen, Einführen, Abstimmen unternehmensweiter Risikomanagementprozesse
- Beachtung branchenabhängiger gesetzlicher und regulatorischer Vorgaben
- Minimierung von strafrechtlichen und Haftungsrisiken für die Unternehmensleitung
- Aufdeckung bestandsgefährdender Unternehmensrisiken
- Zentrale Anlaufstelle und Ansprechpartner für Mitarbeiter und Führungskräfte
- Regelmäßige Berichterstattung an die Unternehmensleitung
- Vermeidung von doppelten Aufwänden in den Fachbereichen aufgrund unklarer Risikoverantwortungen

§ 9 IT-Risikomanagement

- Das Aufbauen, Einführen, Abstimmen von IT-Risikomanagementprozessen und deren Einbindung ist das unternehmensweite Risikomanagement.
- Branchenabhängige gesetzliche und regulatorische Vorgaben sind zu beachten.[15]

§ 10 Geheimschutz

- Planung, Genehmigung, Durchführung und Überwachung aller Maßnahmen zum Schutz von Aufträgen, die dem Geheimschutz unterliegen (Verschlusssachen)
- Sicherheitsüberprüfung und Verschwiegenheitsverpflichtung von Personen
- Abstimmung mit den Behörden und der Geschäftsleitung, Begleitung von Prüfungen, Überwachung gemäß den Verordnungen (EG) Nr. 2580/2001 und Nr. 881/2002[16]

§ 11 Sabotageschutz

- Alle Maßnahmen zum Schutz von Aufträgen, die dem Sabotageschutz[17] unterliegen, werden geplant, genehmigt, durchgeführt und überwacht.
- Die Tätigkeiten an sicherheitsempfindlichen Stellen setzen voraus, dass der betroffene Mitarbeiter nach § 2 Abs. 1 S. 1 SÜG sicherheitsüberprüft ist. Diese Tätigkeiten dürfen nicht aufgenommen werden, solange die Sicherheitsüberprüfung nicht erfolgreich abgeschlossen wurde.
- Nach der Legaldefinition ist eine sicherheitsempfindliche Stelle die kleinste selbstständig handelnde Organisationseinheit innerhalb einer lebens- oder verteidigungswichtigen Einrichtung, die vor unberechtigtem Zugang geschützt ist und von der im Falle der Beeinträchtigung eine erhebliche Gefahr für die Schutzgüter „Leben und Gesundheit großer Teile der Bevölkerung“, „öffentliche Sicherheit und Ordnung“ sowie „Verteidigungsbereitschaft“ ausgeht (§ 1 Abs. 5 S. 3 SÜG).

§ 12 Fachbereiche

- Frühzeitige Berücksichtigung von Sicherheitsrichtlinien und Standards in der Planungsphase von Projekten reduziert die Kosten für Sicherheitsmaßnahmen.
- Rollen und Verantwortungen werden zur Unterstützung der Geschäftsziele des Unternehmens unter Berücksichtigung der Sicherheitsaspekte abgestimmt.
- Anforderungen werden an die Sicherheitsarchitektur des Unternehmens gestellt und durch mittel- und langfristige Projekte auf der „IT-Roadmap“ (strategisch-technologischer Projektplan) umgesetzt.

§ 13 Compliance

Compliance bezeichnet den ordnungsgemäßen und rechtmäßigen Geschäftsbetrieb. Compliance fordert vom Unternehmen die Einhaltung von
- Gesetzen,
- regulatorischen Vorschriften,
- Organisationsgrundsätzen,
- Unternehmensrichtlinien,
- internen Kodizes,
- externen Kodizes.

Verantwortlich für die Einhaltung der Compliance ist die Unternehmensleitung. Die Unternehmensleitung beauftragt den Compliance-Beauftragten (Compliance Officer)[18] mit der Übernahme der Tätigkeiten für diesen Aufgabenbereich. Die Verantwortung für die Einhaltung der gesetzlichen Vorschriften verbleibt allerdings stets bei der Geschäftsführung.

§ 14 IT-Compliance

IT-Compliance definiert die Einhaltung gesetzlicher Anforderungen und Regularien und deren Umsetzung in der IT (IT-Abteilung, IT-Betrieb, IT-Infrastruktur, IT-System, IT-Applikationen etc). Die IT-Compliance ist Bestandteil des unternehmensweiten Compliance-Managements.[19] Sie steht ausschließlich im Zusammenhang mit Informationstechnik und befasst sich mit der Recht- und Ordnungsmäßigkeit der IT-Infrastruktur nebst Systemen und Applikationen. In das Themengebiet der IT-Compliance gehören u. a. die DS-GVO, das TKG, das DDG, die GoBD,[20] die MaRisk, das KonTraG, die „Basel III"-Vorschriften,[21] die Kapitaladäquanzverordnung,[22] der Sarbanes-Oxley-Act und die Euro-SOX.[23] Dazu gehören außerdem alle Verträge des Unternehmens mit IT-Bezug.

§ 15 Regulierung (Unbundling, Gleichbehandlung)

Nach § 10e EnWG müssen unabhängige Transportnetzbetreiber[24] verbindliche Maßnahmen im Rahmen eines Gleichbehandlungsprogrammes festlegen sowie
- der Regulierungsbehörde zur Genehmigung vorlegen,
- den Mitarbeitern bekannt machen,
- die Einhaltung des Programmes überwachen,
- die regulatorischen Maßnahmen überwachen, kontrollieren und berichten,
- Verstöße dokumentieren und melden.

§ 16 Interne Revision

Die interne Revision hat folgende Aufgaben:
- Sie erbringt in einem Unternehmen oder einer Organisation eine Prüfungs- und Beratungsleistung.
- Sie unterstützt bei der Erreichung der Unternehmensziele.
- Sie schafft Transparenz über die Geschäftsprozesse.
- Sie überprüft die Einhaltung von Gesetzen, Verordnungen und Richtlinien.
- Sie übt eine interne unabhängige Kontrollfunktion aus.

§ 17 Externe Revision

Demgegenüber hat die externe Revision folgende Funktionen:
- Sie arbeitet im Auftrag der Geschäftsleitung.

- **Sie ist eine unabhängige, externe Prüfungsperson oder Gesellschaft (Steuerberater, Wirtschaftsprüfer, Unternehmensberater, Rechtsanwalt, Prüfungsgesellschaft).**
- **Sie ist gegebenenfalls gesetzlich vorgeschrieben.**[25]

## Anmerkungen

**1. IT-Industrialisierung.** Zunehmend werden mehr individuelle IT-Lösungen durch Standardprodukte – sog. „Commodities" – ersetzt. Ähnliche Veränderungen zeigen sich auch im Bereich der IT-Services (Walter/Böhmann/Krcmar HMD 2007, 6).

**2. ITIL.** Die „IT Infrastructure Library" (ITIL) ist ein Rahmenwerk, welches vor etwa 20 Jahren für die britische Regierung entwickelt wurde. Schwerpunkt war damals, „best practices" (bestmögliche bereits erprobte Methoden) für Rechenzentren zu definieren, um so einen standardisierten und gegeneinander vergleichbaren IT-Betrieb sicherzustellen. In den Publikationen der ITIL Version 3 werden 26 Prozesse beschrieben, von denen Change Management, Incident Management, Problem Management und Availability Management nur einige sind. In den Publikationen finden sich Vorgaben, die alles von der strategischen Ausrichtung der IT bis hin zu Verbesserungsprozessen in der Service-Erstellung und der Kundenorientierung betreffen (dazu http://wiki.de.it-processmaps.com/index.php/Vertiefende_Informationen_zu_ITIL).

**3. Diensteanbieter.** Ein Anbieter von Telekommunikationsdiensten iSd § 2 Abs. 2 Nr. 1 TDDDG und § 3 Nr. 1 TKG ist jeder (privat wie öffentlich), der ganz oder teilweise geschäftsmäßig Telekommunikationsdienste erbringt oder an der Erbringung dieser Dienste mitwirkt. In § 3 Abs. 2 TDDDG wird das Fernmeldegeheimnis geregelt (→ Form. D. III.1.). Das TTDSG wurde am 13.5.2024 in TDDDG umbenannt.

**4. BNetzA.** Im Falle der Nichteinhaltung des Nachweises der Zertifizierung zum genannten Zeitpunkt kann die BNetzA ein Bußgeld verhängen oder den Entzug der Betriebserlaubnis erwirken. Die Einführung eines ISMS und die Durchführung der Zertifizierung sind unabhängig von der Größe des Netzbetreibers. Dies hat das OLG Düsseldorf 19.7.2017 – VI-3 Kart 109/16 (V), BeckRS 2017, 132865, klargestellt. Durch das skalierbare System des ISMS ist die Angemessenheit einzelner Maßnahmen, bezogen auf jeden einzelnen Netzbetreiber, dh auch unter Berücksichtigung seiner Größe und Systemrelevanz, zu prüfen und festzulegen. In ihrer „Mitteilung zur Zertifizierung nach IT-Sicherheitskatalog § 11 Abs. 1a und 1b EnWG im Fall einer Betriebsführung durch Dritte" vom 29.3.2022 hat die Bundesnetzagentur dies mit einer Fristsetzung zum 31.3.2024 noch einmal konkretisiert.

**5. IT-Sicherheitskataloge.** Dazu BNetzA, Energieabteilung, IT-Sicherheitskatalog gem. § 11 Abs. 1a Energiewirtschaftsgesetz v. 14.8.2015 (Betreiber von Energieversorgungsnetzen) und § 11 Abs. 1b Energiewirtschaftsgesetz v. 21.12.2018 (Erzeugungsanlagen). Der IT-Sicherheitskatalog für Betreiber von Energieanlagen resultiert aus Anh. 1, Teil 3, Nr. 1.1.1–1.1.4 und Anh. 1, Teil 3, Nr. 2.1.1 und 2.1.2 BSI-KritisV. Die Notwendigkeit zur Umsetzung des IT-Sicherheitskatalogs ergibt sich aus den Schwellenwerten der Verordnung und daraus, dass die Energieanlage an ein Energieversorgungsnetz angeschlossen ist.

**6. DIN ISO/IEC 27001.** Bereits → Form. E. I. 1. (siehe Norm DIN EN ISO/IEC 27001:2024-01 Informationstechnik – Sicherheitsverfahren – Informationssicherheitsmanagementsysteme – Anforderungen).

**7. DIN ISO/IEC TR 27019.** Die DIN ISO/IEC TR 27019 ist ein Leitfaden für das Informationssicherheitsmanagement von Steuerungssystemen der Energieversorgung auf Grundlage der ISO/IEC 27002 (siehe Norm DIN EN ISO/IEC 27019:2020-08 Informationstechnik – Sicherheitsverfahren – Informationssicherheitsmaßnahmen für die Energieversorgung). Die ISO 27019 gehört zu den sog. sektorspezifischen Normen der ISO 2700-Familie.

**8. Akkreditierung.** Es ist stets darauf zu achten, dass auf den vorgelegten Zertifikaten für eine Normzertifizierung, also zB ISO 9001, ISO 27001, ein Siegel mit Logo der DAkkS, bei der es sich um die nationale Akkreditierungsstelle in Deutschland, handelt, aufgedruckt ist. Nur so ist gewährleistet, dass diesem Zertifikat vertraut werden kann, denn nur hier ist die Überwachung und regelmäßige Prüfung der Zertifizierungsstelle und damit auch der handelnden Personen sichergestellt. Eine objektive globale Vergleichbarkeit von Zertifikaten erfordert das Siegel der jeweiligen Akkreditierungsgesellschaft des Landes, in dem das Zertifikat ausgestellt wurde.

**9. ISMS bei Energieversorgern.** Weiterführend: Betriebswirtschaftliches Forschungszentrum für Fragen der mittelständischen Wirtschaft eV an der Universität Bayreuth (Hrsg.), Informationssicherheits-Management-Systeme (ISMS) bei Energieversorgern 2018, www.bfm-bayreuth.de/wp-content/uploads/2018/09/Studie_ISMS_2018-09-30_BFM-7P_v10.pdf.

**10. IT-Sicherheitsanforderungen aus dem IT-Sicherheitskatalog.** Die auf dem IT-Sicherheitskatalog basierenden Forderungen zum Nachweis der Sicherheitsmaßnahmen sind eine Folge des zunehmenden Einsatzes von Standardtechnologien von IT-Hard- und Software auch im Bereich kritischer Infrastrukturen. Hier sind Ingenieurstechnik und Informatik in einem hohen Grad an Komplexität so eng verzahnt, dass dies bei den Betriebsprozessen eindeutig definierte organisatorische und technische Übergabepunkte und eine angemessene, aktuelle Dokumentation erfordert.

**11. Konformitätsbewertungsprogramm.** Als Konformitätsbewertungsstellen gelten gemäß Akkreditierungsverfahren der DAkkS v. 22.4.2016, 72 FB 005–5: Zertifizierungsstellen, Inspektionsstellen, Laboratorien u. a. Die durchführende Zertifizierungsstelle muss von der DAkkS nach dem „Konformitätsbewertungsprogramm zur Akkreditierung von Zertifizierungsstellen für die Umsetzung des IT-Sicherheitskatalogs gem. § 11 Abs. 1a EnWG auf der Grundlage der ISO/IEC 27006“ akkreditiert sein. Dazu muss die Zertifizierungsstelle bei der DAkkS einen Antrag für die Akkreditierung oder Erweiterung der Akkreditierung auf Basis des Konformitätsbewertungsprogramms der BNetzA stellen. Hierfür gibt es ein von der DAkkS festgelegtes Akkreditierungsverfahren. Die für die Akkreditierung notwendigen Begutachtungen umfassen eine Geschäftsstellenbegutachtung (der beantragenden Zertifizierungsstelle) sowie ein Witness-Audit (hierbei überprüft ein Begutachter der DAkkS die Kompetenz und Qualifikation der Auditoren des Zertifizierers während eines Audits) in jedem beantragten Sektor. (→ Form. C. IV. 1.).

**12. Kontinuierlicher Verbesserungsprozess.** → Form. E. I. 5.

**13. Sekundärtechnik.** Sekundärtechnik beschreibt die zur Überwachung, Steuerung und Regelung notwendigen Systeme zum Betrieb der Primärtechnik. Als

Primärtechnik werden Betriebsmittel bezeichnet, die direkt der Übertragung des eigentlichen Versorgungsprodukts dienen, bei Energie zB Leitungen, Kabel, Transformatoren, Umspannwerke und Ähnliches. Die Sekundärtechnik beinhaltet u. a. die IT-Systeme, die zur Steuerung und zum Betrieb der Mess-, Steuer- und Regeltechnik (MSR-Technik) und zur Schaltung entfernter Energieanlagen (sog. Fernwirktechnik) benötigt werden (weiterführend Hiller/Bodach/Castor Praxishandbuch Stromverteilungsnetze S. 25, 65).

**14.** **BSI-KritisV.** Durch die erste Rechtsverordnung zum IT-Sicherheitsgesetz werden die Betreiber von Kritischen Infrastrukturen in die Lage versetzt, anhand messbarer und nachvollziehbarer Kriterien zu prüfen, ob sie unter den Regelungsbereich des IT-Sicherheitsgesetzes fallen. Die von der Verordnung betroffenen Betreiber sind mit Inkrafttreten verpflichtet, dem BSI innerhalb von sechs Monaten eine zentrale Kontaktstelle zu benennen und ihm innerhalb von zwei Jahren die Einhaltung eines Mindeststandards an IT-Sicherheit nachzuweisen. Die Verordnung bestimmte zunächst kritische Infrastrukturen in den Sektoren Energie, Informationstechnik und Telekommunikation sowie Wasser und Ernährung, wurde dann aber im Juni 2017 um die Sektoren Transport und Verkehr, Gesundheit sowie Finanz- und Versicherungswesen ergänzt. Aktuell wurde die Siedlungsabfallentsorgung hinzugefügt. Hinzu kamen auch die Sektoren Staat und Verwaltung sowie Medien und Kultur, die jedoch nicht der Regulierung durch das BSIG unterliegen (→ Form. C. IV. 1.).

**15.** **Risikomanagement.** Eine Reihe gesetzlicher und regulatorischer Vorgaben fordern die Einführung eines Risikomanagements im Unternehmen. Dazu gehören u. a. das BilMoG, der Sarbanes-Oxley-Act, die MARisk, die Normen ISO 31000, ISO 27005, ONR 49000 ff., sowie der IDW PS 340 zur Prüfung des Risikofrüherkennungssystems nach § 317 Abs. 4 HGB. In Bezug auf die Institutionalisierung im Unternehmen sei noch das KonTraG genannt, aus welchem sich gesellschaftsrechtliche Pflichten zum Aufbau eines internen Kontrollsystems (IKS) ergeben (§ 91 Abs. 2 AktG, § 43 Abs. 2 GmbHG, § 25a KWG).

**16.** **Verordnungen (EU) Nr. 753/2011 (EG) Nr. 881/2002 und (EG) Nr. 2580/2001.** Auf Grundlage von Resolutionen des Sicherheitsrates der Vereinten Nationen hat die EU Verordnungen erlassen, die der Bekämpfung des Terrorismus dienen sollen. Damit soll erreicht werden, dass Gelder und wirtschaftliche Ressourcen den in dieser Verordnung aufgeführten Personen und Einrichtungen weder direkt noch indirekt zur Verfügung gestellt werden. Die Umsetzung der Sanktionsmaßnahmen und diesbezügliche Hilfestellungen finden sich bei BAFA, Merkblatt Länderunabhängige Embargomaßnahmen zur Terrorismusbekämpfung, S. 9 (→ H. VI.).

**17.** **Sabotageschutz.** Der vorbeugende personelle Sabotageschutz dient dem Ziel, potenzielle Saboteure als sog. Innentäter von sicherheitsempfindlichen Stellen in lebens- oder verteidigungswichtigen Einrichtungen fernzuhalten. Unternehmen, die Aufträge von Einrichtungen, deren Beeinträchtigung die Gesundheit oder das Leben von großen Teilen der Bevölkerung erheblich gefährden würde oder die für das Gemeinwesen unverzichtbar sind, erhalten und deren Mitarbeiter an sicherheitsempfindlichen Stellen eingesetzt werden, müssen diese Mitarbeiter gem. § 9 Abs. 1 Nr. 3 SÜG einer Sicherheitsüberprüfung unterziehen. Unter Umständen ist ein Sabotageschutzbeauftragter zu benennen. Zum vorbeugenden personellen Sabotageschutz sind Unternehmen in Deutschland verpflichtet, die lebens- oder verteidigungswichtige Einrichtungen mit sicherheitsempfindlichen Stellen haben (§ 1 Abs. 5 S. 1 und 2

SÜG). Dazu gehören lebens- und verteidigungswichtige Einrichtungen in der Wirtschaft, die in der SÜFV abschließend festgestellt worden sind. § 10 SÜFV umfasst auch Unternehmen, die Leitstellen für das Elektrizitätsübertragungsnetz betreiben, deren Ausfall die überregionale Elektrizitätsversorgung erheblich beeinträchtigen kann, sowie Post- und Telekommunikationsunternehmen.

**18. Compliance-Beauftragter.** Der Compliance-Beauftragte und seine Stellung im Unternehmen, seine Zusammenarbeit mit der Rechtsabteilung oder direkte Eingliederung in diese wird in → Form. A. II. behandelt.

**19. IT-Compliance.** Teil eines Compliance-Systems ist die IT-Compliance. Um diese nachhaltig herzustellen, ist die IT-Sicherheit unumgänglich. Der dauerhafte Erhalt der IT-Compliance wird erreicht durch ihre Integration in bestehende Prozesse und Organisationen.

**20. GoBD.** Durch die GoBD wurden die bisher gültigen GoBS (Grundsätze ordnungsmäßiger DV-gestützter Buchführungssysteme) sowie die GDPdU (Grundsätze zum Datenzugriff und zur Prüfbarkeit digitaler Unterlagen) zum 1.1.2015 abgelöst. Die GoBD wurden am 28.11.2019 hinsichtlich der Aspekte der Digitalisierung von Belegen und der Nutzung von Cloud-Diensten novelliert. Inhaltlich schreiben die GoBD die Unveränderbarkeit von Buchungen und der dazu gehörigen Aufzeichnungen vor. Steuerrelevante Ausgangsbelege sind so aufzubewahren, dass diese unveränderbar und Veränderungen nachvollziehbar sind.

**21. Basel III.** Basel III ist ein Paket an Reformen des Basler Ausschusses der Bank für Internationalen Zahlungsausgleich und sollte die Schwächen der bisherigen Regulierung für Banken heilen. Am 7.12.2017 hatte der Baseler Ausschuss für Bankaufsicht die Verhandlungen zu Basel III final abgeschlossen und die neuen, international vereinbarten Regeln veröffentlicht. Die Richtlinie 2013/36/EU (sog. „Eigenkapitalrichtlinie“, engl. „Capital Requirements Directive“, CRD) ist die vierte ihrer Art und wird deshalb auch als CRD IV bezeichnet. Sie dient der Umsetzung von Basel III in europäisches Recht.

**22. Kapitaladäquanzverordnung (CRR).** Die Capital Requirements Regulation (EU) Nr. 575/2013 ist eine im Bankwesen geltende EU-Verordnung, die im Rahmen von Basel III Vorgaben zur angemessenen Eigenmittelausstattung macht. Mit dem 1.1.2014 wurde die bis dahin gültige Solvabilitätsverordnung novelliert und die Richtlinie in deutsches Recht umgesetzt.

**23. EuroSOX.** Die Richtlinie 2006/43/EG, die wegen ihrer starken Parallelen zum Sarbanes Oxley Act auch als „EuroSOX“ bezeichnet wird, wurde mit dem BilMoG in nationales Recht überführt. Das Gesetz gilt u. a. für börsennotierte Unternehmen und fordert vom Abschlussprüfer, über wesentliche Schwächen bei den internen Kontrollen des Rechnungslegungsprozesses zu berichten. Damit soll die Wirksamkeit des internen Kontrollsystems und des Risikomanagementsystems überwacht werden.

**24. Transportnetzbetreiber.** Ein Transportnetzbetreiber ist jeder Betreiber eines Übertragungs- oder Fernleitungsnetzes gem. § 3 Nr. 31e EnWG, wobei das Gesetz die Übertragung als den Transport von Elektrizität über ein Höchstspannungs- und Hochspannungsverbundnetz einschließlich grenzüberschreitender Verbindungsleitungen zum Zwecke der Belieferung von Letztverbrauchern oder Verteilern, jedoch nicht die Belieferung der Kunden selbst, definiert.

**25.** **Gesetzliche Vorschrift für die externe Revision.** Die externe Revision findet ihre Grundlage in § 316 HGB zur gesetzlich vorgeschriebenen Überprüfung der Ordnungsmäßigkeit des Jahresabschlusses, die der unabhängige Abschlussprüfer durch den Bestätigungsvermerk testiert. Weitere gesetzliche Vorgaben zu externen Prüfungen ergeben sich aus der Abgabenordnung (§§ 193 ff. AO) und dem Steuergesetz zur Regelung des Steuerrechts. Branchenspezifische Prüfungen durch Externe betreffen u. a. Banken und Kreditinstitute, die von der BaFin geprüft werden.

## 3. Checkliste der Rollen und ihrer Funktionen

Im Folgenden werden die wesentlichen Rollen und deren Funktionen in Bezug auf Informations-, IT-Sicherheit, Geschäftsgeheimnis- und Datenschutz dargestellt. Dies soll es ermöglichen, die **Schwerpunkte bei der Auswahl** einer geeigneten Aufbau- und Ablauforganisation richtig zu setzen (→ Form. E. I. 5.).

Alle Rollen mit Bezug zur Sicherheit erfordern den Einsatz von verantwortungsbewussten, vertrauenswürdigen und integren Persönlichkeiten. Der IT-Sicherheitskatalog der BNetzA fordert bei der Bestimmung des Ansprechpartners die Beachtung der Vorschriften des SÜG und der SÜFV. Danach müssen sich die an sicherheitsempfindlichen Stellen der Elektrizitätsübertragungsnetzbetreiber und Telekommunikationsunternehmen tätigen Personen einer Sicherheitsüberprüfung unterziehen.

Obwohl der Begriff „Mitarbeiter-Screening" negativ behaftet ist, sollte mindestens eine **Führungszeugnisprüfung und ein Anti-Terror-Listenabgleich** für alle Rollen erfolgen (→ Form. H. VI.; → Form. H. VII.). Ein Abgleich mit diesen Terrorlisten wird unter Zuhilfenahme datenbankgestützter Prüfroutinen durchgeführt (BAFA, Merkblatt Länderunabhängige Embargomaßnahmen zur Terrorismusbekämpfung, S. 7).

### § 1 Datenschutzbeauftragter

**Der Datenschutzbeauftragte wird vom Verantwortlichen (Unternehmensleitung, Geschäftsführung) benannt. Seine Aufgaben und Pflichten sind in Art. 37, 38, 39 DS-GVO geregelt. In seiner Fachkunde ist der Datenschutzbeauftragte weisungsfrei und darf durch seinen Dienstherrn/Arbeitgeber nicht benachteiligt werden. Seine Hauptaufgaben[1] sind die Unterrichtung und Beratung des Verantwortlichen oder des Auftragsverarbeiters sowie die Überwachung der Einhaltung der DS-GVO und anderer Datenschutzbestimmungen der EU oder des jeweiligen Mitgliedstaates im Unternehmen. Eine enge Verzahnung der Rollen Informationssicherheitsbeauftragter und Datenschutzbeauftragter ist von hohem Nutzen für das Unternehmen. Denn zu den Aufgaben des Datenschutzbeauftragten gehört die Überwachung der Datenverarbeitung und der Datenverarbeitungsprogramme auf Einhaltung der Datenschutzgesetze.[2] Mit der Datenschutz-Folgenabschätzung (Art. 35 DS-GVO) wird dem Datenschutzbeauftragten eine stärkere Kompetenz zuteil in Bezug auf die von ihm vorzunehmende Risikoabschätzung.[3] Diese wird in der englischen Fassung der DS-GVO als „Data Protection Impact Assessment" (DPIA) bezeichnet und basiert auf dem Begriff „Privacy Impact Assessments" (PIA). Die DIN ISO/IEC 29134: 2020[4] beschreibt als Norm das Verfahren zur Durchführung einer PIA.**

§ 2 Risikobeauftragter

Kenntnis und abschließende Bewertung von unternehmerischen Risiken sind die wichtigsten Aufgaben des betrieblichen Risikobeauftragten. Alle Tochterunternehmen, Standorte und Geschäftsbereiche einer Unternehmung tragen dazu bei, mögliche Risiken zu identifizieren, zu qualifizieren und mithilfe von Risiko-Analysen neutral zu bewerten, um Schaden vom Unternehmen abzuwenden. Präventive Maßnahmen und die Erstellung von Maßnahmenplänen zur Risikominimierung werden durch den betrieblichen Risikobeauftragten koordiniert und zur Umsetzung gebracht. Bei dieser Rolle handelt es sich um das zentrale Unternehmensrisikomanagement, an das die Fachabteilungen ihre Risiken melden – auch IT-Risiken werden an diese zentrale Stelle gemeldet.

§ 3 IT-Risikobeauftragter

Die Rolle des IT-Risikobeauftragten kann in Personalunion mit der des IT-Leiters wahrgenommen werden. Die Aufgabe liegt in der Erkennung, der Bewertung und dem Management von Informations-, IT- und Datenschutzrisiken im Unternehmen. Der IT-Risikobeauftragte führt Risikoanalysen durch und begleitet Risikoanalysen, die vom Informations- und IT-Sicherheitsbeauftragten sowie dem Datenschutzbeauftragten durchgeführt werden. Aus den Ergebnissen erstellt er einen Risikolagebericht. Er bereitet die Risikoentscheidungen vor und ist beteiligt, wenn risikobasierte Investitionsentscheidungen im Unternehmen getroffen werden. Er ist an der Konzeption, Etablierung und dem Betrieb des Risikofrüherkennungssystems beteiligt und für die Weiterentwicklung, Optimierung und Kontrolle eines Risikomanagementsystems im Themenkontext der ITK-Infrastrukturen mit deren IT-Systemen und Applikationen zuständig. Über die Ausrichtung der IT-Sicherheitsstandards im Unternehmen entscheiden der IT-Verantwortliche für den IT-Betrieb (IT-Leiter), der IT-Sicherheitsbeauftragte, der IT-Risikobeauftragte und, sofern im Unternehmen vorhanden, der Verantwortliche für die IT-Infrastruktur.

§ 4 Geheimschutzbeauftragter

Der Geheimschutzbeauftragte ist der bei sicherheitsrelevanten Stellen Beauftragte, der im Rahmen des personellen und materiellen Geheimschutzes Maßnahmen aufgrund des Sicherheitsüberprüfungsgesetzes (SÜG) sowie der Verschlusssachenanweisung (VSA)[5] zu treffen hat. Seine Aufgaben liegen in der Sicherstellung des Geheimschutzes und des Sabotageschutzes durch personelle und materielle Maßnahmen. Die beteiligte Stelle im öffentlichen Bereich, die die Sicherheitsüberprüfung einleitet und über die Betrauung mit der sicherheitsempfindlichen Tätigkeit entscheidet, ist die Beschäftigungsbehörde. Sie wird im Gesetz als zuständige Stelle bezeichnet und wird in aller Regel innerhalb der zuständigen Stelle einen Geheimschutzbeauftragten bzw. Sabotageschutzbeauftragten bestellen.

Sicherheitsbevollmächtigte(r) (SiBe): Für die Sicherheitsüberprüfung zB von Beschäftigten in Wirtschaftsunternehmen gelten besondere Regelungen bei Sicherheitsüberprüfungen für nichtöffentliche Stellen, die dort zum Zugang zu Verschlusssachen ermächtigt werden sollen, weil das Unternehmen einen staatlichen Auftrag erhalten hat, der als Verschlusssache eingestuft ist, sind in §§ 24 bis 31 SÜG besondere Regelungen getroffen worden (Anlage 2 zum RdSchr/Erl des BMI vom 8. Juni 2022 – ÖS II 5 – 54001/41#3 –).

Zu personellen Maßnahmen gehört u.a. die Auswahl des zu Geheimnissen zugangsberechtigten Personenkreises durch die Sicherheitsüberprüfung gem. SÜG. Im Rahmen des vom SiBe überwachten Risikomanagements des Unternehmens gilt es, Bedrohungen zu erkennen und Gefährdungen zu analysieren, um einen angemessenen Schutz sicherzustellen, was letztlich der Erreichung der Unternehmensziele dient. Materielle Maßnahmen sind – meist technische – Sicherungsmaßnahmen, die Geheimnisse vor unbefugtem Zugriff und unbefugter Kenntnisnahme schützen sollen. Einer Sicherheits- und Zuverlässigkeitsüberprüfung wird unterzogen, wer an einer sicherheitsempfindlichen Stelle einer lebens- oder verteidigungswichtigen Einrichtung beschäftigt ist. Vorschriften zum Sabotageschutz gibt es insbesondere im Atomgesetz (AtomG) und im Luftsicherheitsgesetz (LuftSiG).

Im Rahmen der Abwicklung von Aufträgen – insbesondere auf dem Gebiet der Wehrtechnik – müssen den ausführenden Unternehmen zum Teil geheimhaltungsbedürftige Informationen oder Materialien überlassen werden oder es entstehen solche Informationen bei den Unternehmen selbst. Das Bundesministerium für Wirtschaft und Klimaschutz (BMWK) arbeitet auf Grundlage öffentlich-rechtlicher Verträge mit Unternehmen zusammen, denen ein geheimschutzbedürftiger Auftrag erteilt wurde. Das BMWK legt die konkreten Maßnahmen für den Geheimschutz in der Wirtschaft fest und hat diese im Geheimschutzhandbuch (GHB) veröffentlicht. Es berät und kontrolliert die Firmen bei der Einhaltung von Vorschriften zum Schutz von im staatlichen Interesse geheimhaltungsbedürftigen Informationen und führt die erforderlichen Sicherheitsüberprüfungen von Firmenpersonal auf der Grundlage gesetzlicher Regelungen durch. Weiterhin unterstützt es beim praktischen Schutz der Staatsgeheimnisse,[6] bei IT-basierter Bearbeitung von Verschlusssachen und bei internationalen Kooperationsprojekten. Aufgrund möglicher Interessenskonflikte ist eine personelle Vereinigung mit anderen Rollen als kritisch einzustufen.

## § 5 Sabotageschutzbeauftragter[7]

Der Sabotageschutzbeauftragte im Unternehmen ist für die Koordination und Durchführung des Antrags zur Aufnahme in den Sabotageschutz des BMWK zuständig. Er führt Angaben zur Person des zu Überprüfenden sowie zur Beschreibung der sicherheitsempfindlichen Stelle, an der der zu Überprüfende tätig werden soll. Er prüft die Sicherheitserklärung der einzusetzenden Person auf Vollständigkeit und Richtigkeit und koordiniert die Weitergabe der Sicherheitserklärung an das BMWK. Er teilt eventuell vorhandene sicherheitserhebliche Erkenntnisse gem. § 26 SÜG der zuständigen Stelle (Stelle, die eine Verschlusssache an eine nichtöffentliche Stelle weitergeben will) mit. Er unterrichtet das BMWK unverzüglich, wenn nachträglich sicherheitserhebliche Erkenntnisse bekannt werden oder sich Änderungen des Namens, des Wohnorts, der Staatsangehörigkeit sowie ggf. des Familienstands der Betroffenen (§§ 27 S. 4, 29 SÜG) ergeben. Ihm obliegt die Führung einer Sicherheitsakte (§§ 30, 18ff. SÜG), in die alle die Sicherheitsüberprüfung betreffenden Informationen aufzunehmen sind. Die Unterlagen dürfen weder der Personalverwaltung oder dem Betriebsrat des Unternehmens noch der betroffenen Person zugänglich gemacht und dürfen bei einem Wechsel des Arbeitgebers nicht weitergegeben werden, sofern nicht ein Fall von § 613a BGB oder eine Umwandlung nach dem Umwandlungsgesetz vorliegen. Die Vernichtung der Sicherheitsakte gem. §§ 30, 19 Abs. 2 SÜG nach Ablauf von fünf Jahren nach dem Ausscheiden aus der sicherheitsempfindlichen Tätigkeit (§§ 30, 19 Abs. 2 SÜG) oder nach Ablauf von fünf Jahren nach dem Ausscheiden aus einer solchen Tätigkeit (§§ 31, 22 Abs. 2 Nr. 1 SÜG) überwacht der Sabotageschutzbeauftragte. Er kann im Bedarfsfall die Personalakten zur Prüfung der Vollständigkeit und Richtigkeit der Angaben in der Sicherheitserklärung beiziehen (§ 26 S. 3 SÜG). Die Sicherstellung eines ausreichenden Schutzes aller personenbezogenen Daten (§§ 30, 19 SÜG) und ggf. Belehrung der mit der Führung der Sicherheitsakten beauftragten Personen ist Aufgabe des Sabotageschutzbeauftragten.

§ 6 Informationssicherheitsbeauftragter/Chief Information Security Officer (CISO)

Der Informationssicherheitsbeauftragte (CISO[8]) definiert die Informationssicherheitspolitik des Unternehmens in Ableitung von der Unternehmensstrategie[9] und unter Einbeziehung der IT-Strategie. Er führt regelmäßige Risikoanalysen zur Erstellung der Informations-/IT-Sicherheitskonzepte durch und überprüft deren Wirksamkeit auf Basis der Geschäftsprozesse.[10] Er bereitet den Stellenwert der IT, das anzustrebende Informations-/IT-Sicherheitsniveau und die unternehmensweiten Sicherheitsziele gemäß den von der Geschäftsführung festgelegten Ansprüchen auf, formuliert sie aus und führt Maßnahmen zur Umsetzung ein. Dabei führt er selbst an Systemen und Verfahren keine Änderungen durch, da dies dem Neutralitätsanspruch widerspricht, denn so würde er selbst durchgeführte Änderungen wiederum selbst prüfen. Der CISO berichtet regelmäßig an die Unternehmensleitung, berät sie in Fragen zur Informations-/IT-Sicherheit und führt Managementreviews. Er entwickelt und formuliert die Informations- und IT-Sicherheitsleitlinie des Unternehmens und gibt die abgestimmte und freigegebene Sicherheitsleitlinie/-richtlinie allen betroffenen Mitarbeitern des Unternehmens bekannt.

Der Informationssicherheitsbeauftragte arbeitet an der Erstellung des Notfallvorsorgekonzepts (Business Continuity Management, BCM) mit und koordiniert die Umsetzung in entsprechende Notfallpläne, Wiederanlaufpläne und Katastrophenpläne. Er erstellt Regeln für die Zuweisung von Rollen, Verantwortlichkeiten, Berechtigungen und Haftung. Er entwickelt und pflegt ein Sicherheits- und Kontrollrahmenwerk, bestehend aus Standards, Maßnahmen, Verfahren und Prozessen. Die regelmäßige Bewertung von Risiken und die Durchführung von Business-Impact-Analysen[11] gehören ebenso zu seinen Aufgaben wie die Regelung zur Klassifizierung und Kennzeichnung von Informationen (Assets) im Unternehmen.

Der Informationssicherheitsbeauftragte, seine Mitarbeiter oder Beauftragte führen Kontrollen (Audits) für Personen, organisatorische und technische Prozesse und zu eingesetzten und neuen Technologien durch. Seiner Verantwortung obliegt die Überwachung von Sicherheitselementen und effektiven Prozessen zur Identitäts- und Zugriffsverwaltung für Anwender und Zulieferer von Informationen. Ebenso obliegt ihm die Schulung aller Mitarbeiter, Manager und der Unternehmensleitung in Bezug auf die Anforderungen an die Informationssicherheit. Er führt ein Vorfallskataster aller Informations- und Sicherheitsvorfälle. Darin werden die Maßnahmenempfehlungen, also korrektive, detektive und präventive Maßnahmen,[12] und deren Wirksamkeit nachvollziehbar dokumentiert.

Eine jährliche Bewertung der Informationssicherheit und Leistungsberichte an die Unternehmensleitung wird gestützt durch aussagekräftige Kennzahlen zur Sicherheitsleistung und die Planung und Durchführung von regelmäßigen Audits (Informationssicherheits-Managementsystem, Prozesse und Projekte).

Alle Tätigkeiten des Informationssicherheitsbeauftragten sind auditiv, dh, er und sein Stab (seine Mitarbeiter und beauftragte Dritte) führen keine operativen Tätigkeiten selbst aus. Sie beraten herstellerunabhängig[13] steuern, unterstützen und auditieren die von den verantwortlichen Abteilungen durchgeführten Sicherheitsmaßnahmen und prüfen deren Wirksamkeit.

§ 7 Geschäftsgeheimnisschutzbeauftragter/Trade Secret Compliance Officer (TSCO)

Die Rolle des Geschäftsgeheimnisschutzbeauftragten (TSCO) kann aus dem Geschäftsgeheimnisschutzgesetz[14] abgeleitet werden. Der TSCO legt die Regelungen und Maßnahmen zum Schutz von Geschäftsgeheimnissen (bzw. Betriebsgeheimnissen[15]) fest, die für das Unternehmen von wirtschaftlichem Wert sind. Er ist direkt in einer Stabsstellenfunktion der Unternehmensleitung zugeordnet. Sofern bereits ein Informationssicherheits-Managementsystem im Unternehmen etabliert ist, kann er auf Informationen, Maßnahmen und Verfahren sowie auf Rollen und Funktionen des ISMS zurückgreifen. Zu einer der Kernaufgaben des TSCO gehört zunächst die Ermittlung von geheimen Informationswerten im Unternehmen. Dabei beschränkt sich die Inventarisierung nicht auf die IT-Systeme und die darin gespeicherten Informationen. Ein Geschäftsgeheimnis kann auch eine technische Erfindung, ein 3D-Modell, ein technisches Objekt oder ein Prototyp sein. Die Aufgabe des TSCO ist, zunächst eine Geheimnisschutzpolitik des Unternehmens festzulegen, in der klar die Schutz- und Sicherheitsziele für Geschäftsgeheimnisse des Unternehmens festgelegt sind. Dabei ist ein Alignment mit der Unternehmensstrategie von großer Bedeutung. Die Aufbau- und Ablauforganisation sollte sich aus Effektivitätsgründen am Informationssicherheits- oder Datenschutzmanagement orientieren. Informationswerte, die einen wirtschaftlichen Wert haben oder von hoher Sensibilität sind, müssen ermittelt werden. Im Anschluss werden aufgrund erkannter Gefährdungen die Risiken zu den Assets (Informationswerte, Firmenwerte) ermittelt. Hieraus können sich weitere bisher nicht als Geschäftsgeheimnisse wahrgenommene Firmenwerte ergeben. Die ermittelten Risiken sind mit einem Risikomaßnahmenplan zu dokumentieren und entsprechend umzusetzen. Die kontinuierliche Zusammenarbeit und die regelmäßige Abstimmung mit dem CISO und anderen mit dem Schutz sensibler Daten und Informationen betrauter Rollen im Unternehmen dienen der Effizienz und fördern die rationelle Organisation. Die Maßnahmen zum Geschäftsgeheimnisschutz gliedern sich in drei wesentliche Aufgabenbereiche:
- organisatorische Maßnahmen (Leitlinie, Arbeitsanweisungen, Mitarbeiterschulungen, Need-to-know-Prinzip, Rechte und Berechtigungen etc)
- technische Maßnahmen (physische und umgebungsbezogene Schutzmaßnahmen, festgelegte Berechtigungen in Zutritts- und Zugangskonzepten und IT-Systemen abbilden etc)
- rechtliche Maßnahmen (Geheimhaltungsvereinbarungen, bestehende Verträge ergänzen, Lieferkettenabsicherung etc)

Alle Maßnahmen sind regelmäßig auf deren Wirksamkeit zu prüfen:
- organisatorische Maßnahmen durch Audit
- technische Maßnahmen durch Schwachstellenanalysen, Penetrationstests uÄ
- rechtliche Maßnahmen durch (ggf. externe) Juristen

Grundsätzlich sind Maßnahmen zu etablieren, die bereits bei Entstehen des Wissens, der Erfindung bzw. des Verfahrens rechtzeitig greifen und den Schutz des Firmenwerts sicherstellen.

Die Umsetzung der getroffenen Maßnahmen muss für den Fall einer eventuellen Rechtsstreitigkeit beweisbar sein. Insofern bestehen deutliche Parallelen zur Rechenschaftspflicht nach Art. 5 Abs. 2 DS-GVO.

§ 8 IT-Sicherheitsbeauftragter

Die Rolle des IT-Sicherheitsbeauftragten hat einen deutlichen Schwerpunkt auf der technischen Sicherheit der IT-Infrastruktur sowie der Systeme und Applikationen. Im Vergleich zum Informationssicherheitsbeauftragten ist das Tätigkeitsfeld des IT-Sicherheitsbeauftragten im Wesentlichen auf die IT-Abteilung beschränkt. Eine Vermischung der Verantwortlichkeiten oder Verwechslung mit ähnlichen Rollen und Funktionen[16] gilt es stets zu vermeiden, da diese zu einer Silobildung führen kann, was letztlich die Entstehung von Risiken zur Folge hat.

Die Aufgabe des IT-Sicherheitsbeauftragten besteht darin, die Unternehmensleitung bei der Wahrnehmung ihrer Aufgaben in Bezug auf die IT-Sicherheit zu beraten und bei deren Umsetzung zu unterstützen. Wie auch der Informationssicherheitsbeauftragte (CISO) muss der IT-Sicherheitsbeauftragte bei allen IT-Projekten einbezogen werden. Er muss sicherstellen, dass sicherheitsrelevante Aspekte ausreichend beachtet werden. Dazu gehören zB die Beschaffung von IT-Systemen oder die Gestaltung von IT-gestützten Geschäftsprozessen wie etwa:
- Erstellung und Pflege der IT-Sicherheitsleitlinie und des IT-Sicherheitskonzepts
- Entwicklung und Einführung von zielgruppenorientierten, bedarfsgerechten IT-Sicherheitsmaßnahmen
- Aufbau einer Organisationsstruktur für IT-Sicherheit innerhalb des IT-Betriebs
- Integration der Administratoren und Entwickler in die arbeitsplatzbezogenen technischen Sicherheitsprozesse
- Integration der IT-Sicherheit in organisationsweite Prozesse und Verfahren in der IT
- Reporting und Kennzahlenbewertungen der IT-Sicherheit (Reporting an den Chief Information Security Officer)
- Aufrechterhaltung der IT-Sicherheit im laufenden IT-Betrieb

§ 9 IT-Sicherheitsbeauftragter/Sicherheitsbeauftragter nach § 166 TKG

Die Aufgaben des IT-Sicherheitsbeauftragten nach dem TKG umfassen die zuvor beschriebenen Aufgaben sowie die Telekommunikationsspezifika gem. § 166 TKG. Dazu gehören die:
- Unterstützung des Datenschutzes durch IT- und TK-Sicherheitsmaßnahmen
- Wahrung des Fernmeldegeheimnisses gem. §§ 165, 170 TKG
- Erstellung und Fortschreibung eines Sicherheitskonzepts
- Umsetzung technischer Schutzmaßnahmen nach § 166 TKG
- Meldung von Sicherheitsverletzungen einschließlich Störungen von Telekommunikationsnetzen oder -diensten
- Bewertung, Anordnung und Überwachung von Folgemaßnahmen
- möglicherweise notwendige Beauftragung unabhängiger, qualifizierter Unternehmen zur Überprüfung von Sicherheitsmechanismen
- Einhaltung der Anforderungen bezüglich Notruf nach § 164 TKG und Warnmeldungen (Katastrophenschutz) nach § 164a TKG
- Wahrnehmung interner Aufgaben zur IT-Sicherheit beim Betreiber oder Diensteanbieter

§ 10 IT-Sicherheitsbeauftragter nach § 11 Abs. 1a, 1b EnWG

Die Aufgaben des IT-Sicherheitsbeauftragten nach dem IT-Sicherheitskatalog der BNetzA umfassen derzeit:

die Koordination, Verwaltung und Kommunikation der IT-Sicherheit
- zentraler Ansprechpartner für die BNetzA
- Auskunft über den Umsetzungsstand der Anforderungen aus dem vorliegenden IT-Sicherheitskatalog
- Auskunft über aufgetretene Sicherheitsvorfälle sowie Art und Umfang evtl. hierdurch hervorgerufener Auswirkungen sowie deren künftige Vermeidung
- sicherstellen, dass der Netzbetreiber an relevante Kommunikationsinfrastrukturen für Lageberichte und Warnmeldungen sowie zur Bewältigung großflächiger Krisen angebunden ist
- für Strom- und Gasnetzbetreiber: Auswahl geeigneter konkreter Maßnahmen zum Schutz der IT-Infrastruktur
- für Energieanlagenbetreiber: Pflicht zur Registrierung einer Kontaktstelle gegenüber dem BSI gem. § 8b Abs. 3 BSIG bleibt unberührt.

§ 11 Compliance-Beauftragter/Compliance Officer

Mit dem Begriff „Compliance" ist die Einhaltung von Gesetzen, regulatorischen Vorschriften, Organisationsgrundsätzen und Unternehmensrichtlinien nebst internen und externen (branchenspezifischen) Kodizes gemeint.[17]

Die Aufgaben des Compliance-Officers sind insbesondere die:
- Durchführung von Risikoanalysen- und -bewertungen
- Erstellung und Einführung von Regelwerken (Code of Ethics, Code of Conduct)
- Entwicklung und Implementierung von Compliance-Prozessen
- Beratung der Unternehmensleitung, der Manager und Mitarbeiter
- Überwachung und Kontrolle zur Sicherstellung der Umsetzung der Regelwerke
- bereichsspezifische Schulung aller Mitarbeiter
- Berichterstattung (Reporting) an die entsprechenden Stellen im Unternehmen

IT-Compliance meint die Konformität der IT-Systeme (Infrastruktur, Hardware, Software) zu rechtlichen Vorgaben aller Art. Dh, dass gesetzliche Regelungen, Rechtsverordnungen und Verwaltungsvorschriften, die sich auf den IT-Betrieb des Unternehmens auswirken können, jeweils in ihrer gegenwärtigen Auslegung durch die Rechtsprechung im Rahmen der Compliance Berücksichtigung finden müssen. Da IT-Systeme heute für jedes Unternehmen eine fundamentale Bedeutung haben, wird in Großunternehmen oft auch ein IT-Compliance-Manager benannt, der in diesem Spezialgebiet dem Compliance Officer zuarbeitet.

§ 12 Gleichbehandlungsbeauftragter nach § 10e EnWG

Die Aufgabe des Gleichbehandlungsbeauftragten[18] (auch Unbundling Compliance Officer) umfasst den Aufbau eines Gleichbehandlungsprogramms zur Sicherstellung der rechtlichen, operationellen, informatorischen und buchhalterischen Entflechtung,[19] um Transparenz und Diskriminierungsfreiheit, also eine Unbundling-konforme und datenschutzrechtlich einwandfreie Organisation sicherzustellen. Das Gleichbehandlungsprogramm legt Pflichten und, für den Fall, dass gegen diese verstoßen wird, Sanktionen für die Mitarbeiter fest und ist von der Regulierungsbehörde zu genehmigen. Die Einhaltung wird durch eine natürliche oder juristische

**Person, den Gleichbehandlungsbeauftragten,[20] überwacht. Er wird durch den Aufsichtsrat des unabhängigen Transportnetzbetreibers benannt, unmittelbar der Unternehmensleitung unterstellt und ist in dieser Funktion weisungsfrei. Ihm sind die zur Erfüllung der Aufgaben notwendigen Mittel zur Verfügung zu stellen, er ist unabhängig und hat fachlich geeignet zu sein. Wegen der Erfüllung seiner Aufgaben darf er nicht benachteiligt werden. Er hat jederzeit unangekündigt Zugang zu allen erforderlichen Daten und Geschäftsräumen. Er dokumentiert und meldet Verstöße an die Regulierungsbehörde, trifft korrektive Maßnahmen und erstellt einen Jahresbericht über Kontrollen und Maßnahmen, die die Einhaltung der gesetzlichen Einschränkungen sicherstellen.[21]**

## Anmerkungen

**1. Aufgaben des Datenschutzbeauftragten.** Die Pflicht zur Bestellung eines Datenschutzbeauftragten ist nun erstmals europaweit geregelt (→ Form. B. I. bis → Form. B. III.).

**2. Rollenüberdeckungen.** Aus den Tätigkeiten des Datenschutzbeauftragten ergeben sich umfangreiche Überschneidungen, die zu Rollenüberdeckungen mit anderen Funktionsträgern innerhalb der Unternehmen führen. Diese Themen werden in folgenden Beschreibungen und Tabellen dargestellt.

**3. Privacy Impact Assessments (PIA).** Diese Art der Folgenabschätzung kam bereits auf Empfehlungen der Europäischen Kommission im Zusammenhang mit der Einführung neuer Technologien wie RFID (RFID-Empfehlung) und Smart Meter (Smart-Meters-Empfehlung) im Sinne einer Datenschutz-Folgenabschätzung zur Durchführung (→ Form. G. I. 1.; → Form. C. III.).

**4. DIN ISO/IEC 29134:2020.** Die Datenschutz-Folgenabschätzung (DSFA, englisch: Data Protection Impact Assessment, DPIA) ist ein Verfahren zur Bewertung potenzieller Auswirkungen durch einen Prozess, ein IT-System, eine Applikation, einen Dienst oder ein anders geartetes Projekt, das personenbezogene Daten verarbeitet, um ggf. Maßnahmen zur Behandlung des Datenschutzrisikos zu ergreifen. In der DIN EN ISO/IEC 29134:2020-09 wird der Ablauf einer Datenschutz-Folgenabschätzung von der Vorbereitung über die Durchführung bis zur Nachbereitung und der notwendigen Berichterstellung beschrieben. Die Norm ist prozessorientiert und setzt bereits in der Frühphase des Projekts an und begleitet das Projekt bis zu Produktivsetzung. Sie verweist dabei auch auf die ISO/IEC 27001 mit deren prozessorientiertem Informationssicherheitsmanagement.

**5. Verschlusssachenanweisung.** Sofern Mitarbeiter beauftragter privatwirtschaftlicher Unternehmen in Bundesbehörden mit Verschlusssachen (VS) arbeiten, gilt die allgemeine Verwaltungsvorschrift des Bundesministeriums des Innern zum materiellen und organisatorischen Schutz von Verschlusssachen (Allgemeine Verwaltungsvorschrift zum materiellen Geheimschutz (Verschlusssachenanweisung – VSA) vom 13.3.2023. Zu den besonderen Bestimmungen des Geheimschutzes iSv § 4 Abs. 2 S. 2 VSA gehört va das SÜG, die AVV zum SÜG und die VSA sowie ggf. weitere dienstspezifische Vorschriften. Sofern Personen Zugang zu einem Netz, welches für die Verarbeitung von VS des Geheimhaltungsgrades VS-NUR FÜR DEN DIENSTGEBRAUCH freigegeben ist, haben, sind diese nach § 4 Abs. 1 VSA auf die Anlage

V zu verpflichten. Die Anlage V beinhaltet die VSA und beschreibt im VS-NfD-Merkblatt die Behandlung und den Umgang und die Anlage 2 zum RdSchr/Erl des BMI vom 8. Juni 2022 (– ÖS II 5 – 54001/41#3 –) u. a. die besonderen Regelungen bei Sicherheitsüberprüfungen für nichtöffentliche Stellen.

**6. Staatsgeheimnisse.** Als Staatsgeheimnisse sind Informationen und Gegenstände anzusehen, die die Gefahr eines schweren Nachteils für die äußere Sicherheit der Bundesrepublik Deutschland bedeuten können. Diese Informationen sind nur einem begrenzten Personenkreis zugänglich und müssen vor fremden Mächten geheim gehalten werden. Diese Informationen werden gem. VSA als nationale Verschlusssachen (VS) des Geheimhaltungsgrades VS-NfD sowie von ausländischen VS und VS zwischenstaatlicher Organisationen (zB NATO, EU, OCCAR) von vergleichbarem Geheimhaltungsgrad VS-NfD im Bereich der Wirtschaft klassifiziert und sind entsprechend zu behandeln.

**7. Sabotageschutz.** → Form. E. I.2. Anm. 17.

**8. CISO.** In Konzernen oder Unternehmensgruppen wird in den jeweiligen Tochter- oder Beteiligungsunternehmen ein ISO (Information Security Officer) benannt, da dem CISO in der Holding oder der Muttergesellschaft die übergreifende Richtlinienkompetenz im Konzern obliegt. Diese ergibt sich aus der Governance und der Compliance der Konzern- oder Gruppenstruktur des jeweiligen Unternehmens (weiterführend ISACA Implementierungsleitfaden ISO/IEC 27001:2022 S. 16 ff.).

**9. Unternehmensstrategie.** Vision und Mission eines Unternehmens sind der notwendige Orientierungsrahmen für die Mitarbeiter. Visionen zeigen, wohin das Unternehmen sich in den nächsten zehn bis 15 Jahren entwickeln soll (bspw. Marktführer in einem bestimmten Branchenbereich). Hieraus leitet das obere Management die Unternehmensstrategie ab, die dazu beiträgt, die Ziele der Vision zu erreichen (bspw. aggressiver Aufkauf von marktbegleitenden Unternehmen). Alle unterstützenden (dienstorientierten) Abteilungen eines Unternehmens müssen Strategien entwickeln, die diesen Weg (Mission) unterstützen, allen voran die IT-Abteilung, die einen maßgeblichen Anteil an der Fortentwicklung des Unternehmens hat. Die IT-Strategie muss also auf der Unternehmensstrategie aufsetzen (Ableitung), um die volle Unterstützung sicherstellen zu können (bspw. durch eine hochstandardisierte, flexible IT-Infrastruktur, die auf Zukäufe von Unternehmen ausgerichtet ist).

**10. Geschäftsprozesse.** Im Unternehmen beschreibt ein Geschäftsprozess den gesamten Prozessdurchlauf von der Kundenanfrage bis zur abgeschlossenen Auftragserfüllung. Geschäftsprozesse sind immer eine unternehmensspezifische Kombination optimaler Kernprozesse des Unternehmens zur Erfüllung seiner Marktanforderungen. Da Geschäftsprozesse immer unternehmensübergreifend sind, gibt es gemanagte Schnittstellen zu Partnern, Kunden, Lieferanten und in das Internet (sowohl organisatorisch wie auch technisch). Im Unternehmen selbst gibt es unterstützende Geschäftsprozesse wie IT-Betrieb, Anwendungsbetrieb, Buchhaltung, Personal und andere (weiterführend zB Gadatsch/Mangiapane IT-Sicherheit Kap. 7).

**11. Business Impact Analyse (BIA).** Die BIA ist Bestandteil der Planung eines Business-Continuity-Managementsystems, welches die Fortsetzung des Geschäftsbetriebs im Not- oder Krisenfall sicherstellen soll. Die BIA steht zu Beginn der Planung eines Business-Continuity-Managementsystems und hat zur Aufgabe, Kernprozesse und Leistungen des Unternehmens zu identifizieren und hinsichtlich maximaler Ausfallzeiten oder Störungen zu bewerten. Dabei sollen die Aufwände für Maßnahmen zur Fortführung des Geschäftsbetriebs auf wesentliche Bereiche beschränkt werden, die durch ihre fehlende oder eingeschränkte Verfügbarkeit erhebliche Auswirkungen für das Unternehmen zur Folge hätten und somit die Existenz gefährden könnten (v. Rössing Betriebliches Kontinuitätsmanagement S. 61 ff. und 76 ff.).

**12. Korrektivmaßnahmen, detektive und präventive Maßnahmen.** Präventive Kontrollen und Maßnahmen dienen der Verhinderung von Fehlern. Detektive Kontrollen und Maßnahmen dienen dazu, Fehler aufzudecken und zu korrigieren. Korrektive Maßnahmen dienen der Beseitigung, Minimierung oder Verhinderung des erneuten Auftretens erkannter Risiken (Grünendahl/Steinbacher/Will Das IT-Gesetz S. 118 ff. und 203 ff.).

**13. Herstellerunabhängigkeit.** Produktneutrale oder herstellerneutrale Bewertung oder Beratung zu IT-Lösungen erfolgt anforderungs- und ergebnisbezogen ohne eine Präferenz für bestimmte Hersteller. Es ist dabei entscheidend, dass die geforderten Leistungen maximal erfüllt werden.

**14. GeschGehG.** Das GeschGehG ist am 26.4.2019 in Kraft getreten. Es regelt den Schutz von Geschäftsgeheimnissen vor unerlaubter Erlangung, Nutzung und Offenlegung (→ Form. E. I. 1.; → Form. G. IV.).

**15. Betriebsgeheimnis.** Geheime Informationswerte sind somit u. a. technisches Know-how, Verfahren, Konstruktionspläne, Algorithmen, Forschungsergebnisse, Prototypen, Rezepturen, Produktionsoptimierungsverfahren, aber auch geschäftliche Informationen wie Angebote, Kalkulationen, Kundenlisten, Businesspläne oder Werbestrategien (→ Form. E. I. 1.).

**16. Sicherheitsrollen.** Ein CISO verantwortet die unternehmensweite Informationssicherheit; ein Sicherheitsbeauftragter (Chief Security Officer) verantwortet alle Sicherheitsthemen des Unternehmens, also auch Gebäudesicherheit, Werkschutz, Arbeitssicherheit u. a. – er ist mithin der Kopf (Head of Security) einer Sicherheitsabteilung des Unternehmens; ein IT-Sicherheitsbeauftragter (IT-Sibe) verantwortet den Teilbereich der technischen Informationssicherheit der Infrastruktur, Systeme und Software. Ein Informationssicherheitsmanager (Information Security Manager) verantwortet die Absicherung der Informationssicherheit aus betriebswirtschaftlicher Sicht und ist der Counterpart zum CISO auf der Seite der IT-Leitung (Chief Information Officer oder auch Chief Technology Officer) – seine Aufgabe ist der wirtschaftliche Betrieb der Informations- und IT-Sicherheit.

**17. Code of Conduct (Verhaltenskodex).** Ein Verhaltenskodex ist eine Zusammenstellung von Verhaltensweisen. So hat u. a. der GDV Verhaltensregeln für die Datenverarbeitung in der Versicherungswirtschaft festgelegt. Unternehmen der Branche können diesem Code of Conduct (CoC) beitreten und werden in einer Liste veröffentlicht. Der Umgang mit personenbezogenen Daten der Kunden von der Antragstellung bis zur Schadenregulierung soll so transparent gemacht werden (zur Abgrenzung zu unternehmenseigenem CoC → Form. A. IV.).

**18. Ziele des Gleichbehandlungsbeauftragten.** Grundlage des Gleichbehandlungsbeauftragten in Energieversorgungsunternehmen ist die Entflechtung, deren Ziel es ist, Transparenz und Diskriminierungsfreiheit sicherzustellen. Dabei muss die

Unabhängigkeit eines Verteilnetzbetreibers (Betreiber von Strom- und Gasnetzen zur Verteilung an Haushalte) von anderen Bereichen der Energieversorgung sichergestellt werden. Die diskriminierungsfreie Ausgestaltung des Netzbetriebs ist seit dem Jahr 2005 in den §§ 7ff. EnWG festgeschrieben und definiert Maßnahmen der rechtlichen, operationellen, informatorischen und buchhalterischen Entflechtung für vertikal integrierte Unternehmen nach §§ 6ff. EnWG. Vertikal integrierte Energieversorgungsunternehmen sind nach der Definition des § 3 Nr. 38 EnWG Unternehmen oder eine Gruppe von Unternehmen, welche im Elektrizitäts- oder Gasbereich tätig sind. Eine deutliche Verschärfung und Einbeziehung von Gasspeicherbetreibern wurde mit der Energierechtsnovelle 2011 geschaffen. In der Richtlinie zur informatorischen Entflechtung der Regulierungsbehörden des Bundes und der Länder sind technische und organisatorische Maßnahmen zur Umsetzung der Entflechtungsbestimmung des EnWG beschrieben. Es definiert den Gleichbehandlungsbeauftragten in § 10e EnWG.

**19. Entflechtung (Unbundling).** Entflechtung beschreibt die gesetzliche Vorgabe zur Trennung von Netz und Vertrieb bei Energieversorgungsunternehmen (EVU). Das Ziel der Entflechtung ist ein neutraler Netzbetrieb, wie ihn § 10a EnWG fordert, um so einen entsprechenden Wettbewerb zwischen den Marktteilnehmern zu erzeugen. Das EnWG sieht Maßnahmen zur buchhalterischen, informationellen, organisatorischen und gesellschaftsrechtlichen Entflechtung vor.

Die informatorische Entflechtung fordert die Trennung wirtschaftlich sensibler und vorteilhafter Informationen, bspw. Kundendaten (Gemeinsame Richtlinie der Regulierungsbehörden des Bundes und der Länder zur Umsetzung der informatorischen Entflechtung nach § 9 EnWG, 2007). Dies bedeutet, dass der Vertriebsbereich und der Bereich für den Netzbetrieb ausschließlich Daten über Kunden erhalten dürfen, die jeweils von diesen Bereichen beliefert werden. Damit soll erreicht werden, dass den Bereichen eines großen Energieversorgers dieselben Informationen vorliegen wie Mitbewerbern (§ 6a EnWG).

Die buchhalterische Entflechtung beschreibt die Trennung der Rechnungslegung. Energieversorger müssen demnach getrennte Konten, Bilanzen sowie Gewinn- und Verlustrechnungen für die Erzeugung, Übertragung und den Vertrieb erstellen. Alle Bereiche müssen so behandelt werden, als handele es sich um komplett eigenständige Unternehmen (§ 6b EnWG).

Die organisatorische Entflechtung sieht eine Trennung der Organisationsstruktur des Managements vor. Hier ist das Ziel, die Eigenständigkeit der Netzgesellschaft zu gewährleisten (§ 7a EnWG).

Das Legal Unbundling (rechtliche Entflechtung) behandelt die Gesellschaftsrechtsentflechtung. Die Entflechtung von Netz und Vertrieb sieht in Bezug auf die Gesellschaftsform von Netz und Vertrieb eigenständige juristische Gesellschaften vor (§ 7 Abs. 1 EnWG).

**20. Gleichbehandlungsbeauftragter.** Der Gleichbehandlungsbeauftragte kann gem. § 10e Abs. 2 EnWG eine natürliche oder juristische Person sein.

**21. Gleichbehandlungsprogramm.** Das Gleichbehandlungsprogramm des unabhängigen Transportnetzbetreibers gem. § 10e EnWG legt ein Programm mit verbindlichen Maßnahmen zur diskriminierungsfreien Ausübung des Betriebs des Transportnetzes fest, welches den Mitarbeitern bekannt zu machen ist.

*Müller*

## 4. Tabellarische Aufstellung von Rollenüberdeckungen

§ 1 Gegenüberstellung Tätigkeiten DSB und CISO

| Tätigkeiten des Datenschutzbeauftragten (DSB) | Tätigkeiten des Informationssicherheitsbeauftragten (CISO) (gem. ISO 27001) |
|---|---|
| Berichtet direkt an die Unternehmensleitung und erstellt einen jährlichen Datenschutzbericht (Art. 39 Abs. 1 lit. a und Art. 5 Abs. 2 DS-GVO). | Berichtet direkt an die Unternehmensleitung und erstellt einen Jahresbericht zur Sicherheitslage im Unternehmen. |
| In der Ausübung seiner Aufgaben auf dem Gebiet des Datenschutzes ist er weisungsfrei und darf deswegen nicht benachteiligt werden (Art. 38 Abs. 3 DS-GVO). | Seine Stellung ist unabhängig und in der Organisation deutlich sichtbar (Stabsstelle). Die Tätigkeiten sind grundsätzlich nicht operativ, sondern beratend, steuernd, auditiv und unterstützend. |
| Wirkt durch sein Tun auf die Minimierung der Haftungsrisiken (insbesondere im Rahmen der Datenschutz-Folgenabschätzung) hin und ist somit Bestandteil des internen Kontrollsystems, wodurch den Fortbestand der Gesellschaft gefährdende Entwicklungen rechtzeitig erkannt werden sollen (Art. 35, Erwgr. 84, 89–93 DS-GVO). | Wirkt durch sein Tun auf die Minimierung der Haftungsrisiken hin und ist somit Bestandteil des internen Kontrollsystems, wodurch den Fortbestand der Gesellschaft gefährdende Entwicklungen rechtzeitig erkannt werden sollen. |
| Baut eine Datenschutzorganisation auf und erhält diese aufrecht (Erwgr. 78 DS-GVO). | Baut ein Informationssicherheits-Managementsystem auf und erhält dieses aufrecht. |
| Verfügt über Kenntnis der aktuellen Rechtslage zum Datenschutz (Art. 37 Abs. 5 DS-GVO). | Verfügt über Kenntnis der aktuellen Rechtslage im Kontext Informations- und IT-Sicherheit. |
| Verfügt über die Kontrollkompetenz im Unternehmen und hat Zugang zu allen Betriebsbereichen (Art. 38 Abs. 2 und 3 DS-GVO). | Verfügt über die Kontrollkompetenz im Unternehmen und hat Zugang zu allen Betriebsbereichen. |
| Das Führen des Verzeichnisses der Verarbeitungstätigkeiten über IT-Systeme und Verfahren, bei denen mit personenbezogenen Daten gearbeitet wird (Art. 30, Erwgr. 83 DS-GVO), obliegt dem Verantwortlichen und kann ggf. an den DSB delegiert werden. | Bewertet und kategorisiert die IT-Systeme (Applikationen, Services, Server, Netzwerk, Infrastruktur u. a.) nach Kritikalität und angemessenem Schutz. |

| Tätigkeiten des Datenschutzbeauftragten (DSB) | Tätigkeiten des Informationssicherheitsbeauftragten (CISO) (gem. ISO 27001) |
|---|---|
| Führt die Datenschutz-Folgenabschätzung dahingehend durch, ob bei Verarbeitung personenbezogener Daten der Datenschutz und Datensicherheit eingehalten werden. | Überprüft Projekte und IT-Systeme auf IT-Sicherheit vor Inbetriebnahme in Bezug auf sensible und personenbezogene Daten. |
| Führt Risikoanalysen bei der Verarbeitung von personenbezogenen Daten zur Erstellung des Datenschutzkonzepts u.a. im Rahmen der Datenschutz-Folgenabschätzung durch (Art. 35 DS-GVO). | Führt Risikoanalysen zur Erstellung des IS-/IT-Sicherheitskonzepts und dessen sukzessive Umsetzung auf Basis der Geschäftsprozesse durch.[1] |
| Überprüft die Datenschutzkonzepte und -maßnahmen auf deren Wirksamkeit und Nachvollziehbarkeit (Art. 39 Abs. 1 lit. b DS-GVO). | Überprüft die Informations- und IT-Sicherheitskonzepte und -maßnahmen auf deren Wirksamkeit und Nachvollziehbarkeit. |
| Schult und sensibilisiert die Mitarbeiter hinsichtlich der geltenden Vorschriften und besonderen Erfordernisse beim Umgang mit personenbezogenen Daten (Art. 39 Abs. 1 lit. b DS-GVO). | Schult und sensibilisiert die Mitarbeiter für Informationssicherheit und IT-Sicherheit. |
| Überwacht die Einhaltung der datenschutzrechtlichen Vorschriften durch die Mitarbeiter, die an der Verarbeitung beteiligt sind (Art. 39 Abs. 1 lit. b DS-GVO). | Schließt Vertraulichkeitsvereinbarungen für den Umgang mit sensiblen Informationen ab. |
| Wirkt bei vertraglichen Vereinbarungen mit, wenn personenbezogene Daten involviert sind. | Wirkt bei vertraglichen Vereinbarungen im Zusammenhang mit IT-Infrastruktur/-Systemen mit und prüft die Einhaltung der Vertragsinhalte. |
| Arbeitet an Betriebsvereinbarungen mit und leistet notwendige Zuarbeit. | Informiert die Unternehmensleitung über betriebsratsrelevante Themen bei der Neueinführung von Systemen und Applikationen. |
| Überwacht und koordiniert den Datenschutz und die Datensicherung unter Berücksichtigung der Einhaltung der technischen und organisatorischen Maßnahmen nach Stand der Technik (Art. 32 und 41 DS-GVO). | Stellt die physische, umgebungsbezogene und technische Sicherheit sicher. |

| Tätigkeiten des Datenschutzbeauftragten (DSB) | Tätigkeiten des Informationssicherheitsbeauftragten (CISO) (gem. ISO 27001) |
|---|---|
| Führt Datenschutzaudits und Prüfungen entsprechend DS-GVO und einzelvertraglicher Vereinbarungen durch (Art. 32 und 39, Erwgr. 82 DS-GVO). | Führt Sicherheitsaudits und Schwachstellenprüfungen zur Informationssicherheit durch. |
| Vertritt des Unternehmens bei Prüfungen durch Aufsichtsbehörden oder Auftraggeber sowie bei ggf. notwendiger vorheriger Konsultation der Aufsichtsbehörden. | Hat bei Computerstraftaten Kontakt mit Behörden. |
| Ist bei datenschutzrelevanten Richtlinien, Arbeitsanweisungen und Verträgen eingebunden (Art. 39 DS-GVO). | Erstellt und implementiert Richtlinien und Regeln zum Schutz der Unternehmenswerte. |
| Ist Ansprechpartner für Geschäftsleitung, Betriebsrat, Mitarbeiter, Kunden, Lieferanten und Dritte (Art. 39 DS-GVO). | Ist Ansprechpartner für Geschäftsleitung, Betriebsrat, Mitarbeiter, Kunden, Lieferanten und Dritte. |
| Führt ein Meldesystem für Datenschutzereignisse und ergreift korrektive Maßnahmen nach (Datenschutzkataster; Art. 39 Abs. 1 lit. a und Art. 33 DS-GVO). | Führt ein Meldesystem für Informations- und IT-Sicherheitsereignisse und hält korrektive Maßnahmen nach (Informationssicherheitskataster). |
| Unterstützt bei Auskunftsersuchen Dritter oder bei der Benachrichtigungspflicht (Art. 39 DS-GVO). | Unterstützt bei Auftragsverarbeitung. |
| Überwacht die Einhaltung des Grundsatzes der Datenvermeidung und Datensparsamkeit in Bezug auf personenbezogene Daten (Art. 5 und 39 DS-GVO). | Überwacht die Einhaltung der Kennzeichnungs- und Klassifizierungsrichtlinien (Need-to-know-Prinzip).[2] |
| Hält sich durch geeignete Fortbildungsmaßnahmen auf dem aktuellen Stand (Art. 38 DS-GVO). | Hält sich durch geeignete Fortbildungsmaßnahmen auf dem aktuellen Stand. |
| Beaufsichtigt das Terrorlisten-Screening des Unternehmens datenschutzrechtlich. | Prüft die Voraussetzung für die Notwendigkeit der Sicherheitsüberprüfung von IT-Administratoren. |

§ 1a Gegenüberstellung Tätigkeiten DSB und Geschäftsgeheimnisschutzbeauftragter (TSCO)

| Tätigkeiten des Datenschutzbeauftragten (DSB) | Tätigkeiten des Geschäftsgeheimnisschutzbeauftragten (TSCO) gem. GeschGehG |
|---|---|
| Berichtet direkt an die Unternehmensleitung und erstellt einen jährlichen Datenschutzbericht (Art. 39 Abs. 1 lit. a und Art. 5 Abs. 2 DS-GVO). | Berichtet direkt an die Unternehmensleitung und erstellt ein regelmäßiges Reporting zum Schutz der Geschäftsgeheimnisse im Unternehmen. |
| In der Ausübung seiner Aufgaben auf dem Gebiet des Datenschutzes ist er weisungsfrei und darf deswegen nicht benachteiligt werden (Art. 38 Abs. 3 DS-GVO). | Seine Stellung sollte unabhängig und in der Organisation deutlich sichtbar sein (Stabsstelle). Die Tätigkeiten sind grundsätzlich nicht operativ, sondern beratend, steuernd, auditiv und unterstützend. |
| Wirkt durch sein Tun auf die Minimierung der Haftungsrisiken (Datenschutz-Folgenabschätzung) hin und ist somit Bestandteil des internen Kontrollsystems, wodurch den Fortbestand der Gesellschaft gefährdende Entwicklungen rechtzeitig erkannt werden sollen (Art. 35, Erwgr. 84, 89–93 DS-GVO). | Wirkt durch sein Tun auf den Fortbestand des Unternehmens und auf die Wahrnehmung des berechtigten Interesses an der Geheimhaltung hin. Die Rolle ist somit Bestandteil des internen Kontrollsystems, wodurch den Fortbestand der Gesellschaft gefährdende Entwicklungen rechtzeitig erkannt werden sollen. |
| Baut eine Datenschutzorganisation auf und erhält diese aufrecht (Erwgr. 78 DS-GVO). | Baut den Geschäftsgeheimnisschutz im Unternehmen im Unternehmen auf und erhält diesen aufrecht, baut ein integriertens Managementsystems[3] zum Geschäftsgeheimnisschutz auf. |
| Verfügt über Kenntnis der aktuellen Rechtslage zum Datenschutz (Art. 37 Abs. 5 DS-GVO). | Verfügt über Kenntnis der aktuellen Rechtslage im Kontext Geschäftsgeheimnisse, Informations- und IT-Sicherheit. |
| Verfügt über die Kontrollkompetenz im Unternehmen und hat Zugang zu allen Betriebsbereichen (Art. 38 Abs. 2 und 3 DS-GVO). | Verfügt über die Kontrollkompetenz im Unternehmen und hat Zugang auch zu streng vertraulichen Betriebsbereichen. |
| Das Führen des Verzeichnisses der Verarbeitungstätigkeiten über IT-Systeme und Verfahren, bei denen mit personenbezogenen Daten gearbeitet wird (Art. 30, Erwgr. 83 DS-GVO), obliegt dem Verantwortlichen und kann an den DSB delegiert werden. | Bewertet und kategorisiert die IT-Systeme (Applikationen, Services, Server, Netzwerk, Infrastruktur u. a.) nach Kritikalität und angemessenem Schutz, sofern diese Geschäftsgeheimnisse speichern, verarbeiten oder Verbindungen zu solchen Systemen haben. |

| Tätigkeiten des Datenschutzbeauftragten (DSB) | Tätigkeiten des Geschäftsgeheimnisschutzbeauftragten (TSCO) gem. GeschGehG |
|---|---|
| Führt die Datenschutz-Folgenabschätzung dahingehend durch, ob bei Verarbeitung personenbezogener Daten der Datenschutz und Datensicherheit eingehalten werden. | Überprüft Projekte und IT-Systeme auf IT-Sicherheit vor Inbetriebnahme in Bezug auf Geschäftsgeheimnisse. Dies betrifft sowohl bekannte, wie auch im Projekt oder der täglichen Arbeit entstehende Geschäftsgeheimnisse. |
| Führt Risikoanalysen bei der Verarbeitung von personenbezogenen Daten zur Erstellung des Datenschutzkonzepts u. a. im Rahmen der Datenschutz-Folgenabschätzung durch (Art. 35 DS-GVO). | Führt Risikoanalysen zur Erstellung des Schutzkonzepts für Geschäftsgeheimnisse und deren sukzessive Umsetzung auf Basis der Geschäftsprozesse durch. |
| Überprüft die Datenschutzkonzepte und -maßnahmen auf deren Wirksamkeit und Nachvollziehbarkeit (Art. 39 Abs. 1 lit. b DS-GVO). | Überprüft die Schutz-, Sicherheitskonzepte und -maßnahmen auf deren Wirksamkeit und Nachvollziehbarkeit. |
| Schult und sensibilisiert die Mitarbeiter hinsichtlich der geltenden Vorschriften und besonderen Erfordernissen beim Umgang mit personenbezogenen Daten (Art. 39 Abs. 1 lit. b DS-GVO) | Schult und sensibilisiert die Mitarbeiter für den Umgang mit Geschäftsgeheimnissen. |
| Weist die Mitarbeiter, die an der Verarbeitung beteiligt sind auf Einhaltung der datenschutzrechtlichen Vorschriften an (Art. 39 Abs. 1 lit. b DS-GVO). | Erstellt Geheimhaltungsvereinbarungen, ergänzt bestehender Verträge und Lieferketten für den Umgang mit Geschäftsgeheimnissen. |
| Wirkt bei vertraglichen Vereinbarungen mit, wenn personenbezogene Daten involviert sind. | Wirkt bei vertraglichen Vereinbarungen im Zusammenhang mit möglichen Geschäftsgeheimnissen mit und prüft die Einhaltung der Vertragsinhalte ggf. auch vor Ort. |
| Arbeitet an Betriebsvereinbarungen mit und leistet notwendige Zuarbeit. | Überwacht Auffälligkeiten beim Aufruf und Versand bestimmter Daten, Zugriffsversuche in sensiblen Bereichen und Schwankungen im Datenvolumen. |
| Überwacht und koordiniert den Datenschutz und die Datensicherung unter Berücksichtigung der Einhaltung der technischen und organisatorischen Maßnahmen nach Stand der Technik (Art. 32 und 41 DS-GVO). | Stellt die physische, umgebungsbezogene und technische Sicherheit für Firmenwerte, die Geschäftsgeheimnisse darstellen, sicher. |

| Tätigkeiten des Datenschutzbeauftragten (DSB) | Tätigkeiten des Geschäftsgeheimnisschutzbeauftragten (TSCO) gem. GeschGehG |
|---|---|
| Führt von Datenschutzaudits und Prüfungen entsprechend den Forderungen der DS-GVO und einzelvertraglicher Vereinbarungen durch (Art. 32 und 39, Erwgr. 82 DS-GVO). | Führt Audits und Schwachstellenanalysen sowie juristische Prüfungen zum Geschäftsgeheimnisschutz durch. |
| Vertritt das Unternehmens bei Prüfungen durch Aufsichtsbehörden oder Auftraggeber sowie bei ggf. notwendiger vorheriger Konsultation der Aufsichtsbehörden. | Umgang mit Behörden bei Verletzung und Verstößen sowie Straftaten im Zusammenhang mit Geschäftsgeheimnissen. |
| Ist bei datenschutzrelevanten Richtlinien, Arbeitsanweisungen und Verträgen eingebunden (Art. 39 DS-GVO). | Erstellt und implementiert Richtlinien und Regeln zum Schutz der Unternehmenswerte. |
| Ist Ansprechpartner für Geschäftsleitung, Betriebsrat, Mitarbeiter, Kunden, Lieferanten und Dritte (Art. 39 DS-GVO). | Ist Ansprechpartner für Geschäftsleitung, Betriebsrat, Mitarbeiter, Kunden, Lieferanten, Behörden und Dritte. |
| Führt ein Meldesystem für Datenschutzereignisse und hält korrektive Maßnahmen nach (Datenschutzkataster; Art. 39 Abs. 1 lit. a und Art. 33 DS-GVO). | Führt ein Monitoringsystem über Ereignisse, die zur Offenlegung von Geschäftsgeheimnissen führen oder führen könnten und hält korrektive Maßnahmen nach (Kataster). |
| Unterstützt bei Auskunftsersuchen Dritter oder bei der Benachrichtigungspflicht (Art. 39 DS-GVO). | Unterstützt Behörden und Vertragspartner bei Ermittlungen im Fall eines möglichen Verrats von Geschäftsgeheimnissen. |
| Überwacht die Einhaltung des Grundsatzes der Datenvermeidung und Datensparsamkeit in Bezug auf personenbezogene Daten (Art. 5 und 39 DS-GVO). | Überwacht die Einhaltung der Kennzeichnungs- und Klassifizierungsrichtlinien (Need-to-know-Prinzip) für betreffende Informationen. |
| Hält sich durch geeignete Fortbildungsmaßnahmen auf dem aktuellen Stand (Art. 38 DS-GVO). | Hält sich durch geeignete Fortbildungsmaßnahmen auf dem aktuellen Stand. |
| Beaufsichtigt das Terrorlisten-Screening des Unternehmens datenschutzrechtlich. | Prüft die Voraussetzung für die Notwendigkeit der Sicherheitsüberprüfung von IT-Administratoren. |
| – | Etabliert Maßnahmen, die sicherstellen, dass Geschäftsgeheimnisse frühzeitig im Entstehungsprozess erkannt und geschützt werden können. |

| Tätigkeiten des Datenschutzbeauftragten (DSB) | Tätigkeiten des IT-Sicherheitsbeauftragten und IT-Sicherheitsbeauftragten nach TKG |
|---|---|
| Überwacht und koordiniert den Datenschutz und die Datensicherung unter Berücksichtigung der Einhaltung der technischen und organisatorischen Maßnahmen nach Stand der Technik (Art. 32 und 41 DS-GVO). | Stellt Verfahren und Maßnahmen zur IT-Sicherheit innerhalb der IT-Betriebsorganisation sicher und überwacht deren Einhaltung. |
| Führt Datenschutzaudits und Prüfungen entsprechend DS-GVO und einzelvertraglicher Vereinbarungen durch (Art. 32 und 39, Erwgr. 82 DS-GVO). | Führt Audits durch oder beauftragt spezialisierte Dritte mit der Durchführung. |
| Vertritt das Unternehmen bei Prüfungen durch Aufsichtsbehörden oder Auftraggeber sowie bei ggf. notwendiger vorheriger Konsultation der Aufsichtsbehörden. | Unterstützt bei Prüfungen durch Dritte (Wirtschaftsprüfer, Steuerberater, Behörden). |
| Ist bei datenschutzrelevanten Richtlinien, Arbeitsanweisungen und Verträgen eingebunden (Art. 39 DS-GVO). | Unterstützt und empfiehlt IT-Sicherheitsmaßnahmen für Richtlinien, Verfahrensanweisungen und Vertragsverhandlungen. |
| Ist Ansprechpartner für Geschäftsleitung, Betriebsrat, Mitarbeiter, Kunden, Lieferanten und Dritte (Art. 39 DS-GVO). | Ist Ansprechpartner für Geschäftsleitung und Mitarbeiter; sofern das Unternehmen dem TKG unterliegt, auch für Betriebsrat, Kunden, Lieferanten und Dritte. |
| Führt ein Meldesystem für Datenschutzereignisse und hält korrektive Maßnahmen nach (Datenschutzkataster; Art. 39 Abs. 1 lit. a und Art. 33 DS-GVO) | Führt ein Kataster der IT-Sicherheitsereignisse und dokumentiert ergriffene Maßnahmen. |
| Unterstützt bei Auskunftsersuchen Dritter oder bei der Benachrichtigungspflicht (Art. 39 DS-GVO). | Unterstützt Ermittlungsbehörden bei Ermittlungen und forensischen Untersuchungen (gem. TKG). |
| Überwacht die Einhaltung des Grundsatzes der Datenvermeidung und Datensparsamkeit in Bezug auf personenbezogene Daten (Art. 5 und 39 DS-GVO). | Überwacht (technisch) die Einhaltung der korrekten Berechtigungsvergaben in IT-Systemen und Applikationen. |
| Hält sich durch geeignete Fortbildungsmaßnahmen auf dem aktuellen Stand (Art. 38 DS-GVO). | Nimmt regelmäßig an geeigneten Fortbildungen teil. |

| Tätigkeiten des Datenschutzbeauftragten (DSB) | Tätigkeiten des IT-Sicherheitsbeauftragten und IT-Sicherheitsbeauftragten nach TKG |
|---|---|
| Beaufsichtigt das Terrorlisten-Screening des Unternehmens datenschutzrechtlich. | Unterliegt dem SÜG[5] gem. TKG.[6] |

§ 3 Gegenüberstellung Tätigkeiten DSB und Gleichbehandlungsbeauftragter

| Tätigkeiten des Datenschutzbeauftragten (DSB) | Tätigkeiten des Gleichbehandlungsbeauftragten |
|---|---|
| Berichtet direkt an die Unternehmensleitung und erstellt einen jährlichen Datenschutzbericht (Art. 39 Abs. 1 lit. a und Art. 5 Abs. 2 DS-GVO). | Berichtet an die Regulierungsbehörde und den Aufsichtsrat. |
| In der Ausübung seiner Aufgaben auf dem Gebiet des Datenschutzes ist er weisungsfrei und darf deswegen nicht benachteiligt werden (Art. 38 Abs. 3 DS-GVO). | In seiner Funktion ist er weisungsfrei und darf wegen der Erfüllung seiner Aufgaben nicht benachteiligt werden. |
| Wirkt durch sein Tun auf die Minimierung der Haftungsrisiken (insbesondere im Rahmen der Datenschutz-Folgenabschätzung) hin und ist somit Bestandteil des internen Kontrollsystems, wodurch den Fortbestand der Gesellschaft gefährdende Entwicklungen rechtzeitig erkannt werden sollen (Art. 35, Erwgr. 84, 89–93 DS-GVO). | Wirkt durch sein Tun auf die Einhaltung des „Unbundling" hin und ist somit Bestandteil der „Unbundling-Compliance" des Transportnetzbetreibers. |
| Baut eine Datenschutzorganisation auf und erhält diese aufrecht (Erwgr. 78 DS-GVO). | Baut ein Gleichbehandlungsprogramm auf. |
| Verfügt über Kenntnis der aktuellen Rechtslage zum Datenschutz (Art. 37 Abs. 5 DS-GVO). | Verfügt über Kenntnisse der aktuellen Gesetzeslage zum „Unbundling". |
| Verfügt über die Kontrollkompetenz im Unternehmen und hat Zugang zu allen Betriebsbereichen (Art. 38 Abs. 2 und 3 DS-GVO). | Verfügt über das gesetzlich zugesicherte Recht zur Teilnahme an allen Sitzungen der Unternehmensleitung, des Aufsichtsrats oder der Gesellschafter- und/oder Hauptversammlungen. |
| Das Führen des Verzeichnisses der Verarbeitungstätigkeiten über IT-Systeme und Verfahren, bei denen mit personenbezogenen Daten gearbeitet wird (Art. 30, Erwgr. 83 DS-GVO), obliegt dem Verantwortlichen und kann an den DSB delegiert werden. | Dokumentiert Prozess- und Verfahrensabläufe im Zusammenhang mit der diskriminierungsfreien Ausübung des Transportnetzbetriebes. |

| Tätigkeiten des Datenschutzbeauftragten (DSB) | Tätigkeiten des Gleichbehandlungsbeauftragten |
|---|---|
| Führt die Datenschutz-Folgenabschätzung dahingehend durch, ob bei Verarbeitung personenbezogener Daten der Datenschutz und Datensicherheit eingehalten werden. | Kontrolliert (auch ohne Vorankündigung) die Einhaltung der Maßnahmen des Gleichbehandlungsprogramms. |
| Führt Risikoanalysen bei der Verarbeitung von personenbezogenen Daten zur Erstellung des Datenschutzkonzeptes u. a. im Rahmen der Datenschutz-Folgenabschätzung durch (Art. 35 DS-GVO). | Ermittelt und bewertet Risiken im Zusammenhang mit dem Gleichbehandlungsprogramm. |
| Überprüft die Datenschutzkonzepte und -maßnahmen auf deren Wirksamkeit und Nachvollziehbarkeit (Art. 39 Abs. 1 lit. b DS-GVO). | Überprüft regelmäßig das Gleichbehandlungsprogramm auf Einhaltung der rechtlichen, operationellen, informatorischen und buchhalterischen Entflechtung. |
| Schult und sensibilisiert die Mitarbeiter hinsichtlich der geltenden Vorschriften und besonderen Erfordernissen beim Umgang mit personenbezogenen Daten (Art. 39 Abs. 1 lit. b DS-GVO). | Schult die Mitarbeiter im Rahmen des Gleichbehandlungsprogramms. |
| Überwacht die Einhaltung der datenschutzrechtlichen Vorschriften durch die Mitarbeiter, die an der Verarbeitung beteiligt sind (Art. 39 Abs. 1 lit. b DS-GVO). | Verpflichtet die Mitarbeiter zur informatorischen Entflechtung.[7] |
| Wirkt bei vertraglichen Vereinbarungen mit, wenn personenbezogene Daten involviert sind. | Wirkt bei vertraglichen Vereinbarungen mit, wenn Bezug zum „Unbundling“ besteht. |
| Arbeitet an Betriebsvereinbarungen mit und leistet notwendige Zuarbeit. | |
| Überwacht und koordiniert den Datenschutz und die Datensicherung unter Berücksichtigung der Einhaltung der technischen und organisatorischen Maßnahmen nach Stand der Technik (Art. 32 und 41 DS-GVO). | Überwacht und koordiniert den Datenschutz und die Datensicherung[8] unter Berücksichtigung der Einhaltung der rechtlichen, operationellen, informatorischen und buchhalterischen Entflechtung. |
| Führt von Datenschutzaudits und Prüfungen entsprechend DS-GVO und einzelvertraglicher Vereinbarungen durch (Art. 32 und 39, Erwgr. 82 DS-GVO). | Führt Kontrollen gem. EnWG durch. |

| Tätigkeiten des Datenschutzbeauftragten (DSB) | Tätigkeiten des Gleichbehandlungsbeauftragten |
|---|---|
| Vertritt das Unternehmen bei Prüfungen durch Aufsichtsbehörden oder Auftraggeber sowie bei ggf. notwendiger vorheriger Konsultation der Aufsichtsbehörden. | Vertritt das Unternehmen bei der Prüfung durch Aufsichtsbehörden. |
| Ist bei datenschutzrelevanten Richtlinien, Arbeitsanweisungen und Verträgen eingebunden (Art. 39 DS-GVO). | Ist bei der Formulierung von Richtlinien, Arbeitsanweisungen und Verträgen mit Bezug zum Unbundling eingebunden. |
| Ist Ansprechpartner für Geschäftsleitung, Betriebsrat, Mitarbeiter, Kunden, Lieferanten und Dritte (Art. 39 DS-GVO). | Ist Ansprechpartner für Aufsichtsrat, Regulierungsbehörde, Geschäftsleitung, Mitarbeiter, Kunden und Lieferanten. |
| Führt ein Meldesystem für Datenschutzereignisse und hält korrektive Maßnahmen nach (Datenschutzkataster; Art. 39 Abs. 1 lit. a und Art. 33 DS-GVO). | Führt ein Meldesystem über Verstöße gegen das „Unbundling", dokumentiert Maßnahmen und meldet an Regulierungsbehörde und Aufsichtsrat. |
| Unterstützt bei Auskunftsersuchen Dritter oder bei der Benachrichtigungspflicht (Art. 39 DS-GVO). | Berichtet jährlich an die Regulierungsbehörde. |
| Überwacht die Einhaltung des Grundsatzes der Datenvermeidung und Datensparsamkeit in Bezug auf personenbezogene Daten (Art. 5 und 39 DS-GVO). | Überwacht die Einhaltung der informatorischen und buchhalterischen Entflechtung in Bezug auf personenbezogene Daten. |
| Hält sich durch geeignete Fortbildungsmaßnahmen auf dem aktuellen Stand (Art. 38 DS-GVO). | Hält sich durch geeignete Fortbildungsmaßnahmen auf dem aktuellen Stand. |
| Beaufsichtigt das Terrorlisten-Screening des Unternehmens datenschutzrechtlich. | |

## Anmerkungen

**1.** Geschäftsprozesse. → Form. E. I.3. § 6 Anm. 10.

**2.** Need-to-know-Prinzip. Minimalprinzip, „Kenntnis, nur wenn nötig", → Form. E. I.1. § 5 Anm. 14.

**3.** Integriertes Managementsystem (IMS). Ein Integriertes Managementsystem (IMS) fasst die Methoden und Verfahren zur Steuerung für verschiedene Managementsysteme unterschiedlicher Disziplinen in einer einheitlichen Struktur zusammen. Alle dienen gemeinsam der Steuerung, Leitung und Überwachung innerhalb der Organisation (Unternehmen, Behörden u.a.). So können in einem IMS Zertifizierungsnormen wie Qualität (ISO 9001), Informationssicherheit (ISO 27001), Umwelt (ISO 14001), Energie (ISO 50001) und andere auch mit anderen, nicht zertifizierungsfähigen Managementsystemen wie Datenschutz, Geheimschutz, Geschäftsgeheimnisschutz und andere zusammengefasst werden. Eine nicht isolierte Betrachtung der Systeme ist rationell, effizienzsteigernd und somit kostenrentabler (→ Form. E. I.). Die schnelle Weiterentwicklung in der Technik, die Globalisierung und die Zunahme an gesetzlichen und regulatorischen Anforderungen fordert hier zunehmend Unternehmen heraus, mehrere dieser Managementsysteme zu betreiben und im Rahmen der Wettbewerbsfähigkeit zu zertifizieren. Durch eine IMS werden Informationsdefizite verringert, Dokumentationsaufwand und einhergehend Schulungsaufwand für Mitarbeiter reduziert, Verfahren und Tätigkeiten werden durch Prozessorientierung vereinheitlicht und Silobildung wird verhindert. Eindeutige und transparente Strukturen verbessern die interne und externe Kommunikation und stärken das Ansehen des Unternehmens in Innen- und Außendarstellung.

**4. § 87 BetrVG.** Gem. § 87 Abs. 1 Nr. 6 BetrVG hat der Betriebsrat ein Mitbestimmungsrecht, wenn technische Einrichtungen eingeführt und angewendet werden, die dazu bestimmt sind, das Verhalten oder die Leistung der Arbeitnehmer zu überwachen.

**5. SÜG.** → Form. E. I. 3.

**6. Führungszeugnis.** Bei Personen, die in Unternehmen in sicherheitsrelevanten Positionen beschäftigt werden, ist deren Überprüfung auf Zuverlässigkeit, insbesondere durch ein polizeiliches Führungszeugnis, zu empfehlen.

**7. Informatorische Entflechtung.** Die Entflechtung oder auch Unbundling genannte Trennung des Netzbetriebs von den am Markt operierenden Bereichen der Gewinnung, Erzeugung und Vertrieb der Energiewirtschaft sieht gesetzliche Vorgaben für Energieversorgungsunternehmen vor, die eine Regulierung des Netzzugangs und der Netzentgelte sowie die Unabhängigkeit der Netzbetreiber erreichen und so zur Liberalisierung des Energiemarktes führen sollen. Die Pflicht zur Entflechtung der Netzbetreiber resultiert aus europäischem Recht und ist in §§ 6 ff. EnWG umgesetzt. Nach der geltenden Rechtslage sind folgende Formen der Entflechtung zu unterscheiden:
- Informatorische Entflechtung: Hat zum Ziel, sensible Informationen im Zusammenhang mit dem Netzbetrieb vor unbefugtem Zugriff (insbesondere aus anderen Bereichen eines vertikal integrierten Unternehmens) zu schützen.
- Buchhalterische Entflechtung: Eine buchhalterische Trennung des Netzbetriebs von anderen Tätigkeitsbereichen des vertikal integrierten Unternehmens. Ziel der buchhalterischen Trennung ist die Schaffung von Transparenz der wirtschaftlichen Situation des Netzbetriebs zur Vermeidung von Diskriminierungen, Quersubventionen und Wettbewerbsverzerrungen gem. § 6b EnWG.
- Gesellschaftsrechtliche Entflechtung: Sieht eine vollständige gesellschaftsrechtliche Trennung der Aktivitäten im Netzbetrieb von den übrigen Tätigkeitsbereichen des Energieversorgungsunternehmens vor.
- Organisatorische/Operationelle Entflechtung: Soll gem. § 7a Abs. 1 EnWG die Unabhängigkeit der Netzbetreiber von anderen Unternehmensbereichen eines

integrierten Energieversorgungsunternehmens hinsichtlich der Organisation, der Entscheidungsgewalt und der Ausübung des Netzgeschäfts sicherstellen.
- Eigentumsrechtliche Entflechtung: Ist in §§ 8 ff. EnWG geregelt und sieht eine vollständige, auch eigentumsrechtliche Trennung des Netzbetriebs von den übrigen Sparten der Energieversorgung vor, wobei der Gesetzgeber Ausnahmen vorsieht (§§ 9 ff. EnWG).

**8. Datensicherung.** → Form. E. I. 1. und → Form. E. II. 1.

## 5. Vermeidung unrationeller Arbeitsweisen

In diesem Abschnitt werden die Themenbereiche zum Aufbau einer Datenschutzorganisation und eines **Datenschutz-Managementsystems** näher beschrieben. Zudem wird aufgezeigt, welche Überschneidungen zu anderen in den vorigen Abschnitten beschriebenen Themenbereichen, Rollen und Funktionen im Unternehmen bestehen und wie diese zu einer **effizienten, ganzheitlichen Organisation** zusammengeführt werden können.

Als Grundlage für die Rationalisierung dient der folgende **Umsetzungsplan,** der den Weg zur Erreichung einer datenschutzrechtlichen Konformität mit den Regelungen der DS-GVO beschreibt. Dabei werden va die Bereiche Zuständigkeit, Dokumentation, Organisation, Maßnahmen und Berichte zum Datenschutz betrachtet, da hier erfahrungsgemäß die größten Doppelungen existieren. Die nachfolgend aufgeführten Tätigkeiten werden als Umsetzungsvorschläge im Anschluss an die Ist-Analyse genauer beschrieben.

Um einen **Umsetzungsplan** zu erstellen, ist zunächst eine Ist-Analyse durchzuführen. Die Ist-Analyse dient der Identifikation des Reifegrades (→ Form. A. III. 5.) und des Status der vorhandenen und verwendbaren Dokumentationen, Prozesse und Verfahren. Die Durchführung der **Ist-Analyse zur Statusaufnahme** liefert die Planungsgrundlage für das weitere Vorgehen. Dabei werden die Ergebnisse der Ist-Analyse gegen die Solldefinition abgeglichen, um durch die Delta-Ermittlung das weitere Vorgehen festzulegen. Ein geeignetes Vorgehensmodell (Prozessmodell) für das Projekt sollte zuvor festgelegt werden. Das **Projektvorgehen** sollte sich dabei an unternehmensgebräuchlichen Methoden oder gängigen Standards des Projektmanagements orientieren. Das Vorgehensmodell ist der organisatorische Rahmen und der zentrale „rote Faden“ des Projekts und legt die Aktivitäten und die Reihenfolge der Abarbeitung fest. Es beinhaltet auch Verfahren zur **Qualitätssicherung.**

### Übersichtsliste zur Erstellung eines Umsetzungsplans der durchzuführenden Datenschutzmaßnahmen durch den Datenschutzbeauftragten

§ 1 Ist-Analyse

Die Ist-Analyse dient der Ermittlung des notwendigen Aufwands zur Umsetzung datenschutzrechtlicher Anforderungen. Die Ist-Analyse stellt dabei die Informationsgrundlage für die weitere Planung dar. Nach der erfolgten Ist-Analyse kann somit die genaue Projektplanung durchgeführt und der finale Aufwand ermittelt werden. Folgende Punkte sind zu berücksichtigen:

- Durchführung einer Ist-Analyse
- Statusaufnahme und Planungsgrundlage für das weitere Vorgehen
- Identifikation notwendiger Dokumentationen
- Beachtung der Rechenschaftspflicht gem. Art. 5 DS-GVO
- Prüfung vorhandener Dokumente und Vorlagen für die spätere Verwendung bei datenschutzrelevanten Themen
- Audits von Dienstleistern
- Prüfung, welche Audits aus anderen Abteilungen bereits durchgeführt wurden
- Ermittlung vorhandener Zertifizierungen der Dienstleister
- Datenschutzkonforme Audits von Dienstleistern, die über keine Zertifizierungen verfügen und/oder nicht auditiert wurden
- Prüfung des Abschlusses gesetzlich vorgeschriebener Vereinbarungen
  - Prüfung der Dienstleister (Auftragsverarbeiter) und Kundenverträge nach Art. 28 und 29, sowie Erwgr. 81 und 82 DS-GVO
  - Prüfung der Informations-, IT-Sicherheit und anderer Sicherheitsabteilungen (u.a. Geschäftsgeheimnisschutz) des Unternehmens auf Integrationsmöglichkeiten in die Datenschutzorganisation
- Ermittlung weiterer Unterstützungsdienstleistungen im Unternehmen zur Erfüllung der gesetzlichen Anforderungen
- Ermittlung durchgeführter Sicherheitsschulungen der Mitarbeiter
- Ermittlung der Schulungsdifferenz zu Datenschutzthemen
- Ermittlung interner und externer Audits
  - Prüfungen und Schwachstellenanalysen von Websites, Infrastruktur, IT-Systemen und Applikationen (Penetrationstests[1])
  - Ermittlung von Prüfungen von Wirtschaftsprüfern und Steuerberatern
  - Ermittlung von Lieferanten- und Kundenaudits
  - Ermittlung von Auditergebnissen aus Zertifizierungen
  - Ermittlung von Audits der internen Revision[2] (bei Vorhandensein)
- Sichtung und Kategorisierung von Prozess- und Verfahrensbeschreibungen
- Heranziehung und Bewertung von Compliance-Prüfungen, Risikobewertungen und -behandlungsplänen
- Prüfung der Inhalte der Sicherheitsregister/-kataster auf datenschutzrechtliche Relevanz

In der Ist-Analyse sollten insbesondere die nachfolgend aufgeführten Dokumente auf deren Verwendbarkeit für den Datenschutz geprüft werden und um die datenschutzrechtlichen Aspekte ergänzt werden. Die nachfolgende Aufstellung zu Informations- und IT-Sicherheitsdokumenten kann branchenspezifisch abweichen:

- Organigramm mit Aufgaben-/Stellenbeschreibung
- Informationssicherheitsrichtlinie
- Risikoermittlungsprozess (Methode zur Einschätzung, Bewertung und Behandlung)
- Risikomaßnahmenbehandlungsplan
- Klassifizierungs- und Kennzeichnungsrichtlinie
- Nutzung von IT-Arbeitsplätzen
- Kennwort-Richtlinie
- Richtlinie für die Entwicklung und Pflege sicherer Systeme und Anwendungen
- Schutz von eigenentwickelter Software
- Betriebsvereinbarungen

- Kameraüberwachung[3]
- Mitarbeiterausweise
- Richtlinie zur Berechtigungsverwaltung
- Richtlinie zur Datenlöschung[4]
- Richtlinie zur Datensicherung und -wiederherstellung
- Richtlinie zum Einsatz kryptografischer Verfahren
- Richtlinie zur Einhaltung von Vorgaben (Compliance)
- Richtlinie zur Nutzung von E-Mail, Telefon und Internetverbindungen[5]
- Richtlinie zum Schadsoftwareschutz
- Vorgaben für die Lieferantensteuerung
- Richtlinie zum Umgang mit externen betriebsfremden Parteien
- Richtlinie zum Umgang mit Informationssicherheitsereignissen
- Richtlinie zum Umgang mit IT-Endgeräten
- Vorgaben für den Umgang mit mobilen Endgeräten (auch auf Messen und Reisen)
- Richtlinie zum Verhalten am Arbeitsplatz
- Richtlinie zu Zutritt, Zugang und Zugriff
- Richtlinie zum Umgang mit administrativen Kennungen und technischen Benutzern[6]
- Schulungspläne und Schulungsnachweise der Fachkunde
- Auditprogramm zur Durchführung interner Audits
- Übersicht über aktuelle für das betreffende Unternehmen gültige Gesetze, Verordnungen und Regelungen
- Geschäftskontinuitätsplan[7]

§ 2 Aufgaben

Die Durchführung der nachfolgenden Aufgaben und Fragestellungen ist für die Umsetzung der Anforderungen der DS-GVO notwendig. Der nachfolgende Überblick stellt die wesentlichen Aufgaben dar und ist nach Ergebnis der Ist-Analyse zu erweitern oder einzukürzen. Ob und wie er erweitert oder gekürzt werden kann, hängt vom Ergebnis der bereits vorhandenen Dokumentationen und Verfahren ab, die in der Ist-Analyse ermittelt wurden.

1. Vorlagen bereitstellen
   a) Art. 39 Abs. 1 lit. b DS-GVO[8]– Sensibilisierung und Schulung der an den Verarbeitungsvorgängen beteiligten Mitarbeiter und der diesbezüglichen Überprüfungen
   b) Art. 24, 28 und 29 sowie Erwgr. 81 und 82 DS-GVO – technische und organisatorische Maßnahmen[9]
   c) Art. 28 DS-GVO – Verarbeitung personenbezogener Daten im Auftrag eines Verantwortlichen[10]
2. Prüfung der Nutzbarkeit bereits dokumentierter Prozesse als Basis für die Verzeichnisse von Verarbeitungstätigkeiten[11]
   a) Ermittlung und Ergänzung fehlender notwendiger Informationen für Verfahren
   b) zusätzliche Filtermöglichkeit für datenschutzrelevante Prozesse
3. Aufnahme weiterer Verfahren auch unter Zuhilfenahme von Verfahrensdokumentationen gem. GoBD
4. Zusammenarbeit zwischen verschiedenen Managementsystemen und dem Datenschutz

5. Vertragsprüfung der externen Dienstleister
6. Designentwurf für Datenschutz-Flyer und Abgleich mit ähnlichen Mitarbeiterinformationen
7. Vorbereitung von Schulungsunterlagen
   a) Abgleich mit Sicherheits- und Compliance-Schulungen (ggf. weitere)
   b) Planung gemeinsamer Schulungen mit Informations-, IT-Sicherheit, Geschäftsgeheimnisschutz, Risikomanagement, Compliance, Antikorruption und Geldwäsche
8. Erstellung eines Datenschutz-Dokumentensets für den Anstellungsprozess
   a) Verpflichtung zur Einhaltung der DS-GVO gem. Art. 39 DS-GVO
   b) eigenständige oder integrierte Datenschutz-Flyer
9. Art. 39 Abs. 1 lit. a DS-GVO – Durchführung von Schulungen in ausgewählten Bereichen durch den betrieblichen Datenschutzbeauftragten
10. Verpflichtung der Mitarbeiter auf das Datengeheimnis
    Integration von Grundschulungen in den On-Boarding-Prozess des Unternehmens
11. Erstellung und Umsetzung von datenschutzrelevanten Prozessen
    a) standardisierte Vertragsprüfung
    b) Integration in vorhandene ERP- und CRM-Systeme durch einfache Abfragen bei der Ersterfassung
    c) standardisierter Umgang mit Datenschutzvorfällen

Mit den hier vorgeschlagenen Umsetzungsinhalten kann eine umfassende Konformität zu den Vorgaben der DS-GVO sowie weiterer Rechtsnormen durch den integrativen Ansatz hergestellt werden. Die Vorgehensweise beruht dabei zum einen direkt auf den Anweisungen aus dem Gesetz sowie auf Best Practice-Ansätzen zum Datenschutz und stellt somit eine allgemeingültige Vorgehensweise dar. Es ist zu bedenken, dass keine vollständige Rechtssicherheit hergestellt werden kann. Auch bedeutet eine implementierte Datenschutzorganisation nicht zwangsläufig, dass keine datenschutzrelevanten Ereignisse oder Vorfälle eintreten. Diese Risiken müssen durch eine kontinuierliche Verbesserung[12] und Überarbeitung des Datenschutzmanagements minimiert werden. Insbesondere nach der Umsetzung von Sensibilisierungsmaßnahmen können Meldungen zu Vorfällen und Verstößen erfahrungsgemäß ansteigen, wenn bis dato keine zentrale Erfassung durchgeführt wurde. Ein Kataster zur Erfassung von Datenschutzereignissen sollte geführt und in ein vorhandenes Meldesystem integriert werden, um datenschutzrelevante Ereignisse und Vorfälle nachhaltig zu dokumentieren und einer strukturierten Bearbeitung zuzuführen.

## § 3 Erstellung notwendiger Dokumentationen

Die DS-GVO fordert die Erstellung einer durchgängigen Dokumentation in verschiedenen Bereichen. Hierzu zählen u.a. Datenschutzvereinbarungen, technische und organisatorische Maßnahmen, Verzeichnisse der Verarbeitungstätigkeiten, Vorlagen zur Auftragsdatenverarbeitung und Schulungsunterlagen. Im Rahmen der Ist-Analyse ist die Nutzung vorhandener Dokumentationen aus bereits etablierten Managementsystemen geprüft und für die Datenschutzverwendung aufbereitet worden. Zur Erfüllung gesetzlicher Anforderungen zur Auftragsverarbeitung oder dem weiteren Einsatz externer Dienstleister sind mit diesen entsprechenden Vereinbarungen abzuschließen.

Die nachfolgend aufgeführten Dokumente sind zu erstellen und vom Datenschutzbeauftragten in Zusammenarbeit mit anderen Informations- und IT-Sicherheitsverantwortlichen zu prüfen:

- Veröffentlichung der Kontaktdaten des Datenschutzbeauftragten (gem. Art. 37 DS-GVO)[13]
- Verzeichnis von Verarbeitungstätigkeiten (gem. Art. 30 DS-GVO)[14]
- Prüfung technischer und organisatorischer Maßnahmen nach „Stand der Technik"[15] (gem. Art. 32 Abs. 1 DS-GVO)[16]
- Vorlagen zu
  - Schulung von Mitarbeitern zum Datenschutz (Art. 39 Abs. 1 lit. b DS-GVO)[17]
  - Auftragsverarbeitung mit externen Dienstleistern (gem. Art. 28 DS-GVO)[18]
- jährlicher Tätigkeitsbericht des betrieblichen Datenschutzbeauftragten[19]
- Aufnahme von Datenschutzverstößen (u. a. gem. Art. 33 und 34 DS-GVO)[20]
- Schulungsunterlagen für Datenschutzthemen (Art. 39 Abs. 1 lit. b DS-GVO)
- Sensibilisierungs-Flyer für Mitarbeiter (siehe zuvor)
- nachgewiesene Schulungen der Mitarbeiter zum Datenschutz (siehe zuvor)
- Intranet-Bereich zum Datenschutz
- Verzeichnis der Verarbeitungstätigkeiten beim Umgang mit personenbezogenen Daten[21]

Hier kommen die Ist-Analyse und die Dokumente aus anderen Sicherheitsthemenbereichen zum Tragen. In bereits vorhandene Dokumente können die Datenschutzthemen einfließen, sodass die Erstellung alleinstehender Dokumente entfällt. Das Datenschutzkonzept ist das zentrale Dokument der Datenschutzorganisation. Es beinhaltet die Darstellung für den Umgang mit personenbezogenen Daten und Informationen. In der beschriebenen Methodik ist das Datenschutzkonzept eine Sammlung von Dokumenten, in denen die Inhalte gemeinsam mit anderen Sicherheitsthemen gebündelt sind. Interessenträger anderer Sicherheitsthemen werden dadurch zu Multiplikatoren für das Thema Datenschutz.

Für die Prüfung von Kunden- und Dienstleisterunterlagen mit Datenschutzbezug wird ein standardisierter Prozess etabliert, um eine schnelle und ergebnisorientierte Bearbeitung zu ermöglichen. Einfache Abfragen und Informationen in den unterstützenden ERP- und CRM-Systemen vereinfachen den Mitarbeitern den täglichen Arbeitsablauf.

Art. 39 Abs. 1 lit. b DS-GVO fordert eine Sensibilisierung und Schulung des Personals, das personenbezogene Daten verarbeitet oder nutzt. Dies wird in einem mehrstufigen Verfahren durchgeführt. Hierbei werden zuerst die Mitarbeiter aus relevanten Unternehmensbereichen geschult. Die restlichen Mitarbeiter werden dann in einem weiter zu definierenden Rahmen im Hinblick auf den Datenschutz geschult.

Die DS-GVO fordert weiterhin eine Datenschutz-Folgenabschätzung und vorherige Konsultation durch den Datenschutzbeauftragten[22] bei der Neueinführung von Prozessen und Datenverarbeitungsanlagen, die im Zusammenhang mit personenbezogenen Daten stehen. Unter Einbeziehung des Datenschutzbeauftragten kann bei datenschutzrelevanten Themen eine Vorabkontrolle innerhalb von Lenkungsprozessen[23] durchgeführt werden. An die Datenschutz-Folgenabschätzung knüpft sich auch die Kontrollverpflichtung im laufenden Betrieb auf Einhaltung der gesetzlichen Regelungen an. Eingeführte Verfahren und Datenverarbeitungsanlagen sind regelmäßig zu prüfen.[24] Dabei sind die Risiken erneut zu betrachten und die getroffenen Maßnahmen zur Risikoreduktion sowie deren Durchführung zu aktualisieren. Dies kann mit dem betrieblichen Datenschutzbeauftragten im Rahmen von Regelterminen auch in bestehenden Managementsystemen durchgeführt werden.

Um den Pflichten aus der DS-GVO nachzukommen, etwaige Benachrichtigungen von Datenschutzverstößen und -verletzungen mitzuteilen, der Aufsichtsbehörde zu melden oder diese öffentlich zu machen (Art. 34 Abs. 3 lit. c DS-GVO), ist es notwendig, einen Prozess zur Aufnahme und Bearbeitung von Datenschutzvorfällen zu etablieren. Hierfür muss ein Kommunikations- und Nachverfolgungsweg beschrieben und umgesetzt werden.

§ 4 Schulungen für Mitarbeiter

Mitarbeiter, die mit personenbezogenen Daten umgehen, sind datenschutzrechtlich zu schulen. Im Rahmen der Schulungen werden die internen Maßnahmen zum Schutz personenbezogener Daten sowie deren Erforderlichkeit dargestellt, erläutert und diskutiert.

§ 5 Technische und organisatorische Maßnahmen

Im Rahmen der Prüfung der technischen und organisatorischen Maßnahmen sind weitere Prüfungspunkte abzuarbeiten. Technische und organisatorische Maßnahmen nach Stand der Technik sind dabei so zu treffen, dass die Vorschriften der DS-GVO eingehalten werden.

Maßnahmen nach dem Stand der Technik sind u.a.:
- interne Prüfung der DV-Anlagen und Verfahren
- Zugangskontrolle[25]
- Prüfung externer Dienstleister bei Auftragsverarbeitung gem. Erwgr. 81 DS-GVO[26]
- Zugangskontrolle
- Zutrittskontrolle
- Zugriffskontrolle
- Weitergabekontrolle/Übermittlungskontrolle
- Eingabekontrolle/Plausibilitätskontrolle/Transaktionskontrolle
- Auftragskontrolle/Vertragskonformitätskontrolle
- Verfügbarkeitskontrolle
- Datentrennungsgebot/Mandantentrennungskontrolle
- Rechenschaftspflicht
- Identifikation externer Dienstleister/Auftragsverarbeiter (Art. 28 DS-GVO)
- Prüfung der Verträge mit jedem externen Dienstleister
- Terrorliste/Sanktionsmonitor für Mitarbeiter

§ 6 Audits von Dienstleistern

Sofern die Verarbeitung von personenbezogenen Daten an Dienstleister ausgelagert ist, sind die Dienstleister auf die Einhaltung der gesetzlichen Anforderungen zu prüfen. Das jeweilige Audit umfasst eine Vor-Ort-Prüfung der technischen und organisatorischen Maßnahmen zum Datenschutz, eine Untersuchung der Einhaltung abgeschlossener Vereinbarungen sowie eine Abschlussdokumentation mit Empfehlungen. Die Audits können dabei sowohl vor Beauftragung eines Dienstleisters als auch bei bestehenden Aufträgen durchgeführt werden.[27]

§ 7 Berichte

Der betriebliche Datenschutzbeauftragte hat jährlich einen Tätigkeitsbericht zu erstellen, in dem er die relevanten Neuerungen zum Datenschutz im Gesetz und im Unternehmen (sofern vorhanden) beschreibt und eine anonymisierte Übersicht über die protokollierten Datenschutzvorfälle und die korrektiven sowie präventiven Maßnahmen gibt. Es sollte ein Regeltermin zur Erstellung eingerichtet werden.

§ 8 Organisation

Für die Tätigkeiten zum Datenschutz muss nach Art. 37 DS-GVO ein Datenschutzbeauftragter bestellt werden. Dieser übernimmt dabei alle Aufgaben, die Art. 39 DS-GVO beschreibt.[28]

§ 9 Etablierung einer Datenschutzorganisation

Um dem Unternehmen eine effiziente Bearbeitung und Erfüllung der Anforderungen aus der DS-GVO zu ermöglichen, ist eine angepasste Aufbau- und Ablauforganisation rund um das Thema Datenschutz einzuführen. Deren oberstes Ziel sollte darin liegen, die Angemessenheit und Wirtschaftlichkeit der umzusetzenden Maßnahmen zu gewährleisten, ohne dabei die gesetzlichen Bestimmungen zu vernachlässigen.

§ 10 Organisatorische Einordnung

Für den Aufbau der Datenschutzorganisation innerhalb des Unternehmens ist die Institutionalisierung der Rollen und Funktionen von großer Bedeutung. Die nachfolgenden Eingliederungsmodelle in die Aufbau- und Ablauforganisation stellen ganzheitliche Modelle für modernes integriertes Management dar.

§ 11 Stabsstelle

Die Integration der sich überschneidenden Rollen Informationssicherheit, IT-Sicherheit und Datenschutz in einer Stabsstelle[29] zentralisiert und bündelt gleichermaßen die sich am deutlichsten überschneidenden Themenbereiche und bietet so den größten Effizienz- und Rationalisierungseffekt.

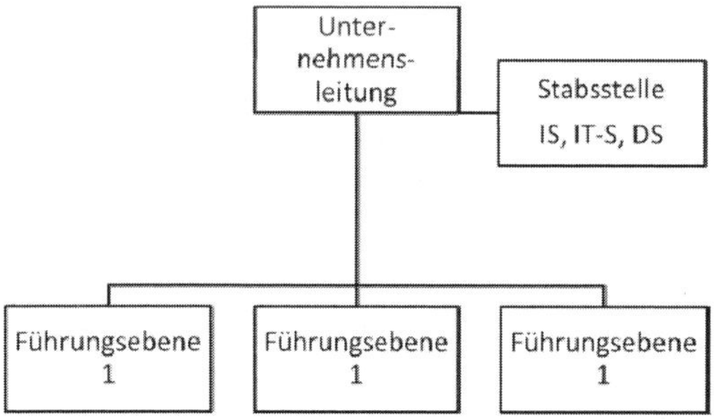


§ 12 Revisionsabteilung

Die Integration des Datenschutzes und der Informationssicherheit in die Revisionsabteilung[30] unterstreicht den auditiven Charakter der Rollen und bietet insbesondere bei der Auditplanung und -durchführung (Kombi-Audit)[31] die Möglichkeit der fachbezogenen Auditzuordnung und schwerpunktmäßigen Akzentuierung bei Unternehmen mit starken branchenspezifischen Regulierungen (Energieversorger, Banken, Versicherungen u. a.)

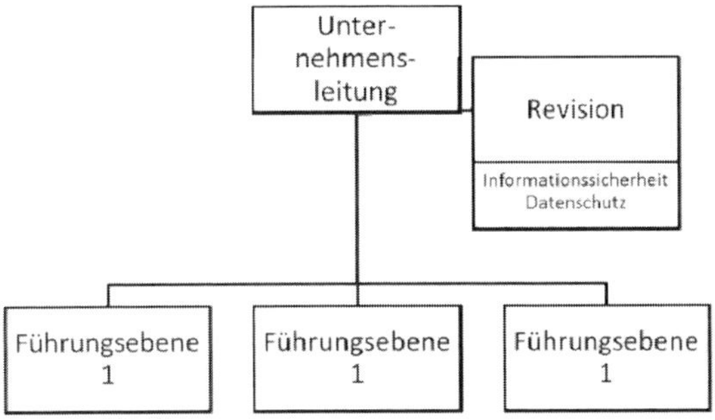


§ 13 Rollenfunktion

In dieser Organisationsform ist die Unternehmensleitung gefordert, die einzelnen Rollen durch gemeinsame Regeltermine integrativ zu fördern. Anfragen müssen von ihr grundsätzlich an die Gruppe gestellt werden. Nur so kann das Rationalisierungspotenzial gehoben werden. Für kleinere und mittlere Unternehmen bietet sich diese Organisationsform durch die Nutzung der Personalunion und der Abbildung der Rollen in einer Person, unter Beachtung möglicher Rollenkonflikte, an.

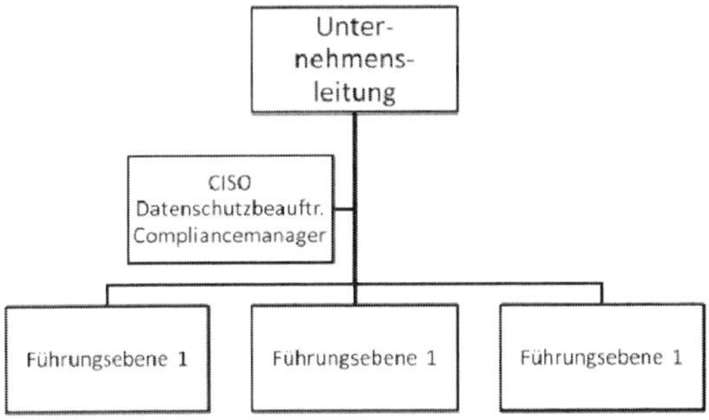


Grundsätzlich ist die beschriebene organisatorische Zusammenlegung des betrieblichen Datenschutzbeauftragten mit anderen Abteilungen (ungeachtet der Stellung der jeweiligen Abteilung im Unternehmen) für alle Unternehmensgrößen geeignet. Während Großunternehmen bei dieser Art der Organisationsordnung erhebliche Effizienzgewinne erfahren, können kleine und mittlere Unternehmen[32] deutlich an Personal, Ressourcen und Finanzmitteln einsparen, da sich die Rollen und Funktionen auch in Personalunion abbilden lassen. Ungeachtet dessen hat die jeweilige Rolle stets eine exponierte, unabhängige und neutrale Stellung innerhalb des Unternehmens inne. Dies wird erreicht durch die beschriebene auditive Herangehensweise und die strikte Trennung zur operativen Umsetzung. Der Datenschutzbeauftragte ist ebenso wie die Rollen Informations- oder IT-Sicherheitsbeauftragter in der Rolle des Prüfers (Auditor). Er kann Empfehlungen abgeben, wird aber keine Beschreibung der Lösung zur Behebung geben. Würde er dies tun, müsste seine Kompetenz so weitreichend sein, dass seine Fachkompetenz in der geprüften Disziplin äquivalent zu der der Fachabteilung wäre. Die allgemein gültigen internationalen Regelungen und Normen für Audits (DIN EN ISO/IEC 17021 1:2015, 3.2 ff., 4.2 ff.) besagen, dass Beratungstätigkeit in einem Audit[33] oder Prüfverfahren eine Gefährdung und einen Interessenskonflikt durch Selbstbewertung darstellen. Prüfung und Auditierung schließen die Durchführung von Tätigkeiten durch den Prüfer/Auditor am geprüften Verfahren oder Objekt daher grundsätzlich aus. Umgekehrt darf zB ein Firewall-Administrator[34] nicht seine eigene Konfiguration prüfen und für sicher erklären. Dies verstößt gegen den Grundsatz der Prüfung nach dem Vier-Augen-Prinzip.

In großen Unternehmen und Konzernen ist darüber hinaus die Zusammenarbeit des betrieblichen Datenschutzbeauftragten mit der Rechtsabteilung und der Compliance-Abteilung (oder dem Compliance-Beauftragten) unentbehrlich.[35]

Das gemeinsame Führen eines Vorfallkatasters für Informations- und IT-Sicherheit sowie den Datenschutz und der gegenseitige vertrauensvolle Umgang der Verantwortlichen mit den Inhalten sichern eine zielgerichtete Kombination aus Maßnahmenempfehlungen und ihrer Umsetzung. Aufgabenteilung bei der Nachbearbeitung von Ereignissen, Vorfällen und Verstößen sichern zudem eine zeitnahe und fachspezifische Bearbeitung, was in den meisten Fällen von großer Bedeutung für das Unternehmen selbst ist.

Gemeinsam zwischen dem Datenschutzbeauftragten und anderen prüfenden Abteilungen (oder Rollen) abgestimmte Audits, sowohl intern wie auch bei Lieferanten, minimieren Aufwände und Kosten und sparen darüber hinaus Zeit. In Branchen wie Automotive und Aviation werden regelmäßige Audits mit starker Ausrichtung auf Informationssicherheit, IT-Sicherheit und Typenschutz der auftraggebenden Hersteller durchgeführt. Die Ergebnisse können hier reversibel in den unternehmenseigenen Auditplan einfließen, wodurch die nachhaltige Behebung von Findings[36] sichergestellt wird. Vorbereitungen auf die Jahresabschlussprüfung und die in diesem Zusammenhang anstehende IT-Systemprüfung[37] können im Rahmen interner Audits eingeplant und durchgeführt werden. Je nach Geschäftszweck und Branche sind weitere Rationalisierungseffekte möglich. So sind zB bei Anbietern von Outsourcing-Dienstleistungen und bei Cloud-Anbietern[38] erfahrungsgemäß bereits in der Angebotsphase zur Auftragsdatenverarbeitung (Outsourcing, Cloud-Services etc) seitens der Interessenten entsprechende Anfragen zu den technisch-organisatorischen Maßnahmen des Anbieters (der im Rahmen der Auftragsdatenverarbeitung als Auftragnehmer fungiert) zu beantworten, bevor es zu einer konkreteren Geschäftsanbahnung kommt. Vorhandene Normzertifizierungen (zB ISO 9001)[39] und die damit verpflichtend durchzuführenden internen Audits können ebenfalls in die Auditplanung des Datenschutzbeauftragten einfließen und als Kombi-Audit durchgeführt werden.

Wie aus den vorherigen Abschnitten ersichtlich, ist eine zusammenhängende Übersicht über gültige Gesetze für das jeweilige Unternehmen (mit dessen Branchenspezifika) überaus wichtig, um innerhalb der Unternehmensorganisation die angesprochenen Themen optimiert bearbeiten und eventuelle Anfragen effizient, nämlich gebündelt, beantworten zu können. Darunter fallen insbesondere auch die ausführlich beschriebenen Prüfungen zu den technischen und organisatorischen Maßnahmen.[40] Somit kann betrieblicher Datenschutz auch als Business Enabler[41] gesehen werden, zB

**in Hinblick auf Vertriebsunterstützung. Datenschutz muss also nicht als Bremse für Geschäftsaktivitäten angesehen werden, sondern macht (professionell angewandt) Geschäfte im rechtsverlässlichen Rahmen überhaupt erst durchführbar.**

## Anmerkungen

**1. Penetrationstest.** In einem professionellen Penetrationstest (kurz: Pentest; Begriffe mit ähnlicher Bedeutung: IT-Sicherheitsaudit, IT-Audit, Sicherheitstest, Sicherheitscheck, Ethical Hacking) wird der Ernstfall eines Angriffs auf einen Dienst, eine Infrastruktur oder Applikation simuliert. Durch die Erkennung von sicherheitsrelevanten Schwachstellen können geeignete Gegenmaßnahmen ergriffen werden. Regelmäßige Penetrationstests helfen, sensible Informationen wirkungsvoll gegen Hackerangriffe zu schützen.

Das klassische Angriffsszenario eines Hacks (das Wort „Hack" entstand in den 1950er-Jahren im Zusammenhang mit funktionalen Erweiterungen oder dem Umfunktionieren von Technik zu anderen Zwecken) simuliert einen externen Angriff über das Internet oder andere öffentlich von außen erreichbare Dienste oder IT-Systeme. Ein weiteres Angriffsszenario simuliert den Innentäter, der Angriffe aus dem eigenen Unternehmensnetzwerk heraus durchführt.

Man unterscheidet bei den Arten der Penetrationstests zwischen Black-Box-, White-Box- und Grey-Box-Penetrationstests sowie Glass-Box-Test:

Black Box: Der Ethical Hacker (Certified Ethical Hacker ist eine Qualifikation, die durch Personenzertifizierung erlangt und nachgewiesen werden kann) hat keine Kenntnisse über die IT-Infrastruktur. Der Pentester muss also wie ein krimineller Hacker vorgehen und sich ein Bild über die Infrastruktur machen, um Angriffsvektoren auszumachen.

White Box: Bei dieser Vorgehensweise ist der Pentester bestens über die gesamte zu testende Infrastruktur informiert, sodass hier mit hoher Effektivität ein Soll-Ist-Abgleich durchgeführt werden kann.

Grey Box: Hier ist dem Pentester bereits die IT-Infrastruktur weitestgehend bekannt. Das Vorgehen entspricht somit einer Mischung aus den zuvor genannten Black- und White-Box-Tests. In diesem Verfahren können bestimmte Systeme oder Sites aus den Tests besser ausgeschlossen werden, um die zu testende Infrastruktur einzugrenzen.

Glass Box: Zusätzlich zum White-Box-Test hat der Ethical Hacker auch volle Einsicht in den Quellcode und die Konfigurationen des Zielsystems.

Jedes Unternehmen verfügt heutzutage über Websites, Portale oder Web-Services (Dienste) oder auch Online-Shops. Alle diese Zugänge von außen bieten Angriffsflächen für Hacker.

Bei einem Penetrationstest werden auch unterschiedliche Plattformen adressiert, die mit geeigneten Mitteln auf Sicherheitslücken untersucht werden. Nachfolgend einige Beispiele:

Web-Applikationen
- Cross Site Scripting (XSS)
- Cross Site Request Forgery (CSRF)
- Privilege Escalation
- SQL-Injection

IT-Infrastruktur, Schutz der internen IT-Systeme vor unbefugten Zugriffen über das Internet, zB
– öffentlich erreichbare Server
– Firewall-Systeme
– Virtual Private Network (VPN)
– Proxy-Server/Reverse-Proxy-Server
Schutz vor unberechtigten Zugriffen von Innentätern aus dem eigenen Netzwerk
– Sicherheitszonen
– Firewall-Systeme
– Systeme zur Angriffserkennung (SzA)
– Netzwerkverschlüsselung
Zugriffsschutz für Netzwerke
– Netzwerkzugangsschutz
– Überprüfung der Verschlüsselung
funkgebundene Infrastrukturen, u. a. WLAN-Umgebungen
– WLAN Access Point (WAP)
– Aufstellungsorte der WAP
– Überprüfung der Verschlüsselung der WAP
– mobile Endgeräte (Laptops, Notebooks, Smartphones, Tablets)
Spezielle Penetrationstests für Kritische IT-Infrastrukturen wie
– Smart-Meter- & Smart-Grid-Umgebungen
– Netzleitsysteme/SCADA-Systeme
– Cloud-Services
– SCADA-Systeme

Penetrationstests sollten regelmäßig durchgeführt werden. Jede Änderung an Applikationen, Diensten, IT-Systemen oder Netzwerkkomponenten führt zu möglichen neuen Schwachstellen oder Sicherheitslücken. Dies kann durch unsichere Software, fehlerhafte Konfiguration, falsche Implementierung, Unkenntnis, fehlendes Know-how oder übermäßiges Vertrauen in technische Systeme verursacht werden.

Nur mit Erlaubnis des Eigentümers der Systeme und mit vorheriger Einbindung und Erlaubnis der involvierten Dienstleister (Internet-Provider, Hoster u.a.) darf ein solcher Test durchgeführt werden. Liegen diese Genehmigungen, die aus Gründen der Nachweisbarkeit und Rechtssicherheit tunlichst schriftlich eingeholt werden sollten, nicht vor, sind solche Test unter Umständen strafbar.

Penetrationstests werden von Sicherheitsbehörden weltweit empfohlen. Auch Art. 32 Abs. 1 lit. d DS-GVO fordert ein Verfahren zur regelmäßigen Überprüfung, Bewertung und Evaluierung der Wirksamkeit der technischen und organisatorischen Maßnahmen zur Gewährleistung der Sicherheit der Verarbeitung.

**2. Interne Revision.** Im Auftrag der Unternehmensleitung prüft die interne Revision die Ordnungsmäßigkeit, Rechtmäßigkeit, Zweckmäßigkeit und Wirtschaftlichkeit der Organisationseinheiten im Unternehmen sowie die Abwicklung der Prozesse auf allgemeiner Basis und unter dem besonderen Augenmerk der Risikobetrachtung.

**3. Kameraüberwachung.** → Form. H. III.

**4. Datenlöschung.** → Form. D. IV.

**5. Richtlinie zur Nutzung von E-Mail, Telefon und Internetverbindungen.** → Form. D. III. 1.

**6. Technische Benutzer.** Technische Benutzerkonten (Systemkonten) sind solche, mit denen IT-Systemdienste oder Serversysteme authentifiziert werden. Diese Konten (Accounts) müssen strengen Regeln unterliegen, da zyklische Änderungen der Kennworte den Betrieb beeinträchtigen und die Konten generell über hochprivilegierte Berechtigungen verfügen.

**7. Geschäftskontinuitätsplan.** → Form. E. II.2. Anm. 60.

**8. Sensibilisierung und Schulung beteiligter Mitarbeiter zum Datengeheimnis.** → Form. C. VII.

**9. Technische und organisatorische Maßnahmen.** → Form. E. II.

**10. Verarbeitung personenbezogener Daten im Auftrag (Auftragsverarbeitung).** → Form. G. I.

**11. Verzeichnis von Verarbeitungstätigkeiten.** → Form. C. II.

**12. Kontinuierlicher Verbesserungsprozess (KVP).** Zur kontinuierlichen Verbesserung (KVP) eines Managementsystems verweisen nationale wie internationale Normen auf den PDCA-Zyklus (auch „Demingkreis" nach William Edwards Deming). Dieser setzt sich aus den Komponenten Plan (Planen), Do (Durchführen/Testen), Check (Prüfen), Act (Umsetzen) zusammen (*Zimmermann/Skambraks* KVP – Sofortwissen kompakt S. 4; *von dem Bussche/Voigt* Konzerndatenschutz/*Egle/Zeller* S. 45 ff.).

**13. Veröffentlichung der Kontaktdaten des Datenschutzbeauftragten.** → Form. B. I.

**14. Verzeichnis von Verarbeitungstätigkeiten.** → Form. C. II.

**15. Stand der Technik.** Der Begriff „Stand der Technik" ist ein Rechtsbegriff und findet sich in verschiedenen Rechtsnormen (zB § 3 Abs. 6 BImSchG). Er stammt aus dem Ingenieurwesen. Er kann nicht allgemeingültig und abschließend beschrieben werden (weiterführend *Müller*, Datenschutzzertifizierung nach Stand der Technik im nationalen Ökosystem akkreditierter Zertifizierungen, 2018).

**16. Prüfung technischer und organisatorischer Maßnahmen nach Stand der Technik.** → Form. E. II.

**17. Datenschutzrechtliche Schulung von Mitarbeitern.** Art. 39 Abs. 1 lit. b DS-GVO; → Form. C. VII.

**18. Auftragsverarbeiter.** → Form. G. I.

**19. Tätigkeitsbericht des Datenschutzbeauftragten.** → Form. B. I.

**20. Datenschutzverstöße.** → Form. C. VI.

**21. Verzeichnis von Verarbeitungstätigkeiten zum Umgang mit personenbezogenen Daten.** → Form. C. II.

**22. Datenschutz-Folgenabschätzung.** Die Prüfungen müssen entsprechend Art. 45 DS-GVO und sodann regelmäßig (Art. 39 Abs. 1 lit. b DS-GVO) erfolgen; näher → Form. C. III.

**23. Lenkungsprozess.** Ein Lenkungs- oder Planungsprozess, an den das Verfahren der Vorabkontrolle optimal angedockt werden kann, ist der Anforderungsprozess. In diesem werden Anforderungen aus Abteilungen des Unternehmens zentral in die IT-Abteilung eingereicht und von dieser auf Durchführungsmöglichkeiten nebst Anschaffungs- und Betriebskosten bewertet. Hier kann schnell geprüft werden, ob datenschutzrechtliche Bewertung und Begleitung notwendig werden.

**24. Regelmäßige Prüfung.** → Form. C. V.4.

**25. Zugangskontrolle.** → Form. E. III.2. Anm. 16.

**26 Prüfung externer Dienstleister.** → Form. E. III.1.

**27. Dienstleisteraudit.** → Form. G. I.3.

**28. Tätigkeiten des DSB.** → Form. B. III.

**29. Stabsstelle.** Die Stabsstelle im Unternehmen ist eine beratende Stelle zur Unterstützung von Leitungsfunktionen. Ihre Aufgabe umfasst die Beratung und Steuerung zur lösungsorientierten Erfüllung von Aufgaben innerhalb des Unternehmens. Die Stabsstelle überwacht Entscheidungen und kontrolliert deren Ausführung. Mitarbeiter von Stabsstellen sind entsprechend ihrer Rolle und Funktion mit den notwendigen Weisungsbefugnissen ausgestattet (wirtschaftslexikon.gabler.de/Archiv/10450/stab-v9.html).

**30. Interne Revision.** → Form. E. I.2.

**31. Kombi-Audit.** Unter Kombi-Audit versteht man die zeitgleiche Durchführung von Audits mit Prüfungen zu mehreren Regelwerken, Prüfkatalogen oder Normen. Diese sind in den internationalen Normenstandards für akkreditierte Zertifizierungsstellen beschrieben (European Co-operation for Accreditation (EA), EA-7/05 – EA Guidance on the Application of ISO/IEC 17021:2006 for Combined Audits).

**32. KMU.** Seit 2005 gibt es eine Empfehlung der EU-Kommission, nach der Kenndaten bestimmt wurden, welche zur Einordnung von Unternehmen in die Kategorien Mikro-, kleine und mittelgroße Unternehmen dienen. Herangezogen werden dabei die Anzahl der Mitarbeiter/Jahr sowie Umsatz/Jahr oder Bilanzsumme (vgl. BAFA, Benutzerleitfaden zur Definition von KMU 2019, S. 10 ff.).

**33. Audit und Beratung.** In den einschlägigen Normen für Auditoren ist festgelegt, dass der Auditor in den letzten zwei Jahren nicht in dem zu zertifizierenden Unternehmen im Umfeld des sicheren IT-Betriebs beratend tätig gewesen sein darf (weiterführend DIN EN ISO/IEC 17021-1:2015-11 Konformitätsbewertung – Anforderungen an Stellen, die Managementsysteme auditieren und zertifizieren – Teil 1: Anforderungen).

**34. Firewall-Administrator.** Firewall-Administratoren pflegen und konfigurieren IT-sicherheitstechnische Einrichtungen zum Schutz vor fremden und nicht vertrauenswürdigen Netzen wie etwa dem Internet.

**35. Zusammenarbeit von Rechtsabteilung mit Compliance-Abteilung.** → Form. A. II.

**36. Finding.** Mit dem Begriff „Finding" (Feststellung, Abweichung) wird eine von den Vorgaben des Regelwerks, Prüfkatalogs oder einer Norm abweichende, fehlerhafte oder fehlende Umsetzung oder Dokumentation bezeichnet. Man unterscheidet Haupt- und Nebenabweichungen sowie Hinweise je nach Schwere der Auswirkung auf das gesamte Managementsystem (Gietl/Lobinger Leitfaden für Qualitätsauditoren S. 33).

**37. IT-Systemprüfung.** Dazu PS 330 und SAS 70 in → Form. E. I.1.

**38. Einsatz von Cloud-Computing in Unternehmen.** → Form. G. VI.

**39. ISO 9001.** Die ISO 9001 ist eine international anerkannte Norm für Qualitätsmanagementsysteme. Unternehmen und Organisationen aller Branchen und

Größen können eine Zertifizierung nach ISO 9001 durchführen, deren Kern der kontinuierliche Verbesserungsprozess des unternehmensinternen Qualitätsmanagementsystems ist (Ziebe Qualitätsmanagement S. 7). Mit der ISO 9001:2015 wurde die Norm anderen internationalen Managementsystemen angeglichen und die Prozessorientierung in den Vordergrund gestellt. Die Norm folgt so der festgelegten Grundstruktur von Managementsystemen entsprechend den Forderungen der ISO-Gremien. Die neue ISO 9001:2015 stellt den risikobasierten Ansatz in den Vordergrund und verabschiedet sich von der formalen Forderung nach (nur) einem Qualitätsmanagement-Handbuch. Sieerkennt Dokumentationen in unterschiedlichen Formen und Medien, die von der Organisation angewandt werden, als angemessen an.

**40. Technische und organisatorische Maßnahmen.** → Form. E. II.

**41. Business Enabler.** Mit dem Begriff werden solche Tätigkeiten, Prozesse und Verfahren in Unternehmen bezeichnet, die Geschäftsanbahnungen unterstützen und fördern.

## II. Technische und organisatorische Maßnahmen (Art. 32, 25 DS-GVO)

### 1. Anwendung bei interner Verarbeitung und Auftragsverarbeitung

Verantwortliche sind zur **Umsetzung technischer und organisatorischer Maßnahmen nach dem Stand der Technik** zum Schutz der verarbeiteten und genutzten personenbezogenen Daten aus der DS-GVO gesetzlich verpflichtet.

Die DS-GVO fordert
- technische und organisatorische Maßnahmen nach Stand der Technik
- die Datenschutz-Folgenabschätzung als Teil des risikobasierten Ansatzes
- die Pflicht zur Einführung interner Richtlinien und Verfahren
- konkrete Maßnahmen zur technischen Absicherung wie Verschlüsselung und Pseudonymisierung
- konkrete Abwägungskriterien

Im Zusammenhang mit den technisch-organisatorischen Maßnahmen kommen die Begriffe **Datenschutz und Datensicherung** ins Spiel, was bei IT-Mitarbeitern Verwirrung stiften kann. Das Gesetz will die Persönlichkeitsrechte natürlicher Personen dadurch schützen, dass es ihre personenbezogenen Daten schützt. Es bezieht sich beim Begriff der Datensicherung der personenbezogenen Daten auf die Gefahr des Verlusts, des Missbrauchs, der Beschädigung oder Zerstörung der verwendeten IT-Systeme (Hard- und Software) sowie deren benutzter Infrastruktur. Geschützt werden müssen somit Hard- und Software, Daten und Informationen. Wendet man diese berechtigten Forderungen auf moderne IT-Infrastrukturen an, so werden die Ausdehnung und der Komplexitätsgrad dieser gesetzlichen Anforderungen für viele Unternehmen zu einer Herausforderung.

Dabei kommt insbesondere dem Auftragsverarbeiter eine besondere Aufmerksamkeit zu, da der Verantwortliche nachprüfen und nachweisen können muss, dass der Auftragsverarbeiter alle Anforderungen der DS-GVO erfüllt (vgl. Erwgr. 81 DS-GVO). Die nachfolgende Prüfliste soll diese Forderung der DS-GVO nachhaltig unterstützen und den Nachweis in dokumentierter Form ermöglichen. So wird ein Bestandteil der Rechenschaftspflicht erfüllt.

In der Praxis zeigt sich, dass die **im Gesetz zu findenden Formulierungen dieser Maßnahmen für technische oder branchenorientierte Mitarbeiter ein Show-Stopper** (ein Fehler, der einen ganzen Prozess blockiert) bei der Umsetzung von Datenschutzmaßnahmen und damit bei dem Aufbau der Datenschutzorganisation ist. Die nachfolgende Tabelle ist somit eine Übersetzung der Gesetzesanforderungen in die Praxis. In → Form. E. III.2. (Prüfliste) werden die zu prüfenden Punkte für jede Maßnahmenforderung gemäß der tabellarischen Übersicht aufgeführt.

Tabelle: Folgen gesetzlicher Anforderungen für IT-Sicherheit

| Maßnahmenforderung nach dem Stand der Technik[1] | Gesetzliche Anforderung | Umsetzung in der Praxis[2] |
|---|---|---|
| Zutrittskontrolle | Unbefugten den Zutritt zu DV-Anlagen verwehren | Sicherheitszonen, Schließanlagen, Schlüsselverwaltung, zentraler Empfang/Anmeldung uÄ |
| Zugangskontrolle | Nutzung von DV-Anlagen durch Unbefugte verhindern | personalisierte Nutzerkennungen, Passwortrichtlinien, Umgang mit IT-Ausstattung uÄ |
| Zugriffskontrolle | Gewährleistung der Benutzung einer DV-Anlage und der gespeicherten Daten entsprechend der Berechtigung | Berechtigungskonzepte, Kontrolle, Protokollierungen uÄ |
| Weitergabekontrolle/ Übermittlungskontrolle | Übermittlung von Daten darf nur an berechtigte Empfänger geschehen | Daten-/Verbindungswegverschlüsselung, Authentifizierung, digitale Signatur uÄ |
| Eingabekontrolle/ Plausibilitätskontrolle/ Transaktionskontrolle | Gewährleistung der Nachverfolgbarkeit von (gewollten und ungewollten) Datenmanipulationen | Plausibilitätsprüfungen, Protokollierungen, Formatbeschränkungen uÄ, Nachvollziehbarkeit der Nutzereingaben durch Zeitstempel, Nutzernamen und andere nicht manipulierbare Werte in Systemen, Applikationen und Datenbanken |
| Auftragskontrolle/ Vertragskonformitätskontrolle | Sicherstellung der weisungsgemäßen Verarbeitung von Daten im Auftrag | Vor-Ort-Prüfungen, Dokumentensichtung, Vertragsergänzungen uÄ |
| Verfügbarkeitskontrolle | Sicherung von Daten gegen zufällige Zerstörung oder Verlust | Back-up-/Recovery-Verfahren, Notfallmanagement, Redundanz, Unterbrechungsfreie Stromversorgung (USV) uÄ |
| Datentrennungskontrolle/ Mandantentrennungskontrolle | Sicherstellung der Trennung zu unterschiedlichen Zwecken erhobener Daten | Einsatz mandantenfähiger Systeme, Instanziierung in Datenbanken, Archivierungskonzept, Richtlinien uÄ |

## Anmerkungen

**1. Stand der Technik.** Grundsätzlich gilt, dass die technischen und organisatorischen Maßnahmen unter Berücksichtigung des konkreten Einzelfalls unter Beachtung des Stands der Technik und des Grundsatzes der Verhältnismäßigkeit umgesetzt werden müssen. Der Aufwand muss in einem angemessenen Verhältnis zum Schutzzweck stehen. Die Entscheidung darüber, was ein „angemessenes Verhältnis" zwischen Aufwand und Schutzzweck ist, kann nur im konkreten Fall und auf der Grundlage einer entsprechenden Risikoanalyse ermittelt werden (weiterführend Gola/Jaspers/Müthlein Überblick DS-GVO S. 57 ff.).

Gem. Art. 28 DS-GVO ist der Auftraggeber für die Einhaltung des Datenschutzes verantwortlich, selbst wenn er Daten durch eine andere Stelle im Auftrag verarbeiten lässt. Der Gesetzgeber legt besonderen Wert auf die Eignung der technischen und organisatorischen Maßnahmen des Auftragnehmers und fordert vom Verantwortlichen, nur mit Auftragsverarbeitern, die hinreichende Garantien dafür bieten, dass geeignete technische und organisatorische Maßnahmen eingesetzt werden, zusammenzuarbeiten – und zwar auf der Grundlage eines Vertrags oder eines anderen Rechtsinstruments nach dem Unionsrecht oder dem Recht der Mitgliedstaaten (weiterführend Müller, Datenschutzzertifizierung nach Stand der Technik im nationalen Ökosystem akkreditierter Zertifizierungen, 2018).

**2. Perspektiven zur Anwendung technisch-organisatorischer Maßnahmen.** Die Anwendung der technisch-organisatorischen Maßnahmen aus Art. 32 DS-GVO kann aus drei unterschiedlichen Perspektiven heraus betrachtet werden, die im Folgenden in drei Kategorien unterteilt in ihrer Umsetzung dargestellt werden.

Kategorie 1: Im Unternehmen

Die Kategorie 1 betrifft jede verantwortliche Stelle, die personenbezogene Daten selbst oder im Auftrag verarbeitet oder nutzt, zB in der Personalabteilung. Um die Umsetzung der gesetzlichen Anforderungen aus der DS-GVO entsprechend zu prüfen, ist die Prüfliste zu verwenden. Diese Prüfliste ermöglicht es jedem Datenschutzbeauftragten unter Beachtung der Hinweise, eine fundierte und nachhaltige Prüfung der technischen und organisatorischen Maßnahmen nach Stand der Technik in den drei Kategorien durchzuführen. Die Prüfliste enthält überwiegend Ankreuzfelder, von denen fallbezogen auch bei einer Frage mehrere Felder angekreuzt werden können. Sie bietet darüber hinaus den dokumentierten Nachweis gemäß der Rechenschaftspflicht aus der DS-GVO.

Auf Basis der Prüfungsergebnisse kann der prüfende Datenschutzbeauftragte eine risikobasierte Bewertung vornehmen, anhand derer er die Entscheidung über Auflagen zu Maßnahmen für die geprüften Unternehmensbereiche definiert. Entscheidend hierbei ist Kritikalität der betroffenen Geschäftsprozesse, die branchenabhängig ist. Anforderungen zu Umsetzungen können über die Unternehmensleitung in die jeweiligen Linien (Fachbereiche) des Unternehmens (Sonderstellung bei Konzernen mit Beherrschungsvertrag) zur Umsetzung beauftragt werden. Die Prüfliste sollte versioniert und mit dem jeweiligen Prüfdatum versehen archiviert werden. Das Anmerkungsfeld kann zum Nachhalten von Einzelprüfungen verwendet werden. Nach Umsetzung der auferlegten Maßnahmen werden diese in den Fachbereichen auf ihre

Wirksamkeit überprüft. So kann die Prüfliste bis zur nächsten Prüfung aktualisiert werden. Die Prüfungen sollten regelmäßig, mindestens einmal jährlich durchgeführt werden. Der Wiederholungsturnus kann sich durch Änderungen der Standorte, der Technik oder der Organisation verändern. Wenn bspw. Änderungen in Technik oder Organisation durchgeführt werden, die Auswirkung auf den Datenschutz haben (positiv wie negativ), wird eine komplette Neuprüfung notwendig.

Da der Datenschutzbeauftragte mit der Datenschutz-Folgenabschätzung beauftragt ist, kann diese Prüfliste auch für die Konzeptionierung, Bauphase eines Rechenzentrums, Umorganisation der IT-Abteilung und va für die Anwendung bei der Planung von Outtasking oder Outsourcing (siehe Folgeabschnitt) eingesetzt werden.

Kategorie 2: Als Outsourcing-Auftraggeber

Die Kategorie 2 betrifft jede verantwortliche Stelle als Auftraggeber (Verantwortlicher iSd DS-GVO), die personenbezogene Daten im Auftrag von einer anderen Stelle verarbeiten lässt (Auftragsverarbeitung, Outtasking, Outsourcing), zB Lohn- und Gehaltsabrechnungsunternehmen, Rechenzentrumsdienstleister. In Abgrenzung zu den Ausführungen zu Kategorie 1 zur Anwendung bei interner Verarbeitung betreffen die Kategorien 2 und 3 die Verwendung durch außenstehende Stellen.

Um die Umsetzung der gesetzlichen Anforderungen aus der DS-GVO entsprechend zu prüfen, ist die nachfolgende Prüfliste zu verwenden. Diese Prüfliste ermöglicht es jedem Datenschutzbeauftragten, eine fundierte und nachhaltige Prüfung der technischen und organisatorischen Maßnahmen nach Stand der Technik in den drei Kategorien durchzuführen. Die Prüfliste enthält überwiegend Ankreuzfelder, von denen fallbezogen auch bei einer Frage mehrere Felder angekreuzt werden können.

Auf Basis der Prüfungsergebnisse kann der prüfende Datenschutzbeauftragte des Auftraggebers eine risikobasierte Bewertung vornehmen, anhand derer er der Unternehmensleitung, ggf. der Rechtsabteilung, sowie dem verantwortlichen (zeichnenden) Manager Empfehlungen zur Risikominimierung des geprüften Unternehmens macht. Eine intensive Abstimmung mit dem betrieblichen Datenschutzbeauftragten des Auftragnehmers ist dringend zu empfehlen. Die Gegenseite kann hierbei positiv auf Veränderungen im eigenen Unternehmen hinwirken.

Beim Auftragnehmer kommt die nachfolgende Prüfliste als Nachweis zur Einhaltung der gesetzlichen Anforderungen aus dem Auftragsverhältnis zum Einsatz. Der Einsatz der Liste in regelmäßigen Prüfungen der IT-Systeme und der Infrastruktur, die für Kunden bereitgestellt wird, ermöglicht dem betrieblichen Datenschutzbeauftragten eine nachhaltige Dokumentation der datenschutzrechtlich relevanten Einheiten im Unternehmen. Gegenüber Kunden kann diese Liste bei der Vertragsgestaltung viel Arbeit sparen. Sofern die Liste im Außenverhältnis zum Einsatz kommt, ist darauf zu achten, dass immer nur aktuelle und vom Datenschutzbeauftragten freigegebene Versionen mit entsprechendem Vertraulichkeitsvermerk an potenzielle Kunden und Auftraggeber weitergegeben werden.

Kategorie 3: Als Outsourcing-Auftragnehmer

Die Kategorie 3 betrifft jeden, der als Auftragnehmer personenbezogene Daten eines anderen Verantwortlichen verarbeitet oder nutzt, zB Lohn- und Gehaltsabrechnungsunternehmen, Rechenzentrumsdienstleister.

Die Beantwortung der Fragen ermöglicht dem Datenschutzbeauftragten eine angemessene Risikoeinschätzung und eine Nachvollziehbarkeit durch die Archivierung der vollständig ausgefüllten Prüflisten sowie eine Trenderkennung.

Wenn anhand vorstehender Übersichten bestimmt wurde, wie die Umsetzung der Auftragsverarbeitung zu erfolgen hat, kann die folgende Prüfliste (→ Form. E. III.2.) angewandt werden.

In vielen Unternehmen kommen zunehmend Cloud-Technologien zum Einsatz, die durch ihre serviceorientierte Architektur und deren verschiedene Anbieter und Hersteller, Innovationszyklen unterliegen, die sich der Kontrolle der Auftragnehmer und Nutzer entziehen. Dies betrifft alle zuvor beschriebenen Kategorien. Datenschutzbeauftragte und IT-Verantwortliche sind gleichermaßen gefordert, hier angemessene Prüfungsintervalle festzulegen, die sich an den Funktionsaktualisierungen der Dienstanbieter orientieren. Es kann auch sinnvoll sein, nur Teilbereiche, die von einer hohen Aktualisierungsfrequenz betroffen sind, zu prüfen und so ressourcenschonend vorzugehen.

## 2. Formular zur Prüfung der technischen und organisatorischen Maßnahmen

§ 1 Allgemeine Informationen

a) Geltungsbereich[1]

Dieses Dokument ist Teil der Datenschutzdokumentation des Datenschutz-Managementsystems der [Firma]. Das vorliegende Dokument ist ein Dokument der Ebene [Bezeichnung][2] gemäß den Kennzeichnungs- und Klassifizierungsrichtlinien der [Firma]. Aufgrund der Vereinfachung der Darstellung wird im Folgenden für alle Rollen-, Stellen- und Funktionsbezeichnungen die männliche Form, stellvertretend für die weibliche und männliche Schreibweise, verwendet.

Dieses Dokument gilt für die informationsverarbeitenden Systeme und Netzwerke, Dokumente und Informationen der (gesamten) [Firma], mit denen personenbezogene Daten erhoben, verarbeitet und genutzt (gespeichert) werden.

Diese Version des Dokuments ersetzt alle früheren Versionen und Ausgaben. Sollten vertragliche oder gesetzliche Festlegungen dieses Dokument oder Teile hiervon berühren, haben diese in jedem Fall Vorrang. Die Aktualisierung und Weiterentwicklung dieses Dokuments obliegen dem Datenschutzbeauftragten der [Firma]. Der Ausdruck dieses Dokuments mit dem Vermerk „Original" stellt eine gelenkte[3] Kopie dar und unterliegt dem Änderungsdienst.[4]

Die nachfolgende Liste dient nur der erläuternden Darstellung gesetzlicher Anforderungen in Bezug auf den Datenschutz.[5] Die Rechte und Pflichten der Parteien ergeben sich aus den vertraglichen Vereinbarungen und den gesetzlichen Bestimmungen zum Datenschutz. Insofern können aus dieser Liste keine Ansprüche abgeleitet werden. Technische Änderungen und/oder Änderungen in der Organisation, die keinen Einfluss auf die Erfüllung der gesetzlichen Anforderungen der DS-GVO in der jeweils aktuellen Fassung haben, bedürfen keiner gesonderten Information gegenüber dem Vertragspartner. Die angegebenen Punkte können je nach Vertrag/ Leistungsschein[6] variieren. Die Weitergabe an Dritte ist untersagt. Nur gültig für Vertragskunden.

b) Beschreibung des Aufbaus der Prüfliste

Die Fragen der Prüfliste sind mit folgenden Punkten überschrieben:

| | |
|---|---|
| Nr. | laufende Nummerierung der jeweiligen Prüfabschnitte |
| Frage | datenschutzrelevante Fragestellung |
| Antwort | Beantwortung auf Basis aktueller Prozesse und Verfahren im Unternehmen[7]<br>Ankreuzantworten nach Stand der Technik |
| Anmerkung | Kommentar- oder Anmerkungsfeld für erklärende Hinweise zur Art der Umsetzung oder Notizen für den Datenschutzbeauftragten |

c) Geprüftes Rechenzentrum[8]

Genaue Anschrift des geprüften Rechenzentrums:

| | |
|---|---|
| PLZ und Ort: | |
| Straße und Hausnummer: | |
| Etage, Raumnummer: | |
| | |
| Systemstandort:<br>Käfignummer:<br>Schranknummer (Rack):<br>Höheneinheit: | |
| Bezeichnung: | |

d) Unterauftragnehmer[9]

| | |
|---|---|
| Genaue Firmierung: | |
| Datenschutzbeauftragter: | |
| PLZ und Ort: | |
| Straße und Hausnummer: | |
| Etage, Raumnummer: | |

e) Prüfung

| | Prüfer | Begleitet/abgenommen durch Verantwortlichen des Kunden[10] |
|---|---|---|
| Vor-/Nachname: | | |
| Rolle: | | |
| Unternehmen: | | |
| Beauftragt durch: | | |
| Bestätigt am: | Datum und Unterschriften der Datenschutzbeauftragten[11] | |

f) Gültige Zertifizierungen[12]

| Zertifizierungen hier genau aufführen: | Gültig bis: |
| --- | --- |
| | |

g) Geplante Zertifizierungen[13]

§ 2 Zutrittskontrolle[14]

| Nr. | Frage | Antwort | Anmerkungen |
| --- | --- | --- | --- |
| 2.1 | Wer ist für die Zutrittskontrolle beim Auftragnehmer verantwortlich? | ☐ RZ-Verantwortlicher<br>☐ Abteilung bei Auftragnehmer<br>☐ sonstige: ______<br>☐ Regelung vorhanden: ja/nein | |
| 2.2 | Wer legt die zu sichernden Objekte und Bereiche beim Auftragnehmer fest? | ☐ IS-/IT-Sicherheitsbeauftragte(r)<br>☐ RZ-Verantwortlicher<br>☐ andere: ______<br>☐ Regelung vorhanden: ja/nein | |
| 2.3 | Welche Art von Schließsystem wird verwendet? | ☐ mechanische Schließung<br>☐ elektronische Schließung mit lokaler Programmierung am Schließzylinder<br>☐ elektronische Schließung mit Programmierung der Schlüssel<br>☐ elektronische Schließung mit zentraler Programmierung der Schließzylinder | |
| 2.4 | Durch wen wird die Applikation zur elektronischen Schließung betrieben? | ☐ durch den Auftragnehmer<br>☐ durch einen Subunternehmer (on-premise)<br>☐ durch einen Subunternehmer in der Cloud | |
| 2.5 | Werden die Zutrittsrechte dokumentiert? | ja/nein<br>Dokument:<br>Datum/Version: | |
| 2.6 | Gibt es ein dokumentiertes Verfahren für die Vergabe/Entzug von Zutrittsrechten? | ja/nein | |
| 2.7 | Werden Anwesenheitsaufzeichnungen im Sicherheitsbereich geführt? | ja/nein | |
| 2.8 | Welche Personen, die nicht beim Auftragnehmer angestellt sind, verfügen über Zutrittsberechtigungen? | ☐ keine<br>☐ Liste vorhanden<br>☐ Datum der Liste: ______ | |

| Nr. | Frage | Antwort | Anmerkungen |
|---|---|---|---|
| 2.9 | Durch welche weiteren organisatorischen/technischen Maßnahmen wird die Zutrittskontrolle unterstützt? | ☐ Alarmanlage<br>☐ Videoüberwachung<br>☐ Gebäudebewachung (Wachschutz)<br>☐ Vereinzelungsschleuse<br>☐ andere: ______ | |
| 2.10 | Sind die Eingangstüren und Nebentüren gesichert, sodass ein Schutz vor unbemerktem Betreten/Verlassen der Gebäude besteht? | ja/nein | |
| 2.11 | Werden Externe in den Gebäuden beaufsichtigt? | ja/nein | |
| 2.12 | Werden Besucher zum Besuchten begleitet bzw. von ihm abgeholt? | ja/nein | |
| 2.13 | Werden Besucher erfasst? | ☐ Besucherbuch/-liste<br>☐ elektronisches Ausweissystem<br>☐ andere: _____ | |
| 2.14 | Werden Fenster und nach außen öffnende Türen verschlossen, wenn die Räume, in denen der Auftragnehmer Daten des Auftraggebers verarbeitet, nicht besetzt sind? | ja/nein | |
| 2.15 | Sind einstiegsgefährdete Fenster und Türen in Gebäuden, in denen der Auftragnehmer Daten des Auftraggebers verarbeitet, gegen Einbruch abgesichert? | ja/nein | |
| 2.16 | Welche Personen dürfen die Serverräume und/oder das Rechenzentrum betreten?<br>(Nachweis durch Liste der zutrittsberechtigten Personen) | Serverräume:<br>☐ Haustechnik<br>☐ Infrastrukturteam<br>☐ IT-Systemtechniker<br>☐ Geschäftsführung<br>☐ Reinigungspersonal<br>☐ sonstige: ______<br>Rechenzentrum:<br>☐ Haustechnik<br>☐ Infrastrukturteam<br>☐ IT-Systemtechniker<br>☐ Geschäftsführung<br>☐ Reinigungspersonal<br>☐ sonstige: ______ | |
| 2.17 | Sind die Serverräume bzw. das Rechenzentrum vor dem Zutritt unberechtigter Personen – insbesondere auch außerhalb der Geschäftszeiten – geschützt? | Serverräume:<br>ja/nein<br><br>Rechenzentrum:<br>ja/nein | |

| Nr. | Frage | Antwort | Anmerkungen |
|---|---|---|---|
| 2.18 | Durch welche Maßnahmen wird der Zutritt zu DV-, TK-Systemen für Unbefugte verwehrt? | ☐ Einteilung in Sicherheitszonen/Sperrbereiche<br>☐ Closed-Shop-Betrieb[15]<br>☐ automatische Zutrittskontrolle<br>☐ Berechtigungsausweis<br>☐ Schlüsselregelung<br>☐ Personenkontrolle durch Pförtner<br>☐ sonstiges: _____ | |
| 2.19 | Welche störenden Einflüsse existieren beim Auftragnehmer in Räumen bzw. Gebäuden, in denen der Auftragnehmer Daten des Auftraggebers verarbeitet? | ☐ Hitze, Kälte, Feuchtigkeit<br>☐ HF-Strahlung und elektromagnetische Kraftfelder<br>☐ Bahnanlagen/Oberleitungen<br>☐ Stromausfall oder Stromschwankungen während des laufenden Betriebs<br>☐ im Gebäude ansässige Unternehmen, die mit gefährlichen Stoffen arbeiten<br>☐ sonstiges: ______ | |
| 2.20 | Werden schädigende Umgebungseinflüsse in Räumen bzw. Gebäuden, in denen der Auftragnehmer Daten des Auftraggebers verarbeitet, bei der Installation und der Benutzung von IT-Komponenten beachtet? | ja/nein | |
| 2.21 | Werden kritische Meldungen aus dem Monitoring des Gebäudemanagementsystems überwacht? | ☐ während der Arbeitszeit von ____ bis ____<br>☐ außerhalb der Arbeitszeit über eine Rufbereitschaft<br>☐ 24/7 an 365 Tagen durch Mitarbeiter vor Ort<br>☐ durch ein unterbeauftragtes Unternehmen | |
| 2.22 | Ist das Rechenzentrum dauerhaft mit fachkundigem Personal besetzt? | ☐ während der Arbeitszeit von ____ bis ____<br>☐ außerhalb der Arbeitszeit über eine Rufbereitschaft<br>☐ 24/7 an 365 Tagen durch Mitarbeiter vor Ort | |
| 2.23 | Wann werden Kunden über kritische Ereignisse im Rechenzentrum informiert? | ☐ während der Arbeitszeit von ____ bis ____ innerhalb einer Zeitspanne von: ____<br>☐ außerhalb der Arbeitszeit innerhalb von: ____<br>☐ 24/7 an 365 Tagen innerhalb von: ____ | |

## § 3 Zugangskontrolle[16]

| Nr. | Frage | Antwort | | Anmerkungen |
|---|---|---|---|---|
| 3.1 | Welche Maßnahmen schützen IT-Systeme vor unbefugter Nutzung? | ☐ Passwortvergabe<br>☐ Protokollierung der Passwortnutzung<br>☐ sonstige: ______ | | |
| 3.2 | Existieren für Mitarbeiter des Auftragnehmers, die Daten des Auftraggebers verarbeiten und/oder speichern bzw. Systeme betreuen, Hinweise über den Umgang mit administrativen Passwörtern? | ja/nein<br>Dokument: ______<br>Version/Datum: ______ | | |
| 3.3 | Verfügt jeder Berechtigte über ein eigenes, nur ihm bekanntes Passwort? | ja/nein | | |
| 3.4 | Gibt es Gruppenpasswörter,[17] die von mehreren Nutzern eingesetzt werden? | ja/nein | | |
| 3.5 | In welchen Bereichen und zu welchem Zweck werden Gruppenpasswörter eingesetzt? | Bereich | Zweck | |
| 3.6 | Wird dokumentiert, wann welcher Mitarbeiter das Gruppenpasswort benutzt hat? | ja/nein | | |
| 3.7 | Gibt es eine Passwortrichtlinie, die die Struktur eines Passwortes sowie die Änderungsintervalle und Nutzung beschreibt? | ja/nein<br>Dokument: ______<br>Version/Datum: ______ | | |
| 3.8 | Sind Mitarbeiter des Auftragnehmers, die Daten des Auftraggebers verarbeiten/speichern, aufgefordert, komplexe Passwörter einzusetzen? | ja/nein | | |
| 3.9 | Wann werden Passwörter für IT-Systeme/Nutzer gewechselt?[18] | IT-Systeme:<br>nie/alle ___ Tage<br>Nutzer:<br>nie/alle ___ Tage<br>☐ Regelung vorhanden: ja/nein | | |
| 3.10 | Welche Mindestlänge haben diese Passwörter? | Anzahl der Stellen: ___<br>☐ Regelung vorhanden: ja/nein | | |
| 3.11 | Werden Passwörter für IT-Systeme/Nutzer nur verschlüsselt abgespeichert oder übertragen? | IT-Systeme: ja/nein<br><br>Nutzer: ja/nein | | |
| 3.12 | Gibt es für IT-Systeme/Nutzer eine Passworthistorie, um zu vermeiden, dass alte Passwörter weiterverwendet werden? | IT-Systeme: ja/nein<br><br>Nutzer: ja/nein | | |
| 3.13 | Werden Administrationspasswörter für IT-Systeme gesichert aufbewahrt? | ja/nein | | |

| Nr. | Frage | Antwort | Anmerkungen |
|---|---|---|---|
| 3.14 | Werden Schlüssel für Kryptographie-Verfahren[19] gesichert aufbewahrt? | ja/nein | |
| 3.15 | Wie oft kann sich ein Benutzer an IT-Systemen vergeblich anmelden, bis der Zugriff automatisch gesperrt wird? | ☐ unbegrenzt<br>☐ nach __ Anmeldeversuchen | |
| 3.16 | Wie erfolgt im Falle der Sperrung eines Administrationszugangs die Entsperrung? | ☐ undokumentiertes Verfahren[20]<br>☐ Service Desk | |
| 3.17 | Sind die Passwörter der Mitarbeiter für IT-Systeme auch dem Administrator und/oder dem Management bekannt? | ja/nein | |
| 3.18 | Werden über alle Aktivitäten auf DV-Anlagen automatisch Protokolle erstellt? | ja/nein | |
| 3.19 | Von wem werden diese Protokolle hinsichtlich etwaiger Unregelmäßigkeiten ausgewertet und in welchen zeitlichen Abständen erfolgt dies? | Auswertung:<br>☐ manuell<br>☐ automatisiert<br>Zeitintervalle: ___ (tägl./wöchentl./monatl.)<br>☐ nie | |
| 3.20 | Wie werden IT-Systeme gegen unbefugte Nutzung abgesichert? | ☐ Standleitung<br>☐ Wählleitung mit automatischem Rückruf<br>☐ Teilnehmerkennung<br>☐ 2-Faktor-Authentifizierung<br>☐ funktionelle Zuordnung einzelner Datenendgeräte<br>☐ Protokollierung der Systemnutzung und Protokollauswertung<br>☐ sonstige: _____ | |
| 3.21 | Werden mobile PCs, die Daten des Auftraggebers verarbeiten bzw. speichern, außerhalb der Bürozeiten unter Verschluss gehalten? | ja/nein | |
| 3.22 | Werden Räume, in denen IT-Systeme aufgestellt sind, mit einem Zugangskontrollsystem ausgestattet? | ja/nein | |
| 3.23 | Wie findet die Identifizierung an IT-Systemen statt?[21] | | |
| 3.24 | Wie findet die Authentifizierung an IT-Systemen statt?[22] | | |
| 3.25 | Wer genehmigt die Zugangsberechtigungen bei IT-Systemen? | ☐ benannter Systemeigentümer<br>☐ bekannter Verantwortlicher des Auftraggebers<br>☐ sonstige: ______<br>☐ Regelung vorhanden: ja/nein | |

| Nr. | Frage | Antwort | Anmerkungen |
|---|---|---|---|
| 3.26 | Werden die Zugangsberechtigungen dokumentiert? | ja/nein | |
| 3.27 | Von wem werden die Einstellungen im BIOS-Set-up vorgenommen? | □ IT-Administrator<br>□ sonstige: ______<br>□ Regelung vorhanden: ja/nein | |
| 3.28 | Ist der unbefugte Zugang zum BIOS-Set-up möglich? | ja/nein | |
| 3.29 | Wird bei Arbeitsunterbrechungen ein passwortgeschützter Bildschirmschoner aktiviert? | ja/nein | |
| 3.30 | Sind die Daten auf mobilen IT-Systemen (Notebooks, Tablets, Smartphones[23] u. a.) verschlüsselt? | ja/nein<br>□ komplettes System<br>□ nur Daten | |

## § 4 Zugriffskontrolle[24]

| Nr. | Frage | Antwort | Aktivität |
|---|---|---|---|
| 4.1 | Wie werden Datenträger vor unbefugtem Lesen, Kopieren, Verändern oder Entfernen geschützt?[25] | □ Es gibt einen Verantwortlichen für die Datenträgerverwaltung<br>□ Verschlüsselung<br>□ Biometrie<br>□ Bestandskontrolle<br>□ Mehraugenprinzip<br>□ kontrollierte Vernichtung<br>□ sonstige: ______ | |
| 4.2 | Wo werden Datenträger außerhalb der Arbeitszeiten aufbewahrt? | □ Datenträgerarchiv<br>□ verschließbare Schränke<br>□ frei zugänglich<br>□ an der Datenträgerverarbeitungslage<br>□ sonstige: ______ | |
| 4.3 | Wie wird die Datenträgerverwaltung durchgeführt? | □ manuell<br>□ durch eine Software<br>□ durch ein automatisiertes Registrierungsverfahren durch die IT-Abteilung | |
| 4.4 | Wird durch eine Zugriffskontrolle sichergestellt, dass Mitarbeiter nur auf Programme und Daten zugreifen können, die sie zur Aufgabenerfüllung benötigen („Need-to-know-Prinzip")? | ja/nein | |
| 4.5 | Durch welche Maßnahmen wird die Einschränkung der Zugriffsmöglichkeit der zur Benutzung eines IT-Systems Berechtigten auf ausschließlich die seiner Zugriffsberechtigung unterliegenden Daten gewährleistet? | □ funktionale Zuordnung einzelner Datenendgeräte<br>□ automatische Prüfung der Zugriffsberechtigung<br>□ Protokollierung der Zugriffsberechtigung<br>□ Protokollierung der Systemnutzung und Protokollauswertung<br>□ ausschließlich Menüsteuerung | |

| Nr. | Frage | Antwort | Aktivität |
|---|---|---|---|
| 4.6 | Wie ist die differenzierte Zugriffsberechtigung aufgeteilt? | ☐ Dateien<br>☐ Datensätze<br>☐ Datenfelder<br>☐ Anwendungsprogramme<br>☐ Betriebssystem<br>☐ Server/IT-System<br>☐ sonstige: ______ | |
| 4.7 | Wie sind die differenzierten Verarbeitungsmöglichkeiten aufgeteilt? | ☐ lesen<br>☐ ändern<br>☐ löschen<br>☐ sonstige: ______ | |
| 4.8 | Sind die Daten auf mobilen IT-Systemen verschlüsselt? | ☐ ja/nein<br>☐ komplettes System<br>☐ nur Daten | |
| 4.9 | Können Nutzer nur auf getestete und freigegebene Anwendungssoftware zugreifen? | ja/nein<br><br>☐ Liste freigegebener Software | |
| 4.10 | Auf wessen Veranlassung werden Zugriffsrechte für IT-Systeme vergeben? | ☐ Geschäftsleitung<br>☐ disziplinarischer Vorgesetzter<br>☐ Fachverantwortlicher<br>☐ Applikationsverantwortlicher<br>☐ sonstige: ______<br>☐ Regelung vorhanden: ja/nein | |
| 4.11 | Wer genehmigt die Zugriffsberechtigungen auf Daten und Applikationen? | ☐ Geschäftsleitung<br>☐ disziplinarischer Vorgesetzter<br>☐ Fachverantwortlicher<br>☐ Applikationsverantwortlicher<br>☐ IT-Administrator<br>☐ sonstige: ______<br>☐ Regelung vorhanden: ja/nein | |
| 4.12 | Wer vergibt die Zugriffsberechtigungen im System? | ☐ IT-Administrator<br>☐ sonstige: ______<br>☐ Regelung vorhanden: ja/nein | |
| 4.13 | Werden Zugriffsrechte dokumentiert? | ja/nein | |
| 4.14 | Wie oft werden Zugriffsrechte überprüft? | ☐ nie<br>☐ alle ___ Wochen/Monate/ Jahre | |
| 4.15 | Sind die Wechseldatenträgerlaufwerke (zB DVD, USB-Sticks, ext. Festplatten) gegen unbefugte Benutzung gesichert? | ja/nein<br><br>☐ komplettes System verschlüsselt<br>☐ nur Daten verschlüsselt | |
| 4.16 | Gibt es ein Änderungsmanagement (Changemanagement)?[26] | ja/nein | |

| Nr. | Frage | Antwort | Aktivität |
|---|---|---|---|
| 4.17 | Wer darf die genehmigte Konfigurationsänderung vornehmen? | ☐ IT-Administrator<br>☐ sonstige: ______<br>☐ Regelung vorhanden: ja/nein | |
| 4.18 | Gibt es Sicherungsmaßnahmen gegen unbefugtes Kopieren von Daten auf lokale Rechner?[27] | ja/nein<br>☐ technisch überwacht<br>☐ technisch verhindert | |
| 4.19 | Gibt es Systemschnittstellen und Dienste, die von außen[28] über das Internet erreichbar sind? | ja/nein<br>☐ Diese sind dokumentiert.<br>☐ Die Dokumentation ist aktuell und nachvollziehbar. | |
| 4.20 | Sind die von außen erreichbaren Schnittstellen und Dienste in Art und Umfang dokumentiert? | ja/nein<br>☐ nie<br>☐ alle ___ | |
| 4.21 | Wird der Zugriff über die Schnittstellen protokolliert? | ja/nein | |
| 4.22 | Sind über diese Schnittstellen anonyme Zugriffe möglich?[29] | ja/nein | |
| 4.23 | Werden die Zugriffe auf unzulässige Operationen überprüft? | ja/nein<br>☐ technisch überwacht<br>☐ technisch unterbunden | |
| 4.24 | Werden regelmäßige Sicherheits- und Schwachstellenanalysen[30] der von außen erreichbaren Schnittstellen und Dienste durchgeführt? | ja/nein<br>☐ durch interne Penetrationstests<br>☐ durch externe Penetrationstests | |

## § 5 Weitergabekontrolle/Übermittlungskontrolle[31]

| Nr. | Frage | Antwort | Anmerkungen |
|---|---|---|---|
| 5.1 | Wird der Versand von Datenträgern durch Registrierung, Begleitzettel und/oder Lieferscheine kontrolliert? | ja/nein | |
| 5.2 | Besteht ein Verbot der Mitnahme von Behältnissen in Räume mit DV-Anlagen oder in Datenträgerarchive und ist das Mitbringen privater Datenträger untersagt? | Mitnahme:<br>ja/nein<br>Mitbringen:<br>ja/nein | |
| 5.3 | Werden stichprobenartige Kontrollen der Mitarbeiter (Taschenkontrolle oÄ) durchgeführt? | ja/nein | |
| 5.4 | Wo befinden sich unbenutzte Datenträger? | ☐ verschlossenes Behältnis<br>☐ Safe/Tresor<br>☐ Datenträgertresor[32]<br>☐ ungeschützt<br>☐ sonstige: ______<br>☐ Regelung vorhanden: ja/nein | |

| Nr. | Frage | Antwort | Anmerkungen |
|---|---|---|---|
| 5.5 | Wie werden Datenträger vernichtet? | magnetische Datenträger:<br>☐ mehrfaches Überschreiben durch sicheres Verfahren<br>☐ physische Vernichtung<br>☐ zertifizierter Entsorger<br>☐ sonstige: ______<br>optische Datenträger und defekte Festplatten:<br>☐ physische Vernichtung<br>☐ zertifizierter Entsorger<br>☐ sonstige: ______<br>Papier/Mikrofilm:<br>☐ bereitgestellte Aktenvernichter<br>☐ zertifizierter Entsorger<br>☐ sonstige: ______ | |
| 5.6 | Wie werden Datenträger transportiert? | ☐ unkontrolliert<br>☐ ungeschützt<br>☐ in speziellen Transportbehältnissen<br>☐ andere: ______ | |
| 5.7 | Wie werden Daten auf dem Übertragungsweg und beim Transport gegen das unbefugte Lesen, Kopieren, Verändern oder Entfernen geschützt? | ☐ Standleitung<br>☐ Wählleitung mit automatischem Rückruf<br>☐ Datenverschlüsselung[33]<br>☐ Botentransport durch Auftragnehmer/Auftraggeber<br>☐ Postversand<br>☐ verschlossen in Transportbehältern<br>☐ Transportbegleitung<br>☐ Vollständigkeits-/Richtigkeitsprüfung<br>☐ sonstige: ______ | |
| 5.8 | Werden Empfangsbestätigungen, Lieferscheine oÄ verwendet? | ja/nein | |
| 5.9 | Werden zum Transport vorgesehene Daten mit sensitivem Inhalt verschlüsselt (Art. 32 DS-GVO)? | Datenträger:<br>ja/nein<br>Mobile Endgeräte:<br>ja/nein<br>Datenübertragungsleitungen:<br>ja/nein | |
| 5.10 | Wird das Internet zur Weitergabe personenbezogener Daten genutzt? | ja/nein | |
| 5.11 | Welche Dienste werden dabei genutzt? | ☐ E-Mail<br>☐ WWW<br>☐ FTP<br>☐ elektronischer Geldverkehr<br>☐ sonstige: ______ | |

| Nr. | Frage | Antwort | Anmerkungen |
|---|---|---|---|
| 5.12 | Welche Sicherungsmechanismen werden bei den unter 5.11 genannten Diensten[34] eingesetzt? | ☐ alle Protokolle via VPN/IPsec gesichert<br>☐ E-Mail mit S/MIME[35] oder PGP[36]<br>☐ WWW mit https[37] oder SSL/TLS/STARTTLS[38]<br>☐ SFTP[39]<br>☐ elektronischer Geldverkehr nach PCI DSS über ZDA (PKI)[40]<br>☐ sonstige: ______ | |
| 5.13 | Welche Sicherheitsmaßnahmen existieren? | ☐ Firewall<br>☐ Intrusion Detection System (IDS)[41]<br>☐ Intrusion Prevention System (IPS) [42]<br>☐ Virtual Private Network (VPN)[43]<br>☐ Content Filter[44]<br>☐ weitere: ______ | |
| 5.14 | Durch welche Maßnahmen kann überprüft und festgestellt werden, an welche Stellen Datenübermittlung durch Einrichtung zur Datenübertragung vorgesehen ist? | ☐ Dokumentation der vorgesehenen Abruf- und Übermittlungswege<br>☐ Dokumentation der Übermittlungsstellen und -wege<br>☐ sonstige: ______ | |
| 5.15 | Sind IT-Systeme in einem verschlossenen Raum? | ja/nein | |
| 5.16 | Sind die Serverkonsolen gesperrt? | ja/nein | |
| 5.17 | Gibt es ein Berechtigungskonzept, in dem Netzwerkfreigaben und Zugriffsberechtigungen auf Ordner und Dateien für einzelne Benutzergruppen festgelegt sind? | ja/nein<br>☐ Dokument: ______<br>Version/Datum: ______ | |
| 5.18 | Wird das o. g. Konzept regelmäßig geprüft und aktualisiert? | ☐ Anzahl Prüfungen/Zeitraum: ______/______<br>☐ Anzahl Aktualisierungen/Zeitraum ______/______<br>☐ keine Prüfung<br>☐ keine Aktualisierung | |
| 5.19 | Werden bei Versetzung eines Mitarbeiters nicht mehr benötigte Zugangsberechtigungen entzogen? | ja/nein[45] | |
| 5.20 | Werden bei Ausscheiden eines Mitarbeiters Zugänge zu IT-Systemen gesperrt? | ja/nein | |

| Nr. | Frage | Antwort | Anmerkungen |
|---|---|---|---|
| 5.21 | Welche Maßnahmen werden realisiert, wenn Rechner oder Datenträger von externen Dienstleistern mitgenommen werden müssen? | Daten werden<br>☐ logisch gelöscht<br>☐ -fach überschrieben<br>☐ verschlüsselt<br>Datenträger werden<br>☐ physisch zerstört<br>☐ vertraglich mit dem Dienstleister geregelt<br>☐ Der Dienstleister belässt Datenträger auch bei Reparaturen immer beim Kunden.[46]<br>☐ sonstige: ______ | |
| 5.22 | Werden externe Dienstleister schriftlich auf den Datenschutz verpflichtet? | ☐ ja/nein<br>☐ Regelung vorhanden: ja/nein[47] | |
| 5.23 | Wie werden geschäfts-/personenbezogene Daten bei Wartungs-/Reparaturarbeiten vor dem Zugriff durch externe Dienstleister geschützt? | ☐ Regelung vorhanden: ja/nein<br>Maßnahmen:<br>Begleitung/Beaufsichtigung<br>☐ temporär<br>☐ dauerhaft | |
| 5.24 | Werden externe Dienstleister bei ihren Aktivitäten beaufsichtigt? | ja/nein | |
| 5.25 | Werden Passwörter gewechselt, falls sie einem externen Dienstleister bekannt geworden sind? | ja/nein | |
| 5.26 | Werden die Möglichkeiten zur Fernwartung nur fallbezogen freigegeben? | ja/nein | |
| 5.27 | Wer genehmigt die Fernwartung? | ☐ Geschäftsleitung<br>☐ verantwortlicher Abteilungsleiter<br>☐ Netzwerkadministrator<br>☐ sonstige: ______<br>☐ Regelung vorhanden: ja/nein | |
| 5.28 | Gibt es eine vertragliche Grundlage, die die Fernwartung regelt? | ja/nein[48] | |
| 5.29 | Wer baut die Fernwartungsverbindung zwischen IT-Systemen und dem externen Dienstleister auf? | ☐ Auftraggeber initiiert Aufbau.<br>☐ Netzwerkadministrator führt aus.<br>☐ sonstige: ______<br>☐ Regelung vorhanden: ja/nein | |
| 5.30 | Gibt es einen Freigabeprozess? | ja/nein<br>☐ Regelung vorhanden: ja/nein | |

| Nr. | Frage | Antwort | Anmerkungen |
|---|---|---|---|
| 5.31 | Gibt es bei der Fernwartung Schutzfunktionen gegen den Zugriff eines externen Dienstleisters auf Daten/Informationen der verantwortlichen Stelle? | ja/nein<br>welche: ______ | |
| 5.32 | Welche Datenübertragung ist in der Fernwartung zugelassen? | □ Tastatur, Maus, Video (Keyboard Video Mouse – KVM)<br>□ Dateiübertragung<br>□ Remote-Scripting (PowerShell oÄ)<br>□ Andere: ______ | |

## § 6 Eingabekontrolle/Plausibilitätskontrolle[49]

| Nr. | Frage | Antwort | Anmerkungen |
|---|---|---|---|
| 6.1 | Durch welche Maßnahmen kann nachträglich überprüft und festgestellt werden, ob und von wem Daten in IT-Systeme eingegeben, verändert oder entfernt worden sind? | □ Erfassungsbelege mit Erfassungs- und Prüfbestätigungen<br>□ Protokollierung eingegebener Daten<br>□ Verarbeitungskontrolle (Transaktionskontrolle) der Anwendung<br>□ sonstige: _____ | |
| 6.2 | Gibt es einen Schadsoftwareschutz?[50] | ja/nein | |
| 6.3 | In welchen Intervallen wird die Integrität der Partitionstabelle, des Bootsektors, des Hauptverzeichnisses und aller Programmdateien mit einem Prüfsummenprogramm und/oder einem Schadsoftwareschutz geprüft? | Täglich:<br>□ Schadsoftwareschutz<br>□ Prüfsummenprogramm<br>bei jedem Rechnerstart:<br>□ Schadsoftwareschutz<br>□ Prüfsummenprogramm<br>Bezeichnung: ______ | |
| 6.4 | Wie und wann erfolgt ein Update des Schadsoftwareschutzes? | □ automatisch<br>□ manuell<br>□ sonstige: ______<br>□ täglich[51]<br>□ wöchentlich<br>□ sonstige: ______ | |
| 6.5 | Werden sicherheitsrelevante Updates und Patches für Betriebssysteme und Anwendungsprogramme regelmäßig und zeitnah[52] eingespielt? | ja/nein<br>innerhalb von __ Tagen nach Veröffentlichung durch den Hersteller | |
| 6.6 | Werden Daten und Programme in unterschiedlichen Verzeichnissen abgespeichert? | ja/nein | |
| 6.7 | Werden Daten und Programme in unterschiedlichen Partitionen abgespeichert? | ja/nein | |

| Nr. | Frage | Antwort | Anmerkungen |
|---|---|---|---|
| 6.8 | Gibt es eine vollständige und aktuelle Netzwerkdokumentation?[53] | ja/nein | |
| 6.9 | Wird die Integrität und Installation von erhaltenen Programmen[54] überprüft? | ja/nein | |
| 6.10 | Werden erhaltene oder auszuliefernde Datenträger einem Schadsoftwarecheck unterzogen? | ja/nein | |
| 6.11 | Erfolgt bei Wiederverwendung bereits beschriebener Datenträger eine ausreichend starke Löschung der vorherigen Daten? | ☐ nein<br>☐ ja<br>eingesetzte Software:<br>__________<br>Optionen:<br>__________ | |
| 6.12 | Werden die durchgeführten Wartungs-, Fernwartungs- oder Reparaturarbeiten dokumentiert? | ja/nein | |
| 6.13 | Wird die Integrität von Datenträgern von externen Dienstleistern überprüft, bevor diese eingesetzt werden? | ja/nein | |
| 6.14 | Wird vor größeren Wartungs-, Fernwartungs- oder Reparaturarbeiten eine komplette Sicherung der betroffenen Systeme erstellt? | ja/nein | |
| 6.15 | Wird der Fernwartungsvorgang dauerhaft überprüft oder aufgezeichnet? | ☐ nein<br>☐ ja, durch einen Mitarbeiter der IT-Abteilung<br>☐ ja, durch Mitschnitt der Remotesession[55] | |
| 6.16 | Findet nach den durchgeführten Wartungs-, Fernwartungs- oder Reparaturarbeiten eine Integritätsprüfung statt? | ja/nein | |

## § 7 Auftragskontrolle/Vertragskonformitätskontrolle[56]

| Nr. | Frage | Antwort | Anmerkungen |
|---|---|---|---|
| 7.1 | Durch welche Maßnahmen kann nachträglich überprüft und festgestellt werden, ob und von wem Daten in IT-Systeme eingegeben, verändert oder entfernt worden sind? | ☐ Erfassungsbelege mit Erfassungs- und Prüfbestätigungen<br>☐ Protokollierung eingegebener Daten<br>☐ Verarbeitungskontrolle (transaktionsbasiert)<br>☐ sonstige: _____ | |

| Nr. | Frage | Antwort | Anmerkungen |
|---|---|---|---|
| 7.2 | Durch welche Maßnahmen wird gewährleistet, dass die Verarbeitung personenbezogener Daten im Auftrag nur entsprechend den Weisungen des Auftraggebers erfolgt? | ☐ schriftliche Weisung<br>☐ Angebot und Auftragsbestätigung<br>☐ Auftraggeber erhält alle Datenausgaben zur Kontrolle.<br>☐ vertraglich festgelegte Verantwortlichkeiten<br>☐ sonstige: _____ | |
| 7.3 | Wie wird bei Änderungen im Verfahrensablauf/Programmänderungen durch den Auftragnehmer verfahren? | Maßnahmen: | |
| 7.4 | Wird der Auftraggeber über Programmabbrüche/ Programmfehler informiert? | ja/nein | |
| 7.5 | Welche Maßnahmen werden zur Sicherung der Fernwartung/Fernadministration angewendet? | ☐ Ereignisauslösung vom Auftraggeber<br>☐ Rückrufautomatik<br>☐ Einmal-Passwort<br>☐ Protokollierung<br>☐ Virtual Private Network (VPN)<br>☐ andere: _____ | |

## § 8 Verfügbarkeitskontrolle[57]

| Nr. | Frage | Antwort | Anmerkungen |
|---|---|---|---|
| 8.1 | Wie wird gewährleistet, dass Daten gegen zufällige Zerstörung oder Verlust geschützt sind? | ☐ tägliches Back-up<br>☐ wöchentliches Back-up<br>☐ Back-up-Plan liegt vor<br>☐ SAN[58]-Snapshots[59]<br>☐ Festplattenspiegelung (RAID oÄ)<br>☐ Havariearchivierung (Auslagerung)<br>☐ unterbrechungsfreie Stromversorgung (USV)<br>☐ Überspannungsfilter<br>☐ sonstige: _____ | |
| 8.2 | Gibt es Notfall- und Krisenmanagement (BCM[60])? | ja/nein | |
| 8.3 | Gibt es ein Back-up-Rechenzentrum? | ja/nein | |
| 8.4 | Wer ist für die Sicherung der Daten zuständig?[61] | ☐ Auftragnehmer[62]<br>☐ Auftraggeber[63]<br>☐ Back-up-Administrator<br>☐ andere: _____<br>☐ Regelung vorhanden: ja/nein[64] | |
| 8.5 | Wie viele Generationen[65] von Sicherungskopien existieren? | Anzahl: ___ | |

| Nr. | Frage | Antwort | Anmerkungen |
|---|---|---|---|
| 8.6 | In welchen Intervallen wird eine Datensicherung durchgeführt? | ☐ täglich<br>☐ wöchentlich<br>☐ sonstige: ____ | |
| 8.7 | Wird eine regelmäßige Sicherung von datenverarbeitenden mobilen Endgeräten gewährleistet? | ja/nein | |
| 8.8 | Wird das allgemeine Back-up-Verfahren regelmäßig kontrolliert? | ja/nein | |
| 8.9 | Werden Sicherungsprotokolle[66] erstellt und geprüft? | ja/nein | |
| 8.10 | Ist das Back-up-Verfahren dokumentiert? | ja/nein | |
| 8.11 | Welche Back-up-Methode wird angewendet? | ☐ Totalsicherung<br>☐ Selektivsicherung (nur Datenbestände)<br>☐ veränderte Daten | |
| 8.12 | Wo werden Back-up-Medien aufbewahrt? | ☐ Safe/Tresor<br>☐ Datenträgertresor<br>☐ anderer Brandabschnitt<br>☐ anderes Gebäude<br>☐ im Rechenzentrum<br>☐ ungeschützt<br>☐ sonstige: ______<br>☐ Regelung vorhanden: ja/nein | |
| 8.13 | Werden gesetzliche Aufbewahrungsfristen[67] beachtet? | ja/nein | |
| 8.14 | Werden die gesetzlichen Vorgaben zur Löschung, Einschränkung und dem „Recht auf Vergessenwerden"[68] eingehalten? | ja/nein | |
| 8.15 | Werden E-Mails, die die Geschäftsbeziehung mit dem Auftraggeber betreffen bzw. Daten enthalten, die für die Auftragsabwicklung notwendig sind, regelmäßig archiviert? | ja/nein | |
| 8.16 | Wie werden E-Mails archiviert? | ☐ automatisch durch: __________<br>☐ zentral durch Administratoren<br>☐ zentral durch Archivsystem<br>☐ durch einen dedizierten Server in einem Rechenzentrum<br>☐ durch einen Clouddienst-Anbieter | |

| Nr. | Frage | Antwort | Anmerkungen |
|---|---|---|---|
| 8.17 | Ist das Archivsystem zertifiziert? | ja/nein<br>zertifiziert durch: ______ | |
| 8.18 | Welche störenden Einflüsse existieren beim Auftragnehmer in Räumen bzw. Gebäuden, in denen der Auftragnehmer Daten des Auftraggebers verarbeitet? | ☐ Hitze, Kälte, Feuchtigkeit<br>☐ HF-Strahlung und elektromagnetische Kraftfelder<br>☐ Bahnanlagen<br>☐ Stromausfall oder Stromschwankungen während des laufenden Betriebs<br>☐ sonstige: ______ | |
| 8.19 | Werden schädigende Umgebungseinflüsse in Räumen bzw. Gebäuden, in denen der Auftragnehmer Daten des Auftraggebers verarbeitet, bei der Installation und der Benutzung von IT-Komponenten beachtet? | ja/nein | |
| 8.20 | Gibt es eine Risikobewertung und einen Risikobehandlungsplan? | ja/nein | |
| 8.21 | Gibt es in den Serverräumen wasserführende Leitungen oder leicht brennbare oder entzündliche Gegenstände? | ☐ ja, wassergekühlte Schranksysteme[69]<br>☐ ja, wasserführende Leitungen<br>☐ ja, leicht brennbare Gegenstände<br>☐ nein | |
| 8.22 | Sind in den Serverräumen Feuchtigkeits-, Rauch-, Wärmesensoren installiert? | ☐ Brandmelder<br>☐ Rauchansaugsystem<br>☐ Feuchtigkeitssensoren<br>☐ Wärmesensoren<br>☐ Leckagemelder<br>☐ weitere: ______ | |
| 8.23 | Stehen in den Serverräumen entsprechend zugelassene Feuerlöscher[70]/Löschanlagen zur Verfügung? | ja/nein | |
| 8.24 | Wie wird ein zuständiger Mitarbeiter bei einem Alarmsignal eines Sensors über den kritischen Zustand in den Serverräumen des Rechenzentrums informiert? | ☐ Telefon<br>☐ SMS[71]<br>☐ andere: ______ | |
| 8.25 | Ist die Erreichbarkeit eines zuständigen Mitarbeiters im Katastrophenfall jederzeit gewährleistet? | ja/nein<br>☐ Rufbereitschaft<br>☐ 24/7 Betrieb | |
| 8.26 | Gibt es Eskalationspläne? | ja/nein | |
| 8.27 | Sind die Serverräume vor Einbruch ausreichend geschützt? | ja/nein | |

| Nr. | Frage | Antwort | Anmerkungen |
|---|---|---|---|
| 8.28 | Sind die Serverräume entsprechend der technischen Spezifikation ausreichend klimatisiert? | ja/nein | |
| 8.29 | Stehen die Server in 19-Zoll-Racks? | ja/nein | |
| 8.30 | Mit welcher Türart sind die Serverräume ausgestattet? | ☐ normale Tür<br>☐ feuersichere Tür<br>☐ einbruchshemmende Tür<br>☐ Stahltür<br>☐ andere: ______ | |
| 8.31 | Werden verfahrensfremde Datenträger mit eindeutiger Zuordnung verwaltet? | ja/nein | |
| 8.32 | Besteht eine Archivordnung? | ja/nein | |
| 8.33 | Ist ein Archivverwalter bestellt? | ja/nein | |
| 8.34 | Existiert ein eigener Archivraum (Sicherungsbereich)? | ja/nein | |
| 8.35 | Besteht lediglich ein beschränkter Zugang zum Archivbereich? | ja/nein | |
| 8.36 | Erfolgt die Ein- und Ausgabe von Datenträgern nur durch die Archivverwaltung? | ja/nein | |
| 8.37 | Wird die Ein- und Ausgabe von Datenträgern revisionsfähig protokolliert? | ja/nein | |
| 8.38 | Erfolgen regelmäßige Bestandskontrollen der Datenträger durch Soll-/Ist-Vergleich? | ja/nein | |
| 8.39 | Ist das Mitnehmen von Taschen und Mänteln in die Sicherheitszonen (Archiv) untersagt? | ja/nein | |
| 8.40 | Ist das Mitnehmen von Telefonen, Smartphones, Fotoapparaten und anderen elektronischen Geräten in Sicherheitszonen (Archiv) untersagt? | ja/nein | |
| 8.41 | Wer ist für die Einhaltung von Wartungsintervallen, der Auswahl und Beauftragung von Wartungsunternehmen verantwortlich? | ☐ IT-Leitung<br>☐ IT-Administrator<br>☐ Fachvorgesetzter<br>☐ sonstige: ______<br>☐ Regelung vorhanden: ja/nein | |

## § 9 Datentrennungskontrolle/Mandantentrennungskontrolle[72]

| Nr. | Frage | Antwort | Anmerkungen |
|---|---|---|---|
| 9.1 | Wie wird gewährleistet, dass zu unterschiedlichen Zwecken erhobene Daten getrennt verarbeitet werden können? | ☐ softwareseitiger Ausschluss (Mandantentrennung)<br>☐ Dateiseparierung<br>☐ Datenbankprinzip (Trennung über Zugriffsregelungen)<br>☐ eigene Datenbankinstanz[73]<br>☐ Trennung von Test- und Routineprogrammen<br>☐ Trennung von Test- und Produktivdaten<br>☐ eigene IT-Systeme je Auftraggeber<br>☐ sonstige: ______ | |
| 9.2 | Aus welchen Gründen ist eine Trennung nicht möglich oder nicht notwendig? | Begründung: | |

## § 10 Prüfung der Betriebsorganisation[74] und Rechenschaftspflicht[75]

| Nr. | Frage | Antwort | Anmerkungen |
|---|---|---|---|
| 10.1 | Durch welche Maßnahmen ist die innerbetriebliche Organisation so gestaltet, dass sie den besonderen Anforderungen des Datenschutzes gerecht wird? | ☐ Verfahrensregister beim Auftraggeber sind vorhanden, vollständig, aktuell.<br>☐ Verfahrensregister beim Auftragnehmer sind vorhanden, vollständig, aktuell.<br>☐ Nachweise über durchgeführte Schulungen der Mitarbeiter zum Datenschutz liegen vor.<br>☐ Nachweise über Einhaltung der datenschutzrechtlichen Verpflichtungen der verarbeitenden Mitarbeiter liegen vor.<br>☐ Datenschutzbeauftragter ist schriftlich bestellt.<br>☐ Fachkundenachweise des Datenschutzbeauftragten liegen vor.<br>☐ Stellenbeschreibung für den Datenschutzbeauftragten liegt vor.<br>☐ Datenschutzordnung liegt vor.<br>☐ Sicherheitskonzept liegt vor.<br>☐ Sicherheitskonzept wird regelmäßig aktualisiert.<br>☐ Schriftliche Arbeitsanweisungen/Richtlinien/Merkblätter liegen vor. | |

| Nr. | Frage | Antwort | Anmerkungen |
|---|---|---|---|
| | | ☐ Programme/Verfahren sind ordnungsgemäß dokumentiert.<br>☐ Aufbewahrung/Archivierung aller maschinell erzeugten Protokolle ist geregelt.<br>☐ Programmfreigabeverfahren ist eingerichtet.<br>☐ Datenschutz-Folgenabschätzung gem. Art. 35 DS-GVO wurde durchgeführt und protokolliert.<br>☐ Funktionstrennung im IT-Bereich existiert.<br>☐ Abstimm- und Kontrollverfahren sind eingerichtet.<br>☐ Vier-Augen-Prinzip wird angewendet bei:<br>_______<br>☐ Es ist sichergestellt, dass bei der Übermittlung personenbezogener Daten außerhalb der EU in Drittstaaten ein angemessenes Datenschutzniveau nach Art. 44, 46, 49 DS-GVO eingehalten wird.<br>☐ Einwilligungen gem. Art. 6 Abs. 1 lit. a–f DS-GVO liegen vor.<br>☐ Benachrichtigungen, Auskunftsersuchen, Anliegen bezüglich Berichtigung, Löschung oder Sperrung wurden dokumentiert.<br>☐ Ordnungsgemäßer Einsatz von Video-/Web-Kameras ist gesichert.<br>☐ Ordnungsgemäßer Einsatz von Chipkartentechnik, Biometrie oder ähnlicher Technologien ist gesichert.<br>☐ Es existiert ein Bereich Revision, der auch den Datenschutz abdeckt.<br>☐ Weitere Punkte: | |

## Anmerkungen

**1. Geltungsbereich.** Der Prüfliste sollte unter dem Gliederungspunkt „Geltungsbereich“ ein erläuternder Text vorangestellt werden, für den der Textvorschlag verwendet werden kann. Bei unterschiedlicher Anwendung je nach Kategorie für das

„eigene Unternehmen", als „Outsourcing-Auftraggeber" oder als „Outsourcing-Auftragnehmer" variieren die Textinhalte.

**2. Dokumentenebene.** Die Ebene der Dokumente und deren Bezeichnung ist in einer unternehmensweiten Dokumentenrichtlinie vorgegeben und legt die Einordnung von Dokumenten nach bestimmten Kriterien fest.

Die nachfolgende Grafik der bei Managementsystem-Implementierungen üblichen Dokumentationspyramide erläutert die vier wesentlichen Dokumentenebenen und deren Einordnung und Anwendung.

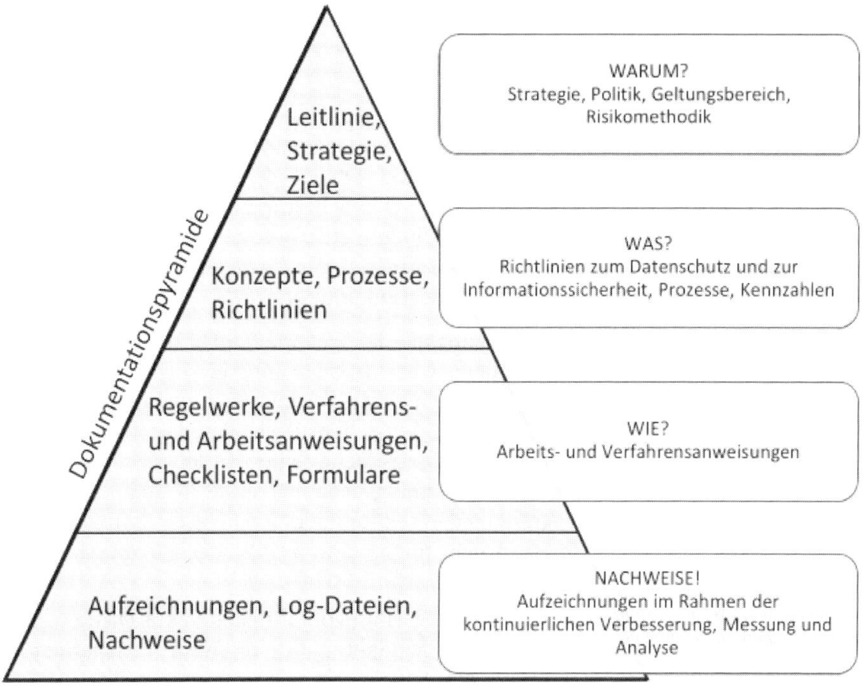


**3. Dokumentenlenkung.** Durch die Dokumentenlenkung wird sichergestellt, dass alle Personen und Abteilungen, die Kenntnis von dem betreffenden Dokument haben müssen, das Dokument und alle künftigen Änderungen zur Kenntnisnahme erhalten. Es werden explizit nur die Dokumente bereitgestellt, die von den involvierten Personen und Abteilungen benötigt werden, um keine Informationsflut zu erzeugen.

**4. Änderungsdienst.** Angelehnt an Qualitätsmanagementsysteme nach ISO/IEC 9001 unterliegen gelenkte Dokumente dem Änderungsdienst: Erstellung, Änderung, Prüfung und Freigabe von gelenkten Dokumenten werden in einer Verfahrensanweisung festgelegt.

**5. Geltungsbereich Abs. 2.** Dieser Absatz bezieht sich ausschließlich auf den Einsatz im Außenverhältnis und dient der rechtlichen Abgrenzung zum eigentlichen Vertrag.

**6. Leistungsschein.** Leistungsscheine sind Vertragsanlagen, in denen technische Ausführungen zum Leistungsinhalt des Vertrags ausgeführt sind. Ein Leistungsschein enthält u.a. die Beschreibung von Messverfahren, um die Dienstqualität (Service Level), die Übergabepunkte für Leistungen und Dienste, Preismodelle und Verrechnungsgrößen, Mitwirkungspflichten, Leistungsabgrenzungen, Regelungen für das Berichtswesen (Reporting), Leistungskategorien und Standorte der im Vertrag vereinbarten Dienstleistungen auszuführen. Aufgrund der technologischen Dynamik sind solche Leistungsscheine praktikabel, um aufwendige Vertragsänderungen zu vermeiden (Rauschhofer Internet World 11/04, 42 f.).

**7. Fragenbeantwortung.** Die Beantwortung der Frage erfolgt aus verschiedenen Gesichtspunkten. Entscheidend ist hierbei die Einordnung in die beschriebenen Kategorien:
- Unternehmen
- Outsourcing-Auftraggeber
- Outsourcing-Auftragnehmer.

Sofern es sich um eine Prüfliste handelt, die für den internen Gebrauch, also für die eigene Verarbeitung personenbezogener Daten bestimmt ist, werden alle internen Prozesse und Verfahren Anwendung finden. Alle Punkte müssen sorgfältig geprüft und nachvollziehbar sein. Das Hinterfragen der korrekten Einschätzung der Antworten ist auch in der internen Organisation erlaubt.

**8. Adresse des geprüften Rechenzentrums.** Die genaue Lagebezeichnung des Rechenzentrums ist wichtig. Insbesondere, wenn es sich um Rechenzentren größerer Ausgestaltung handelt, ist die genaue Lage des Rechenzentrumsraums oder der durch Gitterkäfige („Cage“) abgetrennte Bereich prüfrelevant. Die in einem von mehreren Kunden genutzte Rechenzentrumsfläche eines Colocation-Rechenzentrums (auch Serverhousing oder Serverhoming genannt) sollte in dem vorgelegten Vertrag genau definiert (Käfignummer, Racknummer, Rackeinschubnummer, oÄ) sein. Die Prüfliste erhebt den Anspruch, für annähernd alle derzeit am Markt befindlichen Typen von Rechenzentren einsetzbar zu sein.

**9. Unterauftragnehmer.** Die Weiterverlagerung von Tätigkeiten auf Dritte (Unterauftragnehmer, Subunternehmer) und die Modalitäten dieser Weiterverlagerung bedürfen der schriftlichen Zustimmung des Auftraggebers. Der Auftragnehmer ist verpflichtet, seine vertraglichen Vereinbarungen mit dem Unterauftragnehmer nur im Einklang mit den Regelungen des (Haupt-)Vertrags auszugestalten. Fehlt eine Regelung in den Verträgen, sollte umgehend eine Zusatzvereinbarung zum Vertrag ausgestaltet werden, da nach Art. 28 Abs. 2 DS-GVO Unterauftragsverhältnisse einer schriftlichen Genehmigung durch den Verantwortlichen bedürfen.

**10. Auftragsverarbeitung.** Diese Felder finden nur Anwendung in der Kategorie Outsourcing-Auftraggeber und Outsourcing-Auftragnehmer für den Fall der Auftragsverarbeitung.

**11. Unterschriften.** Im Unterschriftenfeld unterzeichnet der Prüfer die Richtigkeit der durchgeführten Prüfung (Prüfbericht). Im Falle der Anwendung für die eigene Datenverarbeitung ist dies der betriebliche Datenschutzbeauftragte gem. Art. 37 DS-GVO. Dieser muss das Prüfergebnis unterschreiben. Der Prüfbericht erfüllt im Wesentlichen eine Nachweisfunktion, der ohne Unterschrift des Prüfers nicht genügt wäre. Sofern die Prüfliste für eine Auftragsverarbeitung im Außenverhältnis verwendet wird, unterschreiben hier beide betrieblichen Datenschutzbeauftragten. Sofern die Zeichnungsvollmacht nicht besteht, sollte im Außenverhältnis nach der jeweiligen Unterschriftenregelung des Unternehmens verfahren werden. Dies birgt in der Praxis die Gefahr, dass sich die Unterzeichnung eines solchen Dokuments hinziehen kann. Es sollte also aktiv zeichnungsberechtigtes Management in den Vorgang einbezogen werden.

Es besteht eine grundsätzliche Empfehlung zur Unterzeichnung von Dokumentationen, die im Zusammenhang mit Datenschutzverträgen stehen, um die Richtigkeit aller gemachten Angaben und deren Wirksamkeit sicherzustellen.

**12. Aktuelle Zertifizierungen der IT-Sicherheitsmaßnahmen.** Eine Zertifizierung ist ein Verfahren, mit dem durch unabhängige Dritte die Überprüfung nach einem gültigen Anforderungskatalog (Prüfkatalog) eines Produkts, eines Verfahrens oder einer Betriebsorganisation durchgeführt und dessen Zertifizierungsreife nachgewiesen wird (→ Form. C. IV.3.). Im Zusammenhang mit Zertifizierungen ist grundsätzlich zu beachten, in wessen Hoheit die Ausstellung eines Zertifikats vorgenommen wird. Zertifikate werden u. a. von akkreditierten Zertifizierungsstellen, Bundesämtern, Prüfverbänden, Prüfinstituten, Prüflaboren, Gutachtern und Wirtschaftsprüfungsgesellschaften ausgestellt. Seitens des Auftraggebers ist zu prüfen, welche Zertifizierungen das Rechenzentrum, die Betriebsorganisation oder der Betreiber des Rechenzentrums hat. Zu beachten sind die Art des Zertifikats, die ausstellende Zertifizierungsstelle, der Geltungsbereich („Scope") und die Gültigkeit des Zertifikats (Ablaufdatum). Bei den Zertifikaten gibt es Normzertifikate und sog. freiwillige Prüfzeichen. Normzertifikate werden von akkreditierten Zertifizierungsstellen (zB Dekra, DeuZert, SGS, TÜV) auf Basis einer gültigen internationalen Norm nach erfolgreicher Auditierung erteilt und haben eine begrenzte Gültigkeit (→ Form. C. IV.1.). In der Zeit bis zum Ablaufdatum gibt es zwei Wiederholungsaudits, in der die Aufrechterhaltung des Zertifikats geprüft wird. Zum Ablaufdatum des Zertifikats wird ein Rezertifizierungsaudit durchgeführt, bei dem das Zertifikat erneut erteilt wird. Zu den im Bereich des Datenschutzes relevanten Normzertifizierungen gehört insbesondere die ISO/IEC 27001:2005–2022 die das Informationssicherheitsmanagementsystem eines Unternehmens betrifft (siehe ISO/IEC 27001:2017/2022, Anh. A – Referenzmaßnahmenziele und -maßnahmen). Zertifizierungen zu Managementsystemen werden Prozessaudits genannt. Dh, dass dokumentierte Organisationsprozesse und deren Funktionalität (Maßnahmen und Maßnahmenziele) im Unternehmen auf die Wirksamkeit geprüft werden (→ Form. C. IV.1.).

Mit der DIN EN 50600 als reiner Norm für Rechenzentren wurde 2011 der Grundstein für eine europäische Normung zur Planung und zum Betrieb von Rechenzentren gelegt. 2012 erschien die Norm in ersten Teilen, die sich in verschiedene Einzelnormen und Themen gliedert. Im Jahr 2019 erfuhr die Norm eine deutliche Überarbeitung und Anpassung an den Stand der Technik. Durch die DIN EN 50600 wurde ein vergleichbarer Standard geschaffen, bei dem der holistische Ansatz im Vordergrund steht. Dies macht die Zertifizierung und Integration in vorhandene Managementsysteme wie die DIN ISO/IEC 27001 deutlich einfacher.

Die Norm gliedert sich inhaltlich in verschiedene Themengebiete und umfasst ganzheitlich das Rechenzentrum und dessen Umfeld, von der allgemeinen Konzeption und Gebäudekonstruktion, der Stromversorgung und -verteilung bis zur Infrastruktur der Telekommunikationsverkabelung und Sicherungssysteme. Eine eigene

Berücksichtigung finden auch Informationen für das Management und den Betrieb des Rechenzentrums sowie Anforderungen an Leistungskennzahlen (KPI) und Energieeffizienz (PUE). Auch aktuelle Themen erneuerbarer Energien (REF) und der Wirkungsgrad der Kühlung (CER) werden zusätzlich durch Empfehlungen für das Energiemanagement und die Umweltverträglichkeit einbezogen.

Eine Zertifizierung nach der DIN EN 50600 ist freiwillig, dh, es gibt aktuell keine gesetzliche oder regulatorische Anforderung zur Zertifizierung oder eine Akkreditierung durch die DAkkS. In verschiedenen Branchen oder Wirtschaftszweigen, in denen durch regulatorische Maßnahmen des Gesetzgebers (zB KRITIS) indirekt oder direkt der Bedarf eines Nachweises zur Einhaltung vertraglicher Sicherheitsmaßnahmen gefordert ist, kann ein solcher Nachweis zB durch die Zertifizierung des Rechenzentrums auf Basis der DIN EN 50600 erfolgen.

Die Wichtigkeit solcher Zertifizierungen zeigte sich eindringlich bei einem verheerenden Großbrand in einem Rechenzentrum. Der Brand konnte nicht mehr unter Kontrolle gebracht werden und führte dazu, dass das fünfstöckige Rechenzentrum (Datacenter) mit über 10.000 Servern völlig ausbrannte. Benachbarte Rechenzentren wurden teilweise zerstört oder mussten zunächst zwangsweise isoliert werden und waren temporär nicht einsatzfähig. Die Ausfälle betrafen mehr als 3,5 Millionen Webseiten und fast eine halbe Million Domains. Angesichts solcher und anderer hervorstechender Vorfälle in Rechenzentren weltweit bei denen es zu erheblichen Datenverlusten oder massiven Ausfällen kam, nimmt die Nachfrage nach Sicherheit im Rechenzentrumsbetrieb und damit nach geeigneten Zertifizierungen kontinuierlich zu.

Wichtig ist die genaue Betrachtung des zertifizierten Geltungsbereichs auf dem Hauptzertifikat unter dem Namen des zertifizierten Unternehmens: Ist diese für die Beauftragung relevant oder handelt es sich möglicherweise um eine andere Betriebseinheit oder einen anderen Standort? Freiwillige Zertifizierungen basieren auf Prüfkatalogen der jeweiligen ausstellenden Zertifizierungsstellen. Hier ist der Inhalt des Prüfungsverfahrens relevant. Freiwillige Zertifizierungen für Rechenzentren sind bspw. das Zertifikat „Trusted Site Infrastructure“ des TÜViT oder das in drei Stufen unterteilte Prüfzeichen der Zertifizierungsstelle MTIC InterCert (hierzu Schartner/Taeger/Meinig/Müller DACH Security 2011, 533 f.).

Eine besondere Stellung nimmt die vom BSI propagierte ISO 27001-Zertifizierung auf der Basis von IT-Grundschutz (Zertifizierung nach ISO 27001 auf der Basis von IT-Grundschutz – Zertifizierungsschema; Version 2.1 v. 23.7.2019) ein. Vor der Erteilung eines ISO 27001-Zertifikats auf der Basis von IT-Grundschutz wird eine Überprüfung durch einen durch das BSI zertifizierten ISO 27001-Auditor durchgeführt. Diese Zertifizierung wird ausschließlich durch das BSI gesteuert und ist nach dem § 9 Abs. 1 BSIG die nationale Zertifizierungsstelle der Bundesverwaltung für IT-Sicherheit. Das BSI ist zudem befugt, einheitliche und strenge Sicherheitsstandards für die Bundesverwaltung zu definieren und bei Bedarf geeignete Produkte entwickeln zu lassen bzw. auszuschreiben und bereitzustellen (§ 8 BSIG).

Das BSI bietet für dedizierte Geltungsbereiche eigene Zertifizierungen an. Außerdem erstellt das BSI Vorgaben in Form einer Technischen Richtlinie, ohne hierfür selbst Zertifizierungen anzubieten. Das BSI behält sich das Recht vor, Ausnahmen zu definieren, bei denen das Vorliegen eines hoheitlichen Interesses gegeben ist (BSI, Hinweis für Zertifizierungsstellen von sektorspezifischen Managementsystemen basierend auf ISO/IEC 27001, S. 7). Hierbei wird die Konformität zwischen einem Managementsystem nach internationaler Norm (ISO) durch eine DAkkS-akkreditierte Zertifizierungsstelle mit BSI-qualifizierten Auditoren und/oder Fachexperten auf Grundlage einer Technischen Richtlinie durchgeführt und von der Zertifizierungsstelle überwacht und nach Abschluss durch ein Zertifikat bestätigt (→ Form. C. IV.1.).

Ebenfalls zu beachten ist der Aspekt der positiven Auswirkung einer Zertifizierung in Beziehung zur Art der Auftragsverarbeitung. Selbst wenn die Zertifizierungsart keine direkte Auswirkung auf den Datenschutz hat, kann sie trotzdem erhebliche Auswirkungen auf die Arbeitsweise einer Betriebsorganisation haben. Wählt ein Auftraggeber bspw. einen PCI DSS-zertifizierten Dienstanbieter als Auftragnehmer für die Auftragsdatenverarbeitung aus, obwohl er keinen elektronischen Zahlungsverkehr abwickelt und ist die ausführende Abteilung des Outsourcenden im Geltungsbereich des Zertifikats, hat der Auftraggeber hiervon womöglich einen großen Nutzen, denn das Zwölf-Punkte-Programm des PCI-Standards sichert auch ausgelagerte IT-Systeme entsprechend ab.

Zu den zuvor beschriebenen Zertifizierungsformen kommt eine in der letzten Zeit verstärkt angewandte Methode der Testierung oder Konformitätsbewertung hinzu. Hierbei werden sektorspezifische Normen der ISO 27000-Familie herangezogen und in einem gesonderten Audit geprüft. Dieses Audit wird auch als Konformitätsaudit bezeichnet. Hierbei werden die in der sektorspezifischen Norm, zB ISO/IEC 27019 oder 27018, aufgeführten Controls (Prüfpunkte) auditiert und in einem Testat oder einer Konformitätserklärung durch die durchführende Zertifizierungsstelle bestätigt (der durchführende Auditor gibt nur eine Empfehlung an die Zertifizierungsstelle ab, diese entscheidet über die Ausstellung des Zertifikats oder des Testates/der Konformitätsbescheinigung). Vorangestellt sein muss aber immer eine ISO 27001-Zertifizierung und deren erfolgreiche Zertifizierung. Denn die sektorspezifische Norm, wie zB die ISO 27018, setzt auf den bereits existierenden Sicherheitsstandards wie ISO 27001 und ISO 27002 (Maßnahmenkatalog) auf.

Die ISO/IEC 27018 beschäftigt sich ausschließlich mit der Regulierung der Speicherung und Verarbeitung von personenbezogenen Daten in der Cloud, also bei einem Cloud-Service-Provider. Es werden darin datenschutzrechtliche Anforderungen für Cloud-Dienste formuliert, Grundlage hierfür ist der Maßnahmenkatalog ISO/IEC 27002. Die ISO 27018 richtet sich deutlich an den Schutz-, Sicherheits- und Überwachungspflichten des geltenden Datenschutzrechts aus. Bei erfolgreichem Durchlaufen eines kombinierten Audits erhält das geprüfte Unternehmen ein akkreditiertes Zertifikat für die ISO 27001:2017/2022 (Deutsche Akkreditierungsstelle GmbH (DAkkS)) und ein nicht akkreditiertes Testat für ISO 27018:2020 von der prüfenden Zertifizierungsstelle.

**13. Geplante Zertifizierungen.** Hat das Unternehmen nachweislich die Durchführung einer Zertifizierung geplant oder wird eine Zertifizierung derzeit durchgeführt? Laufende oder beauftragte Zertifizierungen werden auf Anfrage von den durchführenden/beauftragten Zertifizierungsstellen schriftlich bestätigt. Sofern eine solche Bestätigung vorliegt, kann die geplante Zertifizierung entsprechend gewürdigt werden. Beachten Sie den genannten Geltungsbereich, der für die Zertifizierung vorgesehen ist.

**14. Zutrittskontrolle.** Nicht befugten Personen wird der Zutritt zu Datenverarbeitungsanlagen, mit denen personenbezogene Daten verarbeitet werden, verwehrt. Da Unbefugte keine Möglichkeit erhalten sollen, sich in Räumen aufzuhalten, in denen sich Datenverarbeitungsanlagen befinden, muss das Betreten der Räume kontrolliert werden. Es muss nachvollziehbar sein, wer sich zu welchem Zeitpunkt in einem Raum, in dem eine solche Datenverarbeitungsanlage steht, aufgehalten hat.

Im Zuge des technologischen Fortschritts haben sich mittlerweile elektronische Schließsysteme etabliert. Darauf ist bei der Prüfung der Zutrittsberechtigung ebenfalls ein Augenmerk zu richten. Es ist zu identifizieren, welche Art von Schließsystem im Betrieb bei der Schließung zur Anwendung kommt. Während mechanische Schlüssel über eine Kodierung auf dem Schlüssel (und einer dazugehörigen Codekarte) vor dem Nachmachen geschützt werden, erfordert eine elektronische Schließung eine Applikation zur Rechteverwaltung, ein Programmiergerät zur Programmierung der Schlüssel oder des Schließzylinders (unterschiedliche Konzeptansätze) und einen berechtigten Bediener (Administrator). Bei elektronischen Schließsystemen mit zentraler Programmierung werden die vernetzten Schließzylinder zentral von einer Applikation programmiert. Diese Applikation kann bei und durch den Auftragnehmer betrieben werden. Die Applikation kann aber auch bei einem Subunternehmer in dessen Räumen und auf seinen Systemen erfolgen. Es gibt auch Unternehmen, die diese Leistung im Rahmen des Facility-Management aus der Cloud heraus für ihre Auftragnehmer durchführen. Diese Faktoren stellen zusätzliche Risiken dar, die es zu beachten gilt.

**15. Closed-Shop-Betrieb.** Der IT-Betrieb erfolgt ausschließlich durch dediziertes (eindeutig bestimmbares) und berechtigtes Personal. Der Begriff Closed-Shop-Betrieb stammt aus dem Bereich des Rechenzentrumsbetriebs. Hier unterscheidet man drei Betriebsarten, in denen das Rechenzentrum für die Kunden betrieben wird. Im Closed-Shop-Betrieb erfolgt die Steuerung und Administration des gesamten Systems ausschließlich über die verantwortlichen Administratoren und Betriebsverantwortlichen. Daneben gibt es den Open-Shop-Betrieb, in dem das System von Administratoren, Operatoren und Programmierern gesteuert wird, sowie den Misch-Betrieb, in dem die Steuerung und der Betrieb über beauftragte (Power-)User und Administratoren erfolgt.

**16. Zugangskontrolle.** Durch die Zugangskontrolle soll verhindert werden, dass Datenverarbeitungssysteme von Unbefugten genutzt werden können. Folglich muss die Benutzung von Datenverarbeitungssystemen kontrolliert werden. Hält sich die Person bereits in einem Raum auf, in dem sich die Datenverarbeitungsanlage befindet, muss sichergestellt werden, dass die betreffende Person diese Datenverarbeitungsanlage nutzen darf. Es muss nachvollziehbar sein, wer wann welches Datenverarbeitungssystem genutzt hat.

**17. Gruppenpasswörter/Gruppenkonten.** Gruppenkonten (Group Accounts) sind Benutzerkonten, die von mehr als einem Benutzer (User) verwendet werden. Das Passwort (Kennwort) dieses Kontos wird somit von mehr als einer Person verwendet. Unter dieser Kennung ausgeübte Tätigkeiten, insbesondere unter der Kennung verursachte Fehler, können so keiner Person eindeutig zugeordnet werden. Es gibt heute keine technologische oder organisatorische Begründung, die die Anwendung solcher Gruppenkennworte zwingend notwendig machen würde. Der Grund der heute noch vielfachen Anwendung liegt ausschließlich in den Lizenzmodellen der Softwarehersteller, die pro Benutzerkonto abrechnen. Das Sicherheitsrisiko von Gruppenkennungen steht nicht im Verhältnis zur betriebswirtschaftlichen Einsparung. Es sollte daher auf ihre Verwendung verzichtet werden.

**18. Passwortänderung.** Der LfDI Baden-Württemberg bezeichnet in seinen Informationen zum sicheren Passwortgebrauch (LfDI BW, Hinweise zum sicheren Umgang mit Passwörtern v. 19.1.2020, S. 7 das Ändern von Passwörtern in regelmäßigen Abständen als überholt. Aus seiner Sicht verleite die regelmäßige Änderung Benutzer dazu, sich die Passwörter zu notieren oder zu vereinfachen, zB durch einfaches Hochzählen. Administratoren sollten demnach Anwender nicht mehr zum Wechsel zwingen, sondern die Wechsel nur noch dann durchführen lassen, wenn es Anzeichen für eine Kompromittierung der Passwörter oder der gehashten Werte gibt. Dieses Vorgehen hat realen Hintergrund, denn regelmäßige Passwortänderungen führen beim Nutzerverhalten dazu, dass lediglich im Rahmen der technischen Vorgaben Basispassworte mit Zahlen aufwärts gezählt werden, wenn Änderungen anstehen. Das steigert durchaus nicht die Sicherheit. Ist die technische Vorgabe zu komplex, so werden die Passwörter notiert. Hinzu kommt, dass vom Diebstahl oder der Kompromittierung eines Passwortes zB durch eine 60-tägige Passwortänderung das Passwort bis zur Regeländerung bis zu 60 Tage von den Dieben verwendet werden kann. Insofern ist die Bewertung des LfDI als zutreffend zu bezeichnen.

Da auch die nun als zeitgemäß anzusehende Methodik Risiken birgt, müssen auch hier Schutzmaßnahmen getroffen werden: Das Vorgehen verlangt eine strenge Überwachung möglicher Passwortkompromittierungen und schnelle Kommunikationswege zur Durchsetzung der Änderung. Dringend empfohlen sind daher moderne Möglichkeiten zur Passwortsicherheit. So bieten Anmeldeverfahren in Verbindung mit den biometrischen Anmeldeverfahren auf Smartphones oder die Nutzung verschlüsselter Tresore bei verschiedenen Cloud-Anbietern, womit das Zwei-Faktor-Authentifizierungsverfahren zum Einsatz kommt. Zwei-, bzw. Drei-Faktor-Authentifizierungsverfahren verwenden etwas, das man weiß (Passwort, Pin), was man hat (Smartcard, Hardware-Token) und was man ist (biometrische Merkmale wie Finger, Gesicht oder Iris-Erkennung) (zu den Anforderungen von BSI und NIST → Form. E. II.4. Anm. 10).

Aktuell ist passwortlose Authentifizierung in der IT-Sicherheit stark in der Verbreitung. Bei der passwortlosen Authentifizierung wird das Passwort durch sichere Faktoren erreicht. Passwortlose Authentifizierungsverfahren, wie Fingerabdruck, Gesichtserkennung oder Mustererkennung werden bereits seit längerem auf mobilen Endgeräten eingesetzt. In Verbindung mit Smartphones (Mobiltelefonen) kommen nun auch weitere Methoden zur Anmeldung an Systemen, Diensten oder Programmen zum Einsatz, meist in Verbindung mit einer AuthenticatorAPP. Dazu gehören: Fingerabdruck, Gesichtserkennung, Mustererkennung, Stimmenerkennung, SMS, E-Mail, Social Login oder WebAuthn (öffentlicher Standard für eine Programmierschnittstelle). Während SMS und E-Mail in diesem Verfahren gewissen Schwächen aufgrund der Manipulation (auf dem Weg zum Empfänger) haben, bieten die Kombinationen mit biometrischen Erkennungsverfahren eine hohe Sicherheit. Es ist bei der Implementierung der Verfahren strikt darauf zu achten, dass alle Zugangsmöglichkeiten zum abzusichernden Ziel mit einem solchen Mehrfachauthentifizierungsverfahren gesichert sind.

**19. Kryptografische Schlüssel.** In der Kryptologie (der Lehre von der Entwicklung und der Bewertung von Verfahren zur Verschlüsselung von Daten) wird eine Information bezeichnet, die mittels eines kryptografischen (verschlüsselnden) Algorithmus parametrisiert wird. Mithilfe eines Schlüsselmanagements (technisch und organisatorisch) werden die für kryptografische Verfahren benötigten Schlüssel verwaltet. Bei der Verwaltung gilt es, neben gesetzlichen Vorgaben auch organisatorische und technische Verfahren zu etablieren, die sicherstellen, dass die Schlüssel nicht gestohlen, kompromittiert oder anderweitig missbraucht werden. Bei der Schlüsselverwaltung muss, wie bei der Verwaltung von digitalen Zertifikaten (in denen Schlüssel gespeichert sind), beachtet werden, dass alte Zertifikate und Schlüssel ggf. aufbewahrt werden müssen, um in die Vergangenheit gerichtete Entschlüsselungen auch künftig vornehmen zu können (BSI, Technische Richtlinie – Kryptographische Verfahren: Empfehlungen und Schlüssellängen – BSI TR-02102-1, 2023-01, S. 20).

**20. Undokumentiertes Verfahren.** Bei undokumentierten Verfahren erfolgt die Aufhebung von Kontensperrungen nach dem „Hey-Joe-Prinzip", also auf Zuruf und ist damit nicht dokumentiert. Solche Verfahren sind stets zu dokumentieren, da Änderungen ansonsten im Nachgang nicht nachvollziehbar wären.

**21. Identifikation.** Die Überprüfung der Identität eines Benutzers, Prozesses oder Gerätes anhand von Merkmalen ist Voraussetzung für den Zugriff auf die Ressourcen eines IT-Systems, zB Benutzername und Kennwort.

**22. Authentifizierung.** Die Überprüfung der Identität eines Benutzers, Prozesses oder Gerätes, die oft Voraussetzung für den Zugriff auf schützenswerte Ressourcen ist. Die Authentifizierung ist der Beweis dafür, dass sich ein Mensch oder Gerät erfolgreich gegenüber einem anderen Menschen oder Gerät authenti-siert hat. Die Authentifizierung prüft durch Identifikation, ob der Benutzer, der Prozess oder das Gerät berechtigt ist, auf die angeforderten Ressourcen zugreifen zu dürfen.

**23. Verschlüsselung von Smartphones.** Bei der Verschlüsselung von Smartphones ist zu beachten, dass diese auch eingesteckte Speicherkarten (microSD-Card) umfasst. Geräte der neueren Generationen verfügen bereits über eine integrierte Verschlüsselung. Diese setzt die Verwendung einer Gerätesperre voraus, also die Eingabe einer PIN, eines Fingerabdrucks oder einer Gesichtserkennung. Die Sicherheit der Aufrechterhaltung des Schutzes durch die Verschlüsselung erfordert eine regelmäßige Aktualisierung des Smartphones mit Sicherheitsupdates (BSI, Verschlüsselung auf mobilen Geräten, https://www.bsi.bund.de/dok/6598740).

**24. Zugriffskontrolle.** Es wird gewährleistet, dass die Berechtigten ausschließlich auf die Daten zugreifen können, für die sie eine Zugriffsberechtigung besitzen (Need-to-know-Prinzip), und dass personenbezogene Daten bei der Verarbeitung, Nutzung und nach der Speicherung nicht unbefugt gelesen, kopiert, verändert oder entfernt werden können. Der Zugriff auf personenbezogene Daten wird kontrolliert, indem dieser in Logdateien des Systems manipulationssicher protokolliert wird. Wenn sich eine befugte Person in einem Raum mit einer Datenverarbeitungsanlage befindet und das System benutzt, muss sichergestellt sein, dass sie nur auf die Daten zugreifen kann, für die sie die entsprechende Berechtigung besitzt (Berechtigungskonzept). Dabei muss nachvollziehbar sein, wer wann auf welche Daten zugegriffen hat.

**25. Verschlüsselung mobiler Datenträger.** Bei der Verschlüsselung mobiler Datenträger wie USB-Stick, externer Festplatten u. a. ist darauf zu achten, dass zertifizierte Verschlüsselungen seitens der Hersteller eingesetzt werden. Es gibt Hard- und Softwareinkompatibilitäten beim Einsatz von Verschlüsselungen, die es ermöglichen, unter Umgehung der Verschlüsselung durch einfache „Hacks" an die gespeicherten Daten zu kommen. Verschiedene Betriebssysteme bieten die Möglichkeit, externe

Datenträger vor dem Aufspielen von Daten geeignet zu verschlüsseln. Diese Art der Verschlüsselung ermöglicht keinen Zugriff auf die Daten durch ein anderes Hersteller-Betriebssystem. Für eine betriebssystemunabhängige Nutzung kommen mobile Datenträger mit integrierter Tastatur zum Einsatz.

**26. Änderungsmanagement.** Durch ein funktionierendes Änderungsmanagement („Changemanagement") wird innerhalb der Betriebsorganisation durch standardisierte Prozesse, Methoden und Verfahren sichergestellt, dass Änderungen in der Infrastruktur (damit auch an Hard- und Software) dokumentiert, strukturiert, geprüft und so zuverlässig durchgeführt werden.

**27. Data Leak Prevention/Data Loss Prevention.** Dies ist der Schutz vor unerwünschtem Daten-/Informationsabfluss aus dem Unternehmen. Sicherungsmaßnahmen gegen Informationsabfluss sind organisatorische Maßnahmen, wie die Einführung und Umsetzung einer Kennzeichnungs- und Klassifizierungsrichtlinie, und technische Maßnahmen wie der Einsatz einer geeigneten Software. Cloudbasierte DLP-Systeme arbeiten mit einem Inhalts- und Kennzeichnungsabgleich zu einer vom Unternehmen definierten DLP-Richtlinie. Die DLP-Richtlinie regelt Kennzeichnung, Freigabe und Schutz der Daten. So können zB vertrauliche Dokumente und Präsentationen in einem Videomeeting nur von berechtigten Personen betrachtet werden oder versandte Dokumente nur von berechtigten Personen (Benutzer-Accounts) geöffnet werden. DLP-Lösungen verwenden auch zunehmend Schutzprogramme gegen Schadsoftware sowie künstliche Intelligenz und Machine Learning um verdächtige Aktivitäten zu erkennen. Auch werden Mailfilter, sog. „Mail-flow-rule"-Überwachungen, bei denen im Unternehmen autorisierte Personen den Mailverkehr im Mailsystem vor dem Versand genehmigen müssen, eingesetzt. Solche Systeme setzen voraus, dass die Daten unverschlüsselt sind, dh solche Systeme müssen über die aktuellen Schlüssel für Datenströme, E-Mails u.a. verfügen, um die Datenströme „einzusehen" (BSI, Technische Leitlinie für organisationsinterne Telekommunikationssysteme mit erhöhtem Schutzbedarf Teil 2: Sicherheitskonzepte BSI TL-02103, Version 2.0).

**28. Über das Internet (von außen) erreichbare Schnittstellen und Dienste.** Dienste, Applikationen und Datenbanken verfügen häufig über Programmierschnittstellen (APIs → Form. E. I. 1.), über die Abfragen an sie gestellt werden können, dies stellt eine Grundfunktionalität dar. Diese Grundfunktionalität wird im Bereich der BI/Big Data-Branche (BI: Business Intelligence; dt. Geschäftsanalytik) für das als Data-Mining bekannte Sammeln von Daten und Informationen verwendet. Über entsprechende Suchalgorithmen kann man das Internet nach solchen APIs durchsuchen und die dahinter angeschlossenen Datenbanken für eigene Datenabfragen und Data-Mining nutzen (Data-Mining ist die automatisierte, computergestützte Auswertung großer Datenmengen (Big Data) mithilfe systematischer Anwendungen, unter Nutzung von statistischen Methoden, Regelmäßigkeiten, Gesetzmäßigkeiten, um bisher nicht erkannte Zusammenhänge feststellen zu können). Die Schnittstellen müssen anforderungsgerecht konfiguriert werden, um den Zugriff auf die berechtigten Personen und Nutzkreise festzulegen. Sofern die Schnittstellen nicht, unzureichend oder falsch konfiguriert sind, erlauben sie anderen Systemen den Zugriff auf die Daten, zumindest in der Form und Tiefe, wie dies in der Konfiguration hinterlegt ist.

Über APIs werden auch anonymisierte Daten von Unternehmen für die allgemeine Nutzung bereitgestellt. Für das Anonymisieren der Daten werden bekannte Verfahren oder Produkte verwendet, die jedoch teilweise umstritten sind, da es Mittel und Software zur „Rückanonymisierung" gibt (https://netzpolitik.org/2019/weitere-studie-belegt-luege-anonymer-daten/).

**29. Internet of Things.** Das Internet der Dinge oder engl. Internet of Things (IoT) bezeichnet die Vernetzung aktiver Objekte, Gegenstände oder Maschinen. Man spricht im Zusammenhang mit IoT auch über M2M-Kommunikation (Machine to Machine). Von aktiven Objekten spricht man, wenn diese mit einer CPU (Prozessor) und Sensorik bestückt sind und in der Lage sind, drahtlos oder drahtgebunden über IP (Internet Protokoll) zu kommunizieren. Dabei sorgen in den Objekten implementierte Basisfunktionen und Programme (Firmware, Software) für Interaktionsmöglichkeiten von Maschine zu Maschine oder Mensch zu Maschine. Ausgehend von einer internetgebundenen Kommunikationsmöglichkeit stehen die Geräte jedenfalls theoretisch weltweit für den Zugriff zur Verfügung. Eine Einschränkung der Zugriffe erfolgt innerhalb der Geräte durch die logische Zuordnung von Zugriffsberechtigungen. IoT-Geräte können neben Sensoren auch über sog. Aktoren verfügen. Diese lösen auf Befehl entsprechende Aktionen angeschlossener, oft mechanisch umgesetzter Apparaturen um.

So können damit relativ beliebige Aktionen automatisiert und aufgrund von Ereignissen oder direkten Befehlen ausgelöst werden. Das Herunterfahren der Rollläden durch Interaktion auf der entsprechenden App (Softwareanwendung) eines Smartphones oder aufgrund der Erfassung der Dämmerung durch einen Sensor in einem IoT-Gerät. Anspruch von IoT-Geräten ist die sog. Smart-Object-Technologie, die das Auslösen von Menschen überflüssig macht, da die Geräte selbstständig agieren und reagieren. In diesem Fall spricht man von autonomen IoT-Geräten, die untereinander über das Internet vernetzt sind und Daten austauschen. Dabei hat jedes dieser Geräte eine im Internet eineindeutige Adresse, ist also jederzeit identifizierbar und zuordenbar und auch über das Internet erreichbar. Im Vergleich zu üblichen Computersystemen sollen IoT-Geräte ohne Eingabe von Menschen autonom und selbstständig arbeiten. Das bedeutet aber auch, dass man die Geräte bei unzureichender Absicherung einfach und massenhaft missbrauchen kann. Darin liegt eine der erheblichen Gefährdungen, die u. a. durch die stark verbreitete Anzahl an preisgünstigen IoT-Geräten, insbesondere im Bereich der Consumer-Elektronik, bedingt sind. Viele dieser Geräte haben nur schwache und unzureichende sicherheitstechnische Absicherungen und verfügen oftmals auch nicht über Update-Möglichkeiten oder -Angebote der Hersteller (BSI, IT-Grundschutz-Kompendium, SYS. 4.4 Allgemeines IoT-Gerät).

Grundsätzlich unterscheidet man zwischen zwei wesentlichen Anwendungsbereichen bei IoT-Geräten: Verbraucher und Industrie. Im industriellen Bereich spricht man auch von „Industrie 4.0". Unter diesem Begriff wird die weltweite Industrievernetzung der vierten industriellen Revolution (nach Erfindung der Dampfmaschine, des Fließbands und der Digitalisierung) bezeichnet. Weltweit sind Milliarden IoT-Geräte vernetzt und die Anzahl der angeschlossenen Sensoren und Geräte steigt jährlich in erheblichem Maß. Damit steigen auch die möglichen Angriffsvektoren, ebenso die Risiken durch Schwachstellen und Sicherheitslücken va durch den hohen Komplexitätsgrad und die Anzahl der möglich gewordenen Kommunikationsverbindungen. Schwachstellen zeigen sich immer wieder an den Kommunikationsverbindungen, an denen nur wenig IT-Know-how vorhanden ist, da die Gefahren und die daraus resultierenden Risiken nicht richtig eingeschätzt werden. Aus diesem Grund ist der Einsatz von IoT-Geräten in Unternehmen bereits bei der Beschaffung strikt zu kontrollieren. Das BSI hat auf Basis der Europäischen Norm ETSI EN 303 645 die Basisanforderungen an die IT-Sicherheit von vernetzten Geräten für Verbraucher (Leitfaden ETSI TR 103 621) und zugehörige Konformitätsprüfungen (Prüfspezifikation ETSI TS 103 701) in der Konformitätsprüfung BSI TR-03173 bereitgestellt. Das Europaparlament, die Mitgliedstaaten und die EU-Kommission haben sich Ende November 2023 im Trilogverfahren auf einen Kompromiss zum sogenannten Cyber Resilience Act (CRA) geeinigt. Diese Verordnung formuliert Mindestanforderungen an vernetzte Geräte (IoT-Devices) und deren Software in der gesamten EU. Die Verordnung ist eine Reaktion auf die erhebliche Zunahme von digitalen Angriffen auf Lieferketten (Supplychain). Am 12.3.2024 hat das Europäische Parlament den Cyber Resilience Act mit 517 Ja-Stimmen, 12 Nein-Stimmen und 78 Enthaltungen angenommen.

Die Verordnung sieht einen weit gefassten Anwendungsbereich in Bezug auf „Produkte mit digitalen Elementen, deren bestimmungsgemäße oder vernünftigerweise vorhersehbare Verwendung eine direkte oder indirekte logische oder physische Datenverbindung mit einem Gerät oder Netz einschließt".

Der vorgesehene Geltungsbereich des „Cyber Resilience Act" ist weit gefasst. Unter Artikeln mit digitalen Elementen versteht die Kommission „jedes Software- oder Hardware-Produkt und seine Ferndatenverarbeitungslösungen" einschließlich zugehöriger Komponenten, „die getrennt in Verkehr gebracht werden sollen". Ein Schwerpunkt dürfte so auf dem Internet der Dinge liegen oder auf „Plaste-Routern", die aufgrund vieler eingebauter Sicherheitslücken bislang häufig einfach angreifbar sind. Die Verordnung gilt nicht für Produkte, „mit digitalen Elementen, die ausschließlich für die nationale Sicherheit oder für militärische Zwecke entwickelt wurden", oder „die speziell für die Verarbeitung von Verschlusssachen konzipiert sind".

In den Anhängen zur Verordnung sind grundlegende Sicherheitsanforderungen (u.a. Security by Design) und Anforderungen an die Behandlung von Schwachstellen definiert. Als sehr umfangreich zu bewerten sind die geforderten Informationen und Anleitungen für den Nutzer. Hier wird u.a. die vielfach diskutierte Software-Stückliste (SBOM) gefordert. Die SBOM beinhaltet die komplette Dokumentation über die kommerziellen und freien (Open Source) Softwarebestandteile (Applikationen, Subsysteme, Services, Module, Klassen-Bibliotheken, 3rd-Party-Module, Cloud- und Internet-Services, u.a.), die in einem Software-Produkt enthalten sind, um die Abhängigkeiten zu Drittherstellern für den Außenstehenden transparent zu machen. Im Anhang III werden die Klassen I und II der „kritischen Produkte mit digitalen Elementen" unterschieden, für die unterschiedliche Konformitätsverfahren eingeführt werden sollen. Dabei geht die Verordnung davon aus, dass ein „potenzieller Cybervorfall mit Produkten der Klasse II größere negative Auswirkungen haben kann als ein Vorfall mit Produkten der Klasse I".

Zur Klasse I gehören Identitätsmanagementsysteme, Browser, Passwortmanager, Schadsoftwareschutzprogramme, Firewalls, VPN, Netzwerkmanagement, IDS/IPS, Router, sowie Microcontroller und integrierte Schaltungen (ASIC, FPGA) die in wesentlichen Einrichtungen gemäß NIS2 verwendet werden. Die Klasse I umfasst darüber hinaus Betriebssysteme, Mikroprozessoren und IIoT-Devices (Industrial Internet of Things) die aufgrund der Kritikalität nicht der Klasse II zugeordnet sind.

Die höhere Risikoklasse II beinhaltet Betriebssysteme für Server, Desktop und Mobilgeräte, virtualisierte Betriebssysteme, Aussteller digitaler Zertifikate, Allzweck-Mikroprozessoren, Kartenlesegeräte, Speicherprogrammierbare Systeme (SPS, PLC), intelligente Zähler, Router und Firewalls für den industriellen Einsatz, sowie Geräte für das IIoT die zur Verwendung für wesentliche Einrichtungen bestimmt sind.

Das BSI hat dazu eine technische Richtlinie bereitgestellt, in der in Teil 1 „Allgemeine Anforderungen" Anforderungen an Hersteller und Produkte „in Anlehnung an die Anforderungen aus Artikeln und Anhang des CRA zusammengestellt sind" (Teil 1 wird aktuell erarbeitet) und Teil 2 in dem formelle und fachliche Vorgaben für SBOMs beschrieben werden, die u. a. in Teil 1 der TR-03183 gefordert werden.

**30. Sicherheits- und Schwachstellenanalysen.** → Form. E. I. 5.

**31. Weitergabekontrolle/Übermittlungskontrolle.** Personenbezogene Daten dürfen bei der elektronischen Übertragung oder während des Transports nicht von Unbefugten gelesen, kopiert, verändert oder entfernt werden. Es muss jederzeit überprüfbar und feststellbar sein, an welchen Stellen eine Übermittlung personenbezogener Daten vorgesehen ist. Technisch ist dies durch eine Verschlüsselung bei der Übertragung zu erreichen, was in Art. 32 Abs. 1 lit. a DS-GVO explizit gefordert wird. Die Sicherheit von Daten ist in der Praxis besonders kritisch bei E-Mail-Verkehr, Nutzung von Funknetzen, Transport von Datenträgern oder bei Ausdrucken auf Papier. Maßnahmen im Bereich der Weitergabekontrolle sind daher insbesondere in diesen Bereichen zu kontrollieren (ist der Einsatz von SSL/HTTPS-verschlüsselter Übertragung möglich oder ein VPN vorhanden?). Die Überprüfbarkeit und Feststellbarkeit, an welchen Stellen die Übermittlung personenbezogener Daten durch Einrichtungen zur Übertragung von Daten vorgesehen ist, stellt sich in der Praxis insbesondere bei der Nutzung von Fernwartungszugängen, Telekommunikationsanlagen, Back-up-Datenleitungen, Funk-Netzwerken, Infrarot- und Bluetooth-Netzen sowie im Mobilfunk als besonders problematisch dar. Hinzu kommt, dass zunehmend Kommunikationssoftware eingesetzt wird, um den steigenden Komplexitätsgrad des Datenaustausches zwischen Unternehmen, Behörden und weiteren Teilnehmern handhabbarer zu administrieren. Dabei führen die eingesetzten Softwareprodukte zu weiteren Abhängigkeiten, Fehlern und Sicherheitslücken, die als Angriffsvektoren von Kriminellen genutzt werden (BSI, Die Lage der IT-Sicherheit in Deutschland 2023 – BSI-LB23/512, S. 38).

**32. Datenträgertresor.** Datenträgertresore unterscheiden sich von anderen Tresoren durch die besondere Beständigkeit gegen Hitze und Wasser. Professionelle Datenträgertresore sind zertifiziert nach S 60 DIS (60 Minuten Feuersicherheit für Datenträger nach DIN/EN 1047-1) oder S 120 DIS (120 Minuten). Angaben zum Brandschutz sind unabhängig von anderen Angaben zu Einbruchssicherheit oder Sicherheitsstufe.

**33. Verschlüsselung.** Art. 6 Abs. 4 lit. e DS-GVO und Art. 32 Abs. 1 lit. a DS-GVO fordern eine Verschlüsselung der personenbezogenen Daten zum Schutz dieser Daten. Hierzu fordert das BSI ein erhöhtes Sicherheitsniveau von 120 Bit in seinen aktuellen Krypto-Richtlinien der Serie TR-02102 (BSI, Technische Richtlinie – Kryptographische Verfahren: Empfehlungen und Schlüssellängen – BSI TR-02102-1, 2023-01, S. 18 ff).

**34. Sicherungsmechanismen.** Die Übertragung von Daten zu und von Diensten sind grundsätzlich durch entsprechende Maßnahmen abzusichern. Solche Maßnahmen sind vornehmlich die Verschlüsselung der Kommunikationswege zwischen Sender und Empfänger (zB SSL, TLS). Auch eine Verschlüsselung der zu übertragenden angehängten Dateien (zB E-Mail mit verschlüsselter PDF/ZIP-Datei als Anhang) oder der kompletten E-Mail (zB S/MIME, PGP) ist eine solche Absicherung. Die Transportverschlüsselung und die Mailverschlüsselung schließen sich nicht aus und können kombiniert und gleichzeitig verwendet werden.

**35. S/MIME.** Da sich die IT oft die sog. reale Welt zum Vorbild nimmt, wurden bereits in den 1970er-Jahren die ersten Mailprogramme entwickelt. In den frühen Achtzigerjahren war „sendmail" der Vorgänger des heutigen SMTP-Transportprotokolls (Simple Mail Transfer Protocol), das weltweit zum Austausch von E-Mails genutzt wird. Der E-Mail-Dienst wurde zwar stetig weiterentwickelt, aber am Grundprinzip hat sich auch nach 40 Jahren nichts geändert. Die Übermittlung der E-Mail und deren Inhalt und Anhänge erfolgt im Grundsatz unverschlüsselt. Aus diesem Grund wird auch gern der Vergleich zu einer Postkarte herangezogen. Dieser Vergleich hinkt, denn auch eine Postkarte wird, typischerweise von Mitarbeitern der Post, die zur Verschwiegenheit verpflichtet sind, zwischen Sender und Empfänger transportiert. Was der Vergleich eigentlich zeigen soll, ist, dass das Lesen ohne Aufwand, ohne Öffnen eines Umschlags und ohne dass der Empfänger dies erkennt, gelesen werden kann – zumindest von Personen, die Zugriff auf die Postkarte haben. Aus diesem Grund wird seit Jahrzehnten die Verschlüsselung der E-Mail selbst und deren Anhängen gefordert.

S/MIME ist ein Standard für die Verschlüsselung und das Signieren, den es seit 1995 gibt und der auf einem asymmetrischen Verschlüsselungsverfahren basiert. Das S/MIME-Verfahren wird mit zwei Schlüsselpaaren realisiert. Jedes Schlüsselpaar (je ein Schlüssel für Sender und Empfänger) besteht aus einem privaten (Private Key) und einem öffentlichen Schlüssel (Public Key). Der öffentliche Schlüssel wird mit den E-Mail-Kontakten geteilt und der private Schlüssel verbleibt geschützt beim Inhaber des Zertifikats. Um eine verschlüsselte Nachricht zu senden, braucht man den öffentlichen Schlüssel des Empfängers und den eigenen privaten Schlüssel (der nicht weitergegeben werden darf). Sender und Empfänger tauschen zunächst ihre öffentlichen Zertifikate aus. Der Sender signiert mit seinem eigenen privaten Schlüssel die Mail und verschlüsselt diese mit dem öffentlichen Zertifikat des Empfängers. Erreicht die so verschlüsselte Mail den Empfänger, entschlüsselt dieser mit seinem eigenen privaten Zertifikat die Mail und prüft mit dem öffentlichen Zertifikat des Senders die Unversehrtheit der E-Mail. Diese Eigenschaft von S/MIME, neben der Verschlüsselung auch eine Signaturfunktion bereitzustellen, ermöglicht die Berechnung einer kryptografischen Signatur über den gesamten Inhalt der E-Mail, wodurch verifiziert wird, dass der Mail-Inhalt auf dem Weg vom Sender zum Empfänger nicht verändert wurde.

Die Implementierung von Verschlüsselungsverfahren setzt fachkundig und aktuell ausgebildetes Personal voraus, um eine korrekte und sichere Implementierung durchzuführen. Vor der Produktivsetzung ist in jedem Fall eine genaue Sicherheitsanalyse des Gesamtverfahrens und der Datenströme durch unabhängige Experten durchzuführen, um die Korrektheit der Implementierung sicherzustellen.

**36. PGP.** PGP ist ein in den frühen Neunzigerjahren entwickeltes Verschlüsselungskonzept, welches keine zentrale Zertifizierungsinstanz benötigt, sondern auf dem gegenseitigen Vertrauen von Sender und Empfänger basiert. Das Verschlüsselungsverfahren arbeitet nach dem hybriden Prinzip, bei dem die Mail symmetrisch (gleicher Schlüssel für Sender und Empfänger) und der verwendete Schlüssel asymmetrisch verschlüsselt werden. Bei PGP (Pretty Good Privacy) handelt es sich um eine kommerzielle Verschlüsselungssoftware. GPG beziehungsweise GNuPG (GNU Privacy Guard) ist dessen Äquivalent als Open-Source-Software. Beide implementieren den offenen Standard OpenPGP.

**37. HTTPS.** Bei der Benutzung von HTTPS (zB im Online-Banking) baut der Browser auf dem Client eine direkte, verschlüsselte, auf Zertifikaten basierende Verbindung zum Service (Dienst) auf, die sicherstellt, dass gültige Zertifikate zum Einsatz kommen, sodass kompromittierte Zertifikate und Warnungen erkannt werden können. Es handelt sich dabei um eine Transportverschlüsselung (→ Anm. 38). Technisch ist die Authentizität einer Website beim Einsatz von SSL-Zertifikaten gegeben, aber es können bspw. auch Tippfehlerdomains mit gültigen Zertifikaten ausgestattet werden, sodass eine Vertrauenswürdigkeit vorgetäuscht werden kann.

**38. SSL/TLS/STARTTLS.** SSL (Secure Sockets Layer), TLS (Transport Layer Security) und STARTTLS sind Transportverschlüsselungsprotokolle, die bei der Datenübertragung Anwendung finden. Das bedeutet, dass die E-Mail unverschlüsselt bei Sender und beim Empfänger vorliegt und somit auch in allen Replikationen, Offline-Speicherungen und Sicherungen.

TLS ab der Version 1.0 (seit 1999 in Gebrauch) ist eine Weiterentwicklung des SSL-Protokolls (Version 1.0 aus dem Jahr 1994) in der Version 3.0 und wird u.a. bei HTTPS für Websites eingesetzt. TLS Version 1.0 ist seit Juni 2018 nicht mehr für den Payment Card Industry Data Security Standard (PCI DSS) zugelassen und der Einsatz von TLS 1.0 und TLS 1.1 wird gemäß der Technischen Richtlinie TR-02102-2 (2023-01) des BSI nicht empfohlen, ebenso SSLv2 und SSLv3. Der Einsatz von TLS 1.2 wird unter Anwendung bestimmter Empfehlungen für die Signaturverfahren und unter Berücksichtigung bekannter (beschriebener) Angriffsverfahren, empfohlen. Das BSI empfiehlt in seinem Dokument: Mindeststandard des BSI zur Verwendung von Transport Layer Security nach § 8 Absatz 1 Satz 1 BSIG – Version 2.2 v. 3.5.2021 für Neubeschaffungen im produktiven Einsatz, die TLS-Protokollversion 1.3. Außerdem wird empfohlen, zusätzlich das PFS-Verfahren (Perfect Forward Secrecy) einzusetzen, um eine in der Zukunft liegende Entschlüsselung zu verhindern. Denn es besteht die Befürchtung, dass aufgrund der Weiterentwicklung der Hard- und Software und immer schneller rechnender Systeme möglicherweise aktuell verschlüsselt vorliegende Daten in einigen Jahren durch reine Rechenleistung entschlüsselt werden können. Sowohl Forward Secrecy und Backward Secrecy sind Verfahren, mit denen verhindert werden soll, dass durch das Bekanntwerden eines geheimen Sitzungsschlüssels die zukünftige und vergangene Kommunikation entschlüsselt werden kann. Da vertrauenswürdige Zertifizierungsstellen die öffentlichen Schlüssel bestätigen (und der private Schlüssel stets geheim bleibt) können, sind diese auch auf den Servern der Zertifizierungsstelle gespeichert. Hieraus generieren die Kommunikationsteilnehmer (zB Browser eines Clients und Server eines Internetanbieters mit HTTPS-Zugriff) einen geheimen, symmetrischen Sitzungsschlüssel, mit dem die Kommunikation ab diesem Moment verschlüsselt ist. Dies wird aus Gründen der Performance angewandt, da asymmetrische Verfahren zu langsam sind. Gelingt es, den Server der Zertifizierungsstelle zu hacken und den geheimen Schlüssel des Servers zu erlangen, kann sämtliche verschlüsselte Kommunikation dieses Servers berechnet und damit entschlüsselt werden. Hier setzt das PFS-Verfahren an, das durch mathematische Berechnungen und unter Anwendung mehrerer Kommunikationsschritte verhindern soll, dass der Schlüssel später berechnet werden kann. Die Sitzungsschlüssel sind immer nur eine bestimmte Zeit lang gültig. Verfällt ein Sitzungsschlüssel, stößt PFS einen neuen Prozess an, bei dem ein komplett neuer Schlüssel generiert wird. Dadurch wird erreicht, dass die einzelnen Sitzungsschlüssel keinen Bezug mehr zueinander haben. Dies setzt aber voraus, dass die Sitzungsschlüssel nach der Kommunikation auf beiden Seiten gelöscht worden sind.

Sofern personenbezogene Daten übermittelt werden, sollte dies gem. Art. 32 Abs. 1 lit. a DS-GVO verschlüsselt erfolgen. TLS verschlüsselt den Transportweg der Kommunikation zwischen zwei Knotenpunkten. Da E-Mails den Weg vom Sender zum Empfänger über unterschiedliche Internet-Knotenpunkte nehmen, ist an diesen Knoten die Kommunikation unverschlüsselt. Auch an den jeweiligen Mailservern und den zwischengeschalteten Mail-Relaystationen ist die Mail unverschlüsselt. Die Entschlüsselung ist insbesondere dann zwingend notwendig, wenn es für Systeme möglich sein muss, die Datenpakete zu überprüfen. Dazu gehören u. a. Schadsoftwareschutzsysteme, Intrusion-Detection/Prevention-Systeme oder Data-Leakage-Prevention-Systeme.

Im Weiteren ist zu betrachten, welche Zertifikate beim E-Mail-Versand zur Anwendung kommen. Bei selbstsignierten Zertifikaten der eigenen PKI-Umgebung im Unternehmen (private PKI oder internal PKI) wäre eine Übertragung zu einem anderen Mailserver, welcher keine nichtöffentlich verifizierten Zertifikate akzeptiert, nicht möglich. In IT-Umgebungen mit zentralen Anmeldeservern für Nutzer und Computer können IT-Fachkräfte mit wenig Aufwand interne Zertifizierungsstellen konfigurieren und betreiben, die jedoch nur die internen, ihnen bekannten Benutzer und Geräte katalogisieren und keine öffentlichen, im Internet validierbaren Zertifikate herausgeben können. Für die Veröffentlichung von gültigen Zertifikaten muss man zugelassener Zertifikatsdiensteanbieter gem. eIDAS sein (→ Anm. 27). Daher werden solche selbst signierten Zertifikate – je nach Konfiguration – häufig ohne weiteres vom Empfängerserver akzeptiert. Ob und wie die Voreinstellungen für die Akzeptanzstufen der Software seitens des Herstellers vom Dienstanbieter konfiguriert sind, ist für den Anwender nicht transparent (kann aber durch Datenstromanalyse nachvollzogen werden). Nur wenn alle Mailserver weltweit mit öffentlichen, vertrauenswürdigen Zertifikaten ausgestattet sind und eine verschlüsselte Verbindung obligatorisch aktiviert sein muss, kann von einem gesicherten Übertragungsweg gesprochen werden. Hinzu kommt, dass insbesondere einige Anbieter sog. Web-Maildienste (E-Mail-Dienste, die über den Browser bedient werden) Mail-Inhalte von Softwareprogrammen analysieren (sog. Parsing) lassen, um dem Versender entsprechende Kontextwerbung einzublenden.

Das STARTTLS ist eine Protokollerweiterung die überwiegend bei der E-Mail-Kommunikation für die Protokolle SMTP, IMAP und POP eingesetzt wird. Das STARTTLS-Verfahren ist ein opportunistisch (chancenorientiertes) Protokollverfahren. Die Kommunikation erfolgt zunächst unverschlüsselt. Im Rahmen der unverschlüsselten Kommunikation wird festgestellt, ob der sendende Server Verschlüsselung anbietet. Wird dies vom Empfängerserver angenommen, erfolgt die Übertragung verschlüsselt. Wird dies jedoch vom Empfängerserver nicht angenommen, erfolgt die Übertragung unverschlüsselt im Klartext. Dieses Verhalten wird u. a. von Firewalls und Schadsoftwareprogrammen verwendet, um den Datenverkehr auf Schädlinge, SPAM oder anderes nicht Gewünschtes untersuchen zu können. Nur wenn das verwendete Mailprogramm des Senders für eine zwingende TLS-Verschlüsselung konfiguriert ist, erfolgt der Transport verschlüsselt bis zum nächsten Mail-Relay, der verschlüsselte Weiterversand ist nun abhängig von der Konfiguration dieses Mail-Relayservers. Auch die zwingend verschlüsselte Kontaktaufnahme kann konfiguriert werden. Dabei sollte stets beachtet werden, dass Einstellungen der Konfiguration auf den Clients und Servern aus dem eigenen Verantwortungsbereich auch nur für diesen gelten. Die Gegenseite kann anders konfiguriert sein und durch die Konfiguration auf eigenen Geräten nicht umkonfiguriert, sondern höchsten zu einer temporären Anpassung veranlasst werden (Technische Richtlinie TR-02102-2 Kryptographische Verfahren: Empfehlungen und Schlüssellängen 2023-01, S. 6).

**39. SFTP.** Secure File Transfer Protocol (SFTP) ist eine auf Secure Shell (SSH) basierende verschlüsselte Übertragung zum Serverdienst. Es ist die abgesicherte Variante des File Transfer Protocol (FTP), bei dem die Datenübertragung im Klartext erfolgt.

**40. PKI/ZDA.** Public Key Infrastructure ist eine IT-Infrastruktur, die Zertifikatsdienste zur verschlüsselten Übertragung bereitstellt. Zertifizierungsdiensteanbieter (ZDA) sind öffentliche Anbieter, die qualifizierte Zertifikate ausstellen oder qualifizierte Zeitstempeldienste nach der eIDAS-Verordnung über elektronische Identifizierung und Vertrauensdienste bereitstellen (BNetzA Referat IS 16, Regelungen für die Registrierungs- und Zertifizierungsinstanz TKÜV-CA der BNetzA; BSI 2020 Version 2.1 S. 5 ff.).

Die Grundlage für die Erstellung von digitalen Zertifikaten ist die Bereitstellung durch eine Zertifizierungsstelle (Certificate Authority, CA). Diese kann in einer eigenen Infrastruktur selbst erstellt werden. Dies bedeutet, dass diese eigene erstellte Zertifikatsstelle von anderen Kommunikationspartnern anerkannt werden muss. Dies gestaltet sich im Allgemeinen recht schwierig. Daher ist der Einsatz einer anerkannten Registrierungs- und Zertifizierungsinstanz üblicherweise sinnvoll. Diese Dienste sind überwiegend kostenpflichtig zu beziehen. Bei den ausgestellten Zertifikaten wird in drei Klassen unterschieden:
- Klasse 1: Das ausgestellte Zertifikat der Zertifizierungsstelle bestätigt die Echtheit der angegebenen E-Mail-Adresse.
- Klasse 2: Das ausgestellte Zertifikat sichert die Echtheit der angegebenen E-Mail-Adresse und den in der E-Mail angegebenen Namen und ggf. auch die Domäne (engl. Domain) des Unternehmens zu. Die Verifizierung der Angaben findet über Drittdatenbanken oder Ausweiskopien statt.
- Klasse 3: Zertifikate der Klasse 3 unterscheiden sich von der Klasse 2 dadurch, dass sich der Antragsteller persönlich ausweisen muss.

**41. Intrusion Detection System/System zur Angriffserkennung.** Ein Intrusion Detection System (IDS) ist ein Angriffs- und Anomalie-Erkennungssystem, das im Stande ist, auf Netzwerke und IT-Systeme gerichtete Angriffe zu erkennen und entsprechende Alarmierungen zu versenden. Ein IDS ist oft eine in Firewalls implementierte Grundfunktionalität. Im Gegensatz zu IPS ist das IDS auf die reine Erkennung der Angriffe programmiert. Das IT-SiG 2.0 versteht Angriffserkennungssysteme als „durch technische Werkzeuge und organisatorische Einbindung unterstützte Prozesse zur Erkennung von Angriffen auf informationstechnische Systeme“ (BSI FAQ Systeme zur Angriffserkennung). Gemäß der Definition in § 8a Abs. 1a BSIG müssen Systeme zur Angriffserkennung geeignete Parameter und Merkmale aus dem laufenden Betrieb kontinuierlich und automatisch erfassen und auswerten und so in der Lage sein, Bedrohungen zu erkennen und zu vermeiden. Laut BSI bezieht sich der Begriff „Angriffserkennungssystem" auf eine große Bandbreite an technischen und organisatorischen Maßnahmen, die zur Angriffserkennung dienen. Das BSI hat eine Orientierungshilfe zum Einsatz von Systemen zur Angriffserkennung (Version 1.0, 26.9.2022) veröffentlicht. Darin werden Anhaltspunkte für die Anforderungen an Betreiber kritischer Infrastrukturen sowie Betreiber von Energieanlagen und Energieversorgungsnetzen sowie prüfende Stellen beschrieben. Es besteht die Verpflichtung zum Einsatz von Systemen zur Angriffserkennung (§ 8a Abs. 1a BSIG, § 11 Abs. 1e EnWG) ab dem 1.5.2023 für regulierte Betreiber nach dem BSIG. Diese müssen dem BSI alle zwei Jahre ihre Nachweise gem. § 8a Abs. 3 BSIG einreichen. Auch das EnWG sieht die Pflicht vor, parallel zu den Vorschriften aus § 8a Abs. 1, 3 BSIG, erstmalig am 1.5.2023 und danach alle zwei Jahre den Einsatz der Angriffserkennungssysteme beim BSI nachzuweisen. Nach Angaben des BSI verweist der dafür aufgenommene § 11 Abs. 1f EnWG seit der letzten Ergänzung des EnWG auf die Registrierungspflicht in § 11 Abs. 1d EnWG, dabei handele es sich jedoch um ein redaktionelles Versehen des Gesetzgebers, der den Verweis auf den ehemaligen Abs. 1d, nun Abs. 1e, nicht angepasst hat (BT-Drs 20/1599, S. 10). Dass sich die Nachweispflicht dennoch, einheitlich zu den sonstigen gesetzlichen Vorschriften, auf den Einsatz der Systeme zur Angriffserkennung bezieht, ergibt sich unmittelbar aus BT-Drs 19/26106, 27. In seiner Orientierungshilfe weist das BSI ausdrücklich darauf hin, dass in der Protokollierung teilweise auch datenschutzrechtlich relevante Datensätze enthalten sein können. Daher muss der legale Umgang mit diesen Datensätzen bei der Planung einbezogen werden und, sofern erforderlich, eine Anonymisierung bzw. Pseudonymisierung der Protokoll- und Protokollierungsdaten erfolgen.

**42. Intrusion Prevention System.** IPS überwachen den Netzwerkverkehr. Das System analysiert die IP-Pakete und deren Inhalte auf mögliche Schadsoftware oder verdächtige Aktivitäten. Auch Unternehmensrichtlinien für den Empfang und Versand von Daten können so überwacht werden und der mögliche Abfluss von Geschäftsgeheimnissen verhindert werden. In welcher Art mit als potenziell gefährlich identifizierten Dateien umgegangen wird, entscheidet die Konfiguration des IDS. So können Netzwerkverbindungen unterbrochen oder bestimmter Datenverkehr blockiert werden. IPS werden seit vielen Jahren auch als Bestandteil von Firewall-Systemen eingesetzt und sind mit anderen Sicherheitstechnologien und -systemen verknüpft.

Im Zuge zunehmender Verschlüsselung ist zu beachten, das IPS- und IDS-Systeme nicht in der Lage sind, in verschlüsselte Anhänge (zB ZIP-Dateien) „hineinzusehen". Auch für die Überwachung des transportgesicherten Netzwerkverkehrs muss das IDS/IPS über gültige Zertifikate verfügen, die es den Systemen ermöglichen, in den verschlüsselten Datenverkehr einzusehen. Ist das nicht sichergestellt oder sind die Zertifikate nicht aktuell gehalten (zB abgelaufen oder ungültig), dann bleiben Alarmierungen der Systeme aus und es bestehen erhebliche Gefährdungen für das betroffene Netzwerk.

**43. Virtual Private Network.** Ein Virtual Private Network (VPN) ist ein virtuelles Kommunikationsnetz, welches auf einem physikalischen Netzwerk logisch getrennt betrieben wird. Im Internet ist der Einsatz von VPN unerlässlich. Die Vertraulichkeit von Daten bei der Übertragung über öffentliche Netzwerke wird durch Verschlüsselungs- und Authentifizierungsverfahren mittels VPN abgesichert. Da die Daten für andere Teilnehmer auf den verwendeten Leitungen nicht sichtbar sind, spricht man auch vom sog. Tunneling oder VPN-Tunneln. Ein VPN kommt dann zum Einsatz, wenn der sichere Transport sensibler Daten über nicht vertrauenswürdige Verbindungen benötigt wird.

**44. Content Filter.** Ein Content Filter ist ein (optionaler) Bestandteil von Firewall-Systemen. Dieser soll die Integrität von Unternehmen schützen, in dem bestimmte Inhalte oder Missbräuche von Internetfunktionalitäten unterbunden werden. Dazu gehören u. a. die unangemessene Nutzung von Bandbreite oder das Herunterladen von Malware in das Firmennetzwerk. Die Blockierung unerwünschter und illegaler Internet-Inhalte wie zB von extremistischer Propaganda oder pornografischen Inhalten schützen das Unternehmen vor strafrechtlich relevantem Verhalten und damit verbundenen juristischen Auseinandersetzungen und polizeilichen Ermittlungen.

**45. Mitarbeiterwechsel.** Erfahrungsgemäß sind bei Mitarbeiterwechseln Stichproben sinnvoll, bei denen verifiziert wird, ob ein bereits ausgeschiedener Mitarbeiter noch aktive Berechtigungen im System hat. Sofern dies der Fall ist, sind umgehend Maßnahmen zur Behebung und zur Feststellung möglicher Schäden oder anderer Verstöße durch eine mögliche unberechtigte Nutzung vorzunehmen. Dies steht insbesondere im Zusammenhang mit Mitarbeiteraustritten.

**46. Garantieabwicklung bei Datenträgerausfällen.** Hersteller und Dienstleister bieten aufgrund der Kritikalität in Bezug auf die Daten auf den Datenträgern verschiedene Methoden an, die den Kunden entsprechend absichern. Neben anderen vertraglichen Vereinbarungen bieten zunehmend namhafte Hersteller und Großhändler Gewährleistung auch durch Mitnahme des abgeschraubten Teils eines Datenträgers, auf dem sich die Seriennummer befindet, an. So verbleibt das eigentliche Datenträgermedium zur weiteren Vernichtung im Unternehmen und der Lieferant/Hersteller ersetzt den Datenträger im Rahmen der Gewährleistung durch ein gleichwertiges Produkt. Bei IT-Dienstleistungsverträgen, die auch die Behebung von Defekten an gelieferten Datenträgern umfassen, ist auf jeden Fall die Variante mit Festplattenverwurf zu empfehlen (Festplattenersatz ohne Rückgabe der alten Platte). Dass die vertraglichen Vereinbarungen nicht ohne erhebliche Risiken sind, zeigen auch aktuelle Fälle, in denen defekte SSD-Datenträger von Behörden über eBay mit komplettem und unverschlüsseltem Datenbestand als Kundenrückläufer wieder vermarktet wurden, obwohl der betreffenden Behörde ein Löschzertifikat vorgelegt wurde, das die ordnungsgemäße Löschung nach „Sicherheitsstufe 3 – geeignet für vertrauliches Material" bescheinigte.

**47. Externe Dienstleister.** Externe Dienstleister sind Unterauftragnehmer und daher Dritte (Art. 4 Nr. 10 DS-GVO) oder Auftragsverarbeiter (Art. 4 Nr. 8 DS-GVO). Aufgrund der Rechenschaftspflicht empfiehlt sich schriftliche, datenschutzrechtliche Verpflichtung der externen Mitarbeiter, um so zu einem angemessenen Schutzniveau beizutragen (ausf. → Form. G. II. 1.). Auch ist in diesem Fall zu empfehlen, Stichprobenkontrollen durchzuführen.

**48. Fernwartung.** Fernwartung bzw. Remotezugriffe auf interne Systeme mit personenbezogenen Daten sind stets über eine vertragliche Vereinbarung zu regeln (ausf. → Form. G. III.). Die nachfolgenden Prüfpunkte der Checkliste sind mit besonderem Augenmerk zu prüfen. Dienstleister setzen eine Vielzahl an unterschiedlichen Produkten für den Aufbau der Fernwartungsverbindung ein. Hier ist auch festzulegen, welches Produkt in welcher Version von welchem Hersteller zum Einsatz kommt. Die Verfügbarkeit von Updates und Support, sowie die Produktabkündigung (EOL) müssen aktuell überwacht werden, um die Sicherheit der Verbindung nicht zu gefährden. Zugriffe per Fernwartung ermöglichen grundsätzlich auch die Übertragung von Dateien. Hier ist zu prüfen und festzulegen, ob und in welchem Umfang dies gewünscht ist. Durch diese Möglichkeit besteht das Risiko der Übertragung von Schadsoftware.

**49. Eingabekontrolle/Plausibilitätskontrolle/Transaktionskontrolle.** Durch solche Kontrollen kann überprüft und festgestellt werden, ob und von wem personenbezogene Daten in Datenverarbeitungssysteme eingegeben, verändert oder entfernt worden sind. Im Zusammenhang mit der Eingabekontrolle hat sich der Begriff der Revisionssicherheit durchgesetzt. Folgende grundsätzliche Kriterien gelten für die Revisionssicherheit von Archivierungssystemen: Ordnungsmäßigkeit, Vollständigkeit, Sicherheit des Gesamtverfahrens, Schutz vor Veränderung und Verfälschung, Sicherung vor Verlust, Nutzung nur durch Berechtigte, Einhaltung der Aufbewahrungsfristen, Dokumentation des Verfahrens, Nachvollziehbarkeit, Prüfbarkeit (Kampffmeyer Grundsätze der elektronischen Archivierung S. 11 ff.). Die Eingabekontrolle selbst setzt eine wirksame Zugangs- und Zugriffskontrolle voraus. Eine funktionierende Eingabekontrolle besteht nicht nur aus organisatorischen Maßnahmen, sondern erfordert auch ein technisches Verfahren. Dieses technische Verfahren kann entweder in der Applikation selbst vorhanden sein oder durch ein entsprechendes Zusatzsystem, welches der Applikation hinzugefügt wird, realisiert werden. Die beste technische Lösung funktioniert natürlich nur, wenn sie mit zuverlässiger Organisation der Kontrolle und Auswertung der Eingabekontrolle, zB dem Vier-Augen-Prinzip, verbunden ist.

**50. Schadsoftware.** Als Schadsoftware wird ein Programm bezeichnet, das auf einem Computer verborgen installiert wird und das die Vertraulichkeit, Integrität und Verfügbarkeit von Daten und Anwendungen gefährdet. Diese wird oft auch heute noch allgemein als „Virus“ bezeichnet. Insbesondere im Zusammenhang mit Schadsoftwareschutz wird der ältere Begriff Antivirusprogramm verwendet. Dies ist jedoch nicht zeitgemäß, da Viren nur eine Art von Schadsoftware sind. Darüber hinaus gibt es weitere Schadsoftwarearten, wie Trojaner, Würmer, Spyware, Ransomware uvm.

**51. Aktualisierungszyklen von Schadsoftwareprogrammen.** Eine tägliche Aktualisierung der Musterkennung (Virenpattern) des Schadsoftwareschutzes durch den Hersteller entspricht den allgemeinen Bereitstellungzyklen. Das Augenmerk sollte hier vielmehr auf der Reaktionszeit des Herstellers bei der Veröffentlichung von Aktualisierungen liegen.

**52. Sicherheitsrelevante Updates und Patches.** Das Thema Updates und Patches hat sich in den vergangenen 30 Jahren in der IT zu einem der wichtigsten und auch zeitkritischsten Aufgaben der Hersteller und IT-Abteilungen entwickelt. Eine Vielzahl an Update- und Patch-Kategorien wurde entwickelt, daher sei hier nur auf die IT-sicherheitsrelevanten eingegangen.

Patches („Flicken") sind Softwarepakete, mit denen die jeweiligen Hersteller in ihren Softwareprodukten Fehler beheben und Sicherheitslücken schließen. Sicherheitslücken sind Schwachstellen in der Software (und Firmware von Hardware), über die es möglich ist, die Programme oder die Computer, auf denen die Programme ausgeführt werden, zu beschädigen, auszuspionieren, zu überwachen oder zu kompromittieren. Sicherheitslücken in Software und IT-Hardware (verschaltete Platinen oder auch CPUs) werden von der im Jahr 1958 gegründeten Non-Profit-Organisation MITRE als CVE in einer weltweit öffentlichen Datenbank geführt und können manuell oder über eine API (→ Form. E. I. 1.) abgefragt werden. Mit der Veröffentlichung in der Datenbank ist die Schwachstelle nun weltweit abrufbar und es können Schadsoftwareprogramme erstellt werden, die diese Lücke ausnutzen. Somit bleibt den Herstellern wenig Zeit für die Bereitstellung eines Sicherheitspatches, der die Schwachstelle schließt. Und den Anwendern bleibt noch weniger Zeit, um die Patches zu installieren und sich so gegen mögliche Schäden oder Einbrüche zu wehren.

Updates umfassen deutlich mehr Anpassungen und Änderungen in Softwareprodukten und sind auch von der Speichergröße her deutlich größer. Im Gegensatz zu Sicherheitspatches, die schnellstmöglich zum Anwender müssen, sind Updates an einen regelmäßigen Prozess und ein definiertes Verfahren gebunden. Hier hat sich in den vergangenen Jahren über die vielfältige Betriebssystemwelt ein bei den Herstellern gängiges Verfahren entwickelt.

Auch Hardware bis auf die CPU-Ebene ist bei Updates und Patches zu berücksichtigen. Updates und Patches müssen auch für den Bootsektor der Festplatten und SSDs, das BIOS (Basic Input Output System) des PC, das UEFI (Unified Extensible Firmware Interface) und die CPU (Central Processing Unit) erfolgen, um sicherheitskritische Lücken zu schließen.

Und ein weiterer, sehr wichtiger Aspekt ergibt sich aus dem Zusammenspiel von Updates und Patches in Verbindung mit Schadsoftwareschutzprogrammen (Antivirus-Software): Ein aktueller Schadsoftwareschutz erweist sich als wirkungslos, wenn der Patchstand des Betriebssystems nicht aktuell ist, da der Schädling zwar gefunden wird, die Sicherheitslücke aber bereits ausgenutzt wurde. Das Aktualisieren des Systems (Betriebssystem und Applikationen) sollte daher Priorität genießen.

**53. Netzwerkdokumentation.** Die Mindestanforderung an eine Netzwerkdokumentation sollte einem bereinigten Netzplan entsprechen. Handelt es sich um Auftragsdatenverarbeitung, sollte darüber hinaus vom Auftragnehmer eine Anwendungslandkarte mit den Informationsflüssen der beauftragten IT-Umgebung bereitgestellt werden.

**54. Integritätsprüfung von Software.** Die Problematik der Integritätsprüfung von Software betrifft vornehmlich Individualsoftware, da einige Softwareanbieter aus Kostengründen auf die Implementierung geeigneter Prüfmechanismen verzichten. Namhafte Hersteller handelsüblicher Standardsoftware haben geeignete Prüfungsmechanismen in ihren Softwaremodulen zumeist bereits integriert.

**55. Remotesession.** Eine Remotesession bezeichnet eine im Rahmen eines Fernzugriffs auf dem Zielsystem ausgeführte Sitzung (Session, Programmablauf), die einem bestimmten Nutzer (User) durch eine Sitzungsnummer (Session-ID) zugeordnet werden kann. Diese kann durch ein Zusatzprogramm aufgezeichnet werden. Dadurch ist es auch zu einem späteren Zeitpunkt möglich, den kompletten Ablauf einer Sitzung insgesamt nachzuvollziehen.

**56. Auftragskontrolle/Vertragskonformitätskontrolle.** Bei der Auftragskontrolle wird gewährleistet, dass die personenbezogenen Daten, die im Auftrag verarbeitet werden, nur auf Grundlage des Vertrages entsprechend den Weisungen des Auftraggebers (Verantwortlichen) verarbeitet werden. In Art. 28 Abs. 3 lit. a DS-GVO wird klargestellt, dass die Auftragsverarbeitung durch den Auftragsverarbeiter (Auftragnehmer) nur auf „dokumentierte Weisung des Verantwortlichen" durchgeführt werden darf.

**57. Verfügbarkeitskontrolle.** Personenbezogene Daten sind gegen Zerstörung oder Verlust zu schützen. Die Verfügbarkeit der Daten wird kontrolliert, dh, es wird sichergestellt, dass die personenbezogenen Daten zu festgelegten Zeiten im festgelegten Umfang zur Verfügung gestellt werden. Die Verfügbarkeit selbst muss dabei den rechtlichen und betrieblichen Erfordernissen entsprechen, sodass u. a. bei Wartungsfenstern für die Pflege und Wartung der Systeme und Software diese den laufenden Betrieb nicht negativ beeinflussen. Für Cloud-Anwendungen werden zusätzlich verteilte Inhalts-Speicher-Server (CDN, Content Delivery Network) eingesetzt. Diese stellen Verfügbarkeiten auch bei DOS-Angriffen (DOS, Denial of Service) und anderen Internet-Netzwerkproblemen sicher. Dabei werden die Daten und Informationen von Websites über geografisch verteilte Server örtlich näher an die Nutzer herangebracht, was zu einer Beschleunigung des Zugriffs (beim Nutzer) führt. Zu beachten ist hierbei, dass die Daten dann nicht vom eigentlichen Webserver durch den Nutzer geladen werden, sondern von einem Server des entsprechenden Anbieters des CDN. Bei Eingaben auf Online-Formularen oder Bestellungen werden Inhalte (auch personenbezogene Daten) für einen festgelegten Zeitraum auch auf den CDN-Server zwischengespeichert und den Nutzern zur Verfügung gestellt. Nach teilweise vertretener Auffassung findet auch in diesem Fall die DS-GVO Anwendung und könnte zu einer Untersagung der Nutzung von CDN-Servern führen (zB VG Wiesbaden 1.12.2021 – 6 L 738/21.WI, BeckRS 2021, 37288). Diese Rechtsprechung berücksichtigt jedoch nicht die grundlegende technische Erforderlichkeit für eine beschleunigte Internetnutzung. Es ist daher abzuwarten, wie sich die Rechtslage weiter entwickeln wird.

**58. Storage Area Network (SAN).** Speichernetzwerke bezeichnen ein Netzwerk, bei dem Speichersysteme über eine Netzwerkinfrastruktur an Serversysteme angebunden sind.

**59. Snapshot.** Aktuelle IT-Systeme und deren Betriebssysteme bieten die Möglichkeit des sog. Snapshots, einer funktionalen Momentaufnahme des aktuellen Zustands des Systems. Dies gilt auch für Speichernetze wie SAN, bei denen im laufenden Betrieb und unter minimaler Speicherbelegung zeitbasierte Datenkopien gefertigt werden. Diese dienen der Absicherung vor logischen Fehlern, da das System schnell auf einen zuvor gefertigten Schnappschuss (Snapshot) zurückgesetzt werden kann. Snapshots sind kein Ersatz für eine klassische Datensicherung (Backup/Restore), da nur hier auch physische Fehler wie Systemausfälle, Speicherdefekte, Plattenfehler abgesichert sind.

**60. Business Continuity Management (BCM).** Betriebliches Kontinuitätsmanagement beschreibt den Aufbau und die kontinuierliche Pflege eines funktionalen Notfall- und Krisenmanagements zur Aufrechterhaltung des Geschäftsbetriebs. Da IT-Systeme heute einen fundamentalen Anteil an der Erbringung betrieblicher Geschäftsprozesse haben, ist ein in das unternehmensweite BCM eingebettetes IT-

Notfallsystem von großer Wichtigkeit. In Deutschland wird die ISO 22301 zunehmend durch international aufgestellte Konzerne/Unternehmen bei Lieferanten und Auftragnehmern angefragt, um die Zulieferketten sicherzustellen und so möglichen Verlusten entgegenzuwirken. Die ISO 22301:2020 (Sicherheit und Resilienz – Business Continuity Management System – Anforderungen) enthält Anforderungen für die Erstellung und den Umgang mit dem betrieblichen Kontinuitätsmanagementsystem. Die ISO 22301 legt fest, wie ein dokumentiertes Managementsystem geplant, implementiert und betrieben wird, um sich gegen Betriebsunterbrechungen zu schützen und die Wahrscheinlichkeit ihres Auftretens zu minimieren sowie nach einer eingetretenen Betriebsunterbrechung angemessen zu reagieren und zeitnah wieder den Normalbetrieb zu ermöglichen.

Grundsätzlich bekommt das Thema BCM aktuell einen anderen Stellenwert, getrieben durch die unzähligen Verschlüsselungsangriffe (Ransomware) auf Behörden und Unternehmen. Hier geht es vor allem um die Widerstandsfähigkeit (Resilienz) des Unternehmens im Falle einer solchen (oder anderen) Krise: Wie schnell kann das Unternehmen, die Behörde nach einem sog. Cyber-Angriff wieder komplett arbeitsfähig werden? Aktuelle Gesetzgebungen, regulatorische Anforderungen und Normen nehmen sich verstärkt dieser Thematik an.

Das KRITIS-Dachgesetz (Referentenentwurf des BBK aus Juli 2023) soll als zusätzliche KRITIS-Regulierung die physische Sicherheit und Resilienz (Fähigkeit eines Systems, Ereignissen zu widerstehen bzw. sich daran anzupassen und dabei seine Funktionsfähigkeit zu erhalten oder möglichst schnell wieder zu erlangen) von Betreibern kritischer Infrastrukturen stärken. Das Gesetz setzt die EU-CER-Richtlinie (EU 2022/2557) um und reguliert dazu KRITIS-Betreiber und Betreiber kritischer Anlagen mit zusätzlichen Maßnahmen und Pflichten. Die CER-Richtlinie gibt eine Frist zur nationalen Umsetzung bis Oktober 2024 vor. Basierend auf der CER-Richtlinie müssen bestimmte Betreiber (betroffene Betreiber identifizieren sich selbst durch die noch festzulegende Rechtsverordnung nach § 15, in denen Anlagen nach Schwellenwert identifiziert werden) die Umsetzung von Maßnahmen zu BCM, physischer Sicherheit, sowie Personalsicherheit und Krisenmanagement geeignet nachweisen. Aufsichtsbehörde für das KRITIS-DG ist das Bundesamt für Bevölkerungsschutz und Katastrophenhilfe (BBK).

Hintergrund des Gesetzes ist die Stärkung der physischen Sicherheit und Resilienz aufgrund von Vorfällen wie Nordstream 2, Sabotageakte auf die Deutsche Bahn und Naturkatastrophen. Neben der Prüfung von Prozessen und Abläufen sind künftig auch die Mitarbeiter Zuverlässigkeitsüberprüfungen zu unterziehen. Hier ist eine gesetzliche Grundlage geplant, eine solche Sicherheitsüberprüfung datenschutzrechtlich zu rechtfertigen. Große Sicherheitsdienstleister können als systemrelevant angesehen werden, da sie Aufgaben wie Objektschutz, Schutz von Lieferketten, Sicherstellung der Bargeldversorgung, Gewährleistung von Sicherheit und Ordnung im Personenverkehr und Durchführung von Luftsicherheitskontrollen, durchführen. Im Rahmen des Allgefahrenansatzes können Sicherheitsdienstleister in den Anwendungsbereich des Kritis-Dachgesetzes aufgenommen werden.

**61. Zuständigkeit.** In diesem Prüfpunkt wird die Zuständigkeit der Durchführung der Datensicherung geprüft. Die Verantwortung ist nicht delegierbar und verbleibt damit immer beim Auftraggeber. Der Auftraggeber sollte daher darauf achten, dass eine Datensicherung beauftragt und nach den vertraglichen Vorgaben durchgeführt wird (OLG Hamm 1.12.2003 – 13 U 133/03, MMR 2004, 487). Es muss klar geregelt sein, wer welche Datensicherung in welchem Umfang durchführt. Nach außen ist letztlich immer der Auftraggeber datenschutzrechtlich verantwortlich und trägt damit das Risiko von Schadensersatzforderungen und Bußgeldern.

**62. Auftragnehmer.** Soll der Auftragnehmer im Rahmen der Auftragsverarbeitung für die Datensicherung im Innenverhältnis zum Auftraggeber zuständig sein, empfiehlt sich der Abschluss einer entsprechenden schriftlichen Vereinbarung. Ist zum Zeitpunkt der Prüfung kein Datensicherungsverfahren festgelegt, ist umgehend ein solches zu erstellen und von beiden Seiten als Vertragsanlage zu unterzeichnen.

**63. Auftraggeberzuständigkeit.** Je nach Vertrag kann die Datensicherung in der Zuständigkeit (im Rahmen des ausgelagerten Prozesses) des Auftraggebers verbleiben, der diese dann operativ durchführen muss. Es sollte geprüft werden, ob die vertraglich vereinbarte Datensicherung den Ansprüchen der Beteiligten sowie den gesetzlichen Anforderungen genügt.

**64. Regelung für Datensicherung.** Eine vertragliche Regelung über Art, Umfang und Aufbewahrungsdauer muss vorhanden sein. Ist zum Zeitpunkt der Prüfung kein Datensicherungsverfahren festgelegt, ist umgehend ein solches zu erstellen und von beiden Seiten als Vertragsanlage zu unterzeichnen.

**65. Sicherungsgenerationen.** Das Datensicherungsprinzip „Großvater-Vater-Sohn“ ist ein zuverlässiges und weltweit eingesetztes Rotationsverfahren zur Sicherung von Daten auf Speichermedien (Little/Chapa Implementing Backup and Recovery S. 17 f.). Die erste Generation bildet die tägliche Sicherung („Sohn“). Für jeden Wochentag erfolgt eine inkrementelle oder differenzielle Sicherung auf ein eigenes Speichermedium. Dh, es werden nur diejenigen Daten gesichert, die geändert wurden oder hinzugekommen sind. Einmal wöchentlich erfolgt eine Vollsicherung, meist Freitag, ebenfalls auf jeweils einem eigenen Medium. Die Vollsicherung stellt die zweite Generation dar („Vater“). Zum Monatsanfang wird die Wochensicherung aus dem Rotationsverfahren entnommen und dem Monatszyklus hinzugefügt, die dritte Generation („Großvater“). Am Ende des Jahres wird aus dem Monatszyklus die Jahressicherung (vierte Generation) entnommen und sicher aufbewahrt.

**66. Sicherungsprotokolle.** Es empfiehlt sich, eine regelmäßige Sichtkontrolle der Protokolle vorzunehmen.

**67. Aufbewahrungsfristen.** Näher → Form. D. IV.

**68. „Recht auf Vergessenwerden“.** → Form. F. IV. 1.

**69. Wasserkühlung.** Moderne Rechenzentren verfügen aktuell über Wasserkühlung in den Schranksystemen (Server-Racks), deren Betrieb dahingehend abgesichert ist, dass technische Geräte hierdurch keinen Schaden nehmen.

**70. Feuerlöscher.** In Rechenzentren und Serverräumen, in denen ausschließlich IT-Systeme betrieben werden, kommen $CO_2$-Feuerlöscher zum Einsatz (VdS 2001, Regeln für die Ausrüstung von Arbeitsstätten mit Feuerlöschern), die – wie andere Feuerlöscher auch – regelmäßig zu überprüfen und mit entsprechenden Prüfplaketten zu versehen sind.

**71. SMS.** Der Short Message Service ist ein Dienst, dessen erster Standard 1989 beschlossen wurde. 1999 wurden dem Standard Mechanismen hinzugefügt, die es erlauben, Profile auf das mobile Endgerät, in dem die SIM-Karte eingesteckt ist, zu übertragen. Auch wurden zusätzliche Tools auf die SIM-Karten entsprechend dem Standard 3G_TS_31.111_1999-12 implementiert. SIM-Karten kommen zum Einsatz, wenn bei fest installierten Geräten oder Anlagen eine verkabelte Vernetzung aus Kostengründen nicht zum Einsatz kommt. Dazu gehören Ampelanlagen, Signal- und Stellwerksanlagen, aber auch Versorgungsanlagen wie Strom, Gas, Wasser oder Ab- und Brauchwassersteuerung oder Laufwassersteuerung sowie eine breite Masse an IoT-Geräten. Da die verwendeten Standards nur über einfache Sicherheitseigenschaften verfügen, stellen diese eine Schwachstelle dar, die zu bewerten ist. Unter bestimmten Voraussetzungen lässt sich über SMS-Nachrichten Schadsoftware (sog. Simjacker Malware) von externen Quellen nachladen (→ Form. E. I. 1.).

**72. Gewährleistung getrennter Verarbeitung.** Durch eine sog. Mandantentrennungskontrolle wird gewährleistet, dass Daten, die zu unterschiedlichen Zwecken erhoben wurden, getrennt verarbeitet werden. Dies ist bspw. von großer Bedeutung im Bereich der Marktforschung oder für andere Forschungszwecke, wenn mehrfach Daten bei einer Person für unterschiedliche Zwecke erhoben werden. Ein weiterer wichtiger Anwendungsbereich ist in Unternehmen, die Kundenbeziehungssoftware (CRM-Systeme) einsetzen. Eine Vermischung oder anders geartete Verarbeitung sowie insbesondere eine Datenanreicherung zu den personenbezogenen Daten muss durch technische Maßnahmen vermieden werden.

**73. Datenbankinstanz.** Eine Datenbankinstallation wird als Instanz bezeichnet. Datenbankserver erlauben es, mehrere Instanzen zu installieren, bei denen jede Instanz eine eigene Datenbank umfasst. Jede Instanz verfügt über einen eindeutigen Namen und nutzt eigene Dienste, sodass die Instanzen unabhängig voneinander betrieben werden können. Jede Instanz nutzt somit eigene Dienste und ist logisch unabhängig von anderen Instanzen, wodurch u. a. eine Mandantentrennung erreicht wird. Für eine physikalische Trennung wären eigene physikalische Server nötig. Über definierte TCP- oder UDP-Ports (ähnlich Zugangstüren zu Räumen) werden Anfragen über definierte Transportprotokolle an die jeweiligen Datenbankinstanzen gestellt. Virtuelle Server stellen nur eine logische Trennung sicher.

**74. Betriebsorganisation.** Die Sicherheitsziele der Datensicherung unter Beachtung der gesetzlichen Anforderungen lassen sich aus der spezifischen Sicht des betreibenden Unternehmens ableiten. Die Verfügbarkeit, Integrität, Vertraulichkeit und Authentizität stehen damit als Ziele zur Gewährleistung dieser Anforderungen im Vordergrund. Wie in → Form. E. I. ausgeführt, sind diese Ziele auch in anderem Kontext und anderen Rollen und Funktionen in jeder Organisation eines Unternehmens zu finden. Jede Organisation, die selbst oder im Auftrag personenbezogene Daten erhebt, verarbeitet oder nutzt, muss gem. Art. 32 DS-GVO die technischen und organisatorischen Maßnahmen nach dem Stand der Technik treffen, die zur Erfüllung der Anforderungen der DS-GVO einzuhalten sind. Datensicherungsmaßnahmen sind im Gegensatz zu den anderen Vorschriften der DS-GVO, die unabhängig von der Schutzbedürftigkeit der Daten gelten, nur erforderlich, soweit der Aufwand in angemessenem Verhältnis zu dem angestrebten Schutzzweck steht. Die im Einzelnen zu treffenden technischen und organisatorischen Maßnahmen ergeben sich daher jeweils aus der konkreten Betrachtung des Einzelfalls und der Datenschutz-Folgenabschätzung. Hierzu dient die Durchführung einer Risikoanalyse. Je nach Schutzbedarf bestimmt sich der Umfang der zu treffenden Sicherungsmaßnahmen, wobei hier immer der Grundsatz der Verhältnismäßigkeit gilt. Grundsätzlich ist bei allen diesen Sicherungsmaßnahmen der Stand der technischen Entwicklung zu berücksichtigen und umzusetzen.

Eine besondere Bedeutung kommt in der Praxis dem Art. 32 Abs. 1 lit. a DS-GVO zu. Hier werden unter Berücksichtigung des Stands der Technik Maßnahmen gefordert, die u.a. die Pseudonymisierung und Verschlüsselung personenbezogener Daten fordern. Danach müssen personenbezogene Daten bei der Zugangskontrolle, der Zugriffskontrolle und der Weitergabekontrolle nach dem Stand der Technik verschlüsselt werden. In der Umsetzung bedeutet dies:

- Bei Zugang zu personenbezogenen Daten muss ein verschlüsselter Zugang zur Anwendung kommen, etwa SSL oder die Nachfolgertechnologie TLS, womit sichere Zugriffe mittels Webbrowser möglich sind.
- Bei Zugriff auf personenbezogene Daten muss die Datenbank, der Ordner oder die Datei verschlüsselt sein, zB durch integrierte Verschlüsselungsmechanismen, wie BitLocker (Windows) und FileVault (Mac). Es können auch Verschlüsselungsmechanismen für dedizierte Ordner und Dateien oder für die Datenbankinstanz zum Einsatz kommen.
- Bei der Weitergabe der personenbezogenen Daten muss ein verschlüsselter Übertragungsweg gewählt werden, zB ein VPN.

Selbst wenn die zuvor genannten Umsetzungsmöglichkeiten technischer Natur sind, bedingen diese eine prozessorientierte Betriebsorganisation, die nachhaltig für die Umsetzung der technischen Verfahren sorgt. Viele technische Sicherheitsmaßnahmen sind erfahrungsgemäß oft nicht oder nur mangelhaft implementiert. Hinzu kommt, dass bekannte Schwachstellen und Sicherheitslücken aufgrund organisatorischer Schwächen nicht oder zu spät behoben werden. Dies birgt erhebliche Risiken für Auftraggeber und Auftragnehmer.

**75.** **Rechenschaftspflicht.** Nach Art. 5 Abs. 2 DS-GVO ist der Verantwortliche zur Rechenschaft verpflichtet. Dh, dass der Auftraggeber die maßgebenden Informationen seiner Tätigkeiten und Ausführungen aus dem Auftrag, den Status, den Zustand, die Risiken und weitere vertraglich vereinbarte Meldungen berichten muss. Die Berichterstattung hat als dokumentierte Information zum Nachweis schriftlich zu erfolgen, um eine Nachvollziehbarkeit sicherzustellen. Zur Rechenschaftspflicht gehören somit neben schriftlichen Verträgen und deren Anlagen auch dokumentierte Datenschutzkonzepte und -verfahren, Aufzeichnungen und Berichte sowie Protokolle (von Meetings) und Log-Dateien aus Systemen zum Nachweis der korrekten Durchführung (→ Form. A. I.).

## 3. Vereinfachte Risikobewertung nach Angemessenheitsprinzip für KMU und Vereine

Durch § 38 Abs. 1 BDSG liegt die Grenze der **maßgeblichen Mitarbeiteranzahl,** ab der eine Pflicht zur Berufung eines Datenschutzbeauftragten besteht, bei 20. Entgegen einer verbreiteten Meinung besteht die Pflicht zur Einhaltung datenschutzrechtlicher Anforderungen auch, wenn kein Datenschutzbeauftragter zu bestellen ist.

Die Anforderungen zum Datenschutz aus DS-GVO und BDSG können besonders für **kleine Unternehmen oder Vereine** einen erhöhten bürokratischen Aufwand bedeuten, wenn Maßnahmen ergriffen werden sollen, die ihrem Ursprung nach für mittlere und große Unternehmen gedacht sind, so etwa im Umfeld der Notwendigkeit einer **Datenschutz-Folgenabschätzung** im Rahmen der Aufarbeitung datenschutzrechtlich relevanter Verfahren. Die DS-GVO spricht von einer verpflichtenden Durchführung, sofern ein **hohes Risiko** für die **Rechte und Freiheiten der betroffenen Personen** besteht. Dies impliziert ein entsprechendes **Risikomanagement im Datenschutz.**

Die folgenden Formulare sollen kleine und mittlere Unternehmen sowie Vereine (im Folgenden: „KMU") dabei unterstützen, die rechtlichen Anforderungen bestmöglich zu erfüllen, ohne einen unverhältnismäßig hohen Aufwand dafür betreiben zu müssen.

Der Prozess zum Datenschutzrisikomanagement für kleine Unternehmen als verallgemeinerte Vorgangsbeschreibung gliedert sich wie folgt:

## Prozess zum Risikomanagement

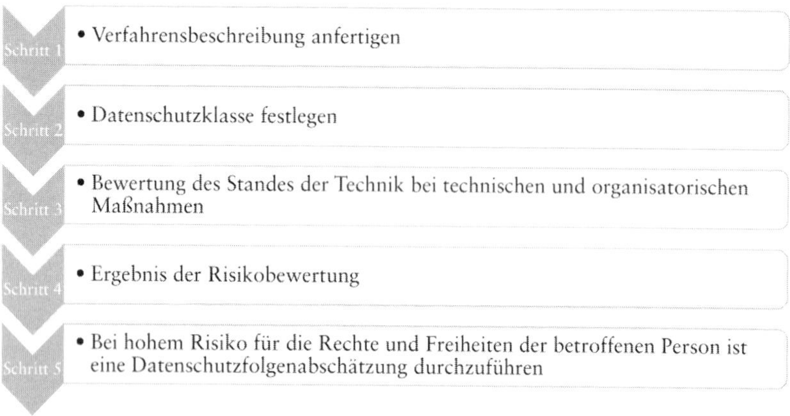


In den Formularen werden die Schritte zwei bis vier betrachtet. Schritt eins – das Muster der Verfahrensbeschreibung – ist in → Form. C. II. beschrieben. In → Form. C. III. wird die Durchführung der Datenschutz-Folgenabschätzung dargelegt, die im Anschluss an Schritt fünf entsprechend des Ergebnisses der Risikobewertung einzuleiten ist. Eingangsinformationen für die Datenschutz-Folgenabschätzung werden in der Risikobewertung bereits ermittelt und können dort weiterverwendet werden. Die übrigen Schritte sind jeweils pro Verarbeitungstätigkeit zu durchlaufen.

### Formular zur Risikobewertung für KMU

**§ 1 Festlegung der Datenschutzklasse**

**Nachdem die wesentlichen Inhalte für die Verfahrensbeschreibung zusammengetragen wurden, ist die Datenschutzklasse der verarbeiteten personenbezogenen Daten zu ermitteln.**

| Datenschutzklasse | Beschreibung | Faktor | Auswahl |
|---|---|---|---|
| I | Daten aus öffentlich zugänglichen Quellen nach Art. 9 Abs. 2 lit. e und Art. 14 Abs. 2 lit. f DS-GVO[1] | 1 | ☐ |
| II | personenbezogene oder personenbeziehbare Daten gem. Art. 4 Abs. 1 DS-GVO[2] | 2 | ☐ |
| III | besondere Kategorien personenbezogener Daten gem. Art. 9 Abs. 1 DS-GVO[3] | 3 | ☐ |

§ 2 Bewertung des Standes der Technik und des Reifegrades bei technischen und organisatorischen Maßnahmen

| Technische und organisatorische Maßnahmen zum Datenschutz nach Stand der Technik[4] | Bewertungsmöglichkeiten[5] | Bewertung[6] |
|---|---|---|
| Vertraulichkeit | | |
| Zutrittskontrolle in Sicherheitsbereichen[7] | (1) Sicherheitsbereiche sind definiert, ein daraufhin abgestimmtes Schließkonzept ist definiert und dokumentiert, Schließberechtigungen sind dokumentiert und werden regelmäßig kontrolliert.<br>(4) Es existiert ein Schließkonzept. Es existieren aber überlappende Berechtigungen zwischen Sicherheitsbereichen.<br>(9) Zutritt ist ungeregelt. | |
| Büroarbeitsplätze[8] | (1) rollenbezogene Zutrittsberechtigung<br>(4) überlappende Zutrittsberechtigung<br>(9) Zutrittsberechtigung unklar oder allumfassend | |
| Verwaltung/Personalabteilung | (1) rollenbezogene Zutrittsberechtigung<br>(4) überlappende Zutrittsberechtigung<br>(9) Zutrittsberechtigung unklar oder allumfassend | |
| IT-Abteilung | (1) rollenbezogene Zutrittsberechtigung<br>(4) überlappende Zutrittsberechtigung<br>(9) Zutrittsberechtigung unklar oder allumfassend | |
| Etagenverteilung (IT) | (1) rollenbezogene Zutrittsberechtigung<br>(4) überlappende Zutrittsberechtigung<br>(9) Zutrittsberechtigung unklar oder allumfassend | |

| Technische und organisatorische Maßnahmen zum Datenschutz nach Stand der Technik[4] | Bewertungsmöglichkeiten[5] | Bewertung[6] |
|---|---|---|
| Technikraum (IT) | (1) rollenbezogene Zutrittsberechtigung<br>(4) überlappende Zutrittsberechtigung<br>(9) Zutrittsberechtigung unklar oder allumfassend | |
| Rechenzentrum | (1) rollenbezogene Zutrittsberechtigung<br>(4) überlappende Zutrittsberechtigung<br>(9) Zutrittsberechtigung unklar oder allumfassend | |
| Zugangskontrolle[9] | (1) Ein durchgängiges Benutzermanagement ist etabliert und wird über alle Systeme und Anwendungen umgesetzt. Die Benutzer werden regelmäßig geprüft.<br>(4) In Teilbereichen besteht ein Benutzermanagement. Teilweise werden Gruppenkennungen verwendet. Es finden anlassbezogene Benutzerprüfungen statt.<br>(9) Zugang ist ungeregelt. | |
| Zentrale Benutzerverwaltung (Active Directory/ LDAP/RADIUS oÄ) | (1) Alle Benutzer in allen Systemen werden über einen zentralen Verzeichnisdienst verwaltet.<br>(4) Es existieren sowohl zentrale wie auch dezentrale Benutzerverwaltungen.<br>(9) Es existiert keine zentrale Benutzerverwaltung. | |
| Dezentrale Benutzerverwaltung in Einzelanwendungen | (1) Zentrale Vorgaben werden auch in dezentralen Benutzerverwaltungen umgesetzt.<br>(4) Dezentrale Benutzerverwaltungen besitzen eigenständige Sicherheitsregelungen.<br>(9) Es existiert keine dezentrale Benutzerverwaltung. | |
| Passwortrichtlinie[10] | (1) Passwörter orientieren sich an der BSI-Baustein ORP.4.A8 oder den Vorgaben der NIST SP 800-63-3.<br>(4) Passwörter besitzen einen hinreichenden Komplexitätsgrad und werden regelmäßig gewechselt.<br>(9) Passwörter werden nicht gewechselt, dafür geteilt oder gar nicht eingesetzt. | |

| Technische und organisatorische Maßnahmen zum Datenschutz nach Stand der Technik[4] | Bewertungsmöglichkeiten[5] | Bewertung[6] |
|---|---|---|
| Zugriffskontrolle[11] | (1) Alle Systeme und Anwendungen sind in einem Rollen- und Berechtigungskonzept aufgenommen und die entsprechenden Zugriffstypen festgelegt.<br>(4) Es existieren unterschiedliche Berechtigungsebenen.<br>(9) Der Zugriff ist ungeregelt. | |
| Dokumentierte Genehmigungen[12] | (1) Änderungen an Berechtigungen werden nur nach Anforderung von zuständiger Stelle dokumentiert umgesetzt.<br>(4) Änderungen von Berechtigungen werden nach Anforderung umgesetzt.<br>(9) kein geregeltes Berechtigungsänderungsverfahren | |
| Regelmäßige Berechtigungsprüfung auf Aktualität[13] | (1) Berechtigungen werden regelmäßig geprüft.<br>(4) Berechtigungen werden anlassbezogen geprüft.<br>(9) Berechtigungen werden nicht geprüft. | |
| Vermeidung von Rechteanhäufung[14] | (1) Rechteanhäufung wird durch regelmäßige Kontrollen und Prüfung durch den Zuständigen vermieden.<br>(4) Bei anlassbezogenen Kontrollen werden Rechteanhäufungen erkannt und behoben.<br>(9) Rechteanhäufungen können stattfinden. | |
| Vermeidung von Berechtigungskollisionen[15] | (1) Eine Berechtigungskollision (Rollenkonflikt) wird durch regelmäßige Kontrollen und Prüfung durch den Zuständigen vermieden.<br>(4) Bei anlassbezogenen Kontrollen werden Berechtigungskollisionen erkannt und behoben.<br>(9) Berechtigungskollisionen können stattfinden. | |
| Need-to-know-Prinzip[16] | (1) Berechtigungen werden nur nach Minimalvorgaben vergeben.<br>(4) Übergreifende Berechtigungen werden vergeben.<br>(9) Berechtigungen sind umfassend. | |

| Technische und organisatorische Maßnahmen zum Datenschutz nach Stand der Technik[4] | Bewertungsmöglichkeiten[5] | Bewertung[6] |
|---|---|---|
| Auftragskontrolle[17] | (1) Mit allen Dienstleistern ist entsprechend ihrer Tätigkeit eine Vertraulichkeits- oder Auftragsverarbeitungsvereinbarung abgeschlossen.<br>(4) Mit allen Auftragsverarbeitern ist eine Auftragsvereinbarung abgeschlossen.<br>(9) Es ist keinerlei vertragliche Vereinbarung mit Dienstleistern geschlossen. | |
| Trennungskontrolle | | |
| Mandantentrennung[18] | (1) Daten sind nach Mandanten getrennt.<br>(4) Einige Mandanten sind in einem gemeinsamen, ungetrennten Speicherkontext gespeichert.<br>(9) Alle Mandanten sind in einem gemeinsamen, ungetrennten Speicherkontext gespeichert. | |
| Funktionstrennung[19] | (1) Unterschiedliche Funktionen haben genau auf ihre Tätigkeit abgestimmte Sichten und Berechtigungen auf Daten (Segregation of Duties).<br>(4) Es existieren teilweise übergreifende Sichten und Berechtigungen bei ansonsten getrennten Funktionen.<br>(9) Es existiert keine Funktionstrennung. | |
| Zwecktrennung[20] | (1) Daten, die zu unterschiedlichen Zwecken erhoben worden sind, werden getrennt gespeichert. Eine Zusammenführende Speicherung findet nicht statt. Auswertungen werden nur unter Einhaltung aller Anforderungen durchgeführt.<br>(4) Daten, die zu unterschiedlichen, aber verwandten Zwecken erhoben worden sind, werden gemeinsam gespeichert. Auswertungen finden nur innerhalb der einzelnen Datentöpfe statt.<br>(9) Daten werden nicht getrennt gespeichert. | |

| Technische und organisatorische Maßnahmen zum Datenschutz nach Stand der Technik[4] | Bewertungsmöglichkeiten[5] | Bewertung[6] |
|---|---|---|
| Pseudonymisierung[21] | (1) Soweit möglich, werden Daten pseudonymisiert gespeichert und weitergegeben.<br>(4) Daten werden pseudonymisiert weitergegeben.<br>(9) Es findet keine Pseudonymisierung statt. | |
| Statistische Auswertungen[22] | (1) Statistische Auswertungen finden mit anonymisierten Daten statt.<br>(4) Statistische Auswertungen finden mit pseudonymisierten Daten statt.<br>(9) Statistische Auswertungen erfolgen mit Echtdaten. | |
| IT-Monitoring[23] | (1) IT-Monitoring findet nur mit anonymisierten Daten statt.<br>(4) IT-Monitoring findet nur mit pseudonymisierten Daten statt.<br>(9) IT-Monitoring erfolgt mit Echtdatenauswertung. | |
| Integrität | | |
| Weitergabekontrolle | | |
| Transportverschlüsselung[24] | (1) Die Transportverschlüsselung erfolgt nach Maßgabe der BSI-Baustein CON.1.A3<br>(4) In Teilbereichen wird eine Transportverschlüsselung eingesetzt.<br>(9) Es wird keinerlei Verschlüsselung bei der Übertragung personenbezogener Daten eingesetzt. | |
| Speicherverschlüsselung[25] | (1) Die Speicherung personenbezogener Daten erfolgt ausschließlich auf verschlüsselten Datenträgern.<br>(4) Mobile Datenträger werden verschlüsselt.<br>(9) Es wird keinerlei Verschlüsselung bei der Speicherung personenbezogener Daten eingesetzt. | |

| Technische und organisatorische Maßnahmen zum Datenschutz nach Stand der Technik[4] | Bewertungsmöglichkeiten[5] | Bewertung[6] |
|---|---|---|
| VPN[26] | (1) Zum Zugriff auf personenbezogene Daten aus der Ferne wird immer eine VPN-Verbindung eingesetzt.<br>(4) Standortvernetzung erfolgt über dediziert eingerichtete VPN-Verbindungen. Dienstleister greifen per VPN auf Unternehmensressourcen zu.<br>(9) Es werden keine VPN-Verbindungen eingesetzt. | |
| Elektronische Signatur[27] | (1) Zur E-Mail-Verschlüsselung und zum Authentizitätsnachweis mittels (qualifizierten) elektronischen Signaturen werden vertrauenswürdige Zertifikate eingesetzt.<br>(4) Als Authentizitätsnachweis werden elektronische Signaturen eingesetzt.<br>(9) Es werden keine elektronischen Signaturen eingesetzt. | |
| Eingabekontrolle[28] | (1) Bei der Eingabe personenbezogener Daten wird durch technische (Wertetypen) und organisatorische (Vier-Augen-Kontrolle) Plausibilitätsprüfungen sichergestellt, dass keine Fehleingaben durchgeführt werden.<br>(4) Bei der Eingabe personenbezogener Daten wird durch technische (Wertetypen) oder organisatorische (Vier-Augen-Kontrolle) Plausibilitätsprüfungen sichergestellt, dass keine Fehleingaben durchgeführt werden.<br>(9) Es erfolgt keine Eingabekontrolle. | |
| Protokollierung[29] | (1) Sämtliche Eingaben und Änderungen an personenbezogenen Daten werden in den Anwendungssystemen und Betriebssystemen protokolliert und ausgewertet.<br>(4) Eingaben in wichtigen Systemen werden überwacht und ausgewertet.<br>(9) Es findet keine Protokollierung statt. | |
| Dokumentenmanagement[30] | (1) Es ist ein zentrales Dokumentenmanagementsystem etabliert, in dem alle personenbezogenen Daten verwaltet werden. | |

| Technische und organisatorische Maßnahmen zum Datenschutz nach Stand der Technik[4] | Bewertungsmöglichkeiten[5] | Bewertung[6] |
|---|---|---|
| | (4) Es sind unterschiedliche Systeme zur Ablage umgesetzt.<br>(9) Es wird kein Dokumentenmanagement eingesetzt. | |
| Verfügbarkeit | | |
| Back-up- und Recovery-Maßnahmen[31] | (1) Es ist ein Back-up- und Recovery-Konzept etabliert, das im Fehlerfall eine schnelle Wiederherstellung ermöglicht und regelmäßig getestet wird.<br>(4) Es existieren (dokumentierte) Back-up-Maßnahmen, diese werden aber nicht regelmäßig getestet.<br>(9) Es wird kein Back-up erstellt. | |
| Unterbrechungsfreie Stromversorgung (USV)[32] | (1) Es ist eine angemessene USV in Betrieb, um Spannungsschwankungen auszugleichen und für einen angemessenen Zeitraum den Betrieb aufrechtzuhalten. Die USV wird regelmäßig gewartet (sofern notwendig).<br>(4) Es ist eine angemessene USV in Betrieb, um Spannungsschwankungen auszugleichen und die Systeme bei lang anhaltendem Ausfall der Stromversorgung geordnet herunterzufahren. Die USV wird regelmäßig gewartet (sofern notwendig).<br>(9) Es ist keine USV im Einsatz. | |
| Schadsoftwareschutz | | |
| Antivirus[33] | (1) Es ist ein zentraler Schadsoftwareschutz mit Auswertungen über den Systemzustand von Clients und Servern etabliert.<br>(4) Es ist ein dezentraler Schadsoftwareschutz auf Clients und Servern etabliert.<br>(9) Es ist kein Schadsoftwareschutz etabliert. | |
| Update- und Patch-Management[34] | (1) Ein zentrales Update- und Patch-Management sorgt dafür, dass Aktualisierungen zeitnah auf alle betroffenen Systeme ausgerollt werden.<br>(4) Die Durchführung von Updates und das Installieren von Patches obliegt dem Benutzer. | |

| Technische und organisatorische Maßnahmen zum Datenschutz nach Stand der Technik[4] | Bewertungsmöglichkeiten[5] | Bewertung[6] |
|---|---|---|
| | (9) Es werden keine Updates und Patches installiert. | |
| Firewall[35] | (1) Es werden sowohl zentrale als auch Client-basierte Firewall-Systeme betrieben. Änderungen an zentralen Firewall-Regeln erfolgen nur nach Auftrag und werden protokolliert. Die Firewalls werden regelmäßig auf Aktualität (Patch, Regelwerk) geprüft.<br>(4) Es sind Software-Firewalls auf den lokalen Systemen im Einsatz.<br>(9) Es ist keine Firewall im Einsatz. | |
| IT-Notfall-management[36] | (1) Es existiert eine dauerhaft besetzte/erreichbare Stelle, die Ereignisse entgegennimmt, bearbeitet und dokumentiert.<br>(4) In den regelmäßigen Bürozeiten ist eine Stelle besetzt, die Ereignisse entgegennimmt, bearbeitet und dokumentiert.<br>(9) Es existiert kein Notfallmanagement. | |
| Notfallpläne[37] | (1) Es existiert ein Notfallkonzept zum Umgang mit unterschiedlichen Arten von Vorfällen und mit einem Wiederanlaufplan für die gesamte Infrastruktur.<br>(4) Es existiert ein Wiederanlaufplan für die kritischen Systeme.<br>(9) Es existieren keine Notfallpläne. | |
| Logging und Alarmierung[38] | (1) Es findet ein umfangreiches IT-Monitoring statt, das Aussagen über den aktuellen Infrastrukturzustand ermöglicht und in Fehlerfällen Alarmierungen an die zuständigen Personen versendet. Relevante Log-Informationen werden archiviert.<br>(4) Es ist das Standard-Logging auf Systemen aktiviert und es wird regelmäßig geprüft. Eine aktive Alarmierung findet nicht statt.<br>(9) Es findet kein Logging statt. | |
| Summe | | |

| Technische und organisatorische Maßnahmen zum Datenschutz nach Stand der Technik[4] | Bewertungsmöglichkeiten[5] | Bewertung[6] |
|---|---|---|
| Durchschnitt[39] | $\sum \frac{\text{Bewertung}}{39} =$ | |
| Normierter Reifegrad[40] | $\sqrt{\text{Durchschnitt}} =$ | |

## § 3 Analyse der Bedrohungsschwerpunkte bei technischen und organisatorischen Maßnahmen mit Verbesserungspotenzial

| Technische und organisatorische Maßnahmen zum Datenschutz | Mögliche Risiken für personenbezogene Daten durch ineffektive technische und organisatorische Maßnahmen nach DS-GVO[41] | Verbesserungspotenzial[42] |
|---|---|---|
| Vertraulichkeit | | |
| Zutrittskontrolle in Sicherheitsbereichen | Vernichtung, Verlust, Veränderung, Offenlegung, unbefugter Zugang | |
| Büroarbeitsplätze | Vernichtung, Verlust, Veränderung, Offenlegung, unbefugter Zugang | |
| Verwaltung/Personalabteilung | Vernichtung, Verlust, Veränderung, Offenlegung, unbefugter Zugang | |
| IT-Abteilung | Vernichtung, Verlust, Veränderung, Offenlegung, unbefugter Zugang | |
| Etagenverteilung (IT) | Vernichtung, Verlust, Veränderung, Offenlegung, unbefugter Zugang | |
| Technikraum (IT) | Vernichtung, Verlust, Veränderung, Offenlegung, unbefugter Zugang | |
| Rechenzentrum | Vernichtung, Verlust, Veränderung, Offenlegung, unbefugter Zugang | |
| Zugangskontrolle | Vernichtung, Verlust, Veränderung, Offenlegung, unbefugter Zugang | |
| Zentrale Benutzerverwaltung (Active Directory/LDAP/RADIUS oÄ) | Vernichtung, Verlust, Veränderung, Offenlegung, unbefugter Zugang | |
| Dezentrale Benutzerverwaltung in Einzelanwendungen | Vernichtung, Verlust, Veränderung, Offenlegung, unbefugter Zugang | |

| Technische und organisatorische Maßnahmen zum Datenschutz | Mögliche Risiken für personenbezogene Daten durch ineffektive technische und organisatorische Maßnahmen nach DS-GVO[41] | Verbesserungspotenzial[42] |
|---|---|---|
| Passwortrichtlinie | Vernichtung, Verlust, Veränderung, Offenlegung, unbefugter Zugang | |
| Zugriffskontrolle | Vernichtung, Verlust, Veränderung, Offenlegung, unbefugter Zugang | |
| Dokumentierte Genehmigungen | Vernichtung, Verlust, Veränderung, Offenlegung, unbefugter Zugang | |
| Regelmäßige Berechtigungsprüfung auf Aktualität | Vernichtung, Verlust, Veränderung, Offenlegung, unbefugter Zugang | |
| Vermeidung von Rechteanhäufung | Vernichtung, Verlust, Veränderung, Offenlegung, unbefugter Zugang | |
| Vermeidung von Berechtigungskollisionen | Vernichtung, Verlust, Veränderung, Offenlegung, unbefugter Zugang | |
| Need-to-know-Prinzip | Vernichtung, Verlust, Veränderung, Offenlegung, unbefugter Zugang | |
| Auftragskontrolle | Vernichtung, Verlust, Veränderung, Offenlegung, unbefugter Zugang | |
| Trennungskontrolle | | |
| Mandantentrennung | Veränderung, Offenlegung, unbefugter Zugang | |
| Funktionstrennung | Veränderung, Offenlegung, unbefugter Zugang | |
| Zwecktrennung | Veränderung, Offenlegung, unbefugter Zugang | |
| Pseudonymisierung | Veränderung, Offenlegung, unbefugter Zugang | |
| Statistische Auswertungen | Veränderung, Offenlegung, unbefugter Zugang | |
| IT-Monitoring | Veränderung, Offenlegung, unbefugter Zugang | |
| Integrität<br>Weitergabekontrolle | | |
| Transportverschlüsselung | Offenlegung, unbefugter Zugang | |
| Speicherverschlüsselung | Offenlegung, unbefugter Zugang | |
| VPN | Offenlegung, unbefugter Zugang | |

| Technische und organisatorische Maßnahmen zum Datenschutz | Mögliche Risiken für personenbezogene Daten durch ineffektive technische und organisatorische Maßnahmen nach DS-GVO[41] | Verbesserungspotenzial[42] |
|---|---|---|
| Elektronische Signatur | Veränderung, unbefugter Zugang | |
| Eingabekontrolle | | |
| Protokollierung | Veränderung | |
| Dokumentenmanagement | Verlust, Veränderung, Offenlegung, unbefugter Zugang | |
| Verfügbarkeit | | |
| Back-up- und Recovery-Maßnahmen | Vernichtung, Verlust | |
| Unterbrechungsfreie Stromversorgung (USV) | Vernichtung, Verlust | |
| Schadsoftwareschutz | | |
| Antivirus | Vernichtung, Verlust, Veränderung, Offenlegung, unbefugter Zugang | |
| Update- und Patch-Management | Vernichtung, Verlust, Veränderung, Offenlegung, unbefugter Zugang | |
| Firewall | Vernichtung, Verlust, Veränderung, Offenlegung, unbefugter Zugang | |
| IT-Notfallmanagement | Vernichtung, Verlust | |
| Notfallpläne | Vernichtung, Verlust | |
| Logging und Alarmierung | Vernichtung, Verlust | |

§ 4 Bestimmung des Risikos für die Rechte und Freiheiten der betroffenen Person

Das Risiko[43] für die Rechte und Freiheiten der betroffenen Person ergibt sich aus der Multiplikation des normierten Reifegrades der technischen und organisatorischen Maßnahmen und der festgelegten Datenschutzklasse je Verfahren.

Ergebnis der Bewertung der technischen und organisatorischen Maßnahmen

Datenschutzklasse der verarbeiteten personenbezogenen Daten

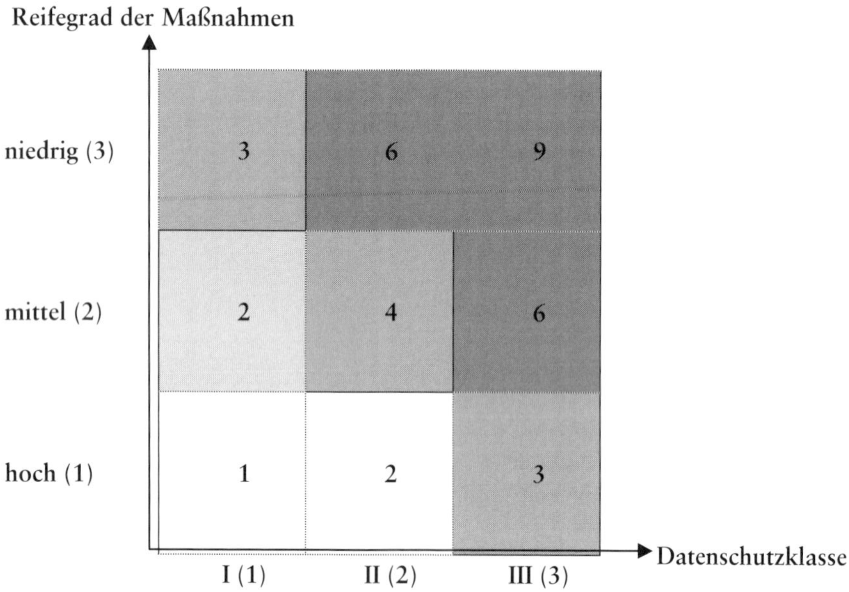


1 – 2 niedriges Risiko
3 – 4 mittleres Risiko
6 – 9 hohes Risiko (Datenschutz-Folgenabschätzung notwendig)

## Anmerkungen

**1. Datenschutzklasse I.** Zur Datenschutzklasse I gehören personenbezogene Daten, deren Missbrauch keine besonders schwerwiegende Beeinträchtigung des Betroffenen erwarten lässt. Hierzu gehören insbesondere Adressangaben ohne Sperrvermerke, zB Berufs-, Branchen- oder Geschäftsbezeichnungen. Die Datenschutzklasse I orientiert sich – in Anlehnung an das Schutzstufenkonzept, das von der Landesbeauftragten für Datenschutz Niedersachsen veröffentlicht wurde –, an den Schutzstufen A und B, die beide einen geringfügigen Schaden für den Betroffenen bedeuten können. Die Schutzstufe A beschreibt personenbezogene Daten, „die von den Betroffenen frei zugänglich gemacht wurden" (LfD Nds Schutzstufenkonzept 2018 S. 1). In die Schutzstufe B fallen demnach personenbezogene Daten, „deren unsachgemäße Handhabung zwar keine besondere Beeinträchtigung erwarten lässt, die aber von den Betroffenen nicht frei zugänglich gemacht wurden".

**2. Datenschutzklasse II.** Zur Datenschutzklasse II gehören personenbezogene Daten, deren Missbrauch den Betroffenen in seiner gesellschaftlichen Stellung oder in seinen wirtschaftlichen Verhältnissen beeinträchtigen kann. Hierzu gehören zB Daten über Mietverhältnisse, Geschäftsbeziehungen sowie Geburts- und Jubiläumsdaten. Aus Sicht des Schutzstufenkonzepts ist die Datenschutzklasse der Schutzklasse C zuzuordnen, die einen überschaubaren Schaden für den Betroffenen bedeuten können. Die Schutzstufe C fasst dabei alle personenbezogenen Daten zusammen, „deren unsachgemäße Handhabung den Betroffenen in seiner gesellschaftlichen Stellung oder in seinen wirtschaftlichen Verhältnissen beeinträchtigen könnte („Ansehen")" (LfD Nds Schutzstufenkonzept 2018 S. 1).

**3. Datenschutzklasse III.** Zur Datenschutzklasse III gehören personenbezogene Daten, deren Missbrauch die gesellschaftliche Stellung oder die wirtschaftlichen Verhältnisse des Betroffenen erheblich beeinträchtigen kann. Hierzu gehören zB Daten über kirchliche Amtshandlungen, gesundheitliche Verhältnisse, strafbare Handlungen, religiöse oder politische Anschauungen, die Mitgliedschaft in einer Religionsgesellschaft, arbeitsrechtliche Rechtsverhältnisse, Disziplinarentscheidungen sowie Adressangaben mit Sperrvermerken. Die Datenschutzklasse III lässt sich den Schutzstufen D (substanzieller Schaden) und E (großer Schaden) des Schutzstufenkonzepts zuordnen. Die Schutzstufe D bezieht sich auf personenbezogene Daten, „deren unsachgemäße Handhabung den Betroffenen in seiner gesellschaftlichen Stellung oder in seinen wirtschaftlichen Verhältnissen erheblich beeinträchtigen könnte („Existenz")" (LfD Nds Schutzstufenkonzept 2018 S. 1), insbesondere aber besondere Kategorien personenbezogener Daten nach Art. 9 DS-GVO. Schutzstufe E schließlich bezieht sich auf personenbezogene Daten, „deren unsachgemäße Handhabung Gesundheit, Leben oder Freiheit des Betroffenen beeinträchtigen könnte" (LfD Nds Schutzstufenkonzept 2018 S. 1).

**4. Stand der Technik.** Der Stand der Technik ist der ständigen Verbesserung und Weiterentwicklung unterworfen. Eine Legaldefinition findet sich bspw. in § 3 Abs. 6 BImSchG und ist Ergebnis der Drei-Stufen-Theorie des Kalkar-Beschlusses des Bundesverfassungsgerichtes (BVerfG 8.8.1978 – 2 BvL 8/77, BVerfGE 49, 89). Danach ist der Stand der Technik der Entwicklungsstand fortschrittlicher Verfahren, Einrichtungen oder Betriebsweisen, der die praktische Eignung einer Maßnahme zur Begrenzung von Emissionen in Luft, Wasser und Boden, zur Gewährleistung der Anlagensicherheit, zur Gewährleistung einer umweltverträglichen Abfallentsorgung oder sonst zur Vermeidung oder Verminderung von Auswirkungen auf die Umwelt zur Erreichung eines allgemein hohen Schutzniveaus für die Umwelt insgesamt gesichert erscheinen lässt. Zur technischen und organisatorischen Datensicherheit → Form. E. I. Für den vorliegenden Kriterienkatalog wurden bereits etablierte Themengebiete auf Grundlage der bereits bekannten technischen und organisatorischen Maßnahmen nach dem BDSG aF herangezogen. Diese folgen grundsätzlich den Inhalten des Anhangs A der ISO/IEC 27001:2022. Durch die Umstellung der normativen Anforderungen ist eine eindeutige Zuordnung zwar nicht möglich, kontextbezogen allerdings herstellbar.

**5. Bewertungsmöglichkeiten.** Um ein einfaches System bereitzustellen, erfolgt die Bewertung auf Grundlage einer dreistufigen Skala. Um eine höhere Wertung aufgrund von unausgereiften Maßnahmen vorzunehmen und somit aufzuzeigen, an welchen Stellen mögliche Verbesserungspotenziale zu suchen sind, werden die jeweiligen Skalenwerte quadriert.

**6. Bewertung.** In der verwiesenen Spalte sind die Bewertungen einzutragen, die zu der organisationseigenen Maßnahme passen. Dabei ist immer die Stufe zu wählen, die vollständig anwendbar ist, um ein möglichst genaues Bild zu erhalten. Bei einer nur teilweisen Erfüllung ist die niedrigere Stufe zu wählen. Sofern technische und organisatorische Maßnahmen für alle Verfahren gelten, ist die jeweilige Bewertung nur einmalig anzufertigen. Bei verfahrensspezifischen Maßnahmen sind diese Anpassungen separat zu führen. Hierdurch reduziert sich der Aufwand erheblich und bei der Risikobewertung ist lediglich die Datenschutzklasse zu ermitteln.

**7. Sicherheitsbereiche.** Räumlichkeiten im Unternehmen mit unterschiedlichem Schutzniveau sollten in einzelne Sicherheitsbereiche eingeteilt werden. Entsprechend dieser Sicherheitsbereiche ist im Anschluss der Zutritt zu gewähren. Typischerweise finden sich nicht abschließend folgende unterschiedlichen Sicherheitsbereiche in einer Organisation:
- Büroarbeitsplätze
- Verwaltung/Personalabteilung
- IT-Abteilung
- Etagenverteilung (IT, Gebäudetechnik)
- Technikraum (IT, Gebäudetechnik)
- Rechenzentrum

Das umgesetzte Schließkonzept sieht entsprechend der Kritikalität der Sicherheitsbereiche abstufende Zutrittsberechtigungen vor.

**8. Zutrittsberechtigung.** Die Zutrittsberechtigungen regeln den Zutritt zu einzelnen Sicherheitsbereichen. Sofern möglich, sollte darauf geachtet werden, ein zentrales, rollenbasiertes Zutrittsberechtigungssystem zu verwenden. Hierdurch ist sichergestellt, dass nur die Personen mit der dienstlichen Notwendigkeit Zutritt zu diesen Sicherheitsbereichen haben. Für jeden Sicherheitsbereich ist zu ermitteln, ob dieser Bereich vorhanden ist und wie dieser Bereich vor unbefugtem Zutritt geschützt ist. Die Vergabe von Zutrittsberechtigungen entsprechend der Rolle eines Mitarbeiters, Dienstleisters (Lieferanten von Waren und Dienstleistungen) oder Kunden sollte dabei angestrebt werden. Bei überlappenden oder individuellen, persönlichen Zutrittsberechtigungen stellt die regelmäßige Prüfung und Überwachung der vergebenen Berechtigungen eine ableitbare Folgemaßnahme dar.

**9. Zugangsberechtigung.** Der Zugang zu Systemen bezieht sich auf die Möglichkeit einer interaktiven Anmeldung an dem betrachteten System und ist mit dem Login gleichzusetzen. Benutzer sind entsprechend ihrer Aufgabe oder Tätigkeitsschwerpunkte/Rollen auf Systeme zu berechtigen. Hierzu existieren unterschiedliche technische Umsetzungen. Berechtigungen können über zentrale Verzeichnisdienste verwaltet werden. Je nach Ausprägung können ebenfalls Sicherheitsmerkmale für die Anmeldung (→ Anm. 10) eingestellt werden. Es sollte darauf geachtet werden, dass alle Anmeldungen bzw. Zugangsberechtigungen über diesen zentralen Verzeichnisdienst verwaltet und gesteuert werden, sofern es den Sicherheitsanforderungen des Zielsystems entspricht. Sofern die Nutzung eines zentralen Verzeichnisdienstes nicht möglich oder aus Sicherheitsgründen nicht durchführbar ist, so ist darauf zu achten, dass die zentral eingestellten Sicherheitsmerkmale auch auf dem Zielsystem zur Anmeldung hinterlegt werden, um ein gleichbleibendes Sicherheitsniveau zu erhalten. Auch hier gilt, dass eine Verschärfung der Sicherheitsmerkmale bei dezentralen Berechtigungssystemen möglich ist, eine Aufweichung aber nicht stattfinden sollte. Im Falle von dezentralen Benutzerberechtigungen ist die Vergabe und Einhaltung der Sicherheitsmerkmale regelmäßig zu prüfen. Im Falle von Abweichungen sind entsprechende Korrekturmaßnahmen in den vergebenen Berechtigungen vorzunehmen.

**10. Passwortmanagement.** Der Gebrauch von Anmeldeinformationen, bestehend aus Benutzername und Passwort, ist weit verbreitet und gehört in den meisten Organisationen zum Standard. An dieser Stelle wird explizit nicht auf eine Mehr-Faktor-Authentifizierung eingegangen. Sollte dies in der Organisation Anwendung finden, so ist im grundlegenden Fragenkomplex die Antwort (1) zu wählen.

Für die Qualität bzw. Stärke eines Passworts gibt es unterschiedliche Herangehensweisen. Das Bundesamt für Sicherheit in der Informationstechnik (BSI) hat dazu (https://www.bsi.bund.de/SharedDocs/Downloads/DE/BSI/Grundschutz/IT-GS-Kompendium_Einzel_PDFs_2023/02_ORP_Organisation_und_Personal/ORP_4_Identitaets_und_Berechtigungsmanagement_Editon_2023.pdf?__blob=publicationFile&v=3) Regelungen des Passwortgebrauchs veröffentlicht. Demnach müssen Passwörter eine ausreichende Länge und Komplexität aufweisen, aber nicht regelmäßig geändert werden.

Das National Institute of Standards and Technology (NIST) des U.S. Department of Commerce geht in seiner Special Publication 800-63-3 zu Digital Identity Guidelines (https://pages.nist.gov/800-63-3/sp800-63-3.html) davon aus, dass ein als sicher einzustufendes Passwort nicht regelmäßig durch die Benutzer zu wechseln ist, da hierdurch zu erwarten ist, dass sich das Sicherheitsniveau verschlechtert. Hintergrund ist, so das NIST, dass der Benutzer sich nicht bei jedem Passwortwechsel ein neues sicheres Passwort überlegt, sondern sein bestehendes so modifiziert, dass es weiterverwendet werden kann (zB durch Erhöhung einer Zahl am Ende des Passworts).

Durch die verantwortliche Stelle ist in diesem Kontext das zu erreichende Sicherheitsniveau zu definieren und hierzu passende Maßnahmen umzusetzen, die sich im Falle des Passwortmanagements am BSI bzw. am NIST orientieren können (→ Form. E. II.2. Anm. 18).

**11. Zugriffsberechtigung.** Wie bei der Zugangsberechtigung (→ Anm. 9) ist bei der Vergabe von Zugriffsrechten auf ein vollumfängliches Rollen- und Berechtigungskonzept zu achten. Der Zugriff auf Informationen und Daten ist dabei explizit und nicht implizit zu gewähren. Es sind also nicht die Ausschlüsse des Zugriffs, sondern die erlaubenden Berechtigungen zu verwalten. Ebenfalls ist bei der Zugriffsberechtigung darauf zu achten, dass keine individuellen Zugriffe eingeräumt werden. Die Einhaltung des Rollenkonzepts ist eine wesentliche Maßnahme der Datensicherheit und damit des Datenschutzes.

**12. Genehmigungsprozess.** Sämtliche Änderungen an Berechtigungen, hierzu zählen auch die Vergabe und der Entzug, sind zu genehmigen und zu protokollieren. Die Genehmigung ist dabei ebenfalls zu dokumentieren, um im Rahmen einer Berechtigungsprüfung (→ Anm. 13) festzustellen, welche Berechtigungen rechtmäßig vergeben sind und bei welchen Benutzern ggf. eine Fehlberechtigung vorliegt.

**13. Berechtigungsprüfung.** Durch den Verantwortlichen ist ein Prozess zu etablieren und initiieren, der alle vergebenen Berechtigungen in regelmäßigen Abständen auf Richtigkeit und Vollständigkeit prüft. Dies kann auf Zugang und Zutritt ausgeweitet werden. Die Prüfungen sollten dabei zusätzlich dokumentiert werden und die Abweichungen zum Soll festgehalten werden, um die nachträgliche Bearbeitung zu vereinfachen und zu beschleunigen. Zusätzlich erhält der Verantwortliche Nachweise über das aktuelle Sicherheitsniveau in der Organisation. Die Regelmäßigkeit ist dabei ebenfalls durch den Verantwortlichen festzulegen und sollte sich an der Änderungshäufigkeit bei Berechtigungen orientieren und kann zwischen wenigen Monaten und mehreren Jahren liegen. Es empfiehlt sich allerdings eine jährliche Berechtigungsprüfung, da dies dem Wirtschaftsjahr angepasst werden kann. Sollte dies nicht möglich sein, ist zumindest eine anlassbezogene Prüfung durchzuführen und zu dokumentieren. Die Anlässe, die eine solche Prüfung notwendig machen, sind dabei ebenfalls durch den Verantwortlichen festzulegen.

**14. Berechtigungsanhäufung.** Durch fehlende Kontrollen ist es möglich, dass Benutzer in der Organisation eine Vielzahl von Berechtigungen erhalten, die über die Notwendigkeit für ihre regelmäßige Tätigkeit hinausgehen und kann als sog. Azubi-Szenario beschrieben werden. Auszubildende durchlaufen im Rahmen ihrer Ausbildung eine Vielzahl an Stellen in der Organisation. An vielen dieser Stellen sind Berechtigungen in IT-Systemen notwendig. Diese werden für die Ausbildung bereitgestellt, allerdings nach Verlassen des Bereichs oftmals nicht wieder entzogen. So können die Berechtigungen immer umfangreicher und das Risiko für einen Schaden (besonders im Datenschutz) größer werden. Dieses Szenario zeigt die Wichtigkeit von regelmäßigen Berechtigungsprüfungen (→ Anm. 13).

**15. Berechtigungskollision.** Neben der Berechtigungsanhäufung besteht bei einer ungeregelten oder unkontrollierten Berechtigungsvergabe das Risiko von Berechtigungskollisionen. Diese entstehen bei Personen, die durch Berechtigungen in einen Rollenkonflikt geraten. Ein solcher Fall ist zB beim Zugriff auf Daten des Betriebsarztes über Mitarbeiter durch eine Führungskraft gegeben. In diesem Fall kollidiert die vergebene Berechtigung mit gesetzlichen Anforderungen. Die Durchführung von Berechtigungsprüfungen (→ Anm. 13) kann dieses Risiko reduzieren.

**16. Need-to-know-Prinzip.** Unter Need-to-know ist ein Minimalprinzip für Berechtigungen zu verstehen. Mitarbeiter, Dienstleister und Kunden sollen demnach nur die Berechtigungen erhalten, die sie für ihre regelmäßigen Tätigkeiten benötigen. Das Need-to-know-Prinzip ist damit der Treiber für Berechtigungsprüfungen (→ Anm. 13), um Berechtigungsanhäufungen (→ Anm. 14) und Berechtigungskollisionen (→ Anm. 15) zu vermeiden.

**17. Lieferantenmanagement.** Der Schutz personenbezogener Daten ist besonders beim Einsatz von Dienstleistern (Lieferanten von Waren und Dienstleistungen) zu gewährleisten. Die Sicherheit innerhalb der Lieferkette ist dabei einzuhalten und sicherzustellen. Dies gilt für die gesamte Lieferkette und endet nicht beim ersten Dienstleister, sondern gilt auch für Unterauftragnehmer. Zur Ausgestaltung der vertraglichen Regelungen → Form. G. IV. und → Form. G. I. Die darin enthaltenen Prüfrechte sollten dabei zwingend einmalig ausgeübt werden, um die Sicherheit und den Schutz personenbezogener Daten in der Lieferkette sicherzustellen.

**18. Mandantentrennung.** Unter Mandantentrennung ist die nach Auftraggeber (Kunde) getrennte Speicherung von Informationen zu verstehen. Es soll dadurch vermieden werden, dass gerade unter Datenschutzaspekten keine personenbezogenen Daten in den unberechtigten Zugriff innerhalb der eigenen Organisation gelangen. Die Maßnahmen zur Erreichung einer vollständigen Mandantentrennung sind sehr vielfältig. So reichen diese Maßnahmen von einer physikalisch vollständig getrennten Datenhaltung (als stärkste Form) hin zur attributgestützten Haltung und

Trennung von Daten in einem einzigen System (als eine als schwächer zu bewertende Form der Mandantentrennung). Die Trennung der Speicherung in einem globalen Kontext (auf einem einzigen System oder Systemverbund) hängt dadurch nicht nur von Zugangs- und Zugriffsbeschränkungen, sondern auch von der richtigen Attributierung von Daten und deren technischer Verarbeitung ab. Hierdurch steigt die Anzahl potenzieller Verarbeitungsfehler und gefährdet den Schutz gespeicherter personenbezogener Daten.

**19. Funktionstrennung.** Zusätzlich zur Mandantentrennung (→ Anm. 18) ist auf die Einführung einer Funktionstrennung zu achten. Diese ergibt sich konsequenterweise aus der Einführung eines umfassenden Zugriffsberechtigungskonzepts (→ Anm. 11). Beim Einsatz von IT-Systemen ist bspw. auf die Verwendung der Funktion entsprechender Verarbeitungsmasken zu achten. So kann sichergestellt werden, dass das Need-to-know-Prinzip (→ Anm. 16) eingehalten wird.

**20. Zwecktrennung.** Unter Beachtung des Need-to-know-Prinzips (→ Anm. 16) sollte darauf geachtet werden, dass personenbezogene Daten, die zu unterschiedlichen Zwecken erhoben worden sind, auch voneinander getrennt gespeichert werden. Dies stellt zwar keine direkte Forderung der DS-GVO dar (lediglich als Interpretation von Art. 5 Abs. 1 lit. b ableitbar), sollte aber aus Gründen der Risikoreduktion beachtet werden. Die unterschiedlichen Möglichkeiten zur Trennung von personenbezogenen Daten können dabei sowohl gleichwertig nebeneinander als auch additiv angesehen werden. In jedem Fall sind Maßnahmen zu ergreifen, die dem Schutzbedarf der personenbezogenen Daten (→ Anm. 1–3) angemessen sind.

**21. Pseudonymisierung.** Die Verarbeitung personenbezogener Daten ist bei bestehendem Erlaubnistatbestand rechtmäßig. Somit spricht in diesem Umfang auch nichts gegen eine Verarbeitung der Daten im Klartext. Allerdings sollte geprüft werden, ob eine interne Verarbeitung mit pseudonymisierten Daten zur Reduktion von Verarbeitungsrisiken umsetzbar ist.

So ist bspw. im Rahmen einer Bestellabwicklung für die Kommissionierung nicht wichtig, auf alle Daten eines Bestellers Zugriff zu haben, solange die wesentlichen Informationen zur Bestellung und eine Zuordnung zu einem Besteller (zB Kundennummer) vorliegen. Die Zuordnung über die Kundenummer wird dann für den Versand mit den Adressdaten verknüpft.

Im Falle der pseudonymisierten Weitergabe ist zu beachten, dass Daten selbst dann als personenbezogen gelten, wenn die Daten ohne Zuordnungsreferenz beim Empfänger ankommen (vgl. EuGH 19.10.2016 – C-582/14, NVwZ 2017, 213). In diesem Fall liegt das höchste Risiko also nicht nur in der Zuordnungsreferenz, die dem Empfänger nicht übermittelt werden darf, sondern ebenfalls in den Daten an sich. Dadurch sind auch bei pseudonymisierten Daten die Anforderungen der DS-GVO zu berücksichtigen. Allerdings stellt die Pseudonymisierung nach Art. 4 Ziff. 5 iVm Erwgr. 26 DS-GVO eine Verbesserung des Schutzes der personenbezogenen Daten dar. Wenn die Möglichkeit zur vollständigen Anonymisierung besteht, so ist diese Maßnahme der pseudonymisierten Übermittlung vorzuziehen. Regelmäßig spricht eine spätere Weiterverarbeitung rückübermittelter Daten durch den ursprünglichen Absender gegen eine vollständige Anonymisierung. Die Abwägung zwischen beiden Maßnahmen obliegt der verantwortlichen Stelle.

**22. Statistische Auswertung.** Es ist darauf zu achten, dass statistische Auswertungen, wenn sie außerhalb des Verantwortlichen erfolgen, nur mit vollständig anonymisierten Daten durchgeführt werden. Eine reine Pseudonymisierung der Daten ist nur unter Beachtung von → Anm. 21 möglich. In jedem Fall gilt zu beachten, dass sowohl der Vorgang der Pseudonymisierung als auch der Anonymisierung eine Verarbeitung personenbezogener Daten nach Art. 4 Nr. 2, 5 DS-GVO unter Berücksichtigung von Erwgr. 26 DS-GVO darstellt.

**23. IT-Monitoring.** Auch im Rahmen des IT-Monitorings fallen regelmäßig personenbezogene Daten an. So stellen bspw. IP-Adressen im Innenverhältnis (zB Computer von Mitarbeitern) ein personenbeziehbares Datum dar, da der Verantwortliche ohne wesentlichen Aufwand die Identität des Mitarbeiters anhand seiner IP-Adresse im Unternehmen feststellen kann. Darüber hinaus wurde entschieden, dass dynamisch vergebene IP-Adressen im Internet bei Anbietern von Online-Diensten (Digitale Dienste) ebenfalls als personenbezogene Daten einzustufen sind (EuGH 19.10.2016 – C-582/14 – Breyer; BGH 16.5.2017 – VI ZR 135/13, NJW 2017, 2416). Somit ist beim IT-Monitoring darauf zu achten, dass die verarbeiteten Daten anonymisiert sind (zB durch das Löschen der bestimmenden Informationen/Identifikatoren). Sofern eine Pseudonymisierung stattfindet, ist darauf zu achten, dass die Zuordnungsreferenzen den auswertenden Personen nicht zugänglich gemacht werden. Andernfalls findet keine ausreichende Pseudonymisierung statt.

**24. Transportverschlüsselung.** Die Verschlüsselung von Kommunikation in Netzwerken stellt eine wesentliche Sicherheitsmaßnahme zum Schutz personenbezogener Daten auf dem Transportweg dar. Im BSI-Baustein CON.1.A3 unter https://www.bsi.bund.de/SharedDocs/Downloads/DE/BSI/Grundschutz/IT-GS-Kompendium_Einzel_PDFs_2023/03_CON_Konzepte_und_Vorgehensweisen/CON_1_Kryptokonzept_Edition_2023.pdf?__blob=publicationFile&v=3 wird auf diese Verschlüsselung von Kommunikationsverbindungen hingewiesen. Im BSI-Baustein CON.1.A1 (https://www.bsi.bund.de/SharedDocs/Downloads/DE/BSI/Grundschutz/IT-GS-Kompendium_Einzel_PDFs_2023/03_CON_Konzepte_und_Vorgehensweisen/CON_1_Krypto konzept_Edition_2023.pdf?__blob=publicationFile&v=3) heißt es: „Es MÜSSEN [sic!] geeignete kryptografische Verfahren ausgewählt werden. Dabei MUSS [sic!] sichergestellt sein, dass etablierte Algorithmen verwendet werden, die von der Fachwelt intensiv untersucht wurden und von denen keine Sicherheitslücken bekannt sind. Ebenso MÜSSEN [sic!] aktuell empfohlene Schlüssellängen eingesetzt werden.“ Im Bereich der Verbindungsverschlüsselung stellt diese Vorgabe einen Verweis auf den Stand der Technik dar. Technisch bedeutet dies den Einsatz von Transport Layer Security (TLS), vormals Secure Socket Layer (SSL) in den Versionen 1.2 und 1.3 (empfohlen). Nur durch den Einsatz aktueller Verschlüsselungsprotokolle kann eine sichere Kommunikation in Netzwerken aufgebaut werden. Altversionen wie SSL 1.0 – 3.1 bzw. TLS 1.0 und 1.1 sollten daher unter keinen Umständen eingesetzt werden, da diese als potenziell unsicher gelten (→ Form. E. II. Anm. 38).

**25. Speicherverschlüsselung.** Als Ergänzung zur Transportverschlüsselung (→ Anm. 24) sollte je nach Schutzbedarf von Systemen und Daten auch eine Speicherverschlüsselung umgesetzt werden. Dies kann auf unterschiedliche Arten erfolgen. So kann die Verschlüsselung von Festplatten in Servern bereits eine Steigerung des Sicherheitsniveaus bedeuten. Darüber hinaus können auch datenhaltende Systeme mit verschlüsselnden Routinen arbeiten, die dann nicht das Speichermedium, sondern die tatsächlichen Daten verschlüsseln. Die eingesetzte Maßnahme richtet sich nach dem Schutzbedarf der Daten. Als Mindestmaßnahme sollten allerdings alle mobilen Datenträger, die personenbezogene Daten enthalten, mit einer Verschlüsselung versehen werden, sodass diese bei einem Verlust des Datenträgers nicht unbefugt veröffentlicht werden können.

**26. Virtuelles privates Netzwerk (VPN).** Ein VPN stellt ein logisches Konstrukt dar, das mehreren Parteien erlaubt, gemeinsam auf zentrale Ressourcen zuzugreifen, zu denen entfernte Parteien im Regelfall keinen Zugang haben. Der Vorteil eines solchen virtuellen Netzwerks ist der Einsatz von Kommunikationsverschlüsselung. Dadurch können auch schützenswerte Informationen und Daten übertragen werden, ohne dass das Risiko der Offenlegung besteht. Es lassen sich dabei mehrere Abstufungen vornehmen. Regelmäßig greifen Dienstleister zu Wartungszwecken auf IT-Systeme in der Organisation zu. Dies sollte unter der Verwendung eines VPN erfolgen. Zusätzlich ist zu berücksichtigen, dass diese Art der Fernwartung als Auftragsverarbeitung eingestuft werden kann (→ Form. G. III.). Sofern in der Organisation mehrere Standorte mit zentralen Systemen arbeiten, sollten diese Standorte ebenfalls über sog. Site-to-Site-VPN-Verbindungen abgesichert werden. Dadurch ist es den Mitarbeitern an entfernten Standorten möglich, direkt auf zentrale IT-Systeme zuzugreifen, ohne eine benutzerbezogene VPN-Verbindung aufbauen zu müssen. Bei Arbeiten, die nicht an Standorten der Organisation stattfinden und somit nicht unter dem direkten Einflussbereich der Organisation stehen, ist der Einatz von benutzerbezogenen VPN-Verbindungen zu etablieren. Hierdurch können Mitarbeiter auch dann auf IT-Systeme zugreifen, wenn sie sich auf Geschäftsreisen oder im Home-Office befinden. Zusätzlich stellt dies eine Maßnahme in der Notfallplanung (→ Anm. 37) dar.

**27. Elektronische Signatur.** Eine elektronische Signatur stellt nach Art. 3 Nr. 10 eIDAS-VO „Daten in elektronischer Form, die anderen elektronischen Daten beigefügt oder logisch mit ihnen verbunden werden und die der Unterzeichner zum Unterzeichnen verwendet" dar. Es handelt sich hierbei um eine digitale Unterschrift (auf Basis von Zertifikaten), die dem Empfänger die Authentizität eines Absenders nachweist. Gem. eIDAS-VO existieren drei Abstufungen der elektronischen Signatur (einfach, fortgeschritten, qualifiziert). Ausf. → Form. E. II. Zusätzlich können die Zertifikate, die zur digitalen Unterschrift verwendet werden, in der E-Mail-Kommunikation zur Inhaltsverschlüsselung eingesetzt werden. Diese Option ist allerdings stark vom verwendeten Einsatzzweck des Zertifikats abhängig.

**28. Eingabekontrolle.** Zur Reduktion von Fehlern bei der Dateneingabe ist darauf zu achten, dass eingesetzte IT-Systeme verschiedene Maßnahmen zur Eingabekontrolle bereitstellen. So können entweder Eingabefelder so konfiguriert werden, dass nur der erwartete Datentyp (zB Kalenderdatum, E-Mail-Adresse) eingegeben werden kann oder über Plausibilitätsprüfungen fehlerhafte Eingaben vor der Speicherung oder bereits bei der Eingabe angezeigt werden (zB Kombination aus Postleitzahl und Ort, IBAN). Sofern eine Verarbeitung ohne IT-Unterstützung erfolgt, stellt eine Vier-Augen-Prüfung eine effektive Maßnahme zur Eingabekontrolle dar.

**29. Protokollierung.** Bei der Verarbeitung personenbezogener Daten können Unregelmäßigkeiten oder Fehler auftreten. Diese können durch automatisierte oder menschliche Tätigkeiten entstehen. Durch eine umfangreiche Protokollierung der Verarbeitungstätigkeiten kann nachvollzogen werden, an welchen Stellen potenzielle Fehler oder Unregelmäßigkeiten aufgetreten sind. Gerade vor dem Hintergrund der

Nachverfolgung eines Data Breach ist die Aufzeichnung von Verarbeitungstätigkeiten sinnvoll. Allerdings gilt auch hierbei zu beachten, dass diese Protokollierung datenschutz- und kollektivarbeitsrechtlich relevant sein kann. Es ist also eine Abwägung zu treffen, wie tiefgreifend die Protokollierung stattfindet oder in welchem Maße eine Pseudonymisierung (→ Anm. 21) umgesetzt werden kann.

**30. Dokumentenmanagement.** Zur strukturierten Datenverarbeitung ist ein geordnetes Ablagesystem unerlässlich. Dies umfasst u.a. Dokumente, Datenbanken, Bilder und Nachrichten. Dokumentenmanagement unterstützt die handelnden Personen dabei in der Verwaltung, Verarbeitung und Nachverfolgung von Dokumenten. Durch oftmals integrierte Versionsverwaltungen ist das Nachvollziehen von Änderungen bereits systemseitig vorgesehen und unterstützt bestmöglich bei der Umsetzung der Eingabekontrolle (→ Anm. 28).

Außerhalb des IT-basierten Einsatzes handelt es sich um ein Aktenablageverfahren, das ebenfalls die Verwaltung, Verarbeitung und Nachverfolgung regelt. An dieser Stelle wird allerdings ein stärkerer Fokus auf organisatorischen Anweisungen zur Ablage liegen.

**31. Back-up und Recovery.** Art. 32 Abs. 1 lit. b DS-GVO fordert die schnelle Wiederherstellung von Daten nach einem Zwischenfall, der die Verfügbarkeit dieser Daten betroffen hat. Technisch fällt dies unter das Stichwort Back-up-Konzept. Dieses Back-up-Konzept legt fest, welche Informationen zu welchem Zeitpunkt, wie oft und für welche Dauer auf welchen Systemen zusätzlich gesichert werden, um Datenverlust vorzubeugen. Dabei stellt der Zeitpunkt des zuletzt durchgeführten Back-ups bis zum Vorfalleintritt den Datenverlust dar. Der maximal tolerierbare Datenverlust, der sich auch am Schutzbedarf der Daten orientiert, ist daher ausschlaggebend für die Ausprägung des Back-up-Konzepts. Nicht unerwähnt darf aber bleiben, dass zu einem Back-up-Konzept auch ein Wiederherstellungsplan, das Recovery-Konzept, gehört. Dieses legt die Tätigkeiten fest, um Daten aus einem Back-up wiederherzustellen. Um die Qualität des Back-ups und die Durchführbarkeit des Recovery zu gewährleisten, sind beide Konzepte regelmäßig zu testen. Ein Back-up ist nur so gut wie das Recovery, da nur die wiederhergestellten Daten für die weitere Verarbeitung zur Verfügung stehen. Das Recovery-Konzept ist Teil der Notfallplanung (→ Anm. 37).

**32. Unterbrechungsfreie Stromversorgung (USV).** Eine USV dient neben der kurzzeitigen Aufrechterhaltung des Systembetriebs und des geregelten Herunterfahrens von IT-Systemen auch dem Ausgleich von Spannungsschwankungen im Versorgungsnetz. Diese Spannungsschwankungen können teilweise dazu führen, dass IT-Systeme ausschalten, weil die notwendige Spannung für den Bruchteil einer Sekunde nicht ausreichend war, um den Betrieb fortzuführen.

USV-Anlagen existieren in unterschiedlichen Ausprägungen und sollten sich immer am Schutzbedarf der IT-Systeme orientieren, sodass auch günstige, wartungsfreie Anlagen den notwendigen Schutz bereitstellen. Der Einsatz einer USV ist Teil der Notfallplanung (→ Anm. 37).

**33. Antivirus.** Eine Komponente im Schadsoftwareschutz ist der Einsatz von Antivirensoftware. Selbst wenn diese in der Vergangenheit immer wieder in der Kritik standen, so stellen sie durchaus einen, aber nicht den einzigen, wichtigen Teil in der IT-Sicherheitsinfrastruktur eines Unternehmens dar. Antivirensoftware hilft allerdings nicht gegen unbekannte Bedrohungen. Auch bereits durch Aktualisierungen

(→ Anm. 34) behobene Schwachstellen stellen keine Gefahr dar, sodass Viren, die solche Schwachstellen ausnutzen könnten, keinen Angriffspunkt auf ein IT-System haben. Relevant wird Antivirensoftware zu dem Zeitpunkt, da eine Schwachstelle bekannt wird und durch Schadsoftware ausgenutzt wird, allerdings noch keine Aktualisierungen bereitstehen bzw. diese noch nicht installiert werden können. Die mehrmals täglich aktualisierten Prüfmuster von Antivirensoftware unterstützen somit die IT-Systemsicherheit in einem nicht unerheblichen Maße.

**34. Updates und Patches.** Zusätzlich zu Antivirensoftware (→ Anm. 33) ist die Installation von Aktualisierungen für Anwendungen und Betriebssysteme einer der Grundpfeiler der IT-Systemsicherheit. Durch diese Aktualisierungen werden viele Schwachstellen geschlossen, die es potenziellen Angreifern ansonsten ermöglichen, mit ihren Maßnahmen Erfolg zu haben. Diese Angriffe müssen dabei nicht gezielt erfolgen. Unternehmen können Opfer eines sog. Drive-by-Angriffs werden und zählen dann zu den Kollateralschäden eines solchen Angriffs.

Daher sollte darauf geachtet werden, dass zentrale Systeme und Clients, aber auch Infrastrukturkomponenten (zB Netzwerk) regelmäßig mit aktuellen Updates und Patches versorgt werden.

**35. Firewall.** Eine Firewall dient zur Überwachung des Netzwerkverkehrs und kann zentral im bzw. vor dem Netzwerk des Unternehmens und dezentral auf den eingesetzten Clients betrieben werden. Der wesentliche Unterschied zwischen zentralen Firewall-Systemen zu clientbasierten Software-Firewalls ist oftmals die Leistungsfähigkeit, der Funktionsumfang und die Aussagefähigkeit des Reportings. Je nach Ausprägung kennt eine Software-Firewall nur ihren eigenen Client. Somit muss im Reporting über alle Clients erst der Gesamtzustand ermittelt werden. Zentrale Firewall-Systeme haben hier den Vorteil, dass sie den gesamten Netzwerkverkehr kennen und so schnell bei bestehenden Problemen oder Unregelmäßigkeiten eine gezielte Alarmierung durchführen können.

Der Nachteil einer rein zentralen Lösung liegt darin, dass entfernte Geräte, die sich nicht im eigenen Netzwerk befinden, aber zum Unternehmen gehören (zB Geschäftsreise, Home-Office) nicht durch das zentrale Firewall-System geschützt sind. Ein durchdachtes Firewall-Konzept mit einer Mischung unterschiedlicher Systeme, jedoch immer am Schutzbedarf orientiert, erhöht das Sicherheitsniveau im Unternehmen.

**36. IT-Notfallmanagement.** Je nach Schutzbedarf von IT-Systemen bzw. Informationen und Daten ist der Umgang mit IT-Notfällen zu definieren. So kann es auch in kleinen Umgebungen sinnvoll sein, eine Rufbereitschaft oder einen 24/7-Support einzurichten. Sofern dies nicht durch eigenes Personal erreicht werden kann, können hierfür auch Dienstleister eingesetzt werden, die als erste Anlaufstelle fungieren können. Sofern dies nicht möglich oder notwendig ist, ist zumindest eine Kontaktstelle in der Organisation zu etablieren, die für die Annahme von IT-Störungen während der regelmäßigen Geschäftszeiten erreichbar ist und gemeldete Ereignisse bearbeitet.

**37. Notfallplanung.** Für die Vorbeugung von Notfällen mit IT- bzw. Datenschutzbezug ist ein Notfallkonzept zu erstellen. Dieses beinhaltet bereits viele Maßnahmen der technischen und organisatorischen Maßnahmen (VPN → Anm. 31, Back-up & Recovery → Anm. 36, USV → Anm. 37). Das Notfallkonzept berücksichtigt dabei mindestens einen vollständigen Wiederanlaufplan entsprechend der

Systemkritikalität und beschreibt erweiternd für wesentliche Notfälle ein Vorgehen, wie diese Notfälle zu handhaben sind.

**38. Logging und Alarmierung.** Ein zielgerichtetes Logging sammelt von allen (IT-)Sicherheitseinrichtungen in der Organisation Daten ein und bereitet diese so auf, dass drohende Angriffe oder Notfälle bereits im Vorfeld erkannt werden können. Der Einsatz eines Security Information and Event Management (SIEM) kann an dieser Stelle die notwendige Logik liefern, um unterschiedliche Datenquellen sinnvoll miteinander zu verknüpfen. Im Rahmen der Protokollierung sind die Art und der Umfang von Alarmmeldungen festzulegen, die an eine zentrale Stelle gesendet werden.

Sollte eine automatisierte Auswertung nicht möglich sein, so ist die Menge an manuell zu verarbeitenden Meldungen überschaubar zu gestalten, da andernfalls die Gefahr besteht, dass wesentliche Meldungen übersehen werden.

In jedem Fall ist es wichtig, dass die identifizierten Protokollinformationen regelmäßig gesichtet und ausgewertet werden. Die Unterstützung durch IT-Systeme erleichtert diese Tätigkeit allerdings erheblich.

**39. Durchschnittlicher Maßnahmenwert.** Zur Ermittlung des durchschnittlichen Maßnahmenwertes ist eine Division durch die Gesamtanzahl der 39 Bewertungskriterien durchzuführen.

$$\text{Durchschnittlicher Maßnahmenwert} = \frac{\sum \text{Bewertung}}{39}$$

Bei organisationsspezifischen Erweiterungen der Bewertungskriterien ist diese Zahl entsprechend anzupassen.

**40. Normierter Reifegrad.** Zur Berechnung des finalen Bewertungsergebnisses ist eine Umrechnung auf die dreistufige Skala notwendig. Hierzu ist die Wurzel des durchschnittlichen Maßnahmenwertes zu ermitteln und entsprechend DIN 1333 kaufmännisch zu runden.

$$\text{Normierter Reifegrad} = \sqrt{\frac{\sum \text{Bewertung}}{39}}$$

Hierdurch wird gewährleistet, dass ein möglichst genaues Bild der Einschätzung der Maßnahmenwirksamkeit erreicht wird.

**41. Risiken.** Art. 32 Abs. 2 DS-GVO und Erwgr. 83 DS-GVO nennen als fünf mögliche Risikoszenarien die Vernichtung, den Verlust, die Veränderung, die unbefugte Offenlegung und den unbefugten Zugang. Diese Risikoszenarien können daher auch dazu dienen, um bei der Suche nach möglichen Verbesserungspotenzialen einen Anhaltspunkt zu bekommen. Hierzu wurden jedem Bewertungskriterium die entsprechenden Risikoszenarien zugeordnet. In dem entsprechenden Thema ist dann zu betrachten, ob ein Risiko für die personenbezogenen Daten besteht (zB unzureichender Zutrittsschutz in Büroräumen führt zu einem Risiko des unbefugten Zugangs). Sollte eine Maßnahmenbewertung ein ungenügendes Ergebnis ausweisen, so kann an dieser Stelle – bereits als Vorbereitung für die Datenschutz-Folgenabschätzung – eine Einordnung der zu treffenden Verbesserungen erfolgen. Dazu können die aufgeführten Risiken, die mit einer Maßnahme bedacht werden sollen, markiert werden.

**42. Verbesserungspotenzial.** In der verwiesenen Spalte kann entweder eine Markierung für eine spätere Bearbeitung vorgenommen oder gleich ein tatsächliches Verbesserungspotenzial eingetragen werden. Dies erleichtert die Nachverfolgung, da bereits konkrete Hinweise auf die weiteren Aktivitäten festgehalten werden, um die eigenen technischen und organisatorischen Maßnahmen zum Datenschutz im Rahmen eines kontinuierlichen Verbesserungsprozesses (KVP) zu verbessern (zB Einrichtung eines separaten Schließkreises für bestimmte Büroräume zur Reduktion des Risikos eines unbefugten Zugangs).

**43. Risikobestimmung.** Zur schnellen und einfachen Anwendung dieses Vorgehensmodells wurde ein System auf Basis einer 3x3-Matrix erstellt. Eine Dimension gibt die Datenschutzklasse, die andere Dimension den Reifegrad der eingesetzten technischen und organisatorischen Maßnahmen für jedes einzelne Verfahren an. So ist nach Festlegung und Berechnung dieser Werte eine schnelle Ergebnisfindung möglich.

Ausgangslage dieser Berechnung ist der in der ISO 31000:2018 definierte Risikobegriff. Ein Risiko ist demnach die Auswirkung von Unsicherheit auf Ziele. Der Risikobegriff ist dabei wertfrei zu verstehen und bezieht sich sowohl auf Chancen wie auch auf Gefahren. Die Auswirkung kann also sowohl positiv als auch negativ sein, wenngleich aus Vereinfachungsgründen in diesem System lediglich negative Auswirkungen berücksichtigt werden. Der Grad der Unsicherheit wird durch die jeweilige Eintrittswahrscheinlichkeit beschrieben. Mathematisch errechnet sich somit das Risiko wie folgt:

$$\text{Risiko} = \text{Eintrittswahrscheinlichkeit} \times \text{Auswirkung}$$

Da es sich in der Praxis oftmals als schwierig erweist, berechenbare und verrechenbare Werte für die Eintrittswahrscheinlichkeit und die Auswirkung zu ermitteln, erfolgt eine Zuordnung dieser Werte zu den bereits bekannten Dimensionen „Reifegrad der Maßnahmen“ und „Datenschutzklasse“. Der Reifegrad der Maßnahmen steht für die Eintrittswahrscheinlichkeit eines Risikos. Ausgangspunkt für diese Zuordnung ist die Überlegung, dass ungenügende technische und organisatorische Maßnahmen es wahrscheinlicher machen, dass es zu einem Schadensereignis (Vernichtung, Verlust, Veränderung oder unbefugte Offenlegung von oder unbefugter Zugang zu Daten) kommt. Die Auswirkung wird durch die Datenschutzklasse definiert, da diese auf die persönliche Auswirkung für die betroffene Person verweist. So ist ein Schadensereignis in Bezug auf besondere Kategorien personenbezogener Daten als gravierender anzusehen als in Bezug auf öffentlich zugängliche Informationen.

Im Rahmen des tatsächlichen Risikomanagements können Maßnahmen zur Risikoreduktion als Teil der Datenschutz-Folgenabschätzung aus dem Bedrohungsformular abgeleitet werden.

## III. Prüfkontrolle

Vor der Beauftragung einer Auftragsverarbeitung ist der Auftraggeber zunächst verpflichtet zu prüfen, ob es sich im vorliegenden Fall tatsächlich um eine **Auftragsverarbeitung** iSd DS-GVO handelt. Erfolgt die Verarbeitung personenbezogener Daten durch den Auftragnehmer vollständig weisungsgebunden, handelt es sich um eine Auftragsverarbeitung (→ G. I.).

Mit dem vorliegenden Formular können **alle Prüfungsvarianten** durchgeführt und dokumentiert werden: Erstprüfung, regelmäßige Kontrollprüfung und interne Kontrollen.

Der Auftraggeber hat in der **Erstprüfung** zu prüfen, ob die von ihm **getroffene Auswahl potenzieller Auftragnehmer entsprechend geeignet** ist. Hierzu muss der potenzielle Auftragnehmer dem Auftraggeber einen Nachweis über die vorhandenen technisch-organisatorischen Maßnahmen nach Stand der Technik (Art. 32 DS-GVO) erbringen. Dieser enthält ein Datenschutzkonzept (welches aus der Rechenschaftspflicht nach Art. 5 Abs. 2 DS-GVO folgt) sowie eine genaue Beschreibung der technisch-organisatorischen Maßnahmen (→ Form. E. II.) und kann durch entsprechende Zertifizierungen (→ Form. C. IV.2.) belegt werden. Eine Integration in ein Informationssicherheitskonzept ist möglich und sinnvoll. Die Datenschutzaufsichtsbehörden können diese Unterlagen vorfallbezogen zur Prüfung anfordern. Die vorhandenen Maßnahmen des Auftragnehmers müssen in Gänze denen des Auftraggebers entsprechen. Abweichungen können schriftlich festgehalten werden und bis zu einem definierten Zeitpunkt durch den Auftragnehmer nachweislich behoben werden. Bei diesem Vorgehen handelt es sich um eine **reine Dokumentprüfung,** sodass eine Prüfung der Wirksamkeit der dokumentierten Maßnahmen nicht erfolgt. Die Ausnahme bilden Auftragnehmer, die den Nachweis geeigneter prozessorientierter Zertifizierungen zB ISO 27001, ISAE 3402 (SSAE 16), „Geprüfter Datenschutz" oder nach Art. 42 DS-GVO akkreditierte Zertifikate zum Datenschutz in einem für den Auftraggeber relevanten Geltungsbereich des Zertifikats nachweisen können.

Ist die Auswahl eines geeigneten Auftragnehmers erfolgt, folgt der **vertragliche Teil der Auftragsvergabe.** Nach Art. 32 Abs. 1 lit. d DS-GVO ist ein Verfahren zur regelmäßigen Überprüfung, Bewertung und Evaluierung der Wirksamkeit der technischen und organisatorischen Maßnahmen zur Gewährleistung der Sicherheit der Verarbeitung zu etablieren. Somit ist vor Beginn der Auftragsverarbeitung und sodann regelmäßig die Einhaltung der beim Auftragnehmer getroffenen technischen und organisatorischen Maßnahmen in Bezug auf deren Wirksamkeit zu überprüfen. Im Einklang mit dem Grundsatz der Rechenschaftspflicht ist das Ergebnis der entsprechenden Prüfungen zu dokumentieren.

Zu den Kontrollpflichten des Auftraggebers gehört also eine Erstprüfung des Auftragnehmers, wobei eine **Vor-Ort-Prüfung nicht zwingend notwendig** sein muss. Der Auftraggeber kann seiner Kontrollpflicht auch durch eine Dokumentenprüfung, durch geeignete Fragebögen oder durch den Nachweis geeigneter Zertifizierungen nachkommen. Die Prüfungsmaßnahmen und deren Dokumentierung sind Bestandteil eines vollständigen schriftlichen Auftrags zur Auftragsverarbeitung.

Die Art der Dokumentation ist im Gesetz nicht vorgegeben, jedoch ist eine ordnungsgemäße Durchführung der Kontrollen zu belegen. Die vollständig ausgefüllten und unterschriebenen Formulare können auch als Nachweis gegenüber Aufsichtsbehörden dienen und sind daher zu archivieren. Die Aufbewahrungsdauer sollte mindestens der Laufzeit des Vertrags entsprechen, eine längere Aufbewahrung wird empfohlen. Eine elektronische Archivierung kann unter Einhaltung der Regeln für eine rechtssichere Archivierung nach BSI TR 03125 (Technische Richtlinie des Bundesamtes für Sicherheit in der Informationstechnik, BSI TR-03125 TR-ESOR – Beweiswerterhaltung kryptografisch signierter Dokumente) für digitale Archivierungssysteme erfolgen. Mit dieser Richtlinie stellt das BSI einen Leitfaden zur Verfügung, der beschreibt, wie der Beweiswert elektronisch signierter Daten und Dokumente über lange Zeiträume aufrechterhalten werden kann. Im privatwirtschaftlichen Bereich gewinnt dieses Thema zunehmend an Relevanz, im öffentlichen Sektor hat es sich in den vergangenen Jahren bereits etabliert.

Bei Durchführung einer **Auftragsverarbeitung ist eine regelmäßige Kontrolle** notwendig. Im Rahmen anstehender Verfahren und Projekte, die von Dritten oder Dienstleistern erbracht werden sollen, ist ggf. vorab eine Datenschutz-Folgenabschätzung vorzunehmen, wenn die Auslagerung mit einem hohen Risiko für die Rechte der Betroffenen verbunden ist (Art. 35, Erwgr. 89f. DS-GVO). Im Rahmen der Prüfung der korrekt durchgeführten Auftragsverarbeitung sollten auch die technisch-organisatorischen Maßnahmen nach Art. 32 DS-GVO (→ Form. E. II.) geprüft werden. Ziel der Prüfung ist die **Feststellung der Eignung des Dienstleisters zur Durchführung der beauftragten Leistungen** im Zusammenhang mit personenbezogenen Daten. Prüfgegenstand sind die gesetzlichen Anforderungen zur Auftragsverarbeitung gem. Art. 28f. DS-GVO. Die Führung des Verzeichnisses von Verarbeitungstätigkeiten obliegt einerseits dem Verantwortlichen (Art. 30 Abs. 1 DS-GVO), andererseits über Abs. 2 dem Auftragsverarbeiter. Änderungen in den Verfahren sind durch den Auftragnehmer mitzuteilen und im Rahmen der Pflegepflicht durch die zuständigen Datenschutzbeauftragten zu aktualisieren.

Der Gesetzgeber fordert vom Auftraggeber die Wahrnehmung seiner Kontrollrechte gegenüber dem Auftragnehmer, dem gleichermaßen eine Mitwirkungspflicht auferlegt wird.

Neben der Darstellung der ermittelten Ergebnisse und einer abschließenden Empfehlung durch den verantwortlichen Datenschutzbeauftragten sollte auch eine Bewertung des sich darstellenden Gesamtbilds des Auftragnehmers in die Betrachtung und **Abschlussstellungnahme** einfließen.

Bei **Vor-Ort-Prüfungen** ist eine Liste der Teilnehmer (alle die, die der Prüfung beiwohnen, ggf. auch nur teilweise) und deren Rollen und Funktion zu erstellen und dem Abschlussbericht beizufügen.

Art. 32 DS-GVO verlangt ein Verfahren zur regelmäßigen Überprüfung, Bewertung und Evaluierung der Wirksamkeit der technischen und organisatorischen Maßnahmen zur Gewährleistung der Sicherheit der Verarbeitung. Die Prüfungen müssen also in einer Erstprüfung und sodann regelmäßig erfolgen. Da der Verantwortliche für jeden Verstoß des Auftragsverarbeiters bei der Verarbeitung personenbezogener Daten mit einem Bußgeld belegt werden kann, ergibt sich eine regelmäßige Kontrollpflicht. Der Gesetzgeber hat keine genaue zeitliche Folge der regelmäßigen Kontrollen festgelegt, vielmehr sollte so häufig eine Kontrolle erfolgen, dass das Risiko von Rechtsverstößen möglichst minimiert werden kann. Da in der Praxis in

Abhängigkeit zu den vertraglichen Einzelfällen unterschiedliches Risikopotenzial besteht, ist die **Abwägung der Zyklen** durch den Verantwortlichen bzw. durch den Datenschutzbeauftragten des Auftraggebers festzulegen. Dabei ist eine Gewichtung nach Sensibilität sinnvoll und bspw. eine besondere Kritikalität der Daten ein Indiz für die Angemessenheit von Fristen von weniger als einem Jahr.

Auch eine **interne Kontrolle** hat regelmäßig zu erfolgen. Gem. Art. 37 Abs. 2 DS-GVO kann eine Unternehmensgruppe einen gemeinsamen Datenschutzbeauftragten (auch als Konzerndatenschutzbeauftragter bezeichnet, → Form. B. I.) berufen. Insofern können konzern- oder holdingübergreifende zentrale Dienste (sog. **Shared Services**) wie Personal- oder CRM-Datenbanken aus Sicht der DS-GVO unter die Obhut des gemeinsamen Datenschutzbeauftragten gestellt werden.

Alle beteiligten Unternehmen eines Konzerngefüges oder einer Holdingstruktur sind demnach angehalten, die Einhaltung der DS-GVO-Vorschriften zur Auftragsverarbeitung zu praktizieren. Eine vertragliche Absicherung der Auftragsverarbeitung der juristischen Personen kann durch entsprechende Vertragsanlagen zu **Intercompany-Verträgen** erreicht werden, in denen die Auftragsdatenverarbeitung universal und bidirektional geregelt ist. Dies umfasst sowohl die notwendigen regelmäßigen Prüfungen der technisch-organisatorischen Maßnahmen als auch die weiteren Vorschriften und Regelungen im Falle von Änderungen in den zugrunde liegenden Verträgen und Verfahren. Dies empfiehlt sich unabhängig von gesetzlichen Regelungen wie der DS-GVO.

Konzern- und Holdinggesellschaften, die eine **Leistungsbeziehung** zu einer anderen Gesellschaft des gleichen Gesellschaftsgefüges aufbauen, müssen vor Beginn der Leistungserbringung rechtsverbindliche Vertragsvereinbarungen schriftlich zur Regelung der rechtlichen wie wirtschaftlichen Rahmenbedingungen abschließen. Diese sog. Intercompany-Verträge enthalten regelmäßig mindestens die Inhalte zu: Leistungsbeschreibung, Mengen und Preisangaben, Zahlungsbedingungen, Lieferbedingungen, Datenschutz- und Vertraulichkeitsvereinbarungen, Kündigungsrecht, Rücktrittsrecht, ggf. Sondervereinbarungen und Vereinbarungen zu branchenspezifischen Regelungen. Auch müssen die Belange aller Beteiligten angemessen berücksichtigt werden. Die Verträge sind grundsätzlich schriftlich abzuschließen. Leistungsbeschreibung, Bepreisung, Menge, Zahlungs- und Lieferbedingungen sowie Kündigungsrechte sind vertraglich festzulegen. Ein- und Ausgangsbelege aus Intercompany-Verträgen sind zu archivieren.

## Formular zur dokumentierten Protokollierung der Prüfung von Maßnahmen gem. Art. 28 ff. DS-GVO

| | |
|---|---|
| **Aktenzeichen:** | **Empfängerverteiler:**[1] |
| **Datum dieser Prüfung:** | **☐ Erstprüfung**[2] **☐ Folgeprüfung**[3] |
| **Datum der letzten Prüfung:** | |
| **Prüfungsdurchführender:**[4] | **Prüfungsbegleiter des Auftragnehmers:**[5] |
| **Vertragsreferenzierung:**[6] | **Vertragsmanagement durch:**[7] |
| **AV-Vertrag (PEV):**[8] | **Vertragsbeginn:** |
| | **Vertragsende:** |

| | |
|---|---|
| Datenschutzbeauftragter des Auftraggebers: | Datenschutzbeauftragter des Auftragnehmers: |
| Verantwortlich für das Verfahren:[9] | Weisungsempfänger des Auftragnehmers: |
| | Geschäftsführer/verantwortlicher Abteilungsleiter des Auftragnehmers: |

Auftragsdaten

| | |
|---|---|
| Art des Verfahrens:[10] | |
| Art der Daten:[11] | |
| Kritikalität der Daten:[12] | ☐ gering ☐ mittel ☐ hoch |
| Verantwortliche Abteilung:[13] | |
| Hauptauftragnehmer:[14] | |
| Genehmigte Subunternehmer:[15] | |
| Leistungsart (Kurzbeschreibung):[16] | |
| | Leistungsende:[17] |
| Handelt es um einen Cloud-Dienst?[18] | ☐ ja ☐ nein |
| Kurze Beschreibung des Cloud-Dienstes: | Beschreibung: |

Prüfungsart und Umfang

| | |
|---|---|
| ☐ Vor-Ort-Prüfung des Auftragnehmers | Prüfungsort (Anschrift): |
| ☐ Vor-Ort-Prüfung des/der Subunternehmer: | |
| Name des Subunternehmens: ggf. weitere Subunternehmer: | Prüfungsort (Anschrift): |
| ☐ Prüfung nach Dokumentenlage | Liste der geprüften Dokumente mit Versionsangabe und Datum als Anlage zu diesem Formular |

☐ Prüfung technischer und organisatorischer Maßnahmen (TOM) gemäß Prüfliste[19]

| | |
|---|---|
| ☐ Prüfung TOM nicht notwendig, weil | ☐ gültiges ISO 27001-Zertifikat |
| | Zertifikatsaussteller: gültig bis: |
| ☐ ISAE 3402 Type II, bzw. SSAE16 | ☐ Datenschutz-Zertifikat |
| Aussteller des Testats: gültig bis: | Zertifikatsaussteller: gültig bis: |
| ☐ ITIL-Zertifizierung: | ☐ andere vergleichbare Zertifizierung: |
| Zertifikatsaussteller: gültig bis: | Zertifikatsaussteller: gültig bis: |

☐ Prüfung technisch-organisatorischer Maßnahmen konnte entfallen – Begründung:[20]

☐ Prüfungsausschlüsse und Begründung:

Ergebniszusammenfassung:

| | |
|---|---|
| allgemeine Anforderungen[21] | ☐ geprüft<br>☐ konform<br>☐ Konformitätsabweichung: |
| vertragliche Anforderungen[22] | ☐ geprüft<br>☐ konform<br>☐ Konformitätsabweichung: |
| gesetzliche Anforderungen[23] | ☐ geprüft<br>☐ konform<br>☐ Konformitätsabweichung: |
| technische und organisatorische Maßnahmen[24] | ☐ geprüft<br>☐ konform<br>☐ Konformitätsabweichung: |
| branchenspezifische Anforderungen[25] | ☐ geprüft<br>☐ konform<br>☐ Konformitätsabweichung: |
| ☐ Behebung der Abweichungen bis zum: | ☐ Überprüfung der Korrektivmaßnahmen bei der Folgeprüfung |

Nächste Prüfung geplant am:

Seitens des geprüften Unternehmens wurden alle Fragen des Prüfers beantwortet und bei Vor-Ort-Prüfungen zu allen im Geltungsbereich der Prüfung liegenden Räumlichkeiten Zutritt gewährt. Trotz sorgfältiger und fachkundiger Prüfung stellen insbesondere technische und organisatorische Maßnahmenprüfungen eine Stichprobenprüfung dar. Es können daher Konformitätsabweichungen vorhanden sein, die nicht festgestellt wurden. Dieser Prüfbericht enthält Anlagen und wird vom verantwortlichen Prüfer den gesetzlichen Vorschriften entsprechend aufbewahrt. Die ordnungsgemäße Durchführung der Prüfung wird bestätigt. Die Prüfungsbegleitung bestätigt, dass die Prüfung den Geltungsbereich des o.g. Vertrags umfasst.

| | |
|---|---|
| Ort, Datum, Unterschrift des Prüfers | Unterschrift des Prüfungsbegleiters, des Auftragnehmers |

## Anmerkungen

**1. Empfängerverteiler.** Der Empfängerverteiler listet die Namen der Personen, die eine Kopie des Formulars erhalten, auf. In der Regel handelt es sich hierbei um die Datenschutzbeauftragten des Auftraggebers und des Auftragnehmers sowie die Rechtsabteilung, von der dies als Anlage zum Vertrag aufbewahrt wird.

**2. Erstprüfung.** Handelt es sich um die erste Prüfung für dieses ausgelagerte Verfahren, so ist dies entsprechend anzukreuzen. Die Auswahl des Auftragnehmers (Dienstleisters) ist vom Auftraggeber mit entsprechender Sorgfalt vorzunehmen. Der Verantwortliche (Auftraggeber) arbeitet nur mit Auftragsverarbeitern, die hinreichende Garantien dafür bieten, dass geeignete technische und organisatorische Maßnahmen so durchgeführt werden, dass die Verarbeitung im Einklang mit den Anforderungen der Datenschutzgrundverordnung erfolgt und den Schutz der Rechte der betroffenen Person gewährleistet. Auch darf der Auftragsverarbeiter ohne vorherige gesonderte oder allgemeine schriftliche Genehmigung des Verantwortlichen keine Unterauftragnehmer mit der Durchführung von Tätigkeiten betrauen, die im Zusammenhang mit dieser Beauftragung stehen. Insofern kommt der Erstprüfung eine besondere Bedeutung zu, denn der Gesetzgeber verlangt auch, dass der Auftragsverarbeiter und jede dem Verantwortlichen oder dem Auftragsverarbeiter unterstellte Person, die Zugang zu personenbezogenen Daten hat, diese Daten ausschließlich auf Weisung des Verantwortlichen verarbeiten (Art. 29 DS-GVO). Dem Verantwortlichen (Auftraggeber) sind seitens des Auftragsverarbeiters (Auftragnehmer) alle erforderlichen Informationen zum Nachweis der Einhaltung der im Vertrag und der DS-GVO (Art. 28 f. DS-GVO) niedergelegten Pflichten zur Verfügung zu stellen. Ihm sind Überprüfungen, Audits oder Inspektionen durch ihn selbst oder einen anderen von ihm beauftragten Prüfer/Auditoren zu ermöglichen (Art. 28 Abs. 3 lit. h DS-GVO). Das Auditrecht ist in der DS-GVO gesetzlich verankert, was zur Markttransparenz beitragen dürfte.

**3. Folgeprüfung.** Handelt es sich um eine Folgeprüfung für dieses Verfahren, so ist dies entsprechend anzukreuzen und das Datum der letzten Prüfung im entsprechenden Feld zu vermerken.

**4. Prüfungsdurchführender.** Die Prüfung kann durch den Datenschutzbeauftragten des Auftraggebers oder durch einen beauftragten qualifizierten Dritten erfolgen. Die Beauftragung eines Dritten zur Prüfung vor Ort kann bei großen Entfernungen zwischen Auftraggeber und Auftragnehmer sinnvoll sein. Bei der Beauftragung externer Dienstleister sind diese mit entsprechender Sorgfalt auszuwählen. Auf die nachgewiesene Fach- und Sachkunde ist zu achten. Eine Beauftragung erfolgt regelmäßig in schriftlicher Form (für spätere Nachweise). Die Qualifikation des Dienstleisters kann durch entsprechende Personenzertifikate nachgewiesen werden. Hierzu zählt u. a. eine Zertifizierung als Datenschutzbeauftragter (zB DIN EN ISO/IEC 17024, UDIS-zert oder GDDcert) oder weitere Personenzertifikate im Rahmen der DS-GVO.

**5. Prüfungsbegleiter des Auftragnehmers.** Fachverantwortlicher des Auftragnehmers, nicht zwingend auch der Weisungsempfänger des Auftragnehmers.

**6. Vertragsreferenzierung.** Die Vertragsreferenzierung gibt den Hauptvertrag an und verwendet die im Unternehmen gültigen Kriterien für die Ablage von Verträgen. Sofern Rahmenverträge angewandt werden, sind die jeweiligen ADV-Verträge nur als Projekteinzelverträge zugeordnet. Eine genaue Zuordnung der jeweiligen Prüfformulare muss sichergestellt sein.

**7. Vertragsmanagement.** Notwendig für das Vertragsmanagement ist die Angabe der Abteilung, die die Verträge beim Auftraggeber verwaltet, zB die Rechtsabteilung.

**8. PEV.** Sofern mit Rahmenverträgen gearbeitet wird, wird hier der Projekteinzelvertrag (PEV) benannt. Werden ADV-Verträge als eigenständiger Vertragsteil angewandt, ist auch der Hauptvertrag zu benennen.

**9. Verfahrensverantwortlicher.** Verantwortlich für das Verfahren beim Auftraggeber ist die Person, die in der Abteilung oder Organisation die wesentlichen Entscheidungen im Zusammenhang mit der ausgelagerten Datenverarbeitung trifft (iA Abteilungsleiter oder Fachverantwortlicher). Die Benennung des Verfahrensverantwortlichen ist vor dem Hintergrund der Rechenschaftspflicht besonders bedeutend, da die Person intern für die Einhaltung der Datenschutzgrundsätze verantwortlich ist (→ Form. A. I.).

**10. Art des Verfahrens.** Genaue Bezeichnung des Verfahrens laut dem Auftragsdatenverarbeitungsvertrag.

**11. Art der Daten.** → Form. E. II.

**12. Kritikalität der Daten.** → Form. E. II.

**13. Verantwortliche Abteilung.** → Form. E. II.

**14. Hauptauftragnehmer.** Direkter Vertragspartner für die Auftragsdatenverarbeitung.

**15. Genehmigte Subunternehmer.** Vom Auftraggeber autorisierte Unterauftragnehmer, die im Vertrag aufgeführt sind.

**16. Leistungsart.** Kurzbeschreibung, welche Art von Leistung erbracht wird, zB Output-Management, Mailings, Datenbankhosting, Server-Housing, Cloud-Dienste oÄ.

**17. Leistungsbeginn/Leistungsende.** Nennt das Datum, an dem mit der Leistungserbringung begonnen wird. Ist nicht zwingend identisch mit dem Vertragsbeginn. Das Leistungsende muss nicht identisch mit dem Vertragsende sein. Hier kann die Laufzeit auch im Zusammenhang mit einem definierten Projektablauf und dessen Ende stehen.

**18. Cloud-Dienste.** Der Einsatz, aber va die Auswahl des Cloud-Anbieters sollten wohlüberlegt sein und aus der Risikoperspektive intensiv betrachtet werden. Dabei sollte in Betracht gezogen werden, dass es aus tatsächlichen oder rechtlichen Gründen stets möglich sein kann, dass der Cloud-Dienst von einem Tag auf den anderen nicht mehr zur Verfügung steht oder sich die Rahmenbedingungen für den Einsatz des Dienstes sehr schnell ändern können. Ein kurzfristiger Zugang zu den in der Cloud gespeicherten Daten oder die Nutzung von über die Cloud zur Verfügung gestellten Anwendungen kann, zumal bei im Ausland ansässigen Anbietern, unter Umständen nicht zeitnah erreicht werden. Zu Cloud-Diensten näher → Form. G. VI.

**19. Prüfliste der TOM.** → Form. E. II.

**20. Begründung.** Eine stichhaltige Begründung, warum die Prüfung der technischen und organisatorischen Maßnahmen nicht durchgeführt wurde, ist stichpunktartig zu dokumentieren. Mögliche Begründungen sind u. a. eine adäquate und gültige Zertifizierung, eine bereits bestehende Geschäftsbeziehung mit einer Prüfung im Zusammenhang mit einer ähnlichen Beauftragung oder ein Audit des Dienstleisters im Rahmen der Vorabkontrolle (Verweis auf Auditbericht).

**21. Allgemeine Anforderungen.** Gegenstand und Dauer des Auftrags sind im Vertrag beschrieben. Die beauftragende Abteilung des Verfahrens beim Auftraggeber ist klar beschrieben und weisungsberechtigte Personen des Auftraggebers sowie die Weisungsempfänger des Auftragnehmers sind dokumentiert. Der Kreis der betroffenen Daten (Kunden, Lieferanten, Interessenten, Patienten, Mandanten oÄ) ist klar festgelegt. Das Verzeichnis von Verarbeitungstätigkeiten ist entsprechend angepasst.

**22. Vertragliche Anforderungen.** Umfang, Art und Zweck sind vertraglich festgelegt. Die Art der verwendeten Personendaten sind im Vertrag oder einer zugehörigen Anlage entsprechend beschrieben, Unterauftragsverhältnisse sind bekannt und dokumentiert. Die Beendigung des Vertragsverhältnisses ist ebenso geregelt wie die Rückgabe und Vernichtung von Datenträgern.

**23. Gesetzliche Anforderungen.** Die vorgeschriebenen Vertragsinhalte und Kontrollen gem. Art. 28 DS-GVO werden eingehalten.

**24. Technische und organisatorische Maßnahmen.** Organisationskontrollen, Zutrittskontrollen, Zugangskontrollen, Zugriffskontrollen, Weitergabekontrollen/Übermittlungskontrollen, Eingabekontrollen/Plausibilitätskontrolle/Transaktionskontrolle, Verfügbarkeitskontrollen, Datentrennungskontrolle/Mandantentrennungskontrolle, Auftragskontrollen/Vertragskonformitätskontrolle wurden durchgeführt und die Rechenschaftspflicht eingehalten (→ Form. E. II.).

**25. Branchenspezifische Anforderungen.** Hier kann geprüft werden, ob die Anforderungen aus für den Auftraggeber möglicherweise einschlägigen Gesetzen wie EnWG, TKG, IT-SiG eingehalten werden.

## IV. Formular zur Prüfung von Berechtigungskonzepten

Mitarbeiter eines Unternehmens, auch externe Mitarbeiter, besitzen zwar üblicherweise das Recht, morgens den Betrieb an sich zu betreten. Jedoch besteht **kein allgemeines Recht, alle Räume zu betreten, in jeden Schrank und jeden Ordner zu schauen.** Zutrittsberechtigungen für Räume werden bspw. durch Schlösser und die sinnvolle Vergabe der dazugehörigen Schließberechtigung in Form eines Schlüssels an die zutrittsberechtigten Mitarbeiter vergeben. Die Übergabe des Schlüssels an den Mitarbeiter ist zu quittieren und die Quittung mit einem vom Mitarbeiter unterschriebenen Übergabeschein in der Personalakte zu hinterlegen. Ergänzend kann ein Eintrag im Schlüsselbuch vorgenommen werden. Verlässt der Mitarbeiter das Unternehmen, hat dieser den Schlüssel zurückzugeben. Der Erhalt ist zu quittieren und der Schlüssel an einem sicheren Ort aufzubewahren.

Dieser einfache Prozess stellt eine organisatorische Maßnahme dar, die so in gleicher Weise auch **technisch in der Datenverarbeitung abgebildet** wird. Mitarbeiter bekommen Berechtigungen, Zugriff auf Applikationen, Administratoren bekommen spezielle Berechtigungen für die Verwaltung der IT-Systeme uvm. Die Vergabe, der Wechsel oder das Entziehen der Berechtigungen sollten nachhaltig dokumentiert werden. Dies ergibt sich aus der Anwendung der Rechenschaftspflicht der DS-GVO ebenso wie aus den Compliance-Anforderungen (zB IKS als Teil des ordnungsgemäßen Geschäftsbetriebs, § 93 AktG) und auch aus den Normen und Regeln der Informations- und IT-Sicherheit (ISO 27001 u.a.) sowie den Grundsätzen ordnungsgemäßer Buchführung (allg. → Form. E. I.).

Das **Berechtigungskonzept** beschreibt das Zusammenspiel zwischen Rollen, Benutzern und Gruppen und die mit diesen Rollen verbundenen Eigenschaften zur Steuerung von Rechten für Zutritt (zu Räumen mit Systemen), sowie für Zugang und Zugriff auf Systeme. Eine Rolle steht in direkter Verbindung mit der auszuübenden Tätigkeit einer Person und muss mit dem verantwortlichen Manager (Abteilungsleiter) abgestimmt werden. Das generelle Prinzip für die Vergabe aller Berechtigungen ist das Need-to-know-Prinzip (Einsicht nur wo nötig; BSI IT-Grundschutz Kompendium2.2023 2. Gefährdungslage, 3. Anforderungen). Aufgrund gesetzlicher und betrieblicher Vorgaben sind Rollentrennungen vorzunehmen. Dabei sind Rollenkonflikte, Funktionen und nicht miteinander vereinbare Rollen zu vermeiden. Rollenzuordnungen werden durch die unternehmensinterne verantwortliche Abteilung in Persona durch den verantwortlichen Manager (Abteilungsleiter) vergeben und dokumentiert (diese Aufgaben können delegiert werden, die Verantwortung verbleibt beim Abteilungsleiter). Jedem Benutzer muss eine eigene Benutzerkennung mit Kennwort zugeordnet sein. Es dürfen nicht mehrere Benutzer unter derselben Kennung (sog. Gruppenkennungen) arbeiten. Gruppenkennungen sind grundsätzlich nicht zu verwenden, da dadurch keine eindeutige Nachvollziehbarkeit im Fehler- oder Missbrauchsfall möglich ist. Gruppenkennungen werden oft eingesetzt, um Lizenzkosten zu sparen. Die Rechtmäßigkeit dieser Art der Nutzung kann im Lizenzvertrag der Software ausgeschlossen sein.

**Gruppen** dienen der Verbesserung der **Übersicht** zu Berechtigungen und **vereinfachen** die IT-Administration. Benutzer werden Gruppen zugeordnet. Gruppen stehen in direkter Verbindung zu einer Rolle in dem Sinne, dass Berechtigungen auf Objekte/ Daten/Ansichten durch eine Rolle (zB Sachbearbeiter oder Administration) und der Zugehörigkeit zu einer Abteilung (zB Finanzbuchhaltung) gebildet werden. Ein Benutzer kann, unter Berücksichtigung der Rollentrennung, mehreren Gruppen zugeordnet sein. Von der Vergabe von Einzelberechtigungen auf Objekte/Daten/Ansichten wird abgeraten, da diese zu hohem Komplexitätsgrad führen, schwer dokumentiert und somit nicht nachvollziehbar gepflegt werden können. **Organisatorische Regelungen** für die Einrichtung von Benutzern, Gruppen und Rollen sind die **Voraussetzung** für eine angemessene Vergabe von Zugriffsrechten und für die Sicherstellung **eines geordneten und kontrollierten IT-Betriebs.**

Die Ergebnisse werden in einem Berechtigungskonzept schriftlich dokumentiert:
- Welche Abteilung ist für die Zuordnung der Berechtigung zuständig?
- Welcher Abteilungsleiter ist **verantwortlich?**
- Welche Rolle, unter Beachtung der **Funktionstrennung,** ist mit welchen Zugriffsrechten/Gruppenzuordnungen ausgestattet?
- Welche Person nimmt welche Rolle/Funktion wahr?
- Welche Gruppen sind eingerichtet?
- Welche **Rollenkonflikte** wurden festgestellt?

Eine Liste der Rollenkonflikte in Form einer Matrix bietet eine übersichtliche Form der Darstellung, → Form. E. I. 4.

Das folgende Formular zur Prüfung von Berechtigungskonzepten dient der **inhaltlichen wie auch der prozessorientierten Prüfung eines allgemeinen Berechtigungskonzepts** für Unternehmen oder Behörden.

### Prüfliste zur Inhaltsprüfung von Berechtigungskonzepten

Die Prüfung des Berechtigungskonzepts erstreckt sich auf mehrere Dokumente,[1] welche im Zusammenhang mit den Rollen und Berechtigungskonzepten stehen. Mitarbeiter erhalten Basisberechtigungen,[2] sowie Zugriff auf spezielle Fachapplikationen. Administratoren erhalten höher privilegierte, administrative Berechtigungen[3] für die Systemverwaltung. IT-Systeme erhalten Berechtigungen, um untereinander zu kommunizieren. Die Vergabe, der Wechsel oder das Entziehen der Berechtigungen muss nachhaltig dokumentiert werden. Die nachfolgenden Regelungen definieren die inhaltlichen Prüfpunkte zur Prüfung des Berechtigungskonzepts und der mitgeltenden Dokumente.

§ 1 Geltungsbereich

(1) Dieses Berechtigungskonzept ist verbindlich für alle Mitarbeiter oder spezielle Bereiche [des Unternehmens]. Es gilt ebenso für alle eingesetzten externen Dienstleister und deren Mitarbeiter sowie für alle [ODER: speziell benannte] informationsverarbeitenden Systeme (IT, Hardware, Software, Anwendungen etc). Sofern Kundendaten[4] oder klassifizierte Dokumente und Informationen verarbeitet werden, so ist dies ebenfalls hier zu vermerken.

(2) Das Dokument ist offiziell im Unternehmen freigegeben und von den Verantwortlichen genehmigt.

§ 2 Gegenstand

Das Dokument beschreibt das allgemein gültige Berechtigungskonzept, das der Berechtigungsvergabe, Berechtigungsänderungen und dem Berechtigungsentzug für die Mitarbeiter des jeweiligen Unternehmens zugrunde liegt. Es beschreibt (ggf. in einem gesonderten Dokument oder einer Software-Anwendung)[5] den Prozess und das Verfahren zur Vergabe und Genehmigung von Berechtigungen. In Listen werden darüber hinaus die vergebenen Rollen und Funktionen den jeweiligen Benutzern zugeordnet (nachfolgende Liste ist beispielhaft).

| | | | | Mitarbeitername und Rolle | Mitarbeitername und Rolle | Mitarbeitername und Rolle | Kompensierende Kontrollen[6] |
|---|---|---|---|---|---|---|---|
| Portokasse | | | | | | | |
| a) | führt Barauszahlungen durch | | | | | | |
| b) | prüft Kassenbestand | | | | | | |
| c) | füllt Kasse mit Bargeld auf | | | | | | |
| d) | pflegt Kassenaktivitäten im Hauptbuch | | | | | | |
| Vorschläge für Best Practices | | | | | | | |
| | Im Allgemeinen sollte eine Person zur Kassenüberwachung ernannt werden. Diese Person zahlt aus der Portokasse aus und prüft Belege zur Auszahlung. | | | | | | |
| | Die Person, die die Kasse überwacht, sollte keinen Zugang zum Hauptbuch und kein Recht zum Auffüllen der Kassenbestände haben. | | | | | | |
| | Portokassenprüfungen sollten auf periodischer Basis von jemandem durchgeführt werden, der vom gesamten Prozess der Portokasse unabhängig ist. | | | | | | |

§ 3 Zielsetzung

Ziel des Berechtigungskonzepts ist die Kontrolle des geregelten Zugangs und Zugriffs auf Informationen. Befugten Benutzern soll der Zugang und Zugriff zu Informationen in Systemen gesichert ermöglicht und unbefugter Zugang und Zugriff unterbunden werden.

§ 4 Begriffsdefinitionen[7]

(1) Benutzer: Ein Benutzer ist eine Person, die im Unternehmen mit IT-Systemen und -Ressourcen (zB Verzeichnisse, Dateien, Programme) arbeitet und diese benutzt.

(2) Benutzerkonto: Für jeden Benutzer sind ein oder mehrere Benutzerkonten mit bestimmten Eigenschaften vorhanden. Diese Eigenschaften werden über Attribute festgelegt. Ein Benutzerkonto darf nur einem Benutzer zugeordnet sein.

(3) Berechtigungen: Eine Berechtigung regelt den Zugriff auf Ressourcen und legt fest, welche Aktionen (zB Lesen, Schreiben, Ändern) ein Benutzer mit dieser Ressource ausführen kann. Für unterschiedliche Objekte wie bspw. Dateien, Verzeichnisse oder Programme können einzelnen Benutzern, Gruppen oder Rollen Berechtigungen zugeordnet werden.

(4) Principal of Least Privilege (POLP): Allgemein gilt das Prinzip der geringsten Berechtigung. Dieses besagt, dass ein Benutzer nur mit den Berechtigungen ausge-

stattet wird, welche er für die Erfüllung seiner dienstlichen Aufgaben benötigt. Sollten sich für seine Aufgaben weitergehende Anforderungen ergeben, werden die Berechtigungen nach Genehmigung durch die verantwortliche Stelle (Vorgesetzter, Abteilungsleiter, sonstige Führungskraft) erweitert.

(5) Gruppe: Zur Übersicht über die vergebenen Berechtigungen und der Gewährleistung einer möglichst einfachen Administration werden Gruppen definiert. Diese Gruppen können mehrere Berechtigungen und Benutzer zusammenfassen, sodass alle Mitglieder einer Gruppe über dieselben Befugnisse verfügen. Dadurch entfällt die aufwendige und fehleranfällige Zuweisung von einzelnen Berechtigungen zu einem Benutzer. Daher ist eine Zuordnung von Berechtigungen zu Gruppen vorzugswürdig gegenüber der Zuordnung von Berechtigungen zu einzelnen Benutzern.

(6) Rolle: Die Rolle bildet die Grundlage für die Einordnung eines Benutzers in das Berechtigungskonzept. Hierüber wird festgelegt, welche Aufgaben er wahrnimmt und welche Berechtigungen er dazu benötigt. Eine Rolle repräsentiert somit die Funktion des Benutzers im Unternehmen und muss mit der verantwortlichen Stelle (siehe zuvor) abgestimmt werden. Abweichend davon kann eine Rolle aus technischer Sicht (als Dienst) definiert sein, zB Internetbenutzer oder Postfachverwalter. Bezieht sich die Rollensicht auf die Organisation, so können andere Bezeichnungen angewandt werden, zB Kassenverwalter oder Sachmittelverwalter. Basiert die Organisation des Unternehmens auf einer Regionssicht, so kann sich die Rolle auf Niederlassungen, Vertriebsregionen oder Länder und Orte beziehen. Die gewählte Rollensicht ist abhängig von den spezifischen Anforderungen des Unternehmens und differiert von Branche zu Branche.

Jede Rolle beinhaltet drei wesentliche Eigenschaften:

- Welche Funktionen sind verfügbar? Beispiel: Rechtevergabe in der Administration, Dateneingaben der Sachbearbeiter.
- Zu welchen Daten ist der Zugriff gestattet? Beispiel: Firmendaten, personenbezogene Daten, Vertragsdaten, Projektdaten.
- Was darf mit den Daten gemacht werden, auf die zugegriffen werden darf? Lesen, schreiben, verändern, löschen.

Es ist möglich, dass ein Benutzer mehrere Rollen wahrnimmt. Aufgrund gesetzlicher- oder betrieblicher Vorgaben ist es jedoch notwendig, in bestimmten Fällen eine Rollentrennung („Segregation of Duties") vorzunehmen. Dabei wird festgelegt, welche Rollen nicht miteinander vereinbar sind und daher nicht von einer Person gleichzeitig wahrgenommen werden dürfen (zB Rechnungsfreigabe und Zahlungsanweisung). Es empfiehlt sich va, die Trennung zwischen der operationellen und kontrollierenden Rolle einzurichten (zB Anwendungsprogrammierung und Qualitätskontrolle), um eine Selbstkontrolle zu unterbinden. Diese Rollentrennungen sind grundlegend wichtig, da sie Missbrauchs- und Betrugsfälle minimieren und auch gesetzlich vorgeschrieben sind.[8]

(7) Organisatorische Anforderungen: Um eine zuverlässige Verwaltung der Berechtigungen zu gewährleisten, müssen zunächst grundlegende organisatorische Abläufe in Form von definierten Prozessen eingerichtet werden.

(8) Zugriffsrechte: Zugriffsrechte beschreiben organisatorische Anforderungen an die Verwaltung (Administration) von Benutzern, Gruppen, Rollen oder Berechtigungen sowie die nachhaltige Dokumentation.

§ 5 Prüfung der einzelnen Phasen der Berechtigungsverwaltung

(1) Definition der Zugriffsrechte: Systemtechnische Rollen und deren Aufgaben müssen durch die verantwortlichen Stellen (Management, Geschäftsführung) definiert werden. Daraus ergibt sich die Festlegung von Zugriffsrechten auf unterschiedliche Ressourcen und deren Zusammenfassung zu Gruppen.

Die nachfolgenden Fragestellungen müssen eindeutig beantwortet werden können:

| Fragestellung |
|---|
| Welche Rollen gibt es? |
| Welche Berechtigungen sind für die Wahrnehmung der Aufgaben notwendig? |
| Welche Rollenkonflikte sind möglich? |
| Welche Aufgaben hat eine Rolle? |
| Zu welchen Gruppen können diese Berechtigungen zusammengefasst werden? |
| Welche Rollen/Aufgaben/Berechtigungen können zusammengefasst werden? |

Sollten im späteren Verlauf weitere bzw. neue Rollen identifiziert werden, so sind diese ebenfalls unter den genannten Fragestellungen zu betrachten.

(2) Zuweisung der Zugriffsrechte: Jeder Benutzer wird durch die verantwortliche Stelle mindestens einer Rolle zugeordnet und erhält damit die für seine Tätigkeit erforderlichen Rechte. Es dürfen immer nur die Zugriffsrechte vergeben werden, die für die Aufgabenwahrnehmung des einzelnen Benutzers notwendig sind (Principal of Least Privilege). Dabei ist die Einhaltung der Rollentrennung zu beachten. Die Zuweisung der Zugriffsrechte ist in entsprechenden Prozessübersichten dokumentiert.

Jedem Benutzer muss eine eigene Benutzerkennung mit Kennwort zugeordnet sein. Es dürfen nicht mehrere Benutzer unter derselben Kennung arbeiten.

Falls Zugriffsberechtigungen vergeben werden, die über die zugeteilten Standardberechtigungen der Rollen hinausgehen, ist dies von der jeweils verantwortlichen Stelle zu veranlassen und begründet zu dokumentieren.

Sofern temporäre Berechtigungen zum Einsatz kommen, ist sicherzustellen, dass dies nur geschieht, wenn es erforderlich ist und dass diese Berechtigungen sorgfältig überwacht werden. Der ordnungsgemäße Entzug (Beendigung) der Berechtigung ist zu überwachen und zu dokumentieren.

(3) Administration der Zugriffsrechte: Es ist festzulegen,[9] aufgrund welcher Veranlassung Benutzerkonten, Rollen, Berechtigungen etc administriert werden. Bei der Administration sind Unternehmensvorgaben[10] und allgemeine Sicherheitsempfehlungen[11] des Unternehmens und gängiger Normen und Standards[12] zu beachten.

(4) Kontrolle der Zugriffsrechte: Um die Aktualität der Berechtigung zu gewährleisten und Missbrauch zu vermeiden, sind die Berechtigungen regelmäßig[13] zu überprüfen.

(5) Benutzung von privilegierten Benutzerkonten: Die Benutzung und Aktualität privilegierter Benutzerkonten, dh Konten mit erweiterten Rechten und Berechtigungen wie etwa Administratoren, sind regelmäßig[14] zu überprüfen.

(6) Named Admin Konzept: Jede administrative Kennung kann eindeutig einem Mitarbeiter oder externen Dienstleister mit beauftragten administrativen Tätigkei-

ten oder Systemdiensten zugeordnet werden. Die Nutzung eines Kontos von mehreren Mitarbeitern[15] ist stets zu vermeiden, da hier keine Nachvollziehbarkeit gegeben ist. Eine entsprechende Dokumentation ist vorhanden.

(7) Regelung zum Umgang mit administrativen Kennungen: Eine Regelung zum Umgang mit administrativen (höher privilegierten) Rechten und Berechtigungen ist in schriftlicher Form zu dokumentieren. Administrative Konten haben aus der Funktionalität heraus Zugriff auf alle Details eines IT-Systems, einer Anwendung oder Datenbank, für die diese Berechtigung vergeben wurde. Eine besondere Verpflichtung zur regelmäßigen Kontrolle durch neutrale Instanzen (interne Revision, Wirtschaftsprüfer, Auditoren) ist daher unverzichtbar.

(8) Regelung zum Umgang mit technischen Benutzern (Systemaccounts, Dienstkonten): Dienstkonten verfügen über die mit Abstand umfangreichsten Rechte und Berechtigungen. Diese müssen separat von anderen Rollen und administrativen Konten angelegt werden und die Passwörter hierzu stets nur den verantwortlichen Personen bekannt sein. Eine Hinterlegung in einem verschlossenen Umschlag im Tresor oder digital verschlüsselt in einer entsprechenden Passwort-Sicherungssoftware ist notwendig. Diese Konten dürfen keinesfalls für die Administration verwendet werden oder deren Passworte der Administration bekannt sein.

(9) Fehlgeschlagene Zugriffsversuche (Berechtigungsverstöße): Sofern verdächtige bzw. unregelmäßige Zugriffe auf Verzeichnisse, Dateien oder die Registrierung festgestellt wurden, ist das jeweilige Sicherheitsprotokoll der Anwendung zu überprüfen. Werden Auffälligkeiten[16] oder Berechtigungsverstöße festgestellt, muss deren Ursache ermittelt werden. Dazu muss vorab festgelegt werden, ab wann Ereignisse als auffällig anzusehen sind.

(10) Unbenutzte Benutzerkonten: Es ist sicherzustellen, dass inaktive Benutzerkonten nach einem angemessenen Zeitraum[17] gesperrt bzw. vom System gelöscht werden.

(11) Benutzer- und Gruppenberechtigungen: Die Rollen- und Gruppenmitgliedschaften sind zu überprüfen, wenn sich die Aufgabe oder die Organisationseinheit eines Benutzers ändert.

(12) Zeitlich beschränkte Berechtigungen: Gelten bestimmte Berechtigungen nur für einen gewissen Zeitraum, müssen diese Berechtigungen regelmäßig[18] überprüft werden, um zu gewährleisten, dass sie fristgerecht wieder entzogen werden.

(13) Sicherheitsbewusstsein: Es ist sicherzustellen, dass die verantwortlichen Stellen (Abteilungsleiter, Geschäftsführung, Behördenleitung) von Dateien und Verzeichnissen ihrer Verpflichtung nachkommen und anderen Benutzern nur dann Zugriff gewähren, wenn dies erforderlich ist.

(14) Entzug der Zugriffsrechte: Arbeitet eine Person nicht länger mit den IT-Systemen, zB weil der Mitarbeiter das Unternehmen verlässt (Kündigung, Ruhestand, Zeitarbeiter, externer Dienstleister), so ist in einem definierten Verfahren sicherzustellen, dass alle verbundenen Berechtigungen aus den IT-Systemen entfernt bzw. dauerhaft gesperrt werden.

(15) Dokumentation der Zugriffsrechte: Zur Gewährleistung der Nachvollziehbarkeit und Verantwortlichkeiten bei den Zugriffsrechten sind die jeweiligen Ergebnisse zu dokumentieren und sollten die folgenden Informationen enthalten.

| |
|---|
| Definition: |
| Welche Stelle bzw. Person ist für die Definition und Zuweisung der jeweiligen Rolle verantwortlich? |
| Welche Rollen wurden nach welchem Berechtigungskonzept definiert? |
| Welche Rolle ist mit welchen Zugriffsrechten oder Gruppenzuordnungen ausgestattet? |
| Welche Rollenkonflikte können entstehen und wie sind sie dokumentiert? |
| Zuweisung: |
| Welche Rolle ist Personen zugeordnet? |
| Welche Berechtigungen einer Person ergeben sich über die Rollenzuweisung? |
| Unterliegen die Benutzerkennungen einer einheitlichen Semantik? |
| Welche Benutzerkennung verwendet eine Person? |
| Sind Konflikte bei der Zuweisung von Rollen aufgetreten und wie wurden diese gelöst? |
| Welche zusätzlichen Rechte (Einzelberechtigungen) sind Benutzern zugewiesen worden? |
| Welche Berechtigungen sind zeitlich begrenzt? |
| Administration: |
| Welche administrativen Aufgaben sind für die jeweilige Rolle notwendig? |
| Wird das definierte Freigabeverfahren zur Beantragung, Festlegung und Veränderung von Zugriffsrechten angewendet? |
| Wurden die administrativen Aufgaben konkret durchgeführt? (Nachvollziehbarkeit, zB Ticketsystem) |
| Kontrolle: |
| Welche Kontrollen wurden seit der letzten Prüfung durchgeführt? |
| Liegen dokumentierte Ergebnisse dieser Kontrollen vor? |
| Wurde bei festgestellten Abweichungen die verantwortliche Stelle nachweislich informiert? |
| Welche Maßnahmen wurden eingeführt, um die Abweichungen künftig zu beheben/minimieren? |
| Entzug: |
| Welchen Personen wurden welche Berechtigungen entzogen? |
| Ist der Entzug der Berechtigung nachvollziehbar? |

(16) Anmeldevorgang: Der Anmeldevorgang eines Benutzers muss die nachfolgenden Mindestanforderungen erfüllen:

- Authentifizierung des Benutzers erfolgt durch Eingabe von Benutzername und Kennwort.
- Benutzername und Kennwort werden gemäß den Unternehmensrichtlinien erstellt.

- Die Autorisierung auf Dateien, Verzeichnisse oder Programme erfolgt nach erfolgreicher Authentifizierung anhand der Rollenzuordnung.
- Die Authentifizierung muss so gestaltet sein, dass ein Benutzer eindeutig identifiziert und einem Benutzerkonto zugeordnet werden kann. Die Authentifizierung muss vor jeder anderen Interaktion zwischen System und Benutzer erfolgen. Die Authentifizierungsinformationen müssen so gespeichert sein, dass nur autorisierte Benutzer darauf Zugriff haben.

(17) Kontrolle der Protokolldateien: Die Protokollierung hat die Zielsetzung, den ordnungsgemäßen Betrieb zu überwachen, Fehlerzustände möglichst frühzeitig zu erkennen und den ordnungsgemäßen Umgang mit informationstechnischen Einrichtungen zu dokumentieren. Fehlgeschlagene Anmeldeversuche können auf die Nichtbeachtung des Berechtigungskonzepts oder Manipulationsversuche hindeuten. Protokollaufzeichnungen müssen daher regelmäßig geprüft werden.

## Anmerkungen

**1. Mitgeltende Dokumente.** Zur Prüfung herangezogen werden alle wesentlichen Dokumente zum Berechtigungskonzept. Dies sind u.a. eine Leit-/Richtlinie zum Umgang mit Berechtigungen, das Berechtigungskonzept, die Prozess- und Verfahrensbeschreibungen sowie die Rollen- und Berechtigungsmatrix mit den ausgewiesenen Rollenkonflikten.

**2. Basisberechtigungen.** In Unternehmen werden jedem Mitarbeiter ein System- und ein Mail-Account zugewiesen. Dieses Bereitstellen von Benutzerberechtigungen (auch Provisionierung bzw. Provisioning genannt) ist ein äußerst wichtiger Bestandteil innerhalb der IT-Systemverwaltung, die in der IT-Betriebsorganisation angesiedelt ist und eine direkte Schnittstelle zur Personalabteilung bildet. Sie befasst sich mit der Verwaltung der Benutzer, deren Rechten, Berechtigungen und (berechtigten) Ressourcen, der Bereitstellung von Kommunikationsverbindungen zu IT-Systemen (Hardware, Software, Dienste und Anwendungen). Ziel ist die Schaffung eines sicheren und effektiven Managementsystems zur Bereitstellung der Berechtigungen und Ressourcen, um so den richtigen Personen zur richtigen Zeit die richtigen Ressourcen zur Verfügung zu stellen. Im Rahmen der Provisionierung (Bereitstellung) werden die Eingabe, die laufende Pflege und der Entzug der Anwenderkonten für jeden einzelnen Benutzer der Soft- und Hardware-Ressourcen durchgeführt und überprüft. Die Verwaltung der Benutzeridentität und der Zugangs- und Zugriffskontrolle für die von Benutzern genutzten Ressourcen obliegt der IT-Abteilung. Die Zuweisung der Nutzungsrechte der Ressourcen aufgrund von Abteilungszugehörigkeit obliegt dem verantwortlichen Abteilungsleiter und kann in den IT-Systemen durch Gruppenzugehörigkeiten abgebildet werden.

**3. Administrative Berechtigungen.** Als administrative Tätigkeiten werden technische Verwaltungstätigkeiten (zB an IT-Komponenten, Servern, Anwendungen, Diensten und Netzwerken) unter Verwendung von besonderen (privilegierten) Zugriffsrechten auf Informationen oder Konfigurationsdaten verstanden und bezeichnet.

**4. Kundendaten.** Vertragliche oder gesetzliche Festlegungen haben Vorrang vor den Festlegungen des Dokuments und können ggf. abweichen.

*Müller*

**5. Prozessdokumentation.** In vielen Unternehmen werden Prozessabläufe und Verfahren auf unterschiedliche Art und Weise dokumentiert. Neben der einfachen Form in einem Textverarbeitungs- oder Präsentationsprogramm können Prozessabläufe in einer speziellen Softwareanwendung in Bild und Schrift dokumentiert sein.

**6. Kompensierende Kontrollen.** Kompensierende Kontrollen sind nötig, um mangelnde Funktionstrennungen zu identifizieren und Missbrauch oder Betrug zu verhindern. Kompensierende Kontrollen sind detektiver Natur, kommen also erst nach Beendigung einer Transaktion zum Einsatz.

**7. Begriffsdefinitionen.** Eine klare und durchgängige Anwendung der verwendeten Begriffe ist notwendig, um die korrekte Anwendung des Berechtigungskonzepts sicherzustellen. Die Definition und Zuweisung von Rollen und Berechtigungen ist notwendig, um festzulegen, welche Berechtigungen die Mitarbeiter für ihre Aufgaben benötigen. Zudem wird dadurch die Dokumentation, welche Personen auf welche Ressourcen zugreifen können, ermöglicht. Ordnungsgemäße Berechtigungen vereinfachen administrative Aufgaben und verbessern die Sicherheit der IT-Systeme.

**8. Gesetzliche Vorschriften zur Rollentrennung.** Insbesondere in Abteilungen mit Rechnungslegungs- und Zahlungsanweisungsvorgängen kann eine fehlende Trennung von Berechtigungen folgenschwere Auswirkungen haben. Ein funktionierendes und aktuelles Berechtigungssystem ist ein wesentlicher Faktor zur Verhinderung betrügerischer Handlungen. Das Bilanzrechtsmodernisierungsgesetz (BilMoG) schreibt Unternehmen eine Stärkung des internen Kontrollsystems (IKS) vor, um so vor Wirtschaftskriminalität zu schützen. Neben einem ordnungsgemäßen IKS gehören dazu die Überwachung der vergebenen Berechtigungen in den Systemen sowie die Erfüllung der Anforderungen der GoBD.

**9. Festlegung der Zugriffsrechte.** Zugriffsrechte werden von den verantwortlichen Abteilungsleitern festgelegt.

**10. Unternehmensvorgaben.** Unternehmensvorgaben ergeben sich aus gesetzlichen Vorgaben wie § 93 AktG zum ordnungsgemäßen Geschäftsbetrieb und der Einführung eines internen Kontrollsystems und sind in Verfahrensanweisungen der Fachabteilungen dokumentiert.

**11. Allgemeine Sicherheitsempfehlungen.** → Form. E. I. 1. und → Form. E. II. 1.

**12. Normen und Standards.** → Form. E. I. 1.

**13. Regelmäßige Kontrolle.** Die verantwortliche Abteilungsleitung muss überprüfen, ob die dem Mitarbeiter zugeteilten Rechte nur die für die Aufgabe notwendigen Berechtigungen beinhaltet. Prüfungen erfolgen jährlich im Rahmen der Jahresabschlussprüfung durch den Steuerberater oder Wirtschaftsprüfer und unterjährig durch die interne oder externe Revision – falls zutreffend im Rahmen von Zertifizierungsaudits durch den Auditor einer Zertifizierungsstelle.

**14. Regelmäßige Kontrolle.** Die verantwortliche IT-Leitung muss überprüfen, ob die Administrationsrechte der IT-Mitarbeiter nur die für die Aufgabe notwendigen Berechtigungen enthalten. Die falsche Vergabe von zu vielen Berechtigungen kann bspw. dazu führen, dass Administratoren von Mailsystemen in der Lage sind, alle Mail-Inhalte zu lesen oder gar zu löschen. Der Verantwortliche haftet unter Umständen nach Art. 82 DS-GVO bei unrechtmäßigem Zugriff auf personenbezogene Daten.

**15. Nutzung eines Kontos von mehreren Mitarbeitern.** Die Nutzung eines Benutzerkontos durch mehrere Benutzer wird im Fachjargon als Gruppenkonto bezeichnet. Hier kann es zur Verwechslung kommen, da der Begriff Gruppe mehrere gleichartige Benutzerkonten zusammenfasst und somit die Verwaltung dahingehend vereinfacht, dass Regelsätze auf eine solche Gruppe für alle darin befindlichen Benutzerkonten gültig sind. Bei der Nutzung eines einzigen Benutzerkontos durch mehrere Benutzer ist eine Nachvollziehbarkeit nicht mehr gegeben, da nicht festgestellt werden kann, welcher der Benutzer eine Konfiguration, Buchung oder andere Transaktion durchgeführt hat. Betrugsfälle sind so nicht aufzudecken. Diese Art der Gruppenkonten wird oft verwendet, um Lizenzkosten zu sparen. Die Rechtmäßigkeit einer solchen Nutzung ist in den Lizenznutzungsverträgen zu prüfen.

**16. Auffälligkeiten.** Zugriffe auf sensible oder geschäftskritische Verzeichnisse oder Anwendungen können in IT-Systemen durch Log-Dateien protokolliert werden. Hier können Auffälligkeiten erkannt werden, bspw. durch fehlgeschlagene Zugriffsversuche auf Gehaltsunterlagen.

**17. Angemessener Prüfungszeitraum.** Verlassen Mitarbeiter mit Berechtigungen in den IT-Systemen das Unternehmen, muss sichergestellt sein, dass sie nicht mehr auf ihre Benutzerkonten zugreifen können. Unternehmen verfügen über eine Vielzahl von verteilten IT-Systemen mit Fachanwendungen, die über eigene Berechtigungssysteme verfügen. In der Prüfung wird in allen Systemen kontrolliert, ob alle ausgetretenen Mitarbeiter seit der letzten Prüfung keine Berechtigungen mehr in diesen Systemen haben. Je nach Geschäftskritikalität und den damit für das Unternehmen verbundenen Risiken ist eine solche Prüfung regelmäßig, zB quartalsweise, durchzuführen.

**18. Regelmäßige Prüfung.** Zeitlich beschränkte Benutzerkonten werden an Zeitarbeiter, externe Dienstleister oder Mitarbeiter mit befristeten Verträgen vergeben. In Abhängigkeit von einem technischen Automatismus (zeitlich definierbarer Ablauf) hat eine Prüfung einmal jährlich zu erfolgen und ist Gegenstand der Jahresabschlussprüfung durch den Steuerberater oder Wirtschaftsprüfer.

## V. Datenschutz im Krisen- und Notfallmanagement

Die Notwendigkeit zur Vorsorge gegen Störungsereignisse und die Planung des Umgangs mit solchen Störungsereignissen in Organisationen ist ein wichtiges Element des Geschäftsbetriebs. Das zeigt sich bspw. an den Auswirkungen weltweiter Pandemien (wie zuletzt COVID-19), regionaler Ereignisse (wie Bränden oder Überschwemmungen) oder dedizierter, den Geschäftsbetrieb gefährdender Cyberangriffe. Solcher Art von Ereignissen gegenüberzutreten ist die Kernaufgabe des Business Continuity Managements. Ziel des BCM ist es, den Fortbestand einer Organisation während und nach einer Krise zu gewährleisten. Neben den wirtschaftlichen Schäden, die diese Art von Ereignissen mit sich bringen, sind insbesondere die Aufrechterhaltung des Betriebs, die IT-Sicherheit, der Datenschutz und die Informationssicherheit zur Wahrung von Geschäftsgeheimnissen zu berücksichtigen. Die Organisation möglicher Großschadensereignisse soll vorbereitet werden, indem geregelte Prozesse für die Bewältigung einer Krise im Vorfeld festgelegt werden.

Die internationale Norm ISO 22301:2019 (deutsche Version DIN EN. ISO 22301:2020) beschreibt ein Managementsystem zur Aufrechterhaltung des Geschäftsbetriebs und zur Steigerung der Resilienz gegen Störungsereignisse. Ein hoher Grad an Steigerung der Organisationssicherheit kann zusätzlich durch die Berücksichtigung der internationalen Norm ISO/IEC 27001:2022 (deutsche Version DIN EN ISO/IEC 27001:2024) zur Informationssicherheit erreicht werden. Ein Informationssicherheitsmanagementsystem (ISMS) nach ISO/IEC27001:2022 muss in den Controls 5.29, 5.30 und 8.14 des Anhangs zur Norm erweiternde Anforderungen an das BCM berücksichtigen. Wesentlich ist, dass im ISMS die Informationssicherheitsaspekte für das BCM ermittelt und umgesetzt werden müssen. Die Pflicht zur Einführung bestimmter Maßnahmen des BCM ergibt sich auch aus Art. 32 Abs. 1 DS-GVO im Rahmen der Schutzziele von personenbezogenen Daten. Denn neben der Fähigkeit, die Vertraulichkeit und Integrität der personenbezogenen Daten sicherzustellen, werden auch die Verfügbarkeit der Daten und die Belastbarkeit von Infrastruktur, Systemen und Diensten explizit genannt (Art. 32 Abs. 1 lit. b DS-GVO). Die datenschutzrechtliche Norm stellt somit eine Anforderung an Unternehmen dar, auch in Krisensituationen die Sicherheit und Verfügbarkeit der Datenverarbeitung zu gewährleisten. Zusätzlich müssen Verantwortliche sicherstellen, dass die Verfügbarkeit der personenbezogenen Daten und der Zugang zu ihnen bei einem physischen oder technischen Zwischenfall rasch wiederhergestellt werden (Art. 32 Abs. 1 lit. c DS-GVO).

Unabhängig vom Eintritt einer Krise ist es für Organisationen von hoher Wichtigkeit, neben dem Datenschutz auch den Schutz von Geschäftsgeheimnissen aufrechtzuhalten. Einen entsprechenden Rahmen liefert in diesem Zusammenhang ein Informationssicherheitsmanagementsystem bspw. auf Basis der ISO/IEC 27001:2022 oder ein Business Continuity Managementsystem auf Basis der ISO 22301:2019, um die Anforderungen aus § 2 Nr. 1 lit. b iVm § 4 Abs. 1 Nr. 1 GeschGehG zu berücksichtigen. Bei der Auswahl der entsprechenden technischen und organisatorischen Maßnahmen ist der Stand der Technik für den Einsatzzweck maßgeblich, um den Datenschutz und die Informationssicherheit zu gewährleisten (Art. 25 Abs. 1 S. 1 DS-GVO; → Form. E. II.).

Die Anforderung, dass Unternehmen auch in Krisensituationen den IT- und Geschäftsbetrieb aufrechthalten können sollten, ergibt sich also aus verschiedenen rechtlichen Maßgaben (vgl. auch Müller/Jaenichen/Lachenmann COVuR 2020, 627). Die Umsetzung der Schutzmaßnahmen betrifft im Wesentlichen fünf Bereiche, die im folgenden Muster unter den §§ 1–5 dargestellt werden. Die notwendigen Tätigkeiten werden nachfolgend als Fragebögen in Checklistenform dargestellt und sollen Verantwortliche dabei unterstützen, den Anforderungen des Datenschutzrechts auch in krisenartigen Situationen gerecht zu werden.

## Checkliste für Unternehmen zur Gewährleistung des Datenschutzes im Krisen- und Notfallmanagement

### § 1 Kritische Geschäftsprozesse ermitteln

**Im nachfolgenden Formblatt erfolgt die Zusammenstellung der kritischen Geschäftsprozesse, die für den Unternehmenserfolg/-bestand unabdingbar sind oder indirekt darauf einwirken. Die Einschätzung der Kritikalität ist für jeden Prozess einzeln vorzunehmen und zu dokumentieren.**

| Nr. | Bezeichnung des Prozesses | Beschreibung | Kritikalität[1] |
|---|---|---|---|
| | | | |
| | | | |
| | | | |
| | | | |
| | | | |
| | | | |
| | | | |
| | | | |
| | | | |
| | | | |
| | | | |
| | | | |
| | | | |
| | | | |
| | | | |

**Auf Basis der im obigen Formblatt ermittelten Geschäftsprozesse ist für jeden mindestens als kritisch eingestuften Prozess der nachfolgende Prozesssteckbrief auszufüllen.**

| | |
|---|---|
| Bezeichnung des Prozesses | |
| maximal tolerierbare Dauer der Störung[2] | |
| Zielzeitpunkt der Wiederherstellung[3] | |
| Mindestvoraussetzungen für den Notbetrieb[4] | |
| Personal[5] | |
| Ausstattung[6] | |
| System/Anwendung[7] | |
| Standort[8] | |
| Information[9] | |
| externe Stellen[10] | |
| maximal tolerierbare Dauer der Inaktivität[11] | |
| maximale tolerierbare Dauer des Notbetriebs[12] | |

§ 2 Vorbereitende Gefährdungsszenarien entwickeln

Orientiert am Gefährdungskatalog des BSI-Grundschutzes sind Gefährdungsszenarien zu entwickeln, die pro ermitteltem kritischen oder datenschutzrelevanten Prozess die Auswirkungen festhalten. Dabei sollen für die in § 1 aufgenommenen und als kritisch oder datenschutzrelevant eingestuften Prozesse die Auswirkungen möglicher Gefährdungen beschrieben werden. Hier sind die Schwere der Auswirkung (gering, mittel, hoch) und die explizite Auswirkung für die betrachtete Prozess-Asset-Gruppe zu bewerten.

| Gefährdungsart[13] | Bezeichnung des Prozesses: | | | | | |
|---|---|---|---|---|---|---|
| Auswirkungsdimension:[14] | Personal | Ausstattung | System/ Anwendung | Standort | Information | externe Stellen |
| Feuer | | | | | | |
| Pandemie/ Epidemie | | | | | | |

| Gefährdungsart[13] | Bezeichnung des Prozesses: | | | | | |
|---|---|---|---|---|---|---|
| Auswirkungsdimension:[14] | Personal | Ausstattung | System/ Anwendung | Standort | Information | externe Stellen |
| Wasser | | | | | | |
| Katastrophen/ Großereignisse im räumlichen Umfeld der Organisation Ausfall oder Störung der Stromversorgung | | | | | | |
| Ausfall oder Störung von Kommunikationsnetzen | | | | | | |
| Ausfall oder Störung von Versorgungsnetzen | | | | | | |
| Ausfall oder Störung von Dienstleistern | | | | | | |
| Ausspähen von Informationen (Spionage) | | | | | | |
| Offenlegung schützenswerter Informationen | | | | | | |
| Diebstahl/Verlust von Geräten, Datenträgern oder Dokumenten | | | | | | |
| Fehlplanung oder fehlende Anpassung | | | | | | |

| Gefährdungsart[13] | Bezeichnung des Prozesses: | | | | | |
|---|---|---|---|---|---|---|
| Auswirkungsdimension:[14] | Personal | Ausstattung | System/ Anwendung | Standort | Information | externe Stellen |
| Manipulation von Hard- oder Software/ Ressourcenmangel/ Personenausfall | | | | | | |
| Manipulation von Informationen | | | | | | |
| Unbefugtes Eindringen in IT-Systeme | | | | | | |
| Zerstörung von Geräten oder Datenträgern | | | | | | |
| Ausfall/ Fehlfunktionen von Geräten oder Systemen | | | | | | |
| Software-Schwachstellen oder -Fehler | | | | | | |
| Unberechtigte Nutzung oder Administration von Geräten und Systemen | | | | | | |
| Fehlerhafte Nutzung oder Administration von Geräten und Systemen | | | | | | |
| Missbrauch von Berechtigungen | | | | | | |

| Gefährdungsart[13] | Bezeichnung des Prozesses: | | | | | |
|---|---|---|---|---|---|---|
| Auswirkungsdimension:[14] | Personal | Ausstattung | System/ Anwendung | Standort | Information | externe Stellen |
| Anschlag | | | | | | |
| Nötigung, Erpressung oder Korruption | | | | | | |
| Identitätsdiebstahl/ Abstreiten von Handlungen | | | | | | |
| Missbrauch personenbezogener Daten | | | | | | |
| Verhinderung von Diensten (Denial of Service) | | | | | | |
| Sabotage | | | | | | |
| Social Engineering | | | | | | |
| Einspielen von Nachrichten | | | | | | |
| Schädliche Seiteneffekte IT-gestützter Angriffe | | | | | | |

§ 3 Sicherheit in der Datenverarbeitung einschätzen

Im Sinne des Datenschutzes muss auch während einer Krise sichergestellt sein, dass die bestehenden Sicherheitsstandards beim Verantwortlichen eingehalten werden und nicht zugunsten einer zügigen und dann meist überhasteten Abarbeitung der Krisensituation aufgegeben werden. Dies betrifft sowohl die technische Anbindung von Systemen als auch den Zugriff auf die hinterlegten Daten. Durch die Beantwortung der nachfolgenden Fragen soll eine Bewertung des Risikos für die Anfälligkeit der Organisation in einer Krise durchgeführt werden unter Beachtung des Standes der Technik. Dazu ist die jeweilige Ergebniszahl jeder Frage einzutragen und zuletzt zu addieren.

Systemzugang

1. Wie hoch ist der Grad an räumlicher Unabhängigkeit[15] bei der Tätigkeitsausübung?
   (1) Der überwiegende Teil der Tätigkeiten kann nur ortsgebunden durchführt werden.
   (2) ungefähres Gleichgewicht zwischen ortsunabhängigen und ortsgebundenen Tätigkeiten
   (3) Der überwiegende Teil der Tätigkeiten kann ortsunabhängig durchführt werden.
2. Wie hoch ist die Verbreitung von Homeoffice[16] beim Verantwortlichen?
   (1) Homeoffice ist ungeeignet für die Tätigkeit der Mitarbeiter.
   (2) Homeoffice ist nur für ausgewählte Mitarbeiter verfügbar oder die benötigte Hardware ist lagernd.
   (3) Jeder Mitarbeiter kann seine Tätigkeiten auch im Homeoffice durchführen und ist vollständig für diesen Fall mit der notwendigen Hardware ausgerüstet.
3. Welche Maßnahmen werden im Fall von Homeoffice zum Schutz vor Social Engineering[17] und Identitätsdiebstahl[18] eingesetzt?
   (1) Eigenverantwortung des ungeschulten Mitarbeiters
   (2) regelmäßige Unterweisung der Mitarbeiter, Basis IT-Schutz
   (3) geschulte Mitarbeiter, Vier-Augen-Prinzip[19] und gehärtete Systeme[20] sowie regelmäßige Sicherheitstests an Mensch und Maschine[21]
4. Wie sehr sind Ausweichstandorte vorgesehen und den Anforderungen entsprechend ausgestattet?
   (1) Es existieren keine Ausweichstandorte/eine Verlagerung an Ausweichstandorte ist aufgrund der Tätigkeiten keine Option.
   (2) Mitarbeiter können ihre Tätigkeiten an beliebigen internen und externen Standorten durchführen; diese sind ggf. nicht nach den Belangen der Mitarbeiter eingerichtet.
   (3) Ausweichstandorte existieren und sind für den Krisenfall ausgestattet (ausreichend Arbeitsplätze für die notwendige Kernbelegschaft inklusive aller Arbeits-, Kommunikations- und Versorgungsmittel).
5. Wie erfolgt der Zugang zu Organisationsressourcen?[22]
   (1) vollständig in einer sicheren (Private oder Public) Cloud, von außen erreichbar ohne zweiten Faktor oder
   teilweise in einer sicheren (Private oder Public) Cloud, teilweise On-Premise über VPN ohne zweiten Faktor oder vollständig On-Premise über VPN ohne zweiten Faktor.
   (2) vollständig in einer sicheren (Private oder Public) Cloud, von außen erreichbar mit Hardware-Token[23] oder teilweise in einer sicheren (Private oder Public) Cloud, teilweise On-Premise über VPN mit Hardware-Token oder vollständig On-Premise über VPN mit Hardware-Token.
   (3) vollständig in einer sicheren (Private oder Public) Cloud[24], von außen erreichbar mit Software-Token[25] oder teilweise in einer sicheren (Private oder Public) Cloud, teilweise On-Premise[26] über VPN mit Software-Token oder vollständig On-Premise über VPN mit Software-Token.
6. Sind ausreichend Hardware-Token/Lizenzen für Software-Token verfügbar,[27] um Mitarbeiter und Dienstleister auszustatten?

(1) Nein, eine kurzfristige Beschaffung ist ungeklärt/Einsatz nicht vorgesehen.
(2) Diese können kurzfristig beschafft werden; der Beschaffungsweg ist gesichert.
(3) ja

7. Wie wird ein regelmäßiges Back-up sichergestellt?
(1) Es werden keine zentralen Back-ups erstellt. Datensicherungen obliegen der Verantwortung der Mitarbeiter.
(2) Back-ups von Informationen und Systemen werden regelmäßig in einem für die Organisation angemessenen Maße erstellt und getestet. Der Vorgang bedarf manueller Eingriffe.
(3) Back-ups von Informationen und Systemen werden regelmäßig in einem für die Organisation angemessenen Maß erstellt und getestet. Der Vorgang erfolgt vollständig automatisiert. Die Ergebnisse werden nach jedem Back-up-Vorgang an die zuständigen Mitarbeiter berichtet.

8. Wie werden Systeme und Anwendungen aktuell gehalten, um bestehende Sicherheitsschwachstellen zu schließen?
(1) Aktualisierungen werden nicht im Rahmen eines geregelten Prozesses verteilt.
(2) Alle Aktualisierungen werden zeitnah manuell installiert, wenn sichergestellt ist, dass eine Aktualisierung die Systemsicherheit nicht negativ beeinflusst.
(3) Sicherheitsaktualisierungen werden umgehend automatisiert installiert. Funktions-Updates benötigen manuelles Eingreifen und werden zeitnah eingespielt, wenn sichergestellt ist, dass eine Aktualisierung die Systemsicherheit nicht negativ beeinflusst.

9. Wie erfolgt die Überwachung der Systemressourcennutzung?[28]
(1) Die Systemressourcennutzung wird nicht überwacht.
(2) Die Nutzung von Systemressourcen wird überwacht, eine aktive Benachrichtigung der zuständigen Mitarbeiter erfolgt nicht.
(3) Die Nutzung von Systemressourcen wird überwacht und regelmäßig (bei kritischen Werten unverzüglich) an zuständige Mitarbeiter berichtet. Es werden Prognosen zur künftigen Kapazitätsauslastung erzeugt, um die Aufrechterhaltung der Systemleistung sicherzustellen.

10. Wie wird die Sicherheit der Versorgung[29] der eingesetzten Systeme sichergestellt?
(1) Es existieren keine Maßnahmen zum Schutz der Versorgungssicherheit.
(2) Die Systeme werden On-Premise betrieben und sind vor Ausfall der Strom-, Klima- und Kommunikationsversorgung durch entsprechende Maßnahmen (unterbrechungsfreie Stromversorgung mit Batterien, Netzersatzanlage, redundante Klimatisierung, provider-/carrierunabhängige Doppelanbindung[30] der Kommunikation am Standort).
(3) Die Systeme werden in der Cloud/in einem Dienstleister-Rechenzentrum betrieben. Die eingesetzten Dienstleister weisen geeignete Garantien für die Sicherheit der Systeme nach (zB Zertifizierungen nach nationalen/internationalen/freiwilligen Standards, Konformitätsbescheinigungen, regelmäßige unabhängige Prüfungen durch fachkundige Stellen).

11. Welche Handlungen in Systemen und Anwendungen werden protokolliert,[31] um einen Nachweis der Verarbeitung zu führen?

(1) Es erfolgt keine Aufzeichnung von Systemereignissen oder Mitarbeitertätigkeiten.
(2) Systemereignisse, -störungen und -vorfälle werden aufgezeichnet, gespeichert und anlassbezogen ausgewertet.
(3) Ereignisprotokolle, die Systemadministratoren- und Benutzertätigkeiten, Systemereignisse, -störungen und -vorfälle aufzeichnen, werden gespeichert und regelmäßig ausgewertet. Protokollierungseinrichtungen und Protokollinformation sind vor Manipulation und unbefugtem Zugriff geschützt.

Datenübermittlung

12. Wie werden Daten über Standortgrenzen hinweg ausgetauscht?
(1) Der Datenaustausch erfolgt per E-Mail-Versand.
(2) Der Datenaustausch erfolgt über eine On-Premise-Speicherlösung mit abgesichertem Zugriff.
(3) Der Datenaustausch erfolgt über eine sichere (Private oder Public) Cloud-Speicherlösung.

13. Wie ist die Arbeit aus der Ferne[32] organisiert?
(1) Es existieren keine Regelungen und Überprüfungen.
(2) Es existieren festgelegte Regeln für die Arbeit aus der Ferne (zB Orte, Bedingungen, Sicherheitsbestimmungen), deren Einhaltung nicht überprüft wird.
(3) Es existieren festgelegte Regeln für die Arbeit aus der Ferne (zB Orte, Bedingungen, Sicherheitsbestimmungen), deren Einhaltung überprüft wird.

14. Wie wird eine ausreichende Netzwerkanbindung bei der Arbeit aus der Ferne für die Mitarbeiter sichergestellt?
(1) Es wurde keine Erhebung der Anbindung der Mitarbeiter durchgeführt.
(2) Mitarbeiter in kritischen Positionen besitzen einen breitbandigen Internetanschluss.
(3) Mitarbeiter in kritischen Positionen besitzen eine nachgewiesene stabile und hohe Bandbreite (zB durch Business-Internetanbindung mit SLA, LTE/5G-Anbindung).

15. Wie wird die Sicherheit der Unternehmensressourcen bei der Arbeit aus der Ferne sichergestellt?
(1) Mitarbeiter greifen unkontrolliert vollständig mit privater Ausrüstung auf Unternehmensressourcen zu.
(2) Mitarbeiter dürfen in Ausnahmefällen mit privater Ausstattung auf Unternehmensressourcen in der Art zugreifen, dass keinerlei Daten auf dem privaten Endgerät gespeichert werden (zB Remote-Sitzungen über Terminalservices).
(3) Mitarbeiter sind ausschließlich mit Firmenausstattung berechtigt, auf Unternehmensressourcen zuzugreifen. Die Speichermedien der Endgeräte sind verschlüsselt. Eine dauerhafte lokale Datenhaltung ist untersagt.

Benutzerorganisation

16. Wie ist sichergestellt, dass alle benötigten Zugangs- und Zugriffsberechtigungen eingerichtet sind?
(1) Es gibt keine zentrale Benutzer- und Berechtigungsverwaltung. Benutzer und Berechtigungen werden in jeder Anwendung separat geführt.
(2) Die Vergabe erfolgt sowohl über einen zentralen Benutzer- und Berechtigungsverzeichnisdienst (Cloud/On-Premise), der für Rechnerzugang und

vereinzelte Anwendungen genutzt wird, als auch über dezentrale Benutzer- und Berechtigungsverwaltungssysteme in anderen Anwendungen.
(3) Die Vergabe erfolgt ausschließlich über einen zentralen Benutzer- und Berechtigungsverzeichnisdienst (Cloud/On-Premise), der für alle genutzten Anwendungen zuständig ist.

17. Wie gut ist das Wissen um Kontaktdaten zu krisenkritischen Stellen im Unternehmen?
(1) Kontaktinformationen von krisenkritischen Stellen im Unternehmen sind lediglich bekannt, aber nicht dokumentiert oder aktuell.
(2) Wesentliche Kontaktinformationen krisenkritischer Stellen im Unternehmen sind bekannt und dokumentiert. Der Status der Aktualität ist nicht bekannt oder nicht gegeben.
(3) Alle Kontaktinformationen von krisenkritischen Stellen im Unternehmen sind bekannt, dokumentiert und aktuell. Diese Stellen unterliegen vollständig einer aktiven Vertreterregelung.

Passwortverwaltung
18. Wie werden Zugänge (inkl. Passwörter, PIN etc) den entsprechenden Mitarbeitern bekannt gemacht, um den Betrieb aufrechtzuhalten?
(1) Der Zugriff ist rein personengebunden und kann nicht gewährleistet werden.
(2) Es existieren Gruppenkennungen, die den Mitarbeitern bekannt sind.
(3) Es existiert ein zentrales Passwortmanagement mit Berechtigungsvergabe, damit Mitarbeiter Zugang zu Systemen und Zugriff auf Daten erhalten können, ohne Zugangskennungen untereinander austauschen zu müssen.

Sicherheit in der ITK-Lieferkette
19. Wie ist im Falle des Einsatzes von Dienstleistern und Lieferanten die Sicherheit der ITK-Lieferkette[33] sichergestellt?
(1) Es wurden keine Vorbereitungen für Krisensituationen mit Dienstleistern und Lieferanten getroffen.
(2) Es existieren allgemeine Vereinbarungen zur Vertraulichkeit, Integrität und Verfügbarkeit mit Dienstleistern und Lieferanten. Diese wurden nicht oder nur sporadisch auf Einhaltung (auch im Krisenfall) getestet.
(3) Es liegen Vereinbarungen zur Vertraulichkeit, Integrität und Verfügbarkeit auch in (eigenen/fremden) Krisensituationen mit den ermittelten kritischen Dienstleistern und Lieferanten vor, die bereits in Notfallübungen erprobt und weiterentwickelt wurden.

20. Wie gut ist das Wissen um Kontaktdaten zu wichtigen externen Ansprechpartnern?
(1) Kontaktinformationen von kritischen Ansprechpartnern bei Behörden, Kunden, Dienstleistern und Lieferanten sind lediglich bekannt, aber nicht dokumentiert oder aktuell.
(2) Wesentliche Kontaktinformationen von kritischen Ansprechpartnern bei Behörden, Kunden, Dienstleistern und Lieferanten sind bekannt und dokumentiert. Der Status der Aktualität ist nicht bekannt oder nicht gegeben.
(3) Alle Kontaktinformationen von kritischen Ansprechpartnern bei Behörden, Kunden, Dienstleistern und Lieferanten sind bekannt, dokumentiert und aktuell.

§ 4 Selbsteinschätzung auswerten

| Nr. | Frage | Punkte |
|---|---|---|
| 1 | Wie hoch ist der Grad an räumlicher Unabhängigkeit bei der Tätigkeitsausübung? | |
| 2 | Wie hoch ist die Verbreitung von Homeoffice beim Verantwortlichen? | |
| 3 | Welche Maßnahmen werden im Falle von Homeoffice zum Schutz vor Social Engineering und Identitätsdiebstahl eingesetzt? | |
| 4 | Wie sehr sind Ausweichstandorte vorgesehen und den Anforderungen entsprechend ausgestattet? | |
| 5 | Wie erfolgt der Zugang zu Organisationsressourcen? | |
| 6 | Sind ausreichend Hardware-Token verfügbar, um Mitarbeiter und Dienstleister auszustatten? | |
| 7 | Wie wird ein regelmäßiges Back-up sichergestellt? | |
| 8 | Wie werden Systeme und Anwendungen aktuell gehalten, um bestehende Sicherheitsschwachstellen zu schließen? | |
| 9 | Wie erfolgt die Überwachung der Systemressourcennutzung? | |
| 10 | Wie wird die Versorgungssicherheit der eingesetzten Systeme sichergestellt? | |
| 11 | Welche Handlungen in Systemen und Anwendungen werden protokolliert, um einen Nachweis der Verarbeitung zu führen? | |
| 12 | Wie werden Daten über Standortgrenzen hinweg ausgetauscht? | |
| 13 | Wie ist die Arbeit aus der Ferne organisiert? | |
| 14 | Wie wird eine ausreichende Netzwerkanbindung bei der Arbeit aus der Ferne für die Mitarbeiter sichergestellt? | |
| 15 | Wie wird die Sicherheit der Unternehmensressourcen bei der Arbeit aus der Ferne sichergestellt? | |
| 16 | Wie ist sichergestellt, dass alle benötigten Zugangs- und Zugriffsberechtigungen eingerichtet sind? | |
| 17 | Wie gut ist das Wissen um Kontaktdaten zu krisenkritischen Stellen im Unternehmen? | |
| 18 | Wie werden Zugänge (inkl. Passwörter, PIN etc) den entsprechenden Mitarbeitern bekannt gemacht, um den Betrieb aufrechtzuhalten? | |
| 19 | Wie ist im Falle des Einsatzes von Dienstleistern und Lieferanten die Sicherheit der ITK-Lieferkette sichergestellt? | |
| 20 | Wie gut ist das Wissen um Kontaktdaten zu wichtigen externen Ansprechpartnern? | |
| Summe | | |

Zum Abschluss der Bewertung ist die Summe von allen Antwortpunkten zu bilden. Je nach Ergebnis resultieren nun weitere Handlungsschritte auf Grundlage dieser Selbsteinschätzung. Diese sind nachfolgend aufgeführt:
- Summe ist kleiner als 30: Dringender Handlungsbedarf ist gegeben.
- Summe ist größer oder gleich 30 und kleiner oder gleich 45: Gemäßigte Risikoreduzierung ist sinnvoll.
- Summe ist größer als 45: Kontinuierliche Verbesserung ist möglich.

In der Behebung sollten zuerst alle Fragen, die mit einer „1“, und im Anschluss alle Fragen, die mit einer „2“ beantwortet wurden, bearbeitet werden, um die Krisenfestigkeit (Resilienz)[34] der Organisation zu steigern.

§ 5 Datenschutzprozesse aufrechthalten

Im Rahmen eines effektiven Datenschutzes ist es wichtig, dass die entsprechenden Prozesse und Tätigkeiten gerade auch während einer Krisensituation[35] aufrechterhalten werden. Hierbei sind zwei Typen von Prozessen zu unterscheiden:
- operative Prozesse, die datenschutzrelevant sind (aus dem Verzeichnis der Verarbeitungstätigkeiten)
- Prozesse des Datenschutzmanagements

Für Erstere sind die oben genannten Verfahren anzuwenden. Für Letztere muss der genaue Umfang und die Anwendbarkeit beim Verantwortlichen ermittelt werden. Die nachfolgende Auflistung gibt eine Übersicht von möglichen Prozessen, Tätigkeiten oder Themen, die in der Organisation seitens des Datenschutzmanagements beachtenswert sind.
- Dokumentation und Datenschutz-Folgenabschätzung bei technischen oder organisatorischen Änderungen
- Auskunftsersuchen inkl. Bereitstellung von Informationen
- Berichtigungsersuchen
- Löschersuchen
- Verarbeitungseinschränkungsersuchen
- Benachrichtigung von Empfängern bei Berichtigung, Löschung, Verarbeitungseinschränkung
- Widerspruch der Datenverarbeitung
- Kontakt mit Aufsichtsbehörden
- Meldung und Bearbeitung von Datenschutzverstößen

Die Beantwortung der oben genannten Fragen und Bearbeitung der daraus offensichtlich werdenden offenen Punkte ist sicherlich erst der Anfang, im Datenschutz wie im operativen Unternehmensgeschäft. Organisationen jedweder Art sollten ihren Blick auf das Business Continuity Management richten, um geeignete Maßnahmen[36] zur Resilienzsteigerung zu ergreifen.

## Anmerkungen

**1.** **Prozesskritikalität.** Die Kritikalität eines Prozesses ergibt sich aus seinem Beitrag zum Unternehmenserfolg. Die jeweilige Bewertungsgrundlage muss dabei in der Organisation erstellt werden. Mögliche Bewertungsgrundlagen können der Deckungsbeitrag oder der Einfluss auf den Geldfluss sein. Wichtig ist, dass neben den

Kernprozessen auch die Führungs- und Unterstützungsprozesse im Unternehmen betrachtet und bewertet werden. Hintergrund ist, dass diese nicht direkt am Unternehmensergebnis beteiligt sein müssen, aber einen großen Einfluss darauf haben können. Zum Beispiel kann es passieren, dass die Produktion zwar funktioniert, die Buchhaltung aber vollständig ausfällt und keine Rechnungen gestellt werden können. In diesem Fall wäre zwar der Kernprozess sichergestellt, der Geldfluss im Unternehmen kann allerdings trotzdem stark beeinträchtigt werden. Aufgabe im ersten Schritt ist es, diese Art von kritischen Prozessen zu ermitteln. Im Erfassungsbogen ist dann entweder die tatsächliche Bewertung oder eine andere Art der Markierung zu setzen, um im Nachgang eine möglichst vollständige Prozessliste mit Hinweis auf die Kritikalität dokumentiert zu haben. Neben der wirtschaftlichen Bewertung eines Prozesses ist auch dessen Beitrag oder Relevanz für die Informationssicherheit und den Datenschutz zu ermitteln. Hierbei geht es va um die Frage, ob es sich um Prozesse der operativen Datenverarbeitung als Tätigkeit des Verantwortlichen und somit um die im Verzeichnis der Verarbeitungstätigkeiten beschriebenen Verfahren oder um Governance-Prozesse zum Datenschutzmanagement handelt. In beiden Fällen ist im Erfassungsbogen eine Markierung zu setzen. Es empfiehlt sich, drei Bewertungsstufen zu nutzen, um kritische, beobachtete und unkritische Prozesse unterscheiden zu können.

**2. Maximum tolerable period of disruption.** Die maximal tolerierbare Dauer der Störung beschreibt den Zeitpunkt, an dem vom Zeitpunkt des Schadenseintritts an gesehen aufgrund einer vollständigen Prozessbeeinträchtigung ein existenzbedrohendes Schadensausmaß erreicht ist (MTPD).

**3. Recovery time objective.** Der Zielzeitpunkt der Wiederherstellung beschreibt die Dauer, die für die Wiederherstellung des Normalbetriebs benötigt wird, um ein existenzbedrohendes Schadensausmaß abzuwehren (RTO).

**4. Notbetrieb.** Ein wesentlicher Teil der Vorbereitung für eine Krisensituation ist die Ermittlung der notwendigen Ressourcen für die Aufrechterhaltung des minimalen Notbetriebs zur Abwehr eines existenzbedrohenden Schadensausmaßes. Die zu betrachtenden Ressourcen orientieren sich an den Bestandteilen eines Prozesses. Zur Beschreibung und Durchführung eines Prozesses bzw. einer Tätigkeit müssen Personal, Ausstattung, Systeme und Anwendungen, Standorte, Informationen und externe Stellen berücksichtigt werden. An dieser Stelle ist die Beschreibung des Notbetriebs für den Prozess zu dokumentieren. Dabei ist die Notbetriebsleistung im Vergleich zur Normalprozessleistung zu definieren. Besonders bei umsatzrelevanten Prozessen ist hier der Beitrag zu definieren, der im Rahmen des Notbetriebs geleistet werden kann. Dies gibt bereits einen ersten Anhaltspunkt für die mögliche Maximaldauer des Notbetriebs, bevor ein existenzbedrohendes Schadensausmaß erreicht wird.

**5. Personalanforderungen.** Neben der reinen Anzahl an Mitarbeitern für die Aufrechterhaltung eines Prozesses ist auch deren Qualifikation notwendig. In vielen Tätigkeiten wird gerade in Krisensituationen qualifiziertes Personal benötigt. An dieser Stelle sind somit die Mindestanzahl und Mindestqualifikation zur Aufrechterhaltung des kritischen Prozesses zu erheben und zu dokumentieren.

**6. Ausstattungsanforderungen.** Die erfolgreiche Prozessdurchführung ist oftmals an die Arbeitsausstattung gebunden. Dies umfasst die (informations-)technische Ausstattung genauso wie Kommunikationsmittel oder PSA (persönliche Schutzausrüstung). Es sind alle Arbeitsmittel aufzuführen, die das bestimmte Notfallpersonal benötigt, um einsatzfähig zu sein und den Notbetrieb durchführen zu können.

**7. System- und Anwendungsanforderungen.** Ergänzend zu der Ausstattung wird eine Vielzahl von Unternehmensprozessen softwaregestützt oder -unterstützt durchgeführt. Diese Systeme müssen entsprechend ihrer Prozesskritikalität auch in einer Krisensituation zur Verfügung stehen. Dabei müssen besonders Service Level und Verfügbarkeitsklassen berücksichtigt werden und der Wichtigkeit für den Notbetrieb angemessen sein.

**8. Standortanforderungen.** Prozesse im Unternehmen können sehr unterschiedlich sein. Ein wesentliches Unterscheidungskriterium kann die Ortsgebundenheit darstellen. So können Verwaltungsaufgaben ortsunabhängig (zB im Homeoffice) erbracht werden, Produktionsprozesse aber nur am Standort der entsprechenden Anlage. Dieser Ortsbindung soll entsprechend Rechnung getragen werden und sie ist daher zu erheben und zu dokumentieren. Es ist anzugeben, ob eine Ortsbindung vorliegt, und im Falle einer Ortsbindung ist der genaue Ort zu beschreiben, der zur Aufrechterhaltung des Notbetriebs benötigt wird.

**9. Informationsanforderungen.** Das Leben und Arbeiten in einer Informationsgesellschaft bringt eine hohe Abhängigkeit von Informationen mit sich. Oftmals als gegeben hingenommen, wird die Wichtigkeit bzw. die Abhängigkeit von Informationen deutlich. Dies gilt auch für Unternehmensprozesse im Notbetrieb. Da die Vielzahl an Informationen allerdings die Dokumentationsfähigkeit bei Weitem übersteigen kann, sollten zumindest die Informationstypen dokumentiert werden (zB Konstruktionszeichnung, Telefonliste, Handbücher). Soweit es möglich ist, sollte auch der Aufbewahrungsort – ob analog oder digital – aufgeführt werden.

**10. Anforderungen an externe Stellen.** Neben den Abhängigkeiten von den eigenen Ressourcen existieren prozessuale Schnittstellen zu externen Partnern. Diese können Kunden, Dienstleister, Lieferanten, Behörden und öffentliche Stellen umfassen. Hier sollten va die prozesskritischen externen Stellen aufgeführt werden (zB Cloud-Anbieter, Freelancer, Hausmeister).

**11. Maximum tolerable period of inactivity.** Sobald die notwendigen Ressourcen für den Aufbau eines Notbetriebs ermittelt sind, muss festgestellt werden, wie lange der Geschäftsbetrieb inaktiv sein darf bzw. wie viel Zeit für die Einrichtung des Notbetriebs benötigt wird. Hierbei sind besonders bei umsatzrelevanten Prozessen die finanziellen Rücklagen der Organisation zu berücksichtigen (MTPI).

**12. Maximum tolerable period of emergency operation.** Der Notbetrieb kann und darf nicht dauerhaft aufrechterhalten bleiben. Eine Rückkehr zum Normalbetrieb muss definiert sein. Es ist daher die Dauer festzulegen, für die der Notbetrieb aufrechterhalten werden kann, bis wiederum ein existenzbedrohendes Schadensausmaß erreicht ist. Hierbei geht es um die Schädigung für das Unternehmen durch den Notbetrieb aufgrund der nicht ausreichenden Prozesserfüllung (iSv Notbetrieb). Ziel ist eine bestmögliche zeitliche Verlagerung des RTO in die Zukunft (MTPEO).

**13. Gefährdungen.** Die aufgeführten Gefährdungen basieren auszugsweise auf dem BSI-Standard 200-3 S. 13 ff.

**14. Auswirkungen.** Zu jeder Klasse von Prozessressourcen ist die Auswirkung der dargestellten Gefährdung zu bewerten und kurz zu beschreiben. Die Einschätzung ist dabei mithilfe der Stufen hoch, mittel und gering durchzuführen. Je nach Erklärungsbedarf ist zusätzlich eine Erläuterung über die tatsächliche Auswirkung auf die Ressourcenklasse anzufertigen. Dies kann separat oder auch im Formular erfolgen.

**15. Räumliche Unabhängigkeit.** Unter § 1 wurde die Ortsabhängigkeit der Prozesse betrachtet. An dieser Stelle kann daher auf Basis der bereits gemachten Feststellung die Auswahl zur Standortbindung getroffen werden. Grundsätzlich ist dabei davon auszugehen, dass eine höhere Ortsungebundenheit eine bessere Krisensicherheit bedeutet, ohne dabei eine Bewertung hiervon vorzunehmen. Die Ortsbindung ist durch den Prozess vorgegeben. Die Empfehlung ist dabei keineswegs darin zu sehen, alle Prozesse ortsunabhängig auszugestalten, sondern Maßnahmen zu ergreifen, die die Prozessanforderungen bestmöglich unterstützen.

**16. Homeoffice.** Unter Homeoffice ist vordringlich nicht der häusliche Telearbeitsplatz zu verstehen, sondern die Fähigkeit zur und die Verbreitung von Heimarbeit bei den Mitarbeitern. Im Rahmen der Homeoffice-Tätigkeiten sind Regelungen zur Informationssicherheit, zum Datenschutz und zum Arbeitsschutz festzulegen, um die Belange des Unternehmens, der Mitarbeiter und der Kunden auch an diesem Ort der Leistungserbringung zu gewährleisten. Entsprechende Regelungen sollten dabei auch für die Fragestellung des Remote Working (also der Leistungserbringung außerhalb der Betriebsstätten zB auf Reisen) getroffen werden, da diese artverwandt sind.

**17. Social Engineering.** Im Zuge eines verstärkten Homeoffice-Einsatzes steigt die Gefahr von Social Engineering durch externe Angreifer. Unter Social Engineering ist ein Angriffsvektor zu verstehen, der versucht, eine direkte Beeinflussung des Verhaltens von Menschen (in diesem Fall von Mitarbeitenden des Verantwortlichen) vorzunehmen, um zB Zugriff auf vertrauliche oder personenbezogene Daten oder Zugangskennungen zu erhalten. Die Formen des Social Engineering sind dabei vielfältig. Durch fehlende interne Kontrollinstanzen oder räumliche Nähe zu Kollegen werden digitale Nachrichten schneller als echt eingestuft. Hierdurch verstärkt sich die Gefahr von erfolgreichen Cyberangriffen und Data Breaches. Gängige Angriffsvektoren sind dabei einfache Phishing-Nachrichten, die Mitarbeiter dazu verleiten sollen, eine Handlung durchzuführen, die die Sicherheitsarchitektur und -infrastruktur umgeht und es so den Angreifern ermöglicht, Zugriff auf Systeme und Informationen zu erhalten. Je besser die Organisation auf den Home-Office-Einsatz vorbereitet ist, desto geringer wird das Risiko solcher Angriffe. Entsprechende Maßnahmen umfassen die Sensibilisierung und Schulung der Mitarbeiter oder eine vollständige Kontrolle über die Arbeitsumgebung durch Organisationshardware, anstatt die Mitarbeiter auf deren privater Ausstattung arbeiten zu lassen (zumal bei Nutzung privater Hard- und Software weitere Haftungsrisiken bestehen, → Form. D. III.3.; → Form. D. III.4.).

**18. Identitätsdiebstahl.** Ein mögliches Ziel des Social Engineering ist der Identitätsdiebstahl. Hierbei versucht ein externer Angreifer die Kontrolle über die digitale Identität eines Mitarbeiters zu erlangen. Hierdurch ist es dem Angreifer möglich – im gravierendsten Fall ohne Wissen des Mitarbeiters –, eigenständig auf die Organisationsressourcen zuzugreifen. Ein Nachverfolgen wird dabei hinreichend schwierig, da valide Nutzeraktionen nur schwer erkannt werden können. Hierbei können Security and Information Event Management Systeme (SIEM) auf Big-Data-Basis eine Lösung darstellen. Wichtig hierfür ist aber ein umfangreiches und spezifisches Anlernen dieses Systems, um das abweichende Nutzerverhalten vom erwarteten Nutzerverhalten zu unterscheiden. Diese Lösung ist sehr zeit- und kostenintensiv.

**19.** **Vier-Augen-Prinzip.** Über das Vier-Augen-Prinzip soll sichergestellt werden, dass die Entscheidungskompetenz nicht bei einer Person gebündelt ist. Je nach Kritikalität der Entscheidung kann auch ein Sechs- oder Acht-Augen-Prinzip angewendet werden. Dieses Verfahren kann zB bei der Vergabe von Zugangs- und Zugriffsberechtigungen eingesetzt werden, um zu vermeiden, dass ungewollte Systemveränderungen durchgeführt werden. Gerade im Kontext von Social Engineering und Identitätsdiebstahl ist dieses Risiko zu beachten.

**20.** **Systemhärtung.** Endgeräte und Serversysteme können grundsätzlich Schwachstellen innerhalb der Sicherheitsarchitektur und -infrastruktur einer Organisation darstellen. Um hier den bestmöglichen Schutz zu erhalten, können diese Systeme nach Herstellerangaben gehärtet werden. Dies beschreibt den Vorgang, dass bestimmte Systemfunktionen deaktiviert und Sicherheitseinstellungen aktiviert werden, um es Angreifern zu erschweren, Zugang auf das System zu erhalten. Auch das Ausnutzen von Schwachstellen zählt zu einem vermeidbaren Angriffsvektor. Hierzu sind nach Organisationsvorgaben angepasste Best Practices für die betrachteten Systeme (zB Patchmanagement, Back-up und Recovery, Logfile-Analyse) umzusetzen.

**21.** **Sicherheitstests.** Für die Sicherheit der Informationen in Organisationen ist es wichtig, dass die umgesetzten Sicherheitsmaßnahmen aktiv und effektiv sind. Hierzu sind Sicherheitstests durchzuführen, die die Sicherheitsleistung der Systeme und der Menschen überprüfen. Bei Systemen fällt dies klassischerweise in den Bereich der Schwachstellenanalyse und Penetrationstests. Zusätzlich sind aber auch die Mitarbeiter dahingehend zu prüfen, ob sie gegen etwaige Angriffe (zB Phishing, Dumpster Diving, USB-Drop) geschützt sind. Ziel dieser Tests ist dabei immer, die eigene Sicherheitsleistung zu verbessern.

**22.** **Zwei-Faktor-Authentifizierung.** Sofern im Umfeld der Mitarbeiterauthentifizierung biometrische Verfahren im Rahmen einer Zwei-Faktor-Authentifizierung eingesetzt werden, muss sichergestellt sein, dass diese Verfahren auch für alle Mitarbeiter anwendbar sind. Es sollten daher in diesem Fall mehrere biometrische Verfahren zur Auswahl stehen. Das können bspw. Gesichtserkennung oder Fingerabdruckscanner sein. Bei der Auswahl der Verfahren ist auf die datenschutzkonforme Umsetzung zu achten, da es besondere Kategorien personenbezogener Daten nach Art. 9 Abs. 1 DS-GVO betrifft (vgl. Art. 4 Nr. 14 DS-GVO).

**23.** **Hardware-Token.** Ein Hardware-Token ist ein elektronisches Gerät, das mit einem zentralen System synchronisiert ist und dem Nutzer zeitlich begrenzte Einmalcodes zur Authentifizierung zur Verfügung stellt.

**24.** **Cloud.** Cloud-Dienste können in einem öffentlichen (Public Cloud), privaten (Private Cloud) oder hybriden (Hybrid Cloud) Modus bereitgestellt werden.

Public-Cloud-Dienste werden durch Dienstleister bereitgestellt und vollständig auf deren Infrastruktur betrieben. Der Begriff „öffentlich" beschreibt dabei lediglich die Zugänglichkeit der Services im Allgemeinen, nicht aber den Zugriff auf die konkreten Daten und Dienste.

Im Gegensatz zur Public Cloud befindet sich die Private Cloud unter Einsatz von cloudfähiger und -orientierter Infrastruktur in der Verwaltung der Organisation. Hier sollen in einem selbstkontrollierbaren Umfeld die Vorteile der Skalierbarkeit und installationsfreien Anwendungsbereitstellung von Cloud-Diensten erreicht werden.

Die Hybrid Cloud ist eine Mischform von privater und öffentlicher Dienstnutzung. Diese Form kann besonders bei der Speicherung sensibler Informationen (zB Geheimschutz, Datenschutz) im privaten und die Anwendungsbereitstellung (zB Office-Anwendungen) im öffentlichen Kontext erfolgen.

**25. Software-Token.** Ein Software-Token entspricht seiner Funktionsweise nach einem Hardware-Token, wird aber nicht in Form einer dedizierten Hardware bereitgestellt, sondern ist zumeist als App für das Smartphone vorhanden. Diese App versorgt den Nutzer ebenfalls mit einem Einmalcode zur Authentifizierung. Diese Variante ist oftmals kostengünstiger und lässt sich einfacher skalieren.

**26. On-Premise.** Unter „on premise" ist der klassische ortsgebundene IT-Bereitstellungsbetrieb zu verstehen. Die Organisation betreibt eine geschlossene oder teilweise geöffnete Infrastruktur, ist dabei aber an bestimmte Verbindungsvoraussetzungen (zB VPN) gebunden.

**27. Verteilung von Hardware-Token.** Die Verfügbarkeit von Hardware-Token kann in globalen Krisen ein Problem darstellen, wenn Dienstleister diese nicht in ausreichendem Maße oder in der benötigten Zeit zur Verfügung stellen können. Software-Token unterliegen diesem Problem nicht in gleichem Maße. Allerdings können sich hier Einschränkungen aus dem Lizenzmodell ergeben. Wenn Lizenzserver nicht verfügbar sind oder Dienstleister aufgrund personeller Engpässe keine neuen Lizenzen ausstellen können, ist der potenzielle Vorteil durch Hardware-Unabhängigkeit zunichte. In jedem Fall ist bei der Dienstleisterabhängigkeit die Fragestellung nach Bereitstellungszusagen auch in Krisenzeiten (diese können auch nur den Dienstleister betreffen und haben zugleich eine Auswirkung auf die Organisation) zu berücksichtigen und zu klären.

**28. Systemmonitoring.** Überlastete Systemressourcen können ein Anzeichen dafür sein, dass über kurz oder lang die Verfügbarkeit des Systems oder der Informationen gefährdet sein kann. Ein umfangreiches Ressourcenmonitoring mit entsprechender Auswertung und Alarmierung kann hier frühzeitig vor einem Verlust der Verfügbarkeit von Systemen warnen.

**29. Versorgung von IT-Systemen.** Der Begriff der Versorgung umfasst an dieser Stelle mindestens die Gewerke Strom, Klima und Kommunikation aus dem Rechenzentrumsbetrieb.

**30. Redundante Anbindungen.** Bei redundanten Anbindungen (zB Kommunikation, Energieversorgung) ist grundsätzlich darauf zu achten, dass die Redundanz nicht durch eine spätere Kopplung an einen nahen Knotenpunkt wieder aufgehoben wird. Im Bereich der Telekommunikation sollten unterschiedliche Anbieter (Carrier) gewählt werden, da hierdurch auch redundante Leitungswege gewährleistet werden können. Dies ist durch die entsprechenden Anbieter zu belegen. Ähnlich ist mit der Energieversorgung zu verfahren. Da hier oftmals keine Dienstleistertrennung erreicht werden kann, ist durch den Energieversorger zumindest der redundante Leitungsweg nachzuweisen.

**31. Protokollierung.** IT-Systeme besitzen die Möglichkeit der umfangreichen Ein- und Ausgabeprotokollierung. Je nach System, Anwendung und Protokollierungstiefe kann dies einen hohen Einfluss auf die Systemleistung haben. Es ist daher die notwendige Protokollierungsanforderung zu ermitteln. Hierdurch erhält die Organisation einen Nachweis über die Nutzer- und Systeminteraktionen und kann somit zB

Angriffe, dolose Handlungen oder einfache Fahrlässigkeit leichter nachvollziehen. Bei der Protokollierung ist darauf zu achten, dass die Protokolldaten im Nachhinein nicht mehr verändert werden können.

**32. Arbeit aus der Ferne.** Unter Arbeit aus der Ferne fallen alle Tätigkeiten, die nicht in den Räumlichkeiten des Verantwortlichen erbracht werden. Dies umfasst bspw. Telearbeit, Homeoffice oder Geschäftsreisen.

**33. ITK-Lieferkette.** Die meisten Organisationen sind Teil einer übergreifenden Lieferkette. Die Sicherheit dieser Lieferkette ist dabei ein hohes, aber oftmals unterschätztes Gut. So kann eine Sicherheitslücke bei dem Dienstleister eines Unterauftragnehmers für den Endkunden ein schwerwiegendes Sicherheitsproblem darstellen, wenn es Angreifern über diesen Weg gelingt, die Zielsicherheitsarchitektur und -infrastruktur zu kompromittieren. Daher ist entlang der gesamten Lieferkette die Einhaltung von Sicherheitsstandards sicherzustellen und zu belegen.

**34. Krisenfestigkeit.** Es ist zu empfehlen, dass vor allem die organisatorischen Maßnahmen mit der notwendigen Priorität gewürdigt werden. Technik, richtig eingerichtet und getestet, bietet oftmals sehr guten Schutz, der schlussendlich doch durch mangelnde organisatorische Maßnahmen unterlaufen werden kann. Als im Zusammenhang mit COVID-19 viele Unternehmen unverzüglich Homeoffice für Mitarbeiter bereitstellten, zeigten sich vielfach die Folgen nicht ausreichend geplanter und getesteter Umsetzungsmaßnahmen. Eilig verteilte Notebooks und Geräte für den Betrieb im Homeoffice waren nicht richtig abgesichert oder die Unternehmenszugänge hatten keine ausreichende Kapazität für von außerhalb angemeldete Geräte. Rufumleitungen waren nicht durchdacht und führten zu Einschränkungen in der Erreichbarkeit von Unternehmen. Eilig eingeführte Cloud-Dienste ohne entsprechende Strategie und Architektur bergen sowohl aus Sicht der Informationssicherheit wie des Datenschutzes das Risiko, dass besonders Fragestellungen rund um Zugriffsberechtigungen in Zukunft zu Problemen führen können.

**35. Business Continuity Management.** Ein Ziel des BCM ist es, die Resilienz, also die Krisenfestigkeit einer Organisation zu steigern. Wie die aktuellen Ereignisse gezeigt haben, sind besonders Unternehmen nicht in einem ausreichenden Maße auf Großstörungen eingestellt. Diese höchst unwahrscheinlichen Ereignisse werden zwar gerne, frei nach Nassim Nicholas Taleb, als „schwarze Schwäne" abgetan, doch zeigen vergangene Großereignisse das tatsächliche Schadensausmaß. Und dabei ist das Ausgangsereignis von gar nicht allzu hoher Relevanz. Organisationen müssen sich darüber klar werden, wie sie in Situationen agieren wollen und können, in denen das öffentliche Leben – warum auch immer – teilweise oder sogar vollständig zum Erliegen kommt. Und dabei ist es unerheblich, ob das durch eine Pandemie, Überschwemmung oder einen Meteoriteneinschlag ausgelöst wird, denn die Auswirkungen auf den eigenen Geschäftsbetrieb sind zu betrachten.

**36. Maßnahmenkonzeption.** Es bleibt festzuhalten, dass konzeptfreies Arbeiten, nicht ausreichend getestete Verfahren und Techniken sowie ungeschultes Personal auf das Unternehmen im Notfall oder in der Krise erhebliche finanzielle Auswirkungen haben und in der Folge einen unkalkulierbaren Verlauf nehmen können. Großstörungsereignisse können uns jederzeit treffen. Daher müssen wir vorbereitet sein: zwar angemessen und mit einem hohen Grad an Pragmatismus, aber ganz bestimmt ohne Scheuklappen. Großereignisse zeigen eindrücklich, dass diese nicht ignoriert werden und tatsächlich ein dramatisches, existenzbedrohendes Ausmaß annehmen können. Wir stehen, nicht nur in Deutschland, dabei erst am Anfang unseres Weges zur Resilienz. Aber es ist ein lohnender Weg, der es uns am Ende ermöglicht, gestärkt in Krisen zu gehen und diese auch zu bewältigen.

# F. Rechte der betroffenen Person

## I. Informationspflichten bei Erhebung von personenbezogenen Daten (Art. 13f. DS-GVO)

Die Gewährleistung von Transparenz für die betroffenen Personen hinsichtlich der Verarbeitung ihrer personenbezogenen Daten durch Verantwortliche stellt einen der maßgeblichen Schwerpunkte der DS-GVO dar: Die Information der betroffenen Person ist Teil der Zulässigkeitsprüfung einer Datenverarbeitung. Vor Geltung der DS-GVO verlangte Art. 6 Abs. 1 lit. a DSRL nur, dass personenbezogene Daten nach „Treu und Glauben und auf rechtmäßige Art und Weise verarbeitet werden". Diese Gesetzesformulierung reichte dem EuGH aus, um die Information der betroffenen Personen über eine Datenverarbeitung als Teil der Zulässigkeitsprüfung zu führen und eine intransparente Datenverarbeitung für rechtswidrig zu erklären (EuGH 1.10.2015 – C-201/14, ZD 2015, 577 mzustAnm Petri). Daher kann also bereits ein Fehlen von Informationen dazu führen, dass die Datenverarbeitung rechtswidrig wird (vgl. Kühling/Bucher/Bäcker DS-GVO Art. 13 Rn. 61; Lachenmann Datenübermittlung im Konzern S. 289f.).

Art. 5 Abs. 1 lit. a DS-GVO verlangt, dass die Verarbeitung „nach Treu und Glauben und in einer für die betroffenen Personen nachvollziehbaren Weise" erfolgen muss. Konkret beschrieben wird die abstrakte Vorgabe durch die Informationspflicht nach Art. 13f. DS-GVO. Die Informationen zur Datenverarbeitung müssen **bei jeder Verarbeitung personenbezogener Daten** durch den Verantwortlichen erteilt werden, sei es bei Abschluss eines Vertrages (im Online-Shop oder bei einem Ladengeschäft bei Zahlung mit Karte oder Erhebung von Kundendaten), der Bereitstellung von Websites im Internet oder anderen digitalen Verarbeitungsvorgängen (zB mobile Apps). Aus der Formulierung in Art. 5 Abs. 1 lit. a DS-GVO und unter Berücksichtigung der früheren EuGH-Entscheidung wird deutlich, dass die ausführliche Information der betroffenen Personen über die Verarbeitung mehr denn je Teil der Zulässigkeitsvoraussetzung der Datenverarbeitung ist.

Der europäische Gesetzgeber erachtete die **Transparenz der Datenverarbeitung** gegenüber dem Betroffenen als elementare Voraussetzung für die Möglichkeit, die Zulässigkeit der Datenverarbeitung bewerten und so sein Recht auf informationelle Selbstbestimmung und seine Betroffenenrechte ausüben zu können (Art. 8, 47 GRCh, vgl. Artikel-29-Datenschutzgruppe WP 260 rev.01 S. 5f.). Daher sehen Art. 13f. DS-GVO weitreichende Informationspflichten vor, die nur durch die Bereitstellung einer ausführlichen Datenschutzerklärung erfüllt werden können. Die Rahmenbedingungen werden in Art. 12 DS-GVO festgelegt. Die Informationspflichten werden durch weitergehende Betroffenenrechte unterstützt, insbesondere das Auskunftsrecht nach Art. 15 DS-GVO (→ Form. F. II.). In engem Zusammenhang stehen die Einwilligungen in die Nutzung von Daten zu Zwecken der Werbung, bspw. zum Werbeversand (→ Form. I. III.).

*Lachenmann*

Für jede Art von Verarbeitung personenbezogener Daten gelten die Informationspflichten nach Art. 12 ff. DS-GVO, soweit nicht andere Normen des EU-Gesetzgebers strengere Regelungen vorsehen. Zudem bestehen im Rahmen der Einwilligung auch Informationspflichten über Datenverarbeitung in Endeinrichtungen des Endnutzers nach § 25 f. TDDDG (→ Form. F.I.1. Anm. 1).

Nachfolgend werden die beiden wichtigsten Praxisbeispiele von Datenschutzerklärungen als Muster dargestellt: eine Datenschutzerklärung für Websites (→ Form. F.I.1.) sowie eine Datenschutzerklärung für Mobile Apps (→ Form. F.I.2.). Anschließend folgen Formulierungsvorschläge für eine Vielzahl verschiedener möglicher Funktionen von Websites und Apps. Die in → Form. F.I.3. bis 7. dargestellten Datenschutzinformationen können modular je nach tatsächlicher Nutzung in den Angeboten bei der Datenschutzerklärung ergänzt werden.

## 1. Datenschutzerklärung für Websites

Auf Websites muss eine Datenschutzerklärung bereitgestellt werden, bei der jede Funktion einer Website einzeln beschrieben wird. Bspw. ist über die zu Grunde gelegten Rechtsgrundlagen ebenso zu informieren wie über die Erforderlichkeit für einen Vertragsabschluss oder ob eine andere Verpflichtung zur Bereitstellung der Daten besteht. Damit haben Datenschutzerklärungen, selbst wenn der Umfang der zu beschreibenden Datenverarbeitung nur gering ist, schnell einen Umfang erreicht, der für die Betroffenen kaum mehr verständlich ist. Dennoch gilt, dass einerseits die einzelne Funktionen einer Website stets gesondert erwähnt und die konkreten Verarbeitungsvorgänge eher ausführlicher beschrieben werden, andererseits die formalen Informationen (zB zu Betroffenenrechten) möglichst kurz gefasst sein sollten.

Die Informationen müssen gem. Art. 13 Abs. 1 DS-GVO „zum Zeitpunkt der Erhebung" der personenbezogenen Daten gegeben werden. Daher sollte die Datenschutzerklärung regelmäßig mit nur einem Klick erreichbar sein (Artikel-29-Datenschutzgruppe WP 260 rev.01 S. 9; Kühling/Bucher/Bäcker DS-GVO Art. 13 Rn. 59; beim Impressum hingegen sind zwei Klicks ausreichend, BGH 20.3.2006 – I ZR 228/03, MMR 2007, 40). Den Vorgaben an die Erreichbarkeit kann durch die Aufnahme des Links im Header oder Footer neben dem Impressum und ggf. weiteren Pflichtinformationen nachgekommen werden.

Die Sanktionen bei Nichteinhaltung der Informationspflichten können gravierend sein: Zunächst kommt der Transparenz nun eine besondere Bedeutung zu (→ Form. F. Vorb.) und es bestehen einfache technische Tools, um Websites von Dritten auf mögliche Verstöße zu prüfen (zB CNIL Cookieviz 2 oder webbkoll.dataskydd.net/de/). Darüber hinaus gelten die weiteren Sanktionsmechanismen, insbesondere die Verhängung von Bußgeldern im hohen Bußgeldrahmen nach Art. 83 Abs. 5 DS-GVO. Bei fehlerhafter Erfüllung der Informationspflichten ist weiterhin eine deliktische Haftung auf Schadensersatz gem. Art. 82 DS-GVO bzw. § 823 Abs. 2 BGB iVm der jeweiligen Sachnorm durch den Betroffenen sowie die Geltendmachung von Unterlassungsansprüchen und auf Leistung von Auskunft und Information möglich (Kühling/Buchner/Bergt DS-GVO Art. 79 Rn. 1). Darüber hinaus können Verbraucherschutzverbände (Art. 80 Abs. 1 DS-GVO iVm UKlaG) sowie Datenschutzvereine/NGO (Art. 80 Abs. 2 DS-GVO) gegen Website-Betreiber ohne (ausreichende) Datenschutzerklärung vorgehen. Weiterhin drohen Abmahnungen durch

Mitbewerber, da die Datenschutzvorgaben zu Datenschutzerklärung nach hM als Marktverhaltensregeln iSv § 3a UWG und damit als abmahnfähig zu bewerten sind. Die Rechtslage war umstritten, jedoch legte der BGH die Frage dem EuGH vor, der nun klar entschied, dass die DS-GVO keine Einschränkungen vorsieht (EuGH 4.10.2024 – C 21/23, becklink 2032109; zuvor BGH 12.1.2023 – I ZR 223/19, GRUR 2023, 264; dazu zB Koyuncu/Herold/Kern PharmR 2023, 278; zur bisherigen Diskussion vgl. u.a. OLG Stuttgart 27.2.2020 – 2 U 257/19, ZD 2020, 472; OLG Hamburg 25.10.2018 – 3 U 66/17, ZD 2019, 33; Moos DSRITB 2019, 189 (201); aA zB LG Bochum 7.8.2018 – I-12 O 85/18, BeckRS 2018, 25219 Rn. 8; LG Magdeburg 18.1.2019 – 36 O 48/18, BeckRS 2019, 197 Rn. 15 ff.; Baumgartner/Sitte ZD 2018, 555). Das Risiko von Abmahnungen steigt nun also wieder, obwohl der Anspruch auf Ersatz erforderlicher Aufwendungen im Datenschutz durch den Gesetzgeber – absurderweise – ausgeschlossen wurde, § 13 Abs. 4 Nr. 2 VWG. Die DS-GVO festigt und erweitert mithin die Sanktionsmöglichkeiten gegen Datenschutzverstöße.

Das nachfolgende Muster ist modular aufgebaut und sieht einen „allgemeinen Teil“ sowie verschiedene besondere Verarbeitungssituationen vor: Zu Beginn werden die allgemeinen Informationen bereitgestellt, die stets bei Aufruf einer Website verarbeitet werden (§§ 1–4), anschließend wird in § 5 eine Formulierung dargestellt, die einzusetzen ist, wenn weitere Funktionen und Interaktionsmöglichkeiten auf der Website eingesetzt werden. Die Informationen zu Cookies, die besondere Bedeutung erlangt haben, werden in § 6 dargestellt. Anschließend werden in mehreren Kapiteln diverse in der Praxis regelmäßig eingesetzte spezielle Funktionen für Websites beschrieben, die je nach Einsatz modular in die Datenschutzerklärung eingesetzt werden können (→ Form. F. I. 3.–7.).

Zunächst enthält das Muster eine kurze Einleitung, die Nutzern Zweck und Umfang des Textes erläutert. Eine Definition von personenbezogenen Daten (zur großen Reichweite des Begriffs zB Kühling/Buchner/Klar/Kühling DS-GVO Art. 4 Rn. 8 ff.) muss in der Datenschutzerklärung nicht enthalten sein, erleichtert jedoch das Verständnis der Bedeutung der Datenschutzerklärung. Auf eine Formulierung wie „Wir nehmen den Schutz Ihrer Daten sehr ernst“ sollte verzichtet werden, da eine solche Aussage meist als (hohle) Floskel erscheint. Die Nennung der DS-GVO bereits hier ist sinnvoll, da der Begriff inzwischen praktisch jedem Bürger bekannt ist.

## Datenschutzerklärung

### § 1 Information über die Erhebung personenbezogener Daten

**(1) Im Folgenden informieren wir über die Verarbeitung personenbezogener Daten bei Nutzung unserer Website. Personenbezogene Daten sind alle Daten, die auf Sie persönlich beziehbar sind, zB Name, Adresse, E-Mail-Adressen, Nutzerverhalten. Dadurch möchten wir Sie über unsere Verarbeitungsvorgänge informieren und zugleich den gesetzlichen Pflichten, insbesondere aus der EU-Datenschutz-Grundverordnung (DS-GVO), nachkommen.[1]**

**(2) Verantwortlicher gem. Art. 4 Abs. 7 DS-GVO ist [Name, ladungsfähige Anschrift, E-Mail-Adresse] (siehe unser Impressum).**

[ENTWEDER: Unseren Datenschutzbeauftragten erreichen Sie unter [Datenschutz@example.com] oder unserer Postadresse mit dem Zusatz „der Datenschutzbeauftragte“. ODER: Wenden Sie sich bei Fragen zum Datenschutz gerne an den vorgenannten Kontakt.][2]

(3) Bei Ihrer Kontaktaufnahme mit uns per E-Mail oder über ein Kontaktformular werden die von Ihnen mitgeteilten Daten (Ihre E-Mail-Adresse, ggf. Ihr Name und Ihre Telefonnummer) von uns gespeichert, um Ihre Fragen zu beantworten. Die in diesem Zusammenhang anfallenden Daten löschen wir – falls die Anfrage einem Vertrag zugeordnet wird – nach den Fristen zur Vertragslaufzeit. Ansonsten löschen wir die anfallenden Daten nachdem die Speicherung nicht mehr erforderlich ist, maximal nach drei Jahre nach Entstehen der Daten zum Ende der allgemeinen Verjährungsfrist oder schränken die Verarbeitung ein, falls gesetzliche Aufbewahrungspflichten bestehen.

(4) Falls wir für einzelne Funktionen unseres Angebots auf beauftragte Dienstleister zurückgreifen oder Ihre Daten für werbliche Zwecke nutzen möchten, werden wir diese Dienstleister stets sorgfältig auswählen und überwachen und informieren Sie untenstehend im Detail über die jeweiligen Vorgänge. Dabei nennen wir auch die festgelegten Kriterien der Speicherdauer.

§ 2 Ihre Rechte[3]

(1) Sie haben gegenüber einem Verantwortlichen folgende Rechte hinsichtlich der Sie betreffenden personenbezogenen Daten:
– Recht auf Auskunft
– Recht auf Berichtigung oder Löschung
– Recht auf Einschränkung der Verarbeitung
– Recht auf Widerspruch gegen die Verarbeitung
– Recht auf Datenübertragbarkeit
– Recht auf Werbewiderspruch und Widerruf einer Einwilligung.

(2) Sie haben zudem das Recht, sich bei einer Datenschutz-Aufsichtsbehörde über die Verarbeitung Ihrer personenbezogenen Daten durch uns zu beschweren.

§ 3 Verarbeitung personenbezogener Daten bei Besuch unserer Website

Bei der informatorischen Nutzung der Website,[4] also der bloßen Betrachtung ohne eine Registrierung und ohne dass Sie uns anderweitig Informationen mitteilen, verarbeiten wir die personenbezogenen Daten, die Ihr Browser an unseren Server übermittelt. Die nachfolgend beschriebenen Daten sind für uns technisch erforderlich, um Ihnen unsere Website anzuzeigen und die Stabilität und Sicherheit zu gewährleisten und müssen daher von uns verarbeitet werden.[5] Rechtsgrundlage ist Art. 6 Abs. 1 S. 1 lit. f DS-GVO:[6]
– IP-Adresse
– Datum und Uhrzeit der Anfrage
– Zeitzonendifferenz zur Greenwich Mean Time (GMT)
– Inhalt der Anforderung (besuchte Seite)
– Zugriffsstatus/HTTP-Statuscode
– jeweils übertragene Datenmenge
– vorher besuchte Seite
– Browser
– Betriebssystem
– Sprache und Version der Browsersoftware.

## Anmerkungen

**1. ePrivacy-Gesetze und ihr Verhältnis zur DS-GVO.** Maßgeblich für den Online-Datenschutz sind nicht nur die DS-GVO, sondern auch spezielle gesetzliche Vorgaben zum Online-Bereich, deren grundsätzliches Verhältnis von Art. 95 DS-GVO geregelt wird. Auf europäischer Ebene bestimmt sich der Online-Datenschutz einerseits über die ePrivacy-RL, die seit 1995 nicht mehr überarbeitet wurde (die geplante ePrivacy-VO scheint nicht mehr umgesetzt zu werden), anderseits über den DSA, der Bestimmungen für digitale Dienste trifft (national umgesetzt durch das DDG und – für den Website-Datenschutz insbesondere relevant – das neue TDDDG, das zudem eine Regelung zu Cookies umfasst). Daher wird nachfolgend zunächst die Abgrenzung der verschiedenen Normen eingegangen. Laut Art. 95 DS-GVO ist für alle „öffentlich zugänglichen elektronischen Kommunikationsdienste" die ePrivacy-RL (als lex specialis) vorrangig zu berücksichtigen. Demnach soll die DS-GVO keine zusätzlichen Pflichten gegenüber der aktuellen Richtlinie bzw. der künftigen Verordnung aufstellen, sodass auch ein niedrigeres Schutzniveau im Online-Datenschutz dem der DS-GVO vorgehen würde.

Auf nationaler Ebene ist der Online-Datenschutz nun deutlich klarer als noch vor wenigen Jahren normiert. Insbesondere existiert mit § 25 TDDDG (zuvor § 25 TTDSG, das aufgrund der Geltung des DSA umbenannt, inhaltlich aber nicht geändert wurde; zur Historie BT-Drs. 20/10031, 33) eine Norm zur Verarbeitung von Daten in der Endeinrichtung des Nutzers, also insbesondere Cookies, kodifiziert. Die Norm blieb eng am Wortlaut der ePrivacy-RL, so dass die restriktive Anwendung fortgeführt wird. Rechtspolitisch ist es weiterhin wünschenswert, dass die vorbehaltlose Gestattung von „zwingend notwendigen Cookies" erweitert wird, zB um bestimmte Arten der Reichweitenmessung ohne Personenbezug oder die Nutzung von Zählpixeln der VG Wort zweifelsfrei zu ermöglichen. Auch unter bestehender Rechtslage gibt die DSK keine eindeutigen Hinweise dazu, da die Anbieter der Tools vielfach mehr als nur die tatsächlich erforderlichen Daten erheben würden (DSK Orientierungshilfe für Anbieter:innen von Telemedien ab dem 1.12.2021 Version 1.1 Rn. 85 ff.). § 26 TDDDG sieht nun die Möglichkeit zum Einsatz von sog. „Anerkannten Diensten zur Einwilligungsverwaltung" vor, mit denen die Einholung und Verwaltung von Einwilligungen Betroffener ermöglicht werden soll (Gierschmann/Baumgartner/Hanloser TTDSG § 26 Rn. 18). Die Norm reguliert nur die Einwilligungsverwaltung nach § 25 TDDDG, also keine möglichen Zusatzdienste der Anbieter, zB Identitätsmanagement-Dienste wie Single-Sign-on-Plattformen. In der Praxis finden die Dienste nach § 26 TDDDG bislang kaum Verbreitung. Grund dafür dürften primär die uneinheitlichen Interessen im Zusammenhang mit der Sammlung der Einwilligungen sein und der Mangel an Transparenz (Assion/Aretz TTDSG § 26 Rn. 68 ff. mit ausführlicher Kritik; kritisch primär auf die Frage möglicher Erleichterungen bei der Einholung rechtmäßiger Einwilligungen und die praktische Umsetzbarkeit Kühling/Sauerborn ZD 2022, 531 und ZD 2022, 596; positiv hingegen zB Hanloser ZD 2023, 421). Die Bundesregierung verabschiedete den Entwurf der Einwilligungsverwaltungsverordnung nach § 26 Abs. 2 TDDDG (BT-Drs. 20/12718), der jedoch inhaltlich sehr skeptisch aufgenommen wurde (zB Klink-Straub/Straub ZD-Aktuell 2024, 01820). Insofern bleibt weiterhin zu wünschen, dass bessere Alternativen zu den Cookie-Consent-Managern verpflichtend werden (zB über Browser-Einstellungen wie Do-Not-Track oder Einstellungsmöglichkeiten, die ein effektives Management der Betroffenenwünsche erlauben).

Der Telekommunikationsdatenschutz ist neben den Telemedien gesondert zu betrachten und in den §§ 3–18 TDDDG geregelt. Der Telekommunikationsdatenschutz gilt für alle elektronischen Kommunikationsdienste (Art. 2 Nr. 4 EKEK). Gem. Art. 4 Nr. 5 EKEK werden auch „interpersonelle Kommunikationsdienste" zum Anwendungsbereich gezählt. Dazu gehören die zuletzt vieldiskutierten sog. Over-the-top-Dienste (OTT). Bei jenen handelt es sich maßgeblich um Internet-Kommunikationsangebote wie Webmail, Instant-Messenger und Internet(-video)-telefoniedienste (Kühling/Buchner/Kühling/Raab DS-GVO Art. 95 Rn. 2), die früher nicht im Geltungsbereich der ePrivacy-RL waren (EuGH 16.6.2019 – C-193/18, NJW 2019, 2597; EuGH 5.6.2019 – C-142/18, BeckRS 2019, 10378). Im Verhältnis zwischen Telekommunikationsdatenschutz und DS-GVO gilt zunächst grundsätzlich, dass die auf der EKEK beruhenden Regelungen im TDDDG Vorrang vor der DS-GVO haben werden. Ansonsten werden die DS-GVO-Regelungen gelten, zB bei den Anforderungen an die Einwilligung oder – wohl – den Betroffenenrechten, nicht aber die Erlaubnistatbestände (so und ausführlich zur Abgrenzung zB Kühling/Buchner/Kühling/Raab DS-GVO Art. 95 Rn. 5 ff.). Die Verarbeitung von Verkehrs- und Standortdaten, bei denen das geltende Recht früher nicht eindeutig war (vgl. zB Ehmann/Selmayr/Klabunde/Selmayr, 2. Aufl. 2018, DS-GVO Art. 95 Rn. 16 ff.), ist explizit geregelt: Die Verarbeitung von Verkehrsdaten erfolgt nach §§ 9–12 TDDDG, die Verarbeitung der Standortdaten nach § 13 TDDDG. In den nachfolgenden Mustern wird hierzu nur auf die Details eingegangen, soweit es für einen konkreten Verarbeitungsvorgang erforderlich ist.

Der Online-Datenschutz war in den letzten Jahrzehnten wie kein anderer Rechtsbereich in tatsächlicher und rechtlicher Hinsicht im Fluss und bedarf regelmäßig einer neuen Betrachtung. Das vorliegende Muster geht vor diesem Hintergrund von der Geltung von TDDDG, DDG und TKG auf nationaler Ebene und ePrivacy-RL, EKEK und DSA auf europäischer Ebene.

**2. Kontaktdaten des Verantwortlichen.** Den betroffenen Personen muss eine Kontaktmöglichkeit eröffnet werden. Daher verlangt Art. 13 Abs. 1 lit. a DS-GVO die Angabe von Namen und „Kontaktdaten" des Verantwortlichen. Der Name ist vollständig und bei juristischen Personen mit Firmierung anzugeben. Als Kontaktdatum ist zumindest eine zustellungsfähige Anschrift anzugeben. Überzeugend ist es zu verlangen, dass die Kontaktaufnahme ohne Medienbruch möglich sein muss, so dass bei Websites eine E-Mail-Adresse oder ein einfach zu nutzendes Kontaktformular bereitgestellt werden sollte (Kühling/Buchner/Bäcker DS-GVO Art. 13 Rn. 22).

Weiterhin sind gem. Art. 13 Abs. 1 lit. b DS-GVO die Kontaktdaten des Datenschutzbeauftragten anzugeben, falls ein solcher bestellt wurde. Der Name muss nicht angegeben werden. Ausreichend ist die Nennung von generisch benannten Daten, mit denen der Datenschutzbeauftragte erreicht werden kann (BGH 14.5.2024 – VI ZR 370/22, GRUR-RS 2024, 17700; zuvor bereits Artikel-29-Datenschutzgruppe WP 243 rev.01 S. 15 zu Art. 37 Abs. 7 DS-GVO, mit übertragbarer Wertung, da wortgleich von „Kontaktdaten" gesprochen wird, so zB Kühling/Buchner/Bäcker DS-GVO Art. 13 Rn. 24).

Die Einrichtung einer speziell bezeichneten Datenschutz-E-Mail-Adresse trennt alle Datenschutzanfragen von anderen E-Mails und ermöglicht die Einhaltung der strikten Fristen nach Art. 12 DS-GVO. Falls ein Vertreter in der Europäischen Union nach Art. 27 DS-GVO bestellt ist (→ Form. C.VIII.), muss dieser ebenfalls namentlich genannt werden.

Durch den Link zum Impressum (§ 5 DDG) wird die Datenschutzerklärung an dieser Stelle nicht unnötig umfangreich. Demgegenüber hat die Aufnahme der Informationen unmittelbar in der Datenschutzerklärung den Vorzug, dass dadurch jede Diskussion darüber, ob die Informationen ordnungsgemäß zugänglich waren, von vornherein vermieden wird. Im Fall der Verlinkung ist unbedingt darauf zu achten, dass der Link stets zum richtigen Ziel führt und immer erreichbar ist.

**3. Nennung der Rechte der betroffenen Personen.** Die Pflicht zur Mitteilung ergibt sich aus Art. 13 Abs. 2 lit. b DS-GVO. Die Norm spricht ausdrücklich davon, dass nur über „das Bestehen" der Rechte zu informieren ist. Daher sind nähere Erläuterungen zu den Inhalten der Rechte nicht verpflichtend, aber optional möglich. Es ist zu empfehlen, die Informationen so kurz wie nötig zu halten, um den Umfang der Datenschutzerklärung nicht unnötig noch weiter zu erhöhen. Aufgrund der weitreichenden Informationspflichten, die in der Regel zu sehr umfangreichen Datenschutzerklärungen führen, wird die eher kurze Variante gewählt.

**4. Regelmäßig verarbeitete personenbezogene Daten.** Die Auflistung im Muster nennt die in aller Regel von der betroffenen Person an den Verantwortlichen bereitgestellten Daten. Die Informationen ergeben sich aus einer Logfile-Zeile, die sich je nach den Einstellungen des Hosters der Website unterscheiden können. Bspw. sieht eine Standard-Logfile im Falle des weit verbreiteten „Apache"-Webservers typischerweise wie folgt aus: 111.111.111.11 – – [22/May/1813:00:16:00 +0200] „GET/article.pdf HTTP/1.0" 200 1500 „http://example.com/start.html/" „Mozilla/5.0 (X11; U; Linux i686; de-DE; rv:1.7.6)" (ausführlich zu den aus technischen Gründen bei Apache erhobenen Informationen httpd.apache.org/docs/2.4/logs.html; weitergehend Stiemerling/Lachenmann ZD 2014, 133). Die in dem Muster der Datenschutzerklärung genannten Angaben sollten also immer auf der technischen Dokumentation des Hosters basieren, die durch den Hoster bereitzustellen ist und anschließend entsprechend durch den Website-Betreiber dokumentiert werden kann. Zudem kann sich die Prüfung (und Absicherung über den AV-Vertrag) empfehlen, dass der Hoster diese ihm vorliegenden Daten nicht für eigene Zwecke nutzt. Weitere Datenverarbeitungen – die nicht unbedingt notwendig sind – können durch Angebote wie Wordpress oder Contao ggf. vom Website-Betreiber ungewollt eingebunden werden, sodass auch in solchen Fällen sichergestellt werden sollte, dass nicht erforderliche Funktionen abgeschaltet werden.

Noch immer ist regelmäßig zu lesen, dass keine personenbezogenen Daten verarbeitet würden, da nur eine ID bzw. andere Pseudonyme verarbeitet würden. Eine solche Formulierung ist fehlerhaft, da – spätestens seit dem Urteil des EuGH in Sachen Breyer – ein für den Verantwortlichen pseudonymes Datum als personenbezogenes Datum gewertet werden muss (EuGH 19.10.2016 – C-582/14, ZD 2017, 24 mAnm Klar/Kühling; nachfolgend BGH 16.5.2017 – VI ZR 135/13, MMR 2017, 605 mAnm Kipker/Kubis; dazu zB Moos DSRITB 2017, 211; EuGH 7.3.2024 – C-604/22, ZD 2024, 328 mAnm Halim/Marosi; restriktiver, jedoch dogmatisch fragwürdig, EuGH 9.11.2023 – C-319/22, ZD 2024, 173 mAnm Hanloser; EuG 26.4.2023 – T-557/20, ZD 2023, 399 mAnm Baumgartner, n. rkr.). Zu solchen Pseudonymen gehören zB die IP-Adresse, ein Device- oder Browser-

Fingerprint, die Zusammenführung von technischen Metadaten wie Browser-Einstellungen, Ortsangaben usw (dazu zB Karg/Kühn ZD 2014, 285). Jedenfalls ist eine IP-Adresse personenbezogen, wenn sie mit anderen Daten zusammengeführt wird, zB durch Angabe von Personalien oder Account-Informationen (BGH 16.5.2017 – VI ZR 135/13, MMR 2017, 605 Rn. 46; Schleipfer RDV 2010, 168 (170f.); ausführliche Darstellung zum Personenbezug zB bei Karg DuD 2015, 520). Auch ID gelten regelmäßig als personenbezogen, selbst wenn sie keine direkte Zuordnung zu einer namentlich bekannten Person erlauben, sondern nur eine individuelle Kennziffer bilden. Denn über eine individuelle ID kann eine einzelne Person nachverfolgt werden und eine Profilbildung ist möglich (vgl. zB bei Google Analytics die User-ID, die individuelle Nutzer erkennt, selbst wenn sie nicht persönlich bekannt sind: „The User-ID feature lets you associate your own identifiers with individual users so you can connect their behavior across different sessions and on various devices and platforms" (https://support.google.com/analytics/answer/9213390?hl=en&sjid=2010205122571891430-EU). ID ist die Abkürzung für „Identifier", also ein Identifikator, „ein mit einer bestimmten Identität verknüpftes Merkmal zur eindeutigen Identifizierung des tragenden Objekts" (de.wikipedia.org/wiki/Identifikator). Gleiches gilt für Begriffe wie „UDID", deren Pseudonymität (eben nicht: Anonymität) schon im Namen „Unique […] Identifier" zu finden ist. Auch die mobile Advertiser-ID beim Online-Marketing ist eine eindeutige Kennung, zu der Vorlieben und Interessen eines Nutzers gespeichert werden können. Somit werden aus Handlungen der Nutzer, zB Suchanfragen oder angesehenen Webseiten, mögliche Eigenschaften einer natürlichen Person abgeleitet und zu einer Kennziffer gespeichert. Diese Profildaten gelten regelmäßig als personenbezogen, selbst wenn die ID nicht dem individuellen Namen der erfassten Person zugeordnet wird. Die Datenschutzaufsichtsbehörden folgerten schon früh, dass die Möglichkeit für ein „single out" bereits für die Annahme eines Personenbezugs ausreiche (Artikel-29-Datenschutzgruppe WP 136 S. 13f.). Entscheidend ist also, ob anhand einer ID und der zu ihr gespeicherten Interessen einzelne betroffene Personen herausgegriffen und unterschiedlich behandelt werden können („eine Unterscheidung dieser Person von anderen Personen ermöglicht"). Daher sind derartige Kennziffern auf Basis der DS-GVO als personenbeziehbar zu werten und solche pseudonymen Daten vollständig dem Anwendungsbereich der Datenschutzgesetze zu unterwerfen. Dennoch ist klar: ID sind Pseudonyme, also ein wichtiges und sinnvolles Kriterium zum Schutz der Online-Nutzer, das nicht nur Vorgaben von Art. 25 DS-GVO erfüllt, sondern generell im Online-Bereich sinnvoll ist. Zusammenfassend kann festgehalten werden, dass bei der Online-Datenverarbeitung in aller Regel ein Personenbezug gegeben ist; was nicht per se Schwierigkeiten bereitet, da natürlich in vielen Fällen eine Rechtsgrundlage vorliegt.

**5. Zwingende Angabe von technischen Daten.** Gem. Art. 13 Abs. 2 lit. e DS-GVO ist anzugeben, „ob die Bereitstellung der personenbezogenen Daten gesetzlich oder vertraglich vorgeschrieben oder für einen Vertragsabschluss erforderlich ist" und „welche mögliche[n] Folgen die Nichtbereitstellung hätte". Daher wird im Muster eine kurze Klarstellung aufgenommen, dass gewisse Informationen aus technischen Gründen zwingend verarbeitet werden müssen – was natürlich voraussetzt, dass nur tatsächlich erforderliche Funktionen verwendet werden (→ Anm. 4). Dies erfasst auch die Sicherstellung der Anzeige in richtiger Bildschirmgröße, vom

Nutzer ausgewählter Spracheinstellungen, Dauer der Session usw. Zu bedenken bleibt aber, dass eine dauerhafte Speicherung von Logfiles für den Website-Betreiber nicht erforderlich ist, sondern dass diese grundsätzlich nach Ende einer Session – oder, im Falle der Nutzung zur Angriffs- und Fehlererkennung nach wenigen Monaten – gelöscht werden müssen.

Weiterhin werden die Informationen aus den Logfiles insbesondere durch den Hoster genutzt, um gewisse Absicherungen der Website der Verfügbarkeit technisch und netzwerktechnisch vorzunehmen. Dazu gehört die Prüfung von Log-Dateien auf Irregularitäten oder die Verhinderung von DDOS- oder Virenangriffen. Bei einer solchen Verarbeitung ist erforderlich, dass diese nur auf Logfile-Daten beruht (die serverseitig entstehen und nicht durch Eindringen auf das Endgerät des Nutzers) und dass die Datenverarbeitung nur restriktiv durchgeführt wird.

**6. Rechtsgrundlage bei informatorischer Nutzung einer Website.** Bislang kann die Frage nicht abschließend beantwortet werden, welche Rechtsgrundlage einschlägig ist, wenn Daten aufgrund eines vom Nutzer initialisierten Verarbeitungsvorgangs verarbeitet werden. An sich wäre es naheliegend, dass Art. 6 Abs. 1 S. 1 lit. b DS-GVO anwendbar ist, da der Vorgang vom Nutzer initiiert wird und daher die Verarbeitung für von der betroffenen Person gewünschten Leistungen erforderlich ist. Dennoch ist es verwehrt, sich auf diese Norm zu stützen, denn der Wortlaut der Norm verlangt, dass die Verarbeitung „für die Erfüllung eines Vertrags [...] erforderlich" ist. Ein Vertrag ist aber nicht allein schon gegeben, wenn eine betroffene Person aus einer autonomen Entscheidung heraus einen Verarbeitungsvorgang initiiert. Da eine zu enge Auslegung offensichtlich nicht sinnvoll ist, wird in der Literatur richtigerweise davon ausgegangen, dass vertragsähnliche Vertrauensverhältnisse oder Vereins-/Parteimitgliedschaften ebenfalls unter lit. b subsumiert werden können, ebenso wie Gefälligkeitsverhältnisse „soweit mit diesen rechtsgeschäftlich begründete (Neben-)Pflichten einhergehen"; demgegenüber sei „ein bloß einseitiges Rechtsgeschäft wie etwa die Auslobung oder Gewinnzusage" nicht von der Norm erfasst (Kühling/Buchner/Buchner/Petri DS-GVO Art. 6 Rn. 28). Es wäre durchaus zu wünschen, dass bei einer Überarbeitung der DS-GVO solche Konstellationen von lit. b erfasst werden, aber damit ist kurz- und mittelfristig weiterhin nicht zu rechnen (vgl. EU-Kommission Zweiter Bericht zur Anwendung der Datenschutz-Grundverordnung (DSGVO) COM(2024) 357 final). Da mit einem bloßen Websitebesuch keine vertragsähnlichen Vertrauensverhältnisse begründet werden, obwohl eine autonome Entscheidung des Betroffenen vorliegt, müssen Alternativen gefunden werden.

Angedacht werden kann daher, die Einwilligung gem. Art. 6 Abs. 1 S. 1 lit. a iVm Art. 8 GRCh heranzuziehen. Auch dies überzeugt jedoch nicht, da Einwilligungen nach Art. 4 Nr. 11 DS-GVO in informierter Weise und unmissverständlich gegeben werden müssen. Das ist gerade nicht möglich, wenn ein Nutzer eine Website besucht, was nur durch Eingabe der URL bzw. Klick auf einen Link erfolgt, also ohne jegliche Informationen des Nutzers, was ihn erwarten wird. Insofern scheitert es hier auch an den vorab konkret festgelegten und für den Einwilligenden transparenten Zwecken.

Daher ist es überzeugend, obwohl nur eine Behelfskonstruktion, auf Art. 6 Abs. 1 S. 1 lit. f DS-GVO als Rechtsgrundlage für die Verarbeitung beim einfachen Website-Besuch abzustellen. Denn aufgrund der autonomen Entscheidung der betroffenen

Person, die Website zu besuchen, überwiegt das Interesse des Verantwortlichen an der grundlegenden Verarbeitung der Daten. Denn nur so kann der Wunsch erfüllt werden. Das Widerrufsrecht nach Art. 21 Abs. 1 DS-GVO (ausführlich → Anm. 11), das zu einer zweiten Interessenabwägung führt und nicht absolut besteht, wird faktisch nur so zur Anwendung kommen, dass sich der Nutzer zum Verzicht auf den Website-Besuch entscheiden kann (vergleichbar zu einer Art „Ermessensreduzierung auf Null“ beim Website-Betreiber). Freilich kann sich das zunächst nur auf die grundlegende Verarbeitung beziehen; alle Sonderfunktionen auf der Website unterliegen eigenständigen Erlaubnistatbeständen (zB Einwilligung in die Cookie-Nutzung für Werbeanzeigen, Vertragserfüllung bei Anmeldung zu einem Nutzer-Account).

## Kumulativ: ergänzende Texte bei zusätzlichen Verarbeitungsvorgängen mit Cookie-Richtlinie

Der modulare Aufbau des vorliegenden Musters ermöglicht die einfache Ergänzung der zuvor dargestellten allgemeinen Darstellung für die Betroffenen. Wenn die Website irgendwelche zusätzlichen Datenverarbeitungsvorgänge über die bloße Anzeige der Website zur informatorischen Nutzung hinaus vorsieht, müssen **in einem zweiten Schritt die nachfolgend dargestellten Formulierungen ergänzt** werden. Dazu gehören insbesondere die allgemeinen Beschreibungen der Datenverarbeitungsvorgänge und Einbindung von Auftragsverarbeitern, aber auch Widerspruchsrechte gegen die Verarbeitung von Daten auf Basis der Interessenabwägung und zu Zwecken der Werbung. Nachfolgend wird in § 4 eine allgemeine Klausel zum Hinweis auf den weiteren Umfang der Datenverarbeitung dargestellt, bevor in § 5 eine Information über die Nutzung von nicht notwendigen Funktionen, wie Cookies usw. und die über einen Consent-Manager erteilte Einwilligungserklärung dargestellt wird.

Im anschließenden dritten Schritt können die für die ergänzend genutzten Funktionen erforderlichen Formulierungen aus den in den Kapiteln → F. I. 3.–7. dargestellten Klauseln gewählt werden.

### § 4 Weitere Funktionen und Angebote unserer Website

**(1) Neben der rein informatorischen Nutzung unserer Website bieten wir verschiedene Leistungen an, die Sie bei Interesse nutzen können und verwenden weitere verbreitete Funktionen zu Analyse oder Vermarktung unserer Angebote, die nachfolgend näher vorgestellt werden. Dazu müssen Sie in der Regel weitere personenbezogene Daten angeben bzw. wir verarbeiten solche weiteren Daten, die wir zur Durchführung der jeweiligen Leistungen nutzen. Für alle hier beschriebenen Datenverarbeitungszwecke gelten die zuvor genannten Grundsätze zur Datenverarbeitung.**

**(2) Teilweise bedienen wir uns zur Verarbeitung Ihrer Daten externer Dienstleister. Diese werden von uns sorgfältig ausgewählt, sind an unsere Weisungen gebunden und werden regelmäßig kontrolliert.**[7]

**(3) Weiterhin können wir Ihre personenbezogenen Daten an Dritte weitergeben, wenn Aktionsteilnahmen, Gewinnspiele, Vertragsabschlüsse oder ähnliche Leistungen von uns gemeinsam mit Partnern angeboten werden. Je nach Leistung können Ihre Daten auch in eigener Verantwortung von den Partnern erhoben werden. Nä-**

here Informationen erhalten Sie bei Angabe Ihrer Daten oder untenstehend in der Beschreibung der jeweiligen Angebote.[8]

(4) Soweit unsere Dienstleister oder Partner ihren Sitz in einem Staat außerhalb des Europäischen Wirtschaftsraums (EWR) haben, informieren wir Sie über die Folgen in der Beschreibung des Angebotes.[9]

§ 5 Widerspruch oder Widerruf gegen die Verarbeitung Ihrer Daten

(1) Falls Sie eine Einwilligung zur Verarbeitung Ihrer Daten erteilt haben, können Sie diese jederzeit widerrufen. Ein solcher Widerruf beeinflusst die Zulässigkeit der Verarbeitung Ihrer personenbezogenen Daten, nachdem Sie ihn gegenüber uns ausgesprochen haben. Die Zulässigkeit der Verarbeitung Ihrer Daten bis zum Zeitpunkt Ihres Widerrufs bleibt unberührt.[10]

(2) Soweit wir die Verarbeitung Ihrer personenbezogenen Daten auf die Interessenabwägung stützen, können Sie Widerspruch gegen die Verarbeitung einlegen. Dies ist der Fall, wenn die Verarbeitung insbesondere nicht zur Erfüllung eines Vertrags mit Ihnen erforderlich ist, was von uns jeweils bei der nachfolgenden Beschreibung der Funktionen dargestellt wird. Bei Ausübung eines solchen Widerspruchs bitten wir um Darlegung der Gründe, weshalb wir Ihre personenbezogenen Daten nicht wie von uns durchgeführt verarbeiten sollen. Wir prüfen dann die Sachlage und werden entweder die Datenverarbeitung anpassen, einstellen oder Ihnen unsere zwingenden schutzwürdigen Gründe aufzeigen, aufgrund derer wir die Verarbeitung fortführen.[11]

(3) Selbstverständlich können Sie der Verarbeitung Ihrer personenbezogenen Daten für Zwecke der Werbung und Datenanalyse jederzeit widersprechen. Ihren Werbewiderspruch können Sie uns am besten unter den oben angegebenen Kontaktdaten ausüben.[12]

§ 6 Verarbeitung von Daten aus Ihren Endgeräten (sog. „Cookie-Richtlinie")[13]

(1) Zusätzlich zu den oben genannten Daten verwenden wir bei Ihrer Nutzung unserer Website technische Hilfsmittel für verschiedene Funktionen, die auf Ihrem Endgerät gespeichert werden können. Die technischen Hilfsmittel sind insbesondere Cookies, können aber weitere Mittel sein, wie zB AdvertisingID oder Authentication-Cache. Sie haben bei Aufruf unserer Website und jederzeit später die Wahl, ob Sie den Einsatz von einzelnen oder allen Zusatzfunktionen generell zulassen möchten. Änderungen können Sie in Ihren Browsereinstellungen oder über unseren Consent-Manager vornehmen. Nachfolgend beschreiben wir zunächst die technischen Funktionen (2), bevor wir auf Ihre individuellen Auswahlmöglichkeiten näher eingehen, indem wir technisch notwendige Funktionen (3) und von Ihnen freiwillig aus- oder abwählbare Funktionen beschreiben (4).

(2) Wir nutzen technische Funktionen, mit denen Ihnen weiteren Dienste bereitgestellt werden, hauptsächlich Cookies. Cookies sind Textdateien oder Informationen in einer Datenbank, die auf Ihrer Festplatte gespeichert und dem von Ihnen verwendeten Browser zugeordnet werden, sodass der Stelle, die den Cookie setzt, bestimmte Informationen zufließen können. Cookies können keine Programme ausführen oder Viren auf Ihren Computer übertragen, sondern dienen primär dazu, das Internetangebot schneller und nutzerfreundlicher auszugestalten und Sie bei einem späteren Besuch wiederzuerkennen. Sie können in den Einstellungen Ihres Browsers

die gesetzten Cookies und die Laufzeiten jederzeit einsehen und die Cookies manuell löschen.

Diese Website nutzt folgende Arten von Cookies:[14]

- Transiente Cookies, insbesondere Session-Cookies, werden bei Schließen des Browsers oder durch Ausloggen automatisiert gelöscht. Sie enthalten eine sog. Session-ID und lassen sich verschiedene Anfragen Ihres Browsers der gemeinsamen Sitzung zuordnen.
- Persistente Cookies werden automatisiert nach einer vorgegebenen Dauer gelöscht, die je nach Cookie unterschiedlich festgelegt ist.
- Weitere Technologien beruhen nicht auf Cookies, sondern auf ähnlichen technischen Mechanismen, wie eine Analyse Ihrer Browser-Einstellungen, AdvertisingID, Authentication-Cache oder HTML5-Objekten.

(3) Zwingende, zur Anzeige der Website technisch notwendige Funktionen: Der technische Aufbau der Website erfordert es, dass wir Techniken, insbesondere Cookies, nutzen. Ohne diese Techniken kann unsere Website nicht (vollständig korrekt) angezeigt werden oder die Support-Funktionen nicht ermöglicht werden. Dabei handelt es sich grundsätzlich um transiente Cookies, die nach Ende Ihres Website-Besuchs, spätestens bei Schließen Ihres Browsers, gelöscht werden. Diese Cookies können Sie nicht abwählen, wenn Sie unsere Website nutzen möchten. Die einzelnen Cookies sind im Consent-Manager ersichtlich. Rechtsgrundlage dieser Verarbeitung ist Art. 6 Abs. 1 S. 1 lit. f DS-GVO.[15]

(4) Optionale Funktionen: Verschiedene Cookies oder weitere Techniken nutzen wir nur nach Ihrer Einwilligung, die Sie über den Consent-Manager auswählen können. Die Funktionen werden nur im Falle Ihrer Zustimmung aktiviert und können insbesondere dazu dienen, dass wir die Besuche auf unserer Website analysieren und verbessern können, Ihnen die Bedienung über verschiedene Browser oder Endgeräte zu erleichtern, Sie bei einem Besuch wiederzuerkennen oder Werbung (ggf. auch um Werbung an den Interessen zu orientieren, Effektivität von Anzeigen zu messen oder interessenorientierte Werbung zu zeigen) zu schalten. Rechtsgrundlage dieser Verarbeitung ist Art. 6 Abs. 1 S. 1 lit. a DS-GVO. Der Widerruf Ihrer Einwilligung ist jederzeit möglich, ohne dass davon die Zulässigkeit der Verarbeitung bis zum Widerruf berührt wird.

Die von uns genutzten Funktionen, die Sie jeweils einzeln über den Consent-Manager auswählen und wieder widerrufen können, beschreiben wir nachfolgend.

## Anmerkungen

**7.** **Transparenz und Einbindung von Auftragsverarbeitern.** Die Erläuterung zur Datenverarbeitung in § 4 Abs. 2 des Musters geht knapp auf die Datenweitergabe an Auftragsverarbeiter ein. Die Auftragsverarbeitung ist zwar Teil der Verarbeitung nach Art. 4 Nr. 2 DS-GVO, führt jedoch über Art. 28 DS-GVO dazu, dass der Auftragsverarbeiter kein Dritter nach Art. 4 Nr. 10 DS-GVO wird (NK-DatenschutzR/Petri DS-GVO Art. 4 Nr. 10 Rn. 4; zur Auftragsverarbeitung → Form. G. I.). Demgegenüber erfasst der Begriff des „Empfängers" auch Auftragsverarbeiter (Artikel-29-Datenschutzgruppe WP 260 rev.01 S. 46). Die Auftragsverarbeitung ist daher vor allem intern organisatorisch relevant, aber erfordert auch eine kurze Information der betroffenen Personen.

Wichtig ist weiterhin, dass alle Voraussetzungen des Art. 28 DS-GVO eingehalten werden, also insbesondere die sorgfältige Auswahl des Dienstleisters, der Abschluss eines Vertrages sowie die regelmäßige Überwachung der Einhaltung der gesetzlichen Vorgaben. Eine solche sorgfältige Auswahl, also eine Prüfung von Datenschutz- und Datensicherheitsmaßnahmen bereits im Auswahlprozess, ist gerade bei US-Dienstleistern meist nicht einfach sicherzustellen. Je umfangreicher Auftraggeber von Dienstleistern den Nachweis der Umsetzung der DS-GVO-Vorgaben fordern, umso eher kann eine ausreichende Absicherung sichergestellt werden. Gerade da der DS-GVO unterliegende Unternehmen der Rechenschaftspflicht zu genügen haben, muss die interne Dokumentation der sorgfältigen Auswahl der Dienstleister sichergestellt sein (→ Form. A. I.).

Der vorliegende Textvorschlag nennt die eingesetzten Dienstleister als abstrakte Kategorie, die im weiteren Verlauf der Datenschutzerklärung durch die Beschreibung der einzelnen genutzten Tools und Dienstleister vertieft wird. Zumindest im Online-Bereich ist es üblich und erforderlich, die Dienstleister der einzelnen Online-Dienste zu benennen, allein um den Nutzern die direkte Widerspruchsmöglichkeit zu eröffnen. Bislang war es umstritten, ob in einer Datenschutzerklärung sämtliche Auftragsverarbeiter (in weiterer Konsequenz auch Sub-Dienstleister, Sub-Sub-Dienstleister usw) namentlich benannt werden müssen (so zB Kühling/Buchner/Bäcker DS-GVO Art. 13 Rn. 30) oder die Angabe von Kategorien ausreicht (so zB Paal/Pauly/Paal/Hennemann DS-GVO Art. 13 Rn. 18 mwN). Eine vermittelnde Ansicht vertrat der EDSA (WP 260 rev.01 S. 47): Demnach galt grundsätzlich, dass „die Verantwortlichen möglichst zweckdienliche Informationen zu den Empfängern für die betroffenen Personen bereitstellen" müssen, mit dem Ziel, dass „die betroffenen Personen genau wissen, wer im Besitz ihrer personenbezogenen Daten ist". Die Rechtslage wurde nun insofern geklärt, als der EuGH entschied, dass bei Art. 15 DS-GVO der Verantwortliche verpflichtet ist, der betroffenen Person die Identität der Empfänger mitzuteilen. Dabei bestehen jedoch Ausnahmen, wenn der Verantwortliche die Empfänger nicht identifizieren kann oder wenn die Anträge auf Auskunft der betroffenen Person offenkundig unbegründet oder exzessiv nach Art. 12 Abs. 5 DS-GVO sind (EuGH 12.1.2023 – C-154/21, GRUR-RS 2023, 89 Rn. 51).

Die Entscheidung des EuGH gilt nicht für Art. 13 Abs. 1 lit. e DS-GVO, so dass hier aufgrund des unterschiedlichen Sachverhalts anzunehmen ist, dass es ausreichend ist, die Kategorien von Dienstleistern zu benennen. Das ist praktikabel, da im üblichen Geschäftsbetrieb oft eine Vielzahl von technischen Dienstleistern (wie Hosting oder Wartung) genutzt werden, die weder für die Betroffenen von Interesse sind noch dargestellt werden können, da ein ständiger Wechsel möglich ist. Neben der Verhältnismäßigkeit sind auch Aspekte der IT- und Informationssicherheit zu bedenken, da übermäßige Informationen über die IT-Architektur Angriffsoptionen eröffnen können („Supply Chain Attack").

Der beschriebene Rechtsstreit dürfte im Online-Bereich nur am Rande relevant sein, da die vom EDSA geforderten Kategorien durch individuelle Beschreibung der einzelnen eingebundenen Tools und Funktionen (über-)erfüllt werden. Der Hinweis wird zudem aus Transparenzgründen aufgenommen, um die Erwartungshaltung der betroffenen Person, dass sämtliche Daten nur intern verarbeitet würden, aufzubrechen.

**8. Weitergabe an Dritte.** Eine Übermittlung von Nutzerdaten an weitere Verantwortliche (zB Onlinemarketing-Anbieter, Finanzdienstleister) ist nur zulässig, wenn ein Erlaubnistatbestand nach Art. 6 Abs. 1 DS-GVO erfüllt ist und die betroffene Person bei Erhebung ihrer Daten über den Übermittlungsvorgang informiert wird. Die Information über die Dritten als Empfänger kann bspw. bei der jeweiligen Beschreibung der Funktionen auf der Website sowie in der Datenschutzerklärung erfolgen. In vielen Fällen wird eine eigenständige Erhebung durch die Partner vorkommen (zB Online-Payment). Insbesondere im letzteren Fall sollte eine Verlinkung auf die Datenschutz- und Vertragsbestimmungen der Dritten erfolgen, gemeinsam mit der Klarstellung, wer für die Verarbeitung verantwortlich ist. Die vorliegende Formulierung ist allgemein gehalten und muss unten bei der Beschreibung der einzelnen Funktionen ergänzt werden.

**9. Datentransfers außerhalb des EWR.** Für den in diesem Muster gewählten Ausgangspunkt einer Datenerhebung innerhalb Deutschlands ist eine Verarbeitung personenbezogener Daten unproblematisch möglich, soweit diese innerhalb des EWR vorgenommen wird. Bei einem Transfer in Drittländer ohne Angemessenheitsentscheidung der EU-Kommission, muss der Verantwortliche zusätzliche Schutzvorkehrungen treffen, was seit der Entscheidung „Schrems II" umso komplexer wurde (EuGH 16.7.2020 – C-311/18, MMR 2020, 597 mAnm Hoeren; ausführlich zur Absicherung internationaler Transfers → Form. G. VII.).

Über die Absicherung des Datentransfers zwischen Verantwortlichem und Dritten hinaus muss die betroffene Person gem. Art. 13 Abs. 1 lit. f DS-GVO über die Tatsache eines Drittlandstransfers informiert werden sowie darüber, auf welche konkreten Garantien der Datentransfer gestützt wird. Mitzuteilen ist also, ob ein Angemessenheitsbeschluss der EU-Kommission nach Art. 45 DS-GVO vorhanden ist, ob eine geeignete Garantie nach Art. 46 f. DS-GVO eingesetzt wird oder ob eine Ausnahme nach Art. 49 DS-GVO vorliegt. Bei Einsatz geeigneter Garantien ist zudem die Darstellung notwendig, wie eine Kopie der Dokumente zu erhalten ist. Der Bereitstellungsverpflichtung kann bei online vorhandenen Informationen über einen Link nachgekommen werden. Ansonsten muss der betroffenen Person dargestellt werden, wie sie die Dokumente erhalten kann (vgl. Kühling/Buchner/Bäcker DS-GVO Art. 13 Rn. 34), zB über eine Anfrage an den Datenschutzbeauftragten oder eine spezielle E-Mail-Adresse des Verantwortlichen. Obwohl sich die Bereitstellungsverpflichtung nicht auf den Angemessenheitsbeschluss bezieht („oder im Falle von Übermittlungen gemäß"), kann über solche Angemessenheitsbeschlüsse für einzelne Länder (aber nicht mehr über das „EU-U.S. Privacy Shield") in einem Link informiert und so ein höheres Nutzervertrauen geschaffen werden.

**10. Hinweis auf Widerrufbarkeit einer Einwilligung.** Die DS-GVO sieht verschiedene Varianten vor, wann sich eine betroffene Person gegen die Verarbeitung ihrer Daten wenden kann. Über alle diese Rechte muss die betroffene Person informiert werden, was von dem Muster abgedeckt wird. Regelmäßig sollte die betroffene Person über ihre Rechte bei Einwilligungen und sonstigen Datenverarbeitungen gesondert informiert werden.

Eine Einwilligung ist nur wirksam erteilt, wenn sie jederzeit widerruflich ist (Art. 7 Abs. 3 S. 1 DS-GVO) und die betroffene Person über die Möglichkeit des jederzeitigen Widerrufs in Kenntnis gesetzt wird (Art. 7 Abs. 3 S. 3 DS-GVO). Zur Sicherstellung der Kenntnis muss die betroffene Person in der Einwilligungserklärung stets über das Widerrufsrecht informiert werden. Daher sollte bereits eine allgemeine Information über die Widerrufbarkeit der Einwilligung vorangestellt werden, die in den konkret eingeholten Einwilligungserklärungen nochmals wiederholt werden sollte (ausführlich zu Einwilligungen → Form. I. III.).

**11. Widerspruch gegen die Datenverarbeitung bei Interessenabwägung.** Widersprüche von Betroffenen können regelmäßig gegen eine auf der Interessenabwägung nach Art. 6 Abs. 1 S. 1 lit. f DS-GVO beruhende Datenverarbeitung eingelegt werden. Ein solcher Widerspruch ist aber nicht vorbehaltlos, wie ein Widerruf der Einwilligung, sondern an bestimmte Voraussetzungen geknüpft. Nach Art. 21 Abs. 1 DS-GVO kann eine betroffene Person jederzeit Widerspruch einlegen, wenn sie Gründe, „die sich aus ihrer besonderen Situation ergeben", darlegen kann. Damit ist bspw. bei einem informatorischen Angebot einer Website ohne Zusatzfunktionen kein Widerspruch der betroffenen Person gegen die Verarbeitung ihrer personenbezogenen Daten möglich (→ Anm. 6). Für jeden anderen Datenverarbeitungsvorgang, der auf die Interessenabwägung gestützt wird (zB die Analyse der Daten zu Werbezwecken), ist hingegen ein Widerspruch grundsätzlich möglich.

Folge des Widerspruchsrechts ist, dass eine betroffene Person gegen bestimmte Datenverarbeitungen begründeten Widerspruch einlegen und sich der Verantwortliche in der Folge möglichen Ansprüchen ausgesetzt sehen kann. Die Frage des Umfangs wird noch diskutiert. In der Literatur besteht inzwischen zumindest insoweit Einigkeit, dass sich die Gründe nicht aus der Verarbeitungssituation als solche, sondern aus der Person des Betroffenen ergeben müssen (vgl. BeckOK DatenschutzR/Forgó DS-GVO Art. 21 Rn. 8 ff.; vgl. auch die Formulierung unter der DSRL, bei der sehr hohe Anforderungen an die Begründung gestellt wurden, dazu Simitis/Dix BDSG § 35 Rn. 58). Daher ist es überzeugend, dass die betroffene Person konkrete und ernstzunehmende Gründe vorbringen muss, warum die Interessenabwägung in dem angegriffenen Verarbeitungsvorgang zu ihren Gunsten ausfällt (zB Lachenmann Datenübermittlung im Konzern S. 287 f.; Paal/Pauly/Martini DS-GVO Art. 21 Rn. 29 ff.).

Unabhängig davon, wie weitgehend eine Begründung erfolgen muss: Die betroffene Person muss gem. Art. 21 Abs. 4 DS-GVO auf ihr Widerspruchsrecht hingewiesen werden. Für den Hinweis wird eine Formulierung nahe am Wortlaut vorgeschlagen, um der betroffenen Person zu verdeutlichen, dass sie ernsthafte Gründe gegen die Verarbeitung vorbringen muss. Der Hinweis muss in einer „von anderen Informationen getrennten Form" erfolgen, was hier durch jeweils eigene Absätze und die Unterstreichung deutlich gemacht wird.

**12. Widerspruch gegen Direktmarketing.** Neben dem allgemeinen und begrenzten Widerspruchsrecht nach Art. 21 Abs. 1 DS-GVO besteht ein striktes Widerspruchsrecht nach Art. 21 Abs. 2 DS-GVO, wenn die personenbezogenen Daten zu Zwecken des „Direktmarketings" eingesetzt werden. Da die DS-GVO den Begriff des Direktmarketings nicht definiert, sollte die Information über die Widerspruchsmöglichkeit gegen die Nutzung der Daten für Werbe- und Analysezwecke eher weit formuliert in die Datenschutzerklärung aufgenommen werden. Dabei kann auf die Definition aus Art. 2 lit. a RL 2006/114/EG zurückgegriffen werden, wonach Werbung als jede Äußerung zur Förderung eines Gewerbes zu verstehen ist (so auch DSK Orientierungshilfe Direktwerbung v. Februar 2022 S. 3).

Die Hinweispflicht gegen Direktwerbung folgt aus Art. 21 Abs. 2 und 4 DS-GVO, die eine besondere Hervorhebung durch eine von anderen Informationen getrennte Form, eine verständliche Formulierung und die Erteilung der Information spätestens zum Zeitpunkt der ersten Kommunikation verlangen. Den Informationspflichten wird in § 5 Abs. 3 des Musters nachgekommen. Ergänzend sollte der Text in Fettdruck, über einen Rahmen oder anderweitig hervorgehoben werden.

**13. Information über Nutzung von Cookies.** Im Laufe der letzten Jahre bzw. Jahrzehnte war die Rechtslage zu Cookies einem stetigen Wandel und diversen Diskussionen unterworfen – nun jedoch sind die gesetzlichen Vorgaben und die Umsetzung in weiten Teilen klar definiert. Das bietet Nach- und Vorteile, indem zwar fast jedes „Schlupfloch" geschlossen wurde, jedoch nun relativ hohe Rechtssicherheit besteht. Entscheidend ist einerseits die zwölf Jahre (sic) nach Geltung der ePrivacy-RL idFv 2009 erfolgte Umsetzung des Art. 5 Abs. 3 ePrivacy-RL in § 25 TDDDG, andererseits die Entscheidungen EuGH 1.10.2019 – C-673/17, NVwZ 2019, 1745; BGH 28.5.2020 – I ZR 7/16, NJW 2020, 2540, die grundsätzlich nur die in der ePrivacy-RL niedergelegte Rechtslage bestätigten. In der Praxis sind daher die – bei Nutzern nachvollziehbarerweise unbeliebten – Consent-Management-Tools („Consent-Manager") üblich, mit denen die Nutzer vor dem eigentlichen Besuch der Website auswählen können, ob und welchen Tools sie zustimmen. Anders kann eine rechtssichere Verwendung von inzwischen allgemein üblichen Funktionen kaum mehr sichergestellt werden. Eine Neukonzeption des Ausgleichs der Interessen von Website-Betreibern und Besuchern sollte auf politischer Ebene mit Fokus auf neue Technologien und Gedanken zeitnah diskutiert werden (→ Anm. 1). Nachfolgend wird die derzeit geltende Rechtslage dargestellt, bei der insbesondere zweierlei zu bedenken ist:

Zunächst muss klargestellt werden: § 25 TDDDG und Art. 5 Abs. 3 ePrivacy-RL erfassen nicht nur das Setzen von Cookies, sondern jede Speicherung von Informationen in der Endeinrichtung des Endnutzers oder den Zugriff auf Informationen, die bereits in der Endeinrichtung gespeichert sind. Es werden also nicht nur Abrufe von personenbezogenen Daten erfasst, sondern auch technische Vorgänge ohne Personenbezug, also unabhängig von der DS-GVO (Artikel-29-Datenschutzgruppe WP 224 Nr. 6). Daher ist der vielfach verwendete Begriff „Cookie-Einwilligung" nicht korrekt, da Cookies nur eine Technik für das gesetzlich erfasste Verarbeiten von Nutzerinformationen sind. Dh, dass auch die Verwendung von Funktionen wie dem Auslesen von Browser-Einstellungen der Rechner der Nutzer, das Setzen von HTML 5-Objekten oder Pixeln von der Norm erfasst wird (zB CNIL Délibération n 2019-093 du 4 juillet 2019 portant adoption de lignes directrices relatives à l'application de l'article 82 de la loi du 6 janvier 1978 modifiée aux opérations de lecture ou écriture dans le terminal d'un utilisateur (notamment aux cookies et autres traceurs) Art. 5; dazu Voetteler ZD 2020, 14 (16)). Der Anwendungsbereich ist also extrem weit und erfasst grundsätzlich auch jeden Workaround, insbesondere solche Techniken, die derzeit vermehrt eingesetzt werden.

Weiterhin muss nicht für jede Website-Nutzung zuvor eine Einwilligung eingeholt werden: Es bleibt unter § 25 TDDDG dabei, dass eine Datenverarbeitung, die für die Bereitstellung der Webseite erforderlich ist, ohne vorherige Einwilligung zulässig ist. Offen ist dabei, wie konkret das Erforderlichkeitsmerkmal definiert wird. Insbesondere die Datenschutzaufsichtsbehörden werten das Merkmal sehr restriktiv, so dass in den meisten Fällen eine Einwilligung einzuholen wäre, was so aber nicht überzeugen kann. Daher ist das vorliegende Muster so aufgebaut, dass in Fällen einer bloß informativen Nutzung der Website ohne besondere Aktionen keine spezielle Cookie-Informationen – erst recht keine Einwilligung – erforderlich ist. Für alle weiteren Fälle, also für die meisten heutzutage genutzten Websites, ist das Einholen einer Einwilligung erforderlich; zu den Details → Anm. 15.

**14. Technik und Einsatzmöglichkeiten von Cookies.** Das Muster beschreibt zunächst kurz die technische Funktionsweise von Cookies und vergleichbaren Technologien in allgemeiner Form. Die Unterscheidung nach den in der Erklärung genannten Gruppierungen von Cookies ist üblich und basiert auf den Ausführungen der Artikel-29-Datenschutzgruppe WP 194 v. 7.6.2012. Eine nähere Unterteilung in der Datenschutzerklärung scheint nicht notwendig, da sich die rechtlichen Besonderheiten auf die hier beschriebene Unterscheidung beschränken. Der Einsatz von persistenten Cookies ist üblich und möglich, wenn eine Speicherbegrenzung vorgesehen wird. Die Lebensdauer der Cookies sollte daher grundsätzlich auf einen konkreten Zeitraum, höchstens wenige Jahre, eher Monate, beschränkt sein (und ist laut EuGH den Betroffenen in der Einwilligung zu nennen, → Anm. 15).

Eine Unterscheidung nach First Party-Cookies und Third Party-Cookies wird vorliegend nicht vorgenommen, obwohl sie regelmäßig zu sehen ist. Das folgt zum einen daraus, dass die technischen Unterschiede für die rechtliche Zulässigkeit oft keine Rolle spielen, da es auf Verarbeitungszweck und Einwilligung ankommt. Zum anderen spielen Third Party-Cookies eine zusehends geringere Rolle, nicht nur weil viele Nutzer diese Cookies inzwischen blocken, sondern auch da viele Browser-Hersteller deren Anwendung inzwischen untersagen (zB Apple mit dem ATT-Framework für das Betriebssystem iOS 14.5.1 und zuvor für den Safari Browser mit dem Update ITP 2.1, vgl. zu den Änderungen heise.de/-6003477; heise.de/-4330798). Das Tracking verlagert sich von Cookies zu anderen Techniken (zB Browser Fingerprints, Pixel oder Keystroke Biometrics, vgl. zB www.privacy-handbuch.de/handbuch_13.htm). Dennoch bleiben Cookies ein wichtiges Instrument, wie die Entscheidung von Google zeigt, entgegen der früheren Ankündigung im Rahmen der sog. „Privacy Sandbox" doch nicht vollständig auf Third-Party-Cookies in ihrem Browser Chrome zu verzichten (https://econsultancy.com/google-privacy-sandbox-concerns-third-party-cookies/).

Die im Text ergänzend beschriebenen Flash-Cookies und HTML5 storage objects („EverCookies") nutzen eine ähnliche Technik, ohne aber so einfach wie Cookies von Browsern geblockt werden zu können und haben deutlich umfangreichere Möglichkeiten des Nutzer-Trackings als Browser-Cookies, sodass im Falle einer Nutzung solcher eine gesonderte Beschreibung notwendig ist (zur Technik von Flash-Cookies zB Stiemerling/Lachenmann ZD 2014, 133 (136); zu Technik und rechtlicher Bewertung von HTML5 storage objects zB www.w3.org/TR/html5; Dieterich ZD 2015, 199). Solche Techniken können nach den üblichen Vorgaben eingesetzt werden, dh das Einwilligungserfordernis besteht stets, wenn Informationen auf Endgeräten der Nutzer gespeichert oder auf Endgeräteinformationen zugreifen (Rauer/Ettig ZD 2021, 18 (21)).

**15. Anforderungen an die Einwilligung zum Einsatz von Cookies.** Der Mustertext der Datenschutzerklärung geht davon aus, dass die Website einen Consent-Manager nutzt, mit dem die Nutzer die Einwilligungen verwalten können. Die Einstellungsmöglichkeiten können sich stark unterscheiden und viele Consent-Manager bedürfen einer individuellen Anpassung, da die Standardeinstellungen meist unzulänglich sind. Zugleich bleibt der Druck hoch, die Ausgestaltung der Tools transparent umzusetzen, insbesondere ohne sog. „Dark Patterns“ (zB Paal/Pauly/Martini DS-GVO Art. 13 Rn. 46f.; Weinzierl NVwZ 2020, 1087; Beispiele bei LfDI Nds. Handreichung v. 11/2020 S. 5ff.). Der Begriff und das Verbot solcher Maßnahmen haben nun auch Einzug in Art. 25 DSA gefunden (dazu zB Kaesling NJW 2024, 1609). Die Norm untersagt die Täuschung oder Manipulation von Nutzern und nennt als untersagte Kriterien insbes., dass „bestimmte Auswahlmöglichkeiten stärker hervorgehoben werden“ (Art. 25 Abs. 3 lit. a DSA) oder „der Nutzer wiederholt aufgefordert wird, eine Auswahl zu treffen, obwohl eine solche Auswahl bereits getroffen wurde (Art. 25 Abs. 3 lit. c DSA). Diese Vorgaben gelten nicht im Anwendungsbereich der DS-GVO, Art. 25 Abs. 2 DSA. Da die Cookie-Vorgaben aber auf der ePrivacy-RL beruhen, finden die DSA-Pflichten insoweit Anwendung, als der Einwilligungsteil sich nicht auf die DS-GVO bezieht, also insbesondere im TDDDG (Martini/Kramme/Kamke MMR 2023, 323 (326)). Untersagt soll es in dem Rahmen insbesondere sein, den Einwilligen-Button farblich hervorzuheben; das kann aber höchstens gelten, wenn nicht ein farbliches Konzept die verschiedenen Funktionen der Buttons verdeutlicht. Besondere Bedeutung hat es inzwischen, die Tools mit der Möglichkeit zur Ablehnung aller nicht-notwendigen Funktionen auf der ersten Seite des Consent-Managers auszustatten, da verschiedene gerichtliche Entscheidungen (zB OLG Köln 19.1.2024 – 6 U 80/23, NJW 2024, 1517; LG München I 29.11.2022 – 33 O 14776/19, MMR 2023, 222 mAnm Halder/Maluszczak Rn. 112; jeweils nach Klagen von Verbraucherschutzverbänden) der Ansicht der Datenschutz-Aufsichtsbehörden folgen (zB EDSA Report of the work undertaken by the Cookie Banner Taskforce Nr. 3; CNIL Pressemitteilung v. 23.7.2021; LfD Nds. Handreichung: Datenschutzkonforme Einwilligungen auf Webseiten – Anforderungen an Consent-Layer v. November 2020 S. 5). Verschiedene Urteile bestätigen Unterlassungsansprüche bei unerlaubter Cookie-Nutzung bzw. unzureichenden Einwilligungen (zB LG Rostock 15.9.2020 – 3 O 762/19, GRUR-RS 2020, 32027; LG Köln 29.10.2020 – 31 O 194/20, GRUR-RS 2020, 37085).

Einen Sonderfall bei der Einwilligung bilden die sog. „Pay-or-Consent“-Modelle, bei denen Nutzern die theoretische Wahl zwischen Einwilligung in Werbetracking und einer kostenpflichtigen Variante eingeräumt wird. Früher hatten die Datenschutz-Aufsichtsbehörden die Ansicht vertreten, dass keine freiwillige Einwilligung vorliege, wenn ein Website-Aufruf eine Einwilligung in die Verarbeitung erzwinge (EDSA Leitlinien 05/2020 zur Einwilligung V. 1.1 v. 4.5.2020 Rn. 40f., unter Berufung auf das „Kopplungsverbot“ nach Art. 7 Abs. 4 DS-GVO). Die Verbreitung der „Pay-or-Consent“-Modelle folgt vor allem aus der Entscheidung des EuGH zum Vorgehen des Bundeskartellamts (EuGH 4.7.2023 – C-252/21, MMR 2023, 669 mAnm Golland), die insbesondere die Interessenabwägung als Basis für Profiling unmöglich machte. Dennoch bleiben Zweifel an der freien Entscheidung und Angemessenheit der Gebühren (zB https://noyb.eu/en/28-ngos-urge-eu-dpas-reject-pay-or-okay-meta). Zuletzt veröffentlichten die Datenschutzaufsichtsbehörden eine Stellungnahme mit einer restriktiveren Bewertung, zB durch die Entscheidung, dass das Modell bei großen Online-Plattformen bezugnehmend auf Art. 3 lit. i DSA „in den meisten Fällen“ nicht der DS-GVO entspreche (EDSA Opinion 08/2024 on Valid Consent in the Context of Consent or Pay Models Implemented by Large Online Platforms v. 17.4.2024). Eine Stellungnahme zur „kleineren“ Plattformen soll zu einem späteren Zeitpunkt folgen. Jedoch ist unklar, weshalb eine Einordnung der Freiwilligkeit der Einwilligung von der Größe der Plattform abhängen sollte, vielmehr erscheint es in allen Fällen notwendig, dass eine gleichwertige Alternative angeboten wird. Zu beachten ist auch, dass es schwerlich zulässig sein kann, ein „Pay-or-Consent"-Modell bereitzustellen, wenn nach einer Einwilligung in Werbemaßnahmen eine zweite Zahlschranke erfolgt oder zahlende Abonnenten zusätzlich vor die „Wahl" erhöhter Kosten gestellt werden. Die Modelle verbreiten sich also derzeit weiter, unterliegen aber weiterhin deutlichen Risiken.

Nachfolgend werden die grundlegenden Kriterien an einen Consent-Manager dargestellt. Dabei wird grundlegend von den hohen (und nicht immer zutreffenden) Anforderungen der DSK Orientierungshilfe für Anbieter:innen von Telemedien ab dem 1.12.2021 Version 1.1 Rn. 113 ff. ausgegangen und auf die Wertungen des EDSA verwiesen, um auch vor dem Hintergrund der Gefahren wettbewerbsrechtlicher Abmahnungen ein hohes Schutzniveau sicherstellen zu können. Grundlegende organisatorische Vorgaben an die Consent-Manager sind:

- Beim ersten Besuch auf der Website, auf der nicht für den Betrieb der Webseite notwendige Cookies genutzt werden sollen, muss ein Consent-Manager (also zB ein gut sichtbarer Kasten oder eine Toolbar) angezeigt werden. Faktisch wird das Tool auf jeder Unterseite bei dem (ersten) Besuch der Nutzer angezeigt werden müssen.
- Der Consent-Manager sollte so platziert sein, dass die Nutzer tatsächlich eine Entscheidung treffen müssen, wie sie Cookies akzeptieren möchten, wenn eine nicht-erforderliche Datenverarbeitung stattfindet. Die bloße Weiternutzung der Website ist keine Einwilligung. Eine Toolbar ohne Entscheidung des Nutzers ist nur möglich, wenn nur notwendige Cookies ohne Zusatzfunktionen gesetzt werden.
- In dem vorstehend beschriebenen ersten Schritt dürfen keine Cookies oder vergleichbare Techniken gesetzt werden, die nicht für den Betrieb der Website selbst erforderlich sind. Erst nach der Entscheidung des Nutzers dürfen für den Betrieb der Website nicht erforderliche Cookies gesetzt werden (EDSA Leitlinien 05/2020 zur Einwilligung V. 1.1 v. 4.5.2020 Rn. 90).
- Der Verantwortliche ist zu benennen und ein Link auf Impressum und Datenschutzerklärung einzustellen. Die Anzeige von Impressum und Datenschutzerklärung muss ohne Nutzung von Trackern möglich sein.

Hinsichtlich des Consent-Managers selbst:

- Der Text der Einwilligungserklärung hinsichtlich der Verarbeitungszwecke und eingesetzten Techniken, der den Anforderungen nach Art. 6 Abs. 1 S. 1 lit. a, Art. 7 DS-GVO, § 25 TDDDG genügen muss, ist deutlich lesbar darzustellen.
- In dem Consent-Banner müssen Nutzern die eingesetzten Tracker bzw. Cookie-Funktionen einzeln dargestellt werden, zudem sollte ein Hinweis auf das Anlegen von Profilen erfolgen (EDSA Leitlinien 05/2020 zur Einwilligung V. 1.1 v. 4.5.2020 Rn. 55 ff.), weiterhin ob Dritte Zugriffe auf die Informationen nehmen können (EuGH 1.10.2019 – C-673/17, NJW 2019, 3433 Rn. 112).
- Es müssen dabei nicht die vollständigen Texte, die Zweck und Umfang der Verarbeitung beschreiben, auf der ersten Seite vollständig enthalten sein (EDSA Leitlinien 05/2020 zur Einwilligung V. 1.1 v. 4.5.2020 Rn. 64 ff.). Vielmehr ist es ausreichend, wenn die Nutzer auf einen entsprechend bezeichneten Link klicken können und auf zweiter Stufe die Informationen erhalten. Anforderungen an die transparente Darstellung der Verarbeitung können auch mittelbar, zB in der Datenschutzerklärung bzw. Cookie-Richtlinie, erfolgen (zumindest verweisen EDSA

Leitlinien 05/2020 zur Einwilligung V. 1.1 v. 4.5.2020 Rn. 66 und 69 darauf, dass die Wege durch den Verantwortlichen gewählt werden können und Abstufungen gestattet sind).

- Im Falle internationaler Datentransfers kann aufgrund der Schrems-Urteile des EuGH auch eine Einwilligung nach Art. 49 Abs. 1 S. 1 lit. a DS-GVO eingeholt werden. Das ist aber in der Regel nicht erforderlich, wenn sich Anbieter der genutzten Dienste dem EU-U.S. Privacy Framework unterworfen haben oder in einem Land ihren Sitz haben, für das ein weitergehender Angemessenheitsbeschluss besteht. Der Abschluss von SCC oder die Nutzung des EU-U.S. Privacy Framework ist die vorzugwürdige Variante zur risikoreichen Einwilligung. Wenn im Einzelfall die Einwilligung zur Absicherung des internationalen Transfers bei Tool-Nutzung herangezogen wird, muss der Umstand bereits im ersten Schritt des Consent-Managers genannt werden (LfDI Nds. Handreichung v. 11/2020 S. 2 f.). Bei Heranziehen anderer Absicherungen ist es ausreichend, dass die Information nach Art. 13 Abs. 1 lit. f DS-GVO in der Datenschutzerklärung erfolgt.
- Für verschiedene Verarbeitungsvorgänge muss eine getrennte Einwilligung eingeholt werden („Granularität"; EDSA Leitlinien 05/2020 zur Einwilligung v. 4.5.2020 Rn. 44). Dennoch ist eine Clusterung möglich (zu Recht verweisen Böhm/Halim MMR 2020, 651 (655) auf die BGH-Rspr. zur Zusammenfassung mehrere Werbekanäle, BGH 1.2.2018 – III ZR 196/17, NJW-RR 2018, 486 Rn. 27). Wenn eine Aufteilung bspw. nach Notwendig/Präferenzen/Statistiken/Marketing erfolgt, muss die Darstellung transparent sein und sollte noch auf der ersten Seite einen Verweis auf die einzelnen Tracker enthalten und auf der Unterseite die Möglichkeit zur individuellen Abwahl einzelner Funktionen vorsehen.
- Bei der Einzelanzeige muss jeder einzelne Tracker bzw. jede Extra-Funktion aufgeführt werden, so dass auch die Drittanbieter dabei genannt werden. Die Anbieter der Tracker müssen genannt und die konkreten Funktionen erläutert werden. Möglich dürfte ein Kurztext mit Verweis auf die Datenschutzerklärung sein. Zudem sollte spätestens hier die Funktionsdauer der Cookies genannt werden (nach EuGH 1.10.2019 – C-673/17, NJW 2019, 3433 Rn. 112).
- Nach der Auffassung der Datenschutzbehörden muss es Nutzern möglich sein, selbst bei einer Clusterung jeden einzelnen Tracker gesondert zu aktivieren. Das ist abzulehnen; vielmehr sollte es möglich sein, die verschiedenen Gruppen gemeinsam zu aktivieren. Natürlich sollten einzelne Tools deaktiviert werden können.
- Die einzelnen zu aktivierenden Tracker bzw. Cluster müssen mit nicht-voreingestellten Häkchen versehen oder – im Falle von „Schiebereglern" – auf „inaktiv"/„deaktiviert" gestellt sein (EDSA Leitlinien 05/2020 zur Einwilligung V. 1.1 v. 4.5.2020 Rn. 166).
- Zudem sollte ein Hinweis auf die Möglichkeit zum Widerruf der Einwilligung auf der ersten Seite enthalten sein (vgl. Jandt ZD 2020, 551 (555)).
- Der Nutzer muss aktiv einwilligen, indem er auf einen Button im Banner klickt, der eindeutig bezeichnet wird (zB „Einwilligen", was aber laut LfDI Nds. Handreichung v. 11/2020 S. 3 nur mit vollständigem Informationstext ausreiche; daher könnte ein Text wie „Akzeptieren – ich willige in die vorstehende Auswahl der Datenverarbeitung ein" gewählt werden, wenn besonders hohe Rechtssicherheit erreicht werden soll).

*Lachenmann*

- Nutzer werden in aller Regel drei Buttons zur Verfügung haben, nämlich „einwilligen/alles bestätigen", „Cookies ablehnen" und „individuelle Einstellungen/Auswahl annehmen". Die Datenschutz-Aufsichtsbehörden verlangen regelmäßig einen „alle ablehnen"- bzw. „keine akzeptieren"-Button im Consent Manager (so auch LG München I 29.11.2022 – 33 O 14776/19I, ZD 2023, 223 mAnm Nikol Rn. 223; aA, mit überzeugenden Argumenten, insbesondere da der Widerruf einer Einwilligung so einfach wie die Erteilung sein muss, nicht jedoch die Ablehnung der Einwilligung, Schonhofen ZD 2023, 326 (329 f. mwN)). Das gilt jedoch nur, wenn die Nutzer mit dem Einwilligungsbanner interagieren müssen, um den Besuch der Webseite fortzusetzen (DSK Orientierungshilfe für Anbieter:innen von Telemedien ab dem 1.12.2021 Version 1.1 Rn. 122 f.).

Nach der Nutzerentscheidung bei Nutzung der Website:

- Das Ergebnis der Nutzerentscheidung darf bzw. sollte durch einen Cookie gespeichert werden, sodass der Nutzer beim nächsten Besuch der Website nicht wieder die Details auswählen muss (vgl. auch die Vorgaben in Art. 25 DSA). Dies dient zugleich dazu, den Nachweis für die Einwilligung der Nutzer zu erbringen (EDSA Leitlinien 05/2020 zur Einwilligung V. 1.1 v. 4.5.2020 Rn. 104 ff.).
- Es sollte stets ein Nachweis ermöglicht werden, dass auf der Website erst Cookies gesetzt werden, nachdem die Einwilligung der Nutzer erteilt wurde. So verlangte der EDSA, dass der Zeitpunkt der Datenverarbeitung effektiv erst nach der Einwilligung beginnen darf (EDSA Richtlinien 5/2020 Version 1.0 Rn. 90) und weiterhin kann so nachgewiesen werden, dass der Nutzer seine Einwilligung erklärt hatte (EDSA Richtlinien 5/2020 Version 1.0. 104 ff.). Es ist also nicht ausreichend, dass Cookies gesetzt werden und im Falle der Nicht-Einwilligung wieder gelöscht werden, wie es derzeit vielfach der Fall ist. Zudem dürften ab Widerruf der Einwilligung keine Cookies mehr gesetzt werden.
- Eine Möglichkeit zum Widerruf muss jederzeit vorhanden sein. Grundsätzlich muss der Widerruf der Einwilligung so einfach wie die Erteilung der Einwilligung möglich sein. Dies könnte, wie bislang, in der Datenschutzerklärung vorgesehen werden, indem bei jeder einzelnen Beschreibung eines Trackers ein Opt-out-Link vorgesehen ist. Zudem ist ein Link sinnvoll, mit dem der der Consent-Manager jederzeit neu geöffnet werden kann. Dazu kann ein spezieller Link im Footer neben Impressum und Datenschutzerklärung aufgenommen werden (LfDI Nds. Handreichung v. 11/2020 S. 8).
- Zudem kann optional vorgesehen werden, dass eine Toolbar oder ein Link stets an der Website verbleibt und dem Nutzer Auswahlmöglichkeiten bzw. den Widerruf der Einwilligungen ermöglicht.

## 2. Datenschutzerklärung für mobile Apps

Für mobile Apps gelten die **gleichen Grundsätze wie bei Websites,** jedoch bestehen einige **Besonderheiten** bei der Verarbeitung sowie der Formulierung der Datenschutzerklärung. Nachfolgend wird zu Beginn eine vollständige Datenschutzerklärung für Apps abgedruckt, die als Basisversion bei geringem Funktionsumfang einen Ausgangspunkt für einen individuellen Entwurf eingesetzt werden kann. Das Muster basiert auf dem Text zu Websites, ist aber für den eigenständigen Einsatz in mobilen Apps – ohne die Notwendigkeit von Textverweisen – konzipiert. Nach der allgemeinen Datenschutzerklärung folgen optionale Formulierungen zur Ergänzung. Die Datenschutzhinweise nach → Form. F. I.3.–7. können und müssen je nach eingesetzten Funktionen übernommen werden, wobei die Formulierungen an Apps anzupassen sind (auch für eine Reichweitenmessung finden die in → Form. F. I.5. dargestellten Grundsätze Anwendung, so Düsseldorfer Kreis Orientierungshilfe zu den Datenschutzanforderungen an App-Entwickler und App-Anbieter v. 16.6.2014 S. 12). Zu berücksichtigen ist, dass sich die technischen **Eigenheiten der verschiedenen Anbieter von App-Betriebssystemen** (insbesondere Google Android und Apple iOS) unterscheiden, sodass für jede App eines anderen Betriebssystems Anpassungen an der Datenschutzerklärung vorzunehmen sind.

Besonderheiten ergeben sich bei der Platzierung der Anbieterkennzeichnung und Datenschutzerklärung. Grundsätzlich muss bei Websites die Verfügbarkeit des Impressums nach § 5 DDG, § 18 Abs. 2 MStV mit zwei Klicks verfügbar sein, die Datenschutzerklärung nach Art. 13 DS-GVO hingegen mit einem Klick. In Apps kann es aber kaum sinnvoll erfüllt werden, ständig mit nur einem Klick Impressum und Datenschutzerklärung zu erreichen, selbst wenn das in einzelnen Apps vorgesehen wird (zB über einen Button mit einem Fingerabdruck-Symbol). Daher sollte **in der App** versucht werden, die Erklärungen stets **über zwei Klicks** erreichbar zu halten (zB über „Menü", „Datenschutzerklärung"; Artikel-29-Datenschutzgruppe WP 260 rev.01 S. 9 lässt ausdrücklich zwei Klicks genügen). Jedenfalls sind die Informationen **auf der Startseite** der mobilen App mittels klarer Bezeichnung darzustellen. Die Pflichtangaben sind auch **auf der Angebotsseite des App-Stores bereitzustellen** (Apple und Google bieten diese Möglichkeit) bzw. auf der Website, von der die App heruntergeladen werden kann, oder vor dem Start der App. Wer bereits im Angebot einen Link vorsieht und dies auf der Startseite der App einbindet, erfüllt so einen Mindeststandard (bereits Düsseldorfer Kreis v. 18.6.2014 S. 18 f.). An den **Umfang der Information** bestehen auch innerhalb einer App keine anderen Anforderungen als bei Websites.

Da die Unübersichtlichkeit aufgrund des großen Umfangs der Texte auf den kleinen Anzeigegeräten dazu führen könnte, dass die Erklärung nicht gelesen wird, kann der Text in Kapitel unterteilt werden, die einzeln geöffnet werden können. Ergänzend können bspw. Icons verwendet werden (Sachs/Meder ZD 2013, 303 (305 f.)), wie es Art. 12 Abs. 7 DS-GVO nunmehr vorsieht. Daher ist zu empfehlen, für die Datenschutzerklärung der mobilen App generell eine aufklappbare Information vorzusehen, bei der die Überschriften angezeigt werden und der Nutzer bei Interesse einzelne Themen auswählen kann, die ihm dann direkt angezeigt werden. Ein solcher „Layer Approach" für einen „One Pager" wird bspw. in der Orientierungshilfe BMJV „Verbraucherfreundliche Best-Practice bei Apps" vom Februar 2017 vorgeschlagen. So kann eine übersichtliche Darstellung der Datenschutzerklärung innerhalb einer mobilen App erreicht werden. Eine Alternative wäre, zu Beginn der Datenschutzerklärung die wichtigsten Informationen in aller Kürze zusammenzufassen und die ausführliche Beschreibung erst anschließend aufzuzeigen.

## Verwendung unserer mobilen App

### § 1 Information über die Verarbeitung personenbezogener Daten[1]

**(1) Wir stellen Ihnen neben unserem Online-Angebot eine mobile App zur Verfügung, die Sie auf Ihr mobiles Endgerät herunterladen können. Im Folgenden infor-**

mieren wir über die Verarbeitung personenbezogener Daten bei Nutzung unserer mobilen App. Personenbezogene Daten sind alle Daten, die auf Sie persönlich beziehbar sind, zB Name, Adresse, E-Mail-Adressen, Nutzerverhalten. Dadurch möchten wir Sie über unsere Verarbeitungsvorgänge informieren und zugleich den gesetzlichen Pflichten, insbesondere aus der EU-Datenschutz-Grundverordnung (DS-GVO), nachkommen.

(2) Verantwortlicher gem. Art. 4 Abs. 7 DS-GVO ist [Name, ladungsfähige Anschrift, E-Mail-Adresse] (siehe unser Impressum).

[ENTWEDER: Unseren Datenschutzbeauftragten erreichen Sie unter [datenschutz@example.com] oder unserer Postadresse mit dem Zusatz „der Datenschutzbeauftragte". ODER: Wenden Sie sich bei Fragen zum Datenschutz gerne an den vorgenannten Kontakt.]

(3) Bei Ihrer Kontaktaufnahme mit uns per E-Mail oder über ein Kontaktformular werden die von Ihnen mitgeteilten Daten (Ihre E-Mail-Adresse, ggf. Ihr Name und Ihre Telefonnummer) von uns gespeichert, um Ihre Fragen zu beantworten. Die in diesem Zusammenhang anfallenden Daten löschen wir, falls die Anfrage einem Vertrag zugeordnet wird, nach den Fristen zur Vertragslaufzeit. Ansonsten löschen wir die anfallenden Daten nachdem die Speicherung nicht mehr erforderlich ist, maximal nach drei Jahre nach Entstehen der Daten zum Ende der allgemeinen Verjährungsfrist oder schränken die Verarbeitung ein, falls gesetzliche Aufbewahrungspflichten bestehen.

(4) Falls wir für einzelne Funktionen unseres Angebots auf beauftragte Dienstleister zurückgreifen oder Ihre Daten für werbliche Zwecke nutzen möchten, werden wir diese Dienstleister stets sorgfältig auswählen und überwachen und informieren Sie untenstehend im Detail über die jeweiligen Vorgänge. Dabei nennen wir auch die festgelegten Kriterien der Speicherdauer. Soweit unsere Dienstleister oder Partner ihren Sitz in einem Staat außerhalb des Europäischen Wirtschaftsraums (EWR) haben, informieren wir Sie über die Folgen in der Beschreibung des Angebotes.

§ 2 Ihre Rechte

(1) Sie haben gegenüber einem Verantwortlichen folgende Rechte hinsichtlich der Sie betreffenden personenbezogenen Daten:
- Recht auf Auskunft
- Recht auf Berichtigung oder Löschung
- Recht auf Einschränkung der Verarbeitung
- Recht auf Widerspruch gegen die Verarbeitung
- Recht auf Datenübertragbarkeit
- Recht auf Werbewiderspruch und Widerruf einer Einwilligung.

(2) Sie haben zudem das Recht, sich bei einer Datenschutz-Aufsichtsbehörde über die Verarbeitung Ihrer personenbezogenen Daten durch uns zu beschweren.

§ 3 Verarbeitung personenbezogener Daten bei Nutzung unserer mobilen App

(1) Bei Herunterladen der mobilen App werden die erforderlichen Informationen an den App Store übertragen, also insbesondere Nutzername, E-Mail-Adresse und Kundennummer Ihres Accounts, Zeitpunkt des Downloads, Zahlungsinformationen

und die individuelle Gerätekennziffer. Zudem erhebt der App-Store eigenständig verschiedene Daten und stellt Ihnen Analyseergebnisse zur Verfügung. Auf diese Datenverarbeitung haben wir keinen Einfluss und sind nicht dafür verantwortlich. Wir verarbeiten die Daten nur, soweit es für das Herunterladen der mobilen App auf Ihr mobiles Endgerät notwendig ist.

[EVENTUELL ZUSÄTZLICH: Diese mobile App können Sie zudem kostenlos über unsere Website direkt auf Ihr mobiles Endgerät laden. Im Falle des Downloads werden über die Website weitere Nutzerdaten verarbeitet, über die wir in der Datenschutzerklärung unserer Website [Link] informieren.].[2]

(2) Bei Nutzung der mobilen App verarbeiten wir die nachfolgend beschriebenen personenbezogenen Daten, um die komfortable Nutzung der Funktionen zu ermöglichen. Wenn Sie unsere mobile App nutzen möchten, verarbeiten wir die folgenden Daten, die für uns technisch erforderlich sind, um Ihnen die Funktionen unserer mobilen App anzubieten und die Stabilität und Sicherheit zu gewährleisten, sodass sie von uns verarbeitet werden müssen. Rechtsgrundlage ist Art. 6 Abs. 1 S. 1 lit. f DS-GVO:[3]
- IP-Adresse
- Datum und Uhrzeit der Anfrage
- Zeitzonendifferenz zur Greenwich Mean Time (GMT)
- Inhalt der Anforderung (besuchte Seite)
- Zugriffsstatus/HTTP-Statuscode
- jeweils übertragene Datenmenge
- vorher besuchte Seite
- Browser
- Betriebssystem
- Sprache und Version der Browsersoftware.

(3) Weiterhin benötigen wir zur Erbringung der Leistungen der App [Ihre Gerätekennzeichnung, eindeutige Nummer des Endgerätes (IMEI = International Mobile Equipment Identity), eindeutige Nummer des Netzteilnehmers (IMSI = International Mobile Subscriber Identity), Mobilfunknummer (MSISDN), MAC-Adresse für WLAN-Nutzung, Name Ihres mobilen Endgerätes, E-Mail-Adresse].[4]

§ 4 Verarbeitung von Daten aus Ihren Endgeräten (sog. „Cookie-Richtlinie“)[5]

(4) [OPTION:] Die mobile App setzt keine Cookies ein.

[ODER:]

(1) Zusätzlich zu den zuvor genannten Daten werden bei Ihrer Nutzung unserer mobilen App technische Hilfsmittel für verschiedene Funktionen verwendet, die auf Ihrem Endgerät gespeichert werden können. Die technischen Hilfsmittel sind insbesondere Cookies, können aber weitere Mittel sein, wie zB AdvertisingID oder Authentication-Cache. Sie haben bei Aufruf unserer mobilen App und jederzeit später die Wahl, ob Sie den Einsatz von einzelnen oder allen freiwilligen Zusatzfunktionen generell zulassen möchten. Änderungen können Sie in den Einstellungen der mobilen App oder über unseren Consent-Manager vornehmen. Nachfolgend beschreiben wir zunächst die technischen Funktionen (2), bevor wir auf Ihre individuellen Auswahlmöglichkeiten näher eingehen, indem wir technisch notwendige Funktionen (3) und von Ihnen freiwillig aus- oder abwählbare Funktionen beschreiben (4). Die von uns genutzten Funktionen, die Sie jeweils einzeln über den Consent-Manager auswählen und wieder widerrufen können, beschreiben wir unten.

[MÖGLICHE ERGÄNZUNG: Bei der Nutzung verwenden wir statt Cookies eine in ihrer Funktion vergleichbare Technik.]

(2) Wir nutzen technische Funktionen, mit denen Ihnen weiteren Dienste bereitgestellt werden, hauptsächlich Cookies. Cookies sind Textdateien oder Informationen in einer Datenbank, die auf Ihrer Festplatte gespeichert und dem von Ihnen verwendeten Browser zugeordnet werden, sodass der Stelle, die den Cookie setzt, bestimmte Informationen zufließen können. Cookies können keine Programme ausführen oder Viren auf Ihren Computer übertragen, sondern dienen primär dazu, das Internetangebot schneller und nutzerfreundlicher auszugestalten und Sie bei einem späteren Besuch wiederzuerkennen. Sie können in den Einstellungen Ihrer mobilen App die gesetzten Cookies und die Laufzeiten jederzeit einsehen und die Cookies manuell löschen.

Diese mobile App nutzt folgende Arten von Cookies:

- Transiente Cookies, insbesondere Session-Cookies, werden bei Schließen des Browsers oder durch Ausloggen automatisiert gelöscht. Sie enthalten eine sog. Session-ID und lassen sich verschiedene Anfragen Ihres Browsers der gemeinsamen Sitzung zuordnen.
- Persistente Cookies werden automatisiert nach einer vorgegebenen Dauer gelöscht, die je nach Cookie unterschiedlich festgelegt ist.
- Weitere Technologien beruhen nicht auf Cookies, sondern auf ähnlichen technischen Mechanismen, wie eine Analyse Ihrer Browser-Einstellungen, AdvertisingID, Authentication-Cache oder HTML5-Objekten.

(3) Zwingende, zur Funktion der mobilen App technisch notwendige Funktionen: Der technische Aufbau der mobilen App erfordert es, dass wir Techniken, insbesondere Cookies, nutzen. Ohne diese Techniken kann unsere mobile App nicht (vollständig korrekt) angezeigt werden oder die Support-Funktionen nicht ermöglicht werden. Dabei handelt es sich grundsätzlich um transiente Cookies, die nach Ende des Nutzungsvorgangs gelöscht werden. Diese Cookies können Sie nicht abwählen, wenn Sie unsere App nutzen möchten. Rechtsgrundlage dieser Verarbeitung ist Art. 6 Abs. 1 S. 1 lit. f DS-GVO.

(4) Optionale Funktionen: Verschiedene Cookies oder weitere Techniken nutzen wir nur nach Ihrer Einwilligung, die Sie über den Consent-Manager auswählen können. Die Funktionen werden nur im Falle Ihrer Zustimmung aktiviert und können insbesondere dazu dienen, dass wir die Besuche auf unserer mobilen App analysieren und verbessern können, Ihnen die Bedienung über verschiedene Browser oder Endgeräte zu erleichtern, Sie bei einem Besuch wiederzuerkennen oder Werbung (ggf. auch um Werbung an den Interessen zu orientieren, Effektivität von Anzeigen zu messen oder interessenorientierte Werbung zu zeigen) zu schalten. Rechtsgrundlage dieser Verarbeitung ist Art. 6 Abs. 1 S. 1 lit. a DS-GVO. Der Widerruf Ihrer Einwilligung ist jederzeit möglich, ohne dass davon die Zulässigkeit der Verarbeitung bis zum Widerruf berührt wird.

[ODER, BEI MOBILEN APPS OHNE DATENERHEBUNG:] Die mobile App wird auf Ihr mobiles Endgerät geladen und kann ohne Zugriff auf das Internet verwendet werden. Bei ihrer Nutzung werden keine personenbezogenen Daten erhoben.][6]

[BEI APPS VON APPLE ERGÄNZEND:]

(5) In iOS haben Sie verschiedene Möglichkeiten, Werbung und Tracking weitgehend einzuschränken. Das Tracking läuft grundsätzlich über den sog. „Advertising

Identifier" (IDFA). Dabei handelt es sich um eine einzigartige, jedoch nicht-personalisierte und nicht dauerhafte Identifizierungsnummer für ein bestimmtes Endgerät, der durch iOS bereitgestellt wird. Die über den IDFA erhobenen Daten werden nicht mit sonstigen gerätebezogenen Informationen verknüpft. Den IDFA verwenden wir, um Ihnen personalisierte Werbung bereitzustellen und Ihre Nutzung auswerten zu können.

Wenn Sie in den iOS-Einstellungen die Option „Datenschutz & Sicherheit" aufrufen, können Sie unter „Tracking" die werbliche Auswertung weitgehend deaktivieren. Wenn Sie die Funktion „Apps erlauben, Tracking anzufordern" aktivieren, wird Sie unsere App bei der ersten Nutzung fragen, ob Sie mit Werbemaßnahmen einverstanden sind und Sie können die Werbung aktivieren oder deaktivieren. Darüber hinaus können Sie in der Option „Datenschutz & Sicherheit" die Option „Apple-Werbung" auswählen und „personalisierte Werbung" deaktivieren. In der Option „Analyse & Verbesserungen" können Sie zudem die Funktion „iPhone-Analyse teilen" und „Siri & Diktat verbessern" deaktivieren, was dazu führt, dass keine statistischen Informationen über Ihre Nutzung von iOS an Apple übertragen werden.[7]

§ 5 Widerspruch oder Widerruf gegen die Verarbeitung Ihrer Daten

(1) Falls Sie eine Einwilligung zur Verarbeitung Ihrer Daten erteilt haben, können Sie diese jederzeit widerrufen. Ein solcher Widerruf beeinflusst die Zulässigkeit der Verarbeitung Ihrer personenbezogenen Daten, nachdem Sie ihn gegenüber uns ausgesprochen haben. Die Zulässigkeit der Verarbeitung Ihrer Daten bis zum Zeitpunkt Ihres Widerrufs bleibt unberührt.

(2) Soweit wir die Verarbeitung Ihrer personenbezogenen Daten auf die Interessenabwägung stützen, können Sie Widerspruch gegen die Verarbeitung einlegen. Dies ist der Fall, wenn die Verarbeitung insbesondere nicht zur Erfüllung eines Vertrags mit Ihnen erforderlich ist, was von uns jeweils bei der nachfolgenden Beschreibung der Funktionen dargestellt wird. Bei Ausübung eines solchen Widerspruchs bitten wir um Darlegung der Gründe, weshalb wir Ihre personenbezogenen Daten nicht wie von uns durchgeführt verarbeiten sollen. Wir prüfen dann die Sachlage und werden entweder die Datenverarbeitung anpassen, einstellen oder Ihnen unsere zwingenden schutzwürdigen Gründe aufzeigen, aufgrund derer wir die Verarbeitung fortführen.

(3) Selbstverständlich können Sie der Verarbeitung Ihrer personenbezogenen Daten für Zwecke der Werbung und Datenanalyse jederzeit widersprechen. Ihren Werbewiderspruch können Sie uns am besten unter den oben angegebenen Kontaktdaten ausüben.

## Anmerkungen

**1.** Individuelle Gestaltung der Datenschutzerklärungen von mobilen Apps. Der Funktionsumfang von mobilen Apps ist sehr groß und individuell, sodass die Datenschutzerklärung stark auf den jeweiligen Einzelfall abzustimmen ist. Dieses Muster kann insofern nur einen typisiert-vorkommenden Sachverhalt aufgreifen. Regelmäßig ist eine Anpassung im Einzelfall unter Einbindung der Programmierer nötig.

*Lachenmann*

**2. Datenerhebung bei Herunterladen der mobilen App.** Unabhängig von den Funktionen und technischen Verarbeitungsprozessen der mobilen App werden beim Herunterladen der mobilen App im App-Store regelmäßig personenbezogene Daten der Nutzer an den Betreiber des App-Stores, zB Apple App-Store oder Google Play, übertragen (zu Vertragsbeziehungen bei mobilen Apps allgemein Solmecke/Taeger/Feldmann/Lachenmann Mobile Apps S. 25 ff.; Kremer CR 2011, 765). Für die Übertragung von Zahlungs- und Kaufdaten ist der App-Store-Betreiber datenschutzrechtlich verantwortlich (Artikel-29-Datenschutzgruppe WP 202 S. 15; → Form. F. I. 6. Anm. 3). Zudem analysiert zB Apple die Nutzung des App-Stores und stellt Statistiken bereit, wie oft die mobile App heruntergeladen wurde, aus welchen Regionen usw. Darüber sollte kurz informiert werden, selbst wenn hierfür der Plattform-Betreiber verantwortlich ist und die App-Anbieter keine Einflussmöglichkeiten darauf haben. Wird die mobile App über die Website eines Anbieters direkt erworben, ist eine ergänzende Formulierung für den Webshop mit aufzunehmen.

**3. Datenerhebung bei Nutzung der mobilen App.** Wenn die mobile App eine Internetverbindung aufbaut und auf einen Server zugreift, wird grundsätzlich das gleiche Logfile verwendet, wie es für die Website dargestellt wurde, sodass ein zu den Websites vergleichbares Muster vorgeschlagen wird (zum Muster für eine Website → Form. F. I. 1.). Bei Nutzung der mobilen App mit Verbindung zum Internet werden weitere Daten übertragen, die je nach Funktion sehr unterschiedlich sein können und daher je nach Einzelfall darzulegen sind. Vorliegend können daher nur die Ansatzpunkte für eine Datenschutzerklärung dargelegt werden.

**4. Personenbezug der Gerätekennziffer.** Alle mobilen Endgeräte haben eine Gerätekennziffer, mit denen diese eindeutig identifiziert werden können (zB UDID bei Apple, DeviceID bei Android). Apple bietet mit dem „Advertising Identifier" eine Cookie-ähnliche Tracking-Möglichkeit (→ Anm. 7). Zudem können durch die App Informationen wie die IMEI erhoben werden, die weltweit einmalig sind und deren Zuordnung den Netzbetreibern möglich ist (Sachs/Meder ZD 2013, 303 (304)). Die Gerätekennziffer bildet mithin ein Pseudonym und gilt damit als personenbezogen (→ Form. I. 1. Anm. 4; Düsseldorfer Kreis v. 18.6.2014 S. 5 f.; Solmecke/Taeger/Feldmann/Taeger Mobile Apps S. 220 f. und zur Datenerhebung durch App-Stores und -Anbieter S. 235 ff.; grundlegend zum Datenschutz bei mobilen Apps nach dem BDSG aF Kremer CR 2012, 438; Artikel-29-Datenschutzgruppe WP 202 S. 10 f.).

**5. Programmierung und Cookies bei mobilen Apps.** Ob Cookies oder vergleichbare Techniken verwendet werden, ist von der App abhängig und bei dem Entwickler zu erfragen. Der Einsatz ist nicht notwendig, jedoch bspw. bei Web-Apps möglich, die in HTML, CSS oder JavaScript programmiert werden (Sachs/Meder ZD 2013, 303). Vorliegend wird ein Beispiel gegeben, wie die Datenschutzerklärung mit Verwendung von Cookies bzw. vergleichbarer Technik lauten kann, das einen größeren Textumfang aufweist, um den neuen Vorgaben des § 25 TDDDG nachzukommen (→ Form. F. I. 1. Anm. 1; → Form. F. I. 5. Anm. 1). Da es sich bei mobilen Apps um Software handelt, liegen vielfach andere Technologien zu Grunde (die mobilen Apps werden in Objective-C bzw. Swift bei iOS, Java bei Android, C# bei Windows Phone programmiert). Insofern ist von den Entwicklern die entsprechende Information einzuholen, welche Daten im Detail verarbeitet werden.

**6. Apps ohne Datenerhebung.** Viele Apps laufen, nachdem sie heruntergeladen wurden, nur auf dem mobilen Endgerät, ohne eine Internetverbindung zu benötigen.

Solche Apps bauen keinen Kontakt zum Server auf und übertragen mithin keine Daten. Die hier abgedruckte alternative Formulierung greift diesen Sachverhalt auf. Selbst wenn die DS-GVO keine Anwendung findet, wenn beim Betrieb der App keine personenbezogenen Daten verarbeitet werden, empfiehlt sich als vertrauensbildende Maßnahme ein entsprechender Hinweis in der Datenschutzerklärung, der zudem auf die Datenverarbeitung beim Download der App hinweist.

**7. Datenschutz bei Verwendung des Advertising Identifier.** Die Identifizierung von iPhones, insbesondere zu Werbezwecken, erfolgt bei Apple über den beschriebenen IDFA, der durch die Nutzer jederzeit gelöscht werden kann und einen weitgehenden Opt-out aus Werbetracking vorsieht, insbesondere durch Einstellungsmöglichkeiten der Nutzer (Solmecke/Taeger/Feldmann/Engelhardt Mobile Apps S. 222). Der IDFA ermöglicht die Verknüpfung mit weiteren personenbezogenen Daten, durch die ein Personenbezug hergestellt werden kann, nicht jedoch mit dauerhaft dem Gerät zugeordneten Daten. Dieses Datum kann daher wie ein Cookie verwendet werden (Lober/Falkner K&R 2013, 357 f.). Die beschriebenen Funktionen sind für Entwickler von mobilen Apps und Werbe-APIs durch Apple in den Nutzungsbedingungen für Entwickler vorgegeben. Bei Android wird eine deutlich freizügigere Funktionsweise verwendet, bei der die Werbe-ID „Google Advertising ID" (GAID) genutzt wird. Nutzer können ab Android Version 12 die GAID unter „Einstellungen/Alle Dienste/Google/Werbung/Werbe-ID Löschen" zurücksetzen, was zu einer Löschung der Kennung führt (https://support.google.com/googleplay/android-developer/answer/6048248?hl=de).

Zu beachten ist, dass die Möglichkeit des Widerspruchs per E-Mail/Post laut Datenschutzaufsichtsbehörden nicht ausreichend ist, da aufgrund des Medienbruchs keine Zuordnung erfolgen könne (Düsseldorfer Kreis v. 18.6.2014 S. 10 ff.).

**Kumulativ: ergänzend zu erteilende Informationen bei besonderen Nutzungsformen der mobilen Apps**

**1. Verwendung Ihres Adressbuchs, Ihrer Fotos oder weiterer Daten**

**(1) Zu Beginn der Nutzung unserer mobilen App bitten wir Sie in einem Pop-up um die Erlaubnis zur Nutzung [AUSZUWÄHLEN: Ihrer Kontakte, Ihres Kalenders, Ihrer Erinnerungen, Ihrer Fotos oder Ihrer Health-Daten]. Wenn Sie die Erlaubnis nicht erteilen, nutzen wir diese Daten nicht. Eventuell können Sie in diesem Fall nicht alle Funktionen unserer mobilen App nutzen. Sie können die Erlaubnis später in den Einstellungen [der mobilen App oder] des Betriebssystems erteilen oder widerrufen.[8]**

**(2) Wenn Sie den Zugriff auf die zuvor genannten Daten gestatten, wird die mobile App nur auf Ihre Daten zugreifen und sie auf unseren Server übertragen, soweit es für die Erbringung der Funktionalität notwendig ist. Ihre Daten werden von uns vertraulich behandelt und gelöscht, wenn Sie die Rechte zur Nutzung widerrufen oder zur Erbringung der Leistungen nicht mehr erforderlich sind und keine rechtlichen Aufbewahrungspflichten bestehen.**

**Rechtsgrundlage für die Verarbeitung der von Ihnen durch Nutzung der App-Funktionen angeforderten Daten ist Art. 6 Abs. 1 S. 1 lit. f DS-GVO.[9]**

2. Erhebung Ihrer Standortdaten

(1) Unser Angebot umfasst sog. Location Based Services,[10] mit welchen wir Ihnen spezielle Angebote bieten, die auf Ihren jeweiligen Standort zugeschnitten sind. Diese Funktionen können Sie erst nutzen, nachdem Sie über ein Pop-up eingewilligt haben, dass wir zu Zwecken der Leistungserbringung Ihre Standortdaten mittels GPS und Ihre IP-Adresse in anonymisierter Form erheben können. Sie können die Funktion in den Einstellungen der mobilen App oder Ihres Betriebssystems jederzeit erlauben oder widerrufen, indem Sie in unter „Einstellungen" [...] aufrufen.[11] Ihr Standort wird nur an uns übertragen, wenn Sie bei Nutzung der mobilen App Funktionen in Anspruch nehmen, die wir Ihnen nur bei Kenntnis Ihres Standortes anbieten können.[12]

[ODER: Ihr Standort wird nach Ihrer Bestätigung regelmäßig an uns übertragen, wobei wir nur Ihren jeweils zuletzt mitgeteilten Standort nutzen und die vorherigen Standortmitteilungen löschen. Wenn die Standorterhebung aktiv ist, zeigt ihr Smartphone die Datenverarbeitung über ein Kompass-Symbol in der oberen Leiste an.][13]

(2) Zu Zwecken der Analyse der Nutzung, der bedarfsgerechten Gestaltung des Angebotes und zur Fehlererkennung erstellen wir Nutzungsprofile, wenn Sie darin bei Nutzung der mobilen App einwilligen.[14] Diese Daten werden nicht mit anderen personenbezogenen Daten zusammengeführt. Rechtsgrundlage für die Verarbeitung der von Ihnen durch Nutzung der App-Funktionen angeforderten Daten ist Art. 6 Abs. 1 S. 1 lit. a DS-GVO.[9] Der Widerruf Ihrer Einwilligung ist jederzeit möglich, ohne dass davon die Zulässigkeit der Verarbeitung bis zum Widerruf berührt wird. Natürlich können Sie sich auch an [Datenschutz@example.com] oder die im Impressum angegebene Anschrift wenden.

[ODER: Ihre Standortdaten werden nicht dazu verwendet, über Ihren aktuellen Standort hinaus Bewegungsprofile anzulegen.][15]

## Anmerkungen

**8. Zustimmung und Einwilligung zur Datenverarbeitung.** Dient der Zugriff auf persönliche Daten der mobilen App, wie Adressbuch oder Kalender, der Erbringung vertraglicher Leistungen (zB Zugriff auf den Kalender im Fall einer Kalender-App) ist die Erhebung dieser Inhaltsdaten bereits gem. Art. 6 Abs. 1 S. 1 lit. b DS-GVO erlaubt (so zu Art. 7 Abs. 1 lit. b DSRL bereits Düsseldorfer Kreis v. 18.6.2014 S. 9 ff.). Selbst bei einer pauschalen Berechtigungserteilung kann der Erlaubnistatbestand nur insoweit herangezogen werden, als die Daten tatsächlich für den vertraglichen Zweck erforderlich sind (vgl. Düsseldorfer Kreis v. 18.6.2014 S. 17; Hess. DSB, Aufgabe für App-Anbieter – Transparenz für Android App-Nutzer herstellen! v. Juni 2014). Grundsätzlich sollten die jeweiligen Daten möglichst restriktiv erhoben werden, um durch einen hohen Datenschutzstandard Nutzervertrauen zu schaffen. Dienste, die deutlich mehr Daten übertragen, als sie müssten, stehen regelmäßig in der öffentlichen Kritik. Erfolgt eine Verwendung der Daten über die bloße vertragliche Leistungserbringung hinaus, zB Speicherung der Daten auf dem Server des Anbieters und Auswertung der Daten zu anderen Zwecken, ist gem. Art. 6 Abs. 1 S. 1 lit. a DS-GVO eine Einwilligung des Nutzers zwingend nötig (Artikel-29-Datenschutzgruppe WP 202 S. 21).

Eine datenschutzrechtlich einwandfreie Einwilligung wäre nur erteilt, wenn in dem in der mobilen App erscheinenden Pop-up über die Datenverarbeitung im Detail aufgeklärt oder auf eine entsprechende Informationsseite verlinkt würde. Dies wird jedoch derzeit durch die mobilen Betriebssysteme nicht ermöglicht, selbst wenn zumindest Apple inzwischen weitergehende Informationen als früher bereitstellt. Dem Anbieter bleibt nur, die Einwilligung in der Datenschutzerklärung in der App und im App-Store niederzulegen. Unabhängig davon, ob nach europäischem Recht die Einwilligung notwendig ist, fordern die Nutzungsbedingungen für App-Entwickler bei Apple die Erteilung einer Einwilligung (zur früheren Version Solmecke/Taeger/Feldmann/Engelhardt Mobile Apps S. 85 ff.). Jedoch ist auch bei einer solchen Einwilligung die Datenerhebung nicht uferlos auszuweiten. Bspw. wird es als kritisch angesehen, das gesamte Adressbuch auf den eigenen Server hochzuladen, da dadurch auch personenbezogene Daten Dritter ohne deren Wissen erhoben werden (Artikel-29-Datenschutzgruppe WP 202 S. 18 ff.). Es ist auch hier eine eindeutige Widerrufsmöglichkeit gegen die Datennutzung bereitzustellen, bevorzugt in den Optionen der App. Daneben sollte beschrieben werden, wie ein Widerspruch in den Einstellungen des Betriebssystems durchgeführt werden kann.

**9. Löschung der Daten bei Widerruf.** Anbieter mobiler Apps müssen gewährleisten, dass die personenbezogenen Daten der Nutzer möglichst umfassend gelöscht werden. Bei Download und Nutzung der mobilen App wird in der Regel Art. 6 Abs. 1 S. 1 lit. f DS-GVO als Rechtsgrundlage einschlägig sein (→ Form. I. 1. Anm. 6), aber je nach den Funktionen kann auch die Einwilligung nach lit. a zur Anwendung kommen. Bereits der Düsseldorfer Kreis bemängelte in seiner Stellungnahme v. 4./5.5.2011 „Datenschutzgerechte Smartphone-Nutzung ermöglichen“, dass die Datenspuren nicht gelöscht werden könnten. Daher sollten, wenn ein Nutzer später die Einwilligung in die Datenverarbeitung (über die Einstellungen) widerruft oder gegen die weitere Verarbeitung widerspricht, auch seine Datenspuren gelöscht oder nur anonymisiert weiterverarbeitet werden. Dieses Erfordernis ergibt sich bereits aus Art. 17 Abs. 1 DS-GVO und der Zweckbindung. Zur Gewährleistung der Datenlöschung bei Löschung der mobilen App wird den Herstellern der Betriebssysteme empfohlen, entsprechende APIs vorzusehen. Solange der App-Anbieter das nicht feststellen kann, sollen die Daten nach einer gewissen Zeit der Nutzerinaktivität und vorheriger Warnung des Nutzers gelöscht werden (Lober/Falkner K&R 2013, 357 (363)).

**10. Ortungsdienste (Location Based Services) und Standortdaten.** Es existieren eine Vielzahl von Diensten, die anhand des konkreten Standortes des Nutzers eines mobilen Endgerätes spezielle Dienste anbieten (siehe Rammos DSRITB 2011, 493, (501 ff.); Franck/Müller-Peltzer DSRITB 2016, 199). Das Formulierungsbeispiel geht davon aus, dass ein Zwei-Personen-Verhältnis zwischen einem digitalen Dienst und dem Nutzer vorliegt. Jedoch gilt nichts anderes für sog. „Friend-Finder“-Dienste, bei denen mehrere Teilnehmer den gleichen Dienst nutzen.

Das Muster geht davon aus, dass nur die DS-GVO anwendbar ist und das TDDDG keine Anwendung findet, da das meistens der Fall sein dürfte. Die Unterscheidung folgt aus § 13, § 2 Abs. 1 TDDDG iVm § 3 Nr. 56 TKG. Die dem TDDDG unterfallenden Ortsdaten sind dabei nur solche Daten, die in einem Telekommunikationsnetz oder von einem Telekommunikationsdienst erhoben werden und die den Standort des Endgeräts des Nutzers eines öffentlich zugänglichen Telekommunikationsdienstes angeben. Entscheidend ist dabei, dass die Daten über das Telekommunikationsnetz selbst übermittelt werden (Säcker/Körber/Körber TKG-TTDSG § 3 TKG Rn. 83). Die Anwendung betrifft beispielsweise Fälle, wenn die Ortung über das Einloggen in einen konkreten WLAN-Hotspot oder über das TK-Netz („Cell of Origin") erfolgt. Gleiches gilt bei Einsatz von Bluetooth für die Web Beacons oder Geofencing: Dabei wird zu Beginn eine Zone definiert, wenn Nutzer identifiziert werden sollen. Wenn sich sodann eine betroffene Person in dieser Zone bewegt, wird das Event und die Ad-ID weitergesendet. Ebenfalls könnten WiFi-Hotspots als Standortfestlegung dienen. Für diese Fälle muss laut § 13 Abs. 1 S. 1 TDDDG vor Verarbeitung eine Anonymisierung durchgeführt werden. Erfolgt das nicht, muss eine explizite Einwilligung auf Basis der DS-GVO eingeholt werden (Säcker/Körber/Lüdemann TKG-TTDSG § 13 TTDSG Rn. 10f.; Gierschmann/Baumgartner/Baumgartner TTDSG § 13 Rn. 18; Jandt/Schnabel K&R 2008, 723 (727f.)). Darüber hinaus ist zu beachten, dass im Falle einer Verarbeitung der Standortdaten für einen Dienst mit Zusatznutzen, der die Übermittlung von Standortdaten eines Mobilfunkendgerätes an einen anderen Nutzer oder Dritte, die nicht Anbieter des Dienstes mit Zusatznutzen sind, zum Gegenstand hat, der Nutzer seine Einwilligung ausdrücklich, gesondert und sogar schriftlich gegenüber dem Anbieter des Dienstes mit Zusatznutzen erteilen muss, § 13 Abs. 1 S. 4 TDDDG. In allen Fällen muss der Nutzer mittels einer Textmitteilung über die Verarbeitung informiert werden, § 13 Abs. 1 S. 2 und S. 5 TDDDG (vgl. Gierschmann/Baumgartner/Baumgartner TTDSG § 13 Rn. 16f.; Sieling/Philipp ITRB 2013, 255 (257f.)).

Jedoch sind andere technische Ortungsmethoden weiter verbreitet. Daher geht auch das Muster davon aus, dass die Ortung eines Nutzers mittels Satellit (GPS) und der IP-Adresse erfolgt. Für eine solche Bestimmung mittels Satelliten finden die §§ 3ff. TDDDG keine Anwendung, da es sich nicht um ein Telekommunikationsnetz handelt, also die Daten nicht aus dem Verkehr in öffentlichen Kommunikationsnetzen herrühren (vgl. Hilber Cloud Computing-HdB/Ulmer S. 592f.). Die Ortsdaten unterfallen aber den Vorgaben der DS-GVO. Die Anwendung der DS-GVO ergibt sich auch, wenn die Ortung über WLAN-Netze in Verbindung mit einer Geodatenbank erfolgt, da die Kontrolle über die Erhebung der Ortsdaten beim Nutzer liegt.

**11. Auswahl der Nutzer in den System-Einstellungen.** Ein ergänzender Hinweis, dass der Nutzer die Daten in der mobilen App selbst löschen kann, sollte erfolgen, da in der Regel der Nutzer selbst die Einstellung einfach vornehmen kann und so zu viele Widerrufe an den App-Anbieter vermieden werden. Die Details sind abhängig von dem jeweiligen Betriebssystem sowie den Funktionalitäten der mobilen App, sodass die Formulierung entsprechend anzupassen ist. Dabei sollten in der Datenschutzerklärung die Schritte konkret erläutert werden (Düsseldorfer Kreis v. 18.6. 2014 S. 10ff.).

**12. Erhebung von Ortsdaten ohne Einwilligung.** Wenn eine mobile App spezielle Dienste anbietet, die nur bei Nutzung der Ortsdaten des Nutzers möglich sind (zB Umkreissuche von Sehenswürdigkeiten oder Live-Routenplaner), ist die Nutzung dieser Daten grundsätzlich gem. Art. 6 Abs. 1 S. 1 lit. f DS-GVO, im Einzelfall bei Verträgen auch nach lit. b (→ Form. F. I. 1. Anm. 6), ohne Einwilligung zulässig. Denn außerhalb des Anwendungsbereichs von § 13 TDDDG (→ Anm. 10) wird auf die allgemeinen Erlaubnistatbestände der DS-GVO zurückgegriffen. Die Interessenabwägung kann hier einschlägig sein, denn in diesen Fällen werden die Daten durch den Nutzer selbst bereitgestellt und deren Erhebung ist erforderlich, um die Inanspruchnahme der Funktion zu ermöglichen (zur DSRL Sachs/Meder ZD 2013, 303 (306); Artikel-29-Datenschutzgruppe WP 185 S. 9 ff.). Diese Ortsdaten sollten, soweit als möglich, nur lokal auf dem Endgerät und „verwaschen", also nur in der unbedingt nötigen Auflösung, verarbeitet werden. Dies kann zB durch Nullung von Dezimalstellen der GPS-Koordinaten erreicht werden (Düsseldorfer Kreis v. 18.6. 2014 S. 25 f.). Die Formulierung geht von einer sehr restriktiven Nutzung aus, bei der die Ortsdaten nur erhoben werden, wenn der Nutzer die Funktion verwenden möchte. Eine Einwilligung der Nutzer des Dienstes ist einzuholen, wenn die Verarbeitung der Daten über die Notwendigkeit für die konkrete Erbringung des Dienstes hinausgeht. Für eine solche Einwilligung ist die detaillierte Information über die Nutzung notwendig, die zB über ein spezielles Pop-up dem Nutzer komplett angezeigt werden muss (Art. 7 DS-GVO).

**13. Erhebung der Standortdaten.** Profile können ergänzt werden, indem die jeweiligen Standortdaten verarbeitet werden. Bei kurzen Abständen der Erhebung können so Bewegungsprofile von Nutzern erstellt werden. Dies ist nur zulässig, wenn dies für die Erbringung der Funktionen notwendig ist, ansonsten mit Einwilligung. Grundsätzlich sind die Abtastintervalle so einzustellen, dass sie Standortdaten nur erheben, soweit es für die Funktion der App notwendig ist (Düsseldorfer Kreis v. 18.6.2014 S. 26). Für die mobilen, standortbasierten Werbemaßnahmen sollte zudem eine Pseudonymisierung der Ortsdaten erfolgen (vgl. zu BDSG aF/TMG aF Düsseldorfer Kreis Orientierungshilfe zu den Datenschutzanforderungen an App-Entwickler und App-Anbieter v. 16.6.2014 S. 25 f.).

**14. Nutzertracking in der mobilen App.** Das Nutzerverhalten kann in mobilen Apps genauso überprüft werden, wie auf Websites mit Angeboten wie Google Analytics. Dabei gelten die gleichen Anforderungen wie bei Websites, dh wenn die Analysen nicht auf Logfile-Analysen beruhen, sondern Daten vom Endgerät des Nutzers abgreifen, ist eine vorherige Einwilligung kaum mehr vermeidbar. Wie die Mobile Analytics-Branche auf diese neuen Anforderungen reagiert, ist zu beobachten. Jedenfalls sollte immer ein Opt-out-Link der Anbieter vorgesehen werden, um dem Recht zu Widerruf/Widerspruch so zumindest eingeschränkt nachkommen zu können.

**15. Profilerstellung bei mobiler Werbung.** Zu beachten für den Ortsbezug von Werbung bei Online-Profilen ist, dass die Ortsdaten ebenso wie die Werbeprofile pseudonym behandelt werden müssen. Zwar können die Ortsdaten mit dem Pseudonym verknüpft werden, um die Werbung ortsgebunden betreiben zu können. Das findet seine Grenze jedoch, wenn sich der Nutzer dadurch identifizieren lässt, also aufgrund der erhobenen Ortsdaten individualisiert werden kann oder das Pseudonym des Profils mit personenbezogenen Daten verknüpft wird (ausführlich Arning/Moos ZD 2014, 126 (129 ff.)).

## 3. Besondere Nutzungsformen von Websites

Die im Folgenden unter → Form. F. I. 3.–7. dargestellten Klauseln können bei der in → Form. F. I. 1. dargestellten Datenschutzerklärung für Websites oder in → Form. F. I. 2. dargestellten Datenschutzerklärung für mobile Apps **ergänzt werden,** wenn die jeweiligen Funktionen in der Website oder in der mobilen App eingebaut sind. Es können jeweils die **Textbausteine modular** aus den diversen Mustern gewählt werden, die die genutzten Funktionen beschreiben.

### 1. Nutzung der Blog-Funktionen

(1) In unserem Blog, in dem wir verschiedene Beiträge zu Themen rund um unsere Tätigkeiten veröffentlichen, können Sie öffentliche Kommentare abgeben. Ihr Kommentar wird mit Ihrem angegebenen Nutzernamen bei dem Beitrag veröffentlicht. Sie können ein Pseudonym oder Ihren Klarnamen angeben. Die Angabe von Nutzernamen und E-Mail-Adresse ist erforderlich, alle weiteren Informationen sind freiwillig. Wenn Sie einen Kommentar abgeben, speichern wir weiterhin Ihre IP-Adresse, die wir nach [einer Woche] löschen. Die Speicherung ist erforderlich, um uns in Fällen einer möglichen Veröffentlichung widerrechtlicher Inhalte gegen Haftungsansprüche verteidigen zu können. Ihre E-Mail-Adresse benötigen wir, um mit Ihnen in Kontakt zu treten, falls ein Dritter Ihren Kommentar als rechtswidrig beanstanden sollte. Rechtsgrundlage sind Art. 6 Abs. 1 S. 1 lit. c und f DS-GVO iVm Art. 6, 16–18 DSA. Die Kommentare werden vor Veröffentlichung nicht geprüft. Wir behalten uns vor, Kommentare zu löschen, wenn sie von Dritten als rechtswidrig beanstandet werden.[1]

[EVENTUELL ZUSÄTZLICH:

(2) Beim Absenden Ihres Kommentars können Sie einen Haken bei unserem E-Mail-Service setzen. Dadurch werden Sie informiert, wenn weitere Nutzer einen Kommentar zu dem Beitrag hinterlassen. Für diesen Service setzen wir das sog. Double-opt-in-Verfahren ein, dh Sie erhalten eine E-Mail, in der Sie bestätigen müssen, dass Sie Inhaber der angegebenen E-Mail-Adresse sind und den Erhalt der Benachrichtigungen wünschen. Die Benachrichtigungen können Sie jederzeit abbestellen, zB indem Sie auf den in der E-Mail enthaltenen Link klicken oder unter den angegebenen Kontaktdaten. Ihre angegebenen Daten sowie die Zeitpunkte Ihrer Registrierung für den Service und Ihre IP-Adresse werden von uns gespeichert, bis Sie sich von dem Hinweis-Service abmelden.][2]

[Eventuell zusätzlich:

(3) Unsere Kommentierungsfunktion nutzt das Plug-in „[...]", das von der [...],, [http://www.example.com], betrieben wird, die für die Verarbeitung der Kommentare verantwortlich sind (künftig: „[...]"). Mit [...] können Sie einen Kommentar zu unseren Beiträgen abgeben, der solange gespeichert und angezeigt wird, wie der kommentierte Beitrag auf unserer Website online ist, falls Sie den Kommentar nicht zuvor löschen. Die Kommentarfunktion können Sie ohne Registrierung als Gast ebenso nutzen wie als angemeldeter Nutzer auf allen Websites, die das Plug-in eingebunden haben. Darüber hinaus können Sie sich über Ihre Accounts der Drittanbieter Facebook, Twitter oder Google anmelden. Bei Anmeldung über die Zugangsdaten eines Drittanbieters wird auch dieser Ihre personenbezogenen Daten verarbeiten, wobei uns die Details nicht bekannt sind. Durch [...] werden uns die durch die Kommentierungsfunktion erhobenen Daten bereitgestellt. Rechtsgrundlage ist Art. 6 Abs. 1 S. 1 lit. f DS-GVO. Da Ihre personenbezogenen Daten in den USA verarbeitet werden, [ENTWEDER: haben wir Standarddatenschutzklauseln abgeschlossen] [ODER: hat sich der Anbieter den Grundsätzen des EU-U.S. Privacy Framework unterworfen], deren Zweck die Einhaltung eines angemessenen Daten-

schutzniveaus im Drittland ist. Die Kontaktdaten des Verantwortlichen lauten: […]. Nutzungsbedingungen: [http://www.example.com]; Nähere Informationen zur Verarbeitung Ihrer Daten können Sie den Datenschutzbestimmungen des Anbieters entnehmen: [http://www.example.com].][3]

2. Nutzung unseres Webshops[4]

(1) Wenn Sie in unserem Webshop bestellen möchten, ist es für den Vertragsabschluss erforderlich, dass Sie Ihre persönlichen Daten angeben, die wir zum Zweck der Abwicklung Ihrer Bestellung benötigen. Für die Abwicklung der Verträge notwendige Pflichtangaben sind gesondert markiert, weitere Angaben sind freiwillig. Für die Bezahlung können Sie Ihre Zahlungsdaten bei unseren Zahlungsdienstleister angeben oder wir geben Ihre Zahlungsdaten an unsere Hausbank weiter, wobei diese Dritten jeweils eigenständig für die Zahlungsabwicklung verantwortlich sind. Rechtsgrundlage hierfür ist Art. 6 Abs. 1 S. 1 lit. b DS-GVO.

[OPTIONAL: Sie können auf Wunsch ein Kundenkonto anlegen, durch das wir Ihre Daten für spätere weitere Einkäufe speichern können. Bei Anlegung eines Accounts unter „[Mein Konto]" werden die von Ihnen angegebenen Daten widerruflich gespeichert. Alle weiteren Daten, inklusive Ihres Nutzerkontos, können Sie im Kundenbereich stets löschen.]

Wir können die von Ihnen angegebenen Daten zudem verarbeiten, um Sie über weitere interessante Produkte aus unserem Portfolio zu informieren oder Ihnen E-Mails mit technischen Informationen zukommen lassen.[5]

(2) Wir sind aufgrund handels- und steuerrechtlicher Vorgaben verpflichtet, Ihre Adress-, Zahlungs- und Bestelldaten für die Dauer von zehn Jahren zu speichern. Allerdings nehmen wir nach [drei] Jahren eine Einschränkung der Verarbeitung vor, dh Ihre Daten werden ab diesem Zeitpunkt nur zur Einhaltung der gesetzlichen Verpflichtungen eingesetzt.[6]

(3) Zur Verhinderung unberechtigter Zugriffe Dritter auf Ihre persönlichen Daten wird der Bestellvorgang per TLS-Technik verschlüsselt.[7]

3. Nutzung unseres Portals[8]

(1) Wenn Sie unser Portal nutzen möchten, müssen Sie sich mittels Angabe Ihrer E-Mail-Adresse, eines selbst gewählten Passworts sowie Ihres frei wählbaren Benutzernamens registrieren. Es besteht kein Klarnamenszwang, eine pseudonyme Nutzung ist möglich.[9] Die Angabe der zuvor genannten Daten ist verpflichtend, alle weiteren Informationen können Sie freiwillig durch Nutzung unseres Portals bereitstellen. Für diesen Service setzen wir das sog. Double-opt-in-Verfahren ein, dh Sie erhalten eine E-Mail, in der Sie bestätigen müssen, dass Sie Inhaber der angegebenen E-Mail-Adresse sind und den Erhalt der Benachrichtigungen wünschen. Die Benachrichtigungen können Sie jederzeit abbestellen, zB indem Sie auf den Link in der E-Mail klicken oder unter den angegebenen Kontaktdaten. Ihre angegebenen Daten sowie die Zeitpunkte Ihrer Registrierung für den Service und Ihre IP-Adresse werden von uns gespeichert, bis Sie sich von dem Hinweis-Service abmelden.[2]

(2) Wenn Sie unser Portal nutzen, speichern wir Ihre zur Vertragserfüllung erforderlichen Daten, bis Sie Ihren Zugang endgültig löschen. Weiterhin speichern wir die von Ihnen angegebenen freiwilligen Daten für die Zeit Ihrer Nutzung des Portals, soweit Sie diese nicht zuvor löschen. [GGF. ERGÄNZEND: Alle Angaben kön-

nen Sie im geschützten Kundenbereich verwalten und ändern.] Rechtsgrundlage ist Art. 6 Abs. 1 S. 1 lit. b DS-GVO.

(3) Wenn Sie das Portal nutzen, können Ihre Daten entsprechend der Vertragsleistung anderen Teilnehmern des Portals zugänglich werden. Nicht angemeldete Mitglieder erhalten keine Informationen über Sie. Für alle angemeldeten Mitglieder sind Ihr [Benutzername und Foto] sichtbar, unabhängig davon, ob Sie diese freigegeben haben. Demgegenüber ist ihr gesamtes Profil mit den von Ihnen freigegebenen Daten für alle Mitglieder sichtbar, die Sie als persönlichen Kontakt bestätigt haben. Wenn Sie Ihren persönlichen Kontakten Inhalte zugänglich machen, die Sie nicht mittels einer privaten Nachricht senden, sind diese Inhalte für Dritte einsehbar, soweit Ihr persönlicher Kontakt die Freigabe erteilt hat. Soweit Sie Beiträge in öffentlichen Gruppen einstellen, sind diese für alle angemeldeten Mitglieder des Portals sichtbar.

(4) Zur Verhinderung unberechtigter Zugriffe Dritter auf Ihre persönlichen Daten, insbesondere Finanzdaten, wird die Verbindung per TLS-Technik verschlüsselt.[7]

4. Nutzung unseres Forums[10]

(1) Unser Forum kann gelesen werden, ohne dass eine Anmeldung erforderlich ist. Wenn Sie an unserem Forum aktiv mitwirken möchten, müssen Sie sich mittels Angabe Ihrer E-Mail-Adresse, eines selbst gewählten Passworts sowie Ihres frei wählbaren Benutzernamens registrieren. Es besteht kein Klarnamenszwang, eine pseudonyme Nutzung ist möglich.[9] Für diesen Service setzen wir das sog. Double-opt-in-Verfahren ein, dh Sie erhalten eine E-Mail, in der Sie bestätigen müssen, dass Sie Inhaber der angegebenen E-Mail-Adresse sind und den Erhalt der Benachrichtigungen wünschen. Die Benachrichtigungen können Sie jederzeit abbestellen, zB indem Sie auf den in der E-Mail enthaltenen Link klicken oder unter den angegebenen Kontaktdaten. Ihre angegebenen Daten sowie die Zeitpunkte Ihrer Registrierung für den Service und Ihre IP-Adresse werden von uns gespeichert, bis Sie sich von dem Hinweis-Service abmelden.][2]

(2) Wenn Sie einen Foren-Account anmelden, speichern wir bis zu Ihrer Abmeldung neben Ihren Anmeldedaten alle Angaben, die Sie in dem Forum tätigen, also öffentliche Beiträge, Pinnwandeinträge, Freundschaften, private Nachrichten usw, um das Forum zu betreiben.[11] Rechtsgrundlage ist Art. 6 Abs. 1 S. 1 lit. b DS-GVO.

(3) Wenn Sie Ihren Account löschen, bleiben Ihre öffentlichen Äußerungen, insbesondere Beiträge zum Forum, weiterhin für alle Leser sichtbar, Ihr Account ist jedoch nicht mehr abrufbar und im Forum mit „[Gast]" gekennzeichnet. Alle anderen Daten werden gelöscht. [Optional: Wenn Sie wünschen, dass auch Ihre öffentlichen Beiträge gelöscht werden, wenden Sie sich bitte unter den oben angegebenen Kontaktdaten an den Verantwortlichen.]

[Optional: (4) Das Forum ist auch über die mobile App [Name] für [iOS/Android/Windows Phone etc] zugänglich. Wenn Sie die mobile App installieren, unterliegt die Nutzung ihrer Daten dem Betreiber der mobilen App. Über die mobile App werden Ihr Nutzername, Passwort und ggf. private Nachrichten zwischen dem Forum und der mobilen App übertragen, nicht jedoch auf die Server des App-Anbieters. Die Nutzung unterliegt den Datenschutzbestimmungen von [Name, Adresse und Link zu Datenschutzbestimmungen des App-Anbieters].][12]

## Anmerkungen

**1. Speicherung von Nutzerdaten wegen Haftung für fremde Inhalte.** Kommentiert ein Nutzer (Blog-)Beiträge auf einer Website, muss er zumindest einen (ggf. pseudonymen) Namen und den Kommentar angeben, um dem Zweck der Interaktion zu genügen. Darüber hinaus kann die Angabe von weiteren Informationen verlangt werden und der Websitebetreiber kann Metadaten, wie IP-Adresse und Zeitpunkt der Posts speichern, um Haftungsrisiken zu minimieren. Die Speicherung weiterer Informationen über die Nutzer von Angeboten wie Blogs, Foren oder Bewertungsportalen, die eigene Beiträge auf der Website eines Betreibers (künftig: Hosting-Dienste) schreiben, kann erforderlich sein, da Hosting-Dienste für diese Inhalte haften könnten. Zwar unterliegen Hosting-Dienste grundsätzlich einer Privilegierung, dennoch können sie unter bestimmten Voraussetzungen selbst für diese fremden Inhalte haften. Aus datenschutzrechtlicher Sicht stellt sich maßgeblich die Frage, welche Daten von Nutzern verarbeitet werden dürfen und müssen (insbes. zur Gewährleistung eines „stay down"-Verfahrens und des durch Art. 16 Abs. 1 DSA bestätigten „notice and action"-Verfahrens, vgl. Gerdemann/Spindler GRUR 2023, 3 (8)), um den rechtlichen Anforderungen gerecht zu werden. Soweit zur Erfüllung solcher Pflichten personenbezogene Daten verarbeitet werden müssen, kann als Rechtsgrundlage Art. 6 Abs. 1 S. 1 lit. c DS-GVO herangezogen werden.

Die Haftung für fremde Inhalte wurde in den letzten Jahren deutlich ausgeweitet, insbesondere als Folge der Marktmacht von sehr großen Online-Plattformen, die deutlich strenger als zuvor reguliert wurden und noch werden, um deren Wandel von bloßen Intermediären zu „Gatekeepern" abzubilden (dazu zB Wagner GRUR 2020, 329 und GRUR 2020, 447). Die gesetzlichen Vorgaben haben sich teilweise geändert und wurden auf EU-Ebene durch den DSA erweitert und angepasst, in Deutschland umgesetzt durch das DDG. Durch den DSA ergeben sich verschiedene Änderungen an der Rechtslage, da nun primär der DSA anzuwenden ist (vgl. EuGH 9.11.2023 – C-376/22, NJW 2024, 201 mAnm Raue). Das Netzwerkdurchsetzungsgesetz (NetzDG) wurde deutlich gekürzt und sieht nun primär Bußgeldvorschriften für soziale Netzwerke vor, § 1 Abs. 1 NetzDG nF. Maßgeblich gilt nun das DDG, in dem insbesondere laut § 7 Abs. 1 DDG zur Verantwortlichkeit von digitalen Diensten auf die Art. 4–8 DSA verwiesen wird, zusätzlich sind in §§ 9–11 DDG Regelungen für Anbieter von audiovisuellen Mediendiensten und Videosharingplattform-Anbieter enthalten. Der Schwerpunkt der Regulierung liegt auf Online-Plattformen (zB Online-Marktplätze oder App-Store, Art. 3 lit. i DSA) und sehr großen Online-Plattformen (Art. 33 DSA; konkret benannt unter https://digital-strategy.ec.europa.eu/en/policies/list-designated-vlops-and-vloses), während die Privilegierung von reinen Vermittlungsdiensten grundsätzlich erhalten bleibt (zB Gerdemann/Spindler GRUR 2023, 3 (5)).

Die vorliegenden Muster beziehen sich auf Hosting-Dienste und deren Abgrenzung zu Vermittlungsdiensten, so dass hier nur auf die einzelnen Bereiche des DSA und DDG eingegangen wird. Insgesamt wird die Privilegierung der Störerhaftung zusehends eingeschränkt und die Sorgfaltsanforderungen für alle digitalen Dienste werden weiter erhöht. Die verschärften Pflichten und die Auflösung der Unterscheidung zwischen Verletzer und Störer, die vor allem auf international tätige Konzerne und sehr große Online-Plattformen abzielen, führen auch zu ergänzenden Belastungen für KMU und Betreiber von Blogs oder Foren.

*Lachenmann*

Beim Angebot von Diensten der Informationsgesellschaft, bei dem von Nutzern bereitgestellte Informationen verarbeitet werden, haftet der Diensteanbieter grundsätzlich auch weiterhin nicht für die im Auftrag eines Nutzers gespeicherten Informationen (Art. 6 Abs. 1 Hs. 1; Art. 16–18 DSA; zuvor zum nationalen Recht bzgl. §§ 823 ff., 276 BGB: BGH 4.7.2013 – I ZR 39/12, NJW 2014, 552). Das gilt aber nur, wenn der Anbieter keine tatsächliche Kenntnis von rechtswidrigen Inhalten oder Umständen, aus denen eine solche Tätigkeit offensichtlich hervorgeht (Art. 6 Abs. 1 lit. a DSA) oder, sobald er Kenntnis oder Bewusstsein erlangt, und zügig tätig wird, um den Zugang zu den rechtswidrigen Inhalten zu sperren oder diese zu entfernen (Art. 6 Abs. 1 lit. b DSA). In den Art. 16–18 DSA werden verschiedene neue Details geregelt, zB Begründungspflichten für Beschränkungen und Meldepflichten für bestimmte Straftaten, die für Host-Provider in ihrer Gesamtheit eine erhebliche Neuerung darstellt (Gerdemann/Spindler GRUR 2023, 115 (124)) und zu erweiterten Informationspflichten führt. Insofern bleibt auch unter dem DSA die Rechtslage bestehen, dass ein Diensteanbieter für rechtswidrige Beiträge seiner Nutzer haften kann, wenn er die Beiträge genehmigt hat. Daher ist allgemein anzuraten, dass Kommentare ohne Prüfung automatisch freigeschaltet werden sollten, da ansonsten eine Kenntnis des Host-Providers angenommen werden könnte.

Ergänzend für Betreiber von Blogs, Foren uÄ sind die §§ 21–24 TDDDG zu einer möglichen Herausgabe von Bestands- und Nutzungsdaten zu beachten. Dabei bilden die §§ 22–24 TDDDG Sondernormen zur Herausgabe an bestimmte öffentliche Stellen auf deren Anforderung, wenn diverse formell- und materiellrechtliche Anforderungen erfüllt sind (ausführlich zB Assion/Basar/Santagatti-Bergmann TTDSG § 22 Rn. 1 f.; Gierschmann/Baumgartner/Lachenmann TTDSG § 22 Rn. 8 ff.). Eine größere Praxisrelevanz, die auch in der Datenschutzerklärung Berücksichtigung finden sollte, bildet die Herausgabepflicht an private Stellen: Gem. § 21 Abs. 1 TDDDG müssen Anbieter von digitalen Diensten im Einzelfall Auskunft über Bestandsdaten erteilen, soweit dies zur Durchsetzung der Rechte am geistigen Eigentum erforderlich ist, wenn eine Anordnung der zuständigen Stellen erfolgte. Gem. § 21 Abs. 2 TDDDG ist im Einzelfall Auskunft über Bestandsdaten zu erteilen, soweit es zur Durchsetzung zivilrechtlicher Ansprüche wegen der Verletzung absolut geschützter Rechte aufgrund rechtswidriger audiovisueller Inhalte oder aufgrund von Inhalten bestimmter aufgeführter Tatbestände des StGB, zB Beleidigung, erforderlich ist und eine vorherige gerichtliche Anordnung über die Zulässigkeit der Auskunftserteilung vom Verletzten beantragt und vom zuständigen Gericht erlassen wurde, § 21 Abs. 3 TDDDG (ausführlich Gierschmann/Baumgartner/Baumann TTDSG § 21 Rn. 6 ff.).

Als mögliche Sanktionen der Unternehmen steht neben einem behördlichen Vorgehen vor allem Art. 54 DSA, der Nutzer haben das Recht gibt, Schadensersatz für etwaige Schäden oder Verluste zu fordern, die aufgrund eines Verstoßes gegen die gesetzlichen Pflichten entstanden sind (vgl. Raue/Heesen NJW 2022, 3537 (3539)). Die Geltendmachung erfolgt „im Einklang mit dem EU-Recht und nationalen Recht", so dass die jeweils nationalen Gerichte zuständig und die bekannten Verfahrensvorschriften gelten. Wie bereits unter Geltung der E-Commerce-Richtlinie bleiben von den Haftungsprivilegierungen des Digital Services Acts gerichtliche und behördliche Anordnungen zur Entfernung bzw. Sperrung rechtswidriger Inhalte unberührt (Legner ZUM 2024, 99 (102); vgl. EuGH 3.10.2019 – C-18/18, ZUM 2019, 905; dazu Holznagel ZUM 2019, 910). Die Art. 4 Abs. 3; Art. 5 Abs. 2; Art. 6 Abs. 4 DSA betreffen vor allem Sperr- und Unterlassungsverfügungen, also auch die in der deutschen Rechtsprechung entwickelten Grundsätzen der Störerhaftung. Dadurch können Diensteanbieter ungeachtet der Art. 4 ff. DSA zur Entfernung rechtswidriger Nutzerinhalte sowie zur Verhinderung künftiger Rechtsverletzungen herangezogen werden (Legner ZUM 2021, 99 (102)). Insofern ist davon auszugehen, dass der BGH seine Rechtsprechung an die neuen DSA-Vorgaben anpassen wird, jedoch unter Zugrundlegung seiner bisherigen Rechtsprechung.

Aus Datenschutz-Sicht ist zu beachten, dass der BGH ein umfangreiches System entwickelt hatte, wie mit Rechtsverletzungen durch Nutzerbeiträge umzugehen. Es ist abzuwarten, wie der BGH seine Rechtsprechung an die neue Rechtslage unter dem DSA anpassen wird und inwieweit der EuGH die gerichtliche Durchsetzung bewerten wird. Zunächst sollten deutsche digitale Dienste sich weiterhin an der bestehenden BGH-Rechtsprechung orientieren. Insoweit gilt insbesondere, dass bei Geltendmachung einer Rechtsverletzung durch Nutzerbeiträge für den digitalen Dienst nach den detaillierten Vorgaben des VI. Zivilsenats des BGH das folgende Prozedere durchzuführen ist: Zunächst muss er nach entsprechender Mitteilung des Betroffenen Kontakt mit dem eigentlichen Autor des als rechtsverletzend angegriffenen Beitrags aufnehmen, ihn zu einer Stellungnahme auffordern und danach entscheiden, ob tatsächlich eine Rechtsverletzung vorliegt (BGH 1.3.2016 – VI ZR 34/15, GRUR 2016, 855; 25.10.2011 – VI ZR 93/10, MMR 2012, 124 mAnm Hoeren; dazu Feldmann K&R 2012, 113 (114)). Daran knüpft sich die Frage an, ob er den angegriffenen Inhalt löscht oder nicht. Häufig verlangt der Betroffene vom Provider auch die Mitteilung der Identität oder die Herausgabe der Daten desjenigen Nutzers, der den angeblich rechtsverletzenden Beitrag verfasst hat. Dies war nach richtiger Auffassung des BGH nicht zulässig, weil weder das TMG noch andere Gesetze eine Rechtsgrundlage für eine solche Übermittlung vorsahen, sodass aufgrund von § 12 Abs. 2 TMG eine Einwilligung notwendig wäre, an der es regelmäßig fehlt (BGH 1.7.2014 – VI ZR 345/13, ZD 2014, 520 mAnm Krupna; Sander/Schöning DSRITB 2014, 555). Die durch die Rechtsprechung aufgestellten Pflichten zur Verhinderung von Rechtsverletzungen erfordern also eine Speicherung von personenbezogenen Daten (zB Namen und Kontaktmöglichkeiten von Beteiligten, aber ggf. auch weitergehende Daten, um die Zulässigkeit oder Unzulässigkeit einer Bewertung prüfen zu können – der VI. Zivilsenat hat in seiner jüngeren Rechtsprechung sogar implizit die Speicherung von Gesundheitsdaten für erforderlich gehalten, vgl. BGH 1.3.2016 – VI ZR 34/15, GRUR 2016, 855).

Eine umfangreiche Registrierungspflicht in Blogs würde Art. 25 DS-GVO widersprechen. Aus haftungsrechtlicher Sicht ist es zu empfehlen, E-Mail- und IP-Adresse der Nutzer zu speichern, obwohl zweifelhaft ist, ob der Täter dadurch ermittelt werden kann, da zumindest eine Missbrauchskontrolle möglich ist. Der Umfang der Datenspeicherung von E-Mail- und IP-Adresse ist zudem über weit verbreitete Systeme wie Wordpress vorgesehen. Insbesondere die E-Mail-Adresse ist notwendig, um dem vom VI. Zivilsenat des BGH vorgesehenen System der Rede und Gegenrede nachzukommen. Problematisch ist jedoch, dass die Systeme IP-Adressen häufig unbegrenzt speichern, obwohl diese spätestens nach einer Woche nicht mehr einem Nutzer zuordenbar sind und die Aufsichtsbehörden generell die Zulässigkeit der Speicherung ablehnen. Eine dauerhafte Speicherung der IP-Adressen über die Systeme wäre daher ein Verstoß gegen Art. 25 DS-GVO. Daher muss ein automatisches Löschkonzept sicherstellen, dass die IP-Adresse und mögliche andere Pseudonyme oder Metadaten mit erlöschender Zuordnungsmöglichkeit automatisiert nach einer bestimmten Frist gelöscht wird, zB nach einer Woche (vgl. BGH 3.7.2014 – III ZR 391/13, NJW 2014, 2500). Die E-Mail-Adresse dürfte demgegenüber gespeichert werden dürfen, solange die Kommentare online einsehbar sind. Nach Ansicht mancher Datenschutzaufsichtsbehörden sollte die Speicherung von E-Mail- und IP-Adressen unter Geltung des BDSG aF generell datenschutzrechtswidrig sein. Diese Ansicht war schon bislang abzulehnen und kann auf Basis der DS-GVO erst recht nicht überzeugen.

Für die Verarbeitung der Kontaktdaten von Nutzern kann sich der Hosting-Dienst auf die Interessenabwägung nach Art. 6 Abs. 1 S. 1 lit. f DS-GVO stützen, da die Verarbeitung entweder zur Darstellung der Beiträge erforderlich ist oder zum Schutz vor Rechten Dritter. Soweit rechtliche Pflichten bestehen, zB nach DSA, DDG oder zu behördlichen Anordnungen, ist Art. 6 Abs. 1 S. 1 lit. c DS-GVO einschlägig. Denn, wie aufgezeigt, ist die Erhebung von Daten (zB der E-Mail-Adresse, die für das Veröffentlichen des Beitrages nicht notwendig ist) für Hosting-Dienste zivilrechtlich erforderlich, da sich Hosting-Dienst nur so vor zivilrechtlichen Ansprüchen schützen können und die Aufrechterhaltung des Geschäftsbetriebes ansonsten nicht möglich wäre. Die Nutzung der Kontaktdaten zur Erfüllung der Haftungspflichten des Hosting-Dienst erscheint zur „Ausgestaltung" des Vertragsverhältnisses zulässig, da der Nutzer verpflichtet ist, keine rechtswidrigen Inhalte zu veröffentlichen. Dies sollte sich aus den Nutzungsbedingungen bzw. der sog. Netiquette ergeben, die die Nutzer bei Registrierung zu bestätigen haben, kann aber auch aus den vertraglichen Nebenpflichten hergeleitet werden. Daher kann eine Speicherung der Nutzerdaten und eventuellen Kontaktaufnahme für die Dauer einer Registrierung gerechtfertigt sein – nicht jedoch die Weitergabe dieser Bestandsdaten an Dritte. Problematisch bleibt die Zulässigkeit einer weitergehenden Speicherung dieser Daten, nachdem der Account gelöscht wurde.

**2. Versand von E-Mails nach Double-opt-in-Verfahren.** Ein Benachrichtigungsservice ermöglicht zwar dem Websitebetreiber, mit dem kommentierenden Nutzer zu interagieren. Zugleich birgt der E-Mail-Versand das Risiko, dass die E-Mails an einen falschen Empfänger gesandt und als unerlaubte Werbung nach § 7 Abs. 2 UWG eingestuft werden (vgl. LG München I 9.8.2018 – 17 HK O 301/18, BeckRS 2018, 32210 zur Übersendung der Bestätigungs-E-Mail ohne Bestellung des entsprechenden Produkts). Daher sollten auch für kommentierende Nutzer die Grundsätze zur Risikominimierung bei der Newsletter-Anmeldung umgesetzt werden, obwohl keine Einwilligung in den Benachrichtigungsversand notwendig wäre. Insbesondere muss das Double-opt-in-Verfahren eingesetzt werden, bei dem der kommentierende Nutzer bestätigen muss, dass die E-Mail-Adresse tatsächlich ihm zugeordnet ist. Weiterhin ist die jederzeitige Abbestellung der Meldungen zu ermöglichen, am besten mittels eines Links in jeder E-Mail. Ausführlich zu Newslettern und Kontrolle der E-Mail-Adressen → Form. F. I. 4.; → Form. I. III.

**3. Umsetzung der datenschutzrechtlichen Vorgaben mit Plug-ins.** Verschiedene Anbieter bieten Plug-ins an, die durch Blog-Betreiber in deren Blog eingebunden und mit deren Hilfe Kommentare von Website-Nutzern verarbeitet werden können. Eine Verknüpfung mit Social Media-Profilen ist darüber möglich (→ Form. F. I. 6. Anm. 3). Wie jedes Plug-in sind insbesondere die Anbieter aus den USA oder anderen Drittländern aus datenschutzrechtlicher Sicht sehr kritisch zu bewerten, da die Daten der Nutzer für den Websitebetreiber in unbekanntem Umfang in den USA verarbeitet (zB für Spam-Filter) und ggf. mit den Daten von sozialen Netzwerken verknüpft werden. In diesen Fällen liegt nunmehr grundsätzlich für Erhebung und Übermittlung der Daten eine gemeinsame Verantwortung zwischen Blogbetreiber und Plug-in-Anbieter vor (EuGH 29.7.2019 – C 40/17, ZD 2019, 455 mAnm Hanloser – Like Button/FashionID; ausführlich zu den Urteilsfolgen → Form. G. V.). Daher obliegt es den Anbietern solcher Plug-ins, stets eine Vereinbarung zur gemeinsamen Verantwortung und die weiteren Informationen bereitzustellen, die Website-Betreiber für eine rechtliche Absicherung der Tools benötigen. Auch die Vorgaben an einen Datentransfer nach Art. 44 ff. DS-GVO müssten erfüllt und ein angemessenes Datenschutz-Niveau gewährleistet werden. Dabei ist darauf zu achten, dass die Plug-in-Anbieter nicht mehr auf das Privacy Shield verweisen, sondern zB die Standarddatenschutzklauseln nach Art. 46 Abs. 2 lit. c DS-GVO (→ Form. G. VII.) vereinbart werden. In der Praxis ist das leider vielfach weiterhin nicht der Fall, was dazu führt, dass Website-Betreiber die rechtlichen Vorgaben nicht einhalten können. Website-Betreiber müssen also eine sorgfältige Risiko-Abwägung aufnehmen und die Plug-in-Anbieter aktiv zur Bereitstellung der rechtlich notwendigen Dokumente auffordern.

Minimalvoraussetzung bei der Einbindung in die Website zur Umsetzung der DS-GVO-Anforderungen bei Einbindung von Plug-ins ist, Betroffene in der Datenschutzerklärung über das Bestehen der Funktion zu informieren und auf den Drittanbieter für weitere Informationen zu verweisen. Regelmäßig sollte die Zwei-Klick-Lösung genutzt werden, selbst wenn die „Usability" dadurch eingeschränkt wird, zumindest wenn keine Einwilligung im Consent-Manager eingeholt wird (→ Form. F. I. 1. Anm. 15).

**4. Reichweite der Verarbeitung von Kundendaten.** Die Verarbeitung der Kundendaten ist zur Erfüllung des über den Webshop getätigten Vertrages bereits nach Art. 6 Abs. 1 S. 1 lit. b DS-GVO zulässig. Die betroffene Person ist gem. Art. 13 Abs. 2 lit. e DS-GVO darüber zu informieren, dass die Angabe für den Vertragsabschluss erforderlich ist. Die Pflichtangaben sollten über einen Sternchenhinweis oÄ in den Formularen markiert werden, um den betroffenen Personen deutlich zu machen, welche ihrer Daten sie verpflichtend anzugeben haben (auch hier Art. 25 DS-GVO). Dabei ist restriktiv vorzugehen und Pflichtangaben sind nur bei den Feldern zu verlangen, die tatsächlich zur Abwicklung des Vertrages erforderlich sind.

Die Reichweite der von der Vertragserfüllung, Art. 6 Abs. 1 S. 1 lit. b DS-GVO, erfassten Datenverarbeitung ist noch nicht in allen Konturen geklärt. Zunächst ist notwendig, dass ein vertragliches Schuldverhältnis vorliegt (bzw. durch Abgabe eines Angebots oÄ direkt vorbereitet werden soll, Taeger/Gabel/Taeger DS-GVO Art. 6 Rn. 51). Während bei entgeltlichen Verträgen das Merkmal einfach bestimmt werden kann, ist die Frage bei Registrierungen eines Nutzer-Accounts/Kundenkontos in Webshops oder bei sonstigen Internetdiensten noch nicht eindeutig beantwortet. Bei einseitig verpflichtenden (unentgeltlichen) Verträgen, bei denen der Verantwortliche primär einen Zugang zu Informationen bereitstellt, zB Bei der Registrierung zur kostenlosen Nutzung von Diensten der Informationsgesellschaft, ist es überzeugend, von einer Geltung von lit. b auszugehen (Taeger/Gabel/Taeger DS-GVO Art. 6 Rn. 71; wohl auch EDSA Leitlinien 2/2019 V. 2.0 v. 8.10.2019 Rn. 44: „Abonnementdienst, der jederzeit gekündigt werden kann"; vergleichbar auch die Rechtslage bei § 7 Abs. 3 UWG, da auch bei einer kostenlosen Leistung ein „Vertrag" angenommen werden kann, OLG

München 15.2.2018 – 29 U 2799/17, MMR 2019, 54). Nach deutschem Vertragsrecht verweist § 311 Abs. 2 BGB darauf, dass ein Schuldverhältnis mit Pflichten nach § 241 Abs. 2 BGB auch durch „ähnliche geschäftliche Kontakte" entstehen könne. Komplizierter ist die Frage bei kostenlos zu nutzenden Online-Diensten, wie bei sozialen Netzwerken usw erfolgt („Zahlen mit Daten", → Anm. 8).

Strittig ist vorrangig der Umfang des Tatbestands, also wie weitgehend sich ein Verantwortlicher auf die Erfüllung eines Vertrages berufen kann. Die Aufsichtsbehörden vertreten eine objektive Ansicht, die sog. Kernvertragstheorie. Danach sei eine Beschränkung auf die für das Kerngeschäft unabdingbaren Verarbeitungen anzunehmen, die nicht auf Basis des Verständnisses der Parteien, sondern nach objektiven Maßnahmen anhand eines typischen Vertrages zu bestimmen seien („Zweck, der integraler Bestandteil der Erbringung" und „objektiv notwendig" ist, EDSA Leitlinien 2/2019 V. 2.0 v. 8.10.2019 Rn. 30; zuvor noch restriktiver: DSK Protokoll der 96. Konferenz v. 7./8.11.2018 S. 9; zustimmend Bock CR 2020, 173). Teilweise wird demgegenüber vertreten, dass allein die individuelle Festlegung relevant sei und die Parteien grundsätzlich frei darin wären, jede Art von Leistungen fest zu vereinbaren („Vertragsfreiheit"). Überzeugend ist stattdessen die sog. Mischtheorie, die die zuvor beschriebenen Ansätze vereint. Demnach folgt die Bewertung aus einer Einzelfallbetrachtung in Bezug auf den „aus dem zur Erfüllung hervorgehenden Vertragszweck und dem was zu Erfüllung der Vertragspflichten oder der Wahrnehmung von Rechten geboten ist" (OLG Wien 7.12.2020 – 11 R 153/20f, 154/20b). Die Mischtheorie ist vorzugswürdig, da eine objektive Festlegung eines Vertragskerns kaum möglich ist, angesichts einer Vielzahl verschiedener Leistungsmodelle, gerade im Online-Bereich. Wenn die Parteien gemeinsam von bestimmten vertraglichen Pflichten ausgehen, können die individuellen Vereinbarungen nicht pauschal ignoriert werden. Demgegenüber wäre es nicht sinnvoll, beliebige Festlegungen der Kontrolle von außen zu entziehen (insbesondere in AGB). Insofern überzeugt es, bei der Prüfung objektive und subjektive Elemente zu verbinden. Jedenfalls können und müssen weitere Verarbeitungen in Bezug auf die bei Vertragsschluss erhobenen Daten, wie Werbemaßnahmen, Verbesserungen der Dienste oder Personalisierung von Inhalten nach anderen Rechtsgrundlagen durchgeführt werden (vgl. EDSA Leitlinien 2/2019 V. 2.0 v. 8.10.2019 Rn. 31 und Rn. 48 ff.).

**5. Werbliche Nutzung der Kundendaten.** Das Muster geht davon aus, dass die Kundendaten regelmäßig auch zu werblichen Zwecken verarbeitet werden sollen. Aufgrund der gängigen Praxis, über einen Webshop erhaltene Kundendaten für weitere werbliche Maßnahmen, zB die Zusendung eines Kataloges oder die Auswertung von Käufen auf Basis der Interessen zu verarbeiten, sollte die betroffene Person von Anfang an über diese Nutzung ihrer Daten informiert werden. Die Information stellt sicher, dass die Transparenzanforderungen für die betroffene Person gewahrt sind und ggf. eine vereinfachte Zweckänderung nach Art. 6 Abs. 4 DS-GVO möglich wird. Auf Basis – und in den Grenzen – der Interessenabwägung nach Art. 6 Abs. 1 S. 1 lit. f, Erwgr 47 DS-GVO können Analysen durchgeführt werden, den Betroffenen Briefpost zugesandt oder ggf. die Adressdaten gehandelt werden (Kühling/Buchner/Buchner/Petri DS-GVO Art. 6 Rn. 175 ff.). Je nach konkret durchgeführten Verarbeitungen ist die Formulierung im Einzelfall anzupassen.

Die Zusendung von E-Mails in Bezug auf die Bestellung eines Kunden ist ohne eine gesonderte Einwilligung des Kunden zulässig, also insbesondere der Versand der Bestellbestätigung mit Angabe der bestellten Produkte und Dienstleistungen sowie der rechtlich verpflichtenden Informationen. Die Bereitstellung solcher Informationen auf elektronischem Weg ist bereits gesetzlich verpflichtend nach § 312i Abs. 1 S. 1 Nr. 3 BGB. Demgegenüber wird die Zusendung jeder Information, die über die notwendigen Pflichtinformationen hinausgeht, bereits aufgrund der weitreichenden Definition der aggressiven Geschäftspraxis nach Nr. 26 S. 1 Anh. I, Art. 8 f. UGP-RL (vgl. Köhler/Bornkamm/Feddersen/Köhler UWG § 7 Rn. 135) als unzulässige Werbung gelten. Daher sollte auch die Information über technische Belange (zB zu zwischenzeitigen Abschaltungen des Angebots wegen Wartungsarbeiten) möglichst restriktiv erfolgen. Die Information über den möglichen Versand von E-Mails über die zur Bestellung erforderlichen Informationen hinaus sind nicht zwingend nötig, können jedoch zur Klarstellung aufgenommen werden. An dieser restriktiven Rechtslage werden sich nach aktuellem Stand über den ePrivacy-VO-E keine Änderungen ergeben.

Auf sog. Bestellabbrecher-E-Mails, die einen potenziellen Kunden, der während des Bestellprozesses abbrach, später bewegen sollen, den Vertrag noch einzugehen, sollte verzichtet werden. Solche E-Mails werden – ohne vorherige Einwilligung – als unzumutbare Belästigung anzusehen sein, da die E-Mails der Umsatzsteigerung dienen (zur Unzulässigkeit von Zufriedenheitsabfragen nach einem tatsächlichen Kauf OLG Dresden 24.4.2016 – 14 U 1773/13, GRUR-RR 2016, 462; OLG Köln 30.3.2012 – 6 U 191/11, MMR 2012, 535; AG Augsburg 28.6.2022 – 19 C 518/22, GRUR-RS 2022, 30282; aA LG Coburg 17.2.2012 – 33 S 87/11, MMR 2012, 608; Plath/Plath BDSG § 28 Rn. 104). Auch die datenschutzrechtliche Zulässigkeit der Speicherung der diesen Mails zugrundeliegenden Daten ist zweifelhaft, da eine Verknüpfung des Verkaufsprozesses mit der E-Mail-Adresse erfolgen muss.

**6. Gesetzliche Aufbewahrungspflichten.** Die Bestellhistorie eines Kunden darf nicht dauerhaft aufbewahrt werden, falls der Kunde nicht seine Einwilligung dazu erteilt hat. Gem. Art. 17 Abs. 1 lit. a DS-GVO sind personenbezogene Daten zu löschen, sobald sie für die Zwecke ihrer Erhebung nicht mehr notwendig sind. Daher sind Bestelldaten an sich nur aufzubewahren, bis die Abwicklung des Vertrages abgeschlossen ist. Im operativen System können die Daten in einer aktiven Vertragsphase aufbewahrt werden, also während die Kunden Gewährleistungsansprüche geltend machen können, grundsätzlich bis zwei Jahre nach dem Kauf einer Ware, und anschließend für einen bestimmten weiteren Zeitraum zur werblichen Nutzung (DSK OH Direktwerbung v. 11/2018 S. 12, nennt als Orientierung 17 Monaten nach „einer langen ‚Werbepause'", was für eine zulässige längere Speicherfrist bei regelmäßiger Werbung spricht). Die vielfach anzutreffende Praxis, dass Online-Shops die gesamte Bestellhistorie, auch über viele Jahre, speichern und dem Kunden über das Kundenkonto bereitstellen, sollte nur bei dem Vorliegen einer Einwilligung durchgeführt werden. Die strikten Vorgaben an die Löschung personenbezogener Daten und die Absicherung über den hohen Bußgeldrahmen lassen ein ausführliches Archivierungs- und Löschkonzept als unumgänglich erscheinen (ausführlich zu Löschfristen → Form. D. IV.).

Im Anschluss an die Phase der Vertragsabwicklung folgen vielfach gesetzliche Aufbewahrungspflichten (etwa nach § 257 HGB, § 147 AO, GoBD, GOBS; → Form. D. IV.), die eine Aufbewahrung von Unterlagen im Original vorsehen. Bei online abgeschlossenen Verträgen müssen die Daten in elektronischer Form gespeichert werden, wobei die Nachvollziehbarkeit, Vollständigkeit, Richtigkeit, Zeitgerechtheit, Ordnung und Sicherheit, Unveränderlichkeit sowie Datensicherheit sichergestellt sein müssen (vgl. Forgó/Helfrich/Schneider Betr. Datenschutz-HdB/Scheja/Quae/Conrad/Hausen Teil IV. Kap. 1 Rn. 55 ff.). Da die Archivierungspflichten der Löschverpflichtung entgegenstehen, muss – wie bislang – eine Einschränkung der Verarbeitung vorgenommen werden. Die Zulässigkeit einer solchen Einschränkung der Verarbeitung ergibt sich aus Art. 17 Abs. 3 lit. b Alt. 1 DS-GVO (mit dem Rechtsgedanken des Art. 6 Abs. 1 S. 1 lit. c DS-GVO, Ehmann/Selmayr/Kamann/Braun DS-GVO Art. 17 Rn. 62; Kühling/Buchner/Herbst DS-GVO Art. 17 Rn. 76; NK-DatenschutzR/Dix DS-GVO Art. 17 Rn. 32). Nach dieser Norm ist eine Verarbeitung zur Erfüllung einer rechtlichen Verpflichtung, der der Verantwortliche unterliegt, zulässig – dazu zählen die steuerrechtlichen Aufbewahrungspflichten. Die Verarbeitung muss dabei auf den Zweck begrenzt werden, sodass aus dem Rechtsgedanken von Art. 18 DS-GVO sowie den Vorgaben an die Datenminimierung nach Art. 25 DS-GVO folgt, dass die Daten aus dem operativen System zu entfernen und auf einem gesonderten Laufwerk zu speichern sind. Der Zugang auf die Daten muss auf wenige Personen beschränkt werden, die eindeutige Vorgaben erhalten, wann ein Zugriff möglich ist.

**7. Transportverschlüsselung.** Die Einrichtung einer Transportverschlüsselung ist anerkannter Standard im Netz, um vor allem den Zugriff durch Kriminelle auf die persönlichen Daten zu verhindern (zB UDS 26. Tätigkeitsbericht 2015/16 S. 31 f.; LfD BW 31. Tätigkeitsbericht 2012/2013 S. 164 ff.). Inzwischen ist es üblich, dass Websites ein TLS-Zertifikat aufweisen, auch da die gängigen Browser inzwischen prominent vor der Nutzung unverschlüsselter Websites warnen. Eine TLS-Verschlüsselung ist daher inzwischen immer zu empfehlen, aber jedenfalls vorzusehen, wenn persönliche Daten der Kunden übertragen werden, also Anfragen aus einem Kontaktformular, Adress- und Bankdaten, Passwörter usw.

**8. Mustertext für Portalangebote.** Weder ist der Begriff eines (Web-)Portals bzw. einer Online-Plattform feststehend definiert, noch ist es möglich, sämtliche Nutzungsvarianten (zB soziale Netzwerke oder Jobbörsen) in einem Muster abzubilden. Daher wird hier eine allgemein gehaltene Formulierung bereitgestellt, die ein grundlegendes Beispiel für mögliche Nutzungsvarianten umfassen und so eine individuelle Erstellung für ein Portalangebot ermöglichen soll. Die Beschreibung ist im Einzelfall auf die Bedürfnisse des Plattformbetreibers abzustimmen und mit der Beschreibung in den AGB zu verknüpfen. Bei Konzeption des Portals sollten in der Grundeinstellung möglichst wenige personenbezogene Daten öffentlich einsehbar sein, selbst wenn anderweitig ein größerer Werbeeffekt für das Portal erzielt werden könnte. So kann das Nutzervertrauen gestärkt werden und ein Baustein zur Umsetzung der Datenvermeidung und Datensparsamkeit nach Art. 25 DS-GVO sichergestellt werden. Die Sichtbarkeit wird aufgegliedert in folgende Stufen: Nicht-angemeldete Nutzer, angemeldete Nutzer und in Kontakt getretene Nutzer. Das vorliegende Muster beschreibt verschiedene Funktionen nur knapp, diese sollten je nach Nutzungsmöglichkeiten im Einzelfall konkreter ausformuliert werden.

Vorliegend wird davon ausgegangen, dass Nutzer sich registrieren können, nach der Anmeldung Zugriff auf digitale Inhalte erhalten und Kommentare durch Nutzer möglich sind. Der Formulierungsvorschlag kann auch als Ausgangspunkt für soziale Netzwerke eingesetzt werden, der je nach den möglichen Funktionen im Einzelfall natürlich deutlich umfangreicher auszugestalten sein wird. Informationen und Vertragsbestimmungen sind bei Portalen meist zweigeteilt: Einerseits akzeptiert der Nutzer bei seiner Anmeldung die Nutzungsbedingungen (AGB) des Portals, andererseits unterliegt er bei der Nutzung den in der Datenschutzerklärung beschriebenen Datenverarbeitungsvorgängen. Den Informationspflichten zur Datenverarbeitung soll hier über die Datenschutzerklärung nachgekommen werden.

Die Rechtsgrundlage und der Umfang der zulässigen Datenverarbeitung ist auch bei Portalen/sozialen Netzwerken strittig (allgemein → Anm. 4) und wird primär unter dem Stichwort „Bezahlen mit Daten" diskutiert. Die Diskussion dauert an, maßgeblich geleitet durch die Verfahren zwischen dem Konzern Meta und verschiedenen Behörden (zur Historie zB Woerlein ZD-Aktuell 2023, 01467; Etteldorf ZD-Aktuell 2024, 01558). Die Bewertung für sehr große Online-Plattformen muss nicht identisch mit der allgemeinen Rechtslage sein, jedoch ergeben sich daraus gewisse Erkenntnisse und Folgen.

Aus datenschutzrechtlicher Sicht kann zunächst kein Zweifel daran bestehen, dass eine klare Abgrenzung zwischen Nutzungsvertrag und Einwilligung bestehen muss (Kühling/Buchner/Buchner/Petri DS-GVO Art. 6 Rn. 59ff.). Nach Ansicht des EuGH 4.7.2023 – C-252/21, MMR 2023, 669 mAnm Golland ist für sehr große Online-Plattformen ein „Bezahlen mit Daten" nicht zulässig. Damit folgte der EuGH der Ansicht der Datenschutz-Aufsichtsbehörden (EDSA Richtlinien 2/2019 Rn. 54; EDSB Stellungnahme 4/2017 Rn. 14; ebenso Bock CR 2020, 173 (176)) und BKartA und BGH (BGH 23.6.2020 – KVR 69/19, MMR 2021, 48; BKartA 6.2.2019 – B6–22/16, BeckRS 2019, 4895). Dabei vertritt der EuGH ein restriktives Verständnis des Art. 6 Abs. 1 S. 1 lit. b DSGVO (weiterführend zB auch GA Szpunar Schlussanträge C-394/23, BeckRS 2024, 16512). Frühere Entscheidungen waren demgegenüber deutlich liberaler, so zB OLG Wien 7.12.2020 – 11 R 153/20f, 154/20b, laut dem die kostenlose Nutzung eines sozialen Netzwerks, in dem personalisierte Werbung geschaltet wird, auf Basis von Art. 6 Abs. 1 S. 1 lit. b DS-GVO zulässig sein könne, wenn eine transparente Information über die Verarbeitung vorliegt und beide Parteien das Prinzip „Bezahlen mit Daten" wünschen.). Infolgedessen sah Meta ein „Pay-or-Consent"-Modell vor (→ Form. F. I. 1. Anm. 15), bei dem Nutzer die Wahl zwischen der Werbeeinwilligung und einer Kostenpflicht hatten. Dieses Modell wird im Rahmen von negativen Entscheidungen (vgl. OLG Düsseldorf 8.2.2024 – I-20 UKl 4/23, BeckRS 2024, 1826; EDSA Opinion 08/2024 on Valid Consent in the Context of Consent or Pay Models Implemented by Large Online Platforms; https://www.euractiv.de/section/innovation/news/eu-kommission-meta-verletzt-wettbewerbsregeln-mit-pay-oder-okay-modell/) derzeit nicht genutzt, sondern eine Auswahlmöglichkeit zu optionalen Cookies gegeben. Das Verfahren mit Meta kann nicht als Blaupause für die umfängliche rechtliche Bewertung der Frage des „Bezahlens mit Daten" dienen, da verschiedene Dienste von Meta eine besondere Reichweite haben, so dass die rechtlichen Bewertungen nicht direkt auf sonstige Verantwortliche übertragen werden können, selbst wenn sie wertvolle Hinweise liefern.

Zumindest aufgrund der Rechtsunsicherheit hinsichtlich dieser Ansicht ist es zu empfehlen, für die grundlegende Verarbeitung der Angebote des Portals bei Anmeldung eines Nutzers auf Art. 6 Abs. 1 S. 1 lit. b DS-GVO zurückzugreifen, sowie für eine weitergehende Verarbeitung und bestimmte Werbezwecke auf Art. 6 Abs. 1 S. 1 lit. f DS-GVO. Weiterhin müsste bei der Verarbeitung von Online-Daten oder sonstiger weitgehender Verarbeitung, insbesondere unter Profilbildung, eine Einwilligung nach Art. 6 Abs. 1 S. 1 lit. a DS-GVO eingeholt werden. Die genutzten Rechtsgrundlagen sind den Nutzern zudem transparent darzustellen.

**9. Grundsätzliche Zulässigkeit eines Klarnamenszwangs.** Ein Klarnamenszwang in Internetportalen ist grundsätzlich als unzulässig zu bewerten. In der DS-GVO kann bereits aus der Vorgabe der Datenminimierung nach Art. 25 DS-GVO ein entsprechender Grundsatz hergeleitet werden, da die Verwendung von Pseudonymen die betroffenen Personen schützen kann. Zudem sieht § 19 Abs. 2 TDDDG vor, dass Anbieter von digitalen Diensten die Nutzung von digitalen Diensten „anonym oder unter Pseudonym zu ermöglichen haben, soweit dies technisch möglich und zumutbar ist" (Gierschmann/Baumgartner/Hansch TTDSG § 19 Rn. 14). Der Nutzer von digitalen Diensten ist über diese Möglichkeit zu informieren. Zwar urteilte das OLG München, dass einem vor allem privat genutzten sozialen Netzwerk die pseudonyme Nutzung nicht zumutbar sei (OLG München 8.12.2020 – 18 U 2822/19, BeckRS 2020, 34203). Aber die Begründung des Urteils kann nicht überzeugen, da so der gesetzliche Grundsatz umgekehrt würde und eine Kontrolle der Vorgabe weder sinnvoll möglich ist noch tatsächlich erfolgt (so zu Recht Höch K&R 2021, 1).

Daher kann auf die Ergebnisse der schon länger anhaltenden Diskussion zurückgegriffen werden und die Zulässigkeit eines Klarnamenszwang vorrangig dann bejaht werden, wenn das gesamte Geschäftsmodell auf der Nutzung des Klarnamens beruhe (vgl. Plath/Hullen/Roggenkamp TMG § 13 Rn. 8; aA für eine generelle Rechtswidrigkeit zB Stadler ZD 2011, 57). Eine Klarnamenspflicht kann bei Angeboten zulässig sein, die gezielt auf den Kontakt miteinander bekannter Personen gerichtet sind, zB bei geschäftlichen sozialen Netzwerken wie Xing oder LinkedIn. Das folgt auch daraus, dass § 19 Abs. 2 TDDDG keine Verpflichtung des Diensteanbieters umfasst ist, ein anonymes oder pseudonymes Vertragsverhältnis mit dem Nutzer einzugehen. Denn der Wortlaut der Norm bezieht sich eindeutig auf den Schutz der Nutzungs- und Abrechnungsdaten des Nutzers, nicht aber auf dessen Bestandsdaten Gierschmann/Baumgartner/Hansch TTDSG § 19 Rn. 15).

**10. Einzelfälle bei Foren.** Internetforen dienen der gemeinschaftlichen Diskussion der Teilnehmer zu allen Lebensbereichen. Der Zweck eines Forums liegt gerade darin, durch Inhalte der Nutzer mit Leben gefüllt zu werden. Der erste Satz des Formulierungsvorschlags ist wegzulassen oder zu beschränken, wenn die Forenbeiträge nur für registrierte Nutzer sichtbar sind. Das vorliegende Muster geht davon aus, dass es nicht möglich ist, als unangemeldeter Gast Beiträge zu schreiben; falls dies gestattet ist, ist die Formulierung entsprechend anzupassen.

Es ist üblich, dass Beiträge von gelöschten Nutzern im Forum enthalten bleiben. Die Weiterverwendung (auch möglicherweise urheberrechtlich geschützter) Texte nach Kündigung des Nutzerzugangs ist notwendig, um die Gesprächsverläufe nachvollziehbar zu halten (Schwenke WRP 2013, 37 (40)). Da die Bereitstellung der Beiträge auf Basis der Vertragserfüllung erfolgt, gehört zum typisierten Vertrag der Forumsnutzung auch, dass die Informationen beibehalten werden. Selbst wenn die Rechtmäßigkeit der Datenverarbeitung nach Art. 6 Abs. 1 S. 1 lit. f DS-GVO zu bewerten wäre, können die Nutzer grundsätzlich nicht die Löschung ihrer Beiträge verlangen, da sie diese freiwillig veröffentlicht haben und das Widerspruchsrecht insoweit eingeschränkt wäre. Bei einem Widerspruch nach Art. 21 Abs. 1 DS-GVO würden die Interessen des Forenbetreibers überwiegen, da er den anderen Nutzern einen vollständigen Gesprächsverlauf zur Verfügung zu stellen hat. Dies sollte allerdings über eine entsprechende Klausel in den Nutzungsbedingungen des Forums abgesichert werden, um den Nutzern von Beginn an zu verdeutlichen, dass ihre Beiträge grundsätzlich dauerhaft im Forum enthalten bleiben. Dennoch ist es natürlich im Sinne der Datenminimierung möglich, auf Anfrage eines Nutzers die Beiträge vollständig und dauerhaft zu löschen oder den Nutzernamen zu löschen und durch ein „Gast" zu ersetzen; in solchen Fällen wäre der Text entsprechend anzupassen.

**11. Private Nachrichten.** Neben der öffentlichen Diskussion ermöglichen in der Regel auch Foren die Versendung privater Nachrichten. Diese entsprechen E-Mails und sind mithin nicht für die Öffentlichkeit bestimmt, sodass diese von den öffentlichen Inhalten strikt zu trennen sind. Denn werden E-Mails mitgelesen, sei es auch nur ein automatisiertes Scannen auf Stichworte zur Schaltung personalisierter Werbung, liegt in der Regel eine Strafbarkeit aufgrund des Ausspähens von Daten, § 202a StGB (Dietrich NStZ 2011, 247), sowie Verletzung des Fernmeldegeheimnisses vor, § 3 Abs. 2 TDDDG (dazu BVerfG 11.3.2008 – 1 BvR 2074/05 ua, BVerfGE 120, 378). Ebenfalls möglich wäre eine Strafbarkeit gem. § 206 StGB. Daher ist sicherzustellen, dass ein Forenbetreiber keinen Zugriff auf versandte private Nachrichten erhält.

**12. Forumszugriff über mobile Apps.** Die Formulierung beruht auf der Annahme, dass der Betreiber das Forum bei bestimmten Drittanbietern eingerichtet hat, sodass es durch die mobilen Apps für mobile Endgeräte erreichbar ist. Da die Nutzer die mobile App über die App-Stores herunterladen müssen, um auf das Forum zugreifen zu können, ist der Anbieter der mobilen App Verantwortlicher nach Art. 4 Nr. 7 DS-GVO für die Datenerhebung durch die mobile App. Für die Daten des Forums selbst bleibt demgegenüber der Forenbetreiber Verantwortlicher. Bei der Auswahl des Drittanbieters ist darauf zu achten, dass keine persönlichen Daten an den Drittanbieter übertragen werden, sondern ein Datenaustausch nur zwischen Forum und mobiler App erfolgt. Dies ist insbesondere wichtig in Bezug auf private Nachrichten.

## 4. Newsletter

Newsletter sind klassische, bewährte Werbemittel, die konstant eine hohe Bedeutung im Marketing aufweisen. Es handelt sich um E-Mails, die (un-)regelmäßig an betroffene Personen wie Interessenten oder Kunden versandt werden. Enthalten sind in der Regel Informationen über angebotene Waren und Dienstleistungen mit weiterführenden Links, insbesondere auf die eigene Website. Die wettbewerbsrechtliche Problematik, dass der Versand von werblichen E-Mails grundsätzlich nur nach Einwilligung erfolgen darf (§ 7 Abs. 2 UWG) und wie ein Nachweis der Einwilligung zu erfolgen hat, ist ein „Klassiker", der nichts an Bedeutung verliert. Von Interesse ist für Unternehmen weniger der rein lineare Versand von Texten. Wichtiger ist die Interaktion mit den Empfängern und das Messen von Erfolgen. Daher werden bei Newslettern vielfach über diverse Techniken, wie spezielle Links oder Tracking-Pixel, Messungen des Erfolgs der Werbemaßnahmen durchgeführt.

Nachfolgend wird ein Beispiel für eine Formulierung für den Text der Datenschutzerklärung dargestellt, der durch die jeweils konkreten Einwilligungserklärungen ergänzt werden muss (→ Form. I. III.). Die Formulierung ist als Ergänzung zu dem in → Form. F. I. 1. dargestellten Basis-Muster einzusetzen.

1. Newsletter

(1) Sie können unseren Newsletter abonnieren, mit dem wir Sie über unsere aktuellen interessanten Angebote informieren, indem Sie Ihre Einwilligung erklären. Die beworbenen Waren und Dienstleistungen sind in der Einwilligungserklärung benannt.[1]

(2) Für die Anmeldung zu unserem Newsletter verwenden wir das sog. Double-opt-in-Verfahren. Das heißt, dass wir Ihnen nach Ihrer Anmeldung eine E-Mail an die angegebene E-Mail-Adresse senden, in welcher wir Sie um Bestätigung bitten, dass Sie Inhaber der angegebenen E-Mail-Adresse sind und den Erhalt der Benachrichtigungen wünschen. Wenn Sie Ihre Anmeldung nicht innerhalb von [24 Stunden] bestätigen, werden Ihre Informationen gesperrt und nach einem Monat automatisch gelöscht. Darüber hinaus speichern wir jeweils Ihre eingesetzten IP-Adressen und Zeitpunkte der Anmeldung und Bestätigung. Zweck des Verfahrens ist, Ihre Anmeldung nachweisen und ggf. einen möglichen Missbrauch Ihrer persönlichen Daten aufklären zu können.[2]

(3) Pflichtangabe für die Übersendung des Newsletters ist allein Ihre E-Mail-Adresse. [Die Angabe weiterer, gesondert markierter Daten ist freiwillig und wird verwendet, um Sie persönlich ansprechen zu können.][3] Nach Ihrer Bestätigung speichern wir Ihre E-Mail-Adresse zum Zweck der Zusendung des Newsletters. Rechtsgrundlage ist Art. 6 Abs. 1 S. 1 lit. a DS-GVO.[4]

(4) Ihre Einwilligung in die Übersendung des Newsletters können Sie jederzeit widerrufen und den Newsletter abbestellen. Den Widerruf können Sie durch Klick auf den in jeder Newsletter-E-Mail bereitgestellten Link, [EVENTUELL ZUSÄTZLICH: über dieses Formular der Website,] per E-Mail an [Newsletter@example.com] oder durch eine Nachricht an die im Impressum angegebenen Kontaktdaten erklären.[5]

[EVENTUELL ZUSÄTZLICH: (5) Ergänzend können Sie Ihre Einwilligung auch dazu erteilen, dass wir bei Versand des Newsletters Ihr Nutzerverhalten auswerten. Für diese Auswertung beinhalten die versendeten E-Mails sog. Web-Beacons bzw. Tracking-Pixel, die Ein-Pixel-Bilddateien darstellen, die auf unserer Website gespeichert sind. Für die Auswertungen verknüpfen wir die oben genannten Daten und die Web-Beacons mit Ihrer E-Mail-Adresse und einer individuellen ID. [OPTIONAL: Auch im Newsletter erhaltene Links enthalten diese ID.][6] [ALTERNATIVEN:] [ENTWEDER:] Die Informationen über Ihr Nutzerverhalten werden ausschließlich pseudonymisiert erhoben, die ID werden also nicht mit Ihren weiteren persönlichen Daten verknüpft, eine direkte Personenbeziehbarkeit wird ausgeschlossen.[7] [ODER:] Mit den so gewonnenen Daten erstellen wir ein Nutzerprofil, um Ihnen den Newsletter auf Ihre individuellen Interessen zuzuschneiden. Dabei erfassen wir, wann Sie unsere Newsletter lesen, welche Links Sie anklicken und folgern daraus Ihre persönlichen Interessen. Diese Daten verknüpfen wir mit von Ihnen auf unserer Website getätigten Handlungen.[8] [ENDE DER ALTERNATIVEN]

Sie können diesem Tracking jederzeit widersprechen, indem Sie den gesonderten Link, der in jeder E-Mail bereitgestellt wird, anklicken oder uns über einen anderen Kontaktweg, wie oben dargestellt, informieren. Die Informationen werden so lange

**gespeichert, wie Sie den Newsletter abonniert haben. Nach einer Abmeldung speichern wir die Daten rein statistisch und anonym. [OPTIONAL: Ein solches Tracking ist zudem nicht möglich, wenn Sie in Ihrem E-Mail-Programm die Anzeige von Bildern standardmäßig deaktiviert haben. In diesem Fall wird Ihnen der Newsletter nicht vollständig angezeigt und Sie können eventuell nicht alle Funktionen nutzen. Wenn Sie die Bilder manuell anzeigen lassen, erfolgt das oben genannte Tracking.]**

## Anmerkungen

**1. Newsletter-Versand nur nach Einwilligung.** Die werbliche Ansprache und zugehörige Datenverarbeitung sind nur nach einer Einwilligung der betroffenen Personen nach Art. 6 Abs. 1 S. 1 lit. a iVm Art. 7 DS-GVO zulässig. Das Einwilligungserfordernis folgt aus RL 2002/58/EG idF 2009/136/EG und § 7 UWG. Neben der Einwilligung (→ Form. I. III.) muss die betroffene Person über die Datenverarbeitung nach Art. 13 DS-GVO informiert werden. Dabei sollte insbesondere das Double-opt-in-Verfahren beschrieben werden, das zwar inzwischen allgemein gebräuchlich und bekannt ist, aber zB aufgrund der Information über die Speicherung der Zeitstempel relevant bleibt. Zudem kann dort der Text der erteilten Einwilligungserklärung nachweisbar abgebildet werden.

**2. Nachweis an die Erteilung einer Einwilligung des Nutzers.** Die Pflicht zum Nachweis der erteilten Einwilligung durch den Verantwortlichen folgt einerseits aus der datenschutzrechtlichen Vorschrift des Art. 7 Abs. 1 DS-GVO, andererseits aus den wettbewerbsrechtlichen Vorschriften, insbesondere § 7 UWG. Falls eine betroffene Person geltend macht, unerwünscht E-Mail-Werbung erhalten zu haben, muss der Verantwortliche nachweisen können, dass eine Einwilligung erteilt wurde. Die Anforderungen an einen solchen Nachweis sind in der Praxis nur schwer zu führen, deshalb muss eine möglichst genaue Dokumentation erfolgen. Entscheidend für den Nachweis der Einwilligung sind zwei Bereiche: Einerseits muss die Einwilligung inhaltlich die Datenverarbeitung ausreichend beschreiben (→ Form. I. III.). Andererseits muss nachgewiesen werden, dass die individuell betroffene Person tatsächlich einwilligte.

Die Anforderungen an den Nachweis der Einwilligung können nach den von § 7 Abs. 2 Nr. 3 UWG bekannten Grundsätzen gelöst werden (ausführlich zB Harte-Bavendamm/Henning-Bodewig/Schöler UWG § 7 Rn. 286 ff.). Unzulässig ist die Verwendung eines Opt-out-Verfahrens, bei dem die Einverständniserklärung (regelmäßig durch das Setzen eines Hakens erklärt) des Nutzers zur Newsletter-Anmeldung auf der Seite des jeweiligen Diensteanbieters vorausgewählt ist und der Nutzer den Haken aktiv entfernen muss, wenn er eine Anmeldung nicht wünscht. Stattdessen muss die betroffene Person ein Erklärungszeichen (bspw. durch Setzen eines Hakens, Auswahl einer Checkbox oÄ) selbst aktiv (sog. Opt-in-Verfahren) in dem Feld zur Bestellung des Newsletters setzen (vgl. EuGH 11.11.2020 – C-61/19, WM 2020, 2295 Rn. 41; 1.10.2019 – C-673/17, NVwZ 2019, 1745; BGH 28.5.2020 – I ZR 7/16, NJW 2020, 2540). Darüber hinaus lässt sich mit einem einmaligen Opt-in nicht nachweisen, dass die betroffene Person tatsächlich einwilligte, da grundsätzlich jedermann die E-Mail-Adresse eines Dritten angeben könnte. Der Wille zum Empfang des Newsletters muss daher durch die Nutzer bestätigt werden, um dem Verantwortlichen im Streitfall den Nachweis zu ermöglichen, dass der Nutzer einwilligte. Der erforderliche Nachweis wird in der Praxis über das Double-opt-in-Verfahren umgesetzt, bei dem die Nutzer eine Bestätigungs-E-Mail erhalten und erst nach Bestätigung dieser zu dem Newsletter angemeldet wird. Wichtig ist dabei, die E-Mail zur Bestätigung neutral, also ohne werblichen Inhalt, zu formulieren, da selbst die erste Bestätigungs-E-Mail als Werbung gewertet werden könnte (vgl. zu Kundenzufriedenheitsbefragungen BGH 10.7.2018 – VI ZR 225/17, MMR 2019, 106; OLG München 27.9.2012 – 29 U 1682/12, MMR 2013, 38 mAnm Heidrich; zu einer Bestellbestätigung ohne Bestellung LG München I 9.8.2018 – 17 HK O 301/18, BeckRS 2018, 32210; AG Düsseldorf 9.4.2014 – 23 C 3876/13, BeckRS 2014, 09774; aA OLG Celle 15.5.2014 – 13 U 15/14, MMR 2014, 611). Die Bestätigung der E-Mail-Adresse durch die betroffene Person sollte nur binnen einer kurzen zeitlichen Frist möglich sein, anschließend sollte eine Löschung der E-Mail-Adresse und der zu ihr gespeicherten Daten erfolgen. Die Frist sollte nicht mehr als 24 Stunden betragen, um sich nicht dem Vorwurf der zu langen Speicherung nicht benötigter Daten auszusetzen. Möglich dürften aber bis zu 72h sein, da damit de facto kein besonderer Eingriff in die Rechte der Betroffenen verbunden ist. Kritisch zu bewerten sind auch Erinnerungs-E-Mails, mit denen nicht zeitnah einwilligenden Nutzern eine nochmalige Aufforderung zur Bestätigung gesendet wird (zB Lorenz ZD 2023, 531). Selbst wenn dazu noch keine gerichtlichen Entscheidungen ersichtlich sind, ist davon auszugehen, dass auch solche E-Mails von den Gerichten als eine unzulässige Werbung für den Newsletter angesehen werden. Dies wird evident bei Nutzern, die bereits die erste Bestätigungs-E-Mail nicht bestellt hatten und sich bei einer Erinnerung besonders belästigt fühlen könnten. Insbesondere wenn längere Zeit vergangen ist, würde so auf eine zu lange Speicherdauer der Daten hingewiesen.

Die Beweislast für die Anmeldung durch den Nutzer obliegt dem Versender der E-Mail selbst bei Verwendung des Double-opt-in-Verfahrens, auch für die erste Bestätigungs-E-Mail, insbesondere wenn der Betroffene die Anmeldung substantiiert bestreitet. Der BGH verlangt, dass bei Registrierung der Einwilligung der jeweils verwendete Einwilligungstext dem einzelnen Empfänger zugeordnet werden kann (BGH 10.2.2011 – I ZR 164/09, MMR 2011, 662), was technisch nur aufwendig möglich ist. Die Speicherung der Anmeldedaten zum Schutz gegen zivil- und wettbewerbsrechtliche Ansprüche ist für den Newsletter-Versender als datenschutzkonform gem. Art. 6 Abs. 1 S. 1 lit. a und c, Art. 7 Abs. 1 DS-GVO zu werten. Die Speicherung der IP-Adressen ist insofern kritisch, als eine sichere Zuordnung zu einem Nutzer grundsätzlich nur solange möglich ist, als der Access-Provider die Speicherung vornimmt. Als Mindestanforderungen zum Nachweis der Anmeldung sollten bei jeder Newsletter-Anmeldung im Rahmen des Double-opt-in-Verfahrens folgende Daten der betroffenen Personen registriert und gespeichert werden:

- die IP-Adressen des Anmeldenden und Bestätigenden;
- die Zeitpunkte von Anmeldung und Bestätigung sowie dem Versand der ersten Opt-in-E-Mail;
- Speicherung der verwendeten Texte bei Anmeldung sowie Bestätigung (als Inhalt der Einwilligungserklärungen).

**3. Freiwillige Personalisierung des Newsletters.** Ist der Newsletter personalisierbar, zB über die Angabe des Namens zur persönlichen Ansprache der Empfänger, sollte diese Angabe als freiwillig gekennzeichnet werden und vor dem Bestellkasten ein entsprechender Hinweis erfolgen. Zudem ist aufgrund des Kopplungsverbots nach Art. 7 Abs. 4 DS-GVO zu empfehlen, die Angabe des Namens nicht zwingend zu verlangen (→ Form. I. III.; jedoch wird eine Aufspaltung nicht immer als erforderlich angesehen, so zB Gola/Heckmann/Schulz DS-GVO Art. 7 Rn. 24).

**4. Auftragsverarbeitung bei Einsatz von Newsletter-Dienstleistern.** Die Versendung von Newslettern wird meist durch spezielle Anbieter vorgenommen, die die Übertragung der Nutzerdaten voraussetzen. Die Datenübertragung an die Dienstleister ist datenschutzrechtlich abzusichern. Besonders aufwendig ist die Berücksichtigung des Datenschutzes, wenn die Dienstleister in Drittländern ansässig sind, insbesondere in den USA. Eine Übermittlung der personenbezogenen Daten an andere Verantwortliche ist nur zulässig, wenn die Einwilligungserklärung entsprechend ausgestaltet ist und die betroffene Person informiert wird. Wird der Newsletter-Versand durch den Dienstleister als Auftragsverarbeitung ausgestaltet – wie es Standard sein sollte –, müssen die betroffenen Personen nicht gesondert über den Einsatz des Dienstleisters informiert werden. Die Ausgestaltung als Auftragsverarbeitung setzt voraus, dass ein entsprechender Vertrag mit dem Dienstleister geschlossen wird (→ Form. G. I.), was bereits aufgrund der Rechenschaftspflicht nach Art. 24, 5 Abs. 2 DS-GVO nachzuweisen ist. Bei Wahl eines Anbieters aus den USA oder einem anderen Drittstaat muss zusätzlich eine Absicherung des Datentransfers außerhalb der EU erfolgen (insbesondere durch die Zertifizierung des Anbieters unter dem EU-U. S. Privacy Framework, → Form. G. VII. 1., oder die Vereinbarung von Standarddatenschutzklauseln, → Form. G. II. 2.), zudem muss ein Hinweis in die Datenschutzerklärung aufgenommen werden, dass die Daten in dem Drittstaat verarbeitet werden.

Vor Beauftragung sind regelmäßig die Datenschutzbestimmungen der Anbieter zu prüfen, ob eine Einhaltung der Vorgaben der DS-GVO erfolgt. Problematisch ist in der Praxis insbesondere, wenn ein Anbieter eigenständig Analysen durchführt und sich so zu einem eigenen Verantwortlichen aufschwingt oder wenn nicht alle Vorgaben aus der Auftragsverarbeitung eingehalten werden. Bspw. sieht der weit verbreitete Dienst „Intuit MailChimp"in seinen Datenschutzbestimmungen (https://www.intuit.com/privacy/statement/) unter "Research and development" vor: "Wir können Ihre persönlichen Daten verwenden, um unsere Produkte und Dienstleistungen zu verbessern und weiterzuentwickeln, indem wir analysieren, wie sie genutzt werden und die Interaktion mit ihnen, durch Training unserer Modelle der künstlichen Intelligenz und andere Modelle des maschinellen Lernens sowie zur Bewertung der Nutzung und Interaktionen mit unserer Plattform [...]". Aufgrund der neuen Rechtsprechung des EuGH zur gemeinsamen Verantwortung (→ Form. G. V. Vorb.) entsteht bei vielen Anbietern eine gemeinsame Verantwortung mit den Kunden, die eine entsprechende Vereinbarung ebenso wie eine Information gegenüber den betroffenen Personen voraussetzt. Da viele Newsletter-Anbieter solche Maßnahmen noch nicht anbieten, besteht derzeit ein erhebliches Maß an Rechtsunsicherheit und es empfiehlt sich, eine konkrete Prüfung und Risikobewertung vorzunehmen.

**5. Jederzeitiger Widerruf der Einwilligung.** Die Einwilligung der Nutzer in den Newsletter-Versand muss aus wettbewerbs- und datenschutzrechtlichen Gründen jederzeit widerruflich sein, Art. 7 Abs. 3 S. 1 DS-GVO. Form und Art des Widerrufs stehen der betroffenen Person frei, insbesondere muss der Widerruf so einfach wie die Erteilung der Einwilligung sein, Art. 7 Abs. 3 S. 4 DS-GVO. Zudem räumt Art. 21 Abs. 2 DS-GVO der betroffenen Person ein jederzeitiges Widerspruchsrecht gegen die Verarbeitung der sie betreffenden personenbezogenen Daten zum Zwecke der Direktwerbung ein. Die betroffene Person muss auf das Widerspruchsrecht ausdrücklich hingewiesen werden, Art. 21 Abs. 4 DS-GVO. Dem wird in vorliegendem Muster bereits durch § 5 Abs. 3 nachgekommen (→ Form. F. I. 1.), ergänzend erfolgt bei der Beschreibung des Newsletters ein weiterer Hinweis.

Jede nach einem Widerruf bzw. Widerspruch versendete E-Mail oder Datenspeicherung ist unzulässig. Daher ist unbedingt sicherzustellen, dass auch ein nicht über das Newsletter-Formular erfolgender Widerruf bzw. Widerspruch umgehend an die zuständige Abteilung weitergeleitet wird. Alle bekannten Newsletter-Systeme sehen eine Widerrufsmöglichkeit über einen speziellen Link vor, der regelmäßig in der Direktwerbung enthalten ist. Da die Bereitstellung eines direkten Links die einfachste Möglichkeit für Nutzer zur Abmeldung vom Newsletter und zugleich die geringsten Fehlerrisiken für das Unternehmen darstellt, sollte sie den Empfängern gegenüber besonders betont werden. Eine weitere Möglichkeit ist das Bereitstellen einer Abmeldungsmöglichkeit neben der Bestellmöglichkeit auf der Website (zur konkreten Umsetzung → Form. I. III.).

**6. Newsletter-Tracking mittels Öffnungs- und Klickraten.** Ein bloßer Versand von E-Mails an Interessenten ist für Unternehmen nur eingeschränkt interessant. Besondere Bedeutung hat einerseits die Überprüfung des Erfolgs der Werbemaßnahmen, um den Newsletter regelmäßig verbessern zu können, andererseits die individuelle Gestaltung der Newsletter für jeden Empfänger, um besonders interessante Angebote anzeigen zu können. Sowohl die Analyse des Nutzerverhaltens, durch Prüfen der Öffnungsraten des Newsletters oder Ermittlung der Klickraten einzelner Links, als auch die individuelle Ausgestaltung von Newslettern wird von vielen Newsletter-Dienstleistern angeboten. Der Versender hat so eine bessere Kontrolle darüber, dass Inhalt und Form des Newsletters bei den Kunden für Interesse sorgen.

Technisch erfolgt die Erhebung der Öffnungsraten zunächst über Web-Beacons, die in den Newsletter eingebunden werden und eine Zählung der Aufrufe der Empfängerkennungen/IDs der E-Mail-Adressen ermöglichen. Die Messung der Klickraten erfolgt, indem die Links mit einer individuellen Kennung versehen werden und so bei einem Klick auf den Link eine Nachvollziehbarkeit gewährleistet ist. Das vorliegende Muster sieht beide Varianten vor und ist entsprechend der individuellen Verwendung anzupassen. Die Einzelheiten der Datenverarbeitung sind durch den Newsletter-Dienstleister an den Verantwortlichen bereitzustellen, so dass der Versender umfassend informieren kann. Die spezielle Datenverarbeitung ist zudem bei dem Auftragsverarbeitungsvertrag zu berücksichtigen.

Aus rechtlicher Sicht erfordern diese Maßnahmen jeweils eine Einwilligung, da es sich auch beim Setzen von Pixeln in den Mailings oder der Zuordnung von Klicks zu einem Nutzer um eine Verarbeitung von Daten in der Endeinrichtung des Nutzers gem. § 25 TDDDG handelt (vgl. auch Schneider ZD 2023, 261; Schwenke DSB 2021, 7 f.). Vergleichbar zu Tracking-Cookies auf der Website ist also auch hier eine Einwilligung erforderlich, sodass in Überschrift und Einwilligungstext die Verarbeitung beschrieben werden muss. Daraus ergibt sich die Schwierigkeit, dass die Aufsichtsbehörden grundsätzlich eine Granularität verschiedener Datenverarbeitungsvorgänge bei der Einwilligung annehmen (vgl. EDSA Leitlinien 05/2020 zur

Einwilligung v. 4.5.2020 Rn. 44; ausführlich im Rahmen von Website-Cookies → Form. F. I. 1. Anm. 8). Teilweise wird vertreten, dass separate Einwilligungen nicht praxistauglich seien und der EuGH in seinem Urteil zu Art. 5 Abs. 3 ePrivacy-RL verbundene Einwilligungen nicht ausgeschlossen habe (Schwenke DSB 2021, 7 (9)). Dem könnte allerdings das Urteil EuGH (11.11.2020 – C-61/19, WM 2020, 2295 Rn. 41) entgegenstehen, wonach eine Kopplung einer Einwilligung an einen Vertrag zu mangelnder Freiwilligkeit führe. Die Rechtslage ist hier noch nicht eindeutig und in der Praxis ist es üblich, eine Verknüpfung vorzunehmen, wenn das Risiko akzeptiert wird und eine transparente Darstellung erfolgt.

**7. Pseudonymisierung der Nutzerdaten.** Eine Variante beim Tracking von Newslettern ist, dass nur pseudonymisierte Daten über die Nutzung erhoben werden, um Statistiken zu erstellen, zB zu welchen Zeiten die Newsletter bevorzugt gelesen werden oder wie viele und welche Links angeklickt werden. Da auch für die Erstellung solcher Statistiken auf personenbezogene Daten zugegriffen wird, ist auch insoweit eine Einwilligung der Nutzer erforderlich. Eine pseudonymisierte Profilbildung oder Anonymisierung kann aber iSv Art. 25 DS-GVO zu einer Absicherung beitragen. In solchen Fällen sollten die Daten getrennt von anderen Nutzerdaten erhoben und soweit als möglich anonymisiert werden, etwa durch Löschung des letzten Oktetts der IP-Adressen und ohne spätere Verknüpfung von ID und E-Mail-Adresse. Die hier genannten Vorgaben orientieren sich an den Anforderungen der Aufsichtsbehörden zu Web Analytics (→ Form. F. I. 5.).

**8. Individualisierte Auswertung der Nutzerdaten.** Wenn individualisierte Newsletter versendet werden sollen und eine Profilbildung mit Nutzerdaten erfolgen soll, kann das auf Basis einer transparenten Einwilligungserklärung durchgeführt werden. Die hier vorgeschlagene Formulierung dient nur als Ausgangspunkt und ist entsprechend den Leistungen und der Datenverarbeitung durch den Newsletter-Dienstleister anzupassen. Auch hier stellt sich die Frage, inwieweit eine Individualisierung zwingend vorgesehen werden kann (→ Anm. 6). Es bleibt die sicherste Lösung, wenn die Individualisierung freiwillig als zusätzliche Leistung angeboten wird. Es erscheint aber durchaus möglich, iSd Art. 6 Abs. 1 S. 1 lit. b DS-GVO einen individualisierten Newsletter als eigenständigen, besonderen Service anzubieten (sehr weitgehend demgegenüber Schwenke DSB 2021, 7 (10), der vorschlägt, allein die Vertragserfüllung heranzuziehen). Dann wäre den Interessenten zur Auswahl zu geben, keinen oder den individualisierten Newsletter bereitzustellen. Im letzteren Falle ist in der Einwilligungserklärung gem. Art. 6 Abs. 1 S. 1 lit. a iVm Art. 7 DS-GVO iVm Art. 13 Abs. 1, 5 Abs. 3 ePrivacy-RL transparent darzustellen, dass und in welchem Umfang eine personalisierte werbliche Ansprache erfolgt.

## 5. Web Analytics

Die Durchführung von Analysen über die Nutzung der eigenen Web-Angebote ist heutzutage Standard, wobei der Umfang bei einigen Websites aufgrund der strengeren Durchsetzung der gesetzlichen Vorgaben reduziert scheint. Betreiber von Websites möchten bspw. wissen, wie viele Nutzer ihre Seite besuchen, welche Information am gefragtesten sind oder wie Nutzer das Angebot auffinden. So können die Angebote nutzerfreundlich ausgestaltet werden und Verweildauer und Identifikation mit dem Unternehmen erhöht werden. Gebräuchlich ist der Begriff Web Analytics, regelmäßig finden sich auch Begriffe wie Webtracking, Reichweitenmessung oder Datenverkehrsanalyse. Beschrieben wird damit jede Erhebung von Zugriffsdaten auf Web-Angebote und die **Auswertung des Verhaltens der Besucher.** Analyse-Tools erfordern zunächst nur die Ermittlung einzelner Besuche, um dadurch grundlegende Statistiken erstellen zu können. Aussagekräftige Informationen werden jedoch erst erlangt, wenn einzelne Besucher-ID erkannt werden, um zB festzustellen, ob ein Nutzer erstmalig das Angebot in Anspruch nimmt. Eine persönliche Identifizierung ist hingegen grundsätzlich nicht erforderlich, da die Erlangung statistischer Daten ausreichend ist. Üblich ist es daher – auch aufgrund der Vorgaben der Datenschutz-Aufsichtsbehörden – dass die IP-Adresse nur verkürzt erhoben und direkt um das letzte Oktett gekürzt wird, sodass die zuvor personenbezogenen Nutzerdaten direkt anonymisiert werden und keine Zuordnung zu einem individuellen Nutzer erfolgen kann. Immer größer wird auch das Angebot und Interesse, Nutzer persönlich zu bestimmen, um bedarfsgerechte Profile anzulegen und eine bessere Verknüpfung mit Marketing-Maßnahmen zu erreichen, → Form. F. I. 6. und → Form. F. I. 7.

Die datenschutzrechtlichen Anforderungen an die Nutzung von Web Analytics werden zunehmend komplexer, maßgeblich getrieben einerseits durch die neue Rechtslage in Form von § 25 TDDDG (→ Form. F. I. 1) und die Rechtsprechung zur gemeinsamen Verantwortung (→ Form. G. V.; konkret zu Google Analytics LG Rostock 15.9.2020 – 3 O 762/19, GRUR-RS 2020, 32027; Auer-Reinsdorff/Conrad IT-R-HdB/Conrad/Hausen § 36 Rn. 152), andererseits aufgrund der immer umfangreicheren Funktionen und Einstellungsmöglichkeiten in den Tools. So wird der Nutzen des Web-Trackings zunehmend in Frage gestellt, denn einerseits sollte der Fokus auf der Erhebung von Statistiken liegen, andererseits sind die Statistiken nur mit einer großen Datenbasis aussagekräftig. Daher kommt dem Tracking ohne Cookies oder sonstige Eingriffe in das Endgerät der Nutzer, bei dem eine Opt-out-Möglichkeit ausreichend ist, eine höhere Bedeutung zu. Die datenschutzrechtliche Absicherung des Web-Trackings wird also immer aufwändiger und wird nachfolgend exemplarisch an einzelnen, ausgewählten Tools dargestellt.

Nachfolgend werden Beschreibungen einer Datenschutzerklärung als mögliche Ergänzung der in → Form. F. I. 1. dargestellten Basiserklärung für in der Praxis häufig eingesetzte Angebote dargestellt und die weiteren Anforderungen beschrieben.

**1. Webtracking[1] mittels Google Analytics[2]**

**(1) Diese Website nutzt Google Analytics, einen Webtracking-Dienst der Google Ireland Limited, Gordon House, Barrow Street, Dublin 4, Irland („Google"). Zweck unserer Nutzung des Tools ist es, die Analyse Ihrer Nutzerinteraktionen auf Websites und in Apps zu ermöglichen und durch die gewonnenen Statistiken und Berichte unser Angebot zu verbessern und für Sie als Nutzer interessanter gestalten.[3]**

**(2) Die Interaktionen zwischen Ihnen als Nutzer der Website und unserer Website erfassen wir in erster Linie mithilfe von Cookies, Daten zum Gerät/Browser, IP-Adressen und Website- oder App-Aktivitäten. In Google Analytics werden außerdem Ihre anonymisierten IP-Adressen erfasst, um die Sicherheit des Dienstes zu gewährleisten und Informationen über die Region des jeweiligen Nutzers zu geben (sog. „IP-Standortbestimmung"). Mit der Anonymisierungsfunktion („IP Masking"), kürzt Google innerhalb der EU/des EWR die IP-Adressen um das letzte Oktett.**

(3) Google agiert als Auftragsverarbeiter und wir haben einen entsprechenden Vertrag mit Google geschlossen. Die erhaltenen Informationen über Ihre Benutzung dieser Website und die anonymisierten IP-Adressen werden in der Regel an einen Server von Google in den USA übertragen und dort verarbeitet. Für diese Fälle hat sich Google dem EU-U.S. Privacy Framework unterworfen.

(4) Rechtsgrundlage für die Verarbeitung der Informationen (die maximal für [14 Monate] erfolgt) ist Ihre erteilte Einwilligung (Art. 6 Abs. 1 S. 1 lit. a DS-GVO). Der Widerruf Ihrer Einwilligung ist jederzeit möglich, ohne dass davon die Zulässigkeit der Verarbeitung bis zum Widerruf berührt wird. Den Widerruf können Sie am einfachsten über unseren Consent-Manager durchführen oder das Browser-Add-on von Google installieren, das über folgenden Link abrufbar ist: https://tools.google.com/dlpage/gaoptout?hl=de/.

(5) Nähere Informationen zum Leistungsumfang von Google Analytics erhalten Sie unter https://marketingplatform.google.com/about/analytics/terms/de/. Informationen zur Datenverarbeitung bei Nutzung von Google Analytics stellt Google unter folgendem Link bereit: https://support.google.com/analytics/answer/6004245?hl=de/. Generelle Hinweise zur Datenverarbeitung, die nach Aussage von Google auch für Google Analytics gelten sollen, erhalten Sie in der Datenschutzerklärung von Google unter https://www.google.de/intl/de/policies/privacy/.

2. Einsatz von Matomo[4]

(1) Auf dieser Website nutzen wir den Webanalysedienst Matomo, um die Nutzung unserer Website zu analysieren und prüfen. Über die gewonnenen Statistiken können wir unser Angebot verbessern und für Sie als Nutzer interessanter ausgestalten.

(2) Wir betreiben Matomo in einer Version, die keine Cookies benötigt. Es werden zum Zweck der Webanalyse also keine Matomo-Cookies auf Ihrem Computer gespeichert. Für die Analyse der Website-Nutzung werden Ihre IP-Adresse und Informationen wie Zeitstempel, besuchte Webseiten und Ihre Spracheinstellungen erfasst. Die so erhobenen Informationen verarbeiten wir auf unserem Server.

Diese Website verwendet Matomo mit der Erweiterung „AnonymizeIP". Dadurch werden IP-Adressen gekürzt weiterverarbeitet und eine direkte Personenbeziehbarkeit ausgeschlossen. Die mittels Matomo von Ihrem Browser übermittelte IP-Adresse wird nicht mit anderen von uns erhobenen Daten zusammengeführt. Rechtsgrundlage für die Nutzung von Matomo ist Art. 6 Abs. 1 S. 1 lit. f DS-GVO.[2]

(3) Die Verhinderung des Einsatzes von Matomo ist möglich, indem Sie den folgenden Haken entfernen und so das Opt-out-Plug-in aktivieren: [Matomo iFrame]. In diesem Fall wird in Ihrem Browser ein Opt-out-Cookie hinterlegt, der verhindert, dass Matomo Nutzungsdaten speichert. Wenn Sie Ihre Cookies löschen, hat das zur Folge, dass auch das Matomo Opt-out-Cookie gelöscht wird, dh dass Sie bei einem erneuten Besuch unserer Seite den Opt-out erneut vornehmen müssen.

(4) Das Programm Matomo ist ein Open-Source-Projekt.[5] Informationen des Drittanbieters zum Datenschutz erhalten Sie unter https://matomo.org/privacy-policy/.

3. Einsatz von eTracker[6]

(1) Auf unserer Website nutzen wir die Dienste der eTracker GmbH, um Informationen über die Nutzung unserer Website zu erhalten. Wir nutzen eTracker, um die

Nutzung unserer Website analysieren, regelmäßig verbessern und für Sie als Nutzer interessanter ausgestalten zu können. Wir führen Reichweiten-Analysen, eine Erfolgsmessung unserer Online-Marketing-Maßnahmen sowie Testverfahren durch, um zB unterschiedliche Versionen unseres Online-Angebotes oder seiner Bestandteile zu testen und zu optimieren.

(2) Die erhobenen Daten werden pseudonym verarbeitet. Wir verwenden standardmäßig keine Cookies für die Web-Analyse. Rechtsgrundlage für die Nutzung von eTracker ist Art. 6 Abs. 1 S. 1 lit. f DS-GVO.[2] Die erhobenen Daten, die möglicherweise einen Bezug zu einer einzelnen Person zulassen, wie die IP-Adresse, Anmelde- oder Gerätekennungen, werden nach Angaben des Anbieters frühestmöglich anonymisiert oder pseudonymisiert. Eine andere Verwendung, Zusammenführung mit anderen Daten oder eine Weitergabe an Dritte erfolgt nicht. Die mit eTracker erzeugten Daten werden in unserem Auftrag des Anbieters nach deren Aussagen ausschließlich in Deutschland verarbeitet und unterliegen damit den strengen deutschen und europäischen Datenschutzgesetzen und -standards. eTracker wurde diesbezüglich unabhängig geprüft, zertifiziert und mit dem Datenschutz-Gütesiegel ePrivacyseal ausgezeichnet.

(3) Sie können der vorbeschriebenen Datenverarbeitung jederzeit durch Klick auf den Schieberegler widersprechen. Der Widerspruch hat keine nachteiligen Folgen. Wird kein Schieberegler angezeigt, ist die Datenerfassung bereits durch andere Blockier-Maßnahmen unterbunden. Ich widerspreche der Verarbeitung meiner personenbezogenen Daten mit eTracker auf dieser Website: [Link].

(4) Name und Kontaktdaten des Drittanbieters: eTracker GmbH, Erste Brunnenstraße 1, 20459 Hamburg; Informationen des Drittanbieters zum Datenschutz erhalten Sie unter https://www.etracker.com/datenschutz.

4. Einsatz von Hotjar[7]

(1) Diese Website nutzt Funktionen des Webanalysedienstes Hotjar. Der Anbieter ist Hotjar Inc. mit Sitz in Dragonara Business Centre 5th Floor, Dragonara Road, Paceville St Julian's STJ 3141 Malta.

(2) Wir nutzen Hotjar, um die Nutzung unserer Website zu analysieren und regelmäßig zu verbessern. Die gewonnenen Statistiken können wir nutzen, um unser Angebot zu verbessern und für Sie als Nutzer interessanter zu gestalten. Im Auftrag des Betreibers dieser Website wird Hotjar diese Informationen nutzen, um die Nutzung der Website auszuwerten, Reports über die Websiteaktivitäten zusammenzustellen und weitere mit der Websitenutzung und der Internetnutzung verbundene Dienstleistungen zu erbringen. Die durch den Cookie erzeugten Informationen über Ihre Benutzung dieser Website werden in der Regel an einen Server von Hotjar übertragen und dort in einem pseudonymisierten Nutzerprofil gespeichert. Hotjar ist es vertraglich verboten, die in unserem Auftrag erhobenen Daten zu verkaufen.

(3) Wir nutzen auf dieser Website die Anonymisierungsfunktion von Hotjar. Dadurch wird Ihre IP-Adresse gekürzt und sichergestellt, dass die Analysedaten nicht persönlich identifizierbar sind. Wir führen die Daten nicht mit anderen personenbezogenen Daten zusammen.

(4) Wir nutzen das Tool nur im Falle Ihrer Einwilligung, die Sie über den Consent-Manager erteilen können, Rechtsgrundlage ist Art. 6 Abs. 1 S. 1 lit. a DS-GVO.

Sie können sich zudem gegen die Analysefunktion entscheiden, indem Sie einfach die Standardfunktion „Do not Track“ in Ihrem Browser aktivieren. In diesem Fall werden wir Ihre personenbezogenen Daten nicht in der hier beschriebenen Weise verarbeiten. Eine Erklärung, wie Sie die „Do not Track“ Funktion aktivieren können, finden Sie unter diesem Link: https://www.hotjar.com/policies/do-not-track/.

5. Adobe Analytics[8]

(1) Wir nutzen den Webanalysedienst Adobe Analytics, um die Nutzung unserer Website analysieren, regelmäßig verbessern und für Sie als Nutzer interessanter ausgestalten zu können. Wir führen Reichweiten-Analysen, eine Erfolgsmessung unserer Online-Marketing-Maßnahmen sowie Testverfahren durch, um zB unterschiedliche Versionen unseres Online-Angebotes oder seiner Bestandteile zu testen und zu optimieren.

(2) Die erhobenen Daten werden pseudonym analysiert. Für diese Auswertung werden Cookies auf Ihrem Computer gespeichert. Diese Website verwendet Adobe Analytics mit den Einstellungen „Before Geo-Lookup: Replace visitor's last IP octet with 0“ und „Obfuscate IP-Removed“, durch die Ihre IP-Adresse um das letzte Oktett gekürzt und durch eine generische IP-Adresse, also eine nicht mehr zuordenbare, ersetzt wird. Eine Personenbeziehbarkeit ist damit auszuschließen. Rechtsgrundlage für die Nutzung von Adobe Analytics ist Art. 6 Abs. 1 S. 1 lit. a DS-GVO.[2]

(3) Die so erhobenen Informationen werden auf Servern von Adobe, auch in den USA, gespeichert. Für diese Fälle hat sich Adobe dem EU-U.S. Privacy Framework unterworfen. Der Widerruf Ihrer Einwilligung ist jederzeit möglich, ohne dass davon die Zulässigkeit der Verarbeitung bis zum Widerruf berührt wird. Den Widerruf können Sie am einfachsten über unseren Consent-Manager durchführen oder den Button „Abmelden“ unter https://www.adobe.com/de/privacy/opt-out.html betätigen.

(4) Informationen des Drittanbieters: Adobe Systems Software Ireland Limited, Ireland, 4–6 Riverwalk, Citywest Business Campus, Dublin 24, Republic of Ireland; privacy@adobe.com; Datenschutzhinweise: https://www.adobe.com/de/privacy/policy.html.

6. Nutzung des Skalierbaren Zentralen Messverfahrens (SZM)[9]

Unsere Webseite nutzt das Messverfahren („SZMnG“) der INFOnline GmbH (www.INFOnline.de) zur Ermittlung statistischer Kennwerte über die Nutzung unserer Angebote. Ziel der Nutzungsmessung ist es, die Anzahl der Besuche auf unserer Website, die Anzahl der Websitebesucher und deren Surfverhalten statistisch – auf Basis eines einheitlichen Standardverfahrens – zu bestimmen und somit marktweit vergleichbare Werte zu erhalten.

Für alle Digital-Angebote, die Mitglied der Informationsgemeinschaft zur Feststellung der Verbreitung von Werbeträgern eV (IVW – www.ivw.eu) sind oder an den Studien der Arbeitsgemeinschaft Online-Forschung eV (agof – www.agof.de) teilnehmen, werden die Nutzungsstatistiken regelmäßig von der agof und der Arbeitsgemeinschaft Media-Analyse eV (agma – www.agma-mmc.de) zu Reichweiten weiter verarbeitet und mit dem Leistungswert „Unique User“ veröffentlicht sowie von der IVW mit den Leistungswerten „Page Impression“ und „Visits“. Diese Reichweiten und Statistiken können auf den jeweiligen Webseiten eingesehen werden.

(1) Rechtsgrundlage für die Verarbeitung

Die Messung mittels des Messverfahrens SZMnG durch die INFOnline GmbH erfolgt auf Grundlage Ihrer Einwilligung nach Art. 6 Abs. 1 S. 1 lit. a DS-GVO.[9]

Zweck der Verarbeitung der personenbezogenen Daten ist die Erstellung von Statistiken und die Bildung von Nutzerkategorien. Die Statistiken dienen dazu, die Nutzung unseres Angebots nachvollziehen und belegen zu können.

INFOnline ist der Anbieter des Messverfahrens (SZMnG). Deshalb ist davon auszugehen, dass die vernünftige Erwartung eines Webseitenbesuchers durch das SZMnG gemessen zu werden, gegeben ist. Ferner besteht die Möglichkeit, der Messung mittels eines Opt-outs zu widersprechen.

INFOnline Servicebeschreibung

Die INFOnline GmbH erhebt seit 2002 die Seitenzugriffe auf digitale Angebote nach den einheitlichen Standards der Informationsgemeinschaft zur Feststellung der Verbreitung von Werbeträgern (IVW) und der Arbeitsgemeinschaft Online-Forschung (agof).

(2) Art der Daten

Die INFOnline GmbH erhebt die folgenden Daten, welche nach der DS-GVO einen Personenbezug aufweisen:

IP-Adresse: Im Internet benötigt jedes Gerät zur Übertragung von Daten eine eindeutige Adresse, die sogenannte IP-Adresse. Die zumindest kurzzeitige Speicherung der IP-Adresse ist aufgrund der Funktionsweise des Internets technisch erforderlich. Die IP-Adressen werden vor jeglicher Verarbeitung um 1 Byte gekürzt und nur anonymisiert weiterverarbeitet. Es erfolgt keine Speicherung oder weitere Verarbeitung der ungekürzten IP-Adressen.

Einen zufällig erzeugten Client-Identifier: Die Reichweitenverarbeitung verwendet zur Wiedererkennung von Computersystemen alternativ entweder ein Cookie mit der Kennung „ioam.de", ein „Local Storage Object" oder eine Signatur, die aus verschiedenen automatisch übertragenen Informationen Ihres Browsers erstellt wird. Diese Kennung ist für einen Browser eindeutig, solange das Cookie oder Local Storage Object nicht gelöscht wird. Eine Messung der Daten und anschließende Zuordnung zu dem jeweiligen Client-Identifier ist daher auch dann möglich, wenn Sie andere Webseiten aufrufen, die ebenfalls das Messverfahren („SZMnG") der INFOnline GmbH nutzen.

Die Gültigkeit des Cookies ist auf maximal ein Jahr beschränkt.

(3) Nutzung der Daten

Das Messverfahren der INFOnline GmbH, das auf dieser Webseite eingesetzt wird, ermittelt Nutzungsdaten. Dies geschieht, um die Leistungswerte Page Impressions, Visits und Clients zu erheben und weitere Kennzahlen daraus zu bilden (zB qualifizierte Clients). Darüber hinaus werden die gemessenen Daten wie folgt genutzt:

Eine sog. Geolokalisierung, also die Zuordnung eines Webseitenaufrufs zum Ort des Aufrufs, erfolgt ausschließlich auf der Grundlage der anonymisierten IP-Adresse und nur bis zur geographischen Ebene der Bundesländer/Regionen. Aus den so gewonnenen geographischen Informationen kann in keinem Fall ein Rückschluss auf den konkreten Aufenthaltsort eines Nutzers gezogen werden.

Die Nutzungsdaten eines technischen Clients (bspw. eines Browsers auf einem Gerät) werden webseitenübergreifend zusammengeführt und in einer Datenbank gespeichert. Diese Informationen werden zur technischen Abschätzung der Soziainformation Alter und Geschlecht verwendet und an die Dienstleister der AGOF zur weiteren Reichweitenverarbeitung übergeben. Im Rahmen der AGOF-Studie werden auf Basis einer zufälligen Stichprobe Soziomerkmale technisch abgeschätzt, welche sich den folgenden Kategorien zuordnen lassen: Alter, Geschlecht, Nationalität, Berufliche Tätigkeit, Familienstand, Allgemeine Angaben zum Haushalt, Haushalts-Einkommen, Wohnort, Internetnutzung, Online-Interessen, Nutzungsort, Nutzertyp.

(4) Speicherdauer der Daten
Die vollständige IP-Adresse wird von der INFOnline GmbH nicht gespeichert. Die gekürzte IP-Adresse wird maximal 60 Tage gespeichert. Die Nutzungsdaten in Verbindung mit dem eindeutigen Identifier werden maximal 6 Monate gespeichert.

(5) Weitergabe der Daten
Die IP-Adresse wie auch die gekürzte IP-Adresse werden nicht weitergegeben. Für die Erstellung der agof-Studie werden Daten mit Client-Identifiern an die agof weitergegeben.

8. A/B-Testing[10]

(1) Diese Website führt Analysen des Nutzerverhaltens über ein sog. A/B-Testing durch. Dabei können wir Ihnen unsere Websites mit leicht variierten Inhalten anzeigen, je nach einer erfolgten Profilzuordnung. So können wir unser Angebot analysieren, regelmäßig verbessern und für Sie als Nutzer interessanter ausgestalten. Rechtsgrundlage für das A/B-Testing ist Art. 6 Abs. 1 S. 1 lit. a DS-GVO, dh die Einbindung erfolgt nur nach Ihrer Einwilligung.

(2) Für diese Auswertung werden die oben genannten grundlegenden Daten wie IP-Adresse und Zeitstempel auf Ihrem Endgerät gespeichert. Vor Durchführung der Analysen werden die IP-Adressen gekürzt weiterverarbeitet, eine direkte Personenbeziehbarkeit kann damit ausgeschlossen werden. Die von Ihrem Browser übermittelte IP-Adresse wird nicht mit anderen von uns erhobenen Daten zusammengeführt.

(3) Der Widerruf Ihrer Einwilligung ist jederzeit möglich, ohne dass davon die Zulässigkeit der Verarbeitung bis zum Widerruf berührt wird. Den Widerruf können Sie am einfachsten über unseren Consent-Manager durchführen oder über die folgenden Funktionen: Die Auswertung können Sie durch Löschung vorhandener Cookies und die Verhinderung der Speicherung von Cookies verhindern. Die Verhinderung der Speicherung von Cookies ist durch die Einstellung in ihrem Browser möglich. Die Verhinderung des Einsatzes des A/B-Testings ist möglich, indem Sie folgenden Link klicken: […].

(4) Dienstleister der Analyse ist […]. Informationen des Drittanbieters zum Datenschutz erhalten Sie unter […].

## Anmerkungen

**1.** **Mögliche Nutzung einfacher Analysen ohne Einwilligung.** Tracking-Maßnahmen, bei denen Cookies oder andere ID auf den Endgeräten der Nutzer gespeichert werden, dürfen bei Kommunikation mit digitalen Endgeräten oder Websites grundsätzlich nur noch mit Einwilligung der Nutzer durchgeführt werden, § 25 TDDDG (basierend auf Art. 5 Abs. 3 ePrivacy-RL). Diskutiert wird aber weiterhin, in welchen Fällen keine Einwilligung erforderlich ist. Nachfolgend wird zunächst die grundlegende Rechtslage dargelegt, in welchen Fällen keine Einwilligung erforderlich ist, wenn ein Nutzer eine Website besucht.

Zunächst stellt § 25 Abs. 2 Nr. 2 TDDDG klar, dass insbesondere keine Einwilligung erforderlich ist, wenn es „unbedingt erforderlich ist, damit der Anbieter eines digitalen Dienstes einen vom Nutzer ausdrücklich gewünschten digitalen Dienst zur Verfügung stellen kann". Damit ist es zunächst zulässig, die bei Aufruf der Website gesendete Logfile eines Nutzers zu erheben, um die Website anzuzeigen und Spracheinstellungen, Design zur Anpassung an die jeweilige Bildschirmgröße vorzunehmen usw. Ebenso dürfte es erforderlich sein, grundlegende Sicherheitsvorkehrungen, wie die Verteidigung gegen DDoS-Angriffe, durchzuführen (bereits Artikel-29-Datenschutzgruppe WP 194 S. 6 ff.; → Form. F. I. 1. Anm. 4), auch Warenkörbe, Login-Status oder Nutzereingaben in Formulare werden erfasst, da diese Dienste Teil des Website-Besuchs sind (ein strengeres Verständnis wird jedoch oft von den Aufsichtsbehörden herangezogen, zB LfD Nds. FAQ Telekommunikation-Digitale-Dienste-Datenschutzgesetz (TDDDG) v. Juli 2024 Nr. 9).

Möglich ist es auch, dass ein einfaches Web-Tracking ohne Einwilligungserfordernis auskommen kann. Bspw. können Tools wie Matomo oder eTracker ohne Cookies eingesetzt werden, selbst Google Analytics bietet inzwischen eine solche Möglichkeit. Maßgeblich für die Beantwortung ist Art. 5 Abs. 3 ePrivacy-RL, nach dem für „die Speicherung von Informationen oder der Zugriff auf Informationen, die bereits im Endgerät eines Teilnehmers oder Nutzers gespeichert sind" und die nicht zur Bereitstellung eines vom Nutzer gewünschten Dienstes unbedingt erforderlich ist, dass diese nur gestattet ist, „wenn der betreffende Teilnehmer oder Nutzer [...] seine Einwilligung gegeben hat" (grundsätzlich ebenso § 25 Abs. 2 Nr. 2 TDDDG). Damit ist zunächst klar, dass nicht nur Cookies, sondern jeder Zugriff auf oder aus Informationen der Endgeräte der Nutzer erfasst werden und dass für praktisch jede Verarbeitung, die über zwingend notwendige Zwecke hinausgeht, eine Einwilligung erforderlich ist. Daher unterliegen Marketing-Maßnahmen eindeutig einem strengen Einwilligungserfordernis, da neben Cookies andere Techniken wie Pixel oder Local Storage Objects genutzt werden und die Dienste nicht für die Anzeige der Website erforderlich sind. Demgegenüber verbleiben noch offene Möglichkeiten bei der Durchführung von Tracking.

Gewisse Vorgänge, die nicht auf das Endgerät des Nutzers zurückgreifen, können als einwilligungsfrei angesehen werden, was jedoch noch nicht höchstrichterlich geklärt ist. Entscheidend dafür ist, ob bzw. unter welchen Voraussetzungen bereits ausgelesene und technisch erforderliche Daten auch für Analyse-Zwecke erhoben werden dürfen. So kann ein Analyse-Tool ohne Cookies oder andere Eingriffe auf das Endgerät der Nutzer auskommen und statistische Informationen nur auf Basis von beim Besuch entstehender Logfile und (gekürzter) IP-Adresse erheben, die aus technisch erforderlichen Gründen erhoben worden waren und nun bereits dem Betreiber vorliegen. In der Funktion ohne Cookies und sonstige ID können die Messdaten ausschließlich über die Informationen aus dem Logfile erhoben werden. So werden nur Daten herangezogen, die vom Nutzer bereits aufgrund zwingender technischer Erforderlichkeit bereitgestellt werden. Solche lokalen Analysen über eine Website-Nutzung ohne Profilbildung und Weiterverarbeitung können bereits grundlegende Informationen für Unternehmen liefern, ohne die Privatheit der Kommunikation und stärkere Eingriffe in Persönlichkeitsrechte gering sind. Da also die Daten vom Nutzer rechtmäßig erhoben wurden, um den Dienst zu erbringen, werden die sekundär für Analysezwecke verarbeiteten Daten nicht mehr vom Nutzer für nicht-zwingende Zwecke erhoben.

Daher ist es überzeugend, solche minimalinvasiven Analysezwecke als vom Einwilligungserfordernis ausgenommen anzusehen. Denn das TDDDG und die ePrivacy-RL stellen auf die Daten ab, die der Browser nicht freiwillig aus technischen Gründen herausgibt. Auch verschiedene Aufsichtsbehörden bestätigen, dass Analyse-Möglichkeiten ohne ein Einwilligungserfordernis bestehen (zB LfDI FAQ zu Cookies und Tracking v. 3/2022 Nr. 3.1; CNIL Cookies: solutions pour les outils de mesure d'audience v. 15.9.2023). Ein Einwilligungsverbot für einen Zweitzweck von bereits erhobenen Daten besteht nicht, vielmehr kann dann Art. 6 Abs. 1 S. 1 lit. f DS-GVO für die Datenverarbeitung herangezogen werden. Hierbei handelt es sich aber um eine enge Ausnahme, die nur bei einzelnen Tools genutzt werden kann und die keine Verknüpfung mit anderen Cookie-ID (die zB zu Werbezwecken erhoben wurden) verarbeitet werden.

Demgegenüber ist es fraglich, ob es auch Fälle von Nutzungsdatenerhebungen geben kann, die Cookies und andere Techniken mit Bezug zum Nutzer-Endgerät einsetzen und dennoch als einwilligungsfrei angesehen werden können. Voraussetzung wäre zumindest, dass hohe Schutzmaßnahmen für die Betroffenen eingerichtet werden und nur statische, nicht-personenbezogene Daten für die Erstellung der Analysen herangezogen werden. Zudem darf keine eigenständige Weiterverarbeitung durch die Tool-Anbieter erfolgen. Insoweit wird teilweise vertreten, dass es für den Internetvertrieb grundlegend erforderlich sei, Informationen über Besucherfreundlichkeit und Nutzungsdetails zu erhalten und daher ein berechtigtes Interesse der Betreiber nach Art. 6 Abs. 1 S. 1 lit. f DS-GVO vorliege. Eine solche Argumentation berücksichtigt weder die Vorgaben des TDDDG noch der ePrivacy-RL, die vorrangig vor der DS-GVO zu bewerten sind. Dennoch erscheint es durchaus zielführend und relevant, dass in Fällen einer rein anonymen Datenerhebung zu statischen Zwecken ohne Weiterverarbeitung der Informationen auf eine Einwilligung verzichtet werden kann (so auch die französische Aufsichtsbehörde CNIL Délibération n 2019-093 du 4 juillet 2019 portant adoption de lignes directrices relatives à l'application de l'article 82 de la loi du 6 janvier 1978 modifiée aux opérations de lecture ou écriture dans le terminal d'un utilisateur (notamment aux cookies et autres traceurs) Art. 5; dazu ausführlich Voetteler ZD 2020, 14 (16 f.); zuvor DSK Orientierungshilfe der Aufsichtsbehörden für Anbieter von Telemedien v. März 2019 S. 13: „Reichweitenmessung und statistische Analysen“). Dann sollte aber den Nutzern bereits im Consent-Manager die Möglichkeit gegeben werden, die Funktionalität direkt abzuwählen, dass das Widerspruchsrecht nach Art. 21 Abs. 1 und 2 DS-GVO Anwendung findet. Pauschale Aussagen verbieten sich hier, vielmehr ist bei jedem Tool individuell zu prüfen, ob der Verzicht auf die Einwilligung gestattet werden kann.

In den vorliegenden Mustern wird daher davon ausgegangen, dass einfache Analysen auf Basis von Logfiles ohne Cookies oder andere Identifier keine Einwilligungen erfordern. Bei einem einfachen Cookie zur eingeschränkten Erhebung statischer Informationen erscheint das ebenfalls vertretbar. Sobald Identifier gesetzt werden, eine Verknüpfung mit weiteren Daten erfolgt oder Auswertungen für interne Zwecke des Anbieters erfolgen, wird eine Einwilligung erforderlich. Wenn ein Website-Betreiber solche Verarbeitungen auf die Interessenabwägung stützen kann, muss dennoch immer ein Widerspruch möglich bleiben. Dazu sollte die Funktion im Consent-Manager genannt werden, wobei der Schalter voreingestellt sein kann, dem Nutzer muss dann die direkte Abwahl möglich sein. Das Heranziehen der Interessenabwägung sollte aber nur sehr zurückhaltend eingesetzt werden.

**2. Auswahl datensparsamer Einstellungen bei Google Analytics.** Früher war alles einfacher in Bezug auf Google Analytics. Zwar führten die Datenschutz-Aufsichtsbehörden mit Google einen Streit über die IP-Adresse, aber Website-Betreiber hatten vier, später fünf, klare Kriterien an der Hand, die als Einstellungen erforderlich waren, um die Risiken auf nahe Null zu senken. Das hat sich geändert, da Google inzwischen ein breites Funktionsspektrum des Tools und vor allem umfassende Verknüpfungen mit anderen Google-Produkten anbietet und sich die Funktionen oft ändern. Nutzer und Aufsichtsbehörden können damit nur schwer mithalten. Auch die Datenschutzerklärung ist nicht mehr schlicht ein von Google bereitgestellter und von den Aufsichtsbehörden bestätigter Text, der kopiert und übernommen werden kann, sondern die Erstellung des Textes der Datenschutzerklärung ist nun so umfangreich wie die Einrichtung des Tools selbst. Die Schwierigkeiten zeigen sich auch an Empfehlungen der DSK, deren letzte Veröffentlichung nur Teile der aktuellen Funktionalitäten berücksichtigte (DSK Hinweise zum Einsatz von Google Analytics im nicht-öffentlichen Bereich v. 12.5.2020) oder an einem in Belgien verhängten Bußgeld wegen nicht-ausreichender datenschutzrechtlicher Absicherung des Tools (https://www.gegevensbeschermingsautoriteit.be/sites/privacycommission/files/documents/BETG_12–2019_NL.PDF). Zudem stellte das Urteil diverse Anforderungen an die Einwilligungen auf und nahm eine gemeinsame Verantwortung an, da Google die Daten auch für eigene Zwecke verarbeite (bereits → Form. F. I. 5. Vorb.). Auch weitere Entscheidungen ergingen gegen die Nutzung von Google Analytics (öDSB https://noyb.eu/sites/default/files/2022-01/E-DSB%20-%20Google%20Analytics_DE_bk_0.pdf), deren Entscheidungsgrundlage sich jedoch geändert hat, zB da mit dem EU-U. S. Privacy Framework eine neue Möglichkeit zu internationalen Datentransfers besteht. Vor diesem Hintergrund ist es also entscheidend, dass die jeweils aktuellen Funktionen aller Online-Tools, wofür Google Analytics als besonders „gehasstes und geliebtes“ Tool exemplarisch steht, sorgfältig geprüft und jeweils eingestellt werden. Darauf aufbauend kann dann die Formulierung der Datenschutzerklärung erstellt werden.

Das oben bereitgestellte Muster kann daher in einfachen Fällen direkt kopiert werden und in einer Minimaleinstellung als Mustertext dienen. In den nachfolgenden Anmerkungen werden sodann weitere Funktionen/Anwendungsfälle beschrieben und mögliche ergänzende Texte als Muster vorgeschlagen. Zuvor → Anm. 1 wurde dargestellt, dass bei Nutzung von Google Analytics grundsätzlich eine Einwilligung einzuholen ist, wenn nicht zumindest die nachfolgend genannten Maßnahmen ergriffen werden; In → Anm. 3 werden weitere Funktionen von Google Analytics mit Formulierungsvorschlägen in der Datenschutzerklärung dargestellt.

Google stellt grundlegende Informationen zum Datenschutz mit weiteren Links zu einzelnen Funktionen dar (https://support.google.com/analytics/answer/6004245?hl=de, auch zur eigenen Einordnung unter der DS-GVO und zu den Cookie-Einstellungen, ohne dass eine klar strukturierte Website aller Einstellungen vorhanden wäre. Zudem wird nun eine Cookie-freie Version („storage: none") bereitgestellt, deren Umsetzung aber Herausforderungen birgt. Neu ist bei Google Analytics 4, dass nach Aussage von Google keine IP-Adressen mehr geloggt oder gespeichert werden, so dass die Maskierungsnotwendigkeit entfällt (anders noch bei der Vorgängerversion Universal Analytics: https://support.google.com/analytics/answer/2763052?hl=en). Bei Google Analytics sollten (nach derzeitigem Stand) die folgenden Einstellungen und Maßnahmen getroffen werden:

- Aufbewahrungsdauer der Daten stark reduzieren: Google erlaubt verschiedene Zeiträume der Speicherdauer zwischen 2 und 14 Monaten (bei der Funktion „3" bis 50 Monate) für Informationen auf Nutzerebene bei GA4 und generell von 14 Monaten bis ohne Speicherbegrenzung (https://support.google.com/analytics/answer/7667196?hl=de/). Der höchste Schutz vor Beanstandungen wird durch eine möglichst kurze Speicherdauer erreicht.
- Implementierung des Deaktivierungs-Add-On, mit dem ein Nutzer einer Webseite die Erfassung von Nutzungsdaten deaktivieren kann (https://google.com/dlpage/gaoptout?hl=de). Das Tool sollte selbst bei Einholung der Einwilligung eingeholt werden.
- Keine Aktivierung der User-ID-Funktion (https://support.google.com/analytics/answer/3123662). Zur Verhinderung der Herstellung eines Personenbezugs ist die Funktion zu deaktivieren.
- Empfohlene Standardeinstellungen anpassen und die Funktionen möglichst weit einschränken. Google stellt eine genaue Beschreibung der einzelnen Datenfreigabeeinstellungen bereit (https://support.google.com/analytics/answer/1011397?hl=de). Bspw. sollte unter „Kontoeinstellungen" der Haken in der Checkbox „Google-Produkte & -Dienste" entfernt und der Zugriff für die „Account Specialists" deaktiviert werden. Weiterhin sollte der Haken bei „Benchmarking und Technischer Support" entfernt werden.
- Unterbinden der Produktverknüpfungen von/durch Google. Die Verknüpfung von GA mit Produkten wie Google AdSense sollte deaktiviert werden (das Vorgehen erläutert Google hier: https://support.google.com/analytics/answer/6002761?hl=de&ref_topic=2919631).
- Datenfreigabe an Google ausschalten. Google kann Zugriff auf die durch den Website-Betreiber gewonnen Daten nehmen, diese analysieren und Online-Verhalten und Trends besser auswerten. Dazu teilt Google mit: „Diese Informationen werden dann zur Verbesserung von Google-Produkten und -Diensten verwendet. Beispielsweise kann Google so die Tools des Google Ads-Systems optimieren, die Sie zum Erstellen, Verwalten und Analysieren Ihrer Kampagnen nutzen." (https://support.google.com/analytics/answer/1011397) Diese Funktion dürfte ein Hauptargument des LG Rostock (→ F.I.5. Vorb.) für die Annahme der gemeinsamen Verantwortung gewesen sein bzw. ist aufgrund der neuen EuGH-Urteile (→ Form. G.V.) jedenfalls ein starkes Indiz. Daher sollte die Datenfreigabe jedenfalls ausgeschaltet werden.
- Kein Datenimport aus anderen Systemen, zB aus dem CRM-System (zur Funktion: https://support.google.com/analytics/answer/10071301?sjid=18310438216822044449-EU). Selbst die Bereitstellung gehashter Informationen würde zu einer Herstellung von Personenbezug und damit zu einem höheren Eingriff in Betroffenenrechte führen (vgl. VGH München 26.9.2018 – 5 CS 18.1157, NVwZ 2019, 171; zuvor VG Bayreuth 8.5.2018 – B 1 S 18.105, ZD 2018, 382). Zudem verlangt

auch Google selbst, dass keine Daten im Klartext an Google bereitgestellt werden (Nr. 7 der Nutzungsbedingungen, https://marketingplatform.google.com/about/analytics/terms/de/).
- Keine Nutzung des sog. Measurement Protocol (https://support.google.com/analytics/answer/6086079). Auch bei dieser Funktion könnten Daten von jedem mit dem Internet verbundenen Gerät an Analytics gesendet werden.
- Abschluss eines Auftragsverarbeitungsvertrags mit Google Inc. Der Vertrag kann online abgeschlossen werden (https://www.google.com/analytics/terms/dpa/dataprocessingamendment_20160909.html). Obwohl nach dem Urteil des LG Rostock bei Google Analytics regelmäßig eine gemeinsame Verantwortung vorliege, da Google die Daten auch für eigene Zwecke verarbeite, sollte vorerst weiterhin davon ausgegangen werden, dass das Muster von Google anwendbar ist, zumindest dann, wenn die hier vorgeschlagenen Einstellungen getätigt werden. Der bereitgestellte Vertrag sollte also zur Absicherung jedenfalls vereinbart werden.
- Implementierung von Informationen in die Datenschutzerklärung. Das erfolgt durch den obenstehenden Text oder – bei mehr Funktionen – ggf. unter Ergänzung der nachfolgend dargestellten Ergänzungen.

**3. Nutzung besonderer Funktionen bei Google Analytics.** Unternehmen nutzen in aller Regel nicht nur die beschriebenen Minimaleinstellungen, sondern diverse weitere Funktionalitäten, um mit geringeren Aufwänden arbeiten zu können oder weitere Vorteile zu erschließen. Nachfolgend werden verschiedene Funktionen dargestellt, die in der Praxis häufig genutzt werden und zu Anpassungen an der im obigen Muster beschriebenen Datenschutzerklärung führen.

Mit dem Google Tag Manager können verschiedene Google-Tools gesteuert werden, auch Google Analytics. In diesen Fällen enthält ein Nutzer zB über Tracking-Blocker grundsätzlich nur die Information über die Nutzung des Google Tag Managers. In diesen Fällen ist transparent darzustellen, wie das Tool genutzt wird. Dazu sollte bereits in der Überschrift zur Nutzung von Google Analytics auf die Nutzung des Google Tag Managers verwiesen werden. In die Datenschutzerklärung ist im ersten Absatz ein entsprechender Hinweis aufzunehmen, der wie folgt formuliert werden kann:

„Zur einfacheren Verwaltung des Tools nutzen wir den Google Tag Manager."

Eine weitere oft genutzte Funktion ist die User-ID, um Besucher über verschiedene Sitzungen und Geräte wiedererkennen zu können und so eine besonders weitreiche Analyse der Besucher zu ermöglichen. Wenn die Funktion genutzt wird, muss neben den ergänzten Informationen in der Einwilligung im Consent-Manager die ergänzende Information in der Datenschutzerklärung erfolgen, die wie folgt lauten könnte:

„Wir nutzen die Funktion User-ID. Mithilfe der User ID können wir einer oder mehreren Sitzungen (und den Aktivitäten innerhalb dieser Sitzungen) eine eindeutige, dauerhafte ID zuweisen und Nutzerverhalten geräteübergreifend analysieren. Weitere Informationen erhalten Sie unter folgendem Link: https://support.google.com/analytics/answer/3123662/. Ihr Widerruf der Erlaubnis zur Nutzung dieser Funktion ist unter den oben beschriebenen Links oder unseren Consent Manager möglich."

Vielfach wird die Verknüpfung von Google Analytics und Google Ads (und ggf. anderen Werbeprodukten) genutzt. Ist das der Fall, muss natürlich die Einwilligung für die Werbeprodukte eingeholt werden (→ Form. F. I. 8.), aber auch bei Google

Analytics ist darauf ergänzend hinzuweisen. Im Falle einer solchen Verknüpfung werden weitere Cookies genutzt und in der Regel zusätzliche Werbe-ID erfasst. Nutzer können diese Funktion in den Einstellungen für Werbung deaktivieren und ihre Einstellungen für dieses Cookie ändern. Im Falle einer solchen Verknüpfung mit Marketing-Produkten muss eine Ergänzung der Datenschutzerklärung von Google Analytics erfolgen, die wie folgt lauten könnte:

„Zudem können wir den Erfolg unserer Marketing-Kampagnen prüfen, indem Google eine Verknüpfung der Informationen mit Google Ads und anderen eingesetzten Produkten vornimmt. Sie können die Funktion über den Anzeigenvorgaben-Manager deaktivieren: https://www.google.com/settings/ads/onweb/?hl=de/. Weitere Informationen zu der Verknüpfung finden Sie unter https://support.google.com/analytics/answer/6004245?hl=de/."

Eine weitere Funktion zur Verknüpfung von Informationen aus Google Analytics mit Marketing-Maßnahmen, insbesondere den Remarketing-Funktionen, ist Google Signals. Mit dem Tool kann ein umfangreiches Profil zu einzelnen Nutzern erstellt werden, was eine zielgenaue Werbung und Analyse der Website ermöglicht, zugleich natürlich weit in die Rechte der Nutzer eingreift. Auch hier ist neben der Einwilligung im Consent-Manager ein Text in die Datenschutzerklärung aufzunehmen, der wie folgt lauten könnte:

„Wir nutzen weiterhin Google Signals. Wir erfassen dazu in Google Analytics zusätzliche Informationen zu Nutzern, die personalisierte Anzeigen aktiviert haben. So erhalten wir erweiterte Berichte zu demografischen Merkmalen und Interessen, zudem können Anzeigen in geräteübergreifenden Remarketing-Kampagnen an Sie ausgeliefert werden. Wenn Sie nicht möchten, dass Ihre Daten so verarbeitet werden, können Sie gegen die individuellen Werbeanzeigen widersprechen."

Zuletzt sei hier dargestellt, welche Besonderheiten Google hinsichtlich des Trackings in Mobile Apps nennt. Wird auf einer Website oder in einer App das Google Analytics for Apps SDK oder das Google Analytics for Firebase SDK verwendet, wird in Google Analytics eine spezielle App-Instanz-ID erfasst. Das ist eine zufällig generierte Zahl, die eine einzelne App-Installation kennzeichnet, sobald ein Nutzer die App zum ersten Mal installiert (https://support.google.com/analytics/answer/6004245?hl=de). Ein Widerspruch bzw. Widerruf gegen die Verarbeitung ist auf mobilen Systemen durch die Einschränkung und das Zurücksetzen der Werbe-ID unter Android oder iOS möglich. Erfolgt das Zurücksetzen im Smartphone, wird die App-Instanz-ID ebenfalls zurückgesetzt.

**4. Einsatz des lokalen Dienstes Matomo.** Der Dienst Matomo (früher: Piwik) ist ein weit verbreiteter und kostenloser Open Source-Webanalysedienst, der anders als Google Analytics auf dem nutzereigenen Server gehostet werden kann. Vorteil ist also maßgeblich, dass keine personenbezogenen Daten in die USA übertragen werden und die Datenschutzvorgaben aufgrund des Fokus auf lokale Analysen relativ einfach umgesetzt werden können. Nachteil kann sein, dass der Umfang der über den Dienst erhobenen und lokal gespeicherten Daten sehr groß werden kann und der Funktionsumfang gegenüber anderen Produkten eingeschränkt ist. Eine frühere Empfehlung mit Einstellungshinweisen durch das ULD war unter dem BDSG aF eine hilfreiche Stütze, die aber nun nicht mehr bereitgestellt wird.

Die Formulierung geht davon aus, dass die Cookie-freie-Variante über Logfile-Tracking genutzt wird, um so eine Einwilligungspflicht zu verhindern. Da das Tracking nur über die Logfile-Analyse durchgeführt wird, ist der Anwendungsbereich von § 25 Abs. 1 TDDDG nicht eröffnet. Denn weder erfolgt eine „Speicherung von Informationen in der Endeinrichtung des Endnutzers", noch ein „Zugriff auf Informationen, die bereits in der Endeinrichtung gespeichert sind", sondern es erfolgt nur eine Auswertung von Informationen, die der Website automatisiert bereitgestellt werden. Insofern ist keine Einwilligung notwendig und es kann mit einem Opt-out gearbeitet werden. Jedenfalls ist daher im Falle der Nutzung der Cookie-freien-Variante als Opt-out-Möglichkeit der von Matomo bereitgestellte iFrame einzufügen.

Nachteil der Technik ist, dass weniger Informationen bereitgestellt werden (insbesondere keine Nachvollziehbarkeit über wiederkehrende Besuche und keine Verknüpfung mit weiteren Informationen. Insofern ist eine Wahl durch den Website-Betreiber zu treffen, ob die Variante als sinnvoll angesehen wird. Falls nicht, bietet Matomo auch eine umfangreichere Version mit Cookies an, die die Einholung einer Einwilligung nach den üblichen Maßstäben erfordert. Dann ist der Text entsprechend anzupassen, vergleichbar zu den zuvor → Anm. 1 dargestellten Grundsätzen.

**5. Transparenz-Informationen bei Matomo.** Die Angabe von Anbieterinformationen wie Name und Adresse ist rechtlich nicht notwendig, da Matomo intern auf der Website betrieben wird, sodass der Betreiber der Website der Verantwortliche ist. Dies wird dem Nutzer kurz erläutert und auf die Datenschutzerklärung verlinkt. Das Muster sieht vor, dass auf die Datenschutzerklärung von Matomo verlinkt wird, um den betroffenen Personen weitergehende Informationen bereitzustellen. Die Verlinkung sollte genauso erfolgen, wie bei allen anderen Anbietern von eingebundenen Tools, auch, da von Matomo kein umfänglicher Mustertext zur Einbindung in die Datenschutzerklärung bereitgestellt wird.

**6. Anforderungen an die Nutzung des Programms eTracker.** Das Modul Web Analytics von eTracker ist ein weitverbreiteter und kostenpflichtiger Webanalysedienst, der nach eigenen Angaben alle Daten in Deutschland hostet und keine Nutzerdaten in Drittländer überträgt. Der Anbieter bietet nach eigenen Angaben sowohl eine einwilligungsfreie Variante (https://www.etracker.com/einwilligungs-frei/) als auch eine Cookie-Variante mit Einwilligungspflicht an. Der Mustertext entnimmt diverse Aussagen aus der Datenschutzerklärung, die auf der Website von eTracker bereitgestellt wird (https://www.etracker.com/datenschutz), aber modifiziert und erweitert den Text. Da die Daten durch eTracker erhoben werden, muss eine Vereinbarung zur Auftragsverarbeitung unterzeichnet werden, mit der auch klargestellt wird, dass die Informationen nicht durch eTracker zu eigenen Zwecken verarbeitet oder an Dritte weitergegeben werden dürfen.

Das Muster geht davon aus, dass keine Einwilligung erforderlich ist, da nur eine Logfile-Auswertung erfolgt (→ Anm. 5). Die Opt-out-Möglichkeit ist im Hinweis zum Tool in die Datenschutzerklärung um den Link zu erweitern, wobei in der eckigen Klammer ein individueller Code, den der Verantwortlicher erhält, einzufügen ist: https://www.etracker.com/privacy?et=[etracker Secure Code].

**7. Heatmaps-Funktion am Beispiel von Hotjar.** Das Tool Hotjar bietet verschiedene Tracking-Funktionen und wird hier beispielhaft genannt, da es die „Do not Track"-Einstellungen eines Nutzers berücksichtigt und eine Heatmaps-Funktion bietet, was eine online oft genutzte Funktion darstellt. Heatmaps führen zu einer aggregierten Erhebung der Nutzerbewegungen auf der Seite, insbesondere zu den

Bewegungen des Mauszeigers bzw. der Klicks eines Nutzers. So kann erkannt werden, für welche Bereiche der Website sich die Nutzer interessieren und wie die Website optimiert werden kann.

Da Hotjar pseudonyme Nutzungsprofile bei Erhebung der Informationen verarbeitet und dazu technisch ua Cookies, IP-Adressen und Information aus Logfiles verarbeitet, muss eine Einwilligung der Nutzer eingeholt werden. Angesichts der Tiefe des Eingriffs und der Nachverfolgbarkeit der „Visitor Records"-Funktion ist eine geringe Tiefe der Analysemöglichkeiten sicherzustellen. Voraussetzung ist, dass die IP-Adresse oder die Login-Daten der Nutzer nicht mit den Cookie-IDs der Funktion verknüpft werden. Auf der Website stellt Hotjar eine Formulierung für die Datenschutzerklärung vor (https://help.hotjar.com/hc/en-us/articles/360038347874), die hier leicht verändert übernommen wird. Der Anbieter gibt an, dass pseudonyme Nutzungsprofile bei Erhebung der Informationen erstellt und technisch dabei ua Cookies, IP-Adressen und Information aus Logfiles verarbeitet werden. Ein Auftragsverarbeitungsvertrag kann direkt online abgeschlossen werden (https://www.hotjar.com/legal/support/dpa/). Hotjar teilt auf der Website mit, dass eine Anonymisierungsfunktion genutzt werden kann/wird, wenn der Website-Anbieter das im Backend entsprechend einstellt (https://www.hotjar.com/legal/compliance/gdpr-commitment/).

**8. Datenschutzvorgaben von Adobe Analytics.** Ein weiterer Webanalysedienst ist Adobe Analytics, der ebenfalls in den letzten Jahren weiterentwickelt wurde und den zuvor dargestellten Grundlagen obliegt. Adobe bewirbt das Analytics-Tool als „Teil eines integrierten digitalen Ökosystems", das Einblicke „in Werbung, Cross-Channel-Kampagnen und der Personalisierung von Inhalten" ermöglicht. Auch hier wird also nicht nur einfaches Web-Tracking angeboten, sondern eine weitgehende Verknüpfung der erhobenen Informationen zu weiteren Zwecken ermöglicht. Eine frühere Stellungnahme des BayLDA aus dem Juni 2013 unterstützte die Verwender mit einer Checkliste zum Einsatz, die aber aufgrund der neuen Funktionalitäten so nicht mehr anwendbar ist. Stattdessen sind die zuvor (insbes. → Anm. 1; zum Marketing → Form. F. I. 8.) genannten Maßgaben auch hier umzusetzen. Da das Tool Cookies nutzt, besteht ein Einwilligungserfordernis, selbst wenn auf eine einfache Tracking-Funktionalität geachtet wird. Bei Verknüpfung des Tools mit Marketing-Maßnahmen ist zudem auf die richtige Einordnung im Consent-Manager zu achten.

**9. Tracking durch INFOnline.** Die abgedruckte Datenschutzerklärung wird von der INFOnline GmbH bereitgestellt (https://www.infonline.de/datenschutz/) und wurde vorliegend nur minimal modifiziert, um die Angaben des Anbieters darzustellen. Angepasst gegenüber dem Muster wurde die Rechtsgrundlage, da sich der Anbieter auf die Interessenabwägung stützen möchte, obwohl selbst angegeben wird, dass „entweder ein Cookie […], ein „Local Storage Object" oder eine Signatur" genutzt werden. Für diese Fälle wird vorliegend davon ausgegangen wird, dass eine Einwilligung erforderlich ist. Demgegenüber kann es möglich sein, die Interessenabwägung zu nutzen, wenn die Funktionalität „INFOnline Measurement anonymous" genutzt wird. Auch hier gelten die oben beschriebenen Grundlagen.

**10. A/B-Testing.** Durch A/B-Tests können Websites dynamisch personalisiert werden, also verschiedenen Nutzern verschieden aufgebaute Websites angezeigt werden. Anhand von Nutzersegmentierungen erfolgt eine Analyse des Nutzerverhaltens, hauptsächlich durch „Klick-Tracking". Im Wege der Auswertung der Logfile-Daten kann zB ermittelt werden, wie die einzelnen Nutzersegmente auf der Webseite navigieren oder welche Landing-Pages sie aufsuchen. Weiterhin kann die Nutzung von Bestell- und Anmeldeformularen analysiert werden, etwa nach Anzahl der Besucher, Conversion Rate oder Absprungrate pro Seite. So kann etwa bei der Einführung neuer Produkte ein A/B-Testing durchgeführt werden und auf Basis der Erkenntnisse eine Personalisierung der Webseite für die Nutzer vorgenommen werden. Im Rahmen der Personalisierung erfolgen zunächst eine Identifikation und eine Wahl von Zielsegmenten. Die relevanten Kriterien für die Zielsegmente werden auf Basis von Nutzerpfaden, Marketingkanälen und Kaufverhalten entwickelt. Aufbauend auf diesen Daten werden entsprechende Szenarien für die Personalisierung geschaffen. Daran schließt sich ein Setup der Personalisierungsmaßnahmen an. Erkennt die Software einen User etwa anhand einer Markierung durch einen Cookie, kann eine Personalisierung der Webseite erfolgen.

Die Frage der Rechtsgrundlage folgt den zuvor dargestellten Grundlagen. Daher ist nunmehr grundsätzlich davon auszugehen, dass eine Einwilligung der Website-Nutzer einzuholen sein wird, Art. 6 Abs. 1 S. 1 lit. a DS-GVO, da auch hier Cookies gesetzt werden und die Verarbeitung nicht zwingend erforderlich ist. Die Nutzung des A/B-Testing mit pseudonymisierten ID benötigt eine Einwilligung, falls die Technik nicht ausnahmsweise nur Logfile-basiert funktioniert. Ergänzend sollten die vom Web-Tracking bekannten Schritte durchgeführt werden: Anonymisierung der IP-Adresse, Ermöglichung eines Widerrufs/Opt-out für die Nutzer und Abschluss eines Auftragsverarbeitungsvertrages. Technisch kann ein Tracking-Pixel auf der Website eingebunden werden, durch den einem Nutzer eine interne Kennung/ID zugeordnet wird, zu der die anfallenden Nutzungsdaten gespeichert werden. Die IP-Adressen der Nutzer werden anonymisiert, die vollständigen IP-Adressen unmittelbar nach Bearbeitung der Anfrage gelöscht. Anhand der ID können die Daten erfasst und analysiert werden. Bei Beachtung dieser Anforderungen dürften sowohl das klassische A/B-Testing mit Anzeige von zwei verschiedenen Websites für unterschiedliche Nutzergruppen, als auch die nachgelagerte Personalisierung auf Basis der Profilbildung zulässig sein.

## 6. Social Media

Social Media ist nicht nur in Form der Nutzung sozialer Netzwerke fester Bestandteil der Internetnutzung, sondern auch in Form der Einbindung von Social-Media-Diensten in Websites. Die datenschutzrechtliche Bewertung der Kommunikation auf und mit Plattformen, die von Drittanbietern betrieben werden, wird durch das EuGH-Urteil zu Facebook Fanpages mit den weiteren Entscheidungen zur gemeinsamen Verantwortung geprägt (→ Form. G. V.) geprägt. Durch die Urteile haben Unternehmen neue Pflichten, zu denen auch die Information in Datenschutzerklärungen gehört.

Nach einer Definition der sozialen Medien „dienen sie der – häufig profilbasierten – Vernetzung von Benutzern und deren Kommunikation und Kooperation über das Internet. […] Man kann sich als Unternehmen mit Kunden vernetzen, zum Zweck des Marketings, der Marktforschung, des Kundensupports und -feedbacks oder des Crowdsourcings, oder als Verwaltung mit Bürgern, zum Zweck der Information und der Partizipation." (wirtschaftslexikon.gabler.de/definition/soziale-medien-52673). Die Stärkung der Interaktion zwischen Unternehmen und Nutzern auch über Websites dient der Ausweitung der Reichweite des eigenen Web-Angebots. Dazu werden neben den Accounts auf den Plattformen auch Plug-ins, Feeds oder Widgets von Drittanbietern auf Websites eingebunden. Durch die Einbindung können Besucher der Website direkt mit den sozialen Netzwerken interagieren und den dort veröffentlichten Inhalt abrufen.

In den letzten Jahren hat sich die Einbindung von Tools geändert: Während vor einiger Zeit der „Facebook Like-Button" Ziel umfassender Diskussionen war, ist das Tool inzwischen fast vollständig von Websites verschwunden, aber noch einsetzbar (vgl. auch EuGH 4.10.2024 – C-446/21, Rn. 16; dazu becklink 2032131). Facebook hat zudem deutliche Einschränkungen vorgenommen, indem das Tool in der EU inzwischen nur noch genutzt werden kann, wenn die Nutzer bei ihrem Facebook-Konto angemeldet sind und ihre Zustimmung zu Cookies erteilt haben (https://developers.facebook.com/docs/plugins/like-button/?locale=de_DE). Stattdessen haben viele Websitebetreiber inzwischen auf bloße Links umgestellt, ohne interaktive Einbindung, um den Aufwand einer Einwilligung zu vermeiden. Größere Bedeutung haben inzwischen einerseits Buttons zum Log-in auf verschiedenen Seiten (wie „Weiter mit Facebook" oder „Google Sign-In"), andererseits Feeds/Widgets, die als fremde Angebote in die eigene Website integriert werden, wie zB die Karteneinbindung, Videos oder Posts von Social-Media-Plattformen. Praktisch allen Plug-ins ist gemein, dass die personenbezogenen Daten der Website-Besucher an die Plug-in-Anbieter übermittelt und dort auf unbekannte Art und Weise verarbeitet und mit anderen Daten zusammengeführt werden.

Eine Herausforderung für die Nutzer der Plug-ins ist die rechtliche Absicherung, da die gemeinsame Verantwortung bedingt, dass die Betreiber der Social Networks eine entsprechende Vereinbarung und alle weiteren erforderlichen Informationen zur ausreichenden Erfüllung der datenschutzrechtlichen Pflichten bereitstellen. Zudem ist die Kommunikation der sozialen Netzwerke eher eingeschränkt, sodass es Unternehmen kaum möglich ist, die von ihnen benötigten Informationen zu erhalten. Werden die Anforderungen nicht umgesetzt, kann aufgrund des Grundsatzes der Rechenschaftspflicht nach Art. 5 Abs. 2, Art. 24 DS-GVO ein **Verstoß einfach nachgewiesen** werden.

Die nun manifestierte Rechtslage zur „Cookie"-Einwilligung (→ Form. F. I. 1. Anm. 1; → Form. F. I. 5. Anm. 1) führt dazu, dass eine Einwilligung der Nutzer grundsätzlich erforderlich ist, bevor die Plug-ins angezeigt – und so die Daten übertragen werden. Zwar ist bspw. die Einbindung einer Karte bei Wunsch des Nutzers nach einer Anzeige des direkten Wegs zum Unternehmen erforderlich, dennoch setzen die Drittanbieter Cookies und nehmen weitere Verarbeitungen vor, sodass eine Einwilligung einzuholen ist. Zur Einholung der Einwilligung sind primär zwei Varianten möglich: über das Consent-Tool oder über ein dem Plug-in vorgeschaltetes Auswahlmenü, in dem eine Einwilligung dargestellt wird. Durch beide Funktionen werden die Plug-ins nicht direkt auf die Website eingebunden, sondern der Nutzer muss aktiv werden, um sie zu aktivieren. Nachfolgend werden die „Like-Buttons" ebenso erläutert wie verschiedene andere Plug-ins bzw. Widgets, die als mögliche Ergänzung der in → Form. F. I. 1. dargestellten Basiserklärung eingesetzt werden können.

**1. Einsatz von Social-Media-Plug-ins**[1]

**(1) Wir setzen derzeit folgende Social-Media-Plug-ins ein: [zB Reddit, LinkedIn, Facebook, Instagram], die nur geladen werden, wenn Sie zuvor durch Ihre Einwilligung die Funktion aktiviert haben.**[2] **Über die Plug-ins bieten wir Ihnen die Mög-**

lichkeit, mit den sozialen Netzwerken und anderen Nutzern zu interagieren. Rechtsgrundlage für die Nutzung der Plug-ins ist Art. 6 Abs. 1 S. 1 lit. a DS-GVO, dh die Einbindung erfolgt nur nach Ihrer Einwilligung.

(2) Der Plug-in-Anbieter[3] verarbeitet die über Sie erhobenen Daten als Nutzungsprofile und nutzt diese für Zwecke der Werbung, Marktforschung und/oder bedarfsgerechten Gestaltung seiner Website. Eine solche Auswertung erfolgt insbesondere (auch für nicht eingeloggte Nutzer) zur Darstellung von bedarfsgerechter Werbung und um andere Nutzer des sozialen Netzwerks über Ihre Aktivitäten auf unserer Website zu informieren. Ihnen steht ein Widerspruchsrecht gegen die Bildung dieser Nutzerprofile zu, wobei Sie sich zur Ausübung dessen an den jeweiligen Plug-in-Anbieter wenden müssen. Die Datenweitergabe erfolgt unabhängig davon, ob Sie ein Konto bei dem Plug-in-Anbieter besitzen und dort eingeloggt sind. Wenn Sie bei dem Plug-in-Anbieter eingeloggt sind, werden Ihre bei uns erhobenen Daten direkt Ihrem beim Plug-in-Anbieter bestehenden Konto zugeordnet. Wenn Sie den aktivierten Button betätigen und zB die Seite verlinken, speichert der Plug-in-Anbieter auch diese Information in Ihrem Nutzerkonto und teilt sie Ihren Kontakten öffentlich mit. Wir empfehlen Ihnen, sich nach Nutzung eines sozialen Netzwerks regelmäßig auszuloggen, insbesondere jedoch vor Aktivierung des Buttons, da Sie so eine Zuordnung zu Ihrem Profil bei dem Plug-in-Anbieter vermeiden können.

(3) Die erhobenen Informationen werden auf Servern der Anbieter, auch außerhalb Europas, gespeichert. Für diese Fälle hat sich der Anbieter dem EU-U.S.-Privacy-Framework unterworfen. Sollte der Anbieter nicht zertifiziert sein, haben wird sog. Standarddatenschutzklauseln vereinbart, deren Zweck die Einhaltung eines angemessenen Datenschutzniveaus im Drittland ist.

(4) Der Widerruf Ihrer Einwilligung ist jederzeit möglich, ohne dass davon die Zulässigkeit der Verarbeitung bis zum Widerruf berührt wird. Den Widerruf können Sie am einfachsten über unseren Consent-Manager durchführen oder über die Funktionen der Social-Media-Anbieter.

(5) Weitere Informationen zu Zweck und Umfang der Datenerhebung und ihrer Verarbeitung durch den Plug-in-Anbieter erhalten Sie in den im Folgenden mitgeteilten Datenschutzerklärungen dieser Anbieter. Dort erhalten Sie auch weitere Informationen zu Ihren Rechten und Einstellungsmöglichkeiten zum Schutze Ihrer Privatsphäre. Adressen der jeweiligen Plug-in-Anbieter und URL der jeweiligen Datenschutzhinweisen: [...].[4]

2. Feeds von Social-Media-Plattformen[5]

(1) Wir setzen derzeit folgende Feeds von Social-Media-Plattformen ein: [zB Instagram, TikTok], die nur geladen werden, wenn Sie zuvor durch Ihre Einwilligung die Funktion aktiviert haben. Über die Feeds bieten wir Ihnen die Möglichkeit, auf unserer Website direkt aktuelle Informationen aus unseren Auftritten bei sozialen Netzwerken zu erhalten. Rechtsgrundlage für die Nutzung der Plug-ins ist Art. 6 Abs. 1 S. 1 lit. a DS-GVO, dh die Einbindung erfolgt nur nach Ihrer Einwilligung.

(2) Der Feed-Anbieter verarbeitet die über Sie erhobenen Daten als Nutzungsprofile und nutzt diese für Zwecke der Werbung, Marktforschung und/oder bedarfsgerechten Gestaltung seiner Website. Eine solche Auswertung erfolgt insbesondere (auch für nicht eingeloggte Nutzer) zur Darstellung von bedarfsgerechter Werbung

und um andere Nutzer des sozialen Netzwerks über Ihre Aktivitäten auf unserer Website zu informieren. Ihnen steht ein Widerspruchsrecht gegen die Bildung dieser Nutzerprofile zu, wobei Sie sich zur Ausübung dessen an den jeweiligen Feed-Anbieter wenden müssen. Die Datenweitergabe erfolgt unabhängig davon, ob Sie ein Konto bei dem Feed-Anbieter besitzen und dort eingeloggt sind. Wenn Sie bei dem Feed-Anbieter eingeloggt sind, werden Ihre bei uns erhobenen Daten direkt Ihrem beim Feed-Anbieter bestehenden Konto zugeordnet. Wenn Sie den aktivierten Button betätigen und zB die Seite verlinken, speichert der Feed-Anbieter auch diese Information in Ihrem Nutzerkonto und teilt sie Ihren Kontakten öffentlich mit. Wir empfehlen Ihnen, sich nach Nutzung eines sozialen Netzwerks regelmäßig auszuloggen, insbesondere jedoch vor Aktivierung des Buttons, da Sie so eine Zuordnung zu Ihrem Profil bei dem Feed-Anbieter vermeiden können.

(3) Die erhobenen Informationen werden auf Servern der Anbieter, auch außerhalb Europas, gespeichert. Für diese Fälle hat sich der Anbieter dem EU-U.S.-Privacy-Framework unterworfen. Sollte der Anbieter nicht zertifiziert sein, haben wird sog. Standarddatenschutzklauseln vereinbart, deren Zweck die Einhaltung eines angemessenen Datenschutzniveaus im Drittland ist.

(4) Der Widerruf Ihrer Einwilligung ist jederzeit möglich, ohne dass davon die Zulässigkeit der Verarbeitung bis zum Widerruf berührt wird. Den Widerruf können Sie am einfachsten über unseren Consent-Manager durchführen oder über die Funktionen der Anbieter.

(5) Weitere Informationen zu Zweck und Umfang der Datenerhebung und ihrer Verarbeitung durch den Feed-Anbieter erhalten Sie in den im Folgenden mitgeteilten Datenschutzerklärungen dieser Anbieter. Dort erhalten Sie auch weitere Informationen zu Ihren Rechten und Einstellungsmöglichkeiten zum Schutze Ihrer Privatsphäre. Adressen der jeweiligen Plug-in-Anbieter und URL der jeweiligen Datenschutzhinweisen: […].

3. Einbindung von YouTube-Videos[6]

(1) Wir haben YouTube-Videos in unser Online-Angebot eingebunden, die auf YouTube.com gespeichert sind und von unserer Website aus direkt abspielbar sind. [EMPFOHLENE EINSTELLUNG: Die Videos sind im „erweiterten Datenschutz-Modus" eingebunden, dh dass keine Daten über Sie als Nutzer an YouTube übertragen werden, wenn Sie die Videos nicht abspielen. Erst wenn Sie die Videos abspielen, werden die in Absatz 2 genannten Daten übertragen. Auf diese Datenübertragung haben wir keinen Einfluss.] Rechtsgrundlage für die Anzeige der Videos ist Art. 6 Abs. 1 S. 1 lit. a DS-GVO, dh die Einbindung erfolgt nur nach Ihrer Einwilligung.

(2) Durch den Besuch auf der Website erhält YouTube die Information, dass Sie die entsprechende Unterseite unserer Website aufgerufen haben. Zudem werden die oben genannten grundlegenden Daten wie IP-Adresse und Zeitstempel übermittelt. Dies erfolgt unabhängig davon, ob YouTube ein Nutzerkonto bereitstellt, über das Sie eingeloggt sind oder ob kein Nutzerkonto besteht. Wenn Sie bei Google eingeloggt sind, werden Ihre Daten direkt Ihrem Konto zugeordnet. Wenn Sie die Zuordnung mit Ihrem Profil bei YouTube nicht wünschen, müssen Sie sich vor Aktivierung des Buttons ausloggen. YouTube verarbeitet Ihre Daten (selbst für nicht eingeloggte Nutzer) als Nutzungsprofile und nutzt sie für Zwecke der Marktfor-

schung, bedarfsgerechten Werbung, Gestaltung seiner Website und/oder um andere Nutzer des sozialen Netzwerks über Ihre Aktivitäten auf unserer Website zu informieren. Ihnen steht ein Widerspruchsrecht gegen die Bildung dieser Nutzerprofile zu, wobei Sie sich zu dessen Ausübung an YouTube richten müssen.

(3) Die erhobenen Informationen werden auf Servern von Google, auch in den USA, verarbeitet. Für diese Fälle hat sich der Anbieter dem EU-U.S. Privacy Framework unterworfen.

(4) Weitere Informationen zu Zweck und Umfang der Datenerhebung und ihrer Verarbeitung durch YouTube erhalten Sie in der Datenschutzerklärung. Dort erhalten Sie auch weitere Informationen zu Ihren Rechten und Einstellungsmöglichkeiten zum Schutz Ihrer Privatsphäre: www.google.de/intl/de/policies/privacy.

4. Einbindung von Google Maps[7]

(1) Auf dieser Webseite nutzen wir das Angebot von Google Maps. Dadurch können wir Ihnen interaktive Karten direkt in der Website anzeigen und ermöglichen Ihnen die komfortable Nutzung der Karten-Funktion. Rechtsgrundlage für die Nutzung der Karten ist Art. 6 Abs. 1 S. 1 lit. a DS-GVO, dh die Einbindung erfolgt nur nach Ihrer Einwilligung.

(2) Durch den Besuch auf der Website erhält Google die Information, dass Sie die entsprechende Unterseite unserer Website aufgerufen haben. Zudem werden die oben genannten grundlegenden Daten wie IP-Adresse und Zeitstempel übermittelt. Dies erfolgt unabhängig davon, ob Google ein Nutzerkonto bereitstellt, über das Sie eingeloggt sind, oder ob kein Nutzerkonto besteht. Wenn Sie bei Google eingeloggt sind, werden Ihre Daten direkt Ihrem Konto zugeordnet. Wenn Sie die Zuordnung mit Ihrem Profil bei Google nicht wünschen, müssen Sie sich vor Aktivierung des Buttons ausloggen. Google verarbeitet Ihre Daten (selbst für nicht eingeloggte Nutzer) als Nutzungsprofile und nutzt sie für Zwecke der Marktforschung, bedarfsgerechten Werbung, Gestaltung seiner Website und/oder um andere Nutzer des sozialen Netzwerks über Ihre Aktivitäten auf unserer Website zu informieren. Ihnen steht ein Widerspruchsrecht gegen die Bildung dieser Nutzerprofile zu, wobei Sie sich zu dessen Ausübung an Google richten müssen.

(3) Die erhobenen Informationen werden auf Servern von Google, auch in den USA, verarbeitet. Für diese Fälle hat sich der Anbieter dem EU-U.S. Privacy Framework unterworfen.

(4) Weitere Informationen zu Zweck und Umfang der Datenerhebung und ihrer Verarbeitung durch den Plug-in-Anbieter erhalten Sie in den Datenschutzerklärungen des Anbieters. Dort erhalten Sie auch weitere Informationen zu Ihren diesbezüglichen Rechten und Einstellungsmöglichkeiten zum Schutze Ihrer Privatsphäre: www.google.de/intl/de/policies/privacy.

5. Social Sign-in-Buttons[8]

(1) Auf unserer Website haben wir die Buttons [je nach Einrichtung, zB „Weiter mit Facebook“ oder „Google Sign-In“] eingebunden. Mit diesen Funktionen ermöglichen wir Ihnen, sich einfach über Ihren Login sozialer Netzwerke einzuloggen. Rechtsgrundlage für die Nutzung der Plug-ins ist Art. 6 Abs. 1 S. 1 lit. a DS-GVO, dh die Einbindung erfolgt nur nach Ihrer Einwilligung.

(2) Der Plug-in-Anbieter verarbeitet die über Sie erhobenen Daten als Nutzungsprofile und nutzt diese für Zwecke der Werbung, Marktforschung und/oder bedarfsgerechten Gestaltung seiner Website. Eine solche Auswertung erfolgt insbesondere (auch für nicht eingeloggte Nutzer) zur Darstellung von bedarfsgerechter Werbung und um andere Nutzer des sozialen Netzwerks über Ihre Aktivitäten auf unserer Website zu informieren. Ihnen steht ein Widerspruchsrecht gegen die Bildung dieser Nutzerprofile zu, wobei Sie sich zur Ausübung dessen an den jeweiligen Plug-in-Anbieter wenden müssen. Die Datenweitergabe erfolgt unabhängig davon, ob Sie ein Konto bei dem Plug-in-Anbieter besitzen und dort eingeloggt sind. Wenn Sie bei dem Plug-in-Anbieter eingeloggt sind, werden Ihre bei uns erhobenen Daten direkt Ihrem beim Plug-in-Anbieter bestehenden Konto zugeordnet. Wenn Sie den aktivierten Button betätigen und zB die Seite verlinken, speichert der Plug-in-Anbieter auch diese Information in Ihrem Nutzerkonto und teilt sie Ihren Kontakten öffentlich mit. Wir empfehlen Ihnen, sich nach Nutzung eines sozialen Netzwerks regelmäßig auszuloggen, insbesondere jedoch vor Aktivierung des Buttons, da Sie so eine Zuordnung zu Ihrem Profil bei dem Plug-in-Anbieter vermeiden können.

(3) Die erhobenen Informationen werden auf Servern von Google, auch in den USA, verarbeitet. Für diese Fälle hat sich der Anbieter dem EU-U.S. Privacy Framework unterworfen.

(4) Der Widerruf Ihrer Einwilligung ist jederzeit möglich, ohne dass davon die Zulässigkeit der Verarbeitung bis zum Widerruf berührt wird. Den Widerruf können Sie am einfachsten über unseren Consent-Manager durchführen oder über die Funktionen der Social-Media-Anbieter.

(5) Weitere Informationen zu Zweck und Umfang der Datenerhebung und ihrer Verarbeitung durch den Plug-in-Anbieter erhalten Sie in den im Folgenden mitgeteilten Datenschutzerklärungen dieser Anbieter. Dort erhalten Sie auch weitere Informationen zu Ihren diesbezüglichen Rechten und Einstellungsmöglichkeiten zum Schutze Ihrer Privatsphäre. Adressen der jeweiligen Plug-in-Anbieter und URL der jeweiligen Datenschutzhinweisen: […].

6. Unsere Auftritte in sozialen Netzwerken[9]

(1) Wir haben verschiedene Auftritte in sog. Social-Media-Plattformen. Die Auftritte betreiben wir bei folgenden Anbietern:
[zu benennen mit Namen, Firmierung und Adresse, URL des Auftritts der Unternehmens auf der Plattform und Link zu Informationen zum Datenschutz; zB LinkedIn, Facebook, Instagram, YouTube, TikTok].

(2) Wir greifen für diese Informationsdienste auf die technische Plattform und die Dienste der Anbieter zurück. Wir weisen Sie darauf hin, dass Sie unsere Auftritte bei Social-Media-Plattformen und ihre Funktionen in eigener Verantwortung nutzen. Dies gilt insbesondere für die Nutzung der interaktiven Funktionen (zB Kommentieren, Teilen, Bewerten). Bei Besuch unserer Auftritte erfassen die Anbieter der Social-Media-Plattformen ua Ihre IP-Adresse sowie weitere Informationen, die in Form von Cookies auf Ihrem Endgerät vorhanden sind. Diese Informationen werden verwendet, um uns als Betreiber der Accounts statistische Informationen über die Interaktion mit uns zur Verfügung zu stellen.

(3) Die in diesem Zusammenhang zu Ihnen verarbeiteten Daten werden von den Plattformen verarbeitet und dabei ggf. in Länder außerhalb der Europäischen Union,

insbesondere die USA, übertragen. Die erhobenen Informationen werden auf Servern der Anbieter, auch außerhalb Europas, gespeichert. Für diese Fälle hat sich der Anbieter dem EU-U.S.-Privacy-Framework unterworfen. Sollte der Anbieter nicht zertifiziert sein, haben wird sog. Standarddatenschutzklauseln vereinbart, deren Zweck die Einhaltung eines angemessenen Datenschutzniveaus im Drittland ist. Uns ist nicht bekannt, in welcher Weise die Social-Media-Plattformen die Daten aus Ihrem Besuch unseres Accounts und Interaktion mit unseren Beiträgen für eigene Zwecke verwenden, wie lange diese Daten gespeichert werden und ob Daten an Dritte weitergegeben werden. Die Datenverarbeitung kann sich danach unterscheiden, ob Sie bei dem sozialen Netzwerk registriert und angemeldet sind oder als nicht-registrierter und/oder nicht-angemeldeter Nutzer die Seite besuchen. Beim Zugriff auf einen Beitrag oder den Account wird die Ihrem Endgerät zugeteilte IP-Adresse an den Anbieter der Social-Media-Plattform übermittelt. Wenn Sie als Nutzer aktuell angemeldet sind, kann über ein Cookie auf Ihrem Endgerät nachvollzogen werden, wie Sie sich im Netz bewegt haben. Über in Webseiten eingebundene Buttons ist es den Plattformen möglich, Ihre Besuche auf diesen Webseiten Seiten zu erfassen und Ihrem jeweiligen Profil zuzuordnen. Anhand dieser Daten können Inhalte oder Werbung auf Sie zugeschnitten angeboten werden. Wenn Sie das vermeiden möchten, sollten Sie sich abmelden bzw. die Funktion „angemeldet bleiben" deaktivieren, die auf Ihrem Gerät vorhandenen Cookies löschen und Ihren Browser neu starten.

(4) Wir als Anbieter des Informationsdienstes verarbeiten darüber hinaus nur die Daten aus Ihrer Nutzung unseres Dienstes, die Sie uns bereitstellen und eine Interaktion erfordern. Wenn Sie bspw. eine Frage stellen, die wir nur per E-Mail beantworten können, werden wir Ihre Informationen entsprechend der allgemeinen Grundsätze unserer Datenverarbeitung speichern, die wir in dieser Datenschutzerklärung beschreiben. Rechtsgrundlage für die Verarbeitung Ihrer Daten auf der Social-Media-Plattform ist Art. 6 Abs. 1 S. 1 lit. f DS-GVO.

(5) Zur Ausübung Ihrer Betroffenenrechte können Sie sich sowohl an uns oder an den Anbieter der Social-Media-Plattform wenden. Soweit eine Partei nicht für die Beantwortung zuständig ist oder die Informationen von der anderen Partei erhalten muss, werden wir oder der Anbieter Ihre Anfrage an den jeweiligen Partner weiterleiten. Bitte wenden Sie sich für Fragen über die Profilbildung, Verarbeitung Ihrer Daten bei Nutzung der Website direkt an den Betreiber der Social-Media-Plattform. Bei Fragen zu der Verarbeitung Ihrer Interaktion mit uns auf unserer Seite, schreiben Sie an die oben von uns angegebenen Kontaktdaten.

(6) Welche Informationen die Social-Media-Plattform erhält und wie diese verwendet werden, beschreiben die Anbieter in ihren Datenschutzerklärungen (Link siehe in der obigen Tabelle). Dort finden Sie auch Informationen über Kontaktmöglichkeiten sowie zu den Einstellmöglichkeiten für Werbeanzeigen. Weitere Informationen zu sozialen Netzen und wie Sie Ihre Daten schützen können, finden Sie auch auf www.youngdata.de.

## Anmerkungen

**1.** Gemeinsamer Text für alle „Social-Media-Plug-ins". Trotz der gesunkenen Bedeutung der klassischen „Social-Media-Plug-ins" stellt das Muster dar, wie eine Einbindung erfolgen kann. Das Muster erläutert alle Social-Media-Plug-ins, wie den zuletzt durch den EuGH behandelten „Like-Button“ von Facebook (EuGH 29.7.2019 – C-40/17, MMR 2019, 579 mAnm Moos/Rothkegel) in einem einzelnen Gliederungspunkt, der alle von Art. 13f. DS-GVO verlangten Informationen beschreiben soll. Zwar können auch die verschiedenen Vorschläge der Anbieter verwendet werden, jedoch würde die Datenschutzerklärung dadurch noch länger und unübersichtlicher, zudem werden vielfach keine Texte in Bezug auf die DS-GVO bereitgestellt. Bei Erstellung der Datenschutzerklärung muss eine Einzelfallprüfung des Textes erfolgen. Jedenfalls müssen unter Abs. 1 die verwendeten Plug-ins angegeben werden und in Abs. 5 die jeweiligen Adressen der Anbieter.

**2. Einholung der Einwilligung in die Button-Anzeige.** Bislang wurden die Social-Media-Buttons maßgeblich unter der sog. Zwei-Klick-Lösung diskutiert, also dass die Buttons so in die Website eingebunden waren, dass erst durch den Klick auf den Button die Datenübertragung aktiviert wurde (dazu zB Splittgerber/Splittgerber Social Media S. 155ff.). Die Datenschutzbehörden sahen diese Lösung als sinnvoll an (zB BayLDA Pressemitteilung v. 27.8.2013, www.datenschutz-bayern.de/presse/20130826_SocialPlugins.html). Generell hatten die Aufsichtsbehörden verlangt, dass „der Nutzer die Einwilligung bewusst und eindeutig erteilt hat, sie protokolliert wird, der Inhalt der Einwilligung jederzeit abrufbar ist und ein späterer Widerspruch möglich ist“. Im vom EuGH entschiedenen Fall (EuGH 1.10.2019 – C-673/17, MMR 2019, 732 mAnm Moos/Rothkegel) war gerade keine solche Lösung genutzt worden, sodass es zur Entscheidung kam. Die Verwendung von Plug-ins in Websites unterliegt aufgrund der EuGH-Entscheidungen zum Like-Button, zu den weiteren Fällen der gemeinsamen Verantwortung (→ Form. G. V.) und den Entscheidungen zur Einwilligung in Cookies (→ Form. F. I. 1. Anm. 1) strengen Anforderungen.

Erforderlich für die Verwendung von Social-Media-Buttons ist die Einwilligung der Nutzer vor Einbindung der Plug-ins, da es sich nach Art. 5 Abs. 3 ePrivacy-RL um Funktionen handelt, die für den Nutzer nicht zwingend erforderlich sind. Zwar kann die Anzeige durch die Nutzer, die das Tool nutzen möchten, erwünscht sein. Dennoch führen die Anbieter der sozialen Netzwerke in der Regel Datenverarbeitungen durch, die für die Tool-Nutzung nicht zwingend erforderlich sind. Zur Absicherung der Verarbeitungsvorgänge bieten die Consent-Manager zugleich den Vorteil, dass der Website-Betreiber zu Beginn des Website-Besuchs eine generelle Einwilligung in die Nutzung der Buttons einholen kann und die zwei-stufige Auswahl bereits hier umgesetzt werden kann. Zudem ist zu berücksichtigen, dass die Anbieter inzwischen meist explizit die Einwilligung der Nutzer verlangen (https://developers.facebook.com/docs/plugins/like-button/?locale=de_DE). Das Muster geht daher davon aus, dass für die Social-Media-Buttons eine Einwilligung im Rahmen der Consent Manager (→ Form. F. I. 5. Anm. 1) eingeholt wird.

**3. Verantwortlichkeit für die Datenverarbeitung bei Plug-ins.** Bei Einbindung von Drittanbietern im Online-Bereich und der Bewertung der Verantwortlichkeit nach Art. 4 Abs. 7 DS-GVO können aufgrund des EuGH-Urteils zum Like-Button klare Kriterien festgelegt werden. Der Betreiber der Website entschließt sich dazu, Funktionen auf seine Website einzubauen, über die personenbezogene Daten der Besucher an Dritte weitergeleitet werden und setzt so das „Initial“ der Datenverarbeitung, hat aber keinen Einfluss auf die später bei den Drittanbietern erfolgenden Datenverarbeitung. Laut EuGH besteht eine gemeinsame Verantwortung zwischen

Website- und Social-Media-Anbieter (nur) für die Erhebung und Übermittlung der Daten. Ab Eingang der Daten beim Social-Media-Anbieter ist er allein zuständig (EuGH 29.7.2019 – C-40/17, MMR 2019, 579). Denn die Verarbeitung erfolge im „wirtschaftlichen Interesse von beiden Parteien“, da der Website-Betreiber sein Marketing verbessere und der Plug-in-Anbieter die Informationen für seine eigenen wirtschaftlichen Zwecke verwenden könne (Rn. 80). Aus diesen neuen Maßgaben ergeben sich relative klare Handlungsempfehlungen für Website-Betreiber.

Der Website-Betreiber, der die Social-Media-Plug-ins auf seine Website einbindet, ist für die Verarbeitungsschritte der Erhebung der Daten und Übermittlung an den Anbieter der Plug-ins mitverantwortlich und muss insofern die Vorgaben der DS-GVO einhalten. Daher muss die Information nach Art. 13 DS-GVO dargestellt werden, wozu der obige Text für die Datenschutzerklärung dient. Weiterhin muss die Rechtsgrundlage für die Datenverarbeitung gegenüber den Nutzern abgesichert werden, was durch die Einwilligung der Nutzer erfolgt (→ Anm. 2).

**4. Informationen zu den Anbietern der Plug-ins.** Aufgrund der erteilten Einwilligungen sind die Namen, Adressen und Links zu Datenschutzhinweisen der Social-Media-Anbieter einzeln mitzuteilen. So wird im Rahmen der gemeinsamen Verantwortlichkeit den Anforderungen nachgekommen, die der Website-Betreiber erfüllen kann und auf die weitergehende Verantwortung der Social-Media-Anbieter verwiesen, deren Aufgabe die vollständige Information über die Datenverarbeitung ist.

**5. Einbindung von Feeds aus Social-Media-Accounts.** Verschiedene Social-Media-Anbieter ermöglichen die Einbindung von Account-Inhalten direkt in der Website, was den Vorteil bietet, dass durch Informationen in einem Kanal gleich mehrere Kanäle bespielt werden können. Die in → Anm. 1–4 genannten Pflichten gelten auch hier, insbesondere ist es zu empfehlen, das Einbinden erst nach einer Einwilligung der Nutzer, zB über den Consent-Manager oder einen Button beim Angebot (bspw über ein Angebot wie „Embetty“, https://www.heise.de/news/Embetty-Social-Media-Inhalte-datenschutzgerecht-einbinden-4060362.html) vorzunehmen.

**6. Einbindung von Videos.** Für selbst bei YouTube eingestellte und anschließend in die Website eingebundene Videos gelten ebenfalls die zuvor dargestellten Pflichten. Eine Minimierung der durch YouTube verarbeiteten Informationen – und somit eine erhöhte Absicherung des datenschutzrechtlichen Risikos – kann durch die Verwendung des sog. erweiterten Datenschutzmodus erfolgen (support.google.com/youtube/answer/171780). Die Funktion sollte für eigene Videos bereits im Sinne der Datensparsamkeit nach Art. 25 DS-GVO eingesetzt werden. Wenn Fremdvideos eingebunden werden, kann nicht auf den erweiterten Datenschutzmodus verwiesen werden.

Bei YouTube scheint Google als Betreiber der Plattform davon auszugehen, dass jeder Account-Inhaber ein bloßer Nutzer der Plattform ist. Selbst Unternehmen, die einen Account anlegen, Videos hochladen und anderen Nutzern die Interaktion auf der Unternehmensseite eröffnen, werden keine ergänzenden vertraglichen Bestimmungen wie ein Vertrag zur gemeinsamen Verantwortlichkeit bereitgestellt. Das dürfte rechtlich nicht mehr ausreichend sein, da aufgrund der EuGH-Urteile eine gemeinsame Verantwortlichkeit zwischen YouTube und dem Account-Inhaber anzunehmen sein dürfte. Was für Facebook Fanpages seit EuGH 5.6.2018 – C-210/16, MMR 2018, 591 niemand mehr bestreitet, wird in vielen anderen Bereichen von den diversen Anbietern noch abgelehnt. Google geht in der Datenschutzerklärung bislang selbst davon aus, dass keine gemeinsame Verantwortung besteht und keine Vereinbarung über die gemeinsame Verantwortung zwischen YouTube und Account-Inhabern erforderlich sei. Jedoch scheint diese Frage in der Praxis derzeit kaum eine Rolle zu spielen. Immerhin: Die Thematik des Datentransfers in die USA wurde dadurch gelöst, dass nun das EU-U.S.-Privacy-Framework vorliegt und sich Google entsprechend zertifiziert hat.

**7. Einbindung von Kartendiensten.** Das zuvor Beschriebene gilt auch bei Einbindung von Kartendiensten wie Google Maps, bei dem ebenfalls die Anbieter personenbezogene Daten der Website-Besucher erheben und ggf. mit den bei Google vorhandenen Profilen der Nutzer verknüpfen können. Dies wird in den Google-„Nutzungsbedingungen", auf die in den eingebundenen Karten verlinkt wird, erläutert (www.google.com/intl/de_US/help/terms_maps.html). Daher sind auch insoweit die zuvor beschriebenen Maßnahmen zu ergreifen. Auch hier ist eine gemeinsame Verantwortlichkeit naheliegend, für die Google aber keinen entsprechenden Vertrag bereitstellt.

Ein Beispiel für einen weiteren oft genutzten Kartendienst ist OpenStreetMap, die auch eine API zur Einbindung von Karten in eigene Websites anbieten. Auch hier werden Daten der Nutzer an den Betreiber, die OpenStreetMap Foundation mit Sitz im Vereinigten Königreich, übertragen, siehe unter „Personal data we receive automatically", wiki.osm/foundation.org/wiki/Privacy_Policy. Die Karte bietet den Vorteil, dass keine so umfangreiche Datenerhebung und Profilbildung wie bei anderen Diensten erfolgt, zugleich nunmehr den Nachteil, dass der Sitz im Vereinigten Königreich ist, das inzwischen ein Drittland darstellt. Da (wohl) nur Daten erhoben werden, die für die Anzeige der Karte auf der Website erforderlich sind, kann argumentiert werden, dass nur wegen der Kartennutzung kein Consent-Management erforderlich ist. Jedenfalls ist eine höhere Rechtssicherheit gewährleistet, wenn vor Anzeige einer Website mit der eingebundenen Karte eine Einwilligung eingeholt wird.

**8. Social Sign-in-Buttons.** Weit verbreitet sind die sog. Social Sign-in-Buttons, die einen Login bei verschiedenen Websites mit dem Account eines sozialen Netzwerks ermöglichen. Dabei wird grundsätzlich die passwortlose Authentifizierungsmethode Open Authorization 2 (OAuth2) genutzt und es erfolgen unterschiedlich weite Zugriffe auf die Social Media-Profile der Nutzer (teils nur Name, Fotos, Account, teils das gesamte Profil). Insofern unterliegen auch diese Buttons der klassischen Kritik und bilden Risiken für den Website-Betreiber (zB EuGH 4.10.2024 – C-446/21, Rn.16; www.verbraucherzentrale.de/wissen/digitale-welt/soziale-netzwerke/singlesignon-riskanter-login-fuer-alle-internetseiten-13704). Die vorgenannten rechtlichen Einordnungen gelten auch hier, dh insbesondere, dass eine Einwilligung vor Anzeige der Buttons eingeholt werden sollte.

**9. Social-Media-Auftritte.** Die EuGH-Urteile zur gemeinsamen Verantwortung bei Social-Media-Auftritten führten auch dazu, dass das Unternehmen, das eine Fanpage bzw. einen Account anlegt, eine Datenschutzerklärung bereithalten muss. Der Text kann im Account selbst abgebildet werden, aber auch in der Datenschutzerklärung der Website, auf die aus dem Account verlinkt wird. Inzwischen sehen praktisch alle Anbieter entsprechende Links vor, um auf die Datenschutzerklärung der Website zu verlinken. Der vorliegende Textvorschlag basiert auf einem Muster des LfDI RLP („Muster-Datenschutzerklärung für eine Präsenz auf facebook.com"

v. 30.4.2020, inzwischen nicht mehr abrufbar). Der Mustertext wurde für das vorliegende Muster zur Verwendung für alle Anbieter angepasst und leicht umgearbeitet. Ziel ist, dass alle Accounts bei Anbietern wie LinkedIn, Facebook oder Instagram abgedeckt werden.

## 7. Online-Werbung

Der Markt von Online-Werbung besteht schon lange nicht mehr aus linear ausgestrahlter Werbung, bei der bestimmte Werbeanzeigen allen Nutzern identisch angezeigt werden. Schwerpunkt des Online-Marketings liegt heutzutage in möglichst **individuellen Werbeanzeigen,** die interessenbasiert für die individuellen Nutzer(-gruppen) ausgespielt werden. Selbst personalisierte Anzeigen auf Websites haben nur noch eine begrenzte Reichweite. Höhere Priorität hat inzwischen die Vernetzung personalisierter Werbeanzeigen mit sozialen Netzwerken und der Interaktion mit den Nutzern (weiterhin zur Online-Werbung → Form. I. VI.). Zu Werbemöglichkeiten wie Online-Targeting, Online Behavioral Advertising oder Retargeting existiert praktisch kein Anbieter am Markt, der die Vorgaben europäischen Datenschutzrechts, insbesondere nach der DS-GVO, vollständig einhält. Daher sollten die Nutzung und die Risiken sorgfältig abgewogen werden und eine bedachte Auswahl der Anbieter getroffen werden (mit einem Fokus auf europäische Anbieter).

Die Anzeige von individualisierter Werbung basiert auf einer **Profilbildung** über einen möglichst langen Zeitraum und verschiedene Quellen, in dem ua Suchanfragen, besuchte Websites und gelesene Inhalte oder die Zuordnung zu bestimmten Nutzergruppen berücksichtigt werden. Zu unterscheiden ist nach einerseits prädikativen Profilen, bei denen das individuelle und kollektive Nutzerverhalten beobachtet wird und Gruppenbildungen (zB nach Altersgruppen und Geschlecht) erfolgen oder andererseits expliziten Profilen, durch die eine Person individuell bestimmt wird (zB durch Zuordnung zu einem Log-in eine Website bzw. ein bestehendes Kundenkonto; vgl. Artikel-29-Datenschutzgruppe WP 171 S. 8). Bei der Profilbildung ist zu beachten, dass die Grundsätze aus Art. 5 DS-GVO eingehalten werden, auch bei Zusammenführung verschiedener Quellen (EuGH 4.10.2024 – C-446/21, Rn. 65). Allgemein übliche Werbemaßnahmen sind zudem Retargeting/Remarketing, bei denen Nutzer zu anderen Zeiten und Orten im Netz erneut angesprochen werden können, zB durch Anzeigen von Produkten, die sie zuvor auf anderen Websites besucht hatten oder die für die Nutzer von Interesse sein könnten.

**Technisch** erfolgt das Online-Tracking in der Regel über **Werbe-ID,** bei denen über Cookies, Pixel oder andere Techniken durch die Anbieter von Werbenetzwerken Profile von Nutzern erstellt werden und bei Aufruf einer Website auf Basis des Cookie-Profils die Werbeanzeige geschaltet wird. Durch den Einsatz von Tracking-Pixeln auf diversen Webseiten wird bei dem ersten Besuch eines Nutzers auf einer Website des Werbepartners eine Speicherung von Cookies auf den Endgeräten der Nutzer durch die Werbepartner veranlasst. Durch solche Remarketing-Angebote kann ein Nutzer im Internet „verfolgt" werden und können ihm (vermeintlich) besonders interessante Angebote angezeigt werden. Die eingesetzten Techniken werden stets verfeinert, sodass das Tracking mittels Cookies zusehends an Bedeutung verliert. Vielfach wird das Tracking über sog. Browser-Fingerprints durchgeführt, bei denen Informationen wie die individuelle Einstellung von Bildschirmauflösung,

Farbtiefe, Zeitzone und installierte Plug-ins genutzt werden, um Nutzer bzw. Nutzergruppen zu erkennen. Ein solches Tracking könnte selbst nach Setzen eines Opt-out-Cookies durchgeführt werden. Die Einholung einer Einwilligung vor dem Fingerprinting ist herausfordernd, da bei einem Ablehnen durch den Nutzer auch Betrugserkennung und Spamschutz deaktiviert werden müssten (zu Technik und Rechtslage zB Karg/Kühn ZD 2014, 285). Die Auswahl der Anzeigen erfolgt über sog. **AdTech-Plattformen** meist auf Basis eines Algorithmus, der die Wahrscheinlichkeit berechnet, dass die Anzeige dem Nutzer gefällt (zu Begriffen und Funktionsweise von Online-Werbung zB Baumgartner/Hansch ZD 2020, 435 (435); Rammos DSRITB 2011, 493). Am weitesten verbreitet als Technik für die Online-Werbung sind Real Time Bidding bzw. Programmatic Targeting. Dort werden Plätze für Werbeanzeigen auf Marktplätzen an den jeweils meistbietenden Werbenden „versteigert", abgerechnet meist über „Views" der Website-Besucher in Einheiten wie dem Tausender-Kontakt-Preis. Die Website-Betreiber, die ihre Werbeanzeigen schalten möchten (Publisher) bieten die Werbeplätze auf sog. Supply-Side-Plattformen an, während die Werbenetzwerke auf Demand-Side-Plattformen um den Werbeplatz bieten. Die Entscheidung über die Anzeige der jeweiligen Werbung erfolgt in Millisekunden beim jeweiligen Aufruf der Websites.

Die allgemeine, **grundlegende Rechtslage zum Datenschutz** bei Online-Marketing ist relativ klar, im Detail sind aber diverse Fragen weiterhin offen: Die Einbindung von Online-Marketing-Maßnahmen auf die eigene Website bedarf in aller Regel einer ausdrücklichen **Einwilligung** durch die Nutzer (§ 25 TDDDG). Die Verwendung der eindeutigen Kennziffer auf dem Endgerät einer betroffenen Person, die Verknüpfung mit weiteren Informationen zu Profilen und die werblichen Zwecke führen zu einem klaren Anwendungsbereich (→ Form. F. I. 1. Anm. 1; → Form. F. I. 5. Anm. 1; bereits Artikel-29-Datenschutzgruppe WP 171 S. 15 ff.). Zudem verlangen die meisten Anbieter, dass bei Nutzung der Tools eine Einwilligung durch den Website-Betreiber eingeholt wird und drohen mit Ausschluss aus dem Programm im Falle von Verstößen. So teilt zB Google in ihren „Nutzungsbedingungen für das Google AdSense-Onlineprogramm" (www.google.com/adsense/new/localized-terms, Deutschland, Nr. 10) mit: „Sie werden sicherstellen, dass ein Endnutzer sich mit dem Speichern und dem Zugriff auf Cookies, gerätespezifische Informationen, ortsbezogene oder sonstige Daten auf dem Gerät des Endnutzers im Zusammenhang mit den Diensten einverstanden erklärt, wo dies gesetzlich erforderlich ist." Problematisch bei Einholung der Einwilligung bleibt, dass alle Zwecke und Mittel der Datenverarbeitung der Werbenetzwerke beschrieben werden müssten, die aber oft nur unzureichende Informationen bereitstellen. Daher sollten Website-Betreiber prüfen, ob die Einwilligungen durch einen Consent-Manager oder auf andere Art und Weise eingeholt werden sollen. Darüber hinaus besteht für die Werbenetzwerke die Schwierigkeit, dass nicht jeder Website-Betreiber die Vorgaben an die Einwilligung einhält und dadurch die – auch bei Dritten, also weiteren Teilnehmern im Werbenetzwerk – erhobenen personenbezogenen Daten rechtswidrig weiterverarbeitet werden könnten. Erste gerichtliche Entscheidungen sehen die Werbeplattformen gemeinsam mit den Website-Betreibern in der Haftung (LG Frankfurt a. M. 3.11.2023 – 2–02 O 217/22, GRUR-RS 2024, 19135; Rechtbank Amsterdam 7.6.2024 – C/13/747731/KG ZA 24–199, ECLI:NL:RBAMS:2024:3331, dazu Etteldorf ZD-Aktuell 2024, 01792). Insofern ist davon auszugehen, dass künftig weitergehend eine gemeinsame Haftung von Website-Betreibern und Werbenetzwerken ausgeweitet wird.

Eine weitere Herausforderung bieten die EuGH-Urteile zur **gemeinsamen Verantwortung** (→ Form. G. V.; → Form. I. VI.), deren Anwendung auf Online-Marketing-Maßnahmen zu prüfen ist und deren weitere Entwicklung verfolgt werden muss. Mit der Entscheidung IAB TC-String äußerte sich der EuGH auch ausdrücklich zu Werbenetzwerken (EuGH 7.3.2024 – C-604/22, ZD 2024, 328 mAnm Halim/Marosi; ähnlich zuvor LG München I 29.11.2022 – 33 O 14776/19, MMR 2023, 222 mAnm Halder/Maluszczak). Die EuGH-Entscheidung bestätigt, was nach den bisherigen Maßstäben bereits anzunehmen war und erfordert Anpassungen im Produkt von IAB. Der EuGH bejahte einerseits den Personenbezug des sog. TC-Strings, der ein pseudonymisiertes Profil individueller Nutzereinstellungen über Werbemaßnahmen darstellt. Weiterhin nahm der EuGH eine gemeinsame Verantwortung sogar zwischen der nicht-gewinnorientierten Stelle IAB und den teilnehmenden Unternehmen an, da IAB auf den Framework Einfluss nehme und die Vorgaben zur Datenverarbeitung tätige. Die gemeinsame Verantwortung kann zumindest die Erhebung und Weiterleitung der Daten an den Marketing-Anbieter betreffen (Maßstäbe des Urteils zum Like-Button) oder sogar die gesamte Datenverarbeitung (Maßstäbe insbesondere des Facebook Fanpage-Urteils). Vor der EuGH-Entscheidung wurde in der Literatur bereits teilweise vertreten, dass es sich bei RTB grundsätzlich um eine gemeinsame Verantwortung in Bezug auf alle Arbeitsschritte handele (Baumgartner/Hansch ZD 2020, 435 (438)). So könnten die am Werbenetzwerk Beteiligten die Erfüllung der Informationspflichten an den Website-Betreiber delegieren. Jedoch ist eine abgestufte Bewertung, die die internen Vorgängen bei den jeweiligen Werbenetzwerken konkret prüft, zielführender.

Bei der Frage der Verantwortung kann von verschiedenen Schritten ausgegangen werden. Zunächst gibt es Fälle der **alleinigen Verantwortung,** wenn zB ein Website-Betreiber einen Banner über einen einfachen Link einbaut (was in der Praxis freilich kaum mehr vorkommt). In die nächste Stufe fallen die (weiterhin genutzten) Werbemaßnahmen, bei denen Werbebanner in die Websites mittels eines iFrames/Plug-ins eingebunden werden und die unterschiedliche Werbung anzeigen können. Hier wird davon ausgegangen, dass (nur) **für die Einbindung auf der Website eine gemeinsame Verantwortung** vorliegt (→ Form. I. VI.). Diese Wertung folgt aus den Grundsätzen des EuGH-Urteils zum Like-Button (EuGH 29.7.2019 – C-40/17, ZD 2019, 455 mAnm Hanloser), also dass eine Trennung zwischen der Verantwortung bei Erhebung und späterer Verarbeitung beim Dritten erfolgt. Da der Website-Betreiber über die Einbindung der Tracking-Pixel und Nutzung der Werbenetzwerke entscheidet und hierdurch das weitere Tracking der Nutzer und ggf. eine Übermittlung weiterer Nutzerdaten zum Werbepartner auslöst, ist zumindest insoweit eine Verantwortlichkeit des Website-Betreibers anzunehmen. Darüber hinaus gilt, dass der Verantwortliche keine eigenen Daten speichert oder übermittelt. Er hat keinerlei Einfluss auf die Verarbeitung, außer dass er sie initiiert; er erhält keine für ihn auswertbaren Daten (bereits Alich/Voigt CR 2012, 344 (347)). Anders sind aufgrund der EuGH-Entscheidung zu IAB nun Fälle zu bewerten, in denen Website-Betreiber an einem Werbenetzwerk unter einer **Dach-Organisation** teilnehmen, bei dem letztere konkret die Vorgaben der Datenverarbeitung beschreibt und die Umsetzung bei den Website-Betreibern kontrolliert. Insofern werden nun die meisten Fälle von Online-Marketing als eine gemeinsame Verantwortung einzustufen sein. Das gilt insbesondere für Fälle mit einer detaillierten Einflussnahme auf die Echtzeitversteigerung von Werbeplätzen auf Basis festgelegter technischer Spezifikationen (vgl. Herbrich

ZD-Aktuell 2024, 01623). In die letzte dritte Stufe fallen Fälle des **Remarketing,** bei denen personenbezogene Daten durch die Website-Betreiber an die Werbenetzwerke zur Verfügung gestellt werden, die auch zu eigenen Zwecken die Daten verarbeiten. Hier wird **in aller Regel eine gemeinsame Verantwortung** vorliegen. Bereits zuvor war davon ausgegangen worden, dass die Übermittlung gehashter E-Mail-Adressen zum Zweck der zielgerichteten Werbung mit einem weitreichenden Entscheidungsspielraum des Empfängers bei der Verarbeitung eine Auftragsverarbeitung ausschließe (VGH München 26.9.2018 – 5 CS 18.1157, NVwZ 2019, 171; zuvor VG Bayreuth 8.5.2018 – B 1 S 18.105, ZD 2018, 382). Auszuschließen könnte das vor allem in den Fällen sein, in denen der Anbieter die Daten nicht für eigene Zwecke nutzt (vgl. Jung/Hansch ZD 2019, 143).

Nachfolgend werden Beispiele für Datenschutzerklärungen von besonders praxisrelevanten Angeboten beschrieben, die je nach Einsatz auf der Website in der Datenschutzerklärung (→ Form. F. I. 1.) ergänzt werden können. Die ersten beiden Formulierungsmuster erfassen Dienste, die auf die eigene Website eingebunden werden können; es folgen Texte zu Anzeigen, die in Suchmaschinen ausgespielt werden können und abschließend werden Muster dargestellt, die diese Funktionen verbinden und zudem mit sozialen Netzwerken verknüpft werden.

### 1. Einsatz von Google AdSense[1]

**(1) Diese Website verwendet den Online-Werbedienst Google AdSense, durch den Ihnen auf Ihre Interessen ausgelegte Banner-Werbung angezeigt werden kann, um Sie über unsere Produkte zu informieren. Die Werbeanzeigen sind über den Hinweis „Google-Anzeigen" in der jeweiligen Anzeige erkennbar. Rechtsgrundlage für die Verarbeitung Ihrer Daten ist Art. 6 Abs. 1 S. 1 lit. a DS-GVO, dh die Einbindung erfolgt nur nach Ihrer Einwilligung.**

**(2) Durch den Besuch unserer Website erhält Google die Information, dass Sie unsere Website aufgerufen haben. Dazu nutzt Google einen kurzen Text im Quellcode der Website („Code-Snippet"), um einen Cookie auf Ihrem Rechner zu setzen. Es werden die oben genannten grundlegenden Daten wie IP-Adresse und Zeitstempel übermittelt. Wir erlauben Google, die für die passende Anzeige erforderlichen Informationen über Sie zu erheben, haben aber im Übrigen keine Kenntnis über Umfang der Datenerhebung und Speicherdauer. Wenn Sie mit Ihrem Google-Account eingeloggt sind, können Ihre Daten diesem direkt zugeordnet werden. Wenn Sie die Zuordnung mit Ihrem Google-Profil nicht wünschen, müssen Sie sich ausloggen. Es ist möglich, dass diese Daten an Vertragspartner von Google an Dritte und Behörden weitergegeben werden.**

**[ENTWEDER: Diese Website schaltet über Google AdSense keine Anzeigen von Drittanbietern.] [ODER: Diese Website hat auch Google AdSense-Anzeigen von Drittanbietern aktiviert. Die vorgenannten Daten können daher auch an die mit Google zusammenarbeitenden Drittanbieter (benannt unter https://support.google.com/dfp_sb/answer/94149) übertragen werden.][2]**

**(3) Der Widerruf Ihrer Einwilligung ist jederzeit möglich, ohne dass davon die Zulässigkeit der Verarbeitung bis zum Widerruf berührt wird. Den Widerruf können Sie am einfachsten über unseren Consent-Manager durchführen oder über die folgenden Funktionen: a) durch eine entsprechende Einstellung Ihres Browsers; insbesondere führt die Unterdrückung von Third Party-Cookies dazu, dass Sie keine**

Anzeigen von Drittanbietern erhalten; b) durch Deaktivierung der interessenbezogenen Anzeigen bei Google über den Link https://www.google.com/settings/ads, wobei diese Einstellung gelöscht wird, wenn Sie Ihre Cookies löschen; c) durch Deaktivierung der interessenbezogenen Anzeigen der Anbieter, die Teil der Selbstregulierungs-Kampagne „About Ads" sind, über den Link www.aboutads.info/choices, wobei diese Einstellung gelöscht wird, wenn Sie Ihre Cookies löschen; d) durch dauerhafte Deaktivierung in Ihren Browsern Firefox, Internet Explorer oder Google Chrome unter dem Link https://www.google.com/settings/ads/plugin. Wir weisen Sie darauf hin, dass Sie in diesem Fall ggf. nicht alle Funktionen dieses Angebots vollumfänglich nutzen können.

(4) Weitere Informationen zu Zweck und Umfang der Datenverarbeitung sowie weitere Informationen zu Ihren Rechten und Einstellungsmöglichkeiten zum Schutze Ihrer Privatsphäre erhalten Sie bei: Google Inc., 1600 Amphitheater Parkway, Mountainview, California 94043, USA; Datenschutzbedingungen für Werbung: https://www.google.de/intl/de/policies/technologies/ads.

2. Amazon PartnerNet[3]

(1) Wir sind Teilnehmer des Partnerprogramms „PartnerNet" von Amazon Europe S. à. r.l., also des Werbeprogramms, das zur Bereitstellung eines Mediums für Websites konzipiert wurde, mittels dessen durch die Platzierung von Werbeanzeigen und Links zu amazon.de Werbekostenerstattungen verdient werden können. Wir möchten Ihnen so Werbung anzeigen, die für Sie von Interesse sein kann und unsere Website für unsere Nutzer interessanter zu gestalten. Rechtsgrundlage für die Verarbeitung Ihrer Daten ist Art. 6 Abs. 1 S. 1 lit. a DS-GVO, dh die Einbindung erfolgt nur nach Ihrer Einwilligung.

(2) Für die Bereitstellung der Werbeanzeigen werden statistische Informationen über Sie erfasst, die durch unsere Werbepartner verarbeitet werden. Durch den Besuch auf der Website erhält Amazon die Information, dass Sie die entsprechende Seite unserer Website aufgerufen haben. Dazu ermittelt Amazon über Web Beacons Ihren Bedarf und setzt ggf. ein Cookie auf Ihrem Rechner. Es werden die oben genannten grundlegenden Daten wie IP-Adresse und Zeitstempel übermittelt. Wir haben weder Einfluss auf die erhobenen Daten, noch ist uns der volle Umfang der Datenerhebung und die Speicherdauer bekannt. Wenn Sie bei Amazon eingeloggt sind, können Ihre Daten direkt Ihrem dortigen Konto zugeordnet werden. Wenn Sie die Zuordnung mit Ihrem Amazon-Profil nicht wünschen, müssen Sie sich ausloggen. Es ist möglich, dass Ihre Daten an Vertragspartner von Amazon und Behörden weitergegeben werden. Wir haben weder Einfluss auf die erhobenen Daten, noch ist uns der volle Umfang der Datenerhebung bekannt.

(3) Der Widerruf Ihrer Einwilligung ist jederzeit möglich, ohne dass davon die Zulässigkeit der Verarbeitung bis zum Widerruf berührt wird. Den Widerruf können Sie am einfachsten über unseren Consent-Manager durchführen oder über die Funktionen des Anbieters: a) durch eine entsprechende Einstellung Ihrer Browser-Software, insbesondere führt die Unterdrückung von Drittcookies dazu, dass Sie keine Anzeigen von Drittanbietern erhalten; b) durch Deaktivierung der interessenbezogenen Anzeigen bei Amazon über den Link https://www.amazon.de/gp/dra/info; c) durch Deaktivierung der interessenbezogenen Anzeigen der Anbieter, die Teil der Selbstregulierungs-Kampagne „About Ads" sind, über den Link www.

aboutads.info/choices, wobei diese Einstellungen gelöscht werden, wenn Sie Ihre Cookies löschen.

(4) Die erhobenen Informationen werden auf Servern von Amazon, auch in den USA, gespeichert. Für diese Fälle hat sich der Anbieter nach dem EU-U.S. Privacy Framework verpflichtet und hat zugesagt, bei der internationalen Datenübermittlung anwendbare Datenschutzgesetze einzuhalten.

(5) Weitere Informationen zu Zweck und Umfang der Datenverarbeitung sowie weitere Informationen zu Ihren Rechten und Einstellungsmöglichkeiten zum Schutze Ihrer Privatsphäre erhalten Sie über die oben genannte Datenschutzerklärung hinaus auch bei: Amazon Europe Core S.à.r.l., die Amazon EU S.à.r.l und die Amazon Media EU S.à.r.l., alle drei ansässig in 38, avenue John F. Kennedy, L-1855 Luxemburg; E-Mail: ad-feedback@amazon.de. Weitere Informationen zur Datennutzung durch Amazon erhalten Sie in der Datenschutzerklärung des Unternehmens: https://www.amazon.de/gp/help/customer/display.html/ref=footer_privacy?ie=UTF 8&nodeId=3312401 sowie zu interessenbasierter Werbung unter: https://www.amazon.de/gp/help/customer/display.html?nodeId=G64JFZVFDY66XG9K.

3. Einsatz von Google Ads[4]

(1) Wir nutzen das Angebot Google Ads, um mit Hilfe von Werbeanzeigen auf unsere Angebote aufmerksam zu machen. Sofern Sie über eine Google-Anzeige auf unsere Website gelangen, wird von Google Ads ein Cookie in ihrem Endgerät gespeichert. Rechtsgrundlage für die Verarbeitung Ihrer Daten ist Art. 6 Abs. 1 S. 1 lit. a DS-GVO, dh die Einbindung erfolgt nur nach Ihrer Einwilligung.

(2) Die Werbemittel werden durch Google über sog. „Ad Server" ausgeliefert. Dazu nutzen wir und andere Webseiten sog. Ad Server-Cookies, durch die bestimmte Parameter zur Erfolgsmessung, wie Einblendung der Anzeigen oder Klicks durch die Nutzer, gemessen werden können. Über die auf unserer Website gespeicherten Google Ads-Cookies können wir Informationen über den Erfolg unserer Werbekampagnen erhalten. Diese Cookies sollen nicht dazu dienen, Sie persönlich zu identifizieren. Zu diesem Cookie werden in der Regel als Analyse-Werte die Unique Cookie-ID, Anzahl Ad Impressions pro Platzierung (Frequency), letzte Impression (relevant für Post-View-Conversions) sowie Opt-out-Informationen (Markierung, dass ein Nutzer nicht mehr angesprochen werden möchte) gespeichert.

(3) Die von Google gesetzten Cookies ermöglichen es Google, Ihren Internetbrowser wiederzuerkennen. Sofern ein Nutzer bestimmte Seiten der Webseite eines Ads-Kunden besucht und das auf seinem Computer gespeicherte Cookie noch nicht abgelaufen ist, können Google und der Kunde erkennen, dass der Nutzer auf die Anzeige geklickt hat und zu dieser Seite weitergeleitet wurde. Jedem Ads-Kunden wird ein anderes Cookie zugeordnet, sodass die Cookies nicht über die Webseiten von anderen Ads-Kunden nachverfolgt werden können. Durch die Einbindung von Google Ads erhält Google die Information, dass Sie den entsprechenden Teil unseres Internetauftritts aufgerufen oder eine Anzeige von uns angeklickt haben. Sofern Sie bei einem Dienst von Google registriert sind, kann Google den Besuch Ihrem Account zuordnen. Selbst wenn Sie nicht bei Google registriert sind bzw. sich nicht eingeloggt haben, besteht die Möglichkeit, dass der Anbieter Ihre IP-Adresse in Erfahrung bringt und speichert.

(4) Aufgrund der eingesetzten Marketing-Tools baut Ihr Browser automatisch eine direkte Verbindung mit dem Server von Google auf. Wir selbst erheben in den

genannten Werbemaßnahmen nicht eigenständig personenbezogenen Daten, sondern stellen allein für Google die Möglichkeit zur Erhebung der Daten bereit. Wir erhalten von Google lediglich statistische Auswertungen zur Verfügung gestellt, die Auskunft erteilen, welche Anzeigen wie oft zu welchen Preisen angeklickt wurden. Weitergehende Daten aus dem Einsatz der Werbemittel erhalten wir nicht, insbesondere können wir die Nutzer nicht anhand dieser Informationen identifizieren.[5]

(5) Der Widerruf Ihrer Einwilligung ist jederzeit möglich, ohne dass davon die Zulässigkeit der Verarbeitung bis zum Widerruf berührt wird. Den Widerruf können Sie am einfachsten über unseren Consent-Manager durchführen oder über die folgenden Funktionen: a) durch eine entsprechende Einstellung Ihrer Browser-Software, insbesondere führt die Unterdrückung von Drittcookies dazu, dass Sie keine Anzeigen von Drittanbietern erhalten; b) indem Sie Ihren Browser so einstellen, dass Cookies von der Domain „www.googleadservices.com" blockiert werden, https://www.google.de/settings/ads, wobei diese Einstellung gelöscht werden, wenn Sie Ihre Cookies löschen; c) durch Deaktivierung der interessenbezogenen Anzeigen der Anbieter, die Teil der Selbstregulierungs-Kampagne „About Ads" sind, über den Link https://www.aboutads.info/choices, wobei diese Einstellung gelöscht wird, wenn Sie Ihre Cookies löschen; d) durch dauerhafte Deaktivierung in Ihren Browsern Firefox, Internetexplorer oder Google Chrome unter dem Link https://www.google.com/settings/ads/plugin.

(6) Weitere Informationen zum Datenschutz bei Google Ireland Limited, Gordon House, Barrow Street Dublin 4, Irland, finden Sie hier: https://www.google.com/intl/de/policies/privacy und https://services.google.com/sitestats/de.html.

4. Google Conversion Tracking[6]

(1) Wir nutzen Google Ads mit der zusätzlichen Anwendung „Google Conversion Tracking". Hierbei handelt es sich um ein Verfahren, mit dem wir den Erfolg unserer Werbekampagnen prüfen können. Dazu werden die Werbeanzeigen mit einer technischen Vorkehrung, zB einer ID versehen, mit der wir feststellen können, wie ein Nutzer nach dem Klick auf die Werbeanzeigen interagiert und ob eine unserer Leistungen tatsächlich in Anspruch genommen wird. Dadurch erhalten wir in statistischer Form Informationen über Gesamtzahl der Leser unserer Anzeigen, welche Anzeigen besonders beliebt sind und ggf. weitere Informationen über Folgen aus der Anzeige.

(2) Rechtsgrundlage für die Verarbeitung Ihrer Daten ist auch insoweit Art. 6 Abs. 1 S. 1 lit. a DS-GVO, dh die Einbindung erfolgt nur nach Ihrer Einwilligung. Sie können die Conversion-Tracking-Funktion genauso verhindern oder nicht mehr nutzen, wie es zuvor zu Google Ads beschrieben wurde.

5. Google Remarketing[7]

(1) Wir nutzen Google Ads mit der zusätzlichen Anwendung „Google Remarketing". Mit diesem Verfahren können wir Werbeanzeigen auf Basis vorhandener Informationen über Sie erstellen und Sie bei Ihrer weiteren Internetnutzung erneut ansprechen. Dies erfolgt mittels bei Besuch unserer Angebote gesetzter Cookies, über die Ihr Nutzungsverhalten bei Besuch verschiedener Websites durch Google erfasst und pseudonymisiert ausgewertet wird. Eine Zusammenführung der im Rahmen des Remarketings erhobenen Daten mit Ihren personenbezogenen Daten, die ggf. von Google gespeichert werden, findet laut den Aussagen von Google nicht statt.

(2) Rechtsgrundlage für die Verarbeitung Ihrer Daten ist auch insoweit Art. 6 Abs. 1 S. 1 lit. a DS-GVO, dh die Einbindung erfolgt nur nach Ihrer Einwilligung. Sie können die Remarketing-Funktion genauso verhindern oder nicht mehr nutzen, wie es zuvor zu Google Ads beschrieben wurde.[8]

6. LinkedIn Insight-Tag[9]

(1) Weiterhin verwendet die Website das sog. LinkedIn Insight-Tag (bzw. LinkedIn Pixel) der LinkedIn Ireland Unlimited Company („LinkedIn"). Durch die Einbindung dieses JavaScript-Tags können Ihnen als Nutzer unserer Website im Rahmen des Besuchs des sozialen Netzwerkes LinkedIn oder anderer Websites, die ebenfalls das Verfahren nutzen, interessenbezogene und für Sie relevante Werbeanzeigen („Ads") darstellen und wir erhalten Statistiken über die Website-Besucher und Demographien. Weiterhin können wir Ihre Nutzung unserer LinkedIn-Werbung und das Interesse an unseren Angeboten, mittels einer Conversion Tracking-Funktion auswerten und Ihnen LinkedIn-Anzeigen über das Retargeting auch auf anderen Websites anzeigen. Wir verfolgen damit das Interesse, die Wirksamkeit der LinkedIn-Werbeanzeigen verbessern und unsere Website für Sie interessanter zu gestalten.

(2) Durch Einbindung des LinkedIn Insight-Tags baut Ihr Browser automatisch eine direkte Verbindung mit dem Server von LinkedIn auf, sowohl bei Besuch der LinkedIn-Website als auch von Webseiten, die den LinkedIn Insight-Tag eingebaut haben. Für die Erhebung Ihrer Nutzungsdaten bei Besuch unserer Website und die Übermittlung an den Anbieter sind LinkedIn und wir gemeinsam verantwortlich, aber für die maßgebliche Verarbeitung zur Durchführung der beschriebenen Ziele ist LinkedIn nach Übermittlung der Daten allein verantwortlich. Auf Umfang und Art der Verwendung der Daten durch LinkedIn haben wir keinen Einfluss, wir informieren Sie daher entsprechend unserem Kenntnisstand: Durch die Einbindung des LinkedIn Insight-Tags erhält LinkedIn die Information, dass Sie die entsprechende Webseite unseres Internetauftritts aufgerufen haben, oder eine Anzeige von uns angeklickt haben. Sofern Sie bei einem Dienst von LinkedIn registriert sind, kann LinkedIn den Besuch Ihrem Account zuordnen. Selbst wenn Sie nicht bei LinkedIn registriert sind bzw. sich nicht eingeloggt haben, besteht die Möglichkeit, dass der Anbieter Ihre IP-Adresse, Zeitfenster und weitere Identifizierungsmerkmale in Erfahrung bringt und mit den Ihnen zugeordneten Handlungen verknüpft.

(3) Die Deaktivierung des LinkedIn Insight-Tags und weitere Werbewidersprüche sind in den Einstellungen für Werbeanzeigen unter https://www.linkedin.com/help/linkedin/answer/62931?trk=microsites-frontend_legal_privacy-policy&lang=de-DE und ergänzend unter https://www.linkedin.com/psettings/guest-controls/retargeting-opt-out möglich. Weitere Einstellungsmöglichkeiten und Informationen können Sie dem LinkedIn Privacy Center entnehmen: https://privacy.linkedin.com/de-de?lr=1/.

(4) Rechtsgrundlage für die Verarbeitung Ihrer Daten ist Art. 6 Abs. 1 S. 1 lit. a DS-GVO, dh die Einbindung erfolgt nur nach Ihrer Einwilligung. Sie können Ihre Einwilligung jederzeit widerrufen, am einfachsten über unseren Cookie-Manager. LinkedIn verarbeitet Ihre personenbezogenen Daten auch in den USA und hat sich dem EU-U.S. Privacy Framework unterworfen.

(5) Weitere Informationen zur Datenverarbeitung durch LinkedIn erhalten Sie bei dem Anbieter, LinkedIn Ireland Unlimited Company, Attn: Legal Dept. (Privacy Policy and User Agreement), Wilton Plaza, Wilton Place, Dublin 2, Irland; Informatio-

nen zum LinkedIn Insight-Tag: https://business.linkedin.com/de-de/marketing-solutions/insight-tag?lr=1/; Datenschutzinformationen: https://www.linkedin.com/legal/privacy-policy?trk=homepage-basic_footer-privacy-policy/.

7. Werbung mit Meta (Pixel und Conversion Tracking)[10]

(1) Weiterhin verwendet die Website Werbemaßnahmen der Meta Inc. („Meta"). Durch die Einbindung des sog. „Meta Pixel" auf unserer Website können wir Nutzern unserer Website und der sozialen Netzwerke des Anbieters Meta unsere Werbemaßnahmen („Meta-Werbeanzeigen") anzeigen und die Erfolge messen und bewerten („Conversion Tracking"). Diese Verbindung von Meta und unserer Website erfolgt technisch über das „Meta Pixel". Rechtsgrundlage für die Verarbeitung Ihrer Daten ist Art. 6 Abs. 1 S. 1 lit. a DS-GVO, dh die Einbindung erfolgt nur nach Ihrer Einwilligung.

(2) Aufgrund der eingesetzten Marketing-Tools baut Ihr Browser bei Besuch unserer Website automatisch eine direkte Verbindung mit dem Server von Meta auf. Wir haben keinen Einfluss auf den Umfang und die weitere Verwendung der Daten, die durch den Einsatz dieses Tools durch Meta erhoben werden und stellen Ihnen daher die uns bekannten Vorgänge vor: Durch die Einbindung des Meta Pixels erhält Meta die Information, dass Sie die entsprechende Webseite unseres Internetauftritts aufgerufen haben, oder eine Anzeige von uns angeklickt haben. Sofern Sie bei einem Dienst von Meta registriert sind, kann Meta den Besuch Ihrem Account zuordnen. Selbst wenn Sie nicht bei Meta registriert sind bzw. sich nicht eingeloggt haben, besteht die Möglichkeit, dass der Anbieter Ihre IP-Adresse und weitere Identifizierungsmerkmale in Erfahrung bringt und zur Profilbildung nutzt.

(3) Die erhobenen Informationen werden auf Servern von Meta, auch in den USA, gespeichert. Für diese Fälle hat sich der Anbieter dem EU-U.S. Privacy Framework unterworfen und hat zugesagt, bei der internationalen Datenübermittlung anwendbare Datenschutzgesetze einzuhalten.

(4) Der Widerruf Ihrer Einwilligung ist jederzeit möglich, ohne dass davon die Zulässigkeit der Verarbeitung bis zum Widerruf berührt wird. Den Widerruf können Sie am einfachsten über unseren Consent-Manager durchführen oder indem Sie [hier] klicken. Zudem können eingeloggte Nutzer über die Funktion des Anbieters in dem jeweiligen sozialen Netzwerk widersprechen.

(5) Weitere Informationen zur Datenverarbeitung durch Meta erhalten Sie unter Meta Inc., 1601 S California Ave, Palo Alto, California 94304, USA; Datenschutzerklärung: https://www.facebook.com/privacy/policy/?entry_point=about_fb.

[EVENTUELL ZUSÄTZLICH: (6) Wir nutzen darüber hinaus die Remarketing-Funktion „Custom Audiences" die ebenfalls das Meta Pixel nutzt und bei Ihrem Besuch unserer Website oder anderer Websites, die ebenfalls das Meta Pixel eingebunden haben, interessenbezogene Werbeanzeigen einzublenden. So können wir Ihnen Werbung anzeigen, die für Sie von Interesse ist, um unsere Website für Sie interessanter zu gestalten und unser Angebot zu vermarkten.]

## Anmerkungen

**1. Funktionsweise von AdSense.** Der Dienst Google AdSense stellt Display-Werbung bereit, also Werbebanner, die auf Websites eingebunden werden können und mit denen die Website-Betreiber Einkünfte erzielen können, wenn Besucher auf die Banner klicken. Dazu fügt der Website-Betreiber den Code-Snippet AdSense auf seiner Website ein, Google platziert dann automatisch Anzeigen, die zur Website passen und für Nutzer relevant sein sollen. Werbetreibende geben im Rahmen einer Echtzeitauktion Gebote für die Einblendung von Anzeigen auf Ihren Werbeflächen ab und die Anzeige des Höchstbietenden wird ausgeliefert. Der Website-Betreiber enthält Statistiken und die Abrechnung. Die Einbindung des Dienstes erfordert die Einwilligung der Nutzer und die Information in der Datenschutzerklärung (→ Form. F. I. 7. Vorb.).

Eine Schwierigkeit stellt es derzeit dar, dass der Dienst als gemeinsame Verantwortung bewertet werden dürfte, zumindest für Erhebung und Weiterleitung der Daten von der Website an Google (generell → Form. F. I. 7. Vorb.). Dennoch geht Google davon aus, dass der Dienst in den Anwendungsbereich der „Datenverarbeitungsbedingungen zwischen Verantwortlichen für Google Werbeprodukte" falle (https://privacy.google.com/businesses/adsservices/). Als Vertragswerk wendet Google die „Datenverarbeitungsbedingungen zwischen Verantwortlichen für Google Werbeprodukte" an, die ebenfalls eine gemeinsame Verantwortung verneinen (https://privacy.google.com/businesses/controllerterms/). Da die Rechtslage derzeit aber noch nicht eindeutig geklärt ist, kann die Darstellung für Betroffene derzeit anhand des Vorgehens von Google erfolgen. Website-Betreiber als Nutzer von Google AdSense müssen sich also derzeit der Risiken der Nutzung bewusst sein und sollten die weiteren Diskussionen und Entwicklungen regelmäßig weiterverfolgen.

Weiterhin schließt Google keine Standarddatenschutzklauseln zur Absicherung internationale Datentransfers, da nach Aussagen von Google keine EU-Werbedaten in die USA übermittelt werden, sondern die irische Gesellschaft alleine verantwortlich sei (Nr. 5.3 der Datenverarbeitungsbedingungen für Werbeprodukte: „[…] die Standardvertragsklauseln für Verantwortliche, soweit der Kunde europäische personenbezogene Daten eines Verantwortlichen an Google übermittelt, nicht erforderlich sind, da sich die Adresse von Google Ireland Limited (der betreffende Letztverantwortliche) in einem angemessenen Land befindet und entsprechende Übermittlungen erlaubte europäische Übermittlungen darstellen."). Daher ist im Muster kein Hinweis auf die US-Transfers und deren Absicherung aufgenommen. Insoweit bleibt aber abzuwarten, ob diese Angaben noch geändert werden oder die Datenschutz-Aufsichtsbehörden zu einer anderen Bewertung kommen.

**2. Übermittlung an Drittanbieter.** Wenn Anzeigen von Drittanbietern aktiviert sind, werden personenbezogene Daten nicht nur an Google und direkte Partner, sondern weiterhin an diverse Drittanbieter weitergegeben. Dabei ist völlig unklar, welche Daten an welche weltweiten Anbieter weitergegeben werden und wie sie verarbeitet werden (zur Unwirksamkeit einer Einwilligung bei ca. 56 genannten Fremdanbietern zB OLG Frankfurt a. M. 17.12.2015 – 6 U 30/15, MMR 2016, 245 mAnm Meyer/Lachenmann). Es wird daher empfohlen, die von Google bereitgestellte Funktion zu deaktivieren und Drittanbieter nicht zuzulassen: https://support.google.com/admanager/answer/94149.

**3. Einbindung des Amazon Partnerprogramms „PartnerNet".** Das Programm „PartnerNet" ist ein Affiliate-Marketing-Programm, mit dem Website-Betreiber und ähnliche Content-Ersteller ihre Angebote monetarisieren können. Dazu werden Amazon-Widgets in verschiedenen Stilen, zB empfohlene Produktlinks oder Self-

Optimizing-Links, in das Angebot eingebunden. Klicken Nutzer auf dem eigenen Angebot auf die Amazon-Links, erhält der Content-Anbieter dafür eine Provision, die je nach Produktkategorie variiert. Amazon nutzt dazu sehr kurze Cookie-Laufzeiten, sodass ein Käufer nach Klick auf den eingebundenen Affiliate-Link innerhalb eines Tages etwas kaufen muss, um eine Provision zu erhalten. Natürlich stellt Amazon Partnernet Statistiken bereit, mit denen die Entwicklung der eigenen Einnahmen beobachtet und optimiert werden kann.

Maßgebliches Vertragsdokument zwischen Nutzer und Amazon sind derzeit die „Vereinbarung zur Teilnahme am Amazon-Partnerprogramm", die mit Stand v. 1.3.2024 verfügbar sind (https://partnernet.amazon.de/help/operating/agreement). Dort wird der Nutzer ua wie folgt verpflichtet: „Sie gewährleisten und sichern zu, dass […] (b) weder Ihre Teilnahme am Partnerprogramm noch die Erstellung, Pflege oder der Betrieb Ihrer Website gegen anwendbare gesetzliche Bestimmungen, […] (einschließlich der Bestimmungen zu elektronischer Kommunikation, Datenschutz, Werbung und Marketing) verstoßen". Einerseits verlangt Amazon also eine praktisch kaum umsetzbare Zusicherung, sämtliche gesetzliche Vorgaben auch auf der eigenen Website einzuhalten, andererseits werden kein Mustertext oder sonstige grundlegende Vorgaben/Informationen zur Nutzung des Partnerprogramms bereitgestellt. Der vorliegende Text ist daher ein individueller Vorschlag, der im Einzelfall zu überprüfen ist.

**4. Technik von Google Ads.** Das Angebot Google Ads bezieht sich auf Werbeanzeigen in der Google-Suche, also für Nutzer, die in der Google-Suche oder auf Google Maps nach Informationen suchen. Die Anzeigen werden auf Basis der von den Nutzern eingegebenen Suchbegriffe erstellt und individuell angezeigt. Die Auswahl der Werbeanzeigen folgt auch hier aus einer Auktion und die jeweilige Anzeige des höchst bietenden Unternehmens wird angezeigt. Werbetreibende legen in der Regel ein monatliches Budget und Höchstpreise für die Anzeigen fest, meist basierend auf dem Return of Investment, also des Vergleichs von möglichem Umsatz und Kosten für die Anzeige. Werbetreibende zahlen nur für Ergebnisse, also zB für Klicks, mit denen Nutzer auf Ihre Website gelangen, oder für Anrufe bei dem Unternehmen. Google optimiert die Technologie nach eigenen Angaben regelmäßig und stellt den Werbetreibenden Berichte und Informationen bereit (https://ads.google.com/home/how-it-works/). Auswertungen für die Werbetreibenden erfolgen hauptsächlich auf Basis der angeklickten Keywords und der ausgewählten Suchanfragen. Die Click-through-Rate kann auch bemessen, wie erfolgreich eine Werbekampagne, Gruppe von Anzeigen oder einzelne Anzeigen sind. Somit stellt sich auch hier die Frage nach dem Vorliegen einer gemeinsamen Verantwortung.

Zu beachten ist zudem, dass eine Verknüpfung von Ads mit weiteren Google-Tools möglich ist. Bspw. kann durch die Verknüpfung von Google Analytics und Ads ein weitergehendes Tracking erreicht werden (zB https://support.google.com/google-ads/answer/7519537?hl=de&ref_topic=3121765). Wenn das der Fall ist, muss je nach konkreter Funktion darüber aufgeklärt werden, entweder beim Kapitel zu Ads oder Funktionen wie dem Conversion-Tracking.

**5. Datenschutzrechtliche Verantwortung laut Google Ads.** Bei der Frage nach der Verantwortung (grundlegend → Anm. 1.) sind verschiedene Funktionen zu trennen. Google unterscheidet zwischen zwei Kernbereichen (https://privacy.google.com/businesses/adsservices/):

Zum einen Google Ads, bei denen eine Verarbeitung „zwischen Verantwortlichen“ stattfinden soll, also eine Übermittlung zwischen eigenständig Verantwortlichen. Das ist zunächst insofern nachvollziehbar, als Google die Werbeanzeigen selbst bereitstellt und der Kunde Informationen über die Anzahl der Klicks und Kosten erhält. Soweit Google die getrennte Verantwortung annimmt, wird ein Vertrag zur Übermittlung geschlossen (https://privacy.google.com/businesses/controllerterms/). Nach Angaben von Google findet insoweit kein internationaler Transfer statt (Nr. 6.3), da die Daten nur durch die Gesellschaft mit Sitz in Irland verarbeitet würden und kein Zugriff durch Google USA erfolge. Auch hier sollte also vorerst von einer getrennten Verantwortung ausgegangen werden, selbst wenn aufgrund der von Google bereitgestellten Statistiken eine gemeinsame Verantwortung bestehen könnte. Es bleibt zu beobachten, wie sich die öffentliche Diskussion und Stellungnahme der Aufsichtsbehörden weiterentwickelt. Dazu sollten auch die Informationen von Google über die Umsetzung von DS-GVO-Vorgaben und die bereitgestellten Verträge weiterverfolgt werden: https://privacy.google.com/businesses/compliance/#!?modal_active=none#gdpr.

Zum anderen nennt Google Einzelleistungen bei Google Ads, die auf Basis einer Auftragsverarbeitung laufen sollen („Auftragsverarbeiterdienste“). Das erfasst insbesondere die Funktionen wie Data Hub (laut Google verarbeitete Daten: Online-Kennzeichnungen (einschließlich Cookie-Kennungen), IP-Adressen, Gerätekennungen, vom Kunden vergebene Kennzeichnungen), Kundenabgleich (Namen, E-Mail-Adressen, Adressen und vom Partner bereitgestellte Kennzeichnungen) oder Ladenverkäufe (Namen, E-Mail-Adressen, Telefonnummern und Adressen). Für diese Fälle wird ein Auftragsverarbeitungsvertrag bereitgestellt (https://privacy.google.com/businesses/processorterms/), in den auch die Standarddatenschutzklauseln für Auftragsverarbeiter (Processor) eingebunden sind (https://privacy.google.com/businesses/processorterms/mccs/). Insofern ist für bestimmte Komponenten ein AV-Vertrag mit SCC vereinbart. Im Falle der Nutzung dieser Komponenten von Google Ads (also insbesondere beim Remarketing, → Anm. 7f.), wäre einerseits auf diese zusätzlichen Funktionen in der Datenschutzerklärung hinzuweisen, andererseits der Text durch einen Hinweis auf die US-Transfers zu ergänzen. Die Formulierung könnte wie folgt lauten:

„Die erhobenen Informationen werden auf Servern von Google, auch in den USA, gespeichert. Für diese Fälle hat sich der Anbieter dem EU-U.S. Privacy Framework unterworfen und hat zugesagt, bei der internationalen Datenübermittlung anwendbare Datenschutzgesetze einzuhalten. Wir haben zudem sog. Standarddatenschutzklauseln mit Google vereinbart, deren Zweck die Einhaltung eines angemessenen Datenschutzniveaus im Drittland ist.“

**6. Conversion-Tracking.** Eine im Online-Marketing viel genutzte Funktion ist das Conversion-Tracking, mit dem der Erfolg von Werbekampagnen überprüft werden kann, indem erfasst wird, was geschieht, nachdem ein Kunde mit den Anzeigen interagiert hat.

Grundsätzlich läuft die Einrichtung wie folgt: Die Werbeanzeigen werden mit einer technischen Vorkehrung, zB einer ID, versehen. So kann ermittelt werden, wie Nutzer nach dem Klick auf die Werbeanzeigen interagieren, was insbesondere durch einen Abgleich mit einem auf der Website oder mobilen App eingebundenen Conversion-Tracking-Tag oder Code-Snippet möglich ist. Durch Nutzung des Conversion-Tracking kann nachvollzogen werden, welche Keywords, Anzeigen, Anzeigengruppen und Kampagnen zu den gewünschten Kundenaktionen führen. Wenn eine Aktion abgeschlossen wird, erkennt das System das Cookie (über das eingefügte Code-Snippet) und der Werbeanbieter erfasst die Conversion. Die Anbieter der Werbenetzwerke erheben die Nutzerdaten und informieren die Werbetreibenden über die Erfolge der Kampagnen über verschiedene Key Performance Indicators (KPI). Die Informationen werden in der Regel zugleich zu Abrechnungszwecken eingesetzt. Am weitesten verbreitet sind die Abrechnungsmethoden Cost per Order (CPO) oder Cost per Lead (CPL).

Der hier dargestellte Text stellt einen Formulierungsvorschlag für die Conversion Tracking-Funktion von Google Ads dar (kann aber für andere Anbieter modifiziert genutzt werden). Zur Nutzung der Funktion müssen im Google Ads-Konto „Conversion-Aktionen" erstellt werden, also ein individuell gewünschtes Ereignis im Rahmen der Kundenaktivität. Dabei kann es sich zB um Websiteaktionen wie Einkäufe oder Anmeldungen auf der Website oder In-App-Aktionen handeln. Nach Einrichtung kann der Werbetreibende in den Berichten Conversion-Tracking-Daten für Ihre Kampagnen, Anzeigengruppen, Anzeigen und Keywords sehen. Google teilt zudem mit, dass das Conversion-Tracking nur bei den Websites erfolge, die die Pixel eingebaut haben und dass die Website-Betreiber verpflichtet seien, die ausreichenden Informationen an die Nutzer zu erteilen und eine Einwilligung einzuholen. (Beschreibung zB unter https://support.google.com/google-ads/answer/1722022?hl=de&ref_topic=3119146).

Die Rechtslage zur Nutzung des Conversion-Tracking bemisst sich nach den genannten Grundlagen, insbesondere ist auch hier bei Einbindung des Code-Snippets eine Einwilligung der Website-Nutzer einzuholen und sicherzustellen, dass ohne Einwilligung kein Tracking erfolgt.

**7. Technik und Risiken von Remarketing.** Der Einsatz von Remarketing-Funktionen ist in der Praxis üblich und weit verbreitet ist, unterliegt zugleich verschiedenen Risiken (kritisch zB BlnDSB Tätigkeitsbericht 2015 S. 138 ff.). Auch bei Nutzung dieser weiteren Funktion ist in der Datenschutzerklärung zu informieren und die Einwilligung zu Beginn des Nutzungsvorgangs einzuholen. Ein Verantwortlicher sollte sorgfältig abwägen, ob er tatsächlich ein Remarketing durchführen möchte. Denn zum einen führt ein solches zu einem erheblichen Kontrollverlust hinsichtlich der erhobenen Daten, zum anderen wird in der Regel zumindest teilweise eine gemeinsame Verantwortung vorliegen.

Mit Remarketing können Werbetreibende Werbeanzeigen erstellen, die auf den Daten ihrer Nutzer basieren. Der Werbetreibende stellt dem Remarketing-Anbieter Informationen zur Verfügung, die der Remarketing-Anbieter Nutzerkonten zuordnen oder in Remarketing-Werbe-Listen aufnehmen kann, zudem können ähnliche Zielgruppen erstellt und dynamische Anzeigen auf Basis der Daten ausgeliefert werden. Durch den Abgleich solcher Kundenlisten können die Remarketing-Anbieter detailgenaue Werbeanzeigen für Nutzer vorbereiten und diese im Netz vielfach wiedererkennen. So kann also stark personalisierte Werbung geschaltet werden, zugleich erhalten mehrere beteiligte Stellen sehr genaue Informationen über die Nutzer.

Remarketing bietet also nicht nur Risiken für Betroffene, über die ein hohes Maß an Daten verarbeitet wird, sondern auch für die Unternehmen, da Informationen über deren Kunden an Dritte weitergegeben und für deren eigene Zwecke weiterverarbeitet werden. Bspw. teilt Google den Werbetreibenden einerseits mit, dass „mit Ihren Remarketing-Daten möglicherweise andere relevante Zielgruppen für Sie ermittelt" und dass „zusammengefasste und anonymisierte Remarketing Daten dazu verwendet [werden], den Erfolg aller Werbetreibenden zu steigern", andererseits dass ein hoher Schutzstandard auch für die Werbetreibenden gewährleistet sei (https://support.google.com/google-ads/answer/7664943?hl=de&ref_topic=10070268). Zudem besteht das Risiko, dass die Remarketing-Anbieter die Informationen für eine eigene Monetarisierung der Daten nutzen. Bspw. führt der Anbieter Criteo in Nr. 3 der AGB (Version 2.4 v. 15.1.2021) aus: „Der Partner muss [...] alle anderen Voraussetzungen und Spezifikationen einhalten, die Criteo zu gegebener Zeit schriftlich übermitteln kann". Ähnliche Klauseln finden sich bei anderen namhaften Anbietern. Dies erhöht die wirtschaftliche Bedeutung des Datensatzes erheblich, da derartige Daten sehr gefragt sind. Dadurch bestimmen die Anbieter selbst über Zwecke und Mittel der Verarbeitung und monetarisieren die vom Werbetreibenden bereitgestellten Daten. Anbieter sollten daher eine sorgfältige Entscheidung treffen, ob die wirtschaftlichen Vorteile des Retargetings mit dem Verlust der Hoheit über die Nutzerdaten aufgewogen werden können.

Falls Tools aus der „Google Marketing Platform" genutzt werden, müssen diese weitergehend beschrieben werden. Mit dem Tool können programmatische Werbekampagnen mit Audience-Daten verbunden werden, dh es wird die Möglichkeit zur Bildung tiefer Nutzerprofile ermöglicht. Die früheren DoubleClick-Produkte wurden maßgeblich in das Modul Display & Video 360 eingebunden. Die Auswahl der jeweiligen Tools erfolgt über das Integration Center. Wenn der Dienst genutzt wird, gelten ebenfalls die beschriebenen Vorgaben, also die Einwilligung über das Consent-Management einzuholen und die Information in der Datenschutzerklärung aufzunehmen. Da die „Google Marketing Platform" verschiedene Tools enthält, müssen den Nutzern die jeweils genutzten einzelnen Funktionen beschrieben und für das einzelne Tool die rechtliche Absicherung sichergestellt werden.

**8. Datenschutzrechtliche Verantwortung laut Google Remarketing.** Bei Nutzung der Remarketing-Funktion stellt sich vordringlich die Frage der Verantwortung für die Datenverarbeitung. Vor dem Hintergrund der EuGH-Urteile erscheint es naheliegend, dass bei Remarketing eine gemeinsame Verantwortung vorliegt (→ Anm. 5). Denn durch die Verknüpfung von Daten der Besucher aller Websites, die Remarketing-Funktionen einsetzen, können Verknüpfungen der Daten hergestellt werden und der Remarketing-Anbieter stellt dem Werbetreibenden statistische Informationen bereit. Weiterhin teilt Google, wie in der vorherigen Anmerkung aufgezeigt, ausdrücklich mit, dass „zusammengefasste und anonymisierte Remarketing-Daten dazu verwendet [werden], den Erfolg aller Werbetreibenden zu steigern". Es werden also personenbezogene Daten des Werbetreibenden an den Remarketing-Anbieter übermittelt, der die Informationen zu eigenen Zwecken weiterverarbeitet und die Daten unbekannten Dritten zur Verfügung stellt. Zwar sind die Daten grundsätzlich mittels SHA256 gehasht, dennoch bleiben die Daten personenbezogen und dem Risiko einer Re-Identifizierung ausgesetzt. Daher wird nach den Vorgaben des EuGH davon auszugehen sein, dass eine gemeinsame Verantwortung vorliegt.

Demgegenüber geht Google davon aus, dass für Google Ads, auch bei Nutzung weiterer zugehöriger Funktionen, eine Übermittlung zwischen eigenständig Verantwortlichen vorliegen solle. Jedoch nennt Google Einzelleistungen bei Google Ads, die keine solche Übermittlung darstellen sollen. Davon erfasst sind wohl teilweise Remarketing-Funktionen, wie der Kundenabgleich (bei dem Namen, E-Mail-Adressen, Adressen und vom Partner bereitgestellte Kennzeichnungen verarbeitet werden). Für diese Fälle soll allerdings eine Auftragsverarbeitung einschlägig sein. Auch vorliegend sollte diese Rechtslage, bei allen Zweifeln und Risiken, derzeit als gegeben hingenommen werden, um die Darstellung einheitlich mit der Google-Dokumentation auszugestalten. Die aktuellen Entwicklungen müssen aber stets geprüft und ggf. Anpassungen vorgenommen werden.

**9. LinkedIn Insight-Tag.** Von dem beruflichen sozialen Netzwerk LinkedIn wird eine eigene Technik zur Bereitstellung von Werbung in- und außerhalb der Plattform angeboten. Das sog. LinkedIn Insight-Tag kann in eigene Websites eingebunden werden, sodass die Messungen des Besuchs der eigenen und ggf. fremden Websites möglich sind und die Informationen von LinkedIn für Werbeanzeigen ausgetauscht werden können.

Die Rechtslage bemisst sich auch hier nach den genannten Grundlagen, insbesondere ist bei Einbindung des Pixels eine Einwilligung der Website-Nutzer einzuholen und sicherzustellen, dass ohne Einwilligung kein Tracking erfolgt. Die von LinkedIn bereitgestellten Opt-out-Funktionen sind nicht eindeutig und unübersichtlich dargestellt (vgl. auch die Entscheidung LG Berlin 24.8.2023 – 16 O 420/19, GRUR-RS 2023, 30320), sodass vorliegend auf mehrere Opt-out-Links verwiesen wird.

**10. Werbefunktionen mittels des „Meta Pixel".** Der „Meta Pixel" ist der Teil des Facebook-Werbeprogramms, der als JavaScript-Code auf der Website eines Werbetreibenden eingebunden wird und über den Funktionen wie Conversion-Tracking (Prüfung des Erfolgs; → Anm. 6) oder Retargeting („Nachverfolgung" der Nutzer, → Anm. 7 f.) gesteuert werden können. Zwar können Werbeanzeigen auch ohne den Pixel bei den Angeboten von Meta ausgesteuert werden, aber dann wäre keine Messung des Erfolgs der Anzeigen möglich, sodass Werbeanzeigen ohne Pixel in der Praxis kaum eine Rolle spielen und grundsätzlich die Conversion-Tracking-Funktion genutzt wird. Zur Nutzung der Marketing-Funktionen wird zunächst innerhalb des Werbekontos ein individueller Pixel-Code erstellt, der anschließend durch den Werbetreibenden in den Code der Website eingebaut wird. Facebook kann dann alle Besuche auf der Website überprüfen und je nach durch den Werbetreibenden festgelegten Standardereignissen oder benutzerdefinierten Aktionen (kleine Ergänzungen des Pixel-Codes) Informationen erlangen und Werbung ausspielen. Hinsichtlich der Profilbildung sind weitere Anpassungen durch Meta zu erwarten, vgl. die Kritik in EuGH 4.10.2024 – C-446/21, Rn. 80.

Weiterhin wird oft die Funktion „Custom Audiences" genutzt, mit der Nutzer(-gruppen) bei späteren Besuchen oder über Websites hinweg wiedererkannt werden und so mit gezielten Werbemaßnahmen angesprochen werden können. Der Werbetreibende kann bei Meta festlegen, nach welchen Regeln die Besucher der Webseite zu einer Zielgruppe hinzugefügt werden sollen. Die verschiedenen Funktionen werden für Websites, Apps, Kundenlisten und Interaktionen angeboten, zudem kann der Werbetreibende auswählen, ob die Werbung auf einzelne Tools beschränkt sein oder ob weitere Angebote von Meta erfasst werden sollen.

Die Rechtslage bemisst sich nach den genannten Grundlagen, insbesondere ist bei Einbindung des Meta Pixels eine Einwilligung der Website-Nutzer einzuholen und sicherzustellen, dass ohne Einwilligung kein Tracking erfolgt. Die von Meta bereitgestellte Opt-out-Funktion ist grundsätzlich nur für eingeloggte Nutzer möglich und es ist unklar, wie weitreichend der Opt-out berücksichtigt wird (zur Kritik BayLDA PM v. 4.10.2017). Daher werden Alternativlösungen durch Drittanbieter bereitgestellt, die als Script in die Website individuell eingebunden werden sollte (zB https://github.com/ovlb/demos/blob/master/lib/FacebookPixelController/FacebookPixelController.js).

## II. Auskunftsrecht der betroffenen Person (Art. 15 DS-GVO)

### 1. Auskunftsverlangen der betroffenen Person

An die
[...] GmbH[1]

[Ort], den [Datum]

Sehr geehrte Damen und Herren,

im Zusammenhang mit der Beantragung eines Bankkredits hat mir meine Hausbank, die X AG mitgeteilt, dass ein Kredit mir nicht zugesagt werden könne, weil mein von Ihnen berechneter „Score-Wert" zu schlecht sei. Mir war bislang nicht bewusst, dass Sie überhaupt Daten über mich speichern. Insbesondere ist mir nicht bekannt, woher diese Daten stammen und in welcher Weise Sie die Daten verarbeiten.[2]

Ich bitte Sie daher gemäß Art. 15 Abs. 1 DS-GVO um Bestätigung, ob Sie mich betreffende personenbezogene Daten verarbeiten.[3] Sollte dies tatsächlich der Fall sein, so bitte ich Sie um Auskunft über diese personenbezogenen Daten und alle in Art. 15 Abs. 1 DS-GVO genannten weiteren Informationen[4] sowie um eine Kopie dieser Daten.[5]

Dies betrifft insbesondere, aber nicht ausschließlich, die Zwecke der Verarbeitung meiner Daten, die Empfänger, gegenüber denen Sie die Daten offengelegt haben oder dies noch beabsichtigen, alle verfügbaren Informationen über die Herkunft der Daten[6] sowie aussagekräftige Informationen über die involvierte Logik der automatisierten Entscheidungsfindung.[7] Sollten Sie meine personenbezogenen Daten in das Ausland übermitteln, bitte ich außerdem um Auskunft über die geeigneten Garantien gemäß Art. 46 DS-GVO mit Blick auf diese Übermittlung.[8]

Zur Erteilung dieser Auskünfte setze ich Ihnen eine Frist[9] von einem Monat, also bis einschließlich

[Datum] (Eingang hier).

Sollten Sie die Auskünfte nicht fristgerecht oder nicht vollständig erteilen, behalte ich mir weitere Schritte vor.[10]

Mit freundlichen Grüßen
[Unterschrift][11]

#### Anmerkungen

**1. Auskunftspflichtige Stelle.** Zur Auskunft ist der Verantwortliche verpflichtet, also die natürliche oder juristische Person, Behörde, Einrichtung oder andere Stelle, die allein oder gemeinsam mit anderen über die Zwecke und Mittel der Verarbeitung von personenbezogenen Daten entscheidet (Art. 4 Nr. 7 DS-GVO). Da aus Sicht der anspruchsberechtigten betroffenen Person (Art. 4 Nr. 1 DS-GVO) nicht immer klar ist, ob eine bestimmte Stelle überhaupt personenbezogene Daten dieser Person verarbeitet (und damit „Verantwortlicher" iSd DS-GVO ist), ist der Auskunftsanspruch nach Art. 15 Abs. 1 DS-GVO zweistufig gestaltet: In einem ersten Schritt kann die betroffene Person eine „Bestätigung" darüber verlangen, ob die betreffende Stelle ihre personenbezogenen Daten verarbeitet. Fällt diese Bestätigung positiv aus, so besteht Anspruch in dem in Art. 15 Abs. 1 und 2 DS-GVO definierten Umfang, andernfalls besteht Anspruch auf eine Negativauskunft (→ Anm. 3). Grenzen der Auskunftspflicht ergeben sich aus Art. 12 DS-GVO. So besteht keine Auskunftspflicht, wenn der Verantwortliche glaubhaft machen kann, nicht im Stande zu sein, die betroffene Person zu identifizieren (Art. 12 Abs. 2 S. 2 iVm Art. 11 Abs. 2 DS-GVO).

Offensichtlich unbegründete oder „exzessive" Anträge muss der Verantwortliche nicht beantworten (Art. 12 Abs. 5 S. 2 lit. b DS-GVO), alternativ hat er in einem solchen Fall die Möglichkeit, ein angemessenes Entgelt für die Bearbeitung zu verlangen (Art. 12 Abs. 5 S. 2 lit. a DS-GVO). Von einem exzessiven Antrag ist nach dem Wortlaut der Vorschrift jedenfalls dann auszugehen, wenn dieser (ohne tragfähigen Grund) häufig gleichlautend wiederholt wird, wobei zu berücksichtigen ist, dass der Betroffene sein Auskunftsrecht durchaus in angemessenen Abständen wiederholt wahrnehmen darf („problemlos und in angemessenen Abständen", Erwgr. 63 S. 1 DS-GVO). In diesem Zusammenhang wird vertreten, dass ein Antrag pro Quartal üblicherweise noch angemessen sein dürfte (Gola/Heckmann/Franck DS-GVO Art. 12 Rn. 35). Zulässig dürften darüber hinaus wiederholende Anträge sein, wenn aus Sicht des Betroffenen ein entsprechender Anlass besteht, etwa wenn Änderungen im Datenbestand zu erwarten sind oder überprüft werden soll, ob einem Berichtigungs- oder Löschungsbegehren tatsächlich nachgekommen wurde. Ob darüber hinaus auch der „unverhältnismäßige Umfang" zu einem Verweigerungsrecht führen kann (so Paal/Pauly/Paal DS-GVO Art. 12 Rn. 64), erscheint zweifelhaft, da der Betroffene auch und gerade in dem Fall, dass seine Daten in ganz erheblichem Umfang durch Dritte verarbeitet werden, einen Auskunftsanspruch haben muss und sich eine entsprechende Einschränkung dem Wortlaut des Gesetzes nicht entnehmen lässt. Zudem geht Erwgr. 63 S. 7 DS-GVO davon aus, dass der Verantwortliche in solchen Fällen eine Präzisierung von der betroffenen Person darüber verlangen kann, auf welche Information oder welche Verarbeitungsvorgänge sich ihr Auskunftsersuchen bezieht, bevor er ihr Auskunft erteilt. Klar ist jedenfalls, dass die Beweislast für den exzessiven Charakter einer Anfrage beim Verantwortlichen liegt (Art. 12 Abs. 5 S. 3 DS-GVO). Insofern dürften hohe Anforderungen gelten (NK-DatenschutzR/Dix DS-GVO Art. 12 Rn. 31). Als exzessiv gelten auch Anträge, die offenkundig unbegründet sind (Art. 12 Abs. 5 S. 2 DS-GVO).

In Rechtsprechung und Literatur umstritten war auch die Frage, ob einem Auskunftsverlangen der Einwand des Rechtsmissbrauchs entgegengehalten werden kann. Insoweit wurde insbesondere vertreten, dass Rechtsmissbräuchlichkeit dann anzunehmen sein könne, wenn der Anspruchsteller „datenschutzfremde Ziele" verfolgt (eine ausführliche Darstellung der einschlägigen Rechtsprechung findet sich bei Leibold ZD-Aktuell 2023, 01373). Dem hat der EuGH zwischenzeitlich eine klare Absage erteilt (EuGH 26.10.2023 – C-307/22, MMR 2023, 939 Rn. 52).

Gesetzliche Ausnahmen von dem Recht auf Auskunft ergeben sich aus §§ 27 Abs. 2, 28 Abs. 2, 29 Abs. 1 S. 2, 34 BDSG.

Mit Blick auf die erheblichen Sanktionen, die im Fall einer unberechtigten Auskunftsverweigerung verhängt werden können, ist dem Verantwortlichen anzuraten, im Zweifelsfall eher großzügig mit dem Auskunftsanspruch des Betroffenen zu verfahren.

**2. Form und Begründung des Auskunftsverlangens.** Der Antrag des Betroffenen kann formfrei gestellt werden, nachdem das Gesetz keine besonderen Formvorgaben macht (vgl. Taeger/Gabel/Mester DS-GVO Art. 15 Rn. 14). Zu beachten ist allerdings, dass gem. Art. 15 Abs. 3 S. 3 DS-GVO ein elektronisches Auskunftsverlangen dazu führt, dass die Antwort in einem „gängigen elektronischen Format" zur Verfügung gestellt werden muss, wobei die Vorschrift keine Anhaltspunkte zur Beantwortung der Frage enthält, was ein „gängiges" elektronisches Format ist. Man wird wohl davon ausgehen dürfen, dass insbesondere solche Formate, die mit weit verbreiteter oder frei verfügbarer Software gelesen werden können, als „gängig" anzusehen sind (BeckOK DatenschutzR/Schmidt-Wudy DS-GVO Art. 15 Rn. 46.1). Nach Erwgr. 59 S. 2 DS-GVO soll der Verantwortliche „auch dafür sorgen, dass Anträge elektronisch gestellt werden können, insbesondere wenn die personenbezogenen Daten elektronisch verarbeitet werden". Da dieser Appell indes nur in den Erwägungsgründen seinen Niederschlag gefunden hat, wird man daraus keine rechtlich sanktionierte Verpflichtung ableiten können, zumal selbst die Formulierung im Erwägungsgrund nicht als feststehende Verpflichtung, sondern lediglich als „Soll" formuliert ist.

Das Auskunftsverlangen bedarf im Grundsatz (zu möglichen Ausnahmen sogleich näher) keiner Begründung (Taeger/Gabel/Mester DS-GVO Art. 15 Rn. 14 mwN). Die im hier vorgeschlagenen Formular enthaltene Begründung ist daher entbehrlich, wenngleich es umgekehrt nicht schädlich ist, dem Antrag ggf. eine knappe Begründung voranzustellen, die es dem Verantwortlichen im Einzelfall unter Umständen leichter machen kann, den Betroffenen zu identifizieren (vgl. Erwgr. 63 S. 7 DS-GVO). Zu beachten ist, dass einige Auskünfte nur unter bestimmten Voraussetzungen erteilt werden müssen. Dies betrifft beispielsweise die Auskunft über die Herkunft der Daten nach Art. 15 Abs. 1 lit. g DS-GVO, die nur erteilt werden muss, wenn die Daten nicht beim Betroffenen erhoben wurden, die Auskunft über die involvierte Logik bei automatisierter Entscheidungsfindung und Profiling nach Art. 15 Abs. 1 lit. h DS-GVO, oder auch die Auskunft über die geeigneten Garantien, die nur im Fall der Drittstaatenübermittlung erteilt werden muss (Art. 15 Abs. 2 DS-GVO; → Anm. 4). Insofern kann es zumindest sinnvoll sein, darauf hinzuweisen, dass bzw. weshalb man als Betroffener auch insoweit von einer Antwortpflicht ausgeht.

Darüber hinaus könnte sich nach der Rechtsprechung des BGH eine Darlegungslast dann ergeben, wenn das Auskunftsverlangen auf die Übermittlung von Kopien von ganzen Dokumenten bezieht (dazu noch näher unter → Anm. 5). So vertritt der VI. Zivilsenat zumindest implizit die Auffassung, es sei am Betroffenen, dazu vorzutragen, „dass die Kontextualisierung der verarbeiteten Daten erforderlich [sei], um ihre Verständlichkeit zu gewährleisten, sodass ausnahmsweise die Übermittlung einer Kopie" der geforderten Unterlagen nötig wäre (BGH 5.3.2024 – VI ZR 330/21, ZD 2024, 392 Rn. 18; ebenso auch schon in BGH 6.2.2024 – VI ZR 15/23, ZD 2024, 343 Rn. 11 unter Verweis auf die Rechtsprechung des IV. Zivilsenats in IV ZR 177/22, NJW 2023, 3490 Rn. 55). Das erscheint fragwürdig, da der Betroffene im Regelfall gar nichts Näheres über den Kontext der Daten wissen und somit auch nicht darlegen kann, weshalb der Kontext für die Verständlichkeit erforderlich sein könnte. Gerade bei Telefonnotizen, Aktenvermerken und Gesprächsprotokollen, wie sie in der BGH-Entscheidung gegenständlich waren, wird dem Betroffenen eine Darlegung zur Erforderlichkeit der Kontextualisierung, die über den bloßen Hinweis darauf hinausgeht, dass er eben nicht weiß, was der nähere Inhalt dieser Dokumente ist, kaum jemals möglich sein. Es muss gerade umgekehrt die Sache des Verantwortlichen sein, der betroffenen Person durch Kontextualisierung die Auskunft verständlich zu machen. Ob diese Auslegung durch den BGH richtig ist, könnte möglicherweise in Kürze im Rahmen des Vorabentscheidungsersuchens C-203/22 („Dun & Bradstreet Austria") durch den EuGH mitentschieden werden. Generalanwalt de la Tour hat in seinem Schlussantrag zu diesem Verfahren ausgeführt, dass die betroffene Person die an sie gerichteten Informationen in vollem Umfang verstehen können muss, weshalb es sich als erforderlich erweisen könne, die mitgeteilten Informationen zu kontextualisieren, um ihre Verständlichkeit zu gewährleisten (Generalanwalt de la Tour 12.9.2024 – C-203/22, BeckRS 2024, 23490 Rn. 66). Zwar bezogen sich diese Aussagen in erster Linie auf den Fall des Art. 15 Abs. 1 lit. h DS-GVO, allerdings nahm der Generalanwalt gerade zur Frage der Kontextualisierung explizit Bezug auf Art. 15 Abs. 3 S. 1 DS-GVO. Dies deutet stark darauf hin, dass die „Kontextualisierungslast" nicht bei der betroffenen Person, sondern vielmehr beim Verantwortlichen liegen dürfte.

**3. Zweistufiges Auskunftsverfahren.** Das Auskunftsverfahren nach Art. 15 DS-GVO ist zweistufig. Zunächst hat der Betroffene Anspruch auf eine „Bestätigung", dass der Verantwortliche ihn betreffende personenbezogene Daten verarbeitet. Hieraus ergibt sich auch der Anspruch auf eine Negativauskunft (allgM, vgl. nur Taeger/Gabel/Mester DS-GVO Art. 15 Rn. 2; BeckOK DatenschutzR/Schmidt-Wudy DS-GVO Art. 15 Rn. 51; NK-DatenschutzR/Dix DS-GVO Art. 15 Rn. 12).

Wird die Verarbeitung positiv bestätigt, so hat der Betroffene in einem zweiten Schritt Anspruch auf Erteilung der weiteren in Art. 15 Abs. 1 und Abs. 2 DS-GVO genannten Auskünfte. In der Praxis dürfte es sich regelmäßig anbieten, die beiden Stufen des Auskunftsverlangens in einem einzigen Schreiben zusammenzufassen, da zwei getrennte Schritte einen für beide Seiten überflüssigen Aufwand bedeuten würden. Dabei sollte um eine Bestätigung (erste Stufe) gebeten werden und für den Fall, dass diese positiv ausfällt, um die Erteilung der weitergehenden Auskünfte (zweite Stufe). Ein Auskunftsverlangen, das sich dem Wortlaut nach nur auf die zweite Stufe bezieht, dürfte regelmäßig dahingehend auszulegen sein, dass es auch die erste Stufe impliziert (Paal/Pauly/Paal DS-GVO Art. 15 Rn. 21, umgekehrt soll das aber nicht gelten).

**4. Umfang der Auskunftspflicht.** Der Umfang der Auskunftspflicht ist von der jeweiligen Datenverarbeitung durch den Verantwortlichen abhängig und ergibt sich aus Art. 15 Abs. 1 und Abs. 2 DS-GVO. Im Hinblick auf die Empfänger personenbezogener Daten (Art. 15 Abs. 1 lit. c DS-GVO) war umstritten, ob der Verantwortliche ein Wahlrecht darüber hat, ob er über die konkreten Empfänger, oder aber nur über die Kategorien von Empfängern Auskunft erteilt. Der EuGH hat diesen Streit mittlerweile dahingehend entschieden, dass das Recht auf Auskunft grundsätzlich einen Anspruch auf Mitteilung der konkreten Identität von Empfängern der Daten umfasst (EuGH 12.1.2023 – C-154/21, NJW 2023, 973 Rn. 39 – RW/Österreichische Post AG).

Auskünfte über die Herkunft der Daten (Art. 15 Abs. 1 lit. g DS-GVO) müssen nur erteilt werden, wenn die Daten nicht direkt beim Betroffenen erhoben wurden (→ Anm. 6) und Auskünfte über die involvierte Logik müssen nur im Fall von automatisierter Entscheidungsfindung und Profiling erteilt werden (→ Anm. 7). Zu einer Unterrichtung des Betroffenen über die geeigneten Garantien iSv Art. 46 DS-GVO ist der Verantwortliche – natürlich – nur verpflichtet, wenn eine Drittstaatenübermittlung stattfindet (Abs. 2; → Anm. 8; → Form. G. VII.).

Der Verantwortliche hat dem Betroffenen gem. Art. 15 Abs. 1 S. 2 lit. e DS-GVO auch Auskunft über dessen Rechte aus Art. 16 DS-GVO (Berichtigung; → Form. F. III.), Art. 17 DS-GVO (Löschung; → Form. F. IV.), das Recht auf Einschränkung der Verarbeitung (Art. 18 DS-GVO; → Form. F. V.) und das Widerspruchsrecht (Art. 21 DS-GVO) zu erteilen. Hinzu tritt die Pflicht des Verantwortlichen, den Betroffenen über sein Beschwerderecht bei einer Aufsichtsbehörde zu informieren (Art. 15 Abs. 1 S. 2 lit. f DS-GVO; → Form. N. I.). Anzugeben ist dabei die Aufsichtsbehörde am Sitz des Verantwortlichen, auch wenn es dem Betroffenen nach Art. 77 DS-GVO freisteht, sich an eine beliebige Aufsichtsbehörde seiner Wahl zu wenden (Paal/Pauly/Paal DS-GVO Art. 15 Rn. 29).

**5. Kopie der personenbezogenen Daten.** Der Antragsteller hat gemäß Art. 15 Abs. 3 DS-GVO einen Anspruch auf eine unentgeltliche Kopie der personenbezogenen Daten. Die Frage, wie sich das Verhältnis von Abs. 1 zu Abs. 3 gestaltet und was die Verordnung mit dem Begriff der „Kopie" meint, war in den vergangenen Jahren stark umstritten. Jüngere EuGH-Entscheidungen haben hier teilweise etwas Klarheit gebracht. Unter den Schlagworten „extensive" und „restriktive" Auffassung wurde vielfach diskutiert, ob die betroffene Person einen Anspruch auf Überlassung von Ablichtungen tatsächlicher Dokumente hat oder bloß die zusammenfassende Mitteilung der betreffenden Daten, die in solchen Dokumenten enthalten sind, verlangen kann. Die „restriktive" Auffassung ging dabei im Sinne eines einheitlichen Anspruchs teilweise davon aus, dass sich das Recht auf Kopie auf die Übermittlung einer Übersicht über die verarbeiteten Daten beschränkt. Demgegenüber wurde von Seiten der „extensiven" Auffassung davon ausgegangen, dass das Recht auf Kopie einen eigenständigen Anspruch darstellt, der dahin geht, die betreffenden Unterlagen in der Form zu erhalten, wie sie dem Verantwortlichen vorliegen (zusammenfassend Koreng NJW 2021, 2692 mwN).

Nachdem sich der BGH (15.6.2021 – VI ZR 576/19, NJW 2021, 2726) zunächst nicht näher mit der Frage befasst hatte, unternahm in der Folge das BVerwG (30.11.2022 – 6 C 10.21, NJW 2023, 1079) einen ersten Versuch, den gordischen Knoten zu durchschlagen und erklärte den Streit für eine Vielzahl an Konstellationen für obsolet: Lege man den Begriff des personenbezogenen Datums richtig aus, könne bereits der schlichte Anspruch auf Auskunft derart weit sein, dass er jedenfalls in Konstellationen, in denen sich personenbezogene von anonymen Daten nicht sinnvoll trennen lassen, nur durch Zurverfügungstellung von Kopien der beim Verantwortlichen vorhandenen Dokumente in ihrer Gesamtheit erfüllt werden könne. Auf das Verhältnis von Absatz 1 und Absatz 3 komme es dann gar nicht mehr an. In dem vom BVerwG entschiedenen Fall ging es um juristische Aufsichtsarbeiten und dazugehörige Prüfervoten; hier drängte es sich in besonderer Weise auf, dass diese letztlich Wort für Wort Personenbezug aufweisen. Gleichwohl hatte sich mit dieser Entscheidung die oben skizzierte Streitfrage noch nicht zur Gänze erledigt, blieben doch weiterhin Konstellationen denkbar, in denen das in Frage stehende Dokument, dessen Kopie herausverlangt wird, nicht in Gänze Personenbezug aufweist, sondern sich personenbezogene von anonymen Daten nach wie vor trennen lassen (näher Viehweger/Koreng ZD 2023, 299f.)

Einen weiteren Punkt setzte zwischenzeitlich der EuGH, der auf eine Vorlage hin entschied, dass es sich bei Art. 15 Abs. 1 und Abs. 3 DS-GVO um einen einheitlichen Anspruch handele (EuGH 4.5.2023 – C-487/21, NJW 2023, 2253 Rn. 32; bekräftigt durch EuGH 26.10.2023 – C 307/22, MMR 2023, 939 Rn. 72). Inhaltlich sei das Recht darauf gerichtet, dass „der betroffenen Person eine originalgetreue und verständliche Reproduktion aller dieser Daten ausgefolgt wird", was voraussetzt, dass die betroffene Person „eine Kopie von Auszügen aus Dokumenten oder gar von ganzen Dokumenten oder auch von Auszügen aus Datenbanken, die u.a. diese Daten enthalten" erlangt, „wenn die Zurverfügungstellung einer solchen Kopie unerlässlich ist, um der betroffenen Person die wirksame Ausübung der ihr durch diese Verordnung verliehenen Rechte zu ermöglichen" (EuGH 4.5.2023 – C-487/21, NJW 2023, 2253 Rn. 45; EuGH 26.10.2023 – C 307/22, MMR 2023, 939 Rn. 74f.). Art. 15 Abs. 3 DS-GVO soll nach dieser Lesart die Modalitäten für die Erfüllung des Auskunftsrechts festlegen (EuGH 4.5.2023 – C-487/21, NJW 2023, 2253 Rn. 31). Dabei stellt der EuGH unter Bezugnahme auf die Ausführungen des Generalanwalts klar, dass die Verordnung, wenn sie von einer „Kopie" spricht, damit „die originalgetreue Reproduktion oder Abschrift" meint. Eine „allgemeine Beschreibung der Daten, die Gegenstand der Verarbeitung sind, oder ein Verweis auf Kategorien personenbezogener Daten" wird vom EuGH ausdrücklich nicht als ausreichend angesehen, um diesen Anspruch zu erfüllen. Der EuGH stellt damit stärker auf Sinn und Zweck des Auskunftsrechts ab, das dazu diene, der betroffenen Person die Ausübung ihrer anderen von der DS-GVO gewährten Rechte zu ermöglichen (EuGH 4.5.2023 – C-487/21, NJW 2023, 2253 Rn. 35; EuGH 26.10.2023 – C 307/22, MMR 2023, 939 Rn. 73), gelangt aber auf diesem Wege letztlich ebenfalls zu einer tendenziell extensiven Auffassung.

Für die Praxis ist nach dieser Rechtsprechung zu beachten, dass eine bloße abstrakte oder beschreibende Auflistung der verarbeiteten Daten wohl regelmäßig nicht genügen dürfte, um den Auskunftsanspruch zu erfüllen. Andererseits wirft die Entscheidung des EuGH umgekehrt die Frage auf, ob der Verantwortliche, wenn nicht zwischen Art. 15 Abs. 1 und Art. 15 Abs. 3 DS-GVO zu unterscheiden ist, bereits für die Erfüllung des zweiten und jedes weiteren Auskunftsersuchens der betroffenen Person ein „angemessenes Entgelt" im Sinne von Art. 15 Abs. 3 S. 2 DS-GVO verlangen kann. Sollte sich dies in der künftigen Praxis als Folge der prima facie betroffenenfreundlichen EuGH-Rechtsprechung erweisen, hätte der EuGH der betroffenen Person letztlich Steine statt Brot gegeben.

Die Daten sind bei elektronischen Anträgen, etwa bei einem Antrag per E-Mail oder mittels Online-Formular, grundsätzlich ebenso elektronisch in einem gängigen Format (zB als PDF-Datei) zur Verfügung zu stellen, können jedoch von der betroffenen Person auch als Kopie in Papierform verlangt werden.

Bei der Herausgabe von Kopien muss der Verantwortliche die Rechte und Freiheiten Dritter, insbesondere Geschäftsgeheimnisse und Rechte des geistigen Eigentums (vgl. Erwgr. 63 DS-GVO), berücksichtigen (Art. 15 Abs. 4 DS-GVO). Werden Rechte Dritter durch das Auskunftsersuchen tangiert, so kann es erforderlich sein, die entsprechenden Informationen aus der Auskunft zu entfernen bzw. zu schwärzen.

Im Detail besteht zu diesem Problemkreis gegenwärtig noch keine ausdifferenzierte Rechtsprechung. Es ist zu erwarten, dass der EuGH im Rahmen seiner noch ausstehenden Entscheidung zu dem Vorabentscheidungsersuchen C-203/22 („Dun & Bradstreet Austria") hierzu nähere Aussagen tätigen wird. Eine vollständige Verweigerung der Auskunft wäre wohl jedenfalls nicht zulässig, was wiederum aus Erwgr. 63 DS-GVO folgt.

**6. Auskunft über Herkunft der Daten.** Der Verantwortliche muss Auskunft über die Informationsquellen geben, sofern die Daten nicht bei der betroffenen Person selbst erhoben wurden. Bei einer Erhebung der Daten aus öffentlichen Quellen sind diese möglichst konkret zu benennen, wobei alle dem Verantwortlichen verfügbaren Informationen über die Quelle mitzuteilen sind. In diesem Zusammenhang wird vertreten, dass der Verantwortliche zum Zweck der Beauskunftung der Herkunft der Daten diese Information zusammen mit den Daten speichern muss (Kühling/Buchner/Bäcker DS-GVO Art. 15 Rn. 26; Taeger/Gabel/Mester DS-GVO Art. 15 Rn. 11 mwN auch zur Gegenansicht). Damit wäre Art. 15 Abs. 1 lit. g DS-GVO als Rechtsgrundlage iSv Art. 6 Abs. 1 S. 1 lit. c DS-GVO für die diesbezügliche Datenverarbeitung anzusehen. Ungeachtet der Frage, ob ein Recht zur Speicherung der Daten besteht, kann eine dahingehende Pflicht der DS-GVO jedenfalls nicht entnommen werden (siehe auch Art. 11 Abs. 1 DS-GVO).

**7. Auskunft bei automatisierter Entscheidungsfindung und Profiling.** Die betroffene Person kann Auskunft darüber verlangen, ob ihre Daten zur automatisierten Entscheidungsfindung oder für ein Profiling genutzt werden. Im Falle einer solchen Nutzung sind der betroffenen Person die Folgen der automatisierten Entscheidungsfindung oder des Profiling mitzuteilen. Hierfür sind aussagekräftige Informationen über die involvierte Logik sowie über die Tragweite und die angestrebten Auswirkungen einer solchen Verarbeitung zu erteilen. Allerdings müssen nur die Grundannahmen der Algorithmus-Logik, nicht aber der tatsächlich verwendete Algorithmus offenbart werden (Paal/Pauly/Paal DS-GVO Art. 13 Rn. 31b mwN). Über die Folgen muss die betroffene Person in einer für sie verständlichen Weise aufgeklärt werden. So muss für sie etwa erkennbar werden, dass eine durch das verwendete Verfahren ermittelte schlechte Bonität zu Nachteilen bei der Kreditvergabe oder zu Einschränkungen in der Zahlungsweise führen kann (vgl. Bräutigam/Schmidt-Wudy CR 2015, 56 (62)). Im Hinblick auf das Scoring von Auskunfteien hat das Verwaltungsgericht Wien dem EuGH in der Rechtssache C-203/22 („Dun & Bradstreet Austria") unter anderem die Frage vorgelegt, ob der Verantwortliche dem Betroffenen grundsätzlich auch die für die Ermöglichung der Nachvollziehbarkeit des Ergebnisses der automatisierten Entscheidung im Einzelfall wesentlichen Informationen, darunter die für die Ermöglichung der Nachvollziehbarkeit erforderlichen Teile des dem Profiling zugrunde gelegenen Algorithmus vorgelegt werden müssen. Eine Entscheidung steht in dieser Sache noch aus, dürfte aber kurzfristig zu erwarten sein, da die Schlussanträge bereits vorliegen (Generalanwalt de la Tour 12.9.2024 – C-203/22, BeckRS 2024, 23490). Insbesondere erscheint gegenwärtig noch offen, ob sich der datenschutzrechtliche Auskunftsanspruch auch auf die Scoreformel bezieht (näher hierzu und insoweit bejahend BeckOK DatenschutzR/Schmidt-Wudy, 44. Ed. 1.5.2023, DS-GVO Art. 15 Rn. 78.3).

**8. Erweiterte Auskunft bei Drittstaatsübermittlung.** Bei einer Übermittlung von Daten an ein Drittland oder eine internationale Organisation auf der Grundlage von geeigneten Garantien gem. Art. 46 DS-GVO (→ Form. G. VII.) hat die von dieser Übermittlung betroffene Person ein Recht auf Unterrichtung über diese geeigneten Garantien. Ein solches Recht besteht nicht, wenn die Übermittlung auf einem Angemessenheitsbeschluss nach Art 45 DS-GVO beruht, da in diesem Fall die Rechtsgrundlage ohnehin transparent ist. Ein Auskunftsrecht über potenzielle Empfänger von Daten in Drittländern besteht bereits nach Art. 15 Abs. 1 lit. c DS-GVO (siehe dazu oben → Anm. 4).

**9. Frist.** Nach Art. 12 Abs. 3 S. 1 DS-GVO sind Informationen, die auf der Grundlage des Art. 15 DS-GVO beantragt wurden, unverzüglich, in jedem Fall aber innerhalb eines Monats nach Eingang des Antrags zur Verfügung zu stellen. Allerdings kann die Frist um zwei Monate verlängert werden, sofern aufgrund der Komplexität oder der hohen Zahl der Anträge dem Antrag nicht nachgekommen werden kann. Über diese Verlängerung muss der Antragsteller – mit entsprechender Begründung – innerhalb der Regelfrist von einem Monat unterrichtet werden.

**10. Durchsetzung des Auskunftsanspruchs.** Falls der Verantwortliche dem Antrag nicht nachkommt, ist er nach Art. 12 Abs. 4 DS-GVO dazu verpflichtet, die betroffene Person „ohne Verzögerung", spätestens innerhalb eines Monats nach Antragstellung über die Gründe hierfür zu unterrichten. Darüber hinaus wird der Verantwortliche von der Norm sogar verpflichtet, der betroffenen Person die Möglichkeit der aufsichtsbehördlichen Beschwerde und eines gerichtlichen Rechtsbehelfs aufzuzeigen. Einen solchen wirksamen gerichtlichen Rechtsbehelf zur Durchsetzung der Rechte aus der DS-GVO garantiert Art. 79 Abs. 1 DS-GVO den betroffenen Personen. Kommt der Verantwortliche also dem Auskunftsersuchen des Antragstellers nicht fristgerecht nach, kann dieser seinen Auskunftsanspruch gerichtlich durchsetzen. Zuständig sind hierfür nach Art. 79 Abs. 2 S. 1 DS-GVO die Gerichte des Mitgliedstaats, in dem der Verantwortliche eine Niederlassung hat. Allerdings kann der Betroffene wahlweise auch bei den Gerichten des Mitgliedstaats klagen, in dem er seinen Aufenthaltsort hat, Art. 79 Abs. 2 S. 2 DS-GVO. Eine Beschwerde bei einer Aufsichtsbehörde nach Art. 77 DS-GVO ist statthaft, wenn die betroffene Person der Ansicht ist, dass die Verarbeitung durch den Verantwortlichen gegen die DS-GVO verstößt. Eine Mitteilung des Verstoßes gegen Art. 15 DS-GVO an die Aufsichtsbehörde kann jedoch zu einer Geldbuße durch die Aufsichtsbehörde nach Art. 83 Abs. 5 lit. b DS-GVO führen.

**11. Identifizierbarkeit des Antragstellers.** Hat der Verantwortliche begründete Zweifel an der Identität der antragsstellenden Person, so kann er gemäß Art. 12 Abs. 6 DS-GVO zusätzliche Informationen anfordern (vgl. auch Erwgr. 64 DS-GVO). Dies berechtigt selbstverständlich nicht zu routinemäßigen Identitätsprüfungen (Kühling/Buchner/Bäcker DS-GVO Art. 12 Rn. 30). Stimmen etwa Name und Kontaktdaten der anfragenden Personen mit den beim Verantwortlichen gespeicherten Daten überein, wird regelmäßig keine Veranlassung bestehen, an der Identität des Anfragenden zu zweifeln. Anders kann dies freilich bei Abweichungen zwischen den vorhandenen Daten und denjenigen, unter denen die Anfrage gestellt wird, sein. Nach Erwgr. 64 S. 1 DS-GVO kann der Verantwortliche „alle vertretbaren Mittel nutzen, um die Identität einer Auskunft suchenden betroffenen Person zu überprüfen, insbesondere im Rahmen von Online-Diensten und im Fall von Online-Kennungen."

## 2. Antwort auf Auskunftsverlangen mit Recht auf Kopie (Art. 15 DS-GVO)

Art. 15 DS-GVO ist auch auf Auskunftsverlangen anwendbar, die sich auf vor dem Wirksamwerden der DS-GVO erhobene und seitdem weiterhin gespeicherte personenbezogene Daten beziehen (EuGH 22.6.2023 – C-579/21, NZA 2023, 889; BGH 5.3.2024 – VI ZR 330/21, ZD 2023, 352 Rn. 13). Das Auskunftsrecht besteht unabhängig von der „Art der Tätigkeiten des Verantwortlichen" oder „der Eigenschaft der Person, deren personenbezogene Daten verarbeitet werden"; Ausnahmen von Art. 15 DS-GVO bedürfen stets einer gesetzlichen Regelung im Sinne des Art. 23 DS-GVO (EuGH 22.6.2023 – C-579/21, NZA 2023, 889 Rn. 85 f.), zB § 29 Abs. 1 S. 2 BDSG oder § 34 Abs. 1 BDSG. Der betroffenen Person steht es frei (etwa als Bestandteil eines arbeitsgerichtlichen Vergleichs), wirksam auf den Auskunftsanspruch zu verzichten (ausf. Unabhängiges Datenschutzzentrum Saarland 32. Tätigkeitsbericht 2023 S. 119 ff.). Ab dem Wirksamwerden der Datenverordnung wird Art. 15 DS-GVO durch den Anspruch aus Art. 4 Daten-VO auf die Bereitstellung der „ohne Weiteres verfügbaren Daten" aus vernetzten Produkten und verbundenen Diensten ergänzt (zu Datenökonomie → Form. P). Das nachfolgende Muster beschränkt sich ausschließlich auf den Auskunftsanspruch aus Art. 15 DS-GVO.

Sehr geehrte/r [Anrede Kunde],

vielen Dank für Ihre Anfrage vom [Datum].[1]

[ENTWEDER:][2]

Aktuell sind bei uns die nachstehenden Kategorien personenbezogener Daten über Sie gespeichert, die wir entgegen Ihrem Wunsch derzeit weder löschen noch sperren können.[3]

– [Auflistung der Kategorien von Daten]

Eine Kopie der Daten in einem gängigen elektronischen Format erhalten Sie mittels eines gängigen Browsers (zB Internet Explorer, Firefox, Chrome) unter [URL einfügen]. Um die Daten einsehen zu können, benötigen Sie ein Passwort, welches eine begrenzte Gültigkeitsdauer besitzt und bei uns zu den üblichen Geschäftszeiten telefonisch gegen Beantwortung einer Sicherheitsfrage erfragt werden kann: [Telefonnummer einfügen].[4]

Die Verarbeitung dieser Daten durch uns ist zur Durchführung des mit Ihnen am [Datum] abgeschlossenen Vertrags über [Vertragsgegenstand] erforderlich. Zur Durchführung des mit Ihnen geschlossenen Vertrags wurden bzw. werden diese Daten auch – soweit erforderlich – an folgende [ENTWEDER:] Kategorien von Empfängern [ODER:] Empfänger übermittelt:[5]

– [Auflistung der Kategorien von Empfängern oder konkreten Empfänger]

Übermittlungen von uns an Empfänger in sog. Drittländern, das heißt in Staaten außerhalb der Europäischen Union (EU), oder an internationale Organisationen werden durch uns [ENTWEDER:] nicht vorgenommen. [ODER:] nur an folgende Empfänger ausgeführt:

– [Auflistung der Empfänger, nebst jeweiliger Dokumentation geeigneter Garantien iSv Art. 46 DS-GVO]

Wir werden die vorgenannten Kategorien von Daten noch für folgende Zeiträume speichern:

– [Auflistung der jeweiligen Speicherdauer entsprechend den Kategorien von Daten]

Die Verarbeitung der auf Sie bezogenen Daten durch uns steht nicht mit einer automatisierten Entscheidungsfindung – einschließlich Profiling – im Zusammenhang.

Sie haben das Recht, Berichtigung oder Löschung der Sie betreffenden personenbezogenen Daten oder die Einschränkung der Verarbeitung dieser Daten durch uns zu verlangen sowie das Recht, einen Widerspruch gegen die Verarbeitung durch uns einzulegen.

[ODER:][6]

Derzeit sind bei uns [EVENTUELL ZUSÄTZLICH: weiterhin] folgende personenbezogene Daten über Sie gespeichert, die insgesamt als nur eingeschränkt zu verarbeiten gekennzeichnet sind. Diese personenbezogenen Daten werden ohne Ihre Einwilligung für die Dauer der Kennzeichnung von uns nur noch gespeichert oder zur Geltendmachung, Ausübung oder Verteidigung von Rechtsansprüchen oder zum Schutz der Rechte einer anderen natürlichen oder juristischen Person oder aus Gründen eines wichtigen öffentlichen Interesses der Union oder eines Mitgliedstaats verarbeitet.

– [Auflistung]

[ODER:][7]

Aktuell sind bei uns keine Daten in Bezug auf Ihre Person gespeichert.

[ODER:][8]

Auf der Grundlage der von Ihnen zu Ihrer Person mitgeteilten Informationen sind wir nicht in der Lage, Sie zu identifizieren. Ob wir Daten in Bezug auf Ihre Person verarbeiten, können wir über die von Ihnen mitgeteilten Informationen nicht beantworten, da unsere Systeme eine Suche nach personenbezogenen Daten anhand der von Ihnen mitgeteilten Informationen nicht erlauben. Gerne prüfen wir Ihre Anfrage nochmals und möchten Sie dazu darum bitten, uns folgende Informationen über Sie mitzuteilen:

– [Auflistung der Suchkriterien]

[ENDE DER ALTERNATIVEN]

Sollten Sie der Auffassung sein, dass die Verarbeitung der Sie betreffenden personenbezogenen Daten durch uns rechtswidrig ist oder wir ggf. aus anderen Gründen gegen Datenschutzrecht verstoßen, teilen Sie uns das bitte mit. Sie haben ungeachtet dessen das Recht, sich bei der für uns zuständigen Aufsichtsbehörde beschweren: [9]

[Kontaktdaten der Aufsichtsbehörde]

[EVENTUELL ZUSÄTZLICH:][10]

Auch ohne eine besondere Aufforderung durch unsere Kunden kommen wir selbstverständlich unseren Verpflichtungen zum Löschen personenbezogener Daten aus Art. 17 DS-GVO nach. Es gibt jedoch personenbezogene Daten, die von dieser Pflicht zum Löschen ausgenommen sind und bei denen wir sogar durch andere Gesetze verpflichtet sind, sie weiterhin zu speichern. So bestehen etwa Pflichten zur Aufbewahrung nach § 257 Handelsgesetzbuch (HGB) und § 147 Abgabenordnung

**(AO). Nach der Entscheidung des Gesetzgebers muss Ihr persönliches Interesse an der Löschung dieser von uns gespeicherten Daten für die Dauer der gesetzlich festgelegten Aufbewahrungsfrist hinter dem öffentlichen Interesse an einer von uns zu gewährleistenden ordnungsgemäßen Buchführung zurückstehen.**

**Daher müssen wir Ihnen leider mitteilen, dass wir Ihrem Wunsch nach Löschung Ihrer Daten zum jetzigen Zeitpunkt nicht entsprechen dürfen.**

**Wir speichern diese Daten nur noch zur Erfüllung gesetzlicher Aufbewahrungspflichten. Mit Ablauf der Aufbewahrungsfristen werden wir Ihre Daten unverzüglich löschen, ohne dass Sie uns dazu erneut auffordern müssen.**

[ENDE DES ZUSATZES]

**Wir hoffen, Ihnen mit dieser Auskunft weitergeholfen zu haben.**

[Grußformel des Verantwortlichen]

## Anmerkungen

**1. Identität der betroffenen Person und Gegenstand ihrer Anfrage.** Gegenüber betroffenen Personen haben Verantwortliche Informationspflichten aus Art. 13, 14 DS-GVO, die unaufgefordert zu erfüllen sind. Ebenso haben betroffene Personen Rechte gegenüber Verantwortlichen aus den Art. 15 ff. DS-GVO, die sie jederzeit geltend machen können und die gem. Art. 12 Abs. 5 DS-GVO außer bei „offenkundig unbegründeten" oder „exzessiven" Anträgen unentgeltlich vom Verantwortlichen zu erfüllen sind. Die Anfragen betroffener Personen sind grundsätzlich formfrei möglich (zur prozessualen Geltendmachung OLG Nürnberg 29.11.2023 – 4 U 347/21, ZD 2024, 177 Rn. 27 ff.; OLG Köln 10.8.2023 – 15 U 184/22, ZD 2024, 100 Rn. 18). Die mit dieser Freiheit korrespondierende Pflicht des Verantwortlichen, die Identität der betroffenen Person vor der Erteilung von Auskünften zu prüfen, dient der Vermeidung einer nach Art. 83 Abs. 5 lit. a DS-GVO bußgeldbewehrten, datenschutzrechtswidrigen Verarbeitung durch Offenlegung personenbezogener Daten der betroffenen Person gegenüber einem Dritten. Besonders hinzuweisen ist jedoch darauf, dass eine Identitätsprüfung nicht erforderlich und damit unzulässig ist, wenn die Identität der betroffenen Person für den Verantwortlichen feststeht (Laue/Nink/Kremer DatenschutzR § 4 Rn. 7). Liegt, wie im Muster angenommen, eine schriftliche Anfrage vor und stimmen die in der Anfrage angegebenen Adressdaten der betroffenen Person mit den bei der verantwortlichen Stelle gespeicherten Angaben überein, darf von der Berechtigung des Auskunftsersuchens ausgegangen werden. Indes steht es der betroffenen Person ausweislich Erwgr. 59 DS-GVO frei, ihre Rechte gegenüber dem Verantwortlichen aus Art. 15 ff. DS-GVO elektronisch (zB per E-Mail) oder mündlich geltend zu machen. Erwgr. 64 DS-GVO sieht in solchen Fällen ausdrücklich vor, insbesondere bei Online-Diensten und Online-Kennungen, dass der Verantwortliche „alle vertretbaren Mittel" zur Überprüfung der Identität nutzen soll. Da der Verantwortliche entscheidet, wie er die Voraussetzungen für die Erfüllung der Betroffenenrechte schafft, insbesondere wie er die im Muster angesprochene „Auflistung" der gespeicherten Daten generiert, hat der Verantwortliche wegen Art. 25 Abs. 1 DS-GVO bereits bei der Entscheidung über die Einführung einer neuen Verarbeitungstätigkeit diese mit Blick auf die Realisierung der Rechte der betroffenen Personen auszuwählen, bzw. später auszugestalten. So sollten die Verarbeitungstätigkeiten Schnittstellen bereitstellen, die – unter Beachtung der Pflichten aus Art. 32 Abs. 1 DS-GVO – einen schnellen und unmittelbaren Zugriff auf die von der jeweiligen Verarbeitungstätigkeit betroffenen personenbezogenen Daten ermöglichen, einschließlich eines Filters zur Suche nach einer bestimmten betroffenen Person. Dies gilt unter der DS-GVO umso mehr, als Art. 15 Abs. 3 S. 3 DS-GVO der betroffenen Person ein Recht auf Herausgabe einer Kopie der sie betreffenden personenbezogenen Daten gewährt, die bei elektronischer Antragstellung „in einem gängigen elektronischen Format" bereitzustellen ist. Als einen Weg hierfür erlaubt Erwgr. 63 DS-GVO ausdrücklich auch die Herausgabe über einen „Fernzugang zu einem sicheren System", mit welchem der „betroffenen Person direkte[r] Zugang zu ihren personenbezogenen Daten" ermöglicht wird (weitere Beispiele bei Laue/Nink/Kremer DatenschutzR § 4 Rn. 33).

**2. Antwort auf Auskunftsverlangen.** Die Auskunft ist gem. Art. 12 Abs. 1 DS-GVO in präziser, transparenter, verständlicher und leicht zugänglicher Form in einer klaren und einfachen Sprache zu übermitteln; dies gilt insbesondere für Informationen, die sich speziell an Kinder richten. Einer besonderen Aufbereitung zur möglichst einfachen Erfassung bedarf es jedoch nicht, wenn der betroffenen Person die Kenntnisnahme durch die vom Verantwortlichen bereitgestellten Daten nicht unzumutbar erschwert wird. Ausreichend kann insoweit zB eine durchsuchbare PDF-Datei sein, in der die personenbezogenen Daten enthalten sind (VG Berlin 10.1.2024 – 1 K 73/22, ZD 2024, 297 Rn. 21; zum Recht auf Erhalt einer Kopie → Anm. 4; weitere Beispiele bei EDSA, Leitlinien 01/2022 V2.0 v. 28.3.2024, Rn. 139 ff.). Die Übermittlung der Informationen erfolgt schriftlich oder in anderer Form, ggf. auch elektronisch. Damit ist nicht nur die Textform gemeint (§ 126b BGB, insbesondere Papier, E-Mail, Fax, im Einzelnen NK-BGB/Noack/Kremer § 126b Rn. 10 ff.), sondern darüber hinaus jede andere elektronische Bereitstellung, zB über eine Website, selbst wenn diese nicht die Voraussetzungen der Textform erfüllen sollte – denn es gibt insoweit kein Formerfordernis zu beachten (Laue/Nink/Kremer DatenschutzR § 3 Rn. 25). Gem. Art. 12 Abs. 1 S. 2 DS-GVO können Anfragen auf Verlangen der betroffenen Person auch „mündlich" beantwortet werden. Dies sollte mit Blick auf die Haftungsrisiken und die den Verantwortlichen treffende Darlegungs- und Beweislast für die Erfüllung der Rechte der betroffenen Personen vermieden werden, selbst wenn die betroffene Person eine mündliche Beantwortung ausdrücklich verlangt. In Abhängigkeit vom Gegenstand der gespeicherten personenbezogenen Daten kann ausnahmsweise eine strengere Form als die schlichte Bereitstellung in Textform oder einem anderen elektronischen Format geboten sein, etwa wenn die betroffene Person von über sie gespeicherten Gesundheitsdaten zuvor noch keine Kenntnis hatte. Bei bestimmten Diagnosen kann dies die Vermittlung der Informationen durch einen Arzt erforderlich machen (vgl. § 25 Abs. 2 SGB X). Zeitlich ist die Auskunft gem. Art. 12 Abs. 3 S. 1 DS-GVO unverzüglich, spätestens innerhalb von einem Monat nach Eingang des Antrags der betroffenen Person zu erteilen. Ist eine Identitätsklärung bei der betroffenen Person erforderlich (→ Anm. 8) oder bedarf es Rückfragen, weil der Antrag noch zu präzisieren, unklar oder gar widersprüchlich ist, „pausiert" die Frist in dieser Zeit (EDSA, Leitlinien 01/2022 V2.0 v. 28.3.2024, Rn. 159). Eine Verlängerung dieser Regelfrist, deren Überschreitung nach Art. 83 Abs. 5 lit. b DS-GVO bußgeldbewehrt ist, um bis zu zwei Monate kommt gem.

Art. 12 Abs. 3 S. 2 DS-GVO nur ausnahmsweise in Betracht, wenn dies unter Berücksichtigung der Komplexität und – kumulativ – der Anzahl der Anträge erforderlich ist.

**3. Umfang der Auskünfte.** Die der betroffenen Person gem. Art. 15 Abs. 1, Abs. 2 DS-GVO zu erteilende Auskunft muss umfassen:

a) Eine Angabe über die zur betroffenen Person verarbeiteten Kategorien personenbezogener Daten (Art. 15 Abs. 1 lit. b DS-GVO).

b) Alle „verfügbaren" Informationen über die Herkunft der Daten, sofern die Daten nicht direkt bei der betroffenen Person erhoben wurden (Art. 15 Abs. 1 lit. g DS-GVO). Die Quelle der Daten muss der betroffenen Person im zeitlichen Zusammenhang mit der Erhebung mitgeteilt werden (vgl. Art. 14 Abs. 2 lit. f DS-GVO). Der Verantwortliche ist jedoch nicht verpflichtet, diese Kontextinformation dauerhaft zu speichern (zu Beispielen EDSA, Leitlinien 01/2022 V2.0 v. 28.3.2024, Rn. 120).

c) Die Zwecke der Verarbeitung durch den Verantwortlichen (Art. 15 Abs. 1 lit. a DS-GVO). Gemeint sind alle vom Verantwortlichen festgelegten Zwecke, nicht nur ein ggf. vorhandener Primärzweck (→ Form. C. II. Anm. 8). Treten nach dem Auskunftsverlangen neue Zwecke zB über Art. 6 Abs. 4 DS-GVO hinzu, sind diese nicht vorab als potenziell oder abstrakt denkbare Zwecke zu beauskunften; vielmehr ist die betroffene Person im Zeitpunkt der Zweckänderung oder Zweckerweiterung wegen Art. 13 Abs. 3, Art. 14 Abs. 4 DS-GVO hierüber zu informieren.

d) Die konkreten Empfänger oder die Kategorien von Empfängern, an die Daten weitergegeben worden sind oder noch weitergegeben werden (Art. 15 Abs. 1 lit. c DS-GVO → Anm. 5).

e) Angaben zur Dauer der Speicherung oder dazu, nach welchen Kriterien die Speicherdauer festgelegt ist (Art. 15 Abs. 1 lit. d DS-GVO).

f) Angaben darüber, ob die Verarbeitung im Zusammenhang mit einer automatisierten Entscheidungsfindung einschließlich Profiling iSv Art. 22 Abs. 1, Abs. 4 DS-GVO steht und – falls dem so ist – „aussagekräftige Informationen über die involvierte Logik sowie die Tragweite und die angestrebten Auswirkungen einer derartigen Verarbeitung für die betroffene Person" (Art. 15 Abs. 1 lit. h DS-GVO). Ein Anspruch auf Auskunft über die abstrakte Gewichtung der Wahrscheinlichkeitswerte in einer automatisierten Entscheidungsfindung (sog. Scoreformel) besteht nicht, was der Wortlaut von Art. 15 Abs. 1 lit. h DS-GVO ausdrücklich bestätigt (EDSA WP251 rev01 S. 27; zum BDSG aF BGH 28.1.2014 – VI ZR 156/13, ZD 2014, 306). Davon unberührt bleibt die Pflicht zur Beauskunftung der personenbezogenen Daten, die zur Berechnung des Scorewerts in die Formel eingesetzt werden – sowohl hinsichtlich der Kategorien der Daten (Art. 15 Abs. 1 lit. b DS-GVO), als auch – über das Recht auf Kopie (Art. 15 Abs. 3 S. 1 DS-GVO) – hinsichtlich der konkreten Daten. Die Auskunftspflicht kann nach dem EuGH nicht nur den Verantwortlichen treffen, der den von einem anderen Verantwortlichen (Auskunftei) errechneten Scorewert für seine automatisierte Entscheidung nutzt, sondern auch denjenigen Verantwortlichen, der den Scorewert errechnet (EuGH 7.12.2023 – C-634/21, NZA 2024, 45 Rn. 40 ff.). Nach dem EuGH ist der Anwendungsbereich bereits beim Errechnen des Scorewerts eröffnet, wenn die spätere Entscheidung (a) maßgeblich auf den Scorewert gestützt wird, und (b) der Scorewert gegenüber der betroffenen Person rechtliche Wirkung entfaltet oder sie in ähnlicher Weise erheblich beeinträchtigt.

Das ist jedenfalls dann der Fall, wenn als Folge eines nachteiligen Scorewerts eine Kreditvergabe abgelehnt wird. Im Übrigen hat der EuGH nicht nur offengelassen, wann eine Entscheidung „maßgeblich“ auf einen Scorewert gestützt wird, sondern auch, wann eine Entscheidung rechtliche Wirkung entfaltet oder eine betroffene Person hierdurch „in ähnlicher Weise erheblich beeinträchtigt“ wird.

g) Hinweis auf das Beschwerderecht bei einer Aufsichtsbehörde (Art. 15 Abs. 1 lit. f DS-GVO). Erwgr. 63 DS-GVO sieht bei einer Verarbeitung großer Mengen von Daten über eine betroffene Person vor, dass der Verantwortliche eine Rückfrage an die betroffene Person stellen darf, ob diese konkretisieren möchte, auf „welche Information oder welche Verarbeitungsvorgänge“ sich das Auskunftsersuchen bezieht. Rein statistisch betrachtet sparen Verantwortliche damit Zeit und Aufwand, weil nur die wenigsten betroffenen Person auf die Nachfrage mit „alle“ antworten (dies ist im Grundsatz nicht zu beanstanden, zum Ausnahmefall des Missbrauchs → Anm. 8; zur Auswirkung solcher Rückfragen auf die Frist → Anm. 2).

**4. Recht auf Erhalt einer Kopie.** a) Das Recht auf Erhalt einer Kopie der verarbeiteten personenbezogenen Daten aus Art. 15 Abs. 3 DS-GVO ist kein eigenständiger, von der betroffenen Person gesondert geltend zu machender Anspruch, sondern Bestandteil des Auskunftsrechts aus Art. 15 Abs. 1 DS-GVO (zur Form der Geltendmachung → Anm. 1): aus Sicht des EuGH beschreibt Art. 15 Abs. 3 DS-GVO lediglich die Modalitäten, wie die Auskunft zu erteilen ist (EuGH 4.5.2023 – C-487/21, ZD 2023, 539 Rn. 31 f.; BGH 5.3.2024 – VI ZR 330/21, ZD 2023, 352 Rn. 14). Kopie iSv Art. 15 Abs. 3 DS-GVO meint nicht Kopien der jeweiligen Dokumente, sondern die darin enthaltenen personenbezogenen Daten, von denen der betroffenen Person eine vollständige und originalgetreue Reproduktion bereitzustellen ist (EuGH 4.5.2023 – C-487/21, ZD 2023, 539 Rn. 32, 39). Ausschließlich dann, wenn ohne das Dokument selbst die Auskunft nicht verständlich ist, verlangt der EuGH zur sog. „Kontextualisierung der verarbeiteten Daten“ auch die Bereitstellung des Dokuments selbst; das ist insbesondere bei von der betroffenen Person ausgefüllten Formularen oder aus anderen Angaben abgeleiteten Daten der Fall (EuGH 4.5.2023 – C-487/21, ZD 2023, 539 Rn. 41 f.), aber auch bei Protokolldateien (Logfiles) denkbar (EuGH 22.6.2023 – C-579/21, ZD 2023, 601 Rn. 69). Niemals ausreichend zur Erfüllung von Art. 15 Abs. 3 DS-GVO ist die bloße Angabe der Datenkategorien (→ Anm. 3) oder sonst eine allgemeine Beschreibung der verarbeiteten Daten (EuGH v. 4.5.2023 – C-487/21, ZD 2023, 539 Rn. 41 f.).

b) Was als Kopie vom Verantwortlichen bereitgestellt werden muss, ist eine Frage des Einzelfalls. Zu ermitteln ist vom Verantwortlichen hierfür, welche personenbezogenen Daten von der betroffenen Person verarbeitet werden (dazu EDSA, Leitlinien 01/2022 V2.0 v. 28.3.2024, Rn. 93 ff.) und ob die Angabe der konkreten Daten ausreichend ist oder es einer Bereitstellung vollständiger Dokumente bedarf. Insbesondere bei betrieblich veranlassten E-Mails entzieht sich die Abgrenzung zwischen betriebsbezogenen Äußerungen des (früheren) Arbeitnehmers als Teil des Verantwortlichen und auf den (früheren) Arbeitnehmer bezogenen personenbezogenen Daten jeder schematischen Betrachtung. Zu weitgehend und mit der Rechtsprechung des EuGH unvereinbar ist es daher, wenn der BGH jegliches Schreiben einer betroffenen Person (also auch E-Mails) an den Verantwortlichen „ihrem gesamten Inhalt nach“ als personenbezogene Daten einstuft mit der Folge, dass stets die Bereitstellung der Dokumente als solches erforderlich ist (so BGH 5.3.2024 – VI ZR 330/21,

ZD 2023, 352 Rn. 16; differenzierend VG Stuttgart 30.11.2023 – 11 K 3946/21, BeckRS 2023, 46686 Rn. 110f.). Zutreffend nimmt der BGH jedoch allgemeine Erläuterungen in Schreiben des Verantwortlichen an die betroffene Person, mögen diese auch Bezug zu einem Vertrag zwischen Verantwortlichem und betroffener Person haben, vom Recht auf Erhalt einer Kopie aus (BGH 6.2.2024 – VI ZR 15/23, BeckRS 2024, 3833).

c) Art. 15 Abs. 4 DS-GVO entbindet den Verantwortlichen von der Bereitstellung einer Kopie, wenn hierdurch Rechte und Freiheiten anderer Personen beeinträchtigt werden. Zur Ermittlung, ob eine solche Beeinträchtigung vorliegt, muss eine Interessenabwägung zwischen dem Recht der betroffenen Person „auf vollständige und umfassende Auskunft" und den „Rechten oder Freiheiten anderer Personen" vorgenommen werden, die zu Lasten der betroffenen Person ausfällt (EuGH 4.5.2023 – C-487/21, ZD 2023, 539 Rn. 43f.). Als gegenläufige Rechte kommen neben dem Schutz personenbezogener Daten anderer betroffener Personen aus Art. 8 GRCh auch Geschäftsgeheimnisse, Rechte des Eigentums und insbesondere das Urheberrecht an Software in Betracht, auch soweit sich der Verantwortliche selbst auf dies Rechte beruft (EDSA, Leitlinien 01/2022 V2.0 v. 28.3.2024, Rn. 170f.). Allerdings darf diese Interessenabwägung niemals zu einer vollständigen Verweigerung der Auskunft führen (EDSA, Leitlinien 01/2022 V2.0 v. 28.3.2024, Rn. 173). Eine weitere Ausnahme sieht § 29 Abs. 1 S. 2 BDSG vor, soweit durch die Auskunft Informationen offenbart würden, die nach einer Rechtsvorschrift oder ihrem Wesen nach, insbesondere wegen der überwiegenden berechtigten Interessen eines Dritten, geheim gehalten werden müssen. § 29 Abs. 1 S. 2 BDSG schließt dabei die Erteilung der Auskunft vollständig aus und beschränkt – anders als Art. 15 Abs. 4 DS-GVO – nicht nur das Recht auf Erhalt einer Kopie. Macht der Verantwortliche von § 29 Abs. 1 S. 2 BDSG Gebrauch, muss er die betroffene Person hierüber gemäß Art. 12 Abs. 4 DS-GVO unter Angabe der Gründe informieren (zur Ausnahme in § 34 BDSG → Anm. 8).

d) Keine Auskunft ist über bereits gelöschte personenbezogene Daten zu erteilen (VG Stuttgart 30.11.2023 – 11 K 3946/21, BeckRS 2023, 46686 Rn. 139: „Was nicht mehr existiert, kann nicht beauskunftet werden.").

**5. Auskünfte über konkrete Empfänger oder Kategorien von Empfängern.** a) Der betroffenen Person, nicht dem Verantwortlichen, steht das Wahlrecht zu, ob gem. Art. 15 Abs. 1 lit. c DS-GVO Auskunft über die konkreten Empfänger oder nur über die Kategorien von Empfängern zu erteilen ist. Nur dort, wo dem Verantwortlichen ausnahmsweise die Benennung der konkreten Empfänger unmöglich ist (zB, wenn diese noch nicht feststehen oder nicht mehr bekannt sind) oder der Antrag iSv Art. 12 Abs. 5 DS-GVO offenkundig unbegründet oder exzessiv ist, ist der Verantwortliche berechtigt, von der durch die betroffene Person gewollten Beauskunftung der konkreten Empfänger abzuweichen (EuGH 12.1.2023 – C-154/21, ZD 2023, 271 Rn. 36, 39, 43); hierüber ist die betroffene Person gem. Art. 12 Abs. 3 S. 1, Abs. 4 DS-GVO zu informieren. Übt die betroffene Person ihr Wahlrecht nicht aus und lässt sich auch durch Auslegung des Antrags nicht ermitteln, ob die betroffene Person auf Auskunft über die konkreten Empfänger der verarbeiteten Daten besteht, genügt die Angabe der Kategorien von Empfängern, solange die betroffene Person ihren Anspruch nicht noch konkretisiert oder das Wahlrecht nachträglich ausübt (aA EDSA, Leitlinien 01/2022 V2.0 v. 28.3.2023 Rn. 117).

b) Die Angaben zu den Kategorien von Empfängern decken sich mit denen im Verzeichnis der Verarbeitungstätigkeiten (→ Form. C. II. Anm. 9). Macht die betroffene Person jedoch von ihrem Recht zur Auskunft über die konkreten Empfänger Gebrauch, sind diese Angaben nicht ausreichend. Ebenso wie für die Erfullung der Pflichten aus Art. 19 DS-GVO muss der Verantwortliche für die von ihm durchgeführten Verarbeitungen sicherstellen, dass er die konkreten Empfänger der personenbezogenen Daten einer betroffenen Person jederzeit ermitteln kann. Eine Empfängerdatenbank ist hierfür nicht erforderlich, soweit dem Verantwortlichen anderweitig (etwa durch Abfrage der relevanten IT-Systeme) die Zusammenstellung der Empfänger möglich ist. Nicht erforderlich ist jedoch ausweislich des Wortlauts von Art. 15 Abs. 1 lit. c DS-GVO die Beauskunftung des Zeitpunkts der Offenlegung der personenbezogenen Daten gegenüber dem jeweiligen Empfänger (BVwG 26.1.2023 – W252 2248013-1).

c) Der Begriff des Empfängers ergibt sich aus Art. 4 Nr. 9 DS-GVO (→ Form. C. II. Anm. 9). Zwischenzeitlich hat der EuGH klargestellt, dass Arbeitnehmer und andere dem Verantwortlichen iSd Art. 29 DS-GVO unterstellte Personen keine Empfänger iSv Art. 4 Nr. 9 DS-GVO sind (EuGH 22.6.2023 – C-579/21, ZD 2023, 601 Rn. 73 f.). Das gilt gleichermaßen für interne Stellen (Abteilungen) innerhalb des Verantwortlichen. Empfänger sind damit nur Stellen außerhalb des Verantwortlichen, insbesondere andere (allein oder gemeinsam) Verantwortliche. Allerdings müssen Angaben zu anderen Arbeitnehmern oder unterstellten Personen gleichwohl gemacht werden, wenn (a) diese Angaben gemeinsam mit den zu beauskunftenden Daten über die betroffene Person verarbeitet werden (zB in Protokolldateien), (b) dies zur Überprüfung der Rechtmäßigkeit der Verarbeitung durch die betroffene Person erforderlich ist, und (c) die Interessenabwägung gem. Art. 15 Abs. 4 DS-GVO (→ Anm. 4) nicht zu Lasten der betroffenen Person ausfällt (EuGH 22.6.2023 – C-579/21, ZD 2023, 601 Rn. 79).

d) Ungeklärt ist bislang, ob Art. 15 Abs. 1 lit. c DS-GVO nur die unmittelbaren Empfänger oder auch weitere Auftragsverarbeiter in mehrstufigen Leistungsketten umfasst. Mit Blick auf die vom EuGH betonte Zuordnung des Auskunftsanspruchs zum Grundsatz der Transparenz der Verarbeitung aus Art. 5 Abs. 1 lit. a DS-GVO, welcher ausschließlich den Verantwortlichen trifft, ferner die vom EuGH gewollte Ermöglichung der Prüfung der Rechtmäßigkeit einer Verarbeitung mittels der Auskunft nach Art. 15 DS-GVO einschließlich der Geltendmachung von Folgerechten insbesondere aus 16 ff. DS-GVO, ist eine Einbeziehung der weiteren Auftragsverarbeiter in die Auskunft nicht geboten. Die Auskunft über die konkreten Empfänger beschränkt sich auf diejenigen Empfänger, denen gegenüber der Verantwortliche selbst personenbezogene Daten der betroffenen Person offengelegt hat oder offenlegen wird.

e) Zu beauskunften sind auch Empfänger in Drittländern oder bei internationalen Organisationen iSv Art. 4 Nr. 26 DS-GVO. Aus Art. 15 Abs. 2 DS-GVO ergibt sich ein ergänzendes Recht der betroffenen Person, vom Verantwortlichen über die Garantien gem. Art. 46 DS-GVO im Zusammenhang mit der jeweiligen Übermittlung unterrichtet zu werden. Wird dieses Recht nicht ausdrücklich oder konkludent von der betroffenen Person geltend gemacht, genügt die Offenlegung der Übermittlung an Empfänger oder Empfängerkategorien in Drittländern, ohne dass es einer Angabe zu den Garantien aus Art. 46 DS-GVO bedarf. Ungeachtet dessen sind in keinem Fall Angaben zu Angemessenheitsbeschlüssen iSv Art. 45 DS-GVO oder zu der jeweiligen Ausnahme iSv Art. 49 DS-GVO zu machen. Art. 15 Abs. 2 DS-GVO bezieht sich nach seinem Wortlaut ausschließlich auf die Garantien aus Art. 46 DS-GVO. Ungeachtet dessen wurde wegen der Sensibilisierung der Öffentlichkeit für Übermittlungen in die USA und andere Drittländer im Muster ein vom Gesetz nicht verlangter, freiwilliger Zusatz mit Angaben aus dem Verzeichnis der Verarbeitungstätigkeiten entsprechend Art. 30 Abs. 1 lit. e DS-GVO vorgesehen (→ Form. C. II. Anm. 10).

**6. Auskünfte über Daten, deren Verarbeitung eingeschränkt wurde.** Die Einschränkung der Verarbeitung ist in Art. 4 Nr. 3 DS-GVO begrifflich definiert („Markierung" der personenbezogenen Daten), während ihre Voraussetzungen und Rechtsfolgen in Art. 18 DS-GVO spezifiziert werden. Zusätzlich zur bloßen Markierung sind weitere Maßnahmen geboten, um die Verarbeitung der fraglichen Daten tatsächlich einzuschränken. Hierfür nennt Erwgr. 67 DS-GVO verschiedene Methoden, wie zB die vorübergehende Auslagerung der Datensätze, deren Verarbeitung einzuschränken ist, auf ein anderes Datenverarbeitungssystem. Bei einer an dieser Stelle ebenfalls als mögliche Methode genannten Sperrung für Nutzer ist allerdings zu berücksichtigen, dass die Speicherung und Anzeige der eingeschränkt zu verarbeitenden Daten zulässig bleiben. Folgerichtig nennt Erwgr. 67 DS-GVO bezüglich automatisierter Dateisysteme die Einschränkung durch technische Mittel, die eine weitere Verarbeitung und Veränderung der Daten ausschließen. Zugriffe nach Art. 18 Abs. 2 DS-GVO für die dort genannten Zwecke und auch die Aufhebung der Einschränkung nach dem Wegfall ihrer Voraussetzungen (zB nach Feststellung der Richtigkeit der Daten nach Art. 18 Abs. 1 lit. a DS-GVO) bleiben zulässig. Die bloße Archivierung von Datensätzen, zB mithilfe spezieller Archivierungsprogramme, ist demgegenüber keine Einschränkung der Verarbeitung iSd DS-GVO, denn sie erhält die Verfügungsbefugnis des Verantwortlichen und trennt die hiervon betroffenen Daten nur vom operativen Geschäft (Simitis/Hornung/Spiecker gen. Döhmann/Dix DS-GVO Art. 4 Rn. 4). Auch über in der Verarbeitung eingeschränkte personenbezogene Daten hat der Verantwortliche vollumfänglich Auskunft zu erteilen (zum BDSG aF AG Hamburg-Altona 17.11.2004 – 317 C 328/04, DuD 2005, 170).

**7. Keine Daten zur Auskunft vorhanden.** Es kommt vor, dass vermeintlich betroffene Personen einen Auskunftsanspruch geltend machen, obwohl über sie keinerlei personenbezogene Daten beim Verantwortlichen gespeichert sind. Abweichend von der alten Rechtslage in Deutschland kann jedermann ausweislich des Wortlauts von Art. 15 Abs. 1 S. 1 DS-GVO eine Bestätigung des Verantwortlichen darüber verlangen, ob dieser personenbezogene Daten über ihn verarbeitet (oder nicht). Auch vor dem Hintergrund von Art. 12 Abs. 4 DS-GVO ist in solchen Fällen eine Negativauskunft des Verantwortlichen bezogen auf den Zeitpunkt des Zugangs des Auskunftsbegehrens verpflichtend. Andernfalls würde der Anspruch der betroffenen Person auf Kenntnis des „ob" der Verarbeitung aus Art. 15 Abs. 1 S. 1 DS-GVO keinen Sinn machen (→ Form. F. II. 1. Anm. 1). Dass der Verantwortliche in Folge des Auskunftsbegehrens personenbezogene Daten der betroffenen Person verarbeiten muss, steht der Negativauskunft bezogen auf den Zugangszeitpunkt des Begehrens mithin nicht entgegen.

**8. Fehlende Identifizierbarkeit, Untätigkeit und berechtigte Weigerungen des Verantwortlichen.** Die Nichtbearbeitung der Anfrage einer (ggf. nur vermeintlich) betroffenen Person ist eine Ordnungswidrigkeit gem. Art. 83 Abs. 5 lit. b DS-GVO. Selbst dann, wenn der Verantwortliche das Begehren der betroffenen Person nicht erfüllen will oder kann, muss er auf die Anfrage gem. Art. 12 Abs. 4 DS-GVO binnen eines Monats antworten (zur Verlängerungsmöglichkeit → Anm. 2). Wird die begehrte Auskunft nicht erteilt, ist vom Verantwortlichen zu begründen, warum er nicht tätig wird, und auf die Möglichkeit zur Beschwerde bei einer Aufsichtsbehörde oder Einlegung eines gerichtlichen Rechtsbehelfs hinzuweisen.

Sind die von der betroffenen Person mit der Anfrage mitgeteilten Informationen nicht zu deren Identifizierung ausreichend (→ Anm. 1), muss der Verantwortliche gem. Art. 11 Abs. 2 DS-GVO die betroffene Person hierauf hinweisen – nicht etwa aktiv nachfragen, vgl. Erwgr. 57 DS-GVO – und ihr Gelegenheit zur Übermittlung zusätzlicher, die Identifizierung ermöglichender Informationen geben. Nur wenn die Identifizierung gleichwohl scheitert, entfällt die Verpflichtung zur Auskunftserteilung. Art. 11 Abs. 2 DS-GVO muss als verunglückt bezeichnet werden, weil hierdurch die Grenzen des Anwendungsbereichs des Datenschutzrechts verwischt werden. Seine Anwendung führt dazu, dass vormals nicht auf eine iSd Art. 4 Nr. 1 DS-GVO bestimmbare Person beziehbare, damit aber nicht unter die DS-GVO fallende Informationen durch das Verknüpfen mit von der betroffenen Person selbst bereitgestellten weiteren Informationen zu personenbezogenen Daten werden. Damit kann allein durch die Anfrage einer potenziell betroffenen Person, in der zur Herstellung einer Personenbeziehbarkeit geeignete „Zusatzinformationen" enthalten sind (zur Weite dieses Begriffs siehe EuGH 19.10.2016 – C-582/14, NJW 2016, 3579; EuGH 9.11.2023 – C-319/22, ZD 2024, 173 Rn. 44 ff.), der Anwendungsbereich des Datenschutzrechts auf vermeintlich anonyme Daten ausgeweitet werden. Dies kann wegen der den Verantwortlichen treffenden Folgen, u.a. zur Gewährleistung der Sicherheit der Verarbeitung aus Art. 32 DS-GVO, erhebliche Auswirkungen haben.

Das Auskunftsrecht besteht nicht, wenn der Verantwortliche die Entscheidung trifft („kann … sich weigern" iSv Art. 12 Abs. 5 S. 2 DS-GVO), auf eine „offenkundig unbegründete" oder „exzessive" Anfrage der betroffenen Person die Auskunftserteilung gem. Art. 12 Abs. 5 S. 2 lit. b DS-GVO zu verweigern. Der bloße Charakter der Anfrage als „offenkundig unbegründet" oder „exzessiv", für den der Verantwortliche beweisbelastet ist (Art. 12 Abs. 5 S. 3 DS-GVO), führt noch nicht zum Fortfall des Auskunftsrechts, sodass auch die Entscheidungsfindung im Einzelfall zu dokumentieren ist. Für den exzessiven Charakter einer Anfrage enthält die DS-GVO das Regelbeispiel der häufigen Wiederholung. Im Übrigen sieht § 34 BDSG in Ausfüllung der Öffnungsklausel aus Art. 23 DS-GVO vor, dass das Auskunftsrecht der betroffenen Person ausnahmsweise nicht besteht, wenn gem. § 33 Abs. 1, Abs. 3 BDSG schon kein Informationsanspruch der betroffenen Person nach Art. 14 DS-GVO besteht, oder gem. § 34 Abs. 1 Nr. 2 BDSG die personenbezogenen Daten nur deshalb gespeichert sind, weil sie aufgrund gesetzlicher, satzungsmäßiger oder vertraglicher Aufbewahrungsvorschriften nicht gelöscht werden dürfen oder ausschließlich Zwecken der Datensicherung oder der Datenschutzkontrolle dienen, die Auskunftserteilung einen unverhältnismäßigen Aufwand erfordern würde und eine Verarbeitung zu anderen Zwecken durch geeignete technische und organisatorische Maßnahmen ausgeschlossen ist. Kein Grund für die Nichterteilung der Auskunft sind mögliche oder ggf. sogar offengelegte, sachfremde Begründungen der betroffenen Person für die Geltendmachung des Auskunftsanspruchs (EuGH 26.10.

2023 – C-307/22, ZD 2024, 22) oder der dem Verantwortlichen durch die Bearbeitung entstehende Aufwand (OLG Nürnberg 29.11.2023 – 4 U 347/21, ZD 2024, 177 Rn. 22). Nur wenn die Grenze zur Treuwidrigkeit iSv § 242 BGB überschritten ist, kann die Erteilung der Auskunft vom Verantwortlichen verweigert werden (OLG Nürnberg 29.11.2023 – 4 U 347/21, ZD 2024, 177 Rn. 24f.).

**9. Recht auf Beschwerde.** Art. 15 Abs. 1 lit. f DS-GVO verlangt vom Verantwortlichen, die betroffene Person über das Bestehen eines Beschwerderechts bei einer Aufsichtsbehörde zu informieren. Ein solches Recht besteht in allen Fällen, sodass die Formulierung des Art. 15 DS-GVO insoweit missverständlich ist. Betroffene Personen haben stets das Recht, sich zu beschweren (vgl. Art. 77 Abs. 1 DS-GVO). Die im Muster vorgesehene Angabe der Kontaktdaten „der" Aufsichtsbehörde ist freiwillig, schon allein deshalb, weil es für diese Beschwerden nicht immer nur eine zuständige Behörde gibt. Deshalb kann es für den Verantwortlichen nützlich erscheinen, wenn er die Beschwerden betroffener Personen bei seiner Heimatbehörde zu bündeln versucht, indem er (nur) deren Kontaktdaten angibt.

**10. Antwort auf Löschungsbegehren.** Die im Muster als Eventualzusatz formulierte Antwort an die betroffene Person kann auch isoliert verwendet werden, falls die betroffene Person ausschließlich Löschung der über sie gespeicherten personenbezogenen Daten begehrt. Das Recht der betroffenen Person auf Löschung ergibt sich unmittelbar aus Art. 17 Abs. 1 DS-GVO (zum sog. Recht auf Vergessenwerden aus Art. 17 Abs. 2 DS-GVO ausf. Laue/Nink/Kremer DatenschutzR/Laue/Nink/Kremer § 7 Rn. 15ff.). Ungeachtet dessen lässt sich ein Löschungsanspruch auch aus Art. 5 Abs. 1 lit. a, b, e DS-GVO herleiten, weil die fortdauernde Speicherung personenbezogener Daten insbesondere nach Zweckfortfall oder Zweckerreichung ein Eingriff in das Recht auf Schutz personenbezogener Daten aus Art. 8 GRCh wäre. Die Löschung ist ausnahmsweise in den in Art. 17 Abs. 3 DS-GVO bezeichneten Fällen ausgeschlossen. Dies greift insbesondere, wenn gem. Art. 17 Abs. 3 lit. b DS-GVO die weitere Speicherung zur Erfüllung einer durch Gesetz begründeten rechtlichen Verpflichtung des Verantwortlichen erforderlich ist (zB bei den gesetzlichen Aufbewahrungspflichten aus § 257 HGB und § 147 AO), sowie, wenn gem. Art. 17 Abs. 3 lit. e DS-GVO die weitere Speicherung zur Geltendmachung, Ausübung oder Verteidigung von Rechtsansprüchen angezeigt ist (ausf. Kremer Löschen nach DS-GVO in der Praxis S. 67ff). Gestützt auf Art. 23 DS-GVO erweitert § 35 BDSG die Ausnahmen von der Löschpflicht insbesondere auf Fälle, bei denen die Löschung bei nicht automatisierten Verarbeitungen „wegen der besonderen Art der Speicherung nicht oder nur mit unverhältnismäßig hohem Aufwand" möglich ist, sowie auf Fälle des Vorliegens von satzungsmäßen oder vertraglichen Aufbewahrungspflichten.

## III. Recht auf Berichtigung (Art. 16 DS-GVO)

### 1. Berichtigungsverlangen des Betroffenen

An die

X GmbH[1]

[…], den […]

Sehr geehrte Damen und Herren,

bei der Durchsicht Ihrer Auskunft vom [Datum] zu den bei Ihnen gespeicherten, mich betreffenden personenbezogenen Daten habe ich festgestellt, dass die bei Ihnen geführte Anschrift

[falsche/unvollständige Daten]

nicht mit meiner tatsächlichen Anschrift übereinstimmt. Wie Sie dem Anhang[2] entnehmen können, müssten meine Adressdaten wie folgt lauten:

[richtige/vollständige Daten]

Ich bitte Sie daher gemäß Art. 16 Abs. 1 DS-GVO um unverzügliche Berichtigung[3] [bzw. Vervollständigung[4]] der bei Ihnen gespeicherten personenbezogenen Daten und um eine entsprechende Bestätigung innerhalb von vier Wochen.[5]

Des Weiteren bitte ich Sie, mir Auskunft über die Empfänger meiner Daten zu erteilen,[6] denen Daten zu meiner Person offengelegt wurden, und diesen die Berichtigung meiner Daten mitzuteilen.[7]

Sollten Sie die Berichtigung [bzw. Vervollständigung] nicht fristgerecht oder nicht vollständig vornehmen, behalte ich mir weitere Schritte vor.[8]

Mit freundlichen Grüßen

[…]

### Anmerkungen

**1. Form des Antrags und berichtigungspflichtige Stelle.** Die betroffene Person muss die Berichtigung bei dem Verantwortlichen beantragen. Selbst wenn die Form des Antrags nicht vorgeschrieben ist, bietet sich in der Praxis Schriftlichkeit an. Auf Seiten des Verantwortlichen sollte, wenn die betreffenden Daten elektronisch verarbeitet werden, die Möglichkeit geschaffen werden, Berichtigungsanträge auch elektronisch zu stellen (Erwgr. 59 S. 2 DS-GVO). Bestehen für den Verantwortlichen Zweifel an der Identität des Antragstellers, so kann er zusätzliche Informationen anfordern, die zur Bestätigung der Identität der betroffenen Person erforderlich sind (Art. 12 Abs. 6 DS-GVO; → Form. F. II. 1. Anm. 11). Die Berichtigung bzw. Vervollständigung ist grundsätzlich unentgeltlich. Offensichtlich unbegründete oder „exzessive" Anträge (näher → Form. F. II. 1. Anm. 1) muss der Verantwortliche nicht umsetzen bzw. kann die Umsetzung von einem angemessenen Entgelt abhängig machen (Art. 12 Abs. 5 S. 2 DS-GVO).

Zur Berichtigung ist der Verantwortliche, also die natürliche oder juristische Person, Behörde, Einrichtung oder andere Stelle verpflichtet, die allein oder gemeinsam mit anderen über die Zwecke und Mittel der Verarbeitung von personenbezogenen Daten entscheidet (Art. 4 Nr. 7 DS-GVO). Wie bei den weiteren Betroffenenrechten in der DS-GVO sind etwaige Auftragsverarbeiter nicht unmittelbar Anspruchsgegner, dies ergibt sich bereits aus dem Wortlaut der Vorschrift („von dem Verantwortlichen"). Der Auftragsverarbeiter ist vielmehr auf Antrag der betroffenen Person durch den Verantwortlichen über die Berichtigung zu benachrichtigen. Durchsetzbar ist die Berichtigung gegenüber Auftragsverarbeitern lediglich mit Hilfe der Aufsichtsbehörde, die Maßnahmen nach Art. 58 DS-GVO ergreifen und Geldbußen nach Art. 83 Abs. 5 lit. b DS-GVO verhängen kann (→ Anm. 8). Bei anderen Empfängern, die die offengelegten Daten selbst als Verantwortliche weiterverarbeiten, besteht ein unmittelbarer Berichtigungsanspruch mit entsprechender gerichtlicher Durchsetzbarkeit nach Art. 79 Abs. 1 DS-GVO.

**2. Darlegungs- und Beweislast.** Die Darlegungs- und Beweislast für die Unrichtigkeit bzw. Unvollständigkeit trägt der Anspruchsteller, dessen Daten berichtigt bzw. vervollständigt werden sollen (Ehmann/Selmayr/Kamann/Braun DS-GVO Art. 16 Rn. 22). Dies kann uU voraussetzen, dass dem Antrag ein Beleg darüber beizufügen ist, dass die verarbeiteten Daten unwahr bzw. unvollständig sind und dass die genannten richtigen Daten tatsächlich inhaltlich wahr sind. Im Fall der Vervollständigung kann es außerdem erforderlich sein, zu belegen, dass die Ergänzung zum „Zweck der Verarbeitung" notwendig ist.

**3. Berichtigung.** Die Berichtigung von unrichtigen personenbezogenen Daten setzt voraus, dass inhaltlich unwahre Tatsachen durch den Verantwortlichen verarbeitet und durch inhaltlich wahre Daten ersetzt werden. Berichtigung bedeutet also, dass die Daten „mit der Wirklichkeit in Übereinstimmung gebracht werden" (BeckOK DatenschutzR/Worms DS-GVO Art. 16 Rn. 61). Daten sind grundsätzlich dann als unrichtig anzusehen, „wenn die Information, welche die einzelnen Angaben über die persönlichen oder sachlichen Verhältnisse des Betroffenen vermitteln, nicht mit der Realität übereinstimmt" (BVerwG 4.3.2004 – 1 WB 32.03, NVwZ 2004, 626 (627), die Entscheidung erging allerdings noch zur DSRL). Dabei ist nicht erheblich, ob die Unrichtigkeit schon bei der Speicherung gegeben war oder erst später eingetreten ist. Im Einzelfall kann die Frage, unter welchen Umständen Daten als unrichtig anzusehen sind, allerdings eine kontextspezfische Betrachtung unter Einbeziehung des Verarbeitungszwecks erfordern. So sind etwa die in einem gerichtlichen Verhandlungsprotokoll enthaltenen personenbezogenen Daten nicht schon unrichtig, wenn sie inhaltlich nicht der Realität entsprechen (wenn etwa ein Zeuge gelogen hat). Sie sind vielmehr richtig, wenn sie so aufgezeichnet wie in der mündlichen Verhandlung geäußert wurden, auch wenn diese Angabe den realen Verhältnissen widerspricht, denn das Protokoll dokumentiert beweiskräftig allein den Inhalt der Verhandlung und welche Angaben dort gemacht wurden, nicht aber deren sachliche Richtigkeit (siehe § 160 Abs. 3 Nr. 4 ZPO). Unrichtig können – denklogisch – nur Tatsachenäußerungen sein, so dass ein Berichtigungsanspruch betreffend Werturteile nicht besteht. Beruht ein Werturteil indes auf einer falschen Tatsache, so kann deren Korrektur mittelbar zu einer Änderung des Werturteils führen (näher Taeger/Gabel/Meents/Hinzpeter DS-GVO Art. 16 Rn. 8 mwN). Auf die Frage, ob die betreffende Information von Anfang an unrichtig war oder später unrichtig geworden ist, kommt es für den Berichtigungsanspruch nicht an (BVerwG 4.3.2004 – 1 WB 32.03, NVwZ 2004, 626 (627)).

**4. Vervollständigung.** Der Anspruch auf Ergänzung von unvollständigen personenbezogenen Daten nach Art. 16 Abs. 2 DS-GVO hat zwei Voraussetzungen: Zunächst müssen Lücken in den verarbeiteten personenbezogenen Daten bestehen. Allerdings führt dies erst dann zu einer Unvollständigkeit der Daten, wenn eine Schließung der Lücken unter Berücksichtigung der Zwecke der Verarbeitung notwendig ist. Ein Anspruch besteht also erst dann, wenn der mit der Verarbeitung verfolgte Zweck ohne die Vervollständigung nicht erreicht werden kann, wobei in die Beurteilung auch die mit der Unvollständigkeit der Daten einhergehenden Risiken für den Betroffenen einzubeziehen sind (BeckOK DatenschutzR/Worms DS-GVO Art. 16 Rn. 58). Dies kann zB der Fall sein, wenn Adressdaten zwar richtig, aber etwa aufgrund fehlender Hausnummer unvollständig sind und damit eine erwünschte postalische Kontaktaufnahme unmöglich ist (Taeger/Gabel/Meents/Hinzpeter DS-GVO Art. 16 Rn. 21). Gegebenenfalls kann eine ergänzende Erklärung erforderlich sein, wenn ein Datum in einen Kontext gesetzt werden muss, um Missverständnisse zu vermeiden. Das kann etwa der Fall sein, wenn in einer Bonitätsauskunft ersichtlich ist, dass eine Kreditforderung nicht mehr bedient wurde, dies jedoch dadurch gerechtfertigt ist, dass der Schuldner mit der Bank einen Vergleich geschlossen hat, sodass die Forderung nicht mehr besteht (Laue/Nink/Kremer § 4 Rn. 45).

**5. Frist.** Die Berichtigung muss unverzüglich erfolgen, Art. 16 S. 1 DS-GVO. Damit ist die Frist einzelfallabhängig und nach der konkreten Verarbeitung sowie dem erforderlichen Berichtigungsaufwand zu bestimmen (Paal/Pauly/Paal DS-GVO Art. 16 Rn. 17). Im Gegensatz zu den Informationsrechten, bei denen sich die Unverzüglichkeit aus Art. 12 Abs. 3 DS-GVO ergibt, wird im Rahmen des Art. 16 S. 1 DS-GVO ausdrücklich im Normtext selbst die Unverzüglichkeit der Berichtigung vorgeschrieben. Daher ist insoweit ein engeres Verständnis des Unverzüglichkeitsbegriffs als bei den Informationsrechten geboten. Allerdings wird man für die Definition des Begriffs „unverzüglich" schwerlich auf § 121 Abs. 1 S. 1 BGB abstellen können, da die DS-GVO einen europaweit einheitlichen Standard schaffen will und insofern für ihre Auslegung nicht auf einzelstaatliche Vorschriften abgestellt werden kann. Ungeachtet dessen wird man aber davon ausgehen können, dass „unverzüglich" im europäischen Kontext nicht wesentlich anders als nach dem BGB zu interpretieren sein dürfte. Dies folgt bereits daraus, dass schon bei den Informationsrechten eine Frist von einem Monat die Ausnahme darstellen soll. Demgemäß wird eine so lange Frist beim Berichtigungsanspruch nur in äußersten Ausnahmefällen zulässig sein, etwa wenn die Identität des Antragsstellers nicht vorher geklärt werden kann oder ein außerordentlich hoher Berichtigungsaufwand erforderlich ist. In der Regel dürfte eine Frist von zwei Wochen daher noch als unverzüglich gelten. Falls der Verantwortliche dem Antrag nicht nachkommt, ist er nach Art. 12 Abs. 4 DS-GVO dazu verpflichtet, den Antragsteller „ohne Verzögerung", spätestens innerhalb eines Monats, über die Gründe hierfür zu unterrichten. Darüber hinaus muss der Verantwortliche der betroffenen Person die Möglichkeit der aufsichtsbehördlichen

Beschwerde und eines gerichtlichen Rechtsbehelfs (→ Anm. 8) aufzeigen. Für die Dauer der Prüfung des Berichtigungsantrags kann die betroffene Person die Einschränkung der Verarbeitung verlangen (Art. 18 Abs. 1 lit. a DS-GVO) mit der Folge, dass eine Verarbeitung der Daten nur unter den Voraussetzungen des Art. 18 Abs. 2 DS-GVO zulässig ist (Gola/Heckmann/Reif DS-GVO Art. 16 Rn. 21).

**6. Auskunft über Empfänger der Daten.** Nach Art. 19 S. 2 DS-GVO kann die von einer unrichtigen Verarbeitung betroffene Person von dem Verantwortlichen verlangen, über etwaige Empfänger der unrichtigen Daten unterrichtet zu werden. Unter den Begriff des Empfängers ist jeder zu fassen, dem personenbezogene Daten offengelegt werden, unabhängig davon, ob es sich dabei um einen Dritten handelt oder nicht (Art. 4 Nr. 9 S. 1 DS-GVO). Die Mitteilung setzt einen entsprechenden Antrag der betroffenen Person voraus, der gemeinsam mit dem Berichtigungsverlangen gestellt werden kann.

**7. Drittmitteilung bei Offenlegung der unrichtigen/unvollständigen Daten.** Bei einer Offenlegung von personenbezogenen Daten des Anspruchstellers an einen oder mehrere Empfänger gem. Art. 4 Nr. 9 DS-GVO sind diesen Empfängern alle Berichtigungen ohne weiteren Antrag mitzuteilen (Art. 19 S. 1 DS-GVO). Vom Begriff des Empfängers ist auch der Auftragsverarbeiter umfasst (Paal/Pauly/Paal DS-GVO Art. 19 Rn. 12a mwN). Es empfiehlt sich für den Antragsteller, eine entsprechende Aufforderung deklaratorisch in den Antrag aufzunehmen. Eine Pflicht zur Drittmitteilung besteht jedoch nach Art. 19 S. 1 DS-GVO nicht, wenn sich diese als unmöglich erweist oder mit einem unverhältnismäßigen Aufwand verbunden ist.

**8. Durchsetzung des Anspruchs.** Lehnt der Verantwortliche die Berichtigung ab, so hat er gem. Art. 12 Abs. 4 DS-GVO die betroffene Person ohne Verzögerung, spätestens innerhalb eines Monats nach Eingang des Antrags über die Gründe hierfür und über die Möglichkeit, bei einer Aufsichtsbehörde Beschwerde einzulegen oder einen gerichtlichen Rechtsbehelf einzulegen, zu informieren.

Art. 79 Abs. 1 DS-GVO garantiert den betroffenen Personen einen wirksamen gerichtlichen Rechtsbehelf zur Durchsetzung ihrer Rechte aus der DS-GVO. Kommt der Verantwortliche dem Berichtigungs- oder Vervollständigungsersuchen des Antragstellers nicht fristgerecht nach, so kann dieser seinen Anspruch gerichtlich durchsetzen. Zuständig sind hierfür nach Art. 79 Abs. 2 S. 1 DS-GVO die Gerichte des Mitgliedstaats, in dem der Verantwortliche eine Niederlassung hat. Allerdings kann der Betroffene wahlweise auch bei den Gerichten des Mitgliedstaats klagen, in dem er seinen Aufenthaltsort hat, Art. 79 Abs. 2 S. 2 DS-GVO. Hinsichtlich des Rechtswegs ist zunächst danach zu unterscheiden, ob es sich bei dem Verantwortlichen um ein privates Unternehmen handelt (dann muss der Betroffene den ordentlichen Rechtsweg beschreiten) oder um eine Behörde. Im letzteren Fall ist nach § 40 Abs. 1 S. 1 VwGO der Verwaltungsrechtsweg einschlägig. Dabei wird es sich bei der Ablehnung eines Berichtigungsverlangens in den meisten Fällen um einen Verwaltungsakt iSd § 35 S. 1 VwVfG handeln, sodass im Regelfall die Verpflichtungsklage nach § 42 Abs. 1 Var. 2 VwGO die statthafte Klageart sein wird (BeckOK DatenschutzR/Worms DS-GVO Art. 16 Rn. 33). Je nach Fallgestaltung können auch die Arbeits-, Finanz- oder Sozialgerichte zuständig sein (Kühling/Buchner/Herbst DS-GVO Art. 16 Rn. 37).

Darüber hinaus ist eine Beschwerde bei einer Aufsichtsbehörde nach Art. 77 DS-GVO statthaft, da die Verarbeitung unrichtiger und unvollständiger Daten mit dem

Grundsatz der Datenrichtigkeit gem. Art. 5 Abs. 1 lit. d DS-GVO unvereinbar ist und damit gegen die DS-GVO verstößt. Außerdem kann die Aufsichtsbehörde nach Art. 83 Abs. 5 lit. b DS-GVO eine Geldbuße festsetzen (näher BeckOK DatenschutzR/Worms DS-GVO Art. 16 Rn. 66). Die Einschaltung der Aufsichtsbehörde kann insbesondere bei der Verarbeitung unrichtiger personenbezogener Daten durch Auftragsverarbeiter als Empfänger iSd Art. 4 Nr. 9 DS-GVO für die Durchsetzung der Berichtigung notwendig sein, da für die betroffene Person keine Möglichkeit besteht, den Anspruch unmittelbar gegenüber den Auftragsverarbeitern gerichtlich durchzusetzen.

## 2. Antwort des Verantwortlichen an den Betroffenen

An

Herrn/Frau […][1]

[…], den […]

Sehr geehrte/r Frau/Herr […],

vielen Dank für Ihr Schreiben vom […], das uns am […] zugegangen ist.[2] Ihr Berichtigungsverlangen haben wir geprüft, können ihm aber leider nicht nachkommen.

Es trifft zu, dass in unserer Kundendatenbank Ihre Bonität auf einer Skala von 1 bis 6, wobei 1 die beste und 6 die schlechteste Bewertung darstellt, mit „5“ bewertet ist. Sie können allerdings nicht verlangen, dass wir diese Bewertung in „1“ ändern.[3]

Nach Art. 16 S. 1 DS-GVO haben Sie das Recht, von uns als Verantwortlichem unverzüglich die Berichtigung Sie betreffender unrichtiger personenbezogener Daten zu verlangen. Die Voraussetzungen dieser Vorschrift liegen allerdings nicht vor. Der Berichtigung unterliegen nur Tatsachen, nicht aber Werturteile, weil nur Tatsachen richtig oder falsch sein können.[4] Bei der Beurteilung der Bonität eines Kunden handelt es sich aber um ein Werturteil. Selbst wenn man annehmen wollte, dass auch Werturteile einer Berichtigung zugänglich sein können, sofern sie Tatsachenbestandteile aufweisen, wäre eine Berichtigung hier nicht möglich. Der Beurteilung Ihrer Bonität liegt zugrunde, dass Sie unsere Rechnung vom […] erst nach Zustellung des gerichtlichen Vollstreckungsbescheids beglichen haben. Diese zutreffende Tatsachenbasis rechtfertigt die Bewertung Ihrer Bonität mit „5“.

Wir haben Sie nach Art. 12 Abs. 4 DS-GVO darüber zu belehren, dass Ihnen die Möglichkeit offensteht, bei einer Aufsichtsbehörde Beschwerde einzulegen oder einen gerichtlichen Rechtsbehelf einzulegen.[5]

Mit freundlichen Grüßen

[…]

### Anmerkungen

**1. Form.** Zwar schreibt die Verordnung nicht ausdrücklich vor, dass die Unterrichtung nach Art. 12 Abs. 4 DS-GVO schriftlich zu erfolgen hat. Aus Art. 12 Abs. 1 S. 2 DS-GVO lässt sich indes eine Präferenz für die Schriftform ableiten, überdies dürfte auch aus dem vorgeschriebenen Inhalt der Unterrichtung zu folgern sein, dass die Verordnung von einem Schriftformerfordernis ausgeht, zumal nur so der Grundsatz der Rechenschaftspflicht aus Art. 5 Abs. 2 DS-GVO gewahrt werden kann. Auch die aus Art. 12 Abs. 1 DS-GVO folgende Pflicht, Informationen in präziser, transparenter, verständlicher und leicht zugänglicher Form in einer klaren und einfachen Sprache abzufassen, dürfte jedenfalls entsprechend auf die Unterrichtung aus Art. 12 Abs. 4 DS-GVO Anwendung finden; wollte man dies anders sehen, so bliebe es jedenfalls bei der Transparenzpflicht aus Art. 5 Abs. 1 lit. a DS-GVO (vgl. Ehmann/Selmayr/Heckmann/Paschke DS-GVO Art. 12 Rn. 37).

**2. Frist.** Nach Art. 12 Abs. 4 DS-GVO hat der Verantwortliche, wenn er auf den Antrag der betroffenen Person hin nicht tätig wird, die betroffene Person ohne Verzögerung, spätestens aber innerhalb eines Monats nach Eingang des Antrags über die Gründe hierfür und über die Möglichkeit, bei einer Aufsichtsbehörde Beschwerde einzulegen oder einen gerichtlichen Rechtsbehelf einzulegen, zu informieren. Die Frist beginnt mit Eingang des Antrags zu laufen, wobei der Antrag dem Verantwortlichen zugegangen ist, wenn er in der Weise in dessen Machtbereich gelangt ist, dass er Kenntnis davon nehmen konnte. Einer tatsächlichen Kenntnisnahme bedarf es nicht (Ehmann/Selmayr/Heckmann/Paschke DS-GVO Art. 12 Rn. 39). Dabei ist einerseits klar, dass eine pauschale Ausschöpfung des in der Norm genannten Monats von der Verordnung nicht gewollt ist, dass aber andererseits eine Antwort auch nicht ohne (jede) Verzögerung erfolgen kann, wenn doch der Verantwortliche das Verlangen des Betroffenen zumindest einer Prüfung unterziehen muss. Maßstab für die Rechtzeitigkeit einer Antwort kann daher nur sein, wie lange der Verantwortliche für die Prüfung des Berichtigungsverlangens und die Formulierung der begründeten Absage legitimerweise benötigt. Anders als im Fall von Art. 12 Abs. 3 DS-GVO kann die Frist aus Art. 12 Abs. 4 DS-GVO nicht verlängert werden (Ehmann/Selmayr/Heckmann/Paschke DS-GVO Art. 12 Rn. 39; Paal/Pauly/Paal/Hennemann DS-GVO Art. 12 Rn. 56a mwN).

**3. Begründung.** In der einschlägigen Kommentarliteratur wird die Frage, ob eine einzelfallbezogene Darstellung der die Ablehnung des Berichtigungsbegehrens tragenden Gründe erforderlich sein soll oder nicht, unterschiedlich beantwortet. So wird teilweise vertreten, dass „ein Verweis auf die entsprechende Norm mit einer kurzen Darstellung des Inhalts der Regelung, die das Vorgehen des Verantwortlichen rechtfertigt" ausreichen solle und es einer ausführlichen und einzelfallbezogenen Darstellung nicht bedürfe (Ehmann/Selmayr/Heckmann/Paschke DS-GVO Art. 12 Rn. 37). Das dürfte wohl zu kurz greifen, da die Unterrichtung nicht zuletzt den Sinn hat, dem Betroffenen eine Überprüfung der Entscheidung des Verantwortlichen zu ermöglichen, um ggf. weitere Schritte zur Rechtsdurchsetzung zu ergreifen. Richtig dürfte es daher sein, eine einzelfallbezogene und detaillierte Begründung zu verlangen (so zB auch Kühling/Buchner/Bäcker DS-GVO Art. 12 Rn. 32).

**4. Berichtigung von Werturteilen.** Üblicherweise werden Bonitätsscorewerte nicht in Schulnoten, sondern in Prozentwerten angegeben; die hiesige Darstellung dient insoweit der Vereinfachung. Ob Werturteile einer Berichtigungspflicht unterliegen können, wird kontrovers diskutiert. Ein Teil der Literatur hält dies per se für ausgeschlossen, weil Werturteile nicht dem Verdikt von „richtig" oder „falsch" unterliegen können und daher schon begrifflich eine „Berichtigung" ausscheidet (in diesem Sinne zB Gola/Heckmann/Reif DS-GVO Art. 16 Rn. 10). Andere Autoren meinen,

Werturteile könnten nicht von dem Berichtigungsrecht ausgeschlossen werden, es müsse in derartigen Fällen ein Ausgleich auf Rechtsfolgenseite gesucht werden (Ehmann/Selmayr/Kamann/Braun DS-GVO Art. 16 Rn. 21). Richtigerweise wird man unterscheiden müssen. Das Werturteil als solches ist einer „Berichtigung" nicht zugänglich. Berichtigt oder vervollständigt werden können aber unter Umständen die tatsächlichen Grundlagen, auf denen das Werturteil fußt, was dann häufig auch eine Änderung des Werturteils als solches nach sich ziehen wird (vgl. NK-DatenschutzR/Dix DS-GVO Art. 16 Rn. 14; Kühling/Buchner/Herbst DS-GVO Art. 16 Rn. 9 mit weiteren Ausdifferenzierungen).

**5. Belehrung.** Notwendiger Inhalt der Unterrichtung nach Art. 12 Abs. 4 DS-GVO ist auch der Hinweis auf die Möglichkeit, bei einer Aufsichtsbehörde Beschwerde einzulegen (Art. 77 DS-GVO) oder einen gerichtlichen Rechtsbehelf einzulegen (Art. 79 DS-GVO). Diesbezüglich wird in der Kommentarliteratur überwiegend angenommen, dass der Verantwortliche den Betroffenen auch darüber zu informieren hat, bei welcher Behörde bzw. bei welchem Gericht er seine Rechte geltend machen kann (Kühling/Buchner/Bäcker DS-GVO Art. 12 Rn. 32; Paal/Pauly/Paal/Hennemann DS-GVO Art. 12 Rn. 60; Ehmann/Selmayr/Heckmann/Paschke DS-GVO Art. 12 Rn. 40; Taeger/Gabel/Pohle/Spittka DS-GVO Art. 12 Rn. 25; NK-DatenschutzR/Dix DS-GVO Art. 12 Rn. 28). Dies wird aus Art. 12 Abs. 2 S. 1 DS-GVO abgeleitet, wonach der Verantwortliche der betroffenen Person die Ausübung ihrer Rechte gemäß den Art. 15–22 DS-GVO erleichtern soll (Paal/Pauly/Paal/Hennemann DS-GVO Art. 12 Rn. 60). Im hiesigen Formular findet sich das nicht wieder, denn nachdem Art. 12 Abs. 2 S. 1 DS-GVO nur von der „Ausübung" der Rechte aus Art. 15–22 DS-GVO spricht, erscheint es zweifelhaft, hieraus auch die Pflicht abzuleiten, dem Betroffenen die Durchsetzung der Rechte zu erleichtern. Überdies steht es dem Betroffenen nach Art. 79 DS-GVO frei, sich bei einer beliebigen Aufsichtsbehörde zu beschweren (statt aller BeckOK DatenschutzR/Mundil DS-GVO Art. 77 Rn. 9). Auch können oftmals mehrere unterschiedliche Gerichte für das Begehren des Betroffenen zuständig sein (zB in internationaler Hinsicht nach Art. 79 Abs. 2 DS-GVO; in örtlicher Hinsicht, wenn iSd § 35 ZPO mehrere Gerichtsstände bestehen oder in sachlicher Hinsicht, wenn die Zuständigkeit von Amts- oder Landgericht nach § 23 Nr. 1 GVG davon abhängt, wie der Betroffene sein Interesse streitwertmäßig iSv § 3 ZPO beziffert oder dieses durch das Gericht bewertet wird). Es erscheint daher verfehlt, dem Betroffenen jedes denkbar zuständige Gericht bzw. jede denkbar zuständige Behörde mitzuteilen, dies wäre auch mit Blick auf das Transparenzgebot geradezu kontraproduktiv. Ebenso wäre es irreführend, dem Betroffenen zumindest eine Behörde (die am Sitz des Verantwortlichen) oder ein Gericht (das am allgemeinen Gerichtsstand des Verantwortlichen) mitzuteilen, weil dies unter Umständen dazu führen könnte, dass der Betroffene davon absieht, sich an das eventuell auch zuständige Gericht seines Wohnsitzes bzw. die Behörde, deren Sitz am nächsten zu seinem Wohnort gelegen ist, zu wenden.

Richtigerweise genügt daher die Mitteilung, dass überhaupt das Recht auf Beschwerde bei einer Aufsichtsbehörde sowie die Möglichkeit eines gerichtlichen Rechtsbehelfs bestehen. Sollte es sinnvoll möglich sein, „das" zuständige Gericht zu benennen (wenn es etwa nur ein zuständiges Gericht im konkreten Fall geben kann), dürfte es aber jedenfalls aus Gründen der Vorsicht sinnvoll und geboten sein, dieses Gericht konkret zu benennen und zumindest die Aufsichtsbehörde am Sitz des Verantwortlichen, wobei es sinnvoll sein könnte, darauf hinzuweisen, dass eine Beschwerde auch bei jeder anderen Aufsichtsbehörde eingereicht werden darf. Wer den sichersten Weg beschreiten will, sollte aber ganz allgemein in Betracht ziehen, die Angaben zur zuständigen Behörde oder dem zuständigen Gericht so gut wie möglich zu konkretisieren.

Von der Pflicht zur Belehrung aus Art. 12 Abs. 4 DS-GVO unabhängig kann für öffentliche Stellen die Pflicht zur Rechtsbehelfsbelehrung nach § 37 Abs. 6 VwVfG bzw. den entsprechenden landesrechtlichen Vorschriften bestehen.

## IV. Rechte auf Löschung und Mitteilung (Art. 17, 19 DS-GVO)

### 1. Recht auf Löschung und „Recht auf Vergessenwerden“ (Art. 17 DS-GVO)

An die

[...] GmbH[1]

[Ort], den [Datum]

Sehr geehrte Damen und Herren,

auf Ihrem Portal [Webseite ...] veröffentlichen Sie die Information, dass mein privates Grundstück zwangsversteigert wurde.[2] Die Information ist unter folgender URL abrufbar:

[URL].

Für eine Speicherung und Offenlegung dieser meine Person betreffenden personenbezogenen Daten habe ich Ihnen weder eine Einwilligung erteilt noch besteht eine anderweitige Rechtsgrundlage für diese Datenverarbeitung.[3] Sie können auch keinen Ausnahmetatbestand nach Art. 17 Abs. 3 DS-GVO geltend machen.[4]

Ich bitte Sie daher gemäß Art. 17 Abs. 1 DS-GVO um unverzügliche Löschung[5] der bei Ihnen gespeicherten personenbezogenen Daten und um eine entsprechende Bestätigung bis spätestens zum

[Datum].[6]

Des Weiteren weise ich Sie darauf hin, dass Sie nach Art. 17 Abs. 2 DS-GVO aufgrund der Veröffentlichung der Daten dazu verpflichtet sind, alle angemessenen Maßnahmen zu treffen, um andere Verantwortliche, insbesondere Suchmaschinenbetreiber, die die oben aufgeführten personenbezogenen Daten verarbeiten, über meinen Antrag auf Löschung aller Links, Kopien oder Replikationen in Bezug auf diese personenbezogenen Daten zu unterrichten.[7]

Außerdem bitte ich Sie, mir gemäß Art. 19 S. 2 DS-GVO etwaige Empfänger, denen die meine Person betreffenden Daten offengelegt wurden, mitzuteilen und diese über mein Löschungsersuchen gemäß Art. 19 S. 1 DS-GVO zu unterrichten.[8]

Für Rückfragen und falls Sie weitere Angaben – etwa zum Nachweis meiner Identität – benötigen, stehe ich Ihnen zur Verfügung.[9]

Sollten Sie die Löschung nicht fristgerecht oder nicht vollständig vornehmen, behalte ich mir eine gerichtliche Geltendmachung des Löschungsanspruchs vor.[10]

Mit freundlichen Grüßen

(...)

## Anmerkungen

**1. Form des Antrags und löschungspflichtige Stelle.** Zur Löschung ist allein der Verantwortliche (Art. 4 Nr. 7 DS-GVO) verpflichtet. Wie bei den weiteren Betroffenenrechten in der DS-GVO sind etwaige Auftragsverarbeiter dagegen nicht unmittelbar Anspruchsgegner. Diese sind vielmehr durch den Verantwortlichen über die Löschung zu benachrichtigen, Art. 19 S. 1 DS-GVO, weil der Begriff des „Empfängers" aus Art. 19 DS-GVO auch den Auftragsverarbeiter umfasst (Paal/Pauly/Paal DS-GVO Art. 19 Rn. 12a). Wurde das zu löschende personenbezogene Datum öffentlich gemacht, so sind nach Art. 17 Abs. 2 DS-GVO unter Berücksichtigung der verfügbaren Technologie und der Implementierungskosten alle angemessenen Maßnahmen zu treffen, um Verantwortliche darüber zu informieren, dass eine betroffene Person von ihnen die Löschung aller Links zu diesen personenbezogenen Daten oder von Kopien oder Replikationen dieser personenbezogenen Daten verlangt hat („Recht auf Vergessenwerden"; → Form. F. IV. 2.). Die Anträge können formfrei gestellt werden und die Löschung ist grundsätzlich unentgeltlich vorzunehmen (Paal/Pauly/Paal DS-GVO Art. 17 Rn. 12). Bei offensichtlich unbegründeten oder „exzessiven" Anträgen muss der Verantwortliche diese allerdings nicht umsetzen bzw. kann die Umsetzung von einem angemessenen Entgelt abhängig gemacht werden (Art. 12 Abs. 5 S. 2 DS-GVO; → Form. F. II. 2. Anm. 6). Bestehen für den Verantwortlichen Zweifel an der Identität des Antragstellers, so kann er zusätzliche Informationen anfordern, die zur Bestätigung der Identität der betroffenen Person erforderlich sind (Art. 12 Abs. 6 DS-GVO; → Form. F. II. 1. Anm. 11).

**2. Anspruchsberechtigung.** Anspruchsberechtigt ist die betroffene Person, die durch die zu löschenden personenbezogenen Daten identifiziert oder identifizierbar ist (Art. 4 Nr. 1 DS-GVO).

**3. Löschungsgrund.** Art. 17 Abs. 1 DS-GVO benennt die Gründe für eine Löschung (vgl. im Einzelnen Paal/Pauly/Paal DS-GVO Art. 17 Rn. 22 ff.). Der Verantwortliche hat danach – korrespondierend zum entsprechenden Recht der betroffenen Personen – eine Pflicht zur Löschung, wenn die personenbezogenen Daten für den Erhebungszweck nicht mehr erforderlich sind (lit. a), wenn die Einwilligung widerrufen wurde und auch keine anderweitige Rechtsgrundlage besteht (lit. b), wenn ein Widerspruch gegen die Verarbeitung nach Art. 21 DS-GVO eingelegt wurde (lit. c), die personenbezogenen Daten unrechtmäßig verarbeitet wurden (lit. d), der Verantwortliche nach dem Recht der Union oder eines Mitgliedstaats zur Löschung verpflichtet ist (lit. e) oder wenn die Daten von Kindern erhoben wurden (lit. f). Ob der letztgenannte Löschungsgrund gegenüber dem Widerruf der Einwilligung einen eigenständigen Charakter haben kann, ist fraglich. Versteht man ihn als von einem Antrag des Betroffenen unabhängige Löschungsverpflichtung, so würde dies den Erlaubnistatbestand aus Art. 8 Abs. 1 DS-GVO sinnlos machen. Versteht man ihn hingegen – was wohl richtig sein dürfte – dahingehend, dass er einen entsprechenden Antrag des Betroffenen voraussetzt, so hat er gegenüber Art. 17 Abs. 1 lit. b DS-GVO keine eigenständige Bedeutung (Paal/Pauly/Paal DS-GVO Art. 17 Rn. 28 mwN). In Bezug auf Art. 17 Abs. 1 lit. d DS-GVO hat der EuGH jüngst entschieden, dass nicht jeder Verstoß gegen in der DS-GVO festgelegte Pflichten eine Datenverarbeitung in dem Sinne unrechtmäßig macht, dass der Löschungsanspruch begründet ist (EuGH 4.5.2023 – C-60/22, ZD 2023, 606 Rn. 66, 69; im konkreten Fall standen Verstöße gegen Art. 26 und 30 DS-GVO im Raum). Der EuGH führt in diesem Zusammenhang aus, dass sich aus Art. 6 DS-GVO ergebe, unter welchen Voraussetzungen eine Datenverarbeitung rechtmäßig sei. Die darin enthaltene Liste der Fälle, in denen eine Verarbeitung personenbezogener Daten als rechtmäßig angesehen werden kann, sei abschließend, sodass eine Verarbeitung unter einen der in Art. 6 Abs. 1 DS-GVO vorgesehenen Fälle subsumierbar sein müsse, um als rechtmäßig angesehen werden zu können (EuGH 4.5.2023 – C-60/22, ZD 2023, 606 Rn. 52 ff.). Nach dieser Rechtsprechung besteht ein Löschungsanspruch aus Art. 17 Abs. 1 lit. d DS-GVO umgekehrt nur, wenn es der Datenverarbeitung an einer Rechtsgrundlage im Sinne des Art. 6 Abs. 1 DS-GVO fehlt.

**4. Ausnahmetatbestände.** Eine Pflicht zur Löschung durch den Verantwortlichen besteht gem. Art. 17 Abs. 3 DS-GVO dann ausnahmsweise nicht, wenn die Verarbeitung zur Ausübung des Rechts auf freie Meinungsäußerung und Information (lit. a) oder im öffentlichen Interesse zur Erfüllung einer rechtlichen Verpflichtung (lit. b), aus Gründen der öffentlichen Gesundheit (lit. c), für Archivzwecke (lit. d) oder zur Geltendmachung, Ausübung oder Verteidigung von Rechtsansprüchen (lit. e) erforderlich ist. In der künftigen Praxis dürfte der Ausnahmetatbestand der freien Meinungsäußerung und Information eine erhebliche Rolle spielen (vgl. BeckOK DatenschutzR/Worms DS-GVO Art. 17 Rn. 81a). Insbesondere Medienunternehmen können sich damit gegen das Verlangen auf Löschung wegen unliebsamer Berichterstattung wehren. Jedoch können sie nach der Rechtsprechung des BVerfG unter Umständen einer aus dem allgemeinen Persönlichkeitsrecht abgeleiteten Löschungsverpflichtung ausgesetzt sein (BVerfG 6.11.2019 – 1 BvR 16/13, GRUR 2020, 74 ff.). Auch die bestehenden Aufbewahrungspflichten, etwa aus §§ 238, 257 Abs. 1 Nr. 4, Abs. 4 HGB oder § 147 Abs. 1 Nr. 4, Abs. 3 AO (vgl. Laue/Nink/Kremer § 7 Rn. 20), können dem Löschungsbegehren entgegengehalten werden. Für die Voraussetzungen der Ausnahmetatbestände liegt die Beweislast auf Seiten des Verantwortlichen.

**5. Umfang der Löschungsverpflichtung.** Wie die Löschung zu erfolgen hat, ist in der Verordnung nicht vorgegeben. Allerdings deutet die Formulierung in Art. 4 Nr. 2 DS-GVO („das Löschen oder die Vernichtung“) an, dass die Löschung nicht zwingend eine Zerstörung der Daten oder Datenträger erforderlich macht (Paal/Pauly/Paal DS-GVO Art. 17 Rn. 30). Vielmehr ist damit, wie nach § 3 Abs. 4 Nr. 5 BDSG aF, das Unkenntlich- bzw. Unbrauchbarmachen gespeicherter personenbezogener Daten ausreichend. Im Regelfall wird dies durch technische Löschung oder Überschreibung elektronischer Daten erfolgen. Wesentlich ist, dass es infolge der Löschung unmöglich sein muss, die zuvor in den zu löschenden Daten verkörperte Information wahrzunehmen (Kühling/Buchner/Herbst DS-GVO Art. 17 Rn. 37).

**6. Frist.** Die Löschung muss unverzüglich erfolgen, Art. 17 Abs. 1 DS-GVO. Damit ist die Frist einzelfallabhängig und nach der konkreten Verarbeitung sowie dem erforderlichen Berichtigungsaufwand zu bestimmen (Paal/Pauly/Paal DS-GVO Art. 17 Rn. 31). Im Gegensatz zu den Informationsrechten, bei denen sich die Unverzüglichkeit aus Art. 12 Abs. 3 DS-GVO ergibt, wird im Rahmen des Art. 17 Abs. 1 DS-GVO ausdrücklich im Normtext selbst die Unverzüglichkeit der Berichtigung vorgeschrieben. Daher ist insoweit ein engeres Verständnis des Unverzüglichkeitsbegriffs als bei den Informationsrechten geboten. Da bei den Informationsrechten eine Frist von einem Monat bereits die Ausnahme darstellen soll, wird die Ausschöpfung dieser Frist beim Löschungsanspruch nur in äußersten Ausnahmefällen zulässig sein, etwa wenn eine umfassende Prüfung der Ausnahmetatbestände nach Art. 17 Abs. 3 DS-GVO erforderlich ist, die Identität des Antragsstellers nicht vorher geklärt werden kann oder ein außerordentlich hoher Löschungsaufwand erforderlich ist. In der Regel dürfte eine Frist von zwei Wochen noch als unverzüglich gelten (Paal/Pauly/Paal DS-GVO Art. 17 Rn. 31).

Falls der Verantwortliche dem Antrag nicht nachkommt, ist er nach Art. 12 Abs. 4 DS-GVO dazu verpflichtet, den Antragsteller „ohne Verzögerung", spätestens innerhalb eines Monats, über die Gründe hierfür zu unterrichten. Darüber hinaus muss der Verantwortliche der betroffenen Person die Möglichkeit der aufsichtsbehördlichen Beschwerde und eines gerichtlichen Rechtsbehelfs aufzeigen.

**7. Drittmitteilung bei Veröffentlichung der Daten.** Bei einer Offenlegung von personenbezogenen Daten des Anspruchstellers an einen oder mehrere Empfänger gem. Art. 4 Nr. 9 DS-GVO, sind diesen Empfängern gemäß Art. 19 S. 1 DS-GVO alle zu löschenden Daten ohne weiteren Antrag mitzuteilen (→ Form. F. IV.2.). Allerdings empfiehlt es sich für den Antragsteller, eine entsprechende Aufforderung deklaratorisch in den Antrag aufzunehmen. Eine Pflicht zur Drittmitteilung besteht jedoch nicht, wenn sich diese als unmöglich erweist oder mit einem unverhältnismäßigen Aufwand verbunden ist (→ Form. F. IV. 2. Anm. 1 und 2).

**8. Auskunft und Unterrichtung bei Offenlegung der Daten an Empfänger.** Nach Art. 19 S. 2 DS-GVO kann die betroffene Person von dem Verantwortlichen verlangen, über etwaige Empfänger (Art. 4 Nr. 9 DS-GVO), insbesondere Auftragsverarbeiter, der zu löschenden Daten unterrichtet zu werden. Diese Mitteilung setzt, anders als die Drittmitteilung nach Art. 19 S. 1 DS-GVO, einen entsprechenden Antrag der betroffenen Person voraus, der gemeinsam mit dem Löschungsverlangen gestellt werden kann.

**9. Darlegungs- und Beweislast.** Die Darlegungs- und Beweislast für den Anspruch auf Löschung sowie die Veröffentlichung der Daten im Fall des „Rechts auf Vergessenwerden" trägt grundsätzlich der Anspruchsteller, dessen Daten gelöscht werden sollen. Dies kann uU voraussetzen, dass dem Antrag ein Beleg darüber beizufügen ist, dass ein Löschungsgrund nach Art. 17 Abs. 1 DS-GVO gegeben ist. Allerdings kann bei den einzelnen Varianten des Abs. 1 zu unterscheiden sein, so dürfte etwa die Beweislast für die Rechtmäßigkeit einer Datenverarbeitung (lit. d) mit Blick auf das Regel-Ausnahme-Verhältnis aus Art. 6 Abs. 1 DS-GVO beim Verantwortlichen liegen. Auch liegt es nahe, im Fall des Widerrufs der Einwilligung nach lit. b die Beweislast für das Vorliegen eines anderweitigen Erlaubnistatbestands dem Verantwortlichen zuzuweisen.

Darüber hinaus kann der Verantwortliche zusätzliche Informationen anfordern, sofern er „begründete Zweifel an der Identität" des Antragstellers hat (Art. 12 Abs. 6 DS-GVO). Die Darlegungs- und Beweislast für die Ausnahmetatbestände aus Art. 17 Abs. 3 DS-GVO trägt demgegenüber der Verantwortliche (→ Anm. 4).

**10. Durchsetzung des Anspruchs.** Art. 79 Abs. 1 DS-GVO garantiert den betroffenen Personen einen wirksamen gerichtlichen Rechtsbehelf zur Durchsetzung ihrer Rechte aus der DS-GVO und den aus dieser abgeleiteten Rechtsakten. Kommt der Verantwortliche dem Löschungsersuchen des Antragstellers nicht fristgerecht nach, kann dieser also seinen Anspruch gerichtlich durchsetzen. Zuständig sind hierfür nach Art. 79 Abs. 2 S. 1 DS-GVO die Gerichte des Mitgliedstaats, in dem der Verantwortliche eine Niederlassung hat. Allerdings kann der Betroffene wahlweise auch bei den Gerichten des Mitgliedstaats klagen, in dem er seinen Aufenthaltsort hat, Art. 79 Abs. 2 S. 2 DS-GVO (zu weiteren Zuständigkeitsfragen → Form. F. III. 1. Anm. 8).

Darüber hinaus ist eine Beschwerde bei einer Aufsichtsbehörde nach Art. 77 DS-GVO statthaft, da die Verweigerung der Löschung beim Vorliegen der Anspruchsvoraussetzungen gegen eine Pflicht aus der DS-GVO verstößt. Außerdem kann die Aufsichtsbehörde nach Art. 83 Abs. 5 lit. b DS-GVO eine Geldbuße festsetzen. Dies kann insbesondere bei der Durchsetzung einer Löschung von Daten bei einem Auftragsverarbeiter notwendig sein, da für die betroffene Person keine Möglichkeit besteht, den Anspruch unmittelbar gegenüber dem Auftragsverarbeiter gerichtlich durchzusetzen.

## 2. Informationspflicht an Dritte bei einem Löschungsersuchen (Art. 17 Abs. 2 DS-GVO)

An die

X GmbH[1]

[Ort], den [Datum]

**Sehr geehrte Damen und Herren,**

**hiermit möchten wir Ihnen mitteilen,[2] dass unser Kunde [Name] am [Datum][3] sein Recht auf Löschung der ihn betreffenden personenbezogener Daten [zu löschendes Datum], einschließlich sämtlicher Links, Kopien oder Replikationen zu diesen Daten gemäß Art. 17 Abs. 1 DS-GVO geltend gemacht[4] hat und wir bereits sämtliche den Kunden betreffende Daten gelöscht haben. Wir sind nach Art. 17 Abs. 2 DS-GVO gehalten, Sie darüber in Kenntnis zu setzen, damit auch Sie Ihrer ggf. bestehenden Löschungsverpflichtung nachkommen können.[5]**

**Mit freundlichen Grüßen**

[…]

## Anmerkungen

**1. Adressat der Mitteilung.** Die grundsätzliche Konzeption eines „Rechts auf Vergessenwerden" ist nicht ganz frei von Bedenken, gibt es doch kein allgemeines Recht des Einzelnen, öffentlich nur in einer Weise dargestellt zu werden, die ihm genehm ist (statt aller nur BVerfG 18.2.2010 – 1 BvR 2477/08, GRUR 2010, 544 (545) mwN); zu den prinzipiellen Bedenken gegen ein „Recht auf Vergessenwerden" siehe auch Koreng/Feldmann ZD 2012, 311). Auch steht dem Einzelnen kein absolutes Verfügungsrecht über „seine" Daten zu (BVerfG 18.2.2010 – 1 BvR 2477/08, GRUR 2010, 544) und hat niemand „ein prinzipielles Recht, dass sein Kommunikationspartner auf Wunsch wieder vergisst, was ihm mitgeteilt wurde" (Masing NJW 2012, 2305 (2307)). Gleichwohl hat das Bundesverfassungsgericht aus dem allgemeinen Persönlichkeitsrecht abgeleitet, dass die weitere Verbreitung einer anfänglich zulässigerweise veröffentlichten Information durch Zeitablauf unzulässig werden kann und sich zur Begründung auf die Konzeption eines „Rechts auf Vergessen“ oder „Rechts auf Vergessenwerden“ berufen und in diesem Zusammenhang auch auf Art. 17 DS-GVO hingewiesen (BVerfG 6.11.2019 – 1 BvR 16/13, GRUR 2020, 74 (83f. Rn. 101–109)). Bereits zuvor hat der EuGH eine umfangreiche juristische und rechtspolitische Debatte zum „Recht auf Vergessenwerden“ ausgelöst, als er – noch auf Grundlage von Art. 12 lit. b DSRL – in seiner Entscheidung zu Google Spain einen Anspruch gegenüber Suchmaschinenbetreibern auf Entfernung von Einträgen aus Suchergebnislisten angenommen hat (EuGH 13.5.2014 – C-131/12, NJW 2014, 2257ff.). Die bislang vereinzelt gebliebenen Versuche, die im Rahmen der Google Spain-Entscheidung für große Suchmaschinen aufgestellten Grundsätze zu verallgemeinern (OLG Hamburg 7.7.2015 – 7 U 29/12, AfP 2015, 447ff.; krit. Koreng AfP 2015, 514ff.), dürften unter Geltung der DS-GVO neuen Schwung erhalten, wenngleich zwischen den Grundsätzen der Entscheidung zu Google Spain und der Regelung des Art. 17 Abs. 2 DS-GVO relevante Unterschiede verbleiben, angefangen mit dem Umstand, dass in der Entscheidung zu Google Spain der Sache nach keine Löschungspflicht begründet wurde (näher Taeger/Gabel/Meents/Hinzpeter DS-GVO Art. 17 Rn. 95). Zu berücksichtigen ist darüber hinaus, dass der EuGH seine Rechtsprechung zu Google Spain dahingehend konkretisiert hat, dass eine Auslistung von Suchergebnissen auf dieser Grundlage nicht in allen Versionen der Suchmaschine erfolgen muss (EuGH 24.9.2019 – C-507/17, NJW 2019, 3499 Rn. 64). Die Verpflichtung besteht nur hinsichtlich der mitgliedstaatlichen Versionen der Suchmaschine, wobei erforderlichenfalls Maßnahmen getroffen werden müssen, die es erlauben, „die Internetnutzer, die von einem Mitgliedstaat aus eine Suche anhand des Namens der betroffenen Person durchführen, daran zu hindern oder zumindest zuverlässig davon abzuhalten, über die im Anschluss an diese Suche angezeigte Ergebnisliste auf die Links zuzugreifen, die Gegenstand des Auslistungsantrags sind“ (EuGH 24.9.2019 – C-507/17, NJW 2019, 3499 Rn. 73).

Die Pflicht zur Drittmitteilung nach Art. 17 Abs. 2 DS-GVO besteht, wenn der Verantwortliche die personenbezogenen Daten öffentlich gemacht hat und nach Abs. 1 zur Löschung verpflichtet ist. Er hat in diesem Fall auch diejenigen Stellen von dem Löschungsbegehren in Kenntnis zu setzen, die im Rahmen einer regulären Nutzung der von dem Verantwortlichen veröffentlichten Daten diese selbst verarbeiten. Sie trifft dann die Verpflichtung, eigenverantwortlich zu prüfen, ob auch sie die Daten löschen müssen (BeckOK DatenschutzR/Worms DS-GVO Art. 17 Rn. 68; NK-DatenschutzR/Dix DS-GVO Art. 17 Rn. 28).

Unklar erscheint jedoch, ob die Pflicht zur Mitteilung nach Art. 17 Abs. 2 DS-GVO ein entsprechendes Verlangen des Betroffenen voraussetzt (so wohl der überwiegende Teil der Literatur, vgl. nur Paal/Pauly/Paal DS-GVO Art. 17 Rn. 34 mwN; anders hingegen Piltz K&R 2016, 629 (633) mit Hinweis auf die Entstehungsgeschichte der Norm; gewissermaßen vermittelnd Taeger/Gabel/Meents/Hinzpeter DS-GVO Art. 17 Rn. 110, die einem Löschungsbegehren im Zweifel ein konkludentes Verlangen auf Drittinformation entnehmen wollen). Ein solches Antragserfordernis kann der Norm jedenfalls auf Tatbestandsseite nicht entnommen werden, lediglich auf Rechtsfolgenseite heißt es, dass der Verantwortliche Dritte darüber zu informieren hat, „dass eine betroffene Person“ die Löschung „verlangt hat“. Das „Verlangen“ bezieht sich mithin nicht auf die Information Dritter, sondern auf die Löschung, die also zumindest dem Wortlaut der Norm nach automatisch und ohne gesondertes Verlangen die Informationspflicht nach Art. 17 Abs. 2 DS-GVO auslöst. Auch in dem einschlägigen Erwgr. 66 DS-GVO findet sich kein Hinweis darauf, dass die Verordnung die Drittinformation nur auf Antrag des Betroffenen will.

Der Sinn dieser auch als „Recht auf Vergessenwerden" bezeichneten Vorschrift liegt darin, dem Betroffenen in gewissem Umfang ein Bestimmungsrecht über das eigene Bild in der Öffentlichkeit zu geben (BeckOK DatenschutzR/Worms DS-GVO Art. 17 Rn. 63). Das bisherige Recht kannte mit § 35 Abs. 7 BDSG aF bereits eine ähnliche, wenngleich nicht so weitreichende Pflicht, wonach von der „Berichtigung unrichtiger Daten, der Sperrung bestrittener Daten sowie der Löschung oder Sperrung wegen Unzulässigkeit der Speicherung" diejenigen Stellen zu verständigen waren, „denen im Rahmen einer Datenübermittlung diese Daten zur Speicherung weitergegeben wurden, wenn dies keinen unverhältnismäßigen Aufwand erfordert und schutzwürdige Interessen des Betroffenen nicht entgegenstehen". Dieser Vorschrift aus dem bisherigen Datenschutzrecht entspricht im Wesentlichen der neue Art. 19 S. 1 DS-GVO, nach dem der Verantwortliche allen Empfängern, denen personenbezogenen Daten offengelegt wurden, jede Berichtigung oder Löschung der personenbezogenen Daten oder eine Einschränkung der Verarbeitung mitzuteilen hat, es sei denn, dies erweist sich als unmöglich oder ist mit einem unverhältnismäßigen Aufwand verbunden. Die Unterschiede zwischen § 38 Abs. 7 BDSG aF und Art. 19 S. 1 DS-GVO sind marginal, neu ist hingegen die von Art. 19 S. 2 DS-GVO vorgesehene Unterrichtungspflicht zu Gunsten des Betroffenen, der nun ein Recht hat, auf Verlangen vom Verantwortlichen über Empfänger, denen personenbezogenen Daten offengelegt wurden, informiert zu werden.

In der Praxis hatte § 35 Abs. 7 BDSG aF schon wegen seines eingeschränkten Tatbestandes allenfalls geringe Relevanz. Zudem ging man bislang davon aus, dass die Benachrichtigungspflicht schon dann wegen Unverhältnismäßigkeit entfiel, wenn „der Zweck, zu dem die Daten übermittelt wurden, für die übermittelnde Stelle erkennbar entfallen ist und die Daten bei dem Empfänger nach aller Wahrscheinlichkeit nicht mehr gespeichert werden" (Gola/Schomerus/Klug/Körffer BDSG § 35 Rn. 23). Ob diese schon bislang nicht zweifelsfreie Interpretation auch unter der Geltung von Art. 19 S. 1 DS-GVO beibehalten werden kann, ist fraglich. Wahrscheinlich wird die Norm aber neben dem schon begrifflich eher schillernden Recht auf Vergessenwerden aus Art. 17 Abs. 2 DS-GVO weiterhin tendenziell ein Schattendasein fristen. Art. 17 Abs. 2 DS-GVO ist im Vergleich zu Art. 19 S. 1 DS-GVO einerseits im Tatbestand enger, greift er doch nur im Fall einer Veröffentlichung von personenbezogenen Daten und nur dann, wenn der Verantwortliche zu deren Löschung verpflichtet ist. Andererseits geht er in der Rechtsfolge weiter, weil den Verantwortlichen auch eine Informationspflicht bei reinen Verlinkungen trifft (zu weiteren Unterschieden der Vorschriften siehe Kühling/Buchner/Herbst DS-GVO Art. 17 Rn. 65). Etwas unklar ist die vom Verordnungsgeber getroffene Unterscheidung zwischen einer „Offenlegung" (Art. 19 S. 1 DS-GVO) und einem öffentlich machen (Art. 17 Abs. 2 DS-GVO). Während Erstere in Art. 4 Nr. 2 DS-GVO immerhin noch als Oberbegriff der Übermittlung, Verarbeitung oder Bereitstellung definiert wird, findet sich im Gesetz für Zweiteres keine klare Definition. Gemeint ist wohl die Bereitstellung der Daten für einen unbestimmten Personenkreis (BeckOK DatenschutzR/Worms DS-GVO Art. 17 Rn. 70 mwN). Der Sache nach kann jedenfalls das hier vorgeschlagene Muster auch für die Situation des Art. 19 S. 1 DS-GVO

Verwendung finden, der Verweis auf Art. 17 Abs. 2 DS-GVO wäre in diesem Fall freilich durch Art. 19 S. 1 DS-GVO zu ersetzen und der Satzteil „einschließlich sämtlicher Links, Kopien oder Replikationen zu diesen Daten" müsste entfallen.

Der von einer betroffenen Person zur Löschung verpflichtete Verantwortliche muss nach Art. 17 Abs. 2 DS-GVO auf entsprechenden Antrag weitere Verantwortliche über das Löschungsersuchen unterrichten, sofern er die Daten veröffentlicht hat. Unklar ist, wem gegenüber bei einer Veröffentlichung die Mitteilung sich noch als angemessene Maßnahme iSd Art. 17 Abs. 2 DS-GVO darstellt (hierzu näher Kühling/Buchner/Herbst DS-GVO Art. 17 Rn. 53). Denn der Kreis der Adressaten ist bei einer Veröffentlichung typischerweise unbegrenzt. Gegenüber wem die Mitteilung zu erfolgen hat, bestimmt sich somit nach der Angemessenheit einer solchen Maßnahme im Einzelfall. Klar ist, dass es dem Verantwortlichen kaum möglich sein wird, überhaupt zuverlässig zu ermitteln, wer die veröffentlichten Daten zu eigenen Zwecken nutzt. Gerade bei Telemediendiensten, die auf dem Prinzip geschlossener Nutzergruppen basieren, wie zB bei sozialen Netzwerken, anmeldepflichtigen Diskussionsforen und dergleichen mehr, ist es von außen gar nicht erkennbar, welche Daten dort vorhanden sind und genutzt werden. Eine konkrete Nachfrage durch den Verantwortlichen dahingehend, ob bestimmte personenbezogene Daten dort vorhanden sind, dürfte sich aber auch verbieten, da darin wohl wiederum eine unzulässige Datenübermittlung läge. Schon allein die Eingabe der Daten in eine Suchmaschine, um eventuelle Nutzungen zu ermitteln, wäre wohl mit den Vorgaben der DS-GVO unvereinbar. Hinzu tritt das Problem, dass häufig nicht erkennbar sein wird, aus welcher Quelle ein weiterer Nutzer bestimmter personenbezogener Daten diese erhalten hat. Hat der Betroffene bestimmte Daten an anderer Stelle selbst zur Verfügung gestellt, stellt sich die Frage, ob auch hinsichtlich dieser Daten eine Verpflichtung zur Drittmitteilung bestehen kann, die dann möglicherweise sogar den Interessen des Betroffenen entgegenliefe. Anders als noch § 35 Abs. 7 BDSG aF („und schutzwürdige Interessen des Betroffenen nicht entgegenstehen") sieht Art. 17 Abs. 2 DS-GVO hier in bemerkenswerter Weise keine Einschränkungen vor. Sofern von der Veröffentlichung eine eingrenzbare und für den Verantwortlichen erkennbare Anzahl von Stellen betroffen ist, sind zumindest diese Stellen über das Löschungsersuchen zu informieren. Einfache Fälle dürften etwa solche sein, in denen dem Verantwortlichen positiv bekannt ist, dass die Daten auch von einem Dritten vorgehalten bzw. verarbeitet werden oder er dies selbst veranlasst hat. Zu denken wäre beispielsweise an den Betrieb einer (einfachen) Website: Hier dürfte klar sein, dass die auf der Website veröffentlichten Daten typischerweise auch im Google-Cache vorgehalten werden, dessen Löschung zu veranlassen wäre, wenn ein Löschungsersuchen eines Betroffenen eingeht.

Die Drittmitteilung ist nicht an eine bestimmte Form gebunden. Nach Art. 70 Abs. 1 lit. d DS-GVO hat der EDSA Leitlinien, Empfehlungen und Verfahren für die Löschung der Links und Kopien oder Replikationen durch Dritte bereitzustellen, was der Vereinheitlichung dienen soll. Die Drittmitteilung ist grundsätzlich unentgeltlich vorzunehmen. Lediglich bei offensichtlich unbegründeten oder „exzessiven" Anträgen muss der Verantwortliche die Drittmitteilung nicht vornehmen bzw. kann die Umsetzung von einem angemessenen Entgelt abhängig machen (Art. 12 Abs. 5 S. 2 DS-GVO).

**2. Umfang der Informationspflicht.** Nach Art. 17 Abs. 2 DS-GVO muss der Verantwortliche unter Berücksichtigung der verfügbaren Technologie und der Implementierungskosten alle angemessenen Maßnahmen treffen, um Verantwortliche darüber zu informieren, dass eine betroffene Person von ihnen die Löschung aller Links zu diesen personenbezogenen Daten oder von Kopien oder Replikationen dieser personenbezogenen Daten verlangt hat („Recht auf Vergessenwerden"), wenn er nach Art. 17 Abs. 1 DS-GVO zur Löschung verpflichtet ist. Maßnahmen werden insbesondere dann als angemessen gelten müssen, wenn sie automatisiert erfolgen können (Pauly/Paal/Paal DS-GVO Art. 17 Rn. 36). In der Literatur wird zu Recht vertreten, dass eine direkte Kontaktaufnahme mit allen Adressaten „in vielen Fällen unmöglich sein oder wegen des damit verbundenen Aufwandes über eine ‚angemessene Maßnahme' hinausgehen" wird (Kühling/Buchner/Herbst DS-GVO Art. 17 Rn. 53). Das hier vorgeschlagene Formular kann daher nur Fälle betreffen, in denen die Zahl der Adressaten überschaubar ist. In dem Zusammenhang ist darauf hinzuweisen, dass die Verordnung auch Maßnahmen technischer Art im Blick hat, deren praktische Wirksamkeit aber skeptisch beurteilt werden darf (Nachw. bei Kühling/Buchner/Herbst DS-GVO Art. 17 Rn. 53). Aufschluss über das konkrete Verfahren zur Löschung wird möglicherweise der EDSA geben, der gem. Art. 70 Abs. 1 lit. d DS-GVO verpflichtet ist, Verfahrensregeln für die Löschung von Links zu personenbezogenen Daten, Kopien oder Replikationen aus öffentlich zugänglichen Kommunikationsdiensten zur Verfügung zu stellen.

**3. Frist.** Die Drittmitteilung ist nicht ausdrücklich an eine Frist gebunden. Allerdings ist sie aufgrund der vergleichbaren Interessenlage – entsprechend der anderen Mitteilungs- und Informationsrechte – nach Art. 12 Abs. 4 DS-GVO ebenso unverzüglich, spätestens innerhalb eines Monats, vorzunehmen.

**4. Darlegungs- und Beweislast.** Die Darlegungs- und Beweislast für den Anspruch auf Drittmitteilung trägt hinsichtlich der Veröffentlichung der Daten im Fall des „Rechts auf Vergessenwerden" der Anspruchsteller, dessen Daten gelöscht werden sollen. Dies kann uU voraussetzen, dass dem Antrag der betroffenen Person nicht nur ein Beleg darüber beizufügen ist, dass ein Löschungsgrund nach Art. 17 Abs. 1 DS-GVO gegeben ist, sondern auch darüber, dass eine Veröffentlichung der zu löschenden Daten durch den Verantwortlichen erfolgt ist. Darüber hinaus kann der Verantwortliche zusätzliche Informationen anfordern, sofern er „begründete Zweifel an der Identität" des Antragstellers hat (Art. 12 Abs. 6 DS-GVO; → Form. F. III. 1. Anm. 1).

**5. Durchsetzung des Anspruchs.** Art. 79 Abs. 1 DS-GVO garantiert den betroffenen Personen einen wirksamen gerichtlichen Rechtsbehelf zur Durchsetzung ihrer Rechte aus der DS-GVO und den aus dieser abgeleiteten Rechtsakten. Kommt der Verantwortliche der aus dem Löschungsersuchen des Antragstellers folgenden Drittmitteilungspflicht nicht fristgerecht nach, kann dieser also seinen Anspruch grundsätzlich auch gerichtlich durchsetzen. Allerdings wird regelmäßig streitig sein, welche Maßnahmen des Verantwortlichen noch angemessen sind. Der Verantwortliche hat hingegen keine Ansprüche gegenüber den Mitteilungsempfängern. Ausreichend ist, dass der Verantwortliche die Drittmitteilung vornimmt, der Empfänger der Mitteilung hat dann in eigener Verantwortung zu prüfen, ob er zur Löschung verpflichtet ist (→ Anm. 1). Darüber hinaus ist eine Beschwerde bei einer Aufsichtsbehörde nach Art. 77 DS-GVO statthaft, da die Verweigerung der Drittmitteilung bei Vorliegen der Anspruchsvoraussetzungen gegen die entsprechende Pflicht aus der DS-GVO verstößt. Der Verstoß gegen die Pflicht zur Drittmitteilung ist bußgeldbewehrt (Art. 83 Abs. 5 lit. b DS-GVO).

*Koreng*

## V. Recht auf Einschränkung der Verarbeitung (Art. 18 DS-GVO)

### 1. Verlangen des Betroffenen

An die

X GmbH[1]

[Ort], den [Datum]

Sehr geehrte Damen und Herren,

mit Schreiben vom […] habe ich Widerspruch gegen die Verarbeitung mich betreffender personenbezogener Daten[2] eingelegt und dies begründet.

Sie haben mir daraufhin mit Schreiben vom […] mitgeteilt, dass aus Ihrer Sicht die von Ihnen vorgenommene Verarbeitung der Daten aufgrund Ihrer überwiegenden Interessen rechtmäßig sei.

Ich bitte Sie unter Berufung auf Art. 18 Abs. 1 lit. d DS-GVO, die Verarbeitung der mich betreffenden personenbezogenen Daten unverzüglich[3] einzuschränken,[4] bis feststeht, ob Ihre berechtigten Gründe gegenüber den meinen überwiegen. [Zur Klärung dieser Frage habe ich am heutigen Tage Klage bei dem nach Art. 79 DS-GVO zuständigen Gericht gegen Sie eingereicht.][5]

Ich weise Sie darauf hin, dass Sie mich im Falle einer Aufhebung der Einschränkung gemäß Art. 18 Abs. 3 DS-GVO über die Aufhebung zu unterrichten haben.[6] Außerdem bitte ich Sie, mir gemäß Art. 19 S. 2 DS-GVO etwaige Empfänger, denen die meine Person betreffenden Daten offengelegt wurden, mitzuteilen und diese gemäß Art. 19 S. 1 DS-GVO über die Einschränkung der Verarbeitung meiner Daten zu unterrichten.[7]

Für Rückfragen und falls Sie weitere Angaben – etwa zum Nachweis meiner Identität – benötigen, stehe ich Ihnen zur Verfügung.[8]

Sollten Sie die meine Person betreffenden Daten weiterhin verarbeiten, ohne Ihr überwiegendes Interesse darzulegen, behalte ich mir weitere Schritte vor.[9]

Mit freundlichen Grüßen

[…]

### Anmerkungen

**1. Einschränkungspflichtige Stelle.** Zur Einschränkung ist der Verantwortliche verpflichtet. Wie bei den weiteren Betroffenenrechten in der DS-GVO sind etwaige Auftragsverarbeiter nicht unmittelbar Anspruchsgegner (→ Form. F. III. 1. Anm. 1). Diese sind vielmehr auf Antrag der betroffenen Person durch den Verantwortlichen zu benachrichtigen. Die Anträge können formfrei gestellt werden und die Sperrung ist grundsätzlich unentgeltlich vorzunehmen. Bei offensichtlich unbegründeten oder „exzessiven" Anträgen muss der Verantwortliche diese allerdings nicht umsetzen bzw. kann die Umsetzung von einem angemessenen Entgelt abhängig machen (Art. 12 Abs. 5 S. 2 DS-GVO; → Form. F. II. 2. Anm. 6).

**2. Anspruchsberechtigung.** Anspruchsberechtigt ist die betroffene Person, die durch die einzuschränkenden personenbezogenen Daten identifiziert oder identifizierbar ist (Art. 4 Nr. 1 DS-GVO).

**3. Frist.** Wann die Einschränkung zu erfolgen hat, ist in der Verordnung nicht ausdrücklich geregelt. Allerdings dürfte dem Löschungsanspruch entsprechend eine unverzügliche Einschränkung geboten sein. Die Frist ist demnach ebenso einzelfallabhängig und nach der konkreten Verarbeitung sowie dem erforderlichen Berichtigungsaufwand zu bestimmen (vgl. Paal/Pauly/Paal DS-GVO Art. 17 Rn. 31). Da bei den Informationsrechten eine Frist von einem Monat bereits die Ausnahme darstellen soll, wird die Ausschöpfung dieser Frist ähnlich wie im Fall des Löschungsanspruchs nur in äußersten Ausnahmefällen zulässig sein, etwa wenn die Identität des Antragsstellers nicht vorher geklärt werden kann oder ein außerordentlich hoher Aufwand zur Einschränkung der Verarbeitung erforderlich ist. In der Regel dürfte eine Frist von zwei Wochen noch als unverzüglich gelten (→ Form. F. IV. 1. Anm. 6). Falls der Verantwortliche dem Antrag nicht nachkommt, ist er nach Art. 12 Abs. 4 DS-GVO dazu verpflichtet, den Antragsteller „ohne Verzögerung", spätestens innerhalb eines Monats, über die Gründe hierfür zu unterrichten. Darüber hinaus muss der Verantwortliche der betroffenen Person die Möglichkeit der aufsichtsbehördlichen Beschwerde und eines gerichtlichen Rechtsbehelfs aufzuzeigen.

**4. Einschränkungsvoraussetzungen.** Das Recht auf Einschränkung der Verarbeitung gibt der betroffenen Person ein – in aller Regel vorläufiges – Schutzrecht für den Fall, dass ihre personenbezogenen Daten nicht gelöscht, aber auch nicht mehr anderweitig verarbeitet werden sollen. Es sichert anderweitige Ansprüche der betroffenen Person ab, etwa das Recht auf Berichtigung aus Art. 16 DS-GVO oder auf Löschung aus Art. 17 DS-GVO. Die Daten dürfen, wenn eine der Fallgruppen aus Art. 18 Abs. 1 lit. a–d DS-GVO zutrifft, einstweilen nicht gelöscht, aber auch nicht anderweitig verarbeitet werden. Gestattet bleibt die Speicherung. Art. 18 Abs. 1 DS-GVO benennt die Voraussetzungen für eine Einschränkung der Verarbeitung. Der Verantwortliche hat danach – korrespondierend zum entsprechenden Recht der betroffenen Personen – eine Pflicht zur Einschränkung der Verarbeitung bis zur Überprüfung durch den Verantwortlichen, wenn die Richtigkeit der personenbezogenen Daten bestritten wird (lit. a), wenn die Verarbeitung unrechtmäßig ist, die betroffene Person aber die Löschung ablehnt (lit. b), wenn der Verantwortliche die Daten nicht mehr, jedoch die betroffene Person diese etwa zur Geltendmachung von Ansprüchen benötigt (lit. c) oder wenn – wie in der hier zugrundeliegenden Fallkonstellation – die betroffene Person Widerspruch gegen die Verarbeitung eingelegt hat und ein etwaiges Überwiegen der Interessen des Verantwortlichen noch nicht feststeht (lit. d). Nach Art. 18 Abs. 2 DS-GVO können eingeschränkte Daten nur noch dann verarbeitet werden, wenn eine entsprechende Einwilligung der betroffenen Person vorliegt, die Daten zur Geltendmachung, Ausübung oder Verteidigung von Rechtsansprüchen erforderlich sind, zum Schutz der Rechte Dritter oder aus Gründen eines wichtigen öffentlichen Interesses. Für die Frage, welche öffentlichen Interessen im Zusammenhang mit Art. 18 Abs. 2 DS-GVO herangezogen werden können, wird man auf Art. 23 DS-GVO, Art. 17 Abs. 3 lit. c und d DS-GVO und Erwgr. 112 DS-GVO zurückgreifen können (Taeger/Gabel/Meents/Hinzpeter DS-GVO Art. 18 Rn. 34).

In Bezug auf Art. 18 Abs. 1 lit. b DS-GVO hat der EuGH jüngst entschieden, dass nicht jeder Verstoß gegen in der DS-GVO festgelegte Pflichten eine Datenverarbeitung in dem Sinne unrechtmäßig macht, dass der Anspruch auf Einschränkung der Verarbeitung begründet ist (EuGH 4.5.2023 – C-60/22, ZD 2023, 606 Rn. 66, 69; im konkreten Fall standen Verstöße gegen Art. 26 und 30 DS-GVO im Raum).

Aus Art. 4 Nr. 3 DS-GVO und Erwgr. 67 DS-GVO ergeben sich Hinweise, was in technischer Hinsicht unter einer Einschränkung zu verstehen ist. Es soll sich um „die Markierung gespeicherter personenbezogener Daten mit dem Ziel, ihre künftige Verarbeitung einzuschränken" handeln. Erwgr. 67 DS-GVO konkretisiert dies dahingehend, dass eine Methode zur Beschränkung der Verarbeitung personenbezogener Daten darin bestehen könne, dass ausgewählte personenbezogenen Daten vorübergehend auf ein anderes Verarbeitungssystem übertragen werden, dass sie für Nutzer gesperrt werden oder dass veröffentliche Daten vorübergehend von einer Website entfernt werden. In automatisierten Dateisystemen solle die Einschränkung der Verarbeitung grundsätzlich durch technische Mittel so erfolgen, dass die personenbezogenen Daten in keiner Weise weiterverarbeitet werden und nicht verändert werden können.

**5. Dauer der Einschränkung.** Im Fall des Art. 18 Abs. 1 lit. d DS-GVO ist die Verarbeitung einzuschränken, bis feststeht, ob zwingende schutzwürdige Gründe iSv Art. 21 Abs. 1 S. 2 DS-GVO die Verarbeitung rechtfertigen. Einigen sich der Verantwortliche und der Betroffene nicht anderweitig über diese Frage, wird die Klärung in der Praxis wohl häufig durch gerichtliche Entscheidung erfolgen (Kühling/Buchner/Herbst DS-GVO Art. 18 Rn. 27; NK-DatenschutzR/Dix DS-GVO Art. 18 Rn. 9). Denkbar ist auch, dass eine Klärung über eine Entscheidung der Aufsichtsbehörde erfolgen kann.

**6. Unterrichtungspflicht bei Aufhebung der Einschränkung.** Art. 18 Abs. 3 DS-GVO verpflichtet den Verantwortlichen, die betroffene Person im Falle der Aufhebung der Einschränkung der Verarbeitung hierüber zu unterrichten.

**7. Auskunft und Unterrichtung bei Offenlegung der Daten an Empfänger.** Nach Art. 19 S. 2 DS-GVO kann die betroffene Person von dem Verantwortlichen verlangen, über etwaige Empfänger (Art. 4 Nr. 9 DS-GVO), insbesondere Auftragsverarbeiter der in der Verarbeitung einzuschränkenden Daten unterrichtet zu werden. Diese Mitteilung setzt einen entsprechenden Antrag der betroffenen Person voraus, der gemeinsam mit dem Einschränkungsverlangen gestellt werden kann.

**8. Darlegungs- und Beweislast.** Die Darlegungs- und Beweislast für den Anspruch auf Einschränkung trägt der Anspruchsteller, der die Einschränkung verlangt. Da der Anspruch auf Einschränkung je nach konkreter Fallkonstellation bestimmte weitere Voraussetzungen haben kann – im hier gegebenen Fall (Art. 18 Abs. 1 lit. d DS-GVO) etwa einen vorangegangenen Widerspruch der betroffenen Person nach Art. 21 Abs. 1 DS-GVO – hat die betroffene Person ggf. auch diese weiteren Voraussetzungen darzulegen und zu beweisen. Dazu gehört im Fall von Art. 18 Abs. 1 lit. d DS-GVO auch die Geltendmachung von „Gründen, die sich aus ihrer besonderen Situation ergeben" (Art. 21 Abs. 1 S. 1 DS-GVO). Dazu reicht es zwar einerseits nicht aus, dass der Betroffene geltend macht, er wünsche die Datenverarbeitung nicht (BeckOK DatenschutzR/Forgó DS-GVO Art. 21 Rn. 8 mwN; Lachenmann, Datenübermittlung im Konzern, S. 287f.; Taeger/Gabel/Munz DS-GVO Art. 21 Rn. 13; wohl auch Paal/Pauly/Martini DS-GVO Art. 21 Rn. 29ff.). Andererseits sind auch keine hohen Anforderungen an die Darlegung der besonderen Situation durch die betroffene Person zu stellen (BeckOK DatenschutzR/Forgó DS-GVO Art. 21 Rn. 8 mwN). Darüber hinaus kann der Verantwortliche zusätzliche Informationen anfordern, sofern er „begründete Zweifel an der Identität" des Antragstellers hat (Art. 12 Abs. 6 DS-GVO; → Form. F. III. 1. Anm. 1).

**9. Durchsetzung des Anspruchs.** Art. 79 Abs. 1 DS-GVO garantiert den betroffenen Personen einen wirksamen gerichtlichen Rechtsbehelf zur Durchsetzung ihrer Rechte aus der DS-GVO und den aus dieser abgeleiteten Rechtsakten. Kommt der Verantwortliche dem Einschränkungsersuchen des Antragstellers nicht fristgerecht nach, kann dieser also seinen Anspruch gerichtlich durchsetzen. Zuständig sind hierfür nach Art. 79 Abs. 2 S. 1 DS-GVO die Gerichte des Mitgliedstaats, in dem der Verantwortliche eine Niederlassung hat. Allerdings kann der Betroffene wahlweise auch bei den Gerichten des Mitgliedstaats klagen, in dem er seinen Aufenthaltsort hat, Art. 79 Abs. 2 S. 2 DS-GVO. Darüber hinaus ist eine Beschwerde bei einer Aufsichtsbehörde nach Art. 77 DS-GVO statthaft, da die Verweigerung der Einschränkung beim Vorliegen der Anspruchsvoraussetzungen gegen die entsprechende Pflicht aus der DS-GVO verstößt. Außerdem kann die Aufsichtsbehörde nach Art. 83 Abs. 5 lit. b DS-GVO eine Geldbuße festsetzen. Dies kann insbesondere bei der Durchsetzung einer Einschränkung der Verarbeitung von Daten bei einem Auftragsverarbeiter notwendig sein, da für die betroffene Person keine Möglichkeit besteht, den Anspruch unmittelbar gegenüber dem Auftragsverarbeiter gerichtlich durchzusetzen.

## 2. Antwort des Verantwortlichen an den Betroffenen

An

Herrn/Frau […][1]

[Ort], den [Datum]

Sehr geehrte/r Frau/Herr […],

vielen Dank für Ihr Schreiben vom […], das uns am […] zugegangen ist.[2] Ihr Verlangen, die Verarbeitung der Sie betreffenden personenbezogenen Daten einzuschränken, haben wir geprüft, können ihm aber leider nicht nachkommen.

Wir verarbeiten Ihre personenbezogenen Daten nicht auf der Grundlage einer Interessenabwägung nach Art. 6 Abs. 1 S. 1 lit. f DS-GVO, sondern aufgrund des zwischen Ihnen und uns nach wie vor bestehenden Vertrages vom […]. Daher steht Ihnen kein Widerspruchsrecht nach Art. 21 Abs. 1 S. 1 DS-GVO zu, weshalb wir auch nicht zur Einschränkung der Verarbeitung nach Art. 18 Abs. 1 lit. d DS-GVO verpflichtet sind.[3]

Wir haben Sie nach Art. 12 Abs. 4 DS-GVO darüber zu belehren, dass Ihnen die Möglichkeit offensteht, bei einer Aufsichtsbehörde Beschwerde einzulegen oder einen gerichtlichen Rechtsbehelf einzulegen.[4]

Mit freundlichen Grüßen

[…]

## Anmerkungen

**1. Form.** → Form. F. III. 2. Anm. 1.

**2. Frist.** → Form. F. III. 2. Anm. 2.

**3. Begründung.** Zu den allgemeinen Anforderungen an die Begründung → Form. F. III. 2. Anm. 3. In der hier zugrundeliegenden Fallgestaltung basiert die Verarbeitung der personenbezogenen Daten entgegen der Auffassung des Betroffenen nicht auf einer Interessenabwägung nach Art. 6 Abs. 1 lit. f DS-GVO, sondern auf einem Vertrag (Art. 6 Abs. 1 lit. b DS-GVO). In einem solchen Fall steht der betroffenen Person allerdings kein Widerspruchsrecht nach Art. 21 Abs. 1 S. 1 DS-GVO zu, sodass auch eine Einschränkung der Verarbeitung nach Art. 18 Abs. 1 lit. d DS-GVO nicht geboten ist.

**4. Belehrung.** Notwendiger Inhalt der Unterrichtung nach Art. 12 Abs. 4 DS-GVO ist auch der Hinweis auf die Möglichkeit, bei einer Aufsichtsbehörde Beschwerde einzulegen (Art. 77 DS-GVO) oder einen gerichtlichen Rechtsbehelf einzulegen (Art. 79 DS-GVO). Zu den Einzelheiten → Form. F. III. 2. Anm. 5.

## VI. Recht auf Datenübertragbarkeit (Art. 20 DS-GVO)

### 1. Verlangen des Betroffenen

An die

X GmbH[1]

[Ort], den [Datum]

Sehr geehrte Damen und Herren,

ich nutze die von Ihnen hergestellte Fitnessuhr [Name des Modells] zusammen mit Ihrer Anwendung [Name der Anwendung]. Da ich inzwischen eine neue Uhr eines anderen Anbieters und eine neue dazugehörige Anwendung nutze, benötige ich die bei Ihnen gespeicherten Daten, um diese Daten weiterhin nutzen und ihre Anwendung ohne Datenverlust löschen zu können.[2]

Unter Verweis auf mein Recht auf Datenübertragbarkeit (Art. 20 Abs. 1 DS-GVO) bitte ich Sie hiermit, mir die über das von Ihnen hergestellte Fitnessarmband erhobenen und gespeicherten personenbezogenen Daten unverzüglich, spätestens jedoch bis zum

[Datum][3]

in einem technisch interoperablen Format[4] zur Verfügung zu stellen.

[ALTERNATIV: Unter Verweis auf mein Recht auf Datenübertragbarkeit (Art. 20 Abs. 2 DS-GVO) bitte ich Sie hiermit, meine über die von Ihnen hergestellte Fitnessuhr erhobenen und gespeicherten personenbezogenen Daten an meinen neuen Anbieter [Name] unverzüglich, spätestens jedoch bis zum

[Datum]

zu übertragen.[5]]

Für Rückfragen und weitere Angaben – etwa zum Nachweis meiner Identität – stehe ich Ihnen zur Verfügung.[6]

Sollten Sie der beantragten Übertragung der meine Person betreffenden Daten nicht fristgerecht nachkommen können, sind Sie nach Art. 12 Abs. 4 DS-GVO verpflichtet, mich ohne Verzögerung, spätestens innerhalb eines Monats, über die Gründe hierfür zu unterrichten.

Sollten Sie meinem Antrag nicht fristgerecht entsprechen oder im Falle einer Verzögerung diese nicht hinreichend begründen, behalte ich mir eine gerichtliche Durchsetzung meines Anspruchs vor.[7]

Mit freundlichen Grüßen

(…)

## Anmerkungen

**1. Anspruchsgegner.** Zur Übertragung der Daten ist der Verantwortliche verpflichtet. Wie bei den weiteren Betroffenenrechten in der Verordnung sind etwaige Auftragsverarbeiter nicht unmittelbar Anspruchsgegner (→ Form. F. III. 1. Anm. 1). Der ausschließlich bei einem Auftragsverarbeiter befindliche Datensatz kann zwar mittelbar über den Verantwortlichen herausverlangt werden. Durchsetzbar ist der Anspruch jedoch allein gegen den Verantwortlichen (→ Anm. 7).

**2. Anspruchsvoraussetzungen.** Nach Art. 20 Abs. 1 DS-GVO können nur dann personenbezogene Daten von dem Verantwortlichen herausverlangt werden, wenn fünf Voraussetzungen kumulativ erfüllt sind: Erstens muss es sich bei dem betreffenden Datensatz um personenbezogene Daten iSd Art. 4 Nr. 1 DS-GVO handeln. Zweitens müssen die Daten dem Verantwortlichen durch den Anspruchsteller bereitgestellt worden sein. Drittens müssen die Daten auf der Grundlage einer Einwilligung vom Anspruchsteller bereitgestellt worden sein oder die entsprechende Verarbeitung muss auf einem Vertrag beruhen. Viertens muss die Verarbeitung mithilfe automatisierter Verfahren erfolgen und fünftens darf gem. Art. 20 Abs. 4 DS-GVO die Herausgabe der Daten keine Beeinträchtigung von Rechten und Freiheiten anderer Personen mit sich bringen. Die letztgenannte Tatbestandseinschränkung dürfte den Anspruch in der Praxis erheblich eingrenzen. So dürfte der Anspruch insbesondere bei E-Mail-Providern und sozialen Netzwerken etwa hinsichtlich der Übertragung von Nachrichtenverläufen und Kontaktdatenbanken häufig ausscheiden, da hier regelmäßig personenbezogene Daten anderer Personen betroffen sind. Allerdings ist zu bedenken, dass eine Mitübertragung von Daten Dritter nicht stets eine Beeinträchtigung ihrer Rechte mit sich bringen muss (differenzierend Taeger/Gabel/Munz DS-GVO Art. 20 Rn. 31; für eine Abwägung plädierend Krause PinG 2018, 139 (240)). Unzweifelhaft von dem Anspruch umfasst sind aber Datensätze, die ausschließlich Daten des Anspruchstellers beinhalten, also etwa bei Verträgen mit Energieversorgern, Banken oder Versicherungen, Gesundheitsdaten beim Wechsel des Arztes, Fitnessarmbändern, -uhren oder Sozialdaten, sofern nur der Anspruchsteller betroffen ist (konkret zu Fitnesstrackern Brüggemann K&R 2018, 1 (3)). Das Recht auf Datenübertragbarkeit besteht lediglich für den nichtöffentlichen Bereich. Die Artikel-29-Datenschutzgruppe hat das WP 242 zum Recht auf Datenportabilität herausgegeben, wonach das Recht auf Datenübertragbarkeit auch für durch Nutzeraktivität generierte Daten gelten soll. Ausgenommen sollen nur abgeleitete und geschlussfolgerte Daten sein (zu den Einzelheiten und dem Stand der Diskussion im Detail siehe Taeger/Gabel/Munz DS-GVO Art. 20 Rn. 26 ff.). Auch vertritt die Artikel-29-Datenschutzgruppe die Auffassung, dass das empfangende Unternehmen eine Pflicht trifft, die Daten tatsächlich in seine eigenen Systeme einzupflegen. Eine solche Verpflichtung lässt sich dem Wortlaut des Art. 20 DS-GVO indes nicht entnehmen, weshalb diese Rechtsauffassung angreifbar sein dürfte. In seiner Sitzung vom 25.5.2018 hat der EDSA die Leitlinie übernommen.

**3. Frist.** Wie bei den Informationsrechten ergibt sich – mangels speziellerer Regelung – die angemessene Frist zur Übertragung der Daten aus Art. 12 Abs. 3 DS-GVO. Danach sind die Daten unverzüglich, in jedem Fall aber innerhalb eines Monats nach Eingang des Antrags zur Verfügung zu stellen. Falls der Verantwortliche dem Antrag nicht nachkommt, ist er nach Art. 12 Abs. 4 DS-GVO dazu verpflichtet, den Antragsteller „ohne Verzögerung“, spätestens innerhalb eines Monats, über die Gründe hierfür zu unterrichten. Darüber hinaus muss der Verantwortliche der betroffenen Person die Möglichkeit der aufsichtsbehördlichen Beschwerde und eines gerichtlichen Rechtsbehelfs aufzeigen.

**4. Format.** Nach Art. 20 Abs. 1 DS-GVO sind die Daten in einem strukturierten, gängigen und maschinenlesbaren Format zu übertragen. Die Artikel-29-Datenschutzgruppe verweist in WP 242 für die Definition des Begriffs „maschinenlesbar“ auf Erwgr. 21 der Richtlinie 2013/37/EU, wonach ein Dokument dann als „maschinenlesbar“ gelten solle, wenn es „in einem Dateiformat vorliegt, das so strukturiert ist, dass Softwareanwendungen die konkreten Daten einfach identifizieren, erkennen und extrahieren können.“ Dies kann der Vermeidung sog. „Lock-in“-Effekte dienen (Roßnagel/Richter/Nebel ZD 2013, 103 (107)). Die Anforderungen an das Format, in dem der Datensatz zu übertragen ist, richtet sich nach dem konkreten Einzelfall (hierzu näher Schätzle PinG 2016, 71 (74)). Dabei darf die Weiterverwendung der Daten von einem neuen Verantwortlichen nicht durch den bisherigen Verantwortlichen behindert werden. Die Verantwortlichen sind nunmehr gehalten, interoperable Formate zu entwickeln, die die Datenübertragbarkeit ermöglichen. Allerdings soll durch das Recht auf Datenübertragbarkeit für Verantwortliche nicht die Pflicht begründet werden, technisch kompatible Datenverarbeitungssysteme zu übernehmen oder beizubehalten. Die anderslautende Auffassung der Artikel-29-Datenschutzgruppe in der oben genannten Guideline, wonach der Verantwortliche verpflichtet sein soll, die Daten kompatibel mit Datenformaten anderer Verantwortlicher bereitstellen, dürfte zu weit gehen. Sie lässt sich dem Art. 20 DS-GVO nicht entnehmen, sondern hat ihren Niederschlag nur als unverbindliche Empfehlung in Erwgr. 68 DS-GVO gefunden. Gleichwohl ist es freilich ratsam, sich an den Richtlinien der Artikel-29-Datenschutzgruppe zu orientieren, zumal es keinen Grundsatz dahingehend gibt, stets nur die gesetzlich vorgeschriebenen Minimalstandards umzusetzen.

**5. Übertragungsalternativen.** Der Anspruchsteller kann einerseits die Übertragung des Datensatzes an sich (Art. 20 Abs. 1 DS-GVO) oder direkt an einen etwaigen neuen Verantwortlichen (Art. 20 Abs. 2 DS-GVO) verlangen. Dabei handelt es sich zwar um eine Verarbeitung von personenbezogenen Daten, die eines Erlaubnistatbestandes bedarf. Allerdings ist diese Verarbeitung bei Vorliegen der Anspruchsvoraussetzungen zur Erfüllung einer rechtlichen Verpflichtung des Verantwortlichen erforderlich und damit gem. Art. 6 Abs. 1 lit. c DS-GVO zulässig.

**6. Darlegungs- und Beweislast.** Die Darlegungs- und Beweislast für die Voraussetzungen des Anspruchs auf Datenübertragung trägt der Anspruchsteller, dessen Daten übertragen werden sollen. Darüber hinaus kann der Verantwortliche zusätzliche Informationen anfordern, sofern er „begründete Zweifel an der Identität“ des Antragstellers hat (Art. 12 Abs. 6 DS-GVO).

**7. Durchsetzung des Anspruchs.** Art. 79 Abs. 1 DS-GVO garantiert den betroffenen Personen einen wirksamen gerichtlichen Rechtsbehelf zur Durchsetzung ihrer Rechte aus der DS-GVO. Kommt der Verantwortliche dem Übertragungsersuchen des Antragstellers nicht fristgerecht nach, kann dieser also seinen Anspruch gerichtlich durchsetzen. Zuständig sind hierfür nach Art. 79 Abs. 2 S. 1 DS-GVO die Gerichte des Mitgliedstaats, in dem der Verantwortliche eine Niederlassung hat. Allerdings kann der Betroffene wahlweise auch bei den Gerichten des Mitgliedstaats klagen, in dem er seinen Aufenthaltsort hat, Art. 79 Abs. 2 S. 2 DS-GVO. Darüber hinaus ist eine Beschwerde bei einer Aufsichtsbehörde nach Art. 77 DS-GVO statthaft, da die unberechtigte Verweigerung der Datenübertragung gegen die DS-GVO verstößt. Die Aufsichtsbehörde kann nach Art. 83 Abs. 5 lit. b DS-GVO eine Geldbuße festsetzen. Dies kann insbesondere dann für die Durchsetzung des Rechts auf Datenübertragung notwendig sein, wenn für die betroffene Person keine Möglichkeit besteht, den Anspruch unmittelbar gegenüber den Empfängern gerichtlich durchzusetzen, etwa wenn der Datensatz ausschließlich bei einem Auftragsverarbeiter verarbeitet wird. Da das Recht auf Datenübertragbarkeit das Recht auf Löschung der Daten unberührt lässt, sollte – sofern gewünscht – ggf. gleichzeitig die (anschließende) Löschung der entsprechenden Daten verlangt werden.

Der Verantwortliche hat das Recht des Betroffenen aus Art. 20 DS-GVO grundsätzlich unentgeltlich zu erfüllen (vgl. nur BeckOK DatenschutzR/v. Lewinski DS-GVO Art. 20 Rn. 84).

## 2. Antwort des Verantwortlichen an den Betroffenen

**An**

**Herrn/Frau […][1]**

**[Ort], den [Datum]**

**Sehr geehrte/r Frau/Herr […],**

**vielen Dank für Ihr Schreiben vom […], das uns am […] zugegangen ist.[2] Ihr Verlangen, die Sie betreffenden personenbezogenen Daten an Ihren neuen Anbieter zu übertragen, haben wir geprüft, können ihm aber leider nicht nachkommen.**

**Nach Art. 20 Abs. 2 DS-GVO haben Sie das Recht, zu erwirken, dass die personenbezogenen Daten direkt von uns als Verantwortlichem einem anderen Verantwortlichen übermittelt werden, soweit dies technisch machbar ist. An der technischen Machbarkeit fehlt es hier aber, denn weder auf unserer Seite, noch auf der Ihres neuen Anbieters, bestehen entsprechende Schnittstellen für die Datenübertragung.[3]**

**Wir haben Sie nach Art. 12 Abs. 4 DS-GVO darüber zu belehren, dass Ihnen die Möglichkeit offensteht, bei einer Aufsichtsbehörde Beschwerde einzulegen oder einen gerichtlichen Rechtsbehelf einzulegen.[4]**

**Mit freundlichen Grüßen**

**[…]**

## Anmerkungen

**1. Form.** → Form. F. III. 2. Anm. 1.

**2. Frist.** → Form. F. III. 2. Anm. 2.

**3. Begründung.** Zu den allgemeinen Anforderungen an die Begründung → Form. F. III. 2. Anm. 3. Nach Art. 20 Abs. 2 DS-GVO besteht ein Recht auf Direktübertragung der Daten an einen anderen Verantwortlichen nur, soweit dies technisch machbar ist. Für die Frage der technischen Machbarkeit kommt es dabei nicht auf den Stand der Technik generell, sondern auf die konkreten technischen Möglichkeiten des jeweiligen Verantwortlichen an, was sich aus Erwgr. 68 S. 7 DS-GVO ableiten lässt. Darin heißt es, dass „das Recht der betroffenen Person, sie betreffende personenbezogene Daten zu übermitteln oder zu empfangen, [...] für den Verantwortlichen nicht die Pflicht begründen [sollte], technisch kompatible Datenverarbeitungssysteme zu übernehmen oder beizubehalten." Es kommt also nicht darauf an, ob es generell möglich wäre, die Daten zu übertragen, sondern darauf, ob es dem konkreten Verantwortlichen möglich ist (Gola/Heckmann/Piltz DS-GVO Art. 20 Rn. 30; Taeger/Gabel/Munz DS-GVO Art. 20 Rn. 47). Gleichwohl ist zu berücksichtigen, dass sich aus dem Erleichterungsgebot aus Art. 12 Abs. 2 DS-GVO, das auch auf Art. 20 DS-GVO Anwendung findet, jedenfalls in gewissem Umfang eine Verpflichtung zur Mitwirkung des Verantwortlichen im Rahmen der Verhältnismäßigkeit ergeben kann (Kühling/Buchner/Herbst DS-GVO Art. 20 Rn. 27: Anpassung von Übertragungsformaten). Dessen ungeachtet begründet Art. 20 Abs. 2 DS-GVO keine Pflicht des anderen Verantwortlichen zur Annahme der übermittelten Daten (Paal/Pauly/Paal DS-GVO Art. 20 Rn. 22 mwN; differenzierend NK-DatenschutzR/Dix DS-GVO Art. 20 Rn. 15).

**4. Belehrung.** → Form. F. III. 2. Anm. 5.

# G. Zusammenarbeit mit anderen Unternehmen

## I. Vereinbarung der Auftragsverarbeitung (Art. 28f. DS-GVO)

### 1. Abgrenzung von Auftragsverarbeitung und gemeinsamer Verantwortung

Neben der Auftragsverarbeitung nach Art. 28 DS-GVO, die va durch die alleinige Verantwortung sowie das Weisungsrecht des Auftraggebers geprägt ist, regelt die Datenschutzgrundverordnung mit der gemeinsamen Verantwortung nach Art. 26 DS-GVO nunmehr ausdrücklich ein weiteres Instrument für Verarbeitungen personenbezogener Daten durch mehrere Beteiligte (und geht damit über die bloße Erwähnung in Art. 2 lit. d RL 95/46/EG hinaus; → Form. G. V. zur Reichweite und mit Muster).

Erwgr. 79 DS-GVO gibt für beide Arten der Verarbeitung vor, dass zum Schutz der Rechte und Freiheiten der betroffenen Personen eine klare Zuteilung der Verantwortlichkeiten zu erfolgen hat. Konsequenterweise schreiben die entsprechenden Normen des Art. 26 DS-GVO und Art. 28 DS-GVO vor, dass die Parteien transparente Vereinbarungen – freilich in unterschiedlichem Umfang – treffen müssen, um insbesondere die Einhaltung der in Art. 5 Abs. 1 DS-GVO niedergelegten Grundsätze der Verarbeitung zu gewährleisten.

Schwerpunkt der Abgrenzung zwischen Auftragsverarbeitung und gemeinsamer Verantwortung war die Frage, ob die Beteiligten wesentliche Entscheidungen über die Mittel und Zwecke der Datenverarbeitung oder über einzelne Phasen der Verarbeitung gemeinsam treffen (dann gemeinsame Verarbeitung) oder, ob die Verarbeitung im Rahmen eines Weisungsverhältnisses erfolgt (dann Auftragsverarbeitung). Zusätzlich muss eine gewollte und bewusste Zusammenarbeit festzustellen sein, eine rein zufällige tatsächliche Zusammenarbeit dürfte hingegen nicht ausreichen (Kühling/Buchner/Hartung DS-GVO Art. 26 Rn. 12, Paal/Pauly/Martini Art. 26 Rn. 21). Ob eine gemeinsame Verantwortung gegeben ist, ist stets in der konkreten Situation anhand einer spezifischen Verarbeitung und den ihr zugrunde liegenden Umständen zu beurteilen.

Die aktuelle Rechtsprechung des EuGH zu diesem Themenkomplex lässt die Abgrenzung zwischen Auftragsverarbeitungen und gemeinsamer Verantwortung schwieriger werden; bisherige rechtliche und faktische Wertungen verschieben sich. In seinem ersten Urteil mit der Neuinterpretation der gemeinsamen Verantwortlichkeit zu Facebook Fanpages (EuGH 5.6.2018 – C-210/16, MMR 2018, 591 mAnm Moos/Rothkegel MMR 2018, 596) entschied der EuGH, dass der Inhaber einer auf Facebook unterhaltenen Fanpage durch die von ihm vorgenommene Parametrierung (u. a. entsprechend seinem Zielpublikum sowie den Zielen der Steuerung oder Förderung seiner Tätigkeiten) sowie aufgrund der Verfolgung von eigenen wirtschaftlichen Interessen an der Entscheidung über die Zwecke und Mittel der Verarbeitung der personenbezogenen Daten der Besucher seiner Fanpage beteiligt ist und somit als gemeinsam mit Facebook für diese Verarbeitung Verantwortlicher einzustufen ist. Dem liegt die Überlegung zugrunde, dass Facebook, neben dem technischen Betrieb der Fanpages für den Fanpage-Inhaber, die personenbezogenen Daten der Fanpage-Besucher auch zu eigenen Zwecken verarbeitet. In der kurz darauf veröffentlichten Entscheidung zu den Zeugen Jehovas (EuGH 10.7.2018 – C-25/17, ZD 2018, 469 mAnm Hoeren ZD 2018, 472) entschied der EuGH, dass eine Religionsgemeinschaft wie die der Zeugen Jehovas gemeinsam mit ihren als Verkündiger tätigen Mitgliedern für die Verarbeitung der personenbezogenen Daten verantwortlich ist, die im Rahmen einer von Tür zu Tür durchgeführten Verkündigungstätigkeit erhoben werden. Aufgrund der unklaren Konturen und Uferlosigkeit der Entscheidungen schlug Generalanwalt Bobek im Verfahren „Fashion-ID" vor, Einschränkungen vorzunehmen, indem er die gemeinsame Verantwortlichkeit des betreffenden Verantwortlichen auf die Verarbeitungsvorgänge beschränkt, für die er tatsächlich einen Beitrag zur Entscheidung über die Mittel und Zwecke der Verarbeitung der personenbezogenen Daten leistet (GA Bobek 19.12.2018 – C-40/17, BeckRS 2018, 32835). Dem folgte der EuGH in seinem Urteil (EuGH 29.7.2019 – C-40/17, NJW 2019, 2755) nur teilweise. Zunächst stellt der EuGH klar, dass gemeinsam mit einem Dritten verantwortlich ist, wer diesem aus eigenem wirtschaftlichem Interesse ermöglicht, personenbezogene Daten aus der eigenen Verantwortungssphäre zu verarbeiten und das Interesse des Dritten dahin geht, über die entsprechenden Daten auch für eigene wirtschaftliche Zwecke verfügen zu können (EuGH 29.7.2019 – C-40/17, NJW 2019, 2755 Rn. 71–74; vgl. Kollmar NVwZ 2019, 1740). Der EuGH vertritt insofern also einen leicht anderen Ansatz als der Generalanwalt, da er es genügen lässt, dass sich ein Beteiligter mit der Zweckbestimmung eines anderen Beteiligten – durch welches Verhalten auch immer – stillschweigend einverstanden erklärt (vgl. Moos/Rothkegel MMR 2019, 579 (585)).

Nach Ansicht des EuGH richte sich der Umfang der gemeinsamen Verantwortung demnach objektiv nach den tatsächlichen Möglichkeiten des Verantwortlichen, auf eine bestimmte Verarbeitung oder einzelnen Verarbeitungsschritte Einfluss zu nehmen bzw. auf diese einzuwirken. Im Urteil Fashion-ID bejahte der EuGH deswegen konsequenterweise „nur" eine gemeinsame Verantwortlichkeit für das Erheben der in Rede stehenden Daten anhand von Social-Media-Plug-ins durch den Webseitenbetreiber sowie hinsichtlich der Weitergabe der Daten durch Übermittlung an Facebook.

Der EuGH unterteilt die Verarbeitung damit in einzelne Verarbeitungsschritte und untersucht die jeweilige Verantwortlichkeit. Folgerichtig kann für vor- oder nachgelagerte Verarbeitungsschritte, auf die einer der Beteiligten keinen Einfluss hat, keine gemeinsame Verantwortlichkeit angenommen werden (vgl. EuGH 29.7.2019 – C-40/17, NJW 2019, 2755 Rn. 74). Nach der Übermittlung an Facebook ende die Mitverantwortlichkeit des Webseitenbetreibers, da er nach diesen Vorgängen nicht weiter über die Mittel und Zwecke der Verarbeitung mitentscheide (vgl. EuGH 29.7.2019 – C-40/17, NJW 2019, 2755 Rn. 85).

Der vom EuGH verfolgte Ansatz der Prüfung einzelner Verarbeitungsschritte im Hinblick auf die jeweilige Verantwortlichkeit wäre bereits ab der Rechtsprechung zu den Fanpages sachgerecht und indiziert gewesen (vgl. bereits Artikel-29-Datenschutzgruppe WP 169 S. 25 und WP 171 S. 12 ff.; ausf. Lachenmann Datenübermittlung im Konzern S. 42 ff.). Insofern ist es zutreffend, auch jetzt davon zu sprechen, dass die Aufteilung in Verarbeitungsschritte der stetig steigenden Komplexität von IT-Komponenten bzw. Verarbeitungsketten gerecht wird (vgl. Lurtz/Schindler VuR 2019, 468 (473)), kann aber ebenso zu (technischen) Abgrenzungsschwierigkeiten führen.

Obwohl die vorgenannten Entscheidungen des EuGH die Rechtslage unter der Datenschutzrichtlinie 95/46/EG betreffen, lassen sich aus den Entscheidungen doch generelle Erwägungen herleiten, welche Kriterien im Rahmen einer Abgrenzung zwischen gemeinsamer Verantwortung und Auftragsverarbeitung relevant sind. Denn die gesetzlichen Formulierungen zur Begründung der gemeinsamen Verantwortung sind praktisch identisch (ausf. zum Vorliegen einer gemeinsamen Verantwortung → Form. G. V.; noch zur Bewertung nach der DS-RL Lachenmann Datenübermittlung im Konzern S. 38 ff.).

Neben der aktuellen Rechtsprechung des EuGH hat auch der EDSA Stellung mithilfe von Leitlinien zur Abgrenzung von Auftragsverarbeitung und gemeinsamer Verantwortung genommen (EDSA, Leitlinien 07/2020 zu den Begriffen „Verantwortlicher" und „Auftragsverarbeiter" in der DS-GVO, Version 2.1 v. 7.7.2021). Diese Leitlinien ersetzten die Stellungnahme aus dem Jahr 2020 zu den Begriffen „für die Verarbeitung Verantwortlicher" und „Auftragsverarbeiter".

Mit nachfolgendem Dokument soll eine mögliche Abgrenzung zwischen Auftragsverarbeitung und gemeinsamer Verantwortlichkeit erleichtert und die jeweiligen Kriterien kurz aufgezeigt werden. So soll ermöglicht werden, auf Grundlage des Sachverhalts die richtige Entscheidung für den passenden Vertrag zu treffen.

**Gegenüberstellung von Auftragsverarbeitung und gemeinsamer Verantwortung**

| | Auftragsverarbeitung (Art. 28 DS-GVO) | Gemeinsame Verarbeitung (Art. 26 DS-GVO) |
|---|---|---|
| Art der Zusammenarbeit; Verantwortlichkeit | **Der Auftraggeber ist datenschutzrechtlich allein für die Datenverarbeitung verantwortlich (vgl. Art. 27 Abs. 1, Art. 31, Art. 32, Art. 82 DS-GVO).**<br><br>**Der Auftragnehmer ist weisungsgebunden; Weisungen sind zu dokumentieren, Art. 28 Abs. 3 UAbs. 1 S. 2 lit. a DS-GVO.**<br><br>**Die wesentlichen Datenschutzpflichten nach Art. 5 DS-GVO werden ausdrücklich sowohl dem Verantwortlichen als auch dem Auftragsverarbeiter auferlegt.** | **Die Verantwortlichen entscheiden grundsätzlich gemeinsam über Art, Mittel und Zweck der Verarbeitung.**<br><br>**Es bestehen keine Weisungsrechte zwischen den Parteien.** |
| Art der Konkretisierung der Zusammenarbeit[1] | **Eine rechtliche Bindung der Beteiligten kann durch Vertrag oder ähnlichen Rechtsakt** | **Eine rechtliche Bindung der Beteiligten kann ausschließlich durch eine Ver-** |

| | Auftragsverarbeitung (Art. 28 DS-GVO) | Gemeinsame Verarbeitung (Art. 26 DS-GVO) |
|---|---|---|
| | erfolgen (Art. 28 Abs. 3 DS-GVO). | einbarung nach Art. 26 Abs. 1 DS-GVO erfolgen. |
| Form des Vertragsschlusses[2] | Der Vertragsschluss hat „schriftlich“ zu erfolgen (Art. 28 Abs. 9 DS-GVO).<br>Ausreichend ist ein elektronisches Format oder eine dokumentierte Textform. Die Definition ist nicht iSd § 126a BGB zu verstehen. | Das Gesetz verlangt in Art. 26 Abs. 1 DS-GVO lediglich, dass die Parteien die Regelungen zur Zusammenarbeit in einer Vereinbarung in transparenter Form festlegen. Eine bestimmte Form wird nicht vorgeschrieben. |
| Verzeichnis von Verarbeitungstätigkeiten[3] | Gem. Art. 30 Abs. 1 DS-GVO hat der Verantwortliche ein Verzeichnis aller Verarbeitungstätigkeiten zu führen.<br>Neu ist, dass in Art. 30 Abs. 2 DS-GVO auch dem Auftragsverarbeiter das Führen eines solchen Verzeichnisses auferlegt wird, wenngleich mit reduzierten inhaltlichen Anforderungen. | Für jeden der (gemeinsam) Verantwortlichen ergibt sich generell aus Art. 30 Abs. 1 DS-GVO die Pflicht, ein Verzeichnis aller Verarbeitungstätigkeiten zu führen. |
| Haftung | Jede Person, der wegen eines Verstoßes gegen die Verordnung ein materieller oder immaterieller Schaden entstanden ist, hat Anspruch auf Schadensersatz gegen den Verantwortlichen oder gegen den Auftragsverarbeiter, Art. 82 Abs. 1 DS-GVO.<br>Der Auftragsverarbeiter kann sich von dieser Haftung nur befreien, sofern er nachweist, dass er in keinerlei Hinsicht für den Umstand verantwortlich ist, durch den der Schaden eingetreten ist, Art. 82 Abs. 3 DS-GVO.<br>Es besteht eine gesamtschuldnerische Haftung, die im Innenverhältnis zwischen den Verantwortlichen ausgeglichen werden kann, Art. 82 Abs. 5 DS-GVO. | Art. 82 Abs. 4 DS-GVO regelt, dass, wenn mehr als ein Verantwortlicher an derselben Verarbeitung beteiligt ist, jeder Verantwortliche grundsätzlich für den gesamten Schaden haftet, damit ein wirksamer Schadensersatz für die betroffene Person sichergestellt ist.<br>Ein Verantwortlicher kann sich von der Haftung nur befreien, sofern er nachweist, dass er in keinerlei Hinsicht für den Umstand verantwortlich ist, durch den der Schaden eingetreten ist, Art. 82 Abs. 3 DS-GVO. |

| | Auftragsverarbeitung (Art. 28 DS-GVO) | Gemeinsame Verarbeitung (Art. 26 DS-GVO) |
|---|---|---|
| | Es empfiehlt sich, die Haftung der Parteien im Innenverhältnis im Hauptvertrag zu regeln. | Es besteht eine gesamtschuldnerische Haftung, die im Innenverhältnis zwischen den Verantwortlichen ausgeglichen werden kann, Art. 82 Abs. 5 DS-GVO.<br><br>Es empfiehlt sich, die Haftung der Parteien im Innenverhältnis im Hauptvertrag zu regeln. |
| Transparenz[4] | Der Auftraggeber ist datenschutzrechtlich dafür verantwortlich, dass die Betroffenenrechte nach Art. 12 ff. DS-GVO gegenüber den Betroffenen erfüllt werden. | Die Parteien sind gemeinsam dafür verantwortlich, dass die Betroffenenrechte nach Art. 12 ff. DS-GVO gegenüber den Betroffenen erfüllt werden. |
| Datensicherheit | Der Auftraggeber verpflichtet den Auftragnehmer zur Einhaltung der jeweils nach Art. 5 Abs. 1 lit. f, Art. 28 Abs. 3 UAbs. 1 S. 2 lit. c, Art. 32 DS-GVO erforderlichen technischen und organisatorischen Maßnahmen. | Die Parteien verpflichten sich gegenseitig zur Einhaltung der jeweils nach Art. 5 Abs. 1 lit. f, Art. 32 DS-GVO erforderlichen technischen und organisatorischen Maßnahmen, soweit dies die gemeinsame Verarbeitung personenbezogener Daten betrifft. |

## Anmerkungen

**1. Art des Vertragsschlusses.** Zu Art. 26 DS-GVO: Aus Art. 26 Abs. 1 DS-GVO ergibt sich nicht, ob die Vereinbarung für die Schaffung von Verantwortlichkeiten bei mehreren Beteiligen konstitutiv wirkt. Gegen diese Annahme spricht jedoch der Wortlaut des Art. 26 Abs. 1 S. 1 DS-GVO, nach dem eine gemeinsame Verantwortung vorliegt, wenn zwei oder mehrere Verantwortliche gemeinsam die Zwecke der und die Mittel zur Verarbeitung festlegen. Der Abschluss der Vereinbarung wirkt damit nicht konstitutiv und ist nicht Voraussetzung der gemeinsamen Verantwortung (vgl. Gola/Heckmann/Piltz DS-GVO Art. 26 Rn. 10; Kühling/Buchner/Hartung DS-GVO Art. 26 Rn. 20; Piltz K&R 2016, 709). Diese Ansicht vertritt auch der EuGH mit seiner Entscheidung über die Frage, ob der Verstoß eines Verantwortlichen gegen die Pflichten aus dem Art. 26 und Art. 28 DS-GVO über den Abschluss einer Vereinbarung zur Festlegung der gemeinsamen Verantwortung für die Verarbeitung bzw. das Führen eines Verzeichnisses von Verarbeitungstätigkeiten eine unrechtmäßige Verarbeitung darstellt. Ein solcher Verstoß würde dazu führen, dass der Verantwortliche gegen den Grundsatz der Rechenschaftspflicht des Art. 5 Abs. 2 DS-GVO verstößt und die Verarbeitung der personenbezogenen Daten somit unrechtmäßig ist (vgl. EuGH 4.5.2023 – C-60/22, ZD 2023, 606 mAnm Stief ZD 2023, 609). Der EuGH führt aus, dass allein das Fehlen einer Vereinbarung zur Festlegung der gemeinsamen Verantwortung gem. Art. 26 DS-GVO oder eines Verzeichnisses von Verarbeitungstätigkeiten nach Art. 30 DS-GVO nicht ausreichend ist, um eine unrechtmäßige Verarbeitung von personenbezogenen Daten zu begründen.

**2. Form des Vertragsschlusses.** Zu Art. 28 DS-GVO: Der Vertragsschluss kann neben anderen Formen auch über eine qualifizierte elektronische Signatur getätigt werden. Teilweise wird der Wortlaut so ausgelegt, dass „eine gegenseitige Zeichnung" für den wirksamen Abschluss des Auftragsverarbeitungsvertrages notwendig sei (Müthlein RDV 2016, 74 (76)). Diese Wertung ist jedoch abzulehnen. Vielmehr ist es nach Art. 28 Abs. 9 DS-GVO ausreichend, dass der Auftragsverarbeitungsvertrag durch zwei gegenseitige Willenserklärungen iSv §§ 145 ff. BGB geschlossen und zumindest elektronisch „abgefasst" wird. Entscheidend ist, dass der Vertragsschluss in irgendeiner Form dokumentiert wird. Einer Verkörperung, zB als Ausdruck, bedarf es zwar nicht, jedoch muss das gewählte Format sicherstellen, dass nachträgliche Änderungen technisch unmöglich sind (abweichende Fälle wurden bereits bekannt) und ersichtlich bleibt, dass zwei kongruente Willenserklärungen vorlagen. Als Formerfordernis ist die Textform iSd § 126b BGB ausreichend, da ein Vergleich mit anderen europäischen Rechtnormen keinen Hinweis darauf gibt, dass vorliegend eine qualifizierte elektronische Signatur verlangt würde (ausf. Kühling/Buchner/Hartung DS-GVO Art. 28 Rn. 94 ff.; hingegen wird teilweise davon ausgegangen, dass das elektronische Format strenger als die Textform sei, Laue/Nink/Kremer DatenschutzR/Kremer § 2 Rn. 8; aA Paal/Pauly/Martini DS-GVO Art. 28 Rn. 75). Daher kann selbst eine einfache E-Mail ausreichend sein. Es ist zu begrüßen, dass das der DS-RL widersprechende Schriftformerfordernis des deutschen Rechts nicht übernommen wurde (vgl. Art. 17 Abs. 4 DS-RL). Die Erleichterung bei der Formvorgabe vereinfacht die Möglichkeit des Vertragsabschlusses, so dass eine Stärkung der Betroffenenrechte erreicht wird. Daraus folgt, dass nunmehr bei einem online erfolgenden Vertragsschluss der Vertrag über die Auftragsverarbeitung digital bereitgestellt werden kann. Weitergehend kann es bei einer online erfolgenden invitatio ad offerendum ausreichend sein, dass der bestellende Kunde eine Checkbox betätigt und so ein rechtswirksames Angebot auf einen bereitgestellten Vertrag abgeben kann, das der Vertragspartner sodann mit dem Hauptvertrag annimmt, wenn der Vertrag speicher- und druckbar ist (Laue/Nink/Kremer DatenschutzR/Kremer § 5 Rn. 15 f.). So kann unkompliziert im Onlinegeschäft ein Vertrag zur Auftragsverarbeitung abgeschlossen und das Datenschutzniveau erhöht werden.

Zu Art. 26 DS-GVO: Eine besondere Form des Vertragsschlusses wird durch Art. 26 Abs. 1 DS-GVO zwar nicht vorgeschrieben, aus Gründen der Nachweisbarkeit empfiehlt sich jedoch eine entweder in Schriftform oder zumindest in Textform festgehaltene Vereinbarung. Hinsichtlich des elektronischen Vertragsschlusses wird auf die Ausführungen zu Art. 28 DS-GVO verwiesen. Entscheidend ist nicht, wie eine vertragliche Regelung die Tätigkeit der Beteiligten eines Datenverarbeitungsvorgangs beschreibt. Ausschlaggebend ist vielmehr, wie sich die vertraglich gewollten und praktizierten Rechtsverhältnisse in der Praxis darstellen. Es kommt also auf den „tatsächlichen Einfluss“ der Beteiligten und ebenfalls auf die „tatsächlichen Gegebenheiten“ aller Umstände an. Das AG Mannheim (AG Mannheim 11.9.2019 – 5 C 1733/19 WEG, ZD 2020, 206 mAnm Schröder ZD 2020, 208) betrachtet die zwischen einer Wohnungseigentümergemeinschaft und ihrem Verwalter geschlossene Vereinbarung, die sie als gemeinsam Verantwortliche unterzeichnet haben und die von den Parteien als „Auftragsverarbeitungsvertrag“ bezeichnet wurde, inhaltlich den Vorgaben aus Art. 28 DS-GVO entsprechend, als unproblematisch. Dies hat den Hintergrund, dass Art. 26 DS-GVO an die wirklichen Gegebenheiten einer gemeinsamen Verantwortlichkeit anknüpft und nicht als Rechtsgrundlage zur Begründung einer solchen dient. Infolgedessen führt die Anwendung vertraglicher „Single-Control-Clauses“ nicht automatisch zur Umgehung der gemeinsamen Verantwortlichkeit (Golland K&R 2019, 533).

**3. Verzeichnis von Verarbeitungstätigkeiten.** Die inhaltlichen Anforderungen ergeben sich aus Art. 30 Abs. 1 DS-GVO (→ Form. C. II.; → Form. G. I.4. Anm. 20). Für Verarbeitungen, bei denen eine gemeinsame Verantwortung besteht, sollte zudem dokumentiert werden, welche Partei für die Erfüllung welcher Pflichten aus der DS-GVO verantwortlich ist.

**4. Transparenz.** Zu Art. 26 DS-GVO: Bei einer gemeinsamen Verantwortung sind die Parteien gemeinsam dafür verantwortlich, dass die Informationspflichten nach Art. 12 ff. DS-GVO gegenüber den Betroffenen erfüllt werden. Zu diesem Zweck empfiehlt es sich, dass die Parteien vertraglich festlegen, wer von Ihnen für welche Betroffenenrechte zuständig sein soll: Wer soll informieren, Wer soll Ansprechpartner für Auskunfts- oder Löschbegehren sein? Denkbar ist auch die Aufteilung der Informationspflichten, soweit die jeweilige Partei für den jeweiligen Verarbeitungsschritt allein zuständig ist. Zu beachten ist in diesem Zusammenhang jedoch, dass die Information transparent und einfach verständlich erfolgt. Faktische Informationsbarrieren durch komplexe Konstrukte sollten vermieden werden. Empfehlenswert wird daher in der Regel die Bündelung der Transparenzpflichten bei einer Partei sein, sofern das bei der entsprechenden Verarbeitung bzw. bei den einzelnen Verarbeitungsschritten sachdienlich erscheint.

Des Weiteren verpflichtet Art. 26 Abs. 2 S. 2 DS-GVO die Parteien dazu, das Wesentliche der Vereinbarung über die gemeinsame Verantwortlichkeit den betroffenen Personen zur Verfügung zu stellen. Der Wortlaut des Art. 26 Abs. 2 S. 2 DS-GVO definiert dabei nicht, was „das Wesentliche der Vereinbarung“ ist. Aber Erwgr. 79 DS-GVO macht diesbezüglich deutlich, dass sich die wesentlichen Informationen aus der Funktion der Vereinbarung ableiten lassen, für die Betroffenen eine klare Zuordnung der Verantwortlichkeit und Haftung zu ermöglichen. Unter dem Wesentlichen wird man somit zumindest Informationen über die beteiligten Verantwortlichen, die verschiedenen Zwecke der Verarbeitung, die Informationspflichten nach Art. 13 f. DS-GVO sowie Informationen zur Geltendmachung von Betroffenenrechten (vgl. Simitis/Hornung/Spiecker gen. Döhmann/Hornung DS-GVO Art. 26 Rn. 26) verstehen müssen (ausf. → Form. G. V. 3.).

## 2. Richtlinie Auftragsverarbeitung

Liegt eine **Auftragsverarbeitung** vor, sollte in einer **unternehmensinternen Richtlinie** festgelegt und erläutert werden, wie die entsprechende Vereinbarung durch die Beschäftigten umzusetzen ist. So kann in der Praxis das **Unternehmen als Auftraggeber** sicherstellen, dass die Mitarbeiter die gesetzlichen Vorgaben zum Datenschutzrecht umsetzen können. Dazu dient eine Mustervorlage zur Auftragsverarbeitung, die durch die Mitarbeiter ausgefüllt werden soll. Die vorliegende Richtlinie soll den Beschäftigten den Rechtsrahmen aus Sicht des Auftraggebers erläutern und konkrete Hinweise zur Ausgestaltung des Mustervertrages geben. Die Angaben der Paragraphen beziehen sich auf den Mustervertrag in → Form. G. I. 4.

§ 1 Zielsetzung und Geltungsbereich dieser Richtlinie[1]

(1) Vorliegende Richtlinie soll gewährleisten, dass die Auftragsverarbeitungsverträge richtig angewendet werden. Durch die korrekte Ausgestaltung des Vertrages können die gesetzlichen sowie internen Compliance-Anforderungen eingehalten werden.

(2) Diese Richtlinie erläutert vorab die Bewertung von Auftragnehmern und Unterauftragnehmern. Daran schließt sich die Anwendung bei im Ausland befindlichen Parteien an. Sodann erläutert sie die konkrete Umsetzung und Vertragsgestaltung eines Auftragsverarbeitungsvertrages und das praktische Verfahren beim Vertragsschluss. Abschließend wird dargestellt, was während der Vertragslaufzeit zu beachten ist.

(3) Diese Richtlinie findet für alle Unternehmen unserer Gruppe Geltung, an denen die [AG] eine Beteiligung von mehr als [50 Prozent] mittelbar oder unmittelbar hält oder deren wirtschaftliche Führung sie innehat. Sie gilt jedoch nur, wenn der Sitz oder eine Niederlassung des auftraggebenden Unternehmens in Deutschland ist, unabhängig vom Sitz des Auftragnehmers.

§ 2 Vertragliche Umsetzung der Pflichten des Auftraggebers

(1) Im Rahmen der Auftragsverarbeitung darf der Auftragnehmer nur nach Weisung des Auftraggebers handeln (Art. 28 Abs. 3 UAbs. 1 S. 2 lit. a DS-GVO). Die Verpflichtungen des Auftragnehmers ergeben sich einerseits aus dem Vertrag, anderseits aus dem Gesetz (Art. 28 Abs. 3 DS-GVO). Die Weisungen sind zu dokumentieren. Auf die Einhaltung der Pflichten hat der Auftraggeber hinzuwirken, insbesondere durch die schriftliche Festlegung wichtiger Grundlagen, die nachfolgend dargestellt werden.

(2) Vor Vertragsschluss hat der Auftraggeber eine sorgfältige Auswahl des Auftragnehmers zu treffen. Hinsichtlich der Auswahl bestimmt Art. 28 Abs. 1 DS-GVO, dass nur solche Auftragsverarbeiter beauftragt werden dürfen, die hinreichend Garantien dafür bieten, dass geeignete technische und organisatorische Maßnahmen so durchgeführt werden, dass die Verarbeitung im Einklang mit den Anforderungen der DS-GVO erfolgt und den Schutz der Rechte der betroffenen Person gewährleistet. Die Durchführung dieser zwingenden Maßnahme ist zu dokumentieren. Der Konzerndatenschutzbeauftragte führt diese Kontrolle auf Basis eines gesonderten Musters durch.[2]

(3) Gegenstand und Dauer des Auftrages werden in dem Mustervertrag [§ 3 Abs. 1] festgelegt. Der Vertrag ist schriftlich oder in elektronischem Format zu schließen, um einen ordnungsgemäßen Vertrag nachweisen zu können.[3]

(4) In dem Mustervertrag wird darauf hingewiesen, wo Umfang, Art und Zweck der vorgesehenen Verarbeitung von Daten [§ 3 Abs. 1], die Art der Daten [§ 5 Abs. 1] und der Kreis der Betroffenen [§ 5 Abs. 1] beschrieben werden sollen. Dies ist je nach abzuschließendem Vertrag im Einzelfall auszufüllen. Dabei ist zu berücksichtigen, dass eine möglichst genaue Beschreibung der vertraglichen Leistungen vorzunehmen ist.

(5) Die nach Art. 28 Abs. 3 UAbs. 1 S. 2 lit. c iVm Art. 32 DS-GVO durch den Auftragnehmer zu treffenden technischen und organisatorischen Maßnahmen legt der Mustervertrag in [§ 6] fest. Diese dürfen nur nach Rücksprache mit [dem Konzerndatenschutzbeauftragten] geändert werden.[4]

(6) In [§ 10] wird ein Konzept für die Rechte der Betroffenen und korrespondierende Pflichten des Verantwortlichen der Daten festgelegt. Dabei ist zu beachten, dass der Auftragsverarbeiter die Daten nur so lange wie nötig vorhalten sollte. Um das Missbrauchsrisiko zu minimieren, sollten sie nach Abschluss einer Aufgabe gelöscht werden. Für den Fall, dass die Daten später noch benötigt werden, sollte eine Einschränkung umgesetzt werden, also eine spezielle Kennzeichnung der Daten, durch die deren weitere Verwendung verhindert wird. Wird eine Partei, die die Daten speichert, darauf aufmerksam gemacht, dass diese fehlerhaft sind, sind sie zu korrigieren und dem jeweils anderen Vertragspartner mitzuteilen. Im Übrigen sollten sowohl Auftraggeber als auch Auftragsverarbeiter ihre internen Datenverarbeitungsprozesse den neuen Anforderungen, bspw. im Hinblick auf die Themen Beweislast oder das Recht auf Datenübertragbarkeit nach Art. 20 DS-GVO, entsprechend anpassen.[5]

(7) Die Pflichten des Auftragnehmers werden in [§ 6 Abs. 1, 3, 4] aufgeführt. Durchzuführen ist eine Verpflichtung der Mitarbeiter des Auftragnehmers auf das Datengeheimnis, die auf Anfrage nachzuweisen ist. Ebenso muss der Auftragnehmer nachweisen, dass er einen Datenschutzbeauftragten bestellt hat. Dies soll sicherstellen, dass dem Auftraggeber ein fachkundiger Ansprechpartner zur Seite steht. Ebenfalls wird bestimmt, dass der Auftragnehmer den Auftraggeber unverzüglich zu unterrichten hat, falls die Aufsichtsbehörde Maßnahmen gegen den Auftragnehmer ergreift. Die Pflicht gilt erst recht, wenn die Aufsichtsbehörde ein Auskunftsersuchen stellt. Zudem wird der Auftragnehmer verpflichtet, Unterstützung zu liefern, falls die Aufsichtsbehörde den Auftraggeber zur Auskunft ersucht. Weiterhin hat der Auftragnehmer die Verpflichtung, den Auftraggeber darauf hinzuweisen, wenn seiner Ansicht nach rechtswidrige Weisungen erteilt werden, vgl. Art. 28 Abs. 3 UAbs. 1 S. 2 lit. h DS-GVO. Dies beruht auf dem Gedanken, dass der Auftragnehmer mit der Rechtslage oft besser vertraut ist.

(8) Es ist ausdrücklich im Vertrag zu regeln, ob der Auftragnehmer Unterauftragsverhältnisse eingehen darf (im Vertragsmuster [§ 9]). Wenn es gestattet wird, sind die Unterauftragnehmer in einer Anlage mit Namen und Adressen aufzuführen. Dies wird ausführlich in § 4 dieser Richtlinie erläutert.

(9) Die jederzeit bestehenden Kontrollrechte der auftraggebenden Konzerngesellschaft werden in [§ 8] ebenso geregelt wie Duldungs- und Mitwirkungspflichten des Auftragnehmers. Dies stellt vertraglich sicher, dass der Auftragnehmer sich an die

engen Vorgaben hält. Beachten Sie dazu auch die weiteren Erläuterungen zu den Pflichten des Auftragnehmers im folgenden Paragraphen.[6]

(10) [§ 7] enthält eine Liste mit Verstößen des Auftragnehmers oder bei ihm beschäftigten Personen gegen die vertraglichen und gesetzlichen Pflichten, bei denen der Auftraggeber informiert werden muss. Änderungen an dieser Liste sind mit [dem Konzerndatenschutzbeauftragten] abzusprechen.

(11) Der Auftraggeber hat umfangreiche Weisungsbefugnisse gegenüber dem Auftragnehmer. Diese werden in [§ 4] aufgezählt. Sie sind je nach Art des Vertragsverhältnisses zu ergänzen.

(12) Zuletzt werden in [§ 13] die Pflichten bei der Beendigung des Vertragsverhältnisses geregelt. Dies betrifft insbesondere die Rückgabe überlassener Datenträger und die Löschung der beim Auftragnehmer gespeicherten Daten. Ziel dieser Regelungen ist es, dass der Auftragnehmer nach Vertragsende keine Daten einbehält, sondern alle Daten vollständig an den Auftraggeber zurückgegeben werden. So soll Missbrauch der Daten verhindern werden.

§ 3 Pflichten des Auftragnehmers

(1) Der Auftragnehmer hat auf Anfrage nachzuweisen,[7] dass seine Mitarbeiter eine Vertraulichkeitsverpflichtung im Hinblick auf personenbezogene Daten unterschrieben haben. Der Vertrag stellt das klar. Soweit die Auftragsverarbeitung auch Telekommunikationsdienstleistungen umfasst, ist zusätzlich eine Verpflichtung auf das Fernmeldegeheimnis (§ 88 TKG) einzuholen. Aus den Datengeheimnissen folgt, dass es Mitarbeitern untersagt ist, personenbezogene Daten unbefugt zu verarbeiten. Das Datengeheimnis besteht selbst nach dem Ausscheiden eines Mitarbeiters aus dem Unternehmen fort.[8]

(2) Ein Vertrag zur Auftragsverarbeitung darf nur eingegangen werden, wenn der Auftragnehmer nachgewiesen hat, dass er einen Datenschutzbeauftragten bestellt hat. Der Nachweis sollte als Anlage an den Vertrag angehängt und in der Vertragsdatenbank abgelegt werden.[9]

(3) Der Auftragnehmer hat den Auftraggeber unverzüglich zu unterrichten, falls die Aufsichtsbehörde Maßnahmen gegen den Auftragnehmer ergreift. Diese Unterrichtungspflicht ergibt sich nicht aus dem Gesetz, ist in den von uns gestellten Verträgen jedoch regelmäßig enthalten. Dem Auftragnehmer ist es untersagt, Auskünfte zu erteilen, bevor wir den Sachverhalt prüfen konnten und ausdrücklich zugestimmt haben. Umgekehrt ist es ebenso möglich, dass die Aufsichtsbehörde von uns als Auftraggeber Details über die Datenverarbeitung erfahren möchte. Für diese Fälle wird der Auftragnehmer dazu verpflichtet, so weit als möglich Unterstützung zu leisten und Auskunft zu erteilen. Die Rechte der Aufsichtsbehörde, inklusive der Festsetzung von Bußgeldern, ergeben sich va aus Art. 58, 83 ff. DS-GVO.[10]

(4) Der Auftragnehmer muss den Auftraggeber darauf hinweisen, wenn er eine Weisung erhält, die nach seiner Ansicht gegen gesetzliche oder vertragliche Bestimmungen verstößt. Wenn Ihnen eine solche Mitteilung gemacht wird, müssen Sie umgehend [den Konzerndatenschutzbeauftragten] informieren. Das Prüfrecht geht so weit, dass der Auftragnehmer den ganzen Auftrag zurückzuweisen hat, wenn ihm Rechtsverstöße auffallen. Im laufenden Betrieb hat der Auftragnehmer der Weisung vorerst keine Folge zu leisten, sondern eine Klärung herbeizuführen. Dies ändert

nichts daran, dass das auftraggebende Unternehmen weiterhin rechtlich verantwortlich bleibt, sodass solche Warnungen unbedingt ernst zu nehmen sind.[11]

§ 4 Auftragsverarbeitung durch Unterauftragnehmer

(1) Der Auftragnehmer kann die ihm übertragenen Aufgaben von einem weiteren Auftragnehmer erledigen lassen, der als Unterauftragnehmer tätig wird. Das ist jedoch nur zulässig, wenn der Auftragnehmer dazu im Auftragsverarbeitungsvertrag durch den Auftraggeber ermächtigt wurde. Die Unterbeauftragung muss dieselben Regelungen wie die Beauftragung erfüllen. Insbesondere müssen dem Unterauftraggeber dieselben Weisungs- und Kontrollrechte zustehen wie dem Auftraggeber, sodass diese in der Regel durchgereicht werden. Somit wird durch ein Unterauftragsverhältnis die Vertragskette verlängert.[12]

(2) Wenn der Auftraggeber dem Auftragnehmer die Begründung von Unterauftragsverhältnissen ausdrücklich gestattet, hat der Auftragnehmer (= Unterauftraggeber) sicherzustellen, dass in dem Vertragsverhältnis zu seinem Unterauftragnehmer dieselben hohen Sicherheitsstandards vereinbart sind und Garantien dafür geboten werden, dass die geeigneten technischen und organisatorischen Maßnahmen durchgeführt werden, die auch in dem zugrunde liegenden Auftragsverhältnis bestehen. Insbesondere ist auf die Sicherstellung der Kontrollrechte zu achten, die neben dem Unterauftraggeber auch dem Auftraggeber zuzubilligen sind. Da der Auftraggeber für seine Daten auch bei Unterauftragsverhältnissen verantwortlich bleibt, sind bei diesen Verträgen alle hier dargestellten Grundsätze ebenso zu beachten.

(3) Es ist möglich, dass die Kette der Unterauftragsverhältnisse erweitert wird, indem der Unterauftragnehmer einen Unter-Unterauftragnehmer bestimmt. In unserer Gruppe sind grundsätzlich maximal [zwei] Unterauftragsverhältnisebenen zulässig. Soll eine weitergehende Kette gebildet werden, was in Einzelfällen notwendig sein kann, ist das durch [den Product Owner in Abstimmung mit dem Konzerndatenschutzbeauftragten] zu bestätigen. Auch auf den unteren Ebenen ist die Einhaltung der vorgenannten Anforderungen sicherzustellen.

§ 5 Datenverarbeitung in Drittstaaten[13]

(1) Bei Datenverarbeitungen in Drittstaaten besteht wegen der verschiedenen nationalen gesetzlichen Regelungen und Standards zum Datenschutzrecht die Gefahr, dass personenbezogene Daten keinem hinreichenden Schutzniveau unterliegen. Zudem besteht bei Datenverarbeitungen in Drittstaaten häufig das Problem, dass die Betroffenenrechte praktisch nicht durchsetzbar sind.

(2) Für eine Reihe von Staaten hat die EU-Kommission eine sog. Angemessenheitsentscheidung getroffen, laut der regelmäßig ein angemessenes Datenschutzniveau vorliegt. Dies sind derzeit diese Staaten: Andorra, Argentinien, Färöer-Inseln, Großbritannien, Guernsey, Isle of Man, Israel, Jersey, Kanada (nur private Stellen), Neuseeland, Japan, Schweiz, Südkorea und Uruguay und – eingeschränkt auf die mögliche Selbstzertifzierung des EU-U.S. Privacy Frameworks – USA Eine stets aktuelle Liste der Länder finden Sie unter: https://commission.europa.eu/law/law-topic/data-protection/international-dimension-data-protection/adequacy-decisions_de.[14]

[(3) Der [Konzern] stellt einen internationalen Privacy Code of Conduct („CoC") bereit, der von den Datenschutzaufsichtsbehörden der europäischen Länder akzeptiert wurde.]

[(4) Daneben besteht die Möglichkeit, Binding Corporate Rules im Konzern einzuführen, die dazu führen, dass internationale Übermittlungen zwischen allen teilnehmenden Gesellschaften des [Konzerns] ein angemessenes Sicherheitsniveau aufweisen. Soll die internationale Datenübertragung darauf basieren, ist der Nachweis erforderlich, dass die ausländische Tochter den CoC unterschrieben hat.][14]

(5) Eine zuverlässige Möglichkeit, ein angemessenes Datenschutzniveau international sicherzustellen, sind die EU-Standarddatenschutzklauseln. Diese Vertragsmuster werden von der EU-Kommission vorgelegt und sind ähnlich einem Auftragsverarbeitungsvertrag zu verwenden. Die Muster (bitte verwenden Sie im Zweifel stets das dritte Muster) finden sich [im Intranet] und sind der Stelle vorzulegen, an die Daten übermittelt werden. Die Muster dürfen nicht verändert werden, individuelle Regelungen dürfen nur in den Anlagen enthalten sein. Zudem ist sicherzustellen, dass die Stelle die Verpflichtungen der Standardvertragsklauseln einhält. Beachten Sie: Selbst, wenn ein Auftragnehmer innerhalb des EWR sitzt und ein Unterauftragnehmer mit Sitz im Drittland eingesetzt wird, ist der Abschluss einer EU-Standarddatenschutzklausel direkt mit dem Unterauftragnehmer nötig.[15]

(6) Bei einer Datenübermittlung in die USA ist es nicht mehr möglich, auf die EU-U.S.-Privacy-Shield-Zertifizierung zurückzugreifen. Sollte ein Dienstleister noch darauf verweisen, wäre das unzulässig und kann nicht akzeptiert werden; Die Europäische Kommission hat dem Nachfolgeabkommen des „Privacy Shields", genannt „EU-U.S.-Data Privacy Framework" ein angemessenes Schutzniveau zugesprochen. Durch den neuen Angemessenheitsbeschluss mit den USA ist es nun möglich, personenbezogene Daten aus der EU in die USA zu übermitteln, in Übereinstimmung mit den geltenden Datenschutzbestimmungen der EU, ohne dass weitere Übermittlungsinstrumente oder zusätzliche Maßnahmen für bestimmte Organisationen erforderlich sind.[16]

(7) Bei Beteiligungen von nicht in der EU niedergelassenen Verantwortlichen oder Auftragsverarbeitern ist der Verantwortliche bzw. der Auftragsverarbeiter nach Art. 27 Abs. 1 DS-GVO grundsätzlich verpflichtet, einen in der EU ansässigen Vertreter schriftlich zu bestellen.[17]

§ 6 Berücksichtigung eines Rahmenvertrages[18]

(1) Bei Auftragnehmern, mit denen regelmäßig in verschiedenen Projekten zusammengearbeitet wird, ist ein Rahmenvertrag abzuschließen, der anschließend durch Einzelverträge ergänzt wird. Dies sorgt für eine vereinfachte Vertragskatalogisierung. Die Muster für den Rahmenvertrag und die Einzelvereinbarungen sind abrufbar [im Intranet].

(2) Vor Abschluss einer Vereinbarung sollte regelmäßig überprüft werden, ob bereits ein Rahmenvertrag mit dem Auftragnehmer abgeschlossen wurde. In solchen Fällen ist es bei einer neuen Beauftragung ausreichend, einen Einzelvertrag zur Auftragsverarbeitung abzuschließen. Für diese gelten ebenfalls die in der vorliegenden Richtlinie geschilderten Grundsätze.

§ 7 Verfahren

Das hier dargestellte Vorgehen eines Vertragsschlusses zur Auftragsverarbeitung kann anhand folgender Tabelle nochmals überprüft werden:

| Zu prüfen | Kommentar |
|---|---|
| Besteht ein AV-Rahmenvertrag? | siehe § 6. |
| Werden Weisungen des Verantwortlichen an den Auftragsverarbeiter dokumentiert? | siehe § 2 Abs. 1. |
| Wurde die Auswahl des Auftragnehmers sorgfältig getroffen? | siehe § 2 und 3. |
| Wurde der Vertrag schriftlich oder im elektronischen Format geschlossen und dafür das betreffende Vertragsmuster verwendet? | siehe § 2 Abs. 3. |
| Wurde der Vertrag durch den intern Zuständigen unterschrieben? | Im Zweifel derjenige, der den Dienstleistungsvertrag unterschreibt. |
| Wurde eine Prüfung der technischen und organisatorischen Maßnahmen des Auftragnehmers durchgeführt? Wurde dies protokolliert und gespeichert? | Erläuterungen siehe § 2 Abs. 5; die entsprechenden Muster finden sich [im Intranet]. |
| Nach Beginn der Datenverarbeitung: Sind die Wiedervorlagen zur regelmäßigen Kontrolle hinterlegt? Werden diese Kontrollen durchgeführt und protokolliert? | Erläuterungen siehe § 8; die entsprechenden Muster finden sich [im Intranet]. |

§ 8 Nach Vertragsschluss/während der Vertragsdurchführung

(1) Nach Vertragsschluss, also während der Durchführung des Vertrages, ist das Datenschutzrecht weiterhin zu beachten. Dabei gilt insbesondere, dass die getroffenen Vereinbarungen des Vertrages auch einzuhalten sind.

(2) Zur Prüfung, ob der Auftragnehmer die technischen und organisatorischen Maßnahmen einhält (Art. 28 Abs. 3 UAbs. 1 S. 2 lit. h DS-GVO), müssen während der Vertragslaufzeit regelmäßige Kontrollen beim Auftragnehmer durchgeführt werden. In diesem Zusammenhang sollte darüber hinaus auch die Einhaltung der vertraglichen Verpflichtungen stichprobenartig kontrolliert werden. Da das Gesetz keine zeitlichen Vorgaben benennt, ist im Vertrag eine konkrete Zeitspanne zu vereinbaren. Diese sollte nicht mehr als [ein Jahr] betragen. Die Durchführung der Kontrollen ist zu dokumentierten. Die konzerninterne Vorgabe ist, dass die regelmäßigen Kontrollen durch [Verwendung des Formulars „Regelmäßige AV-Kontrolle“/Vorlageverlangen des Sicherheitskonzeptes des Auftragnehmers/Vorlageverlangen von Berichten der Wirtschaftsprüfer bzw. der Revision bzw. des betrieblichen Datenschutzbeauftragten des Auftragnehmers/Mitteilung der Ergebnisse eines Daten-

schutzaudits/Vorlage eines Datenschutzaudits bzw. Zertifizierungen/eigene Überprüfung vor Ort] erfolgen sollen.[19]

§ 9 Ansprechpartner/Impressum[20]

(1) Ansprechpartner für Rückfragen zur Umsetzung, für Änderungsvorschläge oder Anmerkungen zu dieser Policy ist: […].

(2) Impressum: […].

§ 10 Anhang

(1) Die Freigabe dieser Richtlinie durch den Konzerndatenschutzbeauftragten wurde erteilt am [Datum].[21]

(2) Es wird darauf hingewiesen, dass die Geltung der folgenden Dokumente zu beachten ist: [Unternehmensrichtlinie Datenschutz; Code of Conduct].[22]

(3) Abkürzungsverzeichnis: […].

(4) Änderungshistorie: […].

## Anmerkungen

**1. Einbindung in übergeordnete Organisation.** Der Datenschutz ist in der Regel bei dem (Konzern-)Datenschutzbeauftragten verortet, der wiederum eng mit der Compliance-Organisation zusammenarbeiten wird (zur Abgrenzung der Aufgabenbereiche → Form. E. I. und → Form. B. I.). Der Abschluss aller notwendigen Verträge zur Sicherstellung der Datenschutzkonformität ist für den Datenschutzbeauftragen nicht allein zu leisten. Vielmehr sollten Strukturen eingeführt werden, anhand derer die Mitarbeiter selbstständig eine Prüfung vornehmen und entsprechende Verträge abschließen können. Wenn bspw. die Wartung einer Software mit einem externen Dienstleister vereinbart wird, sollte die zuständige Abteilung selbstständig einen Vertrag zur Auftragsverarbeitung mit abschließen. Die vorliegende Richtlinie soll ein entsprechendes Bewusstsein bei den Mitarbeitern schaffen und verhindern, dass zur Umsetzung ständig Rückfragen beim Datenschutzbeauftragten erfolgen.

**2. Kontrolle vor Beginn der Datenverarbeitung.** Dazu → Form. E. II. und → Form. E. IV.

**3. Keine Schriftform.** Das Textformerfordernis ergibt sich aus Art. 28 Abs. 3 iVm Art. 28 Abs. 6, 9 DS-GVO. Dass der Vertragsschluss nach dem Wortlaut des Art. 28 Abs. 9 DS-GVO schriftlich zu erfolgen hat, ist nicht iSd § 126a BGB zu verstehen, da die Norm klarstellt, dass auch ein elektronisches Format ausreichen kann. Sowohl aus Beweissicherungszwecken als auch zur Vermeidung von etwaigen Bußgeldern gem. Art. 83 DS-GVO sollte auch die interne Richtlinie die Schriftform bzw. ein elektronisches Format ausdrücklich vorschreiben.

**4. Technische und organisatorische Maßnahmen.** → Form. E.

**5. Betroffenenrechte.** Diese Rechte zählen gem. Art. 5 Abs. 1 sowie Art. 11–20 DS-GVO zu den Rechten des Betroffenen. Nicht nur Mitarbeiter sind auf diese Rechte hinzuweisen, sondern ebenso Auftragnehmer. Zu beachten ist, dass die Betroffenenrechte durch §§ 32, 33 BDSG eingeschränkt werden. In § 32 Abs. 1 BDSG findet sich eine Auflistung von Ausnahmetatbeständen, bei welchen kein Anspruch auf Auskunft und Erhalt einer Kopie gem. Art. 15 DS-GVO besteht. Entsprechend schränkt § 35 BDSG das Recht auf Löschung ein, wenn eine Löschung aufgrund der besonderen Art der Speicherung nicht oder nur mit unverhältnismäßigem Aufwand möglich ist. In diesem Fall tritt an die Stelle einer Löschung eine Einschränkung der Verarbeitung gem. Art. 18 DS-GVO.

**6. Kontrollrechte des Auftraggebers.** Die Kontrollrechte des Auftraggebers sind grundsätzlich entlang den Prüfungen gem. Art. 28 Abs. 3 lit. h DS-GVO vorzunehmen (→ Form. E. III.).

**7. Umfang der Pflichten des Auftragnehmers.** In welchem gesetzlichen Umfang Pflichten des Auftragnehmers bestehen, ergibt sich aus Art. 28 DS-GVO. Neben den schon adressierten Pflichten bestehen allgemein verschiedene Verpflichtungen für den Auftragnehmer, die im Folgenden aufgezählt werden.

**8. Verpflichtung auf Daten- und Telekommunikationsgeheimnis.** Art. 28 Abs. 3 UAbs. 1 S. 2 lit. b iVm Art. 29 DS-GVO stellt nur eine Möglichkeit der Umsetzung der Verpflichtung der Mitarbeiter auf das Datengeheimnis dar, sodass eine vertragliche Regelung vereinbart werden sollte (→ Form. C. VII.).

**9. Bestellung eines Datenschutzbeauftragten.** Ausf. → Form. A. I. und → Form. B. II.

**10. Unterrichtungspflicht und Mitwirkungshandlungen.** Anfragen der Aufsichtsbehörde an Auftragnehmer oder an Auftraggeber sind jederzeit möglich. Solche kommen insbesondere vor, wenn eine betroffene Person eine Eingabe tätigt und eine Verletzung ihrer Rechte behauptet. Die Klausel im Vertrag sieht vor, dass der Auftragnehmer Informationen nicht frei herausgeben darf, da dadurch regelmäßig die Gefahr von aufsichtsbehördlichen Maßnahmen gegen den Auftraggeber besteht. Umgekehrt hat der Auftragnehmer über die konkrete Art der Datenverarbeitung Auskunft zu erteilen, wenn die Aufsichtsbehörde prüft, ob der Auftraggeber rechtswidrig handelte. Dies gilt erst recht, wenn die Aufsichtsbehörde konkrete Maßnahmen eingeleitet hat (zum BDSG aF Taeger/Gabel/Gabel, 2. Aufl. 2013, BDSG § 11 Rn. 46).

**11. Hinweispflicht bei Rechtsverstößen.** Die Hinweispflicht besteht nur, wenn Anhaltspunkte vorliegen, dass die Weisung unzulässig sein könnte. Es besteht keine generelle Prüfpflicht (vormals Gola/Schomerus, 12. Aufl. 2015, BDSG § 11 Rn. 25). Allerdings ist es im Interesse des Auftraggebers, möglichst weitreichend über eventuelle Verstöße im Datenschutz informiert zu werden, um schnell gegen mögliche Risiken vorgehen zu können.

**12. Voraussetzungen für Unterauftragsverhältnisse.** Diese sind gem. Art. 28 Abs. 3 UAbs. 1 S. 2 lit. d DS-GVO nur zulässig, wenn sie dem Auftragnehmer vertraglich gestattet wurden und der Auftragsverarbeiter hinreichende Garantien dafür geboten hat, dass die geeigneten technischen und organisatorischen Maßnahmen durchgeführt werden. Bei der Auswahl des Unterauftragnehmers ist dieselbe Sorgfalt anzuwenden wie für die Auswahl eines Auftragnehmers. In Unterauftragsverhältnissen ist sicherzustellen, dass ausreichende Durchgriffs- und Kontrollmöglichkeiten in Bezug auf die Subunternehmer bestehen (dazu ausf. Kremer ITRB 2014, 60; Bongers/Krupna RDV 2014, 19).

**13. Datenverarbeitung in Drittstaaten.** Grundlegend für die Vertragsgestaltung bei einer Datenübertragung in Drittstaaten ist, dass die Privilegierung des Art. 28

DS-GVO ebenfalls gilt, sofern ein nicht in der EU niedergelassener Verantwortlicher oder Auftragsverarbeiter beteiligt ist, wenn das Anbieten von Waren oder Dienstleistungen (Art. 3 Abs. 2 lit. a DS-GVO) oder die Beobachtung von Verhaltensweisen von EU-Bürgern (Art. 3 Abs. 2 lit. b DS-GVO) Gegenstand der Auftragsverarbeitung ist.

**14. Code of Conduct oder Binding Corporate Rules.** Dieser Absatz ist nur aufzunehmen, wenn tatsächlich ein internationaler Privacy Code of Conduct (→ Form. A. IV.; → Form. C. IV.) bzw. Binding Corporate Rules (→ Form. G. VII.3.) abgeschlossen und von den Aufsichtsbehörden anerkannt wurden.

**15. Standarddatenschutzklauseln.** → Form. G. VII.2.

**16. EU-U. S. Data Privacy Framework.** Die Privacy-Shield-Zertifizierung ging auf eine Vereinbarung der EU-Kommission mit dem US-Handelsministerium zurück und stand stets, wie sein Vorgänger Safe Harbor, in der Kritik, den datenschutzrechtlichen Anforderungen des EuGH nicht zu genügen (zB www.europarl.europa.eu/news/en/news-room/20170329IPR69067/data-privacy-shield-meps-alarmed-at-undermining-of-privacy-safeguards-in-the-us). Aufgrund des EuGH-Urteils „Schrems II" konnte das Verfahren nicht mehr genutzt werden (→ Form. G. VII.). Die Europäische Kommission hat am 10.7.2023 den Angemessenheitsbeschluss EU-U. S. Data Privacy Framework angenommen. Dieser Beschluss dient nunmehr als Grundlage für die Übermittlung von personenbezogenen Daten in die USA, in Übereinstimmung mit den geltenden Datenschutzbestimmungen der EU.

**17. Vertreter in EU-Mitgliedstaat.** Ausnahmen zu der Bestellpflicht sind in Art. 27 Abs. 2 DS-GVO geregelt. Der Vertreter muss in einem EU-Mitgliedstaat niedergelassen sein, in dem sich der von der Auftragsverarbeitung Betroffene befindet. Seine Aufgabe besteht insbesondere darin, als Ansprechpartner für die Aufsichtsbehörden zur Verfügung zu stehen sowie bei Verstößen die Einhaltung der DS-GVO gegenüber dem von ihm Vertretenen durchzusetzen (ausf. → Form. C.VIII.).

**18. AV-Rahmenverträge.** Rahmenverträge bieten sich immer dann an, wenn regelmäßig Verträge mit dem Auftragnehmer abgeschlossen werden. Die Richtlinie sollte die Mitarbeiter klar darauf hinweisen, dass solche Rahmenverträge zu berücksichtigen sind.

**19. Kontrollpflichten während der Vertragslaufzeit.** Es gibt eine Vielzahl von Möglichkeiten, wie die haftungsrechtlich für den Auftraggeber sinnvollen regelmäßigen Prüfungen durchgeführt werden können (zB → Form. E.; zur früheren Rechtslage Taeger/Gabel/Gabel, 2. Aufl. 2013, BDSG § 11 Rn. 48). Die Formulierung in dieser Richtlinie sollte den vertraglichen Vereinbarungen entsprechen. Meist nicht erforderlich ist eine regelmäßige eigene Vor-Ort-Kontrolle (Prüfungsbogen → Form. E. III.2.). Die Anforderungen können sich erhöhen, wenn bspw. besondere personenbezogene Daten verarbeitet werden oder wenn ein Verdacht auf Unregelmäßigkeiten bekannt wird. Zu berücksichtigen sind insbesondere Größe und Komplexität der Datenverarbeitung und das durch die Weitergabe entstehende Gefährdungspotential für die Betroffenen (BeckOK DatenschutzR/Meltzian BDSG § 11 Rn. 92 f.).

**20. Benennung Ansprechpartner.** Die Richtlinie soll dem Anwender ermöglichen, den Datenschutzbeauftragten möglichst weit zu entlasten. Dennoch ist die rechtlich korrekte Vorgehensweise entscheidend, sodass dem Anwender ein konkreter Ansprechpartner genannt werden sollte, der die Mitarbeiter bei der Erstellung unterstützt.

**21. Prüfung durch die Geschäftsleitung.** Da die Richtlinie nur die Mitarbeiter unterstützt, die gesetzlichen Vorgaben einzuhalten, wird die Geschäftsleitung nicht aus ihrer Verantwortung entlassen. Daher sind entsprechende Vorkehrungen zu treffen und die Einhaltung der Vorgaben zu überprüfen.

**22. Weiterführende Verweise.** Die Richtlinie ist nur ein kleiner Teil der Datenschutz-Organisation, sodass Verweise auf die wichtigsten weiteren Dokumente erfolgen sollten.

## 3. Prüfliste vor Vertragsabschluss einer Auftragsverarbeitung

Die DS-GVO fordert den **Aufbau einer Datenschutzorganisation.** Diese ist unabhängig von der Bestellung eines Datenschutzbeauftragten zu implementieren. Dabei orientiert sich die DS-GVO an etablierten Systemen aus der Informationssicherheit, insbesondere im Hinblick auf dokumentierte Nachweise (Rechenschaftspflicht) der technischen und organisatorischen Maßnahmen. Die zuvor beschriebene Methodik (→ Form. E. I.) setzt hier stark auf die **Verknüpfung und Integration der vorhandenen Managementsysteme** mit den implementierten Kontrollen, wie u. a. den internen Audits und den kontinuierlichen Verbesserungsprozess (PDCA, → Form. E. I. 5. Anm. 10).

Die Sicherheitsmaßnahmen zum Schutz der personenbezogenen Daten sind im Rahmen der DS-GVO unter **Wahrung der Verhältnismäßigkeit mit technischen und organisatorischen Maßnahmen** abzusichern, die zur Schaffung eines Schutzniveaus geeignet sind, das dem Risiko für die Rechte und Freiheiten der Betroffenen angemessen ist. Welche Maßnahmen dies konkret sind, ist vom jeweiligen Einzelfall abhängig. So sind die Risiken, zB bei **der Auslagerung in die Cloud** (private, hybrid, public, → Form. G. VI.), in ihrer unterschiedlichen Ausprägung anders im Risiko zu bewerten als die Auslagerung und/oder **Vorverarbeitung im Fog Computing** (Saad Fog Computing and Its Role in the Internet of Things: Concept, Security and Privacy Issues S. 7), denn viele dieser Daten sind mit **personenbezogenen Inhalten** versehen oder lassen die Bestimmung und die **Herstellung eines direkten Bezuges auf eine natürliche Person** zu.

Aufgrund des hohen Datenvolumens bei der Übertragung in die Cloud werden in einer **Zwischenebene der Datenverarbeitung** diese Daten zwischengespeichert, um die Leitungen zu entlasten. Dies wird im Allgemeinen als „Fog Computing" bezeichnet. Die Daten und Informationen werden hierzu bereits in Speicher- und Netzwerkkomponenten innerhalb der Infrastruktur vorverarbeitet, um so die Datenübertragungsvolumina zu minimieren.

**Blockchain** ist ein in der Energiewirtschaft **neues digitales Verfahren für Transaktionen.** Blockchain ist ein dezentraler Ansatz zum direkten, dezentralen Austausch **zwischen Energieerzeugern und -verbrauchern,** wobei der Datenaustausch sicher und verschlüsselt erfolgen soll. Dabei soll erkannt werden, ob der durchgeleitete Strom aus erneuerbaren Energien stammt, da die Blockchain den Verkehrsweg der Kilowattstunde transparent (aber verschlüsselt) dokumentiert.

Der Prozess ist gem. Art. 35 DS-GVO sicher zu gestalten, wenn automatisierte Verarbeitungen Risiken für die Rechte und Freiheiten natürlicher Personen aufweisen. Dabei ist der Gegenstand der **Risikoabschätzung** ein Verfahren zur automatisierten Verarbeitung, also ein aus einzelnen Verarbeitungsabläufen bestehendes „Verarbeitungspaket" unter Verwendung von Technologien unter Beachtung des Stands der Technik. Der Verantwortliche hat nun festzustellen, ob **geeignete Sicherheitsmaßnahmen die Vertraulichkeit, Integrität, Verfügbarkeit** und Belastbarkeit im Rahmen des festgestellten Schutzbedarfes sicherstellen (Gola/Jaspers/Müthlein DS-GVO/BDSG im Überblick, S. 59 ff.). Eine Prüfliste unterstützt im Rahmen der Vorprüfung zu einer Auftragsverarbeitung und dokumentiert diese. Anhand der Informationen aus dem Ergebnis der Prüfung kann das **Vorliegen „hoher Risiken"** festgestellt werden, die die weitere Prüfung im Rahmen der Datenschutz-Folgenabschätzung notwendig machen (→ Form. C. III.). Beim Datenschutzbeauftragten liegt also nicht nur die Zuständigkeit für die Datenschutz-Folgenabschätzung, sondern auch die Kompetenz zur Beurteilung, ob die „Sicherheit der Verarbeitung" nach Art. 32 DS-GVO gegeben ist.

Die Prüfliste zur Vorabprüfung unterliegt der hier beschriebenen **Anwendung und Verfahrensweise.** IT-Systeme und Applikationen unterliegen einer steten Aktualisierung und einer großen Dynamik aufgrund der softwaretechnischen Möglichkeiten und deren weiträumiger Vernetzung über Unternehmens- und Staatsgrenzen hinweg. Eine **zeitgerechte Durchführung** der Prüfung ist eine inhärente Anforderung jedes betriebswirtschaftlich motivierten modernen Unternehmens und stellt für den Verantwortlichen eine große Herausforderung dar. Jede nicht funktionale Projektverzögerung wird als Behinderung eingestuft, da sie als nicht notwendig zur Erreichung der Unternehmensziele angesehen wird. Datenschutz, Informationssicherheit und IT-Sicherheit werden in Projekten üblicherweise vorausgesetzt. Diese Annahme ist auch eine grundsätzliche Auslegung durch die DS-GVO (Gola/Jaspers/Müthlein DS-GVO/BDSG im Überblick S. 58). Aus Unternehmenssicht lassen sich Funktionserweiterungen hingegen nach Außen als Mehrwert anbieten und tragen so zur Gewinnmaximierung, der Grundmotivation eines Unternehmens, bei. Für den Verantwortlichen und den Datenschutzbeauftragten ist es daher wichtig, **frühzeitig in die Projektinitiierung eingebunden** zu sein und das Projekt zu begleiten. Durch **regelmäßige Jour Fixe** (Treffen eines festgelegten Personenkreises, das regelmäßig an einem bestimmten Wochentag stattfindet) mit dem CIO (Chief Information Officer, verantwortlicher IT-Leiter, → Form. E. I. 3. Anm. 13) können hier die aktuellen Informationen zu Projektanforderungen und Änderungswünschen in IT-Systemen, -Infrastruktur und -Applikationen empfangen und bewertet werden. Alle Beteiligten haben so frühzeitig die Möglichkeit, Fragen zu klären, Anforderungen zu bewerten und Maßnahmen in die Projekte einfließen zu lassen. Durch die **standardisierte Aufbereitung** (→ Form. E. I. 5.) in Form von Prüflisten können verantwortliche Abteilungsleiter, Fachverantwortliche und Projektleiter umfassend und effektiv zu einer datenschutzrechtlichen Konformität des Gesamtunternehmens beitragen. Prüflisten unterliegen einem ständigen Verbesserungsprozess, wodurch interne Abläufe stetig störungsfreier werden und als Beitrag zur Unternehmenseffizienz anzusehen sind (→ Form. E. I. 5. Anm. 10).

Die Durchführung der Prüfung stützt sich im Wesentlichen auf das von **der IT-Leitung vorgelegte Fachkonzept.** In diesem Fachkonzept werden die Anforderungen an ein System und grundsätzliche Überlegungen zu dessen Umsetzung dargelegt.

Das Konzept beinhaltet keine technischen Details, jedoch die erste Grobplanung des Projektes (Roadmap, Projektplan, Gesamtprojektübersicht, Gantt-Diagramm). Hieraus ergeben sich die für die Vorprüfung notwendigen Informationen. Alle Informationen zum Abschnitt „Verfahrensinformation“ sollten aus dem Fachkonzept und der groben Gesamtprojektübersicht entnommen werden können. Die Inhalte, die nötig sind, um den Abschnitt „Prüfungsergebnis“ bewerten zu können, sind dem Datenschutzbeauftragten aus seinen Aufgaben und Tätigkeiten heraus bekannt. Wenn sich der **Aufstellungsort der Systeme im Unternehmen** (also auf dem Hoheitsgebiet der juristischen Person als der verantwortlichen Stelle) selbst befinden, so sind die Serverräume oder das Rechenzentrum bzw. die Rechenzentren bereits hinsichtlich der Einhaltung der technischen und organisatorischen Maßnahmen geprüft und die Ergebnisse können herangezogen werden. Dies gilt auch für das **Datensicherungskonzept,** denn hier können bereits angewandte Regeln aus Verfahren gleichartiger Daten angewandt werden (→ Form. E. I. 1.). Die eingesetzte Applikation, mit der die Daten verarbeitet werden, muss sich auf der Liste der genehmigten und eingesetzten Produkte des Unternehmens befinden. Der IT-Leiter ist dafür verantwortlich, eine solche Übersicht in seinem Bereich zu pflegen. Durch Softwarelizenzverträge sind Unternehmen häufig dazu verpflichtet, eine Übersicht der eingesetzten Software vorzuhalten (dazu zB Marly SoftwareR-HdB Rn. 1762 ff.; Buchalik DSRITB 2014, 779). Diese Übersicht kann herangezogen werden, wenn das Unternehmen nicht über ein dediziertes Genehmigungsverfahren für die Genehmigung unternehmensweit einzusetzender Software verfügt.

Hinzu kommen mit der „Technischen Richtlinie TR-03183“ des BSI definierte formelle und fachliche Vorgaben für die Dokumentation für **Software-Stücklisten** (SBOM – EN: Software Bill of Materials) durch die der gesamte Vorlieferprozess der Lieferkette transparent dokumentiert werden soll. Hintergrund ist, dass mit Hilfe der SBOM-Informationen ein Softwareprodukt auf potenzielle Schwachstellen geprüft werden kann, indem die darin enthaltenen (und genau definierten) Komponenten mit Meldungen zu bekannt gewordenen Schwachstellen abgeglichen werden können. Die Erstellung einer **Software-Stückliste ist im aktuellen Entwurf des Cyber Resilience Act (CRA) verpflichtend.** Damit einhergehend sind Hersteller verpflichtet, aktiv ausgenutzte Schwachstellen ihrer Produkte innerhalb 24 Stunden nach Erlangung der Kenntnis an die ENISA zu melden.

Für die Beantwortung der Fragen nach Vertraulichkeit, Integrität und Verfügbarkeit der Daten kann der **Informations- oder IT-Sicherheitsbeauftragte herangezogen** werden (→ Form. E. I. 4.). Die Risikobewertung ist Inhalt der Projektinitiierung (Projektrisiken) und kann leicht um die ergänzenden sechs Fragepunkte erweitert werden.

Der letzte Abschnitt der Prüfliste enthält eine **kurze Stellungnahme des Datenschutzbeauftragten.** Hier können Hinweise an die verantwortliche Stelle und das Projekt gegeben werden (zB die Sorgfaltspflicht der Projektleitung auf die Einhaltung des Datenschutzes und die Unterstützung durch den Datenschutzbeauftragten zu einer projektspezifischen Schulung der Projektmitarbeiter zu den betreffenden Datenschutzthemen).

Sofern die Prüfung nicht in Gänze alle notwendigen Ergebnisse enthält, kann eine **Nachprüfung** oder aber ein Nachreichen fehlender Dokumente angesetzt werden. Für Nachprüfungen und Nachreichen von Dokumenten sind Termine zu setzen. Die Prüfliste sieht auch vor, dass aufgrund umfassender Änderungen an Inhalt und Verfahren eine erneute Prüfung auf Basis dieser Prüfliste erfolgen kann.

Diese Art der Vorprüfung ist keine Rechtmäßigkeitsvoraussetzung für die Durchführung der Verarbeitung. Das heißt, dass der Datenschutzbeauftragte weder eine Genehmigung noch eine Ablehnung erteilt. Der Datenschutzbeauftragte hat kein formales Genehmigungsrecht, daher ist das inhaltliche Votum des Datenschutzbeauftragten für die verantwortliche Stelle nicht als Genehmigung oder Ablehnung zu verstehen. Der Datenschutzbeauftragte prüft die rechtliche Zulässigkeit der beabsichtigten Verarbeitung und die vorgesehenen technischen und organisatorischen Maßnahmen nach dem Stand der Technik auf deren Angemessenheit. Er führt hierzu eine Risikoanalyse (→ Form. E. I.3. Anm. 3; → Form. C. III.) durch und erstellt ein Sicherheitskonzept (→ Form. G. I.1; → Form. C. III.). Wurden im Rahmen dieser Prüfung erhebliche Risiken oder datenschutzrechtliche Abweichungen festgestellt, so ist zu entscheiden, ob eine Datenschutz-Folgenabschätzung durchzuführen ist, denn die verantwortliche Stelle trägt im Sinne der DS-GVO das Risiko der Einführung. Die schriftliche Bestätigung der Kenntnisnahme der Prüfungsergebnisse durch den Verfahrensverantwortlichen ist somit von wichtiger Bedeutung für den Datenschutzbeauftragten und die Sicherstellung der Rechenschaftspflicht.

**Prüfliste vor Vertragsabschluss einer Auftragsverarbeitung**

| | |
|---|---|
| Aktenzeichen: | Empfängerverteiler:[1] |
| Datum dieser Prüfung: | ☐ erste Prüfung vor Vertragsabschluss |
| Datum der letzten Prüfung: | ☐ Folgeprüfung wegen umfassender Änderungen an Inhalt und Verfahren |
| Verfahrensinformationen: | |
| Verfahrensbezeichnung:[2] | |
| Art des Verfahrens:[3] | |
| Art der Daten:[4] | |
| Datenschutzklasse[5] (DSK): | ☐ DSK niedrig ☐ DSK mittel<br>☐ DSK hoch |
| Rechtsgrundlage für die Speicherung: | |
| Kreis der Betroffenen: | |
| Verantwortliche Abteilung:[6] | |
| Zugriffsberechtigter Personenkreis:[7] | |
| Ist eine Auftragsverarbeitung (AVV) geplant: | ☐ nein ☐ ja (weitere Prüfungen zu AVV) |
| Geplanter Beginn: | ☐ unbefristet ☐ befristet bis: |
| Prüfungsergebnis: | |
| Die Verarbeitungstätigkeit ist in der Liste der Verarbeitungsvorgänge enthalten, die eine Durchführung der DSFA nicht erfordern.[8] | Die Durchführung der DSFA ist nicht notwendig. Eine Risikoanalyse wird in jedem Fall empfohlen. |
| Die Verarbeitungstätigkeit ist in der Liste der Verarbeitungsvorgänge ent- | Die Durchführung der DSFA ist zwingend notwendig. |

| Aktenzeichen: | Empfängerverteiler:[1] |
|---|---|
| halten, die eine Durchführung der DSFA in jedem Fall erfordern. | |
| Die Art der Daten des geprüften Verfahrens erfordern die gesetzlich vorgeschriebenen Regelungen der DS-GVO | ☐ nein ☐ ja |
| Es sind Übermittlungen geplant[9] | ☐ nein ☐ ja |
| Ein valides Berechtigungskonzept wurde vorgelegt | ☐ nein ☐ ja |
| Es sind Löschfristen zu beachten | ☐ nein ☐ ja |
| Die Rechte der Betroffenen werden gewahrt | ☐ nein ☐ ja |
| Ein Verzeichnis von Verarbeitungstätigkeiten[10] wurde vorgelegt | ☐ nein ☐ ja |
| | falls nein, wird nachgereicht bis: |
| Vertraulichkeit der Daten ist gesichert | ☐ nein ☐ ja |
| Integrität der Daten ist gesichert | ☐ nein ☐ ja |
| Verfügbarkeit der Daten ist gesichert | ☐ nein ☐ ja |
| Wurde eine Risikobewertung durchgeführt | |
| 1. zu Missbrauch und daraus resultierenden Folgen | ☐ nein ☐ ja |
| 2. zu Nachteilen für die Betroffenen[11] | ☐ nein ☐ ja |
| 3. zu möglichen Schadensersatzansprüchen | ☐ nein ☐ ja |
| 4. zu finanziellen Folgeschäden | ☐ nein ☐ ja |
| 5. zu Imageverlust und anderen immateriellen Schäden | ☐ nein ☐ ja |
| Die verarbeitenden Systeme befinden sich in der Hoheit der verantwortlichen Stelle | ☐ nein ☐ ja |
| Der Aufstellungsort entspricht den Anforderungen an die technisch-organisatorischen Maßnahmen und den Stand der Technik nach DS-GVO | ☐ nein ☐ ja |
| Datensicherungskonzept liegt vor | ☐ nein ☐ ja |
| Die verwendete Applikation ist auf der Liste der unternehmensweit genehmigten Produkte | ☐ nein ☐ ja |

| | |
|---|---|
| Aktenzeichen: | Empfängerverteiler:[1] |
| Kurze Stellungnahme des Datenschutzbeauftragten: | |
| die Vorprüfung | ☐ wurde komplett durchgeführt.<br>☐ konnte nicht abgeschlossen werden, da Unterlagen fehlen*)<br>☐ ergab erhebliche Risiken, siehe **) |
| *) folgende Unterlagen bitte nachreichen | **) folgende Maßnahmen sollten eingeführt werden |
| bis zum: | Maßnahme: |
| die Durchführung einer Datenschutz-Folgenabschätzung | ☐ wird empfohlen<br>☐ ist aufgrund des Prüfungsergebnisses nicht notwendig |
| zur weiteren Bearbeitung und Durchführung der Datenschutz-Folgenabschätzung weitergeleitet an: | verantwortlicher Datenschutzbeauftragter: |
| Datum: | Datum: |
| Unterschrift des Datenschutzbeauftragten | Kenntnisnahme bestätigt durch Unterschrift des verfahrensverantwortlichen Abteilungsleiters: |

## Anmerkungen

**1. Empfängerverteiler.** Der Empfängerverteiler listet die Namen der Personen auf, die eine Kopie des Formulars erhalten.

**2. Verfahrensbezeichnung.** Kurzbezeichnung für das Verfahren, zB Personalabrechnung, Kundenwechselprozess, Kundenabrechnungsverfahren für Produkte.

**3. Art des Verfahrens.** Genaue Zweckbestimmung des Verfahrens, zB Abrechnung, Zahlung und Verbuchung von Kundenaufträgen.

**4. Art der Daten.** In der Praxis ist abzugrenzen zwischen Personaldaten, Kundendaten, Lieferantendaten sowie besonderen Arten personenbezogener Daten wie Patientendaten, Gesundheitsdaten oder andere Daten gem. Art. 9 DS-GVO.

**5. Datenschutzklassen.** Die Kritikalität der Daten auf Basis definierter Datenschutzklassen (→ Form. G. I. 1) wird verwendet, um eine Risikoklassifizierung der Auftragsverarbeitung vorzunehmen:
– Datenschutzklasse I (niedrig): Daten aus öffentlich zugänglichen Quellen nach Art. 9 Abs. 2 lit. e und Art. 14 Abs. 2 lit. f DS-GVO

Niedrig – personenbezogene Daten (ohne besondere Arten personenbezogener Daten), die über einen geringen Datenbestand verfügen und allgemein zugängliche Daten enthalten
- Datenschutzklasse II (mittel): personenbezogene oder personenbeziehbare Daten gem. Art. 4 Abs. 1 DS-GVO
  Mittel – personenbezogene Daten, die keine besonderen Arten personenbezogener Daten enthalten, längerfristige Beauftragung, es handelt sich um Auftragsverarbeitung oder ist Teil wesentlicher Geschäftsprozesse und vertrauliche Daten die einem kleinen Personenkreis zugängig sind
- Datenschutzklasse III (hoch): besondere Kategorien personenbezogener Daten gem. Art. 9 Abs. 1 DS-GVO
  Hoch – personenbezogene Daten, die besondere Arten personenbezogener Daten enthalten, ggf. genetische oder biometrische Daten (ErwG 51 DS-GVO), längerfristige Beauftragung, Auftragsverarbeitung oder Teil wesentlicher IT-Infrastruktur-Dienstleistungen oder wesentlicher, für die Aufrechterhaltung des Geschäftsbetriebs notwendiger IT-Applikationen
- Die Zuordnung zu einer Datenschutzklasse (auch als Kritikalitätsklasse bezeichnet) kann außerdem durch weitere, auch externe Faktoren (zB mögliche Beschwerdepotentiale, öffentliche Diskussionen über die Zuverlässigkeit des Dienstleisters und Betroffenenrisiken) beeinflusst und verändert werden.

6. **Verantwortliche Abteilung.** Benennung der internen Abteilung, die für das Verfahren verantwortlich ist. Diese ist Teil der oben bezeichneten verantwortlichen Stelle, sodass nur eine interne Datenverarbeitung vorliegt, wenn diese Daten zwischen verantwortlichen Abteilungen weitergegeben werden, → Form. G. I.

7. **Zugriffsberechtigter Personenkreis.** Zugriffsberechtigungen stellen sicher, dass das Need-to-know-Prinzip bei der Vergabe von Zugriffsberechtigungen eingehalten wird → Form. E. IV.

8. **Blacklist/Whitelist DSFA:** → C. III.

9. **Übermittlungen.** → Form. G. VII.

10. **Verzeichnis der Verarbeitungstätigkeiten.** → Form. C. II.

11. **Nachteile für die Betroffenen.** → Form. F. I.

## 4. Vertragsmuster Auftragsverarbeitung

Die moderne Dienstleistungsgesellschaft ist arbeitsteilig. Nicht nur aus Kostengründen, sondern auch mit Blick auf eine optimale Ressourcenverwendung im Unternehmen werden daher immer mehr Arbeitsschritte aus den betriebsinternen Abläufen ausgegliedert und an dafür spezialisierte, häufig international tätige Dienstleister vergeben. Ein Schwerpunkt solcher Dienstleistungen liegt in der Verarbeitung personenbezogener Daten im Auftrag und für Zwecke des Verantwortlichen (Auftragsverarbeitung). Diese zeichnet sich durch die Weisungsabhängigkeit des Auftragnehmers gegenüber dem Auftraggeber aus, der alleine die Verarbeitungszwecke setzt und überwacht, während der Auftragnehmer über die Erbringung seiner Dienstleistung hinaus keine eigenen Verarbeitungszwecke verfolgt und in der Regel die betroffene Person nicht kennt, bzw. zu dieser keine vertragliche Beziehung hat.

Klassische Geschäftsfelder von Auftragsverarbeitern sind das Cloud Computing, Callcenter-Dienste, Dienstleistungen beim Versand von Briefen oder E-Mails, einfache technische Datenerfassungsmaßnahmen durch Scan-Dienstleister sowie die Datenlöschung und fachgerechte Datenträgerentsorgung.

Das Datenschutzrecht trägt dieser Entwicklung durch eine Privilegierung solcher Dienstleistungsverhältnisse Rechnung: Anders als bei anderen Datenübermittlungen können diese Verarbeitungen ohne vorherige Einbeziehung der betroffenen Person durchgeführt werden; ein berechtigtes, die Betroffeneninteressen prinzipiell überwiegendes Verarbeitungsinteresse des Verantwortlichen wird von Gesetzes wegen unterstellt. Zum Ausgleich dafür sahen Art. 17 Abs. 2 bis 4 DS-RL und das BDSG in der bis Mai 2018 geltenden Fassung in § 11 gesteigerte Aufsichts- und Sorgfaltspflichten des Verantwortlichen vor, der seinen Dienstleister mit Bedacht auswählen (§ 11 Abs. 2 S. 1 BDSG aF), mit klaren Handlungsaufträgen versehen und genau kontrollieren musste. Dazu enthielt § 11 Abs. 2 S. 2 BDSG aF einen umfangreichen Katalog an vertraglichen Festlegungen, welche der Verantwortliche mit dem Auftragnehmer und Datenverarbeiter schriftlich zu vereinbaren hatte. Besonders wichtig waren dabei die Pflichten der verantwortlichen Stelle, die Zwecke der Datenverwendung vorzugeben, die vom Dienstleister zu treffenden technisch-organisatorischen Maßnahmen nach § 9 BDSG aF (samt Anlage) festzulegen, Kontrollrechte des Auftraggebers sowie die Berechtigung des Auftragnehmers zur Erteilung von Unteraufträgen zu regeln. Im BDSG aF stand die fortdauernde Verantwortlichkeit der verantwortlichen Stelle im Vordergrund, der Auftragnehmer wurde lediglich den Pflichten nach §§ 5 und 9 BDSG aF sowie der Kontrolle der Datenschutz-Aufsichtsbehörde unterworfen (§ 11 Abs. 4 BDSG aF).

Art. 28 DS-GVO regelt nunmehr die materiellen und formellen Anforderungen an eine Auftragsverarbeitung (Legaldefinition in Art. 4 Nr. 8 DS-GVO). Der nach Art. 28 Abs. 3 DS-GVO vorgesehene Mindestinhalt entspricht im Wesentlichen den bekannten Vorgaben aus § 11 BDSG aF (Schantz NJW 2016, 1841 (1846)). Änderungen gibt es in terminologischer Hinsicht: Aus der verantwortlichen Stelle wird der Verantwortliche (Art. 4 Nr. 7 DS-GVO), aus dem Auftragsdatenverarbeiter der Auftragsverarbeiter (Art. 4 Nr. 8 DS-GVO).

Die umsichtige Auswahl eines geeigneten Dienstleisters steht nach wie vor im Mittelpunkt der fortdauernden Verantwortung des Auftraggebers (Petri ZD 2015, 305 (309) mwN). Der Auftraggeber muss sicherstellen, dass er nur mit solchen Auftragsverarbeitern zusammenarbeitet, die hinreichende Garantien dafür bieten, dass geeignete technische und organisatorische Maßnahmen so durchgeführt werden, dass die Verarbeitung im Einklang mit den Anforderungen der Verordnung erfolgt und den Schutz der Rechte der betroffenen Person gewährleistet (Art. 28 Abs. 1 DS-GVO). Diese zentrale Pflicht des Verantwortlichen, die der Dokumentationspflicht nach Art. 5 Abs. 2 DS-GVO unterliegt, wird durch die DS-GVO wesentlich erleichtert: Erstmals ist ausdrücklich bestimmt, dass der Verantwortliche hinreichende Garantien iSv Art. 28 Abs. 1 DS-GVO mit Blick auf die Einhaltung genehmigter Verhaltensregeln und Zertifizierungen als „Faktor" nachweisen kann. Dies vereinfacht die Inanspruchnahme von Internetdienstleistungen wie Cloud Computing bei nationalen und internationalen Dienstleistern deutlich, da Vor-Ort-Kontrollen nicht zwingend notwendig sind.

Wie bereits das BDSG und die DS-RL sieht auch die DS-GVO ein Verbot mit Erlaubnisvorbehalt vor: Jede Datenverarbeitung des Verantwortlichen ist rechtswidrig, wenn nicht eine besondere Legitimationsgrundlage vorliegt. Gem. Art. 6 Abs. 1 S. 1 DS-GVO ist eine Verarbeitung personenbezogener Daten nur rechtmäßig, wenn sie auf einen Erlaubnistatbestand gestützt werden kann. Die Verarbeitung personenbezogener Daten ist nach Art. 6 Abs. 1 S. 1 lit. f DS-GVO auch dann rechtmäßig, wenn sie zur Wahrung berechtigter Interessen des Verantwortlichen oder eines Dritten erforderlich ist, sofern nicht die Interessen oder Grundrechte und Grundfreiheiten der betroffenen Person überwiegen. Bei der Auftragsverarbeitung geht die DS-GVO generell davon aus, dass dies der Fall ist.

Auftragsverarbeitung kommt in unterschiedlichen Konstellationen vor: zwischen Unternehmen und externen Dienstleistern, aber auch in Unternehmensgruppen und Konzernen. Nach Erwgr. 48 DS-GVO können Verantwortliche, die Teil einer Unternehmensgruppe sind, ein berechtigtes Interesse daran haben, personenbezogene Daten innerhalb der Unternehmensgruppe für interne Verwaltungszwecke, einschließlich der Verarbeitung personenbezogener Daten von Beschäftigten, zu übermitteln. Art. 6 Abs. 1 S. 1 lit. f DS-GVO stellt damit einen Erlaubnistatbestand dar, der es Unternehmen gestattet, die konzernweite Datenübermittlung zu gestalten (zB zur Erbringung von Personalservices, Reisekostenabrechnungen oÄ), ohne dass es in der DS-GVO ein formuliertes Konzernprivileg gibt (Sörup/Marquardt ArbRAktuell 2016, 103; Lachenmann Datenübermittlung im Konzern S. 258 f.; ausführlich zur Abgrenzung Auftragsverarbeitung und Gemeinsame Verantwortung → Form. G. I. 1.).

Der Vertrag über die Auftragsverarbeitung kann schriftlich oder in einem elektronischen Format abgefasst werden (Art. 28 Abs. 9 DS-GVO). Die Formvorgabe entspricht damit der Textform des § 126b BGB. Einer Verkörperung, zB als Ausdruck, bedarf es zwar nicht, jedoch muss das gewählte Format sicherstellen, dass nachträgliche Änderungen technisch unmöglich sind. Dies wäre zB beim Versand von schreibgeschützten PDF-Dateien der Fall. Eine einfache E-Mail wäre somit – anders als eine solche mit elektronischer Signatur – nicht ausreichend (vgl. Paal/Pauly/Martini DS-GVO Art. 28 Rn. 75). Das Formerfordernis gilt auch für das Verhältnis zwischen Auftragsverarbeiter und Unterauftragnehmern nach Art. 28 Abs. 4 DS-GVO.

Unterschiede zwischen den Regelungen des DS-GVO und des BDSG aF sind aber durchaus erkennbar und relevant: Zum einen wurde die Pflichtenstellung des Auftragsverarbeiters deutlich angehoben. Ihn treffen jetzt selbst Datenschutzpflichten hinsichtlich der Datenverarbeitungen (in Art. 27 Abs. 1, Art. 31, Art. 32, Art. 82 DS-GVO) und er ist nicht nur nachgeordnete und unselbständige Stelle des Verantwortlichen. Die DS-GVO legt wesentliche Datenschutzpflichten ausdrücklich sowohl dem Verantwortlichen als auch dem Auftragsverarbeiter auf, dieses Begriffspaar zieht sich durch das gesamte Regelungswerk von DS-GVO und Erwägungsgründen. So kann die Datenverarbeitung durch den Auftragsverarbeiter auch Gegenstand eigenständiger Rechtsbehelfe der betroffenen Person sein (vgl. Art. 79 Abs. 2 DS-GVO) und er ist selbst Adressat von Schadenersatzansprüchen (Art. 82 Abs. 1 DS-GVO, wenn auch in reduziertem Umfang, vgl. Art. 82 Abs. 2 S. 2 DS-GVO). Besondere Relevanz erlangt dies, da Art. 82 Abs. 1 DS-GVO den Schadenersatzanspruch ausdrücklich auf den Ersatz immaterieller Schäden erstreckt. Nach dem BDSG aF waren Schadensersatzansprüche aus §§ 7 und 8 BDSG aF nach § 11 Abs. 1 S. 2 BDSG aF (ausschließlich) gegenüber der verantwortlichen Stelle geltend zu machen. Mit der Regelung der DS-GVO korrespondiert, dass die Befugnisse der Datenschutz-Aufsichtsbehörde nach Art. 58 DS-GVO auch gegenüber Auftragsverarbeitern bestehen. Im Verhältnis zum Auftraggeber als Verantwortlichem (Art. 5 Abs. 2 DS-GVO) bleibt die Pflichtenstellung des Auftragsverarbeiters jedoch reduziert, etwa mit Blick auf Transparenz- (vgl. Art. 12 DS-GVO) und Nachweispflichten (vgl. Art. 24 Abs. 1 S. 1 DS-GVO). Dies ändert sich erst in dem Moment, in dem der Auftragsverarbeiter eigene Verarbeitungszwecke setzt und sich so selbst zum Verantwortlichen aufschwingt (Art. 28 Abs. 10 DS-GVO). Eine Datenschutzerklärung nach Art. 13 DS-GVO muss der Auftragsverarbeiter aber nicht bereitstellen.

Zum anderen finden sich durchaus maßgebliche Bestimmungen des BDSG aF nicht in der DS-GVO wieder, etwa sind die Regelungen zu Wartung und Fernzugriff (§ 11 Abs. 5 BDSG aF) ersatzlos entfallen. Anders als § 3 Abs. 8 S. 3 BDSG aF enthält die DS-GVO, wie bereits die DSRL, keine Beschränkung der Privilegierung der Auftragsverarbeitung auf den EU-/EWR-Raum, sodass nunmehr auch mit Auftragsverarbeitern in Drittstaaten entsprechende Verträge geschlossen werden können, sofern die entsprechenden Vorgaben (insbesondere solche zum internationalen Datentransfer, vgl. Art. 44 ff. DS-GVO) eingehalten werden. Ebenfalls im Wandel befindet sich die Transparenz der Auftragsverarbeitung: Während nach § 4 Abs. 3 S. 1 Nr. 3 (vgl. auch § 33 Abs. 1) BDSG aF die betroffene Person nur dann über die Einschaltung eines Dienstleisters (selbst das nur als Kategorie) zu unterrichten war, wenn sie nach den Umständen des Einzelfalls nicht mit der Übermittlung an diesen rechnen musste, sehen Art. 13 bzw. Art. 14 Abs. 1 lit. e DS-GVO eine Offenlegung aller Empfänger, zumindest der Kategorien von Empfängern (vgl. Art. 4 Nr. 9 DS-GVO), vor. Der Begriff „Kategorien von Empfängern“ dient dabei der Zusammenfassung mehrerer gleicher Empfänger, die aufgrund eines ähnlichen Sachverhalts die Daten erhalten. Dabei sind die Empfänger nicht namentlich zu benennen, sondern abstrakt: also zB Kreditinstitute oder Adressdatenhändler, ggf. auch Mitarbeiter des Verantwortlichen (vgl. Rat, 7978/1/15 REV 1, 23 Fn. 77; zur hiervon abweichenden Rechtslage bei Art. 15 Abs. 1 lit. c DS-GVO vgl. EuGH 12.1.2023 – C-154/21, NJW 2023, 973).

Gem. Art. 28 Abs. 7 und 8 DS-GVO können die Kommission und die Datenschutz-Aufsichtsbehörden der Mitgliedstaaten Standardvertragsklauseln zu Verarbeitungen durch Auftragsverarbeiter nach Abs. 3 und 4 entwickeln (dazu Schantz NJW 2016, 1841 (1846)). Die Europäische Kommission hat im Juni 2021 neue Standardvertragsklauseln erlassen (Durchführungsbeschluss (EU) 2021/914 der EU-Kommission v. 4.6.2021 – C (2021) 3972, ABl. L 199, 31), welche modular aufgebaut sind und verschiedenen Vertragskonstellationen gerecht werden (dazu Gola/Heckmann/Klug DS-GVO Art. 28 Rn. 16, 17; → Form. G. I. 7.). Um einen rechtssicheren Vertrag über Auftragsverarbeitung zu schließen, können die Parteien statt individueller Vereinbarungen diese Standardvertragsklauseln nutzen. In Erwgr. 81 DS-GVO heißt es insoweit: „Der Verantwortliche und der Auftragsverarbeiter können entscheiden, ob sie einen individuellen Vertrag oder Standardvertragsklauseln verwenden, die entweder unmittelbar von der Kommission erlassen oder aber nach dem Kohärenzverfahren von einer Datenschutz-Aufsichtsbehörde angenommen und dann von der Kommission erlassen wurden.“

Das vorliegende Muster verzichtet auf Ergänzungen zu allgemeinen Geheimhaltungspflichten und zum Bank- und Telekommunikationsgeheimnis; es gilt nicht für öffentliche Stellen, die Daten im Auftrag verarbeiten oder verarbeiten lassen. Zu den genannten Normen der DS-GVO sind ggf. die Normen des BDSG (für Auftragsverarbeitung für öffentliche Stellen vgl. insbesondere § 62 BDSG; dazu Gola/Heckmann/Klug DS-GVO Art. 28 Rn. 21, 22) und der einschlägigen Landesdatenschutzgesetzte zu ergänzen.

Vertrag zur Auftragsverarbeitung[1]
zwischen
[Unternehmen X]
als Verantwortlicher (hier bezeichnet als „Auftraggeber")
und
[Unternehmen Y]
als Auftragsverarbeiter[2] (hier bezeichnet als „Auftragnehmer")

Präambel

Der Auftraggeber möchte den Auftragnehmer mit den in § 3 genannten Leistungen beauftragen. Teil der Vertragsdurchführung ist die Verarbeitung von personenbezogenen Daten.[3] Insbesondere Art. 28 DS-GVO stellt bestimmte Anforderungen an eine solche Auftragsverarbeitung. Zur Wahrung dieser Anforderungen schließen die Parteien die nachfolgende Vereinbarung.[4]

§ 1 Begriffsbestimmungen

Für in dieser Vereinbarung benutzte Begriffe, für die Art. 4 DS-GVO eine Begriffsbestimmung vorsieht, gilt diese gesetzliche Definition in der im Zeitpunkt des Vertragsschlusses geltenden Fassung auch für diesen Vertrag.

§ 2 Angabe der zuständigen Datenschutz-Aufsichtsbehörde

(1) Zuständige Datenschutz-Aufsichtsbehörde für den Auftraggeber ist [Die/Der Landesbeauftragte für den Datenschutz …].[5]

(2) Zuständige Datenschutz-Aufsichtsbehörde für den Auftragnehmer ist [Die/Der Landesbeauftragte für den Datenschutz …].[5]

(3) [Falls erforderlich:] Der Auftragnehmer hat als Vertreter nach Art. 27 Abs. 1 DS-GVO benannt: […].[6]

(4) Der Auftraggeber und der Auftragnehmer und ggf. deren Vertreter arbeiten auf Anfrage mit der Datenschutz-Aufsichtsbehörde bei der Erfüllung ihrer Aufgaben zusammen.[7]

§ 3 Vertragsgegenstand

(1) Der Auftragnehmer erbringt für den Auftraggeber Leistungen im Bereich […] auf Grundlage des Vertrags vom […] („Hauptvertrag"). Dabei erhalten der Auftragnehmer und seine Beschäftigten oder durch den Auftragnehmer Beauftragte Zugriff auf personenbezogene Daten und verarbeiten diese ausschließlich im Auftrag und nach Weisung des Auftraggebers. Umfang und Zweck der Datenverarbeitung durch den Auftragnehmer ergeben sich aus dem Hauptvertrag (und, sofern vorhanden, aus der dazugehörigen Leistungsbeschreibung) sowie aus der Anlage 1

zu diesem Vertrag.[8] Dem Auftraggeber obliegt die Beurteilung der Zulässigkeit der Datenverarbeitung.

(2) Zur Konkretisierung der beiderseitigen datenschutzrechtlichen Rechte und Pflichten schließen die Parteien die vorliegende Vereinbarung. Die Regelungen des vorliegenden Vertrages gehen im Zweifel den Regelungen des Hauptvertrags vor.

(3) Die Laufzeit dieses Vertrags richtet sich nach der Laufzeit des Hauptvertrages, sofern sich aus den nachfolgenden Bestimmungen nicht über die Laufzeit des Hauptvertrages hinausgehende Verpflichtungen ergeben. Sich aus diesem Vertrag ergebende Kündigungsrechte bleiben von der vorstehenden Regelung unberührt.

(4) Die vorliegende Vereinbarung bleibt über das Ende des Hauptvertrags hinaus solange gültig, wie der Auftragnehmer über personenbezogene Daten verfügt, die ihm vom Auftraggeber zugeleitet wurden oder die er für diesen erhoben hat.

(5) Die Erbringung der vertraglich vereinbarten Datenverarbeitung findet ausschließlich in einem Mitgliedstaat der Europäischen Union oder einem anderen Vertragsstaat des Abkommens über den Europäischen Wirtschaftsraum statt. Jede Verlagerung in ein Drittland bedarf der vorherigen Zustimmung des Auftraggebers und darf nur erfolgen, wenn die besonderen Voraussetzungen der Art. 44 ff. DS-GVO erfüllt sind.

§ 4 Weisungsrecht[9]

(1) Der Auftragnehmer darf Daten nur im Rahmen des Hauptvertrags und gemäß den Weisungen des Auftraggebers verarbeiten. Wird der Auftragnehmer durch das Recht der Europäischen Union oder der Mitgliedstaaten, dem er unterliegt, zu weiteren Verarbeitungen verpflichtet, teilt er dem Auftraggeber diese rechtlichen Anforderungen vor der Verarbeitung mit, sofern ihm dies rechtlich gestattet ist.[10]

(2) Die Weisungen des Auftraggebers werden anfänglich durch diesen Vertrag festgelegt und können vom Auftraggeber danach in schriftlicher Form oder in Textform durch einzelne Weisungen geändert, ergänzt oder ersetzt werden (Einzelweisung). Der Auftraggeber ist jederzeit zur Erteilung entsprechender Weisungen berechtigt. Dies umfasst Weisungen in Hinblick auf die Berichtigung und Löschung von Daten sowie auf die Einschränkung der Verarbeitung. Die weisungsberechtigten Personen ergeben sich aus Anlage 4. Bei einem Wechsel oder einer längerfristigen Verhinderung der benannten Personen ist dem Vertragspartner unverzüglich der Nachfolger bzw. Vertreter in Textform zu benennen.

(3) Alle erteilten Weisungen sind sowohl vom Auftraggeber als auch vom Auftragnehmer zu dokumentieren.[9] Weisungen, die über die hauptvertraglich vereinbarte Leistung hinausgehen, werden als Antrag auf Leistungsänderung behandelt. Regelungen über eine etwaige Vergütung von Mehraufwänden, die durch ergänzende Weisungen des Auftraggebers an den Auftragnehmer entstehen, bleiben unberührt.

(4) Ist der Auftragnehmer der Ansicht, dass eine Weisung des Auftraggebers gegen datenschutzrechtliche Bestimmungen verstößt, hat er den Auftraggeber unverzüglich darauf hinzuweisen.[11] Der Auftragnehmer ist berechtigt, die Durchführung der betreffenden Weisung solange auszusetzen, bis diese durch den Auftraggeber bestätigt oder geändert wird. Der Auftragnehmer darf die Durchführung einer offensichtlich rechtswidrigen Weisung ablehnen.[12]

§ 5 Art der verarbeiteten Daten, Kreis der betroffenen Personen[8]

Im Rahmen der Durchführung des Hauptvertrags erhält der Auftragnehmer Zugriff auf die in Anlage 1 näher spezifizierten personenbezogenen Daten der ebenfalls in Anlage 1 näher spezifizierten betroffenen Personen. Diese Daten umfassen

[Variante 1: keine]

[Variante 2: die in Anlage 1 aufgeführten und als solche gekennzeichneten besonderen Kategorien personenbezogener Daten.]

§ 6 Schutzmaßnahmen des Auftragnehmers[13]

(1) Der Auftragnehmer ist verpflichtet, die gesetzlichen Bestimmungen über den Datenschutz zu beachten und die aus dem Bereich des Auftraggebers erlangten Informationen nicht ohne entsprechende Weisung an Dritte weiterzugeben oder deren Zugriff auszusetzen. Unterlagen in Papierform und Daten sind gegen die Kenntnisnahme durch Unbefugte unter Berücksichtigung des Stands der Technik[14] zu sichern.

(2) Der Auftragnehmer wird in seinem Verantwortungsbereich die innerbetriebliche Organisation so gestalten, dass sie den besonderen Anforderungen des Datenschutzes gerecht wird. Der Auftragnehmer gewährleistet, dass er alle erforderlichen technischen und organisatorischen Maßnahmen zum angemessenen Schutz der Daten des Auftraggebers gem. Art. 32 DS-GVO, insbesondere mindestens die in Anlage 2 aufgeführten Maßnahmen getroffen hat. Sofern auch besondere Kategorien personenbezogener Daten verarbeitet werden, trifft der Auftragnehmer zusätzlich die sich aus § 22 Abs. 2 BDSG ergebenden angemessenen und spezifischen Maßnahmen, welche in Anlage 2 genauer spezifiziert sind. Der Auftragnehmer legt auf Anforderung des Auftraggebers die näheren Umstände der Festlegung welche Maßnahmen getroffen werden und die Umsetzung der Maßnahmen offen.

Eine Verbesserung der getroffenen Sicherheitsmaßnahmen bleibt dem Auftragnehmer vorbehalten, wobei er sicherstellt, dass das vertraglich vereinbarte Schutzniveau nicht unterschritten und der Auftraggeber über wesentliche Veränderungen unverzüglich informiert wird.

(3) Datenschutzbeauftragter oder – sofern ein Datenschutzbeauftragter nach Art. 37 Abs. 1 DS-GVO bzw. § 38 BDSG bzw. einem Landesdatenschutzgesetz nicht bestellt werden muss – Ansprechpartner für den Datenschutz, beim Auftragnehmer ist: […]. [Optional: Der Auftragnehmer veröffentlicht die Kontaktdaten des Datenschutzbeauftragten auf seiner Internetseite und teilt sie der Datenschutz-Aufsichtsbehörde mit. Veröffentlichung und Mitteilung weist der Auftragnehmer auf Anforderung des Auftraggebers in geeigneter Weise nach.] Ein Wechsel in der Person des Datenschutzbeauftragten/Ansprechpartners für den Datenschutz ist dem Auftraggeber unverzüglich mitzuteilen.[15]

(4) Den bei der Datenverarbeitung durch den Auftragnehmer beschäftigten Personen ist es untersagt, personenbezogene Daten unbefugt zu verarbeiten. Der Auftragnehmer wird alle Personen, die von ihm mit der Bearbeitung und der Erfüllung dieses Vertrages betraut werden (im folgenden Mitarbeiter genannt), entsprechend verpflichten (Verpflichtung zur Vertraulichkeit, Art. 28 Abs. 3 UAbs. 1 S. 2 lit. b DS-GVO), über die sich aus diesem Vertrag ergebenden besonderen Datenschutzpflichten sowie die bestehende Weisungs- bzw. Zweckbindung belehren und mit der gebotenen Sorgfalt die Einhaltung der vorgenannten Verpflichtung sicherstellen.[16]

Diese Verpflichtungen müssen so gefasst sein, dass sie auch nach Beendigung dieses Vertrages oder des Beschäftigungsverhältnisses zwischen dem Mitarbeiter und dem Auftragnehmer bestehen bleiben. Dem Auftraggeber sind die Verpflichtungen der Mitarbeiter auf Verlangen in geeigneter Weise nachzuweisen.[17]

§ 7 Informationspflichten des Auftragnehmers[18]

(1) Bei Störungen bei den Verarbeitungstätigkeiten, Verdacht auf Datenschutzverletzungen oder Verletzungen vertraglicher Verpflichtungen des Auftragnehmers oder Verdacht auf sonstige sicherheitsrelevante Vorfälle beim Auftragnehmer, bei ihm im Rahmen des Auftrags beschäftigten Personen oder durch Dritte wird der Auftragnehmer den Auftraggeber unverzüglich in Schriftform oder Textform informieren. Dasselbe gilt für Prüfungen des Auftragnehmers durch die Datenschutz-Aufsichtsbehörde, die für den Auftraggeber relevante Verarbeitungen oder Sachverhalte betreffen. Die Meldung über eine Verletzung des Schutzes personenbezogener Daten enthält, soweit möglich, folgende Informationen:

a) eine Beschreibung der Art der Verletzung des Schutzes personenbezogener Daten, soweit möglich mit Angabe der Kategorien und der Zahl der betroffenen Personen, der betroffenen Kategorien und der Zahl der betroffenen personenbezogenen Datensätze
b) eine Beschreibung der wahrscheinlichen Folgen der Verletzung
c) eine Beschreibung der vom Auftragnehmer ergriffenen oder vorgeschlagenen Maßnahmen zur Behebung der Verletzung und ggf. Maßnahmen zur Abmilderung ihrer möglichen nachteiligen Auswirkungen[19]

(2) Der Auftragnehmer trifft unverzüglich die erforderlichen Maßnahmen zur Sicherung der betroffenen Daten und zur Minderung möglicher nachteiliger Folgen für die betroffene(n) Person(en), informiert hierüber den Auftraggeber, ersucht ihn um weitere Weisungen und erteilt dem Auftraggeber jederzeit weitere Auskünfte, soweit dessen Daten von einer Verletzung nach Abs. 1 betroffen sind.

(3) Sollten die Daten des Auftraggebers beim Auftragnehmer durch Pfändung oder Beschlagnahme, durch ein Insolvenz- oder Vergleichsverfahren oder durch sonstige Ereignisse oder Maßnahmen Dritter gefährdet werden, so hat der Auftragnehmer den Auftraggeber unverzüglich darüber zu informieren, sofern ihm dies nicht durch gerichtliche oder behördliche Anordnung untersagt ist. Der Auftragnehmer wird in diesem Zusammenhang alle zuständigen Stellen unverzüglich darüber informieren, dass die Entscheidungshoheit über die Daten ausschließlich beim Auftraggeber liegt.

(4) Über wesentliche Änderungen der Sicherheitsmaßnahmen nach § 6 Abs. 2 hat der Auftragnehmer den Auftraggeber unverzüglich zu unterrichten.

(5) Der Auftragnehmer führt ein Verzeichnis zu allen Kategorien von im Auftrag des Auftraggebers durchgeführten Tätigkeiten der Verarbeitung, das alle Angaben gem. Art. 30 Abs. 2 DS-GVO enthält. Das Verzeichnis ist dem Auftraggeber auf Anforderung zur Verfügung zu stellen.[20]

(6) An der Erstellung des Verfahrensverzeichnisses durch den Auftraggeber sowie bei der Erstellung einer Datenschutz-Folgenabschätzung gem. Art. 35 DS-GVO und ggf. bei der vorherigen Konsultation der Datenschutz-Aufsichtsbehörden gem. Art. 36 DS-GVO hat der Auftragnehmer im angemessenen Umfang mitzuwirken. Er hat dem Auftraggeber die jeweils erforderlichen Angaben in geeigneter Weise mitzu-

teilen. [Optional: Kosten, die dem Auftragnehmer durch seine Unterstützungshandlungen entstehen, sind ihm im angemessenen Umfang zu erstatten.]

§ 8 Kontrollrechte des Auftraggebers[21]

(1) Der Auftraggeber überzeugt sich vor der Aufnahme der Datenverarbeitung und sodann regelmäßig von den technischen und organisatorischen Maßnahmen des Auftragnehmers.[22] Hierfür kann er zB Auskünfte des Auftragnehmers einholen, sich vorhandene Testate von Sachverständigen, Zertifizierungen oder internen Prüfungen vorlegen lassen oder die technischen und organisatorischen Maßnahmen des Auftragnehmers, sofern möglich, nach rechtzeitiger Abstimmung zu den üblichen Geschäftszeiten selbst persönlich prüfen bzw. durch einen sachkundigen Dritten prüfen lassen, sofern dieser nicht in einem Wettbewerbsverhältnis zum Auftragnehmer steht. Der Auftraggeber wird Kontrollen nur im erforderlichen Umfang durchführen und die Betriebsabläufe des Auftragnehmers dabei nicht unverhältnismäßig stören.

(2) Der Auftragnehmer verpflichtet sich, dem Auftraggeber auf dessen mündliche oder schriftliche Anforderung innerhalb einer angemessenen Frist alle Auskünfte und Nachweise zur Verfügung zu stellen, die zur Durchführung einer Kontrolle der technischen und organisatorischen Maßnahmen des Auftragnehmers gemäß Anlage 2 erforderlich sind.

(3) Der Auftraggeber dokumentiert das Ergebnis der von ihm durchgeführten Kontrollen und teilt es dem Auftragnehmer mit. Bei Fehlern oder Unregelmäßigkeiten, die der Auftraggeber insbesondere bei der Prüfung von Auftragsergebnissen feststellt, hat er den Auftragnehmer unverzüglich zu informieren. Werden bei der Kontrolle Sachverhalte festgestellt, deren zukünftige Vermeidung Änderungen des angeordneten Verfahrensablaufs erfordern, teilt der Auftraggeber dem Auftragnehmer die notwendigen Verfahrensänderungen unverzüglich mit.

(4) Der Auftragnehmer stellt dem Auftraggeber auf dessen Wunsch ein umfassendes und aktuelles Datenschutz- und Sicherheitskonzept für die Auftragsverarbeitung sowie über zugriffsberechtigte Personen zur Verfügung.

(5) Der Auftragnehmer weist dem Auftraggeber die Verpflichtung der Mitarbeiter nach § 6 Abs. 4 auf Verlangen nach.

[Optional: (6) Der Auftraggeber vergütet dem Auftragnehmer den angemessenen Aufwand, der ihm im Rahmen der Kontrolle entsteht.]

§ 9 Einsatz von Subunternehmern[23]

(1) [Variante 1:] Der Auftragnehmer ist im Rahmen seiner vertraglichen Verpflichtungen nicht zur Begründung von Unterauftragsverhältnissen mit Subunternehmern („Subunternehmerverhältnis“) befugt.[24]

[Variante 2:] Die vertraglich vereinbarten Leistungen bzw. die nachfolgend beschriebenen Teilleistungen werden unter Einschaltung der in Anlage 3 genannten Subunternehmer durchgeführt. Der Auftragnehmer ist im Rahmen seiner vertraglichen Verpflichtungen zur Begründung von weiteren Unterauftragsverhältnissen mit Subunternehmern („Subunternehmerverhältnis“) befugt, soweit er den Auftraggeber hiervon vorab in Kenntnis setzt und dieser der Beauftragung des Subunternehmers schriftlich zugestimmt hat. Der Auftragnehmer ist verpflichtet, Subunternehmer sorgfältig nach deren Eignung und Zuverlässigkeit auszuwählen.[25] Bei der Einschaltung von Subunternehmern hat der Auftragnehmer diese entsprechend den Regelungen dieser Vereinbarung zu verpflichten und sicherzustellen, dass der Auftraggeber seine Rechte aus dieser Vereinbarung (insbesondere seine Prüf- und Kontrollrechte) ggf. direkt gegenüber den Subunternehmern wahrnehmen kann.[26] Sofern eine Einbeziehung von Subunternehmern in einem Drittland erfolgen soll, hat der Auftragnehmer sicherzustellen, dass beim jeweiligen Subunternehmer ein angemessenes Datenschutzniveau gewährleistet ist (zB durch Abschluss einer Vereinbarung auf Basis der EU-Standarddatenschutzklauseln). Der Auftragnehmer wird dem Auftraggeber auf Verlangen den Abschluss der vorgenannten Vereinbarungen mit seinen Subunternehmern nachweisen.

[Variante 3:] Die vertraglich vereinbarten Leistungen bzw. die nachfolgend beschriebenen Teilleistungen werden unter Einschaltung der in Anlage 3 genannten Subunternehmer durchgeführt. Der Auftragnehmer ist im Rahmen seiner vertraglichen Verpflichtungen zur Begründung von weiteren Unterauftragsverhältnissen mit Subunternehmern („Subunternehmerverhältnis") befugt. Er setzt den Auftraggeber hiervon unverzüglich in Kenntnis. Der Auftragnehmer ist verpflichtet, Subunternehmer sorgfältig nach deren Eignung und Zuverlässigkeit auszuwählen. Der Auftragnehmer hat bei der Einschaltung von Subunternehmern diese entsprechend den Regelungen dieser Vereinbarung zu verpflichten und dabei sicherzustellen, dass der Auftraggeber seine Rechte aus dieser Vereinbarung (insbesondere seine Prüf- und Kontrollrechte) auch direkt gegenüber den Subunternehmern wahrnehmen kann.[26] Sofern eine Einbeziehung von Subunternehmern in einem Drittland erfolgen soll, hat der Auftragnehmer sicherzustellen, dass beim jeweiligen Subunternehmer ein angemessenes Datenschutzniveau gewährleistet ist (zB durch Abschluss einer Vereinbarung auf Basis der EU-Standarddatenschutzklauseln). Der Auftragnehmer wird dem Auftraggeber auf Verlangen den Abschluss der vorgenannten Vereinbarungen mit seinen Subunternehmern nachweisen.

[Variante 4:] Die vertraglich vereinbarten Leistungen bzw. die nachfolgend beschriebenen Teilleistungen werden unter Einschaltung der in Anlage 3 genannten Subunternehmer durchgeführt. Der Auftragnehmer ist im Rahmen seiner vertraglichen Verpflichtungen zur Begründung von weiteren Unterauftragsverhältnissen mit Subunternehmern („Subunternehmerverhältnis") befugt. Vor der Begründung von weiteren Unterauftragsverhältnissen informiert der Auftragnehmer den Auftraggeber in Textform mit einer Frist von vier Wochen. Der Auftraggeber kann gegen die Änderung nur aus wichtigem Grund Einspruch erheben. Der Einspruch hat binnen 14 Kalendertagen zu erfolgen und alle wichtigen Gründe ausdrücklich zu benennen. Ein wichtiger Grund auf Seiten des Auftragnehmers liegt insbesondere vor, wenn der Subunternehmer seinen Sitz nicht in einem Land hat, das Mitglied der EU/des EWR ist oder zu dem die Kommission einen Angemessenheitsbeschluss nach Art. 45 DS-GVO erlassen hat. [Optional: Liegt ein wichtiger Grund vor, der vom Auftragnehmer nicht durch zumutbare Anpassung des Auftrages oder in sonstiger zumutbarer Form beseitigt werden kann, ist jeder Vertragspartner berechtigt, die betroffene Leistungsvereinbarung aus wichtigem Grund ohne Einhaltung einer Kündigungsfrist zu kündigen, insbesondere wenn ihm die Fortsetzung des Vertragsverhältnisses bis zur vereinbarten Beendigung oder bis zum Ablauf einer Kündigungsfrist nicht zumutbar ist.]

(2) Ein Subunternehmerverhältnis im Sinne dieser Bestimmungen liegt nicht vor, wenn der Auftragnehmer Dritte mit Dienstleistungen beauftragt, die als reine Neben-

leistungen anzusehen sind. Dazu gehören zB Post-, Transport- und Versandleistungen, Reinigungsleistungen, Telekommunikationsleistungen ohne konkreten Bezug zu Leistungen, die der Auftragnehmer für den Auftraggeber erbringt und Bewachungsdienste. Wartungs- und Prüfleistungen stellen Subunternehmerverhältnisse iSv Abs. 1 dar, soweit diese für IT-Systeme erbracht werden, die auch im Zusammenhang mit der Erbringung von Leistungen für den Auftraggeber genutzt werden.[4]

§ 10 Anfragen und Rechte betroffener Personen[27, 28]

(1) Der Auftragnehmer unterstützt den Auftraggeber mit geeigneten technischen und organisatorischen Maßnahmen bei der Erfüllung der Pflichten des Auftraggebers nach Art. 12–22 sowie 32 und 36 DS-GVO.

(2) Macht eine betroffene Person Rechte, etwa auf Auskunftserteilung, Berichtigung oder Löschung hinsichtlich ihrer Daten, unmittelbar gegenüber dem Auftragnehmer geltend, so reagiert dieser nicht selbstständig, sondern verweist die betroffene Person unverzüglich an den Auftraggeber und wartet dessen Weisungen ab.

[Optional: (3) Der Auftraggeber vergütet dem Auftragnehmer den Aufwand, der ihm für die Unterstützungsleistungen entsteht.]

§ 11 Haftung[29]

(1) Auftraggeber und Auftragnehmer haften gegenüber betroffenen Personen entsprechend der in Art. 82 DS-GVO getroffenen Regelung. Der Auftragnehmer stimmt eine etwaige Erfüllung von Haftungsansprüchen mit dem Auftraggeber ab.[30]

(2) Der Auftragnehmer stellt den Auftraggeber von sämtlichen Ansprüchen frei, die betroffene Personen gegen den Auftraggeber wegen der Verletzung einer dem Auftragnehmer durch die DS-GVO auferlegten Pflicht oder wegen der Nichtbeachtung oder Verletzung einer in dieser Vereinbarung festgelegten Pflicht oder einer vom Auftraggeber gesondert erteilten Weisung geltend machen.

(3) Die Parteien stellen sich jeweils von der Haftung frei, wenn/soweit eine Partei nachweist, dass sie in keinerlei Hinsicht für den Umstand, durch den der Schaden bei einer betroffenen Person eingetreten ist, verantwortlich ist. Im Übrigen gilt Art. 82 Abs. 5 DS-GVO.

(4) Sofern vorstehend nicht anders geregelt, entspricht die Haftung im Rahmen dieses Vertrages der des Hauptvertrages.

§ 12 Außerordentliches Kündigungsrecht

Der Auftraggeber kann den Hauptvertrag fristlos ganz oder teilweise kündigen, wenn der Auftragnehmer seinen Pflichten aus diesem Vertrag nicht nachkommt, Bestimmungen der DS-GVO vorsätzlich oder grob fahrlässig verletzt oder eine Weisung des Auftraggebers nicht ausführen kann oder will. Bei einfachen – also weder vorsätzlichen noch grob fahrlässigen – Verstößen setzt der Auftraggeber dem Auftragnehmer eine angemessene Frist, innerhalb welcher der Auftragnehmer den Verstoß abstellen kann.[31]

§ 13 Beendigung des Hauptvertrags

(1) Der Auftragnehmer wird dem Auftraggeber nach Beendigung des Hauptvertrags oder jederzeit auf dessen Anforderung alle ihm überlassenen Unterlagen in Papierform, Daten und Datenträger zurückgeben oder – auf Wunsch des Auftragge-

bers, sofern nicht nach dem Unionsrecht oder dem Recht der Bundesrepublik Deutschland eine Verpflichtung zur Speicherung der personenbezogenen Daten besteht – löschen. Die Herausgabe- bzw. Vernichtungsverpflichtung betrifft auch etwaige Datensicherungen beim Auftragnehmer. Der Auftragnehmer hat den dokumentierten Nachweis der ordnungsgemäßen Löschung zu führen. [Optional: Zu entsorgende Unterlagen sind mit einem Aktenvernichter nach DIN 32757-1, Sicherheitsstufe (…) zu vernichten. Zu entsorgende Datenträger sind nach DIN 66399 zu vernichten.][32]

(2) Der Auftraggeber hat das Recht, die vollständige und vertragsgerechte Rückgabe bzw. Löschung der Daten beim Auftragnehmer in geeigneter Weise zu kontrollieren bzw. durch einen sachkundigen Dritten prüfen lassen, sofern dieser nicht in einem Wettbewerbsverhältnis zum Auftragnehmer steht.

(3) Der Auftragnehmer ist verpflichtet, auch über das Ende des Hauptvertrags hinaus die ihm im Zusammenhang mit dem Hauptvertrag bekannt gewordenen Informationen vertraulich zu behandeln.

§ 14 Schlussbestimmungen

(1) Die Parteien sind sich darüber einig, dass dem Auftragnehmer kein Zurückbehaltungsrecht hinsichtlich der zu verarbeitenden Daten und der zugehörigen Datenträger zusteht.

(2) Änderungen und Ergänzungen dieses Vertrags, die Erklärung einer Kündigung sowie die Abänderung dieser Klausel bedürfen zu ihrer Wirksamkeit der Schriftform (§ 126 Abs. 1, 2 BGB). Die Ersetzung der Schriftform durch die elektronische Form (§§ 126 Abs. 3, 126a BGB) oder die Textform (§ 126b BGB) ist ausgeschlossen. Der Vorrang individueller Vertragsabreden bleibt hiervon unberührt.[33]

(3) Sollten einzelne Bestimmungen dieser Vereinbarung ganz oder teilweise nicht rechtswirksam oder nicht durchführbar sein oder werden, so wird hierdurch die Gültigkeit der jeweils übrigen Bestimmungen nicht berührt.

(4) Diese Vereinbarung unterliegt deutschem Recht. Ausschließlicher Gerichtsstand ist […].

Anlagen
Anlage 1 – Beschreibung der betroffenen Personen/Betroffenengruppen sowie der besonders schutzbedürftigen Daten/Datenkategorien
Anlage 2 – Technische und organisatorische Maßnahmen des Auftragnehmers
Anlage 3 – Genehmigte Subunternehmer
Anlage 4 – Weisungsberechtigte Personen

Datum und Unterschriften

Anlage 1 – Beschreibung der betroffenen Personen/Betroffenengruppen sowie der besonders schutzbedürftigen Daten/Datenkategorien[34]
[zB Mitarbeiter, Lieferanten, Kunden etc]
[zB Vorname, Nachname, E-Mail-Adresse etc]

Anlage 2 – Technische und organisatorische Maßnahmen des Auftragnehmers[35]
[→ Form. E. II. 1.]

**Anlage 3 – Genehmigte Subunternehmer[36]**

**Die nachfolgenden Unternehmen sind genehmigte Subunternehmer iSd § 9:**

**[Unternehmen mit Namen, Rechtsform, Kontaktdaten und ladungsfähiger Anschrift, Umfang und Zweck der Verarbeitung durch den Subunternehmer]**

**Anlage 4 – Weisungsberechtigte Personen[37]**

**Weisungsberechtigte Personen des Auftraggebers sind**

**[…]**

**Weisungsempfänger beim Auftragnehmer sind**

**[…]**

## Anmerkungen

**1. Standardvertrag.** An die Stelle eines individuellen Vertrags, wie ihn das vorliegende Muster vorsieht, kann auch ein sog. Standardvertrag treten. Art. 28 Abs. 6 DS-GVO regelt dazu: Unbeschadet eines individuellen Vertrags zwischen dem Verantwortlichen und dem Auftragsverarbeiter kann der Vertrag oder das andere Rechtsinstrument iSd Abs. 3 und 4 des Art. 28 DS-GVO ganz oder teilweise auf den in den Abs. 7 und 8 des Art. 28 DS-GVO genannten Standardvertragsklauseln beruhen, auch wenn diese Bestandteil einer dem Verantwortlichen oder dem Auftragsverarbeiter gem. Art. 42 und 43 DS-GVO erteilten Zertifizierung sind. Nach Art. 28 Abs. 7 und 8 DS-GVO können sowohl die Europäische Kommission als auch jede Datenschutz-Aufsichtsbehörde solche Standardvertragsklauseln festlegen. Die Europäische Kommission hat im Juni 2021 neue Standardvertragsklauseln erlassen (Durchführungsbeschluss (EU) 2021/914 der EU-Kommission v. 4.6.2021 – C(2021) 3972, ABl. L 199, 31), die modular aufgebaut sind und verschiedenen Vertragskonstellationen gerecht werden (vgl. Gola/Heckmann/Klug DS-GVO Art. 28 Rn. 16, 17; → Form. G. I. 7.). Im Gegensatz zu den Standardvertragsklauseln für Auslandsdatentransfers nach Art. 46 DS-GVO müssen die für die Auftragsverarbeitung geschaffenen Standardvertragsklauseln nicht in der vorliegenden Form in umfangreichere Verträge übernommen werden, um ihre datenschutzrechtliche Wirkung zu entfalten. Die Parteien dürfen vielmehr weitere Klauseln oder zusätzliche Garantien hinzufügen, sofern diese weder unmittelbar noch mittelbar im Widerspruch zu den Klauseln stehen oder die Grundrechte oder Grundfreiheiten der betroffenen Personen beschneiden. Die Klauseln an sich dürfen jedoch nicht verändert werden (so wohl im Ergebnis auch Taeger/Gabel/Gabel/Lutz DS-GVO Art. 28 Rn. 71). Unter den Aufsichtsbehörden hat bisher nur die dänische einen Entwurf für Standardvertragsklauseln vorgelegt (edpb.europa.eu/sites/edpb/files/files/file2/dk_sa_standard_contractual_lauses_january_2020_en.pdf). Der EDSA hat sich in seiner Stellungnahme 14/2019 zu diesem Entwurf geäußert und hält weitere Anpassung für nötig, welche in der Stellungnahme ausführlich beschrieben werden. Wenn diese Anpassungen vorgenommen werden, ist der EDSA der Ansicht, dass die dänische Datenschutz-Aufsichtsbehörde die Standardvertragsklauseln verwenden kann, ohne dass eine Annahme durch die EU-Kommission notwendig ist.

**2. Auftragsverarbeiter.** Unbeschadet der Art. 82, 83 und 84 DS-GVO gilt ein Auftragsverarbeiter, der unter Verstoß gegen die DS-GVO die Zwecke und Mittel der Verarbeitung bestimmt, in Bezug auf diese Verarbeitung als Verantwortlicher. Dabei geht es in der Regel um Fälle, in denen der Auftragsverarbeiter in rechtswidriger Weise seine Befugnisse überschreitet und Verarbeitungen vornimmt, die nicht von Weisungen des Verantwortlichen gedeckt sind. Art. 28 Abs. 10 DS-GVO ordnet für diese Fälle die Verantwortlichkeit des eigenmächtigen Auftragsverarbeiters an, was bedeutet, dass er zum einen seinen haftungsprivilegierten Status verliert und ihn zum anderen alle in der DS-GVO festgelegten Pflichten eines Verantwortlichen treffen (zum sog. Exzess des Verarbeiters vgl. Taeger/Gabel/Gabel/Lutz DS-GVO Art. 28 Rn. 75).

**3. Systemwartung.** Unter den Begriff der Verarbeitung fällt auch die Systemwartung, also die Prüfung oder Wartung von Software oder Hardware, da der Auftragnehmer bei seiner Tätigkeit in der Regel die Möglichkeit hat, auf personenbezogene Daten, die auf Systemen des Auftraggebers gespeichert sind, zuzugreifen. Die Systemwartung stellt ohne Weiteres einen „Vorgang … im Zusammenhang mit personenbezogenen Daten" dar und fällt damit direkt unter den Anwendungsbereich des Art. 28 Abs. 1 DS-GVO, ohne dass es nach Wegfall des § 11 Abs. 5 BDSG aF einer analogen Anwendung der DS-GVO bedarf (so auch Schmidt/Freund ZD 2016, 14; aA Lachenmann Datenübermittlung im Konzern S. 292).

**4. Anforderungen an Auftragsverarbeiter.** Nach Art. 28 Abs. 1 DS-GVO darf ein Verantwortlicher nur Auftragsverarbeiter einsetzen, die hinreichende Garantien dafür bieten, dass sie im Einklang mit der DS-GVO Daten verarbeiten, den Schutz der Betroffenenrechte sowie die gebotenen technischen und organisatorischen Maßnahmen (vgl. Art. 25 Abs. 1, Art. 32 DS-GVO) gewährleisten. Die Auswahlpflicht des Verantwortlichen bezieht sich insbesondere auf die Aspekte Fachwissen, Zuverlässigkeit und Ressourcen des Auftragsverarbeiters (vgl. Erwgr. 81 DS-GVO).

Insoweit besteht eine Dokumentationsobliegenheit des Verantwortlichen (vgl. auch Art. 28 Abs. 5 DS-GVO). Da Art. 28 Abs. 1 DS-GVO nicht isoliert auf den Zeitpunkt der Begründung des Auftragsverhältnisses abstellt, muss sich der Verantwortliche fortwährend vergewissern, ob der Auftragsverarbeiter die durch Art. 28 Abs. 1 DS-GVO gestellten Anforderungen dauerhaft erfüllt und diese Kontrollen dokumentieren. Stellt der Verarbeiter fest, dass hinreichende Garantien iSd Art. 28 Abs. 1 DS-GVO nicht (mehr) vorliegen und der Auftragsverarbeiter auch keine Korrekturen vornimmt oder andere Garantien bietet, sollte der Verarbeiter den Vertrag beenden. Tut er dies trotz Kenntnis von der fehlenden Garantie nicht, handelt es sich um eine Pflichtverletzung. Die Datenschutz-Aufsichtsbehörde kann einen Verstoß des Verantwortlichen gegen die ihm obliegende Auswahlpflicht durch die Verhängung einer Geldbuße gem. Art. 83 Abs. 4 lit. a DS-GVO sanktionieren (Faust/Spittka/Wybitul ZD 2016, 120; → Form. O. I.).

**5. Zuständige Datenschutz-Aufsichtsbehörde.** Die Dokumentation der zuständigen Datenschutz-Aufsichtsbehörden führt dazu, dass die Parteien sich über die jeweils zuständige Datenschutz-Aufsichtsbehörde bewusst werden. Dies ist insbesondere dann sinnvoll, wenn unterschiedliche, ggf. internationale Datenschutz-Aufsichtsbehörden zuständig sind. Die zuständige Datenschutz-Aufsichtsbehörde bestimmt sich nach der Hauptniederlassung der jeweiligen Partei. Die Hauptniederlassung ist stets für die einzelne Verarbeitung festzustellen. Die Legaldefinition zur

Hauptniederlassung des Verantwortlichen und des Auftragsverarbeiters findet sich in Art. 4 Nr. 16 lit. a und b DS-GVO. Danach ist im Regelfall die Hauptniederlassung bei Verantwortlichen mit Niederlassungen in mehreren Mitgliedstaaten der Ort der Hauptverwaltung in der EU. Anders ist es, wenn eine andere Niederlassung in der EU die Entscheidungen über Zwecke und Mittel der Verarbeitung trifft und befugt ist, diese Entscheidungen umsetzen zu lassen. Bei Auftragsverarbeitern mit Niederlassungen in mehreren Mitgliedstaaten ist Hauptniederlassung der Ort der Hauptverwaltung in der EU. Wenn keine Hauptverwaltung in der EU existiert, ist Hauptniederlassung die EU-Niederlassung, im Rahmen derer Tätigkeiten die Verarbeitungstätigkeiten hauptsächlich stattfinden.

Es muss für jede konkrete Verarbeitungstätigkeit geprüft werden, ob die Entscheidungen über Zwecke und Mittel der Verarbeitung ggf. in einer anderen Niederlassung als der Hauptniederlassung getroffen werden. Dies bedeutet, dass für verschiedene Verarbeitungstätigkeiten auch verschiedene Niederlassungen als Hauptniederlassung iSd DS-GVO gelten und damit, insbesondere bei grenzüberschreitenden Verarbeitungen, unterschiedliche Datenschutz-Aufsichtsbehörden federführend sein können.

Darüber hinaus bestimmt Art. 3 DS-GVO den räumlichen Anwendungsbereich der DS-GVO (→ Form. G. VII. 1.). Danach findet die Verordnung Anwendung auf die Verarbeitung personenbezogener Daten, soweit diese im Rahmen der Tätigkeiten einer Niederlassung eines Verantwortlichen oder eines Auftragsverarbeiters in der Union erfolgt, unabhängig davon, ob die Verarbeitung in der Union stattfindet (Art. 3 Abs. 1 DS-GVO). Die DS-GVO findet nach Art. 3 Abs. 2 DS-GVO auch Anwendung auf die Verarbeitung personenbezogener Daten von betroffenen Personen, die sich in der Union befinden, durch einen nicht in der Union niedergelassenen Verantwortlichen oder Auftragsverarbeiter. Damit wird der Anwendungsbereich ‚der DS-GVO aus Gründen des umfassenden Betroffenenschutzes auf Verarbeitungen außerhalb der EU ausgeweitet. Dies reagiert auf die beobachtete Praxis einiger außereuropäischer Verarbeiter, bewusst keinen Sitz innerhalb der EU zu wählen und trifft zukünftig insbesondere Online- und Cloud-Dienstleister.

Im WP 244 der Artikel-29-Datenschutzgruppe, welches vom EDSA übernommen wurde, wird die Frage der federführenden Datenschutz-Aufsichtsbehörde ebenfalls erörtert (ec.europa.eu/newsroom/document.cfm?doc_id=44102). Danach ist zuerst die Hauptniederlassung zu ermitteln, sofern es sich bei dieser nicht um den Ort der Hauptverwaltung des Verarbeiters handelt. Dabei sind insbesondere folgende Fragen zu stellen: (1) Wo werden Entscheidungen hinsichtlich der Zwecke und Mittel der Verarbeitung endgültig gebilligt? (2) Wo werden Entscheidungen zu geschäftlichen Tätigkeiten getroffen, die die Verarbeitung von Daten beinhalten? (3) Wo liegt effektiv die Befugnis zur Umsetzung von Entscheidungen? (4) Wo befindet/befinden sich der Leiter (bzw. die Leiter) mit allgemeiner Zuständigkeit für die grenzüberschreitende Verarbeitung? (5) Wo ist der Verantwortliche bzw. der Auftragsverarbeiter als Unternehmen eingetragen (sofern in einem einzigen Gebiet)?

**6. Vertreter bei Auftragsverarbeiter in Drittstaaten.** Verarbeitet ein nicht in der Union niedergelassener Auftragsverarbeiter personenbezogene Daten von betroffenen Personen, die sich in der Union befinden gem. Art. 3 Abs. 2 DS-GVO, so hat der Auftragsverarbeiter schriftlich einen Vertreter in der Union zu bestellen (Art. 27 Abs. 1 DS-GVO; → Form. C. VIII. 1.). Der Vertreter soll den Datenschutz-Aufsichtsbehörden als Anlaufstelle dienen und mit ihnen zusammenarbeiten und es nicht in der EU niedergelassenen Auftragsverarbeitern erschweren, sich dem normativen Geltungsanspruch der DS-GVO faktisch durch Nichtpräsenz vor Ort zu entziehen.

**7. Zusammenarbeit mit Datenschutz-Aufsichtsbehörden.** Nach Art. 31 DS-GVO arbeiten der Verantwortliche und der Auftragsverarbeiter, sowie ggf. deren Vertreter auf Anfrage mit der Datenschutz-Aufsichtsbehörde bei der Erfüllung ihrer Aufgaben zusammen. Die vertragliche Pflicht zur Zusammenarbeit umfasst insbesondere die Angabe der den Parteien bekannten Tatsachen und Beweismittel. Aus dem Wortlaut des Art. 31 DS-GVO („arbeiten […] zusammen") lässt sich ableiten, dass eine Zusammenarbeit mit der Datenschutz-Aufsichtsbehörde verpflichtend vorgeschrieben wird (ebenso BeckOK DatenschutzR/Spoerr DS-GVO Art. 31 Rn. 9 bis 10; Härting ITRB 2016, 137 (138)). Auch in Erwgr. 82 S. 2 DS-GVO heißt es insoweit: „Jeder Verantwortliche und jeder Auftragsverarbeiter sollte verpflichtet sein, mit der Datenschutz-Aufsichtsbehörde zusammenarbeiten". Aus dem Pflichtcharakter des Art. 31 DS-GVO folgt, dass eine Verletzung der vorgenannten Verpflichtung gem. Art. 83 Abs. 4 lit. a DS-GVO bußgeldbewehrt ist. Der Auftraggeber muss insoweit sicherstellen, dass der Auftragnehmer ihm gegenüber auch zur Zusammenarbeit mit der Behörde verpflichtet ist.

**8. Umfang und Zweck der Datenverarbeitung.** Nach Art. 28 Abs. 3 S. 1 DS-GVO erfolgt die Verarbeitung durch einen Auftragsverarbeiter auf der Grundlage eines Vertrags, der den Auftragsverarbeiter in Bezug auf den Verantwortlichen bindet und in dem Gegenstand und Dauer der Verarbeitung, Art und Zweck der Verarbeitung, die Art der personenbezogenen Daten, die Kategorien betroffener Personen und die Pflichten und Rechte des Verantwortlichen festgelegt sind.

Eine Bezugnahme auf den hinter dem Vertrag stehenden Hauptvertrag ist zulässig und sinnvoll, solange der Hauptvertrag hinreichend spezifische und konkrete Einzelangaben zu den angeführten Punkten enthält. Mit dem Begriff „Gegenstand und Dauer" bezeichnet die DS-GVO das Objekt der Verarbeitungstätigkeit (zB „Verarbeitung von Personaldaten") und deren zeitlichen Rahmen.

Mit „Art und Zweck der Verarbeitung" sind zum einen die in Art. 4 Nr. 2 DS-GVO genannten Vorgänge gemeint, bei denen eine Verarbeitung stattfinden kann (Erheben, Erfassen, Ordnen, Speichern, Auslesen, Offenlegen etc), zum anderen auch die damit verfolgte Intention. Konkrete Angaben zum Zweck sind mit Blick auf die Zweckbindung nach Art. 5 Abs. 1 lit. b, Art. 6 Abs. 4 DS-GVO besonders bedeutsam (BeckOK DatenschutzR/Spoerr DS-GVO Art. 28 Rn. 68 bis 74).

Mit der „Art der personenbezogenen Daten" ist nach Art. 6 Abs. 4 lit. c DS-GVO insbesondere zu dokumentieren, ob besondere Kategorien personenbezogener Daten gem. Art. 9 DS-GVO oder personenbezogene Daten über strafrechtliche Verurteilungen und Straftaten gem. Art. 10 DS-GVO verarbeitet werden. Der Begriff „Kategorien betroffener Personen" meint nach Typisierungsgraden abstrakt zusammengefasste Gruppen, die gemeinsame Merkmale teilen.

**9. Weisungsrecht.** Nach Art. 29 DS-GVO dürfen der Auftragsverarbeiter und jede dem Verantwortlichen oder dem Auftragsverarbeiter unterstellte Person, die Zugang zu personenbezogenen Daten hat, diese Daten ausschließlich auf Weisung des Verantwortlichen verarbeiten. Werden Daten nicht nach Weisung verarbeitet, so muss der Verantwortliche aktiv werden, um auf die zukünftige Einhaltung der Weisungen hinzuwirken. Wenn der Auftragsverarbeiter wiederholt gegen Art. 29 DS-GVO verstößt, kann der Auftraggeber sogar gezwungen sein, die Zusammenarbeit zu beenden (Paal/Pauly/Martini DS-GVO Art. 29 Rn. 23f.). Der Auftragsverarbeiter macht sich darüber hinaus schadensersatzpflichtig.

**10. Dokumentationspflicht.** Nach Art. 28 Abs. 3 UAbs. 1 S. 2 lit. a DS-GVO sieht der Vertrag insbesondere vor, dass dem Auftragsverarbeiter die Pflicht auferlegt wird, die personenbezogenen Daten nur auf dokumentierte Weisung des Verantwortlichen – auch in Bezug auf die Übermittlung personenbezogener Daten in ein Drittland oder an eine internationale Organisation – zu verarbeiten (vgl. BeckOK DatenschutzR/Spoerr DS-GVO Art. 28 Rn. 58f.). Die Weisung des Verantwortlichen selbst kann also formfrei erfolgen, der Auftragsverarbeiter muss die Weisung jedoch dokumentieren (schriftlich oder elektronisch). Zu Beweiszwecken ist es jedoch sinnvoll, dass beide Parteien Weisungen dokumentieren. Das Muster sieht dies daher vor.

Der Auftragsverarbeiter darf nur dann unabhängig von einer Weisung verarbeiten, wenn er durch das Recht der Union oder der Mitgliedstaaten, dem er unterliegt, zu einer Verarbeitung verpflichtet ist. In einem solchen Fall teilt der Auftragsverarbeiter dem Verantwortlichen diese rechtlichen Anforderungen vor der Verarbeitung mit, sofern das betreffende Recht eine solche Mitteilung nicht wegen eines wichtigen öffentlichen Interesses verbietet. Der Verantwortliche muss dann entsprechend entscheiden, ob er die Zusammenarbeit dennoch fortsetzen kann.

**11. Informationspflicht.** Mit Blick auf Art. 28 Abs. 3 UAbs. 1 S. 2 lit. h DS-GVO informiert der Auftragsverarbeiter den Verantwortlichen unverzüglich, falls er der Auffassung ist, dass eine Weisung gegen diese Verordnung oder gegen andere Datenschutzbestimmungen der Union oder der Mitgliedstaaten verstößt. Art. 28 Abs. 3 UAbs. 1 S. 2 DS-GVO regelt zwar nicht, dass der Auftragnehmer eine rechtswidrige Weisung nicht befolgen muss oder darf. Dennoch kann der Auftragnehmer nicht zur Ausführung einer als rechtswidrig erkannten Weisung verpflichtet sein, da er sich sonst einem Haftungsrisiko gegenüber Dritten und/oder den betroffenen Personen aussetzt.

**12. Rechtswidrige Weisung.** In Hinblick auf Art. 82 Abs. 2 DS-GVO sollte insbesondere der Fall rechtswidriger Weisungen des Auftraggebers vertraglich geregelt werden. Besteht ein Leistungsverweigerungsrecht des Auftragnehmers bei rechtswidrigen Weisungen, so folgt daraus, dass nur rechtmäßig erteilte Weisungen Bindungswirkung haben und der Auftragnehmer eine rechtswidrige Weisung ablehnen darf, aber nicht muss. Räumt der Verantwortliche auf die Information über eine nach Ansicht des Auftragnehmers rechtswidrige Weisung die Bedenken nicht aus, muss es dem Auftragnehmer möglich sein, nach Verantwortungssphären zu differenzieren. Liegt in der Sphäre des Auftragnehmers eine Rechtswidrigkeit vor und würde er vorsätzlich in ordnungswidriges oder gar strafbares Handeln involviert, muss er mit Blick auf das Straf- und Haftungsrisiko die Weisung ablehnen können. Bei einer Rechtswidrigkeit in der Sphäre des Auftraggebers und einer Bestätigung der Weisung durch den Auftraggeber besteht eine Ablehnungspflicht dagegen nur in extremen Fällen (so auch BeckOK DatenschutzR/Spoerr DS-GVO Art. 29 Rn. 15 bis 21), denn nach der DS-GVO ist grundsätzlich nur der Auftraggeber für die Rechtmäßigkeit der Verarbeitung verantwortlich. Seine Weisungen sind daher, mit den vorgenannten Ausnahmen, grundsätzlich zu befolgen.

**13. Schutzmaßnahmen.** Nach Art. 28 Abs. 3 S. 2 lit. c DS-GVO hat der Vertrag insbesondere vorzusehen, dass der Auftragsverarbeiter alle gem. Art. 32 DS-GVO erforderlichen Maßnahmen ergreift. Er muss den Verarbeitungsprozess gegen Angriffe von außen sowie gegen allgemeine Sicherheitsrisiken absichern und die Maßnahmen ergreifen, die ein dem Risiko angemessenes Schutzniveau gewährleisten. Dazu gehören bei der Datenspeicherung ua Pseudonymisierung und Verschlüsselung, Möglichkeiten der Wiederherstellung von Daten im Falle eines physischen oder technischen Zwischenfalls sowie Überprüfungs-, Bewertungs- und Evaluierungsverfahren (Paal/Pauly/Martini DS-GVO Art. 28 Rn. 44f.). Daneben muss der Auftragnehmer die Sicherung gegenüber unberechtigten Zugriffen auf personenbezogene Daten von innen gewährleisten. Ausführlich → Form. E. II.

**14. Berücksichtigung des Stands der Technik.** Zum Stand der Technik in Bezug auf die Verarbeitungssicherheit nach Art. 28 Abs. 3 lit. c iVm Art. 32 DS-GVO ausführlich → Form. E. II.

**15. Datenschutzbeauftragter.** Nach Maßgabe von Art. 37 DS-GVO benennt auch der Auftragsverarbeiter einen Datenschutzbeauftragten oder, sofern ein solcher nicht bestellt werden muss, einen Ansprechpartner für den Datenschutz. Die Beauftragung eines Auftragnehmers, der keine der vorgenannten Personen benennen kann, dürfte bereits ein Verstoß gegen Art. 28 Abs. 1 DS-GVO darstellen, da ein solcher Auftragnehmer die Einhaltung der Anforderungen der DS-GVO wohl nicht gewährleisten kann. Das Muster sieht darüber hinaus vor, dass der Auftragnehmer die Daten seines Datenschutzbeauftragten zu veröffentlichen und der Datenschutz-Aufsichtsbehörde mitzuteilen hat. Zwar sieht die DS-GVO keine konkrete Veröffentlichungsform vor, jedoch sollte sichergestellt werden, dass eine permanente Abrufbarkeit der Kontaktdaten sichergestellt ist (vgl. Weichert CuA 4/2016, 8 (10)). Eine Veröffentlichung innerhalb der Datenschutzerklärung der Webseite des Auftragnehmers ist daher sinnvoll.

**16. Verpflichtung der Mitarbeiter auf Vertraulichkeit.** Nach Art. 28 Abs. 3 UAbs. 1 S. 2 lit. b DS-GVO sieht der Vertrag insbesondere vor, dass der Auftragsverarbeiter gewährleistet, dass sich die zur Verarbeitung der personenbezogenen Daten befugten Personen zur Vertraulichkeit verpflichtet haben oder einer angemessenen gesetzlichen Verschwiegenheitspflicht unterliegen (ausführlich → Form. C. VII. 1.).

**17. Überwachungs- und Dokumentationspflicht.** Gem. Art. 32 Abs. 4 DS-GVO unternehmen der Verantwortliche und der Auftragsverarbeiter Schritte, um sicherzustellen, dass ihnen unterstellte natürliche Personen, die Zugang zu personenbezogenen Daten haben, diese nur auf Anweisung des Verantwortlichen verarbeiten, es sei denn, sie sind nach dem Recht der Union oder der Mitgliedstaaten zur Verarbeitung verpflichtet. Verantwortlichem und Auftragsverarbeiter wird also eine organisatorische Gewährleistungspflicht auferlegt. Dazu können neben förmlichen Verpflichtungen der Mitarbeiter (bisher nach § 5 BDSG aF) und der Einführung von Verhaltensregeln und Dienstanweisungen auch stichprobenhafte Kontrollen des Verantwortlichen auf Einhaltung seiner Weisungen sowie entsprechende Schulungsmaßnahmen gehören. Bei Fehlverhalten müssen die Weisungen durch die arbeitsrechtlich zulässigen Mittel der Sanktionierung durchgesetzt werden.

**18. Informationspflichten des Auftragnehmers.** Nach Art. 33 Abs. 2 DS-GVO meldet der Auftragsverarbeiter dem Verantwortlichen unverzüglich, wenn ihm eine Verletzung des Schutzes personenbezogener Daten bekannt wird. Das Muster sieht vor, dass die Meldung in Schrift- oder Textform zu erfolgen hat. Das Formerfordernis sichert beide Parteien für den Fall ab, dass Unstimmigkeiten über den Zeitpunkt und Inhalt einer solchen Meldung bestehen, bzw. beugt diesen vor.

**19. Verpflichtende Angaben.** Gem. Art. 33 Abs. 1 DS-GVO muss der Verantwortliche die Verletzung des Schutzes personenbezogener Daten möglichst binnen 72 Stunden der zuständigen Datenschutz-Aufsichtsbehörde melden und dabei die in Art. 33 Abs. 2 DS-GVO genannten Informationen angeben (→ Form. C. VI.1). Der Verantwortliche ist dabei in Fällen, in denen der Auftragnehmer ihm die Verletzung gemeldet hat, in der Regel darauf angewiesen, dass die Meldung diese notwendigen Angaben enthält. Das Muster sieht daher verpflichtende Angaben vor, um sicherzustellen, dass der Verantwortliche seiner Verpflichtung der Datenschutz-Aufsichtsbehörde gegenüber nachkommen kann.

**20. Verzeichnis von Verarbeitungstätigkeiten.** Nach Art. 30 Abs. 2 DS-GVO ist der Auftragsverarbeiter zur Führung eines (reduzierten) Verzeichnisses von Verarbeitungstätigkeiten (→ Form. C. II.) verpflichtet. Das Verzeichnis dient dem Nachweis der Einhaltung der Vorgaben der DS-GVO. Aus Erwgr. 82 DS-GVO ergibt sich, dass zum Nachweis der Einhaltung der DS-GVO der Verantwortliche oder der Auftragsverarbeiter ein Verzeichnis der Verarbeitungstätigkeiten, die seiner Zuständigkeit unterliegen führen sollte, damit die betreffenden Verarbeitungsvorgänge anhand dieser Verzeichnisse kontrolliert werden können. Jeder Auftragsverarbeiter führt danach ein Verzeichnis zu allen Kategorien von im Auftrag eines Verantwortlichen durchgeführten Tätigkeiten der Verarbeitung, an das gegenüber dem Verzeichnis der Verantwortlichen geringere inhaltliche Anforderungen gestellt werden. Ausnahmen gibt es insoweit gem. Art. 30 Abs. 5 DS-GVO für kleinere Betriebe mit weniger als 250 Mitarbeitern, „sofern die von ihnen vorgenommene Verarbeitung nicht ein Risiko für die Rechte und Freiheiten der betroffenen Personen birgt, die Verarbeitung nicht nur gelegentlich erfolgt oder nicht die Verarbeitung besonderer Datenkategorien gemäß Artikel 9 Absatz 1 bzw. die Verarbeitung von personenbezogenen Daten über strafrechtliche Verurteilungen und Straftaten im Sinne des Artikels 10 einschließt".

**21. Kontrollrechte.** Nach Art. 28 Abs. 3 S. 2 lit. h DS-GVO sieht der Vertrag insbesondere vor, dass der Auftragsverarbeiter dem Verantwortlichen alle erforderlichen Informationen zum Nachweis der Einhaltung der in diesem Artikel niedergelegten Pflichten zur Verfügung stellt und Überprüfungen – einschließlich Inspektionen – die vom Verantwortlichen oder einem anderen von diesem beauftragten Prüfer durchgeführt werden, ermöglicht und dazu beiträgt.

Die DS-GVO legt den für die Datenverarbeitung verantwortlichen Unternehmen Rechenschaftspflichten nach Art. 5 Abs. 2 DS-GVO und umfangreiche Compliance-Pflichten auf. Das mit Art. 5 Abs. 2 DS-GVO eingeführte Rechenschaftsprinzip wird durch die Regelung in Art. 24 Abs. 1 S. 1 DS-GVO ergänzt (ausführlich → Form. A. I.). Der Verantwortliche muss damit sicherstellen, dass er den Nachweis dafür führen kann, dass personenbezogene Daten nur in Übereinstimmung mit der DS-GVO verarbeitet werden. Den Verantwortlichen treffen also umfangreiche Dokumentations- und Nachweispflichten, die er nur erfüllen kann, wenn ihm der Auftragsverarbeiter die entsprechenden Informationen liefert. Die Compliance-Pflichten umfassen beispielsweise die Melde- und Benachrichtigungspflichten aufgrund von Art. 33 und 34 DS-GVO. Auftragsverarbeiter werden zum Teil (zB in Art. 33 Abs. 2 DS-GVO) in die Verantwortung genommen, zum Teil werden sie jedoch auch „nur" zur Unterstützung des Verantwortlichen verpflichtet (vgl. Art. 28 Abs. 3 lit. e, f DS-GVO). Aufgrund der bei Pflichtverstößen für beide Vertragsparteien drohenden hohen Bußgelder sollte die Umsetzung der gesetzlichen Compliance-Pflichten vertraglich im Einzelnen festgelegt werden. Dies beinhaltet beispielsweise die Dokumentation der Weisungen und die Benennung konkreter Ansprechpartner im Falle von Datenschutzverstößen, um „unverzügliche" Meldungen nicht zu gefährden.

**22. Möglichkeiten der Kontrolle.** Der Auftraggeber ist berechtigt, die in Art. 28 Abs. 3 UAbs. 1 S. 2 lit. h DS-GVO vorgesehene Auftragskontrolle jederzeit beim Auftragnehmer selbst oder durch Dritte durchzuführen. Im Rahmen der Auftragskontrolle gewährt der Auftragnehmer dem Auftraggeber alle notwendigen Auskunfts-, Einsichts- und Zugangsrechte und stellt die entsprechenden Nachweise zur Verfügung. Der Auftraggeber hat insbesondere das Recht, die beim Auftragnehmer getroffenen technischen und organisatorischen Maßnahmen zu kontrollieren. Der Auftraggeber kann dabei insbesondere, wenn er etwa selbst nicht über das erforderliche Fachwissen verfügt, um eine Überprüfung durchzuführen, einzelne Kontroll- und Nachweiselemente teilweise oder auch ganz dadurch substituieren, dass der Auftragnehmer ihm die Einhaltung genehmigter Verhaltensregeln oder eines genehmigten Zertifizierungsverfahrens nachweist. Eine tendenziell stärkere Nachweiswirkung als die Einhaltung genehmigter Verhaltensregeln dürften dabei Zertifizierungen haben, weil sie auf einer umfassenden Fremdkontrolle basieren (BeckOK DatenschutzR/Spoerr DS-GVO Art. 28 Rn. 107–111).

**23. Subunternehmer.** Art. 28 Abs. 2 DS-GVO statuiert einen Genehmigungsvorbehalt des Verantwortlichen für den Einsatz von Subunternehmern durch den Auftragsverarbeiter. Der Auftragsverarbeiter darf danach keinen weiteren Auftragsverarbeiter ohne vorherige gesonderte oder allgemeine schriftliche Genehmigung des Verantwortlichen in Anspruch nehmen. Im Fall einer allgemeinen schriftlichen Genehmigung informiert der Auftragsverarbeiter den Verantwortlichen immer über jede beabsichtigte Änderung in Bezug auf die Hinzuziehung oder die Ersetzung anderer Auftragsverarbeiter, wodurch der Verantwortliche die Möglichkeit erhält, gegen derartige Änderungen Einspruch zu erheben. Hieraus ergeben sich die dargestellten Einsatzvarianten für Subunternehmer. Aufgrund des in Art. 28 Abs. 2 DS-GVO geregelten Schriftformerfordernisses ist anders als in Art. 28 Abs. 9 DS-GVO die elektronische Form an dieser Stelle nicht ausreichend. Das bedeutet, dass bei Nutzung der im Muster genannten Varianten der gesamte Vertrag in schriftlicher Form abgeschlossen werden muss und Textform nicht ausreichend ist.

**24. Bedingungen der Inanspruchnahme.** Nach Art. 28 Abs. 3 S. 2 lit. d DS-GVO sieht der Vertrag insbesondere vor, dass der Auftragsverarbeiter die in den Abs. 2 und 4 genannten Bedingungen für die Inanspruchnahme der Dienste eines weiteren Auftragsverarbeiters einhält.

**25. Subunternehmerhaftung.** Gem. Art. 28 Abs. 4 S. 2 DS-GVO haftet der (erste) Auftragsverarbeiter gegenüber dem Verantwortlichen für die Einhaltung der Pflichten des Sub-Auftragsverarbeiters, ohne dass der Verantwortliche die Möglichkeit der Durchgriffshaftung auf den Sub-Auftragsverarbeiter hat. Der Sub-Auftragsverarbeiter haftet dem Betroffenen jedoch im Außenverhältnis nach Maßgabe von Art. 82 DS-GVO.

**26. Prüf- und Kontrollrechte.** Der Auftragsverarbeiter kann die Dienste eines weiteren Auftragsverarbeiters in Anspruch nehmen, um bestimmte Verarbeitungstätigkeiten im Namen des Verantwortlichen auszuführen. Diesem weiteren Auftragsverarbeiter werden im Wege eines Vertrags oder eines anderen Rechtsinstruments nach dem Unionsrecht oder dem Recht des betreffenden Mitgliedstaats dieselben Datenschutzpflichten auferlegt, die in dem Vertrag oder anderen Rechtsinstrument zwischen dem Verantwortlichen und dem Auftragsverarbeiter gem. Art. 28 Abs. 3 DS-GVO festgelegt sind. Dabei müssen insbesondere hinreichende Garantien dafür geboten werden, dass die geeigneten technischen und organisatorischen Maßnahmen so durchgeführt werden, dass die Verarbeitung entsprechend den Anforderungen dieser Verordnung erfolgt. Nach Art. 28 Abs. 5 DS-GVO kann als Nachweis wiederum die Bestätigung der Einhaltung genehmigter Verhaltensregeln oder eines genehmigten Zertifizierungsverfahrens durch den Auftragsverarbeiter herangezogen werden.

**27. Anfragen betroffener Personen.** Nach Art. 28 Abs. 3 UAbs. 1 S. 2 lit. e DS-GVO sieht der Vertrag insbesondere vor, dass der Auftragsverarbeiter angesichts der Art der Verarbeitung den Verantwortlichen nach Möglichkeit mit geeigneten technischen und organisatorischen Maßnahmen dabei unterstützt, seiner Pflicht zur Beantwortung von Anträgen auf Wahrnehmung der in Kapitel III DS-GVO genannten Rechte der betroffenen Person (→ Form. F. II. 1. und → Form. F. III. 1.) nachzukommen. Hinsichtlich des Umfangs und der Reichweite der Unterstützungspflichten kommt es auf den jeweiligen Datenverarbeitungsauftrag an. Es besteht keine unbegrenzte Pflicht zur Unterstützung und es muss bei einer „Unterstützung“ bleiben, es dürfen also nicht die den Verantwortlichen treffenden Pflichten vollumfänglich auf den Auftragsverarbeiter verlagert werden.

**28. Unterstützung bei Anfragen betroffener Personen.** Nach Art. 28 Abs. 3 UAbs. 1 S. 2 lit. f DS-GVO sieht der Vertrag insbesondere vor, dass der Auftragsverarbeiter unter Berücksichtigung der Art der Verarbeitung und der ihm zur Verfügung stehenden Informationen den Verantwortlichen bei der Einhaltung der in den Art. 32–36 DS-GVO genannten Pflichten unterstützt. Da der Verantwortliche nicht selbst über alle relevanten Informationen verfügen wird, um den Pflichten aus der DS-GVO sinnvoll nachzukommen, ist es zwingend erforderlich, dass dem Auftragsverarbeiter im Vertrag eine Unterstützungspflicht auferlegt wird (so auch Paal/Pauly/Martini DS-GVO Art. 28 Rn. 49). Verpflichteter in Bezug auf Betroffenenrechte ist grundsätzlich der Verantwortliche, also der Auftraggeber. Er kann diese Pflichten nicht mit Wirkung gegenüber dem Betroffenen vertraglich abwälzen, er kann den Auftragnehmer nur zu Unterstützungsleistungen heranziehen. Eine solche Unterstützungspflicht wird sich immer auch mittelbar aus dem Vertragsverhältnis ableiten lassen; hier ist dem Auftraggeber aber anzuraten, die Pflichten des Auftragnehmers möglichst klar abzubilden. Dazu gehört zunächst, dass der vom Betroffenen kontaktierte Auftragnehmer diesem deutlich erklärt, nicht selbst der Verantwortliche zu sein und nur eine Hilfsfunktion auszuüben. Ob der Auftragnehmer sich damit begnügen kann, den Betroffenen unter Angabe von Kontaktmöglichkeiten des Auftraggebers abzuweisen oder ob er in diesem Fall zumindest verpflichtet ist, den Auftraggeber über die Kontaktaufnahme des Betroffenen zu unterrichten, ist rechtlich bislang nicht geklärt. Da der Auftragnehmer regelmäßig die Befugnis des Betroffenen zur Wahrnehmung seiner Rechte nicht abschätzen kann, liegt es im Interesse des Auftraggebers, hier für Klarheit zu sorgen. Denkbar ist etwa, über den Vorschlag in § 10 Abs. 2 hinaus weitergehende Informationspflichten des Auftragnehmers vorzusehen oder ihn sogar dazu zu verpflichten, das Anliegen des Betroffenen entgegenzunehmen und selbst an den Auftraggeber weiterzureichen.

**29. Haftung.** Der Auftragsverarbeiter schuldet dem Verantwortlichen seine Leistung gemäß des (haupt-)vertraglich Vereinbarten, hilfsweise haftet er deliktisch. Grundsätzlich sollten Haftungsfragen daher nur im Hauptvertrag geregelt werden. Das Muster sieht daher nur eine Regelung hinsichtlich der Schäden von Betroffenen vor und ist insoweit eher auftragnehmerfreundlich. Aus Auftraggebersicht kann es aber durchaus auch wünschenswert sein, hinsichtlich der Auftragsverarbeitung gerade im Vergleich zum Hauptvertrag verschärfte Haftungsmaßstäbe anzulegen. Solche müssten dann an dieser Stelle ergänzt werden.

**30. Schadensersatzansprüche.** Nach Art. 82 Abs. 1 und 2 DS-GVO besteht der Schadensersatzanspruch des Betroffenen wegen Verletzung seiner Rechte aus der DS-GVO sowohl gegenüber dem Verantwortlichen als auch gegenüber dem Auftragsverarbeiter. Der Betroffene kann beide grundsätzlich gemeinsam für Datenschutzverstöße in Anspruch nehmen. Aus Erwgr. 146 DS-GVO ergibt sich, dass bei mehreren Haftenden jeder unabhängig von der Höhe seines Verantwortungsgrades für die gesamte Anspruchshöhe von der betroffenen Person in Anspruch genommen werden kann. Dem Geschädigten bleibt bis zur Bewirkung der vollständigen Schadensersatzsumme jeder Schädiger einzeln verpflichtet. Lediglich im Rahmen des Innenausgleichs nach Art. 82 Abs. 5 DS-GVO ist relevant, welcher Schädiger welchen Anteil am Schaden verursacht hat. Der Betroffene kann also grundsätzlich beide Beteiligte – ggf. auch weitere Subauftragnehmer – gemeinsam für Datenschutzverstöße in Anspruch nehmen. Das bedeutet, dass eine betroffene Person ihren gesamten Schaden sowohl vom Verantwortlichen als auch vom Auftragsverarbeiter verlangen kann; nach Art. 82 Abs. 2 S. 2 DS-GVO haftet ein Auftragsverarbeiter für den durch eine Verarbeitung verursachten Schaden allerdings nur dann, wenn er seinen speziell den Auftragsverarbeitern auferlegten Pflichten aus dieser Verordnung nicht nachgekommen ist oder unter Nichtbeachtung der rechtmäßig erteilten Weisungen des Verantwortlichen oder gegen die erteilten Weisungen gehandelt hat. Der Auftragsverarbeiter kann nach Art. 82 Abs. 3 DS-GVO diesem Anspruch nur den Nachweis entgegensetzen, dass er für den schadensverursachenden Umstand „in keinerlei Hinsicht" verantwortlich ist. Der Verantwortliche und der Auftragsverarbeiter können mit diesem Einwand gegenüber dem Betroffenen aber auch vollständig von der Haftung befreit werden. Den Ausgleich im Innenverhältnis regelt Art. 82 Abs. 5 DS-GVO nach den jeweiligen Verantwortungsanteilen.

**31. Außerordentliches Kündigungsrecht.** Der Auftraggeber muss berechtigt sein, sich vom Vertrag zu lösen, wenn der Auftragnehmer seinen Pflichten nicht nachkommt, Bestimmungen der DS-GVO vorsätzlich oder grob fahrlässig verletzt oder eine Weisung des Auftraggebers nicht ausführen kann oder will. Wenn erforderlich, können die Parteien weitere außerordentliche Kündigungsgründe angeben. Dies ist aber in der Regel nicht erforderlich.

**32. Rückgabe und Löschung.** Nach Art. 28 Abs. 3 S. 2 lit. g DS-GVO sieht der Vertrag – in Umsetzung des allgemeinen Grundsatzes der „Datenminimierung" nach Art. 5 Abs. 1 lit. c DS-GVO – insbesondere vor, dass der Auftragsverarbeiter nach Abschluss der Erbringung der Verarbeitungsleistungen alle personenbezogenen Daten nach Wahl des Verantwortlichen entweder löscht oder zurückgibt, sofern nicht nach dem Unionsrecht oder dem Recht der Mitgliedstaaten eine Verpflichtung zur Speicherung der personenbezogenen Daten besteht (vgl. BeckOK DatenschutzR/Spoerr DS-GVO Art. 28 Rn. 78 bis 80). Beim Auftragnehmer dürfen also keine Daten verbleiben. Das „oder" in Art. 28 Abs. 3 UAbs. 1 S. 2 lit. g DS-GVO ist daher nicht so zu verstehen, dass eine Rückgabe eine Löschung ausschließt, sondern es soll sichergestellt werden, dass zB auch alle elektronischen Kopien (die eventuell nicht zurückgegeben werden können) gelöscht werden.

**33. Vorrang individueller Vertragsabreden.** Ausführlich → Form. B. II. 1. Anm. 9.

**34. Daten bzw. Datenkategorien.** Bei der Angabe der Datenarten sind, soweit möglich, die einzelnen Datenfelder zu nennen (zB Vorname, Nachname, E-Mail-Adresse etc). Nur wenn dies nicht oder nicht abschließend möglich ist, sollten Oberbegriffe (zB Nutzungsdaten, Verkehrsdaten, Bestandsdaten) genutzt werden. Auch die Angaben zu den Betroffenen sollten so genau wie möglich gemacht werden (zB Mitarbeiter, Lieferanten, Kunden etc).

**35. Datensicherheitsmaßnahmen.** Die technischen und organisatorischen Maßnahmen (Datensicherheitsmaßnahmen), die der Auftragsverarbeiter zum Schutz der Daten treffen muss, müssen konkret und spezifisch festgelegt werden. Es ist nicht ausreichend, in der Anlage pauschale Aussagen zu tätigen und den Gesetzestext wiederzugeben, selbst wenn Art. 32 DS-GVO verschiedene Maßnahmen deutlich weniger konkretisiert, als es in der Anlage zu § 9 BDSG aF der Fall war. Den gesetzlichen Maßstab für die festzulegenden technisch-organisatorischen Maßnahmen bilden die Anforderungen des Art. 32 DS-GVO, der Maßnahmen in den Bereichen Zutritts-, Zugangs-, Zugriffs-, Weitergabe-, Eingabe-, Auftrags-, Verfügbarkeits- und Trennungskontrolle verlangt. Der Wortlaut des Art. 32 DS-GVO („unter anderem") verdeutlicht, dass die Aufzählung nicht abschließend ist. Grundsätzlich muss der schriftliche Auftrag daher spezifische Festlegungen zu diesen Fragen enthalten. Nur wenn die vom Auftragnehmer konkret ergriffenen Maßnahmen aufgeführt bzw. die erforderlichen Maßnahmen festgelegt werden, kann der Auftraggeber beurteilen, ob die personenbezogenen Daten ausreichend geschützt sind. In der Praxis wird die Anlage daher vom Auftragnehmer auszufüllen und vom Auftraggeber zu kontrollieren und zu vervollständigen sein. Auch seinen Kontrollpflichten kann der Auftraggeber nur nachkommen, wenn Maßnahmen vorher konkret vereinbart wurden.

**36. Auflistung der Subunternehmer.** Die Subunternehmer sind mit vollständiger Firma, Rechtsform, ladungsfähiger Anschrift (keine Postfächer), Kontaktdaten und Ansprechpartner anzugeben. Nur so kann der Auftraggeber sicherstellen, dass er seinen Pflichten nachkommen und seine Rechte auch bei den Subunternehmern geltend machen bzw. durchsetzen kann. Außerdem ist eine Beschreibung der jeweiligen Teilleistung(en) vorzunehmen.

**37. Nennung der Weisungsberechtigten/-empfänger.** Der Auftraggeber hat ein umfassendes Weisungsrecht über Art, Umfang und Verfahren der Datenverarbeitung. Um sicherzustellen, dass Weisungen ausschließlich von berechtigten Personen und ausschließlich gegenüber empfangsberechtigten Personen erfolgen, sind diese in einer Anlage zu benennen. Zu Änderungen bei den Weisungsberechtigten/-empfängern → Form. G. II. 2.

## 5. Maßnahmenübersicht und deren risikobasierte Bewertung bei der Auftragsverarbeitung

Nach Art. 28 Abs. 1 DS-GVO hat der Verantwortliche nur mit Auftragsverarbeitern zu arbeiten, die hinreichend Garantien dafür bieten, dass geeignete technische und organisatorische Maßnahmen so durchgeführt werden, dass die Verarbeitung im Einklang mit den Anforderungen der DS-GVO erfolgt und den Schutz der Rechte der betroffenen Personen gewährleistet. Nach Art. 28 Abs. 3 UAbs. 1 S. 2 lit. c DS-GVO hat der Auftragsverarbeiter alle gem. Art. 32 DS-GVO erforderlichen Maßnahmen zu ergreifen. Dies ist im Rahmen des abgeschlossenen Vertrags oder des stattdessen gewählten Rechtsinstruments festzulegen. Zudem muss der Auftragsverarbeiter nach Art. 28 Abs. 3 UAbs. 1 S. 2 lit. f DS-GVO den Verantwortlichen bei der Erfüllung von dessen Pflichten aus Art. 32 DS-GVO unterstützen. Dem Verantwortlichen sind alle nötigen Informationen zum entsprechenden Nachweis nach Art. 28 Abs. 3 UAbs. 1 S. 2 lit. h DS-GVO zur Verfügung zu stellen und entsprechende Überprüfungen durch den Verantwortlichen oder einem anderen von diesem beauftragten Prüfer zu ermöglichen. Aus diesen Gründen ist auch bei der Beurteilung der vom Auftragsverarbeiter getroffenen Maßnahmen eine risikobasierte Bewertung durchzuführen.

### § 1 Standortbezogene Maßnahmen

**Der Auftragsverarbeiter hat folgende standortbezogene Maßnahmen ergriffen (in der Spalte „Zugesichert" bitte entsprechend ankreuzen):**

| | | Betrifft Schutzziel | | | | |
|---|---|---|---|---|---|---|
| Nr. | Maßnahme | Zugesichert | Vertraulichkeit | Integrität | Verfügbarkeit | Belastbarkeit |
| 1.1 | Alle Standorte, an denen personenbezogene Daten des Verantwortlichen gespeichert werden, befinden sich in der EU. | | x | | x | |
| 1.2 | Alle Standorte, von denen aus auf personenbezogene Daten des Verantwortlichen zugegriffen wird, befinden sich entweder in der EU, in einem Drittstaat mit ausreichendem Datenschutzniveau oder sind in einem EU-Standardvertrag bzw. in genehmigten Verhaltensregeln eingebunden. | | x | | x | |
| 1.3 | Der Zutritt zum Gebäude, von dem heraus auf personenbezogene Daten des Verantwortlichen zugegriffen wird, ist nur befugten Personen gestattet bzw. möglich. | | x | | x | |
| 1.4 | Vergabe und Entzug von Zutrittsmitteln ist vollständig dokumentiert. | | x | | | |

| | | Betrifft Schutzziel | | | | |
|---|---|---|---|---|---|---|
| Nr. | Maßnahme | Zugesichert | Vertraulichkeit | Integrität | Verfügbarkeit | Belastbarkeit |
| 1.5 | Besucher, die Zutritt zum Gebäude erhalten, in dem personenbezogene Daten des Verantwortlichen verarbeitet werden, werden begleitet oder auf Vertraulichkeit verpflichtet. | | x | | | |
| 1.6 | Besucher sind dazu verpflichtet, während ihres Besuches im Gebäude, in dem personenbezogene Daten des Verantwortlichen verarbeitet werden, einen Besucherausweis zu tragen. | | x | | | |
| 1.7 | Am Standort eingesetztes Fremdpersonal (zB Reinigungskräfte, Sicherheitskräfte, Hausmeister) ist auf Vertraulichkeit verpflichtet worden. | | x | | | |
| 1.8 | Soweit die Auftragstätigkeit für den Verantwortlichen eine Verarbeitung in einer besonderen Schutzzone erfordert, ist sichergestellt, dass für die zugehörigen Räume dieser Schutzzone besondere Zutrittsmittel nötig sind, die dazu beitragen, dass nur Befugte Zutritt zu diesen Schutzzonen erhalten. | | x | | | |
| 1.9 | Soweit für die besonderen Schutzzonen darüber hinaus spezifische Vorkehrungen (wie zB Einbau einer Alarmanlage, Videoüberwachung, Einbruchsicherung) zu treffen sind, sind diese umgesetzt. | | x | | | |
| 1 | Anzahl erfüllter Schutzziele[1] | | | | | |

## § 2 Maßnahmen zum Schutz der Verarbeitungsanlage

Der Auftragsverarbeiter hat folgende verarbeitungsanlagenbezogene Maßnahmen ergriffen (in der Spalte „Zugesichert" bitte entsprechend ankreuzen):

| | | Betrifft Schutzziel | | | | |
|---|---|---|---|---|---|---|
| Nr. | Maßnahme | Zugesichert | Vertraulichkeit | Integrität | Verfügbarkeit | Belastbarkeit |
| 2.1 | Die zur Verarbeitung eingesetzten Server befinden sich in einem Serverraum, der als besondere Schutzzone behandelt wird. | | x | x | | |
| 2.2 | Im Serverraum, in dem sich Server befinden, mit deren Hilfe | | | | x | |

| | | Betrifft Schutzziel | | | | |
|---|---|---|---|---|---|---|
| Nr. | Maßnahme | Zugesichert | Vertraulichkeit | Integrität | Verfügbarkeit | Belastbarkeit |
| | personenbezogene Daten des Verantwortlichen verarbeitet werden, befinden sich keine Wasserleitungen ohne ausreichenden Überlaufschutz und keine unnötigen Brandlasten. | | | | | |
| 2.3 | Wartungstätigkeiten durch Fremdpersonal erfolgen im Serverraum nur unter Beaufsichtigung. | | x | x | x | |
| 2.4 | Der Serverraum verfügt über einen Mechanismus, der einen unbefugten Zutritt deutlich erschwert (zB Knauf an der Außentür, Zuzieher). | | x | x | x | |
| 2.5 | Server, auf denen personenbezogene Daten des Verantwortlichen verarbeitet werden, und für die Verarbeitung genutzte Netzwerkkomponenten sind gehärtet, soweit dies aus funktionalen und wartungstechnischen Gründen möglich ist. | | x | x | x | |
| 2.6 | Der Server wird nur mit personalisierten Administratoren-Accounts betrieben. | | x | x | x | |
| 2.7 | Für den administrativen Zugang zum Server besteht ein besonderer Schutz (zB dedizierter Zugang, Zugang nur aus Administrationsnetzwerk, Zwei-Faktor-Authentifizierung, Transportverschlüsselung). | | x | x | x | |
| 2.8 | Administrator-Accounts gewährleisten eine höhere Sicherheit als normale Nutzer-Accounts (zB durch signifikant längeres Kennwort, umfassende Kennworthistorie). | | x | x | x | |
| 2.9 | Bei den eingesetzten Servern und zur Verarbeitung genutzten Netzwerkkomponenten wurden etwaige Standardpasswörter neu gesetzt. | | x | x | x | |
| 2.10 | Soweit zur Administration des Servers funktionale Accounts genutzt werden, werden die Kennwörter dieser Accounts neu gesetzt, sobald ein zugangsbefugter Admin aus dem Team ausgeschieden ist. | | x | x | x | |

| | | Betrifft Schutzziel | | | | |
|---|---|---|---|---|---|---|
| Nr. | Maßnahme | Zugesichert | Vertraulichkeit | Integrität | Verfügbarkeit | Belastbarkeit |
| 2.11 | Auf dem Server durchgeführte Changes werden dokumentiert und wurden zuvor vom Auftragsverarbeiter sicherheitstechnisch geprüft. | | x | x | x | |
| 2.12 | Erforderliche Sicherheitspatches werden zeitnah eingespielt. | | x | x | x | |
| 2.13 | Für die Server besteht eine sichere und ausreichend robuste Default-Einstellung, um einen abgesicherten Wiederanlauf des Serversystems in der vorgesehenen Zeit durchführen zu können. | | | | | x |
| 2 | Anzahl erfüllter Schutzziele[1] | | | | | |

§ 3 Maßnahmen für einen ordnungsgemäßen Betrieb

Der Auftragsverarbeiter hat folgende Maßnahmen für den laufenden Betrieb der vereinbarten Tätigkeit ergriffen (in der Spalte „Zugesichert" bitte entsprechend ankreuzen):

| | | Betrifft Schutzziel | | | | |
|---|---|---|---|---|---|---|
| Nr. | Maßnahme | Zugesichert | Vertraulichkeit | Integrität | Verfügbarkeit | Belastbarkeit |
| 3.1 | Für die beim Auftragsverarbeiter gespeicherten personenbezogenen Daten des Verantwortlichen besteht eine Datensicherung nach dem Stand der Technik. | | | x | x | x |
| 3.2 | Zur Datensicherung eingesetzte Medien werden im Rahmen der Archivierung getrennt von produktiven Servern, mit denen personenbezogene Daten des Verantwortlichen verarbeitet werden, aufbewahrt. | | | | x | x |
| 3.3 | Die Wirksamkeit von Datensicherungen wird regelmäßig durch Wiedereinspieltests überprüft. | | | | x | x |
| 3.4 | Server, auf denen personenbezogene Daten des Verantwortlichen gespeichert werden, verfügen über eine ausreichend dimensionierte unterbrechungsfreie Stromversorgung. | | | x | x | |
| 3.5 | Die beim Auftragsverarbeiter gespeicherten personenbezogenen Daten des Verantwortlichen werden nach Ablauf der festgelegten Speicherdauer gelöscht. | | x | | | |

| | | Betrifft Schutzziel | | | | |
|---|---|---|---|---|---|---|
| Nr. | Maßnahme | Zugesichert | Vertraulichkeit | Integrität | Verfügbarkeit | Belastbarkeit |
| 3.6 | Die zur Auftragserledigung genutzte Infrastruktur wird mit tagesaktuellen Virenscannern vor Malware geschützt. | | | x | | |
| 3.7 | Beim Auftragsverarbeiter besteht eine ausreichende Netzwerksegmentierung und Netzwerksegregation. | | x | x | x | |
| 3.8 | Die Durchführung der Auftragsarbeiten wird mindestens einmal pro Jahr hinsichtlich der Wirksamkeit getroffener Maßnahmen kontrolliert. | | x | x | x | x |
| 3.9 | Wenn das Serversystem insgesamt oder für den Betrieb des Serversystems eingesetzte Komponenten ausgewechselt werden sollen, ist sichergestellt, dass sich auf zu entsorgenden Datenträgern keine lesbaren Daten des Verantwortlichen mehr befinden. | | x | | | |
| 3.10 | Wenn Datenträger entsorgt werden sollen, die Daten des Verantwortlichen enthalten, welche mittels des eingesetzten Serversystems gespeichert, übertragen oder ausgewertet werden, werden diese Datenträger entweder physisch zerstört oder mittels einer Löschungssoftware so überschrieben, dass eine Rekonstruktion der Daten mit vertretbarem Aufwand nicht mehr möglich ist. | | x | | | |
| 3.11 | Die Client-Systeme der Personen, die im Rahmen der Auftragserledigung auf personenbezogene Daten des Verantwortlichen zugreifen, weisen einen Bildschirmschutz auf, der nach ausreichend kurzer Zeit der Inaktivität eine automatische Sperrung auslöst, die nur durch Eingabe eines Kennwortes aufgehoben werden kann. | | x | x | x | |
| 3.12 | Benutzerpasswörter der zur Auftragserledigung eingesetzten Personen weisen eine hohe Passwortkomplexität mit mindestens acht Zeichen und unter Verwendung von Groß-, Kleinbuchsta- | | x | x | x | |

| | | Betrifft Schutzziel | | | | |
|---|---|---|---|---|---|---|
| Nr. | Maßnahme | Zugesichert | Vertraulichkeit | Integrität | Verfügbarkeit | Belastbarkeit |
| | ben, Zahlen und Sonderzeichen auf. | | | | | |
| 3.13 | Zugangsberechtigungen werden mit Ende der Gültigkeit der Berechtigungen unverzüglich gesperrt. | | x | x | x | |
| 3.14 | Personen, die personenbezogene Daten des Verantwortlichen verarbeiten, werden über die von ihnen einzuhaltenden Pflichten belehrt. | | x | x | x | |
| 3.15 | Im laufenden Betrieb festgestellte Sicherheitsvorfälle, die personenbezogene Daten des Verantwortlichen betreffen, werden dem Verantwortlichen unverzüglich gemeldet. | | | | | x |
| 3 | Anzahl erfüllter Schutzziele[1] | | | | | |

## § 4 Maßnahmen zur Absicherung fremdbetriebener Software

Der Auftragsverarbeiter hat folgende Maßnahmen zur Absicherung der von ihm für den Verantwortlichen betriebenen Software/Applikation/Services ergriffen (in der Spalte „Zugesichert" bitte entsprechend ankreuzen):

| | | Betrifft Schutzziel | | | | |
|---|---|---|---|---|---|---|
| Nr. | Maßnahme | Zugesichert | Vertraulichkeit | Integrität | Verfügbarkeit | Belastbarkeit |
| 4.1 | Für die eingesetzte Software wurden die implementierten Sicherheitsfunktionen für den Verantwortlichen nachvollziehbar dokumentiert (Vermeidung von Security by Obscurity). | | | x | x | |
| 4.2 | Für die Anpassung an den konkreten Einsatz und die Fortentwicklung der Software werden beim Auftragsverarbeiter bzw. vom Hersteller Programmierrichtlinien und Secure Coding Guidelines eingesetzt. | | x | x | x | x |
| 4.3 | Änderungen an der Software werden auf einer von der Produktivumgebung separierten Testumgebung vor ihrem produktiven Einsatz insbesondere sicherheitstechnisch überprüft. | | x | x | x | x |
| 4.4 | Die vom Auftragsverarbeiter für den Verantwortlichen betriebene | | x | x | x | x |

| Nr. | Maßnahme | Betrifft Schutzziel: Zugesichert | Vertraulichkeit | Integrität | Verfügbarkeit | Belastbarkeit |
|---|---|---|---|---|---|---|
| | Software wird regelmäßig sog. Penetrationstests unterzogen, um etwaig vorhandene und von Angreifern ausnutzbare Sicherheitslücken aufzudecken und wirksam schließen zu können. | | | | | |
| 4.5 | Die eingesetzte Software gewährleistet ein ausreichend differenziertes Berechtigungs- und Rollenkonzept, um beim Verantwortlichen bestehende Anforderungen zur Segregation of Duties bzw. zum Vier-Augen-Prinzip erfüllen zu können. | | x | x | | |
| 4.6 | Die Software unterstützt Protokollierungen, anhand derer nachvollzogen werden kann, welcher (individuelle bzw. systembezogene) Nutzer welche Daten eingegeben, verändert, gelöscht oder exportiert hat. | | | x | | x |
| 4.7 | Die eingesetzte Software bietet Funktionalitäten zum Export von Daten in migrationsfähigem Format an. | | | | | x |
| 4.8 | Die eingesetzte Software gewährleistet eine ausreichende (zumindest logische) Mandantentrennung, soweit dies einsatzbezogen erforderlich ist. | | x | | | |
| 4 | Anzahl erfüllter Schutzziele[1] | | | | | |

§ 5 Überprüfung ausreichender Zusagen des Auftragsverarbeiters

(1) Anhand der Zusagen des Auftragsverarbeiters ist zu prüfen,[2] ob jeweils ein ausreichender Schutz in Bezug auf die Schutzziele besteht, indem die jeweiligen Kreuze in den Spalten aufsummiert werden, die vom Auftragsverarbeiter zugesagt wurden.

(2) Sind für das zu betrachtende Auftragsverhältnis weitere Schutzmaßnahmen erforderlich, sind diese weiteren Maßnahmen entweder an passender Stelle zu ergänzen oder es ist ein weiterer Paragraph hierfür einzufügen.

(3) Wurde zu einer zu beauftragenden Verarbeitungstätigkeit, zB im Zuge einer Datenschutz-Folgenabschätzung oder Risikoanalyse, ermittelt, dass vom Auftragsverarbeiter bestimmte Zusagen gemacht werden müssen, die von ihm jedoch nicht gemacht werden (können oder wollen), ist diese Nichterfüllung vom Verantwortlichen zu bewerten. Anschließend ist mit dem Auftragsverarbeiter das weitere Vorgehen (zB in Form von Zusicherungen über Planungen zur Vornahme von Abhilfemaßnahmen) abzustimmen. Alternativ kann das unter Umständen dazu führen, dass der geplante Auftragsverarbeiter als ungeeignet anzusehen ist.

§ 6 Referenzwerte für eine risikobasierte Prüfung zugesicherter Maßnahmen

(1) Für die standortbezogenen Maßnahmen gilt:

| | Betrifft Schutzziel | | | | |
|---|---|---|---|---|---|
| Maßnahme | Zugesichert | Vertraulichkeit | Integrität | Verfügbarkeit | Belastbarkeit |
| Anzahl erfüllter Schutzziele | | 9 | 0 | 3 | 0 |
| Nötig bei mittlerem Risiko | | 6 | 0 | 2 | 0 |
| Nötig bei hohem Risiko | | 8 | 0 | 2 | 0 |

(2) Für Maßnahmen zum Schutz der Verarbeitungsanlage gilt:

| | Betrifft Schutzziel | | | | |
|---|---|---|---|---|---|
| Maßnahme | Zugesichert | Vertraulichkeit | Integrität | Verfügbarkeit | Belastbarkeit |
| Anzahl erfüllter Schutzziele | | 11 | 11 | 11 | 1 |
| Nötig bei mittlerem Risiko | | 8 | 8 | 6 | 1 |
| Nötig bei hohem Risiko | | 9 | 9 | 8 | 1 |

(3) Für Maßnahmen für einen ordnungsgemäßen Betrieb gilt:

| | Betrifft Schutzziel | | | | |
|---|---|---|---|---|---|
| Maßnahme | Zugesichert | Vertraulichkeit | Integrität | Verfügbarkeit | Belastbarkeit |
| Anzahl erfüllter Schutzziele | | 9 | 9 | 10 | 5 |
| Nötig bei mittlerem Risiko | | 6 | 6 | 5 | 3 |
| Nötig bei hohem Risiko | | 8 | 8 | 7 | 4 |

(4) Für Maßnahmen zur Absicherung fremdbetriebener Software gilt:

| | Betrifft Schutzziel | | | | |
|---|---|---|---|---|---|
| Maßnahme | Zugesichert | Vertraulichkeit | Integrität | Verfügbarkeit | Belastbarkeit |
| Anzahl erfüllter Schutzziele | | 5 | 6 | 4 | 5 |
| Nötig bei mittlerem Risiko | | 4 | 4 | 2 | 3 |
| Nötig bei hohem Risiko | | 4 | 5 | 3 | 4 |

## Anmerkungen

**1. Erforderlicher Mindestschutz bei den jeweils aufgeführten Maßnahmen.** Von den angegebenen Maßnahmen zu den Schutzzielen Vertraulichkeit und Integrität sollten bereits bei normalem Risiko mindestens zwei Drittel der Maßnahmen vom Auftragsverarbeiter zugesichert werden, bei hohem Risiko mindestens 80 Prozent, da die aufgeführten Maßnahmen als Basismaßnahmen anzusehen sind und Verstöße gegen den Grundsatz der Integrität und Vertraulichkeit mit einem höheren Bußgeld versehen sind.

Von den vorgegebenen Maßnahmen zu den Schutzzielen Verfügbarkeit und Belastbarkeit sollten bei normalem Risiko mindestens die Hälfte vom Auftragsverarbeiter zugesichert werden und bei hohem Risiko mindestens zwei Drittel, um einen erfahrungsgemäß noch ausreichenden Schutz nachweisen zu können.

Unter Umständen kann es je nach Art der Verarbeitung, die durch den Auftragsverarbeiter durchgeführt wird, notwendig sein, dass spezifische Maßnahmen zwingend zuzusichern und zu erfüllen sind.

**2. Prüfung der Zusagen des Auftragsverarbeiters.** Jede Auftragsverarbeitung wird wenigstens an einem Standort, unter Verwendung wenigstens einer Verarbeitungsanlage und im Rahmen des auftragsspezifischen Betriebs durchgeführt, welcher ordnungsgemäß durchzuführen ist. Damit müssen alle drei Dimensionen jeweils ein ausreichendes Schutzniveau aufweisen.

Betreibt der Auftragsverarbeiter darüber hinaus noch für den Verantwortlichen eine Software, Applikation oder Services, muss darüber hinaus auch die Dimension zur Absicherung fremdbetriebener Software ein ausreichendes Schutzniveau aufweisen.

Unter Umständen kommen noch weitere Dimensionen hinzu, zB zum Datentransfer oder zur Vergabe von Unteraufträgen, welche weitere Maßnahmen erfordern. Eine „Verrechnung“ von Maßnahmen zwischen den verschiedenen Dimensionen ist abhängig von den Verarbeitungstätigkeiten und dem zu gewährleistenden Schutzbedarf der Daten grundsätzlich möglich. Dies ist insoweit bei der Bewertung der Prüfung ausdrücklich zu dokumentieren, aber in der Regel nicht sinnvoll.

Für jede Dimension ist separat zu prüfen, ob die vom Auftragsverarbeiter zugesicherten Zusagen ein ausreichendes Schutzniveau beschreiben. Im ersten Schritt kann diese Prüfung „auf dem Papier“ durchgeführt werden. Die entsprechend durchgeführte Prüfung ist zu dokumentieren, indem zB zur Liste der Zusicherungen ein bestätigender Vermerk angefertigt wird, aus dem hervorgeht, dass die vorgelegten Zusicherungen als ausreichend oder eben als unzureichend angesehen werden. Ersteres kann auch vereinfacht als zusammenfassender Einzeiler erfolgen, bei Letzterem ist dagegen zu dokumentieren, aus welchen Gründen die vorliegenden Zusicherungen als unzureichend eingestuft wurden. Der Vermerk kann formfrei erfolgen, muss aber den Namen des Prüfers und die Angabe der referenzierten Zusicherungen und des Berichtszeitpunktes enthalten.

Bei längerfristiger bzw. wiederholt erteilter Auftragsvergabe und soweit die vom Auftragsverarbeiter verarbeiteten Daten einen hohen Schutzbedarf aufweisen, sollte die Prüfung entweder durch Vorlage einer ausreichend vertrauenswürdigen Bestätigung einer unabhängigen Stelle (zB Datenschutzbeauftragter, Zertifizierungsstelle, fachlich ausgewiesenem Auditor) oder durch eine selbst beim Auftragsverarbeiter durchgeführte und aussagekräftig dokumentierte Auftragskontrolle erfolgen. Zu Verfahren zur Durchführung von Wirksamkeitskontrollen → Form. C. V. 4. Aus der zugehörigen Dokumentation muss dabei ausdrücklich hervorgehen, welche Zusicherungen vor Ort mit welchem Ergebnis geprüft wurden. Dies kann vereinfacht in Form einer Checkliste erfolgen, in der abgehakt wird, dass der entsprechende Prüfpunkt bestätigt werden kann. Gibt es Feststellungen im Rahmen der Prüfung, dass entweder eine Zusicherung nicht, nicht vollständig oder auf andere Weise erfüllt wird, ist dies entsprechend im Bericht auszuweisen. Die anzufertigende Dokumentation der Vor-Ort-Prüfung kann formfrei erfolgen, muss aber ebenfalls den Namen des Prüfers, die Angabe der referenzierten Zusicherungen und des Berichtszeitpunktes sowie die Angabe des Zeitraums der zugrundeliegenden Vor-Ort-Prüfung beinhalten.

Im Rahmen der Wirksamkeitskontrolle sollte geprüft werden, ob die implementierte Maßnahme auch tatsächlich dazu geeignet ist, angestrebte Sicherheitsziele zu erfüllen. Erfüllt eine Maßnahme dies nicht vollumfänglich, ist eine zusätzliche, den Mangel kompensierende Maßnahme erforderlich. Ist dies jedoch nicht der Fall, ist für das betreffende Sicherheitsziel der erreichte Wert entsprechend zu reduzieren. Unterschreitet damit der Auftragsverarbeiter den zu erreichenden Mindestschutz, sollte die Umsetzung geeigneter kompensatorischer Maßnahmen explizit als Ergebnis der durchgeführten Prüfung mit dem Auftragsverarbeiter vereinbart werden.

## 6. Standardvertragsklauseln der EU-Kommision für Auftragsverarbeitungsverträge mit Ergänzungsklauseln

**Mangelhafte Auftragsverarbeitungsverträge** stellen nicht nur einen Sanktionstatbestand dar (Art. 83 Abs. 4 lit. a DS-GVO) und führen im Schadensersatzprozess dazu, dass Verantwortliche wie Auftragsverarbeiter haften und sich regelmäßig nicht nach Art. 82 Abs. 3 DS-GVO entlasten können. Jedenfalls eine **mangelhafte Weisungsbindung** führt sogar dazu, dass überhaupt **keine Auftragsverarbeitung** mehr vorliegt, sondern regelmäßig eine rechtswidrige Übermittlung in eine regelmäßig rechtswidrige gemeinsame Verantwortlichkeit (im Detail Bergt DuD 2023, 169; vgl. nunmehr auch Kühling/Buchner/Hartung DS-GVO Art. 28 Rn. 61; zur Parallelnorm § 48 BlnDSG HK-BlnDSG/Bergt § 48 Rn. 10 f., 13 ff.).

Mit den Standardvertragsklauseln für Auftragsverarbeitungsverträge (Durchführungsbeschluss (EU) 2021/915 der Kommission vom 4.6.2021 über Standardvertragsklauseln zwischen Verantwortlichen und Auftragsverarbeitern gemäß Artikel 28 Absatz 7 der Verordnung (EU) 2016/679 des Europäischen Parlaments und des Rates und Artikel 29 Absatz 7 der Verordnung (EU) 2018/1725 des Europäischen Parlaments und des Rates, C/2021/3701, ABl. 2021 L 199, 18–30) hat die EU-Kommission ihre Befugnis aus Art. 28 Abs. 7 DS-GVO genutzt, einen Auftragsverarbeitungsvertrag zu entwickeln, der – vorbehaltlich einer gegenteiligen Entscheidung des EuGH – als rechtskonform gilt. Auch die Standardvertragsklauseln für Datenexporte (Durchführungsbeschluss (EU) 2021/914 der Kommission vom 4.6.2021 über Standardvertragsklauseln für die Übermittlung personenbezogener Daten an Drittländer gemäß der Verordnung (EU) 2016/679 des Europäischen Parlaments und des Rates, C/2021/3972, ABl. 2021 L 199, 31–61) enthalten, gestützt auf Art. 28 Abs. 7 DS-GVO, Module für die Auftragsverarbeitung.

Während bei der Nutzung der Standardvertragsklauseln zur Rechtfertigung von Datenexporten der darin enthaltene Auftragsverarbeitungsvertrag verpflichtend ist, ist die Nutzung der Standardvertragsklauseln für Auftragsverarbeitungsverträge den Parteien freigestellt. Die Standardvertragsklauseln für Auftragsverarbeitungsverträge zu nutzen, erleichtert allerdings die Vertragsverhandlung und -prüfung. Hier lassen sich erhebliche Kosten einsparen.

Unter Umständen ist aber die **Rechtssicherheit** noch viel wichtiger, die die Standardvertragsklauseln bieten: Einerseits erfüllen sie tatsächlich fast vollständig die Anforderungen des Art. 28 DS-GVO – was man von vielen anderen Auftragsverarbeitungsverträgen nicht gerade behaupten kann (zur Prüfung von Auftragsverarbeitungsverträgen → Form. G. I. 6.). Andererseits gilt für sie als Rechtsakt der Europäischen Union die Vermutung der Rechtmäßigkeit und Gültigkeit. Nationale Gerichte sind nicht befugt, die Standardvertragsklauseln als nicht den Anforderungen des Art. 28 DS-GVO entsprechend zu behandeln. Sie müssen bei Zweifeln vielmehr nach

Art. 267 AEUV diese Frage dem EuGH vorlegen. Dies kann etwa im Vergabenachprüfungsverfahren aus praktischer Sicht entscheidend sein. Auch kann man sich – korrektes Ausfüllen und Verzicht auf widersprechende Zusatzregelungen vorausgesetzt – bei Nutzung der Standardvertragsklauseln sicher vor Geldbußen wegen Verstößen gegen Art. 28 Abs. 3 DS-GVO fühlen.

Nachteil der Standardvertragsklauseln ist allerdings, dass die EU-Kommission keinerlei Regelungen aufnehmen wollte, die auch nur in den Verdacht geraten könnten, Business-Fragen zu regeln. Im Wesentlichen hat sie alles weggelassen, was nicht in jedem Fall zwingend so geregelt werden muss. Auch nutzen die Standardvertragsklauseln viele unbestimmte Rechtsbegriffe, sind in ihren Formulierungen oft optimierungsfähig und in manchen Bereichen und für manche Anwendungsfälle schlicht unterkomplex. Wer die Standardvertragsklauseln „out of the box" anwendet, läuft deshalb Gefahr, **wichtige Fragen ungeregelt** zu lassen.

Die Standardvertragsklauseln dürfen **keinesfalls abgewandelt werden,** wenn sie ihre Rechtswirkungen behalten sollen. Diese Rechtswirkungen sind im Fall der Standardvertragsklauseln der EU-Kommission für Datenexporte, dass sie – zusammen mit der Prüfung von Rechtslage und ggf. -praxis im Drittland und ggf. ergänzenden Schutzmaßnahmen – geeignete Garantien iSv Art. 46 Abs. 2 lit. c DS-GVO bieten und Art. 28 Abs. 3, 4 DS-GVO als erfüllt gelten. Im Fall der Standardvertragsklauseln für Auftragsverarbeitungsverträge sind die Rechtswirkungen nur, dass Art. 28 Abs. 3, 4 DS-GVO als erfüllt gelten. Trotz des grundsätzlichen Abwandlungsverbots ist es aber zulässig, die Standardvertragsklauseln in einen **umfangreicheren Vertrag aufzunehmen und weitere Klauseln** oder zusätzliche Garantien hinzuzufügen, sofern diese **weder unmittelbar noch mittelbar im Widerspruch zu den Standardvertragsklauseln** stehen oder die Grundrechte oder Grundfreiheiten der betroffenen Personen beschneiden. Jede einzelne derartige unzulässige Klausel (oder sonstige negative Abwandlung) führt bereits für sich genommen bei den Datenexport-Standardvertragsklauseln dazu, dass diese den Datenexport nicht rechtfertigen können, da Art. 46 Abs. 2 lit. c DS-GVO nur für die unveränderten Standardvertragsklauseln gilt. Der Datenexport wird durch solche Abwandlungen der Standardvertragsklauseln der EU-Kommission für Datenexporte regelmäßig unheilbar rechtswidrig. Hinsichtlich Art. 28 DS-GVO dagegen entfällt bei beiden Standardvertragsklauseln der EU-Kommission nur die Fiktion der Einhaltung des Gesetzes: Ob die gesetzlichen Anforderungen eingehalten sind, ist dann immer noch im Einzelfall zu prüfen. (Das Ergebnis wird allerdings regelmäßig negativ sein, weil etwa Klausel 7.7.b) nicht Art. 28 Abs. 3 UAbs. 1 lit. d, Abs. 4 S. 1 DS-GVO genügt, → Anm. 26.).

In der Praxis ist insbesondere bei US-Unternehmen immer wieder festzustellen, dass zusätzliche Klauseln **ausdrücklich von den Standardvertragsklauseln abweichen,** indem sie etwa Prüfrechte des Auftraggebers oder Nachweispflichten des Auftragnehmers unter Bedingungen stellen. Noch tückischer sind allerdings Klauseln, die **indirekt im Widerspruch** zu den Standardvertragsklauseln stehen, etwa weil sie **Rechte und Pflichten der Parteien faktisch entwerten.** Muss ein Verantwortlicher beispielsweise auch dann für eine Kontrolle des Auftragsverarbeiters bezahlen, wenn diese durch einen Vertragsverstoß des Auftragsverarbeiters erforderlich geworden ist, wird er die Kontrolle oftmals aus rein finanziellen Gründen nicht durchführen. Solche Klauseln verstoßen gegen Art. 28 Abs. 3 DS-GVO (beispielhaft etwa → Form. G. I. 6. Anm. 31, 16, 27) und stehen auch im Widerspruch zu den Regelungen der Standardvertragsklauseln, die zwar keine Kostenklauseln enthalten (da Business-Frage), aber zunächst einmal gemäß der gesetzlichen Regelung ein nicht derartig beschränktes Kontrollrecht vorsehen.

Das vorliegende **Formular ergänzt die Standardvertragsklauseln** der EU-Kommission für Auftragsverarbeitungsverträge um weitere Klauseln, die wichtige Fragen regeln und gleichzeitig Widersprüche zu den Standardvertragsklauseln vermeiden. Der Übersichtlichkeit halber sind sie als Ergänzungsklauseln des Bearbeiters zu den jeweiligen Klauseln aus den Standardvertragsklauseln gestaltet: Dadurch werden die Standardvertragsklauseln nicht abgeändert; dennoch sind inhaltlich zusammengehörige Fragen so nah wie möglich beisammen geregelt. Verschiedene Ergänzungsklauseln stellen zudem die Bedeutung der für sich genommen nicht eindeutigen Klauseln klar, weil die Praxis viel Aufwand für Argumentationen betreibt, dass ein bestimmter Vertragsinhalt doch anders zu verstehen sei. Da in diesen Fällen regelmäßig auch argumentiert wird, dieses Verständnis sei gesetzeskonform, helfen (außergerichtlich) auch die Auslegungsregeln in Klausel 3 nicht weiter. Nicht alle Ergänzungsklauseln passen für alle Fälle; je nach der konkreten Interessenlage sind eine Auswahl und Anpassungen erforderlich. Gerade komplexe Auftragsverarbeitungsverhältnisse werden darüber hinaus detaillierte zusätzliche Regelungen erfordern.

Das folgende Muster druckt die Standardvertragsklauseln der EU-Kommission für Auftragsverarbeitungsverträge vollständig ab und ergänzt es an den jeweils passenden Stellen um die ausdrücklich als solche bezeichneten Ergänzungsklauseln des Bearbeiters. Da die Regelungen der Standardvertragsklauseln der EU-Kommission für Auftragsverarbeitungsverträge ihre Entsprechungen in den Standardvertragsklauseln der EU-Kommission für Datenexporte finden, können auch die Ergänzungsklauseln die Standardvertragsklauseln der EU-Kommission für Datenexporte an entsprechender Stelle ergänzen.

## Standardvertragsklauseln der EU-Kommission mit Ergänzungsklauseln des Bearbeiters

### ABSCHNITT I

Klausel 1. Zweck und Anwendungsbereich

a) **Mit diesen Standardvertragsklauseln (im Folgenden „Klauseln") soll die Einhaltung von [zutreffende Option auswählen: OPTION 1: Artikel 28 Absätze 3 und 4 der Verordnung (EU) 2016/679 des Europäischen Parlaments und des Rates vom 27. April 2016 zum Schutz natürlicher Personen bei der Verarbeitung personenbezogener Daten, zum freien Datenverkehr und zur Aufhebung der Richtlinie 95/46/EG (Datenschutz-Grundverordnung)] oder [OPTION 2: Artikel 29 Absätze 3 und 4 der Verordnung (EU) 2018/1725 des Europäischen Parlaments und des Rates vom 23. Oktober 2018 zum Schutz natürlicher Personen bei der Verarbeitung personenbezogener Daten durch die Organe, Einrichtungen und sonstigen Stellen der Union, zum freien Datenverkehr und zur Aufhebung der Verordnung (EG) Nr. 45/2001 und des Beschlusses Nr. 1247/2002/EG] sichergestellt werden.**

[BEGINN ERGÄNZUNGSKLAUSEL DES BEARBEITERS]

Ergänzungsklausel 1.a)[1]

(1) Ergeben sich Änderungen bezüglich Zweck der Verarbeitung, Art der personenbezogenen Daten und/oder Kategorien betroffener Personen, ist der Auftragsverarbeiter verpflichtet, auf ein entsprechendes Verlangen seitens des Verantwortlichen eine schriftliche Vereinbarung zur Änderung des Anhangs II mit dem Verantwortlichen abzuschließen. Die durch den Auftragsverarbeiter unterzeichnete Vertragsänderung muss dem Verantwortlichen unverzüglich, spätestens binnen einer Woche, nachdem dem Auftragsverarbeiter das entsprechende Verlangen des Verantwortlichen zugegangen ist, zugehen. Eine Nichteinhaltung dieser Verpflichtung stellt für den Verantwortlichen einen wichtigen Grund zur Kündigung des Vertrages[2] nach § 314 BGB dar.

(2) Ergeben sich durch eine Erweiterung von Zweck der Verarbeitung, Art der personenbezogenen Daten und/oder Kategorien betroffener Personen höhere Kosten für die erforderlichen technischen und organisatorischen Maßnahmen, die der Auftragsverarbeiter zu ergreifen hat, so ist die Vergütung, die der Verantwortliche an den Auftragsverarbeiter zu zahlen hat, angemessen anzupassen, soweit die Mehrkosten nicht durch Einsparungen an anderer Stelle ausgeglichen werden können.

(3) Zurückbehaltungsrechte des Auftragsverarbeiters gegen die Verpflichtungen aus dieser Ergänzungsklausel sind ausgeschlossen.

[ENDE ERGÄNZUNGSKLAUSEL]

b) Die in Anhang I aufgeführten Verantwortlichen und Auftragsverarbeiter haben diesen Klauseln[2] zugestimmt, um die Einhaltung von Artikel 28 Absätze 3 und 4 der Verordnung (EU) 2016/679 und/oder Artikel 29 Absätze 3 und 4 der Verordnung (EU) 2018/1725 zu gewährleisten.

c) Diese Klauseln[2] gelten für die Verarbeitung personenbezogener Daten gemäß Anhang II.1

d) Die Anhänge I bis IV sind Bestandteil der Klauseln.[2]

e) Diese Klauseln[2] gelten unbeschadet der Verpflichtungen, denen der Verantwortliche gemäß der Verordnung (EU) 2016/679 und/oder der Verordnung (EU) 2018/1725 unterliegt.

f) Diese Klauseln[2] stellen für sich allein genommen nicht sicher, dass die Verpflichtungen im Zusammenhang mit internationalen Datenübermittlungen gemäß Kapitel V der Verordnung (EU) 2016/679 und/oder der Verordnung (EU) 2018/1725 erfüllt werden.[3]

Klausel 2. Unabänderbarkeit der Klauseln[4]

a) Die Parteien verpflichten sich, die Klauseln[2] nicht zu ändern, es sei denn, zur Ergänzung oder Aktualisierung der in den Anhängen angegebenen Informationen.

b) Dies hindert die Parteien nicht daran, die in diesen Klauseln[2] festgelegten Standardvertragsklauseln in einen umfangreicheren Vertrag aufzunehmen und weitere Klauseln oder zusätzliche Garantien hinzuzufügen, sofern diese weder unmittelbar noch mittelbar im Widerspruch zu den Klauseln[2] stehen oder die Grundrechte oder Grundfreiheiten der betroffenen Personen beschneiden.

Klausel 3. Auslegung

a) Werden in diesen Klauseln[2] die in der Verordnung (EU) 2016/679 bzw. der Verordnung (EU) 2018/1725 definierten Begriffe verwendet, so haben diese Begriffe dieselbe Bedeutung wie in der betreffenden Verordnung.
b) Diese Klauseln[2] sind im Lichte der Bestimmungen der Verordnung (EU) 2016/679 bzw. der Verordnung (EU) 2018/1725 auszulegen.
c) Diese Klauseln[2] dürfen nicht in einer Weise ausgelegt werden, die den in der Verordnung (EU) 2016/679 oder der Verordnung (EU) 2018/1725 vorgesehenen Rechten und Pflichten zuwiderläuft oder die Grundrechte oder Grundfreiheiten der betroffenen Personen beschneidet.

Klausel 4. Vorrang

Im Falle eines Widerspruchs zwischen diesen Klauseln[2] und den Bestimmungen damit zusammenhängender Vereinbarungen, die zwischen den Parteien bestehen oder später eingegangen oder geschlossen werden, haben diese Klauseln[2] Vorrang.

Klausel 5 – fakultativ. Kopplungsklausel[5]

a) Eine Einrichtung, die nicht Partei dieser Klauseln[2] ist, kann diesen Klauseln[2] mit Zustimmung aller Parteien jederzeit als Verantwortlicher oder als Auftragsverarbeiter beitreten, indem sie die Anhänge ausfüllt und Anhang I unterzeichnet.
b) Nach Ausfüllen und Unterzeichnen der unter Buchstabe a genannten Anhänge wird die beitretende Einrichtung als Partei dieser Klauseln[2] behandelt und hat die Rechte und Pflichten eines Verantwortlichen oder eines Auftragsverarbeiters entsprechend ihrer Bezeichnung in Anhang I.
c) Für die beitretende Einrichtung gelten für den Zeitraum vor ihrem Beitritt als Partei keine aus diesen Klauseln[2] resultierenden Rechte oder Pflichten.

## ABSCHNITT II. PFLICHTEN DER PARTEIEN

Klausel 6. Beschreibung der Verarbeitung[1]

Die Einzelheiten der Verarbeitungsvorgänge, insbesondere die Kategorien personenbezogener Daten und die Zwecke, für die die personenbezogenen Daten im Auftrag des Verantwortlichen verarbeitet werden, sind in Anhang II aufgeführt.

Klausel 7. Pflichten der Parteien

7.1. Weisungen

a) Der Auftragsverarbeiter verarbeitet personenbezogene Daten nur auf dokumentierte Weisung des Verantwortlichen, es sei denn, er ist nach Unionsrecht oder nach dem Recht eines Mitgliedstaats, dem er unterliegt, zur Verarbeitung verpflichtet.[6] In einem solchen Fall teilt der Auftragsverarbeiter dem Verantwortlichen diese rechtlichen Anforderungen vor der Verarbeitung mit, sofern das betreffende Recht dies nicht wegen eines wichtigen öffentlichen Interesses verbietet. Der Verantwortliche kann während der gesamten Dauer der Verarbeitung personenbezogener Daten weitere Weisungen erteilen.[7] Diese Weisungen sind stets zu dokumentieren.[8]

[BEGINN ERGÄNZUNGSKLAUSEL DES BEARBEITERS]

Ergänzungsklausel 7.1.a)[8]

(1) [VARIANTE 1] [Der Auftragsverarbeiter dokumentiert alle Weisungen des Verantwortlichen mit fortlaufender Nummerierung und übersendet eine die Urheberschaft des Auftragsverarbeiters nachweisende (digital signierte) Kopie (einschließlich der Nummerierung) an den Verantwortlichen. Der Auftragsverarbeiter stellt dem Verantwortlichen die für die Prüfung der Signatur erforderlichen Informationen (insbesondere den öffentlichen Signaturschlüssel) zur Verfügung. [ENDE VARIANTE 1]
[VARIANTE 2] Sämtliche Weisungen sind durch den Auftragsverarbeiter [mit Kopie an den Verantwortlichen] [revisionssicher] zu dokumentieren. [ENDE VARIANTE 2]

(2) Die Prüfung und Ausführung von Weisungen, die entweder nicht in den nach dem Vertrag[2] vorgesehenen Programmen und Verfahren zur automatisierten Ausführung vorgesehen sind oder nicht durch die Nutzung dieser Funktionen erteilt werden, ist dem Auftragsverarbeiter durch den Verantwortlichen gesondert zu vergüten. Dies gilt nicht, soweit eine Weisung erforderlich ist, um einen vertrags- und/oder gesetzeskonformen Zustand herzustellen und der Umstand, dass dieser Zustand ohne die Weisung nicht besteht, im Verantwortungsbereich des Auftragsverarbeiters liegt.[9]

(3) Der Auftragsverarbeiter ist verpflichtet, die Weisungen des Verantwortlichen unverzüglich auszuführen, im Fall der Berichtigung, Löschung und Einschränkung der Verarbeitung unverzüglich, aber in jedem Fall spätestens innerhalb von fünf Werktagen. Der Verantwortliche ist berechtigt, dem Auftragsverarbeiter für die Ausführung der Weisungen im Einzelfall eine jeweils angemessene Frist zu setzen, die der Auftragsverarbeiter einzuhalten hat.[10]

[ENDE ERGÄNZUNGSKLAUSEL]

b) Der Auftragsverarbeiter informiert den Verantwortlichen unverzüglich, wenn er der Auffassung ist, dass vom Verantwortlichen erteilte Weisungen gegen die Verordnung (EU) 2016/679, die Verordnung (EU) 2018/1725 oder geltende Datenschutzbestimmungen der Union oder der Mitgliedstaaten verstoßen.

[BEGINN ERGÄNZUNGSKLAUSEL DES BEARBEITERS]

Ergänzungsklausel 7.1.b)

(1) Der Verantwortliche weist den Auftragsverarbeiter an, die Durchführung derjenigen Weisung, bezüglich der er den Verantwortlichen nach Klausel 7.1.b) informiert hat und die der Auftragsverarbeiter für eindeutig rechtswidrig hält, solange auszusetzen, bis sie durch die weisungsberechtigte Person beim Verantwortlichen bestätigt oder geändert wird, und den Verantwortlichen mit der Information nach Klausel 7.1.b) über die Aussetzung zu informieren.[11]

(2) Der Auftragsverarbeiter hat den Verantwortlichen zumindest stichwortartig über die Gründe zu informieren, aus denen der Auftragsverarbeiter der Meinung ist, eine Weisung verstoße gegen datenschutzrechtliche Vorschriften.[12]

[ENDE ERGÄNZUNGSKLAUSEL]

7.2. Zweckbindung

Der Auftragsverarbeiter verarbeitet die personenbezogenen Daten nur für den/die in Anhang II genannten spezifischen Zweck(e), sofern er keine weiteren Weisungen des Verantwortlichen erhält.[13]

7.3. Dauer der Verarbeitung personenbezogener Daten

Die Daten werden vom Auftragsverarbeiter nur für die in Anhang II angegebene Dauer verarbeitet.

7.4. Sicherheit der Verarbeitung

a) Der Auftragsverarbeiter ergreift mindestens die in Anhang III aufgeführten technischen und organisatorischen Maßnahmen, um die Sicherheit der personenbezogenen Daten zu gewährleisten. Dies umfasst den Schutz der Daten vor einer Verletzung der Sicherheit, die, ob unbeabsichtigt oder unrechtmäßig, zur Vernichtung, zum Verlust, zur Veränderung oder zur unbefugten Offenlegung von beziehungsweise zum unbefugten Zugang zu den Daten führt (im Folgenden „Verletzung des Schutzes personenbezogener Daten“). Bei der Beurteilung des angemessenen Schutzniveaus tragen die Parteien dem Stand der Technik, den Implementierungskosten, der Art, dem Umfang, den Umständen und den Zwecken der Verarbeitung sowie den für die betroffenen Personen verbundenen Risiken gebührend Rechnung.

[BEGINN ERGÄNZUNGSKLAUSEL DES BEARBEITERS]

Ergänzungsklausel 7.4.a)[14]

Über die Verpflichtungen aus Klausel 7.4 hinaus wird der Auftragsverarbeiter in jedem Fall mindestens diejenigen technischen und organisatorischen Maßnahmen treffen, die nach Art. 32 DS-GVO erforderlich sind. Soweit die in Anhang III aufgeführten Maßnahmen über das nach Art. 32 DS-GVO Erforderliche hinausgehen, stellen sie den Mindestbestand an zu treffenden technischen und organisatorischen Maßnahmen dar.

[ENDE ERGÄNZUNGSKLAUSEL]

b) Der Auftragsverarbeiter gewährt seinem Personal nur insoweit Zugang zu den personenbezogenen Daten, die Gegenstand der Verarbeitung sind, als dies für die Durchführung, Verwaltung und Überwachung des Vertrags[2] unbedingt erforderlich ist. Der Auftragsverarbeiter gewährleistet, dass sich die zur Verarbeitung der erhaltenen personenbezogenen Daten befugten Personen zur Vertraulichkeit verpflichtet haben oder einer angemessenen gesetzlichen Verschwiegenheitspflicht unterliegen.

[BEGINN ERGÄNZUNGSKLAUSEL DES BEARBEITERS]

Ergänzungsklausel 7.4.b)[15]

Die Parteien sind sich einig, dass die nach Klausel 7.4.b) erforderliche Verpflichtung zur Vertraulichkeit bzw. gesetzliche Verschwiegenheitspflicht zeitlich unbeschränkt sowohl über die Zeit der Auftragsverarbeitung als auch über die Tätigkeit für den Auftragsverarbeiter hinaus zu gelten hat.

[ENDE ERGÄNZUNGSKLAUSEL]

7.5. Sensible Daten[16]

Falls die Verarbeitung personenbezogene Daten betrifft, aus denen die rassische oder ethnische Herkunft, politische Meinungen, religiöse oder weltanschauliche Überzeugungen oder die Gewerkschaftszugehörigkeit hervorgehen, oder die genetische Daten oder biometrische Daten zum Zweck der eindeutigen Identifizierung einer natürlichen Person, Daten über die Gesundheit, das Sexualleben oder die sexuelle Ausrichtung einer Person oder Daten über strafrechtliche Verurteilungen und Straftaten enthalten (im Folgenden „sensible Daten"), wendet der Auftragsverarbeiter spezielle Beschränkungen und/oder zusätzliche Garantien an.

7.6. Dokumentation und Einhaltung der Klauseln[2]

a) Die Parteien müssen die Einhaltung dieser Klauseln[2] nachweisen können.

[BEGINN ERGÄNZUNGSKLAUSEL DES BEARBEITERS]

Ergänzungsklausel 7.6.a)[17]

Der Auftragsverarbeiter stellt dem Verantwortlichen alle erforderlichen Informationen zur Verfügung, damit dieser sich davon überzeugen kann, dass der Auftragsverarbeiter hinreichende Garantien dafür bietet, dass die Auftragsverarbeitung den Anforderungen der DS-GVO entspricht, einschließlich Angaben dazu, ob der Auftragsverarbeiter direkt oder indirekt dem Recht eines Drittlands unterliegt und ob dies die Fähigkeit des Auftragsverarbeiters, seinen Verpflichtungen aus dem Auftragsverarbeitungsverhältnis nachkommen zu können, beeinträchtigen könnte. Der Auftragsverarbeiter wird den Verantwortlichen unaufgefordert und so frühzeitig über diesbezügliche Änderungen informieren, dass der Verantwortliche solche Änderungen prüfen, ggf. von der weiteren Beauftragung des Auftragsverarbeiters Abstand nehmen und die Verarbeitung zu einem anderen Auftragsverarbeiter übertragen kann.

[ENDE ERGÄNZUNGSKLAUSEL]

b) Der Auftragsverarbeiter bearbeitet Anfragen des Verantwortlichen bezüglich der Verarbeitung von Daten gemäß diesen Klauseln[2] umgehend und in angemessener Weise.

[BEGINN ERGÄNZUNGSKLAUSEL DES BEARBEITERS]

Ergänzungsklausel 7.6.b)[18]

Die Parteien sind sich einig, dass der Begriff „Anfragen" nach Klausel 7.6.b) auch Weisungen des Verantwortlichen umfasst.

[ENDE ERGÄNZUNGSKLAUSEL]

c) Der Auftragsverarbeiter stellt dem Verantwortlichen alle Informationen zur Verfügung, die für den Nachweis der Einhaltung der in diesen Klauseln[2] festgelegten und unmittelbar aus der Verordnung (EU) 2016/679 und/oder der Verordnung (EU) 2018/1725 hervorgehenden Pflichten erforderlich sind. Auf Verlangen des Verantwortlichen gestattet der Auftragsverarbeiter ebenfalls die Prüfung der unter diese Klauseln[2] fallenden Verarbeitungstätigkeiten in angemessenen Abständen oder bei Anzeichen für eine Nichteinhaltung und trägt zu einer solchen Prüfung bei. Bei der Entscheidung über eine Überprüfung oder Prüfung kann der Verantwortliche einschlägige Zertifizierungen des Auftragsverarbeiters berücksichtigen.

[BEGINN ERGÄNZUNGSKLAUSEL DES BEARBEITERS]

Ergänzungsklausel 7.6.c)

(1) [19] Klausel 7.6.c) gilt für den Nachweis der Einhaltung sämtlicher [OPTIONAL: datenschutzrechtlicher] Pflichten gemäß den Vereinbarungen der Parteien im Zusammenhang mit der Verarbeitung personenbezogener Daten im Auftrag.

(2) [20] Dem Auftragsverarbeiter obliegen als Mitwirkungspflichten bei einer Prüfung gemäß Klausel 7.6.c) S. 2 (ggf. iVm Abs. (1)) sämtliche Handlungen und Unterlassungen, die erforderlich sind, damit der Verantwortliche sich von der Einhaltung der Pflichten des Auftragsverarbeiters überzeugen kann. Insbesondere hat der Auftragsverarbeiter dem Verantwortlichen auf Verlangen im Rahmen der Erforderlichkeit sämtliche Räumlichkeiten, Datenverarbeitungsanlagen und Verfahren zu benennen, in/mit denen personenbezogene Daten im Auftrag verarbeitet werden, Zugang zu diesen zu verschaffen und Einsicht in die im Auftrag verarbeiteten Daten, verwendeten Programme und Konfigurationen zu ermöglichen, Fragen hierzu zu beantworten und Unterlagen hierzu vorzulegen und zu erläutern.

[ENDE ERGÄNZUNGSKLAUSEL]

d) Der Verantwortliche kann die Prüfung selbst durchführen oder einen unabhängigen Prüfer beauftragen. Die Prüfungen können auch Inspektionen in den Räumlichkeiten oder physischen Einrichtungen des Auftragsverarbeiters umfassen und werden gegebenenfalls mit angemessener Vorankündigung durchgeführt.

[BEGINN ERGÄNZUNGSKLAUSEL DES BEARBEITERS]

Ergänzungsklausel 7.6.d)[21]

Die Parteien sind sich einig, dass eine Durchführung der Prüfung durch den Verantwortlichen auch vorliegt, wenn die Prüfung durch dem Verantwortlichen unterstellte Personen erfolgt und dass unabhängige Prüfer alle sind, die nicht Partei dieser Klauseln[2] oder einer der Parteien unterstellt sind.

[ENDE ERGÄNZUNGSKLAUSEL]

e) Die Parteien stellen der/den zuständigen Aufsichtsbehörde(n) die in dieser Klausel genannten Informationen, einschließlich der Ergebnisse von Prüfungen, auf Anfrage zur Verfügung.

7.7. Einsatz von Unterauftragsverarbeitern

a) OPTION 1: VORHERIGE GESONDERTE GENEHMIGUNG: Der Auftragsverarbeiter darf keinen seiner Verarbeitungsvorgänge, die er im Auftrag des Verantwortlichen gemäß diesen Klauseln[2] durchführt, ohne vorherige gesonderte schriftliche Genehmigung des Verantwortlichen an einen Unterauftragsverarbeiter untervergeben. Der Auftragsverarbeiter reicht den Antrag auf die gesonderte Genehmigung mindestens [ZEITRAUM ANGEBEN] vor der Beauftragung des betreffenden Unterauftragsverarbeiters zusammen mit den Informationen ein, die der Verantwortliche benötigt, um über die Genehmigung zu entscheiden. Die Liste der vom Verantwortlichen genehmigten Unterauftragsverarbeiter findet sich in Anhang IV. Die Parteien halten Anhang IV jeweils auf dem neuesten Stand.

[BEGINN ERGÄNZUNGSKLAUSEL DES BEARBEITERS]

Ergänzungsklausel 7.7.a) Option 1

(1) [22] Stimmt der Verantwortliche einem gemäß Klausel 7.7.a) eingereichten Antrag auf Genehmigung eines Unterauftragsverarbeiters nicht zu und kann der Auftragsverarbeiter die Leistungen des Hauptvertrags ohne Einschaltung dieses Unterauftragsverarbeiters nicht [OPTIONAL: oder auch unter Berücksichtigung des Interesses des Verantwortlichen an der Leistungserbringung nicht zu wirtschaftlich vertretbaren Bedingungen] erbringen, kann der Auftragsverarbeiter den Hauptvertrag hinsichtlich der betroffenen Leistungen kündigen. Der Verantwortliche kann in diesem Fall seinerseits den Hauptvertrag als Ganzes kündigen, wenn er die Erforderlichkeit des Einsatzes des abgelehnten Unterauftragsverarbeiters nicht selbst verursacht hat. Die Kündigung durch den Auftragsverarbeiter hat mit einer Kündigungsfrist zu erfolgen, die es dem Verantwortlichen bei unverzüglichem Handeln ermöglicht, die betroffenen Leistungen anderweitig zu beschaffen.

(2) [23] [VARIANTE 1:] Eine erteilte Zustimmung zum Einsatz eines Unterauftragsverarbeiters kann der Verantwortliche nur aus wichtigem Grund widerrufen. [ENDE VARIANTE 1]

[VARIANTE 2:] Eine erteilte Zustimmung zum Einsatz eines Unterauftragsverarbeiters kann der Verantwortliche mit einer Vorlauffrist widerrufen, die es dem Auftragsverarbeiter ermöglicht, die durch den Unterauftragsverarbeiter erbrachten Leistungen selbst oder durch einen anderen Unterauftragsverarbeiter zu erbringen. [ENDE VARIANTE 2]

[ENDE ERGÄNZUNGSKLAUSEL]

OPTION 2: ALLGEMEINE SCHRIFTLICHE GENEHMIGUNG: Der Auftragsverarbeiter besitzt die allgemeine Genehmigung des Verantwortlichen für die Beauftragung von Unterauftragsverarbeitern, die in einer vereinbarten Liste aufgeführt sind. Der Auftragsverarbeiter unterrichtet den Verantwortlichen mindestens [ZEITRAUM ANGEBEN] im Voraus ausdrücklich in schriftlicher Form über alle beabsichtigten Änderungen dieser Liste durch Hinzufügen oder Ersetzen von Unterauftragsverarbeitern und räumt dem Verantwortlichen damit ausreichend Zeit ein, um vor der Beauftragung des/der betreffenden Unterauftragsverarbeiter/s Einwände gegen diese Änderungen erheben zu können. Der Auftragsverarbeiter stellt dem Verantwortlichen die erforderlichen Informationen zur Verfügung, damit dieser sein Widerspruchsrecht ausüben kann.

[BEGINN ERGÄNZUNGSKLAUSEL DES BEARBEITERS]

Ergänzungsklausel 7.7.a) Option 2

(1) [24] Die Information über Änderungen der Liste der Auftragsverarbeiter enthält mindestens den vollständigen Namen und die Anschrift des beabsichtigten Unterauftragsverarbeiters, Name, Funktion und Kontaktdaten der Kontaktperson, eine Beschreibung der Verarbeitung (einschließlich einer klaren Abgrenzung der Verantwortlichkeiten, falls mehrere Unterauftragsverarbeiter in Aussicht genommen werden), alle Orte der Verarbeitung (also einschließlich der Orte von Fernzugriffen) und Angaben, die dem Verantwortlichen eine Bewertung ermöglichen, ob der Unterauftragsverarbeiter den Anforderungen des Art. 28 Abs. 1

DS-GVO entspricht (einschließlich Angaben dazu, ob der Unterauftragsverarbeiter direkt oder indirekt dem Recht eines Drittlands unterliegt und ob dies die Fähigkeit des Unterauftragsverarbeiters, seinen Verpflichtungen aus dem Auftragsverarbeitungsverhältnis nachkommen zu können, beeinträchtigen könnte). Soweit eine Übermittlung in ein Drittland oder an eine internationale Organisation erfolgen soll, beinhaltet die Information zudem die Angabe, auf welcher der Grundlagen gemäß Kapitel V der DS-GVO die Übermittlung erfolgen soll, und im Fall einer Übermittlung auf Grundlage geeigneter Garantien gemäß Art. 46 DS-GVO diese Garantien (im Fall der Nutzung von Standardvertragsklauseln also die ausgefüllten Vertragsdokumente einschließlich Anlagen sowie die Dokumentation der Beurteilung nach Klausel 14 lit. b) der Standardvertragsklauseln der EU-Kommission für die Übermittlung personenbezogener Daten an Drittländer vom 4.6.2021, ggf. sonstige Dokumentationen der Überprüfungen, Bewertungen und ergänzenden Maßnahmen gemäß den Empfehlungen 01/2020 des Europäischen Datenschutzausschusses zu Maßnahmen zur Ergänzung von Übermittlungstools zur Gewährleistung des unionsrechtlichen Schutzniveaus für personenbezogene Daten), ferner die Weisungen zur Übermittlung personenbezogener Daten in ein Drittland, die der Verantwortliche erteilen soll.

(2) [22] Widerspricht der Verantwortliche einem gemäß Klausel 7.7.a) angekündigten beabsichtigten Einsatz eines Unterauftragsverarbeiters und kann der Auftragsverarbeiter die Leistungen des Hauptvertrags ohne Einschaltung dieses Unterauftragsverarbeiters nicht [OPTIONAL: oder auch unter Berücksichtigung des Interesses des Verantwortlichen an der Leistungserbringung nicht zu wirtschaftlich vertretbaren Bedingungen] erbringen, kann der Auftragsverarbeiter den Hauptvertrag hinsichtlich der betroffenen Leistungen kündigen. Der Verantwortliche kann in diesem Fall seinerseits den Hauptvertrag als Ganzes kündigen, wenn er die Erforderlichkeit des Einsatzes des abgelehnten Unterauftragsverarbeiters nicht selbst verursacht hat. Die Kündigung durch den Auftragsverarbeiter hat mit einer Kündigungsfrist zu erfolgen, die es dem Verantwortlichen bei unverzüglichem Handeln ermöglicht, die betroffenen Leistungen anderweitig zu beschaffen.

(3) [25] [VARIANTE 1:] Widerspricht der Verantwortliche einem gemäß Klausel 7.7.a) angekündigten beabsichtigten Einsatz eines Unterauftragsverarbeiters nicht innerhalb einer vom Auftragsverarbeiter in der Mitteilung genannten Frist, die mindestens der in Klausel 7.7.a) S. 2 genannten Ankündigungsfrist entspricht, kann der Verantwortliche nach Ablauf dieser Frist einen Widerspruch gegen diesen Unterauftragsverarbeiter nur noch aus wichtigem Grund erheben. [ENDE VARIANTE 1]

[VARIANTE 2:] Widerspricht der Verantwortliche einem gemäß Klausel 7.7.a) angekündigten beabsichtigten Einsatz eines Unterauftragsverarbeiters nicht innerhalb einer vom Auftragsverarbeiter in der Mitteilung genannten Frist, die mindestens der in Klausel 7.7.a) S. 2 genannten Ankündigungsfrist entspricht, kann der Verantwortliche einen Widerspruch gegen den Unterauftragsverarbeiter nur noch mit einer Vorlauffrist erheben, die es dem Auftragsverarbeiter ermöglicht, die durch den Unterauftragsverarbeiter erbrachten Leistungen selbst oder durch einen anderen für den Verantwortlichen akzeptablen Unterauftragsverarbeiter zu erbringen. [ENDE VARIANTE 2]

[ENDE ERGÄNZUNGSKLAUSEL]

b) Beauftragt der Auftragsverarbeiter einen Unterauftragsverarbeiter mit der Durchführung bestimmter Verarbeitungstätigkeiten (im Auftrag des Verantwortlichen), so muss diese Beauftragung im Wege eines Vertrags erfolgen, der dem Unterauftragsverarbeiter im Wesentlichen dieselben Datenschutzpflichten auferlegt wie diejenigen, die für den Auftragsverarbeiter gemäß diesen Klauseln[2] gelten. Der Auftragsverarbeiter stellt sicher, dass der Unterauftragsverarbeiter die Pflichten erfüllt, denen der Auftragsverarbeiter entsprechend diesen Klauseln[2] und gemäß der Verordnung (EU) 2016/679 und/oder der Verordnung (EU) 2018/1725 unterliegt.

[BEGINN ERGÄNZUNGSKLAUSEL DES BEARBEITERS]

Ergänzungsklausel 7.7.b)[26]

Der Vertrag mit dem Unterauftragsverarbeiter gemäß Klausel 7.7.b) muss dem Unterauftragsverarbeiter inhaltlich dieselben Datenschutzpflichten auferlegen wie diejenigen, die für den Auftragsverarbeiter gemäß den vertraglichen Vereinbarungen der Parteien gelten.

[ENDE ERGÄNZUNGSKLAUSEL]

c) Der Auftragsverarbeiter stellt dem Verantwortlichen auf dessen Verlangen eine Kopie einer solchen Untervergabevereinbarung und etwaiger späterer Änderungen zur Verfügung. Soweit es zum Schutz von Geschäftsgeheimnissen oder anderen vertraulichen Informationen, einschließlich personenbezogener Daten, notwendig ist, kann der Auftragsverarbeiter den Wortlaut der Vereinbarung vor der Weitergabe einer Kopie unkenntlich machen.

[BEGINN ERGÄNZUNGSKLAUSEL DES BEARBEITERS]

Ergänzungsklausel 7.7.c)[27]

Die Parteien sind sich einig, dass eine Unkenntlichmachung gemäß Klausel 7.7.c) sich nicht auf Teile des Unterauftragsverarbeitungsvertrags beziehen kann, die die Einhaltung vertraglicher oder gesetzlicher Verpflichtungen des Auftragsverarbeiters betreffen.

[ENDE ERGÄNZUNGSKLAUSEL]

d) Der Auftragsverarbeiter haftet gegenüber dem Verantwortlichen in vollem Umfang dafür, dass der Unterauftragsverarbeiter seinen Pflichten gemäß dem mit dem Auftragsverarbeiter geschlossenen Vertrag nachkommt. Der Auftragsverarbeiter benachrichtigt den Verantwortlichen, wenn der Unterauftragsverarbeiter seine vertraglichen Pflichten nicht erfüllt.

e) Der Auftragsverarbeiter vereinbart mit dem Unterauftragsverarbeiter eine Drittbegünstigtenklausel, wonach der Verantwortliche – im Falle, dass der Auftragsverarbeiter faktisch oder rechtlich nicht mehr besteht oder zahlungsunfähig ist – das Recht hat, den Untervergabevertrag zu kündigen und den Unterauftragsverarbeiter anzuweisen, die personenbezogenen Daten zu löschen oder zurückzugeben.

[BEGINN ERGÄNZUNGSKLAUSEL DES BEARBEITERS]

Ergänzungsklausel 7.7.e)[28]

Die Parteien stellen klar, dass gemäß Klausel 7.7.b) in Verbindung mit Klausel 7.1 der Auftragsverarbeiter mit dem Unterauftragsverarbeiter zu vereinbaren hat, dass der Verantwortliche unmittelbar dem Unterauftragsverarbeiter Weisungen erteilen kann und dass Klausel 7.7.e) diese Regelung nur erweitert.

[ENDE ERGÄNZUNGSKLAUSEL]

7.8. Internationale Datenübermittlungen

a) Jede Übermittlung von Daten durch den Auftragsverarbeiter an ein Drittland oder eine internationale Organisation erfolgt ausschließlich auf der Grundlage dokumentierter Weisungen des Verantwortlichen oder zur Einhaltung einer speziellen Bestimmung nach dem Unionsrecht oder dem Recht eines Mitgliedstaats, dem der Auftragsverarbeiter unterliegt, und muss mit Kapitel V der Verordnung (EU) 2016/679 oder der Verordnung (EU) 2018/1725 im Einklang stehen.
b) Der Verantwortliche erklärt sich damit einverstanden, dass in Fällen, in denen der Auftragsverarbeiter einen Unterauftragsverarbeiter gemäß Klausel 7.7 für die Durchführung bestimmter Verarbeitungstätigkeiten (im Auftrag des Verantwortlichen) in Anspruch nimmt und diese Verarbeitungstätigkeiten eine Übermittlung personenbezogener Daten im Sinne von Kapitel V der Verordnung (EU) 2016/679 beinhalten, der Auftragsverarbeiter und der Unterauftragsverarbeiter die Einhaltung von Kapitel V der Verordnung (EU) 2016/679 sicherstellen können, indem sie Standardvertragsklauseln verwenden, die von der Kommission gemäß Artikel 46 Absatz 2 der Verordnung (EU) 2016/679 erlassen wurden, sofern die Voraussetzungen für die Anwendung dieser Standardvertragsklauseln erfüllt sind.

[BEGINN ERGÄNZUNGSKLAUSEL DES BEARBEITERS]

Ergänzungsklausel 7.8.b)

(1) [29] Die Parteien stellen klar, dass Klausel 7.8.b) nicht vom Grundsatz der Weisungsbindung abweicht, sodass grundsätzlich gemäß Klausel 7.8.a) in jedem Fall für eine Übermittlung personenbezogener Daten in Drittländer eine diesbezügliche Weisung des Verantwortlichen erforderlich ist.
(2) [30] Beabsichtigt der Auftragsverarbeiter eine Übermittlung personenbezogener Daten in ein Drittland, wird der Auftragsverarbeiter dem Verantwortlichen zusammen mit der Bitte um eine entsprechende Weisung den Nachweis übersenden, dass die Voraussetzungen für die Anwendung des jeweiligen Transfer-Instruments gemäß Art. 46 DS-GVO erfüllt sind, und dass das Recht des Drittlands den Datenimporteur nicht daran hindert, seinen Verpflichtungen aus dem jeweiligen Transfer-Instrument gemäß Art. 46 DS-GVO nachzukommen. Dieser Nachweis umfasst jedenfalls die vollständige Dokumentation der Überprüfungen, die der Auftragsverarbeiter entsprechend den Empfehlungen 01/2020 des Europäischen Datenschutzausschusses vorgenommen hat und bei Nutzung der Standardvertragsklauseln der EU-Kommission für Datenexporte vom 4.6.2021 gemäß Durchführungsbeschluss (EU) 2021/914 jedenfalls die Dokumentation der Beurteilung nach der dortigen Klausel 14.b) und die Informationen, die der Datenimporteur dem Auftragsverarbeiter nach der dortigen Klausel 14.c) zur Verfügung gestellt hat.

[ENDE ERGÄNZUNGSKLAUSEL]

[BEGINN ERGÄNZUNGSKLAUSEL DES BEARBEITERS]

Ergänzungsklausel 7.9[31]

Der Verantwortliche ist verpflichtet, dem Auftragnehmer den Namen und die Kontaktdaten (einschließlich Postanschrift, E-Mail-Adresse und Telefonnummer) eines etwaigen Datenschutzbeauftragten und eines etwaigen Vertreters nach Art. 27 DS-GVO sowie etwaige Änderungen unverzüglich mitzuteilen. Zurückbehaltungsrechte des Verantwortlichen bezüglich der Verpflichtungen aus Ergänzungsklausel 7.9 sind ausgeschlossen.

[ENDE ERGÄNZUNGSKLAUSEL]

Klausel 8. Unterstützung des Verantwortlichen[32]

a) Der Auftragsverarbeiter unterrichtet den Verantwortlichen unverzüglich über jeden Antrag, den er von der betroffenen Person erhalten hat. Er beantwortet den Antrag nicht selbst, es sei denn, er wurde vom Verantwortlichen dazu ermächtigt.
b) Unter Berücksichtigung der Art der Verarbeitung unterstützt der Auftragsverarbeiter den Verantwortlichen bei der Erfüllung von dessen Pflicht, Anträge betroffener Personen auf Ausübung ihrer Rechte zu beantworten. Bei der Erfüllung seiner Pflichten gemäß den Buchstaben a und b befolgt der Auftragsverarbeiter die Weisungen des Verantwortlichen.
c) Abgesehen von der Pflicht des Auftragsverarbeiters, den Verantwortlichen gemäß Klausel 8 Buchstabe b zu unterstützen, unterstützt der Auftragsverarbeiter unter Berücksichtigung der Art der Datenverarbeitung und der ihm zur Verfügung stehenden Informationen den Verantwortlichen zudem bei der Einhaltung der folgenden Pflichten:
   1) Pflicht zur Durchführung einer Abschätzung der Folgen der vorgesehenen Verarbeitungsvorgänge für den Schutz personenbezogener Daten (im Folgenden „Datenschutz-Folgenabschätzung“), wenn eine Form der Verarbeitung voraussichtlich ein hohes Risiko für die Rechte und Freiheiten natürlicher Personen zur Folge hat;
   2) Pflicht zur Konsultation der zuständigen Aufsichtsbehörde(n) vor der Verarbeitung, wenn aus einer Datenschutz-Folgenabschätzung hervorgeht, dass die Verarbeitung ein hohes Risiko zur Folge hätte, sofern der Verantwortliche keine Maßnahmen zur Eindämmung des Risikos trifft;
   3) Pflicht zur Gewährleistung, dass die personenbezogenen Daten sachlich richtig und auf dem neuesten Stand sind, indem der Auftragsverarbeiter den Verantwortlichen unverzüglich unterrichtet, wenn er feststellt, dass die von ihm verarbeiteten personenbezogenen Daten unrichtig oder veraltet sind;
   4) Verpflichtungen gemäß [OPTION 1: Artikel 32 der Verordnung (EU) 2016/679] oder [OPTION 2: Artikel 33 und Artikel 36 bis 38 der Verordnung (EU) 2018/1725].
d) Die Parteien legen in Anhang III die geeigneten technischen und organisatorischen Maßnahmen zur Unterstützung des Verantwortlichen durch den Auftragsverarbeiter bei der Anwendung dieser Klausel sowie den Anwendungsbereich und den Umfang der erforderlichen Unterstützung fest.

Klausel 9. Meldung von Verletzungen des Schutzes personenbezogener Daten[32]

Im Falle einer Verletzung des Schutzes personenbezogener Daten arbeitet der Auftragsverarbeiter mit dem Verantwortlichen zusammen und unterstützt ihn entsprechend, damit der Verantwortliche seinen Verpflichtungen gemäß den Artikeln 33 und 34 der Verordnung (EU) 2016/679 oder gegebenenfalls den Artikeln 34 und 35 der Verordnung (EU) 2018/1725 nachkommen kann, wobei der Auftragsverarbeiter die Art der Verarbeitung und die ihm zur Verfügung stehenden Informationen berücksichtigt.

9.1. Verletzung des Schutzes der vom Verantwortlichen verarbeiteten Daten

Im Falle einer Verletzung des Schutzes personenbezogener Daten im Zusammenhang mit den vom Verantwortlichen verarbeiteten Daten unterstützt der Auftragsverarbeiter den Verantwortlichen wie folgt:

a) bei der unverzüglichen Meldung der Verletzung des Schutzes personenbezogener Daten an die zuständige(n) Aufsichtsbehörde(n), nachdem dem Verantwortlichen die Verletzung bekannt wurde, sofern relevant (es sei denn, die Verletzung des Schutzes personenbezogener Daten führt voraussichtlich nicht zu einem Risiko für die persönlichen Rechte und Freiheiten natürlicher Personen);
b) bei der Einholung der folgenden Informationen, die gemäß [OPTION 1: Artikel 33 Absatz 3 der Verordnung (EU) 2016/679] oder [OPTION 2: Artikel 34 Absatz 3 der Verordnung (EU) 2018/1725] in der Meldung des Verantwortlichen anzugeben sind, wobei diese Informationen mindestens Folgendes umfassen müssen:
   1) die Art der personenbezogenen Daten, soweit möglich, mit Angabe der Kategorien und der ungefähren Zahl der betroffenen Personen sowie der Kategorien und der ungefähren Zahl der betroffenen personenbezogenen Datensätze;
   2) die wahrscheinlichen Folgen der Verletzung des Schutzes personenbezogener Daten;
   3) die vom Verantwortlichen ergriffenen oder vorgeschlagenen Maßnahmen zur Behebung der Verletzung des Schutzes personenbezogener Daten und gegebenenfalls Maßnahmen zur Abmilderung ihrer möglichen nachteiligen Auswirkungen.

   Wenn und soweit nicht alle diese Informationen zur gleichen Zeit bereitgestellt werden können, enthält die ursprüngliche Meldung die zu jenem Zeitpunkt verfügbaren Informationen, und weitere Informationen werden, sobald sie verfügbar sind, anschließend ohne unangemessene Verzögerung bereitgestellt;
c) bei der Einhaltung der Pflicht gemäß [OPTION 1: Artikel 34 der Verordnung (EU) 2016/679] oder [OPTION 2: Artikel 35 der Verordnung (EU) 2018/1725], die betroffene Person unverzüglich von der Verletzung des Schutzes personenbezogener Daten zu benachrichtigen, wenn diese Verletzung voraussichtlich ein hohes Risiko für die Rechte und Freiheiten natürlicher Personen zur Folge hat.

9.2. Verletzung des Schutzes der vom Auftragsverarbeiter verarbeiteten Daten

Im Falle einer Verletzung des Schutzes personenbezogener Daten im Zusammenhang mit den vom Auftragsverarbeiter verarbeiteten Daten meldet der Auftragsverarbeiter diese dem Verantwortlichen unverzüglich, nachdem ihm die Verletzung bekannt wurde. Diese Meldung muss zumindest folgende Informationen enthalten:

a) eine Beschreibung der Art der Verletzung (möglichst unter Angabe der Kategorien und der ungefähren Zahl der betroffenen Personen und der ungefähren Zahl der betroffenen Datensätze);
b) Kontaktdaten einer Anlaufstelle, bei der weitere Informationen über die Verletzung des Schutzes personenbezogener Daten eingeholt werden können;

c) die voraussichtlichen Folgen und die ergriffenen oder vorgeschlagenen Maßnahmen zur Behebung der Verletzung des Schutzes personenbezogener Daten, einschließlich Maßnahmen zur Abmilderung ihrer möglichen nachteiligen Auswirkungen.

Wenn und soweit nicht alle diese Informationen zur gleichen Zeit bereitgestellt werden können, enthält die ursprüngliche Meldung die zu jenem Zeitpunkt verfügbaren Informationen, und weitere Informationen werden, sobald sie verfügbar sind, anschließend ohne unangemessene Verzögerung bereitgestellt.

Die Parteien legen in Anhang III alle sonstigen Angaben fest, die der Auftragsverarbeiter zur Verfügung zu stellen hat, um den Verantwortlichen bei der Erfüllung von dessen Pflichten gemäß [OPTION 1: Artikel 33 und 34 der Verordnung (EU) 2016/679] oder [OPTION 2: Artikel 34 und 35 der Verordnung (EU) 2018/1725] zu unterstützen.

## ABSCHNITT III. SCHLUSSBESTIMMUNGEN

### Klausel 10. Verstöße gegen die Klauseln und Beendigung des Vertrags[2]

a) Falls der Auftragsverarbeiter seinen Pflichten gemäß diesen Klauseln[2] nicht nachkommt, kann der Verantwortliche – unbeschadet der Bestimmungen der Verordnung (EU) 2016/679 und/oder der Verordnung (EU) 2018/1725 – den Auftragsverarbeiter anweisen, die Verarbeitung personenbezogener Daten auszusetzen, bis er diese Klauseln[2] einhält oder der Vertrag[2] beendet ist. Der Auftragsverarbeiter unterrichtet den Verantwortlichen unverzüglich, wenn er aus welchen Gründen auch immer nicht in der Lage ist, diese Klauseln[2] einzuhalten.

b) Der Verantwortliche ist berechtigt, den Vertrag[2] zu kündigen, soweit er die Verarbeitung personenbezogener Daten gemäß diesen Klauseln[2] betrifft, wenn
   1) der Verantwortliche die Verarbeitung personenbezogener Daten durch den Auftragsverarbeiter gemäß Buchstabe a ausgesetzt hat und die Einhaltung dieser Klauseln[2] nicht innerhalb einer angemessenen Frist, in jedem Fall aber innerhalb eines Monats nach der Aussetzung, wiederhergestellt wurde;
   2) der Auftragsverarbeiter in erheblichem Umfang oder fortdauernd gegen diese Klauseln[2] verstößt oder seine Verpflichtungen gemäß der Verordnung (EU) 2016/679 und/oder der Verordnung (EU) 2018/1725 nicht erfüllt;
   3) der Auftragsverarbeiter einer bindenden Entscheidung eines zuständigen Gerichts oder der zuständigen Aufsichtsbehörde(n), die seine Pflichten gemäß diesen Klauseln,[2] der Verordnung (EU) 2016/679 und/oder der Verordnung (EU) 2018/1725 zum Gegenstand hat, nicht nachkommt.

### [BEGINN ERGÄNZUNGSKLAUSEL DES BEARBEITERS]

Ergänzungsklausel 10.b)[33]

Der Verantwortliche ist berechtigt, den Vertrag[2] zu kündigen, soweit er die Verarbeitung personenbezogener Daten gemäß diesen Klauseln[2] betrifft, wenn der Auftragsverarbeiter nicht unverzüglich auf entsprechende Aufforderung nachweist, dass er in der Lage ist, seinen Verpflichtungen aus dem Auftragsverarbeitungsvertrag nachzukommen, insbesondere nicht durch anwendbares Recht eines Drittlands daran gehindert wird. Soweit der Verantwortliche nach Klausel 10.b) oder Ergänzungsklausel 10.b) zur Kündigung des Vertrags[2] berechtigt ist, erstreckt sich das

Kündigungsrecht auf den gesamten Vertrag,[2] wenn der verbleibende Teil des Vertrages[2] für den Verantwortlichen ohne Interesse ist.

[ENDE ERGÄNZUNGSKLAUSEL]

c) Der Auftragsverarbeiter ist berechtigt, den Vertrag[2] zu kündigen, soweit er die Verarbeitung personenbezogener Daten gemäß diesen Klauseln[2] betrifft, wenn der Verantwortliche auf der Erfüllung seiner Anweisungen besteht, nachdem er vom Auftragsverarbeiter darüber in Kenntnis gesetzt wurde, dass seine Anweisungen gegen geltende rechtliche Anforderungen gemäß Klausel 7.1 Buchstabe b verstoßen.

d) Nach Beendigung des Vertrags[2] löscht der Auftragsverarbeiter nach Wahl des Verantwortlichen alle im Auftrag des Verantwortlichen verarbeiteten personenbezogenen Daten und bescheinigt dem Verantwortlichen, dass dies erfolgt ist, oder er gibt alle personenbezogenen Daten an den Verantwortlichen zurück und löscht bestehende Kopien, sofern nicht nach dem Unionsrecht oder dem Recht der Mitgliedstaaten eine Verpflichtung zur Speicherung der personenbezogenen Daten besteht. Bis zur Löschung oder Rückgabe der Daten gewährleistet der Auftragsverarbeiter weiterhin die Einhaltung dieser Klauseln.[2]

[BEGINN ERGÄNZUNGSKLAUSEL DES BEARBEITERS]

Ergänzungsklausel 10.d)

(1) [34] Im Sinne der Klausel 10.d) wählt der Verantwortliche □ die Löschung □ die Rückgabe der verarbeiteten Daten. Eine Rückgabe erfolgt □ durch Bereitstellung zum Download □ durch Übersendung auf einem üblichen Datenträger, jeweils im Format ____________. Der Verantwortliche kann diese Wahl nachträglich ändern, trägt aber eventuelle Mehrkosten einer geänderten Wahl gemäß tatsächlichem Anfall. Soweit der Vertrag[2] unterschiedliche, nicht miteinander verbundene Verarbeitungen personenbezogener Daten umfasst, besteht die Verpflichtung zur Löschung bzw. Rückgabe nach Abschluss der Erbringung der unterschiedlichen Verarbeitungsleistungen für die jeweils verarbeiteten Daten.

(2) [35] Soweit und solange eine Löschung der im Auftrag verarbeiteten Daten aufgrund gesetzlicher Vorgaben nicht zulässig ist, wird der Auftragsverarbeiter dem Verantwortlichen dies unverzüglich, soweit möglich bereits vor Beginn der Verarbeitung, schriftlich mitteilen, statt der Löschung die betreffenden Daten in der Verarbeitung einschränken, dem Verantwortlichen die Einschränkung der Verarbeitung unaufgefordert nachweisen und jeden Zugriff außerhalb des nach dem Gesetz zwingend Erforderlichen auch technisch verhindern.

[ENDE ERGÄNUNGSKLAUSEL]

[BEGINN ERGÄNZUNGSKLAUSEL DES BEARBEITERS]

Ergänzungsklausel 10.e)[36]

Zurückbehaltungsrechte des Auftragsverarbeiters sind ausgeschlossen in Bezug auf

- die Ausführung von Weisungen, soweit diese erforderlich ist, um einen Verstoß gegen datenschutzrechtliche Vorschriften zu verhindern oder abzustellen;
- die Pflichten des Auftragsverarbeiters zur Information gemäß Klauseln 7.1.a), 7.1.b) und 10.a) sowie Ergänzungsklauseln 7.1.b) und 10.d);

- die Pflichten des Auftragsverarbeiters aus Ergänzungsklauseln 7.1.a) und 7.6.a);
- die Gewährleistung der Sicherheit der Verarbeitung;
- den Nachweis der Einhaltung der Pflichten des Auftragsverarbeiters, soweit dieser erforderlich ist, um einer gesetzlichen Verpflichtung nachzukommen;
- die Pflichten des Auftragsverarbeiters hinsichtlich der Einschaltung weiterer Auftragsverarbeiter;
- die Pflichten des Auftragsverarbeiters zur Unterstützung und Bereitstellung von Informationen nach den Klauseln 8.a), 8.b), 8.c)3), 9, 9.1 und 9.2, soweit deren Erfüllung erforderlich ist, um einer gesetzlichen Verpflichtung nachzukommen und die Informationen entweder dem Verantwortlichen nicht vorliegen oder für diesen nicht so verfügbar sind, dass die Einhaltung der gesetzlichen Verpflichtung sichergestellt ist;
- die im Auftrag verarbeiteten personenbezogenen Daten und die dazugehörigen Datenträger, einschließlich deren Rückgabe und Löschung, ausgeschlossen jedoch Mehrkosten, die infolge einer Änderung einer Weisung gemäß Ergänzungsklausel 10.a) entstehen.

[ENDE ERGÄNZUNGSKLAUSEL]

[BEGINN ERGÄNZUNGSKLAUSEL DES BEARBEITERS]

Ergänzungsklausel 10.f)

(1) [37] Für Schäden des Verantwortlichen durch Verstöße des Auftragsverarbeiters gegen diese Klauseln[2] sowie gegen die ihn treffenden gesetzlichen Datenschutzbestimmungen gelten die gesetzlichen Haftungsregelungen. Etwaige Haftungsbegrenzungen und -ausschlüsse zwischen den Parteien (zB aus dem Vertrag)[2] finden insoweit keine Anwendung.

(2) [38] Soweit Dritte Ansprüche gegen den Verantwortlichen wegen der [OPTIONAL: angeblichen] Verletzung datenschutzrechtlicher Vorschriften geltend machen, die ihre Ursache in der [OPTIONAL: behaupteten] vertrags- oder gesetzeswidrigen Verarbeitung personenbezogener Daten durch den Auftragsverarbeiter unter Geltung dieser Klauseln[2] haben, stellt der Auftragsverarbeiter den Verantwortlichen von diesen Ansprüchen einschließlich angemessener Kosten der Rechtsverteidigung auf erstes Anfordern frei.

(3) [39] Der Auftragsverarbeiter trägt die Beweislast dafür, dass etwaige Schäden nicht auf einem von ihm bzw. seinen Erfüllungsgehilfen zu vertretenden Umstand beruhen, soweit die Schadensursache aus der Verarbeitung personenbezogener Daten durch den Auftragsverarbeiter unter Geltung dieser Klauseln[2] herrührt.

(4) [40] Ungeachtet etwaiger Vertraulichkeitsvereinbarungen sind die Parteien berechtigt, sämtliche Informationen über Weisungen des Verantwortlichen, einschließlich Weisungen in automatischer Form, über vertragliche Vereinbarungen der Parteien und über die erfolgenden Verarbeitungen offenzulegen, soweit dies für die Verteidigung gegen Ansprüche Dritter und in Verwaltungs- oder Sanktionsverfahren, insbesondere gegen Ansprüche betroffener Personen wegen angeblicher Datenschutzverstöße, unbedingt erforderlich ist. Vor der Offenlegung wird die Partei, die die Offenlegung beabsichtigt, der anderen Partei die offenzulegenden Informationen mitteilen und ihr eine Gelegenheit zur Stellungnahme binnen angemessener Frist geben.

(5) [41] Für jeden Fall eines schuldhaften Verstoßes des Auftragsverarbeiters gegen seine Verpflichtungen aus diesen Klauseln[2] (einschließlich der Ergänzungsklauseln) zahlt der Auftragsverarbeiter an den Verantwortlichen eine Vertragsstrafe, die der Verantwortliche nach billigem Ermessen festzusetzen hat und deren Höhe im Streitfall vom zuständigen Landgericht zu überprüfen ist. Als Mindestbetrag der Vertragsstrafe werden 1.000,- € (eintausend Euro) vereinbart [OPTIONAL:, als Höchstbetrag 100.000,- € (einhunderttausend Euro)].

[ENDE ERGÄNZUNGSKLAUSEL]

ANHANG I. Liste der Parteien

Verantwortliche(r): *[Name und Kontaktdaten des/der Verantwortlichen und gegebenenfalls des Datenschutzbeauftragten des Verantwortlichen]*
1. Name: …
   Anschrift: …
   Name, Funktion und Kontaktdaten der Kontaktperson: …
   Unterschrift und Beitrittsdatum: …
2. …

Auftragsverarbeiter: *[Name und Kontaktdaten des/der Auftragsverarbeiter/s und gegebenenfalls des Datenschutzbeauftragten des Auftragsverarbeiters]*
1. Name: …
   Anschrift: …
   Name, Funktion und Kontaktdaten der Kontaktperson: …
   Unterschrift und Beitrittsdatum: …
2. …

ANHANG II. Beschreibung der Verarbeitung[1]

*Kategorien betroffener Personen, deren personenbezogene Daten verarbeitet werden*
…

*Kategorien personenbezogener Daten, die verarbeitet werden*
…

*Verarbeitete sensible Daten (falls zutreffend) und angewandte Beschränkungen oder Garantien, die der Art der Daten und den verbundenen Risiken in vollem Umfang Rechnung tragen, z.B. strenge Zweckbindung, Zugangsbeschränkungen (einschließlich des Zugangs nur für Mitarbeiter, die eine spezielle Schulung absolviert haben), Aufzeichnungen über den Zugang zu den Daten, Beschränkungen für Weiterübermittlungen oder zusätzliche Sicherheitsmaßnahmen*
…

*Art der Verarbeitung*
…

*Zweck(e), für den/die die personenbezogenen Daten im Auftrag des Verantwortlichen verarbeitet werden*
…

*Dauer der Verarbeitung*

…

*Bei der Verarbeitung durch (Unter-)Auftragsverarbeiter sind auch Gegenstand, Art und Dauer der Verarbeitung anzugeben.*

ANHANG III. Technische und organisatorische Maßnahmen, einschließlich zur Gewährleistung der Sicherheit der Daten[14]

ERLÄUTERUNG:

Die technischen und organisatorischen Maßnahmen müssen konkret beschrieben werden; eine allgemeine Beschreibung ist nicht ausreichend.

*Beschreibung der von dem/den Verantwortlichen ergriffenen technischen und organisatorischen Sicherheitsmaßnahmen (einschließlich aller relevanten Zertifizierungen) zur Gewährleistung eines angemessenen Schutzniveaus unter Berücksichtigung der Art. des Umfangs, der Umstände und des Zwecks der Verarbeitung sowie der Risiken für die Rechte und Freiheiten natürlicher Personen*

*Beispiele für mögliche Maßnahmen:*

*Maßnahmen der Pseudonymisierung und Verschlüsselung personenbezogener Daten*

*Maßnahmen zur fortdauernden Sicherstellung der Vertraulichkeit, Integrität, Verfügbarkeit und Belastbarkeit der Systeme und Dienste im Zusammenhang mit der Verarbeitung*

*Maßnahmen zur Sicherstellung der Fähigkeit, die Verfügbarkeit der personenbezogenen Daten und den Zugang zu ihnen bei einem physischen oder technischen Zwischenfall rasch wiederherzustellen*

*Verfahren zur regelmäßigen Überprüfung, Bewertung und Evaluierung der Wirksamkeit der technischen und organisatorischen Maßnahmen zur Gewährleistung der Sicherheit der Verarbeitung*

*Maßnahmen zur Identifizierung und Autorisierung der Nutzer*

*Maßnahmen zum Schutz der Daten während der Übermittlung*

*Maßnahmen zum Schutz der Daten während der Speicherung*

*Maßnahmen zur Gewährleistung der physischen Sicherheit von Orten, an denen personenbezogene Daten verarbeitet werden*

*Maßnahmen zur Gewährleistung der Protokollierung von Ereignissen*

*Maßnahmen zur Gewährleistung der Systemkonfiguration, einschließlich der Standardkonfiguration*

*Maßnahmen für die interne Governance und Verwaltung der IT und der IT-Sicherheit*

*Maßnahmen zur Zertifizierung/Qualitätssicherung von Prozessen und Produkten*

*Maßnahmen zur Gewährleistung der Datenminimierung*

*Maßnahmen zur Gewährleistung der Datenqualität*

*Maßnahmen zur Gewährleistung einer begrenzten Vorratsdatenspeicherung*

*Maßnahmen zur Gewährleistung der Rechenschaftspflicht*

*Maßnahmen zur Ermöglichung der Datenübertragbarkeit und zur Gewährleistung der Löschung*

Bei Datenübermittlungen an (Unter-)Auftragsverarbeiter sind auch die spezifischen technischen und organisatorischen Maßnahmen zu beschreiben, die der (Unter-) Auftragsverarbeiter zur Unterstützung des Verantwortlichen ergreifen muss.
Beschreibung der spezifischen technischen und organisatorischen Maßnahmen, die der Auftragsverarbeiter zur Unterstützung des Verantwortlichen ergreifen muss[32]

ANHANG IV. Liste der Unterauftragsverarbeiter

ERLÄUTERUNG:
Dieser Anhang muss im Falle einer gesonderten Genehmigung von Unterauftragsverarbeitern ausgefüllt werden (Klausel 7.7 Buchstabe a, Option 1).
Der Verantwortliche hat die Inanspruchnahme folgender Unterauftragsverarbeiter genehmigt:

1. Name: ...
   Anschrift: ...
   Name, Funktion und Kontaktdaten der Kontaktperson: ...
   Beschreibung der Verarbeitung (einschließlich einer klaren Abgrenzung der Verantwortlichkeiten, falls mehrere Unterauftragsverarbeiter genehmigt werden): ...
2. ...

## Anmerkungen

**1. Konkretisierung der Verarbeitung.** Der Auftragsverarbeitungsvertrag umfasst immer nur diejenigen Verarbeitungen, die entsprechend den Anforderungen des Art. 28 Abs. 3 S. 1 DS-GVO hinreichend detailliert in Anh. II beschrieben sind. Anh. II muss so detailliert ausgefüllt sein, dass eindeutig festzustellen ist, ob eine bestimmte Verarbeitung im Auftrag erfolgt oder nicht. Dies ist auch aus Haftungsgründen für beide Parteien von enormer Bedeutung. Beispielhafte Aufzählungen, weite Begriffe und Klauseln, die zum Vertragsinhalt machen wollen, welche Daten tatsächlich verarbeitet werden, oder die anderweitig die Festlegung einseitig dem Auftraggeber überlassen, entsprechen nicht den gesetzlichen Mindestanforderungen (→ Form. G. I. 6. Anm. 11).

Aus dem Erfordernis einer präzisen Beschreibung kann sich die Notwendigkeit einer Änderung des Anh. II während der Vertragslaufzeit ergeben. Der Auftraggeber erhält durch Ergänzungsklausel 1.a)(1) einen Anspruch auf entsprechende Anpassung des Anh. II, um nicht die vertraglichen Leistungen nicht mehr nutzen zu dürfen. Angesichts der Ungewissheiten eines ungeschriebenen Anspruchs auf Vertragsanpassung, insbesondere wenn die Änderungen auf einer freien Entscheidung des Auftraggebers beruhen, sollte unbedingt eine ausdrückliche vertragliche Regelung erfolgen. Kommt der Auftragnehmer dem geltend gemachten Anspruch auf Anpassung des Anh. II nicht kurzfristig nach, erhält der Auftraggeber die Möglichkeit, den Hauptvertrag (→ Anm. 2) aus wichtigem Grund zu kündigen. Änderungen der Verarbeitung können dazu führen, dass andere Sicherheitsmaßnahmen erforderlich sind. Hierfür gewährt Ergänzungsklausel 1.a)(2) dem Auftragnehmer einen Anspruch auf Anpassung der Vergütung, im Sinne einer auftraggeberfreundlichen und gleichzeitig gerechten Lösung jedoch nur, soweit die Mehrkosten nicht durch Einsparungen an anderer Stelle ausgeglichen werden können. Eine auftragnehmerfreundlichere Formulierung würde das „können“ am Ende von Ergänzungsklausel 1.a)(2) oder den ganzen Teil ab „soweit“ streichen. Ergänzungsklausel 1.a)(3) schließt Zurückbehaltungsrechte im Hinblick auf den Änderungsanspruch aus, um zu vermeiden, dass Streit um andere Ansprüche zur Begründung herangezogen wird, eine Anpassung von Anh. II zu verweigern. Im Hinblick auf die ggf. drohenden Schäden, wenn Anh. II nicht angepasst wird, sollte der Auftragnehmer ohnehin sehr genau prüfen, ob er ein Zurückbehaltungsrecht geltend macht – auch wenn die Geltendmachung eines Zurückbehaltungsrechts hinsichtlich der Änderung des Anh. II anders als die Geltendmachung anderer Zurückbehaltungsrechte (→ Anm. 36) im Hinblick auf die Einordnung des Auftragnehmers als Verantwortlicher unkritisch ist.

**2. Begrifflichkeiten Vertrag und Klauseln.** Wenn die Standardvertragsklauseln den Begriff „Vertrag“ verwenden, ist damit der die eigentliche Leistung regelnde Hauptvertrag gemeint. Den Auftragsverarbeitungsvertrag stellen die Standardvertragsklauseln dar, die als die „Klauseln“ bezeichnet werden.

**3. Datenexporte.** Die vorliegenden Standardvertragsklauseln für Auftragsverarbeitungsverträge können nur angewendet werden, wenn sämtliche Verarbeitungen personenbezogener Daten unter den Klauseln im EWR oder in einem Drittland, für das die EU-Kommission einen Angemessenheitsbeschluss nach Art. 45 DS-GVO erlassen hat, stattfinden, oder wenn der Datenexport durch einen anderen Transfermechanismus nach Art. 46 DS-GVO als die Standardvertragsklauseln der EU-Kommission für Datenexporte gerechtfertigt werden. Für andere Fälle hat die EU-Kommission ausschließlich ihre Standardvertragsklauseln für Datenexporte vorgesehen, die im praxisrelevanten Fall von Datenexporten durch Auftragsverarbeiter an Unterauftragsverarbeiter zwischen Auftragsverarbeiter und Unterauftragsverarbeiter abzuschließen sind. Die Standardvertragsklauseln der EU-Kommission für Datenexporte enthalten verpflichtende Regelungen zu Auftragsverarbeitungsverträgen, die inhaltlich weitgehend den Standardvertragsklauseln für Auftragsverarbeitungsverträge entsprechen. Die Ergänzungsklauseln können dafür entsprechend angewendet werden.

Zu beachten ist, dass ein Datenexport bereits dann vorliegt, wenn etwa im Rahmen von 24/7-Follow-the-sun-Support oder -Administration Zugriffe aus Drittländern erfolgen oder auch nur entsprechende Zugriffe technisch möglich sind. Dabei müssen keine Dateien in das Drittland übertragen werden, sondern es genügt etwa, dass ein administrativer Zugriff auf im EWR gespeicherte personenbezogene Daten möglich ist (entsprechende technische Zugriffsrechte eingerichtet sind) oder dass personenbezogene Daten am Bildschirm im Drittland angezeigt werden. Darüber hinaus stellt es nach den EDSA-Leitlinien 05/2021 sogar dann einen Datenexport dar, wenn ein Unternehmen mit Sitz im Drittland personenbezogene Daten ausschließlich im EWR verarbeitet. Diese Auslegung erfüllt zwar den Zweck, sicherzustellen, dass das EU-Schutzniveau für personenbezogene Daten stets beibehalten wird, steht aber im Konflikt mit dem Wortlaut des Art. 44 DS-GVO, der von einer Übermittlung „an“ (korrekte deutsche Übersetzung wäre „in“) ein Drittland oder an eine internationale Organisation spricht, also auf den Ort der Verarbeitung abstellt. Umgekehrt greifen die Leitlinien 05/2021 zu kurz, wenn organisationsinterne Datenexporte schlicht vor dem Hintergrund, dass es hierfür (bisher) keine Standarddatenschutzklauseln gibt, wegdefiniert werden: Einerseits stellt der Wortlaut des Art. 44 DS-GVO nicht auf eine Übermittlung an einen „anderen“ Verantwortlichen oder Auftragsverarbeiter ab, sondern nur auf eine Übermittlung (im weiteren Sinne, englisch „transfer“ statt „transmission“ in Art. 4 Nr. 2 DS-GVO = „Übermittlung“ in der deutschen Übersetzung) in das Drittland, unabhängig vom Empfänger. Andererseits kann nur eine Einbeziehung auch der organisationsinternen Datenexporte in den Begriff der Übermittlung iSv Art. 44 DS-GVO die erforderliche Transparenz der Verarbeitung und ein Fortbestehen des Schutzniveaus sicherstellen. Denn für Drittlands-Behörden ist es regelmäßig irrelevant, ob die Datenverarbeitung im Drittland durch eine ausreichend verstetigte und eigenständige Einheit erfolgt, die als eigener Verantwortlicher oder Auftragsverarbeiter angesehen werden kann, selbst wenn sie gesellschaftsrechtlich Teil des EU-Verantwortlichen oder -Auftragsverarbeiters ist, oder ob es sich nur um eine nichtselbstständige Niederlassung oder gar einen Mitarbeiter auf Reisen oder im Homeoffice handelt.

4. **Änderung der Klauseln, direkt oder indirekt widersprechende Regelungen.** Die Standardvertragsklauseln dürfen, damit die Fiktion der Einhaltung des Art. 28 DS-GVO greift – im Fall der Standardvertragsklauseln für Datenexporte auch, dass sie Datenexporte rechtfertigen können –, nicht geändert werden. Es ist aber angesichts des Fehlens sämtlicher „Business-Regelungen“ zulässig, sie in einen umfassenden Vertrag aufzunehmen oder um Klauseln zu ergänzen, wie dies auch das hiesige Muster tut. Zu den Anforderungen hieran → Vorb. Es kommt darauf an, ob die in Rede stehenden Regelungen tatsächlich den Standardvertragsklauseln widersprechen oder Betroffenenrechte einschränken. Die zivilrechtliche Wirksamkeit ist irrelevant. Auch allgemeine Regelungen, nach denen die getroffenen Regelungen angeblich nicht den Standardvertragsklauseln widersprechen oder Betroffenenrechte nicht einschränken sollen, sind ebenso ohne Bedeutung für die Einordnung als widersprechende Regelung wie Regelungen zur Normhierarchie. Denn die Normenhierarchie ergibt sich bereits aus Klausel 4. Das Verbot der Änderung der Klauseln und den Klauseln widersprechender Regelungen dient dazu, sämtliche Unklarheiten zu vermeiden und Versuche einer Umgehung der Standardvertragsklauseln dadurch zu sanktionieren, dass die Rechtswirkungen der Standardvertragsklauseln nicht eintreten.

5. **Einbeziehung weiterer Parteien.** Die Kopplungsklausel ermöglicht es, die Standardvertragsklauseln mit wenig Aufwand auf weitere Parteien zu erstrecken, und zwar sowohl auf Auftraggeber- als auch auf Auftragnehmerseite. Hierdurch können etwa weitere Konzernunternehmen leicht als Nutzungsberechtigte in Rahmenverträge über IT-Leistungen einbezogen werden. Problematisch ist dagegen die Aufnahme weiterer Parteien auf Auftragnehmerseite. Denn die Anforderung aus Anh. IV, dass beim Einsatz mehrerer Unterauftragsverarbeiter eine klare Abgrenzung der Verantwortlichkeiten erfolgen muss, gilt genauso, wenn bereits auf oberster Stufe der Leistungskette mehrere Parteien als Auftragsverarbeiter auftreten. Eine Einbeziehung einer weiteren Partei auf Auftragnehmerseite über die Kopplungsklausel wird daher regelmäßig nicht nur das Ausfüllen von Anh. I erfordern, sondern auch Änderungen und Klarstellungen in den Anh. II und IV.

6. **Keine Weisungsdurchbrechung durch Drittlands-Recht.** Art. 28 Abs. 3 lit. a und g DS-GVO gestatten eine Verarbeitung der im Auftrag verarbeiteten personenbezogenen Daten ohne oder entgegen der Weisung des Verantwortlichen nur auf der Basis von Unions- oder mitgliedstaatlichem Recht, dem der Auftragsverarbeiter unterliegt. Das Recht von Drittländern kann eine Durchbrechung der Weisungsbindung mithin nicht rechtfertigen. Dies führt bei einer Auslegung nach dem Wortlaut

zu unlösbaren Problemen für beispielsweise EU-Tochterunternehmen von US-Dienstleistern: Denn die US-Muttergesellschaft ist regelmäßig ein „electronic communication service provider", wozu auch Cloud-Provider zählen, und unterliegt als solche dem US-amerikanischen Überwachungsrecht FISA 702. Die EU-Tochtergesellschaft wiederum ist ein „agent" der US-Mutter und unterliegt mithin ebenfalls FISA 702 (Vladeck, Memo on Current State of U.S. Surveillance Law and Authorities, 15.11.2021, Kap. I.5, I.6). US-Unternehmen bzw. deren EU-Töchter schränken daher regelmäßig bereits ihre Weisungsbindung unzulässig ein, sodass überhaupt keine Auftragsverarbeitung mehr vorliegt (Bergt DuD 2023, 169). Doch selbst wenn – wie bei Nutzung der Standardvertragsklauseln – eine den Anforderungen des Art. 28 Abs. 3 lit. a DS-GVO entsprechende Weisungsbindung vereinbart ist, bietet der Provider regelmäßig nicht die nach Art. 28 Abs. 1 DS-GVO erforderlichen Garantien, die DS-GVO einzuhalten: Da er die Daten auf entsprechende Aufforderung an die NSA herausgeben muss und diese Verpflichtung regelmäßig auch vollstreckbar (jedenfalls im Sinne von sanktionierbar) ist, fehlt dem Provider die erforderliche Zuverlässigkeit (DSK, Zur datenschutzrechtlichen Bewertung von Zugriffsmöglichkeiten öffentlicher Stellen von Drittländern auf personenbezogene Daten v. 31.1.2023). Für demokratische Rechtsstaaten lässt sich überlegen, ob Art. 28 Abs. 3 lit. a, g DS-GVO teleologisch zu reduzieren ist, dass Weisungsdurchbrechungen durch Drittlands-Recht, das den Anforderungen des Art. 23 DS-GVO entspricht, akzeptabel sind – und dies (notwendig) auch über den engen Anwendungsbereich des Art. 23 DS-GVO hinaus, der sich nur auf Art. 12 bis 22, 34 und Art. 5 DS-GVO, insofern dessen Bestimmungen den in den Art. 12 bis 22 DS-GVO vorgesehenen Rechten und Pflichten entsprechen, bezieht. In diese Richtung geht Klausel 14a) S. 2 der Datenexport-Standardvertragsklauseln, auch wenn sich die dortige Regelung streng genommen nur auf die Zusicherung in Klausel 14a) S. 1 bezieht, während die vertragliche Weisungsbindung in Klausel 8.1a) S. 1 der Datenexport-Standardvertragsklauseln unbeschränkt ist. Ob angesichts der trotz des Trans-Atlantic Data Privacy Framework fortbestehenden umfassenden Überwachungsbefugnisse eine solche teleologische Reduktion im Fall der USA helfen würde, darf bezweifelt werden. Im Fall von Drittländern mit größeren Problemen in den Bereichen Rechtsstaatlichkeit und Demokratie kommt eine derartige Ausnahme ohnehin nicht in Betracht.

**7. Weisungsrecht.** Das Weisungsrecht und die entsprechende Weisungsgebundenheit einschließlich der impliziten Verpflichtung des Auftragsverarbeiters, diese Weisungen auch auszuführen, machen das Wesen der Auftragsverarbeitung aus. Es ist daher von entscheidender Bedeutung, dass die Weisungsbindung nicht durch sonstige Klauseln eingeschränkt wird. Dies betrifft etwa Klauseln, nach denen die Weisungen im Vertrag abschließend festgelegt sind (sodass das Weisungsrecht während der Laufzeit des Vertrages faktisch ausgeschlossen wird) oder nach denen Weisungen, die über die Nutzung vordefinierter Self-Service-Einstellungen hinausgehen, als Antrag auf Vertragsänderung (Change Request) behandelt werden. Zu den Folgen unzulässiger Einschränkungen des Weisungsrechts Bergt DuD 2023, 169. Beispiele unzulässiger Einschränkungen → Form. G. I. 6. Anm. 14–19 (Nr. 10).

**8. Dokumentation der Weisungen.** Klausel 7.1 regelt nur, dass der Auftragsverarbeiter personenbezogene Daten nur auf dokumentierte Weisung des Verantwortlichen verarbeiten darf. Sie regelt jedoch nicht, wer die Weisungen zu dokumentieren hat. Eine verfügbare, vollständige und beweissichere Dokumentation sämtlicher

Weisungen ist jedoch für beide Parteien von großer Bedeutung: Kann der Auftragsverarbeiter nicht beweisen, dass eine bestimmte Verarbeitung auf Weisung des Verantwortlichen erfolgte, gilt er insoweit als Verantwortlicher (Art. 28 Abs. 10 DS-GVO). Kann der Verantwortliche nicht nachweisen, dass er bestimmte erforderliche Weisungen erteilt hat oder auch, dass er bestimmte rechtswidrige Weisungen nicht erteilt hat, deren Erteilung der Auftragsverarbeiter behauptet, wird er aufgrund der Beweislastregel in Art. 5 Abs. 2 DS-GVO im Rechtsstreit sowohl gegenüber der Aufsichtsbehörde als auch gegenüber betroffenen Personen unterliegen (zu Art. 5 Abs. 2 DS-GVO als Beweislastregelung auch im Verhältnis zur betroffenen Person EuGH 24.2.2022 – C-175/20, EuZW 2022, 527 Rn. 77, 81; EuGH 4.5.2023 – C-60/22, GRUR-RS 2023, 8967 Rn. 53; EuGH 4.7.2023 – C-252/21, GRUR 2023, 1131 Rn. 95; EuGH 14.12.2023 – C-340/21, ZD 2024, 150 Rn. 52 ff.; EuGH 25.1.2024 – C-687/21, NZA 2024, 320 Rn. 42 f.; EuGH 11.7.2024 – C-757/22, ZD 2024, 510 Rn. 52; BVerwG 2.3.2022 – 6 C 7.20, NVwZ 2022, 1205 Rn. 50; OLG Hamm 15.8.2023 – 7 U 19/23, GRUR 2023, 1791 Ls. 1; OLG Stuttgart 22.11.2023 – 4 U 20/23, GRUR-RS 2023, 32883 Rn. 401 ff.). Der Vertrag sollte daher sicherstellen, dass die Dokumentation erfolgt und dass sie geeignet ist, den erforderlichen Beweis zu erbringen. Ist nicht geregelt, wer dokumentiert, besteht in der Praxis die große Gefahr, dass niemand dokumentiert oder dass die Dokumentation keinen Beweiswert hat.

Die Dokumentation sollte idealerweise durch ein Verfahren erfolgen, das für beide Seiten eine Unverfälschbarkeit (Revisionssicherheit) garantiert. Eine technisch recht einfache Lösung mit relativ hoher – wenn auch bei weitem nicht vollständiger – Sicherheit wäre, ein Ticket-System einzusetzen, das die Tickets fortlaufend nummeriert und eine Kopie an den Verantwortlichen sendet und etwa mit PGP oder S/MIME signiert, jedenfalls die E-Mail aber mit einer DKIM-Signatur versieht. So könnte der Auftragsverarbeiter zwar auch nachträglich vermeintliche Weisungen „dokumentieren", aber der Verantwortliche könnte die Fälschung nachweisen, weil er bereits über ein signiertes Ticket mit der jeweiligen Nummer verfügt. Verantwortliche müssten hierfür sicherstellen, dass eingehende Tickets auf eine gültige Signatur, auf eine unmittelbar aufeinanderfolgende Nummerierung – und natürlich auf Korrektheit der Dokumentation – geprüft und aufbewahrt werden. Bei DKIM-Signaturen besteht die Problematik, dass der Absender den Schlüssel jederzeit auswechseln kann, wodurch die nachträgliche Prüfbarkeit nicht sichergestellt ist. Der Auftragnehmer muss den öffentlichen Schlüssel daher dem Auftraggeber auch auf anderem Weg in einer Form zur Verfügung stellen, die die Authentizität des Schlüssels nachweist – im Zweifel durch Aufnahme in den Vertrag, wobei Änderungen nur dann gültig sind, wenn sie wiederum mit dem im Vertrag genannten Schlüssel (bzw. dessen formgerecht mitgeteiltem Nachfolger) signiert sind.

Die alternative Var. 2 regelt zumindest, wer die Weisungen zu dokumentieren hat und optional auch, dass eine Kopie der Weisungen dem Auftraggeber zu übersenden ist und dass die Dokumentation revisionssicher zu erfolgen hat, ohne jedoch Details festzulegen. Hierdurch lässt sich zwar leicht die interne Verantwortung auf den Auftragsverarbeiter verlagern, doch um den Preis des erhöhten Risikos, dass die Umsetzung nicht oder nicht sinnvoll erfolgt.

**9. Weisungen im Massengeschäft.** Massengeschäft und umfassendes Weisungsrecht sind aus finanziellen Gründen nicht kompatibel. Aus diesem Grund schränken

Auftragsverarbeitungsverträge für das Massengeschäft oftmals das Weisungsrecht unzulässig ein, etwa dass Weisungen nur im (ursprünglichen) Vertrag oder nur über dafür vom Provider vorgesehene technische Funktionen gegeben werden können – und nur, soweit technische Funktionen vorhanden sind, etwa durch Einstellungsmöglichkeiten. Ergänzungsklausel 7.1.a) Abs. 2 vermeidet eine unzulässige Einschränkung des Weisungsrechts, schützt den Auftragsverarbeiter gleichzeitig aber auch vor kostspieligen Einzelweisungen, indem eine gesonderte Vergütung hierfür vereinbart wird. Die Pflicht zur Ausführung der Weisung hängt nicht an der (Vorab-) Zahlung dieser Vergütung, denn wenn der Auftragsverarbeiter sich weigert, eine zulässige Weisung des Verantwortlichen auszuführen, bestimmt er damit regelmäßig über die wesentlichen Mittel und ggf. auch Zwecke der Verarbeitung und wird dadurch zum Verantwortlichen. Der Zahlungsanspruch kann also nur nachträglich geltend gemacht werden. In einer solchen Vergütungsklausel liegt auch kein direkter oder indirekter Widerspruch zum grundsätzlich unbeschränkten Weisungsrecht der Standardvertragsklauseln, denn das Weisungsrecht wird nicht eingeschränkt. Voraussetzung ist allerdings eine Ausnahme von der Pflicht zur gesonderten Vergütung für diejenigen Fälle, in denen die Weisung erforderlich ist, um einen rechtskonformen Zustand herzustellen, und diese Erforderlichkeit aus dem Verantwortungsbereich des Auftragsverarbeiters herrührt. Denn sonst würde in der Praxis der Verantwortliche oftmals aus rein finanziellen Erwägungen auf die Erteilung einer Weisung verzichten, obwohl diese Weisung zwingend erteilt werden muss. Einen Grund, den Auftragsverarbeiter von den Folgen seines Handelns freizustellen, gibt es nicht, und eine pauschale Kostenklausel für sämtliche Einzelweisungen (auch bei Verschulden des Auftragsverarbeiters) verstößt wegen ihrer Abweichung von § 280 Abs. 1 BGB auch gegen § 307 Abs. 1, 2 BGB.

**10. Pflicht zur Ausführung der Weisung, Fristen.** Die Klausel ist hinsichtlich der Pflicht zur Ausführung der Weisungen rein klarstellend. Sie bietet aber durch die Festlegung absoluter Höchstfristen für bestimmte Fälle auch beiden Seiten gewisse Rechtssicherheit. Ebenfalls legt sie eine Leistungsfrist fest, sodass nicht die Gefahr besteht, dass der Auftragsverarbeiter nach § 271 Abs. 1 BGB sofort leisten muss. Die als Grundsatz vereinbarte unverzügliche Umsetzung (also ohne schuldhaftes Zögern) kann durch den Auftraggeber angemessen verkürzt, aber auch (wegen § 271 Abs. 2 BGB bei Verträgen nach deutschem Recht irrelevant) verlängert werden. Eine Verkürzung dürfte nur in besonders eilbedürftigen Fällen in Betracht kommen, kann aber im Extremfall (etwa bei Sicherheitsrisiken oder Datenpannen) auch den gesetzlichen Normalfall einer Pflicht zur sofortigen Umsetzung erreichen.

**11. Aussetzung der Umsetzung rechtswidriger Weisungen.** Der Auftragsverarbeiter muss grundsätzlich auch solche Weisungen umsetzen, die er für rechtswidrig hält und über deren mutmaßliche Rechtswidrigkeit er den Verantwortlichen nach Klausel 7.1.b) informiert hat. Es ist aber regelmäßig im Interesse auch des Verantwortlichen, dass der Auftragsverarbeiter derartige Weisungen zunächst nicht umsetzt, sondern auf eine Rücknahme, Änderung oder Bestätigung durch den Verantwortlichen wartet. Eine solche Berechtigung zur Aussetzung gerät notwendig in Konflikt mit der Weisungsbindung des Auftragsverarbeiters, die ja gerade darin besteht, erteilte Weisungen unverzüglich umzusetzen. Eine eigene Entscheidungsbefugnis des Auftragsverarbeiters über die Aussetzung kann Entscheidungen über wesentliche Mittel oder gar Zwecke der Verarbeitung betreffen, die ausschließlich dem Verantwortlichen vorbehalten sind. Die vorgeschlagene Ergänzungsklausel sucht das Problem dadurch zu lösen, dass dem Auftragsverarbeiter die Weisung erteilt wird, Weisungen, die der Auftragsverarbeiter für eindeutig rechtswidrig hält, zunächst nicht umzusetzen und den Verantwortlichen darüber zu informieren. Dadurch hat der Auftragsverarbeiter keine eigene Entscheidungsbefugnis, sondern die Entscheidung wird durch den Verantwortlichen getroffen – sie nimmt nur auf die Bewertung durch den Auftragsverarbeiter Bezug.

**12. Benennung der Gründe für angenommenen Rechtsverstoß.** Eine reine Information, dass der Auftragsverarbeiter eine Weisung für rechtswidrig hält, ist für den Verantwortlichen nicht hilfreich. Denn eine Weisung, bei der sofort erkennbar ist, warum sie rechtswidrig ist, dürfte ein Verantwortlicher kaum erteilen. Ergänzungsklausel 7.1.b)(2) verpflichtet daher den Auftragsverarbeiter, den Verantwortlichen zumindest stichwortartig über die Gründe zu informieren, aus denen der Auftragsverarbeiter die Weisung für rechtswidrig hält. Diese Verpflichtung bedeutet für den Auftragsverarbeiter keine relevante zusätzliche Belastung, weil er ja irgendwie zu seiner Bewertung „rechtswidrig" gekommen sein muss. Ob es sich bei der Mitteilung überhaupt um eine Rechtsdienstleistung handelt, kann offenbleiben, denn es liegt jedenfalls wegen der datenschutzrechtlichen Verpflichtung zur Remonstration bei als rechtswidrig bewerteten Weisungen eine zulässige Nebenleistung iSv § 5 Abs. 1 S. 1 RDG vor.

**13. Zweckändernde Weisungen.** Klausel 7.2 erweckt den Eindruck, Zweckänderungen der Auftragsverarbeitung dürften einseitig durch den Verantwortlichen angewiesen werden. Zwar handelt der Auftragsverarbeiter in einem solchen Fall weiterhin nur auf Weisung des Verantwortlichen und bestimmt nicht Zweck und Mittel der Verarbeitung, ist mithin nach Art. 4 Nr. 7 DS-GVO nicht Verantwortlicher, sondern weiterhin Auftragsverarbeiter nach Art. 4 Nr. 8 DS-GVO. Doch liegt in einer Zweckänderung ohne Anpassung des Anh. II ein (sanktionsfähiger) Verstoß gegen Art. 28 Abs. 3 S. 1 DS-GVO. Es ist daher für beide Seiten wichtig, bei jeglicher Änderung des Zwecks oder anderer Pflicht-Angaben zur Verarbeitung den Anh. II anzupassen. Zur Konkretisierung der Verarbeitung auch → Anm. 1.

**14. Dynamische Sicherheitsmaßnahmen.** Die Standardvertragsklauseln gehen ihrem Wortlaut nach davon aus, dass die technischen und organisatorischen Maßnahmen (abschließend) in Anh. III aufgeführt werden. Um sicherzustellen, dass die technischen und organisatorischen Maßnahmen den Anforderungen des Art. 32 DS-GVO genügen, ist damit eine äußerst umfangreiche und detaillierte Beschreibung erforderlich, die in der Praxis nicht erfolgt. Gegen eine solche Lösung spricht auch, dass die Parteien bei jeder Änderung einen neuen Anh. III vereinbaren müssten. Sinnvoller erscheint es daher, allgemein eine Verpflichtung des Auftragsverarbeiters zum Treffen der nach Art. 32 DS-GVO erforderlichen technischen und organisatorischen Maßnahmen vorzusehen (zur Zulässigkeit dieser Lösung bereits EDSA, Leitlinien 07/2020 zu den Begriffen „Verantwortlicher" und „Auftragsverarbeiter" in der DS-GVO, Version 2.0, 7.7.2021, Rn. 41) und Anh. III nur als ggf. über Art. 32 DS-GVO hinausgehenden Mindeststandard zu vereinbaren. Ausschließlich ein paar „Leitplanken" in Anh. III zu vereinbaren, ohne eine pauschale Verpflichtung zur Einhaltung des Art. 32 DS-GVO zu vereinbaren, genügt nicht den Anforderungen des Art. 28 Abs. 3 UAbs. 1 lit. c DS-GVO, da dadurch eben gerade nicht im Vertrag vereinbart ist, dass der Auftragsverarbeiter „alle gemäß Artikel 32 erforderlichen

Maßnahmen ergreift". Die allgemeine Verpflichtung aus Ergänzungsklausel 7.4.a) ändert nichts daran, dass der Verantwortliche nach Art. 28 Abs. 1 DS-GVO vor Beginn der Verarbeitung und während der Verarbeitung dauerhaft prüfen muss, ob die vom Auftragsverarbeiter getroffenen Maßnahmen tatsächlich den Anforderungen des Art. 32 DS-GVO entsprechen, und nach Art. 5 Abs. 2 DS-GVO jederzeit in der Lage sein muss, den Nachweis hierfür zu führen. Ergänzungsklausel 7.4.a) vermeidet jedoch eine überbordende Bürokratie.

**15. Dauer der Vertraulichkeitspflichten.** Es handelt sich bei Ergänzungsklausel 7.4.b) um eine Selbstverständlichkeit, da der Schutz personenbezogener Daten nicht etwa mit dem Ende des Arbeitsvertrages entfällt. Für die Praxis erscheint es allerdings sinnvoll, ausdrücklich darauf hinzuweisen, dass die Vertraulichkeitspflichten des Personals des Auftragsverarbeiters nicht mit dem Ende der Tätigkeit für den Auftragsverarbeiter enden, um folgenschwere Missverständnisse zu vermeiden.

**16. Sensible Daten.** Klausel 7.5 ist eigentlich überflüssig. Sie ist wohl als Erinnerung für die Parteien zu verstehen, ein entsprechendes Sicherheitsniveau tatsächlich zu vereinbaren bzw. umzusetzen. In jedem Fall ist Klausel 7.5 nicht so zu verstehen, dass über die gesetzlichen bzw. vertraglich vereinbarten Anforderungen hinaus „irgendwelche" zusätzlichen Maßnahmen zu ergreifen sind, nur weil sensible Daten verarbeitet werden.

**17. Nachweis der Zuverlässigkeit.** Nach Art. 28 Abs. 1 DS-GVO arbeitet der Verantwortliche nur mit Auftragsverarbeitern, die hinreichend Garantien dafür bieten, dass geeignete technische und organisatorische Maßnahmen so durchgeführt werden, dass die Verarbeitung im Einklang mit den Anforderungen der DS-GVO erfolgt und den Schutz der Rechte der betroffenen Person gewährleistet. Nach Erwgr. 81 DS-GVO gehört zum Prüfprogramm ausdrücklich auch die Zuverlässigkeit des Auftragsverarbeiters. Soweit eine Norm oder Praxis eines Drittlands die abstrakte Gefahr einer nach EU-Recht unzulässigen Übermittlung personenbezogener Daten durch eine als Auftragsverarbeiter tätige Stelle im EWR – zB die EWR-Tochtergesellschaft eines Drittlands-Unternehmens – begründet, sind an die Sorgfalt der Zuverlässigkeitsprüfung iSv Art. 28 Abs. 1 DS-GVO besonders hohe Anforderungen zu stellen, die dieser Gefahr Rechnung tragen (DSK, Zur datenschutzrechtlichen Bewertung von Zugriffsmöglichkeiten öffentlicher Stellen von Drittländern auf personenbezogene Daten v. 31.1.2023 Ziff. 3). Bekanntestes und praxisrelevantestes Beispiel für das Problem extraterritorial anwendbarer Überwachungsvorschriften ist aus dem US-Recht FISA 702 (Vladeck, Memo on Current State of U. S. Surveillance Law and Arthorities, 15.11.2021, Kap. I. 5, I. 6), aber auch § 7 Abs. 1 und § 14 des Nationalen Nachrichtendienstegesetzes der Volksrepublik China (Fisch ZChinR 2018, 13) dürften immer praxisrelevanter werden. Da die Pflicht zur Zuverlässigkeitsprüfung nicht nur vor Beginn der Verarbeitung besteht, sondern dauerhaft, muss der Verantwortliche dafür Sorge tragen, dass er über Änderungen während der Auftragsverarbeitung rechtzeitig informiert ist und ggf. die Auftragsverarbeitung rechtzeitig beendet. Der Nachweis, dass der Auftragsverarbeiter die Anforderungen aus Art. 28 Abs. 1 und Erwgr. 81 DS-GVO erfüllt, obliegt dem Verantwortlichen (DSK, Zur datenschutzrechtlichen Bewertung von Zugriffsmöglichkeiten öffentlicher Stellen von Drittländern auf personenbezogene Daten v. 31.1.2023, Ziff. 3), und zwar sowohl gegenüber der Aufsichtsbehörde als auch gegenüber den betroffenen Personen (EDSA, Leitlinien 07/2020 Rn. 94; DSK, Zur datenschutzrechtlichen

Bewertung von Zugriffsmöglichkeiten öffentlicher Stellen von Drittländern auf personenbezogene Daten v. 31.1.2023, Ziff. 5; grds. zur Einordnung von Art. 5 Abs. 2 DS-GVO (auch) als Beweislastregel EuGH 24.2.2022 – C-175/20, EuZW 2022, 527 Rn. 77, 81; EuGH 4.5.2023 – C-60/22, GRUR-RS 2023, 8967 Rn. 53; EuGH 4.7.2023 – C-252/21, GRUR 2023, 1131 Rn. 95; EuGH 14.12.2023 – C-340/21, ZD 2024, 150 Rn. 52 ff.; EuGH 25.1.2024 – C-687/21, NZA 2024, 320 Rn. 42 f.; EuGH 11.7.2024 – C-757/22, ZD 2024, 510 Rn. 52; BVerwG 2.3.2022 – 6 C 7.20, NVwZ 2022, 1205 Rn. 50; OLG Hamm 15.8.2023 – 7 U 19/23, GRUR 2023, 1791 Ls. 1; OLG Stuttgart 22.11.2023 – 4 U 20/23, GRUR-RS 2023, 32883 Rn. 401 ff.). Dass möglicherweise vergaberechtlich keine Verpflichtung zur Zuverlässigkeitsprüfung im Vergabeverfahren besteht, ändert nichts an den datenschutzrechtlichen Pflichten des Verantwortlichen und sollte daher bereits bei der Ausschreibung berücksichtigt werden (zur Problematik Bergt CR 2022, 629).

**18. Umsetzung von Weisungen.** Es handelt sich beim Regelungsgehalt der Ergänzungsklausel 7.6.b) um eine Selbstverständlichkeit, die bereits aus dem Weisungsrecht als solchem folgt. Weisungen sind naturgemäß umgehend und in angemessener Weise zu bearbeiten, sonst läuft das Weisungsrecht leer. Es erscheint allerdings sinnvoll, dies zur Klarstellung ausdrücklich festzuhalten.

**19. Umfassende Nachweispflicht.** Klausel 7.6.c) beschränkt die Nachweispflicht des Auftragsverarbeiters auf solche Verpflichtungen, die sowohl in den Standardvertragsklauseln vereinbart sind als auch unmittelbar aus der DS-GVO hervorgehen. Klausel 7.6.c) soll Art. 28 Abs. 3 UAbs. 1 lit. h DS-GVO umsetzen und ist entsprechend auszulegen: Es genügt für eine Nachweispflicht, dass die Pflichten des Auftragsverarbeiters nach Art. 28 Abs. 3 UAbs. 1 DS-GVO vertraglich zu vereinbaren sind. Es ist aber aus Sicht des Verantwortlichen sinnvoll, dem Auftragsverarbeiter eine umfassende Verpflichtung zum Nachweis der Einhaltung seiner vertraglichen Pflichten aufzuerlegen, auch wenn diese nicht unmittelbar aus der DS-GVO hervorgehen. Unter Umständen benötigt der Verantwortliche diese Nachweise, um gegenüber betroffenen Personen oder der Aufsichtsbehörde den ihm nach Art. 5 Abs. 2 DS-GVO obliegenden Nachweis zu führen, etwa wenn eine Interessenabwägung nur dann zu Gunsten des Verantwortlichen ausgeht, wenn dieser zusätzliche Schutzmaßnahmen ergreift (zur Einordnung von Art. 5 Abs. 2 DS-GVO als Beweislastregel EuGH 24.2.2022 – C-175/20, EuZW 2022, 527 Rn. 77, 81; EuGH 4.5.2023 – C-60/22, GRUR-RS 2023, 8967 Rn. 53; EuGH 4.7.2023 – C-252/21, GRUR 2023, 1131 Rn. 95; EuGH 14.12.2023 – C-340/21, ZD 2024, 150 Rn. 52 ff.; EuGH 25.1.2024 – C-687/21, NZA 2024, 320 Rn. 42 f.; EuGH 11.7.2024 – C-757/22, ZD 2024, 510 Rn. 52; BVerwG 2.3.2022 – 6 C 7.20, NVwZ 2022, 1205 Rn. 50; OLG Hamm 15.8.2023 – 7 U 19/23, GRUR 2023, 1791 Ls. 1; OLG Stuttgart 22.11.2023 – 4 U 20/23, GRUR-RS 2023, 32883 Rn. 401 ff.). Aus Sicht des Auftragsverarbeiters sollte eine solche Regelung, wenn sie denn überhaupt akzeptiert wird, auf datenschutzrechtliche Pflichten beschränkt werden, damit der Auftragsverarbeiter nicht etwa die Erfüllung von Service Levels nachweisen muss.

**20. Mitwirkungspflichten bei Prüfungen.** Klausel 7.6.c) hält nur fest, dass der Auftragsverarbeiter zu einer Prüfung durch den Verantwortlichen beiträgt. Die Formulierung ist damit noch knapper als Art. 28 Abs. 3 UAbs. 1 lit. h DS-GVO, der immerhin noch verlangt, dass der Auftragsverarbeiter die Prüfung „ermöglicht". Klausel 7.6.d) stellt immerhin klar, dass Prüfungen „auch Inspektionen in den

Räumlichkeiten oder physischen Einrichtungen des Auftragsverarbeiters umfassen“ können, ist aber – zu Recht – nicht abschließend. Welche Mitwirkungspflichten den Auftragsverarbeiter konkret treffen, bleibt jedoch ungeklärt. Genau dies wäre aber ein wichtiger Gegenstand der „Pflichten und Rechte des Verantwortlichen“, wie sie sich Art. 28 Abs. 3 UAbs. 1 S. 1 DS-GVO als Inhalt des Auftragsverarbeitungsvertrags vorstellt. Ergänzungsklausel 7.6.c) Abs. 2 deckt daher zunächst das Ermöglichen von Prüfungen ab und definiert als Mitwirkungspflichten sämtliche für die Prüfung auf Einhaltung der Pflichten erforderlichen Handlungen und Unterlassungen. Es geht also nicht um subjektive Wünsche des Verantwortlichen, sondern um objektive Notwendigkeiten. Es wäre sinnvoll, sodann auf den konkreten Einzelfall abgestimmte detaillierte Mitwirkungspflichten zu definieren. Das Muster kann dies naturgemäß nicht leisten, versucht aber eine allgemeine Auflistung, die jedenfalls besser ist als ein völlig pauschales „Beitragen“ zur Prüfung.

**21. Person des Prüfers.** Ergänzungsklausel 7.6.d) stellt klar, dass auch Personal des Verantwortlichen die Prüfung vornehmen darf und dass „unabhängige Prüfer“ iSv Klausel 7.6.d) alle Dritten sind. Insbesondere ist damit nicht gemeint, dass nur nicht konzernabhängige Unternehmen oder gar nur Einzelpersonen als Prüfer beauftragt werden dürften. Dies würde auch Art. 28 Abs. 3 UAbs. 1 lit. h DS-GVO widersprechen, der derartige Einschränkungen nicht vorsieht. Die deutschen Aufsichtsbehörden akzeptieren Beschränkungen in der Wahl externer Prüfer, soweit es um unmittelbare Wettbewerber des Auftragsverarbeiters geht (→ Form. G. I. 6. dort Nr. 19). Eine solche Klausel sollte bei Nutzung der Standardvertragsklauseln vermieden werden, da sie zwar möglicherweise DS-GVO-konform ist, aber doch Klausel 7.6.d) widerspricht und damit die Rechtmäßigkeitsfiktion der Standardvertragsklauseln vernichten würde (→ Vorb.).

**22. Folgen verweigerter Zustimmung zu bzw. eines Widerspruchs gegen Unterauftragsverarbeiter(n).** Verweigert der Verantwortliche seine Zustimmung zur Einschaltung eines Unterauftragsverarbeiters oder widerspricht er bei allgemein erteilter Genehmigung einer angekündigten Einschaltung eines Unterauftragsverarbeiters, ist der Hauptvertrag wie vereinbart zu erfüllen, also ohne Einschaltung des Unterauftragsverarbeiters. Grundsätzlich ist es Sache des Auftragsverarbeiters, die Leistungen seiner Unterauftragsverarbeiter etwa durch dem Hauptvertrag entsprechende Vertragslaufzeiten abzusichern. Bietet der Unterauftragsverarbeiter etwa eine Verlängerung eines mit kurzer Laufzeit abgeschlossenen Vertrages nur zu ungünstigeren Konditionen an, liegt dies ausschließlich im Risikobereich des Auftragsverarbeiters. Der Hauptvertrag kann allerdings in Schieflage geraten, wenn etwa ein genehmigter Unterauftragsverarbeiter insolvent wird und sich vom Markt zurückzieht und folglich ersetzt werden muss. Zwar hat auch hier der Auftragsverarbeiter den Unterauftragsverarbeiter ausgesucht und muss für diesen in jeder Hinsicht einstehen, doch erscheint es angemessen, dem Auftragsverarbeiter bei Leistungshindernissen, die er nicht verursacht hat, ein Lösungsrecht zuzugestehen, das über § 275 Abs. 1, 2 BGB hinausgeht. Es sollte dabei nicht auf ein Verschulden des Auftragsverarbeiters abgestellt werden, da sonst bereits hier (und nicht erst beim Schadensersatz) Diskussionen über Fragen des Verschuldens zu erwarten sind. Eine Teilkündigung führt allerdings oftmals dazu, dass sich der Hauptvertrag für den Verantwortlichen als weniger attraktiv erweist, uU gar der Verantwortliche keinerlei Interesse mehr an der verbleibenden Leistung hat. Der Verantwortliche sollte daher, wenn der Auftragsverarbeiter ein weitgehendes Lösungsrecht erhält und nutzt, seinerseits den Hauptvertrag als Ganzes kündigen können, ohne etwa nachweisen zu müssen, dass die restlichen Leistungen für ihn ohne Interesse sind. Leistet der Auftragsverarbeiter nach verweigerter Zustimmung bzw. erhobenem Widerspruch nicht, obwohl er nicht (berechtigt) kündigt, verbleiben dem Verantwortlichen zumindest noch Sekundäransprüche, die bei einem zu weit ausgestalteten Kündigungsrecht entfallen würden.

Zu beachten ist, dass Regelungen, was im Falle einer nicht erteilten Zustimmung bzw. eines Widerspruchs des Verantwortlichen geschieht, weder direkt noch indirekt im Widerspruch zu den Standardvertragsklauseln stehen dürfen. Insbesondere (Option 1) dürfen sie nicht dazu führen, dass der Verantwortliche faktisch gezwungen wird, seine datenschutzrechtlich ihm freistehende Zustimmung zu erteilen bzw. (Option 2) dürfen sie nicht das Widerspruchsrecht faktisch entwerten (→ Form. G. I. 6. Anm. 41). Dies wäre etwa der Fall, wenn ein Widerspruch nur aus wichtigem Grund erhoben werden bzw. eine Zustimmung nur aus wichtigem Grund verweigert werden dürfte, wenn der Auftragsverarbeiter auf einen Widerspruch oder eine fehlende Zustimmung hin mit unangemessen kurzer Frist kündigen dürfte oder gar ein Widerspruch oder eine fehlende Zustimmung zu einem automatischen Leistungsende binnen unangemessen kurzer Frist führen dürfte oder auch die Entgeltpflicht trotz nicht mehr zu erbringender Leistung fortbestehen bliebe (→ Form. G. I. 6., dort Nr. 24). Welche Frist noch angemessen ist, ist im Einzelfall zu bewerten. Die Frist – und auch die in Klausel 7.7 Option 2 einzutragende Widerspruchsfrist – muss es in jedem Fall dem Verantwortlichen ermöglichen, den beabsichtigten neuen Unterauftragsverarbeiter zu prüfen, eine Entscheidung über eine (Nicht-) Zustimmung bzw. einen Widerspruch zu treffen und im Fall einer Leistungsbeendigung einen neuen Auftragsverarbeiter zu finden, zu beauftragen und die Migration durchzuführen. Denn wenn dies nicht möglich ist, wird der Verantwortliche faktisch dazu gezwungen, einen neuen Unterauftragsverarbeiter zu akzeptieren, weil er ansonsten die ausgelagerte Dienstleistung nicht mehr nutzen kann. Bei einfachen Dienstleistungen können 14 Tage Widerspruchsfrist und weitere 14 Tage Kündigungsfrist ausreichen. Bei komplexen Unterauftragsverarbeitungsverhältnissen dagegen kann die erforderliche Ankündigungs- bzw. Widerspruchsfrist deutlich länger sein und bei komplexen Systemen die erforderliche Kündigungsfrist gar Jahre betragen. Bei Aufträgen der öffentlichen Hand sind auch Ausschreibungserfordernisse und der damit verbundene Zeitbedarf für eine Ersatzbeschaffung zu berücksichtigen. Zur Vermeidung von Auseinandersetzungen im tatsächlichen Kündigungsfall kann es sich empfehlen, von vornherein statt des letzten Satzes konkrete Fristen vertraglich zu vereinbaren. Allerdings besteht dann das Risiko, dass der Anbieter auf eine unrealistisch kurze Frist besteht, was der Verantwortliche keinesfalls akzeptieren sollte, da ihm dann sogar Sekundäransprüche abgeschnitten würden. Vor dem Hintergrund drohender Schadensersatzansprüche kann es für große Verantwortliche gegenüber namhaften Auftragsverarbeitern sogar sinnvoll sein, die unbestimmte Muster-Klausel zu verwenden, weil diese Auftragsverarbeiter in der Praxis nicht das Risiko hoher Schadensersatzansprüche und Rufschädigungen eingehen, sondern eher die Leistungen über die vom Verantwortlichen verlangte Kündigungsfrist erbringen werden.

**23. Widerruf der Zustimmung zu Unterauftragsverarbeitern.** Aus dem Gesetz wie auch aus den Standardvertragsklauseln ergibt sich nicht, ob eine einmal erteilte Zustimmung zum Einsatz eines Unterauftragsverarbeiters widerrufen werden kann.

Dafür spricht, dass der Auftragsverarbeiter weisungsgebunden ist und der Verantwortliche für alle Unterauftragsverarbeiter haftet. Dagegen spricht, dass das Gesetz keinen Hinweis auf eine Widerrufsmöglichkeit gibt und der Auftragsverarbeiter Dispositionen trifft. Jedenfalls aus wichtigem Grund – etwa wenn der Unterauftragsverarbeiter gegen seine datenschutzrechtlichen Pflichten verstößt – muss ein Widerruf immer möglich sein. Auftraggeberfreundlicher wäre Var. 2, die das Interesse des Verantwortlichen an der Kontrolle seiner Haftung stärker betont.

**24. Notwendige Informationen zu neuen Unterauftragsverarbeitern.** Ergänzungsklausel 7.7.a) Option 2 dient der Klarstellung. Klausel 7.7 Option 2 S. 3 enthält bereits die Verpflichtung, dem Verantwortlichen alle Informationen zur Verfügung zu stellen, damit dieser sein Widerspruchsrecht ausüben kann. Dazu gehören naturgemäß alle Informationen, die erforderlich sind, um die Entscheidung über die Ausübung des Widerspruchsrechts zu treffen. Hierzu gehört neben der Frage, ob für Datenexporte im Rahmen von Unterauftragsverhältnissen hinreichende Garantien iSd Kap. V der DS-GVO bestehen, auch die Frage, ob der Unterauftragsverarbeiter iSd Art. 28 Abs. 1 DS-GVO hinreichende Garantien für die Einhaltung der DS-GVO bietet. Denn auch wenn die Verarbeitung ausschließlich im EWR erfolgt, kann extraterritorial wirkendes Recht von Drittländern dazu führen, dass Auftragsverarbeitern die Zuverlässigkeit iSv Art. 28 Abs. 1 DS-GVO fehlt (hierzu DSK, Zur datenschutzrechtlichen Bewertung von Zugriffsmöglichkeiten öffentlicher Stellen von Drittländern auf personenbezogene Daten v. 31.1.2023; Bergt CR 2022, 629 (630 f.)), sodass diese Information für die Entscheidung über einen Widerspruch entscheidend ist. Vor dem Hintergrund von Art. 5 Abs. 2 DS-GVO müssen Verantwortliche ihr Widerspruchsrecht ausüben, wenn sie nicht nachweisen können, dass der Unterauftragsverarbeiter die Einhaltung der DS-GVO hinreichend garantiert (zur Einordnung von Art. 5 Abs. 2 DS-GVO (auch) als Beweislastregel EuGH 24.2.2022 – C-175/20, EuZW 2022, 527 Rn. 77, 81; EuGH 4.5.2023 – C-60/22, GRUR-RS 2023, 8967 Rn. 53; EuGH 4.7.2023 – C-252/21, GRUR 2023, 1131 Rn. 95; EuGH 14.12.2023 – C-340/21, ZD 2024, 150 Rn. 52 ff.; EuGH 25.1.2024 – C-687/21, NZA 2024, 320 Rn. 42 f.; EuGH 11.7.2024 – C-757/22, ZD 2024, 510 Rn. 52; BVerwG 2.3.2022 – 6 C 7.20, NVwZ 2022, 1205 Rn. 50; OLG Hamm 15.8.2023 – 7 U 19/23, GRUR 2023, 1791 Ls. 1; OLG Stuttgart 22.11.2023 – 4 U 20/23, GRUR-RS 2023, 32883 Rn. 401 ff.).

**25. Nachträglicher Widerspruch gegen Unterauftragsverarbeiter.** Aus dem Gesetz wie auch aus den Standardvertragsklauseln ergibt sich nicht, bis zu welchem Zeitpunkt der Verantwortliche gegen einen angekündigten Einsatz eines Unterauftragsverarbeiters Widerspruch erheben kann. Für ein zeitlich nicht beschränktes Widerspruchsrecht spricht, dass der Auftragsverarbeiter weisungsgebunden ist und der Verantwortliche für alle Unterauftragsverarbeiter haftet. Dagegen spricht, dass der Auftragsverarbeiter Dispositionen trifft und das Gesetz vor allem darauf abzustellen scheint, dass der Verantwortliche verhindern können soll, dass ein Unterauftragsverarbeiter überhaupt einbezogen wird – zu einer nachträglichen Ablehnung schweigt das Gesetz. Jedenfalls aus wichtigem Grund – etwa wenn der Unterauftragsverarbeiter gegen seine datenschutzrechtlichen Pflichten verstößt – muss ein nachträglicher Widerspruch immer möglich sein. Auftraggeberfreundlicher wäre Var. 2, die das Interesse des Verantwortlichen an der Kontrolle seiner Haftung stärker betont.

**26. Vollständige Übertragung der Pflichten auf Unterauftragsverarbeiter.** Klausel 7.7.b) lässt es genügen, dem Unterauftragsverarbeiter „im Wesentlichen dieselben Datenschutzpflichten" aufzuerlegen wie dem Auftragsverarbeiter. Nach Art. 28 Abs. 4 S. 1 DS-GVO müssen dem Unterauftragsverarbeiter dagegen (ohne Einschränkung) „dieselben Datenschutzpflichten auferlegt" werden, die im Auftragsverarbeitungsvertrag festgelegt sind. Auch wenn die Standardvertragsklauseln bis zu einer gegenteiligen Entscheidung des EuGH als rechtskonform gelten, sollte dieser Mangel durch eine Ergänzungsklausel behoben werden. Dies ist auch im Hinblick auf die Haftung des Verantwortlichen für sämtliche Auftragsverarbeiter empfehlenswert. Die dem Unterauftragsverarbeiter auferlegten Datenschutzpflichten müssen nicht wörtlich dieselben sein wie im Auftragsverarbeitungsvertrag, aber doch inhaltlich. Ähnlich wie eine Übertragung der Pflichten nur „im Wesentlichen" ist auch eine Verpflichtung, ein „vergleichbares Datenschutzniveau zu gewährleisten" oder „gleichwertige Pflichten" zu vereinbaren, nicht ausreichend (→ Form. G. I. 6., dort Nr. 25).

**27. Schwärzung mindert nicht Nachweispflichten.** Da der Begriff des Geschäftsgeheimnisses bzw. der vertraulichen Information in manchen Verträgen äußerst weit gefasst wird, sollte klargestellt werden, dass hiermit keine Einschränkung der vertraglichen oder gesetzlichen Verpflichtungen des Auftragsverarbeiters verbunden sein kann, insbesondere auch nicht der Verpflichtung zum Nachweis der Einhaltung des Gesetzes gem. Klausel 7.6.

**28. Keine Einschränkung des Weisungsrechts gegenüber dem Unterauftragsverarbeiter.** Klausel 7.7.e) könnte dahin missverstanden werden, dass unmittelbare Weisungsrechte gegenüber dem Unterauftragsverarbeiter nur in dem Fall bestehen sollen, dass der Auftragsverarbeiter faktisch oder rechtlich nicht mehr besteht oder zahlungsunfähig ist. Ergänzungsklausel 7.7.e) stellt klar, dass dies nicht der Fall ist.

**29. Datenexporte nur auf Weisung.** Klausel 7.8.b) könnte dahingehend missverstanden werden, dass bei Nutzung von Standardvertragsklauseln für Datenexporte eine Weisung zum Datenexport entbehrlich wäre. Dass dem so nicht ist, zeigt Klausel 7.8.a) eigentlich relativ deutlich. Eine verbreitete gegenteilige Praxis lässt aber eine klarstellende Ergänzungsklausel als sinnvoll erscheinen.

**30. Berücksichtigung von Schrems II.** Dass „die Voraussetzungen für die Anwendung dieser [Datenexport-] Standardvertragsklauseln erfüllt sind", genügt bei weitem nicht, um Datenexporte rechtmäßig zu gestalten. Es scheint, als hätte die Kommission Klausel 7.8.b) vor dem Schrems-II-Urteil (EuGH 16.7.2020 – C-311/18, NJW 2020, 2613) entworfen, ignoriert sie dessen Anforderungen doch vollständig. Ergänzungsklausel 7.8.b) Abs. 2 verpflichtet daher den Auftragsverarbeiter, nicht nur die Anwendbarkeit der Standardvertragsklauseln nachzuweisen – bei anderen Transfer-Instrumenten wie BCR auch deren Anwendbarkeit –, sondern auch, dass dieses Transfer-Instrument auch tatsächlich wirksam ist und nicht etwa behördliche Zugriffsrechte entgegen den Verpflichtungen des Datenimporteurs aus dem Transfer-Instrument bestehen. Denn für die Einhaltung des Kap. V der DS-GVO ist auch der Verantwortliche haftbar und er ist sowohl aus der Formulierung des Art. 44 DS-GVO als auch aus Art. 5 Abs. 2 DS-GVO beweisbelastet (zur Einordnung als Beweislastregel EuGH 24.2.2022 – C-175/20, EuZW 2022, 527 Rn. 77, 81; EuGH 4.5.2023 – C-60/22, GRUR-RS 2023, 8967 Rn. 53; EuGH

4.7.2023 – C-252/21, GRUR 2023, 1131 Rn. 95; EuGH 14.12.2023 – C-340/21, ZD 2024, 150 Rn. 52 ff.; EuGH 25.1.2024 – C-687/21, NZA 2024, 320 Rn. 42 f.; EuGH 11.7.2024 – C-757/22, ZD 2024, 510 Rn. 52; BVerwG 2.3.2022 – 6 C 7.20, NVwZ 2022, 1205 Rn. 50; OLG Hamm 15.8.2023 – 7 U 19/23, GRUR 2023, 1791 Ls. 1; OLG Stuttgart 22.11.2023 – 4 U 20/23, GRUR-RS 2023, 32883 Rn. 401 ff.). Zum Nachweis gehört jedenfalls das vollständige Transfer Impact Assessment (TIA). Wegen seiner eigenen – zivilrechtlichen wie sanktionsrechtlichen – Haftung sollte der Verantwortliche kritisch prüfen, ob er Datenexporte in Drittländer ohne Angemessenheitsbeschluss tatsächlich akzeptieren und anweisen will.

**31. Kontaktdaten des Datenschutzbeauftragten/Vertreters.** Der Auftragsverarbeiter und ggf. sein Vertreter müssen diese Angaben in ihr Verzeichnis von Verarbeitungstätigkeiten nach Art. 30 Abs. 2 DS-GVO aufnehmen. Unterauftragsverarbeiter müssen zudem von ihrem übergeordneten Auftragsverarbeiter Namen und Kontaktdaten des Verantwortlichen erhalten und diese in das Verzeichnis aufnehmen, was die Ergänzungsklausel aber nicht abdeckt. Was unter Kontaktdaten zu verstehen ist, ist unklar. Im Hinblick auf den Zweck des Gesetzes, dem Auftragsverarbeiter und der Aufsichtsbehörde – denn nur diese haben Einsicht in das Verzeichnis – eine unkomplizierte Kontaktaufnahme zu ermöglichen, dürfte auch die Angabe von E-Mail-Adresse und Telefonnummer erforderlich sein.

**32. Festlegung der geschuldeten Unterstützung durch den Auftragsverarbeiter.** Klauseln 8.a), und 8.b) stellen sehr weit und auf hohem Abstraktionsniveau Pflichten für den Auftragsverarbeiter auf, den Verantwortlichen bei verschiedenen seiner Pflichten zu unterstützen. Von besonderer Bedeutung ist es daher, dass die Parteien Anh. III am Ende ordnungsgemäß und im konkreten Fall sinnvoll ausfüllen und die Unterstützungspflichten konkret festlegen. Stellt der Auftragsverarbeiter etwa ein in sich geschlossenes Standard-System wie einen Online-Shop bereit, wäre es sinnvoll, wenn der Auftragsverarbeiter eine Funktion bereitstellen würde, mit der der Verantwortliche auf Knopfdruck aus den Daten und ergänzenden Angaben des Verantwortlichen eine vollständige Auskunft erstellen kann. In jedem Fall erforderlich dürfte eine Funktion zum vollständigen Datenexport sein. Sinnvoll erscheinen auch Vergütungsregelungen, denn etwa die Unterstützung bei einer (individuellen) Datenschutz-Folgenabschätzung kann erheblichen Aufwand bedeuten. Da die Pflichten, bei deren Einhaltung der Auftragsverarbeiter den Verantwortlichen zu unterstützen hat, (mit Ausnahme des beide Parteien treffenden Art. 32 DS-GVO) ausschließlich originäre Pflichten des Verantwortlichen betreffen, sollte der Verantwortliche grundsätzlich auch die Kosten hierfür tragen. Eine Ausnahme muss allerdings gelten, wenn die Unterstützung nur wegen eines Gesetzes- oder Vertragsverstoßes des Auftragsverarbeiters erforderlich wurde (→ Form. G. I. 6. Anm. 27) oder auch wenn eine Datenpanne in seinem Tätigkeitsbereich geschehen ist (Klausel 9.2). Im Massengeschäft ist allerdings zu erwarten, dass der Auftragsverarbeiter ohne Zusatzkosten Self-Service-Funktionen bereitstellt wie etwa die bereits angesprochene Auskunfts-Erstellungs-Funktion oder detaillierte Informationen bis hin zu einer Muster-Datenschutz-Folgenabschätzung.

**33. Weitere wichtige Kündigungsgründe.** Zu S. 1 → Anm. 17. Wird der Verantwortliche trotz außerordentlichen Kündigungsrechts teilweise am Vertrag festgehalten, kann dies dazu führen, dass er aus wirtschaftlichen Gründen die eigentlich gebotene Kündigung nicht erklärt.

**34. Vorab-Weisung zur Löschung oder Rückgabe.** Um die Situation zu vermeiden, dass der Verantwortliche keine Wahl trifft, was nach Abschluss der Erbringung der Verarbeitungsleistungen mit den Daten geschehen soll, empfiehlt sich eine frühzeitige Festlegung. Der Verantwortliche muss die Wahl aber nachträglich noch ändern können. Da die Wahl erhebliche Auswirkungen auf die Kosten haben kann, ist es angemessen, den Verantwortlichen eventuelle Zusatzkosten einer Änderung seiner Wahl tragen zu lassen; ein datenschutzrechtliches Recht auf nachträgliche Verschiebung der wirtschaftlichen Konditionen eines Vertrages besteht nicht. Der letzte Satz der Zusatzklausel 10.d) Abs. 1 berücksichtigt, dass die Pflicht zur Löschung oder Rückgabe nach Art. 28 Abs. 3 UAbs. 2 lit. g DS-GVO nicht erst nach Beendigung des Vertrags entstehen darf, sondern bereits nach Abschluss der Erbringung der Verarbeitungsleistungen entstehen muss.

**35. Der Löschung entgegenstehende gesetzliche Pflichten.** Verantwortliche sollten möglichst bereits vor Beginn der Verarbeitung wissen, wenn eine weisungswidrige Verarbeitung personenbezogener Daten erfolgt, damit sie ggf. von der Auftragsverarbeitung absehen können, jedenfalls aber betroffenen Personen etwa im Fall von Verletzungen des Schutzes personenbezogener Daten während der Zeit, in der eine Löschung unzulässig ist, korrekt begegnen können. Die weiteren Verpflichtungen zur Einschränkung der Verarbeitung und Sicherung betreffen eigentlich Selbstverständlichkeiten, sollten aber zur Klarstellung aufgenommen werden.

**36. Ausschluss von Zurückbehaltungsrechten.** Zurückbehaltungsrechte des Auftragsverarbeiters können es Verantwortlichen unmöglich machen, ihren gesetzlichen Verpflichtungen nachzukommen, und die Grundrechte und Freiheiten der betroffenen Personen erheblich beeinträchtigen. Sie sollten daher jedenfalls in den aufgeführten Fällen ausgeschlossen werden. Darüber hinaus müssen Auftragsverarbeiter beachten, dass die Geltendmachung von Zurückbehaltungsrechten etwa gegen Weisungen des Verantwortlichen dazu führen kann, dass die Auftragsverarbeiter Zwecke und Mittel der Verarbeitung bestimmen und damit zu Verantwortlichen werden. Um zu vermeiden, dass versehentlich Zurückbehaltungsrechte ausgeübt werden, ohne dass für die daraus folgende Verantwortlicheneigenschaft eine Rechtsgrundlage besteht, wäre es – auch im Interesse des Auftragsverarbeiters – zu überlegen, Zurückbehaltungsrechte noch umfassender auszuschließen als in Ergänzungsklausel 10.e).

**37. Haftungsausschlüsse.** Viele IT-Verträge sehen strikte Haftungsbeschränkungen vor, die bei großen Projekten sogar oft individuell vereinbart und wirksam sind. Dies dient letztlich dazu, die Kosten der Dienstleistung gering zu halten. Oft werden bei der Einschätzung der dem Auftraggeber (Verantwortlichen) drohenden Kosten jedoch Schäden wegen der Verletzung des Datenschutzrechts nicht einbezogen. Ergänzungsklausel 10.f) Abs. 1 ordnet für derartige Schäden die Geltung des gesetzlichen Haftungsregimes an.

**38. Freistellungsverpflichtung.** Ergänzungsklausel 10.f) Abs. 2 sieht eine Freistellungsverpflichtung zu Gunsten des Verantwortlichen vor, wenn Dritte Ansprüche wegen (angeblicher) Verstöße des Auftragsverarbeiters geltend machen. Einerseits wäre es durchaus angebracht, den Freistellungsanspruch auf sämtliche Anspruchsgeltendmachungen zu erstrecken, soweit nur eine vertrags- oder gesetzeswidrige Verarbeitung personenbezogener Daten durch den Auftragsverarbeiter geltend gemacht wird, im Sinne einer Haftpflichtversicherung, die Ansprüche entweder abwehrt oder reguliert. Andererseits würde dem Auftragsverarbeiter dadurch eine verursachungsunabhängige Freistellungsverpflichtung auferlegt, die AGB-rechtlich noch bedenklicher ist als eine nicht auf ein Verschulden, aber doch zumindest einen objektiv vorliegenden Verstoß abstellende Regelung.

**39. Beweislast.** Für Ansprüche betroffener Personen muss nach Art. 82 Abs. 3 DS-GVO der in Anspruch genommene Verantwortliche oder Auftragsverarbeiter nachweisen, dass er in keinerlei Hinsicht für den Umstand, durch den der Schaden eingetreten ist, verantwortlich ist. Somit liegt die Beweislast beim Verantwortlichen bzw. Auftragsverarbeiter (EuGH 21.12.2023 – C-667/21, GRUR-RS 2023, 36822 Rn. 94 ff.; Kühling/Buchner/Bergt DS-GVO Art. 82 Rn. 49 ff.). Darüber hinaus ergibt sich aus der Rechtsprechung des EuGH auch im Übrigen eine umfassende Beweislastumkehr zu Gunsten der betroffenen Person (im Detail Kühling/Buchner/Bergt DS-GVO Art. 82 Rn. 46 ff.). Der Verantwortliche kann wegen abweichender Maßstäbe im Verhältnis zum Auftragsverarbeiter und angesichts einer sehr unvollkommenen Gesamtschuldnerausgleichsregelung in Art. 82 Abs. 5 DS-GVO daher zwischen betroffener Person und Auftragsverarbeiter zerrieben werden, weil er sowohl den Schadensersatz- als auch den Regressprozess aus Beweislastgründen verlieren kann. Ergänzungsklausel 10.f) Abs. 3 erlegt dem Auftragsverarbeiter daher zumindest insoweit die Beweislast auf, als die Schadensursache aus seinem Handlungsbereich herrührt. Bei einem Vertrag nach deutschem Recht hilft dem Verantwortlichen in gewissem Rahmen auch die Rechtsprechung des BGH zur Beweislastumkehr bei Schäden aus den Gefahren- und Verantwortungsbereich des Auftragsverarbeiters (BGH 12.1.2017 – III ZR 4/16, NJW-RR 2017, 622 Ls. 2).

**40. Öffnung von Vertraulichkeitsvereinbarungen.** Viele Vertraulichkeitsvereinbarungen auch mit Geltung für Auftragsverarbeitungsverhältnisse sind so strikt formuliert, dass sie es Verantwortlichem und Auftragsverarbeiter unmöglich machen, den ihnen nach Art. 5 Abs. 2 und/oder Art. 82 Abs. 3 DS-GVO obliegenden Beweis zu führen (zu Art. 5 Abs. 2 DS-GVO als Beweislastregelung sowohl im Verhältnis zur Aufsichtsbehörde als auch zur betroffenen Person EuGH 24.2.2022 – C-175/20, EuZW 2022, 527 Rn. 77, 81; EuGH 4.5.2023 – C-60/22, GRUR-RS 2023, 8967 Rn. 53; EuGH 4.7.2023 – C-252/21, GRUR 2023, 1131 Rn. 95; EuGH 14.12.2023 – C-340/21, ZD 2024, 150 Rn. 52 ff.; EuGH 25.1.2024 – C-687/21, NZA 2024, 320 Rn. 42 f.; EuGH 11.7.2024 – C-757/22, ZD 2024, 510 Rn. 52; BVerwG 2.3.2022 – 6 C 7.20, NVwZ 2022, 1205 Rn. 50; OLG Hamm 15.8.2023 – 7 U 19/23, GRUR 2023, 1791 Ls. 1; OLG Stuttgart 22.11.2023 – 4 U 20/23, GRUR-RS 2023, 32883 Rn. 401 ff.; zur Regelung der Beweislast durch Art. 82 Abs. 2 DS-GVO EuGH 21.12.2023 – C-667/21, GRUR-RS 2023, 36822 Rn. 93. ff.; EuGH 11.4.2024 – C-741/21, NJW 2024, 1561 Rn. 46). Dies ist in der Praxis kein Problem, solange sich beide gemeinsam und ohne auch nur im Detail abweichende Interessen gegen Ansprüche verteidigen. Geht es aber beispielsweise um die Frage, ob der Verantwortliche eine bestimmte Weisung erteilt hat oder nicht, laufen diese Interessen sofort auseinander. Ergänzungsklausel 10.f) Abs. 4 erlaubt es daher beiden Parteien, ungeachtet etwaiger Vertraulichkeitsvereinbarungen im Rahmen der strikten Erforderlichkeit für die Rechtsverteidigung Informationen offenzulegen. Zur Eindämmung von Missbrauchsrisiken sieht die Ergänzungsklausel eine Pflicht zur vorherigen Information der anderen Partei vor.

**41. Vertragsstrafe.** Vertragsstrafeversprechen sind ein gutes Mittel, die Einhaltung vertraglicher Verpflichtungen deutlich wahrscheinlicher zu machen. Verursacht ein Verstoß zudem nur schlecht oder gar nicht bezifferbare oder beweisbare Schäden, etwa eine Rufschädigung, sind sie faktisch die einzige Möglichkeit, einen Schadensersatz zu erlangen. Will sich ein Auftragsverarbeiter nicht auf ein Vertragsstrafeversprechen einlassen, müssten eigentlich beim Verantwortlichen die Alarmglocken klingeln, ob denn bei diesem Auftragsverarbeiter tatsächlich entsprechend Art. 28 Abs. 1 DS-GVO zu erwarten ist, dass er seinen datenschutzrechtlichen Pflichten nachkommen wird. In der Praxis haben Vertragsstrafeklauseln in Auftragsverarbeitungsverhältnissen dennoch Seltenheitswert. Feste (nicht differenzierende) Vertragsstrafenbeträge sind angesichts der extremen Bandbreite möglicher Verstöße entweder in die eine oder in die andere Richtung unangemessen, sodass nur eine Festsetzung durch den Verantwortlichen nach billigem Ermessen in Betracht kommt. Mindest- und Höchstbeträge können hier für eine gewisse Vorhersehbarkeit und beim Auftragsverarbeiter auch für eine Kalkulierbarkeit des Risikos sorgen, müssen aber eine große Bandbreite möglicher Verstöße abdecken. Zu beachten ist, dass der Mindestbetrag der Vertragsstrafe auch für den leichtesten denkbaren Verstoß noch angemessen sein muss. Bei besonders geringfügigen Verarbeitungen mit geringfügigen Risiken kann eine Anpassung nach unten erforderlich sein.

### 7. Checkliste zur Prüfung von Auftragsverarbeitungsverträgen

Art. 28 DS-GVO enthält eine lange Liste an **Mindestanforderungen, die beim Abschluss von Auftragsverarbeitungsverträgen zu beachten** sind. Art. 28 Abs. 1 DS-GVO behandelt die Frage der Zuverlässigkeit des Auftragsverarbeiters und ist für den Inhalt des Auftragsverarbeitungsvertrags nur insoweit von Relevanz, als dass der Auftraggeber sicherstellen sollte, dass er umgehend von möglichen Problemen hinsichtlich der Zuverlässigkeit des Auftragsverarbeiters Kenntnis erlangt (hierzu, mit besonderem Fokus auf mögliches Drittlands-Recht, das der Zuverlässigkeit des Auftragnehmers entgegenstehen könnte, → Form. G.I.6 Anm. 17). Dies sollte, muss aber nicht zwingend bei der Vertragsgestaltung berücksichtigt werden, sondern kann auch anders sichergestellt werden. Art. 28 Abs. 3 DS-GVO und von diesem in Bezug genommen Art. 28 Abs. 2 und 4 DS-GVO sowie die Formvorschrift des Art. 28 Abs. 9 DS-GVO machen dagegen zwingende Vorgaben für den Auftragsverarbeitungsvertrag. **Einige** dieser Anforderungen sind **konstitutiv für das Vorliegen eines Auftragsverarbeitungsverhältnisses:** Jedenfalls eine mangelhafte Weisungsbindung führt dazu, dass keine Auftragsverarbeitung mehr vorliegt, sondern regelmäßig eine rechtswidrige Übermittlung in eine rechtswidrige gemeinsame Verantwortlichkeit (im Detail Bergt DuD 2023, 169; vgl. nunmehr auch Kühling/Buchner/Hartung DS-GVO Art. 28 Rn. 61; zur Parallelnorm § 48 BlnDSG HK-BlnDSG/Bergt § 48 Rn. 10f., 13ff.; vgl. auch EDSA, Opinion 22/2024 on certain obligations following from the reliance on processor(s) and sub-processor(s), 7.10.2024, Rn. 101: „core element"). Auch bei allen anderen Abweichungen von den gesetzlichen Mindestanforderungen handelt es sich allerdings um **Sanktionstatbestände** (Art. 83 Abs. 4 lit. a DS-GVO). Zudem führen Mängel im Auftragsverarbeitungsvertrag im **Schadensersatzprozess** dazu, dass neben dem Verantwortlichen auch der Auftragsverarbeiter haftet. Beide werden sich dann regelmäßig nicht nach Art. 82 Abs. 3 DS-GVO entlasten können.

Es ist daher eigentlich **von größter Bedeutung für alle Beteiligten,** dass Auftragsverarbeitungsverträge den gesetzlichen Anforderungen entsprechen. Dennoch ist in der – möglicherweise nicht repräsentativen – Praxis des Autors der Gesetzesverstoß der Regelfall und der ordnungsgemäße Auftragsverarbeitungsvertrag die Ausnahme. In den allermeisten Fällen stellt sich heraus, dass der Gesetzesverstoß überhaupt nicht beabsichtigt war, sondern schlicht nicht erkannt wurde, dass bestimmte Regelungen unzulässig sind.

Die folgende Checkliste erleichtert die Prüfung von Auftragsverarbeitungsverträgen, indem sie systematisch die Anforderungen abprüft und Beispiele für zulässige und unzulässige Formulierungen nennt. Die nur geringfügig abweichende Vorgängerversion dieser Checkliste war Grundlage einer koordinierten Amtsprüfung verschiedener deutscher Aufsichtsbehörden, stellt also die abgestimmte **Rechtsauffassung der Aufsichtsbehörden** dar. Änderungen gegenüber dieser abgestimmten Version sind mit einer Anmerkung gekennzeichnet. Die Checkliste ist aus der Perspektive der Aufsicht über Auftragsverarbeiter gestaltet. Entsprechend wird etwa im ersten Prüfungspunkt untersucht, ob der Auftragsverarbeitungsvertrag zwingend in allen Fällen abgeschlossen wird, in denen dies gesetzlich vorgeschrieben ist. Aus Sicht des Auftraggebers genügt es natürlich, dass in seinem konkreten Fall ein Auftragsverarbeitungsvertrag abgeschlossen wird. Die Perspektive ist somit bei der Anwendung zu beachten.

## Checkliste Prüfung AVV

Im Rahmen dieser Checkliste bedeuten:

AG = Auftraggeber. Im vorliegenden Kontext der Verantwortliche iSv Art. 4 Nr. 7 DS-GVO.

AN = Auftragnehmer. Im vorliegenden Kontext der Auftragsverarbeiter iSv Art. 4 Nr. 8 DS-GVO, also der Dienstleister/Provider.

ASB = Aufsichtsbehörde iSv Art. 4 Nr. 21 DS-GVO.

AVV = Auftragsverarbeitungsvertrag. Vertrag über die Verarbeitung personenbezogener Daten im Auftrag. Umfasst sowohl einen Vertrag als auch ein anderes Rechtsinstrument nach dem Unionsrecht oder dem Recht der Mitgliedstaaten, wie von Art. 28 Abs. 3 DS-GVO vorgesehen.

AVV-SCC = (aktuelle) Standard Contractual Clauses = Standardvertragsklauseln für Auftragsverarbeitungsverträge gemäß Durchführungsbeschluss (EU) 2021/915 der Kommission vom 4. Juni 2021 über Standardvertragsklauseln zwischen Verantwortlichen und Auftragsverarbeitern gemäß Artikel 28 Absatz 7 der Verordnung (EU) 2016/679 des Europäischen Parlaments und des Rates und Artikel 29 Absatz 7 der Verordnung (EU) 2018/1725 des Europäischen Parlaments und des Rates, COM(2021) 3701 final, ABl. 2021 L 199, 18–30.

EU-/MS-Recht = Recht der Europäischen Union oder eines ihrer Mitgliedstaaten.

Export-SCC-2021 = (aktuelle) Standard Contractual Clauses = Standardvertragsklauseln für Datenexporte in Drittländer gemäß Durchführungsbeschluss (EU) 2021/914 der Kommission vom 4. Juni 2021 über Standardvertragsklauseln für die Übermittlung personenbezogener Daten an Drittländer gemäß der Verordnung (EU)

2016/679 des Europäischen Parlaments und des Rates, COM(2021) 3972 final, ABl. 2021 L 199, 31–61.

MS = Mitgliedstaat (der Europäischen Union).

pbD = personenbezogene Daten gemäß Art. 4 Nr. 1 DS-GVO.

SCC = Standard Contractual Clauses = Standardvertragsklauseln.

SCC-2001 = (alte) Standard Contractual Clauses = Standardvertragsklauseln für Datenexporte in Drittländer gemäß Entscheidung 2001/497/EG der Kommission vom 15. Juni 2001 hinsichtlich Standardvertragsklauseln für die Übermittlung personenbezogener Daten in Drittländer nach der Richtlinie 95/46/EG (Bekannt gegeben unter Aktenzeichen KOM(2001) 1539 endgültig), ABl. 2001 L 181, 19–31.

SCC-2002 = (alte) Standard Contractual Clauses = Standardvertragsklauseln für Datenexporte an Auftragsverarbeiter in Drittländer gemäß Entscheidung 2002/16/EG der Kommission vom 27. Dezember 2001 hinsichtlich Standardvertragsklauseln für die Übermittlung personenbezogener Daten an Auftragsverarbeiter in Drittländern nach der Richtlinie 95/46/EG (Bekannt gegeben unter Aktenzeichen KOM (2001) 4540 endgültig), ABl. 2002 L 6, 52–62.

SCC-2010 = (alte) Standard Contractual Clauses = Standardvertragsklauseln für Datenexporte an Auftragsverarbeiter in Drittländer gemäß Beschluss 2010/87/EU der Kommission vom 5. Februar 2010 über Standardvertragsklauseln für die Übermittlung personenbezogener Daten an Auftragsverarbeiter in Drittländern nach der Richtlinie 95/46/EG des Europäischen Parlaments und des Rates (Bekannt gegeben unter Aktenzeichen KOM(2010) 593 endgültig), ABl. 2010 L 39, 5–18.

TOM = technische und organisatorische Maßnahmen, beispielsweise Sicherheitsmaßnahmen nach Art. 32 DS-GVO.

UnterAN = Unterauftragnehmer. Hier Unterauftragsverarbeiter bzw. weiterer Auftragsverarbeiter (siehe AN).

| Nr. | Norm | Stichwort | Fundstelle in AVV | Erfüllt[1] | Nicht erfüllt |
|---|---|---|---|---|---|
| 1 | Art. 28 Abs. 3 UAbs. 1 S. 1 DS-GVO | AVV wird zwingend abgeschlossen[2] und gilt zeitlich für alle Verarbeitungen[3] | | ☐ gesondert<br>☐ Teil der AGB[4]<br>☐ zwingend in Bestellprozess<br>☐ | ☐ nur optional<br>☐ AVV deckt zeitlich nicht alle Verarbeitungen von pbD ab, etwa nach Kündigung des AVV oder des Hauptvertrags fortgesetzte Verarbeitungen[3]<br>☐ |
| 2 | Art. 28 Abs. 3 UAbs. 1 S. 1 DS-GVO | rechtlich bindend für die Auftragsverarbeiter | | ☐ Vertrag<br>☐ sonstiges bindendes Rechtsinstrument nach dem Unionsrecht oder dem Recht der Mitgliedstaaten, und zwar: | ☐ |
| 3 | Art. 28 Abs. 9 DS-GVO | AVV schriftlich/elektronisch[5] | | ☐ Papier mit Unterschriften (inklusive aller Anlagen mit Pflicht-Inhalten)[6] | ☐ Vertragsdokumente mit Pflicht-Inhalten[6] werden ☐ im Bestellprozess ☐ im AVV nur referenziert |

| Nr. | Norm | Stichwort | Fundstelle in AVV | Erfüllt[1] | Nicht erfüllt |
|---|---|---|---|---|---|
| | | | | □ Papier mit Unterschriften wird gescannt (inklusive aller Anlagen mit Pflicht-Inhalten)[6]<br>□ Anbieter schickt vollständigen AVV per E-Mail (inklusive aller Anlagen mit Pflicht-Inhalten)[7, 6]<br>□ Kunde kann vollständigen AVV herunterladen, zB als PDF (inklusive aller Anlagen mit Pflicht-Inhalten)[7, 6]<br>□ | □ Vertragsdokumente mit Pflicht-Inhalten[6] werden □ im Bestellprozess □ im AVV nur verlinkt<br>□ Kunden-Eingaben[6] nicht downloadbar<br>□ Verweis für Pflicht-Inhalte[6] auf □ Hauptvertrag □ VVT □ sonstiges Dokument, der/das die Form-Anforderung nicht erfüllt<br>□ pauschaler/ergänzender Verweis auf □ Hauptvertrag □ sonstiges Dokument, der/das die Form-Anforderung[6] nicht erfüllt[8]<br>□ Verweis auf Angaben, die im Rahmen des Vertragsverhältnisses gemacht wurden (ohne dass diese formgerecht[6] beigefügt wurden)<br>□ einseitiges Recht zur Änderung des AVV (auch mit Zustimmungsfiktion)[9]<br>□ |
| | | | | □ unklar: AVV verweist für Pflicht-Inhalte[6] auf Hauptvertrag, bei dem unbekannt ist, ob er die Form-Anforderungen erfüllt[10] | |
| 4 | Art. 28 Abs. 3 UAbs. 1 S. 1 DS-GVO | Gegenstand der Verarbeitung[11] | | □ präzise und soweit ersichtlich vollständig genannt<br>□ Verweis auf Hauptvertrag; Hauptvertrag ist (formgerecht,[6] siehe Nr. 3) beigefügt und enthält ausreichende Angaben<br>□ Verweis auf VVT; VVT ist (formgerecht,[6] siehe Nr. 3) beigefügt und enthält ausreichende Angaben<br>□ | □ genannt, aber unzureichend (□ unvollständig □ unpräzise)<br>□ Verweis auf □ nicht[6] □ nicht formgerecht[6] (siehe Nr. 3) beigefügten Hauptvertrag<br>□ Verweis auf Angaben, die im Rahmen des Vertragsverhältnisses gemacht wurden (ohne dass diese formgerecht,[6] siehe Nr. 3, beigefügt wurden)<br>□ Verweis auf □ nicht[6] □ nicht formgerecht[6] (siehe Nr. 3) beigefügtes VVT<br>□ Verweis auf Hauptvertrag, der keine Angaben enthält<br>□ Verweis auf VVT, das keine Angaben enthält<br>□ Verweis auf Hauptvertrag, der unzureichende (□ unvollständige □ unpräzise) Angaben enthält |

| Nr. | Norm | Stichwort | Fundstelle in AVV | Erfüllt[1] | Nicht erfüllt |
|---|---|---|---|---|---|
| | | | | | ☐ Verweis auf VVT, das unzureichende (☐ unvollständige ☐ unpräzise) Angaben enthält<br>☐ unzureichend angegeben sind:<br>☐ |
| 5 | Art. 28 Abs. 3 UAbs. 1 S. 1 DS-GVO | Dauer der Verarbeitung | | ☐ genannt<br>☐ Verweis auf Dauer der Verarbeitung gemäß dem Hauptvertrag[12]<br>☐ solange AN pbD für den AG tatsächlich verarbeitet[12]<br>☐ Verweis auf Hauptvertrag; Hauptvertrag ist (formgerecht,[6] siehe Nr. 3) beigefügt und enthält ausreichende Angaben<br>☐ | ☐ genannt, aber unzureichend (☐ unvollständig ☐ unpräzise)<br>☐ Verweis auf ☐ nicht[6] ☐ nicht formgerecht[6] (siehe Nr. 3) beigefügten Hauptvertrag<br>☐ Verweis auf Hauptvertrag, der keine Angaben enthält<br>☐ Verweis auf Hauptvertrag, der unzureichende (☐ unvollständige ☐ unpräzise) Angaben enthält<br>☐ unzureichend angegeben sind:<br>☐ |
| 6 | Art. 28 Abs. 3 UAbs. 1 S. 1 DS-GVO | Art der Verarbeitung[11, 13] | | ☐ präzise und soweit ersichtlich vollständig genannt<br>☐ Verweis auf Hauptvertrag; Hauptvertrag ist (formgerecht,[6] siehe Nr. 3) beigefügt und enthält ausreichende Angaben<br>☐ Verweis auf VVT; VVT ist (formgerecht,[6] siehe Nr. 3) beigefügt und enthält ausreichende Angaben<br>☐ verzichtbar, da Gegenstand und Zweck klar benannt<br>☐ | ☐ genannt, aber unzureichend (☐ unvollständig ☐ unpräzise)<br>☐ Verweis auf ☐ nicht[6] ☐ nicht formgerecht[6] (siehe Nr. 3) beigefügten Hauptvertrag<br>☐ Verweis auf ☐ nicht[6] ☐ nicht formgerecht[6] (siehe Nr. 3) beigefügtes VVT<br>☐ Verweis auf Hauptvertrag, der keine Angaben enthält<br>☐ Verweis auf VVT, das keine Angaben enthält<br>☐ Verweis auf Hauptvertrag, der unzureichende (☐ unvollständige ☐ unpräzise) Angaben enthält<br>☐ Verweis auf VVT, das unzureichende (☐ unvollständige ☐ unpräzise) Angaben enthält<br>☐ unzureichend angegeben sind:<br>☐ |
| 7 | Art. 28 Abs. 3 UAbs. 1 S. 1 DS-GVO | Zweck der Verarbeitung[11] | | ☐ präzise und soweit ersichtlich vollständig genannt<br>☐ Verweis auf Hauptvertrag; Hauptver- | ☐ genannt, aber unzureichend (☐ unvollständig ☐ unpräzise)<br>☐ Verweis auf ☐ nicht[6] ☐ nicht formgerecht[6] |

| Nr. | Norm | Stichwort | Fundstelle in AVV | Erfüllt[1] | Nicht erfüllt |
|---|---|---|---|---|---|
| | | | | trag ist (formgerecht,[6] siehe Nr. 3) beigefügt und enthält ausreichende Angaben<br>□ Verweis auf VVT; VVT ist (formgerecht,[6] siehe Nr. 3) beigefügt und enthält ausreichende Angaben<br>□ | (siehe Nr. 3) beigefügten Hauptvertrag<br>□ Verweis auf □ nicht[6] □ nicht formgerecht[6] (siehe Nr. 3) beigefügtes VVT<br>□ Verweis auf Hauptvertrag, der keine Angaben enthält<br>□ Verweis auf VVT, das keine Angaben enthält<br>□ Verweis auf Hauptvertrag, der unzureichende (□ unvollständige □ unpräzise) Angaben enthält<br>□ Verweis auf VVT, das unzureichende (□ unvollständige □ unpräzise) Angaben enthält<br>□ unzureichend angegeben sind:<br>□ |
| 8 | Art. 28 Abs. 3 UAbs. 1 S. 1 DS-GVO | Art der personenbezogenen Daten[11] | | □ präzise und soweit ersichtlich vollständig genannt<br>□ Verweis auf Hauptvertrag; Hauptvertrag ist (formgerecht,[6] siehe Nr. 3) beigefügt und enthält ausreichende Angaben<br>□ Verweis auf VVT; VVT ist (formgerecht,[6] siehe Nr. 3) beigefügt und enthält ausreichende Angaben<br>□ | □ genannt, aber unzureichend (□ unvollständig □ unpräzise)<br>□ Verweis auf □ nicht[6] □ nicht formgerecht[6] (siehe Nr. 3) beigefügten Hauptvertrag<br>□ Verweis auf □ nicht[6] □ nicht formgerecht[6] (siehe Nr. 3) beigefügtes VVT<br>□ Verweis auf Hauptvertrag, der keine Angaben enthält<br>□ Verweis auf VVT, das keine Angaben enthält<br>□ Verweis auf Hauptvertrag, der unzureichende (□ unvollständige □ unpräzise) Angaben enthält<br>□ Verweis auf VVT, das unzureichende (□ unvollständige □ unpräzise) Angaben enthält<br>□ unzureichend angegeben sind:<br>□ |
| 9 | Art. 28 Abs. 3 UAbs. 1 S. 1 DS-GVO | Kategorien betroffener Personen[11] | | □ präzise und soweit ersichtlich vollständig genannt<br>□ Verweis auf Hauptvertrag; Hauptvertrag ist (formgerecht,[6] siehe Nr. 3) beigefügt und enthält | □ genannt, aber unzureichend (□ unvollständig □ unpräzise)<br>□ Verweis auf □ nicht[6] □ nicht formgerecht[6] (siehe Nr. 3) beigefügten Hauptvertrag<br>□ Verweis auf □ nicht[6] |

| Nr. | Norm | Stichwort | Fundstelle in AVV | Erfüllt[1] | Nicht erfüllt |
|---|---|---|---|---|---|
| | | | | ausreichende Angaben<br>☐ Verweis auf VVT; VVT ist (formgerecht,[6] siehe Nr. 3) beigefügt und enthält ausreichende Angaben<br>☐ | ☐ nicht formgerecht[6] (siehe Nr. 3) beigefügtes VVT<br>☐ Verweis auf Hauptvertrag, der keine Angaben enthält<br>☐ Verweis auf VVT, das keine Angaben enthält<br>☐ Verweis auf Hauptvertrag, der unzureichende (☐ unvollständige ☐ unpräzise) Angaben enthält<br>☐ Verweis auf VVT, das unzureichende (☐ unvollständige ☐ unpräzise) Angaben enthält<br>☐ unzureichend angegeben sind:<br>☐ |
| 10 | Art. 28 Abs. 3 UAbs. 1 S. 2 lit. a DS-GVO | Weisungsbindung bei der Verarbeitung | | ☐ auch für Datenexporte[14], ☐ ohne Ausnahme bzw. ☐ Ausnahme nur, sofern der AN durch das Recht der Union oder der Mitgliedstaaten, dem der Auftragsverarbeiter unterliegt, hierzu verpflichtet ist[15]<br>☐ auch für Datenexporte[14], es sei denn, dass der AN rechtlich hierzu verpflichtet ist (ohne oder nur teilweise Beschränkung auf „Recht der Union oder der Mitgliedstaaten, dem der Auftragsverarbeiter unterliegt"), wobei jedoch im AVV sichergestellt ist, dass ☐ nur Verpflichtungen auf Basis von EU-/MS-Recht in Betracht kommen oder ☐ dass die in Betracht kommenden Gesetze und Praktiken von Drittländern den Kern der im AEUV, in der GRCh und in der DS-GVO verankerten Grundrechte und -freiheiten respektieren und | ☐ fehlt<br>☐ fehlt, ausgenommen von rudimentären Regelungen (zB Klausel, dass Berichtigung, Löschung, Einschränkung nur auf Weisung)<br>☐ Weisungsrecht nur, soweit im Hauptvertrag vorgesehen (einschließlich Klausel, dass solche Weisungen als Antrag auf Leistungsänderung behandelt werden oder dass eine Verpflichtung zur Ausführung erst besteht, wenn eine Einigung über die Kosten erzielt worden ist)[16]<br>☐ Weisungen kostenpflichtig[16]<br>☐ Datenexporte auch ohne Weisung zulässig[14]<br>☐ Ausnahme, wenn der AN rechtlich hierzu verpflichtet ist (ohne oder nur teilweise Beschränkung auf „Recht der Union oder der Mitgliedstaaten, dem der Auftragsverarbeiter unterliegt"), ohne dass im AVV sichergestellt ist, dass nur Verpflichtungen auf Basis von EU-/MS-Recht in Betracht kommen oder dass die in Betracht kommenden Gesetze und Praktiken von Drittländern den Kern der im AEUV, in der GRCh |

| Nr. | Norm | Stichwort | Fundstelle in AVV | Erfüllt[1] | Nicht erfüllt |
|---|---|---|---|---|---|
| | | | | nicht über das hinausgehen, was in einer demokratischen Gesellschaft notwendig und verhältnismäßig ist, um eines der in Art. 23 Abs. 1 der DS-GVO aufgeführten Ziele zu schützen, und das durch die DS-GVO gewährleistete Schutzniveau nicht untergraben[15]<br>☐<br>Zulässige Gestaltungen:<br>☐ Weisungen, die über die vertraglichen Vereinbarungen hinausgehen und auch nicht erforderlich sind, um Rechtsverstöße im Zuständigkeitsbereich des AN zu verhindern bzw. abzustellen, können kostenpflichtig sein[16]<br>☐ AN kann angemessene Sicherheiten verlangen, bevor er Weisungen ausführt, die nach objektiv nachvollziehbarer (nicht notwendig richtiger) Einschätzung des AN rechtswidrig sind und bei deren Umsetzung dem AN Schäden drohen[17] | und in der DS-GVO verankerten Grundrechte und -freiheiten respektieren und nicht über das hinausgehen, was in einer demokratischen Gesellschaft notwendig und verhältnismäßig ist, um eines der in Art. 23 Abs. 1 der DS-GVO aufgeführten Ziele zu schützen, und das durch die DS-GVO gewährleistete Schutzniveau nicht untergraben[15]<br>☐ AN behält sich Verarbeitung der Auftragsdaten auch zu eigenen Zwecken vor (kann ☐ auch außerhalb des AVV zu finden sein); hierzu gehört auch der Fall, dass ☐ dem AN nicht lediglich Weisungen erteilt werden, sondern Berechtigungen, Befugnisse oÄ zur Verarbeitung pbD eingeräumt werden[18, 19]<br>☐ sonstige unzulässige Einschränkungen<br>☐ |
| 11 | Art. 28 Abs. 3 UAbs. 1 S. 2 lit. a DS-GVO | Mitteilungspflicht für Verarbeitungspflichten entgegen Weisung | | ☐ vor Verarbeitung, Beschränkung nur durch das betreffende Recht wegen eines wichtigen öffentlichen Interesses<br>☐ | ☐ fehlt<br>☐ keine Verpflichtung zur Mitteilung vor Verarbeitung<br>☐ Beschränkung durch anderes Recht als das betreffende[15]<br>☐ Beschränkung auch ohne wichtiges öffentliches Interesse<br>☐ |
| 12 | Art. 28 Abs. 3 UAbs. 1 S. 2 lit. a DS-GVO | Dokumentation der Weisungen[20] | | ☐ durch AG<br>☐ durch AN<br>☐ vorgeschrieben, aber unklar, durch wen<br>☐ | ☐ nicht vorgeschrieben<br>☐ nur Pflicht zur schriftlichen Bestätigung mündlicher Weisungen[21]<br>☐ |

| Nr. | Norm | Stichwort | Fundstelle in AVV | Erfüllt[1] | Nicht erfüllt |
|---|---|---|---|---|---|
| 13 | Art. 28 Abs. 3 UAbs. 1 S. 2 lit. b DS-GVO | Vertraulichkeitsverpflichtung | | ☐ stets vorgeschrieben<br>☐ wenn nicht bereits angemessene gesetzliche Verschwiegenheitspflicht besteht<br>☐ | ☐ fehlt<br>☐ beschränkt<br>☐ |
| 14 | Art. 28 Abs. 3 UAbs. 1 S. 2 lit. c DS-GVO | TOM nach Art. 32 DS-GVO | | ☐ Verweis auf Art. 32 DS-GVO[22]<br>☐ Verweis auf konkrete TOM-Liste,[23, 24] die aktuell ausreichend ist, mit Verpflichtung des AN zur dynamischen Anpassung der TOM<br>☐ | ☐ Verweis auf konkrete TOM-Liste,[23] die nicht ausreichend ist<br>☐ |
| | | | | ☐ Erfüllung unklar: Verweis auf konkrete TOM-Liste,[23] die nicht auf Übereinstimmung mit Art. 32 DS-GVO geprüft wurde<br>☐ Risiko für die Zukunft: Verweis auf konkrete TOM-Liste,[23] die aktuell ausreichend ist<br>☐ | |
| 15 | Art. 28 Abs. 3 UAbs. 1 S. 2 lit. e DS-GVO | Unterstützung bei Pflichten aus Betroffenenrechten[25] | | ☐ Übernahme Gesetzeswortlaut: „angesichts der Art der Verarbeitung den Verantwortlichen nach Möglichkeit mit geeigneten technischen und organisatorischen Maßnahmen dabei unterstützt, seiner Pflicht zur Beantwortung von Anträgen auf Wahrnehmung der in Kapitel III genannten Rechte der betroffenen Person nachzukommen“<br>☐ konkrete Regelungen, im Einzelfall als ausreichend bewertet<br>☐ | ☐ fehlt<br>☐ Verweis auf „wenn vereinbart“ oder „soweit von Hauptvertrag umfasst“, ohne dass derartige formgerechte[6] (siehe Nr. 3) Vereinbarung ersichtlich<br>☐ nicht alle Betroffenenrechte aus Kap. III umfasst, es fehlen Art.<br>☐ 12 ☐ 13 ☐ 14 ☐ 15<br>☐ 16 ☐ 17 ☐ 18 ☐ 19<br>☐ 20 ☐ 21 ☐ 22 DS-GVO<br>☐ Kostentragungspflicht AG, auch wenn Unterstützung wegen Gesetzes- oder Vertragsverstoß durch AN erforderlich wurde[26, 27]<br>☐ |
| 16 | Art. 28 Abs. 3 UAbs. 1 S. 2 lit. f DS-GVO | Unterstützung bei Pflichten aus Art. 32 bis 36 DS-GVO[28] | | ☐ Übernahme Gesetzeswortlaut: „unter Berücksichtigung der Art der Verarbeitung und der ihm zur Verfügung stehenden Informationen den Verantwortlichen bei der Einhaltung der in | ☐ fehlt<br>☐ Verweis auf „wenn vereinbart“, ohne dass derartige formgerechte[6] (siehe Nr. 3) Vereinbarung ersichtlich<br>☐ nicht alle Art. 32 bis 36 DS-GVO umfasst, es fehlen Art. ☐ 32 ☐ 33 ☐ 34<br>☐ 35 ☐ 36 |

| Nr. | Norm | Stichwort | Fundstelle in AVV | Erfüllt[1] | Nicht erfüllt |
|---|---|---|---|---|---|
| | | | | den Artikeln 32 bis 36 genannten Pflichten unterstützt"<br>☐ konkrete Regelungen, im Einzelfall als ausreichend bewertet<br>☐ | ☐ Kostentragungspflicht AG, auch wenn Unterstützung wegen Gesetzes- oder Vertragsverstoß durch AN erforderlich wurde[26, 27]<br>☐ Unterstützung nur nach Billigkeit<br>☐ |
| 17 | Art. 28 Abs. 3 UAbs. 1 S. 2 lit. g DS-GVO | Löschpflicht nach Auftragserledigung | | ☐ vollständige Übernahme Gesetzeswortlaut: „nach Abschluss der Erbringung der Verarbeitungsleistungen alle personenbezogenen Daten nach Wahl des Verantwortlichen entweder löscht oder zurückgibt und die vorhandenen Kopien löscht, sofern nicht nach dem Unionsrecht oder dem Recht der Mitgliedstaaten eine Verpflichtung zur Speicherung der personenbezogenen Daten besteht"<br>☐ Änderungen gegenüber Gesetzeswortlaut, aber nach Detailprüfung keinerlei Einschränkungen gegenüber Gesetzeswortlaut<br>☐ eigene Formulierung, aber nach Detailprüfung ausreichend<br>☐<br>Zulässige Gestaltungen:<br>☐ Vorab-Entscheidung für Löschung/Rückgabe, wenn AG keine Wahl trifft[29] | ☐ fehlt<br>☐ Verpflichtung nur auf Verlangen des AG (nicht nach Wahl)<br>☐ Verpflichtung erst nach Vertragsende, nicht bereits nach Abschluss der Erbringung der Verarbeitungsleistungen<br>☐ Umsetzungsfrist[30]<br>☐ Verpflichtung nicht auf alle pbD bezogen<br>☐ keine Verpflichtung zur Löschung von Kopien bei Rückgabe der Daten<br>☐ kein Wahlrecht AG zwischen Löschung und Rückgabe[29]<br>☐ Beschränkung der Löschpflicht auch durch Speicherpflicht aus anderem Recht als dem Unionsrecht oder dem Recht der Mitgliedstaaten, etwa durch pauschale Ausnahme für rechtliche Verpflichtungen des AN (ohne Beschränkung auf EU-/MS-Recht)[15]<br>☐ Aufbewahrung von Dokumentationen, ohne dass sichergestellt ist, dass diese keine pbD enthalten<br>☐ |
| 18 | Art. 28 Abs. 3 UAbs. 1 S. 2 lit. h DS-GVO | Verpflichtung AN zum Nachweis der Einhaltung der Pflichten aus Art. 28 DS-GVO[31] | | ☐ Übernahme Gesetzeswortlaut: „dem Verantwortlichen alle erforderlichen Informationen zum Nachweis der Einhaltung der in diesem Artikel niedergelegten Pflichten zur Verfügung stellt" | ☐ fehlt<br>☐ nur Verweis auf Kontrollpflichten des AG (analog BDSG aF)<br>☐ keine explizite Pflicht zur Zurverfügungstellung von (allen erforderlichen) Informationen<br>☐ Verpflichtung erfasst nicht alle erforderlichen Infor- |

| Nr. | Norm | Stichwort | Fundstelle in AVV | Erfüllt[1] | Nicht erfüllt |
|---|---|---|---|---|---|
| | | | | ☐ konkrete Regelungen, im Einzelfall als ausreichend bewertet<br>☐ | mationen, also keine vollständige Nachweispflicht<br>☐ Beschränkung auf Vorlage bestimmter, nicht sicher ausreichender Unterlagen[32]<br>☐ Vertraulichkeitsverpflichtung, die es AG unmöglich macht, Nachweis gegenüber ASB oder betroffenen Personen zu führen<br>☐ Kostenpflicht AG für Nachweiserbringung<br>☐ |
| 19 | Art. 28 Abs. 3 UAbs. 1 S. 2 lit. h DS-GVO | Kontrollrechte (einschließlich Vor-Ort-Prüfungen)[31] | | ☐ Übernahme Gesetzeswortlaut: „Überprüfungen – einschließlich Inspektionen –, die vom Verantwortlichen oder einem anderen von diesem beauftragten Prüfer durchgeführt werden, ermöglicht und dazu beiträgt"<br>☐ konkrete Regelungen, im Einzelfall als ausreichend bewertet<br>☐<br>Zulässige Beschränkungen:<br>☐ Prüfer darf nicht in unmittelbarem Wettbewerbsverhältnis mit AN stehen<br>☐ Kontrollen dürfen nicht zu übermäßigen Beeinträchtigungen des Geschäftsablaufs führen[33]<br>☐ in der Regel vorherige Anmeldung vorgeschrieben, sofern nicht eine Kontrolle ohne vorherige Anmeldung erforderlich erscheint, weil andernfalls der Kontrollzweck gefährdet wäre<br>☐<br>Trotz Bedenken hinsichtlich Art. 5 Abs. 2 DS-GVO derzeit keine Beanstandung:[34] | ☐ fehlt<br>☐ Kontrollrecht des Verantwortlichen wird durch Kontrolle/Audit/Zertifizierung durch Dritte ersetzt<br>☐ Kontrollrechte beschränkt auf Einsicht in oder Anforderung von Unterlagen[32]<br>☐ Kontrollrecht nur, wenn Unterlagen[32] nicht genügen<br>☐ Kontrollrecht nur in besonders zu begründenden Ausnahmefällen (auch in Kombination mit der Vorlage von Unterlagen[32])<br>☐ Beschränkung auf Anforderung von Informationen<br>☐ AG darf Fragen/Forderungen stellen bzw. Informationen anfordern, AN muss darauf nur reagieren<br>☐ Beschränkung der Häufigkeit<br>☐ Beschränkung der Dauer<br>☐ Beschränkung auf bestimmte Orte<br>☐ Beschränkung auf Stichprobenkontrollen<br>☐ Beschränkung auf Kontrollen bei AN ohne UnterAN (auch: Kontrollrechte nur in Geschäftsbetrieb des AN eingeräumt)<br>☐ vorherige Anmeldung erforderlich<br>☐ feste Ankündigungsfrist<br>☐ angemessene Ankündigungsfrist ohne Klarstellung oder zumindest Relativierung in der Richtung, |

| Nr. | Norm | Stichwort | Fundstelle in AVV | Erfüllt[1] | Nicht erfüllt |
|---|---|---|---|---|---|
| | | | | ☐ „gegebenenfalls mit angemessener Vorankündigung“, „in der Regel“ → nicht zwingend mit Vorankündigung, sondern nur gegebenenfalls | dass im Ausnahmefall auch Kontrolle ohne vorherige Ankündigung angemessen sein kann<br>☐ Beschränkung auf Kontrollen durch AG<br>☐ Beschränkung auf Kontrollen durch Dritte<br>☐ Beschränkung auf Kontrollen durch von AN bestimmte Prüfer<br>☐ Prüfer darf nicht in Wettbewerbsverhältnis mit AN stehen (zulässig: unmittelbares Wettbewerbsverhältnis)<br>☐ Kostentragungspflicht AG, auch wenn Kontrolle wegen Gesetzes- oder Vertragsverstoß durch AN erforderlich wurde[35]<br>☐ keine Verpflichtung zur Ermöglichung der Kontrollen<br>☐ keine Verpflichtung zum aktiven Beitragen zu Kontrollen<br>☐ Kontrollen dürfen zu keinerlei Beeinträchtigung des Geschäftsablaufs führen<br>☐ Verschwiegenheitsverpflichtung zu unterzeichnen<br>☐ Prüfer im Einzelfall zu benennen (nicht generell möglich)<br>☐ |
| 20 | Art. 28 Abs. 3 UAbs. 2 DS-GVO | Remonstrationspflicht | | ☐ Pflicht zur unverzüglichen Information des AG, falls AN der Auffassung ist, dass eine Weisung gegen DS-GVO oder andere Datenschutzbestimmungen der EU oder MS verstößt (auch mit Recht zur Aussetzung der Umsetzung, bis AG Weisung bestätigt/ändert)[36]<br>☐ | ☐ fehlt<br>☐ Informationspflicht nicht unverzüglich<br>☐ nicht alle Verstöße gegen EU-/MS-Datenschutzvorschriften umfasst<br>☐ |
| 21 | Art. 28 Abs. 3 UAbs. 1 S. 1 lit. d, Abs. 2 | UnterAN nur mit Genehmigung | | ☐ Genehmigungspflicht (allgemein)<br>☐ Genehmigungspflicht, allgemeine schriftliche Erlaubnis im Vertrag | ☐ fehlt<br>☐ bestimmte UnterAN werden genehmigt, aber kein Verbot für sonstige UnterAN |

| Nr. | Norm | Stichwort | Fundstelle in AVV | Erfüllt[1] | Nicht erfüllt |
|---|---|---|---|---|---|
| | S. 1 DS-GVO | | | ☐ Genehmigungspflicht, gesonderte Genehmigung erforderlich<br>☐<br>Derzeit nicht beanstandet:<br>☐ Zustimmungsfiktion,[37] die alle Anforderungen an Widerspruchslösung erfüllt[38] | ☐ Zustimmungsfiktion,[37] die nicht alle Anforderungen an Widerspruchslösung erfüllt[38]<br>☐ Bereichsausnahme für bestimmte Tätigkeiten (zB Wartung)<br>☐ |
| 22 | Art. 28 Abs. 3 UAbs. 1 S. 1 lit. d, Abs. 2 S. 1 DS-GVO, Art. 5 Abs. 2 DS-GVO | Bestimmtheit der UnterAN | | ☐ alle UnterAN konkret, vollständig, mit Anschrift und stichwortartiger Beschreibung ihrer Aufgaben bezeichnet ☐ in AVV ☐ (nur bei allgemeiner schriftlicher Erlaubnis für UnterAN im AVV zulässig) in anderweitiger dokumentierter Form, die eine Einhaltung von Art. 5 Abs. 2 DS-GVO ermöglicht<br>☐ | ☐ Verweis auf Liste auf Website[6]<br>☐ pauschaler Verweis, etwa auf verbundene Unternehmen<br>☐ wenn keine allgemeine Erlaubnis für UnterAN (siehe Nr. 21): Angaben zu UnterAN nicht (vollständig) in AVV bzw. (formgerechter,[6] siehe Nr. 3, und in AVV einbezogener) Anlage<br>☐ Benennung UnterAN ohne Rechtsform<br>☐ Benennung UnterAN ohne Anschrift<br>☐ Aufgabenbereich für UnterAN nicht spezifiziert<br>☐ unklarer/nicht ausreichend präzise beschriebener Aufgabenbereich für UnterAN<br>☐ keine klare Abgrenzung der Aufgaben mehrerer UnterAN |
| 23 | Art. 28 Abs. 3 UAbs. 1 S. 1 lit. d, Abs. 2 S. 2 DS-GVO | vorherige Information über neue UnterAN | | ☐ push[39] (konkret, vollständig, mit Anschrift und stichwortartiger Beschreibung ihrer Aufgaben bezeichnet)<br>☐ nicht erforderlich, da Zustimmung zu UnterAN erforderlich | ☐ fehlt<br>☐ pull[40]<br>☐ unzureichende Information hinsichtlich ☐ vollständiger Bezeichnung UnterAN ☐ Anschrift UnterAN ☐ stichwortartiger Beschreibung der Aufgaben ☐ Abgrenzung der Aufgaben mehrerer UnterAN |
| 24 | Art. 28 Abs. 3 UAbs. 1 S. 1 lit. d, Abs. 2 S. 2 DS-GVO | Einspruchsmöglichkeit gegen neue UnterAN[41] | | ☐ mindestens 14[42] Tage<br>☐ nicht erforderlich, da Zustimmung zu UnterAN erforderlich<br>☐<br>Aktuell jedenfalls nicht beanstandete Einschränkung: | ☐ fehlt<br>☐ weniger als 14[42] Tage<br>☐ Anbieter kann auf Einspruch mit weniger als 14[42] Tagen Frist kündigen<br>☐ Einspruch führt zu automatischem Leistungsende, |

| Nr. | Norm | Stichwort | Fundstelle in AVV | Erfüllt[1] | Nicht erfüllt |
|---|---|---|---|---|---|
| | | | | ☐ Einspruch gegen UnterAN nur aus sachlichem Grund | wenn Einspruchsfrist weniger als 28[42] Tage<br>☐ Entgeltpflicht bleibt fortbestehen<br>☐ Einspruch nur aus wichtigem Grund |
| 25 | Art. 28 Abs. 3 UAbs. 1 S. 1 lit. d, Abs. 4 S. 1 DS-GVO | gleiche Pflichten für UnterAN | | ☐ vollständige Übertragung aller Datenschutzpflichten aus der AVV auf UnterAN und hinreichende Garantien für TOM<br>☐<br>Trotz Widerspruchs zum Gesetzeswortlaut derzeit keine Beanstandung:[43]<br>☐ „im Wesentlichen dieselben Datenschutzpflichten", wenn gleichzeitig geregelt ist, dass der AN sicherstellt, dass UnterAN die (= alle) Pflichten erfüllt, denen der AN aus AVV und DS-GVO unterliegt → die 1:1-Einhaltung der Pflichten muss irgendwie durch den AN sichergestellt werden, nicht zwingend durch Auferlegung derselben Datenschutzpflichten | ☐ Verpflichtung zur Übertragung auf UnterAN fehlt<br>☐ Verpflichtung zur Übertragung betrifft nur bestimmte UnterAN:<br>☐ nicht für bereits bei Vertragsschluss genehmigte UnterAN<br>☐ nicht für Konzerngesellschaften<br>☐ Verpflichtung zur Übertragung betrifft nur bestimmte Pflichten<br>☐ Bereichsausnahme für bestimmte Tätigkeiten (zB Wartung)<br>☐ nur Verpflichtung, gleichwertige oÄ Pflichten aufzuerlegen, ein vergleichbares Datenschutzniveau zu gewährleisten oÄ[44]<br>☐ keine/unzureichende Garantien, dass UnterAN TOM einhält (zB Überprüfungen UnterAN durch AN)<br>☐ Kontrollrechte bestehen nicht gegenüber UnterAN<br>☐ Nachweispflichten gelten nicht für Tätigkeiten durch UnterAN<br>☐ |
| 26 | Art. 5 Abs. 2 DS-GVO | Rechenschaftspflicht | | ☐ Vertrag ist an jeder Stelle, die gesetzliche Mindestanforderungen betrifft, eindeutig formuliert<br>☐ | ☐ unklare Formulierungen, die gesetzliche Mindestanforderungen betreffen könnten<br>☐ widersprüchliche Regelungen (auch bei Vorrangklauseln)<br>☐ |
| 27 | Art. 44 ff. DS-GVO | Rechtsgrundlage für Datenexporte[45] | | ☐ Datenexporte vertraglich ausgeschlossen und keine Hinweise, dass tatsächlich Datenexporte stattfinden | ☐ Safe Harbor<br>☐ Privacy Shield<br>☐ alte SCC: ☐ SCC-2001 ☐ SCC-2002 ☐ SCC-2010<br>☐ SCC selbst eingeschränkt<br>☐ SCC durch AVV eingeschränkt,[48] zB durch: |

| Nr. | Norm | Stichwort | Fundstelle in AVV | Erfüllt[1] | Nicht erfüllt |
|---|---|---|---|---|---|
| | | | | ☐ Angemessenheitsbeschluss und Datenexport ist hiervon umfasst<br>☐ Export-SCC-2021 und ausreichendes Datenschutzniveau im Drittland hinsichtlich Behördenzugriffen nachgewiesen[46]<br>☐ BCR und ausreichendes Datenschutzniveau im Drittland hinsichtlich Behördenzugriffen nachgewiesen[47, 46]<br>☐ | ☐ Beschränkung der Kontrollrechte<br>☐ Löschbestätigung nur auf Verlangen AG<br>☐ Beschränkung der Haftung des Datenimporteurs (Ziff. 6.1/6.2 SCC-2001, Ziff. 6.2 SCC-2002, Ziff. 6.2 SCC-2010, Ziff. 12 Export-SCC-2021)<br>☐ SCC anderweitig eingeschränkt[48]<br>☐ SCC ohne Nachweis ausreichenden Datenschutzniveaus bzw. ausreichender ergänzender Maßnahmen hinsichtlich Behördenzugriffen[46]<br>☐ BCR ohne Nachweis ausreichenden Datenschutzniveaus bzw. ausreichender ergänzender Maßnahmen hinsichtlich Behördenzugriffen[46]<br>☐ |
| | | | | ☐ Datenexporte nicht ausgeschlossen, nur allgemeine Regelung, dass diese rechtmäßig gestaltet werden müssen | |

## Anmerkungen

**1. Hinweise zur Nutzung der Checkliste.** Zur besseren Nachvollziehbarkeit des Prüfungsergebnisses sollte die jeweilige Fundstelle im AVV in der Spalte „Fundstelle in AVV" notiert werden. Bestehen einzelne Mängel an verschiedenen Stellen, empfiehlt es sich, bei den einzelnen Mängeln ebenfalls die Fundstelle im AVV zu benennen. In der Spalte „Erfüllt" sind typische Fälle zum Ankreuzen vorgesehen bzw. Eintragungen vorzunehmen, wenn die gesetzlichen Anforderungen durch den AVV hinsichtlich des konkreten Aspekts der Prüfung erfüllt werden, unter „Nicht erfüllt", wenn diese nicht erfüllt sind. Es kann vorkommen, dass einige zulässige Regelungen im AVV enthalten sind (Spalte „Erfüllt"), aber auch einige nicht zulässige Regelungen (Spalte „Nicht erfüllt"). Ist auch nur ein Kreuz unter „Nicht erfüllt" zu setzen, entspricht die gesamte Regelung nicht den gesetzlichen Anforderungen. Ausnahme: Wenn die Spalte „Erfüllt" einen Ausnahmefall zum allgemeinen Fall in der Spalte „Nicht erfüllt" enthält (etwa „Nicht erfüllt": vorherige Anmeldung für eine Vor-Ort-Prüfung erforderlich; „Erfüllt": vorherige Anmeldung erforderlich, außer wenn die dort genannten Bedingungen erfüllt sind). In einem solchen Ausnahmefall wird der allgemeine Fall in der Spalte „Nicht erfüllt" durch den spezielleren Fall in der Spalte „Erfüllt" verdrängt und sollte nicht angekreuzt werden. Die zum Ankreuzen vorgesehenen typischen Fälle werden in den meisten Fällen nicht wörtlich im AVV enthalten sein. Relevant ist der sinngemäße Regelungsgehalt; über die „Fundstelle in AVV“ lässt sich der Mangel im Detail anhand des Wortlauts nachvollziehen. Unter Umständen enthält der AVV auch nur eine ähnliche Regelung wie der typische Fall. Dann empfiehlt es sich, per Hand die erforderlichen Änderungen am vorgedruckten Text vorzunehmen, anstatt einen eigenen Text in die Freitextfelder zu schreiben. So wird die Systematik der Mängel deutlicher und die Prüfung übersichtlicher, zudem wird knapper Platz gespart.

**2. Zwingender Abschluss des AVV.** Es ist zu beobachten, dass viele Provider den Abschluss eines Auftragsverarbeitungsvertrags als Premium-Feature verkaufen. Die günstigeren Tarife sehen dann keinen Auftragsverarbeitungsvertrag vor. Andere Provider bieten den Abschluss eines Auftragsverarbeitungsvertrags nur auf gesonderte Anforderung an. Vor beidem ist zu warnen. Dies gilt einerseits für den Fall, dass Verarbeitungen personenbezogener Daten im Auftrag von Kunden, die der DS-GVO unterfallen, betroffen sind. Aber auch wenn die Kunden nicht der DS-GVO unterfallen – etwa weil für die in Rede stehenden Verarbeitungen die Haushaltsausnahme (Art. 2 Abs. 2 lit. c DS-GVO) gilt –, sollte der Provider zumindest eine den Anforderungen des Art. 28 DS-GVO entsprechende Weisungsbindung vereinbaren und (sinnvollerweise durch ihn vorformulierte) Weisungen zur Verarbeitung einholen. Denn ansonsten ist er derjenige, der über Zwecke und Mittel der Verarbeitung frei entscheiden kann und zumindest in Teilen immer entscheiden wird – und damit nach der gesetzlichen Definition in Art. 4 Nr. 7 DS-GVO Verantwortlicher. Nach Erwgr. 18 DS-GVO sind nur diejenigen, die im Rahmen der Haushaltsausnahme einen Dienst nutzen, von den Pflichten aus der DS-GVO befreit, nicht aber der Provider, der diesen Dienst erbringt. Die sich aus der Stellung als Verantwortlicher ergebenden Pflichten kann der Provider regelmäßig nicht sinnvoll erfüllen, er wird auch regelmäßig zumindest nicht für alle Verarbeitungen eine Rechtsgrundlage finden. Vereinbart der Provider nur eine den Anforderungen des Art. 28 DS-GVO entsprechende Weisungsbindung, aber keinen vollständigen Auftragsverarbeitungsvertrag, verstößt er „nur“ gegen Art. 28 DS-GVO (mit allen Folgen, sowohl sanktionsrechtlicher als auch haftungsrechtlicher Art, → Vorb.), aber nicht auch gegen Art. 5 und 6 DS-GVO. Aus Sicht des Kunden ist es natürlich ausreichend, einen Auftragsverarbeitungsvertrag abzuschließen, auch wenn dieser nicht zwingend abgeschlossen wird.

**3. Zeitliche Geltung.** Immer wieder sind Auftragsverarbeitungsverträge zu finden, bei denen alle Pflichten des Providers mit dem Ende des Auftragsverarbeitungsvertrages oder des Hauptvertrags (des eigentlichen Dienstleistungsvertrags) enden. Oft zu finden sind auch Klauseln, nach denen bei Vertragsverletzungen der Auftragsverarbeitungsvertrag fristlos gekündigt werden kann. Da im Fall fristloser Kündigungen praktisch immer und auch im Übrigen recht häufig (und sei es nur in Backups) über das Vertragsende hinaus personenbezogene Daten für den Kunden verarbeitet werden, führen derartige Regelungen zu einem auftragsverarbeitungsfreien Zeitraum, obwohl ein Auftragsverarbeitungsvertrag erforderlich wäre, und damit zu allen rechtlichen Folgen eines völlig fehlenden Auftragsverarbeitungsvertrags. Auftragsverarbeitungsverträge sollten daher stets vorsehen, dass sämtliche Rechte und Pflichten so lange bestehen bleiben, wie der Provider tatsächlich die personenbezogenen Daten verarbeitet. Verschwiegenheitspflichten der mit der Datenverarbeitung befassten Personen müssen sogar zeitlich unbeschränkt bestehen bleiben.

**4. Auftragsverarbeitungsvertrag als Bestandteil der AGB.** Der Auftragsverarbeitungsvertrag muss nicht als gesonderter Vertrag abgeschlossen werden, sondern kann auch Bestandteil des Hauptvertrags oder der AGB sein. Hierbei sind jedoch zwei Aspekte besonders zu beachten: Einerseits muss die Auftragsverarbeitung den Anforderungen des Art. 28 Abs. 1 UAbs. 1 S. 1 DS-GVO entsprechend präzise beschrieben werden, also Gegenstand und Dauer der Verarbeitung, Art und Zweck der Verarbeitung, Art der verarbeiteten personenbezogenen Daten, Kategorien betroffener Personen. Ein nur in bestimmter Art nutzbarer Software-as-a-Service-Dienst lässt sich regelmäßig in AGB ausreichend präzise beschreiben, während bereits Webhosting derart viele Möglichkeiten eröffnet, dass Vereinbarungen im Einzelfall – sinnvollerweise als vordefinierte Auswahlfelder – erforderlich sind (→ Anm. 11). Andererseits ist zu beachten, dass Auftragsverarbeitungsverträge nach Art. 28 Abs. 9 DS-GVO formbedürftig sind (→ Anm. 5; zum Umfang der Formbedürftigkeit → Anm. 6). Dies würde bei einer Aufnahme des Auftragsverarbeitungsvertrags in die AGB bedeuten, dass das Formerfordernis einerseits die Vereinbarung betrifft, in der die Geltung der AGB vereinbart wird, andererseits die AGB selbst.

**5. Form des Auftragsverarbeitungsvertrags.** Auftragsverarbeitungsverträge (oder die „anderen Rechtsinstrumente") sind nach Art. 28 Abs. 9 DS-GVO „schriftlich abzufassen, was auch in einem elektronischen Format erfolgen kann". Was genau damit gemeint ist, ist bisher leider nicht geklärt. Klar ist, dass Papier mit Unterschriften oder eine qualifizierte elektronische Signatur ausreichen, aber nicht zwingend gefordert sind. Welche Anforderungen an das „elektronische Format" zu stellen sind, hängt davon ab, welche Funktionen der Formvorschrift in den Vordergrund gestellt werden: Geht es nur um Dokumentation oder auch um Beweis (zum Streitstand HK-BlnDSG/Bergt § 48 Rn. 104)? Die deutschen Aufsichtsbehörden lassen in der Checkliste einfache elektronische Formate genügen, etwa Versand per E-Mail oder eine Download-Möglichkeit, und stellen daher die Dokumentationsfunktion in den Vordergrund. Im Hinblick auf die nunmehr ständige Rechtsprechung des EuGH zur Rechenschaftspflicht aus Art. 5 Abs. 2 DS-GVO als Beweislastregelung (EuGH 24.2.2022 – C-175/20, EuZW 2022, 527 Rn. 77, 81; EuGH 4.5.2023 – C-60/22, GRUR-RS 2023, 8967 Rn. 53; EuGH 4.7.2023 – C-252/21, GRUR 2023, 1131, Rn. 95; EuGH 14.12.2023 – C-340/21, ZD 2024, 150, Rn. 52 ff.; EuGH 25.1.2024 – C-687/21, NZA 2024, 320, Rn. 42 f.; EuGH 11.7.2024 – C-757/22, ZD 2024, 510 Rn. 52) könnte sich eine „bessere" Form allerdings empfehlen. Es wäre daher sehr sinnvoll, wenn der Provider etwa dem Kunden den Vertrag als PDF mit einer digitalen Signatur übersendet (oder zum Download bereitstellt) und den öffentlichen Signaturschlüssel zwecks Überprüfungs- und Nachweismöglichkeit veröffentlicht oder eine qualifizierte elektronische Signatur oder ein qualifiziertes elektronisches Siegel anbringt. Dann könnte zumindest der durch die Rechenschaftspflicht beweisbelastete Kunde nachweisen, dass der Provider den Auftragsverarbeitungsvertrag mit ihm abgeschlossen hat und welchen Inhalt dieser hat, dass also der Provider Auftragsverarbeiter ist und keine rechtfertigungsbedürftige Offenlegung an Dritte erfolgt ist. Allerdings muss auch der Provider nachweisen können, dass er einen ordnungsgemäßen Auftragsverarbeitungsvertrag abgeschlossen hat und ausschließlich auf dokumentierte Weisung des Verantwortlichen personenbezogene Daten verarbeitet, um nicht selbst als Verantwortlicher behandelt zu werden. Minimum ist jedenfalls ein Versand des vollständigen Auftragsverarbeitungsvertrags – also mit allen spezifischen Angaben, etwa zu den Parteien und zum Gegenstand der Auftragsverarbeitung (dazu → Anm. 11) – per E-Mail, eine Download-Möglichkeit als PDF oÄ, sodass der gesamte Vertrag dokumentiert ist. Der Provider muss den Vertrag natürlich ebenfalls speichern. Reine Klickstrecken genügen daher nicht, ebenso nicht eine Übersendung oder Download-Möglichkeit einer Art Muster-Datei. Bei E-Mail-Versand nicht gesondert digital signierter Dateien sollte zumindest eine serverseitige DKIM-Signatur angebracht (und vom Empfänger geprüft und das Ergebnis dokumentiert) werden. Risikoreich sind technische Lösungen, die eine Manipulation des Inhalts ermöglichen oder bei denen die Identität der Erklärenden nicht nachweisbar ist, etwa normale E-Mails ohne jede kryptografische Signatur, auch wenn gescannte (PDF-)Dokumente oder Textdateien mit einkopierter Unterschrift beigefügt werden. Gleiches gilt für Fax oder sonstigen Austausch reiner Kopien oder Ausdrucke. Bei Lösungen, die einen Download der Vertragsdokumente durch den Kunden erfordern, ist entscheidend, dass der Kunde den Vertrag auch tatsächlich herunterlädt und speichert. Keinesfalls darf sich der Kunde darauf verlassen, dass der Provider Vertragsdokumente generell zum Download bereithält. Insoweit sei als abschreckendes Beispiel auf die nachträgliche heimliche Änderung des „Datenschutznachtrags“ (Data Processing Addendum, DPA) von Microsoft hingewiesen: Microsoft hatte nachträglich und ohne dies in der Änderungshistorie oder sonst kenntlich zu machen wesentliche Änderungen im DPA „Deutsch, Januar 2020“ vorgenommen. Dass das Dokument ausgetauscht wurde, ließ sich nur anhand der Metadaten der Datei feststellen – und natürlich an den geänderten Inhalten, wobei für einen Vergleich jedoch das Originaldokument erforderlich war. Vor diesem Hintergrund haben Aufsichtsbehörden bereits angekündigt, verstärkt auf die Einhaltung der Formvorschrift zu achten (etwa Berliner Beauftragte für Datenschutz und Informationsfreiheit, Hinweise für Berliner Verantwortliche zu Anbietern von Videokonferenzdiensten, Version 2.0, 18.2.2021, S. 20). Dies gilt nicht nur für Microsoft, auch wenn Microsoft aufgrund des heimlichen nachträglichen Austauschs der Vertragsdokumente unter besonderer Beobachtung steht. Zum Microsoft-DPA siehe auch die „Bewertung der aktuellen Vereinbarung zur Auftragsverarbeitung“ der DSK-AG „Microsoft-Onlinedienste“ vom 2.11.2022. Auftragsverarbeitungsverträge, die nicht den Formanforderungen genügen, könnten nichtig sein (→ Anm. 6 aE).

**6. Umfang der Formbedürftigkeit.** Auftragsverarbeitungsverträge sind nach Art. 28 Abs. 9 DS-GVO formbedürftig. Streng genommen gilt dies für sämtliche Bestandteile des Auftragsverarbeitungsvertrags. Einbeziehungs- und Verweisketten erweisen sich hier nicht nur als unübersichtlich, sondern auch als gefährlich. Es genügt etwa der Verweis auf Definitionen oder Laufzeit des Hauptvertrags, um auch den Hauptvertrag formbedürftig zu machen; verweist dieser wiederum auf AGB, dann werden auch die AGB formbedürftig. Entsprechendes gilt für Listen technischer und organisatorischer Maßnahmen, Sicherheitskonzepte usw, jedenfalls soweit nicht nur ein Hinweis erfolgt, dass diese existieren und der Auftraggeber diese anfordern kann. Wird der Inhalt solcher Dokumente zum Vertragsinhalt gemacht, erstreckt sich die Formbedürftigkeit auch auf diese Dokumente – und sie sind einseitigen Änderungen entzogen (hierzu → Anm. 9). Sind die Regelungen zur Auftragsverarbeitung wiederum nur in den Hauptvertrag einbezogen, ist auch der Hauptvertrag formbedürftig, denn sonst lässt sich der Abschluss des Auftragsverarbeitungsvertrags nicht nachvollziehen. Hier erstreckt sich die Formbedürftigkeit allerdings nicht auf weitere in den Hauptvertrag einbezogene Dokumente ohne Bezug zum AVV. Die deutschen Aufsichtsbehörden sind in der Praxis jedoch weniger streng und monieren es jedenfalls nicht, wenn Anlagen zum Auftragsverarbeitungsvertrag, die keine gesetzlichen Pflicht-Inhalte beinhalten, die Form nicht einhalten. Da Verträge, denen es an der gesetzlich vorgeschriebenen Form mangelt, nach § 125 BGB nichtig sind, empfiehlt es sich jedoch, hier keine Risiken einzugehen, sondern die verschiedenen Verträge sauber zu trennen und alles Formbedürftige in der gebotenen Form (→ Anm. 5) zu vereinbaren. Geschieht dies nicht, wäre zu klären, ob § 125 BGB bei Auftragsverarbeitungsverträgen ähnlich der Rechtsprechung zu in Vollzug gesetzten Arbeits- und Gesellschaftsverträgen einschränkend ausgelegt werden kann. Denn dem Schutzzweck der Norm – der Beibehaltung des Schutzes für die Grundrechte der betroffenen Personen auch bei Einschaltung von Dienstleistern – würde es diametral entgegenstehen, wenn die Verpflichtungen aus dem Auftragsverarbeitungsvertrag wegen der Formnichtigkeit ex tunc entfielen (HK-BlnDSG/Bergt § 48 Rn. 106). Der Hinweis auf die Formbedürftigkeit in Nr. 15 und 16 ist in der abgestimmten Fassung der Checkliste nicht enthalten.

**7. Fußnote in der abgestimmten Fassung.** Der Anbieter muss den AVV ebenfalls speichern.

**8. Fußnote in der abgestimmten Fassung.** Durch den pauschalen/ergänzenden Verweis werden auch diese Bestandteil des AVV und unterliegen damit den gesetzlichen Formvorschriften.

**9. Einseitige Änderungen des Auftragsverarbeitungsvertrags.** Änderungen von Auftragsverarbeitungsverträgen müssen stets zwischen den Parteien vereinbart werden. Der Auftragsverarbeiter kann zwar Änderungen vorschlagen, der Verantwortliche muss diesen aber ausdrücklich zustimmen (EDSA, Leitlinien 07/2020 zu den Begriffen „Verantwortlicher" und „Auftragsverarbeiter" in der DS-GVO, Version 2.0, 7.7.2021, Rn. 110). Klauseln, die eine einseitige Änderungsmöglichkeit vorsehen – und sei es auch mit einer zivilrechtlich wirksamen Zustimmungsfiktion –, genügen nicht den Anforderungen des Art. 28 DS-GVO (vgl. EDSA, Leitlinien 07/2020 zu den Begriffen „Verantwortlicher" und „Auftragsverarbeiter" in der DS-GVO, Version 2.0, 7.7.2021, Rn. 110; Moos Datenschutz/Moos Rn. 8.180). Dieser Prüfpunkt ist in der abgestimmten Fassung der Checkliste nicht enthalten.

**10. Fußnote in der abgestimmten Fassung.** Im Rahmen der Prüfung kann sich die Situation ergeben, dass nur hinsichtlich des AVV die Form bekannt ist, nicht jedoch hinsichtlich weiterer Dokumente, die für Pflicht-Inhalte des AVV referenziert werden. Für eine vollständige Rechtsprüfung muss im Rahmen der Prüfung der Form des AVV die Form dieser weiteren Dokumente geprüft werden. Erfolgt diese weitere Prüfung nicht, kann angekreuzt werden, dass die Erfüllung der Form unklar ist.

**11. Konkretisierung der Auftragsverarbeitung.** Im Vertrag müssen Gegenstand und Dauer der Verarbeitung, Art und Zweck der Verarbeitung, Art der personenbezogenen Daten und Kategorien betroffener Personen in einem Detailgrad festgehalten werden, der jederzeit die Feststellung ermöglicht, ob eine bestimmte Verarbeitungstätigkeit vom Auftragsverarbeitungsvertrag umfasst ist oder nicht. Die Angaben müssen sich abschließend auf den konkreten Fall beziehen. Beispiele oder Formulierungen wie „beliebige Daten nach Wahl des Kunden" genügen nicht. Im standardisierten Massengeschäft wird es häufig möglich sein, diese Angaben entweder bereits abschließend in den Vertrag einzufügen (etwa bei spezifischen Software-as-a-Service-Diensten) oder den Kunden eine (ggf. umfangreiche) Liste vordefinierter Angaben zur Auswahl anzubieten. Nur wenn die konkrete Verarbeitung sich nicht in dieser Liste vordefinierter Angaben findet, ist dann eine manuelle Prüfung erforderlich. Eine sorgfältige Konkretisierung der Auftragsverarbeitung ist von größter Bedeutung, da von ihr die Anwendbarkeit des Vertrages abhängt. Dennoch sind hier in der Praxis enorme Defizite festzustellen. „Gegenstand der Verarbeitung" ist das (in einem weiten Sinne zu verstehende) Objekt der Verarbeitungstätigkeit (Paal/Pauly/Martini DS-GVO Art. 28 Rn. 30). „Zweck der Verarbeitung" ist der konkret festgelegte, eindeutige und ohne Weiteres einer Rechtmäßigkeitsprüfung unterziehbare Zweck – also das konkrete „Warum" (EDSA, Leitlinien 07/2020 zu den Begriffen „Verantwortlicher" und „Auftragsverarbeiter" in der DS-GVO, Version 2.0, 7.7.2021, Rn. 35) – der konkreten Verarbeitung, wie er nach Art. 30 DS-GVO auch im Verzeichnis von Verarbeitungstätigkeiten anzugeben ist. Was der Gesetzgeber mit dem Begriff „Art der Verarbeitung" gemeint hat, ist unklar (→ Anm. 13). Es spricht vieles dafür, den Begriff der Art der Verarbeitung eher als natürliche Einzelhandlungen im Rahmen der Verarbeitungstätigkeit zu verstehen, im Fall einer Videoüberwachung etwa „Bildaufnahme", „Abspeichern der Aufnahmen" usw (HK-BlnDSG/Bergt § 48 Rn. 54). Die „Art der personenbezogenen Daten" erfordert die Angabe bestimmbarer Kategorien von Daten (zB „Anschriftendaten", „gekaufte Produkte"). Nicht erforderlich ist die Angabe konkreter Datenfelder (Simitis/Hornung/Spiecker gen. Döhmann/Petri DS-GVO Art. 28 Rn. 54; Schuster/Grützmacher/Freund DS-GVO Art. 28 Rn. 76). Nicht ausreichend dagegen ist eine pauschale, keine Subsumtion ermöglichende Angabe wie „personenbezogene Daten mit Ausnahme besonderer Kategorien personenbezogener Daten" (EDSA, Leitlinien 07/2020 zu den Begriffen „Verantwortlicher" und „Auftragsverarbeiter" in der DS-GVO, Version 2.0, 7.7.2021, Rn. 114). Auch bei der Angabe der „Kategorien betroffener Personen" genügen abstrakt zusammengefasste Gruppen, die bestimmte Merkmale teilen.

**12. Fußnote in der abgestimmten Fassung.** Damit ist im AVV die Dauer der Verarbeitung nach dem AVV ausreichend definiert, auch wenn aus dem AVV an sich kein Enddatum entnommen werden kann. Dies ist aber bei allen Verträgen mit unbegrenzter Laufzeit/automatischer Verlängerung/Kündigungserfordernis der Fall.

**13. Fußnote in der abgestimmten Fassung.** Es ist unklar, ob damit die verschiedenen Arten der Verarbeitung nach Art. 4 Nr. 2 DS-GVO gemeint sind. Wenn Gegenstand und Zweck ausreichend definiert sind, erscheint es Förmelei, auf einer Angabe der Arten der Verarbeitung in diesem Sinne zu bestehen.

**14. Datenexporte ohne Weisung.** Auch Datenexporte in Drittländer dürfen nur auf dokumentierte Weisung gestattet sein (vgl. EDSA, Opinion 22/2024 on certain obligations following from the reliance on processor(s) and sub-processor(s), 7.10.2024, Rn. 77). Viele Auftragsverarbeitungsverträge sehen aber vor, dass der Auftragsverarbeiter selbst entscheiden darf, ob er die Daten in Drittländer übermittelt, wenn er hierbei die Anforderungen des Kapitels V der DS-GVO einhält. Damit entscheidet der Auftragsverarbeiter über wesentliche Mittel der Verarbeitung und wird nach Art. 4 Nr. 7 DS-GVO zum Verantwortlichen (EDSA, Leitlinien 07/2020 zu den Begriffen „Verantwortlicher" und „Auftragsverarbeiter" in der DS-GVO, Version 2.0, 7.7.2021, Rn. 40; Bergt DuD 2023, 169 (172)). Die vertragliche Weisungsbindung sollte sich daher unbedingt an der gesetzlichen Formulierung orientieren und ausdrücklich auch auf Datenexporte bezogen sein. Auch in der Praxis sollten keinerlei Datenexporte ohne dokumentierte Weisung des Verantwortlichen erfolgen, da der Verantwortliche für sämtliche seiner Auftragsverarbeiter haftet (EuGH 5.12.2023 – C-683/21, ZD 2024, 209 Ls. 4; EDSA, Opinion 22/2024 on certain obligations following from the reliance on processor(s) and sub-processor(s), 7.10.2024, Rn. 57, 64). Der Auftragsverarbeiter wird diese Weisung – wie auch verschiedene andere – in der Praxis meist für den Verantwortlichen vorformulieren müssen. Dadurch erhält der Verantwortliche auch die datenschutzrechtlich zwingend erforderliche (Art. 5 Abs. 2 DS-GVO) Transparenz über die unter seiner Verantwortlichkeit erfolgenden Verarbeitungen.

**15. Einschränkung der Weisungsbindung durch Drittlands-Recht.** Art. 28 Abs. 3 UAbs. 1 S. 2 lit. a und g DS-GVO erlauben Durchbrechungen der Weisungsbindung (und der Mitteilungspflicht bei zulässigen Durchbrechungen) nur aufgrund von Unions- oder mitgliedstaatlichem Recht. Klauseln, die allgemein auf rechtliche Verpflichtungen abstellen, genügen diesen Anforderungen nicht, weil dies – aus der Erfahrung einer Vielzahl von Gesprächen mit US-Dienstleistern zu urteilen: absichtlich – auch Drittlands-Recht umfasst. Die Einschränkung ist allerdings dann nicht zwingend, wenn die Parteien des Auftragsverarbeitungsvertrags auf Basis von anderen Elementen des AVV (einschließlich formgerecht, → Anm. 6, einbezogener weiterer Dokumente und Verträge, die dadurch zum Bestandteil des AVV werden) nachweisen können, dass nur Verarbeitungen auf der Basis von Unions- oder mitgliedsstaatlichem Recht umfasst sind (EDSA, Opinion 22/2024 on certain obligations following from the reliance on processor(s) and sub-processor(s), 7.10.2024, Rn. 113). Für die Vertragsgestaltung sollte dringend der Wortlaut des Gesetzes verwendet werden (EDSA, Opinion 22/2024 on certain obligations following from the reliance on processor(s) and sub-processor(s), 7.10.2024, Rn. 108) und der Aufwand des Nachweises auf anderem Wege vermieden werden. Hinsichtlich Verpflichtungen nach dem Recht demokratischer Rechtsstaaten lässt sich überlegen, ob eine teleologische Einschränkung dieser Anforderung möglich ist, wenn das Drittlands-Recht den Anforderungen des Art. 23 DS-GVO entspricht. In diese Richtung geht Klausel 14 lit. a S. 2 der Datenexport-Standardvertragsklauseln der EU-Kommission, auch wenn sich die dortige Regelung streng genommen nur auf die Zusicherung in Klausel 14 lit. a S. 1 bezieht, während die vertragliche Weisungsbindung in Klausel 8.1 lit. a S. 1 der Datenexport-Standardvertragsklauseln unbeschränkt ist. Auch der EDSA, Opinion 22/2024 on certain obligations following from the reliance on processor(s) and sub-processor(s), 7.10.2024, Rn. 121 ff., akzeptiert diese Lösung, soweit sichergestellt ist, dass das durch die DS-GVO garantierte Schutzniveau dadurch nicht verringert wird. Die in Betracht kommenden Rechtsvorschriften und Praktiken des Drittlandes müssen den Kern der im AEUV, in der GRCh und in der DS-GVO verankerten Grundrechte und -freiheiten respektieren und dürfen nicht über das hinausgehen, was in einer demokratischen Gesellschaft notwendig und verhältnismäßig ist, um eines der in Art. 23 Abs. 1 DS-GVO aufgeführten Ziele zu gewährleisten (EDSA, Opinion 22/2024 on certain obligations following from the reliance on processor(s) and sub-processor(s), 7.10.2024, Rn. 121). Der Auftragsverarbeitungsvertrag muss sicherstellen, dass diese Bedingungen eingehalten werden (EDSA, Opinion 22/2024 on certain obligations following from the reliance on processor(s) and sub-processor(s), 7.10.2024, Rn. 122). Dem Wortlaut nach akzeptiert der EDSA in diesem Sinne akzeptables Drittlands-Recht zur Durchbrechung der Weisungsbindung nur für den Fall der Datenverarbeitung außerhalb des EWR (EDSA, Opinion 22/2024 on certain obligations following from the reliance on processor(s) and sub-processor(s), 7.10.2024, Rn. 116, 132), was auch die von verschiedenen Aufsichtsbehörden vertretene Position darstellt. Völlig zu Recht weist der EDSA allerdings in Rn. 123 ebenso darauf hin, dass Drittlands-Recht auch extraterritorial wirken und Verarbeitungen im EWR betreffen kann, wie dies etwa bei FISA 702 (USA, siehe Vladeck, Memo on Current State of U. S. Surveillance Law and Authorities, 15.11.2021, Kap. I.5, I.6) oder § 7 Abs. 1 und § 14 des Nationalen Nachrichtendienstegesetzes der Volksrepublik China (Fisch ZChinR 2018, 13) der Fall ist. Es besteht kein überzeugender Grund, hier zwischen Datenverarbeitungen innerhalb und außerhalb des EWR zu differenzieren. Das wesentliche Kriterium kann nur sein, ob der Verantwortliche nachweisen kann, dass das Schutzniveau nicht verringert wird. Eigentlich müsste eine solche teleologische Reduktion allerdings über die enge Liste der abweichungsfähigen Vorschriften aus Art. 23 DS-GVO hinausgehen, umgekehrt aber auch die Anforderungen des Art. 23 Abs. 2 DS-GVO beachten. Die Checkliste weicht im Hinblick auf die aktuellere EDSA-Opinion von der abgestimmten Fassung der Checkliste ab.

**16. Einschränkung der Weisungsbindung durch Kosten- und Vertragsänderungsklauseln.** Grundsätzlich muss eine unbeschränkte Weisungsbindung des Auftragsverarbeiters bestehen: Weder darf er ohne Weisung des Verantwortlichen personenbezogene Daten verarbeiten, noch darf er die Ausführung entsprechender Weisungen ablehnen, von den gesetzlich geregelten Ausnahmefällen abgesehen. Gerade im Massengeschäft haben Auftragsverarbeiter allerdings ein Interesse, dass ihre Kostenkalkulation nicht durch ggf. aufwendig umzusetzende individuelle Weisungen gestört wird. Die besonders bei US-basierten Dienstleistern anzutreffende Gestaltung, das Weisungsrecht auf im Auftragsverarbeitungs- oder Hauptvertrag vorgesehene Weisungen (die es üblicherweise nicht gibt) zu beschränken, läuft aber auf einen Ausschluss des Weisungsrechts hinaus – und führt zudem zu der Frage, auf Basis welcher Weisungen (Art. 28 Abs. 3 UAbs. 1 S. 2 lit. a DS-GVO) der Auftragsverarbeiter eigentlich handelt oder ob er nicht allein wegen fehlender Weisungen Verantwortlicher ist. Aber auch weniger weitgehende Regelungen, dass vertraglich nicht vorgesehene Weisungen als Antrag auf Leistungsänderung (Change Request) angesehen werden oder erst umzusetzen sind, wenn die Parteien sich über die (ggf. zusätzliche) Vergütung geeinigt haben, führen dazu, dass der vermeintliche Auftragsverarbeiter regelmäßig jedenfalls über wesentliche Mittel der Verarbeitung entscheidet und daher nach Art. 4 Nr. 7 DS-GVO Verantwortlicher ist (EDSA, Leitlinien 07/2020 zu den Begriffen „Verantwortlicher" und „Auftragsverarbeiter" in der DS-GVO, Version 2.0, 7.7.2021, Rn. 40; Bergt DuD 2023, 169 (172)). Mit Art. 28 Abs. 3 UAbs. 1 S. 2 lit. a DS-GVO nicht vereinbar sind auch Regelungen, dass die Umsetzung von Weisungen stets (gesondert) vergütungspflichtig ist. Denn dadurch wird das Weisungsrecht faktisch entwertet. Verantwortliche könnten sich wegen der – ggf. unabsehbaren oder für sie nicht finanzierbaren – Kostenfolgen dazu genötigt sehen, auf die Erteilung von Weisungen zu verzichten, die datenschutzrechtlich zwingend erforderlich sind. Klauseln, die nicht solche Weisungen von der Vergütungspflicht ausnehmen, die nur wegen einer schuldhaften Vertragsverletzung des Auftragsverarbeiters erforderlich werden, wären zudem AGB-rechtlich unzulässig nach § 307 Abs. 1 S. 1, Abs. 2 Nr. 1 und 2 BGB und würden ggf. gegen § 276 Abs. 3 BGB verstoßen. Die deutschen Aufsichtsbehörden akzeptieren eine zusätzliche Vergütungspflicht für Weisungen in weitem Umfang. Ausgenommen bleiben müssen aber Weisungen, die erforderlich sind, um Rechtsverstöße im Zuständigkeitsbereich des Auftragsverarbeiters zu verhindern bzw. abzustellen. Die zweite Alternative in der Klammer (ab „dass eine Verpflichtung zur Ausführung erst besteht, wenn eine Einigung über die Kosten erzielt worden ist") findet sich nicht in der abgestimmten Fassung. Für einen Formulierungsvorschlag → Form. G. I.6 Anm. 9 (Ergänzungsklausel 7.1.a) Abs. 2).

**17. Zurückbehaltungsrecht bei angenommener Rechtswidrigkeit von Weisungen.** Die deutschen Aufsichtsbehörden akzeptieren es, wenn der Auftragsverarbeiter Weisungen, die er objektiv nachvollziehbar für rechtswidrig hält und bei deren Umsetzung dem Auftragsverarbeiter Schäden drohen, erst dann ausführt, wenn er eine Sicherheitsleistung für die drohenden Schäden erhalten hat. Dabei handelt es sich streng genommen um eine nicht gesetzlich vorgesehene Einschränkung der Weisungsbindung. Auftragsverarbeiter sollten eine solche Möglichkeit deshalb nur dann nutzen, wenn sie sicher sind, dass die erteilte Weisung rechtswidrig ist: Objektiv rechtswidrige Weisungen, die sie als rechtswidrig erkannt haben, müssen und dürfen Auftragsverarbeiter nicht befolgen (Kühling/Buchner/Bergt DS-GVO Art. 82 Rn. 30). Ansonsten müssen sie aber auch solche Weisungen umsetzen, die sie für rechtswidrig halten. Setzt ein Auftragsverarbeiter eine rechtmäßige Weisung nicht um, entscheidet er damit regelmäßig jedenfalls über die wesentlichen Mittel der Verarbeitung, unter Umständen gar über die Zwecke. Damit wird er nach Art. 4 Nr. 7 DS-GVO, Art. 28 Abs. 10 DS-GVO zum Verantwortlichen. Für eine Klausel, die eine Aussetzung der Umsetzung von Weisungen, die der Auftragsverarbeiter für rechtswidrig hält, datenschutzrechtlich zulässig regelt, → Form. G. I.6 Anm. 11 (dort Ergänzungsklausel 7.1.b)).

**18. Fußnote in der abgestimmten Fassung.** Betrifft auch sog. Telemetriedaten. Im Einzelfall können besondere Konstellationen denkbar sein, in denen bestimmte Daten durch den AN in eigener Verantwortlichkeit verarbeitet werden können. Dies erfordert jedoch sehr komplizierte Gestaltungen und sehr genaue Prüfungen und ist im Regelfall ausgeschlossen.

**19. Berechtigung des Auftragsverarbeiters zur Verarbeitung zu eigenen Zwecken.** Wer über die Zwecke einer Verarbeitung personenbezogener Daten entscheidet, ist stets Verantwortlicher, Art. 4 Nr. 7 DS-GVO. Der Auftragsverarbeiter darf daher keine Entscheidungsbefugnis hinsichtlich der Zwecke der Verarbeitung haben. Eine solche liegt aber vor, wenn dem Auftragsverarbeiter im Vertrag die Befugnis oder Berechtigung erteilt wird, die Daten zu bestimmten Zwecken zu verarbeiten. Gleiches gilt, wenn der Auftragsverarbeiter sich eine Verarbeitung zu eigenen Zwecken vorbehält. Eine Verarbeitung zu eigenen Zwecken des Auftragsverarbeiters ist regelmäßig inkompatibel mit der Position als Auftragsverarbeiter, der definitionsgemäß ausschließlich auf Weisung des Verantwortlichen personenbezogene Daten verarbeitet (vgl. VG Mainz 20.2.2020 – 1 K 467/19.MZ, BeckRS 2020, 5397 Rn. 22 ff. mit insoweit zustimmender Anm. Blasek ZD 2020, 376 (379); EDSA, Leitlinien

07/2020 zu den Begriffen „Verantwortlicher“ und „Auftragsverarbeiter“ in der DS-GVO, Version 2.0, 7.7.2021, Rn. 81; Datenschutzkonferenz, AG DSK „Microsoft-Onlinedienste“, Bewertung der aktuellen Vereinbarung zur Auftragsverarbeitung, 2.11.2022, Kap. 3.2.2.5.). In der Praxis sind häufig Berechtigungen des Auftragsverarbeiters vorgesehen, die eigentlich im Auftrag verarbeiteten Daten auch zur Verbesserung der eigenen Dienste zu verarbeiten. Häufig werden personenbezogene Daten überhaupt erst zu diesem Zweck erhoben, etwa bei Software-as-a-Service-Diensten, die zu diesem Zweck Nutzer-Tracking betreiben. In besonderen Ausnahmefällen kann der Verantwortliche möglicherweise eine Rechtsgrundlage dafür finden, personenbezogene Daten aus der Verantwortlichkeit des Verantwortlichen in die Verantwortlichkeit des Auftragsverarbeiters zu überführen. Dies ist aber, wie auch die Fußnote in der abgestimmten Fassung (→ Anm. 18) zeigt, jedenfalls sehr komplex. Auch weisungswidrige Verarbeitungen auf der Basis rechtlicher Verpflichtungen des Auftragsverarbeiters darf der Verantwortliche nicht erlauben oder anweisen, denn hierbei handelt es sich ausschließlich um Verpflichtungen des Auftragsverarbeiters, die der Verantwortliche überhaupt nicht beeinflussen kann (EDSA, Opinion 22/2024 on certain obligations following from the reliance on processor(s) and sub-processor(s), 7.10.2024, Rn. 103, 128 ff.).

**20. Dokumentation der Weisungen.** Nur auf dokumentierte Weisung des Verantwortlichen darf der Auftragsverarbeiter personenbezogene Daten verarbeiten. Eine beweissichere Dokumentation sämtlicher Weisungen ist für beide Parteien von großer Bedeutung: Der Auftragsverarbeiter muss beweisen können, dass die von ihm durchgeführte Verarbeitung auf Weisung des Verantwortlichen erfolgte, um nicht als Verantwortlicher zu gelten (Art. 28 Abs. 10 DS-GVO). Der Verantwortliche muss nachweisen können, dass erforderliche Weisungen erteilt hat und ggf. auch, dass er bestimmte rechtswidrige Weisungen nicht erteilt hat, deren Erteilung der Auftragsverarbeiter behauptet (Art. 5 Abs. 2 DS-GVO). Für eine Klausel zur Dokumentation der Weisungen → Form. G. I.6 Anm. 8 (Ergänzungsklausel 7.1.a) Abs. 1).

**21. Fußnote in der abgestimmten Fassung.** Eine schriftliche Bestätigung einer Weisung wie auch eine schriftliche Weisung an sich führt nicht notwendig dazu, dass die Weisung auch dokumentiert wird.

**22. Fußnote in der abgestimmten Fassung.** Die konkreten technischen und organisatorischen Maßnahmen müssen nach Art. 28 Abs. 3 UAbs. 1 S. 2 lit. c DS-GVO nicht im AVV selbst aufgeführt werden. Allerdings müssen Verantwortliche sie jedenfalls vor Beginn der Verarbeitung geprüft haben (Art. 28 Abs. 1 DS-GVO) und jederzeit nachweisen können (Art. 5 Abs. 2 DS-GVO), welche Maßnahmen getroffen sind und dass für die konkrete Verarbeitung die getroffenen Maßnahmen den Anforderungen des Art. 32 DS-GVO entsprechen.

**23. Fußnote in der abgestimmten Fassung.** Hinweis: In aller Regel wird eine konkrete TOM-Liste nicht genügen, um die Erfüllung des Art. 32 DS-GVO nachzuweisen.

**24. Konkrete Listen technischer und organisatorischer Maßnahmen.** Von Auftragsverarbeitern gestellte Auftragsverarbeitungsverträge beschränken die Pflichten des Auftragsverarbeiters zum Ergreifen technischer und organisatorischer Maßnahmen oftmals auf die in einer Anlage zum Auftragsverarbeitungsvertrag aufgeführten konkreten Sicherheitsmaßnahmen. Diese sind dann regelmäßig auf extrem hohem Abstraktionsniveau („Es bestehen Passwort-Richtlinien") oder unzureichend („Passwörter von Administrator-Accounts des Auftragnehmers müssen mindestens acht Zeichen lang sein"). Solche konkreten Listen sind erfahrungsgemäß immer unzureichend, um eine Einhaltung des Art. 32 DS-GVO sicherzustellen (→ Anm. 23). Abschließende Listen müssten, um auszureichen, meist telefonbuchdick sein und würden ständige Änderungen des Auftragsverarbeitungsvertrags erfordern. Sie sollten daher stets um eine allgemeine Verpflichtung des Auftragsverarbeiters ergänzt werden, die Anforderungen des Art. 32 DS-GVO einzuhalten. Bei einer Umschreibung der Anforderungen des Art. 32 DS-GVO ist darauf zu achten, dass diese so erfolgt, dass das Schutzniveau nicht unterschritten wird, etwa indem Schutzziele fehlen oder der Maßstab für die Angemessenheit des Schutzniveaus nicht genannt wird. Es empfiehlt sich daher eine ausdrückliche Benennung der Norm oder eine vollständige Übernahme ihres Wortlauts. Eine Auflistung der konkreten technischen und organisatorischen Maßnahmen verlangt die DS-GVO nicht (→ Anm. 22).

**25. Fußnote in der abgestimmten Fassung.** Merke: Pflicht bezieht sich nur auf TOM. Diese sind abhängig von der konkreten Art der Verarbeitung und der Möglichkeit. Keine Pflicht, im Einzelfall manuell zu unterstützen, sondern es geht darum, zB ein Auskunfts-Tool bereitzustellen.

**26. Fußnote in der abgestimmten Fassung.** Hierfür genügt eine allgemeine Kostentragungspflicht ohne Ausnahmen für diesen Fall.

**27. Kostenklauseln für Unterstützung bei Betroffenenrechten, bei Datenpannen usw.** Grundsätzlich sind Vergütungsfragen irrelevant für die Einhaltung des Art. 28 DS-GVO. Wie bei der Weisungsbindung (→ Anm. 16) gilt aber auch bei der zu vereinbarenden Pflicht des Auftragsverarbeiters zur Unterstützung bei der Erfüllung von Betroffenenrechten, bei Datenpannen usw, dass Kostenklauseln nicht datenschutzrechtliche Pflichten faktisch entwerten dürfen. Mit Art. 28 Abs. 3 UAbs. 1 S. 2 lit. e bzw. f DS-GVO nicht vereinbar sind Regelungen, dass die Unterstützung bei der Erfüllung von Betroffenenrechten oder bei Datenpannen stets (gesondert) vergütungspflichtig ist. Klauseln, die nicht solche Unterstützung von der Vergütungspflicht ausnehmen, die nur wegen einer schuldhaften Vertragsverletzung des Auftragsverarbeiters erforderlich wird, wären zudem AGB-rechtlich unzulässig nach § 307 Abs. 1 S. 1, Abs. 2 Nr. 1 und 2 BGB und würden ggf. gegen § 276 Abs. 3 BGB verstoßen. Ausgenommen bleiben muss Unterstützung, die wegen eines Gesetzes- oder Vertragsverstoßes durch den Auftragsverarbeiter erforderlich wurde. Verantwortliche sollten sich aber sehr gut überlegen, ob sie einen Vertrag abschließen wollen, bei dem etwa die Nutzung eines automatischen Tools zur Generierung von Auskünften nach Art. 15 DS-GVO gesondert vergütungspflichtig ist. Während Art. 28 Abs. 3 UAbs. 1 S. 2 lit. e DS-GVO sich nur auf technische und organisatorische Maßnahmen bezieht, umfasst Art. 28 Abs. 3 UAbs. 1 S. 2 lit. f DS-GVO auch individuelle Unterstützung. Angemessen, wenn auch nicht datenschutzrechtlich zwingend, erscheint es, bei der Kostenfrage zu differenzieren, wo die Ursache für individuellen Unterstützungsbedarf liegt: Normale Betroffenenanfragen sind genauso Sache des Verantwortlichen wie die Datenschutz-Folgenabschätzung oder Datenpannen, die im Zuständigkeitsbereich des Verantwortlichen passiert sind, etwa ein erfolgreicher Phishing-Angriff auf den Verantwortlichen. Ist eine Datenpanne dagegen im Zuständigkeitsbereich des Auftragsverarbeiters passiert, erscheint es unangemessen, ihn daran auch noch verdienen zu lassen – unabhängig davon, ob Verschulden beim Auftragsverarbeiter vorliegt oder nicht, sollte er mindestens seine eigenen Aufwände zur Bearbeitung daraus folgender Datenpannenmeldungen, Auskunftsersuchen usw tragen. Geeignete Tools, etwa zur Erstellung von Auskünften oder zur Löschung, sollte ein Dienstleister stets ohne Aufpreis bereitstellen.

**28. Fußnote in der abgestimmten Fassung.** Beachte: Unterstützungspflicht besteht nur „unter Berücksichtigung der Art der Verarbeitung und der ihm zur Verfügung stehenden Informationen", dh etwa dann nicht, wenn der AN sich die Informationen erst beschaffen müsste, der AG sie aber hat. Beispiel: AV bezieht sich auf Miete eines Root-Servers und betroffen sind ausschließlich die Konfiguration und Nutzung durch AG, nicht aber die Sicherheitsmaßnahmen des AN „drum herum".

**29. Fußnote in der abgestimmten Fassung.** Der Vertrag kann zulässig eine Regelung vorsehen, was zu geschehen hat, wenn AG nicht bis Abschluss der Erbringung der Verarbeitungsleistungen eine Wahl mitgeteilt hat. Das Wahlrecht muss aber gewährleistet bleiben, einschließlich der Möglichkeit einer späteren Änderung bei Festlegung im AVV.

**30. Fußnote in der abgestimmten Fassung.** Eventuell wäre im Einzelfall eine kurze Umsetzungsfrist denkbar. Dann wäre allerdings sicherzustellen, dass der AVV auch bis zur tatsächlichen vollständigen Löschung fortbesteht, und dass absolute Transparenz besteht.

**31. Verpflichtung zum Nachweis der Einhaltung der Pflichten, Kontrollrechte.** Art. 5 Abs. 2 DS-GVO erlegt dem Verantwortlichen eine Rechenschaftspflicht und damit eine umfangreiche Beweislast sowohl im Verhältnis zur Aufsichtsbehörde als auch im Verhältnis zur betroffenen Person auf (EuGH 24.2.2022 – C-175/20, EuZW 2022, 527 Rn. 77, 81; EuGH 4.5.2023 – C-60/22, GRUR-RS 2023, 8967 Rn. 53; EuGH 4.7.2023 – C-252/21, GRUR 2023, 1131 Rn. 95; EuGH 14.12.2023 – C-340/21, ZD 2024, 150 Rn. 52ff.; EuGH 25.1.2024 – C-687/21, NZA 2024, 320 Rn. 42f.; EuGH 11.7.2024 – C-757/22, ZD 2024, 510 Rn. 52; BVerwG 2.3.2022 – 6 C 7.20, NVwZ 2022, 1205 Rn. 50; OLG Hamm 15.8.2023 – 7 U 19/23, GRUR 2023, 1791 Ls. 1; OLG Stuttgart 22.11.2023 – 4 U 20/23, GRUR-RS 2023, 32883 Rn. 401ff.). Verantwortliche können zwar ohne gesonderte Rechtsgrundlage (Art. 6 Abs. 1 DS-GVO) Auftragsverarbeiter einschalten, bleiben für deren Handeln und Unterlassen aber (von Exzessfällen abgesehen) verantwortlich (EuGH 5.12.2023 – C-683/21, ZD 2024, 209 Ls. 4; EDSA, Opinion 22/2024 on certain obligations following from the reliance on processor(s) and sub-processor(s), 7.10.2024, Rn. 57, 64). Dem entspricht, dass der Auftragsverarbeiter gegenüber dem Verantwortlichen die Beweislast für die Einhaltung seiner Pflichten aus Art. 28 DS-GVO trägt und Kontrollen ermöglichen und zu ihnen beitragen muss – bzw. eine entsprechende Nachweispflicht vertraglich vereinbart werden muss. Die Nachweispflicht gilt allerdings nicht nur für Pflichten des Auftragsverarbeiters, sondern für alle Pflichten aus Art. 28 DS-GVO, also auch Art. 28 Abs. 1 DS-GVO. Von Bedeutung ist namentlich die Zuverlässigkeit des Auftragsverarbeiters. Insoweit sind Verpflichtungen des Auftragsverarbeiters aus drittstaatlichem Recht zur Verarbeitung – insbesondere Herausgabe – der Daten ohne entsprechende Weisung des Verantwortlichen von besonderem Interesse, soweit sie nicht den in → Anm. 15 dargestellten Bedingungen entsprechen. Wenn der Auftragsverarbeiter die Daten auf entsprechende Aufforderung an die Drittlands-Behörde herausgeben muss und diese

Verpflichtung vollstreckbar (jedenfalls im Sinne von sanktionierbar) ist, fehlt dem Provider die erforderliche Zuverlässigkeit (DSK, Zur datenschutzrechtlichen Bewertung von Zugriffsmöglichkeiten öffentlicher Stellen von Drittländern auf personenbezogene Daten, 31.1.2023). Derartige Herausgabe- und Kooperationspflichten können auch extraterritorial und für europäische Tochtergesellschaften bestehen, etwa mit FISA 702 (USA, siehe Vladeck, Memo on Current State of U. S. Surveillance Law and Authorities, 15.11.2021, Kap. I.5, I.6) oder § 7 Abs. 1 und § 14 des Nationalen Nachrichtendienstegesetzes der Volksrepublik China (Fisch ZChinR 2018, 13). Der Auftragsverarbeiter muss daher nachweisen, dass er keinen problematischen Herausgabe- und Kooperationspflichten unterliegt (und der Verantwortliche muss dies prüfen, dokumentieren und selbst nachweisen können, siehe EDSA, Opinion 22/2024 on certain obligations following from the reliance on processor(s) and sub-processor(s), 7.10.2024, Rn. 39, 47, 50, 59). Art. 28 Abs. 3 UAbs. 1 S. 2 lit. h DS-GVO regelt nicht nur eine Obliegenheit des Verantwortlichen (vereinbart er keine Nachweispflicht des Auftragsverarbeiters bzw. keine Kontrollmöglichkeiten, verliert er ggf. den Prozess), sondern eine echte Pflicht (beider Parteien). Bußgeldbewehrt für beide Parteien sind somit alle Einschränkungen der Nachweispflicht oder der Kontrollrechte, etwa wenn die Nachweispflicht des Auftragsverarbeiters zu einer Kontrollpflicht des Verantwortlichen umgestaltet wird, wenn der Auftragsverarbeiter keine umfassende Pflicht zur Zurverfügungstellung aller erforderlichen Informationen hat, wenn – insbesondere große – Provider versuchen, ihre Pflichten auf einzelne Unterlagen zu beschränken bzw. Kontrollen durch die Vorlage von Unterlagen zu ersetzen oder wenn sie für die Erfüllung ihrer Nachweispflichten eine Vergütung vorsehen. Die deutschen Aufsichtsbehörden akzeptieren einige Einschränkungen der Kontrollrechte, die nicht unmittelbar aus dem Gesetz abzuleiten sind, aber vielleicht über den allgemeinen Rechtsgrundsatz der Verhältnismäßigkeit oder das Verbot des Rechtsmissbrauchs zu rechtfertigen sind (→ Anm. 33). Auch hier greift wieder der Grundsatz, dass Kostenregelungen nicht datenschutzrechtliche Pflichten aushebeln dürfen (→ Anm. 16, 27), sodass Kontrollen jedenfalls dann nicht gesondert vergütungspflichtig sein dürfen, wenn sie wegen eines Vertrags- oder Gesetzesverstoßes des Auftragsverarbeiters erforderlich wurden. Gerade bei Auftragsverarbeiter-Ketten ist wichtig, dass die Nachweispflichten des Auftragsverarbeiters und die Kontrollrechte des Verantwortlichen über die gesamte Kette bestehen müssen – genauso wie die Rechenschaftspflicht des Verantwortlichen die gesamte Kette abdeckt (EDSA, Opinion 22/2024 on certain obligations following from the reliance on processor(s) and sub-processor(s), 7.10.2024, Rn. 17, 39). Dies kann insbesondere beim Einsatz von Hyperscalern als Unterauftragsverarbeiter zu Problemen führen. Vertraulichkeitsverpflichtungen gegenüber dem Auftragsverarbeiter, die es dem Verantwortlichen unmöglich machen, seiner Rechenschaftspflicht nachzukommen, schränken auf den ersten Blick nicht die Pflichten aus Art. 28 Abs. 3 UAbs. 1 S. 2 lit. h DS-GVO ein. Sie machen aber eine Erreichung des Zwecks der Norm, dass nämlich der Verantwortliche seiner Rechenschaftspflicht nachkommen kann, unmöglich. Damit greifen sie ein grundlegendes Prinzip der DS-GVO an. Vertraulichkeitsklauseln müssen daher entsprechende Ausnahmen vorsehen. Zulässig wären allerdings Klauseln, die eine vorherige Information der anderen Partei (auch der Auftragsverarbeiter kann sich Ansprüchen ausgesetzt sehen) vorsehen, vorausgesetzt, eine solche ist möglich (weil die Aufsichtsbehörde schriftlich anfragt; nicht dagegen, wenn sie ohne vorherige Ankündigung vor Ort prüft). Gegenüber der abgestimmten Fassung wurde der Punkt „Kontrollrecht nur in besonders zu begründenden Ausnahmefällen (auch in Kombination mit der Vorlage von Unterlagen)" ergänzt.

**32. Fußnote in der abgestimmten Fassung.** Dies können sowohl interne Unterlagen des Auftragsverarbeiters sein als auch externe Unterlagen, etwa Audit-Berichte, Zertifizierungen oÄ.

**33. Fußnote in der abgestimmten Fassung.** Die Klausel ist als Einschränkung des grundsätzlich unbeschränkten Kontrollrechts restriktiv auszulegen. Sie dient nur dazu, rechtsmissbräuchliche Kontrollen zu vermeiden. Die Klausel darf nicht dazu führen, dass der Prüfer daran gehindert wird, sich ein umfassendes Bild vom Gegenstand der Prüfung zu machen und sich davon zu überzeugen, dass der Auftragsverarbeiter seine Pflichten einhält. Insbesondere im Fall konkreter Probleme können auch erhebliche Beeinträchtigungen des Geschäftsablaufs nicht übermäßig sein.

**34. Fußnote in der abgestimmten Fassung.** Da entsprechende Formulierung in Ziff. 7.6 lit. d S. 2 AVV-SCC.

**35. Fußnote in der abgestimmten Fassung.** Hierfür genügt eine allgemeine Kostentragungspflicht ohne Ausnahmen für diesen Fall.

**36. Recht zur Aussetzung der Umsetzung von Weisungen bei angenommener Rechtswidrigkeit.** Die deutschen Aufsichtsbehörden haben pragmatisch keine Bedenken gegen Regelungen, nach denen der Auftragsverarbeiter die Umsetzung einer von ihm als rechtswidrig bewerteten und nach Art. 28 Abs. 3 UAbs. 2 DS-GVO monierten Weisung aussetzen kann, bis der Verantwortliche diese Weisung bestätigt oder ändert. Dogmatisch gesehen entscheidet der Auftragsverarbeiter durch die Nichtumsetzung der Weisung allerdings regelmäßig über wesentliche Mittel der Verarbeitung, ggf. auch Zwecke, und wird dadurch nach Art. 4 Nr. 7 DS-GVO zum Verantwortlichen. Formulierungsvorschlag für eine dogmatisch unbedenkliche Klausel → Form. G. I.6 Anm. 11 (Ergänzungsklausel 7.1.b) Abs. 1).

**37. Zustimmungsfiktion bei Unterauftragsverarbeitern.** Art. 28 Abs. 2 DS-GVO kennt nur Genehmigungen von Unterauftragsverarbeitern im Einzelfall oder eine allgemeine Genehmigung von Unterauftragsverarbeitern mit Information und Widerspruchsrecht im Einzelfall. Dogmatisch ist die Lösung, dass der Verantwortliche informiert wird und nicht widerspricht und der fehlende Widerspruch als Zustimmung angesehen wird, nicht vorgesehen. Die deutschen Aufsichtsbehörden akzeptieren diese Lösung allerdings pragmatisch, wenn die Zustimmungsfiktion die Anforderungen an eine Widerspruchslösung erfüllt.

**38. Fußnote in der abgestimmten Fassung.** Die folgenden Prüfpunkte sind entsprechend zu verstehen.

**39. Fußnote in der abgestimmten Fassung.** AN informiert den AG unaufgefordert, etwa per E-Mail oder Brief, sodass die Information den AG erreicht, ohne dass dieser etwas tun muss. Dabei muss sichergestellt sein, dass die Information den AG selbst erreicht, nicht nur Nutzer des jeweiligen Dienstes (etwa per In-App-Benachrichtigung).

**40. Fußnote in der abgestimmten Fassung.** AG muss sich die Information selbst beschaffen. Dazu gehört auch, wenn sich AG zB in Mailingliste eintragen kann oder sogar muss.

**41. Einspruchsmöglichkeit gegen Unterauftragsverarbeiter.** Der Verantwortliche ist – von Exzessfällen abgesehen – für alles verantwortlich, was seine Auftragsverarbeiter tun und unterlassen, also auch für sämtliche weiteren Auftragsverarbeiter in Unterauftragsverarbeiter-Ketten (EuGH 5.12.2023 – C-683/21, ZD 2024, 209 Ls. 4; EDSA, Opinion 22/2024 on certain obligations following from the reliance on processor(s) and sub-processor(s), 7.10.2024, Rn. 57, 64). Insoweit trägt der Verantwortliche die Rechenschaftspflicht (Art. 5 Abs. 2 DS-GVO) und damit eine umfangreiche Beweislast sowohl im Verhältnis zur Aufsichtsbehörde als auch im Verhältnis zur betroffenen Person (EuGH 24.2.2022 – C-175/20, EuZW 2022, 527 Rn. 77, 81; EuGH 4.5.2023 – C-60/22, GRUR-RS 2023, 8967 Rn. 53; EuGH 4.7.2023 – C-252/21, GRUR 2023, 1131 Rn. 95; EuGH 14.12.2023 – C-340/21, ZD 2024, 150 Rn. 52 ff.; EuGH 25.1.2024 – C-687/21, NZA 2024, 320 Rn. 42 f.; EuGH 11.7.2024 – C-757/22, ZD 2024, 510 Rn. 52; BVerwG 2.3.2022 – 6 C 7.20, NVwZ 2022, 1205 Rn. 50; OLG Hamm 15.8.2023 – 7 U 19/23, GRUR 2023, 1791 Ls. 1; OLG Stuttgart 22.11.2023 – 4 U 20/23, GRUR-RS 2023, 32883 Rn. 401 ff.). Dementsprechend ist es nur folgerichtig, dass die DS-GVO ihm ein dem Wortlaut nach völlig unbeschränktes Widerspruchsrecht gegen die Einschaltung neuer Unterauftragsverarbeiter zubilligt, auch wenn er eine allgemeine Zustimmung erteilt hat. Der Vertrag ist dann eigentlich so fortzuführen wie bisher vereinbart. Im Massengeschäft ist es allerdings regelmäßig nicht wirtschaftlich möglich, für einzelne Kunden auf bestimmte Unterauftragsverarbeiter zu verzichten. Die deutschen Aufsichtsbehörden beanstanden es daher jedenfalls nicht, wenn ein Einspruch nicht so frei erhoben werden kann wie es die DS-GVO vorsieht, vorausgesetzt, dadurch wird das Einspruchsrecht nicht faktisch entwertet. Letzteres ist insbesondere dann der Fall, wenn der Verantwortliche faktisch keine andere Möglichkeit hat als dem neuen Unterauftragsverarbeiter zuzustimmen (bzw. keinen Einspruch zu erheben). Der Verantwortliche muss also die Möglichkeit haben, den neuen Unterauftragsverarbeiter zu prüfen, bei negativem Ausgang der Prüfung Einspruch gegen diesen zu erheben und, wenn damit entweder automatisch ein Ende der Leistungserbringung verbunden ist oder der Auftragsverarbeiter kündigen kann, bis zum Zeitpunkt des Leistungsendes einen neuen Auftragsverarbeiter zu finden und die Diensteerbringung zu diesem zu übertragen (Transition). Die in der Checkliste genannte Frist von 14 Tagen kann daher nur in besonders einfach gelagerten Fällen ausreichend sein (dazu auch → Anm. 42; zum Erfordernis einer ausreichenden Frist zum Widerspruch EDSA, Opinion 22/2024 on certain obligations following from the reliance on processor(s) and sub-processor(s), 7.10.2024, Rn. 27). Je nach Komplexität einer Transition (und der vorangehenden Auswahl und Prüfung des Anbieters und der erforderlichen Vertragsverhandlungen) kann die erforderliche Kündigungsfrist Jahre betragen. Insbesondere bei der öffentlichen Hand sind noch die teils erheblichen Verzögerungen durch Ausschreibungserfordernisse zu berücksichtigen. Während früher das Outsourcing komplexer unternehmenskritischer Verarbeitungen ein Fall für Individualverträge war, bei denen ein Genehmigungserfordernis für Unterauftragsverarbeiter oft kein Problem war und ohnehin die Unterauftragsverarbeiter-Ketten meist kurz waren, sind mittlerweile viele große und komplexe Verarbeitungen in die Cloud gewandert, ohne dass die Hyperscaler die sich daraus ergebenden Anforderungen an Kündigungsfristen berücksichtigen würden. Dies hat letztlich erhebliche Auswirkungen auf die Rechtmäßigkeit der Auftragsverarbeitung.

**42. Fußnote in der abgestimmten Fassung.** Frist abhängig vom Einzelfall, insbesondere von der leichten Ersetzbarkeit des Dienstleisters.

**43. Fußnote in der abgestimmten Fassung.** Da entsprechende Formulierung in Ziff. 7.7 lit. b AVV-SCC: „Beauftragt der Auftragsverarbeiter einen Unterauftragsverarbeiter mit der Durchführung bestimmter Verarbeitungstätigkeiten (im Auftrag des Verantwortlichen), so muss diese Beauftragung im Wege eines Vertrags erfolgen, der dem Unterauftragsverarbeiter im Wesentlichen dieselben Datenschutzpflichten auferlegt wie diejenigen, die für den Auftragsverarbeiter gemäß diesen Klauseln gelten. Der Auftragsverarbeiter stellt sicher, dass der Unterauftragsverarbeiter die Pflichten erfüllt, denen der Auftragsverarbeiter entsprechend diesen Klauseln und gemäß der Verordnung (EU) 2016/679 und/oder der Verordnung (EU) 2018/1725 unterliegt."

**44. Fußnote in der abgestimmten Fassung.** Beachte, dass bestimmte Kombinationen entsprechend den AVV-SCC nicht beanstandet werden, siehe links.

**45. Weisungserfordernis für Datenexporte.** Zu beachten ist, dass Datenexporte nur auf dokumentierte Weisung des Verantwortlichen erfolgen dürfen (→ Anm. 14).

**46. Behördenzugriffe im Drittland.** Wie der EuGH im Schrems-II-Urteil (EuGH 16.7.2020 – C-311/18, NJW 2020, 2613) festgestellt hat, können zivilrechtliche Vereinbarungen wie Standardvertragsklauseln Behörden von Drittländern nicht binden. Sollen Datenexporte auf der Grundlage von Standardvertragsklauseln, verbindlichen internen Datenschutzvorschriften (Binding Corporate Rules, BCR, Art. 47 DS-GVO), Verhaltensregeln (Art. 40 DS-GVO) oder Zertifizierungen (Art. 42 DS-GVO) erfolgen, ist daher zusätzlich zu prüfen, ob der Datenimporteur seinen Pflichten aus dem Transfer-Tool tatsächlich nachkommen kann (Transfer Impact Assessment, TIA). Ggf. sind ergänzende Schutzmaßnahmen zu treffen. Zum Vorgehen bei der Prüfung und zur Bewertung üblicher Situationen EDSA, Empfehlungen 01/2020 zu Maßnahmen zur Ergänzung von Übermittlungstools zur Gewährleistung des unionsrechtlichen Schutzniveaus für personenbezogene Daten, Version 2.0, 18.6.2021. Für die Einhaltung des Kapitels V der DS-GVO ist auch der Verantwortliche haftbar (EDSA, Opinion 22/2024 on certain obligations following from the reliance on processor(s) and sub-processor(s), 7.10.2024, Rn. 79 ff., 86) und er ist sowohl aus der Formulierung des Art. 44 DS-GVO als auch aus Art. 5 Abs. 2 DS-GVO beweisbelastet (zur Einordnung von Art. 5 Abs. 2 DS-GVO als Beweislastregel EuGH 24.2.2022 – C-175/20, EuZW 2022, 527 Rn. 77, 81; EuGH 4.5.2023 – C-60/22, GRUR-RS 2023, 8967 Rn. 53; EuGH 4.7.2023 – C-252/21, GRUR 2023, 1131 Rn. 95; EuGH 14.12.2023 – C-340/21, ZD 2024, 150 Rn. 52 ff.; EuGH 25.1.2024 – C-687/21, NZA 2024, 320 Rn. 42 f.; EuGH 11.7.2024 – C-757/22, ZD 2024, 510 Rn. 52; BVerwG 2.3.2022 – 6 C 7.20, NVwZ 2022, 1205 Rn. 50; OLG Hamm 15.8.2023 – 7 U 19/23, GRUR 2023, 1791 Ls. 1; OLG Stuttgart 22.11.2023 – 4 U 20/23, GRUR-RS 2023, 32883 Rn. 401 ff.). Prüfungspunkt 27 wurde im Vergleich zur zwischen den Aufsichtsbehörden abgestimmten Fassung überarbeitet, da die alten Standardvertragsklauseln zwischenzeitlich wegen des Ablaufs der Übergangsfrist nicht mehr zur Rechtfertigung von Datenexporten herangezogen werden können.

**47. Fußnote in der abgestimmten Fassung.** Vorbehaltlich einer Entscheidung über die Frage, ob BCR nicht für eine Genehmigungsfähigkeit auch eine Analyse der

Rechtslage im Drittland hinsichtlich behördlicher Zugriffe und ggf. ausreichende ergänzende Garantien enthalten müssen.

**48. Fußnote in der abgestimmten Fassung.** Einschränkung liegt auch vor, wenn Vorrangklausel zu Gunsten der SCC besteht. Denn eine Vorrangregelung enthalten bereits die Standardvertragsklauseln selbst, sodass ohnehin jede Einschränkung zivilrechtlich unwirksam ist; dennoch können nur unveränderte Standardvertragsklauseln für den Datenexport herangezogen werden. Zulässig sind nur Ergänzungen, die weder unmittelbar noch mittelbar im Widerspruch zu den SCC stehen und die Grundrechte oder Grundfreiheiten der betroffenen Personen nicht beschneiden (Ziff. 2 lit. a Export-SCC-2021).

## II. Formulare während der Laufzeit der Auftragsverarbeitung (Art. 28 DS-GVO)

### 1. Genehmigung von Unterauftragnehmern

Gem. Art. 28 Abs. 2 S. 1 DS-GVO ist es dem Auftragsverarbeiter (Auftragnehmer) nicht gestattet, ohne vorherige gesonderte oder allgemeine schriftliche Genehmigung des Verantwortlichen einen Unterauftragnehmer in Anspruch zu nehmen. Im Fall einer allgemeinen schriftlichen Genehmigung informiert der Auftragsverarbeiter den Verantwortlichen immer über jede beabsichtigte Änderung in Bezug auf die Hinzuziehung oder die Ersetzung anderer Auftragsverarbeiter, wodurch der Verantwortliche die Möglichkeit erhält, gegen derartige Änderungen Einspruch zu erheben (Art. 28 Abs. 2 S. 2 DS-GVO). Das nachfolgende Formular ist sowohl vor Beginn der Auftragsverarbeitung wie auch im Laufe der Vertragserfüllung und Leistungserbringung durch den Auftragnehmer stets aktuell zu halten und die **Genehmigung durch den Auftraggeber schriftlich einzuholen.** Beide Parteien sind zu einer aktuellen, schriftlichen Dokumentation verpflichtet (Rechenschaftspflicht, Art. 5 Abs. 2 DS-GVO; → Form. A. I.).

Vertragsseitig muss somit festgelegt sein, dass die **Einbeziehung weiterer Unterauftragnehmer nur mit schriftlicher Zustimmung** des Auftraggebers gestattet ist. Die zum **Zeitpunkt des Vertragsabschlusses** benannten Unterauftragnehmer sind bereits bekannt. Im Laufe der Leistungserbringung kann es seitens des Auftragnehmers beispielsweise wirtschaftliche Gründe für den **Wechsel von Unterauftragnehmern** geben. Der Datenschutzbeauftragte des Auftraggebers kann sich diese Gründe darlegen lassen und in einer **Stellungnahme zur Risikobewertung** (hier kann die Datenschutz-Folgenabschätzung von Bedeutung sein, → Form. G. I. 3.; → Form. E. II. 4.; → Form. C. III.) die veränderte Situation dokumentieren und den jeweiligen Beteiligten des Verantwortlichen zur Kenntnis bringen. Ein im Auftragsverarbeitungsvertrag festgelegtes **Sonderkündigungsrecht** des Auftraggebers kann unter Umständen ausgeübt werden, wenn der Auftragnehmer dem Auftraggeber den Einsatz von Unterauftragnehmern verschwiegen hat und hierdurch erhebliche Risiken für den Auftraggeber entstehen.

Die DS-GVO regelt in Art. 28 Abs. 4 S. 2 auch die Haftung im Falle von Datenschutzvorfällen oder -verstößen. Demnach „haftet der erste Auftragsverarbeiter gegenüber dem Verantwortlichen für die Einhaltung der Pflichten jenes anderen Auftragsverarbeiters", selbst wenn der erste Auftragnehmer die Verursachung nicht ursächlich zu vertreten hat.

Soweit mit der Verarbeitung oder Nutzung personenbezogener Daten des Auftraggebers beim Auftragnehmer **Unterauftragnehmer** eingesetzt werden, wird dies in der Praxis grundsätzlich nur unter folgenden Bedingungen genehmigt:

- Der Auftragnehmer benennt die Unterauftragnehmer.
- Der Auftragnehmer benennt genau die von den Unterauftragnehmern durchgeführten Tätigkeiten (zB in einem Leistungsschein → Form. E. II. 2. Anm. 6) in Bezug auf den betroffenen Vertrag.

- Der Auftragnehmer hat die vertraglichen Vereinbarungen mit den Unterauftragnehmern so zu gestalten, dass sie den Datenschutzbestimmungen der DS-GVO und den im Vertrag festgelegten Bestimmungen entsprechen. In dem Fall, dass der Auftragsverarbeiter die Dienste eines weiteren Auftragsverarbeiters (Subunternehmer, Unterauftragnehmer) in Anspruch nimmt, um bestimmte Verarbeitungstätigkeiten durchführen zu lassen, muss dieser dieselben Datenschutzpflichten einhalten, die sich aus dem Vertrag und dessen Leistungsscheinen mit dem Verantwortlichen ergeben. Hierzu gehören insbesondere die Anforderungen an geeignete technische und organisatorische Maßnahmen (→ Form. G. I.3.; → Form. E. II.).
- Bei der Unterbeauftragung stehen dem Auftraggeber aus dem Vertrag (basierend auf der DS-GVO) entsprechende **Kontroll- und Überprüfungsrechte beim Unterauftragnehmer** (Auditrecht → Form. E. III.) zu. Dies umfasst auch das Recht des Auftraggebers, auf schriftliche Anforderung vom Auftragnehmer Auskunft über den wesentlichen Vertragsinhalt und die Umsetzung der datenschutzrelevanten Verpflichtungen im Unterauftragsverhältnis, erforderlichenfalls durch Einsicht in die relevanten Vertragsunterlagen, zu erhalten.
- Anfang 2023 ist in Deutschland das Lieferkettensorgfaltspflichtengesetz (LkSG) in Kraft getreten. Das LkSG verpflichtet Unternehmen zur Sorgfalt beim Management ihrer Lieferkette. Der Fokus der gesetzgeberischen Intention liegt darauf, „menschenrechtlichen oder umweltbezogenen Risiken vorzubeugen oder sie zu minimieren oder (…) zu beenden" (§ 3 Abs. 1 LkSG). Doch auch das Thema Cybersicherheit zählt mittelbar zu den Sorgfaltspflichten, etwa durch die Pflicht zur Einrichtung eines Risikomanagementsystems (§ 4 LkSG) sowie kontinuierlicher Risikoanalysen in der Lieferkette (§ 5 Abs. 4 LkSG). Vergleichbares gilt für die neue EU Corporate Sustainability Due Diligence Directive (CSDDD). Eine sorgfältige Konzeption und Umsetzung der Informations- und IT-Sicherheitsstrategie und eine Risikoanalyse der Lieferkette sind somit eine wichtige Anforderung an das Management.
- Die Verarbeitung der Daten findet ausschließlich im Geltungsbereich der DS-GVO statt. Jede **Verlagerung in ein Drittland** bedarf der vorherigen Zustimmung des Auftraggebers und darf nur erfolgen, wenn die besonderen Voraussetzungen der Art. 44 ff. DS-GVO erfüllt sind.

**Formular zur Genehmigung der Beauftragung eines Unterauftragnehmers (ein Formblatt je Unterauftragnehmer)**

| | |
|---|---|
| Auftragnehmer (Firma und Anschrift)<br><br>Ansprechpartner und Telefon: | Vertragsnummer:<br>Vertragsbezeichnung:<br>Gesamtanzahl Subunternehmer:[1] |
| | Vertragsinhalt:[2] |
| Unterauftragnehmer (Firma und Anschrift): | Weisungsempfänger des Auftragnehmers:<br><br>Datenschutzbeauftragter des Unterauftragnehmers: |

Der zuvor genannte Unterauftragnehmer ist mit folgendem Auftragsinhalt[3] vom Auftragnehmer beauftragt und mit der Verarbeitung von personenbezogenen Daten in dem dort genannten Umfang beschäftigt:

**Formular zur Genehmigung der Beauftragung eines Unterauftragnehmers (ein Formblatt je Unterauftragnehmer)**

**Die Beauftragung von Unterauftragnehmern (Subunternehmern) ist nur mit schriftlicher Zustimmung des Auftraggebers zugelassen. Der Auftragnehmer hat in diesem Falle vertraglich sicherzustellen, dass die vereinbarten Regelungen auch gegenüber Subunternehmern gelten. Er hat die Einhaltung dieser Pflichten regelmäßig zu überprüfen. Die Weiterleitung von Daten ist erst zulässig, wenn der Subunternehmer die Verpflichtung nach Art. 28 DS-GVO erfüllt hat. Die Mitarbeiter des Unterauftragnehmers sind schriftlich auf das Datengeheimnis zu verpflichten.[4]**
**Die Verarbeitung der Daten findet ausschließlich im Geltungsbereich der DS-GVO statt. Jede Verlagerung in ein Drittland bedarf der vorherigen Zustimmung des Auftraggebers und darf nur erfolgen, wenn die besonderen Voraussetzungen der Art. 44 ff. DS-GVO erfüllt sind.**

**Die notwendigen Prüfungen des Unterauftragnehmers wurden durchgeführt.[5]**
**Mit der Beauftragung erklärt sich der Auftraggeber hiermit ausdrücklich einverstanden.**

**Ort, Datum:** **Datenschutzbeauftragter des Auftraggebers:[6]**

**Ort, Datum:** **Für das ausgelagerte Verfahren verantwortlicher Abteilungsleiter:**

## Anmerkungen

**1. Gesamtanzahl Subunternehmer.** Der Auftragnehmer darf nur dann Subunternehmer einsetzen, wenn es ausdrücklich durch den Auftraggeber gestattet wird. Die Subunternehmer sind den gleichen vertraglichen Pflichten zu unterwerfen, wie sie dem Auftragnehmer obliegen (→ Form. G. I. 2. Anm. 2). Die Gesamtanzahl der leistenden Unterauftragnehmer sollte stets aktuell gepflegt werden, da sich mit steigender Anzahl der Subunternehmer die Risiken des Gesamtvertrages erhöhen.

**2. Vertragsinhalt.** Kurzbezeichnung der Vertragsinhalte, zB Hosting eines IT-Systems für die Personaldatenverarbeitung. Zusätzlich sollte auf den Hauptvertrag, auf dem die Auftragsdatenverarbeitung beruht, verwiesen werden.

**3. Auftragsinhalt.** Hier wird der Auftragsinhalt, den der Unterauftragnehmer für den Auftragnehmer erfüllt, beschrieben, zB Erbringung von Telekommunikationsdienstleistungen für die Bereitstellung von Internetzugangsdiensten.

**4. Verpflichtung auf das Datengeheimnis.** Die Verpflichtung der Mitarbeiter auf das Datengeheimnis bedingt sich aus Art. 32 Abs. 4 DS-GVO. Diese beinhaltet über die Ergreifung geeigneter technischer und organisatorischer Maßnahmen die Verpflichtung, durch geeignete personelle Maßnahmen zu einem angemessenen Schutzniveau beizutragen. Aufgrund der Rechenschaftspflicht empfiehlt sich die Dokumentation der Aufklärung jedes Mitarbeiters über die ihm obliegenden datenschutzrechtlichen Verpflichtungen → Form. C. VII. 1.

**5. Prüfungen des Unterauftragnehmers.** Unterauftragnehmer sind nach denselben Kriterien zu prüfen wie der Auftragnehmer selbst.

**6. Unterschrift des Datenschutzbeauftragten.** Es besteht eine grundsätzliche Empfehlung zur Unterzeichnung von Dokumentationen, die im Zusammenhang mit Verträgen stehen, um die Richtigkeit aller gemachten Angaben und deren Wirksamkeit sicher zu stellen (Rechenschaftspflicht aus Art. 5 Abs. 2 DS-GVO, vgl. Gola/Jaspers/Müthlein Überblick DS-GVO/BDSG S. 60).

## 2. Änderung bei den Weisungsberechtigten/-empfängern

Der Umgang mit personenbezogenen Daten erfolgt ausschließlich im Rahmen der in dem Vertrag zur Auftragsverarbeitung getroffenen Vereinbarungen und **nach Weisung des Auftraggebers** (Art. 29 DS-GVO). Der Auftraggeber benennt weisungsberechtigte Personen, die gegenüber dem Auftragnehmer schriftliche Weisungen erteilen dürfen. Der Auftraggeber behält sich im Rahmen der getroffenen Auftragsbeschreibung aus dem Vertrag ein umfassendes Weisungsrecht über Art, Umfang und Verfahren der Datenverarbeitung vor. Er kann dieses durch detaillierte Einzelanweisungen konkretisieren. Änderungen des Verfahrens oder des Verarbeitungsgegenstandes sind durch den Auftraggeber zu genehmigen (→ Form. G. II. 4.) und zu dokumentieren. Auskünfte an Dritte oder Betroffene darf der Auftragnehmer nur nach vorheriger schriftlicher Zustimmung durch den Auftraggeber erteilen. Mündliche Weisungen sind unverzüglich schriftlich oder per E-Mail (in Textform) zu bestätigen.

Dedizierte und entscheidungsbefugte Ansprechpartner auf beiden Seiten zu haben ist wichtig, um in Krisenfällen bei öffentlich bekannt gewordenen Datenschutzvorfällen Imageschäden zu vermeiden. Dies erfordert ein zwischen Auftragnehmer und Auftraggeber abgestimmtes Vorgehen in der Krisenkommunikation.

Die weisungsberechtigten Personen des Auftraggebers und deren Weisungsempfänger beim Auftragnehmer sind als Anlage in den jeweiligen Verträgen aufgeführt. Bei einem Wechsel oder einer längerfristigen Verhinderung des Ansprechpartners ist dem Vertragspartner unverzüglich schriftlich der Nachfolger bzw. der Vertreter mitzuteilen.

**Formular zur kontinuierlichen Fortschreibung der Weisungsberechtigten und der Weisungsempfänger (Vertragsanlage)**

| | |
|---|---|
| **Auftragnehmer (Firma und Anschrift)**<br><br>**Ansprechpartner und Telefon:** | **Vertragsnummer: Anlage Nr.:**<br>**Vertragsbezeichnung:**<br><br>**Vertragsinhalt:**[1] |

**Sofern der Auftragnehmer personenbezogene Daten verarbeitet, tut er dies ausschließlich im Rahmen der getroffenen Vereinbarungen und nach den Weisungen des Auftraggebers. Er hat personenbezogene Daten zu berichtigen, zu löschen und zu sperren, wenn der Auftraggeber dies in der getroffenen Vereinbarung oder einer Weisung verlangt.**[2]

| | |
|---|---|
| **Weisungsberechtigter des Auftraggebers:**<br><br>**Datum der Berechtigung:** | **Weisungsempfänger des Auftragnehmers:**<br><br>**Datum der Berechtigung:** |

**Formular zur kontinuierlichen Fortschreibung der Weisungsberechtigten und der Weisungsempfänger (Vertragsanlage)**

Ort, Datum: Datenschutzbeauftragter des Auftraggebers:
Ort, Datum: Datenschutzbeauftragter des Auftragnehmers:
Ort, Datum: für das ausgelagerte Verfahren verantwortlicher Abteilungsleiter:
Ort, Datum: verantwortlicher Abteilungsleiter des Auftragnehmers:

| Änderung der Personen: | |
|---|---|
| Weisungsberechtigter des Auftraggebers: | Weisungsempfänger des Auftragnehmers: |
| Datum der Berechtigung: | Datum der Berechtigung: |

Ort, Datum: Datenschutzbeauftragter des Auftraggebers:
Ort, Datum: Datenschutzbeauftragter des Auftragnehmers:
Ort, Datum: für das ausgelagerte Verfahren verantwortlicher Abteilungsleiter:
Ort, Datum: verantwortlicher Abteilungsleiter des Auftragnehmers:

## Anmerkungen

**1. Vertragsinhalt.** Kurzbezeichnung der Vertragsinhalte, zB Hosting eines IT-Systems für die Personaldatenverarbeitung.

**2. Weisungsrechte des Auftraggebers.** Der Auftraggeber hat sicherzustellen, dass auch der Unterauftragnehmer alle den Betroffenen zustehenden Rechte einhält. Dies geschieht insbesondere über die Weisungsrechte.

## 3. Änderung beim Datenschutzbeauftragten

Anbieter und somit Auftragnehmer von Auftragsverarbeitungsleistungen (Outsourcing, Outtasking, Cloud-Services) sind verpflichtet, einen **Wechsel des verantwortlichen Datenschutzbeauftragten dem Auftraggeber umgehend mitzuteilen.** Soweit der Auftragnehmer nicht bereits nach Art. 37 Abs. 1 lit. a–c DS-GVO einen Datenschutzbeauftragten zu bestellen hat, folgt eine solche Pflicht ggf. aus Art. 37 Abs. 4 DS-GVO iVm § 38 BDSG. Gem. Art. 37 Abs. 5 DS-GVO muss der Datenschutzbeauftragte auf „Grundlage seiner beruflichen Qualifikation und insbesondere des Fachwissens benannt" werden, „das er auf dem Gebiet des Datenschutzrechts und der Datenschutzpraxis besitzt". Außerdem muss er die Fähigkeit zur Erfüllung der in Art. 39 DS-GVO genannten Aufgaben haben:
- Unterrichtung und Beratung des Verantwortlichen oder des Auftragsverarbeiters und der Beschäftigten, die mit personenbezogenen Daten arbeiten
- Unterrichtung und Beratung gem. DS-GVO und deren Vorschriften sowie sonstige Datenschutzvorschriften
- Überwachung der Einhaltung der DS-GVO und anderer Datenschutzvorschriften
- Sensibilisierung und Schulung der an den Verarbeitungsvorgängen beteiligten Mitarbeiter und der diesbezüglichen Überprüfungen

- Beratung im Zusammenhang mit der Datenschutz-Folgenabschätzung und Überwachung ihrer Durchführung
- Ansprechpartner für die Aufsichtsbehörde und die Zusammenarbeit mit der Behörde
- Beratung zu allen sonstigen Fragen bzgl. Datenschutz und Datensicherheit und ggf. Konsultation der Aufsichtsbehörde

Das nachfolgende Formular, welches als Vertragsanlage dient, kann ein Mittel zur Einhaltung der Rechenschaftspflicht darstellen.

**Mitteilung über die Änderung des Datenschutzbeauftragten[1] beim Auftragnehmer (Vertragsanlage)**

| | |
|---|---|
| Auftraggeber<br>(Firma und Anschrift)<br><br>Ansprechpartner und Telefon: | Vertragsnummer: Anlage Nr.:<br>Vertragsbezeichnung: |
| | Vertragsinhalt:[2] |

Sofern der Auftragnehmer personenbezogene Daten verarbeitet, erfolgt dies ausschließlich im Rahmen der getroffenen Vereinbarungen und dem geltenden Datenschutzrecht. Auskünfte an Dritte oder den Betroffenen darf der Auftragnehmer nur nach vorheriger schriftlicher Zustimmung durch den Auftraggeber erteilen.

Ein Wechsel des Datenschutzbeauftragten ist dem Auftraggeber unverzüglich mitzuteilen.

Vereinbarungsgemäß wird hiermit der Wechsel des bisherigen betrieblichen Datenschutzbeauftragten mitgeteilt.[3]

Mit Wirkung zum ________ (Datum der Berufung) wurde beim Auftragnehmer der betriebliche Datenschutzbeauftragte

________________________________________ (Name, Kontaktdaten)[4]

berufen. Der bisherige Datenschutzbeauftragte wurde abberufen.

Ort, Datum: Datenschutzbeauftragter des Auftragnehmers:
Ort, Datum: Geschäftsleitung des Auftragnehmers:

## Anmerkungen

**1. Neufassung § 38 BDSG.** Seit Inkrafttreten der Änderung des § 38 BDSG am 26.11.2019 (BGBl. 2019 I S. 1626) haben der Verantwortliche und der Auftragsverarbeiter einen Datenschutzbeauftragten zu benennen, soweit sie in der Regel mindestens 20 Personen ständig mit der automatisierten Verarbeitung personenbezogener Daten beschäftigen.

**2. Vertragsinhalt.** Kurzbezeichnung der Vertragsinhalte, zB Hosting eines IT-Systems für die Personaldatenverarbeitung. Zusätzlich sollte auf den Hauptvertrag, auf dem die Auftragsdatenverarbeitung beruht, verwiesen werden.

**3. Mitteilungspflicht.** Hieraus ergibt sich zwingend die Mitteilungspflicht bei Wechsel des Datenschutzbeauftragten. Auftragnehmer von Auftragsverarbeitung müssen regelmäßig bei Wechsel ihres Datenschutzbeauftragten alle Vertragskunden in geeigneter Form über den neuen Datenschutzbeauftragten informieren.

**4. Kontaktdaten.** Die namentliche Nennung und Veröffentlichung der Kontaktdaten des Datenschutzbeauftragten durch den Verantwortlichen und den Auftragsverarbeiter sind gem. Art. 37 Abs. 7 DS-GVO ebenso verpflichtend wie die Mitteilung dieser Daten an die Aufsichtsbehörde.

## 4. Änderungen in den Verfahren

Entscheidungen und maßgebliche Änderungen in der Betriebsorganisation der Datenverarbeitung seitens des Auftragnehmers und der von ihm angewandten Verfahren sind mit dem Auftraggeber abzustimmen, wenn diese die Sicherheit der personenbezogenen Daten beeinträchtigen können. An der **Erstellung der Verzeichnisse von Verarbeitungstätigkeiten** (→ Form. C. II.) hat der Auftragnehmer mitzuwirken. Er hat die erforderlichen Angaben dem Auftraggeber zuzuleiten.

Dem Auftragnehmer obliegen nach Art. 28 DS-GVO die gleichen Pflichten wie dem Auftraggeber **zur Einhaltung der gesetzlichen Vorschriften.** Dazu gehört auch die Unterstützung bei der Erstellung der Verzeichnisse von Verarbeitungstätigkeiten, für das der Auftraggeber als verantwortliche Stelle zuständig ist. Dies kann, soweit im Auftragsverarbeitungsvertrag nicht entsprechend vermerkt, zu Diskussionen zwischen den kaufmännischen Ansprechpartnern der Vertragsparteien führen. Dem kann durch die Formulierung „An der Erstellung der Verfahrensverzeichnisse hat der Auftragnehmer nach gesondertem Auftrag und gegen entsprechende Vergütung mitzuwirken" entgegengewirkt werden.

Der Auftragnehmer ist nach Art. 30 Abs. 2 DS-GVO ebenfalls verpflichtet, Verzeichnisse von Verarbeitungstätigkeiten für die im Auftrag durchgeführten Verarbeitungstätigkeiten zu führen. Das Verzeichnis ist schriftlich zu führen, was auch in einem elektronischen Format erfolgen kann (Art. 30 Abs. 3 DS-GVO).

**Genehmigung zur Änderung datenschutzrechtlich relevanter Verfahren beim Auftragnehmer (Vertragsanlage)**

| Auftraggeber (Firma und Anschrift): | Vertragsnummer: Anlage Nr.:<br>Vertragsbezeichnung: |
|---|---|
| Ansprechpartner und Telefon: | Vertragsinhalt:[1] |

**Der Auftragnehmer beachtet die Grundsätze ordnungsgemäßer Datenverarbeitung. Er gewährleistet die vertraglich vereinbarten und gesetzlich vorgeschriebenen Datensicherheitsmaßnahmen. Die technischen und organisatorischen Maßnahmen können im Laufe des Auftragsverhältnisses der technischen und organisatorischen Weiterentwicklung angepasst werden. Wesentliche Änderungen sind schriftlich unter zu Hilfenahme dieses Formulars zu vereinbaren.**

Betroffenes Verfahren:[2]

Geplante Änderungen am bisherigen Verfahren:[3]

**Genehmigung zur Änderung datenschutzrechtlich relevanter Verfahren beim Auftragnehmer (Vertragsanlage)**

| | |
|---|---|
| □ der Verfahrensänderung wird zugestimmt | □ der Verfahrensänderung wird mit folgenden Ergänzungen zugestimmt:[4] |

**Ort, Datum: Datenschutzbeauftragter des Auftraggebers:**
**Ort, Datum: Datenschutzbeauftragter des Auftragnehmers:**
**Ort, Datum: für das ausgelagerte Verfahren verantwortlicher Abteilungsleiter des Auftraggebers:**

## Anmerkungen

**1. Vertragsinhalt.** Kurzbezeichnung der Vertragsinhalte, zB Hosting eines IT-Systems für die Personaldatenverarbeitung.

**2. Betroffenes Verfahren.** Kurzbezeichnung des betroffenen Verfahrens unter Zuhilfenahme der Vertragsinhalte, zB Hosting eines IT-Systems für die Personaldatenverarbeitung.

**3. Geplante Änderungen am bisherigen Verfahren.** Als Verfahrensänderung sind grundsätzlich alle Änderungen zu betrachten, die zu einem erhöhten Risiko bei der Auftragsdatenverarbeitung führen. Eine Verfahrensänderung kann zB in der Verlegung eines Rechenzentrums an einen anderen Standort oder einer deutlichen Änderung an der IT-Infrastruktur liegen.

**4. Zustimmung mit Ergänzungen.** In diesem Fall stimmt der Auftraggeber den beantragten Verfahrensänderungen nur unter dem Vorbehalt der Umsetzung der beschriebenen Ergänzungen zu. Die Umsetzung der Ergänzungsmaßnahmen ist durch den Auftraggeber nach deren Umsetzung auf ihre Korrektheit zu überprüfen. Soll zB die Verlagerung der IT-Systeme in ein anderes Rechenzentrum stattfinden, so könnten sich risikoerhöhende Faktoren durch andere technische und organisatorische Maßnahmen am neuen Standort ergeben. Auch Risiken aus der Umgebung des neuen Standortes sind zu beachten. Hierzu gehören auch umweltbedingte Einflüsse, wie zB Gefährdung durch Hochwasser oder Erdbeben, aber auch technisch bedingte Einflüsse in der Umgebung, wie zB Tankstellen oder Schienenverkehr mit Gefahrguttransporten. Die Gefährdungen sind zu erfassen und in einer Risikobewertung mit entsprechenden Maßnahmen zur Risikominimierung abzufangen und zu dokumentieren (→ Form. E. II.2.; → Form. E. II.3.).

## 5. Meldebogen Datenschutz- oder IT-Sicherheitsvorfall im Innenverhältnis

Der **Aufbau eines Datenschutzmanagements** ist eine der Grundlagen für funktionierenden Datenschutz im Unternehmen. Dazu gehört eine kontinuierliche Sensibilisierung der Mitarbeiter durch regelmäßige Schulungen, denn technische Sicherheitseinrichtungen sind nur eine Unterstützung und können nicht verhindern, dass Ereignisse, Vorfälle oder Verstöße eintreten. Gut geschulte Mitarbeiter minimieren die Risiken deutlich (Forgó/Helfrich/Schneider Betr. Datenschutz-HdB/Haag Teil II. Rn. 44 ff.).

Dem Vorgehen im Falle eines Datenschutzereignisses (→ Form. C. VI.) kommt eine große Bedeutung zu. In Art. 33, 34 DS-GVO ist geregelt, dass der Verantwortliche sämtliche Datenschutzverstöße, deren Auswirkungen sowie die ergriffenen Abhilfemaßnahmen in für die Aufsichtsbehörden nachvollziehbarer Weise zu dokumentieren hat (Gola/Jaspers/Müthlein Überblick DS-GVO/BDSG S. 49 ff.). Die Meldung muss unverzüglich oder binnen 72 Stunden an die zuständige Aufsichtsbehörde erfolgen, spätere Meldungen sind zu begründen (→ Form. C. VI.1.). Es besteht keine Meldepflicht, wenn die Datenschutzverletzung voraussichtlich nicht zu einem Risiko für die Rechte und Freiheiten der Betroffenen führt. Daher ist die Dokumentation von Datenschutzereignissen, -vorfällen und -verstößen zunächst intern zu bewerten, um festzustellen, ob eine Meldung an die Aufsichtsbehörde erfolgen muss (im Detail → Form. C. VI.1. Anm. 4).

Der Ausfall eines Systems oder einer Kommunikationsverbindung, die Offenlegung von personenbezogenen Daten oder die Verfälschung von Daten stellen ein **Datenschutzereignis** dar. In Folge der Bewertung stellt sich heraus, ob es sich um einen Datenschutzvorfall oder um einen Datenschutzverstoß handelt.

Ein **Datenschutzvorfall** ist ein kategorisiertes Datenschutzereignis mit hoher Priorität, welches Auswirkungen nach sich ziehen kann, die einen großen Schaden anrichten können. Hierzu gehören unter anderem Schadsoftwarebefall, Hackerangriffe und unberechtigte Zugriffe auf personenbezogene Daten und Informationen. Infolge des Vorfalles können bspw. Daten gestohlen, verfälscht oder fremdverschlüsselt werden, Verträge verletzt oder sensitive Personendaten für Insider-Geschäfte genutzt werden. „Ein Datenschutzvorfall liegt vor, wenn personenbezogene Daten unrechtmäßig übermittelt oder auf sonstige Weise Dritten unrechtmäßig zur Kenntnis gelangen und dabei Beeinträchtigungen der Rechte oder schutzwürdigen Interessen der Betroffenen drohen" (Loomans/Matz/Wichtermann Anforderungen an ein Datenschutz Managementsystem S. 15).

Ein **Datenschutzverstoß** ist ein grob fahrlässig oder vorsätzlich herbeigeführter Datenschutzvorfall (in Anlehnung an BSI IT-Grundschutz-Kompendium DER.2.1 ff.). Es kann sich dabei um die Nutzung von personenbezogenen Unternehmensinformationen für illegale Zwecke handeln oder um das Umgehen des Vier-Augen-Prinzips für betrügerische Zwecke. Bei einem Datenschutzverstoß sind disziplinarische wie auch weitere Maßnahmen (Hinzuziehung einer anwaltlichen Beratung oder ermittelnder Behörden) in Betracht zu ziehen. Unter Umständen müssen Beweise in gerichtsverwertbarer Weise gesichert werden, was eine Hinzuziehung forensischer Experten erfordern kann.

Das unrechtmäßige Erheben personenbezogener Daten oder deren fehlerhafte Verarbeitung oder Nutzung hat erhebliche Folgen für die Verantwortlichen und das betroffene Unternehmen. Die Unternehmensleitung ist grundsätzlich für die Sicherheit ihrer Prozesse bei der Verarbeitung personenbezogener Daten verantwortlich und haftbar. Dies birgt nicht nur finanzielle Risiken, sondern kann nachhaltig das Vertrauen der Kunden und den Ruf des Unternehmens schädigen. Hinzu kommen menschliche Aspekte wie kriminelle Energie, Frust oder naiver Spieltrieb. Es zeigt sich oft, dass Schwachstellen und Sicherheitslücken durch naiven Spieltrieb ausgenutzt werden, ohne dass ein konkretes Ziel bei Ausführung vorhanden war.

Untersuchungen zur Folge ist immer noch zunehmend ein verstärktes Auftreten von Ransomware (Erpressungs-Schadsoftware) zu verzeichnen. Die Effektivität solcher Angriffe bei gleichzeitig hohem Schadensausmaß betrifft jedes vierte Unternehmen, das im Anschluss an den Ransomware-Angriff einen Betriebsausfall verzeichnen musste. „Als Ransomware werden Schadprogramme bezeichnet, die den Zugriff auf Daten und Systeme einschränken oder verhindern und diese Ressourcen nur gegen Zahlung eines Lösegeldes wieder freigeben." (BSI, Ransomware – Bedrohungslage 2022, S. 4) Der Begriff Ransomware (Erpressungs-Software) ist ein Kunstwort welches sich aus den Begriffen „ransom" für Lösegeld und „malware" für den aktuellen Begriff von Schadsoftware (früher auch als Virenprogramm bezeichnet) zusammensetzt. Ransom-Schadsoftware verhindert den Zugang zu den Daten des Benutzers und verschlüsselt diese zudem mit einem Schlüssel, den der Nutzer (angeblich) gegen Zahlung einer Summe (Lösegeld) erhält. Dabei ist nicht immer sichergestellt, dass Benutzer nach Zahlung des Lösegeldes tatsächlich einen gültigen Schlüssel erhalten. Das BSI warnt regelmäßig insbesondere vor gezielten Angriffen durch Ransomware auf Unternehmen oder Branchen. Das BSI teilte in diesem Zusammenhang mit, dass Kenntnis darüber vorliegt, dass „Ransomware-Infektionen in den Bereichen Gesundheit, Versicherung, Verkehr sowie Wasserver- und -entsorgung in Deutschland" vorliegen und schadhafte SPAM-Mails im Namen mehrerer Bundesbehörden verschickt werden.

Da selbst bei genauester Risikobetrachtung immer Restrisiken verbleiben, muss dem durch entsprechende organisatorische Verfahren entgegengewirkt werden. Dies geschieht durch den Aufbau eines Meldesystems für Datenschutzereignisse (Datenschutzkataster), welches durch klare Verantwortlichkeiten gestützt ist. Eine Richtlinie mit einem definierten Verfahren (Handlungsanweisungen, Meldewege) ist den Mitarbeitern zur Kenntnis zu bringen. Der Aufbau eines solchen Meldesystems, einhergehend mit Schulungen und einer dadurch erhöhten Sensibilität der Mitarbeiter, führt in der Folge zu einem Anstieg der Anzahl der erkannten Datenschutzereignisse im Unternehmen. Dies ist eine direkte Folge klar geregelter Melde- und Berichtswege, denn vor Aufbau solcher organisatorischen Maßnahmen sind solche Vorfälle häufig lediglich nicht bekannt. Es empfiehlt sich daher vor Aufbau eines solchen Verfahrens, die Unternehmensleitung über den erwarteten Anstieg der Datenschutzereignisse deutlich in Kenntnis zu setzen.

Jedes wesentliche Ereignis muss gem. Art. 33 Abs. 5 DS-GVO dokumentiert werden, um so eine nachvollziehbare Bewertung des Risikos, der korrektiven Maßnahmen und der Prüfung, ob eine Meldepflicht gem. Art. 33 und 34 DS-GVO besteht, vorzunehmen (→ Form. C. VI. 3.). Eine mögliche Unsicherheit bei der Bewertung ist durch die Inanspruchnahme externer, beispielsweise anwaltlicher Beratung auszuräumen. Aus der Art und Anzahl von Datenschutzvorfällen können Trends abgeleitet werden, denen durch gezielte Schulungen und ggf. mögliche technische Maßnahmen entgegengewirkt werden kann.

Gemäß der Nachvollziehbarkeit und Rechenschaftspflicht (→ Form. A. I.) gilt die Empfehlung zu einer in regelmäßigen Abständen zu vollziehenden Berichterstattung. Die schriftlich dokumentierte und somit nachvollziehbare kontinuierliche Führung von Meldebögen ist eine geeignete Möglichkeit, die zudem das Erstellen regelmäßiger Jahresberichte des Datenschutzbeauftragten deutlich vereinfacht.

Schriftlich zu regeln ist, welche Datenschutzverstöße und welches auftragswidrige Verhalten eines Auftragnehmers und seiner Beschäftigten dem Auftraggeber zu melden ist, da Meldungen an die Aufsichtsbehörden „eine Beschreibung der von dem Verantwortlichen ergriffenen oder vorgeschlagenen Maßnahmen zur Behebung der Verletzung des Schutzes personenbezogener Daten“ enthalten müssen (Art. 33 Abs. 3 lit. d DS-GVO). Eine Übersicht solcher meldepflichtigen Vorfälle sollte zwischen dem Datenschutzbeauftragten und der Geschäftsleitung abgestimmt werden. Es besteht die Möglichkeit, dass ein Verstoß vorliegt, der dazu führen kann, dass Dritte unrechtmäßig Kenntnis von personenbezogenen Daten erlangen. Das kann weitere Pflichten nach Art. 33 und 34 DS-GVO nach sich ziehen, deren Verletzung bußgeldbewehrt ist und mögliche Schadensersatzpflichten des Verantwortlichen wie des Auftragsverarbeiters gleichermaßen zur Folge haben kann.

Das dargestellte Meldeformular kann ebenso bei der Auftragsverarbeitung gem. Art. 28 DS-GVO angewandt werden, sofern Kontrollhandlungen beim Auftragnehmer durchgeführt werden oder angekündigt sind. Eine unverzügliche Information des Auftraggebers über Kontrollhandlungen und Maßnahmen der Aufsichtsbehörde nach Art. 33 DS-GVO hat zu erfolgen.

## § 1 Meldebogen für Datenschutz- und Sicherheitsereignisse

| | | | |
|---|---|---|---|
| Ereignisnummer: | Vertraulichkeitskennzeichnung[1] | gemeldet am: | Status:<br>offen/geschlossen |
| eröffnet am: | | Verteiler:[2] | |
| Ereignisdatum: | geschlossen am: | gemeldet von: | Priorität gem. § 2:[3]<br>niedrig/mittel/hoch |
| verantwortlicher Bearbeiter: | geschlossen von: | | Kategorie:[4]<br>☐ Datenschutz<br>☐ Informationssicherheit<br>☐ IT-Sicherheit<br>☐ andere: |
| Kurzbeschreibung:[5] | | | |
| ausführliche Beschreibung:[6] | | | |
| betroffene Komponenten:[7] | System:[8] | Standort: | verantwortliche Abteilung: |
| Sofortmaßnahmen[9]<br>Maßnahmen: | | Effekt in Prozent:[10] | Einführungsdatum: |
| Fehlerursachen[11]<br>Ursachen: | | Effekt in Prozent: | Einführungsdatum: |
| geplante Korrektiv maßnahmen[12]<br>Maßnahmen: | | kontrolliert durch: | Kontrolldatum: |
| Information an Betroffene<br>☐ nötig ☐ nicht nötig. Begründung:[13] | | Art<br>(E-Mail/Fax/Brief): | Datum: |
| ☐ Rechtsabteilung eingebunden[14]<br>Begründung:<br><br>Datum: Bearbeiter: | | ☐ Behörde eingebunden[15]<br>Begründung:<br><br>Datum: Bearbeiter: | |

| Ereignisnummer: | Vertraulichkeits-kennzeichnung[1] | gemeldet am: | Status: offen/geschlossen |
|---|---|---|---|
| | | ☐ Vorgang geschlossen:<br><br>Datum: Bearbeiter: | |

§ 2 Priorisierungstabelle

Mit der Priorisierungstabelle erfolgt die Festlegung der Priorität. Für eine einfache und übersichtliche Priorisierung wird mit vier Prioritäten gearbeitet (Auswirkung/Schaden): (1) katastrophal und existenzbedrohlich, (2) großer Schaden, (3) mittlerer Schaden, (4) geringer Schaden.

Durch die Bestimmung der Kategorie und deren Auswirkung wird eine Priorisierung des Datenschutzereignisses gemäß nachfolgender Tabelle abgeleitet:

| Kategorie | Geringe Auswirkung/ Schaden | Mittlere Auswirkung/ Schaden | Große Auswirkung/ Schaden | Katastrophale Auswirkung/ Schaden |
|---|---|---|---|---|
| Diebstahl von Kundendaten | 2 | 2 | 1 | 1 |
| Verletzung des Datenschutzes | 3 | 2 | 1 | 1 |
| Verstoß gegen Gesetze | 4 | 2 | 1 | 1 |
| Hackerangriff | 4 | 3 | 1 | 1 |

Um die Priorisierung und die damit zusammenhängenden Ereignisse zuordnen zu können, ist das Arbeiten mit entsprechenden tabellarischen Übersichten geeignet. Beispielhaft sind nachfolgend die Ereignisse aus der oben dargestellten Tabelle beschrieben.

| Diebstahl von personenbezogenen Daten[16] | | |
|---|---|---|
| Auswirkung | | Priorität |
| gering | Nicht klassifizierte Personendaten wurden unautorisiert kopiert | 2 |
| mittel | Vertrauliche Personendaten wurden unautorisiert kopiert | 2 |
| groß | Vertrauliche Personendaten werden veröffentlicht; Schadensersatzforderungen von Betroffenen möglich<br>Mitteilung nach Art. 33 und 34 DS-GVO notwendig | 1 |
| katastrophal | Sensible Personendaten werden veröffentlicht; sehr hohe Schadensersatzforderungen von Betroffenen möglich; Meldung nach Art. 33 und 34 DS-GVO notwendig; Imageschaden für das Unternehmen | 1 |

| Verletzung des Datenschutzes | | |
|---|---|---|
| Auswirkung | | Priorität |
| gering | versehentliche Weitergabe von personenbezogenen Daten innerhalb des Unternehmens | 3 |
| mittel | unbeabsichtigte personenbezogene Daten in Auswertungen<br>personenbezogene Daten ohne Zweckbindung in Log-Dateien<br>Informationspflicht nach Art. 33 und 34 DS-GVO | 2 |
| groß | grob fahrlässige Offenbarung personenbezogener Daten gegenüber Dritten, Verletzung des Trennungsgebots<br>Informationspflicht nach Art. 33 und 34 DS-GVO | 1 |
| katastrophal | Veröffentlichungen von personenbezogenen Daten; Zweckmissbrauch<br>Diebstahl von personenbezogenen Daten; Unerlaubte Nutzung von personenbezogenen Daten zur Verhaltenskontrolle<br>Informationspflicht nach Art. 33 und 34 DS-GVO | 1 |
| Verstoß gegen Gesetze | | |
| Auswirkung | | Priorität |
| gering | geringfügiger Verstoß gegen den Datenschutz ohne erkennbaren Vorsatz<br>keine Außenwirkung<br>Vorfall kann intern (ggf. mit disziplinarischen Mitteln) geregelt werden | 4 |
| mittel | Ordnungswidrigkeit<br>mittelschwerer Verstoß gegen den Datenschutz<br>Einsatz disziplinarischer Mittel zwingend erforderlich<br>Prüfung der Hinzuziehung der entsprechenden Behörden notwendig<br>möglicherweise Informationspflicht nach Art. 33 und 34 DS-GVO | 2 |
| groß | Rechtsverstoß<br>Hinzuziehung der entsprechenden Behörden notwendig<br>Informationspflicht nach Art. 33 und 34 DS-GVO | 1 |

| Verstoß gegen Gesetze | | |
|---|---|---|
| Auswirkung | | Priorität |
| katastrophal | strafrechtliche Relevanz mit eindeutig erkennbarem Vorsatz<br>Einschaltung der Strafermittlungsbehörden zwingend erforderlich<br>hohe Außenwirkung mit Imageverlust für das Unternehmen<br>Informationspflicht nach Art. 33 und 34 DS-GVO | 1 |

| Hackerangriff | | |
|---|---|---|
| Auswirkung | | Priorität |
| gering | Angriff auf IT-Systeme mit personenbezogenen Daten<br>Angriff ohne nachweislichen Schaden (zB Versuch eines Hackereinbruchs wird rechtzeitig erkannt und vereitelt) | 4 |
| mittel | Angriff mit geringfügiger Verschlechterung der Verfügbarkeit<br>Angriff auf die IT-Infrastruktur wird durch entsprechende technische Frühwarnsysteme erkannt und führt zur vorübergehenden Sicherheitsabschaltung dedizierter Systeme oder Segmente | 3 |
| groß | Hackerzugriff auf zentrale Verarbeitungssysteme<br>Diebstahl von Passwortdateien<br>massive Beeinträchtigungen der Dienste<br>Hinzuziehung der entsprechenden Behörden notwendig<br>Informationspflicht nach Art. 33 und 34 DS-GVO | 1 |
| katastrophal | Ausfall von Systemen durch Hackerangriffe<br>Verlust von Daten durch Hacker<br>Diebstahl von personenbezogenen Daten<br>Offenlegung von personenbezogenen Daten durch Hacker<br>hohe Außenwirkung mit Imageverlust für das Unternehmen<br>Einschaltung der Strafermittlungsbehörden zwingend erforderlich | 1 |

| Hackerangriff | |
|---|---|
| Auswirkung | Priorität |
| Informationspflicht nach Art. 33 und 34 DS-GVO | |

## Anmerkungen

**1. Vertraulichkeitskennzeichnung.** Alle Dokumente unterliegen der im Unternehmen gültigen Kennzeichnungs- und Klassifizierungspflicht. Aufgrund Art. 38 Abs. 5 DS-GVO sind alle Informationen des Meldebogens mit Bezug zu personenbezogenen Daten als „vertraulich" zu kennzeichnen. Da es sich bei dem vorliegenden Formular um ein unternehmensinternes Dokument handelt, ist darauf zu achten, dass die darin enthaltenen Informationen in einem kleinen Kreis beteiligter Mitarbeiter verbleiben, um dem Risiko der Verbreitung von Gerüchten entgegenzuwirken.

**2. Verteiler.** Der erfasste Vorfall ist zu analysieren und zu bewerten, dabei ist der Risikobezug für das Unternehmen zu beachten. Der Meldebogen ist entsprechend den enthaltenen Informationen in geeigneter Weise (entsprechend den Meldewegen des jeweiligen Unternehmens) an die verantwortlichen und zuständigen Entscheidungsträger weiterzuleiten. Sofern sich aus den enthaltenen Informationen Risiken mit bestandsgefährdendem Charakter ableiten lassen, muss auch die Unternehmensleitung (Vorstand, Geschäftsführer) informiert werden. Der Meldeweg sollte auf vorhandenen Strukturen im Rahmen des Risikomanagementprozesses aufsetzen.

**3. Festlegung der Priorität.** Für eine einfache und übersichtliche Priorisierung kann mit vier Prioritäten gearbeitet werden (Auswirkung/Schaden): (1) katastrophal und existenzbedrohlich, (2) großer Schaden, (3) mittlerer Schaden, (4) geringer Schaden. Zur genaueren Festlegung der Kategorien dient § 2 der Priorisierungstabelle. Durch die Bestimmung der Kategorie und deren Auswirkung kann eine Priorisierung des Datenschutzereignisses abgeleitet werden, die Priorisierungstabelle ist beispielhaft.

**4. Kategorie.** Sofern der Meldebogen nur für die Kategorie Datenschutz eingesetzt wird, können die anderen Kategorien entfallen.

**5. Kurzbeschreibung.** Dies enthält eine kurze Beschreibung über die Art des Ereignisses, zB „Fehler bei der Zuordnung von Berechtigungen im Personalsystem".

**6. Ausführliche Beschreibung.** In diesem Feld ist der Tatbestand ausreichend ausführlich zu beschreiben.

**7. Betroffene Komponenten.** Hier ist die betroffene Software oder Infrastruktur zu spezifizieren.

**8. System.** Das Feld beschreibt das betroffene IT-System durch Bezeichnung der von der IT-Abteilung verwendeten Namensbezeichnung, oft als Hostname bekannt.

**9. Sofortmaßnahmen.** Beschreibung der umgehend ausgeführten Sofortmaßnahmen unter Angabe der Effektivität (in Prozent), zB „Sperrung der Benutzer, die von den falsch vergebenen Berechtigungen betroffen sind", „Effektivität 100 Prozent".

**10. Effekt in Prozent.** Diese Angabe dient der nachgelagerten Risikobewertung und ist optional.

**11. Fehlerursachen.** Hier ist eine genaue Beschreibung, was zu dem Fehler geführt hat, vorzusehen, zB „menschlicher Fehler durch ungenaues Arbeiten“, „technisches Problem in der Applikation“.

**12. Geplante Korrektivmaßnahmen.** Die durchgeführten Korrektivmaßnahmen, zB „Nachschulung der Mitarbeiter“, „Update wird durch Softwarehersteller bereitgestellt“, sind auf deren Wirksamkeit zu überprüfen.

**13. Information an Betroffene.** Sofern nicht sichergestellt ist, dass kein Datenabfluss stattgefunden hat, sind die Betroffenen zu informieren (Informationspflicht gem. Art. 34 DS-GVO → Form. C. VI.2.). Eine kurze Begründung ist zu hinterlegen. Die Einschränkung von Berechtigungen für den Zugriff auf Daten schützt nicht in allen Fällen vor dem unberechtigten Kopieren, dem Erstellen von Screenshots oder dem Abfotografieren von Bildschirmen mit deren Inhalt.

**14. Einbindung der Rechtsabteilung.** Die Rechtsabteilung ist einzubinden, wenn es sich um vorsätzliche und/oder kriminelle Handlungen handelt/handeln kann. Die Abteilung ist für den gesamten Ablauf in Bezug auf strafrechtliche oder zivilrechtliche Tätigkeiten zuständig. Eine enge Abstimmung zwischen Datenschutzbeauftragten und dem Sachbearbeiter aus der Rechtsabteilung ist erforderlich. Die Unternehmensleitung (Vorstand, Geschäftsführer) bzw. die Rechtsabteilung ist umgehend in den Verteiler einzubinden.

**15. Behörden.** Ermittlungsbehörden oder Landesdatenschutzbehörden müssen unter bestimmten Umständen eingebunden werden. Dies können zB fortbestehende Risiken für Betroffene sein, wenn die eingeleiteten Maßnahmen nicht ausreichende Wirksamkeit haben oder Fremdrisiken hinzukommen. Auch hier erfolgt eine Abstimmung mit der Rechtsabteilung. Die Unternehmensleitung (Vorstand, Geschäftsführung) ist umgehend in den Verteiler einzubinden.

**16. Einordnung der Schadensauswirkung.** Um die Priorisierung und die damit zusammenhängenden Ereignisse zuordnen zu können, ist das Arbeiten mit entsprechenden tabellarischen Übersichten wie § 2 der Priorisierungstabelle geeignet. Die aufgeführten Ereignisse sind ggf. um entsprechende branchen- und firmenspezifische Ereignisse zu ergänzen.

## 6. Prüfliste für Auftragsverarbeitung bei Insolvenz des Auftraggebers/Auftragnehmers

Aufgrund der zunehmenden Komplexität und des starken Kostendrucks in der Informations- und Telekommunikationstechnologiebranche stellt die **Insolvenz eines Auftragnehmers** einer Auftragsverarbeitung ein **zunehmendes Risiko** dar. Auftraggeber wie Auftragnehmer sollten gleichermaßen für den Insolvenzfall ihres Vertragspartners vorbereitet sein.

Im Rahmen des internen Kontrollsystems (IKS) des Unternehmens sind angemessene **Verfahren zur Risikofrüherkennung** zu implementieren. Risikofrüherkennung bedeutet die Identifikation, Bewertung und Kommunikation von Risiken, die den Fortbestand des Unternehmens gefährden. Das Gesetz zur Kontrolle und Transparenz im Unternehmensbereich (KonTraG) fordert die Einführung eines angemessenen Risikomanagements von börsennotierten Aktiengesellschaften. Nach § 91 Abs. 2 AktG hat „der Vorstand geeignete Maßnahmen zu treffen, insbesondere ein Überwachungssystem einzurichten […], damit den Fortbestand der Gesellschaft gefährdende Entwicklungen früh erkannt werden". Doch das KonTraG betrifft weiterhin Kommanditgesellschaften auf Aktien (KGaA) und Gesellschaften mit beschränkter Haftung (GmbH) und zwar dann, wenn in diesen Gesellschaften ein fakultativer Aufsichtsrat existiert. Ohne eine gesetzliche Verpflichtung, also freiwillig, (im Gesellschaftsvertrag) kann ein Aufsichtsrat als Kontrollorgan für eine GmbH gebildet werden, der sog. fakultative Aufsichtsrat (§ 52 Abs. 1 GmbHG). Seine Aufgabe ist die Überwachung der Geschäftsführung.

Die präventive Einrichtung von Richtlinien und Verfahren für den Fall der Insolvenz von Geschäftspartnern ist Bestandteil des unternehmensinternen Notfall- und Krisenmanagements (BCM). Dies umfasst angemessene Reaktionen zur Wiederherstellung beeinträchtigter Geschäftsabläufe in einem akzeptablen und zuvor definierten Niveau. Die BCM-Aktivitäten müssen direkt an die Geschäftsstrategien und Ziele des Unternehmens angepasst sein, um Gegenmaßnahmen für Ereignisse und Störungen im Betriebsablauf zu entwickeln, zu planen und zu erstellen. Die Basis hierfür bildet ein umfassendes Unternehmensrisikomanagement (von Rössing Betriebliches Kontinuitätsmanagement S. 36 ff.).

Insolvenzen in der Auftragsverarbeitung führen bei Auftraggebern wie Auftragnehmern zu einem Anstieg der Risiken. Dem Datenschutzbeauftragten kommt in diesen Fällen die Aufgabe einer engen Begleitung der vertraglichen Abwicklung zu. Dies betrifft die Fortführung der Verfahren bei einem anderen Dienstleister oder die Rückführung in das eigene Unternehmen (Insourcing). Wird das **Insolvenzverfahren eröffnet** und ein Insolvenzverwalter benannt, tritt dieser an die Stelle der Geschäftsleitung. Erhöhte Risiken ergeben sich für die Verarbeitung auch durch Wechsel von Mitarbeitern oder psychisch bedingte Schlechtleistung. Die Fortführung der Auftragsverarbeitung in der Insolvenz muss bei abrechnungsrelevanten IT-Systemen ggf. auch zu erheblich reduzierten Leistungsvergütungen fortgeführt werden.

Unter Zuhilfenahme der nachfolgenden Prüfliste kann der Datenschutzbeauftragte den **aktuellen Status des Verfahrens nachverfolgen** und hat stets einen Überblick über die jeweiligen verantwortlichen Ansprechpartner/Abteilungen.

**Prüfliste zur Beendigung der Auftragsverarbeitung im Insolvenzfall**

<table>
<tr><td colspan="2">Auftragnehmer/Auftraggeber (exakte Firma und Anschrift):[1]</td><td colspan="2">Vorgangsverantwortlicher beim Auftragnehmer/Auftraggeber:</td></tr>
<tr><td colspan="2">kaufmännischer Ansprechpartner und Telefon:</td><td colspan="2">☐ Auftraggeber<br>☐ Auftragnehmer</td></tr>
<tr><td>ursprüngliches Vertragsende:</td><td>Insolvenzantrag gestellt am:</td><td>zuständiges Insolvenzgericht:</td><td>bestellter Insolvenzverwalter:<br><br>Bearbeiter Name:</td></tr>
</table>

**Prüfliste zur Beendigung der Auftragsverarbeitung im Insolvenzfall**

| | | | |
|---|---|---|---|
| technischer Ansprechpartner des Auftraggebers und Telefon: | Systeme werden im Minimalbetrieb weiterbetrieben bis: | Systemzustand wird eingefroren mit Datum: | Empfänger der technischen Systeme beim Insolvenzverwalter: |
| Systemübergabe an Kunden (nur nach schriftlicher Vereinbarung durch den Insolvenzverwalter) Datum: | | | Vorgang komplett und ordnungsgemäß abgeschlossen Datum: |
| betroffene Systeme | Standort | Applikationen/ Modul | technischer Ansprechpartner |
| | | | |
| | | | |

| Lfd. Nr. | Tätigkeiten | Verantwortlich/ Zuständig | Erledigt/ Berücksichtigt Datum | Hinweis/ Bemerkung |
|---|---|---|---|---|
| 1 | Information aller am Prozess Beteiligten | Rechtsabteilung (oder externer Rechtsberater)<br>IT-Leiter für Outsourcing<br>zuständiger kaufmännischer Kundenbetreuer<br>zuständiger technischer Kundenbetreuer | | zusätzliche Ansprechpartner: |
| 2 | Datum und Uhrzeit zur Erstellung eines definierten Systemstandes zur Übergabe | IT-Leiter Outsourcing<br>zuständiger technischer Kundenbetreuer | | schriftliche Abstimmung liegt vor, Insolvenzverwalter hat zugestimmt, Rechtsabteilung hat zugestimmt |
| 3 | sicherstellen, dass keine weiteren Änderungen nach Einfrieren des Systems vorgenommen werden können | IT-Leiter Outsourcing<br>zuständiger technischer Kundenbetreuer | | alle Mitarbeiter mit Zugang zum System sind in Kenntnis gesetzt |
| 4 | Systemstand in Kopie an Kunden geben und Konsistenz prüfen und bestätigen lassen | zuständiger technischer Kundenbetreuer<br>IT-Leiter Outsourcing | verantwortlicher Manager (Name) | Systemkonsistenzbestätigung; Original: Rechtsabteilung<br>Kopien: |

| Lfd. Nr. | Tätigkeiten | Verantwortlich/ Zuständig | Erledigt/ Berücksichtigt Datum | Hinweis/ Bemerkung |
|---|---|---|---|---|
| | | Datenschutzbeauftragter | | Datenschutzbeauftragter |
| 5 | ordnungsgemäße Systemübernahme durch Verantwortlichen (schriftlich bestätigen lassen) | | verantwortlicher Manager (Name) | Übernahmeschein<br>Original: Rechtsabteilung<br>Kopie: Datenschutzbeauftragter, Buchhaltung |
| 6 | mit dem Auftraggeber vereinbaren, dass das System in abgeschaltetem Zustand ab Empfang der ordnungsgemäßen Systemübernahme durch den Auftraggeber drei Monate für eventuelle Einsichtnahmen und Prüfungen zur Verfügung steht | zuständiger technischer Kundenbetreuer<br>IT-Leiter Outsourcing<br>Datenschutzbeauftragter | (nur notwendig, wenn das System nicht im Eigentum des Auftraggebers steht) | Übernahmeschein<br>Original: Rechtsabteilung<br>Kopie: Datenschutzbeauftragter Buchhaltung |
| 7 | sämtliche Kundenunterlagen gegen Lieferschein übergeben | zuständiger technischer Kundenbetreuer<br>zuständiger kaufmännischer Kundenbetreuer | verantwortlicher Manager (Name) | Lieferschein<br>Original: Rechtsabteilung<br>Kopie: IT-Leiter, Datenschutzbeauftragter |
| 8 | sämtliche digitalen Dokumente, die für den weiteren Betrieb notwendig sind, sichern und auf einem Datenträger gegen Lieferschein übergeben | zuständiger technischer Kundenbetreuer | verantwortlicher Manager (Name) | Lieferschein<br>Original: Rechtsabteilung<br>Kopie: IT-Leiter, Datenschutzbeauftragter |
| 9 | 14 Tage vor Ablauf der Dreimonatsfrist den Auftraggeber schriftlich informieren, dass alle noch vorhandenen Daten und Informationen auf den Systemen unwiederbringlich gelöscht werden und schriftliche Bestätigung anfordern | Rechtsabteilung zuständiger technischer Kundenbetreuer<br>IT-Leiter Outsourcing<br>Datenschutzbeauftragter | (nur notwendig, wenn das System nicht im Eigentum des Auftraggebers ist) | Kundenfreigabe zur endgültigen Löschung<br>Original: Rechtsabteilung<br>Kopie: IT-Leiter, Datenschutzbeauftragter |
| 10 | die Daten auf den Systemen mit einer anerkannten Löschsoftware löschen und ein Protokoll erstellen | ein technischer Mitarbeiter und der zuständige technische Kundenbetreuer<br>(Vier-Augen-Prinzip) | verantwortlicher Manager (Name) | Löschprotokolle<br>Original: Buchhaltung<br>Original: Rechtsabteilung<br>Kopie: IT-Leiter, Datenschutzbeauftragter |

| Lfd. Nr. | Tätigkeiten | Verantwortlich/ Zuständig | Erledigt/ Berücksichtigt Datum | Hinweis/ Bemerkung |
|---|---|---|---|---|
| | | Ort, Datum: | Unterschrift: | |

## Anmerkung

**1. Auftraggeber/Auftragnehmer.** Das Formular ist gleichermaßen für beide Anwendungsfälle geeignet.

## III. Fernwartung durch Drittunternehmen

Der **Fernzugriff auf IT-Ressourcen** eines Unternehmens ist aus der heutigen Zeit nicht mehr wegzudenken. Dies gilt sowohl für den Zugriff durch Mitarbeiter (→ Form. D. III.3.), als auch von externen Parteien zum Zwecke der Fernwartung. Diese **Fernwartung** – oder dieser **Remote-Zugriff** – birgt unterschiedliche **Risiken** (→ Form. E. I.). Diese liegen bspw. in der **ungewollten Preisgabe** unternehmenskritischer, wirtschaftlich sensibler Informationen (→ Form. C. III. 4.; → Form. E. II.; → Form. G. IV.) oder personenbezogener Daten, die dem Datenschutz unterliegen. Darüber hinaus besteht die Möglichkeit, **Schadsoftware** durch externe Dienstleister in das eigene Unternehmen zu schleusen. Daher muss das zugriffgewährende Unternehmen sowohl technische als auch organisatorische Maßnahmen ergreifen, um die eigene Infrastruktur und Informationen gegen ungewollte Veröffentlichung, Veränderung oder Zerstörung zu schützen. Der Begriff Infrastruktur wird analog zum Begriff Netzwerk verwendet. Unter Netzwerk ist die physische Hardware eines Unternehmens zu verstehen. Hierzu zählen Server (physisch und virtuell) sowie Kommunikationseinrichtungen wie Router, Switche und Telefonanlagen. Das Netzwerk bzw. die Infrastruktur stellt den **Unterbau für die Kommunikation** innerhalb eines Unternehmens dar. In den Themenbereich des Remote-Zugriffs gehören neben der reinen Fernwartung auch Migrationsprojekte/-tätigkeiten und **Auftragsverarbeitung.** Unter Remote-Zugriff ist ein datenbezogener Kommunikationsaufbau einer externen Stelle auf die IT-Ressourcen eines Unternehmens zu verstehen.

In den Art. 28–30 DS-GVO wird kein Bezug auf das Thema Fernwartung genommen. Sofern im Unternehmen Fernwartung eingesetzt werden soll, gibt die DS-GVO hierzu keine expliziten Anforderungen. Aus Gründen der Dokumentation und der weiterhin bestehenden Nichtausschließbarkeit einer Kenntniserlangung können im Rahmen der Fernwartung die bisherigen datenschutzrechtlichen Anforderungen berücksichtigt und angewendet werden. Es gilt zu beachten, dass **eine Fernwartung je nach Einzelfall eine Auftragsverarbeitung darstellen kann.**

Die Datenschutzkonferenz (DSK) kommt in ihrem Kurzpapier Nr. 13 zur Auftragsverarbeitung nach Art. 28 DS-GVO ebenfalls zu der Einschätzung, dass es sich bei Wartung und Fernzugriffen zumindest um eine Auftragsverarbeitung handeln dürfte. Ausgeschlossen wird dies lediglich für die reine Infrastrukturwartung. Für den Auftraggeber vereinfacht es den gesamten Prozess, Fernwartung wie eine Auftragsverarbeitung anzusehen und die gleichen Anforderungen daran zu stellen, selbst wenn in einer entsprechenden Tätigkeit ein Zugriff auf personenbezogene Daten explizit und nachhaltig ausgeschlossen werden kann. Dies ist zB bei einer Fernwartung für rein technische Systeme ohne Benutzerdatenspeicherung der Fall.

Bei der Verwendung der nachfolgend dargestellten Vereinbarungen ist zu beachten, dass der gesamte Text in einer einzigen Vereinbarung zusammengefasst werden kann, um das **Management von Dienstleistungsverträgen** zu vereinfachen. Zusätzlich ist den Vereinbarungstexten ein Entwurf zu einer **Arbeitsanweisung zur Fernwartung** für Dienstleister angehängt. Das folgende Muster versucht eine vollständige Darstellung der möglichen Fernwartungsfälle; es ist daher im jeweiligen Einzelfall anzupassen.

Die folgenden Muster für Fernwartungs-, Datenschutz- und Vertraulichkeitsvereinbarungen können je nach Verwendung entsprechend zusammengefügt werden. Das Kapitel schließt mit allgemeinen Vertragsklauseln.

## 1. Anlage zur Fernwartung für externe Dienstleister

§ 1 Gegenstand der Vereinbarung

(1) Der Auftraggeber hat den Auftragnehmer mit der Fernwartung der beim Auftraggeber vorhandenen informationstechnischen Systeme durch Aufbau externer Kommunikationsverbindungen („Remote-Zugriff") beauftragt. Auf den entsprechenden Vertrag vom […] wird Bezug genommen. Im Rahmen der Fernwartung werden direkt oder indirekt personenbezogene Daten verarbeitet. Die Einzelheiten dieser Fernwartung richten sich nach den folgenden Vorschriften.[1]

(2) Der Auftragnehmer führt ausschließlich die Tätigkeiten durch, die zur Erfüllung der beauftragten Leistungen erforderlich sind. Er führt sie ausschließlich im Rahmen der getroffenen Vereinbarungen und nach Weisungen des Auftraggebers durch. Änderungen des Tätigkeitsfeldes und Verfahrensänderungen sind schriftlich zu vereinbaren. Der Auftragnehmer speichert oder verarbeitet personenbezogene Daten ausschließlich im Auftrag und auf Weisung des Auftraggebers.

(3) Für den Auftragnehmer gelten die folgenden allgemeinen Richtlinien und Verfahren des Auftraggebers zum Umgang mit informationsverarbeitenden Systemen und zur Informationssicherheit: […].

(4) Eine Verarbeitung erfolgt nur, soweit es im zugrunde liegenden Leistungsvertrag vereinbart ist. Hierunter fallen ebenfalls Tätigkeiten, bei denen Daten von einem System in ein anderes migrieren.[2]

(5) Wenn es sich bei diesen Daten um personenbezogene Daten handelt oder handeln könnte, liegt eine Auftragsverarbeitung vor. [Die Parteien schließen in Ergänzung zu diesem Vertrag eine Vereinbarung zur Auftragsverarbeitung ab, die als Anlage […] dem Vertrag angehängt ist.]

(6) Die beim Auftraggeber durch einen Remotezugriff oder eine Datenmigration betroffenen personenbezogenen Daten sind nach ihrem Umfang, der Art und dem Zweck der vorgesehenen Verarbeitung von Daten, der Art der Daten und dem Kreis der Betroffenen vom Auftraggeber vor der Auftragserteilung schriftlich zu fixieren. Das Dokument wird als Anlage […] Bestandteil der jeweiligen Vereinbarung.[3]

§ 2 Rechte und Pflichten des Auftraggebers

(1) Für die Beurteilung der Zulässigkeit der Datenverarbeitung sowie für die Wahrung der Rechte der Betroffenen ist allein der Auftraggeber verantwortlich. Der Auftragnehmer unterstützt den Auftraggeber bei dieser Aufgabe.[4]

(2) Änderungen des Verarbeitungsgegenstandes und Verfahrensänderungen sind gemeinsam abzustimmen.

(3) Der Auftraggeber hat das Recht, in folgendem Umfang Weisungen gegenüber dem Auftragnehmer zu erteilen:

- Der Auftraggeber behält sich ein umfassendes Weisungsrecht über Art, Umfang und Verfahren der Datenverarbeitung vor, das er durch Einzelanweisungen konkretisieren kann. Auskünfte an Dritte oder den Betroffenen darf der Auftragnehmer nur nach vorheriger schriftlicher Zustimmung durch den Auftraggeber erteilen.[5] Mündliche Weisungen sind unverzüglich schriftlich oder per E-Mail (in Textform) zu bestätigen.[6]

- Weisungsberechtigte Personen sind in den jeweiligen Einzelverträgen namentlich benannt.
- Bei einem Wechsel oder einer längerfristigen Verhinderung des Ansprechpartners ist dem Vertragspartner unverzüglich schriftlich der Nachfolger bzw. der Vertreter mitzuteilen.[7]

(4) Die Parteien informieren sich unverzüglich gegenseitig, wenn sie Fehler oder Unregelmäßigkeiten bei Prüfung der Auftragsergebnisse oder der Verarbeitungsschritte feststellen.[8]

(5) Der Auftraggeber wird dem Auftragnehmer nur die für die Durchführung der vereinbarten Tätigkeiten benötigten Zugriffsrechte bereitstellen, deren Aktualität regelmäßig überprüfen und ggf. Korrekturen vornehmen. Der Auftragnehmer darf von den ihm eingeräumten Zugriffsrechten nur in dem für die Durchführung der Tätigkeiten unerlässlich notwendigen Umfang Gebrauch machen.[9]

(6) Der Auftraggeber hat das Recht, den Zugriff des Auftragnehmers auf die informationstechnischen Systeme des Auftraggebers zu unterbrechen. Dies gilt insbesondere, wenn der Verdacht besteht, dass unbefugt auf Informationen und Ressourcen zugegriffen wird.[10]

(7) Der Auftraggeber ist berechtigt, die Einhaltung der Vorschriften aus dieser Vereinbarung im erforderlichen Umfang zu kontrollieren oder kontrollieren zu lassen. Der Auftragnehmer gewährt dazu nach Absprache ungehinderten Zutritt, Zugang und Zugriff zu informationsverarbeitenden Systemen, Programmen, Dateien und Informationen, die mit der Durchführung der Tätigkeiten in Verbindung stehen. Dem Auftraggeber sind durch den Auftragnehmer alle Auskünfte zu erteilen, die zur Erfüllung der Kontrollfunktion benötigt werden.[11]

(8) Notwendige Datenübertragungen zu Zwecken des Zugriffs müssen in hinreichend verschlüsselter Form erfolgen; Ausnahmen sind besonders zu begründen.[12]

(9) Der Auftraggeber ist berechtigt, die ordnungsgemäße Einhaltung der Vorschriften aus dieser Vereinbarung in der Umgebung, aus der heraus die Tätigkeiten erfolgen,[13] zu kontrollieren oder kontrollieren zu lassen.

(10) Der Auftraggeber ist berechtigt, sämtliche Aktionen des Auftragnehmers innerhalb seiner Infrastruktur zu protokollieren und auszuwerten.[14]

§ 3 Rechte und Pflichten des Auftragnehmers

(1) Der Auftragnehmer hat personenbezogene Daten zu berichtigen, löschen und einzuschränken, wenn der Auftraggeber oder der Betroffene dies verlangt.

(2) Der Auftragnehmer verwendet die zur Datenverarbeitung überlassenen Daten für keine anderen als die vertraglich vorgesehenen Zwecke. Kopien oder Duplikate werden ohne Wissen des Auftraggebers nicht erstellt.

(3) Informationen, Daten und Programme dürfen lediglich im Rahmen der Erfüllung der vereinbarten Tätigkeiten und nach der Genehmigung durch den Auftraggeber von oder aus der Infrastruktur des Auftraggebers übertragen bzw. installiert werden.[15]

(4) Der Zugriff darf nur von Systemen aus erfolgen, deren Sicherheitsniveau den Vorgaben der Informationssicherheit beim Auftraggeber (als Anlage beizufügen) entspricht.

(5) Der Auftragnehmer sichert zu, dass die verarbeiteten Daten von sonstigen Datenbeständen strikt getrennt werden.[16]

(6) Innerhalb von [vierzehn (14) Tagen] sind nach der schriftlichen Aufforderung durch den Auftraggeber von dem Auftragnehmer[17] alle ihm vorliegenden vertraulichen Informationen und aufgrund dieser Informationen gefertigten weiteren Unterlagen dem Auftraggeber zurückzusenden bzw. nachvollziehbar zu vernichten.[18]

(7) Der Auftragnehmer ist verpflichtet, alle im Rahmen des Vertragsverhältnisses erlangten Kenntnisse von Geschäftsgeheimnissen und Datensicherheitsmaßnahmen des Auftraggebers vertraulich zu behandeln, auch über das Vertragsende hinaus.[19]

(8) Der Auftragnehmer ist zur Einhaltung dieser Regelungen auch dann verpflichtet, wenn bei der Fernwartung der Zugriff auf personenbezogenen Daten nicht ausgeschlossen werden kann.

(9) Der Auftragnehmer stellt im Zusammenhang mit datenschutzrelevanten Tätigkeiten die gem. Art. 28 Abs. 1 DS-GVO zu treffenden technischen und organisatorischen Maßnahmen sicher. Die technischen und organisatorischen Maßnahmen sind im Laufe des Auftragsverhältnisses der technischen und organisatorischen Weiterentwicklung anzupassen.[20]

(10) Der Auftragnehmer beachtet die Grundsätze ordnungsgemäßer Datenverarbeitung. Er gewährleistet die gesetzlich vorgeschriebenen Datensicherheitsmaßnahmen.

(11) Der Auftragnehmer hat in geeigneter Weise an der Erstellung der Verfahrensbeschreibungen[21] mitzuwirken, wenn dies im Rahmen der vertraglichen Leistungserbringung vorgeschrieben ist oder vom Auftraggeber gewünscht wird.

(12) Soweit die beim Auftragnehmer getroffenen Sicherheitsmaßnahmen den Anforderungen des Auftraggebers nicht genügen, benachrichtigt der Auftragnehmer den Auftraggeber unverzüglich. Entsprechendes gilt für Störungen, Verstöße des Auftragnehmers oder der bei ihm beschäftigten Personen gegen datenschutzrechtliche Bestimmungen oder die im Auftrag getroffenen Festlegungen sowie bei Verdacht auf Datenschutzverletzungen oder Unregelmäßigkeiten bei der Verarbeitung personenbezogener Daten.

(13) Der Auftragnehmer ist verpflichtet, dem Auftraggeber jederzeit nach Vorankündigung die Kontrolle der Einhaltung der Vorschriften über den Datenschutz und der vertraglichen Vereinbarungen im erforderlichen und gesetzlich zulässigen Umfang zu gewähren, insbesondere durch die Einholung von Auskünften und die Einsichtnahme in die gespeicherten Daten und die Datenverarbeitungsprogramme.

(14) Der Auftragnehmer hat die Pflichten gem. Art. 28 Abs. 3 DS-GVO einzuhalten, insbesondere die von ihm vorzunehmenden Kontrollen.

(15) Der Auftragnehmer wird den Auftraggeber unverzüglich darauf aufmerksam machen, wenn eine vom Auftraggeber erteilte Weisung seiner Meinung nach gegen gesetzliche Vorschriften verstößt. Der Auftragnehmer ist berechtigt, die Durchführung der entsprechenden Weisung so lange auszusetzen, bis sie durch den Verantwortlichen beim Auftraggeber bestätigt oder geändert wird.[22]

(16) Der Auftragnehmer teilt dem Auftraggeber mit, welche Mitarbeiter er zur Erfüllung der Tätigkeiten einsetzt und wie sich diese identifizieren werden. Hierfür werden hinreichend sichere Identifizierungsverfahren[23] verwendet, die entsprechend zu schützen sind. Sollten die Identifizierungsmerkmale offengelegt werden, ist der Auftraggeber unverzüglich hierüber zu informieren.

(17) Der Auftragnehmer stellt sicher, dass die Infrastruktur des Auftraggebers nicht durch seine Tätigkeiten negativ beeinflusst wird. Unter negativer Beeinflussung ist das unregelmäßige, abnormale Verhalten der Infrastruktur zu verstehen, das zu einem Versagen einzelner Komponenten oder des gesamten Systems führt und der Auftragnehmer verschuldet hat.[24]

(18) Nach Abschluss der vertraglichen Arbeiten hat der Auftragnehmer sämtliche in seinen Besitz gelangten Unterlagen und erstellten Verarbeitungs- oder Nutzungsergebnisse, die im Zusammenhang mit dem Auftragsverhältnis stehen, dem Auftraggeber auszuhändigen. Die Datenträger des Auftragnehmers sind danach physisch zu löschen. Test- und Ausschussmaterial ist unverzüglich zu vernichten oder dem Auftraggeber auszuhändigen. Die Löschung bzw. Vernichtung ist dem Auftraggeber mit Datumsangabe schriftlich zu bestätigen.

(19) Die Einschaltung von Unterauftragnehmern ist ausgeschlossen. Soll im Einzelfall davon abgewichen werden, bedarf dies der gesonderten schriftlichen Zustimmung des Auftraggebers. Der Auftragnehmer stellt in diesem Falle vertraglich sicher, dass die vereinbarten Regelungen auch gegenüber Subunternehmern gelten. Er hat die Einhaltung dieser Pflichten regelmäßig zu überprüfen. Die Weiterleitung von Daten ist erst zulässig, wenn der Subunternehmer die Datenschutzerklärung und Vertraulichkeitsvereinbarung unterzeichnet hat.

(20) Die Verarbeitung und Speicherung der Daten findet ausschließlich innerhalb der Europäischen Union statt. Jede Verlagerung in ein Drittland bedarf der vorherigen Zustimmung des Auftraggebers und darf nur erfolgen, wenn die besonderen Voraussetzungen der Art. 44–49 DS-GVO erfüllt sind. Falls ein Unterauftragnehmer beauftragt werden soll, gelten diese Anforderungen zusätzlich zu den Bestimmungen in Abs. 13 dieser Vereinbarung.

## Anmerkungen

**1. Ausgestaltung als Vertragsanlage.** Die Vereinbarung zur Fernwartung stellt im Allgemeinen lediglich eine Vertragsanlage zu einem zugrunde liegenden Leistungsvertrag dar, der die durchzuführenden Tätigkeiten festlegt. Es empfiehlt sich, die einzusetzenden Gerätetypen (Desktop-Computer, Notebooks, mobile Endgeräte wie Smartphones oder Tablet-Computer) einzuschränken und festzulegen, um dadurch die potenzielle Sicherheit der eigenen Daten und Informationen zu verbessern. Ebenfalls ist darauf zu achten, dass eigene Regelungen zur IT- und Informationssicherheit (→ Form. E.) auch für externe Dienstleister – besonders im Fernwartungszusammenhang – Gültigkeit haben. Da sich eine regelmäßige Kontrolle der eingesetzten Geräte in der Fernwartung als schwierig erweisen kann, sollte in jedem Fall berücksichtigt werden, dass der Einsatz privater Hardware (→ Form. D. III. 4.) strengstens untersagt ist. Die betroffenen Anwendungen, Systeme und/oder Netzwerke sind im Rahmen des Leistungsvertrages als Anlage zu definieren. Hierdurch soll sichergestellt werden, dass der externe Dienstleister eine Handlungssicherheit bekommt, da der Einsatzrahmen genau gesetzt ist. Zudem hat der Auftraggeber in diesem Zusammenhang eine bessere Handlungsmöglichkeit, sofern der Dienstleister unberechtigt auf andere Anwendungen, Systeme und/oder Netzwerke ohne Auftrag zugreift. Änderungen an den Einsatzbereichen sollten schriftlich festgehalten werden. Regelungen zur Fernwartung sollten in der Regel als Anlage zum eigentlichen Leistungsvertrag abgeschlossen werden. Hierdurch sind Änderungen möglich, ohne den eigentlichen Vertrag anpassen zu müssen.

**2. Fernwartung und Auftragsverarbeitung.** Das Thema Remote-Zugriff ist dem Grunde nach unabhängig vom Datenschutz. Sofern allerdings im Rahmen der Fernwartung auf personenbezogene Daten zugegriffen wird oder zugegriffen werden kann, ist dies in der Zusatzvereinbarung zur Fernwartung zu berücksichtigen. Sollte sichergestellt sein, dass ein Zugriff auf personenbezogene Daten ausgeschlossen ist, kann zwar eine weichere Formulierung verwendet werden, ein Vertrag zur Auftragsverarbeitung sollte dennoch geschlossen werden.

Dabei sollte insbesondere das DSK-Kurzpapier Nr. 13 beachtet werden, das sich auch mit Wartung und Fernzugriffen befasst. Darin heißt es, dass, wenn IT-Wartung oder Fernwartung Gegenstand des Vertrags sind und in diesem Rahmen für den Auftragsverarbeiter die Notwendigkeit oder Möglichkeit des Zugriffs auf personenbezogene Daten besteht, es sich dabei um eine Auftragsverarbeitung handelt und die Anforderungen des Art. 28 DS-GVO zu beachten sind. Anders könne dies bei einer rein technischen Wartung der IT-Infrastruktur zu beurteilen sein.

Es gilt daher festzustellen, ob im Rahmen einer Fernwartung personenbezogene Daten im Auftrag verarbeitet werden. Kann dies nicht ausgeschlossen werden, ist der Abschluss einer Vereinbarung zur Auftragsverarbeitung zu erwägen, sofern sich die Fernwartung nicht nur auf rein technische Anlagen bezieht, sondern datenverarbeitende Systeme betrifft.

Unabhängig davon empfiehlt es sich für den Auftraggeber, allgemeine Richtlinien für den Umgang mit informationsverarbeitenden Systemen zu verabschieden (→ 4.). Sofern diese nicht vorliegen, sollten zumindest Regelungen für Dienstleister zur Verwendung und Einsatz von Datenverarbeitungssystemen des Auftraggebers erstellt werden. Ein Informationssicherheitsmanagementsystem nach ISO/IEC 27001:2022 erleichtert in diesem Fall die Arbeit, da die notwendigen Regelungen vorliegen bzw. kurzfristig erstellt werden (→ Form. E. I.). Um die AGB-rechtliche Einbeziehung zu gewährleisten, sind diese Regelungen klar bezeichnet im Vertrag aufzuführen und als Anhang am Vertrag oder sicher abrufbar vorzuhalten. Unter Migration ist in der IT ein Wechsel von einem Stand zu einem anderen Stand zu verstehen. Bei einer Datenmigration werden bestehende Daten aus einem Altsystem so verarbeitet, dass diese Daten in ein neues System eingepflegt und weiter genutzt werden können (vgl. Die Beauftragte der Bundesregierung für Informationstechnik, Migrationsleitfaden – Leitfaden für die Migration von Software, S. 6).

**3. Inhalte zur Auftragsverarbeitung.** An dieser Stelle ist eine separate Vereinbarung zur Auftragsverarbeitung abzuschließen (→ Form. G. I.). Dieses Vorgehen empfiehlt sich, da hierdurch die besondere Stellung der Auftragsverarbeitung hervorgehoben wird. Alternativ können auch die entsprechenden Regelungen in die vorliegende Zusatzvereinbarung übernommen werden. Sinnvoll kann dies sein, wenn bereits ein Vertrag zur Auftragsverarbeitung mit dem entsprechenden Dienstleister vorliegt.

Zum Gegenstand des Auftrages, der Dauer, dem Umfang, der Art und dem Zweck der Datenverarbeitung sowie der Art der Daten und dem Kreis der Betroffenen wird auf den zugrunde liegenden Rahmen- und Einzelvertrag Bezug genommen. Der Dokumentationsrahmen wird in der DS-GVO für Verarbeitungstätigkeiten separat für das eingesetzte Verfahren gem. Art. 30 Abs. 1 DS-GVO festgelegt und Gegenstand der vertraglichen Regelung. Über die Mitwirkungspflichten des Auftragnehmers ist geregelt, dass die Beschreibung des Gegenstandes des Auftrages, der Dauer, des Umfangs, der Art und des Zweckes der Datenverarbeitung erstellt wird. Dies dient der Einhaltung der datenschutzrechtlichen Pflicht des Auftraggebers aus Art. 30 Abs. 1 DS-GVO zur Dokumentation. Zusätzlich hat der Auftragsverarbeiter nach Art. 30 Abs. 2 DS-GVO die Pflicht, ebenfalls ein Verzeichnis über Verarbeitungstätigkeiten zu führen, die die Auftragsverarbeitung betreffen.

**4. Rechte und Zuständigkeiten.** Die Rechte des Betroffenen auf Benachrichtigung, Auskunft, Berichtigung, Löschung und Sperrung ergeben sich aus Kapitel 3 der DS-GVO (→ Form. F.).

**5. Festlegung der Kommunikation.** Da es sich bei Verträgen zum Remote-Zugriff um Dienst- oder Werkverträge handeln kann, ist besondere Sorgfalt bei der Formulierung der Leistungsbeschreibung gefragt, um zur gewünschten Gestaltung zu gelangen. Sofern es für den Auftraggeber einen unverhältnismäßig hohen Aufwand darstellt, Auskunftsersuchen von Betroffenen im Rahmen der Auftragsverarbeitung eigenständig zu beantworten, kann diese Aufgabe an den Auftragnehmer delegiert werden. Dieses Verfahren sollte allerdings durch interne Stellen beim Auftraggeber geprüft werden. Es gilt zu berücksichtigen, dass der Auftraggeber dem Betroffenen gegenüber als Verantwortlicher nach Art. 4 Abs. 7 DS-GVO auftritt. Somit laufen alle Anfragen der Betroffenen über den Auftraggeber. Eine Kommunikation mit dem Betroffenen über den Auftragnehmer begegnet aus rechtlicher Sicht unter Einhaltung der geltenden Regelungen keinen prinzipiellen Bedenken, kann aber beim Betroffenen zu Verwunderungen und Nachfragen führen. Daher sollte die Kommunikation generell ausschließlich über den Auftraggeber (verantwortliche Stelle) abgewickelt werden. Dieser kanalisiert dadurch auch sämtliche Anfragen an den Auftragnehmer.

**6. Schrift- und Textform.** Da im Geschäftsverkehr nicht nur schriftliche Vereinbarungen über Aufträge und Änderungen, sondern auch mündliche Absprachen getroffen werden können, ist es besonders für den Auftragnehmer im Interesse der Rechtssicherheit und Nachweisbarkeit wesentlich, diese Absprachen zu quittieren und zu bestätigen. Die gewählte Form sollte der Absprache angemessen sein. Nur bedingt auftragsrelevante Änderungen können in Textform, zB per E-Mail, bestätigt werden. Hierzu sollten aus Gründen der Rechtssicherheit einige Grundlagen aufgestellt und eingehalten werden.

Die Bestätigung sollte am gleichen, spätestens am folgenden Werktag erfolgen. Bei einer Bestätigung via E-Mail sollte der Auftragnehmer eine Sende- und Empfangsbestätigung anfordern und diese zu den Auftragsunterlagen legen. Hierbei handelt es sich allerdings nicht um einen rechtssicheren Kommunikationsweg, sofern keine qualifizierte, digitale Signatur nach den Maßgaben des Signaturgesetzes verwendet wird (dazu OLG Frankfurt a.M. 30.4.2012 – 4 U 269/11, MMR 2013, 133). Entsprechend Art. 28 Abs. 9 DS-GVO ist die elektronische Form für einen Vertrag zur Auftragsverarbeitung ebenfalls möglich. Ein höheres Maß an Rechtssicherheit bietet die Schriftform mit geeigneter Zustellungsart. Der Auftragnehmer hat sicherzustellen, dass nur berechtigte Personen an der mündlichen Absprache beteiligt sind. Im Falle einer Auftragsverarbeitung sind diese in der entsprechenden Vereinbarung genannt. Zur Sicherstellung der Rechtmäßigkeit sollte der Auftraggeber auf den korrekten Ansprechpartner achten.

Zur Problematik der AGB-rechtlichen Zulässigkeit von Schriftformklauseln → Form. B. II. 1. Anm. 9.

**7. Weisungsberechtigte und Weisungsempfänger.** Entsprechend der aus Art. 28 Abs. 3 UAbs. 1 S. 2 lit. a DS-GVO abgeleiteten Anforderungen empfiehlt es sich, eine Liste mit Personen zu führen, die auf Seiten des Auftraggebers zur Weisungsgabe und auf Seiten des Auftragnehmers zum Weisungsempfang berechtigt sind (→ Form. G. I. 3. Anm. 9). Diese bzw. ähnliche Regelungen finden sich auch in den weiteren Festlegungen zur Auftragsverarbeitung. Entsprechend → Anm. 5 und 6 ergibt sich bei einem Wechsel von Ansprechpartnern auf beiden Seiten eine gegenseitige Informationspflicht über diesen Sachverhalt (→ Form. G. II. 2.). Dies gilt somit insbesondere für den Fall der Auftragsverarbeitung; es ist aber darüber hinaus empfehlenswert, dies in jedem Fall zu vereinbaren, um die Sicherheit der beteiligten Parteien bezüglich der Leistungserbringung zu erhöhen.

**8. Anzeige von Unregelmäßigkeiten.** Die Anforderung an die Information des Auftraggebers bei Bekanntwerden von Unregelmäßigkeiten ergibt sich für die Auftragsverarbeitung zumindest mittelbar aus Art. 33 Abs. 2 DS-GVO und Art. 4 Abs. 12 sowie Art. 33 DS-GVO. Der Zusammenhang dieser Normen ergibt sich besonders im Fernwartungskontext mit der Auftragsverarbeitung, da der Auftraggeber Verantwortlicher für die Datenverarbeitung bleibt und bei Unregelmäßigkeiten dazu verpflichtet ist, eine entsprechende Benachrichtigung an die Betroffenen zu versenden. Sollte der Dienstleister oder eingeschaltete Unterauftragnehmer bei einem Remote-Zugriff einen Verarbeitungsfehler begehen, muss der Auftraggeber hierüber zwingend informiert werden, da dieser ggf. verpflichtet sein kann, dies der zuständigen Aufsichtsbehörde zu melden. Andernfalls können dem Auftraggeber Bußgelder drohen (Art. 83 f. DS-GVO). Da im Vorfeld nicht ausgeschlossen werden kann, dass ein Dienstleister – auch versehentlich im Fehlerfall – Zugriff auf personenbezogene Daten erhält, gelten die Anforderungen der DS-GVO, auch wenn diese ursprünglich nicht in den Kontext des eigentlichen Leistungsvertrages gefallen sind. Allerdings ist es für den Auftraggeber sinnvoll, sich über Unregelmäßigkeiten in der Fernwartung – selbst wenn es nicht um personenbezogene Daten geht – informieren zu lassen, da wirtschaftlich sensible oder vorteilhafte Informationen des Auftraggebers hiervon betroffen sein können, deren Veröffentlichung, Verfälschung oder Zerstörung einen deutlichen Schaden für den Auftraggeber darstellen kann. Diese Kommunikation sollte in beide Richtungen vorgenommen werden und gilt somit auch, wenn der Auftraggeber Fehler bei der Verarbeitung durch den Dienstleister feststellt. Aus internen Anforderungen zur Nachverfolgung und Aufklärung von Sicherheitsereignissen muss allen Parteien von Störungen im Ablauf berichtet werden, um die notwendigen Maßnahmen ergreifen zu können, bspw. um die Vernichtung von Beweismaterial zu vermeiden.

**9. Zugriffsberechtigungen für Auftragnehmer.** Die Verantwortung für die eingeräumten Zugriffsrechte obliegt dem Auftraggeber. Bei einer unrechtmäßigen Nutzung der Zugriffsrechte entsteht ein Haftungsanspruch seitens des Auftraggebers gegenüber dem Auftragnehmer. Um sicherzustellen, dass es aufgrund von Zugriffsverletzungen nicht zu ungeklärten Haftungsfragen kommt, sollte der Auftraggeber die eingeräumten Rechte in regelmäßigen Abständen prüfen. Um auf die Relevanz der Einhaltung von Zugriffsrechten – sowohl im datenschutzrechtlichen, als auch im privatwirtschaftlichen Kontext – hinzuweisen, kann es sinnvoll sein, eine entsprechende Pönal-Klausel inklusive der Möglichkeit der fristlosen Kündigung und dem Vorbehalt der behördlichen Strafverfolgung – je nach Schwere des Verstoßes – in die Vereinbarung aufzunehmen.

**10. Dienstleisterprüfung und -kontrolle.** Im Rahmen der kontinuierlichen Prüfung der Tätigkeiten des Dienstleisters (→ Anm. 7) kann es dazu kommen, dass, je nach Umsetzung, der Auftraggeber bei Unregelmäßigkeiten eine Unterbrechung des Fernzugriffs vornehmen muss. Dies kann zB bei eindeutiger Missachtung von Weisungen oder bei aktiven Bemühungen des Auftragnehmers, vertrauliche Informationen auszulesen, notwendig werden. Bei einer Unterbrechung der Verbindung haftet der Auftragnehmer auch für Fehler in der Datenverarbeitung, sofern nachgewiesen werden kann, dass dieser tatsächlich gegen die Regelungen dieser Vereinbarung verstoßen hat. Im Falle einer unrechtmäßigen Unterbrechung der Verbindung durch den Auftraggeber sollte vereinbart werden, dass dieser für auftretende Fehler haftet. Um willkürliche Kontrollen durch den Auftraggeber zu vermeiden, ist diesem ein Kontrollrecht in geeigneter Weise gem. Art. 28 Abs. 3 DS-GVO und nach Ankündigung eingeräumt. Weiterhin muss der Auftraggeber im Falle einer Auftragsverarbeitung ggf. Änderungen am Verfahren gem. Art. 30 Abs. 1 sowie für Auftragsverarbeiter gem. Art. 30 Abs. 2 DS-GVO vornehmen. Zusätzlich ist für alle neuen Verfahren zur automatisierten Datenverarbeitung eine Datenschutz-Folgenabschätzung nach Art. 35, 36 DS-GVO durchzuführen (→ Form. C. III.).

Um Sicherheit über die Durchführung der Tätigkeiten des Auftragnehmers zu erhalten, kann es für den Auftraggeber sinnvoll sein, diese Maßnahmen auch außerhalb einer Auftragsverarbeitung durzusetzen. Für den Auftraggeber ist es darüber hinaus wichtig, dass ihm alle eingesetzten Mitarbeiter vor Tätigkeitsaufnahme bekannt gegeben werden und dass sie über den Inhalt der Vereinbarungen unterrichtet sowie auf die Vertraulichkeit verpflichtet worden sind (→ Form. C. VII. 1.).

**11. Direkte Auftragnehmerkontrolle.** Es gibt verschiedene Möglichkeiten, die Tätigkeiten des Auftragnehmers an einem Kontrollbildschirm zu verfolgen. Zum einen besteht die Möglichkeit, den Bildschirminhalt des Auftragnehmers zu spiegeln und bei einer verantwortlichen Person beim Auftraggeber zur Anzeige zu bringen, zum anderen ist es möglich, die durchzuführenden Tätigkeiten nach Anleitung durch einen Mitarbeiter des Auftraggebers durchführen zu lassen und den Bildschirminhalt dem Auftragnehmer darzustellen.

Die zusätzlich genannte Mitwirkungspflicht birgt das Risiko eines möglichen Verzugs der Leistungserbringung in sich. Dieses Risiko geht auf den Auftraggeber über. Das genannte Vorgehen kann bei sensiblen Operationen innerhalb der Infrastruktur des Auftraggebers sinnvoll sein, um einem Verlust der Vertraulichkeit, Integrität und Verfügbarkeit von Informationen und personenbezogenen Daten vorzubeugen. Zusätzlich kann für den Auftraggeber das Recht bestehen, die bestehende Verbindung bei Auffälligkeiten oder unbefugtem Umgang zu unterbrechen, um Schaden von ihm selbst abzuwenden.

**12. Verschlüsselung des Fernwartungszugangs.** Die technische Implementierung eines verschlüsselten Fernwartungszuganges sollte dem aktuellen Stand der Technik entsprechen, da der Schutzbedarf der übermittelten Informationen oder personenbezogener Daten sehr hoch sein kann (vgl. Art. 32 Abs. 1 lit. a DS-GVO). Hierzu ist es ratsam, die Hinweise des Bundesamtes für Sicherheit in der Informationstechnik (BSI) aus dem IT-Grundschutz-Kompendium zu beachten (dazu BSI Sicherer Fernzugriff auf das interne Netz (ISi-Fern)). Verschlüsselungsanforderungen können aus Art. 32 Abs. 1 lit. a DS-GVO entnommen werden (→ Form. C. V.; → Form. E. II.).

**13. Orte der Fernwartung.** Im Bereich der Fernwartung ergibt sich aus der Begrifflichkeit bereits, dass die Leistung von einem beliebigen Ort aus erbracht werden kann. Der Ort der Leistungserbringung kann sich in den Geschäftsräumen des Auftragnehmers befinden, zwingend ist das allerdings nicht. So ist es auch möglich, Fernwartung von unterwegs oder aus dem Homeoffice zu tätigen. Der Auftraggeber sollte die erlaubten Orte der Ausführung in einer Fernwartungsrichtlinie vorgeben. Die Themen Mobilität und Homeoffice bedeuten eine nicht zu vernachlässigende Bedrohung für die Daten und Informationen des Auftraggebers, da besonders der Bereich der mobilen Fernwartung nur schwer zu kontrollieren ist. Sofern Mitarbeiter des Auftragnehmers von zu Hause aus auf die Ressourcen des Auftraggebers zugreifen, muss sichergestellt sein, dass sich das Kontrollrecht des Auftraggebers auch auf den Heimarbeitsplatz des Mitarbeiters des Auftragnehmers bezieht. Der allgemeine Umgang mit Remote-Zugriffen eigener Mitarbeiter wird in → Form. D. III.3. aufgezeigt. Hiermit gehen häufig Heimarbeitsplätze einher (→ Form. D. III.2.).

**14. Externe Auftragnehmerkontrollen.** Aus Sicht des Auftraggebers kann es sinnvoll sein, die Kontrollrechte durch eine dritte Instanz (zB eine entsprechend qualifizierte Prüfungseinrichtung) ausüben zu lassen. Entsprechende Möglichkeiten schafft auch die DS-GVO. Mit der Beschreibung eines Datenschutzzertifizierungsverfahrens wird die Möglichkeit für eine externe Begutachtung – wenngleich nicht zwingend auf Wunsch des Auftraggebers – in Art. 41–43 DS-GVO geschaffen. Eine entsprechende Zertifizierung kann sowohl für die Begründung einer Auftragsverarbeitung als auch für die externe Auftragnehmerkontrolle herangezogen werden. Dies ist besonders dann eine geeignete Maßnahme, wenn das notwendige Methodenwissen beim Auftraggeber nicht vorhanden ist, oder die Fernwartung Bestandteil einer Zertifizierung nach einem nationalen oder internationalen Standard (zB BSI IT-Grundschutz, ISO/IEC 27001:2022) ist. Diese Art der Dienstleisterkontrolle hat sich in der Praxis als überaus sinnvoll erwiesen. Die Möglichkeit, einen Nachweis über durchgeführte Tätigkeiten zu erhalten, bringt viele Vorteile im Bereich der Nachvollziehbarkeit für den Auftraggeber. Besonders im Zusammenhang mit Security Information and Event Management (SIEM) sind Synergieeffekte zu erzielen. Unter SIEM ist die Echtzeitanalyse von Sicherheitsmeldungen von Netzwerkkomponenten und Anwendungen zu verstehen (dazu Swift, A Practical Application of SIM/SEM/SIEM Automating Threat Idenfication, www.sans.org/reading-room/whitepapers/logging/practical-application-sim-sem-siem-automating-threat-identification-1781, S. 3 ff.).

**15. Lizenzierung in der Fernwartung.** Die Nutzung von Software unterliegt lizenzrechtlichen Bestimmungen. Um für den Auftraggeber die Gefahr möglicher Lizenzverletzungen zu minimieren, ist es wichtig, die jeweilige Softwarenutzung zu kontrollieren. Dies gilt ebenfalls für die Softwarenutzung durch Auftragnehmer und umfasst unter anderem die Anzahl von Installationen, die gleichzeitige Nutzung einer Instanz sowie die Anzahl der verfügbaren Zugänge (Business Software Alliance, 2. Ratgeberserie für Unternehmen, ww2.bsa.org/country/~/media/Files/Tools_And_Resources/Guides/RiskManagementGuide/Risk_DE.ashx, S. 5).

Aus Sicherheitsgründen hinsichtlich der eigenen Infrastruktur ist es darüber hinaus wichtig festzulegen, dass Auftragnehmer nicht ohne entsprechende Genehmigung eine Installation von Software innerhalb der Infrastruktur des Auftraggebers vornehmen. In einem Zivilrechtsstreit musste ein Ingenieurbüro eine Strafzahlung in Höhe von 60.000 EUR tätigen, nachdem ein IT-Dienstleister nicht lizenzierte Software auf den Systemen des Auftraggebers installiert hatte (dazu heise.de/-1428015).

**16. Datenrückgabe und Datentrennung.** Je nach Auftrag kann es notwendig werden, dass der Auftraggeber dem Auftragnehmer Daten übermittelt. In Abhängigkeit von dem Umfang der Daten kann diese Übermittlung auch mittels Datenträger erfolgen. Der Auftragnehmer hat hierzu einen entsprechenden Prozess zu etablieren, der sicherstellt, dass die Datenträger nach abgeschlossener Nutzung wieder an den Auftraggeber zurückgegeben werden. Der Auftraggeber sollte zudem einen Prozess zur sicheren Löschung und Vernichtung von Datenträgern gem. Art. 28 Abs. 3 lit. g DS-GVO einrichten. Zertifizierungen nach ISO/IEC 27001:2022 können anerkannt werden, wenn ein entsprechender Geschäftsprozess zur nachweislichen und sicheren Vernichtung von Informationen dokumentiert und etabliert ist. Auch außerhalb der Grenzen der Auftragsverarbeitung ist es sinnvoll, im Rahmen der Fernwartung als Auftraggeber eine explizite Informationstrennung zu fordern.

**17. Gegenseitiges Schutzinteresse.** Im Rahmen der Fernwartung kann es notwendig werden, dass auch der Auftraggeber Zugriff auf die Ressourcen des Auftragnehmers erhält. Dies ist zB bei einer Prüfung der ordnungsgemäßen Durchführung des Auftrages der Fall. Aus diesem Grund ist es wichtig, ein Prinzip der Gegenseitigkeit zu wahren, um auch die Schutzinteressen des Auftragnehmers und dessen Kunden an geistigem Eigentum nicht zu verletzen.

**18. Datenlöschung durch zertifizierte Vernichtung.** Sofern analoge Kopien und Datenträger des Auftraggebers an den Auftragnehmer übergeben worden sind, muss sichergestellt werden, dass die betreffenden Informationen geregelt an den Auftraggeber zurückgegeben werden. Entsprechendes gilt für digitale Kopien und Datenträger des Auftragnehmers, dass diese nachvollziehbar vernichtet werden. Unter nachvollziehbarer Vernichtung ist die Vernichtung durch einen entsprechend zertifizierten Dienstleister nach DIN 66399 zu verstehen. Die DIN 66399 besteht aus drei Teilen, die Grundlagen und Begriffe, Anforderungen an Maschinen zur Vernichtung von Datenträgern und den Prozess der Datenträgervernichtung beschreibt (dazu DIN 66399-1, 2012). Der Schutz von Immaterialgüterrechten ist ein wesentlicher Aspekt im Bereich der Fernwartung. Das Risiko einer Duplizierung von Informationen durch den Auftragnehmer ist jeder Fernwartung immanent. Deshalb ist der Schutz vor missbräuchlicher Verwendung vertraglich festzulegen.

**19. Vertraulichkeit.** Unabhängig von der Art der verarbeiteten Informationen gilt die Vertraulichkeit als Grundwert der Informationssicherheit (→ Form. E. I.; zur Vertraulichkeitsvereinbarung → Form. G. IV. 1.). Um die internen Geschäftsprozesskosten für den Auftraggeber so gering wie möglich zu halten, empfiehlt es sich, keine Unterscheidung zwischen personenbezogenen Daten und wirtschaftlich sensiblen Informationen vorzunehmen. Somit erfolgt eine Übertragung der Datenschutzanforderungen auf allgemeine Geschäftstätigkeiten inklusive der Dauer der Vertraulichkeit analog zu Art. 28 Abs. 3 UAbs. 1 S. 2 lit. b und Art. 29 DS-GVO.

**20. Datenschutzaudit und technische und organisatorische Maßnahmen.** An dieser Stelle können entsprechende Zertifikate anerkannt werden. Die rechtlichen Grundlagen für ein Datenschutzaudit ergeben sich aus Art. 41–43 DS-GVO und werden in → Form. C. I. und → Form. E. III. näher beschrieben.

Der Auftragnehmer ist wie der Auftraggeber zur Einhaltung dieser Maßnahmen verpflichtet. Dies gilt sowohl für die eigenen wie auch die DV-Systeme des Auftraggebers. In der Fernwartung sind vom Auftragnehmer besonders die Bereiche Zugang, Zugriff, Weitergabe, Eingabe und Datentrennung zu beachten – ohne hierbei die weiteren Regelungen zu vernachlässigen. Diese Präzisierung lässt sich aus dem Aufgabengebiet der Fernwartung ableiten. Es geschieht ein Zugriff auf Daten des Kunden über ein bereitgestelltes Authentifizierungsverfahren. Hierbei sind Aufgaben nach Weisung durchzuführen. Die Daten des Auftraggebers dürfen dabei nicht mit anderen Datenbeständen vermischt werden.

Da die Fernwartung grundsätzlich nicht immer zugleich eine Auftragsverarbeitung darstellt, finden die Regelungen der DS-GVO nicht immer aus sich heraus Anwendung. Jedoch ist es dem Auftraggeber stets zu empfehlen, regelmäßig auf die Einhaltung der datenschutzrechtlichen Vorgaben zu drängen, da dies ebenso in Bezug auf andere als personenbezogene Daten für den Auftraggeber von Vorteil ist. Der Auftragnehmer wird im Regelfall für Schäden, die er im Rahmen der Leistungserbringung innerhalb der Infrastruktur des Auftraggebers verursacht, haftbar gemacht werden können (§ 280 BGB). Dies beinhaltet u. a. Schäden durch Fehlkonfiguration von Soft- und Hardware, aber auch Verlust der Vertraulichkeit, Integrität oder Verfügbarkeit von Informationen durch beispielsweise das Einschleusen von Schadsoftware. Um sich hiervor zu schützen, sollte der Auftragnehmer Verfahren und Maßnahmen zum Schadsoftwareschutz und Patch-Management (das Einspielen von Aktualisierungen für Anwendungen und Betriebssysteme) für eingesetzte Software oder eigenentwickelte Softwareprodukte eingeführt haben. Hilfreich in der Beurteilung des Auftragnehmers durch den Auftraggeber sind Zertifizierungen wie zB eines Informationssicherheitsmanagementsystems nach ISO/IEC 27001:2022 (→ Form. E. III.).

**21. Verfahrensbeschreibung.** Eine Beschreibung der Verarbeitungstätigkeit nach Art. 30 DS-GVO ist auch für Verfahren, die innerhalb der Auftragsverarbeitung im Rahmen der Fernwartung durchgeführt werden, zu erstellen (→ Form. C. II.). Da der Auftraggeber die genauen – vor allem technischen – Abläufe nicht kennen kann, ist es Aufgabe des Auftragnehmers, den Auftraggeber bei der Erstellung der Verfahrensbeschreibung zu unterstützen. Die Informations- und Mitwirkungspflichten des Auftragnehmers enden, sobald Daten oder die Verarbeitung für andere Kunden des Auftragnehmers betroffen sind. Dies soll die unbefugte Einsichtnahme des Auftraggebers in Fremddaten unterbinden. Für Fernwartungsvorgänge ohne Auftragsverarbeitung kann auf die Ausformulierung dieses Abschnittes verzichtet werden.

**22. Sorgfaltspflicht und Weisungsbindung.** Nach Art. 28 Abs. 3 UAbs. 1 S. 2 lit. h DS-GVO ist in der Vereinbarung über die Auftragsverarbeitung unter anderem festzulegen, dass der Auftragsverarbeiter dem Verantwortlichen Überprüfungen – einschließlich Inspektionen –, die vom Verantwortlichen oder einem anderen von diesem beauftragten Prüfer durchgeführt werden, ermöglicht und dazu beiträgt.

Auch hat der Auftragnehmer die Pflicht, selbst auf die Einhaltung der DS-GVO zu achten, sofern er Leistungen im Rahmen einer Auftragsverarbeitung erbringt. Sollte also eine Anweisung des Auftraggebers gegen die Regelungen der DS-GVO verstoßen oder daraus ein Verstoß gegen geltendes Recht resultieren, muss der Auftragnehmer den Auftraggeber gem. Art. 28 Abs. 3 UAbs. 1 S. 2 lit. b DS-GVO hierüber informieren und die gegenständliche Tätigkeit aussetzen. Durch die Weisungsbindung an den Auftraggeber entfällt für den Auftragnehmer somit nicht die Verantwortung für durchgeführte Tätigkeiten.

**23. Authentifizierungsmöglichkeiten in der Fernwartung.** Um eine Fernwartung durchführen zu können, müssen sich die Mitarbeiter des Auftragnehmers an dem Unternehmensnetzwerk von Orten außerhalb der Räumlichkeiten des Auftraggebers anmelden können. Zu diesem Zweck muss ein Verfahren etabliert sein, das eine – den Sicherheitsanforderungen des Auftraggebers entsprechende – hinreichende Authentifizierung des entsprechenden Mitarbeiters ermöglicht. Hier hat sich in der Praxis die sog. Zwei-Faktor-Authentifizierung etabliert. Dabei muss sich die Person über ein identifizierendes Kürzel (Benutzername), ein Passwort (Wissen) und einen sog. Token (Besitz) an den Anmeldesystemen des Auftraggebers authentifizieren. Bei einem Token kann es sich bspw. um Hardware handeln, die nach einem speziellen Algorithmus einen einzugebenden Code anzeigt, der parallel innerhalb der Infrastruktur des Auftraggebers ebenfalls berechnet und abgeglichen wird. Alternativen bestehen in Chipkarten – sog. Smart Cards – die über ein entsprechendes Lesegerät den Benutzer der Karte zusammen mit Benutzername und Passwort authentifizieren (dazu BSI, IT-Grundschutz-Kompendium, OPS. 1.2.5.A17).

**24. Bekanntgabe und Erstidentifikation externer Mitarbeiter.** Alle Mitarbeiter des Auftragnehmers sind dem Auftraggeber bekannt zu geben. Je nach Regelungen beim Auftraggeber erfolgt die Identifizierung über festgelegte Verfahren. Dies betrifft sowohl eine Erstidentifikation beim Auftraggeber (zB Identifikation mittels Personalausweis/Reisepass/Einmal-ID des Auftraggebers) als auch Zugangsdaten zu datenverarbeitenden Systemen für den dauerhaften Einsatz im Rahmen der Tätigkeitsdurchführung. Diese Identifikationsmerkmale sind vertraulich zu behandeln und vor Offenlegung zu schützen. Da eine solche Offenlegung ein nicht unerhebliches Risiko für den Auftraggeber darstellen kann, ist dieser in einem solchen Fall direkt und umgehend über die Offenlegung zu informieren. Dies beinhaltet u.a. Schäden durch Fehlkonfiguration von Soft- und Hardware, aber auch Verlust der Vertraulichkeit, Integrität oder Verfügbarkeit von Informationen durch beispielsweise das Einschleusen von Schadsoftware. Diese Beispiele leiten sich aus der ehemaligen Anlage zu § 9 S. 1 BDSG aF ab, die weiter als Orientierung herangezogen werden kann. Um sich hiervor zu schützen, sollte der Auftragnehmer Verfahren und Maßnahmen zum Schadsoftwareschutz und Patch-Management (das Einspielen von Aktualisierungen für Anwendungen und Betriebssysteme) für eingesetzte Software oder eigenentwickelte Softwareprodukte eingeführt haben. Hilfreich in der Beurteilung des Auftragnehmers durch den Auftraggeber sind Zertifizierungen, wie zB eines Informationssicherheitsmanagementsystems nach ISO/IEC 27001:2022 (→ Form. E. III.).

## 2. Datenschutzvereinbarung für den Remotezugriff

Die nachfolgend dargestellte Klausel soll vor allem sicherstellen, dass der **Auftragnehmer die eingesetzten Mitarbeiter** auf die **Vertraulichkeit nach Art. 28 Abs. 3 UAbs. 1 S. 2 lit. b DS-GVO iVm Art. 29 DS-GVO verpflichtet** hat. Es empfiehlt sich aus Gründen der Rechtssicherheit, den Auftragnehmer auf die Gefahr des Zugriffs auf personenbezogene Daten mittels einer entsprechenden Datenschutzvereinbarung hinzuweisen. Ein Muster für die Verpflichtung auf das Datengeheimnis wird in → Form. C. VII. 1. dargestellt.

Inhalt der Vereinbarung

(1) Für sämtliche Mitarbeiter des Auftragnehmers gilt aufgrund ihrer Aufgabenstellungen die Vertraulichkeit nach Art. 28 Abs. 3 UAbs. 1 S. 2 lit. b DS-GVO. Nach dieser Vorschrift ist es ihnen untersagt, personenbezogene Daten unbefugt zu verarbeiten.

(2) Gem. Art. 28 Abs. 3 UAbs. 1 S. 2 lit. b DS-GVO ist jeder Mitarbeiter verpflichtet, die Vertraulichkeit der verarbeiteten Daten zu wahren. Diese Verpflichtung besteht auch über das Ende seiner Tätigkeit im Unternehmen hinaus.[1]

(3) Der Auftragnehmer stellt unter Wahrung der Verhältnismäßigkeit alle organisatorischen und technischen Maßnahmen zum Schutz personenbezogener Daten gem. Art. 32 DS-GVO sicher.

(4) Der Auftraggeber ist berechtigt, die Einhaltung der Vorschriften aus dieser Vereinbarung im erforderlichen Umfang zu kontrollieren oder kontrollieren zu lassen. Der Auftragnehmer gewährt dazu nach Absprache ungehinderten Zutritt, Zugang und Zugriff zu informationsverarbeitenden Systemen, Programmen, Dateien und Informationen, die mit der Durchführung der Tätigkeiten in Verbindung stehen. Dem Auftraggeber sind durch den Auftragnehmer alle Auskünfte zu erteilen, die zur Erfüllung der Kontrollfunktion benötigt werden.

(5) Beim Auftragnehmer ist als Datenschutzbeauftragter […] ordnungsgemäß bestellt. Beim Auftraggeber ist als Datenschutzbeauftragter […] ordnungsgemäß bestellt.

(6) Einen Wechsel des Datenschutzbeauftragten haben sich die Parteien unverzüglich mitzuteilen.[2]

(7) Der Auftragnehmer darf Subunternehmer lediglich nach schriftlicher Genehmigung durch den Auftraggeber im Rahmen der Erfüllung der vertraglich beauftragten Tätigkeiten einsetzen.[3]

(8) Über datenschutzrelevante Vorfälle und Verstöße gegen die vertraglichen Regelungen unterrichtet der Auftragnehmer den Auftraggeber schriftlich und unverzüglich. Es wird darauf hingewiesen, dass Verstöße gegen das Datengeheimnis nach Art. 83, 84 DS-GVO und anderen Strafvorschriften mit Freiheits- oder Geldstrafe geahndet werden können.

(9) Sich ggf. aus der Vertragsbeziehung ergebende allgemeine oder weitergehende Geheimhaltungsverpflichtungen werden durch diese Erklärung nicht berührt.

## Anmerkungen

**1. Verpflichtung auf das Datengeheimnis.** Art. 28 Abs. 3 UAbs. 1 S. 2 lit. b DS-GVO fordert eine Verpflichtung von Mitarbeitern beim Auftragsverarbeiter, personenbezogene Daten vertraulich zu behandeln. Zur entsprechenden Verpflichtung → Form. C.VIII.1; für freie Mitarbeiter → Form. C. VII.6. Unabhängig von der tatsächlichen Verpflichtung der Mitarbeiter beim Auftragnehmer ist es ein wesentlicher Bestandteil der Pflichten des Auftragnehmers, im Rahmen der Fernwartung seine Mitarbeiter auf die Vertraulichkeit nach Art. 28 Abs. 3 UAbs. 1 S. 2 lit. b DS-GVO zu verpflichten.

**2. Datenschutzbeauftragter.** Um sicherzustellen, dass datenschutzrelevante Anfragen beider Parteien zielgerichtet bearbeitet werden können, ist es sinnvoll, die jeweils benannten Datenschutzbeauftragten in der Vereinbarung festzuhalten. Besonders in Verfahrensfragen zur Auftragsverarbeitung besteht eine Notwendigkeit dazu. Hieraus ergibt sich auch – besonders für den Auftragnehmer – die Pflicht, einen Wechsel des Beauftragten für den betrieblichen Datenschutz unverzüglich anzuzeigen. Gesetzlich ist festgelegt, dass der Auftragnehmer nach Art. 37 Abs. 1 DS-GVO iVm Art. 38, 39 DS-GVO einen Datenschutzbeauftragten ordnungsgemäß zu bestellen hat, wenn die Tatbestandsmerkmale aus Art. 37 Abs. 1 DS-GVO erfüllt sind.

**3. Erweiterte Begründung von Unterauftragsverhältnissen.** Unabhängig von der Fernwartungsvereinbarung sollte auch in allgemeinen Fragen des Datenschutzes beachtet werden, dass die Einschaltung von Unterauftragnehmern einer Genehmigung des Auftraggebers bedarf, sodass eine weitere Informationsverteilung nicht ohne Wissen des Auftraggebers stattfindet (vgl. zur Auftragsverarbeitung Art. 28 Abs. 2 und 4 DS-GVO; hierzu zB Kühling/Buchner/Hartung DS-GVO Art. 28 Rn. 85 ff.). Dies kann unter Berücksichtigung weiterer vertraglicher oder rechtlicher Anforderungen gegenüber weiteren Parteien zu vertragsrechtlichen Konsequenzen führen. Die deutlich schärferen Regelungen aus der Fernwartungsvereinbarung bleiben bestehen und verlieren nicht ihre Gültigkeit.

## 3. Allgemeine Bestimmungen

### Schlussbestimmungen

**(1) Sollte eine der Bestimmungen nichtig sein oder werden, so wird die Wirksamkeit der übrigen Bestimmungen hierdurch nicht berührt.**

**(2) Die Inhalte der zugrunde liegenden Vereinbarung sind allen Mitarbeitern, die einen Zugriff auf Informationen des Auftraggebers haben, mitzuteilen. Sobald einzelne Punkte der Vereinbarung die Kompetenzen des einzelnen Mitarbeiters überschreiten, geht die Verantwortung auf die jeweilige Organisation über.**

**(3) Sofern der Auftragnehmer dem Auftraggeber zur Sicherung Datenträger überlässt, auf denen sich Dateien befinden, die Daten des Auftraggebers enthalten, sind diese Datenträger entsprechend durch diejenige Partei zu kennzeichnen, die Kenntnis über den Inhalt der Datenträger hat.**

*Schwiering/Jaenichen*

(4) Sollte das Eigentum des Auftraggebers beim Auftragnehmer durch Maßnahmen Dritter (etwa durch Pfändung oder Beschlagnahme), durch ein Insolvenz- oder Vergleichsverfahren oder durch sonstige Ereignisse gefährdet werden, so hat der Auftragnehmer den Auftraggeber unverzüglich zu verständigen.

(5) Ein Zurückbehaltungsrecht besteht hinsichtlich der verarbeiteten Daten und der zugehörigen Datenträger nicht.

(6) Die Kündigungsmodalitäten richten sich nach dem zugrunde liegenden Vertrag [...].

(7) Die Haftungsmodalitäten richten sich nach dem zugrunde liegenden Vertrag [...].[1]

(8) Sofern beide Parteien Kaufmann, juristische Person des öffentlichen Rechts oder öffentlich-rechtliches Sondervermögen sind, ist [...] Gerichtsstand für alle Rechtsstreitigkeiten, die sich unmittelbar oder mittelbar aus dem Vertragsverhältnis zwischen den Parteien ergeben. Dies gilt auch, wenn eine der Parteien nach Vertragsschluss ihren Sitz oder gewöhnlichen Aufenthaltsort nicht im Geltungsbereich der Bundesrepublik Deutschland hat oder aus dem Geltungsbereich der Bundesrepublik Deutschland verlegt. Dies gilt auch, falls der Wohnsitz oder gewöhnliche Aufenthalt der Partei im Zeitpunkt der Klageerhebung nicht bekannt ist.[2]

(9) Diese Vereinbarung unterliegt ausschließlich dem Recht der Bundesrepublik Deutschland.[3]

## Anmerkungen

**1. Haftungsklauseln.** Zu Haftungsklauseln ausf. zB Graf v. Westphalen/Thüsing VertrR/AGB-Klauselwerke/Graf von Westphalen Vertragsrecht Nr. 13.

**2. Gerichtsstand.** Dazu zB Graf v. Westphalen/Thüsing VertrR/AGB-Klauselwerke/Thüsing Vertragsrecht Nr. 16.

**3. Anwendbares Recht.** Dazu zB Graf v. Westphalen/Thüsing VertrR/AGB-Klauselwerke/Thüsing Vertragsrecht Nr. 28.

## 4. Arbeitsanweisung zur Fernwartung für Dienstleister

Als Anlage zur Vereinbarung zur Fernwartung, Vertraulichkeit und Datenschutz erhält **jeder Mitarbeiter des Dienstleisters** die nachfolgende **Arbeitsanweisung zur Fernwartung für Dienstleister.** Diese regelt den allgemeinen Umgang mit Zutritts-, Zugangs- und Zugriffsberechtigungen. Die Regelungen dieser Arbeitsanweisungen sind verbindlich und können bei Nichteinhalten – je nach Schwere des Verstoßes – zu einer **fristlosen Kündigung** des Dienstleisters oder aber zur **Neubesetzung der Stelle** des Mitarbeiters des Dienstleisters führen.

§ 1 Zutritt

Der Mitarbeiter des Dienstleisters erhält nach vorheriger Beauftragung einen persönlichen Zutritt zu Datenverarbeitungsanlagen, sofern es im Rahmen der Aufgabenerfüllung notwendig ist. Die Zutrittsberechtigung ist nicht auf Dritte übertragbar.

§ 2 Zugang

Der Mitarbeiter des Dienstleisters erhält zur Aufgabenerfüllung einen Zugang zu den Datenverarbeitungssystemen. Dieser besteht aus einer eindeutigen, persönlichen Benutzerkennung und einem Passwort. Zusätzlich erhält der Mitarbeiter des Dienstleisters einen Zugang zur Fernanmeldung.

Für das Passwort gelten die folgenden Komplexitätsanforderungen, die auch bei einer Änderung zu berücksichtigen sind. Das Initialpasswort muss bei der ersten Anmeldung geändert werden. Das Passwort

- enthält nicht ausschließlich logische Zeichenfolge (zB Abfolge direkt benachbarter Zeichen auf der Tastatur)
- lässt sich nicht leicht erraten oder ableiten (zB Lebensmittel, Musik, Wörterbuchbegriffe)
- nutzt Groß- und Kleinschreibung
- hat zwölf Zeichen als Mindestlänge
- nutzt Ziffern (0–9)
- nutzt Sonderzeichen (zB &, §, >, #)[1]

Sollte es zu Problemen oder technischem Fehlverhalten kommen, ist der Benutzerservice hierüber zu informieren. Der Benutzerservice unterstützt bei der Lösung und steht bei Fragen zur Anmeldung zur Verfügung. Er ist zu erreichen unter folgenden Kontaktdaten: […].

§ 3 Zugriff

Der Zugriff auf Unternehmensressourcen darf lediglich im Rahmen des Vertrages erfolgen. Die entsprechenden Zugriffsrechte werden durch den Auftraggeber vergeben. Ein Zugriff auf nicht benötigte Informationen ist untersagt.[2] Sollte dem Mitarbeiter des Dienstleisters auffallen, dass Zugriffsberechtigungen falsch vergeben sind, so ist dies unverzüglich dem Auftraggeber mitzuteilen. Dieser veranlasst umgehend eine Anpassung der Zugriffsberechtigungen. Die Ausnutzung fehlerhafter Zugriffsberechtigungen ist untersagt.

§ 4 Sicherheitshinweise

Sollte die Zugangsprüfung nicht auf andere Weise erfolgen (zB Active Directory,[3] Single Sign On), sind für unterschiedliche Anwendungen unterschiedliche Passwörter zu verwenden. Passwörter, die zur Anmeldung bei Dienstleistern im Internet[4] genutzt werden, dürfen nicht zur Anmeldung am Netzwerk des Auftraggebers verwendet werden. Passwörter sind unbeobachtet einzugeben. Für diese Identifikationsmerkmale gilt, dass eine Veröffentlichung, Weitergabe oder missbräuchliche Nutzung ausdrücklich untersagt ist. In Anwendungen vorhandene Funktionen zur Passwortspeicherung sind nicht zu verwenden. Ebenso ist das Niederschreiben der Benutzerkennung und des Passwortes untersagt. Besteht die Notwendigkeit der Speicherung von Passwörtern, kann ein Passwort-Safe genutzt werden.

## Anmerkungen

**1.** **Passwörter und Verschlüsselung.** Die Anforderungen an die Sicherheit eines Passworts sind durch den Auftraggeber genauer zu spezifizieren und hängen von der eingesetzten Lösung, je nachdem, wie der Zugang gewährt wird (zB VPN, Direct Access, SSL-gestütztes Anmeldeverfahren über einen Internet-Browser), ab. Die Verwendung von Sonderzeichen kann bei unterschiedlichen Anwendungen zu Problemen führen. Aus diesem Grund ist den Mitarbeitern des Dienstleisters mitzuteilen, an welchen Stellen keine Sonderzeichen zu verwenden sind. Es existieren unterschiedliche Software-Programme, die dem Nutzer zufällig generierte, sichere Passwörter zur Nutzung vorschlagen. Es ist dabei grundsätzlich wichtig, die Passwörter nicht unverschlüsselt zu speichern (zB schlichtes Aufschreiben auf Papier, Speicherung in einer Datei). Die Nutzung eines sog. Passwort-Safes (verschlüsselte Datenablage in einer Software zur Passwortverwaltung) empfiehlt sich für die verschlüsselte Ablage von Informationen. Die Verschlüsselung hängt, wie die Stärke eines Passwortes, von der Schlüssellänge ab (dazu European Network of Excellence in Cryptology II, ECRYPT II Yearly Report on Algorithms and Keysizes v. 30.6.2011, www.ecrypt.eu.org/documents/D.SPA.17.pdf). Eine entsprechende Software sollte beim Auftraggeber eingeführt sein. Es stehen am Markt dabei sowohl kostenpflichtige wie auch kostenlose Anwendungen zur Verfügung, darunter solche, die für den betrieblichen Einsatz lizenzrechtlich freigegeben sind.

**2. Fehlerhafte Zugriffsberechtigungen.** Auch im Falle von fehlerhaft vergebenen Zugriffsberechtigungen ist es dem Auftragnehmer untersagt, auf diese Daten zuzugreifen, sofern sich für ihn die Vertraulichkeit der Daten ergibt oder diese offensichtlich außerhalb seines zugewiesenen Tätigkeitsbereiches liegen.

**3. Active Directory.** Ein Active Directory ist ein von Microsoft entwickelter Verzeichnisdienst zur Verwaltung von Benutzern, Gruppen und Rechten. Hierüber können u.a. Anmelderegeln für Windows-basierende Systeme festgelegt und verteilt werden (dazu technet.microsoft.com/en-us/library/dd578336 (WS. 10).aspx).

**4. Internetkonten.** Gemeint ist jedes privat wie dienstlich durch den Mitarbeiter des Auftragnehmers verwendete Passwort zur Authentifizierung an Online-Diensten, wie zB soziale Netzwerke, Freemail-Dienste etc. Das Verbot, solche Passwörter auch zur Anmeldung bei Datenverarbeitungssystemen des Auftraggebers zu nutzen ist wichtig, da diese Fremdsysteme durch Angriffe ausgelesen und die Anmeldedaten offengelegt und missbräuchlich genutzt werden könnten.

## IV. Vertraulichkeitsvereinbarungen

### 1. Vertraulichkeitsvereinbarung bei Dienstleistungsverträgen

Eine Vertraulichkeitsvereinbarung (auch Non-Disclosure Agreement [NDA] oder Confidentiality Agreement) **sichert vertragliche und gesetzliche Verschwiegenheitspflichten ab.** Die Verpflichtung zur Vertraulichkeit durch Dritte dient dem Schutz vertraulicher Unternehmensdaten, zB bei einer Fernwartung (→ Form. G. III.), bei Videoüberwachung durch Dienstleister (→ Form. H. III.) oder bei der Durchführung von Datenschutzaudits (→ Form. C. I.). Daher existieren in vielen Unternehmen **unternehmensinterne Richtlinien zur Vertraulichkeit,** die häufig dem Themengebiet der **Informationssicherheit** entstammen (abgeleitete Anforderung aus ISO/IEC 27001: 2022 oder ISO/IEC 27017:2021 bzw. ISO/IEC 27018:2020 bzgl. Cloud-Diensten).

Die wachsende Relevanz des Themas Vertraulichkeit von Geschäftsgeheimnissen hat auch der EU-Gesetzgeber erkannt und mit der Richtlinie zum Schutz von Geschäftsgeheimnissen (Richtlinie 2016/943/EU des Europäischen Parlaments und des Rates vom 8.6.2016 über den Schutz vertraulichen Know-hows und vertraulicher Geschäftsinformationen [Geschäftsgeheimnisse] vor rechtswidrigem Erwerb sowie rechtswidriger Nutzung und Offenlegung) das Ziel verfolgt, europaweit einheitliche Regelungen vorzugeben.

Der deutsche Gesetzgeber hat die Richtlinie durch das GeschGehG umgesetzt (dazu generell zB Alexander WRP 2019, 673; Dann/Markgraf NJW 2019, 1774; Hauck GRUR-Prax 2019, 223; Lamy/Vollprecht IR 2019, 201; Ohly GRUR 2019, 441; Naber/Peukert/Seeger NZA 2019, 583; Voigt/Herrmann/Grabenschröer BB 2019, 142; → Form. C. VI.). Im Wesentlichen regelt das Gesetz **die Voraussetzungen für den Schutz von Geschäftsgeheimnissen, bestehende Ansprüche bei Rechtsverletzungen,** Verfahren in Geschäftsgeheimnisstreitsachen und Strafvorschriften. Geschäftsgeheimnisse werden als Informationen definiert, die weder insgesamt noch in der genauen Anordnung und Zusammensetzung ihrer Bestandteile den Personen in den Kreisen, die üblicherweise mit dieser Art von Informationen umgehen, allgemein bekannt oder ohne Weiteres zugänglich und daher von wirtschaftlichem Wert sind und die Gegenstand von den Umständen nach **angemessenen Geheimhaltungsmaßnahmen** durch ihren rechtmäßigen Inhaber sind und hinsichtlich derer ein berechtigtes Interesse an der Geheimhaltung besteht (§ 2 Nr. 1 GeschGehG).

Gesetzlich ist der **unerlaubte Zugang,** die **unbefugte Aneignung** und das **unbefugte Kopieren** von Dokumenten, Gegenständen, Materialien, Stoffen oder elektronischen Dateien untersagt (§ 4 Abs. 1 Nr. 1 GeschGehG). Dieses Handlungsverbot besteht weiterhin für alle Parteien, die einer Verpflichtung zur Beschränkung der Nutzung oder der Offenlegung des Geschäftsgeheimnisses unterliegen (§ 4 Abs. 2 GeschGehG). Tätigkeiten zur Erlangung von Geschäftsgeheimnissen können dabei unter anderem sein das Beobachten, Untersuchen, Rückbauen oder Testen eines Produkts oder Gegenstands, das oder der öffentlich verfügbar gemacht wurde oder sich im rechtmäßigen Besitz des Beobachtenden, Untersuchenden, Rückbauenden oder Testenden befindet und dieser keiner Pflicht zur Beschränkung der Erlangung des Geschäftsgeheimnisses unterliegt (§ 3 Abs. 1 Nr. 2 GeschGehG). Unter Rückbau ist das Reverse Engineering zu verstehen.

Wie die vorgenannte gesetzliche Definition von Geschäftsgeheimnissen aufzeigt, ist die **Ergreifung von „angemessenen Geheimhaltungsmaßnahmen“ Voraussetzung für einen Schutz durch das GeschGehG.**

Nach alter Rechtslage (Definition des Geschäftsgeheimnisses in § 17 UWG aF) genügte für den Rechtsschutz schon ein erkennbarer subjektiver Geheimhaltungswille, der sich in objektiven Umständen manifestierte. Bei den von Unternehmen nach dem GeschGehG zu treffenden, den Umständen nach angemessenen Geheimhaltungsmaßnahmen handelt es sich nach der Gesetzesbegründung dagegen um eine **objektive Voraussetzung,** für die das Unternehmen im Streitfall **beweisbelastet** ist (vgl. BT-Drs. 19/4724, 24).

Vor diesem Hintergrund sollte sich bei der Weitergabe von sensiblen Unternehmensdaten die Verpflichtung zur Verschwiegenheit nicht auf eine einfache Vertragsklausel (wie zB „Der Auftragnehmer verpflichtet sich zur Verschwiegenheit über die erlangten Informationen“) beschränken, sondern es sollte eine **gesonderte Vereinbarung getroffen werden, die von angemessenen Geheimhaltungsmaßnahmen flankiert** wird. Im Kontext von Arbeitsverträgen hat das ArbG Aachen bereits die Unwirksamkeit von allgemeingehaltenen Formulierungen zur Verschwiegenheit (Catch-All-Klauseln) festgestellt (ArbG Aachen 13.1.2022 – 8 Ca 1229/20, MMR 2022, 995). Welche Arten von Geheimhaltungsmaßnahmen konkret erfolgen müssen, hängt von der Art des Geschäftsgeheimnisses im Einzelnen und den konkreten Umständen der Nutzung ab. In Betracht kommen sowohl physische Zugangsbeschränkungen und Vorkehrungen als auch Schutzkonzepte und vertragliche Sicherungsmechanismen. Nach dem Willen des Gesetzgebers ist nicht erforderlich, jede geheim zu haltende Information gesondert zu kennzeichnen, sondern es können grundsätzlich Maßnahmen (zB technische Zugangshürden) für bestimmte Kategorien von Informationen ergriffen oder durch allgemeine interne Richtlinien und Anweisungen oder in Arbeitsverträgen vorgegeben werden (vgl. BT-Drs. 19/4724, 24). Die Ergreifung solcher Maßnahmen verdeutlicht einerseits dem Auftragnehmer die Wichtigkeit seiner Verpflichtung und erweitert andererseits die sich gesetzlich ergebenden Verschwiegenheitspflichten (insbes. aus § 4 GeschGehG, aber auch aus §§ 241 Abs. 2, 311 Abs. 2 Nr. 1, 2 BGB, Art. 6 Abs. 1 lit. b, d, e, f DS-GVO, §§ 202a ff. StGB, §§ 85 iVm 43 Abs. 2 GmbHG, § 93 Abs. 1 S. 2 AktG; → Form. C. VII.3. Vorb.; Ohly GRUR 2014, 1; Conrad/Grützmacher Daten/Gennen S. 155).

Abseits des Datenschutzes hat das BSI mit den IT-Grundschutz-Katalogen einen Rahmen geschaffen, der auf die Punkte Vertraulichkeit, Integrität, Verfügbarkeit und Authentizität eingeht. Die Vertraulichkeits- und Remotezugriffsvereinbarung zielt neben der Einhaltung der datenschutzrechtlichen Anforderungen auf die **Gewährleistung der Vertraulichkeit von verwendeten Informationen** im beidseitigen Verhältnis der beteiligten Unternehmen. Das BSI gibt zum Thema „Verlust der Vertraulichkeit von Informationen“ folgende Erläuterung: „Jedes Unternehmen weiß, dass interne, vertrauliche Daten über Umsatz, Marketing, Forschung und Entwicklung die Konkurrenz interessieren. Die ungewollte Offenlegung von Informationen kann in vielen Bereichen schwere Schäden nach sich ziehen.“ Alle beteiligten Personen sind auf die Vertraulichkeit zu verpflichten, um einem solchen Schaden entgegenzuwirken. Vertraulichkeit ist dabei der Schutz vor unbefugter Preisgabe von Informationen. Vertrauliche Daten und Informationen dürfen ausschließlich Befugten zugänglich sein.

Eine Verschwiegenheitsverpflichtung für datenschutzrechtlich relevante Sachverhalte **dient dem Schutz der Daten des Auftraggebers.** In Dienstleistungsverträgen werden regelmäßig vertrauliche Unternehmensdaten erlangt, die für Dritte von hohem Interesse sein können. Ein Beispiel sind Festplatten in Druckern, die Kopien der gedruckten Informationen zwischenspeichern und nicht zwingend löschen. Hierdurch können Geschäftszahlen, Konstruktionszeichnungen, Kunden- und auch Mitarbeiterlisten ungewollt weitergegeben werden. Besonders letzteres ist im konkreten Datenschutz- und Sicherheitskontext zu sehen. Das vorliegende Muster soll als **Ergänzung von Dienstleistungsverträgen** dienen. Vertraulichkeitsvereinbarungen in M&A-Transaktionen weisen typischerweise weitere Besonderheiten auf und bedürfen daher besonderer Umsetzung (→ Form. G. IV.2.). Das Muster ist als eigenständiger Vertrag ausgelegt, die Klauseln können aber mit entsprechender sprachlicher Anpassung ebenso in einen umfangreicheren Vertrag integriert werden.

**§ 1 Inhalt und Zweck dieser Vertraulichkeitsvereinbarung[1]**

**(1) Die Parteien haben mit Datum vom […] einen Vertrag geschlossen (nachfolgend auch: „Hauptvertrag"). Diese Vertraulichkeitsvereinbarung schützt die vertraulichen Informationen des Auftraggebers, auf die der Auftragnehmer infolge des Hauptvertrags zugreifen kann.**

**(2) Die Verwendung der vertraulichen Informationen ist nur im Rahmen und zum Zwecke der zwischen den Parteien vertraglich vereinbarten Tätigkeiten zulässig.**

**§ 2 Definitionen**

**(1) „Vertrauliche Informationen"[2] sind wirtschaftlich, rechtlich, steuerlich oder technisch sensible oder vorteilhafte Informationen des Auftraggebers, die dem Auftragnehmer bekannt werden. Vertrauliche Informationen können solche Informationen sein, die in irgendeiner Weise als vertraulich oder gesetzlich geschützt[3] erkennbar bezeichnet werden oder deren vertraulicher Inhalt offensichtlich ist. Der Begriff umfasst sowohl jegliches Anschauungsmaterial wie Unterlagen, Schriftstücke, Notizen, Dokumente, digitale Aufzeichnungen etc als auch mündliche Mitteilungen. [Weiterhin handelt es sich bei dem Umstand, dass [der Hauptvertrag] sowie diese Vertraulichkeitsvereinbarung geschlossen wurden, ebenfalls um vertrauliche Informationen im Sinne dieser Vertraulichkeitsvereinbarung. Das gleiche gilt für die Inhalte des Hauptvertrags und dieser Vertraulichkeitsvereinbarung.]**

**(2) Öffentlich bekannte Informationen sind solche, die nachweislich vor ihrer Bekanntgabe bereits dem Auftragnehmer oder seinen Organen, Angestellten und Bevollmächtigten (im folgenden „Vertreter") zugänglich waren bzw. ohne deren Verschulden während der Geltungsdauer dieser Vertraulichkeitsvereinbarung öffentlich bekannt wurden.[4] Der Begriff „vertrauliche Information" umfasst weiterhin nicht solche Informationen, die der Auftragnehmer sich selbst erschlossen hat, vorausgesetzt, dass dies durch schriftliche Aufzeichnungen dieser Partei oder auf sonstige Weise belegt wird und keine in dieser Vertraulichkeitsvereinbarung festgelegten Pflichten unterlaufen werden.[5]**

**(3) „Partei" ist sowohl der Auftraggeber als auch der Auftragnehmer, sowie deren verbundene Gesellschaften, Organe, Mitarbeiter, Berater und eventuell sonstige für**

diese tätige Dritte, soweit diese einer den Anforderungen dieser Vertraulichkeitsvereinbarung oder des Hauptvertrages entsprechenden Vertraulichkeitsverpflichtung unterliegen.[6]

(4) Verbundene Gesellschaften sind alle Unternehmen der Parteien, an denen die jeweilige Partei eine Beteiligung von mehr als 50 Prozent mittelbar oder unmittelbar hält oder deren wirtschaftliche Führung sie innehat.[7]

(5) Mitarbeiter sind Arbeitnehmer, freie Mitarbeiter und Zeitarbeitskräfte der jeweiligen Partei.

§ 3 Verpflichtung zur Vertraulichkeit

(1) Der Auftragnehmer verpflichtet sich, die von dem Auftraggeber erhaltenen vertraulichen Informationen vertraulich zu behandeln.

(2) Das bedeutet insbesondere, dass der Auftragnehmer diese Informationen an Dritte weder selbst noch durch Mitarbeiter bekanntzugeben oder sonst für andere als die vertraglich zwischen den Parteien vereinbarten Zwecke zu nutzen hat.

(3) Eine anderweitige Nutzung oder Weitergabe der Informationen ist nur zulässig, wenn und soweit der Auftraggeber zuvor schriftlich eingewilligt hat.

(4) Der Auftragnehmer verpflichtet sich, die von dem Auftraggeber erhaltenen vertraulichen Informationen mindestens mit der Sorgfalt zu behandeln, die er in eigenen Angelegenheiten anwendet.

(5) Der Auftragnehmer verpflichtet sich, bei Verarbeitung der vertraulichen Informationen die gesetzlichen und vertraglichen Vorschriften zum Datenschutz einzuhalten. Dies beinhaltet auch dem aktuellen Stand der Technik angepasste technische Sicherheitsmaßnahmen (Art. 32 DS-GVO) und die Verpflichtung der Mitarbeiter auf das Datengeheimnis (Art. 28 Abs. 3 UAbs. 1 S. 2 lit. b DS-GVO).

(6) Der Auftragnehmer nutzt die erhaltenen vertraulichen Informationen ausschließlich [zur Erfüllung des Hauptvertrages]. Die Rechte an den Informationen, die der Auftragnehmer von dem Auftraggeber erhalten hat, verbleiben beim Auftraggeber, soweit nichts anderes vertraglich geregelt wird.[8]

§ 4 Ausnahmen von der Vertraulichkeitsverpflichtung

(1) Diese Verpflichtung zum Schutze vertraulicher Information beinhaltet nicht solche Informationen, die öffentlich bekannt sind.[9]

(2) Die Pflicht zur Vertraulichkeit besteht nicht gegenüber Gerichten und Behörden, soweit eine Rechtspflicht zur Offenlegung besteht oder die jeweilige Information in einem Zivilprozess zwischen den Parteien oder einer der Parteien und einem Dritten relevant ist. Der Auftragnehmer verpflichtet sich, den Auftraggeber vor Offenlegung vertraulicher Informationen zu informieren, es sei denn eine solche Mitteilung ist gesetzlich oder gerichtlich angeordnet nicht zulässig.[10]

§ 5 Weitergabe an Dritte/Subunternehmer

(1) Die überlassenen Informationen oder Teile hiervon können nur an solche Dritte weitergegeben werden, die zur betreffenden Auftragsdurchführung benötigt werden und über die Vertraulichkeit der gegebenen Informationen unterrichtet und gleichlautend verpflichtet wurden.[11] Die Parteien erklären ausdrücklich, für jegliche

schuldhafte Verletzung der Vertraulichkeitsverpflichtung durch Dritte, die zur betreffenden Auftragsdurchführung benötigt werden, einzustehen.

(2) Der Auftragnehmer darf Dritte (im Sinne von Unterauftragnehmern) lediglich nach schriftlicher Genehmigung durch den Auftraggeber im Rahmen der Erfüllung der beauftragten Tätigkeiten einsetzen. Die sich aus dieser Vertraulichkeitsvereinbarung ergebenden Verpflichtungen sind auch diesen aufzuerlegen.

§ 6 Vertragsstrafe[12]

(1) Für jeden Fall eines schuldhaften Verstoßes gegen die sich aus dieser Vertraulichkeitsvereinbarung ergebenden Verpflichtungen hat der Auftragnehmer an den Auftraggeber eine Vertragsstrafe in Höhe von […] EUR zu zahlen.

(2) Die Geltendmachung weiterer Ansprüche, wie auf Schadensersatz oder Unterlassung, bleibt dem Auftraggeber vorbehalten.

(3) Die Vertragsstrafe wird auf einen eventuell zu leistenden Schadensersatz angerechnet.

§ 7 Kontroll- und Löschrechte

(1) Innerhalb von vierzehn (14) Tagen nach schriftlicher Aufforderung des Auftraggebers wird der Auftragnehmer alle vorliegenden vertraulichen Informationen und aufgrund dieser Informationen gefertigten weiteren Unterlagen an den Auftraggeber zurücksenden bzw. ihm die Vernichtung der Informationen und Unterlagen nachvollziehbar nachweisen. Dies gilt nicht, soweit eine Verpflichtung zur Aufbewahrung aus Gesetz oder aufgrund behördlicher bzw. gerichtlicher Anordnung besteht. [In letztgenanntem Fall ist die weitere Speicherung der vertraulichen Informationen durch den Auftragnehmer nur zum Zwecke der Erfüllung dieser Verpflichtungen zulässig.][13]

(2) Der Auftraggeber ist berechtigt, die Einhaltung dieser Vertraulichkeitsvereinbarung im erforderlichen Umfang zu kontrollieren oder kontrollieren zu lassen.[14] Der Auftragnehmer gewährt dazu nach Absprache ungehinderten Zutritt und Zugang zu informationsverarbeitenden Systemen, Dateien und Informationen, die mit der Durchführung der Tätigkeiten in Verbindung stehen. Dem Auftraggeber sind durch den Auftragnehmer alle Auskünfte zu erteilen, die zur Erfüllung der Kontrollfunktion benötigt werden. Der Auftragnehmer hat dem Auftraggeber auf Aufforderung mitzuteilen, welche vertraulichen Informationen zurückgesendet oder vernichtet und welche aufbewahrt wurden. Die Mitteilung, dass bestimmte Unterlagen oder Informationen aufbewahrt wurden, ist zu begründen. Vorbehalte oder Einschränkungen der Prüfung sind im Vorfeld durch den Auftragnehmer zu kommunizieren.

(3) Sollte eine Partei Kenntnis davon erlangen, dass vertrauliche Informationen entgegen dieser Vertraulichkeitsvereinbarung weitergegeben wurden, hat die Partei die jeweils andere Partei umgehend zu informieren.

§ 8 Laufzeit

Die Laufzeit dieser Vertraulichkeitsvereinbarung beginnt ab Unterzeichnung und entspricht der des [Hauptvertrages]. Ab dessen Beendigung bestehen die Verpflichtungen zur Vertraulichkeit [… Jahre] fort.[15]

**§ 9 Schlussbestimmungen**

**(1) Sollten einzelne Bestimmungen dieser Vertraulichkeitsvereinbarung im Ganzen oder in Teilen unwirksam oder undurchführbar sein oder werden, berührt dies nicht die Wirksamkeit der sonstigen Bestimmungen.[16]**

**(2) Änderungen und Ergänzungen dieser Vertraulichkeitsvereinbarung, die Erklärung einer Kündigung sowie die Abänderung dieser Klausel bedürfen zu ihrer Wirksamkeit der Schriftform (§ 126 Abs. 1, Abs. 2 BGB). Die Ersetzung der Schriftform durch die elektronische Form (§§ 126 Abs. 3, 126a BGB) oder die Textform (§ 126b BGB) ist ausgeschlossen.[17]**

**(3) Anwendbares Recht und Gerichtsstand richten sich nach [dem Hauptvertrag].[18]**

**(4) Die Haftung richtet sich nach [dem Hauptvertrag].[19]**

## Anmerkungen

**1. Geheimhaltungsmaßnahmen des rechtmäßigen Inhabers.** Das Gesetz zum Schutz von Geschäftsgeheimnissen legt fest, dass der Geschäftsgeheimnisinhaber – in diesem Fall der Auftraggeber – selbst angemessene Geheimhaltungsmaßnahmen zum Schutz des Geschäftsgeheimnisses vor unbefugtem Zugang, unbefugter Aneignung oder unbefugtem Kopieren nach § 2 Nr. 1 lit. b iVm § 4 Abs. 1 Nr. 1 GeschGehG treffen muss. Zur Aufrechterhaltung der Sicherheitsmaßnahmen sind daher auch Empfänger – in diesem Fall Auftragnehmer – auf die Umsetzung angemessener Geheimhaltungsmaßnahmen zu verpflichten. Die Einhaltung dieser Verpflichtung ist zu kontrollieren (→ Anm. 14). Welche Arten von Geheimhaltungsmaßnahmen konkret erfolgen müssen, hängt von der Art des Geschäftsgeheimnisses im Einzelnen und den konkreten Umständen der Nutzung ab. In Betracht kommen sowohl physische Zugangsbeschränkungen und Vorkehrungen wie auch vertragliche Sicherungsmechanismen; es empfiehlt sich eine Orientierung an Art. 32 DS-GVO (→ Anm. 11).

**2. Definition der vertraulichen Informationen.** Eine hohe Relevanz ist der Definition der vertraulichen Informationen beizumessen (v. Werder/Kost BB 2010, 2903 (2905 f.)). Diese sind in vorliegendem Muster allgemein beschrieben und sollten im jeweiligen Einzelfall je nach Hauptvertrag angepasst werden. Wird keine vertragliche Definition vorgenommen, gelten die Regelungen des Gesetzes zum Schutz von Geschäftsgeheimnissen, insbesondere § 2 Nr. 1 GeschGehG. Erfasst werden davon alle Informationen, die weder insgesamt noch in der genauen Anordnung und Zusammensetzung ihrer Bestandteile den Personen in den Kreisen, die üblicherweise mit dieser Art von Informationen umgehen, allgemein bekannt oder ohne Weiteres zugänglich und daher von wirtschaftlichem Wert sind und die Gegenstand von den Umständen nach angemessenen Geheimhaltungsmaßnahmen durch ihren rechtmäßigen Inhaber sind und hinsichtlich derer ein berechtigtes Interesse an der Geheimhaltung besteht. Zu solchen vertraulichen Informationen können zB Gehälter, Mitarbeiterdaten, technische Zeichnungen, Kundenlisten, Auftragsdaten, Prozessorganisationen, Software-Quelltexte, Geschäftspläne, Finanzpläne, Prognosen, nichtpatentierte Erfindungen, anderes Know-how oder auch Rechenzentrums- und Netz-, bzw. Netzwerkpläne und Gebäudeüberwachungsmaßnahmen sowie Beschreibungen von Sicherheitsvorkehrungen (technisch, organisatorisch, prozessual) gehören.

Alternativ zu dieser allgemeinen Formulierung ist es möglich, die Vertraulichkeitsvereinbarung nur auf konkret bestimmte Informationen zu beziehen und so eine abschließende Definition zu geben. Während in Vertraulichkeitsvereinbarungen im M&A-Bereich eine solch weitgehende Formulierung üblich ist (→ Form. G. IV.2), kann es im Fall der datenschutzrechtlichen Vertraulichkeitsvereinbarung angemessen sein, den Kreis der vertraulichen Informationen einzuschränken. So kann auch Bedenken gegen eine AGB-rechtliche Unzulässigkeit einer weitergehenden Klausel wegen unangemessener Benachteiligung gem. § 307 BGB begegnet werden. In diesem Fall sind die konkret als vertraulich vereinbarten Informationen in der Definition einzeln aufzulisten. Dazu sollten die ersten beiden Sätze des oben genannten Absatzes gelöscht und durch eine Formulierung ersetzt werden, die lauten könnte: „Als „vertrauliche Informationen" gelten die folgenden Informationen: […]". Sofern personenbezogene Daten betroffen sind, können die Kategorien personenbezogener Daten aus dem Verzeichnis der Verarbeitungstätigkeiten herangezogen werden.

**3. Geheimschutz.** Unter gesetzlich geschützten Informationen sind auch Verschlusssachen des Geheimschutzes zu verstehen (dazu Bundesministerium für Wirtschaft und Energie, GHB – Handbuch für den Geheimschutz in der Wirtschaft, bmwi-sicherheitsforum.de/ghb). Diese enthalten Kennzeichnungen nach folgender Nomenklatur:
- Streng geheim
- Geheim
- VS – vertraulich
- VS – nur für den Dienstgebrauch

Der Umgang mit dieser Art von Informationen ist amtlich geregelt und unterliegt starken Reglementierungen. Dies berücksichtigt das vorliegende Muster bei den Anforderungen des Auftraggebers. Bei Emittenten von Finanzinstrumenten könnte man neben den gesetzlich geschützten Informationen hier zusätzlich Insiderinformationen gem. Art. 7 MAR aufführen.

**4. Klassifizierung von Informationen.** Die Vereinbarung zur Vertraulichkeit von Unternehmensinformationen verfolgt das Ziel, eines der wichtigsten Güter eines Unternehmens – seine Informationen – vor einem Verlust der Vertraulichkeit, Integrität und Verfügbarkeit zu schützen. Dies wird darin deutlich, dass die Regelungen zur Vertraulichkeit auch auf nicht gekennzeichnete Informationen anzuwenden sind, sofern es ersichtlich ist, dass es sich um vertrauliche Informationen handelt. Dies gilt zB für Konstruktionszeichnungen oder Quellcode. Öffentlich bekannte Informationen fallen nicht unter die Regelungen der Vertraulichkeit. Hierbei kann es sich (nicht abschließend) um Werbematerial, Anleitungen, Handbücher und Informationsbroschüren handeln. Sollte dem Auftragnehmer die Einstufung nicht klar ersichtlich sein, sollte vereinbart werden, dass dieser im Zweifelsfall den Auftraggeber um eine Kennzeichnung und Klassifizierung bittet. Die Formulierung sollte selbst beibehalten werden, wenn der Vertrag die vertraulichen Informationen einzeln aufzählt (→ Anm. 1). Denn diese allgemeine Ausnahme gilt regelmäßig dem Schutz des Verpflichteten.

Es sollte davon abgesehen werden, Klauseln zur Beweislast (zB „Die Beweislast für die Tatsache, dass die Information öffentlich bekannt ist, trägt der Auftragnehmer") in Vertraulichkeitsvereinbarungen mit aufzunehmen, obwohl dies im M&A-Bereich üblich ist (v. Werder/Kost BB 2010, 2903 (2906); Schiffer/Bruß BB 2012, 847). Denn solche Klauseln sind in der Regel in Hinblick auf § 309 Nr. 12 lit. a BGB (auch gegenüber Unternehmern) AGB-rechtlich unzulässig (dazu Graf v. Westphalen/Thüsing VertrR/AGB-Klauselwerke/Graf von Westphalen VertragsR Nr. 9 Rn. 33 ff.). Durch die vorliegende Formulierung besteht keine Beweislastumkehr, da mit dieser die natürlichen Risikosphären beibehalten werden, sowohl für eine Veröffentlichung als auch zur Frage öffentlich bekannter Informationen (Redeker IT-Verträge-HdB/Redeker Kap. 6.4 Rn. 19 ff.).

**5. Notwendigkeit von Dokumentationen.** Sowohl in wirtschaftlichen Kooperationen als auch bei Fernwartungsverträgen kann es vorkommen, dass beide Parteien in ähnlichen Tätigkeitsfeldern aktiv sind und forschen bzw. entwickeln. Damit keine der beteiligten Parteien einen unrechtmäßigen Anspruch geltend machen kann, ist diesem Umstand Rechnung getragen. Trotzdem sollten beide Parteien darauf achten, dass die Entwicklungsdokumentation vollständig und nachvollziehbar ist. Besonders im Bereich der Fernwartung ist das relevant, da hier – auch unbeaufsichtigt – auf Ressourcen des Auftraggebers zugegriffen werden kann. Sollte durch eine fehlerhafte Berechtigung der Zugriff auf sensible Informationen möglich sein, kann es zu einem ungewollten Informationsabfluss kommen.

**6. Erfasster Personenkreis.** Die Vereinbarung sollte eine Klarstellung enthalten, welche Personen und Gesellschaften der primären Unterlassungspflicht unterliegen. Dieses Muster geht von einem Auftragnehmer aus, der gegenüber einem Auftraggeber Geheimhaltungspflichten unterliegt. Ansonsten wäre dies durch Auslegung des Vertrages (§§ 133, 157 BGB) zu ermitteln. Zu erfassen sind alle Beteiligten, für die eine gesetzliche Verpflichtung zur Geheimhaltung besteht, also insbesondere das Daten erhaltende Unternehmen und dessen Mitarbeiter. Dabei ist zu berücksichtigen, dass auch die Regelungen zum Datengeheimnis (→ Form. C. VII. 1.) und zur Auftragsverarbeitung eingehalten werden. Es sei darauf hingewiesen, dass eine Vertraulichkeitspflicht aus dieser Vereinbarung nur für die Parteien der Vereinbarung begründet werden kann, also Dritte nur insoweit einer Vertraulichkeitsverpflichtung unterliegen können, als dies anderweitig begründet wird (Einbeziehung in dieser Vereinbarung, Gesetz oder eigenständige Vereinbarung).

**7. Erfasste Gesellschaften.** Möglich ist es, durch eine Liste mit namentlicher Aufzählung aller verbundenen Gesellschaften als Anhang zur Vertraulichkeitsvereinbarung die Anzahl informationsberechtigter Unternehmen zu begrenzen.

**8. Schutz von Geschäftsgeheimnissen und Know-how-Schutz.** Einer der größten Werte eines Unternehmens liegt in seinen Informationen. Hierbei handelt es sich sowohl um Verwaltungsdaten als auch Informationen zu Geschäftsabläufen, Produkten oder Geschäftsbeziehungen. In genau diesen Geschäftsbeziehungen ist darauf zu achten, dass die Parteien nicht ungewollt auf Informationen zugreifen, die vor einer Veröffentlichung oder Weitergabe zu schützen sind. Im Rahmen einer Zusammenarbeit kann es darüber hinaus notwendig werden, dass bestimmte Informationen der anderen Partei offengelegt werden. Diese unterliegen dann weiterhin der Vertraulichkeit und dürfen nicht ohne Einwilligung der einen Partei öffentlich bekannt gemacht werden. Schließlich kann es im Zusammenhang mit Joint Ventures, Spin-Offs oÄ dazu kommen, dass ein Transfer der Rechte an Informationen stattfindet. Dieser ist separat zu der vorliegenden Vereinbarung festzulegen. Darüber hinaus ist durch die Regelung festgehalten, dass der Empfänger einer schützenswerten Information lediglich zur Durchführung vereinbarter Tätigkeiten berechtigt ist, eine weitergehende Verwendung untersagt ist. Nach § 4 Abs. 2 Nr. 2 GeschGehG betrifft das Nutzungsverbot nur solche Nutzungen, die gegen eine explizite Geheimhaltungsverpflichtung verstoßen. Vor diesem Hintergrund sollte, ähnlich dem Datenschutzrecht, ein Nutzungsverbot für die Geschäftsgeheimnisse mit Erlaubnisvorbehalt, vereinbart werden.

**9. Ausnahmen von der Vertraulichkeitsverpflichtung.** Ausnahmen von der Verschwiegenheitsverpflichtung sollten der Übersicht halber getrennt festgelegt werden. Regelmäßig sind dies öffentlich bekannte Informationen wie Werbung, Veröffentlichungen und frei zugängliche Handbücher. Weitere Ausnahmen können im Einzelfall ergänzt werden, bspw. Ausnahmen, die auf Hinweisgeber nach dem Hinweisgeberschutzgesetz beziehen könnten (§ 5 Nr. 2 GeschGehG; § 2 Abs. 1 Nr 1 iVm § 5 Abs 2 Nr. 1 HinSchG) Zu Besonderheiten bei börsennotierten Unternehmen oder gesellschaftsrechtlichen Folgepflichten, die im Rahmen von M&A-Deals regelmäßig relevant werden können → Form. G. IV.2. (BeckOF-V/Alfes 20.2 Anm. 4; Hölters Unternehmenskauf-HdB Rn. 1523 ff.).

**10. Offenlegung aufgrund gesetzlicher Verpflichtung.** Die Verpflichtung zur Vertraulichkeit ist insoweit einzuschränken, als rechtliche Verpflichtungen, insbesondere behördliche oder gerichtliche Anordnungen, zur Offenlegung bestehen. Eine vertragliche Klarstellung schützt den Auftragnehmer. Im Gegenzug sollte eine Pflicht zur Mitteilung einer erfolgten Offenlegung an den Auftraggeber aufgenommen werden (v. Werder/Kost BB 2010, 2903 [2909]), sofern dies nicht gegen andere rechtliche Anforderungen verstößt. Denkbar ist es auch, eine Mitteilung darüber zu verlangen, dass eine Offenlegung geplant ist, soweit es zeitlich möglich ist. In manchen Vereinbarungen finden sich auch Regelungen dazu, ob und inwieweit Rechtsmittel einzulegen sind, wenn von öffentlichen Stellen die Offenlegung von Informationen verlangt wird und ob/wie die Kosten zwischen den Parteien zu teilen sind. Die Mitteilungspflicht kann problematisch sein, wenn eine Mitteilung gesetzlich verboten ist, zB bei einer Mitteilung nach dem Geldwäschegesetz.

**11. Schutzbedarf von Informationen.** Das GeschGehG enthält keine konkreten Vorgaben dazu, was angemessene Geheimhaltungsmaßnahmen sind. Vor diesem Hintergrund sollten analog zu Art. 28 Abs. 3 UAbs. 1 S. 2 lit. b DS-GVO (→ Form. C. VII.1.) und Art. 32 DS-GVO (→ Form. E. II.) Regelungen für den Umgang mit Informationen festgelegt werden. Hierbei ist darauf zu achten, dass sowohl wirtschaftlich sensible Informationen als auch personenbezogene Daten vergleichbar schutzbedürftig sein können und daher ähnlich behandelt werden sollten. Eine einheitliche Sicht ermöglicht es dem Auftraggeber, ein einheitliches Vorgehen und eine einheitliche Struktur zum Umgang mit Informationen aufzubauen und umzusetzen und hierdurch Doppelarbeit und Mehraufwand zu verringern. Wichtig bei einer solchen Betrachtung ist jedoch, dass die höchste und strengste Anforderung für die Vereinheitlichung zugrunde gelegt werden sollte. In diesem Fall sind die Anforderungen und Regelungen der DS-GVO das Mindestmaß. Sinnvolle Ergänzungen können im Rahmen eines Informationssicherheits-Managementsystems nach ISO/IEC 27001:2022 oder ISO/IEC 27017:2021 bzw. ISO/IEC 27018:2020 gemacht werden (→ Form. E. I.1.).

**12. Vereinbarung einer Vertragsstrafe.** Regelmäßig sollte eine Verschwiegenheitsverpflichtung durch die Vereinbarung einer Vertragsstrafe abgesichert werden. Dadurch erhöht sich das Interesse beider Parteien an der Einhaltung der vertraglichen Verpflichtungen. Dabei liegt regelmäßig ein unselbständiges Versprechen vor (§§ 339 ff. BGB), da das Vertragsstrafeversprechen an die vertraglichen Verpflichtungen zur Verschwiegenheit anknüpft. Die AGB-rechtliche Zulässigkeit bestimmt sich dabei zum einen nach § 309 Nr. 6 BGB, der bei einer Vertraulichkeitsvereinbarung jedoch grundsätzlich nicht relevant wird. Zum anderen sind § 307 Abs. 1 bzw. Abs. 2 Nr. 1 BGB einschlägig, nach denen von der Zulässigkeit des Vertragsstrafeversprechens auszugehen ist, wenn der Verwender ein berechtigtes Interesse an der Absicherung geltend machen kann. Das ist der Fall, wenn der Verwender einen Schadensersatzanspruch durchsetzen könnte, die Regelung auf einen schuldhaften Verstoß beschränkt ist und die Höhe der Vertragsstrafe angemessen ist (Graf v. Westphalen/Thüsing VertrR/AGB-Klauselwerke/Thüsing VertragsR Nr. 43 Rn. 14 ff.).

Bei der Formulierung ist darauf zu achten, dass an die Erfüllung der Hauptverbindlichkeit angeknüpft wird und so eine Abgrenzung zur Schadenspauschalierung erfolgt, für deren AGB-rechtliche Zulässigkeit § 309 Nr. 5 lit. b BGB gelten würde. Eine solche Schadenspauschalierung läge vor, wenn die Durchsetzung eines als bestehend vorausgesetzten Schadensersatzanspruchs ermöglicht werden soll (Graf v. Westphalen/Thüsing VertrR/AGB-Klauselwerke/Thüsing VertragsR Nr. 43 Rn. 3). Dies kann in Einzelfällen auch bei Verschwiegenheitsvereinbarungen relevant werden.

Eine alternative, ausführlichere Formulierung einer Vertragsstrafen-Klausel ist abgedruckt in → Form. C. VII.6., § 8.

**13. Aufbewahrungspflichten.** Das Interesse des Auftraggebers, vertrauliche Informationen möglichst schnell zurückzuerhalten, kollidiert in der Praxis oft mit den gesetzlichen Anforderungen oder Compliance-Richtlinien der Auftragnehmer. In diesen Fällen wird der Auftraggeber einerseits durch die über die Vertragslaufzeit hinausgehende Verschwiegenheitsverpflichtung, andererseits durch die in § 7 Abs. 2 vereinbarten Kontrollrechte geschützt. Ergänzend kann für die aufzubewahrenden Informationen eine strikte Zweckbindung für den alleinigen Zweck der Speicherung vereinbart werden (v. Werder/Kost BB 2010, 2903 (2909)).

**14. Dienstleisterprüfung.** Sofern es dem Auftraggeber an Wissen oder Fachpersonal für eine solche Kontrolle mangelt, ist er berechtigt, einen entsprechenden Prüfauftrag an eine Prüfungsgesellschaft zu vergeben. Hierdurch kann die Objektivität der erzielten Ergebnisse erhöht werden, da etwaige Verbindungen zwischen Auftraggeber und Auftragnehmer für die prüfende Instanz nicht relevant sind. Mit der Prüfung können Wirtschaftsprüfungsgesellschaften, technische Überwachungsvereine oder andere Zertifizierungsunternehmen, die bspw. bei der deutschen Akkreditierungsstelle akkreditiert sind, beauftragt werden. Eine Prüfung ist dahingehend notwendig, um die Effektivität getroffener technischer und organisatorischer Sicherheitsmaßnahmen gerade in Hinblick auf § 2 Nr. 1 lit. b GeschGehG festzustellen.

**15. Laufzeitvereinbarung.** Da das vorliegende Muster davon ausgeht, dass ein Hauptvertrag geschlossen wurde, knüpft die Laufzeitvereinbarung an diesen an. So wird sichergestellt, dass während dessen Laufzeit auch die Verschwiegenheitsvereinbarung nicht ordentlich gekündigt werden kann. Eine dauerhafte Verpflichtung zur

Verschwiegenheit kann zumindest insoweit nicht bestehen, als die Informationen allgemein bekannt werden oder sich Sachverhaltsänderungen ergeben.

Auch nach Ende der Vertragslaufzeit müssen die Verschwiegenheitsverpflichtungen im Rahmen des Daten- und Know how Schutzes in aller Regel längerfristig weiterbestehen, da der Schutz der Informationen weiterhin von hoher Relevanz ist. So ist es bspw. notwendig, dass ein die Videoüberwachung in einem Unternehmen betreuender Dienstleister nach Vertragsende die im Rahmen des Vertragsverhältnisses erlangten Informationen nicht an Dritte weitergibt. Auch Informationen über Unternehmensprozesse, gewerbliche Schutzrechte und sonstiges Know-how bedürfen eines längerfristigen Schutzes. Daher sollte regelmäßig eine lange Fortdauer der Verschwiegenheitsverpflichtung vereinbart werden. Während bei M&A-Transaktionen selten eine längere Zeit als zwei Jahre vereinbart wird (→ Form. G. IV.2.; v. Werder/Kost BB 2010, 2903 (2911)), sind im hier vorliegenden Bereich des Know-how-Schutzes regelmäßig längere Zeitspannen zu vereinbaren. Diese sollten zumindest so lange bestehen, wie der Empfänger die Daten aufbewahrt (bereits → Anm. 12). Neben der hier vorgeschlagenen Erstreckung auf alle vertraulichen Informationen ist die Beschränkung auf bestimmte Informationen möglich, was ggf. in einer eigenen Anlage erfolgen kann. Ebenfalls ist es möglich, eine zeitlich unbegrenzte Verschwiegenheitsverpflichtung vorzusehen.

**16.** **Salvatorische Klausel.** → Form. D. III.1. Anm. 39.

**17.** **Schriftformklausel.** Zur Problematik der AGB-rechtlichen Zulässigkeit von Schriftformklauseln → Form. B. II.1. Anm. 9.

**18.** **Anwendbares Recht und Gerichtsstand.** Dazu zB Graf v. Westphalen/Thüsing VertrR/AGB-Klauselwerke/Thüsing VertragsR Nr. 28 und 16.

**19.** **Haftungsklauseln.** Das Gesetz zum Schutz von Geschäftsgeheimnissen nennt dabei noch erweiterte Ansprüche bei Rechtsverletzungen. Diese sind Beseitigung und Unterlassung (§ 6 GeschGehG), Vernichtung, Herausgabe, Rückruf, Entfernung und Rücknahme vom Markt (§ 7 GeschGehG), Auskunft über rechtsverletzende Produkte, Schadensersatz bei Verletzung der Auskunftspflicht (§ 8 GeschGehG) und Schadensersatz (§ 10 GeschGehG) ggf. auch als Abfindung in Geld (§ 11 GeschGehG). Im Speziellen sei darauf verwiesen, dass sich nach § 12 GeschGehG bei einer Rechtsverletzung durch einen Mitarbeiter des Auftragnehmers die Haftung auch auf den Inhaber des Auftragnehmers erstreckt.

Zu Haftungsklauseln ausf. zB Graf v. Westphalen/Thüsing VertrR/AGB-Klauselwerke/Graf von Westphalen VertragsR Nr. 13.

## 2. Vertraulichkeitsvereinbarung bei M&A-Transaktionen

Der Begriff M&A steht für Mergers & Acquisitions, zu Deutsch: Verschmelzungen und Übernahmen, und wird als Oberbegriff für Unternehmens(-anteils-)käufe und Fusionen verwendet (Picot M&A-HdB/Picot S. 25). Zwei Charakteristika von M&A-Transaktionen sind besonders maßgeblich für die Gestaltung der Vertraulichkeitsvereinbarung im Vorfeld der Transaktion: der große Umfang des Transaktionsobjekts und die große Zahl der direkt oder indirekt beteiligten und betroffenen juristischen und natürlichen Personen.

*Abedin*

Die Vorbereitung und Durchführung solcher Transaktionen ist aufwendig (nähere Informationen zum Ablauf Picot M&A-HdB/Picot S. 26 ff.). Gegenstand der Transaktion ist nicht nur ein konkretes Vertragsverhältnis. Vielmehr bezieht sich die Transaktion auf den gesamten Geschäftsbetrieb eines oder mehrerer Unternehmen, einschließlich ihrer vertraglichen und gesetzlichen Schuldverhältnisse und sonstigen Rechtspositionen. All diese sind bei der Prüfung des Kaufgegenstandes einzubeziehen.

Das zweite Charakteristikum von M&A-Transaktionen ist, dass regelmäßig nicht nur zwei Parteien, sondern eine Vielzahl von Akteuren direkt oder indirekt in die Transaktion involviert sind. Diese sind einerseits die unmittelbar betroffenen Gesellschaften, also die verkaufte Gesellschaft oder die zu verschmelzenden Gesellschaften. Beteiligt sind darüber hinaus auch die jeweiligen Gesellschafter der betroffenen Unternehmen. Über die Veräußerung oder den Erwerb der Anteile oder über die Verschmelzung von Gesellschaften entscheiden nicht die Gesellschaften, die Objekt der Transaktion sind, sondern deren Gesellschafter. Hinzu kommen weitere Dritte in verschiedenen Funktionen. Das sind zum einen Investment-Banken, die als M&A-Berater – je nach Beauftragung – potenzielle Käufer und strategische Partner ermitteln, Parameter für die Transaktion vorschlagen, bei der Vorbereitung und Strukturierung der Transaktion beraten und die gesamte Durchführung organisatorisch begleiten (Hölters Unternehmenskauf-HdB/Hölters Rn. 1.99 ff., 1.102 ff.). Ein weiteres Beispiel für dritte Beteiligte sind Banken, die eine Unternehmensübernahme oder einen Anteilserwerb finanzieren. Auch sie benötigen, um die Werthaltigkeit der gebotenen Sicherheiten zu messen, einen fundierten Einblick in das Zielunternehmen.

Die vorgenannten Beteiligten haben jeweils ein eigenständiges Interesse, einen tiefen Einblick in das Zielunternehmen sowie in die Details der in Betracht gezogenen Transaktion zu erhalten. Zur „Due Diligence" (der gebotenen Sorgfalt) gehört es, vor der Transaktion das Zielunternehmen intensiv zu prüfen (Hölters Unternehmenskauf-HdB/Hölters Rn. 7.44). Der Prozess sieht vor, zunächst alle relevanten Unterlagen des Zielunternehmens zu untersuchen. Verbleibende offene Fragen werden dann im darauf folgenden Q&A (Questions and Answers)-Prozess mit dem Vertragspartner geklärt. Im Rahmen der Due Diligence müssen alle maßgeblichen (oder auch alle wertbildenden) Faktoren des Zielunternehmens geprüft werden, insbesondere seine rechtlichen, steuerrechtlichen, finanziellen, wirtschaftlichen und technischen Verhältnisse (Hölters Unternehmenskauf-HdB/Semler Rn. 7.43).

Demgegenüber steht das Interesse vieler Stakeholder, den Einblick so gering wie möglich zu halten und bestimmte Informationen ganz dem Einblick der an der Transaktion Beteiligten zu entziehen.

**Eigene Geschäftsgeheimnisse:** Sensibel sind insbesondere die Geschäftsgeheimnisse der vor der Transaktion untersuchten Zielgesellschaft zu behandeln. Geschäftsführer einer GmbH und Vorstände einer AG müssen bei der Vorbereitung der Transaktion berücksichtigen, dass sie im Rahmen ihrer allgemeinen Treuepflicht grundsätzlich Verschwiegenheit über die Verhältnisse der Gesellschaft zu wahren haben (§ 85 Abs. 1 GmbHG, § 93 Abs. 1 S. 3 AktG, siehe auch BeckOK GmbHG/Pöschke § 43 Rn. 187 f.). Die Gewährung von Einsicht in die Unterlagen der Gesellschaft darf nur erfolgen, wenn sie im Interesse der Gesellschaft steht. Hierüber muss nach pflichtgemäßem Ermessen entschieden werden. Bei einem beabsichtigten Verkauf der gesamten Gesellschaft müssen Geschäftsführer einer GmbH vor Gewährung von Einblick zudem die Zustimmung sämtlicher Gesellschafter suchen (strittig, zum Meinungsstand siehe BeckOK GmbHG/Pöschke § 43 Rn. 200 ff.). Voraussetzung ist jedoch in jedem Fall der Abschluss einer Vertraulichkeitsvereinbarung, vor Offenlegung von Geheimnissen der Gesellschaft (BeckOK GmbH/Pöschke § 43 Rn. 200 ff.).

Das Geschäftsgeheimnisgesetzes bietet einen gewissen Schutz für Geschäftsgeheimnisse vor zweckwidriger Verwendung. Inhaber von Geschäftsgeheimnissen können von Verletzern nach §§ 6 ff. GeschGehG ua Beseitigung, Unterlassung, Vernichtung, Herausgabe, Auskunft und Schadensersatz verlangen. Voraussetzung für diesen Schutz ist jedoch ebenfalls gem. § 2 Abs. 1 Nr. 1 lit. a GeschGehG ua, dass die Geschäftsgeheimnisse durch den Inhaber durch angemessene Geheimhaltungsmaßnahmen geschützt werden. Hierzu gehören organisatorische, technische und rechtliche Maßnahmen (ausführlich Brammsen/Apel GeschGehG/Brammsen § 2 Rn. 81 ff). Organisatorisch ist der Zugriff auf bestimmte Personenkreise zu beschränken. Technisch ist zu gewährleisten, dass nur der befugte Personenkreis zugreifen kann. Schließlich ist dieser Personenkreis durch rechtliche Maßnahmen, insbesondere Vertraulichkeitsvereinbarungen, auf die Wahrung der Vertraulichkeit zu verpflichten. Die Vertraulichkeitsvereinbarung (sog. „Non-Disclosure Agreement", NDA) sollte daher so gestaltet sein, dass sie den Zugang angemessen einschränkt, den erlaubten Nutzungsumfang genau definiert und angemessene Sicherheitsmaßnahmen auch auf Seiten des Kaufinteressenten einfordert.

In den Unterlagen des zu untersuchenden Zielunternehmens finden sich allerdings nicht nur Daten und Informationen, über die die Zielgesellschaft, ihre Gesellschafter oder andere an dem NDA beteiligte Parteien nach eigenem Ermessen disponieren können. Aus vielen weiteren Gründen kann die Offenlegung von Informationen im Rahmen des Due-Diligence-Prozesses verboten oder problematisch sein:

**Datenschutzrechtliche Vorschriften, insbesondere die DS-GVO:** An erster Stelle drängt sich die Frage nach dem Schutz personenbezogener Daten auf (ausführlich hierzu: BeckHdB M&A/Uwer/Jungkind § 87; Storms, Datenschutz in der Unternehmenstransaktion, 2022). Die Due Diligence richtet sich regelmäßig auch auf Unterlagen, die personenbezogene Daten enthalten. Das sind beispielsweise Mitarbeiterprofile, Arbeitsverträge und Personalakten, die im Rahmen der arbeitsrechtlichen Due Diligence geprüft werden. Das können ferner (insbesondere bei Unternehmen, die im B2C-Bereich tätig sind) Kundendaten sein, die sich beispielsweise aus Adressdatenbanken und Bestellübersichten ergeben. Schließlich können auch personenbezogene Daten von Dritten betroffen sein, wenn beispielsweise das Zielunternehmen als Auftragsverarbeiter für andere tätig ist.

Gem. Art. 4 Nr. 2 DS-GVO stellt „die Offenlegung durch Übermittlung, Verbreitung oder eine andere Form der Bereitstellung" personenbezogener Daten eine Verarbeitung dar. Für die Offenlegung personenbezogener Daten in einem Datenraum, wie es im Rahmen einer Due Diligence üblich ist, ist daher ein gesetzlicher Rechtfertigungsgrund erforderlich. Dies gilt sowohl für den Verantwortlichen, der den Datenraum für die Einsichtnahme durch Kaufinteressenten öffnet, als auch für die Kaufinteressenten, die die verfügbaren Informationen und Daten auswerten.

Wenn und soweit personenbezogene Daten im Rahmen des Due-Diligence-Prozesses offengelegt werden sollen, so bietet der Rechtfertigungsgrund der Wahrnehmung berechtigter Interessen nach Art. 6 Abs. 1 S. 1 lit. f DS-GVO in den meisten Fällen die günstigsten Rahmenbedingungen für die Offenlegung. Dabei sind jedoch die folgenden Punkte zu beachten:

Auch bei einer Verarbeitung personenbezogener Daten unter Berufung auf berechtigte Interessen nach Art. 6 Abs. 1 S. 1 lit. f DS-GVO ist der Betroffene von dem offenlegenden Unternehmen gem. Art. 13 DS-GVO und von dem Empfänger gem. Art. 14 DS-GVO über die Offenlegung der Informationen zu informieren. Diese Pflicht kollidiert jedoch mit dem großen Geheimhaltungsinteresse, das die Parteien üblicherweise im Hinblick auf die in Betracht gezogene Transaktion haben. Die Gründe, eine mögliche Transaktion geheim halten zu wollen, sind vielfältig (→ Form. G. IV.2. Anm. 3.). Beispielsweise will man ggf. Mitarbeiter und Kunden nicht verunsichern. Bei börsennotierten Unternehmen können schon Gerüchte über eine geplante Transaktion zu großen Kursschwankungen führen. Um das zu vermeiden, werden solche Transaktionen häufig bis zum kompletten Abschluss geheim gehalten. Daher wäre eine Offenbarung der geplanten Datenweitergabe ganz zu Anfang des Verkaufsprozesses im Rahmen einer Information nach Art. 13 DS-GVO auf Verkäuferseite und nach Art. 14 DS-GVO auf Interessentenseite für viele Beteiligte ungünstig. Selbst wenn man nur einzelne Betroffene informiert und diese weder Mitarbeiter, Geschäftspartner, noch Aktionäre sind, muss damit gerechnet werden, dass die Information über die geplante Transaktion doch auch an diese durchdringt.

Um eine Preisgabe der möglichen Transaktion in so einem frühen Stadium vermeiden zu können, können die folgenden Überlegungen in Betracht gezogen werden. Sie versuchen einen Ausgleich zwischen dem Informationsbedürfnis des Betroffenen und der Handlungsfähigkeit der Unternehmen herzustellen.

Zunächst ist es hilfreich, wenn eine mögliche Offenlegung von personenbezogenen Daten im Rahmen von M&A-Prozessen bereits bei der Erhebung der Daten in der Datenschutzerklärung (Information nach Art. 13 DS-GVO) angekündigt wird (so auch BeckHdB M&A/Uwer/Jungkind § 87 Rn. 24). Ansonsten wäre diese Information spätestens vor Beginn des Due-Diligence-Prozesses gem. Art. 13 Abs. 4 DS-GVO nachzuholen. Eine Information bereits in der regulären Datenschutzerklärung hat jedoch den großen Vorteil, dass die Betroffenen nicht speziell auf die bevorstehende Transaktion aufmerksam gemacht werden.

In der Datenschutzerklärung muss die mögliche Weitergabe von personenbezogenen Daten im Rahmen von Due-Diligence-Prozessen zur Bewertung des Unternehmens durch Dritte ausdrücklich als eigener Zweck bei den Zwecken der Verarbeitung angegeben werden. Denn die Weitergabe der Daten im Rahmen einer Due Diligence dürfte sich in den meisten Fällen nicht unter die anderen angegebenen Verarbeitungszwecke subsumieren lassen. Der angegebene Zweck muss ausreichend weit gefasst sein, um die Durchführung einer Due Diligence zu ermöglichen. Wichtig ist dann jedoch auch in der praktischen Anwendung sicherzustellen, dass Daten aus der Due Diligence ausschließlich zu den in der Datenschutzerklärung nach Art. 13 DS-GVO angegebenen Zwecken genutzt werden. Die Verpflichtung in der Vertraulichkeitsvereinbarung muss also entsprechend konkret gefasst werden.

Zudem müssen in der Datenschutzerklärung die Empfänger der Daten nach Art. 13 Abs. 1 lit. e DS-GVO angegeben werden. Wird die Information zu einer möglichen Weitergabe im Rahmen einer Due Diligence vorsorglich in die Belehrung nach Art. 13 DS-GVO aufgenommen, dann können die konkreten Empfänger der Daten noch nicht benannt werden. In Fällen, in denen die konkreten Empfänger der Daten zum Zeitpunkt der Information noch nicht bekannt sind, kann man sich im

Allgemeinen auf die Angabe von Kategorien von Empfängern beschränken (Gola/Heckmann/Franck DS-GVO Art. 13 Rn. 17). Auch für die mögliche Durchführung einer Due Diligence können die konkreten Empfänger bei der Erstellung der allgemeinen Datenschutzerklärung für das Unternehmen noch nicht abgesehen werden. Daher kann auch hier nur die Kategorie von Empfängern (zB Kaufinteressenten, mögliche Partner einer Unternehmenstransaktion sowie finanzierende Banken) benannt werden.

Weiterhin ist die erforderliche Interessenabwägung nach Art. 6 Abs. 1 S. 1 lit. f DS-GVO zu beachten. Je stärker der Zugriff auf personenbezogene Daten reguliert wird, desto besser können die berechtigten Interessen der Betroffenen adressiert werden.

Schließlich ist auch der Empfänger der Daten (der Kaufinteressent, der die Due-Diligence beim Verkäufer durchführt) grundsätzlich nach Art. 14 DS-GVO verpflichtet, den Betroffenen über die bei ihm stattfindende Verarbeitung der Daten zu informieren. Auch dies würde das Ziel der Geheimhaltung aushebeln. Es können daher verschiedene Ausnahmetatbestände geprüft werden, die eine Information nach Art. 14 DS-GVO entbehrlich machen können.

Zunächst einmal ist eine Information nach Art. 14 Abs. 5 lit. a DS-GVO dann entbehrlich, wenn der Betroffene bereits über diese Information verfügt. Hierbei ist grundsätzlich derselbe Maßstab anzuwenden, wie bei Art. 13 DS-GVO (Kühling/Buchner/Bäcker DS-GVO Art. 14 Rn. 52; NK-DatenschutzR/Dix DS-GVO Art. 14 Rn. 4). Hier könnte man sich auf den Standpunkt stellen, es reiche, wenn das Zielunternehmen in seiner Information nach Art. 13 DS-GVO die mögliche Weitergabe im Rahmen einer Unternehmenstransaktion angekündigt hat. Wenn es nach Art. 13 DS-GVO ausreicht, dass lediglich abstrakt Kategorien von Empfängern angegeben werden, so sollte auch für den Kaufinteressenten kein strengerer Maßstab gelten. Aus Erwgr. 60 S. 1 DS-GVO folgt, dass der Betroffene über die Existenz des Verarbeitungsvorgangs und seine Zwecke unterrichtet wird. Darüber hinausgehende Informationen sind nach Erwgr. 60 S. 2 DS-GVO aber nur mitzuteilen, soweit sie „unter Berücksichtigung der besonderen Umstände und Rahmenbedingungen, unter denen die personenbezogenen Daten verarbeitet werden, notwendig sind, um eine faire und transparente Verarbeitung zu gewährleisten." Daraus sollte man ableiten können, dass es zunächst einmal ausreichend ist, den Betroffenen abstrakt über die Existenz der Verarbeitungsvorgänge zu informieren, dh der Betroffene weiß, dass der potenzielle Verkäufer personenbezogene Daten an noch unbestimmte potenzielle Käufer weitergeben kann, wenn gleichzeitig aufgrund der „besonderen Umstände und Rahmenbedingungen" weitere Informationen nicht erforderlich sind, um eine „faire und transparente Verarbeitung" zu gewährleisten. Dies setzt dann jedoch voraus, dass sich der Kaufinteressent strikt an die Vorgabe hält, die Daten nur zu den Zwecken zu verarbeiten, die bei dem Zielunternehmen im Voraus in der Datenschutzinformation als Verarbeitungszwecke angegeben wurden. Nur insoweit verfügt der Betroffene gem. Art. 14 Abs. 5 lit. a DS-GVO überhaupt über eine Information zur Datenverarbeitung und nur insoweit kommt dann eine Entbehrlichkeit einer neuerlichen Information nach Art. 14 Abs. 5 lit. a DS-GVO in Betracht.

Ein weiterer Ausnahmetatbestand für die Informationspflicht in Art. 14 DS-GVO findet sich in § 29 Abs. 1 S. 1 BDSG. Demnach kann eine Information nach Art. 14 DS-GVO unterbleiben, wenn im Rahmen einer Interessenabwägung überwiegende berechtigte Interessen eines Dritten vorliegen, die ein zwingendes Geheimhaltungsinteresse begründen. Ein solches Geheimhaltungsinteresse kann sich insbesondere dann ergeben, wenn die öffentliche Bekanntgabe einer möglichen Transaktion gesetzlich verboten wäre, zB als Insiderinformation im Hinblick auf ein börsennotiertes Unternehmen (→ Form. G. IV.2. Anm. 3.). Aber auch sonst können die berechtigten Interessen des Verkäufers (es muss sich schließlich um einen „Dritten“ handeln) an der Geheimhaltung die Ausnahme nach § 29 Abs. 1 S. 1 BDSG eröffnen, wenn diese im Rahmen der Interessenabwägung überwiegen.

Einschlägig kann auch die Ausnahme nach Art. 11 Abs. 1 DS-GVO sein, wenn Daten so weit pseudonymisiert sind, dass eine Identifizierung für den Verantwortlichen nicht möglich ist. Der Anwendungsbereich der DS-GVO wäre dann nicht eröffnet, wenn Daten nur vollständig anonymisiert übermittelt würden. Eine vollständige Anonymisierung ist in vielen Fällen jedoch nicht möglich oder zweckdienlich. Jedoch kann auch schon eine Pseudonymisierung der personenbezogenen Daten (zB durch Schwärzungen in Dokumenten) eine große Hilfe sein. In diesem Fall kann der Kaufinteressent den Betroffenen nicht gem. Art. 14 Abs. 1 DS-GVO informieren, ohne selbst weitere Daten zu erheben. Dann kann die Informationspflicht aus Art. 14 DS-GVO aber auch nach Art. 11 Abs. 1 DS-GVO entfallen. Zu beachten ist jedoch, dass bereits die Anonymisierung und Pseudonymisierung nach wohl hM einen Verarbeitungsvorgang im datenschutzrechtlichen Sinne darstellen, die ebenfalls den jeweiligen rechtlichen Anforderungen (Rechtsgrundlage für die Verarbeitung und Information an die Betroffenen) genügen muss (BfDI Positionspapier zur Anonymisierung vom 29.7.2020 S. 5; Hornung/Wagner ZD 2020, 223; Roßnagel ZD 2021, 188; aA zB Thüsing/Rombey ZD 2021, 548).

Schließlich kann die Informationspflicht auch dann umgangen werden, wenn die Daten nur den zur Berufsverschwiegenheit verpflichteten Beratern des Kaufinteressenten weitergegeben werden, verbunden mit der Vorgabe, dass diese nur ihre rechtliche/wirtschaftliche Bewertung der Dokumente weitergeben können, dass jedoch personenbezogene Daten nicht weitergegeben werden. In diesem Fall kommt die Ausnahme aus Art. 14 Abs. 5 lit. d DS-GVO iVm § 29 Abs. 2 BDSG in Betracht (BeckHdB M&A/Uwer/Jungkind § 87 Rn. 32; aA Storms, Datenschutz in der Unternehmenstransaktion, 2022, S. 205 wonach dieses Privileg nur im Falle einer „Vendor-Due-Diligence“ greift). Soweit für die Due Diligence zur Berufsverschwiegenheit verpflichtete Berater eingesetzt werden (insbesondere Rechtsanwälte, Steuerberater und Wirtschaftsprüfer) kann dies für bestimmte Teile der Due Diligence helfen. In der Regel gibt es neben der rechtlichen Due Diligence jedoch auch weitere Komponenten, bei denen auch andere Personenkreise involviert sind. Dies gilt zB für eine technische oder finanzielle Due Diligence. Ggf. wollen Entscheidungsträger bei dem Kaufinteressenten auch konkret wissen, wieviel bestimmte führende Mitarbeiter bei dem Zielunternehmen verdienen oder welche sonstigen Bestimmungen diese konkreten Arbeitsverhältnisse regeln. Auch in diesem Fall kann nicht auf die beiden vorgenannten Ausnahmetatbestände zurückgegriffen werden.

In allen Fällen muss stets auch eine Interessenabwägung erfolgen. Je enger der Kreis der Empfänger, je kleiner der Umfang der Verarbeitung durch diese und je strenger die eingesetzten Kontrollen sind, desto wahrscheinlicher ist es, dass die berechtigten Interessen der Zielgesellschaft und der Kaufinteressenten an der Datenverarbeitung überwiegen. Je unbestimmter die Verarbeitungszwecke und die möglichen Empfänger sind, desto mehr wird das berechtigte Interesse des Betroffenen an einer transparenten Information und effektiven Kontrolle (Erwgr. 60 DS-GVO) beeinträchtigt.

**Vertraulichkeitsvereinbarungen mit Dritten:** Immer häufiger findet man zudem in Verträgen mit Kunden oder Lieferanten Vertraulichkeitsklauseln. Die Geheimhaltungspflicht kann sich zum einen auf die im Rahmen der Geschäftsbeziehung ausgetauschten Informationen (insbesondere Geschäftsgeheimnisse wie technisches Know-how und/oder Datensammlungen) beziehen. Zum anderen kann sich die Geheimhaltungspflicht auf die Vertragsinhalte selbst beziehen, etwa weil ein Unternehmen verhindern will, dass die eingeräumten Vertragskonditionen oder das Bestehen der Geschäftsbeziehung insgesamt publik werden. Ohne Zustimmung des jeweiligen Vertragspartners dürfen solche Dokumente und Informationen dann nicht im Due-Diligence-Prozess offengelegt werden.

**Wertpapierhandelsgesetz und EU-Marktmissbrauchsverordnung:** Verschiedene Informationen, die im Rahmen der Due Diligence offengelegt werden, können Insiderinformationen im Sinne der Marktmissbrauchsverordnung darstellen. Insiderinformationen sind gem. Art. 7 Abs. 1 MAR ua nicht öffentlich bekannte präzise Informationen, die ein am Kapitalmarkt gelistetes Unternehmen betreffen und die, wenn sie öffentlich bekannt würden, geeignet wären, den Kurs der entsprechenden Finanzinstrumente erheblich zu beeinflussen. Die Weitergabe von Insiderinformationen im Rahmen der Due Diligence und die Nutzung von Insiderinformationen bei einer M&A-Transaktion ist in der MAR und im WpHG streng reglementiert und durch zahlreiche strafbewehrte Verbote flankiert (Söhner BB 2017, 259; Kumpan DB 2016, 2039).

**Werkzeuge für die Wahrung der Vertraulichkeit:** Den Parteien stehen diverse Werkzeuge zur Verfügung, um ihren Geheimhaltungsverpflichtungen nachzukommen und die Transaktion gleichwohl durchführen zu können. Die Offenlegung vertraulicher Informationen kann in bestimmten Bereichen dadurch vermieden werden, dass in den offengelegten Dokumenten sensible Informationen geschwärzt werden. Bei personenbezogenen Daten kann die verantwortliche Stelle ebenfalls vor Bereitstellung der Unterlagen Schwärzungen vornehmen, um diese so zu anonymisieren oder zu pseudonymisieren. Können Dokumente aufgrund von Schwärzungen nicht mehr auf eine identifizierte oder identifizierbare natürliche Person bezogen werden, so greifen die Grundsätze des Datenschutzes gem. Erwgr. 26 DS-GVO für diese Informationen nicht. Bei einer reinen Pseudonymisierung (zB wenn die Kundennummer sichtbar bleibt), sind dagegen die Grundsätze für identifizierbare Personen anwendbar (Erwgr. 26 DS-GVO). Gleiches gilt für Verträge und andere Dokumente mit vertraulichen wirtschaftlichen oder technischen Daten. Die Weitergabe von Dokumenten kann auch dadurch ersetzt werden, dass man beispielsweise als Verkäufer für alle oder für bestimmte Dokumente eine sog. Vendor Due Diligence durchführt und den potenziellen Käufern nur den selbst erstellten Bericht zur Verfügung stellt (Picot M&A-HdBS. 188 f.). Damit verbunden ist das Angebot an den potenziellen Käufer, sich auf diesen Bericht zu verlassen, anstatt selbst Einsicht in die Unterlagen und Dokumente zu nehmen (sog. „Reliance Letter"). Vergleichbar damit ist die Übernahme umfangreicher Garantien im Unternehmenskaufvertrag oder im Verschmelzungsvertrag. Auch in solchen Fällen übernimmt der Verkäufer die Garantie dafür, dass das Kaufobjekt eine bestimmte Beschaffenheit hat, ohne dass sich der potenzielle Käufer persönlich durch Einsichtnahme in die Dokumente überzeugen muss (Hölters Unternehmenskauf-HdB/Hölters Rn. 7.44).

*Abedin*

Diese Maßnahmen sind aber nicht immer ausreichend oder zielführend. Werden Dokumente zu freigiebig geschwärzt, lassen sich zentrale Informationen nicht mehr entnehmen. Hält sich die verantwortliche Stelle mit Schwärzungen zurück, kann ggf. dennoch auf die betroffene Person geschlossen werden. Zudem wird ein Anwalt ungern eine verbindliche Einschätzung zu einem Dokument abgeben wollen, bei dem er nicht beurteilen kann, was in den geschwärzten Bereichen verborgen blieb.

Bei der Vendor Due Diligence stellt sich die Problematik, dass der Verfasser des Due-Diligence-Berichts oder der Verkäufer die Haftung für die Richtigkeit und Vollständigkeit des Berichts übernehmen muss, damit sich die andere Seite auf diesen Bericht verlassen kann. Dadurch wird ein schwer bewertbares Haftungsrisiko begründet und über Jahre mitgeführt.

Daher kommt in der Regel eine Kombination verschiedener Maßnahmen zum Einsatz. Gelegentlich wird der Datenraum aufgeteilt in einen „grünen Datenraum" mit einer begrenzten Anzahl an Dokumenten oder mit Dokumenten, die umfangreich anonymisiert oder geschwärzt sind. In einem weiteren Datenraum (dem „roten Datenraum") werden sensiblere Informationen zusammengestellt. Im roten Datenraum sind dann zusätzliche Dokumente enthalten oder bisher geschwärzte Dokumente werden mit weniger oder keinen Schwärzungen vorgehalten. Dem potenziellen Vertragspartner der Unternehmenstransaktion wird dann zunächst Einblick in den grünen Datenraum gewährt. Ist das Ergebnis der Prüfung des grünen Datenraums positiv und schreiten die Verhandlungen voran, so wird (häufig erst kurz vor Signing) Zugang zum roten Datenraum gewährt. Sind die Verhandlungen schon so weit fortgeschritten, dann entfällt ggf. das Geheimhaltungsinteresse. Daher kann auch vorab, also vor Öffnung des roten Datenraums, eine Ad-hoc-Mitteilung über die geplante Transaktion erfolgen und Betroffene können ordnungsgemäß im Voraus über die bevorstehende Offenlegung ihrer personenbezogenen Daten informiert werden (zB im Rahmen einer Information nach Art. 14 Abs. 5 lit. b DS-GVO). Auch dann können noch Informationen und Dokumente verbleiben, die selbst im roten Datenraum nicht offengelegt werden können. Hier besteht nur die Möglichkeit, verbleibende Risiken durch einen, nunmehr im Umfang begrenzten, Reliance Letter oder durch Garantien im Vertrag aufzufangen.

**Konsequenzen für die Vertragsgestaltung:** Dieser Konflikt zwischen dem Interesse an der Offenlegung von Informationen und dem Interesse, Informationen vertraulich zu halten, ist es, der zentral die Struktur des NDA bestimmt und der bei der Ausgestaltung der einzelnen Klauseln maßgeblich Berücksichtigung finden muss. Die verschiedenen Werkzeuge, dieses Spannungsverhältnis zu bewältigen, sollten bereits in dem NDA aufgegriffen werden. Insbesondere muss vermieden werden, das NDA an den realen Bedürfnissen vorbei pauschal zu freizügig oder auch zu streng zu formulieren. Dies würde, wenn man im Transaktionsverlauf gleichwohl die allseitigen Interessen ausreichend berücksichtigen will, entweder dazu führen, dass im Einzelfall einvernehmlich das NDA gebrochen wird, oder dass viele Punkte nachverhandelt werden müssen. Die erste Variante führt zu großer Rechtsunsicherheit und zu Beweisschwierigkeiten, wenn darüber gestritten wird, ob und welche Klauseln des NDA (womöglich konkludent) abbedungen wurden. Und auch die zweite Variante bremst die Transaktion, da immer wieder Unklarheiten beseitigt werden müssen.

Ein typisches Beispiel ist, dass der Datenraum nur für einen oder weniger Nutzer auf Seiten des Kaufinteressenten geöffnet wird. Dies erhöht das Risiko, dass diese wenigen Nutzer ihre Zugangsdaten an weitere Teammitglieder geben, damit alle gemeinsam den Datenraum unter mehrfacher Nutzung desselben Accounts auswerten können. In den seltensten Fällen bleibt das dem Verkäufer verborgen, da häufig sämtliche Teammitglieder an dem üblichen Schriftwechsel teilnehmen und ihre Teilnahme so für sämtliche Parteien ersichtlich ist. Nimmt der Datenraumbetreiber das so hin, stellt sich die Frage, ob es sich um eine konkludente Genehmigung des Verhaltens handelt.

Die Aufgabe des NDA sollte es daher sein, möglichst den Prozess im Voraus zu gestalten und den unterschiedlichen Informationsbedarf der beteiligten Akteure angemessen und sinnvoll zu berücksichtigen.

Non-Disclosure Agreement[1]

zwischen[2]

[...] (nachfolgend „Verkäufer")

und

[...] (nachfolgend „Bieter")

Präambel

Die Parteien des Vertrages beabsichtigen über die Veräußerung des Geschäftsbetriebs der [... GmbH] („Zielgesellschaft") im Wege eines Share-Deals oder Asset-Deals („Transaktion") zu verhandeln. Zur Evaluierung des Geschäftsbetriebs der Zielgesellschaft und zur Vorbereitung eines Gebots benötigt der Bieter Einblick in vertrauliche Informationen der Zielgesellschaft. Voraussetzung für die Gewährung dieses Einblicks ist die Unterzeichnung dieser Vertraulichkeitsvereinbarung („NDA").

Dies vorausgeschickt vereinbaren die Parteien das Folgende:

§ 1 Gegenstand der Vertraulichkeit

(1) „Vertrauliche Informationen"[3] im Sinne dieses Vertrages sind:

a) das Bestehen und der Inhalt dieses NDA
b) sämtliche Inhalte der Vertragsverhandlungen sowie der jeweilige Verhandlungsstand (1) zu diesem NDA und (2) zu der Transaktion, insbesondere Preisvorschläge, Term Sheets, Vertragsentwürfe sowie jeweils Kommentare und Anmerkungen zu diesen
c) vertrauliche Informationen des Verkäufers
d) vertrauliche Informationen der Zielgesellschaft
e) vertrauliche Informationen des Bieters[4]

(2) Vertrauliche Informationen eines Beteiligten („Beteiligte" in diesem Sinne sind die Parteien dieses Vertrages und die Zielgesellschaft) sind sämtliche im Rahmen der Due Diligence, im M&A-Prozess oder sonst im Rahmen der Vertragsverhandlungen übermittelten oder direkt oder indirekt offen gelegten Informationen – unabhängig davon, ob dies schriftlich, in Textform, mündlich oder auf sonstige Weise durch Einräumung eines Zugangs oder Gewährung des Zugriffs auf Informationen erfolgt – des jeweiligen Beteiligten, insbesondere

a) Daten und Kennzahlen über die wirtschaftlichen Verhältnisse,
b) technische und operative Prozesse im Unternehmen,
c) Know-how und technische Daten,
d) Unternehmens- und Produktstrategien,
e) Daten über Mitarbeiter, insbesondere die Struktur, Anzahl und Qualifikation von Mitarbeitern in verschiedenen Geschäftsbereichen sowie die personenbezogenen Daten der Mitarbeiter,
f) Kunden, Lieferanten und sonstige Vertragspartner,
g) Daten von sonstigen Dritten, für die oder über die der Verkäufer oder das Zielunternehmen Daten verarbeiten und
h) alle Erkenntnisse, Berichte, Auswertungen und alle direkt oder indirekt abgeleiteten Daten, die eine Partei aus den vertraulichen Informationen der anderen Partei alleine oder aus der Kombination von vertraulichen Informationen der anderen Partei mit anderen verfügbaren Informationen generiert.

(3) Eine Information gilt nicht als vertrauliche Information soweit sie der Partei, die diese Information nutzen oder verbreiten will, (i) nachweislich bereits vor Unterzeichnung dieses Vertrages bekannt war, (ii) von der betreffenden Partei nachweislich selbständig ohne Nutzung vertraulicher Informationen entwickelt oder ohne Verletzung dieser Verschwiegenheitsvereinbarung erworben wurde oder (iii) ohne Verletzung dieser Verschwiegenheitsvereinbarung öffentlich bekannt geworden ist.

§ 2 Nutzung des Datenraums[5]

(1) Zur Evaluierung der Transaktion gewährt der Verkäufer dem Bieter Einblick in die Unterlagen der Zielgesellschaft. Hierzu errichtet der Verkäufer einen physischen oder elektronischen Datenraum.[6] Je nach Art und Vertraulichkeit der zur Einsicht bereitgestellten Daten können durch den Verkäufer technische oder organisatorische Beschränkungen für die Einsichtnahme vorgegeben werden.[7] Insbesondere kann der Verkäufer vorgeben,[8]
- dass nur eine bestimmte Anzahl von Personen einen Zugang zum Datenraum erhält,
- dass bei einem physischen Datenraum nur an bestimmten Orten Einsicht in die bereitgestellten Unterlagen genommen werden kann,
- dass bei einem elektronischen Datenraum nur von bestimmten IP-Adressen aus Einsicht in den Datenraum genommen werden kann oder
- dass bestimmte Dokumente nur Berufsgeheimnisträgern zugänglich gemacht werden.

(2) Der Verkäufer behält sich vor, bestimmte besonders sensible Dokumente nicht im regulären Datenraum („grüner Datenraum“)[9], sondern in einem separaten, besonders geschützten Datenraum („roter Datenraum“)[10] abzulegen. Zu dem roten Datenraum erhalten nur die zur Berufsverschwiegenheit verpflichteten Berater des Bieters Zugang.[11]

(3) Der Bieter verpflichtet sich, alle technischen und organisatorischen Vorgaben zu beachten. Er verpflichtet sich, keine technischen oder organisatorischen Schutzmaßnahmen im Datenraum zu umgehen und insbesondere keine unberechtigten Abschriften oder Fotografien anzufertigen.

[(4) Der Verkäufer dokumentiert und analysiert den Zugriff auf Daten und Dokumente im Datenraum mit dem ausschließlichen Zweck, einen möglichen Missbrauch oder eine Verletzung der Vertraulichkeit identifizieren oder die für eine Verletzung verantwortliche Person im Nachhinein ermitteln zu können.][12]

[(5) Der Verkäufer wird Nutzer des Datenraums vor Einräumung eines Zugangs über diese Beschränkungen informieren und die Zustimmung zu einer korrespondierenden Verschwiegenheitsverpflichtung fordern.][13]

§ 3 Zulässige Verwendung von Daten

(1) Der Bieter darf die vertraulichen Informationen des Verkäufers sowie die vertraulichen Informationen der Zielgesellschaft ausschließlich zum Zwecke der Evaluierung und Vorbereitung der Transaktion nutzen. Hierzu darf der Bieter seinen an der Transaktion beteiligten Mitarbeitern und seinen berufsrechtlich zur Verschwiegenheit verpflichteten Beratern[14] im für die Transaktion erforderlichen Maße vertrauliche Informationen des Verkäufers und der Zielgesellschaft zugänglich machen. Eine darüberhinausgehende Nutzung, insbesondere die Nutzung der vertraulichen Informationen nach Scheitern der Verhandlungen über die Transaktion oder die Nutzung oder Zusammenführung der vertraulichen Informationen mit anderen Daten zu anderen Zwecken ist strikt untersagt. Die vertraulichen Informationen sind getrennt von anderen Daten des Bieters zu speichern, um eine spätere vollständige Löschung zu ermöglichen.

(2) Die Weitergabe von vertraulichen Informationen des Verkäufers und der Zielgesellschaft ist im Übrigen ohne Einwilligung des Verkäufers nicht gestattet. Die Parteien sind sich einig, dass bestimmte Daten und Informationen an die Gesellschafter des Bieters oder an eine oder mehrere die Transaktion finanzierende Banken weitergegeben werden sollen.[15] Der Verkäufer entscheidet nach pflichtgemäßem Ermessen über die Einwilligung zu der Weitergabe von vertraulichen Informationen, ohne diese treuwidrig zu verweigern. Der Verkäufer kann dabei verlangen, dass nur die zwingend erforderlichen Informationen weitergegeben werden oder dass bestimmte Informationen von der Weitergabe ausgeschlossen sind. Die Weitergabe von personenbezogenen Daten ohne gesetzliche Rechtfertigung ist immer ausgeschlossen. Der Verkäufer kann die Einwilligung zur Weitergabe von Informationen an die finanzierenden Banken von der Unterzeichnung einer angemessenen Verschwiegenheitsverpflichtung abhängig machen. Diese Verschwiegenheitsverpflichtung kann auch die Verhängung angemessener und marktüblicher Vertragsstrafen für den Fall der Vertragsverletzung enthalten.

(3) Im Falle des Scheiterns der Vertragsverhandlungen oder jederzeit auf Verlangen des Verkäufers hat der Bieter sämtliche vertraulichen Informationen des Verkäufers oder der Zielgesellschaft unverzüglich zu löschen und Aufzeichnungen zu vernichten. Die Löschung und Vernichtung sind dem Verkäufer anzuzeigen. Dies gilt nicht, soweit und solange vertrauliche Informationen aufgrund gesetzlicher Fristen weiter aufbewahrt werden müssen. In diesem Fall hat der Bieter dem Verkäufer anzuzeigen, welche Informationen aus welchem Grund weiter aufbewahrt werden und wann diese gelöscht werden sollen. Die Löschung nach Ablauf der Aufbewahrungsfrist ist dann ebenfalls anzuzeigen.[16]

§ 4 Umfang der Vertraulichkeit

(1) Beide Parteien verpflichten sich, die in § 1 bezeichneten Informationen, soweit dieser Vertrag nicht ausdrücklich etwas anderes bestimmt, streng vertraulich zu behandeln und vor dem Zugriff Dritter zu schützen. Die Pflicht des Bieters, vertrauliche Informationen der Zielgesellschaft vertraulich zu halten, gilt als Vertrag zu Gunsten Dritter auch zu Gunsten der Zielgesellschaft.

(2) Die Pflicht des Bieters zur Vertraulichkeit beinhaltet auch das Verbot, Mitarbeiter der Zielgesellschaft ohne Einwilligung des Verkäufers direkt anzusprechen.[17]

(3) Die Pflicht zur Verschwiegenheit gilt nicht, soweit die Weitergabe von Informationen gesetzlich vorgeschrieben oder zur Rechtsverfolgung erforderlich ist. Sollte eine Partei der Ansicht sein, dass sie gesetzlich dazu verpflichtet ist, vertrauliche Informationen, die nicht ihre eigenen vertraulichen Informationen sind, an Dritte zu übermitteln, so wird sie im Voraus die andere Partei informieren. Sofern eine Mitteilung im Voraus nicht möglich ist wird die Mitteilung unverzüglich nachgeholt. Eine Mitteilung ist nur soweit entbehrlich, wie die Mitteilung selbst rechtswidrig wäre.[18]

(4) Sollte bei Fortschreiten der Verhandlungen über die Transaktion die Pflicht zu einer Mitteilung nach Art. 17 Marktmissbrauchsverordnung (Verordnung (EU) Nr. 596/2014) wahrscheinlich werden, so werden die Parteien im Voraus ein gemeinsames Vorgehen beschließen.[19]

(5) Sollte für das Gewähren von Einblick in personenbezogene Daten gem. Art. 13 Abs. 3 oder gem. Art. 14 DS-GVO eine Mitteilung an die betroffenen Personen erforderlich sein, so werden die Parteien im Voraus ein gemeinsames Vorgehen festlegen.

§ 5 Vertragsstrafe[20]

(1) Für jeden Fall eines schuldhaften Verstoßes des Bieters oder seiner Erfüllungsgehilfen gegen die sich aus dieser Vereinbarung ergebenden Verpflichtungen hat der Bieter an den Verkäufer eine Vertragsstrafe in Höhe von [...] EUR zu zahlen.[21]

(2) Nutzt der Bieter vertrauliche Informationen des Verkäufers oder der Zielgesellschaft zu Zwecken, die mit dem Geschäftsbetrieb des Verkäufers oder der Zielgesellschaft in Wettbewerb stehen, so beträgt die Vertragsstrafe [...] EUR pro Verstoß. Dauert diese Nutzung mehr als einen Kalendermonat an, so gilt jeder weitere angebrochene Kalendermonat als neuer Verstoß, für den eine eigenständige Vertragsstrafe in gleicher Höhe zahlbar ist.[22]

(3) Verletzt der Bieter durch den Verstoß Vorschriften zum Schutz der personenbezogenen Daten, für die der Verkäufer oder die Zielgesellschaft die verantwortliche Stelle sind, so beträgt die Vertragsstrafe abweichend von Absatz 1 [...] EUR für jede Person, deren personenbezogene Daten rechtswidrig verarbeitet wurden.

(4) Die Geltendmachung weiterer Ansprüche, wie auf Schadensersatz oder Unterlassung, bleibt dem Verkäufer vorbehalten.

(5) Die Vertragsstrafe wird auf einen eventuell zu leistenden Schadensersatz angerechnet.

§ 6 Rechtswahl und Schiedsgerichtsbarkeit

(1) Dieser Vertrag untersteht der Anwendung deutschen Rechts unter Ausschluss der Vorschriften des Internationalen Privatrechts und unter Ausschluss des UN-Kaufrechts (United Nations Convention on Contracts for the International Sale of Goods).

(2) Alle Streitigkeiten, die sich im Zusammenhang mit diesem Vertrag oder über seine Gültigkeit ergeben, werden nach der Schiedsgerichtsordnung der [...] unter Ausschluss des ordentlichen Rechtsweges endgültig entschieden. Der Ort des Schiedsverfahrens ist der Sitz der Zielgesellschaft. Die Anzahl der Schiedsrichter beträgt drei. Die Sprache des Schiedsverfahrens ist deutsch.[23]

§ 7 Schlussbestimmungen

(1) Erklärungen nach diesem Vertrag, insbesondere die Zustimmung zu einer Nutzung oder Weitergabe von Daten, gelten im Zweifel nur dann als erteilt, wenn sie schriftlich erklärt werden. Die telekommunikative Übermittlung einer in Schriftform erstellten Urkunde ist ausreichend.

(2) Sollten einzelne Bestimmungen dieser Vertraulichkeitsvereinbarung im Ganzen oder in Teilen unwirksam oder undurchführbar sein oder werden, so bleiben die übrigen Bestimmungen dieser Vereinbarung hiervon unberührt.

## Anmerkungen

**1. Vertragsbezeichnung.** Neben bzw. statt einem „Non-Disclosure Agreement" („NDA") wird häufig auch ein „Letter of Intent" oder seltener ein „Term Sheet" unterzeichnet. Wie sich aus dem Namen ergibt, geht es bei einem Non-Disclosure Agreement primär oder ausschließlich um Vereinbarungen rund um den Themenkomplex Vertraulichkeit. Letters of Intent („LoI") und Term Sheets enthalten darüber hinaus gelegentlich noch weitere Klauseln. Beispielsweise kann in einem LoI zusätzlich noch vereinbart werden, dass der Verkäufer für eine bestimmte Zeit exklusiv mit einem konkreten Interessenten verhandelt. Dann darf das Zielunternehmen während dieser Zeit keinem Dritten angeboten werden. Darüber hinaus können auch Vereinbarungen zur Verteilung bestimmter Kosten für die Vorbereitung oder Durchführung der Transaktion enthalten sein. In einem Term Sheet (und manchmal auch in einem LoI) werden zusätzlich grob die Konditionen festgehalten, mit denen die Transaktion bei erfolgreicher Due Diligence durchgeführt werden könnte und die dann in den Unternehmenskaufvertrag oder in den Verschmelzungsvertrag aufgenommen werden sollen. So kann bereits vor Durchführung der Due Diligence (und dem Anfallen der damit verbundenen Kosten) festgestellt werden, ob die Parteien vergleichbare Vorstellungen von den wirtschaftlichen Eckdaten für die Transaktion haben. In der Regel wird aber ausdrücklich vereinbart, dass lediglich die Klauseln betreffend Vertraulichkeit und ggf. die Exklusivität bindende Wirkung entfalten sollen, während die anderen Vorschriften nicht-bindenden Charakter haben sollen.

**2. Parteien.** Bei einem NDA für M&A-Transaktionen besteht die Besonderheit, dass schon die Bestimmung der passenden Vertragsparteien nicht ganz selbstverständlich ist. Dies liegt daran, dass die Parteien des NDA nicht immer mit den späteren Parteien der Transaktion identisch sein müssen. Insbesondere ist es üblich, dass in einem Konzern die Konzernmutter die Transaktion vorbereitet, während später eine operative Tochtergesellschaft die Unternehmenstransaktion durchführt. Das gilt sowohl für die Käufer- als auch Verkäuferseite. Ein weiterer Fall ist, dass sich eine der Parteien nicht zu erkennen geben will, bevor die andere Partei eine Verschwiegenheitsverpflichtung unterschrieben hat. Dahinter kann insbesondere das Interesse stehen, dass nicht jeder im Markt mitbekommen soll, dass und zu welchen Konditionen ein Unternehmen im Markt zum Verkauf angeboten wird oder dass ein Käufer nach einer bestimmten Art von Objekten sucht. In solchen Fällen wird ein Mittler (häufig Anwaltskanzleien oder Investmentbanken als M&A-Berater) damit beauftragt, an den potenziellen Käufer/Verkäufer heranzutreten und ein NDA unterschreiben zu lassen, bevor weitere Details bekannt gegeben werden. In solchen Fällen muss darauf geachtet werden, das NDA als Vertrag zu Gunsten Dritter zu gestalten. Hierzu kann gem. § 328 BGB festgelegt werden, welche Dritte unmittelbar Ansprüche aus dem NDA ableiten können.

3. **Gegenstand der Verschwiegenheitsverpflichtung.** Vertraulich zu behandeln sind bei M&A-Transaktionen nicht nur die im Rahmen der Due Diligence übermittelten oder offen gelegten Informationen. Vielmehr kann schon die Tatsache, dass ein Unternehmen zum Verkauf angeboten wird oder dass ein Unternehmen am Kauf eines anderen interessiert ist, eine marktrelevante Bedeutung haben. Problematisch ist das Bekanntwerden der Verkaufsverhandlungen beispielsweise dann, wenn Kunden oder Partner der beteiligten Unternehmen sensibel auf eine solche Nachricht reagieren würden. Kunden eines zum Verkauf stehenden Unternehmens könnten die Zusammenarbeit mit einem potenziellen Käufer ablehnen und daher bestehende Vertragsverhältnisse vorsorglich kündigen oder weitere Aufträge aussetzen – unabhängig davon, ob die Verkaufsverhandlungen letztlich erfolgreich oder erfolglos geführt werden. Partner und Dienstleister des zum Verkauf stehenden Unternehmens könnten ebenfalls eine weitere Zusammenarbeit in Frage stellen, beispielsweise dann, wenn sie mit dem potenziellen Käufer in Konkurrenz stehen. Daher kann das zu frühe Bekanntwerden der Vertragsverhandlungen geschäftsschädigend für ein oder alle beteiligten Unternehmen sein. Dieser Schaden kann bei erfolgreichem Vertragsabschluss hingenommen werden. Bei einem Scheitern der Verhandlungen wäre der Schaden aber vergeblich eingetreten. Sehr problematisch kann das zu frühe Bekanntwerden der Vertragsverhandlungen aber auch bei Unternehmen sein, deren Anteile an einem geregelten Markt gehandelt werden. Bereits das Bestehen von Vertragsverhandlungen kann nämlich Auswirkungen auf den Kurs der entsprechenden Finanzinstrumente haben. Befindet sich ein Unternehmen beispielsweise in finanzieller Notlage, so kann der Verkauf des Geschäftsbetriebs oder eines Teils davon vom Markt als „Rettung" wahrgenommen werden und starke Kursschwankungen auslösen.

Für den Umgang mit Insiderinformationen gelten strenge und strafbewehrte gesetzliche Vorgaben. Zwar gelten Vertragsverhandlungen in einem frühen Stadium in der Regel nicht als Insiderinformation, da sie noch nicht hinreichend konkret sind (BaFin, Emittentenleitfaden, Modul C, Stand: 25.3.2020, S. 13 f., abrufbar über die Internetseite der Bundesanstalt für Finanzdienstleistungsaufsicht https://www.bafin.de/). Allerdings können bereits Gerüchte die Beteiligten unter Zugzwang setzen und eine Pflicht zur Offenlegung (Ad-hoc-Publizität gem. Art. 17 MAR) begründen (BaFin

Emittentenleitfaden Modul C, Stand: 25.3.2020, S. 14, abrufbar über die Internetseite der Bundesanstalt für Finanzdienstleistungsaufsicht https://www.bafin.de/). Insiderinformationen sind gem. Art. 17 MAR „so bald wie möglich" der Öffentlichkeit bekannt zu geben. Allerdings hat diese öffentliche Bekanntgabe bestimmten Kriterien zu genügen. Eine unrechtmäßige Weitergabe von Insiderinformationen dagegen kann gem. Art. 14 lit. c MAR iVm § 119 Abs. 3 WpHG strafbar sein. Alle Parteien haben daher ein starkes Interesse daran, das Bestehen der Vertragsverhandlungen zunächst geheim zu halten.

4. **Vertrauliche Informationen des Bieters.** Es kann vorkommen, dass auch der potenzielle Käufer im Rahmen der Vertragsverhandlungen viele sensible Informationen offenlegen muss oder will. Das ist insbesondere dann der Fall, wenn bereits bei der Vorbereitung der Transaktion von beiden Parteien gemeinschaftlich geprüft wird, ob und wie sich das Zielunternehmen beim potenziellen Käufer in den laufenden Geschäftsbetrieb und/oder in die Unternehmensstruktur eingliedern lässt. Selbst wenn solche Erwägungen nicht konkret Gegenstand der Vertragsverhandlungen sind, so lassen sich häufig aus den vom Käufer gestellten Fragen Rückschlüsse auf seinen Geschäftsbetrieb und seine strategischen Pläne ableiten. Um den potenziellen Käufer angemessen zu schützen, kann daher auch für vertrauliche Informationen des Käufers eine Geheimhaltungspflicht vereinbart werden.

5. **Organisatorische Maßnahmen bei der Übermittlung von Insiderinformationen.** Werden im Datenraum auch Insiderinformationen offengelegt, so müssen zusätzlich noch die spezifischen Vorgaben der MAR berücksichtigt werden, beispielsweise das Führen von Insiderlisten oder die Berücksichtigung bestimmter Meldepflichten (Söhner BB 2017, 259).

6. **Datenraum.** Die Einrichtung eines elektronischen Datenraums hat sich inzwischen zum Standard entwickelt. Sie bietet den Vorteil, dass von verschiedenen Orten auf den Datenraum zugegriffen werden und der Zugriff zeitlich flexibel erfolgen kann. Hierzu hat sich eine Vielzahl von Dienstleistern etabliert, die insbesondere ein professionelles Dokumenten- und Rechtemanagement erlauben. Ein solcher Dienstleister wäre als Auftragsverarbeiter (→ Form. G. I.) ebenfalls zur Vertraulichkeit zu verpflichten. Aber auch die Einrichtung von physischen Datenräumen ist noch üblich. Sie bieten den Vorteil, dass der Zugriff auf die Dokumente besser kontrolliert werden kann. Ferner können in einem physischen Datenraum auch die originalen Dokumente und nicht lediglich Kopien eingesehen werden. So kann sich der Bieter von der Authentizität der Dokumente und von der Erfüllung von Formerfordernissen (insbesondere der Schriftform) überzeugen. Und nicht zuletzt erspart die Bereitstellung von Unterlagen in einem physischen Datenraum den Aufwand, diese in eine digitale Form zu überführen und in einer einheitlichen Struktur abzulegen (sofern die Dokumente nicht bereits strukturiert in digitaler Form vorliegen).

7. **Technische Maßnahmen zum Schutz vertraulicher Daten.** Beruft man sich für die Übermittlung personenbezogener Daten auf Art. 6 Abs. 1 S. 1 lit. f DS-GVO, so ist es wichtig, den Eingriff durch bestimmte organisatorische Maßnahmen so gering wie möglich zu halten. Hierzu kann im Rahmen der Due Diligence vorgesehen werden, dass nur bestimmte Personen Zugriff auf diese Daten erhalten. Ferner können technische Maßnahmen vorgesehen werden, die gewährleisten, dass Daten nicht in großem Umfang vom Bieter erhoben und gespeichert werden können. Bei besonders sensiblen Daten wird daher nur ein physischer Datenraum zur Verfügung gestellt.

*Abedin*

Bei elektronischen Datenräumen wird häufig versucht, bestimmte Funktionalitäten für alle Dokumente oder für bestimmte Dokumente auszuschalten. Beispielsweise kann der Datenraum so konfiguriert werden, dass die Funktionen zum lokalen Abspeichern oder Drucken von Dokumenten ausgeschaltet sind. Allerdings ist zu berücksichtigen, dass sich solche Maßnahmen mit geringem technischem Know-how umgehen lassen. Die zusätzliche vertragliche Verpflichtung auf die Vertraulichkeit soll daher das Bewusstsein für den Schutz dieser Daten erhöhen und (insbesondere, wenn Vertragsstrafen vereinbart werden) abschreckend wirken.

**8. Umfang technischer Beschränkungen.** Ob und inwieweit solche Vorgaben zu machen sind, muss der Verkäufer (ggf. je nach Art der betroffenen Daten unterschiedlich) im Einzelfall entscheiden. Je größer die technischen Beschränkungen, desto aufwändiger und schwieriger ist die Durchführung der Due Diligence. Hierdurch steigen in der Regel die Kosten für die Durchführung oder die Qualität des Due-Diligence-Berichts sinkt. Dies kann also die Transaktion bremsen oder potenzielle Bieter abschrecken.

Zudem sollten die Beschränkungen auch nicht derart gestaltet sein, dass sie erst den Anlass für Umgehungsversuche geben. Wird nur ein physischer Datenraum zur Verfügung gestellt, dann ist die Versuchung groß, dass einzelne oder alle Dokumente abfotografiert werden, damit diese später in größerer Ruhe ausgewertet werden können. So wären sie dann komplett der Kontrolle durch den Datenraumbetreiber entzogen. Wird ein elektronischer Datenraum derart im Zugang beschränkt, dass zu wenig Personen einen eigenen Zugang erhalten, dann setzt man auch damit einen Anreiz, dass Zugangsdaten für den Datenraum unter den Beratern des Kaufinteressenten unkontrolliert herumgereicht werden. Auch hier gilt also der Grundsatz „nach fest kommt kaputt“. Daher sollten die Maßnahmen so geplant werden, dass Kaufinteressenten angemessenen aber dennoch ausreichend kontrollierten Zugang erhalten.

**9. Roter und grüner Datenraum.** Die Aufteilung des Datenraums in einen roten und einen grünen Datenraum wird vorgenommen, um Daten mit unterschiedlich großem Geheimhaltungsinteresse adäquat verwalten zu können. Teilweise werden im Rahmen der Due Diligence Dokumente geprüft, die auch allgemein (vollständig oder teilweise) zugänglich sind. Dazu gehören häufig die Satzung einer GmbH, die Gesellschafterliste, Jahresberichte, Patente und Marken. Daneben gibt es weitere Informationen, die je nach Einzelfall weniger sensibel sein können, etwa Kundenlisten und Auftragsbestand bei Unternehmen im B2B-Bereich. Schließlich werden im grünen Datenraum häufig Dokumente bereitgestellt, die zwar sensible Informationen enthalten, die jedoch durch umfangreiche Schwärzungen entschärft wurden.

**10. Einsatzmöglichkeiten des roten Datenraums.** Der rote Datenraum bietet die Möglichkeit, Informationen bereit zu halten, die entweder nur einem beschränkten Personenkreis zur Verfügung gestellt oder erst in einer späten Phase der Transaktion für alle Berater des Bieters geöffnet werden sollen. Im zweiten Fall hat sich der Bieter bereits durch die Due Diligence einen weitgehenden Eindruck von dem Zielunternehmen verschafft. Es geht in diesem Fall nur noch darum, spezifische Fragen oder Risiken zu klären.

**11. Nutzungsbeschränkungen für den roten Datenraum.** Der Zugang zum roten Datenraum kann auch derart gestaltet sein, dass die zugelassenen Berater in den hinterlegten Dokumenten nur bestimmte Fragen untersuchen dürfen, im Übrigen keine weiteren Informationen aus den Dokumenten aufnehmen oder weitergeben dürfen. Dieses Vorgehen kann sinnvoll sein, wenn das Schwärzen der Unterlagen nicht zielführend ist. Werden in einem Dokument umfangreiche Schwärzungen vorgenommen, um sensible Informationen zu schützen, ist es dem potenziellen Käufer und seinen Beratern nicht mehr möglich zu beurteilen, ob und in welchem Umfang in den geschwärzten Teilen Verbindlichkeiten oder Risiken enthalten sind, die für die Transaktion von Bedeutung wären. Beispielsweise können Technologielizenzverträge umfangreiche technische Anhänge oder Preiskalkulationen enthalten. Will man diese schwärzen (was nicht unüblich ist), so findet sich im Datenraum ein Dokument mit vielen Seiten geschwärzter Information.

**12. Prävention von Leaks.** Bei großen Transaktionen mit vielen Beteiligten und sensiblen Inhalten wird versucht, „Leaks" durch durchgehende Kontrolle zu verhindern. Durch eine durchgängige Dokumentation von Zugriffen will man erreichen, genau nachvollziehen zu können, wo die Quelle eines Datenlecks liegt. Hierzu wird genau erfasst, wer wann welche Dokumente abgerufen hat. Sämtliche abgerufenen Dokumente werden mit einem Wasserzeichen und einem persönlichen Stempel versehen, der den Namen und die E-Mail-Adresse der abrufenden Person, die Zeit des Abrufs/Downloads sowie den Dokumentennamen und die Dokumentennummer enthalten kann. Werden geleakte oder „im Zug vergessene" Dokumente gefunden, soll sich so nachvollziehen lassen, wer für den Fehler verantwortlich ist. Aus datenschutzrechtlicher Sicht ist hier zwischen der Protokollierung von Zugriffen auf der einen Seite und der Identifizierung abgerufener Dokumente durch einen persönlichen Stempel auf der anderen Seite zu unterscheiden. Die mit einem entsprechenden Stempel versehenen Dokumente liegen bestimmungsgemäß nur bei dem Betroffenen selbst vor, der diese Dokumente abgerufen hat. Er bestimmt also über die dadurch ermöglichte Datenverarbeitung. Problematisch kann dagegen die Protokollierung von Zugriffen in Verbindung mit dem Namen der zugreifenden Person und den Zugriffszeiten sein. Die Frage nach der Zulässigkeit einer solchen Maßnahme kann nicht pauschal beantwortet werden. Ein solches Vorgehen kann zB zum Schutz berechtigter Interessen des Verkäufers gem. Art. 6 Abs. 1 S. 1 lit. f DS-GVO zulässig sein. Zudem kann eine solche Maßnahme im Rahmen der Zugriffs- oder Weitergabekontrolle sogar geboten sein, wenn personenbezogene Daten Dritter im Datenraum abrufbar sind. Die Zulässigkeit dieser Maßnahme wäre deshalb im Einzelfall zu prüfen.

**13. Einzelverträge mit Nutzern des Datenraums.** Teilweise fordert der Verkäufer von jedem Nutzer des Datenraums die Unterzeichnung einer eigenständigen Verschwiegenheitsvereinbarung, um die Mitarbeiter des Bieters und seiner Berater noch einmal besonders für die Vertraulichkeit zu sensibilisieren. Werden, wie in § 2 Abs. 4 der Vereinbarung vorgeschlagen, auch personenbezogene Daten erhoben, kann den Betroffenen gleichzeitig mit dieser Vereinbarung eine Datenschutzerklärung übersandt werden.

**14. Berufsrechtliche Pflicht zur Verschwiegenheit.** Berufsrechtlich zur Verschwiegenheit verpflichtete Berater (also insbesondere Rechtsanwälte gem. § 43a Abs. 2 S. 1 BRAO, Steuerberater gem. § 57 Abs. 1 StBerG und Wirtschaftsprüfer gem. § 43 Abs. 1 WPO) sind geübt im Umgang mit vertraulichen Daten. Die Beschränkung auf diese Berater soll dabei helfen, einen besseren Schutz für diese Daten zu erreichen. Ggf. benötigt der Käufer im Rahmen der Due Diligence weitere Berater, die nicht berufsrechtlich zur Verschwiegenheit verpflichtet sind. Insbesondere werden häufig im Rahmen der „technischen Due Diligence" weitere technische Berater benötigt. Sollte dies der Fall sein, muss das im Einzelfall angemessen berücksichtigt werden. Diesen Beratern sollte gleichwohl kein Zugang zum gesamten Datenraum gewährt werden, sondern lediglich zu den technisch relevanten Daten. Unter Umständen können sich die Parteien darauf einigen, dass die technischen Berater vom Verkäufer beauftragt werden.

**15. Kreis der möglichen Empfänger.** In den meisten Fällen wird es nicht ausreichen, wenn die Geschäftsführung des Kaufinteressenten Einblick in die Ergebnisse der Due Diligence erhält. Zu den typischen Beschränkungen der Geschäftsführer- und Vorstandskompetenzen im Innenverhältnis gehört bei Unternehmen die Vorgabe, dass Unternehmensübernahmen nur mit Zustimmung der Gesellschafter/Aktionäre erfolgen dürfen. Um über diese Zustimmung entscheiden zu können, ist der Einblick in die Ergebnisse der Due Diligence erforderlich. Auch weitere Beteiligte, etwa die finanzierenden Banken, können ein eigenständiges Interesse daran haben, die Ergebnisse der Due Diligence oder gar Kopien einzelner Dokumente zu erhalten. Da dies schon von Beginn an absehbar ist, sollte auch diese Art der Informationsweitergabe in dem Vertrag adressiert werden. Das aktuelle Muster bietet einen generischen Formulierungsvorschlag, bei dem Einzelheiten erst in Zukunft festgelegt werden. So soll erst nach pflichtgemäßem Ermessen entschieden werden, ob, wann und an wen Informationen weitergegeben werden dürfen. Sollte aber schon bei Abschluss des NDA bekannt sein, dass beispielsweise bestimmte oder alle Gesellschafter des Kaufinteressenten Einblick in bestimmte oder alle Daten erhalten sollen, so kann dies natürlich an dieser Stelle im Vertrag direkt mit festgelegt werden.

**16. Auditrecht.** In anderen Verschwiegenheitsverpflichtungen kann einer Partei das Recht eingeräumt werden, sich durch einen Audit davon zu überzeugen, dass die eigenen vertraulichen Informationen vollständig gelöscht wurden oder sonst ordnungsgemäß verwahrt und insbesondere nicht zu rechtswidrigen Zwecken eingesetzt werden. Bei technischem Know-how kann in einem Audit zu einem gewissen Grad nachvollzogen werden, ob und inwieweit es rechtswidrig weiterverwendet wird. Bei Informationen, die in einem Due-Diligence-Prozess erhoben und verarbeitet werden, würde eine solche Aufgabe deutlich schwerer fallen. E-Mail-Korrespondenz sowie interne Berichte und Präsentationen sind stark verteilt und unterliegen automatischen Archivierungsvorgängen (Picot M&A-HdBS. 182). Damit wird die Erfüllung der Löschverpflichtung praktisch nicht zu kontrollieren sein. Aus diesem Grund wurde in diesem Muster auf ein entsprechendes Auditrecht verzichtet.

**17. Mitarbeiter des Transaktionsobjekts.** Ob und in welchem Umfang Mitarbeiter des Zielunternehmens in die Vorbereitung der Transaktion einbezogen werden, ist sehr unterschiedlich. In der Regel will man die eigenen Mitarbeiter nicht unnötig durch die Ankündigung einer möglichen Transaktion verunsichern. Ferner wird die mögliche Transaktion auch vor den eigenen Mitarbeitern geheim gehalten, um so die Vertraulichkeit im Allgemeinen besser zu schützen. Letztlich obliegt es dem Verkäufer festzulegen, welche seiner Mitarbeiter er wann und wie über die mögliche Transaktion informieren will.

**18. Ausnahmen von der Vertraulichkeit.** Die Verpflichtung zur Vertraulichkeit ist insoweit einzuschränken, als rechtliche Verpflichtungen, insbesondere behördliche oder gerichtliche Anordnungen, zur Offenlegung bestehen. Eine vertragliche Klarstellung schützt die beteiligten Parteien. Im Gegenzug sollte eine Pflicht zur Mitteilung einer geplanten oder bereits erfolgten Offenlegung an die jeweils andere Partei aufgenommen werden (v. Werder/Kost BB 2010, 2903 (2909)). In manchen Vereinbarungen finden sich Regelungen dazu, ob und inwieweit Rechtsmittel einzulegen sind, wenn von öffentlichen Stellen die Offenlegung von Informationen verlangt wird und ob/wie die Kosten des Rechtmittelverfahrens zwischen den Parteien aufzuteilen sind. Die Pflicht, die andere Partei über eine geplante oder bereits erfolgte Mitteilung zu informieren, kann problematisch sein, wenn eine Mitteilung gesetzlich verboten ist, zB bei einer Meldung nach dem Geldwäschegesetz (s. § 12 Abs. 1 GwG). Daneben können auch Hinweisgeber Meldungen unter dem Schutz des HinSchG machen. Sofern die Voraussetzungen des HinSchG erfüllt sind, sind Repressalien gegen die offenlegenden Hinweisgeber ausdrücklich gesetzlich untersagt (§§ 36 f. HinSchG).

**19. Ad-hoc-Publizität gem. Art. 17 MAR.** Gem. Art. 17 MAR sind Insiderinformationen „so bald wie möglich“ der Öffentlichkeit bekannt zu geben. Der M&A-Prozess ist in der Regel das, was in den Erwägungsgründen zur MAR als gestreckter Vorgang bezeichnet wird, da über zeitlich gestreckte Einzelschritte Entscheidungen getroffen werden, die jeweils für sich markterheblich sein können. Mit jedem Schritt wird die Wahrscheinlichkeit, dass die Transaktion durchgeführt wird, erhöht. Es kann dagegen nicht ein einziger Akt festgemacht werden, der als einziger eine marktrelevante Bedeutung hat (Erwgr. 16 zur MAR). Die Parteien müssen daher gemeinsam eruieren, ab wann die Vertragsverhandlungen so konkret geworden sind, dass sie eine Pflicht zur Ad-hoc-Publizität gem. Art. 17 MAR begründen.

**20. Vertragsstrafen.** Zur Frage der AGB-rechtlichen Zulässigkeit von Vertragsstrafen mit einer alternativen, ausführlicheren Formulierung einer Vertragsstrafenklausel → Form. C. VII.5., § 4; → Form. C. VII.6., § 8. Ob die Vereinbarung einer Vertragsstrafe sinnvoll ist, muss von Fall zu Fall einzeln entschieden werden. Je nach ausgetauschten Daten unterliegt die vertragswidrige Weitergabe von Informationen bereits strafrechtlicher Sanktionen aus dem Gesetz. Das gilt regelmäßig insbesondere für die rechtswidrige Weitergabe oder Nutzung von Insiderinformationen (§§ 119, 120 WpHG) und personenbezogenen Daten (§§ 41–43 BDSG). Die Vereinbarung einer Vertragsstrafe kann daher insbesondere sinnvoll sein, wenn nicht die Verletzung einer gesetzlichen Verschwiegenheitspflicht befürchtet wird, sondern dass Geschäftsgeheimnisse der offenbarenden Partei von der anderen Partei vertragswidrig für eigene Zwecke verwertet werden. Allerdings hat sich der Schutz von Geschäftsgeheimnissen durch die Einführung des GeschGehG deutlich verbessert. Nunmehr kann der Inhaber von Geschäftsgeheimnissen, ähnlich wie im Urheberrecht der Urheber, von einem Verletzer Unterlassung, Auskunft, Schadensersatz und diverse weitere Rechte einfordern (s. §§ 6 ff. GeschGehG).

**21. Allgemeine und spezielle Vertragsstrafe.** Die Formulierung ist hier allgemein gehalten. Da sie auch kleinere Verstöße umfasst, kann der Betrag der Vertragsstrafe nicht zu hoch angesetzt werden. Um den Verkäufer auch bei schwerwiegenden Verstößen angemessen zu schützen, kann für bestimmte Verstöße eine abweichende, deutlich höhere Vertragsstrafe festgelegt werden.

**22. Mehrfachverstöße.** Wann bei mehrfachen oder länger anhaltenden Verstößen die Vertragsstrafe mehrfach verwirkt wird, muss nach der Rechtsprechung des BGH durch Auslegung des Vertrages ermittelt werden (BGH 25.1.2001 – I ZR 323/98,

NJW 2001, 2622). Daher bietet sich eine ausdrückliche Regelung im Vertrag an (BeckFormB BHW/Meyer-Sparenberg Form. II.11. Anm. 5).

**23. Schiedsgerichtsbarkeit.** Das schiedsgerichtliche Verfahren ist in Deutschland gesetzlich geregelt im zehnten Buch der ZPO (§§ 1025 ff. ZPO). Eine Schiedsvereinbarung erlaubt den Ausschluss der staatlichen Gerichtsbarkeit durch Parteivereinbarung (Musielak/Voit ZPO § 1025 Rn. 1). Zu den Vorteilen eines Schiedsverfahrens wird insbesondere die Möglichkeit gezählt, vorbehaltlich der zwingenden Vorschriften der ZPO das Verfahren selbst oder durch Bezugnahme auf eine schiedsrichterliche Verfahrensordnung zu regeln (§ 1042 Abs. 3 ZPO). So ist es insbesondere üblich, das gesamte Schiedsverfahren vertraulich durchzuführen und die an dem Verfahren Beteiligten (auch Zeugen und Sachverständige) zur Verschwiegenheit zu verpflichten (s. zB Art. 44 DIS-Schiedsgerichtsordnung, abrufbar über die Internetseite der Deutschen Institution für Schiedsgerichtsbarkeit www.disarb.org). In der ordentlichen Gerichtsbarkeit ist das gesamte Verfahren, einschließlich der Urteilsverkündung, grundsätzlich öffentlich durchzuführen (§ 169 GVG). Zwar kann auch in der ordentlichen Gerichtsbarkeit das Gericht für die Verhandlung oder für einen Teil davon die Öffentlichkeit ausschließen, wenn „ein wichtiges Geschäfts-, Betriebs-, Erfindungs- oder Steuergeheimnis zur Sprache kommt, durch dessen öffentliche Erörterung überwiegende schutzwürdige Interessen verletzt würden" (§ 172 Nr. 2 GVG). Gleichwohl bleibt es von Vorteil, wenn diese Frage dem Ermessen des Gerichts entzogen und a priori festgelegt wird.

Aus der Natur der Sache ergibt sich bei einem NDA, dass Streitigkeiten vorzugsweise unter Ausschluss der Öffentlichkeit von einem Schiedsgericht abschließend entschieden werden sollten. Üblicherweise wird auf die Schiedsordnung einer bestehenden Schiedsorganisation zurückgegriffen. In Deutschland wird häufig auf die Deutsche Institution für Schiedsgerichtsbarkeit eV (DIS) in Köln zurückgegriffen (siehe zB BeckFormB BHW/Risse Form. XII.2.). Den Parteien steht es dabei aber auch frei, jede andere Schiedsordnung einer nationalen oder internationalen Organisation zu vereinbaren (§ 1042 ZPO). Ebenso kann auch die Anwendung einer ausländischen Rechtsordnung (§ 1051 ZPO) oder die Durchführung im Ausland vereinbart werden (§ 1043 ZPO). Das ist insbesondere dann hilfreich, wenn Verkäufer und Bieter ihren Sitz nicht in dem gleichen Land haben, in dem die Zielgesellschaft ihren Sitz hat.

## V. Gemeinsam für die Verarbeitung Verantwortliche (Art. 26 DS-GVO)

In Art. 26 DS-GVO werden Voraussetzungen und Rechtsfolgen von gemeinsam für die Verarbeitung Verantwortlichen näher ausgeführt. Besondere Praxisrelevanz hat die gemeinsame Verantwortung erlangt, nachdem der EuGH in mehreren Entscheidungen den Anwendungsbereich deutlich ausweitete (EuGH 5.6.2018 – C-210/16, ZD 2018, 357 mAnm Marosi/Schulz – Facebook Fanpages/Wirtschaftsakademie Schleswig-Holstein; EuGH 10.7.2018 – C-25/17, ZD 2018, 469 mAnm Hoeren – Zeugen Jehovas; EuGH 29.7.2019 – C-40/17, ZD 2019, 455 mAnm Hanloser – Like Button/FashionID; weiterführend und teilweise weiter verfeinernd die neuen Entscheidungen: EuGH 5.12.2023 – C-683/21, ZD 2024, 209 mAnm Schneider – NZÖG; EuGH 11.1.2024 – C-231/22, ZD 2024, 274 – Moniteur Belge; EuGH 7.3.2024 – C-604/22, ZD 2024, 328 mAnm Halim/Marosi – IAB Europe, zu letzterem ausführlich → Form. I. VI.). Die Urteile des EuGH machten aus dem Nischenthema in DS-RL/BDSG aF (grundlegend Lachenmann Datenübermittlung im Konzern S. 49 ff.) einen neuen „Dauerbrenner". Aufgrund der rauen Konturen der EuGH-Rechtsprechung (vgl auch Halim/Marosi ZD 2024, 274 (334): „EuGH der gemeinsamen Verantwortlichkeit nur bedingt klarere Grenzen geben wird"), auch in neueren Entscheidungen, führt dies zu diversen Lösungsvorschlägen in der Literatur und derzeit zu „Wildwuchs" in der Praxis. Das praktische Bedürfnis für Verträge über die gemeinsame Verantwortung ist also stark angestiegen. Dennoch sollte nicht vorschnell eine gemeinsame Verantwortung festgelegt werden. Vielmehr ist sorgfältig zu prüfen, ob ein Anwendungsfall der gemeinsamen Verantwortung vorliegt, bevor die individuell passenden vertraglichen Regelungen festgelegt werden können. Nachfolgend sollen zur Einordnung der dargestellten Muster zunächst die Konzeption der DS-GVO und die Entscheidungen des EuGH dargestellt werden, bevor die Rechtsfolgen beschrieben werden.

**Nicht jede Verarbeitung von Daten durch mehrere Stellen stellt eine gemeinsame Verantwortung dar,** was gerade aufgrund der EuGH-Urteile zu betonen ist. Zunächst gilt: Gemeinsam für die Verarbeitung verantwortlich sind nach Art. 4 Abs. 7 DS-GVO zwei oder mehr Verantwortliche, die gemeinsam (also „nicht allein" oder „mit anderen", EDSA Leitlinien 07/2020 zu den Begriffen „Verantwortlicher" und „Auftragsverarbeiter" in der DSGVO Version 2.0 v. 7.7.2021 Nr. I. 2) über Zwecke und Mittel der Verarbeitung bestimmen (Art. 26 Abs. 1 S. 1, Art. 4 Abs. 7 DS-GVO). Damit wird keine neue Rechtspersönlichkeit geschaffen, sondern lediglich die gemeinsame Verarbeitung geregelt (bereits Monreal CR 2019, 797 (805)). Soweit der Tatbestand innerhalb der DS-GVO; alles weitere ist Rechtsfolge. Daneben steht als gesondertes Konstrukt die Auftragsverarbeitung nach Art. 28, Art. 4 Nr. 8 DS-GVO, für die auch weiterhin ein Anwendungsbereich verbleibt und verbleiben muss (vgl. zB EDSA Leitlinien 07/2020 zu den Begriffen „Verantwortlicher" und „Auftragsverarbeiter" in der DSGVO Version 2.0 v. 7.7.2021 Nr. I. 4; LfDI BW FAQ zur Abgrenzung der Verantwortlichkeiten und des Begriffs der Auftragsverarbeitung Nr. 16 ff.; Taeger/Gabel/Lang DS-GVO Art. 26 Rn. 25 f.). Ebenso kann eine getrennte, eigene Verantwortung einer anderen Stelle vorliegen (EDSA Leitlinien 07/

2020 zu den Begriffen „Verantwortlicher" und „Auftragsverarbeiter" in der DSGVO Version 2.0 v. 7.7.2021 Rn. 82). Es ist also zwischen einer Auftragsverarbeitung (bei der eine Stelle gem. Art. 4 Nr. 8 DS-GVO personenbezogene Daten im Auftrag des Verantwortlichen weisungsgebunden verarbeitet), einer getrennten Verantwortung (bei der die Verantwortlichen die Zwecke und Mittel einer Datenverarbeitung jeweils für sich gesondert bestimmen) sowie der gemeinsamen Verantwortung (bei der mehrere Stellen gemeinsam über Zwecke und Mittel der Verarbeitung bestimmen) zu unterscheiden. Eine gemeinsame Verantwortung liegt daher nicht vor, wenn ein Verantwortlicher die Daten an einen Dienstleister weitergibt und die Art und Weise der Verarbeitung vertraglich klar und mit Weisungsrechten niedergelegt ist (klassische Auftragsverarbeitung, wie zB bei Hosting oder Übersetzungsdienstleistungen). Anders kann die Rechtslage aber zu bewerten sein, wenn der Cloud-Dienstleister Telemetrie- oder sonstige Nutzungsdaten für eigene Zwecke erhebt, auswertet, insbesondere wenn Verarbeitungsergebnisse an den Auftraggeber zurückgesendet werden (vgl. zB Gerlach CR 2020, 165 (167ff.); EDSA Guidelines 01/2020 on processing personal data in the context of connected vehicles and mobility related applications Version 2.0 v. 9.3.2021 Rn. 98; ausführlich nachfolgend). In diesen Fällen ist die Fallgestaltung individuell zu prüfen, da auch eine getrennte Verantwortung angenommen werden kann.

Für die **Ermittlung, wann eine gemeinsame Verantwortung vorliegt,** können zwei Anwendungsbereiche unterschieden werden: einerseits bestehen **„klassische" Fälle,** wenn es primäres Ziel mehrerer Verantwortlicher ist, gemeinsam über Zwecke und Mittel zu bestimmen. Besteht bei allen beteiligten Stellen gleichermaßen das Interesse, dass jede Stelle die Möglichkeit hat, Einfluss auf die konkrete Datenverarbeitung zu nehmen, kann die gemeinsame Bestimmung der Zwecke und Mittel sinnvoll sein. Ein klassischer Anwendungsfall der gemeinsamen Verantwortung ist es bspw., wenn in einer konzerninternen Datenbank (etwa das Kontaktverzeichnis oder ein CRM-System, das nicht nur an die Konzerngesellschaften unter Wahrung der Mandantentrennung bereitgestellt wird) die beteiligten Konzernunternehmen gleichberechtigt über die Inhalte der Verarbeitung bestimmen, weil jedes Konzernunternehmen autorisiert ist, selbstständig und nach eigenem Ermessen personenbezogene Daten einzutragen und zu verändern. Darüber hinaus kann als **neuer Anwendungsfall** eine gemeinsame Verantwortung vorliegen, wenn die durch den EuGH aufgestellten Kriterien einschlägig sind. Die Reichweite der EuGH-Kriterien und deren Folgen sind noch Gegenstand der rechtswissenschaftlichen Diskussion, ohne dass sich ein klares Meinungsbild herausgeschält hätte (zB einerseits „würde die Verantwortlichkeit ins Unendliche ausdehnen" Schulz ZD 2018, 363 (364); andererseits „klare Linie in der Rechtsprechung" Monreal CR 2019, 797 (798); vgl. die umfangreiche Darstellung bei BeckOK DatenschutzR/Spoerr DS-GVO Art. 26 Rn. 16ff.). Der Rahmen der Festlegung der Reichweite reicht von der Annahme, dass eine geringfügige Einwirkung auf die Datenverarbeitung ausreiche (Lezzi/Oberlin ZD 2018, 398 (400)), hin zu einer Beschränkung auf eine kooperative Determinierung des Zielzustandes (zB Paal/Pauly/Martini DS-GVO Art. 26 Rn. 21). Den Anwender stellt das aktuell vor große Herausforderungen. Untenstehende Tabelle → Form. G. V. 1. soll dazu dienen, eine Einordnung des Sachverhalts und der möglichen Folgen in der Praxis zu ermöglichen. Zunächst sind aber die EuGH-Kriterien näher darzustellen.

Bei der Frage einer Festlegung von Verantwortung für mehrere abgrenzbare Verarbeitungsvorgänge entschied sich der EuGH zunächst nicht dafür, eine abgestufte

Verantwortung mit einer Unterteilung nach den Verarbeitungsschritten anzunehmen (dazu Lachenmann Datenübermittlung im Konzern S. 46 ff.). Stattdessen entschied der EuGH in Rn. 35 ff. der Entscheidung „Facebook Fanpages" bzw. „Wirtschaftsakademie", dass mehrere Stellen für eine Datenverarbeitung gemeinsam verantwortlich seien, wenn nur ein Verantwortlicher eine Datenverarbeitung auf dem Angebot eines anderen Verantwortlichen initiiere und dadurch eine „Parametrierung" der Daten ermöglicht, die weitere Entscheidungen über die Datenverarbeitung erlaube. Vorrangige Elemente sind hier noch die kausale Ermöglichung einer Datenverarbeitung durch einen Verantwortlichen, um dadurch unmittelbar von der Verarbeitung zu profitieren, selbst wenn kein Zugriff auf die verarbeiteten personenbezogenen Daten besteht. In der Entscheidung „Zeugen Jehovas" ergänzte der EuGH in Rn. 63 ff., dass es ausreichend sei, dass ein Verantwortlicher abstrakten Einfluss auf die Mittel und Zwecke der Verarbeitung durch Organisation und Koordination nehme und anschließend anonyme Informationen erhalte, wenn übereinstimmende Interessen hinsichtlich der Verarbeitung bestünden. In seinem Urteil zu dem Komplex, iS Facebook-Like-Button, nahm der EuGH leichte Verfeinerungen an seiner Rechtsprechung vor, wohl auch aufgrund der zutreffenden Kritik des GA Bobek, der auf die Problematik hinwies, dass durch die Ausweitung einer gemeinsamen Verantwortung die Verantwortung konturloser würde (GA Bobek Stellungnahme v. 19.12.2018 – C-40/17, BeckRS 2018, 32835 Rn. 92). Der EuGH bestätigte zwar, dass eine gemeinsame Verantwortung in Fällen verbundener Verarbeitungsvorgänge bestehen könne und ein Bezug auf verschiedene Phasen ausreichend sei, also kein gemeinsamer Entscheidungsprozess notwendig sei (EuGH 29.7.2019 – C-40/17, NJW 2019, 2755 Rn. 72 f.). Er bestimmte jedoch den Rahmen insofern näher, als die gemeinsame Verantwortung nur bis zu dem Zeitpunkt reiche, an dem die Übertragung an einen anschließend alleinig entscheidenden Verantwortlichen abgeschlossen ist (Rn. 137 f.). Kritisch bleibt, dass eine wechselseitige Förderungswirkung (zB eine Übereinkunft über eine Datenverarbeitung zur Erreichung eines wirtschaftlichen Vorteils, Rn. 80) für die Annahme einer gemeinsamen Verantwortung ausreichen soll, selbst wenn eine Stelle Hauptprofiteur ist (vgl. Hanloser ZD 2019, 458 (459); BeckOK DatenschutzR/Spoerr DS-GVO Art. 26 Rn. 17).

Zusammenfassend können für die **indirekte Anwendung** der gemeinsamen Verantwortung **folgende Kriterien** festgelegt werden (orientiert an der Gliederung des EDSA Leitlinien 07/2020 zu den Begriffen „Verantwortlicher" und „Auftragsverarbeiter" in der DSGVO Version 2.0 v. 7.7.2021 Nr. I. 3.2.2):

**Gemeinsam festgelegte Mittel der Verarbeitung:** Zunächst ist eindeutig, dass zumindest zwei Parteien Einfluss auf die Mittel ausüben müssen, wobei unterschiedliche Stufen und Grade der Bestimmung der Mittel möglich sind. Nicht jede Infrastrukturnutzung bedeutet eine gemeinsame Verantwortung, wenn die Verarbeitung getrennt erfolgt. Eine gemeinsame Festlegung der Mittel liegt daher auf Basis der EuGH-Rechtsprechung auch vor, wenn bereits durch die Entscheidung über die Nutzung einer bestimmten Verarbeitungsmethode/einer Software ein maßgeblicher Einfluss auf die weitere Verarbeitung ausgeübt wird (zB durch das Anlegen einer Website auf fremder Infrastruktur, Festlegung von Tabellen zur Datenerhebung oder Einbindung eines Plugins auf eine Website). Maßgebliches Kriterium ist damit nicht, ob genaue technische Abläufe kontrolliert werden können oder eine Stelle an der Verarbeitung beteiligt ist (bereits Artikel-29-Datenschutzgruppe WP 169 S. 14; Ehmann/Selmayr/Klabunde DS-GVO Art. 4 Rn. 36; Monreal CR 2019, 797 (802)).

Dennoch können bei einer Auftragsverarbeitung die Mittel gemeinsam oder vom Auftragsverarbeiter festgelegt werden und – aufgrund der Bestimmung über die Zwecke der Verarbeitung durch den Auftraggeber – dennoch keine gemeinsame Verantwortung darstellen. Entscheidend ist damit, wann gemeinsam über die Zwecke der Verarbeitung bestimmt wird.

**Gemeinsame Bestimmung über die Zwecke der Verarbeitung:** Neben den eindeutig gemeinsam festgelegten Zwecken ist dieses Merkmal inzwischen auch erfüllt, wenn die Parteien Interessen verfolgen, die miteinander eng verbunden sind und sich gegenseitig mit dadurch entstehendem gegenseitigem Nutzen ergänzen oder gemeinsame ökonomische Interessen vorliegen. Dennoch liegt noch kein gemeinsamer Zweck vor, wenn aus der Zusammenarbeit nur gegenseitige Vorteile entstehen (zB bei Bezahlung für erbrachte Dienstleistungen durch einen Dienstleister, vgl. EDSA Leitlinien 07/2020 zu den Begriffen „Verantwortlicher" und „Auftragsverarbeiter" in der DSGVO Version 2.0 v. 7.7.2021 Rn. 62: „bloße Existenz eines beiderseitigen Vorteils (z.B. kommerzieller Art)"). Es müssen also weitere Elemente über die bloß gegenseitigen wirtschaftlichen Vorteile hinaus vorliegen. Entscheidend hierfür soll es laut EDSA sein, dass ein Verantwortlicher von der Festlegung der Zwecke eines Verarbeitungsvorgangs mit mehreren Parteien ein Verantwortlicher durch die Verarbeitung des anderen Verantwortlichen Vorteile erhält („Einfluss auf die Mittel der Verarbeitung ausgeübt", Rn. 63), also eine Verbindung zwischen den Verarbeitungsaktivitäten vorliegt. Solche gemeinsamen Zwecke können vorliegen, wenn die Einbindung eines Plug-ins auf einer Website dem Website-Betreiber hilft, ein besseres Marketing oder eine größere Reichweite zu erreichen oder wenn Statistiken erstellt werden, die dem Bereitsteller der Software zur Ermittlung von möglichen Verbesserungen dienen und das beauftragende Unternehmen diese Statistiken erhält, um so die eigenen Aktivitäten prüfen oder verbessern zu können (Rn. 60). Zu den praktischen Folgen daraus → Form. G. V.1. Anm. 2.

**Folge des Vorliegens einer gemeinsamen Verantwortung** ist laut DS-GVO, dass eine **Vereinbarung** zwischen den teilnehmenden gemeinsamen verantwortlichen Stellen festzulegen ist. Bei der Vereinbarung wird es sich in aller Regel um einen Vertrag handeln, in dem die Datenverarbeitungsvorgänge sowie die konkreten Verantwortlichkeiten für bestimmte Vorgänge (der „Rahmen" der Verantwortung) in transparenter Art und Weise beschrieben werden. Eine solche Vereinbarung muss nicht formell wie die Auftragsverarbeitung nach Art. 28 Abs. 3 DS-GVO getroffen werden. Eine Übereinkunft ist auch auf andere Weise, zB stillschweigend oder in AGB, möglich (vgl EuGH 5.12.2023 – C-683/21, ZD 2024, 209, laut dem die Einstufung von zwei Stellen als gemeinsam für die Verarbeitung Verantwortliche nicht voraussetzt, dass zwischen ihnen eine Vereinbarung besteht; daraus folgt, dass datenschutzrechtliche Verträge, nicht konstitutiv sind, sondern die tatsächlichen Umstände der Datenverarbeitung ausschlaggebend sind). Dabei ist insbesondere die Wahrnehmung der Rechte der Betroffenen mit Informationspflichten nach Art. 12 ff. DS-GVO zu berücksichtigen. Weiterhin kann eine Stelle als **Anlaufpunkt für die Betroffenen** ausgewählt werden (Art. 26 Abs. 1 S. 3 DS-GVO). Der abgeschlossene Vertrag muss die jeweiligen tatsächlichen Funktionen und Beziehungen der gemeinsam Verantwortlichen gegenüber betroffenen Personen gebührend widerspiegeln (Art. 26 Abs. 2 S. 1 DS-GVO). Gemeint ist, dass die Art und Weise, wie die Zuständigkeiten, dh die Aufgaben, zwischen den einzelnen gemeinsam für die Verarbeitung Verantwortlichen aufgeteilt werden, klar und eindeutig angegeben werden (EDSA

07/2020 zu den Begriffen „Verantwortlicher" und „Auftragsverarbeiter" in der DSGVO Version 2.0, Rn. 174); auf den „tatsächlichen Einfluss" abstellend GA Mengozzi Schlussantrag v. 1.2.2018 – C-25/17, BeckRS 2018, 646 Rn. 70; so bereits Artikel-29-Datenschutzgruppe WP 169 S. 29 f.). Der „Kern der Vereinbarung" ist den Betroffenen bereitzustellen, z.B. im Rahmen der Erhebung der Daten mit den Datenschutzinformationen (vgl. EDSA Leitlinien 07/2020 zu den Begriffen „Verantwortlicher" und „Auftragsverarbeiter" in der DSGVO Version 2.0 v. 7.7. 2021 Rn. 179). Erfasst werden sollen hierbei zumindest die Bestimmungen, die für den Betroffenen zur Gewährleistung der Transparenz notwendig sind (vgl zB Specht-Riemenschneider/Schneider MMR 2019, 503 (505)). Da die Pflicht zur Veröffentlichung des Kerns der Vereinbarung bußgeldbewehrt ist, sollte im Zweifel die gesamte vertragliche Vereinbarung veröffentlicht werden, um Streitigkeiten über des Vertrags Kern zu vermeiden. Die Einrichtung einer gemeinsamen Verantwortung bietet den Vorteil, dass mit einem klar definierten technisch-organisatorischen Aufwand eine Datenverarbeitung nach gemeinsam festgelegten Zwecken und Mitteln erfolgen kann. Durch die einmalige Festlegung der Verwendungsbestimmungen und die vertragliche Bindung der Parteien untereinander kann die Übermittlung der Daten zwischen den verschiedenen Stellen ermöglicht werden. Die Übermittlung der personenbezogenen Daten an die weiteren beteiligten Verantwortlichen bedarf nach denselben Maßstäben einer **Rechtsgrundlage,** ganz wie bei der Verarbeitung durch einen Verantwortlichen, die aber grundsätzlich einheitlich sein wird (Monreal CR 2019, 797 (805); aA zB Kremer CR 2019, 225 (233)). Anders kann das zu bewerten sein, wenn eine eigenständige Einheit, vergleichbar zu einer GbR, gebildet wird (vgl. Lachenmann Datenübermittlung im Konzern S. 99 ff.). Durch die gemeinsame Verantwortung können alle an den gemeinsamen Vorgängen Beteiligten gleichermaßen auf die genutzten Daten zugreifen, ohne dass ein umfangreiches Geflecht von Auftragsverarbeitungsvereinbarungen oder von Verträgen zur Übermittlung notwendig wäre. Aus der gemeinsamen Verantwortung ergeben sich mithin keine besonderen Einschränkungen der Rechte der Betroffenen, da über die Vereinbarung zwischen den gemeinsam Verantwortlichen die Einhaltung der Betroffenenrechte sichergestellt wird und alle beteiligten Stellen unabhängig voneinander über eine Rechtsgrundlage für die Verarbeitung verfügen.

Zur Kontrolle, ob die Konstruktion der gemeinsamen Verantwortung nur genutzt wird, wenn es tatsächlich indiziert ist, wird im nachfolgenden Muster eine Prüftabelle vorangestellt (→ Form. G. V.1.), die eine Einordnung ermöglicht, bevor ein abstraktes, allgemein einsetzbares Muster für eine vertragliche Vereinbarung dargestellt wird (→ Form. G. V.2.; ein weiteres Vertragsmuster zur gemeinsamen Verantwortlichkeit im Sonderfall des Online-Marketing unter → Form. I. VI.). Abschließend enthalten ist ein Muster für eine Information der Betroffenen über die gemeinsame Verantwortung (→ Form. G. V.3.).

## 1. Prüftabelle gemeinsam für die Verarbeitung Verantwortliche

Das folgende Dokument dient der Bewertung innerhalb des Unternehmens, ob bei einer Datenverarbeitung gemeinsam für die Verarbeitung Verantwortliche vorliegen oder ob es sinnvoll ist, eine gemeinsame Festlegung der Zwecke und Mittel zu treffen. Zudem kann so geprüft werden, welche Rechtsfolgen sich aus der gemeinsamen Verantwortung ergeben. Ermöglicht werden soll eine praktische Handhabung zur Verringerung des Verwaltungsaufwands bei der Umsetzung der Verarbeitung personenbezogener Daten, insbesondere in Konzernen.

Prüftabelle gemeinsame Verantwortung

Das Dokument unterstützt die Bewertung eines Datenverarbeitungsvorgangs in Bezug auf die Frage des Vorliegens von gemeinsam für die Verarbeitung Verantwortlichen (nachfolgend: „gemeinsame Verantwortung"; auch bekannt als „gemeinsame Verantwortlichkeit" oder „Joint Controllership"). So wird die Prüfung ermöglicht, ob ein Vertrag/eine Vereinbarung über die gemeinsame Verantwortung zu schließen ist oder ob ein vorgelegter Vertragsvorschlag den Vorgaben der DS-GVO genügt.

| | |
|---|---|
| Datum der Prüfung: | |
| Prüfung durchgeführt von: | |
| Name der Gesellschaft: | |
| Kontaktdaten des Datenschutzbeauftragten: | |

§ 1 Basisdaten zum Datenverarbeitungsprozess

| | |
|---|---|
| Bezeichnung des Verarbeitungsvorgangs bzw. der Verarbeitungsvorgänge: | |
| an der Datenverarbeitung beteiligte Stellen: | |
| (falls relevant:) gegenüber dem Unternehmen/den Betroffenen als Verantwortlicher genannt: | |

§ 2 Fragenkatalog zur Bestimmung der Verantwortlichkeit

Wenn nur eine der Fragen mit „ja" beantwortet wird, liegt wahrscheinlich eine gemeinsame Verantwortung vor. In diesem Fall sollte auch § 3 ausgefüllt werden. Wenn alle Fragen mit „nein" beantwortet werden, liegt wahrscheinlich ein Auftragsverarbeitungsverhältnis oder eine getrennte Verantwortung vor.

| Fragen | Antwort | Kommentar |
|---|---|---|
| Direkte Anwendung der gemeinsamen Verantwortung:[1] | | |
| Haben alle teilnehmenden Stellen die gleiche Rolle bei der Bestimmung der Zwecke der Verarbeitung, indem sie sich gemeinsam darauf einigen? | | |
| Gibt es eine gemeinsame Entscheidung zwischen uns und der anderen Partei über „wesentliche Elemente" der Mittel der Verarbeitung, zB „welche Daten werden verarbeitet", „wie lange werden die Daten verarbeitet", „wer hat Zugang zu den Daten"? | | |
| Darf jeweils eine der beteiligten Stellen Anweisungen an eine der anderen Stellen zur Verarbeitung geben, was sich auf die Verarbeitung durch jede andere beteiligte Partei auswirken wird? | | |

| Fragen | Antwort | Kommentar |
|---|---|---|
| Werden alle persönlichen Daten in einer Datenbank verarbeitet, die von allen teilnehmenden Stellen genutzt wird? | | |
| Indirekte Anwendung der gemeinsamen Verantwortung:[2] | | |
| Bestehen vertragliche Regelungen mit anderen Parteien, aus denen sich gemeinsame Regeln für die Entscheidung über die Datenverarbeitung herleiten lassen? | | |
| Wird die Verarbeitung auf einer einheitlichen Datenbasis erfolgen, zB erfolgt die Verarbeitung in einer gemeinsamen Datenbank? | | |
| Entscheidet sich das Unternehmen aktiv dafür, einen Betrieb in den Räumlichkeiten Dritter/auf der IT-Infrastruktur Dritter oder durch einen Dritten zu starten, sodass personenbezogene Daten verarbeitet werden können? | | |
| Wird das Unternehmen Informationen aus dieser Operation erhalten, was zu einem Informationsvorsprung und der Möglichkeit führt, die eigene Geschäftstätigkeit zu verbessern oder ein sonstiges finanzielles oder ideelles Eigeninteresse zu erreichen? | | |
| Ist das Unternehmen an der Verarbeitung der Daten, die ohne die Entscheidungen des Unternehmens nicht stattfinden kann, beteiligt (unabhängig von ihrer Zugriffsmöglichkeit auf die Daten), indem sie Parameter festlegt oder über verschiedene Handlungen entscheidet? | | |

§ 3 Dokumentation der Anforderungen, sobald die gemeinsame Verantwortung anwendbar ist

Die nachstehenden Informationen sollten ausgefüllt werden, wenn sich aus der Analyse von § 2 ergeben hat, dass eine gemeinsame Verantwortung vorliegt. Wenden Sie sich danach bitte an den Datenschutzbeauftragten/-Koordinator und übermitteln Sie ihm die Informationen zu dem vorbereiteten Leistungsvertrag und die vorliegende, ausgefüllte Checkliste.

| Fragen | Antwort | Kommentar |
|---|---|---|
| Für alle Fälle von gemeinsamer Verantwortlichkeit:[3] | | |
| Wurde ein Vertrag/eine Vereinbarung über gemeinsame Verantwortung zwischen den beteiligten Parteien abgeschlossen oder wurde von einer Partei ein Entwurf vorgelegt? | | |

| Fragen | Antwort | Kommentar |
|---|---|---|
| Sind die Betroffenen über den Namen, die Identität und die Kontaktdaten aller für die Verarbeitung Verantwortlichen sowie über das Wesen der Vereinbarung informiert? | | |
| Falls nicht in den Dokumentationen der gemeinsamen Verarbeitungsaktivitäten angegeben: | | |
| Gegenstand der Verarbeitung: | | |
| Dauer der Verarbeitung: | | |
| Art und Zweck des Verarbeitungsvorgangs: | | |
| Art der personenbezogenen Daten: | | |
| Kategorien betroffener Datensubjekte: | | |
| zusätzliche oder besondere Rechte, Pflichten und Obliegenheiten der Parteien: | | |
| genehmigte (Sub-)Dienstleister: | | |
| Weitere Informationen zur Beurteilung der Umsetzung der Pflichten aus der DS-GVO:[4] | | |
| Welche Rechtsgrundlagen für die Verarbeitung (Art. 6 Abs. 1 DS-GVO, Art. 9 Abs. 2 DS-GVO) sind anwendbar? | | |
| Ist sichergestellt, dass die Rechte der Betroffenen jederzeit erfüllt werden können? | | |
| Gibt es eine Verfahrensdokumentation? | | |
| Ist eine Datenschutz-Folgenabschätzung aufgrund der durchgeführten Verarbeitung notwendig (nicht nur aufgrund der Tatsache, dass eine gemeinsame Verantwortung anwendbar ist)? | | |
| Wurde bereits eine Datenschutz-Folgenabschätzung durchgeführt? | | |
| Ist der Datenschutzbeauftragte bereits informiert worden? | | |
| Gibt es ein Zugangs-, Berechtigungs- und Rechtekonzept? | | |
| Welchen Mitarbeitern/Gruppen ist der Zugriff auf die Daten gestattet? | | |
| Welche technischen und organisatorischen Maßnahmen (nach Art. 32 DS-GVO) wurden getroffen? | | |
| Ist ein Verfahren zur Meldung von Verletzungen des Schutzes personenbezogener Daten („Data Breaches“) geplant? | | |

| Fragen | Antwort | Kommentar |
|---|---|---|
| Ist die Einhaltung der Rechte der betroffenen Personen gem. Art. 12ff. DS-GVO gewährleistet (falls keine Ausnahme nach Art. 11 DS-GVO vorliegt)? | | |
| Findet eine regelmäßige und dokumentierte Überprüfung der Maßnahmen statt? | | |
| Falls internationale Verantwortliche mit Sitz außerhalb der EU/des EWR an der Verarbeitung beteiligt sind:<br>Liegt eine Angemessenheitsentscheidung gem. Art. 45 DS-GVO vor? Sind geeignete Schutzmaßnahmen gem. Art. 46 DS-GVO vorhanden oder wurden sie derogiert? Oder liegt eine Ausnahme nach Art. 49 DS-GVO vor? Werden die erforderlichen Dokumente/Dokumentationen geliefert? | | |

Name und Kontaktdaten des Unterzeichners:

[Datum, Ort, Unterschrift]

## Anmerkungen

**1. Direkte Anwendung der gemeinsamen Verantwortung.** Unter einer direkten Anwendung der Vorgaben des Art. 26 DS-GVO wird vorliegend verstanden, dass nach klaren Grundsätzen und dem Willen der Parteien eine gemeinsame Bestimmung über Zwecke und Mittel vorliegen soll. Anwendungsfälle können daher zB sein: gemeinsame Datenbanken (insbesondere in Konzernen), gemeinschaftlich Errichtung eines Online-Angebots, gemeinsame Informationspools, gemeinsame Interessentenpools (zB für Bewerber oder Freelancer, bei denen transparent dargestellt wird, dass mehrere Gesellschaften auf den Pool zugreifen), eGovernment-Portale, der Betrieb einer ARGE, Gemeinschaftsgutachten von Sachverständigen oder Unternehmenskooperationen (zB EDSA Leitlinien 07/2020 zu den Begriffen „Verantwortlicher" und „Auftragsverarbeiter" in der DSGVO Version 2.0 v. 7.7.2021 Nr. I. 3.2.2.2; DSK Kurzpapier Nr. 16 Gemeinsam für die Verarbeitung Verantwortliche, Art. 26 DS-GVO S. 4f.).

**2. Indirekte Anwendung der gemeinsamen Verantwortung.** Komplexer ist die Fragestellung der gemeinsamen Verantwortung auf Basis der durch den EuGH festgelegten Kriterien. Verschiedene Fallgestaltungen lassen sich auf Basis der Urteile klar der vorliegend als „indirekte Anwendung" bezeichneten Kategorie zuordnen: Dazu gehören natürlich zunächst Facebook Fanpages (EuGH 5.6.2018 – C-210/16, ZD 2018, 357 mAnm Marosi/Schulz – Facebook Fanpages/Wirtschaftsakademie) und Online-Plug-ins, die auf Webseiten eingebunden werden und Nutzerdaten an die Plug-in-Betreiber übermitteln (EuGH 29.7.2019 – C-40/17, ZD 2019, 455 mAnm Hanloser – Like Button/FashionID); bestätigt durch weitere aktuelle Urteile, die aber keine klareren Konturen bringen, → Form. G. V. Vorb. Wenn entscheidendes Kriterium ist, dass bei Verarbeitungsvorgängen mit mehreren Parteien ein Verantwortlicher durch die Verarbeitung des anderen Verantwortlichen wissentlich Vorteile erhält (→ Form. G. V. Vorb.), ist bei Leistungen maßgeblich danach abzugrenzen, ob bzw. wie weitgehend Verantwortliche Vorteile erhalten, die auf deren Initialisierung eines Verarbeitungsvorgangs folgen. Es muss also hier primär gefragt werden, ob die Parteien Interessen verfolgen, die miteinander eng verbunden sind und sich gegenseitig ergänzen, mit dadurch entstehendem gegenseitigem Nutzen oder ob gemeinsame ökonomische Interessen vorliegen.

Bei sozialen Netzwerken bzw. geschäftlichen Accounts von Anbietern wie YouTube, Instagram, Twitter, die alle in verschiedener Art „Insights"-Funktionen enthalten, bei denen Account-Nutzer Statistiken über die Nutzung ihrer Accounts (ggf. aufgedrängt) erhalten, dürfte wohl weitgehend jeweils eine gemeinsame Verantwortung anzunehmen sein (vgl. die Anordnung des BfDI gegen das Bundespresseamt zur Untersagung des Fanpage-Betriebs der Bundesregierung, BfDI Pressemitteilung 6/2023). Weiterhin wird vertreten, dass Facebook Custom Audiences, bei dem gehashte E-Mail-Adressen an Facebook übertragen werden, um individuelle Werbeanzeigen auf verschiedenen Websites auszuspielen, als gemeinsame Verantwortung einzustufen sei (EDSA Leitlinien 8/2020 über die gezielte Ansprache von Nutzer:innen sozialer Medien Version 2.0 v. 13.4.2021 Rn. 62; Jung/Hansch ZD 2019, 143 (145 f.); aA VG Bayreuth 8.5.2018 – B 1 S 18.105, ZD 2018, 382 mAnm Felber). Auch Google Analytics wurde als gemeinsame Verantwortung eingestuft (LG Rostock 15.9.2020 – 3 O 762/19, ZD 2021, 166; DSK Hinweise zum Einsatz von Google Analytics im nichtöffentlichen Bereich v. 12.5.2020 S. 3; dazu → Form. F. I. 5.).

Restriktiver ist die Rechtslage bei der Verarbeitung von Telemetriedaten zu bewerten, zB bei Cloud-Diensten. Insoweit kann eine gemeinsame Verantwortung grundsätzlich nur vorliegen, wenn die Auftraggeber eine unmittelbare Gegenleistung aus der Verarbeitung der Telemetriedaten erhalten (vgl. zB Gerlach CR 2020, 165 (171); siehe oben zum Kriterium, dass die Parteien miteinander eng verbundene Interessen verfolgen müssen, die sich gegenseitig ergänzen mit dadurch entstehendem gegenseitigem Nutzen oder gemeinsamer ökonomischer Natur sind). Eine solche Gegenleistung wird aber vielfach nicht vorliegen, wenn die Erhebung und Übermittlung noch personenbezogen, die spätere Auswertung aber anonymisiert erfolgt und keine Informationen an den erhebenden Verantwortlichen zurückgeführt werden. Vergleichbar ist die Rechtslage bei KI-Systemen mit Machine Learning/Deep Learning. Solche Systeme können uU eine gemeinsame Verantwortung darstellen, zB wenn der KI-Anbieter und die einsetzende Stelle zur Verbesserung offener/weiterlernender KI-Systeme und Entwicklung neuer Verarbeitungszwecke tatsächlich zusammenarbeiten oder die einsetzende Stelle transparent konkrete Vorteile aus der erfolgenden Verarbeitung der Daten erhält (vgl. zB Specht-Riemenschneider/Buchner/Heinze/Thomsen/Lachenmann FS Taeger, 2020, S. 271 (278 ff.); DSK Orientierungshilfe Künstliche Intelligenz und Datenschutz Version 1.0 v. 6.5.2024 Nr. 1.7; demgegenüber auf ein „eigenes Interesse, die anonymisierten Daten einsetzen zu können, um neue, auch jenseits der individualisierten Produktverbesserung hilfreiche Erkenntnisse zu gewinnen" abstellend Niemann/Kevekordes CR 2020, 179 (183 f.)).

Darüber hinaus wird in vielen weiteren Fällen diskutiert, welche Fallkonstellationen ebenfalls neu als gemeinsame Verantwortung zu bewerten sind. Vorgeschlagen werden teilweise selbst Lohnbuchhaltung/Steuerberatung (so, den Anwendungsbereich der gemeinsamen Verantwortung offensichtlich verkennend, Härting DB

2020, 490 (492); demgegenüber zutreffend für eine getrennte Verantwortung Kramer/Schmidt ZD 2020, 194)) oder Tätigkeiten eines WEG-Verwalters (AG Mannheim 11.9.2019 – 5 C 1733/19, NJW-RR 2020, 138) als Anwendungsfälle der gemeinsamen Verantwortung diskutiert. Zwar können die EuGH-Kriterien tatsächlich sehr weit ausgelegt werden, aber es bleibt zu berücksichtigen, dass nicht jede Zusammenarbeit zwischen Unternehmen als gemeinsame Verantwortung gelten kann. Auch innerhalb eines Konzerns ist nicht jede Verarbeitung als gemeinsame Verantwortung zu qualifizieren, da nicht immer eine wirtschaftliche Gegenleistung für ein Konzernunternehmen erfolgt oder die Zwecke von statistischen Erhebungen oft nicht den anderen Konzernunternehmen direkt zugutekommen.

3. **Dokumentation und Festlegung der grundlegenden Pflichten.** Rechtsfolge des Vorliegens einer gemeinsamen Verantwortung ist immer, dass in einer Vereinbarung in transparenter Form festgelegt wird, wer von den Parteien welche Verpflichtung gemäß der DSGVO erfüllt, insbesondere was die Wahrnehmung der Rechte der betroffenen Personen angeht und wer welchen Informationspflichten gem. Art. 13 und 14 DS-GVO nachkommt (Art. 26 Abs. 1 S. 2 DS-GVO). Diese Vereinbarung muss gem. Art. 26 Abs. 2 DS-GVO die jeweiligen tatsächlichen Funktionen und Beziehungen der gemeinsam Verantwortlichen gegenüber betroffenen Personen gebührend widerspiegeln und die wesentlichen Vereinbarungen müssen den betroffenen Personen zur Verfügung gestellt werden. Daraus folgt zunächst vorrangig, dass – zB im Rahmen der Datenschutzerklärung nach Art. 13 f. DS-GVO – die Betroffenen auf Basis der festgelegten Datenverarbeitung über die Verantwortlichen, deren Kontaktdaten und die Verarbeitungszwecke informiert werden müssen (zB Specht-Riemenschneider/Schneider MMR 2019, 503 (505)). Zur Sicherzustellung, dass diese Informationen vollständig und zutreffend mitgeteilt werden, sollten schon vor Beginn der gemeinsamen Datenverarbeitung alle relevanten Informationen zwischen den Parteien festgelegt werden. Die Abfrage dieser Kriterien kann in der Unternehmenspraxis dazu beitragen, bereits in der Konzeptionsphase die notwendigen Festlegungen zwischen den Parteien vorzubereiten. Zur Veröffentlichung der relevanten Informationen sodann → Form. G. V. 3.

Die erfassten Datenkategorien können ähnlich zu einer Auftragsverarbeitung aufgelistet werden. Das gilt insbesondere für besondere Arten personenbezogener Daten. Denn die Verantwortlichen müssen sich stets darüber im Klaren sein, welche Daten durch sie verarbeitet werden. Aus rechtlicher Sicht ist bisher nicht sicher feststellbar, was genau Inhalt der Verarbeitung sein muss, aber aufgrund von Art. 5 Abs. 2 DS-GVO ist die Dokumentation bereits im Vertrag sinnvoll. Nur auf dieser Basis kann überprüft werden, ob eine Zulässigkeit oder Erforderlichkeit der Datenverarbeitungen vorliegt. Erfahrungsgemäß ist von einem besonderen Interesse für die Aufsichtsbehörden, die die Zulässigkeit der Datenverarbeitung prüfen, welche personenbezogenen Daten und/oder Datenkategorien verarbeitet werden. Bei besonderen Arten personenbezogener Daten sind erhöhte Schutzvorkehrungen zu treffen. Das höhere Risiko einer Einschränkung der Rechte der Betroffenen muss in die Vereinbarung über die gemeinsam für die Verarbeitung Verantwortlichen aufgenommen und durch technisch-organisatorische Maßnahmen abgesichert werden.

Der Grundsatz der Erforderlichkeit und Zweckbindung gilt auch zwischen den gemeinsam Verantwortlichen. Selbst wenn die personenbezogenen Daten zwischen verschiedenen Stellen übermittelt werden dürften, ist davon keine freie Verarbeitung durch jede Stelle erfasst. Vielmehr darf – ganz wie einzelne Abteilungen innerhalb eines Verantwortlichen – eine Verarbeitung der Daten nur erfolgen, wenn es für die Zweckerfüllung erforderlich ist. Daher sollte auch bei einer gemeinsamen Verantwortung im Einzelnen festgelegt werden, wann personenbezogene Daten von einem Verantwortlichen an einen weiteren Verantwortlichen übermittelt werden. Anschließend ist zu fragen, ob der Empfänger der Daten eine Erforderlichkeit für die Verarbeitung nachweisen kann. Dennoch liegen diese Dokumentationen im Verantwortungsbereich des jeweiligen Verantwortlichen selbst.

**4. Sicherstellung der Einhaltung weiterer DS-GVO-Vorgaben.** Der Fragebogen für die Konzeptionsphase kann darüber hinaus als Checkliste für die Umsetzung weiterer DS-GVO-Maßnahmen dienen. So kann die Kooperation auf eine sichere Stufe gestellt und der Rechenschaftspflicht nachgekommen werden (Überblick bei → Form. A. I.).

## 2. Vereinbarung über die gemeinsame Verantwortung

Wenn eine gemeinsame Verantwortung vorliegt, müssen die beteiligten Verantwortlichen „in einer Vereinbarung in transparenter Form“ festlegen, „wer von ihnen welche Verpflichtung gemäß dieser Verordnung erfüllt, insbesondere was die Wahrnehmung der Rechte der betroffenen Person angeht, und wer welchen Informationspflichten gemäß den Artikeln 13 und 14 nachkommt“, Art. 26 Abs. 1 S. 2 DS-GVO. Das Fehlen einer Vereinbarung ist gem. Art. 83 Abs. 4 lit. a DS-GVO bußgeldbewehrt, sodass der Abschluss in Text- oder Schriftform erfolgen sollte (Kühling/Buchner/Hartung DS-GVO Art. 26 Rn. 20). Über die Vereinbarung müssen die Verantwortlichen sicherstellen, dass die Daten entsprechend den gleichen einheitlichen Vorgaben verarbeitet werden und so ein hohes Schutzniveau für den Betroffenen sichergestellt ist (vgl. Lachenmann Datenübermittlung im Konzern S. 312 ff.). Die Vereinbarung ist nicht konstitutiv für das Bestehen einer gemeinsamen Verantwortung (vgl. nur Paal/Pauly/Martini DS-GVO Art. 26 Rn. 22; AG Mannheim 11.9.2019 – 5 C 1733/19, NJW-RR 2020, 138), was bereits daraus folgt, dass die tatsächliche gemeinsame Bestimmung über Zwecke und Mittel entscheidend ist. Daher ist die grundlegende Konzeption so ausgestaltet, dass alle wesentlichen Aspekte der gemeinsamen Verarbeitung gemeinsam getroffen sind und in der Vereinbarung nur niedergelegt werden. Daher sollten die Parteien auch darauf achten, die Regelungen im Indikativ und Präsens zu beschreiben.

Im Gegensatz zu den umfangreichen Vorgaben an Verträge bei der Auftragsverarbeitung nach Art. 28 DS-GVO (→ Form. G. I.) werden also für eine kollusive Verantwortlichkeit durch die DS-GVO nur wenige konkrete Vorgaben gemacht. Daraus sollte nicht zwingend abgeleitet werden, dass die Vereinbarung nur kurz abgehandelt werden muss. Denn die Verantwortung (Art. 4 Nr. 7 DS-GVO) stellt hohe Anforderungen an die Verarbeitung und aufgrund von Rechenschaftspflicht (Art. 24, 5 Abs. 2 DS-GVO), Haftung (Art. 82 Abs. 4 DS-GVO) und deutlich weitergehender Freiheiten der Vertragspartner nehmen die Haftungsrisiken für die beteiligten Stellen zu. Der EDSA empfiehlt die Festlegung von Maßnahmen, die mit der Gliederung von Art. 28 DS-GVO vergleichbar sind (EDSA Leitlinien 07/2020 zu den Begriffen „Verantwortlicher“ und „Auftragsverarbeiter“ in der DSGVO Version 2.0 v. 7.7. 2021 Nr. II 2; ebenso Specht-Riemenschneider/Schneider MMR 2019, 503 (505);

vgl. auch das Vertragsmuster BVDW v. 29.4.2021). Das ist überzeugend, da die Verantwortlichkeit nach Art. 4 Nr. 7 DS-GVO mit mehr Rechten als eine Auftragsverarbeitung einhergeht und somit eine vermeintliche „Flucht in die Verantwortlichkeit“ keine Absenkung von datenschutzrechtlichen Pflichten zur Folge haben kann (bereits Lachenmann Datenübermittlung im Konzern S. 103f.). Die wichtigsten Regelungen werden sein, wer für welche Schritte verantwortlich ist, wie die Rechte der Betroffenen sichergestellt werden und welche Stelle für welche Maßnahmen verantwortlich ist (EDSA Leitlinien 07/2020 zu den Begriffen „Verantwortlicher“ und „Auftragsverarbeiter“ in der DSGVO Version 2.0 v. 7.7.2021 Nr. II 2).

Nachfolgend wird ein Vertragsmuster vorgestellt, das umfangreich die verschiedenen Datenverarbeitungspflichten regelt und so allgemein gehalten ist, dass es auf individuelle Fallkonstellationen angepasst werden kann.

### Vereinbarung über die gemeinsame Verantwortung

zwischen

[… Name, Adresse, Land des Vertragspartners]
(im Folgenden als: „[gemeinsam Verantwortlicher 1]“ bezeichnet)

und

[… Name, Adresse, Land des Vertragspartners]
(im Folgenden als: „[gemeinsam Verantwortlicher 2]“ bezeichnet)[1]

(eine von ihnen im Folgenden „die Partei“ und beide zusammen im Folgenden „die Parteien“).

Die Parteien vereinbaren folgendes:

#### § 1 Gegenstand, Art, Zweck und Umfang der Datenverarbeitung

(1) Die Geschäftsbeziehung zwischen [gemeinsam Verantwortlicher 1] und [gemeinsam Verantwortlicher 2] macht es erforderlich, dass die Parteien personenbezogene Daten der jeweils anderen Partei verarbeiten, bei der die Parteien gemeinsam als Verantwortliche gelten. Diese Datenverarbeitungsaktivitäten unterliegen den Bestimmungen der Verordnung (EU) 2016/679 (Datenschutz-Grundverordnung, DS-GVO) und erfordern daher diese Vereinbarung.

(2) Vorliegende Vereinbarung über die gemeinsame Verantwortung nach Art. 26 DS-GVO (nachstehend „Vereinbarung“ genannt) legt die Verpflichtungen im Zusammenhang mit der Verarbeitung personenbezogener Daten durch die Parteien fest, soweit die Parteien die Zwecke und Mittel gemeinsam festlegen. Die Bestimmungen des Abkommens gelten zwischen den Parteien und basieren folgendem Hauptvertrag: […] [ODER: folgender Leistungsbeschreibung: …].

(3) Gegenstand dieser Vereinbarung ist die Verarbeitung personenbezogener Daten zwischen den Parteien, die durch die Bestimmungen dieser Vereinbarung geregelt wird. Wenn keine gesonderte Leistungsbeschreibung vereinbart ist, gilt die nachfolgende Beschreibung der Datenverarbeitungsvorgänge:

| | |
|---|---|
| Gegenstand: | […] |
| Art: | […] |
| Zweck: | […] |
| Umfang der beabsichtigten Datenverarbeitung: | […] |
| relevante personenbezogene Daten: | […] |
| Gruppe der betroffenen Personen: | […] |
| Rechtsgrundlage der Verarbeitungsvorgänge: | […] |
| Übermittlung an Empfänger in Drittstaaten auf Basis eines Angemessenheitsbeschlusses: | […] |
| Übermittlung an Empfänger in Drittstaaten auf Basis von Standarddatenschutzklauseln: | […] |
| Prozesse/Verfahren, auf die [gemeinsam Verantwortlicher 1] Einfluss hat bzw. deren Verarbeitung nur durch ihn durchgeführt werden soll: | […] |
| Prozesse/Verfahren, auf die [gemeinsam Verantwortlicher 2] Einfluss hat bzw. deren Verarbeitung nur durch ihn durchgeführt werden soll: | […] |
| ggf. besondere Verpflichtungen für einzelne Schritte der Datenverarbeitung, insbesondere soweit nur eine Stelle verantwortlich ist: | […] |

(4) Jede Partei verarbeitet im Rahmen dieser Vereinbarung genutzte personenbezogene Daten nur unter den Bestimmungen dieser Vereinbarung und für die dokumentierten Zwecke. Dies gilt insoweit nicht, als das Unionsrecht oder das Recht der Mitgliedstaaten die Parteien zu einer Datenverarbeitung verpflichtet. In solchen Fällen ist die Partei verpflichtet, die andere Partei über die Datenverarbeitung zu informieren, soweit ihr dies nicht gesetzlich untersagt ist.

§ 2 Formale Verpflichtungen der Parteien[2]

(1) Jede Partei gewährleistet die Rechtmäßigkeit der Verarbeitung der personenbezogenen Daten in ihrem Verantwortungsbereich. Die Parteien gewährleisten die Einhaltung der anwendbaren Datenschutzgesetze, insbesondere die Rechtmäßigkeit der Verarbeitung der personenbezogenen Daten auf Basis der nachfolgenden Bestimmungen.

(2) Für den Fall, dass während der Datenverarbeitung personenbezogene Daten von einer Partei an Mitgliedstaaten außerhalb der Europäischen Union bzw. des Eu-

ropäischen Wirtschaftsraums übermittelt werden, sehen die Parteien angemessene Garantien gem. Art. 44–50 DS-GVO vor und dokumentieren den Umstand in § 1 Abs. 3 der Vereinbarung. Wenn ein Transfer, auch bei Einsatz von Auftragsverarbeitern, auf den Standarddatenschutzklauseln nach dem Beschluss v. 4.6.21 – 2021/914 (nachfolgend „Standarddatenschutzklauseln") erfolgt, werden die vereinbarten Standarddatenschutzklauseln in Anlage 1 beigefügt. Falls die Europäische Kommission neue Standarddatenschutzklauseln verabschiedet, werden die Parteien diese neuen Klauseln abschließen.

(3) Jede Partei stellt der anderen Partei auf Ersuchen die erforderlichen Dokumente zur Verfügung, die die andere Partei zur Erfüllung der Verpflichtungen nach der DS-GVO benötigt.

§ 3 Mitarbeiter der an Weisungen zum Datenschutz gebundenen Parteien[3]

(1) Die Daten empfangende Partei garantiert, dass kein Mitarbeiter, der an der Verarbeitung der personenbezogenen Daten beteiligt ist, personenbezogene Daten außerhalb des Geltungsbereichs dieses Abkommens verarbeiten darf, es sei denn, die Verarbeitung ist – sofern die Partei ihren Sitz in der Europäischen Union hat – nach dem Recht der Union oder eines Mitgliedstaats erforderlich. Die Parteien werden ihre Mitarbeiter über die entsprechenden Pflichten informieren.

(2) Die Parteien ergreifen Maßnahmen, um sicherzustellen, dass alle Mitarbeiter die gesetzlichen Bestimmungen zum Schutz personenbezogener Daten einhalten. Darüber hinaus garantieren die Parteien, dass jede Person, die bei der Partei berechtigt ist, die von der vorliegenden Vereinbarung erfassten personenbezogenen Daten zu verarbeiten, eine Verpflichtung auf vertrauliche Behandlung unter Berücksichtigung der Datenschutzvorgaben eingegangen ist.

§ 4 Ernennung eines Datenschutzbeauftragten; EU-Vertreter[4]

(1) Die Parteien benennen, soweit sie durch die DS-GVO dazu verpflichtet sind, jeweils einen Datenschutzbeauftragten. Name und Kontaktdaten des Datenschutzbeauftragten – und eventuelle Änderungen – werden der anderen Partei mitgeteilt.

(2) Hat eine Partei ihren Sitz nicht in der EU, so benennt sie, wie von Art. 27 Abs. 1 DS-GVO vorgeschrieben, einen Vertreter in der EU. Name und Kontaktdaten des Vertreters – und eventuelle Änderungen – werden der anderen Partei mitgeteilt.

§ 5 Aufsichtsbehörden und gerichtliche Verfahren[5]

(1) Die Parteien arbeiten im Falle von Ersuchen der Aufsichtsbehörden zu einer Datenverarbeitung auf Basis dieses Abkommens oder der Nichteinhaltung dieses Abkommens zusammen. Die Parteien informieren sich gegenseitig über sonstige Ersuchen, Vorschläge oder Entscheidungen und helfen bei der Beantwortung von Anfragen ohne unangemessene Verzögerung. Die Parteien sind verpflichtet, die Anregungen und Entscheidungen der zuständigen Aufsichtsbehörden gebührend zu berücksichtigen.

(2) Die Parteien informieren einander unverzüglich über Kontrolltätigkeiten der Aufsichtsbehörden, um eine gemeinsam ausgearbeitete Antwort an die Kontroll-

behörde zu gewährleisten. Gleiches gilt bei Gerichtsverfahren in Bezug auf den Gegenstand dieses Abkommens.

§ 6 Informationspflichten[6]

(1) Die Parteien erfüllen vollumfänglich alle Informationspflichten in Bezug auf die unter diese Vereinbarung fallende Verarbeitung, insbesondere durch die Bereitstellung einer Datenschutzerklärung nach Art. 13 f. DS-GVO gegenüber Kunden und Mitarbeitern. Die Parteien informieren die andere Partei über alle relevanten Vorgänge, die notwendig sind, um eine faire und transparente Datenverarbeitung zu gewährleisten.

(2) Plant die empfangende Partei die Verarbeitung der personenbezogenen Daten für einen anderen Zweck als den in § 1 Abs. 3 der Vereinbarung beschriebenen und den betroffenen Personen bei Erhebung mitgeteilten Zwecken und ist die geplante Verarbeitung zu einem anderen Zweck als demjenigen, zu dem die personenbezogenen Daten ursprünglich erhoben wurden, nach Art. 6 Abs. 4 DS-GVO zulässig, so informiert die empfangende Partei die betroffene Person vor der Durchführung der weiteren Verarbeitung über die neuen Zwecke und erteilt alle erforderlichen Informationen.

(3) Die Parteien stellen den wesentlichen Inhalt der vorliegenden Vereinbarung den betroffenen Personen zur Verfügung. Dazu können die Parteien das Muster in Anlage 2 nutzen.

§ 7 Anfragen und Rechte der betroffenen Personen[7]

(1) Jede Partei ist dafür verantwortlich, die Rechte der betroffenen Personen nach Art. 12–23 DS-GVO zu gewährleisten. Jede Partei trifft geeignete Maßnahmen, um der jeweils anderen Partei alle Informationen für die Erfüllung der Rechte der betroffenen Personen, wie sie in Art. 12–23 DS-GVO vorgesehen sind, zur Verfügung zu stellen, soweit die Informationen von der anderen Partei nicht abgerufen werden können.

(2) Erhält eine Partei eine Anfrage oder ein Ersuchen direkt von einer betroffenen Person, so unterrichtet diese Partei die andere Partei unverzüglich schriftlich oder in Textform und beantwortet das Ersuchen nach gesetzlichen Fristen und Umfang.

(3) Sofern nichts anderes festgelegt ist, wird die Partei, die die personenbezogenen Daten erhoben hat, als Anlaufstelle für betroffene Personen benannt und ist für die Ausübung der Rechte der betroffenen Person und ihrer jeweiligen Pflichten zur Bereitstellung der in Art. 13 f. DS-GVO genannten Informationen primär verantwortlich. Die Parteien können die Verantwortlichkeiten für die Einhaltung der Vorgaben der DS-GVO und ihre jeweiligen Rollen und Beziehungen gegenüber den betroffenen Personen näher festgelegen sowie eine gemeinsame Kontaktstelle für die betroffenen Personen benennen.

§ 8 Auftragsverarbeiter/Unterauftragnehmer[8]

(1) Bei der Verarbeitung personenbezogener Daten ist die jeweils empfangende Partei berechtigt, Unterauftragnehmer als Auftragsverarbeiter gem. Art. 28 DS-GVO zu beauftragen. Die Parteien werden die Vorgaben des Art. 28 DS-GVO beachten und die Auftragsverarbeiter vor und während der Auftragsverarbeitung kontrollieren und

überwachen. Jede Partei kann in begründeten Fällen eine Dokumentation verlangen, aus der hervorgeht, dass der geplante Verarbeiter/Unterauftragnehmer ausreichende Garantien für die Durchführung geeigneter technischer und organisatorischer Maßnahmen gem. Art. 28 DS-GVO bietet.

§ 9 Benachrichtigung bei Datenschutzvorfällen[9]

(1) Im Falle einer tatsächlichen oder vermuteten Verletzung des Schutzes personenbezogener Daten, wie zB Veränderung, unbefugte Offenlegung von bzw. unbefugter Zugang zu personenbezogenen Daten („Datenschutzvorfall"), wird die betroffene Partei die andere Partei unverzüglich schriftlich über den Datenschutzvorfall in Kenntnis setzen. Die Benachrichtigung beschreibt in klarer und deutlicher Sprache die Art der (vermuteten) Verletzung des Schutzes personenbezogener Daten, einschließlich ihrer voraussichtlichen Folgen.

(2) Im Falle einer solchen Verletzung personenbezogener Daten arbeiten die Parteien nach Treu und Glauben zusammen, um die Umsetzung ihrer datenschutzrechtlichen Verpflichtungen zu erreichen, und stellen sicher, dass die Meldung an die Aufsichtsbehörde oder die betroffene Person innerhalb von 72 Stunden nach Kenntnisnahme der Verletzung personenbezogener Daten erfolgt.

(3) Die Parteien dokumentieren alle Verstöße gegen die Verarbeitung der von dieser Vereinbarung erfassten personenbezogenen Daten und stellen die Verfügbarkeit der Dokumentation auf Anforderung der anderen Partei oder der Datenschutz-Aufsichtsbehörde sicher.

§ 10 Technische und organisatorische Maßnahmen[10]

(1) Die Parteien gewährleisten die Umsetzung angemessener technischer und organisatorischer Maßnahmen, um die Einhaltung der anwendbaren Gesetze zum Schutz personenbezogener Daten (insbesondere des Art. 32 DS-GVO) sicherzustellen. Die Parteien setzen zumindest die technischen und organisatorischen Maßnahmen gem. Anlage 4 um.

(2) Jede Partei überprüft regelmäßig die Wirksamkeit und Angemessenheit der durchgeführten technischen und organisatorischen Maßnahmen. Nach jeder Prüfung berichtet die Partei der anderen Partei erforderlichenfalls über die vorgeschlagenen und ergriffenen Anpassungen zur Verbesserung der technischen und organisatorischen Maßnahmen.

§ 11 Laufzeit und Kündigungsrechte, Beendigung der Vereinbarung[11]

(1) Diese Vereinbarung läuft auf unbestimmte Zeit und kann von jeder Partei mit einer Frist von [...] gekündigt werden.

(2) Bei Beendigung dieser Vereinbarung stellt die jeweils empfangende Partei die Verarbeitung personenbezogener Daten, die sie von der anderen Partei erhalten hat, unverzüglich ein und löscht die Daten. Dies gilt nicht, wenn die betreffende Partei auf anderer rechtlicher Grundlage zur weiteren Verarbeitung der Daten berechtigt oder verpflichtet ist. Die Löschung oder die Gründe für eine ausbleibende Löschung sind zu protokollieren und der jeweils anderen Partei auf Anfrage zur Verfügung zu stellen.

*Lachenmann*

(3) Die Archivierung der personenbezogenen Daten zum Zweck der Erfüllung gesetzlicher Aufbewahrungsvorschriften oder zur Erfüllung der in § 1 beschriebenen Zwecke bleibt zulässig.

§ 12 Haftung[12]

(1) Die Parteien haften gegenüber den betroffenen Personen im Rahmen von Art. 82 DS-GVO.

(2) Im Innenverhältnis haften die Parteien nur für ihren jeweiligen Anteil an der haftungsbegründenden Ursache. Dies gilt auch für Bußgelder, die rechtskräftig sind und gegen die der Rechtsweg ausgeschöpft ist. Übersteigt ein Bußgeld den haftungsbegründenden Anteil, so ist die andere Partei verpflichtet, den übersteigenden Anteil zu ersetzen.

§ 13 Schlussbestimmungen[13]

(1) Streitigkeiten aus oder im Zusammenhang mit dieser Vereinbarung beurteilen sich nach deutschem Recht. Gerichtsstand ist [...]. Die Parteien binden sich an diese Festlegung auch für Streitigkeiten zwischen ihnen und deren Hilfspersonal, soweit diese Streitigkeiten im Zusammenhang mit dieser Vereinbarung stehen.

(2) Änderungen und Ergänzungen dieser Vereinbarung, die Erklärung einer Kündigung sowie die Abänderung dieser Klausel bedürfen zu ihrer Wirksamkeit der Textform (§ 126b BGB). Der Vorrang individueller Vertragsabreden bleibt hiervon unberührt.

§ 14 Anlagen 14

Die Anlagen sind integraler Bestandteile dieser Vereinbarung. Zum Zeitpunkt der Unterzeichnung sind die folgenden Anlagen Teil der Vereinbarung:

Anlage 1: Standarddatenschutzklauseln für die Übermittlung personenbezogener Daten aus der Gemeinschaft in Drittländer

Anlage 2: Musterinformation für die Betroffenen

Anlage 3: Von den Parteien eingesetzte Auftragsverarbeiter/Subunternehmer

Anlage 4: Technische und organisatorische Maßnahmen

____________________________

Ort, Datum

____________________________

Ort, Datum

____________________________

[gemeinsam Verantwortlicher 1; Ort, Datum]

____________________________

[gemeinsam Verantwortlicher 2; Ort, Datum]

## Anmerkungen

**1. Beteiligung der Verantwortlichen.** Das Muster der Vereinbarung geht zunächst von nur zwei beteiligten Parteien aus. In der Praxis wird es aber, gerade im Konzernkontext, häufig vorkommen, dass mehr Verantwortliche beteiligt sind. Dann können diese im Rubrum ergänzend aufgeführt werden. Die vertraglichen Regelungen sind so neutral formuliert, dass alle Parteien gleichermaßen verpflichtet werden sollen, also zB keine Vorteile für die Konzernmutter vorgesehen sind. Insofern sind also ggf. individuelle Anpassungen erforderlich. Sind mehr als zwei gemeinsame Verantwortliche beteiligt, sind diese auch im Unterschriftsfeld zu ergänzen.

Zu den grundlegenden Fragen, wann eine gemeinsame Verantwortung vorliegt → Form. G. V.1. Zur Dokumentation der Arten und Umstände des Vertrages, weiteren individuellen Rahmenbedingungen der Verarbeitung der festgelegten Zwecke und jeweiligen Rechtsgrundlagen, vgl. EDSA Leitlinien 07/2020 zu den Begriffen „Verantwortlicher" und „Auftragsverarbeiter" in der DSGVO Version 2.0 v. 7.7. 2021 Nr. II. 2; Ehmann/Selmayr/Bertermann DS-GVO Art. 26 Rn. 12.

**2. Sicherstellung der formalen Verpflichtungen.** Die Klausel regelt zunächst allgemeine Pflichten der Parteien, die die Parteien auch bei einer eigenständigen Verarbeitung zu erfüllen hätten und die zur Absicherung der jeweils anderen Partei(en) dienen sollen. Dabei ist es kein Widerspruch zur gemeinsamen Verantwortung, dass „Anweisungen oder Benachrichtigungen" an andere Vertragsparteien mitgeteilt werden können. Denn eine gemeinsame Entscheidung über Zwecke und Mittel ebenso wie ein gemeinsames Haftungsrisiko bedingen es, dass die Parteien gegenseitig die rechtmäßige Verarbeitung sicherstellen können. Dennoch ist das nicht zwingend und die Parteien können sich mehr Freiräume lassen.

Die verschiedenen Themen sind wie folgt näher beschrieben: zu internationalen Datentransfers und den Standarddatenschutzklauseln → Form. G. VII.; zum Verzeichnis von Verarbeitungstätigkeiten → Form. C. II.; zur Datenschutz-Folgenabschätzung → Form. C. III.; zu den Accountability-Pflichten, deren Einhaltung durch die jeweils andere Partei kontrolliert werden sollte → Form. A. I.

**3. Absicherung der Verarbeitung durch Mitarbeiter.** Die Klausel regelt Pflichten, die die Parteien aufgrund gesetzlicher Vorgaben einzuhalten haben. Aufgrund der hohen Bedeutung der Einhaltung der gesetzlichen Bestimmungen angesichts der möglichen Sanktionen wird vorgeschlagen, einen eigenen Gliederungspunkt vorzusehen (vgl. zB LfDI BW Vertragsmuster zur gemeinsamen Verantwortung v. 22.5.2019 § 14 Abs. 1). Der Bezug zu den Mitarbeitern erfasst insbesondere folgende Normen: Art. 29 DS-GVO, wonach einem Verantwortlichen unterstellte Personen die personenbezogenen Daten „ausschließlich auf Weisung des Verantwortlichen verarbeiten", was jeweils organisatorisch sicherzustellen ist (→ Form. G. I. 4. Anm. 9); weiterhin Art. 32 Abs. 4 DS-GVO, wonach ein Verantwortlicher sicherstellen muss, dass deren Mitarbeiter, die „Zugang zu personenbezogenen Daten haben, diese nur auf Anweisung des Verantwortlichen verarbeiten". Zur Umsetzung der letzteren kommen insbesondere konkrete Verhaltensvorgaben in Form von Betriebs- oder Dienstanweisungen in Betracht (Kühling/Buchner/Hartung DS-GVO Art. 26 Rn. 59; Muster zB → Form. D. II., → Form. D. III.), deren Nutzung in den beteiligten Unternehmen über die Vertragsklausel abgesichert werden kann.

*Lachenmann*

**4. Ernennung von Datenschutzbeauftragten und EU-Vertretern.** Die Klauseln sind aus Auftragsverarbeitungsverträgen bekannt und können auch hier aufgenommen werden, um die gesetzlichen Verpflichtungen abzudecken. Zum Datenschutzbeauftragten → Form. B.; zum Vertreter in der EU nach Art. 27 DS-GVO → Form. C.VIII.

**5. Pflicht zur Zusammenarbeit zwischen den Parteien.** Da alle Parteien voll für sämtliche datenschutzrechtlichen Vorgaben verantwortlich sind und dadurch potenziell hohe Haftungsrisiken (wie Unterlassung, Schmerzensgeld, Schadensersatz) bestehen, ist eine Informations- und Kooperationspflicht in allen Fällen von behördlichen Anfragen/Verfahren oder gerichtlichen Verfahren in Bezug auf die Datenverarbeitung von großer Bedeutung. Durch die Information wird sichergestellt, dass die andere(n) Partei(en) die jeweiligen Verfahren eigenständig bewerten können und eine gemeinsame Linie gefunden werden kann.

Die Klausel sieht am Ende des ersten Absatzes vor, dass Entscheidungen oder Informationen der Datenschutz-Aufsichtsbehörden, zB die Weisung, die Datenverarbeitung einzuschränken oder der Hinweis der Behörde, dass man die Rechtslage anders einschätzt, nicht zwingend umgesetzt werden müssen. Vielmehr ist es nach der Klausel ausreichend, die Stellungnahme der Behörden sorgfältig zu prüfen. Wenn die Rechtslage anders als durch die Behörde eingeschätzt wird, können sich die gemeinsam Verantwortlichen (nur) gemeinsam entscheiden, Weisungen nicht zu folgen.

**6. Informationspflichten.** Die Parteien müssen die Informationspflichten nach Art. 13 DS-GVO gemeinsam vorbereiten, sodass die Betroffenen über die durch alle gemeinsam Verantwortlichen durchgeführten Verarbeitungstätigkeiten informiert werden. Zu beachten ist, dass es die Konstellation geben kann, dass ein gemeinsam Verantwortlicher Betroffene nicht informieren kann, weil diese ihm nicht identifizierbar bekannt sind. Daher müssen die Informationen durch beide Parteien vollumfänglich bereitgestellt werden, also auch sichergestellt sein, dass die Pflichten ggf. von einem anderen gemeinsam Verantwortlichen übernommen werden.

Die Informationspflichten über die gemeinsame Verantwortung und die aktuelle Diskussion über deren Reichweite werden ausführlich unter → Form. G. V.3. dargestellt.

**7. Gewährleistung der Betroffenenrechte.** Der Absicherung, dass Betroffenenanfragen fristgerecht und rechtlich richtig beantwortet werden, kommt höchste Bedeutung zu. Ein Vertragspartner muss sich darauf verlassen können, dass die rechtlichen Vorgaben erfüllt werden. Denn die Sicherstellung des Betroffenenrechte wird von den Aufsichtsbehörden generell als eine der wichtigsten Pflichten der Verantwortlichen angesehen und bei der gemeinsamen Verantwortung als prioritär hervorgehoben (EDSA Leitlinien 07/2020 zu den Begriffen „Verantwortlicher" und „Auftragsverarbeiter" in der DSGVO Version 2.0 v. 7.7.2021 Nr. II 2.2.2). Zudem sind die Betroffenenrechte inzwischen regelmäßig Gegenstand von gerichtlichen Verfahren (ausführlich → Form. F. II. ff.). Daher dient die vorliegende Klausel auch der Absicherung, dass der andere gemeinsam Verantwortliche seine Pflichten erfüllt. Ein Verantwortlicher sollte also regelmäßig kontrollieren, ob durch einen anderen Verantwortlichen die Anfragen vollständig und fristgemäß beantwortet wurden.

Ausführlich zu Umfang und praktischen Umsetzung der Betroffenenrechte und deren mögliche Sicherstellung durch eine dafür gesondert benannte Stelle → Form. G. V.3.

*Lachenmann*

**8. Auftragsverarbeiter.** Eine eindeutige Festlegung der beteiligten Auftragsverarbeiter ist in der Regel nicht praktikabel und rechtlich nicht erforderlich. Daher ist eine abgeschwächte Klausel zu empfehlen, die nur die sorgfältige Auswahl und Einstandspflicht für die jeweils genutzten Auftragsverarbeiter vorsieht (so zB Datenschutzstelle Liechtenstein, Mustervertrag zur Regelung einer gemeinsamen Verantwortlichkeit gem. Art. 26 DS-GVO v. 17.9.2020 Art. 12).

**9. Meldung von Datenschutzvorfällen.** Ähnlich zu den Anfragen von Aufsichtsbehörden oder der Geltendmachung von Betroffenenrechten ist es von hoher Bedeutung, dass eine Partei die andere(n) Partei(en) über einen eingetretenen Datenschutzvorfall in Bezug auf die Daten der gemeinsamen Verantwortung informiert. Aufgrund der gemeinsamen Haftung wird ein Verantwortlicher bei der Information der Behörde und ggf. der Betroffenen mitwirken wollen und die korrekte Bearbeitung begleiten. Auch die Dokumentationspflicht für nicht-meldepflichtige Vorfälle in Abs. 3 sollte aufgenommen werden, um einer Vertragspartei während der Laufzeit zu ermöglichen, auch solche einfachen Vorfälle bei der anderen Partei zu prüfen. Ausführlich zu Datenschutzvorfällen → Form. C. VI.

**10. Absicherung der IT-Sicherheitsmaßnahmen.** Da die Vertragsparteien bei gemeinsamen Datenpools auch gemeinsam für die Sicherheit aller Daten im Rahmen der gemeinsamen Verantwortung verantwortlich sind, sollte die Absicherung der IT-Sicherheitsmaßnahmen wie bei einer Auftragsverarbeitung angegangen werden. Die Vertragspartner haben also vor Vertragsbeginn deren jeweilige Standards zu prüfen und sie in einer Anlage zum Vertrag festzulegen. Ausführlich zur IT-Sicherheit bei der Auftragsverarbeitung → Form. G. I. 4. Anm. 2; ausführlich zu IT-Sicherheitsmaßnahmen → Form. E. II.

Anders können die Verantwortlichkeiten zu beurteilen sein, wenn die gemeinsame Verantwortung nur bei Erhebung und Übermittlung der Daten besteht und anschließend eine Partei alleine verantwortlich ist. Dann ist die IT-Sicherheit nur für den ersten Schritt gemeinsam festzulegen, anschließend ist jede Partei eigenständig verantwortlich. In letzterem Fall kann die Einleitung des Abs. 1 wie folgt lauten:

„Die Parteien gewährleisten die Umsetzung angemessener technischer und organisatorischer Maßnahmen für die Erhebung und Übermittlung der Daten der Betroffenen …".

**11. Maßnahmen bei Vertragsende.** Die Daten, die durch eine Partei an die andere Partei bereitgestellt wurden, sind bei Vertragsende durch die empfangende Partei grundsätzlich zu löschen, da die gemeinsame bzw. parallele Rechtsgrundlage dann erschöpft ist. Ausnahmen hiervon können insbesondere gelten, soweit vertragliche oder gesetzliche Aufbewahrungspflichten bestehen, zB bei Mängelgewährleistungsansprüchen und handels-/steuerrechtlichen Aufbewahrungspflichten. Möglich ist es auch, dass aufgrund der Art der Verarbeitung eine Vermischung mit weiteren Daten stattfand und deren weitere Verarbeitung zulässig ist (zum vergleichbaren Fall bei der Auftragsverarbeitung → Form. G. I. 4. Anm. 32). Die Klausel geht davon aus, dass die Verarbeitung in gemeinsamer Verantwortung nur zulässig ist, so lange die Vereinbarung gültig ist, also nur so lange die Parteien die gemeinsame Verantwortung durchführen möchten. Wenn die gemeinsame Verantwortung nicht mehr besteht, kann eine weitere Verarbeitung der von der anderen Partei erhaltenen Daten nur zulässig sein, wenn die Partei dafür eine eigenständige Rechtsgrundlage nachweisen kann, was im zweiten Satz des Musters abgebildet ist.

*Lachenmann*

Eine Pflicht zum Nachweis der Löschung bzw, wie im Muster vorgesehen, zur Vorlage eines Protokolls sollte jedenfalls vorgesehen werden (LfDI BW FAQ Verantwortliche/Auftragsverarbeiter Nr. 21).

**12. Haftung.** Im Muster ist eine sehr allgemein gehaltene Haftungsklausel vorgesehen, die die Rechtslage wiedergibt und so als neutrale Fassung ohne Vorteil für eine der Parteien genutzt werden kann. Je nach Einzelfall kann hier eine individuelle Klausel ausgehandelt werden.

**13. Übliche Schlussbestimmungen.** Zu den Formulierungen ausführlich → Form. B. II. 1. Anm. 9 und 21.

**14. Verweise zu den Anlagen.** Zu Anlage 1 → Form. G. VII.2.; zu Anlage 2 → Form. G. V.3.; zu Anlage 3, → Form. G. I.4. § 9; zu Anlage 4 → Form. G. I.4. § 6 und → Form. E. II.

## 3. Informationsblatt für betroffene Personen

Den Betroffenen muss das „wesentliche der Vereinbarung" bereitgestellt werden, Art. 26 Abs. 2 S. 2 DS-GVO. Das kann im Rahmen der Informationen nach Art. 13 f. DS-GVO oder als eigenständiges Dokument erfolgen. Auch insoweit ist nach Erwgr. 58 DS-GVO eine einfache und präzise Sprache zu verwenden. Zur Darstellung der Datenflüsse und Verantwortlichkeiten wird zudem nahegelegt, Abbildungen zu verwenden. Das Gesetz definiert nicht, was das „Wesentliche" der Vereinbarung ist. Nach Aussage der Aufsichtsbehörden müssen gemeinsam Verantwortliche zumindest die in Art. 13 f. DS-GVO verlangten Informationen bereitstellen, mit der Klarstellung, welcher Verantwortliche zuständig und wer die Kontaktstelle ist. Zudem seien die Informationen auf einem möglichst effektiven Weg bereitzustellen, wie im Zusammenhang mit den Datenschutzerklärungen (EDSA Leitlinien 07/2020 zu den Begriffen „Verantwortlicher" und „Auftragsverarbeiter" in der DSGVO Version 2.0 v. 7.7.2021 Nr. II. 2.2.2).

Nachfolgend wird aus Gründen der besseren Anschaulichkeit ein gesonderter Informationstext dargestellt, der auf die zugehörige Datenschutzerklärung verweist. Der Text kann mit leichten Modifikationen in die Datenschutzerklärung eingebunden werden.

### Information über die gemeinsame Verarbeitung Ihrer Daten

**Wir, [Verantwortlicher 1] und [Verantwortlicher 2], arbeiten bei [Name und Kurzinhalt des Projekts] eng zusammen. Aufgrund der Zusammenarbeit verarbeiten wir auch Ihre personenbezogenen Daten gemeinsam.**

**Zur Gewährleistung Ihrer Rechte und unter Berücksichtigung der Vorgaben der EU-Datenschutz-Grundverordnung (DS-GVO) haben wir eine Vereinbarung geschlossen, die Regeln über die Verarbeitung Ihrer personenbezogenen Daten aufstellt. Als sog. gemeinsame Verantwortliche (nach Art. 26 DS-GVO) sind wir gemeinsam für die Verarbeitung Ihrer Daten verantwortlich.**

**Nachfolgend beantworten wir die für Sie besonders wichtigen Fragen, bevor wir Ihnen nähere Informationen zu unserem Vertrag zukommen lassen.**

Wer sind die Verantwortlichen und Datenschutzbeauftragten?

Verantwortliche gem. Art. 4 Abs. 7 DS-GVO sind [Namen, ladungsfähige Anschriften, E-Mail-Adressen]. Unsere Datenschutzbeauftragten erreichen Sie unter [Datenschutz@example.com] oder den jeweiligen Postadressen mit dem Zusatz „der Datenschutzbeauftragte".

Wer ist mein Ansprechpartner für Rechte wie Auskunft oder Löschung?[1]
Wir haben uns gemeinsam darüber verständigt, wie wir Ihre Rechte sicherstellen und näher festgelegt, welche Verpflichtungen jede Partei zur Erfüllung der Pflichten der DS-GVO erfüllt. Dies betrifft insbesondere die Ausübung der Rechte der betroffenen Personen und die Erfüllung der Informationspflichten nach Art. 13 und 14 DS-GVO.
Sie können hinsichtlich der Verarbeitung Ihrer Daten jedes beteiligte Unternehmen einzeln ansprechen und Ihre Rechte geltend machen.

Wie kann ich mehr Informationen zur Datenverarbeitung erhalten?[2]

Weitere Informationen über die Verarbeitung Ihrer persönlichen Daten erhalten Sie in unserer Datenschutzerklärung, die unter […] abrufbar ist.

## Anmerkungen

**1. Festlegung eines Ansprechpartners.** Das vorliegende Muster geht davon aus, dass beide Unternehmen gleichermaßen Ansprechpartner und somit voll verantwortlich für die Einhaltung alle Betroffenenrechte sind. Es ist aber ebenso möglich, eines der beteiligten Unternehmen allein als Ansprechpartner zu bestimmen, vgl. Art. 26 Abs. 1 S. 3 DS-GVO. In diesem Falle wäre das Unternehmen klar zu benennen und die andere(n) beteiligte(n) Partei(en) sollten gelegentlich Kontrollen durchführen, um die Wirksamkeit der Tätigkeit der festgelegten Stellen zu prüfen und so ihrer Rechenschaftspflicht zu genügen (EDSA Leitlinien 8/2020 über die gezielte Ansprache von Nutzer:innen sozialer Medien Version 2.0 v. 13.4.2021 Rn. 132).

**2. Abdruck der Informationen oder Verweis.** Folge der gemeinsamen Verantwortung ist, dass den Betroffenen „das wesentliche der Vereinbarung" dargestellt wird. Dabei handelt es sich grundsätzlich um alle Regelungen, die den Umgang mit den personenbezogenen Daten betreffen und die diesbezügliche Organisation der Verantwortlichen, aber keine Angaben zu den wirtschaftlichen Konditionen (Ehmann/Selmayr/Bertermann DS-GVO Art. 26 Rn. 28). Der deutsche Text des Art. 26 Abs. 2 S. 2 DS-GVO könnte vermuten lassen, dass wörtliche Ausschnitte aus der Vereinbarung bereitgestellt werden müssten. Das ist zwar möglich, aber gesetzlich nicht gefordert, wie zB die englische Sprachfassung („The essence of the arrangement") verdeutlicht. Jedenfalls gilt, dass die Information genauso präzise und verständlich gefasst sein muss, wie die nach Art. 26 Abs. 1 S. 2 DS-GVO zu schließende Vereinbarung selbst (Taeger/Gabel/Lang DS-GVO Art. 26 Rn. 97). Auch der EDSA verweist nur darauf, dass die Informationen zumindest so klar und umfangreich wie bei Art. 13f. DS-GVO zur Verfügung zu stellen seien (EDSA Leitlinien 07/2020 zu den Begriffen „Verantwortlicher" und „Auftragsverarbeiter" in der DSGVO Version 2.0 v. 7.7.2021 Nr. II. 2.2.2).

*Lachenmann*

# VI. Einsatz von Cloud Computing im Unternehmen

**„Cloud Computing"** ist eine der kommerziell und IT-architektonisch relevantesten IT-Entwicklungen der vergangenen Jahrzehnte. In Skizzen von IT-Landschaften beschreibt die Wolke anschaulich, dass die Speicherung oder Verarbeitung bestimmter Daten nicht in einem konkreten IT-System erfolgt, sondern an einem oder mehreren nicht genau zu identifizierenden Orten.

Doch so diffus wie diese Lokalisierung ist bisweilen auch, was genau unter einer Cloud-Lösung zu verstehen ist. Allgemein wird „die Cloud" als Gegenbegriff zum Betrieb eigener Server in den eigenen Gebäuden (**„on premise"**) verstanden. Vom klassischen **IT-Outsourcing,** bei dem in einem vom Outsourcing-Anbieter professionell betriebenen Rechenzentrum speziell für den Kunden „eigene" (in der Regel geleaste) Server stehen, die sog. **dezidierten Server,** unterscheidet sich das Outsourcing in die Cloud dadurch, dass hier kein eigener Server für den Kunden bereitgehalten wird, sondern nur ein spezifischer Service erbracht wird.

## 1. Checklisten zur Cloud-Nutzung und zu Besonderheiten bei Auftragsvereinbarung und Auftragsverarbeitungsvereinbarung

Im Rahmen einer professionellen Beurteilung von Cloud-Dienstleistungen ist zunächst nach der Art der erbrachten Services und weiteren Modalitäten zu differenzieren. Verbreitet und anerkannt ist immer noch die Definition der US-amerikanischen Standardisierungsbehörde **„National Institute of Standards and Technology"** (NIST) aus 2011 (The NIST Definition of Cloud Computing, Special Publication 800-145), die u.a. auch von der European Network and Information Security Agency (ENISA) und dem deutschen Bundesamt für Sicherheit in der Informationstechnik (BSI) übernommen wurde. In der deutschen Übersetzung (BSI Eckpunktepapier „Sicherheitsempfehlungen für Cloud-Anbieter" S. 14 sowie auf den Webseiten des BSI) lautet sie: „Cloud Computing ist ein Modell, das es erlaubt, bei Bedarf jederzeit und überall bequem über ein Netz auf einen geteilten Pool von konfigurierbaren Rechnerressourcen (zB Netze, Server, Speichersysteme, Anwendungen und Dienste) zuzugreifen, die schnell und mit minimalem Managementaufwand oder geringer Serviceprovider-Interaktion zur Verfügung gestellt werden können." (→ § 1).

Innerhalb der diversen Cloud-Angebote wird insbesondere zwischen Software as a Service (**SaaS**), Platform as a Service (**PaaS**) und Infrastructure as a Service (**IaaS**) unterschieden; hinzu kommen besondere Varianten wie die „Private Cloud", die genau genommen der dem Cloud-Konzept immanenten Architektur des „Resource Pooling" (→ § 1) widerspricht (→ § 2).

Die rechtlichen Fragestellungen bei der Nutzung von Cloud-Angeboten hängen weitgehend mit Aspekten der **Auftragsverarbeitung** – oder deren Gegenstücken wie **Übermittlung** oder **Gemeinsame Verantwortlichkeit** – zusammen (→ § 3). Angesichts der oft von internationalen Konzernen erbrachten Cloud-Dienstleistungen münden diese Fragen regelmäßig in Aspekte des Drittlandtransfers. Da viele populäre Cloud-Dienste von US-amerikanischen Unternehmen angeboten werden, steht fast immer die Angemessenheit des Datenschutzniveaus in den Vereinigten Staaten zur Debatte. Zumeist steht diese überraschenderweise selbst dann im Fokus, wenn auch weitere – und datenschutzniveauseitig kritischere – Drittländer in die Datenverarbeitung eingebunden sind.

Durch die teils fehlende Spezifizierung der in die Datenverarbeitung involvierten Rechenzentren und Staaten werden bei der Cloud-Nutzung Antworten auf diese Fragestellungen oft erschwert. Bei PaaS und IaaS kommt hinzu, dass nur eine Plattform bzw. eine Infrastruktur zur Verfügung gestellt wird. Der Kunde hat daher einen extrem breiten Spielraum, zu welcher Art von Datenverarbeitung er das Angebot nutzen möchte. Folglich kann der Anbieter, anders als bei SaaS-Angeboten, in Standardverträgen nicht konkret vorformulieren, welche Daten zu welchem Zweck verarbeitet werden sollen, obwohl Art. 28 Abs. 3 S. 1 DS-GVO **konkrete Vereinbarungen** hierzu verlangt. Da es sich bei den standardisierten und teils margenarmen Cloud-Diensten, anders als im klassischen und individuell geprägten IT-Outsourcing, um ein **Massengeschäft** handelt, sind üblicherweise aber auch keine individuellen Festlegungen mit den einzelnen Kunden vorgesehen. So muss man sich in diesen Fällen mit abstrakten Formulierungen begnügen (siehe auch von dem Bussche/Voigt Konzerndatenschutz/Spies Teil 7 F.). Auch hiervon gibt es selbstverständlich Ausnahmen, etwa wenn wichtige Behörden oder Großkunden das Cloud-Angebot nutzen.

Neben der formalrechtlichen Bewertung nach Gesichtspunkten der Auftragsverarbeitung sollte im Rahmen der gesamten IT-Sicherheit jedes Unternehmen bewerten, wie es im internationalen Kontext mit **Sicherheitsrisiken** durch Tätigkeiten von Geheim- und Sicherheitsdiensten umgeht. Hierbei sind auch deren spezielle, auch „exterritoriale", Auskunftsrechte zu berücksichtigen. Zu dem ersten Bereich gehören die Themen, die insbesondere durch Edward Snowden bekannt geworden sind. Zu dem zweiten Bereich zählen zB die Auskunfts- und Beschlagnahmerechte von US-amerikanischen Behörden (**search warrant, subpoena**). Gegen eine entsprechende Verfügung hatte sich Microsoft in einem vielbeachteten Verfahren jahrelang verwehrt und schließlich vor dem United States Court of Appeals for the Second Circuit obsiegt. Während (und weil) der Rechtsstreit sodann vor dem Supreme Court lag, wurde 2018 der sog. **CLOUD Act** („Clarifying Lawful Overseas Use of Data Act") erlassen, mit dem die Gerichtsentscheidungen obsolet wurden; hierzu ausf. mwN 3. Aufl. 2021. Mit dem 2023 von der Europäischen Kommission erlassenen Angemessenheitsbeschluss zum EU-U.S. Data Privacy Framework (→ G.VII.) sollte diese Diskussion um die Angemessenheit des US-amerikanischen Datenschutzniveaus zumindest aus rechtlicher Sicht beendet sein – jedenfalls solange dieser Beschluss nicht vom EuGH im Rahmen einer „Schrems III-Entscheidung" kassiert wird.

Nach der eingangs erwähnten Definition des National Institute of Standards and Technology (NIST) sind folgende fünf Eigenschaften für Cloud-Angebote essenziell (vgl. Mell/Grance The NIST Definition of Cloud Computing S. 2), die in der nachfolgenden Checkliste frei übersetzt wurden:

## § 1 Definition von Cloud-Angeboten

| Eigenschaft | Inhalt |
|---|---|
| On-demand self-service (bedarfsbezogene Selbstbedienung) | Der Nutzer kann einseitig die Rechnerkapazitäten (wie Rechnerleistung und Speicherplatz) entsprechend seinem Bedarf automatisch anpassen, ohne dass es der Interaktion mit einem Mitarbeiter des Anbieters bedarf. |
| Broad network access (vielfältige Möglichkeiten des Netzwerkzugriffs) | Die Dienste sind über ein Netzwerk verfügbar und können durch diverse Endgeräte (wie Mobiltelefone, Tablets, Notebooks oder Arbeitsplatzrechner) benutzt werden. |
| Resource pooling (gemeinsame Nutzung von Ressourcen) | Die IT-Ressourcen des Anbieters, wie Rechnerkapazität, Speicher und Bandbreite, werden zusammengelegt und dienen einer Vielzahl von Kunden, wobei die Ressourcen den Kunden bedarfsgerecht zugewiesen werden. Der Kunde hat in der Regel keine Kontrolle und keine Kenntnis über den genauen Ort der Leistungserbringung, kann teilweise aber generelle Vorgaben treffen, etwa hinsichtlich eines Landes oder Rechenzentrums. |
| Rapid elasticity (schnell und flexibel) | Die Kapazitäten können flexibel zugewiesen werden, um sofort an den jeweiligen Bedarf angepasst zu werden. Für den Kunden scheinen sie daher unbegrenzt zu sein. Sie können ihm jederzeit in jeder Größe zugewiesen werden. |
| Measured service (Messung der Leistungen) | Cloud-Lösungen messen die Verwendung ihrer Ressourcen, um deren Einsatz automatisch zu optimieren. Die Daten werden auch dem Kunden zur Verfügung gestellt und typischerweise auch für Abrechnungszwecke verwendet. |

## § 2 Einordnung der Cloud-Dienstleistung[1]

| Kategorisierung | Inhalt |
|---|---|
| Betriebsart: Public vs. Private Cloud | Hinsichtlich des Nutzerspektrums wird zwischen der (üblichen) Public Cloud, bei der die Leistungen einer Vielzahl von Kunden angeboten wird, und der Private Cloud unterschieden. Bei Letzterer wird die Cloud nur von einem Kunden genutzt, sodass das Merkmal des „resource pooling" entfällt.[2] Die Private Cloud kann extern oder vom Nutzer selbst betrieben werden. |
| Art der Services | Die zweite Differenzierung erfolgt über die Art des angebotenen Service. Basierend darauf, dass der Nutzer eine Leistung, die aus hochkomplexen Hardware-, Netzwerk- |

| Kategorisierung | Inhalt |
|---|---|
| | und Softwarekomponenten besteht, ganz unkompliziert „as a service" erhält, wird zwischen Software as a Service (SaaS), Platform as a Service (PaaS) und Infrastructure as a Service (IaaS) unterschieden.[3] |
| SaaS | Bei SaaS wird ein Programm, das klassisch als eigene Software verkauft bzw. lizenziert worden wäre, nun im Wege des „resource pooling"[2] als Rundum-Dienstleistung einschließlich der Rechenleistung, laufenden Updates/Upgrades und weiteren Services angeboten. Beispiele sind die Vertriebsplattform Salesforce, Googles E-Mail-Produkt Gmail oder Microsoft 365 (früher Office 365), mit dem Microsoft seine Office-Suite und weitere Programme aus der Cloud heraus anbietet. |
| PaaS, IaaS | Im Rahmen von PaaS wird Kunden eine bereits mit dem Internet vernetzte Plattform zur Verfügung gestellt, auf der sie zB Web-Anwendungen oder Apps testen und bereitstellen können. Bekannte Anbieter sind Amazon Web Services (AWS), Docker oder (als Teil der Google-Cloud) die Google-App Engine. Bei IaaS ist die bereitgestellte Leistung, nämlich (virtuelle) IT-Infrastruktur, noch breiter verwendbar.[1] Der Übergang von PaaS zu IaaS ist fließend. So wird der Microsoft-Dienst Azure teils als PaaS und teils als IaaS eingestuft; ähnlich ist es bei den „virtuellen Maschinen" Google Compute Engine oder VMware. Weitere verbreitete PaaS/IaaS-Anbieter sind u. a. die US-Angebote Google Cloud, Oracle Cloud und IBM Cloud, aus Deutschland die Open Telekom Cloud und der Mittelständler Hetzner sowie die chinesische Alibaba Cloud. Hinzukommen soll eines Tages das europäische Cloud-Projekt Gaia-X, das gegenüber den US-amerikanischen und chinesischen Anbietern „souveräne europäische digitale Infrastruktur" verspricht.[3] |

§ 3 Checkliste zur Vereinbarung über die Auftragsverarbeitung

| Aspekt | Problematik | Lösung |
|---|---|---|
| Anwendbarkeit des Datenschutzrechts/Vorliegen personenbezogener Daten auch bei Verschlüsselung | In praktisch jeder kommerziell erfolgreichen Cloud-Lösung werden Daten verarbeitet, die als personenbezogene Daten iSd Art. 4 Nr. 1 DS-GVO in den sachlichen Anwendungsbereich der DS-GVO (vgl. deren Art. 2 Abs. 1) fallen.[4] Lösungen, um durch eine komplexe Verschlüsselung auf Seiten des Auftrag- | Elementare Verschlüsselungskomponenten innerhalb der in der Cloud gespeicherten Daten sind bereits aus Gründen der Datensicherheit erforderlich und werden von praktisch jedem Cloud-Dienstleister eingesetzt. Sie führen jedoch nicht |

| Aspekt | Problematik | Lösung |
| --- | --- | --- |
| | nehmers den Personenbezug entfallen zu lassen, erscheinen auch nach Jahren noch nicht praxisreif.[5] | zum Ausschluss des Anwendungsbereichs der DS-GVO, sofern die Daten vom Auftragsverarbeiter wieder entschlüsselt werden können. |
| Vorliegen einer Auftragsverarbeitung | Die Leistungen des Cloud-Anbieters werden idR als Auftragsverarbeitung iSd Art. 28 DS-GVO und nicht als Übermittlung an einen Dritten oder als gemeinsame Verantwortlichkeit angesehen. Denn der Cloud-Anbieter trifft im Normalfall keine eigenen Entscheidungen über die inhaltliche Verarbeitung der Daten. Vielmehr legt der Cloud-Kunde durch seine Voreinstellungen und Nutzung in aller Regel selbst fest, welche Daten in welcher Form zu welchem Zweck verarbeitet werden soll.[6] Eine Verarbeitung zu gänzlich eigenen oder zu gemeinsamen Zwecken kommen daher mit Ausnahme der nachfolgenden Fallgruppen meist nicht in Betracht. | Die ordnungsgemäße Vereinbarung über die Auftragsverarbeitung gehört bei Cloud-Verträgen zum Standard und ist vom Auftraggeber auf Einhaltung der Anforderungen der Art. 28, 29 DS-GVO zu überprüfen. Dies hat nicht nur einmalig bei Einführung der Cloud-Lösung zu erfolgen, sondern auch im folgenden Betrieb. |
| Ausnahme: Joint Control | Eine Ausnahme stellen hier die Fälle dar, die nach der EuGH-Rechtsprechung als gemeinsame Verantwortlichkeit anzusehen sind. Dies betrifft insbesondere die Einbindung von Dienstleistern mit „Third Party Cookies".[7] | Prüfung der Fallgruppe und exakte Abgrenzung, wo die Joint Control endet.<br>Abschluss einer Vereinbarung nach Art. 26 DS-GVO. |
| Ausnahme: eigene Verantwortlichkeit des Auftragnehmers | Eine weitere Ausnahme stellen Fallgruppen dar, bei denen zwar grundsätzlich eine Auftragsverarbeitung vorliegt, der Dienstleister aber einzelne Daten zu eigenen Zwecken verwenden möchte. Hierbei werden in der Regel Zwecke wie IT-Sicherheit | Zunächst muss das vom Dienstleister zur Verfügung gestellte Muster der Auftragsverarbeitungs-Vereinbarung genau gelesen werden, da auf solche Fallgruppen meist nicht explizit hin- |

| Aspekt | Problematik | Lösung |
|---|---|---|
| | genannt, häufig betrifft dies aber auch andere Zwecke.[8] | gewiesen wird, sondern sie in Definitionen und Verweisen versteckt werden.<br>Im Anschluss ist eine kritische rechtliche Überprüfung und ggf. Nachverhandlung oder die Deaktivierung von betroffenen Teilen erforderlich. |
| nicht der Auftragsverarbeitung unterliegende Daten des Auftragnehmers | Neben den Daten, die im Auftrag des Verantwortlichen verarbeitet werden, hat der Dienstleister idR eigene personenbezogene Daten über den Auftraggeber und seine Mitarbeiter, die er in eigener Verantwortung verarbeitet (Stammdaten, Vertragsdaten, Kommunikation im Rahmen der Auftragsausführung). [9] | Diese Daten unterliegen nicht der Vereinbarung über die Auftragsvereinbarung, was ggf. klargestellt werden muss. |
| Angaben u. a. über den Auftrag, Art und Zweck der Verarbeitung, Art der Daten, betroffene Personen | Angesichts der Qualifikation als Auftragsverarbeitung sind die Angaben nach Art. 28 Abs. 3 UAbs. 1 S. 1 DS-GVO zu machen.<br>Bei Cloud-Angeboten kann dies häufig nicht in der erforderlichen konkreten Art und Weise erfolgen. Während bei SaaS-Diensten durch die Vorgaben der virtuellen Software zumindest eine vorgegebene Nutzungsform existiert (wie etwa bei den Cloud-basierten Lösungen für E-Mails), sind PaaS und IaaS jeweils eine Stufe abstrakter. Wenn diese für immer wieder neue Lösungen eingesetzt werden sollen, ist eine entsprechende Dokumentation nur mit einer starken Bürokratie möglich. | Den formalen Anforderungen des Art. 28 Abs. 3 UAbs. 1 S. 1 DS-GVO kann bei PaaS und IaaS nur schwer entsprochen werden. Sofern der Cloud-Vertrag nicht regelmäßig angepasst werden soll, werden in Rahmenverträgen oft breite, aber mit konkreten Beispielen veranschaulichte Szenarien vereinbart.[10] |

| Aspekt | Problematik | Lösung |
|---|---|---|
| technische und organisatorische Maßnahmen | Die Definition der technischen und organisatorischen Maßnahmen ist bei Cloud-Angeboten dadurch gekennzeichnet, dass die Anbieter über vergleichsweise anspruchsvolle und anerkannte Zertifizierungen verfügen, wie etwa ISO/IEC 27001, speziell für Cloud-Technologien ISO/IEC 27017/27018 oder die insbesondere in den USA noch sehr verbreitete Zertifizierung SAS 70 Type II.<br>In aller Regel gibt es im Cloud-Massengeschäft Vertragsklauseln, nach denen der Anbieter einzelne technische Spezifikationen auch ohne Einverständnis des Kunden ändern kann, sofern das vereinbarte Sicherheitsniveau hierdurch nicht verschlechtert wird.<br>Deutlich knapper als in individuellen Verträgen über die Auftragsverarbeitung sind oft die Festlegungen zu technischen und organisatorischen Maßnahmen, die vorrangig vom Verantwortlichen (dem Kunden) festgelegt werden, wie Berechtigungsmanagement und Zugriffskontrolle. | Die Verwendung von unabhängigen Zertifikaten ist grundsätzlich möglich, jedoch bleibt eine Prüfungspflicht beim Auftraggeber.[11] |
| Garantien des Auftraggebers, Verpflichtung des Auftragnehmers auf das Unionsrecht, Auditierung, Vor-Ort-Prüfung | Der Verantwortliche (Kunde) hat den Auftragsverarbeiter gem. Art. 28 Abs. 3 UAbs. 1 S. 2 lit. h DS-GVO darauf zu verpflichten, ihm Informationen zur Überprüfung seiner Vertragseinhaltung zur Verfügung zu stellen und Überprüfungen einschließlich einer möglichen Inspektion zu unterstützen und zu ermöglichen.<br>Teilweise wird eine Verpflichtung des Auftragsverarbeiters | Da eine Vor-Ort-Prüfung nicht zwingend vorgesehen ist, kann der Auftraggeber sich auch auf andere Weise von der Einhaltung der Vorgaben überzeugen. Auch bei Zertifizierungen durch Dritte bleibt eine Prüfungsverantwortung beim Auftraggeber.<br>Eine Verpflichtung zur Einhaltung des Rechts |

| Aspekt | Problematik | Lösung |
|---|---|---|
| | auf das Recht der Union und der Mitgliedstaaten verlangt.<br>Im Gegensatz zu § 11 Abs. 2 S. 4 BDSG aF ergibt sich unmittelbar aus Art. 28 DS-GVO keine ausdrückliche Pflicht, eine solche Überprüfung durchzuführen. Insbesondere ist eine Vor-Ort-Prüfung nicht zwingend vorgesehen und erscheint im Rahmen von Cloud-Angeboten, bei denen der für die betreffenden Leistungen eingesetzte Server vielleicht ebenso wenig feststeht wie das genutzte Rechenzentrum, nicht wirklich sinnvoll.[11] | ist eher kontraproduktiv und sollte unterbleiben. |
| Subunternehmer des Auftragnehmers (Unter- sowie Unter-Unterauftragnehmer) | Anforderungen an den Einsatz von Unterauftragnehmern nach Art. 28 Abs. 2 und 4 DS-GVO.<br>Wie weitgehend muss der Verantwortliche Unterauftragnehmer prüfen?[12]<br>Auftragnehmerseitige Gesellschaftsstruktur und Zuordnung von Unter- sowie Unter-Unterauftragnehmern.[13] | Anders als häufig dargestellt ergibt sich aus der DS-GVO keine zwingende Pflicht, ohne Anlass die vorgesehenen Unterauftragnehmer und ihre AVV zu prüfen.<br>Bündelung aller (Unter-)Unterauftragnehmer durch eine eigene „Subunternehmer Service GmbH". |
| US-Anbieter; Übermittlung in Drittländer; Subunternehmer | Sofern personenbezogen Daten in Länder außerhalb von EU/EWR (Drittländer) übertragen werden oder von dort aus in anderer Weise Zugriffsmöglichkeiten bestehen, sind besondere Regeln zu beachten. Zwar bieten immer mehr Cloud-Dienstleister an, ein Rechenzentrum innerhalb von EU/EWR oder gar eines in Deutschland zu nutzen. Sehr häufig werden dabei aber dennoch personenbezogene oder zumindest personenbeziehbare Daten in Drittländer übertragen. Teilweise betrifft dies nur die Nutzerverwaltung oder Sup- | Ein Teil der Lösung bestand in dem von der Artikel-29-Datenschutzgruppe bei Microsoft Office 365 akzeptierten Weg, parallel zur Auftragsverarbeitungsvereinbarung mit einer europäischen Gesellschaft des Dienstleisters auch die EU Model Clauses mit der US-Gesellschaft abzuschließen, wenn diese Zugriff auf die in der EU/dem EWR gespeicherten Daten hat. Mit Geltung |

| Aspekt | Problematik | Lösung |
|---|---|---|
| | **portpersonal. In jedem Fall muss für die Verarbeitung im Drittland ein angemessenes Datenschutzniveau sichergestellt werden.[14]** | **des EU-U.S. Privacy Frameworks hat sich in Bezug auf die USA die Drittlandsthematik entspannt.[15]** |

## Anmerkungen

**1. Differenzierung und Einteilung von Cloud-Dienstleistungen.** Die Aufteilung in SaaS, PaaS und IaaS sowie u.a. in Public und Private Clouds wird (unter Verweis auf einen BITKOM-Leitfaden aus 2009) auch in der immer noch aktuellen Orientierungshilfe Cloud Computing Version 2.0 v. 2014, S. 4 vorgenommen (Konferenz der Datenschutzbeauftragten des Bundes und der Länder). Grundlegend zum Thema Cloud neben der erwähnten Orientierungshilfe zB Bräutigam IT-Outsourcing und Cloud Computing/Bräutigam/Thalhofer Teil 14 Rn. 2 ff.; Jotzo Schutz personenbezogener Daten Teil 4 und 5; Schulz Rechtliche Aspekte des Cloud Computing im Überblick; Helwig/Koglin DSRITB 2009, 403 ff. bzw. 175 ff. Bei der „Ausfuhr" iSd Art. 2 Nr. 1 Dual-Use-VO von Software, die sowohl zivilen als militärischen Zwecken dienen kann, ist zudem insbesondere bei IaaS und PaaS die Dual-Use-VO zu beachten; eingehend Schuster/Grützmacher/Haellmigk Dual-Use-VO Art. 2 Rn. 71 ff.

**2. Resource Pooling und weitere Merkmale.** Zum Resource Pooling und weiteren Merkmalen von Cloud-Dienstleistungen BSI, Eckpunktepapier „Sicherheitsempfehlungen für Cloud-Anbieter", S. 17; Bräutigam IT-Outsourcing und Cloud Computing/Bräutigam/Thalhofer Teil 14 Rn. 5 f.

**3. Arten der zu erbringenden Cloud-Dienstleistungen.** Zu Software as a Service (SaaS), Platform as a Service (PaaS) und Infrastructure as a Service (IaaS) ausführlich BSI Eckpunktepapier „Sicherheitsempfehlungen für Cloud-Anbieter" S. 17 ff.; Bräutigam IT-Outsourcing und Cloud Computing/Bräutigam/Thalhofer Teil 14 Rn. 3, 12 ff.; Auer-Reinsdorff/Conrad IT- und DatenschutzR-HdB/Strittmatter § 22 Rn. 6; Forgó/Helfrich/Schneider Betr. Datenschutz-HdB/Heidrich/Wegener Teil VII. Kap. 4 A.I.4.

Soweit ersichtlich, wird es sich bei Gaia-X um IaaS auf Open-Source-Basis handeln. Gründungsmitglieder waren neben Deutschland und Frankreich zahlreiche Konzerne aus diesen Ländern. Beteiligt sind inzwischen aber auch die „Cloud-Gigangen" Amazon, Alibaba, Google und Microsoft, die Gaia-X eigentlich ersetzen soll (https://heise.de/-9606882). Das Projekt wurde in der Presse eher skeptisch wahrgenommen und scheint von einer echten Konkurrenz für die außereuropäischen Cloud-Anbieter noch weit entfernt zu sein (Beckedahl, https://netzpolitik.org/2020/unter-mondlandung-gehts-nicht/; Wölbert, https://heise.de/-9528946).

**4. Personenbezug von Daten bei SaaS, PaaS und IaaS.** Die in komplexeren SaaS-Lösungen zu verarbeitenden Daten werden regelmäßig Personenbezug iSd Art. 4 Nr. 1 DS-GVO aufweisen. Auch ohne Betrachtung der durch den Kunden hochgeladenen Daten ergibt sich dies in der Regel schon durch die Daten, die bei der Administration der (End-)User des Dienstes verarbeitet werden.

Zwar mag es Ausnahmen für sehr minimalistische Anwendungen geben, wie der reinen Speicherung oder Visualisierung nicht personenbezogener Daten, bei der es zugleich nur den Kunden/Auftraggeber und keine weiteren User gibt. Außerhalb des privaten Bereichs, der nach Art. 2 Abs. 2 lit. c DS-GVO ohnehin vom Anwendungsbereich der DS-GVO ausgeschlossen ist, dürfte dies aber geringe Bedeutung haben. Nach den Breyer-Entscheidungen des EuGH und des BGH zum Personenbezug (EuGH 19.10.2016 – C-582/14, NJW 2016, 3579; BGH 16.5.2017 – VI ZR 135/13, NJW 2017, 2416) und den zwar weiterhin uneinheitlichen, aber gefestigten Meinungen von Rechtsprechung, Literatur und Aufsichtsbehörden (zuletzt EuGH 22.6.2023 – C-579/21, ZD 2023, 601- Pankki und EuGH 7.3.2024 – C-604/22, MMR 2024, 390 – IAB Europe/TCF; BayLfD Aktuelle Kurz-Information 53 „Wann ist eine natürliche Person identifizierbar?") dürfte daher für typische kommerzielle Cloud-Dienstleistungen regelmäßig ein Personenbezug der Daten vorliegen.

**5. Kein Entfall des Personenbezugs durch Verschlüsselung in der Cloud.** Die in der Cloud gespeicherten personenbezogenen Daten werden in dem für dieses Formularhandbuch relevanten Bereich nicht in der Weise verschlüsselt werden können, dass für den Dienstleister der Personenentzug entfällt und die Datenverarbeitung insoweit dem Anwendungsbereich der DS-GVO entzogen wird. Zwar gab es hierzu immer wieder Ideen und experimentelle Projekte (siehe die Darstellung in der 3. Aufl. 2021, sowie Conrad/Grützmacher Daten/Kast S. 1079; Kroschwald DSRITB 2013, 289 (299)). Jedoch scheint sich bislang keine Technik etabliert zu haben, die eine homomorphe Verschlüsselung dergestalt umsetzt, dass die Echtdaten für den Dienstleister „unsichtbar" sind und die zugleich eine unkomplizierte Bearbeitung zulässt, bei der mehrere Angestellte bzw. Dritte gleichzeitig und von verschiedenen Endgeräten auf diese zugreifen und diese verarbeiten. Bei der reinen Datenspeicherung und -archivierung hingegen ist eine Verschlüsselung zwar möglich; dies stellt jedoch nicht den typischen Anwendungsfall von SaaS dar.

**6. Cloud Computing als Auftragsverarbeitung.** Typischerweise sind bei Cloud-Diensten sowohl der Auftraggeber als auch der Dienstleister daran interessiert, dass eine (wirksame) Auftragsverarbeitung vorliegt: Der Dienstleister möchte die Stellung als Verantwortlicher vermeiden, und der Auftraggeber wünscht die Privilegierung der Auftragsverarbeitung, womit der Auftragsverarbeiter kein Dritter ist und folglich keine Übermittlung vorliegt (Art. 4 Nr. 10 DS-GVO; zutr. Schuster/Grützmacher/Freund DS-GVO Art. 2 Rn. 18).

Inzwischen ist wohl ganz überwiegende Meinung, dass diese Privilegierung auch Auftragsverarbeiter aus Drittstaaten (bei Vorliegen der sonstigen Voraussetzungen) mit umfasst (Auernhammer/Thomale DS-GVO Art. 28 Rn. 28; Kühling/Buchner/Hartung DS-GVO Art. 28 Rn. 15 ff.; Schuster/Grützmacher/Freund DS-GVO Art. 2 Rn. 11, 13; Taeger/Gabel/Gabel/Lutz DS-GVO Art. 28 Rn. 11). Auch nach aufsichtsbehördlicher Auffassung besteht unter der DS-GVO die privilegierende Wirkung ebenso für Auftragsverarbeiter in Drittstaaten (LfD Nds, FAQ zur Auftragsverarbeitung nach Artikel 28 der Datenschutz-Grundverordnung, 2022, Frage 9). Insoweit macht es also keinen Unterschied, ob die Auftragsverarbeitung in einem Drittland stattfindet bzw. der Dienstleister dort seinen Sitz hat. Gleichwohl verbleibt für die Auftragsverarbeitung von sensiblen Daten iSv Art. 9 DS-GVO eine „bedauerliche Rechtsunsicherheit" (Schuster/Grützmacher/Freund DS-GVO Art. 2 Rn. 11, 13).

Keine Auftragsverarbeitung liegt nach Ansicht des Bayrischen Landesamtes für Datenschutzaufsicht vor, wenn das Hosting von rein statischen Websites ausgelagert wird, ohne dass personenbezogene Daten über die Seitenaufrufe an den Seiteninhaber fließen (https://www.lda.bayern.de/media/veroeffentlichungen/FAQ_Hosting_keine_Auftragsverarbeitung.pdf). Weitere Cloud-relevante Ausnahmen gelten im Falle gemeinsamer Verantwortung (→ Anm. 7), bei Teildaten, die der Auftragsverarbeiter zu eigenen Zwecken verwendet (→ Anm. 8) sowie bei den Daten, die die Parteien für die eigene Vertragsadministration nutzen (→ Anm. 9). Zur Auftragsverarbeitung allg. → Form. G. I. und → Form. G. II.

**7. Ausnahmen von der Auftragsverarbeitung: Joint Control.** Mit den Urteilen des EuGH in den Rechtssachen Wirtschaftsakademie Schleswig-Holstein (EuGH 5.6.2018. – C-210/16, ZD 2018, 357 mAnm Marosi/Matthé/Schulz ZD 2018, 361 – Facebook-Fanpage) und Fashion ID (EuGH 29.7.2019 – C-40/17, MMR 2019, 579 mAnm Moos/Rothkegel MMR 2019, 584) hat die auch „Joint Control" genannte gemeinsame Verantwortlichkeit (Art. 26 DS-GVO) eine große Bedeutung erhalten, die ihr zuvor – zumindest in Deutschland – nicht zuteil war (zur vormaligen Bedeutung zB Lachenmann Datenübermittlung im Konzern S. 49 f.; ausf. zur gemeinsamen Verantwortung → Form. G. V.). Unter anderem wird die Einbindung von Dritt-Dienstleistern für Online-Werbung und andere Zwecke durch Cookies und ähnliche Technologien regelmäßig als Joint Control angesehen, sofern diese nicht ausnahmsweise weisungsgebunden arbeiten und dabei die Daten – wie von Art. 28 DS-GVO vorgesehen – ausschließlich im Auftrag des Verantwortlichen verwendet werden. Die gemeinsame Verantwortung kann dabei auch mit einer zentralen Stelle bestehen, die selbst keine Cookie-Daten erhebt, aber die Verwaltung und Übermittlung der Einwilligungsinformationen standardisiert und koordiniert (für den TCF-Standard des IAB Europe: EuGH 7.3.2024 – C 604/22, MMR 2024, 390 mAnm Keppeler/Schneider MMR 2024, 395; mAnm Schweinoch/Peintinger CR 2024, 312; hierzu auch Koglin DSB 2024, 86; zum TCF-Standard Halank/Koglin DSB 2020, 92). Ein entsprechendes Muster für diesen sog. AdTech-Bereich ist bei → Form. I. VI. wiedergegeben.

**8. Ausnahmen von der Auftragsverarbeitung: Eigene Zwecke des Dienstleisters.** Insbesondere bei SaaS möchte der Auftragsverarbeiter häufig bei der Dienstleistung entstehende Daten, die nicht zwingend personenbezogen sein müssen, auch für eigene Zwecke verwenden. Sofern es sich nicht um personenbezogene Daten handelt, spricht zumindest datenschutzrechtlich nichts dagegen, und wenn dies herausragenden Zielen wie der IT-Sicherheit dient, spricht auch moralisch grundsätzlich nichts dagegen. Je nach Zweck kann dies sogar der Umsetzung von entsprechenden Pflichten wie Art. 32 DS-GVO oder § 19 TDDDG dienen.

Doch häufig werden auch weitere Zwecke einbezogen, wie am Beispiel von Microsoft 365 (früher Office365) veranschaulicht werden soll: Das Produkt beinhaltet (wie auch bei vielen anderen Anbietern, bei denen dies jedoch öffentlich nicht so intensiv diskutiert wird) in verschiedenen sog. Telemetrie-Klassen diverse Sicherheits- und Analysefunktionen, die zentrale Vorgabe von Datum und Uhrzeit, aber auch zusätzliche Dienste wie den früheren Sprachassistenten „Cortana". Grundsätzlich ist dabei anzuerkennen, dass bestimmte Leistungen nicht als Auftragsverarbeitung erbracht werden und übergreifende Dienste wie Sprachassistenten (Alexa, Siri, Google Assistant, Cortana, Bixby) in der analogen Welt allenfalls mit der Telefonauskunft vergleichbar wären, die ebenfalls nicht als Auftragsverarbeitung für den Anrufenden eingeordnet worden wäre. Freilich hinkt dieser Vergleich, da die Informationen in der Cloud in viel größerem Umfang, viel unbemerkter und mit viel größerer Auswertbarkeit verarbeitet werden können.

Zu Office 365 hatte ein externer Dienstleister 2018 für das niederländische Sicherheits- und Justizministerium eine Datenschutz-Folgenabschätzung durchgeführt und diese im Auftrag des Ministeriums auch veröffentlicht (https://use365.ms/DSFA-NL). Nach diesen Angaben wurden seinerzeit für sieben Zwecke Daten verarbeitet, bei denen Microsoft nicht als Auftragsverarbeiter, sondern als (gemeinsam) Verantwortlicher zu betrachten sei, weil das Unternehmen die Mittel und Zwecke selbst festlege. Zu diesen Zwecken gehörten Sicherheit (einschließlich der Einspielung von Updates und Behebung damit verbundener Probleme), Produktverbesserung sowie die Anzeige von gezielten („targeted") Empfehlungen (zB https://www.privacycompany.eu/blogpost-en/impact-assessment-shows-privacy-risks-microsoft-office-proplus-enterprise; hierzu auch Greis, https://www.golem.de/news/datenschutz-aerger-microsoft-sammelt-bis-zu-25-000-ereignistypen-bei-office-1811–137815.html; zum Vertragswerk und der Auftragsverarbeitungs-Vereinbarung von Microsoft 365 (dem sog. DPA) Koglin DSB 2022, 38; Koglin DSB 2023, 2 und → Form. G.I.2. Anm. 4).

Microsoft selbst erklärt zu den von ihnen als „Wesentliche Daten" definierten Telemetriedaten, sie seien „für den Betrieb von Office 365 wesentlich und können daher nicht deaktiviert werden. Microsoft nutzt die Daten dieser Dienste zum Beispiel für die Authentifizierung von Anwendungen, die Überprüfung von Lizenzen, die Konfiguration sowie die Suche nach Updates" (https://news.microsoft.com/de-de/im-daten-dschungel-telemetrie/).

Vor dem Einsatz der Cloud-Lösung ist daher das vom Dienstleister vorgesehene Muster für die Vereinbarung zur Auftragsverarbeitung sorgfältig zu prüfen. Insbesondere sind die Definitionen und Verweise genau zu beachten, um festzustellen, welche Datenkategorien von einer Auftragsverarbeitungs-Vereinbarung bzw. etwaig verwendeten Standardvertragsklauseln erfasst sind. Leider ist aufgrund des Geschäftsmodells der Cloud-Anbieter ein Nachverhandeln nur in wenigen Fällen möglich, sodass Kunden häufig in rechtliche Grauzonen gezwungen werden, wollen sie auf die Dienstleistung nicht gänzlich verzichten. Ggf. kann das Risiko durch Konfiguration datensparsamer Einstellungen reduziert werden. Dies kann zB durch die Reduzierung auf Funktionen, die wirklich nur IT-Sicherheitszwecken dienen, erfolgen und sollte dann durch dokumentierte Anweisungen an alle (auch zukünftig) betroffenen Mitarbeiter festgehalten werden. Ein solches Vorgehen kann eine technisch-organisatorische Maßnahme zur angemessenen Risikobewältigung iSd Art. 32 Abs. 1 S. 1 DS-GVO darstellen.

**9. Nicht der Auftragsverarbeitung unterliegende Daten des Auftragnehmers.** Im Rahmen der Vertragsabwicklung erhält der Auftragnehmer typischerweise personenbezogene Daten, die den Auftraggeber und dessen Mitarbeiter betreffen, und verarbeitet diese in Zusammenhang mit dem Auftrag, ohne dass sie selbst der Auftragsverarbeitung unterfallen. Solche „Vertragsabwicklungsdaten" können zB Ansprechpartner des Auftraggebers und die aus den Pflichtangaben zu entnehmenden Namen der Geschäftsführer bzw. Vorstände sein, aber auch die Kommunikation mit dem Kunden per E-Mail oder in anderen Formaten umfassen. In Betracht kommen auch Dokumentationen zum Vertragsschluss, zur Leistungserbringung gegenüber dem Kunden einschließlich möglicher Protokolle aus gemeinsamen Projekten, zur Rechnungsstellung oder zu späteren Rechtsstreitigkeiten. Auch Daten aus der organisatorischen Umsetzung der Auftragsverarbeitung gehören hierzu, etwa die Dokumentation von Weisungen des Auftraggebers und etwaige Reaktionen des Auftragsverarbeiters hierauf (Art. 28 Abs. 3 UAbs. 1 S. 2 lit. a DS-GVO). Diese „eigenen" Daten verarbeitet der Auftragnehmer als eigener Verantwortlicher und nicht im Auftrag des Kunden, denn unstreitig soll der Auftraggeber diesbezüglich nicht „Herr der Daten" (Kühling/Bucher/Hartung DS-GVO Art. 28 Rn. 25) sein, womit er jederzeit die Löschung dieser Daten anweisen könnte.

Nach hM und auch der Auffassung der Aufsichtsbehörden unterliegen Daten, die nicht zielgerichtet im Auftrag verarbeitet werden sollen, ebenfalls nicht in den Anwendungsbereich der Auftragsverarbeitung. Als Beispiele werden regelmäßig Dienstleister für Reinigungen oder für Software-Wartungsarbeiten genannt, die Einblick in bzw. Zugriff auf die Daten erhalten (EDSA, Leitlinien 07/2020 zu den Begriffen „Verantwortlicher" und „Auftragsverarbeiter" in der DSGVO Version 2.0 v. 7.7.2021, Rn. 89; zu diesen Fallgruppen auch → Form. G. III.). Dogmatisch wird dies oft damit begründet, dass diese Personen keine „Dritten" iSd DS-GVO seien. Für den Fall eines Copyshops, der einige T-Shirts mit Namen bedruckt, wird selbst von der Datenschutzaufsicht zum Teil eine Auftragsverarbeitung verneint, weil die personenbezogenen Daten nur „ungewolltes Beiwerk" einer anderen Dienstleistung seien und daher kein „betrauen wollen" iSd Erwgr. 81 DS-GVO vorliege. Daher sei in solchen Fällen eine Auftragsverarbeitung ausgeschlossen; der Verantwortliche möge sich auf Art. 6 Abs. 1 lit. f DS-GVO berufen (so LfD Nds, FAQ zur Auftragsverarbeitung nach Artikel 28 der Datenschutz-Grundverordnung, 2022, Frage 4). So praxisfreundlich solch eine Auslegung auch gemeint sein mag, ist sie wohl dogmatisch nicht zwingend begründet und führt zu schwierigen Abgrenzungsfragen, hier zB gegenüber anderen Druckdienstleistern. Letztendlich dürften solche Fallgruppen bei Cloud-Services nur begrenzte Relevanz haben.

**10. Konkrete Angaben in der Auftragsverarbeitungs-Vereinbarung bei nutzungsoffenen Dienstleistungen.** Die Aufsichtsbehörden stellen sehr hohe Anforderungen an die Konkretisierung und Dokumentation der Angaben zu der Art der Daten, betroffenen Personen, Zwecken etc. Wohl stellvertretend für viele SaaS-Angebote wurde beim Einsatz von Microsoft 365 wiederholt kritisiert, dass die mit dem Anbieter abgeschlossene Auftragsverarbeitungs-Vereinbarung nicht spezifisch genug sei (DSK Abschlussbericht AG „Microsoft-Onlinedienste" 2022 Ziff. 3.2.1; hierzu Koglin DSB 2023, 2; Hessel/Kiefer RDi 2023, 282; LfD Nds, Handreichung für die Verantwortlichen zum Abschluss einer Auftragsverarbeitungsvereinbarung gem. Art. 28 Abs. 3 DSGVO mit Microsoft für den Einsatz von „Microsoft 365", 2023, S. 3 f. und Rn. 1 ff.; hierzu Koglin DSB 2023, 252; Koglin DSB 2024, 126; EDSB, Investigation into use of Microsoft 365 by the European Commission, 2024, u. a. Finding IV.1.2.3.b).

Bei SaaS-Dienstleistungen, die hinsichtlich ihrer Verwendung und der von Usern eingebrachten Daten nutzungsoffen sind, können Festlegungen zu Art der Daten, Zweck etc aber kaum vollständig und zugleich konkret gemacht werden. So wie dies für frühere Speichermedien wie CD-ROM oder eine externe Festplatte nicht sinnvoll möglich war, können diese Angaben heute für Cloud-Speicherplatz nicht konkret und abschließend gemacht werden. Dies gilt jedenfalls dann, wenn den Mitarbeitern bzw. Usern keine entsprechenden Einschränkungen auferlegt (und diese auch durchgesetzt werden), was bei Speicherplatz kaum der Fall ist. Entsprechendes gilt für den Inhalt und die Sender bzw. Empfänger von E-Mails, aber auch für Videokonferenzen und andere Collaboration Software: Es gerät schlicht in die Cloud, was die Mitarbeiter empfangen, schreiben, hochladen oder in Videokonferenzen besprechen und zeigen. Bei IaaS und PaaS (→ Anm. 1) ist dies sogar noch weniger möglich als bei SaaS. Wie der Vergleich mit klassischen Speichermedien und das Beispiel der E-Mails zeigt, ist dieses Problem aber keine spezifische Herausforderung von Cloud-Anwendungen: Es stellt sich ebenso, wenn der Speicherplatz oder der E-Mail-Server „on premise" im Rechenzentrum des Auftragsverarbeiters gehostet wird.

Mit dem in der Checkliste vorgeschlagenen Vorgehen, breite, aber mit konkreten Beispielen veranschaulichte Szenarien zu vereinbaren, kann den Gefahren entgegengewirkt werden, entweder die Angaben zu eng gemacht zu haben oder später mit dem großen Aufwand einer späteren Vertragsänderung nachdokumentieren zu müssen. Risikoseitig ist festzuhalten, dass eine zu enge Definition einen eindeutigen und nach Art. 83 Abs. 4 lit. a DS-GVO bußgeldbewehrten Verstoß darstellt. Hingegen dürfte das eventuell überflüssige Nennen (noch) nicht durchgeführter Datenverarbeitungsschritte, zu weit gefasster Gruppen von Betroffenen oder zusätzlicher Zwecke wohl kaum zu rechtlichen Konsequenzen führen, sofern nicht die Grenze zur vorsätzlichen Falschangabe oder zur Vertuschung erreicht ist und damit mangels tatsächlicher Festlegung ein Verstoß gegen die Anforderungen aus Art. 28 Abs. 3 DS-GVO vorliegt. Ein solcher Extremfall dürfte auch mit einem Verstoß gegen die Rechenschaftspflicht (Art. 5 Abs. 2 DS-GVO) einhergehen. In Extremfällen könnte sogar ein nichtiges Scheingeschäft nach § 117 BGB vorliegen.

Auch wenn die Aufsichtsbehörden in der Theorie sehr hohe Anforderungen an die Konkretisierung der Angaben stellen (s. o.), so scheinen sie in der Praxis bisweilen Verständnis für die Herausforderungen bei diesen Festlegungen zu haben. So haben die DSK und ausdrücklich auch der LfD Nds am Beispiel Microsoft 365 wiederholt die nicht ausreichende Festlegung zu den Kategorien der zu verarbeitenden Daten etc gerügt (s. o.). Letztlich hat der LfD Nds aber die Regelung aus einer Zusatzvereinbarung für „akzeptabel" befunden, die das niedersächsische Innenministerium mit Microsoft für die Nutzung von Teams abgeschlossen hat (https://use365.ms/LfDNI-Teams). Diese Zusatzvereinbarung unterliegt zwar noch der Vertraulichkeit, schließt aber nach Auskunft informierter Kreise ganz allgemein sämtliche personenbezogenen Daten mit ein, die der Auftraggeber durch den Auftragsverarbeiter verarbeiten lässt (→ Form. G. VI.2 Anm. 5).

**11. Garantien des Auftragsverarbeiters; Verpflichtung auf die Einhaltung des Unionsrechts; Auditierung; Vor-Ort-Prüfung.** Nach Art. 28 Abs. 1 DS-GVO darf der Verantwortliche nur Auftragsverarbeiter beauftragen, die „hinreichend Garantien" dafür bieten, dass geeignete technische und organisatorische Maßnahmen angewendet werden. Der Begriff der Garantie ist dabei nicht im Sinne des deutschen Zivilrechts als unbedingtes und verschuldensunabhängiges Einstehen zu verstehen, sondern als ausreichende vertragliche Verpflichtung für die DS-GVO-konforme, sorgfältige und gewissenhafte Erbringung der Tätigkeit (Kühling/Buchner/Hartung DS-GVO Art. 28 Rn. 56). Diese Garantien können gem. Art. 28 Abs. 5 DS-GVO durch genehmigte Verhaltensregeln iSd Art. 40 DS-GVO oder durch ein genehmigtes Zertifizierungsverfahren iSd Art. 42 DS-GVO indiziert werden. In der Anfangsphase der DS-GVO bestand Hoffnung, darüber Erleichterung bei schwierig zu überprüfenden Dienstleistungen und Dienstleistern zu erhalten, namentlich beim Cloud Computing (Kühling/Buchner/Hartung DS-GVO Art. 28 Rn. 59 mwN in Fn. 126). Leider sind diese Vereinfachungen noch nicht für die Praxis relevant geworden.

Zum Teil wird von Auftraggebern oder von Aufsichtsbehörden auch eine Zusicherung des Auftragsverarbeiters verlangt, geltendes Recht einzuhalten oder – in Anlehnung an Art. 28 Abs. 3 UAbs. 1 S. 2 lit. a DS-GVO – ausdrücklich das Unionsrecht und das Recht des Mitgliedsstaates des Auftragsverarbeiters einzuhalten. Die genannte Norm beinhaltet aber keine Pflicht zu einer solchen „Rechtseinhaltungsklausel"; der in Art. 28 Abs. 3 UAbs. 1 S. 2 lit. a DS-GVO enthaltene Verweis auf das Unionsrecht etc erfolgt im Kontext von Sonderfällen, wo nach solchem Recht (aber nicht nach dem Recht von Drittländern) eine Herausgabe der Daten zB an Strafverfolgungsbehörden zu erfolgen hat.

Von solchen Klauseln zur Rechtseinhaltung sollte eher Abstand genommen werden: Erstens sind sie rechtlich schlicht nicht erforderlich. Zweitens steht eine schlecht formulierte Klausel schnell im Widerspruch zur klaren und zwingenden Regelung des genannten lit. a, etwa wenn auf „Europarecht" statt auf das Unionsrecht Bezug genommen wird oder wenn die Mitgliedsstaaten falsch referenziert oder gleich ganz ausgelassen werden. Damit würde – drittens – entweder der AVV gegen Art. 28 DS-GVO verstoßen oder der Auftragsverarbeiter vertraglich zur Verletzung entsprechender staatlicher Herausgabepflichten verpflichtet, womit wiederum dessen Rechtstreue und damit seine Geeignetheit als Auftragsverarbeiter verloren ginge. Viertens nähren selbst saubere Rechtseinhaltungsklauseln den Verdacht, dass an der Rechtstreue des Auftragsverarbeiters von vornherein Zweifel bestehen; in diesen Fall ist fraglich, ob er überhaupt eingesetzt werden soll und darf. In einem solchen Zweifelsfall dürfte eine floskelhafte Rechtseinhaltungsklausel wohl kaum eine hinreichende Garantie iSd Art. 28 Abs. 1 DS-GVO darstellen. Und liegt kein Zweifel vor, ist – fünftens – die Klausel schlicht überflüssig.

Eine explizite Auditierung oder gar ein Vor-Ort-Audit verlangt die DS-GVO vor der Beauftragung ebenso wenig wie die frühere Rechtslage (vgl. nur Gola/Heckmann/Klug DS-GVO Art. 28 Rn. 11). Jedoch verlangt Art. 28 Abs. 3 UAbs. 1 S. 2 lit. h DS-GVO, dass das Recht des Auftraggebers zu „Überprüfungen – einschließlich Inspektionen" vereinbart wird. Dies bedeutet jedoch nicht, dass eine solche auch tatsächlich durchgeführt werden muss (Schuster/Grützmacher/Freund DS-GVO Art. 28 Rn. 112). Zwar kann sie bei größeren Outsourcing-Projekten durchaus angemessen und sinnvoll sein. Wenn bei einer Cloud-Lösung aber zahlreiche, über die Welt verteilte Rechenzentren in Frage kommen und im Extremfall weder der Verantwortliche noch der Auftragsverarbeiter im Voraus wissen, in welchem Land die Daten gespeichert werden, erscheint ein Vor-Ort-Audit nicht zielführend. Hinzu kommt, dass die großen Cloud-Rechenzentren meist über exzellente Zertifizierungen verfügen und Verstöße oder rechtlich bedenkliche Vorgehensweisen – wie der Datenzugriff durch Sicherheitsbehörden in einem Umfang, der den Vorgaben der DS-GVO vielleicht nicht Stand hält – bei einem Ortstermin nicht zu Tage treten würden (so auch Schuster/Grützmacher/Freund DS-GVO Art. 28 Rn. 113 ff. sowie zum alten Recht DSK Orientierungshilfe Cloud Computing S. 10 f.).

Kernelement bleibt, dass sich der Auftraggeber gem. Art. 28 Abs. 1 DS-GVO ausreichende Garantien einräumen lassen muss. Seinen Prüfungspflichten kann er im ersten Schritt auch dadurch nachkommen, dass er Dritte mit der Prüfung beauftragt (so Art. 28 Abs. 3 UAbs. 1 S. 2 lit. h DS-GVO) oder bestehende Prüfungen Dritter berücksichtigt. Er darf sich jedoch nicht auf bloße Zusicherungen des Cloud-Anbieters verlassen, sondern er muss eigene Recherchen oder Untersuchungen anstellen (zutr. DSK Orientierungshilfe Cloud Computing S. 10). Zertifizierungen – jedenfalls den in der Checkliste angeführten anspruchsvollen – kann der Auftraggeber grundsätzlich vertrauen, muss jedoch prüfen, ob der vom Zertifikat erfasste Bereich auch die Teile des Dienstleisters abdeckt, die für die gewünschte Cloud-Dienstleistung relevant sind (DSK Orientierungshilfe Cloud Computing S. 10f.). Dies klingt für sich genommen einleuchtend, wirft den potenziellen Auftraggeber jedoch wieder auf die Position zurück, große Teile des Dienstleisters und seiner Zertifikate selbst prüfen zu müssen. Dazu hat weder der Auftraggeber stets die Kapazität und das Know-how, und auch die Position der Cloud-Anbieter ist verständlich, wenn sie weder ausufernden Rechenzentrums-Tourismus wünschen, noch nach der erfolgreichen und stets aufwändigen Zertifizierung eine Meta-Auditierung durch Kunden erdulden wollen, die sich für Detailfragen des Zertifikatsumfangs und der Leistungserbringung aus diversen Tochtergesellschaften interessieren. Es bleibt ein Dilemma, und wenn dies für größere Unternehmen bei zentralen und datenkritischen Anwendungen noch im Kern erbracht werden kann, so ist es für die verwendete hohe Anzahl von SaaS-Lösungen, die bei mittelständischen Unternehmen und Organisationen eingesetzt wird und werden soll, nicht realistisch, diese Anforderungen zu erfüllen.

**12.** **(Keine) Vertragsprüfung bei Unterauftragnehmern.** Von Aufsichtsbehörden oder besonders strengen Datenschützern wird bisweilen verlangt, bei Dienstleistern des Auftragsverarbeiters, die relevanten Zugriff auf die im Auftrag zu verarbeitenden Daten haben (auch allg. als Subunternehmer, Unterauftragsverarbeiter oder Unterauftragnehmer bezeichnet; in Art. 28 Abs. 2 und 4 DS-GVO „weitere Auftragsverarbeiter" und in Ziff. 7.7 der Standardvertragsklauseln „Unterauftragsnehmer" genannt), eine ausgiebige Prüfung der Unter-AVV und der weiteren Umstände der Unterauftragsvergabe, insbesondere bei einem Drittlandbezug, durchzuführen. Dies würde eine Inanspruchnahme von internationalen Cloud-Dienstleistungen durch KMUs beinahe vereiteln.

Art. 28/29 DS-GVO verlangen indes lediglich die „vorherige gesonderte oder allgemeine" Genehmigung des Verantwortlichen (Art. 28 Abs. 2 DS-GVO) sowie den in Art. 28 Abs. 4 S. 1 DS-GVO vorgesehenen Inhalt der Vereinbarung zwischen dem Auftragsverarbeiter und seinem Unterauftragnehmer. Notwendig sind (i) eine Vereinbarung (Vertrag oder anderes Rechtsinstrument wie in Art. 28 Abs. 3 DS-GVO) zwischen Auftragsverarbeiter und Unterauftragsnehmer, die (ii) dem Unterauftragnehmer im Wesentlichen die gleichen Datenschutzpflichten wie die des Haupt-AVV auferlegt, und die (iii) hinreichende Garantien zur Durchführung geeigneter TOM enthalten muss, um die Verarbeitung DS-GVO-konform erfolgen zu lassen.

Art. 28 Abs. 4 S. 2 DS-GVO bestimmt zudem, dass im Fall von Datenschutzverletzungen des Unterauftragnehmers der (erste) Auftragsverarbeiter gegenüber dem Verantwortlichen haftet. Eine direkte Haftung des Unterauftragnehmers gegenüber dem Verantwortlichen postuliert Art. 28 DS-GVO hingegen nicht. Dies zeigt, dass die DS-GVO das Prinzip der Verantwortung in einer „Kette“ (→ Form. G. I.2. § 4 Abs. 1 und Abs. 3 nebst Anm. 12) umsetzt. Innerhalb der Architektur einer Verantwortungskette ist es stringent, dass der Verantwortliche keine Prüfungspflicht gegenüber der übernächsten Stufe, dem Unterauftragnehmer, hat. Entsprechendes gilt für das Verhältnis zwischen Auftragsverarbeiter und Unter-Unterauftragsverarbeitern und weitere Verästelungen.

Auch gesetzlich oder vertraglich bestehende Audit- und Auskunftsrechte des Verantwortlichen führen nicht zu einer Prüfungspflicht. Ebenso wenig ergibt sich aus allgemeinen Grundsätzen wie dem Rechtmäßigkeitsgrundsatz oder der Rechenschaftspflicht eine konkrete Verpflichtung zu einer anlasslosen Prüfung. Vielmehr sieht die DS-GVO das Prinzip der Aufgabenteilung und der „Kette“ der Verantwortung bewusst vor.

Richtigerweise ist daher in den aufsichtsbehördlichen Positionspapieren – soweit ersichtlich – keine Stellungnahme zu finden, die eine solche Prüfung der Subunternehmer explizit verlangt. Regelmäßig wird in solchen Papieren lediglich der soeben skizzierte Inhalt von Art. 28 Abs. 2 und 4 DS-GVO wiedergegeben (so in DSK Kurzpapier Nr. 13 Auftragsverarbeitung 2018 S. 3; EDSA, Leitlinien 07/2020 zu den Begriffen „Verantwortlicher“ und „Auftragsverarbeiter“ in der DSGVO Version 2.0, 2021, Rn. 128 f. und 151 ff.; LfD Nds, FAQ zur Auftragsverarbeitung nach Artikel 28 der DS-GVO, 2022, Frage 7 (Unterauftragsverarbeiter); LfD Nds, Handreichung für die Verantwortlichen zum Abschluss einer Auftragsverarbeitungsvereinbarung gem. Art. 28 Abs. 3 DSGVO mit Microsoft für den Einsatz von „Microsoft 365“, 2023, S. 7 und Rn. 32 ff.; hierzu Koglin DSB 2023, 252; Koglin DSB 2024, 126; zur Rechtslage unter BDSG aF inhaltlich identisch DSK Orientierungshilfe Cloud Computing Version 2.0 v. 2014 S. 9 f.). Soweit ersichtlich, wird auch in der Literatur keine Forderung nach einer entsprechenden Prüfpflicht erhoben (vgl. Kühling/Buchner/Hartung DS-GVO Art. 28 Rn. 89; BeckOK DatenschutzR/Spoerr DS-GVO Art. 28 Rn. 37–45; Simitis/Hornung/Spiecker gen. Döhmann/Petri DS-GVO Art. 28 Rn. 85; Ehmann/Selmayr/Bertermann DS-GVO Art. 28 Rn. 15 f.).

Bei Verwendung der sog. Standardvertragsklauseln (→ Form. G. VII.2) bestehen zusätzliche Verpflichtungen des (ersten) Auftragsverarbeiters gegenüber dem Verantwortlichen. Nach Ziff. 7.7 lit. c hat er dem Verantwortlichen Kopien der – ggf. geschwärzten – Unter-Auftragsverarbeitungsvereinbarung zu geben. Nach lit. e ist für den Fall der Insolvenz des Auftragnehmers und ähnliche Fälle der Auflösung eine Klausel zu vereinbaren, wonach der Verantwortliche in diesen besonderen Konstellationen unmittelbar vom Unterauftragnehmer u. a. die Löschung der Daten verlangen darf. Diese Ausnahmen bestätigen den Grundsatz der Kette; zudem ist auch nach den Standardvertragsklauseln keine Vorab-Prüfung von Subunternehmern durch den Verantwortlichen vorgesehen.

Somit können Verantwortliche, die SaaS einsetzen wollen, sich mit sehr solider rechtlicher Begründung darauf berufen, dass sie nicht zu einer anlasslosen Prüfung aller Unter- und Unter-Unter-Auftragsverarbeiter verpflichtet sind. Sie sollten jedoch darauf vorbereitet sein, dass Aufsichtsbehörden und ggf. andere Beteiligte das Bestehen einer solchen Pflicht behaupten.

**13. Bündelung aller (Unter-)Unterauftragnehmer in eigener Gesellschaft.** Aus Dienstleistersicht ist das Procedere zum Einsatz neu hinzukommender Unterauftragsnehmer umständlich und risikobehaftet. Auch wenn mit Art. 28 Abs. 2 S. 2 DS-

GVO die Alternative einer auch für die Zukunft geltenden allgemeinen Genehmigung gewählt wird, sind die diesbezüglichen Informationspflichten nebst der Einspruchsmöglichkeit des Auftraggebers zu berücksichtigen. Letztere mündet in aller Regel in ein Sonderkündigungsrecht, da der Dienstleister idR für alle Kunden einen einheitlichen Service anbieten will. Denn der einheitliche Service ohne Sonderlösungen für individuelle Kunden ist als Resource pooling und Rapid elasticity eines der Kernelemente der Cloud-Technologie (→ § 1). Aus Sicht des Auftraggebers, also dem Verantwortlichen, ist eine strenge Kontrolle etwaiger Subunternehmer zwar theoretisch wünschenswert. In der Praxis ist der Verantwortliche indes oft machtlos gegen die Klauseln und die mangelnde Verhandlungsbereitschaft der großen Cloud-Anbieter, womit er in der Zwickmühle zwischen seinem Auftragnehmer und den strengen Anforderungen der Aufsichtsbehörden steckt.

Ein Ausweg kann im Rahmen einer vorausschauenden Vertrags- und Gesellschaftsstruktur darin liegen, dass der Dienstleister als einzigen und dauerhaften Unterauftragnehmer eine eigene Tochtergesellschaft einsetzt, sozusagen seine „Subunternehmer Service GmbH". Erst diese beauftragt die ursprünglich vorgesehenen Subunternehmer/Unterauftragnehmer, was somit aus Perspektive des Verantwortlichen als Unter-Unterauftragsverarbeitung erfolgt. Die Beauftragung der Unter-Unterauftragsverarbeiter und vor allem deren zukünftige Auswechselung erfolgt durch die Subunternehmer Service GmbH, so dass mit dieser Konstruktion im Wege des Art. 28 Abs. 2 S. 2 DS-GVO Änderungen lediglich vom Dienstleister genehmigt werden müssen, aber nicht von den zahlreichen Verantwortlichen. Dabei ist jedoch organisatorisch darauf zu achten, dass bei dem Auftragnehmer und seiner Subunternehmer Service GmbH keine einheitliche Entscheidung über Zweck und Mittel der Datenverarbeitung erfolgt, da sonst beide nach Art. 4 Nr. 7 DS-GVO eine einheitliche verantwortliche Stelle darstellen würden und die datenschutzrechtliche Trennung zwischen beiden entfiele. Auch eine gemeinsame Verantwortung (Art. 26 DS-GVO) sollte vermieden werden.

**14. Datentransfers in Drittländer.** Zu den inhaltlichen Anforderungen des Datentransfers in Länder außerhalb des EWR nach den EuGH-Entscheidungen Schrems I und II ausf. → Form. G. VII. Zum EU-U. S. Data Privacy Framework → Form. G. VII. Diese Anforderungen können in der Unternehmenspraxis durch eine Konzernrichtlinie zur Auftragsverarbeitung verpflichtend umgesetzt werden (→ Form. G.I.2.), die jedoch regelmäßig zu aktualisieren und vor allem umzusetzen ist.

Unter der DS-GVO gilt die Privilegierung der Auftragsverarbeitung auch für Drittländer (→ Anm. 6). Bei Cloud Computing erscheint der Einsatz zahlreicher und meist internationaler Unterauftragnehmer meist datenschutzrechtlich herausfordernd. Zur angeblichen Prüfungspflicht hinsichtlich etwaiger Unterauftragnehmer jedoch → Anm. 12; eine Prüfung der „Unter-AVVs" ist rechtlich nicht zwingend erforderlich.

**15. Vertrag über Auftragsverarbeitung plus EU-Standardvertragsklauseln.** Zum Teil werden mit den europäischen Gesellschaften normale Verträge über die Auftragsverarbeitung (Art. 28 DS-GVO) geschlossen, während zugleich mit der (Mutter-)Gesellschaft in den USA ein Vertrag mit den sog. EU-Standardvertragsklauseln (→ Form. G. VII.2.) abgeschlossen wird. Dies erscheint ungeachtet der Auffassung der Aufsichtsbehörden dogmatisch nicht konsequent, da unklar ist, welche Gesellschaft des Dienstleisters anzuweisen ist. Gleichwohl verfasste die Artikel-29-Datenschutzgruppe in diesem Kontext 2014 eine schriftliche Bestätigung, die öffentlich so interpretiert wurde, dass die Artikel-29-Datenschutzgruppe diesem Vorgehen insgesamt ihren „Segen erteilt“ habe (ec.europa.eu/justice/article-29/documentation/other-document/files/2014/20140402_microsoft.pdf). Ob es heute noch eine vergleichbare Stellungnahme geben würde, ist fraglich. Mit dem (und während der Geltung des) EU-U.S. Privacy Framework hat diese Frage, zumindest im Hinblick auf die USA, auch an Bedeutung verloren.

## 2. Freigabe und Einsatz von Software as a Service am Beispiel von Microsoft 365

Die Prüfung und Freigabe des Einsatzes von SaaS in Unternehmen und anderen Organisationen stellt ihre IT, Juristen und Datenschutzbeauftragte, aber oft auch weitere Stakeholder wie Geschäftsführung oder Betriebs- bzw. Personalräte, vor Herausforderungen.

Die Datenschutz-Aufsichtsbehörden scheinen sich seit etlichen Jahren auf Microsoft 365 eingeschossen zu haben (Übersicht zu aufsichtsbehördlichen Positionen und Literatur → Anm. 5, 6). Dies führt regelmäßig zu weitreichenden, oft diffusen Bedenken und einem entsprechend hohen Maß an internem Bearbeitungsaufwand und externem Beratungsbedarf. Die folgende Checkliste führt durch die Prüfung, Freigabe und die nachfolgenden Prozesse eines Cloud-Dienstes am Beispiel von Microsoft 365 (im Folgenden „M365“).

### Checkliste zur Einführung von Microsoft 365

§ 1 Checkliste der Themen, Herausforderungen und Lösungen

| Nr. | Thema | Herausforderungen und Lösungen |
|---|---|---|
| 1. | Abhängigkeit vs. Outsourcing[1] | Grundsatzentscheidung, keine juristische Frage |
| 2. | Festlegung des Einsatzes von M365[2] | Beschreibung der betroffenen Personen, Kategorien von Daten, Zwecke etc.<br>einzusetzende Dienste, ggf. ausgenommene Daten und Personengruppen |
| 3. | Lizenzen und benötigte Dienste[3] | Festlegungen zu den gewünschten M365-Diensten und Sicherheits-Tools (Customer Lockbox, EU Data Boundary, Varianten des Microsoft Defender) |
| 4. | Vertragsanalyse[4] | Vertragsdokumente (Product Terms, Data Protection Addendum) |
| 5. | datenschutzrechtliche Risiken[5] | insbesondere Positionen der Aufsichtsbehörden |
| 6. | Argumente gegen die Positionen der Aufsichtsbehörden[6] | kritische Analyse der Positionen der Aufsichtsbehörden |

| Nr. | Thema | Herausforderungen und Lösungen |
|---|---|---|
| 7. | besondere Konstellationen[7] | Nutzung durch öffentliche Stellen, Verantwortliche nach Art. 91 DS-GVO, regulierte Berufe oder Branchen, § 203 StGB uä |
| 8. | Einbindung besonderer Funktionen[8] | Datenschutzbeauftragte(r), Betriebs- bzw. Personalräte etc; Zuständigkeiten und wechselseitige Erwartungen |
| 9. | Restrisiken und Business Judgement Rule[9] | Auch mit profunder datenschutzrechtlicher Begründung bleiben Restrisiken, denen durch entsprechende Maßnahmen zu begegnen ist. Mit der Business Judgement Rule ist eine Haftung von Geschäftsführern zu vermeiden. |
| 10. | Datenschutz-Folgenabschätzung[10] | Schwellwertanalyse und Umsetzung |
| 11. | weitere Aspekte des formalen Datenschutzes[11] | tatsächliche Durchführung der DSFA und Entscheidung, Verarbeitungsverzeichnis, ggf. TIA |
| 12. | Maßnahmenplan zur Datenschutz-Compliance und zur Risikoreduzierung[12] | Auswahl und Umsetzung sowie Anpassung der Maßnahmen über den gesamten Nutzungszeitraum |

§ 2 Maßnahmenplan

1. Einhaltung des juristischen und formalen Datenschutzes, u. a.
   a) Rechtliche Prüfung des Vertrags (Product Terms und DPA) zumindest im Hinblick auf die datenschutzrechtlichen Fragen
   b) ggf. Datenschutz-Folgenabschätzung
   c) ggf. Data Transfer Impact Assessment
   d) Dokumentation im Verarbeitungsverzeichnis
   e) ggf. weitere Dokumente wie Datenschutzinformationen und FAQ
   f) ggf. weitere Dokumentation nach DS-GVO (ua Art. 5 Abs. 2 DS-GVO – Rechenschaftspflicht)
2. Konfiguration von Microsoft 365 und IT-Sicherheit
   a) Deaktivierung bzw. besondere Behandlung von Produkten, die datenschutzrechtlich von den Product Terms und dem DPA von Microsoft nicht als Auftragsverarbeitung erfasst sind, etwa Third Party-Produkte und Produkte im Beta-/Preview-Status.
   b) datenschutzfreundliche Konfiguration der Produkte und Einstellungen
   c) ggf. Aktivierung von sicherheitsrelevanten Funktionen wie Mobile Device Management, Customer Lockbox, Defender und EU Data Boundary
   d) Bewertung der TOMs von Microsoft 365 (Anhang A zum DPA, „Sicherheitsmaßnahmen“)
3. Umfang der Nutzung, Daten und Zwecke; Betroffenenrechte

a) Festlegung des Umfangs der Nutzung nach betrieblichen Erfordernissen und Datensparsamkeit
b) datenschutzfreundliche Beschränkung des Umfangs der Daten, der Zwecke und Speicherdauer
c) Zuständigkeiten für Anfragen bzgl. Betroffenenrechten

4. Dauerhaftigkeit und Überprüfung
a) laufende Überprüfung bei Änderungen der technischen und/oder vertraglichen Rahmenbedingungen oder der allgemeinen Rechtslage sowie bei Änderung hinsichtlich der vorgenannten Punkte
b) Festlegung eines unbürokratischen Prozesses hierzu, zB im Rahmen einer festen Terminserie unter Einbindung des Datenschutzbeauftragten und dem Betriebs- bzw. Personalrat
c) ggf. ein formalisierter kontinuierlicher Verbesserungsprozess einschließlich Aktualisierung der Datenschutz-Folgenabschätzung

## Anmerkungen

**1. Abhängigkeit vs. Outsourcing an spezialisierte Dienstleister.** Die Migration zu einem komplexen SaaS-Dienst wie M365 ist in der Regel ein aufwändiges Projekt. Nur bei Kleinstunternehmern, wo sich die Nutzung im Wesentlichen auf die Einrichtung von E-Mail-Adressen und wenigen Zusatzfunktionen beschränkt, ist der Wechsel zu M365 als auch eine zukünftige Migration zu einem anderen Dienstleister in wenigen Tagen realisierbar. In allen anderen Fällen erfordert auch eine etwaige Migration weg von M365 ein weiteres komplexes und langwieriges Projekt, ggf. nebst erneuter Ausschreibung, datenschutzrechtlicher Prüfung und Folgenabschätzung, Vertragsverhandlungen, Abstimmung mit Betriebs- bzw. Personalrat, der technischen Migration selbst, Schulungsmaßnahmen etc.

Mit der Entscheidung für einen Dienst wie M365 muss den Verantwortlichen bewusst sein, dass eine grundsätzliche IT-Strategie- und -Architekturentscheidung gefällt wird. Auch wenn die eigenen Juristen günstige Sonderkündigungsklauseln in den Vertrag verhandeln, ist ein kurzfristiger Ausstieg in der Regel keine real existierende Handlungsoption. Damit ist die Cloud-Entscheidung auch eine faktische Entscheidung für eine mittelfristige Abhängigkeit vom Anbieter. Anders als bei klassischen Softwareversionen kann der SaaS-Anbieter die angebotenen Dienstleistungen vergleichsweise flexibel umstellen und bestimmte Teilservices sogar entfallen lassen. Dieses Risikos sollte sich der Verantwortliche bewusst sein. Es handelt sich hierbei nicht um eine juristische oder datenschutzrechtliche Frage. Vielmehr ist diese Strategiefrage von der Geschäftsleitung zu entscheiden und zu verantworten.

Mit der Dauerhaftigkeit und Veränderbarkeit einher geht auch, Rahmenprozesse für zukünftige Änderungen zu schaffen: Im Laufe der Zeit wird sich der Umfang von M365 verändern, es wird sich die faktische Nutzung durch den Verantwortlichen und seine Mitarbeiter ändern, die Vertragsbedingungen (Product Terms und DPA) werden geändert werden und sicherlich werden Gesetzgeber und EuGH auch die datenschutzrechtlichen Rahmenbedingungen modifizieren. Daher darf die initiale Freigabe von M365 nicht als einmaliges Projekt verstanden werden, sondern es muss ein dauerhafter Prozess zur Aktualisierung implementiert werden. Hierzu sollten feste Terminserien mit klar geregelten Verantwortlichkeiten aufgesetzt werden, um IT, Datenschutz und weitere Stakeholder wie die Arbeitnehmervertreter informiert und beteiligt zu halten.

**2. Festlegung des Einsatzes von M365.** Zu Beginn des Projekts sollte zwischen allen Beteiligten Transparenz bestehen, für welche Gesellschaften, Länder, Abteilungen, Zwecke und Datenkategorien eine Migration in die Cloud vorgesehen ist. Dies wird in der Regel eine vorläufige Festlegung sein, die im Projektverlauf und in Abhängigkeit ua von Kosten, Möglichkeiten, Unternehmenskultur und datenschutzrechtlichen Erwägungen geändert werden wird. Es hilft jedoch allen Beteiligten bei ihren initialen Einschätzungen, wenn eine solche initiale Beschreibung besteht.

Ausgenommen sein können zB Daten und Abteilungen, die besonders sensible und/oder besonders regulierte Informationen verarbeiten, etwa Patientendaten oder Forschungsdaten in Patentabteilungen. Häufig werden solche speziellen Daten, auch bei HR-Abteilungen, primär in eigenen IT-Systemen gehostet. Im Rahmen der Planung und vor allem eines Betriebskonzeptes ist dann festzulegen, inwieweit diese Daten zudem auch in M365 verarbeitet werden dürfen, etwa beim Versand mittels E-Mail.

**3. Festlegung zu Lizenzen und benötigten Diensten.** Darauf basierend sollten erste Planungen zu den vorgesehenen Lizenzen gemacht werden. Die umfangreiche M365-Suite besteht aus vielen Diensten, die im Wege verschiedener Lizenzen angeboten werden. Die offizielle Bezeichnung von Microsoft lautet dabei nicht Lizenz, sondern „Pläne". Neben den hier nicht relevanten Angeboten für Privatpersonen (wie „Microsoft 365 Family") gibt es für Kleinstunternehmen ähnlich zugeschnittene sog. Business-Lizenzen. Kleinere Organisationen erwerben ihre Pläne in der Regel über sog. MCA-Verträge, während Kunden ab 500 Benutzern sog. Enterprise Agreements (EA) abschließen. Bei all diesen Wegen gibt es verschiedene Pläne, die sich im Umfang und Preis deutlich unterscheiden. Der Umfang bezieht sich dabei nicht nur auf die vom Mitarbeiter nutzbaren Dienste, wie Teams oder Copilot, sondern auch auf sicherheits- und datenschutzbezogene Funktionen wie Customer Lockbox, EU Data Boundary oder verschiedene Ausgestaltungen des Microsoft Defender. Funktionsumfang, Sicherheit und Budget stehen dadurch in einem direkten Verhältnis und sollten daher gemeinsam betrachtet werden: Falls in der DSFA von der Aktivierung solcher Sicherheitsfeatures ausgegangen wird, sie am Ende aber Budgetkürzungen zum Opfer fallen, passt die DSFA nicht mehr zum tatsächlichen Einsatz.

**4. Analyse des Vertragswerks zur Nutzung der SaaS.** Eine (datenschutz)rechtliche Bewertung kann nicht ohne Kenntnis der mit dem Dienstleister abzuschließenden Verträge erfolgen. Das Vertragswerk zu M365 ergibt sich aus zahlreichen Dokumenten, die online unter https://www.microsoft.com/licensing/terms/verfügbar sind (hierzu ausführlich Koglin DSB 2022, 38). Das zentrale Vertragswerk besteht aus den Product Terms (https://use365.ms/PT), während das Datenschutzdokument als Data Protection Addendum (DPA) und in der deutschen Sprachfassung als „Datenschutznachtrag" bezeichnet wird (https://use365.ms/DPA). Die Abkürzung als „DPA" lässt durch die Assoziation mit einem Data Processing Agreement eine Auftragsverarbeitungs-Vereinbarung vermuten. Das Microsoft-DPA ist jedoch nicht lediglich ein AVV iSd Art. 28 DS-GVO, sondern regelt auch ausführlich, welche Daten von der Auftragsverarbeitung ausgeschlossen sind (ua Preview-Versionen von Diensten sowie Produkte und Services, für die dies an anderer Stelle ausgeschlossen wurde),

→ Form. G. VI. 1. Anm. 8–10. Vom DPA werden unregelmäßig – etwa ein- oder zweimal pro Jahr – neue Versionen zur Verfügung gestellt. Neue DPA-Fassungen gelten nicht automatisch für Bestandskunden (Koglin DSB 2022, 38 (39)); in Abhängigkeit vom Lizenzierungsweg kann die Umstellung auf die neue Fassung vereinbart werden.

**5. Datenschutzrechtliche Risiken, insbesondere Positionen der Aufsichtsbehörden.** Die deutschen Aufsichtsbehörden haben sich – teils im Wege der DSK, teils individuell – zu M365 positioniert (→ Form. G. VI. 1. Anm. 9, 10). Diese Positionierungen waren meist kritisch bis ablehnend und teilweise an der Grenze zur Produktwarnung; in einem Fall kam der DSK-Beschluss nur mit knapper Mehrheit zustande. Relevante Beschlüsse und Veröffentlichungen sind ua:

Beschluss der DSK vom 22.9.2020 (https://www.datenschutzkonferenz-online.de/media/pr/20201030_protokoll_3_zwischenkonferenz.pdf). In dem streitigen Beschluss wurde von einer knappen Mehrheit der sehr kritischen Einschätzung des DSK-Arbeitskreises Verwaltung zugestimmt; dies führte zur Bildung einer neuen Arbeitsgruppe und dem nachfolgenden Beschluss.

Festlegung der DSK v. 24.11.2022 auf Basis des Berichts der DSK-Arbeitsgruppe „Microsoft-Onlinedienste" (https://datenschutzkonferenz-online.de/media/dskb/2022_24_11_festlegung_MS365.pdf), hiernach sei auf Basis des Microsoft-DPA (→ Anm. 4) der Nachweis seitens des Verantwortlichen nicht möglich, dass er M365 datenschutzrechtskonform betreibe. Gleich zum 1.1.2023 hat Microsoft eine neue DPA-Fassung herausgegeben, die auf die kritisierten Punkte eingeht.

Bereits im Jahr 2020 hat die BlnBfDI diverse Videokonferenzsoftware-Anbieter überprüft und bei praktisch allen Anbietern Defizite gesehen; bei Microsoft Teams als Teil von Microsoft 365 bezog sich die Kritik ua auf nicht näher ausgeführte „Mängel im Auftragsverarbeitungsvertrag" und „Unzulässige Datenexporte". Microsoft hatte sich wegen dieser „Warnung" vor Microsoft-Produkten an die Behörde gewandt; das Schreiben ist über eine IFG-Anfrage veröffentlicht worden (https://fragdenstaat.de/dokumente/4376/). Die noch in der Vorauflage in → Form. G. VI. zitierten Dokumente der BlnBfDI sind nun nicht mehr vollständig verfügbar.

Der LfD Nds und einige weitere Aufsichtsbehörden haben im September 2023 eine ausführliche Auflistung veröffentlicht, welche Punkte des DPA mit Microsoft nachzuverhandeln seien („Handreichung für die Verantwortlichen zum Abschluss einer Auftragsverarbeitungsvereinbarung gem. Art. 28 Abs. 3 DS-GVO mit Microsoft für den Einsatz von ‚Microsoft 365'"; hierzu Koglin DSB 2023, 252). Hierin wird u. a. kritisiert, dass die Festlegungen zu Art und Zweck der Verarbeitung sowie der Art der personenbezogenen Daten nicht ausreichend seien. Ferner werden u. a. die Klauseln zur Nutzung von Daten zu eigenen Geschäftszwecken, zum Weisungsrecht sowie die Informationen zu Subunternehmern moniert. „Dringend empfohlen" wird die Verwendung pseudonymer E-Mail-Adressen, dh ohne die Erkennbarkeit des Namens des E-Mail-Inhabers. Gleichwohl hat der LfD Nds im Mai 2024 den Einsatz von Microsoft Teams durch das niedersächsische Innenministerium für „akzeptabel" gehalten (→ Form. G. VI.1 Anm. 10; hierzu Koglin DSB 2024, 126). Dieser Einsatz erfolgte auf Basis einer vertraulichen Zusatzvereinbarung mit Microsoft; informierten Kreisen zufolge erfolgte hierzu weder eine substanzielle Konkretisierung der zu verarbeitenden Daten (→ Form. G. VII. 1. Anm. 10) noch ein Ausschluss von Klarnamen in E-Mail-Adressen oder Videokonferenzen.

Außerhalb des Anwendungsbereichs der DS-GVO haben ua die Datenschutzbeauftragte des Kantons Zürich (https://use365.ms/CH-DSB_M365) sowie der EDSB (https://use365.ms/EDSB_M365-press) umfangreiche Verbesserungsmaßnahmen beim Einsatz von M365 verlangt. Auf die Datenverarbeitung der Kommission sowie anderer Organe und Einrichtungen der EU sind weder die DS-GVO noch die RL zum Datenschutz bei Strafverfolgung und Strafvollstreckung (RL (EU) 2016/680) anwendbar; zugleich sind nicht die „DS-GVO-Aufsichtsbehörden" einschließlich des EDSA zuständig, sondern der EDSB. Basis für den Datenschutz und die Aufsicht ist die VO (EU) 2018/1725 zum Schutz natürlicher Personen bei der Verarbeitung personenbezogener Daten durch die Organe, Einrichtungen und sonstigen Stellen der Union (EU-Datenschutzverordnung für Institutionen und Einrichtungen, EU-DSV); die Regelungen zum und Befugnisse des EDSB finden sich in Art. 52 ff. EU-DSV.

Der Fall des EDSB (Case 2021-0518) zeigt auf, wie solche Verfahren bisweilen ablaufen: Er hat im März 2024 mittels einer Pressemitteilung öffentlichkeitswirksam bekanntgegeben, dass er in der Nutzung von M365 durch die Europäische Kommission Datenschutzverletzungen sieht und hiergegen vorgeht. Zugleich hat er ein dazugehöriges 180-seitiges Gutachten („EDPS Investigation") veröffentlicht, das seine rechtliche Analyse und Entscheidung enthält (https://www.edps.europa.eu/system/files/2024-03/EDPS-2024-05-European-Commission_s-use-of-M365-infringes-data-protection-rules-for-EU-institutions-and-bodies_EN.pdf). Die Grenzen zwischen Verwaltungsverfahren und Öffentlichkeitsarbeit scheinen also fließend zu sein.

Der EDSB hatte bereits in den Jahren 2019 und 2020 eine Untersuchung gegen Institutionen der EU durchgeführt und hierbei nach eigenem Bekunden eine Reihe von Verstößen gefunden (EDPS Investigation S. 7). Daraufhin wurden die Lizenzverträge mit Microsoft verbessert. Nach Auffassung des EDSB blieben aber Verstöße in drei Kernbereichen, auf die er dann mit seinem Beschluss vom März 2024 einging. Diese drei Themen sind Zweckbindung, Drittlandtransfers und unzulässige Zugänglichmachung von personenbezogenen Daten.

Als „reference date" für den behaupteten Verstoß wird der 12.5.2021 genannt; auf diesen Stichtag beziehen sich im Wesentlichen die gerügten Verstöße. Der EDSB hat also ein halbes Jahrzehnt lang Untersuchungen durchgeführt, um dann im März 2024 Datenverarbeitungen zu rügen, die drei Jahre zurückliegen. In dieser Zeit haben sich in der EU bekanntlich maßgebliche Änderungen im Datenschutzrecht ergeben, allen voran das EU-U.S. Data Privacy Framework vom Juli 2023. Es wird in der auf 2021 bezogenen EDPS Investigation indes nur am Rande erwähnt (Rn. 407).

Die Kombination aus rechtlichen Analysen, die bei Finalisierung nicht auf dem aktuellen Stand sind, aber gleichwohl öffentlichkeitswirksam bekanntgegeben werden, ist ua auch von den DSK-Stellungnahmen sowie von der „Handreichung" einzelner Aufsichtsbehörden vom September 2023 bekannt. Gleichwohl macht dies den Adressaten die Kritik an der Behördenauffassung leicht (→ Anm. 6); dies gilt erst recht, wenn sehr allgemeine und auslegungsbedürftige Aspekte wie die Zweckbindung moniert werden.

In seinem Beschluss vom März 2024 hat der EDSB der EU-Kommission dann eine sehr lange, rund neunmonatige Frist gesetzt. Bereits im Mai 2024 haben die Kommission und separat auch Microsoft diesbezüglich gegen den EDSB Klage eingereicht (T-262/24 v 17.5.2024 bzw. T-265/24 v 21.5.2024).

*Koglin*

**6. Argumente gegen die Positionen der Aufsichtsbehörden.** Die Positionen der Datenschutzaufsicht sind ohne Zweifel von besonderer Relevanz, weil sie deren argumentative Basis für ein Vorgehen gegen Verantwortliche sind. Gleichwohl ist zunächst festzuhalten, dass im Rahmen der Gewaltenteilung (u.a. Art. 19 Abs. 4 und Art. 20 Abs. 3 GG) auch die unabhängigen Aufsichtsbehörden zur Exekutive gehören. Ihre Rechtsauffassung hat grundsätzlich keine Bindungswirkung gegen Dritte (jedoch gilt umgekehrt für die konkret handelnde Behörde das Prinzip der Selbstbindung der Verwaltung). Die verbindliche Auslegung des Rechts erfolgt alleine (und auf den jeweiligen Einzelfall bezogen) durch die Judikative (Koglin DSB 2023, 2 (3)).

Die Positionen der Datenschutzaufsicht wurden in der Literatur stark kritisiert (Benedikt/Kranig/Schwartmann FAZ v. 13.12.2022; Hessel/Kiefer RDi 2023, 282; Hessel ZD 2024, 361; Koglin DSB 2023, 2; Koglin DSB 2023, 252; Koglin DSB 2024, 126; vgl. auch Richter PinG 4/2024, 1; Koglin, Datenschutz bei M365 Kap. 4; zu Microsoft Copilot Koglin/Köllner DSB 2024, 186; der Kritik der Aufsichtsbehörden zustimmend Fleck DSB 2024, 215; Breyer/Hirschel K&R 2024, 555). Auch wenn sich angesichts der rechtlich und technisch komplexen Thematik eine pauschale Zurückweisung der vorgebrachten Kritik verbietet, lässt sich gleichwohl zusammenfassen, dass sich die Ausarbeitungen der Aufsichtsbehörden meist auf einen deutlich veralteten Stand beziehen; sei es auf frühere Fassungen des DPA und/oder durch Außerachtlassungen von Entwicklungen wie dem Kommissionsbeschluss zum EU-U.S. Data Privacy Framework.

Schon dadurch lässt sich durch jeden Verantwortlichen argumentieren, dass die aufsichtsbehördliche Rechtsauffassung auf seine konkrete Verarbeitung so nicht (mehr) zutreffe (Koglin DSB 2023, 2 (6)). Dies gibt spätestens auf der Ebene der Business Judgment Rule Spielraum, ein Votum zugunsten des Cloud-Einsatzes als vertretbare Risikoentscheidung seitens Geschäftsführung/Vorstand oder CIO zu bewerten, was eine persönliche Haftung solcher Entscheider ausschließt (→ Anm. 9; Koglin DSB 2022, 38 (40)).

Auch fehlt den Positionspapieren der Datenschutzaufsicht meist ein (rechts-)wissenschaftlicher Anspruch, da auf die Bandbreite von Literatur und Rechtsprechung mit ihren verschiedenen Meinungen und Argumenten nicht eingegangen wird; vielmehr erscheinen solche Papiere eher als ein selbstreferenzielles System, bei denen primär die Veröffentlichungen anderer deutscher Aufsichtsbehörden oder des EDSA zitiert werden (Koglin DSB 2023, 2 (3 f.)).

Zudem können sich Verantwortliche darauf berufen, dass ein Verhalten zumindest nicht zu einem Bußgeld führen darf, sofern es von der Auffassung zumindest einer EU-Aufsichtsbehörde gedeckt ist. Denn zum einen bemisst sich die Geldbuße gem. Art. 83 Abs. 2 lit. b DS-GVO nach dem Grad von Vorsatz oder Fahrlässigkeit. Ein solches Verschulden ist ausgeschlossen, wenn man die Hinweise und Rechtsauffassungen (irgend-)einer EU-Aufsichtsbehörde befolgt. Sollte, zum anderen, die für den Verantwortlichen zuständige Aufsichtsbehörde eine abweichende Rechtsauffassung vertreten als die erstgenannte Aufsichtsbehörde, so ist zunächst das Kohärenzverfahren nach Art. 63 ff. DS-GVO durchzuführen (hierzu konkret am Beispiel M365 Benedikt/Kranig/Schwartmann FAZ v. 13.12.2022; Koglin DSB 2023, 3 (4)). Es ist ein rechtstaatliches Gebot, dass der Staat keine Geldbußen dafür verhängen kann, dass man seine Positionspapiere und Handlungsanweisungen befolgt. Auf divergierenden oder unklar festgelegten Rechtsauffassungen verschiedener Aufsichtsbehörden beruhende Friktionen dürfen nicht durch Geldbußen gegenüber den Verantwortlichen gelöst werden, sondern im Wege des Kohärenzverfahrens.

Vor diesem Hintergrund ist es auch bedenklich bis befremdlich, dass die DSK-Entscheidung aus 2020 von beinahe der Hälfte der DSK-Mitglieder nicht mitgetragen wurde (zum Abstimmungsergebnis → Anm. 5) oder dass eine „Handreichung“ zu M365 lediglich von sieben der 18 DSK-Behörden veröffentlicht wurde – also von der DSK-Mehrheit offensichtlich nicht mitgetragen wird (→ Anm. 5; Koglin DSB 2023, 252). So zwingend, lässt sich dann nur resümieren, ist die verschriftliche Gesetzesauslegung der jeweiligen Teile der Datenschutzaufsicht wohl doch nicht. Und spätestens das gibt argumentativen Raum, mit gut vertretbaren Begründungen und auf den konkreten Einzelfall bezogen ebenfalls eine abweichende Rechtsauffassung zu vertreten, ohne dass dies datenschutz- oder haftungsrechtlich vorwerfbar ist.

Rechtstaatlich bedenklich wäre es auch, wenn bei vergleichbaren Rahmenbedingungen der Einsatz von M365 in öffentlichen Stellen – also im Staat selbst – großzügiger gehandhabt wird, als der Staat es privaten Stellen zugesteht. Diese Konstellation kann sich ergeben, wenn zB in Niedersachsen der Einsatz von Teams sogar in einem Ministerium akzeptiert wird und der EDSB der EU-Kommission äußerst großzügige Fristen für eingeforderte Änderungen beim Einsatz von M365 gewährt (→ Anm. 5), dann aber bei einem vergleichbaren Einsatz bei nicht-öffentlichen Stellen hart und kurzfristig durchgegriffen würde.

Und selbst dann wäre angesichts des Abstimmungsprocederes der deutschen Aufsichtsbürokratie wohl davon auszugehen, dass das „Hase-und-Igel“-Spiel zwischen Datenschutzaufsicht und Hersteller stets von letzterem gewonnen wird, indem er Verträge, technische und organisatorische Maßnahmen oder andere Rahmenbedingungen kurzfristig verändert, während die Behörden regelmäßig Jahre für ihre Analysen und konsensualen Meinungsbildungen benötigen. Das Microsoft schnell auf Kritik eingehen kann, hat der Anbieter Ende 2022 unter Beweis gestellt, als er auf die DSK-Festlegung vom 24.11.2022 mit einem neuen DPA reagierte, das bereits zum 1.1.2023 erschienen (→ Anm. 5) und damit zumindest formal der DSK-Festlegung die Basis entzogen hat (vgl. Hessel ZD 2024, 361 (362); Koglin DSB 2023, 252).

**7. Besondere Konstellationen hinsichtlich des Verantwortlichen, der Betroffenen, der Kategorien von Daten oder regulatorischer Anforderungen.** Zwar wird ein Großteil der gewöhnlichen M365-Nutzer mit üblichem Büro- und Geschäftsbetrieb vergleichbare Umstände hinsichtlich der Anwendungsfälle haben und somit auch zu ähnlichen Ergebnissen bei einer Datenschutz-Folgenabschätzung gelangen.

Jedoch sind etliche Sonderfälle zu beachten. Hinsichtlich des Verantwortlichen sind dies u. a. öffentliche Stellen (u. a. Entfall der Rechtsgrundlage des berechtigten Interesses im Anwendungsbereich des Art. 6 Abs. 1 UAbs. 2 DS-GVO) sowie Kirchen und religiöse Gemeinschaften, die nach Art. 91 DS-GVO einem Kirchendatenschutzregime statt der DS-GVO unterliegen.

Kinder und Jugendliche als Betroffene sind besonders schutzbedürftig. Noch schwieriger wird es, wenn die Minderjährigkeit mit einem Zwang zur Teilnahme und damit der Datenverarbeitung verknüpft ist, wie es über die Schulpflicht der Fall ist. Ähnliches gilt für Gesundheitsdaten und andere nach Art. 9 oder 10 DS-GVO als besonders schutzbedürftig definierte Daten.

Eine weitere Sonderkategorie sind die diversen nach EU-, Bundes- oder Landesrecht regulierten Berufe und/oder Branchen. Hier ist ggf. auch eine Strafbarkeit nach dem Sonderdelikt des § 203 StGB möglich, wie auch generell bei öffentlichen Stellen nach § 203 Abs. 2 StGB. Hierbei sind die besonderen Anforderungen an das Outsourcing aus § 203 Abs. 4 StGB zu berücksichtigen; zur Vermeidung einer Strafbarkeit sollte der Dienstleister (bzw. dessen Personal als „mitwirkende Person" nach § 203 Abs. 4 S. 2 Nr. 1 StGB) zur Geheimhaltung verpflichtet werden, was auch formlos erfolgen kann (NK-StGB/Kargl, § 203 Rn. 89). Hierzu stellt Microsoft die Berufsgeheimnisträger-Zusatzvereinbarung zur Verfügung (https://use365.ms/MS203). Eine weitere Besonderheit stellen zB landesgesetzliche Regelungen zu Personalakten von Beamten dar, vgl. Art. 108 Abs. 3 BayBG.

**8. Einbindung besonderer Funktionen.** Für einen erfolgreichen Projektablauf sollten alle zu beteiligenden Stakeholder frühzeitig und transparent eingebunden werden. Neben dem Datenschutzbeauftragten umfasst dies auch Betriebs- bzw. Personalräte. Diese sollten nicht nur für eine Betriebsvereinbarung gewonnen werden, sondern es sollte eine dauerhaft konstruktive Arbeitsatmosphäre geschaffen werden, um in einem regelmäßigen Termin über geplante Änderungen und den Umgang damit zu sprechen. So kann gemeinsam im Rahmen eines Plan-Do-Check-Act-Zyklus Datenschutz-Compliance gelebt werden und eine „agile Datenschutz-Folgenabschätzung" (→ Form. A. III. 7., Einl.) regelmäßig aktualisiert werden (→ § 4b).

**9. Restrisiken und Business Judgement Rule.** Auch nach einer Replik auf die Argumente und Positionen der Aufsichtsbehörden (→ Anm. 6) verbleiben selbstverständlich Restrisiken, dass aufsichtsbehördliche Maßnahmen erfolgen oder sogar ein Rechtstreit verloren wird. Während es manchen Datenschutzberatern ob dieser Situation leichtfällt, unter Hinweis auf „Bedenken" schlicht von US-amerikanischen Dienstleistern abzuraten, muss der Verantwortliche eine konstruktive Entscheidung darüber treffen, wie die IT-Infrastruktur gestaltet sein soll. Da der gänzliche Verzicht auf E-Mails und IT keine Option sein wird, würde ein Verzicht auf die Cloud bedeuten, wieder diverse einzelne Services selbst lokal zu hosten oder betreiben zu lassen.

Eine solche IT-Infrastruktur würde das spezifische Cloud-Risiko lediglich gegen eine Reihe anderer IT- und Betriebsrisiken eintauschen. Nach der Business Judgment Rule können (und sollen) Manager Risikoentscheidungen treffen, ohne Sorge vor einer persönlichen Haftung oder Regress zu haben. Erforderlich ist hierfür u. a., dass eine informierte Entscheidung vorliegt, die nicht eindeutig rechtswidrig und zudem zum Wohle der Gesellschaft erfolgt (ausführlich im Kontext einer SaaS-Entscheidung Koglin DSB 2022, 38 (40 f.), vgl. für Stiftungen § 84a Abs. 2 BGB). Erforderlich ist dabei zudem, dass relevante Risiken reduziert und beobachtet werden (→ Anm. 12).

**10. Datenschutz-Folgenabschätzung.** Eine DSFA nach Art. 35 DS-GVO kann in vielen Fällen für den Einsatz von M365 erforderlich sein. Für gewöhnliche Verarbeitungskonstellationen sind Muster erhältlich und oft mit wenig Aufwand umsetzbar (→ Form. G. VI. 1. Anm. 8). Kleinunternehmer und Vereine sollten dabei jedoch aufpassen, nicht ohne rechtliche Notwendigkeit eine DSFA für erforderlich zu halten: Über § 38 Abs. 1 S. 2 BDSG führt die Erforderlichkeit einer DSFA bei nichtöffentlichen Stellen dazu, dass unabhängig von der Beschäftigtenzahl ein Datenschutzbeauftragter zu benennen ist. In Zweifelsfällen ist eher anzuraten, die DSFA nur als freiwillig und überobligatorisch zu bezeichnen.

In der DSFA wird im Rahmen der Bewertung auf die oben erfolgte Analyse der Vertragswerke und auf die Auseinandersetzung mit den Meinungen der Aufsichtsbehörde einzugehen sein. Die Risikobewertung kann für jedes M365-Dienst einzeln erfolgen. Dies führt aber zu zahlreichen Wiederholungen. Daher können ähnliche oder sich thematisch überschneidende Services (zB Sharepoint und OneDrive) gemeinsam bewertet werden (vgl. Art. 35 Abs. 1 S. 2 DS-GVO). Zudem empfiehlt es sich, allgemeine Themen wie die Drittlandthematik oder die Frage der Konkretisierung der Kategorien von Daten und Betroffenen „vor die Klammer" zu ziehen und nur einmal auszuführen.

Dabei sollte die Datenschutz-Folgenabschätzung nicht als einmalige Freigabe ausgelegt werden, sondern als dauerhafter Prozess (→ § 4c; → Anm. 8). Dies ermöglicht auch, bei der initialen Folgenabschätzung zu M365 die Prüfungstiefe zu reduzieren (Koglin, Datenschutz bei M365, Kap. 7.3.2.5).

**11. Weitere Aspekte des formalen Datenschutzes.** Die Durchführung einer DSFA erfordert nicht nur die Erstellung eines Dokumentes, das anschließend in der Schublade verschwindet. Vielmehr gehört zu ihr auch ein Prozess, der die Einholung des Rates des Datenschutzbeauftragten (Art. 35 Abs. 2 DS-GVO) und ggf. auch des Standpunktes der Betroffenen (Art. 35 Abs. 9 DS-GVO) umfasst. Dies sollte nicht nur durchgeführt, sondern auch dokumentiert werden. Dabei sollte auch festgehalten werden, weshalb nach Art. 36 Abs. 1 DS-GVO keine Vorherige Konsultation für erforderlich gehalten wurde. Für die Gruppe der Beschäftigten kann die Einholung des Standpunktes der Betroffenen auch im Dialog mit dem Betriebsrat (→ Anm. 8) gesehen werden.

Neben der DSFA sollte M365 korrekt in das Verarbeitungsverzeichnis eingetragen werden, ggf. ein Transfer Impact Assessment durchgeführt werden und an notwendige Datenschutzhinweise gedacht werden. Hilfreich, aber rechtlich nicht erforderlich, ist zudem die Erstellung einer FAQ für Mitarbeiter sowie einer Policy zum Verhalten in Videokonferenzen.

Eine Betriebs- oder anderweitige Kollektivvereinbarung iSd § 26 Abs. 1 S. 1 BDSG (im Folgenden vereinfacht nur als Betriebsvereinbarung bezeichnet und betrachtet) dient nicht nur dem Betriebsverfassungsrecht, sondern kann nach Art. 88 DS-GVO und § 26 BDSG ggf. auch eine eigene Rechtsgrundlage für die Datenverarbeitung darstellen. Dies ist aber auf Beschäftigtendaten sowie auf das Gebiet der Bundesrepublik begrenzt. Im Hinblick auf in der Betriebsvereinbarung vorgenommene „spezifischere Regelungen" iSd Art. 88 Abs. 1 DS-GVO hat der EuGH ein überraschend restriktives Grundsatzurteil gesprochen (EuGH 30.3.2023 – C-34/21 ZD 2023, 391 mAnm Schild), wobei sich diese Entscheidung auf nationale Gesetze bezog. Dort ging es um § 23 Abs. 1 S. 1 HDSIG, der § 26 Abs. 1 S. 1 BDSG entspricht. Vorliegend geht es indes um Betriebsvereinbarungen. Diese sind typischerweise deutlich spezifischer und auf die Usancen des jeweiligen Betriebs und seiner Mitarbeitenden zugeschnitten. Die Frage, ob und wieweit Kollektivvereinbarungen iSd Art 88 Abs. 1 DS-GVO und § 26 Abs. 1 S. 1 BDSG noch als Rechtsgrundlage für die Verarbeitung von Beschäftigtendaten verwendet werden können, ist nun gleichwohl deutlich zurückhaltender zu beantworten

(→ Form. H. III.1.; → Form. H. III.2. Anm. 9; offener wohl BeckOK DatenschutzR/ Riesenhuber DS-GVO Art. 88 Rn. 67).

**12. Maßnahmenplan zur Datenschutz-Compliance und zur Risikoreduzierung.** Im Rahmen der IT-Sicherheit und technischen und organisatorischen Maßnahmen, der eigenen (datenschutz-)rechtlichen Bewertung, zahlreicher Abwägungen, der DSFA sowie der Business Judgement Rule wird der Verantwortliche sich entscheiden, angemessene Maßnahmen festzulegen. Wichtig ist, dass diese auch umgesetzt und während der Laufzeit des Einsatzes von M365 regelmäßig überprüft und ggf. angepasst werden (→ § 4; → Anm. 8). Hierzu gehört auch, die rechtliche Situation – sei es hinsichtlich des Vertragswerks, der rechtlichen Rahmenbedingungen oder des tatsächlichen Einsatzes von M365 – konstant im Auge zu behalten.

Zu diesen Maßnahmen können insbesondere die in § 2 aufgeführten Punkte gehören; weitere Maßnahmen Koglin DSB 2022, 38 (41); Koglin DSB 2023, 2 (5 f.); Koglin, Datenschutz bei M365, Kap. 11.

## VII. Datentransfers in Drittstaaten

### 1. Übersicht über internationale Datentransfers (Art. 44 ff. DS-GVO)

Der grenzüberschreitende Transfer personenbezogener Daten ist durch das Auslagern von Unternehmensprozessen oder den Zukauf von Softwarelösungen weltweit nicht nur für Konzerne, sondern auch für kleine und mittelständische Unternehmen von erheblicher Relevanz. Aus Sicht der DS-GVO soll hierbei das unionsweit gewährleistete Schutzniveau für natürliche Personen bei der mit einem Transfer verbundenen Übermittlung personenbezogener Daten aus der Union an Verantwortliche, Auftragsverarbeiter oder andere Empfänger in sog. „Drittländern" oder an internationale Organisationen nicht untergraben werden (vgl. Erwgr. 101 S. 3 DS-GVO). Daher knüpft die DS-GVO **besondere Bedingungen** an einen solchen Transfer.

Unter welchen Voraussetzungen von einem Transfer personenbezogener Daten in ein Drittland überhaupt ausgegangen werden kann, wird durch die DS-GVO nicht weiter spezifiziert. In Art. 4 Nr. 2 DS-GVO findet sich eine Definition der Verarbeitung personenbezogener Daten. Hierbei wird die Übermittlung lediglich als Unterfall der Verarbeitung erwähnt.

Der EDSA hat sich über Leitlinien mit dem Zusammenspiel zwischen dem räumlichen Anwendungsbereich der DS-GVO und den internationalen Datentransfers ausführlich befasst (vgl. EDSA Leitlinien 5/2021 über das Zusammenspiel zwischen der Anwendung des Artikels 3 und der Bestimmungen über internationale Übermittlungen nach Kapitel V DSGVO V 2.0 v. 14.2.2023). Demnach müssen drei kumulative Kriterien vorliegen, damit von einem Transfer personenbezogener Daten ausgegangen werden kann:

1. Ein Verantwortlicher oder ein Auftragsverarbeiter, der an der Verarbeitung beteiligt ist, unterliegt der DS-GVO.
2. Dieser Verantwortliche oder Auftragsverarbeiter („Exporteur") gibt die personenbezogenen Daten durch Übermittlung einem anderen Verantwortlichen, gemeinsam für die Verarbeitung Verantwortlichen oder Auftragsverarbeiter („Importeur") weiter oder macht sie diesen Empfängern auf andere Weise zugänglich.
3. Der Importeur befindet sich in einem Drittland oder ist eine internationale Organisation. Dabei kommt es nicht darauf an, ob der Importeur von Art. 3 DS-GVO erfasst ist.

Liegt ein Drittlandstransfer vor, enthält Kapitel V der DS-GVO Voraussetzungen, nach denen die Übermittlung von statten gehen darf. Der Grund für diese besonderen Bedingungen liegt in der gesetzgeberischen Annahme, dass durch die unionsweit gleichmäßige und einheitliche Anwendung von Vorschriften zum Schutz der Grundrechte und Grundfreiheiten von natürlichen Personen bei der Verarbeitung ihrer personenbezogenen Daten unter den Mitgliedstaaten der Europäischen Union ein gleichwertiges Schutzniveau gegeben ist (vgl. Erwgr. 10 DS-GVO). Länder, die sich durch das Abkommen über den Europäischen Wirtschaftsraum (EWR) auf die Einhaltung dieser Vorschriften verpflichtet haben, sollen ebenfalls vom besagten gleichwertigen Schutzniveau profitieren können. Bezogen auf die DS-GVO ist eine Einbeziehung der Mitgliedsländer des EWR formal erfolgt, sodass die darin enthaltenen Vorschriften zum Schutz personenbezogener Daten – so auch bezogen auf einen Datentransfer in Drittländer – unmittelbar Geltung erlangen (vgl. Beschluss des gemeinsamen EWR-Ausschusses Nr. 154/2018 vom 6.7.2018 zur Änderung des Anhangs XI (Elektronische Kommunikation, audiovisuelle Dienste und Informationsgesellschaft) und des Protokolls 37 (mit der Liste gemäß Artikel 101) des EWR-Abkommens [2018/1022], ABl. 2018 L 183, 23).

Ziel der Vorgaben des Kapitels V ist es, das durch die DS-GVO gewährleistete Schutzniveau nicht zu untergraben. Dies gilt auch für die **Weiterübermittlung** von personenbezogenen Daten durch den Datenempfänger im jeweiligen Drittland oder die internationale Organisation an ein anderes Drittland oder eine andere internationale Organisation (vgl. Art. 44 S. 1 Hs. 2 DS-GVO).

Die in Art. 44 S. 1 Hs. 1 DS-GVO genannte „internationale Organisation" als Empfängerin personenbezogener Daten ist nicht mit privatrechtlich organisierten Unternehmen gleichzusetzen. Art. 4 Nr. 26 DS-GVO definiert die internationale Organisation als eine völkerrechtliche Organisation und ihre nachgeordneten Stellen oder als jede sonstige Einrichtung, die durch eine zwischen zwei oder mehr Ländern geschlossene Übereinkunft oder auf der Grundlage einer solchen Übereinkunft geschaffen wurde. Der Transfer personenbezogener Daten an eine solche Organisation ist aus Sicht privatrechtlicher Unternehmen wenig praxisrelevant.

Hinsichtlich der Prüfabfolge im Falle eines Transfers personenbezogener Daten in ein Drittland kann auf die etablierte **Zwei-Stufen-Prüfung** zurückgegriffen werden. Dabei ist im Rahmen der **ersten Prüfstufe** des Drittlandstransfers danach zu fragen, ob die **allgemeinen Zulässigkeitsvoraussetzungen** der DS-GVO für die Datenübermittlung erfüllt sind. Insofern fordert Art. 44 S. 1 DS-GVO, dass – neben den Anforderungen des Kapitels V – auch die „sonstigen Bestimmungen" der DS-GVO eingehalten werden. Der Verweis auf die Pflicht zur Einhaltung der „sonstigen Bestimmungen" möchte – wie bereits die DSRL, jedoch unter Verwendung eines anderen Wortlauts (vgl. Dammann/Simitis EG-DatenSchutzRL Art. 25 Rn. 7 mwN) – daran erinnern, dass das Vorhandensein eines angemessenen Datenschutzniveaus im Drittland für sich noch keine Datenübermittlung rechtfertigen kann, sondern lediglich eine **zusätzliche Voraussetzung** darstellt.

Insofern muss eine Rechtsgrundlage für den Datentransfer bestehen, die sich bspw. aus Art. 6 Abs. 1, Art. 9 DS-GVO oder einem mitgliedstaatlichen Datenschutzgesetz ergeben kann. Ebenso sind bspw. die Anforderungen an eine Auftragsverarbeitung gem. Art. 28 DS-GVO (→ Form. G. I.) zu beachten. Betroffene Personen sind bei einem beabsichtigten Datentransfer in ein Drittland nach den Vorgaben des Art. 13 Abs. 1 lit. f DS-GVO zu **informieren** (→ Form. F. I.). Die Information hat die Angabe eines gültigen oder fehlenden Angemessenheitsbeschlusses der Kommission oder anderer geeigneter und angemessener Garantien nach den Art. 46, 47 oder Art. 49 Abs. 1 Uabs. 2 DS-GVO zu beinhalten. Bei Verwendung anderer angemessener Garantien ist auf die Möglichkeit des Erhalts einer Kopie dieser Garantien hinzuweisen bzw. hat ein Hinweis zu erfolgen, wo diese verfügbar sind (vgl. Art. 13 Abs. 1 lit. f. DS-GVO).

Es lässt sich daher bezogen auf die erste Prüfstufe feststellen, dass diese für die Überprüfung einer datenschutzrechtlichen Zulässigkeit beim Drittlandstransfer noch keine wesentlichen Besonderheiten im Vergleich zu Datentransfers innerhalb der EU aufweist. Außer in den Fällen des Art. 3 Abs. 2 DS-GVO hat die DS-GVO insbesondere nicht den Anspruch, unmittelbar beim Datenempfänger im Drittland zu gelten. Dieser hat sich vielmehr an den Werkzeugen aus Kapitel V der DS-GVO zum Herstellen eines angemessenen Datenschutzniveaus zu orientieren bzw. deren Vorgaben zu unterwerfen. Ferner können ihn indirekt Pflichten aus der DS-GVO über vertragliche Vereinbarungen gem. Art. 28 Abs. 3 DS-GVO treffen (vgl. EDSA Leitlinien 3/2018 zum räumlichen Anwendungsbereich der DSGVO (Artikel 3) V.2.0 12.11.2019 S. 11).

Im Anschluss an die erste Prüfstufe werden in einer **zweiten Stufe** die Anforderungen des Kapitel V (also die **„Werkzeuge" zur Gewährleistung eines angemessenen Datenschutzniveaus**) an Drittlandtransfers geprüft (vgl. DSK Kurzpapier Nr. 4 Datenübermittlung in Drittländer). Hierbei geht die DS-GVO bei einem Datenempfänger außerhalb der EU bzw. des EWR grundsätzlich von einem unangemessenen Datenschutzniveau aus, das durch Werkzeuge bzw. Garantien des Kapitels V jedoch hergestellt werden kann. Ausnahmsweise sind unter den Voraussetzungen des Art. 49 DS-GVO auch Datenweitergaben in ein Drittland ohne angemessenes Schutzniveau und ohne den Einsatz von Garantien zulässig. Diese Ausnahmen sind jedoch restriktiv auszulegen, damit die Ausnahme nicht zur Regel für den Drittlandstransfer wird (vgl. EDSA Leitlinien 2/2018 zu den Ausnahmen nach Artikel 49 der Verordnung 2016/679 v. 25.5.2018 S. 4 mwN).

Im Falle einer hoheitlichen Anforderung hinsichtlich in der EU verarbeiteter personenbezogener Daten aus einem Drittland heraus, sieht Art. 48 DS-GVO eine Begrenzung dergestalt vor, dass besagte Anforderung auf ein in Kraft befindliches internationales Übereinkommen gestützt werden muss (zB in Gestalt eines Rechtshilfeabkommens). Besteht ein solches Abkommen nicht, bleiben die übrigen Möglichkeiten bzw. Garantien für den Datenexport ins Drittland gem. Kapitel V weiterhin erhalten. Art. 48 DS-GVO hat daher lediglich eine klarstellende Bedeutung dergestalt, dass eine behördliche oder gerichtliche Entscheidung als solche keine Grundlage für den Transfer personenbezogener Daten ins Drittland bilden kann (vgl. Albrecht CR 2016, 88 (95)). Der Artikel bildet damit ein sog. Zulässigkeitsfenster für sämtliche Vorgaben an den Drittlandtransfer aus Kapitel V.

## § 1 Werkzeuge zur Gewährleistung eines angemessenen Datenschutzniveaus

| Werkzeug zur Gewährleistung eines angemessenen Datenschutzniveaus | Genehmigung durch zuständige Aufsichtsbehörde oder Kommission erforderlich |
|---|---|
| Angemessenheitsbeschluss[1] der Kommission | nein |
| verbindliche interne Datenschutzvorschriften[2] | ja, durch die zuständige Aufsichtsbehörde, aber nicht für den darauf beruhenden einzelnen Datenexport |
| Standarddatenschutzklauseln der Kommission[3] | nein, wenn Vertragsklauseln unverändert übernommen werden |
| Standarddatenschutzklauseln der Aufsichtsbehörden[4] | ja, durch die Kommission, aber nicht für den darauf beruhenden Datenexport |

| | |
|---|---|
| Standarddatenschutzklauseln von Verantwortlichen oder Auftragsverarbeitern[5] | ja, durch die zuständige Aufsichtsbehörde, aber nicht für den darauf beruhenden Datenexport |
| Verwaltungsvereinbarungen[6] | ja, durch die zuständige Aufsichtsbehörde, aber nicht für den darauf beruhenden Datenexport |
| Verhaltensregeln[7] gem. Art. 40 DS-GVO | ja, durch die zuständige Aufsichtsbehörde und die Kommission, aber nicht für den darauf beruhenden Datenexport |
| Zertifizierungsverfahren[8] gem. Art. 42 DS-GVO | ja, durch die zuständige Aufsichtsbehörde, aber nicht für den darauf beruhenden Datenexport |

§ 2 Ausnahmen vom Erfordernis des angemessenen Datenschutzniveaus

| Ausnahme vom Erfordernis eines angemessenen Datenschutzniveaus | Genehmigung durch zuständige Aufsichtsbehörde oder Kommission erforderlich |
|---|---|
| ausdrückliche Einwilligung des Betroffenen[9] | nein |
| Erfüllung eines Vertrages mit dem Betroffenen oder die Durchführung vorvertraglicher Maßnahmen[10] | nein |
| Abschluss oder Erfüllung eines Vertrages im Interesse des Betroffenen[11] | nein |
| Wahrung wichtiger öffentlicher Interessen[12] | nein |
| Geltendmachung, Ausübung oder Verteidigung von Rechtsansprüchen[13] | nein |
| Wahrung lebenswichtiger Interessen[14] | nein |
| Datenübermittlung aus für die Öffentlichkeit bestimmten Registern[15] | nein |
| einmalige Datenübermittlung[16] | nein |

## Anmerkungen

**1. Angemessenheitsbeschluss der Kommission.** Besteht für die internationale Organisation oder das Drittland ein Angemessenheitsbeschluss der EU-Kommission, soll das durch die DS-GVO etablierte Schutzniveau auch beim Empfänger gewahrt sein (Art. 45 Abs. 1 DS-GVO), wobei die DS-GVO nunmehr von einem „der Sache nach gleichwertigen Schutzniveau ausgeht" (vgl. Erwgr. 104 DS-GVO). Neben Ländern können selbst Gebiete oder ein bzw. mehrere spezifische Sektoren von einem Angemessenheitsbeschluss profitieren. Datenexporte an Empfänger im Geltungsbereich eines Angemessenheitsbeschlusses bedürfen keiner Genehmigung der zuständigen Aufsicht (Art. 45 Abs. 1 S. 2 DS-GVO). Bei der Prüfung der Angemessenheit des Schutzniveaus gibt die DS-GVO der Kommission Parameter vor, an die sie sich zu halten hat (vgl. Art. 45 Abs. 2 DS-GVO). Hintergrund der Parameter sind die Vorgaben des EuGH an Angemessenheitsentscheidungen der Kommission, die im Zuge der Entscheidung zu Safe Harbor ergangen sind (EuGH 6.10.2015 – C-362/14, MMR 2015, 753 ff.). Gefordert wird unter anderem die Prüfung von Zugriffsberechtigungen von Behörden auf personenbezogene Daten. Ferner soll die Kommission ihre getroffenen Beschlüsse mindestens alle vier Jahre überprüfen, was bis dato nur bei Anhaltspunkten für eine Verletzung von Datenschutzvorschriften oder einem Schaden für den Betroffenen vorgesehen war. Ferner obliegen der Kommission fortlaufende Überwachungspflichten für das jeweilige Drittland bzw. die internationale Organisation (Art. 45 Abs. 4 DS-GVO). Sollte die Kommission eine Angemessenheitsentscheidung widerrufen, ändern oder aussetzen, können Verantwortliche weiterhin auf alternative Garantien zur Gewährleistung eines angemessenen Schutzniveaus zurückgreifen (Art. 45 Abs. 7 DS-GVO). Drittländer mit einem angemessenen Schutzniveau sowie solche, bei denen ein angemessenes Datenschutzniveau nicht mehr gegeben ist, werden im Amtsblatt der Europäischen Union sowie auf der Webseite der Kommission veröffentlicht (Art. 45 Abs. 8 DS-GVO). Bestehende Angemessenheitsbeschlüsse bleiben in Kraft, bis sie durch die Kommission geändert, ersetzt oder aufgehoben oder durch eine Entscheidung des EuGH für ungültig erklärt werden.

Bezüglich folgender Länder hat die EU-Kommission das Vorliegen eines angemessenen Schutzniveaus bis dato bestätigt:

- Andorra (ABl. 2010 L 277, 27)
- Argentinien (ABl. 2003 L 168, 19)
- Australien (nur eingeschränkt für Flugpassagierdaten, ABl. 2008 L 213, 47)
- Färöer-Inseln (ABl. 2010 L 58, 17)
- Großbritannien mit zunächst befristeter Geltungsdauer bis zum 27. Juni 2025 (hinsichtlich der DS-GVO, ABl. 2021 L 360, 1 sowie hinsichtlich der Richtlinie (EU) 2016/680, ABl. 2021 L 360, 69)
- Guernsey (ABl. 2003 L 308, 27)
- Isle of Man (ABl. 2004 L 151, 51 sowie Berichtigung in ABl. 2004 L 208, 47)
- Israel (ABl. 2011 L 27, 39)
- Japan (ABl. 2019 L 76, 1)
- Jersey (ABl. 2008 L 138, 21)
- Kanada (ABl. 2000 L 2, 13)
- Neuseeland (ABl. 2013 L 28, 12)
- Schweiz (ABl. 2000 L 215, 1)
- Südkorea (ABl. 2022 L 44, 1)
- Uruguay (ABl. 2012 L 227, 11)
- USA (sog. „EU-US Data Privacy Framework", ABl, 2023 L 231, 118, für Flugpassagierdaten, ABl. 2012 L 215, 1)

Vor einem Transfer von personenbezogenen Daten in das Drittland auf Basis eines Angemessenheitsbeschlusses sollte dessen Anwendungsbereich geprüft werden. So kann ein Angemessenheitsbeschluss bspw. auf nach einem vorgegebenen Verfahren zertifizierte Empfänger (siehe EU-U.S. Data Privacy Framework, USA) beschränkt sein oder auf solche, die unter bestimmte lokale Datenschutzgesetze fallen (siehe Kanada).

Das EU-U.S. Data Privacy Framework ersetzt das durch Urteil des EuGH (vgl. EuGH 16.7.2020 – C-311/18, MMR 2020, 597 mAnm Hoeren) für ungültig erklärte EU-U.S. Privacy Shield. Durch Angemessenheitsbeschluss vom 10.7.2023 hat die Europäische Kommission den Vereinigten Staaten ein angemessenes Schutzniveau für personenbezogene Daten attestiert, die aus dem EWR an US-Unternehmen übermittelt werden, die am EU-U.S. Data Privacy Framework teilnehmen. Um von diesem Beschluss profitieren zu können, müssen sich Unternehmen in den USA mittels jährlich zu wiederholender Eigenerklärung gegenüber dem US-Handelsministerium (Department of Commerce) zur Einhaltung festgelegter Anforderungen (sog. „DPF Principles") verpflichten. Exemplarisch seien hier die Grundsätze der Zweckbindung, Datenminimierung und Speicherbegrenzung sowie besondere Verpflichtungen hinsichtlich der Datensicherheit und der Weitergabe von Daten an Dritte genannt. Die Teilnahme am Programm wird sodann über eine entsprechende Liste auf der Webseite des Framework veröffentlicht, was eine – gebotene – Überprüfung durch Datenexporteure im Anwendungsbereich der DS-GVO ermöglicht.

Die Administration des Framework obliegt dem US-Handelsministerium, was die Prüfung der Angaben aus der Eigenerklärung, die Verwaltung der Liste teilnehmender Unternehmen aber auch anlassbezogene sowie anlassunabhängige Überwachungsaktivitäten umfasst. Zusätzlich können die Federal Trade Commission sowie das US-Verkehrsministerium (Department of Transportation) bei Unternehmen innerhalb ihres Zuständigkeitsbereichs die Einhaltung der Vorgaben des Framework durchsetzen sowie Verstöße sanktionieren.

Die im Urteil des EuGH zum EU-U.S. Privacy Shield geäußerte Kritik an den weitreichenden Zugriffsbefugnissen der US-Sicherheitsbehörden sowie hinsichtlich fehlender Rechtschutzmöglichkeiten für EU-Bürger wurde durch gesetzgeberische Aktivitäten auf US-Seite versucht, Rechnung zu tragen. Hervorzuheben ist hier die Executive Order 14086 „Enhancing Safeguards for United States Signals Intelligence Activities" vom 7.10.2022. Sie regelt, unter anderem, einen zweistufigen Rechtsbehelfsmechanismus, um Beschwerden von Personen, deren Daten aus dem EWR an Unternehmen in den USA übermittelt wurden, über die Erhebung und Verwendung ihrer Daten durch US-Geheimdienste zu bearbeiten und zu lösen. Auf erster Stufe werden die Beschwerden von einem sog. „Civil Liberties Protection Officer" der US-Geheimdienste untersucht. Diese Person ist grundsätzlich dafür verantwortlich, dass die US-Geheimdienste die Privatsphäre und die Grundrechte einhalten. Auf zweiter Stufe besteht die Möglichkeit, die Entscheidung des Civil Liberties Protection Officer hinsichtlich der eingereichten Beschwerde vor dem neu geschaffenen Data Protection Review Court (DPRC) anzufechten.

Der Angemessenheitsbeschluss zum EU-U.S. Data Privacy Framework unterliegt, wie alle Angemessenheitsbeschlüsse, einer fortlaufenden Überprüfung durch die Europäische Kommission hinsichtlich seiner Wirksamkeit. Die über Art. 45 Abs. 3 S. 2 DS-GVO vorgesehene Überprüfung des Beschlusses an sich soll, bezogen auf das EU-U.S. Data Privacy Framework, bereits nach einem Jahr seines Inkrafttretens erfolgen.

**2. Verbindliche interne Datenschutzvorschriften.** Verbindliche interne Datenschutzvorschriften können als sog. „geeignete Garantie" gem. Art. 46 Abs. 2 lit. b DS-GVO den Transfer personenbezogener Daten an Empfänger im Drittland ohne Angemessenheitsbeschluss der Kommission legitimieren. Art. 47 DS-GVO formuliert konkrete Anforderungen an BCR und deren Inhalte. Demnach soll es Mitgliedern einer Unternehmensgruppe nach Art. 4 Nr. 19 DS-GVO, aber auch einer

Gruppe von Unternehmen, die eine gemeinsame Wirtschaftstätigkeit ausüben, möglich sein, mittels durch die zuständige Aufsicht im Kohärenzverfahren genehmigter interner Datenschutzvorschriften personenbezogene Daten an Empfänger in Drittländer zu übermitteln. Die DS-GVO nimmt keine Abgrenzung zwischen einer „Unternehmensgruppe" und einer „Gruppe von Unternehmen" vor. Der Wortlaut lässt jedoch bei der Gruppe von Unternehmen auf die Möglichkeit des Zusammenschlusses von Geschäftspartnern mit gemeinsamer wirtschaftlicher Tätigkeit schließen, zumal das Merkmal der „Zuordnung zu einer zentralen Stelle" fehlt (vgl. Erwgr. 48 und 110 DS-GVO sowie BeckOK DatenschutzR/Lange/Filip DS-GVO Art. 47 Rn. 4). Zu den verbindlichen internen Datenschutzvorschriften ausführlich → Form. G. VII.3.

**3. Standarddatenschutzklauseln der Kommission.** Die Standarddatenschutzklauseln der Kommission für internationale Datentransfers (vgl. ABl. 2021 L 199, 31–61 sowie ausführlich hierzu Paal/Pauly/Pauly DS-GVO Art. 46 Rn. 17ff.) sind eine weitere geeignete Garantie für den Datentransfer in ein Drittland oder an eine internationale Organisation und werden durch die EU-Kommission über das Ausschussverfahren erlassen (vgl. Art. 46 Abs. 2 DS-GVO). Eine besondere Genehmigungspflicht für den Einsatz der Standarddatenschutzklauseln besteht nicht, wodurch die ehemalige uneinheitliche Rechtslage auf nationaler Ebene mit bestehenden Genehmigungs- bzw. Vorlagepflichten harmonisiert wird. Fundamentale Voraussetzung für die Genehmigungsfreiheit ist die unveränderte Übernahme der enthaltenen Datenschutzklauseln bei bestehender Konkretisierungspflicht der Annexe hinsichtlich der besonderen Verfahrensspezifika (→ Form. G. VII.2.). Die Standarddatenschutzklauseln sind gültig, bis sie durch Beschluss der Kommission geändert, ersetzt oder aufgehoben (Art. 46 Abs. 5 S. 2 DS-GVO) oder durch ein Urteil des EuGH für ungültig erklärt werden (vgl. Art. 263 und 264 AEUV). Der EuGH hat im Schrems II-Urteil die Kommissionsentscheidung 2010/87/EU hinsichtlich der Übermittlung personenbezogener Daten an Auftragsverarbeiter im Drittland grundsätzlich als weiterhin gültiges Werkzeug für den Drittlandstransfer erachtet. Allerdings hat der EuGH daran erinnert, dass Verantwortliche vor der Übermittlung personenbezogener Daten in ein Drittland verpflichtet sind, im Einzelfall zu prüfen, ob Gesetze im Empfängerland der Einhaltung der Klauseln entgegenstehen können. Besagte Analyse wird nunmehr über Klausel 14 der Standarddatenschutzklauseln explizit den Vertragsparteien vorgegeben. Bestehen Zweifel, dass der Datenimporteur die Anforderungen der Standarddatenschutzklauseln mit Blick auf die lokale Rechtslage erfüllt, sind zusätzliche Maßnahmen mittels der Aufnahme sog. geschäftsbezogener Klauseln zu vereinbaren. Ausführlich hierzu → Form. G. VII.2.

**4. Standarddatenschutzklauseln der Aufsichtsbehörden.** Neben der Kommission können auch Aufsichtsbehörden eigens entwickelte Standarddatenschutzklauseln annehmen und durch das Ausschussverfahren durch die Kommission genehmigen lassen (Art. 46 Abs. 2 lit. d DS-GVO). Im Gegensatz zur Entwicklung von Standardvertragsklauseln zwischen Verantwortlichen und Auftragsverarbeiter gem. Art. 28 Abs. 8 DS-GVO ist das im Falle der Standarddatenschutzklauseln für den Drittlandstransfer das Kohärenzverfahren nicht vorgeschrieben, sondern vielmehr das Prüfverfahren gem. Art. 93 Abs. 2 DS-GVO iVm Art. 5 VO (EU) Nr. 182/2011 unter Beteiligung der Kommission. Genehmigte Standarddatenschutzklauseln der Aufsichtsbehörden liegen derzeit noch nicht vor.

*Weiß*

**5. Standarddatenschutzklauseln von Verantwortlichen oder Auftragsverarbeitern.** Auch Verantwortliche oder Auftragsverarbeiter können eigene Vertragsklauseln für den Drittlandstransfer entwickeln und durch die zuständige Aufsicht genehmigen lassen (Art. 46 Abs. 3 lit. a DS-GVO). Solche Vertragsklauseln wurden bezüglich einer Datentransfers in ein Drittland bis dato – soweit bekannt – nicht veröffentlicht.

**6. Verwaltungsvereinbarungen.** Im öffentlichen Bereich können von der Aufsicht genehmigte Verwaltungsvereinbarungen Datentransfers an Stellen außerhalb der EU legitimieren (Art. 46 Abs. 3 lit. b DS-GVO). Sie sind ihrem Wesen nach nicht rechtsverbindlich (so zB als reine Absichtserklärung) und von rechtlich bindenden und durchsetzbaren Dokumenten zwischen Behörden und öffentlichen Stellen gem. Art. 46 Abs. 2 lit. a DS-GVO zu unterscheiden. Nichtsdestotrotz müssen auch die Verwaltungsvereinbarungen des Art. 46 Abs. 3 lit. b DS-GVO für den Betroffenen durchsetzbare Rechte und Rechtsbehelfe enthalten (vgl. Erwgr. 108 DS-GVO). Auf Ebene der Europäischen Union bestehen bspw. solche Vereinbarungen mit Behörden in Drittländern im Bereich des Datenaustausches zwischen europäischen Finanzaufsichtsbehörden und deren Datenempfängern in Drittländern (vgl. EDSA Stellungnahme 4/2019 zu dem Entwurf einer Verwaltungsvereinbarung über die Übermittlung personenbezogener Daten zwischen Finanzaufsichtsbehörden im Europäischen Wirtschaftsraum (EWR) und Finanzaufsichtsbehörden außerhalb des EWR) oder zu Zwecken der Betrugsbekämpfung zum Nachteil des EU-Haushalts (sog. „OLAF-Programm“). Unklar ist, wer die „zuständige Aufsichtsbehörde“ für die Genehmigung von Verwaltungsvereinbarungen sein soll, zumal regelmäßig mehrere Parteien an der Verwaltungsvereinbarung beteiligt sein werden. Eine vergleichbare Situation wie bei der Bestimmung einer federführenden Aufsichtsbehörde liegt nicht vor, zumal die Mittel und Zwecke der zugehörigen Datenflüsse in der Regel gemeinschaftlich bestimmt werden. Da in der Praxis solche Vereinbarungen oftmals von einer europäischen Behörde koordiniert und mitunter zugunsten von Behörden in den Mitgliedsaaten geschlossen werden, bietet sich eine Zuständigkeit am Ort der federführenden Behörde an (vgl. EDPS Decision concerning the use of the IOSCO-ESMA Administrative Arrangement by the European Securities and Markets Authority vom 13.3.2019).

**7. Verhaltensregeln.** Ein angemessenes Schutzniveau im Drittland oder bei der internationalen Organisation soll auch durch genehmigte Verhaltensregeln gem. Art. 40 DS-GVO zusammen mit rechtsverbindlichen und durchsetzbaren Verpflichtungen des Verantwortlichen oder Auftragsverarbeiters im Drittland zur Anwendung der geeigneten Garantien, einschließlich der Rechte der Betroffenen (vgl. Art. 46 Abs. 2 lit. e DS-GVO), hergestellt werden können. Verhaltensregeln können grundsätzlich durch Verbände und andere Vereinigungen, die Kategorien von Verantwortlichen oder Auftragsverarbeitern vertreten, ausgearbeitet und der zuständigen Aufsicht vorgelegt werden (ausführlich zu Verhaltensregeln Bergt CR 2016, 670 ff.; Schwartmann/Weiß RDV 2016, 240; → Form. C. IV.2.). Ob es zur Rechtfertigung eines Datenexports allerdings erforderlich ist, dass die Verhaltensregeln durch die Kommission für allgemeingültig erklärt werden, ist noch umstritten (dafür Kühling/Buchner/Bergt DS-GVO Art. 40 Rn. 47 mwN; dagegen Ehmann/Selmayr/Schweinoch DS-GVO Art. 40 Rn. 31). Welche Inhalte Verhaltensregeln vorweisen müssen, damit der Datenempfänger im Drittland ein gleichwertiges Schutzniveau aufweisen kann, ergibt sich aus der DS-GVO unmittelbar nicht. Der EDSA hat sich zu den inhaltlichen Anforderungen an solche Verhaltensregeln positioniert und fordert hierbei die Garantie des Datenimporteurs, dass zum Zeitpunkt der Einhaltung der Verhaltensregel keine lokalen Rechtsvorschriften bestehen, die ihn an der Einhaltung dieser Regeln hindern könnten (vgl. EDSA Leitlinien 1/2021 über Verhaltensregeln als Instrument für Übermittlungen v. 22.2.2022 Rn. 36).

**8. Zertifizierungsverfahren.** Ebenso wie bei den Verhaltensregeln müssen Zertifizierungsverfahren gem. Art. 42 DS-GVO rechtsverbindliche und durchsetzbare Verpflichtungen des Verantwortlichen oder Auftragsverarbeiters im Drittland zur Anwendung der geeigneten Garantien, einschließlich der Rechte der Betroffenen (vgl. Art. 46 Abs. 2 lit. f DS-GVO) vorsehen, um ein angemessenes Datenschutzniveau herstellen zu können. Stellen, die Zertifizierungsverfahren betreiben, müssen durch eine nationale Akkreditierungsstelle akkreditiert werden, bevor ihre Verfahren besiegelte Zusicherungen nach der DS-GVO geben können (Art. 43 Abs. 1 DS-GVO; zB Spindler ZD 2016, 407 (410); → Form. C. IV.1.). Aus Sicht des EDSA hat der Exporteur bestimmte Prüfpflichten einzuhalten, die auch die Effektivität des Zertifizierungsmechanismus mit Blick auf die Rechtspraktiken im Drittland beinhaltet. Damit wird das Erfordernis der Rechtsanalyse des Drittlands sowie entsprechender Praktiken bspw. der Vorgabe aus den Standarddatenschutzklauseln gleichgestellt, wobei besagte Analyse auch durch die Zertifizierungsstelle auf Basis der Dokumentation des Datenimporteurs durchgeführt werden kann (vgl. EDSA Leitlinien 7/2022 über die Zertifizierung als Instrument für Übermittlungen v. 14.2.2023 Rn. 20 ff.). Die Zertifizierung als sog. „Übermittlungsinstrument" kann als rein national genehmigtes Schema, wie auch als ein durch den EDSA genehmigtes Europäisches Datenschutzsiegel gem. Art. 42 Abs. 5 S. 2 DS-GVO ausgestaltet sein.

**9. Ausdrückliche Einwilligung.** Art. 49 Abs. 1 lit. a DS-GVO gestattet einen Datentransfer, wenn der Betroffene hierzu seine ausdrückliche Einwilligung erteilt hat. Die Einwilligung wird in Art. 4 Nr. 11 DS-GVO definiert und enthält dort bereits Anforderungen für deren Wirksamkeit, die durch weitere Bedingungen für eine Einwilligung über Art. 7 DS-GVO ergänzt werden (zur Einwilligung → Form. I. II.). Im Rahmen der Drittlandtransfers genügt jedoch nicht jede Willensbekundung, vielmehr muss sich die Einwilligung ausdrücklich auf eine Übermittlung in ein Drittland oder an eine internationale Organisation ohne das Vorliegen eines Angemessenheitsbeschlusses oder anderer geeigneter Garantien und den darin enthaltenen Informationspflichten gegenüber dem Betroffenen beziehen (vgl. Art. 49 Abs. 1 lit. a DS-GVO; → Form. G. VII.4.). Der Betroffene ist entsprechend, neben den Vorgaben des Art. 13 DS-GVO, über die Risiken des Transfers in ein Land ohne angemessenes Datenschutzniveau zu informieren. Eine Einwilligung durch schlüssiges Handeln ist beim Drittlandstransfer daher ebenso wenig möglich wie ein sog. „Opt-out", bei dem der Betroffene einer Verarbeitung aktiv widersprechen muss.

**10. Erfüllung eines Vertrages mit dem Betroffenen.** Art. 49 Abs. 1 lit. b DS-GVO greift ein, sofern der Datentransfer für die Erfüllung eines Vertrags zwischen dem Betroffenen und dem Verantwortlichen oder zur Durchführung von vorvertraglichen Maßnahmen, die auf Veranlassung des Betroffenen erfolgen, erforderlich ist. Es wird hierbei ein enger und erheblicher Zusammenhang zwischen dem Transfer und den Zwecken des Vertrages vorausgesetzt (vgl. EDSA Leitlinien 2/2018 zu den Ausnahmen nach Artikel 49 der Verordnung 2016/679 S. 10). Bei vorvertraglichen Beziehungen versucht die DS-GVO Bestrebungen potenzieller Vertragspartner entgegenzuwirken, die noch unklare Situation zu nutzen, um Daten der Betroffenen in Drittländer weiterzugeben, indem sie hierfür eine aktive Mitwirkung der Betroffenen verlangt. Erforderliche Datentransfers zur Vertragserfüllung können etwa angenommen werden, wenn ein Kunde bei der eigenen Bank internationale Überweisungen in Auftrag gibt oder über ein deutsches Reisebüro eine Vermittlung von Hotelübernachtungen oder sonstigen Reiseleistungen im Drittland erfolgt (weitere Beispiele bei Gola/Heckmann/Klug DS-GVO Art. 49 Rn. 6). Der Transfer von Beschäftigtendaten von einem europäischen Tochterunternehmen zur Muttergesellschaft im Drittland zu Zwecken der zentralen Personalverwaltung kann in der Regel nicht über die Erfüllung arbeitsvertraglicher Pflichten legitimiert werden, da eine solche Datenübermittlung hierzu nicht im Zusammenhang steht (Artikel-29-Datenschutzgruppe Working Paper 114 S. 15). Nach teilweise vertretener Ansicht kommt eine Anwendung der Ausnahme im Beschäftigungsverhältnis nur dann in Betracht, wenn ein derartiger Transfer tatsächlich in dem Arbeitsvertrag zwischen Mitarbeiter und Unternehmen hinreichend deutlich angelegt sind, da nur dann die damit verbundene Übermittlung zur Erfüllung der Pflichten aus dem Arbeitsvertrag erforderlich ist. So bspw. bei Mitarbeitern, die spezifisch für Einkaufs- oder Verkaufskontakte mit Drittländern zuständig sind und bei denen dieser Umstand aus dem jeweiligen Arbeitsvertrag hinreichend erkennbar ist (vgl. BeckOK DatenschutzR/Lange/Filip DS-GVO Art. 49 Rn. 15).

Im Zusammenhang mit Art. 49 Abs. 1 lit. b DS-GVO ist zudem zu beachten, dass seitens der Aufsichtsbehörden unter Verweis auf Erwgr. 111 DS-GVO die Auffassung vertreten wird, dass nur gelegentliche Transfers möglich sein sollen. Eine systematische Übermittlung zähle hierzu nicht (vgl. EDSA Leitlinien 2/2018 zu den Ausnahmen nach Artikel 49 der Verordnung 2016/679 S. 5).

**11. Abschluss oder Erfüllung eines Vertrages im Interesse des Betroffenen.** Nach Art. 49 Abs. 1 lit. c DS-GVO sind Datentransfers in Drittländer gestattet, wenn sie zum Abschluss oder zur Erfüllung von Verträgen erforderlich sind, die im Interesse des Betroffenen vom Verantwortlichen mit einem Dritten geschlossen wurden oder geschlossen werden sollen. Gemeint sind damit Verträge, an denen die Betroffenen zwar nicht beteiligt sind, von denen sie aber begünstigt werden. Typische Anwendungsfälle für die Norm ergeben sich insbesondere im Bereich des Beschäftigtendatenschutzes, zB der Abschluss von Mitarbeiterversicherungen bei ausländischen Gesellschaften oder die Weitergabe von Beschäftigtendaten durch den Arbeitgeber im Rahmen eines Reisevertrags an ein Hotel im Drittland (vgl. NK-DatenschutzR/Schantz DS-GVO Art. 49 Rn. 28 mwN). Die Ausnahme soll hingegen nicht anwendbar sein, wenn ein in einem Drittland ansässiger Dienstleister mit dem Gehaltszahlungsmanagement oder der Verwaltung von Aktienoptionen beauftragt wird (vgl. Gola/Heckmann/Klug DS-GVO Art. 49 Rn. 8 mwN). Auch im Fall von Verträgen mit Dritten soll der Transfer erforderlicher personenbezogener Daten nur gelegentlich erfolgen dürfen (→ Anm. 10).

**12. Wahrung wichtiger öffentlicher Interessen.** Ein weiterer Ausnahmetatbestand, nach dem eine Weitergabe von personenbezogenen Daten an Stellen in Drittländern auch ohne angemessenes Schutzniveau zulässig ist, betrifft die Notwendigkeit des Datentransfers zur Wahrung wichtiger öffentlicher Interessen (Art. 49 Abs. 1 lit. d DS-GVO). Diese Interessen müssen sich allerdings aus einer europäischen bzw. nationalen Gesetzgebung ergeben (vgl. Artikel-29-Datenschutzgruppe

Working Paper 158 S. 10). Wichtige Gründe des öffentlichen Interesses eines Drittlandes fallen nicht hierunter (vgl. Ehmann/Selmayr/Zerdick DS-GVO Art. 49 Rn. 14 mwN). Demnach wären einseitige Anfragen einer Behörde wegen Ermittlungen im öffentlichen Interesse des Drittlands unzulässig, so bspw. FISA Orders oder National Security Letters, die ihren Ursprung im US-amerikanischen Recht haben.

**13. Geltendmachung, Ausübung oder Verteidigung von Rechtsansprüchen.** Ein Datentransfer kann ausnahmsweise zur Geltendmachung, Ausübung oder Verteidigung von Rechtsansprüchen erforderlich sein. Der in der DSRL noch vorhandene Verweis auf „Rechtsansprüche vor Gericht" ist entfallen, wodurch auch Datenübermittlungen an Behörden sowie Datenübermittlungen zwischen Privaten im Rahmen der obigen Zweckverfolgung nunmehr möglich sind (vgl. Kühling/Buchner/Schröder DS-GVO Art. 49 Rn. 25; DSK Kurzpapier Nr. 4 Datenübermittlung in Drittländer S. 4.) Damit können bspw. auch sog. Pre-Trial-Discovery-Verfahren nach US-amerikanischem Recht unter die gesetzliche Ausnahme fallen. Einschränkungen mag es bei Anforderungen von Privaten im Vorfeld eines solchen Verfahrens geben (vgl. Kühling/Buchner/Schröder DS-GVO Art. 48 Rn. 13).

Ein „klassischer" Fall eines erforderlichen Datentransfers in ein Drittland kann sich im Kontext der Rechtsansprüche ergeben, wenn bspw. die im Drittland niedergelassene Muttergesellschaft von einem Angestellten des Konzerns, der in einem europäischen Tochterunternehmen arbeitet, verklagt wird.

Die jeweiligen Datenübermittlungen sind jedoch auf das erforderliche Maß zur Ausübung der eigenen Rechte zu beschränken. Da auch die Rechteausübung, Rechtsverfolgung oder Rechtsverteidigung im Kontext der „Sonderfälle" des Art. 49 DS-GVO angesiedelt ist, sollten vorrangig Garantien iSd Art. 46 DS-GVO eingesetzt werden. Ferner ist die Übermittlung anonymisierter oder zumindest pseudonymisierter Daten vorzugswürdig (vgl. Artikel-29-Datenschutzgruppe Working Paper 158 S. 11).

**14. Wahrung lebenswichtiger Interessen.** Ein Datenexport in ein Drittland kann zur Wahrung lebenswichtiger Interessen des Betroffenen oder anderer Personen erforderlich sein (Art. 49 Abs. 1 lit. f DS-GVO). Dies betrifft jedoch nur Einzelfälle, in denen der Betroffene bspw. bewusstlos ist und dringend ärztliche Hilfe benötigt. Denkbar wäre etwa der Fall, dass nur der in einem Land der Europäischen Union niedergelassene behandelnde Arzt die für die akut notwendige Behandlung im Drittland erforderlichen Informationen liefern kann und dann dementsprechend in das Drittland übermitteln darf (vgl. Artikel-29-Datenschutzgruppe Working Paper 114 S. 15).

**15. Datenübermittlung aus für die Öffentlichkeit bestimmten Registern.** Die DS-GVO erlaubt eine Datentransfer aus Registern in ein Land ohne angemessenes Schutzniveau (Art. 49 Abs. 1 lit. g DS-GVO), wobei diese Register gemäß den Rechts- oder Verwaltungsvorschriften des jeweiligen Mitgliedstaats zur Information der Öffentlichkeit bestimmt sein müssen, so bspw. das Handels- oder Vereinsregister in Deutschland. Ebenso erfasst sind solche Register, die auf Basis eines berechtigten Interesses bestimmter Personen zur Einsicht offenstehen, so bspw. das Grundbuch (Paal/Pauly/Pauly DS-GVO Art. 49 Rn. 26). Ein Transfer aus Registern, deren Zugang nur Berechtigten vorbehalten sein soll, ist von Art. 49 Abs. 1 lit. g DS-GVO nicht umfasst.

*Weiß*

**16. Einmalige Datenübermittlung.** Für den Fall, dass keine der Ausnahmen für die Datentransfer greift, kein Angemessenheitsbeschluss der Kommission vorliegt und keine Garantien des Art. 46 Abs. 2 DS-GVO zugunsten des Betroffenen geschaffen werden können, ermöglicht Art. 49 Abs. 1 UAbs. 2 DS-GVO eine einmalige Datenübermittlung in ein Drittland oder an eine internationale Organisation ohne angemessenes Schutzniveau, vorausgesetzt, diese betrifft nur eine begrenzte Zahl von betroffenen Personen, ist zur Wahrung der zwingenden berechtigten Interessen des Verantwortlichen erforderlich, die gegenüber den Interessen oder Rechten und Freiheiten des Betroffenen überwiegen und der Verantwortliche hat alle Umstände des Datentransfers beurteilt und auf Grundlage der Beurteilung angemessene Garantien in Bezug auf den Schutz personenbezogener Daten vorgesehen. Welche Garantien als angemessen zu erachten sind, spezifiziert die DS-GVO nicht. Diese können grundsätzlich vertraglicher, aber auch technisch-organisatorischer Natur sein.

In welchem Umfang diese Ausnahme für Verantwortliche nutzbar ist, ist offen. Fortlaufende Datentransfers im Rahmen des Beschäftigtendatenschutzes dürften hiervon jedoch nicht umfasst sein. Die Aufsichtsbehörden sehen den Auffangtatbestand des Art. 49 DS-GVO bspw. dann als erfüllt an, wenn ein Verantwortlicher gezwungen ist, personenbezogene Daten in das Drittland zu übermitteln, um seine Organisation oder seine Systeme vor einem unmittelbar bevorstehenden, schwerwiegenden Schaden oder vor einer empfindlichen Strafe zu schützen, die sein Geschäft erheblich beeinträchtigen würde (vgl. EDSA Leitlinien 2/2018 zu den Ausnahmen nach Artikel 49 der Verordnung 2016/679 S. 18). Art. 49 Abs. 1 UAbs. 2 DS-GVO sollte daher nur für außergewöhnliche Umstände angewendet werden, in denen ein Datenexport in ein Drittland realisiert werden muss. Hierbei ist im Sinne der Rechenschaftspflicht aus Art. 5 Abs. 2 DS-GVO darauf zu achten, dass die geforderten berechtigten Interessen und Garantien ausreichend dokumentiert sind. Ferner sind die zuständige Aufsichtsbehörde und der Betroffene über den Transfer in Kenntnis zu setzen, wobei dem Betroffenen – neben den Informationspflichten des Art. 13 DS-GVO – die zwingenden berechtigten Interessen zu kommunizieren sind, die mit der damit verbundenen Übermittlung verfolgt werden.

## 2. Standardvertragsklauseln

Die seit dem 21.6.2021 geltenden Standardvertragsklauseln der EU-Kommission sind zumindest immer dann zu verwenden, wenn eine Datenverarbeitung über die EU/EWR-Grenze hinaus stattfindet und keine anderweitigen Sicherheitsgarantien oder Angemessenheitsbeschlüsse der EU-Kommission für das jeweilige (unsichere) Drittland vorhanden sind. Der EuGH sieht die Verwendung der Standardvertragsklauseln weiterhin als zulässiges, legitimes Mittel an, um grundsätzlich eine Datenverarbeitung auch über die EU-Grenzen hinweg rechtlich zu ermöglichen, selbst wenn er die Anforderungen an die Verwendung deutlich geschärft hat (EuGH 16.7. 2020 – C-311/18 – Schrems II). Der EuGH führt jedoch aus, dass weitergehende Garantien vorhanden sein müssen, sofern eine Prüfung des Datenexporteuers vorab ergibt, dass die Rechte der betroffenen Personen im Drittland kein gleichwertiges Schutzniveau wie in der EU genießen. Das LG Passau hat jüngst ausgeführt, dass die Standardvertragsklauseln vom 21.6.2021 allein ausreichend sein können, speziell sofern eine Übermittlung zur Vertragsdurchführung im Bereich Social Media erforderlich ist (LG Passau 16.2.2024 – 1 O 616/23, ZD 2024, 411 Rn. 63, 67, 72; aA LG Köln 23.3.2023 – 33 O 376/22, ZD 2023, 621). Grundlegende Hinweise zu möglichen Maßnahmen können der EDSA, Empfehlungen 01/2020, zu Maßnahmen zur Ergänzung von Übermittlungstools zur Gewährleistung des unionsrechtlichen Schutzniveaus für personenbezogene Daten entnommen werden. Die aktuellen EU-Standardvertragsklauseln, international als „SCC“ (Standard Contractual Clauses) bekannt, weichen konzeptionell von den bisherigen Standarddatenschutzklauseln, in der Fassung aus 2010, ab. Die neuen Standardvertragsklauseln berücksichtigen jetzt konkret vier praxisrelevante Varianten einer (außereuropäischen) Datenverarbeitung. Hierzu wurden sog. „Module“ geschaffen, die je nach Anwendungsfall verwendet werden müssen, sofern man sich des Mittels des Standardvertrages bedient. Der von der EU-Kommission bereitgestellte Mustertext inklusive aller vier Module, ist in den jeweiligen EU-Sprachen abrufbar auf der Homepage der EU-Kommission. Der Vorteil dieses neu gewählten Aufbaus ist sicherlich, dass nun die praxisrelevanten Transfer- und damit Verarbeitungsvarianten im Sinne eines Datenaustausches berücksichtigt wurden. So ist es nun zB möglich den Standardvertrag, mittels des Moduls 3, auch direkt zwischen einem Auftragsverarbeiter und einem weiteren (Unter)Auftragsverarbeiter abzuschließen. Diese Subdienstleisterkette ist dabei beliebig fortschreibar, so dass mehrere nachfolgend eingeschaltete (Unter-)Auftragsverarbeiter analog verfahren können. Schloss der in der EU ansässige Auftragsverarbeiter den EU-Standardvertrag in der vorherigen Fassung von 2010 mit seinem in einem nicht-sicheren Drittland ansässigen Unterauftragsverarbeiter, so war bislang darauf zu achten, dass der Auftragsverarbeiter dies im Namen und für den Verantwortlichen tätigt. Die bisherigen Muster der EU-Kommission sahen eine selbstverpflichtende Einschaltung eines solchen Unterauftragsverarbeiters durch den in der EU ansässigen Auftragsverarbeiter nicht vor (vgl. BeckOK DatenschutzR/Lange/Filip DS-GVO Art. 46 Rn. 41 ff.). Mithin ist ein Verantwortlicher selbst nicht mehr in der Pflicht, den Standardvertrag zwingend direkt mit dem von seinem Auftragsverarbeiter eingeschalteten Unterauftragsverarbeiter abschließen zu müssen, sondern kann dies seinem Auftragsverarbeiter überlassen bzw. diese Pflicht auf ihn übertragen. Das neue System führt im Ergebnis zu einer spürbaren Entlastung eines Verantwortlichen oder eines in der EU ansässigen Auftragsverarbeiters in der Rolle des Datenexporteurs.

Das EU-Muster des aktuellen Standardvertrags umfasst zwar inhaltlich vier wesentliche, praxisrelevante Konstellationen. Jedoch führt dies in der praktischen Anwendung zu durchaus erheblichem Anpassungsbedarf. Denn das von der EU-Kommission zum Download angebotene „Universalmuster“ darf in dieser Form gerade nicht unangepasst auf die konkrete Situation verwendet werden. Vielmehr muss der Vertrag auf die, für den konkreten Sachverhalt passenden Module reduziert werden (vgl. Durchführungsbeschluss (EU) 2021/914 der Kommission vom 4.6.2021, Erwgr. 10 DS-GVO).

Die **vier Module des EU-Standardvertrages** im Einzelnen:

**Modul 1** ist zu verwenden, sofern ein Verantwortlicher mit Sitz in der EU personenbezogene Daten an einen anderen Verantwortlichen außerhalb der EU transferieren will oder den Zugriff auf seine Daten gestattet.

**Modul 2** ist zu verwenden, sofern ein Verantwortlicher mit Sitz in der EU personenbezogene Daten an einen außerhalb der EU befindlichen Auftragsverarbeiter transferieren will oder den Zugriff auf seine Daten gestattet.

**Modul 3** ist zu verwenden, sofern ein Auftragsverarbeiter mit Sitz in der EU personenbezogene Daten an einen außerhalb der EU befindlichen Auftragsverarbeiter transferieren will oder den Zugriff auf seine Daten gestattet.

**Modul 4** ist zu verwenden, sofern ein Auftragsverarbeiter mit Sitz in der EU personenbezogene Daten an einen außerhalb der EU befindlichen Verantwortlichen transferieren will oder den Zugriff auf seine Daten gestattet.

Sofern zB personenbezogene (Beschäftigten-)Daten aus Deutschland an ein Softwareunternehmen in den USA direkt übermittelt werden oder ein Zugriff aus den USA auf diese Daten im Rahmen eines Softwarepflegevertrages vertraglich gestattet ist, wäre in jedem Fall das Modul 2 einschlägig. Sofern das Daten exportierende Unternehmen selbst für seine Kunden auch die Rolle des Auftragsverarbeiter wahrnimmt und nicht nur eigene Beschäftigtendaten, sondern auch personenbezogene Daten Dritter (zB Kundendaten) Gegenstand einer Verarbeitung sein können, ist zusätzlich Modul 3 einschlägig und ergänzend zu Modul 2 zu verwenden.

Diese Muster sind zwingend einzuhalten, wenn der Verantwortliche nicht riskieren will, dass ein veränderter Text zur **unzulässigen Datenübermittlung** führen könnte. Zwar ist es prinzipiell zulässig, weitere geschäftsbezogene Klauseln aufzunehmen; diese dürfen jedoch **nicht im Widerspruch zu den (einzelnen) EU-Standardvertragsklauseln** stehen (Durchführungsbeschluss (EU) 2021/914 der Kommission vom 4.6.2021, Erwgr. 10 DS-GVO; auch Gola/Heckmann/Klug DS-GVO Art. 46 Rn. 12). Werden einzelne Klauseln verändert oder durch ergänzend aufgenommene Regelungen für einen potentiell Betroffenen negativ beeinflusst, bedarf es einer (erneuten) Genehmigung durch die jeweils zuständige Aufsichtsbehörde (vgl. DSK Kurzpapier Nr. 4 Datenübermittlung in Drittländer S. 2). Eine Genehmigung ist nicht erforderlich, wenn die Vertragsregelungen gewählt werden, die von der EU-Kommission bereits als ausreichende Garantien anerkannt worden sind (vgl. Taeger/Gabel/Gabel DS-GVO Art. 46 Rn. 10). Diesbezüglich gibt es mithin keine Abweichung mit Blick auf das neue, aktuelle Muster der EU-Kommission im Vergleich zu dem vorherigen Stand aus dem Jahr 2010.

Der Vollständigkeit sei an dieser Stelle erwähnt, dass Großbritanniens zusätzlich zu dem aktuellen Standardvertragsmuster der EU-Kommission, ein sog. „Addendum“, mithin einen zusätzlichen Vertragsteil als Annex zum EU-Standardvertrag, veröffentlicht hat. Großbritannien hat infolge des Brexits durch die nationale Datenschutzbehörde „ICO“ (Information Commissioner's Office) entsprechende Verpflichtungen für in UK ansässige Unternehmen, welche personenbezogene Daten in nicht sichere Drittländer transferieren wollen, mit weitergehenden Informationen zur Verfügung gestellt (https://ico.org.uk/for-organisations/uk-gdpr-guidance-and-resources/international-transfers/international-data-transfer-agreement-and-guidance/). Auch China hat einen neuen Weg, ähnlich dem EU-Standardvertrag, eingeschlagen, um den Datenschutz zu stärken. Die chinesischen SCC gelten für den Datentransfer aus China heraus, zB auch in die EU und bringen Pflichten für den Datenimporteur mit, der auch in Deutschland seinen Sitz haben kann (weitergehend Spies ZD-Aktuell 2023, 01095 ff.).

Die Europäische Kommission hat am 10.7.2023 den Angemessenheitsbeschluss für das EU-U. S. Data Privacy Framework (Nachfolger des „Privacy Shields“) angenommen. Besteht ein Angemessenheitsbeschluss für ein entsprechendes Drittland und werden die etwaig bestehenden besonderen Bedingungen erfüllt – dies ist zB mit Blick auf den Angemessenheitsbeschluss für die USA das Erfordernis, dass ein solches US-Unternehmen, welches die personenbezogenen Daten (weiter)verarbeitet auch unter dem EU-U.S. Data Privacy Framework (DPF) bei dem US Department of Commerce, gelistet und damit zertifiziert ist. Wie auch bereits während der Geltung des vormaligen Privacy-Shields ist ein Datentransfer aus der EU in die USA, bzw. ein Zugriff von dort auf Systeme innerhalb der EU, dann ohne Abschluss eines EU-Standardvertrages zulässig, sofern das in den USA ansässige Unternehmen als Datenimporteuer in der entsprechenden Liste der US-Handelsbehörde eingetragen und damit offiziell registriert ist. Eine Prüfung, ob der geplante Datenimporteuer als US-Unternehmen auch diesem „Datenschutzrahmen" beigetreten ist, kann über die Seite des U.S. Department of Commerce erfolgen (https://www.dataprivacyframework.gov/list).

Die Standardvertragsklauseln der EU-Kommission bestehen neben dem eigentlichen Vertragstext zusätzlich aus den Anhängen I-III. Anhang I dient insofern der Auflistung der Parteien, der Dokumentation der Datenübermittlung, der Zweckbeschreibung, Art der Verarbeitung, Häufigkeit der Übermittlung Kategorien betroffener Personen und der personenbezogenen Daten sowie der zuständigen Aufsichtsbehörde. Anhang II soll die technischen und organisatorischen Maßnahmen iSd Art. 32 Abs. 1 DS-GVO auflisten. Anhang III bietet die Möglichkeit etwaig vom Datenimporteuer eingesetzte Unterauftragsverarbeiter aufzuführen und deren Einsatz gleich zu Beginn genehmigen zu lassen. Während die bisherigen EU-Muster hier noch nicht sämtliche Anforderungen aus Art. 28 DS-GVO beinhalteten und praktisch neben dem EU-Standarddatenschutzvertrag (alt) auch ein Vertrag zur Auftragsverarbeitung nach Art. 28 DS-GVO abzuschließen war (vgl. NK-DatenschutzR/Schantz DS-GVO Art. 46 Rn. 58), beinhaltet das aktuelle, hier aufgeführte EU-Muster diese Anforderungen. Eine Notwendigkeit zum Abschluss eines zusätzlichen Auftragsverarbeitungsvertrags gemäß Art. 28 DS-GVO besteht nicht (Gola/Heckmann/Klug DS-GVO Art. 46 Rn. 8). Die nachfolgende Erläuterung anhand der Anhänge I–III ist beispielhaft und nicht abschließend.

**Die drei Anhänge des EU-Standardvertrags am Beispiel des Moduls 2:**

**ANHANG I[1]**

**A. LISTE DER PARTEIEN**

**MODUL ZWEI: Übermittlung von Verantwortlichen an Auftragsverarbeiter**

**Datenexporteur(e): [Name und Kontaktdaten des Datenexporteurs/der Datenexporteure und ggf. seines/ihres Datenschutzbeauftragten und/oder Vertreters in der Europäischen Union][2]**

**1. Name: ...**
**Anschrift: ...**

**Name, Funktion und Kontaktdaten der Kontaktperson: ...**

**Tätigkeiten, die für die gemäß diesen Klauseln übermittelten Daten von Belang sind: ...**

Unterschrift und Datum: ...

Rolle (Verantwortlicher/Auftragsverarbeiter): ...

2. ...

Datenimporteur(e): [Name und Kontaktdaten des Datenexporteurs/der Datenimporteure, einschließlich jeder für den Datenschutz zuständigen Kontaktperson][3]

1. Name: ...
Anschrift: ...

Name, Funktion und Kontaktdaten der Kontaktperson: ...

Tätigkeiten, die für die gemäß diesen Klauseln übermittelten Daten von Belang sind: ...

Unterschrift und Datum: ...

Rolle (Verantwortlicher/Auftragsverarbeiter): ...

2. ...

B. BESCHREIBUNG DER DATENÜBERMITTLUNG

MODUL ZWEI: Übermittlung von Verantwortlichen an Auftragsverarbeiter

Kategorien betroffener Personen, deren personenbezogene Daten übermittelt werden:[4]
Kundendaten, Mitarbeiterdaten, Bewerberdaten ...

Kategorien der übermittelten personenbezogenen Daten:[5]
Personenstammdaten ...

Übermittelte sensible Daten (falls zutreffend) und angewandte Beschränkungen oder Garantien, die der Art der Daten und den verbundenen Risiken in vollem Umfang Rechnung tragen, zB strenge Zweckbindung, Zugangsbeschränkungen (einschließlich des Zugangs nur für Mitarbeiter, die eine spezielle Schulung absolviert haben), Aufzeichnungen über den Zugang zu den Daten, Beschränkungen für Weiterübermittlungen oder zusätzliche Sicherheitsmaßnahmen:[6]

...

Häufigkeit der Übermittlung (zB ob die Daten einmalig oder kontinuierlich übermittelt werden):

...

Art der Verarbeitung:[7]
Auf die Daten findet nur ein lesender Zugriff statt ...

Zweck(e) der Datenübermittlung und Weiterverarbeitung:[8]
Die Verarbeitung erfolgt zum Zwecke der Fehlerbeseitigung ...

Dauer, für die die personenbezogenen Daten gespeichert werden, oder, falls dies nicht möglich ist, die Kriterien für die Festlegung dieser Dauer:

Die Daten werden gelöscht, sobald der Supportfall geschlossen werden kann ...

Bei Datenübermittlungen an (Unter-)Auftragsverarbeiter sind auch Gegenstand, Art und Dauer der Verarbeitung anzugeben:

Verarbeitet werden Log-Dateien zur Fehleranalyse und Fehlerbehebung. Nach erfolgter Zweckerfüllung werden die Daten gelöscht ...

C. ZUSTÄNDIGE AUFSICHTSBEHÖRDE[9]

MODUL ZWEI: Übermittlung von Verantwortlichen an Auftragsverarbeiter

Angabe der zuständigen Aufsichtsbehörde(n) gem. Klausel 13

...

ANHANG II[10]

TECHNISCHE UND ORGANISATORISCHE MASSNAHMEN, EINSCHLIEẞLICH ZUR GEWÄHRLEISTUNG DER SICHERHEIT DER DATEN

Unter Berücksichtigung des Stands der Technik und Implementierungskosten sowie der Art, des Umfangs, der Umstände und der Zwecke der Verarbeitung als auch der unterschiedlichen Eintrittswahrscheinlichkeit und Schwere des Risikos für die Rechte und Freiheiten natürlicher Personen hat der Datenimporteuer die folgenden Maßnahmen umgesetzt:

Maßnahmen der Pseudonymisierung und Verschlüsselung personenbezogener Daten:

Es findet eine Verschlüsselung, nach dem Stand der Technik, sowohl im Rahmen von Datentransfers als auch bei ruhenden Daten statt. Soweit Softwareanwendungen für die Durchführung der Verarbeitungsprozesse das Vorliegen der Daten unverschlüsselt zwingend benötigen, wird die Verschlüsselung für diesen kurzen Zeitraum aufgehoben. Die Verarbeitung findet in diesem Zusammenhang auf zusätzlich gesicherten Systemen statt.

Maßnahmen zur fortdauernden Sicherstellung der Vertraulichkeit, Integrität, Verfügbarkeit und Belastbarkeit der Systeme und Dienste im Zusammenhang mit der Verarbeitung:

a) Zutrittskontrolle:

Für den Zutritt in die Gebäude des Datenimporteurs werden generell Codekarten benötigt, in Ausnahmefällen Schlüssel, wobei die Schlüsselvergabe protokolliert wird. Gäste bekommen eine codierte Zutrittskarte, welche auf den Besuchstag eingeschränkt ist. Die Aushändigung wird protokolliert. Zudem werden sie von Mitarbeitern begleitet. Eine Alarmanlage ist zur Erkennung von Einbrüchen installiert. Zusätzlich ist in den Stunden außerhalb der Büroarbeitszeiten ein Sicherheitsdienst aktiv.

b) Zugangskontrolle:

Ein Zugang zu IT-Systemen ist nur durch verifizierte Mitarbeiter des Datenimporteurs möglich. Benötigt wird ein zu jedem Userprofil generiertes Passwort. Das

Passwort muss mindestens zehnstellig sein und aus Buchstaben, Zahlen und Sonderzeichen bestehen. Fernwartungszugriffe bedürfen einer zeitlich eingeschränkten Zugangsgewährung mittels einer Kombination aus einem Gast-User kombiniert mit einem Passwort. Zugriffe werden protokolliert. Passwörter werden nach einem Sicherheitsvorfall, auch im Verdacht, gesperrt und müssen vom Nutzer unverzüglich neu vergeben werden. Es sind ausschließlich als stark geltende Passwörter (mind. 10-stellig) zu verwenden, was durch die interne Richtlinie vorgegeben wird.

c) Zugriffskontrolle:

Ausschließlich interne Mitarbeiter haben über ein Berechtigungskonzept Zugriff auf die für Sie zwingend erforderlichen Systeme. Zeitlich ausgelaufene Profile werden gesperrt und später gelöscht. Berechtigungsbewilligungen werden durch den jeweiligen Vorgesetzten erteilt. Technisch erfolgt die Umsetzung durch Mitarbeiter in der EDV-Abteilung mit Administrationsrechten. Regelmäßige Überprüfung (jährlich), ob die Zuweisung der Rollen den Vorgaben entspricht sowie, ob die Rollen weiterhin den Anforderungen der Geschäftstätigkeit entsprechen. Soweit möglich konsequenter Einsatz von Verfahren zur Zwei-Faktor-Authentifizierung.

Maßnahmen zur Sicherstellung der Fähigkeit, die Verfügbarkeit der personenbezogenen Daten und den Zugang zu ihnen bei einem physischen oder technischen Zwischenfall rasch wiederherzustellen:

Notfallplans zur Business Continuity: Verbindliche Regelungen, welche Systeme in welcher Reihenfolge wieder instandgesetzt werden, welche externen Dienstleister im Notfall zu Rate gezogen werden können und welche Meldeverpflichtungen damit verbunden sind. Vorhalten eines Notfallplans, welcher den Umgang mit Verschlüsselungstrojanern beinhaltet (auch in Papierform). Regelmäßige Überprüfungen der Backup- und Recovery-Strategie, um zu gewährleisten, dass Backups durch die Ransomware nicht verschlüsselt werden können.

Verfahren zur regelmäßigen Überprüfung, Bewertung und Evaluierung der Wirksamkeit der technischen und organisatorischen Maßnahmen zur Gewährleistung der Sicherheit der Verarbeitung:

Konzepte und Dokumentationen im Sicherheitsumfeld werden regelmäßig überprüft und aktuell gehalten. Durchführung von regelmäßigen Audits des DSB nach Art. 32 DS-GVO zur Sicherheit der Verarbeitung. Regelmäßige Überprüfung der Wirksamkeit der technischen und organisatorischen Maßnahmen nach dem PDCA-Zyklus (Plan-Do-Check-Act).

Maßnahmen zur Identifizierung und Autorisierung der Nutzer:

Erstellen von Rollenprofilen für die Beschäftigten unter Einbeziehung der Einträge des Verzeichnisses der Verarbeitungstätigkeiten. Vergabe von eindeutigen Kennungen für jeden Nutzer. Geregelter Prozess zur zentralen Verwaltung von Benutzeridentitäten (neue Mitarbeiter, ausscheidende Mitarbeiter etc.).

Maßnahmen zum Schutz der Daten während der Übermittlung:

Verwendung des HTTPS-Protokolls nach Stand der Technik. Einsatz eines Web-Proxies über den alle HTTP(S)-Verbindungen gehen müssen. Blockierung von HTTP(S)-Verbindungen abseits des WebProxies. Anbindung von Niederlassungen oder Homeoffice über ausreichend verschlüsselte VPN-Verbindungen mit Client-Zertifikatsauthentifizierung. Transportverschlüsselung und Inhaltsverschlüsselung von personenbezogenen Daten nach Stand der Technik bei hohem Risiko.

Maßnahmen zum Schutz der Daten während der Speicherung:

Verschlüsselung von Archivdateien mit geeignetem Schlüsselmanagement: Entschlüsselungsschlüssel sind an mind. zwei (örtlich) getrennten Stellen aufzubewahren. Es gelten Regelungen, welche Daten auf welcher Rechtsgrundlage aufbewahrt werden müssen und wie lange diese aufgrund von Aufbewahrungsfristen vorzuhalten sind. Archivdaten müssen nach Ablauf der Aufbewahrungsfrist wirksam gelöscht werden.

Maßnahmen zur Gewährleistung der physischen Sicherheit von Orten, an denen personenbezogene Daten verarbeitet werden:

Elementargefahren ist vorzubeugen (insbes. Feuer, Rauch, Erschütterungen, chemische Reaktionen, Überschwemmungen, Stromausfälle, Explosionen und Anschläge/Vandalismus). Einsatz von Anlagen zur Sicherstellung der Stromversorgung von Serversystemen (unterbrechungsfreie Stromversorgung (USV)), insbesondere bei kurzfristigen Stromausfällen oder Schwankungen.

Maßnahmen zur Gewährleistung der Protokollierung von Ereignissen:

Bei zwingender Nutzung von Gruppenkennungen: Einsatz von datenschutzkonformer Protokollierung der dazugehörigen Nutzeraktivitäten. Protokollierung und Blockierung von IOCs (Indicators of Compromise, meist URL und IP-Hashes). Protokollierungen auf Firewall-Ebene, um auch unbefugte Zugriffe zwischen den Netzen festzustellen und zu analysieren.

Maßnahmen für die interne Governance und Verwaltung der IT und der IT-Sicherheit

Sicherheitsricht- und -leitlinien sind definiert, von der Geschäftsleitung genehmigt und dem Personal kommuniziert. Die Rollen und Verantwortlichkeiten im Bereich der Sicherheit sind im eigenen Betrieb bekannt und besetzt (u.a. Informationssicherheitsbeauftragter (ISB), IT-Leiter, Datenschutzbeauftragter (DSB)).

Maßnahmen zur Zertifizierung/Qualitätssicherung von Prozessen und Produkten:

Mindestens ein Backup-System ist durch Schadcode nicht verschlüsselbar, zB spezielles Datensicherungsverfahren wie Pull-Verfahren des Backup-Systems oder Air-Gap getrennt (offline) nach Abschluss des Backup-Prozesses. SSL-Zertifikate sind bei vertrauenswürdigen Zertifizierungsstellen zu beschaffen.

Maßnahmen zur Gewährleistung der Datenminimierung:

Interne Regelungen geben vor, dass nur für den jeweiligen Zweck erforderliche personenbezogenen Daten verarbeitet werden dürfen.

Maßnahmen zur Gewährleistung der Datenqualität:

Keine Aufbewahrung von Archivdaten in Produktivdatenbanken, sondern Überspielen von Archivdaten aus Produktivsystemen in die Archivsysteme. Regeln für die effektive Nutzung der Kryptographie, einschließlich der Schlüsselverwaltung, sind definiert. Eine symmetrische Verschlüsselung nach Stand der Technik mit zB AES-256 mit CBC/GCM Modus ist systemseitig eingestellt.

Maßnahmen zur Gewährleistung einer begrenzten Vorratsdatenspeicherung:

Personenbezogene Daten sind gemäß interner Vorgaben stets nach Wegfall des Erfordernisses zu löschen, sofern nicht eine Rechtsgrundlage zur weiteren Vorlage gegeben ist, wie zB Aufbewahrungspflichten.

Maßnahmen zur Gewährleistung der Rechenschaftspflicht:
Konzepte und Dokumentationen wurden im Sicherheitsumfeld erarbeitet und werden regelmäßig überprüft und aktualisiert. Bei Sicherheitsvorkommnissen, erfolgt eine Konsequente Dokumentation (Security Reporting).

Maßnahmen zur Ermöglichung der Datenübertragbarkeit und zur Gewährleistung der Löschung:
Personenbezogene Daten von Kunden, werden, gemäß interner Richtlinie unter Berücksichtigung des Art. 20 DS-GVO, in einem gängigen Format (PDF), auf Verlangen der jeweiligen betroffenen Person dieser zur Verfügung gestellt. Die Daten werden gelöscht, sofern keine Aufbewahrungspflichten mehr bestehen oder eine anderweitige Rechtsgrundlage besteht.

ANHANG III[11]

LISTE DER UNTERAUFTRAGSVERARBEITER

MODUL ZWEI: Übermittlung von Verantwortlichen an Auftragsverarbeiter

Der Verantwortliche hat die Inanspruchnahme folgender Unterauftragsverarbeiter genehmigt:

1. Name: ...
Anschrift: ...

Name, Funktion und Kontaktdaten der Kontaktperson: ...

Beschreibung der Verarbeitung (einschließlich einer klaren Abgrenzung der Verantwortlichkeiten, falls mehrere Unterauftragsverarbeiter genehmigt werden): ...

2. ...

## Anmerkungen

**1.** Die Anhänge I, II und III ergänzen die Regelungen der Standardvertragsklauseln entsprechend um die konkreten Inhalte, welche entweder je nach Auftrag oder je Geschäftsbeziehung zu fixieren sind. Je nach zugrunde liegendem Sachverhalt und entsprechend anwendbaren Modul abhängig von der Konstellation bzw. Rolle des Datenexporteurs und Datenimporteurs, sind jedoch nicht sämtliche Punkte berücksichtigungspflichtig. So entfällt zB bei Anwendung des Standardvertrages in der Modulvariante 4 konstellationsbedingt eine Angabe zur zuständigen Aufsichtsbehörde (Anhang I, Abschnitt C) sowie Anhang II und III vollständig, da diese Angaben bereits zu Beginn durch den Verantwortlichen des Auftragsverarbeiters festgehalten sein müssen. Bei Modul 4 transferiert ein Auftragsverarbeiter an einen (anderen) Datenimporteuer, welcher die Daten in der Rolle (ebenfalls) eines Verantwortlichen verarbeitet; dies aber gerade ohne Weisung.

**2. Datenexporteur.** Es sind die im Muster näher beschriebenen Angaben zum Datenexporteuer aufzunehmen, welcher in einem EU-Mitgliedstaat ansässig ist. Datenexporteur ist stets der in EU/EWR ansässige Verantwortliche, Auftragsverarbeiter oder Unter-Auftragsverarbeiter, welcher wiederum ein weiteres Unternehmen außerhalb der EU bzw. des EWR zur weitergehenden Datenverarbeitung im Auftrag einbindet. Ausnahmen bestehen nur bei von der EU-Kommission erlassenen, länderspezifischen, Angemessenheitsbeschlüssen. Die aktuelle Übersicht für die Länder, zu denen Angemessenheitsbeschlüsse existieren, ist auf der Seite der EU-Kommission abrufbar.

**3. Datenimporteur.** Es sind die im Muster näher beschriebenen Angaben des Datenempfängers aufzunehmen, welcher in einem Drittland ansässig ist und dort die personenbezogenen, importierten Daten (weiter-)verarbeitet bzw. von dort aus auf personenbezogene Daten des Datenexporteurs zugreift oder zugreifen könnte, beispielsweise im Zusammenhang mit Fernwartung von IT-Systemen.

**4. Betroffene Person.** Anzugeben sind die Kategorien von möglichen betroffenen Personen. Dies können zB Oberbegriffe wie Kunden, Mitarbeiter, Bewerber, Interessenten, Geschäftspartnersein.

**5. Kategorien von Daten.** Anzugeben sind die Kategorien von personenbezogenen Daten, die über die EU- bzw. EWR-Grenzen ausgetauscht werden sollen, zB Adressdaten, Kontaktdaten, Abrechnungsdaten, Kontodaten etc.

**6. Besondere Datenkategorien Art. 9 Abs. 1 DS-GVO.** Falls besondere Datenkategorien, wie bspw. Gesundheitsdaten, Video-, Audio-, Bilddaten, übermittelt werden sollen, sind diese Kategorien genau zu benennen. Video-, Audio-, und Bilddaten sind unter das in die DS-GVO neu eingefügte Merkmal der „biometrischen Daten" (Art. 4 Nr. 14 DS-GVO) zu subsumieren, sofern diese eine konkrete Identifizierung einer natürlichen Person ermöglichen, vgl. Erwgr. 51 S. 3 DS-GVO. Zur extensiven Auslegung des Art. 9 DS-GVO, hinsichtlich seines Anwendungsbereichs hat sich der EuGH bereits geäußert (EuGH 1.8.2022 – C-184/20, LTZ 2023, 50 ff.; → Form G. VII. 4., Anm. 12).

**7. Art der Verarbeitung.** Anzugeben ist der (technische) Vorgang selbst. So können das Auslesen und das Analysieren von Log-Files einer Software bzw. deren Fehler-Dumps eine Art der Verarbeitung darstellen.

**8. Zweck(e) der Datenübermittlung und Weiterverarbeitung. Für die Datenverarbeitung ist stets ein konkreter Zweck erforderlich. Neben des Zwecks eine Vertragsdurchführung überhaupt erst zu ermöglichen, kann** der Zweck des Datentransfers und damit der Datenverarbeitung, konkret zB in der Fehleranalyse durch einen Softwarehersteller liegen. In vielen Fällen können schwerwiegende Fehler auch nur von Speziallaboren behandelt werden, welche insbesondere bei weltweit eingesetzten Softwareprodukten oft in einem Drittland ansässig sind und das „follow-the-sun"-Prinzip umsetzen, um dem Kunden einen 24/7-Support gewährleisten zu können.

**9. Aufsichtsbehörde.** Das EU-Muster unterscheidet mehrere Unterfälle. Sofern der Datenexporteur in der EU niedergelassen ist, ist die Landesdatenschutzaufsichtsbehörde einzutragen, in deren Zuständigkeitsbereich der Datenexporteur seinen (Haupt-)Sitz hat. Denkbar ist auch, dass der Datenexporteuer in einem Drittland, mithin nicht in einem EU-Mitgliedstaat niedergelassen ist. In einem solchen Fall hat der Datenexporteuer gem. Art. 27 Abs. 1 DS-GVO einen Vertreter in der EU zu benennen. Der Sitz dieses Vertreters in der EU ist dann Anknüpfungspunkt, um die einzutragende Aufsichtsbehörde zu bestimmen; insofern gelten die vorherigen Ausführungen in dieser Ziffer entsprechend. Ein weiterer Fall wäre gegeben, sofern der Datenexporteur nicht in der EU niedergelassen ist und dieser auch keinen Vertreter innerhalb der EU benannt hätte, da er nach Art. 27 Abs. 2 DS-GVO von der Pflicht zur Benennung befreit ist. Bei Vorliegen dieser Sachlage wäre die Aufsichtsbehörde einzutragen, in denen die betroffenen Personen niedergelassen sind, deren personenbezogene Daten gemäß den Klauseln im Zusammenhang mit den ihnen angebotenen Waren oder Dienstleistungen übermittelt werden oder deren Verhalten beobachtet wird. Sind betroffene Personen aus unterschiedlichen EU-Mitgliedstaaten bzw. Bundesländern betroffen, können sich die Vertragsparteien des EU-Standardvertrages für eine der prinzipiell zuständigen Aufsichtsbehörden verständigen.

**10. Anhang II (Technische und organisatorische Maßnahmen).** Detailliert aufzuführen sind die technischen und organisatorischen Maßnahmen des Datenimporteurs sowie seiner etwaig eingesetzten Unterauftragsverarbeiter. Insofern gibt es hier inhaltlich keinen Unterschied zu den technischen und organisatorischen Maßnahmen, welche zB im Rahmen des bisherigen EU-Standardvertragsmusters von 2010 verlangt wurden oder welche im Zusammenhang mit einem Vertrag zur Auftragsverarbeitung nach Art. 28 DS-GVO zu benennen sind. Diese Maßnahmen müssen somit den Anforderungen des Art. 32 DS-GVO, konkretisiert durch Erwgr. 78 S. 3 DS-GVO, genügen. Zu beachten ist, dass die Ausgestaltung der Maßnahmen für den Grad der Verantwortung sowohl des Verantwortlichen als auch des Auftragsverarbeiters mit ausschlaggebend sind und somit auch die Höhe eines etwaigen Bußgeldes durch die Aufsichtsbehörde beeinflussen, vgl. Art. 83 Abs. 2 lit. d DS-GVO (dazu weitergehend Spindler DB 2016, 937 (947)). Die Höhe eines Bußgeldes wird demnach auch davon beeinflusst, welche unterschiedlichen Vorkehrungen bzgl. der technischen und organisatorischen Maßnahmen getroffen wurden. Art. 32 Abs. 1 DS-GVO zählt beispielhaft auf:

a) die Pseudonymisierung (Art. 4 Nr. 5 DS-GVO) und Verschlüsselung personenbezogener Daten (Erwgr. 83 S. 1 DS-GVO)
b) die Fähigkeit, die Vertraulichkeit, Integrität, Verfügbarkeit und Belastbarkeit der Systeme und Dienste im Zusammenhang mit der Verarbeitung auf Dauer sicherzustellen
c) die Fähigkeit, die Verfügbarkeit der personenbezogenen Daten und den Zugang zu ihnen bei einem physischen oder technischen Zwischenfall rasch wiederherzustellen
d) ein Verfahren zur regelmäßigen Überprüfung, Bewertung und Evaluierung der Wirksamkeit der technischen und organisatorischen Maßnahmen zur Gewährleistung der Sicherheit der Verarbeitung

Aus Erwgr. 78, 83 DS-GVO ergibt sich jedoch, dass diese Aufzählung nicht abschließend ist. Sie bildet zwar den wesentlichen Kern der Anforderungen, der in der Ausgestaltung immer unter Abwägung der in Art. 32 Abs. 1 DS-GVO aufgezählten Kosten, Umstände, Zwecke der Verarbeitung sowie unter Berücksichtigung der Eintrittswahrscheinlichkeit und Schwere des Risikos für die Rechte und Freiheiten natürlicher Personen, variieren kann (vgl. Paal/Pauly/Martini DS-GVO Art. 32 Rn. 30 ff.). Das EU-Muster erläutert, dass die Maßnahmen nicht allgemein gehalten sein dürfen, sondern ganz konkret zu benennen sind. Explizit wird dabei ein Fokus auf die konkrete Angabe gelegt, welche Maßnahmen für jede Datenübermittlung bzw jede Kategorie von Datenübermittlungen gelten sollen. Bei Datenübermittlungen an (Unter-)Auftragsverarbeiter sind, entweder in der Funktion des Verantwortlichen oder des Auftragsverarbeiters, auch die spezifischen technischen und organisatorischen Maßnahmen zu beschreiben, die der (Unter-)Auftragsverarbeiter zur Unterstützung des Verantwortlichen und (bei Datenübermittlungen von einem Auftragsverarbeiter an einen Unterauftragsverarbeiter) zur Unterstützung des Datenexporteurs ergreifen muss. Erwgr. 78 S. 2 DS-GVO fokussiert sich insbesondere auf die Einhaltung des Datenschutzes durch Technik („data protection by design") und durch datenschutzfreundliche Voreinstellungen („data protection by default"). Im Ergebnis wird man wohl die bisherigen Ausgestaltungen, die bereits unter des § 11 iVm § 9 BDSG aF nebst Anlage angewendet wurden, als Orientierung nehmen können (näher → Form. E. II.; → Form. G. I.6.). Der „Stand der Technik" ist dabei zu wahren, Art. 32 Abs. 1 DS-GVO iVm Erwgr. 78 S. 4, 83 S. 2 DS-GVO. Mit „Stand der Technik" ist – zumindest nach deutschem Verständnis – das Niveau einer anerkannten und in der Praxis bewährten, fortschrittlichen technischen Entwicklung gemeint, das ein Erreichen des gesetzlich vorgegebenen Ziels gesichert erscheinen lässt (BT-Drs. 16/887, 30). Insbesondere im IT-Umfeld bleibt der Begriff wenig konkret (so auch Auer-Reinsdorff/Conrad IT-R-HdB/Thalhofer § 19 Rn. 67 f.). Ob im Detail damit die nicht legal definierten „Allgemein anerkannten Regeln der Technik", der „Stand der Technik" oder der „Stand von Wissenschaft und Technik" als Maßstab angelegt werden sollen und so auf die „Drei-Stufen-Theorie" des BVerfG 8.8.1978 – 2 BvL 8/77, BVerfGE 49, 89 (135 f.) Bezug genommen werden kann, ist fraglich (vgl. ausführlich zur Differenzierung der drei Stufen Seibel NJW 2013, 3000 ff.). Der „Stand der Technik" bewegt sich in seinem Anforderungsprofil zwischen „allgemein anerkannten Regeln der Technik" und dem „Stand der Wissenschaft und Technik" (Paal/Pauly/Martini DS-GVO Art. 25 Rn. 39 mwN). Unter Berücksichtigung der sich rasant weiterentwickelnden technischen Möglichkeiten Daten kompromittieren zu können, greift ein Maßstab, welcher lediglich an den „allgemein anerkannten Regeln der Technik" ausgerichtet ist, sicherlich zu kurz. Andererseits würden durch die Erfordernisse an den „Stand von Wissenschaft und Technik" zu hohe und kaum zu realisierende Hürden geschaffen werden, die wiederum nicht mit den Abwägungskriterien des Art. 32 Abs. 1 DS-GVO in Einklang stünden. Der zumindest nach deutschem Verständnis etablierte „Stand der Technik", welcher ein dynamisches Element besitzt (Seibel NJW 2013, 3000 (3003); näher → Form. E. I.1.), sollte daher bei der Prüfung der Angemessenheit der bei dem Datenimporteur etablierten technischen und organisatorischen Maßnahmen prinzipiell als Orientierung herangezogen werden. Je nach Einzelfall muss jedoch dem in Art. 32 Abs. 1, 2 DS-GVO verankerten risikobasierten Ansatz Rechnung getragen werden. Diesem Ansatz liegt die Idee zu Grunde, dass das datenschutzrechtliche Instrumentarium in Abhängigkeit von der Gefahr, die von der Datenverarbeitung im Einzelfall für den Betroffenen ausgeht, angewendet werden sollte, um so ein vernünftiges Aufwand-Nutzen-Verhältnis herzustellen (Veil ZD 2015, 347 (348)).

**11. Anhang III (Liste der Unterauftragsverarbeiter).** Dieser Anhang muss, ausweislich der Erläuterung im Rahmen des EU-Musters, für die Module 2 und 3 im Falle einer gesonderten Genehmigung von Unterauftragsverarbeitern ausgefüllt werden. Sofern weitere Unterauftragsverarbeiter während der Geschäftsbeziehung explizit genehmigt wurden oder bereits mit Vertragsschluss zu Beginn aufgeführt wurden, müssen die unterschiedlichen Tätigkeiten und damit auch die Verantwortlichkeiten der Unterauftragsverarbeiter transparent aufgeführt werden.

### 3. Binding Corporate Rules

Verbindliche interne Datenschutzvorschriften („Binding Corporate Rules" bzw. „BCR") sind in der DS-GVO in einer eigenen Vorschrift, **Art. 47 DS-GVO,** umfassend geregelt.

**Art. 4 Nr. 20 DS-GVO definiert** BCR als Maßnahmen zum Schutz personenbezogener Daten, zu deren Einhaltung sich ein im Hoheitsgebiet eines Mitgliedstaats niedergelassener Verantwortlicher oder Auftragsverarbeiter verpflichtet, um Übermittlungen personenbezogener Daten in ein oder mehrere Staaten außerhalb der EU bzw. des EWR („Drittländer") zu ermöglichen.

BCR ermöglichen die Übermittlung personenbezogener Daten in Drittländer, für die kein Angemessenheitsbeschluss der Europäischen Kommission gem. Art. 45 DS-GVO vorliegt. Sie sind in Art. 46 Abs. 2 lit. b DS-GVO als ein Fall einer Datenübermittlung vorbehaltlich geeigneter Garantien genannt. In seiner Entscheidung vom 16.7.2020 hat der EuGH klargestellt, dass bei allen Übermittlungen auf Grundlage von unter Art. 46 DS-GVO fallenden Garantien im Ergebnis sichergestellt sein muss, dass die Rechte der Personen, deren personenbezogene Daten in ein Drittland übermittelt werden, ein Schutzniveau genießen, das dem in der EU durch die DS-GVO im Licht der Charta garantierten Niveau der Sache nach gleichwertig ist (EuGH 16.7.2020 – C-311/18, ZD 2020, 511 mAnm Moos/Rothkegel, vgl. zB Rn. 105 und Rn. 128). In diesem Zusammenhang seien nicht nur die zwischen den an der Übermittlung Beteiligten getroffenen vertraglichen Regelungen zu berücksichtigen, sondern es könne auch ggf. je nach der in einem bestimmten Drittland gegebenen Lage erforderlich sein, dass der Verantwortliche zusätzliche Maßnahmen ergreift, um die Einhaltung dieses Schutzniveaus zu gewährleisten (EuGH 16.7.2020 – C-311/18, MMR 2020, 511 mAnm Moos/Rothkegel Rn. 133). Der EDSA hat klargestellt, dass diese Ausführungen auch für BCR gelten (23.7.2020, Häufig gestellte Fragen zum Urteil des Gerichtshofs der Europäischen Union in der Rechtssache C-311/18 – Data Protection Commissioner gegen Facebook Ireland Ltd. und Maximillian Schrems, Antwort auf Frage Nr. 6), und erste Hinweise gegeben, wie diese Maßnahmen ausgestaltet sein könnten (10.11.2020, Empfehlungen 01/2020 zu Maßnahmen zur Ergänzung von Übermittlungstools zur Gewährleistung des unionsrechtlichen Schutzniveaus für personenbezogene Daten). Diese Ausführungen bleiben trotz des zwischenzeitlich ergangenen Angemessenheitsbeschlusses der Europäischen Kommission für Übermittlungen personenbezogener Daten unter dem sog. Data Privacy Framework (ABl. 2023 L 231, 118), der nur für die USA gilt, weiterhin relevant.

Die Datenübermittlungen erfolgen an einen Verantwortlichen (vgl. Art. 4 Abs. 7 DS-GVO) oder Auftragsverarbeiter (vgl. Art. 4 Abs. 8 DS-GVO) derselben Unternehmensgruppe (vgl. Art. 4 Abs. 19 DS-GVO) oder derselben Gruppe von Unternehmen (vgl. Art. 4 Nr. 18 DS-GVO), die eine gemeinsame Wirtschaftstätigkeit ausüben. Die DS-GVO sieht damit entsprechend der bestehenden Praxis unter der DS-RL sowohl die Möglichkeit von **BCR für die Übermittlung an einen Verant-**

**wortlichen** in einem Drittland als auch die Möglichkeit von **BCR für die Übermittlung an Auftragsverarbeiter** vor.

Art. 47 DS-GVO stellt klar, dass eine **Genehmigung durch die zuständige Aufsichtsbehörde** (vgl. Art. 57 DS-GVO) gemäß dem Kohärenzverfahren nach Art. 63 DS-GVO erforderlich ist, damit verbindliche interne Datenschutzvorschriften die gewünschte Wirkung entfalten können. Der EDSA hat im Sommer 2023 Empfehlungen für entsprechende Anträge verabschiedet (EDSA Recommendations 1/2022 on the Application for Approval and on the elements and principles to be found in Controller Binding Corporate Rules (Art. 47 GDPR) Version 2.0 v. 30.6.2023).

Die DS-GVO erwähnt verbindliche interne Datenschutzregelungen außerdem im Kapitel III (Rechte der betroffenen Person) im Rahmen der **Informationspflichten** gem. Art. 13 Abs. 1 lit. f DS-GVO und Art. 14 Abs. 1 lit. f DS-GVO.

Art. 57 Abs. 1 lit. s DS-GVO verpflichtet die zuständige Aufsichtsbehörde, in ihrem Hoheitsgebiet verbindliche interne Unternehmensregelungen, die den Vorgaben gem. Art. 47 DS-GVO entsprechen, zu genehmigen. Art. 58 Abs. 3 lit. j DS-GVO räumt der zuständigen Aufsichtsbehörde die korrespondierenden **Genehmigungsbefugnisse und beratenden Befugnisse** ein, die es der zuständigen Aufsichtsbehörde gestatten, verbindliche interne Datenschutzvorschriften gem. Art. 47 DS-GVO zu genehmigen.

Art. 64 Abs. 1 lit. f DS-GVO sieht eine **Stellungnahme des EDSA** (vgl. Art. 68 DS-GVO) vor, wenn die zuständige Aufsichtsbehörde beabsichtigt, verbindliche interne Vorschriften iSv Art. 47 DS-GVO zu genehmigen; der entsprechende Beschlussentwurf ist dem Ausschuss zu übermitteln. Sofern die zuständige Aufsichtsbehörde dieser Stellungnahme nicht oder teilweise nicht folgt, leitet der Vorsitz des EDSA das Streitbeilegungsverfahren nach Art. 65 DS-GVO ein, Art. 64 Abs. 8 DS-GVO.

Art. 70 Abs. 1 lit. c DS-GVO beauftragt den Ausschuss, die Kommission über das Format und die Verfahren für den Austausch von Informationen zwischen den Verantwortlichen, den Auftragsverarbeitern und den Aufsichtsbehörden in Bezug auf verbindliche interne Datenschutzvorschriften zu beraten. Art. 70 Abs. 1 lit. i DS-GVO beauftragt den Ausschuss mit der Bereitstellung von **Leitlinien, Empfehlungen und bewährten Verfahren zur näheren Bestimmung der in Art. 47 DS-GVO aufgeführten Kriterien und Anforderungen** für die Übermittlungen personenbezogener Daten, die auf verbindlichen internen Datenschutzvorschriften von Verantwortlichen oder Auftragsverarbeitern beruhen, und der dort aufgeführten weiteren erforderlichen Anforderungen zum Schutz personenbezogener Daten der betroffenen Personen.

Verbindliche interne Datenschutzvorschriften werden in zwei Erwägungsgründen erwähnt: **Erwgr. 108 DS-GVO** erläutert, dass die in der DS-GVO vorgesehenen Garantien sicherstellen sollen, dass die Datenschutzvorschriften und die Rechte der betroffenen Personen auf eine der Verarbeitung innerhalb der Union angemessene Art und Weise beachtet werden. Dies gelte auch hinsichtlich der Verfügbarkeit von durchsetzbaren Rechten der betroffenen Person und von wirksamen Rechtsbehelfen einschließlich des Rechts auf wirksame verwaltungsrechtliche oder gerichtliche Rechtsbehelfe sowie des Rechts auf Geltendmachung von Schadenersatzansprüchen in der Union oder in einem Drittland. Die Garantien sollten sich insbesondere auf die Einhaltung der allgemeinen Grundsätze für die Verarbeitung personenbezogener Daten, die Grundsätze des Datenschutzes durch Technik und durch datenschutzfreundliche Voreinstellungen beziehen. **Erwgr. 110 DS-GVO** stellt klar, dass jede Unternehmensgruppe oder jede Gruppe von Unternehmen, die eine gemeinsame Wirtschaftstätigkeit ausüben, für ihre internationalen Datenübermittlungen aus der Union an Organisationen derselben Unternehmensgruppe oder derselben Gruppe von Unternehmen, die eine gemeinsame Wirtschaftstätigkeit ausüben, genehmigte verbindliche interne Datenschutzvorschriften anwenden dürfen sollte, sofern diese sämtliche Grundprinzipien und durchsetzbaren Rechte enthalten, die geeignete Garantien für die Übermittlungen bzw. Kategorien von Übermittlungen personenbezogener Daten bieten.

In der **DS-RL** waren verbindliche interne Datenschutzvorschriften noch nicht ausdrücklich erwähnt. Allerdings hat die Artikel-29-Datenschutzgruppe dieses Instrument in einer Reihe von Dokumenten entwickelt und teilweise sehr operative Vorgaben gemacht, die bis zu Checklisten und einem Antragsformular reichen, das als Datei für Textverarbeitungssoftware zur Verfügung gestellt wurde. Der EDSA hat eine Reihe dieser Dokumente für auch unter der DS-GVO anwendbar erklärt (25.5.2018, Endorsement 1/2018, „Endorsement of GDPR WP29 Guidelines by the EDPB").

Die aktuell maßgeblichen Working Paper und sonstigen Dokumente des EDSA sind:

- „Recommendations 1/2022 on the Application for Approval and on the elements and principles to be found in Controller Binding Corporate Rules (Art. 47 GDPR)" Version 2.0 v. 30.6.2023: Das Dokument enthält einen Vorschlag für ein Antragsformular für BCR für Verantwortliche (es ersetzt WP 256 rev.01 und WP 264)
- „Empfehlungen 01/2020 zu Maßnahmen zur Ergänzung von Übermittlungstools zur Gewährleistung des unionsrechtlichen Schutzniveaus für personenbezogene Daten" v. 10.11.2020
- „Häufig gestellte Fragen zum Urteil des Gerichtshofs der Europäischen Union in der Rechtssache C-311/18 – Data Protection Commissioner gegen Facebook Ireland Ltd und Maximillian Schrems" v. 23.7.2020
- „Informationsvermerk über BCR für Gruppen und Konzerngesellschaften, deren führende Aufsichtsbehörde das ICO ist" v. 22.7.2020
- „Informationsvermerk über verbindliche unternehmensinterne Datenschutzregelungen von Unternehmen, deren federführende Aufsichtsbehörde das ICO ist" v. 12.2.2019: Empfehlung an die Unternehmen zur Vorbereitung auf einen „No-Deal Brexit", insbesondere zum Wechsel der zuständigen Aufsichtsbehörde in laufenden Genehmigungsverfahren
- WP 265 v. 11.4.2018, „Recommendation on the Standard Application form for Approval of Processor Binding Corporate Rules for the Transfer of Personal Data": Vorschlag für ein Antragsformular für BCR für Auftragsverarbeiter
- WP 263 rev.01 v. 11.4.2018, „Working Document on the approval procedure of the Binding Corporate Rules for controllers and processors": Ersetzt WP 107 aufgrund der Änderungen durch die DS-GVO mit Regelungen zur Sicherstellung reibungsloser und effektiver Kooperation der Aufsichtsbehörden bei der Genehmigung von BCR
- WP 257 rev.01 v. 6.2.2018, „Arbeitsdokument mit einer Übersicht über die Bestandteile und Grundsätze verbindlicher interner Datenschutzvorschriften (BCR) für Auftragsverarbeiter": Ersetzt WP 195 als Zusammenstellung der Anforderungen für BCR für Auftragsverarbeiter

Der EDSA hat seit Mai 2018 eine Vielzahl von Stellungnahmen unter dem oben vorgestellten Verfahren gem. Art. 64 Abs. 1 lit. f DS-GVO abgegeben und so die Genehmigung von BCR einer Reihe von Unternehmen durch die jeweilige nationale Aufsichtsbehörde ermöglicht. Diese Stellungnahmen sind auf der Website des EDSA verfügbar (abrufbar unter https://edpb.europa.eu/our-work-tools/accountability-tools/bcr_en).

## Verbindliche interne Datenschutzvorschriften

### § 1 Anwendungsbereich[1]

In den Anwendungsbereich dieser verbindlichen internen Datenschutzvorschriften („BCR") fallen alle Konzerngesellschaften des [...-Konzerns]. Die BCR gelten für die Verarbeitung aller personenbezogenen Daten aus der EU/dem EWR, auf die die EU-Datenschutz-Grundverordnung 2016/679 („DS-GVO") Anwendung findet und für alle personenbezogenen Daten ungeachtet ihres Herkunftslandes, sofern sie von einer Konzerngesellschaft an eine andere Konzerngesellschaft übermittelt werden.

### § 2 Verbindlichkeit der BCR[2]

Die BCR sind für alle Konzerngesellschaften verbindlich. Zur Dokumentation der Anerkennung und Umsetzung der BCR ist von der Leitung der jeweiligen Konzerngesellschaft eine ausdrückliche schriftliche Verpflichtungserklärung auf die Regelungen der BCR abzugeben. Mit Abgabe dieser schriftlichen Verpflichtungserklärung sind die BCR-Regelungen für die Konzerngesellschaft individuell verbindlich. Die Verpflichtungserklärung ist durch die Leitung der Konzerngesellschaft zu unterzeichnen und an die Muttergesellschaft zurückzureichen. Die Muttergesellschaft führt ein elektronisches Verzeichnis der Konzerngesellschaften, die sich durch Verpflichtungserklärung oder Beitrittsvertrag zur Einhaltung der Regelungen der BCR verpflichtet haben.

Auch die Mitarbeiter der teilnehmenden Gesellschaften sind an die Regelungen der BCR gebunden.[3] Die Geschäftsführung jeder Konzerngesellschaft hat die Verpflichtung, die rechtliche Bindungswirkung der BCR für alle Mitarbeiter in geeigneter Weise sicherzustellen. Der Text der Regelungen der BCR steht den Mitarbeitern der teilnehmenden Unternehmen jederzeit zur Verfügung. Die teilnehmenden Unternehmen unterrichten ihre Mitarbeiter darüber, dass die Nichteinhaltung der BCR zu disziplinarischen oder arbeitsrechtlichen Maßnahmen (zB Abmahnung, Kündigung) führen kann.

Die Regelungen der BCR sind – im Wege der Drittbegünstigung – gegenüber allen betroffenen Personen verbindlich, soweit die Verarbeitung sie betreffender personenbezogenen Daten von diesen BCR umfasst ist.[4] Die betroffenen Personen sind berechtigt, die Einhaltung der drittbegünstigenden Rechte durch eine Konzerngesellschaft durch eine Beschwerde bei der zuständigen Datenschutzaufsicht oder durch die Geltendmachung eines Rechtsbehelfs bei den zuständigen Gerichten durchzusetzen. Die betroffenen Personen können dabei Wiedergutmachung und gegebenenfalls Schadensersatz geltend machen.

### § 3 Folgen von Verstößen

Im Falle eines Verstoßes gegen die Regelungen der BCR durch eine Konzerngesellschaft mit Sitz außerhalb des EWR sind somit aufgrund der Regelung zur Drittbegünstigung in § 2 auch Gerichte und Behörden im EWR zuständig. Der betroffenen Person stehen in diesen Fällen gegenüber der Muttergesellschaft[5] dieselben Rechte zu, wie wenn der Verstoß von der Muttergesellschaft begangen worden wäre und nicht von einer Konzerngesellschaft mit Sitz außerhalb des EWR.

§ 4 Beschreibung der Datenübermittlungen[6]

Die teilnehmenden Unternehmen nutzen personenbezogene Daten der betroffenen Personen zu folgenden Zwecken:
- Zurverfügungstellung von Produkten, Dienstleistungen und Informationen
- Identifikation der betroffenen Person, wenn sie Kontakt mit den teilnehmenden Unternehmen aufnimmt
- Unterstützung bei der Verbesserung der Qualität von Produkten und Dienstleistungen der teilnehmenden Unternehmen
- Angebot von Produkten und Dienstleistungen
- Verbesserung der Kommunikation mit der betroffenen Person und individuelle Betreuung
- Erfüllung gesetzlicher Vorschriften wie zB zur Betrugs- und Geldwäscheprävention
- zu sonstigen Zwecken nur, soweit es erforderlich und rechtlich zulässig ist

Alle Arten personenbezogener Daten, die für die vorgenannten Zwecke verarbeitet werden, sind von diesen BCR umfasst, darunter personenbezogene Daten von Mitarbeitern, Kunden, Lieferanten, Aktionären sowie von allen sonstigen – gegenwärtigen oder künftigen – Vertrags- und Geschäftspartnern der Konzerngesellschaften und sonstiger Betroffener.

Die Daten werden in folgende Drittstaaten übermittelt:

[Aufzählung der erfassten Drittstaaten].

§ 5 Materielle Grundsätze für die Verarbeitung personenbezogener Daten[7]

Bei der Verarbeitung personenbezogener Daten durch Konzerngesellschaften im Rahmen dieser BCR gelten die folgenden Grundsätze, die sich insbesondere aus der DS-GVO ableiten:

(1) Allgemeine Grundsätze für die Verarbeitung personenbezogener Daten. Personenbezogene Daten müssen
- auf rechtmäßige Weise, nach Treu und Glauben und in einer für die betroffene Person nachvollziehbaren Weise verarbeitet werden („Rechtmäßigkeit, Verarbeitung nach Treu und Glauben, Transparenz")
- für festgelegte, eindeutige und legitime Zwecke erhoben werden und dürfen nicht in einer mit diesen Zwecken nicht zu vereinbarenden Weise weiterverarbeitet werden; eine Weiterverarbeitung für im öffentlichen Interesse liegende Archivzwecke, für wissenschaftliche oder historische Forschungszwecke oder für statistische Zwecke gilt nicht als unvereinbar mit den ursprünglichen Zwecken („Zweckbindung")
- dem Zweck angemessen und erheblich sowie auf das für die Zwecke der Verarbeitung notwendige Maß beschränkt sein („Datenminimierung")
- sachlich richtig und erforderlichenfalls auf dem neuesten Stand sein; es sind alle angemessenen Maßnahmen zu treffen, damit personenbezogene Daten, die im Hinblick auf die Zwecke ihrer Verarbeitung unrichtig sind, unverzüglich gelöscht oder berichtigt werden („Richtigkeit")

- grundsätzlich in einer Form gespeichert werden, die die Identifizierung der betroffenen Personen nur so lange ermöglicht, wie es für die Zwecke, für die sie verarbeitet werden, erforderlich ist („Speicherbegrenzung"); eine längere Speicherung ist nur zulässig, soweit die personenbezogenen Daten vorbehaltlich der Durchführung geeigneter technischer und organisatorischer Maßnahmen, die von der DS-GVO zum Schutz der Rechte und Freiheiten der betroffenen Person gefordert werden, ausschließlich für im öffentlichen Interesse liegende Archivzwecke oder für wissenschaftliche und historische Forschungszwecke oder für statistische Zwecke verarbeitet werden
- in einer Weise verarbeitet werden, die eine angemessene Sicherheit der personenbezogenen Daten gewährleistet, einschließlich Schutz vor unbefugter oder unrechtmäßiger Verarbeitung und vor unbeabsichtigtem Verlust, unbeabsichtigter Zerstörung oder unbeabsichtigter Schädigung durch geeignete technische und organisatorische Maßnahmen („Integrität und Vertraulichkeit")

Jede Konzerngesellschaft ist für die Einhaltung dieser Grundsätze verantwortlich und muss deren Einhaltung nachweisen können („Rechenschaftspflicht").

(2) Rechtsgrundlage für die Datenverarbeitung. Personenbezogene Daten werden nur verarbeitet, sofern eine der nachfolgend genannten Voraussetzungen vorliegt:

- die betroffene Person hat ihre Einwilligung zu der Verarbeitung der sie betreffenden personenbezogenen Daten für einen oder mehrere bestimmte Zwecke gegeben
- die Verarbeitung ist erforderlich für die Erfüllung eines Vertrags, dessen Vertragspartei die betroffene Person ist, oder für die Durchführung vorvertraglicher Maßnahmen, die auf Anfrage der betroffenen Person erfolgen
- die Verarbeitung ist für die Erfüllung einer rechtlichen Verpflichtung erforderlich, der der Verantwortliche unterliegt
- die Verarbeitung ist erforderlich, um lebenswichtige Interessen der betroffenen Person oder einer anderen natürlichen Person zu schützen
- die Verarbeitung ist erforderlich für die Wahrnehmung einer Aufgabe, die im öffentlichen Interesse liegt oder in Ausübung öffentlicher Gewalt erfolgt, die dem Verantwortlichen übertragen wurde
- die Verarbeitung ist erforderlich zur Wahrung der berechtigten Interessen des Verantwortlichen oder eines Dritten, sofern nicht die Interessen oder Grundrechte und Grundfreiheiten der betroffenen Person, die den Schutz personenbezogener Daten erfordern, überwiegen, insbesondere dann, wenn es sich bei der betroffenen Person um ein Kind handelt

(3) Datenschutz durch Technikgestaltung. Unter Berücksichtigung des Stands der Technik, der Implementierungskosten und der Art, des Umfangs, der Umstände und der Zwecke der Verarbeitung sowie der unterschiedlichen Eintrittswahrscheinlichkeit und Schwere der mit der Verarbeitung verbundenen Risiken für die Rechte und Freiheiten natürlicher Personen treffen die teilnehmenden Unternehmen sowohl zum Zeitpunkt der Festlegung der Mittel für die Verarbeitung als auch zum Zeitpunkt der eigentlichen Verarbeitung geeignete technische und organisatorische Maßnahmen – wie zB Pseudonymisierung, die darauf ausgelegt sind, die Datenschutzgrundsätze wie etwa Datenminimierung wirksam umzusetzen und die notwendigen Garantien in die Verarbeitung aufzunehmen, um den datenschutzrechtlichen Anforderungen zu genügen und die Rechte der betroffenen Personen zu schützen.

(4) Datenschutz durch datenschutzfreundliche Voreinstellungen. Die teilnehmenden Unternehmen treffen geeignete technische und organisatorische Maßnahmen, die sicherstellen, dass durch Voreinstellung grundsätzlich nur personenbezogene Daten, deren Verarbeitung für den jeweiligen bestimmten Verarbeitungszweck erforderlich ist, verarbeitet werden. Diese Verpflichtung gilt für die Menge der erhobenen personenbezogenen Daten, den Umfang ihrer Verarbeitung, ihre Speicherfrist und ihre Zugänglichkeit. Solche Maßnahmen müssen insbesondere sicherstellen, dass personenbezogene Daten durch Voreinstellungen nicht ohne Eingreifen der Person einer unbestimmten Zahl von natürlichen Personen zugänglich gemacht werden.

(5) Informationspflichten. Jedes teilnehmende Unternehmen erfüllt gegenüber der betroffenen Person alle gesetzlichen Informationspflichten und stellt insbesondere alle Informationen, die notwendig sind, um eine faire und transparente Verarbeitung zu gewährleisten, in präziser, transparenter, verständlicher und leicht zugänglicher Form in einer klaren und einfachen Sprache zur Verfügung. Beabsichtigt eine Konzerngesellschaft, die personenbezogenen Daten für einen anderen Zweck weiterzuverarbeiten als den, für den die personenbezogenen Daten erhoben wurden, so stellt sie der betroffenen Person vor dieser Weiterverarbeitung Informationen über diesen anderen Zweck und alle anderen maßgeblichen Informationen zur Verfügung.

(6) Rechte der betroffenen Person. Jede betroffene Person hat die folgenden Rechte

- das Recht gem. Art. 15 DS-GVO, eine Bestätigung darüber zu verlangen, ob die betroffene Person betreffende personenbezogene Daten verarbeitet werden; ist dies der Fall, so besteht ein Recht auf Auskunft über diese personenbezogenen Daten und auf die in Art. 15 DS-GVO im Einzelnen aufgeführten Informationen
- das Recht, unverzüglich die Berichtigung die betroffene Person betreffender unrichtiger personenbezogener Daten und ggf. die Vervollständigung unvollständiger personenbezogener Daten zu verlangen, Art. 16 DS-GVO
- das Recht, zu verlangen, dass die betroffene Person betreffende personenbezogene Daten unverzüglich gelöscht werden, sofern einer der in Art. 17 DS-GVO im Einzelnen aufgeführten Gründe zutrifft, zB wenn die Daten für die verfolgten Zwecke nicht mehr benötigt werden und die gesetzlichen Aufbewahrungs- und Archivvorschriften einer Löschung nicht entgegenstehen
- das Recht, die Einschränkung der Verarbeitung zu verlangen, wenn eine der in Art. 18 DS-GVO aufgeführten Voraussetzungen gegeben ist, zB wenn die betroffene Person Widerspruch gegen die Verarbeitung eingelegt hat, für die Dauer der Prüfung, ob dem Widerspruch stattgegeben werden kann
- das Recht gem. Art. 20 DS-GVO, die aufgrund der Einwilligung der betroffenen Person freiwillig zur Verfügung gestellten und elektronisch verarbeiteten Daten in einem strukturierten, gängigen und maschinen-lesbaren Format zu erhalten, sodass die betroffene Person diese Daten einem anderen Verantwortlichen zur Verfügung stellen kann
- das Recht, aus Gründen, die sich aus der besonderen Situation der betroffenen Person ergeben, jederzeit im Rahmen der Voraussetzungen des Art. 21 DS-GVO gegen die Verarbeitung die betroffene Person betreffender personenbezogener Daten Widerspruch einzulegen
- das Recht, nicht einer ausschließlich auf einer automatisierten Verarbeitung, einschließlich Profiling, beruhenden Entscheidung unterworfen zu werden

### § 6 Verarbeitung besonderer Kategorien von personenbezogenen Daten[8]

Die Verarbeitung personenbezogener Daten, aus denen die rassische und ethnische Herkunft, politische Meinungen, religiöse oder weltanschauliche Überzeugungen oder die Gewerkschaftszugehörigkeit hervorgehen, sowie die Verarbeitung von genetischen Daten, biometrischen Daten zur eindeutigen Identifizierung einer natürlichen Person, Gesundheitsdaten oder Daten zum Sexualleben oder der sexuellen Orientierung einer natürlichen Person, ist untersagt. Ausnahmen gelten nur in folgenden Fällen:

- die betroffene Person hat in die Verarbeitung der genannten personenbezogenen Daten für einen oder mehrere festgelegte Zwecke ausdrücklich eingewilligt, es sei denn, nach dem anwendbaren Datenschutzrecht kann das Verbot der Verarbeitung durch die Einwilligung der betroffenen Person nicht aufgehoben werden
- die Verarbeitung ist erforderlich, damit die betreffende Konzerngesellschaft oder die betroffene Person die ihm bzw. ihr aus dem Arbeitsrecht und dem Recht der sozialen Sicherheit und des Sozialschutzes erwachsenden Rechte ausüben und seinen bzw. ihren diesbezüglichen Pflichten nachkommen kann, jeweils unter der Voraussetzung, dass dies dem anwendbaren Recht oder einer Kollektivvereinbarung nach dem Recht des betreffenden Mitgliedstaats, das geeignete Garantien für die Grundrechte und die Interessen der betroffenen Person vorsieht, zulässig ist
- die Verarbeitung ist zum Schutz lebenswichtiger Interessen der betroffenen Person oder einer anderen natürlichen Person erforderlich und die betroffene Person ist aus körperlichen oder rechtlichen Gründen außerstande, ihre Einwilligung zu geben
- die Verarbeitung bezieht sich auf personenbezogene Daten, die die betroffene Person offensichtlich öffentlich gemacht hat
- die Verarbeitung ist zur Geltendmachung, Ausübung oder Verteidigung von Rechtsansprüchen erforderlich
- die Verarbeitung ist auf der Grundlage des anwendbaren Datenschutzrechts aus Gründen eines erheblichen öffentlichen Interesses erforderlich
- die Verarbeitung ist für Zwecke der Gesundheitsvorsorge oder der Arbeitsmedizin, für die Beurteilung der Arbeitsfähigkeit des Beschäftigten, für die medizinische Diagnostik, die Versorgung oder Behandlung im Gesundheits- oder Sozialbereich oder für die Verwaltung von Systemen und Diensten im Gesundheits- oder Sozialbereich auf der Grundlage des anwendbaren Datenschutzrechts oder aufgrund eines Vertrags mit einem Angehörigen eines Gesundheitsberufs erforderlich
- die Verarbeitung ist aus Gründen des öffentlichen Interesses im Bereich der öffentlichen Gesundheit, wie dem Schutz vor schwerwiegenden grenzüberschreitenden Gesundheitsgefahren oder zur Gewährleistung hoher Qualitäts- und Sicherheitsstandards bei der Gesundheitsversorgung und bei Arzneimitteln und Medizinprodukten, auf der Grundlage anwendbaren Datenschutzrechts erforderlich
- die Verarbeitung ist auf der Grundlage des anwendbaren Datenschutzrechts, für im öffentlichen Interesse liegende Archivzwecke, für wissenschaftliche oder historische Forschungszwecke oder für statistische Zwecke erforderlich

### § 7 Datensicherheit[9]

Unter Berücksichtigung des Stands der Technik, der Implementierungskosten und der Art, des Umfangs, der Umstände und der Zwecke der Verarbeitung sowie der unterschiedlichen Eintrittswahrscheinlichkeit und Schwere des Risikos für die Rechte und Freiheiten natürlicher Personen treffen die teilnehmenden Unternehmen geeignete technische und organisatorische Maßnahmen, um ein dem Risiko angemessenes Schutzniveau zu gewährleisten; diese Maßnahmen schließen unter anderem Folgendes ein:

- die Pseudonymisierung und Verschlüsselung personenbezogener Daten
- die Fähigkeit, die Vertraulichkeit, Integrität, Verfügbarkeit und Belastbarkeit der Systeme und Dienste im Zusammenhang mit der Verarbeitung auf Dauer sicherzustellen
- die Fähigkeit, die Verfügbarkeit der personenbezogenen Daten und den Zugang zu ihnen bei einem physischen oder technischen Zwischenfall rasch wiederherzustellen
- ein Verfahren zur regelmäßigen Überprüfung, Bewertung und Evaluierung der Wirksamkeit der technischen und organisatorischen Maßnahmen zur Gewährleistung der Sicherheit der Verarbeitung

Bei der Beurteilung des angemessenen Schutzniveaus sind insbesondere die Risiken zu berücksichtigen, die mit der Verarbeitung – insbesondere durch Vernichtung, Verlust oder Veränderung, ob unbeabsichtigt oder unrechtmäßig, oder unbefugte Offenlegung von bzw. unbefugten Zugang zu personenbezogenen Daten, die übermittelt, gespeichert oder auf andere Weise verarbeitet wurden – verbunden sind.

Die teilnehmenden Unternehmen ergreifen angemessene Maßnahmen, um sicherzustellen, dass ihnen unterstellte natürliche Personen, die Zugang zu personenbezogenen Daten haben, diese nur auf Anweisung des jeweiligen teilnehmenden Unternehmens verarbeiten, es sei denn, sie sind nach dem anwendbaren Datenschutzrecht zur Verarbeitung verpflichtet.

§ 8 Weitere Übermittlungen[10]

Die weitere Übermittlung von personenbezogenen Daten von einer Konzerngesellschaft an Nicht-Konzerngesellschaften ist nur unter den folgenden Voraussetzungen zulässig:

- Einhaltung der allgemeinen Anforderungen an die Datenverarbeitung, insbesondere § 5 und § 6 der BCR
- die Nicht-Konzerngesellschaft gewährleistet ein angemessenes Datenschutzniveau iSv Art. 45 DS-GVO oder die Weiterübermittlung ist aus anderen Gründen, die im Einklang mit Kapitel V der DS-GVO stehen, zulässig
- sofern es sich bei der Nicht-Konzerngesellschaft um einen Auftragsverarbeiter handelt, müssen die Voraussetzungen des Art. 28 DS-GVO ergänzend erfüllt werden

§ 9 Information über die BCR[11]

Die BCR, einschließlich der Drittbegünstigungsklausel, sind für die betroffenen Personen einfach zugänglich, ua auf den Internetseiten des teilnehmenden Unternehmens. Der Betroffene kann sich außerdem an den Datenschutz-Ansprechpartner der betreffenden Konzerngesellschaft wenden.

§ 10 Aufgaben der mit der Überwachung der Einhaltung der BCR betrauten Stellen und Personen[12]

In den teilnehmenden Unternehmen und folgende Stellen mit der Überwachung der Einhaltung der BCR betraut:

- Bestimmte teilnehmende Unternehmen haben Datenschutzbeauftragte. Diese nehmen die Aufgaben gem. Art. 37 DS-GVO wahr, außerdem beobachten sie die allgemeine Rechtsentwicklung in den Drittländern, für die sie zuständig sind
- Teilnehmende Unternehmen, die keinen eigenen Datenschutzbeauftragten ernannt haben, haben Ansprechpartner für den Datenschutz. Diese führen ua Datenschutz-Schulungen durch, sind primäre Ansprechpartner bei Beschwerden von betroffenen Personen und beraten die Geschäftsleitung bei der Umsetzung der BCR; außerdem beobachten sie die allgemeine Rechtsentwicklung in den Drittländern, für die sie zuständig sind
- Die Audit-Abteilung überwacht die Einhaltung der BCR § 12 dieser BCR regelt weitere Einzelheiten

§ 11 Beschwerdeverfahren[13]

Jede betroffene Person kann sich jederzeit mit Beschwerden wegen Verstoßes gegen die BCR durch eine Konzerngesellschaft sowie mit Fragen an die zuständigen Kontaktstellen [Liste der Kontaktstellen, jeweils mit Kontaktinformationen] wenden. Der Eingang der Beschwerde wird zeitnah bestätigt und die Beschwerde innerhalb angemessener Frist, in der Regel innerhalb eines Monats, beantwortet.

Die bei der zuständigen Beschwerdestelle mit der Beschwerdebearbeitung befassten Mitarbeiter verfügen über ein hinreichendes Maß an Unabhängigkeit bei der Wahrnehmung dieser Aufgabe.

Die Konzerngesellschaft ist verpflichtet, ggf. mit der Datenschutzaufsicht im jeweiligen Land zu kooperieren und deren Entscheidungen zu respektieren. Betroffene Personen haben das Recht, sich an eine Aufsichtsbehörde für den Datenschutz zu wenden.

Weitere Einzelheiten – Form der Beschwerde, Bearbeitungsfristen, weiteres Vorgehen bei Anerkennung und/oder Ablehnung der Beschwerde, weiterführende Rechtsbehelfe – sind in einem separaten Beschwerdekonzept geregelt.

§ 12 Überprüfung der Einhaltung der BCR[14]

(1) Die teilnehmenden Unternehmen haben das interne Audit- und Kontrollsystem der Konzerngesellschaften um ein BCR-Audit-Programm ergänzt, um sicherzustellen, dass die Einhaltung eines angemessenen Datenschutzniveaus nach Maßgabe der BCR-Regelungen in den Konzerngesellschaften regelmäßig kontrolliert wird.

(2) Die primäre Zuständigkeit für die Durchführung von turnusmäßigen BCR-Audits sowie von anlassbezogenen ad-hoc BCR-Audits liegt bei der zentralen Auditabteilung. Alternativ kann ein BCR-Audit im Bedarfsfall von einem akkreditierten externen Auditor vorgenommen werden.

(3) Einmal jährlich findet ein BCR-Audit in Gestalt eines Self-Assessments (Ausfüllen eines Fragebogens) durch die Konzerngesellschaften statt. Die zentrale Auditabteilung erhält die Ergebnisse dieses turnusmäßigen Self-Assessments.

(4) Im Falle besonderer Umstände (zB Datenschutzvorfälle, Beschwerden betroffener Personen, festgestellte Defizite) können neben den vorgenannten Audits auch noch weitere ad-hoc BCR-Audits durchgeführt werden.

(5) BCR-Audits beziehen sich auf alle Aspekte der BCR. Soweit ein BCR-Audit zu dem Ergebnis kommt, dass Abhilfemaßnahmen wegen eines BCR-Verstoßes zu treffen sind, haben die betroffenen Konzerngesellschaften für eine Umsetzung der erforderlichen Abhilfemaßnahmen Sorge zu tragen. Die zentrale Audit-Abteilung überwacht diese Umsetzung.

(6) Die Ergebnisse des BCR-Audits werden der Geschäftsleitung der Muttergesellschaft und den betroffenen teilnehmenden Konzerngesellschaften zur Verfügung gestellt. Auf Anfrage erhält die zuständige Datenschutzaufsichtsbehörde die Ergebnisse ebenfalls. Soweit erforderlich, können Teile der Prüfungsdaten unkenntlich gemacht werden, um den Schutz vertraulicher Unternehmensinformationen sicherzustellen.

§ 13 Zusammenarbeit mit der Aufsichtsbehörde[15]

Alle teilnehmenden Gesellschaften werden bei Anfragen und Beschwerden Betroffener im Hinblick auf die Nichteinhaltung der BCR vertrauensvoll zusammenarbeiten und einander unterstützen.

Die teilnehmenden Gesellschaften verpflichten sich ferner, im Zusammenhang mit der Implementierung der BCR vertrauensvoll mit den zuständigen Datenschutzaufsichtsbehörden zusammenzuarbeiten. Sie werden auf BCR bezogene Anfragen der Datenschutzaufsichtsbehörde innerhalb angemessener Frist und auf angemessene Weise antworten und die Ratschläge und Entscheidungen der zuständigen Datenschutzaufsichtsbehörde im Hinblick auf die Umsetzung der BCR befolgen.

§ 14 Änderungen von rechtlichen Bestimmungen in Drittländern[16]

Datenschutzbeauftragte und Ansprechpartner für den Datenschutz in den Konzerngesellschaften beobachten die Rechtsentwicklung in den Ländern, für die sie zuständig sind. Soweit sich die in einem Drittland geltenden rechtlichen Bestimmungen dahingehend verändern, dass Nachteile für die Garantien entstehen können, die die BCR bieten, wird diese Information an die Muttergesellschaft weitergegeben. Die Muttergesellschaft und die betroffenen Konzerngesellschaften berichten dann der zuständigen Aufsichtsbehörde und beraten über mögliche Konsequenzen.

§ 15 Schulungen[17]

Ein zentraler Aspekt der ordnungsgemäßen Umsetzung der BCR ist die entsprechende Unterrichtung und Instruktion der Mitarbeiter. Hierzu zählt auch der Hinweis, dass Verstöße gegen die BCR strafrechtliche, haftungsrechtliche oder arbeitsrechtliche Konsequenzen für den Mitarbeiter nach sich ziehen können.

Die teilnehmenden Unternehmen bieten individuelle Informationen sowie spezielle Schulungsmaßnahmen zu den BCR an, die auf eine angemessene Information und Schulung der Mitarbeiter aller teilnehmenden Unternehmen zum korrekten Umgang mit sowie zum Schutz personenbezogener Daten im Rahmen der Umsetzung der BCR abzielen. Adressaten der Schulungsmaßnahmen sind insbesondere die Mitarbeiter, die ständigen oder regelmäßigen Umgang mit personenbezogenen Daten haben. Für diese Mitarbeiter ist die Teilnahme an den Schulungen verpflichtend.

Die Schulungen zu den BCR werden in regelmäßigen, angemessenen Abständen wiederholt.

Informations- und Schulungsmaßnahmen können – unter anderem – die Durchführung von Web Based Trainings, das Angebot geeigneter Präsentationen und Schulungsmaterialien zum Selbststudium, Präsenzschulungen sowie die Organisation von speziell auf Mitarbeiter zugeschnittenen Workshops umfassen.

Die erfolgreiche Teilnahme der Mitarbeiter an der Schulung ist zu dokumentieren.

Weitere Einzelheiten sind in einem detaillierten Schulungskonzept geregelt.

§ 16 Änderungen[18]

Die teilnehmenden Unternehmen behalten sich das Recht zu einer jederzeitigen Änderung und/oder Aktualisierung dieser BCR vor. Eine solche Aktualisierung der BCR kann insbesondere durch geänderte rechtliche Anforderungen, durch maßgebliche Änderungen in der Konzernstruktur oder durch Auflagen der zuständigen Datenschutzaufsichtsbehörden geboten sein.

Wesentliche Änderungen der BCR bedürfen einer erneuten Genehmigungserteilung durch die zuständigen Datenschutzaufsichtsbehörden. Alle übrigen Änderungen der BCR sind ohne solche erneute Genehmigung möglich.

Die Muttergesellschaft führt eine Übersicht über alle seit Inkrafttreten der BCR vorgenommenen Änderungen und Aktualisierungen der BCR. Sie führt ferner eine regelmäßig aktualisierte Liste aller teilnehmenden Gesellschaften, die wirksam an die BCR gebunden sind („Statusübersicht").

Änderungen der BCR sowie Änderungen der Statusübersicht teilt die Muttergesellschaft der zuständigen Datenschutzbehörde, die die BCR genehmigt hat, auf Anfrage und nach offizieller Genehmigung der BCR mindestens einmal jährlich mit. Solche Mitteilungen enthalten eine summarische Begründung für die vorgenommenen Änderungen.

## Anmerkungen

**1. Anwendungsbereich.** Art. 47 Abs. 1 lit. a DS-GVO fordert, dass die verbindlichen internen Datenschutzvorschriften für alle betreffenden Mitglieder der Unternehmensgruppe (Art. 4 Nr. 19 DS-GVO) oder einer Gruppe von Unternehmen, die eine gemeinsame Wirtschaftstätigkeit ausüben (Art. 4 Nr. 18 DS-GVO), gelten. Es ist nicht erforderlich, dass alle Mitglieder der Unternehmensgruppe in die verbindlichen internen Datenschutzvorschriften eingeschlossen werden, da Art. 47 Abs. 1 lit. a DS-GVO nur von den „betreffenden" Mitgliedern spricht (Kühling/Buchner/Schröder DS-GVO Art. 47 Rn. 16). Über die in § 16 der BCR vorgesehene Liste der teilnehmenden Konzernunternehmen ist jederzeit klar, welche Unternehmen gebunden sind.

**2. Verbindlichkeit.** Art. 47 Abs. 1 lit. a und Abs. 2 lit. c DS-GVO erfordern Angaben in den BCR zu der internen und externen Rechtsverbindlichkeit der BCR. Die Verbindlichkeit kann zB über vertragliche Vereinbarungen zwischen den Unternehmen, einseitige Erklärungen, Verpflichtungen seitens des Mutterunternehmens (soweit für die anderen Unternehmen verbindlich) oder Aufnahme in die allgemeinen

Unternehmensgrundsätze mit Verhaltensregeln hergestellt werden (Paal/Pauly/Pauly DS-GVO Art. 47 Rn. 16).

Art. 47 Abs. 2 lit. a DS-GVO fordert als Bestandteil von verbindlichen internen Datenschutzvorschriften Angaben zu Struktur und Kontaktdaten der Unternehmensgruppe oder Gruppe von Unternehmen, die eine gemeinsame Wirtschaftstätigkeit ausüben, und jedes ihrer Mitglieder. Hierfür könnte zB ein Organigramm des Konzerns in die BCR aufgenommen werden (Knyrim DatenschutzR-HdB S. 269). Die Angaben können auch mit in die in § 16 der BCR vorgesehene List aufgenommen werden.

Art. 47 Abs. 1 lit. b DS-GVO erfordert die ausdrückliche Einräumung durchsetzbarere Rechte der betroffenen Personen in Bezug auf die Verarbeitung ihrer personenbezogenen Daten (Erwgr. 108 DS-GVO). Dies wird vorliegend in § 2 der BCR ausdrücklich geregelt, indem klargestellt wird, dass die BCR für alle Konzernunternehmen verbindlich sind. Abgesichert wird dies über Verfahrensregelungen, die eine angemessene Dokumentation vorsehen.

**3. Verbindlichkeit für Mitarbeiter.** Gem. Art. 47 Abs. 1 lit. a DS-GVO müssen die BCR auch für die Beschäftigten der Mitglieder der Unternehmensgruppe oder einer Gruppe von Unternehmen, die eine gemeinsame Wirtschaftstätigkeit ausüben, verbindlich gelten. Die Verbindlichkeit kann zB über entsprechende Regelungen im Arbeitsvertrag (Paal/Pauly/Pauly DS-GVO Art. 47 Rn. 17), oder bindende Weisungen (Kühling/Buchner/Schröder DS-GVO Art. 47 Rn. 19) erreicht werden.

**4. Rechte der betroffenen Personen.** Art. 47 Abs. 2 lit. e DS-GVO erfordert Angaben zu den Rechten der betroffenen Personen in Bezug auf die Verarbeitung und die diesen offenstehenden Mittel zur Wahrnehmung dieser Rechte (→ Form. F.). Dies beinhaltet das Recht nach Art. 22 DS-GVO, nicht einer ausschließlich auf einer automatisierten Verarbeitung – einschließlich Profiling – beruhenden Entscheidung unterworfen zu werden. Es meint weiter das in Art. 79 DS-GVO niedergelegte Recht auf Beschwerde bei der zuständigen Aufsichtsbehörde bzw. auf Einlegung eines Rechtsbehelfs bei den zuständigen Gerichten der Mitgliedstaaten und das Recht, im Falle einer Verletzung der verbindlichen internen Datenschutzvorschriften Wiedergutmachung und ggf. Schadenersatz zu erhalten. In den BCR ist darzulegen, wie die betroffene Person diese Rechte ausüben kann, also in welcher Form u nd gegenüber wem (Knyrim DatenschutzR-HdB S. 270). Im Fall von Datenübermittlungen in Drittstaaten soll die betroffene Person so gestellt sein, als ob ihre personenbezogenen Daten die EU nie verlassen hätten (Paal/Pauly/Pauly DS-GVO Art. 47 Rn. 23).

Die Einräumung muss Regelungen enthalten, die es ermöglichen, die Rechte als Drittbegünstigte geltend zu machen (Paal/Pauly/Pauly DS-GVO Art. 47 Rn. 18). Dies kann über vertragliche Klauseln mit Drittbegünstigung oder über einen Garantievertrag mit nicht zugangsbedürftiger Annahmeerklärung erreicht werden (Paal/Pauly/Pauly DS-GVO Art. 47 Rn. 18).

**5. Haftung der Muttergesellschaft.** Art. 47 Abs. 2 lit. f DS-GVO verlangt Angaben zu der von dem in einem Mitgliedstaat niedergelassenen Verantwortlichen oder Auftragsverarbeiter übernommene Haftung für etwaige Verstöße eines nicht in der Union niedergelassenen betreffenden Mitglieds der Unternehmensgruppe gegen die verbindlichen internen Datenschutzvorschriften. Der Verantwortliche oder der Auftragsverarbeiter ist nur dann teilweise oder vollständig von dieser Haftung befreit, wenn er nachweist, dass der Umstand, durch den der Schaden eingetreten ist, dem betreffenden Mitglied nicht zur Last gelegt werden kann, Art. 82 Abs. 3 DS-GVO.

Die betroffene Person soll einen Anspruch innerhalb der EU haben, selbst wenn es zu dem Verstoß in einem Drittland kam; die Ausgestaltung kann unterschiedlich erfolgen, zB als Übernahme der Haftung durch die Hauptniederlassung oder gesamtschuldnerische Haftung (vgl. Knyrim DatenschutzR-HdB S. 271).

**6. Beschreibung der Datenübermittlungen.** Art. 47 Abs. 2 lit. b DS-GVO verlangt eine Beschreibung der betreffenden Datenübermittlungen oder Reihen von Datenübermittlungen, einschließlich der betreffenden Arten personenbezogener Daten, Art und Zweck der Datenverarbeitung, Art der betroffenen Personen und das betreffende Drittland bzw. die betreffenden Drittländer. Als Anhaltspunkt können grundsätzlich die Anforderungen der Anhänge der Standardvertragsklauseln (→ Form. G. VII.2.) dienen. Wie bei den Standardvertragsklauseln stellt sich allerdings die Herausforderung, dass bei zu präziser Beschreibung ständiger Änderungsbedarf an den verbindlichen internen Datenschutzvorschriften entstehen würde. Daher werden die Beschreibungen innerhalb der BCR in der Praxis eher generisch ausfallen (vgl. Kühling/Buchner/Schröder DS-GVO Art. 47 Rn. 31 f.).

**7. Allgemeine Datenschutzgrundsätze.** Art. 47 Abs. 2 lit. d DS-GVO fordert Angaben zur Anwendung der allgemeinen Datenschutzgrundsätze, insbesondere Zweckbindung, Datenminimierung, begrenzte Speicherfristen, Datenqualität, Datenschutz durch Technikgestaltung und durch datenschutzfreundliche Voreinstellungen. Erforderlich sind klare Regelungen, die von den Personen verstanden und tatsächlich angewandt werden können (Paal/Pauly/Pauly DS-GVO Art. 47 Rn. 22).

Die diesbezüglichen Beschreibungen sollten in der Terminologie der DS-GVO gehalten werden, um Irritationen und Missverständnisse nach Möglichkeit auszuschließen.

**8. Besondere Kategorien von personenbezogenen Daten.** Art. 47 Abs. 2 lit. d DS-GVO erfordert Angaben zur Rechtsgrundlage für die Verarbeitung, Verarbeitung besonderer Kategorien von personenbezogenen Daten. Der hier vorgeschlagene Wortlaut lehnt sich eng an die Regelung in Art. 9 DS-GVO an.

**9. Datensicherheit.** Art. 47 Abs. 2 lit. d DS-GVO erfordert eine Darstellung der Maßnahmen zur Sicherstellung der Datensicherheit. Der hier vorgeschlagene Wortlaut lehnt sich eng an Art. 32 DS-GVO an. In der Praxis dürfte vielfach eine Anlage mit einer Beschreibung der konkret ergriffenen Maßnahmen zielführend sein (→ Form. G. I.6.; → Form. E. II.). Der Detailgrad der Darstellung sollte so gewählt werden, dass externe Angreifer aus der Darstellung keine Hinweise auf mögliche Schwachstellen und Angriffsmöglichkeiten erhalten.

**10. Weiterübermittlungen.** Art. 47 Abs. 2 lit. d DS-GVO fordert Angaben zu den Anforderungen für die Weiterübermittlung an nicht an die internen Datenschutzvorschriften gebundene Stellen.

**11. Informationen über verbindliche interne Datenschutzvorschriften.** Art. 47 Abs. 2 lit. g DS-GVO fordert Angaben zur Art und Weise, wie die betroffenen Personen über die Bestimmungen der Art. 13 und 14 DS-GVO hinaus über die verbindlichen internen Datenschutzvorschriften und insbesondere über die unter Art. 47 Abs. 2 lit. d, e und lit. f DS-GVO genannten Aspekte informiert werden.

In der Praxis sollten Unternehmen auch in der Kommunikation mit den betroffenen Personen, insbesondere im Zusammenhang mit der Datenerhebung (vgl. Art. 13f. DS-GVO) aktiv auf die verbindlichen internen Datenschutzvorschriften hinweisen. Zu viel Passivität, zB, wenn die verbindlichen internen Datenschutzvorschriften nur auf Anfrage zur Verfügung gestellt werden, dürfte in der Regel nicht ausreichen (Knyrim DatenschutzR-HdB S. 271).

**12. Aufgabenbeschreibungen.** Art. 47 Abs. 2 lit. h DS-GVO verpflichtet zu Angaben zu den Aufgaben jedes gem. Art. 37 DS-GVO benannten Datenschutzbeauftragten oder jeder anderen Person oder Einrichtung, die mit der Überwachung der Einhaltung der verbindlichen internen Datenschutzvorschriften in der Unternehmensgruppe oder Gruppe von Unternehmen, die eine gemeinsame Wirtschaftstätigkeit ausüben, sowie mit der Überwachung der Schulungsmaßnahmen und dem Umgang mit Beschwerden befasst ist.

**13. Beschwerdeverfahren.** Art. 47 Abs. 2 lit. i DS-GVO fordert Angaben zu den Beschwerdeverfahren. Faktisch führt das zu der Notwendigkeit, ein System zum Beschwerdemanagement aufzubauen. Die Formulierungsvorschläge gewähren den betroffenen Personen ausdrücklich ein Recht zur Beschwerde für den Fall von Verstößen gegen die BCR und legen eine eindeutig zu bestimmende Abteilung bzw. Einheit als zuständig für die Beschwerdebearbeitung fest. Es wird festgehalten, dass die mit der Bearbeitung befassten bei der Beschwerdebearbeitung über ein hinreichendes Maß an Unabhängigkeit verfügen (vgl. BeckOK DatenschutzR/Lange/Filip DS-GVO Art. 27 Rn. 55).

**14. Überprüfung der Einhaltung der verbindlichen internen Datenschutzvorschriften.** Art. 47 Abs. 2 lit. j DS-GVO erfordert Angaben zu den innerhalb der Unternehmensgruppe oder Gruppe von Unternehmen, die eine gemeinsame Wirtschaftstätigkeit ausüben, bestehenden Verfahren zur Überprüfung der Einhaltung der verbindlichen internen Datenschutzvorschriften. Derartige Verfahren beinhalten Datenschutzüberprüfungen und Verfahren zur Gewährleistung von Abhilfemaßnahmen zum Schutz der Rechte der betroffenen Person. Die Ergebnisse derartiger Überprüfungen sollten der in Art. 47 Abs. 2 lit. h DS-GVO genannten Person oder Einrichtung sowie dem Verwaltungsrat des herrschenden Unternehmens einer Unternehmensgruppe oder der Gruppe von Unternehmen, die eine gemeinsame Wirtschaftstätigkeit ausüben, mitgeteilt werden und der zuständigen Aufsichtsbehörde auf Anfrage zur Verfügung gestellt werden. Letztlich erfordert die Regelung den Aufbau eines internen Kontrollsystems (→ Form. A. II.; → Form. A. III.). Eingesetzt werden können interne oder externe Auditoren (Paal/Pauly/Pauly DS-GVO Art. 47 Rn. 28).

**15. Zusammenarbeit mit der Aufsichtsbehörde.** Art. 47 Abs. 2 lit. l DS-GVO erfordert Angaben zu den Verfahren für die Zusammenarbeit mit der Aufsichtsbehörde, die die Befolgung der Vorschriften durch sämtliche Mitglieder der Unternehmensgruppe oder Gruppe von Unternehmen, die eine gemeinsame Wirtschaftstätigkeit ausüben, gewährleisten, insbesondere durch Offenlegung der Ergebnisse von Überprüfungen der in Art. 47 Abs. 2 lit. j DS-GVO genannten Maßnahmen gegenüber der Aufsichtsbehörde.

**16. Änderungen von rechtlichen Bestimmungen in Drittländern.** Art. 47 Abs. 2 lit. m DS-GVO fordert Angaben zu den Meldeverfahren zur Unterrichtung der zuständigen Aufsichtsbehörde über jegliche für ein Mitglied der Unternehmensgruppe oder Gruppe von Unternehmen, die eine gemeinsame Wirtschaftstätigkeit ausüben, in einem Drittland geltenden rechtlichen Bestimmungen, die sich nachteilig auf die Garantien auswirken könnten, die die verbindlichen internen Datenschutzvorschriften bieten. Im Ergebnis benötigen die Unternehmen damit ein Monitoring-System für Drittländer, in die unter Geltung verbindlicher interner Datenschutzvorschriften Daten übermittelt werden, um Änderungen der Rechtslage mit möglicherweise nachteiligen Konsequenzen zu identifizieren und ggf. entsprechend zu reagieren. Die Schwelle für eine entsprechende Reaktionspflicht dürften nach der Entscheidung des EuGH vom 16.7.2020 Veränderungen der Rechtslage sein, die dazu führen, dass das Schutzniveau im betreffenden Drittland dem Schutzniveau in der EU nicht vergleichbar ist, was insbesondere unter Zugrundelegung der in Art. 45 Abs. 2 DS-GVO genannten Kriterien zu ermitteln ist (EuGH 16.7.2020 – C-311/18, ZD 2020, 511 mAnm Moos/Rothkegel Rn. 94 ff.).

**17.** **Schulungen.** Art. 47 Abs. 2 lit. n DS-GVO erfordert Angaben zu geeigneten Datenschutzschulungen für Personal mit ständigem oder regelmäßigem Zugang zu personenbezogenen Daten. Die Unternehmen haben hier Freiräume bei der Ausgestaltung zB als Präsenzschulungen oder Web-Based Training. Inhaltlich ist erforderlich, die Mitarbeiter hinsichtlich der Pflichten aus den BCR und der anwendbaren juristischen Regelungen zu schulen. Die Teilnahme sollte dokumentiert werden. Die Schulungen sollten in angemessenen Abständen wiederholt bzw. aufgefrischt werden.

**18.** **Änderungen der verbindlichen internen Datenschutzvorschriften.** Art. 47 Abs. 2 lit. k DS-GVO enthält eine Verpflichtung, Angaben zu den Verfahren für die Meldung und Erfassung von Änderungen der Vorschriften und ihre Meldung an die Aufsichtsbehörde in die verbindlichen internen Datenschutzvorschriften aufzunehmen. Wo die Schwelle für eine Genehmigungspflicht von Änderungen verläuft, ist den aufsichtsbehördlichen Stellungnahmen bisher nicht klar zu entnehmen (vgl. Kühling/Buchner/Schröder DS-GVO Art. 47 Rn. 51). Bloße Aktualisierungen der verbindlichen internen Datenschutzvorschriften dürften nicht zu einem neuem Genehmigungserfordernis führen, sondern nur signifikante Änderungen, zB bei Änderungen der Verarbeitungsziele, Datenkategorien, Kategorien betroffener Personen oder Änderungen im Datenschutzniveau (vgl. Kühling/Buchner/Schröder DS-GVO Art. 47 Rn. 51).

## 4. Einwilligung der betroffenen Personen

Der EuGH hatte das sog. Privacy Shield, den Durchführungsbeschlusses (EU) 2016/1250 der Kommission vom 12.6.2016 gemäß der RL 95/46 über die Angemessenheit des vom EU-US-Datenschutzschild gebotenen Schutzes (ABl. 2016 L 207, 1), für ungültig erklärt (EuGH 16.7.2020 – C-311/18, ZD 2020, 511 mAnm Moos/Rothkegel – Schrems II). Der EuGH betonte dabei, dass dennoch ein rechtliches „Vakuum“ ausbleibt, da Art. 49 DS-GVO klar regelt, unter welchen Voraussetzungen personenbezogene Daten in Drittländer übermittelt werden können, falls weder ein Angemessenheitsbeschluss nach Art. 45 Abs. 3 DS-GVO vorliegt noch geeignete Garantien iSv Art. 46 bestehen (EuGH 16.7.2020 – C-311/18, ZD 2020,

511 mAnm Moos/Rothkegel Rn. 202 – Schrems II). Art. 49 Abs. 1 S. 1 lit. a DS-GVO korrespondiert mit dem bisherigen § 4c Abs. 1 S. 1 Nr. 1 BDSG aF. Wenn die betroffene Person wirksam in die Datenübermittlung in ein nicht-sicheres Drittland einwilligt, dürfen Unternehmen personenbezogene Daten dorthin übermitteln, selbst wenn die sonstigen Voraussetzungen der Art. 45–47 DS-GVO nicht erfüllt sind. Hierbei benötigt das Unternehmen in der Rolle des Verantwortlichen bzw. Datenexporteurs zur Rechtfertigung der Übermittlung – neben der ersten Stufe, ob grundsätzlich eine Datenverarbeitung erfolgen darf (vgl. insbesondere Art. 6 DS-GVO) – auf der zweiten Stufe keine weiteren, zusätzlichen Garantien iSd Art. 44 ff. DS-GVO (Wybitul/Ströbel/Ruess ZD 2017, 503 (506 f.)). Zwei (unabhängige) Einwilligungen – eine für die erste, eine für die zweite Stufe – sind nicht erforderlich (zutreffend NK-DatenschutzR/Schantz DS-GVO Art. 49 Rn. 18; aA Ambrock/Karg ZD 2017, 154 (158)).

Das vorliegende Muster bildet den Fall einer Einwilligung einer natürlichen Person gegenüber einem Unternehmen ab, das für die betroffene Person zB eine Dienstleistung mit internationalem Bezug erbringen will. Sofern ein Unternehmen die Daten eines seiner Mitarbeiter in einem nicht sicheren Drittland verarbeiten lassen will, gelten erhöhte Anforderungen an eine Einwilligung → Anm. 1, 10, 12. Die Legitimationsmöglichkeit mittels einer Einwilligung ist, auch mit Blick auf den internationalen Datentransfer, Ausfluss der informationellen Selbstbestimmung. Gem. Art. 49 Abs. 3 DS-GVO gilt Art. 49 Abs. 1 S. 1 lit. a DS-GVO jedoch nicht für Tätigkeiten, die Behörden in Ausübung ihrer hoheitlichen Befugnisse ausführen. Das Ersuchen um eine Einwilligung muss gem. Art. 7 Abs. 2 DS-GVO in verständlicher und leicht zugänglicher Form in einer klaren und einfachen Sprache erfolgen. Dies gilt auch für „besonders schützenswerte" personenbezogene Daten iSd Art. 9 Abs. 1 DS-GVO. In diesem Fall bedarf es jedoch der Erfüllung der erweiterten Anforderungen gem. Art. 9 Abs. 2 lit. a DS-GVO. Der Begriff der Gesundheitsdaten ist in Art. 4 Nr. 15 DS-GVO legaldefiniert. Die Einordnung eines personenbezogenen Datums ist dabei weit zu verstehen (EuGH 1.8.2022 – C-184/20, LTZ 2023, 50 Rn. 119 ff.; Sydow/Marsch/Kampert DS GVO Art. 4 Rn. 188, 189; Paal/Pauly/Ernst DS-GVO Art. 4 Rn. 109). Soweit auch Wahrscheinlichkeitsaussagen sowie Vermutungen zu bestimmten Veranlagungen aufgrund etwa familiärer Vorbelastung Personenbezug haben und als Gesundheitsdaten zu behandeln sein sollen (Paal/Pauly/Ernst DS-GVO Art. 4 Rn. 110), muss jedoch nach hier vertretener Auffassung eine differenzierte Betrachtung erfolgen. Insbesondere in Fällen, in denen eine Person „ins Blaue hinein", ohne objektive Anknüpfungspunkte, (nichtzutreffende) Behauptungen über einen bzw. ihren eigenen Gesundheitszustand aufstellt, kann dies gerade keine Angabe über ein Gesundheitsdatum darstellen und wäre mithin nur unter Art. 6 DS-GVO zu behandeln. Nach Erwgr. 51 DS-GVO verdienen diejenigen personenbezogenen Daten einen besonderen Schutz, die ihrem Wesen nach hinsichtlich der Grundrechte und Grundfreiheiten besonders sensibel sind. Aussagen zB zum Gesundheitszustand, welche lediglich unwahr behauptet werden, können per se nicht ihrem Wesen nach als besonders sensibel angesehen werden. Eine **Einordnung unter Art. 9 DS-GVO** setzt mithin voraus, dass Fakten, fundierte Einschätzungen oder zumindest objektive Bezugspunkte vorliegen. In einem solchen Fall können auch darauf lediglich basierende Vermutungen als sensibles Datum zu werten sein. Sofern demnach, wie im obigen Beispiel, (nachweisbar) eine familiäre Vorerkrankung besteht oder Daten, die durch Wearables etc durch eine Verbindung unmittelbar mit dem Körper erfasst werden (zB Puls), ist der Ausführung von Ernst zuzustimmen (vgl. Paal/Pauly/Ernst DS-GVO Art. 4 Rn. 110). Bestehen jedoch keine derartigen Bezugspunkte, fallen solche „ins Blaue hinein" getätigte Aussagen und somit Unwahrheiten, nach hier vertretener Ansicht, nicht unter Art. 9 DS-GVO. Selbst der EuGH, der Art. 9 DS-GVO extensiv auslegt, setzt in dem behandelten Fall, jedoch ohne dies näher zu thematisieren, voraus, dass ein Rückschluss auf einen tatsächlichen Zustand bzw. auf eine tatsächlich zutreffende Eigenschaft der betroffenen Person gegeben sein muss (EuGH 1.8.2022 – C-184/20, ZD 2022, 611 Rn. 119 ff). Die Einwilligungserklärung sollte gleichzeitig **so transparent wie möglich** über die Verarbeitung aufklären, da nur eine **informierte Einwilligung** einer Überprüfung standhalten kann (Art. 7 Abs. 2 S. 2 DS-GVO iVm Erwgr. 42 S. 1 DS-GVO; näher Wybitul BB 2016, 1077 (1079)). Insbesondere setzt Art. 49 Abs. 1 lit. a DS-GVO schon dem Wortlaut nach eine besondere Informiertheit voraus (LG Köln 23.3.2023 – 33 O 376/22, ZD 2023, 621 Rn. 97). Erwgr. 42 DS-GVO sieht vor, dass zumindest über die Identität des Verantwortlichen und den Verarbeitungszweck informiert wird. Art. 7 Abs. 3 S. 3 DS-GVO verlangt zusätzlich die Information über das jederzeitige Widerspruchsrecht. Art. 4 Nr. 11 DS-GVO definiert die Einwilligung „als jede freiwillig für den bestimmten Fall, in informierter Weise und unmissverständlich abgegebene Willensbekundung". Besonderheiten für eine Einwilligung durch ein Kind, Art. 8 iVm Erwgr. 38 DS-GVO, sind nicht Gegenstand des folgenden Musters (dazu näher Taeger/Gabel/Taeger DS-GVO Art. 8 ff.; Taeger/Gabel/Taeger DS-GVO Art. 7 Rn. 116; Gola/Heckmann/Schulz DS-GVO Art. 8 ff.; Ernst ZD 2017, 110 (111); NK-DatenschutzR/Klement DS-GVO Art. 8 Rn. 1 ff.).

Einwilligung in die Übermittlung personenbezogener Daten in ein nicht-sicheres Drittland[1]

des/der [Name, Anschrift]
– betroffene Person –

gegenüber

[Firma, Anschrift]
– Verantwortlicher/Datenexporteur" –

§ 1 Zweck der Datenverarbeitung

Um den/die [Bezeichnung/Titel des Auftrags/der Dienstleistung] gemäß Vertrag [Vertragsnummer] vom [Datum des Vertragsschlusses][2] für den Kunden ausführen zu können, bedarf es einer Übermittlung und damit einer Verarbeitung der vom Kunden bereitgestellten, personenbezogenen Daten durch den Verantwortlichen an das Unternehmen [Firma, Anschrift des Subunternehmens], welches als Subunternehmen[3] eingebunden ist und die Datenverarbeitung an seinen Unternehmenssitz in [Land in dem der Datenimporteur seinen Sitz hat und die Daten verarbeitet werden] vollzieht. Die Einbindung des Subunternehmens erfolgt aufgrund des Umstands, dass der Verantwortliche selbst die zur Erfüllung des Vertrages mit Herrn/Frau [Name der betroffenen Person] erforderliche Tätigkeit [genaue Bezeichnung des Zwecks der Einschaltung des Subunternehmens][4] nicht erbringen kann.

[EVENTUELL ZUSÄTZLICH:

§ 2 Besonders schützenswerte Daten, Art. 9 Abs. 1 DS-GVO

Zur Durchführung des erteilten Auftrags wird es erforderlich sein, auch besonders schützenswerte Kategorien personenbezogener Daten an das Subunternehmen zu übermitteln. Dies können, je nachdem welche Daten konkret für die Durchführung des Auftrags erforderlich sind, personenbezogene Daten sein, aus denen die rassische und ethnische Herkunft, politische Meinungen, religiöse oder weltanschauliche Überzeugungen oder die Gewerkschaftszugehörigkeit hervorgehen, sowie genetische Daten, biometrische Daten, Gesundheitsdaten oder Daten zum Sexualleben oder der sexuellen Orientierung.

Für den hier relevanten Auftrag ist es erforderlich [Bezeichnung besonderer konkreter personenbezogener Daten] an das Subunternehmen zum Zwecke der [Nennung des Zwecks] zu übermitteln.[5]]

§ 3 Angemessenheitsbeschluss

Für das Land, in dem das vorgenannte Subunternehmen seinen Sitz hat und die personenbezogenen Daten verarbeitet, besteht aktuell kein Angemessenheitsbeschluss der EU-Kommission iSd Art. 45 Abs. 1, 3 DS-GVO. Das heißt, dass die EU-Kommission bislang nicht positiv festgestellt hat, dass das landesspezifische Datenschutzniveau des Landes [Land, Sitz des Subunternehmers an dem die Datenverarbeitung stattfindet] dem der Europäischen Union aufgrund der DS-GVO entspricht.[6]

§ 4 Geeignete Garantien

Die DS-GVO setzt für eine Datenübermittlung in ein Drittland oder an internationale Organisationen, sog. „geeignete Garantien" voraus, Art. 46 Abs. 2, 3 DS-GVO. Dies können beispielsweise unternehmensinterne, von einer Aufsichtsbehörde genehmigte Datenschutzvorschriften oder Standarddatenschutzverträge sein. Solche werden allerdings aktuell von dem Subunternehmen nicht eingesetzt.

[EVENTUELL ZUSÄTZLICH:

Wir als Verantwortlicher haben jedoch mit dem Subunternehmen einen individuellen Vertrag geschlossen, der die geforderten Voraussetzungen berücksichtigt. Die diesbezügliche Genehmigung der zuständigen Aufsichtsbehörde ist zum aktuellen Zeitpunkt noch nicht erteilt.[7]]

§ 5 Mögliche Risiken

Mögliche Risiken, die sich im Zusammenhang mit den vorgenannten §§ 3, 4 aktuell nicht ausschließen lassen, sind insbesondere:[8]

- Ihre personenbezogenen Daten könnten möglicherweise über den eigentlichen Zweck der Auftragserfüllung hinaus durch das Subunternehmen an andere Dritte weitergegeben werden, die zB Ihre Daten zu Werbezwecken verwenden
- Sie können Ihre Auskunftsrechte gegenüber dem Subunternehmen möglicherweise nicht nachhaltig geltend machen bzw. durchsetzen
- Es besteht möglicherweise eine höhere Wahrscheinlichkeit, dass es zu einer nicht korrekten Datenverarbeitung kommen kann, da die technischen und organisatorischen Maßnahmen des Subunternehmens zum Schutze personenbezogener Daten

quantitativ und qualitativ nicht vollumfänglich den Anforderungen der DS-GVO entsprechen

– sofern sich der Datenempfänger in den USA befindet und sich selbst nicht unter den EU-US-Datenschutzrahmen in Bezug auf den bestehenden Angemessenheitsbeschluss vom 10.7.2023 unterworfen hat, besteht das Risiko, dass die staatlichen (US-)Behörden Auskunftsersuchen gegen dieses Unternehmen als Datenempfänger richten und so die staatlichen (US-)Behörden Ihre personenbezogenen Daten einsehen können. Dies entspricht zwar grundsätzlich auch den europäischen, gesetzlichen Regelungen, zB zum Zweck der Gefahrenabwehr. Jedoch ist die Zulässigkeitsschwelle für derartige Datenverarbeitungen in der EU höher als in dem betroffenen Land des Datenempfängers. In diesem Zusammenhang wäre auch ein möglicher Rechtschutz für Europäer praktisch nicht möglich.

[EVENTUELL ZUSÄTZLICH:

Mit Erteilung der ausstehenden Genehmigung der Aufsichtsbehörde für den geschlossenen Individualvertrag, der ein hohes Datenschutzniveau sicherstellt, werden die hier in § 5 aufgezeigten Risiken in größtmöglichem Umfange minimiert.[9]]

§ 6 Einwilligung/Widerruf

Ich bin mit der Übermittlung meiner personenbezogenen Daten zur Durchführung des von mir gewünschten Auftrags bzw. der Dienstleistung an das Subunternehmen [Firma, Anschrift], welches sich in dem [Land/Staat] befindet, einverstanden. Diese Einwilligung kann ich jederzeit gegenüber [Firma, Anschrift, E-Mail, Fax] als Verantwortlichem widerrufen. Durch einen Widerruf wird die Rechtmäßigkeit der aufgrund der Einwilligung bis zum Widerruf erfolgten Verarbeitung nicht berührt. In diesem Fall kann der Verantwortliche den zugrundeliegenden (Haupt-)Vertrag nicht erfüllen und diesen daher auch nicht abschließen. Ist der Vertrag bereits abgeschlossen, so ist er zur sofortigen Vertragsbeendigung mir gegenüber berechtigt.][10]

Ort, Datum

______________________________

Unterschrift

______________________________

Unterschrift in DRUCKBUCHSTABEN[11]

[EVENTUELL ZUSÄTZLICH:[12]]

Ich bin mit der Übermittlung der besonderen Kategorie(n) meiner personenbezogenen Daten iSd Art. 9 Abs. 1 DS-GVO zur Durchführung des von mir gewünschten Auftrags bzw. Dienstleistung an das Subunternehmen im Land […] befindet, einverstanden. Diese Einwilligung kann ich jederzeit widerrufen. Durch einen Widerruf wird die Rechtmäßigkeit der aufgrund der Einwilligung bis zum Widerruf erfolgten Verarbeitung nicht berührt. In diesem Fall kann der Verantwortliche den zugrundeliegenden (Haupt-)Vertrag nicht erfüllen und diesen daher auch nicht abschließen.

**Ist der Vertrag bereits abgeschlossen, so ist er zur sofortigen Vertragsbeendigung mir gegenüber berechtigt.]**

**Ort, Datum**

______________________________

**Unterschrift**

______________________________

**Unterschrift in Druckbuchstaben]**

## Anmerkungen

**1. Form der Einwilligung.** Die Einwilligungserklärung sollte stets zumindest in Textform, zB E-Mail, durch den Verantwortlichen eingeholt werden, da diesen die Nachweispflicht trifft, Art. 7 Abs. 1 DS-GVO. Das Schriftformerfordernis aus § 4a Abs. 1 S. 3 BDSG aF ist durch die DS-GVO nicht übernommen worden. Art. 5 Abs. 2 DS-GVO iVm Erwgr. 42 S. 1 DS-GVO erfordert aber, dass eine Einwilligung der betroffenen Person nachzuweisen sein muss. Zwar ist auch – sofern eine Übermittlung personenbezogener Daten in ein nicht sicheres Drittland, also außerhalb der EU/des EWR, nicht in Betracht kommt – eine konkludente Einwilligung möglich (Krohm ZD 2016, 368 (371)). Art. 49 Abs. 1 S. 1 lit. a DS-GVO verlangt jedoch als spezielle Ausgestaltung der Einwilligungserfordernisse des Art. 7 DS-GVO konkret, dass eine „ausdrückliche" Handlung erfolgen muss. Dies wird den erhöhten Risiken im Rahmen einer Übermittlung in ein nicht sicheres Drittland gerecht. Eine mündliche oder konkludente Einwilligung ist in diesem Fall folglich nicht wirksam möglich (Gola/Heckmann/Gola/Pötters BDSG § 26 Rn. 72 mwN).

Regelmäßig wird eine vom Unternehmen vorbereitete Einwilligungserklärung als AGB zu qualifizieren sein und damit selbst der AGB-rechtlichen Bewertung nach den §§ 305 ff. BGB unterliegen (BeckOK DatenschutzR/Kühling BDSG § 4a Rn. 36, 46; NK-DatenschutzR/Klement DS-GVO Art. 7 Rn. 81; KG 27.12.2018 – 23 U 196/13, K&R 2019, 274).

Ob eine vorformulierte Einwilligungserklärung in AGB im Lichte der DS-GVO überhaupt noch wirksam möglich sein kann, wird teilweise zumindest kritisch gesehen (vgl. Spindler DB 2016, 937 (940) mwN). Bei einer schriftlichen Einwilligung, die noch andere Sachverhalte betrifft, muss zudem das Ersuchen um Einwilligung vom Rest abgesetzt werden und „in verständlicher und leicht zugänglicher Form in einer klaren und einfachen Sprache erfolgen" (Art. 7 Abs. 2 DS-GVO), was auch die Formulierung des Einwilligungstexts selbst umfasst (Dammann ZD 2016, 307 (308)). Im Unterschied zum BDSG aF wird jedoch ein explizites „Hervorheben" des datenschutzrechtlichen Einwilligungstextes innerhalb von allgemeinen Geschäftsbedingungen nicht explizit verlangt (Dammann ZD 2016, 307 (308)). Jedoch sollte auch diesbezüglich, um der Tranzparenzverpflichtung so weit wie möglich zu entsprechen, eine (auch) optische Hervorhebung bei Einbindung in einen anderen textlichen Kontext, zB in AGB, erfolgen (näher Gola/Heckmann/Schulz DS-GVO Art. 7

Rn. 44 ff.). Eine Einwilligung eines Betroffenen kann hingegen zumindest nicht durch eine Datenschutzerklärung erfolgen (BeckOK DatenschutzR/Schild Syst. E. Rn. 44; → Form. I. II.).

**2. Vertragsbezeichnung.** Zur Gewährleistung der Transparenz muss der zugrundeliegende Vertrag, der eine Übermittlung bzw. Verarbeitung von personenbezogenen Daten in einem Drittland erfordert, genau bezeichnet werden. Pauschaleinwilligungen sind ausgeschlossen (Paal/Pauly/Pauly DS-GVO Art. 49 Rn. 9 mwN). Der Europäische Datenschutzausschuss hat mit dem Positionspapier WP 260 entsprechende Vorgaben zur Umsetzung der grundsätzlichen Transparenzpflichten veröffentlicht (EDSA WP 260 rev. 01 v. 11.4.2018; näher auch BeckOK DatenschutzR/Stemmer DS-GVO Art. 7 Rn. 55 ff. mwN).

**3. Subunternehmen/Empfänger.** Ein Subunternehmen kann sowohl als Auftragsverarbeiter, Art. 4 Nr. 8 DS-GVO, als auch als Empfänger, Art. 4 Nr. 9 DS-GVO, gelten. Sofern ein Unternehmen, beispielsweise ein Rechenzentrum, für seine Unternehmenskunden als Auftragsverarbeiter gem. Art. 28 DS-GVO tätig ist, wäre dieses gleichzeitig unter den Begriff des Empfängers zu subsumieren, da auch personenbezogene Daten iSd Art. 4 Nr. 9 S. 1 DS-GVO offengelegt werden. Die Informationen, die den betroffenen Personen erteilt werden, damit sie in die Übermittlung ihrer personenbezogenen Daten an Drittparteien in Drittländern einwilligen können, müssen auch umfassende Angaben dazu enthalten, wer die Empfänger oder die Kategorien der Empfänger der Daten sind (EDSA Leitlinien 2/2018 zu den Ausnahmen nach Artikel 49 der Verordnung 2016/679 S. 9).

**4. Zweck.** Gem. Erwgr. 42 S. 3 DS-GVO sollte der betroffenen Person zumindest einerseits die genaue Bezeichnung des Verantwortlichen selbst mitgeteilt werden. Andererseits ist so detailliert wie möglich aufzuklären, zu welchen Zwecken ihre personenbezogenen Daten verarbeitet werden, um eine umfangreiche Transparenz zu gewähren. Vor der Abgabe der Einwilligungserklärung durch den Betroffenen ist die Erfüllung der Informationspflichten (→ Form. F. I.) nach den Art. 12 ff. DS-GVO, sofern nicht bereits anderweitig geschehen, zwingend erforderlich (EuGH 1.10.2019 – C-673/17, NJW 2019, 3433). Der EuGH führt in seiner vorgenannten Entscheidung (Rn. 77) dazu aus: „Zu diesen Informationen gehören nach Art. 10 der Richtlinie 95/46 neben der Identität des für die Verarbeitung Verantwortlichen und den Zweckbestimmungen der Verarbeitung, für die die Daten bestimmt sind, weitere Informationen, beispielsweise betreffend die Empfänger oder Kategorien der Empfänger der Daten, sofern sie unter Berücksichtigung der spezifischen Umstände, unter denen die Daten erhoben werden, notwendig sind, um gegenüber der betroffenen Person eine Verarbeitung nach Treu und Glauben zu gewährleisten.“. Da die Aufzählung nicht abschließend ist, besteht bei einer Einwilligung ohne gesonderte Information nach Art. 13 f. DS-GVO die Gefahr, dass der Informationstext innerhalb der Einwilligung Punkte nicht berücksichtigt, die jedoch erforderlich sind. Mit der korrekten Information nach den Art. 13 f. DS-GVO, welche man zuvor an den Einwilligenden ausgehändigt haben muss, wird sichergestellt, dass eine informierte Einwilligung erfolgt.

**5. Besondere Kategorien personenbezogener Daten.** Sofern zumindest eine der in Art. 9 Abs. 1 DS-GVO genannte Kategorie personenbezogener Daten verarbeitet werden soll oder eine solche Verarbeitung nicht ausgeschlossen werden kann, muss dies explizit und gesondert herausgestellt werden, Art. 9 Abs. 2 lit. a DS-GVO.

*Diekmann*

**6. Angemessenheitsbeschluss.** Art. 49 Abs. 1 S. 1 lit. a DS-GVO erfordert die transparente Aufklärung des Einwilligenden darüber, dass kein Angemessenheitsbeschluss gem. Art. 45 Abs. 3 DS-GVO vorliegt. Für den EU-US Privacy Shield hatte die EU-Kommission die Angemessenheit des Datenschutzniveaus zwar festgestellt (vgl. DSK Kurzpapier Nr. 4 Datenübermittlung in Drittländer). Für einen Datentransfer an ein Unternehmen, welches unter den EU-US Privacy Shield gelistet ist bzw. war (www.privacyshield.gov/list), bedurfte es keiner Einwilligung. Mit dem ergangenen Urteil des EuGH bietet das Privacy Shield jedoch keine geeignete Garantie (EuGH 16.7.2020 – C-311/18, ZD 2020, 511 mAnm Moos/Rothkegel – Schrems II). Eine Übermittlung kann mithin nicht mehr auf eine „Privacy Shield"-Zertifizierung gestützt werden. Ein Bestandsschutz existiert für bereits laufende Geschäftsbeziehungen im B2B nicht, sodass bei derartigen Konstellationen, bei denen das Privacy Shield als Grundlage für ein adäquates Schutzniveau bei der Datenverarbeitung galt, nunmehr grundsätzlich nur noch auf die „neuen" EU-Standarddatenschutzklauseln, vom 4.6.2021, abrufbar in sämtlichen EU-Sprachen unter https://eur-lex.europa.eu/legal-content/DE/TXT/?uri=CELEX%3A32021D0914&qid=1727271182863eli/dec_impl/2021/914/oj?locale=de, zurückgegriffen werden kann. Dabei ist jedoch zu beachten, dass der EuGH, im zuvor genannten Urteil, die Rechtsansicht vertritt, dass der Abschluss auch dieser neuen Standardvertragsklauseln allein für sich genommen, nicht in jedem Fall ausreichend sein soll. Vielmehr werden zusätzliche Garantien vorausgesetzt (→ Anm. 7). Die EU-Kommission hat mit dem Angemessenheitsbeschluss vom 10.7.2023 das sog. „EU-U.S. Data Privacy Framework" verabschiedet. Dies ist im Ergebnis ein an die aktuelle Rechtsprechung angepasstes „Privacy Shield". Der Angemessenheitsbeschluss setzt mithin voraus, dass ein US-Unternehmen als Datenimporteur bei dem US-Handelsministerium gelistet ist. Ist dies nicht der Fall, so bilden die Standardvertragsklauseln weiterhin die Möglichkeit einen Datentransfer zu legitimieren (weitergehend → G.VII.2).

**7. Garantien.** Art. 49 Abs. 1 S. 1 lit. a DS-GVO verlangt die transparente Aufklärung der betroffenen Person darüber, dass keine der geeigneten Garantien iSd Art. 46 Abs. 2 DS-GVO vorliegen. Auf das Fehlen von adäquaten Voraussetzungen muss umfassend hingewiesen werden (Paal/Pauly/Pauly DS-GVO Art. 49 Rn. 6 f.). Das Beispiel berücksichtigt hingegen nicht Konstellationen zwischen Behörden und öffentlichen Stellen, daher ist auf Art. 46 Abs. 2 lit. a, sowie Abs. 3 lit. b DS-GVO nicht eingegangen worden. Art. 46 Abs. 2 lit. b DS-GVO bezieht sich auf die sog. Binding Corporate Rules (BCR; → Form. G. VII.3.). Art. 46 Abs. 2 lit. c DS-GVO bezieht sich auf die bisherigen, von der EU-Kommission erlassenen Model Clauses (EU-Standarddatenschutzklauseln; vormals „Standardvertragsklauseln", ausführlich Lachenmann Datenübermittlung im Konzern S. 260 ff. mwN; Lachenmann ZD-Aktuell 2020, 07417). Art. 46 Abs. 2 lit. d DS-GVO bezieht sich hingegen auf die Aufgaben der jeweiligen Landesdatenschutzbehörde gem. Art. 57 Abs. 1 lit. j iVm Art. 58 Abs. 3 lit. g DS-GVO einerseits und der Kommission gem. dem Prüfverfahren nach Art. 93 Abs. 2 DS-GVO andererseits. Danach hat jede einzelne Aufsichtsbehörde in ihrem Hoheitsgebiet zunächst die Befugnis und gleichzeitig die Pflicht, (eigene) Standardvertragsklauseln iSd Art. 46 Abs. 2 lit. d DS-GVO festzulegen. Diese müssen von der Kommission selbst genehmigt werden, um das Garantieerfordernis des Art. 46 Abs. 1 DS-GVO erfüllen zu können. Die mit Art. 40 DS-GVO angesprochenen Verhaltensregeln betreffen ausweislich Erwgr. 98 f. DS-GVO nur Verbände und Vereine, die möglicherweise solche Vorgaben für ihre Mitglieder ausgearbeitet haben. Mit Blick auf Art. 46 Abs. 3 lit. a DS-GVO kann ergänzend darauf verwiesen werden, dass – sofern dies zutrifft – eigene, individuelle Vertragsklauseln mit dem Subunternehmen vereinbart worden sind, diese jedoch (nur) noch der Genehmigung durch die zuständige Aufsichtsbehörde bedürfen. Art. 46 Abs. 3 lit. a DS-GVO entspricht damit inhaltlich § 4c Abs. 2 BDSG aF. Die inhaltlichen Anforderungen an eine Individualvereinbarung können demgemäß nach wie vor Artikel-29-Datenschutzgruppe WP 12 Kap. 4 entnommen werden. Eine konkrete Benennung, was unter diesen Garantien zu verstehen sei, welche der EuGH in seinem Urteil „Schrems II" fordert, ist jedoch weder durch den EuGH noch bisher durch die Datenschutzaufsichten im Detail veröffentlicht worden. Der Europäische Datenschutzausschuss (EDSA) hat jedoch Empfehlungen zu entsprechenden, möglichen Maßnahmen als Ergänzung zu den EU-Standardvertragsklauseln ausgegeben (EDSA Empfehlungen 01/2020 zu Maßnahmen zur Ergänzung von Übermittlungstools zur Gewährleistung des unionsrechtlichen Schutzniveaus für personenbezogene Daten). In jedem Fall sollte darauf geachtet werden, dass entsprechende Hilfestellung bei der individuellen Prüfung geben sichere und aktuelle Verschlüsselungstechniken (Transport- und Inhaltsverschlüsselung) eingesetzt werden. Soweit personenbezogene Daten in eine Cloud außerhalb der EU bzw. des EWR transferiert und damit verarbeitet werden, Allerdings kann der betroffene auch auf konkrete Schutzmaßnahmen individuell verzichten. Art. 32 DS-GVO verlangt keine Datensicherheit um jeden Preis, vielmehr muss eine Abwägung zwischen Schutzzweck und Aufwand vorgenommen werden (SG Hamburg 30.6.2023 – S 39 AS 517/23, BeckRS 2023, 20667 Rn. 53).

**8. Mögliche Risiken.** Art. 49 Abs. 1 S. 1 lit. a DS-GVO verlangt ein vorheriges Aufklären über mögliche Risiken, die daraus resultieren können, dass gerade kein Angemessenheitsbeschluss und bzw. oder keine geeigneten Garantien iSd Art. 46 Abs. 2 DS-GVO bestehen. In seiner „Schrems II"-Entscheidung hat der EuGH verdeutlicht, dass US-Behörden aufgrund nationaler US-Gesetze von US-Unternehmen die Offenlegung auch von personenbezogenen Daten der EU-Bürger verlangen können, sofern diese Daten zB im Rahmen einer Cloud-Nutzung verarbeitet werden. Zudem bieten die entsprechenden US-Gesetze einem EU-Bürger keine praktisch durchsetzbaren Rechtsschutzmöglichkeiten. Daher ist zu konstatieren, dass die US-Gesetzgebung zu großen Schwierigkeiten bei der Annahme eines vergleichbaren Schutzniveaus führt. Die Informationen an die Betroffenen im Rahmen einer Einwilligung müssen so ausführlich wie objektiv möglich erfolgen. Die Erteilung dieser umfassenden Information ist insofern von erheblicher Bedeutung, als dass die betroffene Person ihre Einwilligung in voller Kenntnis der konkreten Umstände der Übermittlung erteilen muss; werden diese Informationen nicht zur Verfügung gestellt, kommt die Ausnahmeregelung daher nicht zur Anwendung (EDSA Leitlinien 2/2018 zu den Ausnahmen nach Artikel 49 der Verordnung 2016/679 S. 9). Eine vollumfängliche Aufzählung aller erdenklichen Risiken ist jedoch weder praktisch darstellbar noch objektiv möglich. Zumindest sollten die objektiv möglichen, insbesondere wesentlichen, Risiken benannt werden. So auch die Tatsache, dass personenbezogene Daten bei US-Unternehmen, aufgrund der US-Gesetzgebung, nicht unbedingt vertraulich bleiben können, sondern einer gewissen Willkür der jeweiligen US-Behörden unterliegen. Dass die Aufzählung der Risiken im hier behandelten Muster nicht abschließend ist, folgt aus der Formulierung „insbesondere".

*Diekmann*

**9. Eventueller Zusatz.** Sofern der unter § 4 genannte Zusatz verwendet wird, weil ein individueller Vertrag der zuständigen Aufsichtsbehörde zur Genehmigung vorgelegt wurde, sollte auch der Zusatz in § 5 korrespondierend aufgenommen werden. Dieses Vorgehen unterstreicht gegenüber dem Einwilligenden zusätzlich den von der DS-GVO geforderten Transparenzgedanken (näher Wybitul BB 2016, 1077 (1079); ausführlich Lachenmann Datenübermittlung im Konzern S. 289f. mwN).

**10. Echte oder freie Wahl.** Der Wille der betroffenen Person sollte so deutlich wie möglich dokumentiert werden. Erwgr. 42 S. 5 DS-GVO verlangt eine „echte oder freie Wahl" der betroffenen Person, um eine Freiwilligkeit der betroffenen Person belegen zu können. Diese Wahl kann die betroffene Person prinzipiell durch Setzen oder Verweigern ihrer Unterschrift oder durch ein Opt-in vollziehen. Die Ausgestaltung in Form eines Opt-out ist hingegen nicht zulässig, Erwgr. 32 S. 3 DS-GVO (EuGH 1.10.2019 – C-673/17, NJW 2019, 3433; vgl. auch Krohm ZD 2016, 368 (372)).

Gem. Art. 7 Abs. 3 S. 1 DS-GVO hat die betroffene Person das Recht, ihre Einwilligung jederzeit zu widerrufen. Auf dieses Recht und den Umstand, dass durch den Widerruf die Rechtmäßigkeit der bis zum Zeitpunkt des Widerrufs erfolgten Datenverarbeitung rechtmäßig war und bleibt, ist gem. Art. 7 Abs. 3 S. 3 DS-GVO im Vorfeld hinzuweisen. Bestehen bereits Einwilligungserklärungen, die schon vor Inkrafttreten der DS-GVO die Anforderungen der DS-GVO vollumfänglich erfüllen, so sind diese auch weiterhin wirksam, Erwgr. 171 S. 3 DS-GVO. Unter Geltung des BDSG aF bestand jedenfalls auch regelmäßig ein jederzeitiges Recht, die erteilte Einwilligung zu widerrufen (näher Gola/Schomerus/Gola/Klug/Körffer BDSG § 4a Rn. 38). Der Wortlaut von Art. 7 Abs. 3 S. 3 DS-GVO ist hingegen eindeutig – frühere Einwilligungen, die selbst keinen Hinweis auf die jederzeitige Möglichkeit des Widerrufes innehatten, sind, seit dem 25.5.2018, unwirksam (Erwgr. 171). Eine dann weiterhin auf eine solche Einwilligung gestützte Verarbeitung ist rechtswidrig. An den Widerruf dürfen zudem keine höheren Anforderungen gestellt werden, als es die Einwilligung erfordert (Art. 7 Abs. 3 S. 4 DS-GVO). Sofern die Einwilligung online bzw. elektronisch erfolgt, muss der Widerruf auf gleichem oder weniger anspruchsvollem Wege, zB per E-Mail, möglich sein. Unter Umständen kann ein Widerruf nach §§ 226, 242 BGB unwirksam sein, wenn dieser rein rechtsmissbräuchlich ausgeübt wird (Franck RDV 2016, 111 (113)).

Während § 28 Abs. 3b BDSG aF nur im Bereich der Werbeeinwilligung ein Kopplungsverbot vorsah (→ Form. I. II.; → Form. I. III.), sieht die DS-GVO – im praktischen Ergebnis – ein allgemeines, jedoch kein absolutes Kopplungsverbot vor, Art. 7 Abs. 4 DS-GVO (Gola/Heckmann/Schulz DS-GVO Art. 7 Rn. 24, 26; BeckOK DatenschutzR/Stemmer DS-GVO Art. 7 Rn. 40f.; NK-DatenschutzR/Klement DS-GVO Art. 7 Rn. 58, welcher Abs. 4 als „bloße Berücksichtigungspflicht" verstanden wissen will; Kühling/Buchner/Buchner/Kühling DS-GVO Art. 7 Rn. 8; aA Schantz NJW 2016, 1841 (1845); Dammann ZD 2016, 307 (311); Paal/Pauly/Frenzel DS-GVO Art. 7 Rn. 18; OLG Frankfurt a. M. 27.6.2019 – 6 U 6/19, BeckRS 2019, 17820, wonach die Kopplung eines Gewinnspielteilnahme unter der Bedingung der Werbeeinwilligung auch zugunsten Dritter Unternehmen zulässig sein soll). Das Kopplungsverbot ist eine spezielle Ausprägung des Gebots der Freiwilligkeit der Einwilligung (BeckOK DatenschutzR/Wolff BDSG aF § 28 Rn. 168). Die notwendige Freiwilligkeit der Einwilligung beurteilt sich danach, ob von der betroffenen Person personenbezogene Daten abverlangt werden, die für die Erfüllung des eigentlichen (Haupt-)Vertrages gerade nicht notwendig sind, Art. 7 Abs. 4 DS-GVO (näher Spindler DB 2016, 937 (940)). Ist das der Fall, soll diesem Umstand „in größtmöglichem Umfang Rechnung getragen werden", Art. 7 Abs. 4 DS-GVO. Um das dort verankerte Kopplungsverbot nicht gänzlich auszuhöhlen, muss die Bestimmung restriktiv verstanden werden (aA OLG Frankfurt a.M. 27.6.2019 – 6 U 6/19, BeckRS 2019, 17820, dessen Auffassung letztlich zur Folge hätte, dass dem Kopplungsverbot jeder Anwendungsbereich genommen würde). Allerdings erfährt das Kopplungsverbot eine Einschränkung dadurch, dass der Vertrag bzw. die Leistungserbringung von einer nicht erforderlichen Einwilligung abhängig sein muss (Sydow/Ingold DS-GVO Art. 7 Rn. 33). Diese Relativierung erlaubt eine konsequente Rückbindung an den Schutzzweck der Einwilligungsvorschriften, die vor allem der informationellen Autonomiesicherung dienen. Somit ist in Fällen kommerzialisierter Einwilligungen, in denen die Datenverarbeitungsbefugnis als Gegenleistung für eine unentgeltliche Dienstleistung „abgekauft" wird, in Ermangelung eines Autonomiekonflikts und der bloßen Erweiterung der Handlungsmöglichkeiten wertungsmäßig regelmäßig kein „Abhängigmachen" gegeben (Sydow/Ingold DS-GVO Art. 7 Rn. 33 mwN; → Form. I. II. Anm. 3). Generell dürfte gelten, dass Art. 7 Abs. 4 DS-GVO einer Einwilligung nicht entgegensteht, sofern eine zumutbare alternative Zugangsmöglichkeit ohne Einwilligungserfordernis zur Verfügung steht (Sydow/Ingold DS-GVO Art. 7 Rn. 33 mwN). Damit greift ein Kopplungsverbot jedenfalls nicht, wenn die Verantwortlichen selbst gleichwertige Leistungen auch – ggf. im Alternativangebot dann kostenpflichtig – ohne Einwilligung zur Verfügung stellen (Sydow/Ingold DS-GVO Art. 7 Rn. 33 mwN). Die Einwilligung hat gem. Art. 49 Abs. 1 S. 1 lit. a DS-GVO auch „ausdrücklich" zu erfolgen. Dies stellt mit Blick auf Art. 7 Abs. 1 DS-GVO insoweit eine Einschränkung dar, als die Möglichkeit einer konkludenten Einwilligung in diesem Kontext ausscheidet (näher Ambrock/Karg ZD 2017, 154 (157)). Zum Erfordernis der Freiwilligkeit → Anm. 10; → Form. H. I. 2. Anm. 7; → Form. I. II. Anm. 3, 4, 7; dazu auch NK-DatenschutzR/Schantz, DS-GVO Art. 49 Rn. 16 ff.). Das Merkmal der Freiwilligkeit kann daher in der Regel nicht erfüllt sein, wenn die Einwilligung (auch) für personenbezogene Daten erklärt wird, welche für die eigentliche Auftragserfüllung nicht erforderlich sind, Erwgr. 43 S. 2 DS-GVO. Die Einwilligung wäre insgesamt unwirksam und die Verarbeitung der personenbezogenen Daten rechtswidrig, sofern nicht ein anderer Erlaubnistatbestand bestehen sollte. Anderes kann nur gelten, wenn personenbezogene Daten, die für die Erfüllung des Vertrages nicht erforderlich sind, zumindest auch abgefragt würden und darüber transparent belehrt wird, dass es sich um eine freiwillige Zusatzangabe handelt und deren Nichtbeantwortung keine Auswirkungen auf den eigentlichen Vertrag hat. Dies verkennt OLG Frankfurt a.M. 27.6.2019 – 6 U 6/19, BeckRS 2019, 17820, da es dort nur ein einziges Gewinnspiel gab, welches als Teilnahmevoraussetzung die Einwilligung in die Datenverarbeitung zu Werbemaßnahmen abgefordert hatte. Gesondert – zB im Wege eines eigenen Opt-ins – sollte hierfür die aktive Einwilligung eingeholt werden. Im Fall eines Einwilligungsersuchens auf elektronischem Weg wird durch Erwgr. 32 DS-GVO zusätzlich als geboten angesehen, dass die Kommunikation „in klarer und knapper Form und ohne Unterbrechung des Dienstes, für den die Einwilligung gegeben wird", zu erfolgen hat (Sydow/Ingold DS-GVO Art. 7 Rn. 36). Vereinzelt wird auch ein Tausch „Leistung gegen Daten" angenommen und als „schlichter Datenhandel" kategorisiert (näher Kühling/Buchner/Buchner/Kühling DS-GVO Art. 7 Rn. 51 mwN). Wird von einem marktbeherrschenden Unternehmen eine Einwilligung auch in die Nutzung von Daten verlangt, die nicht für die Durchführung des Vertrages notwendig sind, so ist dies nicht an Art. 7 Abs. 4 DS-GVO sondern an Art. 102 AEUV bzw. § 19 GWB zu messen (Paal/Pauly/Frenzel DS-GVO Art. 7 Rn. 21). Verstöße gegen Art. 7 Abs. 4 DS-GVO fallen unter Art. 83 Abs. 5 lit. a DS-GVO und können durch die zuständige Aufsichtsbehörde geahndet werden. Der EuGH bewertet das Vorliegen der Freiwilligkeit einer Einwilligung dann grundsätzlich als eher kritisch, sofern ein klares Missverhältnis zwischen betroffener Person und Verantwortlichem vorliegt. Er stellt klar, dass auch in einem solchem Missverhältnis eine wirksame Einwilligung möglich bleibt, jedoch ist gerade das Vorliegen eines solchen Missverhältnisses ein wichtiger Aspekt für die Prüfung, ob die Einwilligung tatsächlich wirksam, insbesondere freiwillig, erteilt wurde, wofür der betreffende Betreiber die Beweislast trägt (vgl. EuGH 4.7.2023 – C-252/21, GRUR-RS 2023, 15772 Rn. 154).

**11.** **Unterschrift.** Zu empfehlen ist, eine Zeile vorzusehen, in der die betroffene Person ihren Namen zusätzlich in Druckbuchstaben aufführt, um später mögliche Fragen nach der wirklichen Identität und Berechtigung zu verhindern, wenn die Unterschrift nur schwer lesbar ist. Wird die Einwilligung hingegen „online" eingeholt, so kann das Unterschriftenfeld in Gänze entfallen. Die betroffene Person wird sich zuvor anderweitig, zB durch eine Registrierung, authentifizieren müssen, um den Vorgang online nachweissicher abschließen zu können. Dazu gehört die aktive Einwilligungshandlung, zB durch ein leeres Kästchen, welches aktiv aktiviert werden muss. Die Einwilligung des Nutzers darf nicht mehr vermutet werden und muss sich aus einem aktiven Verhalten des Nutzers ergeben (EuGH 1.10.2019 – C–673/17, NJW 2019, 3433).

**12.** **Besondere Arten von Daten, Art. 9 Abs. 1 DS-GVO.** Sofern besondere Kategorien iSd Art. 9 Abs. 1 DS-GVO verarbeitet werden sollen, sollte dies mit Blick auf Art. 9 Abs. 2 lit. a Hs. 1 DS-GVO über eine eigene, aktive Bestätigungshandlung der betroffenen Person innerhalb der Einwilligung gesondert dokumentiert werden (dazu Wybitul BB 2016, 1077 (1079); Spindler DB 2016, 937 (940)). Schon zur Dokumentation der erteilten Information sollte eine entsprechende Klausel vom Kunden immer gesondert unterschrieben werden (Hoeren/Sieber/Holznagel MultimediaR-HdB/Redeker Teil 12 Rn. 114). Besonderes Augenmerk ist in diesem Zusammenhang auf die Sicht des EuGH bzgl. des faktischen Anwendungsbereichs des Art. 9 DS-GVO zu legen. Aus Sicht des EuGH ist Art. 9 Abs. 1 DS-GVO weit auszulegen. Die Veröffentlichung personenbezogener Daten, die geeignet sind, die sexuelle Orientierung einer natürlichen Person auch nur indirekt zu offenbaren, stellt eine Verarbeitung besonderer Kategorien personenbezogener Daten im Sinne von Art. 9 Abs. 1 DS-GVO dar (EuGH 1.8.2022 – C-184/20, LTZ 2023, 50 Rn. 129).

## 5. Antrag auf Genehmigung des Transfers personenbezogener Daten in ein Drittland ohne ausreichendes Datenschutzniveau (Art. 46 Abs. 3 DS-GVO)

An die

Datenschutzbehörde […][1]

[Ort], den [Datum]

Antrag auf Genehmigung von Vertragsklauseln zur Datenübermittlung gem. Art. 46 Abs. 3 lit. a DS-GVO[2]

Sehr geehrte(r) Frau/Herr [Name],

hiermit zeige ich unter Hinweis auf die beigefügte Originalvollmacht[3] an, dass ich die [X GmbH] vertrete. In deren Namen beantrage ich, gem. Art. 58 Abs. 3 lit. h iVm Art. 46 Abs. 3 lit. a DS-GVO die diesem Schreiben als Anlage beigefügten Vertragsklauseln als geeignete Garantien für die Übermittlung personenbezogener Daten in das Ausland zu genehmigen.

Wie Ihnen bekannt ist, betreibt meine Mandantin derzeit mehrere Rechenzentren im Bundesland [L]. Sie beabsichtigt nunmehr, eines ihrer Rechenzentren ins Ausland, nämlich nach [Y] zu verlegen, um von der dort besseren Internetanbindung und den günstigeren Energiekosten zu profitieren. In dem ins Ausland zu verlagernden Rechenzentrum sollen künftig personenbezogene Daten von Kunden meiner Mandantin verarbeitet werden. Der Staat [Y] gehört nicht zur Europäischen Union. Ein Angemessenheitsbeschluss der Europäischen Kommission nach Art. 45 DS-GVO liegt für den Staat [Y] bislang nicht vor.

Für den Umzug hat meine Mandantin in Abstimmung mit ihrem betrieblichen Datenschutzbeauftragten ein Konzept entworfen. Hiernach wird meine Mandantin eine Betriebsgesellschaft nach dem Recht des Staates [Y] als hundertprozentige Tochtergesellschaft gründen. Diese wird das Rechenzentrum betreiben. Zu diesem Zweck wird ein Vertrag zwischen meiner Mandantin und der noch zu gründenden Tochtergesellschaft geschlossen werden, nach dem die Daten ausschließlich auf Weisung meiner Mandantin verarbeitet werden. Dieser Vertrag, den ich diesem Schreiben als Entwurf beigefügt habe, entspricht im Wesentlichen den von der Europäischen Kommission gebilligten Standarddatenschutzklauseln vom 4.6.2021.[4] Von den Standarddatenschutzklauseln beabsichtigt meine Mandantin insoweit abzuweichen, als die Haftungsklausel (Klausel 12 Buchstabe a) dahingehend geändert wird, dass die Haftung nur für grob fahrlässige oder vorsätzliche herbeigeführte Schäden besteht, sofern sie nicht Folge einer schuldhaften Verletzung der Gesundheit, des Körpers oder des Lebens sind oder eine Haftung nach dem Produkthaftungsgesetz vorgesehen ist. In diesem Umfang ist eine Haftungseinschränkung nach deutschem Recht erlaubt, weshalb ich der Auffassung bin, dass diese geringfügige Einschränkung nichts daran ändert, dass das Vertragswerk eine geeignete Garantie im Sinne von Art. 46 Abs. 1 DS-GVO darstellt. Den betroffenen Personen stehen im Staat [Y] durchsetzbare Rechte und wirksame Rechtsbehelfe zu.[5]

**Daneben sind umfangreiche organisatorische und technische Maßnahmen zur Datensicherheit geplant, deren Details Sie dem diesem Schreiben als Anlage beigefügten Konzept entnehmen können.**

**Ich bitte Sie daher, meinem obigen Antrag zu entsprechen.**

**Mit freundlichen Grüßen**

**Rechtsanwalt**

## Anmerkungen

**1. Zuständige Behörde.** Rechtsgrundlage der Genehmigung ist Art. 58 Abs. 3 lit. h DS-GVO. Die Genehmigung ist bei der Behörde zu beantragen, die für das antragstellende Unternehmen nach Art. 55 Abs. 1 DS-GVO zuständig ist (hierzu näher Paal/Pauly/Körffer DS-GVO Art. 55 Rn. 2). Vor Erteilung der Genehmigung ist gemäß Art. 46 Abs. 4 DS-GVO allerdings das Kohärenzverfahren nach Art. 63 DS-GVO durchzuführen, was einen erheblichen – nicht zuletzt zeitlichen – Aufwand bedeutet. Wenn daher prognostiziert wird, dass die individuellen Genehmigungen nach Art. 46 Abs. 3 lit. a DS-GVO in der Praxis wohl nur eine geringe Rolle spielen werden (Kühling/Buchner/Schröder DS-GVO Art. 46 Rn. 41; NK-DatenschutzR/Schantz DS-GVO Art. 46 Rn. 78), kann dem nur zugestimmt werden.

**2. Rechtsnatur der Genehmigung.** Bei der Genehmigung nach Art. 58 Abs. 3 lit. h iVm Art. 46 Abs. 3 lit. a DS-GVO handelt es sich um einen Verwaltungsakt (Gola/Heckmann/Nguyen DS-GVO Art. 58 Rn. 23; NK-DatenschutzR/Polenz DS-GVO Art. 58 Rn. 6). Ihm dürfte, wie schon nach bisheriger Rechtslage (§ 4c Abs. 2 BDSG aF, vgl. hierzu Taeger/Gabel/Taeger, 2. Aufl. 2013, BDSG § 4c Rn. 19; Plath/von dem Bussche, 2. Aufl. 2016, BDSG § 4c Rn. 22) Drittwirkung zukommen, sodass jeder von der Datenübermittlung Betroffene ihn mit den üblichen verwaltungsrechtlichen Mitteln (ggf. Widerspruch und Anfechtungsklage) angreifen kann (zur bisherigen Rechtslage Plath/v. d. Bussche, 2. Aufl. 2016, BDSG § 4c Rn. 22). Umgekehrt kann das antragstellende Unternehmen auf Erteilung der Genehmigung klagen, wobei hierfür die Verpflichtungsklage gem. § 42 Abs. 1 Var. 2 VwGO statthaft ist (wiederum zur bisherigen Rechtslage, die sich insofern nicht geändert hat Däubler/Klebe/Wedde/Weichert/Däubler BDSG § 4c Rn. 14; Plath/v. d. Bussche, 2. Aufl. 2016, BDSG § 4c Rn. 22).

**3. Originalvollmacht.** → Form. N. I. Anm. 2.

**4. Standardvertragsklauseln.** Die Datenübermittlung in einen Drittstaat gestattet die DS-GVO nur, wenn ein Angemessenheitsbeschluss der Europäischen Kommission nach Art. 45 DS-GVO für dieses Land vorliegt, oder aber „geeignete Garantien“ nach Art. 46 DS-GVO bestehen und den betroffenen Personen durchsetzbare Rechte und wirksame Rechtsbehelfe zur Verfügung stehen. Zu den „geeigneten Garantien“ gehören – wie schon nach bisheriger Rechtslage – insbesondere Standarddatenschutzklauseln (Art. 46 Abs. 2 lit. c DS-GVO) und verbindliche interne Datenschutzvorschriften („Binding Corporate Rules“) nach Art. 46 Abs. 2 lit. b DS-GVO. Die Europäische Kommission hat bereits auf der Grundlage von Art. 26 Abs. 4 DS-RL drei Sets von Standardvertragsregelungen herausgegeben (näher Taeger/Gabel/Gabel DS-GVO Art. 46 Rn. 11). Das neueste Set stammt vom 4.6.2021 (Durchführungsbeschluss (EU) 2021/914 der Kommission). Eine Pflicht zur Verwendung dieser Vertragsklauseln besteht nicht, vielmehr kann dem Wortlaut von Art. 46 Abs. 3 DS-GVO unzweifelhaft entnommen werden, dass auch individuelle Vertragsklauseln vereinbart werden können, sofern diese den Anforderungen an „geeignete Garantien" iSv Art. 46 Abs. 1 DS-GVO genügen.

Der Vorteil bei der Verwendung der von der Kommission herausgegebenen Standardvertragsklauseln nach Art. 26 Abs. 4 DS-RL besteht allerdings darin, dass deren Verwendung ein Genehmigungsverfahren nach Art. 46 Abs. 3 DS-GVO obsolet macht, sofern keine Änderungen an den Vertragsklauseln vorgenommen werden (Paal/Pauly/Pauly DS-GVO Art. 46 Rn. 20 mwN). Werden die Standardvertragsklauseln geändert, so muss die Datenübermittlung nach Art. 46 Abs. 3 DS-GVO durch die zuständige Aufsichtsbehörde genehmigt werden. Ob dies auch bei Änderungen gilt, die dem Betroffenen günstig sind, ist umstritten (zum Diskussionsstand Paal/Pauly/Pauly DS-GVO Art. 46 Rn. 21 mwN). Es empfiehlt sich aufgrund der unklaren Rechtslage, jede Änderung der zuständigen Aufsichtsbehörde zur Genehmigung vorzulegen.

**5. Maßstab für die Genehmigung.** Ein datenschutzrechtliches Konzernprivileg gibt es nicht, so dass auch bei der Datenübermittlung zwischen Konzerngesellschaften die Sicherstellung „geeigneter Garantien" und deren Genehmigung nach Art. 46 Abs. 3 lit. a DS-GVO grundsätzlich erforderlich ist. Die DS-GVO enthält über den Begriff der „geeigneten Garantien" hinaus keine näheren Tatbestandsvoraussetzungen für die Genehmigungsfähigkeit von Vertragsklauseln. Maßgeblich für die Frage, ob die Datenübermittlung genehmigungsfähig ist, dürfte demnach allein sein, ob die Vertragsbestimmungen geeignet sind, das fehlende angemessene Datenschutzniveau in dem betreffenden Drittstaat durch vertragliche Gewährleistungen auszugleichen. Die an solche Vertragsklauseln zu stellenden Mindestanforderungen haben sich demnach an den Kriterien, die für einen Angemessenheitsbeschluss nach Art. 45 DS-GVO gelten, zu orientieren (Paal/Pauly/Pauly DS-GVO Art. 46 Rn. 8). Dabei ist eine Verpflichtung auf die grundlegenden Bestimmungen des Datenschutzes unerlässlich. Die im hier gegebenen Beispiel vorgenommenen Änderungen der Standardvertragsklauseln dürften nach hier vertretener Auffassung den Anforderungen an „geeignete Garantien" wohl genügen. Dass die Haftung dem Umfang nach begrenzt wurde, ändert am Datenschutzniveau deshalb nichts, weil auch im Fall einer inländischen Datenverarbeitung eine entsprechende Haftungsbeschränkung möglich wäre. Es ist kein Grund ersichtlich, weshalb eine solche Beschränkung dann bei einer Datenverarbeitung im Ausland nicht gestattet sein sollte, zumal die Haftungsbeschränkung keine Wirkung gegenüber der betroffenen Person hat, sondern nur das Innenverhältnis der beteiligten Gesellschaften betrifft.

# H. Beschäftigtendatenschutz

## I. Einwilligung durch Beschäftigte

### 1. Einwilligungserklärung zur Veröffentlichung von Mitarbeiterfotos

Namen, Kontaktdaten und Fotos von Mitarbeitern auf der Website oder in Werbematerialien sind in vielen Unternehmen zum Standard geworden. Bei **Funktionen mit Außenkontakt** – etwa als Kundenbetreuer, Pressesprecher oder Geschäftsführer – dürfen **Name und dienstliche Kontaktdaten ohne Einwilligung** des jeweiligen Mitarbeiters veröffentlicht werden (NK-DatenschutzR/Seifert DS-GVO Art. 88 Rn. 183; Assmus/Winzer ZD 2018, 508 (511); Fischer NZA 2018, 8 (9); vgl. auch BeckOK DatenschutzR/Riesenhuber BDSG § 26 Rn. 187; Gola/Heckmann/Gola/Pötters BDSG § 26 Rn. 183 f.). Allerdings dürfte es sich im Hinblick auf die Problematik der Privatnutzung dienstlicher E-Mail-Accounts (→ Form. D. III. 1.) empfehlen, wenn möglich statt personenbezogener E-Mail-Adressen nur Funktionsadressen, wie zB vertrieb@example.com, zu veröffentlichen. Fehlt es jedoch an einer gesetzlichen Erlaubnis, kann eine Veröffentlichung personenbezogener Daten nur auf Basis einer Einwilligung erfolgen. Eine **Einwilligung** ist insbesondere für die Veröffentlichung von **Mitarbeiterfotos** praktisch immer erforderlich, wobei letztlich offenbleiben kann, ob §§ 22, 23 KUG im Beschäftigungsverhältnis auf Basis von Art. 88 DS-GVO beibehalten werden können (wohl nicht, da Art. 88 nur Präzisierungen erlaubt, Kühling/Buchner/Maschmann DS-GVO Art. 88 Rn. 32; vgl. auch NK-DatenschutzR/Seifert DS-GVO Art. 88 Rn. 186; das KUG wenden dagegen an BeckOK DatenschutzR/Riesenhuber BDSG § 26 Rn. 187 und Gola/Heckmann/Gola/Pötters BDSG § 26 Rn. 185), ob § 26 BDSG angewandt wird (§ 26 Abs. 1 S. 1 BDSG entspricht allerdings nicht den Anforderungen des Art. 88 DS-GVO und ist daher unanwendbar, vgl. EuGH 30.3.2023 – C-34/21, NZA 2023, 487 mAnm Meinecke) oder mit Art. 6 Abs. 1 DS-GVO die allgemeine Regelung (das ArbG Lübeck 20.6.2019 – 1 Ca 538/19, BeckRS 2019, 36456 Rn. 21 ff. prüft sowohl § 26 BDSG als auch Art. 6 DS-GVO).

Eine Einwilligung ist unabhängig von der rechtlichen Grundlage nur dann wirksam, wenn sie **informiert und freiwillig** erfolgt, vgl. die Definition in Art. 4 Nr. 11 DS-GVO. Der Mitarbeiter muss daher zunächst **Zweck, Art und Umfang** der geplanten Veröffentlichung kennen (vgl. zur Einwilligung unter der DS-GVO Kühling/Buchner/Buchner/Kühling DS-GVO Art. 7 Rn. 59; unter dem KUG BeckOK UrhR/Engels KUG § 22 Rn. 33; Dreier/Schulze/Specht-Riemenschneider KUG § 22 Rn. 19). Diese sollten sinnvollerweise in einem schriftlichen Einwilligungsformular angegeben werden, auch wenn für die Einwilligung unter der DS-GVO keine Schriftform mehr erforderlich ist (Kühling/Buchner/Buchner/Kühling DS-GVO Art. 7 Rn. 27). Die Rechtsprechung des BAG, das unter der Geltung des § 22 KUG im Arbeitsverhältnis aus vermeintlichen verfassungsrechtlichen Gründen die Einwilligung einem Schriftformerfordernis unterworfen hat (BAG 11.12.2014 – 8 AZR 1010/13, ZD 2015, 330 (332)), ist damit auf Basis der DS-GVO nicht mehr haltbar (Kühling/Buchner/Maschmann DS-GVO Art. 88 Rn. 49; NK-DatenschutzR/Seifert DS-GVO Art. 88 Rn. 186) und kann auch auf Basis des § 26 Abs. 2 S. 3 BDSG in ihrer Pauschalität nicht beibehalten werden. Abgesehen davon hat das BAG unzulässigerweise aus der Notwendigkeit für den Arbeitgeber, die freie Entscheidung des Arbeitnehmers nachzuweisen, auf ein Formerfordernis geschlossen. Auch unter der DS-GVO muss der Arbeitgeber alle Tatbestandsvoraussetzungen der Einwilligung nachweisen (zur umfassenden Beweislast des Verantwortlichen für alle Voraussetzungen der Einwilligung vgl. EuGH 11.11.2020 – C-61/19, BeckRS 2020, 30027 Rn. 42, 52 – Orange România; zu Art. 5 Abs. 2 DS-GVO als Beweislastregelung sowohl im Verhältnis zur Aufsichtsbehörde als auch im Verhältnis zur betroffenen Person EuGH 24.2.2022 – C-175/20, EuZW 2022, 527 Rn. 77, 81; 4.5.2023 – C-60/22, GRUR-RS 2023, 8967 Rn. 53; EuGH 4.7.2023 – C-252/21, GRUR 2023, 1131 Rn. 95; EuGH 14.12.2023 – C-340/21, NJW 2024, 1091 Rn. 52ff.; EuGH 25.1.2024 – C-687/21, NJW 2024, 2009 Rn. 42f.; EuGH 11.7.2024 – C-757/22, ZD 2024, 510 Rn. 52; BVerwG 2.3.2022 – 6 C 7.20, NVwZ 2022, 1205 Rn. 50; OLG Hamm 15.8.2023 – 7 U 19/23, GRUR-RS 2023, 22505 Ls. 1; OLG Stuttgart 22.11.2023 – 4 U 20/23, GRUR-RS 2023, 32883 Rn. 401ff.), also auch die Freiwilligkeit (Art. 4 Nr. 10 DS-GVO). Für das Beschäftigungsverhältnis hat der deutsche Gesetzgeber in § 26 Abs. 2 S. 3 BDSG auf der Basis von Art. 88 DS-GVO ein Formerfordernis eingeführt, von dem nur unter besonderen Umständen abgewichen werden darf, wobei der Gesetzgeber zwischenzeitlich sowohl eine elektronische als auch eine schriftliche Einwilligung akzeptiert. Als elektronische Einwilligung gilt dabei nicht nur die elektronische Form nach § 126a BGB, sondern es genügt eine einfache E-Mail (BT-Drs. 19/11181, 19). In der Praxis wird allerdings bereits der Nachweis der tatsächlichen Abgabe der Einwilligung meist nur über eine **schriftliche Einwilligungserklärung** erfolgen können, weil normale E-Mails – soweit sie nicht über digitale Signaturen, und sei es eine providerseitige DKIM-Signatur, geschützt sind – problemlos fälschbar sind. Wenn der Arbeitgeber – wie regelmäßig – auch auf die privaten Signaturschlüssel der Mitarbeiter und den DKIM-Signatur-Schlüssel des E-Mail-Servers Zugriff hat, ist selbst mittels einer signierten E-Mail kein sicherer Beweis über den Urheber der Einwilligungserklärung zu führen. Dennoch lässt sich aus dieser Beweisproblematik nicht auf ein vom Gesetzgeber nicht vorgesehenes Formerfordernis schließen. Der Wortlaut des § 26 Abs. 2 S. 3 BDSG lehnt sich an § 4a Abs. 1 S. 3 BDSG aF an, doch ist bei der Heranziehung der bisherigen Rechtsprechung zu berücksichtigen, dass § 26 Abs. 2 S. 3 BDSG nur im Beschäftigungskontext gilt, wo eine schriftliche (und erst recht elektronische) Einwilligung viel einfacher einzuholen ist als etwa im Rahmen einer Online-Anmeldung (für die § 4a Abs. 1 S. 3 BDSG aF ebenfalls galt).

Richtig ist, dass die Frage der Freiwilligkeit einer durch Beschäftigte erklärten Einwilligung sehr kritisch zu betrachten ist – ein Problem, das in allen Arten von Abhängigkeitsverhältnissen besteht. Im rechtlichen Sinne frei und damit wirksam ist eine Einwilligung nur dann, wenn der Arbeitnehmer **effektiv die Möglichkeit hat, selbst zu bestimmen, ob und wie seine Daten verwendet werden,** dh er ohne Angst vor nachteiligen Auswirkungen seine Einwilligung auch verweigern kann (Erwgr. 42 S. 5 DS-GVO; EDSA, Leitlinien 05/2020 zur Einwilligung gemäß Verordnung 2016/679, Version 1.1, Kap. 3.1), was unter anderem auch voraussetzt, dass er von der

Möglichkeit zur Verweigerung der Einwilligung ohne Nachteile auch weiß (EuGH 11.11.2020 – C-61/19, BeckRS 2020, 30027 Rn. 49 – Orange România, der dies als Problem der Informiertheit der Einwilligung behandelt). Der Vorschlag der Kommission (Erwgr. 34 DS-GVO-E), Einwilligungen im Arbeitsverhältnis grundsätzlich als unwirksam anzusehen, konnte sich im Gesetzgebungsverfahren nicht durchsetzen. Art. 88 DS-GVO ermöglicht den Mitgliedstaaten allerdings, die Zulässigkeit von Einwilligungen im Beschäftigungskontext zu beschränken (Erwgr. 155 DS-GVO). Art. 9 Abs. 4 DS-GVO gibt diese Möglichkeit auch hinsichtlich der Verarbeitung von genetischen, biometrischen oder Gesundheitsdaten.

Das folgende Formular stellt eine Einwilligung für die Fälle dar, in denen Mitarbeiter mit Fotos, Namen und Kontaktdaten Außenstehenden vorgestellt werden sollen. Als Alternative wird sodann ein Muster dargestellt, mit dem Mitarbeiter allgemein abgebildet werden sollen, beispielsweise im Rahmen von Werbebroschüren. Es wird davon ausgegangen, dass alle Informationen gem. Art. 13 DS-GVO den Mitarbeitern bereits vorliegen bzw. gesondert gegeben werden. Zu einer allgemeinen Checkliste für Einwilligungen → Form. I. II., zu einer Checkliste für Einwilligungserklärungen bei der Nutzung von Foto- oder Videoaufnahmen → Form. J. II.

## Einwilligungserklärung zur Veröffentlichung von Fotos im Rahmen einer Vorstellung der Person

[Arbeitgeber] beabsichtigt, die Mitarbeiter der [X]-Abteilung mit Kontaktdaten (Name, dienstliche Telefonnummer, dienstliche E-Mail-Adresse) und Foto im Internet und auf gedruckten Werbematerialien vorzustellen. Dadurch soll eine bessere Kundenbindung erreicht werden, indem die Kunden sich ein besseres Bild von ihrem Ansprechpartner machen können.[1]

Ich willige ein, dass zu diesem Zweck ein Porträtfoto von mir erstellt und ins Internet eingestellt und in gedruckte Werbematerialien aufgenommen wird.[2] Soweit sich aus meinem Foto Hinweise auf meine sog. rassische und ethnische Herkunft, Religion oder Gesundheit ergeben (zB Hautfarbe, Kopfbedeckung, Brille), bezieht sich meine Einwilligung auch auf diese Angaben.[3]

Informationen im Internet sind weltweit zugänglich und können mit Suchmaschinen gefunden und mit anderen Informationen verknüpft werden, woraus sich unter Umständen Persönlichkeitsprofile über mich erstellen lassen. Ins Internet gestellte Informationen, einschließlich Fotos, können problemlos kopiert und weiterverbreitet und für das Training von Anwendungen der sog. Künstlichen Intelligenz verwendet werden. Es gibt spezialisierte Archivierungsdienste, deren Ziel es ist, den Zustand bestimmter Websites zu bestimmten Terminen dauerhaft zu dokumentieren. Dies kann dazu führen, dass im Internet veröffentlichte Informationen auch nach ihrer Löschung auf der Ursprungs-Seite weiterhin andernorts aufzufinden sind.[4]

[Optional: Mein Foto darf auch bei [Dienst] veröffentlicht werden, obwohl nach den derzeit bekannten Informationen Fotos und Daten bei [Dienst] möglicherweise überhaupt nicht mehr gelöscht werden können, sondern nur nicht mehr öffentlich gezeigt werden. Über die interne Nutzung von Fotos und Daten durch [Dienst] – etwa zur Bildung von Persönlichkeitsprofilen – gibt es derzeit keine ausreichenden Informationen.][5]

[Optional: ☐ Eine gute Auffindbarkeit in Suchmaschinen ist für den Erfolg der Website wichtig. Deshalb bin ich auch damit einverstanden, dass die Veröffentlichung im Internet kein ausdrückliches „virtuelles Hausverbot" für Suchmaschinen enthält.

☐ Nein, ich verlange ein „virtuelles Hausverbot" für Suchmaschinen für die WWW-Seite, die meine Daten/mein Foto enthält. Ob und wie weit sich die Suchmaschinen an dieses Verbot halten, liegt jedoch allein im Ermessen der Suchmaschine.[6]]

Diese Einwilligung ist freiwillig. Ich kann sie ohne Angabe von Gründen verweigern, ohne dass ich deswegen Nachteile zu befürchten hätte.[7] Ich kann diese Einwilligung zudem jederzeit in Textform (zB Brief, E-Mail) widerrufen.[8] Mein Foto wird dann unverzüglich aus dem Internetangebot von [Arbeitgeber] entfernt und nicht mehr für neue Drucksachen verwendet.[9]

Alternative: Einwilligungserklärung zur Veröffentlichung von Fotos zu Illustrationszwecken

[Arbeitgeber] beabsichtigt, zur Darstellung des Unternehmens im Internet und auf gedruckten Werbematerialien Fotos zu veröffentlichen, auf denen auch Mitarbeiter zu sehen sind. Dabei erfolgt keine Nennung der Namen der abgebildeten Mitarbeiter und es werden nicht gezielt einzelne Mitarbeiter vorgestellt.[10]

Ich willige ein, dass zu diesem Zweck Fotos, auf denen ich zu sehen bin, erstellt und ins Internet eingestellt und in gedruckte Werbematerialien aufgenommen werden. Soweit sich aus meinem Foto Hinweise auf meine sog. rassische und ethnische Herkunft, Religion oder Gesundheit ergeben (zB Hautfarbe, Kopfbedeckung, Brille), bezieht sich meine Einwilligung auch auf diese Angaben.

Informationen im Internet sind weltweit zugänglich und können mit Suchmaschinen gefunden und mit anderen Informationen verknüpft werden, woraus sich unter Umständen Persönlichkeitsprofile über mich erstellen lassen. Ins Internet gestellte Informationen, einschließlich Fotos, können problemlos kopiert und weiterverbreitet und für das Training von Anwendungen der sog. Künstlichen Intelligenz verwendet werden. Es gibt spezialisierte Archivierungsdienste, deren Ziel es ist, den Zustand bestimmter Websites zu bestimmten Terminen dauerhaft zu dokumentieren. Dies kann dazu führen, dass im Internet veröffentlichte Informationen auch nach ihrer Löschung auf der Ursprungs-Seite weiterhin aufzufinden sind.

[Optional: Mein Foto darf auch bei [Dienst] veröffentlicht werden. Nach den derzeit bekannten Informationen können Fotos und Daten bei [Dienst] möglicherweise überhaupt nicht mehr gelöscht werden, sondern werden nur nicht mehr öffentlich gezeigt. Über die interne Nutzung von Fotos und Daten durch [Dienst] – etwa zur Bildung von Persönlichkeitsprofilen – gibt es derzeit keine ausreichenden Informationen.]

[Optional: ☐ Eine gute Auffindbarkeit in Suchmaschinen ist für den Erfolg der Website wichtig. Deshalb bin ich auch damit einverstanden, dass die Veröffentlichung im Internet kein ausdrückliches „virtuelles Hausverbot" für Suchmaschinen enthält. ☐ Nein, ich verlange ein „virtuelles Hausverbot" für Suchmaschinen für die WWW-Seite, die mein Foto enthält. Ob und wie weit sich die Suchmaschinen an dieses Verbot halten, liegt jedoch allein im Ermessen der Suchmaschine.]

**Diese Einwilligung ist freiwillig. Ich kann sie ohne Angabe von Gründen verweigern, ohne dass ich deswegen Nachteile zu befürchten hätte. Ich kann diese Einwilligung zudem jederzeit in Textform (zB Brief, E-Mail) widerrufen. Fotos, auf denen ich erkennbar bin und die im Wesentlichen nur mich zeigen (zB beim Telefonieren oder bei einer typischen Tätigkeit), werden dann unverzüglich aus dem Internetangebot von [Arbeitgeber] entfernt und nicht mehr für neue Drucksachen verwendet. Sofern ich auf dem Foto zusammen mit anderen Personen abgebildet bin, muss das Foto nicht entfernt werden, sondern es genügt, wenn ich unverzüglich auf dem Foto unkenntlich gemacht werde (zB durch Verpixelung, Retusche).[11] Bin ich auf dem Foto zusammen mit anderen Personen abgebildet und möchte [Arbeitgeber] die Möglichkeit zur Verpixelung oder Retusche nicht nutzen, sondern es direkt durch ein neues Foto ersetzen (etwa weil das Foto eine besondere Bedeutung für die Website hat), beträgt die Frist für den Austausch des Fotos einen Monat.[12]**

## Anmerkungen

**1. Verweis.** Zur Erläuterung des Formulars sei ergänzend auf die Anmerkungen in der → Vorb. und der Checkliste → Form. I. II. verwiesen. Das Formular kann entsprechend auch für die Veröffentlichung von Videos verwendet werden.

**2. Abbildung des Fotos.** Eine höhere Zustimmungsquote kann ggf. dadurch erreicht werden, dass die Einwilligung erst nach dem Fotoshooting eingeholt und auf „das folgend abgebildete Foto" bezogen wird. Datenschutzrechtlich ist eine solche Einschränkung jedoch nicht erforderlich.

**3. Sensible Daten.** Soll sich eine Einwilligung auch auf besondere Kategorien personenbezogener Daten (Art. 9 Abs. 1 DS-GVO) beziehen, müssen diese ausdrücklich genannt werden. Hierzu gehört bereits die Eigenschaft als Brillenträger (Paal/Pauly/Ernst DS-GVO Art. 4 Rn. 109; Paal/Pauly/Frenzel DS-GVO Art. 9 Rn. 15; Werry/Knoblich MPR 2017, 1 (9); zur DSRL: Artikel-29-Datenschutzgruppe, Anlage zum Schreiben an die EU-Kommission, DG CONNECT vom 5.2.2015, ec.europa.eu/justice/article-29/documentation/otherdocument/files/2015/20150205_letter_art29 wp_ec_health_data_after_plenary_annex_en.pdf; vgl. zur indirekten Offenbarung sensibler Daten durch ihrem Wesen nach nicht sensible Daten, aus denen sich mittels eines Denkvorgangs der Ableitung oder des Abgleichs indirekt sensible Informationen ergeben, EuGH 1.8.2022 – C-184/20, ZD 2022, 611 Rn. 123 ff.). Sollten sich in Ausnahmefällen aus einem Foto Angaben über weitere Arten sensitiver Daten ergeben (zB Gewerkschafts-Button, politisches T-Shirt), ist die Aufzählung zu ergänzen. Portraitfotos stellen stets besondere Kategorien personenbezogener Daten dar, da hieraus immer Informationen zur sog. rassischen und ethnischen Herkunft hervorgehen. Über den Verwendungszusammenhang, eine fehlende Auswertungsabsicht, eine fehlende tatsächliche Auswertung bzw. ein Zu-Nutze-Machen wird teilweise versucht, den Begriff der besonderen Kategorien personenbezogener Daten einzuschränken (VG Mainz 24.9.2020 – 1 K 584/19.MZ, ZD 2021, 336 Rn. 29; EDSA, Leitlinien 03/2019 zur Verarbeitung personenbezogener Daten durch Videogeräte, Version 2.0, Rn. 63 f.; ULD SH, Stellungnahme zur Anpassung des Schleswig-Holsteinischen Landesrechts an die Datenschutz-Grundverordnung und an die JI-Richtlinie vom 24.1.2018, S. 5; Gola/Heckmann/Gola DS-GVO Art. 4 Nr. 121;

Kühling/Buchner/Weichert DS-GVO Art. 9 Rn. 3; Paal/Pauly/Frenzel DS-GVO Art. 9 Rn. 9; Schneider/Schindler ZD 2018, 463 (467); Britz/Indenhuck/Langerhans ZD 2021, 559 (562f.); in diese Richtung auch EDSA, Leitlinien 02/2020 über die gezielte Ansprache von Nutzer:innen sozialer Medien, Version 2.0, Rn. 124; → Form. J. I. Anm. 13). Diesen Auffassungen steht allerdings die Rechtsprechung des EuGH entgegen, dass es für die Einordnung als sensibles Datum nicht darauf ankommt, ob der Verantwortliche mit dem Ziel handelt, derartige Informationen zu erhalten, weil das Gesetz darauf abzielt, solche Datenverarbeitungen unabhängig von ihrem erklärten Zweck zu verbieten (EuGH 4.7.2023 – C-252/21, GRUR 2023, 1131 Rn. 69f. – Meta Platforms gegen Bundeskartellamt), was auch für eine ohnehin kaum greifbare Differenzierung über den Verwendungszusammenhang gilt. Bei einem Portraitfoto dürfte es zudem unvermeidbar sein, die sich bei der Betrachtung des Fotos aus dem Bild ergebenden Informationen über die sog. rassische und ethnische Herkunft zur Kenntnis zu nehmen. Die Mitgliedstaaten können die Verarbeitung sensibler Daten auf Basis einer Einwilligung verbieten, Art. 9 Abs. 2 lit. a DS-GVO; in Deutschland ist dies nicht geschehen und nicht geplant.

**4. Informierte Einwilligung.** Vielen Menschen ist nicht bewusst, dass einmal im Internet veröffentlichte Informationen unter Umständen nie wieder gelöscht werden können. Um den Beschäftigten eine informierte Entscheidung und damit eine wirksame Einwilligung (vgl. Art. 4 Nr. 11 DS-GVO) zu ermöglichen, empfiehlt es sich, auf die mit einer Internetveröffentlichung verbundenen Risiken ausdrücklich hinzuweisen. Dies beugt auch nachträglichen Auseinandersetzungen vor, weil der Beschäftigte nicht mehr behaupten kann, er hätte niemals eingewilligt, wenn ihn jemand über die Risiken informiert hätte. Im Hinblick auf die Verwendung als Trainingsmaterial für Künstliche Intelligenz ist eine sinnvolle Beschreibung im Einwilligungstext herausfordernd. Daher ist das Thema im Muster nur als Schlagwort angesprochen. Ggf. könnte auf jeweils aktuelle Informationstexte verlinkt werden.

**5. Social Media.** Eine Veröffentlichung von Fotos oder Mitarbeiterdaten bei Facebook oder anderen Diensten, bei denen von einer Löschung nicht mehr benötigter Daten nicht unbedingt ausgegangen werden kann, sollte im Hinblick auf die Fürsorgepflichten des Arbeitgebers möglichst unterbleiben; dies mag anders zu bewerten sein, sollten sich diese Dienste unter dem Eindruck von eventuellen Maßnahmen gegen ihre Kunden (diese Möglichkeit explizit bejahend BVerwG 11.9.2019 – 6 C 15.18, ZD 2020, 264 – Wirtschaftsakademie) künftig an EU-Recht halten. Sollen dennoch dort Mitarbeiterfotos veröffentlicht werden, sollte zumindest der Warnhinweis um diesen Absatz ergänzt werden. Ob eine Einwilligung in die Veröffentlichung bei Facebook und anderen angesichts dieser Unklarheiten überhaupt wirksam möglich ist, bleibt aber zweifelhaft (→ Form. F. I. 6.).

**6. Suchmaschinen-Opt-out.** Nach der Rechtsprechung Hamburger und Kölner Gerichte (OLG Köln 9.2.2010 – 15 U 107/09, MMR 2011, 323; LG Hamburg 16.6.2010 – 325 O 448/09, RDV 2011, 98; OLG Hamburg 13.3.2012 – 7 U 89/10, ZUM-RD 2013, 608; zustimmend OLG München 1.3.2018 – 29 U 1156/17, MMR 2018, 691 (692)) soll in dem Einstellen oder der etwa dem Arbeitgeber erteilten Erlaubnis zum Einstellen des eigenen Fotos ins Internet eine Einwilligung in die Verbreitung durch (Personen-) Suchmaschinen liegen, wenn die betroffene Person keine technischen Maßnahmen zum Schutz gegen Suchmaschinen vorsieht. Hier wird eine Analogie zur urheberrechtlichen BGH-Rechtsprechung zu Vorschaubildern (BGH

29.4.2010 – I ZR 69/08, BGHZ 185, 291; BGH 19.10.2011 – I ZR 140/10, NJW 2012, 1886) gezogen. Ob dies auch unter Geltung der DS-GVO noch so gelten kann, ist angesichts der Anforderungen des Art. 4 Nr. 11 DS-GVO, nach der eine Einwilligung „unmissverständlich" und „für den bestimmten Fall" gegeben werden und eine Wahlmöglichkeit bestehen muss und ein Unterlassen keine Einwilligung darstellt, sehr zweifelhaft (vgl. auch die hohen Anforderungen des EuGH an die Einwilligung, etwa EuGH 4.7.2023 – C-252/21, GRUR 2023, 1131 Rn. 77 ff., 140 ff. – Meta Platforms gegen Bundeskartellamt; 1.10.2019 – C-673/17, NJW 2019, 3433 Rn. 51 ff. – Planet49), betrifft aber jedenfalls nicht das Verhältnis zwischen Arbeitgeber und Arbeitnehmer. Nach der genannten Entscheidung des LG Hamburg dürfte der Arbeitgeber nur auf ausdrückliche Aufforderung dazu verpflichtet sein, mittels „robots"-Anweisungen Suchmaschinen zu verbieten, Mitarbeiterfotos in ihren Datenbestand aufzunehmen. Die Wahlmöglichkeit ist daher optional, da das Risiko der Auffindbarkeit mittels Suchmaschinen bereits zuvor angesprochen worden ist. Ein Suchmaschinen-Nein erfordert in jedem Fall eine Umsetzung durch den Arbeitgeber. Den Mitarbeitern sollte deshalb nur dann eine Wahlmöglichkeit gegeben werden, wenn die technische Umsetzung sichergestellt ist. Sobald es eine anerkannte Möglichkeit eines Opt-Out für das Training von KI-Modellen gibt (OpenAI gibt an, sich an eine spezifische robots.txt-Anweisung für „User-agent: GPTBot" zu halten), sollte der Arbeitgeber dieses entweder grundsätzlich nutzen oder den Mitarbeitern eine entsprechende Wahlmöglichkeit einräumen.

**7. Freiwilligkeit.** Freiwillig erteilt und damit wirksam ist eine Einwilligung nur, wenn der Arbeitnehmer effektiv die Möglichkeit hat, selbst zu bestimmen, ob und wie seine Daten verwendet werden (→ Vorb.). Nachdem der Arbeitgeber die volle Beweislast für sämtliche Tatbestandsvoraussetzungen der Einwilligung trägt (EuGH 11.11.2020 – C-61/19, BeckRS 2020, 30027 Rn. 42, 52 – Orange România; zu Art. 5 Abs. 2 DS-GVO als Beweislastregelung sowohl im Verhältnis zur Aufsichtsbehörde als auch im Verhältnis zur betroffenen Person EuGH 24.2.2022 – C-175/20, EuZW 2022, 527 Rn. 77, 81; 4.5.2023 – C-60/22, GRUR-RS 2023, 8967 Rn. 53; 4.7.2023 – C-252/21, GRUR 2023, 1131 Rn. 95; EuGH 14.12.2023 – C-340/21, NJW 2024, 1091 Rn. 52 ff.; EuGH 25.1.2024 – C-687/21, NJW 2024, 2009 Rn. 42 f.; EuGH 11.7.2024 – C-757/22, ZD 2024, 510 Rn. 52; BVerwG 2.3.2022 – 6 C 7.20, NVwZ 2022, 1205 Rn. 50; OLG Hamm 15.8.2023 – 7 U 19/23, GRUR-RS 2023, 22505 Ls. 1; OLG Stuttgart 22.11.2023 – 4 U 20/23, GRUR-RS 2023, 32883 Rn. 401 ff.), erscheint es sinnvoll, ausdrücklich jedenfalls im unmittelbaren Zusammenhang mit der Einwilligungserklärung darauf hinzuweisen, dass aus einer Verweigerung der Einwilligung keine Nachteile für die Beschäftigten erwachsen (vgl. EuGH 11.11.2020 – C-61/19, BeckRS 2020, 30027 Rn. 49 – Orange România, der dies als Frage der Informiertheit der Einwilligung behandelt). Selbstverständlich muss dies auch in der Praxis so umgesetzt werden; der Arbeitgeber muss auch sozialen Druck durch Vorgesetzte und Kollegen verhindern.

**8. Widerruf der Einwilligung.** Die Einwilligung ist jederzeit frei widerruflich, Art. 7 Abs. 3 S. 1 DS-GVO. Dies dürfte bei den hier in Rede stehenden individuellen, die Person des Mitarbeiters vorstellenden Website-Fotos auch unter Berücksichtigung der einschränkenden Rechtsprechung des BAG (→ Anm. 10) gelten. Im Hinblick darauf und auf die bei einer Einschränkung der Widerruflichkeit denkbare Zurückhaltung der Mitarbeiter gegenüber einer Einwilligung sieht das Muster eine jederzeitige Widerruflichkeit ausdrücklich vor. Nach Ausscheiden des Mitarbeiters endet die Nutzungsberechtigung für individuelle Mitarbeiterfotos (bzw. eine individuelle Darstellung des Mitarbeiters) automatisch (LAG Hessen 24.1.2012 – 19 SaGa 1480/11, NJW 2012, 32). Um die Zustimmungsquote der Mitarbeiter zu erhöhen, kann es sich empfehlen, dies ausdrücklich in die Einwilligung aufzunehmen. Für rein dekorative Nutzung vgl. die folgende Abwandlung der Einwilligungserklärung.

Der Widerruf der Einwilligung kann formlos erklärt werden. Es ist nicht zulässig, den Widerruf an die gleiche oder gar eine strengere Form zu knüpfen, die bei der Erteilung der Einwilligung eingehalten wurde. Denn Art. 7 Abs. 3 S. 4 DS-GVO verlangt, dass der Widerruf der Einwilligung so einfach sein muss wie die Erteilung der Einwilligung. Es kann aber aufwendiger sein, eine mündlich erteilte Einwilligung auch mündlich zu widerrufen (etwa bei schlechter Erreichbarkeit des Unternehmens), und eine schriftlich während der Beschäftigungszeit erteilte Einwilligung nach Ende des Arbeitsverhältnisses schriftlich zu widerrufen, stellt einen erheblich höheren Aufwand dar als die ohne Aufwand vor Ort während der Arbeit erteilte Einwilligung. Ohnehin dürfte die hier vorgeschlagene Klausel nicht klar genug formuliert sein, um einen formlosen Widerruf auszuschließen. Dafür müsste etwa formuliert werden: „Ich kann diese Einwilligung zudem jederzeit, jedoch nur in Textform (zB Brief, E-Mail) widerrufen." Außerhalb von AGB wäre auch „in Schriftform, dh mit Original-Unterschrift" möglich. Eine solche Formulierung ist jedoch psychologisch ungünstig. In jedem Fall ist § 309 Nr. 13 lit. b BGB zu beachten, der eine strengere Form als die Textform in AGB verbietet. Soweit die Einwilligung für mehrere Konzernunternehmen gilt, müssen diese nicht nur alle benannt werden, sondern ist auch zu beachten, dass es genügt, die Einwilligung gegenüber einem der Verantwortlichen zu widerrufen. Die konzerninterne Weitergabe des Widerrufs muss durch die Unternehmen sichergestellt werden (EuGH 27.10.2022 – C-129/21, ZD 2023, 28 Rn. 85 – Proximus).

**9. Frist zur Entfernung.** Art. 17 Abs. 1 lit. b DS-GVO schreibt eine unverzügliche Löschung personenbezogener Daten vor, wenn die Verarbeitung auf eine Einwilligung gestützt und diese widerrufen wurde und es an einer anderweitigen Rechtsgrundlage für die Verarbeitung fehlt. Für die Einräumung einer festen Frist zur Entfernung des Fotos scheint damit kein Raum mehr zu sein, sodass das Foto „ohne schuldhaftes Zögern" (Kühling/Buchner/Herbst DS-GVO Art. 17 Rn. 45) oder „ohne unangemessene Verzögerung" (Gola/Heckmann/Nolte/Werkmeister DS-GVO Art. 17 Rn. 10; Wybitul BB 2016, 1077 (1080)) gelöscht werden muss. Falls das arbeitsrechtliche Rücksichtnahmegebot (dazu Schaub ArbR-HdB/Linck § 53 Rn. 2 ff.) das Widerrufsrecht einschränken kann (streitig, → Anm. 10), dürfte der Widerruf wohl nicht bereits gedruckte Werbematerialien erfassen können; diese muss der Arbeitgeber noch eine angemessene Zeit lang verwenden dürfen. Entsprechendes muss für ein mit hohem Aufwand erstelltes Werbevideo gelten; hier wäre ggf. eine entsprechende Regelung aufzunehmen.

**10. Illustrationsfotos.** Wenn Fotos nur der allgemeinen Illustration dienen und der Mitarbeiter nicht besonders herausgestellt wird, bleibt die Einwilligung auch über das Ende des Arbeitsverhältnisses bestehen (BAG 11.12.2014 – 8 AZR 1010/13, ZD 2015, 330 (333); LAG Rheinland-Pfalz 30.11.2012 – 6 Sa 271/12, BB 2013, 2107; LAG Schleswig-Holstein 23.6.2010 – 3 Sa 72/10, MMR 2011, 482; LAG Köln 10.7.2009 – 7 Ta 126/09, K&R 2010, 144). An einem solchen individuellen

Bezug fehlt es, wenn der Aussagegehalt des Fotos auch durch Abbildung einer beliebigen anderen – auch unternehmensfremden – Person in gleicher Pose zu erzielen wäre (LAG Köln 10.7.2009 – 7 Ta 126/09, K&R 2010, 144). Der Mitarbeiter muss in diesem Fall seine Einwilligung widerrufen, wenn er keine weitere Veröffentlichung wünscht; teilweise wird als Grund für den Widerruf nicht einmal das Ende des Arbeitsverhältnisses als ausreichend angesehen (LAG Rheinland-Pfalz 8.5.2013 – 8 Sa 30/13, BeckRS 2013, 73087), sondern verlangt, dass der Mitarbeiter „einen Grund iSe Erklärung angibt, warum er nunmehr, anders als bei der Jahre zurückliegenden Erteilung der Einwilligung, sein Recht auf informationelle Selbstbestimmung gegenläufig ausüben will" (BAG 11.12.2014 – 8 AZR 1010/13, ZD 2015, 330 (333)). Ob diese auf dem arbeitsvertraglichen Rücksichtnahmegebot basierende Rechtsprechung des BAG mit Art. 7 Abs. 3 S. 1 und S. 4 DS-GVO vereinbar ist, ist umstritten (dafür BeckOK DatenschutzR/Riesenhuber DS-GVO Art. 88 Rn. 40; Gola/Heckmann/Schulz DS-GVO Art. 7 Rn. 60; dagegen Spelge DuD 2016, 775 (781); Kühling/Buchner/Maschmann DS-GVO Art. 88 Rn. 50; im Rahmen umfassender Vertragsverhältnisse das Widerrufsrecht einschränkend Kühling/Buchner/Buchner/Kühling DS-GVO Art. 7 Rn. 38; individualvertraglich in besonderen Fällen Ausschlüsse des Widerrufsrechts zulassend NK-DatenschutzR/Klement DS-GVO Art. 7 Rn. 91 f.). Nennt die nach Art. 7 Abs. 3 S. 3 DS-GVO vorgeschriebene Information über das Widerrufsrecht keine Einschränkungen, kann sich der Arbeitgeber allerdings nicht auf eine Beschränkung berufen, weil der Arbeitnehmer sonst jedenfalls irreführend informiert worden wäre.

**11. Entfernung, Verpixelung oder Retusche.** Bei Gruppenfotos kann der Mitarbeiter nicht die Entfernung des Fotos an sich verlangen, sondern nur die Unkenntlichmachung seines Bildes (ArbG Frankfurt a. M. 20.6.2012 – 7 Ca 1649/12, ZD 2012, 530), wodurch das Foto den Status als Bildnis iSv § 22 KUG bzw. als personenbezogenes Datum iSv Art. 4 Nr. 1 DS-GVO verliert. Wichtig ist dabei, dass eine „halbe" Unkenntlichmachung, etwa nur durch einen schmalen Balken über den Augen, nicht ausreicht. Ob ein verpixeltes bzw. retuschiertes Foto für den Arbeitgeber noch brauchbar ist, ist davon unabhängig zu bedenken.

**12. Frist bei Austausch.** Gruppenfotos sind häufig nicht innerhalb weniger Tage ersetzbar. Soweit das arbeitsrechtliche Rücksichtnahmegebot (dazu Schaub ArbR-HdB/Linck § 53 Rn. 2 ff.) das Widerrufsrecht einschränken kann (streitig, → Anm. 10), dürfte es dem Mitarbeiter daher zuzumuten sein, dass solche Fotos noch eine gewisse Zeit weiter genutzt werden, wenn der Arbeitgeber etwa aus ästhetischen Gründen keine verpixelten oder retuschierten Fotos nutzen möchte (vgl. LAG Rheinland-Pfalz 30.11.2012 – 6 Sa 271/12, BB 2013, 2107: sechs Wochen über Weihnachten). Geht es gar um ein Firmenvideo, dürfte diese Frist angesichts der mit einem Werbefilm verbundenen Kosten sogar bis zu mehrere Jahre betragen, wenn es sich nicht um eine einfach und ohne Auswirkungen auf das Gesamtwerk herauszuschneidende Szene handelt. Die Möglichkeiten der Bildbearbeitung durch Künstliche Intelligenz könnten diese Fristen allerdings deutlich verringern, weil und soweit einzelne Personen ohne größeren Schaden für das Gesamtwerk entfernt oder ersetzt werden können. Im nächsten Werbefilm darf der Mitarbeiter keinesfalls mehr gezeigt werden. Wer im Hinblick auf die ungeklärte Frage, ob das arbeitsrechtliche Rücksichtnahmegebot das Widerrufsrecht einschränken kann (→ Anm. 10) kein Risiko eingehen möchte, muss auch Gruppenfotos unverzüglich austauschen, verpixeln oder retuschieren.

## 2. Einwilligungserklärung zur Speicherung von Bewerberdaten

Unternehmen, die immer wieder ähnliche Stellen zu besetzen haben, möchten oftmals die Daten zunächst nicht erfolgreicher Bewerber speichern, wenn diese möglicherweise für die nächste freie Stelle in Betracht kommen (oder um sich den Aufwand erneuter Bewerbungsverfahren bei ungeeigneten Kandidaten zu ersparen). Dem steht jedoch entgegen, dass die Daten nach dem **Abschluss des Bewerbungsverfahrens** nicht mehr für ihren ursprünglichen Zweck benötigt werden und daher nach Art. 17 Abs. 1 lit. a DS-GVO **zu löschen** sind. Die Daten müssen allerdings nicht gelöscht werden, solange noch mit Klagen wegen Verstoßes gegen das AGG zu rechnen ist (→ Anm. 11). Sollen die Profile zunächst nicht berücksichtigter Bewerber in einen „Bewerberpool" aufgenommen werden, ist eine **Einwilligung erforderlich** (Kort NZA-Beil. 2016, 62 (71); Simitis/Hornung/Spiecker gen. Döhmann/Seifert DS-GVO Art. 88 Rn. 110; Greßlin BB 2015, 117 (120f.)). Die gesetzlichen Transparenzpflichten nach Art. 13f. DS-GVO sind ergänzend zu beachten.

Einwilligungserklärung zur Speicherung von Bewerberdaten

**Sollte meine Bewerbung nicht erfolgreich sein, willige ich ein, dass [Arbeitgeber] meine personenbezogenen Daten, die ich im Rahmen des gesamten Bewerbungsverfahrens mitgeteilt habe (zB in Anschreiben, Lebenslauf, Zeugnissen, Bewerber-Fragebögen, Bewerber-Interviews[1, 2]), [OPTIONAL: bis zu zwei Jahre][3] über das Ende des konkreten Bewerbungsverfahrens hinaus speichert. Ich willige ein, dass [Arbeitgeber] diese Daten nutzt, um mich später zu kontaktieren und das Bewerbungsverfahren fortzusetzen, falls ich für eine andere Stelle in Betracht kommen sollte [OPTIONAL: und mich zum Ablauf der Speicherfrist um eine Verlängerung meiner Einwilligung zu bitten].**

**[OPTIONAL: Sofern ich in meinem Bewerbungsschreiben oder anderen von mir im Bewerbungsverfahren eingereichten Unterlagen selbst „besondere Kategorien personenbezogener Daten" nach Art. 9 DS-GVO mitgeteilt habe (zB ein Foto, das die sog. rassische oder ethnische Herkunft erkennen lässt, Angaben über Schwerbehinderteneigenschaft usw), bezieht sich meine Einwilligung auch auf diese Daten.[4] [Arbeitgeber] möchte allerdings alle Bewerber nur nach ihrer Qualifikation bewerten und bittet daher, auf solche Angaben in der Bewerbung möglichst zu verzichten.[5]]**

**[OPTIONAL: Diese Einwilligung gilt zudem für Daten über meine Qualifikationen und Tätigkeiten aus allgemein zugänglichen Datenquellen (insbesondere berufliche soziale Netzwerke), die [Arbeitgeber] im Rahmen des Bewerbungsverfahrens zulässig erhoben hat.][6] Meine Daten werden nicht an Dritte weitergegeben.[7]**

**Diese Einwilligung ist freiwillig und hat keine Auswirkungen auf meine Chancen im jetzigen Bewerbungsverfahren.[8] Ich kann sie ohne Angabe von Gründen verweigern, ohne dass ich deswegen Nachteile zu befürchten hätte. Ich kann meine Einwilligung zudem jederzeit [OPTIONAL: – zB online[9] über das Bewerbungssystem –] widerrufen;[10] in diesem Fall werden meine Daten nach Abschluss des Bewerbungsverfahrens unverzüglich gelöscht.[11]**

**[OPTIONAL: Gesetzliche Erlaubnistatbestände für die Datenverarbeitung – etwa aus steuerrechtlichen Vorschriften, wenn ich eine Erstattung von Bewerbungskosten**

erhalten habe – bleiben von einem Widerruf unberührt, da meine Einwilligung derartige Verarbeitungen nicht umfasst.][12]

Zusatzerklärung bei besonderen Kategorien von Daten:

Meine Bewerbung bei [Arbeitgeber] enthält besondere Kategorien personenbezogener Daten (zB Angaben zum Familienstand, die Informationen über mein Sexualleben oder meine sexuelle Orientierung geben können; Angaben zu meiner Gesundheit und ggf. meine Sehkraft; ein Foto, das Rückschlüsse auf meine sog. rassische oder ethnische Herkunft und/oder Religion erlaubt; ähnlich sensible Daten iSv Art. 9 DS-GVO). Meine Bewerbung darf daher in der vorliegenden Form nur mit meiner Einwilligung verarbeitet werden. Ich willige ein, dass [Arbeitgeber] die besonderen Kategorien personenbezogener Daten, die in meinem Bewerbungsschreiben und den beigefügten Unterlagen enthalten sind, zum Zweck der Durchführung des Bewerbungsverfahrens verarbeitet. Diese Einwilligung dient ausschließlich dazu, die Bewerbung in ihrer vorliegenden Form überhaupt berücksichtigen zu können. Die Informationen werden keine Berücksichtigung im Bewerbungsprozess finden, soweit nicht – insbesondere bei Schwerbehinderten – eine gesetzliche Verpflichtung hierfür besteht. Meine Daten werden nicht an Dritte weitergegeben. Ich bin nicht verpflichtet, diese Einwilligung zu erteilen und kann stattdessen eine um die besonderen Kategorien personenbezogener Daten bereinigte Bewerbung einreichen, ohne dass dies Auswirkungen auf meine Chancen im Bewerbungsverfahren hätte. Ich kann meine Einwilligung ohne Angabe von Gründen verweigern und eine erteilte Einwilligung jederzeit [OPTIONAL: – am besten online über das Bewerbungssystem –] widerrufen. Im Fall des Widerrufs werden meine von der Einwilligung umfassten Daten unverzüglich gelöscht. Im Fall der Nichterteilung oder des Widerrufs der Einwilligung kann meine bereits eingereichte Bewerbung allerdings nicht in der vorliegenden Form berücksichtigt werden.

## Anmerkungen

**1. Arbeitsrechtliches Frageverbot.** Die Einwilligung ist unwirksam, soweit dadurch das arbeitsrechtliche Frageverbot umgangen würde (Kort NZA-Beil. 2016, 62 [68]; Auer-Reinsdorff/Conrad IT- und DatenschutzR-HdB/Conrad/Treeger § 34 Rn. 339; Gola/Heckmann/Gola/Pötters BDSG § 26 Rn. 166). Sollte also in einem Bewerber-Fragebogen oder im Rahmen eines Bewerbungsgesprächs eine unzulässige Frage gestellt worden sein, müssen die diesbezüglichen Daten gelöscht werden.

**2. Bestimmtheit der Einwilligung.** Eine Einwilligung ist nur wirksam, wenn sie sich auf den konkreten Fall bezieht. Daher sind im Rahmen der Einwilligung die Arten der betroffenen Daten zu benennen (Kühling/Buchner/Buchner/Kühling DS-GVO Art. 7 Rn. 59). Insoweit war unter Geltung des BDSG aF anerkannt, dass dies durch Bezugnahme auf „die oben angegebenen Daten" (oÄ) erfolgen kann (vgl. BGH 16.7.2008 – VIII ZR 348/06, NJW 2008, 3055). Da die Anforderungen der DS-GVO sich insoweit nicht von den Anforderungen der DS-RL unterscheiden, kann die frühere Rechtsprechung weiterhin herangezogen werden. Jedenfalls wenn die Einwilligungserklärung zeitgleich oder nachfolgend abgegeben wird, sollte die Bezugnahme auf die selbst mitgeteilten Daten ausreichen.

Bedenken gegen die Wirksamkeit bestehen dennoch, wenn die Einwilligung bereits zu Beginn des Bewerbungsverfahrens eingeholt werden soll (dann bezieht sie sich auf noch nicht definierte Datenarten, die der Bewerber – soweit es sich um Fragebögen oder Interview-Fragen handelt – nicht einmal kennen kann). Ebenfalls problematisch ist es, wenn die Einwilligung so lange im Nachhinein eingeholt wird, dass der Bewerber sich vielleicht nicht mehr an den Inhalt von Fragebogen oder Interview erinnert. Daher wäre es besser, die Einwilligung auf die im Bewerbungsschreiben mitgeteilten Angaben zu beschränken: „(…), die ich in meinem Bewerbungsschreiben nebst Anlagen mitgeteilt habe, (…)".

**3. Befristung der Einwilligung.** Eine Bewerbung verliert im Laufe der Zeit ihre Aktualität. Die fortgesetzte Speicherung kann somit ihren Zweck nicht mehr erfüllen, sodass die Daten nach einer gewissen Frist zu löschen sind (Art. 17 Abs. 1 lit. a DS-GVO). Darüber hinaus würde eine unbefristete Speicherung gegen den Grundsatz der Speicherbegrenzung (Art. 5 Abs. 1 lit. e DS-GVO) verstoßen. Eine Einwilligung zur Aufnahme in einen Bewerberpool dürfte daher bereits aus der Natur der Sache nur eine begrenzte Gültigkeit von im Regelfall nicht mehr als zwei, in Ausnahmefällen auch bis zu fünf Jahren haben. Eine denkbare ausdrücklich auf eine unbefristete Speicherung abzielende Einwilligung könnte nicht nur mit der Löschpflicht nach Zweckfortfall und dem Grundsatz der Speicherbegrenzung in Konflikt stehen, sondern auch AGB-rechtlich unwirksam sein (vgl. auch Gola/Heckmann/Gola/Pötters BDSG § 26 Rn. 189).

Die Festlegung einer konkreten Gültigkeitsdauer – wie im Muster optional vorgesehen – hat den Vorteil, dass alle Beteiligten konkret wissen, wann die Löschung erfolgen muss. Die Frist sollte sich an den konkreten Gegebenheiten orientieren, bis wann also realistisch damit zu rechnen ist, dass dem Bewerber ein passendes Stellenangebot gemacht werden kann. In der Regel ist davon auszugehen, dass ein bis zwei Jahre ausreichend sind. Werden geeignete Stellen voraussichtlich erst später frei oder liegen sonst besondere Gründe vor, sollte eine sinnvolle längere Frist gewählt werden. Fristen, für die nicht mehr nachgewiesen werden kann (zu Art. 5 Abs. 2 DS-GVO als Beweislastregelung sowohl im Verhältnis zur Aufsichtsbehörde als auch im Verhältnis zur betroffenen Person EuGH 24.2.2022 – C-175/20, EuZW 2022, 527 Rn. 77, 81; EuGH 4.5.2023 – C-60/22, GRUR-RS 2023, 8967 Rn. 53; EuGH 4.7.2023 – C-252/21, GRUR 2023, 1131 Rn. 95; EuGH 14.12.2023 – C-340/21, NJW 2024, 1091 Rn. 52 ff.; EuGH 25.1.2024 – C-687/21, NJW 2024, 2009 Rn. 42 f.; EuGH 11.7.2024 – C-757/22, ZD 2024, 510 Rn. 52; BVerwG 2.3.2022 – 6 C 7.20, NVwZ 2022, 1205 Rn. 50; OLG Hamm 15.8.2023 – 7 U 19/23, GRUR-RS 2023, 22505 Ls. 1; OLG Stuttgart 22.11.2023 – 4 U 20/23, GRUR-RS 2023, 32883 Rn. 401 ff.), dass nach so langer Zeit noch ein Stellenangebot zu erwarten ist, sollten aus AGB-rechtlichen Gründen wie vor dem Hintergrund des (bußgeldbewehrten) Grundsatzes der Speicherminimierung vermieden werden. Bei Vermittlern für hochqualifiziertes Personal (Personalberatern, Headhuntern) dürften zwar deutlich längere Speicherfristen angemessen sein, doch ist deren Tätigkeit ohnehin meist nicht auf eine konkrete Stelle beschränkt, sodass sie auch keine Einwilligung des Bewerbers für eine weitere Speicherung nach Abschluss des ersten Stellenbesetzungsverfahrens benötigen.

**4. Besondere Kategorien personenbezogener Daten.** Wenn sich eine Einwilligung auf „besondere Kategorien personenbezogener Daten" (Art. 9 DS-GVO) bezieht, muss die Einwilligungserklärung diese ausdrücklich einbeziehen (Art. 9 Abs. 2 lit. a DS-GVO). Eigentlich müsste die Einwilligungserklärung aufzählen, um welche der in Art. 9 DS-GVO genannten Angaben es sich handelt (Laue/Kremer Neues DatenschutzR § 2 Rn. 70), zB „Gesundheitsdaten" oder „Angaben zur ethnischen Herkunft". Allerdings ist auch bei „normalen" Einwilligungserklärungen die Angabe der Datenarten erforderlich, sodass auf die Ausführungen in → Anm. 2 verwiesen wird.

Die meisten besonderen Kategorien personenbezogener Daten dürfen nach § 7 iVm § 1 AGG nicht berücksichtigt werden, sodass bereits während des laufenden Bewerbungsverfahrens keine gesetzliche Rechtfertigung zu ihrer Speicherung besteht. Wenn aber ein Bewerber etwa seiner Bewerbung freiwillig ein Foto beifügt (und damit Angaben zu seiner sog. rassischen oder ethnischen Herkunft macht; ob die durch die fragliche Verarbeitung offengelegte Information richtig ist oder nicht und ob der Verantwortliche mit dem Ziel handelt, derartige Informationen zu erhalten, ist irrelevant, EuGH 4.7.2023 – C-252/21, GRUR 2023, 1131 Rn. 150 – Meta Platforms gegen Bundeskartellamt) oder im Text Ausführungen zu seiner Religion oder seinem Familienstand macht (Angaben zu Ehe, eingetragener Lebenspartnerschaft oder Kindern enthalten Informationen zum Sexualleben oder der sexuellen Orientierung), erscheint es übertrieben, den Arbeitgeber dazu zu zwingen, nur mit einer Kopie der Bewerbung zu arbeiten, auf der das Foto oder die betreffenden Textteile geschwärzt sind. Es ist offensichtlich, dass der Bewerber damit einverstanden ist, dass nach seinem Willen Informationen, die er selbst in seine Bewerbungsunterlagen aufnimmt, nicht überklebt oder ausgeschnitten werden müssen und so zumindest datenschutzrechtlich im Bewerbungsverfahren verwendet werden sollen, selbst wenn eine Verwertung aus Sicht des AGG unzulässig ist.

Allerdings verlangt Art. 9 Abs. 2 lit. a DS-GVO eine „ausdrückliche" Einwilligung in die Verarbeitung sensibler Daten. Sobald also der weite Anwendungsbereich der DS-GVO (Art. 2 Abs. 1 DS-GVO) eröffnet ist – dazu gehört bereits, dass Papier-Bewerbungen etwa alphabetisch sortiert aufbewahrt werden oder später sortiert aufbewahrt werden sollen (vgl. Kühling/Buchner/Kühling/Raab DS-GVO Art. 2 Rn. 18; § 26 BDSG geht noch weiter) –, müsste streng genommen nicht nur die „Schere im Kopf" (Kort NZA-Beil. 2016, 62 (71)) angesetzt werden, sondern auch die „Schere am Papier", weil diese Informationen ansonsten im weiteren Verfahren unzulässig verarbeitet werden.

Neben der „Schere am Papier" wäre die einzig sichere Lösung, unmittelbar nach dem ersten Erkennen sensibler Daten in einer Bewerbung dem Bewerber zu antworten, dass seine Bewerbung sensible Daten enthält und daher nicht weiterbearbeitet werden kann, solange er nicht entweder eine bereinigte Bewerbung übersendet oder ausdrücklich seine Einwilligung zur weiteren Verarbeitung auch der sensiblen Daten erklärt. Ein Formulierungsvorschlag für eine solche Einwilligung ist als Zusatzerklärung abgedruckt.

Unklar bleibt, ob ein Bewerberfoto tatsächlich bereits ein sensibles Datum darstellt: Erwgr. 51 S. 3 DS-GVO hält fest, dass Lichtbilder nicht grundsätzlich als sensible Daten angesehen werden sollen, da sie nur dann von der Definition des Begriffs „biometrische Daten" erfasst werden, wenn sie mit speziellen technischen Mitteln verarbeitet werden, die die eindeutige Identifizierung oder Authentifizierung einer natürlichen Person ermöglichen (Art. 4 Nr. 14 DS-GVO; vgl. auch die von Art. 9 Abs. 1 DS-GVO geforderte Zweckbestimmung „zur eindeutigen Identifizierung"). Dass ein Foto eines Menschen naturgemäß Auskunft über seine sog. rassische oder ethnische Herkunft gibt (vgl. auch BeckOK DatenschutzR/Riesenhuber BDSG § 26 Rn. 156; zu Videoüberwachung SchlH LT-Drs. 19/429, 144), spricht der Gesetzgeber nicht an, obwohl es insoweit für das Vorliegen besonderer Kategorien personenbezogener Daten nach Art. 9 Abs. 1 DS-GVO genügt, dass aus den Daten die sensiblen Informationen „hervorgehen". Über den Verwendungszusammenhang, eine fehlende Auswertungsabsicht, eine fehlende tatsächliche Auswertung bzw. ein Zu-Nutze-Machen wird teilweise versucht, den Begriff der besonderen Kategorien personenbezogener Daten einzuschränken (VG Mainz 24.9.2020 – 1 K 584/19.MZ, ZD 2021, 336 Rn. 29; EDSA, Leitlinien 03/2019 zur Verarbeitung personenbezogener Daten durch Videogeräte, Version 2.0, Rn. 63 f.; ULD SchlH, Stellungnahme zur Anpassung des Schleswig-Holsteinischen Landesrechts an die Datenschutz-Grundverordnung und an die JI-Richtlinie, 24.1.2018, 5; Gola/Heckmann/Gola DS-GVO Art. 4 Nr. 121; Kühling/Buchner/Weichert DS-GVO Art. 9 Rn. 3; Paal/Pauly/Frenzel DS-GVO Art. 9 Rn. 9; Schneider/Schindler ZD 2018, 463 [467]; Britz/Indenhuck/Langerhans ZD 2021, 559 (562 f.); in diese Richtung auch EDSA, Leitlinien 02/2020 über die gezielte Ansprache von Nutzer:innen sozialer Medien, Version 2.0, Rn. 124; → Form. J. I. Anm. 13). In der Folge wird teilweise vertreten, dass ein Foto eines Brillenträgers noch kein Gesundheitsdatum sei (EDSA, Leitlinien 03/2019 zur Verarbeitung personenbezogener Daten durch Videogeräte, Version 2.0, Rn. 63; Kühling/Buchner/Weichert DS-GVO Art. 4 Nr. 15 Rn. 7; Gola/Heckmann/Gola DS-GVO Art. 4 Rn. 121; Britz/Indenhuck/Langerhans ZD 2021, 559; aA Paal/Pauly/Ernst DS-GVO Art. 4 Rn. 109; Paal/Pauly/Frenzel DS-GVO Art. 9 Rn. 15; Werry/Knoblich MPR 2017, 1 (9); zur DS-RL Artikel-29-Datenschutzgruppe, Anlage zum Schreiben an die EU-Kommission, DG CONNECT v. 5.2.2015, ec.europa.eu/justice/article-29/documentation/other-document/files/2015/20150205_letter_art29wp_ec_health_data_after_plenary_annex_en.pdf). Diesen Auffassungen steht allerdings die Rechtsprechung des EuGH entgegen, dass es für die Einordnung als sensibles Datum nicht darauf ankommt, ob der Verantwortliche mit dem Ziel handelt, derartige Informationen zu erhalten, weil das Gesetz darauf abzielt, solche Datenverarbeitungen unabhängig von ihrem erklärten Zweck zu verbieten (EuGH 4.7.2023 – C-252/21, GRUR 2023, 1131 Rn. 69 f. – Meta Platforms gegen Bundeskartellamt), was auch für eine ohnehin kaum greifbare Differenzierung über den Verwendungszusammenhang gilt. Zudem erscheint es jedenfalls im Hinblick auf die sog. rassische oder ethnische Herkunft im Bewerbungszusammenhang ausgeschlossen, über den Kontext, eine Auswertung(-sabsicht) oder ein Zunutzemachen eine Einschränkung des Begriffs der besonderen Kategorien personenbezogener Daten zu erreichen, weil ein Ausblenden dieser Information durch den sie zur Kenntnis nehmenden Menschen faktisch nicht möglich ist.

An die Eigenschaft als Schwerbehinderter knüpfen sich nach § 164 Abs. 1 SGB IX Rechtsfolgen, sodass sie vom Verwertungsverbot ausgenommen ist: Die Schwerbehinderteneigenschaft darf zwar nicht aktiv erfragt werden, aber wenn sie freiwillig mitgeteilt wird, ist für ihre Verarbeitung nach Art. 9 Abs. 2 lit. b DS-GVO keine Einwilligung erforderlich, solange die restliche Bewerbung rechtmäßig gespeichert bleibt.

Die Einwilligung in die Verarbeitung der in der Bewerbung enthaltenen sensiblen Daten darf keinesfalls verpflichtend mit einer Einwilligung in eine Aufnahme in einen Bewerberpool oder sonstigen nicht zusammenhängenden Verarbeitungen kombiniert werden, sondern es muss etwa verschiedene Ankreuzmöglichkeiten geben (vgl. Erwgr. 43 S. 2 DS-GVO; EuGH 4.7.2023 – C-252/21, GRUR 2023, 1131 Rn. 150 – Meta Platforms gegen Bundeskartellamt). Insgesamt lässt sich festhalten, dass es offensichtlich unpraktikabel wäre, Einwilligungen zur Speicherung in Bewerbungen enthaltener sensibler Daten einzuholen: Dies würde zu erheblichen Verzögerungen und erheblichem Aufwand führen und es würden potenziell wichtige Bewerber herausfallen. Sinnvoll möglich erscheint nur eine generelle Einholung in einem Upload-Formular für Bewerbungen oder einem Online-Bewerbungssystem.

In jedem Fall sollten – mit Ausnahme der Schwerbehinderteneigenschaft – besondere Kategorien personenbezogener Daten, die der Bewerber während des Bewerbungsverfahrens mündlich mitteilt, nicht notiert werden. Das Muster der Einwilligungserklärung für die Speicherung sensibler Daten beschränkt sich daher auf vom Bewerber eingereichte Unterlagen; aktives Fragen verbietet sich von selbst. Angesichts der dargestellten problematischen Rechtslage unter der DS-GVO ist das Muster der Einwilligungserklärung für die Speicherung sensibler Daten ausdrücklich optional vorgesehen. Immerhin ist darauf hinzuweisen, dass selbst Weichert eine schlüssige Einwilligung in die Verarbeitung sensibler Daten nicht vollständig ausschließt (Kühling/Buchner/Weichert DS-GVO Art. 9 Rn. 47), auch wenn dies mit dem Gesetzeswortlaut in Konflikt steht. Dass der EuGH die Anforderung einer ausdrücklichen Einwilligung in Richtung einer konkludenten Einwilligung aufweichen könnte, ist angesichts der grundlegenden Anforderungen des EuGH an eine wirksame Einwilligung nicht zu erwarten.

In der Praxis erscheint es empfehlenswert, bereits in der Stellenausschreibung bzw. im Online-Bewerbungssystem sehr deutlich darauf hinzuweisen, dass Fotos des Bewerbers, Angaben zum Familienstand und sonstige sensible Daten – mit Ausnahme einer eventuellen Eigenschaft als Schwerbehinderter, wenn der Bewerber diese aus freier Entscheidung offenlegen möchte – ausdrücklich unerwünscht sind.

**5. AGG-relevante Daten.** Wenn Bewerber sensible Daten mitteilen, erhöht sich immer die Gefahr eines Konflikts mit dem AGG. Aus diesem Grund und weil sich die Frage des Umgangs mit solchen Angaben stellt (→ Anm. 4), ist es wünschenswert, dass Bewerbungen von vornherein keine derartigen Daten enthalten. Zudem kann ein solcher Hinweis als Argument für die AGG-Compliance des Arbeitgebers verwendet werden. Ein Bewerbungsfoto darf in keinem Fall verlangt werden (Kort NZA-Beil. 2016, 62 (67)).

**6. Background-Checks.** Soweit Recherchen über den Bewerber im Internet überhaupt zulässig sind (Artikel-29-Datenschutzgruppe WP 249 Kap. 5.1; Gola NZA 2019, 654; krit. Kort NZA-Beil. 2016, 62 [68]; für eine weite Zulässigkeit nach Einzelfallprüfung Schemmel ZD 2022, 541), ergibt sich das Problem, dass die Arten der dort zu erhebenden Daten kaum vorab in der nötigen Konkretisierung (→ Anm. 2) zu beschreiben sind. Eine allgemeine, nicht auf bestimmte Datenarten beschränkte Klausel ist daher unwirksam. Möchte ein Arbeitgeber tatsächlich Background-Checks durchführen, empfiehlt sich die Entwicklung einer detaillierten Richtlinie, die auch die berücksichtigten Netzwerke und die zu erhebenden Datenarten definiert. Diese Liste kann in die Einwilligungserklärung aufgenommen werden. Im Hinblick auf die Ausnahme vom Verarbeitungsverbot für sensible Daten in Art. 9 Abs. 2 lit. e DS-GVO ist zu beachten, dass die betroffene Person diese Daten nur dann offensichtlich öffentlich gemacht hat, wenn sie die Absicht hatte, die Daten ausdrücklich und durch eine eindeutige bestätigende Handlung der breiten Öffentlichkeit zugänglich zu machen (EuGH 4.7.2023 – C-252/21, GRUR 2023, 1131 Rn. 77 – Meta Platforms gegen Bundeskartellamt). Insbesondere für „Likes" und das Teilen von Beiträgen ist genau zu prüfen, ob diese einwilligungsartigen Anforderungen erfüllt sind (vgl. EuGH 4.7.2023 – C-252/21, GRUR 2023, 1131 Rn. 80 ff. – Meta Platforms gegen Bundeskartellamt). Sensible Daten iSv Art. 9 DS-GVO können sich bereits aus dem Aufruf bestimmter WWW-Seiten ergeben (EuGH 4.7.2023 – C-252/21, GRUR 2023, 1131 Rn. 70 ff. – Meta Platforms gegen Bundeskartellamt), also erst recht aus „Likes" für diese.

**7. Weitergabe an Dritte, etwa im Konzern.** Soll der Bewerberpool nicht nur dem Unternehmen dienen, bei dem sich der Bewerber beworben hat, sondern etwa dem gesamten Konzern, muss die Einwilligung diese Unternehmen einzeln aufführen. Selbst wenn die DS-GVO Datenübermittlungen im Konzern vereinfacht, gibt es weiterhin kein Konzernprivileg (Kühling/Buchner/Hartung DS-GVO Art. 24 Rn. 8 und Art. 26 Rn. 62; Laue/Kremer Neues DatenschutzR § 2 Rn. 42). Soweit sich mehrere Verantwortliche auf eine einzige Einwilligung stützen, genügt es, die Einwilligung gegenüber einem der Verantwortlichen zu widerrufen. Dieser muss dann jede Stelle, die ihm diese Daten übermittelt hat, sowie jede Stelle, der er seinerseits die Daten übermittelt hat, über den Widerruf informieren (EuGH 27.10.2022 – C-129/21, ZD 2023, 28 Rn. 85).

**8. Freiwilligkeit der Einwilligung.** Die DS-GVO schließt Einwilligungen auch im Beschäftigungsverhältnis nicht aus, gibt den Mitgliedstaaten allerdings in Art. 88 DS-GVO die Möglichkeit zu Beschränkungen, wie Erwgr. 155 DS-GVO ausdrücklich festhält. Die Mindestanforderungen der DS-GVO sind in jedem Fall einzuhalten, insbesondere muss die Einwilligung freiwillig erteilt werden. Dies ist nur dann der Fall, wenn der Arbeitnehmer effektiv die Möglichkeit hat, selbst zu bestimmen, ob und wie seine Daten verwendet werden, dh er eine echte Wahlmöglichkeit hat und ohne Angst vor nachteiligen Auswirkungen seine Einwilligung auch verweigern kann (Erwgr. 42 S. 5 DS-GVO; Kühling/Buchner/Maschmann DS-GVO Art. 88 Rn. 51; EDSA, Leitlinien 05/2020 zur Einwilligung gemäß Verordnung 2016/679, Kap. 3.1). Obwohl im Bewerbungsverfahren eine rechtlich freie Entscheidung in aller Regel ausscheidet und erklärte Einwilligungen daher in aller Regel unwirksam sind (Kort NZA-Beil. 2016, 62 (65); im Ergebnis auch Kühling/Buchner/Maschmann DS-GVO Art. 88 Rn. 51), liegt bei der Einwilligung in eine fortgesetzte Datenspeicherung in einem Bewerberpool eine der wenigen Ausnahmen vor (im Ergebnis auch Kort NZA-Beil. 2016, 62 (71)). Denn der Bewerber hat eine echte Wahl zwischen Zustimmung und Ablehnung, ohne dass er für die Verweigerung der Zustimmung im aktuellen Bewerbungsverfahren irgendwelche negativen Konsequenzen befürchten müsste. Seine Nachteile beschränken sich darauf, dass er sich der Chance begibt, demnächst vielleicht eine ähnliche Stelle angeboten zu bekommen. Dieser Nachteil ist naturgemäß unvermeidbar. Da es für die Frage der Freiwilligkeit auf die konkreten Umstände des Einzelfalls ankommt (Kühling/Buchner/Buchner/Kühling DS-GVO Art. 7 Rn. 44), ist die Einwilligung trotz des extremen Ungleichgewichts wirksam.

**9. Online-Bewerbungssysteme.** Werden Online-Bewerbungssysteme eingesetzt, ist unbedingt darauf zu achten, dass alle nach Art. 32 DS-GVO erforderlichen Sicherheitsmaßnahmen eingesetzt werden (→ Form. E. II.). Insbesondere muss jeder unverschlüsselte Zugriff auf die hochvertraulichen Bewerberdaten ausgeschlossen sein. Sowohl die Eingabeseite als auch das Backend müssen daher HTTPS-verschlüsselt werden, wobei auf die Nutzung sicherer Algorithmen zu achten ist (zB nur Perfect-Forward-Secrecy-fähige Algorithmen – dazu Schmidt c't 18/2013, 16; Fox DuD 2013, 729 –, Unterstützung von TLS 1.3, Verzicht auf RC4, MD5, SHA-1; vgl. auch den „Mindeststandard des BSI zur Verwendung von Transport Layer Security (TLS)", https://www.bsi.bund.de/DE/Themen/Oeffentliche-Verwaltung/Mindeststandards/TLS-Protokoll/TLS-Protokoll_node.html; Bergt CR 2014, 726 [730]). Es dürfen auch keine Bewerbungen per unverschlüsselter E-Mail weitergesendet werden oder Zugriffsmöglichkeiten auf den Server per unverschlüsseltem FTP bestehen. Sollen Bewerbungen per E-Mail angenommen werden, sollte ein PGP-Key bereitgestellt werden (zu Verschlüsselungsverfahren Bleich c't 22/2013, 136; Hemker DuD 2010, 626) und sollte der Server DANE und DNSSEC unterstützen (vgl. DSK, Orientierungshilfe „Maßnahmen zum Schutz personenbezogener Daten bei der Übermittlung per E-Mail", 16.6.2021).

Zwar kann selbst auf einer einfachen WWW-Seite wirksam eine Einwilligung erteilt werden (Erwgr. 32 S. 1 DS-GVO). Wegen der Nachweispflicht des Unternehmens nach Art. 7 Abs. 1, Art. 6 Abs. 1 und Art. 5 Abs. 2 DS-GVO und des Widerrufsrechts des Bewerbers (→ Anm. 10) sollte die Einwilligung dennoch revisionssicher protokolliert werden und für die betroffene Person jederzeit zugänglich sein (Kühling/Buchner/Buchner/Kühling DS-GVO Art. 7 Rn. 28).

Zu beachten ist, dass eine Einwilligung nach Art. 4 Nr. 11 DS-GVO eine „unmissverständlich" abgegebene Willensbekundung in Form einer Erklärung oder einer sonstigen „eindeutigen" Handlung voraussetzt. Eine vorausgewählte Checkbox wie jede andere Form des Opt-out genügt diesen Anforderungen nicht (Erwgr. 32 DS-GVO; EuGH 1.10.2019 – C-673/17, NJW 2019, 3433 Rn. 52 ff. – Planet49; Kühling/Buchner/Buchner/Kühling DS-GVO Art. 7 Rn. 57 ff.). Dies gilt jedenfalls dann, wenn eine irgendwie geartete andere Erklärung zeitgleich abgegeben wird (zB Button-Beschriftung „Bewerbung einreichen") oder – wenn keine zusätzlichen Erklärungen abgegeben werden – der anzuklickende Button nicht eindeutig beschriftet ist. Unwirksam wäre damit zB eine voraktivierte Checkbox für die Einwilligung und eine Button-Beschriftung „Weiter". Vorausgesetzt, es werden keine zusätzlichen Erklärungen abgegeben, wäre die Button-Beschriftung „Ich erteile die oben aktivierte(n) Einwilligung(en)" dagegen wohl wirksam (möglicherweise aA Kühling/Buchner/Buchner/Kühling DS-GVO Art. 7 Rn. 58a). Der Wortlaut „aktiviert" könnte allerdings als auf eine aktive Handlung des Erklärenden iSv „durch mich aktiviert/ausgewählt/angeklickt" hinweisend verstanden werden, womit Unwirksamkeit vorläge; sicher wirksam wäre nur eine Formulierung, die verdeutlicht, dass auch voraktivierte Checkboxen umfasst sind. Wenn ausschließlich datenschutzrechtliche Einwilligungen erteilt werden, können damit trotz Voraktivierung mehrere Einwilligungsteile auf einmal erklärt werden – eine Auswahlmöglichkeit bei trennbaren Einwilligungen verlangt Erwgr. 43 S. 2 DS-GVO (vgl. EuGH 4.7.2023 – C-252/21, GRUR 2023, 1131 Rn. 150 – Meta Platforms gegen Bundeskartellamt) –, weil die Einwilligungserklärung an sich eindeutig und aktiv gegeben wird, der Erklärende letztlich nur ihren Umfang festlegt. Das Verbot von Opt-out-Gestaltungen gilt natürlich auch, wenn dem Bewerber ein Papierformular vorgelegt wird, in dem neben anderen Angaben oder Erklärungen die Einwilligungserklärung enthalten ist. In diesem Fall ist zudem die Hervorhebungspflicht nach Art. 7 Abs. 2 DS-GVO zu beachten (→ Form. I. II. Anm. 9).

**10. Widerruf.** Die Einwilligung ist jederzeit frei widerruflich, Art. 7 Abs. 3 S. 1 DS-GVO. Darauf muss der Bewerber vor Abgabe der Einwilligung hingewiesen werden, Art. 7 Abs. 3 S. 3 DS-GVO. Der Widerruf der Einwilligung kann formlos erklärt werden. Es ist wohl nicht zulässig, den Widerruf an die gleiche Form zu knüpfen, die bei der Erteilung der Einwilligung eingehalten wurde (Hitzelberger-Kijima öAT 2020, 133 [135]). Denn Art. 7 Abs. 3 S. 4 DS-GVO verlangt, dass der Widerruf der Einwilligung so einfach sein muss wie die Erteilung der Einwilligung. Es kann aber aufwendiger sein, eine mündlich erteilte Einwilligung auch mündlich zu widerrufen (etwa bei schlechter Erreichbarkeit des Unternehmens), und eine schriftlich beim Bewerbungsgespräch erteilte Einwilligung schriftlich zu widerrufen, stellt einen erheblich höheren Aufwand dar als die ohne Aufwand vor Ort erteilte Einwilligung. Bei einem Online-Bewerbungssystem darf dementsprechend kein schriftlicher Widerruf verlangt werden, und es muss eine Widerrufsmöglichkeit im Online-Bewerbungssystem vorhanden sein, die nicht aufwendiger gestaltet ist als die Einwilligung. Einschränkungen der zulässigen Form des Widerrufs können sich letztlich nur aus eventuellen Zweifeln an der Identität des Erklärenden ergeben. Dann muss es zulässig sein, zu verlangen, dass der Bewerber sich mit seinen Zugangsdaten, seinem elektronischen Personalausweis oÄ anmeldet, um sich zu authentifizieren. Anderenfalls kann von ihm die Nutzung eines anderen Kommunikationsweges verlangt werden, der eine Authentifizierung ermöglicht, etwa die Eingabe eines Bestätigungscodes, der an die in der Bewerbung angegebene E-Mail-Adresse oder Handynummer gesendet wird, oder der Widerruf mittels einer E-Mail, die entweder qualifiziert signiert ist oder bei der (etwa über eine DKIM-Signatur, RFC 6376, die mittlerweile viele E-Mail-Provider nutzen) festgestellt werden kann, dass sie tatsächlich von der im Bewerbungssystem gespeicherten E-Mail-Adresse stammt. Ausreichend dürfte regelmäßig etwa auch sein, dass die widerrufende Person die vollständigen Bewerbungsunterlagen vorlegen kann.

Selbst wenn eine Beschränkung auf eine bestimmte Form des Widerrufs zulässig sein sollte, müsste dies eindeutig formuliert werden, etwa bei einer schriftlichen Einwilligung: „Ich kann diese Einwilligung jederzeit, jedoch nur in Schriftform (mit Originalunterschrift) widerrufen." Eine solche Formulierung ist aus psychologischen Gründen nicht empfehlenswert. In der Praxis sollte es allerdings nicht zu Streitigkeiten kommen, weil es bereits nicht im Interesse des Arbeitgebers liegt, Bewerber in seiner Datenbank zu behalten, die kein Interesse an einer Tätigkeit für den Arbeitgeber haben.

**11. Löschung.** Die Daten (zu sensiblen Daten jedoch → Anm. 4) dürfen während des laufenden Bewerbungsverfahrens auch ohne Einwilligung auf der Basis von Art. 6 Abs. 1 lit. b DS-GVO (§ 26 Abs. 1 S. 1 BDSG entspricht nicht den Anforderungen des Art. 88 DS-GVO und ist daher unanwendbar, vgl. EuGH 30.3.2023 – C-34/21, NZA 2023, 487 mAnm Meinecke NZA 2023, 492 f.) verwendet werden. Die Einwilligung bezieht sich daher nur auf den Zeitraum nach Ende des Bewerbungsverfahrens, sodass sich auch der Widerruf nur auf diesen Zeitraum beziehen kann. Das Bewerbungsverfahren ist abgeschlossen, wenn diejenige Frist abgelaufen ist, in der noch mit Klagen wegen Verstoßes gegen das AGG zu rechnen ist (im Ergebnis ebenso BfDI, FAQ Beschäftigtendatenschutz, Punkt Rückgabe bzw. Löschung der Bewerbungsunterlagen; Simitis/Hornung/Spiecker gen. Döhmann/Seifert DS-GVO Art. 88 Rn. 109; Gola/Heckmann/Gola/Pötters BDSG § 26 Rn. 187; Kort NZA-Beil. 2016, 62 [71]). Dies dürfte etwa drei bis vier Monate nach dem Zugang der Ablehnungen bei den Bewerbern der Fall sein (Ohlendorf/Schreier BB 2008, 2458 (2464); Schafft AuA 2006, 517 (518): fünf Monate; BfDI, FAQ Beschäftigtendatenschutz, Punkt Rückgabe bzw. Löschung der Bewerbungsunterlagen: sechs Monate), wenn bis dahin keine Klage bzw. Geltendmachung nach § 15 Abs. 4 AGG eingegangen ist. Nach fristgerechter schriftlicher Geltendmachung ist die Dreimonatsfrist des § 61b Abs. 1 ArbGG zuzüglich ein bis zwei Monate für die Zustellung der Klage – im Einzelfall auch länger, ggf. sollte beim Gericht nach aktuellen Verzögerungen gefragt werden – abzuwarten. Die Löschung hat unverzüglich nach Entfallen des Erlaubnistatbestands zu erfolgen, Art. 17 Abs. 1 lit. b DS-GVO, also ohne schuldhaftes Zögern (Kühling/Buchner/Herbst DS-GVO Art. 17 Rn. 45 ff.), sobald keine Klagen wegen Verstoßes gegen das AGG mehr zu erwarten sind bzw. nach Zugang des Widerrufs, je nachdem, was später eintritt.

**12. Hinweis auf gesetzliche Erlaubnistatbestände.** Art. 5 Abs. 1 lit. a DS-GVO stellt an jede Verarbeitung personenbezogener Daten die Anforderung, dass sie nach Treu und Glauben und in einer für die betroffene Person nachvollziehbaren Weise erfolgt. Hiergegen würde es verstoßen, durch die Einholung einer Einwilligung der betroffenen Person den Eindruck zu vermitteln, sie habe die Beendigung der Verarbeitung ihrer Daten jederzeit in der Hand, sich bei Ausübung des Widerrufsrechts aber auf eine gesetzliche Erlaubnisnorm zu berufen (im Detail → Form. I. II. Anm. 2). Das Formular trennt bereits ausreichend deutlich zwischen der Verarbeitung auf gesetzlicher Grundlage – nämlich für die Zeit bis zum Abschluss des Bewerbungsverfahrens – und der einwilligungsbasierten Aufnahme in den Bewerberpool. Dennoch kann eine Klarstellung erfolgen, dass vom Widerruf der Einwilligung die auf gesetzlicher Grundlage erfolgenden weiteren Verarbeitungen unberührt bleiben. Neben der explizit im Muster angesprochenen steuer- bzw. handelsrechtlichen Aufbewahrungspflicht (§ 147 AO, § 257 HGB) wäre etwa auch an die Aufbewahrung der Einwilligung zwecks Nachweisführung zu denken (Art. 6 Abs. 1 UAbs. 1 lit. c iVm Art. 5 Abs. 1 lit. a, Art. 5 Abs. 2, Art. 7 Abs. 1 und Art. 24 Abs. 1 DS-GVO, Art. 6 Abs. 1 UAbs. 1 lit. f DS-GVO).

## II. Beschäftigtendatenschutz bei Arbeitsunfähigkeit und betrieblichem Eingliederungsmanagement (BEM)

Zur **Begründung, Durchführung und Beendigung von Arbeitsverhältnissen** ist der Arbeitgeber auf eine ganze Reihe von personenbezogenen Daten über seine (künftigen) Beschäftigten angewiesen. Dies spiegelt sich datenschutzrechtlich in den Regelungen der **Art. 6 Abs. 1 S. 1 lit. b, 9 Abs. 2 lit. b DS-GVO, § 26 BDSG** wider, die dem Arbeitgeber (mit Unterschieden im Einzelnen) die Erhebung, Verarbeitung und Nutzung der zu diesen Zwecken erforderlichen Daten gestatten, ohne dass es einer ausdrücklichen vorherigen Einwilligung iSd Art. 6 Abs. 1 S. 1 lit. a DS-GVO, § 51 BDSG durch den Beschäftigten bedürfte. Der Begriff der Erforderlichkeit weist auf die **Verhältnismäßigkeitsprüfung** hin, die jede Datenverarbeitung in diesem Zusammenhang bestehen muss. Er ist nach der noch zum früheren Recht ergangenen Rechtsprechung des BAG und richtigerweise auch auf Grundlage von DS-GVO und BDSG nicht allzu eng zu verstehen (kritisch zu dem Begriff daher auch Thüsing Beschäftigtendatenschutz und Compliance § 3 Rn. 19f.). Es geht nicht um zwingende oder unumgängliche Notwendigkeit der Daten, sondern um eine **Abwägung zwischen dem Informationsinteresse des Arbeitgebers und dem allgemeinen Persönlichkeitsrecht des Beschäftigten** bzw. seinem vom BVerfG etablierten **Recht auf informationelle Selbstbestimmung** (BAG 22.10.1986 – 5 AZR 660/85, NZA 1987, 415 (416f.)). Das BAG hat auf die damalige Rechtslage bezogen früh zumindest in Ansätzen darauf hingewiesen, dass auch die Erhebung und Speicherung solcher Daten zulässig ist, derer der Arbeitgeber zwar aktuell nicht bedarf, die aber typischerweise zu einem späteren Zeitpunkt Bedeutung erlangen können (BAG 22.10.1986 – 5 AZR 660/85, NZA 1987, 415 (417)). Heute bestehen daher keine ernsthaften Zweifel daran, dass der Arbeitgeber Daten, derer er zB zur Durchführung einer späteren Sozialauswahl nach § 1 Abs. 3 KSchG bedürfte, bereits dann erheben und speichern darf, wenn eine (betriebsbedingte) Kündigung aktuell nicht geplant ist (hierzu ausführlich NK-DatenschutzR/Seifert DS-GVO Art. 88 Rn. 198ff.).

In gewissen Fallkonstellationen bedarf der Arbeitgeber auch näherer **Daten über den Gesundheitszustand des Beschäftigten.** Manche dieser Fallkonstellationen zählen zum unternehmerischen Alltag – man denke nur an die **Krankmeldungen** durch Beschäftigte, verbunden meist mit dem Einreichen ärztlicher **Arbeitsunfähigkeitsatteste.** Andere treten seltener auf und sind im Bewusstsein mancher Arbeitgeber noch wenig verankert – hierzu zählt etwa das **betriebliche Eingliederungsmanagement** (kurz: BEM; dazu noch unten) nach § 167 Abs. 2 SGB IX. Um zu klären, ob ein BEM durchzuführen ist, benötigt der Arbeitgeber wegen dessen gesetzlicher Voraussetzungen die Information, wie lange der Beschäftigte insgesamt in den vergangenen zwölf Monaten krankheitsbedingt arbeitsunfähig gewesen ist. Bleiben Beschäftigte der Arbeit fern, so braucht der Arbeitgeber zB die schlichte Information, dass der Beschäftigte krank (genau genommen: durch Arbeitsunfähigkeit infolge Krankheit an seiner Arbeitsleistung verhindert – § 3 Abs. 1 EFZG) ist. Sonst kann der Arbeitgeber nicht wissen, ob der Beschäftigte rechtmäßig oder vertragswidrig nicht zur Arbeit erscheint. Zur Prüfung der **Entgeltfortzahlungspflicht** nach § 3 EFZG kommt weiterer Informationsbedarf zwingend hinzu: Von wann bis wann ist der Beschäftigte krank? Handelt es sich um dieselbe oder eine andere Erkrankung als beim letzten Mal?

Ohne dass er dieser weiteren Informationen zwingend bedürfte, erfährt der Arbeitgeber daneben oftmals auch, von welchem Arzt sich der Beschäftigte hat behandeln (und krankschreiben) lassen, über welche Qualifikation dieser Arzt verfügt (und somit, welche Krankheitsbilder grob in Betracht kommen) und in welcher Stadt sich der Beschäftigte am Tag der Krankschreibung wahrscheinlich aufgehalten hat. Jedenfalls die gesundheitsbezogenen Daten hierunter zählen ausweislich der ausdrücklichen Regelungen zu den **besonderen Kategorien personenbezogener Daten iSd Art. 9 Abs. 1 DS-GVO, § 22 BDSG,** deren Verarbeitung im Grundsatz untersagt ist.

Eine Einwilligung des Beschäftigten wird sich dem bloßen Überlassen des ärztlichen Attests oder der schieren Krankmeldung im Regelfall nicht entnehmen lassen, schon weil es angesichts der gesetzlichen Verpflichtung und des aus der Sorge um den Erhalt des Arbeitsplatzes resultierenden Zwangs meist an der Freiwilligkeit fehlen dürfte. Vor allem aber wird in den seltensten Fällen die von Art. 9 Abs. 2 lit. a DS-GVO geforderte **Ausdrücklichkeit** vorliegen.

Die rechtmäßige Verarbeitung der erforderlichen Gesundheitsdaten wird dem Arbeitgeber aber durch Art. 9 Abs. 2 lit. b DS-GVO in Verbindung mit der nationalen Regelung in § 26 Abs. 3 BDSG ermöglicht. Danach ist die Verarbeitung „für Zwecke des Beschäftigungsverhältnisses zulässig, wenn sie zur Ausübung von Rechten oder zur Erfüllung rechtlicher Pflichten aus dem Arbeitsrecht, dem Recht der sozialen Sicherheit und des Sozialschutzes erforderlich ist und kein Grund zu der Annahme besteht, dass das schutzwürdige Interesse der betroffenen Person an dem Ausschluss der Verarbeitung überwiegt". Dies deckt den gesamten Anwendungsbereich des früheren § 28 Abs. 6 Nr. 3 BDSG aF ab und erfasst damit insbesondere die typische Datenverarbeitung im Zusammenhang mit den Krankmeldungen und ärztlichen Arbeitsunfähigkeitsattesten. Ebenso unverändert bestehen allerdings auch die schon bislang teils diffizilen Abgrenzungsfragen weiter. So ist etwa betreffend die Frage nach der sozialrechtlichen **Schwerbehinderteneigenschaft** eines Beschäftigten (nicht: nach einer Körperbehinderung) anerkannt, dass sie vor Begründung des Arbeitsverhältnisses, also etwa im Bewerbungsgespräch unzulässig ist, während sie während des laufenden Arbeitsverhältnisses gestellt werden darf, weil es für den Arbeitgeber zB zu klären gilt, ob er die **Mindestbeschäftigtenquote nach § 154 SGB IX** (mind. 5 Prozent der Arbeitsplätze sind mit Schwerbehinderten zu besetzen) erfüllt oder ob vor Ausspruch einer Kündigung das örtliche **Integrationsamt** einzuschalten ist (§ 168 SGB IX).

Klargestellt ist nach neuem Recht immerhin, dass der Arbeitgeber zur Legitimation der Datenverarbeitung keine eigenen rechtlichen Ansprüche verfolgen muss, sondern dass es genügt, wenn er eine rechtliche Pflicht erfüllt. Auf Basis des früheren Rechts, das in § 28 Abs. 6 Nr. 3 BDSG aF ausdrücklich nach der Erforderlichkeit der Daten zwecks Geltendmachung, Ausübung oder Verteidigung rechtlicher Ansprüche verlangte, bedurfte es noch einer vom BAG umfassend begründeten richtlinienkonformen Auslegung des deutschen Rechts unter Heranziehung von Art. 8 Abs. 2 lit. b DSRL, um den Arbeitgeber aus der Zwickmühle zu befreien, entweder gegen das Datenschutzrecht oder gegen seine Verpflichtung zur Durchführung eines BEM aus § 167 Abs. 2 SGB IX zu verstoßen (BAG 7.2.2012 – 1 ABR

46/10, NZA 2012, 744 (746 ff.)). Denn ein Anspruch ist nach § 194 Abs. 1 BGB das Recht, von einem anderen ein Tun oder Unterlassen zu verlangen. Einen solchen Anspruch auf Durchführung des BEM besitzt der Arbeitgeber jedoch gegen den betroffenen Beschäftigten unzweifelhaft nicht (und auch nicht gegen andere potenzielle Verfahrensbeteiligte). Für Ansprüche enthält Art. 9 Abs. 2 lit. f DS-GVO im neuen Recht eine gesonderte Rechtsgrundlage.

Für die unternehmerische Praxis ist es wichtig zu bedenken, dass der Arbeitgeber – auch soweit eine dem Grunde nach zulässige Verwendung der besonderen personenbezogenen Daten vorliegt – dazu verpflichtet ist, die durch das Erforderlichkeitsgebot gesetzlich zum Ausdruck gebrachte sowie in Art. 5 Abs. 1 lit. b DS-GVO auch ausdrücklich benannte enge **Zweckbindung** der Datenverarbeitung sorgfältig zu beachten. Daraus folgt ua, dass die Daten **nur einem beschränkten Personenkreis zugänglich** gemacht werden dürfen, dass sie **gegen** eine **zufällige** – und dann nicht dem rechtfertigenden Zweck dienliche – **Kenntnisnahmemöglichkeit gesichert** werden müssen und dass sie **nicht länger als erforderlich gespeichert** werden dürfen, sondern anschließend gelöscht werden müssen. Konkret zu **Gesundheitsdaten** von Beschäftigten vertritt das BAG spätestens seit seiner Entscheidung vom 12.9.2006 (BAG 12.9.2006 – 9 AZR 271/06, NZA 2007, 269) in ständiger Rechtsprechung explizit die Auffassung, dass diese **getrennt von der allgemeinen Personalakte** und besonders gegen zufällige Kenntnisnahme gesichert aufzubewahren sind, etwa in einer separaten (und gesondert gelagerten) **Beiakte oder** (dann als Teil der allgemeinen Personalakte) in einem **verschlossenen Umschlag.** Bewahre der Arbeitgeber die sensiblen Gesundheitsdaten dagegen ungeschützt – gemeint war: in der allgemeinen Personalakte – auf, so verletze er das grundrechtlich geschützte allgemeine Persönlichkeitsrecht des Mitarbeiters. Das BAG hat seine Entscheidung rechtlich auf § 611 BGB iVm §§ 12, 862, 1004 BGB und damit auf nicht spezifisch datenschutzrechtliche Normen gestützt, sodass Änderungen an dieser Rechtsprechung nach Inkrafttreten der DS-GVO nicht eintreten und auch künftig nicht zu erwarten sind.

Erfahrungsgemäß missachten zahlreiche Unternehmen (wohl meist in Unkenntnis) die rechtlichen Vorgaben, indem sie etwa ärztliche Arbeitsunfähigkeitsatteste und möglicherweise auch Hinweise auf die Ursachen der Erkrankung (zB Aktenvermerke des Vorgesetzten über ein Krankenrückkehrgespräch) in der allgemeinen Personalakte aufbewahren. Diese Nachlässigkeit muss und kann leicht vermieden werden, indem die Atteste wie andere gesundheitsbezogene Unterlagen in einer separaten Beiakte abgelegt werden, die beispielsweise beim Personalleiter unter Verschluss liegt und nur von diesem und seinem Stellvertreter eingesehen und darüber hinaus nur an den tatsächlich zuständigen Personalsachbearbeiter zur kurzzeitigen Bearbeitung herausgegeben werden darf.

Vergleichbar ist erst recht mit **Unterlagen zu einem betrieblichen Eingliederungsmanagement** zu verfahren, das im Vergleich zum relativ „harmlosen" Arbeitsunfähigkeitsattest zu einer wahren Flut teils besonders detaillierter und damit besonders vertraulicher Gesundheitsdaten führen kann. Das betriebliche Eingliederungsmanagement (BEM) ist ein sozial- und arbeitsrechtliches Instrument, welches der Gesetzgeber im Rahmen der damaligen Novellierung des Schwerbehindertenrechts zum 1.5.2004 neu geschaffen hat. Trotz der Normierung in § 167 Abs. 2 SGB IX – also im Schwerbehindertenrecht – ist die Vorschrift zum BEM **auf alle Arbeitnehmer anwendbar.** Dies hat das BAG angesichts eines damaligen Streits in der rechtswissenschaftlichen Literatur früh klargestellt (BAG 12.7.2007 – 2 AZR 716/06, NZA

2008, 173 (175); seither stRspr, siehe etwa BAG 28.2.2020 – 7 AZR 121/19, NZA 2020, 794 Rn 38; BAG 17.4.2019 – 7 AZR 292/17, NZA 2019, 1355 Rn. 36; BAG 20.11.2014 – 2 AZR 755/13, NZA 2015, 612 (614); siehe noch unten).

Die sozialrechtliche Norm richtet sich an den Arbeitgeber krankheitsbedingt arbeitsunfähiger Mitarbeiter, der verpflichtet wird, mit dem betroffenen Mitarbeiter, mit dem Betriebsrat (bzw. Personalrat usw; vgl. im Einzelnen § 176 SGB IX) sowie ggf. mit der Schwerbehindertenvertretung die **Möglichkeiten zu klären, wie die Arbeitsunfähigkeit möglichst überwunden sowie mit welchen Leistungen und Hilfen erneuter Arbeitsunfähigkeit vorgebeugt und der Arbeitsplatz erhalten werden kann** (§ 167 Abs. 2 S. 1 SGB IX). Gegebenenfalls sind Werks- oder Betriebsarzt und für schwerbehinderte Mitarbeiter das Integrationsamt hinzuzuziehen (§ 167 Abs. 2 S. 3 und 5 SGB IX).

Etwas abstrakter lassen sich diese **drei Ziele des BEM** zusammenfassen als verstärkte Gesundheitsprävention, Reduzierung betrieblicher Belastungen und Beschäftigungssicherung (Schiefer RdA 2016, 196 (196)). Die Gesetzesbegründung betont, dass durch die gemeinsame Anstrengung aller Beteiligten das Arbeitsverhältnis durch geeignete Gesundheitsprävention möglichst dauerhaft gesichert werden soll (BT-Drs. 15/1783, 15 f.).

Auslöser für die Verpflichtung des Arbeitgebers zur Durchführung dieses potenziell recht aufwändigen Verfahrens ist eine **länger als sechs Wochen andauernde krankheitsbedingte Arbeitsunfähigkeit** des betroffenen Mitarbeiters **innerhalb eines Jahres,** wobei mit dem Referenzzeitraum von einem Jahr nach einhelliger Meinung nicht das Kalenderjahr gemeint ist, sondern die jeweils zuletzt vergangenen zwölf Monate (Schiefer RdA 2016, 196 (197); ErfK/Rolfs SGB IX § 167 Rn. 5). Hinsichtlich der Fehlzeiten des Mitarbeiters kommt es weder darauf an, ob die Arbeitsunfähigkeit unterbrochen oder ununterbrochen besteht (so ausdrücklich § 167 Abs. 2 S. 1 SGB IX), noch darauf, ob ihr verschiedene Krankheitsbilder oder immer dieselbe Erkrankung zugrunde liegen (s. etwa BAG 20.11.2014 – 2 AZR 755/13, NZA 2015, 612 (616)). Ohne Bedeutung ist auch, ob die Erkrankung länger andauernde Einschränkungen nach sich ziehen oder aller Voraussicht nach folgenlos verheilen wird. Selbst auf die Ursache der Arbeitsunfähigkeit kommt es nicht an (ErfK/Rolfs SGB IX § 167 Rn. 5 mwN, auch zur Gegenauffassung), sodass es insbesondere keine Rolle spielt, ob die Ursache der krankheitsbedingten Fehlzeit inner- oder außerhalb des beruflichen Umfelds zu suchen ist. Das Gesetz und auch die dazu ergangene Rechtsprechung kennen solche Differenzierungen nicht. Beispielsweise löst also die achtwöchige Krankschreibung des Sachbearbeiters nach einem Skiunfall mit kompliziertem, aber folgenlos verheilenden Beinbruch die BEM-Pflicht aus, obwohl relativ klar sein dürfte, dass der Arbeitgeber wenig bis gar nichts zur Überwindung der Arbeitsunfähigkeit oder zur vermeidenden Vorbeugung beitragen kann und dass der Arbeitsplatz überhaupt nicht in Gefahr ist, dass also im konkreten Einzelfall keines der drei gesetzlichen Ziele ein aufwändiges BEM-Verfahren erforderlich macht. Dies und damit die Hinfälligkeit des BEM festzustellen und ggf. gemeinsam zu entscheiden, dass es keiner weiteren Maßnahmen bedarf, kann ohne weiteres **Gegenstand** und Ergebnis des BEM sein und zu dessen rascher Beendigung führen, rechtfertigt aber nicht, ein BEM erst gar nicht einzuleiten.

Nach Ansicht der Rechtsprechung ist **grundsätzlich davon auszugehen, dass ein BEM dazu beitragen kann, neuerliche Krankheitszeiten** des betroffenen Mitarbeiters **auszuschließen** oder zumindest zu reduzieren und so das Arbeitsverhältnis zu erhalten (stRspr, s. nur BAG 15.12.2022 – 2 AZR 162/22, NZA 2023, 500 Rn. 19). Will sich der Arbeitgeber darauf berufen, ein (neuerliches) BEM sei nicht erforderlich, weil nutzlos gewesen, trifft ihn für diese Nutzlosigkeit die **volle Beweislast** (BAG 15.12.2022 – 2 AZR 162/22, NZA 2023, 500 Rn. 20). Selbst wenn das Integrationsamt der Kündigung zugestimmt hat, ersetzt dies nicht das BEM und erleichtert dem Arbeitgeber nicht einmal seine Beweislast (BAG 15.12.2022 – 2 AZR 162/22, NZA 2023, 500 Rn. 27ff.).

Dem entspricht, dass ein **neues BEM** durchzuführen ist, wenn nach Abschluss eines BEM neue krankheitsbedingte Fehlzeiten von mehr als sechs Wochen innerhalb eines Jahres auftreten (BAG 18.11.2021 – 2 AZR 138/21, NJW 2022, 889 Rn. 18). Das gilt sogar dann, wenn das vorherige BEM erst kürzlich beendet wurde (BAG 18.11.2021 – 2 AZR 138/21, NJW 2022, 889 Rn. 15 und 18ff.); der Idee einer „Mindesthaltbarkeit" des BEM erteilt das BAG ausdrücklich eine Absage (BAG 18.11.2021 – 2 AZR 138/21, NJW 2022, 889 Rn. 25). Treten **während eines laufenden BEM weitere Krankheitszeiten** auf, sieht das BAG allerdings kein weiteres (paralleles) BEM-Verfahren als notwendig an. Vielmehr sei den Zielen des BEM „ausreichend dadurch gedient, dass während eines noch laufenden BEM auftretende Zeiten von Arbeitsunfähigkeit sowie mögliche Veränderungen in den Krankheitsursachen oder betrieblichen Verhältnissen in dieses einbezogen werden." Und ausdrücklich: „Ein weiteres BEM kann nur dann erforderlich werden, wenn ein vorheriges bereits abgeschlossen war" (BAG 18.11.2021 – 2 AZR 138/21, NJW 2022, 889 Rn. 26).

Diese Differenzierung nach neuerlichen krankheitsbedingten Fehlzeiten während oder nach Abschluss eines vorherigen BEM-Verfahrens wird verkompliziert durch die kleinteiligen Hinweise des BAG zu der Frage, wann ein **BEM** als **abgeschlossen** gelten kann (BAG 18.11.2021 – 2 AZR 138/21, NJW 2022, 889 Rn. 27ff.). Das ist nur dann einigermaßen einfach zu beurteilen, wenn sich Arbeitgeber und Arbeitnehmer einig sind, die Suche abzuschließen. Die Schwierigkeiten für den Fall der fehlenden Zustimmung des Mitarbeiters hängen mit der als Suchprozess (dazu noch unten) verstandenen Eigenart des BEM zusammen. Wie bei jeder anderen Suche auch lässt sich außer im eindeutigen Erfolgsfall nur schwer – und schon gar nicht nach objektiven Kriterien – beurteilen, ob es lohnt, eine Suche weiter fortzusetzen, oder ob man sie besser abbricht und für beendet erklärt. Entsprechend der Schutzrichtung von § 167 Abs. 2 SGB IX soll der Arbeitgeber diese Entscheidung nicht ohne weiteres allein treffen dürfen. Vielmehr soll er das BEM erst dann als abgeschlossen betrachten dürfen, wenn nicht nur er selbst keine Ansätze mehr für zielführende Präventionsmaßnahmen zu erkennen vermag, sondern auch der betroffene Mitarbeiter und alle anderen beteiligten Stellen keine ernsthaft weiterzuverfolgenden Ansätze für zielführende Maßnahmen mehr aufzeigen; hierzu muss der Arbeitgeber sämtlichen Beteiligten Gelegenheit zur Stellungnahme binnen bestimmter Frist gewähren (BAG 18.11.2021 – 2 AZR 138/21, NJW 2022, 889 Rn. 30). Da das BAG zugleich betont, dass sich selbst bei ununterbrochen andauernden Erkrankungen jederzeit neue Erkenntnismöglichkeiten für zielführende Präventionsmaßnahmen ergeben können, sind Tür und Tor für endlose neue Anläufe und damit für unabsehbare Verzögerungen weit geöffnet. So richtig die Überlegungen im Prinzip sein mögen, werden vor allem kleinere Arbeitgeber ohne professionell geschulte HR-Abteilungen mit derartig komplexen Voraussetzungen weit überfordert. Der (auch) daraus resultierende Widerwille, überhaupt BEM durchzuführen, konterkariert das berechtigte gesetzgeberische Anliegen, Präventionsmöglichkeiten zu identifizieren und so dem Schutz vor allem langzeiterkrankter oder krankheitsgefährdeter Arbeitnehmer zu dienen.

Weitere Voraussetzungen als die länger als sechs Wochen innerhalb eines Jahres andauernde krankheitsbedingte Arbeitsunfähigkeit besitzt die Verpflichtung zur Durchführung eines BEM nicht. Insbesondere sind **weder die Betriebsgröße noch die Dauer der Betriebszugehörigkeit des betroffenen Mitarbeiters entscheidend.** Das BEM ist auch dann durchzuführen, wenn der betreffende Betrieb nicht über einen Betriebsrat (oder Personalrat) oder nicht über eine Schwerbehindertenvertretung verfügt. Zwar sind diese Gremien nach der Idee des Gesetzgebers zu beteiligen und daher auch in § 167 Abs. 2 SGB IX ausdrücklich benannt, doch findet das BEM in betriebsratslosen Betrieben eben ohne Beteiligung einer kollektiven Arbeitnehmervertretung statt.

Der Arbeitgeber muss (und darf) das BEM allerdings **nur mit Zustimmung des betroffenen Mitarbeiters** durchführen. Das ergibt sich unmittelbar aus § 167 Abs. 2 S. 1 SGB IX. Ausdrücklich ist der betroffene Mitarbeiter zuvor **auf die Ziele des BEM sowie auf Art und Umfang der hierfür erhobenen und verwendeten Daten hinzuweisen** (§ 167 Abs. 2 S. 4 SGB IX; vgl. ausführlich Kort ZfPR 2020, 51).

Soweit bisweilen verlangt wird, die Zustimmung des Mitarbeiters zum BEM müsse ausdrücklich (BAG 24.3.2011 – 2 AZR 170/10, NZA 2011, 992 (994) mwN) oder gar schriftlich (Schiefer RdA 2016, 196 (201)) erteilt werden, findet dies keine Stütze im Gesetz. Es dürfte sich um die verkürzende Darstellung der Auswirkungen der jedenfalls bis zum Inkrafttreten der DS-GVO gültigen datenschutzrechtlichen Bestimmungen handeln. Die im Rahmen des BEM erhobenen und verarbeiteten Gesundheitsdaten zählen zu den sensiblen bzw. besonderen Arten personenbezogener Daten iSd § 3 Abs. 9 BDSG aF. Deshalb galten für die Einwilligung in deren Erhebung ua das Schriftform- sowie das Ausdrücklichkeitserfordernis des § 4 Abs. 1 und 3 BDSG aF (zum Schriftformerfordernis noch Rupp NZA 2017, 361 (363)). Dies betraf allerdings schon nach früherem Recht nur die Einwilligung in die Datenverarbeitung, nicht hingegen die Zustimmung zum BEM im Übrigen, die also stets formfrei möglich war.

Unter Geltung der DS-GVO bedarf es der datenschutzrechtlichen Einwilligung des Mitarbeiters ohnehin nicht mehr (aA wohl Kort ZfPR 2020, 51 (53)). Denn Art. 6 Abs. 1 lit. c, Art. 9 Abs. 2 lit. b DS-GVO gestatten die Verarbeitung der Gesundheitsdaten, die zu den besonderen Kategorien personenbezogener Daten iSd Art. 9 Abs. 1 DS-GVO zählen, auch ohne Einwilligung, weil der Arbeitgeber sie zur Erfüllung seiner arbeits- und sozialversicherungsrechtlichen Verpflichtung aus § 167 Abs. 2 SGB IX zur Durchführung des BEM benötigt. § 26 Abs. 3 BDSG wiederholt die Ausnahmeregelung des Art. 9 Abs. 2 lit. b DS-GVO noch einmal. Um Abgrenzungsschwierigkeiten auszuschließen, die insbesondere aus der Frage erwachsen können, ob alle verarbeiteten Gesundheitsdaten für die Durchführung des BEM im engeren Sinne erforderlich waren, bietet es sich aus Arbeitgebersicht an, vorsorglich gleichwohl eine Einwilligung des betroffenen Mitarbeiters in die Datenverarbeitung einzuholen (so auch Lunk NJW 2019, 2349 (2352)). Diese muss dann neben den allgemeinen Voraussetzungen des Art. 7 DS-GVO auch dem Ausdrücklichkeitskriterium des Art. 9 Abs. 2 lit. a DS-GVO entsprechen, nicht jedoch einem (der DS-GVO fremden) Schriftformerfordernis. An einer fehlenden Zustimmung in die Datenverarbeitung kann das BEM aber erst scheitern, wenn es zumindest begonnen worden ist. Keinesfalls darf der Arbeitgeber eine (womöglich gar schriftliche) Einwilligung des betroffenen Mitarbeiters in die Verarbeitung seiner im Rahmen eines BEM erhobenen Gesundheits- und sonst personenbezogenen Daten bereits zur Voraussetzung für das Einleiten des BEM erheben. Das BAG betont inzwischen (BAG 15.12.2022 – 2 AZR 162/22, NZA 2023, 500 Rn. 16ff.), dass es dem Arbeitgeber auch **ohne die mitarbeiterseitige Einwilligung in die Verarbeitung dieser Daten möglich und zumutbar** sei, **mit dem BEM** zumindest einmal **zu beginnen,** um mit dem Mitarbeiter in einem Erstgespräch den möglichen Verfahrensablauf zu besprechen und zu versuchen, seine etwaigen Vorbehalte gegen das Verfahren und/oder die Datenverarbeitung auszuräumen. Erst **anschließend** (ggf. erst in einem weiteren Termin) bedürfe es der **Abstimmung, ob und ggf. welche Angaben** über den Gesundheitszustand voraussichtlich **erforderlich** und auf welche Weise etwaige Gesundheitsdaten rechtskonform zu erheben und zu verarbeiten **seien.** Erst wenn der Mitarbeiter an dieser Stelle nicht bereit sei, an dem weiteren Klärungsprozess konstruktiv mitzuwirken (zB durch die Offenbarung der nach Lage des Einzelfalls relevanten ärztlichen Diagnosen), könne der Arbeitgeber das Verfahren uU abbrechen, ohne Nachteile bei der prozessualen Beweislast in Kauf nehmen zu müssen (**„kündigungsneutraler Abbruch“**, vgl. BAG 15.12.2022 – 2 AZR 162/22, NZA 2023, 500 Rn. 18).

Wohl unstrittig sind die Erhebung, die Verarbeitung und die Nutzung derjenigen Daten, die der Arbeitgeber zur Prüfung des Sechs-Wochen-Kontingents benötigt, auch ohne besonderes Zustimmungsbedürfnis bereits durch Art. 6 Abs. 1 lit. c DS-GVO iVm § 167 Abs. 2 SGB IX legalisiert. Der Arbeitgeber benötigt diese personenbezogenen Daten, um seine Verpflichtung aus § 167 Abs. 2 SGB IX zu erfüllen. Hierfür wird der Arbeitgeber also zumindest die Anzahl der krankheitsbedingten Arbeitsunfähigkeitstage mitarbeiterbezogen für die Dauer von (etwas mehr als) einem Jahr speichern dürfen. Anders kann er nicht prüfen, ob die Grundvoraussetzung eines BEM – mehr als sechs Wochen krankheitsbedingter Arbeitsunfähigkeit binnen eines Jahres – vorliegt. Nach früherem Recht ließ sich darüber streiten, ob sich dieselbe Rechtsfolge aus § 32 BDSG aF oder aus § 28 Abs. 6 BDSG aF ergab (BAG 7.2.2012 – 1 ABR 46/10, NZA 2012, 744 (746); Schiefer RdA 2016, 196 (202)). Die Diskussion ist unter Geltung der DS-GVO hinfällig.

Fehleranfällig ist in der Praxis erfahrungsgemäß die Aufbewahrung sowohl der zur Überprüfung der Durchführungspflicht als auch der für das konkrete BEM erhobenen Daten. Jedenfalls letztere sollten **keinesfalls in der üblichen Personalakte,** sondern zB **in einer separaten BEM-Akte** abgelegt und gespeichert werden, zu der eine besonders **strikte Zugriffsregelung** gelten muss (so auch Kort ZfPR 2020, 51 (54) mwN). Jedenfalls muss eine zufällige Kenntnisnahme der BEM-Daten ausgeschlossen werden (Schiefer RdA 2016, 196 (204), NK-DatenschutzR/Seifert DS-GVO Art. 88 Rn. 168). Zudem muss der Arbeitgeber bedenken, dass er die im Rahmen des BEM aufgrund der ausdrücklichen Einwilligung des Mitarbeiters erhobenen und gespeicherten Daten ausschließlich für Zwecke des BEM – einschließlich der Vorsorge und der Arbeitsplatzerhaltung, also durchaus auch künftig – verwenden darf. Dies schließt eine **Nutzung** zum Zwecke der Verteidigung der arbeitgeberseitigen Rechtsposition **im Kündigungsschutzverfahren** über eine etwaige spätere krankheitsbedingte Kündigung gleichwohl nicht zwingend aus (Schiefer RdA 2016, 196 (204)).

In besonderem Maße stellt sich die Frage, nach welcher Zeit die spezifischen BEM-Daten (die Beiakte BEM) vernichtet werden sollten. Dem besonderen Vertraulichkeitsinteresse des Beschäftigten steht das Interesse des Arbeitgebers entgegen, die getroffenen Vereinbarungen zwecks Kontrolle der Einhaltung einsehen zu können, die ordnungsgemäße Durchführung des BEM zwecks Meidung eigener Nachteile jederzeit konkret belegen zu können und potenziell auch, die gewonnenen Daten im Rahmen eines denkbaren späteren Kündigungsschutzprozesses verwenden zu können. Die Literatur plädiert – teilweise noch für das Recht vor Inkrafttreten der DS-GVO – zum Teil für die sofortige Löschung nach Beendigung des BEM oder jedenfalls für die Löschung nach **Zeiträumen von zB drei bis fünf Jahren** (Nachweise bei NK-DatenschutzR/Seifert DS-GVO Art. 88 Rn. 121; noch strenger (Höchstfrist von einem Jahr) Kort ZfPR 2020, 51 (54)). Das erscheint jedenfalls für solche Fälle zu kurz, in denen die im Rahmen des BEM getroffenen Vereinbarungen über den genannten Zeitraum hinauswirken oder in denen plausiblerweise auch nach Ablauf eines solchen Zeitraums mit erneuten krankheitsbedingten Fehlzeiten zu rechnen ist, die ein erneutes BEM nach sich ziehen können, in dessen Rahmen es wiederum hilfreich oder gar notwendig sein könnte, auf das frühere Verfahren zurückzugreifen. Letztlich werden die vorgeschlagenen starren Regelungen der skizzierten Interessenlage nicht gerecht. Vielmehr ist auf den Einzelfall und mit Art. 17 Abs. 1 lit. a DS-GVO auf die Frage abzustellen, ob die Daten für ihren ursprünglichen Zweck noch notwendig sind. Im Sinne der Transparenz und um allzu viele rechtliche Unwägbarkeiten zu vermeiden, bietet es sich an, mit dem betroffenen Mitarbeiter im Rahmen der BEM-Vereinbarung auch **den Zeitpunkt der Löschung der Daten** (oder der Einschränkung ihrer Verarbeitung iSv Art. 18 DS-GVO) **ausdrücklich zu vereinbaren.** Ist dies unterblieben, erscheint auch der Vorschlag erwägenswert, den Beschäftigten nach Ablauf von zB fünf Jahren danach zu befragen, ob er mit der Vernichtung der BEM-Akten einverstanden ist (Bergmann/Möhrle/Herb BDSG § 26 Rn. 283, dort auch Nachweise zu den anderen Vorschlägen); ggf. kann im Zuge einer solchen Befragung dann eine ausdrückliche Einwilligung des Betroffenen in eine längerfristige Speicherung erteilt werden.

**Das eigentliche Verfahren des BEM ist gesetzlich nicht geregelt.** Der Arbeitgeber soll und muss im Einzelfall entscheiden, welche Vorgehensweise angemessen ist. Dem Gesetz lässt sich neben der dreigeteilten Zielsetzung des BEM lediglich entnehmen, dass das Verfahren nach mehr als sechswöchiger Erkrankung innerhalb eines Jahres anzustoßen ist, dass es mit der Information des Mitarbeiters nach § 167 Abs. 2 S. 4 SGB IX zu beginnen hat und welche weiteren Personen zu beteiligen sind. Dies bedeutet für den Arbeitgeber einen hohen Aufwand; formularhaftes Vorgehen verbietet sich. Das BAG formuliert, es sei ein **unverstellter, verlaufs- und ergebnisoffener Suchprozess zu etablieren** (BAG 15.12.2022 – 2 AZR 162/22, NZA 2023, 500 Rn. 29; BAG 18.10.2017 – 10 AZR 47/17, NZA 2018, 162 (164)); der **Prozess der Klärung der Möglichkeiten** in § 84 Abs. 2 S. 1 SGB IX (aF; nunmehr: § 167 Abs. 2 S. 1 SGB IX) sei nicht als ein formalisiertes Verfahren beschrieben, sondern lasse den Beteiligten Spielraum (BAG 7.9.2021 – 9 AZR 571/20, NZA 2022, 257 Rn. 10; BAG 22.3.2016 – 1 ABR 14/14, NZA 2016, 1283 (1284)). Er schreibe weder konkrete Maßnahmen noch einen bestimmten Verfahrensablauf vor, sondern diene ua dazu, **individuell angepasste Lösungen** zur Vermeidung zukünftiger Arbeitsunfähigkeit zu ermitteln (BAG 7.9.2021 – 9 AZR 571/20, NZA 2022, 257 Rn. 9; BAG 20.11.2014 – 2 AZR 755/13, NZA 2015, 612). Gleichwohl stehen die Offenheit und Einzelfallbezogenheit des Prozesses nicht einem geordneten und für alle BEM-Fälle gleichermaßen geltenden Verfahrensrahmen entgegen. Im Gegenteil wird sich die Etablierung einer Art Verfahrensordnung jedenfalls für größere Unternehmen oder Betriebe anbieten, allein schon deshalb, weil die in diesem Zusammenhang bestehenden teils zwingenden sozialen Mitbestimmungsrechte des Betriebsrats nach § 87 BetrVG in aller Regel durch Abschluss einer Betriebsvereinbarung gewahrt werden.

Der Betriebs- bzw. Personalrat und für Schwerbehinderte außerdem die Schwerbehindertenvertretung können vom Arbeitgeber die Durchführung des BEM verlangen (§ 167 Abs. 2 S. 7 SGB IX). Der betroffene Arbeitnehmer selbst hat nach wohl zutreffender Auffassung des BAG hingegen **keinen eigenen, einklagbaren Anspruch auf Durchführung des BEM** (BAG 7.9.2021 – 9 AZR 571/20, NZA 2022, 257, insbes. Rn. 14; so auch bereits die Vorinstanz LAG Nürnberg 8.10.2020 – 5 Sa 117/20, NZA-RR 2021, 119; zustimmend etwa Fuhlrott/Bodendieck NZA-RR 2022, 161, bereits früher zB Schiefer RdA 2016, 196 (201) mN auch zur Gegenauffassung, der zugleich und zu Recht darauf hinweist, dass sich ein Anspruch aber zB aus einer Betriebsvereinbarung ergeben könne; aA zumindest bislang LAG Hamm 13.11.2014 – 15 Sa 979/14, BeckRS 2015, 65817 sowie ErfK/Rolfs SGB IX § 167 Rn. 5 bis zur 21. Aufl., nunmehr zögerlich dem BAG zuneigend).

Selbst das rechtswidrige Unterlassen eines BEM lässt sich **nicht als Indiz iSd § 22 AGG** für die Benachteiligung Schwerbehinderter ansehen. Denn die Verpflichtung des Arbeitgebers zur Durchführung eines BEM nach § 167 Abs. 2 SGB IX ist trotz der (insoweit systemwidrigen) Platzierung im Schwerbehindertenrecht nicht auf schwerbehinderte Arbeitnehmer beschränkt, sondern gilt für alle Arbeitnehmer (stRspr, vgl. nur BAG 28.2.2020 – 7 AZR 121/19, NZA 2020, 794 Rn 38; BAG 17.4.2019 – 7 AZR 292/17, NZA 2019, 1355 Rn. 36; BAG 28.4.2011 – 8 AZR 515/10, NJW 2011, 2458 (2460); 18.10.2017 – 10 AZR 47/17, NZA 2018, 162 (164); Schiefer RdA 2016, 196 (204) mwN; aA noch immer offenbar ErfK/Rolfs SGB IX § 167 Rn. 4 mwN, der § 167 Abs. 2 SGB IX entgegen der Rechtsprechung und wohl herrschenden Lehre nur auf schwerbehinderte und ihnen gleichgestellte Arbeitnehmer anwenden will).

Auch im Übrigen dürfen die **Rechtsfolgen eines gesetzwidrig nicht durchgeführten BEM** inzwischen als geklärt gelten (vorsichtiger noch die → 3. Aufl. 2021, H. II. Vorb mwN zum damaligen Entwicklungsstand). Das BAG betont in stRspr (s. nur BAG 15.12.2022 – 2 AZR 162/22, NZA 2023, 500 Rn. 14; BAG 10.12.2009 – 2 AZR 400/08, NZA 2010, 398 (399); 20.11.2014 – 2 AZR 755/13, NZA 2015, 612 (615); ausdrücklich auch betreffend eine Versetzung statt Kündigung BAG 18.10. 2017 – 10 AZR 47/17, NZA 2018, 162 (165)), dass die **regelkonforme Durchführung des BEM keine formelle Wirksamkeitsvoraussetzung einer krankheitsbedingten Kündigung** sei. Gleichwohl sei § 167 Abs. 2 SGB IX kein bloßer Programmsatz, sondern **konkretisiere** den (dem Kündigungsrecht zugrunde liegenden) **Verhältnismäßigkeitsgrundsatz.** Mildere Mittel als die Kündigung könnten mit Hilfe des BEM allerdings möglicherweise erkannt und entwickelt werden. Das BEM selbst ist aber nicht das mildere Mittel im Sinne der Verhältnismäßigkeit (BAG 15.12.2022 – 2 AZR 162/22, NZA 2023, 500 Rn. 14; BAG 10.12.2009 – 2 AZR 400/08, NZA 2010, 398 (399); Schiefer RdA 2016, 196 (202), mit kritischen weiteren Anmerkungen zur Rspr. des BAG und mit zahlreichen wN). Letztlich löst die Rechtsprechung den Konflikt zwischen (nicht durchgeführtem) BEM und krankheitsbedingter Kündigung also auf der **prozessualen Vortrags- und Beweislastebene** (wie die Urteilsbegründung in BAG 20.11.2014 – 2 AZR 755/13, NZA 2015, 612 (617) sehr deutlich herausarbeitet; s. auch Ascheid/Preis/Schmidt/Vossen KSchG § 1 Rn. 197 ff.): Führt der Arbeitgeber pflichtwidrig kein BEM durch oder **erfüllt sein BEM nicht alle Anforderungen** des § 167 Abs. 2 SGB IX, so trägt er im Falle anschließender krankheitsbedingter Kündigung die **volle Vortrags- und Beweislast** dafür, dass ihm kein milderes Mittel als die Kündigung zur Reaktion auf die krankheitsbedingten Einschränkungen zur Verfügung stand, dass insbesondere keine Versetzung des Mitarbeiters auf einen anderen Arbeitsplatz und keine leidensgerechte Unterstützung des Mitarbeiters auf seinem bisherigen Arbeitsplatz möglich waren (stRspr, zuletzt BAG 15.12.2022 – 2 AZR 162/22, NZA 2023, 500 Rn. 14 ff. mwN). Alternativ kann der Arbeitgeber beweisen, dass der Fehler, der ihm im BEM unterlaufen ist, auf die Möglichkeit ohne Einfluss war, Maßnahmen zum Erreichen der BEM-Ziele zu identifizieren (BAG 18.11.2021 – 2 AZR 138/21, NJW 2022, 889 Rn. 16). Wurde hingegen das **BEM ordnungsgemäß durchgeführt,** so streitet letztlich eine **Vermutung** dafür, dass alle anderen Möglichkeiten bereits abgewogen und ausgeschlossen worden sind.

Selbst wenn § 167 Abs. 2 SGB IX keinerlei Sanktion oder andere Rechtsfolge für das rechtswidrige Unterlassen des BEM vorsieht, ist der Arbeitgeber also vor allem dann gut beraten, ein ordnungsgemäßes BEM durchzuführen, wenn jedenfalls nicht ausgeschlossen erscheint, das Arbeitsverhältnis mit dem betroffenen Arbeitnehmer in naher Zukunft krankheitsbedingt kündigen zu wollen.

Das kann selbst für den gesetzesbewussten Arbeitgeber eine Herausforderung sein. Die Rechtsprechung sieht in kleinsten Abweichungen von den gesetzlich gar nicht im Einzelnen normierten, sondern von der Rechtsprechung selbst aus dem Zusammenspiel verschiedenster rechtlicher Überlegungen heraus entwickelten Grundsätzen bereits Verstöße gegen das ordnungsgemäße Verfahren – mit der Folge, dass selbst ein aufwändig durchgeführtes BEM ggf. als Basis für eine krankheitsbedingte Kündigung nicht genügt. Zwar ist die Kündigung dadurch rechtlich nicht ausgeschlossen, wie das BAG nicht müde wird zu betonen (etwa BAG 18.11.2021 – 2 AZR 138/21, NJW 2022, 889 Rn. 13; BAG 17.4.2019 – 7 AZR 292/17, NZA 2019, 1355 Rn. 32 für eine vergleichbare tarifvertraglich geregelte auflösende Bedingung), doch hat die rigoros erweiterte Beweislast im Ergebnis dieselbe Auswirkung: Dem Arbeitgeber wird es nur in seltenen Fällen gelingen können zu beweisen (!), dass ein ordnungsgemäß durchgeführtes (oder weiteres) BEM kein anderes Ergebnis als das vermeintlich fehlerhafte Verfahren gezeitigt hätte.

Zu dem berechtigten Verlangen nach einem ernsthaften Bemühen um die Ziele des BEM (sehr zweifelhaft etwa im Falle eines nur zehnminütigen Gesprächs, siehe BAG 20.5.2020 – 7 AZR 100/19, NZA 2020, 1194 Rn. 33) und den überspannten formal-inhaltlichen Herausforderungen des BEM vor allem im Hinblick auf datenschutzrechtliche Details und an den Abschluss eines BEM (dazu jeweils bereits oben) kommt für den Fall der krankheitsbedingten Kündigung auch noch die Notwendigkeit einer engen zeitlichen Taktung hinzu, die gesetzlich nicht vorgesehenen ist, sich aber als Konsequenz aus der oben bereits zitierten Rechtsprechung zu wiederholten BEM-Verfahren ergibt: Krankheitsbedingte Kündigungen kommen nicht wegen der krankheitsbedingten Fehlzeiten der Vergangenheit, sondern aufgrund ungünstiger Zukunftsprognose in Betracht (die durch die Vergangenheit allerdings indiziert sein kann). Typischerweise ist der betroffene Mitarbeiter also entweder dauerhaft krank oder kommt es immer wieder zu krankheitsbedingten Ausfallzeiten.

Deshalb wird es im Umfeld krankheitsbedingter Kündigungen eher der Regel als der Ausnahme entsprechen, dass auch nach Abschluss eines BEM rasch weitere Fehlzeiten auftreten. Erreichen diese erneut sechs Wochen, ist nach der Rechtsprechung auch dann ein neues BEM durchzuführen, wenn das vorherige BEM erst kürzlich beendet wurde (dazu bereits oben). Will der Arbeitgeber also vermeiden, trotz ordnungsgemäß durchgeführten BEM im Kündigungsschutz mit einer erweiterten Beweislast konfrontiert zu werden, muss er rasch nach abgeschlossenem BEM kündigen – bei Dauererkrankungen zwingend innerhalb von sechs Wochen. Innerhalb dieser Zeitspanne muss nicht nur die Beteiligung des Betriebsrats nach § 102 BetrVG (Anhörungsfrist: 1 Woche) abgeschlossen sein, sondern (wenn es um einen schwerbehinderten oder gleichgestellten Mitarbeiter geht) auch die Beteiligung des Integrationsamts nach §§ 168 ff. SGB IX. Dies wird selbst für sehr konsequent handelnde und gut vorbereitete Arbeitgeber nur in Ausnahmefällen zu schaffen sein. Erfahrungsgemäß brauchen die Integrationsämter (teils deutlich) länger. Ein Königsweg scheint nicht in Sicht. Die Praxis behilft sich bisweilen damit, zunächst das Zustimmungsverfahren beim Integrationsamt einzuleiten und dort selbst anzuregen, noch ein BEM unter Beteiligung des Integrationsamts durchzuführen. Das bringt die Beteiligten zumindest miteinander ins Gespräch. Ob es den Segen der Rechtsprechung erhält, ist offen.

In kollektivarbeitsrechtlicher Hinsicht ist das **Recht des Betriebsrats** anerkannt, **auch die Gesundheitsunterlagen der Beschäftigten** einzusehen, jedenfalls soweit dies zur Wahrnehmung der gesetzlichen Befugnisse und Aufgaben des Betriebsrats erforderlich ist (stark einschränkend Kort ZfPR 2020, 51 (57)). Zu diesen Aufgaben zählt nach § 80 Abs. 1 Nr. 1 BetrVG, darüber zu wachen, dass die zugunsten der Arbeitnehmer geltenden Gesetze durchgeführt werden. Will der Betriebsrat beispielsweise überprüfen, ob der Arbeitgeber seiner gesetzlichen Verpflichtung nach § 167 Abs. 2 SGB IX nachkommt, allen Mitarbeitern ein BEM anzubieten, die in den vergangenen zwölf Monaten insgesamt länger als sechs Wochen krankheitsbedingt arbeitsunfähig waren, so kommt er nicht umhin, die Krankenstatistik des Arbeitgebers einzusehen und diese anhand der individuellen Arbeitsunfähigkeitsunterlagen der Mitarbeiter zumindest stichprobenartig zu prüfen. Der Betriebsrat hat nach § 80 Abs. 2 S. 2 BetrVG iVm § 167 Abs. 2 SGB IX einen gesetzlichen Anspruch auf Einsichtnahme in diese Daten. Dabei vertrat das BAG zum alten Recht die Auffassung, dass es auf eine Einwilligung der betroffenen Arbeitnehmer nicht ankomme (BAG 7.2.2012 – 1 ABR 46/10, NZA 2012, 744 (745 f.)). Das BAG erteilte insbesondere datenschutzrechtlichen Bedenken an dieser Lösung eine ausdrückliche Absage. Nicht nur die Erhebung, Verarbeitung und Nutzung der sensiblen BEM-relevanten Daten, sondern auch deren Weitergabe an den Betriebsrat seien von § 28 Abs. 6 Nr. 3 BDSG aF gedeckt, zumal keine Datenübermittlung an Dritte vorliege. Das BAG hat bislang klargestellt, dass der **Betriebsrat Teil des Arbeitgebers als verantwortliche Stelle** iSd § 3 Abs. 7 BDSG aF sei, nicht etwa außenstehender Dritter iSd § 3 Abs. 4 Ziff. 3 BDSG aF. Die Diskussion dazu ist nach Inkrafttreten der DS-GVO wieder entfacht; zumindest bislang hat das BAG aber seine bisherige Einschätzung nicht revidiert (zum Streitstand siehe Gola/Klug NJW 2019, 2587 (2589 f.)). Das BAG erinnert in der genannten Entscheidung zudem daran, dass der Betriebsrat die betrieblichen und gesetzlichen Datenschutzbestimmungen einzuhalten, insbesondere das Datengeheimnis zu wahren hat. Im Ergebnis nichts anderes dürfte nach Art. 9 Abs. 2 lit. b DS-GVO gelten.

*Huth*

Welche Mitbestimmungsrechte des Betriebsrats betreffend die Methoden der Datenerhebung im Vorfeld des BEM und betreffend die Festlegung der Regularien zur Durchführung des BEM insbesondere aus § 87 BetrVG folgen können, ist eine Frage des Einzelfalls (→ Anm. 1). Empfehlenswert kann der **Abschluss einer Betriebsvereinbarung** auch aus Arbeitgebersicht aber ungeachtet etwaiger erzwingbarer Mitbestimmungsrechte sein, um den konkreten Umgang mit Daten zur Arbeitsunfähigkeit und/oder zum BEM für jedermann transparent und damit nicht zuletzt auch Vertrauen schaffend festzulegen.

## 1. Betriebsvereinbarung zu Kranken- und BEM-Unterlagen

Betriebsvereinbarung[1]

zum innerbetrieblichen Umgang mit Arbeitsunfähigkeitsmeldungen, ärztlichen Attesten und sonstigen Kranken- bzw. Gesundheitsdaten der Beschäftigten einschließlich der Rahmenbedingungen zur Durchführung eines betrieblichen Eingliederungsmanagements

(BV Gesundheitsunterlagen)

Zwischen der […] GmbH

und dem bei ihr für den Betrieb […] gebildeten Betriebsrat[2]

wird Folgendes vereinbart:

Abschnitt 1 (Allgemeines)

§ 1 Zielsetzung[3]

(1) Der Arbeitgeber erhält während seiner unternehmerischen Tätigkeit zahlreiche Informationen über den Gesundheitszustand der einzelnen Beschäftigten. Bei den Gesundheitsdaten handelt es sich um eine besondere Kategorie personenbezogener Daten iSd Art. 9 Abs. 1 DS-GVO, die einem besonderen Datenschutzniveau unterliegen. Die Betriebsparteien erkennen an, dass gerade solche Daten möglichst sparsam zu erheben, zu verarbeiten und zu nutzen sind. Soweit sie gleichwohl notwendig sind, sind die Daten mit möglichst restriktiven Zugriffsmöglichkeiten und nicht länger als erforderlich zu speichern, wobei zugleich die Handlungsfähigkeit und andere berechtigte Interessen des Arbeitgebers an den Daten nicht übermäßig eingeschränkt werden dürfen.

(2) In dieser Betriebsvereinbarung ist angesichts dessen vereinbart, wie der Arbeitgeber sowie Betriebsrat und Schwerbehindertenvertretung mit Gesundheitsdaten der Beschäftigten umgehen.

§ 2 Geltungsbereich

(1) Diese Betriebsvereinbarung gilt für alle Arbeitnehmerinnen und Arbeitnehmer des Arbeitgebers iSd § 5 BetrVG (im Folgenden auch: Beschäftigte) einschließlich der Auszubildenden.[4]

(2) Sie gilt inhaltlich für die Erhebung, Verarbeitung und Speicherung von Gesundheitsdaten der Beschäftigten sowie in ihrem Abschnitt 3 (BEM) für die dort genannten Fälle.

(3) Gesundheitsdaten im Sinne dieser Betriebsvereinbarung sind sämtliche personenbezogenen oder personenbeziehbaren[5] Informationen über den Gesundheitszustand der Beschäftigten, insbesondere

a) der Umstand, dass der Beschäftigte krankheitsbedingt arbeitsunfähig ist oder war
b) der Zeitraum, während dessen der Beschäftigte krankheitsbedingt arbeitsunfähig ist oder war
c) die Frage, an welcher Erkrankung oder an welchen Symptomen der Beschäftigte litt oder leidet
d) die Frage, ob es sich bei einer der Arbeitsunfähigkeit zugrunde liegenden Erkrankung um dieselbe Erkrankung wie bei einer zurückliegenden Arbeitsunfähigkeit handelt oder gehandelt hat oder nicht[6]
e) der Gesamtzeitraum, während dessen der Beschäftigte innerhalb der vergangenen zwölf Monate oder innerhalb eines anderen Referenzzeitraums krankheitsbedingt arbeitsunfähig war[7]
f) der Umstand, welcher Arzt den Beschäftigten behandelt und/oder krankgeschrieben hat, und über welche Qualifikation bzw. Fachrichtung dieser Arzt verfügt
g) der Umstand, dass sich der Beschäftigte in einem Krankenhaus oder einer anderen Einrichtung stationär oder ambulant behandeln lässt oder hat behandeln lassen
h) der Umstand, dass sich der Beschäftigte einer Kur, Rehabilitationsmaßnahme oder Entzugsmaßnahme unterzieht oder hat unterziehen lassen
i) der Umstand, dass mit dem Beschäftigten ein betriebliches Eingliederungsmanagement (BEM) durchgeführt wurde und mit welchen Ergebnissen und Feststellungen
j) der Umstand einer festgestellten Schwerbehinderung oder Gleichstellung des Beschäftigten iSd SGB IX

(4) Medizinische Unterlagen des Betriebsarztes zählen nicht zu den Gesundheitsdaten im Sinne dieser Betriebsvereinbarung; sie gelangen nicht in den Besitz des Arbeitgebers, sondern werden vom Betriebsarzt vertraulich gehandhabt.[8]

Abschnitt 2 (Innerbetrieblicher Umgang mit den Gesundheitsdaten)

§ 3 Erhebung, Verarbeitung und Nutzung von Gesundheitsdaten

(1) Der Arbeitgeber wird nur diejenigen Gesundheitsdaten erheben, verarbeiten und nutzen, zu deren Erhebung, Verarbeitung und Nutzung er berechtigt ist.

(2) Insbesondere wird der Arbeitgeber einen Beschäftigten nicht dazu bestimmen, ihm Mitteilungen über die Art oder andere Einzelheiten der einer Arbeitsunfähigkeit zugrunde liegenden Erkrankung zu machen.[9] Vorgesetzte wird der Arbeitgeber dazu anhalten, derartige Fragen nicht zu stellen und Nachforschungen zu unterlassen. Unberührt bleiben die Rechte des Arbeitgebers etwa zur Überprüfung der Arbeitsunfähigkeit.[10]

(3) Die zulässig erhobenen Gesundheitsdaten wird der Arbeitgeber getrennt von der übrigen Personalakte besonders geschützt aufbewahren, speichern und verarbei-

ten.[11] Hierzu zählt insbesondere, dass die Daten nur denjenigen Personen zugänglich gemacht werden, die sie zur Ausübung ihrer jeweiligen Tätigkeit benötigen. Die Übermittlung – auch innerbetrieblich – per E-Mail ist möglichst zu unterlassen.[12] Soweit sie im Einzelfall stattfindet (etwa, wenn ein Beschäftigter sich per E-Mail krankgemeldet hat), sind die Verteiler so klein wie möglich zu halten.

§ 4 Krankmeldung und Attest[13]

(1) Krankmeldungen (wie etwa nach § 5 Abs. 1 S. 1 EFZG) hat der Beschäftigte grundsätzlich gegenüber seinem direkten Vorgesetzten abzugeben. Zugleich soll er den für ihn zuständigen Sachbearbeiter in der Personalabteilung, hilfsweise den Personalleiter informieren. Ist dies nicht erkennbar geschehen, informiert der Vorgesetzte nach Eingang der Krankmeldung den für den Mitarbeiter zuständigen Sachbearbeiter in der Personalabteilung, hilfsweise den Personalleiter.[14] Für die innerbetriebliche Kommunikation sind die telefonische Übermittlung oder die Übermittlung von Schriftstücken im verschlossenen Umschlag der Übermittlung per E-Mail vorzuziehen.

(2) Ärztliche Arbeitsunfähigkeitsatteste (wie etwa nach § 5 Abs. 1 S. 2 EFZG) hat der Beschäftigte unmittelbar an den für ihn zuständigen Sachbearbeiter in der Personalabteilung, hilfsweise an den Personalleiter zu senden. Stellt der behandelnde Arzt das Attest statt in Papierform als elektronische Arbeitsunfähigkeitsbescheinigung („eAU") zum Abruf bei der Krankenkasse aus, so erfolgt der Abruf nur durch den zuständigen Sachbearbeiter in der Personalabteilung, hilfsweise durch den Personalleiter. Der Beschäftigte soll auch den Vorgesetzten informieren, jedoch lediglich über die ärztlich attestierte voraussichtliche Dauer der Arbeitsunfähigkeit. Ist dies nicht erkennbar geschehen, informiert die Personalabteilung den Vorgesetzten nach Eingang des Attests über die ärztlich attestierte voraussichtliche Dauer der Arbeitsunfähigkeit, ohne das Attest im Ganzen zu überlassen.[15]

(3) Krankmeldung und Attest dürfen der für die Gehaltsabrechnung zuständigen Stelle (interne oder externe[16] Lohnabrechnung) zum Zwecke der Abrechnung zugänglich gemacht werden. Sie sind dort nicht länger aufzubewahren als für die aktuelle Bearbeitung erforderlich.

§ 5 Beiakte Gesundheitsdaten[17]

(1) Der Arbeitgeber führt für jeden Beschäftigten eine Beiakte Gesundheitsdaten. Diese Beiakte ist tatsächlich getrennt von der übrigen Personalakte. Nur der zuständige Personalsachbearbeiter, der Personalleiter und sein Stellvertreter haben Zugriff auf diese Beiakte.[18] Das gilt auch für die elektronische Speicherung.[19] Nimmt ein anderer Berechtigter Einblick in die allgemeine Personalakte, so ist ihm – außer im begründeten Ausnahmefall – gleichwohl kein Einblick in die Beiakte Gesundheitsdaten zu gewähren.

(2) Die Beiakten Gesundheitsdaten sämtlicher Beschäftigter werden in einem separaten, verschlossenen und besonders gegen unbefugten Zugriff gesicherten Schrank aufbewahrt, in dem nicht auch allgemeine Personalakten gelagert werden.[20] Die elektronische Speicherung der Beiakten Gesundheitsdaten erfolgt ebenso separat und unter Sicherstellung der in Abs. 1 genannten besonders beschränkten Zugriffsberechtigungen.

(3) Sämtliche Gesundheitsdaten des Beschäftigten werden ausschließlich in seiner Beiakte Gesundheitsdaten abgelegt und gespeichert. Dies gilt insbesondere auch für

Krankmeldungen, ärztliche Arbeitsunfähigkeitsatteste und jedwede hierauf bezogene Notiz oder Korrespondenz.[21]

(4) Aus der Beiakte Gesundheitsdaten sind die Daten, insbesondere die Krankmeldungen, Atteste und die darauf bezogenen Unterlagen, jeweils fünf Jahre nach der letzten darauf bezogenen Änderung zu entfernen und elektronisch zu löschen. Nach Ablauf dieser fünf Jahre werden die Daten lediglich noch im Rahmen der individuellen Arbeitsunfähigkeitsstatistik aufbewahrt und gespeichert (s. § 6 Abs. 1). Auch diese Daten sind nach Ablauf weiterer fünf Jahre zu statistischen Zwecken in eine anonymisierte Form zu überführen und im Übrigen zu löschen.[22]

(5) Allein solche Daten, die aufgrund ihrer Eigenart über den in Abs. 4 genannten Aufbewahrungszeitraum hinaus Bedeutung haben, bewahrt der Arbeitgeber länger auf. Dies gilt etwa für die Eigenschaft als Schwerbehinderter oder Gleichgestellter und für vom Beschäftigten übermittelte Informationen zu dauerhaften oder jedenfalls langwierigen Erkrankungen und/oder damit verbundene Einschränkungen (etwa den freiwillig und vorsorglich gegebenen Hinweis, regelmäßig bestimmte Medikamente einnehmen zu müssen oder an schwerwiegenden Allergien oder dergleichen zu leiden). Für Gesundheitsdaten im Zusammenhang mit einem BEM gelten die Vereinbarungen in Abschnitt 3 (BEM).

§ 6 Arbeitsunfähigkeitsstatistik[23]

(1) Der Arbeitgeber hält jede krankheitsbedingte Arbeitsunfähigkeit arbeitnehmerbezogen unter Angabe von Datum und Dauer, unter Anbringung eines Vermerks, für welche Zeiträume Entgeltfortzahlung geleistet wurde, sowie – soweit bekannt – unter Angabe des Arbeitsunfähigkeitsgrundes tabellarisch fest und speichert diese Erhebung zur Beiakte Gesundheitsdaten des jeweiligen Beschäftigten (individuelle Arbeitsunfähigkeitsstatistik).

(2) Eine Kopie der Angaben übernimmt er in eine Tabelle, in der er die Daten sämtlicher Beschäftigter zusammenführt und auf die ausschließlich der Personalleiter und dessen Stellvertreter Zugriff haben (allgemeine Arbeitsunfähigkeitsstatistik). Diese Statistik ermöglicht dem Arbeitgeber eine individuell-personenbezogene, aber auch eine abteilungsbezogene[24] statistische Auswertung der Zeiten krankheitsbedingter Arbeitsunfähigkeit. Sie dient dem Zweck, besondere Gefährdungen und Entwicklungen rechtzeitig erkennen zu können, sowie dem Zweck, über die Einleitung eines individuellen BEM entscheiden zu können. Die Datenerhebung, -verarbeitung und -nutzung ist daher nach § 26 Abs. 3 BDSG und Art. 9 Abs. 2 lit. b DS-GVO iVm §§ 3 ff. ArbSchG, § 167 Abs. 2 SGB IX zulässig.

(3) Die in der allgemeinen Arbeitsunfähigkeitsstatistik enthaltenen Gesundheitsdaten sind jeweils 18 Monate nach jedem einzelnen Tag krankheitsbedingter Arbeitsunfähigkeit zu anonymisieren und lediglich noch abteilungsbezogen zu speichern und zu nutzen. Eine Zuordnung zu einem konkreten Arbeitnehmer nach Ablauf der 18 Monate ist auszuschließen;[25] diese darf sich nur noch aus der individuellen Beiakte Gesundheitsdaten ergeben. Durch die länger andauernde Speicherung der anonymisierten Daten wird der Arbeitgeber in die Lage versetzt, denkbare mittel- und langfristige Schwerpunkte krankheitsbedingter Arbeitsunfähigkeit nach Abteilungen zu erkennen. Die anonymisierten Daten sind nach Ablauf des zehnten Kalenderjahrs nach dem Datum der Arbeitsunfähigkeit endgültig zu löschen.[26]

§ 7 Einsichtnahmerechte

(1) Jeder Beschäftigte ist berechtigt, die auf ihn bezogen geführte Personalakte nebst Beiakten jederzeit während der üblichen Dienststunden der Personalabteilung einzusehen. Er ist berechtigt, ein Mitglied des Betriebsrats hinzuzuziehen.[27]

(2) Der Betriebsrat ist berechtigt, die allgemeine Arbeitsunfähigkeitsstatistik einmal je Quartal oder bei besonderem Anlass einzusehen.[28]

(3) Zur Ausübung seiner Aufgaben, insbesondere soweit er darüber wacht, dass alle im Betrieb tätigen Personen nach den Grundsätzen von Recht und Billigkeit behandelt werden, kann der Betriebsrat vom Arbeitgeber auch andere konkrete Informationen aus den Personalakten – in besonderen Fällen und nach umfassender Interessenabwägung ggf. auch aus den besonders geschützten Beiakten – verlangen. Der Betriebsrat oder einzelne seiner Mitglieder sind jedoch außer mit ausdrücklicher Einwilligung des betroffenen Beschäftigten nicht berechtigt, eine Personalakte in Gänze oder Teilen einzusehen.[29]

Abschnitt 3 (BEM)[30]

§ 8 Zwecksetzung des BEM

(1) § 167 Abs. 2 SGB IX verpflichtet den Arbeitgeber für dort näher bestimmte Fälle der längeren oder häufigen Erkrankung von Arbeitnehmern zu Handlungen mit dem Ziel, die Arbeitsunfähigkeit möglichst zu überwinden, einer erneuten Arbeitsunfähigkeit vorzubeugen und die Arbeitsplätze der betroffenen Arbeitnehmer zu erhalten (betriebliches Eingliederungsmanagement – BEM). An den Maßnahmen sind neben dem jeweils betroffenen Arbeitnehmer auch der Betriebsrat sowie ggf. der Betriebsarzt, die Schwerbehindertenvertretung und das Integrationsamt sowie weitere öffentliche Stellen zu beteiligen.

(2) Die Wiederherstellung und Erhaltung der Gesundheit jedes einzelnen Belegschaftsangehörigen sowie die Vermeidung krankheitsbedingter Arbeitsplatzverluste liegen im Interesse aller Beteiligter. Der Arbeitgeber, der Betriebsrat und die Schwerbehindertenvertretung schaffen mit dieser Betriebsvereinbarung auf Basis des § 167 Abs. 2 SGB IX ein Handlungsgerüst, an das sich die einzelfallbezogenen Maßnahmen des Arbeitgebers zum betrieblichen Eingliederungsmanagement zu halten haben.[31]

§ 9 BEM-Beauftragte des Arbeitgebers

(1) Der Arbeitgeber bestellt nach freiem Ermessen aus der Belegschaft mindestens drei[32] BEM-Beauftragte. Die Bestellung bedarf der Zustimmung des jeweiligen BEM-Beauftragten und kann befristet oder unbefristet erfolgen. Sie ist in jedem Fall für den Arbeitgeber und den BEM-Beauftragten selbst frei widerruflich.[33]

(2) Die jeweils aktuellen BEM-Beauftragten werden als Anlage zu dieser BV Gesundheitsunterlagen sowie außerdem im Intranet des Arbeitgebers an geeigneter Stelle und für jeden Arbeitnehmer zugänglich aufgeführt; über Änderungen informiert der Arbeitgeber die Belegschaft über das Intranet[34] sowie gesondert den Betriebsrat und die Schwerbehindertenvertretung umgehend. Die Liste der aktuellen BEM-Beauftragten kann zudem jeder Arbeitnehmer jederzeit während der dortigen Dienststunden in der Personalabteilung, im Betriebsratsbüro oder bei der Schwerbehindertenvertretung erfragen.

(3) Die BEM-Beauftragten werden als Fallmanager in den einzelnen BEM tätig. Die Zuweisung der BEM-Fälle zu den BEM-Beauftragten erfolgt in freier Abstimmung der BEM-Beauftragten untereinander; können diese sich nicht einigen, so erfolgt die Zuweisung reihum. Soweit der betroffene Arbeitnehmer einen bestimmten BEM-Beauftragten als Fallmanager wünscht, ist dieser – vorbehaltlich seiner Verfügbarkeit – auszuwählen.[35]

(4) Als Fallmanager leiten die BEM-Beauftragten das gesamte individuelle BEM.[36] Sie sind nach Zustimmung des betroffenen Mitarbeiters befugt, dessen Personalakte sowie BEM-Akte einzusehen. Sie sind jedoch nicht befugt, Entscheidungen für den Arbeitgeber zu treffen; vielmehr bereiten sie diese lediglich vor.[37]

(5) Die Tätigkeit der BEM-Beauftragten erfolgt in deren Arbeitszeit. Sie sind also um ein entsprechendes Kontingent von ihrer regulären Arbeit zu entlasten. Aufgrund der BEM-Tätigkeit erforderlich werdende Mehrarbeit und/oder Überstunden kann neben dem Vorgesetzten auch der Personalleiter anordnen oder genehmigen.[38]

(6) Der Personalleitung obliegen die Überwachung der individuellen BEM-Prozesse sowie die Qualitätssicherung betreffend das BEM einschließlich der geeigneten Schulung der BEM-Beauftragten.

§ 10 Weitere einbezogene Personen

(1) Der Betriebsrat bestimmt nach freiem Ermessen aus seiner Mitte drei[39] Mitglieder als BR-Ansprechpartner BEM.

(2) Die jeweils aktuellen BR-Ansprechpartner BEM werden als Anlage zu dieser BV Gesundheitsunterlagen sowie außerdem im Intranet des Arbeitgebers[40] an geeigneter Stelle und für jeden Arbeitnehmer zugänglich aufgeführt; über Änderungen informiert der Betriebsrat umgehend die Schwerbehindertenvertretung sowie den Arbeitgeber, der seinerseits umgehend die Belegschaft über das Intranet informiert. Die Liste der aktuellen BR-Ansprechpartner BEM kann zudem jeder Arbeitnehmer jederzeit während der dortigen Dienststunden in der Personalabteilung, im Betriebsratsbüro oder bei der Schwerbehindertenvertretung erfragen.

(3) Jeweils ein BR-Ansprechpartner BEM unterstützt den BEM-Beauftragten in dessen einzelfallbezogener Tätigkeit.[41] Welcher BR-Ansprechpartner BEM im jeweiligen Einzelfall tätig wird, entscheiden die BR-Ansprechpartner BEM unter sich. Der Ausgewählte soll während des laufenden individuellen BEM außer auf Wunsch des betroffenen Arbeitnehmers nicht ausgetauscht werden. Soweit der betroffene Arbeitnehmer einen bestimmten BR-Ansprechpartner BEM wünscht, ist dieser – vorbehaltlich seiner Verfügbarkeit – auszuwählen.[42]

(4) Handelt es sich bei dem betroffenen Arbeitnehmer um einen Schwerbehinderten oder einen Gleichgestellten oder besteht konkreter Anlass zu der Vermutung, dass die aktuelle Erkrankung oder Verletzung zu einer Anerkennung als Schwerbehinderter oder einer Gleichstellung führen wird, so ist zudem die Schwerbehindertenvertretung zum BEM hinzuzuziehen.[43]

(5) Der betroffene Arbeitnehmer kann zusätzlich eine Vertrauensperson seiner Wahl hinzuziehen.[44]

(6) Außerdem können je nach Einzelfall und auf Wunsch oder mit Zustimmung des betroffenen Mitarbeiters auch weitere interne oder externe Personen oder Institutionen mit einbezogen werden, etwa[45]

a) der unmittelbare Vorgesetzte[46] des betroffenen Mitarbeiters
b) ein anderer Arbeitnehmer des Arbeitgebers (soweit dieser aus konkreten Gründen des Einzelfalls besonders geeignet erscheint, das BEM zu fördern)
c) der Betriebsarzt
d) ein weiteres Mitglied des Betriebsrats
e) die Schwerbehindertenvertretung (auch soweit die Voraussetzungen des Abs. 4 nicht erfüllt sind, soweit die Hinzuziehung der Schwerbehindertenvertretung aus konkreten Gründen des Einzelfalls gleichwohl als besonders geeignet erscheint, das BEM zu fördern[47])
f) die Fachkraft für Arbeitssicherheit
g) ein Vertreter der Personalabteilung
h) der Kranken-, Unfall- oder Rentenversicherungsträger
i) die Agentur für Arbeit
j) das Integrationsamt (soweit es sich bei dem betroffenen Arbeitnehmer um einen Schwerbehinderten oder einen Gleichgestellten handelt)
k) der Berufsbildungsträger (soweit es sich bei dem betroffenen Arbeitnehmer um einen Auszubildenden handelt)
l) der arbeitsmedizinische oder arbeitspsychologische Dienst
m) der behandelnde Arzt[48] des betroffenen Mitarbeiters
n) der Rechtsanwalt oder ein anderer Rechtsbeistand des Mitarbeiters

Die genannten Personen und Institutionen sowie weitere Dritte sind zwingend hinzuzuziehen, soweit § 167 Abs. 2 SGB IX dies verlangt und soweit der betroffene Arbeitnehmer nicht widerspricht.

§ 11 Einleitung des BEM

(1) Die Personalabteilung meldet den BEM-Beauftragten auf Basis der Auswertung der allgemeinen Arbeitsunfähigkeitsstatistik diejenigen Arbeitnehmer namentlich, für die ein BEM durchzuführen ist. Sie fügt die in der Statistik gespeicherten individuellen Daten sowie die unternehmensinternen Kontaktdaten oder – bei aktuell noch krankgeschriebenen Arbeitnehmern – die Postanschrift des betroffenen Mitarbeiters hinzu.

(2) Durchzuführen ist ein BEM nach Maßgabe des § 167 Abs. 2 S. 1 SGB IX, wenn ein Arbeitnehmer innerhalb eines Zeitraums von einem Jahr – nicht notwendigerweise innerhalb eines Kalenderjahres – insgesamt mehr als sechs Wochen wiederholt oder ununterbrochen krankheitsbedingt arbeitsunfähig war. Ungeachtet dieser Voraussetzung steht es dem Arbeitgeber frei, ein BEM auch solchen Arbeitnehmern anzubieten, deren Fehlzeiten innerhalb eines Jahres sich nicht auf mehr als sechs Wochen summieren; es soll auch für solche Arbeitnehmer durchgeführt werden, wenn dies iSd in § 8 dieser Betriebsvereinbarung bzw. in § 167 Abs. 2 SGB IX erwähnten Zwecksetzung tunlich ist.[49]

(3) Der jeweils zugewiesene BEM-Beauftragte tritt mit einem Anschreiben auf Basis des dieser Betriebsvereinbarung als Anlage beigefügten Formbriefes[50] an den betroffenen Mitarbeiter schriftlich heran und lädt ihn zu einem Beratungsgespräch über das BEM ein. Er unterrichtet die Personalabteilung sowie die BR-Ansprechpartner BEM und im Falle einer Schwerbehinderung oder Gleichstellung des betroffenen Mitarbeiters auch die Schwerbehindertenvertretung jeweils durch Überlassung einer Kopie.

(4) Die Teilnahme am BEM ist für den betroffenen Arbeitnehmer freiwillig.[51] Er kann ein BEM ablehnen oder ein begonnenes BEM jederzeit ohne Angabe von Gründen abbrechen. Nach Abbruch besteht kein Anspruch auf Wiederaufnahme des BEM, soweit nicht das Gesetz etwas anderes vorschreibt.[52] Die Ablehnung oder der Abbruch werden nicht zum Nachteil des betroffenen Arbeitnehmers verwendet; insbesondere können Abmahnungen oder Kündigungen hierauf nicht gestützt werden.[53]

§ 12 Durchführung des BEM

(1) Kommt es zu dem Beratungsgespräch, so sind Ziele dieses Gesprächs

a) die Information des betroffenen Arbeitnehmers über die Ziele und Aufgaben des BEM sowie über Art und Umfang der im Rahmen des BEM erhobenen und verwendeten Daten
b) die Beantwortung etwaiger Rückfragen des betroffenen Arbeitnehmers hierzu
c) die Erklärung des betroffenen Arbeitnehmers, ob er die Durchführung des BEM wünscht oder nicht und – falls ja – ob er einen anderen BEM-Beauftragten als Fallmanager und welche weiteren Personen oder Institutionen er aktuell hinzuzuziehen wünscht

Die Erklärung des betroffenen Arbeitnehmers muss nicht bereits während des Beratungsgesprächs, sondern kann später und gesondert erfolgen.[54] Wünsche zur Person des BEM-Beauftragten und zur Hinzuziehung Dritter kann der betroffene Arbeitnehmer in jedem Fall auch noch nach begonnenem BEM äußern und ändern.

(2) Entscheidet sich der betroffene Arbeitnehmer für die Durchführung eines BEM, so findet ein erstes inhaltliches Orientierungsgespräch unter Beteiligung sämtlicher vom betroffenen Arbeitnehmer benannter Personen und Institutionen statt. Gegenstand dieses Orientierungsgesprächs ist eine erste gemeinsame Analyse der aktuellen Situation unter Einschluss der Frage, ob betriebliche oder berufliche Umstände ursächlich oder mitursächlich für die zum BEM veranlassende Arbeitsunfähigkeit des betroffenen Arbeitnehmers sind oder ob es sich um sonstige Ursachen handelt. Auf diesen individuellen Feststellungen basierend sollen jedenfalls im Falle interner (Mit-)Ursachen erste gemeinsame Überlegungen zu denkbaren Maßnahmen im Rahmen des BEM unter Einschluss der Frage nach der Beteiligung weiterer Personen oder Institutionen erfolgen.[55] Außer auf ausdrücklichen Wunsch des betroffenen Arbeitnehmers soll das BEM allenfalls dann bereits nach dem Orientierungsgespräch für beendet erklärt werden, wenn die festgestellten Ursachen ausschließlich externer und vorübergehender Natur sind (zB privater Sportunfall ohne bleibende Schäden, zufällig vermehrt auftretende Allgemeinerkrankungen wie grippale Infekte).[56] Insbesondere im Falle psychischer Belastungen sowie falls dauerhafte Einschränkungen zu erwarten sind, sollen alle Beteiligten behutsam auf eine Fortsetzung des BEM hinarbeiten.[57]

(3) Die im Rahmen des ersten inhaltlichen Orientierungsgesprächs erfolgten Analysen, Festlegungen und Planungen sind jederzeit während des laufenden BEM kritisch zu überprüfen und ggf. zu korrigieren oder anzupassen.

§ 13 Beendigung des BEM

(1) Das BEM ist abgeschlossen,[58] wenn entweder

a) der BEM-Beauftragte im schriftlich dokumentierten Einvernehmen mit dem betroffenen Arbeitnehmer feststellt, dass die Ziele und Aufgaben des BEM erreicht wurden, oder

b) der BEM-Beauftragte im schriftlich dokumentierten Einvernehmen mit dem betroffenen Arbeitnehmer feststellt, dass sich die Ziele und Aufgaben des BEM nicht (mehr) erreichen lassen, oder
c) der BEM-Beauftragte feststellt, dass sich die Ziele und Aufgaben des BEM nicht (mehr) erreichen lassen, nachdem er dem betroffenen Arbeitnehmer sowie den weiteren am BEM Beteiligten in Textform mitgeteilt hatte, dass aus seiner Sicht keine Ansätze mehr für zielführende Präventionsmaßnahmen zu erwarten sind und er das BEM daher für beendet erklären will, und nachdem daraufhin innerhalb angemessener, vom BEM-Beauftragten nachgelassener Frist keiner der Beteiligten ernsthaft weiterzuverfolgende Ansätze für zielführende Präventionsmaßnahmen aufgezeigt hat, oder
d) der betroffene Arbeitnehmer das BEM abbricht oder
e) das Arbeitsverhältnis endet.

(2) Der BEM-Beauftragte informiert Personalleitung, BR-Ansprechpartner BEM und – im Falle einer Schwerbehinderung oder Gleichstellung des betroffenen Arbeitnehmers – Schwerbehindertenvertretung unverzüglich über den Abschluss des BEM unter Angabe des abstrakten Grundes (vorstehend a)–e)), ohne jedoch die Einzelheiten zu nennen. Ein neues BEM kommt erst nach erneutem Erfüllen der Voraussetzungen in Betracht.[59]

§ 14 Dokumentation

(1) Die Personalabteilung legt für den Mitarbeiter eine gesonderte Beiakte BEM zur allgemeinen Personalakte an, die sowohl von der allgemeinen Personalakte als auch von der Beiakte Gesundheitsdaten tatsächlich getrennt ist und dementsprechend auch separat aufbewahrt wird. Die Regelungen zur Beiakte Gesundheitsdaten gelten entsprechend.

(2) Der Beiakte Gesundheitsdaten ist ein Vermerk beizufügen, aus dem sich die Anlage der Beiakte BEM unter Beifügung des Datums ergibt.[60] Zusätzlich sind der Beiakte Gesundheitsdaten beizufügen[61]
a) das schriftliche Angebot des Arbeitgebers, ein BEM durchzuführen
b) das Einverständnis des betroffenen Arbeitnehmers
c) die Erklärung des BEM-Beauftragten zur Beendigung des BEM

Hat der betroffene Arbeitnehmer das BEM von vornherein abgelehnt oder hat er sich nicht geäußert, so ist eine Beiakte BEM obsolet. Die Beiakte Gesundheitsdaten enthält dann
a) das schriftliche Angebot des Arbeitgebers, ein BEM durchzuführen
b) die Ablehnung des Angebots durch den betroffenen Arbeitnehmer bzw. den Vermerk des Arbeitgebers, weshalb mit einer Antwort des Arbeitnehmers nicht mehr zu rechnen ist

(3) Während des laufenden BEM bewahrt der BEM-Beauftragte die Beiakte BEM bei sich und unter besonderem Verschluss auf. Ist dies nicht möglich, ist sie auch während des laufenden BEM außer zum Zwecke der unmittelbaren Bearbeitung durch die Personalabteilung wie üblich gesondert aufzubewahren. Der BEM-Beauftragte dokumentiert den gesamten Verlauf des BEM[62] und legt diese Protokolle sowie alle sonstigen dem BEM zugehörigen Unterlagen ausschließlich in der Beiakte BEM ab. Nach Abschluss des BEM ist die BEM-Akte dem Personalleiter oder seinem Stellvertreter zum Zwecke der weiteren Aufbewahrung zu übergeben.

(4) Die Beiakte BEM ist zu vernichten und die elektronisch gespeicherten Daten sind zu löschen, sobald sie der Arbeitgeber zur Erfüllung seiner gesetzlichen Pflichten nicht mehr benötigt. Hat der betroffene Arbeitnehmer ein BEM abgelehnt oder hat er es vorzeitig abgebrochen, so erfolgt die Löschung spätestens drei Monate nach der Ablehnung bzw. dem Abbruch. Ist das BEM auf andere Weise abgeschlossen, so ist die Beiakte BEM spätestens ein Jahr nach dem Abschluss zu löschen bzw., wenn das BEM mit einer Vereinbarung abgeschlossen wurde, die Wirkungen für die Zukunft hat, spätestens fünf Jahre nach dem Abschluss. Vor jeder Löschung wird der Arbeitgeber den betroffenen Arbeitnehmer danach befragen, ob er mit der Löschung einverstanden ist. Widerspricht der Arbeitnehmer der Löschung, so darf sie erst mit Beendigung des Arbeitsverhältnisses stattfinden, sofern der Arbeitnehmer nicht doch noch die frühere Löschung verlangt.[63]

Abschnitt 4 (Schlussbestimmungen)

§ 15 Inkrafttreten, Kündigung, Nachwirkung

(1) Diese Betriebsvereinbarung tritt mit ihrer Unterzeichnung in Kraft.

(2) Sie ist kündbar mit einer Frist von sechs Monaten zum Ende eines Kalenderjahres. Die Teilkündigung nur des Abschnitts 3 (BEM) ist zulässig.[64]

(3) Im Falle der Kündigung wirkt der gekündigte Teil nach bis zum Inkrafttreten einer neuen Regelung.[65]

## Anmerkungen

**1. Mitbestimmung.** Ein Mitbestimmungsrecht ergibt sich nur für Teile der im Folgenden vorgestellten Betriebsvereinbarung aus § 87 Abs. 1 BetrVG, und zwar insbesondere aus Nr. 1 (betreffend allgemeine Verfahrensfragen), ggf. Nr. 6 (Nutzung und Verarbeitung von Gesundheitsdaten) und Nr. 7 (Ausgestaltung des Gesundheitsschutzes). Für andere Teile besteht keine zwingende Mitbestimmung, sodass der Betriebsrat die hier vorgeschlagene Betriebsvereinbarung nicht in Gänze im Wege des Einigungsstellenverfahrens (§ 76 BetrVG) durchsetzen könnte (vgl. hierzu (bezogen auf das BEM) sehr instruktiv LAG Hamburg 20.2.2014 – 1 TaBV 4/13, NZA-RR 2014, 295 und die Bestätigung durch das BAG 22.3.2016 – 1 ABR 14/14, NZA 2016, 1283 sowie die darauf bezogene Darstellung von Hoffmann-Remy NZA 2016, 1261).

**2. Zuständiges Gremium.** Statt einer betriebsbezogenen Betriebsvereinbarung durch den örtlichen Betriebsrat kommt je nach Gegebenheiten auch eine Gesamt- oder Konzernbetriebsvereinbarung in Betracht, die vom Gesamt- bzw. Konzernbetriebsrat mit dem Arbeitgeber zu verhandeln und zu vereinbaren wäre.

**3. Zielsetzung.** Es handelt sich um einen programmatischen Absatz, der aber jedenfalls im Rahmen der Auslegung der Betriebsvereinbarung auch rechtliche Bedeutung gewinnen kann. Der Inhalt solcher Programmsätze wird zu wesentlichen Teilen von den Verhandlungen unter den Betriebsparteien abhängen. Alternative Formulierungsanregungen enthalten insbesondere auch die Gebote des Art. 5 Abs. 1 DS-GVO (ua Rechtmäßigkeit, Transparenz, Zweckbindung, Datenminimierung/Datensparsamkeit und Speicherbegrenzung). Wichtig ist vor allem, dass die Parteien zum

Ausdruck bringen, in Ausübung ihrer gemeinsamen Verantwortung zum Wohle der Beschäftigten, zum Zwecke der Umsetzung gesetzlicher Pflichten und im Geiste eines fairen – also verhältnismäßigen – Interessenausgleichs zu handeln. Neben den ausdrücklich genannten Aspekten hat eine solche Betriebsvereinbarung den Zweck, die Informationspflichten des Arbeitgebers nach den Art. 13 f. DS-GVO gegenüber den Beschäftigten zu erfüllen. Die hier angeregte Ausführlichkeit etwa in § 2 Abs. 3 des Musters geht auch darauf zurück.

**4. Persönlicher Geltungsbereich.** Die Anwendbarkeit auch auf Auszubildende hat deklaratorischen Charakter. Entsprechend der Zuständigkeit des Betriebsrats ist die Betriebsvereinbarung hingegen auf leitende Angestellte iSd § 5 BetrVG nicht anwendbar. Soweit nicht ein Sprecherausschuss besteht, mit dem eine entsprechende Regelung getroffen werden kann, kann die Betriebsvereinbarung allenfalls klarstellen, dass der Arbeitgeber auch mit den Daten leitender Angestellte in derselben Weise verfahren wird und dass das gesetzlich vorgesehene BEM-Verfahren auch für leitende Angestellte anzuwenden ist. Verfahrensregelungen betreffend die leitenden Angestellten erübrigen sich hingegen, da der Betriebsrat insoweit weder zuständig ist noch den erforderlichen Zugriff auf die Akten der leitenden Angestellten hat. Betreffend im Betrieb tätige Leiharbeitnehmer ist der Betriebsrat nur hinsichtlich besonderer Regelungsgegenstände zuständig (s. dazu ErfK/Koch BetrVG § 5 Rn. 4 mwN). Der Umgang mit den in dieser Betriebsvereinbarung thematisierten Gesundheitsdaten sowie das BEM dürften nicht dazuzählen, da diese Aspekte thematisch dem Vertragsarbeitgeber (Verleiher) zugewiesen sind.

**5. Personenbezug und Personenbeziehbarkeit.** Durch Erwähnung auch der Personenbeziehbarkeit werden auch solche Daten ausdrücklich erfasst, die zwar keinem Mitarbeiter namentlich oder sonst unmittelbar zugeordnet sind, die sich aber mehr oder weniger einfach auf einen konkreten Mitarbeiter beziehen lassen – etwa wenn eine vordergründig abstrakte Abteilungsstatistik angefertigt wird, die Abteilung aber nur aus einem einzigen Mitarbeiter besteht, oder wenn für jede Abteilung unter Frauen und Männer differenziert wird, in einer Abteilung aber nur ein einziger Mann unter zahlreichen Frauen tätig ist. Diese Fälle werden in der Regel bereits durch die gesetzliche Definition der Personenbezogenheit in Art. 4 Nr. 1 DS-GVO erfasst sein, die den Begriff der „identifizierten oder identifizierbaren natürlichen Person" verwendet; gleichwohl erscheint die Klarstellung in der Betriebsvereinbarung sinnvoll.

**6. Ersterkrankung und Fortsetzungserkrankung.** Die Frage hat Bedeutung für den Umfang der gesetzlichen Entgeltfortzahlungspflicht nach § 3 Abs. 1 EFZG. Auf dem ärztlichen Arbeitsunfähigkeitsattest ist die zutreffende Kategorie angekreuzt.

**7. Gesamtzeitraum der Arbeitsunfähigkeit in den vergangenen zwölf Monaten.** Bezogen auf den Zwölfmonatszeitraum hat diese Angabe Bedeutung für die Einleitung eines BEM nach § 167 Abs. 2 SGB IX. Der Arbeitgeber mag eine solche Statistik aber aus anderen Gründen auch für abweichende Referenzzeiträume führen, sei es, um einen Gesamtüberblick über den längerfristigen Krankenstand zu haben, sei es, um eine potenzielle krankheitsbedingte Kündigung vorzubereiten oder aus anderen Gründen.

**8. Medizinische Unterlagen des Betriebsarztes.** Diese gehören nie in die Personalakte, da der Arbeitgeber kein Einsichtnahmerecht besitzt. Dies folgt aus der Verschwiegenheitspflicht des Betriebsarztes nach § 8 Abs. 1 S. 3 ASiG. Die Erwähnung hat deklaratorischen Charakter.

**9. Angaben zum Grund der Arbeitsunfähigkeit.** Der Arbeitnehmer ist nicht verpflichtet, gegenüber dem Arbeitgeber Angaben zur Art seiner Erkrankung zu machen. Folglich sollte es eine Selbstverständlichkeit sein, auch nicht danach zu fragen. Erfahrungsgemäß wird das aber vielfach anders gehandhabt und erlebt, sodass eine Klarstellung in der Betriebsvereinbarung durchaus geboten erscheint. Äußert sich der Mitarbeiter freiwillig, meldet er sich etwa per E-Mail mit den Worten krank, er habe die Grippe, so bleibt dies selbstverständlich zulässig. Der Vorgesetzte sollte dies aber nicht an die Personalabteilung weitergeben und schon gar nicht – wie es in der Praxis aber häufig geschieht – an die Kollegen.

**10. Überprüfung der Arbeitsunfähigkeit.** Durch die Regelung in § 3 Abs. 2 S. 1 und 2 des Musters darf das Recht des Arbeitgebers nicht beeinträchtigt werden, im Falle von Zweifeln an der Arbeitsunfähigkeit des Mitarbeiters diesen Zweifeln nachzugehen. Zu der Aufklärung kann durchaus das Gespräch mit dem Mitarbeiter zählen, im Rahmen dessen dem Mitarbeiter auch verdeutlicht wird, dass er durch Offenheit betreffend seine Erkrankung ggf. Zweifel aus dem Weg räumen kann. Der Arbeitgeber befindet sich dann auf rechtlich schwierigem Terrain. Die Klärung unter Angaben zur Erkrankung kann aber durchaus auch dem Mitarbeiter nutzen. So wird beispielsweise jeder Arbeitgeber argwöhnisch, wenn er einen krankgeschriebenen Mitarbeiter beim Fußballtraining, beim lokalen Volkslauf oder beim Pflastern der Hofeinfahrt des Nachbarn antrifft. Solche Aktivitäten stehen schnell in dem Verdacht, wahlweise genesungswidrig oder ein Indiz für eine in Wahrheit gar nicht bestehende Erkrankung zu sein. Klärt der Arbeitnehmer in einer solchen Situation über seine Erkrankung auf, so kann sich zwanglos und ohne aufwendiges und auch für den Arbeitnehmer belastendes Verfahren (Einschaltung des medizinischen Dienstes der Krankenkassen, Einstellung der Lohnfortzahlung, außerordentliche Kündigung – das potentielle Instrumentarium des Arbeitgebers ist großkalibrig) herausstellen, dass der Verdacht ins Leere geht. Beispielsweise können Sport und andere körperliche Aktivitäten insbesondere bei psychischen Erkrankungen durchaus unschädlich oder sogar Teil der Therapie oder wenigstens der ärztlichen Verhaltensempfehlungen sein (s. aber auch BAG 2.3.2006 – 2 AZR 53/05, NZA 2006, 636).

**11. Getrennte und besonders geschützte Aufbewahrung der Gesundheitsdaten.** Die Pflicht zur getrennten und besonders geschützten Aufbewahrung ist zwingende Folge der Rechtsprechung seit BAG 12.9.2006 – 9 AZR 271/06, NZA 2007, 269. Das Inkrafttreten des DS-GVO ändert daran nichts (→ Vorb.).

**12. Übermittlung per E-Mail.** Die E-Mail ist – sofern sie nicht ausnahmsweise verschlüsselt wird – bekanntermaßen ein unter den Gesichtspunkten der Vertraulichkeit und des Datenschutzes recht unsicheres Übertragungsmedium (→ Form. D. III. 1.). Die Bedenken gegen ihren Gebrauch sinken, wenn im konkreten Unternehmen der Zugriff anderer Personen als des Postfachbesitzers ausgeschlossen oder weitgehend ausgeschlossen ist. Kann hingegen ein ganzes Team auf die E-Mails des Teamleiters zugreifen, ist die Betriebsbekanntheit von per E-Mail übermittelten Gesundheitsdaten kaum aufzuhalten. Aus praktischen Gründen erscheint ein absolutes Verbot der Nutzung der E-Mail gleichwohl überzogen: Gerade wenn ein Mitarbeiter selbst die E-Mail als Übertragungsmedium für seine Krankmeldung oder gar sein Attest gewählt hat – wie es zuhauf vorkommt – erscheint es inadäquat, dem Empfänger dieser E-Mail die Weiterleitung an die Personalabteilung oder auch nur die Beantwortung der E-Mail des erkrankten Mitarbeiters rigoros und mit der Folge naheliegender Pflichtenverstöße zu untersagen.

**13. Krankmeldung und Attest.** Die Regelung bezieht sich auf die in § 5 EFZG geregelten Verpflichtungen des Beschäftigten im Falle seiner krankheitsbedingten Arbeitsunfähigkeit. Die Krankmeldung und das anschließend eingeholte ärztliche Attest dürften die zahlenmäßig allermeisten Gesundheitsdaten enthalten, die in einem durchschnittlichen Unternehmen anfallen. Anders mag dies in Unternehmen sein, die sich ihrem Zweck nach mit Gesundheitsdaten wesentlich intensiver befassen, etwa Krankenhäuser oder Kranken- bzw. Lebensversicherer. Für diese alltäglich anfallenden Daten ist eine detaillierte Regelung nicht primär aus rechtlichen Gründen empfehlenswert, sondern schlicht, um den beteiligten Personen, der erkrankte Mitarbeiter eingeschlossen, einen Handlungsleitfaden an die Hand zu geben. Erfahrungsgemäß besteht nicht selten Ungewissheit unter Mitarbeitern, wie und an wen sie ihre krankheitsbedingte Arbeitsunfähigkeit zu melden und ihr Attest zu übersenden haben, ebenso wie die Empfänger solcher Sendungen bisweilen unsicher sind, wie damit weiter zu verfahren ist.

**14. Informationswege.** Welche Personen zu informieren sind und in welcher Priorisierung, mag für jedes Unternehmen unterschiedlich entschieden werden. Vorgesetzter und Personalabteilung bedürfen aber in jedem Falle der Information. Der Vorgesetzte, weil er den Ausfall der Arbeitskraft durch organisatorische Maßnahmen auffangen muss, die Personalabteilung, weil sie die ihr obliegenden statistischen Angaben zu übernehmen hat und – ggf. zusammen mit der Lohnabrechnungsstelle – über die Entgeltfortzahlung entscheiden muss.

**15. Datensparsamkeit.** Geht entsprechend dem im Muster dargestellten Vorschlag das Attest in der Personalabteilung ein, so erlangt lediglich diese Kenntnis von den näheren Umständen der Erkrankung (behandelnder Arzt samt Fachrichtung; Folge- oder Ersterkrankung). Der Vorgesetzte benötigt diese Angaben nicht; für ihn ist lediglich die voraussichtliche Dauer der Erkrankung von Bedeutung, die ihm deshalb mitgeteilt werden sollte.

**16. Externe Lohnabrechnungsstelle.** In diesem vor allem für kleinere und mittlere Unternehmen gängigen Fall liegt häufig eine Auftragsverarbeitung iSd Art. 28 DS-GVO vor.

**17. Beiakte Gesundheitsdaten.** Das Erfordernis einer Beiakte folgt letztlich aus der Kategorisierung der Gesundheitsdaten als besondere Kategorie personenbezogener Daten iSd Art. 9 Abs. 1 DS-GVO. Diese sensiblen Daten bedürfen eines besonderen Schutzes gegen unbefugte Einsichtnahme, vor allem auch gegen eine Nutzung über die enge, ihre Erhebung und Verarbeitung rechtfertigende Zweckbindung hinaus. Bereits die Einleitung zu diesem Kapitel enthält den Hinweis auf die eindeutige Rechtsprechung des BAG, die die Aufbewahrung bzw. Speicherung von Gesundheitsdaten der Mitarbeiter getrennt von der allgemeinen Personalakte und besonders gegen zufällige Kenntnisnahme gesichert verlangt und das grundrechtlich geschützte allgemeine Persönlichkeitsrecht des Mitarbeiters verletzt sieht, wenn der Arbeitgeber die sensiblen Gesundheitsdaten stattdessen ohne besonderen Schutz – gemeint war: in der allgemeinen Personalakte – aufbewahrt (BAG 12.9.2006 – 9 AZR 271/06, NZA 2007, 269). Letztlich kommen nur die separate Beiakte oder ein in die allgemeine Personalakte eingelegter verschlossener Umschlag mit den Gesundheitsdaten in Betracht. Insoweit erscheint die separate Beiakte organisatorisch, aber auch datenschutzrechtlich vorzugswürdig.

**18. Zugriffsbefugnisse.** Diese können je nach den betrieblichen Gegebenheiten anders ausgestaltet sein, müssen aber (s. nur BAG 12.9.2006 – 9 AZR 271/06, NZA 2007, 269) im Vergleich zum Zugriff auf die allgemeine Personalakte erkennbar und deutlich restriktiver sein. Keinesfalls sollte ein Fachvorgesetzter ohne weiteres in die Beiakte Gesundheitsdaten Einsicht nehmen können.

**19. Elektronische Beiakte.** Es wird der Praxis entsprechen, die Beiakte nicht nur in Papierform, sondern auch – oder sogar ausschließlich – elektronisch anzulegen. Sofern die Sicherungsbedürfnisse gewahrt sind, spricht auch datenschutzrechtlich zunächst einmal nichts dagegen. Da die Speicherung zur Erfüllung der Verpflichtung aus § 167 Abs. 2 SGB IX und/oder zur Erfüllung des Arbeitsvertrags erforderlich ist, folgt die Rechtsmäßigkeit der Datenverarbeitung aus § 26 Abs. 3 BDSG iVm Art. 9 Abs. 2 lit. b DS-GVO (zur grundlegenden Argumentation vgl. auch BAG 9.4.2019 – 1 ABR 51/17, NZA 2019, 1055 insbes. Rn. 24 ff., und (wenngleich zum alten Recht) BAG 7.5.2019 – 1 ABR 53/17, NZA 2019, 1218 insbes. Rn. 41 ff.). Ein Widerspruch des Betroffenen ist folglich nicht möglich. Die entsprechende Diskussion nach dem früheren Datenschutzrecht ist daher überholt; sie war aber schon seinerzeit verfehlt. Die für das Widerspruchsrecht von der Literatur bemühten Beispiele waren alles andere als alltäglich und betrafen außerordentliche Ausnahmesituationen (zB Gefährdung an Leib und Leben durch Datenverarbeitung, Simitis/Dix BDSG § 35 Rn. 58, dort und in Rn. 57 weitere Beispiele und Nachweise; Teilnahme an einem Zeugenschutzprogramm, Plath/Kamlah BDSG § 35 Rn. 49; jeweils zur Rechtslage vor Inkrafttreten der DS-GVO). Solche persönlichen Extremsituationen sind zwar denkbar, konnten aber schon nach altem Recht nicht als Argument dafür herhalten, den Betriebsparteien das Führen einer elektronischen Gesundheits- oder auch BEM-Akte allgemein zu untersagen.

**20. Separate Aufbewahrung.** Auch hierbei handelt es sich um die Umsetzung der aus der Entscheidung BAG 12.9.2006 – 9 AZR 271/06, NZA 2007, 269 ersichtlichen rechtlichen Vorgaben. Die separate Lagerung bewahrt insbesondere vor dem versehentlichen Gewähren der Einsichtnahme, aber auch vor dem vermeidbaren Zugriff anderer Personalsachbearbeiter als des für den Einzelfall zuständigen etwa im Vertretungsfall.

**21. Gesundheitsdaten nur in die Beiakte.** Das Muster stellt ausdrücklich klar, dass sämtliche Gesundheitsdaten einschließlich der recht alltäglich auftretenden Krankmeldungen und Atteste ausschließlich in der Beiakte Gesundheitsdaten und also nie in der allgemeinen Personalakte aufzubewahren sind. Aus der Norm folgt auch, dass Vorgesetzte keine eigenen Gesundheitsakten über ihre Mitarbeiter führen dürfen. Dies kann in einer Betriebsvereinbarung auch ausdrücklich erwähnt werden. Um kein Misstrauen zu schüren, sollte diese Erwähnung aber möglichst nur dann erfolgen, wenn Anlass zu der Vermutung besteht, dass anderenfalls solche Geheim- und Parallelakten geführt werden.

**22. Aufbewahrungsfristen.** Personenbezogene Daten, die zu eigenen Zwecken verarbeitet worden sind, sind zu löschen, sobald ihre Kenntnis für die Erfüllung des Zwecks nicht mehr erforderlich ist (Art. 17 Abs. 1 lit. a DS-GVO). Daher stellt sich die Frage, wann die – zweifellos personenbezogenen – Gesundheitsdaten zu löschen sind. Insoweit bietet sich eine allgemeingültige Regelung an, die trotz der datenschutzrechtlichen Erfordernisse eine nicht zu knapp bemessene Aufbewahrungsfrist vorsehen sollte. Vor allem falls der Arbeitgeber für eine krankheitsbedingte Arbeitsunfähigkeit keine Lohnfortzahlung geleistet haben sollte, kann der Arbeitnehmer noch nach drei Jahren unverjährte Gehaltsforderungen erheben. Der Arbeitgeber wird dann der damaligen Arbeitsunfähigkeitsatteste noch bedürfen, beispielsweise um zu belegen, dass der Arzt seinerzeit eine Folgeerkrankung diagnostiziert hatte. Zudem ist die Verwendung von Gesundheitsdaten im Rahmen der Begründung einer ordentlichen personenbedingten (hier: krankheitsbedingten) Kündigung iSd § 1 KSchG durchaus zulässig und für den Arbeitgeber zur prozessual angemessenen Verteidigung gegen eine Kündigungsschutzklage auch essentiell. Nur auf Basis der früheren Arbeitsunfähigkeitsdaten kann er die für die soziale Rechtfertigung der Kündigung erforderliche Gesundheitsprognose erstellen und belegen. In der Regel werden die Fehlzeiten der vergangenen drei bis fünf Jahre herangezogen, weshalb eine weitgehende Löschung der Gesundheitsdaten nach diesem Zeitraum sinnvoll erscheint. Der Vorschlag ordnet dann für einen Übergangszeitraum von weiteren fünf Jahren die quantitative Statistik an, die anschließend völlig zu anonymisieren ist, falls die Fehlzeiten noch länger erfasst werden sollen. Die jeweiligen Aufbewahrungszeiträume können gewiss kürzer gefasst werden; sie dürften in etwa die Obergrenze des Zulässigen darstellen.

**23. Arbeitsunfähigkeitsstatistik.** Nahezu jeder Arbeitgeber wird die Fehlzeiten seiner Mitarbeiter statistisch erfassen wollen. Das ist dem Grunde nach nicht zu beanstanden; der Arbeitgeber ist berechtigt, etwa diejenigen Angaben zu erfassen und auszuwerten, die als Basis für jene Gesundheitsprognose in Betracht kommen, die sozialer Rechtfertigungsgrund für eine krankheitsbedingte Kündigung (personenbedingte Kündigung iSd § 1 Abs. 1 KSchG) sein kann. Hierfür bedarf es der Speicherung der Daten über einen Zeitraum von mehreren Jahren. Auch um prüfen zu können, ob die Voraussetzungen zur Durchführung eines BEM vorliegen, kommt der Arbeitgeber nicht umhin, die krankheitsbedingten Fehltage sämtlicher Mitarbeiter zu erfassen und zumindest so lange und mit den Informationen abzuspeichern, wie es zur Entscheidung über die Einleitung eines BEM erforderlich ist. Hierfür bedarf es allerdings keiner mehrjährigen Statistik, sondern lediglich der Kontrollmöglichkeit für die jeweils zurückliegenden zwölf Monate. Zusätzlich hat der Arbeitgeber u. a. aus Arbeitsschutzgedanken heraus ein schützenswertes Interesse daran, die mittel- und langfristige Entwicklung des Krankenstandes zu beobachten. Der hiesige Vorschlag schafft daher eine zweigeteilte Statistik, nach der die individuellen Daten in der allgemeinen Statistik wenig über die Jahresfrist des § 167 Abs. 2 SGB IX hinaus gespeichert werden, anonymisierte Daten jedoch wesentlich länger zur Verfügung stehen, um die längerfristigen Entwicklungen der Krankenstände beobachten und ggf. gegensteuern zu können.

**24. Abteilungsbezogene Auswertung.** Siehe zunächst die Hinweise in der vorstehenden → Anm. 23. Die hier vorgeschlagene BV ermöglicht neben der individuellen eine abteilungsbezogene Auswertung. Andere Begriffe und Abgrenzungen als nach der Abteilung sind denkbar, etwa eine Auswertung nach Hierarchie- oder Vergütungslevel, nach Einsatzort, nach Arbeitszeit (Nachtschicht vs. Tagschicht) oder dergleichen.

**25. Aufbewahrung der nicht anonymisierten Daten.** Der Arbeitgeber muss zu Zwecken des BEM jederzeit feststellen können, ob jeder einzelne Arbeitnehmer innerhalb der vergangenen zwölf Monate mehr als sechs Wochen lang krankheitsbedingt arbeitsunfähig war. Die Mindestaufbewahrungsfrist der zu diesem Zweck erhobenen Daten beträgt also ein Jahr und wenige Tage. Um untunlichen Zeitdruck zu vermeiden, vor allem aber auch, um dem Betriebsrat die Kontrolle zu ermöglichen, ob der Arbeitgeber wirklich in jedem einschlägigen Fall ein BEM eingeleitet hat, muss die Frist angemessen verlängert werden, ohne dass dies zu einer übermäßigen Datenspeicherung führt. Angesichts des hier vorgeschlagenen quartalsweise gewährten Einsichtnahmerechts des Betriebsrats (s. § 7 Abs. 2 der Betriebsvereinbarung) erscheinen 18 Monate als genügend lange und datenschutzrechtlich noch akzeptable Frist. Die Frist ist aber für jeden Betrieb unter Abwägung der für ihre Verkürzung und für ihre Verlängerung sprechenden Argumente individuell festzulegen.

**26. Aufbewahrung der anonymisierten Daten.** Um mittel- und längerfristige Entwicklungen erkennen zu können, bedarf der Arbeitgeber eines umfassenden Zeitraums, für den die nicht mehr dem einzelnen Arbeitnehmer zuzuordnenden Daten zur Verfügung stehen. Auch diese Frist ist für jeden Betrieb unter Abwägung der für ihre Verkürzung und für ihre Verlängerung sprechenden Argumente individuell festzulegen.

**27. Einsichtnahmerecht des betroffenen Mitarbeiters.** Das Einsichtnahmerecht nebst Recht auf Begleitung durch den Betriebsrat folgt aus § 83 Abs. 1 BetrVG und lässt sich nicht beschneiden (GK-BetrVG/Franzen § 83 Rn. 2).

**28. Regelmäßiges Einsichtnahmerecht des Betriebsrats.** Dem Betriebsrat sollte die Möglichkeit eingeräumt werden, jedenfalls diejenigen Unterlagen regelmäßig einzusehen, die er benötigt, um seinen gesetzlichen Aufgaben etwa nach §§ 75 Abs. 1, 80 Abs. 1 Ziff. 1 BetrVG nachzukommen und darüber zu wachen, dass alle im Betrieb tätigen Personen nach den Grundsätzen von Recht und Billigkeit behandelt werden und dass die zugunsten der Arbeitnehmer geltenden Gesetze durchgeführt werden. Das bezieht sich im hiesigen Zusammenhang vor allem auf die Verpflichtung des Arbeitgebers zur Einleitung von BEM nach § 167 Abs. 2 SGB IX. Zu diesem Zweck ist die allgemeine Arbeitsunfähigkeitsstatistik hilfreich, weil sie dem Betriebsrat die Prüfungsmöglichkeit nur anhand der hierfür erforderlichen Angaben und ohne Einsichtnahme in die gesamte Personalakte eröffnet (zum Einsichtnahmerecht des Betriebsrats in Personalakten → Anm. 29). Die Einzelheiten, vor allem die Häufigkeit der Einsichtnahme können aber anders als hier vorgeschlagen ausgestaltet werden. Ggf. wären die Aufbewahrungsfristen dann abweichend zu dimensionieren.

**29. Weiteres Einsichtnahmerecht des Betriebsrats.** Anders als vielfach praktiziert besteht ein allgemeines Einsichtnahmerecht des Betriebsrats in Personalakten grundsätzlich nicht (vgl. etwa BAG 20.12.1988 – 1 ABR 63/87, NZA 1989, 393, sowie sehr klar LAG Berlin-Brandenburg 12.11.2012 – 17 TaBV 1318/12, NZA-RR 2013, 293). Um jedoch seiner gesetzlichen Aufgabe gerecht werden zu können, über die Rechtmäßigkeit der Behandlung der Arbeitnehmer durch den Arbeitgeber zu wachen (§§ 75 Abs. 1, 80 Abs. 1 Nr. 1 BetrVG), bedarf der Betriebsrat bisweilen der Information durch den Arbeitgeber auch über Daten, die in Personalakten abgelegt sind. Diese Auskünfte hat der Arbeitgeber zu erteilen, ohne aber Einsicht in die gesamte Akte zu gewähren. Dies ergibt sich aus § 80 Abs. 2 BetrVG und ist betreffend die Überwachung der Verpflichtung zur Durchführung von BEM sogar für sensible Gesundheitsdaten ausdrücklich so entschieden: Von der Zweckbestimmung der Datenerhebung, -speicherung und -nutzung sei die Information des Betriebsrats auch ohne ausdrückliche Einwilligung der betroffenen Arbeitnehmer gedeckt, da die Datennutzung aufgrund der gesetzlichen Pflichten des Betriebsrats erfolge und der Arbeitgeber (Arbeitgeber und Betriebsrat bilden nach richtiger, wenngleich umstrittener Auffassung zwei Teile derselben datenverantwortlichen Stelle iSv Art. 4 Nr. 7 DS-GVO; bereits → Vorb. und zum aktuellen Streitstand Gola/Klug NJW 2019, 2587 (2589f.)) die sensitiven Daten also im Sinne der Rechtsprechung des BAG „zur Erfüllung seiner gesetzlichen Pflichten" benötige (so zur alten Rechtslage BAG 7.2.2012 – 1 ABR 46/10, NZA 2012, 744 (747)). Die gesetzliche Pflicht des Betriebsrats ergibt sich dabei betreffend das BEM ausdrücklich aus § 167 Abs. 2 S. 7 SGB IX. Gleichwohl ordnet die vorliegende Betriebsvereinbarung vorsichtshalber lediglich die Einsichtnahme in die von der individuellen Personalakte getrennte allgemeine Arbeitsunfähigkeitsstatistik an, um die gelegentliche Kenntnisnahme weiterer persönlicher Daten durch den Betriebsrat auszuschließen. Denn ihm sind eben nur die „zur Durchführung seiner Aufgaben erforderlichen Unterlagen zu Verfügung zu stellen" (§ 80 Abs. 2 BetrVG); die Preisgabe weiterer Daten wäre weder vom BetrVG noch vom Datenschutzrecht gedeckt.

**30. Abschnitt betreffend das BEM.** Dieser Teil der Betriebsvereinbarung ist recht spezifisch und geht über das rein datenschutzrechtliche Interesse am Umgang mit den Gesundheitsdaten der Mitarbeiter hinaus. Es erscheint jedoch nicht sinnvoll, die Datenschutzfragen des BEM ohne eine einigermaßen umfassende Verfahrensregelung zu beantworten. Der Vorschlag zur Betriebsvereinbarung ist gleichwohl so angelegt, dass Abschnitt 3 (BEM) gestrichen werden kann, ohne dass sich Brüche im verbleibenden Teil der Betriebsvereinbarung ergeben. Lediglich wären der abschließende Abschnitt und Paragraf in der Nummerierung anzupassen. Außerdem wären einige Kürzungen in der Überschrift (Benennung) der Betriebsvereinbarung und in wenigen Textpassagen vorzunehmen.

**31. Handlungsgerüst.** Mehr als ein Handlungsgerüst kann das per Betriebsvereinbarung festgelegte Prozedere nicht sein. Denn das BEM ist individuell auf den Einzelfall und auf die Bedürfnisse des einzelnen betroffenen Arbeitnehmers zugeschnitten und entzieht sich somit einer detaillierten allgemeinen Regelung.

**32. Anzahl der BEM-Beauftragten.** Die Zahl sollte sich an der Belegschaftsstärke und der Häufigkeit von BEM-Verfahren orientieren, die Anzahl zwei aber keinesfalls und die Anzahl drei möglichst nicht unterschreiten. Dies hat mehrere Gründe: So sind Vertretungen der BEM-Beauftragten untereinander erforderlich, sollte den betroffenen Arbeitnehmern angesichts der sehr persönlichen Erörterungen eine echte Auswahl unter mehreren BEM-Beauftragten eingeräumt sein, ist das im Betrieb bei den BEM-Beauftragten vorhandene Know-how auch für den Fall des Ausscheidens einzelner BEM-Beauftragter aus dem Arbeitsverhältnis zu erhalten und sollten die BEM-Beauftragten für den Fall mehrerer gleichzeitig durchzuführender BEM-Verfahren zeitlich auch angesichts ihrer regulären Arbeitsaufgaben nicht überfordert werden. Andererseits sollte die Anzahl nicht so hoch gewählt werden, dass der einzelne BEM-Beauftragte allenfalls alle paar Jahre einmal tätig werden muss und es ihm deshalb naturgemäß an Erfahrung fehlt. Durch das Wörtchen „mindestens" in der Regelung erlangt der Arbeitgeber Flexibilität, über das vereinbarte Mindestmaß hinaus BEM-Beauftragte zu bestellen; dieses Wörtchen ist daher aus Arbeitgebersicht ratsam und sollte auf Betriebsratsseite nicht auf Widerstand stoßen. Der Arbeitgeber ist ohne Festlegung, zB durch eine Betriebsvereinbarung, nicht verpflichtet, überhaupt dauerhafte BEM-Beauftragte zu ernennen. Er kann stattdessen von Fall zu Fall entscheiden, wen er mit dem BEM beauftragt. Jedenfalls für größere Betriebe werden sich aber eine dauerhafte Beauftragung und die Schulung dieser Beauftragten anbieten.

**33. Widerruflichkeit der BEM-Beauftragung.** Die Widerruflichkeit einzelner Vertragsbestandteile unterliegt recht strengen arbeitsrechtlichen Vorgaben. Es ist daran zu denken, die Widerrufsgründe von vornherein auch in der BV ausdrücklich zu benennen. Keinesfalls wäre die Beauftragung frei widerruflich, wenn sie mit Leistungen des Arbeitgebers (zB Tätigkeitszulage für BEM-Beauftragung) einhergehen sollte. Dies sollte schon deshalb vermieden werden.

**34. Intranet.** An die Stelle des hier erwähnten Intranets muss ggf. dasjenige Informationsmedium treten, das im konkreten Betrieb üblicherweise zur Information aller Mitarbeiter über allgemeine organisatorische Hinweise verwendet wird. Klassisch wäre das Schwarze Brett, das es so aber nur noch vereinzelt gibt. Zur Information der Belegschaft über die jeweiligen BEM-Beauftragten ist der Arbeitgeber nicht aus § 167 Abs. 2 SGB IX und auch nicht aus einer anderen Norm verpflichtet, sodass diese Teilregelung der BV nicht mitbestimmungspflichtig und daher auch nicht erzwingbar ist.

**35. Für den Einzelfall zuständiger BEM-Beauftragter.** Selbstverständlich sind abweichende Zuweisungsregelungen denkbar. In jedem Fall sollte aber der ausdrückliche Wunsch des betroffenen Arbeitnehmers für (oder auch gegen) einen bestimmten BEM-Beauftragten Berücksichtigung finden, wenn das BEM Erfolg haben soll, welches ja die Öffnung des betroffenen Arbeitnehmers voraussetzt. Persönliche Aversionen, Misstrauen oder auch besonderes Vertrauen sind angesichts dessen keine Nebensächlichkeiten.

**36. Fallmanager vs. Integrationsteams.** In der Praxis weisen zahlreiche Betriebsvereinbarungen zum BEM die Aufgabe der Leitung des individuellen BEM (also des Fallmanagements) statt dem Beauftragten des Arbeitgebers einem meist sog. Integrationsteam zu. Das Integrationsteam ist in der Regel aus Beauftragten des Arbeitgebers und des Betriebsrats gebildet und umfasst bisweilen weitere Personen (Schwerbehindertenvertretung, Betriebsarzt, nicht-ständige Mitglieder; vgl. etwa den Vorschlag zu einer Betriebsvereinbarung zum BEM bei Britschgi Betriebliches Eingliederungsmanagement S. 118 ff.). Der Arbeitgeber ist aber nach § 167 Abs. 2 SGB IX nur zur Einbeziehung des Betriebsrats, nicht zur gemeinsamen Entscheidung mit ihm – und schon gar nicht mit einzelnen Mitgliedern des Betriebsrats – verpflichtet. Auch ist der Arbeitgeber nicht verpflichtet, Entscheidungen zum BEM auf ein wie immer besetztes Integrationsteam zu übertragen. An Betriebsvereinbarungen, die ein Integrationsteam etablieren und ihm BEM-Aufgaben zuweisen, kann daher kein erzwingbares Mitbestimmungsrecht des Betriebsrats bestehen, sodass weder eine solche Betriebsvereinbarung noch die Etablierung eines Integrationsteams für den Betriebsrat per Einigungsstellenverfahren erzwingbar sein können (vgl. hierzu die bereits in → Anm. 1 genannten Veröffentlichungen).

**37. Entscheidungsbefugnisse der BEM-Beauftragten.** Das Verfahren wird verschlankt, wenn die BEM-Beauftragten für den Arbeitgeber entscheidungsbefugt sind. Das wird aber nur in Ausnahmefällen ernsthaft in Betracht kommen, etwa wenn – vor allem in kleineren Betrieben – ein Geschäftsführer, der Personalleiter oder eine vergleichbar hochrangige Person die Aufgaben selbst übernehmen.

**38. Arbeitszeit der BEM-Beauftragten.** Ihre besonders zugewiesene Tätigkeit leisten die BEM-Beauftragten als Teil ihrer regelmäßigen Arbeitszeit, sofern nicht ausdrücklich und eher im Ausnahmefall abweichend vereinbart. Für den Fall, dass BEM-bedingt Mehrarbeit und/oder Überstunden zu leisten sind, sollten sowohl der Fachvorgesetzte als auch der Personalleiter oder eine andere übergeordnete BEM-verantwortliche Person darüber entscheiden dürfen. Die Regelung in der BV muss auf die im Betrieb vorhandene Mehrarbeits- und Überstundenregelung abgestimmt sein.

**39. BR-Ansprechpartner BEM.** Es empfiehlt sich, dass der Betriebsrat – wie der Arbeitgeber – einige dauerhafte Ansprechpartner für BEM-Fragen benennt. Die Gründe und die Überlegungen zur Anzahl entsprechen weitgehend denen zu den BEM-Beauftragten des Arbeitgebers (→ Anm. 32).

**40. Intranet.** → Anm. 34.

**41. Aufgaben des BR-Ansprechpartners BEM.** Nach dem hier vorgestellten Konzept leitet der BEM-Beauftragte des Arbeitgebers den einzelnen BEM-Prozess als Fallmanager und wird von Seiten des BR lediglich „unterstützt". Dem BR-Ansprechpartner können aber auch weitergehende Rechte eingeräumt werden. Ist ein Integrationsteam oder eine ähnliche Lösung geplant, wird er mehr oder weniger gleichberechtigt neben dem Arbeitgebervertreter stehen. Gesetzlich ist der gesamte Betriebsrat als Gremium am BEM zu beteiligen, weshalb das BAG ausdrücklich festgestellt hat, dass die Übertragung von Kompetenzen auf einzelne Personen oder auch auf ein Integrationsteam zwar nicht unzulässig, sondern nach § 28 Abs. 2 BetrVG im Sinne einer freiwilligen Übereinkunft betriebsverfassungsrechtlich möglich, für den Betriebsrat aber nicht nach § 87 BetrVG erzwingbar ist (BAG 22.3.2016 – 1 ABR 14/14, NZA 2016, 1283 (1285)).

**42. Für den Einzelfall zuständiger BR-Ansprechpartners BEM.** Die Ausführungen in → Anm. 35 zur Bestimmung des im konkreten Einzelfall zuständigen BEM-Beauftragten des Arbeitgebers gelten entsprechend.

**43. Beteiligung der Schwerbehindertenvertretung.** Diese ist nach § 167 Abs. 2 S. 1 SGB IX obligatorisch, sofern der betroffene Mitarbeiter schwerbehindert ist und der Beteiligung nicht widerspricht. Für Gleichgestellte gilt dasselbe (§ 151 Abs. 3 SGB IX). Das vorgelegte Muster sieht vor, die Schwerbehindertenvertretung außerdem dann hinzuzuziehen, wenn zu erwarten ist, dass die aktuellen gesundheitlichen Schwierigkeiten des betroffenen Arbeitnehmers zu einer Anerkennung als schwerbehindert oder gleichgestellt führen werden. Dieser Passus ist für den Betriebsrat nicht erzwingbar, weil er über die gesetzlichen Verpflichtungen des Arbeitgebers hinausgeht. Er erscheint aber hilfreich, weil die Schwerbehindertenvertretung dann von Beginn an ihr Know-how einbringen kann und weil das BEM-Verfahren nicht dadurch verkompliziert wird, dass die Schwerbehindertenvertretung ggf. während seines Verlaufs und wegen einer inzwischen anerkannten Schwerbehinderung oder Gleichstellung nachträglich hinzugezogen werden muss.

**44. Vertrauensperson.** Das Recht zum Hinzuziehen einer Vertrauensperson wurde 2021 als § 167 Abs. 2 S. 2 SGB IX neu eingefügt. Dies kann auch ein Rechtsanwalt sein (ErfK/Rolfs SGB IX § 167 Rn. 5). Ggf. mag § 10 Abs. 6 S. 1 lit. n des Regelungsvorschlags deshalb entfallen, oder man bindet Abs. 5 in den Katalog in Abs. 6 ein.

45. **Beteiligung weiterer Dritter.** Durch das Wort „etwa" wird angezeigt, dass die nachfolgende Enumeration nicht abschließend ist. Besondere Fälle können die Beteiligung besonderer Dritter ratsam machen; dies sollte schon sprachlich nicht ausgeschlossen werden.

46. **Beteiligung des unmittelbaren Vorgesetzten oder anderer Arbeitnehmer.** Die Einbeziehung des unmittelbaren Vorgesetzten kann aus zweierlei Gründen sachdienlich sein. Zum einen vermag er das (bisherige) Tätigkeitsgebiet des betroffenen Arbeitnehmers und zum anderen den betroffenen Arbeitnehmer selbst und seine individuellen Stärken und Schwächen im Zweifel am besten einzuschätzen. Beides verhilft ihm zu einem guten Überblick über denkbare Hilfestellungen im Sinne des BEM, sowohl zwecks Verhinderung künftiger Arbeitsunfähigkeit als auch zwecks Erhaltung des Arbeitsplatzes. Anstelle des unmittelbaren Vorgesetzten können andere Kolleginnen und Kollegen in Betracht kommen, etwa frühere Vorgesetzte, höherrangige Vorgesetzte oder der Leiter einer anderen Einheit, in der eine Weiterbeschäftigung des betroffenen Arbeitnehmers in Betracht kommen könnte, wenn die Fortsetzung am bisherigen Arbeitsplatz ausgeschlossen erscheint.

47. **Freiwillige Beteiligung der Schwerbehindertenvertretung.** Die Beteiligung der Schwerbehindertenvertretung kann auch in Fällen sachdienlich sein, in denen der betroffene Arbeitnehmer nicht schwerbehindert oder gleichgestellt ist. Im Einzelfall kann die Schwerbehindertenvertretung mithilfe ihrer Erfahrungen und ihres Know-hows Anregungen zur Lösungsfindung geben.

48. **Beteiligung des behandelnden Arztes.** Das wird schon aus Gründen der unklaren Kostentragung, über die dann im Einzelfall zu sprechen wäre, eher selten in Betracht kommen, erscheint aber nicht ausgeschlossen, weil der Arzt möglicherweise – und selbstverständlich nur, wenn und soweit ihn der betroffene Arbeitnehmer von der Schweigepflicht entbindet – viel zum Einfluss der konkret angedachten künftigen Bedingungen am Arbeitsplatz beitragen können wird.

49. **Durchführungsvoraussetzungen.** Die Voraussetzungen, unter denen dem betroffenen Mitarbeiter ein BEM anzubieten ist, ergeben sich aus § 167 Abs. 2 SGB IX und sind hier lediglich zusammengefasst. Der Einleitungssatz hat also nur deklaratorische Bedeutung. Nicht zwingend, im Falle seiner Verwendung aber konstitutiv, ist dagegen der zweite Satz: Es erscheint sinnvoll, das BEM-Verfahren darüber hinaus auch auf Mitarbeiter anzuwenden, die zwar die formalen Voraussetzungen der mindestens sechswöchigen Arbeitsunfähigkeit binnen Jahresfrist nicht erfüllen, für die aber eine vergleichbare Interessenlage besteht. Zu denken ist zB an Mitarbeiter, die mehrere Jahre in Folge jeweils genau oder knapp sechs Wochen erkrankt sind, von denen zu vermuten steht, dass sie des Öfteren trotz fehlender Gesundheit zur Arbeit kommen und nur deshalb das Sechs-Wochen-Kontingent nicht überschreiten oder betreffend deren Erkrankung nicht unwahrscheinlich erscheint, dass sie betriebliche Ursachen hat und längerfristig bestehen wird oder sich betrieblich (etwa auf die Leistungsfähigkeit) auswirken kann. Die Betriebsvereinbarung sollte dem Arbeitgeber aber keine Verpflichtung aufbürden, sondern nur die Option eröffnen, das BEM auch außerhalb der gesetzlichen Regelung anzubieten.

**50. Formbrief Einladung zum Beratungsgespräch.** Ein Formulierungsvorschlag für einen solchen Formbrief findet sich im Anschluss an die BV. Ein Schrift- oder auch nur Textformerfordernis folgt nicht aus dem Gesetz, sondern entspricht lediglich dem hier vorgestellten Regelungsvorschlag. Insbesondere um dem Arbeitgeber den Nachweis zu ermöglichen, alle für das ordnungsgemäße Verfahren relevanten Hinweise erteilt zu haben, wird mindestens die Textform unumgänglich sein.

**51. Freiwilligkeit des BEM für den Arbeitnehmer.** Die Freiwilligkeit der Teilnahme am BEM für den Arbeitnehmer ergibt sich ausdrücklich aus § 167 Abs. 2 S. 1 SGB IX und wird auch vom BAG betont (so auch ErfK/Rolfs § 167 SGB IX Rn. 5, der in Abgrenzung zu anderen Auffassungen zu Recht darauf hinweist, dass es sich nicht um eine Pflicht, wohl aber um eine Obliegenheit des Arbeitnehmers handele). Das BAG hat ergänzend darauf hingewiesen, dass der betroffene Arbeitnehmer nicht nur auf die Freiwilligkeit des BEM im Ganzen hinzuweisen ist, sondern auch auf die Freiwilligkeit der Beteiligung des Betriebsrats (BAG 22.3.2016 – 1 ABR 14/14, NZA 2016, 1283 (Ls. 2)). Dies wird man auf die übrigen denkbaren Beteiligten auszudehnen haben. Der betroffene Arbeitnehmer ist also ausdrücklich darauf hinzuweisen, dass er sich auch dafür entscheiden kann, am BEM teilzunehmen, aber unter Ausschluss des Betriebsrats. Das hier (→ Form. H. II. 2.) empfohlene Einladungsschreiben berücksichtigt dies.

**52. Kein Anspruch auf Wiederaufnahme eines abgebrochenen BEM.** Solange die gesetzlichen Voraussetzungen des BEM nicht erneut erfüllt sind, kann kein Anspruch des Arbeitnehmers auf Wiederaufnahme eines von ihm freiwillig abgebrochenen BEM bestehen. Das sollte dem Arbeitnehmer klar vor Augen geführt werden. Anderenfalls drohen endlos verzögerte und immer wieder erneut aufgenommene BEM-Verfahren.

**53. Keine arbeitsrechtlichen Konsequenzen einer Verweigerung des BEM.** Die Teilnahme am BEM ist für den Arbeitnehmer freiwillig; er ist weder für die Gründe seiner anfänglichen Ablehnung noch für die Gründe eines späteren Abbruchs rechenschaftspflichtig. Im Übrigen entspricht es allgemeiner Meinung, dass krankgeschriebene Arbeitnehmer keine Pflicht zum größtmöglichen Bemühen um Genesung trifft, sondern sie sich lediglich nicht genesungswidrig verhalten dürfen (zB ErfK/Reinhard EFZG § 3 Rn. 31; Ascheid/Preis/Schmidt/Vossen BGB § 626 Rn. 244 jeweils mwN auch zur Rechtsprechung). Da der Arbeitnehmer also im Falle einer Ablehnung des BEM gegenüber dem Arbeitgeber keine Pflicht verletzt, kann der Arbeitgeber auf die Ablehnung als solche insbesondere keine verhaltensbedingte Kündigung oder auch nur eine Abmahnung stützen und bestehen keinerlei Schadenersatzansprüche oder dergleichen. Das ändert nichts daran, dass der Arbeitgeber nach den allgemeinen Kriterien berechtigt sein kann, das Arbeitsverhältnis beispielsweise krankheitsbedingt zu kündigen. Auf ein fehlendes BEM kann sich der Arbeitnehmer im folgenden Kündigungsschutzprozess nicht berufen, wenn es an seiner Mitwirkung – und nicht am Bemühen des Arbeitgebers – gescheitert ist. Insoweit vermag die Ablehnung des BEM durch den Arbeitnehmer sogar prozessuale Nachteile nach sich zu ziehen (zu den prozessualen Auswirkungen im Kündigungsschutzprozess s. etwa Oelkers/Brugger NJW-Spezial 2010, 370 f.).

**54. Zeitpunkt der Erklärung des Arbeitnehmers über die Teilnahme am BEM.** Das Gesetz enthält keinerlei Anhaltspunkte zu der Frage, wann ein Arbeitnehmer sich über seine Bereitschaft zur Teilnahme am BEM erklären muss. Es dürfte der

Einschätzung des Arbeitgebers nach umfassender Interessenabwägung im Einzelfall unterliegen, wie lange der Arbeitgeber auf eine Antwort warten muss, ehe er das BEM-Verfahren für gescheitert (oder mangels Zustimmung des Arbeitnehmers für endgültig nicht eröffnet) erklärt. Für die Praxis empfiehlt sich eine ausdrückliche Vereinbarung am Ende des Beratungsgesprächs darüber, bis wann sich der Arbeitnehmer erklären wird, und im Falle des Ausbleibens der Erklärung eine einmalige, nicht zu kurz zu setzende Nachfrist. Im Regelfall werden jeweils wenige Wochen genügen, aber auch zu verlangen sein. Übermäßige Eile und vor allem Zeitdruck auf den betroffenen Arbeitnehmer sind insbesondere dann nicht geboten, wenn dieser weiterhin krankheitsbedingt arbeitsunfähig sein sollte.

**55. Ergebnisoffener Suchprozess.** Aufgabe des BEM ist es in den Worten des BAG, einen unverstellten, verlaufs- und ergebnisoffenen Suchprozess zu etablieren, wobei den Beteiligten für den Prozess der Klärung der Möglichkeiten in § 167 Abs. 2 S. 1 SGB IX Spielraum eröffnet sei (BAG 22.3.2016 – 1 ABR 14/14, NZA 2016, 1283 (1284)). Dieser Prozess ist im ersten inhaltlichen Orientierungsgespräch jedenfalls anzustoßen und dann fortzuentwickeln.

**56. Rasche Beendigung des BEM-Prozesses als Ausnahme.** Soweit nicht der betroffene Arbeitnehmer seine weitere Mitwirkung verweigert, widerspräche es dem mit § 167 Abs. 2 SGB IX verfolgten gesetzgeberischen Ziel, einen BEM-Prozess allzu früh wieder einzustellen, etwa weil die Lösungsfindung schwieriger als erwartet ist. In Betracht kommt die rasche Beendigung aber etwa dann, wenn alle Beteiligten feststellen, dass die augenblickliche gesundheitliche Beeinträchtigung des Arbeitnehmers vorübergehender Natur ist (also keine langfristige Beobachtung, Rücksichtnahme und Hilfestellung erfordert) und außerdem keine innerbetriebliche Ursache hat (also keine Veränderungen der Abläufe oder sonstigen Gegebenheiten mit dem Ziel der Vermeidung künftiger Beeinträchtigungen geboten sein können).

**57. Psychische Ursachen.** Besonders umsichtig sollten der Arbeitgeber und ein von ihm eingesetzter BEM-Beauftragter oder ein Integrationsteam immer dann sein, wenn psychische Ursachen für die gesundheitlichen Einschränkungen des Arbeitnehmers bestehen oder jedenfalls nicht ausgeschlossen erscheinen. Gerade angesichts zunehmender Häufigkeit psychischer Erkrankungen mit Auswirkungen auch im Arbeitsumfeld sollte zwar Druck auf den bereits erkrankten Arbeitnehmer möglichst vermieden werden, ihm aber auch das offene Gesprächsangebot sehr deutlich als Hilfe unterbreitet werden. Viele psychisch belastete Arbeitnehmer mögen es anderenfalls als willkommenen, jedoch nur scheinbaren Ausweg ansehen, das BEM-Verfahren, das für sie Aufwand und Überwindung erfordern mag, rasch wieder zu beenden. Nur sind dann auch die Chancen des BEM auf sinnvolle Hilfestellung im Betrieb verspielt.

**58. Abschluss des BEM-Verfahrens.** Siehe hierzu → Vorbem. sowie BAG 18.11. 2021 – 2 AZR 138/21, NJW 2022, 889 Rn. 27ff.

**59. Weitere BEM-Verfahren.** Bereits → Anm. 52. Der gesetzliche Anlass zur Durchführung eines BEM ist mit dem abgeschlossenen BEM verbraucht. Ein (weiteres) BEM ist deshalb erst dann durchzuführen, wenn die gesetzlichen Voraussetzungen (mindestens sechs Wochen krankheitsbedingter Arbeitsunfähigkeit binnen eines Jahres) erneut erfüllt sind. Die Vorauflage (→ 3. Aufl. 2021, Anm. 58) vertrat noch die Auffassung, dies könne zumindest im Regelfall frühestens nach Ablauf eines vollen weiteren Jahres der Fall sein. Dieser Einschätzung ist mit BAG 18.11.2021 – 2 AZR 138/21, NJW 2022, 889 Rn. 18ff., insbes. Rn. 25 – kein „Mindesthaltbarkeitsdatum" von einem Jahr) der Boden entzogen worden.

**60. Hinweis auf Beiakte BEM in der Beiakte Gesundheitsdaten.** Ohne einen solchen Hinweis wäre die Beiakte BEM letztlich nicht auffindbar. Alternativ zum Hinweis in der Beiakte Gesundheitsdaten könnte sich der Hinweis auch in der allgemeinen Personalakte finden. Der hiesige (restriktivere) Vorschlag geht auf die Überlegung zurück, dass aus Gründen des Datenschutzes die in der Personalabteilung und für Fachvorgesetzte meist relativ problemlos zugängliche Personalakte so wenige Hinweise wie möglich auf das BEM enthalten sollte.

**61. Weitere Notizen in der Beiakte Gesundheitsdaten.** Wichtig ist, nicht erst in der Beiakte BEM zu dokumentieren, dass und mit welchem wesentlichen Ergebnis ein BEM-Verfahren stattgefunden hat. Nur so ist ohne Heranziehung der besonders vertraulichen Beiakte BEM zu erkennen, ob der Arbeitgeber seinen gesetzlichen Verpflichtungen nach § 167 Abs. 2 SGB IX nachgekommen ist.

**62. Verlaufsdokumentation.** Ohne solche Dokumentation könnte weder eine sinnvolle Qualitätskontrolle erfolgen noch der Arbeitgeber im Streitfalle seiner prozessualen Darlegungs- oder gar Beweispflicht genügen. Auch wären die im Rahmen des BEM getroffenen Vereinbarungen nicht festgehalten oder jedenfalls nicht erkennbar, welche Alternativen erörtert und aus welchen Gründen verworfen worden sind.

**63. Löschung der Beiakte BEM.** Aus datenschutzrechtlichen Gründen sind die im Rahmen des BEM erhobenen und gespeicherten Gesundheitsdaten zu löschen, sobald sie nicht mehr benötigt werden, Art. 17 Abs. 1 lit. a DS-GVO. Für den Arbeitgeber kann aber schwierig zu entscheiden sein, ob er der Daten noch einmal bedürfen wird. Klar ist zwar, dass er die Daten nicht zweckentfremden und etwa einer krankheitsbedingten Kündigung zugrunde legen darf. Doch können sich auch nach Abschluss des BEM noch Situationen ergeben, in denen der Rückgriff auf die damaligen Unterlagen zumindest hilfreich, wenn nicht geboten wäre. Die hier vorgeschlagene Regelung sucht einen Ausgleich zwischen der in der Literatur va von Seifert (NK-DatenschutzR/Seifert DS-GVO Art. 88 Rn. 121 mwN) vertretenen Auffassung, die Daten seien sofort zu löschen, und dem unterstellten Aufbewahrungsinteresse des Arbeitgebers, indem sie nach dem Grund für die Beendigung des BEM und nach Umständen staffelt, die eine längere Aufbewahrung sinnvoll und erforderlich machen könnten. Durch die mehrfache Verwendung des Begriffs „spätestens" ist angezeigt, dass die genannten Aufbewahrungsfristen keinesfalls in jedem Einzelfall ausgenutzt werden dürfen, sondern dass der Arbeitgeber stets individuell prüfen muss, wann eine Löschung geboten ist. Die genannten Aufbewahrungsfristen verstehen sich also als Höchstdauer. Die zudem angeregte, stets einzuholende Zustimmung des Arbeitnehmers in die Löschung erscheint sinnvoll, weil auch der Arbeitnehmer ein Interesse daran haben kann, die Daten länger aufzubewahren, etwa, wenn ein medizinischer Rückfall droht und anderenfalls sämtliche früheren Daten erneut beschafft werden müssten.

**64. Kündigungsregelung.** Ohne explizite Regelung beträgt die Kündigungsfrist drei Monate zu jedem denkbaren Beendigungstermin, § 77 Abs. 5 BetrVG. Zudem wäre die Betriebsvereinbarung dann nur im Ganzen kündbar. Angesichts des abgrenzbaren Regelungsgegenstands des Abschnitts 3 (BEM) sollte jedoch die separate Kündbarkeit des Abschnitts 3 (BEM) unter den Betriebsparteien zumindest erwogen werden. Anderenfalls wären zwingend die Regelungen zum Umgang mit den Gesundheitsdaten im Ganzen zu kündigen, nur weil sich aus der Sicht einer Partei die Vereinbarungen zum BEM oder einzelne Vereinbarungen davon als untauglich oder als nicht interessengerecht erweisen.

**65. Regelung der Nachwirkung.** Gerade weil große Teile der Betriebsvereinbarung nicht der zwingenden Mitbestimmung nach § 87 BetrVG (→ Anm. 1) und damit nicht der gesetzlich angeordneten Nachwirkung nach § 77 Abs. 6 BetrVG unterliegen, kann es ratsam sein, die Nachwirkung einvernehmlich festzulegen. Für den Arbeitgeber kann sich allerdings alternativ anbieten, die Nachwirkung ausdrücklich auszuschließen oder keine Regelung zu treffen, weil er sich so leichter der bindenden Wirkung insbesondere auch der Regelungen zum BEM entledigen kann.

## 2. Einladungsschreiben zum BEM

[Arbeitgeber[1]

[Name] als BEM-Beauftragter[2]

[Anschrift des Arbeitgebers]]

[Herrn/Frau ...
[Anschrift des betroffenen Mitarbeiters]]

Einladung zur Durchführung eines betrieblichen Eingliederungsmanagements

[[Ort], den [Datum]]

[Sehr geehrter Herr .../Sehr geehrte Frau ...],

während der vergangenen zwölf Monate waren Sie krankheitsbedingt insgesamt länger als sechs Wochen arbeitsunfähig. Ich wünsche Ihnen zunächst einmal weiter gute Besserung.[3]

Das Gesetz sieht für einen solchen Fall in § 167 Abs. 2 SGB IX (Sozialgesetzbuch Neuntes Buch; der Wortlaut des Gesetzes ist diesem Schreiben beigefügt)[4] vor, dass der Arbeitgeber mit der zuständigen Interessenvertretung, bei schwerbehinderten Menschen außerdem mit der Schwerbehindertenvertretung, mit Zustimmung und Beteiligung der betroffenen Person (also Ihnen) die Möglichkeiten klären soll, wie die Arbeitsunfähigkeit möglichst überwunden werden und mit welchen Leistungen oder Hilfen erneuter Arbeitsunfähigkeit vorgebeugt und der Arbeitsplatz erhalten werden kann. Der Gesetzgeber nennt diesen Klärungsprozess „betriebliches Eingliederungsmanagement" – kurz „BEM".

Einzelheiten zum grundlegenden BEM-Verfahren sind in unserer Betriebsvereinbarung zum innerbetrieblichen Umgang mit Arbeitsunfähigkeitsmeldungen, ärztlichen Attesten und sonstigen Kranken- bzw. Gesundheitsdaten der Beschäftigten einschließlich der Rahmenbedingungen zur Durchführung eines betrieblichen Eingliederungsmanagements (BV Gesundheitsunterlagen) geregelt, deren aktuelle Fassung ich Ihnen zur Kenntnisnahme beifüge.[5] Ich bin von unserem Arbeitgeber mit dem Management von BEM-Fällen beauftragt und wende mich in dieser Funktion an Sie. Neben mir sind auch [Herr/Frau ... und Herr/Frau ...] zu BEM-Beauftragten bestellt. Sollten Sie die Kommunikation statt mit mir lieber mit einem dieser beiden anderen BEM-Beauftragten führen wollen, so teilen Sie mir dies gern mit oder wenden Sie sich unmittelbar an einen der beiden Kollegen.[6]

Wir führen das betriebliche Eingliederungsmanagement nur mit Ihrer ausdrücklichen Zustimmung durch, die Sie uns gegenüber schriftlich erklären müssten. Ich möchte Sie bereits jetzt ausdrücklich darauf hinweisen, dass nicht nur Ihre Teilnahme am BEM im Ganzen freiwillig ist, sondern Sie im Falle Ihrer grundsätzlichen Zustimmung auch frei darüber entscheiden dürfen, ob Sie die Beteiligung des Betriebsrats, im Falle Ihrer Schwerbehinderung oder Gleichstellung die Beteiligung der Schwerbehindertenvertretung sowie die Beteiligung jeder anderen Person oder Institution wünschen oder nicht.[7] Jede etwaige Zustimmung können Sie übrigens auch jederzeit widerrufen, sodass das BEM unverzüglich beendet würde bzw. die betroffene Person oder Institution vom weiteren Verfahren ausgeschlossen wäre. Entscheiden Sie sich gegen die Teilnahme am BEM oder gegen die Beteiligung einzelner Personen oder Institutionen, so bedarf dies keinerlei Rechtfertigung uns gegenüber.

Hiermit möchte ich Ihnen jedoch vorab ein erstes Beratungsgespräch anbieten, in dem ich oder einer der beiden BEM-Kollegen Sie nochmals in Ruhe über die Einzelheiten und Möglichkeiten eines BEM aufklären und in dessen Rahmen wir ggf. auch bereits erste gemeinsame Schritte besprechen können. Das Beratungsgespräch hat im Wesentlichen zum Ziel,[8]

a) Sie umfassend über die Ziele und Aufgaben des BEM sowie über Art und Umfang der im Rahmen des BEM erhobenen und verwendeten Daten zu informieren
b) Ihre etwaigen Rückfragen hierzu zu beantworten
c) damit die Grundlagen für Ihre Erklärung zu schaffen, ob Sie die Durchführung des BEM wünschen oder nicht und – falls ja – zu welchen Rahmenbedingungen. Diese Entscheidung müssen Sie aber nicht bereits während des Beratungsgesprächs treffen.

Auch dieses erste Beratungsgespräch ist für Sie vollkommen freiwillig. Bitte setzen Sie sich gern mit mir oder einem der beiden anderen BEM-Beauftragten in Verbindung, um die Frage Ihrer Teilnahme sowie etwaige Einzelheiten vor allem zur Teilnahme weiterer Personen abzustimmen.

Ich möchte Sie guter Ordnung halber darauf hinweisen, dass mir und unserem Arbeitgeber derzeit die Gründe für Ihre Arbeitsunfähigkeit nicht im Einzelnen bekannt sind. Sie sind auch künftig nicht dazu verpflichtet, uns diese offenzulegen. Andererseits kann ein BEM nur Erfolg haben, wenn wir in dessen Rahmen möglichst offen über Ihre gesundheitlichen Einschränkungen sprechen. Näheres könnte im Beratungsgespräch erörtert werden. In jedem Fall unterliegen sämtliche am BEM beteiligten Personen einer Schweigepflicht über den Inhalt der Gespräche und Unterlagen. Keine Informationsweitergabe und keine Maßnahme werden im Rahmen des BEM erfolgen, ohne dass Sie ausdrücklich eingewilligt haben.

Vorerst würden im Falle Ihrer Zustimmung zum Beratungsgespräch nur die folgenden Daten[9] erhoben und gespeichert sowie für den Zweck des BEM, im Übrigen aber allenfalls und dann in anonymisierter Form zur Auswertung auch über Ihr individuelles BEM hinaus, genutzt:

a) Ihr voller Name
b) Ihr Geburtsdatum
c) Ihre Ausbildung und Qualifikation
d) Ihr Eintrittsdatum in unser Unternehmen
e) die Abteilung/Kostenstelle, der Sie aktuell angehören
f) Ihre aktuell bzw. zuletzt ausgeübte Tätigkeit in unserem Unternehmen
g) Umfang und Lage Ihrer regelmäßigen Arbeitszeit
h) Ihre etwaige Schwerbehinderung oder Gleichstellung
i) Ihre krankheitsbedingten Fehlzeiten in den vergangenen [...] Jahren
j) Daten über Verlauf und Ergebnis des BEM bzw. des Beratungsgesprächs

Welche weiteren Daten im Verlauf eines BEM erhoben und dann verarbeitet werden, hängt sehr stark vom individuellen Fall ab und wäre im Verlauf des BEM stets intensiv unter uns abzustimmen, wobei Sie allein darüber entscheiden. Sie werden für jede einzelne Phase des BEM erneut und jeweils freiwillig festlegen können, welcher Datenerhebung und -nutzung Sie zustimmen und welcher nicht.[10]

Alle im Zusammenhang mit dem BEM erhobenen Gesundheitsdaten werden wir ausschließlich in einer separaten Beiakte zu Ihrer Personalakte ablegen und auch elektronisch speichern. Sowohl die Papierakte als auch die elektronische Beiakte werden von uns separat von Ihren übrigen Personalunterlagen aufbewahrt und gespeichert. Sie sind – außer während des laufenden BEM für die Beteiligten – nur durch unseren Personalleiter und seinen Stellvertreter sowie durch die Geschäftsführung einzusehen. Daneben hat der Betriebsrat gesetzliche Befugnisse zur Einsichtnahme insbesondere zu Prüfungszwecken.

Schließlich möchte ich Sie noch darauf hinweisen, dass uns bislang keine Hinweise darauf vorliegen, dass Sie schwerbehindert oder einem Schwerbehinderten gleichgestellt iSd SGB IX sind. Ich gehe daher aktuell davon aus, die bei uns gebildete Schwerbehindertenvertretung sowie im Falle der Durchführung des BEM auch das örtliche Integrationsamt nicht beteiligen zu müssen. Sollte diese Annahme unzutreffend sein, so steht es Ihnen selbstverständlich frei, mich darauf unter Überlassung eines Belegs hinzuweisen.[11]

Ich würde mich freuen, mit Ihnen weitere Einzelheiten in einem ersten Beratungsgespräch erörtern, und im Anschluss daran mit Ihnen gemeinsam nach Möglichkeiten suchen zu können, wie wir Sie unterstützen können. Sollten Sie sich jedoch weder bei mir noch bei einem der beiden anderen BEM-Beauftragten melden, gehe ich davon aus, dass Sie an einem BEM kein Interesse haben und sich auch das Gesprächsangebot erledigt hat.[12]

Ihre Einwilligung in ein erstes Beratungsgespräch zu den vorstehend skizzierten Rahmenbedingungen oder Ihre Ablehnung eines solchen Gesprächs teilen Sie mir am besten mit, indem Sie die beigefügte Zweitschrift dieses Schreibens nach Ankreuzen der von Ihnen gewünschten Option unterschrieben an mich zurücksenden.

Mit freundlichen Grüßen

[Name], BEM-Beauftragter[13]

Erklärung des Beschäftigten:[14]
Ich, ________________ [Name],

erkläre hiermit, an dem mir vorgeschlagenen ersten Beratungsgespräch für ein betriebliches Eingliederungsmanagement (BEM)

O nicht teilnehmen zu wollen.

O teilnehmen zu wollen, jedoch mit den folgenden Abweichungen zu den mir vorgeschlagenen Rahmenbedingungen: […]

(Hier können Sie eintragen, wenn Sie mit einzelnen Vorschlägen zur Beteiligung weiterer Personen oder Institutionen nicht einverstanden sind, wenn Sie weitere Personen Ihrer Wahl zum ersten Beratungsgespräch hinzuziehen wollen, wenn Sie einzelnen Vorschlägen zur Datenerhebung, -verarbeitung und -nutzung widersprechen wollen, wenn Sie die Bearbeitung durch einen anderen BEM-Beauftragten wünschen oder wenn Sie andere Widersprüche, Wünsche oder Hinweise äußern möchten.)

Mir ist bewusst, dass ich diese Entscheidung – auch in ihren einzelnen Bestandteilen – jederzeit frei widerrufen kann. Hierfür bedarf es der formlosen Erklärung gegenüber dem BEM-Beauftragten oder der Geschäftsführung.

O teilnehmen zu wollen zu den mir vorgeschlagenen Rahmenbedingungen, mit denen ich mich einverstanden erkläre. Ihre Hinweise zur Datenerhebung, -verarbeitung und -nutzung habe ich zur Kenntnis genommen. Mir ist bewusst, dass ich meine Entscheidung – auch in ihren einzelnen Bestandteilen – jederzeit frei widerrufen kann. Hierfür bedarf es der formlosen Erklärung gegenüber dem BEM-Beauftragten oder der Geschäftsführung.

| ________________ | ________________ |
|---|---|
| Ort und Datum | Unterschrift des Beschäftigten |

## Anmerkungen

**1. Einladung.** Im konkreten Beispiel wird zunächst nur zu einem ersten Beratungsgespräch über das BEM eingeladen. Ziel dessen ist es, durch die Kombination aus ausführlichem Einladungsschreiben und nachfolgendem Beratungsgespräch sicherzustellen, dass der Arbeitgeber seinen Informationsverpflichtungen nach § 167 Abs. 2 S. 4 SGB IX nachkommt und dies bestmöglich dokumentiert ist. Anderenfalls drohen dem Arbeitgeber im Falle eines späteren Kündigungsschutzprozesses über eine krankheitsbedingte Kündigung prozessuale Nachteile wegen des nicht ordnungsgemäß durchgeführten BEM bzw. der Nichterweislichkeit der ordnungsgemäßen Durchführung (vgl. etwa BAG 20.11.2014 – 2 AZR 755/13, NZA 2015, 612 (617); → Vorb.).

**2. Ansprechpartner.** Sollte kein BEM-Beauftragter bestellt sein (wie es die hier vorgeschlagene BV jedoch anregt), sind Absender und Ansprechpartner entsprechend abweichend zu bezeichnen. In Betracht kommt etwa ein Schreiben des regelmäßig etwa durch den Personalleiter oder die Geschäftsführung vertretenen Arbeitgebers oder eines eingerichteten Integrationsteams.

**3. Genesungswünsche.** Diese können auch unterbleiben. Hat die Arbeitsunfähigkeit bereits geendet und arbeitet der betroffene Arbeitnehmer bereits wieder, werden sie jedenfalls unterbleiben oder durch eine Formulierung ersetzt werden wie: „Ich freue mich, dass es Ihnen bereits wieder besser geht, und hoffe, dass Ihre Erkrankung inzwischen vollständig ausgeheilt ist." Stets aber ist das Risiko zu bedenken, dass derartige Äußerungen vom Arbeitnehmer als aufgesetzt, als Ironie oder gar als Sarkasmus empfunden werden könnten.

**4. Gesetzestext.** Dem Schreiben sollte der vollständige Gesetzestext des § 167 Abs. 2 SGB IX beigefügt werden. Das dient der Offenheit.

**5. Betriebsvereinbarung.** Die Betriebsvereinbarung ist naturgemäß nur beizufügen, wenn sie existiert. Gibt es keine solche Regelung, ist der Hinweis zu streichen.

**6. BEM-Beauftragter.** Sollte das Verfahren im konkreten Unternehmen oder Betrieb anders geregelt sein und der Arbeitgeber keine BEM-Beauftragten bestellt oder ein umfassenderes Integrationsteam eingesetzt haben, so ist der Passus entsprechend anzupassen. Der hiesige Formulierungsvorschlag nimmt Bezug auf die zuvor vorgestellte Betriebsvereinbarung.

**7. Freiwilligkeit.** Das BAG hat entschieden, dass der betroffene Arbeitnehmer nicht nur auf die Freiwilligkeit des BEM im Ganzen hinzuweisen ist, sondern auch darauf, dass er selbst über die Beteiligung des Betriebsrats entscheiden kann (BAG 22.3.2016 – 1 ABR 14/14, NZA 2016, 1283 (Ls. 2)). Anderenfalls sei das BEM nicht ordnungsgemäß durchgeführt. Dies wird man auf die übrigen denkbaren Beteiligten auszudehnen haben. Der ausdrückliche Hinweis empfiehlt sich also dringend.

**8. Ziele des Beratungsgesprächs.** Diese müssen mit der zugrundeliegenden Betriebsvereinbarung – und ohnehin mit dem Gesetz – in Einklang stehen und sind daher ggf. anzupassen.

**9. Datenerhebung vor der Durchführung des eigentlichen BEM.** Die hier aufgeführten Daten wird der Arbeitgeber auch ohne ausdrückliche Einwilligung des betroffenen Arbeitnehmers erheben, speichern und nutzen dürfen, weil sie zur Erfüllung seiner gesetzlichen Verpflichtungen und zur gesetzeskonformen Durchführung des Arbeitsverhältnisses erforderlich sind, Art. 9 Abs. 2 lit. b DS-GVO iVm § 26 Abs. 3 BDSG (zur grundlegenden Argumentation vgl. auch BAG 9.4.2019 – 1 ABR 51/17, NZA 2019, 1055 insbes. Rn. 24 ff. und (wenngleich zum alten Recht) BAG 7.5.2019 – 1 ABR 53/17, NZA 2019, 1218 insbes. Rn. 41 ff.). Der Arbeitgeber ist neben originär datenschutzrechtlichen Vorschriften auch durch § 167 Abs. 2 S. 4 SGB IX zu den Hinweisen auf die Datenverarbeitung verpflichtet. Die Liste ist vom Verwender strikt auf Notwendigkeit jedes einzelnen aufgeführten Datums zu prüfen und ggf. anzupassen.

**10. Fortlaufender Prozess.** Dass es sich beim BEM um einen fortlaufenden Prozess handelt, während dessen Dauer der beteiligte Arbeitnehmer auch Art und Umfang der von ihm zugelassenen Datenverarbeitung immer wieder neu justieren muss, betonen insbesondere Bergmann/Möhrle/Herb BDSG § 26 Rn. 280 zu Recht. Es gilt auch unter der DS-GVO. Auch wenn § 26 Abs. 3 BDSG iVm Art. 9 Abs. 2 lit. b DS-GVO mindestens die Verarbeitung der erforderlichen Gesundheitsdaten erlaubt, lässt sich nicht ausschließen, dass es im Rahmen des BEM zum Bekanntwerden und zumindest zwischenzeitlichen Speichern von Gesundheitsdaten kommt, von denen retrospektiv feststehen wird, dass sie nicht zwingend erforderlich waren. So kann zB der Beschäftigte selbst ausführlich von sich und seinen Erkrankungen berichten und dabei auch gesundheitliche Aspekte aufdecken, die für das BEM irrelevant sind. Um sich davor zu schützen, wegen der irrtümlichen Speicherung solcher Daten zur Verantwortung gezogen zu werden, sollte sich der Arbeitgeber nicht ausschließlich auf § 26 Abs. 3 BDSG iVm Art. 9 Abs. 2 lit. b DS-GVO verlassen, sondern sorgsam darauf achten, ergänzend auch die Einwilligung des Beschäftigten in die Verarbeitung sämtlicher zur Rede gebrachter Daten einzuholen.

**11. Schwerbehinderung.** Sollte dem Arbeitgeber eine Schwerbehinderung oder Gleichstellung bekannt sein oder sollte er diese vermuten, so ist dies mitzuteilen und dieser Absatz im Einladungsschreiben also entsprechend anzupassen.

**12. Rückmeldung des betroffenen Arbeitnehmers.** In der Regel wird es nicht tunlich sein, dem betroffenen Arbeitnehmer bereits beim Erstkontakt zum BEM eine Rückmeldefrist zu setzen. Nach einigen Wochen sollte der Arbeitgeber (bzw. der BEM-Beauftragte) jedoch noch einmal nachfragen, ob er mit einer Antwort rechnen darf oder ob das Ausbleiben einer Antwort als Ablehnung der Einladung zum BEM zu verstehen ist, sodass das BEM-Verfahren als beendet zu gelten habe. Wann diese Nachfrage erfolgt, ist einzelfallabhängig. Vorsorglich sollte sie beweiskräftig festgehalten werden. Dies gilt vor allem dann, wenn das Einladungsschreiben per normaler Post und damit ohne Zugangsnachweis versandt worden sein sollte; in diesem Fall sollte der Nachfrage auch eine Abschrift des vollständigen Einladungsschreibens beigefügt werden, um das ordnungsgemäße BEM-Angebot des Arbeitgebers dokumentieren zu können.

**13. Unterschrift.** → Anm. 2.

**14. Erklärung des Beschäftigten.** Die hier vorgeschlagene Erklärung ist ausschließlich als Einwilligung in das Angebot zum ersten Beratungsgespräch gedacht, in dem noch keine weiteren Gesundheitsdaten erhoben werden, sondern die Möglichkeiten und der Ablauf des BEM erörtert und Fragen des Beschäftigten beantwortet werden sollen (oder selbstverständlich als Ablehnung dieses Gesprächsangebots). Gleichwohl wird es in dem ersten Gespräch oftmals bereits zu Äußerungen des Beschäftigten über seine Erkrankung kommen. Entgegen der gegenläufigen Empfehlung in der Vorauflage (→ 3. Aufl. 2021, H. II. 2. und Anm. 14) sollte der Arbeitgeber angesichts der neuesten Rechtsprechung gleichwohl keine Einwilligung des Arbeitnehmers in die Datenverarbeitung einholen, sondern es bei den Hinweisen (so auch § 167 Abs. 2 S. 4 SGB IX) belassen, um nicht den Vorwurf eines fehlerhaften Einladungsschreibens mit der kündigungsrechtlichen Entwertung des BEM (erschwerte Beweislast für den Arbeitgeber) zu riskieren (→ Vorb.; BAG 15.12.2022 – 2 AZR 162/22, NZA 2023, 500 Rn. 18). Die vorgesehene Unterschrift des Beschäftigten erleichtert dem Arbeitgeber den Nachweis, die erforderlichen Hinweise erteilt zu haben. Ein Schriftformerfordernis besteht aber nicht, so dass zB auch die Übermittlung des gegengezeichneten Schriftstücks als Anlage zu einer E-Mail, Messenger-Nachricht oder per Telefax genügt. Wenn es, wie hier vorgeschlagen, bei dem bloßen Hinweis auf die Datenverarbeitung bleibt, genügt dies aber nicht den Anforderungen des Art. 9 Abs. 2 lit. a DS-GVO für den weiteren Verlauf des BEM. Insoweit werden (ggf. immer wieder erneute) Einwilligungserklärungen des Beschäftigten erforderlich werden (→ Anm. 10).

## III. Videoüberwachung auf Firmengeländen

Die Bewertung von Videoüberwachung schwankt in der öffentlichen Meinung in einer Ambivalenz zwischen einem Sicherheitsbedürfnis der Bevölkerung und ihrer Sorge vor flächendeckender Erhebung privater Daten. Dabei ist ein **Interesse von Unternehmen am Schutz ihres Betriebsablaufs** und Eigentums aufgrund der Gewährleistungen der Art. 15–17 GRCh, Art. 12 und 14 GG ebenso **anzuerkennen,** wie das **Interesse Einzelner** am Schutz ihrer Persönlichkeitsrechte aus Art. 7 und 8 GRCh, Art. 2 Abs. 1 iVm Art. 1 Abs. 1 GG.

In der DS-GVO bezieht sich keine Regelung wörtlich auf die Videoüberwachung, da die Verordnung technikneutral ausgestaltet ist (vgl. BeckOK DatenschutzR/Wilhelm-Robertson BDSG § 4 Rn. 6). Da aus den allgemeinen Regelungen – insbesondere Art. 6 Abs. 1 S. 1 lit. f, Art. 5 Abs. 1, Art. 88 Abs. 2 DS-GVO – restriktive Bestimmungen zur Videoüberwachung herzuleiten sind, gilt eine strenge Reglementierung der Ausgestaltung von Videoüberwachung von betroffenen Personen, auch Beschäftigten. Für die Bewertung der Videoüberwachung ist im nicht-öffentlichen Bereich nicht (mehr) auf § 4 BDSG abzustellen, da die Norm europarechtswidrig ist (BVerwG 27.3.2019 – 6 C 2.18, ZD 2019, 372 mAnm Lachenmann). Es findet also die DS-GVO unmittelbar Anwendung (vgl. § 4 BDSG nF, der nur für öffentliche Stellen gilt). Da der BGH schon nach alter Rechtslage bei der Bewertung der Videoüberwachung auf §§ 1004, 823 BGB (analog) abstellte und als Anknüpfungspunkt für eine Interessenabwägung nach § 6b BDSG aF heranzog, können die bereits bekannten Abwägungsgrundsätze herangezogen werden, die an die neuen Vorgaben der DS-GVO anzupassen sind.

Keine Anwendung finden die DS-GVO und das BDSG bei der Verarbeitung zu rein persönlichen oder familiären Tätigkeiten, wie Privatwohnungen, Art. 1 Abs. 2 DS-GVO. Die datenschutzrechtlichen Vorgaben finden hingegen stets Anwendung, sobald **öffentlich zugängliche Räume** erfasst werden und irgendeine Form von Auswertungsabsicht besteht, die über **rein persönliche oder familiäre Tätigkeiten** hinausgeht (bereits EuGH 11.12.2014 – C-212/13, ZD 2015, 79 mAnm Lachenmann; Lang K&R 2015, 105 f.). Für Unternehmen liegt ein öffentlicher Raum vor, wenn der Inhaber des Hausrechts den Raum für eine unbestimmte Anzahl von Personen geöffnet hat (BVerwG 27.3.2019 – 6 C 2.18, NJW 2019, 2556 Rn. 14). Das ist beispielsweise der Fall, wenn Kunden und Lieferanten Zutritt zu den videoüberwachten Bereichen haben, zB Verkaufsräume oder Besucherbüros (vgl. bereits OVG Lüneburg 29.9.2014 – 11 LC 114/13, NJW 2015, 502). Die Videoüberwachung eines Unternehmensgrundstücks kann daher bei Einhaltung der Anforderungen von DS-GVO und BDSG gerechtfertigt werden. Sobald eine Kamera öffentliche Bereiche erfasst, zB Gehweg und Straße vor dem Firmengelände, unterliegt die Videoüberwachung erheblich höheren Anforderungen, die in der Regel zu einer Unzulässigkeit der Überwachung führen werden (bereits BGH 24.5.2013 – 5 ZR 220/12, ZD 2013, 447; BGH 8.4.2011 – 5 ZR 210/12, NJW-RR 2011, 949; BGH 16.3.2010 – 6 ZR 176/09, MMR 2010, 502). Zum Aspekt aus EuGH 4.7.2023 – C-252/21, ZD 2023, 664, wonach der Begriff der besonderen Kategorien personenbezogener Daten auch bei indirekt sensitiven Daten gegeben sei → J. I. 13.).

*Lachenmann*

Die **Videoüberwachung von Beschäftigten** am nicht öffentlich zugänglichen Arbeitsplatz bestimmt sich ebenfalls nach den Vorgaben der DS-GVO. Zwar traf der deutsche Gesetzgeber in § 26 BDSG Sonderregelungen zum Beschäftigtendatenschutz und wollte explizit die frühere Rechtslage beibehalten (BT-Drs. 18/11325, 96 f.). Jedoch ist aufgrund des EuGH-Urteils zur Parallelnorm § 23 HDSIG davon auszugehen, dass § 26 BDSG in der aktuellen Form europarechtswidrig ist (EuGH 30.3.2023 – C-34/21, ZD 2023, 391 mAnm Schild). Der EuGH stellte freilich klar, dass eine nationale Ausgestaltung von Datenschutz-Vorgaben im Beschäftigtenverhältnis zulässig sein kann (EuGH 30.3.2023 – C-34/21, ZD 2023, 391 Ls. 1, Rn. 81). Das kann aber nur der Fall sein, wenn die Vorgaben des Art. 88 Abs. 2 DS-GVO in den Normen explizit ausgestaltet werden (EuGH 30.3.2023 – C-34/21, ZD 2023, 391 Rn. 74); so bereits Traut RDV 2016, 312) und kein Widerspruch zu den Rechtsgrundlagen in Art. 6 Abs. 1 DS-GVO entsteht (EuGH 30.3.2023 – C-34/21, ZD 2023, 391 Rn. 70).

Aus dem Urteil folgt nun die Frage, wie nationales Recht im Beschäftigtendatenschutz noch angewandt werden kann und welche konkreten Vorgaben zu beachten sind. Die rechtswissenschaftliche Diskussion wird sich noch hinziehen – zumal laut dem EuGH die Prüfung der Unwirksamkeit/Unanwendbarkeit den nationalen Gerichten obliegt (EuGH 30.3.2023 – C-34/21, ZD 2023, 391, Rn. 80 ff.). Nach Maschmann EuZA 2024, 61 (72) lässt sich die Rechtmäßigkeit einer Verarbeitung „nicht mehr nach den bislang von der Rechtsprechung und Lehre für relevant erachteten Gesichtspunkten beurteilen“, da sie „nicht mehr den aktuellen Vorgaben des Unionsrechts entsprechen“. Bereits jetzt wird insofern vertreten, dass Gerichte nicht mehr auf § 26 BDSG zurückgreifen könnten (zB Schild ZD 2023, 391 (395)). Die Praxis stellt das vor Herausforderungen, da das BAG an seiner bisherigen Rechtsprechung festzuhalten scheint (dazu nachfolgend). Jedoch dürfte der inhaltliche Unterschied der Abwägungen nicht zu groß sein, da die Interessenabwägung nach DS-GVO vergleichbar zur Verhältnismäßigkeitsprüfung des BAG ist (Meinicke NZA 2023, 487 (493)). Nachfolgend wird die europarechtliche und deutsche Rechtslage kurz vorgestellt und auf dieser Basis versucht, praktische Empfehlungen zur Umsetzung durch den Rechtsanwender zu geben.

Für die Beurteilung der Rechtslage unter der DS-GVO zieht das BAG weiterhin die nach dem BDSG aF geschaffenen Grundlagen heran. Das dürfte inzwischen in dieser Form kaum mehr möglich sein. Das BAG ging bislang davon aus, dass Art. 88 DS-GVO dem deutschen Gesetzgeber weitgehend freien Spielraum bei der Regelung des Beschäftigtendatenschutzes lasse, sodass § 26 BDSG europarechtskonform sei und die bisherige Rechtsprechung fortgeführt werden könne (BAG 7.5.2019 – 1 ABR 53/17, NZA 2019, 1218 Rn. 47 f.; zuvor für einen weitgehenderen Spielraum des deutschen Gesetzgebers: BAG 9.4.2019 – 1 ABR 51/17 NZA 2019, 1055 Rn. 28; BAG 23.8.2018 – 2 AZR 133/18, NZA 2018, 1329 Rn. 46 f.). Das BAG verzichtete allerdings in der Entscheidung auf eine Begründung und verwies nur darauf, dass sie „derart offenkundig [ist], dass für vernünftige Zweifel kein Raum bleibt“. Demgegenüber stellte der EuGH nun klar, dass die vergleichbare Norm § 23 HDSIG europarechtswidrig ist (EuGH 30.3.2023 – C-34/21, ZD 2023, 391 mAnm Schild). Infolgedessen entschied das BAG nunmehr, dass § 26 Abs. 1 S. 1 BDSG gem. Art. 6 Abs. 1 S. 1 lit. c und Abs. 3 DS-GVO eine wirksame Rechtsgrundlage darstelle (BAG 9.5.2023 – 1 ABR 14/22, NZA 2023, 1404). Dabei verzichtete das BAG auf eine Vorlage zur Klärung beim EuGH, da das Verfahren mit

Blick auf das Datenschutzrecht „keine entscheidungserhebliche unionsrechtliche Frage“ aufwerfe, die „nicht so offenkundig wäre, dass für vernünftige Zweifel Raum bliebe“ (BAG 9.5.2023 – 1 ABR 14/22, NZA 2023, 1404 Rn. 90). Hinsichtlich der Nicht-Vorlage des Falls an den EuGH ist davon auszugehen, dass das BAG das Verfahrensgrundrecht auf den gesetzlichen Richter verletzte und eine Verfassungsbeschwerde in einem solchem Fall aussichtsreich wäre (vgl. bspw BVerfG 4.3.2021 – 2 BvR 1161/19 hinsichtlich der Entscheidung BFH 27.2.2019 – I R 73/16, BFHE 263, 525). Die BAG-Ansicht ist in dieser Form abzulehnen, da § 26 BDSG gerade nicht die Voraussetzungen der DS-GVO in der Auslegung durch den EuGH erfüllt. Denn in § 26 BDSG werden einerseits verschiedene Erlaubnistatbestände nach Art. 6 Abs. 1 DS-GVO wiederholt, da sowohl Art. 6 Abs. 1 S. 1 lit. b DS-GVO als auch § 26 Abs. 1 S. 1 BDSG eine Verarbeitung der Beschäftigtendaten erlauben, wenn sie zur Erfüllung eines Vertrags erforderlich ist (Meinicke NZA 2023, 487 (492)). Andererseits werden Erlaubnistatbestände „vermischt“, da § 26 Abs. 3 BDSG sowohl das Erfordernis einer Erfüllung rechtlicher Pflichten nach Art. 6 Abs. 1 S. 1 lit. c DS-GVO vorsieht als auch eine positive Interessenabwägung nach lit. f. Beides ist laut EuGH nicht möglich: Zum einen muss eine Verarbeitung unter einen der in Art. 6 DS-GVO vorgesehenen Fälle subsumierbar sein (EuGH 22.6.2021 – C-439/19, ZD 2021, 625 Rn. 99), so dass die Mitgliedstaaten nicht befugt sind, nähere Vorschriften zur Rechtmäßigkeit einer Verarbeitung nach Art. 6 Abs. 1 S. 1 lit. a, b und f DS-GVO zu erlassen (zuletzt EuGH 7.12.2023 – C-634/21, MMR 2024, 153 mAnm Radtke, Rn. 68 und 72; bestätigend DSK Stellungnahme zum Gesetzesentwurf der Bundesregierung: Entwurf eines Ersten Gesetzes zur Änderung des Bundesdatenschutzgesetzes (BR-Drs. 72/24; BT-Drs. 20/10859) S. 6). Zum anderen entschied der EuGH in seiner Entscheidung zu § 23 HDSIG insbesondere, dass nicht lediglich eine Wiederholung der Normen stattfinden darf (EuGH 30.3.2023 – C-34/21, ZD 2023, 391 Rn. 71) und dass die Normen einen zu dem geregelten Bereich passenden Regelungsgehalt haben müssen, der sich von den allgemeinen Regeln der DS-GVO unterscheidet (EuGH 30.3.2023 – C-34/21, ZD 2023, 391, Rn. 74). Insofern ist § 26 BDSG als nicht europarechtskonform einzustufen. Es wird jedoch abzuwarten sein, wie der EuGH konkret über § 26 BDSG entscheiden wird.

Wenn es politisch erwünscht ist, dass für den Beschäftigtendatenschutz weiterhin nationale Sonderregelungen bestehen sollen (was – nur – auf Basis von Art. 6 Abs. 1 S. 1 lit. c und Art. 88 DS-GVO möglich ist), müsste § 26 BDSG vollständig neu formuliert oder in einem eigenständigen Beschäftigtendatenschutzgesetz ausgestaltet werden, indem die Erlaubnistatbestände des Art. 6 Abs. 1 DS-GVO nur näher ausgefüllt und konkrete Vorgaben zur Umsetzung des Art. 88 Abs. 2 DS-GVO getroffen werden. Die Forderung findet sich daher bereits in der Literatur (Maschmann EuZA 2024, 61 (72): „Letztlich führt also kein Weg an einem eigenständigen Beschäftigtendatenschutzgesetz vorbei.“). Zwingend ist dabei, dass die Rechtsgrundlagen hinreichend bestimmt werden und die Eingriffsintensität berücksichtigen (Riechert RDi 2023, 439 (441)). Bis zu einer Klärung durch den EuGH und einer Weiterentwicklung in den nächsten Jahren sollte die Rechtsprechung des BAG beachtet, aber stets mit den europarechtlichen Vorgaben in Einklang gebracht werden. Dabei sollten ergänzend auch die europarechtlichen Grundlagen der DS-GVO umgesetzt werden.

Soweit nach der Rechtsprechung des BAG die Videoüberwachung von Beschäftigten ausschließlich auf § 26 Abs. 1 BDSG zu stützen sei und für die Videoüberwachung für Betriebsfremde auf die Interessenabwägung nach Art. 6 Abs. 1 S. 1 lit. f DS-GVO abgestellt werden soll, kann dem aufgrund der EuGH-Entscheidung nicht mehr gefolgt werden. Im Gegensatz zur Ansicht des BAG, wonach die Erlaubnisnormen eigenständig und jeweils voneinander unabhängig zu bewerten seien (BAG 23.8.2018 – 2 AZR 133/18, NZA 2018, 1329 Rn. 23; BAG 28.3.2019 – 8 AZR 421/17, NZA 2019, 1212), stellte der EuGH klar, dass allein die Rechtsgrundlagen nach Art. 6 Abs. 1 DS-GVO relevant sind (so bereits hier in der 3. Aufl. vertreten). Für die Videoüberwachung von Beschäftigten sollten grundsätzlich identische Maßstäbe wie im Fall von öffentlich zugänglichen Bereichen angewendet werden – allerdings unter Berücksichtigung der Besonderheiten der Rechtsprechung des BAG. Daraus folgen Einschränkungen bei der Überwachung von Innenbereichen, die – wie unten dargestellt wird – grundsätzlich nur zeitlich und räumlich begrenzt stattfinden darf, erst recht bei verdeckter Videoüberwachung (weitergehend zu den praktischen Folgen der DS-GVO-Auslegung durch den EuGH → Form. H. III. 2. Anm. 9–12).

Die folgende Darstellung von Aspekten, die bei der Videoüberwachung zu berücksichtigen sind, beginnt mit einer allgemeinen Checkliste, die Verantwortlichen eine erste Einordnung der zu prüfenden Vorgaben ermöglichen soll (→ Form. H. III. 1.). Schwerpunkt bildet die interne Richtlinie/Policy für den Einsatz von Videoüberwachung in Innen- und Außenbereichen eines Betriebs, die auch als Ausgangspunkt für eine Betriebsvereinbarung genutzt werden kann (→ Form. H. III. 2.). Es schließen sich zwei Tabellen an, die in der Richtlinie referenziert werden, jedoch auch allgemein vor Inbetriebnahme einer Videoüberwachungsanlage eingesetzt werden können (→ Form. H. III. 3. und 4.). Beide Formulare sind vor jeder Inbetriebnahme auszufüllen, dem jeweiligen System zuzuordnen und zu archivieren und können bei Bedarf der Datenschutzaufsicht vorgelegt werden. Daran schließt sich ein Vorschlag für eine Dokumentation der Überprüfung der rechtlichen Anforderungen an die Videoüberwachung an (→ Form. H. III. 5.). Das Kapitel schließt mit einer kurzen Checkliste mit den wichtigsten Anforderungen, die kleinere Verantwortliche (wie KMU, Vereine oder WEG) unterstützen kann (→ Form. H. III. 6.).

## 1. Checkliste zur Videoüberwachung

§ 1 Bewertung der Technik des Kamera-Systems

- Liegt ein rein übertragendes System vor („Monitoring" bzw. „Kamera-Monitor-System")?
- Ermöglicht das System eine Aufzeichnung?
- Handelt es sich um ein System mit automatischer Auswertung der Aufzeichnungen ohne Speicherung von Bildern?
- Unterstützt das System eine Erfassung biometrischer Merkmale?
- Werden Techniken der sog. künstlichen Intelligenz eingesetzt?
- Bei Aufzeichnungen: Wird ein Ringspeicher oder eine dauerhafte Videoaufzeichnung eingesetzt?
- Erfolgt eine bloße Fotoaufzeichnung (ggf. mit E-Mail-Versand)?
- Handelt es sich um bloße Kamera-Attrappen?
- Sind die Kameras noch nicht oder nicht mehr funktionsfähig?
- Wurden Maßnahmen zum Datenschutz durch Technikgestaltung geprüft und dokumentiert?

- Wurde die Einhaltung datenschutzfreundlicher Voreinstellungen geprüft und dokumentiert?

§ 2 Abwägung der verschiedenen Interessen

- Aus welchem Grund soll eine Videoüberwachung eingerichtet werden?
- Welcher Zweck soll mit der Überwachung erreicht werden?
- Wurde der Zweck der Überwachung hinreichend präzise festgelegt und ist der Nachweis ausreichend dokumentiert?
- Ist die Videoüberwachung geeignet, den verfolgten Zweck zu erreichen?
- Gibt es mildere Mittel, durch die der Zweck ohne die Videoüberwachung erreicht werden kann und, falls das nicht der Fall ist, ist der Nachweis ausreichend dokumentiert?
- Betrifft die Videoüberwachung die Sicherstellung des Hausrechts oder die Wahrung berechtigter Interessen des Unternehmens (zB Schutz von Eigentum, Waren oder der Beschäftigten)?
- Werden bei der Überwachung besondere Arten personenbezogener Daten erfasst?
- Betrifft die Videoüberwachung öffentlich zugängliche, großflächige Anlagen, die von vielen Personen betreten werden können?
- Gibt es Anhaltspunkte dafür, dass das Interesse der betroffenen Personen, nicht überwacht zu werden, das Interesse des Unternehmens überwiegt?
- Welche Kamera-Typen sollen installiert werden, wie viele und wo?
- Besteht eine konkrete Gefährdungslage? Wenn ja, sind die Tatsachen, auf die sie gründet, dokumentiert und können sie konkret nachgewiesen werden?

§ 3 Prüfung bei Datenweitergabe an Dritte

- Ist die Weitergabe an Dritte erforderlich, oder kann der Zweck genauso durch eine interne Verarbeitung erreicht werden?
- Welche Übertragungswege werden genutzt?
- Sind die externen Unternehmen mit Namen, Adressen und Kontaktdaten festgelegt?
- Sind Verträge über Auftragsverarbeitung geschlossen?
- Sind internationale Datentransfers ausreichend abgesichert?
- Werden die vertraglichen Regelungen zur technisch-organisatorischen Sicherheit umgesetzt?
- Ist bei Cloud-Lösungen mit Live-Übertragung oder Aufnahmefunktion die IT-Sicherheit ausreichend, um die Gefahr der Zugriffe Dritter einzuschränken?

§ 4 Möglichkeiten der Einschränkung der Überwachungsmöglichkeiten

- Erfolgte die Anbringung der Kamera deutlich sichtbar?
- Sind Hinweisschilder mit den notwendigen Informationen außerhalb der überwachten Bereiche bereitgestellt?
- Soll eine verdeckte Installation erfolgen?
- Sind die Kameras fernsteuerbar (Zoomobjektive, Schwenkbarkeit)? Wenn ja, welche konkrete Begründung für die Erforderlichkeit liegt vor?
- Sind die Bilder über mobile Endgeräte abrufbar oder wurde die ggf. bestehende Funktion deaktiviert?
- Liegt eine besonders ausgeprägte oder keine Nachtsichtfähigkeit vor?

- Wie wird der zeitliche Betrieb eingeschränkt? Ein 24 h-Betrieb ist im Innenbereich nur in begründeten Einzelfällen möglich.
- Erfolgt ein Abgleich von Kamerabildern mit einer Bilddatenbank?
- Soll eine akustische Überwachung stattfinden?
- Ist die Überwachung über das „Kamera-Monitor-Prinzip"/eine Live-Übertragung möglich?
- Erfolgt die unmittelbare Übermittlung von Videobildern an andere Stellen nur in begründeten Einzelfällen?
- Ist es möglich, eine Sichtfeld-Einschränkung vorzusehen?
- Kann ein automatisches Ausblenden bzw. Verpixeln von Personen implementiert werden?
- Sind nicht-erforderliche Funktionen temporär oder dauerhaft deaktiviert?

§ 5 Interessenabwägung bei Speicherung der Daten

- Lagen bei Aufzeichnung berechtigte Interessen des Verantwortlichen vor?
- Aus welchem Grund soll eine Speicherung der Videoüberwachung vorgenommen werden?
- Besteht eine konkrete Gefährdungslage? Wenn ja, auf welche Tatsachen gründet sich diese?
- Welcher Zweck soll mit der Speicherung erreicht werden?
- Ist die Speicherung der Videoüberwachung geeignet, den verfolgten Zweck zu erreichen?
- Gibt es mildere Mittel, die den Zweck ohne die Speicherung der Videoüberwachung erreichen können?
- Gibt es Anhaltspunkte, dass das Interesse der betroffenen Personen, keine Speicherung seines Bildnisses ausgesetzt zu sein, das Interesse des Unternehmens überwiegt?
- Welches Aufzeichnungssystem soll verwendet werden? Erfolgt die Aufzeichnung analog oder digital?
- Sollen die gespeicherten Aufnahmen an Dritte weitergeben werden? Wenn ja, ist das notwendig? Sind Voraussetzungen für die Weitergabe schriftlich festgelegt (Verfahrensbeschreibung, Dienst-/Geschäftsanweisung)?

§ 6 Sicherstellung der Betroffenenrechte

- Erfolgt die Information über die Aufzeichnung?
- Wird die betroffene Person im Falle einer Identifizierung bei Speicherung der Aufnahmen informiert?
- Kann einem Auskunftsersuchen einer betroffenen Person spätestens binnen eines Monats nach Eingang und noch vor der Löschung nachgekommen werden? Kann eine Kopie der Aufnahmen bereitgestellt werden?
- Kann dem Recht auf Berichtigung und Ergänzung binnen eines Monats nach Eingang nachgekommen werden?
- Besteht ein Löschkonzept? Sind eine regelabhängige Archivierung und Löschung der Daten technisch umsetzbar?
- Wann erfolgt eine Löschung/Überschreibung der gespeicherten Daten?
- Bei Weitergabe an Dritte: Kann dem „Recht auf Vergessenwerden" nachgekommen werden? Kann eine Information über die Änderungen an die Dritten erfolgen?

- Wird dem Recht auf Einschränkung nachgekommen (automatisiert und auf Anfrage)?
- Kann das Recht auf Datenübertragbarkeit berücksichtigt werden?
- Ist sichergestellt, dass nach Widerspruch einer betroffenen Person fristgerecht eine Einschränkung der Verarbeitung und Prüfung der Gründe erfolgt? Besteht ein Muster für die Interessenabwägung?
- Sind die Beschäftigten instruiert und werden sie regelmäßig erinnert, wie sie mit datenschutzrechtlichen Anliegen (etwa Auskunftsersuchen) von betroffenen Personen umgehen müssen, insbesondere auch wenn diese persönlich gestellt werden?
- Liegt ein Muster für die Beantwortung von Auskunftsanfragen vor?

§ 7 Restriktives Zugangskonzept

- Liegt ein Zugriffsberechtigungskonzept vor?
- Wer hat Zugriff auf die Aufzeichnungen? Nur Mitarbeiter oder auch externe Personen?
- Ist die Zugriffsberechtigung einzeln namentlich dokumentiert?
- Welche Voraussetzungen wurden bestimmt, nach denen ein Zugriff erteilt wird?
- Bei externen Anbietern: Wurde ein Vertrag über eine Auftragsverarbeitung abgeschlossen und der Zugriff dort entsprechend geregelt?
- Wenn ein externer Anbieter Wartungsdienstleistungen durchführt, wurden ein gesonderter Vertrag zur Auftragsverarbeitung und eine Geheimhaltungsvereinbarung geschlossen? Wenn nicht, wurde dokumentiert, weshalb keine Notwendigkeit besteht?
- Wurden angemessene Maßnahmen zur Verhinderung des Zugriffs auf die Aufzeichnungen getroffen?
- Findet eine Übermittlung von Originalaufzeichnungen bzw. kopierten Videosequenzen statt? Wenn ja: Wohin und zu welchem Zweck?
- Sind die Modalitäten der Übermittlung schriftlich geregelt (insbesondere revisionssichere Protokollierung von Übergabe und Rücknahme)?

§ 8 Organisatorische Maßnahmen

- Wurde ein Datenschutzbeauftragter benannt?[1]
- Wurde eine Datenschutz-Folgenabschätzung durchgeführt? Wenn Nein, sind die Gründe dokumentiert, aufgrund derer keine solche notwendig ist?[2]
- Führt der Verlust von Daten zu einer potenziellen Meldepflicht gegenüber der Aufsichtsbehörde oder sogar den betroffenen Personen? Ist gewährleistet, dass jeder Datenschutzverstoß in die interne Übersicht aufgenommen wird?[3]
- Wurde die Videoüberwachung in das Verzeichnis von Verarbeitungstätigkeiten aufgenommen?[4]

## Anmerkungen

**1.** Benennung eines Datenschutzbeauftragten. Ausführlich → Form. B. I. 1.

**2.** Durchführung einer Datenschutz-Folgenabschätzung. Ausführlich → Form. C. III.

**3.** Organisation von Meldepflichten bei Datenschutzverletzungen. Ausführlich → Form. C. VI.

**4.** Verzeichnis von Verarbeitungstätigkeiten. Ausführlich → Form. C. II.

*Lachenmann*

## 2. Richtlinie und Betriebsvereinbarung zur Videoüberwachung im Betrieb

Das Muster bildet das Kernstück des Kapitels. Die Richtlinie/Arbeitsanweisung bzw. Betriebsvereinbarung muss nicht zwingend so ausführlich eingesetzt werden. Je nach Anwendungsbereichen und Überwachungsumfang kann das Muster gekürzt werden. Eine kurze Prüftabelle für KMU wird unter → Form. H. III. 6. dargestellt.

§ 1 Geltungsbereich und Gegenstand

(1) Diese Richtlinie regelt, unter welchen Voraussetzungen im [Unternehmen] Videoüberwachung in Innen- und Außenbereichen eingesetzt werden und eine Auswertung erfolgen darf. Sie gilt für alle Beschäftigten [und Beamte] des Unternehmens in [der Niederlassung ...].[1]

[ODER, bei Betriebsvereinbarungen: (1) Diese Richtlinie regelt, unter welchen Voraussetzungen im [Unternehmen] Videoüberwachung eingesetzt werden und eine Auswertung der Aufnahmen erfolgen darf. Sie gilt für alle Arbeitnehmerinnen und Arbeitnehmer, die dem Betrieb [...] angehören. Für alle Beschäftigten, die nicht unter den Arbeitnehmerbegriff des § 5 BetrVG fallen, wird eine Videoüberwachung nach den identischen Vorgaben dieser Betriebsvereinbarung, sowie § 26 BDSG, Art. 88 DS-GVO sichergestellt. Nachfolgend werden alle erfassten Personen gemeinsam als „Beschäftigte" bezeichnet.]

(2) Der Begriff Videoüberwachung umfasst in dieser Richtlinie den Betrieb aller Videokameras, soweit Anbringung und/oder Betrieb auf Veranlassung von oder durch [Unternehmen] erfolgen. Erfasst sind rein übertragende („Monitoring") ebenso wie aufzeichnende Systeme, Kamera-Attrappen sowie noch nicht und nicht mehr funktionsfähige Kameras.[2]

(3) Eine Leistungskontrolle durch die Videoüberwachung ist unzulässig. Eine Verhaltens- oder Anwesenheitskontrolle ist nur zulässig, soweit es die in Anlage 1 festgelegte Zweckbestimmung gestattet.[3]

(4) Die Richtlinie umfasst nicht solche Videosysteme, die allein der Überwachung von technischen Abläufen dienen. Dies gilt jedoch nur, wenn ausgeschlossen ist, dass Personen erfasst werden und/oder Rückschlüsse auf das Arbeitsverhalten von Beschäftigten möglich sind. Diese Kamerasysteme sind ohne Zoom-, Schwenk- oder Aufnahmefunktion fest zu installieren.[4]

(5) Die Richtlinie gilt nicht bei der Kommunikation dienenden Systemen, also insbesondere Webcams, Bildschirmarbeitsplätze und Videokonferenzen.[5]

§ 2 Umfang und Zweck der Videoüberwachung[6]

(1) Die Videoüberwachung erfolgt in den gesetzlichen Grenzen, insbesondere des Bundesdatenschutzgesetzes (BDSG) und der EU-Datenschutz-Grundverordnung (DS-GVO). Die Videoüberwachung darf nur das Betriebsgelände erfassen, keinen öffentlichen Straßenraum.[7]

(2) Vor der Installation eines Kamera-Systems ist eine Dokumentation von Zweck und Grund der Videoüberwachung in dem in Anlage 1 dargestellten Formblatt schriftlich festzulegen. Dabei sind auch die sachlichen Erwägungen, die zur Notwendigkeit der Einrichtung der Videoüberwachung führen, niederzulegen. Die Vi-

deoüberwachung ist nur zulässig, soweit es die Interessen des Unternehmens erfordern und keine berechtigten Interessen der Beschäftigten oder außenstehender Personen entgegenstehen. Die Erforderlichkeit zur Erreichung der Zwecke ist grundsätzlich anhand der Tabelle 1 für jede Kamera gesondert zu prüfen. Der Kamerabetrieb ist ausschließlich zu den vor Inbetriebnahme festgelegten Zwecken zulässig.[8]

[ZUSÄTZLICH, bei Betriebsvereinbarungen: Das Formblatt ist dem Betriebsrat vor Einsatz des Kameras-Systems zur Prüfung vorzulegen. Diese Betriebsvereinbarung dient zudem der Erfüllung des Mitbestimmungsrechts des Betriebsrats nach § 87 Abs. 1 Ziff. 6 BetrVG. Nach dem übereinstimmenden Willen der Parteien wurden mit der vorliegenden Betriebsvereinbarung die Interessen von Arbeitgeber und Beschäftigten abgewogen und die Verarbeitung auf Basis der Bestimmungen als rechtmäßig angesehen.][9]

(3) Im Innenbereich, also innerhalb der Gebäude-Außenwände, ist die Videoüberwachung während der Betriebszeiten [Uhrzeit] nur bei Vorliegen eines auf konkrete Personen bezogenen Verdachts einer strafbaren Handlung zulässig. Diese Feststellungen, die den konkreten Verdacht einer strafbaren Handlung gegenüber bestimmten Personen begründen, beispielsweise Sachbeschädigungen oder abhandenkommendes Eigentum, sind im Formblatt Anlage 1 schriftlich zu dokumentieren.

[ZUSÄTZLICH, bei Betriebsvereinbarungen: Diese Informationen sind dem Betriebsrat vor Inbetriebnahme vorzulegen und unterliegen der Geheimhaltungspflicht des § 79 BetrVG.]

Die Überwachung ist auf den räumlichen Bereich zu beschränken, dem der konkrete Verdacht zugeordnet werden kann. Eine verdachtsunabhängige, rein präventive Inbetriebnahme der Überwachungsanlage ist unzulässig. Es sind maximal [Anzahl] Kameras einzusetzen. An einem konkreten Ort ist die Überwachung höchstens [vier Wochen] lang zulässig. Die Dauer der Videoaufzeichnung ist auf den erforderlichen Umfang zu beschränken. Sie ist unverzüglich einzustellen, sobald das Ziel erreicht wurde. Außerhalb der Betriebszeiten ist die Innenüberwachung mit Aufzeichnung zulässig, soweit die Voraussetzungen dieser Richtlinie eingehalten sind.[10]

(4) Eine verdeckte Videoüberwachung von Beschäftigten darf nur durchgeführt werden, wenn der konkrete Verdacht einer strafbaren Handlung oder einer anderen schweren Verfehlung zu Lasten des Unternehmens besteht, weniger einschneidende Mittel zur Aufklärung des Verdachts ergebnislos ausgeschöpft sind und die verdeckte Videoüberwachung damit praktisch das einzig verbleibende Mittel zur Aufklärung der Straftaten darstellt. Die Umstände sind vor Inbetriebnahme im Formblatt Anlage 1 im Rahmen einer Verhältnismäßigkeitsprüfung darzulegen. Die verdeckte Videoüberwachung ist in diesen Einzelfällen nur gegen einen zuvor festgelegten räumlich und funktional abgrenzbaren Kreis von Arbeitnehmern durchzuführen.[11]

(5) Im Außenbereich (das Betriebsgelände zwischen Gebäudetüren und Außenzaun) ist eine dauerhafte Videoüberwachung auch während der Betriebszeiten zulässig, soweit die Voraussetzungen dieser Richtlinie eingehalten sind.[12]

(6) Eine Videoüberwachung von Ruhebereichen, Pausenräumen oder Umkleidekabinen findet nicht statt.[13]

§ 3 Technische Einschränkung der Videoüberwachung

(1) Alle verwendeten Kamerasysteme sind in der als Anlage 2 dargestellten Tabelle aufzuführen, wobei Art des Systems, Leistungsmerkmale (Reichweite, Zoomfunktion, Schwenkfunktion usw) sowie Anzahl und Standorte der Kameras, Aufzeichnungsgeräte, Monitore und weiterer technischer Geräte zu dokumentieren sind.[14]

(2) Es sind grundsätzlich nur fest installierte Kameras ohne Zoom- oder Schwenkfunktion einzusetzen. Ausnahmen sind nur im Außenbereich zulässig, soweit keine Arbeitsplätze erfasst werden.

(3) Regelmäßig ist vorrangig zu prüfen, ob automatisierte Sichtfeld-Einschränkungen vorgenommen werden können und ob ein automatisiertes Ausblenden oder Verpixeln von Personen implementiert werden kann. Für aufzeichnende Systeme gelten ergänzend die Regelungen des § 5.[15]

(4) Nicht erforderliche Funktionen der Systeme, zB Mikrofone oder eine lokale Speicherung von Daten, sind vorrangig dauerhaft, ansonsten temporär zu deaktivieren.

(5) Die jeweiligen Prüfungen, insbesondere Gründe der Nichtimplementierung von Schutzmaßnahmen, sind in dem Formblatt Anlage 1 zu dokumentieren.

(6) Eine akustische Überwachung findet nicht statt.[16]

(7) Bei allen Videoaufnahmen ist stets die korrekte Datums- und Zeitangabe im Bild einzublenden.[17]

(8) Die jeweiligen Kamerasysteme sind getrennt voneinander zu betreiben und, soweit möglich, nicht mit sonstigen IT-Systemen zu verknüpfen. Die Datenübertragung hat, soweit technisch möglich, verschlüsselt zu erfolgen. Es ist das in Anlage 2 dokumentierte Berechtigungskonzept mit kontinuierlicher Pflege der Berechtigungen zu führen.[18]

(9) Ein Abgleich von Kamerabildern mit einer Bilddatenbank ist nur in begründeten Einzelfällen zulässig, insbesondere wenn eine Handlung entdeckt wird, die laut dem Zweck der Videoüberwachung erfasst werden soll. Der Abgleich hat im Beisein des Datenschutzbeauftragten [und des Betriebsrates] zu erfolgen. Werden bei Auswertung der Aufnahmen bzw. dem Abgleich mit der Bilddatenbank einzelne Personen identifiziert, sind diese per E-Mail oder Post zu informieren.[19]

[ZUSÄTZLICH, bei Betriebsvereinbarungen: (10) Jede Änderung der Standorte und der Anzahl der Kameras sowie jede technische Leistungsänderung, die den Betrieb der Videoanlage, ihre Nutzung, die Speicherung von Daten und/oder deren Auswertung betrifft, bedarf der Zustimmung des Betriebsrats.]

§ 4 Technisch-organisatorische Sicherheit

(1) Die Einrichtung der Videoüberwachungsanlage ist durch ein Fachunternehmen unter Aufsicht des Datenschutzbeauftragten vorzunehmen.

(2) Bei Durchführung einer Videoüberwachung sind regelmäßig die gesetzlich vorgeschriebenen technischen und organisatorischen Maßnahmen zu beachten (Art. 32 DS-GVO). Diese werden dargestellt in [der Konzernrichtlinie].[20]

(3) Der Zugang zu den Daten ist grundsätzlich nur Personen unter ihren persönlichen Zugangsdaten zu gewähren, die vorher namentlich festgelegt wurden. Es sollten, soweit möglich, nur betriebsinterne Personen ausgewählt werden oder Mitarbei-

ter eines externen Sicherheitsunternehmens (wenn die Voraussetzungen des § 5 Abs. 7 eingehalten werden). Die ausgewählten Personen führen auch sonstige notwendige Bedienungen durch (zB Behebung technischer Störungen) bzw. sind anwesend, während ein Dritter unter Einhaltung der Voraussetzungen des § 5 Abs. 8 solche Maßnahmen durchführt. Der Datenschutzbeauftragte hat stets ein Kontrollrecht.

(4) Die Videoüberwachungsanlage ist in einem mittels Zutrittsbeschränkungen besonders geschützten Raum zu betreiben, sodass er nur von [BEISPIELSWEISE: den Mitarbeitern der Abteilung ...] betreten werden kann. Der Zugang zur Videoüberwachungsanlage ist ausschließlich auf dem Administrationsserver des Kamerasystems zu ermöglichen. Dieser ist in einem Schrank zu betreiben, der durch zwei getrennte Schlösser zu sichern ist und zu dem nur die berechtigten Personen Zugang haben. Ein Schlüssel ist durch den Arbeitgeber aufzubewahren, der andere durch den Datenschutzbeauftragten [ODER: den Betriebsrat].[21]

(5) Bei Videoüberwachungsanlagen mit Echtzeitübertragung auf Monitore sind die Bilder ausschließlich in die in Anlage 2 festgelegten Räume zu übertragen, zu denen nur die dort namentlich genannten Personen Zutritt haben.

§ 5 Besondere Regelungen für aufzeichnende Systeme[22]

(1) Sollen die Videoüberwachungsanlagen die Aufnahmen nicht nur anzeigen, sondern weitergehend verarbeiten, gelten zusätzlich die Regelungen dieses § 5. Die Verarbeitung (mit einer längeren Speicherung) von Aufnahmen ist nur zulässig im Rahmen des in § 1 genannten Geltungsbereichs.

(2) Als Aufzeichnungssystem ist ein gesondert betriebenes digitales System zu verwenden, das den Regelungen des § 4 entsprechend gegen unrechtmäßigen Zugriff gesichert ist. Die Aufzeichnungen sind auf dem zentralen Administrationsserver der Videoüberwachungsanlage zu speichern und nach Stand der Technik zu verschlüsseln.

(3) Aufnahmen von Außenbereichen (§ 2 Abs. 5) sind [72] Stunden nach ihrer Herstellung automatisiert zu löschen. Der Betrieb hat mittels einer „Black Box" zu erfolgen, in der die Aufnahmen durch einen Ringspeicher nach 72 Stunden automatisiert überschrieben werden. Aufnahmen von Innenbereichen (§ 2 Abs. 3 und 4) sind unverzüglich nach ihrer Auswertung, jedoch spätestens [60] Tage nach ihrer Herstellung automatisiert zu löschen. Eine längere Speicherung ist nur zulässig, wenn die Daten aufgrund eines konkreten Vorkommnisses im Rahmen des Zwecks der Anlage 1 zur Beweissicherung benötigt werden. Werden Daten länger aufbewahrt, ist regelmäßig zu prüfen, ob die Voraussetzungen der Speicherung weiter vorliegen. Die Löschung hat unverzüglich zu erfolgen, sobald die Daten zur Zweckerreichung nicht mehr notwendig sind.[23] Bei Videoüberwachungsanlagen mit Echtzeitübertragung auf Monitore kann eine Speicherung von Bildern durch die Überwachungsperson manuell ausgelöst und beendet werden, wenn sie es in Anwendung pflichtgemäßen Ermessens zum Ziele der Zweckerreichung nach Anlage 1 für erforderlich hält und unverzüglich den Datenschutzbeauftragten [und den Betriebsrat] informiert.

(4) Soweit es für die Beweissicherung oder Beweisverwertung erforderlich ist, können beweiserhebliche Aufnahmen auf einem anderen Datenträger (zB externe Festplatte, Magnetband, USB-Stick) gespeichert werden. Der Schutz des Datenträgers gegen unbefugten Zugriff und die Verschlüsselung nach jeweiligem Stand der

Technik muss gewährleistet sein. Die Aufnahmen auf anderen Datenträgern sind, sobald sie nicht mehr zur Beweissicherung benötigt werden, unverzüglich vollständig zu löschen, wenn eine längere Aufbewahrungsdauer nicht gesetzlich vorgeschrieben ist. Soweit die Daten über die genannte Speicherdauer hinaus gespeichert werden, sind sie gem. Art. 18 Abs. 1 DS-GVO in der Verarbeitung zu beschränken und unverzüglich zu löschen, nachdem der Zweck der Speicherung weggefallen ist.

(5) Eine Auswertung der Aufnahmen durch visuelle Sichtung via Bildschirm darf nur für die in Anlage 1 festgelegten Zwecke durch die zuvor in Anlage 2 festgelegten, qualifizierten Personen erfolgen. Eine zweckändernde Nutzung ist ausgeschlossen. Die Auswertungen sind nur im Beisein des Datenschutzbeauftragten [und eines Betriebsratsmitglieds] zulässig. Für jede Auswertung ist ein Protokoll gemäß Anlage 3 zu erstellen, in dem Zeitpunkt, Anlass und Ergebnis von den auswertenden Personen niedergeschrieben werden. Die Protokolle sind mit den weiteren Anlagen aufzubewahren.

(6) Eine Herausgabe der gespeicherten Aufnahmen an staatliche Stellen ist nur nach einer entsprechenden Anordnung der Staatsanwaltschaft oder einer richterlichen Entscheidung zulässig. Übergabe und Rücknahme der Aufnahmen sind revisionssicher zu protokollieren.[24] Ein Vertreter von Strafverfolgungsbehörden oder staatlichen Gerichten (Polizei, Staatsanwaltschaft, Gericht) kann bei der internen Auswertung anwesend sein.

(7) [ENTWEDER:] Eine Übermittlung der gespeicherten Aufnahmen an private Dritte (zB Sicherheitsunternehmen) ist nur in Einzelfällen statthaft, wenn die Weitergabe zu deren Aufgabenerfüllung notwendig ist und ein Auftragsverarbeitungsvertrag sowie eine Geheimhaltungsvereinbarung abgeschlossen wurden, die auch die technisch-organisatorische Datensicherheit angemessen berücksichtigen. Vor Übermittlung der Daten an Dritte ist der entsprechende Teil des Formblatts der Anlage 1 auszufüllen. Übergabe und Rücknahme sind revisionssicher zu protokollieren.

[ODER:] Eine Übermittlung der gespeicherten Aufnahmen an private Dritte ist nicht gestattet.

(8) Vor Durchführung von Wartungen oder anderen Eingriffen in das System ist der Datenschutzbeauftragte [und der Betriebsrat] in Textform zu unterrichten. Wenn ein externer Anbieter Wartungsdienstleistungen durchführt, ist gesondert eine Geheimhaltungsvereinbarung abzuschließen. [25]

§ 6 Information der Beschäftigten über die Videoüberwachung[26]

(1) Eine eingerichtete Videoüberwachung ist den betroffenen Personen stets erkennbar zu machen. Es muss immer ersichtlich sein, welche Videokamera jeweils aktiviert ist.

(2) Die Kenntlichmachung erfolgt weiterhin durch ein gut sichtbares Hinweisschild, das so angebracht sein muss, dass es vor Eintritt der betroffenen Person in den Radius der Videoüberwachung sichtbar ist. [OPTIONAL: Es wird nur das standardisierte Hinweisschild mit folgendem Aussehen eingesetzt: [[ENTWEDER:] DIN 33450 [ODER:] das Muster der Datenschutzkonferenz.]

Das Hinweisschild hat zusätzlich den Namen des für die Videoüberwachung Verantwortlichen, dessen Kontaktdaten zur Einholung von Auskünften über die Überwachungskamera sowie einen Link auf die ausführliche Datenschutzerklärung zu enthalten.

(3) Spätestens einen Monat vor erstmaliger Inbetriebnahme der Videoüberwachung sind die Beschäftigten über die vorliegende Richtlinie durch eine E-Mail zu informieren. Neu eingestellten Mitarbeitern ist die Information spätestens zu Beginn des Arbeitsverhältnisses zu erteilen. Darüber hinaus wird im Eingangsbereich ein deutlich lesbarer Lageplan mit sämtlichen Kameras (Innen- und Außenbereich) sowie der erfassten Bereiche angebracht.

(4) Die Einhaltung der Rechte der Betroffenen nach Art. 15–21 DS-GVO wird durch das Unternehmen sichergestellt.

§ 7 Einbindung des Datenschutzbeauftragten

(1) Vor Einrichtung der Videoüberwachung ist eine Datenschutz-Folgenabschätzung nach Art. 35 f. DS-GVO durch die Geschäftsleitung mit Unterstützung des Datenschutzbeauftragten durchzuführen. Die Durchführung und das Ergebnis der Datenschutz-Folgenabschätzung sind zu dokumentieren und gemeinsam mit den weiteren Prüfunterlagen aufzubewahren.[27]

(2) Der Datenschutzbeauftragte ist frühzeitig über die Einrichtung der Videoüberwachung zu informieren. Er ist in die Erstellung des Überwachungsplanes und der Anlagen 1 und 2 einzubeziehen. Ihm sind alle für die Ausübung seiner Kontrollfunktion notwendigen Dokumente und Informationen zur Verfügung zu stellen. Bei geplanten Änderungen an der Videoüberwachung ist der Datenschutzbeauftragte möglichst frühzeitig zu informieren. Seine Stellungnahmen sind zu dokumentieren und gemeinsam mit den weiteren Prüfunterlagen aufzubewahren.

(3) Die Videoüberwachung ist in das Verzeichnis von Verarbeitungstätigkeiten aufzunehmen.[28]

[ZUSÄTZLICH, bei Betriebsvereinbarungen:

§ 8 Einbindung des Betriebsrats[29]

(1) Der Betriebsrat hat das Recht zur Beteiligung an der Einrichtung der Videoüberwachungsanlage mit einem seiner Mitglieder und zur Überwachung der Einhaltung der Voraussetzungen dieser Betriebsvereinbarung. Er hat dazu ein Zutrittsrecht zu den Anlagen und Räumen und ein Recht zur Einsichtnahme in alle relevanten Unterlagen.

(2) Änderungen des Überwachungssystems sind dem Betriebsrat rechtzeitig vorher mitzuteilen und mit ihm zu beraten. Sie sind nur mit Zustimmung des Betriebsrates zulässig. Erforderlichenfalls entscheidet die Einigungsstelle. Das gilt auch für alle anderen Streitigkeiten zwischen [Unternehmen] und dem Betriebsrat aus dieser oder über diese Betriebsvereinbarung.

§ 9 Schlussbestimmungen der Betriebsvereinbarung

(1) Die vorliegende Betriebsvereinbarung tritt mit Unterzeichnung in Kraft. [Sie ersetzt sämtliche übrigen Betriebsvereinbarungen zu demselben Themenkreis, insbesondere die Betriebsvereinbarung [Bezeichnung] vom [Datum].]

(2) Die Betriebsvereinbarung kann mit einer Frist von [sechs] Monaten zum Ende eines [Kalenderjahres] gekündigt werden [, frühestens jedoch zum ...].

**(3) Für den Fall der Kündigung dieser Betriebsvereinbarung wirkt sie nach, bis sie durch eine andere Abmachung ersetzt wird.**

**Anlagen:[30]**
**Anlage 1: Festlegungen vor Inbetriebnahme der Videoüberwachung**
**Anlage 2: Maßnahmen zum Schutz der betroffenen Personen**
**Anlage 3: Protokoll der Auswertung von Videoaufnahmen**
**Anlage 4: Vertrag über die Auftragsverarbeitung**
**Anlage 5: Geheimhaltungsvereinbarung**

**[Datum, Unterschriften]**

## Anmerkungen

**1. Betroffene Personen und Verantwortlicher.** Bei einer Richtlinie, die für alle im Unternehmen tätigen Personen gelten soll, kann der Oberbegriff „Beschäftigte" gewählt werden – orientiert an Art. 88 DS-GVO. Wird eine Betriebsvereinbarung geschlossen, gilt sie aufgrund der Regelungskompetenz des Betriebsrats nur für Arbeitnehmerinnen und Arbeitnehmer gem. § 5 Abs. 1 BetrVG (§ 77 BetrVG; generell zum Umfang von Betriebsvereinbarungen zB Taeger/Pohle ComputerR-HdB/Imping Kap. 70.8 Rn. 24 ff.).

Datenschutzrechtlich ist Verantwortlicher der Videoaufnahmen (Art. 4 Abs. 7 DS-GVO) jedes Unternehmen, das die Aufnahmen beeinflussen kann und Zugriff auf sie hat (ausführlich, noch zum BDSG aF, Taeger ZD 2013, 571 (573)). Während die Wertung bei einem Einzelunternehmen regelmäßig unproblematisch ist (wenn nicht zB der Vermieter als Dritter die Aufgabe übernimmt), sind bei Betriebsgeländen von Konzernen in der Regel verschiedene juristische Personen vor Ort. Datenschutzrechtlich gibt es in Konzernsachverhalten in der Regel mehrere Verantwortliche, von denen jeder für sich auf die Einhaltung der rechtlichen Vorschriften zu achten hat. Die Übertragung der Daten darf nur in von der Richtlinie erfassten Fällen erfolgen. Arbeitsrechtlich ist ergänzend dazu der jeweilige Arbeitgeber der Beschäftigten für die rechtskonforme Ausgestaltung der Videoüberwachung zuständig.

**2. Attrappen und defekte Geräte.** Es ist geboten, der Richtlinie zur Videoüberwachung ausdrücklich auch Attrappen und sonstige nicht funktionsfähige Kameras zu unterwerfen, da solche Einrichtungen keine personenbezogenen Daten verarbeiten und daher rechtlich nicht der DS-GVO unterfallen (EDSA Guideline 3/2019 on processing of personal data through video devices v. 10.7.2019 Rn. 9; BeckOK DatenschutzR/Wilhelm-Robertson BDSG § 4 Rn. 6a). Dennoch besteht für solche Einrichtungen der allgemeine zivilrechtliche Abwehranspruch gem. §§ 1004, 823 BGB (stRspr, zuletzt BGH 24.5.2013 – V ZR 220/12, ZD 2013, 447; dazu Taeger ZD 2013, 571; weiterhin zB LG Berlin 14.8.2018 – 67 S 73/18, ZD 2019, 129; krit. BeckOK DatenschutzR/Wilhelm-Robertson BDSG § 4 Rn. 6a). Denn selbst durch nicht funktionsfähige Kameras werden betroffene Personen einem gefühlten Überwachungsdruck ausgesetzt und so zu einer Anpassung ihrer Handlungsweisen veranlasst (BGH 16.3.2010 – VI ZR 176/09, NJW 2010, 1533). Durch die Erfassung unter die Richtlinie wird dem Schutz der betroffenen Personen gedient und die praktische

Anwendung für Verantwortliche erleichtert, da die Regelungen der DS-GVO gleichermaßen Anwendung finden.

**3. Leistungs-, Verhaltens- und Anwesenheitskontrollen.** Zwar ist es in der Praxis teilweise durchaus geboten, Verhalts- und Leistungskontrollen durchzuführen. Diese können beispielsweise hinsichtlich der Sicherstellung einer ordnungsgemäßen Compliance-Organisation oder zur Gehaltsabrechnung notwendig sein. Andererseits ist das Persönlichkeitsrecht der Beschäftigten zu beachten, sodass verdachtsunabhängige Routinekontrollen (auch zB hinsichtlich Drogenkonsums) oder eine Vollkontrolle unzulässig sind. Daher ist auch bei der Videoüberwachung mit Stichprobenkontrollen zu arbeiten, um eine Gesamterfassung und Bildung von Profilen der Arbeitnehmer zu verhindern. Ein solcher Anpassungsdruck entsteht aber jedenfalls, wenn eine lückenlose, dauerhafte sowie sehr detaillierte Erfassung des Verhaltens durchgeführt wird (BAG 28.3.2019 – 8 AZR 421/17, NZA 2019, 1212).

In Widerspruch zu der dargestellten klaren Rechtsprechung tritt nunmehr ein einzelner Senat (BAG 23.8.2018 – 2 AZR 133/18, NZA 2018, 1329 Rn. 42 ff.): in einer Entscheidung wurde die Videoüberwachung eines Kioskbereichs mit Kasse und Kundenverkehr pauschal für rechtmäßig erklärt, wenn diese offen erfolge und dem Schutz von Straftaten oder erheblichen Pflichtverletzungen (hier: Diebstahl von 44,75 EUR) diene. Dann seien keine Anhaltspunkte ersichtlich, dass die Überwachung „zu einem ständigen Überwachungs- und daran anknüpfenden Anpassungs- und Leistungsdruck führen konnte". Zu dieser Bewertung kam der 2. Senat, obwohl er zeitgleich entschied, dass die Aufnahmen selbst Monate nach der eigentlichen Löschverpflichtung noch ausgewertet werden durften. Ausreichende Schutzmaßnahmen seien Schadensersatz- und Entschädigungsansprüche, sowie die Bußgeld- und Strafvorschriften, womit zugleich den vom EGMR geforderten Schutzmaßnahmen Rechnung getragen sei (BAG 23.8.2018 – 2 AZR 133/18, NZA 2018, 1329 Rn. 35, unter Verweis auf das – verfehlte – Urteil zu Dashcams, BGH 15.5.2018 – VI ZR 233/17, ZD 2018, 422 mAnm Lachenmann). Die Rechtsprechung des 2. BAG-Senats dürfte vor dem Hintergrund der vom EGMR regelmäßig geforderten einschränkenden Schutzmaßnahmen für Betroffene (zuletzt sehr eindeutig EGMR 17.10.2019 – 1874/13, 8567/13, NZA 2019, 1697 Rn. 67 f.; zuvor zB EGMR 12.1.2016 – 61496/08, CCZ 2016, 285 mAnm Stück) nicht haltbar sein. Ausführlich zu den Bewertungskriterien der Zulässigkeit von Videoüberwachung in verschiedenen Bereichen → Anm. 9–12.

**4. Erfassung technischer Abläufe.** Es wird nur selten vorkommen, dass bei der Überwachung technischer Abläufe die Richtlinie keine Anwendung findet, da es meist möglich sein wird, Rückschlüsse auf das Arbeitsverhalten von einzelnen Beschäftigten zu ziehen. Insbesondere soll eine Leistungskontrolle vermieden werden. Wenn ein rechtswidriges Verhalten (bzw. der Verdacht darauf) bei Beschäftigten in der Fertigung vorliegt, gelten ebenfalls die strengen Regelungen der Richtlinie. Dennoch versucht die Richtlinie, die Möglichkeit der Überwachung technischer Abläufe ohne die strengen Vorgaben aufrecht zu erhalten.

Soll die Möglichkeit zur vereinfachten technischen Überwachung nicht gegeben werden, könnte zur Klarstellung des Anwendungsbereichs auch bei Überwachung technischer Abläufe wie folgt formuliert werden:

„Diese Richtlinie gilt auch bei Videosystemen, die allein der Überwachung von technischen Abläufen dienen."

*Lachenmann*

**5. Geltung bei Webcams.** Bei Webcams ist zu unterscheiden: Dienen sie der Überwachung von Personen, unterfallen sie ebenfalls der vorliegenden Richtlinie. Denn nur so ist der Schutzzweck gewahrt, zumal über Webcams auch Live-Aufnahmen ins Internet gestellt werden können und dadurch eventuell bewirkte Persönlichkeitsverletzungen nicht rückgängig zu machen sind (Düsseldorfer Kreis Orientierungshilfe „Videoüberwachung durch nicht-öffentliche Stellen" v. 19.2.2014 S. 13). Dienen die Webcams hingegen der Kommunikation untereinander, also zB bei einer Videokonferenz mit Kunden oder einem Gespräch mittels Webcam mit einem Kollegen, unterfallen sie nicht der Richtlinie.

**6. Beweisverwertungsverbot und Sachvortragsverwertungverbot bei rechtswidriger Videoüberwachung.** Aus einer rechtswidrigen Videoaufnahme kann nach der Rechtsprechung des BAG die „Regelvermutung" des Bestehens eines Beweisverwertungsverbots abgeleitet werden, wenn ein Grundrechtverstoß durch den Verantwortlichen begründet wird, somit die prozessuale Verwertbarkeit bei der Beweiswürdigung ausgeschlossen wird (BAG 28.3.2019 – 8 AZR 421/17, NZA 2019, 1212; BAG 23.8.2018 – 2 AZR 133/18, NZA 2018, 1329 Rn. 14ff.; BAG 20.10.2016 – 2 AZR 395/15, NZA 2017, 443; BAG 22.9.2016 – 2 AZR 848/15, NZA 2017, 112; BAG 20.6.2013 – 2 AZR 546/12, ZD 2014, 260 mAnm Wybitul/Astor; BAG 21.11.2013 – 2 AZR 797/11, NJW 2014, 810; ausführlich Fuhlrott/Schröder NZA 2017, 278 (insbes. 282); Wybitul/Pötters BB 2014, 437; Lachenmann ZD 2017, 407; vgl. auch BGH 12.3.2024 – VI ZR 1370/20, NJW 2024, 2836). Wenn die Rechtmäßigkeitsprüfung des Handelns ergibt, dass die Beweismittel durch einen Datenschutzverstoß erlangt wurden, unterliegen die Beweismittel ua einem prozessualen Beweisverwertungsverbot, wenn durch die gerichtliche Verwertung ein erneuter bzw. fortgesetzter ungerechtfertigter Eingriff in das Persönlichkeitsrecht des Arbeitnehmers erfolgt – was den Regelfall darstellt. Darüber hinaus bejahte das BAG sogar eine Fernwirkung des Verwertungsverbots und ein weitergehendes Erhebungsverbot, insoweit als die den Datenschutzverstoß begehenden Personen nicht als Zeugen für die Handlung gehört werden können (Brink/Wybitul ZD 2014, 225 (229)).

Zwar ist selbst eine Verwertung rechtswidrig erlangter Beweise grundsätzlich möglich, da eine sachlich richtige Entscheidung der Gerichte über den Grundsatz der freien Beweiswürdigung nach § 286 ZPO gewährleistet sein soll und jeder Prozesspartei ein Anspruch auf rechtliches Gehör gem. Art. 103 Abs. 1 GG zusteht (vgl. Fuhlrott/Schröder NZA 2017, 278 (281)). Daher bedarf die Annahme eines Beweisverwertungsverbotes einer besonderen Legitimation und gesetzlichen Grundlage. Gleiches gilt für ein Sachvortragsverwertungsverbot, durch das ein Gericht eingebrachte Beweise nicht würdigen darf, selbst wenn der Prozessgegner sie nicht bestreitet (BAG 20.10.2016 – 2 AZR 395/15, NZA 2017, 443; BAG 22.9.2016 – 2 AZR 848/15, NZA 2017, 112). Das Beweisverwertungsverbot folgt oft aus einer Güter- und Interessenabwägung, wenn die Interessen des Verantwortlichen nicht überwiegen (BAG 20.6.2013 – 2 AZR 546/12, ZD 2014, 260 mAnm Wybitul/Astor; BAG 21.11.2013 – 2 AZR 797/11, NJW 2014, 810; BGH 15.5.2013 – XII ZB 107/08, NJW 2013, 2668). Insbesondere besteht ein solches, wenn es aufgrund einer verfassungsrechtlich geschützten Position einer Person zwingend geboten ist (BVerfG 13.2.2007 – 1 BvR 421/05, NJW 2007, 753; BAG 20.10.2016 – 2 AZR 395/15, NZA 2017, 443). Allein das Interesse, sich ein Beweismittel für zivilrechtliche Ansprüche zu sichern, reicht nicht aus, um die Persönlichkeitsrechtsverletzung zu rechtfertigen. Vielmehr müssen weitere Aspekte hinzutreten, die die Verwertung rechtswidrig erlangter Beweise rechtfertigen, sodass sich gerade diese Art der Informationsbeschaffung als gerechtfertigt erweist (BVerfG 13.2.2007 – 1 BvR 421/05, NJW 2007, 753; BVerfG 9.10.2002 – 1 BvR 1611/96 u.a., NJW 2002, 3619; BGH 15.5.2013 – XII ZB 107/08, NJW 2013, 2668 (Rn. 22); BGH 18.2.2003 – XI ZR 165/02, NJW 2003, 1727 (Ls. C); BAG 20.10.2016 – 2 AZR 395/15, NZA 2017, 443).

Darüber hinaus besteht vielfach ein Sachvortragsverwertungsverbot, da eine Partei zur Wahrung ihrer Rechte nicht gezwungen werden kann, Tatsachen bestreiten zu müssen, die grundrechtswidrig erlangt wurden (BAG 23.8.2018 – 2 AZR 133/18, NZA 2018, 1329 Rn. 16f.; BAG 20.10.2016 – 2 AZR 395/15, NZA 2017, 443; BAG 22.9.2016 – 2 AZR 848/15, NZA 2017, 112; zuvor BAG 16.12.2010 – 2 AZR 485/08, NZA 2011, 571). Erfasst wird dabei neben einer Inaugenscheinnahme der Videoaufzeichnungen auch deren mittelbare Verwertung, etwa durch Vernehmung eines Zeugen über den Inhalt des Bildmaterials (BVerfG 31.7.2001 – 1 BvR 304/01, NZA 2002, 284; BAG 20.10.2016 – 2 AZR 395/15, NZA 2017, 443).

Im Beschäftigtendatenschutz kann aufgrund der umfangreichen BAG-Rechtsprechung (BAG 31.1.2019 – 2 AZR 426/18, ZD 2019, 419; BAG 20.10.2016 – 2 AZR 395/15, NZA 2017, 443; BAG 22.9.2016 – 2 AZR 848/15, NZA 2017, 112; BAG 15.4.2014 – 1 ABR 2/13 (B), NZA 2014, 551; BAG 16.12.2010 – 2 AZR 485/08, NZA 2011, 571; BAG 29.11.2007 – 2 AZR 724/06, DB 2008, 709; BAG 27.3.2003 – 2 AZR 51/02, NZA 2003, 1193) umrissen werden, wann die Beweisverwertung von Videoaufnahmen zulässig ist: Bei der Güter- und Interessenabwägung ist insbesondere danach zu fragen, ob ein vorheriger konkreter Verdacht einer strafbaren Handlung oder anderer schwerer Verfehlungen zu Lasten des Verantwortlichen bestand, weniger einschneidende Mittel zur Aufklärung des Verdachts ausgeschöpft sind und daher die Videoaufnahmen das praktisch einzig verbleibende Mittel bleiben. Kriterien sind insbesondere: ein bestehender Verdacht strafbarer Handlungen, die fehlende Möglichkeit zur effektiven Kontrolle der Arbeitnehmer durch Vorgesetzte, kein bereitstehendes milderes Mittel – zB greifen Leibesvisitationen stärker in Persönlichkeitsrechte ein – und ein räumlich abgrenzbar erfasster Bereich. Natürlich besteht bei einer verdeckten Videoüberwachung regelmäßig ein höheres Risiko eines Beweisverwertungsverbotes, da weitergehende Anforderungen an die Rechtmäßigkeit gestellt werden (Bergwitz NZA 2012, 1205 (1207)). Dies entspricht der allgemeinen Linie des BAG, wonach bei arbeitsrechtlichen Maßnahmen eines Arbeitgebers die eingesetzten Informationen in datenschutzrechtlich zulässiger Weise erhoben werden müssen (zuletzt bestätigt BAG 23.8.2018 – 2 AZR 133/18, NZA 2018, 1329 Rn. 21ff., wonach sogar die Verwertung von ursprünglich rechtmäßig angefertigten Aufnahmen selbst nach dem eigentlich angemessen Löschtermin noch zulässig sein soll). Werden sie dies nicht, ist bspw. eine Kündigung gem. § 138 BGB nichtig (vgl. BAG 15.11.2012 – 6 AZR 339/11, ZD 2013, 235 mAnm Wybitul). Aufgrund der strengen Anforderungen des BAG ist es von besonderer Bedeutung, dass alle rechtlichen Voraussetzungen der Videoüberwachung eingehalten werden, da nur so die gewonnenen Ergebnisse in Rechtsstreitigkeiten verwendet werden können.

**7. Erfassung öffentlichen Straßenraums.** Die Videoüberwachung des öffentlichen Raums unterliegt besonders hohen Anforderungen und ist daher in der Regel unzulässig (→ H. III. Vorb.). Neben dem Schutz der mit dem Unternehmen verbundenen Personen sollte die Richtlinie auch den Schutz der Allgemeinheit berücksichtigen. Dies schützt das Unternehmen, da es sich bei Erfassung öffentlichen Raumes rechtlichen Ansprüche durch Jedermann ausgesetzt sehen kann (zu möglichen zivil- und öffentlich-rechtlichen Ansprüchen, die unter Geltung von DS-GVO und BDSG grundsätzlich weiterbestehen, Horst NZM 2002, 688; Lachenmann/Schwiering NZV 2014, 291).

**8. Vorherige Dokumentation.** Ein Beispiel für das im Muster genannte Formblatt ist unter → Form. H. III. 3. dargestellt. Die Dokumentation der Gründe für die Videoüberwachung und der zu Ihrer Erforderlichkeit führenden Tatsachen sind schriftlich zu dokumentieren. Das Erfordernis zur Dokumentation ergibt sich insbesondere daraus, dass der Verantwortliche seine Rechenschaftspflicht gem. Art. 5 Abs. 2 DS-GVO zu erfüllen hat und laut Rechtsprechung grundsätzlich die Beweislast für das Vorliegen der Gründe der Verarbeitung trägt (vgl. OLG Stuttgart, 18.5.2021 – 12 U 296/20, ZD 2022, 105 mwN). Grundlegende Anforderung ist, dass konkrete Tatsachen vorzuliegen haben und dokumentiert sein müssen, die eine Videoüberwachung erforderlich machen. Die Dokumentation gewinnt aufgrund der Urteile des EuGH und des BVerwG eine besondere Bedeutung.

Das BVerwG verlangte, dass Nachweise für eine konkrete Gefährdung, also entweder eine konkrete Gefahrengeneigtheit oder bereits eingetretene Vorfälle dargelegt werden müssen (BVerwG 27.3.2019 – 6 C 2.18, ZD 2019, 372 Rn. 25 ff. und 47 mAnm Lachenmann; zum Urteil s. auch Kühling/Sackmann NJW 2019, 2556). Eine tatsächlich über das allgemeine Lebensrisiko hinausgehende Gefährdungslage müsse „aus tatsächlichen Elementen" begründet werden, zu denen auch eine Lage in einem Gebiet mit erhöhtem Gefährdungspotential gehören könne. Die Rechtsprechung des BVerwG wurde mittelbar durch den EuGH bestätigt: Laut dem EuGH muss der Betreiber der Videoüberwachung nachweisen, dass sein begründetes Interesse bei Start der Videoüberwachung vorhanden war. Tatsächliche Risiken dürfen einerseits „nicht hypothetisch" sein, andererseits könne es nicht erforderlich sein, „dass die Sicherheit des Eigentums und der Personen zuvor beeinträchtigt wurde" (EuGH 11.12.2019 – C-708/18, CR 2020, 94 Rn. 43 f.). Diese faktenbasiert-abstrakte Bewertung vertreten auch die europäischen Aufsichtsbehörden (EDSA Guideline 3/2019 on processing of personal data through video devices v. 10.7.2019 Rn. 20 f.).

Für die Praxis gilt daher: Insbesondere sollten tatsächlich eingetretene Vorfälle in der Vergangenheit (bspw. Diebstähle, Vandalismus und Ähnliches) beschrieben und nachweisbar dokumentiert werden. Auch eine abstrakte Gefährdung oder Verpflichtung zur Sicherstellung strengerer Zutrittskontrollen kann als Begründung ausreichend sein. Eine solche abstrakte Gefährdung, die über das allgemeine Lebensrisiko hinausgeht, kann zB durch Vorfälle bei anderen Unternehmen in der Umgebung, oder Kriminalitätsstatistiken erfolgen. Wenn ein Stützen auf die generellen technisch-organisatorischen Maßnahmen nach Art. 32 DS-GVO zum Schutz des Unternehmens und des Betriebsgeländes erfolgen soll (vgl. die Argumentation bei Deusch/Eggendorfer DSRITB 2018, 741), ist auch das sauber zu dokumentieren und das erhöhte Risiko für Unternehmen darzustellen.

**9. Betriebsvereinbarungen.** Eine Schaffung von eigenständigen Rechtsgrundlagen durch Betriebsvereinbarungen ist unter der DS-GVO nicht mehr möglich. Möglich ist nur eine nähere Ausgestaltung der Datenverarbeitung im Betrieb und eine Präzisierung der Rechtsgrundlagen nach Art. 6 Abs. 1 DS-GVO, zB durch eine gemeinsame Festlegung der Interessenabwägung. Diese Rechtslage folgt aus der Entscheidung des EuGH 30.3.2023 – C-34/21, ZD 2023, 391 mAnm Schild (→ Form. H. III. Vorb.). Die Ansicht der 3. Aufl., unter Verweis auf das BDSG aF (vgl. auch Lachenmann Datenübermittlung im Konzern S. 203 ff. und 304 f.) kann nicht aufrecht erhalten werden. § 26 Abs. 4 BDSG kann in der aktuellen Form keine Anwendung mehr finden. Laut dem EuGH (EuGH 30.3.2023 – C-34/21, ZD 2023, 391 Rn. 74) gilt, dass eine mitgliedstaatliche Rechtsvorschrift die Vorgaben von Art. 88 Abs. 2 DS-GVO erfüllen muss, um als eine spezifischere Vorschrift iSv Art. 88 Abs. 1 DS-GVO eingestuft werden zu können. Nicht ausreichend ist es, wenn die nationale Norm, hier § 26 Abs. 4 BDSG, nur festlegt, dass die Verantwortliche die Vorgaben von Art. 88 Abs. 2 DS-GVO auszufüllen hat (Monreal ZD 2024, 126 (129)). Während nach früherer Rechtslage durch die Betriebsparteien in Betriebsvereinbarungen eigenständige Rechtsgrundlagen neu geschaffen werden konnten, legte der EuGH nun fest, dass die in Art. 6 Abs. 1 DS-GVO aufgeführten Rechtsgrundlagen eine erschöpfende und abschließende Liste der Fälle darstellen, unter denen eine Verarbeitung personenbezogener Daten als rechtmäßig angesehen werden kann (EuGH 30.3.2023 – C-34/21, ZD 2023, 391 Rn. 70); Monreal ZD 2024, 126 (129). Damit können weder die Mitgliedsstaaten noch einzelne Betriebsparteien von den vorgegebenen Rechtsgrundlagen abweichen.

Daraus ergibt sich aus Praxis-Sicht für Betriebsvereinbarungen: Allein möglich ist die Vornahme von Spezifizierungen einzelner Merkmale der Rechtsgrundlagen, zB durch das Aufstellen von Leitlinien für die durchzuführenden Interessenabwägungen (EuGH 24.11.2011 – C-468/10, C-469/10, ZD 2012, 33 Rn. 46; Monreal ZD 2024, 126 (130)). Insbesondere können also die Gründe und Entscheidungen für eine bestimmte Form der Verarbeitung im Rahmen der Interessenabwägung dargelegt werden, was im Beschäftigtendatenschutz zu einem weiten Anwendungsspielraum der Betriebspartner führt.

Die Pflicht zur Information des Betriebsrats, insbesondere über die vor der Inbetriebnahme getroffenen Feststellungen, sollte zur Klarstellung knapp geregelt werden, obwohl sie sich bereits aus §§ 90 Abs. 1 Nr. 2, Abs. 2, 80 Abs. 2 iVm Abs. 1 Nr. 1 BetrVG ergibt. Dadurch wird der Betriebsrat in die Lage versetzt, selbst zu beurteilen, ob die Feststellungen den konkreten Verdacht einer strafbaren Handlung gegen bestimmte Personen begründen und den vorgesehenen räumlichen Bereich der Überwachungsmaßnahme sowie deren zeitliche Dauer rechtfertigen, → Anm. 29.

**10. Überwachung von Innenbereichen.** Eine Überwachung von Arbeitnehmern in Innenbereichen, also meist an ihrem Arbeitsplatz, ist nur unter sehr engen Voraussetzungen möglich (zum Verhältnis von EU-Recht zu deutschem Recht → Form. H. III. Vorb.). Der Absatz der Richtlinie, inklusive der vorgeschlagenen Kameraanzahl, orientiert sich bei den Voraussetzungen an dem Umfang der Videoüberwachung, der durch das BAG für zulässig erklärt worden war (BAG 26.8.2008 – 1 ABR 16/07, NZA 2008, 1187; zur verfassungsrechtlichen Bewertung Wiese AP BetrVG 1972 § 75 Nr. 54). Die Überwachung von Innenbereichen ist nur örtlich und zeitlich begrenzt zulässig. So wurde in dem genannten Urteil eine Klausel für rechtswidrig erklärt, die eine pauschale und unbegrenzte Ausdehnung auf weitere Innenbereiche vorsah („Hat die Videoaufzeichnung des überwachten Bereichs i. S. d. Abs. 5 zu keiner Überführung des Täters oder der Täterin geführt, kann die Videoaufzeichnung auf weitere Bereiche oder ggf. das gesamte Briefzentrum erstreckt werden [...]").

Hinsichtlich der zeitlichen Komponente der Überwachung erklärte das BAG (29.6.2004 – 1 ABR 21/03, NJW 2005, 313) Regelungen für rechtswidrig, laut denen die Möglichkeit verdachtsunabhängiger Aufzeichnung auf 50 Stunden pro Woche „beschränkt" sein sollte. Dies komme einer Überwachungsmöglichkeit während der gesamten Arbeitszeit gleich und es entstehe ein ständiger Überwachungsdruck, da den Arbeitnehmern nicht bekannt werde, wann die Kameras eingeschaltet seien. Dabei orientierte sich das BAG an den Bewertungsmaßstäben des öffentlichen Rechts für Strafverfolgungsbehörden. In der bis 31.12.2007 geltenden Fassung des § 163f Abs. 4 StPO war bei zureichenden tatsächlichen Anhaltspunkten für eine Straftat von erheblicher Bedeutung eine Videoüberwachung mit einer Zeitdauer von maximal einem Monat zulässig. Selbst wenn diese Beschränkung für Sicherheitsbehörden vollständig gestrichen wurde, kann der Maßstab im privaten Bereich weiter als Anhaltspunkt dienen. Derselbe Zeitraum wird noch von § 45 Abs. 5 S. 3 BKAG genannt. Ähnlich äußerte sich das BAG in einer späteren Entscheidung: Unzulässig ist eine Aufnahmezeit von 60 Stunden pro Woche, wenn zB für die Durchführung der Videoüberwachung nur pauschal auf „Verdachtsmomente" abgestellt wird, bei denen eine weitgehende Überwachung zulässig sein soll (BAG 14.12.2004 – 1 ABR 34/03, RDV 2005, 216). Daher sollte (trotz des einzelnen neuen BAG-Urteils, das auf diese Kriterien verzichtete, → Anm. 3) zeitlich eine absolute Beschränkung von vier Wochen und möglichst auf mehrere Stunden pro Tag vorgesehen werden.

**11. Zulässigkeit verdeckter Videoüberwachung.** Eine verdeckte Videoüberwachung von Beschäftigten ist unter Einhaltung bestimmter Voraussetzungen zulässig. Aufgrund der Bestimmungen in Art. 88 Abs. 1 und 2 DS-GVO (ggf. ergänzend nach § 26 BDSG, Art. 6 Abs. 1 S. 1 lit. c DS-GVO) ist es angemessen, Einschränkungen der Transparenzverpflichtung im Beschäftigtendatenschutz zuzulassen. Bei strenger Auslegung auf DS-GVO-Basis stünde das Transparenzerfordernis der DS-GVO im Widerspruch zur bisherigen Rechtsprechung des BAG zur heimlichen Überwachung Beschäftigter (auch, da in §§ 32–34 BDSG eine solche Einschränkung nicht vorgesehen wurde, obwohl Art. 23 DS-GVO das zulassen würde). Denn es besteht ein klares Bedürfnis für Arbeitgeber, in Einzelfällen heimlich Überwachungen durchführen zu können, da andere Mittel oft nicht erfolgsversprechend sind. Ein pauschales Verbot verdeckten Handelns steht wohl der Interessenabwägung entgegen (so explizit Weth/Herberger/Wächter/Sorge Arbeitnehmerdatenschutz-HdB/Byers Teil B. VIII. Rn. 23 ff.; auch herzuleiten mit BGH 12.3.2024 – VI ZR 1370/20, NJW 2024, 2836; vgl. auch Art. 14 Abs. 5 lit. b S. 1 Hs. 2 Alt. 2 DS-GVO). Zum anderen kann mit dem EGMR (17.10.2019 – 1874/13, 8567/13, NZA 2019, 1697 Rn. 64; zu den Kriterien auch Körner NZA 2020, 25) argumentiert werden, der eine verdeckte Videoüberwachung für rechtmäßig erklärte, obwohl das dort anwendbare spanische Datenschutzgesetz eine vorherige Information verlangt hatte. Voraussetzung sei aber die Berücksichtigung von Schutzmaßnahmen zu Gunsten der Betroffenen, zu denen insbesondere die räumliche und zeitliche Begrenzung, das vorherige erfolglose Ausschöpfen milderer Mittel bzw. deren Ungeeignetheit gehören. Als weitere Schutzmaßnahmen anstelle einer direkten Anzeigepflicht könnte angedacht werden, bei Notwendigkeit einer verdeckten Videoüberwachung die Transparenz gegenüber

Dritten, wie dem Betriebsrat oder einem Rechtsanwalt herzustellen, die die Einhaltung der gesetzlichen Verpflichtungen überprüfen könnte. Das durch Art. 88 Abs. 2 DS-GVO festgelegte Schutzniveau dürfte dadurch eingehalten werden, sollte es bei den von der Rechtsprechung derzeit zugrunde gelegten Maßstäben bleiben. Zudem kann in der allgemeinen Datenschutzerklärung für Beschäftigte pauschal auf diese Möglichkeit hingewiesen werden.

Die Formulierung im vorliegenden Muster orientiert sich an Leitsatz und Begründung der grundlegenden Entscheidung BAG 21.6.2012 – 2 AZR 153/11, ZD 2012, 568 mAnm Sörup (zuvor BAG 27.3.2003 – 2 AZR 51/02, NJW 2003, 3436; bestätigend BAG 21.11.2013 – 2 AZR 797/11, NJW 2014, 814). Den Wertungen des BAG wurde in der hL zugestimmt (zB Bergwitz NZA 2012, 1205; Forst RDV 2009, 204 (209); BeckOK DatenschutzR/Riesenhuber BDSG § 32 Rn. 132; Grimm/Strauf ZD 2011, 188).

Begeht ein Arbeitnehmer bei oder im Zusammenhang mit seiner Arbeit rechtswidrige und vorsätzliche Handlungen unmittelbar gegen das Vermögen seines Arbeitgebers, liegt darin ein Sachverhalt, der an sich geeignet ist, einen wichtigen Grund für eine außerordentliche Kündigung iSd § 626 Abs. 1 BGB zu bilden. Der Arbeitnehmer verletzt durch sein Verhalten in schwerwiegender Weise seine schuldrechtliche Pflicht zur Rücksichtnahme (§ 241 Abs. 2 BGB) und missbraucht das in ihn gesetzte Vertrauen. Dies gilt sogar, wenn nur Sachen von geringem Wert betroffen sind oder ein nur geringfügiger oder kein Schaden vorliegt. Denn entscheidend sei der Vertrauensbruch (zB BAG 16.12.2010 – 2 AZR 485/08, NZA 2011, 571; BeckOK BGB/Horcher § 626 Rn. 39).

Dem Arbeitgeber wird ein Interesse an Erlangung und Verwertung von Tatsachen zugestanden, die Anlass zu einer fristlosen Kündigung geben. Da hierbei regelmäßig in die Persönlichkeitsrechte der Beschäftigten eingegriffen wird, müssen über das Beweisinteresse hinaus weitere Umstände vorliegen, die eine bestimmte Informationsbeschaffung und Beweiserhebung als legitim qualifizieren (BVerfG 9.10.2002 – 1 BvR 1611/96, 1 BvR 805/98, MMR 2003, 35 (40); BAG 13.12.2007 – 2 AZR 537/06, NJW 2008, 2732). Daraus ergibt sich, dass eine allgemeine Mutmaßung, es könnten Straftaten begangen worden sein, nicht ausreicht. Der Verdacht auf konkrete strafbare Handlungen oder andere schwere Verfehlungen zu Lasten des Arbeitgebers muss sich gegen einen einzelnen, bestimmten Arbeitnehmer oder gegen einen bestimmten, eingrenzbaren Kreis von Verdächtigen richten. Nicht ausreichend ist daher die Geltendmachung allgemeiner Inventurdifferenzen. Vielmehr müssen konkrete Tatsachen vorgelegt werden (BAG 21.6.2012 – 2 AZR 153/11, ZD 2012, 568 mAnm Sörup; BAG 27.3.2003 – 2 AZR 51/02, NJW 2003, 3436). Verdeckte Videoüberwachung ist mithin nur repressiv, also zur Aufklärung von Straftaten zulässig, nicht aber zu ihrer präventiven Verhinderung (Forgó/Helfrich/Schneider Betr. Datenschutz-HdB/Hanloser Teil V. Kap. 1 Rn. 90 ff.).

Sinnvoll erscheint es auch weiterhin die folgenden, kumulativ zu erfüllenden Kriterien umzusetzen, unter denen eine verdeckte Videoüberwachung zulässig und deren Einhaltung in dem Formblatt zu dokumentieren ist (vgl. instruktiv Sörup ZD 2012, 568):

- konkreter Verdacht einer strafbaren Handlung oder einer anderen schweren Verfehlung zu Lasten des Arbeitgebers (legitimer Zweck)
- weniger einschneidende Mittel zur Aufklärung des Verdachts sind ergebnislos ausgeschöpft (kein milderes Mittel)

– die verdeckte Videoüberwachung stellt (damit) das einzig verbleibende Mittel zur Aufklärung dar (Erforderlichkeit)
– abschließende Verhältnismäßigkeitsprüfung im engeren Sinne (Angemessenheit).

**12. Überwachung von Außenbereichen.** Im Gegensatz zu Innenbereichen, deren Videoüberwachung nur unter sehr engen Voraussetzungen zulässig ist, ist in Außenbereichen des Firmengeländes eine deutlich weitergehende Videoüberwachung zulässig. Denn hier werden einerseits Arbeitnehmer in der Regel nur kurzzeitig erfasst, andererseits besteht ein größeres Interesse des Arbeitgebers, sich präventiv vor Diebstählen, Sachbeschädigungen oder Störungen von außen zu schützen. Hier ist der allgemeine Erlaubnistatbestand des Art. 6 Abs. 1 S. 1 lit. f DS-GVO heranzuziehen, da Verantwortlichen die Sicherstellung ihres Hausrechts zu gestatten ist. Ebenso wirksame, die Persönlichkeitsrechte der betroffenen Beschäftigten weniger belastende Maßnahmen waren in dem entschiedenen Fall nicht ersichtlich. Daher sah das BAG eine durchgehende Videoüberwachung des Außenbereiches selbst dann als zulässig an, wenn dabei anliefernde LKW-Fahrer für höchstens 15 Minuten bei ihrer Arbeit gefilmt wurden (BAG 26.8.2008 – 1 ABR 16/07, NZA 2008, 1187). Dennoch ist zu empfehlen, die Bereiche, in denen sich regelmäßig Beschäftigte aufhalten, automatisiert auszublenden oder zu verpixeln, um so den Überwachungsdruck abzumildern (Düsseldorfer Kreis Orientierungshilfe „Videoüberwachung durch nichtöffentliche Stellen" v. 19.2.2014 S. 14).

**13. Beschränkung der Videoüberwachung.** Jedenfalls haben Eingriffe in die Intimsphäre der Arbeitnehmer zu unterbleiben. Die Überwachung von Toiletten- oder Umkleideräumen war und ist stets unzulässig (vgl. Forst RDV 2009, 204 (209)). Der Schutz dieser besonders gegen Einblick geschützten Bereiche ergibt sich zudem aus § 201a StGB (Oberwetter NZA 2008, 609 (610); Schönke/Schröder/Eisele StGB § 201a Rn. 10 f.). Der Privatsphäre dienen auch Rückzugsorte wie Pausenräume, sodass eine Überwachung regelmäßig unzulässig ist (Düsseldorfer Kreis Orientierungshilfe „Videoüberwachung durch nichtöffentliche Stellen" v. 19.2.2014 S. 15).

**14. Leistungsbeschreibung.** Die genaue und transparente Darstellung der verwendeten Kameras dient zum einen der Informationspflicht gegenüber den Beschäftigten nach Art. 5 Abs. 1 lit. a; 12 ff. DS-GVO, zum anderen der Mitteilung an die Datenschutzaufsichtsbehörden gem. Art. 58 Abs. 1 lit. a, b und Abs. 3 lit. a DS-GVO. Dabei sind die genannten Leistungsmerkmale, inklusive aller Systemfunktionen und Schnittstellen sowie die Standorte der Kameras genau aufzuführen. Eine ausführliche Beschreibung von möglichen Systemkomponenten findet sich zB bei Lang Private Videoüberwachung im öffentlichen Raum S. 37 ff.

**15. Technische Möglichkeiten zum Schutz der betroffenen Personen.** Bei digitalen Kamerasystemen ist eine Vielzahl von Mechanismen zum Schutz der Aufgenommenen umsetzbar (EuGH 11.12.2019 – C-708/18, ZWE 2020, 337 mAnm Lindner). Im Gegensatz können automatische Auswertungsmechanismen stehen, bei denen zB die Gesichtsausdrücke von Beschäftigten erfasst werden können, was in aller Regel unzulässig ist (Artikel-29-Datenschutzgruppe WP 249 S. 19).

Der technische Schutz der Beschäftigten erfolgt teilweise durch automatisierte Informationsbearbeitung im System, die dem Beobachter nur einen eingeschränkten Teil der Informationen zur Verfügung stellt. Beispielsweise können Gesichter automatisch verpixelt oder durch eine automatische, systeminterne Auswertung der Bilder nur das zu Sehende als Informationen mitgeteilt werden. Zum speziellen Schutz des Einzelnen durch intelligente Videoüberwachungstechnik bereits Bier/Spiecker gen. Döhmann CR 2012, 610; Spiecker gen. Döhmann K&R 2014, 549. Dabei ist allerdings auf eine frühzeitige Anonymisierung, vorrangig bereits hardwareseitig, zu achten, die zudem keine De-Anonymisierung ermöglicht (zB über Funktionen wie die Pixel Recursive Super Resolution-Technologie, dazu zB Dahl/Norouzi/Shlens, Arxiv.org/pdf/1702.00783.pdf). Zu beachten ist zudem, dass nach Ansicht der europäischen Aufsichtsbehörden bereits eine Erhebung von unverpixelten Videodaten zu der Anwendung der DS-GVO führen solle, selbst wenn umgehend danach eine Verschlüsselung/Pseudonymisierung erfolge; das gelte zumindest in allen Fällen, in denen die Informationen zu Zwecken der Betroffenenanalyse gespeichert werden (EDSA Guideline 3/2019 on processing of personal data through video devices v. 10.7.2019 Rn. 82).

**16. Verbot akustischer Überwachung.** Eine akustische Überwachung ist vollständig zu untersagen und technisch abzuschalten. Denn eine solche ist in der Regel gem. § 201 StGB strafbar (Düsseldorfer Kreis Orientierungshilfe „Videoüberwachung durch nicht-öffentliche Stellen" v. 19.2.2014 S. 12; dazu zB Schönke/Schröder/Eisele StGB § 201 Rn. 4 ff.).

**17. Einblendung der Aufzeichnungszeiten.** Im Bild sollte zum Schutz der Arbeitnehmer stets die korrekte Datums- und Zeitangabe eingeblendet werden, da so die Einhaltung der zeitlichen Vorgaben besser sichergestellt werden kann. Überdies werden der Nachweis und die Dokumentation von Verstößen erleichtert (zur Dokumentationspflicht vgl. auch OLG Stuttgart 18.5.2021 – 12 U 296/20, ZD 2022, 105). Dadurch ist es zudem möglich, bei der Verwendung der Videobeweise nur Ausschnitte aus dem Gesamtmaterial vorzulegen, da eine Manipulation solcher im Bild mitlaufenden Zeit- und Datumsangaben in der Regel kaum sinnvoll möglich ist. Der Beweiswert wird dadurch nicht gemindert (BAG 21.6.2012 – 2 AZR 153/11, ZD 2012, 568 (570)).

**18. Betrieb auf IT-Systemen.** Eine vollständige Trennung der Kamerasysteme von der allgemeinen Firmen-IT ist mit aktueller Technik nicht realisierbar. Viele Videoüberwachungssysteme nutzen nicht nur die IT-Infrastruktur (LAN, WLAN usw), sondern zudem die IT-Systeme (Speicherung, E-Mail, Alarmierung, Monitoring usw). Die vorliegende Regelung ist daher ein bloßer Programmsatz. Eine Trennung erfolgt in der Praxis fast ausschließlich über Berechtigungsverfahren, die allerdings meist schlecht dokumentiert und gepflegt sind. Daher legt die Formulierung besonderen Wert auf eine saubere Pflege der Berechtigungsdatenbank. Zudem ist eine Verschlüsselung der Aufnahmen, insbesondere während der Übertragung, sicherzustellen, was bereits aus der Vorgabe des Art. 25 Abs. 1 DS-GVO folgt.

**19. Benachrichtigungspflicht bei Personenzuordnung.** Nach § 4 Abs. 4 BDSG bestand eine Pflicht zur Benachrichtigung einer betroffenen Person, wenn durch Videoüberwachung erhobene Daten einer konkreten Person zugeordnet werden. Da die Norm im nichtöffentlichen Bereich nicht mehr angewandt werden kann (→ Vorb.), ist auch insoweit nun nur auf die DS-GVO abzustellen. Die DS-GVO sieht eine solche Benachrichtigungspflicht bei einer Verknüpfung personenbezogener Daten nicht vor. Die Information über die Durchführung von Videoüberwachung ist gem. Art. 13 DS-GVO bei Erhebung der personenbezogenen Daten, also der Anfertigung der Aufnahmen, bereitzustellen. Ausnahmen könnten zwar nach Art. 14 Abs. 5 DS-GVO gegeben sein, jedoch erfolgte – selbst bei einer Zuordnung von

Aufnahmen zu einer Person – die Erhebung beim Betroffenen, sodass nur Art. 13 DS-GVO einschlägig ist. Zu bedenken ist zudem, dass eine Zuordnung von Aufnahmen zu Personen in der Regel nicht erfolgen sollen und nicht extra erfolgen müssen, nur um den Betroffenenrechten näher nachzukommen, Art. 11 Abs. 2 DS-GVO (so ausdrücklich EDSA Guideline 3/2019 on processing of personal data through video devices v. 10.7.2019 Rn. 94 ff.). Daher verbleibt es bei den allgemeinen Informationspflichten nach Art. 13 DS-GVO (→ Anm 26). Eine ergänzende Informationspflicht kann entstehen, wenn Aufnahmen an Dritte weitergegeben werden (zB an die Polizei), wobei dann die Empfänger der Daten dafür verantwortlich sind (für Sicherheitsbehörden im Geltungsbereich können zudem Ausnahmen nach der JI-RL bestehen).

**20. Technische und organisatorische Maßnahmen.** Aufgrund der neuen Rechtslage wird die Berücksichtigung technischer Aspekte der Videoüberwachung eine umso größere Rolle spielen. Erfasst werden insbesondere die Datenminimierung im IT-System, Art. 25 DS-GVO, und die Schaffung angemessener IT-Sicherheitsmaßnahmen, Art. 32 DS-GVO (vgl. EDSA Guideline 3/2019 on processing of personal data through video devices v. 10.7.2019 Rn. 123). Aus Art. 25 Abs. 1 und 2 DS-GVO folgt, dass eine Black Box für Aufzeichnungen zu verwenden ist, bei der über einen Ringspeicher Aufnahmen regelmäßig überschrieben werden, wenn nicht manuell die Aufbewahrung aktiviert wird (→ Anm. 22 f.). Weiterhin sind strenge Zugriffsbeschränkungen vorzusehen. Nicht ausreichend ist selbstredend die noch oft anzutreffende Praxis, die Aufnahmen per unverschlüsseltem WLAN zu übertragen oder sogar offen ohne Zugangsschutz im Netzwerk bereitzustellen. Insofern kann hinsichtlich der technisch-organisatorischen Maßnahmen nach der DS-GVO das als zulässig bewertet werden, was bereits bislang zulässig war (Brem. LfDI 39. Tätigkeitsbericht 2016 S. 23; zu IT-Sicherheitsmaßnahmen → Form. E. II.).

Eine Stärkung der Rechtsposition kann auch für die IT-Sicherheitsmaßnahmen durch eine Zertifizierung des Videoüberwachungssystems gem. Art. 42 DS-GVO oder der Verpflichtung zur Befolgung eines – zu schaffenden – Code of Conduct, Art. 40 DS-GVO erreicht werden (ausführlich Bergt CR 2016, 670; → Form. C. IV. 1.).

**21. Schutz durch Zwei-Schlüssel-System.** Zur Sicherstellung, dass kein unbefugter Zugriff zur Videoüberwachungsanlage möglich ist, sollte das Zwei-Schlüssel-System vorgesehen werden. Ein solches erklärte das BAG als zum Schutz der betroffenen Personen geeignet. Dadurch werde das Recht des Betriebsrats zur Mitbeurteilung beim konkreten Einsatz der Überwachungsanlage abgesichert. So sei es dem Verantwortlichen nicht möglich, die Videoanlage ohne Mitwirkung des Betriebsrats in Betrieb zu nehmen und deren Einschaltzeit zu programmieren (BAG 26.8.2008 – 1 ABR 16/07, NZA 2008, 1187). Eine Umsetzung kann zB durch Verteilung des Passworts in einen Teil für die Geschäftsleitung und einen für den Betriebsrat erfolgen.

Die hier beschriebene Lösung ist in größeren Unternehmen meist nur schwer realisierbar, da sich die Videoüberwachungssysteme im Serverraum oder Rechenzentrum befinden. Eine Trennung der Systeme kann dort durch getrennte Rack-Bereiche erzielt werden. Für das Überwachungssystem ist ein gesonderter Schlüsselkreis oder ein gesondertes elektronisches Zahlenschloss vorzusehen, das das Zwei-Schlüssel-System einhält. Dies ist auch bei Dokumentation der Schließberechtigungen dieser Racks im Serverraum/Rechenzentren zu berücksichtigen.

**22. Zulässigkeit der Speicherung von Aufnahmen.** Eine längere Speicherung und Auswertung der Aufnahmen ist zulässig, soweit es für die Erreichung des vorher festgelegten Zwecks notwendig ist, was bereits aus Art. 6 Abs. 1 S. 1 lit. e und f DS-GVO folgt. Die DS-GVO bewertet die Verarbeitung personenbezogener Daten als einen einheitlichen Prozess. Da § 4 BDSG für nicht-öffentliche Stellen als europarechtswidrig eingestuft wurde (→ H. III. Vorb.), ist auch § 4 Abs. 3 S. 1 und 2 BDSG nicht mehr zu berücksichtigen. In der Praxis dürfte das kaum relevant sein, da sämtliche Schritte der Verarbeitung gem. Art. 4 Abs. 2 DS-GVO an den Vorgaben der DS-GVO zu messen sind.

Die sog. Black Box ist ein anerkanntes System zum Schutz der betroffenen Personen (vgl. noch Simitis/Scholz BDSG § 6b Rn. 118 f.; LDI NRW Videoüberwachung in öffentlichen Verkehrsmitteln S. 2; Düsseldorfer Kreis Orientierungshilfe „Videoüberwachung in öffentlichen Verkehrsmitteln" v. 16.9.2015). Zwar erfolgt eine Aufnahme der Personen, jedoch werden die Aufnahmen grundsätzlich nicht eingesehen und ausgewertet. Sie werden vielmehr gespeichert und nur abgerufen, wenn ein Vorfall eingetreten ist (zB Einbruch auf das Firmengelände). Über einen Ringspeicher wird sichergestellt, dass die jeweils ältesten Aufnahmen gelöscht und überschrieben werden. Eine Black Box ist jedenfalls vorzusehen, wenn die Überwachung präventiv und dauerhaft erfolgt.

Für die Innenüberwachung ist eine Einzelauswertung bei Sachverhalten wie in dem hier vorliegenden Muster zulässig: Sollen gezielt einzelne Bereiche oder Arbeitnehmer überwacht werden, muss insoweit eine Einzelauswertung der Videoaufnahmen möglich sein, da nur so der Zweck erreicht werden kann. Die Rechtmäßigkeit wird durch die zuvor erfolgte Verhältnismäßigkeitsprüfung gewahrt.

**23. Zulässige Speicherdauer.** Bereits aus den Grundsätzen der Zweckbindung, Datenminimierung und Speicherbegrenzung (Art. 5 Abs. 1 lit. b, c und e DS-GVO) folgt, dass Videoaufnahmen nur für eine begrenzte Zeit aufbewahrt werden dürfen. Konkret verdeutlicht Art. 17 Abs. 1 lit. a DS-GVO, dass erhobene Daten zu löschen sind, wenn ihre Verarbeitung für die Zwecke nicht mehr erforderlich ist. Die Zwecke der Videoüberwachung erfordern regelmäßig eine zeitnahe Prüfung der getätigten Aufnahmen. Nach der ergebnislosen Prüfung oder ohne besondere Vorkommnisse sind die Aufnahmen zu löschen. Hinsichtlich der zulässigen Speicherdauer entschied das BAG, „dass aufgezeichnete Bilddaten unverzüglich nach ihrer Auswertung, spätestens jedoch 60 Tage nach ihrer Herstellung gelöscht werden [müssen], es sei denn, sie werden zur Beweissicherung benötigt" (BAG 26.8.2008 – 1 ABR 16/07, NZA 2008, 1187). Die vorgenannten sehr lange Speicherfristen erstaunen insbesondere vor dem Hintergrund, dass die hM und die Aufsichtsbehörden eine Höchstspeicherdauer von 48 bzw. 72 Stunden annahmen (zB EDSA Guideline 3/2019 on processing of personal data through video devices v. 10.7.2019 Rn. 119; Düsseldorfer Kreis Orientierungshilfe „Videoüberwachung durch nicht-öffentliche Stellen" v. 19.2.2014 S. 11 f.; NK-DatenschutzR/Scholz BDSG § 6b Rn. 144; zu Recht kritisch gegen die BAG-Entscheidung Moos Datenschutz-FormB/Lang S. 511). Demgegenüber argumentierte das OVG Lüneburg überzeugend und nahm eine mögliche Speicherfrist von zehn Tagen an (OVG Lüneburg 29.9.2014 – 11 LC 114/13, NJW 2015, 502).

Entgegen der langjährigen herrschenden Meinung vertraten zwei Senate des BAG zuletzt für das Arbeitsrecht die Auffassung, dass eine Löschung von rechtmäßig angefertigten Aufnahmen grundsätzlich nicht nötig sei und eine Auswertung von Ausnahmen hinsichtlich einzelner Mitarbeiter auch einige Monate nach Anfertigung der Aufzeichnung möglich sein soll. Laut dem 2. Senat des BAG können Aufzeichnungen grundsätzlich dauerhaft gespeichert und später ausgewertet und im Prozess verwertet werden (selbst wenn die Verwertung rechtswidrig wäre), wenn ein Arbeitgeber die Daten „benötigt, um die ihm obliegende Darlegungs- und Beweislast in einem potenziellen Rechtsstreit" zu erfüllen (BAG 23.8.2018 – 2 AZR 133/18, NZA 2018, 1329 Rn. 21 ff.). Dem folgte inzwischen der 8. Senat, der die vorgenannte Entscheidung unkritisch übernahm (BAG 28.3.2019 – 8 AZR 421/17, NZA 2019, 1212). Erstaunlich ist die letztgenannte Entscheidung auch vor dem Hintergrund, dass der dortige Arbeitgeber überhaupt kein Speicher- und Löschkonzept eingerichtet hatte (vgl. Benner-Tischler ZD-Aktuell 2019, 06446). Diese Rechtsansicht dürfte spätestens seit Geltung der DS-GVO nicht mehr haltbar sein. Denn bereits Art. 5 Abs. 1 lit. e DS-GVO legt den Grundsatz der Speicherbegrenzung fest, ausgefüllt über die weiteren Löschvorgaben, Art. 17 DS-GVO sowie das Prinzip der Datenminimierung, Art. 25 DS-GVO (Tiedemann ZD 2019, 230). In der Praxis ist also – trotz der beiden genannten Urteile des BAG, die angesichts des EuGH-Urteils zu Art. 88 DSGVO umso weniger Anwendung finden können – eine klare und dokumentierte Speicherbegrenzung und Einrichtung eines Löschkonzepts anzuraten.

In dem vorliegenden Muster wurde eine Differenzierung vorgenommen: Außenaufnahmen, die meist anlasslos und präventiv erfolgen, sind nach 72 Stunden zu löschen (wobei es durchaus möglich sein dürfte, eine Frist von einer Woche anzunehmen, vgl. OVG Lüneburg 29.9.2014 – 11 LC 114/13, NJW 2015, 502). Damit ist – auch an Wochenenden – ausreichend Zeit zur Feststellung, ob ein Ereignis eingetreten ist, das die längere Speicherung der Aufnahmen erforderlich macht. Für Innenaufnahmen wird im Muster die vom BAG akzeptierte Frist angenommen, da bereits die Einrichtung der Videoüberwachungsanlage höheren Anforderungen unterliegt und potenziell größere Nachteile für den Arbeitgeber drohen, die es zu rechtfertigen scheinen, dem Arbeitgeber einen größeren Spielraum bei der Auswertung der Daten zuzubilligen. Im Sinne eines größeren Schutzes der Arbeitnehmer und mit Blick auf die Ansicht der Aufsichtsbehörden sollte jedoch auch hier die Frist auf 72 Stunden oder zumindest zehn Tage begrenzt werden, insbesondere zur Absicherung hinsichtlich Art. 17 Abs. 1, Art. 88 Abs. 2 DS-GVO.

**24. Weitergabe gespeicherter Daten an Behörden.** Das Muster wählt eine zurückhaltende Klausel, die die Weitergabe der Aufzeichnungen an Behörden nur bei förmlichen Beschlüssen gestattet. Dadurch soll auch verdeutlicht werden, dass die (nun als europarechtswidrig anerkannte) extensive Möglichkeit zur Zweckänderung nach § 4 Abs. 3 S. 3 BDSG ausgeschlossen sein soll. In solchen Fällen muss man allerdings in die Überlegung einbeziehen, dass die Polizei einen Durchsuchungsbeschluss erwirken könnte und daher eine allgemeinere Klausel sinnvoller sein kann.

**25. Auftragsverarbeitung und Verschwiegenheitspflicht bei Weitergabe.** Bei einer Weitergabe der Videoaufnahmen an Dritte, beispielsweise an ein externes Sicherheitsunternehmen, liegt in der Regel eine Auftragsverarbeitung vor, zu der eine entsprechende Vereinbarung gem. Art. 28 DS-GVO zu schließen ist (vgl. bereits Gola/Klug RDV 2004, 65 (70); → Form. G. I.). Dabei ist zu beachten, dass dem Unternehmen kein eigener Beurteilungsspielraum hinsichtlich der Verwendung der Daten zustehen darf, sondern klar geregelt werden muss, unter welchen Bedingungen das

Unternehmen auf die Daten zugreifen kann. Zudem sollte mit den Dienstleistern regelmäßig eine Geheimhaltungsvereinbarung geschlossen werden. Die ergänzende Verpflichtung dient auch dem Schutz von Unternehmensdaten, da Informationen zu Geschäftsräumen oder Produktionsabläufen für Dritte von Bedeutung sein können, und ggf. der Umsetzung des GeschGehG (→ Form. G. IV.). In diesem Zusammenhang sollte festgeschrieben werden, dass die Tätigkeiten der Dienstleister nicht als Referenzen beworben werden dürfen.

Unabhängig vom Betrieb der Videoüberwachungssysteme ist es zumindest möglich, dass deren Wartung durch spezialisierte Anbieter durchgeführt wird. Wenn die Wartung rein technischer Natur und es nicht Zweck des Wartungsvertrages ist, zielgerichtet die gespeicherten personenbezogenen Daten zu prüfen, muss kein gesonderter Vertrag zur Auftragsverarbeitung geschlossen werden. Es ist dennoch zu empfehlen, da weiterhin eine weitverbreitete Gegenansicht besteht, zB Ehmann/Selmayr/Bertermann DS-GVO Art. 28 Rn. 7; → Form. G. I.4. Anm. 4). Ausreichend ist demgegenüber eine Verschwiegenheitsvereinbarung (Lachenmann Datenübermittlung im Konzern S. 292; wohl ebenso Kühling/Buchner/Hartung DS-GVO Art. 28 Rn. 53 f.). Der Abschluss eines ergänzenden Auftragsverarbeitungsvertrages kann sich dennoch zur rechtlichen Absicherung empfehlen, solange die Rechtslage nicht geklärt ist.

**26. Gesetzliche Informationspflicht und Hinweisschild.** Eine Informationspflicht über die Videoüberwachung vor den Aufnahmebereichen der Kameras durch ein Hinweisschild folgt bereits aus Art. 5 Abs. 1 lit. a iVm Art. 13 DS-GVO. Verdeutlicht wird die Anforderung besonders durch die Wertung des EuGH – schon unter Geltung der DSRL –, dass die Transparenz der Datenverarbeitung Bedingung für ihre Rechtmäßigkeit ist (EuGH 1.10.2015 – C-201/14, ZD 2015, 577 mAnm Petri; ausführlich Lachenmann ZD 2017, 407). Bei einer Betriebsvereinbarung ergibt sich die Informationspflicht bereits aus § 77 Abs. 2 S. 3 BetrVG. Unberührt bleiben die weiteren Rechte der Betroffen, Art. 15 ff. DS-GVO. Die Anforderungen an die Information der erfassten Personen steigen mithin gegenüber der bisherigen Rechtslage. Eine abgestufte Information, durch die den betroffenen Personen auf mehreren Ebenen jeweils die Informationen mitgeteilt werden, die sie zur Einordnung der jeweiligen Situation und damit der Entscheidungsfindung benötigen, ist möglich und zulässig. Die Informationspflichten sind vollständig erfüllt, wenn den gesetzlichen Anforderungen innerhalb des Gesamtformats, also allen Ebenen zusammengenommen, nachgekommen wird (vgl. Artikel-29-Datenschutzgruppe WP 100 S. 6 ff.). Die weitergehenden Informationen können im räumlich nahem Umfeld bereitgestellt werden, zB über eine Verlinkung, Auslegen beim Pförtner oÄ (so ausdrücklich EDSA Guidelines 3/2019 on processing of personal data through video devices v. 10.7.2019 Rn. 109, 115). Im Beschäftigtendatenschutz bleiben Ausnahmen von der Transparenzpflicht bestehen, wenn eine verdeckte Videoüberwachung erforderlich ist.

Zur Erfüllung der Informationspflichten sind insbesondere die folgenden Maßnahmen zu empfehlen (vgl. EDSA Guideline 3/2019 on processing of personal data through video devices v. 10.7.2019; DSK Beispiel für ein vorgelagertes Hinweisschild, www.lda.bayern.de/media/video_hinweis.pdf; zumindest das Kamera-Symbol):

– Anbringen eines Hinweisschildes vor den überwachten Bereichen: (zur Sicherheit sollten das Muster der DSK www.lda.bayern.de/media/video_hinweis.pdf) oder des EDSA Guidelines 3/2019 on processing of personal data through video devi-

ces v. 10.7.2019 Rn. 114, zumindest das Kamera-Symbol nach DIN 33450 mit weiteren Informationen, verwendet werden.
- Der EDSA verlangt als Angaben auf dem Hinweisschild: Kamera-Symbol, Warntext, Verweis auf weitere Informationen, Name/Kontaktdaten des Verantwortlichen, Kontaktdaten des Datenschutzbeauftragten, Zwecke der Verarbeitung, Rechte der Betroffenen. Die Forderung der Aufsichtsbehörden nach den umfangreichen und kaum mehr praktikabel umsetzbaren Informationen bereits auf erster Ebene ist nicht überzeugend. Denn ausreichend wäre es, Betroffene auf den Umstand der Videoüberwachung, den Verantwortlichen und die Möglichkeit zur Erlangung weiterer Informationen aufmerksam zu machen.
- Der Verweis auf die ausführlichen Informationen kann als Link auf eine Website oder das Intranet, ggf. mit QR-Code oder per Push-Mitteilung bei Nutzung von Web-Beacons, erfolgen. Zusätzlich kann auf den Betriebsrat oder die vorliegende Richtlinie verwiesen oder ein Papier-Flyer vor Ort bereitgestellt werden.
- Die vollständigen Informationen müssen allgemein einsehbar, zB über die Website des Unternehmers, bereitgestellt werden. Die betroffenen Personen müssen jederzeit darauf zugreifen können. In Betrieben kann ein Lageplan mit der Darstellung der Aufnahmefelder im Intranet bereitgestellt werden (nun auch EDSA Guidelines 3/2019 on processing of personal data through video devices v. 10.7.2019 Rn. 116).

**27. Datenschutz-Folgenabschätzung und Datenschutzbeauftragte.** Nach Art. 35 Abs. 3 lit. c, Erwgr. 91 S. 3 DS-GVO ist die Durchführung einer Datenschutz-Folgenabschätzung (→ Form. C. III.) erforderlich, wenn eine „systematische umfangreiche Überwachung öffentlich zugänglicher Bereiche" durchgeführt wird. Daher sind Videoüberwachungssysteme grundsätzlich einer DSFA unterworfen, wenn Publikumsverkehr auf dem Betriebsgelände herrscht oder Beschäftigte regelmäßig von größeren Systemen erfasst werden (vgl. Artikel-29-Datenschutzgruppe WP 243 rev.01 S. 8 f.; weiterhin Brem. LfDI 39. Tätigkeitsbericht 2016 S. 21; Paal/Pauly/Martini DS-GVO Art. 35 Rn. 31). Daher ist bei Einrichtung einer Videoüberwachung, die nicht nur aus einzelnen Kameras besteht, in aller Regel eine Datenschutz-Folgenabschätzung durchzuführen.

Nach deutschem Recht wird bei der Durchführung größerer Videoüberwachung meist ein Datenschutzbeauftragter zu bestellen sein, da die Verpflichtung zur Durchführung einer Datenschutz-Folgenabschätzung eine Bestellpflicht zur Folge hat, Art. 38 Abs. 1 S. 2 BDSG (der den Rahmen der Präzisierungsmöglichkeit in Art. 37 Abs. 4 S. 1 Hs. 2 DS-GVO in zulässiger Weise nutzt). Demgegenüber wird die Bestellung eines Datenschutzbeauftragten nach der DS-GVO nur verpflichtend, wenn in ihr die Kerntätigkeit des Unternehmens liegt. Der EDSA nennt die Aufzeichnung und Speicherung von Videos als Beispiel für einen Verarbeitungsvorgang nach Art. 37 Abs. 1 lit. b DS-GVO, der eine umfangreiche, regelmäßige und systematische Überwachung von betroffenen Personen erforderlich macht (Artikel-29-Datenschutzgruppe WP 243 rev.01 S. 8 f.; ebenso Kühling/Buchner/Bergt DS-GVO Art. 37 Rn. 23). Im Regelfall wird die Videoüberwachung jedoch nur als Nebentätigkeit zum eigenen Geschäftszweck durchgeführt, sodass aus diesem Grund auf Grundlage der DS-GVO kein Datenschutzbeauftragter zu bestellen ist (vgl. Artikel-29-Datenschutzgruppe WP 243 rev.01 S. 6 f., wonach Verarbeitungsvorgänge zur Unterstützung des Geschäftszwecks nicht als Kerntätigkeit zu werten sind; zur Ausgestaltung zB Kühling/Buchner/Bergt DS-GVO Art. 37 Rn. 18 ff.).

*Lachenmann*

**28. Verzeichnis von Verarbeitungstätigkeiten.** Die Videoüberwachung in Unternehmen ist regelmäßig in das Verzeichnis von Verarbeitungstätigkeiten einzutragen (→ Form. C. II.). Es ist ausreichend, die Angaben zu den Verarbeitungsvorgängen pauschal zu tätigen, sodass eine verdeckte Videoüberwachung dadurch nicht offenzulegen ist (vgl. Gola/Klug RDV 2004, 65 (73)).

**29. Mitbestimmung.** Eine Videoüberwachungsanlage stellt regelmäßig eine technische Einrichtung dar, die dazu bestimmt ist, das Verhalten oder die Leistung der Arbeitnehmer zu überwachen (ErfK/Kania BetrVG § 87 Rn. 48; generell zur IT-Nutzung im Betrieb → Form H. VIII.). Die Einführung und Anwendung einer solchen technischen Einrichtung unterliegt daher der zwingenden Mitbestimmung nach § 87 Abs. 1 Ziff. 6 BetrVG. Auch dann, wenn der Arbeitgeber die Arbeitnehmer anweist, sich in einem Drittbetrieb der dort eingerichteten technischen Überwachungseinrichtung zu unterziehen, besteht ein Mitbestimmungsrecht (BAG 27.1.2004 – 1 ABR 7/03, NZA 2004, 556 ff.). Als Gegenstand der zwingenden Mitbestimmung ist der Betrieb einer Videoüberwachungsanlage Gegenstand von Betriebsvereinbarungen gem. § 77 BetrVG. Die Mitbestimmungsrechte des Betriebsrats sind allerdings eingeschränkt, wenn der Betrieb einer Videoüberwachungsanlage gesetzlich vorgegeben ist, wie zB gem. § 10a Abs. 1 S. 1, Abs. 3 des Gesetzes über die Zulassung öffentlicher Spielbanken in Berlin (SpBG), das einen Betrieb von Videoüberwachungslagen in Spielbanken ausdrücklich vorschreibt. Solche Vorgaben können nicht durch Betriebsvereinbarungen eingeschränkt werden (BAG 11.12.2012 – 1 ABR 78/11, ZD 2013, 352 mAnm Tiedemann; Taeger ZD 2013, 571 (572)). Denn: „Wo für den Arbeitgeber nichts zu entscheiden ist, gibt es für den Betriebsrat nichts mitzubestimmen."

Die allgemeinen Aufgaben und Rechte des Betriebsrates sind in § 80 BetrVG genannt. Hierzu zählt auch die Überwachung der Einhaltung der arbeitnehmerschützenden Normen und Regelungen. Da er seinen Aufgaben nachkommen können soll, werden dem Betriebsrat gem. § 80 Abs. 2 BetrVG Unterrichtungs- und Informationsrechte eingeräumt. Die vorliegende Klausel hat daher nur klarstellende Wirkung, da sich die Rechte des Betriebsrates bereits aus dem Gesetz ergeben. Dem Betriebsrat sind alle Möglichkeiten zur Überprüfung der Einhaltung der Betriebsvereinbarung einzuräumen. Jedoch hat der Betriebsrat kein generelles Zugriffsrecht auf die gespeicherten Daten, vielmehr unterliegt er denselben Anforderungen wie der Verantwortliche. Hierbei ist auch zu berücksichtigen, dass intensiver in die Rechte der betroffenen Personen eingegriffen wird, je mehr Personen Zugriff auf die gespeicherten Daten haben (BAG 20.6.2013 – 2 AZR 546/12, ZD 2014, 260 mAnm Wybitul/Astor).

**30. Darstellung der Anlagen.** Die im Muster genannten Anlagen sind im vorliegenden Formularhandbuch wie folgt dargestellt:

Anlage 1: Festlegungen vor Inbetriebnahme der Videoüberwachung → Form. H. III. 3.

Anlage 2: Maßnahmen zum Schutz der betroffenen Personen → Form. H. III. 4.

Anlage 3: Protokoll der Auswertung von Videoaufnahmen → Form. H. III. 5.

Anlage 4: Vertrag über die Auftragsverarbeitung → Form. G. I. 4.

Anlage 5: Geheimhaltungsvereinbarung → Form. G. IV.

## 3. Festlegungen vor Inbetriebnahme der Videoüberwachung

| Nr. | Frage | Antwort |
|---|---|---|
| 1. | Aufstellungsort der Videoüberwachung | [Niederlassung X:<br>Außenbereich: alle vier Hausecken.<br>Innenbereich: Decke des Versandlagers, Halle 1] |
| 2. | erfasste Bereiche | [Erfasst wird der gesamte Außenbereich zwischen den Gebäudemauern und der Außenumgrenzung.<br>Im Innenbereich werden in Halle 1 die Orte erfasst, in denen die Waren zum Versand eingepackt werden. Die Bereiche sind in dem angehängten Lageplan eingezeichnet.][1] |
| 3. | Anbringungsorte der Hinweisschilder | [Im Außenbereich wird am Zaun alle 300 m ein Hinweisschild aufgestellt.<br>An der Zufahrt wird ein gut sichtbares Hinweisschild vor dem Erfassungsbereich der Kamera aufgestellt.<br>Im Innenbereich werden Hinweisschilder zumindest 5 m vor dem Erfassungsbereich der Kamera auf jedem Zugangsweg aufgestellt.<br>Die Standorte der Hinweisschilder sind im Lageplan eingezeichnet.] |
| 4. | Zeitraum der Überwachung | [Im Außenbereich ist die Überwachung vorerst auf zwei Jahre ab dem […] beschränkt. Während des Betriebs erfolgt eine regelmäßige Auswertung der erzielten Erfolge.<br>Im Innenbereich wird die Kamera vorerst nur im Monat Dezember des Jahres 2024 betrieben. Vor einer erneuten Überwachung wird der Erfolg der Maßnahme ausgewertet. Die Kamera wird pro Tag insgesamt höchstens acht Stunden betrieben, davon höchstens vier Stunden in einer Schicht.] |
| 5. | Grund der Einführung | [Außenbereich: In den letzten zwei Jahren wurde X mal in das Betriebsgelände eingebrochen, was zu einem erheblichen Sachschaden führte.]<br>Innenbereich: Innerhalb des letzten Jahres wurden durch Kunden […] nicht erhaltene |

| Nr. | Frage | Antwort |
|---|---|---|
| | | Warensendungen angezeigt sowie in [...] Fällen reklamiert, dass auf der Rechnung aufgeführte Waren nicht enthalten waren. Weiterhin entstanden innerhalb des Lagers [...] Inventurdifferenzen, bei denen Diebstähle durch Mitarbeiter vermutet werden.] |
| 6. | konkreter Zweck | [Außenbereich: Es sollen zum Schutze des Hausrechts Einbrüche, Vandalismus und sonstige Straftaten durch einen Abschreckungseffekt präventiv verhindert bzw. die Täter ermittelt werden können.<br>Innenbereich: Ziel ist es, „Sendungsverluste, Sendungsbeschädigungen sowie Inhaltsschmälerungen zu vermindern und aufzuklären, das Eigentum der Arbeitgeberin, ihrer Kunden, Lieferanten und Beschäftigten zu schützen und das Postgeheimnis zu wahren."<br>Die Videoüberwachungsanlage wird ausschließlich zur Aufklärung und zur Vorbeugung von Straftaten betrieben.][2] |
| 7. | vorher ergriffene Maßnahmen | [Im Außenbereich ist ein Zaun aufgestellt, zudem kontrolliert ein Sicherheitsdienst mehrmals jede Nacht. Dennoch kam es im letzten Jahr zu [...] Einbruchsversuchen und [...] Fällen von Vandalismus.<br>Zum Schutz gegen Warendiebstähle durch Mitarbeiter wurden vor drei Monaten Kontrollgänge durch Sicherheitsdienste sowie Torkontrollen von Mitarbeitern eingeführt. Dennoch stieg in diesem Zeitraum die Zahl nicht mehr auffindbarer Waren um 5 Prozent an. Daher sind die milderen Maßnahmen nicht wirksam.] |
| 8. | konkrete Feststellungen des Sachverhalts | [Abgleiche im Warenwirtschaftssystem sowie gezielte Kontrollen von Lagermitarbeitern führten zu keinem konkreten Verdacht gegen Mitarbeiter. Bei Stichprobenkontrollen der Lieferfahrer ergaben sich bei gelieferten Paketen keine auffälligen Differenzen. Da Kunden von nicht oder fehlerhaft erhaltenen Lieferungen berichten, ist davon auszugehen, dass die Warenverluste bereits vor dem Versand entste- |

| Nr. | Frage | Antwort |
|---|---|---|
| | | hen. Daher sollen diese Mitarbeiter überwacht werden, um diesen Verdacht zu überprüfen zu können.][3] |
| 9. | Abwägung der Interessen | [Aufgrund des vorgenannten Sachverhalts erscheint die Durchführung einer zeitlich beschränkten Videoüberwachung als letzte Möglichkeit, um die auftretenden Warenverluste zu verringern. Mildere Maßnahmen hatten keinen Erfolg. Zum Schutz der Beschäftigten wird die Überwachung des Innenbereichs entsprechend der oben genannten Zeiten begrenzt durchgeführt und die unter Anlage 2 genannten technischen und organisatorischen Maßnahmen implementiert. Die Rechte der Beschäftigten überwiegen vorliegend nicht die Unternehmensinteressen, da der verfolgte Zweck legitim ist und erreicht werden kann sowie Maßnahmen zum Schutz der Betroffenen getroffen wurden.] |
| 10. | falls erforderlich: Dokumentation der Notwendigkeit einer verdeckten Überwachung | [Die Außenüberwachung erfolgt offen, entsprechend den in der Richtlinie genannten Anforderungen.<br>Die Innenüberwachung im Verpackungsraum 1 erfolgt entsprechend obenstehender Maßstäbe.<br>Im Verpackungsraum 2 erfolgt die Videoüberwachung verdeckt. Denn der Warenverlust ist bei dort verpackten Waren um 75 Prozent höher als in Verpackungsraum 1. Zudem berichteten mehrere Mitarbeiter, dass ihnen der Zutritt durch dort arbeitenden Mitarbeiter teilweise verwehrt worden wäre. Bei durchgeführten Taschenkontrollen wurden am [Datum] bei zwei dort beschäftigten Mitarbeitern Waren aus dem Lager gefunden. Daher sollen zum einen diese beiden Mitarbeiter näher überprüft werden, zum anderen werden aufgrund dieser Feststellungen weitere Mitarbeiter der Abteilung verdächtigt.<br>Eine offene Videoüberwachung würde nicht zur Überführung dieser Mitarbeiter führen.][4] |

| Nr. | Frage | Antwort |
|---|---|---|
| 11. | Übermittlung der Daten an Dritte | [Das Kamerasystem wird durch die Firma […] installiert und gewartet, die langjährige Erfahrung hinsichtlich Videoüberwachungen aufweist. Sie ist zertifiziert nach […] und wird zur Umsetzung des Datenschutzrechts von der Kanzlei […] beraten. Ein Vertrag über Auftragsverarbeitung sowie eine Geheimhaltungsvereinbarung sind geschlossen und als Anlagen 4 und 5 angehängt.<br>Weiterhin wird im Falle eines aktiven Außenalarms außerhalb der Betriebszeiten eine Live-Schaltung zu dem Unternehmen aufgebaut, das den Sicherheitsdienst und die Polizei unterstützen kann.<br>Wird ein konkreter Schaden entdeckt, übernimmt das Unternehmen die Durchsicht der Aufnahmen, um Feststellungen über die Täter treffen zu können. Sind relevante Aufnahmen enthalten, werden diese an die Geschäftsleitung übergeben, die über eine Weiterverwertung entscheidet.]<br>[ODER: Aufbau und Betrieb des Videoüberwachungssystems erfolgen nur intern durch die Abteilung […].][5] |
| 12. | Auswertung der Daten | [Die Außenaufnahmen dürfen nur ausgewertet werden, wenn ein Ereignis im Sinne der in Nr. 6 genannten Zweckbestimmung eingetreten ist. Der Verdacht einer Straftat in diesem Sinne liegt vor, wenn der Vorfall mittels begründeter Strafanzeige der Polizei mitgeteilt wird.<br>Die Innenaufnahmen können zur Erreichung des Zwecks ausgewertet werden.<br>Zur Auswertung befugt sind nur die zuvor festgelegten Personen.<br>Es darf nur das tatsächlich relevante Videomaterial gespeichert werden, sonstige Aufnahmen sind umgehend zu löschen.] |
| 13. | Kontrolle der Sicherheitsmaßnahmen | [Festzulegen ist abschließend, wie die Einhaltung von Verwendungsbeschränkungen effektiv kontrolliert wird.<br>Dies wird in Anlage 2 dargestellt.] |

## Anmerkungen

**1. Genaue Standortbeschreibung der Kameras.** Aus Transparenzgründen sollte der Standort der Kameras so genau wie möglich beschrieben werden, ggf. mit Nutzung einer Karte. Die Dokumentation betrifft neben dem Ort der Aufstellung auch eine Kennzeichnung der Bereiche, die von der Kamera erfasst werden. Wenn bei Aufnahmen bestimmte Bereiche ausgeblendet werden, sollte eine entsprechende Markierung erfolgen.

**2. Darlegung eines legitimen Zwecks.** Die Bedeutung der sauberen Festlegung des Zwecks vor Inbetriebnahme der Videoüberwachung kann nicht hoch genug eingeschätzt werden, da an ihm die Zulässigkeit der Videoüberwachung gemessen wird (Art. 5 Abs. 1 lit. c, Art. 88 Abs. 2 DS-GVO, § 26 Abs. 4 S. 2 BDSG; BGH 24.5. 2013 – V ZR 220/12, ZD 2013, 447; Artikel-29-Datenschutzgruppe WP 249 S. 12 ff.; Lachenmann DSRITB 2014, 391). Dabei muss der Zweck konkret genug sein, um eine Bewertung zu ermöglichen; Formulierungen wie „zur Sicherheit" sind im Zweifel nicht ausreichend (vgl. EDSA Guideline 3/2019 on processing of personal data through video devices v. 10.7.2019 Rn. 15). Der Verantwortliche ist an diesen Zweck gebunden – die Aufnahmen können also im weiteren Verlauf nicht für andere Zwecke genutzt werden, wenn nicht ausnahmsweise eine zulässige Zweckänderung nach Art. 6 Abs. 4 DS-GVO vorliegt. Der im Zitat genannte Zweck wurde durch BAG 26.8.2008 – 1 ABR 16/07, NZA 2008, 1187 für legitim befunden, sodass sich die Zweckbestimmung weiterhin an dieser Entscheidung orientieren kann (→ Form. H. III. 2. § 2). Soweit der 2. Senat des BAG entschieden hatte, dass es ausreichend sei, dass die Daten in einem potenziellen Rechtsstreit benötigt werden (BAG 23.8.2018 – 2 AZR 133/18, NZA 2018, 1329 Rn. 21 ff.; → Anm. 23), ist davon abzuraten, sich nur auf einen solchen Zweck zu berufen. Es empfiehlt sich eine Orientierung an Art. 5 Abs. 1 DS-GVO, so dass die Zwecke klar definiert werden sollten.

**3. Prüfung milderer Mittel.** Von hoher Bedeutung ist die Prüfung des Vorliegens milderer Mittel. Aus diesem Erfordernis ergibt sich, dass vor Einrichtung der Videoüberwachungsanlage andere Maßnahmen versucht werden müssen. Mildere Mittel sind beispielsweise Torkontrollen (dazu BAG 9.7.2013 – 1 ABR 2/13, ZD 2014, 256 mAnm Wybitul), Stichprobenkontrollen wie Testkäufe oder Kontrollgänge durch Sicherheitsdienste. Es ist zu dokumentieren, welche milderen Mittel eingesetzt wurden und dass diese nicht den gewünschten Effekt brachten, bzw. dass ein milderes Mittel nicht versucht werden musste, da es nicht ebenso erfolgreich wäre. Das geht einher mit einer genauen Dokumentation des Sachverhaltes.

**4. Darlegung konkreter Tatsachen für verdeckte Überwachung.** Die verdeckte Überwachung bedeutet einen besonders schweren Eingriff in die Rechte der Beschäftigten. Daher sind in diesen Fällen die Feststellungen und besonderen Tatsachen möglichst umfangreich und im Detail in dem Formblatt zu beschreiben, die den konkreten Verdacht einer strafbaren Handlung gegenüber bestimmten Personen oder Personengruppen begründen. Eine allgemeine Beschreibung wie „es gibt Warenverluste" reicht nicht aus. Zudem ist darzulegen, weshalb mildere Mittel erfolglos waren bzw. keinen Erfolg versprechen (→ Form. H. III. 2. Anm. 11).

*Lachenmann*

**5. Abwägung bei Datenerhebung durch Dritte.** Es kann sinnvoll sein, die Kontrolle der Videoüberwachung einem externen Sicherheitsdienst zu übertragen, insbesondere bei Einbindung in ein Sicherheitsgesamtkonzept. Zudem können solche Dienstleister eine besondere Spezialisierung in Belangen des Datenschutzes haben, zB bei der IT-Sicherheit, die durch Zertifizierungen nachgewiesen werden kann. Da jedoch durch die Auslagerung von Daten stets Gefahren für den Datenschutz entstehen, ist eine Vereinbarung zur Auftragsverarbeitung unabdingbar. Damit gelten alle Rechte und Pflichten der Richtlinie auch für den externen Dienstleister, inklusive namentlicher Benennung der Mitarbeiter mit Zugriffserlaubnis.

## 4. Maßnahmen zum Schutz der betroffenen Personen

§ 1 Art des Kamerasystems[1]

| Kamera-system | Kamera-anzahl | Standort der Kameras | Art des Systems | Leistungs-merkmale | Aufzeich-nungs-möglichkeit | Anzeige-geräte | weitere Einsatz-möglich-keiten |
|---|---|---|---|---|---|---|---|
| [Außen-überwachung; Standort X] | [8] | [Ecken des Gebäudes] | [digital] | [Reichweite: 50 m; kein Zoom; keine Schwenkfunktion; ggf. Nachtsichtsfähigkeit] | [ja] | [nur bei manuellem Abruf] | [nein] |

§ 2 Implementierung technischer Einschränkungen

| | | |
|---|---|---|
| 1. | Hat das System eine Zoom- oder Schwenkfunktion? | [nein] |
| 2. | Sind automatisierte Sichtfeldeinschränkungen möglich? | [Nein, aber die Außenkameras sind so eingestellt, dass kein öffentlicher Straßenraum erfasst wird.] |
| 3. | Ist ein automatisiertes Ausblenden/ Verpixeln von Personen möglich? | [Nein, würde den in Anlage 1 genannten Zwecken entgegenstehen.] |
| 4. | Ist der Einsatz einer bloßen Monitor-Übertragung ohne Aufzeichnung möglich? Warum nicht? | [Nein, würde den in Anlage 1 genannten Zwecken entgegenstehen.] |
| 5. | Besitzt das System nicht benötigte Funktionen? Wenn ja, wurden diese temporär oder dauerhaft deaktiviert? Insbesondere: Wurde die akustische Aufnahmefunktion deaktiviert? | [Das System ist ab Werk ohne spezielle Funktionen ausgestattet. Insbesondere besteht keine akustische Aufnahmefunktion.] |

| | | |
|---|---|---|
| 6. | Ist sichergestellt, dass die Datums- und Zeitangaben im Bild stets eingeblendet werden? | [ja] |
| 7. | Ist sichergestellt, dass die verschiedenen Kamerasysteme getrennt voneinander betrieben werden? | [ja] |
| 8. | Ist sichergestellt, dass die Kamerasysteme nur soweit technisch zwingend notwendig mit weiteren IT-Systemen verknüpft sind? | [Die Daten werden über das interne LAN und WLAN verschlüsselt übertragen.<br>Die Aufnahmen werden in einem getrennten Rack des Rechenzentrums […] gespeichert. Schlüssel zu diesem Rack besitzen nur die in § 4 genannten Personen.] |
| 9. | Falls die Kamerabilder in Einzelfällen mit einer Bilddatenbank abgeglichen werden sollen: mit welcher? | [Es erfolgt kein Abgleich mit einer Bilddatenbank.] |
| 10. | Ist eine Automatik implementiert, dass bei der Überwachung identifizierte Einzelpersonen persönlich oder per Post informiert werden? | [Die Mitarbeiter sind angewiesen, diese Information in Einzelfällen per Post durchzuführen.] |

§ 3 Dokumentation der Konfigurationseinstellungen[2]

| | Ordnungsnummer der Konfiguration | Speicherung der Konfigurationseinstellungen durch | Uhrzeit und Datum der Einstellung | Name, Kontaktdaten und Abteilung des verantwortlichen Veranlassers | Name, Kontaktdaten und Abteilung des durchführenden Administrators/ Technikers | Unterschriften |
|---|---|---|---|---|---|---|
| 1. | | | | | | |
| 2. | | | | | | |

§ 4 Personen mit Zugriffsberechtigung auf das Überwachungssystem

| | Name | Kontaktdaten/ Abteilung | Hat Zugriff auf | Verantwortlicher |
|---|---|---|---|---|
| 1. | | | [Aufnahmen] | |
| 2. | | | [technische Konfiguration] | |

§ 5 Berechtigungskonzept

[…][3]

## Anmerkungen

**1. Sicherstellung des Schutzes der betroffenen Personen.** Die vorliegende Anlage 2 sollte für jedes Kamerasystem getrennt bzw. jede Kamera ausgefüllt werden. Sie stellt so in der Praxis die Einhaltung der in der Richtlinie genannten Anforderungen sicher. Hier können die Einzelfallabwägungen für die jeweiligen Kamerasysteme getroffen und so die Einhaltung der gesetzlichen Anforderungen sichergestellt werden.

**2. Schutz vor Änderungen durch Dokumentation.** Die bei Einrichtung der Überwachungsanlage vorgenommenen Konfigurationseinstellungen sollten dokumentiert werden. So kann später nachvollzogen werden, ob unzulässige Änderungen vorgenommen wurden. Dadurch ist dem Schutz der gefilmten Personen ebenso wie dem Schutz der Geschäftsgeheimnisse gedient. Die Dokumentation kann bspw. über einen Screenshot erfolgen, der ausgedruckt und mit Datum und Unterschrift des verantwortlichen Veranlassers der Konfiguration und des durchführenden Administrators/Technikers versehen wird.

**3. Berechtigungskonzept.** Für ein Muster für ein Berechtigungskonzept → Form. E. IV.

## 5. Protokoll zur Auswertung von Videoaufnahmen

Protokoll der Auswertung

| | |
|---|---|
| Nr. | |
| Datum, Uhrzeit: | |
| anwesende Personen: | |
| Anlass der Auswertung der Videoaufnahmen: | |
| Ergebnis der Auswertung der Videoaufnahmen:[1] | □ Auswertung ergebnislos, kein relevanter Sachverhalt sichtbar.<br>□ Der untersuchte Vorfall ist auf den Aufnahmen enthalten.<br>□ Individuelle Personen konnten ermittelt werden, die für die Untersuchung relevant sein können.<br>□ Keine individuelle Person zu dem Vorfall kann ermittelt werden.<br>□ Ein anderer Sachverhalt als der vorliegend untersuchte Vorfall wurde festgestellt.[2]<br>□ Sonstiges: |

| | |
|---|---|
| Speicherung der Videoaufnahmen weiter notwendig: | □ Weiterleitung an die Personalabteilung<br>□ Weiterleitung an die Staatsanwaltschaft<br>□ Weiterleitung an die Geschäftsführung<br>□ Vernichtung der Aufnahmen ist möglich<br>□ Sonstiges: |
| Unterschriften der anwesenden Personen[3] | |

## Anmerkungen

**1. Dokumentation des Ergebnisses.** Eine weitere Speicherung von Aufnahmen ist nur zulässig, wenn ein Sachverhalt ermittelt werden kann, der im Rahmen des Zwecks der Erhebung einschlägig ist und keine Zweckänderung nach Art. 6 Abs. 4 DS-GVO möglich ist. Wenn ein konkretes Ereignis sichtbar ist, das mit Hilfe der Aufnahmen untersucht werden sollte, können die Aufnahmen für die weiteren Schritte eingesetzt werden. Ansonsten sind die Aufnahmen als nicht relevant einzustufen und unverzüglich zu löschen.

**2. Zufallsfunde.** Bei Auswertung von Videoaufnahmen können zufällig Sachverhalte festgestellt werden, die nicht untersucht wurden. Sind diese Entdeckungen vom ursprünglichen Zweck der rechtmäßig durchgeführten Videoüberwachung abgedeckt, ist eine Verwertung der Aufnahmen möglich. Das BAG bestätigte ausdrücklich, dass solche Zufallsfunde verwertbar sind, wenn die Videoüberwachung an sich rechtmäßig durchgeführt worden war (BAG 22.9.2016 – 2 AZR 848/15, NZA 2017, 112; als „noch vertretbar" bewertend Fuhlrott/Schröder NZA 2017, 278 (283)). In einem späteren Urteil bestätigte das BAG seine Rechtsprechung und entschied, dass es nicht notwendig sei, dass der Anlass für eine Durchsuchungsmaßnahme datenschutzrechtlich zulässig wäre. Ausreichend sei die Verwertbarkeit eines Zufallsfunds bereits, wenn kein besonderer Eingriff in das allgemeine Persönlichkeitsrecht erfolge, was insbesondere bei einer vorher angekündigten Untersuchung der Fall sei, also keine „berechtigte Privatheitserwartung" vorliege (BAG 31.1.2019 – 2 AZR 426/18, ZD 2019, 419 mAnm Tiedemann).

**3. Sicherung des Protokolls.** Eine Abschrift des Protokolls sollte bei jedem Beteiligten gesondert aufbewahrt werden.

## 6. Checkliste zur Videoüberwachung für KMU und Vereine

Nachfolgende Checkliste stellt die wichtigsten Rahmenbedingungen dar, die bei Einrichtung einer Videoüberwachung in öffentlich zugänglichen Räumen zu beachten sind. Das Dokument soll KMU, Vereine und sonstige Anwender dabei unterstützen, angesichts der nur schwer durchschaubaren Vielzahl von Anforderungen bei Betrieb einer Videoüberwachung, die wichtigsten Grundlagen zu beachten und zu dokumentieren. So können im Falle einer Nachfrage durch Betroffene oder Prüfung durch eine Datenschutz-Aufsichtsbehörde die größten Risiken vermieden werden.

*Lachenmann*

Auf inhaltliche Anmerkungen wird an dieser Stelle verzichtet, da die Anmerkungen bereits unter → Form. H. III. 2. ausgeführt sind.

| Einzuhaltende Vorgabe | Dokumentation |
| --- | --- |
| | |
| Name und Kontaktdaten des Verantwortlichen: | |
| Name und Kontaktdaten des Datenschutzbeauftragten (wenn vorhanden): | |
| Darstellung der durch die Kameras erfassten Bereiche (Beschränkung auf die Erfassung von Privatgrundstücken; keine Erfassung des öffentlichen Straßenraums): | |
| | |
| Wurden Warnschilder vor den durch die Kameras erfassten Bereichen installiert, die auf dem Muster der Datenschutz-Aufsichtsbehörden beruhen?[1] | |
| Sind Datenschutzinformationen zur Videoüberwachung nach Art. 13 DS-GVO vorhanden, ausliegend und online abrufbar? | |
| | |
| Beschreibung der Gründe für die Einrichtung der Videoüberwachung; Nennung konkreter Vorfälle, die die Videoüberwachung erforderlich machen:[2] | |
| Sicherstellung, dass ein Ringspeicher eingerichtet ist, der die Daten nach 72 Stunden löscht; kein individueller (Live-) Zugriff möglich: | |
| Zugriff auf die Aufnahmen nur bei manuellem und dokumentiertem Auslösen aufgrund eines konkreten Vorfalls: | |
| Dokumentation der IT-/Datensicherheit (ggf. mit Angaben des Kamera-Herstellers): | |
| Sicherstellung einer verschlüsselten Speicherung der Aufnahmen und Verschlüsselung bei Nutzung eines WLAN: | |
| Sind Tonaufnahmen, Schwenk- und Zoomfunktionen deaktiviert? | |
| Ist sichergestellt, dass keine Auswertung auf Basis von biometrischen Merkmalen oder automatisierten Algorithmen erfolgt? | |
| Zeitliche Begrenzung der Überwachung pro Tag oder Argumente, weshalb eine zeitliche Begrenzung dem Zweck nicht gerecht wird:[3] | |
| Bei Einschaltung eines externen Dienstleisters (zB zu Wartung/Auswertung): Wurden ein AV-Vertrag und eine Verschwiegenheitsvereinbarung abgeschlossen?[4] | |

## Anmerkungen

**1.** **Transparenz.** → Form. H. III. 3. Anm. 26.

**2.** **Dokumentation der Gründe.** → Form. H. III. 3. Anm. 8.

**3.** **Zeitliche Begrenzung der Aufnahmen.** → Form. H. III. 3. Anm. 10–12.

**4.** **Einschaltung von Dienstleistern.** → Form. H. III. 3. Anm. 25.

## IV Tor- und Spindkontrollen bei Beschäftigten

**Taschenkontrollen** zählen seit jeher zum Instrumentarium der Kontrollmöglichkeiten von Arbeitgebern. Die arbeitsrechtliche und unternehmensberatende Praxis belegt, dass sie bis heute vielfach üblich sind. Dies dürfte auf das Zusammenwirken zweier Ursachen zurückzuführen sein: Zum einen ist die **Diebstahlsprävention** als der zentrale Grund, derartige Kontrollen durchzuführen, zeitlos. Zum anderen können auch moderne und technisierte Überwachungstechniken wie die **Videoüberwachung** oder die im Einzelhandel teils üblichen **Diebstahlsicherungen** und **Warensicherungsetiketten** Diebstähle nicht verlässlich verhindern. Sicherungsetiketten sind während der Herstellung von Waren zur Diebstahlsprävention untauglich (weil immer ein Zeitraum besteht, in dem sie noch nicht angebracht sein können, und weil sich zahlreiche Gegenstände zu einer solchen Sicherung nicht oder kaum eignen), Videoüberwachungsmaßnahmen unterliegen engen rechtlichen Zulässigkeitsvoraussetzungen (→ Form. H. III.) und können vor allem das Einstecken kleiner Gegenstände kaum zuverlässig aufdecken.

In generalisierter Form finden Taschenkontrollen in der Regel beim Verlassen des Betriebsgeländes oder bestimmter Teile des Betriebsgeländes, also am „Werkstor", statt (**Torkontrollen**). Dienstleister und Verwaltungen, die ihre Mitarbeiter typischerweise in reinen Bürogebäuden beschäftigen, werden solche Kontrollen nur in den seltensten Fällen vornehmen; in Produktionsunternehmen sowie im Handel und in der Logistik müssen sich Mitarbeiter hingegen nicht selten solchen Überprüfungsprozeduren stellen. Es dürfte die Schlussfolgerung gelten, dass Torkontrollen in einer Branche umso häufiger stattfinden, desto zahlreicher oder besser zugänglich die Möglichkeiten der Mitarbeiter sind, dem Arbeitgeber (oder auch – etwa bei der gewerblichen Einlagerung von Fremdwaren – einem Dritten) Schaden durch verbotswidriges Entwenden von Gegenständen zuzufügen. Diebstähle kommen überall vor; aber sie sind nicht überall gleich häufig und wirtschaftlich nicht überall gleichermaßen schädigend.

Als **Objekte von Diebstahl oder Unterschlagung** kommen einerseits Fertig- und Halbfertigprodukte in Betracht, sofern diese leicht transportierbar sind, zum anderen Ersatzteile, Bestandteile, Werkzeuge sowie ggf. Rohstoffe. In der Regel geht es bei Torkontrollen hingegen nicht um den Schutz besonderer Daten einschließlich besonderen Know-hows.

**Torkontrollen** finden meist **laufend** – also jeden Tag und von früh bis spät – statt, betreffen aber in aller Regel nicht jeden das Werkstor passierenden Mitarbeiter bzw. betreffen ihn nicht jeden Tag. Das folgt neben rechtlichen Erfordernissen auch aus der Praktikabilität. Schon aus Kapazitätsgründen werden Torkontrollen meist nur stichprobenartig durchgeführt. Die Auswahl erfolgte früher nach den verschiedensten Kriterien oftmals durch Personen wie etwa den Pförtner, heute aber in aller Regel durch einen automatischen **Zufallsgenerator,** was wesentlich weniger fehler- und manipulationsanfällig ist, vor allem aber den von der Kontrolle betroffenen Mitarbeiter auch deutlich **weniger stigmatisiert.** Auch der zentralen Entscheidung des BAG zu dieser Thematik lässt sich dieser Gedanke entnehmen (BAG 15.4.2014 –

1 ABR 2/13, NZA 2014, 551), was die Schlussfolgerung rechtfertigt, dass eine Abweichung von der Zufallsabhängigkeit unter dem Gesichtspunkt der Verhältnismäßigkeit allenfalls in gut begründeten Einzelfällen hinnehmbar sein kann.

Nach ihrer **Intensität** können Torkontrollen von der eher oberflächlichen Sichtung insbesondere der mitgeführten Behältnisse (Taschen) über deren genauere Inspektion sowie die Kontrolle auch der (Ober-)Bekleidung der Mitarbeiter bis hin zur persönlichen Leibesvisitation reichen. Mit fortschreitender Technisierung kommen außerdem Taschen- und Personenkontrollen durch Scan-Einrichtungen in Betracht, wie sie etwa auch bei der Sicherheitskontrolle an Flughäfen verwendet werden. Mit zunehmender Kontrollintensität wird auch das Persönlichkeitsrecht der kontrollierten Mitarbeiter zunehmend tangiert, sodass die rechtlichen und inhaltlichen Anforderungen an eine wirksame Regelung solcher Kontrollen steigen.

In Betrieben, die seit eh und je Torkontrollen durchführen, kommt es erfahrungsgemäß recht selten zu ernsthaften inhaltlichen Auseinandersetzungen zwischen Arbeitgeber und Belegschaft über deren Berechtigung. Das spiegelt sich darin, dass nicht allzu viel einschlägige Rechtsprechung der obersten Arbeitsgerichte zu diesem Thema existiert. Das wird man als Hinweis auf die **weitgehende Akzeptanz solcher Kontrollmechanismen** werten können. Letztlich äußert das Bundesarbeitsgericht keine Bedenken an der **Zulässigkeit von Torkontrollen,** da kein weniger einschneidendes, wenigstens gleich gut geeignetes Mittel zur Eindämmung von Diebstählen durch das Personal zur Verfügung stehe (BAG 15.4.2014 – 1 ABR 2/13, NZA 2014, 551 (555 f.)). Voraussetzung für die arbeitsrechtliche Unbedenklichkeit dürften allerdings die automatisiert-zufällige Auswahl der zu kontrollierenden Mitarbeiter (so auch Byers, Mitarbeiterkontrollen, 2. Aufl. 2022, Rn. 178) und deren Kontrolle in einem abgeschlossenen, von außen nicht einsehbaren Raum sein (Peters, Das Weisungsrecht der Arbeitgeber, 2. Aufl. 2021, Rn. 719). Zudem dürfen Mitarbeiter keinesfalls zur Leibesvisitation durch Nicht-Polizisten gezwungen werden und spielt unter dem Gesichtspunkt der Verhältnismäßigkeit auch die Kontrolldichte, also die Häufigkeit bzw. Anzahl der Kontrollen eine Rolle.

In der Vorinstanz hatte das hessische LAG ergänzend festgestellt, dass zweifellos auch noch **nach Dienstschluss** die (Neben-)Pflicht des Arbeitnehmers bestehen kann, sich am Werkstor kontrollieren zu lassen. Der Arbeitnehmer kann sich also nicht mit dem bloßen Hinweis der Kontrolle entziehen, er habe jetzt frei. Allenfalls sei die Frage zu klären, ob die Dauer der Kontrolle als Arbeitszeit zu vergüten ist (LAG Hessen 10.8.2011 – 8 Sa 1945/10, BeckRS 2011, 78545).

Erst recht werden spezifisch datenschutzrechtliche Aspekte in der Rechtsprechung der Arbeitsgerichte bislang nur selten thematisiert. Gleichwohl handelt es sich um Maßnahmen des Arbeitgebers, die nicht nur am klassischen individuellen und kollektiven Arbeitsrecht zu messen sind, sondern auch am Datenschutzrecht (so auch Maschmann NZA-Beil. 2018, 115). Soweit ersichtlich werden außer von Joussen (NZA 2010, 254 (257 ff.) mit zweifelhafter und wohl überholter Begründung; ausdrücklich offengelassen in BAG 15.4.2014 – 1 ABR 2/13, NZA 2014, 551 (556); beides freilich unter Geltung des alten Rechts) kaum Zweifel daran geäußert, dass **Torkontrollen an § 26 BDSG zu messen** sind, selbst wenn im Einzelnen Uneinigkeit darüber herrscht, nach welchen Kriterien und unter welche Teilnorm des § 26 BDSG die Torkontrollen im Einzelfall zu kategorisieren und zu subsumieren sind. Richtigerweise ist mit Stahmer und Kuhnke (Plath/Stahmer/Kuhnke BDSG § 26 Rn. 135 f.; ähnlich Stück CCZ 2020, 77 (78)) danach zu differenzieren, ob es einem konkreten Straftatverdacht nachzugehen gilt (dann § 26 Abs. 1 S. 2 BDSG) oder ob die Kontrolle präventiv, also mit dem Ziel der Vermeidung von Straftaten erfolgt (dann § 26 Abs. 1 S. 1 BDSG). Jeweils dürfte § 26 Abs. 7 BDSG hinzuzuziehen sein, da die Erhebung der Daten im Rahmen der Tor- oder Taschenkontrollen typischerweise nicht automatisiert erfolgt.

Wegen der mit der Vorgängerregelung in § 32 BDSG aF weitgehend identischen Regelung in § 26 Abs. 1 BDSG ging man zunächst davon aus, dass die Einführung der DS-GVO die Rechtslage zu den Torkontrollen nicht verändert (so auch → 3. Aufl. 2021, Vorb.). Obwohl sich auch aus der neueren Rechtsprechung des EGMR zur Videoüberwachung (EGMR (GK) 17.10.2019 – 1874/13, 8567/13, NZA 2019, 1697 – López Ribalda u. a./Spanien), die ergänzend das in Art. 8 EMRK verankerte Menschenrecht auf Achtung des Privatlebens als Prüfungsmaßstab betont, keine Hinweise darauf ergeben, dass sich an den Zulässigkeitskriterien etwas Wesentliches ändern wird, lässt sich dies – Einschlägigkeit von § 26 BDSG – seit der zu hessischen Maßnahmen während der COVID-Pandemie ergangenen Entscheidung des EuGH (EuGH 30.3.2023 – C-34/21, NJW 2023, 1639) nicht mehr halten. Vielmehr dürfte § 26 BDSG jedenfalls in Teilen von Abs. 1 europarechtswidrig und damit nichtig sein. Zwar spricht viel dafür, Tor- und Spindkontrollen unter denselben Voraussetzungen wie bisher nun nach Art. 6 Abs. 1 S. 1 lit. f DS-GVO (berechtigtes Interesse) zuzulassen, doch ist Arbeitgebern zum Zwecke der Rechtssicherheit noch mehr als bislang zu einer Betriebsvereinbarung zu raten. Klargestellt ist im neuen Recht nämlich, dass sich die Zulässigkeit von Tor- oder Taschenkontrollen auch aus einer Betriebsvereinbarung ergeben kann. Denn Art. 88 Abs. 1 DS-GVO nennt Kollektivvereinbarungen ausdrücklich als mögliche Rechtsquelle nationalen Rechts und der Begriff der Kollektivvereinbarungen erfasst für das deutsche Recht auch Betriebsvereinbarungen, Erwgr. 155 DS-GVO (zB Taeger/Rose BB 2016, 819 (821 f.); Kort DB 2016, 711 (716)).

Arbeitgeber, die mit Diebstählen durch die Belegschaft in nennenswertem Umfang zu kämpfen haben, sollten zunächst anhand der nachfolgenden **Checkliste** prüfen, ob Torkontrollen in ihrem Fall praktisch möglich und rechtlich zulässig sein können. Ist dies der Fall, müssen sie das Gespräch mit dem Betriebsrat zum Zwecke der Einführung solcher Kontrollen suchen und haben mit diesem eine Einigung möglichst im Wege der **Betriebsvereinbarung** zu erzielen. Die **Mitbestimmungspflicht** folgt zwingend **aus § 87 Abs. 1 Ziff. 1 BetrVG.** Nur in Betrieben, für die kein Betriebsrat zuständig ist, kann der Arbeitgeber die Regelung als einseitige Anordnung erlassen und/oder als Anlage zu künftigen Arbeitsverträgen aufnehmen. Rechtlich stützt er sich dann auf Art. 6 Abs. 1 S. 1 lit. f DS-GVO (so auch → 3. Aufl. 2021, Vorb.).

## 1. Checkliste zu Tor- und Spindkontrollen

**§ 1 Bestimmung der Kontrollnotwendigkeit einschließlich Abwägung der Interessen**

- **Besteht der Verdacht, dass Mitarbeiter Eigentum des Arbeitgebers in nennenswertem Maße und Werte stehlen?**
- **Lässt sich dieser Verdacht objektiv belegen (zB Inventurergebnisse und Ausschluss anderer Verlustgründe)?**

- Lassen sich solche Diebstähle durch Tor- und/oder Spindkontrollen verhindern oder jedenfalls eindämmen?
- Bestehen einfachere, insbesondere in das Persönlichkeitsrecht der Mitarbeiter weniger eingreifende Kontroll- oder Verhinderungsmöglichkeiten (zB Videoüberwachung am Ausgang; Ausgabe bestimmter Werkzeuge nur gegen Quittung)?
- Gibt es Anhaltspunkte dafür, dass das vom Allgemeinen Persönlichkeitsrecht der Mitarbeiter geschützte Interesse, nicht untersucht und allgemein verdächtigt zu werden, im konkreten Fall das Interesse des Arbeitgebers an der Kontrolle überwiegt?

§ 2 Bestimmung der Kontrollmöglichkeiten

- Verlassen die Mitarbeiter ausschließlich über einige wenige Ausgänge das Betriebsgelände? Verlassen die Mitarbeiter das Gelände an diesen Stellen typischerweise zu Fuß?
- Falls nein: Gibt es andere Stellen, die alle Mitarbeiter zwingend zu Fuß passieren, wenn sie nach der Arbeit den Heimweg antreten?
- Falls ja: Besteht an diesen Ausgängen die Möglichkeit, Ausgangssperren wie zB Drehkreuze und zusätzlich Kartenlesegeräte oder dergleichen zwecks Türöffnung zu installieren?
- Falls ja: Besteht die technische Möglichkeit und Bereitschaft, Werksausweise in Form technisch lesbarer Karten oder anderer Tokens zu verwenden, oder werden diese ggf. bereits verwendet?
- Besteht die örtlich-räumliche Möglichkeit, die Torkontrollen in einem von außen nicht einsehbaren Raum durchzuführen?
- Besteht die Möglichkeit, die Torkontrollen durchzuführen, ohne dass der Heimweg der Mitarbeiter – abgesehen vom Kontrollfall selbst – unangemessen verzögert oder sonst erschwert wird?
- Besteht die personelle Möglichkeit zu Torkontrollen? Werden insbesondere die Ausgänge von zahlenmäßig genügend und genügend ausgebildetem Personal überwacht?

§ 3 Prüfung des Datenschutzes

- Ist die Datenerhebung im Rahmen der Kontrollen konkret erforderlich oder kann auf die Erhebung bestimmter Daten verzichtet werden?
- Ist die Datenspeicherung im Rahmen der Kontrollen konkret erforderlich oder kann auf die Speicherung bestimmter Daten verzichtet werden?
- Ist die Dauer der Datenspeicherung im Rahmen der Kontrollen konkret erforderlich, oder können zumindest bestimmte Daten früher gelöscht werden?
- Ist die Datenverarbeitung im Rahmen der Kontrollen konkret erforderlich, oder kann auf die Verarbeitung bestimmter Daten verzichtet werden?
- Werden die Daten ausreichend vertraulich und ausreichend gegen den unbefugten Zugriff Dritter geschützt aufbewahrt bzw. gespeichert?
- Werden die sonstigen Anforderungen des Datenschutzes beachtet?

## 2. Betriebsvereinbarung über die Durchführung von Tor- und Spindkontrollen

Zwischen der [......] GmbH

und dem bei ihr für den Betrieb [...] gebildeten Betriebsrat

wird Folgendes vereinbart:[1]

§ 1 Geltungsbereich

Diese Betriebsvereinbarung gilt räumlich für den Betrieb [...] (nachfolgend: „der Betrieb") und persönlich für alle in diesem Betrieb Beschäftigten einschließlich der dort eingesetzten Arbeitnehmer von Zeitarbeitsunternehmen.[2]

§ 2 Torkontrollen

In dem Betrieb werden Torkontrollen nach folgenden Maßgaben durchgeführt:

(1) Kontrollen finden an beiden Ausgängen vom Werksgelände (Tor 1 und Tor 2) statt.[3] An beiden Ausgängen sind die Beschäftigten verpflichtet, zum Verlassen des Werksgeländes das jeweils angebrachte Drehkreuz zu passieren und sich vor dem Passieren durch das Vorhalten des persönlichen Werksausweises an dem vor dem Drehkreuz montierten elektronischen Lesegerät auszuweisen.[4]

(2) Das Drehkreuz ist während der Betriebszeiten in der Regel frei beweglich. Nach Auswahl durch einen elektronischen Zufallsgenerator sperrt das Kreuz jedoch von Zeit zu Zeit nach Vorhalten des Werksausweises den Durchgang. In diesen Fällen muss sich der zufällig ausgewählte Beschäftigte einer Kontrolle unterziehen.[5] Der Kontrollzyklus wird vom Arbeitgeber von Zeit zu Zeit nach billigem Ermessen geändert, worüber der Arbeitgeber den Betriebsrat jeweils unverzüglich informiert.[6]

(3) Die Kontrolle findet durch die am jeweiligen Werkstor eingesetzten Mitarbeiterinnen und Mitarbeiter des Wachschutzes statt. Sie wird in dem eigens dafür vorgesehenen Raum des Pförtnerhauses durchgeführt, der von außen nicht einsehbar ist. Der zu kontrollierende Beschäftigte hat sämtliche mitgeführten Behältnisse und Taschen zu öffnen und der Kontrollperson die eingehende Durchsicht zu ermöglichen. Dies gilt insbesondere für Hand- und Aktentaschen, Rucksäcke und Koffer sowie außerdem für Jacken- und Manteltaschen einschließlich der Taschen von Jacketts und Blazern. Im begründeten Verdachtsfall fordert die Kontrollperson den Beschäftigten zudem auf, sämtliche Taschen seiner Bekleidung zu leeren, also insbesondere Hosen-, Rock-, Kleid-, Hemd- und Blusentaschen. Der Beschäftigte ist nicht verpflichtet, dieser weitergehenden Aufforderung Folge zu leisten und/oder diese weiteren Taschen von der Kontrollperson durchsehen zu lassen. Weigert er sich, kann die Kontrollperson die Kontrolle durch die Polizei durchführen lassen.[7]

(4) Für im Betrieb hergestellte Produkte, die der kontrollierte Beschäftigte bei sich führt, hat er einen geeigneten Berechtigungsnachweis bei sich zu führen (zB Kassenbon Personaleinkauf).[8] Finden sich bei der Kontrolle Gegenstände, die dem Arbeitgeber oder einem anderen Betriebsangehörigen gehören oder zu gehören scheinen und an denen der kontrollierte Beschäftigte keine Berechtigung nachweist, so ist die Kontrollperson berechtigt, diese Gegenstände einzubehalten und unter Verschluss zu nehmen. Die Kontrollperson informiert unverzüglich den Arbeitgeber.

(5) Über jede Kontrolle – insbesondere auch über die Kontrolle ohne Befund – fertigt die Kontrollperson das als Anlage dargestellte Protokoll[9] an, welches sie unterzeichnet und welches der kontrollierte Beschäftigte gegenzeichnet. Einbehaltene Gegenstände werden im Protokoll aufgeführt; etwaige Verweigerungen des Beschäftigten zur Durchführung der Kontrolle werden vermerkt. Weigert sich der kontrollierte Beschäftigte, das Protokoll zu unterzeichnen, so ist eine zweite Kontrollperson oder – falls eine solche nicht verfügbar oder die Hinzuziehung untunlich ist – die Polizei hinzuzuziehen.

(6) Das Verlassen des Werksgeländes auf einem anderen Wege als durch die beiden Werkstore ist außer für den Notfall (Flucht- und Rettungswege) untersagt.[10] Der Arbeitgeber ist berechtigt, jeden Beschäftigten einer Kontrolle entsprechend dieser Betriebsvereinbarung zu unterziehen, der auf anderem Wege das Werksgelände verlässt; dies gilt auch, wenn ein Beschäftigter versucht, das Werksgelände zwar durch eines der beiden vorgesehenen Werkstore, jedoch ohne Vorhalten seines persönlichen Werksausweises zu verlassen.

§ 3 Besondere Taschenkontrollen

Im Falle konkreten Diebstahlsverdachts[11] sind die Kontrollpersonen berechtigt, Kontrollen entsprechend § 2 dieser Betriebsvereinbarung selbst ohne Auslösen des Zufallsgenerators durchzuführen. Verweigert sich der Beschäftigte, ist die Polizei hinzuzuziehen. Auch hierüber ist ein Protokoll entsprechend § 2 anzufertigen. Der Arbeitgeber ist unverzüglich und durch diesen binnen drei Arbeitstagen der Betriebsrat zu informieren.

§ 4 Spindkontrollen

Bestehen gegen einen Beschäftigten nach einer Torkontrolle nach § 2 oder nach der besonderen Taschenkontrolle nach § 3 Verdachtsmomente, dass der Beschäftigte ein Diebstahls-, Unterschlagungs- oder ähnliches Delikt begangen haben könnte, kann der Arbeitgeber oder die Kontrollperson den Beschäftigten auffordern, den ihm zugewiesenen persönlichen Spind in Anwesenheit der Kontrollperson und einer hierfür hinzuzuziehenden weiteren Person (weitere Kontrollperson oder ein Mitglied der Geschäftsführung, der Personalabteilung oder des Betriebsrats) zu öffnen und vollständig einschließlich sämtlicher darin enthaltener Behältnisse durchsuchen zu lassen. Dies gilt auch, wenn aus anderem Grunde der konkrete Verdacht besteht, dass der Beschäftigte einen Diebstahl, eine Unterschlagung oder ein ähnliches Delikt zu Lasten des Arbeitgebers oder eines Betriebsangehörigen oder zu Lasten von Kunden, Lieferanten oder anderen Geschäftspartnern des Arbeitgebers begangen hat. Weigert sich der Beschäftigte, kann die Polizei hinzugezogen werden, um die Spindkontrolle durchzuführen.[12] § 2 Abs. 4 und 5 gelten entsprechend.

§ 5 Protokolle, Datenspeicherung, Vertraulichkeitsverpflichtung des Kontrollpersonals

(1) Die Kontrollprotokolle werden in einem verschlossenen Schrank im Pförtnerhaus für Dritte nicht einsehbar aufbewahrt und durch einen Mitarbeiter der Personalabteilung [zusammen mit einem Mitglied des Betriebsrats] regelmäßig, mindestens alle vierzehn Tage abgeholt. Nach Durchsicht und Kategorisierung (s. Abs. 2) werden sie durch die Personalabteilung binnen höchstens weiterer vierzehn Tage

den einzelnen Personalakten[13] der kontrollierten Mitarbeiter zugeordnet.[14] Aus der Personalakte werden die Protokolle nach Ablauf von 24 Monaten entfernt, sofern im Falle von Auffälligkeiten auf den jeweiligen Vorfall bezogen keine arbeitsrechtlichen oder anderen zivilrechtlichen Maßnahmen (zB Ermahnung, Abmahnung, Kündigung, Herausgabeforderung, Schadensersatzforderung) ergriffen worden sind. Sind solche Maßnahmen ergriffen worden, so verbleiben die entsprechenden Protokolle für 48 Monate in der Personalakte, im Falle einer Auseinandersetzung über die Maßnahme mindestens aber bis zur rechtskräftigen Entscheidung darüber. Im Falle einer Abmahnung werden die entsprechenden Protokolle zusammen mit der Abmahnung aus der Personalakte entfernt.[15]

(2) Die Kategorisierung erfolgt tabellarisch (zB Excel) ohne Zuordnungsmöglichkeit zu einer konkreten Person[16] nur nach folgenden Daten:

- Kalendermonat der Kontrolle
- Wochentag der Kontrolle
- Uhrzeit der Kontrolle
- Ergebnis der Kontrolle (mit/ohne Befund)
- Gegenstände einbehalten (ja/nein)
- Anzeige erstattet (ja/nein)
- Verdacht später entkräftet (ja/nein)
- Personalmaßnahme eingeleitet (außerordentliche Kündigung/ordentliche Kündigung/Abmahnung/Ermahnung)

Aus dieser Tabelle werden die einzelnen Daten nach Ablauf von zehn Jahren entfernt. Der Betriebsrat ist jederzeit berechtigt, diese Tabelle einzusehen.

(3) Die Kartenlesegeräte an den Ausgängen dienen ausschließlich dazu, die Türsperre durch den elektronischen Zufallsgenerator auszulösen und zu belegen, dass sich jeder Beschäftigte dort ausweist. Die mittels Lesegeräts gespeicherten Daten, also die Information, welcher Mitarbeiter um welche Uhrzeit welches Tor passiert, werden zu keinem anderen Zweck – insbesondere nicht zur Arbeitszeitkontrolle – verwendet und nach 24 Stunden automatisch gelöscht.[17] Die automatische Löschung darf der Arbeitgeber manuell verhindern, wenn und soweit der konkrete Verdacht besteht, dass ein oder mehrere Beschäftigte das Tor ohne ordnungsgemäßen Ausweis passiert haben. In diesem Fall sind die Daten unverzüglich zu löschen, sobald und soweit sie zum Nachweis dessen nicht mehr benötigt werden.

(4) Das zur Kontrolle eingesetzte Personal (Wachschutz, Pförtner) wird vom Arbeitgeber auf die Vertraulichkeit betreffend die stattfindenden Kontrollen, die Identität der kontrollierten Personen und die Ergebnisse der Kontrollen verpflichtet.[18] Von der Verschwiegenheitspflicht ausgenommen sind der Bericht an den Arbeitgeber, die Hinzuziehung der Polizei nach dieser Betriebsvereinbarung sowie Zeugenaussagen insbesondere gegenüber der Polizei, der Staatanwaltschaft und dem Gericht.

## § 6 Inkrafttreten, Kündigung, Nachwirkung

Diese Betriebsvereinbarung tritt mit ihrer Unterzeichnung in Kraft. Sie ist kündbar mit einer Frist von sechs Monaten zum Ende eines Kalenderjahres.[19] Im Falle ihrer Kündigung wirkt sie nach bis zum Inkrafttreten einer neuen Regelung.[20]

– Anlage –

Muster eines Protokolls iSv § 2 Abs. 5 der Betriebsvereinbarung[21]

Protokoll
über eine Personalkontrolle am Werkstor entsprechend der Betriebsvereinbarung über die Durchführung von Tor- und Spindkontrollen vom [Datum der Betriebsvereinbarung]

I. Allgemeine Angaben
1. Werkstor, an dem die Kontrolle stattgefunden hat: […]
2. Datum der Kontrolle: […]
3. Uhrzeit der Kontrolle: […]
4. Name der Kontrollperson: […]
5. Name weiterer Anwesender: […]

II. Angaben zur kontrollierten Person
1. Name der kontrollierten Person: […]
2. Identitätsfeststellung anhand:
O Werksausweis Nr. […]
O Personalausweis Nr. […]
O der Kontrollperson in Person bekannt
O sonstige: […]
3. Personalnummer der kontrollierten Person (sofern bekannt): […]
4. mitgeführte Taschen od. sonstige Behältnisse: […]

III. Angaben zur Kontrolle
1. Anlass für die Kontrolle:
O Auswahl per Zufallsgenerator
O konkreter Verdacht: […]
2. Verhalten der kontrollierten Person (Mehrfachauswahl möglich):
O kooperativ
O unkooperativ
O Einwilligung in Maßnahmen
O keine Einwilligung in Maßnahmen
3. folgende Behältnisse und Taschen wurden geöffnet und von der Kontrollperson mit folgenden Ergebnissen durchgesehen:

| | |
|---|---|
| Handtasche | ja/nein/nicht vorhanden<br>Öffnung gestattet/Öffnung verweigert<br>keine Funde/folgende Funde: […] |
| Aktentasche | ja/nein/nicht vorhanden<br>Öffnung gestattet/Öffnung verweigert<br>keine Funde/folgende Funde: […] |
| Rucksack | ja/nein/nicht vorhanden<br>Öffnung gestattet/Öffnung verweigert<br>keine Funde/folgende Funde: […] |
| Koffer | ja/nein/nicht vorhanden<br>Öffnung gestattet/Öffnung verweigert<br>keine Funde/folgende Funde: […] |

Mantel-/Jackentaschen
ja/nein/nicht vorhanden
Öffnung gestattet/Öffnung verweigert
keine Funde/folgende Funde: [...]
Jackett-/Blazertaschen
ja/nein/nicht vorhanden
Öffnung gestattet/Öffnung verweigert
keine Funde/folgende Funde: [...]
sonstige ja/nein/nicht vorhanden
Wenn ja: Welche? [...]
Öffnung gestattet/Öffnung verweigert
keine Funde/folgende Funde: [...]

4. aufgrund Verdachts forderte die Kontrollperson ergänzend zur Entleerung folgender Behältnisse und Taschen auf:
Handtasche ja/nein/nicht vorhanden
Entleerung erfolgt/Entleerung verweigert
keine Funde/folgende Funde: [...]
Aktentasche ja/nein/nicht vorhanden
Entleerung erfolgt/Entleerung verweigert
keine Funde/folgende Funde: [...]
Rucksack ja/nein/nicht vorhanden
Entleerung erfolgt/Entleerung verweigert
keine Funde/folgende Funde: [...]
Koffer ja/nein/nicht vorhanden
Entleerung erfolgt/Entleerung verweigert
keine Funde/folgende Funde: [...]
Mantel-/Jackentaschen
ja/nein/nicht vorhanden
Entleerung erfolgt/Entleerung verweigert
keine Funde/folgende Funde: [...]
Jackett-/Blazertaschen
ja/nein/nicht vorhanden
Entleerung erfolgt/Entleerung verweigert
keine Funde/folgende Funde: [...]
Hosen-/Rock-/Kleidertaschen
ja/nein/nicht vorhanden
Entleerung erfolgt/Entleerung verweigert
keine Funde/folgende Funde: [...]
Hemd-/Blusentaschen
ja/nein/nicht vorhanden
Entleerung erfolgt/Entleerung verweigert
keine Funde/folgende Funde: [...]
sonstige ja/nein/nicht vorhanden
Wenn ja: Welche? [...]
Entleerung erfolgt/Entleerung verweigert
keine Funde/folgende Funde: [...]
5. der Verdacht stützte sich auf folgende Gründe: [...]
6. Polizei hinzugezogen? Nein/ja

7. a) im Betrieb hergestellte Produkte aufgefunden?
   Nein/ja: [...]
   b) wenn ja: Berechtigungsnachweis lag vor?
   Nein/ja: [...]
   c) wenn nein: Einbehalt des Gegenstandes?
   Nein/ja (genaue Bezeichnung unter a. erforderlich!)
8. a) sonstige offenbar dem Arbeitgeber oder einem Betriebsangehörigen gehörende Gegenstände aufgefunden?
   Nein/ja: [...]
   b) wenn ja: Berechtigungsnachweis lag vor?
   Nein/ja: [...]
   c) wenn nein: Einbehalt des Gegenstandes?
   Nein/ja (genaue Bezeichnung unter a) erforderlich!

IV. Kontrollergebnis
1. Gesamtergebnis
   O unauffällig = kein Straftatverdacht
   O auffällig = Straftatverdacht
2. Einbehalte
   O keine Gegenstände einbehalten
   O Gegenstände einbehalten (siehe oben)
3. Polizei
   O keine Polizei hinzugezogen
   O Polizei hinzugezogen

______________________ ______________________
Ort und Datum Unterschrift der Kontrollperson

______________________ ______________________
Ort und Datum Unterschrift der kontrollierten Person

Im Falle der nicht geleisteten Unterschrift:

______________________ ______________________
Ort und Datum Unterschrift der hinzugezogenen weiteren Kontrollperson

## Anmerkungen

**1. Zwingende Mitbestimmung.** Die vorgeschlagene Betriebsvereinbarung regelt ua das Verhalten der Arbeitnehmer im Betrieb, indem sie Regelungen zum Passieren der Werkstore aufstellt. Das Mitbestimmungsrecht des Betriebsrats ergibt sich daher aus § 87 Abs. 1 S. 1 BetrVG (einhellige Meinung, s. etwa Oberthür/Seitz Fn. 169 zu B. II. Rn. 8; Weth/Herberger/Wächter/Sorge/Kramer C. I. Rn. 29; MünchHandbArbR/Reichold § 55 Rn. 30; Küttner, Stichwort Betriebsordnung Rn. 7).

**2. Geltungsbereich.** Gehen in dem Betrieb auch Angestellte anderer Betriebe desselben Arbeitgebers und/oder Angestellte von konzernangehörigen Unternehmen ein und aus, ist eine Gesamt- oder Konzernbetriebsvereinbarung vorzugswürdig, die auch die Kontrolle der betriebsfremden Mitarbeiter ermöglicht. Arbeits- wie datenschutzrechtlich sind im Betrieb eingesetzte Leiharbeitnehmer von der Betriebsvereinbarung erfasst, worauf das BAG zutreffend hinweist (BAG 15.4.2014 – 1 ABR 2/13, NZA 2014, 551 (556 mwN)). Dagegen vermag eine Betriebsvereinbarung nie die Kontrolle Betriebsfremder (zB Kunden oder Lieferanten) zu ermöglichen, weil den Betriebsparteien dazu das Regelungsmandat fehlt. Der Arbeitgeber könnte Taschenkontrollen insoweit ggf. durch eine Hausordnung oder im Rahmen seiner sonstigen AGB einführen, doch unterliegen solche Regelungen einem abweichenden Prüfungsmaßstab (s. etwa BGH 3.7.1996 – VIII ZR 221/95, BGHZ 133, 184 (190 f.)).

**3. Örtliche Gegebenheiten.** Eine Torkontrolle wie hier vorgeschlagen ist faktisch nur möglich, wenn es eine eng begrenzte Anzahl von Ausgängen vom Betriebsgelände gibt und diese Ausgänge im Wesentlichen zu Fuß oder per Fahrrad, jedenfalls nicht zuhauf per Pkw passiert werden. Ggf. sind mehrere Drehkreuze je Ausgang erforderlich, um der Anzahl der passierenden Personen zu genügen. Zu bedenken ist auch, dass höhere Kontrollhäufigkeiten, aber auch insgesamt größere Zeitverluste für die Mitarbeiter entstehen können, wenn das Werkstor mehrmals am Tag passiert werden muss (etwa zur Frühstücks- und zur Mittagspause). Es wird nicht wenige Unternehmen geben, in denen die Torkontrolle schlicht unpraktikabel ist, zumal sie erhebliche Kosten für Personal und Technik bedeutet, die nur für größere Unternehmen zu stemmen sein dürften und nur bei gravierenden Schäden durch Diebstähle lohnen.

**4. Zwingende Mitbestimmung nach § 87 Abs. 1 Nr. 6 BetrVG.** Wird – wie im Vorschlag – ein elektronischer Werksausweis zum Vorhalten an ein Kartenlesegerät verwendet, ergibt sich zusätzlich zu § 87 Abs. 1 Nr. 1 BetrVG die zwingende Mitbestimmung des Betriebsrats auch aus § 87 Abs. 1 Nr. 6 BetrVG. Denn dann liegt eine technische Einrichtung vor, die dazu geeignet ist, das Verhalten oder die Leistung der Arbeitnehmer zu überwachen. Entgegen dem Wortlaut der Norm besteht das Mitbestimmungsrecht, obwohl die Einrichtung im konkreten Fall nicht zu der Überwachung bestimmt, sondern lediglich dazu geeignet ist. Dies entspricht ständiger Rechtsprechung seit BAG 9.9.1975 – 1 ABR 20/74, NJW 1976, 261, und heute einhelliger Auffassung in der Literatur (statt aller ErfK/Kania BetrVG § 87 Rn. 55 mwN).

**5. Alternativen zum Drehtor.** Eine alternative Gestaltung wäre zB, statt des Drehtores und seiner Sperrfunktion nur die Verpflichtung zum Vorhalten des Werksausweises am Lesegerät zu regeln und dort durch ein akustisches und/oder optisches Signal (Piepen, grüne/rote Lampe) die Kontrollauswahl anzuzeigen. Das erfordert allerdings eine wachsamere Beobachtung durch den Pförtner oder eine andere Person.

**6. Kontrollzyklus.** Die Kontrolldichte, also die Häufigkeit der Kontrollen und damit die Wahrscheinlichkeit, das Persönlichkeitsrecht des jeweiligen Mitarbeiters häufig beeinträchtigen zu müssen, wird vom BAG im Rahmen der Verhältnismäßigkeitsprüfung als Kriterium für die Rechtmäßigkeit der Kontrolle herangezogen. Viel Zahlenmaterial gibt es dazu nicht. Jedenfalls wurden 89 Kontrollen an insgesamt 30 Tagen innerhalb eines Kalenderjahres angesichts eines unbestrittenen jährlichen Verlusts iHv 250.000 EUR durch Diebstahl von rund 1.900 Produkten als unproblematisch angemessen angesehen, wobei der Betrieb offenbar um die 2.000 Mitarbeiter beschäftigt hat, da im Urteil von einem Betriebsrat mit 19 Mitgliedern die Rede ist (BAG 15.4.2014 – 1 ABR 2/13, NZA 2014, 551 (552)).

*Huth*

**7. Ablauf der jeweiligen Torkontrolle.** Die hier angeregte Regelung der Abläufe ähnelt derjenigen, die der Entscheidung BAG 15.4.2014 – 1 ABR 2/13, NZA 2014, 551 zugrunde lag. Das BAG hat die Verhältnismäßigkeit der ihm vorgelegten Betriebsvereinbarung unter Berücksichtigung zahlreicher Einzelaspekte der Regelung betont. Es erscheint im Sinne der Rechtssicherheit sinnvoll, künftige Regelungen an den damaligen Kriterien zu orientieren, jedenfalls aber eine stark differenzierende, stufenweise Kontrolle vorzusehen, um für den Streitfall Argumente für die Verhältnismäßigkeit der eigenen Regelung zu haben. In Satz 1 kann statt des Wachschutzes je nach Gegebenheiten der Pförtner oder eine andere Person oder Institution angesprochen werden.

**8. Personaleinkauf.** Dieser Satz kann entfallen, wenn ein Personalverkauf oder dergleichen auf dem Betriebsgelände nicht stattfindet und nicht aus anderem Grunde zu vermuten ist, dass die Beschäftigten im Betrieb hergestellte Produkte mit zur Arbeit und wieder mit nach Hause führen. An solche Fälle wäre zB in der Bekleidungsindustrie zu denken, in denen Mitarbeiter ein im Betrieb hergestelltes Bekleidungsstück im freien Handel erworben haben könnten.

**9. Protokollierung.** Das BAG (BAG 15.4.2014 – 1 ABR 2/13, NZA 2014, 551) sieht eine solche Protokollierung als datenschutzrechtlich letztlich unproblematisch an. Es lässt dabei allerdings offen, welcher Fall des § 32 BDSG aF einschlägig sein könnte, weil die Zulässigkeit bereits aus § 4 Abs. 1 BDSG aF folge. Denn die Betriebsvereinbarung sei eine Rechtsvorschrift, die die Datenerhebung, -speicherung und -nutzung erlaube, zumal da sie den Vorgaben des § 75 Abs. 2 BetrVG zur Berücksichtigung der Persönlichkeitsrechte der betriebsangehörigen Arbeitnehmer entspreche. Letzteres – dass eine Betriebsvereinbarung eine Erlaubnisnorm für die Datenverarbeitung enthalten kann – gilt seit Inkrafttreten der DS-GVO auch ausdrücklich (Art. 88 Abs. 1 S. 1 DS-GVO spricht von „Kollektivvereinbarungen").

**10. Weitere Ausgänge.** Alternativ sind für andere Ausgänge (zB Parkhausausfahrt) andere, vergleichbare Kontrollmechanismen zu schaffen.

**11. Konkreter Tatverdacht.** Bliebe es bei der ausschließlichen Kontrolle auf Basis des Zufallsgenerators, wäre die individuelle Kontrolle nicht einmal dann zugelassen, wenn ein Mitarbeiter das Diebesgut offen vor sich herträgt. Für diesen unrealistischen Sonderfall mögen das allgemeine Festhalterecht nach § 127 Abs. 1 StPO und die zivilrechtlichen Selbsthilfebefugnisse nach §§ 229, 859 BGB genügen. Realitätsnäher sind Fälle auffällig klandestinen Verhaltens, ausgebeulter Taschen, auffallend großer mitgeführter Behältnisse und dergleichen. Erreichen solche oder vergleichbare Merkmale ein Maß, das einen konkreten Verdacht – nicht lediglich ein allgemein ungutes Gefühl – rechtfertigt, sollte die Kontrolle zugelassen sein. Deshalb und weil ein Abtasten durch den Werksschutz gegen den Willen der kontrollierten Person auch für diesen Fall ausgeschlossen ist (s. § 2 Abs. 3 S. 6 der vorgeschlagenen Betriebsvereinbarung), dürfte die vorgeschlagene Regelung dem Verhältnismäßigkeitsgrundsatz noch entsprechen, obwohl für solche Fälle trotz Untersuchung im uneinsehbaren Raum eine Stigmatisierung des kontrollierten Mitarbeiters nicht ausgeschlossen ist. Das BAG hat eine weniger eindeutige Regelung jedenfalls nicht zum Anlass genommen, die damalige Betriebsvereinbarung für unzulässig zu halten. Dort hieß es, dass „bei Verdacht des Diebstahls […] außerhalb der Zufallskontrolle weitergehende Kontrollmaßnahmen an den Werkstoren […] angeordnet werden" können (BAG 15.4.2014 – 1 ABR 2/13, NZA 2014, 551 (552)).

**12. Spindkontrolle.** Der einem Arbeitnehmer zur Aufbewahrung eigener Sachen zugewiesene, abschließbare Schrank oder Spind zählt zur Privatsphäre des Arbeitnehmers. Gleichwohl wird man das Bestehen von Kontrollbefugnissen des Arbeitgebers nicht völlig ausschließen können. Die Kontrolle muss stets dem strengen Maßstab der Verhältnismäßigkeit entsprechen. Das spricht in nahezu allen Fällen gegen eine heimliche Spindkontrolle gegen den Willen bzw. ohne das Wissen des Arbeitnehmers (so auch Byers, Mitarbeiterkontrollen, 2. Aufl. 2022, Rn. 181). Die offene, also unter Beteiligung des Arbeitnehmers durchgeführte Spindkontrolle ist in ihrer Eingriffsintensität gegen die direkte Personenkontrolle abzuwägen; der Arbeitgeber muss unter mehreren gleich geeigneten das mildere Mittel wählen (zu allem Vorstehenden ausführlich BAG 20.6.2013 – 2 AZR 546/12, NZA 2014, 143 (146 ff.)). Die hier vorgeschlagene Regelung berücksichtigt diese Aspekte, indem sie ausschließlich die offene Spindkontrolle in Anwesenheit des Mitarbeiters mit seiner Zustimmung gestattet. Für den Fall der Weigerung kann der Arbeitgeber die Polizei hinzuziehen, die anhand der strafprozessualen Kriterien zu entscheiden hat, ob sie selbst eine Durchsuchung oder eine Beschlagnahme des Spindes durchführt.

**13. Personalakte.** Je nachdem, wie die Zugriffsrechte auf die Personalakte in dem betreffenden Unternehmen ausgestaltet sind, kann erwogen werden, die Protokolle statt in der allgemeinen Personalakte aus Datenschutzgründen in einer separaten Beiakte abzulegen, die zusätzlich gegen zufällige oder unbefugte Einsichtnahme geschützt aufbewahrt wird.

**14. Speicherung und Kategorisierung der Daten.** Die Protokolle sind jederzeit vor unbefugtem Zugriff zu sichern. Aus dem Pförtnerhaus sind sie deshalb rasch zu entfernen und in die unmittelbare Obhut der Personalabteilung zu übernehmen. Je nach Kontrolldichte und organisatorischen Gegebenheiten sollte die Verweildauer im Pförtnerhaus noch kürzer als hier angeregt sein. Die Protokolle sind dann den geschützt aufbewahrten Personalakten zuzuführen. Zum weiteren Verbleib → Anm. 15. Zum Hintergrund der Kategorisierung → Anm. 16.

**15. Aufbewahrungsdauer in der Personalakte.** Entsprechend den Geboten der Datensparsamkeit und der Zweckbegrenzung sind die Kontrolldaten aus der Personalakte zu entfernen, sobald sie dort nicht mehr benötigt werden. Der Arbeitgeber ist auf derartige Daten angewiesen, um arbeitsrechtliche Maßnahmen wie eine verhaltensbedingte Kündigung oder eine Abmahnung rechtfertigen oder um zivilrechtlichen Schadensersatz fordern zu können. An sich würde dies eine rasche Löschung ermöglichen, weil der Arbeitgeber typischerweise schnell reagieren wird. Allerdings kommt in Betracht, den zurückliegenden Diebstahlsverdacht später im Rahmen einer auf einen neuen Vorfall gestützten Kündigung argumentativ heranzuziehen. Vor diesem Hintergrund sollte der Arbeitgeber einerseits an einer möglichst langen Aufbewahrungsfrist interessiert sein, die andererseits dem datenschutzrechtlichen Verhältnismäßigkeitsprinzip noch genügt. Leitet der Arbeitgeber strafrechtliche Schritte ein, wird er der längerfristigen Speicherung nicht bedürfen, weil die Unterlagen bei den Ermittlungsbehörden erfasst und gespeichert werden. Im Falle der Abmahnung folgt die Entfernung der Belege der Entfernung der Abmahnung; allerdings wird man seit der aufsehenerregenden „Emmely"-Entscheidung des BAG (BAG 10.6. 2010 – 2 AZR 541/09, NZA 2010, 1227) davon auszugehen haben, dass nur in Ausnahmefällen Anspruch auf Entfernung einer Abmahnung aus der Personalakte bestehen kann, obwohl sich das BAG in der genannten Entscheidung nicht zu der

Frage der Entfernung einer Abmahnung äußert. Niemann weist aber zu Recht darauf hin, dass der Arbeitgeber nach Entfernung der Abmahnung im Fall einer möglicherweise viel später ausgesprochenen verhaltensbedingten Kündigung nicht – wie vom BAG in der „Emmely"-Entscheidung gefordert – substantiiert zum Auf- und Abbau des objektiv zu messenden besonderen Vertrauenskapitals des langjährigen Mitarbeiters vortragen kann (ErfK/Niemann BGB § 626 Rn. 35a mwN, auch zur Gegenauffassung).

**16. Keine personenbezogenen Daten.** Durch die Auflösung des Personenbezugs bestehen gegen die längerfristige Aufbewahrung der verbleibenden rein statistischen Daten keine durchgreifenden Bedenken. Arbeitgeber wie Betriebsrat bedürfen einer solchen Tabelle, um die Wirksamkeit der Überwachungsmaßnahmen auch vor dem Hintergrund ihrer Verhältnismäßigkeit evaluieren und ggf. Änderungen vornehmen zu können (arg. §§ 75 Abs. 1 und Abs. 2, 80 Abs. 1 Nr. 1 BetrVG).

**17. Daten der Torpassage.** Da die Verwendung des Werksausweises in dem Zusammenhang auf die Funktionalität der zufallsbezogenen Torkontrolle beschränkt ist, besteht kein billigenswertes Interesse des Arbeitgebers daran, die Daten zur Passage des Werkstors für längere Zeit zu speichern. Eine sofortige Löschung ist gleichwohl nicht zu empfehlen, um denkbare Auseinandersetzungen über die Frage, ob der Mitarbeiter den Werksausweis ordnungsgemäß an das Lesegerät gehalten hat oder nicht, problemlos durch Auslesen der Daten zur Torpassage klären zu können. Weitere Verwendungszwecke des Mitarbeiterausweises wären entsprechend zu regeln. § 5 Abs. 3 der vorgeschlagenen Betriebsvereinbarung wäre dann anzupassen.

**18. Vertraulichkeitsverpflichtung.** Musterformulierung unter → Form. C. VII.1 oder → Form. C. VII.6, je nachdem, ob es sich um Angestellte oder um freie Mitarbeiter handelt. Ist das Kontrollpersonal bei einem Dienstleister angestellt, handelt es sich um Auftragsverarbeitung (→ Form. G).

**19. Kündigungsfrist.** Ohne explizite Regelung beträgt die Kündigungsfrist drei Monate zu jedem denkbaren Beendigungstermin, § 77 Abs. 5 BetrVG.

**20. Nachwirkung.** Obwohl die Vereinbarung der Nachwirkung angesichts der zwingenden Mitbestimmung nach § 87 Abs. 1 Nr. 1 BetrVG an sich entbehrlich wäre (§§ 77 Abs. 6, 87 Abs. 2 BetrVG), ist sie zum Zwecke der Klarstellung ratsam. Denn sobald die Betriebsvereinbarung sowohl mitbestimmungspflichtige als auch nicht mitbestimmungspflichtige Aspekte regelt, ist anderenfalls fraglich und streitanfällig, ob und inwieweit Nachwirkung nach § 77 Abs. 6 BetrVG besteht. Zu dieser Schwierigkeit sog. teilmitbestimmter Betriebsvereinbarungen s. ErfK/Kania BetrVG § 77 Rn. 108 ff. mit zahlreichen weiteren Nachweisen, auch zu der Entwicklung in der Rechtsprechung.

**21. Muster für Protokoll.** Das als Anlage zu der Betriebsvereinbarung und in deren § 2 Abs. 5 angesprochene Muster eines Kontrollprotokolls nimmt inhaltlich Bezug auf die Betriebsvereinbarung und ist im Falle abweichender Regelung anzupassen.

## V. Detektiveinsatz gegen Beschäftigte

Das deutsche Arbeitsrecht ist weitgehend als Arbeitnehmerschutzrecht ausgestaltet. Abgesehen vom materiellrechtlichen Inhalt zahlreicher Normen zeigt sich dies am prozessualen Beweisrecht, vor allem an der Beweislastverteilung. Jedenfalls bei Anwendbarkeit des Kündigungsschutzgesetzes, also nach Ablauf von sechs Monaten im Arbeitsverhältnis und außerhalb des Kleinbetriebs (§§ 1, 23 KSchG), trägt der Arbeitgeber die **Beweislast für die soziale Rechtfertigung der ordentlichen Kündigung,** also zB für vertragsbrüchiges oder aus anderem Grunde rechtswidriges Verhalten des Mitarbeiters, wenn der Arbeitgeber aus einem im Verhalten des Mitarbeiters liegenden Grund iSd § 1 Abs. 2 KSchG gekündigt hat. Erst recht hat der Arbeitgeber nach allgemeinen Regeln den wichtigen Grund iSd § 626 Abs. 1 BGB im Fall der außerordentlichen Kündigung zu beweisen. Auch in Streitigkeiten über Entgeltfortzahlungsansprüche kann der Arbeitgeber in **Beweisnot** geraten. Zu denken ist an Situationen, in denen der Arbeitgeber dem Mitarbeiter eine verbotene Neben- oder gar Konkurrenztätigkeit während des Erholungsurlaubs oder genesungswidriges Verhalten während einer Krankschreibung vorwirft oder in denen er als Arbeitgeber die Krankschreibung als solche anzweifelt.

Vermutet der Arbeitgeber vorwerfbares Fehlverhalten des Mitarbeiters, fällt es ihm oftmals schwer, den Sachverhalt vollständig aufzuklären und erst recht die Umstände so gut zu dokumentieren, dass er in der gerichtlichen Auseinandersetzung notfalls den Vollbeweis erbringen kann. Für einige Sonderfälle hat sich zwar das Institut der **Verdachtskündigung** entwickelt, welches dem Arbeitgeber ermöglicht, jedenfalls im Falle des dringenden, auf objektive Umstände gestützten Verdachts einer Straftat oder anderen schwerwiegenden Pflichtverletzung ohne Nachweis der Tat das Arbeitsverhältnis durch Kündigung zu beenden (s. etwa ErfK/Niemann BGB § 626 Rn. 173ff. mwN). Doch zum einen ist diese Hürde hoch, zum anderen besteht keine vergleichbare Hilfestellung für den Arbeitgeber, wenn es nicht um eine Kündigung, sondern „nur" um Fragen der Entgeltfortzahlung, des Schadensersatzes oder des Unterlassungsanspruchs geht.

Sofern sich der Arbeitgeber nicht staatlicher Ermittlungsbehörden bedienen kann – was den Anfangsverdacht einer Straftat voraussetzt – ist er darauf angewiesen, den wahren Sachverhalt auf eigene Faust zu erforschen. Hierzu kann er den betroffenen Mitarbeiter selbst, andere Mitarbeiter oder geeignete Betriebsfremde **befragen oder eigene Beobachtungen anstellen.** Manche Fälle lassen sich durch stationäre oder betriebliche Überwachungseinrichtungen (Videoüberwachung, Taschenkontrollen oÄ; → Form. H. III. bzw. → Form. H. IV.) klären. Vielfach aber wird allenfalls eine **gezielte Beobachtung des Mitarbeiters außerhalb des Betriebs** Klarheit liefern können. Will oder kann der Arbeitgeber in einem solchen Fall die Beobachtungen nicht selbst durchführen und/oder strebt er an, in der Auseinandersetzung einen fremden Dritten als Zeugen benennen zu können, so bietet sich der **Einsatz eines Detektivs** an.

Notwendig kann der Detektiveinsatz etwa erscheinen, weil zufällige Beobachtungen durch andere Dritte in der Regel auf einen kurzen Augenblick beschränkt sind und dem Mitarbeiter die Möglichkeit eröffnen, sich gegen den Vorwurf der Pflichtverletzung relativ einfach zu verteidigen, etwa durch den Hinweis, er habe keineswegs auf einer fremden Baustelle entgeltlich gearbeitet, sondern nur einem Freund kurz auf dessen Grundstück geholfen. Der Detektiveinsatz ermöglicht die **Dokumentation** der Tätigkeiten des potenziell vertragsbrüchigen Mitarbeiters über einen längeren Zeitraum – seien es einige Stunden oder mehrere Tage – und durch einen auf das Beobachten und Dokumentieren spezialisierten Fachmann. Er mag deshalb verlockend erscheinen.

Auf der anderen Seite tangiert die Beobachtung eines Menschen über einen längeren Zeitraum und jedenfalls teilweise während dessen Freizeit gravierend das durch Art. 2 Abs. 1, Art. 1 Abs. 1 GG geschützte **Persönlichkeitsrecht des Beobachteten.** Zudem können weitere Personen von der Beobachtung betroffen sein, etwa Ehepartner und andere Familienmitglieder. Werden die Beobachtungen des Detektivs durch Fotos oder gar Filmaufnahmen belegt und dauerhaft festgehalten und jedenfalls potenziell einer Vielzahl von Personen zugänglich, ist der **Eingriff in die Privat- und Persönlichkeitssphäre** umso gravierender. Das BAG hat das von einem Detektiv aufgenommene Bild als personenbezogenes Datum iSd § 3 Abs. 1 BDSG aF und Art. 2 lit. a DSRL anerkannt (BAG 19.2.2015 – 8 AZR 1007/13, NZA 2015, 994, bestätigend LAG Düsseldorf 26.4.2023 – 12 Sa 18/23, NZA-RR 2023, 578) und kann sich dabei auf die Rechtsprechung des EuGH stützen (EuGH 11.12.2014 – C 212/13, NJW 2015, 463). Für gerechtfertigt hält das BAG den Detektiveinsatz potenziell dann, wenn **konkrete Tatsachen den Verdacht rechtfertigen, dass der Mitarbeiter eine Straftat begangen hat bzw. begeht.** Geht es um die Frage der **krankheitsbedingten Arbeitsunfähigkeit,** müssen angesichts ihres hohen Beweiswertes zumindest **begründete Zweifel an der Richtigkeit einer ärztlichen Arbeitsunfähigkeitsbescheinigung** bestehen (BAG 19.2.2015 – 8 AZR 1007/13, NZA 2015, 994; LAG Düsseldorf 26.4.2023 – 12 Sa 18/23, NZA-RR 2023, 578). In ausdrücklicher Ablehnung der entgegengesetzten Auffassung der Vorinstanz (LAG Baden-Württemberg) hat das BAG ausdrücklich klargestellt, dass Detektiveinsätze nicht nur zur Aufdeckung von Straftaten, sondern auch von anderen schwerwiegenden Pflichtverletzungen zulässig sein können (BAG 29.6.2017 – 2 AZR 597/16, NJW 2017, 2853).

Der Arbeitgeber darf also nicht aufs Geratewohl oder auf einen kaum belegbaren Verdacht hin durch Detektiveinsatz ermitteln. Selbst wenn im Einzelfall die erforderlichen konkreten Tatsachen oder begründeten Zweifel bestehen (die der Arbeitgeber im Falle einer Auseinandersetzung um die Rechtmäßigkeit des Detektiveinsatzes nach allgemeinen Regeln vorzutragen und im Streitfall zu beweisen hat), unterliegen die Einzelheiten des Detektiveinsatzes ergänzend einer weiteren **Rechtfertigungs- und Verhältnismäßigkeitsprüfung** (BAG 19.2.2015 – 8 AZR 1007/13, NZA 2015, 994 (997); instruktiv Eylert NZA-Beil. 2015, 100 (insbes. 104 ff.) und Thüsing/Rombey NZA 2018, 1105 (1108 ff.)). Auch begründete Zweifel rechtfertigen also stets und allenfalls **nur das für den Aufklärungszweck notwendige Maß der Einschränkung der Privatsphäre** des Mitarbeiters (hierzu insbes. EuGH 11.12.2014 – C 212/13, NJW 2015, 463 Rn. 28 mwN). Beobachtungen in oder gar Aufzeichnungen aus dessen Privaträumen dürften wegen des betroffenen **Kernbereichs des Grundrechtsschutzes** nach Art. 1 Abs. 1, Art. 2 Abs. 1 GG stets ausgeschlossen sein (vgl. etwa LAG Hamm 8.3.2007 – 17 Sa 1604/06, BeckRS 2007, 44885). An diesen Kriterien wird man auch im Lichte der aktuellen Rechtsprechung des EGMR zur Videoüberwachung festhalten können, die ergänzend das in Art. 8 EMRK verankerte Menschenrecht auf Achtung des Privatlebens als Prüfungsmaßstab betont

(EGMR (GK) 17.10.2019 – 1874/13, 8567/13, NZA 2019, 1697 – López Ribalda u. a./Spanien).

Ein **allgemeines Beweisverwertungsverbot** kennt das arbeitsgerichtliche Prozessrecht für rechtswidrig erlangte Beweismittel nicht. Aber obwohl in der Rechtsprechung anerkannt ist, dass Beweismittel, die unter Verstoß gegen das allgemeine Persönlichkeitsrecht eines Betroffenen erlangt worden sind, im Zivilprozess nicht ohne weiteres verwertet werden dürfen (BVerfG 13.2.2007 – 1 BvR 421/05, NJW 2007, 753 (757f.); BAG 23.8.2018 – 2 AZR 133/18, NZA 2018, 1329 Rn. 14; BAG 20.6.2013 – 2 AZR 546/12, NZA 2014, 143; 27.3.2003 – 2 AZR 51/02, NZA 2003, 1193; LAG Niedersachsen 6.7.2022 – 8 Sa 1148/20, NZA-RR 2022, 632 Rn. 56ff.; ErfK/Schmidt GG Art. 2 Rn. 74), lassen die Instanzgerichte wie auch das Bundesarbeitsgericht die Beweisführung doch in zahlreichen Fällen zu (BAG 29.6.2023 – 2 AZR 296/22, NZA 2023, 1105 LS 3 und Rn. 31ff.; BAG 23.8.2018 – 2 AZR 133/18, ZIP 2018, 2131 (2132ff.); BAG 31.1.2019 – 2 AZR 426/18, NZA 2019, 893 (898ff.); BAG 28.3.2019 – 8 AZR 421/17, NZA 2019, 1212 (1215); LAG Rheinland-Pfalz 17.8.2021 – 8 Sa 44/21, BeckRS 2021, 45645; LAG Rheinland-Pfalz 25.10.2017 – 7 Sa 407/16, ZD 2018, 325 (327ff.); LAG Rheinland-Pfalz 11.4.2019 – 5 Sa 371/18, BeckRS 2019, 9430). Den Entscheidungen liegt als Maßstab die Auffassung des BAG (16.12.2010 – 2 AZR 485/08, NZA 2011, 571 (573f.)) zugrunde, nach der ein Verwertungsverbot betreffend datenschutzwidrig erlangte Informationen nur dann besteht, wenn die gerichtliche Verwertung des Beweismittels als solche in eine verfassungsrechtlich garantierte Rechtsposition eines Verfahrensbeteiligten eingreift oder einen solchen Eingriff perpetuiert (so auch Grau/Seidensticker EWiR 2019, 571 (572)). Denn „Datenschutz ist kein Tatenschutz“ (so plakativ zuletzt BAG 29.6.2023 – 2 AZR 296/22, NZA 2023, 1105 LS 3 und Rn. 32). Besteht im Einzelfall ein Beweisverwertungsverbot, so umfasst es allerdings auch eine mittelbare Verwertung wie die Vernehmung von Zeugen über den Inhalt des Beweismittels (BVerfG 31.7.2001 – 1 BvR 304/01, NZA 2002, 284; BAG 20.10.2016 – 2 AZR 395/15, NZA 2017, 443; LAG Niedersachen 6.7.2022 – 8 Sa 1148/20, NZA-RR 2022, 632 Rn. 63).

Doch selbst wenn im Einzelfall ein Beweisverwertungsverbot eingreifen sollte, sieht sich der Mitarbeiter – einmal mit den Behauptungen konfrontiert – in einem wahrhaftigen **Dilemma:** Bestreitet er wahrheitswidrig die Behauptungen des Arbeitgebers, begibt er sich in Gefahr, strafbaren Prozessbetrug (oder dessen ebenfalls strafbaren Versuch) zu begehen. Denn er unterliegt der Wahrheitspflicht. Bestreitet er andererseits die Behauptungen nicht, gelten die vom Arbeitgeber vorgetragenen Tatsachen als zugestanden und sind dem Urteil zugrunde zu legen, selbst wenn der Arbeitgeber nur auf unzulässigem Wege von den vorgetragenen Tatsachen Kenntnis erlangt haben mag. Um dem Betroffenen in einem solchen Fall zu helfen, werden **Tatsachenverwertungsverbote** betreffend die mittels rechtswidriger Überwachung ermittelten Umstände **diskutiert** und in besonderen Fälle für möglich gehalten (BAG 20.10.2016 – 2 AZR 395/15, NZA 2017, 443 Rn. 20; eingehend, wenngleich im konkreten Fall betreffend eine Betriebsvereinbarung zur Videoüberwachung ablehnend bereits BAG 13.12.2007 – 2 AZR 537/06, NZA 2008, 1008; zur Entwicklung der Rechtsprechung anschaulich Fuhlrott, NZA 2023, 1073 (1074)).

Die Rechtsprechung des BAG tendiert sehr stark zur zivilprozessualen Verwertbarkeit auch solcher Beweismittel, die die beweisführende Prozesspartei unter Verstoß gegen das Datenschutzrecht oder etwa das Betriebsverfassungsrecht erlangt hat. Seit neuestem stützt das BAG seine verwertungsfreundliche Linie nicht mehr – wie bisher – auf § 26 Abs. 1 BDSG, sondern ohne ausdrückliche Abwendung von seiner bisherigen Argumentation nunmehr betreffend die der Entscheidung zugrundeliegende unterlassene Löschung auf Art. 17 Abs. 3 Buchst. e DS-GVO sowie allgemeiner auf Art. 6 Abs. 1 S. 1 lit. e iVm Abs. 3 und 4 iVm Art. 23 Abs. 1 lit. f und j DS-GVO iVm § 3 BDSG (BAG 29.6.2023 – 2 AZR 296/22, NZA 2023, 1105 Rn. 26). Fuhlrott führt diesen Schwenk – wohl zu Recht – auf eine Entscheidung des EuGH zurück, die betreffend die mit § 26 BDSG im Prinzip identische Regelung in § 23 Abs. 1 des Hessischen Datenschutz- und Informationsfreiheitsgesetzes nahelegt, sie verstoße gegen Unionsrecht (EuGH 30.3.2023 – C-34/21, NZA 2023, 487; Fuhlrott NZA 2023, 1073 (1077)).

Mit seiner neuen Argumentationsbasis beugt das BAG also einer Verwerfung seiner langjährigen Rechtsprechungslinie durch den EuGH vor. Sehr eingehend leitet das BAG in seiner Entscheidung her, dass es sich bei der Verarbeitung der Daten im Rahmen der prozessualen Beweiserhebung um die Wahrnehmung einer im öffentlichen Interesse liegenden Aufgabe iSv Art. 6 Abs. 1 S. 1 lit. e DS-GVO handele. Als die nach Art. 6 Abs. 3 S. 1 lit. b DS-GVO erforderlichen nationalen Rechtsgrundlagen für die Verarbeitung zu diesem Zweck dienten die einschlägigen Beweisregeln der ZPO. Dass die Daten nicht von vornherein zu diesem Zweck erhoben worden sind (worüber man im Falle einer arbeitgeberseitigen Überwachung im Einzelfall sogar mag streiten können), schade nicht, weil die Zweckänderung eine notwendige und verhältnismäßige Maßnahme zum Schutz der in Art. 23 DS-GVO geregelten Ziele wie dem Schutz der Unabhängigkeit der Justiz und dem Schutz von Gerichtsverfahren sowie der Durchsetzung zivilrechtlicher Ansprüche (Art. 23 Abs. 1 lit. j DS-GVO) darstelle und deshalb von Art. 6 Abs. 4 DS-GVO gedeckt sei (BAG 29.6.2023 – 2 AZR 296/22, NZA 2023, 1105 Rn. 24 f.). Die Verarbeitung nach einer solchen Zweckänderung sei nicht einmal dadurch ausgeschlossen, dass die ursprüngliche Datenerhebung ggf. rechtswidrig gewesen sei. Vorsichtshalber beruft sich das BAG ergänzend ausdrücklich darauf, dass auch der EuGH klargestellt habe, dass das Recht auf Schutz personenbezogener Daten nicht uneingeschränkt besteht, sondern unter Wahrung der Verhältnismäßigkeit gegen andere Grundrechte abgewogen werden müsse (BAG 29.6.2023 – 2 AZR 296/22, NZA 2023, 1105 Rn. 26). Gewiss wird man einen Detektiveinsatz im Einzelfall auch mit Art. 6 Abs. 1 S. 1 lit. f DS-GVO (Wahrnehmung berechtigter Interessen) rechtfertigen können.

Der (unbedachte) Detektiveinsatz ist dennoch vor allem für den Arbeitgeber risikobehaftet. Nicht nur sind Verstöße gegen das Datenschutzrecht bußgeld- und ggf. sogar strafbewehrt. Vielmehr gesteht Art. 82 Abs. 1 DS-GVO dem rechtswidrig beobachteten Mitarbeiter gegen den Arbeitgeber sogar einen Schadensersatzanspruch zu (s. auch LAG Düsseldorf 26.4.2023 – 12 Sa 18/23, abrufbar unter https://www.lag-duesseldorf.nrw.de/beh_static/entscheidungen/entscheidungen/sa/0018–23.pdf). Das BAG hatte einen solchen Anspruch bereits vor Inkrafttreten der DS-GVO aus § 823 Abs. 1 BGB iVm Art. 2 Abs. 1 und Art. 1 Abs. 1 GG, Art. 8 Abs. 1 EMRK und §§ 3, 7, 32 Abs. 1 BDSG aF abgeleitet (BAG 19.2.2015 – 8 AZR 1007/13, NZA 2015, 994). Auch der dem Grunde nach denkbare, von der Rechtsprechung aber nur unter besonderen Voraussetzungen anerkannte Ersatz der **Detektivkosten** (denkbare Anspruchsgrundlagen sind insbesondere § 280 BGB und § 823 BGB) durch den Mitarbeiter setzt nicht nur voraus, dass dieser tatsächlich des vorgeworfenen Verhaltens überführt wurde, sondern auch, dass der Detektiveinsatz rechtmäßig war (s. etwa BAG 28.10.2010 – 8 AZR 547/09, NZA-RR, 2011, 231; BAG 26.9.2013 – 8 AZR 1026/12, NZA 2014, 301). Schließlich drohen jedenfalls für gravierende Eingriffe in das Persönlichkeitsrecht des überwachten Mitarbeiters Beweis- oder gar Tatsachenverwertungsverbote und damit die arbeitsrechtliche Nutzlosigkeit des Detektiveinsatzes.

Der Regierungsentwurf für ein Gesetz zur Regelung des Beschäftigtendatenschutzes vom 25.8.2010 (abzurufen unter https://www.bmi.bund.de/SharedDocs/downloads/DE/gesetzestexte/gesetzesentwuerfe/Entwurf_Beschaeftigtendatenschutz.html) sah in seinem § 32e (Datenerhebung ohne Kenntnis des Beschäftigten zur Aufdeckung und Verhinderung von Straftaten und anderen schwerwiegenden Pflichtverletzungen im Beschäftigungsverhältnis) konkretisierende Kriterien für die Zulässigkeit einer heimlichen Datenerhebung vor, worunter auch die Beobachtung durch einen Privatdetektiv zählen sollte (siehe auch Begründung für den Gesetzentwurf zu § 32e Abs. 3 (S. 19)). Die letzte Bundesregierung (Ampelkoalition) hatte in ihrem Koalitionsvertrag (abzurufen etwa unter https://www.spd.de/fileadmin/Dokumente/Koalitionsvertrag/Koalitionsvertrag_2021-2025.pdf; S. 14) angekündigt, Regelungen zum Beschäftigtendatenschutz schaffen zu wollen, um Rechtsklarheit für Arbeitgeber sowie Beschäftigte zu erreichen und die Persönlichkeitsrechte effektiv zu schützen. In ihrer Digitalstrategie vom 30.8.2023 hatte die Regierung dies dahin ergänzt, dass sie dafür „von den Öffnungsklauseln der DSGVO Gebrauch machen" werde (Fortschritt durch Datennutzung – Strategie für mehr und bessere Daten für neue, effektive und zukunftsweisende Datennutzung, abzurufen unter https://www.bmi.bund.de/SharedDocs/downloads/DE/veroeffentlichungen/2023/datenstrategie.html; S. 21). Zum Erlass eines Beschäftigtendatenschutzgesetzes ist es bis zu den Neuwahlen zum Bundestag im Februar 2025 jedoch nicht mehr gekommen. Ob und mit welcher Priorität die neue Regierung das Thema aufgreift, ist derzeit (März 2025) unbekannt und bleibt also abzuwarten. Ohnehin erscheint zweifelhaft, ob Erlaubnistatbestände aus einer solchen nationalen Regelung europarechtskonform sein können (siehe EuGH 30.3.2023 – C-34/21, NZA 2023, 487; dazu schon oben).

Konkretisierungen wären wünschenswert. Inhaltlich wird sich vermutlich auch durch ein Beschäftigtendatenschutzgesetz nichts daran ändern, dass der Einsatz von Detektiven gegen Mitarbeiter zulässig sein kann, aber die absolute Ausnahme darstellen sollte (ultima ratio). Gerade weil er nicht zum alltäglichen Repertoire des Arbeitgebers zählt, sondern außergewöhnlich ist und **einzelfallbezogen** erfolgt, dürfte es sich nur für die wenigsten Unternehmen anbieten, eine allgemeine Regelung – etwa in Form einer Betriebsvereinbarung – zu schaffen. Um den entscheidungsbefugten Mitarbeitern, etwa in der Personalabteilung, gleichwohl eine möglichst konkrete Richtschnur für die Vorgehensweise in derartigen Ausnahmefällen an die Hand zu geben, bietet sich die Erarbeitung einer Checkliste nach folgendem Muster an:

### Checkliste zum Einsatz von Detektiven gegen Mitarbeiter

#### § 1 Verdacht der rechtswidrigen Handlung eines Mitarbeiters[1]

- **Besteht der Verdacht, dass ein Mitarbeiter rechtswidrige Handlungen begeht, die zu Ansprüchen oder anderen Rechtspositionen des Arbeitgebers führen könnten?[2]**
- **In Betracht kommen insbesondere Ansprüche auf Unterlassung oder Schadensersatz sowie das Recht, eine Ermahnung, Abmahnung oder Kündigung auszuspre-**

chen oder Zahlungen wie zB die Lohn- oder Lohnfortzahlung zu verweigern oder zu kürzen.

§ 2 Rechtfertigung des Verdachts durch konkrete Tatsachen

- Rechtfertigen konkrete Tatsachen diesen Verdacht?[3]
- Soweit es um das Infragestellen einer ärztlichen Arbeitsunfähigkeitsbescheinigung geht: Bestehen begründete Zweifel an deren Richtigkeit?[4]
- Soweit konkrete Tatsachen nicht vorliegen: Lassen sich solche konkreten Tatsachen anders als durch den Detektiveinsatz ermitteln? Als Alternativen kommen ua Taschenkontrollen, die Befragung des Mitarbeiters oder die Befragung von Zeugen in Betracht.

§ 3 Beweisbarkeit der konkreten Tatsachen

- Lassen sich die konkreten Tatsachen, die den Verdacht rechtfertigen, erforderlichenfalls beweisen?[5]
- Falls nein: Wie lässt sich eine etwaige Beweisführung sichern?

§ 4 Geeignetheit des Detektiveinsatzes

- Ist der beabsichtigte Detektiveinsatz geeignet, den konkreten Verdacht erhärten oder entkräften zu können?[6] Vermag er insbesondere ohne das Eindringen in die Privaträume oder das Ausspähen der Privaträume des Mitarbeiters oder fremder Dritter die erforderlichen Tatsachen zu ermitteln?[7]
- Weisen die Tatsachen, die der Detektiv ermitteln könnte, insbesondere eindeutig auf eine rechtswidrige Handlung hin oder könnten sie auch im Rahmen rechtmäßigen Tuns auftreten? Nur im ersten Fall kann der Detektiveinsatz im rechtlichen Sinne „geeignet" sein.[8]

§ 5 Verhältnismäßigkeit des Detektiveinsatzes

- Ist der beabsichtigte Detektiveinsatz im engeren Sinne verhältnismäßig, ist also der vorgeworfene Verstoß gegen die Rechtsordnung so gravierend, dass er die konkret beabsichtigten Ermittlungsmethoden und die dabei notwendigerweise eintretende Beeinträchtigung der Persönlichkeitsrechte des Mitarbeiters und ggf. unbeteiligter Dritter rechtfertigen kann?[9]
- Steht insbesondere ein milderes, den Betroffenen weniger belastendes Mittel zur Ermittlung des Sachverhalts zu Verfügung?[10]
- Ist dafür Sorge getragen, dass der Detektiveinsatz so rasch wie möglich abgebrochen wird, sobald er taugliche Beweismittel zu Tage gefördert hat?[11]

§ 6 Prüfung des Datenschutzes

- Ist insbesondere die durch den Detektiveinsatz erfolgende Datenerhebung im Rahmen der Sachverhaltsermittlung konkret erforderlich oder kann auf die Erhebung bestimmter Daten oder die Verwendung bestimmter Erhebungsmethoden (zB Filmaufnahmen) verzichtet werden?[12]
- Ist die Datenspeicherung im Rahmen der Kontrollen konkret erforderlich oder kann auf die Speicherung bestimmter Daten verzichtet werden?
- Ist die Dauer der Datenspeicherung im Rahmen der Kontrollen konkret erforderlich oder können zumindest bestimmte Daten früher gelöscht werden?

– Werden die Daten ausreichend vertraulich und ausreichend gegen den unbefugten Zugriff Dritter geschützt aufbewahrt bzw. gespeichert?[13]

§ 7 Prüfung der Mitbestimmungsrechte

– Besteht ein zwingendes Mitbestimmungsrecht des Betriebsrats bzw. des Personalrats in sozialen Angelegenheiten?[14]
– Besteht ausnahmsweise ein zwingendes Mitbestimmungsrecht des Betriebsrats bzw. des Personalrats in personellen Angelegenheiten?[15]

§ 8 Interne Entscheidungsbefugnisse

– Wurde der Datenschutzbeauftragte hinzugezogen und hat er ggf. Bedenken gegen den beabsichtigten Detektiveinsatz erhoben?[16]
– Wurden Geschäftsleitung/Rechtsabteilung/externe Rechtsberater[17] in die Beauftragung der Detektei einbezogen und befürworten diese den beabsichtigten Auftrag?

## Anmerkungen

**1. Adressat.** Die Checkliste sollte der Arbeitgeber in Zusammenarbeit mit dem Datenschutzbeauftragten sowie ggf. dem Betriebsrat (obwohl dieser keinen Anspruch auf Mitbestimmung haben dürfte, → Anm. 14) erarbeiten und denjenigen Personen zur jederzeitigen Verwendung an die Hand geben, die mit der Frage eines Detektiveinsatzes konfrontiert sein könnten, also typischerweise denjenigen Mitarbeitern, die Entscheidungen über Kündigungen und andere arbeitsrechtliche Maßnahmen zu treffen oder zumindest vorzubereiten haben. Wer das im Einzelnen ist, ist in jedem Unternehmen anders zu beantworten. In diesem Personenkreis sollte wegen der komplexen Anforderungen an einen rechtmäßigen Detektiveinsatz und der nicht unerheblichen Rechtsfolgen für den Fall eines rechtswidrigen Einsatzes ein klares Bewusstsein für die Problematik der Materie erzeugt werden.

**2. Verdacht der fortgesetzten rechtswidrigen Handlung.** Der Detektiveinsatz kann nur gerechtfertigt sein, wenn der Arbeitgeber den Verdacht hegt, dass der Mitarbeiter rechtswidrig handelt und dies fortsetzen wird. Fehlt es an diesem Rechtswidrigkeitsverdacht, besteht kein Aufklärungsinteresse des Arbeitgebers (BAG 19.2.2015 – 8 AZR 1007/13, NZA 2015, 994 (997)), sodass der Detektiveinsatz in solchen Fällen immer gegen das durch Art. 2 Abs. 1, Art. 1 Abs. 1 GG geschützte allgemeine Persönlichkeitsrecht des Mitarbeiters verstoßen und seinerseits rechtswidrig sein wird. Fehlt es an der fortgesetzten Handlung – oder jedenfalls dem diesbezüglichen Verdacht – so wird der Detektiveinsatz für gewöhnlich keine neuen Erkenntnisse versprechen, da er nur künftige Geschehnisse aufdecken kann. Er wäre dann nicht geeignet und folglich nicht verhältnismäßig iSd § 26 Abs. 1 S. 2 BSDG (der nahezu wörtlich dem früheren § 32 Abs. 1 S. 2 BDSG aF entspricht). Nach den Kriterien des Art. 6 Abs. 1 S. 1 lit. f DS-GVO überwiegt in einem solchen Fall wohl das Interesse des betroffenen Mitarbeiters die berechtigten Interessen des Arbeitgebers. Aufklärungsmethoden wie das Durchstöbern privater Unterlagen des Mitarbeiters, ggf. sogar in dessen Privaträumen, sind per se und unter den allgemeinen Voraussetzungen den staatlichen Ermittlungsbehörden vorbehalten, da der Detektiv anderenfalls unbefugt in fremde Räume eindringen müsste (was mindestens nach § 123 StGB strafbar wäre).

**3. Konkreter Verdacht als Mindestvoraussetzung.** Die Rechtsprechung verlangt zur Rechtfertigung des mit dem Detektiveinsatz verbundenen Eingriffs in das Allgemeine Persönlichkeitsrecht des Mitarbeiters konkrete Tatsachen, die den gegen den Mitarbeiter gehegten Verdacht bzw. die gegen ein ärztliches Arbeitsunfähigkeitsattest gerichteten Zweifel nähren. Ein bloß allgemeiner Verdacht genügt nicht (→ Vorb.).

**4. Begründete Zweifel gegen Richtigkeit eines ärztlichen Attests.** Geht es dem Arbeitgeber darum, die Fehlerhaftigkeit eines ärztlichen Arbeitsunfähigkeitsattests nachzuweisen, so ist der Detektiveinsatz nur bei „begründeten Zweifeln" gerechtfertigt (BAG 19.2.2015 – 8 AZR 1007/13, NZA 2015, 994 (997)). Die Anforderungen entsprechen denen an die „konkreten Tatsachen" betreffend denkbare Rechtsverstöße des Mitarbeiters (so bereits → Anm. 3 sowie → Vorb.).

**5. Beweisbarkeit der Verdachtstatsachen.** Nach der Rechtsprechung müssen konkrete Tatsachen den bestehenden Verdacht gegen den Mitarbeiter rechtfertigen, damit der Detektiveinsatz rechtmäßig sein kann (näheres → Vorb.). Um sich nicht selbst dem Vorwurf rechtswidrigen Handelns und außerdem der Gefahr der Nichtverwertbarkeit der durch den Detektiveinsatz beschafften Beweise auszusetzen, wird der Arbeitgeber dafür Sorge tragen müssen, die den Verdacht rechtfertigenden Tatsachen in der streitigen Auseinandersetzung konkret erläutern und vortragen und im Bestreitensfalle auch beweisen zu können.

**6. Geeignetheit des Detektiveinsatzes.** Selbst der auf konkrete Tatsachen gestützte Verdacht rechtswidrigen Handelns reicht nicht ohne weiteres, um nach § 26 Abs. 1 S. 2 BDSG oder Art. 6 Abs. 1 S. 1 lit. f DS-GVO einen Detektiveinsatz zu rechtfertigen. Vielmehr muss der Einsatz allgemeinen Rechtmäßigkeits- sowie Verhältnismäßigkeitskriterien entsprechen. Darauf weist zu Recht das BAG hin (etwa in BAG 19.2.2015 – 8 AZR 1007/13, NZA 2015, 994 (996 f.), noch zum insoweit identischen § 32 BDSG aF). Zur Verhältnismäßigkeit zählt nach allgemeinen Maßstäben zunächst, dass das gewählte Mittel grundsätzlich geeignet ist, das erstrebte Ziel erreichen zu können (BAG 14.12.2004 – 1 ABR 34/03, NJOZ 2005, 2708 (2711)). Das wird man ebenso unter Geltung der DS-GVO verlangen; der Maßstab des Art. 6 Abs. 1 S. 1 lit. f DS-GVO ist anders formuliert, weicht inhaltlich aber wohl nicht ab. Konkret muss es möglich sein, den Mitarbeiter bei seinem (vermuteten) rechtswidrigen Tun außerhalb der Betriebsräume zu beobachten, ohne dass der Detektiv seinerseits Rechte verletzt. Beispielsweise werden sich abfällige Bemerkungen, die ein Mitarbeiter daheim über seinen Arbeitgeber verbreitet, durch detektivische Beobachtung im öffentlich zugänglichen Raum schlicht nicht feststellen lassen.

**7. Beobachtung faktisch nur im öffentlich zugänglichen Raum.** Dieser Satz ergänzt den vorangehenden Satz, indem er betont, dass der Detektiveinsatz im rechtlichen Sinne nur geeignet sein kann, wenn er die Unverletzlichkeit der Wohnung nicht angreift. Die Checkliste sollte deshalb den Adressaten ausdrücklich daran erinnern, dass der Detektiv Privaträume des Mitarbeiters oder Dritter nicht betreten und den Mitarbeiter – sowie erst recht unbeteiligte Dritte – auch nicht in Privaträumen beobachten darf. § 201a Abs. 1 Nr. 1 StGB stellt es ausdrücklich unter Strafe, von einer anderen Person, die sich in einer Wohnung oder einem gegen Einblick besonders geschützten Raum befindet, unbefugt eine Bildaufnahme herzustellen und dadurch den höchstpersönlichen Lebensbereich der abgebildeten Person zu verletzen. Zu den besonders geschützten Räumen im Sinne dieser Vorschrift zählt etwa eine öffentliche Toilettenanlage; bereits für eine öffentliche Sauna ist das zweifelhaft (jeweils verneinend für die große Saunalandschaft eines Schwimmbads OLG Koblenz 11.11.2008 – 1 Ws 535/08, NStZ 2009, 268, für den Vorraum einer öffentlichen Damentoilette LG Stuttgart 13.2.2023 – 5 Qs 8/23, BeckRS 2023, 1925).

**8. Ambivalenz potenzieller Ermittlungsergebnisse.** Zur Geeignetheitsprüfung zählt auch, kritisch zu hinterfragen, ob eine unterstellte Feststellung Beleg oder zumindest aussagekräftiges Indiz für die Rechtswidrigkeit des Handelns des Mitarbeiters sein kann oder ob denkbare Feststellungen letztlich ambivalent und damit als Beweis ungeeignet sein werden. Steht beispielsweise von vornherein fest, dass sich zwar ggf. nachweisen lässt, dass der Mitarbeiter in seiner Freizeit bestimmte Gebäude betritt, nicht aber, was er darin tut, dürfte für die meisten Fälle der Beweis der rechtswidrigen Tat ausscheiden. Dann sollte der Arbeitgeber bereits im Eigeninteresse auf den letztlich nutzlosen Detektiveinsatz verzichten; rechtlich wäre der Einsatz in diesen Fällen unzulässig, weil unverhältnismäßig bzw. vom berechtigten Interesse nicht gedacht.

**9. Verhältnismäßigkeit im engeren Sinne.** § 26 Abs. 1 S. 2 BDSG als Erlaubnisnorm verlangt wortgleich mit dem früheren § 32 Abs. 1 S. 2 BDSG aF, dass der Detektiveinsatz nach „Art und Ausmaß im Hinblick auf den Anlass nicht unverhältnismäßig“ ist, ohne dieses Kriterium der Verhältnismäßigkeit noch näher zu konkretisieren. Nach den allgemeinen und den von § 26 Abs. 1 S. 2 BDSG angeordneten Maßstäben wird die Intensität des durch den Detektiveinsatz ausgelösten Eingriffs in die Rechte des Mitarbeiters (sowie ggf. fremder Dritter) mit der Schwere der Vorwürfe bzw. Verdachtsmomente gegen den Mitarbeiter abzuwägen sein (so inzwischen recht ausdrücklich Art. 6 Abs. 1 S. 1 lit. f DS-GVO; den Begriff der Gesamtabwägung oder Interessenabwägung statt der Verhältnismäßigkeit verwendet aber bereits das LAG Hamm 8.3.2007 – 17 Sa 1604/06, BeckRS 2007, 44885, unter zutreffender Berufung auf BAG 14.12.2004 – 1 ABR 34/03, NJOZ 2005, 2708 (2711)). Inhaltlich ist dasselbe gemeint: Bildlich gesprochen darf der Arbeitgeber nicht mit Kanonen auf Spatzen schießen. Das Beweisführungsinteresse des Arbeitgebers wird dabei als durchaus hoch eingeschätzt, wie bspw. die zitierten Entscheidungen des LAG und des BAG belegen.

**10. Mildestes Mittel.** Zur Verhältnismäßigkeitsprüfung gehört die Frage nach der Erforderlichkeit, also nach denkbaren milderen Mitteln, die wenigstens ebenso gute Erfolge liefern könnten (siehe zB BAG 14.12.2004 – 1 ABR 34/03, NJOZ 2005, 2708 (2711)). Steht dem Arbeitgeber eine Ermittlungsmethode zur Verfügung, die weniger als der Detektiveinsatz in die Rechte des Betroffenen eingreift, so hat er die andere Methode zu wählen. Zu denken ist etwa an die Befragung bereits zur Verfügung stehender Zeugen oder die Konfrontation des beschuldigten Mitarbeiters mit den Vorwürfen. Die Rechtsprechung geht zudem offenkundig in der Tendenz davon aus, dass die Kontrolle am Arbeitsplatz die Rechte des Betroffenen gegenüber der Überwachung der privaten Lebensführung außerhalb des Arbeitsplatzes weniger stark verletzt (siehe etwa LAG Hamm 8.3.2007 – 17 Sa 1604/06, BeckRS 2007, 44885).

**11. Dauer des Detektiveinsatzes.** Unter dem Gesichtspunkt der Verhältnismäßigkeit sollte auch der Aspekt der Dauer der detektivischen Überwachung bedacht werden. Zwar hat das LAG Hamm (8.3.2007 – 17 Sa 1604/06, BeckRS 2007, 44885) im Fall einer auf eine Woche angelegten Überwachung keinerlei Bedenken geäußert, doch hat das BAG die Frage der Dauer jedenfalls kursorisch unter dem Aspekt der Verhältnismäßigkeit ausdrücklich angesprochen (BAG 14.12.2004 – 1 ABR 34/03, NJOZ 2005, 2708 (2712)). Der Arbeitgeber muss daher mit dem Detektiv klare Absprachen etwa über die Häufigkeit und den arbeitgeberseitigen Adressaten von Zwischenberichten treffen. Arbeitgeberseitig muss auch kurzfristig eine Entscheidung über den Abbruch des Detektiveinsatzes sichergestellt sein. Dies erfordert zum einen, dass auf Seiten des Arbeitgebers Know-how und Erfahrung betreffend die Beweisführung (zB im Kündigungsschutzprozess) vorliegen (ggf. infolge anwaltlicher Beratung), und zum anderen, dass der Dienstleistungsvertrag mit dem Detektiv den kurzfristigen Abbruch möglichst bei angemessener Begrenzung der Kosten ermöglicht.

**12. Datensparsamkeit.** Als Ausfluss aus dem allgemeinen Verhältnismäßigkeitsgebot sowie in Achtung des datenschutzrechtlichen Gebots der Datensparsamkeit (Art. 25 DS-GVO) ist jedenfalls dafür Sorge zu tragen, dass nicht mehr Daten erhoben werden als für die angestrebte Beweisführung erforderlich sind. Es genügt beispielsweise zu dokumentieren, dass der Mitarbeiter mehrere Tage in Folge auf einer fremden Baustelle arbeitet. Nicht notwendig ist es, jeden anderen dort tätigen Arbeiter bildlich zu erfassen.

**13. Schutz der Daten vor unberechtigtem Zugriff; Löschung der Daten.** Eine Selbstverständlichkeit sollte es sein, die von der Detektei erhobenen Daten sparsam zu verbreiten, insbesondere vor dem unberechtigten Zugriff (auch betriebsinterner) Unbeteiligter zu schützen und zudem zu löschen, sobald sie nicht mehr benötigt werden. Diesen Grundsatz legt Art. 5 Abs. 1 lit. c DS-GVO unter dem Begriff der Datenminimierung ausdrücklich fest.

**14. Keine Mitbestimmung bei Kontrolle des Leistungsverhaltens.** Ein Mitbestimmungsrecht des Betriebsrats kann sich insbesondere aus § 87 Abs. 1 Nr. 1 BetrVG ergeben, wonach Fragen der Ordnung des Betriebs und des Verhaltens der Arbeitnehmer im Betrieb mitbestimmungspflichtig sind. Geht es also darum, das Ordnungsverhalten des Mitarbeiters zu überwachen, ist der Betriebsrat zwingend und vorab zu beteiligen. Das gilt nach ständiger, wenngleich bisweilen kritisierter Rechtsprechung des BAG nicht, soweit das Leistungsverhalten des Mitarbeiters überwacht werden soll. Kontrolliert der Arbeitgeber also mittels Detektiveinsatzes, ob der Mitarbeiter der arbeitsvertraglich geregelten Arbeitsverpflichtung nachkommt, besteht kein Mitbestimmungsrecht des Betriebsrats (BAG 26.3.1991 – 1 ABR 26/90, NZA 1991, 729 (729f.); BAG 18.11.1999 – 2 AZR 743/98, NZA 2000, 418 (421); LAG Hamm 8.3.2007 – 17 Sa 1604/06 BeckRS 2007, 44885, auch für das Personalvertretungsrecht NRW; GK-BetrVG/Wiese § 87 Rn. 201 mwN auch zur Gegenauffassung; zumindest zweifelnd Fitting/Engels/Schmidt/Trebinger/Linsenmaier BetrVG § 87 Rn. 73f.). Ein Mitbestimmungsrecht – darauf hat das BAG ebenfalls wiederholt hingewiesen (s. nur BAG 26.3.1991 – 1 ABR 26/90, NZA 1991, 729 (730)) – könne auch nicht aus § 87 Abs. 1 Nr. 6 BetrVG folgen, solange keine technischen Einrichtungen für die Kontrolle verwendet werden. Obwohl ein Prozessbeteiligter dies nahegelegt hatte, ist das BAG in derselben Entscheidung auf eine Analogie zu Ziff. 6 nicht mit einem Wort eingegangen.

**15. Mitbestimmung im Falle des eingeschleusten Detektivs.** Bisweilen werden Detektive mit Wissen des Arbeitgebers als Arbeitnehmer in den Betrieb eingeschleust, um so Feststellungen über das Ordnungs- oder Leistungsverhalten einzelner oder mehrerer Mitarbeiter treffen zu können. Dies hält die Rechtsprechung dem Grunde nach für zulässig (zB LAG Hamm 8.3.2007 – 17 Sa 1604/06, BeckRS 2007, 44885). Wird der Detektiv allerdings als Arbeitnehmer – und nicht etwa nur als freier Mitarbeiter oder als Kunde – eingeschleust, bedarf die Einstellung des Detektivs als Arbeitnehmer wie auch die Einstellung eines jeden anderen Arbeitnehmers der Zustimmung des Betriebsrats nach §§ 99 ff. BetrVG. Ein Verstoß gegen das Mitbestimmungsrecht des Betriebsrats dürfte angesichts der von der Rechtsprechung entwickelten Grundsätze allerdings gleichwohl getroffene Feststellungen des Detektivs in ihrer Verwertbarkeit nicht beeinträchtigen; die Rechtsprechung diskutiert Beweis- oder sogar Tatsachenverwertungsverbote allenfalls in Fällen der Verletzung des allgemeinen Persönlichkeitsrechts, nicht bereits im Falle einfacher Rechtsverstöße (zahlreiche Nachweise → Vorb.).

**16. Datenschutzbeauftragter.** Der Detektiveinsatz wird nahezu unvermeidlich mit der Verarbeitung persönlicher Daten einhergehen. Damit ist der in Art. 38 f. DS-GVO sowie bislang in §§ 7, 38 BDSG umrissene Zuständigkeitsbereich des Datenschutzbeauftragten unmittelbar betroffen, der etwaige Bedenken gegen die beabsichtigte Vorgehensweise möglichst rechtzeitig einbringen können soll.

**17. Sorgfältige Entscheidungsfindung.** Detektiveinsätze gegen Mitarbeiter dürften in den allermeisten Unternehmen die absolute Ausnahme, jedenfalls nicht die Regel darstellen. Gerade deshalb ist allgemein anzuraten, die Entscheidung zur Durchführung einer solchen Maßnahme nicht auf Sachbearbeiterebene zu treffen, sondern dem Sachbearbeiter mithilfe der Checkliste vielmehr eine Richtschnur an die Hand zu geben, wen er in die Entscheidung einzubeziehen oder wem er die Entscheidung sogar zu überlassen hat. Je nach Organisationsgrad des Unternehmens kann die Geschäftsführung oder Rechtsabteilung, jedenfalls aber die Personalleitung beteiligt werden. Zu denken ist auch daran, das Einschalten eines qualifizierten externen Beraters – etwa eines Rechtsanwalts – vorzugeben oder zumindest zu empfehlen. Dieser kann die aktuell gültigen Voraussetzungen für den Detektiveinsatz prüfen und Ratschläge geben, welche ggf. alternative Vorgehensweise sich gerade aus rechtlichen Gründen empfiehlt.

## VI. Betriebsvereinbarung zum Terrorlisten-Screening

Anti-Terror-Maßnahmen werfen an der Schnittstelle von Freiheit und Sicherheit stets umstrittene rechtliche Fragen auf. Bekannte wie neue Formen von Terrorismus treffen aktuell auf neue KI-Fahndungsmöglichkeiten wie die der Gesichtserkennung. Betrieblicher Alltag sind diese Themen noch nicht auf breiter Basis. Anders ist dies beim angemessenen Umgang mit sog. Terrorlisten. Wer sich primär auf die Risiken des Außenwirtschaftsrechts fokussiert, hält ein Screening zur Vermeidung von Verletzungen des Bereitstellungsverbots mehr denn je für selbstverständlich geboten. Zunehmend wird auch auf die wachsende Brisanz von Verbandssanktionen verwiesen. Die Gegenansicht sieht datenschutzrechtliche Risiken hingegen weiter im Vordergrund und erachtet teils auch Möglichkeiten der Risikoreduktion durch jüngere Rechtsprechung (BAG 19.12.2017 – 1 ABR 32/16, NZA 2018, 673, → Anm. 8) als zusätzlich eingeschränkt.

Exemplarisch zeigt sich hier das konfliktreiche Zusammentreffen von Compliance-Maßnahmen und datenschutzrechtlichem Verbot mit Erlaubnisvorbehalt. Unternehmen werden sich diesem Dilemma weiterhin gegenübersehen, solange keine geeignete Berücksichtigung der Verarbeitung personenbezogener Daten in den Embargo-Verordnungen selbst erfolgt (wie im Bereich der Anti-Geldwäsche nunmehr immerhin ansatzweise in § 11a GwG vorgesehen).

Zentral für Inhalt und Reichweite der EU-„Anti-Terror"-Sanktionsmaßnahmen sind neben länderbezogenen Embargos die Verordnungen

- (EG) Nr. 2580/2001 des Rates v. 27.12.2001 über spezifische, gegen bestimmte Personen und Organisationen gerichtete restriktive Maßnahmen zur Bekämpfung des Terrorismus
- (EG) Nr. 881/2002 des Rates v. 27.5.2002 über die Anwendung bestimmter spezifischer restriktiver Maßnahmen gegen bestimmte Personen und Organisationen
- (EG) Nr. 753/2011 des Rates v. 1.8.2011 über restriktive Maßnahmen gegen bestimmte Personen, Gruppen, Unternehmen und Einrichtungen angesichts der Lage in Afghanistan

Sie führen Personen und Organisationen auf, denen weder direkt noch indirekt wirtschaftliche Ressourcen bereitgestellt werden dürfen. Dies betrifft Finanzdienstleistungen, Industrie- und (Groß-)Handelsgüter, Erwerbsgeschäfte, aber auch die Auszahlung von Löhnen und Gehältern, sowohl bei Neueinstellungen wie auch an langjährige Mitarbeiter (vgl. zum Spektrum Schlarmann/Spiegel NJW 2007, 870 (872)). Die genannten Verordnungen sind unmittelbar geltendes Recht und werden fortlaufend aktualisiert, mehrfach monatlich bis zu täglich. Online steht auch eine konsolidierte Liste in englischer Sprache zur Verfügung, in der sämtliche aktuellen Vorgaben zusammengeführt werden.

Durch die Mitgliedstaaten sind bei Verstößen gegen die Bestimmungen einer solchen Verordnung Sanktionen vorzusehen, die „wirksam, verhältnismäßig und abschreckend" sein sollen. In Deutschland sieht § 18 Abs. 1 Nr. 1 lit. a AWG für eine vorsätzliche Verletzung des Bereitstellungsverbots eine Freiheitsstrafe von drei Monaten bis zu fünf Jahren vor. Zwar ist durch die Reform des Außenwirtschaftsrechts der Fahrlässigkeitsstraftatbestand entfallen. Die fahrlässige Begehung ist aber in § 19 Abs. 1 AWG weiterhin als Ordnungswidrigkeit mit einem Bußgeld bis zu 500.000 EUR sanktioniert. Hinzu kommen vor allem unternehmensbezogene Risiken wie Verbandsgeldbußen (vgl. Spoerr/Gäde CCZ 2016, 77), die mit der zu erwartenden Verlagerung auf ein vermehrt umsatzbezogenes Unternehmensstrafrecht noch weiter zunehmen werden. Auch droht zB die Eintragung in das Gewerbezentralregister gem. § 149 Abs. 2 GewO (Elking AuA 2016, 604 (605)).

Falls die Akteure auch US-Recht zu beachten haben, kommt eine Vielzahl weiterer Sanktionslisten in Betracht. Am umfangreichsten ist die „Specially Designated Nationals and Blocked Persons List" („SDN List") des Office of Foreign Assets Control („OFAC") (zu weiteren US-Listen vgl. Behling NZA 2015, 1359 ff.; zu jüngsten Risiken Cappel Beck-Newsdienst Compliance 2019/5). Bei Bezug zu Großbritannien ist die „Consolidated List of Financial Sanctions Targets in the UK" zu berücksichtigen, die die europäischen Vorgaben ihrerseits ergänzt. In der Schweiz wird eine Sanktionsliste vom Staatssekretariat für Wirtschaft (SECO) herausgegeben. Inwieweit allerdings deutsche (Tochter-)Unternehmen tatsächlich gehalten sind, derartige ausländische Sanktionslisten zu beachten, bedarf gründlicher Prüfung.

Inzwischen hält eine Vielzahl von Anbietern kommerzielle Software-Lösungen für elektronische Screenings mit unterschiedlicher Reichweite bereit, um den Abgleich mit den diversen Sanktionslisten zu erleichtern oder überhaupt erst realistisch zu ermöglichen. Die stetig fortschreitenden technischen Möglichkeiten begegnen aber datenschutzrechtlicher Kritik: Denn wie den Sanktionsvorgaben konkret innerbetrieblich Rechnung getragen werden soll, ist ungeregelt und den Wirtschaftsbeteiligten selbst überlassen (vgl. BT-Drs. 17/4136, 2). Sofern in der Diskussion vielfach von einer aus den unmittelbar geltenden Verordnungen erwachsenden „Pflicht zum automatisierten Screening" die Rede ist, findet dies in den Verordnungstexten keine unmittelbare Stütze. Rein rechtlich sind tatsächlich nur Bereitstellungen von Ressourcen an gelistete Personen und Organisationen verboten, nicht aber sind zugleich branchenunabhängige konkrete interne Sicherungsmaßnahmen geboten.

Der Düsseldorfer Kreis forderte für die Datenabgleiche in seinen Beschlüssen v. 23./24.4.2009 und v. 22./23.11.2011 eine spezielle Rechtsgrundlage. Der Abgleich diene nicht dem Beschäftigungsverhältnis. Im Übrigen würden schutzwürdige Interessen der Betroffenen überwiegen. Eine Einwilligung scheitere an der mangelnden Freiwilligkeit. Gegner der Screenings betonen meist auch, dass bereits die in den Zahlungsverkehr eingebundenen Kreditinstitute gem. § 25h KWG zu „Internen Sicherungsmaßnahmen" und zur Kontrolle ihrer Kontoinhaber verpflichtet seien.

Letzterer Argumentation ist grundsätzlich zuzugestehen, dass ein unternehmensinterner Abgleich reiner Stammdaten keinen Erkenntnisgewinn über die bankinternen Kontrollen hinaus liefert. Anders ist dies zB für eingehende Zahlungen im Bereich der Geldwäschebekämpfung. Auch dort greifen Güterhändler zur Umsetzung des Know-Your-Customer-Prinzips vielfach auf Systeme des Sanktionslisten-Screenings zurück. Beim Abgleich können sie jedoch zusätzlich kunden- und transaktionsbezogene Details in die Prüfung und Gesamtabwägung einfließen lassen, die dem Banken-Kontrollsystem nicht zur Verfügung stehen. Für das Screening von Stammdaten ist hingegen kein solcher Wissens- und Informationsvorsprung ersichtlich. Strukturell wird im Regelfall lediglich ein doppelter Datenabgleich stattfinden.

Die Prüfung der Banken ist jedoch intransparent und eine Informationsweitergabe an die Unternehmen ist gesetzlich nicht sichergestellt. Angesichts des stetig wachsenden Verordnungsregelwerks und der ebenfalls noch steigenden Frequenz der Anpassung, streitet daher in der Gesamtbetrachtung viel für eine datenschutzrechtliche Erforderlichkeit und mögliche Angemessenheit eines automatisierten Abgleichs. Der BFH hat ein Screening mit seinem Urteil BFH 19.6.2012 – VII R 43/11, ZD 2013, 129 jedenfalls für den Zweck der zollrechtlichen Anerkennung als „Zugelassener Wirtschaftsbeteiligter" (ZWB) bzw. „Authorized Economic Operator" (AEO) als zulässig bewertet. Das AEO-Zertifikat „Zollrechtliche Vereinfachungen/Sicherheit" dürfe in sicherheitsrelevanten Bereichen davon abhängig gemacht werden, dass tätige Personen einer Sicherheitsüberprüfung anhand der Anhänge der oben genannten Verordnungen unterzogen werden.

Die Entscheidung des BFH stützte sich – vor den Auswirkungen der EuGH-Entscheidung zu § 23 HDSIG (EuGH 30.3.2023 – C-34/21, ZD 2023, 391) – auf den Beschäftigtendatenschutz als Rechtsgrundlage. Die Datenverarbeitung sei für die Durchführung des Beschäftigungsverhältnisses erforderlich. Flankierend empfahl das Gericht, eine Einwilligung einzuholen (vgl. zu den dafür erforderlichen Rahmenparametern der Freiwilligkeit allerdings Behling NZA 2015, 1359 (1362)). Das Zollrecht hat seit der genannten Entscheidung zwar wesentliche Änderungen durchlaufen, insbesondere im Mai 2016. Auch nach den Bestimmungen des Zollkodexes der Union (Art. 38, 39 UZK) bildet der AEO-Status – in den Varianten „Zollrechtliche Vereinfachungen" (AEOC), „Sicherheit" (AEOS) und kombiniert – allerdings einen zentralen Bestandteil des EU-Sicherheitskonzepts. Der Status führt jeweils zu zahlreichen Vereinfachungen bei Zollvorschriften bzw. Zollkontrollen.

Das Urteil hat die datenschutzrechtliche Kritik gleichwohl nicht einmal für AEO-bezogene Screenings zum Verstummen gebracht. Die Aufsichtsbehörden zweifeln weiter an einer tragfähigen Rechtsgrundlage und der Erforderlichkeit der Maßnahme. Zwar verschließen auch diese die Augen nicht vor der drohenden AWG-Sanktion und den zollrechtlichen Anforderungen: Die Datenabgleiche werden aber allenfalls „bis auf weiteres hingenommen", weil „die Bundeszollverwaltung nicht an einem Strang mit der Konferenz der Datenschutzaufsichtsbehörden" ziehe (LfD BW 32. Tätigkeitsbericht 2014/2015 S. 146 f.).

Auch die Anknüpfung des BFH an das Regelungsregime des Beschäftigtendatenschutzes ist umstritten, nicht erst seit der EuGH-Entscheidung zu § 23 HDSIG (EuGH 30.3.2023 – C-34/21, ZD 2023, 391). Nach der Gegenauffassung ist der Abgleich für die Durchführung des Beschäftigungsverhältnisses nicht relevant. Vielmehr sei die auf das berechtigte Interesse abstellende Norm heranzuziehen, heute Art. 6 Abs. 1 S. 1 lit. f DS-GVO. In der Diskussion wird teils auch auf Art. 7 lit. c DS-RL, nunmehr also Art. 6 Abs. 1 S. 1 lit. c DS-GVO, verwiesen (vgl. Lachenmann Datenübermittlung im Konzern S. 158 mwN; offen, ob lit. „c oder f": Kort RdA 2018, 24 (26)). Die genannte EuGH-Entscheidung dürfte hier im Ergebnis zu einem Gleichlauf der Positionen führen.

Wer per Datenabgleich sicherstellen will, dass er nicht durch Zuwendung von Geld oder anderen Ressourcen gegen ein Bereitstellungsverbot verstößt, gerät somit schnell in ein Compliance-Dilemma: Denn Datenschutz-Verstößen soll bezeichnenderweise ebenfalls „wirksam, verhältnismäßig und abschreckend" begegnet werden, so Art. 83 Abs. 1 DS-GVO. Der Sanktionsrahmen reicht bei einem verantwortlichen

Unternehmen „bis zu 4 % seines gesamten weltweit erzielten Jahresumsatzes des vorangegangenen Geschäftsjahrs".

Die Risiken infolge der geschilderten rechtlichen Unsicherheiten haben sich somit durch die DS-GVO noch einmal verschärft. Da der Forderung nach einer bereichsspezifischen, der KWG-Norm zu internen Sicherungsmaßnahmen vergleichbaren Regelung weder im BDSG noch in bereichsspezifischen Regelungen nachgekommen wurde (vgl. zu fortbestehenden Regelungsdefiziten auch im Konfliktfeld interner Ermittlungen zB Kainer/Feinauer NZA 2020, 363), bietet sich weiterhin an, dem Dilemma durch eine Betriebsvereinbarung zu begegnen (so auch Polkowski SPA 2022, 109). Durch die EuGH-Rechtsprechung zu § 23 HDSIG (EuGH 30.3.2023 – C-34/21, ZD 2023, 391) und die damit verbundenen Ungewissheiten im Bereich des Beschäftigtendatenschutzes könnten Kollektivvereinbarungen sogar noch einmal zusätzliche Bedeutung erlangen (→ H.III.2. Anm. 9). Aufsichtsbehördlich wurde im unmittelbaren Nachgang teilweise empfohlen, „verstärkt auf Betriebsvereinbarungen zu setzen", um „tragfähige und ausdifferenzierte Regelungen" zu schaffen (Information des Hamburgischen Beauftragten für Datenschutz und Informationsfreiheit v. 3.4.2023). Zwar sind die Grenzen der Art. 6 und 9 DS-GVO auch insoweit zu beachten. Die Vorteile einer spezifischen Lösung gelten jedoch zumindest fort.

Eine solche Betriebsvereinbarung, die das „Wie" – die konkreten Parameter – des Abgleichs regelt, kann als eigenständiger Erlaubnistatbestand jedenfalls zu einem erheblichen Zugewinn an Rechtssicherheit beitragen. Auch nach der DS-GVO bleiben Betriebsvereinbarungen eine Rechtsgrundlage (Wybitul ZD-Aktuell 2017, 05483), sofern sie die Anforderungen des Art. 88 Abs. 2 DS-GVO berücksichtigen, somit „angemessene und besondere Maßnahmen zur Wahrung der menschlichen Würde, der berechtigten Interessen und der Grundrechte der betroffenen Person, insbesondere im Hinblick auf die Transparenz der Verarbeitung, die Übermittlung personenbezogener Daten innerhalb einer Unternehmensgruppe" umfassen (→ Anm. 8).

Zu regeln sind in der Betriebsvereinbarung der personelle und räumliche Geltungsbereich, miteinander abzugleichende Daten (Auswahl der Mitarbeiterdaten und relevante Verordnungen), das „Treffermanagement", die Rechte der betroffenen Mitarbeiter, Mitbestimmung und Schlussbestimmungen zur Laufzeit und zu Kündigungsmöglichkeiten. Das aufgezeigte Compliance-Dilemma wird dabei am besten durch eine angemessene Balance gelöst: einerseits zwischen maximaler Absicherung gegen eine unzulässige Bereitstellung gem. §§ 18, 19 AWG und andererseits gegen eine unzulässige Verarbeitung iSd Art. 83 Abs. 5 lit. a DS-GVO. Aus straf- und ordnungswidrigkeitenrechtlicher Sicht bietet eine Betriebsvereinbarung, die zwischen beiden Polen einen vermittelnden Ausgleich sucht, bestmögliches Verteidigungspotential in beide Richtungen.

Die nachfolgenden Formulierungsvorschläge verfolgen daher vor allem das Ziel, einen Weg aus dem eingangs skizzierten Sanktionsdilemma zu zeigen und zusätzliche Rechtssicherheit zu verschaffen. Die rechtsstaatlichen Bedenken, die sich gegen die Sanktionsmaßnahmen im Wege solcher Listungen, die stark eingeschränkte rechtliche Überprüfbarkeit und die komplexen Rechtsbehelfe wie Entlistungsverfahren richten, bleiben bestehen.

Betriebsvereinbarung über den Abgleich von Beschäftigtendaten mit Sanktionslisten

[Unternehmen/Firma] und der [Gesamt-/Konzern-]Betriebsrat
schließen folgende Vereinbarung über den Abgleich von Beschäftigtendaten mit EU-Sanktionslisten:

Präambel und Zwecksetzung[1]

Seit den Anschlägen vom 11.9.2001 verhängt der Rat der Europäischen Union im Rahmen der Außen- und Sicherheitspolitik durch eine Vielzahl unmittelbar geltender Verordnungen wirtschaftliche Sanktionsmaßnahmen (sog. smart sanctions). Diese Rechtsakte sind teils länderbezogen, teils listen sie auch bestimmte Personen, Organisationen, Unternehmen und Einrichtungen auf, denen weder unmittelbar noch mittelbar Gelder, andere finanzielle Vermögenswerte und wirtschaftliche Ressourcen bereitgestellt werden dürfen. Das Außenwirtschaftsgesetz sanktioniert auf nationaler Ebene nicht nur vorsätzliche, sondern sogar fahrlässige Verstöße gegen das Bereitstellungsverbot. Wie mit den Listungen allerdings innerbetrieblich umzugehen ist, um nicht dem Vorwurf einer Sorgfaltspflichtverletzung ausgesetzt zu sein, obliegt den Wirtschaftsbeteiligten selbst ohne weitere gesetzliche Konkretisierung.

Die Sanktionslisten wachsen in Anzahl und Umfang bis heute stetig weiter und werden sehr engmaschig aktualisiert. Eine manuelle Kontrolle ist unter Risikogesichtspunkten nicht mehr leistbar. Spezielle Software ermöglicht einen automatischen Abgleich. Die Durchführung dieses Screenings von Beschäftigtendaten mit den EU-Anti-Terror-Verordnungen regelt die vorliegende [Gesamt/Konzern-] Betriebsvereinbarung. Weder mit der Durchführung noch mit der zugrundeliegenden Vereinbarung wird ein Generalverdacht gegen Mitarbeiter verbunden. Das Gegenteil ist der Fall. Der Prozess der Listung selbst ist rechtsstaatlich nicht frei von Bedenken, welche die Verbindlichkeit der Verordnungen und der Bereitstellungsverbote jedoch nicht aufheben. Ziel der vorliegenden Vereinbarung ist auch, unter diesen schwierigen Bedingungen den Schutz der Persönlichkeitsrechte der Beschäftigten zu gewährleisten. Alle Beteiligten sind sich bewusst, dass auch im Fall einer festgestellten Übereinstimmung zunächst die Unschuldsvermutung fortbesteht.

[UND/ODER ALTERNATIVE 1 – betreffend den Erhalt des AEO-Status:] Mit dieser Vereinbarung wird [zugleich] eine Grundlage für die zollrechtliche Anerkennung als sog. „zugelassener Wirtschaftsbeteiligter" (ZWB) bzw. „Authorised Economic Operator" (AEO) geschaffen. Die Globalisierung des Handels und die immer komplexere internationale Sicherheitslage haben die Weltzollorganisation (WZO) [zudem] veranlasst, mit einem „Framework of Standard to Secure and Facilitate Global Trade" (SAFE) weltweite Rahmenbedingungen für ein effektives Risikomanagement in den Zollverwaltungen zu schaffen. Dies hat u.a. zu einer Sicherheitsinitiative der Europäischen Union geführt. Seit 2005 sind mehrere Verordnungen und Reformen zu berücksichtigen. Aktuell finden die Bestimmungen des Zollkodex der Union (UZK), der Durchführungsverordnung (IA), der Delegierte Verordnung (DA) und die Übergangsbestimmungen (TDA) Anwendung.

Ein Ziel ist die Absicherung der gesamten Lieferkette („end-to-end-supply chain") vom Warenhersteller bis zum Endverbraucher. Als wichtiges Element dieses Sicherheitskonzepts wurde der AEO-Status eingeführt, der Unternehmen im Fall der Bewilligung Erleichterungen und Vereinfachungen bei sicherheitsrelevanten Zollkontrollen bzw. Ausfuhrverfahren sichert. Voraussetzung sind Nachweise der Zuverlässigkeit, Zahlungsfähigkeit und Einhaltung der maßgeblichen Rechtsvorschriften.

Der Bundesfinanzhof hat mit Urteil v. 19.6.2012 – VII R 43/11, entschieden, dass ein AEO-Zertifikat von einer Sicherheitsüberprüfung anhand der Anhänge europäischer Verordnungen wie u. a. (EG) Nr. 2580/2001 des Rates v. 27.12.2001 abhängig gemacht werden darf, da angemessene Sicherheitsstandards nachzuweisen sind. [Unternehmen/Firma] führt zur [Erlangung/Erhaltung] des AEO-Status vom BFH als zulässig erachtete Datenabgleiche von Beschäftigtendaten mit bestimmten, nachfolgend näher bezeichneten Verordnungen bzw. Sanktionslisten durch.

Die Durchführung dieses Screenings von Beschäftigtendaten mit den EU-Anti-Terror-Verordnungen regelt die vorliegende Betriebsvereinbarung. [ENDE DER ALTERNATIVE 1]

[UND/ODER ALTERNATIVE 2 – zur Einhaltung von OFAC-Standards:] [Unternehmen/Firma] berücksichtigt als Tochtergesellschaft eines US-Konzerns auch die Vorgaben des Office of Foreign Asset Controls (OFAC) des US Department of the Treasury. Das OFAC sieht orientiert an der US-Außenpolitik Wirtschaftssanktionen gegen Staaten, Unternehmen und natürliche Personen vor, die inhaltlich teilweise über die in Deutschland zu beachtenden EU-Verordnungen hinausgehen. Dies betrifft insbesondere die „Specially Designated Nationals and Blocked Persons List (SDN)“, aber auch weitere OFAC-Standards, die in einer konsolidierten Liste zusammengefasst sind. Zur Verhinderung, dass unter Verstoß gegen eine solche Listung wirtschaftliche Ressourcen bereitgestellt werden, sieht sich [Unternehmen/Firma] gehalten, als Tochter eines US-Unternehmens nicht nur Lieferanten und Kunden, sondern ebenfalls Beschäftigtendaten auch mit US-Sanktionslisten abzugleichen. [ENDE DER ALTERNATIVE 2]

§ 1 Räumlicher Geltungsbereich

Der räumliche Geltungsbereich dieser [Gesamt-/Konzern-] Betriebsvereinbarung umfasst alle in Deutschland gelegenen Betriebe der [Unternehmen/Firma].

§ 2 Persönlicher Geltungsbereich[2]

In personeller Hinsicht gilt diese [Gesamt-/Konzern-]Betriebsvereinbarung für alle Arbeitnehmer, Bewerber, Diplomanden, Auszubildenden, Werkstudenten und sonstige Praktikanten der [Unternehmen/Firma].

Die Vereinbarung gilt nicht für leitende Angestellte iSd § 5 Abs. 3 BetrVG. Für diese Personengruppe wird eine entsprechende Anwendung der Regelungen dieser Vereinbarung auf geeignete Weise sichergestellt.

Dem Zweck der Vereinbarung entsprechend werden auch ehemalige Beschäftigte einbezogen, sofern sie noch Zahlungsleistungen beziehen. Leiharbeitnehmer sind mangels einer direkt an sie erfolgenden Zahlung von einem Datenabgleich im Sinne der Präambel ausgenommen.

§ 3 Mitarbeiterdaten als Gegenstand des Abgleichs[3]

Für den Datenabgleich im Sinne der Präambel erstellt die Abteilung [HR] unter Nutzung der unternehmensinternen Datenverarbeitungssysteme eine Mitarbeiterliste, die ausschließlich die folgenden Daten der dem Geltungsbereich unterfallenden Personen enthält:

Titel
Vorname(n) und Nachname
Geburtsdatum
Geburtsort
Staatsangehörigkeit
Mitarbeiternummer

Diese Liste wird [monatlich/quartalsweise] aktualisiert.

Zur Überprüfung von Bewerbern, deren Einstellung sich bereits konkretisiert hat, wird anlassbezogen ein bewerberbezogener Datensatz desselben Inhalts erstellt.

§ 4 Datenabgleich/Screening[4]

Die Personalabteilung leitet die gem. § 3 erstellte Liste bzw. den Datensatz bei Bewerbern vor einer sich konkret abzeichnenden Einstellung und im Fall aller weiteren vom persönlichen Geltungsbereich dieser Verordnung umfassten Personen

[monatlich zum … (Stichtag)

ODER

in der ersten Woche eines neuen Quartals]

zum Zwecke des Datenabgleichs im Sinne der Präambel an die Abteilung […] weiter. Dies erfolgt per E-Mail mit einer passwortgeschützten Liste im Anhang.

Die Abteilung […] initiiert sodann den Abgleich, der automatisiert unter Nutzung der […] Software zur Sanktionslistenprüfung erfolgt. Das entsprechende System wird auf einem Server in [Deutschland] betrieben.

Die gem. § 3 erstellte Liste wird dabei mit folgenden Sanktionslisten abgeglichen:
- jeweils gültige, aktuelle von der EU bereitgestellte konsolidierte Liste der Personen, Gruppen und Organisationen, die von Finanzsanktionen betroffen sind

[UND … ggf. SDN-Listen/OFAC-Standard UND/ODER weitere – ggf. im Konzern – verbindlich zu berücksichtigende Sanktionsmaßnahmen.]

Beschäftigtendaten werden im Zusammenhang mit diesem Datenabgleich nicht zur Leistungs- oder Verhaltenskontrolle erhoben, verarbeitet oder genutzt.

§ 5 Treffermanagement[5, 6]

Als Treffer gilt nur eine […]-prozentige Übereinstimmung des Vor- und des Nachnamens eines Beschäftigten mit einem Eintrag aus einer nach § 4 geprüften Sanktionsliste.

Im Fall eines solchen Treffers erfolgt eine ergänzende manuelle Prüfung der Personenidentität durch Mitarbeiter der Abteilung […] anhand des Geburtsdatums und des Geburtsorts sowie der Staatsangehörigkeit des Beschäftigten.

Der datenschutzrechtlich Verantwortliche gewährleistet, dass nur im Datenschutzrecht geschulte und zuverlässige, auf die Wahrung des Datengeheimnisses verpflichtete Mitarbeiter mit der Überprüfung befasst werden. Sämtliche Prüfungen und weiteren Verarbeitungen sowie die mit der Prüfung befassten Personen werden dokumentiert.

Der Betroffene wird durch die Abteilung [...] benachrichtigt und zur Stellungnahme [binnen ... Tagen] aufgefordert (Anlage 1).

Bei festgestellter Personenidentität und in fortbestehenden Zweifelsfällen wird der Treffer den zuständigen Behörden [– dem Servicezentrum Finanzsanktionen der Deutschen Bundesbank und dem Bundesamt für Wirtschaft und Ausfuhrkontrolle (BAFA) –] gemeldet und diesen zur Prüfung vorgelegt.

Das vertraglich vereinbarte Gehalt wird bis zur Klärung des festgestellten Treffers nicht an den Betroffenen ausbezahlt, sondern auf ein Treuhandkonto überwiesen. Die den Betroffenen beschäftigende Konzerngesellschaft prüft ferner im Einzelfall und im Kontakt mit den zuständigen Behörden, wie mit Steuern und Sozialversicherungsbeiträgen zu verfahren ist. Zu prüfen ist ferner, ob Gegenstände in der Verfügungsgewalt des Betroffenen zurückzufordern sowie evtl. Vollmachten, Prokura etc zu widerrufen sind.

Eine Freistellung des Beschäftigten bis zur Klärung des festgestellten Treffers ist im Einzelfall zu prüfen.

§ 6 Rechte des Betroffenen[7]

Vor dem ersten Screening auf Basis dieser Vereinbarung wird die Bekanntmachung gem. § 77 Abs. 2 BetrVG sichergestellt. Auf Anfrage ist den Beschäftigten jederzeit Auskunft über die beim Datenabgleich verwendeten Daten, die Frequenz und die eingesetzte Software zu geben.

Im Falle einer festgestellten Übereinstimmung wird der Betroffene unverzüglich mit der Aufforderung zur Stellungnahme über den Treffer informiert (Anlage 1). Der Betroffene hat das Recht, die jeweiligen Daten vor der Stellungnahme einzusehen und dabei ein Mitglied des Betriebsrats hinzuzuziehen.

In Zweifelsfällen unterstützt das [den Betroffenen beschäftigende Konzern-] Unternehmen den Betroffenen bei der Beantragung einer Ausnahmegenehmigung für die Zahlung des Lohns beim Finanzservicezentrum der Deutschen Bundesbank bzw. für die Überlassung von sonstigen Vermögenswerten beim BAFA.

Im Fall von Fehlern im Rahmen des Screenings oder einer Entkräftung der Listung im Nachgang wird erforderlichenfalls eine Rehabilitation der Reputation des unrechtmäßig betroffenen Beschäftigten angestrebt.

§ 7 Beteiligung des Betriebsrats und des Datenschutzbeauftragten[8]

Die Informations- und Mitbestimmungsrechte des Betriebsrats finden Beachtung.

Der Betriebsrat sowie der Datenschutzbeauftragte werden insbesondere unverzüglich über festgestellte Übereinstimmungen/Treffer informiert, die weiteren Handlungsbedarf auslösen.

Sofern aufgrund des Datenabgleichs arbeitsrechtliche Maßnahmen gegen eine dem persönlichen Geltungsbereich dieser Vereinbarung (§ 3) unterfallende Person ergriffen werden müssen, wird der Betriebsrat entsprechend seiner Mitbestimmungsrechte beteiligt.

§ 8 Datenspeicherung[9]

Sofern sich keine Übereinstimmung ergibt, werden durch die Screening-Software keine Beschäftigtendaten gespeichert. In diesem Fall wird lediglich der Prozess aus Compliance-Gründen dokumentiert.

Im Fall einer Übereinstimmung erfolgt eine Speicherung zu Dokumentationszwecken für die Dauer von [fünf] Jahren. Die Mitarbeiter werden entsprechend unterrichtet.

Als „falsch positiv" identifizierte Treffer werden auf einer Whitelist – anbieterseitig teils als „Goodguy-List" bezeichnet – gespeichert, um eine Wiederholung der unzutreffenden Bewertung zu vermeiden.

§ 9 Schlussbestimmungen[10]

Diese Betriebsvereinbarung tritt mit dem Tag der Unterzeichnung in Kraft. Sie ist auf unbestimmte Zeit geschlossen und kann mit einer Frist von drei Monaten zum Jahresende gekündigt werden. Die Kündigung bedarf der Schriftform. Die Vereinbarung wirkt im Falle der Kündigung nach.

[Ort, Datum, Unterschrift, Name des Unterzeichners]

Anlage 1 (Aufforderung des Beschäftigten zur Stellungnahme im Rahmen des Treffermanagements)

[Anschreiben mit Anrede und Grußformel]

Auf europäischer Ebene wurden im Rahmen der Außen- und Sicherheitspolitik wirtschaftliche Sanktionsmaßnahmen erlassen. Dabei wurden u. a. bestimmte Personen gelistet, denen weder unmittelbar noch mittelbar Gelder oder andere Ressourcen bereitgestellt werden dürfen. Vorsätzliche und sogar fahrlässige Verstöße gegen dieses sog. „Bereitstellungsverbot" werden sanktioniert.

Auf Basis einer Betriebsvereinbarung vom [...] führen wir deshalb unter Nutzung der Screening-Software [...] einen Abgleich bestimmter Beschäftigtendaten mit den Verordnungen durch, um einen Verstoß zu vermeiden. [Als Tochterunternehmen eines US-Konzerns binden wir dabei auch OFAC-Standards in die Prüfung ein.]

Dieser automatisierte Abgleich hat am [...] eine [...-prozentige] Übereinstimmung Ihres Vor- und Nachnamens mit folgendem Eintrag in der Anlage zur Verordnung [...] erbracht, der sich durch die Einbeziehung von Geburtsdatum und -ort sowie der Nationalität nicht entkräften ließ:

[...].

Rechtsstaatliche Bedenken gegen diese Art der Sanktionsmaßnahmen wie auch Schwächen des automatisierten Abgleichs sind uns bekannt. Mit der Feststellung dieser Übereinstimmung verbinden wir keinesfalls eine Vorverurteilung. Gleichwohl sind wir mit Blick auf das o. g. Bereitstellungsverbot bis zur weiteren Klärung gehindert, die monatlichen Gehaltszahlungen auf Ihr Konto [...] zu erbringen. Wir werden den Betrag stattdessen auf ein Treuhandkonto leisten und uns mit den zuständigen Behörden zur Klärung des Umgangs mit Steuern und Abgaben in Verbindung setzen.

Wir fordern Sie zudem auf, bis zum [...] schriftlich gegenüber den Unterzeichnern zur obigen Übereinstimmung Stellung zu nehmen und damit zur raschen Klärung beizutragen.

Selbstverständlich können Sie sich jederzeit mit dem – im Rahmen seiner Informations- und Mitbestimmungsrechte einbezogenen – Betriebsrat wie auch direkt mit dem Unterzeichner in Verbindung setzen.

*Nolde*

## Anmerkungen

**1. Unterschiedliche Präambeln.** Für den spezifischen Regelungsgehalt, aber auch die Risikobewertung insgesamt ist die Motivlage des Unternehmens maßgeblich,
- ob ausschließlich ein Verstoß gegen das Außenwirtschaftsrecht vermieden werden und die Mitarbeiterrechte dabei bestmöglich gewahrt werden sollen
- ob es dem Unternehmen auch um die Vergünstigungen des AEO-Status geht
- ob lediglich EU-Recht zu beachten ist oder die OFAC- und weitere US-Vorgaben für das Unternehmen verbindlich sind.

Auswirkungen hat dies vordergründig nur für die Zwecksetzung, die ggf. bereits in der Präambel erfolgen kann. Bei einer unternehmensinternen Kumulation der Zwecke sollten diese bereits sämtlich in der Vereinbarung abgebildet werden, damit sich eine spätere Verarbeitung nicht als Zweckänderung darstellt. Auch die Bewertung, ob das Screening in der konkreten Ausgestaltung erforderlich und ggf. auch im engeren Sinne verhältnismäßig ist, wird in der Abwägung von der verfolgten Motivlage abhängen.

Geht es im konkreten Unternehmen auch um den AEO-Status, streitet im sicherheitsrelevanten Bereich zusätzlich die eingangs zitierte BFH-Rechtsprechung für die Zulässigkeit. Soweit hingegen auch US-Sanktionslisten und OFAC-Standards einbezogen werden sollen, wird der Abgleich in der datenschutzrechtlichen Diskussion weiterhin als „besonders problematisch" (Thannheiser/Westermann EU-Antiterror-Vereinbarungen und Mitarbeiter-Screening S. 9) wahrgenommen, da US-Gesetze auch für deutsche Tochterunternehmen von US-Konzernen keine in Deutschland geltenden Rechtsvorschriften darstellen. Auch entsprechende konzerninterne Vorgaben werden in Frage gestellt. Die Betriebsvereinbarung mag gerade in diesen Fällen Rechtssicherheit schaffen. Bei den konkreten Formulierungen sollte jedoch darauf geachtet werden, dass keine „auch in Deutschland gesetzlich zwingende" Befolgung der OFAC-Vorgaben suggeriert wird (mit dem Muster einer Gesamtbetriebsvereinbarung zur Einhaltung des OFAC-Standards Bachner/Heilmann Betriebsvereinbarung-HdB S. 218).

**2. Geltungsbereich.** Die Rechtssetzungsbefugnis beschränkt sich auf die betriebliche Einheit, für die der Betriebsrat gewählt worden ist. Gesamt- und Konzernbetriebsvereinbarungen gelten räumlich für alle Betriebe des Unternehmens oder des Konzerns (Oberthür/Seitz Betriebsvereinbarungen S. 22 f.). Insoweit ergeben sich aus dem konkreten Gegenstand des „Terrorlisten-Abgleichs" keine Besonderheiten.

Der Geltungsbereich umfasst in persönlicher Hinsicht die in einem Arbeitsverhältnis zu dem Arbeitgeber stehenden Arbeitnehmer des Betriebs iSv § 5 Abs. 1 BetrVG. Dazu gehören auch Teilzeitbeschäftigte und Praktikanten. Um einen Verstoß gegen ein Bereitstellungsverbot effektiv auszuräumen, müssen sämtliche Personengruppen einbezogen werden, denen wirtschaftliche Ressourcen zur Verfügung gestellt werden können (vgl. BDA Leitfaden Antiterrorgesetzgebung S. 3).

Die Vereinbarung greift für diese Personengruppen auch, wenn der Betriebseintritt erst nach Abschluss der Vereinbarung erfolgt.

Die Erforderlichkeit der Einbeziehung in das Screening ist gerade in den Grenzbereichen der Betriebszugehörigkeit (Bewerber und ausgeschiedene Mitarbeiter) restriktiv zu beurteilen und gilt nur dann, wenn tatsächlich (schon oder noch) konkrete Auszahlungen in Betracht kommen. Auch wird zum Teil die Einbeziehung von Bewerbern in eine Betriebsvereinbarung hinterfragt. Die Vorzüge einer freiwilligen Betriebsvereinbarung kommen jedoch auch diesen zugute.

Leitende Angestellte sind – wie der Arbeitgeber selbst – vom Anwendungsbereich der Vereinbarung ausgenommen (§ 5 Abs. 2, 3 BetrVG).

In Bezug auf Leih-/Zeitarbeitnehmer droht mangels einer unmittelbaren Zahlung grundsätzlich kein direkter Verstoß gegen das Bereitstellungsverbot. Strukturell ist aber beim Fahrlässigkeitsvorwurf eine Vorverlagerung des Sorgfaltspflichtverstoßes durch die Leistung an den Einsatzbetrieb denkbar, ferner ein Abstellen auf die indirekte Bereitstellung im Sinne der EU-Verordnungen, weshalb empfohlen wird, zu Dokumentationszwecken eine Compliance-Erklärung des betreffenden Arbeitgebers zu verlangen (vgl. BDA, Leitfaden Antiterrorgesetzgebung v. 19.8.2014, S. 3).

**3. Mitarbeiterdaten, die Gegenstand des Abgleichs sind.** Bei der Auswahl der Daten, die jeweils in das Screening einbezogen werden, ist für die Erforderlichkeit zentral zu beachten, dass keine Daten(arten) aufgenommen werden, die in den jeweiligen Anlagen zur Verordnung kein Pendant finden. Beispielsweise ist zu einer in Anl. 1 zur VO (EU) 753/2011 („Afghanistan-Verordnung") gelisteten Person ein dem Vor- und dem Nachnamen (A. B.) folgender Datensatz aufgenommen:

„Titel: a) Maulavi, b) Mullah. Gründe für die Aufnahme in die Liste: a) Gouverneur der Provinzen Khost und Paktika während des Taliban-Regimes, b) Vizeminister für Information und Kultur während des Taliban-Regimes, c) Konsularabteilung, Außenministerium unter dem Taliban-Regime. Geburtsdatum: Um 1962. Geburtsort: Jalalabad-Stadt, Provinz Nangarhar, Afghanistan. Staatsangehörigkeit: Afghanisch. Weitere Angaben: Soll sich im Grenzgebiet Afghanistan/Pakistan aufhalten. Tag der VN-Bezeichnung: 23.2.2001."

Die Einbindung zB der Adresse in die Mitarbeiterliste ist daher zur Durchführung des Screenings nicht erforderlich. Selbst zur weiteren manuellen internen Aufklärung, die in ihrer Berechtigung und Reichweite ohnehin umstritten ist, vermag die Anschrift wenig beizutragen. Der Datensatz pro Mitarbeiter sollte sich daher auf die in den Verordnungen maximal verfügbaren Angaben beschränken (vgl. mit Blick auf die Datensparsamkeit FG Düsseldorf 9.8.2017 – 4 K 1404/17 Z, ZD 2017, 581 zur Steuer-ID von Mitarbeitern, die von der Zollverwaltung umstrittenerweise verlangt wurde).

**4. Frequenz und Inhalt des Datenabgleichs.** Der Abgleich mit den Sanktionslisten kann auch ohne kommerzielle Software erfolgen. Hierzu steht zB auch über das Justizportal des Bundes und der Länder eine Abfragemaske bereit. Im vorliegenden Zusammenhang wird allerdings davon ausgegangen, dass beim Anstreben einer Betriebsvereinbarung auch die Anzahl der Mitarbeiter so groß ist, dass der Einsatz einer Software-Lösung faktisch unverzichtbar ist.

Zum Screening steht inzwischen ein breites Spektrum kommerzieller Software zur Verfügung, darunter Anbieter im Inland und Ausland, Inhouse- und Web- bzw. Online-Lösungen sowie allein auf die Sanktionsliste fokussierte oder Kombinations-Ansätze (vgl. dazu Faßold AN-Prax 2009, 370). Zu berücksichtigen ist dabei auch der individuelle Bedarf an Schnittstellen zu bereits eingesetzter Software. Die Sanktionslistenprüfung lässt sich überwiegend bereits in die Oberfläche und Standardprozesse von Enterprise-Resource-Planning (ERP) und Customer Relationship Management (CRM) Systemen integrieren.

*Nolde*

Eine Querschnittsbetrachtung der Literatur und der praxisorientierten Materialien zeigt zudem – der Regelungsmaterie entsprechend – ein breites Spektrum der Fokussierung auf Arbeitgeberbelange (BDA Leitfaden Antiterrorgesetzgebung v. 19.8. 2014) bis zu überwiegenden Arbeitnehmerinteressen (Thannheiser/Westermann EU-Antiterror-Vereinbarungen und Mitarbeiter-Screening). Dies betrifft unterschiedliche Stellschrauben, u. a. auch die Frequenz.

In Bezug auf Geschäftskontakte läuft entsprechende Screening-Software vielfach bereits fortlaufend automatisiert im Hintergrund, häufig bezogen auf jeden Stammdatensatz in der Auftragsabwicklung ab seinem Hinzutreten. Nur im Fall einer Übereinstimmung mit den Sanktionslisten wird ein entsprechender Prozess zur Benachrichtigung – in der Regel der für die Exportkontrolle verantwortlichen Personen – initiiert.

Da sich bei Beschäftigten die relevante Bereitstellung von Ressourcen planbarer auf die monatliche Gehaltszahlung fokussiert, ist eine abweichende Frequenz des Screenings denkbar. Anwendungsbeispiele aus der Praxis reichen von einem Drei-Wochen-Takt bis zu einmal jährlich. Das mit dem Screening auch maßgeblich verfolgte Verteidigungspotential gegen einen Vorwurf (fahrlässig) unerlaubter Bereitstellung von Ressourcen reduziert sich allerdings bei einer nur jährlichen Prüfung angesichts der heutigen Geschwindigkeit der Verordnungsaktualisierung deutlich, wenn nicht weitere Maßnahmen der Absicherung hinzutreten. Ob dagegen monatlich vor den Gehaltszahlungen oder zB quartalsweise abgeglichen wird, hängt maßgeblich von der Größe, Leistungsfähigkeit und den Zumutbarkeitsgrenzen des jeweiligen Unternehmens oder Konzerns ab (so auch Hehlmann/Sachs EuZW 2012, 527). Auch das Bundesamt für Wirtschaft und Ausfuhrkontrolle (BAFA) weist grundsätzlich darauf hin, dass die Umsetzung „im Interesse der spezifischen Unternehmenssituation, die flexible Lösungen erfordert, von der Ausgestaltung der betriebsinternen Abläufe des jeweiligen Unternehmens abhängig ist. Unabhängig von der individuellen Situation des einzelnen Unternehmens ist jedoch zu beachten, dass die Namenslisten regelmäßig aktualisiert werden." (BAFA-Merkblatt „Länderunabhängige Embargomaßnahmen zur Terrorismusbekämpfung" S. 9).

**5. Anforderungen an relevante Übereinstimmungen/„Treffer".** Interessenabwägungen der konkreten Ausgestaltung stellen sich nicht nur für die Frequenz des Abgleichs, sondern vor allem auch bei der Reichweite der Analyse. Auch hier sind im Spektrum der Vereinbarungen deutliche Unterschiede – je nach den im Schwergewicht verfolgten Interessen – erkennbar, insbesondere hinsichtlich der Entscheidung für oder gegen Unschärfe-Suchalgorithmen bzw. „Fuzzy Matching" beim reinen Abgleich von Vor- und Nachnamen, gerade mit Blick auf ausländische Schriftzeichen. Bei den Algorithmen sind in den letzten Jahren starke Verbesserungen bei unterschiedlichen Schreibweisen und ähnlicher Phonetik der gelisteten Namen zu verzeichnen. Ob ein solches „fehlertolerantes" Matching unter Einbeziehung sog. Fuzzy-Logik und phonetischer Logik im Rahmen des Mitarbeiter-Screenings eingesetzt werden soll, ist allerdings umstritten und individuell in der Auseinandersetzung zwischen Betriebsrat und Unternehmen im Rahmen der Betriebsvereinbarung sowie bei der Auswahl des Anbieters festzulegen.

In der Querschnittsbetrachtung zeigt sich, dass die eher arbeitnehmernahen Gestaltungsempfehlungen von derartigen Unschärfe-Suchen strikt absehen und nur eine 100-Prozent-Überstimmung mit dem Original-Mitarbeiter-Datensatz als „Treffer“ werten wollen. Auf Einbeziehung von Fuzzy-Logik sei vollumfänglich zu verzichten.

In der Gesamtbetrachtung ist bezüglich Frequenz und Reichweite der Analyse aber auch der Eindruck eines reinen „Compliance-Feigenblatt“-Screenings zu vermeiden. Angesichts der fehlenden rechtlichen Verpflichtung zum automatisierten Vorgehen sollte von einem Abgleich mit einem derart groben Netz dann besser ganz abgesehen und zu alternativen Compliance-Maßnahmen gegriffen werden. Zugleich ist aber, sofern sich die Parteien – im Interesse eines risikoaversen Vorgehens hinsichtlich § 19 AWG – für eine Einbeziehung von Fuzzy-Logik entscheiden, insoweit auf einen Schwellenwert zu achten, der den Umfang falsch positiver Treffer sehr niedrig hält.

An dieser Balance und der Risikobereitschaft in Konzern bzw. Unternehmen sind die Abstufungen der Sensitivität der auszuwählenden und eingesetzten Software auszurichten. Dies gilt insbesondere, da die zusätzlichen unternehmensinternen Aufklärungs- und Verdachtsentkräftungsmöglichkeiten nach einem Treffer vergleichsweise gering sind. Wie der Beispielsdatensatz unter → Anm. 3. gezeigt hat, sind nicht einmal zu Geburtsdatum oder -ort immer vollständige Daten enthalten. Die Trefferwahrscheinlichkeit, zB bei einem „Allerweltsnamen“ mit einer auf eine Jahreszahl beschränkten Geburtsangabe in der Verordnung, ist gerade bei Berücksichtigung unterschiedlicher Schreibweisen nicht zu vernachlässigen und birgt erhebliche Folgerisiken, bis hin zur Aussprache von Verdachtskündigungen und Weitermeldungen unschuldiger, nach Fuzzy-Suche falsch positiv identifizierter Mitarbeiter an die Behörden. Gerade in diesem Zusammenhang sind die Risiken eines AWG-Verstoßes mit denen einer über die Erforderlichkeit hinausgehenden unbefugten Datenverarbeitung – und den entsprechenden Sanktionsrisiken – abzuwägen.

Aus dem gleichen Grund ist davon abzuraten, beim Sanktionslisten-Screening überobligatorisch auch die US-Embargo-Listen einzubeziehen, wenn es nicht zugleich auch konkreten Anlass zur Einhaltung der OFAC-Standards gibt. In diesem Zusammenhang ist auch auf praktische Erfahrungen und Wechselwirkungen mit dem GwG und seinem Know-Your-Customer-Prinzip hinzuweisen. Auch dort kann eine im Ursprung überobligatorische Prüfung, zB unter unüberlegt standardisierter Einbeziehung von US-Sanktionslisten, Anhaltspunkte erbringen, dass Vermögenswerte einer Transaktion im Zusammenhang mit Geldwäsche bzw. Terrorismusfinanzierung stehen, und damit ggf. erheblichen weiteren Prüfungsaufwand (bis hin zum Absehen von der Transaktion) verursachen, der bei einem adäquat datensparsamen Vorgehen nie entstanden wäre.

**6. Treffermanagement.** Auch im Bereich des Treffermanagements sehen zahlreiche Software-Anbieter bereits „selbstaktive“ Prozesse vor, samt in die jeweilige ERP-Umgebung eingegliederten Sperreinträgen, „Goodguy“-/White-Listen bei falsch-positiven Treffern und BAFA-Meldungen, wenn sich ein Verdacht nicht ausräumen lässt.

Schon bei der Auswahl des Screening-Anbieters sollte dieses Treffermanagement in den Blick genommen und auf die Datenschutz-Konformität der vorgesehenen Prozesse überprüft werden.

Die Rolle des Unternehmens ist im vorliegenden Zusammenhang eine andere als die zB im GwG durch die Verdachtsmeldung vorgesehene Inpflichtnahme der Privatwirtschaft zur Strafverfolgungsvorsorge. Ein Verbot der Informationsweitergabe im Verdachtsfall, wie es § 47 GwG in Bezug auf Auftraggeber oder Dritte statuiert, wird sich daher erst an den – hier in der Regel eher fernliegenden – Grenzen vorsätzlicher Strafvereitelung ergeben. Der Beschäftigte sollte daher grundsätzlich mit dem Treffer konfrontiert und zur Stellungnahme aufgefordert werden (Muster in Anl. 1).

Neben dieser Auseinandersetzung mit dem Mitarbeiter und ggf. der Hinzuziehung von Betriebsrat und Datenschutzbeauftragtem wird im Fall eines nicht entkräfteten Treffers vor allem auch der Behördenkontakt auf der Agenda des Arbeitgebers stehen. Dies ist auch vor dem Hintergrund flankierender Risiken – etwa aus § 266a StGB bezüglich etwaig zurückgehaltener Sozialversicherungsbeiträge – und der zu berücksichtigenden steuerlichen Folgefragen geboten (Meyer/Macke HRRS 2007, 445 (448)).

Anzustreben sind dabei neben Transparenz zur Reduktion eigener Haftungsrisiken auch individuelle Lösungen, die ggf. im Einzelfall auch eine Fortbeschäftigung des Betroffenen ermöglichen und eine andernfalls drohende Freistellung entbehrlich machen. Denkbar ist dann zB auch die Lohnfortzahlung auf ein ggf. ohnehin eingefrorenes Konto des Beschäftigten bei Sicherstellung von Ressourcen für den allgemeinen Lebensbedarf.

Aktuelle Regelungen vergleichbarer Inpflichtnahmen der Privatwirtschaft im Rahmen der Sicherheitsarchitektur sehen vereinzelt Haftungsfreistellungen vor (vgl. etwa Art. 6 der VO (EG) Nr. 881/2002, ähnlich § 48 GwG bei einer fahrlässig unzutreffenden Geldwäsche-Verdachtsmeldung). Eine solche Privilegierung statuieren die EU-Verordnungen noch nicht einheitlich. Allenfalls der Rechtsgedanke dürfte sich übertragen oder ggf. aus einer Pflichtenkollision ableiten lassen. Ungeachtet dessen sind die eigenen Haftungsrisiken des Unternehmens auch mit den Mitarbeiterfürsorgepflichten auszutarieren.

**7. Beschäftigtenrechte.** Die Beschäftigten sind – im Zusammenhang mit der Betriebsvereinbarung oder bei einem späteren Unternehmenseintritt im Zuge der Einstellung – über das Screening und den oder die damit verfolgten Zwecke zu informieren.

Inwieweit unabhängig vom allgemeinen Prozess und ggf. erforderlichem Treffermanagement auch vor jedem erneuten Abgleich darüber in Kenntnis zu setzen ist, dürfte von der konkret gewählten Frequenz abhängen. Erfolgt der Abgleich nur einmal jährlich, kann die Information zur allgemeinen Transparenz der Verarbeitungsvorgänge beitragen. Bei einer Routine gewordenen automatisierten Überprüfung dürfte ein zB monatlicher Hinweis den allgemeinen Informations- und Hinweis-Dschungel und damit die Intransparenz eher vergrößern.

In die Gesamtabwägung der Interessen konnte ursprünglich auch einfließen, dass das BVerfG in der Mikado-Entscheidung (BVerfG 17.2.2009 – 2 BvR 1372/07, NJW 2009, 1405) einen Eingriff in das informationelle Selbstbestimmungsrecht bei einer hoheitlichen Abfrage von Kreditkartendaten verneint hat, soweit die Daten „maschinell geprüft, aber mangels Erfüllung der Suchkriterien schon bei den Unternehmen nicht als Treffer angezeigt" wurden. Allerdings ist insoweit auf die jüngste Entwicklung der Rechtsprechung des BVerfG hinzuweisen. Denn inzwischen zeigen sich Tendenzen, wonach es nicht mehr darauf ankommen soll, „ob sich als Ergebnis einer Kontrolle ein Trefferfall ergibt oder nicht." (BVerfG 18.12.2018 – 1 BvR 142/15, NJW 2019, 827 – „Automatisierte Kraftfahrzeugkennzeichenkontrolle"). An der früheren Position werde nicht mehr festgehalten. Auch soweit die Kontrolle zu einem „Nichttreffer" führe, sei ein Eingriff zu bejahen. Umso wichtiger kann eine Risikominimierung durch eine Betriebsvereinbarung sein.

Teilweise sehen Muster einer Betriebsvereinbarung zur Regelung des Sanktionslisten-Screenings auch vor, dass rechtsstaatliche Defizite, die im Zusammenhang mit solchen Sanktionsmaßnahmen zu beklagen sind, durch Unterstützungsleistungen und überobligatorisches Entgegenkommen des Unternehmens weitestmöglich auszugleichen sind. Formulierungsbeispiele, die Beschäftigtenrechte in dieser Weise einseitig betonen, wurden vorliegend allerdings nicht mit aufgenommen. Dies gilt etwa für die Vorschläge, dass das Unternehmen die Rechtsanwaltskosten für die Betroffenen übernimmt, die „zu Unrecht" gelistet wurden, oder dass eine Kündigung nur bei einer „strafrechtlichen Verurteilung zu einer langjährigen Haftstrafe" erfolgen soll (vgl. dazu Thannheiser/Westermann EU-Antiterror-Vereinbarungen und Mitarbeiter-Screening S. 3). Grenzen ergeben sich hier auch aus der über § 266 StGB strafbewehrten Vermögensbetreuungspflicht, wobei insoweit berücksichtigt werden kann, dass auch das Unternehmen selbst Interesse an einer schnellen Aufklärung festgestellter Verdachtsmomente hat.

Dem Arbeitgeber, der ohne eigenes Zutun durch die – faktische – Inpflichtnahme zu Screening-Maßnahmen in das Konfliktfeld der Sanktionsmaßnahmen hineingezogen wird, kann grds. nur abverlangt werden, die Situation des Beschäftigten durch unrechtmäßige oder fehleranfällige Screenings oder ein ineffizientes Treffermanagement nicht noch zusätzlich zu verschlechtern. Wenn ihm dazu noch die Verantwortung auferlegt werden soll, die rechtsstaatlich zweifelhafte Gesamtsituation in jeder Hinsicht zugunsten des Beschäftigten abzufedern, stellt dies schlicht eine Überforderung dar. Überobligatorische Ausnahmen im Einzelfall sollten nicht die Leitlinie der Betriebsvereinbarung vorgeben.

**8. Einbeziehung des Betriebsrats.** Der allgemeine Informationsanspruch des Betriebsrats gem. § 80 Abs. 1 Nr. 1 BetrVG ist zu berücksichtigen (Polkowski SPA 2022, 109). Mitbestimmungsrechte gem. § 87 BetrVG waren in diesem Regelungskontext lange umstritten. Die Heranziehung von § 87 Abs. 1 Nr. 1 BetrVG wird verneint, weil – allenfalls – ein Bezug zu außerbetrieblichem Verhalten bestehe (vgl. BDA Leitfaden Antiterrorgesetzgebung S. 5). Aufgrund des elektronischen Abgleichs und des Softwareeinsatzes wurde auch § 87 Abs. 1 Nr. 6 BetrVG in Betracht gezogen. Eine Ansicht stellte auf die automatisierte Verarbeitung und Verknüpfung mit anderen Daten – jenen der Sanktionslisten – ab, die durchaus ermöglichen solle, das Verhalten des Beschäftigten zu kontrollieren: nämlich auf seine „potenziellen terroristischen Aktivitäten" (vgl. Thannheiser/Westermann EU-Antiterror-Vereinbarungen und Mitarbeiter-Screening S. 27). Dem wurde zutreffend entgegengehalten, dass die Listung als solche bei konsequent kritischer Betrachtung gerade keine Rückschlüsse auf das Verhalten zulässt (vgl. Behling NZA 2015, 1359 (1362, 1364)). Dies ergibt sich nicht zuletzt aus der fortbestehenden Unschuldsvermutung und dem selbst bei einem Treffer unveränderten Informationsdefizit zu den Hintergründen der jeweiligen Listung.

Hauptzweck des Screenings ist, im Unternehmensinteresse einen Verstoß gegen das Bereitstellungsverbot zu vermeiden, ungeachtet einer berechtigten oder unberechtigten Listung oder des zugrundeliegenden Verhaltens des Beschäftigten. Selbst arbeitsrechtliche Konsequenzen im Rahmen des Treffermanagements werden vor diesem Hintergrund nicht primär auf das vermeintliche Verhalten oder den Verdacht gestützt, sondern wären davon beeinflusst, dass eine Fortbeschäftigung bei gleichzeitig fehlender Möglichkeit der leistungsgerechten Entlohnung widersprüchlich wäre.

Das BAG hat sich diesen Argumenten inzwischen angeschlossen und entschieden, dass die Einführung eines automatisierten Datenabgleichs kein Mitbestimmungsrecht des Betriebsrats nach § 87 Abs. 1 Nr. 6 BetrVG auslöst (BAG 19.12.2017 – 1 ABR 32/16, NZA 2018, 673). Auch aus einem festgestellten Bereitstellungsverbot ergebe sich noch keine Aussage zum tatsächlichen betrieblichen oder außerbetrieblichen Verhalten des Arbeitnehmers. Teilweise wird aus dieser Entscheidung abgeleitet, Mitarbeiterscreenings könnten nicht mehr Gegenstand einer Betriebsvereinbarung sein (mit „gravierenden Bedenken" auch gegen freiwillige Betriebsvereinbarungen Gundelach NJOZ 2018, 1841 (1846 f.); Gundelach NZA 2018, 1606). Dieser Schluss erscheint indes zu weitgehend, vor allem bei Berücksichtigung des positiven Einflusses einer transparenten Regelung der hier aufgezeigten Parameter, auch und gerade auf die Verhältnismäßigkeit des Vorgehens. Zwar müssen Unternehmen keinen Konsens mit dem Betriebsrat anstreben, wenn sich das Thema intern als sehr konfliktreich darstellt. Insbesondere können komplexe Verhandlungen unterbleiben, wenn wegen und während dieses Zeitaufwands bereits eine Verletzung des Bereitstellungsverbots droht (Haußmann ArbRAktuell 2018, 291). Eine freiwillige Vereinbarung iSd § 88 BetrVG bleibt aber sinnvoll, zumal die genannte Entscheidung nur die betriebsverfassungsrechtliche Mitbestimmung aufgreift, nicht aber die datenschutzrechtlichen Bezüge löst. Die Funktion als möglicher datenschutzrechtlicher Erlaubnistatbestand bleibt daher im Ergebnis unberührt (Stück CCZ 2020, 77 (80)).

Sinnvoll erscheint weiterhin eine Klarstellung, dass der Betriebsrat im Rahmen seiner Mitbestimmungsrechte einbezogen wird. Relevant wird eine solche Klarstellung spätestens, wenn das Treffermanagement und die weitere Analyse und Befassung mit dem Vorgang auch eine verhaltens- oder leistungsbezogene Beurteilung erfordern und ggf. arbeitsrechtliche Konsequenzen bis zur mitunter notwendigen Kündigung nach sich ziehen (vgl. BDA, Leitfaden Antiterrorgesetzgebung v. 19.8.2014, S. 5).

**9. Dokumentation.** Eine Dokumentation der Maßnahmen dient sowohl der Einhaltung von DS-GVO-Anforderungen an Rechenschaftspflichten/Accountability als auch der Vorbereitung auf Außenwirtschaftsprüfungen. Dass insbesondere letztere möglicherweise erst nach Jahren zu erwarten sind (vgl. Hehlmann/Sachs EuZW 2012, 527), kann auch die Speicherfrist beeinflussen.

**10. Schlussbestimmungen.** In Bezug auf die Schlussvorschriften ergeben sich aus dem Regelungsgegenstand keine Besonderheiten zu Betriebsvereinbarungen anderen Inhalts.

# VII. Screening von Beschäftigten

## 1. Kontrollmöglichkeiten der betrieblichen E-Mail-Kommunikation

Die nachfolgende Checkliste soll eine komprimierte praxisnahe Übersicht unter Anwendung eines mehrphasigen Prüfungsschemas bereitstellen, anhand derer verantwortliche Arbeitgeber abwägen können, ob die Einsichtnahme in das dienstliche E-Mail-Postfach eines Arbeitnehmers rechtlich zulässig ist oder nicht. Die Checkliste (vgl. auch Wybitul NJW 2014, 3605) bezieht sich auf die Zulässigkeit einer Einsichtnahme in bereits vorhandene Postfächer und Daten, anders als die Richtlinie zur Nutzung von Internet und E-Mail (→ Form. D. III. 1.), welche allgemeine Vorgaben für die zukünftige Nutzung von Internet und E-Mail enthält.

In der betrieblichen Praxis kann aus verschiedenen Gründen ein Interesse des Arbeitgebers bestehen, Einsicht in individuelle E-Mail-Postfächer von Mitarbeitern zu nehmen. Dieses Interesse kann allgemeiner Natur sein, um die betriebsinternen Vorgaben oder -verbote für die private Nutzung von dienstlichen E-Mail-Accounts zu überwachen. Konkrete Verdachtsmomente können es notwendig machen, die Sichtung eines Postfaches oder von E-Mail-Inhalten durchzuführen, ohne dass die betroffene Person hierüber im Vorfeld immer in Kenntnis gesetzt wird.

### Leitfaden zur Einsicht in betriebliche E-Mail-Postfächer von Mitarbeitern

Allgemeines

Der Arbeitgeber kann grundsätzlich Vorgaben für die Nutzung der dienstlichen E-Mail-Accounts festlegen, insbesondere ist auch ein Verbot der privaten Nutzung möglich. Eine Einsicht in dienstliche E-Mails ist möglich, da die dienstliche Korrespondenz im Namen des Arbeitgebers stattfindet und somit wie seine eigene Korrespondenz zu behandeln ist. Zudem ist, bei Festlegung eines Verbots, die stichprobenartige Kontrolle der Einhaltung des Verbots erforderlich.

Wichtig ist allerdings, eine Durchmischung mit oder Einsicht in mögliche private Kommunikationsinhalte von Mitarbeitern auszuschließen, um deren Persönlichkeitsrechte zu wahren.

Selbst wenn die Einsicht in dienstliche E-Mails im Grundsatz möglich ist, müssen die Grenzen der zulässigen Mitarbeiterüberwachung beachtet werden. So ist etwa eine dauerhafte Echtzeit-Überwachung der E-Mail-Korrespondenz in aller Regel nicht zulässig.

Jede geplante Sichtungsmaßnahme muss daher in mehreren Phasen vorgenommen werden.

Phase 1: Vorbereitung

1.1 Prüfung und ggf. Anpassung (in Form von Aktualisierung) bestehender IT-Regelungen[1]

Die (ggf.) vorhandenen Regelungen zur E-Mail-Nutzung im Unternehmen können sich auf die bei der konkreten Auswertung notwendige Verhältnismäßigkeitsprüfung auswirken.

- Wenn eine private Nutzung des dienstlichen E-Mail-Accounts durch den Arbeitgeber ausdrücklich untersagt wurde, ist eine Einsichtnahme in dienstliche E-Mails im Grundsatz zulässig und es müssen nur datenschutzrechtliche Vorgaben eingehalten werden.
- Wenn eine private Nutzung des dienstlichen E-Mail-Accounts durch den Arbeitgeber geduldet oder ausdrücklich gestattet ist, unterliegt eine Einsichtnahme in dienstliche E-Mail-Accounts deutlich höheren Anforderungen, da in diesem Fall (zumindest nach Ansicht der Aufsichtsbehörden) auch der Schutzbereich des Fernmeldegeheimnisses eröffnet ist.

1.2 Beteiligte Personen[2]
Der Kreis der Personen mit Zugang zu personenbezogenen Daten im Rahmen einer Auswertung von E-Mails muss auf das zur effektiven Durchführung der Sachverhaltsaufklärung „Nötigste" beschränkt bleiben/werden („Need to know"-Prinzip).

1.3 Einweisung oder Schulung der Beteiligten[3]
Für die datenschutzkonforme Sichtung von E-Mails sind datenschutzrechtliche Kenntnisse notwendig.

1.4 Verpflichtung auf Vertraulichkeit[4]
Alle an der Sichtung Beteiligten sind auf Vertraulichkeit zu verpflichten.

1.5 Einbindung von Datenschutzrechtsexperten[5]
Soweit möglich, sollte für Fragen zum jeweiligen Einzelfall bei jeder E-Mail-Sichtung vor Ort ein erfahrener Datenschutzrechtsexperte (intern oder extern) beteiligt oder zumindest schnell verfügbar sein.

1.6 Beteiligung des Datenschutzbeauftragten[6]
Der Datenschutzbeauftragte muss, entweder selbst oder durch beauftragte Stellvertreter (Datenschutz-Team), in jede Phase der E-Mail-Sichtung eingebunden sein. Empfohlene Möglichkeit: vorherige Prüfung der konkret geplanten Maßnahmen durch den Datenschutzbeauftragten.

1.7 Ggf.: Mitbestimmungsrechte des Betriebsrats beachten.[7]

1.8 IT[8]
Technische Voraussetzungen zur Dokumentation sowie zur Datensicherung und Datenauswertung schaffen (zB Loggen von Zugriffen oder regelmäßige Offline-Datensicherungen; Erstellen einer geschützten Umgebung, in der die gefundenen Ergebnisse der Sichtung zugriffsbeschränkt abgelegt werden können).

1.9 Datensicherheit[9]
Nach Art. 32 DS-GVO ist gerade bei E-Mail-Auswertungen ein hohes Maß an Datensicherheit einzuhalten. Dies betrifft insbesondere Zutritts-, Zugangs-, Zugriffs- und Weitergabekontrollen. Hierdurch muss unbedingt sichergestellt sein, dass Informationen aus der E-Mail-Sichtung keinen Unbefugten zur Kenntnis gelangen können (zB keine mobilen Datenträger; Rechte- und Rollenkonzept; verschlüsselte Speicherung).

Phase 2: Prüfung der rechtlichen Rahmenbedingungen in jedem Einzelfall

2.1 Rechtliche Zulässigkeit der geplanten E-Mail-Kontrolle[10]
Gibt es belastbare Aussagen über die grundsätzliche Zulässigkeit der beabsichtigten Sichtung elektronischer Kommunikation? In Betracht kommen hier insbesondere Stellungnahmen der Aufsichtsbehörden für den Datenschutz sowie Rechtsgutachten von Datenschutzexperten.

2.2 Sicherung der Daten[11]
Die mit der Auswertung befassten Personen sollten ausschließlich Daten sichten, die in forensischen Sicherungskopien gespeichert sind. In laufende E-Mail-Korrespondenz sollte nicht eingegriffen werden.

2.3 Optionale Involvierung der Datenschutzbehörde[12]
Für ein höheres Maß an Rechtssicherheit kann sich die Kontaktaufnahme mit der jeweils zuständigen Aufsichtsbehörde für den Datenschutz anbieten. Zumindest sollte geprüft werden, ob eine Abstimmung mit der Datenschutzbehörde im konkreten Einzelfall möglich und zweckmäßig ist.

2.4 Anweisung an die Beteiligten[13]
Erkennbar private E-Mails dürfen grundsätzlich nicht gelesen werden. Sollten private Inhalte dennoch versehentlich eingesehen werden, muss die Eingriffsintensität so gering wie möglich gehalten werden und das Lesen unmittelbar bei Kenntnis des privaten Inhalts eingestellt werden. Die betreffende E-Mail ist sodann aus dem Pool des Sichtungsmaterials zu entfernen.

2.5 Information der Betroffenen[14]
Die von der Sichtung Betroffenen sollten wegen der Transparenz beim Umgang mit personenbezogenen Daten möglichst frühzeitig über die Auswertung ihrer elektronischen Kommunikation informiert werden. Etwas anderes kann jedoch gelten, wenn konkrete Anhaltspunkte bestehen, dass ansonsten das Aufklärungsziel gefährdet werden kann, etwa durch das Verwischen von Spuren.

Phase 3: Durchführung der Sichtung

3.1 Weitergabe der Daten[15]
Die Weitergabe von Ergebnissen einer E-Mail-Auswertung muss auf das absolut notwendige Minimum beschränkt werden.

3.2 Begrenzung des betroffenen Personenkreises[16]
Der Kreis der von der Auswertung ihrer E-Mails betroffenen Personen muss strikt auf die zur Verwirklichung des Kontrollziels Betroffenen beschränkt sein.

3.3 Begrenzung des Umfangs der E-Mail-Sichtung[17]
Die E-Mail-Kontrolle darf allein die tatsächlich für die Erreichung des festgelegten Zwecks der Einsichtnahme relevante Kommunikation betreffen. Daher sollte die Sichtung beispielsweise auf konkrete Zeiträume, Geschäftsvorgänge, fragliche Zahlungen, Vertragsbeziehungen oder Absprachen, Geschäftspartner und sonstige beteiligte Personen begrenzt werden.

3.4 Interessenabwägung und Verhältnismäßigkeitsprüfung im Einzelfall[18]
Für die Einsichtnahme ist im Einzelnen zu prüfen, ob sie für die Erreichung der definierten Zwecke erforderlich ist oder ob auch ein milderes Mittel zur Erreichung

zur Verfügung steht. Zudem muss abgewogen werden, ob schutzwürdige Interessen der betroffenen Person entgegenstehen könnten. Das ist der Fall, wenn große Teile der Kommunikation offensichtlich privater Natur sind oder erkennbar sensible Inhalte enthalten. Andererseits kann eine Schutzwürdigkeit verneint werden, wenn es um Daten geht, die ein strafrechtlich relevantes oder eine Pflichtverletzung begründendes Verhalten aufzeigen.

3.5 Kritische Fälle: Aussonderung und datenschutzrechtliche Prüfung[19]
Kennzeichnung von E-Mails, wenn die mit der Auswertung befasste Person sie als datenschutzrechtlich problematisch bewertet. Diese E-Mails dürfen später nur nach einer eingehenden Prüfung der datenschutzrechtlichen Zulässigkeit dieser Auswertung gesichtet werden oder wenn weitere Verdachtsmomente darauf hindeuten, dass gerade die Kenntnis dieser E-Mail-Kommunikation für den konkret verfolgten Ermittlungs- oder Kontrollzweck maßgeblich ist.

3.6 Gestuftes Vorgehen[20]
Soweit möglich, sollten bei der Sichtung zunächst nur Stichproben (zB durch Verwendung bestimmter Schlagwörter oder E-Mail-Adresse) durchgeführt werden, anstatt flächendeckend zu kontrollieren.

Phase 4: Dokumentation der Sichtung

4.1 Festlegung konkreter Zwecke der E-Mail-Sichtung[21]
Das Unternehmen muss vor allem die mit der jeweiligen E-Mail-Kontrolle verfolgten Zwecke klar festlegen (zB Aufklärung einer Straftat, Aufklärung eines Verdachts auf relevantes Fehlverhalten, essenziell notwendige Sicherung der Geschäftsabläufe bei Abwesenheit eines Mitarbeiters). Diese Zweckbestimmung kann eine nachträgliche Kontrolle erleichtern.

4.2 Festlegung der konkreten Maßnahmen zur Umsetzung der Sichtung[22]
Die einzelnen Phasen/Stufen der jeweiligen Maßnahmen zur Sachverhaltsaufklärung müssen systematisch und nachvollziehbar festgelegt werden.

4.3 Dokumentation der Beteiligten[23]
Im Nachhinein muss feststellbar sein, welche Personen an der Sichtung und Auswertung der E-Mails beteiligt waren; auch um belegen zu können, dass der Personenkreis nur auf das Nötigste beschränkt war.

4.4. Transparenz der verwendeten Suchkriterien[24]
Es ist zu dokumentieren, nach welchen Parametern die tatsächlich gesichtete elektronische Kommunikation ausgewählt wurde.

4.5 Dokumentation der betroffenen E-Mail-Postfächer[25]
Es ist zu dokumentieren, welche Zugänge gesichtet wurden und welche Zeiträume von der Kontrolle betroffen waren.

4.6 Festhalten der Funde[26]
Am Ende muss dokumentiert werden, welche E-Mails als relevant für den in Frage stehenden Sachverhalt beurteilt wurden.

## Anmerkungen

**1. Prüfung und ggf. Anpassung bestehender IT-Regelungen.** Grundsätzlich sind im Vorfeld einer möglichen Einsichtnahme in E-Mail-Postfächer von Mitarbeitern betriebsinterne Vorgaben zur privaten Nutzung von dienstlichen E-Mail-Postfächern zweifelsfrei in Erfahrung zu bringen und für das weitere Vorgehen zu berücksichtigen. Sofern zB offiziell ein Verbot der Privatnutzung besteht, das aber der Mitarbeiterschaft nicht oder nur teilweise bekannt ist und infolgedessen nicht beachtet wird, ohne dass faktische Kontrollen des Arbeitgebers zur Einhaltung der internen Vorgaben stattfinden, kann de facto eine Duldung der Privatnutzung vorliegen, was Folgen für die Beurteilung der Zulässigkeit der Einsichtnahme haben kann (Waltermann NZA 2007, 529 (531); Kramer NZA 2018, 637 (638)). Grundsätzlich steht es dem Arbeitgeber frei, Vorgaben und Einschränkungen für eine private Nutzung dienstlicher E-Mail-Konten zu machen (vgl. LAG Baden-Württemberg 27.1. 2023 – 12 Sa 56/21, BeckRS 2023, 11981 Rn. 134; Müller öAT 2019, 1 (3)). So kann vorgegeben werden, dass private E-Mails in einen eigens gekennzeichneten Ordner verschoben werden müssen, um sie von dienstlichen Inhalten zu trennen. Sofern Vorgaben für die private Nutzung gemacht werden, steht der Arbeitgeber in einer gewissen Pflicht, die Einhaltung dieser Vorgaben im Betrieb zu kontrollieren. Denn ansonsten kann es mit der Zeit zu einer geduldeten Privatnutzung und damit zu einer betrieblichen Übung kommen (→ Form. D. III. 1.). Konkrete zeitliche Vorgaben für Kontrollintervalle bestehen gesetzlich nicht. Allerdings sollten die Intervalle nicht zu weit gewählt werden, um das Risiko zu vermeiden, im Falle einer tatsächlichen Nichtbeachtung der Vorgaben im Unternehmen in eine Duldungspflicht zu geraten (vgl. Brink/Schwab ArbRAktuell 2018, 111 (111)). Man könnte beispielsweise alle drei Monate über sieben Tage eine Datenaufzeichnung für die Stichprobe vornehmen (BAG 9.7.2013 – 1 ABR 2/13, NZA 2013, 1433; vgl. auch LAG Berlin-Brandenburg 14.1.2016 – 5 Sa 657/15, K&R 2016, 293). Der Zeitpunkt kann aber auch etwas länger sein. Sehr wichtig ist dabei allerdings, dass dieser nicht zu einer ständigen Vollüberwachung führen darf (Taeger/Gabel/Zöll BDSG § 26 Rn. 44). Wird die private Nutzung ausdrücklich erlaubt, ist zu beachten, dass das Strafbarkeitsrisiko für den Arbeitgeber steigt, wenn er passwortgeschützte Dateien im Rahmen einer internen Untersuchung entschlüsselt (vgl. Gottwald/Ohrloff CCZ 2022, 253 (264)). Der Einsatz von Keyloggern, mit denen sämtliche Tastatureingaben protokolliert werden, wird etwa als Überwachungsmaßnahme grundsätzlich als unzulässig erachtet (EGMR 5.9.2017 – 61496/08, NZA 2017, 1443; BAG 27.7. 2017 – 2 AZR 681/16, NZA 2017, 1327).

Die Nutzungsvorgaben sollten idealerweise seitens der Angestellten unterzeichnet werden, um im Zweifel den Nachweis über die Kenntnisnahme führen zu können. In dem zu unterzeichnenden Dokument sollte auch die stichprobenartige Kontrolle der Einhaltung der Vorgaben dargelegt werden. Sollte eine Gegenzeichnung seitens der Angestellten aus irgendwelchen Gründen nicht möglich sein, ist zumindest zu dokumentieren, dass die Angestellten eine Kopie von den internen Vorgaben erhalten haben.

Vermehrt stellen Arbeitgeber ihren Mitarbeitern mobile Endgeräte für die Arbeit zur Verfügung, deren Nutzung auch für private Zwecke gestattet ist (sog. „unechtes“ BYOD). Wird einem Arbeitnehmer ein Smartphone als umfassendes Kommunikations- und Organisationsgerät überlassen und erfolgt im Hinblick auf bestimmte Kommunikationsformen (WhatsApp, SMS, Telefon) ausdrücklich eine einvernehmliche Mischnutzung, darf der Arbeitnehmer annehmen, dass sich die Erlaubnis auch auf andere Kommunikationsformen (E-Mail) bezieht. Eine solche ausdrückliche Einvernehmlichkeit des Arbeitgebers mit der Mischnutzung ist anzunehmen, wenn er sich einverstanden damit zeigt, dass der Arbeitnehmer seine SIM-Karte und die von ihm für seine private Kommunikation genutzte Mobilfunknummer einbringt (LAG Baden-Württemberg 27.1.2023 – 12 Sa 56/21, BeckRS 2023, 11981). Nach dieser Ansicht „infiziert" mithin eine gestattete oder geduldete Kommunikationsform auch andere, ähnliche Kommunikationsformen über dasselbe Gerät.

**2. Beteiligte Personen.** Der Kreis der beteiligten Personen für eine mögliche Einsichtnahme muss unter Berücksichtigung der Verarbeitungsgrundsätze nach Art. 5 Abs. 1 DS-GVO möglichst klein gehalten und auf solche Personen begrenzt werden, die für die Erreichung der vorab festzulegenden Zwecke der Einsichtnahme auch notwendigerweise teilnehmen müssen (vgl. LAG Berlin-Brandenburg 14.1.2016 – 5 Sa 657/15, K&R 2016, 293). So kann die Notwendigkeit der Teilnahme von Personal aus der IT-Abteilung bestehen, wenn etwa auf bereits archivierte E-Mails oder auf E-Mails, die vorab einer Entschlüsselung bedürfen, zugegriffen werden soll. Die Teilnahme von Mitgliedern der Geschäftsführung sollte im Zweifel bei der Einsichtnahme selbst vermieden werden, damit beispielsweise eine möglicherweise auch versehentliche Einsicht in vertrauliche E-Mail-Inhalte an den Betriebsrat oder den Datenschutzbeauftragten, von denen der Arbeitgeber (als Verantwortlicher) keinesfalls Kenntnis erlangen darf, ausgeschlossen wird. Daher ist es sinnvoller, die Sichtung durch einen betrieblichen Angestellten – oder besser: den Datenschutzbeauftragten – vornehmen zu lassen und nur etwaige relevante Ergebnisse der Sichtung der Geschäftsführung/dem Arbeitgeber zuzuleiten.

Bezüglich der Anwesenheit der betroffenen Person kommt es darauf an, ob die Datenverarbeitung in Anwesenheit des Betroffenen gegenüber der in Abwesenheit erfolgenden als milderes Mittel anzusehen und daher die in Abwesenheit des Betroffenen oder gar heimlich durchgeführte Datenverarbeitung als nicht erforderlich angesehen werden kann (Tiedemann ZD 2016, 336 (337)). Grundsätzlich tendiert die Rechtsprechung eher dazu, die Anwesenheit des Betroffenen im Rahmen der Erforderlichkeit der Maßnahme positiv zu berücksichtigen. Eine heimliche Vornahme der Kontrolle wird kritisch gesehen (im Fall einer Schrankkontrolle: BAG 20.6.2013 – 2 AZR 546/12, NZA 2014, 143). Der Arbeitgeber hätte den betroffenen Arbeitnehmer zur Kontrolle seines Schranks hinzuziehen müssen. Eine in seiner Anwesenheit durchgeführte Spindkontrolle wäre ein milderes, gleich erfolgversprechendes Mittel gewesen. Dies bedeutet nicht, dass heimliche Maßnahmen prinzipiell unzulässig sind (Wybitul/Astor ZD 2014, 260 (265); Byers NZA 2017, 1086 (1087)). Das BAG hat auch entschieden, dass der Arbeitgeber in engen Ausnahmefällen auf verdeckte Kontrollmaßnahmen zurückgreifen können muss (dort: eine Videoüberwachung), um einen konkreten Straftatverdacht aufzuklären (BAG 20.10.2016 – 2 AZR 395/15, NJW 2017, 1193). Die Heimlichkeit einer Maßnahme verstärkt aber nach Ansicht des BAG die Eingriffsintensität und bedarf daher einer besonders sorgfältigen Erforderlichkeitsprüfung. Zumindest sollte daher über eine Vorabinformation des Betroffenen und eine Einladung zur Kontrollmaßnahme nachgedacht werden. Denn das BAG hält ua dann die Heimlichkeit der (Video-) Überwachung für zulässig, wenn weniger einschneidende Mittel zur Aufklärung eines Verdachts ergebnislos ausgeschöpft wurden (BAG 21.11.2013 – 2 AZR 797/11, NJW 2014, 810). Dieses „Ausschöpfen" milderer Mittel muss jedoch nachgewiesen werden können. Unter dem Gesichtspunkt des Schutzes der Privatsphäre, die ein Arbeitnehmer berechtigterweise erwarten kann, muss bei der Beurteilung der Verhältnismäßigkeit einer Videoüberwachung nach den Orten unterschieden werden, an denen sie stattgefunden hat. An Orten privater Natur ist die Erwartung sehr hoch, zB in Toiletten oder Garderoben, in denen ein höherer Schutz oder sogar ein völliges Verbot der (Video-)Überwachung geboten ist. Die Erwartung bleibt hoch in geschlossenen Arbeitsbereichen wie Büros, sie ist deutlich niedriger an Orten, die von Kollegen eingesehen werden können, zu denen sie Zugang haben, oder zu denen, wie im entschiedenen Fall, die Öffentlichkeit Zugang hat (EGMR 17.10.2019 – 1874/13, 8567/13, NZA 2019, 1697).

**3. Einweisung oder Schulung der Beteiligten.** Die der Einsichtnahme beiwohnenden Personen sind im Vorfeld entsprechend datenschutzrechtlich zu sensibilisieren. Ggf. müssen die Beteiligten vorab noch einmal mit den Grundsätzen des Datenschutzrechts oder internen Vorgaben zur E-Mail-Nutzung vertraut gemacht werden, sofern eine solche Unterweisung nicht schon zuvor stattgefunden hat.

**4. Verpflichtung auf das Datengeheimnis.** Die der Einsichtnahme beiwohnenden Personen sind auf Verschwiegenheit zu verpflichten (→ Form. C. VII.), wenn auch selbstverständlich nicht erst aufgrund der geplanten Einsichtnahme. Zwar existiert in der aktuellen Fassung des BDSG das seinerzeit explizit normierte Datengeheimnis nach § 5 BDSG aF nicht mehr. Beschäftigte sind aber dennoch auch nach nunmehr geltendem Recht auf die Vertraulichkeit zu verpflichten (→ Form. C. VII.). Hierbei bietet es sich an, dass Beschäftigte auf die Verarbeitungsgrundsätze nach Art. 5 Abs. 1 DS-GVO verpflichtet werden. Bei der Verpflichtung empfiehlt sich eine Gegenzeichnung der verpflichteten Person, damit verantwortliche Arbeitgeber ihrer Rechenschaftspflicht nach Art. 5 Abs. 2 DS-GVO nachkommen können. Sofern eine Gegenzeichnung der Beschäftigten aus irgendwelchen Gründen nicht erreicht werden kann, kann auch der dokumentierte Nachweis darüber, dass Mitarbeiter auf die bestehenden Verschwiegenheitspflichten hingewiesen wurden, den Anforderungen einer Verschwiegenheitsverpflichtung genügen. Die grundsätzliche Pflicht zur vertraulichen Wahrung von Informationen, die in der Ausübung des Beschäftigungsverhältnisses bekannt geworden sind, ergibt sich auch als eigenständige Nebenleistungspflicht aus dem Dienstvertrag (vgl. BeckOK DatenschutzR/Spoerr DS-GVO Art. 28 Rn. 65 f.; Piltz BvD-News 1/2018, 20). Allerdings muss der Beschäftigte Kenntnis hiervon haben, wenngleich die explizite Bestätigung in Form einer Unterschrift formal nicht zwingend gefordert ist.

**5. Einbindung von Datenschutzrechtsexperten.** Je nach Sensibilität und vor allem Komplexität der geplanten Einsichtnahme, kann die ergänzende Hinzuziehung eines Datenschutzrechtsexperten neben der Einbindung des betrieblichen Datenschutzbeauftragten ratsam sein. So kann es eventuell sinnvoll sein, das geplante Vorgehen noch einmal juristisch prüfen zu lassen um eine zweite Meinung zu erfragen und im Fall einer späteren Auseinandersetzung mit dem Betroffenen oder der Aufsichtsbehörde die Einhaltung eigener Sorgfaltspflichten belegen zu können.

**6. Beteiligung des Datenschutzbeauftragten.** Sofern ein betrieblicher Datenschutzbeauftragter benannt ist, muss dieser in den Vorgang der Einsichtnahme eingebunden werden, um mögliche dem Interesse des Arbeitgebers entgegenstehende schutzwürdige Interessen der betroffenen Person in einem größtmöglichen Maße wahren zu können. Ein Recht des Datenschutzbeauftragten, in die geplante Sichtung eingebunden zu werden, ergibt sich aus Art. 39 Abs. 1 lit. a DS-GVO, wonach dem betrieblichen Datenschutzbeauftragten die Überwachung der Einhaltung der Datenschutzvorschriften sowie der Strategien des Verantwortlichen oder des Auftragsverarbeiters für den Schutz personenbezogener Daten einschließlich der Zuweisung von Zuständigkeiten sowie der Sensibilisierung und Schulung der an den Verarbeitungsvorgängen beteiligten Mitarbeiter und der diesbezüglichen Überprüfungen obliegt.

Sofern eine Datenschutz-Folgenabschätzung (→ Form. C. III.) notwendig ist, ist die Einbindung des Datenschutzbeauftragten für den Arbeitgeber nach Art. 53 Abs. 2 DS-GVO zwingend (vgl. Paal/Pauly/Paal DS-GVO Art. 39 Rn. 7; Sydow/Marsch/Helfrich DS-GVO Art. 39 Rn. 101).

**7. Mitbestimmungsrechte des Betriebsrats.** Sofern ein Betriebsrat existiert, muss dieser im Vorfeld einer möglichen manuellen Einsichtnahme (durch Personen) in den Vorgang involviert werden (vgl. Müller öAT 2019, 1 (3); ArbG Weiden 17.5.2017 – 3 Ga 6/17, ZD 2017, 535). Sofern die Einsichtnahme nicht durch eine Person, sondern einen automatisierten technischen Prozess stattfinden soll, kann die Einbeziehung des Betriebsrats nach § 87 Abs. 1 Nr. 6 BetrVG rechtlich verpflichtend sein. Hiernach hat der Betriebsrat bei der Einführung und Anwendung von technischen Einrichtungen, die dazu bestimmt sind, das Verhalten oder die Leistung der Arbeitnehmer zu überwachen, ein Mitbestimmungsrecht. Des Weiteren hat der Betriebsrat nach § 80 Abs. 1 Nr. 1 BetrVG generell die Aufgabe, über die Einhaltung des Beschäftigtendatenschutzes zu wachen (vgl. BAG 23.3.2021 – 1 ABR 31/19, NZA 2021, 959 Rn. 27). Ihm kann bei der Durchführung eines E-Mail-Screenings überdies ein Auskunftsanspruch aus § 80 Abs. 2 S. 1 BetrVG zustehen. Zu prüfen ist dann, ob die Auskunft in anonymisierter oder jedenfalls pseudonymisierter Form erteilt werden kann, um den Personenbezug möglichst gering zu halten, ohne jedoch dadurch die Effektivität der Überwachung durch den Betriebsrat zu gefährden (vgl. Frank/Heine CCZ 2021, 195 (199) mwN). Zudem können im Zuge von Betriebsvereinbarungen kollektivrechtliche Vorgaben innerhalb eines Betriebs zur Weite der Zulässigkeit von Einsichtnahmen in dienstliche E-Mail-Postfächer festgelegt werden (vgl. Suwelack ARP 2021, 230 (233); Müller öAT 2019, 1 (3); Ernst NZA 2002, 585 (586)). Im Fall entsprechender Verdachtsmomente ermöglichen solche Betriebsvereinbarungen ein schnelles Tätigwerden (→ Form. H. VIII.).

**8. IT.** Die IT-seitige Ausgestaltung der Einsichtnahme muss im Vorfeld definiert werden. Auch allgemeine technische Voreinstellungen sind vorbereitend zu berücksichtigen. So sollte auf den Einsatz von automatischen Vorschauansichten bei der Sichtung verzichtet werden, da hierdurch bereits beim Anklicken einer Mail, etwa zum Zweck des Verschiebens, eine Darstellung der Kommunikationsinhalte stattfindet, wodurch sich das Risiko einer möglicherweise unzulässigen Einsichtnahme deutlich erhöht. Daneben sind auch die grundsätzlichen Vorgaben nach Art. 25 DS-GVO zum Datenschutz durch Technikgestaltung und durch datenschutzfreundliche Voreinstellungen zu beachten.

**9. Datensicherheit.** Die Vorgaben nach Art. 32 DS-GVO sind auch bei dem Verarbeitungsvorgang der Einsichtnahme selbst zu berücksichtigen. Etwaige bestehende Zugriffs-, Rechte- und Rollenkonzepte behalten auch bei der Sichtung weiterhin Bestand. Es sollte vermieden werden, im Zuge der Sichtung bestehende Zugriffsberechtigungen nur zum Zwecke der Einsichtnahme zu ändern, zB um teilnehmenden Personen weitergehende Zugriffsrechte auf zu sichtende E-Mails zu gewähren, als sie sie üblicherweise hätten. Man könnte die betreffenden E-Mails beispielsweise auf einen separaten Laptop ohne weitere Internet- oder Netzwerkanbindung übertragen, um dort eine isolierte Einsichtnahme unter Abgrenzung von den anderen betrieblichen IT-Systemen vorzunehmen. Unter gewissen Umständen kann es auch erforderlich sein, dass die Einsichtnahme in E-Mails stattfindet, die nicht mehr Bestandteil des aktiven Postfachs, sondern bereits auf separaten Servern archiviert sind.

**10. Zulässigkeit der geplanten E-Mail-Kontrolle.** Dem Arbeitgeber steht es grundsätzlich frei, die private Nutzung der betrieblichen Kommunikationsinfrastruktur zu verbieten oder hierfür eindeutige Nutzungsvorgaben im Hinblick auf Nutzungsbeschränkungen zu schaffen (vgl. Müller öAT 2019, 1 (3)). Relevant ist die Frage, ob eine private Nutzung gestattet ist, auch für eine mögliche Anwendbarkeit des Fernmeldegeheimnisses nach § 3 Abs. 1 TDDDG (§ 88 Abs. 1 TKG aF). Sofern eine Anwendbarkeit des Fernmeldegeheimnisses anzunehmen ist, wäre die Einsichtnahme in jedwede übermittelte Kommunikationsinhalte ohne eine entsprechende Einwilligung fast immer unzulässig.

Bereits bevor das Fernmeldegeheimnis in das am 1.12.2021 in Kraft getretene TTDSG (jetzt: TDDDG) übernommen wurde, war die Frage, ob der Arbeitgeber allerdings überhaupt als Diensteanbieter iSd § 88 Abs. 2 TKG aF anzusehen ist, höchst umstritten (→ Form. D. III. Anm. 28). Mit der Regelung des Fernmeldegeheimnisses in § 3 Abs. 1 TDDDG hat der Gesetzgeber die insoweit Verpflichteten gegenüber § 88 Abs. 2 TKG aF differenzierter aufgeführt, dadurch allerdings nicht für mehr Rechtsklarheit gesorgt.

Nunmehr sind gem. § 3 Abs. 2 TDDDG zur Wahrung des Fernmeldegeheimnisses Anbieter von öffentlich zugänglichen Telekommunikationsdiensten und Anbieter von ganz oder teilweise geschäftsmäßig angebotenen Telekommunikationsdiensten sowie natürliche und juristische Personen, die an der Erbringung solcher Dienste mitwirken, darüber hinaus Betreiber öffentlicher Telekommunikationsnetze und Betreiber von Telekommunikationsanlagen, mit denen geschäftsmäßig Telekommunikationsdienste erbracht werden, verpflichtet.

Von § 3 Abs. 2 S. 1 Nr. 1 und 2 TDDDG sind Anbieter umfasst, die Telekommunikationsdienste anbieten. Ein Telekommunikationsdienst ist ein über Telekommunikationsnetze in der Regel gegen Entgelt erbrachter Dienst, § 2 Abs. 1 TDDDG iVm § 3 Nr. 61 TKG. Somit stellt sich auch nach neuer Rechtslage die Frage, ob der Arbeitgeber einen Telekommunikationsdienst „in der Regel gegen Entgelt" anbietet, wenn er die private Nutzung von E-Mail erlaubt oder duldet. Die zur alten Rechtslage bestehenden Argumente finden in der Diskussion daher weiterhin Berücksichtigung.

Die jüngere Rechtsprechung scheint nicht davon auszugehen, dass Arbeitgeber als Diensteanbieter zu qualifizieren sind (noch zu § 88 TKG aF: LG Erfurt 28.4.2021 – 1 HK O 43/20, GRUR-RS 2021, 16480; LAG Berlin-Brandenburg 16.2.2011 – 4 Sa 2132/10, ZD 2011, 43; LAG Niedersachsen 31.5.2010 – 12 Sa 875/09, MMR 2010, 639; LAG Berlin-Brandenburg 14.1.2016 – 5 Sa 657/15, K&R 2016, 293; VGH Mannheim 30.7.2014 – 1 S 1352/13, ZD 2014, 579; VG Karlsruhe 27.5.2013 – 2 K 3249/12, NVwZ-RR 2013, 797; für eine Anwendbarkeit des TKG Ernst NZA

2002, 585 (587); Bundesbeauftragter für den Datenschutz und die Informationsfreiheit, Leitfaden Internet am Arbeitsplatz, 2009, S. 4; Landesbeauftragter für den Datenschutz Baden-Württemberg, Dienstliche und private E-Mail- und Internet-Nutzung am Arbeitsplatz, Juni 2012, S. 3 ff.). Im 29. Bericht 2024 weicht die Landesbeauftragte für Datenschutz und Informationsfreiheit in NRW (LDI NRW), soweit ersichtlich als erste Aufsichtsbehörde ganz ausdrücklich, von der bisherigen Position der Aufsichtsbehörden ab. Nach Ansicht der LDI NRW fehlt einem Arbeitgeber, der die private Nutzung von Internet und E-Mail erlaubt oder duldet, in der Regel der Rechtsbindungswille, den Beschäftigten geschäftsmäßig Telekommunikationsdienste anzubieten (LDI NRW, 29. Bericht 2024, S. 76 f.). Der Arbeitgeber trete gegenüber Beschäftigten daher nicht als geschäftsmäßiger Telekommunikationsdienstleister auf. In der Folge gelten in diesem Fall nicht die spezifischen telekommunikationsrechtlichen Regeln, sondern die Vorschriften der DS-GVO. Derzeit ist noch nicht absehbar, ob sich dieser Ansicht auch andere deutsche Aufsichtsbehörden anschließen. Die Ablehnung stützt sich wohl auch darauf, dass der Arbeitgeber eben nicht iSd § 3 Nr. 24 TKG aF (§ 3 Nr. 61 TKG nF) Telekommunikationsdienste in der Regel gegen Entgelt erbringt. Diese Ansicht erscheint richtig, da die betriebliche IT-Infrastruktur in erster Linie für die Ausübung der geschäftlichen Haupttätigkeit genutzt wird und eine mögliche private Nutzung durch Arbeitnehmer lediglich einen Nebeneffekt, nicht aber einen eigentlichen Dienst im geschäftlichen ausgerichteten Sinne darstellt. Selbst wenn man die Ansicht vertreten wollte, dass das Fernmeldegeheimnis Anwendung fände, wäre dies nicht im Falle der ausdrücklich verbotenen Privatnutzung der dienstlichen E-Mail-Postfächer einschlägig, da ein Angebot von Telekommunikationsdiensten iSd § 3 Nr. 24 TKG aF (§ 3 Nr. 61 TKG nF) aufgrund des ausdrücklichen Verbots nicht vorliegen kann. In der Folge könnte eine mögliche Anwendbarkeit des TKG überhaupt nur im Falle einer gestatteten oder möglicherweise geduldeten Privatnutzung angenommen werden (Wybitul ZD 2011, 69 (71)). Sofern in einem Betrieb keinerlei Vorgaben zur privaten Nutzung bestehen, ist nicht automatisch von einer Zulässigkeit der Privatnutzung auszugehen (aA wohl LAG Baden-Württemberg 27.1.2023 – 12 Sa 56/21, BeckRS 2023, 11981, wonach heutzutage die Privatnutzung des dienstlichen E-Mail-Accounts üblich sei). Das Verbot der Privatnutzung ist der selbstverständliche Grundsatz. Das Schweigen des Arbeitgebers zu einem Missstand, selbst die Duldung, ist per se keine Zustimmung (BeckOK DatenschutzR/Riesenhuber BDSG § 26 Rn. 170 mwN). Sofern eine Privatnutzung innerhalb des Betriebes gelebte Praxis ist, ist wohl aber zumindest von einer Duldung auszugehen (vgl. Gierschmann/Baumgartnern/Baumgartner TTDSG § 3 Rn. 47 mwN). Inzwischen gibt es aber auch strengere Rechtsprechung, die stark dazu tendiert, dass ein Arbeitgeber die Privatnutzung des dienstlichen E-Mail-Account durch einen Arbeitnehmer ausdrücklich verbieten müsse, wenn er nicht mit ihr einverstanden ist (LAG Baden-Württemberg 27.1.2023 – 12 Sa 56/21, BeckRS 2023, 11981, Rn. 135 f.). Hiernach wäre also die Privatnutzung der Regel- und nicht der Ausnahmefall. Gegen die Ansicht des LAG spricht zunächst, dass eine von dem LAG angenommene „übliche" Nutzung des dienstlichen E-Mail-Accounts zu Privatzwecken daraus resultiert, dass viele Unternehmen ausdrücklich eine private Nutzung gestatten und nicht von vornherein die Arbeitnehmer eine Privatnutzung anstreben. Dabei ist stets die Dienstleistungspflicht des Beschäftigten zu beachten, die zum selbstverständlichen Grundsatz des Verbots der Privatnutzung führt. Zudem ist anerkannt, dass Arbeitnehmern keine Ansprüche auf Zulassung zur Privatnutzung der dienstlichen E-Mail-Accounts zustehen (vgl. BeckOK DatenschutzR/Riesenhuber BDSG § 26 Rn. 170 mwN).

Nach verbreiteter Ansicht genügt es, um sich der Geltung des Fernmeldegeheimnisses zu entziehen, nicht, wenn der Arbeitgeber die private Nutzung verbietet. Vielmehr soll ein Verbot auch überwacht bzw. durchgesetzt werden (vgl. Heun TelekommunikationsR-HdB/Eckhardt Teil L Rn. 77). Dadurch werden allerdings Anreize zur Überwachung von Mitarbeitenden geschaffen, was schwerlich mit den Schutzgütern des Fernmeldegeheimnisses vereinbar zu sein scheint und folglich abzulehnen ist (vgl. Plath/Jenny TTDSG § 3 Rn. 22).

Das Fernmeldegeheimnis schützt die unkörperliche Übermittlung von Informationen an individuelle Empfänger mit Hilfe des Telekommunikationsverkehrs. Die Reichweite des Grundrechts erstreckt sich ungeachtet der Übermittlungsart und Ausdrucksform auf sämtliche Übermittlungen von Informationen mit Hilfe von Telekommunikationstechnologien (BVerfG 16.6.2009 – 2 BvR 902/06, BVerfGE 124, 43). Der Grundrechtsschutz des Fernmeldegeheimnisses erstreckt sich nicht auf die außerhalb eines laufenden Kommunikationsvorgangs im Herrschaftsbereich des Kommunikationsteilnehmers gespeicherten Inhalte und Umstände der Kommunikation. Der Schutz endet insoweit in dem Moment, in dem die E-Mail beim Empfänger angekommen und der Übertragungsvorgang beendet ist (BVerfG 2.3.2006 – 2 BvR 2099/04, BVerfGE 115, 166; BVerfG 16.6.2009 – 2 BvR 902/06, BVerfGE 124, 43). In Erwgr. 27 RL 2002/58/EG wird hinsichtlich der Frage, wann der Übermittlungsvorgang als abgeschlossen betrachtet werden kann, vorgegeben: „Der genaue Zeitpunkt des Abschlusses der Übermittlung einer Nachricht, nach dem die Verkehrsdaten außer zu Fakturierungszwecken gelöscht werden sollten, kann von der Art des bereitgestellten elektronischen Kommunikationsdienstes abhängen. […] Bei der elektronischen Post ist die Übermittlung dann abgeschlossen, wenn der Adressat die Nachricht – üblicherweise vom Server seines Diensteanbieters – abruft". Insofern kann sich bei betrieblichen E-Mails daher schon im Grundsatz die Frage stellen lassen, ob auf dem Server des Arbeitgebers abgelegte E-Mails überhaupt dem TKG unterfallen könne, da der Übermittlungsvorgang bereits abgeschlossen ist. In der jüngeren Rechtsprechung hat der EuGH (13.6.2019 – C-193/18, NJW 2019, 2597; → Form. D. III. 1.) entschieden, dass beispielsweise Googles Webmaildienst „Gmail" nicht als Telekommunikationdienst iSd § 3 Nr. 24 TKG aF (§ 3 Nr. 81 TKG nF) anzusehen sei. Begründet wird das damit, dass die Tätigkeiten, die Google vornehme, um das Funktionieren seines internetbasierten E-Mail-Dienstes sicherzustellen, einen „elektronischen Kommunikationsdienst" iSv Art. 2 lit. c RL 2002/21/EG des Europäischen Parlaments und des Rates vom 7.3.2002 über einen gemeinsamen Rechtsrahmen für elektronische Kommunikationsnetze und -dienste (Rahmenrichtlinie) in der durch die RL 2009/140/EG des Europäischen Parlaments und des Rates vom 25.11.2009 geänderten Fassung darstellten, dieser Dienst aber nicht ganz oder überwiegend in der Übertragung von Signalen über elektronische Kommunikationsnetze bestehe (EuGH 13.6.2019 – C-193/18, NJW 2019, 2597 Rn. 41). Google versende und empfange zur Erbringung seines E-Mail-Dienstes von Inhabern eines Gmail-Kontos versendete und von ihnen empfangene, in Datenpakete zerlegte E-Mails über ihre E-Mail-Server in das offene Internet. Verantwortlich für die Übertragung seien aber nach dem EuGH die Internetzugangsanbieter der Absender und der Empfänger von E-Mails sowie die Betreiber der verschiedenen Netze, aus denen das offene Internet bestehe, die im Wesentlichen die Übertragung der für das Funktionieren jedes internetbasierten E-Mail-Dienstes erforderlichen Signale sicherstellten. Dass der Erbringer eines internetbasierten E-Mail-Dienstes (hier: Google) bei der Versendung und dem Empfang von Nachrichten aktiv tätig werde, sei es, indem er den E-Mail-Adressen die IP-Adressen der entsprechenden Endgeräte zuordne oder die Nachrichten in Datenpakete zerlege und sie in das offene Internet einspeise oder aus dem offenen Internet empfange, damit sie ihren Empfängern zugeleitet werden, reiche nicht dafür aus, diesen Dienst iSv Art. 2 lit. c RL 2002/21/EG als „ganz oder überwiegend in der Übertragung von Signalen über elektronische Kommunikationsnetze" bestehend einzustufen (EuGH 13.6.2019 – C-193/18, NJW 2019, 2597).

§ 32 BDSG aF, der eine Spezialregelung für die Datenverarbeitung für Zwecke des Beschäftigungsverhältnisses vorsah, existiert nicht mehr. Jedoch hat der europäische Gesetzgeber in Art. 88 Abs. 1 DS-GVO den Mitgliedstaaten für die Zukunft die Möglichkeit eröffnet, nationale Spezifizierungen zum Umgang mit Daten im Beschäftigungsverhältnis zu schaffen. Von dieser Möglichkeit hat der deutsche Gesetzgeber in § 26 BDSG Gebrauch gemacht. Im Wesentlichen beinhaltet die Neufassung des § 26 Abs. 1 BDSG die Regelungen des früheren § 32 Abs. 1 BDSG aF unter Angleichung der Terminologie an die der DS-GVO und der Erweiterung einer neuen Zulässigkeitsnorm zur Verarbeitung personenbezogener Daten im Hinblick auf die Interessenvertretung von Beschäftigten. Das Grundkonzept des bisher bekannten Beschäftigtendatenschutzes wird, mit einigen Ergänzungen, in das neue BDSG übernommen.

Nach § 26 Abs. 1 S. 2 BDSG dürfen personenbezogene Daten von Beschäftigten dann verarbeitet werden, wenn zu dokumentierende tatsächliche Anhaltspunkte den Verdacht begründen, dass die betroffene Person im Beschäftigungsverhältnis eine Straftat begangen hat, die Verarbeitung zur Aufdeckung erforderlich ist und das schutzwürdige Interesse der oder des Beschäftigten an dem Ausschluss der Verarbeitung nicht überwiegt, insbesondere Art und Ausmaß im Hinblick auf den Anlass nicht unverhältnismäßig sind. Demnach sind auch bei Vorliegen konkreter Verdachtsmomente Aspekte der Verhältnismäßigkeit und etwaige Interessen der betroffenen Person in einem angemessenen Rahmen zu wahren. Der Gesetzgeber geht davon aus, dass Maßnahmen zur Aufdeckung einer Straftat in der Regel besonders intensiv in das allgemeine Persönlichkeitsrecht eingreifen und hat daher hier einen eigenen, restriktiven Erlaubnistatbestand geschaffen (vgl. noch zu § 32 BDSG aF: BAG 29.6.2017 – 2 AZR 597/16, NJW 2017, 2853). Für die Durchführung der Maßnahme, hier die Sichtung von E-Mails, muss ein durch konkrete Tatsachen begründeter „einfacher" Verdacht (Anfangsverdacht) einer im Beschäftigungsverhältnis begangenen Straftat bestehen (vgl. ebenfalls noch zu § 32 BDSG aF: BAG 27.7.2017 – 2 AZR 681/16, NJW 2017, 3258; BAG 20.10.2016 – 2 AZR 395/15, NJW 2017, 1193). § 26 Abs. 1 S. 2 BDSG entfaltet allerdings keine „Sperrwirkung" dergestalt, dass eine anlassbezogene Datenerhebung durch den Arbeitgeber ausschließlich zur Aufdeckung von Straftaten zulässig wäre und nicht auch parallel nach § 26 Abs. 1 S. 1 BDSG zur Aufdeckung von Pflichtverletzungen im Arbeitsverhältnis (vgl. zu § 32 BDSG aF: BAG 31.1.2019 – 2 AZR 426/18, NZA 2019, 893 mit Verweis auf BAG 27.7.2017 – 2 AZR 681/16, NJW 2017, 3258). Die Rechtsprechung geht allerdings auch davon aus, dass das Allgemeine Persönlichkeitsrecht nicht zu dem alleinigen Zweck in Anspruch genommen werden kann, sich vor dem Eintritt von Verfall, Verjährung oder Verwirkung der Verantwortung für vorsätzlich rechtswidriges Handeln zu entziehen (BAG 23.8.2018 – 2 AZR 133/18, BAGE 163, 239).

Eine Datenerhebung zur Aufklärung des (konkreten) Verdachts einer schweren Pflichtverletzung erfolgt „für Zwecke des Beschäftigungsverhältnisses“ iSd § 26 Abs. 1 S. 1 BDSG. Erfolgt die Datenerhebung demgegenüber nicht zur Aufdeckung einer im Beschäftigungsverhältnis begangenen Straftat iSd § 26 Abs. 1 S. 2 BDSG, kann die Maßnahme nach § 26 Abs. 1 S. 1 BDSG zulässig sein. Zur Durchführung eines Beschäftigungsverhältnisses gehört die Kontrolle, ob der Arbeitnehmer seinen Pflichten nachkommt. Zur Beendigung des Beschäftigungsverhältnisses im Sinne der Kündigungsvorbereitung gehört die Aufdeckung einer Pflichtverletzung, die die Kündigung des Arbeitsverhältnisses rechtfertigen kann (vgl. LAG Rheinland-Pfalz 24.1.2019 – 5 Sa 226/18, ZD 2019, 369; zu § 32 BDSG aF: BAG 29.6.2017 – 2 AZR 597/16, NJW 2017, 2853). Übergeordnete entgegenstehende Interessen der betroffenen Person lassen sich insbesondere dann nicht erkennen, wenn die Beschäftigten die Nutzungsvorgaben bestätigt haben. Auch eine Einsicht bei Ausscheiden eines Mitarbeiters ohne geordnete Übergabe der Arbeitsvorgänge kann von § 26 Abs. 1 S. 1 BDSG legitimiert sein, da die geordnete Übergabe der Arbeitsinhalte und Arbeitsergebnisse der Beendigung des Dienstverhältnisses dient. Nach § 611 iVm § 667 BGB ist der Arbeitnehmer wie ein Beauftragter verpflichtet, dem Arbeitgeber alles, was er zur Ausführung der ihm übertragenen Arbeit erhalten und was er aus dem Arbeitsverhältnis erlangt hat, herauszugeben (BAG 14.12.2011 – 10 AZR 283/10, ZD 2012, 385).

Seit der jüngsten Rechtsprechung des EuGH müssen sich Arbeitgeber gerade im Bereich der Beschäftigtenüberwachung aber damit befassen, ob anstelle von § 26 Abs. 1 BDSG die Erlaubnisnormen der DS-GVO direkt herangezogen werden. Der EuGH erachtet § 23 Abs. 1 S. 1 HDSIG für nicht vereinbar mit Art. 88 DS-GVO und somit für unanwendbar, da er als mitgliedstaatliche Vorschrift keine „spezifischere Vorschrift“ iSd Art. 88 Abs. 1 DS-GVO darstelle (EuGH 30.3.2023 – C-34/21, NJW 2023, 1639).

§ 23 Abs. 1 S. 1 HDSIG ist weitgehend inhaltsgleich mit § 26 Abs. 1 BDSG, was insoweit indiziert, dass auch § 26 Abs. 1 BDSG keine Anwendung mehr finden kann (vgl. Hessische Beauftragte für Datenschutz und Informationsfreiheit, Handreichung zur Verarbeitung personenbezogener Daten von Beschäftigten im Lichte des EuGH-Urteils vom 30.3.2023 – C-34/21, 25.4.2023, abrufbar unter https://datenschutz.hessen.de/sites/datenschutz.hessen.de/files/2023-04/handreichung_beschaeftigtendatenschutz_eugh-urteil.pdf; Hördt/Schwaab ArbRAktuell 2023, 230; BAG 9.5.2023 – 1 ABR 14/22, NJW 2023, 3595 Rn. 64).

Die Auswirkungen dieser Rechtsprechung werden sich jedoch zumindest im privatwirtschaftlichen Bereich in Grenzen halten. Denn eine bei Anwendung von § 23 Abs. 1 S. 1 HDSIG oder § 26 Abs. 1 S. 1 BDSG zulässige Verarbeitung dürfte auch ohne diese Normen – dann allein unter der DS-GVO – zulässig sein (vgl. Brandt EuZW 2023, 461 (467); Hamburgische Beauftragte für Datenschutz und Informationsfreiheit, Deutsche Regelungen im Beschäftigtenkontext unvereinbar mit DSGVO, 3.4.2023, abrufbar unter: https://datenschutz-hamburg.de/pages/EuGH_HDSIG/). Als Erlaubnistatbestände kommen dann insbesondere Art. 6 Abs. 1 lit. b, Art. 6 Abs. 1 lit. c und Art. 6 Abs. 1 lit. f DS-GVO in Betracht (vgl. Landesbeauftragter für den Datenschutz Baden-Württemberg, 39. Tätigkeitsbereicht 2023, S. 40). Schließlich bestehen in Art. 6 Abs. 1 DS-GVO Generalklauseln, die ohnehin abschließend die Grenzen der Verarbeitung vorgeben, was der EuGH auch noch einmal klarstellend hervorgehoben hat: So „muss eine Verarbeitung unter einen der in Art. 6 DS-GVO vorgesehenen Fälle subsumierbar sein, um als rechtmäßig angesehen werden zu können" (EuGH 30.3.2023 – C-34/21, NJW 2023, 1639 Rn. 70; so bereits EuGH 22.6.2021 – C-439/19, BeckRS 2021, 15289 Rn. 99). Auch das BAG stützte die Rechtmäßigkeit eines Auskunftsbegehrens eines Betriebsrats gegen die Arbeitgeberin auf Übermittlung eines Verzeichnisses über alle im Betrieb und Unternehmen beschäftigten schwerbehinderten und diesen gleichgestellten behinderten Menschen auf Art. 6 Abs. 1 lit. c DS-GVO. Der Zweck der Datenverarbeitung sei in dem konkreten Fall an das Beschäftigungsverhältnis geknüpft und durch deren Bindung an die Erfüllung eines im Gesetz vorgesehenen Rechts einer Arbeitnehmervertretung festgelegt (vgl. § 80 Abs. 2 S. 1 iVm. Abs. 1 Nr. 4 BetrVG, § 176 S. 2 Hs. 1, § 164 SGB IX). So diene die Regelung einem im öffentlichen Interesse liegendem Ziel, da sie sicherstellt, dass die Vertretungen der Beschäftigten den ihnen im sozialpolitischen Interesse übertragenden Aufgaben zum Schutz der Beschäftigten nachkommen können. Auch sei die Weitergabe der personenbezogenen Daten unerlässlich und damit angemessen für die Aufgabenwahrnehmung der Interessenvertretung (vgl. BAG 9.5.2023 – 1 ABR 14/22, NJW 2023, 3595 Rn. 67).

Sollte ein Mitarbeiter, zu dem das Postfach gehört, verstorben sein, wäre das Datenschutzrecht nicht zu beachten. Bei dem Tod eines Beschäftigten finden die datenschutzrechtlichen Vorgaben der DS-GVO nach Erwgr. 27 DS-GVO keine Anwendung. Allerdings kann der Schutzbereich zugunsten des Erblassers im Zuge der Gesamtrechtsnachfolge auf die Erben übergehen (BGH 12.7.2018 – III ZR 183/17, BGHZ 219, 243).

Es können sich spezielle Fragen im Hinblick auf die Zulässigkeit der Einsichtnahme in E-Mail-Inhalte ergeben. ZB dann, wenn betreffende E-Mails im Postfach der betroffenen Person „gelöscht" sind. Der Begriff der „Löschung" kann hierbei verschiedene technische Zustände bezeichnen. So kann eine im Postfach der betroffenen Person „gelöschte" E-Mail lediglich in den Ordner „Gelöschte Mails" verschoben werden, wo sie aber weiterhin verfügbar ist und lediglich einer Art „Vormerkung" für die zukünftig nicht mehr bestehende Notwendigkeit der Aufbewahrung unterliegt, ohne das hier bereits eine physikalische Löschung im Sinne einer Vernichtung stattfinden würde. In diesem Fall dürfte die „gelöschte" E-Mail weiterhin als Bestandteil des regulären E-Mail-Postfachs gelten.

Daneben kann auch eine Einsichtnahme in faktisch gelöschte E-Mails in der Form stattfinden, dass aus Backups vergangene zustände eines E-Mail-Postfachs wiederhergestellt werden. Auch die Einsichtnahme in „gelöschte" E-Mails kann sich als zulässig erkennen lassen, wenn die Erstellung von Backups einen regulären Prozess im Unternehmen darstellt und nicht nur willkürlich stattfindet.

Die Einsichtnahme kann auch auf Grundlage einer Einwilligung der betroffenen Person nach Art. 6 Abs. 1 S. 1 lit. a DS-GVO stattfinden. Allerdings ist die Möglichkeit des jederzeit ausübbaren Widerrufs nach Art. 7 Abs. 3 S. 1 DS-GVO zu beachten. Zudem werden im Beschäftigungsverhältnis höhere Anforderungen an das Kriterium der Freiwilligkeit gestellt. Ein Beschäftigter muss die Möglichkeit haben, eine Einwilligung nicht zu erteilen, ohne dass ihm negative Konsequenzen in persönlicher und beruflicher Weise erwachsen (→ Form. H. I.). Wenn ein Beschäftigter eine Einwilligung in die Einsicht in sein E-Mail-Postfach nicht erteilt, könnte es unter Umständen als unzulässig angesehen werden, im Nachgang hilfsweise auf eine andere Rechtsgrundlage abzustellen, um den gleichen Zweck der Einsichtnahme zu erreichen, da ansonsten die beabsichtigte Einwilligung bereits als irrelevant anzusehen wäre und lediglich Scheincharakter hätte. Diese Ansicht ist allerdings umstritten, da zB der Hessische Beauftragte für Datenschutz und Informationsfreiheit in einer Online-Veröffentlichung zu häufig gestellten Fragen zur DS-GVO die Ansicht vertritt, dass eine Einwilligung auch vorsorglich als „Auffang-Rechtsgrundlage" für eine später möglicherweise wegfallende andere Rechtsgrundlage der Verarbeitung eingeholt werden könne (https://datenschutz.hessen.de/infothek/h%C3 %A4ufig-gestelltefragen-hgf). Unterstützt wird seine Ansicht vom Wortlaut des Art. 17 Abs. 1 lit. b DS-GVO, wonach bei Widerruf einer Einwilligung durch eine betroffene Person auch eine andere Rechtsgrundlage für die weitere Verarbeitung von Daten herangezogen werden kann, ohne, dass dann eine Löschverpflichtung bestehen würde (so auch Taeger/Gabel/Taeger DS-GVO Art. 6 Rn. 28; Kühling/Buchner/Buchner/Petri DS-GVO Art. 6 Rn. 22; EuGH 4.7.2023 – C-252/22, ZD 2023, 664 Rn. 92). Die Sächsische Datenschutz- und Transparenzbeauftagte hält eine Einwilligung als Rechtsgrundlage für unzulässig, wenn eine gesetzliche Verarbeitungsbefugnis im Raum steht. Es stelle nach der Auffassung der Beauftragten einen Verstoß gegen Treu und Glauben im Sinne des Art. 5 Abs. 1 lit. a DS-GVO dar, wenn dem Betroffenen einerseits signalisiert werde, dass es für die Verarbeitung einer Einwilligung bedürfe, gleichzeitig allerdings jederzeit auf eine Alternative der gesetzlichen Verarbeitungsbefugnis zurückgegriffen werden könne (vgl. SächsDTB, Tätigkeitsbericht Datenschutz 2022, S. 98; Kühling/Buchner/Buchner/Petri DS-GVO Art. 6 Rn. 24).

Sofern der betroffene Beschäftigte, in dessen E-Mail-Postfach Einsicht genommen werden soll, auch andere Funktionen bekleidet, die einer gesonderten Vertraulichkeitsverpflichtung unterliegen (zB Datenschutzbeauftragter oder Betriebsrat) können gesonderte Rechtsvorschriften wie § 203 StGB zu beachten sein (zur Überwachung des Betriebsrats Thüsing/Wurth Social Media, § 4 Soziale Medien aus der Sicht der Beschäftigtenvertretungen Rn. 33–37)

Weiterhin zu beachten ist, dass im Zuge einer Einsichtnahme nicht nur die personenbezogenen Daten des Arbeitnehmers, sondern auch von dessen Kommunikationspartnern verarbeitet werden (etwa der Name oder die E-Mail-Adresse). Sofern diese Kommunikation aber nur betrieblicher Natur ist, ergeben sich hier wohl keine gesondert zu beachtenden Vorgaben. Im Zuge der betrieblichen Korrespondenz ist Empfänger der Kommunikation nicht der Arbeitnehmer als private Person, sondern als Angestellter seines Arbeitgebers. Demnach kann man auch annehmen, dass die externen Kommunikationspartner die Intention hatten, mit dem Arbeitgeber als Unternehmen in Vertretung durch den Beschäftigten zu interagieren. Demnach dürfte der eigentliche Adressat der geschäftlichen Kommunikation in der Regel der Arbeitgeber als juristische oder abstrakte Person sein. Da der Inhalt der Kommunikation sich nicht ändert, bedarf es auch keiner separaten Information der externen Kommunikationspartner.

Ein möglicher Datenschutzverstoß führt jedoch nach neuester Rechtsprechung des BAG nicht automatisch zu einem Beweisverwertungsverbot in einem arbeitsgerichtlichen Prozess. Dies gilt jedenfalls in Fällen, in denen aufgrund eines vorsätzlichen Fehlverhaltens des Arbeitnehmers und der Offenkundigkeit einer Überwachung die Datenschutzinteressen des Arbeitnehmers hinter dem Interesse des Arbeitgebers an der Aufklärung des Sachverhalts zurückstehen. Dies hat das BAG für den Fall einer offenen Videoüberwachung entschieden (BAG 29.6.2023 – 2 AZR 296/22, NZA

2023, 1105). Das Screening von E-Mails dürfte zwar oft weniger offensichtlich für den Arbeitnehmer sein als eine Kameraüberwachung. Jedenfalls gilt aber auch hier, dass es bei der Beurteilung der Frage, ob ein datenschutzrechtlicher Verstoß zu einem Beweisverwertungsverbot führt, auf die Offenkundigkeit der Maßnahme und den Vorsatz bezogen auf das Fehlverhalten im Einzelfall ankommt. Das BAG hat die Offenkundigkeit der Kameraüberwachung im streitgegenständlichen Fall bejaht, da die Videokamera durch ein Piktogramm ausgewiesen und auch sonst nicht zu übersehen war. Übertragen auf E-Mail-Screening dürfte die Offenkundigkeit daher anzunehmen sein, wenn der Arbeitnehmer entsprechend zuvor informiert und somit Transparenz über die Maßnahme geschaffen wird (→ Form. H. III.; → Form. H. VIII.).

**11. Sicherung der Daten.** Die Einsichtnahme sollte nach Möglichkeit nicht in das „laufende" Postfach des Mitarbeiters erfolgen, da hierbei auch neue E-Mails unvorhergesehen eingehen können, die möglicherweise privaten Inhalt haben. Das zu sichtende E-Mail-Postfach sollte in einer isolierten Umgebung vorgehalten werden, ohne dass externe Inhalte während des Sichtungsvorgangs neu einfließen können oder externe Personen, die nicht vorab festgelegte Teilnehmer der Sichtung sind, Einfluss auf den Sichtungsvorgang nehmen können. Sofern eine automatisierte Dokumentation des Sichtungsvorgangs, zB über die automatisierte Protokollierung mittels Logfiles, möglich ist, sollte diese Option wahrgenommen werden, um eine möglichst lückenlose Dokumentation zu erzielen.

**12. Optionale Involvierung der Datenschutzbehörde.** Sofern im Vorfeld einer Einsichtnahme Zweifel an der rechtlichen Zulässigkeit bestehen, kann eine Vorabkonsultation bzw. Beratungsanfrage bei der zuständigen Aufsichtsbehörde eine hilfreiche Maßnahme darstellen, da die Aufsichtsbehörden nach Art. 58 Abs. 3 DS-GVO und § 40 Abs. 6 S. 1 BDSG auch eine beratende Funktion einnehmen und so eine unabhängige Meinung der Aufsicht eingeholt werden kann. Natürlich ist zu beachten, dass die Beteiligung der Behörde auch zur Folge haben kann, dass die Behörde materiell-rechtlich eine andere Ansicht vertritt, als das Unternehmen und hierdurch zusätzlicher Abstimmungsaufwand entsteht oder auf die Maßnahme verzichtet werden muss.

**13. Anweisung an die Beteiligten.** Die teilnehmenden Personen müssen im Vorfeld der Sichtung neben der allgemein bestehenden Verschwiegenheitsverpflichtung nochmals explizit darauf hingewiesen werden, dass Inhalte mit privaten oder mutmaßlich privaten Inhalten wie als „privat" bezeichnete Ordner oder E-Mails mit eindeutig privater Betreffzeile nicht eingesehen werden dürfen.

**14. Information der Betroffenen.** Nach den Vorgaben der Art. 13 und 14 DS-GVO ist die betroffene Person über die stattfindende Datenverarbeitung im Zuge der Einsichtnahme zu informieren. Ob, es sich bei der Einsichtnahme in das E-Mail-Postfach um eine neue Datenerhebung handelt oder nicht, dürfte auch maßgeblich von den technischen Gegebenheiten abhängen. Wenn die betreffenden E-Mails ohnehin in den Systemen des Arbeitgebers gespeichert sind, dürfte sich keine neue Erhebung erkennen lassen, da die Daten bereits vorliegen, also erhoben wurden. In diesem Fall dürfte sich die Einsichtnahme eher als eine Zweckänderung iSd Art. 6 Abs. 4 DS-GVO darstellen. Dann müssen nach Art. 13 Abs. 3 DS-GVO der betroffenen Person vor einer beabsichtigten Weiterverarbeitung grundsätzlich die Informationen gem. Art. 13 Abs. 2 DS-GVO zur Verfügung gestellt werden. Eine gänzlich neue Erhebung der Daten wäre wohl nur gegeben, wenn die betreffenden E-Mails extern außerhalb der Systeme des Arbeitgebers gespeichert wären, ohne dass dieser die infrastrukturelle Hoheit über diese Daten hätte.

Allerdings können gewisse Ausnahmen nach § 32 BDSG von der Informationspflicht bestehen. So sind die Informationen nach § 32 Abs. 1 Nr. 4 BDSG nicht zu erteilen, wenn sie die Geltendmachung, Ausübung oder Verteidigung rechtlicher Ansprüche beeinträchtigen würden und die Interessen des Verantwortlichen an der Nichterteilung der Information die Interessen der betroffenen Person überwiegen (ob diese Norm jedoch europarechtskonform ist, wird in der Literatur diskutiert, dagegen: wohl Stellungnahme des Bundesrates, BT-Drs. 18/11655, 21; dafür: Taeger/Gabel/Koreng BDSG § 32 Rn. 25; Gola/Heckmann/Franck BDSG § 32 Rn. 31). Im Falle von konkreten belastbaren Verdachtsmomenten ließe sich daher womöglich von der Informationserteilung absehen, um die Rechtsdurchsetzung der Ansprüche nicht durch Gegenmaßnahmen des Verdächtigten zu gefährden (vgl. Sydow/Marsch/Greve BDSG § 32 Rn. 29; Kühling/Buchner/Golla BDSG § 32 Rn. 18; Gola/Heckmann/Franck BDSG § 32 Rn. 29).

Sofern sich ein Verdacht nach einer vorgenommenen Einsichtnahme als unbegründet bzw. nicht belegbar herausstellt, entfällt der Ausnahmetatbestand nach § 32 Abs. 1 Nr. 4 BDSG, da eine Durchsetzung rechtlicher Ansprüche nicht mehr erreicht werden kann. Der Anfangsverdacht wird somit im Rückblick zu einem „vorübergehenden Hinderungsgrund" iSv § 32 Abs. 3 BDSG. Hiernach hat der Verantwortliche, wenn die Benachrichtigung wegen eines vorübergehenden Hinderungsgrundes zunächst unterbleibt, der Informationspflicht unter Berücksichtigung der spezifischen Umstände der Verarbeitung innerhalb einer angemessenen Frist nach Fortfall des Hinderungsgrundes, spätestens jedoch innerhalb von zwei Wochen, nachzukommen. Durch den Wegfall des Verdachts entsteht somit die Pflicht, die betroffene Person binnen zwei Wochen über die Datenverarbeitung im Zuge der Einsichtnahme zu informieren.

**15. Weitergabe der Daten.** Eine Weitergabe der Auswertungsergebnisse, insbesondere bei Vorliegen eines konkreten Verdachts, darf im Weiteren nur an solche Empfänger stattfinden, die die Daten für die Erreichung des vorab definierten Zweckes benötigen. Die Grundsätze nach Art. 5 Abs. 1 DS-GVO sind weiterhin zu wahren.

**16. Begrenzung des betroffenen Personenkreises.** Bei der Einsichtnahme ist der Kreis der betroffenen Personen möglichst klein zu halten. Hierbei ist zu beachten, dass nicht nur der Inhaber des betroffenen E-Mail-Postfachs betroffene Person iSd Art. 4 Nr. 1 DS-GVO ist, sondern auch jede andere Person, mit der über das Postfach kommuniziert wurde. Die im Speziellen der Einsichtnahme unterliegenden E-Mail-Inhalte müssen daher auch aufgrund des potenziell erweiterten Kreises von betroffenen Personen eng eingegrenzt werden. Insbesondere bei Kommunikationsvorgängen unter Mitarbeitern, welche nicht nur rein dienstlichen Inhalt haben.

Bei der Kommunikation mit externen Personen lässt sich im geschäftlichen Kontext auch der Standpunkt vertreten, dass der eigentliche Kommunikationspartner an sich „das Unternehmen" ist und die Mitarbeiter nur in Vertretung des Unternehmens kommunizieren.

**17. Begrenzung des Umfangs der E-Mail-Sichtung.** Auch in inhaltlicher Sicht muss der quantitative Umfang der einzusehenden E-Mails auf den tatsächlich für die Zweckerreichung notwendigen Umfang begrenzt werden. Eine Eingrenzung sollte nach Möglichkeit sowohl in zeitlicher als auch thematischer Hinsicht erfolgen. Zu suchen ist anhand konkret definierter Stichwörter in Betreffzeilen. Die Suche sollte nur sukzessive auf den E-Mail-Inhalt erweitert werden, falls eine Zweckerreichung unter der Suche in den Betreffzeilen ergebnislos bleibt. Zudem sollten die E-Mails zeitraumbezogen vorgefiltert werden.

**18. Interessenabwägung und Verhältnismäßigkeitsprüfung im Einzelfall.** Eine Abwägung mit möglicherweise übergeordneten schutzwürdigen Interessen der betroffenen Personen muss im Vorfeld einer jeden beabsichtigten Einsicht in ein E-Mail-Postfach individuell vorgenommen werden. Die gilt auch für Maßnahmen auf Grundlage von § 26 Abs. 1 S. 1 BDSG und Art. 6 Abs. 1 DS-GVO, insbesondere, wenn Zweck der Maßnahme die Aufdeckung mutmaßlicher Pflichtverletzungen der betroffenen Person innerhalb des Arbeitsverhältnisses ist. Zwar stellt eine „berechtigte Privatheitserwartung" des Betroffenen einen beachtlichen Faktor im Rahmen der Interessenabwägung dar, jedoch sind auch legitime Interessen des Arbeitgebers zur Rechtfertigung der Überwachung der Kommunikation zu berücksichtigen (LAG Rheinland-Pfalz 24.1.2019 – 5 Sa 226/18, ZD 2019, 369; zu § 32 BDSG aF: BAG 29.6.2017 – 2 AZR 597/16, NJW 2017, 2853). Für jedes Vorhaben muss einzeln geprüft werden, ob die geplante Maßnahme verhältnismäßig ist oder ob sich der verfolgte Zweck nicht auch durch ein milderes Mittel, welches weniger stark in die Rechte und Freiheiten der betroffenen Person eingreift, erreichen lässt. Die Datenverarbeitung darf keine übermäßige Belastung für den Arbeitnehmer darstellen und muss der Bedeutung des Informationsinteresses des Arbeitgebers entsprechen. Die Verhältnismäßigkeit im engeren Sinne ist gewahrt, wenn die Schwere des Eingriffs bei einer Gesamtabwägung nicht außer Verhältnis zu dem Gewicht der ihn rechtfertigenden Gründe steht (BAG 20.10.2016 – 2 AZR 395/15, NJW 2017, 1193).

**19. Kritische Fälle: Aussonderung und datenschutzrechtliche Prüfung.** Sofern im Zuge einer Einsichtnahme E-Mails mit potenziell kritischem Inhalt – also möglicherweise privaten Inhalten – identifiziert werden, die allerdings dennoch Relevanz für die verfolgte Zweckerreichung haben könnten, sollten diese E-Mails zunächst separiert werden und im Vorfeld einer inhaltlichen Einsichtnahme zunächst einer gesonderten datenschutzrechtlichen Beurteilung unterzogen werden. Bei der Separierung ist darauf zu achten, dass Inhalte nicht bereits versehentlich zur Kenntnis genommen werden, zB aufgrund von automatischen Vorschauansichten.

**20. Gestuftes Vorgehen.** Das Vorgehen im Zuge der Einsichtnahme sollte, sofern notwendig, aus dem Speziellen in das Allgemeinere sukzessive erweitert werden. Das heißt, dass zu Beginn eine möglichst enge Eingrenzung der E-Mails, die für eine Einsichtnahme überhaupt in Betracht kommen, vorgenommen werden muss. Eine solche Eingrenzung kann anhand von Suchbegriffen thematisch erfolgen wie auch in zeitlicher Hinsicht auf den Ein- und Ausgang von E-Mails.

**21. Festlegung konkreter Zwecke der E-Mail-Sichtung.** Im Vorfeld der Sichtung sollte der konkret verfolgte Zweck schriftlich festgelegt werden, um auch im Nachgang zweifelsfrei und eindeutig nachweisen zu können, welchem konkreten Zweck die Datenverarbeitung diente.

**22. Festlegung der konkreten Maßnahmen zur Umsetzung der Sichtung.** Auch die konkreten einzelnen Ablaufschritte für die Durchführung der Einsichtnahme sollten im Vorfeld schriftlich festgelegt werden.

**23.** **Dokumentation der Beteiligten.** Eine Liste der an der Sichtung teilnehmenden Personen muss ebenfalls erstellt werden.

**24.** **Transparenz der verwendeten Suchkriterien.** Die für die Einsichtnahme verwendeten Suchbegriffe müssen im Vorfeld festgelegt und aufgelistet werden. Die Liste sollte abschließend sein.

**25.** **Dokumentation der betroffenen E-Mail-Postfächer.** Sowohl die betroffenen E-Mail-Accounts, die der Einsichtnahme unterzogen werden sollen, als auch die der Kommunikationspartner müssen dokumentiert werden.

**26.** **Festhalten der Funde.** Die Ergebnisse der Einsichtnahme müssen anhand eines transparenten Ablaufprotokolls dokumentiert werden, damit auch im Nachgang eine transparente Nachvollziehbarkeit des Ablaufs gegeben ist und eine möglicherweise notwendig werdende Information gegenüber der betroffenen Person erteilt werden kann.

## 2. Checkliste zur Zweckänderung

Die Einsichtnahme in dienstliche E-Mail-Postfächer kann unter Umständen eine Zweckänderung iSd Art. 6 Abs. 4 DS-GVO darstellen, also eine Abweichung von den Zwecken, zu denen die Daten der Betroffenen ursprünglich erhoben worden waren (Bsp.: Erhebung der Daten in E-Mails zu Zwecken der internen Projektplanung und danach Verwendung zur Prüfung, ob Arbeitszeit richtig angegeben wurde). Art. 6 Abs. 4 lit. a bis e DS-GVO geben einen Katalog an Kriterien vor, anhand dessen eine mögliche Kompatibilität der beabsichtigten Weiterverarbeitung zur Einsichtnahme geprüft werden kann, sofern nicht eine Einwilligung der betroffenen Person vorliegt oder die Verarbeitung auf einer Rechtsvorschrift beruht, die in einer demokratischen Gesellschaft eine notwendige und verhältnismäßige Maßnahme zum Schutz der in Art. 23 Abs. 1 DS-GVO genannten Ziele darstellt (zum Ziel „Schutz der Unabhängigkeit der Justiz und der Schutz von Gerichtsverfahren" vgl. EuGH 2.3.2023 – C-268/21, ZD 2023, 396).

Die nachfolgende Checkliste soll einen praktischen Ansatzpunkt liefern, mit dem die Zweckänderung geprüft und deren Zulässigkeit dokumentiert werden kann.

### Checkliste Zweckänderung bei Einsichtnahme in E-Mails von Betroffenen

1. Verbindung zwischen den Zwecken, für die die personenbezogenen Daten erhoben wurden und den Zwecken der beabsichtigten Weiterverarbeitung (Art. 6 Abs. 4 lit. a DS-GVO)[1]
   – Was war der ursprüngliche Zweck der Datenerhebung?
     o allgemeine interne betriebliche Kommunikation
     o allgemeine externe betriebliche Kommunikation
     o private Kommunikation
     o werbliches Interesse
     o Recruiting
   – Wer sind die betroffenen Personen?
     o Mitarbeiter (Postfachinhaber)
     o interne Kommunikationsteilnehmer

  o externe Kommunikationsteilnehmer
  o Personen, auf die in der Korrespondenz Bezug genommen wird, ohne dass sie selbst Teilnehmer an der Kommunikation sind
- Was ist der konkrete Zweck der Weiterverarbeitung?
  o Was ist der Anlass der Einsichtnahme?
  o Was ist das Ziel der Einsichtnahme?
  o Ist die Verarbeitung für die Erreichung des Ziels notwendig oder gibt es andere Mittel und Wege?

2. Zusammenhang, in dem die personenbezogenen Daten erhoben wurden, insbesondere hinsichtlich des Verhältnisses zwischen den betroffenen Personen und dem Verantwortlichen (Art. 6 Abs. 4 lit. b DS-GVO)[2]
   - Wie ist das Verhältnis zwischen den Kategorien der betroffenen Personen und dem Verantwortlichen?
     a) Mitarbeiter (Postfachinhaber)
     b) interne Kommunikationsteilnehmer
     c) externe Kommunikationsteilnehmer
     d) Personen, auf die in der Korrespondenz Bezug genommen wird, ohne dass diese selbst Teilnehmer an der Kommunikation sind
   - Mit wem erfolgte die Kommunikation aus Sicht der Kommunikationspartner? Mit dem konkreten Mitarbeiter oder mit dem Unternehmen, vertreten durch den Mitarbeiter?
   - Müssen oder können die betroffenen Personen nach allgemeinen objektiven Maßstäben mit der beabsichtigten Weiterverarbeitung rechnen oder ist die beabsichtigte Verarbeitung überraschend?

3. Art der personenbezogenen Daten, insbesondere: Werden besondere Kategorien personenbezogener Daten gem. Art. 9 DS-GVO oder personenbezogene Daten über strafrechtliche Verurteilungen und Straftaten gem. Art. 10 DS-GVO verarbeitet (Art. 6 Abs. 4 lit. c DS-GVO)?[3]
   - Sind besondere Kategorien von personenbezogenen Daten in der E-Mail-Korrespondenz enthalten?
     a) Daten, aus denen die rassische und ethnische Herkunft hervorgeht
     b) politische Meinungen
     c) religiöse oder weltanschauliche Überzeugungen
     d) Gewerkschaftszugehörigkeit
     e) genetischen Daten
     f) biometrischen Daten zur eindeutigen Identifizierung einer natürlichen Person
     g) Gesundheitsdaten
     h) Daten zum Sexualleben oder der sexuellen Orientierung
     i) Daten über Verurteilungen oder Straftaten
   - Wie können solche Inhalte ggf. vorab gefiltert werden?

4. Mögliche Folgen der beabsichtigten Weiterverarbeitung für die betroffenen Personen (Art. 6 Abs. 4 lit. d DS-GVO)[4]
   - Welche Konsequenzen ergeben sich für die Kategorien von betroffenen Personen aus der Einsichtnahme?
   - Erhöhen sich bestehende Risiken oder kommen neue hinzu?
   - Wie hoch sind die Risiken für betroffene Personen?

5. **Vorhandensein geeigneter Garantien wie Verschlüsselung oder Pseudonymisierung (Art. 6 Abs. 4 lit. e DS-GVO)**[5]
   - **Welche technischen und organisatorischen Maßnahmen liegen vor?**
   - **Wird eine Verschlüsselung/Pseudonymisierung verwendet, die dem Stand der Technik entspricht?**
   - **Ist evtl. eine Anonymisierung im Vorfeld einer Einsichtnahme möglich?**

## Anmerkungen

**1. Verbindung zwischen den Zwecken, für die die personenbezogenen Daten erhoben wurden, und den Zwecken der beabsichtigten Weiterverarbeitung (Art. 6 Abs. 4 lit. a DS-GVO).** Die Weiterverarbeitung stellt keine eigene Legitimierung für eine „neue" Datenverarbeitung dar, sondern baut auf der ursprünglichen Rechtsgrundlage der Datenverarbeitung als Sekundärzweck auf (Auernhammer/Kramer DS-GVO Art. 6 Rn. 65). Der ursprüngliche Zweck, zu dem die Daten initial erhoben wurden, ist für die beabsichtigte Weiterverarbeitung zu berücksichtigen. Relevant hierbei ist mitunter, auf welcher Rechtsgrundlage die ursprüngliche Verarbeitung basierte. Kernfrage für die Legitimität einer Weiterverarbeitung ist demnach, ob die beabsichtigte weitergehende Verarbeitungstätigkeit als „logischer nächster Schritt" angesehen werden kann und ob die betroffene Person nach der allgemeinen Situation mit der Weiterverarbeitung rechnen kann (vgl. Kühling/Buchner/Buchner/etri DS-GVO Art. 6 Rn. 187). Wenn Rechtsgrundlage der ursprünglichen Verarbeitung beispielsweise die Erfüllung eines Vertrages mit der betroffenen Person war, wäre eine „Weiterverarbeitung" zur Aufdeckung möglicher Straftaten bei Vorliegen etwaiger Hinweise aus den erhobenen Daten keine Weiterverarbeitung im Sinne der Norm, sondern ein gänzlich neuer Verarbeitungsvorgang (vgl. Ehmann/Selmayr/Heberlein DS-GVO Art. 6 Rn. 55). Ein Beispiel für eine zulässige Weiterverarbeitung könnte demnach sein, wenn ein Unternehmen über die Adressdaten eines Kunden verfügt und dieser in den Erhalt eines Werbenewsletter eingewilligt hat. Als legitime Weiterverarbeitung ließe es sich auch ansehen, wenn das Unternehmen dem betroffenen Kunden statt produktbezogener Werbung zB (eigene) Veranstaltungseinladungen über die vorhandenen Kontaktdaten auf Grundlage der Newslettereinwilligung zukommen ließe (Gierschmann/Schlender/Stentzel/Veil/Assion/Nolte/Veil DS-GVO Art. 6 Rn. 234).

Im Hinblick auf eine mögliche Einsichtnahme in das betriebliche E-Mail-Postfach eines Angestellten bei konkret untersagter Privatnutzung dürfte sich in der Regel keine Kollision mit dem initialen Zweck der ursprünglichen Datenerhebung erkennen lassen, da dieser regelmäßig in der betrieblichen Kommunikation mit dem Unternehmen liegt, die in Vertretung durch den Arbeitnehmer vorgenommen wird. Sowohl der ursprüngliche als auch der neue Zweck bestehen hier in der Durchführung des Arbeitsverhältnisses, wozu etwa auch die Aufklärung von Pflichtverletzungen zählen (BAG 31.1.2019 – 2 AZR 426/18, ZD 2019, 419 Rn. 50 mAnm Tiedemann).

**2. Zusammenhang der Datenerhebung (Art. 6 Abs. 4 lit. b DS-GVO).** Der allgemein vernünftige Erwartungshorizont der betroffenen Person unter Berücksichtigung der Beziehung zu dem Verantwortlichen ist für die Legitimität der Weiterverarbeitung zu berücksichtigen. Je eher die beabsichtigte Weiterverarbeitung potenziell überraschend für die betroffene Person ist, umso weniger lässt sich von einer Vereinbarkeit mit dem Verarbeitungsgrundsatz von Treu und Glauben nach Art. 5 Abs. 1 lit. a DS-GVO ausgehen. Hierbei sind stets die Umstände des Einzelfalls zu beachten. Pauschale Aussagen dazu, wann eine Verarbeitung als „überraschend" angesehen werden kann, sind vorab kaum verbindlich möglich. Als Kontrollfrage könnte dienen: Muss eine betroffene Person vernünftigerweise mit einer weiteren Verarbeitung der konkret betroffenen Daten für den konkret festgelegten Zweck rechnen? Nach der Rechtsprechung des BAG dürfen Arbeitnehmer grundsätzlich erwarten, dass besonders eingriffsintensive Maßnahmen nicht ohne einen durch Tatsachen begründeten Verdacht einer Straftat oder schweren Pflichtverletzung ergriffen werden und insbesondere nicht „ins Blaue hinein" erfolgen (BAG 31.1.2019 – 2 AZR 426/18, ZD 2019, 419 Rn. 53 mAnm Tiedemann). Extreme Beispiele für eine solche Unvereinbarkeit wären etwa die Nutzung der allgemeinen Sicherheitsvideoüberwachung zur Leistungskontrolle von Beschäftigten (Ehmann/Selmayr/Heberlein DS-GVO Art. 6 Rn. 56).

Wenn die initiale Datenverarbeitung etwa auf der Rechtsgrundlage einer rechtlichen Verpflichtung nach Art. 6 Abs. 1 lit. c DS-GVO basiert, dürfte die Zulässigkeit einer Weiterverarbeitung unter Berücksichtigung des Erwartungshorizonts der betroffenen Person regelmäßig nicht anzunehmen sein. Zulässig könnte dagegen die Weiterleitung von Daten auf Grundlage eines Vertrages an eine Auskunftei oder ein Inkassounternehmen sein, wenn ein Schuldner Zahlungen, zu denen er verpflichtet war, nicht geleistet hat (Gierschmann/Schlender/Stentzel/Veil/Assion/Nolte/Veil DS-GVO Art. 6 Rn. 238). Wenn ein Bestandskunde im Webshop eines Verantwortlichen Waren in den Warenkorb gelegt hat und diese dort belässt, ohne den Kauf abzuschließen, kann sich auch der Versand von Erinnerungsmails, dass sich noch Waren ohne abgeschlossenen Kaufvorgang im Warenkorb befinden, unter Umständen auf Grundlage einer Interessenabwägung nach Art. 6 Abs. 1 S. 1 lit. f DS-GVO als datenschutzrechtlich zulässig darstellen (eine Unlauterkeit für diese Werbeform ablehnend Spindler/Schuster/Micklitz/Schirmbacher UWG § 4a Rn. 19).

Da es sich hierbei allerdings um eine werbliche Maßnahme handelt, sind auch die Anforderungen des § 7 UWG zu beachten, was im Ergebnis wohl stets zu dem Erfordernis der Einholung einer Einwilligung (nach UWG) führt.

Als besonders schützenswert sind Beziehungen zwischen Verantwortlichen und betroffener Person anzusehen, die einer beruflichen Geheimhaltungspflicht unterliegen. In einem solchen Fall, etwa bei Ärzten oder Rechtsanwälten, stellen sich die Hürden für eine potenziell legitime Weiterverarbeitung regelmäßig als deutlich höher dar (Ehmann/Selmayr/Heberlein DS-GVO Art. 6 Rn. 57). Verwiesen wird hierbei auf Erwgr. 50 S. 10 DS-GVO, wonach eine Weiterverarbeitung unzulässig sein sollte, wenn die Verarbeitung mit einer rechtlichen, beruflichen oder sonstigen verbindlichen Pflicht zur Geheimhaltung unvereinbar ist. In einem solchen Fall dürften sich neben datenschutzrechtlichen auch strafrechtliche Fragen der Offenbarung von anvertrauten Geheimnissen (§ 203 StGB) stellen.

**3. Art der verarbeiteten Daten (Art. 6 Abs. 4 lit. c DS-GVO).** Daten der Kategorien nach Art. 9 Abs. 1 und Art. 10 DS-GVO unterliegen einem besonderen Schutzniveau. Sofern solche Daten von einer beabsichtigten Weiterverarbeitung betroffen sein sollen, ist ein höherer Sorgfaltsmaßstab bei der Beurteilung einer Zulässigkeit der Weiterverarbeitung anzusetzen. Dies bedeutet insbesondere, dass einer der Ausnahmetatbestände nach Art. 9 Abs. 2 DS-GVO vorliegen muss.

Neben den konkret in Art. 9 Abs. 1 und Art. 10 DS-GVO benannten Datenkategorien können ggf. weitere Datenarten als besonders schützenswert gelten. Nach Ansicht der Artikel-29-Datenschutzgruppe (WP 203 S. 25) können demnach auch, je nach kontextualem Bezug, Kommunikationsdaten oder ortsbezogene Daten oder im allgemeinen Daten von Kindern als besonders schützenswert klassifiziert werden.

Die Verarbeitung solcher besonders schützenswerter Datenkategorien kann auch leicht stattfinden, ohne dass diese konkret beabsichtigt ist, etwa wenn eine Einsichtnahme in ein betriebliches E-Mail-Postfach eines Arbeitnehmers aufgrund berechtigter Interessen des Arbeitnehmers stattfinden soll und eine private Nutzung nicht ausdrücklich untersagt ist. Sofern private Kommunikation Inhalt der Sichtung werden kann, können sich besonders schutzwürdige Daten auch aus Kommunikationsinhalten ergeben; etwa, wenn Kommunikation mit dem Lebensgefährten auf eine sexuelle Orientierung hinweist oder eine Kommunikation über anstehende Arzttermine mit konkretem Untersuchungsinhalt vorliegt. Diese Aspekte sind im Vorfeld zu berücksichtigen.

**4. Mögliche Folgen der beabsichtigten Weiterverarbeitung (Art. 6 Abs. 4 lit. d DS-GVO).** Die möglichen Folgen für die betroffene Person sind maßgeblich zu berücksichtigen. Grundsätzlich lassen sich potenziell stärkere negative Konsequenzen für betroffene Personen erkennen, je höher die Sensitivität der verarbeiteten Daten ist.

Die Intensität möglicher Folgen kann sich demnach sehr unterschiedlich darstellen. Während der Erhalt von unerwünschter Werbung sich eher als weniger schwerwiegend ansehen lassen dürfte, könnte sich die Versagung eines Kredits aufgrund einer schlechten Bonitätsbewertung deutlich relevanter auswirken. Daneben können allerdings auch positive Auswirkungen für betroffene Personen als Argument für eine zulässige Weiterverarbeitung in Betracht gezogen werden, zB wenn eine Weiterverarbeitung zur präventiven Erkennung einer Erkrankung oder Warnung vor einem anstehenden Cyberangriff führen kann (Gierschmann/Schlender/Stentzel/Veil/Assion/Nolte/Veil DS-GVO Art. 6 Rn. 243). Allerdings ist auch bei zu erwartenden positiven Folgen die grundsätzliche Vereinbarkeit mit dem ursprünglichen Verarbeitungszweck im Vorfeld zu prüfen (Ehmann/Selmayr/Heberlein DS-GVO Art. 6 Rn. 59).

Gleichzeitig ist aber auch zu beachten, dass, nur weil eine Weiterverarbeitung negative Folgen für den Betroffenen haben kann (zB Kündigung oder strafrechtliches Ermittlungsverfahren), dies nicht bedeutet, dass die Weiterverarbeitung unzulässig sein muss. Dies lässt sich zB daraus ableiten, dass nach richtiger Ansicht des BAG der rechtmäßig gefilmte Vorsatztäter in Bezug auf die Aufdeckung und Verfolgung seiner materiell-rechtlich noch verfolgbaren Tat nicht schutzwürdig ist (BAG 23.8.2018 – 2 AZR 133/18, ZD 2019, 226 Rn. 30 mAnm Tiedemann).

**5. Vorhandensein geeigneter Garantien wie Verschlüsselung oder Pseudonymisierung (Art. 6 Abs. 4 lit. e DS-GVO).** Maßnahmen wie Verschlüsselung oder Pseudonymisierung können die Zulässigkeit einer Weiterverarbeitung begünstigen, aber nicht alleinstehend im Ursprung rechtfertigen. Eine Kompatibilitätsprüfung unter Beachtung aller Kriterien (Art. 6 Abs. 4 lit. a–e DS-GVO) hat im Vorfeld jeder Weiterverarbeitung in Gänze stattzufinden (vgl. Auernhammer/Kramer DS-GVO Art. 6 Rn. 81) und muss, der Rechenschaftspflicht nach Art. 5 Abs. 2 DS-GVO folgend, dokumentiert werden. So dürfte sich auch eine Anonymisierung nicht in jedem Fall als Legitimierung für eine weitergehende Datenverarbeitung heranziehen lassen, da der Vorgang der Anonymisierung selbst (so wie auch eine Löschung) eine Verarbeitung iSd Art. 4 Nr. 2 DS-GVO darstellt, die einer entsprechenden Rechtsgrundlage bedarf.

### 3. Information der betroffenen Person

Im Grundsatz sind nach Art. 13 und 14 DS-GVO gegenüber der betroffenen Person Informationspflichten zu erfüllen. Die Informationspflicht ist kein erforderlicher Bestandteil der Rechtmäßigkeit der Verarbeitung, sondern steht systematisch neben ihr (vgl. EDSA Richtlinien 8/2020 über die gezielte Ansprache von Nutzer:innen sozialer Medien Version 2.0 angenommen am 13.4.2021 Rn. 66; DSK Orientierungshilfe der Aufsichtsbehörden zur Verarbeitung von personenbezogenen Daten für Zwecke der Direktwerbung unter Geltung der Datenschutz-Grundverordnung (DS-GVO) Stand 02/2022 S. 4; EuGH 4.5.2023 – C-60/22, ZD 2023, 606 Rn. 53 ff.). Dennoch kann eine transparente nachvollziehbare Information bei der Begründung der Rechtmäßigkeit aufgrund berechtigter Interessen und dem Merkmal der „vernünftigen Erwartungen" der betroffenen Person relevant werden. Denn je transparenter die Information über die geplanten Verarbeitungszwecke erfolgt, desto eher kann argumentiert werden, dass die Verarbeitung für die betroffene Person vorhersehbar war (Hördt/Schwaab ArbRAktuell 2023, 230 (232)). § 32 BDSG enthält jedoch Ausnahmen in besonderen Fällen, in denen eine Informationserteilung unterbleiben kann. Danach bedarf es einer Informationserteilung gegenüber der betroffenen Person ua dann nicht, wenn mit der Erteilung eine Gefährdung der öffentlichen Sicherheit einhergeht oder die Erteilung die Geltendmachung, Ausübung oder Verteidigung rechtlicher Ansprüche beeinträchtigen würde.

Sofern keine Ausnahme aus § 32 Abs. 1 BDSG vorliegt, sind der betroffenen Person, in deren E-Mail-Postfach Einsicht genommen werden soll, vor der Einsichtnahme und der damit verbundenen Datenverarbeitung die Informationen nach Art. 13 DS-GVO bereitzustellen.

In vielen Fällen wird die Datenverarbeitung im Zuge der Einsichtnahme aber keine neue Erhebung der Daten darstellen, sondern eine Zweckänderung iSd Art. 6 Abs. 4 DS-GVO, da die Daten bereits erhoben wurden. Nach Art. 13 Abs. 3 DS-GVO sind der betroffenen Person in diesem Fall neben den maßgeblichen Informationen zum geänderten Zweck selbst auch die Informationen nach Art. 13 Abs. 2 DS-GVO bereitzustellen.

In dem nachfolgenden Muster werden auch die Informationen nach Art. 13 Abs. 1 DS-GVO berücksichtigt, da die Einsichtnahme einerseits (je nach gegebenen Umständen) auch eine neue Erhebung der Daten darstellen kann, wodurch auch die Informationen nach Art. 13 Abs. 1 DS-GVO zu erteilen wären. Andererseits wäre eine Erteilung von Informationen über den konkret gesetzlich geforderten Rahmen hinaus in keinem Fall schädlich (Grundsatz der Transparenz).

Das Muster adressiert den Arbeitnehmer als betroffene Person, in dessen betriebliches E-Mail-Postfach Einsicht genommen werden soll. Streng genommen wären auch die Kommunikationspartner bei der E-Mail-Einsichtnahme als betroffenen Personen zu werten. Eine Informationserteilung gegenüber den Kommunikationspartnern ist allerdings nicht notwendig, sofern sich der konkrete Zweck der Einsichtnahme nicht gegen diese richtet. In Bezug auf die Kommunikationspartner liegt zum einen keine neue Datenerhebung vor, da die betreffenden E-Mails (inklusive enthaltener Daten) bereits vorliegen. Zum anderen liegt auch keine Zweckänderung vor, da der Zweck zur betrieblichen Kommunikation sich auch durch die Einsichtnahme nicht ändert. Die Daten der Kommunikationsteilnehmer werden nicht zweckändernd verwendet.

Sofern Ausnahmetatbestände nach §§ 32 Abs. 1 oder 33 Abs. 1 BDSG einschlägig sind, kann von einer Informationserteilung abgesehen werden. Vorliegend kommen insbesondere Gründe nach § 32 Abs. 1 Nr. 4 und § 33 BDSG in Betracht, wonach von einer Informationserteilung abgesehen werden kann, sofern sie die Geltendmachung, Ausübung oder Verteidigung zivilrechtlicher Ansprüche beeinträchtigen würde. Im Falle eines konkreten Verdachts einer schwerwiegenden Pflichtverletzung oder dem Vorliegen einer Straftat, könnte die Ausnahme greifen, wenn die betroffene Person weiterhin im Unternehmen tätig ist und eine Einsichtnahme „verdeckt" erfolgen muss. Die Vorabinformation der betroffenen Person könnte in einem solchen Fall eine mögliche Verdunklungsgefahr begründen.

Sofern sich ein konkreter Verdacht allerdings im Nachgang einer vorgenommenen Sichtung als unbegründet herausstellt, wird der Hinderungsgrund, der die Nichterteilung der Informationen legitimiert, nachträglich zu einem nur vorübergehenden Hinderungsgrund, wodurch die Informationen der betroffenen Person nach § 32 Abs. 3 BDSG innerhalb einer angemessenen Frist nach Fortfall des Hinderungsgrundes, spätestens jedoch innerhalb von zwei Wochen, zur Verfügung zu stellen sind (→ Form. H. VII. 1. Anm. 14).

**Muster Informationsschreiben**

**Sehr geehrte/r [Anrede] [Name],**

**im Hinblick auf die Einsichtnahme in Ihr betriebliches E-Mail-Postfach möchten wir Sie nachfolgend, unter Berücksichtigung der datenschutzrechtlichen Vorgaben des Art. 13 DS-GVO, über die Verarbeitung Ihrer personenbezogenen Daten informieren:**

**1. Verantwortlicher**[1]

**Verantwortlicher für die Datenverarbeitung ist**

**[Name, Adresse und Kontaktdaten des Verantwortlichen]**

**2. Datenschutzbeauftragter**[2]

**Datenschutzbeauftragter des Verantwortlichen ist**

**[Name (optional) und Kontaktdaten des Datenschutzbeauftragten]**

**3. Zwecke der Verarbeitung**[3]

**Wir verarbeiten Ihre Daten (im Speziellen den Inhalt Ihres beruflichen E-Mail-Postfachs) zum Zweck der Einsichtnahme in Ihr berufliches E-Mail-Postfach. Die**

Einsichtnahme erfolgt zu dem folgenden Zweck: [Detaillierende Erläuterung der Zwecke der Einsichtnahme].

Die Einsichtnahme in Ihr geschäftliches E-Mail-Postfach wird am [Datum der Einsichtnahme] durch [durchführende Teilnehmer der Einsichtnahme] erfolgen. Die Sichtung von E-Mails findet unter enger Eingrenzung der Suchkriterien auf konkrete Zeiträume, Geschäftsvorgänge, fragliche Zahlungen, Vertragsbeziehungen, Absprachen, Geschäftspartner oder sonstige beteiligte Personen statt. Die maßgeblichen Suchbegriffe, die Einsatz finden sollen, lauten:

[Möglichst abschließende Aufzählung der eingesetzten Suchbegriffe.]

Soweit der Einsatz der zuvor benannten Suchbegriffe eine hinreichende Eingrenzung nicht gewährleistet, werden weitere einschränkende Kriterien hinzugezogen (zB Absendereigenschaft).
Im Vorfeld der Einsichtnahme in konkrete E-Mails nehmen wir eine Vorfilterung des E-Mail-Postfachs vor, um im größtmöglichen Umfang Sorge dafür zu tragen, dass keine E-Mails mit rein privatem Inhalt von der Einsichtnahme betroffen sind. Sowohl die Vorfilterung als auch die Einsichtnahme in konkrete E-Mails erfolgen unter Einbeziehung unseres Datenschutzbeauftragten.

[Optional: Für die Durchsuchung des archivierten E-Mail-Postfachs werden die Daten auf ein eigens hierfür vorgehaltenes Notebook/Gerät eingebunden. Ein Zugriff durch andere Geräte unseres IT-Systems ist nicht vorgesehen. Nach der Einsichtnahme wird das Notebook/Gerät durch den Administrator wieder in Verwahrung genommen, das Gerätepasswort geändert und die Einbindung des Postfachs rückgängig gemacht.]

Relevante E-Mails werden zur weiteren Verwendung einzeln ausgedruckt.

4. Rechtsgrundlagen der Verarbeitung[4]

Rechtsgrundlagen für die vorbeschriebenen Verarbeitungen sind Art. 6 Abs. 1 S. 1 lit. b DS-GVO iVm § 26 BDSG (Durchführung vertraglicher Pflichten) sowie eine Interessenabwägung nach Art. 6 Abs. 1 S. 1 lit. f DS-GVO. Unsere berechtigten Interessen bestehen in [Konkretisierung der berechtigten Interessen].

5. Empfänger Ihrer personenbezogenen Daten[5]

Innerhalb des Unternehmens erhalten nur die Stellen Ihre personenbezogenen Daten, welche diese zwingend zur Erreichung des verfolgten Zweckes benötigen. Im Speziellen handelt es sich hierbei um
- [empfangene interne Stellen ergänzen, zB einzelne Mitarbeiter der Rechtsabteilung, Mitglieder des Vorstands, Mitglieder des Aufsichtsrats]

Außerhalb des Verantwortlichen erhalten folgende Empfänger die Daten:
- [empfangene externe Stellen ergänzen]

6. Übermittlung in Drittländer[6]

Eine Übermittlung in Drittländer ist im Rahmen der Einsichtnahme nicht geplant.

[oder:

Eine Übermittlung findet in folgende Drittländer statt:

[Drittland mit Angemessenheitsbeschluss]

[Drittland ohne Angemessenheitsbeschluss aber mit geeigneter Garantie wie Standardvertragsklauseln]

[Aufzählung der Drittländer]

Rechtsgrundlage für die Übermittlung ist [Rechtsgrundlage für die Drittlandsübermittlung].]

7. Dauer der Datenspeicherung[7]
Die im Rahmen der Einsichtnahme verarbeiteten Daten werden nur solange gespeichert, wie es für die Erreichung der oben benannten Zwecke erforderlich ist. Insbesondere relevant können hierbei laufende Gerichtsverfahren und geltende Verjährungsfristen sein. Nach Erreichung der Zwecke werden wir Ihre personenbezogenen Daten löschen, soweit keine Aufbewahrungsvorschriften bestehen, die uns zu einer fortdauernden Speicherung verpflichten.

8. Rechte betroffener Personen[8]

Als betroffene Person haben Sie folgende Rechte:
– Recht auf Auskunft (Art. 15 DS-GVO)
– Recht auf Berichtigung (Art. 16 DS-GVO)
– Recht auf Löschung (Art. 17 DS-GVO)
– Recht auf Einschränkung der Verarbeitung (Art. 18 DS-GVO)
– Recht auf Widerspruch gegen die Verarbeitung (Art. 21 DS-GVO)
– Recht auf Datenübertragbarkeit (Art. 20 DS-GVO)
– Recht auf Beschwerde bei einer Aufsichtsbehörde (Art. 77 DS-GVO)
Bezüglich des Auskunftsrechts und des Löschungsrechts gelten die Einschränkungen nach §§ 34 und 35 BDSG.

Widerspruchsrecht[9]

Sie haben nach Art. 21 DS-GVO ein Widerspruchsrecht gegen die Verarbeitung auf der Grundlage von Art. 6 Abs. 1 S. 1 lit. f DS-GVO aus Gründen, die sich aus Ihrer besonderen Situation ergeben. Sollten Sie von Ihrem Widerspruchsrecht Gebrauch machen, verarbeiten wir Ihre personenbezogenen Daten nicht mehr, es sei denn, es liegen zwingende schutzwürdige Gründe für die Verarbeitung vor, die Ihre Interessen, Rechte und Freiheiten überwiegen oder die Verarbeitung dient der Geltendmachung, Ausübung oder Verteidigung von Rechtsansprüchen. Möchten Sie von Ihrem Widerspruchsrecht Gebrauch machen, genügt eine E-Mail an [E-Mail-Adresse einfügen].

## Anmerkungen

**1.** Verantwortlicher. Nach Art. 13 Abs. 1 lit. a DS-GVO ist der Verantwortliche für die Datenverarbeitung zu benennen. Bei dem Verantwortlichen dürfte es sich im

Falle der Einsichtnahme in dienstliche E-Mail-Postfächer regelmäßig um den Arbeitgeber handeln. Sofern ein Vertreter iSd Art. 4 Nr. 17 DS-GVO bestellt sein sollte, wäre dieser ebenfalls zu benennen.

Diese Informationen sollten eine mühelose Identifizierung des Verantwortlichen und vorzugsweise verschiedene Kommunikationsformen mit dem Verantwortlichen (zB Telefonnummer, E-Mail, Postanschrift etc) ermöglichen (Artikel-29-Datenschutzgruppe WP 260 rev. 01 S. 10 ff.).

Sofern die Einsichtnahme eine Zweckänderung iSd Art. 6 Abs. 4 DS-GVO darstellt, wäre die Mitteilung des Verantwortlichen nach Art. 13 Abs. 3 DS-GVO nicht zwingend notwendig.

**2. Datenschutzbeauftragter.** Nach Art. 13 Abs. 1 lit. b DS-GVO sind die Kontaktdaten des Datenschutzbeauftragten mitzuteilen, sofern die Vorgaben des Art. 37 DS-GVO oder § 38 BDSG zu dessen Benennung einschlägig sind (zu typischen Fehlern bezüglich Informationspflichten – u. a. bei der Angabe von Kontaktdaten des Datenschutzbeauftragten – vgl. Berliner Beauftragte für Datenschutz und Informationsfreiheit, Typische Fehler bei Datenschutzerklärungen, 8.8.2023, abrufbar unter: https://www.datenschutz-berlin.de/fileadmin/user_upload/pdf/checklisten/Typische_Fehler_bei_Datenschutzerklaerungen.pdf).

Sofern die Einsichtnahme eine Zweckänderung iSd Art. 6 Abs. 4 DS-GVO darstellt, wäre die Mitteilung der Kontaktdaten des Datenschutzbeauftragten nach Art. 13 Abs. 3 DS-GVO nicht zwingend notwendig.

**3. Zwecke der Verarbeitung.** Nach Art. 13 Abs. 1 lit. c DS-GVO sind der betroffenen Person die Zwecke der Datenverarbeitung mitzuteilen. Die Benennung sollte möglichst konkret und abschließend erfolgen. Die ehemalige Artikel-29-Datenschutzgruppe (nunmehr EDSA) führt hierzu aus, dass die Forderung nach einer klaren und einfachen Sprache bedeutet, dass die Informationen in einer möglichst einfachen Art und Weise unter Vermeidung komplexer Satz- und sprachlicher Strukturen bereitgestellt werden sollten (Artikel-29-Datenschutzgruppe WP 260 rev. 01 S. 8 ff.).

Die Informationen sollten konkret und belastbar sein; abstrakte oder mehrdeutige Begriffe bzw. Interpretationsspielraum sind zu vermeiden. Insbesondere die Zwecke der und die Rechtsgrundlage für die Verarbeitung der personenbezogenen Daten sollten klar dargelegt werden. Modalverben und -wörter wie „kann", „könnte", „manche", „oft" und „möglich" sind ebenfalls zu vermeiden.

Entscheiden sich die Verantwortlichen für die Verwendung unbestimmter Formulierungen, sollten sie im Einklang mit dem Grundsatz der Rechenschaftspflicht in der Lage sein, aufzuzeigen, warum dieser Sprachgebrauch nicht vermieden werden konnte und inwiefern die Verarbeitung nach Treu und Glauben dadurch nicht untergraben wird. Die Absätze und Sätze sollten strukturiert sein und hierarchische Beziehungen mit Aufzählungszeichen sowie Einzügen dargestellt werden. Passive Formulierungen sowie übermäßige Substantivierungen sollen vermieden werden.

Die den betroffenen Personen zur Verfügung gestellten Informationen sollten nicht unverhältnismäßig viele rechtliche, technische oder fachbezogene Formulierungen oder eine entsprechende Terminologie enthalten.

Werden die Informationen in eine oder mehrere andere Sprachen übersetzt, sollte der Verantwortliche die Richtigkeit sämtlicher Übersetzungen gewährleisten und sicherstellen, dass Wortwahl und Syntax in den Zweitsprachen sinnvoll sind, damit der übersetzte Text weder entschlüsselt noch neu interpretiert werden muss (Artikel-29-Datenschutzgruppe WP 260 rev. 01 S. 10ff.).

**4. Rechtsgrundlagen der Verarbeitung.** Nach Art. 13 Abs. 1 lit. c DS-GVO sind der betroffenen Person auch die Rechtsgrundlagen der Datenverarbeitung mitzuteilen. Hierbei sind ggf. auch die nationalen Bestimmungen zur Verarbeitung von personenbezogenen Daten in einem Beschäftigungsverhältnis nach § 26 BDSG zu berücksichtigen. Ein solcher Verweis ist trotz der möglichen Unvereinbarkeit von § 26 Abs. 1 BDSG mit Art. 88 DS-GVO (vgl. EuGH 30.3.2023 – C-34/21, NJW 2023, 1639) unschädlich. Hingegen sollte nicht auf die Mitteilung der entsprechenden Rechtsgrundlagen aus der DS-GVO verzichtet werden (→ Form. VII.1. Anm. 10).

Ob die Mitteilung der Rechtsgrundlage auch im Falle eine Zweckänderung notwendig ist, kann nach dem Wortlaut von Art. 13 Abs. 3 DS-GVO angezweifelt werden, da hier lediglich auf den „anderen Zweck und alle anderen maßgeblichen Informationen gemäß Absatz 2" abgestellt wird. Vor dem Hintergrund, dass sowohl der Zweck als auch die Rechtsgrundlage in Art. 13 Abs. 1 lit. c DS-GVO geregelt werden, sollte wohl davon ausgegangen werden, dass auch im Falle einer Zweckänderung die entsprechende Rechtsgrundlage mitzuteilen ist. Dies dürfte auch schon aufgrund des allgemeinen Transparenzgebots der DS-GVO empfehlenswert sein.

Sofern die Verarbeitung auf Grundlage eines berechtigten Interesses stattfindet, sind nach Art. 13 Abs. 1 lit. d DS-GVO auch die konkreten berechtigten Interessen, die von dem Verantwortlichen oder Dritten verfolgt werden, zu benennen und etwaige entgegenstehende schutzwürdige Interessen der betroffenen Person im Zuge einer Interessenabwägung zu berücksichtigen. Das berechtigte Interesse kann hierbei als hilfsweise Rechtsgrundlage ergänzend herangezogen werden. Sofern § 26 BDSG als Rechtsgrundlage der Datenverarbeitung genutzt werden soll, ist eine Interessenabwägung ebenfalls möglich.

Die Artikel-29-Datenschutzgruppe vertritt in jedem Fall den Standpunkt, dass aus der Unterrichtung der betroffenen Person die Möglichkeit, auf Anfrage Angaben zu der Abwägungsprüfung zu erhalten, klar hervorgehen sollte. Dies ist in Fällen, in denen die betroffenen Personen Zweifel hinsichtlich der fairen Durchführung der Abwägungsprüfung hegen oder eine Beschwerde bei einer Aufsichtsbehörde einreichen möchte, im Sinne effektiver Transparenz von wesentlicher Bedeutung (Artikel-29-Datenschutzgruppe WP 260 rev. 01 S. 45).

**5. Empfänger von personenbezogenen Daten.** Nach Art. 13 Abs. 1 lit. e DS-GVO sind die Empfänger oder Kategorien von Empfängern der personenbezogenen Daten mitzuteilen. Empfänger muss nicht notwendigerweise ein Dritter sein. Entsprechend schließt der Begriff „Empfänger" andere Verantwortliche, gemeinsam für die Verarbeitung Verantwortliche und Auftragsverarbeiter, denen Daten übermittelt oder offengelegt werden, ein und es sollten neben den Informationen über dritte Empfänger auch Angaben zu diesen Empfängern bereitgestellt werden (Taeger/Gabel/Arning/Rothkegel DS-GVO Art. 4 Rn. 274; Gola/Heckmann/Gola DS-GVO Art. 4 Rn. 78; DSK Kurzpapier Nr. 16 Gemeinsam für die Verarbeitung Verantwortliche, Art. 26 DS-GVO S. 1). Im Einklang mit dem Grundsatz von Treu und Glauben müssen die Verantwortlichen möglichst zweckdienliche Informationen zu den Empfängern für die betroffenen Personen bereitstellen. In der Praxis werden dies gemeinhin die benannten Empfänger sein, damit die betroffenen Personen genau wissen, wer im Besitz ihrer personenbezogenen Daten ist. Dabei ist der Verantwortliche aber grundsätzlich im Rahmen des Art. 13 DS-GVO nicht verpflichtet, der betroffenen Person die Identität der einzelnen Empfänger mitzuteilen. Anders als im durch den EuGH entschiedenen Fall der Auskunft nach Art. 15 DS-GVO (EuGH 12.1.2023 – C-154/21, NJW 2023, 973), genügt es bei der Erfüllung von Transparenzpflichten, wenn allein die Kategorien der Empfänger benannt werden. Grund hierfür ist, dass die Informationspflicht nach Art. 13 DS-GVO ein Tätigwerden des Verantwortlichen von sich aus vorsehen; ohne Antrag der betroffenen Person. Anders ist dies im Rahmen des Art. 15 DS-GVO, der ein tatsächliches Auskunftsrecht zugunsten der betroffenen Person vorsieht, unter welches auch ein Wahlrecht hinsichtlich spezifischer Empfänger gefasst wird (vgl. Generalanwalt Pitruzella 9.6.2022 – C-154/21, BeckRS 2022, 12698 Rn. 21).Entscheiden sich die Verantwortlichen für die Angabe der Kategorien von Empfängern, sollten diese Informationen unter Angabe der Empfängerart (dh der von diesen durchgeführten Aktivitäten), der Branche, des Sektors und Teilsektors sowie des Standorts der Empfänger so genau wie möglich ausfallen (Artikel-29-Datenschutzgruppe WP 260 rev. 01 S. 46 f.).

**6. Übermittlung in Drittländer.** Nach Art. 13 Abs. 1 lit. f DS-GVO ist mitzuteilen, ob eine Übermittlung in Drittländer (ausführlich → Form. G. VII.) stattfindet oder eine Absicht hierzu besteht. Sofern eine solche Absicht besteht oder eine Drittlandsübermittlung stattfindet, ist weiterhin über das Vorhandensein oder das Fehlen eines Angemessenheitsbeschlusses der Kommission zu informieren oder im Falle von Übermittlungen gem. Art. 46 oder Art. 47 oder Art. 49 Abs. 1 S. 2 DS-GVO ein Verweis auf die geeigneten oder angemessenen Garantien aufzunehmen und mitzuteilen, wie eine Kopie von ihnen zu erhalten ist oder wo sie verfügbar sind.

**7. Dauer der Datenspeicherung.** Nach Art. 13 Abs. 2 lit. a DS-GVO sind die Informationen zur jeweiligen Dauer der Datenspeicherung bereitzustellen. Die Angabe der Speicherdauer muss hierbei möglichst konkret und nach Möglichkeit in absoluten Zeiten angegeben werden. Sofern eine absolute Fristennennung nicht möglich ist, können auch die Kriterien für eine Fristenterminierung dargelegt werden (NK-DatenschutzR/Dix DS-GVO Art. 13 Rn. 15; Artikel-29-Datenschutzgruppe WP 260 rev. 01 S. 49).

Die Speicherfrist (oder die Kriterien, um diese festzulegen) kann von Faktoren wie den rechtlichen Anforderungen oder Industrierichtlinien vorgegeben sein, sollte aber so formuliert werden, dass die betroffene Person die Möglichkeit hat, ausgehend von ihrer jeweiligen Situation einzuschätzen, welche Speicherfrist für bestimmte Daten/Zwecke gilt. Eine allgemeine Aussage des Verantwortlichen, die personenbezogenen Daten würden solange wie nötig für die legitimen Zwecke der Verarbeitung gespeichert, reicht hier nicht aus. Ggf. sollten verschiedene Speicherfristen – bei Bedarf auch Archivfristen – für unterschiedliche Kategorien personenbezogener Daten und/oder unterschiedliche Verarbeitungszwecke vorgesehen werden (Artikel-29-Datenschutzgruppe WP 260 rev. 01 S. 49).

**8. Rechte der betroffenen Person.** Nach Art. 13 Abs. 2 lit. b, c und d DS-GVO sind der betroffenen Person das Bestehen eines Rechts auf Auskunft seitens des Verantwortlichen über die betreffenden personenbezogenen Daten sowie auf Berichtigung oder Löschung oder auf Einschränkung der Verarbeitung gegen die Verarbeitung sowie des Rechts auf Datenübertragbarkeit sowie das Bestehen eines Beschwerderechts bei einer Aufsichtsbehörde mitzuteilen.

Diese Informationen sollten speziell auf das jeweilige Verarbeitungsszenario abstellen und, zumindest nach Ansicht der Aufsichtsbehörden, eine Zusammenfassung dessen, was das Recht beinhaltet und wie die betroffene Person Schritte einleiten kann, um es auszuüben, sowie sämtliche Beschränkungen dieses Rechts umfassen (Artikel-29-Datenschutzgruppe WP 260 rev. 01 S. 50). Bei dem Recht auf Datenübertragbarkeit nach Art. 20 DS-GVO ist einschränkend zu beachten, dass dieses nur in Bezug auf Daten anzuwenden ist, die auf Grundlage einer Einwilligung nach Art. 6 Abs. 1 lit. a DS-GVO oder zum Zwecke einer Vertragserfüllung nach Art. 6 Abs. 1 lit. b DS-GVO durch die betroffene Person bereitgestellt wurden.

**9. Widerspruchsrecht.** Die Information über das Widerspruchsrecht fällt ebenfalls unter die Mitteilung der betroffenen Rechte nach Art. 13 Abs. 2 lit. c DS-GVO. Dem Widerspruchsrecht kommt allerdings eine besondere Bedeutung bei, da insbesondere aus behördlicher Sicht gefordert wird, dass die Widerspruchsmöglichkeit besonders gekennzeichnet und getrennt hervorgehoben wird (Artikel-29-Datenschutzgruppe WP 260 rev. 01 S. 50; BayLfD, Orientierungshilfe Informationspflichten für Verantwortliche, Stand 26.11.2018, S. 22 Rn. 46; BMWi Orientierungshilfe zum Gesundheitsdatenschutz S. 33; Kühling/Buchner/Herbst DS-GVO Art. 21 Rn. 39; Gola/Heckmann/Schulz DS-GVO Art. 21 Rn. 30). Bei Fehlen eines Hinweises besteht das Risiko, dass eine Aufsichtsbehörde von einer rechtswidrigen Datenverarbeitung ausgeht, da der betroffenen Person faktisch das Widerspruchsrecht verwehrt wurde (vgl. Hördt/Schwaab ArbRAktuell 2023, 230 (232)). An die konkrete Art der Hervorhebung werden keine bestimmten Anforderungen gestellt. Die Hervorhebung kann durch entsprechende Umrahmung, farbliche Hinterlegung, oder Fettdruck stattfinden.

Es ist nur eine Nennung tatsächlich existierender Rechte notwendig. Sofern ein Widerspruchsrecht in Ermangelung einer Datenverarbeitung auf Grundlage von Art. 6 Abs. 1 lit. e oder f DS-GVO nicht besteht, bedarf es keiner Information über das Widerspruchsrecht. Die Datenschutzinformationen sind nach Art. 12 Abs. 1 DS-GVO in präziser, transparenter, verständlicher und leicht zugänglicher Form in einer klaren und einfachen Sprache zu übermitteln. Unter Berücksichtigung dieses Aspekts ist auf redundante Informationen zu verzichten (BayLfD, Orientierungshilfe Informationspflichten für Verantwortliche, Stand 26.11.2018 S. 22 Rn. 44; Kühling/Buchner/Bäcker DS-GVO Art. 13 Rn. 37; Taeger/Gabel/Mester DS-GVO Art. 13 Rn. 19; DSK Orientierungshilfe der Aufsichtsbehörden zur Verarbeitung von personenbezogenen Daten für Zwecke der Direktwerbung unter Geltung der Datenschutz-Grundverordnung (DS-GVO) S. 14).

Die Aufmerksamkeit der betroffenen Person muss insbesondere ausdrücklich auf das Recht auf Widerspruch gegen die Verarbeitung gelenkt werden, und zwar spätestens zum Zeitpunkt der ersten Kommunikation mit der betroffenen Person, zudem muss dieses Recht klar und getrennt von allen anderen Informationen angegeben werden (Artikel-29-Datenschutzgruppe WP 260 rev. 01 S. 50).

## 4. Protokollierung der Einsichtnahme

Wenn eine Einsichtnahme in ein betriebliches E-Mail-Postfach eines Mitarbeiters stattfinden soll, sind die genauen Abläufe der Einsichtnahme sowie die Ergebnisse hieraus möglichst detailliert zu dokumentieren. Die Dokumentation dient in erster

Linie der Erfüllung der Rechenschaftspflicht des Verantwortlichen nach Art. 5 Abs. 2 DS-GVO (→ Form. A. I.). Demnach muss der Verantwortliche jederzeit die Einhaltung der gesetzlichen Vorgaben nachweisen können. Insbesondere wenn sich gegensätzliche Interessen des betroffenen Arbeitnehmers in die Einsichtnahme des betrieblichen Postfachs annehmen lassen müssen, kann das Protokoll essenzielle Bedeutung haben, damit der Verantwortliche nachweisen kann, dass durch eine angemessene Vorgehensweise die Persönlichkeitsrechte der betroffenen Person berücksichtigt wurden und anhand eines dezidierten Katalogs von eingesetzten Suchworten der Sichtungsbereich maßgeblich eingeschränkt wurde. Innerhalb des Protokolls sollten insbesondere auch solche Vorfälle dokumentiert werden, in denen sich gegen eine weitergehende Einsichtnahme in Inhalte mit einem möglicherweise rein privaten Inhalt entschieden wird.

**Muster Einsichtnahmeprotokoll**

| | |
|---|---|
| Beginn:[1] | |
| Ende: | |
| anwesende Personen:[2] | |
| TOP 1: Einweisung[3] | [Ausführungen zur einweisenden Vorbereitung durch eine datenschutzrechtlich qualifizierte Person]<br>[Formulierungsbeispiel: Der Datenschutzbeauftragte verweist einleitend auf die strengen Anforderungen für die Einsichtnahme. Da sich das Risiko eines Auffindens privater E-Mails nicht ausschließen lässt, legt der Datenschutzbeauftragte daher bereits einleitend fest, dass im Posteingang ausschließlich eine Stichwortsuche vorgenommen werden darf. Die Teilnehmer kommen daher überein, dass der Zeitraum der Einsichtnahme und die Stichwortliste festgelegt werden: [Zeitraum] [Stichwortliste].] |
| TOP 2: Bereitstellung Technik[4] | [Ausführungen zur technischen Vorbereitung der Einsichtnahme]<br>[Formulierungsbeispiel: Um [Uhrzeit] begeben sich [Teilnehmer] zur IT-Abteilung, welche im Vorfeld in Abstimmung mit dem Datenschutzbeauftragten die Wiederherstellung der E-Mails vorgenommen hatte. Ein IT-Mitarbeiter übergibt einen Laptop, über welchen ein Zugriff auf die E-Mails möglich ist, sowie einen Umschlag mit dem Passwort für den Laptop. Danach begeben sich die Teilnehmer zurück in [Ort/Raum der Einsichtnahme].] |

| | |
|---|---|
| Top 3: Einsichtnahme in Postfach[5] | [Dokumentation der faktischen Einsichtnahme] |
| Beginn der Suche: | |
| in Unterordner: | |
| [Optional] Zeitstempel-Verlauf: | [12:13] Uhr: Ausdruck E-Mail vom […]<br>[12:23] Uhr: Ausdruck E-Mail vom […] |
| Beginn der Suche anhand Stichwortliste: | |
| Ende der Suche: | |
| Ergebnisse: | |

[Ort], [Datum]

## Anmerkungen

**1. Beginn/Ende.** Die Einsichtnahme muss in einem klar abgegrenzten Zeitraum stattfinden.

**2. Anwesende.** Alle der Einsichtnahme teilnehmenden Personen sind zu benennen. Hiervon umfasst sind sämtliche anwesende Personen, die die Möglichkeit haben, personenbezogene Daten aus der Sichtung wahrzunehmen. Eine aktive Teilnahme an dem Sichtungsvorgang ist nicht notwendig, da lediglich die Anwesenheit bereits eine passive Kenntnisnahme von Informationen ermöglicht, was eine Datenverarbeitung iSv Art. 4 Nr. 2 DS-GVO darstellen kann.

**3. Einweisung.** Die genaue Einweisung der anwesenden Personen, wie die Einsichtnahme im Folgenden stattfinden soll, ist hier im Detail zu protokollieren. Es sollten klare Regeln zur Vorgehensweise festgelegt werden, um ein strukturiertes Vorgehen sicherzustellen und insbesondere potenzielle Datenschutzverletzungen zu vermeiden, die bspw. aus einem zu schnellen und unabgestimmten Vorgehen entstehen können. Die Anwesenden sollten insbesondere auf die Verarbeitungsgrundsätze nach Art. 5 Abs. 1 DS-GVO hingewiesen und – sofern nicht ohnehin schon erfolgt – entsprechend verpflichtet werden. Denkbar ist auch, auf die in der Praxis eingesetzten Nachfolgeregelungen zur „Verpflichtung auf das Datengeheimnis" zu verweisen oder solche hier zu nutzen (→ Form. C. VII.1.; dazu auch ausführlich Piltz BvD-News 1/2018, 16).

**4. Bereitstellung der Technik.** Der genaue Ablauf der technischen Vorbereitung ist zu protokollieren. Für die Einsichtnahme sollte eine isolierte Umgebung geschaffen werden, die einen Einfluss von außen bei der Einsichtnahme ausschließt. Idealerweise sollte die Einsichtnahme demnach offline vorgenommen werden, unter Entkopplung von den sonstigen IT-Systemen des Verantwortlichen.

**5. Einsichtnahme in Postfach.** Der eigentliche Vorgang der Einsichtnahme ist mit jeweiligen Zeitstempel und Benennung der konkreten Aktivität zu dokumentieren, um eine größtmögliche Transparenz gewährleisten zu können.

Daneben sind die Kriterien, die der Suche als Basis zugrunde liegen, transparent zu benennen. Verwendete Suchbegriffe sollten abschließend katalogisiert werden. Daneben sollten weitere Maßnahmen der Sucheingrenzung, wie zeitliche oder thematische Filter, benannt werden, zB nur E-Mail-Korrespondenz innerhalb der Monate Mai bis August, Eingrenzung auf bestimmte Begriffsbezüge in der Betreffzeile oder Filterung nach bestimmten Absendern, Empfängern oder Projektbezeichnungen.

Die Ergebnisse der Einsichtnahme sind abschließend in dem Protokollmuster deutlich festzuhalten. Sofern die Einsichtnahme auf Grundlage eines konkreten Verdachts stattgefunden hat, ist anzugeben, ob sich der Verdacht bestätigt oder als unbegründet erwiesen hat. Sofern sich ein anfänglicher Verdacht im Nachgang als unbegründet erweist, kann die im Vorfeld ausgesetzte Informationspflicht gegenüber der betroffenen Person wieder aufleben, da ein mutmaßlicher Hinderungsgrund für die Informationserteilung nach § 32 Abs. 1 BDSG rückwirkend zu einem vorübergehenden Hinderungsgrund nach § 32 Abs. 3 BDSG wird (→ Form. H. VII. 1. Anm. 14).

## VIII. Rahmenbetriebsvereinbarung IT-Systeme

Wohl kein Unternehmen kommt noch ohne **IT-Systeme** aus, jedenfalls wenn man diesen Begriff weit versteht. Nicht nur hochkomplexe Spezialsoftware, sondern auch Standards wie E-Mail-Programme, Textverarbeitung, ein Internetzugang, elektronische Türsysteme (Token statt Schlüssel), Videoüberwachungssysteme oder die bloße Telefonie zählen zur Informationstechnik/Informationstechnologie (IT) in diesem weiten Sinne bzw., fachspezifischer formuliert, zur **elektronischen Informations- und Datenverarbeitung (EID).** Gemeint sind Techniken der Informationsübermittlung und (sonstigen) Datenverarbeitung. In allen Fällen kommt es zur **Verarbeitung von Daten** im Sinne der DS-GVO und des BDSG, in ungezählten Fällen auch zur **Speicherung von Daten.** Wo Daten gespeichert werden, lassen sie sich auch auslesen. Und mit ausgelesenen Daten lässt sich feststellen, von welchen Geräten welche Daten wann und auf welche Weise verarbeitet (empfangen, geändert, gespeichert, weitergeleitet usw.) worden sind. Anhand der ausgelesenen Daten lässt sich also (ausschnittsweise) **prüfen und überwachen,** was aktuell geschieht oder was geschehen ist.

Verarbeiten Arbeitnehmer Daten auf IT-Systemen des Arbeitgebers, besteht für den Arbeitgeber also die grundsätzliche **Möglichkeit, das Verhalten oder die Leistung seiner Arbeitnehmer** (zumindest in Teilbereichen) **zu überwachen.** Die Einführung sowie die Anwendung solcher technischen Einrichtungen, die dazu geeignet sind, das Verhalten oder die Leistung der Arbeitnehmer zu überwachen, bedürfen zwingend der **Mitbestimmung des Betriebsrats** (§ 87 Abs. 1 Nr. 6 BetrVG).

Auch wenn der Gesetzgeber in § 87 Abs. 1 Nr. 6 BetrVG von der Überwachung des Verhaltens oder der Leistung der Arbeitnehmer spricht, müssen beide Begriffe nicht voneinander abgegrenzt werden. Die **Leistung** eines Arbeitnehmers ist der Inhalt seiner eigentlichen vertraglichen Verpflichtung (Arbeitsleistung). Sie ist Teil seines **Verhaltens** im Sinne der Vorschrift, zu dem jedes „individuell steuerbare Tun oder Unterlassen" zählt (BAG 11.3.1986 – 1 ABR 12/84, NZA 1986, 526 (527) – Opel-PAISY), ohne dass es darauf ankommt, ob eine Verhaltensweise gerade auf die Erbringung der Arbeitsleistung gerichtet ist oder nicht (ErfK/Kania BetrVG § 87 Rn. 51; Richardi/Maschmann BetrVG § 87 Rn. 506). Das Verhalten ist gewissermaßen also der Oberbegriff, der auch die Leistung umfasst (so auch BAG 11.3.1986 – 1 ABR 12/84, NZA 1986, 526 (527) – Opel-PAISY).

Gemeinsam ist die (im Falle technischer Einrichtungen mitbestimmungspflichtige) Überwachung von Verhalten und Leistung **von** der Verarbeitung sog. **Betriebs- und Statusdaten abzugrenzen,** die **keine Mitbestimmung** auslöst.

Zu den **Betriebsdaten** wird man etwa Maschinenlaufzeiten, Gesamtproduktionsmengen oder Lagerbestände zählen können (ErfK/Kania BetrVG § 87 Rn. 52). Ihre Erfassung ist mitbestimmungsfrei, solange sie keinen Rückschluss auf Verhalten oder Leistung des einzelnen Arbeitnehmers zulassen (Richardi/Maschmann BetrVG § 87 Rn. 508). Einen solchen Rückschluss ermöglicht auch der Fall, in dem zwar nicht der einzelne Arbeitnehmer, wohl aber das Verhalten oder die Leistung einer größeren Gruppe von Arbeitnehmern überwacht wird und wenn der mittels der technischen Überwachung auf die Gruppe ausgeübte Druck auch auf den einzelnen Arbeitnehmer durchschlägt, etwa beim Gruppenakkord (BAG 13.12.2016 – 1 ABR 7/15, NZA 2017, 657 Rn. 27; BAG 26.7.1994 – 1 ABR 6/94, NZA 1995, 185; BAG 18.2.1986 – 1 ABR 21/84, NZA 1986, 488 – Kienzle-Schreiber; Richardi/Maschmann BetrVG § 87 Rn. 512; aA ErfK/Kania BetrVG § 87 Rn. 54). Ohnehin ist für das Mitbestimmungsrecht nicht erforderlich, dass die technische Überwachungseinrichtung selbst den Bezug zum einzelnen Arbeitnehmer herstellt; vielmehr genügt es, wenn die Identifizierung anderweitig erfolgen kann (BAG 6.12.1983 – 1 ABR 43/81, NJW 1984, 1476 (1485); Richardi/Maschmann BetrVG § 87 Rn. 511; ErfK/Kania BetrVG § 87 Rn. 53). Zu denken ist etwa an Dienstpläne, denen sich entnehmen lässt, welcher Mitarbeiter ein Fahrzeug zum fraglichen Zeitpunkt genutzt hat.

**Statusdaten** sind personen-, aber eben nicht verhaltensbezogen. Die EDV zur Speicherung der allgemeinen Personaldaten ist also nicht mitbestimmungspflichtig, da sie keine Verhaltensdaten, sondern statische Informationen betrifft. Auch hier kommt es entscheidend darauf an, dass die Erfassung von Name, Anschrift, Geburtsdatum, Qualifikation, Gehalt usw. keinen **Überwachungsdruck** auslöst und deshalb viel weniger in das Persönlichkeit des einzelnen Arbeitnehmers eingreift als die Überwachung seines (ggfs. auch noch leistungsbezogenen) Verhaltens. Es geht im Betriebsverfassungsrecht nicht darum, höchstpersönliche Daten besonders gut zu schützen, sondern darum, den durch anonyme technische Kontrolleinrichtungen ausgelösten Überwachungsdruck auf die Mitarbeiter zu dosieren (vgl. bereits BAG 6.12.1983 – 1 ABR 43/81, NJW 1984, 1476 (1483)). Das Mitbestimmungsrecht nach § 87 Abs. 1 Nr. 6 BetrVG korreliert nicht mit der datenschutzrechtlichen Eingriffsqualität. Ein Begriff wie die besonderen Kategorien personenbezogener Daten iSv Art. 9 DS-GVO bleibt deshalb außen vor, und auch beispielsweise das Speichern von Gesundheitsdaten ist mitbestimmungsfrei möglich – nicht dagegen die technische Erfassung der krankheitsbedingten sowie unentschuldigten Fehlzeiten, weil diese Aussagen Rückschlüsse auf das Verhalten eines Arbeitnehmers geben können (BAG 11.3.1986 – 1 ABR 12/84, NZA 1986, 526 (527) – Opel-PAISY; Richardi/Maschmann BetrVG § 87 Rn. 507).

Aus denselben Gründen unterliegt die Einführung eines webbasierten Ticketsystems beim IT-Dienstleister der Mitbestimmung, jedenfalls wenn sich nachverfolgen lässt, welcher Mitarbeiter welches Ticket wann bearbeitet hat (LAG Köln 11.9.2020 – 9 TaBV 32/20, BeckRS 2020, 23201 = https://www.justiz.nrw/nrwe/arbgs/koeln/lag_koeln/j2020/9_TaBV_32_20_Beschluss_20200911.html; Richardi/Maschmann BetrVG § 87 Rn. 511), ebenso ggf. eine IT-gestützte Mitarbeiterbefragung, selbst wenn die Anonymität der Teilnehmer sichergestellt ist, wenn aber die Möglichkeit (vielleicht gar das Ziel) besteht, anhand der Daten Erkenntnisse über das Führungsverhalten und damit die Leistung der Vorgesetzten zu erlangen (BAG 11.12.2018 – 1 ABR 13/17, NZA 2019, 1009 Rn. 28; Richardi/Maschmann BetrVG § 87 Rn. 512). Das Mitbestimmungsrecht soll sogar dann bestehen können, wenn ein Unternehmen seine Belegschaft zur Nutzung fremder Überwachungssysteme anhält, so das BAG zur Anweisung eines Arbeitgebers an die eigenen Mitarbeiter, beim Zutritt zum Kundenbetrieb dessen Zutrittskontrolle mittels Fingerabdruck-Scanner zu nutzen (BAG 27.1.2004 – 1 ABR 7/03, NZA 2004, 556).

Der Gesetzestext erzwingt die Mitbestimmung nur für solche Systeme, die zur Überwachung „bestimmt“ sind, doch genügt nach ständiger Rechtsprechung (jedenfalls seit BAG 9.9.1975 – 1 ABR 20/74, NJW 1976, 261; aus neuerer Zeit und ausdrücklich zu Microsoft Excel BAG 23.10.2018 – 1 ABN 36/18, AP BetrVG 1972 § 87 Überwachung Nr. 50) und wohl einhelliger Auffassung in der Literatur (ErfK/Kania BetrVG § 87 Rn. 55 mwN; auch Richardi/Maschmann BetrVG § 87 Rn. 490 trotz skeptischer Grundhaltung) entgegen diesem engen Wortlaut für das Mitbestimmungsrecht des Betriebsrats letztlich bereits die bloße (**technische**) **Möglichkeit der Überwachung.** Ein Überwachungszweck ist also nicht erforderlich (statt aller BAG 13.12.2016 – 1 ABR 7/15, NZA 2017, 657 Rn. 40 – Facebook). Deshalb kommt es für die Mitbestimmung auch nicht darauf an, ob der Arbeitgeber die Daten bewusst oder unbewusst erhebt, ob er sie nutzen möchte oder nicht. Das führt zu einer extensiven Annahme von Mitbestimmungsrechten betreffend IT-Systeme.

Auch in den Fällen an sich zwingender Mitbestimmung nach § 87 BetrVG kann der Arbeitgeber (in den Schranken der sonstigen Gesetze) Regelungen allein treffen, wenn in seinem Betrieb kein Betriebsrat existiert. Besteht aber ein Betriebsrat, sind praktisch **jede Einführung eines neuen IT-Systems und auch die bloße Anwendung bereits bestehender Systeme mitbestimmungspflichtig,** sofern sie nur irgendwelche Daten mit Bezug zu den Beschäftigten verarbeiten. Mit anderen Worten dürfen die auf die PC aufgespielte (oder cloud-basiert genutzte) Standardsoftware (BAG 23.10.2018 – 1 ABN 36/18, AP BetrVG 1972 § 87 Überwachung Nr. 50 Rn. 5 – Excel), die Telefone (BAG 27.5.1986 – 1 ABR 48/84, AP BetrVG 1972 § 87 Überwachung Nr. 15; BAG 30.8.1995 – 1 ABR 4/95, AP BetrVG 1972 § 87 Überwachung Nr. 29), die elektronischen Türöffnungssysteme, die ERP-Systeme, die Videoüberwachung (aus neuer Zeit BAG 20.10.2016 – 2 AZR 395/15, NZA 2017, 443; s. → Form. H. III.), die Scan- und Fotokopiergeräte mit persönlicher Code-Nummer (BeckOK ArbR/Werner BetrVG § 87 Rn. 95), die Bediensoftware der Maschinen, vielleicht gar die Navigationssysteme in den Flottenfahrzeugen (schon für die damals mechanischen Fahrtenschreiber nur dann nicht, wenn deren Verwendung gesetzlich vorgeschrieben ist, BAG 10.7.1979 – 1 ABR 50/78, AP BetrVG 1972 § 87 Überwachung Nr. 3, zu Ortungssystemen und digitalen Tachographen ausführlich Auer-Reinsdorff/Conrad IT- und DatenschutzR-HdB/Conrad/Treeger § 34 Rn. 298 ff.; zu Smart Cars Auer-Reinsdorff/Conrad IT- und DatenschutzR-HdB/Conrad/Treeger § 34 Rn. 873 ff.) nicht mehr verwendet werden, wenn die Belegschaft einen Betriebsrat gründet – und zwar selbst dann, wenn diese Systeme seit Jahr und Tag unangefochten (und bis zur Gründung des Betriebsrats auch völlig regelgerecht) in täglicher Nutzung sind. Dass im Falle der Nutzung einer Software eine technische Einrichtung iSv § 87 Abs. 1 Nr. 6 BetrVG vorliegt, ist unstrittig und lag bereits einer fast 40 Jahre alten Entscheidung des BAG zugrunde (BAG 11.3.1986 – 1 ABR 12/84, NZA 1986, 526 – Opel-PAISY). Außerhalb der IT sind bspw. auch mechanische Zählwerke mitbestimmungspflichtig (BAG 18.2.1986 – 1 ABR 21/84, NZA 1986, 488 – Kienzle-Schreiber).

Dieses weitreichende Mitbestimmungsrecht, das für Betriebsräte ein erhebliches und potenziell destruktives Machtpotential eröffnet, mag man nach heutigen Maßstäben für gesetzgeberisch verfehlt halten (sehr zahlreiche Nachweise zur diesbezüglichen Diskussion bei Richardi/Maschmann BetrVG § 87 Rn. 488). Es handelt sich aber um geltendes Recht, das aus einer Zeit stammt, als die IT noch in den Kinderschuhen steckte und man die Belegschaften gewissermaßen vor den Neuerungen schützen zu müssen glaubte. Letztlich handelt es sich um eine **frühe Norm des Beschäftigtendatenschutzes** oder jedenfalls Persönlichkeitsrechtsschutzes. Denn der damalige Regierungsentwurf begründete das Mitbestimmungsrecht damit, dass „Kontrolleinrichtungen stark in den persönlichen Bereich der Arbeitnehmer eingreifen“ (Begründung zum RegE, BT-Drs. VI/1786, 49; s. auch Richardi/Maschmann BetrVG § 87 Rn. 492 f.). BDSG (1978) und DS-GVO (2016) gab es noch nicht. Diese speziellen und detaillierten Regelungswerke übertreffen das durch § 87 Abs. 1 Nr. 6 BetrVG bereits 1972 etablierte Schutzniveau zum Datenschutz bei weitem, weil sie allgemeine Schranken für die Zulässigkeit der modernen Datenverarbeitung geschaffen haben, während das Mitbestimmungsrecht letztlich auch die sehr weitreichende Datenverarbeitung ermöglicht, solange nur der Betriebsrat zugestimmt hat.

Das Mitbestimmungsrecht wird allein durch die **Überwachungsmöglichkeit** ausgelöst; es hat trotz der vorstehend skizzierten Zusammenhänge keinen originär datenschutzrechtlichen Aspekt (darauf verweisen zu Recht Ludwig/Hinze NZA 2021, 1444 sowie Arnold/Günther ArbR 4.0-HdB/Hamann/Haußmann § 6 Rn. 44). Insbesondere besteht keine gesetzliche Vorgabe des Inhalts, dass Regelungen zum Beschäftigtendatenschutz grundsätzlich mitbestimmungspflichtig seien. Die Verschränkung beider Rechtsbereiche ist gleichwohl eng: Auf der praktischen Ebene wird ein Betriebsrat der Nutzung des neuen IT-Systems nur zustimmen, wenn auch die aus dem Datenschutzprinzip abgeleiteten Rechte der Belegschaft gewahrt werden; rechtlich kann die Betriebsvereinbarung für den Arbeitgeber **Ermächtigungsgrundlage im datenschutzrechtlichen Sinne** sein (Art. 6 Abs. 2, 88 Abs. 1 DS-GVO, § 26 Abs. 4 BDSG; dazu auch → Form. H. VI. Vorb. aE), jedenfalls solange sie keine DS-GVO-widrige Datenverarbeitung zu legalisieren versucht, sondern lediglich konkretisierende bzw. spezifischere (so der Wortlaut von Art. 88 Abs. 1 S. 1 DS-GVO) Regeln der erlaubten Datenverarbeitung enthält, → Form. D. III. 1. mwN). Daher kann der Arbeitgeber ein Interesse daran haben, die originär arbeitsrechtlichen Regelungen um datenschutzrechtliche Aspekte anzureichern, weil diese ihm ggf. eine konkretisierte Befugnis zur Datenverarbeitung verschaffen.

Noch weniger hängt das Mitbestimmungsrecht an der Einführung einer neuen technischen Errungenschaft an sich oder an der arbeitgeberseitigen Anweisung (oder dem Verbot), bei der Ausübung der dienstlichen Tätigkeiten bestimmte (technische) Systeme zu nutzen. Deshalb unterliegt bspw. das **Verbot,** ChatGPT oder vergleichbare Angebote der sogenannten **Künstlichen Intelligenz** (KI, englisch Artificial Intelligence – AI) für die Arbeit zu nutzen, **nicht der Mitbestimmung des Betriebsrats.** Eine Überwachungsmöglichkeit folgt aus einem solchen Verbot nicht, es handelt sich um eine (mitbestimmungsfreie) Konkretisierung der Arbeitspflicht (dazu sogleich; außerdem → Form. D. III. 1.; Taeger/Pohle ComputerR-HdB/Deusch/Eggendorfer Kap. 50.1 Rn. 511). Betriebliche **Regelungen zur (ggf. eingeschränkten) Nutzung** oder gar Nutzungspflicht solcher KI-Angebote **unterliegen** hingegen dann (und deshalb) **der Mitbestimmung,** wenn (weil) sie die Überwachung der Arbeitnehmer ermöglichen, was in aller Regel der Fall sein wird (siehe allerdings die instruktive Entscheidung ArbG Hamburg 16.1.2024 – 24 BVGa 1/24, NZA 2024, 426, die ein Mitbestimmungsrecht verneint). In Unternehmen mit mehr als einhundert ständig beschäftigten Arbeitnehmern kann sich im Einzelfall zudem eine **Unterrichtungspflicht** des Arbeitgebers **gegenüber dem** dann zu errichtenden **Wirtschaftsausschuss** unter dem Gesichtspunkt ergeben, dass die neue Technik (abhängig von ihrer Bedeutung für die Produktions- oder Arbeitsabläufe) die **Einführung einer neuen Arbeitsmethode** und damit eine wirtschaftliche Angelegenheit iSv § 106 Abs. 3 Nr. 5 BetrVG bedeutet.

Im Zusammenhang mit IT-Systemen kann sich die zwingende Mitbestimmung des Betriebsrats im Einzelfall auch aus § 87 Abs. 1 Nr. 1 BetrVG ergeben, nämlich dann, wenn die Regelung (auch) **Fragen der Ordnung des Betriebs und des Verhaltes der Arbeitnehmer im Betrieb** betrifft. Gewissermaßen als Gegenpol zu diesem mitbestimmungspflichtigen Ordnungsverhalten hat sich für arbeitgeberseitige Regelungen und Weisungen, mit denen der Arbeitgeber die Arbeitspflicht seiner Belegschaft unmittelbar konkretisiert, der Begriff des Arbeitsverhaltens etabliert (zur Abgrenzung eingehend etwa Richardi/Maschmann BetrVG § 87 Rn. 186 ff.). Beschränken sich betriebliche Regelungen zur Nutzung von IT-System auf das Arbeitsverhalten (wie im obigen Beispiel des Nutzungsverbots für ChatGTP), ist das Mitbestimmungsrecht nach § 87 Abs. 1 Nr. 1 BetrVG daher nicht ausgelöst. Mit Ordnungsverhalten als Gegenstand des Mitbestimmungstatbestands ist hingegen das betriebliche Zusammenleben und Zusammenwirken der Arbeitnehmer gemeint (stRspr, s. etwa BAG 22.8.2017 – 1 ABR 52/14, NZA 2018 50 Rn. 24). Es kann etwa um Zutrittskontrollen, Werksausweise, Parkregelungen, das Verbot der Nutzung privater Mobiltelefone, Dienstkleidung, Rauch- und Alkoholverbote, formalisierte Mitarbeitergespräche, Vorgabe von Formularen für Urlaubsanträge oder Dienstreisen und dergleichen gehen (auch weitere Beispiele bei Fitting/Schmidt/Trebinger/Linsenmaier/Schelz BetrVG § 87 Rn. 72). Dieses betriebliche Miteinander darf der Arbeitgeber kraft seiner Leitungsmacht durch Verhaltensregeln oder andere Maßnahmen beeinflussen und koordinieren, § 106 S. 2 GewO. Zweck des Mitbestimmungsrechts nach § 87 Abs. 1 Nr. 1 BetrVG ist es, die Arbeitnehmer hieran zu beteiligen. Sie sollen an der Gestaltung des betrieblichen Zusammenlebens gleichberechtigt teilnehmen (BAG 22.8.2017 – 1 ABR 52/14, NZA 2018, 50 Rn. 24 mwN). Soweit dabei IT-Systeme zum Einsatz kommen (Beispiele: Zutrittskontrolle via Token, IT-Tool für Urlaubs- oder Dienstreiseanträge, automatische Kennzeichenerfassung im Betriebsparkhaus) ergeben sich zumindest potenziell Überschneidungen mit dem Mitbestimmungsrecht nach Nr. 6 des § 87 Abs. 1 BetrVG.

Von den Tatbeständen zwingender betrieblicher Mitbestimmung iSv § 87 BetrVG zu trennen sind **andere Beteiligungsrechte des Betriebsrats.** Nicht nur gegenüber einem (bereits erwähnten, aber nicht in allen Unternehmen zu bildenden) Wirtschaftsausschuss iSv § 106 BetrVG können Unterrichtungspflichten bestehen, sondern auch gegenüber dem Betriebsrat. Diese können namentlich aus § 80 und aus § 90 BetrVG resultieren. § 90 BetrVG verlangt die um die Vorlagepflicht betreffend erforderliche Unterlagen ergänzte rechtzeitige Unterrichtung des Betriebsrats über die **Planung technischer Anlagen sowie von Arbeitsverfahren und Arbeitsabläufen.** Über solche Planungen hat der Arbeitgeber mit dem Betriebsrat zu beraten, und zwar ausdrücklich vor allem im Hinblick auf die Art der Arbeit sowie die sich aus den geplanten Maßnahmen ergebenden Anforderungen an die Arbeitnehmer (Einzelheiten etwa bei Fitting/Schmidt/Trebinger/Linsenmaier/Schelz BetrVG § 90 Rn. 34 ff.).

§ 80 Abs. 1 Nr. 1, Abs. 2 BetrVG verpflichtet den Arbeitgeber dazu, den Betriebsrat rechtzeitig und umfassend (auch) insoweit zu unterrichten, als dieser die Informationen benötigt, um seiner Verpflichtung und seinem Recht nachkommen zu können, darüber zu wachen, dass im Betrieb die zugunsten der Arbeitnehmer geltenden Gesetze (hierzu zählt selbstverständlich auch das Datenschutzrecht) eingehalten werden (näher etwa BeckOK ArbR/Werner BetrVG § 80 Rn. 7 ff. und 38 ff.). Diese **Unterrichtungspflicht** umfasst auch die Verpflichtung, dem Betriebsrat auf Verlangen die für die Durchführung seiner Aufgaben erforderlichen Unterlagen zur Verfügung zu stellen. Zeitlich ist diese (aktive) Unterrichtungspflicht dem Mitbestimmungsrecht nach § 87 BetrVG vorgelagert; ggf. wird dem Betriebsrat erst im Rahmen seiner Unterrichtung nach § 80 BetrVG bewusst, dass die (geplante) Einführung eines neuen IT-Systems der Mitbestimmung nach § 87 BetrVG unterliegen könnte. Die hier vorgeschlagene Rahmenregelung hat unter anderem das Ziel, den Unterrichtungsprozess nach § 80 Abs. 1 und 2 BetrVG bezogen auf die Einführung neuer bzw. Aktualisierung bestehender IT-Systeme zu konkretisieren und so zur Vereinfachung der künftigen Prozesse beizutragen (→ Anm. 24; zu der umständlichen Vorgehensweise auch Arnold/Günther ArbR 4.0-HdB/Hamann/Haußmann § 6 Rn. 45 ff.).

Die von § 87 Abs. 1 BetrVG geforderte Mitbestimmung des Betriebsrats wird in aller Regel durch den **Abschluss von Betriebsvereinbarungen** umgesetzt (s. etwa Fitting/Schmidt/Trebinger/Linsenmaier/Schelz BetrVG § 87 Rn. 600–603). Betriebsvereinbarungen sind zivilrechtliche Vereinbarungen (Verträge) zwischen Betriebsrat und Arbeitgeber (Richardi/Picker BetrVG § 77 Rn. 23 ff., 51 f.; ErfK-Kania BetrVG § 77 Rn. 4). Sie gelten unmittelbar und zwingend („normativ" = gesetzesgleich), und ein normunterworfener Arbeitnehmer kann ohne Zustimmung des Betriebsrats nicht wirksam auf die ihm darin eingeräumten Rechte verzichten (§ 77 Abs. 4 S. 1 und 2 BetrVG). In formaler Hinsicht werden Betriebsvereinbarungen von Betriebsrat und Arbeitgeber gemeinsam beschlossen, schriftlich niedergelegt und von beiden Betriebsparteien unterschrieben (§ 77 Abs. 2 S. 1 und 2 BetrVG; → Anm. 64 und 68).

## Rahmenbetriebsvereinbarung IT-Systeme[1]

**Zwischen der [......] GmbH**
**und dem bei ihr für den Betrieb [...] gebildeten Betriebsrat**
**wird Folgendes vereinbart:[2]**

**Präambel**

**§ 1 Geltungsbereich**

**§ 2 Klassifizierung von IT-Systemen**

**§ 3 Aktuell verwendete IT-Systeme**

**§ 4 Änderungen/Anpassungen bestehender IT-Systeme**

**§ 5 Einführung neuer IT-Systeme**

**§ 6 Rechte und Pflichten des Arbeitgebers; Missbrauchs-, Leistungs- und Verhaltenskontrolle**

**§ 7 Rechte und Pflichten der Arbeitnehmer, Rollen- und Berechtigungskonzept**

**§ 8 Rechte und Pflichten des Betriebsrats**

**§ 9 Datenschutz**

**§ 10 Schlichtungskommission, Verfahren bei Streitigkeiten**

**§ 11 Inkrafttreten, Kündigung und Nachwirkung**

**§ 12 Schlussbestimmungen**

Präambel

Die Betriebsparteien sind sich bewusst, dass in einem Umfeld rascher technologischer Entwicklung und immer stärkerer Digitalisierung die Notwendigkeit besteht, im Betrieb sowohl neue als auch bereits bestehende IT-Systeme einzusetzen und immer wieder anzupassen (nicht zuletzt durch die teils in schneller Abfolge angebotenen Software-Updates). Ebenso sind sie sich bewusst, dass die Vielzahl der durch solche Systeme verarbeiteten Daten die Gefahr birgt, eine ausufernde Kontrolle der Arbeitnehmer zu ermöglichen. In ihrem beiderseitigen Interesse am vertrauensvollen Zusammenwirken zum Wohl der Arbeitnehmer und des Betriebs[3] schaffen die Betriebsparteien mit dieser Rahmenbetriebsvereinbarung eine Rechtsgrundlage iSv § 87 Abs. 1 Nr. 6 BetrVG und Art. 88 DS-GVO, aufgrund derer der Arbeitgeber die für den Betrieb erforderlichen IT-Systeme praktikabel und unter Beachtung des datenschutz- und mitbestimmungsrechtlichen Arbeitnehmerschutzes einführen und anwenden kann.

§ 1 Geltungsbereich

(1) Diese Rahmenbetriebsvereinbarung gilt räumlich für den Betrieb [...] und persönlich für alle in diesem Betrieb beschäftigten Arbeitnehmer iSv § 5 BetrVG einschließlich der dort eingesetzten Arbeitnehmer von Zeitarbeitsunternehmen.[4]

(2) Sie regelt die Einführung, Anwendung und Weiterentwicklung aller im Betrieb bereits eingesetzten oder noch einzusetzenden IT-Systeme. Der Begriff „IT-Systeme" meint sämtliche technischen Einrichtungen und deren Anwendungen, die über Verarbeitungs-, Speicherungs- oder Auswertungsmöglichkeiten von Arbeitnehmerdaten verfügen, und andere elektronische Einrichtungen, die Daten erfassen oder sonst geeignet sind, Verhalten oder Leistung der Arbeitnehmer zu überwachen. Gemeint sind sowohl die Hardware (zB Computer und Telefone) als auch die Software (zB Anwendungen und Programme, Apps, Mailing-, Messaging- oder Chat-Dienste).

§ 2 Klassifizierung von IT-Systemen

(1) Die Voraussetzungen für die Einführung, Anwendung und Weiterentwicklung hängen davon ab, in welche der drei folgenden Kategorien ein IT-System fällt.[5]

(2) Jedes IT-System ist einer der folgenden Kategorien zugeordnet:

a) Kategorie 1: IT-Systeme ohne Mitarbeiterbezug

... sind solche, die nicht dazu geeignet sind, das Verhalten oder die Leistung der Mitarbeiter zu überwachen (zB anonym betriebene Steuerungen). Insoweit besteht kein Mitbestimmungsrecht nach § 87 Abs. 1 Nr. 6 BetrVG.[6]

b) Kategorie 2: IT-Systeme ohne Kontrollzweck

... sind solche, die individualisierte oder individualisierbare Verhaltens- oder Leistungsdaten erheben oder aufzeichnen, ohne dem Zweck der Überwachung von Leistung oder Verhalten der Arbeitnehmer zu dienen. Hierzu zählen IT-Systeme insbesondere auch dann, wenn sie, ggf. erst durch Kombination mit Daten aus anderen Quellen (zB Dienstplänen), Rückschlüsse auf Leistung oder Verhalten von Arbeitnehmern ermöglichen (zB Auditierungs- und Protokollierungssysteme, Videoüberwachungen betrieblicher Anlagen, Navigationssysteme). Insoweit sehen die Betriebsparteien das Mitbestimmungsrecht nach § 87 Abs. 1 Nr. 6 BetrVG durch die in dieser Rahmenbetriebsvereinbarung festgelegten Regelungen als umgesetzt an.[7]

c) Kategorie 3: IT-Systeme zur Verhaltens- und/oder Leistungskontrolle

... sind solche, die individualisierte oder individualisierbare Verhaltens- oder Leistungsdaten erheben oder aufzeichnen, um sie zielgerichtet im Hinblick auf Leistung oder Verhalten der Arbeitnehmer auszuwerten (zB elektronische Zeiterfassungssysteme, elektronische Zutrittskontrollsysteme, elektronische Systeme zur Leistungserfassung). Insoweit halten die Betriebsparteien zur umfassenden Umsetzung des Mitbestimmungsrechts nach § 87 Abs. 1 Nr. 6 BetrVG eine spezifische Betriebsvereinbarung in Ergänzung dieser Rahmenbetriebsvereinbarung für erforderlich. Eine solche spezifische Betriebsvereinbarung kann auch als Gesamt- oder Konzernbetriebsvereinbarung abgeschlossen werden.[8]

§ 3 Aktuell verwendete IT-Systeme[9]

(1) Im Betrieb werden derzeit die in der Anlage 1 aufgeführten und im vorstehenden Sinne kategorisierten IT-Systeme verwendet.[10]

(2) Für die der Kategorie 3 zugeordneten IT-Systeme weist Anlage 1 ergänzend aus, welche spezifische Betriebsvereinbarung ergänzende Regelungen insbesondere zur Nutzung dieser IT-Systeme zum Zwecke der Verhaltens- und/oder Leistungskontrolle enthält. Soweit eine solche spezifische Betriebsvereinbarung bei Inkrafttreten dieser Rahmenbetriebsvereinbarung noch nicht besteht, werden die Betriebsparteien umgehend eine solche spezifische Betriebsvereinbarung treffen. Die Einigungsstelle kann erst angerufen werden, wenn binnen eines Jahres keine spezifische Betriebsvereinbarung zustande gekommen ist. Bis dahin sehen die Betriebsparteien die Anwendung der genannten IT-Systeme aufgrund der in dieser Rahmenbetriebsvereinbarung festgelegten Regelungen als rechtmäßig vor dem Hintergrund des Mitbestimmungsrechts nach § 87 Abs. 1 Nr. 6 BetrVG an.[11]

(3) Anlage 1 wird vom Arbeitgeber fortlaufend fortgeschrieben und dokumentiert also jederzeit den aktuellen Status quo der im Betrieb angewandten IT-Systeme. Anlage 1 wird im Intranet des Arbeitgebers veröffentlicht und dort regelmäßig aktualisiert.[12] [Alternative: Der Arbeitgeber übermittelt dem Betriebsrat [Alternative: dem IT-Ausschuss des Betriebsrats] nach jeder Änderung die jeweils aktuelle Fassung der Anlage 1 per E-Mail.][13]

§ 4 Änderungen/Anpassungen bestehender IT-Systeme[14]

(1) Änderungen an IT-Systemen zum Zwecke der Fehlerbehebung (sog. Patches) oder der Aktualisierung (sog. Updates) dürfen jederzeit durchgeführt werden. Dies betrifft insbesondere die herstellerseitig durchgeführten Patches und Updates, auf die der Arbeitgeber keinerlei Einfluss nehmen kann.[15]

(2) Führen die Änderungen zu einer grundlegenden Erweiterung oder anderen Veränderung der bisherigen Funktionalitäten, Datenbankstrukturen oder sonstigen Systemarchitektur des IT-Systems, unterrichtet der Arbeitgeber den Betriebsrat [Alternative: den IT-Ausschuss des Betriebsrats] rechtzeitig und in Textform darüber. Verändert sich die Kategorie des IT-Systems oder hält der Betriebsrat für IT-Systeme der Kategorie 2 ausnahmsweise eine spezifische Betriebsvereinbarung für erforderlich, ist wie bei Einführung eines neuen IT-Systems vorzugehen.[16] IT-Systeme, für die bereits eine spezifische Betriebsvereinbarung in Ergänzung dieser Rahmenbetriebsvereinbarung besteht, darf der Arbeitgeber jedoch zunächst weiter

anwenden, soweit nicht die Änderung trotz der bestehenden Vereinbarungen die Arbeitnehmer in erheblichem Maße schutzlos stellt.[17]

§ 5 Einführung neuer IT-Systeme[18]

(1) Neue IT-Systeme sind solche, die in der jeweils aktuellen Anlage 1 nicht verzeichnet sind. Der Arbeitgeber darf sie nur nach Maßgabe dieser Rahmenbetriebsvereinbarung einführen und verwenden.[19]

(2) Neue IT-Systeme dürfen keine Gefährdung für die Gesundheit der Anwender darstellen. Auf Software-Ergonomie sowie auf die Barrierefreiheit des IT-Systems ist zu achten.[20]

(3) Der Arbeitgeber nimmt jedes neue IT-System (soweit erforderlich: nach Durchführung einer Datenschutz-Folgenabschätzung[21]) in sein Verzeichnis von Verarbeitungstätigkeiten[22] auf. Die darin enthaltenen Angaben sind Grundlage für die Kategorisierung nach dieser Rahmenbetriebsvereinbarung.[23]

(4) Der Arbeitgeber unterrichtet den Betriebsrat [Alternative: den IT-Ausschuss des Betriebsrats] in Textform rechtzeitig vor der geplanten Einführung des neuen IT-Systems. Die Unterrichtung umfasst mindestens eine grobe Beschreibung des IT-Systems, seinen Einsatzzweck und die Kategorie, in die das neue IT-System nach Einschätzung des Arbeitgebers fällt. Insbesondere sind das Ergebnis der Datenschutz-Folgenabschätzung sowie der (geplante) Eintrag in das Verzeichnis von Verarbeitungstätigkeiten vorzulegen. Der Betriebsrat [Alternative: Der IT-Ausschuss des Betriebsrats] setzt sich unverzüglich mit der Planung des Arbeitgebers auseinander und teilt dem Arbeitgeber mit, ob er der vom Arbeitgeber vorgenommenen Kategorisierung folgt. Kann der Betriebsrat [Alternative: der IT-Ausschuss] dies nicht ohne weiteres beantworten, teilt er dem Arbeitgeber seine Fragen unverzüglich mit. Der Arbeitgeber und der Betriebsrat [Alternative: der IT-Ausschuss] arbeiten mit dem Ziel der zeitnahen Klärung eng zusammen, bis der Betriebsrat [Alternative: der IT-Ausschuss] seine Entscheidung getroffen hat. Liegt diese nicht spätestens zwei Monate nach der Unterrichtung durch den Arbeitgeber vor, gilt die Zustimmung zu der vom Arbeitgeber vorgeschlagenen Kategorisierung als erteilt.[24]

(5) Stimmt der Betriebsrat [Alternative: der IT-Ausschuss] der vorgeschlagenen Kategorisierung zu oder kommen die Betriebsparteien im Zuge der Gespräche zu einer abweichenden gemeinsamen Einschätzung, hängt das weitere Vorgehen von der festgestellten Kategorie ab:[25]

a) IT-Systeme der Kategorie 1 darf der Arbeitgeber einführen und anwenden, sobald er sie in Anlage 1 aufgenommen hat.[26]

b) IT-Systeme der Kategorie 2 darf der Arbeitgeber einführen und anwenden, sobald er sie in Anlage 1 aufgenommen hat. Begründet der Betriebsrat in Textform, weshalb nach seiner Einschätzung trotz der Einordnung in Kategorie 2 für die Einführung und/oder Anwendung ausnahmsweise ergänzende Regelungen erforderlich seien, wird der Arbeitgeber prüfen, ob ein Aufschieben der Einführung und/oder eine Einschränkung der Anwendung des IT-Systems in Betracht kommen, um den Bedenken des Betriebsrats Rechnung zu tragen und diese ggf. auszuräumen (etwa durch Abschluss einer ergänzenden Betriebsvereinbarung). Setzt er sich über die Bedenken hinweg, stehen dem Betriebsrat seine Rechte nach dem Betriebsverfassungsgesetz offen.[27]

c) IT-Systeme der Kategorie 3 darf der Arbeitgeber einführen und anwenden, sobald er sie in Anlage 1 aufgenommen hat. Er darf sie erst dann in Anlage 1 aufnehmen, wenn über die Einführung und Anwendung des IT-Systems eine spezifische Betriebsvereinbarung in Ergänzung dieser Rahmenbetriebsvereinbarung in Kraft gesetzt ist.[28]

§ 6 Rechte und Pflichten des Arbeitgebers; Leistungs- und Verhaltenskontrolle[29]

(1) Grundsätzlich setzt der Arbeitgeber IT-Systeme nicht zur laufenden oder gelegentlichen Überwachung der Leistung und/oder des Verhaltens der Arbeitnehmer ein. Ausnahmen bestehen in den nachfolgend benannten Fällen.[30]

(2) Der Arbeitgeber ist berechtigt, die IT-Systeme zur Überwachung bzw. Kontrolle der Leistung und/oder des Verhaltens von Arbeitnehmern zu verwenden, insbesondere also die mittels der IT-Systeme rechtmäßig verarbeiteten Daten zu nutzen, soweit

a) er ein IT-System der Kategorie 3 im Rahmen der spezifischen Betriebsvereinbarung in Ergänzung dieser Rahmenbetriebsvereinbarung anwendet;[31]

b) zu dokumentierende tatsächliche Anhaltspunkte den Verdacht begründen, dass der betroffene Arbeitnehmer bei oder anlässlich der Ausübung seiner Tätigkeit eine Straftat oder eine andere schwerwiegende Pflichtverletzung begangen hat, die Verwendung des IT-Systems Aufklärung (ggf. auch Entlastung) verspricht, kein milderes geeignetes Mittel hierfür zur Verfügung steht oder ein milderes geeignetes Mittel nur mit unverhältnismäßigem Aufwand angewendet werden kann und wenn das schutzwürdige Interesse des Arbeitnehmers am Ausschluss der Verwendung nicht im Einzelfall das Aufklärungsinteresse des Arbeitgebers überwiegt, insbesondere Art und Ausmaß im Hinblick auf den Anlass nicht unverhältnismäßig sind;[32]

c) der Arbeitgeber aufgrund gesetzlicher Vorgaben dazu verpflichtet oder berechtigt ist, die mittels IT-System verarbeiteten Daten zur Verfügung zu stellen;[33]

d) IT-basierte Sicherheitsvorfälle (zB Virusbefall, Datenabfluss von einem Client, Hackerangriffe über einen Client oder dergleichen) ein sofortiges Handeln erfordern.[34]

(3) Soweit nicht anders vereinbart, erfolgt jeder Datenzugriff durch den Systemverantwortlichen zusammen mit dem Datenschutzbeauftragten und einem Vertreter des Betriebsrats.[35] In Eilfällen, die sofortiges Handeln erfordern, und in denen der Datenschutzbeauftragte und/oder ein Vertreter des Betriebsrats nicht rasch genug verfügbar sind, werden diese unverzüglich im Anschluss informiert.[36]

(4) Außer in den Fällen des Abs. 2 Buchst. a)[37] erstellt der Arbeitgeber über die Einsichtnahme und Auswertung ein Protokoll, von dem der betroffene Arbeitnehmer sowie der Datenschutzbeauftragte und der Betriebsrat Abschriften erhalten.[38] Beabsichtigt der Arbeitgeber in den Fällen des Abs. 2 Buchst. b), arbeitsrechtliche Maßnahmen (insbesondere Abmahnung, Kündigung, Schadenersatzforderungen oder dergleichen) zu ergreifen, wird der Arbeitnehmer erst dann informiert, wenn dies im entsprechenden Umfeld tunlich ist. Datenschutzbeauftragter und Betriebsrat sind in diesem Fall auch gegenüber dem Arbeitnehmer und anderen Arbeitnehmern zur Verschwiegenheit verpflichtet.[39]

(5) Daten, die der Arbeitgeber unter Verstoß gegen diese Rahmenbetriebsvereinbarung oder gegen eine zu ihrer Ergänzung getroffene spezifische Betriebsvereinba-

rung erhoben oder erlangt hat, sind als Beweismittel zur Begründung arbeitsrechtlicher Maßnahmen unzulässig; darauf gestützte personelle Einzelmaßnahmen sind unwirksam, soweit sie nicht auch ohne Verwendung der unzulässig erhobenen Daten wirksam wären.[40] Dies gilt nicht, soweit der Betriebsrat die Verwendung durch Beschluss genehmigt.[41]

§ 7 Rechte und Pflichten der Arbeitnehmer, Rollen- und Berechtigungskonzept

(1) Der Arbeitgeber erstellt ein Rollen- und/oder Berechtigungskonzept, soweit dies für die Anwendung eines IT-Systems erforderlich oder sinnvoll ist. Er unterrichtet den Betriebsrat über das Konzept und über erhebliche spätere Änderungen.[42]

(2) Jeder Arbeitnehmer ist im Rahmen des Rollen- und/oder Berechtigungskonzepts und der übrigen Weisungen des Arbeitgebers berechtigt, die im Betrieb eingeführten IT-Systeme zu deren jeweiligem Zweck dienstlich zu nutzen. Eine private Nutzung ist ausgeschlossen, soweit nicht ausdrücklich gestattet.[43]

(3) Der Arbeitgeber weist die Arbeitnehmer in die anzuwendenden IT-Systeme ein, soweit dies erforderlich oder sinnvoll ist.[44]

(4) Jeder Arbeitnehmer ist verpflichtet, die datenschutzrechtlichen Vorgaben einzuhalten. Der Arbeitgeber sorgt für die datenschutzrechtlich erforderlichen Unterweisungen und Informationen.[45]

§ 8 Rechte und Pflichten des Betriebsrats

(1) Mit dieser Rahmenbetriebsvereinbarung sind die Mitbestimmungsrechte des Betriebsrats nach § 87 Abs. 1 Nr. 6 BetrVG umfassend gewahrt, soweit nicht diese Rahmenbetriebsvereinbarung Abweichendes vorsieht (insbes. für IT-Systeme der Kategorie 3).

(2) Der Betriebsrat hat das Recht, die Einhaltung dieser Rahmenbetriebsvereinbarung sowie der sie ergänzenden spezifischen Betriebsvereinbarungen zu kontrollieren. Zu diesem Zweck kann er in angemessener Häufigkeit und Intensität auch die mittels der IT-Systeme verarbeiteten und dem Arbeitgeber zugänglichen Daten einsehen, soweit dies keinen unverhältnismäßigen Aufwand bedeutet.[46]

(3) Der Betriebsrat kann Einwendungen gegen die in Anlage 1 erfasste Kategorie des jeweiligen IT-Systems auch dann erheben, wenn er der Kategorisierung zuvor zugestimmt hatte. Der Arbeitgeber wird die Kategorisierung dann seinerseits prüfen. Kommen die Betriebsparteien zu einer einvernehmlichen Einordnung, wird Anlage 1 ggf. angepasst. Verändert sich die Kategorie des IT-Systems oder hält der Betriebsrat für IT-Systeme der Kategorie 2 ausnahmsweise eine spezifische Betriebsvereinbarung für erforderlich, ist wie bei Einführung eines neuen IT-Systems vorzugehen.[47] Der Arbeitgeber darf das bestehende IT-System jedoch zunächst weiter anwenden, soweit sich nicht herausgestellt hat, dass die Arbeitnehmer trotz der bestehenden Vereinbarungen in erheblichem Maße schutzlos gestellt sind.[48] Teilt der Arbeitgeber nicht die Bedenken des Betriebsrats gegen die bisherige Kategorie, stehen dem Betriebsrat die Rechte nach dem Betriebsverfassungsgesetz offen.[49]

(4) Der Betriebsrat kann seine Rechte nach Abs. 2 und 3 (mit Ausnahme des letzten Satzes von Abs. 3) an einen von ihm gebildeten IT-Ausschuss delegieren.[50] Für Rückfragen insbesondere IT-technischer Art benennt der Arbeitgeber dem Betriebsrat bzw. seinem IT-Ausschuss jeweils einen geeigneten Ansprechpartner.[51]

(5) Der Betriebsrat und jedes einzelne seiner Mitglieder haben über die vertraulichen Informationen Stillschweigen zu bewahren und dürfen diese Informationen Dritten nicht zur Kenntnis bringen, die ihnen in Ausübung ihres Amtes im Zusammenhang mit der Einsichtnahme in IT-Systeme bekannt geworden sind. Vertrauliche Informationen in diesem Sinne sind neben ausdrücklich als „vertraulich" gekennzeichneten Informationen auch solche, die den Umständen nach erkennbar vertraulich zu behandeln sind. Das gilt besonders für personenbezogene Daten der betroffenen Arbeitnehmer, die nicht allgemein bekannt sind. Die gesetzlichen Pflichten des Betriebsrates und seiner Mitglieder nach §§ 79, 79a BetrVG bleiben unberührt.[52]

§ 9 Datenschutz

(1) Der Arbeitgeber wird personenbezogene Daten der Arbeitnehmer rechtmäßig, insbesondere nach Maßgabe der DS-GVO und des BDSG verarbeiten. Er stellt sicher, dass die Rechte der Betroffenen nach Art. 15 bis 21 DS-GVO gewahrt werden.[53]

(2) Der Arbeitgeber wird den Datenschutzbeauftragten jeweils ordnungsgemäß beteiligen.[54]

(3) Der Arbeitgeber wird den Betriebsrat vor jeder beabsichtigten Auftragsverarbeitung (Art. 28 DS-GVO)[55] oder gemeinsamen Verantwortlichkeit (Art. 26 DS-GVO)[56] in Bezug auf das IT-System unterrichten. Der Betriebsrat ist berechtigt, den mit dem jeweiligen Auftragsverarbeiter oder gemeinsam Verantwortlichen abgeschlossenen Vertrag einzusehen.[57]

(4) Für IT-Systeme, die bei Inkrafttreten dieser Rahmenbetriebsvereinbarung bereits in Nutzung sind, für die aber noch keine Datenschutz-Folgenabschätzung vorliegt und/oder die noch nicht in das Verzeichnis der Verarbeitungstätigkeiten aufgenommen sind, ist beides innerhalb eines Jahres nachzuholen.[58]

§ 10 Schlichtungskommission, Verfahren bei Streitigkeiten[59]

(1) Zur Beilegung etwaiger Streitigkeiten über die Auslegung dieser Betriebsvereinbarung oder einer in ihrer Ergänzung getroffenen spezifischen Betriebsvereinbarung oder über die Kategorisierung eines IT-Systems wird eine Schlichtungskommission einberufen. Aufgabe dieser Kommission ist es, eine gütliche Einigung herbeizuführen. Die Schlichtungskommission setzt sich paritätisch aus jeweils zwei Vertretern des Arbeitgebers und des Betriebsrats zusammen.

(2) Jede Betriebspartei hat das Recht, die Schlichtungskommission anzurufen. Sie tagt schnellstmöglich, spätestens aber binnen vier Wochen, nachdem sie angerufen wurde. Einigt sie sich nicht auf einen Vorsitz, wechselt der Vorsitz reihum zu Beginn jeder neuen Sitzung, beginnend mit dem betriebsältesten Mitglied und dann nach Betriebszugehörigkeit abwärts, allerdings jeweils zwischen einem Arbeitgeber- und einem Betriebsratsvertreter abwechselnd.

(3) Beschlüsse werden mit der einfachen Mehrheit der abgegebenen Stimmen gefasst und protokolliert. Sie werden in fortlaufender Nummerierung als Anlage 2 zu dieser Rahmenbetriebsvereinbarung festgehalten und sind für die Betriebsparteien bindend.[60]

(4) Zu Gegenständen zwingender Mitbestimmung entscheidet die Einigungsstelle iSv § 76 BetrVG, soweit zwischen den Betriebsparteien auch durch die Schlichtungskommission keine Einigung herbeizuführen ist.[61]

(5) Ist sein Zuständigkeitsbereich berührt, ist der Datenschutzbeauftragte hinzuziehen.[62] Im Bedarfsfall kann die Kommission per Mehrheitsbeschluss ergänzend auch qualifizierte Arbeitnehmer des Arbeitgebers oder Vertreter eines IT-Dienstleisters oder des Anbieters des jeweiligen IT-Systems beratend hinzuziehen. § 80 Abs. 3 BetrVG bleibt unberührt.[63]

§ 11 Inkrafttreten, Kündigung und Nachwirkung

(1) Diese Rahmenbetriebsvereinbarung tritt mit ihrer beiderseitigen Unterzeichnung in Kraft. Der Arbeitgeber wird sie in gewohnter Weise im Betrieb bekanntgeben.[64]

(2) Diese Rahmenbetriebsvereinbarung ist unbefristet. Sie kann von jeder Betriebspartei mit einer Frist von neun Monaten gekündigt werden.[65] Auf die Einführung neuer IT-Systeme findet sie nach Ablauf der Kündigungsfrist keine Anwendung mehr.[66]

(3) Die Kündigung dieser Rahmenbetriebsvereinbarung lässt die Zulässigkeit der in der bei ihrem Auslaufen gültigen Anlage 1 aufgeführten IT-Systeme sowie die Wirksamkeit der in Ergänzung dieser Rahmenbetriebsvereinbarung getroffenen spezifischen Betriebsvereinbarungen unberührt. Diese Gesamtbetriebsvereinbarung wirkt insoweit nach, bis sie durch eine andere Abmachung ersetzt ist; dies gilt auch, soweit eine spezifische oder sonstige Betriebsvereinbarung auf diese Rahmenbetriebsvereinbarung Bezug nimmt.[67]

§ 12 Schlussbestimmungen

(1) Änderungen und Ergänzungen dieser Rahmenbetriebsvereinbarung bedürfen zu ihrer Wirksamkeit der Schriftform. § 77 Abs. 2 S. 3 BetrVG gilt entsprechend.[68]

(2) Sollten einzelne Bestimmungen der Rahmenbetriebsvereinbarung unwirksam sein, so berührt dies nicht die Wirksamkeit der übrigen Bestimmungen oder die Zulässigkeit der auf Basis der Rahmenbetriebsvereinbarung eingeführten oder angewandten IT-Systeme.[69] Im Falle der Unwirksamkeit einer oder mehrerer Bestimmungen werden die Parteien eine der unwirksamen Regelung möglichst nahekommende rechtswirksame Ersatzregelung treffen.

Anlage 1 zur Rahmenbetriebsvereinbarung IT-Systeme[70]

| lfd. Nr. | Bezeichnung | Kategorie | Bezeichnung | Datum |
|---|---|---|---|---|
| | des jeweiligen IT-Systems | | der spezifischen BV | |
| 1 | E-Mail-Software [nähere Produktbezeichnung] | 2 | --- | --- |
| 2 | Türschließsystem [nähere Produktbezeichnung] | 3 | GBV Schließsystem | 17.11.23 |
| 3 | [Steuerung der Belüftung in der Produktionshalle] | 1 | --- | --- |
| 4 | ... | | | |
| ... | ... | | | |

## Anmerkungen

**1. Rahmenbetriebsvereinbarung.** Der Vorschlag, eine Rahmenbetriebsvereinbarung zu erstellen, hat vorrangig Praktikabilitätsgründe. Aufgrund der bereits in der Vorbemerkung skizzierten rechtlichen Zusammenhänge löst praktisch jedes IT-System das zwingende Mitbestimmungsrecht des Betriebsrats nach § 87 Abs. 1 Nr. 6 BetrVG (technische Systeme zur Überwachung von Mitarbeitern) aus. Hält man sich daran, lähmt dies angesichts ubiquitärer IT die betrieblichen Abläufe massiv. In der Praxis werden deshalb unzählige IT-Systeme unter (bewusster oder unbewusster) Missachtung des Mitbestimmungsrechts betrieben. Die Rahmenbetriebsvereinbarung hat den Zweck, die Mitbestimmung dadurch zu wahren, dass die Betriebsparteien ein einfaches, praktikables Kommunikationssystem etablieren, wenn der Arbeitgeber neue IT-Systeme in Betrieb nehmen möchte oder – erst recht – bestehende Systeme updaten will (oder muss). Es geht nicht darum, die Mitbestimmung zu beschneiden. Gerade in Ausübung seiner Mitbestimmungsrechte kann sich der Betriebsrat aber im Interesse praktikabler Abläufe dort bewusst zurücknehmen, wo die mitbestimmungsrelevante Überwachung der Mitarbeiter nicht (bzw. nur im Ausnahmefall, siehe § 4 Abs. 2 oder § 5 Abs. 5 lit. b der vorgeschlagenen Rahmenbetriebsvereinbarung) vorgesehen ist. Wo es zum Schutz der Mitarbeiter wichtig ist, wo es nämlich wirklich um Überwachung geht, sieht die Rahmenbetriebsvereinbarung ergänzende Betriebsvereinbarungen vor, die konkretisierende Regelungen betreffend das spezielle IT-System enthalten. Einen Rahmen beschreibt die Rahmenbetriebsvereinbarung also insoweit, als sie die Kommunikation der Betriebsparteien beschreibt und die (im Wesentlichen fehlenden) Kontroll- und Sanktionsmöglichkeiten des Arbeitgebers auf Basis solcher IT-Systeme zusichert, für die keine gesonderte Betriebsvereinbarung besteht. Innerhalb dieser Grundidee werden sich zahlreiche Aspekte der hier vorgestellten Rahmenbetriebsvereinbarung je nach den betrieblichen Gegebenheiten auch anders gestalten lassen. Tendenziell kritisch zu Rahmenvereinbarungen wie der hier vorgeschlagenen Arnold/Günther ArbR 4.0-HdB/Hamann/Haußmann § 6 Rn. 45 ff. mwN, die vorrangig die Nutzung der in Art. 42 DS-GVO vorgesehenen Möglichkeit einheitlicher datenschutzspezifischer Zertifizierungsverfahren einfordern, was in der Tat die ggf. aufwendig zu verhandelnden Rahmenbetriebsvereinbarungen weitgehend überflüssig machen könnte, von den Betriebsparteien selbst aber nicht angestoßen werden kann.

**2. Zwingende Mitbestimmung.** Die vorgestellte Rahmenbetriebsvereinbarung regelt wesentliche Aspekte der Einführung und Anwendung technischer Einrichtungen im Betrieb, die iSv § 87 Abs. 1 Nr. 6 BetrVG dazu bestimmt (zum Verständnis vom Begriff der Bestimmung → Vorb.) sind, das Verhalten oder die Leistung der Arbeitnehmer zu überwachen. Das Mitbestimmungsrecht des Betriebsrats ergibt sich daher aus § 87 Abs. 1 Nr. 6 BetrVG.

**3. Zwecksetzung.** Die Präambel im Ganzen ist rechtlich nicht notwendig. Sie enthält Programmsätze und eine grundsätzliche Beschreibung des gemeinsamen Verständnisses der Betriebsparteien. Die Formulierung vom vertrauensvollen Zusammenwirken zum Wohl der Arbeitnehmer und des Betriebs ist § 2 Abs. 1 BetrVG entnommen und wird üblicherweise mit dem Begriff der vertrauensvollen Zusammenarbeit zusammengefasst. Zum Spannungsfeld zwischen der immer rascher werdenden Notwendigkeit der Einführung (neuer) IT-Systeme einerseits und dem vergleichsweise behäbigen Mitbestimmungsrecht nach § 87 Abs. 1 Nr. 6 BetrVG siehe etwa Ludwig/Hinze NZA 2021, 1444.

**4. Geltungsbereich.** Unterhält der Arbeitgeber mehrere Betriebe oder geht es um einen Konzern, können Gesamt- oder Konzernrahmenbetriebsvereinbarungen vorzugswürdig sein. Dies wird maßgeblich davon abhängen, ob IT-Systeme in ihrer Mehrzahl unternehmens- oder gar konzernweit eingesetzt werden oder eher auf einzelne Betriebe beschränkt sind. In der Tendenz wird die Arbeitgeberseite die Rahmenregelung auf einer möglichst hohen Ebene etablieren wollen. Ggf. kann sie dann weitere Einzelheiten zu der Frage enthalten, auf welcher Ebene ggf. spezielle Betriebsvereinbarungen abgeschlossen werden. Grundsätzlich schließt es eine Konzernrahmenbetriebsvereinbarung nicht aus, zB für ein spezielles IT-System (etwa ein nur in einem einzigen Betrieb genutztes System der elektronischen Zugangskontrolle) ergänzend eine örtliche Betriebsvereinbarung abzuschließen.

**5. Klassifizierung von IT-Systemen.** Die Klassifizierung ist das zentrale Element, das es ermöglicht, in einem übergeordneten (deshalb in der Rahmenbetriebsvereinbarung geregelten) Verfahren zu bestimmen, von welchen (betriebsverfassungsrechtlichen) Anforderungen die Einführung und Anwendung des jeweiligen IT-Systems abhängt. Durch die Klassifizierung wird die Weiche gestellt, ob der Betriebsrat (abgesehen von Informations- und Prüfungsrechten) an der Einführung und Anwendung des IT-Systems zu beteiligen ist oder nicht. Dabei sieht der hier vorgestellte Vorschlag drei Kategorien nach der simplen Abgrenzung vor: keine/eventuelle/volle Beteiligung des Betriebsrats. Ausgefeilte Zwischenstufen mögen denkbar sein. Unter dem Gesichtspunkt der Praktikabilität sollte die Abgrenzung aber so einfach wie möglich gehalten sein und vor allem nach der Frage differenzieren, welche Beteiligungsrechte der Betriebsrat im Weiteren wahrnimmt. Eine vergleichbare Kategorisierung wie hier vorgeschlagen findet sich in vielen Rahmenbetriebsvereinbarungen, bisweilen allerdings in umgekehrter Kategorisierung (1 = am einschneidendsten). Der hier vorgestellte Vorschlag wählt eine aufsteigende Kategorisierung, weil dann die vertragstechnische Gestaltung der weiteren Schritte leichter fällt.

**6. Kategorie 1: IT-Systeme ohne Mitarbeiterbezug.** Man mag diskutieren, ob es Kategorie 1 angesichts der Definition des IT-Systems in § 1 Abs. 2 der Rahmenbetriebsvereinbarung überhaupt geben kann. Denn je nach Verständnis wird der Anwendungsbereich dort auf solche Systeme beschränkt, die die Überwachung ermöglichen. Ggf. mag man in § 1 Abs. 2 daher feinsinniger definieren. Entscheidend für die praktischen Abläufe erscheint, dass es eine Vielzahl von IT-Systemen gibt, die überhaupt keine Überwachungsmöglichkeiten enthalten und daher keinerlei Mitbestimmungsrecht des Betriebsrats (jedenfalls nicht aus § 87 Abs. 1 Nr. 6 BetrVG) auslösen. Für das Verständnis der weiteren Abstufung, aber auch zur Sicherstellung der allgemeinen Kontrollmöglichkeiten des Betriebsrats erscheint es sinnvoll, in der Rahmenbetriebsvereinbarung klarzustellen, dass es solche Systeme gibt, und den Betriebsrat auch über solche Systeme grundsätzlich zu informieren. Rechtlich notwendig (oder gar seitens des Betriebsrats erzwingbar) ist die Erwähnung solcher Systeme nicht.

**7. Kategorie 2: IT-Systeme ohne Kontrollzweck.** Das Etablieren einer solchen Kategorie mit der Rechtsfolge, dass in aller Regel keine spezifische Betriebsvereinbarung erforderlich wird, ist (neben dem bereits skizzierten Aspekt der festgelegten und nach einer gewissen Zeit hoffentlich eingespielten Kommunikationswege) das wesentliche Instrument, das dem Arbeitgeber Praktikabilität verschafft und zugleich das Mitbestimmungsrecht des Betriebsrats wahrt. Die Ausgestaltung der bezüglich dieser Kategorie bestehenden Rechte und Pflichten wird in den meisten Fällen den Kern der Verhandlungen über die Rahmenbetriebsvereinbarung bilden. Dabei liegt der Schlüssel zum Erfolg darin, gemeinsam anzuerkennen, dass ein Zurückhalten des Betriebsrats (Verzicht auf spezifische Regelungen) für ihn (nur) dann akzeptabel sein wird, wenn bereits die Rahmenbetriebsvereinbarung für einen ausreichenden Schutz der Mitarbeiter sorgt. Dies wird in der hier vorgestellten Rahmenbetriebsvereinbarung durch die Zusage des Arbeitgebers gewährleistet, auf Überwachung der Mitarbeiter durch Kategorie-2-Systeme zu verzichten bzw. dies auf Ausnahmefälle zu beschränken (→ §§ 4 Abs. 2, 5 Abs. 5 Buchst. b der vorgestellten Rahmenbetriebsvereinbarung und → Anm. 1). Will der Arbeitgeber das System zur Überwachung nutzen (was auch für die Mitarbeiter nichts Schlechtes sein muss, wenn zB ihre variable Vergütung von IT-seitig erfassten Parametern abhängt), handelt es sich um ein System der Kategorie 3.

**8. Kategorie 3: IT-Systeme zur Verhaltens- und/oder Leistungskontrolle.** Diese IT-Systeme lösen nicht nur unzweifelhaft das Mitbestimmungsrecht des Betriebsrats aus, sondern werden auch in (nahezu) jedem Fall weitergehender Regelungen bedürfen. Die spezifische Betriebsvereinbarung, die in Ergänzung der Rahmenbetriebsvereinbarung vorgesehen ist, wird alle Besonderheiten des konkreten Systems abbilden und wird in aller Regel zumindest folgende Aspekte regeln: Einsatzzweck, Umfang sowie Art und Weise der Überwachung, Speicherung der gewonnenen Daten, (arbeitsrechtliche) Nutzung der gewonnenen Informationen, Beteiligung des Betriebsrats im Rahmen der Nutzung, (Datenschutz-)Rechte der betroffenen Mitarbeiter, Verfahren bei Updates/Patches. Hier entlastet die Rahmenbetriebsvereinbarung also den Arbeitgeber materiellrechtlich nicht (wohl aber betreffend die Vorgehensweise); der Betriebsrat nimmt sein in § 87 Abs. 1 Nr. 6 BetrVG vorgesehenes Mitbestimmungsrecht in vollem Umfang und systemspezifisch wahr. Dabei ist den Betriebsparteien anzuraten, in die spezifische Betriebsvereinbarung nur diejenigen Aspekte aufzunehmen, die auch wirklich systemspezifisch sind, und im Übrigen auf die Rahmenbetriebsvereinbarung Bezug zu nehmen. Ob die spezifische Betriebsvereinbarung hingegen auf Betriebsebene (örtlicher Betriebsrat), auf Unternehmensebene (Gesamtbetriebsrat) oder auf Konzernebene (Konzernbetriebsrat) abgeschlossen wird, ist für die Systematik der Rahmenbetriebsvereinbarung gleichgültig. Dies wird im Wesentlichen davon abhängen, in welchen Betrieben die fragliche Software eingesetzt werden soll.

**9. Aktuell verwendete IT-Systeme.** Es wird in der digitalisierten heutigen Zeit keine Fälle geben, in denen eine Rahmenbetriebsvereinbarung abgeschlossen werden kann, ehe das erste IT-System genutzt wird. Selbst wenn schon einzelne Betriebsvereinbarungen zu bestimmten Systemen bestehen, wird es eine Vielzahl von IT-Systemen (vor allem der Kategorie 1) geben, die ohne weitergehende Regelungen bereits in Nutzung sind. Erst recht werden ohne jede Betriebsvereinbarung unzählige IT-Systeme aller drei Kategorien in Betrieben bestehen, in denen die Belegschaft zuvor keinen Betriebsrat gewählt hatte. In all diesen Fällen wird es für die Betriebsparteien eine erhebliche Erleichterung bedeuten, die bislang betriebenen Systeme in die durch die Rahmenbetriebsvereinbarung neu geschaffenen Kategorien zu sortieren und diesen Status quo gemeinsam festzuhalten. Zugleich hat die Regelung dynamischen Charakter, weil sie den Status quo der **jeweils** aktuell verwendeten IT-Systeme betrifft, so dass zu jedem Zeitpunkt nach Inkrafttreten der Rahmenbetriebsvereinbarung zwischen bereits verwendeten Systemen einerseits und neuen Systemen andererseits unterschieden wird. Die Unterscheidung betrifft also nicht nur den historisch einmaligen Termin des Inkrafttretens der Rahmenbetriebsvereinbarung, wie sich vor allem an § 3 Abs. 3 der vorgestellten Regelung zeigt.

**10. Liste aktueller verwendeter IT-Systeme.** Diese Liste erstmals anzufertigen wird, nicht zuletzt wegen der vorzunehmenden Kategorisierung der bestehenden Systeme, ein gutes Stück Arbeit bedeuten. Soweit der Arbeitgeber eine qualifizierte Übersicht solcher Systeme bereits besitzt, wird er darauf zurückgreifen können. In Erfüllung datenschutzrechtlicher Anforderungen sollten solche Unterlagen regelmäßig bereits erstellt sein (insbesondere Verarbeitungsverzeichnisse und Datenschutzfolgeabschätzungen iSv Art. 30, 35 DS-GVO).

**11. Bereits verwendete IT-Systeme der Kategorie 3.** Für IT-Systeme der Kategorie 3 soll die als Anlage 1 vorgesehene Liste schon zu Dokumentationszwecken auch den Hinweis enthalten, welche (spezifische) Betriebsvereinbarung Regelungen zu ihrer Anwendung enthält. Insoweit ist die als Abs. 2 vorgesehene Regelung eher formaler Natur und dürfte kaum Streitpotential beinhalten.

Stellen die Betriebsparteien allerdings beim Anfertigen der Liste fest, dass bereits IT-Systeme der Kategorie 3 genutzt werden, ohne dass eine betriebsverfassungsrechtlich ausreichende Grundlage besteht, wäre die (weitere) Anwendung dieser Systeme rechtswidrig und für den Arbeitgeber mit dem Risiko einer vom Betriebsrat erwirkten Unterlassungsverfügung belegt. Für diesen Fall sieht die hier vorgestellte Rahmenbetriebsvereinbarung als Kompromiss vor, das jeweilige System zunächst in Nutzung zu belassen, aber innerhalb eines Jahres eine spezifische Betriebsvereinbarung zu verhandeln. Bis dahin soll eine gewisse Friedenspflicht gelten; erst nach Ablauf der Frist sollen der Betriebsrat und der Arbeitgeber berechtigt sein, die Einigungsstelle anzurufen. Über diesen Mechanismus wird man verhandeln müssen; andere Kompromisse sind denkbar. Wichtig erscheint jedenfalls für viele Systeme, sie nicht von einem Tag auf den anderen abschalten und auch nicht über eine neue Betriebsvereinbarung in höchster Eile verhandeln zu müssen.

Wieviel Zeit sich die Betriebsparteien hierfür nehmen und gewähren wollen, müssen sie verhandeln. In vielen Fällen wird das vorgeschlagene Jahr zu lang oder jedenfalls mehr als genügend sein. Wenn aber erstmals ein Betriebsrat gebildet wurde und deshalb zahlreiche neue Betriebsvereinbarungen zu komplizierten IT-Systemen von ungeübten Betriebsparteien neu verhandelt werden müssen, ist ein Jahr schon ambitioniert. Es geht nicht vorrangig darum, dem Arbeitgeber liebgewonnene Kontrollmechanismen zu erhalten, sondern um solche Systeme, die für die betrieblichen Abläufe wichtig sind. Die Friedenspflicht kann also durchaus im Interesse der (formal „überwachten“) Mitarbeiter liegen, denkt man etwa an Zeiterfassungssysteme, die die Grundlage für die Mehrarbeitsvergütung oder für Zulagen bilden.

Betriebsverfassungsrechtlich ist der mit dem zeitlichen Aufschub verbundene teilweise „Verzicht“ des Betriebsrats auf sein Mitbestimmungsrecht kritisch. Einerseits können Betriebsräte schon aus praktischen Gründen nicht dazu verpflichtet sein, jedes denkbare Mitbestimmungsrecht gleichzeitig und in voller Ausdehnung geltend zu machen (vgl. etwa ErfK/Kania BetrVG § 87 Rn. 139; Fitting/Trebinger/Linsenmaier/Schelz/Schmidt BetrVG § 87 Rn. 599 jeweils mwN). Andererseits führt die sog. Theorie der Wirksamkeitsvoraussetzung, der das BAG seit 1956 folgt (BAG 7.9.1956 – 1 AZR 646/54, NJW 1957, 726), in ihrer Grundaussage zu dem Ergebnis, dass eine (auch individualarbeitsrechtliche) Maßnahme des Arbeitgebers nichtig/unwirksam ist, wenn sie unter Verstoß gegen das Mitbestimmungsrecht zustande gekommen ist (ausf. und sehr krit. zur Theorie der Wirksamkeitsvoraussetzung sowie mit zahlreichen Nachweisen Richardi/Maschmann BetrVG § 87 Rn. 101 ff.).

**12. Veröffentlichung der Liste der IT-Systeme im Betrieb.** Arbeitgeber sind nach § 77 Abs. 2 S. 4 BetrVG dazu verpflichtet, Betriebsvereinbarungen (dazu zählen auch deren Anlagen) an geeigneter Stelle im Betrieb auszulegen. Verfügt der Betrieb über ein Intranet, genügt die Veröffentlichung dort (Näheres → Anm. 64). Der Passus im Vorschlag kann an die betrieblichen Gegebenheiten angepasst werden.

**13. Übermittlung an den Betriebsrat.** In vielen Fällen wird die Veröffentlichung der Liste im Betrieb schwierig oder unerwünscht sein, auch wenn Arbeitgeber nach § 77 Abs. 2 S. 4 BetrVG dazu verpflichtet, Betriebsvereinbarungen (dazu zählen auch deren Anlagen) im Betrieb auszulegen. Dessen ungeachtet kann es erwünscht sein, dem Betriebsrat (ggf. zusätzlich) die aktualisierte Liste jeweils zukommen zu lassen. Wenn der Betriebsrat einen IT-Ausschuss gebildet hat (→ Anm. 50), dürfte es sich anbieten, diesen als Adressaten zu bestimmen.

**14. Änderungen/Anpassungen bestehender IT-Systeme.** Die meisten IT-Systeme erleben mehr oder weniger häufige Anpassungen. Jede dieser Anpassungen ist dem Grunde nach mitbestimmungsrelevant, denn bei strenger Betrachtung erstreckt sich die im Rahmen der Mitbestimmung erteilte Zustimmung des Betriebsrats zur Anwendung nur auf die bei Beschlussfassung vorliegende Version. Aus dem Gebot der Praktikabilität wird man auch unter Abwägung der mitbestimmungsrechtlichen Aspekte folgern dürfen, dass nicht jede Systemanpassung erneute Verhandlungen der Betriebsparteien nach sich ziehen sollte. Die hier vorgestellte Rahmenbetriebsvereinbarung sieht für diese Fälle eine gesonderte Regelung vor, die zwischen den denkbaren Extremen (nie neue Mitbestimmung vs. stets neue Mitbestimmung) vermittelt.

**15. Patches und Updates.** Jedenfalls soweit der Arbeitgeber nicht speziell auf ihn zugeschnittene, vielleicht gar selbst entwickelte IT-Systeme verwendet, sondern auf im Markt verfügbare Standardsoftware zurückgreift, hat er letztlich gar keinen Einfluss darauf, dass laufend und in der Regel automatisch Updates und Patches aufgespielt werden. Zu denken ist etwa an Microsoft-Office-Produkte, E-Mail-Programme, Telefon-Hardware und -Software, Buchhaltungs- und Lohnabrechnungsprogramme und dergleichen. Aber auch für angepasste (customized) IT-Lösungen sind vielfache Aktualisierungen erforderlich, die in aller Regel keine Auswirkungen auf das Maß der technisch möglichen Überwachung von Mitarbeitern haben, sondern nur in den Tiefen der Software wirken oder – dann wenigstens sichtbar – Modernisierungen der Benutzeroberfläche bedeuten. Abs. 1 der hier vorgestellten Lösung erklärt derartige Updates und Patches zunächst einmal für zulässig, also von der im Rahmen der Mitbestimmung erteilten Zustimmung des Betriebsrats gedeckt. So ist sichergestellt, dass üblicherweise kein Verhandlungs- und nicht einmal Dokumentationsaufwand betrieben werden muss (soweit sich der Dokumentationsaufwand nicht aus anderen Vorgaben, etwa des Datenschutzes, ergibt). Auf eine Informationsverpflichtung des Arbeitgebers gegenüber dem Betriebsrat verzichtet der

Vorschlag bewusst. Die Vielzahl der Neuerungen ist kaum überschaubar und im Falle herstellerseitig automatisiert aufgespielter Updates (auch bspw. im Falle neuer Softwareversionen auf dienstlich genutzten Mobiltelefonen, über deren Installation der Mitarbeiter selbst bestimmt) gar nicht zu leisten. Ohnehin bestehende Auskunfts- und Informationsrechte des Betriebsrats, insbesondere aus § 80 BetrVG, bleiben bestehen. Hat ein Update doch einmal relevante Auswirkungen, greift Abs. 2.

**16. Systemanpassungen mit mitbestimmungsrechtlich relevantem Inhalt.** Führt ein Update oder eine andere Systemanpassung zu mitbestimmungsrechtlich relevanten Änderungen, bedarf es der Prüfung durch die Betriebsparteien, ob Anpassungen an den bislang bestehenden Vereinbarungen erforderlich sind, ggf. sogar eine andere Systemkategorie als bislang einschlägig wird. Besteht bereits eine spezielle Betriebsvereinbarung, wird den Neuerungen in der Regel mit einer Justierung der dort getroffenen Regelungen genüge getan sein.

**17. Vorläufige weitere Anwendung.** Aus vergleichbaren Überlegungen heraus wie oben skizziert (Friedenspflicht → Anm. 11) erklärt die hier vorgestellte Rahmenbetriebsvereinbarung die Anwendung eines überarbeiteten, aber bereits angewandten IT-Systems trotz des Anpassungsbedarfs für die meisten Fälle als zunächst weiter zulässig. Man kann die Regelung um eine feste Frist ergänzen, jedoch ist es schwierig, einen für alle denkbaren Fälle angemessenen Zeitrahmen im Voraus zu bestimmen. Der Vorschlag ist deshalb bewusst offen formuliert; es ist Sache der interessierten Betriebspartei, rasch in Verhandlungen über eine (neue) spezifische Betriebsvereinbarung einzusteigen und erforderlichenfalls die Einigungsstelle anzurufen. Die Einschränkung („soweit nicht…") führt dazu, dass der Arbeitgeber mittels derjenigen Systemneuerungen, die gerade die ergänzende Mitbestimmung auslösen, im Zweifel keine (erweiterte) Überwachung der Mitarbeiter durchführen darf, dass er aber – gleichsam im Gegenzug – das System nicht gänzlich abschalten muss. Dies erscheint als ein für beide Betriebsparteien akzeptabler Kompromiss, der aber entsprechend den betrieblichen Gegebenheiten angepasst werden kann.

**18. Einführung neuer IT-Systeme.** Nach der Erfassung des Status quo der bereits vorhandenen IT-Systeme und deren gelegentlicher Anpassung folgt in § 5 der vorgestellten Rahmenbetriebsvereinbarung die Regelung zur Einführung gänzlich neuer IT-Systeme, die erneut auf die Kategorisierung der IT-Systeme zurückgreift.

**19. Sicherstellung der Mitbestimmung.** Die beiden unauffälligen Sätze zählen zum Kernbestand der vorgestellten Rahmenbetriebsvereinbarung. Mit dem ersten definieren die Parteien den Begriff des neuen IT-System und damit den Anwendungsbereich von § 5 denkbar einfach und in regelungstechnisch logischer Schlussfolgerung aus dem Fortschreiben von Anlage 1 nach § 3 Abs. 3. Der zweite Satz trägt § 87 Abs. 1 Nr. 6 BetrVG Rechnung und sorgt dafür, dass der Arbeitgeber den in der Rahmenbetriebsvereinbarung vereinbarten Abstimmungsprozess durchlaufen muss, ehe er ein neues IT-System einführt. Das ist gewissermaßen der Preis und die Voraussetzung dafür, dass sich der Betriebsrat für mitbestimmungsrechtlich nicht oder weniger bedeutsame Systeme nach Maßgabe der Rahmenbetriebsvereinbarung zurücknimmt. Immerhin ist der vorgesehene Weg zur Einführung neuer IT-Systeme für den Arbeitgeber vorhersehbar und praktikabel.

**20. Ergonomie und Gesundheitsschutz.** Abs. 2 ist betriebsverfassungsrechtlich nahezu systemfremd (datenschutzrechtlich ohnehin), obgleich sich ein gewisser Bezug aus § 80 Abs. 1 Nr. 9 BetrVG oder gar § 87 Abs. 1 Nr. 7 BetrVG ergeben mag. Die vorgeschlagene, nur programmatische Regelung weist immerhin darauf hin, dass die Betriebsparteien die Verpflichtung der Arbeitgeber im Blick haben, ganz allgemein die Verbesserung von Sicherheit und Gesundheitsschutz der Beschäftigten anzustreben (etwa nach § 3 Abs. 1 ArbSchG) sowie konkret die Teilhabe behinderter Menschen am Arbeitsleben zu unterstützen (Verpflichtungen etwa aus § 164 Abs. 3 und 4 SGB IX). Wird Abs. 2 gestrichen, ändert das nichts an den bestehenden Verpflichtungen. Umgekehrt wird man die angesprochenen Aspekte bei Bedarf auch detaillierter regeln können. Abgesehen von den Vorteilen, die die Belegschaft aus der Erfüllung der arbeitgeberseitigen Verpflichtungen ziehen kann, hilft der sachgerechte Umgang gerade mit den schwerbehindertenrechtlichen Aufgaben dem Arbeitgeber auch dabei, eine negative Indizwirkung etwa im Rahmen von auf das AGG gestützten Schadenersatzforderungen zu vermeiden.

**21. Datenschutz-Folgenabschätzung.** Näheres → Form. C. III.

**22. Verzeichnis von Verarbeitungstätigkeiten.** Näheres → Form. C. II.

**23. Grundlage für die Kategorisierung.** Der Arbeitgeber hat es also in der Hand, die Kategorie und damit letztlich den mitbestimmungsrechtlichen Aufwand für die Einführung eines neuen IT-Systems zu bestimmen. Er entscheidet, welches IT-System er zu welchem Zweck und mit welchen Detailanwendungen nutzen möchte. Erst an seiner Entscheidung macht sich die Frage nach dem Mitbestimmungsrecht des Betriebsrats fest.

**24. Abstimmungsprozess.** Dass der Arbeitgeber den Betriebsrat rechtzeitig und umfassend zu informieren hat, ergibt sich schon aus § 80 Abs. 1 und 2 BetrVG (→ Vorb. vorletzter Absatz). Die hier vorgeschlagene Formulierung hat in Konkretisierung dieser allgemeinen Regel zum Ziel, die Betriebsparteien zu einem zügigen Prozess betreffend die Einführung neuer IT-Systeme anzuhalten. Jede Regelung wird nur so praktikabel sein, wie es die Bereitschaft beider Parteien zur zielgerichteten Zusammenarbeit zulässt. Der Vorschlag lässt die Möglichkeit unerwähnt, sachverständige Dritte einzuschalten, was den Betriebsparteien in den vom Betriebsverfassungsrecht gesetzten Schranken weiter offensteht. Der Abstimmungsprozess kann je nach den betrieblichen Gegebenheiten (oder falls es um Abstimmung mit dem Gesamt- oder Konzernbetriebsrat geht, die ggf. Rücksprache mit den Gremien vor Ort halten müssen) angepasst werden. Über die Zustimmungsfiktion im letzten Satz in Abs. 4 wird man oftmals lange verhandeln müssen und sie als Arbeitgeber wohl auch nicht immer durchsetzen können. Immerhin sieht der Vorschlag lediglich vor, dass die Zustimmung des Betriebsrats zur Kategorisierung nach Zeitablauf als erteilt gilt (und ohnehin kann der Betriebsrat den Eintritt der Fiktion leicht durch Mitteilung seiner abweichenden Auffassung verhindern), was es dem Betriebsrat erleichtern dürfte, sich auf die Fiktionsregelung einzulassen. Eine Zustimmung zur Einführung und Anwendung des fraglichen IT-Systems ist nach dem weiteren Vorschlag (→ Abs. 5) nur betreffend Systeme der Kategorien 1 und 2 verbunden.

**25. Einführung von IT-Systemen in Abhängigkeit von der einschlägigen Kategorie.** Können sich die Betriebsparteien, ggf. unter Zuhilfenahme der in Abs. 4 (letzter Satz) vorgesehenen Zustimmungsfiktion, auf die für das neue IT-System anzuwendende Kategorie einigen, ergibt sich die weitere Vorgehensweise aus Abs. 5. Unerwähnt bleibt im Vorschlag, was geschieht, wenn sich die Betriebsparteien nicht auf eine Kategorie einigen können. Für solche Fälle kann man eine Schlichtungskommission berufen (→ § 10 der vorgestellten Rahmenbetriebsvereinbarung sowie → Anm. 59) oder man setzt auf die Regelungssystematik des Betriebsverfassungsrechts: Ist der Arbeitgeber der Auffassung, es handele sich um ein Kategorie-1- oder Kategorie-2-System, wird er es in Anlage 1 aufnehmen und einführen. Ist der Betriebsrat damit nicht einverstanden, muss er sein Mitbestimmungsrecht nach § 87 Abs. 1 Nr. 6 BetrVG per Verlangen nach Verhandlungen über eine spezifische Betriebsvereinbarung, notfalls per Anrufung der Einigungsstelle und äußerstenfalls durch den Antrag auf Erlass einer gerichtlichen Unterlassungsverfügung durchsetzen. Welche Betriebspartei Recht hat, wird sich dann zeigen. Der Arbeitgeber wird es auf eine solche Auseinandersetzung in aller Regel nur dann ankommen lassen, wenn er sich einigermaßen sicher ist, kein Mitbestimmungsrecht verletzt zu haben.

**26. Neue IT-Systeme der Kategorie 1.** Die Einführung und Anwendung solcher IT-Systeme ist nicht mitbestimmungspflichtig (→ Anm. 6). Sind sich die Betriebsparteien einig, dass Kategorie 1 einschlägig ist, kann der Arbeitgeber das System nutzen. Es entspricht der Systematik der vorgestellten Rahmenbetriebsvereinbarung, insbesondere der nach ihrem § 3 Abs. 3 fortgeschriebenen Anlage 1, dass das neue System hierfür zunächst in die Anlage 1 aufgenommen werden muss. Diese reine und von ihm selbst umzusetzende Formalie bedeutet für den Arbeitgeber keine nennenswerte Einschränkung.

**27. Neue IT-Systeme der Kategorie 2.** Es zählt zu den Kernideen der hier vorgestellten Rahmenbetriebsvereinbarung, dass der Arbeitgeber auch Systeme der Kategorie 2 (nach deren Aufnahme in die Liste nach Anlage 1) ohne weitere Verhandlung mit dem Betriebsrat einführen und anwenden darf (schon → Anm. 7). Die Rahmenbetriebsvereinbarung enthält, vor allem mit der weitreichenden Garantie des Arbeitgebers, keine Überwachung mittels Kategorie-2-Systemen vorzunehmen, genügend Regelungen, um dem Mitbestimmungsrecht nach § 87 Abs. 1 Nr. 6 BetrVG nachzukommen. Weil sich sämtliche denkbaren Varianten eines Kategorie-2-Systems schlechterdings nicht vorhersehen lassen und weil es vor allem für komplexe Systeme möglich erscheint, dass die abstrakten Regelungen der Rahmenbetriebsvereinbarung den Besonderheiten eines Systems nicht vollends gerecht werden, sieht der Vorschlag vor, dass der Betriebsrat ausnahmsweise auch für Systeme der Kategorie 2 ergänzende Regelungen (notfalls per spezifischer Betriebsvereinbarung) verlangen kann. Diese Idee ist an sich systemfremd, weil spezifische Betriebsvereinbarungen schon der Definition nach nur für Systeme der Kategorie 3 vorgesehen sind. Der Arbeitgeber mag (auch) deshalb daran interessiert sein, den entsprechenden Passus zu streichen. Für den Betriebsrat kann die Option aber ein wichtiges Element sein, der Rahmenbetriebsvereinbarung überhaupt zuzustimmen, weil sie ihm das Gefühl nimmt, für alle Zukunft und für fast alle IT-Systeme (außer Kategorie 3) die Mitbestimmung aus der Hand zu geben.

**28. Neue IT-Systeme der Kategorie 3.** Nur für IT-Systeme der Kategorie 3 bedarf es schon zur Aufnahme in die Liste nach Anlage 1 (und erst recht dann zur Einführung und Anwendung) einer spezifischen Betriebsvereinbarung (schon → Anm. 8).

**29. Leistungs- und Verhaltenskontrolle.** Zu dem Begriff der Leistungs- und Verhaltenskontrolle sowie zu den davon abzugrenzenden Status- und Betriebsdaten → Vorb. Welches Verhalten Gegenstand der Überwachung sein kann, ist schier uferlos. Das bedeutet keineswegs, dass das Bedürfnis oder der Wunsch des Arbeitgebers nach Kontrolle einer übermäßigen Kontrollwut entspringen müssen – wie es bisweilen in der Öffentlichkeit den Anschein haben kann, wenn über tatsächlich oder vermeintlich skandalöse Überwachungsmethoden berichtet wird (zB infolge der sog. Keylogger-Entscheidung BAG 27.7.2017 – 2 AZR 681/16, NZA 2017, 1327). Vielmehr wird man die Nutzung von (Standard-)Software (E-Mail-Programme, Textverarbeitung, Kundendatenerfassung, ESM) heute für nahezu unumgänglich halten. Bisweilen dient die Leistungskontrolle sogar den Arbeitnehmern: Nicht nur im klassischen Akkordlohn muss die Leistung (zB Stückzahl pro Zeiteinheit) gemessen werden; vielmehr werden heute vielfach Zuschläge oder Prämien für ein hohes Output oder besonders effiziente Arbeitsweisen gezahlt. Erhält beispielsweise ein Bus-, Taxi- oder Lkw-Fahrer einen Bonus für besonders spritsparende Fahrweise, muss der Verbrauch erfasst und dokumentiert werden, um die Leistung des Fahrers erfassen und prämieren zu können.

Für den Betriebsrat wird die Zustimmung zu der hier vorgestellten Rahmenbetriebsvereinbarung dennoch in aller Regel allenfalls dann denkbar sein, wenn er sich sicher sein kann, nicht ungeprüft einer Überwachung der Mitarbeiter zugestimmt zu haben. Auf Basis der IT-Systeme der Kategorie 1 besteht definitionsgemäß ohnehin keine Überwachungsmöglichkeit, so dass aus Sicht des Betriebsrats (und mangels Mitbestimmungsrechts) kein weitergehender Regelungsbedarf besteht. Für IT-Systeme, die mit dem Zweck der Überwachung eingeführt werden sollen (Kategorie 3), sieht die Rahmenbetriebsvereinbarung den Abschluss ergänzender, spezifischer Betriebsvereinbarungen vor, was dem Betriebsrat sein Mitspracherecht sichert. Da derartige spezifische Regelungen für die Kategorie-2-Systeme nicht vorgesehen sind (jedenfalls nicht im Regelfall, siehe aber → Anm. 27), obwohl diese Systeme definitionsgemäß die Überwachung technisch ermöglichen, muss der Betriebsrat durch die Rahmenbetriebsvereinbarung die Gewissheit erlangen, dass keine Überwachung erfolgt. Hierzu dient die Regelung in § 6.

**30.** **Ausschluss laufender und gelegentlicher Überwachung.** In Umsetzung der in der vorstehenden → Anm. 29 skizzierten Erwägungen sieht Abs. 1 vor, die Mitarbeiterüberwachung mittels IT-Systemen grundsätzlich auszuschließen. Das ist eine gewichtige Aussage, denn in der Konsequenz bedarf jede Überwachung, die dennoch möglich sein soll, schon betriebsverfassungsrechtlich einer expliziten Regelung. Dies wird noch verschärft durch die vorgeschlagene Regelung in Abs. 5, nach der alle Daten, die aus einer Überwachung resultieren, die gegen die Rahmenbetriebsvereinbarung verstößt, für den Arbeitgeber rechtlich nutzlos sind (→ Anm. 40 und 41). Diese rigorose Regelung soll die Grundlage für die Zustimmung des Betriebsrats zu der Rahmenbetriebsvereinbarung bilden. Umso mehr muss der Arbeitgeber darauf achten, im folgenden Absatz jede Überwachungsmöglichkeit ausdrücklich zuzulassen, auf die er sich, vielleicht auch unvorhergesehen, in der Zukunft einmal stützen können will.

**31.** **Überwachung auf Basis spezifischer Betriebsvereinbarung.** Dieser Passus ist aus Arbeitgebersicht nicht verhandelbar. Die Überwachung mittels Kategorie-3-Systemen muss zulässig sein, soweit dies in der spezifischen Betriebsvereinbarung festgelegt ist. Diese Systeme dienen definitionsgemäß der Überwachung von Leistung und/oder Verhalten der Mitarbeiter; wäre die Auswertung der Daten unzulässig, verfehlten sie ihren Zweck. Gegenüber dem Betriebsrat, der sich ggf. mit der simplen Ausnahme nach Buchst. a schwertut, wird darauf hinzuweisen sein, dass er die aus seiner Sicht erforderlichen Einschränkungen in die spezifische Betriebsvereinbarung einbringen kann und dass es – trotz des vermutlich als bedrohlich empfundenen, der Formulierung des § 87 Abs. 1 Nr. 6 BetrVG entnommenen Begriffs der Überwachung – nicht um (ggf. auch noch heimliches) Ausspionieren der Mitarbeiter geht, sondern um betriebsnotwendige oder jedenfalls dem Betrieb dienliche Kontrollen, die durchaus auch im Interesse der Arbeitnehmer liegen können. Beispielsweise können Zeiterfassungssysteme zur Einhaltung der gesetzlichen Höchstarbeitszeiten dienen oder auch zur Berechnung der Mehrarbeitsvergütung oder von Zuschlägen. Daneben ist auch das Interesse des Arbeitgebers grundsätzlich billigenswert, zu überprüfen, ob der einzelne Mitarbeiter die vertraglich geschuldete Arbeitszeit erbringt.

**32. Überwachung in Verdachtsfällen.** Erfahrungsgemäß stößt der Vorschlag in Buchst. b bei vielen Betriebsräten auf anfängliche Ablehnung. Gleichwohl ist er eigentlich unverzichtbar; allerdings kann er ggf. anders justiert werden. Es sollte auch für Betriebsräte eine unerträgliche Vorstellung sein, auf die Sanktionierung (grob) rechts- oder pflichtwidrigen Verhaltens von Mitarbeitern zu verzichten, nur weil sich der Beweis nicht anders als mittels eines IT-Systems erbringen lässt, das eigentlich nicht zum Zwecke der Überwachung der Mitarbeiter eingesetzt wird und für das deshalb keine spezifische Betriebsvereinbarung besteht (dann Ausnahme nach Buchst. a). Arbeitgeber werden die Regelung nach Möglichkeit bereits nach dem zweiten Komma enden lassen und die Anforderungen an den geforderten Anfangsverdacht reduzieren wollen, so dass es zB hieße: „b) tatsächliche Anhaltspunkte den Verdacht begründen, dass der betroffene Arbeitnehmer bei oder anlässlich der Ausübung seiner Tätigkeit eine Straftat oder eine andere Pflichtverletzung begangen hat“. Die hier vorgestellte Regelung schränkt die Möglichkeiten des Arbeitgebers bereits deutlich stärker ein, um anzuzeigen, wie eine Regelung lauten könnte, wenn sich der Betriebsrat mit der Zustimmung schwertut. Am Ende wird man sich vor Augen führen müssen, dass es weder im Interesse des Arbeitgebers noch des Betriebsrats noch der ehrlichen Belegschaft sein kann, wenn ein Video den Diebstahl durch einen Arbeitnehmer oder eine Software den Arbeitszeitbetrug belegt, aber als Beweismittel nicht zugelassen wird, weil das jeweilige IT-System gar nicht auf die Überwachung von Mitarbeitern ausgelegt war, sondern anderen Zwecken gedient hat. Will man eine solche Ausnahme nicht zulassen, wird der Arbeitgeber das IT-System von vornherein, wenn auch unter der Geltung einer gesonderten Betriebsvereinbarung, auch zur Überwachung einsetzen. Aus Arbeitnehmersicht erscheint das nicht günstiger als die ausnahmsweise Nutzung der Daten nur bei Verdacht auf Pflichtverstöße. Übrigens kann die Nutzung der IT-Daten in solchen Fällen auch die Entlastung des Mitarbeiters von dem Verdacht bedeuten.

Selbst ohne Ausnahmeregelung kann der Arbeitgeber das dann betriebsverfassungswidrig erlangte Beweismittel (zB das Video, das die Tat beweist) im Kündigungsschutzverfahren gegen den überführten Arbeitnehmer ggf. nutzen. Denn ein allgemeines Beweisverwertungsverbot kennt das arbeitsgerichtliche Prozessrecht für rechtswidrig erlangte Beweismittel bislang nicht (näher → Form. H. V. Vorb., auch mN). Darauf sollten sich aber weder der Arbeitgeber noch der loyal agierende Betriebsrat verlassen. Zum einen ist die prozessuale Zulässigkeit des Beweismittels stets ein Quell langwieriger Diskussionen und letztlich auch mit dem Risiko des Misserfolgs behaftet. Zum anderen setzt sich ein Arbeitgeber mit der Nutzung als

Beweismittel dem Vorwurf betriebsverfassungswidrigen Handelns aus, was in gravierenden Fällen Unterlassungsansprüche (§ 23 Abs. 3 BetrVG) nach sich ziehen kann, in den meisten Fällen aber wohl jedenfalls eine Störung des Betriebsfriedens im Sinne eines vertrauensvollen Umgangs miteinander bedeuten dürfte. Daher erscheint es besser, über Ausnahmen offen zu verhandeln und sie nicht so eng zu formulieren, dass sie sich als zahnlos erweisen, wenn es darauf einmal ankommt.

**33. Überwachung in Fällen gesetzlicher Regelung.** Es handelt sich um eine Auffangnorm, die Selbstverständliches regelt. Wo gesetzliche Pflichten bestehen, sodass dem Arbeitgeber keine Wahl und keine Entscheidungsmöglichkeiten verbleiben, besteht kein Mitbestimmungsrecht (insoweit sehr instruktiv der rechtlich wenig überraschende, medial aber mit großer Aufmerksamkeit gesegnete Beschluss des Bundesarbeitsgerichts zur Zeiterfassung, BAG 13.9.2022 – 1 ABR 22/21, NZA 2022, 1616, Orientierungssatz 1 sowie Rn. 17f.). Wenn der Arbeitgeber aufgrund eines Gesetzes zur Übermittlung der mittels seiner IT-Systeme verarbeiteten Daten verpflichtet ist (etwa im Rahmen strafrechtlicher Ermittlungen), kann es keinen Verstoß gegen die Rahmenbetriebsvereinbarung bedeuten, wenn er der Verpflichtung nachkommt. Weder erweitert die Rahmenbetriebsvereinbarung insoweit die Befugnisse des Arbeitgebers noch engt sie sie ein. Ob es sich überhaupt um Fälle der Überwachung iSv § 87 Abs. 1 Nr. 6 BetrVG handelt, ist dann gleichgültig. Zum Datenschutz in diesen Fällen Art. 6 Abs. 1 S. 1 lit. c DS-GVO.

**34. Überwachung in Notfällen.** Erfordert zB ein Hackerangriff den unverzüglichen Eingriff in die IT-Systeme durch den Arbeitgeber oder durch einen von ihm beauftragten Dienstleister, kann es um Sekunden gehen, die über das Ausmaß des wirtschaftlich potenziell beträchtlichen Schadens entscheiden. Bei einem solchen Eingriff muss der Arbeitgeber (und/oder sein Dienstleister) womöglich auf Daten zurückgreifen, die eine Beurteilung von Leistung oder Verhalten einzelner Arbeitnehmer zulassen. Der Arbeitgeber bedarf für einen solchen Fall der Gewissheit, rechtmäßig zu handeln. Die Güterabwägung spricht insoweit zugunsten der Datennutzung, und zwar auch dann, wenn es sich dabei um einen Fall der Überwachung iSv § 87 Abs. 1 Nr. 6 BetrVG handeln sollte. Datenschutzrechtlich sind dann Art. 6 Abs. 1 S. 1 lit. e und f DS-GVO einschlägig.

**35. Datenzugriff.** Die Betriebsparteien sollten sich darauf einigen, durch wen der Datenzugriff (ohnehin nur in den nach dem vorherigen Absatz erlaubten Fällen!) erfolgen soll. Die Einschränkung („soweit nicht anders vereinbart") bezieht sich vor allem auf spezifische Betriebsvereinbarungen für IT-Systeme der Kategorie 3, die ggf. abweichende und komplexere Zugriffsszenarien vorsehen können. Für die allgemeinen Fälle sollte die Regelung so einfach und praktikabel wie möglich gehalten sein, ohne die Beteiligungsrechte des Betriebsrats zu beschädigen. Die Hinzuziehung des Datenschutzbeauftragten kann gegenüber dem Betriebsrat eine zusätzliche vertrauensbildende Maßnahme sein und ohnehin bereits aus datenschutzrechtlichen Erwägungen geboten sein. Denkbar wäre es, dem Arbeitgeber für bestimmte Fälle (etwa die Ermittlung im Verdachtsfall) den Datenzugriff zunächst ohne Beteiligung des Betriebsrats zu ermöglichen; das wird aber für den Betriebsrat meist nicht hinnehmbar sein, weshalb die hier vorgestellte Rahmenbetriebsvereinbarung auf eine solche Regelung verzichtet.

**36. Eilfälle.** Die Anforderungen an den Eilfall sind bewusst niedriger gesetzt als an den Notfall nach Abs. 2 Buchst. d. Die Regelung erscheint notwendig, um erforderlichenfalls auch am Wochenende, zur Nachtzeit oder während der Betriebsferien handlungsfähig zu bleiben.

**37. Ausnahme nach Abs. 2 Buchst. a.** Die vorgesehene Ausnahme betrifft IT-Systeme der Kategorie 3, für die statt der allgemeinen Regelung besondere Vorgaben in die obligatorische spezifische Betriebsvereinbarung aufgenommen werden können. Im Falle regelmäßiger Überwachung nach Kategorie 3 wird ein Einzelprotokoll für jede Auswertung unmöglich sein und besser durch ein anderes Dokumentations- und Kontrollsystem ersetzt.

**38. Protokollierung der ausnahmsweisen Auswertung.** Die vorgeschlagene Regelung bedeutet (lediglich), dass der Arbeitgeber die Datenzugriffe, die er auf die Ausnahmetatbestände des Abs. 2 Buchst. b – d stützt, gegenüber dem Betriebsrat und dem Datenschutzbeauftragten, vor allem aber auch gegenüber dem betroffenen Mitarbeiter dokumentieren muss. Für Fälle gezielter Überwachung gelten die spezifischen Betriebsvereinbarungen (dazu bereits → Anm. 31); für die Auswertung der Daten im Verdachtsfall (Buchst. b) besteht eine Einschränkung in den beiden nachfolgenden Sätzen (→ Anm. 39).

**39. Protokollierung bei Verdachtsfällen.** Geht der Arbeitgeber mittels ausnahmsweiser Auswertung der IT-Systeme einem Verdacht gegen einen Mitarbeiter nach, wird er diese Ermittlung gegenüber dem Mitarbeiter in vielen Fällen zunächst nicht offenbaren wollen, etwa um den Ermittlungserfolg nicht zu gefährden. Deshalb kann der Mitarbeiter in diesen Fällen erst später informiert werden, nämlich entweder wenn die Ermittlungen zu seiner Entlastung geführt haben oder im Zuge der ihm gegenüber ergriffenen arbeitsrechtlichen Maßnahmen (wie etwa der Anhörung zu einer Verdachtskündigung; dazu etwa Linck/Krause/Bayreuther/Krause KSchG § 1 Rn. 432 ff.; MüKoBGB/Hergenröder KSchG § 1 Rn. 227 ff., jeweils mwN). Datenschutzbeauftragter und Betriebsrat sind für diesen Fall auf die Vertraulichkeit zu verpflichten, wenn sie denn überhaupt bereits in die Datenauswertung einbezogen werden sollen (dazu → Anm. 32).

**40. Verwertungsverbot.** Jeder Arbeitgeber wird ein solches Verwertungsverbot vermeiden wollen. Aus Sicht der Mitarbeiter hat die Zusage des Arbeitgebers, die IT-Systeme insbesondere der Kategorie 2 nicht (bzw. nur in dem nach der Rahmenbetriebsvereinbarung ausnahmsweise zulässigen Umfang) zur Überwachung zu nutzen, für sich genommen jedoch einen geringen Wert. Daher wird der Betriebsrat darauf drängen, dass der Arbeitgeber Erkenntnisse, die er unter Verstoß gegen das Überwachungsverbot gewonnen hat, gegen den jeweiligen Mitarbeiter nicht einsetzen darf. Gerade wegen dieser Regelung ist es für den Betrieb (nicht nur den Arbeitgeber, siehe insbes. → Anm. 32) wichtig, die Ausnahmen vor allem auch für den Verdachtsfall (hier in § 6 Abs. 2 Buchst. b der vorgestellten Rahmenbetriebsvereinbarung) zu vereinbaren und sorgfältig zu formulieren.

**41. Genehmigung durch den Betriebsrat.** Das BAG hält für möglich, durch eine solche Genehmigung zumindest die nach dem Betriebsverfassungsrecht an sich gebotene Sanktion der Unzulässigkeit der mitbestimmungswidrigen Maßnahme aufzuheben (BAG 27.3.2003 – 2 AZR 51/02, NZA 2003, 1193 (1196); siehe auch ErfK/Kania BetrVG § 87 Rn. 140). Sehr krit. zu der diesem Konzept zugrundeliegenden Theorie der Wirksamkeitsvoraussetzung Richardi/Maschmann BetrVG § 87 Rn. 101 ff. Siehe bereits → Anm. 11 sowie ausf. → Form. H. III. Anm. 6.

**42. Rollen- und Berechtigungskonzept.** Mit Hilfe eines Rollen- und Berechtigungskonzepts – selbstverständlich können andere Bezeichnungen gewählt werden – regelt der Arbeitgeber, welche Mitarbeiter auf welche IT-Systeme und auf welche der darin vorgesehenen Funktionen zugreifen können und dürfen. Abgesehen von allgemeinen betrieblichen Gründen kann dies, je nach dem, um welches System es geht, unter datenschutzrechtlichen Aspekten vor allem dem Gebot der Datensparsamkeit folgen. Nur wer die Daten (dienstlich) benötigt, darf auf sie zugreifen. Bei Systemen wie etwa einer elektronischen Schließanlage bestehen nutzerseitig in der Regel keine Einschränkungen; in diesen Fällen wäre ein Berechtigungskonzept primär darauf zu konzentrieren, wer die Daten ggf. einsehen/auslesen darf. Rollen- und Berechtigungskonzepte unterliegen für sich genommen keiner Mitbestimmung, weshalb die vorgestellte Rahmenbetriebsvereinbarung formuliert, dass (allein) der Arbeitgeber das Konzept erstellt.

**43. Nutzungsbefugnis.** Die vorgeschlagene Regelung hat negativ abgrenzenden Charakter: Nur die dienstliche, nicht die private Nutzung ist gestattet, und zwar nicht zu systemfremden Zwecken. Für den Fall, dass bestimmte Systeme und/oder Funktionen dieser Systeme nicht für alle Mitarbeiter bestimmt sind, kann ein im vorherigen Absatz vorgeschlagenes Rollen- und Berechtigungskonzept die Zugriffsrechte regeln.

**44. Einweisungen/Schulungen.** Der programmatische Satz kann auch entfallen. Einzelheiten lassen sich in der Rahmenbetriebsvereinbarung schwerlich regeln, weil der Einweisungs- und Schulungsbedarf stark von den einzelnen IT-Systemen abhängen dürfte. Manche erfordern intensive Schulungen, andere überhaupt keine Einweisung. Selbst die Verpflichtung von Arbeitnehmern zur Teilnahme an solchen Schulungen löst für sich genommen in der Regel kein Mitbestimmungsrecht des Betriebsrats aus; es handelt sich um einen Gegenstand des Arbeitsverhaltens, das – im Gegensatz zum in § 87 Abs. 1 Nr. 1 BetrVG verwendeten Begriff von Ordnung und Verhalten im Betrieb („Ordnungsverhalten“) – der Mitbestimmung des Betriebsrats entzogen ist. Je nach dem Inhalt der Schulung kann in Einzelfällen eine mitbestimmungspflichtige betriebliche Bildungsmaßnahme iSv § 98 Abs. 6 BetrVG vorliegen; soll die Schulung online oder sonst mittels IT-Technologie stattfinden, ist das Schulungstool als solches mitbestimmungspflichtig nach § 87 Abs. 1 Nr. 6 BetrVG.

**45. Verpflichtung auf den Datenschutz.** Der Vorschlag beinhaltet letztlich nur Programmsätze. Er geht davon aus, dass außerhalb einer Rahmenbetriebsvereinbarung IT-Systeme bereits umfassende datenschutzrechtliche Regelungen und Informationen bestehen. Siehe insbes. → Form. C. VII.

**46. Kontrollrechte des Betriebsrats.** Nach § 80 Abs. 1 Nr. 1 BetrVG hat der Betriebsrat (u. a.) die allgemeine Aufgabe, darüber zu wachen, dass die zugunsten der Arbeitnehmer geltenden Gesetze […] und Betriebsvereinbarungen durchgeführt werden. § 80 Abs. 2 BetrVG bestimmt, dass der Arbeitgeber den Betriebsrat zur Durchführung seiner Aufgaben „rechtzeitig und umfassend […] zu unterrichten“ und ihm „auf Verlangen jederzeit die zur Durchführung seiner Aufgaben erforderlichen Unterlagen zur Verfügung zu stellen“ hat. Der Formulierungsvorschlag sieht also nur Selbstverständliches vor. Die Betriebsparteien können nähere Regelungen zB zur Häufigkeit treffen, werden dies aber für die besonders relevanten Systeme der Kategorie 3 eher in den spezifischen Betriebsvereinbarungen tun statt in der Rahmenregelung.

**47. Neukategorisierung.** Systematisch ließe sich die Regelung (mindestens) ebenso gut in § 5 der vorgestellten Rahmenbetriebsvereinbarung unterbringen. Die vorgestellte Lösung will die Grundregel in § 5 aus Verständniszwecken nicht überfrachten. Zudem mag es helfen, Betriebsräten und Mitarbeitern ausdrücklich eine Befugnis im Sinne einer Rechtsposition einzuräumen. Inhaltlich bedarf es einer Regelung in jedem Fall, wie zu kommunizieren und zu reagieren ist, wenn sich eine einmal vorgenommene Kategorisierung als falsch oder überholt erweist.

**48. Vorläufige Weiternutzung.** Ausgehend von den Überlegungen zu den Formulierungsvorschlägen in § 3 Abs. 2 und § 4 Abs. 2 der vorgestellten Rahmenbetriebsvereinbarung (→ Anm. 11 und 17) wird erst recht im hier geregelten Fall einer früher bereits einvernehmlich vorgenommenen Kategorisierung eine (vorläufige) Weiternutzung des IT-Systems auch nach vom Betriebsrat geäußerten Zweifeln angemessen sein. Besonders krasse Fälle sind kaum denkbar, weil Updates, die wesentliche neue Funktionen vorsehen, bereits von § 4 Abs. 2 erfasst werden. § 8 Abs. 3 hat Fälle im Sinn, in denen der Betriebsrat feststellt, an einer Fehleinschätzung beteiligt gewesen zu sein. Der Regelungsvorschlag dient auch dazu, die Zustimmung des Betriebsrats für neue IT-Systeme nicht übermäßig hinauszuziehen. Wenn der Betriebsrat eine vergleichsweise einfache und vertraglich zugesicherte Möglichkeit hat, Fehler zu korrigieren, muss er nicht zwingend auch das allerletzte Detail prüfen, ehe er der Einführung zustimmt.

**49. Vorbehalt des Betriebsverfassungsrechts.** Der Satz bringt eine Selbstverständlichkeit zum Ausdruck, was für wenig erfahrene Betriebsparteien und auch die Mitarbeiter Klarheit schaffen kann: Der Betriebsrat ist nicht rechtlos, sondern kann sich durchsetzen, wenn der Arbeitgeber eine berechtigte Anpassung verweigert. Das wesentliche Instrument wird die Anrufung der Einigungsstelle sein (§ 87 Abs. 2 BetrVG, → Anm. 25).

**50. IT-Ausschuss des Betriebsrats.** In Betrieben mit mehr als 100 Arbeitnehmern kann der Betriebsrat Ausschüsse bilden und ihnen bestimmte Aufgaben übertragen, § 28 BetrVG. Über die Einrichtung des Ausschusses und die ihm eingeräumten Befugnisse entscheidet der Betriebsrat allein (instruktiv auch im Übrigen zur Delegation von Aufgaben an einen Ausschuss Richardi/Thüsing BetrVG § 28 Rn. 25 ff.); eine verbindliche, den Betriebsrat verpflichtende Bestimmung in der Rahmenbetriebsvereinbarung ist also nicht möglich.

**51. Ansprechpartner auf Arbeitgeberseite.** Vor allem, wenn der Betriebsrat einen IT-Ausschuss bildet, aber auch in anderen Fällen und insbesondere in großen Unternehmen kann es sinnvoll sein, dem Betriebsrat zusätzlich zu den typischen Ansprechpartnern aus der Personal- oder HR-Abteilung technische Ansprechpartner zu benennen, um vor allem technische (IT-fachliche) Rückfragen zu den Programmen zu beantworten. Zwingend ist das aber nicht; die Benennung setzt ein hohes Maß an Vertrauen des Arbeitgebers in die Ansprechperson voraus.

**52. Vertraulichkeit.** Die Mitglieder des Betriebsrats sind bereits nach dem Gesetz zur Einhaltung der Vorschriften über den Datenschutz (§ 79a BetrVG) sowie zur Verschwiegenheit (§ 79 BetrVG) verpflichtet. § 79 BetrVG betrifft allerdings nur solche Informationen, die der Arbeitgeber „ausdrücklich als geheimhaltungsbedürftig bezeichnet“ hat. An dieser Kennzeichnung fehlt es in der Praxis sehr häufig, sei es aus Unachtsamkeit, Unkenntnis oder fehlender Praktikabilität. Der Formulierungsvorschlag hat zum Ziel, den Mitgliedern des Betriebsrats die Bedeutung ihrer Verschwiegenheit vor Augen zu führen und sie auch betreffend nicht ausdrücklich so bezeichnete vertrauliche Informationen zur Verschwiegenheit zu verpflichten.

**53. Betroffenenrechte nach Art. 15 bis 21 DS-GVO.** Zu den Betroffenenrechten und den vorgesehenen Schutzmechanismen kann ggf. näher ausgeführt werden. Einzelheiten lassen sich wegen des Charakters des hier vorgestellten Vorschlags als Rahmenregelung jedoch kaum regeln. Besteht eine separate Betriebsvereinbarung zur Wahrung der Betroffenenrechte im Betrieb, kann darauf verwiesen werden.

**54. Datenschutzbeauftragter.** Näheres unter → B.

**55. Auftragsverarbeitung.** Näheres unter → Form. G. I.

**56. Gemeinsame Verantwortlichkeit.** Näheres unter → Form. G. V.

**57. Einsichtnahmerecht des Betriebsrats.** Dies dürfte bereits aus § 80 Abs. 2 BetrVG folgen.

**58. Datenschutz-Folgenabschätzung und Verzeichnis der Verarbeitungstätigkeiten.** Die hier vorgestellte Rahmenbetriebsvereinbarung verpflichtet den Arbeitgeber in § 5 Abs. 3 und 4 ausdrücklich, dem Betriebsrat vor der Einführung neuer IT-Systeme die Datenschutz-Folgenabschätzung und das Verarbeitungsverzeichnis vorzulegen. Soweit diese Unterlagen für bereits genutzte IT-Systeme noch nicht vorliegen, bietet sich die Vereinbarung einer Übergangsphase an, um zumindest betriebsverfassungsrechtlich Einigkeit herzustellen. Eine andere Frage ist, ob die Nutzung der IT-Systeme ohne Datenschutz-Folgenabschätzung und Verarbeitungsverzeichnis datenschutzkonform möglich ist (dazu → C. II und → C. III.).

**59. Schlichtungskommission.** Die Regelung ist optional. Sie kann ein geordnetes Verfahren vor allem in Betrieben mit großen Betriebsräten und häufigen IT-Fragestellungen schaffen. Die Eckdaten in den beiden ersten Absätzen der Regelung sind veränderlich. Das gilt insbesondere für die Größe der Schlichtungskommission, den Zeitrahmen für ihr Tätigwerden und die Regelung zum Vorsitz.

**60. Protokollierung bindender Beschlüsse.** Es bietet sich an, solche Protokolle als Anlage zu der jeweiligen Betriebsvereinbarung aufzunehmen oder – wie hier vorgeschlagen – als weitere Anlage (Anlage 2) zu der Rahmenbetriebsvereinbarung zu erfassen.

**61. Einigungsstelle.** Die Möglichkeit, für Regelungen der zwingenden Mitbestimmung die Einigungsstelle für einen verbindlichen Spruch anzurufen, falls sich die Betriebsparteien – auch etwa mit Hilfe einer Schlichtungskommission – nicht einigen können, folgt aus § 87 Abs. 2 BetrVG. Wegen des Mehrheitserfordernisses und der paritätischen Besetzung wird die Schlichtungskommission vielfach kein gemeinsames Ergebnis erzielen können. Darin dürfte der Hauptnachteil einer solchen Schiedsstelle liegen.

**62. Hinzuziehung des Datenschutzbeauftragten.** Näheres unter → B.

**63. Hinzuziehung von Experten.** Die Regelung geht über § 80 Abs. 3 BetrVG hinaus, hat aber eher klarstellenden Charakter.

**64. Bekanntgabe.** § 77 Abs. 2 S. 4 BetrVG verlangt das Auslegen im Betrieb durch den Arbeitgeber. Dabei ist keine bestimmte Form vorgesehen; vielmehr geht es darum, jeden Arbeitnehmer des Betriebs in die Lage zu versetzen, sich ohne besondere Umstände mit dem Inhalt vertraut zu machen. Je nach betrieblichen Gegebenheiten kann der Aushang am Schwarzen Brett, die Veröffentlichung in der Werkszeitung oder auch die Bekanntgabe per E-Mail-Verteiler oder im Intranet in Betracht kommen (zum Ganzen etwa Fitting/Schmidt/Trebinger/Linsenmaier/Schelz BetrVG § 77 Rn. 25 mwN; Richardi/Picker BetrVG § 77 Rn. 43 mwN). Bei der Verpflichtung zum Auslegen handelt es sich um eine Ordnungsvorschrift; die Betriebsvereinbarung wird auch ohne ordnungsgemäße Bekanntgabe wirksam (Fitting/Schmidt/Trebinger/Linsenmaier/Schelz BetrVG § 77 Rn. 25a mwN auch zur Gegenmeinung).

**65. Kündigungsfrist.** Die Kündigungsfrist kann abweichend gewählt werden. Ohne ausdrückliche Regelung beträgt die Kündigungsfrist drei Monate (§ 77 Abs. 5 BetrVG). Wegen der allgemein-übergeordneten Funktion der Rahmenbetriebsvereinbarung bieten sich eher lange als kurze Kündigungsfristen an.

**66. Keine Anwendung auf künftige IT-Systeme.** Nach dem Gesetz (§ 77 Abs. 6 BetrVG) wirken die Regelungen einer Betriebsvereinbarung in Angelegenheiten nach, in denen ein Spruch der Einigungsstelle die Einigung zwischen Arbeitgeber und Betriebsrat ersetzen kann – mit anderen Worten: soweit sie zum Gegenstand der zwingenden Mitbestimmung zählen. Diese Nachwirkung endet erst, wenn eine andere Abmachung getroffen ist (§ 77 Abs. 6 BetrVG). Aus Arbeitgebersicht ist eine solche Nachwirkung für die Rahmenbetriebsvereinbarung IT-Systeme in der Regel erstrebenswert. Der hier vorgestellte Text schlägt einen Kompromiss vor, in dem eine weitreichende Nachwirkung für bereits bestehende IT-Systeme besteht, in dem neue IT-Systeme aber von der Rahmenbetriebsvereinbarung nicht mehr erfasst sind. Will der Arbeitgeber nach Ablauf der Kündigungsfrist also eine neue technische Einrichtung einführen, die dazu geeignet (→ Vorb.) ist, das Verhalten oder die Leistung der Arbeitnehmer zu überwachen (so die Voraussetzungen des § 87 Abs. 1 Nr. 6 BetrVG), hat er das volle Mitbestimmungsrecht des Betriebsrats zu beachten und kann sich nicht mehr auf das durch die Rahmenbetriebsvereinbarung etablierte Kommunikations- und Abstimmungssystem verlassen.

**67. Nachwirkung.** Siehe zunächst → Anm. 66. Die Regelung soll (bis zu einer neuen Abmachung) die Fortgeltung der Rahmenbetriebsvereinbarung und damit die Zulässigkeit der weiteren Verwendung der rechtmäßig bereits betriebenen IT-Systeme sicherstellen.

**68. Schriftformerfordernis.** Betriebsvereinbarungen – und damit auch ihre Abänderung – müssen von den Betriebsparteien schriftlich niedergelegt werden, um Wirksamkeit zu entfalten (§ 77 Abs. 2 S. 1 BetrVG; zum Wirksamkeitserfordernis etwa Fitting/Schmidt/Trebinger/Linsenmaier/Schelz BetrVG § 77 Rn. 21 mwN sowie ausf. Richardi/Picker BetrVG § 77 Rn. 42 mwN, auch zur Gegenmeinung). Während der Corona-Pandemie der Jahre 2020 – 2022 hat der Gesetzgeber allerdings eine Erleichterung geschaffen und diese dauerhaft als § 77 Abs. 2 S. 3 BetrVG in das Gesetz aufgenommen: Betriebsvereinbarungen können nun auch in elektronischer Form geschlossen werden, wobei – in ausdrücklicher Abweichung von § 126a BGB, der die qualifizierte elektronische Signatur verlangt – bereits die (einfache) elektronische Signatur ausreicht. Insbesondere genügt es also, die Betriebsvereinbarung per E-Mail auszutauschen und jeweils eine eingescannte Unterschrift beizufügen. Anders als bei zivilrechtlichen Verträgen sind allerdings beide Unterschriften auf demselben Dokument anzubringen, nicht nur auf dem jeweils für die andere Seite bestimmten Exemplar (darauf weisen Fitting/Schmidt/Trebinger/Linsenmaier/Schelz BetrVG § 77 Rn. 21e eingehend hin).

**69. Salvatorische Klausel.** Übliche salvatorische Klauseln bestimmen, dass der übrige Teil der Betriebsvereinbarung wirksam bleibt, auch wenn sich eine einzelne Regelung als nichtig erweisen sollte. Für IT-Rahmenbetriebsvereinbarungen bietet es sich dringend an, auch klarzustellen, dass ein Fehler in der Betriebsvereinbarung (selbst wenn er zu deren partieller Nichtigkeit führen sollte) die Nutzungsbefugnis für die auf ihrer Grundlage kategorisierten und eingeführten IT-Systeme nicht entfallen lässt.

**70. Anlage 1.** Anlage 1 dokumentiert jederzeit den aktuellen Status quo der im Betrieb angewandten IT-Systeme und wird vom Arbeitgeber fortlaufend fortgeschrieben (§ 3 der hier vorgestellten Rahmenbetriebsvereinbarung). Die im Muster zu laufenden Nr. 1–3 vorgenommenen Eintragungen bilden Beispiele ohne rechtliches Präjudiz ab.

# I. Kundendatenschutz

## I. Organisation des Kundendatenschutzes

Einen speziellen **„Kundendatenschutz“** sieht die DS-GVO ebenso wenig vor wie die bisherigen Rechtsakte, also die DS-RL und das BDSG aF. Besondere Erlaubnistatbestände, die wie Art. 6 Abs. 1 S. 1 lit. b DS-GVO **ein Vertragsverhältnis** voraussetzen, gelten gleichermaßen für Kunden, Lieferanten und andere Vertragspartner. In der Wirtschaft sind freilich (potenzielle) Kunden die **interessanteste Personengruppe** – und hierbei sind Endkunden, also meist Privatpersonen, in ihrer Masse und ihrer datenschutzrechtlichen Kritikalität eine Gruppe, die besonderer Behandlung bedarf.

Kundendatenschutz besteht zunächst aus dem Schutz der Daten über bestehende oder ehemalige Kunden. Im weiteren Sinne zählen dazu auch **Daten potenzieller Kunden.** Dies umfasst das Sammeln von Daten, zB über Gewinnspiele sowie die Selektion von Kundengruppen, das auf Werbung, Vermarkung und Verkauf ausgerichtete Erstellen **pseudonymer Nutzerprofile** von Website- und App-Nutzern, wie zB Tracking und Retargeting, das Ausspielen und Auswerten von Werbekampagnen an Individuen nebst dem Adresshandel (zu Werbeversand und Newslettern → Form. I. III.) sowie die möglichst umfangreiche Verwendung dieser Daten einschließlich der Anreicherung durch zusätzliche Daten („Big Data“) – kurzum die volle Klaviatur von **(Online-) Marketing** und **Customer Relationship Management (CRM).**

Kundendatenschutz wird dabei meist auf **private Endkunden,** aber nicht auf den B2B-Bereich bezogen. Der Begriff ist, parallel zum „Mitarbeiterdatenschutz“, durch Medienberichte über **„Datenschutzskandale“** in das öffentliche Interesse gerückt. Dadurch ist für Unternehmen die datenschutzrechtliche Positionierung ein zweischneidiges Schwert: Aus **Image- und Compliance-Gründen** sollen Verstöße und negative Berichterstattung über das Unternehmen möglichst vermieden werden. Andererseits stellen Werbemaßnahmen in oder jenseits der rechtlichen Grauzone das süße Gift dar, mit dem Umsätze in die Höhe getrieben werden können. Und jeder Berater auf dem Gebiet des Datenschutzes hat sicherlich schon einmal gehört, dass eine bestimmte Vorgehensweise doch bei den Wettbewerbern oder gleich der ganzen Branche üblich sei, weshalb das eigene Unternehmen darauf nicht verzichten könne. Diese Positionierungsproblematik wird noch dadurch erschwert, dass Normen zur Rechtmäßigkeit der Datenverarbeitung (Art. 6 DS-GVO) sowie zu den werberelevanten Themen Einwilligung (Art. 4 Nr. 11, Art. 7, Erwgr. 42 und 43 DS-GVO) und Zweckänderung (Art. 6 Abs. 4 DS-GVO) **wenig übersichtlich** sind und durch **komplexe Interessenabwägungen** eine eindeutige Bewertung oft nicht möglich ist. Hinzu kommt, dass sie mit Parallelnormen aus der ePrivacy-VO oder dem bisherigen, auf der ePrivacy-RL basierenden § 7 Abs. 3 UWG bisweilen mit dem restlichen Datenschutzrecht wenig abgestimmt zu sein scheinen (vgl. nur DSK, Orientierungshilfe zur Verarbeitung für Zwecke der Direktwerbung, S. 5, die von einer „Mitberücksichtigung“ der UWG-Regelungen bei der Bewertung auf Basis der DS-GVO ausgehen). Kurzum: Die Bereitschaft, datenschutzseitig bis an die Grenzen des rechtlich Zulässigen zu gehen, ist aus wirtschaftlichen Gründen sehr hoch, die Rechtssicherheit hingegen sehr gering.

Gleichzeitig drohen **hohe Bußgelder,** da gem. Art. 83 Abs. 5 DS-GVO u.a. bei Verstößen gegen die Art. 5, 6 und 7 DS-GVO das höhere Bußgeld von 20 Mio. EUR bzw. 4 Prozent des weltweiten Vorjahresumsatzes verhängt werden kann. Bei der **Bußgeldbemessung** ist gem. Art. 83 Abs. 1 S. 2 lit. a DS-GVO die Zahl der von der Verarbeitung betroffenen Personen zu berücksichtigen, die bei der Verarbeitung von Kundendaten sehr hoch sein kann.

Um Risiken, Chancen und Datenschutz-Compliance auszutarieren, sollte guter Kundendatenschutz folgende Punkte berücksichtigen – sei es in Form einer Richtlinie oder einer Checkliste:

| Gebiet/Verarbeitungsstufe | Voraussetzungen und Herausforderungen |
|---|---|
| § 1<br>Formale Datenschutz-Compliance mit Bezug zum Kundendatenschutz[1] | 1.1 Bestellung eines Datenschutzbeauftragten; Nachweis seiner Fachkenntnis[2]<br>1.2 Führung eines vorzeigbaren Verarbeitungsverzeichnisses[3]<br>1.3 Bei CRM und anderen Systemen, die Kundendaten verarbeiten: akkurate Vereinbarungen zur Auftragsverarbeitung[4]<br>1.4 Kurzfristige, vollständige und professionelle Beantwortung von Anfragen Betroffener[5]<br>1.5 Im Falle von Datenpannen erfolgt die ggf. erforderliche Benachrichtigung der Aufsichtsbehörde nach Art. 33 DS-GVO und die etwaig erforderliche Benachrichtigung der betroffenen Personen gem. Art. 34 DS-GVO.[6]<br>1.6 Internen Dokumentationspflichten wird nachgekommen, neben der allgemeinen Rechenschaftspflicht[1] (Art. 5 Abs. 2 DS-GVO) u.a. für die eindeutige Festlegung des Zweckes der Datenerhebung (Art. 5 Abs. 1 lit. b DS-GVO) und im Kontext der Einwilligung (Art. 7 DS-GVO).<br>1.7 Weitere, nicht kundenspezifische Anforderungen wie Richtigkeit der Daten (Art. 5 Abs. 1 lit. d DS-GVO) oder angemessene technische und organisatorische Maßnahmen[7] |
| § 2<br>Erhebung von Kundendaten (einschließlich Interessenten und | 2.1 Erlaubnisvorbehalt: Vor jeder Erhebung von Kundendaten mit Personenbezug muss geklärt und sollte dokumentiert |

| Gebiet/Verarbeitungsstufe | Voraussetzungen und Herausforderungen |
|---|---|
| Werbekontakte): Erlaubnisvorbehalt, Transparenz/ Informationspflichten, Datenminimierung | sein, auf welcher Rechtsgrundlage (Art. 6 Abs. 1 DS-GVO) sie erfolgt. In Betracht kommen im Rahmen des Kundendatenschutzes insbesondere die Einwilligung, die Vertragserfüllung und das berechtigte Interesse (Art. 6 Abs. 1 S. 1 lit. a, b sowie f DS-GVO).[8]<br>2.2 Bei Einwilligungen von Kindern ist Art. 8 DS-GVO zu beachten.[9]<br>2.3 Für (Werbe-)Einwilligungen gelten zahlreiche Besonderheiten.[10]<br>2.4 Verschiedene Informationen und Erklärungen, zB aus Einwilligungen, AGB und Datenschutzerklärungen, sollten nicht nur jeweils für sich transparent und korrekt, sondern auch untereinander widerspruchsfrei sein.[11]<br>2.5 Berücksichtigung des Prinzips der Datenminimierung (u. a. Art. 5 Abs. 1 lit. c DS-GVO; auch Privacy by Design und by Default). Es werden nur die Daten erhoben, die für den jeweiligen Vertrag bzw. Zweck erforderlich sind.[12]<br>2.6 Im Rahmen der Datensparsamkeit ist auch die rechtzeitige Datenlöschung zu berücksichtigen (siehe unten § 7). |
| § 3<br>Datensparsamkeit vs. Dokumentation und Rechtssicherheit; insbesondere bei (Werbe-)Einwilligungen | 3.1 Im gesetzlich zulässigen Umfang können und sollten auch Sekundärdaten hinzugespeichert werden, die zB vom Auskunftsrecht des Betroffenen umfasst sind oder für etwaige Rechtsstreitigkeiten erforderlich sein können.[13]<br>3.2 Besondere Relevanz haben die formalen Vorgaben bei Werbeeinwilligungen, zumal diese regelmäßig genutzt werden müssen, um nicht zu verfallen.[14] |
| § 4<br>Zweckbindung und Festlegung des Zweckes | 4.1 Der Grundsatz der Zweckbindung ist bei allen Verarbeitungsschritten zu beachten. Die Einhaltung der Zweckbindung erfordert in der Regel, dass zu einem Datensatz der Zweck der Verarbeitung gespeichert wird oder sich aus dem Kontext (zB durch die Speicherung im System „Abo-Verwaltung“) ergibt. |

| Gebiet/Verarbeitungsstufe | Voraussetzungen und Herausforderungen |
| --- | --- |
| | 4.2 Bei der Gestaltung von Nutzungsbedingungen und AGB sollte auch bei der Formulierung der Leistungsbeschreibung die datenschutzrechtliche Relevanz dieser Texte präsent sein. In bestimmten Grenzen kann durch die Definition des Vertragszwecks und der Pflichten auch der Zweck der Datenverarbeitung festgelegt werden.[15]<br>4.3 Die Verwendung der Daten zu einem anderen als dem ursprünglich vorgesehenen Zweck ist nur unter engen Voraussetzungen möglich und vorab nach den Kriterien des Art. 6 Abs. 4 DS-GVO zu prüfen, die u. a. die Kompatibilität der beiden Zwecke, den Zusammenhang der ursprünglichen Datenerhebung sowie die Abwägung von Risiken, Folgen und Gegenmaßnahmen beinhalten. |
| § 5<br>Nutzung zu Werbezwecken; Werbeeinwilligung (Opt-in) | 5.1 Zur Werbung für eigene ähnliche Waren oder Dienstleistungen ist davon auszugehen, dass auch unter der zukünftigen Rechtslage eine privilegierende Sonderregelung vorhanden sein wird, die wie bislang einen entgeltlichen Vertrag und die Einhaltung der entsprechenden Informationspflichten vorsehen wird. Letzteres ist im Hinblick auf etwaige Rechtstreitigkeiten „gerichtsfest" zu dokumentieren. In einzelnen Fällen kann zB die Datenverarbeitung zum Zwecke des Direktmarketings auch auf ein berechtigtes Interesse gestützt werden.[16]<br>5.2 Im Übrigen kommt für digitale Werbemaßnahmen und werbeähnliche Newsletter als Rechtsgrundlage meist nur eine Einwilligung in Betracht. An diese werden hohe Anforderungen gestellt; von erheblicher praktischer Relevanz ist auch ihre freie Widerruflichkeit.[10] |
| § 6<br>Weitergabe an Dritte | 6.1 Die Übermittlung oder anderweitige „Offenlegung" (Art. 4 Nr. 2 DS-GVO) von Daten an Dritte bedarf einer ent- |

| Gebiet/Verarbeitungsstufe | Voraussetzungen und Herausforderungen |
|---|---|
| | sprechenden Rechtsgrundlage nach Art. 6 Abs. 1 DS-GVO.<br>6.2 Als Erlaubnistatbestände kommen neben der Einwilligung zu bestimmten Konstellationen auch ein berechtigtes Interesse oder die Vertragserfüllung in Betracht.[17]<br>6.3 Bei Dienstleistern ist genau zu prüfen, ob es sich um eine Auftragsverarbeitung durch den Dienstleister oder um eine Datenoffenlegung an Dritte handelt. Auch die datenschutzrechtliche Stellung sog. „freier Mitarbeiter“ ist zu untersuchen.[18]<br>6.4 Im Rahmen der Weitergabe an Dritte sind auch die besonderen Auskunftsrechte der Strafverfolgungsbehörden zu berücksichtigen.[19] |
| § 7<br>Beendigung/Auslaufen des Vertragsverhältnisses mit dem Kunden | 7.1 Nach Ablauf der entsprechenden Fristen sind personenbezogene Daten zu löschen oder zu sperren, sofern kein anderer Grund zur Aufbewahrung vorliegt.<br>7.2 Die jeweiligen Fristen, Interessenabwägungen und Besonderheiten können den Mitarbeitern in den IT- und Fachabteilungen nicht ohne Weiteres bekannt sein. Daher ist es erforderlich, dass seitens des Unternehmens konkrete Löschkonzepte bereitgestellt werden.[20]<br>7.3 Zusätzlich zur bloßen Erstellung eines Löschkonzepts ist es auch erforderlich, dass den relevanten Mitarbeitern das konkrete Wissen vermittelt und die Umsetzung des Löschkonzepts regelmäßig überprüft wird. |

## Anmerkungen

**1. Formale Aspekte.** Da die Einhaltung formaler Vorschriften viel einfacher zu überprüfen ist als inhaltliche Aspekte, bei denen eine ausführlichere Betrachtung und vielleicht sogar eine belastbare Interessenabwägung erforderlich sind, spielt die Einhaltung formaler Vorgaben bei Audits (→ Form. C. I.) und Abmahnungen (leider) eine sehr große Rolle. Für die Praxis ist insbesondere in den Blick zu nehmen, dass die Rechenschaftspflicht des Verantwortlichen nach Art. 5 Abs. 2, 24 DS-GVO (→ Form. A. I.) hier als Beweislastregel einzuordnen ist, der Verantwortliche mithin jederzeit beweisen können muss, dass er die datenschutzrechtlichen Grundsätze einhält (EuGH 4.5.2023 – C-60/22, GRUR-RS 2023, 8967 Rn. 53).

**2. Bestellung eines Datenschutzbeauftragten.** Zu den häufig geprüften Vorgaben zählt die ordnungsgemäße Bestellung eines geeigneten Datenschutzbeauftragten → Form. B. I. 1.

**3. Führen eines Verarbeitungsverzeichnisses.** Selbst wenn es unter der DS-GVO kein öffentliches Verzeichnis mehr gibt, wird die Führung des Verarbeitungsverzeichnisses (→ Form. C. II.) auch in Zukunft regelmäßig geprüft werden. Denn die Aufsichtsbehörden ziehen das Dokument als wichtigen Bestandteil des Nachweises ordnungsgemäßer Datenverarbeitung heran.

**4. Vereinbarungen über die Auftragsvereinbarung.** Im Fokus von Datenschutz-Audits stehen immer die Vereinbarungen über die Auftragsverarbeitung (→ Form. G. I.). Hierbei erweist sich für Unternehmen häufig nicht nur der Abschluss selbst, sondern auch die dazugehörige Dokumentation während der Laufzeit (→ Form. G. II.) und das „Wiederfinden“ der Vereinbarung im Fall eines Audits als anfällig.

**5. Umgang mit Betroffenenrechten.** Unmittelbaren Bezug zum „Kundendatenschutz“ haben die Rechte der Kunden und anderer Personen, zu denen dem Verantwortlichen Daten vorliegen. Dies betrifft neben den (einseitigen) Informationspflichten wie Impressum und Datenschutzerklärung (→ Form. F. I.) auch die Betroffenenrechte aus Kapitel 3 (Art. 12 ff.) der DS-GVO (ausf. → Form. F. II. bis → Form. F. VI.).

**6. Meldung von Datenschutzverletzungen (Data Breach Notification).** Da bei IT-Pannen oder Hackerangriffen meist (auch) Kundendaten betroffen sind, gehört die Meldung nach Art. 33 DS-GVO ebenfalls zum Kundendatenschutz (→ Form. C. VI. 1.). Entsprechendes gilt für die Benachrichtigung der betroffenen Personen nach Art. 34 DS-GVO (→ Form. C. VI. 2.).

**7. Weitere Anforderungen.** Zu den technischen und organisatorischen Anforderungen → Form. C. V. und → Form. E.; zu Bonitätsprüfungen → Form. I. IV.

**8. Erlaubnisvorbehalt und Dokumentation der Rechtsgrundlagen im Rahmen der Rechenschaftspflicht.** Im Rahmen der von der DS-GVO vorgegebenen Grundsätze der Rechtmäßigkeit der Verarbeitung (Art. 5 Abs. 1 lit. a DS-GVO) und der Rechenschaftspflicht (Art. 5 Abs. 2, 24 DS-GVO) sowie dem Verbot mit Erlaubnisvorbehalt (Art. 6 Abs. 1 DS-GVO) ist die rechtliche Grundlage der Verarbeitung nicht nur festzustellen, sondern auch zu dokumentieren. Im Rahmen der Dokumentation sind auch die Informationspflichten nach Art. 13 f. DS-GVO zu berücksichtigen.

**9. Einwilligungen von Kindern.** Als „Kind“ werden durch Art. 8 Abs. 1 DS-GVO Personen besonders geschützt, die das 16. Lebensjahr nicht vollendet haben, die also umgangssprachlich „unter 16“ sind. Von der Möglichkeit, nach Art. 8 Abs. 1 S. 3 DS-GVO durch die Mitgliedstaaten eine niedrigere Grenze festzulegen, hat der Bundesgesetzgeber im BDSG keinen Gebrauch gemacht. Bei Kindern muss die Einwilligung durch die Erziehungsberechtigten oder mit deren Zustimmung erteilt werden. Der Verantwortliche ist nach Art. 8 Abs. 2 DS-GVO zu entsprechenden

Maßnahmen verpflichtet, um sich der Einhaltung dieser Vorgaben zu vergewissern (näher hierzu → Form. I. II. Anm. 6).

**10. Werbeeinwilligungen (Opt-ins).** Ein heikles Thema im Rahmen der Kundenkontakte sind Werbe-Opt-ins, also Einwilligungen in die Zusendung von Werbung oder in ähnliche Maßnahmen. Provokant stellt Bahr (Bahr Adresshandel Rn. 245) dazu fest, dass „eine rechtskonforme und zugleich wirtschaftlich sinnvolle Einwilligung nicht existiert. Wer etwas anderes behauptet, der lügt oder verfügt über keine tiefergehenden juristischen Kenntnisse."

Das Dilemma besteht darin, eine Vielzahl unterschiedlicher Anforderungen in Einklang zu bringen, die sich aus der DS-GVO und deren Informations- und Transparenzpflichten, dem bisherigen UWG bzw. zukünftig der ePrivacy-VO-E sowie den wirtschaftlichen und technisch-medialen Vorgaben ergeben (zu den rechtlichen Anforderungen der DS-GVO ausführlich → Form. F. I.). Hinzu kommen weitere Informationspflichten, wenn im Rahmen eines entgeltlichen Vertrags über Waren oder Dienstleitungen auf Basis der Privilegierung der Werbung für ähnliche eigene Leistungen die E-Mail-Adresse der Kunden genutzt werden soll (§ 7 Abs. 3 UWG und Art. 13 Abs. 2 der bisherigen ePrivacy-RL; weitgehend identisch in den Entwürfen für die ePrivacy-VO-E). In der Praxis des Kundendatenschutzes bleiben etliche Fragen und Probleme:

Über die allgemeine Rechenschaftspflicht (vgl. Art. 5 Abs. 2 DS-GVO und → Form. A. I.) und Beweislast hinaus verlangt Art. 7 Abs. 1 DS-GVO zudem, dass der Verantwortliche ggf. nachweisen muss, dass der Betroffene eingewilligt hat. Relevant sind neben den genannten Artikeln der DS-GVO auch die ausführlichen Erwgr. 32, 42 und 43 DS-GVO. Die sich daraus ergebenden Anforderungen, namentlich einer revisionssicheren Protokollierung und langer Speicherfristen, stehen naturgemäß im Konflikt mit den Anforderungen an Datenminimierung und Privacy by Design and Default (Art. 5 Abs. 1 lit. c, 25 DS-GVO).

Unkonkrete Angaben wie „von unseren Partnern", „andere interessante Angebote" etc sind zwar weit verbreitet, aber unwirksam (zum bisherigen Recht BGH 14.3.2017 – VI ZR 721/15, MDR 2017, 571; OLG Hamburg 4.3.2009 – 5 U 62/08, GRUR-RR 2009, 351 (352); Bahr Adresshandel Rn. 283 ff.). Da die Anforderungen unter der DS-GVO strenger als unter dem früherem Recht sind, bleiben solche Klauseln wohl auch weiterhin unwirksam. Die berechtigten Unternehmen (und damit die Vertragspartner für die „Opt-in-Vereinbarung") müssen mühelos feststellbar sein. Verweise auf gesonderte Listen sind in der Regel nicht zulässig, ebenso allzu flexible Klauseln wie „Unternehmen, die zum Zeitpunkt der Werbezusendung mit uns verbundene Unternehmen iSd §§ 15 ff. AktG sind" (vgl. zum bisherigen Recht Taeger/Gabel/Taeger, 2. Aufl. 2013, BDSG, § 4a Rn. 30; im Detail zur aktuellen Umsetzung → Form. I. II. und → Form. I. III.). Keinesfalls zulässig ist eine allgemeine Ermächtigung zugunsten nicht näher spezifizierter „Dritter" (OLG Köln 29.4.2009 – 6 U 218/08, MMR 2009, 470).

Ungeachtet des Platzbedarfs konnte ein sehr langer Einwilligungstext, der eine Vielzahl von konkreten Berechtigungen aufführt, sich schon unter dem bisherigen Recht schnell dem Vorwurf der fehlenden Transparenz aussetzen. Der eher der Werbewirtschaft zugeneigte „Ehrenkodex eMail-Marketing des DDV" empfiehlt eine Beschränkung auf maximal zehn sog. „Sponsoren" (vgl. dazu Meyer/Lachenmann MMR 2016, 245; in der EuGH-Entscheidung zu diesem Fall, EuGH 1.10.2019 –

C-673/17, MMR 2019, 732 mAnm Hanloser ZD 2019, 264, wurde auf diese Frage nicht eingegangen). Unter der DS-GVO müssen Einwilligungen „für den bestimmten Fall" abgegeben werden, weshalb Pauschal- oder Blankoeinwilligungen wie zB eine generelle Einwilligung in „Big-Data-Analysen" nicht möglich sein sollen (Gola/Heckmann/Schulz DS-GVO Art. 7 Rn. 35 f.). Daher muss auch mit Vorschlägen, bei der Einwilligung mit aus der medizinischen Forschung bekannten Instituten wie der Generaleinwilligung („broad consent") oder der sog. gestuften Einwilligung („tiered consent") zu arbeiten, vorsichtig umgegangen werden.

Alle genannten Vorgaben werden bei entgeltlichen Verträgen um eine Vielzahl weiterer Texte ergänzt. Im E-Commerce wären dies neben der Widerrufsbelehrung für den Kaufvertrag insbesondere die Zusammenfassung der wichtigsten Vertragsdaten, die vor dem „Zahlungspflichtig bestellen"-Button angezeigt wird, vgl. § 312j Abs. 2 BGB iVm Art. 246a § 1 Abs. 1 S. 1 Nr. 1, 5 bis 7, 8, 14 und 15 EGBGB (dazu zB Oelschlägel/Scholz Rechtshandbuch Online-Shop/Oelschlägel S. 81 ff.).

**11. Transparenz.** Zusätzlich zu dem allgemeinen datenschutzrechtlichen Transparenzgebot aus Art. 5 Abs. 1 lit. a DS-GVO folgt aus Art. 7 Abs. 2 S. 1 DS-GVO die Verpflichtung, eine Einwilligung von anderen Sachverhalten klar zu unterscheiden. Dies erfordert eine Hervorhebung (Taeger/Gabel/Taeger DS-GVO Art. 7 Rn. 72; aA BeckOK DatenschutzR/Stemmer DS-GVO Art. 7 Rn. 69, siehe auch → Form. I. II. Anm. 9).

**12. Datenminimierung und Umfang der erhobenen Daten.** Der Umfang der Daten orientiert sich am (Vertrags-)Zweck. So besteht bei einem entgeltlichen Vertrag mit Vorleistung des Unternehmens ein berechtigtes Interesse an Angaben, die den Käufer eindeutig identifizieren und ein etwaig notwendig werdendes Inkasso ermöglichen. Bei unentgeltlichen Verträgen oder gar Gewinnspielteilnahmen ist hingegen das vollständige Geburtsdatum nicht erforderlich.

**13. Speicherung zusätzlicher Informationen („Sekundärdaten").** Zusätzlich zur Speicherung der Kundendaten muss das Unternehmen im Rahmen der Rechenschaftspflicht (Art. 5 Abs. 2 DS-GVO; → Anm. 1; ausf. → Form. A. I.) die Einhaltung der datenschutzrechtlichen Vorgaben dokumentieren. Mit Art. 7 Abs. 1 DS-GVO existiert darüber hinaus eine Spezialnorm zur Nachweispflicht des Verantwortlichen bei der Nutzung von Einwilligungen, dabei besteht weiterhin die Pflicht zur Information über das Widerrufsrecht nach Art. 7 Abs. 3 S. 3 DS-GVO. Hierdurch entstehen weitere personenbezogene (Sekundär-)Daten. Zu diesen Pflichtdaten kommt ein eigenes Interesse, zB Vertragsabschlüsse oder die Verwendung der Daten zu dokumentieren und die Werthaltigkeit von Daten-Assets abzusichern (zB durch den Verwendungszwang bei Werbeeinwilligungen → Anm. 14). Hinsichtlich der Speicherung derartiger Sekundärdaten ist die sich aus Art. 11 Abs. 1 DS-GVO ergebende Grenze zu beachten.

**14. Sekundärdaten durch Verwendungszwang bei Werbeeinwilligungen.** Bei Werbeeinwilligungen ist nicht nur die Identität des Einwilligenden im Rahmen des sog. Double-Opt-in-Verfahrens besonders zu überprüfen und zu dokumentieren. Vielmehr muss die Einwilligung, zumindest nach bisherigem Recht, regelmäßig genutzt werden (der betroffenen Person also Werbung zugesandt werden), damit die Einwilligung nicht „verfällt". Denn die Rechtsprechung geht teilweise davon aus, dass Werbeeinwilligungen wertlos werden, wenn sie über einen längeren Zeitraum nicht genutzt werden (LG Berlin 2.7.2004 – 15 O 653/03, MMR 2004, 688: Verfall bei Nichtnutzung nach vier Jahren; LG München I 8.4.2010 – 17 HKO 138/10, BeckRS 2011, 14109: ungefähr zwei Jahre; AG Hamburg 24.8.2016 – 9 C 106/16, RDV 2016, 340: ohne Angabe eines Zeitraums; Überblick bei Köhler/Bornkamm/Feddersen/Köhler UWG § 7 Rn. 182). Denn die Einwilligung soll nicht so lange zurückliegen, dass sie dem Erklärenden nicht mehr präsent ist. Daher sind Unternehmen mit Blick auf die aktuelle Rechtslage gut beraten, die erteilten Einwilligungen regelmäßig zu nutzen und die Nutzung gerichtsfest zu dokumentieren, um ihre Daten-Assets von Risiken durch die deutsche (zweifelhafte) „Verfall-Rechtsprechung" freizuhalten.

**15. Breite Zweckdefinition durch entsprechende Vertragsgestaltung.** Die (zivilrechtliche) Definition des Leistungsgegenstandes und damit zumindest implizit des Vertragszwecks strahlt auch auf den datenschutzrechtlichen Zweck aus. Diesbezüglich besteht zwar kaum Handlungsspielraum bei Rechtsgeschäften, die sich in die kodifizierten Vertragsformen des BGB einordnen lassen (müssen), insbesondere nicht beim Kaufvertrag. Anders kann es bei weniger transaktionsbasierten Geschäften aussehen, etwa bei einem – ggf. unentgeltlichen – Vertrag über die Nutzung einer App, mit der die User auch über bestimmte Themen oder Neuigkeiten informiert werden wollen. Ein solcher Gestaltungsspielraum bei der datenschutzrechtlichen Zweckbestimmung besteht zB bei Vermittlungsleistungen und werbenahen Dienstleistungen, etwa einem Immobilienportal oder einem Einkaufsführer zu bestimmten Angeboten. So kann es zB bei einem Angebots- und Einkaufsführer im Rahmen der Hauptpflichten des Anbieters heißen „… und Information des Nutzers über weitere Angebote über Push-Nachrichten und Newsletter."

**16. Sonderregelungen zur Werbung bei Bestandskunden.** Eine explizite Privilegierung ist nicht in der DS-GVO, sondern im „ePrivacy-Recht" geregelt. Sie war bereits bislang durch Art. 13 Abs. 2 der ePrivacy-RL vorgegeben und in Deutschland durch § 7 Abs. 3 UWG umgesetzt. Im Rahmen der DS-GVO kann laut Erwgr. 47 DS-GVO das Direktmarketing als berechtigtes Interesse „betrachtet werden". Dies bedeutet jedoch nicht, dass jegliches Direktmarketing auf ein berechtigtes Interesse iSd Art. 6 Abs. 1 S. 1 lit. f DS-GVO gestützt werden kann. Es ist stets eine entsprechende Interessenabwägung durchzuführen; zudem sind neben rein datenschutzrechtlichen Fragen auch werbe- und persönlichkeitsrechtliche Aspekte zu berücksichtigen (ausf. Drewes CR 2016, 721 (723)).

**17. Berechtigtes Interesse oder Vertragszweck als Rechtsgrundlage zur Datenübermittlung.** Dies ist der Fall, wenn bei einem Vermittlungsportal die Daten der Demand- und der Supply-Side ausgetauscht werden, wenn also durch das Portal die Daten des Käufers, Ersteigernden oder Interessenten an den Verkäufer, Versteigerer oder Makler/Vermittler weitergegeben werden. Eine Berechtigung zur Datenweitergabe kommt auch in Betracht, wenn zB im Rahmen von Gewinnspielen die Daten des Gewinners an denjenigen weitergegeben werden, der den Preis ausgelobt hat oder die Leistung erbringt. Zu beachten ist eine etwaige Pflicht zur Benachrichtigung der betroffenen Person über die Weitergabe seiner Daten.

**18. Dienstleister, Auftragsverarbeitung und Stellung als „Dritte".** Beim Einsatz von Dienstleistern ist zu differenzieren, ob sie im Rahmen einer Auftragsverarbeitung iSd Art. 28 DS-GVO für den Verantwortlichen tätig werden oder ob sie als Dritter eigenverantwortliche Funktionen übernehmen, womit die Datenweitergabe eine Übermittlung oder sonstige Offenlegung im Sinne von Art. 4 Nr. 2 DS-GVO darstellt. Zur Privilegierung des Auftragsverarbeiters dahin gehend, dass keine Offenlegung von Daten an ihn stattfindet → Form. G. I. 1. Vorb. Bei der Verarbeitung durch sog. „freie Mitarbeiter" dürfte danach zu differenzieren sein, ob es sich in Wahrheit um Scheinselbstständige innerhalb des Verarbeiters (also steuer- und sozialversicherungspflichtig falsch eingruppierte, aber in Wahrheit als Angestellte tätige Personen des Verantwortlichen) oder um tatsächliche Fremddienstleister handelt. Personen, die im Rahmen der Arbeitnehmerüberlassung für den Verantwortlichen tätig sind, sind ebenfalls als Teil des Verantwortlichen und nicht als Dritte anzusehen. Zur Datenweitergabe zum Zwecke einer Bonitätsprüfung → Form. I. IV.

**19. Auskunftsrechte der Strafverfolgungsbehörden.** Ausf. → Form. I. V.

**20. Löschkonzepte.** Ausf. → Form. D. IV.

## II. Einwilligungen durch betroffene Personen

Trotz aller Kritik (Kühling/Buchner/Buchner/Kühling DS-GVO Art. 7 Rn. 9 ff.) wird die Einwilligung gerne als Rechtsgrundlage herangezogen – doch oftmals ist das Ergebnis eine unwirksame Einwilligung und damit eine fehlende Rechtsgrundlage. Nach der DS-GVO ist eine Reihe von Aspekten zu beachten. Besonders bedeutsam sind neben einer klaren und umfassenden Formulierung die **Freiwilligkeit,** unter anderem betont durch das sog. Kopplungsverbot – das in Wirklichkeit allerdings kein echtes Verbot ist –, und das **Verbot von Opt-out-Lösungen.** Ein **Formererfordernis** gibt es grundsätzlich nicht, wenn auch die Nachweisführung letztlich regelmäßig schriftliche Einwilligungen oder zumindest eine klare Dokumentation erfordert. Die Erfüllung der **Informationspflichten nach Art. 13 DS-GVO** ist in weiten Bereichen nicht Voraussetzung für die Wirksamkeit der Einwilligung (→ Anm. 7). Zu Einwilligungen, die unter dem BDSG eingeholt wurden, → 3. Aufl. 2021, Form. I. II. Vorb.

Für die **allgemeine Prüfung, ob eine erteilte Einwilligung wirksam ist,** empfiehlt sich folgende **Checkliste:**

1. Konkret[1]

**Bezieht sich die Einwilligung auf einen oder mehrere konkret benannte Fälle (Art. 4 Nr. 11, Art. 6 Abs. 1 Abs. 1 lit. a, Erwgr. 32 S. 1 DS-GVO)?**

2. Einwilligung erforderlich[2]

**Bezieht sich die Einwilligung nur auf Datenverwendungen, die nicht bereits auf gesetzlicher Grundlage erlaubt sind?**

3. Freie Entscheidung, Kopplungsverbot[3]

**Hat die betroffene Person die Einwilligung aufgrund einer freien Entscheidung erteilt (Art. 4 Nr. 11 DS-GVO)? Hatte sie eine echte Wahl zwischen Zustimmung und Ablehnung, ohne Nachteile zu erleiden (Erwgr. 42 S. 5 DS-GVO)? Konnte sie unterschiedliche Einwilligungen getrennt erteilen oder verweigern?**

4. Freie Entscheidung im Beschäftigungsverhältnis[4]

**Können Beschäftigte ihre Einwilligung ohne Nachteile verweigern? Sind sie darüber informiert worden? Werden auch in der Praxis keine negativen Konsequenzen aus der Verweigerung gezogen?**

5. Betriebsrat[5]

**Im Arbeitsverhältnis: Sind eventuelle Mitbestimmungsrechte des Betriebsrats (insbesondere § 87 Abs. 1 Nr. 1 und 6 BetrVG) gewahrt?**

6. Minderjährige[6]

**Haben spätestens ab einem Alter von 14 Jahren der Minderjährige und beide Elternteile (§ 1629 Abs. 1 S. 2 BGB) bzw. Personensorgeberechtigten die Einwilligung erklärt (für Dienste der Informationsgesellschaft gelten Sonderregeln)?**

7. Informierte Einwilligung[7]

Hat die betroffene Person alle erforderlichen Informationen erhalten, um die Vor- und Nachteile einer Einwilligung bewerten zu können (Art. 4 Nr. 11 DS-GVO)? Wurden die Informationspflichten nach Art. 13 DS-GVO vollständig und richtig erfüllt?

8. Nachweisbarkeit[8]

Kann der Verantwortliche nachweisen, dass die betroffene Person ihre Einwilligung wirksam erteilt hat?

9. Sprache, Transparenz, Hervorhebung[9]

Ist die Sprache klar, verständlich und einfach? Wenn die Einwilligung zusammen mit anderen Erklärungen abgegeben wird: Ist (nur) sie besonders hervorgehoben, etwa durch Fettdruck, Umrandung, Farbe (Art. 7 Abs. 2 S. 1 DS-GVO: „klar zu unterscheiden")?

10. Opt-in, Wortlaut[10]

Ist die Einwilligung unmissverständlich durch eine Erklärung oder eine sonstige eindeutige bestätigende Handlung erteilt (Art. 4 Nr. 11 DS-GVO)? Wenn die Einwilligungserklärung in AGB aufgenommen worden ist: Bezieht sich die Einbeziehungsklausel auch ausdrücklich auf die datenschutzrechtliche Einwilligung und nicht nur auf die AGB? Verweist die Einbeziehungsklausel bei umfangreichen AGB auf die genaue Fundstelle der Einwilligungsklausel in den AGB? Umfasst der Wortlaut der Einbeziehungsklausel den gesamten Inhalt der Einwilligungsklausel? Ist die Beschriftung eines eventuellen Buttons eindeutig, dass (auch) eine Einwilligung erklärt wird?

11. Sensible Daten[11]

Wenn besondere Kategorien personenbezogener Daten (Art. 9 DS-GVO) verarbeitet werden sollen: Bezieht sich die Einwilligungserklärung ausdrücklich auf diese, zumindest durch Nennung von Oberbegriffen wie „Gesundheitsdaten"? Ist die Einwilligung ausdrücklich erteilt?

12. Widerruf[12]

Wurde die betroffene Person vor Abgabe ihrer Einwilligung informiert, dass sie ihre Einwilligung jederzeit widerrufen kann? Ist der Widerruf der Einwilligung so einfach wie die Erteilung der Einwilligung? Wenn sich der Verantwortliche auf eine Einschränkung der Widerruflichkeit oder auf eine gesetzliche Erlaubnis für die fortgesetzte Verarbeitung berufen will: Wird diese Einschränkung im Hinweis auf das Widerrufsrecht präzise kommuniziert?

13. Höchstpersönlichkeit[13]

Hat die betroffene Person selbst die Einwilligung erklärt?

14. Kürze, Verlinkung[14]

Beinhaltet die Einwilligungserklärung ausschließlich die unbedingt erforderlichen Angaben und verlinkt sie nur auf den Rest?

## Anmerkungen

**1. Konkretheit.** Generaleinwilligungen sind unwirksam (Kühling/Buchner/Buchner/Kühling DS-GVO Art. 7 Rn. 62; Gola/Heckmann/Schulz DS-GVO Art. 7 Rn. 35; NK-DatenschutzR/Klement DS-GVO Art. 7 Rn. 69). Im Fall medizinischer Forschung kann ausnahmsweise auch ein sog. „broad consent" wirksam sein, Erwgr. 33 DS-GVO. Bei Werbeeinwilligungen verlangt der BGH die Angabe, welche Produkte oder Dienstleistungen welcher Unternehmen umfasst sein sollen (BGH 28.5.2020 – I ZR 7/16, NJW 2020, 2540 Rn. 31, 34 mwN – Planet49/Cookie-Einwilligung II).

**2. Einwilligung erforderlich.** Die DS-GVO hat zwar in Art. 17 Abs. 1 lit. b DS-GVO klargestellt, dass sich ein Verantwortlicher selbst dann auf einen gesetzlichen Erlaubnistatbestand berufen kann, wenn die betroffene Person ihre Einwilligung widerrufen hat. Allerdings dürfte es mit den Grundsätzen des Art. 5 Abs. 1 lit. a DS-GVO, namentlich der Verarbeitung nach Treu und Glauben und der Transparenz, nicht vereinbar sein, durch Einholung einer Einwilligung und Hinweis auf deren Widerruflichkeit der betroffenen Person fälschlich den Eindruck zu vermitteln, sie hätte es in der Hand, durch einen Widerruf die Datenverarbeitung zu beenden (vgl. EDSA Leitlinien 05/2020 zur Einwilligung gemäß Verordnung 2016/679, Version 1.1, Kap. 6; Kühling/Buchner/Buchner/Petri DS-GVO Art. 6 Rn. 23, 60; Kühling/Buchner/Buchner/Kühling DS-GVO Art. 7 Rn. 17a: „in sich widersprüchlich"; aA NK-DatenschutzR/Klement DS-GVO Art. 7 Rn. 34; vgl. auch EDSA Leitlinien 05/2020 zur Einwilligung gemäß Verordnung 2016/679, Version 1.1, Kap. 3.1.2: Einwilligung in diesen Fällen „nicht die geeignete Rechtsgrundlage"). Diese Fehlvorstellung kann dadurch vermieden und eine Zulässigkeit der weiteren Verarbeitung hergestellt werden, wenn bei der Einholung der Einwilligung ausdrücklich darauf hingewiesen wird, dass gesetzliche Erlaubnistatbestände von einem Widerruf der Einwilligung unberührt bleiben (ähnlich Kühling/Buchner/Buchner/Kühling DS-GVO Art. 7 Rn. 18). Darüber hinaus muss jedermann damit rechnen (vgl. Erwgr. 47 S. 3 DS-GVO), dass Backups und revisionssichere Archivierungen bestehen, sodass insoweit ein Hinweis entbehrlich sein dürfte, wenn der Verantwortliche den Fortbestand dieser Verarbeitungen nach Widerruf der Einwilligung etwa durch Art. 6 Abs. 1 S. 1 lit. f DS-GVO rechtfertigen will. Um eine Irreführung zu vermeiden, dürfte es wohl nicht genügen, ausschließlich in nur verlinkten Informationen gem. Art. 13 DS-GVO auf den beabsichtigten Austausch der Rechtsgrundlage der Verarbeitung nach Widerruf der Einwilligung hinzuweisen (vgl. Kühling/Buchner/Buchner/Kühling DS-GVO Art. 7 Rn. 18: „sehr deutlich zu vermitteln"; unklar insoweit EDSA Leitlinien 05/2020 zur Einwilligung gemäß Verordnung 2016/679, Version 1.1, Kap. 6, der einerseits den Wechsel der Rechtsgrundlage kategorisch ablehnt, andererseits zur Begründung darauf verweist, dass die Rechtsgrundlage zum Zeitpunkt der Erhebung anzugeben ist, was mit dem hier vorgeschlagenen Modell der Fall wäre).

**3. Freie Entscheidung, Kopplungsverbot.** Wenn zwischen der betroffenen Person und dem Verantwortlichen ein klares Ungleichgewicht besteht und es deshalb in Anbetracht aller Umstände des Einzelfalls unwahrscheinlich ist, dass die Einwilligung freiwillig gegeben wurde, ist die Einwilligung unwirksam (Erwgr. 43 S. 1 DS-GVO). Musterbeispiel ist eine Einwilligung gegenüber einer Behörde, aber der EuGH verlangt auch bei einer Einwilligung gegenüber einem marktbeherrschenden Unternehmen eine kritische Prüfung (EuGH 4.7.2023 – C-252/21, GRUR 2023, 1131 Rn. 147ff. – Meta Platforms gegen Bundeskartellamt). Auch die Kopplung eines Vertrags an eine Einwilligung, die über das für die Vertragserfüllung Notwendige hinausgeht, macht die Einwilligung regelmäßig unwirksam, Art. 7 Abs. 4 DS-GVO (vgl. EuGH 4.7.2023 – C-252/21, GRUR 2023, 1131 Rn. 149f. – Meta Platforms gegen Bundeskartellamt; möglicherweise weniger streng dagegen Kühling/Buchner/Buchner/Kühling DS-GVO Art. 7 Rn. 46ff.). Vermeintlich kostenfreie Online-Dienste, die letztlich mit personenbezogenen Daten bezahlt werden, bleiben allenfalls dann zulässig, wenn sie diese Verknüpfung von Leistung und Gegenleistung transparent machen (DSK, Kurzpapier Nr. 3 Verarbeitung personenbezogener Daten für Werbung, S. 2; Kühling/Buchner/Buchner/Kühling DS-GVO Art. 7 Rn. 51). Auf Art. 6 Abs. 1 UAbs. 1 lit. b oder f DS-GVO lassen sich entsprechende Datenverarbeitungen auch nicht stützen (EuGH 4.7.2023 – C-252/21, GRUR 2023, 1131 Rn. 97ff. – Meta Platforms gegen Bundeskartellamt). Sog. Cookie-Walls, die den Zugriff auf WWW-Inhalte von der Einwilligung in Werbe-Tracking abhängig machen, sind unzulässig (EDSA Leitlinien 05/2020 zur Einwilligung gemäß Verordnung 2016/679, Version 1.1, Kap. 3.1.2). Tracking-freie Alternativangebote müssen für eine freie Wahlmöglichkeit und somit eine Wirksamkeit der Einwilligung vom selben Verantwortlichen betrieben werden (EDSA Leitlinien 05/2020 zur Einwilligung gemäß Verordnung 2016/679, Version 1.1, Kap. 3.1.2) oder deren Vergleichbarkeit und trackingfreie Verfügbarkeit bei einem Dritten durch den Verantwortlichen vertraglich sichergestellt sein (etwa im Fall der notwendigen Einwilligung in Werbe-Tracking bei Nutzung einer Datenbank, die der Verantwortliche auch an eine Bibliothek zur voraussetzungslosen und trackingfreien Bereitstellung lizenziert hat, worauf der Verantwortliche bei der Einholung der Einwilligung auch hinweist). Zur Frage der Freiwilligkeit bei einer Wahlmöglichkeit „Tracking-Einwilligung oder (überschaubare) Zahlung“ vgl. DSK Bewertung von Pur-Abo-Modellen auf Websites, 22.3.2023, die allerdings zu Unrecht auf die „Marktüblichkeit“ des Entgelts abstellt anstatt auf die Angemessenheit (nur „angemessene“ Entgelte scheint dagegen EuGH 4.7.2023 – C-252/21, GRUR 2023, 1131 Rn. 150 – Meta Platforms gegen Bundeskartellamt zu akzeptieren). Die Angemessenheit ist dabei im Verhältnis zu den durch die Tracking-Freiheit entfallenden Einnahmen (und den Zusatzkosten für die Zahlung) zu bewerten, denn wenn die betroffene Person mit der Zahlung zusätzliche Gewinne des Anbieters finanzieren müsse, würde die freie Wahl massiv und über das wirtschaftlich Erforderliche hinaus eingeschränkt (vgl. auch Picht GRUR 2023, 1169 (1171)). Verschiedene Einwilligungen, die nicht allesamt zwingend für die Vertragserfüllung notwendig sind, müssen regelmäßig getrennt gegeben werden können (vgl. Erwgr. 43 S. 2 DS-GVO; EuGH 4.7.2023 – C-252/21, GRUR 2023, 1131 Rn. 150 – Meta Platforms gegen Bundeskartellamt), weil sonst eine nicht erforderliche Kopplung vorliegt (EDSA Leitlinien 05/2020 zur Einwilligung gemäß Verordnung 2016/679, Version 1.1, Kap. 3.1.3, 3.2). Unwirksam sind zudem Einwilligungen, die dazu dienen, bestehende Grenzen eines Fragerechts zu umgehen (zB für Arbeitgeber oder Vermieter; vgl. NK-DatenschutzR/Seifert DS-GVO Art. 88 Rn. 98ff.). Auch bei einer Überrumpelung kann es an der Freiwilligkeit fehlen (Ernst ZD 2017, 110 (112)).

**4. Freie Entscheidung im Beschäftigungsverhältnis.** Die Einwilligung eines Beschäftigten ist (von extremen Ausnahmefällen abgesehen, → Form. H. I. 2.) nur freiwillig und damit wirksam, wenn er sie ohne Nachteile verweigern kann (EDSA Leitlinien 05/2020 zur Einwilligung gemäß Verordnung 2016/679, Version 1.1, Kap. 3.1). Einwilligungserklärungen von Bewerbern dürften aufgrund der Drucksituation des Bewerbungsverfahrens nahezu immer unfreiwillig und damit unwirksam sein (Gola/Heckmann/Gola/Pötters BDSG § 26 Rn. 68; Kort NZA-Beil. 2016, 62 (65); Spelge DuD 2016, 775 (780); vgl. auch BT-Drs. 18/11325, 97; Kühling/Buchner/Maschmann DS-GVO Art. 88 Rn. 51; Ernst ZD 2017, 110 (112); EDSA Leitlinien 05/2020 zur Einwilligung gemäß Verordnung 2016/679, Version 1.1, Kap. 3.1.1; zum Sonderfall einer Einwilligung zur Speicherung von Bewerberdaten (Bewerberpool) → Form. H. I. 2.). Denn im Bewerbungsverfahren wird die mangelnde Freiwilligkeit offensichtlich: Bewerber, die nicht bereits bei der Bewerbung in eine Datenerhebung einwilligen, kommen nicht in die nähere Auswahl. Gleiches gilt für eine Einwilligung, die bereits im Arbeitsvertrag erklärt wird, obwohl es dafür keinen zwingenden Grund gibt (wirksam wäre zB eine Einwilligung in eine Datenweitergabe für ein Aktienoptionsprogramm, das Gehaltsbestandteil ist, wobei besser auf einen gesetzlichen Erlaubnistatbestand abgestellt werden sollte). Prototyp einer mangels Freiwilligkeit unwirksamen Einwilligung ist die „Einwilligung“ eines Beschäftigten in eine „Zuverlässigkeitsüberprüfung“, meist im Rahmen von Großveranstaltungen (LfD BW 30. TB, 2. Teil 1. Abschn. Kap. 2.8; DSK Zuverlässigkeitsüberprüfungen bei öffentlichen und privaten Veranstaltungen nur im erforderlichen Maß und nach einem rechtsstaatlichen und transparenten Verfahren, 26.4.2018): Der Arbeitnehmer kann sich hier nur entscheiden, ob er „einwilligt“ oder auf die Arbeitsstelle verzichtet. Bestehen ausnahmsweise überhaupt die erforderlichen Rechtsgrundlagen (zB § 45a ASOG Berlin, § 17 Abs. 4 VerfSchG Hamburg, § 88 PVDG Sachsen), verlangen diese regelmäßig eine „Einwilligung“, die sich mangels abweichender Definition nach der allgemeinen Bedeutung des Begriffs richtet; anders dagegen § 51 PolDVG Hamburg („Zustimmung“ in klarer begrifflicher Unterscheidung zur Einwilligung, wodurch letztlich nur sichergestellt ist, dass die Überprüfung nicht ohne Kenntnis und aktives Tun der betroffenen Person erfolgt). Auch sind diese Zuverlässigkeitsüberprüfungen nicht vorgeschrieben, sondern die Gesetze enthalten nur eine Ermächtigungsgrundlage für die Sicherheitsbehörden, solche Überprüfungen vorzunehmen und die Ergebnisse zu kommunizieren. Rechtsgrundlage der mit dem Antrag des Arbeitgebers auf eine solche Zuverlässigkeitsprüfung verbundenen Datenverarbeitung kann somit mangels gesetzlicher Verpflichtung nicht Art. 6 Abs. 1 lit. c DS-GVO sein, sondern der Arbeitgeber benötigt eine andere Rechtsgrundlage. Soll diese Rechtsgrundlage Art. 6 Abs. 1 lit. a DS-GVO sein, sind dessen Anforderungen vollständig einzuhalten, namentlich auch die Freiwilligkeit. Sicherheitsüberprüfungen nach dem SÜG werden dagegen durch § 2 Abs. 1 S. 1 SÜG für bestimmte sicherheitsempfindliche Tätigkeiten iSv § 1 Abs. 2 SÜG zwingend vorgeschrieben, sodass eine Erlaubnisnorm iSv Art. 6 Abs. 1 lit. c DS-GVO besteht; § 2 Abs. 1 S. 2 SÜG verlangt zudem nur eine „Zustimmung“ des Betroffenen, keine rechtlich freiwillige Einwilligung. Entsprechend gilt für Zuverlässigkeitsüberprüfungen nach § 7 LuftSiG („Antrag“) und § 12b AtG („Zustimmung“), dass das Gesetz für diese Überprüfungen keine Einwilligung im datenschutzrechtlichen Sinne verlangt.

**5. Betriebsrat.** Zu den Mitbestimmungsrechten des Betriebsrats ausführlich Forgó/Helfrich/Schneider Betr. Datenschutz-HdB/Selk Teil V. Kap. 3 Rn. 30ff.

**6. Minderjährige.** Rechtsnatur und Anforderungen an die Einwilligung Minderjähriger sind weiterhin umstritten (Auer-Reinsdorff/Conrad IT-R-HdB/Conrad/Hausen § 36 Rn. 205; aA Kühling/Buchner/Buchner/Kühling DS-GVO Art. 7 Rn. 67ff.; Ehmann/Selmayr/Heckmann/Paschke DS-GVO Art. 7 Rn. 34: Entscheidend ist Einsichtsfähigkeit). Nur für Dienste der Informationsgesellschaft wie Social Media enthält Art. 8 Abs. 1 DS-GVO eine ausdrückliche Regelung. Danach ist die Einwilligung eines „Kindes", also einer Person unter 18 Jahren, im Zusammenhang mit Diensten der Informationsgesellschaft wirksam, wenn (1) das „Kind" mindestens 16 Jahre alt ist oder (2) eine im nationalen Recht abweichend gesetzte Grenze von mindestens 13 Jahren erfüllt ist oder (3) die Personensorgeberechtigten oder mit deren Zustimmung das „Kind" eingewilligt haben. Im Umkehrschluss aus Erwgr. 38 S. 3 DS-GVO könnte man annehmen, dass eine Einwilligung im Übrigen der Zustimmung der Eltern bedarf. Ebenso wäre es aber denkbar, auf die Einsichtsfähigkeit abzustellen, wogegen allerdings Erwgr. 65 S. 3 DS-GVO spricht, der eine „im Kindesalter" abgegebene Einwilligung als wirksam behandelt, auch wenn die betroffene Person die Konsequenzen ihrer Einwilligung noch nicht vollständig überblicken konnte. Angesichts dieser Rechtsunsicherheit ist es dringend empfehlenswert, entsprechend dem früheren deutschen Konzept eine „Doppelzuständigkeit" anzunehmen, sodass spätestens ab einem Alter von 14 Jahren sowohl beide Personensorgeberechtigten als auch der Jugendliche selbst einwilligen müssen (BGH 28.9.2005 – VI ZR 305/03, NJW 2005, 56; OLG Oldenburg 24.5.2018 – 13 W 10/18, NJW-RR 2018, 1134; vgl. auch Dreier/Schulze/Specht-Riemenschneider KUG § 22 Rn. 24ff., die allerdings Art. 8 Abs. 1 DS-GVO verallgemeinern will). Zu beachten ist, dass der Verantwortliche den Vollbeweis einer wirksamen Einwilligung führen muss (EuGH 11.11.2020 – C-61/19, BeckRS 2020, 30027 Rn. 42, 52 – Orange România; allgemein zu Art. 5 Abs. 2 DS-GVO als Beweislastregelung etwa EuGH 4.5.2023 – C-60/22, GRUR-RS 2023, 8967 Rn. 53 mwN). Art. 8 Abs. 2 DS-GVO ist nicht etwa als Absenkung des Beweismaßstabs zu verstehen, sondern konkretisiert nur Art. 24 Abs. 1, Art. 25 Abs. 1 DS-GVO. Trotz Erfüllung der Pflichten aus Art. 8 Abs. 2 DS-GVO ist eine Einwilligung, die in Wirklichkeit Art. 8 Abs. 1 DS-GVO nicht erfüllt, unwirksam (Kühling/Buchner/Buchner/Kühling DS-GVO Art. 8 Rn. 27).

**7. Informierte Einwilligung.** Nach Art. 4 Nr. 11 DS-GVO muss eine Einwilligung „in informierter Weise" abgeben werden. Zu den erforderlichen Informationen gehören einerseits die Person des (oder der gemeinsam) Verantwortlichen und der Zweck der Verarbeitung, die Erwgr. 42 S. 4 DS-GVO ausdrücklich nennt (EuGH 11.11.2020 – C-61/19, BeckRS 2020, 30027 Rn. 40 – Orange România), andererseits die Art der betroffenen Daten (EuGH 11.11.2020 – C-61/19, BeckRS 2020, 30027 Rn. 40 – Orange România; EDSA Leitlinien 05/2020 zur Einwilligung gemäß Verordnung 2016/679, Version 1.1, Kap. 3.3.1), die Dauer der Datenverarbeitung (EuGH 11.11.2020 – C-61/19, BeckRS 2020, 30027 Rn. 40 – Orange România; vgl. auch EuGH 1.10.2019 – C-673/17, WRP 2019, 1455 Rn. 75 – Planet49; wenn nicht aus der Natur der Sache bis auf Widerruf), und die Modalitäten dieser Verarbeitung (EuGH 11.11.2020 – C-61/19, BeckRS 2020, 30027 Rn. 40 – Orange România) und eine mögliche Übermittlung an Dritte (EDSA Leitlinien 05/2020 zur

Einwilligung gemäß Verordnung 2016/679, Version 1.1, Kap. 3.3.1), die den „Umfang“ der Einwilligung wesentlich bestimmen (Erwgr. 42 S. 2 DS-GVO).

Darüber hinaus schreibt Art. 13 DS-GVO eine Vielzahl weiterer Informationen vor, die letztlich auch Bestandteil der Informiertheit der Einwilligung sind, deren Fehlen die Einwilligung aber nicht notwendig unwirksam macht (vgl. EDSA Leitlinien 05/2020 zur Einwilligung gemäß Verordnung 2016/679, Version 1.1, Kap. 3.3.2; NK-DatenschutzR/Klement DS-GVO Art. 7 Rn. 73; Taeger/Gabel/Arning/Rothkegel DS-GVO Art. 4 Rn. 340 ff.; wohl aA Sydow/Ingold DS-GVO Art. 7 Rn. 35; aA → Form. F.I. Vorb.; möglicherweise strenger auch EuGH 11.11.2020 – C-61/19, BeckRS 2020, 30027 Rn. 40, 52 – Orange România: Information über alle Umstände im Zusammenhang mit der Verarbeitung). Allerdings muss jede Verarbeitung personenbezogener Daten nicht nur auf einer Rechtsgrundlage gem. Art. 6 Abs. 1 DS-GVO beruhen, sondern auch alle Grundsätze des Art. 5 Abs. 1 DS-GVO einhalten (stRspr, etwa EuGH 11.7.2024 – C-757/22, ZD 2024, 510 Rn. 49 mwN). In der Folge machen auch Verstöße gegen Art. 5 Abs. 1 lit. a Fälle 2 und 3 DS-GVO – also die Grundsätze der Verarbeitung nach Treu und Glauben und der Transparenz – eine Verarbeitung unzulässig (vgl. zur DSRL EuGH 1.10.2015 – C-201/14, BeckRS 2015, 81219 Rn. 34, 43, 46; zur DS-GVO EuGH 16.1.2019 – C-496/17, BeckRS 2019, 76 Rn. 59 – Deutsche Post; zum Unterlassungsanspruch bei fehlender Unterrichtung – ohne Problematisierung des dogmatischen Hintergrunds – LG Paderborn 13.12.2022 – 2 O 212/22, GRUR-RS 2022, 41028 Rn. 167). Da die Art. 10, 11 DSRL entsprechenden Art. 13, 14 DS-GVO umfangreicher als Art. 10, 11 DSRL sind und die „sofern“-Einschränkung aus Art. 10 lit. c bzw. Art. 11 Abs. 1 lit. c DSRL nicht enthalten, ist allerdings fraglich, ob diese Rechtsprechung eins zu eins übertragen werden kann mit der Wirkung, dass bereits die Verletzung reiner Rechtsbelehrungspflichten wie Art. 13 Abs. 2 lit. b, c und d DS-GVO zur Unzulässigkeit der gesamten Verarbeitung führt (EuGH 16.1.2019 – C-496/17, BeckRS 2019, 76 Rn. 59 – Deutsche Post und LG Paderborn 13.12.2022 – 2 O 212/22, GRUR-RS 2022, 41028 Rn. 167 hatten keinen Anlass, diese Frage zu problematisieren; auch EuGH 11.7.2024 – C-757/22, ZD 2024, 510 Rn. 58 hält nur fest, dass die Erfüllung der Informationspflichten die Einhaltung der Grundsätze der Transparenz und der Verarbeitung nach Treu und Glauben „gewährleistet“ (hinreichende Bedingung), nicht aber, dass die Erteilung jeder Einzelinformation eine notwendige Bedingung für die Einhaltung der Grundsätze ist; in Rn. 49 desselben Urteils verlangt der EuGH dagegen möglicherweise weitergehender ganz allgemein die Beachtung der Betroffenenrechte aus Art. 12–22 DS-GVO als Voraussetzung der Zulässigkeit der Datenverarbeitung). Hinsichtlich der Informationen über die Verarbeitung als solche und ihre Konsequenzen (Art. 13 Abs. 1 lit. a, c–f, Abs. 2 lit. a, e, f, Art. 14 Abs. 1 lit. a, c-f, Abs. 2 lit. a, b, f, g DS-GVO) ist dies sicher zu bejahen (vgl. EuGH 16.1.2019 – C-496/17, BeckRS 2019, 76 Rn. 59 – Deutsche Post; LG Paderborn 13.12.2022 – 2 O 212/22, GRUR-RS 2022, 41028 Rn. 167; Erwgr. 39 S. 2, 4). Auch für die Unterrichtung über Rechte, mit denen die betroffene Person die Verarbeitung beenden kann, namentlich Widerspruch und Widerruf der Einwilligung, liegt eine Auswirkung auf die Grundsätze von Treu und Glauben sowie der Transparenz nahe (vgl. Erwgr. 39 S. 4, 5), während etwa ein fehlender Hinweis auf das Recht zur Beschwerde bei einer Aufsichtsbehörde kaum als Verstoß gegen Treu und Glauben und den Grundsatz der Transparenz gewertet werden kann. Zu beachten ist, dass Art. 13 Abs. 2 lit. e DS-GVO eine Information nur hinsichtlich der Pflicht zur Bereitstellung der Daten bzw. der Folgen ihrer Nichtbereitstellung vorschreibt, eine informierte Entscheidung aber regelmäßig auch die logisch vorangehende Frage nach (jedenfalls erheblichen und nicht offensichtlichen) Folgen der Verweigerung der Einwilligung umfassen muss (vgl. Gola/Heckmann/Schulz DS-GVO Art. 7 Rn. 39; Taeger/Gabel/Arning/Rothkegel DS-GVO Art. 4 Rn. 339). Ähnlich verlangt der EuGH vom Verantwortlichen den Nachweis, dass die betroffene Person ihre Einwilligung in Kenntnis des Umstandes abgegeben hat, dass sie den von ihr gewünschten Vertrag auch ohne die in Rede stehende Einwilligung abschließen konnte (EuGH 11.11.2020 – C-61/19, BeckRS 2020, 30027 Rn. 49 – Orange România). Insoweit gibt es Überschneidungen zur Freiwilligkeit, die, wie unter → Anm. 3 bereits ausgeführt, bei vermeidbaren Nachteilen entfällt. Umstritten ist, ob die Informationen des Art. 13 Abs. 2 DS-GVO stets gegeben werden müssen (bejahend Artikel-29-Datenschutzgruppe WP 260 rev.01 Ziff. 23; Kühling/Buchner/Bäcker DS-GVO Art. 13 Rn. 20; Gola/Heckmann/Franck DS-GVO Art. 13 Rn. 7; verneinend Plath/Kamlah DS-GVO Art. 13 Rn. 16).

Alle Informationen sollten zumindest eindeutig verlinkt werden, bei Offline-Datenerhebungen zusätzlich auch mit dem Angebot, sich die Informationen zB per Post zuschicken zu lassen. Denn auch im Fall extrem beschränkten Platzes wie bei einem Bestellcoupon ist zumindest die Angabe einer WWW-Seite möglich, auf der alle Informationen zu finden sind, oder einer Telefonnummer (kostenlos oder Festnetz-Normaltarif), unter der diese angefordert werden können (vgl. Artikel-29-Datenschutzgruppe WP 100 S. 10, die allerdings nur eine kostenfreie Telefonnummer nennt; doch zwischenzeitlich sind Flatrates weit verbreitet und Telefonieren ist sehr viel billiger. Analog zu EuGH 2.3.2017 – C-568/15, GRUR 2017, 395 wäre sogar an die Zulassung von normal tarifierten Mobilfunknummern zu denken. Unklar bleibt im WP 100, ob die Informationen am Telefon angehört werden können müssen oder ob es genügt, sie auf telefonische Anforderung auf Papier zuzuschicken). Dadurch wird die „leichte Zugänglichkeit", die Art. 12 Abs. 1 S. 1 DS-GVO verlangt, wohl noch gewährleistet (zur Frage der Zulässigkeit von Medienbrüchen Artikel-29-Datenschutzgruppe WP 260 rev.01 Ziff. 38, 40). Umgekehrt darf die eigentliche Einwilligungserklärung auch nicht unnötig mit Details überfrachtet werden, vielmehr sollten nähere Informationen von der eigentlichen Erklärung getrennt und es sollte nur (präzise und unmittelbar) auf diese verwiesen werden (Ernst ZD 2017, 110 (113)). Dies entspricht auch dem Konzept der Mehrebenen-Datenschutzerklärungen, wie sie auch die europäischen Aufsichtsbehörden empfehlen (Artikel-29-Datenschutzgruppe WP 260 rev.01 Ziff. 8, 17, 35 ff.). Die zur Informiertheit der Einwilligung erforderlichen Informationen dürfen nicht in AGB versteckt werden (EDSA Leitlinien 05/2020 zur Einwilligung gemäß Verordnung 2016/679, Version 1.1, Kap. 3.3.2).

**8. Schriftform, Nachweisbarkeit.** Ein Formerfordernis für die Einwilligung sieht die DS-GVO nicht vor. Allerdings muss der Verantwortliche die Einwilligung nachweisen können, Art. 7 Abs. 1 DS-GVO. Hierfür ist, außer in extremen Sonderfällen, eine Dokumentation der Einwilligung erforderlich, wofür sich die Schriftform anbietet. Im Online-Bereich ist eine Protokollierung erforderlich, die revisionssicher erfolgen sollte. Die Wirksamkeit der Einwilligung bleibt von einer fehlenden Dokumentation unberührt, wenn sie irgendwie anders nachgewiesen werden kann. Geht es um den Nachweis einer Einwilligung durch einen nicht näher identifizierten Website-Besucher, etwa in die Erstellung von umfassenden Nutzungsprofilen oder die

Einbindung von Dritt-Inhalten, kann die Einwilligung (etwa als Cookie) auf dem Endgerät des Nutzers gespeichert werden (DSK Orientierungshilfe der Aufsichtsbehörden für Anbieter von Telemedien, Version 1.0 (2019), S. 9). Es ist insbesondere nicht erforderlich, die betroffene Person namentlich zu identifizieren, nur um die Einwilligung unter ihrem Namen abzuspeichern; die Speicherung als Cookie, Local-Storage-Objekt oÄ genügt. Allerdings ist zu beachten, dass es sich bei der Dokumentation streng genommen nur um die Behauptung handelt, dass die betroffene Person ihre Einwilligung erteilt habe. Verantwortliche sollten daher im Streitfall zumindest auch den verwendeten Quellcode (einschließlich der Einwilligungstexte und Gestaltung) nachweisen können, mit dem die Einwilligung eingeholt und die Einwilligung dokumentiert wurde.

**9. Sprache, Transparenz, Hervorhebung.** Klare, verständliche und einfache Sprache ist entgegen Art. 7 Abs. 2 S. 1 DS-GVO eine Anforderung nicht nur an schriftliche, sondern an alle Einwilligungserklärungen. Juristendeutsch macht die Einwilligung unwirksam, wenn sie sich nicht ausnahmsweise an ein entsprechend vorgebildetes Publikum wendet. Noch kritischer ist die Nutzung von Fremdsprachen, denn selbst wer ausreichende Sprachkenntnisse etwa für die Arbeit in einem Unternehmen oder eine Online-Bestellung hat, versteht oft keine fremdsprachigen Rechtstexte. Art. 7 Abs. 2 S. 1 DS-GVO verlangt, dass die Einwilligung von anderen Sachverhalten klar zu unterscheiden ist. Dies wird richtigerweise so verstanden, dass das Gesetz eine – wie auch immer geartete – Hervorhebung verlangt (Kühling/Buchner/Buchner/Kühling DS-GVO Art. 7 Rn. 25; Taeger/Gabel/Taeger DS-GVO Art. 7 Rn. 72; Gola/Heckmann/Schulz DS-GVO Art. 7 Rn. 45; aA BeckOK DatenschutzR/Stemmer DS-GVO Art. 7 Rn. 69: ausreichend, die Einwilligung in einen eigenen Absatz zu fassen). Letztlich ergibt sich das Erfordernis einer Hervorhebung der Einwilligung aber bereits aus der Verpflichtung, eine „unmissverständliche" (Art. 4 Nr. 11 DS-GVO) Einwilligung nachzuweisen (Art. 7 Abs. 1 DS-GVO). Insoweit kann entsprechend der Argumentation des EuGH zur Unwirksamkeit voraktivierter Ankreuzkästchen (EuGH 1.10.2019 – C-673/17, WRP 2019, 1455 Rn. 55 – Planet49) festgehalten werden, dass eine nicht deutlich hervorgehobene Einwilligungserklärung nicht sicherstellt, dass die betroffene Person den Einwilligungstext auch gelesen hat. Für die Hervorhebung sollte auf Text in reinen Großbuchstaben verzichtet werden, weil dieser schlecht lesbar ist, sondern es sollten stattdessen Fettdruck, Umrandung, farbliche Gestaltung oÄ gewählt werden.

**10. Opt-in, Wortlaut, Button-Beschriftung.** Eine Einwilligung durch unterlassenes Opt-out ist nach Art. 4 Nr. 11 DS-GVO nicht wirksam. Vorausgewählte Checkboxen, Schweigen, Untätigkeit und ähnliche Gestaltungen stellen keine Einwilligung dar (Erwgr. 32 S. 2 DS-GVO; EuGH 1.10.2019 – C-673/17, WRP 2019, 1455 Rn. 52ff. – Planet49; Kühling/Buchner/Buchner/Kühling DS-GVO Art. 7 Rn. 57f.; zu Grenzfällen → Form. H. I. 2. Anm. 9). Auch reines Weitersurfen auf einer Website stellt keine wirksame Einwilligung dar, weil nicht ausgeschlossen werden kann, dass der Nutzer die Information, nach der Weitersurfen eine Einwilligung darstellen soll, nicht gelesen hat oder dass er diese Information gar nicht wahrgenommen hat, bevor er seine Aktivität auf der Website fortsetzte (vgl. EuGH 1.10.2019 – C-673/17, WRP 2019, 1455 Rn. 55 – Planet49; EDSA Leitlinien 05/2020 zur Einwilligung gemäß Verordnung 2016/679 Version 1.1 Kap. 3.4). Wenn die Einwilligungserklärung in AGB aufgenommen wird, muss sich die Einbeziehungsklausel auch ausdrücklich auf die datenschutzrechtliche Einwilligung und nicht nur auf die AGB beziehen (Gola/Heckmann/Schulz DS-GVO Art. 7 Rn. 47; Ernst ZD 2017, 110 (113)), wobei ohnehin zu beachten ist, dass die wesentlichen Informationen nicht in den AGB versteckt werden dürfen (EDSA Leitlinien 05/2020 zur Einwilligung gemäß Verordnung 2016/679 Version 1.1 Kap. 3.3.2). Der Wortlaut der Einbeziehungsklausel muss daher die gesamten Verarbeitungen zumindest auf hohem Abstraktionsniveau beschreiben und den Umfang verdeutlichen, also etwa die Anzahl der Empfänger benennen, an die die Daten übermittelt werden. Bei umfangreichen AGB muss die Einwilligung auch auf die genaue Fundstelle der Einwilligungsklausel in den AGB verweisen; es ist der betroffenen Person nicht zuzumuten, selbst zu suchen, wo sich der Klauseltext finden könnte. Dem Wortlaut nach lehnen es die europäischen Datenschutz-Aufsichtsbehörden und der Generalanwalt beim EuGH kategorisch ab, eine datenschutzrechtliche Einwilligungserklärung mit anderen Vertragserklärungen zu kombinieren (EDSA, Leitlinien 05/2020 zur Einwilligung gemäß Verordnung 2016/679, Version 1.1, 3.4; Generalanwalt beim EuGH Schlussanträge v. 21.3.2019 – C-673/17, BeckRS 2019, 3909 Rn. 66 – Planet49). Nach dem Generalanwalt soll sogar ein gesondertes Aktivieren einer Checkbox nur eine vorbereitende Handlung für die abschließende und rechtlich bindende Handlung, nämlich den Klick auf den Button, sein und damit keine Einwilligung darstellen. Diese Ansicht scheint vor dem Hintergrund des Art. 7 Abs. 2 DS-GVO, der gerade eine Kombination einer Einwilligung mit einer anderen Erklärung voraussetzt, nicht haltbar. In seinem Urteil in der Rs. C-673/17 – Planet49 hat der EuGH sich dazu nicht geäußert. Richtig erscheint es, eine wirksame Einwilligung jedenfalls dann anzunehmen, wenn der Button etwa „Einwilligung erklären und registrieren" heißt; „Einwilligung erklären und zahlungspflichtig bestellen" scheitert dagegen an § 312j Abs. 3 S. 2 BGB. Aber auch wenn der Käufer vor dem Klick auf einen „Kaufen"-Button zunächst eine nicht voraktivierte Checkbox für die Einwilligung angeklickt hat, besteht kein Grund, diese Situation anders zu bewerten, als wenn der Käufer offline zunächst ein nicht vorangekreuztes Kästchen zu einer Einwilligung ankreuzt und danach den Kaufvertrag mit der enthaltenen Einwilligung unterschreibt. In beiden Fällen besteht kein Zweifel, dass der Käufer unmissverständlich eine Willensbekundung abgegeben hat, dass er mit der Verarbeitung seiner Daten einverstanden ist; beides muss als eine Erklärung oder jedenfalls als eine sonstige eindeutige bestätigende Handlung gewertet werden (vgl. Art. 4 Nr. 11 DS-GVO). In jedem Fall muss allerdings auch die Formulierung deutlich machen, dass es sich um eine Einwilligung handelt. Eine Formulierung wie „Mir ist bekannt, dass …" stellt daher keine Einwilligung dar (EDSA Leitlinien 05/2020 zur Einwilligung gemäß Verordnung 2016/679, Version 1.1, 3.3.2). Muss die betroffene Person allerdings keine gesonderte Checkbox für die Einwilligung anklicken, sondern ist die Einwilligung zwangsweise mit der anderen Erklärung verbunden, ist es relativ wahrscheinlich, dass der Verantwortliche nicht nachweisen kann, dass die betroffene Person wirklich eine Willensbekundung abgeben wollte; wenn der Verantwortliche diesen Nachweis wegen der eindeutigen Gestaltung führen kann, ist es relativ wahrscheinlich, dass die Einwilligung wegen mangelnder Freiwilligkeit unwirksam ist (→ Anm. 3). Daher sollten für sämtliche trennbaren Sachverhalte gesonderte Checkboxen vorgesehen werden. Dass (nur) die verwendete Software bzw. der verwendete Dienst keine Differenzierung ermöglicht, führt nicht zur Untrennbarkeit der Einwilligungen, sondern zu einem Mangel der Software/des Dienstes.

**11. Sensible Daten.** Art. 9 Abs. 2 lit. a DS-GVO schließt konkludente Einwilligungen bei sensiblen Daten aus. Soll sich eine Einwilligung auch auf besondere Kategorien personenbezogener Daten (Art. 9 Abs. 1 DS-GVO) beziehen, müssen diese ausdrücklich genannt werden. Die Mitgliedstaaten können die Verarbeitung sensibler Daten auf Basis einer Einwilligung verbieten, Art. 9 Abs. 2 lit. a DS-GVO; in Deutschland ist dies nicht erfolgt. Zur Problematik sensibler Daten bei Portraitfotos → Form. H. I.1 Anm. 3.

**12. Widerruf.** Die Einwilligung ist jederzeit frei widerruflich, Art. 7 Abs. 3 S. 1 DS-GVO, worüber die betroffene Person zu informieren ist, Art. 7 Abs. 3 S. 3 DS-GVO. Der Widerruf der Einwilligung kann formlos erklärt werden und muss so einfach sein wie die Erteilung der Einwilligung, Art. 7 Abs. 3 S. 4 DS-GVO. Es ist daher nicht mehr zulässig, den Widerruf an die gleiche Form zu knüpfen, die bei der Erteilung der Einwilligung eingehalten wurde (im Detail → Form. H. I.2. Anm. 10). In jedem Fall ist § 309 Nr. 13 lit. b BGB zu beachten, der eine strengere Form als die Textform in AGB verbietet. Gesetzliche Erlaubnistatbestände bleiben von einem Widerruf der Einwilligung unberührt, Art. 17 Abs. 1 lit. b aE DS-GVO. Allerdings muss der Verantwortliche bei der Einholung der Einwilligung auf seine Absicht hinweisen, sich bei einem Widerruf der Einwilligung auf gesetzliche Erlaubnisnormen zu stützen (→ Anm. 2). Entsprechendes gilt, wenn die Einwilligung aus besonderen Gründen nicht oder nur eingeschränkt widerruflich sein soll (→ Form. H. I.1. Anm. 10). Ob der Hinweis auf das Widerrufsrecht Bedingung für die Wirksamkeit der Einwilligung ist, ist nicht ganz eindeutig. Dafür spricht die Überschrift des Art. 7 DS-GVO „Bedingungen für die Einwilligung". Zwar regelt Art. 7 Abs. 3 DS-GVO nicht ausdrücklich, dass die Einwilligung bei Verstößen gegen die dort genannten Anforderungen unwirksam sein soll, anders als Art. 7 Abs. 2 S. 2 DS-GVO. Doch bezieht sich Art. 7 Abs. 2 S. 2 DS-GVO allgemein auf „Teile der Erklärung", „wenn sie einen Verstoß gegen diese Verordnung darstellen". Darunter ließen sich wohl ohne unzulässige Überdehnung des Wortlauts auch die Anforderungen des Art. 7 Abs. 3 DS-GVO fassen. Zudem ist über das Widerrufsrecht nach Art. 13 Abs. 2 lit. c DS-GVO zu informieren. Ein Verstoß gegen diese Informationspflicht dürfte einen Verstoß gegen die Grundsätze von Treu und Glauben sowie der Transparenz (Art. 5 Abs. 1 lit. a DS-GVO) darstellen und die Verarbeitung jedenfalls deshalb unzulässig machen (→ Anm. 7). In der Praxis sollte jedenfalls immer auf die Widerruflichkeit hingewiesen werden und sollte sichergestellt sein, dass eingehende Widerrufe auf sämtlichen Kommunikationskanälen beachtet werden. Soweit sich mehrere Verantwortliche auf eine einzige Einwilligung stützen, genügt es, die Einwilligung gegenüber einem der Verantwortlichen zu widerrufen. Dieser muss dann jede Person, die ihm diese Daten übermittelt hat, sowie die Person, der er seinerseits die Daten übermittelt hat, über den Widerruf informieren, da ansonsten der Widerruf der Einwilligung nicht genauso einfach wäre wie ihre Erteilung (EuGH 27.10.2022 – C-129/21, ZD 2023, 28 Rn. 85, 87 – Proximus).

**13. Höchstpersönlichkeit.** Ob eine Einwilligung höchstpersönlich abgegeben werden muss, ist umstritten (bejahend Ernst ZD 2017, 110 (111); Gola/Heckmann/Gola DS-GVO Art. 4 Rn. 105; Veil NJW 2018, 3337 (3343); Bieresborn NZS 2017, 926 (930); Forgó/Helfrich/Schneider Betr. Datenschutz-HdB/Bieresborn, Teil V. Kap. 4 Rn. 54 und Teil X. Kap. 1 Rn. 99, 101; Weidert/Klar BB 2017, 1858 (1863); verneinend, aber strenge Anforderungen anlegend Kühling/Buchner/Buchner/Kühling DS-GVO Art. 7 Rn. 31; iE ebenso Ehmann/Selmayr/Heckmann/Paschke DS-GVO Art. 7 Rn. 36; Hoffmann NZS 2017, 807 (808); verneinend Sydow/Ingold DS-GVO Art. 7 Rn. 19; BeckOK DatenschutzR/Worms DS-GVO Art. 17 Rn. 34). Außerhalb von Sonderfällen wie Minderjährigkeit und Betreuung sollte daher stets die betroffene Person selbst die Einwilligung erklären.

**14. Kürze, Verlinkung.** Grundsätzlich ohne Auswirkung auf die Wirksamkeit der Einwilligung sollen elektronische Einwilligungserklärungen „in klarer und knapper Form und ohne unnötige Unterbrechung des Dienstes" eingeholt werden, Erwgr. 32 S. 6 DS-GVO. Die nicht unbedingt für eine informierte Einwilligung erforderlichen Angaben (→ Anm. 7) sollten daher nur verlinkt werden (vgl. Gola/Heckmann/Schulz DS-GVO Art. 7 Rn. 48). Wird die Einwilligungserklärung mit Details überfrachtet, droht ihr mangels Transparenz das Schicksal der Unwirksamkeit.

## III. Einwilligung in Werbeversand/Newsletter

Der Bereich der werblichen Ansprache steht im Spannungsfeld zwischen der DS-GVO und dem UWG. Neben den datenschutzrechtlichen Anforderungen bei der Verarbeitung müssen auch die wettbewerbsrechtlichen Vorschriften beachtet werden (Gola/Heckmann/Schulz DS-GVO Art. 6 Rn. 68).

Veränderungen der derzeit geltenden Vorschriften sollte die **ePrivacy-VO** bringen. Auf EU-Ebene war geplant, dass die Regelungen zur werblichen Ansprache mittels elektronischer Kommunikation aus dem UWG teilweise durch Regelungen der ePrivacy-VO verdrängt würden. Nachdem Kommission und Parlament ihre Entwürfe vorgelegt hatten, fand der Rat seit mehreren Jahren keine einheitliche Position. Auch der im Rahmen der deutschen Ratspräsidentschaft im Jahr 2020 vorgelegte Entwurf wurde im November 2020 abgelehnt, vorher lagen bereits diverse Entwürfe der ePrivacy-VO verschiedener Mitgliedstaaten vor, die jedoch ebenfalls allesamt scheiterten.

Trotz einer zwischenzeitlich erfolgten Einigung im Rat ist nicht auszuschließen, dass der gesamte Gesetzesvorschlag von der Europäischen Kommission zurückgenommen wird, da sich divergierende Positionen zu stark verfestigt haben und Verhandlungen zu keinem Ergebnis führen.

Indessen wurde zwischenzeitlich die ePrivacy-Richtlinie in Deutschland umgesetzt, das Telekommunikation-Telemedien-Datenschutz-Gesetz (TTDSG) ist am 1.12.2021 in Kraft getreten. Das mit Gesetz vom 6.5.2001 in Telekommunikation-Digitale-Dienste-Datenschutz-Gesetz (TDDDG) umbenannte Gesetz soll bis zum Inkrafttreten der ePrivacy-VO für mehr Rechtsklarheit in Deutschland sorgen (BT-Drs. 19/27441, 31 ff.).

Der **Begriff der Werbung** im Rahmen einer werblichen Ansprache ist nach Art. 2 lit. a RL 2006/114/EG weit auszulegen. Werbung ist „jede Äußerung bei der Ausübung eines Handels, Gewerbes, Handwerks oder freien Berufs **mit dem Ziel, den Absatz von Waren oder die Erbringung von Dienstleistungen,** einschließlich unbeweglicher Sachen, Rechte und Verpflichtungen, **zu fördern**" (vgl. auch DSK, Orientierungshilfe der Aufsichtsbehörden zur Verarbeitung von personenbezogenen Daten für Zwecke der Direktwerbung unter Geltung der DS-GVO, Februar 2022, S. 3). Bereits Befragungen zur Kundenzufriedenheit fallen nach der Rechtsprechung regelmäßig unter den Begriff der Werbung (siehe zB BGH 10.7.2018 – VI ZR 255/17, NJW 2018, 3506 zum Versand einer Kundenzufriedenheitsbefragung zusammen mit einer Rechnung für ein zuvor gekauftes Produkt per E-Mail).

Verschiedene Formen der Ansprache im werbespezifischen Bereich führen zu unterschiedlichen Anforderungen. Zu unterscheiden ist daher zunächst zwischen Newsletter/E-Mail, Brief und Telefon. Für eine Werbung per Post ist keine Einwilligung nötig, aber Widersprüche der Empfänger sind zu berücksichtigen. Bei Telefonwerbung kann weiterhin zwischen einer Ansprache im Bereich B2B oder B2C unterschieden werden.

Zentrale Anforderung bei einer werblichen Ansprache per E-Mail ist das **Einholen einer Einwilligung** von den Betroffenen. Werden Einwilligungen digital eingeholt, ist die Durchführung eines Double-Opt-in-Verfahrens dringend zu empfehlen, da man auf diese Weise die strengen Dokumentationsanforderungen nach Art. 7 Abs. 1 DS-GVO erfüllen kann. Die näheren Umstände der Datenverarbeitung müssen in der Datenschutzerklärung erläutert werden.

Die Anmeldung zum Newsletter erfolgt in der Regel mittels eines Kastens für die Angabe der E-Mail-Adresse und einem zu klickenden Button, oft ergänzt um weitere Hinweise und Formulierungen. Durch die Rechtsprechung wurden in den letzten Jahren eine Reihe wichtiger Entscheidungen gefällt, die inzwischen eine **klare Leitlinie für Werbeeinwilligungen** vorgeben – selbst wenn die Möglichkeiten für Werbende dadurch massiv eingeschränkt sind (zB BGH 14.3.2017 – VI ZR 721/15, NJW 2017, 2119 mwN). Regelmäßig zu berücksichtigen ist zum einen, dass sicherzustellen ist, dass die **Einwilligung tatsächlich durch den Empfänger der Werbung erteilt** wurde. Zum anderen werden die Einwilligungsformulare nur als rechtmäßig angesehen, wenn eine **deutliche Trennung von den weiteren Vertragsklauseln** vorliegt (zB durch eine visuelle Hervorhebung und getrennte Einwilligungsmöglichkeiten, siehe EuGH 11.11.2020 – C-61/19, WM 2020, 2295).

Eine eigene Einwilligung für jeden einzelnen Werbekanal ist hingegen nicht zwingend erforderlich (BGH 1.2.2018 – III ZR 196/17, NJW-RR 2018, 486 über Einwilligungen innerhalb von AGB). Es ist wichtig, dass für den Nutzer eindeutig erkennbar ist, dass er eine Einwilligung erteilt, ohne dass eine Formulierung wie „ich willige ein" notwendig wäre. Ausreichend zur Einholung der Einwilligung sind auch Formulierungen wie „ich möchte erhalten" oder „bitte senden Sie mir". Nach der DS-GVO besteht kein allgemeines Schriftformerfordernis für Einwilligungen. Erfolgt die Einwilligung durch eine schriftliche Erklärung, die noch andere Sachverhalte betrifft, muss gem. Art. 7 Abs. 2 DS-GVO das Ersuchen um Einwilligung in verständlicher und leicht zugänglicher Form in einer klaren und einfachen Sprache so erfolgen, dass es **von den anderen Sachverhalten klar zu unterscheiden** ist. Eine Verarbeitung personenbezogener Daten zu Werbe- und Adresshandelszwecken bestimmt sich nach den allgemeinen rechtlichen Maßstäben, ohne dass eine etwaige Begrenzung auf Listendaten existiert. Zur Gültigkeit einer Einwilligung lässt sich sagen, dass diese zwar prinzipiell kein Ablaufdatum besitzt, allerdings abhängig vom Kontext, des Umfangs der ursprünglichen Einwilligung und den Erwartungen der betroffenen Partei variieren kann (vgl. zB AG München 14.2.2023 – 161 C 12736/22; DSK, Orientierungshilfe der Aufsichtsbehörden zur Verarbeitung von personenbezogenen Daten für Zwecke der Direktwerbung unter Geltung der DS-GVO, Februar 2022, S. 13; ausf. → Form. I. II.).

Regelmäßig können **Einwilligungserklärungen der AGB-Kontrolle** unterliegen. Einwilligungen dürfen daher keine missbräuchlichen Klauseln enthalten (Erwgr. 42 DS-GVO). Ein besonderes Augenmerk sollte auf Fälle gelegt werden, in denen sie zusammen mit anderen vertraglichen Regelungen abgefragt werden. Hier wäre u. a. zu prüfen, ob die Einwilligungserklärungen auch einer Inhaltskontrolle gem. § 307 BGB standhalten (BGH 25.10.2012 – I ZR 169/10, NJW 2013, 2683; BGH 1.2.2018 – III ZR 196/7, NJW-RR 2018, 486; Laue/Kremer Neues DatenschutzR/Laue/Nink/Kremer § 2 Rn. 9).

§ 1 E-Mail-Newsletter

1. Zum Newsletter anmelden: [Feld für E-Mail-Adresse][1] [Eventuell zusätzlich:] [Feld für Name*][2]

[Hier Anmelden] [Eventuell zusätzlich:] [Hier Abmelden] [ENDE Zusatz]

Ich melde mich für den Newsletter an und willige ein, dass ich von [Unternehmen] zur Bewerbung eigener Produkte und Dienstleistungen, die unter folgendem Link näher beschrieben werden [Link] regelmäßig per E-Mail informiert werde.

Ihre Einwilligung in den Versand ist jederzeit widerruflich. Für eine einfache Abmeldung können Sie den Link im Newsletter verwenden oder uns eine E-Mail an [...] schicken.[3] Dies hat keinen Einfluss auf die Gültigkeit der Datenverarbeitung bis zum Zeitpunkt der Abmeldung. Der Newsletter-Versand erfolgt entsprechend unserer Datenschutzerklärung [Link][4].

[Eventuell zusätzlich: Sie können hier [Link] ein Newsletter-Beispiel ansehen, um eine Vorstellung unseres Newsletters zu bekommen.]

[Optional: * Die Angabe Ihres Namens ist freiwillig und dient ausschließlich dazu, Sie im Newsletter persönlich ansprechen zu können.]

2. Formulierung der Bestätigungs-E-Mail[6]

Sehr geehrte Damen und Herren [alternativ: Frau/Herr Name],

danke für Ihr Interesse an unserem Newsletter! Bitte bestätigen Sie Ihre Anmeldung durch Klick auf den folgenden Link: [Link].

Nach Ihrer Bestätigung sind Sie zu unserem Newsletter angemeldet. Sollten Sie den Newsletter nicht bestellt haben, bedauern wir die fehlerhafte Zusendung. Sie haben in diesem Falle nichts weiter zu tun, Ihre E-Mail-Adresse wird von uns [EVENTUELL: nach 24 Stunden] automatisch gelöscht.

Ihre Einwilligung in den Versand ist jederzeit widerruflich (per E-Mail an [Newsletter@example.com] oder an die im Impressum angegebenen Kontaktdaten).[3] Der Newsletter-Versand erfolgt entsprechend unserer Datenschutzerklärung [Link][4] und nur zur Bewerbung eigener Produkte und Dienstleistungen, die unter folgendem Link näher beschrieben werden [Link].[5]

Mit freundlichen Grüßen

Ihr [Unternehmen]

3. Widerrufshinweis in Werbe-E-Mail

Sie erhalten diesen Newsletter, weil Sie sich unter [www.Example.com] zu unserem Newsletter angemeldet haben. Der Versand erfolgt entsprechend unserer Datenschutzerklärung [ggf. Link].[4] Wenn Sie den Newsletter künftig nicht mehr erhalten möchten, können Sie ihn jederzeit abbestellen, indem Sie [hier] klicken. Auch können Sie uns dies per E-Mail zB an [Newsletter@example.com] oder an die im Impressum angegebenen Kontaktdaten mitteilen.[3]

4. Formulierung Abmeldungsbestätigung[7]

Sehr geehrte Damen und Herren [bzw.: Frau/Herr Name],

hiermit bestätigen wir Ihnen Ihre Abmeldung von unserem Newsletter.

Mit freundlichen Grüßen

Ihr [Unternehmen]

Alternative 1: Werbeeinwilligung bei Vertragsschluss

[Checkbox][8] Ja, ich stimme mit meiner Bestellung zu, an die angegebene E-Mail-Adresse Informationen zu aktuellen Produkten und Dienstleistungen oder weitere Angebote, die unter folgendem Link näher beschrieben werden [Link] von [Unternehmensname], erhalten zu wollen. Die Einwilligung in den Versand ist jederzeit widerruflich (per E-Mail an [Newsletter@example.com] oder an die im Impressum angegebenen Kontaktdaten) und erfolgt entsprechend der Datenschutzerklärung des Anbieters.

[Eventuell zusätzlich:] Sie können hier [Link zu einem Beispiel-Newsletter] ein Newsletter-Beispiel einsehen, um Ihnen eine Vorstellung unseres Newsletters zu vermitteln. [Ende der Option]

Alternative 2: Werbeeinwilligung bei Gewinnspielteilnahme

[Checkbox][9] Ja, ich möchte mittels [Werbekanal] über aktuelle Produkte und Dienstleistungen, die unter folgendem Link näher beschrieben werden [Link] von [Angabe von Unternehmensnamen mit Kontaktdaten] informiert werden.[10] Dazu willige ich ein, dass meine hier angegebenen Kontaktdaten an diese Unternehmen weitergegeben werden. Die Einwilligung ist jederzeit widerruflich (zB per E-Mail an [Newsletter@example.com], an unsere [nebenstehend] angegebenen Kontaktdaten oder an die oben genannten jeweiligen Unternehmen) und erfolgt entsprechend unserer Datenschutzerklärung [Link].[11]

§ 2 Opt-out-Regelung bei Vertragsschluss[12]

1. Hinweis in den Datenschutzbestimmungen

Wenn Sie bei uns Waren kaufen oder Dienstleistungen in Anspruch nehmen, werden wir Ihnen in Zukunft Informations-E-Mails für ähnliche Waren oder Dienstleistungen zusenden. [EVENTUELL: Der Versand dieser E-Mails erfolgt nur nach Abschluss einer Bestellung und unter Einsatz des sog. Double-Opt-in-Verfahrens. Das heißt, wir werden Ihnen erst die E-Mails zusenden, wenn Sie zuvor Ihre Anmeldung über eine zugesandte Bestätigungs-E-Mail per darin enthaltenem Link bestätigen.][13] Sie können jederzeit verlangen, von uns keine solchen Informations-E-Mails mehr zu erhalten. Wenden Sie sich dazu bitte per E-Mail an [Newsletter@example.com] oder an die im Impressum angegebenen Kontaktdaten oder klicken Sie auf den Link am Ende der Informations-E-Mails. Dabei entstehen Ihnen keine anderen als die Übermittlungskosten nach den Basistarifen.[14]

2. Hinweis bei Erhebung der Adresse

Wir nutzen Ihre E-Mail-Adresse neben der Vertragsabwicklung, um Sie per E-Mail über ähnliche Waren/Dienstleistungen zu informieren. Dieser Verarbeitung Ihrer personenbezogenen Daten zur Direktwerbung können Sie jederzeit widersprechen, ohne dass Ihnen dabei andere als die Übermittlungskosten nach den Basistarifen entstehen. Die Verarbeitung Ihrer Daten erfolgt entsprechend unserer Datenschutzerklärung [Link].[4]

[ODER, wenn ein Opt-out im Bestellprozess vorgesehen wird:]

[Checkbox mit voreingestelltem Häkchen] Nach meiner Bestellung werde ich an meine angegebene E-Mail-Adresse über weitere ähnliche Waren/Dienstleistungen von [Unternehmen] informiert. Wenn ich das nicht wünsche, entferne ich den Haken im Kasten. Der Verarbeitung meiner personenbezogenen Daten zum Zwecke der Direktwerbung kann ich jederzeit widersprechen (per E-Mail an [Newsletter@example.com], an die im Impressum angegebenen Kontaktdaten oder über den Link am Ende der Informations-E-Mails),[3] ohne dass dabei andere als die Übermittlungskosten nach den Basistarifen entstehen.[14] Die Verarbeitung der Daten erfolgt entsprechend der Datenschutzerklärung [Link].[4] [Ende der Alternative]

3. Widerrufshinweis in Werbe-E-Mails

Sie erhalten diese E-Mail, weil Sie bei uns bereits eine Bestellung getätigt hatten. Sie können entsprechend unserer Datenschutzerklärung jederzeit verlangen, dass Ihnen künftig keine solchen E-Mails mehr zugesendet werden (per E-Mail an [Newsletter@example.com], an die im Impressum angegebenen Kontaktdaten oder über den Link am Ende der Informations-Mails). Dabei entstehen Ihnen keine anderen als die Übermittlungskosten nach den Basistarifen.

§ 3 Werbeeinwilligung für verschiedene Werbeformen

Ich möchte – jederzeit widerruflich – Werbung über aktuelle eigene [ähnliche] Produkte und Dienstleistungen von [Unternehmen] erhalten und auf folgenden Kanälen informiert werden:

[Checkbox ohne Voreinstellung] E-Mail

[Checkbox mit voreingestelltem Häkchen] Post (Wenn nicht erwünscht, bitte streichen)[15]

[Checkbox ohne Voreinstellung] Telefon[16]

[Checkbox ohne Voreinstellung] Telefax[17]

Meine Kontaktdaten lauten: [Felder für entsprechende Daten]

[Hier anmelden]

Alle Angaben sind freiwillig. Ihre Einwilligung in den Versand ist jederzeit widerruflich (zB per E-Mail an [Newsletter@example.com] oder an die im Impressum angegebenen Kontaktdaten).[3] Die Verarbeitung Ihrer Daten erfolgt entsprechend unserer Datenschutzerklärung [Link].[4]

§ 4 Einwilligung in personalisierte Datenauswertung

[Checkbox] Ja, ich möchte per E-Mail [Eventuell: Erweiterungen auf verschiedene Kanäle gemäß dem Beispiel unter § 3] über aktuelle Produkte und Dienstleistungen [Link zu Produkten und Dienstleistungen, weitere Erläuterungen zum Produktportfolio auf der Anmeldeseite darstellen – dazu unten die Ausführungen unter der Überschrift „auf der Anmeldeseite"] von [Unternehmen] und von weiteren verbundenen Unternehmen innerhalb des Konzerns [ggf. weitere Unternehmen konkret benennen oder einen Hinweis auf einen Link einfügen, unter dem die Unternehmen aufgezählt werden] informiert werden.

[Checkbox][18] Ja, ich möchte, dass diese Informationen auf meine persönlichen Interessen zugeschnitten sind. Erläuterungen zu Informationen auf Basis persönlicher

Interessen erhalten Sie hier [Link zur Erläuterung zu Informationen auf Basis persönlicher Interessen].

Ihre Einwilligung können Sie jederzeit unter diesem Link [Abmeldelink] oder mittels einer E-Mail zB an [Newsletter@example.com] widerrufen. Ihr Widerruf führt zur Löschung der von uns erhobenen Daten. Weitere Informationen erhalten Sie in unseren Datenschutzhinweisen [Link zur Newsletter-Passage in den Datenschutzhinweisen].

Erläuterung zu Informationen auf Basis persönlicher Interessen

Sofern Sie uns Ihre Einwilligung dazu geben, werden wir Ihr Nutzerverhalten auf unseren Web-Auftritten sowie innerhalb der von uns versendeten Newsletter auswerten und Ihrer E-Mail-Adresse/Ihrem Nutzerprofil innerhalb unserer Datenbank zuordnen. Wir verarbeiten weiterhin Informationen über den von Ihnen verwendeten Browser und die vorgenommenen Einstellungen in Ihrem verwendeten Betriebssystem sowie Informationen zu Ihrer Internetverbindung, mit der Sie unsere Website erreichen. In dem an Sie versendeten Newsletter erhalten wir unter anderem Empfangs- und Lesebestätigungen sowie Informationen über die Links, auf die Sie in unserem Newsletter geklickt haben. Auch speichern wir, welche Bereiche Sie innerhalb unseres Web-Auftritts und in unseren Apps besucht haben. Durch das Erstellen eines persönlichen Benutzerprofils möchten wir unsere werbliche Ansprache auf Ihre Interessen ausrichten und unsere Angebote auf unserer Website für Sie optimieren.

[Auf der Anmeldeseite:]

Vorteile und Inhalte unseres Newsletters: [Inhalte hier individuell beschreiben]

Alternativ: Mit Ihrer Anmeldung erhalten Sie Zugang zu den folgenden Informationen: [Produkte und Dienstleistungen hier individuell beschreiben]

Erläuterungen zum Produktportfolio:

Sie erhalten Informationen aus den Bereichen: [Produktportfolio hier individuell beschreiben].

## Anmerkungen

**1. Einwilligung in den Erhalt von E-Mail-Newslettern.** Der Versand von E-Mail-Newslettern unterliegt den Anforderungen der DS-GVO und des UWG. Grundsätzlich kann man davon ausgehen, dass Einwilligungen nach dem Datenschutz- und dem Wettbewerbsrecht gleichen Voraussetzungen unterliegen (bislang BGH 25.10. 2012 – I ZR 169/10, NJW 2013, 2683).

Das mögliche Inkrafttreten der ePrivacy-VO wird künftig voraussichtlich nicht zu grundlegenden Veränderungen führen. In dem hier vorgestellten Muster wird das Formular selbst sehr knapp gehalten, da die datenschutzrechtliche Zulässigkeit sich bereits daraus ergibt, dass die E-Mail-Adresse angegeben werden muss, um die E-Mails erhalten zu können (→ Vorb.). Den weiteren Voraussetzungen, insbesondere des Wettbewerbsrechts, wird durch den ergänzenden Hinweis Rechnung getragen, der in direktem Zusammenhang zu dem Adressfeld zu platzieren ist. Die Einhaltung weiterer wettbewerbsrechtlicher Anforderungen wird über das im Folgenden dargestellte Double-opt-in-Verfahren sichergestellt. Die Eingabeseiten haben den Voraussetzungen in Art. 32 DS-GVO zu entsprechen (→ Form. E.).

In der Vergangenheit, vor Geltung der DS-GVO, erteilte Werbeeinwilligungen blieben wirksam, wenn die Art der erteilten Einwilligung den Bedingungen der DS-GVO bereits entsprach (vgl. Erwgr. 171 DS-GVO; Düsseldorfer Kreis Beschl. v. 13./14.9.2016 zur Fortgeltung bisher erteilter Einwilligungen unter der DS-GVO). Das in Art. 7 Abs. 4 iVm Erwgr. 43 DS-GVO normierte sog. Kopplungsverbot legt fest, dass keine Verträge oder die Erbringung einer Dienstleistung von der Abgabe einer Einwilligung in eine Verarbeitung abhängig gemacht werden dürfen, wo es an deren Erforderlichkeit für eine Vertragserfüllung fehlt (DSK Kurzpapier Nr. 20 Einwilligung nach der DS-GVO S. 1). Eine andere Ansicht vertritt das OLG Frankfurt a. M. 27.6.2019 – 6 U 6/19, K&R 2019, 666, das es als zulässig erachtet, die Teilnahme an einem Gewinnspiel von der Einwilligung in den Erhalt künftiger Werbung abhängig zu machen, da man selbst entscheiden könne, ob einem diese Teilnahme die Preisgabe seiner Daten „wert" ist. Sofern „kostenfreie" Online-Dienste von der betroffenen Person mit personenbezogenen Daten „bezahlt" werden (zB Erhalt eines Online-Dienstes gegen eine Zustimmung zum Newsletterversand), kann das allenfalls zulässig sein, wenn die Verknüpfung von Leistung und Gegenleistung absolut transparent gemacht wird, ansonsten liegt ein Verstoß gegen das sog. Kopplungsverbot vor (DSK Kurzpapier Nr. 3 Verarbeitung personenbezogener Daten für Werbung S. 2; Kühling/Buchner/Buchner/Kühling DS-GVO Art. 7 Rn. 51; Gola/Heckmann/Schulz DS-GVO Art. 7 Rn. 30). Der EuGH positionierte sich (EuGH 11.11.2020 – C-61/19, WM 2020, 2295 Rn. 41) dahingehend, dass er ausführt, dass eine freie Entscheidung der Betroffenen ungebührlich beeinträchtigt werden könne, wenn eine Verweigerung der Einwilligung zu zusätzlichen Anforderungen für die Betroffenen führe (EuGH 11.11.2020 – C-61/19, WM 2020, 2295 Rn. 50).

Ein weiteres besonderes Merkmal im Rahmen der Abgabe einer Einwilligung ist, dass sie immer informiert erfolgen (vgl. Art. 4 Nr. 11 DS-GVO iVm Erwgr. 32 und 42 DS-GVO) und für einen bestimmten Fall abgegeben werden muss (vgl. Art. 4 Nr. 11 iVm Erwgr. 32 DS-GVO). Hinsichtlich der Formulierung ist bei einer schriftlichen Erklärung im Sinne der DS-GVO eine klare und einfache Sprache zu wählen. Weitere Voraussetzungen sind die Verwendung einer verständlichen und leicht zugänglichen Form sowie eine klare Abgrenzung und Hervorhebung der datenschutzrechtlichen Relevanz, sofern die Einwilligung im Kontext mit anderen Sachverhalten steht (vgl. Art. 7 Abs. 2, Erwgr. 42 DS-GVO). Ebenso dürfen vorformulierte Einwilligungserklärungen keine missbräuchlichen Klauseln enthalten (Erwgr. 42 DS-GVO). Eine Einwilligung muss eine unmissverständliche Willensbekundung darstellen; Stillschweigen oder Untätigkeit und bereits vorangekreuzte Kästchen können daher nicht zu einer wirksamen Einwilligung führen (Art. 4 Nr. 11; Erwgr. 32 DS-GVO; EuGH 11.11.2020 – C-61/19 Rn. 41, WM 2020, 2295 Rn. 46; zu Cookies EuGH 1.10.2019 – C-673/17, MMR 2019, 732; BGH 28.5.2020 – I ZR 7/16, MMR 2020, 609). Für eine Einwilligung in die Verarbeitung besonderer Kategorien personenbezogener Daten (Art. 9 Abs. 2 lit. a DS-GVO) und für eine Einwilligung im Rahmen einer Übermittlung von personenbezogenen Daten an ein Drittland oder an eine internationale Organisation im Rahmen von Art. 49 Abs. 1 lit. a DS-GVO muss die Einwilligung stets ausdrücklich gegeben werden. Fordert man auf elektronischem Wege auf, eine Einwilligung abzugeben, muss diese Aufforderung in klarer und knapper Form und ohne unnötige Unterbrechung des Dienstes erfolgen (Erwgr. 32 DS-GVO). Für den Verantwortlichen besteht die Pflicht, nachweisen zu können, dass eine Einwilligung in die Verarbeitung erfolgt ist (vgl. Art. 7 DS-GVO;

Erwgr. 42 DS-GVO; zur Einwilligung → Form. I. II.; zur Nachweispflicht → Form. I. II. Anm. 8).

Eine Einwilligung muss folgende Mindestinhalte aufweisen: Betroffene Datenkategorien, die Art und den Zweck der Verarbeitung, weiterhin, sofern Daten übermittelt werden, die konkrete Bezeichnung des Empfängers der Daten sowie einen Hinweis über Bestehen und Form der Ausübung des Widerrufsrechts (BGH 14.3.2017 – VI ZR 721/15, NJW 2017, 2119; Laue/Kremer Neues DatenschutzR/Laue/Nink/Kremer § 2 Rn. 4 ff.; → I. II.). Zusätzlich könnten im Rahmen des Transparenzgebots einzelfallbedingt weitere Informationen erforderlich sein. Weitere Datenschutzinformationen können nach Erwgr. 58 DS-GVO auch auf einer für die Öffentlichkeit bestimmten Webseite gegeben werden.

**2. Freiwillige weitere Angaben.** Datenschutzrechtlich unproblematisch ist im Rahmen der Einwilligung allein die Erhebung der E-Mail-Adresse, um den Newsletter versenden zu können. Soll der Newsletter mit einer namentlichen oder einer geschlechtsspezifischen Anrede personalisiert werden, kann ein zusätzliches Feld für die Angabe des Namens und des Geschlechts ergänzt werden. Die Angabe des Namens sowie des Geschlechts muss freiwillig bleiben und entsprechend markiert sein, denn sie sind für den Empfang eines Newsletters generell nicht erforderlich. Gem. Art. 5 Abs. 1 lit. c, Art. 25 DS-GVO muss die Verarbeitung personenbezogener Daten auf das für die Zwecke der Verarbeitung notwendige Maß beschränkt sein („Datenminimierung“). Die freiwillige Angabe des Namens und des Geschlechts wird von der Einwilligung des Nutzers umfasst (Art. 6 Abs. 1 S. 1 lit. a DS-GVO).

**3. Jederzeitige Widerrufsmöglichkeit.** Aus wettbewerbs- und datenschutzrechtlichen Gründen muss dem Newsletter-Versand jederzeit widersprochen werden können, worauf der Nutzer bereits bei der Einwilligung hinzuweisen ist (Art. 7 Abs. 3, 13 Abs. 2 lit. c. DS-GVO; § 7 Abs. 2 UWG; OLG Koblenz 26.3.2014 – 9 U 1116/13, ZD 2014, 526 mAnm Laoutoumai/Sanli ZD 2014, 527; AG München 5.8.2022 – 142 C 1633/22, MMR 2022, 1099). Diese Pflicht besteht unabhängig davon, ob eine Einwilligung schriftlich oder elektronisch eingeholt wird. Jede versendete E-Mail nach einem erfolgten Widerspruch, losgelöst vom jeweiligen Kommunikationskanal, birgt die Gefahr einer Abmahnung und eines Bußgeldes. Daher ist unbedingt sicherzustellen, dass ein nicht über das Formular erfolgender Widerspruch, unabhängig von dem durch den Nutzer gewählten Weg, umgehend an den zuständigen Mitarbeiter weitergeleitet und berücksichtigt wird. Alle bekannten Newsletter-Systeme sehen eine Widerrufsmöglichkeit über einen speziellen Link vor. Da die Integration eines speziellen Links in einen Newsletter die einfachste Widerrufsmöglichkeit darstellt, sollte diese den Empfängern gegenüber besonders betont werden. Eine weitere Möglichkeit ist das Bereitstellen einer Abmeldungsmöglichkeit neben der Bestellmöglichkeit auf der Website. Ein einmal erfolgter Widerspruch bleibt unbegrenzt gültig.

Zudem sollte das Widerspruchsrecht in Art. 21 DS-GVO beachtet werden, sofern man sich gem. Art. 6 Abs. 1 S. 1 lit. f DS-GVO auf die Verarbeitung personenbezogener Daten zur Wahrung der berechtigten Interessen stützen möchte, wobei die Interessen der betroffenen Person nicht überwiegen dürfen. Sofern bspw. Profiling angewendet wird, sollte man im Rahmen der ersten Kommunikation auf das Widerspruchsrecht hinweisen. Dies sollte abgehoben von anderen Informationen erfolgen.

**4. Verweis auf die Datenschutzerklärung und das Impressum.** Die näheren Informationen zur Datenverarbeitung sollten über einen Link zur Datenschutzerklärung bereitgestellt werden. Die in Art. 13 DS-GVO geforderten Angaben müssen zum Zeitpunkt der Erhebung der Daten der betroffenen Person zur Verfügung gestellt werden (→ Form. F. I.).

Auch ein Impressum muss im Newsletter enthalten sein, weil es sich dabei um ein eigenständiges Telemedium handelt und der Newsletter somit einer gesonderten Impressumspflicht nach § 5 DDG und ggf. § 18 Abs. 2 MStV unterliegt (dazu Schirmbacher/Schätzle WRP 2014, 1143 (1150 f.)).

**5. Einwilligung für konkreten Fall.** Die Erteilung der Einwilligung ist nur gültig, wenn sie für den konkreten Fall erfolgt. Dies setzt voraus, dass klar wird, welche Produkte oder Dienstleistungen welcher Unternehmen konkret erfasst werden (BGH 14.3.2017 – VI ZR 721/15, NJW 2017, 2119 mAnm Möller NJW 2017, 2122 f.; BGH 25.10.2012 – I ZR 169/10, NJW 2013, 2683 Rn. 24 f.). Daher sollten Einwilligungserklärungen zum Erhalt von Werbung stets den Namen des werbenden Unternehmens nennen und beschreiben, welche Art von Werbung versendet werden soll. Die zu bewerbenden Produkte oder Dienstleistungen müssen bestimmt werden können, um den Transparenzerfordernissen des BGH Genüge zu tun (BGH 14.3. 2017 – VI ZR 721/15, NJW 2017, 2119 Rn. 24 mwN mAnm Möller NJW 2017, 2122 f.). Als ausreichend transparent anzusehen ist es, wenn eine Kategorisierung der Werbemaßnahmen vorgenommen wird, mithin auf „eigene ähnliche Produkte und Dienstleistungen" abgestellt wird. Dabei sollte eine derartige Einschränkung auf „ähnliche" Produkte jedoch nur aufgenommen werden, wenn die Einwilligung bei Kauf oder Bestellungen von Waren/Dienstleistungen erhoben und die Werbung dann tatsächlich darauf beschränkt wird (BGH 18.7.2012 – VIII ZR 337/11, NJW 2013, 291). Sofern eine Frequenz („wöchentlich") angegeben wird, liegt in der Überschreitung dieser eine unzumutbare Belästigung nach § 7 Abs. 1 UWG (KG 22.11.2022 – 5 U 1043/20, GRUR 2023, 508).

**6. Keine Werbung in der Bestätigungs-E-Mail.** Die E-Mail, über die der Nutzer seine Identität bestätigt, muss sehr neutral gehalten werden. Sie darf also keinesfalls bereits Werbung enthalten, sie muss allein das weiter durchzuführende Verfahren beschreiben. Auch darf die E-Mail kein Logo oder Sätze wie „Willkommen zu (Unternehmensname…)", „kontaktiere uns unter…" etc. enthalten (LG Stendal 12.5. 2021 – 22 S 87/20, GRUR-RS 2021, 37034). Da das OLG München in einer – zu Recht kritisierten – Entscheidung bereits eine Bestätigungs-Mail als rechtswidrig wertete, ist die Wichtigkeit des Verzichts auf werbliche Inhalte – wie auch die weitere Protokollierung der Einwilligung – nicht zu unterschätzen (OLG München 27.9.2012 – 29 U 1682/12, MMR 2013, 38 mAnm Heidrich MMR 2013, 39; ähnlich restriktiv zB LG Berlin 3.8.2020 – 16 O 349/20 nv; zu Recht aA OLG Celle 15.5.2014 – 13 U 15/14, MMR 2014, 611; LG Kassel 13.7.2023 – 1 S 92/22 nv; Taeger/Gabel/Taeger BDSG § 28 Rn. 182).

**7. Keine Werbung in der Abmeldebestätigung.** Die Versendung einer Abmeldebestätigung ist nicht notwendig. Es ist ausreichend, wenn die Abmeldung bereits im Browser bestätigt wird. Eine solche E-Mail birgt die Gefahr, dass bei einem späteren versehentlichen erneuten Versand einer E-Mail der Nutzer dadurch einfacher nachweisen kann, dass er sich bereits abgemeldet hatte. Zudem ist es – je nach Inhalt der

E-Mail – denkbar, dass die E-Mail mit der Abmeldebestätigung ihrerseits als unerwünschte Werbung beurteilt wird.

Soll eine Abmeldebestätigung per E-Mail versendet werden, darf auch diese keine Werbung enthalten. Es sollte daher selbst auf Formulierungen wie „wir würden uns freuen, wenn Sie sich auch später für unsere Produkte oder unseren Newsletter interessieren" verzichtet werden, da der Nutzer bereits zum Zeitpunkt des Erhalts der Abmeldebestätigung mitgeteilt hatte, keine Werbung mehr erhalten zu wollen. Nach dem Urteil des BGH 15.12.2015 – VI ZR 134/15, NJW 2016, 870 ist bereits Werbung in einer den Eingang einer Anfrage bestätigenden E-Mail (Autoreply) unzulässig. Auch eine E-Mail, mit der die Eröffnung eines Kundenkontos bestätigt wurde, kann unter Umständen Werbung darstellen und darf nur bei Vorliegen einer (nachweisbaren) Einwilligung verschickt werden (AG Pankow/Weißensee 16.12.2014 – 101 C 1005/14, ZD 2015, 607).

**8. Einwilligungseinholung bei Vertragsschluss.** Oft wird im Rahmen des Bestellvorgangs eines Online-Shops dem Kunden angeboten, in den Erhalt von Werbung einzuwilligen. Dies erfolgt in der Regel über Checkboxen (siehe Erwgr. 32 DS-GVO). Grundsätzlich dürfen die Checkboxen nicht voreingestellt sein (→ Vorb.). Eine Einwilligungseinholung bei Vertragsschluss ist auch für verschiedene Werbekanäle möglich. Diese dürfen lediglich bei Postwerbung ein Opt-out vorsehen, ansonsten ist ein Double-Opt-in notwendig. Die Einwilligung ist getrennt und hervorgehoben gegenüber weiteren Informationen wie AGB und Widerrufsbelehrung darzustellen. Dabei sind die vorstehend beschriebenen Anforderungen einzuhalten.

**9. Zulässigkeit von Werbeeinwilligungen bei Gewinnspielen.** Es ist grundsätzlich zulässig, die Einwilligung zum Erhalt von Werbung auch für Dritte einzuholen, was insbesondere bei Gewinnspielen praxisrelevant und üblich ist. Dies unterliegt jedoch besonders hohen Anforderungen an die Sicherstellung des möglichen Widerrufs und an die Einwilligungserklärung (BGH 14.3.2017 – VI ZR 721/15, NJW 2017, 2119 mAnm Möller NJW 2017, 2122f.; BGH 25.10.2012 – I ZR 169/10, NJW 2013, 2683). Neben diesen Anforderungen ist zu beachten, dass häufig eine gesonderte – nur auf die Einwilligung bezogene – Zustimmungserklärung des Betroffenen vorausgesetzt wird. Somit darf keine textliche Vermengung der Einwilligung mit anderen Erklärungen stattfinden, also bspw. keine Verknüpfung von Gewinnspielteilnahme und Einwilligung in den Erhalt von Werbung. Aufgrund des sog. Kopplungsverbots (Art. 7 Abs. 4, Erwgr. 43 DS-GVO) sind zwei gesonderte Checkboxen vorzusehen, wenn man im Rahmen eines Gewinnspiels auch eine Werbeeinwilligung einholen möchte (bereits → Vorb.; siehe auch LG Frankfurt (Oder) 18.6.2020 – 31 O 59/19, GRUR-RS 2020, 22848).

**10. Genaue Bezeichnung von Werbung und Werbenden.** Bei einer Einwilligung in Werbung durch Dritte sind die Unternehmen, an die die Werbeeinwilligung weitergegeben wird, klar und eindeutig zu bezeichnen und es muss deutlich herausgestellt werden, ob auch fremde Produkte oder Dienstleistungen erfasst werden sollen (BGH 14.3.2017 – VI ZR 721/15, NJW 2017, 2119 mAnm Möller NJW 2017, 2122f.; OLG Koblenz 26.3.2014 – 9 U 1116/13, ZD 2014, 524 mAnm Laoutoumai/Sunli ZD 2014, 527). Weiter sind die Arten der beworbenen Produkte zu kategorisieren. Dies kann bei einer elektronischen Einwilligung mittels eines Links geschehen, bei nicht-elektronischen Einwilligungen sind diese Angaben hingegen in die Einwilligungserklärung selbst aufzunehmen. Die Beschreibung der Produkte/Dienstleistungen darf nicht zu allgemein gehalten werden (zB „interessante Angebote" oder „alle Produkte der genannten Unternehmen"), sondern muss einen klaren Rahmen setzen (zB „Sportkleidung", „Finanzprodukte zur Altersvorsorge"). Bei der Nennung der Drittunternehmen ist zudem klarzustellen, ob die Werbung nur durch diese oder auch durch das die Daten erhebende Unternehmen genutzt werden sollen (BGH 18.7.2012 – VIII ZR 337/11, NJW 2013, 291 (297)). Bei der Angabe weiterer Unternehmen sollte darauf geachtet werden, dass aus Gründen der Übersichtlichkeit die Liste der weiteren Unternehmen eine gewisse Länge nicht überschreitet (BGH 14.3.2017 – VI ZR 721/15, NJW 2017, 2119 mAnm Möller NJW 2017, 2122 f.; OLG Frankfurt a. M. 17.12.2015 – 6 U 30/15, MMR 2016, 245 mAnm Meyer/Lachenmann MMR 2016, 247). Es bleibt für die Wirksamkeit der Einwilligung entscheidend, dass aus ihr hinreichend deutlich hervorgeht, welche konkreten Unternehmen für welche Produkte werben werden.

**11. Berücksichtigung des Widerrufs.** Besondere Sorgfalt nach einer Weitergabe von Werbedaten an Dritte ist auf die Berücksichtigung des Widerrufs zu legen. Dieser wird grundsätzlich gegenüber dem Unternehmen ausgesprochen, dem die Einwilligung erteilt worden war. Daher hat das Unternehmen Prozesse vorzusehen, um den Widerruf selbst zu verarbeiten und ihn gleichzeitig an die Drittunternehmen weiterzugeben (Art. 19 DS-GVO; → Form. F. IV.).

Zusätzlich ist es möglich, dass der Empfänger den Widerruf direkt einem Drittunternehmen gegenüber erklärt, auch hier sollten also entsprechende Prozesse implementiert werden, damit der Widerruf verarbeitet wird.

**12. Zulässige Opt-out-Erklärung bei Vertragsschluss.** Gem. § 7 Abs. 3 UWG ist es unter besonderen Voraussetzungen zulässig, E-Mails ohne eine Einwilligung des Empfängers zu versenden. Die Variante sollte nur gewählt werden, wenn der Empfänger nicht bereits im Rahmen des Bestellprozesses um seine Einwilligung gebeten wird (Alt. 1) und wenn mit den E-Mails nur eigene ähnliche Waren/Dienstleistungen beworben werden. Die Mitteilung sollte jedenfalls in der Datenschutzerklärung erfolgen, in den AGB ist es optional. Die Versendung bleibt, nach umstrittener Auffassung, selbst dann wirksam, wenn der Vertrag später widerrufen wird (zutr. zB Faber GRUR 2014, 337 mwN, auch zur Gegenansicht; dazu auch LG Nürnberg-Fürth 21.9.2022 – 4 HK O 655/21, GRUR-RS 2022, 36507). Aus datenschutzrechtlicher Sicht ist das Versenden von E-Mails gem. Art. 6 Abs. 1 S. 1 lit. f iVm Erwgr. 47 S. 6 DS-GVO gestattet, sofern der Empfänger transparent bei Datenerhebung gem. Art. 13 Abs. 1 lit. c DS-GVO darauf hingewiesen wurde und er nicht widersprochen hat, sowie weiterhin die Anforderungen gem. § 7 Abs. 3 UWG eingehalten werden (vgl. DSK, Orientierungshilfe der Aufsichtsbehörden zur Verarbeitung von personenbezogenen Daten für Zwecke der Direktwerbung unter Geltung der DS-GVO, Februar 2022, S. 5 f.). Unter folgenden kumulativen Voraussetzungen ist es zulässig, in E-Mail-Werbung ein Opt-out vorzusehen (ausf. zB Köhler/Bornkamm/Feddersen/Köhler UWG § 7 Rn. 202 ff.):

a) Wenn der Unternehmer im Zusammenhang mit dem Verkauf einer Ware oder Dienstleistung von dem Kunden dessen elektronische Postadresse erhalten hat. Diese Art der Versendung von Werbemails kann also neben Web-Shops auch bei Offline-Geschäften zulässig sein, wenn dabei eine E-Mail-Adresse rechtmäßig erhoben wurde. Jedoch muss es tatsächlich zu einem Vertragsschluss zwischen Versender und Empfänger gekommen sein.

b) Wenn der Unternehmer die Adresse zur Direktwerbung für eigene ähnliche Waren oder Dienstleistungen verwendet. Dieses Merkmal ist unklar und oft ist nur im Einzelfall zu bestimmen, was „ähnliche" Waren/Dienstleistungen sind (vgl. Decker GRUR 2011, 774; Köhler/Bornkamm/Feddersen/Köhler UWG § 7 Rn. 205). Keinesfalls kann diese Variante daher verwendet werden, um die E-Mail-Adressen für den allgemeinen Newsletter des Unternehmens zu verwenden, wenn dieser nicht im Inhalt stark begrenzt ist. Zudem muss es sich um eigene Produkte handeln, also nur solche, die selbst angeboten werden. Werbung für Angebote anderer (Konzern-)Unternehmen ist nicht zulässig.

c) Wenn der Kunde der Verwendung nicht widersprochen hat. Ein Widerspruch ist zu berücksichtigen (→ Anm. 3), bei dieser Variante ist auch auf im Vorfeld ausgesprochene Widersprüche zu achten.

d) Zuletzt, wenn der Kunde bei Erhebung der Adresse und bei jeder Verwendung klar und deutlich darauf hingewiesen wird, dass er der Verwendung jederzeit widersprechen kann, ohne dass hierfür andere als die Übermittlungskosten nach den Basistarifen entstehen (→ Anm. 14).

Sofern die in § 7 Abs. 3 UWG enthaltenen Vorgaben für die elektronische Werbung nicht eingehalten werden, überwiegen regelmäßig schutzwürdige Interessen der betroffenen Person nach Art. 6 Abs. 1 S. 1 lit. f DS-GVO.

**13. Double-Opt-in als Sonderfall.** Bei Einhaltung der Voraussetzungen des § 7 Abs. 3 UWG ist an dieser Stelle eigentlich kein spezieller Opt-in notwendig. Dies setzt jedoch auch hier voraus, dass die korrekte E-Mail-Adresse erfasst wurde. Sofern zB in einem Online-Shop bei Gastbestellungen von Waren eine E-Mail-Adresse erhoben wird, um die Bestellbestätigung zu versenden, kann das grundsätzlich gem. § 7 Abs. 3 UWG mit dem Versand eines Newsletters unter Einhaltung der obigen Voraussetzungen verknüpft werden. Allerdings besteht hier die Gefahr, dass bereits bei einem kleinen Tippfehler die Bestellbestätigung und der Newsletter an eine falsche E-Mail-Adresse und damit an einen falschen Empfänger versendet werden können. Anders kann die Wertung bei Angeboten sein, zu denen sich ein Kunde kostenpflichtig anmeldet und einen Online-Zugang erhält. In diesen Fällen wird bereits bei Begründung des Vertragsverhältnisses ein Double-opt-in-Verfahren durchgeführt, was die optionale Formulierung aufgreift.

**14. Spezieller Hinweis zum Widerruf.** Zwingend notwendig ist gem. § 7 Abs. 3 Nr. 4 UWG der hier vorgesehene Hinweis, dass dem Kunden ein Widerspruch jederzeit möglich ist und dadurch keine besonderen Kosten entstehen. Ein solcher Hinweis ist direkt neben die Erhebung der E-Mail-Adresse zu setzen sowie in die jeweiligen Mails aufzunehmen und kann zudem in der Datenschutzerklärung erläutert werden. Es ist zulässig, nur einen Hinweis in Textform zu erteilen und so dem Empfänger einen manuellen Widerruf aufzuerlegen. Weiterhin ist es möglich, jedoch nicht verpflichtend, dass man den Hinweis bei Erhebung der E-Mail-Adresse mit einer bereits vorangekreuzten Checkbox kombiniert, die dem Kunden ermöglicht, den vorgesetzten Haken selbstständig zu entfernen. Diese Kundenfreundlichkeit könnte jedoch negative Auswirkungen auf die Konversionsrate haben.

**15. Werbung per Briefpost.** Per Post ist es selbst ohne ausdrückliche Einwilligung zulässig, als solche erkennbare Werbung zu versenden, wenn der Empfänger nicht deutlich macht, dass er keine solche erhalten möchte, zB über Mitteilung an das werbende Unternehmen (BGH 3.3.2011 – I ZR 167/09, GRUR 2011, 747; Köhler/

Bornkamm/Feddersen/Köhler UWG § 7 Rn. 112ff.). Daraus folgt, dass für die Versendung von Werbung per Post kein Opt-in notwendig ist, sondern ein Opt-out ausreicht (zB BGH 16.7.2008 – VIII ZR 348/06, MMR 2008, 731 mAnm Grapentin MMR 2008, 735). Unlauter gem. § 5a Abs. 6 UWG ist es aber bspw., Werbebriefe als Privatbriefe zu tarnen (bereits BGH 16.2.1973 – I ZR 160/71, GRUR 1973, 552).

Bei einem Online-Formular, das mehrere Kommunikationskanäle berücksichtigt, kann daher ausschließlich bei der Werbung durch Briefpost der Haken bereits gesetzt sein, was dem Empfänger die Möglichkeit der Ablehnung gibt (Opt-out). Im schriftlichen Verfahren kann ein Kasten vorangekreuzt sein und ein Hinweis auf eine mögliche Streichung erfolgen oder ein Kasten mit dem Hinweis „Wenn Sie keine Briefwerbung erhalten möchten, kreuzen sie bitte den Kasten an" versehen werden. Wenn ein Opt-out gewählt wird, sollte im Formular ein Hinweis auf die Widerspruchsmöglichkeit aufgenommen werden, wie er oben beispielhaft formuliert wurde. Grundsätzlich kann die Rechtmäßigkeit der Verarbeitung durch die berechtigten Interessen eines Verantwortlichen begründet sein, sofern die Interessen oder die Grundrechte und Grundfreiheiten der betroffenen Person nicht überwiegen (Art. 6 Abs. 1 S. 1 lit. f DS-GVO; hierzu zB LG Stuttgart 25.2.2022 – 17 O 807/21, ZD 2022, 508; Drewes CR 2016, 721).

Im Rahmen der Abwägung sind die vernünftigen Erwartungen der betroffenen Person, die auf ihrer Beziehung zu dem Verantwortlichen beruhen, zu berücksichtigen. Daher sollte man in der Information nach Art. 13 DS-GVO deutlich herausstellen, dass die Daten auch für Direktmarketing genutzt werden, da so der Erwartungshorizont der Betroffenen entsprechend geprägt werden kann. Ferner spielt es innerhalb der Abwägung eine Rolle, ob eine betroffene Person zum Zeitpunkt der Erhebung der personenbezogenen Daten und angesichts der Umstände, unter denen sie erfolgt, vernünftigerweise absehen kann, dass möglicherweise eine Verarbeitung für diesen Zweck erfolgen wird. Dies wäre zB im Rahmen einer vertraglichen Beziehung anzunehmen, wenn die betroffene Person ein Kunde des Verantwortlichen ist bzw. der Verantwortliche als Dienstleister Tätigkeiten für den Kunden erbringt. Auch die Verarbeitung personenbezogener Daten zum Zwecke der Direktwerbung kann als eine einem berechtigten Interesse dienende Verarbeitung betrachtet werden (zu diesem Gesamtkomplex Erwgr. 47 DS-GVO). Sofern man Marketingmaßnahmen auf das berechtigte Interesse nach Art. 6 Abs. 1 S. 1 lit. f DS-GVO stützt, sind Angaben zur vorgenommenen Abwägung innerhalb der Datenschutzhinweises darzulegen (Art. 13 Abs. 1 lit. d DS-GVO).

**16. Werbung per Telefon.** Telefonwerbung ist angesichts des hohen Grades von Belästigung nur nach ausdrücklicher vorheriger Einwilligung zulässig. Die Anforderungen entsprechen denen, die an die Einwilligung zur E-Mail-Werbung gestellt werden. Notwendig ist damit eine vorherige und ausdrückliche Einwilligung des Angerufenen, die auch als vorformulierte Klausel eingeholt werden kann. Sie muss den datenschutzrechtlichen Einwilligungsanforderungen entsprechen und inhaltlich konkret deutlich machen, welchem Unternehmen gegenüber und worin der Empfänger einwilligt (BGH 25.10.2012 – I ZR 169/10, NJW 2013, 2683; Köhler/Bornkamm/Feddersen/Köhler UWG § 7 Rn. 142ff.).

Werbung im B2B-Bereich gegenüber einem sonstigen Marktteilnehmer (B2B, Business-to-Business, bezeichnet eine Beziehung zwischen zwei oder mehr Unternehmen) ist ausnahmsweise unter der Geltung des UWG zulässig, sofern gem. § 7 Abs. 2 UWG von einer mutmaßlichen Einwilligung des Marktteilnehmers ausgegangen werden kann. Eine mutmaßliche Einwilligung liegt vor, wenn davon auszugehen ist, dass der Angerufene den Anruf erwartet oder ihm jedenfalls positiv gegenübersteht. Voraussetzung hierfür ist wiederum, dass aufgrund konkreter Umstände ein besonderes sachliches Interesse des Angerufenen vermutet werden kann und er voraussichtlich auch gerade mit der Art der Kontaktaufnahme – nämlich per Telefon – einverstanden ist (BGH 16.11.2006 – I ZR 191/03, K&R 2007, 402; BGH 20.9.2007 – I ZR 88/05, K&R 2008, 100; OLG Schleswig 20.6.2022 – 6 U 29/22, GRUR-RS 2022, 33370; DSK, Orientierungshilfe der Aufsichtsbehörden zur Verarbeitung von personenbezogenen Daten für Zwecke der Direktwerbung unter Geltung der DS-GVO, Februar 2022, S. 6). Auch bei der Einholung einer Einwilligung zur Telefonwerbung ist die Durchführung eines Double-Opt-in-Verfahrens mit den von Art. 7 DS-GVO geforderten Nachweisen an eine abgegebene Einwilligung notwendig.

Die Umsetzung des Double-Opt-in-Verfahrens bei Telefonwerbung unterliegt allerdings besonderen Schwierigkeiten. Bereits seit der BGH in der Vergangenheit klargestellt hat, dass ein Double-Opt-in-Verfahren auch bei Telefonwerbung anzuwenden ist (BGH 10.2.2011 – I ZR 164/09, GRUR 2011, 936 mAnm Laible/Günther GRUR 2011, 939 f.), besteht große Unsicherheit über die praktischen Umsetzungsmöglichkeiten. Ein elektronisch durchgeführtes Double-Opt-in-Verfahren führt nicht zwangsläufig zu einer Beweiserleichterung für den Werbenden. Jener muss zusätzlich beweisen, dass der angegebene Telefonanschluss der E-Mail-Adresse, unter der die Bestätigung abgesandt wurde, zuzuordnen ist (BGH 10.2.2011 – I ZR 164/09, GRUR 2011, 936 mAnm Laible/Günther GRUR 2011, 939 f.; siehe auch OVG Saarland 16.2.2021 – 2A 355/19, NJW 2021, 2225; DSK, Orientierungshilfe der Aufsichtsbehörden zur Verarbeitung von personenbezogenen Daten für Zwecke der Direktwerbung unter Geltung der DS-GVO, Februar 2022, S. 12).

Grundsätzlich bestehen weitere Möglichkeiten zur Durchführung eines Double-Opt-in-Verfahrens, die jedoch alle mit Risiken behaftet sind (instruktiv Vander DSRITB 2011, 511 (515 ff.)):

- Möglich wäre die Übersendung einer Bestätigungs-SMS an die angegebene Nummer entsprechend des in § 45 lit. l Abs. 3 S. 3 TKG aF genannten Verfahrens für Dauerschuldverhältnisse für Kurzwahldienste (dazu zB Spindler/Schuster/Sodtalbers TKG § 45 lit. l Rn. 9). Dies stellt die juristisch sicherste Möglichkeit dar, auch wenn sie va bei Mobilgeräten sinnvoll einzusetzen ist. Denn bei von mehreren Personen genutzten Anschlüssen ist schwer feststellbar, ob der Empfänger die Einwilligung erteilte.
- Ferner ist die Tätigung eines Anrufs zur Bestätigung der Einwilligung möglich, ähnlich der E-Mail-Bestätigung als telefonisches Double-Opt-in. Auch hier ist streng darauf zu achten, dass bei dem Anruf selbst noch keine Werbung getätigt wird, sondern allein die zweite Einwilligung des Werbeempfängers eingeholt wird. Zudem muss zum Nachweis im Streitfalle das Gespräch aufgezeichnet werden (sog. Audiofile-Verfahren), worüber der Empfänger zu Beginn des Gesprächs vor der Aufzeichnung zu informieren ist und in die der Empfänger gleichfalls einwilligen muss. Bei dieser Variante besteht die Gefahr, dass angesichts der hohen Eingriffsintensität eines Anrufs bereits der Bestätigungsanruf als unzulässige Werbung gesehen werden könnte, selbst wenn dieser vereinzelt als zulässig angesehen wird (vgl. Köhler/Bornkamm/Feddersen/Köhler UWG § 7 Rn. 154 ff.).

- Die weiterhin erwähnte Methode zur Bestätigung der Einwilligung, einen schriftlichen Einwilligungsvermerk an den Empfänger zu versenden und diesen zu einer unterschriebenen Rücksendung des Vermerks aufzufordern, ist aufgrund der zu erwartenden sehr geringen Rücklaufquote nicht praktikabel und darüber hinaus wirklichkeitsfremd (siehe hierzu Köhler/Bornkamm/Feddersen/Köhler UWG § 7 Rn. 154c).
- Theoretisch wäre es außerdem möglich, über zusätzlich einzuholende Informationen über den Empfänger sicherzustellen, dass dieser tatsächlich eingewilligt hat, zB über Personalausweisdaten oder das Geburtsdatum. Allerdings stünde dies im Konflikt mit dem Gebot der Datenminimierung, Art. 5 Abs. 1 lit. c, Art. 25 DS-GVO und könnte angesichts der hohen durch den BGH gesetzten Anforderungen dennoch kaum sicherstellen, dass der Telefonanschluss tatsächlich korrekt zugeordnet ist, sodass diese Variante nicht zu empfehlen ist.

Besondere Vorkehrungen sind immer bei Mehrpersonenhaushalten zu treffen, da der Anruf nur gegenüber dem Einwilligenden zulässig ist. Der Anrufende muss sich umgehend mit dem Empfänger verbinden lassen, ansonsten liegt ein unzulässiger Anruf vor (Köhler/Bornkamm/Feddersen/Köhler UWG § 7 Rn. 144). Bei einem Telefongespräch sind dann, wenn ein Fernabsatzvertrag geschlossen werden soll, die Identität des Unternehmers und der geschäftliche Zweck des Gesprächs offenzulegen, § 312c Abs. 2 BGB. Zudem ist die Rufnummernunterdrückung bußgeldbewehrt untersagt, §§ 120 Abs. 3 S. 1, 228 Abs. 2 Nr. 32 TKG.

**17. Werbung per Telefax.** Werbung durch sonstige Fernkommunikationsmittel ist nur zulässig, wenn der Empfänger in den Erhalt eingewilligt hat. Dies gilt auch für Werbung per Telefax, für die eine vorherige ausdrückliche Einwilligung notwendig ist. Zu Recht wird hier ohne Einwilligung regelmäßig eine unzumutbare Belästigung angenommen, da hierbei u.a. Papier und Toner des Empfängers verwendet werden (Köhler/Bornkamm/Feddersen/Köhler UWG § 7 Rn. 191 ff.). Auch ist sicherzustellen, dass die angegebene Faxnummer tatsächlich die des Empfängers ist, was zB im Rahmen eines Double-Opt-ins mittels einer Faxbestätigung verifiziert werden kann.

**18. Einwilligung in personalisierte Newsletter.** Aufgrund des bestehenden Kopplungsverbots (Art. 7 Abs. 4, Erwgr. 43 DS-GVO) wird im vorliegenden Muster davon ausgegangen, dass der Newsletter in zwei Varianten (gewöhnlicher Newsletter und personalisierter Newsletter auf Interessenbasis) bezogen werden kann. Bietet man einen personalisierten Newsletter auf Interessenbasis mittels einer integrierten Trackingfunktion an, ist aus Gründen rechtlicher Sicherheit anzuraten, zwei Einwilligungen einzuholen, die jeweils mit einer Checkbox für ein Opt-in ausgestaltet sind. Eine Einwilligung bietet dem Kunden die Möglichkeit zum Abonnement des Newsletters, eine weitere Checkbox ermöglicht dem Kunden auf Basis eines durchgeführten Trackings einen auf seine persönlichen Interessen abgestimmten Newsletter zu erhalten. Es muss in der Einwilligung nachvollziehbar sein, dass dem Versand in speziell personalisierte Werbenewsletter zugestimmt wird (siehe auch OLG Hamm 3.11.2022 – 4 U 201/21, MMR 2023, 515). Mittels der Trackingfunktion können Nutzerdaten und ein Nutzungsverhalten, verschiedene Ereignisse sowie Systemdaten des Nutzers erfasst werden (→ Form. F. I. 4.). Was exakt das Tracking umfassen soll, kann dem Informationsbedürfnis des Unternehmens individuell angepasst werden. Diese individuelle Anpassung des Trackings muss sich in einer transparenten Darstellung innerhalb der Erläuterung zum Informationserhalt auf Basis persönlicher Interessen wiederfinden.

Insofern sei nochmals darauf hingewiesen, dass die hier gewählte Formulierung nur beispielhaften Charakter hat und unbedingt auf die individuellen Gegebenheiten und das individuell ausgestaltete Tracking angepasst werden muss.

## IV. Bonitätsprüfung von natürlichen Personen

Unter Bonität oder Kreditwürdigkeit wird in der Finanzwirtschaft die prognostizierte Eigenschaft eines Schuldners (Kreditnehmers, Emittenten) verstanden, zukünftige Zahlungsverpflichtungen vollständig und fristgerecht erfüllen zu können und zu wollen (Gabler/Heldt/Hölscher/Erdmann Wirtschaftslexikon, http://wirtschaftslexikon.gabler.de/definition/bonitaet-27055/version-250718).

Formulare zur Eruierung dieser Eigenschaft sind Gegenstand dieses Kapitels. Die Geschäftsfähigkeit, also die Fähigkeit, rechtswirksame Verträge zu schließen, wird vorliegend hingegen vorausgesetzt und unterstellt. Die volle Geschäftsfähigkeit entsteht mit Eintritt der Volljährigkeit (§§ 104 ff. BGB) und ist die Fähigkeit, Rechtsgeschäfte selbstständig vollwirksam vorzunehmen (Grüneberg/Ellenberger BGB Einf. v. § 104 Rn. 2).

In der Wirtschaftspraxis besteht in verschiedensten Konstellationen großes Interesse daran, die Bonität des Vertragspartners zu ermitteln. Ursächlich hierfür ist regelmäßig das Vorliegen einer sog. „asymmetrischen Information". Mit diesem Begriff wird die Situation beschrieben, dass ein Kreditgeber das zukünftige Verhalten des potenziellen Kreditnehmers nur unvollständig einschätzen kann, wohingegen der Kreditnehmer in der Regel genau um die eigenen Handlungsabsichten und persönlichen Risiken weiß (Schröder/Taeger/Schröder/Lang/Lerbs/Radev Scoring im Fokus S. 11). Eine vergleichbare Situation kann bei dem Versand von Waren gegen Rechnung oder der Erbringung von Leistungen, deren Gegenleistungen erst über einer längeren Vertragslaufzeit erbracht werden oder bei der Eingehung eines Mietvertrags bestehen (hierzu Achtermann Wahrung von Betriebs- und Geschäftsgeheimnissen S. 54 f. mwN). Eine hohe Praxisrelevanz weisen in diesem Zusammenhang Online-Vertragsabschlüsse auf, da die Käufer dem Verkäufer meist unbekannt sind und daher das Kreditausfallrisiko für den Verkäufer nicht vorhersehbar ist. Eine Bonitätsprüfung soll in dieser Konstellation dazu dienen, dem kreditierenden Geschäftspartner eine Einschätzung über die Erfüllungswahrscheinlichkeit des angefragten Kredits bzw. Vertrags zu geben. Eigene wirtschaftliche Interessen können mithin in diesen Situationen Anlass einer Bonitätsprüfung sein. Die Kreditwürdigkeit ist gegeben, wenn die Kreditvergabe unter sachlichen und persönlichen Erwägungen vertretbar erscheint.

Des Weiteren besteht in bestimmten Konstellationen für das kreditierende Unternehmen eine Pflicht, eine Kreditwürdigkeitsprüfung durchzuführen. Im Rahmen der Umsetzung der RL 2014/17/EU („Wohnimmobilienkreditrichtlinie") wurden die §§ 505a–505d BGB neu in das BGB eingefügt, die an die Stelle des bisherigen § 509 BGB traten. Gemäß § 505a Abs. 1 S. 1 BGB hat der Darlehensgeber nunmehr vor dem Abschluss eines Verbraucherdarlehensvertrags die Kreditwürdigkeit des Darlehensnehmers zu prüfen. Der Darlehensgeber darf den Verbraucherdarlehensvertrag gem. § 505a Abs. 1 S. 2 BGB nur abschließen, wenn aus der Kreditwürdigkeitsprüfung hervorgeht, dass bei einem Allgemein-Verbraucherdarlehensvertrag keine erheblichen Zweifel daran bestehen und dass es bei einem Immobiliar-Verbraucherdarlehensvertrag wahrscheinlich ist, dass der Darlehensnehmer seinen Verpflichtungen, die im Zusammenhang mit dem Darlehensvertrag stehen, vertragsgemäß nachkommen wird. Die Anforderungen für Allgemein-Verbraucherdarlehensverträge sind demgemäß geringer als bei einem Immobiliar-Verbraucherdarlehensvertrag (BT-Drs. 18/5922, 98). Bei Allgemein-Verbraucherdarlehensverträgen können nach § 505b Abs. 1 BGB Auskünfte des Darlehensnehmers Grundlage für die Kreditwürdigkeitsprüfung sein. Erforderlichenfalls eignen sich ferner Auskünfte von Stellen, die geschäftsmäßig personenbezogene Daten, die zur Bewertung der Kreditwürdigkeit von Verbrauchern genutzt werden dürfen, zum Zweck der Übermittlung erheben, speichern, oder verändern. Hier findet die Selbstauskunft mithin ausdrückliche Erwähnung. Bei Immobiliar-Verbraucherdarlehensverträgen hat der Darlehensgeber hingegen gem. § 505b Abs. 2 BGB die Kreditwürdigkeit des Darlehensnehmers auf der Grundlage notwendiger, ausreichender und angemessener Informationen zu Einkommen, Ausgaben sowie anderen finanziellen und wirtschaftlichen Umständen des Darlehensnehmers eingehend zu prüfen. § 505b Abs. 3 BGB konkretisiert dies dahingehend, dass der Darlehensgeber die gem. Abs. 2 erforderlichen Informationen aus einschlägigen internen oder externen Quellen, wozu Auskünfte des Darlehensnehmers gehören, ermittelt. Zudem ist der Darlehensgeber verpflichtet, die Informationen in angemessener Weise zu überprüfen, soweit erforderlich auch durch Einsichtnahme in unabhängig nachprüfbare Unterlagen.

Die Wohnimmobilienkreditrichtlinie diente der Umsetzung der Rechtsprechung des EuGH, demzufolge bereits der RL 2008/48/EG („Verbraucherkreditrichtlinie", Transformation in nationales Recht durch § 509 BGB aF) ein individuell-verbraucherschützender Charakter zukam, weil sie einen Schutz vor der Gefahr der Überschuldung und der Zahlungsunfähigkeit beabsichtigte (EuGH 27.3.2014 – C-565/12, NJW 2014, 1941). Eine Beschränkung auf entgeltliche Finanzierungshilfen wurde aufgegeben und zudem eine entsprechende Anwendbarkeit auf unentgeltliche Verbraucherdarlehensverträge gem. § 514 BGB und auf unentgeltliche Finanzierungshilfen gem. § 515 BGB eingeführt.

Für Kreditinstitute gilt zudem die Spezialvorschrift des § 18a Abs. 1 KWG, der eine weitgehend wortgleiche Verpflichtung zu § 505a Abs. 1 BGB enthält (Josten Kreditvertragsrecht Rn. 465). § 18a Abs. 3 und 4 KWG legen zudem die Grundlagen für die Kreditwürdigkeitsprüfung fest, welche den vorgenannten Vorgaben der §§ 505b Abs. 2 und 3 BGB weitestgehend entsprechen. Eine entsprechend inhaltsgleiche Verpflichtung statuiert zudem § 3 Abs. 4 S. 4 ZAG für sog. Zahlungsinstitute iSd § 1 Abs. 1 Nr. 1 ZAG in den dort genannten Fällen. Zahlungsinstitute werden dahin definiert, dass von einem Unternehmen Zahlungsdienste gem. § 1 Abs. 1 S. 2 ZAG gewerbsmäßig oder in einem solchen Umfang, der einen in kaufmännischer Weise eingerichteten Geschäftsbetrieb erfordert, erbracht werden (Casper/Terlau ZAG § 1 Rn. 9). Diese Normen drücken das öffentliche Interesse an der Vermeidung von notleidenden Krediten aus (BeckOK BGB/Möller § 505a Rn. 3). § 505b Abs. 5 BGB stellt jedoch klar, dass bei der Datenerhebung und bei der Verwendung der Daten die Bestimmungen zum Schutz personenbezogener Daten zu beachten sind. Dieser Schutz ist angesichts der Aussagekraft der eingeholten und ausgewerteten personenbezogenen Daten unerlässlich (BT-Drs. 18/5922, 100). Eine vergleichbare Regelung enthält § 18a Abs. 9 KWG.

Vor diesem Hintergrund sollen nachfolgende Formulare situativ die Ermittlung der Bonität des jeweiligen Geschäftspartners fördern.

*Achtermann*

## 1. Bonitätsprüfung und Informationen bei Kaufverträgen

In Verträgen von Online-Shops ist üblicherweise ein Abschnitt enthalten, der über die Datenverarbeitung informiert. Der Informationsumfang richtet sich in der Regel nach Art. 13 DS-GVO, da die betroffene Person ihre Daten dem Verantwortlichen bereitstellt. Das nachfolgende Muster dient der Erfüllung der Informationspflichten und stellt zugleich eine Einwilligungserklärung hinsichtlich der Bonitätsprüfung dar. Der Text kann den Kunden der Online-Shops parallel zu den AGB, jedoch keinesfalls innerhalb von AGB, bereitgestellt werden. Zur Gewährleistung des Trennungs- und Transparenzgebotes des Art. 7 Abs. 2 DS-GVO sollten Datenschutzhinweise immer einen rein informatorischen einseitigen Charakter haben und es durch die eindeutige sprachliche und inhaltliche Gestaltung vermeiden, den Charakter einer zweiseitigen Vereinbarung – wie es bei Integration in die AGB geschehen würde – mit dem Nutzer zu suggerieren. Wegen der vorgenannten Gebote muss auch die Einwilligung „in klarer und verständlicher Sprache" und in „leicht zugänglicher Form" erfolgen und von den anderen Sachverhalten wie den AGB und den Hinweisen zum Datenschutz unterscheidbar und getrennt sein.

Hinweise zum Datenschutz

(1) Im Folgenden informieren wir über die Erhebung personenbezogener Daten bei Geschäftsabschlüssen. Personenbezogene Daten sind alle Daten, die auf Sie persönlich beziehbar sind, also zB Name, Adresse, E-Mail-Adressen, Zahlungsdaten, bestellte Waren.[1] Verantwortlicher gem. Art. 4 Abs. 7 DS-GVO ist [Name und Kontaktdaten des Verantwortlichen].[2]

(2) Die Daten werden von uns erhoben, gespeichert und ggf. weitergegeben, soweit es erforderlich ist, um die vertraglichen Leistungen zu erbringen. Die Erhebung, Speicherung und Weitergabe erfolgt mithin zum Zwecke der Erfüllung des Vertrages und auf Grundlage des Art. 6 Abs. 1 S. 1 lit. b DS-GVO.[3] Eine Nichtbereitstellung dieser Daten kann zur Folge haben, dass der Vertrag nicht geschlossen werden kann. Wenn wir Ihnen Waren liefern, geben wir Ihre Daten an das beauftragte Versandunternehmen weiter, soweit diese zur Lieferung benötigt werden. [Wir übermitteln personenbezogene Daten zudem an [AUFZÄHLUNG DER EMPFÄNGER ODER KATEGORIEN VON EMPFÄNGERN]][4]

Teilweise bedienen wir uns externer Dienstleister mit Sitz im europäischen Wirtschaftsraum, um Ihre Daten zu verarbeiten. [Die personenbezogenen Daten werden nach [DRITTLAND] übermittelt. Ein Angemessenheitsbeschluss der Kommission gem. Art. 45 Abs. 3 DS-GVO liegt [nicht] vor. [BEI NICHTVORLIEGEN WEITER: Der Auftragsverarbeiter […] hat eine geeignete Garantie abgegeben, welche online unter [http://www.example.com] eingesehen werden kann.]][5] Diese Dienstleister wurden von uns sorgfältig ausgewählt, schriftlich beauftragt und sind an unsere Weisungen gebunden. Sie werden von uns regelmäßig kontrolliert. Die Dienstleister werden diese Daten nicht an Dritte weitergeben, sondern sie nach Vertragserfüllung und dem Abschluss gesetzlicher Speicherfristen löschen, soweit Sie nicht in eine darüber hinausgehende Speicherung eingewilligt haben.[6]

(3) Ihre Zahlungsdaten werden je nach dem von Ihnen ausgewählten Zahlungsmittel an den entsprechenden Zahlungsdienstleister übermittelt. Die Verantwortung für Ihre Zahlungsdaten trägt der Zahlungsdienstleister. Informationen insbesondere über die verantwortliche Stelle der Zahlungsdienstleister, die Kontaktdaten der Datenschutzbeauftragten der Zahlungsdienstleister und die Kategorien personenbezogener Daten, die von den Zahlungsdienstleistern verarbeitet werden, erhalten Sie unter der Internet-Adresse [http://www.example.com].[7]

[BEI SCORING ERGÄNZEN: (4) Gerne können Sie Ihre Bestellung auch auf Rechnung bezahlen. Wir machen Sie darauf aufmerksam, dass wir bei der Auswahl dieser Bezahlmethode eine Beurteilung des Kreditrisikos auf Basis von mathematisch-statistischen Verfahren bei der Wirtschaftsauskunftei [Name, Adresse] durchführen (Scoring). Dazu werden Ihre personenbezogenen Daten, die zu der Bonitätsprüfung nötig sind, [Name, Geburtsdatum, Adresse, Bankdaten, ggf. Zutreffendes ergänzen], an die Wirtschaftsauskunftei übertragen, wobei auch Ihre Adressdaten berücksichtigt werden. Die Verarbeitung erfolgt mithin zum Zwecke der Bonitätsprüfung zur Vermeidung eines Zahlungsausfalls und auf Grundlage des Art. 6 Abs. 1 S. 1 lit. b DS-GVO und des Art. 6 Abs. 1 S. 1 lit. f DS-GVO. Auf Basis dieser Informationen wird eine statistische Wahrscheinlichkeit für einen Kreditausfall und damit Ihre Zahlungsfähigkeit berechnet. Wenn die Bonitätsprüfung positiv ausfällt, ist eine Bestellung auf Rechnung möglich. Fällt die Bonitätsprüfung negativ aus, wird unser Shopsystem Ihnen keine Bezahlung auf Rechnung anbieten.

Sie können der Übermittlung dieser Daten an die Wirtschaftsauskunftei jederzeit widersprechen, allerdings ist in diesem Fall keine Bestellung auf Rechnung mehr über unsere Webseite möglich. Die Tragweite des Scorings beschränkt sich allein darauf, ob eine Bestellung auch auf Rechnung möglich ist. Wir nutzen das Scoring [und – mit Ihrer Einwilligung – eine automatisierte Entscheidung unseres Shopsystems] allein, um uns vor möglichen Zahlungsausfällen zu schützen.][8]

[EVENTUELL ZUSÄTZLICH: Darüber hinaus übermitteln wir an die Wirtschaftsauskunftei [Name] gegebenenfalls Informationen über nichtforderungsbezogenes Verhalten zur Verhinderung von Betrug (beispielsweise im Fall von Kreditkartenbetrug). Dies erfolgt, entsprechend den gesetzlichen Anforderungen, soweit es zur Wahrung unserer berechtigten Interessen und der berechtigten Interessen Dritter erforderlich ist und kein Grund zu der Annahme besteht, dass Ihre Interessen oder Grundrechte und Grundfreiheiten, die den Schutz personenbezogener Daten erfordern, überwiegen. Die Verarbeitung erfolgt mithin zum Zwecke der Betrugsprävention auf der Grundlage des Art. 6 Abs. 1 S. 1 lit. f DS-GVO.][9]

[EVENTUELL ZUSÄTZLICH: Darüber hinaus übermitteln wir Ihre Daten [Name, Geburtsdatum, Adresse, Bankdaten, ggf. zutreffendes ergänzen] an die Wirtschaftsauskunftei [Name, Adresse] zum Zwecke einer Identitätsprüfung [UND/ODER: Altersprüfung]. Anhand einer Ähnlichkeitsberechnung in Prozentwerten kann festgestellt werden, ob Person und Anschrift der Wirtschaftsauskunftei [Name] bekannt sind. [Die Prüfung der Volljährigkeit einer Person erfolgt durch die Prüfung des Geburtsdatums in einer Datenbank]. Wir speichern im Falle des Vertragsschlusses nur die Information, dass diese Überprüfung erfolgt ist. Dies erfolgt, entsprechend den gesetzlichen Anforderungen, soweit es zur Wahrung unserer berechtigten Interessen erforderlich ist und kein Grund zu der Annahme besteht, dass Ihre Interessen oder Grundrechte und Grundfreiheiten, die den Schutz personenbezogener Daten erfordern, überwiegen. Die Verarbeitung erfolgt mithin zum Zwecke einer Identitätsprüfung, um sicherstellen zu können, dass wir unsere Leistungen nur an den richtigen Vertragspartner erbringen [UND/ODER: einer Altersprüfung, da wir unsere Leistungen nur an volljährige Personen erbringen dürfen] auf der Grundlage des Art. 6 Abs. 1 S. 1 lit. f DS-GVO.][9]

Eine Beschreibung des Scoring-Verfahrens sowie Informationen darüber, aus welcher Quelle die personenbezogenen Daten stammen und gegebenenfalls, ob sie aus öffentlich zugänglichen Quellen stammen erhalten Sie über unsere Internet-Adresse [http://www.example.com] ebenso wie bei der Wirtschaftsauskunftei unter der Internetadresse [http://www.example.com].[10]]

(5) Wir unterhalten aktuelle technische und organisatorische Maßnahmen zur Gewährleistung des Schutzes personenbezogener Daten. Diese werden dem aktuellen Stand der Technik jeweils angepasst.[11]

(6) Sie haben das Recht, von uns jederzeit über die zu Ihnen bei uns gespeicherten personenbezogenen Daten (Art. 15 DS-GVO) Auskunft zu verlangen. Dies betrifft auch die Empfänger oder Kategorien von Empfängern, an die diese Daten weitergegeben werden und den Zweck der Speicherung. Zudem haben Sie das Recht, unter den Voraussetzungen des Art. 16 DS-GVO die Berichtigung und/oder unter den Voraussetzungen des Art. 17 DS-GVO die Löschung und/oder unter den Voraussetzungen des Art. 18 DS-GVO die Einschränkung der Verarbeitung zu verlangen. Ferner können Sie unter den Voraussetzungen des Art. 20 DS-GVO jederzeit eine Datenübertragung verlangen. Personenbezogene Daten werden nur so lange gespeichert, wie es zur jeweiligen Zweckerreichung erforderlich ist. Dies entspricht in der Regel der Vertragsdauer.

Im Fall einer Verarbeitung personenbezogener Daten zur Wahrnehmung von im öffentlichen Interesse liegenden Aufgaben (Art. 6 Abs. 1 S. 1 lit. e DS-GVO) oder zur Wahrnehmung berechtigter Interessen (Art. 6 Abs. 1 S. 1 lit. f DS-GVO) können Sie der Verarbeitung der Sie betreffenden personenbezogenen Daten jederzeit mit Wirkung für die Zukunft widersprechen. Im Fall des Widerspruchs haben wir jede weitere Verarbeitung Ihrer Daten zu den vorgenannten Zwecken zu unterlassen, es sei denn,

- es liegen zwingende, schutzwürdige Gründe für eine Verarbeitung vor, die Ihre Interessen, Rechte und Freiheiten überwiegen, oder
- die Verarbeitung ist zur Geltendmachung, Ausübung oder Verteidigung von Rechtsansprüchen erforderlich.

Einer Verwendung Ihrer Daten zum Zwecke der Direktwerbung können Sie jederzeit mit Wirkung für die Zukunft widersprechen; dies gilt auch für ein Profiling, soweit es mit der Direktwerbung in Verbindung steht. Im Fall des Widerspruchs haben wir jede weitere Verarbeitung Ihrer Daten zum Zwecke der Direktwerbung zu unterlassen.

[BEI AUTOMATISIERTEN EINZELENTSCHEIDUNGEN:

Entscheidungen, die für Sie rechtliche Folge nach sich ziehen oder Sie erheblich beeinträchtigen, dürfen nicht ausschließlich auf eine automatisierte Verarbeitung personenbezogener Daten – einschließlich eines Profiling – gestützt werden. Dies gilt nicht, soweit die automatisierte Entscheidung

- für den Abschluss oder die Erfüllung eines Vertrages mit Ihnen erforderlich ist,

– aufgrund von Rechtsvorschriften der Union oder der Mitgliedsstaaten zulässig ist, sofern diese Rechtsvorschriften angemessene Maßnahmen zur Wahrung der Rechte und Freiheiten sowie der berechtigten Interessen ihrer Person enthalten, oder
– mit ihrer ausdrücklichen Einwilligung erfolgt.

Entscheidungen, die ausschließlich auf einer automatisierten Verarbeitung besondere Kategorien personenbezogener Daten beruhen, sind grundsätzlich unzulässig, es sei denn Art. 22 Abs. 4 i. V. m. Art. 9 Abs. 2 lit. a oder g DS-GVO findet Anwendung und es wurden angemessene Maßnahmen zum Schutz der Rechte und Freiheiten sowie der berechtigten Interessen ihrer Person getroffen.

Aufgrund Ihrer Einwilligung zur Durchführung einer automatisierten Entscheidung verarbeiten wir Ihre personenbezogenen Daten im Hinblick auf die automatisierte Entscheidung, ob der Kaufvertrag gegen Rechnung mit Ihnen abgeschlossen werden kann. Diese Entscheidung beruht ausschließlich auf einer automatisierten Verarbeitung Ihrer personenbezogenen Daten im Rahmen des vorgenannten Scorings. Wenn Ihre Bonitätsprüfung positiv ausfällt, ist eine Bestellung auf Rechnung möglich. Fällt die Bonitätsprüfung negativ aus, wird unser Shopsystem Ihnen keine Bezahlung auf Rechnung anbieten. Die Entscheidung erfolgt somit ohne Prüfung Ihres Kaufinteresses auf Rechnung oder sonstige Einwirkung auf das Entscheidungsverfahren durch einen unserer Mitarbeiter. Soweit bei der automatisierten Entscheidung gewisse Wahrscheinlichkeitswerte berücksichtigt werden, beruhen diese auf einem wissenschaftlich anerkannten mathematisch-statistischen Verfahren. Sie haben ein Auskunftsrecht, das aussagekräftige Informationen über die involvierte Logik sowie die Tragweite und die angestrebten Auswirkungen einer derartigen Verarbeitung für Sie betrifft.

Sie können diese Einwilligung jederzeit widerrufen. Durch den Widerruf wird jedoch die Rechtmäßigkeit der aufgrund der Einwilligung bis zum Widerruf erfolgten Verarbeitung nicht berührt. Sie haben zudem gem. Art. 22 Abs. 3 DS-GVO das Recht auf das Eingreifen einer Person auf Seiten des Verantwortlichen, auf Darlegung des eigenen Standpunkts und auf Anfechtung der Entscheidung.][12]

(7) Alle Informationswünsche, Auskunftsanfragen, Widerrufe oder Widersprüche zur Datenverarbeitung richten Sie bitte per E-Mail an unseren Datenschutzbeauftragten unter[13] [Datenschutz@Example.com] oder an] die unter [...] genannte Adresse. Für nähere Informationen verweisen wir auf den vollständigen Text der DS-GVO, welcher im Internet unter [http://www.example.com] verfügbar ist [und unsere Datenschutzerklärung, welche im Internet unter [http://www.example.com] einsehbar ist. Ferner haben Sie die Möglichkeit, sich bei der zuständigen Aufsichtsbehörde über datenschutzrechtliche Sachverhalte zu beschweren.[14]

## Anmerkungen

**1.** Information der betroffenen Person über Erhebung personenbezogener Daten. Eine Verpflichtung zur ausdrücklichen Information über erhobene Daten besteht gem. Art. 13 Abs. 4 bzw. Art. 14 Abs. 5 lit. a DS-GVO nur insoweit, als die betroffene Person nicht bereits anderweitig über die Informationen verfügt, wovon vorliegend jedoch nicht ausgegangen wird.

**2. Pflichtangaben der verantwortlichen Stelle.** Es empfiehlt sich regelmäßig, vollständige Kontaktangaben anzugeben, um so den Informationspflichten der §§ 312a Abs. 2, 312d BGB iVm Art. 246, 246a EGBGB (dazu zB Oelschlägel/Scholz/Oelschlägel Rechtshandbuch Online-Shop S. 56ff.) oder der Dienstleistungs-Informationspflichten-VO (dazu zB Köhler/Bornkamm/Feddersen/Köhler UWG DL-InfoV § 2 Rn. 8–10) nachzukommen. Nach Art. 13 Abs. 1 lit. a DS-GVO sind nunmehr Name und Kontaktdaten des Verantwortlichen sowie ggf. seines Vertreters aufzuführen. Muss der Verantwortliche gem. Art. 27 DS-GVO einen Vertreter in der Europäischen Union (Art. 4 Nr. 17 DS-GVO) bestellen, so muss er der betroffenen Person gem. Art. 13 Abs. 1 lit. a DS-GVO auch Namen und Kontaktdaten des Vertreters mitteilen (Kühling/Buchner/Bäcker DS-GVO Art. 13 Rn. 23). Neben der exakten Firmierung ist die postalische Anschrift anzugeben (Plath/Kamlah DSGVO Art. 13 Rn. 9). Um den Kunden eine Kontaktaufnahme ohne Medienbruch zu ermöglichen, ist ferner bei vorliegender Datenerhebung über das Internet eine netzbasierte Kontaktmöglichkeit zu eröffnen (Kühling/Buchner/Bäcker DS-GVO Art. 13 Rn. 22). Näher zu datenschutzrechtlich mitzuteilenden Kontaktdaten → Form. F. I. 1. Anm. 2.

**3. Informationspflichten und Transparenz.** Gem. Art. 13 Abs. 1 lit. c DS-GVO sind die Zwecke sowie die Rechtsgrundlage für die Verarbeitung anzugeben. Wenn die Verarbeitung auf Art. 6 Abs. 1 S. 1 lit. f DS-GVO beruht, sind zudem die berechtigten Interessen, die von dem Verantwortlichen oder einem Dritten verfolgt werden, zu beachten.

**4. Empfänger oder Kategorien von Empfängern.** Nach Art. 13 Abs. 1 lit. e DS-GVO ist ferner drüber zu informieren, an welche Empfänger oder Kategorien von Empfängern personenbezogene Daten zu übermitteln sind.

**5. Datenübermittlung an Drittland.** Sofern der Verantwortliche beabsichtigt, die personenbezogenen Daten in ein Drittland zu übermitteln, ist dies sowie das Vorhandensein oder das Fehlen eines Angemessenheitsbeschlusses der Kommission mitzuteilen. Im Falle von Übermittlungen gem. Art. 46 oder Art. 47 oder Art. 49 Abs. 1 S. 2 DS-GVO ist über geeignete oder angemessene Garantien und die Möglichkeit, wie eine Kopie von diesen zu erhalten ist oder wo sie verfügbar sind, gem. Art. 13 Abs. 1 lit. f bzw. Art. 14 Abs. 1 lit. f DS-GVO zu informieren. Diese Informationspflicht besteht jedoch erst, wenn der Drittlandverkehr unmittelbar bevorsteht oder geplant ist (Plath/Kamlah DSGVO Art. 13 Rn. 14). Ausführlich → Form. G. VII.

**6. Zulässigkeit der Datenerhebung.** Soweit die Erhebung der Daten notwendig ist, um die vertraglichen Leistungen zu erbringen, ist sie gem. Art. 6 Abs. 1 S. 1 lit. b DS-GVO zulässig. Bei einer Bestellung in einem Web-Shop sind das bspw. Adress- und Zahlungsdaten. Eine Datenverarbeitung kann weiterhin gem. Art. 6 Abs. 1 S. 1 lit. f DS-GVO zulässig sein, wenn eine Abwägung zwischen berechtigten Interessen des Händlers und des Käufers ergibt, dass die Interessen des Händlers überwiegen. Dies betrifft auch die Übermittlung der Daten an das Versandunternehmen (vgl. Laue/Kremer Neues DatenschutzR § 2 Rn. 30).

**7. Fremde Zahlungsdienstleister.** Eine zulässige Datenübermittlung an Dritte ist bspw. unproblematisch möglich, wenn der Online-Händler einen Zahlungsdienstleister einsetzt, um die Zahlungen der Kunden abzuwickeln. Wählt der Kunde für die Bezahlung einen Dienstleister aus (zB Kreditkarte, E-Wallet), obliegt dem Dienstleister die Verantwortung für die Datenverarbeitung. Für den Bezahlvorgang ist dieser Dienstleister Verantwortlicher. Dem Kunden wird dabei regelmäßig offengelegt, an welchen Anbieter die Daten übermittelt werden. Dies ist notwendig für die Durchführung des Bezahlvorgangs, sodass sich die Zulässigkeit der Übermittlung und Verarbeitung aus Art. 6 Abs. 1 S. 1 lit. b DS-GVO ergibt. Ergänzend müssen den Kunden die genauen Kontaktdaten des Empfängers mitgeteilt werden, Art. 13 Abs. 1 lit. e DS-GVO. Aus Transparenzgründen sollte zudem ein Link zur Datenschutzerklärung des Zahlungsdienstleisters mitgeteilt werden. Auch in diesem Verhältnis zu dem fremden Zahlungsdienstleister sind die datenschutzrechtlichen Normen zu beachten, sodass nur Anbieter mit Sitz innerhalb des EWR gewählt werden sollten (andernfalls sind ebenfalls die Ergänzungen zu Ziff. 4 erforderlich).

**8. Bonitätsprüfung bei Wirtschaftsauskunfteien.** Ein Recht zur Überprüfung der Bonität des Kunden bei einer Wirtschaftsauskunftei wie der Schufa besteht nicht generell. Hat der Kunde Vorkasse zu leisten, ist eine solche Abfrage nicht nötig. Wenn der Kunde jedoch die Leistung erhält, bevor er zahlen musste, besteht für das Unternehmen ein Interesse an einer Bonitätsprüfung. Die Übermittlung von Kundendaten durch den Verantwortlichen an eine Wirtschaftsauskunftei vor Abschluss eines entsprechend kreditierten Geschäfts stellt eine zur Vertragserfüllung nach Art. 6 Abs. 1 S. 1 lit. b DS-GVO gerechtfertigte Verarbeitung dar (Taeger/Gabel/Taeger DS-GVO Art. 6 Rn. 59; Plath/Plath DSGVO Art. 6 Rn. 12, 29; vgl. Abel ZD 2018, 103 (106); vgl. zum Abschluss eines Kreditvertrags Gola/Heckmann/Schulz DS-GVO Art. 6 Rn. 32, 42; Laue/Kremer Neues DatenschutzR § 2 Rn. 30; nach aA lässt sich die Übermittlung von Bonitätsdaten nicht auf den Erlaubnistatbestand des Art. 6 Abs. 1 S. 1 lit. b DS-GVO stützen: Kühling/Buchner/Petri DS-GVO Art. 6 Rn. 66; Ehmann/Selmayr/Heberlein DS-GVO Art. 6 Rn. 14 mit Verweis auf die Artikel-29-Datenschutzgruppe WP 217 S. 23 f.).

Da ein Kunde die Leistung erhält, bevor er zahlen musste, besteht aufgrund der Kreditierung für das Unternehmen zudem ein berechtigtes Interesse an einer Bonitätsprüfung gem. Art. 6 Abs. 1 S. 1 lit. f DS-GVO, um die Gefahr eines Zahlungsausfalls und eines etwaigen Insolvenzrisikos zu vermeiden, wobei überwiegende gegenläufige Interessen oder Rechte des Betroffenen in dieser Konstellation regelmäßig nicht vorliegen (vgl. Gola/Heckmann/Schulz DS-GVO Art. 6 Rn. 103; Abel ZD 2018, 103 (106); Artikel-29-Datenschutzgruppe WP 217 S. 23 f.; vgl. zum BDSG aF Born ZD 2015, 66 f.). Schutzwürdige Interessen sind zumindest regelmäßig dann nicht verletzt, wenn die verarbeiteten Daten einen unmittelbaren Bezug zu deren Zahlungsfähigkeit oder -unwilligkeit haben (vgl. Gola/Heckmann/Schulz DS-GVO Art. 6 Rn. 106).

Dem Kunden sind in diesem Zusammenhang die Empfänger oder Kategorien von Empfängern der personenbezogenen Daten gem. Art. 13 Abs. 1 lit. e DS-GVO mitzuteilen. Ferner ist der Kunde gem. Art. 13 Abs. 1 lit. c DS-GVO über die Zwecke, für die die personenbezogenen Daten verarbeitet werden sollen, sowie die Rechtsgrundlage für die Verarbeitung zu informieren. Da die Datenverarbeitung vorliegend auch auf Art. 6 Abs. 1 S. 1 lit. f DS-GVO beruht, sind zudem die berechtigten Interessen, die von dem Verantwortlichen oder einem Dritten verfolgt werden – hier also die Bonitätsprüfung – zu benennen. Eine Einwilligung ist in diesem Falle nicht nötig (so zur vergleichbaren Rechtslage des § 28 Abs. 1 S. 1 Nr. 2 BDSG aF: BlnDSB TB 2012 S. 133; Oelschlägel/Scholz/Oelschlägel Handbuch Versandhandelsrecht

S. 188 f.; anders jedoch noch u. a. LfD BW TB 2014/2015 S. 158 ff.; aA zur aktuellen Rechtslage Kühling/Buchner/Petri DS-GVO Art. 6 Rn. 66).

Die Ermittlung des Scores, um die Entscheidung über Begründung, Durchführung oder Beendigung eines Vertragsverhältnisses zu treffen, unterliegt den Voraussetzungen des § 31 BDSG. Will ein Verkäufer eine solche Einkunft einholen, setzt das mithin voraus, dass die Verarbeitung der Daten nach Art. 6 Abs. 1 S. 1 lit. b oder f DS-GVO bereits zulässig ist und die Score-Werte entsprechend § 31 BDSG erhoben wurden. Die vorliegende Formulierung geht davon aus, dass die Wirtschaftsauskunftei die gesetzlichen Voraussetzungen einhält und informiert darüber.

Soweit die Entscheidung über die Ermöglichung der Bezahlung per Rechnung ausschließlich auf Basis einer auf automatisierter Verarbeitung beruhenden Entscheidung getroffen wird, ist der Anwendungsbereich des Art. 22 DS-GVO eröffnet (vgl. EuGH 7.12.2023 – C-635/21, Rn. 46; vgl. Paal/Pauly/Martini DS-GVO Art. 22 Rn. 24 mwN.). Dies wird dadurch begründet, dass die automatisierte Entscheidung in diesem Fall eine rechtliche Wirkung nach sich zieht. Eine rechtliche Wirkung entfaltet eine Maßnahme unabhängig davon, ob sie eine wirtschaftlich vorteilhafte oder nachteilhafte Rechtsfolge auslöst (Paal/Pauly/Martini DS-GVO Art. 22 Rn. 28). Soweit für § 6a BDSG aF anerkannt war, dass die Norm nur bei belastenden Entscheidungen Anwendung fand, ist der Wortlaut des Art. 22 Abs. 1 DS-GVO an dieser Stelle nicht eindeutig (Paal/Pauly/Martini DS-GVO Art. 22 Rn. 28). Selbst wenn der Wortlaut des Art. 22 Abs. 2 DS-GVO („erheblich beeinträchtigt") eine entsprechende Auslegung ermöglicht, sollte vorsichtshalber davon ausgegangen werden, dass auch ein Verfahrensablauf, welcher eine menschliche (Nach-)Kontrolle für den Fall eines negativen Scoring-Ergebnisses vorsieht, dem Anwendungsbereich des Art. 22 DS-GVO unterfällt. Die Auswahlmöglichkeit, die Entscheidung über die Kreditierung der Bezahlung einzig von einer automatisierten Einzelentscheidung abhängig zu machen, dürfte nach neuester – nunmehr auch hier gefolgter Ansicht – des EUGH grundsätzlich verboten sein, wenn nicht eine der in Art. 22 Abs. 2 DSGVO genannten Ausnahmen anwendbar und die Anforderungen des Art. 22 Abs. 3, 4 DSGVO erfüllt sind (EuGH 7.12.2023 – C-635/21, Rn. 64; nach anderer Ansicht sei eine automatisierte Entscheidung ausnahmsweise zulässig, da die Kriterien des Tatbestandsmerkmals der Erforderlichkeit des Art. 22 Abs. 2 DSGVO nicht allzu streng auszulegen seien, wenn die automatisierte Einzelentscheidung, wie im vorliegenden Fall, der betroffenen Person dadurch zugutekommt, dass die allgemeinen Geschäftsprozesskosten des Verantwortlichen sinken und dies gleichzeitig dazu führt, dass im Bereich des E-Commerce schnelle Entscheidungen getroffen werden (vgl. Plath/Kamlah DSGVO Art. 22 Rn. 8 mwN); mithin sei das Erfordernis der Automatisierung des Vorgangs auch zur Kostenvermeidung gemeint, weshalb insbesondere Massengeschäfte im Online-Verkehr in diesen Anwendungsbereich fielen (Taeger/Gabel/Taeger DS-GVO Art. 22 Rn. 50; wohl auch Kühling/Buchner/Buchner DS-GVO Art. 22 Rn. 30a; strenger in der Auslegung Sydow/Helfrich EU-DSGVO Art. 22 Rn. 48 und NK-DatenschutzR/Scholz DS-GVO Art. 22 Rn. 42 f., der voraussetzen will, dass alternative Wege zum Vertragsschluss nicht bestehen). Aus diesem Grund dürfte in diesem Fall die Einholung einer gesonderter Einwilligung zu der Durchführung der automatisierten Einzelentscheidung den sichersten Weg darstellen, welche den Voraussetzungen der Art. 4 Nr. 11 und Art. 7 DS-GVO genügen muss (Plath/Kamlah DSGVO Art. 22 Rn. 22). Aus Art. 7 iVm Erwgr. 32 DS-GVO folgt, dass die Einwilligung elektronisch erfolgen kann. Art. 7 Abs. 1 DS-GVO legt dem Verantwortlichen jedoch die Beweislast bezüglich des Vorliegens einer wirksamen Einwilligung auf (Ehmann/Selmayr/Heckmann/Paschke DS-GVO Art. 7 Rn. 38). Zur Erbringung dieses Nachweises hat sich das Double-Opt-in-Verfahren als Standard etabliert, bei dem nach Abgabe der Einwilligungserklärung eine zweite, separate Bestätigung durch Anklicken eines per E-Mail versendeten, personalisierten Hyperlinks zu erklären ist. Dieses Verfahren wird auch im Geltungsbereich der DS-GVO beibehalten werden können (Ehmann/Selmayr/Heckmann/Paschke DS-GVO Art. 7 Rn. 74f.; Plath/Kamlah DSGVO Art. 7 Rn. 9) und sollte vorliegend verwendet werden. Ferner greift das Trennungs- und Transparenzgebot des Art. 7 Abs. 2 DS-GVO. Die Einwilligung muss daher „in klarer und verständlicher Sprache" und in „leicht zugänglicher Form" erfolgen und von den anderen Sachverhalten wie den Hinweisen zum Datenschutz unterscheidbar sein. Obwohl eine grafische Hervorhebung der Einwilligung in der DS-GVO nicht ausdrücklich vorgesehen ist, wird diese vorliegend vorsorglich zur Verdeutlichung hinsichtlich der gesamten Passage zur Einwilligung empfohlen. Die zusätzliche Einwilligung sollte in diesem Fall gesondert, dh weder in den Hinweisen zum Datenschutz noch innerhalb der AGB eingeholt werden. Es empfiehlt sich eine Platzierung des nachfolgenden Textes oberhalb des Buttons, mit welchem der Bestellprozess fortgesetzt wird. Es kann wie folgt formuliert werden: „Mit Ihrer Bestätigung dieses Häkchens und dem Klick auf den Button „Bestellprozess fortsetzen" willigen Sie in die nachfolgend erläuterte automatisierte Entscheidung ein. Wir verarbeiten Ihre personenbezogenen Daten im Hinblick auf die automatisierte Entscheidung, ob der Kaufvertrag gegen Rechnung mit Ihnen abgeschlossen werden kann. Diese Entscheidung beruht ausschließlich auf einer automatisierten Verarbeitung Ihrer personenbezogenen Daten im Rahmen des vorgenannten Scorings. Wenn Ihre Bonitätsprüfung positiv ausfällt, ist eine Bestellung auf Rechnung möglich. Fällt die Bonitätsprüfung negativ aus, wird unser Shopsystem Ihnen keine Bezahlung auf Rechnung anbieten. Die Entscheidung erfolgt somit ohne Prüfung Ihres Kaufinteresses auf Rechnung oder sonstige Einwirkung auf das Entscheidungsverfahren durch einen unserer Mitarbeiter. Soweit bei der automatisierten Entscheidung gewisse Wahrscheinlichkeitswerte berücksichtigt werden, beruhen diese auf einem wissenschaftlich anerkannten mathematisch-statistischen Verfahren. Sie haben ein Auskunftsrecht, das aussagekräftige Informationen über die involvierte Logik sowie die Tragweite und die angestrebten Auswirkungen einer derartigen Verarbeitung für Sie umfasst. Sie können diese Einwilligung jederzeit widerrufen. Durch den Widerruf wird jedoch die Rechtmäßigkeit der aufgrund der Einwilligung bis zum Widerruf erfolgten Verarbeitung nicht berührt."

Der Kunde wird zudem sowohl in den Hinweisen zum Datenschutz als auch direkt in der Einwilligung über das Bestehen seines Widerrufsrechts gem. Art. 7 Abs. 3 S. 3 DS-GVO informiert. Ferner ist gem. Art. 13 Abs. 2 lit. f bzw. Art. 14 Abs. 2 lit. G DS-GVO über das Bestehen einer automatisierten Entscheidungsfindung einschließlich Profiling gem. Art. 22 Abs. 1 und 4 DS-GVO zu informieren und – zumindest in diesen Fällen – aussagekräftige Informationen über die involvierte Logik sowie die Tragweite und die angestrebten Auswirkungen einer derartigen Verarbeitung für die betroffene Person zu erteilen (dazu zB Specht-Riemenschneider/Buchner/Heinze/Thomsen/Lachenmann FS Taeger S. 271). Da der Anwendungsbereich und Umfang durch diese Formulierung unklar bleibt (vgl. Plath/Kamlah DSGVO Art. 13 Rn. 27f.), erfolgt vorliegend vorsorglich eine umfassende Information.

*Achtermann/Lachenmann*

Auch in dem Verhältnis zur Wirtschaftsauskunftei sind die datenschutzrechtlichen Normen zu beachten, sodass nur Anbieter mit Sitz innerhalb des EWR gewählt werden sollten (andernfalls sind ebenfalls die Ergänzungen zu Ziff. 4 erforderlich).

Die Einholung einer vorherigen Einwilligung zur Durchführung einer Bonitätsprüfung, die den Zweck hat, die nach entsprechender Prüfung zur Verfügung stehenden Zahlungsarten anzuzeigen, unterliegt dem Kopplungsverbot gem. Art. 7 Abs. 4 DS-GVO. Nach Art. 4 Abs. 11 DS-GVO ist eine Einwilligung nur wirksam, wenn sie freiwillig erteilt wurde. Nach Erwgr. 43 DS-GVO gilt die Einwilligung als nicht freiwillig erteilt, „wenn die Erfüllung eines Vertrags, einschließlich der Erbringung einer Dienstleistung, von der Einwilligung abhängig ist, obwohl diese Einwilligung für die Erfüllung nicht erforderlich ist". Sofern also kein kreditorisches Risiko besteht – zB wenn der Kunde Vorkasse wünscht –, ist die Einholung einer generellen Einwilligung unzulässig. Am praktikabelsten dürfte es daher fortan sein, dass nur bei der Auswahl einer Zahlungsart mit kreditorischem Risiko eine Bonitätsabfrage eingeholt wird.

Dem Formular liegt die Konstellation zugrunde, dass eine einzelne Wirtschaftsauskunftei sämtliche hier vorgeschlagenen Prüfungsalternativen vornimmt. Sofern unterschiedliche Wirtschaftsauskunfteien die einzelnen hier vorgeschlagenen Prüfungsalternativen durchführen, sind die nachfolgenden Klauseln entsprechend anzupassen.

**9. Negativdaten/Identitätsprüfung/Betrugsprävention.** Ein Interesse iSd Art. 6 Abs. 1 S. 1 lit. f DS-GVO zur Übermittlung von Negativdaten und/oder Daten zur Identitätsprüfung und/oder Daten zur Betrugsprävention kann auch unabhängig von den gesetzlichen Spezialregelungen zu Wirtschaftsauskunfteien bestehen. Das Interesse an der Übermittlung von sog. harten Negativmerkmalen an eine Auskunftei wird in der Regel überwiegen, insoweit eine Information eindeutig die Zahlungsunfähigkeit oder -unwilligkeit belegt (NK-DatenschutzR/Schantz DS-GVO Art. 6 Abs. 1 Rn. 137). Die Übermittlung von Daten zur Identitätsprüfung bedarf einer Interessenabwägung für den konkreten Zweck der Vornahme der Prüfung. Ein berechtigtes Interesse liegt regelmäßig bei der Verarbeitung zum Zwecke der Betrugsprävention vor. Selbst wenn Datenverarbeitungen zum Zwecke der Betrugsprävention gem. Erwgr. 47 DS-GVO privilegiert sind, gilt dies nur insoweit, als sich die Datenverarbeitung im für die Verhinderung von Betrug erforderlichen Umfang hält (Gola/Heckmann/Schulz DS-GVO Art. 6 Rn. 96; Kühling/Buchner/Buchner/Petri DS-GVO Art. 6 Rn. 174). Liegen hingegen forderungsbezogene Daten vor, wie zB ein Zahlungsausfall nach einem Vertragsschluss, so sind die Voraussetzungen des § 31 BDSG zur Verwendung eines von Auskunfteien ermittelten Scorings zu berücksichtigen. Da die Datenverarbeitung vorliegend auf Art. 6 Abs. 1 S. 1 lit. f DS-GVO beruht, sind zudem die berechtigten Interessen, die von dem Verantwortlichen oder einem Dritten verfolgt werden, zu benennen.

**10. Weitere Informationspflichten zur Wirtschaftsauskunftei.** Art. 14 Abs. 2 DS-GVO sieht bei einer Erhebung personenbezogener Daten, die nicht bei der betroffenen Person erfolgt, ergänzend zu den bisherigen Ausführungen vor, dass gem. Art. 14 Abs. 2 lit. f DS-GVO darüber zu informieren ist, aus welcher Quelle die personenbezogenen Daten stammen und ggf., ob sie aus öffentlich zugänglichen Quellen stammen.

**11. Maßnahmen zum Schutz personenbezogener Daten.** Die Verpflichtung zur Vorhaltung von technischen und organisatorischen Maßnahmen ergibt sich nunmehr insbesondere aus Art. 5 Abs. 1 lit. f, Art. 24, 25 und 32 DS-GVO. Die Information darüber ist freiwillig.

**12. Auskunftsanfragen und Widersprüche.** Art. 13 Abs. 2 DS-GVO bzw. Art. 14 Abs. 2 DS-GVO sehen vor, dass der Verantwortliche weitere Informationen mitteilt, die notwendig sind, um eine faire und transparente Verarbeitung zu gewährleisten.

So ist gem. Art. 13 Abs. 2 lit. b (bzw. Art. 14 Abs. 2 lit. c) DS-GVO auf die Rechte des Betroffenen gem. Art. 15 ff. DS-GVO auf Auskunft, Berichtigung, Löschung, Einschränkung der Verarbeitung, Widerspruch gegen die Verarbeitung sowie auf das Recht auf Datenübertragbarkeit hinzuweisen. Es dürfte nicht erforderlich sein, die einzelnen Artikel im Wortlaut wiederzugeben, sodass der Hinweis auf das Bestehen der entsprechenden Rechte mit den jeweiligen Verweisen auf die entsprechenden Artikel ausreichen wird (so auch Plath/Kamlah DSGVO Art. 13 Rn. 19). Rein vorsorglich wird zudem am Ende der Ziff. 7 auf die entsprechende Datenschutzerklärung, welche ggf. entsprechend ergänzt werden kann, und auf den vollständigen Wortlaut der DS-GVO hingewiesen.

Zusätzlich zu den bereits erteilten Informationen ist gem. Art. 13 Abs. 2 lit. a (bzw. Art. 14 Abs. 2 lit. a) DS-GVO über die Dauer, für die die personenbezogenen Daten gespeichert werden oder, falls dies nicht möglich ist, die Kriterien für die Festlegung dieser Dauer zu informieren. Zulässig ist es, wie vorliegend vorgesehen, auf den Erforderlichkeitsgrundsatz abzustellen (Plath/Kamlah DSGVO Art. 13 Rn. 18).

Die Information über das bestehende Widerspruchsrecht gem. Art. 13 Abs. 2 lit. b (bzw. Art. 14 Abs. 2 lit. c iVm Art. 21) DS-GVO muss zudem in einer verständlichen und von den anderen Informationen getrennten Form erfolgen, weshalb sich eine drucktechnische Hervorhebung durch Fettschrift oder Unterstreichung empfiehlt (vgl. Plath/Kamlah DSGVO Art. 21 Rn. 13; vorliegende Formulierung zum Widerspruchsrecht nach Sörup ArbRAktuell 2016, 207 (212)).

Abschließend wird vorsorglich, sofern eine automatisierte Einzelentscheidung erfolgt, über die Rechte des Kunden hinsichtlich der automatisierten Einzelentscheidung gem. Art. 22 Abs. 3 DS-GVO informiert.

**13. Datenschutzbeauftragte.** Sofern ein Datenschutzbeauftragter bestellt ist, sind dessen Kontaktdaten bei der Erhebung personenbezogener Daten anzugeben. Da die Bekanntgabe des Namens des Datenschutzbeauftragten nicht erforderlich ist, reicht es aus, wenn eine E-Mail-Adresse mit „Datenschutz" oder „Datenschutzbeauftragter" angegeben wird (Artikel-29-Datenschutzgruppe, WP 243, S. 14 f.; Plath/Kamlah DSGVO Art. 13 Rn. 10).

**14. Beschwerderecht.** Auf das Bestehen eines Beschwerderechts bei einer Aufsichtsbehörde ist gem. Art. 13 Abs. 2 lit. d (bzw. Art. 14 Abs. 2 lit. e) DS-GVO hinzuweisen. Sofern die Erhebung von Daten durch den Verantwortlichen gesetzlich oder vertraglich vorgeschrieben ist, muss zudem darüber belehrt werden, ob die betroffene Person verpflichtet ist, die personenbezogenen Daten bereitzustellen, und welche mögliche Folgen die Nichtbereitstellung hätte, Art. 13 Abs. 2 lit. e DS-GVO. Da diese Konstellation in dem Zusammenhang der Web-Shop-Nutzung keinen Praxisbezug aufweist, wurde auf die Formulierung einer entsprechenden Passage verzichtet.

## 2. Darlehen-Selbstauskunft

Das Verständnis hinsichtlich des Begriffs „Selbstauskunft" differiert nach Bereich und Branche, da eine Legaldefinition dieses Begriffs nicht existiert. Das hier dargestellte Muster einer Selbstauskunft soll es dem Verwender ermöglichen, aus den von dem Adressaten erhobenen Daten Rückschlüsse auf die Bonität des Adressaten zu ziehen. Aus Beweis- und Nachweisgründen sollte die Datenerhebung in Schriftform erfolgen. Regelmäßig empfiehlt es sich als Verwender zudem, weitere Dokumente anzufordern, welche die Angaben der Selbstauskunft belegen (vgl. § 505b Abs. 3 BGB).

Bei der formularmäßigen Erhebung dieser Daten sind auch die Vorschriften zur Beurteilung der Wirksamkeit von allgemeinen Geschäftsbedingungen gem. §§ 305 ff. BGB zu berücksichtigen, da Selbstauskunftsformulare der Inhaltskontrolle des § 307 BGB unterliegen (LG Bonn 5.12.2013 – 8 S 192/13, NJW-Spezial 2014, 98).

Zur Wahrung des Datenschutzes sind die Vorschriften der DS-GVO, insbesondere die relevanten Grundsätze des Prinzipienkatalogs des Art. 5 DS-GVO zu berücksichtigen. Der Beauskunftete ist gemäß dem Grundsatz der Transparenz nach Art. 5 Abs. 1 lit. a DS-GVO – insbesondere konkretisiert durch die Art. 12–14 DS-GVO – ausführlich und umfassend zu informieren. Bedeutsam im Rahmen der Selbstauskunft ist ferner das Prinzip der Zweckbindung gem. Art. 5 Abs. 1 lit. b Hs. 1 DS-GVO. Personenbezogene Daten müssen demnach für festgelegte, eindeutige und legitime Zwecke erhoben werden und dürfen nicht in einer mit diesen Zwecken unvereinbaren Weise weiterverarbeitet werden. Die DS-GVO eröffnet jedoch durch diese Zweckfestlegung auch für „vereinbare" Zwecke – anders als das BDSG aF – einen Spielraum für Zweckänderungen (vgl. Laue/Kremer Neues DatenschutzR § 2 Rn. 45). Das Prinzip der Datenminimierung gem. Art. 5 Abs. 1 lit. c DS-GVO gibt ferner vor, dass personenbezogene Daten dem Zweck angemessen und erheblich sowie auf das für die Zwecke der Verarbeitung notwendige Maß beschränkt sein müssen. Erwgr. 39 S. 8 DS-GVO konkretisiert dieses Prinzip dahingehend, dass die Speicherfrist für personenbezogene Daten auf das unbedingt erforderliche Mindestmaß beschränkt bleibt. Daraus folgt, dass der Beauskunftete die Löschung bzw. Vernichtung oder Herausgabe seiner Selbstauskunft verlangen kann, wenn es nicht zu dem beabsichtigten Vertragsschluss kommt. Erwgr. 39 S. 9 DS-GVO sieht ferner vor, dass personenbezogene Daten nur verarbeitet werden dürfen, wenn der Zweck der Verarbeitung nicht in zumutbarer Weise durch andere Mittel erreicht werden kann. Dies kann insbesondere Einfluss auf die Zulässigkeit einzelner Fragen im Rahmen der Selbstauskunft haben. Auch der Grundsatz der Richtigkeit ist stets zu wahren. Nach Erwgr. 39 S. 11 DS-GVO sollten alle vertretbaren Schritte unternommen werden, damit unrichtige personenbezogene Daten gelöscht oder berichtigt werden. Sofern diese Prinzipien eingehalten werden, können wissentlich falsche oder unvollständige Angaben im Rahmen der Selbstauskunft Sanktionen nach sich ziehen. Insoweit unterliegt der Vertragspartner einer Mitwirkungspflicht.

Bei den im Rahmen der Selbstauskunft angeforderten Daten handelt es sich in der Regel um personenbezogene Daten, sodass es aufgrund des auch in der DS-GVO geltenden Verbotsprinzips des Vorliegens eines Erlaubnistatbestandes gem. Art. 6 Abs. 1 DS-GVO bedarf. Die Einwilligung als Erlaubnistatbestand scheidet aus, da zu den Voraussetzungen einer Einwilligung zwingend die „Freiwilligkeit" der Einwilligungserklärung zählt, Art. 7 Abs. 4 DS-GVO. Daran fehlt es nach Erwgr. 43 DS-GVO, wenn zwischen der betroffenen Person und dem Verantwortlichen ein klares Ungleichgewicht besteht. Da von der Abgabe und dem Inhalt einer Selbstauskunft regelmäßig der Abschluss des nachgelagerten Vertrags abhängig gemacht werden wird, besteht keine Wahlfreiheit hinsichtlich der Abgabe der Selbstauskunft. Obwohl § 505b Abs. 1 BGB, § 18a Abs. 1 KWG und § 3 Abs. 4 S. 4 ZAG rechtliche Verpflichtungen enthalten, sind die gesonderten datenschutzrechtlichen Vorgaben ausdrücklich (§ 505b Abs. 5 BGB, § 18a Abs. 9 KWG, § 3 Abs. 4 S. 4 ZAG) jeweils nicht suspendiert. Es bedarf folglich eines gesonderten datenschutzrechtlichen Erlaubnistatbestandes.

Die Zulässigkeit der Datenerhebung und -verarbeitung im Rahmen einer Selbstauskunft ist regelmäßig aus Art. 6 Abs. 1 S. 1 lit. b DS-GVO abzuleiten. Die Verarbeitung der erhobenen Adressdaten ist für die Erfüllung des Vertrags, dessen Vertragspartei die betroffene Person ist, oder zur Durchführung vorvertraglicher Maßnahmen erforderlich.

Die weitergehende Verarbeitung kann jedoch, wie bereits nach alter Rechtslage, zur Wahrung der berechtigten Interessen des Verantwortlichen zulässig sein. Ohne die im Rahmen der Selbstauskunft erhobenen Daten ist eine ggf. obligatorische Kreditwürdigkeitsprüfung nicht möglich. Insoweit kam es zu keiner Änderung des bisherigen Rechtszustands (§ 28 Abs. 1 S. 1 Nr. 2 BDSG aF), der eine offene Abwägungsformel enthielt (vgl. Weichert, Die Europäische Datenschutz-Grundverordnung – ein Überblick, S. 11). Die Verarbeitung ist (weiterhin) in diesem Fall gem. Art. 6 Abs. 1 S. 1 lit. f DS-GVO erforderlich, sofern nicht die Interessen oder Grundrechte und Grundfreiheiten der betroffenen Person, die den Schutz personenbezogener Daten erfordern, überwiegen. Das Bestehen eines berechtigten Interesses erfordert eine Abwägung, wobei auch zu prüfen ist, ob eine betroffene Person zum Zeitpunkt der Erhebung der personenbezogenen Daten und angesichts der Umstände, unter denen sie erfolgt, vernünftigerweise absehen kann, dass möglicherweise eine Verarbeitung für diesen Zweck erfolgen wird (Standpunkt (EU) Nr. 6/2016 des Rates in erster Lesung v. 3.5.2016 (2016/C 159/02), I. B.3.1.2.). Nur die nach Vornahme dieser Interessenabwägung zulässigen Fragen müssen im Rahmen einer Selbstauskunft vollständig und richtig beantwortet werden (vgl. Schmidt-Futterer/Streyl BGB § 543 Rn. 74; Intveen MietRB 2006, 222 (222)).

Die nachfolgende Selbstauskunft berücksichtigt die berechtigten Interessen eines Darlehensgebers unter Beachtung des informationellen Selbstbestimmungsrechts des Betroffenen. Grundsätzlich dürfen personenbezogene Daten gem. Art. 5 Abs. 1 lit. e DS-GVO, also auch im Rahmen einer Selbstauskunft, so lange gespeichert werden, bis sie für den Zweck, für den sie erhoben wurden, nicht mehr erforderlich sind.

## Selbstauskunft bei Darlehen

### § 1. Angaben zur Person[1]

| Nr. | | Antragsteller | Mitantragsteller |
|---|---|---|---|
| 1 | Vorname | | |
| 2 | Name (ggf. Geburtsname) | | |
| 3 | Geburtsdatum | | |

| Nr. | | Antragsteller | Mitantragsteller |
|---|---|---|---|
| 4 | Geburtsort | | |
| 5 | Anschrift | | |
| 6 | E-Mail | | |
| 7 | Telefon | | |
| 8 | Zahl unterhaltsberechtigter Personen | | |
| 9 | Familienstand | | |
| 10 | Güterstand | | |
| 11 | Staatsangehörigkeit | | |
| 12a | Arbeitgeber (mit Anschrift) | | |
| 12b | befristet bis | | |
| 12c | beschäftigt seit | | |
| 12d | beschäftigt als | | |

§ 2. Angaben zu den wirtschaftlichen Verhältnissen[2]

(1) Einkommen

| Nr. | | Antragsteller | | Mitantragsteller | |
|---|---|---|---|---|---|
| | | laufendes Jahr | vorheriges Jahr | laufendes Jahr | vorheriges Jahr |
| 13 | aus Gewerbebetrieb | | | | |
| 14 | aus selbstständiger Arbeit | | | | |
| 15 | aus nicht selbstständiger Arbeit | | | | |
| 16 | aus Beteiligungen | | | | |
| 17 | aus sonstigen Kapitalvermögen | | | | |
| 18 | aus Vermietung und Verpachtung | | | | |
| 19 | Rente/Pension | | | | |
| 20 | Kindergeld | | | | |
| 21 | Unterhaltszahlungen | | | | |
| 22 | sonstige Einkünfte | | | | |
| 23 | Summe | | | | |

(2) Ausgaben

| Nr. | | Antragsteller | Mitantragsteller |
|---|---|---|---|
| 24 | Lebenshaltungskosten | | |
| 25 | Mieten | | |
| 26 | Leasingraten | | |

| Nr. | | Antragsteller | Mitantragsteller |
|---|---|---|---|
| 27 | Private Krankenversicherung | | |
| 28 | Berufsunfähigkeitsversicherung | | |
| 29 | Lebens-/Rentenversicherung | | |
| 30 | sonstige Versicherungen | | |
| 31 | Kapitaldienst Immobilienkredite | | |
| 32 | Kapitaldienst sonstige Kredite | | |
| 33 | Steuern und Abgaben | | |
| 34 | Kfz-Kosten | | |
| 35 | Sparraten | | |
| 36 | Unterhaltszahlungen | | |
| 37 | sonstige Zahlungen | | |
| 38 | Summe | | |

(3) Vermögensverhältnisse

| Nr. | | Antragsteller | Mitantragsteller |
|---|---|---|---|
| 39 | Verkehrswert Immobilien | | |
| 40 | Bankguthaben | | |
| 41 | Kurswert Wertpapiere | | |
| 42 | Verkehrswert anderweitige Beteiligungen | | |
| 43 | Betriebsvermögen | | |
| 44 | sonstiges Vermögen | | |

(4) Verbindlichkeiten

| Nr. | | Antragsteller | Mitantragsteller |
|---|---|---|---|
| 45 | Valuta von Grundschulden/ Hypotheken | | |
| 46 | Wechselverbindlichkeiten | | |
| 47 | Bürgschaften | | |
| 48 | Steuerverbindlichkeiten | | |
| 49 | sonstige Verbindlichkeiten (auch Banken) | | |

§ 3. Gerichtliche Verfahren[3]

Wurden in den letzten fünf Jahren Mahnverfahren, Zahlungsklagen, Zwangsvollstreckungen, Insolvenzverfahren oder Verfahren zur Abgabe einer eidesstattlichen Versicherung gegen den Antragsteller und/oder Mitantragsteller angestrengt?

| Nr. | | Antragsteller | Mitantragsteller |
|---|---|---|---|
| 50 | nein | | |
| 51 | ja | | |
| 52 | und zwar: | | |
| 53 | | | |
| 54 | | | |
| 55 | | | |

§ 4. Auskunftsberechtigung[4]

Der Darlehensgeber ist bei bestehendem berechtigtem Interesse zur Bonitätsprüfung befugt, jederzeit Einkünfte beim Einwohnermeldeamt und Grundbuchamt einzuholen und die öffentlichen Register und Akten, insbesondere das Grundbuch und die Grundakten einzusehen und einfache oder beglaubigte Abschriften und Auszüge zu beantragen. Der Darlehensgeber wird im Rahmen dieser Auskunftsberechtigung die berechtigten Interessen der potenziellen Darlehensnehmer, insbesondere beim Nachweis des eigenen berechtigten Interesses, wahren.

§ 5. Informationen[5]

Im Folgenden informieren wir Sie über die Erhebung personenbezogener Daten bei Geschäftsabschlüssen. Personenbezogene Daten sind alle Daten, die auf Sie persönlich beziehbar sind, also zB Name, Adresse und E-Mail-Adressen. Verantwortlicher gem. Art. 4 Abs. 7 DS-GVO ist [Name und Kontaktdaten des Verantwortlichen sowie seines Vertreters].

Namens- und Adressdaten werden von uns erhoben, gespeichert und ggf. weitergegeben, soweit es erforderlich ist, um die vertraglichen Leistungen zu erbringen. Die Erhebung, Speicherung und Weitergabe erfolgt mithin zum Zwecke der Erfüllung des Vertrags aufgrund der Rechtsgrundlage des Art. 6 Abs. 1 S. 1 lit. b DS-GVO. Die Erhebung, Speicherung und Weitergabe sämtlicher personenbezogener Daten erfolgt zudem zum Zwecke der Bonitätsprüfung aufgrund der Rechtsgrundlagen des Art. 6 Abs. 1 S. 1 lit. b, [OPTIONAL BEI GESETZLICHER PFLICHT: lit. c und] lit. f DS-GVO. Eine Nichtbereitstellung dieser Daten kann zur Folge haben, dass der Vertrag nicht geschlossen werden kann. [OPTIONAL: Wir übermitteln personenbezogene Daten an [EMPFÄNGER ODER KATEGORIEN VON EMPFÄNGERN]].

Sie haben das Recht, von uns jederzeit Auskunft zu verlangen über die zu Ihnen bei uns gespeicherten personenbezogenen Daten (Art. 15 DS-GVO). Dies betrifft auch die Empfänger oder Kategorien von Empfängern, an die diese Daten weitergegeben werden und den Zweck der Speicherung. Zudem haben Sie das Recht, unter den Voraussetzungen des Art. 16 DS-GVO die Berichtigung und/oder unter den Voraussetzungen des Art. 17 DS-GVO die Löschung und/oder unter den Voraussetzungen des Art. 18 DS-GVO die Einschränkung der Verarbeitung zu verlangen. Ferner können Sie unter den Voraussetzungen des Art. 20 DS-GVO jederzeit eine Datenübertragung verlangen. Personenbezogene Daten werden nur so lange gespeichert, als dies zur jeweiligen Zweckerreichung, dies entspricht in der Regel der Vertragsdauer, erforderlich ist. [Die Erhebung der Daten durch den Verantwortlichen ist [gesetzlich gem. [Gesetzesnorm] ODER vertraglich gem. [VERTRAGSBEZEICHNUNG] vorgeschrieben, sodass eine Nichtbereitstellung [KONSEQUENZ DER NICHTBEREITSTELLUNG] zur Folge hätte.]

Im Fall einer Verarbeitung personenbezogener Daten zur Wahrnehmung von im öffentlichen Interesse liegenden Aufgaben (Art. 6 Abs. 1 S. 1 lit. e DS-GVO) oder zur Wahrnehmung berechtigter Interessen (Art. 6 Abs. 1 S. 1 lit. f DS-GVO) können Sie der Verarbeitung der Sie betreffenden personenbezogenen Daten jederzeit mit Wirkung für die Zukunft widersprechen. Im Fall des Widerspruchs haben wir jede weitere Verarbeitung ihrer Daten zu den vorgenannten Zwecken zu unterlassen, es sei denn,

- es liegen zwingende, schutzwürdige Gründe für eine Verarbeitung vor, die Ihre Interessen, Rechte und Freiheiten überwiegen, oder
- die Verarbeitung ist zur Geltendmachung, Ausübung oder Verteidigung von Rechtsansprüchen erforderlich.

Einer Verwendung Ihrer Daten zum Zwecke der Direktwerbung können Sie jederzeit mit Wirkung für die Zukunft widersprechen; dies gilt auch für ein Profiling, soweit es mit der Direktwerbung in Verbindung steht. Im Fall des Widerspruchs haben wir jede weitere Verarbeitung Ihrer Daten zum Zwecke der Direktwerbung zu unterlassen.

Alle Informationswünsche, Auskunftsanfragen oder Widersprüche zur Datenverarbeitung richten Sie bitte per E-Mail an [SOFERN EIN DATENSCHUTZBEAUFTRAGTER BESTELLT IST: unseren Datenschutzbeauftragten unter] [Datenschutz@Example.com] oder an die unter […] genannte Adresse. Für nähere Informationen verweisen wir auf den vollständigen Text der DS-GVO, welcher im Internet unter [http://www.example.com] verfügbar ist [und unsere Datenschutzerklärung, welche im Internet unter [http://www.example.com] einsehbar ist]. Ferner haben Sie die Möglichkeit, sich bei einer Datenschutz-Aufsichtsbehörde über datenschutzrechtliche Sachverhalte zu beschweren.

§ 6. Vollständigkeitsvermutung[6]

Es wird vermutet, dass die Angaben vollständig und richtig sind. Mündliche Angaben sind vom Unterzeichner zu beweisen.

§ 7. Unterschriften[7]

| Nr. | | Antragsteller | Mitantragsteller |
|---|---|---|---|
| 56 | Ort, Datum | | |
| 57 | Unterschrift | | |

## Anmerkungen

**1. Angaben zur Person.** Das Formular differenziert zwischen den Daten hinsichtlich des Antragstellers und des Mitantragstellers. Regelmäßig erfolgt eine Kreditvergabe nicht nur an eine Person. Als Mitantragsteller kommen häufig Ehegatten oder Bürgen in Betracht. Sofern ein Bürge als Sicherheit eines Engagements dienen soll, ist es zum Teil erforderlich, dass Bürgen ihre Vermögensverhältnisse offenlegen, damit eine Bürgschaft als solide Kreditsicherheit gelten und ihr tatsächlicher Wert bestimmt werden kann (Hundt/Grabau/Stobinski BC 2003, 38 (41)). Zudem gilt es, etwaige Unwirksamkeitsgründe einer Bürgschaft aufgrund der Vermögenslosigkeit naher Angehöriger auszuschließen.

**2. Angaben zu den wirtschaftlichen Verhältnissen.** Das Einkommen ist für das laufende und das vorangegangene Kalenderjahr anzugeben. Ältere Daten sind in der Regel weniger aussagekräftig. Die Angaben zum Einkommen und zu den Ausgaben erfolgen dabei in Euro. Zur Validierung des Verkehrswerts der Immobilien (Zeile 39) kann ein externer Sachverständiger belastbare Daten ermitteln.

**3. Gerichtliche Verfahren.** Die Kenntnis etwaiger gerichtlicher Verfahren in Vermögensangelegenheiten der potenziellen Darlehensnehmer ist für eine Kreditentscheidung wesentlich. Der Zeitraum dürfte zumindest für die zurückliegenden fünf Jahre zulässig sein (vgl. zu Räumungsklagen im Mietrecht LG Wuppertal 17.11. 1998 – 16 S 149/98, WuM 1999, 39 (39f.)).

**4. Auskunftsberechtigung.** Grundsätzlich sind bei der Erhebung personenbezogener Daten, welche nicht direkt bei dem Betroffenen erfolgt, diverse Informationspflichten gem. Art. 14 DS-GVO zu beachten. Da die oben genannten Stellen jedoch jeweils aufgrund spezialgesetzlicher Normen nur bei berechtigtem Interesse des Darlehensgebers Informationen erteilen, kann die Informationserteilung ausnahmsweise gem. Art. 14 Abs. 5 lit. c DS-GVO unterbleiben. Die vorliegende Information über die etwaige Einholung weiterer Informationen bei Dritten stellt eine freiwillige Klarstellung dar.

**5. Informationen.** Eine Verpflichtung zur ausdrücklichen Information über erhobene Daten besteht gem. Art. 13 Abs. 4 DS-GVO nur insoweit, als die betroffene Person nicht bereits über die Informationen verfügt. Sofern anderweitig eine entsprechende Information erfolgt, kann das Muster entsprechend angepasst werden. Grundsätzlich empfiehlt sich ein entsprechender ausführlicher Hinweis in der Selbstauskunft.

Nach Art. 13 Abs. 1 lit. a DS-GVO sind Namen und Kontaktdaten des Verantwortlichen sowie ggf. seines Vertreters aufzuführen. Muss der Verantwortliche gem. Art. 27 einen Vertreter in der Europäischen Union (Art. 4 Nr. 17 DS-GVO) bestellen, so muss er der betroffenen Person gem. Art. 13 Abs. 1 lit. a DS-GVO auch Namen und Kontaktdaten des Vertreters mitteilen (Kühling/Buchner/Bäcker DS-GVO Art. 13 Rn. 23). Neben der exakten Firmierung genügt die postalische Anschrift (Plath/Kamlah DS-GVO Art. 13 Rn. 9).

Gem. Art. 13 Abs. 1 lit. c DS-GVO sind die Zwecke sowie die Rechtsgrundlage für die Verarbeitung anzugeben. Soweit die Erhebung der Daten notwendig ist, um die vertraglichen Leistungen zu erbringen, ist sie gem. Art. 6 Abs. 1 S. 1 lit. b DS-GVO zulässig. Bei dem Abschluss eines Darlehensvertrags sind dies bspw. Namens- und Adressdaten. Im Rahmen der Entscheidung über den Abschluss eines Darlehensvertrags dürfte jedoch die Erhebung sämtlicher bonitätsrelevanter Daten notwendig sein, um die vertraglichen Leistungen zu erbringen (Gola/Heckmann/Schulz DS-GVO Art. 6 Rn. 42). Die Erhebung von Kundendaten zur Kreditwürdigkeitsprüfung durch den Verantwortlichen vor Abschluss eines entsprechend kreditierten Geschäfts kann in bestimmten Konstellationen auch gesetzlich vorgegeben sein (vgl. § 18a Abs. 1 iVm Abs. 3 KWG, § 505a Abs. 1 iVm § 505b Abs. 1 BGB, § 3

Abs. 4 S. 4 ZAG) und erfolgt dann zur Erfüllung einer rechtlichen Verpflichtung iSd Art. 6 Abs. 1 S. 1 lit. c DS-GVO. Eine Datenverarbeitung kann weiterhin gem. Art. 6 Abs. 1 S. 1 lit. f DS-GVO zulässig sein, wenn eine Abwägung zwischen berechtigten Interessen des Darlehensgebers und des Darlehensnehmers ergibt, dass die Interessen des Darlehensgebers überwiegen. Darlehensgeber haben grundsätzlich ein berechtigtes Interesse daran, die Bonität ihrer Kunden zu prüfen, um die Gefahr eines Zahlungsausfalls zu vermeiden (→ Form. I. IV.1. Anm. 8). Da die entsprechende Datenverarbeitung auf Art. 6 Abs. 1 S. 1 lit. f DS-GVO beruht, sind die berechtigten Interessen, die durch den Verantwortlichen oder einen Dritten verfolgt werden, hier die Bonitätsprüfung, zu benennen. Eine Einwilligung ist in diesem Falle nicht nötig (so zur vergleichbaren Rechtslage des § 28 Abs. 1 S. 1 Nr. 2 BDSG aF: BlnDSB TB 2012 S. 131; Oelschlägel/Scholz/Oelschlägel Handbuch Versandhandelsrecht S. 188 f.; Forgó/Helfrich/Schneider Betr. Datenschutz-HdB/Conrad/Dovas Teil IX Kap. 2 Rn. 89).

Art. 13 Abs. 2 DS-GVO sieht vor, dass der Verantwortliche weitere Informationen erteilt, die notwendig sind, um eine faire und transparente Verarbeitung zu gewährleisten. Sofern die Erhebung von Daten durch den Verantwortlichen gesetzlich oder vertraglich vorgeschrieben ist, muss zudem darüber belehrt werden, ob die betroffene Person verpflichtet ist, die personenbezogenen Daten bereitzustellen, und welche mögliche Folgen die Nichtbereitstellung hätte, Art. 13 Abs. 2 lit. e DS-GVO. Die Verpflichtung zur Datenerhebung könnte sich aus den in der Einleitung genannten Gründen zur Bonitätsprüfung oder zur Betrugs- und/oder Geldwäschebekämpfung ergeben (vgl. Plath/Kamlah DS-GVO Art. 13 Rn. 22), was in das Muster aufzunehmen wäre. Die Weigerung der Bereitstellung dieser Daten dürfte dazu führen, dass der betreffende Vertrag nicht geschlossen werden darf (vgl. Plath/Kamlah DS-GVO Art. 13 Rn. 22), was ebenfalls in das Muster aufzunehmen wäre. Die Informationen können wie vorliegend direkt in der Selbstauskunft erfolgen.

Gem. Art. 13 Abs. 1 lit. e DS-GVO ist über die Empfänger oder Kategorien von Empfängern der personenbezogenen Daten zu informieren.

Zudem ist gem. Art. 13 Abs. 2 lit. b DS-GVO auf die Rechte des Betroffenen gem. Art. 15 ff. DS-GVO, mithin das Bestehen eines Rechts auf Auskunft seitens des Verantwortlichen über die betreffenden personenbezogenen Daten sowie auf Berichtigung oder Löschung oder auf Einschränkung der Verarbeitung oder eines Widerspruchsrechts gegen die Verarbeitung sowie des Rechts auf Datenübertragbarkeit, hinzuweisen. Es dürfte nicht erforderlich sein, die einzelnen Artikel im Wortlaut wiederzugeben, sodass der Hinweis auf das Bestehen der entsprechenden Rechte mit den jeweiligen Verweisen auf die entsprechenden Artikel ausreichen dürfte (so auch Plath/Kamlah DS-GVO Art. 13 Rn. 19). Rein vorsorglich wird zudem am Ende des § 5 auf die entsprechende Datenschutzerklärung, welche ggf. entsprechend ergänzt werden kann, und auf den vollständigen Wortlaut der DS-GVO, verwiesen.

Zusätzlich zu den bereits erteilten Informationen ist gem. Art. 13 Abs. 2 lit. a DS-GVO über die Dauer, für die die personenbezogenen Daten gespeichert werden oder, falls dies nicht möglich ist, die Kriterien für die Festlegung dieser Dauer zu informieren. Zulässig ist es, wie vorliegend vorgesehen, auf den Erforderlichkeitsgrundsatz abzustellen (Plath/Kamlah DS-GVO Art. 13 Rn. 18).

Die Information über das bestehende Widerspruchsrecht gem. Art. 13 Abs. 2 lit. b iVm Art. 21 DS-GVO muss zudem in einer verständlichen und von den anderen Informationen getrennten Form erfolgen, weshalb sich eine drucktechnische Hervorhebung durch Fettschrift oder Unterstreichung empfiehlt (vgl. Gola/Heckmann/

Schulz DS-GVO Art. 21 Rn. 28; vgl. Plath/Kamlah DS-GVO Art. 21 Rn. 13; vorliegende Formulierung zum Widerspruchsrecht nach Sörup ArbRAktuell 2016, 207 (212)).

Sofern ein Datenschutzbeauftragter bestellt ist, sind dessen Kontaktdaten bei der Erhebung personenbezogener Daten anzugeben, Art. 13 Abs. 1 lit. b DS-GVO. Da die Bekanntgabe des Namens des betrieblichen Datenschutzbeauftragten nicht erforderlich ist, reicht es aus, wenn eine E-Mailadresse mit „Datenschutz" oder „Datenschutzbeauftragter" angegeben wird (Plath/Kamlah DS-GVO Art. 13 Rn. 10).

Auch auf das Bestehen eines Beschwerderechts bei einer Aufsichtsbehörde ist gem. Art. 13 Abs. 2 lit. d DS-GVO hinzuweisen.

**6. Vollständigkeitsvermutung.** Die Vollständigkeitserklärung dient insbesondere dazu, dem Unterzeichner die Bedeutung seiner Angaben eindringlich deutlich zu machen. Die Angaben sollen richtig und zugleich vollständig sein. Eine unzutreffende Angabe kann im Einzelfall dem Darlehensgeber das Recht zur außerordentlichen Kündigung ermöglichen. Diese Klausel dürfte einer AGB-Kontrolle gem. § 309 Nr. 12 BGB standhalten, da es dem Antragsteller nicht verwehrt ist, zu beweisen, dass mündliche Angaben getätigt wurden (vgl. Ulmer/Brandner/Hensen/Habersack, AGB-Recht, BGB § 309 Nr. 12 Rn. 23). Eine andere Bewertung würde allenfalls dazu führen, dass die Klausel des § 6 unwirksam wäre und damit ersatzlos entfiele (Clemenz/Kreft/Krause/Schlewing AGB-ArbeitsR BGB § 309 Rn. 152).

**7. Unterschriften.** Die Selbstauskunft endet mit den Unterschriften der Antragsteller. Hierbei sind Ort und Datum anzugeben.

## 3. Mieter-Selbstauskunft

Hinsichtlich des Begriffs und den grundsätzlichen gesetzlichen Vorgaben zu einer Selbstauskunft kann auf die Ausführungen zu der Selbstauskunft bei Darlehen verwiesen werden (→ Form. I. IV.2.). Selbstauskünfte des Mietbewerbers sowie Mieterangaben im Mietvertrag unterliegen dem Datenschutz (Lammel AnwK WRMR BGB § 535 Rn. 40). Wie bei der Selbstauskunft bei Darlehen ist es aufgrund des Verbotsprinzips notwendig, dass ein Erlaubnistatbestand des Art. 6 DS-GVO vorliegt. Die Einwilligung scheidet hier als Erlaubnistatbestand aus, da die „Freiwilligkeit" der Einwilligungserklärung nicht vorliegt.

Die Verarbeitung der Daten ist zunächst insoweit zulässig, als es für die Erfüllung eines Vertrags, dessen Vertragspartei die betroffene Person ist, oder zur Durchführung vorvertraglicher Maßnahmen erforderlich ist. Bei dem Abschluss eines Mietvertrags sind bspw. die Adressdaten des Mietbewerbers betroffen. „Zur Erfüllung des Vertragsverhältnisses" setzt jedoch begrifflich voraus, dass ein vertragliches Schuldverhältnis zwischen dem Vermieter und dem Mietbewerber begründet ist. Dieses Stadium ist in einem ersten Besichtigungstermin noch nicht erreicht, sodass bis zu diesem Zeitpunkt lediglich das Erbeten von Angaben zur Identifikation wie Vorname, Name und Anschrift zulässig sind. Zulässig ist es auch, die Angaben durch Vorzeigen eines Personalausweises zu überprüfen und den Umstand der Überprüfung zu dokumentieren, wobei jedoch die Anfertigung einer Ausweiskopie nicht erforderlich und damit unzulässig ist (DSK Orientierungshilfe zur „Einholung von Selbstauskünften bei Mietinteressenten" vom 24.1.2024 Version 1.0 S. 3). Spätestens mit Erklärung des Mietbewerbers, die konkrete Wohnung mieten zu wollen, entsteht jedoch das vorgenannte vorvertragliche Schuldverhältnis, sodass dann Art. 6 Abs. 1 lit. b DS-GVO maßgebend ist. Das nachfolgende Formular ist auf eine Verwendung in diesem Stadium zugeschnitten. Eine Datenverarbeitung kann sodann auch gem. Art. 6 Abs. 1 S. 1 lit. f DS-GVO zulässig sein, wenn eine Abwägung zwischen berechtigten Interessen des Vermieters und des zukünftigen Mieters ergibt, dass die Interessen des Vermieters an der Datenverarbeitung überwiegen. Vermieter haben grundsätzlich ein berechtigtes Interesse daran, die Bonität ihrer zukünftigen Mieter zu prüfen, um die Gefahr eines Zahlungsausfalls zu vermeiden. Eine Einwilligung ist in diesem Falle nicht nötig. Insofern dem Vermieter für die Datenerhebung die gesetzlichen Grundlagen nach Art. 6 Abs. 1 S. 1 lit. b oder lit. f DS-GVO zur Verfügung stehen, ist ein Rückgriff auf die Einholung der Einwilligung unzulässig, da andernfalls für die Mietinteressenten der Eindruck entstehen könnte, dass die Offenbarung und weitere Verarbeitung der Informationen ihrem Wahlrecht unterläge (DSK Orientierungshilfe zur „Einholung von Selbstauskünften bei Mietinteressenten" vom 24.1.2024 Version 1.0 S. 2). Maßgeblich für die Zulässigkeit der einzelnen Fragen des Vermieters ist, inwieweit die Angaben mit dem Mietverhältnis über Wohnraum in einem objektiven Zusammenhang stehen und ob schutzwürdige Interessen des Mietinteressenten am Ausschluss der Datenerhebung bestehen (zum BDSG aF Polenz VuR 2014, 99 (100)). Das Fragerecht des Vermieters reicht mithin nur so weit, als der Vermieter ein berechtigtes, billigenswertes und schutzwürdiges Interesse an der Beantwortung seiner Fragen hat (Wietz WuM 2014, 518 (532) mwN). Per se unzulässig sind daher Fragen nach Heiratsabsichten, Schwangerschaften, Kinderwünschen, Vorstrafen und Mitgliedschaften in Parteien oder Mietvereinen, wohingegen Fragen nach Religion, Rasse, ethnischer Herkunft und Staatsangehörigkeit Verstöße gegen das AGG darstellen dürften (zum BDSG aF Bose ZD-Aktuell 2016, 05132; DSK Orientierungshilfe zur „Einholung von Selbstauskünften bei Mietinteressenten" vom 24.1.2024 Version 1.0 S. 5). Nach § 19 Abs. 3 AGG ist bezüglich „der Rasse, der ethnischen Herkunft und der Religion" bei der Vermietung von Wohnraum eine unterschiedliche Behandlung ausnahmsweise zulässig, wenn dies im Hinblick auf die Schaffung und Erhaltung sozial stabiler Bewohnerstrukturen und ausgewogener Siedlungsstrukturen sowie ausgeglichener wirtschaftlicher, sozialer und kultureller Verhältnisse notwendig ist. Unabdingbare Voraussetzung hierfür ist jedoch, dass ein schlüssiges wohnungspolitisches Konzept vorliegt, welches auch zur Prüfung sachlicher Gründe (vgl. etwa § 20 Abs. 1 Nr. 4 AGG) Auskunft geben muss, die eine Ungleichbehandlung rechtfertigen und folglich zur Entschärfung von Konflikten beitragen können (DSK Orientierungshilfe zur „Einholung von Selbstauskünften bei Mietinteressenten" vom 24.1.2024 Version 1.0 S. 5). Eine Frage zur Staatsangehörigkeit ist nach keinen der Alternativen des Art. 6 Abs. 1 DS-GVO erforderlich und damit unzulässig.

Erst wenn sich jedoch zwei oder mehrere Mietinteressenten für eine konkrete Wohnung entschieden haben, trifft der zukünftige Vermieter seine Entscheidung für einen bestimmten Mietinteressenten. In diesem Stadium ist die weitestgehend zulässige Einholung von Informationen bei dem sog. Erstplatzierten möglich. In diesem fortgeschrittenen Stadium wäre es daher auch zulässig zu erfragen, ob in der Vergangenheit mietvertragliche Pflichtverletzungen begangen wurden, die eine Kündigung gerechtfertigt haben. Auch die Vorlage der Selbstauskunft nach Anfrage bei einer Auskunftei ist sodann möglich. Von den Mietinteressenten dürfen jedoch nur solche Auskünfte angefordert werden, die zum Nachweis ihrer Bonität für den spezifischen Fall der Eingehung eines Mietverhältnisses zB bei Auskunfteien eingeholt werden können und ausschließlich die hierfür erforderlichen Angaben enthalten. Die Einholung hierüber hinausgehender Informationen wäre somit unzulässig (vgl. zu diesem Themenkomplex DSK Orientierungshilfe zur „Einholung von Selbstauskünften bei Mietinteressenten" vom 24.1.2024 Version 1.0 S. 8).

In allen Stadien der Kontaktaufnahme müssen jedoch stets nur zulässige Fragen im Rahmen einer Selbstauskunft vollständig und richtig beantwortet werden (vgl. Schmidt-Futterer/Streyl BGB § 543 Rn. 74; Intveen MietRB 2006, 222 (222)).

Eine vorsätzlich falsche Selbstauskunft zu vertragswesentlichen Punkten kann ein Recht zur Anfechtung des Mietvertrags gem. § 123 BGB begründen (OLG Koblenz 6.5.2008 – 5 U 28/08, WuM 2008, 471; LG Itzehoe 28.3.2008 – 9 S 132/07, WuM 2008, 281 (281 f.)). Weiterhin entsteht ein Recht zur außerordentlichen Kündigung gem. §§ 543 Abs. 1, 569 BGB (OLG Koblenz 6.5.2008 – 5 U 28/08, WuM 2008, 471; LG München I 25.3.2009 – 14 S 18532/08, WuM 2009, 348; Erman/Lützenkirchen BGB § 543 Rn. 8). Teilweise wird vertreten, dass nach Invollzugsetzung des Mietverhältnisses die Anfechtungsregeln dem Charakter des Dauerschuldverhältnisses nicht mehr gerecht werden und insoweit von den Spezialvorschriften des Mietrechts verdrängt werden (so wohl das LG Wiesbaden 29.4.2004 – 2 S 112/03, WuM 2004, 399; LG Wuppertal 17.11.1998 – 16 S 149/98, WuM 1999, 39), sodass in diesem Fall die Kündigung vorrangig vor der Anfechtung zur Anwendung käme.

Grundsätzlich dürfen personenbezogene Daten gem. Art. 5 Abs. 1 lit. e DS-GVO, also auch im Rahmen einer Mieter-Selbstauskunft, so lange gespeichert werden, bis sie für den Zweck, für den sie erhoben wurden, nicht mehr erforderlich sind. Die Daten der ausgeschiedenen Mietinteressenten sind daher grundsätzlich zu löschen, sobald der Mietvertrag mit einem Mitbewerber geschlossen wird. Sofern dem Vermieter jedoch valide Anhaltspunkte dafür vorliegen, dass er von einem nicht berücksichtigten Bewerber verklagt werden könnte, dürfen die Daten ausnahmsweise für die Dauer dieser Auseinandersetzung gespeichert werden. Für diesen Ausnahmetatbestand des Art. 17 Abs. 3 lit. e DS-GVO ist es jedoch erforderlich, dass die Auseinandersetzung ansteht oder mit hinreichender Wahrscheinlichkeit zu erwarten ist, sodass die bloß theoretische Möglichkeit einer Auseinandersetzung nicht ausreicht (vgl. Eisenschmid NZM 2019, 313 (325)). Mit der wirksamen Einwilligung des Mietinteressenten ist es zudem zulässig, dessen Daten in einen „Mietinteressentenpool" aufzunehmen und ihnen zukünftig auch andere Wohnungen anzubieten.

## Mieter-Selbstauskunft

| Nr. | Selbstauskunft | Mietinteressent | ggf. Mitbewerber |
|---|---|---|---|
| 1. | Personalien[1]<br>Vollständiger Name<br>(ggf. mit Geburtsname)<br>Geburtsdatum<br>derzeitige Anschrift<br>Telefonnummer | | |

| Nr. | Selbstauskunft | Mietinteressent | ggf. Mitbewerber |
|---|---|---|---|
| 2. | Beruf und derzeitiger Arbeitgeber[2] | | |
| 3. | monatliches Nettoeinkommen[3] | | |
| 4. | Ist ein Gewerbebetrieb beabsichtigt?[4] | | |
| 5. | Welche Haustiere (außer Kleintiere) sollen gehalten werden?[5] | | |

6. Angaben zum im Haushalt lebenden Personen, die nicht Mietpartei werden:[6]

| Name | Vorname | Geburtsdatum |
|---|---|---|
| | | |
| | | |
| | | |

7. Liegen oder lagen gegen den Mietinteressenten bzw. den Mitbewerber in den letzten fünf Jahren Einkommenspfändungen vor? Falls ja, in welcher Höhe?[7]

| Mietinteressent | Mitbewerber |
|---|---|
| ja/nein | ja/nein |
| Höhe: | Höhe: |

8. Hat der Mietinteressent oder der Mitbewerber in den letzten zwei Jahren eine Vermögensauskunft (eidesstattliche Versicherung) abgegeben?[8]

| Mietinteressent | Mitbewerber |
|---|---|
| ja/nein | ja/nein |

9. Führen der Mietinteressent oder der Mitbewerber derzeit ein außergerichtliches Schuldenbereinigungsverfahren zur Vorbereitung eines Insolvenzverfahrens durch, ist über deren Vermögen das Insolvenzverfahren innerhalb der letzten fünf Jahre eröffnet worden oder ist dessen Eröffnung beantragt?[9]

| Mietinteressent | Mitbewerber |
|---|---|
| ja/nein | ja/nein |
| aktueller Sachstand: | aktueller Sachstand: |

10. Sind gegen den Mietinteressenten oder den Mitbewerber in den letzten fünf Jahren Vollstreckungsmaßnahmen oder Räumungsklagen wegen mietrechtlicher Pflichtverstöße eingeleitet oder durchgeführt worden?[10]

| Mietinteressent | Mitbewerber |
|---|---|
| ja/nein | ja/nein |
| Falls ja, welche? | Falls ja, welche? |

11. Informationen[11]

Im Folgenden informieren wir Sie über die Erhebung personenbezogener Daten bei Geschäftsabschlüssen. Personenbezogene Daten sind alle Daten, die auf Sie persönlich beziehbar sind, also zB Name, Adresse und E-Mail-Adressen. Verantwortlicher gem. Art. 4 Ziff. 7 DS-GVO ist [Name und Kontaktdaten des Verantwortlichen sowie seines Vertreters]. Namens- und Adressdaten werden von uns erhoben, gespeichert und ggf. weitergegeben, soweit es erforderlich ist, um die vertraglichen Leistungen zu erbringen. Die Erhebung, Speicherung und Weitergabe erfolgt mithin zum Zwecke der Erfüllung des Vertrags aufgrund der Rechtsgrundlage des Art. 6 Abs. 1 S. 1 lit. b DS-GVO. Die Erhebung, Speicherung und Weitergabe sämtlicher personenbezogener Daten erfolgt zudem aufgrund der Rechtsgrundlage des Art. 6 Abs. 1 S. 1 lit. f DS-GVO zum Zweck der Prüfung der Bonität (Fragen 1 bis 3 und 7 bis 10) und zum Zweck der Prüfung, ob die örtlichen Gegebenheiten die voraussichtliche Nutzung adäquat ermöglichen (Fragen 4 bis 6). Eine Nichtbereitstellung dieser Daten kann zur Folge haben, dass der Vertrag nicht geschlossen werden kann. [Wir übermitteln personenbezogene Daten an […]]. Eine nichtöffentliche Quelle, aus der personenbezogene Daten von Ihnen stammen, kann Ihr vorheriger Vermieter sein.

Sie haben das Recht, von uns jederzeit Auskunft zu verlangen über die zu Ihnen bei uns gespeicherten personenbezogenen Daten (Art. 15 DS-GVO). Dies betrifft auch die Empfänger oder Kategorien von Empfängern, an die ihre Daten weitergegeben werden und den Zweck der Speicherung. Zudem haben Sie das Recht, unter den Voraussetzungen des Art. 16 DS-GVO die Berichtigung und/oder unter den Voraussetzungen des Art. 17 DS-GVO die Löschung und/oder unter den Voraussetzungen des Art. 18 DS-GVO die Einschränkung der Verarbeitung zu verlangen. Ferner können Sie, sofern die Voraussetzungen des Art. 20 DS-GVO vorliegen, eine Datenübertragung verlangen. Personenbezogene Daten werden nur so lange gespeichert, wie dies zur jeweiligen Zweckerreichung, dies entspricht in der Regel der Vertragsdauer, erforderlich ist.

Im Fall einer Verarbeitung personenbezogener Daten zur Wahrnehmung von im öffentlichen Interesse liegenden Aufgaben (Art. 6 Abs. 1 S. 1 lit. e DS-GVO) oder zur Wahrnehmung berechtigter Interessen (Art. 6 Abs. 1 S. 1 lit. f DS-GVO) können Sie der Verarbeitung der Sie betreffenden personenbezogenen Daten jederzeit mit Wirkung für die Zukunft widersprechen. Im Fall des Widerspruchs haben wir jede weitere Verarbeitung Ihrer Daten zu den vorgenannten Zwecken zu unterlassen, es sei denn,
- es liegen zwingende, schutzwürdige Gründe für eine Verarbeitung vor, die Ihre Interessen, Rechte und Freiheiten überwiegen, oder
- die Verarbeitung ist zur Geltendmachung, Ausübung oder Verteidigung von Rechtsansprüchen erforderlich.

Einer Verwendung Ihrer Daten zum Zwecke der Direktwerbung können Sie jederzeit mit Wirkung für die Zukunft widersprechen; dies gilt auch für ein Profiling, soweit es mit der Direktwerbung in Verbindung steht. Im Fall des Widerspruchs haben wir jede weitere Verarbeitung Ihrer Daten zum Zwecke der Direktwerbung zu unterlassen.

Alle Informationswünsche, Auskunftsanfragen oder Widersprüche zur Datenverarbeitung richten Sie bitte per E-Mail an [SOFERN EIN DATENSCHUTZBE-

AUFTRAGTER BESTELLT IST: unseren Datenschutzbeauftragten unter] [Datenschutz@Domain.tld] oder an die unter [...] genannte Adresse. Für nähere Informationen verweisen wir auf den vollständigen Text der DS-GVO, welcher im Internet unter [http://www.example.com] verfügbar ist [und unsere Datenschutzerklärung, welche im Internet unter [http://www.example.com] einsehbar ist]. Ferner haben Sie die Möglichkeit, sich bei der für Sie zuständigen Aufsichtsbehörde über datenschutzrechtliche Sachverhalte zu beschweren.

12. Vollständigkeitsvermutung[12]

Es wird vermutet, dass die Angaben vollständig und richtig sind. Mündliche Angaben sind vom Unterzeichner zu beweisen.

13. Unterschriften[13]

| Nr. | | Antragsteller | Mitantragsteller |
|---|---|---|---|
| | Ort, Datum | | |
| | Unterschrift | | |

## Anmerkungen

**1. Angaben zur Person.** Angaben zur Person sind zunächst diejenigen, die erforderlich sind, um den zukünftigen Vertragspartner identifizieren zu können (AnwHdB MietR/Dickersbach Kap. I., Rn. 185m mwN). Zu den hierzu erforderlichen Daten gehören der vollständige Nae, die Anschrift und das Geburtsdatum. In dem Stadium des vorvertraglichen Schuldverhältnisses ist es zulässig, auch die aktuellen Kommunikationsdaten wie bspw. die Telefonnummer (AnwHdB MietR/Dickersbach Kap. I, Rn. 185m mwN) zu erfragen.

**2. Beruf und derzeitiger Arbeitgeber.** Da Beruf (zum BDSG aF LG München I 25.3.2009 – 14 S 18532/08, WuM 2009, 348 (348); LG Itzehoe 28.3.2008 – 9 S 132/07, WuM 2008, 281 (281); AnwHdB MietR/Dickersbach Kap. I. Rn. 185m; Intveen MietRB 2006, 222; Polenz VuR 2014, 99 (101)) und Arbeitsstelle (zum BDSG aF LG Köln 1.12.1983 – 1 S 73/83, WuM 1984, 297 (298); AG Bonn 23.7.1991 – 6 C 271/91, WuM 1992, 597 (597); AnwHdB MietR/Dickersbach Kap. I. Rn. 185m; Polenz VuR 2014, 99 (101); aA AG Rendsburg 5.7.1990 – 3 C 241/90, WuM 1990, 507 (507); AG Kaiserslautern 29.1.1987 – C 20/87, WuM 1987, 378 (379)) regelmäßig die Basis für den Bezug eines Einkommens darstellen, sind entsprechende Fragen zulässig (so auch DSK Orientierungshilfe zur „Einholung von Selbstauskünften bei Mietinteressenten" vom 24.1.2024 Version 1.0 S. 6). Vom Sicherungsbedürfnis eines Vermieters nicht mehr gedeckt sind hingegen Fragen zur Dauer einer Beschäftigung, da in einer mobilen Gesellschaft die Beantwortung dieser Frage keine verlässliche Aussage mehr über die Fortdauer und Beständigkeit einer Beschäftigung zulässt (DSK Orientierungshilfe zur „Einholung von Selbstauskünften bei Mietinteressenten" vom 24.1.2024 Version 1.0 S. 6; vgl. zum BDSG aF Polenz VuR 2014, 99 (101)).

**3. Monatliches Nettoeinkommen.** Mit Blick auf die Ausführungen in → Anm. 2 ist auch die Frage nach der Höhe des Einkommens zulässig (LG München I

25.3.2009 – 14 S 18532/08, WuM 2009, 348; LG Itzehoe 28.3.2008 – 9 S 132/07, WuM 2008, 281; AnwHdB MietR/Dickersbach Kap.I.Rn. 185m). Fragen nach den Einkommensverhältnissen sind jedoch unzulässig, wenn die Mietzahlungen vollständig von einer öffentlichen Stelle übernommen und direkt an den Vermieter geleistet werden sollen (DSK Orientierungshilfe zur „Einholung von Selbstauskünften bei Mietinteressenten" vom 24.1.2024 Version 1.0 S. 7). In diesem Fall sollte diese Zeile zuvor gestrichen werden. Künftigen Vermietern ist zudem zu empfehlen, bereits bei der Erfragung der Höhe des Nettoeinkommens und der Höhe der monatlichen Belastungen darauf hinzuweisen, dass im Fall einer positiven Entscheidung vor Unterzeichnung des Vertrags Nachweise zu den Einkommensverhältnissen (zB eine Lohn- oder Gehaltsabrechnung, ein Kontoauszug oder ein Einkommensteuerbescheid in Kopie jeweils unter Schwärzung der nicht erforderlichen Angaben) vorgelegt werden müssen (DSK Orientierungshilfe zur „Einholung von Selbstauskünften bei Mietinteressenten" vom 24.1.2024 Version 1.0 S. 8).

**4. Beabsichtigter Gewerbebetrieb.** Der Vermieter hat ein berechtigtes Interesse daran, zu erfahren, ob der Mietbewerber die Ausübung eines Gewerbes in der Wohnung beabsichtigt, da es ihm die Beantwortung dieser Fragen ermöglicht einzuschätzen, ob die örtlichen Gegebenheiten die voraussichtliche Nutzung adäquat ermöglichen.

**5. Haustiere.** Stets zulässig ist die Frage des Vermieters zur beabsichtigten Einbringung von Haustieren, die nicht mehr als Kleintiere gelten (Lützenkirchen/Lützenkirchen BGB § 535 Rn. 491; Manger GE 2006, 488 (490); Weichert WuM 1993, 723 (725); DSK Orientierungshilfe zur „Einholung von Selbstauskünften bei Mietinteressenten" vom 24.1.2024 Version 1.0 S. 7). Unzulässig wäre die Frage nur, was bei der Vermietung von Wohnraum jedoch eine Ausnahme darstellen dürfte, wenn die Tierhaltung zum vertragsgemäßen Gebrauch der Mietsache zählt (DSK Orientierungshilfe zur „Einholung von Selbstauskünften bei Mietinteressenten" vom 24.1.2024 Version 1.0 S. 7). Falsche Angaben über die Tierhaltung eröffnen jedoch in der Regel lediglich die Möglichkeit einer Unterlassungsklage oder einer ordentlichen Kündigung nach vorheriger erfolgloser Abmahnung (LG Berlin 13.7.1998 – 62 S 91/98, ZMR 1999, 28 (29)).

**6. Angaben zu den im Haushalt lebenden Personen.** Vergleichbar mit der Begründung in → Anm. 4 hat der Vermieter zudem ein berechtigtes Interesse hinsichtlich der Information über Anzahl und Alter derjenigen Personen, welche – ohne Mietpartei zu werden – die Wohnung beziehen wollen (AnwHdB MietR/Dickersbach Kap.I.Rn. 185m). Die Beantwortung dieser Fragen ermöglicht es dem Vermieter einzuschätzen, ob die örtlichen Gegebenheiten die voraussichtliche Nutzung adäquat ermöglichen. Allein die Frage nach dem Familienstand wäre hingegen unzulässig (Polenz VuR 2014, 99 (101); aA LG Itzehoe 28.3.2008 – 9 S 132/07, WuM 2008, 281; LG Landau 22.1.1985 – 1 S 226/84, WuM 1986, 133; AG Hannover 18.6.1981 – 16a C 176/81, WuM 1983, 142; AnwHdB MietR/Dickersbach Kap. I, Rn. 185m).

**7. Einkommenspfändungen.** Wegen der zentralen Bedeutung der Zahlungsfähigkeit des Mieters sind vorvertragliche Fragen des Vermieters nach einer Pfändung des Arbeitseinkommens, sonstigen Zwangsvollstreckungsmaßnahmen usw zulässig (OLG Koblenz 6.5.2008 – 5 U 28/08, WuM 2008, 471).

*Achtermann*

**8. Vermögensauskunft (eidesstattliche Versicherung).** Aus den in → Anm. 7 genannten Gründen ist ebenfalls die Frage, ob vor Erteilung der Selbstauskunft eine Vermögensauskunft (eidesstattliche Versicherung) abgegeben wurden, zulässig (LG Wuppertal 17.11.1998 – 16 S 149/98, WuM 1999, 39 (40); AG München 10.7.2015 – 411 C 26176/14, ZMR 2016, 121 (122)). Bei der Abgabe einer Versicherung an Eides statt im Rahmen einer Vermögensauskunft (§ 802c Abs. 3 ZPO) sind Mietzinsansprüche des Vermieters jedoch nicht in gleicher Weise gefährdet wie in den unter → Anm. 7 genannten Gründen. Daher wurde vorliegend der zeitliche Umfang der Frage auf zwei Jahre begrenzt.

**9. Außergerichtliche Schuldenbereinigung/Insolvenzverfahren.** Sofern über das Vermögen eines Mietinteressenten bzw. Mietbewerbers das Insolvenzverfahren eröffnet wurde, besteht vor Abschluss eines Mietvertrags die Pflicht, den potenziellen Vermieter ungefragt darüber aufzuklären (LG Bonn 16.11.2005 – 6 T 312/05 und 6 S 226/05, WuM 2006, 24; vgl. auch AG Hamburg 6.5.2003 – 48 C 636/02, ZMR 2003, 744). Angesichts der Bedeutung der Verfahren für die Beurteilung der Bonität ist auch die Frage nach der Durchführung eines außergerichtlichen Schuldenbereinigungsverfahrens zur Vorbereitung eines Insolvenzverfahrens und die Frage nach einem gestellten Insolvenzeröffnungsantrag zulässig.

**10. Räumungsklagen/Vollstreckungsmaßnahmen.** In Anbahnung des Mietverhältnisses ist bei Einholung einer Selbstauskunft die Frage zulässig, ob in den letzten fünf Jahren Vollstreckungsmaßnahmen oder Räumungsklagen wegen mietrechtlicher Pflichtverstöße eingeleitet oder durchgeführt wurden (LG Wuppertal 17.11.1998 – 16 S 149/98, WuM 1999, 39 (40); vgl. auch OLG Koblenz 6.5.2008 – 5 U 28/08, WuM 2008, 471 und AnwHdB MietR/Dickersbach Kap. I. Rn. 185m).

**11. Informationen.** Personenbezogene Daten, die zur Erfüllung von Verträgen erhoben werden, unterfallen der DS-GVO. Eine Verpflichtung zur ausdrücklichen Information über erhobene Daten besteht gem. Art. 13 Abs. 4 DS-GVO nur insoweit, als die betroffene Person nicht bereits über die Informationen verfügt. Sofern anderweitig eine entsprechende Information erfolgt, kann das Muster entsprechend angepasst werden.

Grundsätzlich empfiehlt sich ein entsprechender ausführlicher Hinweis in der Selbstauskunft. Nach Art. 13 Abs. 1 lit. a DS-GVO sind Namen und die Kontaktdaten des Verantwortlichen sowie ggf. seines Vertreters aufzuführen. Muss der Verantwortliche gem. Art. 27 DS-GVO einen Vertreter in der Europäischen Union (Art. 4 Nr. 17 DS-GVO) bestellen, so muss er der betroffenen Person gem. Art. 13 Abs. 1 lit. a DS-GVO auch Namen und Kontaktdaten des Vertreters mitteilen (Kühling/Buchner/Bäcker DS-GVO Art. 13 Rn. 23). Neben der exakten Firmierung genügt die postalische Anschrift (Plath/Kamlah DS-GVO Art. 13 Rn. 9). Gem. Art. 13 Abs. 1 lit. c DS-GVO sind die Zwecke sowie die Rechtsgrundlage für die Verarbeitung anzugeben. Soweit die Erhebung der Daten notwendig ist, um die vertraglichen Leistungen zu erbringen, ist diese gem. Art. 6 Abs. 1 S. 1 lit. b DS-GVO zulässig. Bei dem Abschluss eines Mietvertrags sind dies bspw. Adressdaten. Im Rahmen der Entscheidung über den Abschluss eines Mietvertrags dürfte jedoch die Erhebung sämtlicher bonitätsrelevanten Daten notwendig sein, um die vertraglichen Leistungen zu erbringen (vgl. Gola/Heckmann/Schulz DS-GVO Art. 6 Rn. 42). Eine Datenverarbeitung kann weiterhin gem. Art. 6 Abs. 1 S. 1 lit. f DS-GVO zulässig sein, wenn eine Abwägung zwischen berechtigten Interessen des Vermieters und des Mieters ergibt, dass die Interessen des Vermieters überwiegen. Vermieter haben grundsätzlich ein berechtigtes Interesse daran, die Bonität ihrer zukünftigen Mieter zu prüfen, um die Gefahr eines Zahlungsausfalls zu vermeiden. Ebenfalls besteht ein berechtigtes Interesse zur Prüfung, ob die örtlichen Gegebenheiten die voraussichtliche Nutzung adäquat ermöglichen. Da die entsprechende Datenverarbeitung sodann auf Art. 6 Abs. 1 S. 1 lit. f DS-GVO beruht, sind die berechtigten Interessen, die von dem Verantwortlichen oder einem Dritten verfolgt werden, hier die Bonitätsprüfung und die Wohnungseignungsprüfung, zu benennen. Eine Einwilligung ist in diesem Falle nicht nötig (so zur vergleichbaren Rechtslage des § 28 Abs. 1 S. 1 Nr. 2 BDSG aF BlnDSB TB 2012 S. 131; Oelschlägel/Scholz/Oelschlägel, Handbuch Versandhandelsrecht, S. 188 f.; Forgó/Helfrich/Schneider Betr. Datenschutz-HdB/Conrad/Dovas Teil IX Kap. 2 B.II.2. Rn. 89).

Gem. Art. 13 Abs. 1 lit. e DS-GVO ist über die Empfänger oder Kategorien von Empfängern der personenbezogenen Daten zu informieren.

Art. 14 Abs. 2 lit. f DS-GVO sieht ferner eine Informationspflicht darüber vor, aus welcher Quelle die personenbezogenen Daten stammen und ob diese ggf. aus öffentlich zugänglichen Quellen stammen.

Zudem ist gem. Art. 13 Abs. 2 lit. b DS-GVO auf die Rechte des Betroffenen gem. Art. 15 ff. DS-GVO, mithin das Bestehen eines Rechts auf Auskunft seitens des Verantwortlichen über die betreffenden personenbezogenen Daten sowie auf Berichtigung oder Löschung oder auf Einschränkung der Verarbeitung oder eines Widerspruchsrechts gegen die Verarbeitung sowie des Rechts auf Datenübertragbarkeit, hinzuweisen. Es ist in diesem Zusammenhang nicht erforderlich, die einzelnen Artikel im Wortlaut wiederzugeben, sodass der Hinweis auf das Bestehen der entsprechenden Rechte mit den jeweiligen Verweisen auf die entsprechenden Artikel ausreicht (so auch Plath/Kamlah DS-GVO Art. 13 Rn. 19). Rein vorsorglich wird zudem am Ende der Ziff. 11 auf die entsprechende Datenschutzerklärung, welche ggf. entsprechend ergänzt werden kann, und auf den vollständigen Wortlaut der DS-GVO hingewiesen.

Zusätzlich zu den bereits erteilten Informationen ist gem. Art. 13 Abs. 2 lit. a DS-GVO über die Dauer, für die die personenbezogenen Daten gespeichert werden oder, falls dies nicht möglich ist, über die Kriterien für die Festlegung dieser Dauer zu informieren. Zulässig ist es, wie vorliegend vorgesehen, auf den Erforderlichkeitsgrundsatz abzustellen (Plath/Kamlah DS-GVO Art. 13 Rn. 18).

Sofern die Erhebung von Daten durch den Verantwortlichen gesetzlich oder vertraglich vorgeschrieben ist, muss zudem gem. Art. 13 Abs. 2 lit. e DS-GVO darüber belehrt werden, ob die betroffene Person verpflichtet ist, die personenbezogenen Daten bereitzustellen und welche möglichen Folgen die Nichtbereitstellung hätte. Im Einzelfall könnte bspw. die Betrugs- und/oder Geldwäschebekämpfung einen gesetzlich vorgegebenen Grund darstellen (vgl. Plath/Kamlah DS-GVO Art. 13 Rn. 22), was sodann im Muster zu ergänzen wäre. Die Informationen könnten wie vorliegend direkt in der Selbstauskunft erfolgen.

Die Information über das bestehende Widerspruchsrecht gem. Art. 13 Abs. 2 lit. b iVm Art. 21 DS-GVO muss zudem in einer verständlichen und von den anderen Informationen getrennten Form erfolgen, weshalb sich eine drucktechnische Hervorhebung durch Fettschrift oder Unterstreichung empfiehlt (vgl. Gola/Heckmann/Schulz DS-GVO Art. 21 Rn. 28; vgl. Plath/Kamlah DS-GVO Art. 21 Rn. 13; vorliegende Formulierung zum Widerspruchsrecht nach Sörup ArbRAktuell 2016, 207 (212)).

*Achtermann*

Sofern ein Datenschutzbeauftragter bestellt ist, sind dessen Kontaktdaten bei der Erhebung personenbezogener Daten anzugeben, Art. 13 Abs. 1 lit. b DS-GVO. Da die Bekanntgabe des Namens des betrieblichen Datenschutzbeauftragten nicht erforderlich ist, reicht es aus, wenn eine E-Mailadresse mit „Datenschutz" oder „Datenschutzbeauftragter" angegeben wird (Plath/Kamlah DS-GVO Art. 13 Rn. 10). Art. 13 Abs. 2 DS-GVO sieht vor, dass der Verantwortliche weitere Informationen erteilt, die notwendig sind, um eine faire und transparente Verarbeitung zu gewährleisten.

Auch auf das Bestehen eines Beschwerderechts bei einer Aufsichtsbehörde ist gem. Art. 13 Abs. 2 lit. d DS-GVO hinzuweisen.

**12. Vollständigkeitsvermutung.** → Form. I. IV.2. Anm. 6.

**13. Unterschriften.** → Form. I. IV.2. Anm. 7.

## 4. Haushaltsrechnung von natürlichen Personen

Die Haushaltsrechnung stellt die Basis jeder soliden Kreditfinanzierung bei natürlichen Personen dar. Durch eine möglichst detaillierte Gegenüberstellung der Einnahmen und Ausgaben im Haushalt wird ermittelt, welcher Betrag zur Verfügung steht, um zukünftig einen etwaigen Kapitaldienst zu erbringen. Die Kenntnis der Kapitaldienstfähigkeit ist neben der Besicherung und der persönlichen Einschätzung des Darlehensnehmers die bedeutendste Determinante der Kreditentscheidung.

Die Datenbasis der Haushaltsrechnung kann die abgegebene Selbstauskunft des potenziellen Darlehensnehmers liefern (→ Form. I. IV.2.). Da nunmehr jedoch die Fähigkeit ermittelt werden soll, monatlich fällig werdende Raten zurückzuführen, sind die Daten zum Einkommen und zu Ausgaben auf eine monatliche Betrachtung umzustellen.

### Haushaltsrechnung von natürlichen Personen

§ 1 Einkommen p. M.[1]

| Nr. | | Antragsteller | Mitantragsteller |
|---|---|---|---|
| 1 | aus Gewerbebetrieb | | |
| 2 | aus selbstständiger Arbeit | | |
| 3 | aus nichtselbstständiger Arbeit | | |
| 4 | aus Beteiligungen | | |
| 5 | aus sonstigen Kapitalvermögen | | |
| 6 | aus Vermietung und Verpachtung | | |
| 7 | Rente/Pension | | |
| 8 | Kindergeld | | |
| 9 | Unterhaltszahlungen | | |
| 10 | sonstige monatliche Einkünfte | | |
| 11 | Summe | | |

§ 2 Ausgaben p. M.[2]

| Nr. | | Antragsteller | Mitantragsteller |
|---|---|---|---|
| 12 | Lebenshaltungskosten | | |
| 13 | Mieten | | |
| 14 | Leasingraten | | |
| 15 | Private Krankenversicherung | | |
| 16 | Berufsunfähigkeitsversicherung | | |
| 17 | Lebens-/Rentenversicherung | | |
| 18 | sonstige Versicherungen | | |
| 19 | Kapitaldienst Immobilienkredite | | |
| 20 | Kapitaldienst sonstige Kredite | | |
| 21 | Steuern und Abgaben | | |
| 22 | Kfz-Kosten | | |
| 23 | Sparraten | | |
| 24 | Unterhaltszahlungen | | |
| 25 | sonstige Zahlungen | | |
| 26 | Summe | | |

§ 3 Frei verfügbares Einkommen[3]

| Nr. | | Antragsteller | Mitantragsteller |
|---|---|---|---|
| 27 | Feld 11 – Feld 26 | | |
| 28 | + Korrekturen (zB Mietersparnis) | | |
| 29 | – Korrekturen (zB zukünftige Raten) | | |
| 30 | Frei verfügbares Einkommen | | |

§ 4 Nicht monatlich eintretende Sondereffekte[4]

| Nr. | | Antragsteller | | | Mitantragsteller | | |
|---|---|---|---|---|---|---|---|
| | | Art | Datum | Betrag | Art | Datum | Betrag |
| 31 | Sondereinnahmen | | | | | | |
| 32 | Sonderausgaben | | | | | | |

## Anmerkungen

**1. Einkommen pro Monat.** Bei den Einkommen sind die tatsächlich monatlich erfolgenden Liquiditätszuflüsse in Euro anzugeben. Im Einzelfall ist zu erwägen, auch regelmäßige unterjährig – aber nicht monatlich – erfolgende Liquiditätsflüsse auf einen monatlichen Eintritt umzurechnen. Sondereffekte in Form von Einmalzahlungen wie Überstundenzuschläge, Einmalzahlungen, Urlaubsgeld, freiwillige Gratifikationen und/oder Weihnachtsgeld, welche nicht monatlich fällig werden, sollten jedoch nicht direkt in die monatliche Haushaltsrechnung einbezogen werden. Es wäre für den Darlehensnehmer unvorteilhaft, derartige Sonder- bzw. Einmaleffekte, obwohl diese nicht monatlich effektiv als Zahlungsstrom fließen, hypothetisch als effektiven monatlichen Zahlungsstrom anzunehmen. Dies würde zu einer Verzerrung der tatsächlich nachhaltigen monatlichen Kapitaldienstfähigkeit führen. Ferner wäre es möglich, dass diese Zahlungen auch aus verschiedenen Gründen ausbleiben. Derartige Sondereffekte können jedoch bei der Vereinbarung von etwaigen Sondertilgungsmöglichkeiten Berücksichtigung finden und sollten daher bei der Erstellung einer Haushaltsrechnung Berücksichtigung finden. Dies erfolgt vorliegend gesondert unter § 4.

**2. Ausgaben pro Monat.** Besondere Schwierigkeiten bereitet häufig die zutreffende Ermittlung der Lebenshaltungskosten. Diese differieren erfahrungsgemäß teilweise erheblich je nach Lebensstil des Darlehensnehmers. Die beste Grundlage für eine belastbare Ermittlung ist ein Haushaltsbuch. Hinsichtlich der Thematik der Sondereffekte gilt auch bei den Ausgaben spiegelbildlich das in → Anm. 1 Gesagte. Gesonderte Liquiditätsabflüsse sind daher unter § 4 zu erfassen, um zukünftige gesonderte Liquiditätsabflüsse bei der Ermittlung der Kapitaldienstfähigkeit zu berücksichtigen.

**3. Frei verfügbares Vermögen.** Durch eine Subtraktion wird schließlich das regelmäßig monatlich frei verfügbare Einkommen ermittelt. Bevor feststeht, welcher Betrag grundsätzlich monatlich für die Rückzahlung von Zins und Tilgung des geplanten Kredits zur Verfügung steht, können im Einzelfall noch Korrekturbuchungen erforderlich werden. Dies ist insbesondere der Fall, wenn mit den Darlehensmitteln Dinge finanziert werden, die sich unmittelbar auf der Einnahmen- und/oder Ausgabenseite auswirken. Als Beispiel sei der Erwerb einer Immobilie genannt, welcher zur Folge hat, dass zukünftig Mietzahlungen entfallen. Ferner ist zu berücksichtigen, dass sich durch die Darlehensaufnahme auch die Ausgabenseite entsprechend verändert.

**4. Sondereffekte.** Unter § 4 sind Sondereffekte in Form von nicht monatlich erfolgenden Liquiditätszu- oder -abflüssen aus den in → Anm. 1 und → Anm. 2 genannten Gründen zu erfassen.

## V. Checkliste bei polizeilichen Auskunftsverlangen

Auskunftsverlangen können von verschiedenen Behörden, von betroffenen Personen sowie von Einrichtungen, Organisationen oder Vereinigungen iSv Art. 80 DS-GVO an den Verantwortlichen gestellt werden. Nachfolgend sollen indes nur die von deutschen Strafverfolgungsbehörden an Verantwortliche gestellten Auskunftsverlangen betrachtet werden bzw. **nur die** darauf vom Verantwortlichen **zu erteilende Auskunft.** Derartige Auskunftsverlangen betreffen in unterschiedlichen Konstellationen **rein textliche personenbezogene Daten,** uU über eine Vielzahl von betroffenen Personen, bis hin zu Audio-, Bild- und Videodaten einzelner Personen. Für die Zulässigkeit ist insbesondere zu beachten, dass **Audio-, Bild- und Videodaten** – abhängig von der konkreten Beschaffenheit im Einzelfall, in Fällen vorliegender Art jedoch regelmäßig (vgl. DSK Positionspapier zur biometrischen Analyse v. 3.4.2019 S. 25) – unter die biometrischen Daten iSv Art. 4 Nr. 14 DS-GVO fallen und deshalb, insbesondere mit Blick auf Art. 9 DS-GVO, mit besonderer Aufmerksamkeit zu behandeln sind. Bildmaterial kann aber auch unter anderen Gesichtspunkten in den Anwendungsbereich von Art. 9 DS-GVO fallen: So kann zB das Tragen einer Brille ein Indiz für eine gesundheitliche Beeinträchtigung der abgebildeten Person sein (vgl. DSK Kurzpapier Nr. 17 zur DS-GVO).

Weil in den hier betrachteten Fällen die Polizei beim Verantwortlichen anfragt, stellt sich die Frage, ob der **sachliche Anwendungsbereich der DS-GVO** für die Beurteilung der Zulässigkeit der Auskunft eröffnet ist. Im Ergebnis ist dies der Fall. Gem. Art. 2 Abs. 2 lit. d DS-GVO findet die Verordnung gerade keine Anwendung auf die Verarbeitung personenbezogener Daten „durch zuständige Behörden **zum Zwecke der Verhütung, Ermittlung, Aufdeckung oder Verfolgung von Straftaten** oder der Strafvollstreckung, einschließlich des Schutzes vor und der Abwehr von Gefahren für die öffentliche Sicherheit". Diesbezüglich sind am 4.5.2016 zwei Richtlinien erlassen worden: einerseits die „grundlegende" **RL 2016/680/EU** „zum Schutz natürlicher Personen bei der Verarbeitung personenbezogener Daten durch die zuständigen Behörden zum Zwecke der Verhütung, Ermittlung, Aufdeckung oder Verfolgung von Straftaten oder der Strafvollstreckung sowie zum freien Datenverkehr" (JI-RL), andererseits die speziellere RL 2016/681/EU „über die Verwendung von Fluggastdatensätzen (PNR-Daten) zur Verhütung, Aufdeckung, Ermittlung und Verfolgung von terroristischen Straftaten und schwerer Kriminalität". Die erstgenannte, allgemeinere Richtlinie bezweckt die Sicherung eines Standards des Datenschutzes auf dem Gebiet der Gefahrenabwehr und der Strafverfolgung (vgl. LfDI Rheinland-Pfalz Datenschutzbericht 2014/2015 S. 17). Sie ersetzt damit den Rahmenbeschluss 2008/977/JI des Rates (näher dazu Schwichtenberg DuD 2016, 605). Diese Richtlinie wird vom BDSG in seinen §§ 45–84 umgesetzt. Die mit dem Auskunftsverlangen angeforderten personenbezogenen Daten dienen der Polizeibehörde in ihrer Funktion als eigene Verantwortliche iSd § 46 Nr. 7 BDSG zur **Analyse des Tathergangs** und **Identifikation einer oder mehrerer Personen(en).** Dies entspricht zwar der vorgenannten Aufzählung des Art. 2 DS-GVO. Jedoch betrifft **Art. 2 Abs. 2 lit. d DS-GVO** die Verarbeitung der personenbezogenen Daten **nur** im **Herrschaftsbereich der**

**Strafverfolgungsbehörde.** Da vorliegend keine Auskunftsverlangen von einer an eine andere Polizeibehörde betrachtet werden, liegt dem Muster die Annahme zugrunde, dass der um Auskunft ersuchte Verantwortliche (der diese Checkliste verwenden kann) kein Verantwortlicher iSd § 46 Nr. 7 BDSG ist (dh Verantwortlicher ist hier eine beliebige andere Behörde oder eine privatwirtschaftliche Stelle wie zB ein Kreditinstitut).

Gegenstand der hiesigen Betrachtung ist wie ausgeführt die auf das Verlangen ggf. zu gebende Auskunft, dh die mit der Bearbeitung bzw. Erfüllung des Verlangens zusammenhängenden **Verarbeitungen** personenbezogener Daten **im Herrschaftsbereich des Verantwortlichen** iSv Art. 4 Nr. 7 DS-GVO. Für die interne Sichtung und Selektion von Daten sowie für die Herausgabe von Daten an die Behörde, die aufgrund des Auskunftsverlangens erfolgt, ist der sachliche **Anwendungsbereich der DS-GVO eröffnet.** Die Checkliste für diese Verarbeitung ist damit insbesondere für die Verwendung durch privatwirtschaftliche Stellen wie zB Kreditinstitute oder andere Verpflichtete gem. § 2 GWG vorgesehen, die regelmäßig mit entsprechenden Auskunftsverlangen konfrontiert werden.

Im Übrigen sei angemerkt, dass nur die von deutschen Strafverfolgungsbehörden gestellten Auskunftsverlangen an jene Verantwortlichen betrachtet werden, die für ihre Auskunft die DS-GVO zu beachten haben. Aufgrund von Art. 95 DS-GVO bleiben demnach hier die auf Verlangen ggf. zu erteilenden Auskünfte durch **Telekommunikationsdiensteanbieter** außen vor. Das aufgrund der **RL 2002/58/EG** harmonisierte Recht ist insoweit weiterhin anwendbar, für die hier in Rede stehenden Auskünfte mithin insbesondere §§ 172–174 TKG. Hinzuweisen ist in diesem Zusammenhang indes darauf, dass der Anwendungsbereich des TKG seitens der Sicherheitsbehörden gern überdehnt wird, nicht selten aufgrund eines unzutreffenden Verständnisses vom Begriff „Telekommunikation" (zur veralteten Ansicht bzgl. E-Mail siehe noch BVerfG 20.12.2018 – 2 BvR 2377/16, ZD 2019, 209 mAnm Bär; inhaltlich überholt durch EuGH 13.6.2019 – C-193/18, MMR 2019, 514 mAnm Spies; iÜ s. auch EuGH 5.6.2019 – C-142/18, MMR 2019, 517).

## Checkliste

### § 1 Allgemeine Identifikation[1]

- Auf welchem Kommunikationsweg wurde das Auskunftsverlangen gestellt (telefonisch/per E-Mail/per Fax/per Post oÄ)?
- bei telefonischem Verlangen: Name und Ausweisnummer des Dienstausweises des Beamten sowie Bezeichnung der Behörde notiert?

### § 2 Formelle Voraussetzungen[2]

- Gibt es einen richterlichen Beschluss?
- Falls nein: Tritt die Polizei als solche auf oder in der Funktion als Ermittlungspersonen der Staatsanwaltschaft?
- Welche Rechtsgrundlage ist für das Auskunftsverlangen genannt?
- Welcher Sachverhalt hat die Veranlassung für das Auskunftsverlangen der Polizei gegeben?
- Ist der Datenschutzbeauftragte eingebunden?
- Ist die (interne) Revision eingebunden worden?
- Besteht eine Informationspflicht gegenüber dem Betroffenen?

§ 3 Materielle Voraussetzungen[3]
- Werden personenbezogene Daten besonderer Kategorien verlangt?[4]
- Werden Bestands- oder Nutzungsdaten iSd TDDDG verlangt?[4]
- Wurden die verlangten Daten hier im Haus (zumindest auch) zum Zwecke der Strafverfolgung erhoben?[4]
- Werden Daten verlangt, die zur Erfüllung der Identifizierungspflichten gem. GWG erhoben wurden?[5]

§ 4 Voraussetzungen der Auskunftserteilung[6]
- Identifizierung der konkret angeforderten personenbezogenen Daten?
- Über welchen Kanal soll die Auskunft erteilt werden und wie wird diesbezüglich die Sicherheit der Verarbeitung gewährleistet?
- Wurde zur Konzeptionierung der Sicherheitsmaßnahmen eine Datenschutz-Folgeabschätzung durchgeführt?
- Müssen vor Erteilung der Auskunft betroffene Personen informiert werden bzw. ist das Vorliegen von Ausnahmen dokumentiert und eine ersatzweise Information der Öffentlichkeit realisiert?

§ 5 Dokumentation[7]
- WER hat eine Herausgabe verlangt (genaue Identifikationsmerkmale sind zu erfassen und revisionssicher zu verwahren, zB Nr. des Dienstausweises, Behördenstelle, Name etc)?
- WAS wurde genau verlangt (Audio-, Bild-, Videoaufzeichnungen? Welche Zeitabschnitte der Aufnahme)?
- WAS wurde an die Polizei herausgegeben (genaue Beschreibung des Gegenstandes)?
- WANN wurde dies an die Polizei herausgegeben (genaues Datum und Uhrzeit)?
- WIE wurde dies übergeben/übermittelt (zB verschlüsselt/postalisch)?
- Wurde der Erhalt der Daten durch die Polizeibehörde „quittiert" bzw. der elektronische Eingang bestätigt?

## Anmerkungen

**1. Identifizierung.** Vorgaben zum Mindestumfang oder zur Art und Weise der Identifizierung der anfragenden Behörde, die durch den Verantwortlichen auszuführen ist, sind der DS-GVO nicht unmittelbar zu entnehmen. Jedoch ergibt es sich zumindest mittelbar aus Art. 4 Nr. 10 iVm Erwgr. 31 DS-GVO sowie aus Art. 15 Abs. 1 iVm Erwgr. 64 DS-GVO, dass sich der Verantwortliche (zB die Bank) die wesentlichen Stammdaten des auskunftsersuchenden Beamten nachweisen lassen muss. Dies sollte üblicherweise bereits durch eine schriftliche Anfrage der Behörde, zB per Post, oder praktikabler per Fax erfolgen, aus der sich die entsprechenden Identifikationsmerkmale, wie zB die Dienstnummer, der Name und Dienstrang, die ausstellende Behörde, der Sitz und die Kontaktdaten der Behörde ergeben. Aufgrund der erhöhten Dokumentationspflichten, die sich aus der DS-GVO im Vergleich zum BDSG aF ergeben, sollten diese Informationen zumindest in Textform dokumentiert und archiviert werden (→ Form. A. I.). Dies dient dem Nachweis, dass der Verantwortliche nicht fahrlässig personenbezogene Daten an einen nicht legitimierten

Dritten herausgegeben hat. Die Behörde ist hier „Dritter“ iSd Art. 4 Nr. 10 DS-GVO; hingegen nicht „Empfänger“, vgl. Art. 4 Nr. 9 S. 2 Hs. 2 DS-GVO.

Telefonischen Auskunftsverlangen sollte nicht nur aus den vorgenannten Gründen sehr zurückhaltend begegnet werden, zumal das Missbrauchsrisiko in diesem Falle sehr hoch ist (zur Dokumentation vgl. zB Gierschmann/Baumgartner/Lachenmann TTDSG § 22 Rn. 32). Insbesondere ist über diesen Weg eine nachweisliche Verifizierung für die entscheidende Einstufung unmöglich, ob die Polizei in eigener Sache oder im Auftrag der Staatsanwaltschaft agiert, → Anm. 2. Ist der Verantwortliche gewillt, sich auf telefonische Auskunftsverlangen einzulassen, sollte im Minimum in jedem Einzelfall ein Rückruf oder eine andere Form der Kontaktaufnahme, die vom Verantwortlichen ausgeht, zwischengeschaltet werden. Hinsichtlich eines Rückrufs sollte nicht auf die Telefonnummer vertraut werden, die ggf. angegeben wird. Vielmehr ist eine gesonderte Recherche, zB im Internet, zielführend, da jede Behörde eine entsprechende Homepage mit Kontaktdaten vorhält.

**2. Formelle Voraussetzungen.** Zu prüfen ist durch den Verantwortlichen, ob ein richterlicher Beschluss zur Herausgabe bestimmter Daten, etwa eines konkreten Videomaterials, vorliegt. Ist dies der Fall, sollte er zu den Akten genommen werden. Ist es der Beschluss eines Ermittlungsrichters iSv § 162 StPO oder des mit einer Strafsache befassten Gerichts, konkretisiert der Beschluss Rechtspflichten des Verantwortlichen und die Herausgabe kann an die legitimierte Person erfolgen.

Richtet sich ein polizeiliches Auskunftsverlangen auf Bestands- oder Nutzungsdaten iSd TDDDG ist eine sog. Anordnung der zuständigen Stelle iSv § 21 Abs. 2 TDDDG Voraussetzung der Auskunftserteilung, deren Vorhandensein als formelle Voraussetzung für die Zulässigkeit der Auskunft vom Verantwortlichen zu prüfen ist. Hinsichtlich der materiellen Voraussetzungen wirkt diese Anordnung als Konkretisierung der Rechtspflichten des Verantwortlichen. Die Anordnungsbefugnis ergibt sich nicht aus § 21 Abs. 1 TDDDG, sondern es bedarf einer Befugnisnorm im jeweiligen Fachrecht, wie zB § 22a Abs. 1 S. 1 Nr. 2 BPolG.

Polizeiliche und staatsanwaltschaftliche Auskunftsersuchen sind jedenfalls daraufhin zu kontrollieren, ob sie unterschrieben wurden. Dabei muss ergänzend geprüft werden, ob ein Aktenzeichen enthalten ist und auf welche Befugnis das Verlangen gestützt wird, zB auf § 161 iVm § 161a StPO (vgl. Vahldiek/Gürtler Datenschutz in der Bankpraxis S. 194). Soweit in der Literatur auch für staatsanwaltschaftliche Auskunftsersuchen eine materiell-rechtliche Prüfung verlangt wird (so zB Kamp RDV 2007, 236 (240)), dürfte dies regelmäßig durch den Verantwortlichen nicht leistbar sein, erst recht nicht mit Blick auf die Dringlichkeit derartiger Auskunftsersuchen. Eine materiell-rechtliche Prüfungspflicht bezüglich eines staatsanwaltschaftlichen Auskunftsersuchens selbst ist für den durchschnittlichen Verantwortlichen regelmäßig unverhältnismäßig – und ohne vorherige Akteneinsicht auch praktisch kaum zu leisten. Prüfpflichten für jeden Verantwortlichen bestehen indes ausnahmsweise hinsichtlich der Frage, ob dem Verantwortlichen ein Zeugnisverweigerungsrecht zusteht, → Anm. 3. Das regelmäßig aufgrund vertraglicher Vereinbarung bestehende Bankgeheimnis bei Kreditinstituten steht einem solchen Auskunftsverlangen nicht entgegen (Warg MMR 2006, 77 (79f. mwN)). Sollte es sich ausnahmsweise um einen Verantwortlichen mit eigener Rechtsabteilung handeln, kommt eine materiell-rechtliche Prüfungspflicht zwar in Betracht – die Anforderungen an den Verantwortlichen dürfen jedoch nicht überspannt werden.

Das Auskunftsverlangen der Behörde sollte eine Darstellung beinhalten, der zu entnehmen ist, wie die angeforderten Daten konkret die Ermittlungstätigkeit begünstigen. Der Verantwortliche sollte dann zumindest eine Plausibilitätsprüfung durchführen (vgl. v. d. Bussche/Voigt/Voigt/H. Oenning/J. Oenning Konzerndatenschutz Kap. 1 Rn. 75). Sofern diese Prüfung zu einem negativen Ergebnis gelangen sollte, ist dem Auskunftsbegehren nicht nachzukommen. Erforderlichenfalls muss die anfragende Behörde den Umfang der Daten konkretisieren oder weitere Gründe nachreichen, aus denen sich das Auskunftsverlangen rechtfertigt (v. d. Bussche/Voigt/Voigt/H. Oenning/J. Oenning Konzerndatenschutz Kapitel 1 Rn. 75) oder einen Durchsuchungsbeschluss erwirken und sodann die Datenträger vor Ort beschlagnahmen. Liegt der Durchsuchungsbeschluss vor, wird der Verantwortliche der Beschlagnahme in vielen Fällen durch freiwillige Herausgabe zuvorkommen, insbesondere zur Vermeidung von unnötigen Störungen sonstiger Geschäftsabläufe.

Tritt die Polizei nachweislich als sog. „Ermittlungsperson der Staatsanwaltschaft" auf, da sie zuvor von der Staatsanwaltschaft eingeschaltet und mit dem Einfordern der Auskunft bei dem Verantwortlichen beauftragt wurde, so stehen ihr dieselben Rechte und Befugnisse zu wie der Staatanwaltschaft selbst, § 161 Abs. 1 S. 2 StPO (näher Siemienowski BKR 2018, 454 (455 f.)). Handelt die Polizei hingegen in eigener Sache, so kann sie sich nur auf § 163 StPO berufen und bedarf in diesem Fall für ein Auskunftsverlangen der „Gefahr in Verzug", § 163 Abs. 1 S. 2 StPO (vgl. Vahldiek/Gürtler Datenschutz in der Bankpraxis S. 194). Gefahr in Verzug dürfte jedoch in kaum einem Fall gegeben sein, sodass zumindest die Polizei nachweislich als Ermittlungspersonen der Staatsanwaltschaft eingeschaltet sein sollte.

Durch die Polizei muss im Auskunftsersuchen mitgeteilt werden, welcher Sachverhalt zugrunde liegt, damit der Verantwortliche den Zweck der Offenlegung der Daten gegenüber der Polizei belegen kann. Andernfalls ergeben sich für den Verantwortlichen kaum zu überwindende Schwierigkeiten hinsichtlich seiner Rechenschaftspflicht aus Art. 5 Abs. 2 DS-GVO, sodass die Auskunft unterbleiben wird und mit Blick auf die Sanktionen ua des Art. 83 DS-GVO unterbleiben darf. Als Befugnisnormen der Polizei für das Stellen von Auskunftsersuchen kommen regelmäßig die §§ 160, 161, 161a, 163 StPO in Betracht. Es besteht danach die Möglichkeit, den Verantwortlichen bzw. seine Mitarbeiter als Zeugen zu befragen. Gem. § 161a StPO sind Zeugen verpflichtet, zur Sache auszusagen; der Polizeibehörde gegenüber wäre eine Auskunft allerdings freiwillig, sofern nicht Gefahr im Verzug vorliegt oder der Ladung gerade ein Auftrag der Staatsanwaltschaft zugrunde liegt. Über die §§ 95 ff. StPO besteht des Weiteren die Möglichkeit der Beschlagnahme, sofern sich der Verantwortliche die Herausgabe verweigert (dazu auch oben).

Der Datenschutzbeauftragte des Verantwortlichen sollte frühzeitig mit eingebunden werden. Um innerbetriebliche Vorgaben beim Verantwortlichen zu wahren, sollte – sofern vorhanden – auch stets die interne Revision eingeschaltet werden.

**3. Materielle Voraussetzungen – Grundlagen.** Der Systematik der DS-GVO liegt ein Verbot mit Erlaubnisvorbehalt zugrunde, vgl. Art. 6 Abs. 1 S. 1 Hs. 1 DS-GVO. Daher ist, wie schon unter Geltung des BDSG aF, weiterhin davon auszugehen, dass es stets einer rechtsgeschäftlichen Erlaubnis (Einwilligung) oder gesetzlichen Erlaubnis bedarf, damit der Verantwortliche personenbezogene Daten an die Strafverfolgungsbehörden weitergeben darf. Eine Einwilligung scheidet jedoch in Fällen vorliegender Art stets als Erlaubnistatbestand aus, weil die Voraussetzungen ihrer

Wirksamkeit aus den Art. 4 Nr. 11, Art. 7, 8 DS-GVO nicht eingehalten werden können. Denn bei der Herausgabe von strafrechtlich oder polizeirechtlich relevanten Daten tritt der Umstand hinzu, dass die betroffenen Personen aus nachvollziehbaren Gründen regelmäßig hieran kein Interesse haben, um nicht mit den rechtlichen Konsequenzen eines Strafverfahrens oder einer polizeilichen Maßnahme belastet zu werden (Schmidt ZD 2012, 63 (65)).

Die nachstehend erläuterte Verwendung von Begrifflichkeiten im Text der DS-GVO zeigt zwar einige „handwerkliche Unzulänglichkeiten" des Gesetzgebers auf. Sie führt allerdings schlussendlich nicht zu solchen Zweifeln, die ein anderes Ergebnis rechtfertigen würde, als dass die Daten – unter Beachtung gewisser Voraussetzungen – an die Strafverfolgungsbehörden weitergegeben werden können. Diese Überlegungen beginnen damit, dass die Auskunft an die Strafverfolgungsbehörden aus Sicht des Verantwortlichen eine Verarbeitung iSv Art. 4 Nr. 2 DS-GVO darstellt, falls in diesem Sinne eine „Offenlegung durch Übermittlung, Verbreitung oder eine andere Form der Bereitstellung", eine „Verwendung" oder eine unbenannte Art der Verarbeitung vorliegt.

Mit Blick auf die Frage, ob die Erteilung der Auskunft an die Behörde eine „Übermittlung" ist, ist zu beachten, dass abweichend vom früheren § 3 Abs. 4 S. 2 Nr. 3 BDSG aF die DS-GVO nicht regelt, was unter einer Übermittlung zu verstehen ist. Auch die Erwägungsgründe schweigen hierzu. Durch die zitierte Phrase innerhalb von Art. 4 Nr. 2 DS-GVO ergibt sich aber, dass die „Offenlegung" rein begrifflich die Obermenge, die „Übermittlung" eine Teilmenge der verschiedenen Offenlegungen ist.

Früher unterschied man nach der Bekanntgabe (anstatt Offenlegung) gegenüber Dritten, die den Tatbestand der Übermittlung personenbezogener Daten erfüllte, sowie der Bekanntgabe gegenüber zB einer anderen Abteilung innerhalb der verantwortlichen Stelle oder gegenüber dem Auftragsverarbeiter, die mangels Bewertung des Empfängers als Drittem nicht als Übermittlung, sondern als Nutzen personenbezogener Daten iSv § 3 Abs. 5 BDSG zu bewerten war (Lachenmann Datenübermittlung im Konzern S. 38 ff.). Das alte Recht wies dabei in seltenen Fällen unterschiedliche Voraussetzungen für die Zulässigkeit auf, je nachdem, ob die Bekanntgabe als Übermittlung oder als Nutzung zu bewerten war, weil die Erlaubnistatbestände bisweilen sehr ausdifferenziert formuliert waren.

Heute führt jede Offenlegung wegen Art. 4 Nr. 9 S. 1 DS-GVO dazu, dass es zwingend einen „Empfänger" auf der anderen Seite gibt. Da der Empfänger jedoch ausweislich des Wortlauts nicht notwendigerweise ein Dritter sein muss und die „Offenlegung durch eine andere Form der Bereitstellung" lediglich auf die passive Variante des alten Übermittlungsbegriffs abstellt (vgl. dazu § 3 Abs. 4 S. 2 Nr. 3 lit. b BDSG aF: „zum Abruf bereithalten"), spricht alles dafür, das alte (deutsche) Begriffsverständnis der Übermittlung aufzugeben, dh keinen „Dritten" mehr zu fordern. Vielmehr ist heute eine Übermittlung iSd DS-GVO jede aktive Handlung, die eine Offenlegung gegenüber einem einzelnen oder einem bestimmten Kreis von Empfängern (dh „zielgerichtet", in Abgrenzung zur „Verbreitung", die einen unbestimmten Kreis von Empfängern adressiert, zB Zeitung, Internet – idS auch EuGH 6.11.2003 – C-101/01, MMR 2004, 95 Rn. 56 ff.) darstellt.

Schließlich ist festzuhalten, dass eine „Weitergabe" (bewusst nicht: „Offenlegung", es droht ein Zirkelschluss, da die Offenlegung wie dargestellt einen Empfänger voraussetzt) von personenbezogenen Daten an einen Dritten iSv Art. 4 Nr. 10

DS-GVO (wie zB hier an die Strafverfolgungsbehörde) in Ermangelung eines Empfängers (vgl. Art. 4 Nr. 9 S. 2 und Erwgr. 31 DS-GVO) als „Verwendung" iSv Art. 4 Nr. 2 DS-GVO (bzw. früher „Nutzen") durch den Verantwortlichen zu werten ist. Welche Bedeutung Art. 4 Nr. 9 S. 2 DS-GVO zukommt, kann hier offenbleiben. Denn die hilfsweise Bewertung als „Verwendung" durch den Verantwortlichen ergibt sich zwingend aus Erwgr. 50 DS-GVO, weil es dort heißt: „Der Hinweis des Verantwortlichen auf mögliche Straftaten oder Bedrohungen der öffentlichen Sicherheit und die Übermittlung der maßgeblichen personenbezogenen Daten [...] an eine zuständige Behörde sollten als berechtigtes Interesse des Verantwortlichen gelten." Diese und weitere Ausführungen in Bezug auf Art. 6 Abs. 1 S. 1 lit. f DS-GVO wären gegenstandslos, wenn die Weitergabe der Daten an die Strafverfolgungsbehörden schon keine dem Verbot mit Erlaubnisvorbehalt unterliegende Verarbeitung iSv Art. 4 Nr. 2 DS-GVO durch den Verantwortlichen wäre.

4. **Materielle Voraussetzungen – Einzelheiten.** Für die Prüfung der Zulässigkeit der Verarbeitung personenbezogener Daten, die mit Erteilung der Auskunft an die Strafverfolgungsbehörden einhergeht, welche mit dem Auskunftsverlangen angefragt wurden, können prinzipiell zwei wesentliche, praxisrelevante Konstellationen unterschieden werden:

- Abschnitt 1: Auskunftsverlangen durch die Staatsanwaltschaft selbst oder durch die Polizei im Auftrag der Staatsanwaltschaft („Ermittlungspersonen" der Staatsanwaltschaft, §§ 161 Abs. 1, 163 Abs. 3 StPO), vgl. Abs. 1a–1d
- Abschnitt 2: Auskunftsverlangen der Polizei, ohne dass die Polizei im Rahmen eines konkreten Auftrags der Staatsanwaltschaft handelt, § 163 Abs. 1 StPO (Regelfall), vgl. Abs. 2a–2c; Querschnittsproblem, vgl. Abs. 3

Vorab ist zweierlei zu bemerken: einerseits zur Reihenfolge der Darstellung, dass im Folgenden zunächst die Zulässigkeit der Verarbeitung solcher personenbezogener Daten, die mit Erteilung der Auskunft an die Strafverfolgungsbehörden einhergeht, betrachtet wird, die schon zuvor vom Verantwortlichen (zumindest auch) zum Zwecke der Strafverfolgung verarbeitet worden sind (beachte → Anm. 2 aE). Die zusätzlichen Anforderungen an die Zulässigkeit, die zu erfüllen sind, falls es eine Verarbeitung „zu anderen Zwecken" sein sollte, werden weiter unten dargestellt. Andererseits zur Rechtslage, dass Art. 9 DS-GVO den Art. 6 DS-GVO nicht verdrängt. Bei Vorliegen der jeweiligen Tatbestandsvoraussetzungen sind alle in Betracht kommenden Normen zu prüfen (ebenso DSK Kurzpapier Nr. 17 zur DS-GVO; BeckOK DatenschutzR/Lange/Filip DS-GVO Art. 9 Rn. 24 („normative Überlagerung"), Matejek/Mäusezahl ZD 2019, 551 (556) („zusammenwirkende Regelungen")). Dies entspricht nach diesseitiger Auffassung der strafrechtlichen Dogmatik von Grundtatbestand und Qualifikation, wobei hier mehrere Qualifikationen zugleich einschlägig sein können.

Zulässigkeit, Abschnitt 1a – Grundtatbestand (Art. 6 Abs. 1 DS-GVO): In der ersten der beiden zuvor bezeichneten Konstellationen wird der Verantwortliche als Zeuge iSd §§ 48 ff. StPO herangezogen. Ihn treffen daher die dort ausgestalteten Zeugenpflichten. Die Verarbeitung personenbezogener Daten, die mit Erteilung der Auskunft an die Strafverfolgungsbehörden einhergeht, erfolgt daher zum Zwecke der Erfüllung von Rechtspflichten, die den Verantwortlichen treffen. Damit ergibt sich eine Erlaubnis zur Verarbeitung aus Art. 6 Abs. 1 S. 1 lit. c DS-GVO.

Zulässigkeit, Abschnitt 1b – Qualifikation (Art. 10 DS-GVO): Ob die Zulässigkeit der Verarbeitung nicht nur nach Art. 6 Abs. 1 S. 1 DS-GVO, sondern ggf. nach Art. 6 Abs. 1 S. 1 iVm Art. 10 DS-GVO zu beurteilen ist, ist offen. Art. 10 DS-GVO wurde vom europäischen Gesetzgeber unreflektiert übernommen, war die Regelung doch bereits in Art. 8 Abs. 5 DSRL vorhanden. Inhaltlich handelt es sich nach diesseitiger Auffassung um die wohl am meisten ignorierte Vorschrift der alten Richtlinie und nun der DS-GVO. Art. 10 DS-GVO sieht eigentlich ein scharfes Schwert vor, da die Zulässigkeit der Verarbeitung ohne Einschränkung davon abhängig gemacht wird, dass diese „nur unter behördlicher Aufsicht" durchgeführt wird. Eigentlich wäre es am deutschen Gesetzgeber, viele (gesellschaftspolitisch erwünschte) Verarbeitungen im Anwendungsbereich von Art. 10 DS-GVO für zulässig zu erklären, denn dieser enthält diesbezüglich eine Öffnungsklausel.

Von dieser hat der deutsche Gesetzgeber aber (bis auf § 26 Abs. 1 S. 2 BDSG, dazu unten) bis heute keinen Gebrauch gemacht. Erwgr. 50 DS-GVO hilft in Bezug auf die Frage der Zulässigkeit, die Art. 10 DS-GVO aufwirft, nicht weiter. Denn dort wird lediglich festgestellt, dass ein berechtigtes Interesse des Verantwortlichen vorliegt, also eine von drei Voraussetzungen von Art. 6 Abs. 1 S. 1 lit. f DS-GVO vorliegt, wobei Art. 10 DS-GVO dann jedoch erst noch an Art. 6 Abs. 1 DS-GVO tatbestandlich anknüpft. Festzuhalten bleibt, dass das Tatbestandsmerkmal „Straftat" iSv Art. 10 DS-GVO nicht erst erfüllt ist, wenn ein Strafgericht festgestellt hat, dass der Angeklagte eine Tat begangen hat. Denn dann wäre das selbstständige Tatbestandsmerkmal „strafrechtliche Verurteilung" des Art. 10 DS-GVO gegenstandslos. Daher muss der Begriff „Straftat" weit gefasst werden und alle personenbezogenen Daten erfassen, aus denen sich ein Tun oder Unterlassen der betroffenen Person ergibt, welches durch ein Gericht als Straftat gewürdigt werden könnte. Insoweit ist eine Abgrenzung zu Daten, die lediglich den Verdacht einer Straftat begründen, praktisch nicht umsetzbar, sodass auch solche personenbezogenen Daten, aus denen sich der Verdacht einer Straftat ergibt, in den Anwendungsbereich von Art. 10 DS-GVO fallen. Solange es keine gegenläufigen Anordnungen der Datenschutzaufsichtsbehörden oder gar Gerichtsurteile gibt, kann derzeit die einzige pragmatische Vorgehensweise wohl nur darin bestehen, die ggf. einschlägige Zulässigkeitsanforderung (die dem Wortlaut nach etwaig auch bei der Weitergabe von Daten an die Strafverfolgungsbehörden zu beachten wäre) aus Art. 10 DS-GVO, ebenso wie der deutsche Gesetzgeber, nicht zu beachten. Sollte es eines Tages darauf ankommen, wird dem EuGH die schwierige Frage vorzulegen sein, in welchem Verhältnis eine aus dem Strafrecht des Mitgliedstaates herrührende Pflicht zur Weitergabe von Daten an Strafverfolgungsbehörden zu der die Zulässigkeit dieser Weitergabe einschränkenden Regelungen des Art. 10 DS-GVO steht, wenn derselbe Mitgliedstaat es versäumt hat, von der dortigen Öffnungsklausel Gebrauch zu machen. Liegt in anderen Sachverhaltskonstellationen schon keine Pflicht zur Verarbeitung von „Daten über strafrechtliche Verurteilungen und Straftaten" vor, könnte die Fragestellung noch diffiziler werden – was hier jedoch offenbleiben muss.

Zulässigkeit, Abschnitt 1c – Qualifikation (Art. 9 DS-GVO): Soweit die Auskunft personenbezogene Daten besonderer Kategorien iSv Art. 9 Abs. 1 DS-GVO beinhaltet (dazu zählen sowohl alle „personenbezogene Daten besonderer Art" iSd § 3 Abs. 9 BDSG aF als auch zusätzlich die (in Art. 4 DS-GVO näher definierten) genetischen und biometrischen Daten), muss zusätzlich zu Art. 6 Abs. 1 DS-GVO auch Art. 9 DS-GVO angewendet werden.

In Art. 9 Abs. 4 DS-GVO ist zwar eine Öffnungsklausel enthalten, die speziellere Regeln in Bezug auf die Verarbeitung von biometrischen Daten (Audio-, Bild- und Videodaten) ermöglicht. Zu dem in diesem Zusammenhang in Betracht kommendem § 4 BDSG muss aber beachtet werden, dass dieser für nichtöffentliche Stellen nicht anwendbar ist (BVerwG 27.3.2019 – 6 C 2.18, ZD 2019, 372 mAnm Lachenmann). Daher gilt, dass der Verantwortliche die Weitergabe der Daten an die Strafverfolgungsbehörden nur auf § 4 Abs. 1 S. 1 Nr. 3 BDSG stützen kann, wenn er eine öffentliche Stelle ist und zuvor bei der Festlegung der Zwecke die Strafverfolgung wenigstens auch angegeben hat. Im Rahmen der Interessenabwägung bzw. der Feststellung der Erforderlichkeit der Weitergabe darf Erwgr. 50 DS-GVO berücksichtigt werden. Danach vermutet der europäische Gesetzgeber ein berechtigtes Interesse an einer solchen Weitergabe. Unerheblich ist, ob der potenzielle Täter oder ein Dritter die aufgezeichnete betroffene Person ist. Wegen der auf dem Video zu sehenden, nach Ansicht des Verantwortlichen an einer möglichen rechtswidrigen Tat nicht beteiligten Dritten ergeben sich deshalb keine Bedenken, weil eine Unkenntlichmachung dieser Personen (die im Angesicht der strafprozessualen Zeugenpflicht tunlichst unterlassen werden sollte) weitere Ermittlungstätigkeiten (zB das Ausfindigmachen von weiteren Zeugen) verhindern könnte und unter Umständen den Verantwortlichen in die Nähe der Strafvereitelung (§ 258 StGB) brächte.

Ist der Verantwortliche eine nichtöffentliche Stelle, ergibt sich die Zulässigkeit der Weitergabe von biometrischen Daten (Audio-, Bild- und Videodaten) an die Strafverfolgungsbehörden zumindest aus Art. 9 Abs. 2 lit. f DS-GVO. Dieser Tatbestand ist nicht beschränkt auf Verarbeitungen, die im Kontext der Wahrnehmung „eigener" Rechtsansprüche des Verantwortlichen stehen. Neben diesen erfasst die Erlaubnis ua auch die Fälle, in denen die Verarbeitung des Verantwortlichen der Erfüllung von gegen ihn gerichteten Rechtsansprüchen dient (vgl. Gola/Heckmann/Schulz DS-GVO Art. 9 Rn. 27). Ein solcher liegt hier nach diesseitiger Auffassung im Anspruch des Staates auf die Aussage des Zeugen aus § 48 Abs. 1 S. 2 StPO. Strafprozessrechtliche Zeugnisverweigerungsrechte iSd §§ 52 ff. StPO müssen zwar im Einzelfall geprüft werden, sind jedoch regelmäßig nicht ersichtlich, insbesondere begründet das Bankgeheimnis kein derartiges Verweigerungsrecht (anders als beim Zeugen im Zivilprozess, vgl. § 383 Abs. 1 S. 6 ZPO). Ob die Weitergabe von biometrischen Daten (Audio-, Bild- und Videodaten) an die Strafverfolgungsbehörden auch aus anderen Gründen zulässig ist, kann insoweit offenbleiben (denkbar Art. 9 Abs. 2 lit. e DS-GVO, da es abgesehen vom Audiomaterial um das öffentlich wahrnehmbare äußere Erscheinungsbild geht; denkbar Art. 9 Abs. 2 lit. g DS-GVO iVm § 22 Abs. 1 Nr. 1 lit. d BDSG, wobei in zahlreichen Fällen die Weitergabe nicht in diesem Sinne „zwingend" erforderlich ist).

Zulässigkeit, Abschnitt 1d – Qualifikation (Art. 6 Abs. 4 DS-GVO): Entspricht inhaltlich Abschnitt 2c, siehe unten.

Zulässigkeit, Abschnitt 2a – Grundtatbestand (Art. 6 Abs. 1 DS-GVO): In der zweiten Konstellation (oben als Regelfall bezeichnet) treffen den Verantwortlichen keine strafprozessualen Zeugenpflichten, insbesondere nicht die Aussagepflicht des § 48 Abs. 1 S. 2 StPO. Soweit die Auskunft keine personenbezogenen Daten besonderer Kategorien iSv Art. 9 Abs. 1 DS-GVO beinhaltet, richtet sich die Zulässigkeit der Verarbeitung bei Auskunftserteilung an die Polizei („nur") nach Art. 6 Abs. 1 S. 1 lit. f DS-GVO. Zu beachten ist, dass es hier an einer „rechtlichen Verpflichtung" iSv Art. 6 Abs. 1 S. 1 lit. c DS-GVO fehlt. Anders als im Vorstehenden sind in

Fällen dieser Art stets die Erforderlichkeit der Verarbeitung personenbezogener Daten, die mit Erteilung der Auskunft an die Strafverfolgungsbehörden einhergeht, für die Wahrung berechtigter Interessen „des Verantwortlichen oder eines Dritten" in jedem Einzelfall streng zu prüfen. Als Dritter kommt durchaus auch die Polizeibehörde bzw. der Staat und dessen berechtigtes Interesse an der Gefahrenabwehr in Betracht. Im Rahmen der Abwägung gegen die Interessen der betroffenen Person ist zu berücksichtigen, ob die betroffene Person zB Kunde der Bank ist (vgl. „sonstigen verbindlichen Pflicht zur Geheimhaltung" iSv Erwgr. 50 am Ende).

Zulässigkeit, Abschnitt 2b – Qualifikation (Art. 9 DS-GVO): Soweit die Auskunft personenbezogene Daten besonderer Kategorien iSv Art. 9 Abs. 1 DS-GVO beinhaltet (insbes. biometrische Daten), ist mangels einer Rechtspflicht zur Weitergabe der Daten eine Erlaubnis aus Art. 9 Abs. 2 lit. f DS-GVO nicht gegeben. Die Weitergabe solcher Daten an die das Auskunftsersuchen stellende Behörde kann aber im Einzelfall zulässig sein, gem. Art. 9 Abs. 2 lit. g DS-GVO iVm § 22 Abs. 1 Nr. 1 lit. d BDSG. Dazu muss im Einzelfall geprüft (und vom Verantwortlichen gem. Art. 5 Abs. 2 DS-GVO dokumentiert) werden, ob die Weitergabe an die Behörde aus Gründen eines erheblichen öffentlichen Interesses zwingend erforderlich ist und ob die Interessen des Verantwortlichen an der Weitergabe die Interessen der betroffenen Person überwiegen. Für die zuletzt genannte Interessenabwägung kann nicht, anders als im Kontext von Art. 6 Abs. 1 S. 1 lit. f DS-GVO, auf die Wahrnehmung der Interessen eines Dritten abgestellt werden, sodass hier nicht mit der Wahrnehmung des Interesses des Staates an der Gefahrenabwehr und der Strafverfolgung argumentiert werden kann.

Zulässigkeit, Abschnitte 1d, 2c – Qualifikation (Art. 6 Abs. 4 DS-GVO): Wurden die Daten, auf welche sich das Auskunftsersuchen bezieht, nicht zum Zwecke der Verfolgung von Straftaten erhoben, auch nicht wenigstens „auch" zu diesem Zweck, stellt die Weitergabe der Daten an die auskunftsersuchende Strafverfolgungsbehörde eine Verarbeitung „zu anderen Zwecken" dar. Damit sind – grundsätzlich – zusätzlich zu den hier bislang dargestellten Anforderungen auch die Vorgaben von Art. 6 Abs. 4 DS-GVO einzuhalten. Die Ausnahmen von diesem Grundsatz bilden die Fälle, in denen die Weitergabe der Daten zur Erfüllung einer den Verantwortlichen treffenden Rechtspflicht erfolgt, hier die Zeugenpflicht. In diesen Fällen ist eine Prüfung der Kompatibilität der Zwecke nicht geboten, denn § 48 Abs. 1 S. 2 StPO ist eine Rechtsvorschrift eines Mitgliedstaats, „die in einer demokratischen Gesellschaft eine notwendige und verhältnismäßige Maßnahme zum Schutz der in Artikel 23 Absatz 1 genannten Ziele darstellt" (hier: Art. 23 Abs. 1 lit. d DS-GVO mit Blick auf die Ziele Strafverfolgung und Gefahrenabwehr; vgl. Bezugnahme in Art. 6 Abs. 4 DS-GVO).

Im Grundsatz und damit insbesondere in der Situation des oben genannten Regelfalls ist indes in jedem Einzelfall die Kompatibilität des Zwecks, für den die Daten erhoben wurden, mit dem Zweck der Weitergabe „Strafverfolgung" (in vielen Fällen mit der betroffenen Person als verdächtigtem Straftäter, was eine besondere Prüfung der Kompatibilität erfordert) zu prüfen. Sind die Zwecke kompatibel, ist eine Erlaubnis für die Weitergabe unter dem Gesichtspunkt des „anderen Zwecks" aus Art. 6 Abs. 4 DS-GVO selbst gegeben.

Diese Norm ist jedoch nicht nur ein Erlaubnistatbestand, sondern sie enthält zugleich auch eine Öffnungsklausel (daher wurde bereits auf § 48 StPO verwiesen). Ein weiterer Erlaubnistatbestand im nationalen Recht für die Weitergabe, dh die

Verarbeitung „zu anderen Zwecken“, kann sich auch aus § 23 Abs. 1 Nr. 4 bzw. § 24 Abs. 1 Nr. 1 BDSG ergeben. Wenngleich im Wortlaut dieser beiden Normen scheinbar Unterschiede bestehen – im Hinblick auf die „Verfolgung von Ordnungswidrigkeiten“ nivellieren sich diese jedoch in der Anwendung der Normen, weil Verstöße gegen Ordnungswidrigkeitstatbestände als Verstöße gegen die objektive Rechtsordnung vom Begriff der öffentlichen Sicherheit iSv § 24 Abs. 1 Nr. 1 BDSG umfasst sind. Abschließend ist für Bestands- und Nutzungsdaten iSd TDDDG, die Gegenstand der Auskunft sein sollen, darauf hinzuweisen, dass das gerichtliche Gestattungsverfahren gem. § 21 TDDDG die Prüfung der Zweckkompatibilität ersetzt, da diese Normen als speziellere Regelung den § 24 BDSG verdrängen (zur Vorgängerregelung aus dem TMG siehe BGH 24.9.2019 – VI ZB 39/18, ZD 2020, 152; OLG Frankfurt a.M. 6.9.2018 – 16 W 27/18, ZD 2019, 127 Rn. 41 ff.).

Zulässigkeit, Abschnitt 3 – Grundtatbestand (Art. 88 DS-GVO iVm § 26 BDSG): Abschließend ist noch auf einen praxisrelevanten Sonderfall der Zulässigkeit hinzuweisen: Sofern sich ein Auskunftsverlangen an ein Unternehmen richtet, welches als Verantwortlicher Daten über die Beschäftigten eines anderen Unternehmens oder einer Behörde verarbeitet, dh ohne insoweit als Auftragsverarbeiter zu fungieren, und sich das Auskunftsverlangen auf jene (Beschäftigten-)Daten bezieht, stellt sich die bislang gerichtlich nicht entschiedene Frage, ob § 26 Abs. 1 S. 2 BDSG eine entsprechende Erlaubnis bieten kann. Die betroffenen Personen sind „Beschäftigte“ – die Frage ist nur, wessen Beschäftigte? Insoweit besteht in der Literatur Uneinigkeit, ob der Verantwortliche am Beschäftigungsverhältnis mit der betroffenen Person beteiligt sein muss, wenn dieser sich auf § 26 BDSG berufen will oder ob demgegenüber der Beschäftigtendatenschutz auch ohne Beschäftigungsverhältnis anwendbar ist. Eine noch oft vertretene Ansicht sieht § 26 BDSG auch als Erlaubnistatbestand für „fremde“ Verantwortliche, dh nicht am Beschäftigungsverhältnis beteiligte Unternehmen an, soweit diese Beschäftigtendaten ihres Auftraggebers verarbeiten und dies argumentativ noch in den Kontext des Beschäftigungsverhältnisses gebracht werden kann (dafür: Paal/Pauly/Gräber/Nolden BDSG § 26 Rn. 6; Gola/Heckmann/Pötters DS-GVO Art. 88 Rn. 44; Ehmann/Selmayr/Selk DS-GVO Art. 88 Rn. 228; Schaffland/Wiltfang/Schaffland/Holthaus BDSG § 26 Rn. 2; Wybitul NZA 2017, 413 (414)). Richtig dürfte demgegenüber jedoch die Gegenansicht sein, wonach § 26 BDSG nur mit Blick auf den Arbeitgeber greift (näher dazu BeckOK DatenschutzR/Riesenhuber BDSG § 26 Rn. 113.1; Sander PinG 2019, 127 (129 ff.)), dh, dass sich ein Verantwortlicher, der nicht Partei des Beschäftigungsverhältnisses ist, nicht darauf berufen kann. Eine abweichende Betrachtung „des Dienstleisters“ ergibt sich für die Konstellation, in der der externe Dienstleister die Beschäftigtendaten im Auftrag iSv Art. 28 DS-GVO und damit streng nach Weisung des Auftraggebers (Verantwortlicher und Arbeitgeber) für diesen verarbeitet. Für den Verantwortlichen, der den Auftrag erteilt und zugleich der Arbeitgeber ist, ist § 26 Abs. 1 S. 2 BDSG anwendbar. Damit ist die Verarbeitung, welche der Verantwortliche durch den Dienstleister ausführen lässt, vor dem Verbot mit Erlaubnisvorbehalt gerechtfertigt. Es bedarf dann nur der Weisung des Verantwortlichen, jedoch nicht – wie immer im Kontext der Auftragsverarbeitung – eines „eigenen“ Erlaubnistatbestands zugunsten des die Offenlegung de facto ausführenden Dienstleisters. Im Übrigen darf der Dienstleister zB zur Erfüllung einer ihn treffenden Zeugenpflicht (dazu oben) auch ohne oder gar gegen die Weisungen des Verantwortlichen Daten an die Strafverfolgungsbehörde weitergeben (Art. 28 Abs. 3 S. 2 lit. a Hs. 2 DS-GVO).

**5. Anforderungen des GwG.** Ungeachtet des Umstands, ob es sich um personenbezogene Daten besonderer Kategorien iSv Art. 9 Abs. 1 DS-GVO handelt oder nicht, ist im Hinblick auf Informationen, die zur Erfüllung der Identifizierungspflichten gem. § 10 Abs. 1 Nr. 1, 2, §§ 11–13 GwG erhoben und zur Erfüllung von Aufzeichnungspflichten gem. § 8 Abs. 1 GwG gespeichert werden (zB Kopien von Personalausweisen mitsamt biometrischen Fotos), auf § 11a Abs. 1 GwG hinzuweisen. Hiernach dürfen die – aus geldwäscherechtlichen Gründen erhobenen, diese Einschränkung ist ergänzend hineinzulesen – personenbezogenen Daten nur verarbeitet werden, „soweit dies auf Grundlage dieses Gesetzes für Zwecke der Verhinderung von Geldwäsche (vgl. § 1 Abs. 1 GwG) und Terrorismusfinanzierung (vgl. § 1 Abs. 2 GwG) erforderlich ist". Der Regelungsgedanke des § 15 GwG aF (der bis zum 25.6.2017 galt) bzw. § 58 GwG aF (der bis zum 31.12.2019 galt) findet in § 11a Abs. 1 GwG seine Fortsetzung.

In der Zeit vom 25.5.2018 bis zum 31.12.2019 war es fraglich, ob es dem Verantwortlichen verboten ist, die aus geldwäscherechtlichen Gründen (und damit insbesondere zwecks Identifizierung des Geschäftspartners) erhobenen Daten an Strafverfolgungsbehörden weiterzugeben, wenn die Ermittlungen der um Auskunft ersuchenden Behörde nicht im Zusammenhang mit den explizit bezeichneten Straftaten standen. Dies wurde durch den EU-Gesetzgeber geklärt. In dieser Zeit wurde als Problem erkannt, dass die (in § 15 GwG aF bzw. § 58 GwG aF bzw. § 11a GwG enthaltene) Beschränkung, die Daten nicht aufgrund anderer Erlaubnistatbestände und, soweit aufgrund solcher zulässig, auch zu anderen Zwecken verarbeiten zu dürfen, seit dem 25.5.2018 mit Art. 6 Abs. 1 und Abs. 4 DS-GVO kollidiert. Mangels Öffnungsklausel in der DS-GVO ist es dem Mitgliedstaat verboten, vom Grundkonstrukt des Art. 6 Abs. 1 DS-GVO abzuweichen, welches sechs nebeneinanderstehende, gleichwertige und sich wechselseitig nicht beeinflussende Erlaubnistatbestände der Auswahl des Verantwortlichen überlässt. Ferner ist keine Öffnungsklausel vorgesehen, die es dem Mitgliedstaat ermöglichen würde, die Verarbeitung von Daten „zu anderen Zwecken" zu verbieten, in den Fällen, in denen sich unmittelbar aus Art. 6 Abs. 4 DS-GVO eine Erlaubnis wegen des Vorliegens einer Zweckkompatibilität ergibt. Die RL 2015/849/EU enthielt in ihren Erwgr. 42, 43 zwar ausdrücklich auf diese Thematik zugeschnittene Äußerungen – indes erging sie zeitlich vor der DS-GVO, sodass in der DS-GVO ein neuer Wille des europäischen Gesetzgebers gesehen werden konnte.

Die RL 2018/843/EU setzt nun jedoch die datenschutzspezifischen Regelungen des Geldwäschegesetzes in ein ausdrückliches Verhältnis zur DS-GVO (vgl. Art. 43 RL 2018/843/EU). Damit steht fest, dass der in den Erwgr. 42, 43 RL 2015/849/EU niedergelegte Wille des europäischen Gesetzgebers immer noch aktuell ist. Abweichend von der starren Bindung, die der Wortlaut des § 11a GwG vorgibt, ist demnach eine Weiterverarbeitung der zur Erfüllung der Identifizierungspflichten erhobenen Daten auf der Grundlage von Art. 6 Abs. 1, Abs. 4 DS-GVO „zu anderen Zwecken" zulässig, sofern der andere Zweck mit dem Zweck „Erfüllung der Anforderungen des Geldwäscherechts" vereinbar ist. Die Weiterverarbeitung zu gewerblichen Zwecken wurde vom europäischen Gesetzgeber jedoch ausdrücklich als unvereinbar bezeichnet.

**6. Voraussetzungen der Auskunftserteilung.** Das Auskunftsersuchen hat, sofern sachlich möglich, konkret zu benennen, welche Daten über wen begehrt werden, zB welcher aufgezeichnete Zeitabschnitt einer Videoaufzeichnung. Eine Offenlegung von mehr Daten, etwa eines längeren Aufnahmebereichs, ist für den Verantwortlichen unzulässig, weil dieser Offenlegung mangels eines Erlaubnistatbestands ua der Grundsatz der Rechtmäßigkeit, Art. 5 Abs. 1 lit. a DS-GVO entgegensteht. Dies könnte die Verhängung einer Geldbuße gegen den Verantwortlichen rechtfertigen.

Die Auskunftserteilung gegenüber der Strafverfolgungsbehörde, dh die darin enthaltene Verarbeitung personenbezogener Daten durch den Verantwortlichen muss den Anforderungen an „Integrität und Vertraulichkeit" genügen, vgl. Art. 5 Abs. 1 lit. f DS-GVO. Die personenbezogenen Daten müssen daher auch im Rahmen dieser Verarbeitung entsprechend den Anforderungen der Art. 24, 32 DS-GVO geschützt sein (→ Form. E., → Form. G. VII.2. Anm. 8). Konkret heißt dies zB, dass bei einer elektronischen Versendung neben einer Ende-zu-Ende-Verschlüsselung auch das Datenpaket selbst in ausreichender Bittiefe, aktuell mindestens 256-Bit, verschlüsselt sein sollte. Das entsprechende Passwort sollte mindestens zehnstellig und aus Groß- und Kleinbuchstaben, Zahlen sowie Sonderzeichen zusammengesetzt sein. Der Strafverfolgungsbehörde ist das Passwort stets auf einem (technisch) getrennten Wege mitzuteilen, um eine Missbrauchsgefahr zu minimieren. Gleiches gilt zB, wenn das Datenmaterial auf einem Datenträger gespeichert wird und dieser der Strafverfolgungsbehörde übergeben bzw. übersendet werden soll. Sofern eine Bereitstellung über eine „Cloud" geplant ist, gelten die vorgenannten Anforderungen entsprechend. Hinzu kommt, dass die „Cloud", also die ggf. weltweit vernetzten Server, selbst möglichst in der EU gehostet werden sollte und mit dem Cloud-Anbieter entsprechende Verträge zur Auftragsverarbeitung geschlossen werden müssen (→ Form. G. I.4.). Für die Planung bzw. Auswahl konkreter Maßnahmen iSv Art. 32 DS-GVO ist mit der Datenschutz-Folgenabschätzung ein formalisiertes Verfahren zur selbstständigen Verpflichtung geworden, vgl. Art. 35 DS-GVO, sodass auch in Bezug auf die Absicherung der Auskunftserteilung zumindest dokumentiert sein muss, ob eine detaillierte Folgenabschätzung notwendig ist.

Ferner hat der Verantwortliche auch den Grundsatz der Transparenz zu beachten, Art. 5 Abs. 1 lit. a DS-GVO. Betrifft die Verarbeitung der personenbezogenen Daten, die mit Erteilung der Auskunft an die Strafverfolgungsbehörden einhergeht, solche Daten, die schon zuvor vom Verantwortlichen (zumindest auch) zum Zwecke der Strafverfolgung verarbeitet worden sind, wird hier einstweilen unterstellt, dass der Verantwortliche bei Erhebung der Daten ausreichend informiert hat. Handelt es sich bei der Auskunftserteilung hingegen um eine zulässige (siehe oben) Weiterverarbeitung zu anderen Zwecken, sind von dem zur Auskunft aufgeforderten Verantwortlichen die Art. 13 Abs. 3, 14 Abs. 4 DS-GVO zu beachten. Diese Rechtslage müssen die Strafverfolgungsbehörden kennen, insbesondere den dortigen Wortlaut „vor der Weiterverarbeitung". Dass die Strafverfolgungsbehörden in Unkenntnis der Rechtslage agieren und ein Verantwortlicher seine Informationspflichten aus der DS-GVO erfüllt, kann ihm später nicht vorgeworfen werden. Daher müssen die Strafverfolgungsbehörden in den Fällen, in denen sie den Erfolg ihrer Ermittlungen durch die Erfüllung der Informationspflichten seitens des Verantwortlichen gefährdet sehen – was nur sie selbst beurteilen können und was für den Verantwortlichen wohl niemals auf der Hand liegt –, von sich aus dem Verantwortlichen im Rahmen des Auskunftsverlangens klar und unmissverständlich die folgenden beiden Umstände mitteilen: Nach ihrer Ansicht ist die Beantwortung des Auskunftsverlangens „vertraulich" und „die Verwirklichung der Ziele des Auskunftsverlangens wird durch eine Information an die betroffene Person unmöglich gemacht oder ernsthaft beeinträchtigt". Auf dieser Grundlage darf der Verantwortliche vor der Weiterverarbeitung zu anderen Zwecken von der Information der betroffenen Person absehen, sofern er stattdessen die Informationen nach Art. 13, 14 DS-GVO veröffentlicht. Es sind unbedingt beide Hinweise seitens der Strafverfolgungsbehörden erforderlich, weil folgende Differenzierung im Voraus unbekannt ist: Hatte der Verantwortliche die Daten bei der betroffenen Person erhoben, führt der Hinweis auf die Vertraulichkeit zu Art. 23 DS-GVO iVm § 32 Abs. 1 Nr. 5 BDSG. Hatte er die Daten bei Dritten erhoben, führt der Hinweis auf die Unmöglichkeit bzw. Beeinträchtigung der Zielerreichung zu Art. 14 Abs. 5 lit. b S. 1 DS-GVO. Nach diesseitiger Auffassung bedarf es für die Strafverfolgungsbehörden keiner Befugnisnorm, um eine Vertraulichkeit der Auskunftserteilung anordnen zu können, weil sich die Vertraulichkeit nach diesseitiger Auffassung aus der Natur der Sache bzw. der bloßen Einschätzung der Situation durch die Strafverfolgungsbehörde im Einzelfall ergibt (ähnlich Gesetzesbegründung BT-Drs. 18/11325, 103). Offen ist, ob sich die vorstehende Einschätzung mit der Wertung des Gesetzgebers der DS-GVO in Einklang bringen lässt, die in Art. 28 Abs. 3 S. 2 lit. a S. 2 DS-GVO zum Ausdruck kommt. Dort ist vor der „Weiterverarbeitung" eine Mitteilung zu machen, sofern das betreffende Recht eine solche Mitteilung nicht wegen eines wichtigen öffentlichen Interesses verbietet, dh, es bedarf dort einer gesetzlichen Grundlage, sodass es keine Vertraulichkeit kraft Natur der Sache geben kann. Abschließend sei mit Blick auf die Fälle, in denen die Strafverfolgungsbehörden es unterlassen, dem Verantwortlichen mitzuteilen, dass das Auskunftsersuchen „vertraulich" ist und „die Verwirklichung der Ziele des Auskunftsverlangens durch eine Information an die betroffene Person unmöglich gemacht oder ernsthaft beeinträchtigt" wird, sich der die Informationen gem. Art. 13, 14 DS-GVO erteilende Verantwortliche nicht dem Vorwurf der Strafverteilung iSv § 258 StGB aussetzt. Denn er handelte nur zur Erfüllung der ihn aus der europäischen Verordnung treffenden Verhaltenspflicht. Abgesehen von Fragen des subjektiven Tatbestands kann ein solches Verhalten schon aus Gründen der Einheit der Rechtsordnung nicht strafbar sein.

**7. Dokumentation.** Art. 5 Abs. 2 DS-GVO weist (allein) dem Verantwortlichen die Nachweispflicht für die Einhaltung sämtlicher Grundsätze des Art. 5 Abs. 1 DS-GVO zu. Um die Nachweise ausreichend qualifiziert erbringen zu können, sollten, bezogen auf die Anforderungen der Art. 5 Abs. 1 lit. a–f DS-GVO, die internen, fallbezogenen Überlegungen und Handlungen zumindest in Textform dokumentiert und archiviert werden (→ Form. A. I.).

## VI. Mehrparteien-Vereinbarung zwischen gemeinsam Verantwortlichen bei Online-Angeboten

Das Formular adressiert die **gemeinsame Verantwortlichkeit** in arbeitsteiligen Verarbeitungssituationen bei Online-Angeboten. Der Betreiber einer Website, einer Mobile App oder eines sonstigen **Online-Angebots** kann Drittanbietern die **Aussteuerung von Inhalten oder Werbung** auf seinem Inventar technisch ermöglichen. Bekanntestes Beispiel ist die Einbindung von Drittinhalten und Werbemitteln in eine Webseite mithilfe von Inlineframes („iframes"). Was aus der Nutzerperspektive als Webseite aus einer Hand erscheint, ist tatsächlich eine Komposition von Inhalten und Werbung aus verschiedenen Quellen. Datenschutzrechtlich kann diese Zusammenarbeit zwischen dem Betreiber des Online-Angebots („Publisher") und den Drittanbietern („Vendoren") nach der Rechtsprechung des EuGH eine gemeinsame Verantwortlichkeit iSd Art. 26 DS-GVO begründen. Im Gegensatz zu klassischen Fällen einer gemeinsam verantworteten Datenverarbeitung (zu einem generellen Vertragsmuster → Form. G. V.2.) besteht die gemeinsame Verarbeitung hier nur punktuell in einzelnen Verarbeitungsschritten: Zum einen, wenn der Vendor auf Verlangen oder mit Billigung des Publishers Online-Nutzungsdaten auf dem Inventar des Publishers erhebt, um dort nutzerindividuelle Inhalte oder Werbung auszusteuern. Zum anderen – seit der Grundsatzentscheidung EuGH 7.3.2024 – C 604/22, MMR 2024, 390 mAnm Keppeler/Schneider MMR 2024, 395 – bei der Erhebung und Speicherung der Einwilligung des Nutzers für eben diese gemeinsame Erhebung von Nutzungsdaten bzw. einem anschließenden Widerruf samt der zugehörigen Metadaten wie IP-Adresse der einwilligungsaussendenden Nutzerendgeräte mit Zeitstempel für dem Einwilligungsnachweis nach Art. 7 Abs. 1 DS-GVO. Jegliche anschließende Verarbeitung einschließlich der Speicherung der Nutzungsdaten auf den Servern des Vendors erfolgt in getrennter Verantwortlichkeit.

Zwei Herausforderungen stellen sich für den Vertragsjuristen: Ein Blick in die Datenschutzbestimmungen der Webseiten, Mobile Apps und der sonstigen Online-Angebote zeigt, dass die Publisher mit einer großen Anzahl wechselnder Vendoren zusammenarbeiten. Im Ergebnis handelt es sich um teilnehmeroffene Netzwerke mit einer Vielzahl gemeinsam Verantwortlicher, die jeweils **bi- oder multilaterale Vereinbarungen** nach Art. 26 Abs. 1 S. 2 DS-GVO schließen müssen. Die vielen Akteure als Vertragsparteien in einem widerspruchsfreien Regelwerk zusammenzuführen ist eine vertragstechnische Herausforderung. Zudem zeichnen sich datengetriebene Kooperationen durch einen hohen Spezialisierungsgrad der verschiedenen Vendoren aus. Die bi- oder multilateralen Vereinbarungen zur gemeinsamen Verantwortlichkeit müssen das diversifizierte Rollenmodell abbilden und trotzdem durch Kategorisierung praktisch anwendbar bleiben. Das Formular greift beispielhaft die gemeinsame Verantwortlichkeit für die **personalisierte Ausspielung von Inhalten und Werbung** auf Online-Angeboten auf. Die gemeinsame Datenerhebung für Online-Targeting steht seit den beiden Leitentscheidungen des EuGH in den Rechtssachen Wirtschaftsakademie Schleswig-Holstein (EuGH 5.6.2018 – C-210/16, ZD 2018, 357 mAnm Marosi/Matthé/Schulz ZD 2018, 361) und Fashion ID (EuGH 29.7.

2019 – C-40/17, ZD 2019, 455 mAnm Hanloser ZD 2019, 458) im Zentrum der datenschutzrechtlichen Diskussion. Das Formular lässt sich aber durchaus für andere **kollaborative Ökosysteme** anpassen wie zB die vernetzte Datenverarbeitung der Geräte- bzw. Produkthersteller und ihrer Zulieferer, Vertriebspartner, Wartungsunternehmen usw im Bereich des Internets der Dinge (Internet of Things, IoT). Auch dort beschränkt sich die gemeinsame Verantwortlichkeit nach den Grundsätzen des EuGH auf die gemeinsame Datenerhebung, die der Akteur mit dem unmittelbaren Kunden- bzw. Nutzerkontakt den nachgelagerten Akteuren zur Verfolgung gemeinsamer wirtschaftlicher Interessen technisch ermöglicht. In diesem Kontext sind dieselben Sach- und Rechtsfragen vertraglich zu regeln wie bei der personalisierten Ausspielung von Inhalten und Werbung auf Online-Angeboten.

| Mehrparteien-Vereinbarung[1] zwischen gemeinsam Verantwortlichen (Art. 26 DS-GVO) | Multi-Bilateral Arrangement Between Joint Controllers (Art. 26 GDPR) |
|---|---|
| zwischen | between |
| [Name, postalische Adresse] | |
| – Publisher 1 – | – Publisher 1 – |
| [Name, postalische Adresse] | |
| – Publisher ...[2] – | – Publisher ... – |
| – jeder ein „Publisher" – | – each a "Publisher" – |
| und | and |
| [Name, postalische Adresse] | |
| – Vendor 1 – | – Vendor 1 – |
| [Name, postalische Adresse] | |
| – Vendor ...[3] – | – Vendor ... – |
| – jeder ein „Vendor" – | – each a "Vendor" – |
| § 1 Parteien der Vereinbarung | 1 – Parties to this Arrangement |
| Diese Vereinbarung wird als bilaterale Vereinbarung von jedem Publisher mit jeweils jedem Vendor (beide jeweils eine „Partei", die beiden gemeinsam jeweils „die Parteien") geschlossen. | This Arrangement is made as several bilateral arrangements, each between a Publisher and a Vendor (both "the Parties" and each a "Party"). |
| § 2 Hintergrund | 2 – Background |
| 2.1 Der Publisher betreibt oder vermarktet die in Anlage 1 genann- | 2.1 Publisher is operating or marketing the digital offerings (web |

ten digitalen Angebote (Webseiten, Mobile Apps usw) (die „digitalen Angebote"), auf denen zielgruppenspezifische Werbung und/oder zielgruppenspezifische Inhalte ausgespielt werden.[4]

pages, mobile apps, etc) listed in Annex 1 (the "Digital Offerings") on which targeted ads and/or targeted content are displayed.

2.2 Der Vendor ist mit seinen in Anlage 2 genannten Produkten (die „Produkte") an der Ausspielung zielgruppenspezifischer Werbemittel oder zielgruppenspezifischer Inhalte und/oder an der Erbringung sonstiger Dienste auf den digitalen Angeboten beteiligt.[5]

2.2 With its products listed in Annex 2 (the "Products") Vendor contributes to the display of targeted advertising material or targeted content and/or to the procurement of other services on the Digital Offerings.

2.3 Die Parteien sind gemeinsam Verantwortliche (Art. 26 DS-GVO), soweit der Publisher dem Vendor auf den digitalen Angeboten die Erhebung der Kategorien personenbezogener Daten gem. Anlage 2 mit dessen Produkten ermöglicht (die „gemeinsame Nutzungsdatenerhebung"). Vorstehendes gilt auch dann, wenn für den Publisher und/oder den Vendor ein Auftragsverarbeiter tätig wird.[6]

2.3 The Parties are joint controllers (Art. 26 GDPR) to the extent Publisher allows Vendor to collect the categories of data set out in Annex 2 with its Products on the Digital Offerings (the "Joint Collection of Usage Data"), this also applies if a processor acts for the Publisher and/or the Vendor.

2.4 Die Parteien sind ebenfalls gemeinsam Verantwortliche, soweit sie –

(i) Einwilligungen (Art. 6 Abs. 1 S. 1 lit. a DS-GVO) der Nutzer für die gemeinsame Nutzungsdatenerhebung und
(ii) Widersprüche (Art. 21 DS-GVO) der Nutzer gegen die gemeinsame Nutzungsdatenerhebung

verarbeiten (zusammen mit der gemeinsamen Nutzungsdatenerhebung die „gemeinsame Datenverarbeitung").

2.4 The Parties are also joint controllers to the extent they process the users'–

(i)consents (Art. 6(1)(1)(a) GDPR) for the Joint Collection of Usage Data and

(ii) objections (Art. 21 GDPR) against the Joint Collection of Usage Data

(together with the Joint Collection of Usage Data the "Joint Data Processing").

2.5 Diese Vereinbarung (die „Vereinbarung") legt die Verantwortlichkeit der Parteien für die DS-GVO-konforme gemeinsame Datenverarbeitung in transparenter Form fest.

2.5 This arrangement (the "Arrangement") determines in a transparent manner the Parties' responsibilities for the Joint Data Processing in compliance with the GDPR.

2.6 Diese Vereinbarung begründet keine gesellschaftsrechtliche Verbindung zwischen den Parteien. Keine Partei räumt der anderen Partei Vertretungsbefugnisse ein, für sie rechtsverbindliche Erklärungen abzugeben.[7]

2.6 This Arrangement does not create any association, partnership, joint venture or agency relationship between the Parties. Neither Party shall be entitled to represent the other Party or to make binding declarations on behalf of the other Party.

2.7 Die Parteien stellen betroffenen Personen eine um die §§ 6 und 8 sowie Anlage 2 gekürzte Fassung dieser Vereinbarung zur Verfügung.[8]

2.7 The Parties shall make available a redacted version of this Arrangement omitting Clauses 6 and 8 and Annex 2 to data subjects.

Die Parteien vereinbaren deshalb wie folgt –

Therefore, the Parties agree as follows –

§ 3 Umfang der gemeinsamen Verantwortlichkeit; Rechtsgrundlage

3 – Scope of Joint Controllership; Legal Basis

3.1 Die Parteien haben die Entscheidungen über die Zwecke und Mittel für die in Anlage 2 genannten Verarbeitungen unter Berücksichtigung der gesetzlichen, aufsichtsbehördlichen und gerichtlichen Auslegungsmaßstäbe analysiert[9] und sind zu folgendem Ergebnis gekommen:

(i) Die Parteien legen die Zwecke und/oder die Mittel nur für die gemeinsame Datenverarbeitung als gemeinsam Verantwortliche (Art. 26 DS-GVO) fest;
(ii) für alle anschließenden Verarbeitungsvorgänge, insbesondere das Speichern und das weitere Verarbeiten entscheidet jede Partei eigenständig als alleiniger Verantwortlicher über die Zwecke und Mittel unabhängig; es liegt insoweit keine gemeinsame Verantwortlichkeit iSd Art. 26 DS-GVO vor.

3.1 The Parties have analysed the determination of the purposes and means for the processings listed in Annex 2, taking into account the legal, regulatory and judicial interpretation criteria, and have come to the following conclusion:

(i) Jointly within the meaning of Art. 26 GDPR the Parties only determine the purposes and/or means for the Joint Data Processing;
(ii) for any further processing operations, in particular the storage and onward processing, each Party determines the purposes and means independently of the other Party as a sole controller; in this regard there is no joint controllership within the meaning of Art. 26 GDPR.

3.2 Eine Datenübermittlung findet zwischen den Parteien nicht statt.[10]

3.2 No data are being transferred between the Parties.

3.3 Die Parteien haben die Rechtsgrundlagen für die gemeinsa-

3.3 The Parties have jointly documented the legal bases for the

me Datenverarbeitung für die einzelnen Produkte in Anlage 2 dokumentiert.

Joint Data Processing for each of the Products in Annex 2.

§ 4 Außenverhältnis – datenschutzrechtliche Verantwortlichkeit

4 – External relations – Data protection responsibility

4.1 Die betroffene Person kann ihre Rechte aus der DS-GVO bezüglich der gemeinsamen Datenverarbeitung bei und gegenüber jeder Partei geltend machen (Art. 26 Abs. 3 DS-GVO).

4.1 As to the Joint Data Processing the data subject may exercise his or her rights under the GDPR in respect of and against each Party (Art. 26(3) GDPR).

4.2 Deklaratorisch halten die Parteien fest, dass jede Partei Dritten insoweit für den gesamten Schaden haftet, der durch eine nicht der DS-GVO entsprechende gemeinsame Datenverarbeitung verursacht wurde (Art. 82 Abs. 4 DS-GVO). Eine Partei ist von der Haftung befreit, wenn sie nachweist, dass sie in keinerlei Hinsicht den Umstand, durch den der Schaden eingetreten ist, zu vertreten hat (Art. 82 Abs. 3 DS-GVO).

4.2 For the avoidance of doubt each Party is liable to third parties for the entire damage caused by a Joint Data Processing which infringes the GDPR (Art. 82(4) GDPR).
A Party is exempt from liability if it proves that it is not in any way responsible for the event giving rise to the damage (Art. 82(3) GDPR).

§ 5 Innenverhältnis – vertragliche Verantwortlichkeit

5 – Internal relationship – Contractual responsibility

5.1 Im Innenverhältnis der Parteien ist der Vendor für eine DS-GVO-konforme gemeinsame Datenverarbeitung alleinverantwortlich.[11]

5.1 In the internal relationship of the Parties, Vendor is solely responsible for the Joint Data Processing in compliance with the GDPR.

5.2 Der Vendor trifft geeignete technische und organisatorische Maßnahmen, um die Sicherheit der gemeinsamen Datenverarbeitung nach Art. 32 DS-GVO sicherzustellen.

5.2 Vendor shall implement appropriate technical and organisational measures to ensure the security of the Joint Data Processing in accordance with Art. 32 GDPR.

5.3 Der Vendor erfüllt die Melde- und Benachrichtigungspflichten aus Art. 33, 34 DS-GVO für die gemeinsame Datenverarbeitung.

5.3 Vendor shall fulfil the notification and communication obligations under Art. 33, 34 GDPR for the Joint Data Processing.

5.4 Der Vendor führt für die gemeinsame Datenverarbeitung eine Datenschutz-Folgenabschätzung durch, falls nach Art. 35 DS-GVO erforderlich.

5.4 Vendor shall carry out a data protection impact assessment for the Joint Data Processing if necessary under Art. 35 GDPR.

5.5 Der Publisher unterstützt den Vendor bei der DS-GVO-konformen gemeinsamen Datenverarbeitung gem. §§ 6–8 (die „Publisher-Pflichten“).

§ 6 Einwilligung; Widerspruch; IAB TCF

6.1 Um bei den Nutzern –

(i) Einwilligungen (Art. 6 Abs. 1 S. 1 lit. a DS-GVO) und
(ii) Widersprüche (Art. 21 DS-GVO) gegen berechtigte Verarbeitungsinteressen (Art. 6 Abs. 1 S. 1 lit. f DS-GVO)[12]

abzufragen, verwenden die Parteien das vom europäischen Branchenverband Interactive Advertising Bureau (IAB Europe) entwickelte Transparency & Consent Framework (das „TCF“) in der jeweils gültigen Fassung.[13]

6.2 Der Vendor nimmt am TCF teil und ist auf der Global Vendor List (die „GVL“) mit einer gültigen Vendor-ID verzeichnet.

6.3 Der Publisher stellt auf sämtlichen digitalen Angeboten eine vom IAB Europe anerkannte Consent Management Platform (die „CMP“) mit einer gültigen CMP-ID zur Verfügung. Bis zur erforderlichen Marktdurchdringung des TCF kann der Publisher auch alternative Methoden zur Einwilligungs- und Widerspruchsabfrage verwenden.

6.4 Auf seiner CMP zeigt der Publisher jedem Nutzer, dessen Daten für die Ausführung der Produkte verarbeitet werden sollen, Folgendes an –

(i) den Vendor;
(ii) die vom Vendor in der GVL genannten Verarbeitungszwecke; und

5.5 Publisher assists Vendor in conducting the Joint Data Processing in compliance with the GDPR in accordance with Clauses 6 through 8 (the "Publisher's Obligations").

6 – Consent; Objection; IAB TCF

6.1 For collecting–

(i) consent (Art. 6(1)(1)(a) GDPR) and
(ii) objections (Art. 21 GDPR) against legitimate interests processing (Art. 6(1)(1)(f) GDPR)

from the users, the Parties deploy the Transparency & Consent Framework (the "TCF"), as developed by the European industry association Interactive Advertising Bureau (IAB Europe), and as amended from time to time.

6.2 Vendor shall participate in the TCF and shall be named on the Global Vendor List (the "GVL") with a valid Vendor-ID.

6.3 Publisher shall provide on all Digital Offerings a Consent Management Platform (the "CMP") approved by IAB Europe and operating with a valid CMP-ID. Until TCF has reached the necessary market penetration Publisher may deploy alternative methods for collecting consents and objections.

6.4 On its CMP Publisher shall display to each user whose data are to be processed for the performance of the Products –

(i) Vendor;
(ii) the processing purposes indicated by Vendor on the GVL; and

(iii) für jeden Verarbeitungszweck die Rechtsgrundlage, die der Vendor im Einklang mit Anlage 2 beansprucht,

jeweils nach Maßgabe des TCF. Der Publisher signalisiert dem Vendor die Einwilligungen und/oder Widersprüche der Nutzer gemäß dem TCF (der „TC-String") für jeden Nutzer, dessen Daten für die Ausführung der Produkte verarbeitet werden sollen.

6.5 Der Vendor –

(i) speichert Informationen nur auf den Nutzerendgeräten, insbesondere in Cookies, oder liest Informationen von Nutzerendgeräten nur aus; und

(ii) erhebt Daten der Nutzer nur auf den digitalen Angeboten,

wenn der Vendor die erforderlichen Einwilligungen und keine Widersprüche des Nutzers durch den TC-String bzw. durch die vom Publisher nach § 6.3 S. 2 gewählte alternative Methode zur Einwilligungs- und Widerspruchsabfrage signalisiert bekommen hat.

6.6 Der Vendor ermöglicht einem Dritten (zusammen die „Drittparteien") nur dann –

(i) Informationen auf den Nutzerendgeräten, insbesondere in Cookies, zu speichern oder Informationen von Nutzerendgeräten auszulesen; und

(ii) Daten der Nutzer nur auf den digitalen Angeboten zu erheben,

wenn die Drittpartei die erforderlichen Einwilligungen und keine Widersprüche der Nutzer durch den TC-String bzw. durch die vom Publisher nach § 6.3 S. 2 gewählte alternative Methode zur Einwilligungs- und Widerspruchsabfrage signalisiert bekommen hat.[14]

(iii) for each processing purpose the legal basis Vendor seeks to establish in accordance with Annex 2,

in each case in compliance with the TCF. Publisher shall signal to Vendor users' consents and/or objections in compliance with the TCF (the "TC-String") for each user whose data are to be processed for the delivery of the Products.

6.5 Vendor shall only –

(i) store information on an end-user's device, e.g. in a cookie, or read information from an end-user's device; and

(ii) collect user data on the Digital Offerings

if Vendor has received the necessary consents and no objections from the user through the TC-String, or through the alternative methods for collecting consents and objections in accordance with Clause 6.3 sentence 2.

6.6 Vendor shall only allow a third party (together the "Third Parties") to –

(i) store information on an end-user's device, e.g. in a cookie, or read information from an end-user's device; and

(ii) collect Data of the users on the Digital Offerings

if the Third Party has received the necessary consents and no objections from the users through the TC-String, or through the alternative methods for collecting consents and objections in accordance with Clause 6.3 sentence 2.

§ 7 Zusammenarbeit bei Betroffenenrechten; zentrale Anlaufstelle[15]

7 – Cooperation on data subject rights; Central contact point

7.1 Für die gemeinsame Datenverarbeitung benennt sich der Publisher auf den digitalen Angeboten (bspw. in den Datenschutzinformationen) als zentrale Anlaufstelle für die betroffenen Personen.

7.1 On the Digital Offerings (e.g. in the data protection policy) Publisher names himself as the central contact point for data subjects regarding the Joint Data Processing.

7.2 Anfragen der betroffenen Personen zur gemeinsamen Datenverarbeitung nach Art. 15–20 DS-GVO (die „Betroffenenanfragen"), die beim Publisher eingehen, leitet der Publisher unverzüglich an den Vendor weiter. Der Vendor beantwortet bzw. erfüllt die Anfragen unverzüglich. Dasselbe gilt für Beschwerden.

7.2 Publisher shall immediately forward to Vendor requests based on Art. 15 through 20 GDPR and relating to the Joint Data Processing which he receives from data subjects (the "Data Subject Requests"). Vendor shall respond to, or fulfil the requests without undue delay. The same applies to complaints.

7.3 Der Vendor gibt dem Publisher auf Verlangen unverzüglich Auskunft über die Beantwortung einer Betroffenenanfrage.

7.3 Vendor shall inform Publisher regarding the response to a Data Subject Requests without undue delay upon request.

§ 8 Zusammenarbeit in sonstigen nichtstreitigen Angelegenheiten[16]

8 – Cooperation on other non-contentious matters

8.1 Jede Partei führt ein Verarbeitungsverzeichnis für die gemeinsame Datenverarbeitung; dies kann auch im Rahmen eines anderen Verarbeitungsverzeichnisses erfolgen. Die Parteien stellen einander einen die gemeinsame Datenerhebung betreffenden Auszug aus ihrem Verarbeitungsverzeichnis auf Verlangen kostenfrei zur Verfügung.

8.1 Each Party shall maintain a record of processing activities for the Joint Data Processing which may also be part of a different record of data processing. Each Party shall provide its record, or the part of a record relating to the Joint Data Processing to the other Party upon request and free of charge.

8.2 Die Parteien erteilen einander unverzüglich Auskunft, soweit die anfragende Partei die Auskunft zur Erfüllung ihrer datenschutzrechtlichen Pflichten benötigt.

8.2 Each party shall provide the other party without undue delay with information about any aspects that the requesting Party needs to know to fulfil its legal obligations under data privacy law.

8.3 Der Vendor überlässt dem Publisher unverzüglich Scankopien seiner Verträge mit Auftragsverarbeitern für die gemeinsame Datenverarbeitung. Datenschutzrechtlich uner-

8.3 Vendor shall promptly provide Publisher with scanned copies of its contracts with processors for the Joint Data Processing. Text segments that are irrelevant in terms of data

hebliche Textstellen kann der Vendor schwärzen.

protection can be redacted by Vendor.

8.4 Jede Partei unterstützt die andere Partei angemessen, die Anforderungen der DS-GVO zu erfüllen.

8.4 Each Party shall provide reasonable assistance to the other Party to comply with the GDPR.

§ 9 Zusammenarbeit in streitigen Verfahren; Haftung

9 – Cooperation in contentious matters; Liability

9.1 Wird eine Partei außergerichtlich oder gerichtlich durch betroffene Personen, Aufsichtsbehörden, Wettbewerber oder sonstige anspruchsberechtigte Akteure wegen einer behaupteten rechtswidrigen gemeinsamen Datenverarbeitung in Anspruch genommen (die „Inanspruchnahme"), informiert sie die andere Partei unverzüglich.

9.1 If a Party is being approached by data subjects, supervisory authorities, competitors or other entitled stakeholders with regard to a purportedly illegal Joint Data Processing, both in court and out of court (the "Claim"), it shall inform the other Party without undue delay.

9.2 Falls und soweit der Publisher einer Inanspruchnahme ausgesetzt ist und falls und soweit diese Inanspruchnahme nicht auf einer Verletzung von Publisher-Pflichten beruht, stellt der Vendor den Publisher von jeglichen Ansprüchen, insbesondere Schadensersatzansprüchen (Art. 82 DS-GVO) und Geldbußen (Art. 83 DS-GVO) sowie den angemessenen Kosten eines Rechtsstreits und der Rechtsverteidigung, vollumfänglich frei. Eventuelle Ansprüche des Publishers auf Schadensersatz wegen darüber hinausgehender Schäden bleiben davon unberührt.[17]

9.2 If and insofar as Publisher is subject to a Claim, and if and insofar as such Claim is not based on a violation of Publisher's Obligations, Vendor shall fully indemnify Publisher against any claim whatsoever, in particular claims for damages (Art. 82 GDPR) and fines (Art. 83 GDPR) as well as the reasonable costs, including attorney fees of defence of the actions. Any claims of Publisher for additional damages remain unaffected.

9.3 Der Publisher wird die weitere Rechtsverteidigung mit dem Vendor abstimmen.

9.3 Publisher shall coordinate the further legal defence with Vendor.

§ 10 Kosten

10 – Costs

Jede Partei trägt die bei ihr anfallenden Kosten zur Erfüllung ihrer Pflichten aus dieser Vereinbarung.

Each Party shall bear the costs incurred in performing its duties under this Arrangement.

§ 11 Schlussbestimmungen

11.1 Änderungen dieser Vereinbarung bedürfen der Schriftform. Dies gilt auch für Änderungen dieser Schriftformklausel.

11.2 Sollten sich eine oder mehrere Bestimmungen dieser Vereinbarung als nichtig oder undurchsetzbar erweisen, wird diese Vereinbarung im Übrigen davon nicht berührt.

11.3 Diese Vereinbarung unterliegt deutschem Recht. Das Landgericht [...] ist ausschließlich für sämtliche Streitigkeiten aus oder im Zusammenhang mit dieser Vereinbarung zuständig.

11.4 Der deutsche Text ist verbindlich; die englische Übersetzung ist als Hilfestellung gedacht.[18]

– Unterschriftenseite folgt –

11 – Miscellaneous

11.1 Amendments to this Arrangement, including any amendment to this clause requiring the written form, shall only be valid if made in writing.

11.2 If one or more provisions of this Arrangement are held to be invalid or unenforceable, this Arrangement in its entirety shall remain unaffected.

11.3 This Arrangement is governed by German law. The Regional Court of [...] (Landgericht [...]) shall have exclusive jurisdiction over any disputes arising out of, or in connection with, this Arrangement.

11.4 The German wording is binding; the English translation is for convenience purposes only.

– signature page follows –

Anlage 1
Digitale Angebote
(siehe § 2.1)

Annex 1
Digital Offerings
(see Clause 2.1)

| | Digitale Angebote/<br>Digital Offerings: |
|---|---|
| Publisher 1 | #1: Webseite: [...]<br>#2: Mobile App: [...] |
| Publisher 2 | #1: Webseite: [...]<br>#2: Mobile App: [...] |
| Publisher [...] | #1: [...]<br>#2: [...] |

**Anlage 2**
**Produkte**
**(siehe § 2.2)**

**Annex 2**
**Products**
**(see Clause 2.2)**

| | Produkte und Verarbeitungszwecke / Products and Processing Purposes: | Datenkategorien und sonstige Informationen/ Data Categories and other information: | Rechtsgrundlage für die gemeinsame Datenverarbeitung/ Legal Bases for the Joint Data Processing: |
|---|---|---|---|
| Vendor 1 | DeltaAnalytics: Nutzungsanalyse/ usage analysis | – IP-Adresse/ IP address<br>– Cookie-ID oder Mobile Ad ID/cookie ID and mobile app ID<br>– Browser-Typ/-Version/ browser type & version<br>– Betriebssystem/ operating system<br>– Herkunftswebseite (Referrer)/referrer URL<br>– Uhrzeit der Serveranfrage/ timestamp | überwiegendes berechtigtes Verarbeitungsinteresse, Art. 6 Abs. 1 S. 1 lit. f DS-GVO/ overriding legitimate processing interests, Art. 6(1)(1)(f) GDPR |
| Vendor 2 | SigmaRetargeting: nachhakende Werbeausspielung/retargeting | – IP-Adresse (gekürzt)/ IP address<br>– Cookie-ID oder Mobile Ad ID/cookie ID and mobile app ID<br>– Nutzer-IDs (Unique User IDs)/unique user ID<br>– Browser-Typ/-Version/ browser type & version<br>– Betriebssystem/operating system<br>– Herkunftswebseite (Referrer)/referrer URL<br>– Uhrzeit der Serveranfrage/ timestamp<br>– abgerufene Inhalte/requested content | überwiegendes berechtigtes Verarbeitungsinteresse, Art. 6 Abs. 1 S. 1 lit. f DS-GVO/ overriding legitimate processing interests, Art. 6(1)(1)(f) GDPR |
| Vendor … | … | … | … |

## Anmerkungen

**1. Bilaterale Vereinbarung; Beteiligte und Abschluss.** Eine gemeinsame Verantwortlichkeit kann zwischen zwei oder mehreren Verantwortlichen bestehen (Art. 26 Abs. 1 S. 1 DS-GVO). Entsprechend sind neben bilateralen auch multilaterale Vereinbarungen über gemeinsame Verantwortlichkeit möglich. Nach der Rechtsprechung des EuGH (konsolidiert in der Sache „Fashion ID", EuGH 29.7.2019 – C-40/17, ZD 2019, 455 mAnm Hanloser ZD 2019, 458 und zuletzt bestätigt in der Sache „IAB

Europe", EuGH 7.3.2024 – C 604/22, MMR 2024, 390 mAnm Keppeler/Schneider MMR 2024, 395; Schweinoch/Peintinger CR 2024, 312; hierzu auch Koglin DSB 2024, 86) kann bei Online-Angeboten die gemeinsame Verantwortlichkeit zwischen einem Publisher und jedem einzelnen nachgelagerten Vendor entstehen, dem der Publisher die Datenerhebung auf seinem Online-Dienst wissentlich ermöglicht (zu den Begriffen des Publishers und Vendors sowie dem vom IAB Europe gesetzten TCF-Standard Halank/Koglin DSB 2020, 92, 93 f.). Die Entscheidung des EuGH zur gemeinsamen Verantwortlichkeit des beklagten Online-Shops Fashion ID (hier: Publisher) und Facebook Ireland (hier: Vendor) lässt sich verallgemeinern für alle Vendoren, denen ein Publisher auf seinem Online-Angebot die Datenerhebung wissentlich ermöglicht. Als Online-Angebote kommen sämtliche Informations-, Unterhaltungs- oder Bildungsportale oder Online-Shops unabhängig vom Verbreitungsmedium (Webseite, Mobile App, HbbTV) in Betracht. Die gemeinsame Verantwortlichkeit wird so zu einem Massenphänomen, weil praktisch alle kommerziellen Online-Angebote Dritten die Datenerhebung ermöglichen, sei es für personalisierte Drittinhalte und Werbemittel oder für die Nutzungsanalyse, Erfolgsmessung, nachhakende Werbung (Retargeting). Ein branchenweites Standardmuster wie das vorliegende bildet die gemeinsame Verantwortlichkeit zwischen Publisher und Vendoren vertraglich ab. Ein weiterer Mustervertrag wurde 2021 vom Branchenverband BVDW veröffentlicht (www.bvdw.org/news-und-publikationen/mustervertragsanhang-joint-controller-arrangement).

In der Sache „IAB Europe" hat der EuGH weitergehend festgestellt, dass das sog. Signalling, also die Übermittlung der Einwilligung in die Verarbeitung der Online-Nutzungsdaten (sowie die Übermittlung weiterer Details wie den Informationen zu Purpose und Vendor; zum TCF-Standard des Signalling Halank/Koglin DSB 2020, 92) ein personenbezogenes Datum des einwilligenden Nutzers darstellen kann. Ebenso kann der Widerspruch gegen berechtigte Verarbeitungsinteressen der Publisher und/oder Vendoren als personenbezogenes Datum geschützt sein. Diese als so wichtig angesehene Entscheidung des EuGH reiht sich in die Urteile des EuGH zum Personenbezug ein, die letztlich keine klare Antwort geben.

Ob eine identifizierbare Person gegenüber einem oder mehreren Verantwortlichen eine Einwilligung oder einen Widerspruch erklärt und damit ein datenschutzrechtliches Gestaltungsrecht im konkreten Einzelfall ausgeübt hat, ist sicherlich eine Information über Eigenschaften oder das Verhalten einer natürlichen Person. Der EuGH thematisiert konsequent nur die Frage nach der Personenbeziehbarkeit, also ob der einwilligende oder widersprechende Nutzer im Online-Kontext identifiziert werden kann (EuGH 7.3.2024 – C 604/22, MMR 2024, 390 Rn. 38 ff.). Der Breyer-Doktrin folgend kann die IP-Adresse des einwilligungs- bzw. widerspruchsaussendenden Nutzerendgeräts zugleich den Personenbezug für die – bspw. mittels eines Cookies – verknüpfbare Einwilligungs- oder Widerspruchserklärung des Nutzers vermitteln. Ebenfalls parallel zur Breyer-Entscheidung (EuGH 19.10.2016 – C-582/14, NJW 2016, 3579 mAnm Mantz/Spittka NJW 2016, 3582) und ähnlich zur Rechtssache Pankki (EuGH 22.6.2023 – C-579/21, ZD 2023, 601) hat sich der EuGH nicht festgelegt, ob für den TC-String und das Signalling tatsächlich ein Personenbezug vorliegt, sondern diese Bewertung dem Instanzgericht – dem allgemein als „Market Court" bezeichneten Cour des Marchés des Brüsseler Appelationshofs (Hof van beroep) – überlassen. Zwar heißt es innerhalb der Entscheidungsbegründung „Folglich stellt ein TC-String ein personenbezogenes Datum im Sinne von Art. 4 Nr. 1 DSGVO dar" (EuGH 7.3.2024 – C 604/22, MMR 2024, 390 Rn. 50).

In der folgenden Rn. und auch im Tenor der Entscheidung (EuGH 7.3.2024 – C 604/22, MMR 2024, 390 Rn. 78) wird dies jedoch wieder mit „wenn" und „soweit" relativiert und dem vorlegenden Gericht zur Entscheidung überlassen (Koglin DSB 2024, 86 (88)). Seine Tendenz zum Personenbezug des TC-Strings begründet der EuGH auch damit, dass der IAB Europe als „Organisator" des Signallings und des TCF-Standards gegenüber Publishern und Vendoren ein Auskunftsrecht habe (EuGH 7.3.2024 – C 604/22, MMR 2024, 390 Rn. 48); der Personenbezug ergibt sich also wohl nicht allein aus der IP-Adresse.

Sowohl der Publisher als auch die technisch eingebundenen Vendoren können die IP-Adresse des aussendenden Nutzerendgeräts mit der ausgesandten Einwilligungs- oder Widerspruchserklärung verknüpfen und damit den erforderlichen Personenbezug zum erklärenden Nutzer herstellen. Sind aber Publisher und Vendor gemeinsam Verantwortliche für die Erhebung der Nutzungsdaten auf dem Online-Angebot, teilen sie auch das gemeinsame Interesse an der Verarbeitung der bezüglichen Einwilligungen und Widersprüche. Aus der gemeinsamen Verantwortlichkeit für eine Erhebung der Nutzungsdaten folgt spiegelbildlich die gemeinsame Verantwortlichkeit für die Verarbeitung der akzessorischen Einwilligungen oder Widersprüche. Das Muster bildet entsprechend auch die gemeinsame Verantwortlichkeit für die Verarbeitung der Einwilligungen und Widersprüche ab, soweit sie die Erhebung der Nutzungsdaten auf dem Inventar des Publishers betreffen.

Mit diesem Mehrparteien-Dokument schließt jeder unterzeichnende Publisher mit jedem unterzeichnenden Vendor eine jeweils eigene, bilaterale Vereinbarung über gemeinsame Verantwortlichkeit ab. Dies vereinfacht den Vertragsschluss unter den zahlreichen teilnehmenden Parteien. Es wird jedoch weder eine multilaterale Vereinbarung zwischen dem Publisher und allen Vendoren im Sinne eines einzelnen Mehrparteienvertrags abgeschlossen noch treten Publisher untereinander oder Vendoren untereinander in Vereinbarungen über gemeinsame Verantwortlichkeit ein. Wird eine einzelne bilaterale Vereinbarung über gemeinsame Verantwortlichkeit durch Kündigung oder aus anderen Gründen beendet, hat dies somit keine Auswirkung auf die Wirksamkeit der anderen bilateralen Vereinbarungen.

Alternativ ist es mit entsprechendem Mehraufwand auch möglich, dass die bilateralen Vereinbarungen jeweils direkt zwischen einem Publisher und seinen Vendoren abgeschlossen werden. Dies kann zB auch ohne Unterzeichnung durch ein Online-Formular erfolgen, das jeder Vendor bestätigen muss, bevor er auf digitalen Angeboten des Publishers eingesetzt wird. Denn für den Abschluss einer Vereinbarung über die gemeinsame Verantwortlichkeit ist die Schriftform nicht erforderlich, wie sich im Umkehrschluss aus Art. 28 Abs. 9 DS-GVO ergibt (vgl. Kühling/Buchner/Hartung DS-GVO Art. 26 Rn. 20).

**2. Parteien – Publisher; Rolle des Vermarkters.** Das Formular verwendet die branchenübliche Bezeichnung Publisher für den Verantwortlichen mit unmittelbarem Nutzerkontakt („face to the user"). Der Begriff Publisher umfasst alle Anbieter von digitalen Diensten (§ 2 Abs. 2 Nr. 1 TDDDG) unter anderem aus den Bereichen Information, Unterhaltung und Bildung. Inbegriffen sind Anbieter von Bezahldiensten (Zahlschranke, „pay wall") und werbefinanzierten Diensten einschließlich Mischfinanzierungen. Ob der angebotene Telemediendienst registrierungspflichtig (Registrierungsschranke, „registration wall") oder registrierungsfrei zugänglich ist, ist unerheblich. Online-Shops, die die Nutzerendgeräte ihrer abschlussinteressierten

Besucher für eine nachhakende Werbung auf Drittseiten identifizieren (Retargeting), gelten ebenfalls als Publisher.

Ein Publisher kann sich bei Abschluss dieser Vereinbarung durch Dritte, insbesondere durch seinen Vermarkter, vertreten lassen. Mit diesem Weg entstehen die bilateralen Beziehungen rechtlich allein zwischen dem Publisher und den Vendoren.

Häufig hat der Vermarkter aber auch eine eigenständige Funktion, in der er wie ein Vendor als eigener Verantwortlicher Daten aus verschiedenen digitalen Angeboten aggregiert, um die Digitalvermarktung optimieren zu können. In dieser ersten Rolle handelt der Vermarkter gegenüber dem Publisher wie ein Vendor und muss als Vendor-Partei die vorliegende Vereinbarung mit dem Publisher abschließen (vgl. hierzu die Definition des Vendors in § 2.2). Im nächsten Schritt bindet der Digital-Vermarkter weitere Vendoren ein. Diese können, wie oben dargestellt, ihre Joint-Controller-Vereinbarung direkt mit dem Publisher abschließen und hierfür den Vermarkter als dessen Bevollmächtigten nutzen. Es dürfte mit der Rechtsprechung des EuGH aber auch vereinbar sein, wenn die Vermarkter angesichts ihrer faktischen und rechtlichen Möglichkeit, die weiteren Vendoren einzubinden, mit diesen direkt eine bilaterale Vereinbarung über die gemeinsame Verantwortlichkeit abschließen. Hierdurch werden die Vereinbarungen dann nicht zwischen Publisher und jedem einzelnen Vendor, sondern für die betreffenden Vendoren „in Kette“ zwischen Publisher, dessen Vermarkter und den von diesem eingebundenen Vendoren abgeschlossen. In dieser zweiten Rolle hätte der Vermarkter in diesem Muster die Position des Publishers, während die nachgelagerten Vendoren die echte Vendoren-Rolle haben. Wegen dieser (eventuellen) zweiten Rolle heißt es in § 2.1 „Der Publisher betreibt oder vermarktet …“.

**3. Parteien – Vendor.** Vendor bezeichnet sämtliche Mitverantwortliche aus der nachgelagerten Verarbeitungskette, denen der Publisher die Datenerhebung wissentlich ermöglicht. Typische Vendoren sind
- die Vermarkter der jeweiligen Publisher
- Werbeinventar-Marktplätze bzw. -Börsen (Demand Side Platforms (DSPs), Sell Side Platforms (SSPs), Ad Exchanges), auf denen die Online-Werbeflächen angeboten und gebucht werden
- Werbungtreibende (Advertisers), deren Werbeagenturen oder Werbenetzwerke (Ad Networks), die die Ausspielung ihrer Werbemittel auf den Online-Angeboten der Publisher steuern oder messen
- Inhalteanbieter, die die Ausspielung ihrer Inhalte (Content) auf den Online-Angeboten der Publisher steuern oder messen
- Anbieter von Reichweitenmessung, die die Werbewirksamkeit messen.

**4. Digitale Angebote.** Die einbezogenen Online-Dienste des mitverantwortlichen Publishers sind in der Anl. 1 aufgelistet. Als technische Plattformen kommen Websites, Mobile Apps und HbbTV-Angebote in Betracht. Diese sind eindeutig zu benennen.

**5. Produkte.** Die Auflistung der Produkte des jeweiligen Vendors in Anl. 2 dient der sachlichen Eingrenzung der Gemeinsamen Datenerhebung. Die Produkte können generisch (zB Demand Side Platform) oder individuell (im Formular beispielhaft DeltaAnalytics Suite oder SigmaRetargeting Suite) benannt werden.

**6. Gemeinsame Datenerhebung.** Gemeinsame Verantwortlichkeit führt für die Betroffenen zu einer wechselseitigen Verursachungs- und Verschuldenszurechnung auf der Pflichten-, Haftungs- und Sanktionsebene. Für die Risikominimierung ist es essenziell, die streng sequenzielle Betrachtung des EuGH aus der Rechtssache Fashion ID kautelarjuristisch konsequent umzusetzen: Ein Beteiligter ist nur für den konkreten Verarbeitungsschritt mitverantwortlich, den er wissentlich und im eigenen wirtschaftlichen Interesse ermöglicht. Für vor- oder nachgelagerte Verarbeitungsschritte können die gemeinsam Verantwortlichen durchaus getrennter Wege gehen (EuGH 29.7.2019 – C-40/17, ZD 2019, 455 Rn. 74 ff.; Kollmar NVwZ 2019, 1740 (1741); Sattler GRUR 2019, 1023 (1025)).

Die gemeinsame Verantwortlichkeit setzt keine abgestimmte Entscheidungsfindung der Akteure, also keinen gemeinsamen Entscheidungsprozess voraus. Eine Willenseinigung oder ein sonstiges konsensuales Band zwischen den Mitverantwortlichen ist für die gemeinsame Verantwortlichkeit entbehrlich. Eine Vereinbarung über gemeinsame Verantwortlichkeit setzt nach Art. 26 Abs. 1 S. 2 DS-GVO eine materiell-rechtlich bestehende gemeinsame Verantwortlichkeit voraus. Ihr Abschluss kann eine gemeinsame Verantwortlichkeit lediglich als Selbsteinschätzung der Beteiligten indizieren, aber nicht konstitutiv begründen; ihr Fehlen eine materiellrechtlich bestehende gemeinsame Verantwortlichkeit nicht verhindern.

Gemeinsame Mittelentscheidung: Der Verantwortliche entscheidet über die Mittel der Verarbeitung, wenn er die Verarbeitung in ihrer konkreten Gestalt ermöglicht oder zumindest beeinflusst. Erforderlich ist ein technischer Verursachungsbeitrag des Mitverantwortlichen, der nicht hinweggedacht werden kann, ohne dass die Datenverarbeitung in ihrer konkreten technischen Gestalt entfiele. Einen gestaltenden Einfluss auf den Verarbeitungsvorgang in die eine oder andere Richtung, der über das bloß kausale technische Ermöglichen hinausgeht, ist entbehrlich. Allerdings muss der Mitverantwortliche bei Vornahme der Ermöglichungshandlung gewusst haben, dass die Entscheidung über die konkrete Verarbeitung in seinen Händen liegt.

Gemeinsame Zweckentscheidung: Der Verantwortliche entscheidet über die Zwecke der Verarbeitung, wenn er die Verarbeitung aus Eigeninteresse ermöglicht oder beeinflusst, insbesondere um einen wirtschaftlichen Vorteil zu erlangen. Die Zweckentscheidung ist nach der Auslegung des EuGH nicht mehr als die handlungstragende Motivation des Mitverantwortlichen, eigene – in aller Regel wirtschaftliche – Interessen zu fördern. Das Ergebnis der Datenverarbeitung, dh der Output, dient seinen geschäftlichen Zwecken.

Das Formular beschränkt die gemeinsame Verantwortlichkeit auf die vom Publisher ermöglichte Datenerhebung.

**7. Keine Gesellschaft; keine Vertretungsmacht.** Die gemeinsame Verantwortlichkeit ist von den Personengesellschaften abzugrenzen. Wenn die gemeinsam Verantwortlichen sich vertraglich verpflichtet haben, mit ihren Verarbeitungsbeiträgen einen gemeinsamen Verarbeitungszweck zu fördern, bilden sie eine BGB-Gesellschaft nach § 705 BGB (so bereits Lachenmann Datenübermittlung im Konzern S. 65 ff.). Die BGB-Gesellschaft ist dann die datenschutzrechtlich (Allein-)Verantwortliche iSd Art. 4 Nr. 7 DS-GVO und für die Rechtsfigur der gemeinsamen Verantwortlichkeit und dieses Formular bleibt kein Raum. Ob die Mitverantwortlichen eine solche vertragliche Vereinbarung getroffen haben – bspw. im zugrunde liegenden Werk- oder Dienstvertrag –, ist für den konkreten Einzelfall zu prüfen. Entsprechend ist das vorliegende Formular nur relevant, wenn die Parteien schuldrechtlich keine Personengesellschaft begründet haben. Eine Vereinbarung über gemeinsame Verantwortlichkeit begründet keine Personengesellschaft, da sie die gesetzlichen Vorgaben des Art. 26 DS-GVO lediglich ausformt. Die Parteien stellen in dieser Klausel klar, dass sie mit der Vereinbarung über gemeinsame Verantwortlichkeit nicht beabsichtigen, eine Personengesellschaft zu begründen. Auch erteilen sie einander keine Vollmachten.

**8. Zurverfügungstellung der Vereinbarung.** Die Vereinbarung ist nach Art. 26 Abs. 2 S. 2 DS-GVO auszugsweise offenzulegen, soweit Klauseln für die Geltendmachung der Betroffenenrechte wesentlich sind. Die Rechtsgrundlagen sind nach Art. 13 Abs. 1 lit. c DS-GVO bereits in den Datenschutzbestimmungen zu nennen, so dass § 6 des Formulars unveröffentlicht bleiben kann. Dasselbe gilt für die Zusammenarbeit in streitigen Verfahren und die Haftung, da die Parteien nach Art. 82 Abs. 4 DS-GVO jedenfalls gesamtschuldnerisch im Außenverhältnis haften.

**9. Analyse der Zweck- und Mittelentscheidung.** Der EuGH betrachtet die gemeinsame Verantwortlichkeit streng sequenziell und zwingt die Parteien damit, die Datenflüsse in einzelne Verarbeitungsschritte aufzugliedern. Die Parteien dokumentieren ihre gewissenhafte Analyse der Zweck- und Mittelentscheidung pro Verarbeitungsschritt durch diese rein feststellende Klausel.

**10. Keine Datenübermittlung.** Technisch übermittelt der Publisher keine bei ihm gespeicherten Nutzungsinformationen oder Nutzerdaten an die Vendoren. Der Ablauf kann grob wie folgt beschrieben werden: Der Publisher stellt den HTML-Code seiner Webseite auf seinem Server zum Abruf zur Verfügung. Der auf dem Endgerät (Laptop, Mobile Device, SmartTV) des Nutzers installierte Web-Browser ruft den HTML-Code ab und zeigt die Webseiteninhalte an. Drittinhalte oder Werbemittel hält der Publisher nicht auf seinem Server bereit, vielmehr veranlasst der HTML-Code der Webseite den Browser des Nutzers, die Drittinhalte oder Werbemittel vom Server des Vendors abzurufen. Der Publisher ermöglicht dadurch eine initiale und direkte Kommunikation zwischen Nutzerendgerät und Vendor-Server durch die Einbindung eines Codeabschnitts in den HTML-Code seiner Webseiten. Der Publisher übermittelt bei diesem direkten Abruf von Drittinhalten und Werbemitteln vom Vendor-Server keine personenbezogenen Daten an den Vendor.

**11. Alleinverantwortlichkeit im Innenverhältnis.** Der Publisher ermöglicht die initiale und direkte Kommunikation zwischen Nutzerendgerät und dem Server des Vendors, ohne technischen Einfluss auf die Datenerhebung des Vendors und ohne Zugriff auf die beim Vendor gespeicherten Daten. Im Innenverhältnis der Parteien zueinander ist der Vendor der primär Verpflichtete; der Publisher unterstützt den Vendor durch enumerativ vereinbarte Mitwirkungshandlungen, sofern sein unmittelbarer Nutzerkontakt („face to the user“) erforderlich ist.

**12. Einwilligungs- und Widerspruchsabfrage.** Für die gemeinsame Datenerhebung des Publishers mit den verschiedenen Vendoren bestimmt Anl. 2 die einschlägige datenschutzrechtliche Rechtsgrundlage. In der Praxis beschränkt sich dies auf den Tatbestand der Einwilligung nach Art. 6 Abs. 1 S. 1 lit. a DS-GVO oder des berechtigten Verarbeitungsinteresses nach Art. 6 Abs. 1 S. 1 lit. f DS-GVO. Den Vendoren fehlt allerdings die Möglichkeit, bei den Nutzern eine wirksame Einwilligung iSd Art. 4 Nr. 11 DS-GVO abzufragen oder ihnen den Widerspruch (Opt-out) nach Art. 21 DS-GVO gegen ihr berechtigtes Verarbeitungsinteresse einzuräumen. Deshalb übernimmt es der Publisher, auf seiner Webseite auch für die beteiligten Vendoren datenschutzrechtliche Einwilligungen bzw. Widersprüche beim Nutzer abzufragen.

**13. IAB Europe Transparency & Consent Framework (IAB TCF).** Um den Einwilligungs- bzw. Widerspruchsstatus für die Vielzahl der Vendoren beim Nutzer abzufragen und sodann eindeutig an die Vendoren zu signalisieren, hat der europäische Branchenverband Interactive Advertising Bureau (IAB Europe) ein Rahmenwerk für die einheitliche Einwilligungs- und Widerspruchsabfrage und -signalisierung entwickelt, das Transparency & Consent Framework („TCF"). Der Publisher bindet auf seinen Online-Angeboten eine Consent Management Platform („CMP") eines IAB-akkreditierten CMP-Providers ein. Die CMP zeigt dem Nutzer beim Aufruf der Webseite oder Mobile App ein Online-Formular an, auf dem der Nutzer seine Einwilligungs- und Widerspruchsentscheidungen treffen und bestätigen kann. Der Publisher ist Herr über die CMP und entscheidet für seine Online-Angebote, welche Vendoren für welche Verarbeitungstätigkeiten welche Rechtsgrundlage abfragen dürfen. Die CMP wandelt die Einwilligungs- und Widerspruchsentscheidungen des Nutzers in einen hexadezimalen Bit-String („TC-String") um; die ihrerseits IAB-akkreditierten Vendoren übersetzen den TC-String in die Einwilligungs- bzw. Widerspruchsinformation zurück. Bei der Signalisierung der Einwilligungs- und Widerspruchsentscheidung mittels TC-String handelt der CMP-Provider datenschutzrechtlich als Auftragsverarbeiter des Publishers. Das TCF zielt insgesamt darauf ab, Vendoren, insbesondere Datenbrokern und Werbeplattformen mittels des TC-Strings die Einhaltung der DS-GVO zu garantieren (EuGH 7.3.2024 – C 604/22, MMR 2024, 390 (391) mAnm Keppeler/Schneider MMR 2024, 395; Koglin DSB 2024, 84).

Entsprechend vereinbaren die Parteien, dass der Vendor am TCF teilnimmt. Alle IAB-akkreditierten Vendoren sind auf der Global Vendor List des IAB Europe („GVL") verzeichnet (iabeurope.eu/vendor-list-tcf/). Der Publisher seinerseits stellt auf seinen Online-Angeboten eine CMP für die Einwilligungs- und Widerspruchsabfrage zur Verfügung und nennt den Vendor mit seinen Verarbeitungszwecken und Rechtsgrundlagen. Das TCF beschränkt sich definitionsgemäß auf die standardisierte Signalisierung der Einwilligungs- und Widerspruchsentscheidungen an die Vendoren. Entsprechend vereinbaren die Parteien vertraglich, dass der Vendor bei fehlender Einwilligung bzw. signalisiertem Widerspruch die Verarbeitung unterlässt.

**14. Verantwortlichkeit für Datenverarbeitungen durch Dritte.** Wenn der Vendor es Dritten technisch ermöglicht, Daten auf den digitalen Angeboten des Publishers zu erheben, gelten für diese Dritte die datenschutzrechtlichen Anforderungen entsprechend. Der Vendor übernimmt hier gegenüber dem Publisher die vertragliche Pflicht, die datenschutzrechtliche Compliance der Dritten „in der Kette" sicherzustellen. Praxisrelevant ist diese Klausel bspw. im Verhältnis zu allen Vendoren, die in ihren Werbemitteln weitere Tracker nachladen (sog. Huckepack-Tracker).

**15. Zusammenarbeit bei Betroffenenrechten; zentrale Anlaufstelle.** Die Parteien erfüllen die Betroffenenrechte arbeitsteilig: Der Publisher handelt als zentrale Anlaufstelle iSd Art. 26 Abs. 1 S. 3 DS-GVO, da nur er den unmittelbaren Nutzerkontakt hat. Andererseits verfügt nur der Vendor über die Informationen und den Datenzugriff, um die Betroffenenrechte erfüllen zu können. Vendoren mit eigenen Online-Diensten und entsprechendem unmittelbarem Nutzerkontakt können selbst als zentrale Anlaufstelle handeln.

**16. Zusammenarbeit in sonstigen nichtstreitigen Angelegenheiten.** Die Parteien unterstützen sich wechselseitig bei der Erfüllung datenschutzrechtlicher Pflichten, die über die Erfüllung der Betroffenenrechte hinausgehen. Ergänzungen aus dem allgemeinen Vertragsmuster (→ Form. G. V.2.), bspw. zu Auditrechten bzgl. der IT-Sicherheit beim Vendor, können erweitert werden.

**17. Zusammenarbeit in streitigen Verfahren; Haftung.** Das Haftungsregime spiegelt auf der Sekundärebene die Alleinverantwortlichkeit des Vendors auf der Primärebene: Dem Vendor obliegt die rechtskonforme Datenerhebung, sodass er den nach Art. 82 Abs. 4 DS-GVO im Außenverhältnis mithaftenden Publisher im Innenverhältnis schadlos stellt. Der dispositive Regressmaßstab des Art. 82 Abs. 5 DS-GVO lässt aber auch noch andere Parteivereinbarungen zum haftungsrechtlichen Innenausgleich zu.

**18. Maßgebliche Sprachfassung.** Der Vorrang des deutschen Wortlauts vermeidet widersprechende Auslegungen der beiden Sprachfassungen.

## VII. Datenschutzerklärung für Kunden

Unternehmer, die personenbezogene Daten ihrer Kunden verarbeiten, müssen nach Art. 13 DS-GVO über die Datenverarbeitung informieren. In der Regel ist bereits beim erstmaligen Kontakt über die Datenverarbeitung zu informieren. Hierzu hat sich die Bezeichnung „Datenschutzerklärung" (manchmal auch „Datenschutzinformation") etabliert. Auf die Begrifflichkeit kommt es letztlich nicht an, so lange für den Empfänger erkennbar ist, dass der verantwortliche Unternehmer seine Informationspflichten nach Art. 13 DS-GVO erfüllen will.

Dabei bezieht sich die Information nach Art. 13 DS-GVO auf die Daten, die der Unternehmer über seinen Kunden selbst verarbeitet (insbesondere im B2C-Bereich). Das ist streng zu unterscheiden von der Verarbeitung personenbezogener Daten Dritter (zB im B2B-Bereich: Kunden des Kunden) „im Auftrag des Kunden". Verarbeitet der Unternehmer im Auftrag des Kunden Daten Dritter, dann ist der Kunde insoweit nicht selbst Betroffener der Datenverarbeitung und daher auch nicht nach Art. 13 zu informieren. Stattdessen muss dann im Rahmen einer Auftragsverarbeitungsvereinbarung eine Rechtsgrundlage für die Verarbeitung der Daten dieser Dritten geschaffen werden (→ Form. G. I. 4.). Die Erfüllung der Informationspflichten nach Art. 13 DS-GVO obliegt in diesem Fall dem jeweiligen Kunden als Verantwortlichen nach Art. 4 Nr. 7 DS-GVO.

Die Datenschutzerklärung ist ferner zu unterscheiden von der Einwilligung zur Datenverarbeitung (zu den Anforderungen an eine Einwilligung → Form. I. II. sowie für die Einwilligung in den Werbeversand/Versand von Newslettern → Form. I. III.). Hauptanwendungsfälle für die Verarbeitung von Kundendaten sind (1) die Verarbeitung, die zur Vertragsdurchführung erforderlich ist gem. Art. 6 Abs. 1 S. 1 lit. b DS-GVO, (2) die Erfüllung rechtlicher Verpflichtungen gem. Art. 6 Abs. 1 S. 1 lit. c DS-GVO und (3) die Wahrnehmung berechtigter Interessen gem. Art. 6 Abs. 1 S. 1 lit. f DS-GVO. In diesen Fällen ist die Verarbeitung der personenbezogenen Daten des Kunden (bzw. Betroffenen) durch den Unternehmer (bzw. Verantwortlichen) also bereits durch Gesetz erlaubt. Daher ist es in diesen Fällen nicht erforderlich (sondern wäre schlicht falsch), wenn der Kunde aufgefordert wird, der Datenschutzerklärung „zuzustimmen" oder in diese „einzuwilligen". Dies würde suggerieren, dass die Rechtmäßigkeit der Verarbeitung von der Erteilung und dem Fortbestand der Zustimmung des Kunden abhängig ist, was falsch ist. Es geht lediglich darum, dass der Kunde informiert wird. Um die Information des Kunden nachzuweisen, wird daher allenfalls eine Bestätigung durch den Kunden eingefordert, dass er die „Datenschutzerklärung zur Kenntnis genommen" hat.

Um die Informationspflichten nach Art. 13 f. DS-GVO zu erfüllen, ist der Verantwortliche verpflichtet, dem Kunden die Informationen zur Verarbeitung seiner Daten im Rahmen der Vertragsbeziehung zur Verfügung zu stellen. Zu diesem Zweck kann das nachfolgende Muster genutzt werden. Typischerweise wird die „Datenschutzerklärung" als eigenständige Anlage zu den Unterlagen bei Vertragsschluss genommen. Bei einem Vertragsschluss im Internet wird der Kunde üblicherweise im Rahmen des Bestellvorgangs über die Datenschutzerklärung informiert und sollte aktiv bestätigen, dass er diese zur Kenntnis genommen hat. So kann die Rechenschaftspflicht aus Art. 5 Abs. 2 DS-GVO am einfachsten umgesetzt bzw. nachgewiesen werden.

Sofern vertragliche Leistungen über andere als die klassischen Vertriebswege, bspw. unmittelbar über das Internet, angeboten werden, muss die Datenschutzinformation diesen Umständen angepasst werden (bspw. Informationen zu Logfiles, Einsatz von Tracking-Tools, Social Media Plugins, TLS-Verschlüsselung bei Kontaktformularen etc; → Form. F. I.).

**Datenschutzerklärung für Kunden**

1. Begriffliche Definitionen
   Personenbezogene Daten sind nach Art. 4 Nr. 1 DS-GVO alle Daten, die auf Sie persönlich beziehbar sind, zB Name, Anschrift oder E-Mail-Adresse. Hinsichtlich der weiteren nachfolgend verwendeten Begriffe, wie bspw. „Verantwortlicher" oder „Auftragsverarbeiter", verweisen wir auf den Katalog der Begriffsbestimmungen in Art. 4 DS-GVO.

2. Verantwortlicher
   Die Verarbeitung personenbezogener Daten im Zusammenhang mit der Erbringung unserer vertraglichen Leistungen erfolgt durch die

   [Unternehmen Musterfrau & Mustermann[1]
   Musterstrasse 123
   12345 Stadt]
   (nachfolgend „wir", „uns")

3. Datenschutzbeauftragter
   Unseren Datenschutzbeauftragten erreichen Sie wie folgt:

   [Unternehmen Musterfrau & Mustermann
   Datenschutzbeauftragter
   Musterstrasse 123
   12345 Stadt
   mail@example.com]

4. Art der verarbeiteten Daten
   Wenn Sie uns beauftragen, verarbeiten wir im Rahmen unserer Leistungserbringung folgende personenbezogenen Daten:
   - Stammdaten (zB Name, Anschrift, Kontaktinformationen wie E-Mail, Telefonnummer und Internetadresse),
   - Vertragsdaten (zB Verträge, Kommunikation, Lieferscheine),
   - Beratungsdaten (zB Inhalte von Anfragen, Beratungsdokumentation, Dokumente),
   - Rechnungsdaten (zB Rechnungen, Einzelnachweise, Mahnungen),
   - sowie weitere Daten, die Sie uns freiwillig im Rahmen des Vertragsverhältnisses mitteilen.[2]

5. Zweckbestimmung der Verarbeitung
   Soweit nicht anders angegeben, verarbeiten wir Ihre personenbezogenen Daten, um unsere Pflichten aus den zugrunde liegenden Vertragsverhältnissen zu erfül-

len. Rechtsgrundlage ist Art. 6 Abs. 1 S. 1 lit. b DS-GVO. Ferner verarbeiten wir Ihre personenbezogenen Daten ggf. im Rahmen der folgenden Zwecke:

a) Kontaktaufnahmen: Bei einer Kontaktaufnahme mit uns per E-Mail werden die von Ihnen mitgeteilten Daten (Ihre E-Mail-Adresse, ggf. Ihr Name, Telefonnummer und weitere Angaben) von uns verarbeitet, um Ihre Fragen zu bearbeiten und zu beantworten; sofern ein Vertragsverhältnis besteht, ist Art. 6 Abs. 1 S. 1 lit. b DS-GVO Rechtsgrundlage.
   Für den Fall, dass keine Vertragsbeziehung besteht, sind unsere berechtigten Interessen an der Beantwortung der Kontaktanfrage Rechtsgrundlage nach Art. 6 Abs. 1 S. 1 lit. f DS-GVO.
b) Weihnachts- und andere Grußkarten: Sofern wir Sie persönlich kennen und/oder Sie in einem Vertragsverhältnis mit unserem Unternehmen stehen, kann es sein, dass wir Ihnen aufgrund unserer berechtigten Interessen nach Art. 6 Abs. 1 S. 1 lit. f DS-GVO zu besonderen Anlässen, wie Weihnachten, Grußkarten zukommen lassen. Wir gehen davon aus, dass sich die Empfänger über die Grüße zu besonderen Anlässen freuen. Sollte dies nicht der Fall sein, können Sie dem Versand von Grußkarten nach Art. 21 DS-GVO widersprechen (siehe hierzu Ziff. 7).

6. Weitergabe an Dritte, Kategorien von Empfängern von Daten[3]
   a) Wir geben Ihre Daten im Rahmen der Erfüllung unserer Pflichten aus den zugrunde liegenden Verträgen nach Art. 6 Abs. 1 S. 1 lit. b DS-GVO an Dritte weiter, sofern dies für die Abwicklung des Vertragsverhältnisses erforderlich ist, beispielsweise eine Weitergabe an Bankinstitute zur Zahlungsabwicklung.
   b) Darüber hinaus setzen wir externe technische Dienstleister als Auftragsverarbeiter nach Art. 28 DS-GVO ein, die von uns sorgfältig ausgewählt und überwacht werden. Eine Weitergabe kann zudem aufgrund gesetzlicher Vorschriften, beispielsweise zur Meldung von Verdachtsfällen nach § 43 GwG, an die zuständige Behörde erfolgen. Rechtsgrundlage für die Weitergabe ist insoweit Art. 6 Abs. 1 S. 1 lit. c DS-GVO iVm § 43 GwG.
   c) [OPTIONAL:] Durchführung einer Due Diligence: Für den Fall, dass ein Verkauf des Unternehmens in Betracht gezogen wird, behalten wir uns vor, Dritten Zugang zu Ihren Daten zu geben, soweit dies erforderlich ist, um den Dritten eine belastbare Prüfung unseres Unternehmens und der Wirtschaftlichkeit der Transaktion zu ermöglichen. Hierbei werden wir nur ernsthaften Bietern Zugang gewähren und diese vor jedem Zugriff auf marktübliche strenge Vertraulichkeit und angemessene technisch-organisatorische Sorgfalt verpflichten. Rechtsgrundlage für die Gewährung des Zugriffs sind unsere berechtigten Interessen nach Art. 6 Abs. 1 S. 1 lit. f DS-GVO.[4]

7. Rechte der Betroffenen[5]
   Sie haben grundsätzlich das Recht:

- gem. Art. 7 Abs. 3 DS-GVO eine einmal erteilte Einwilligung jederzeit uns gegenüber zu widerrufen. Dies hat zur Folge, dass wir die Datenverarbeitung, die auf Ihrer Einwilligung beruhte, für die Zukunft nicht mehr fortführen dürfen. Ein Widerruf hat keinen Einfluss auf die Zulässigkeit der vorherigen Verarbeitung;
- gem. Art. 15 DS-GVO Auskunft über Ihre von uns verarbeiteten personenbezogenen Daten zu verlangen;

- gem. Art. 16 DS-GVO die Berichtigung unrichtiger oder Vervollständigung Ihrer bei uns gespeicherten personenbezogenen Daten zu verlangen;
- gem. Art. 17 DS-GVO die Löschung Ihrer bei uns gespeicherten personenbezogenen Daten zu verlangen, soweit nicht die Verarbeitung zur Ausübung des Rechts auf freie Meinungsäußerung und Information, zur Erfüllung einer rechtlichen Verpflichtung, aus Gründen des öffentlichen Interesses oder zur Geltendmachung, Ausübung oder Verteidigung von Rechtsansprüchen erforderlich ist;
- gem. Art. 18 DS-GVO die Einschränkung der Verarbeitung Ihrer personenbezogenen Daten zu verlangen, (1) soweit die Richtigkeit der Daten von Ihnen bestritten wird, (2) die Verarbeitung unrechtmäßig ist, Sie aber deren Löschung ablehnen, (3) wir die Daten nicht mehr benötigen, Sie jedoch diese zur Geltendmachung, Ausübung oder Verteidigung von Rechtsansprüchen benötigen;
- gem. Art. 21 DS-GVO Widerspruch gegen die Verarbeitung einzulegen:

> Soweit wir die Verarbeitung Ihrer personenbezogenen Daten auf die Interessenabwägung nach Art. 6 Abs. 1 S. 1 lit. f DS-GVO stützen, können Sie Widerspruch gegen die Verarbeitung einlegen. Bei Ausübung eines solchen Widerspruches bitten wir um Darlegung der Gründe, weshalb wir Ihre personenbezogenen Daten nicht wie von uns durchgeführt verarbeiten sollten. Im Falle Ihres begründeten Widerspruches prüfen wir die Sachlage und werden entweder die Datenverarbeitung einstellen bzw. anpassen oder Ihnen unsere zwingenden schutzwürdigen Gründe aufzeigen, aufgrund derer wir die Verarbeitung fortführen.

- gem. Art. 20 DS-GVO Ihre personenbezogenen Daten, die Sie uns bereitgestellt haben, in einem strukturierten, gängigen und maschinenlesebaren Format zu erhalten oder die Übermittlung an einen anderen Verantwortlichen zu verlangen und
- gem. Art. 77 DS-GVO sich bei einer Aufsichtsbehörde zu beschweren. In der Regel können Sie sich hierfür an die Aufsichtsbehörde Ihres üblichen Aufenthaltsortes oder Arbeitsplatzes oder unseres Kanzleisitzes wenden.

8. Dauer der Speicherung von personenbezogenen Daten bzw. Kriterien für die Speicherdauer[6]
Wir löschen personenbezogene Daten, nachdem und soweit die Speicherung zur Vertragsabwicklung bzw. Durchführung nicht mehr erforderlich ist und keine berechtigten Interessen oder gesetzlichen Pflichten unsererseits, wie etwa die gesetzliche Aufbewahrungspflichten (§ 147 AO, § 257 HGB, § 14b UStG) einer Löschung entgegenstehen. Eine Löschung erfolgt demnach grundsätzlich fünf bis zehn Jahre nach Ende des Vertragsverhältnisses.

## Anmerkungen

**1. Verantwortlicher für die Datenverarbeitung.** Bei der Frage, wer Verantwortlicher iSv Art. 4 Nr. 7 DS-GVO ist, muss je nach Rechtsform differenziert werden. Bei einem Einzelunternehmer ist es die jeweilige natürliche Person, die als Einzelunternehmer auftritt. Bei einem Unternehmen in Form einer Kapital- oder Personengesellschaft ist es die jeweilige juristische Person.

**2. Weitere Datenarten.** Abhängig von der Art des Geschäfts und der Frage, ob es sich bei dem Verantwortlichen um einen Berufsgeheimnisträger handelt, können noch weitere gesetzliche Pflichten zur Verarbeitung von personenbezogenen Daten einschlägig sein, etwa im Bereich der Geldwäscheprävention. Eine entsprechende Formulierung könnte sich darauf beziehen, dass personenbezogenen Daten verarbeitet werden, wenn dies für die Erfüllung einer rechtlichen Verpflichtung, der der Verantwortliche unterliegt, erforderlich ist, bspw. aus dem Geldwäschegesetz (Art. 6 Abs. 1 S. 1 lit. c iVm §§ 10, 11, 12 Abs. 1 und Abs. 2 GwG; → Form. M.II).

**3. Kategorien von Empfängern von Daten.** Die Vorlage sieht lediglich einen abstrakten Verweis auf den Einsatz von externen technischen Dienstleistern, die als Auftragsverarbeiter nach Art. 28 DS-GVO eingesetzt werden, vor. Dieser nur abstrakte Verweis dürfte beim klassischen Einsatz von Massenprodukten wie externen Rechenzentren oder E-Mail-Hostern ausreichen. In solchen Fällen haben Betroffene bereits eine Vorstellung von Art und Umfang der üblichen Verarbeitungen. Wird jedoch eine Verarbeitung eingesetzt, die ggf. zu weitergehenden datenschutzrechtlichen Implikationen führt, empfiehlt es sich aus Transparenzgründen, die entsprechende Verarbeitung inkl. der Empfänger konkreter darzustellen. Denkbar wäre dies beispielsweise bei Cloud-Komplettlösungen für Unternehmen. Hier können Informationen besonders strukturiert und aufbereitet abgelegt sein. Während der Kunde hinsichtlich einer E-Mail-Korrespondenz besondere Vorgaben einfordern kann, hat er typischerweise keine Vorstellungen von und keinen Einblick in Cloud-Systeme für Unternehmen.

Werden darüber hinaus Dienste außerhalb der EU genutzt, ist neben der Sicherstellung einer datenschutzrechtlich zulässigen Übermittlung (zB durch einen Angemessenheitsbeschluss, geeignete Garantien oder Standardvertragsklauseln) nach Art. 13 Abs. 1 lit. f DS-GVO eine gesonderte Information bzgl. dieser Übermittlung in Drittländer vorzunehmen. (→ Form. G. VII.).

Generell gilt es bei dem Einsatz von Dienstleistern auch die speziellen gesetzlichen Vorgaben zur Auswahl und Überwachung zu beachten. Damit soll gewährleistet werden, dass die Anforderungen der DS-GVO auch durch den Dienstleister erfüllt werden können. Nach Erwgr. 81 DS-GVO sind bei der Auswahl insbesondere Fachwissen, Zuverlässigkeit und Ressourcen des Dienstleisters heranzuziehen.

**4. Offenlegung von Daten im Rahmen einer Due Diligence.** Soll ein Unternehmen verkauft werden, dann wollen Interessenten das Unternehmen im Voraus im Rahmen einer „Due Diligence“ prüfen. Hierzu kann in bestimmten Fällen auch die Offenlegung von Kundendaten erforderlich oder hilfreich sein. Über eine solche Offenlegung muss der Kunde im Voraus informiert werden (BeckM&A-HdB/Uwer/Jungkind § 87 Rn. 24). In vielen Fällen ist es günstiger, wenn Kunden bereits in der Datenschutzerklärung über eine mögliche Offenlegung im Rahmen einer Due Diligence informiert werden (hierzu ausf. → Form. G. IV.2.).

**5. Rechte der Betroffenen.** Der Verantwortliche muss sicherstellen, dass die Rechte der Betroffenen nach Art. 12 – 25 DS-GVO gewahrt werden. (→ Form. F.).

**6. Dauer der Speicherung von personenbezogenen Daten.** Der Verantwortliche muss dem Betroffenen mitteilen, wie lange die erhobenen Daten verarbeitet werden sollen. Sofern sich zum Zeitpunkt der Erhebung eine feste Frist nicht angeben lässt, müssen zumindest die Kriterien, an denen sich die Speicherdauer bemisst, benannt werden. Das sind üblicherweise neben den individuell begründbaren berechtigen Interessen des Verantwortlichen (z. B. bei Rückrufaktionen) die gesetzlich geregelten Aufbewahrungspflichten (etwa § 147 AO und § 257 HGB). Die Information sollte so präzise sein, dass der Betroffene sie anhand der Kriterien, an denen sich die Speicherdauer bemisst, selbst bestimmen kann. Nach Ablauf der angegebenen Speicherdauer sind die personenbezogenen Daten grundsätzlich zu löschen, vgl. Art. 17 Abs. 1 lit. a DS-GVO (Ausnahmen sind unter den Voraussetzungen des Art. 6 Abs. 4 DS-GVO denkbar.)

## J. Datenschutz und Personenbildnisse

### I. Datenschutz bei Nutzung von Personenbildnissen

Bei der Nutzung von Personenbildnissen stellt sich zunächst die Frage, inwieweit das Datenschutzrecht, insbesondere die DS-GVO, überhaupt **anwendbar** ist. Ist eine Person auf einem Bildnis – sei es ein Foto oder eine Zeichnung – erkennbar, handelt es sich um personenbezogene Daten iSd Art. 4 Nr. 1 DS-GVO (zur Erkennbarkeit vgl. OLG Dresden 4.4.2023 – 4 U 1486/22, GRUR-RS 2023, 6459). Gleiches gilt für eventuell dazugehörende Metadaten wie Datum, Uhrzeit sowie GPS-Koordinaten, die beim Fotografieren häufig ebenfalls erhoben werden (vgl. HmbBfDI Vermerk Fotografie S. 2; LDA Bbg. Verarbeitung personenbezogener Daten bei Fotografien, S. 3: LfD RLP Rechtliche Anforderungen beim Fotografieren unter der DS-GVO). Zudem stellt bereits das Anfertigen und Speichern eine Verarbeitung der Daten iSd Art. 4 Nr. 2 DS-GVO dar. Vom Anwendungsbereich der DS-GVO vollständig ausgenommen sind lediglich Personenbildnisse, die **ausschließlich persönlichen oder familiären Zwecken** dienen, wie zum Beispiel Fotos von einer Familienfeier oder einem Schulfest, soweit diese nur einem beschränkten Personenkreis zugänglich gemacht werden (LDA Bbg. Verarbeitung personenbezogener Daten bei Fotografien, S. 4, LfD RLP Rechtliche Anforderungen beim Fotografieren unter der DS-GVO). Werden solche Bilder hingegen im Internet veröffentlicht und sind damit einem unbeschränkten Personenkreis zugänglich, müssen die Regelungen der DS-GVO vollständig beachtet werden (EuGH 6.11.2003 – C-101/01, EuZW 2004, 245; LfD RLP Rechtliche Anforderungen beim Fotografieren unter der DS-GVO). Demnach wäre auch bei Veröffentlichungen in sozialen Netzwerken danach zu differenzieren, ob diese öffentlich oder auf einen bestimmten Personenkreis (zB Facebook-Gruppe, nicht das gesamte Netzwerk) beschränkt sind (so auch Fritzsche/Knapp FamRZ 2019, 1905 (1910) und Götting/Schertz/Seitz PersönlichkeitsR-HdB/Lauber-Rönsberg S. 433; vgl. auch Erwgr. 18 DS-GVO).

Ist der sachliche Anwendungsbereich der DS-GVO dem Grunde nach eröffnet, stellt sich im Hinblick auf Personenbildnisse weiterhin die Frage, in welchem Verhältnis die datenschutzrechtlichen Regelungen zum **KunstUrhG** stehen. Soweit die Verarbeitung ausschließlich zu journalistischen Zwecken erfolgt, genießt das KunstUrhG entweder über die Öffnungsklausel des Art. 85 Abs. 1 oder Abs. 2 DS-GVO iVm den auf dieser Grundlage erlassenen Presse- und Mediengesetzen Vorrang (BGH 7.7.2020 – VI ZR 246/19, NJW 2020, 3715 Rn. 11; BGH 7.7.2020 – VI ZR 250/19, MMR 2021, 152 Rn. 10; BGH 29.9.2020 – VI ZR 445/19, MMR 2021, 150; BGH 16.2.2021 – VI ZA 6/20, ZD 2021, 340; offengelassen BGH 21.1.2021 – I ZR 207/19, NJW 2021, 1311 Rn. 36ff.; OLG Köln 18.6.2018 – 15 W 27/18, ZD 2018, 434; Reuter/Schwarz ZUM 2020, 32 mwN; LfD RLP Rechtliche Anforderungen beim Fotografieren unter der DS-GVO). In allen anderen Fällen – wie zB bei der Unternehmenskommunikation – ist hingegen umstritten, ob das KunstUrhG über

Art. 85 Abs. 1 oder 2 DS-GVO als nationale Sonderregelung anzusehen ist, was insbesondere von den Datenschutzbehörden verneint wird (HmbBfDI Vermerk Fotografie S. 4; LfD RLP Rechtliche Anforderungen beim Fotografieren unter der DS-GVO; LfD Nds. Merkblatt Personenfotografien und DSGVO, S. 1; offen gelassen LDA Bbg Verarbeitung personenbezogener Daten bei Fotografien, S. 6; aA Ziebarth/Elsaß ZUM 2018, 578 (583), die eine nationale Sonderregelung iSd Art. 85 Abs. 1 DS-GVO bejahen; vgl. zum Streitstand BGH 24.2.2022 – I ZR 2/21, GRUR 2022,665 Rn. 35 – Tina Turner; OLG Dresden 4.4.2023 – 4 U 1486/22, GRUR-RS 2023, 6459; LG Frankfurt a.M. 13.9.2018 – 2–03 O 283/18, ZD 2018, 587; Benedikt/Kranig ZD 2019, 4; Krüger/Wiencke MMR 2019, 76; Reuter/Schwarz ZUM 2020, 32; Jangl ZUM 2021, 103, Herberger NZFam 2021, 1088 (1089); Borries GRUR 2022, 632 (633) jeweils mwN). Auch das OVG Lüneburg legte das sog. Medienprivileg ersichtlich eng aus und verlangte mit Verweis auf Erwgr. 153 DS-GVO, dass die Verarbeitung „ausschließlich" journalistischen Zwecken dienen dürfe (OVG Lüneburg 19.1.2021 – 11 LA 16/20, ZD 2021, 224 Rn. 39f. mAnm Viehweger/Koreng). Dies sei bei der Veröffentlichung eines Bildnisses auf der Facebook Fanpage des Ortsvereins einer Partei nicht der Fall, selbst wenn dabei auch meinungsbildende Zwecke verfolgt wurden. Das OLG Koblenz spricht sich unter Verweis auf die Einheitlichkeit der Rechtsprechung hingegen auch in Fällen ohne medienrechtlichen Bezug für einen Vorrang des KunstUrhG aus (OLG Koblenz 31.7.2024 – 4 U 238/23, GRUR-RS 2024, 20773). Der BGH hat die Frage des Verhältnisses zwischen DS-GVO und KUG im Bereich der Bildnisnutzung zu künstlerischen Zwecken in seiner Entscheidung „Tina Turner" bedauerlicherweise offengelassen (BGH 24.2.2022 – I ZR 2/21, GRUR 2022, 665 Rn. 27 – Tina Turner). Bis zu einer abschließenden gerichtlichen Klärung ist daher im Zweifel davon auszugehen, dass **DS-GVO und KunstUrhG nebeneinander gelten.** Bei einer beabsichtigten Verarbeitung von Personenbildnissen ist daher nicht nur die Rechtfertigung nach den Regelungen des KunstUrhG zu prüfen, sondern es muss nach dem Erlaubnisvorbehalt der DS-GVO auch eine Rechtsgrundlage gem. Art. 6 Abs. 1 S. 1 DS-GVO vorliegen (LfD Nds. Merkblatt Personenfotografien und DSGVO, S. 1; LfD RLP Rechtliche Anforderungen beim Fotografieren unter der DS-GVO). Obwohl sich die verschiedenen Rechtsgrundlagen nach DS-GVO und KunstUrhG dem Grunde nach ähneln, ergeben sich in der konkreten Anwendung der beiden Gesetze grundlegende Unterschiede und zum Teil auch Widersprüche (vgl. nur OLG Dresden 4.4.2023 – 4 U 1486/22, GRUR-RS 2023, 6459 zur Erkennbarkeit nach DS-GVO und KUG). Zudem ergänzt die DS-GVO das nach beiden Gesetzen bestehende Verbot mit Erlaubnisvorbehalt um weitere Pflichten wie die Information der Betroffenen nach Art. 13 DS-GVO.

**Mögliche Rechtsgrundlagen bei Nutzung von Personenbildnissen**

| Rechtsgrundlage[1] | Anforderungen an die Verarbeitung[2] |
|---|---|
| Einwilligung<br>Art. 6 Abs. 1 S. 1 lit. a DS-GVO | – aktive Zustimmung der betroffenen Personen[3]<br>– Widerrufsrecht nach Art. 7 Abs. 3 DS-GVO[4] |
| Erfüllung eines Vertrages<br>Art. 6 Abs. 1 S. 1 lit. b DS-GVO | – vertragliche Regelung[5]<br>– nur Abbildung des Vertragspartners[6] |

| Rechtsgrundlage[1] | Anforderungen an die Verarbeitung[2] |
|---|---|
| berechtigte Interessen<br>Art. 6 Abs. 1 S. 1 lit. f<br>DS-GVO | – Erwartungen der betroffenen Personen[7]<br>– Übernahme der Kriterien aus dem KunstUrhG:[8]<br>o Bildnisse aus dem Bereich der Zeitgeschichte,[9] oder<br>o Bilder, auf denen die Personen nur als Beiwerk[10] neben einer Landschaft oder sonstigen Örtlichkeit erscheinen, oder<br>o Bilder von Versammlungen, Aufzügen und ähnlichen Vorgängen,[11] an denen die dargestellten Personen teilgenommen haben, oder<br>o Bildnisse, die nicht auf Bestellung angefertigt sind, sofern die Verbreitung oder Schaustellung einem höheren Interesse der Kunst[12] dient<br>– keine überwiegenden Interessen des Betroffenen[13]<br>– Widerspruchsrecht nach Art. 21 Abs. 1 DS-GVO[14] |

## Anmerkungen

**1. Rechtsgrundlagen.** Dargestellt werden hier die drei für nicht-öffentliche Stellen relevanten Rechtsgrundlagen der DS-GVO. Diese stehen gleichberechtigt nebeneinander, so dass es grundsätzlich keine Rangfolge der drei genannten Rechtsgrundlagen gibt. Jede Rechtsgrundlage hat jedoch unterschiedliche Anforderungen, sodass – je nach Konstellation – die eine oder andere Rechtsgrundlage zu bevorzugen ist. Handelt es sich beispielsweise um eine große Anzahl abgebildeter Personen, ist die Einholung einer Einwilligung von jedem Betroffenen enorm schwierig. Zudem scheidet die Erfüllung eines Vertrages nach Art. 6 Abs. 1 S. 1 lit. b DS-GVO aus, wenn mit dem Betroffenen schlicht kein Vertragsverhältnis besteht. Die vorstehende Übersicht mit der Auflistung der einzelnen Voraussetzung soll daher als Hilfestellung bei der Auswahl der richtigen Rechtsgrundlage dienen.

Für öffentliche Stellen kommt nach Auffassung des LfD RLP zusätzlich Art. 6 Abs. 1 S. 1 lit. e DS-GVO iVm § 3 DSG RLP in Betracht (LfD RLP Rechtliche Anforderungen beim Fotografieren unter der DS-GVO). Danach stellt die Öffentlichkeitsarbeit von öffentlichen Stellen eine freiwillige Aufgabe des eigenen Wirkungskreises dar, wobei jedoch hinsichtlich der veröffentlichten Informationen ein enger Zusammenhang zur Aufgabenerfüllung der Behörde vorliegen muss. Zudem seien die Grundsätze der Zweckbindung und der Datenminimierung zu berücksichtigen. Auch nach Auffassung des OVG Lüneburg seien an eine Rechtfertigung nach Art. 6 Abs. 1 S. 1 lit. e DS-GVO hohe Anforderungen, insbesondere an die Erforderlichkeit zu stellen (OVG Lüneburg 19.1.2021 – 11 LA 16/20, ZD 2021, 224 Rn. 31f. mAnm Viehweger/Koreng). Eine Partei könne sich zudem schon deswegen nicht auf diese Rechtsgrundlage berufen, weil sie trotz Erfüllung einer öffentlichen Aufgabe nicht Teil des Staates sei und die Regelungen des Art. 21 GG, § 1 ParteienG keine spezifische Rechtsgrundlage iSd Art. 6 Abs. 1 S. 1 lit. e DS-GVO darstellten.

Da das KunstUrhG selbständig neben der DS-GVO steht, können dessen Vorschriften grundsätzlich keine Rechtsgrundlage für die Verarbeitung personenbezogener Daten darstellen. Die zum KunstUrhG entwickelten Abwägungskriterien fließen jedoch bei der datenschutzrechtlichen Bewertung mit ein (→ Anm. 8).

**2. Verarbeitung.** Anders als KunstUrhG setzt die DS-GVO nicht erst bei der Veröffentlichung von Personenbildnissen an, sondern bereits bei deren Herstellung (Reuter/Schwarz ZUM 2020, 32 mwN). Mithin erfordert jeder einzelne Verarbeitungsschritt iSd Art. 4 Nr. 2 DS-GVO (Herstellung, Speicherung, Weitergabe, Veröffentlichung) das Vorliegen einer Rechtsgrundlage (LfD RLP Rechtliche Anforderungen beim Fotografieren unter der DS-GVO).

**3. Aktive Zustimmung.** Die Zustimmung muss nicht zwingend schriftlich erfolgen. Vielmehr sind auch elektronisch, mündlich oder sogar konkludent (zB durch Posieren oder Lachen in die Kamera) abgegebene Einwilligungen grundsätzlich zulässig (LfDI BW Fotografieren und Datenschutz, S. 5; LDA Bbg. Verarbeitung personenbezogener Daten bei Fotografien, S. 6; LfD RLP Rechtliche Anforderungen beim Fotografieren unter der DS-GVO). Eine Dokumentation in Textform ist jedoch nicht nur vor dem Hintergrund der Rechenschaftspflicht aus Ar.t 5 Abs. 2 DS-GVO geboten, sondern auch weil der Verantwortliche im Hinblick auf das Vorliegen der Einwilligung eine Nachweispflicht hat (EuGH 4.7.2023 – C-252/21, ZD 2023, 664 Rn. 152; LfD RLP Rechtliche Anforderungen beim Fotografieren unter der DS-GVO). Zur Form der Einwilligung im Arbeitsverhältnis → Form. H. I. 1.

Bei Minderjährigen ist zum einen zu beachten, dass für eine wirksame Einwilligung nach § 22 KunstUrhG zumindest bei einer kommerziellen Nutzung die Einwilligung des gesetzlichen Vertreters erforderlich ist (OLG Oldenburg 24.5.2018 – 13 W 10/18, ZUM 2018, 802; OLG Düsseldorf 20.7.2021 – 1 UF 74/21, ZUM-RD 2022, 277). Das sind in der Regel beide Eltern gemeinschaftlich, §§ 1626 Abs. 1 iVm § 1627 und § 1629 Abs. 1 S. 2 BGB. Zum anderen gilt bei einsichtsfähigen Minderjährigen (in der Regel ab 14 Jahren) die sog. „Doppelzuständigkeit", dh es bedarf zusätzlich auch der Einwilligung des Minderjährigen selbst (BGH 28.8.2004 – IV ZR 305/03, NJW 2005, 56; Fritzsche/Knapp FamRZ 2019, 1905 (1908) mwN). In der Praxis sollten daher Einwilligungserklärungen von Minderjährigen bis 14 Jahren jeweils eine Unterschriftszeile für beide Elternteile vorsehen und bei Minderjährigen ab 14 Jahren zusätzlich eine Unterschriftszeile für den Minderjährigen selbst. Zum Sonderfall, dass die Eltern selbst Bilder der Minderjährigen in einem kommerziellen Kontext veröffentlichen wollen (zB als Influencer, vgl. Fritzsche/Knapp FamRZ 2019, 1905 (1908 f.)). Bei Minderjährigen ab 16 Jahren genügt in der Regel die Einwilligung der Minderjährigen allein (LfD RLP Rechtliche Anforderungen beim Fotografieren unter der DS-GVO unter Verweis auf Art. 8 DS-GVO).

**4. Widerrufsrecht.** Ein gravierender Unterschied zwischen KunstUrhG und DS-GVO besteht im Umfang des Widerrufsrechts. Während eine nach § 22 KunstUrhG erteilte Einwilligung nur aus wichtigem Grunde widerruflich ist (OLG Frankfurt aM 24.2.2011 – 16 U 172/10, ZUM-RD 2011, 408; BAG 11.12.2014 – 8 AZR 1010/13, ZD 2015, 330; OLG Koblenz 31.7.2024 – 4 U 238/23, GRUR-RS 2024, 20773 Rn. 20 f.) sieht die DS-GVO in Art. 7 Abs. 3 vor, dass der Betroffene seine Einwilligung jederzeit ohne Angabe von Gründen widerrufen kann. Bislang ist ungeklärt, wie vor diesem Hintergrund mit einem Widerruf umzugehen ist (Ziebarth/Elsaß ZUM

2018, 578 (580); Krüger/Wiencke MMR 2019, 76). Insbesondere ist fraglich, ob in diesem Fall die Datenverarbeitung noch auf eine andere Rechtsgrundlage und insbesondere auf berechtigte Interessen iSv Art. 6 Abs. 1 S. 1 lit. f DS-GVO gestützt werden kann (bejaht durch OLG Koblenz 31.7.2024 – 4 U 238/23, GRUR-RS 2024, 20773). Grundsätzlich sollte eine Einwilligung nur dann eingeholt werden, wenn keine andere Rechtsgrundlage greift (LDA Bbg. Verarbeitung personenbezogener Daten bei Fotografien, S. 5, vgl. auch (in anderem Kontext) SächsDTB Tätigkeitsbericht 2022, S. 98). Ist sich der Verantwortliche gerade mit Blick auf die im Rahmen von Art. 6 Abs. 1 S. 1 lit. f DS-GVO erforderliche Interessenabwägung unsicher und holt deswegen zusätzlich eine Einwilligung ein, muss er transparent darüber informieren, welche Rechtsgrundlage nach seiner Auffassung greift. Von pauschalen Hinweisen, wonach im Falle des Widerrufs die weitere Nutzung aufgrund einer anderen Rechtsgrundlage möglich ist, sollte hingegen abgesehen werden (Paal/Pauly/Frenzel DS-GVO Art. 7 Rn. 17a, vgl. auch Reuter/Schwarz ZUM 2020, 31 (36)).

**5. Vertragliche Regelung.** Solche vertraglichen Regelungen können beispielsweise Verträge mit einem Auftragsfotografen oder eine Vereinssatzung sein (LfDI BW Fotografieren und Datenschutz, S. 5, krit. – va bei Minderjährigen Fritzsche/Knapp FamRZ 2019, 1905 (1911)). Das OLG Koblenz hielt im Einzelfall auch das Bestehen einer Geschäftsbeziehung für ausreichend (OLG Koblenz 31.7.2024 – 4 U 238/23, GRUR-RS 2024, 20773 Rn. 28).

**6. Beschränkung auf Abbildung des Vertragspartners.** Nach Auffassung der Datenschutzbehörden kann lediglich die Verarbeitung von Personenbildnissen der Vertragspartner auf Art. 6 Abs. 1 S. 1 lit. b DS-GVO gestützt werden. So soll beispielsweise der Vertrag mit einem Hochzeitsfotografen nur die Anfertigung von Bildnissen der Vertragspartner (in der Regel das Brautpaar), nicht aber deren Gäste rechtfertigen (LfDI BW Fotografieren und Datenschutz, S. 5; LfD RLP Rechtliche Anforderungen beim Fotografieren unter der DS-GVO). Dieses enge Verständnis führt in der Praxis zu im Grunde überflüssigen Problemen, zB wenn nicht der Abgebildete (zB das Brautpaar), sondern ein Dritter (zB der Trauzeuge, die Eltern) der Vertragspartner ist. Weiterhin stellt sich die Frage, auf welche Rechtsgrundlage dann das Fotografieren der Gäste gestützt werden kann – denkbar wäre wohl lediglich das Institut der Auftragsverarbeitung. Interessengerechter wäre es allerdings, die Anfertigung der Personenbildnisse noch unter die Verarbeitung zur Vertragserfüllung nach Art. 6 Abs. 1 S. 1 lit. b DS-GVO zu fassen. Für eine anschließende Veröffentlichung oder sonstige Nutzung der Bildnisse – sei es durch den Fotografen, das Brautpaar oder einen Dritten – außerhalb der persönlichen oder familiären Zwecke wäre ohnehin eine gesonderte Rechtsgrundlage erforderlich.

**7. Erwartungen der betroffenen Personen.** Bei der Abwägung der sich gegenüberstehenden Interessen im Rahmen von Art. 6 Abs. 1 S. 1 lit. f DS-GVO spielt nach Erwgr. 47 DS-GVO insbesondere die Erwartungshaltung der betroffenen Personen eine grundlegende Rolle. Nach Auffassung des LfDI BW und des LfD RLP würden die Teilnehmer einer größeren Veranstaltung in der Regel damit rechnen, dass Fotografien zur Dokumentation und internen Verwendung erstellt und genutzt werden (LfDI BW Fotografieren und Datenschutz, S. 5; LfD RLP Rechtliche Anforderungen beim Fotografieren unter der DS-GVO). Mit einer Veröffentlichung oder werblichen Verwendung rechne der Teilnehmer jedoch üblicherweise nicht (LfD BW Fotografieren und Datenschutz, S. 5). Nach der LfD Nds. sei auch eine Veröffentlichung im

Vereinsblatt noch von der Erwartungshaltung der Teilnehmer abdeckt (LfD Nds. Merkblatt Personenfotografien und DSGVO, S. 2). Hingegen müssten die Teilnehmer eines Ortstermins zum Bau einer Ampelanlage nicht damit rechnen, dass der Ortsverein der Partei ein dort aufgenommenes Bild vier Jahre nach der Veranstaltung auf seiner Facebook Fanpage veröffentlicht (OVG Lüneburg 19.1.2021 – 11 LA 16/20, ZD 2021, 224 Rn. 25 mAnm Viehweger/Koreng). Letztlich wird es, wie bei allen Abwägungsfragen, maßgeblich auf die Umstände des Einzelfalls ankommen. Da der Erwartungshorizont der betroffenen Person eine bedeutende Rolle für die Rechtmäßigkeit der Datenverarbeitung spielt, ergibt sich daraus insgesamt für die Praxis eine gewisse Steuerungsmöglichkeit, die etwa im Vorfeld der Datenerhebung durch transparente Information ausgeübt werden kann, man denke etwa an Hinweistafeln in Eingangsbereichen, entsprechende Aufdrucke auf Einladungen und Eintrittskarten oÄ. Bei deren Formulierung sollte jedoch berücksichtigt werden, dass dadurch nicht der Eindruck erweckt wird, der Teilnehmer erkläre durch die Teilnahme selbst eine Einwilligung in die Anfertigung von Personenbildnissen. Vielmehr sollte transparent dargestellt werden, dass die Nutzung auf der Rechtsgrundlage berechtigter Interessen beruht und dem Abgebildeten insofern ein Widerspruchsrecht zusteht. Zudem sollten diese Hinweise – wie auch die Interessenabwägung selbst – zu Beweiszwecken sorgfältig dokumentiert werden.

**8. Übernahme KunstUrhG.** Sowohl die Datenschutzbehörden als auch gerichtliche Entscheidungen postulieren, dass bei der Abwägung der sich gegenüberstehenden Interessen iSv Art. 6 Abs. 1 S. 1 lit. f DS-GVO die in den §§ 22, 23 KunstUrhG dargelegten und von der Rechtsprechung über viele Jahrzehnte konkretisierten Kriterien herangezogen werden können (BGH 24.2.2022 – I ZR 2/21, GRUR 2022, 665 Rn. 27 – Tina Turner; LG Frankfurt a.M. 13.9.2018 – 2–03 O 283/18, ZD 2018, 587; LfD Nds. Merkblatt Personenfotografien und DSGVO, S. 4; LfDI BW Fotografieren und Datenschutz, S. 2; LDA Bbg. Verarbeitung personenbezogener Daten bei Fotografien, S. 6). Da in beiden Fällen die gleichen grundrechtlich geschützten Positionen in die Abwägung einzustellen sind, kann eine am Maßstab des Art. 6 Abs. 1 S. 1 lit. f DS-GVO vorgenommene Interessenabwägung nicht zu einem anderen Ergebnis führen wie eine solche am Maßstab der §§ 22, 23 KunstUrhG (BGH 21.1.2021 – I ZR 207/19, NJW 2021, 1311 Rn. 40 f.; BGH 24.2.2022 – I ZR 2/21, GRUR 2022, 665 Rn. 27 – Tina Turner). Ähnlich dem Regelungsprinzip der DS-GVO statuiert auch § 22 KunstUrhG zunächst eine allgemeine Verbotsnorm, wonach Bildnisse grundsätzlich nur mit Einwilligung des Abgebildeten verbreitet oder veröffentlicht werden dürfen. Davon abweichend regelt § 23 Abs. 1 KunstUrhG vier Ausnahmetatbestände, in welchen eine Einwilligung des Abgebildeten nicht erforderlich ist: (1) Bildnisse aus dem Bereich der Zeitgeschichte, (2) Bilder, auf denen die Personen nur als Beiwerk erscheinen, (3) Bilder von Versammlungen, Aufzügen und ähnlichen Vorgängen und (4) Bilder, die einem höheren Interesse der Kunst dienen. In der Praxis spielt der Ausnahmetatbestand des Bereichs der Zeitgeschichte die größte Rolle. Die Frage, was „Zeitgeschichte" ist, ist dabei im Rahmen einer Abwägung zu klären und kann daher nur im Einzelfall beantwortet werden (statt aller BGH 22.11.2011 – VI ZR 26/11, NJW 2012, 763; BGH 6.3.2007 – VI ZR 14/06, EuGRZ 2007, 504; näher → Anm. 9). Auch wenn einer der Erlaubnistatbestände des Abs. 1 vorliegt, ist eine Verbreitung oder Veröffentlichung jedoch nur dann erlaubt, wenn dadurch nicht in die berechtigten Interessen des Abgebildeten verletzt werden (§ 23 Abs. 2 KunstUrhG), was wiederum im Rahmen einer (ggf. erneuten) Abwägung zu prüfen ist.

**9. Zeitgeschichte.** Der Begriff der Zeitgeschichte ist mit Blick auf die Gewährleistung der Pressefreiheit weit zu verstehen. Er umfasst daher nicht nur Vorkommnisse von historisch-politischer Bedeutung oder spektakuläre und ungewöhnliche Ereignisse, sondern alle Fragen von allgemeinem gesellschaftlichem Interesse (BGH 26.10.2010 – VI ZR 190/08, NJW 2011, 746 (747)). Auch Vorgänge von lediglich regionaler oder lokaler Bedeutung können dem Bereich der Zeitgeschichte zuzuordnen sein (BGH 8.4.2014 – VI ZR 197/13, GRUR 2014, 804 Rn. 10). Demnach wurde auch ein Mieterfest einer Wohnungsbaugenossenschaft als zeitgeschichtliches Ereignis eingestuft, sodass in einer (lediglich an die Mieter gerichteten) Informationsbroschüre Fotos von dem Fest veröffentlicht werden durften. Darüber hinaus ist nach dem sog. „abgestuften Schutzkonzept" jedoch eine Abwägung zwischen dem allgemeinen Persönlichkeitsrecht des Abgebildeten (Art. 1 Abs. 1 iVm Art. 2 Abs. 1 GG) und der Pressefreiheit (Art. 5 Abs. 1 S. 2 GG) vorzunehmen (BGH 6.3.2007 – VI ZR 13/06, NJW 2007, 1981 Rn. 9; BGH 8.4.2014 – VI ZR 197/13, GRUR 2014, 804 Rn. 8). Ausgangspunkt dieser Abwägung ist das Informationsinteresse der Öffentlichkeit, wobei dem Gegenstand der Berichterstattung maßgebliche Bedeutung zukommt. Der Informationsgehalt eines Bildes ist dabei im Gesamtkontext, dh unter Heranziehung der zugehörigen Textberichterstattung zu ermitteln. Weitere Kriterien sind das mediale Vorverhalten der abgebildeten Person und der Anlass der Berichterstattung, die Bekanntheit der abgebildeten Person und deren Leitbild- und Kontrastfunktion. Weiterhin ist in die Beurteilung einzubeziehen, unter welchen Umständen das Foto entstanden ist sowie wie und in welcher Situation der Abgebildete dargestellt ist. Die Abwägung stellt sich im Einzelfall mitunter als sehr schwierig dar und die zahlreichen hierzu ergangenen Gerichtsentscheidungen sind keineswegs frei von Widersprüchen (vgl. dazu auch Götting/Schertz/Seitz PersönlichkeitsR-HdB/Schertz S. 261). Die genannten Kriterien stellen jedoch wertvolle Anhaltspunkte dar und vermitteln so eine gewisse Grundlage für die rechtliche Bewertung.

**10. Beiwerk.** Voraussetzung der Abbildungsfreiheit als „Beiwerk" ist es, dass die Abbildung der Landschaft oder sonstigen Örtlichkeiten das Bild prägt (BGH 21.4.2015 – VI ZR 245/14, NJW 2015, 2500 Rn. 21). Die Abbildung der Person muss mithin derart untergeordnet sein, dass sie auch entfallen könnte, ohne dass sich der Gegenstand und Charakter des Bildes verändert (OLG Brandenburg 21.5.2012 – 1 U 26/11, ZUM 2013, 219 (221)). Die Abbildung einer Person, die auf einem Kalenderfoto beiläufig zwischen Containern und Gabelstaplern auf einem Betriebsgelände erscheint, ist daher nach dieser Regelung gerechtfertigt (OLG Frankfurt a.M. 26.1.1984 – 16 U 180/83, AfP 1984, 115). Ebenfalls als zulässig betrachtet wurde ein Foto von BMW-Mitarbeitern vor einem Werkstor, bei dem lediglich der Hintergrund scharf gestellt ist (LG München I 25.11.2021 – 26 O 2934/21, GRUR-RS 2021, 50113). Als unzulässig eingestuft wurde hingegen die Abbildung einer Wandergruppe vor einem Gebirgspanorama (OLG Frankfurt a.M. 28.2.1986 – 6 U 30/85, GRUR 1986, 614) oder die Abbildung einer Sonnenbadenden am Strand (OLG Oldenburg 14.11.1988 – 13 U 72/88, GRUR 1989, 344).

**11. Versammlungen, Aufzügen und ähnliche Vorgänge.** Weiterhin dürfen Bilder einwilligungsfrei veröffentlicht werden, wenn darauf Ansammlungen von Menschen gezeigt werden, die den kollektiven Willen haben, etwas gemeinsam zu tun, und dies in der Öffentlichkeit stattfindet (OLG Celle 25.8.2010 – 31 Ss 30/10, ZUM 2011, 341 (344)). Bei der Darstellung muss die Wiedergabe des Gesamtgeschehens im Vordergrund stehen; der Abgebildete muss mithin als Mitglied der abgebildeten Gruppe und nicht als Individuum wahrgenommen werden (LG Köln 29.6.1994 – 28 S 3/94, AfP 1994, 246). Von der Regelung umfasst sind typischerweise Demonstrationen, Karnevalsumzüge, Sport- und Parteiveranstaltungen (Götting/Schertz/Seitz PersönlichkeitsR-HdB/Schertz S. 263). Private Vorgänge wie Hochzeiten, Beerdigungen oder Trauerfeiern sind grundsätzlich nicht als ähnliche Vorgänge iSd § 23 Abs. 1 Nr. 3 KunstUrhG anzusehen (LG Köln 5.6.1991 – 28 O 451/90, NJW 1992, 443). Lediglich im Ausnahmefall kann eine solche Darstellung zulässig sein, zB wenn es sich um eine besonders bekannte Person handelt (vgl. Götting/Schertz/Seitz PersönlichkeitsR HdB/Schertz S. 264) oder wenn eine Trauerfeier als Beispiel des Umgangs mit Trauer in der heutigen Gesellschaft dargestellt wird (LG Köln 29.6.1994 – 28 S 3/94, AfP 1994, 246).

**12. Höheres Interesse der Kunst.** Die Privilegierung findet auf sämtliche Bildnisse künstlerischer Art Anwendung, unabhängig, ob diesen Werkqualität iSv § 2 Abs. 1 UrhG zukommt (LG Frankfurt a.M.23.11.2016 – 2–03 O 525/15, ZUM 2017, 772). Nicht umfasst ist allerdings die Verwendung von Personenbildnissen zu werblichen Zwecken (OLG Düsseldorf 23.7.2013 – I-20 U 190/12, MMR 2013, 740 (741)), es sei denn, sie dient der Vermarktung des Kunstwerkes selbst (OLG Celle 25.10.2010 – 31 Ss 30/10, ZUM 2011, 341 (345)); OLG Dresden 4.4.2023 – 4 U 1486/22, GRUR-RS 2023, 6459) oder der Bewerbung eines damit in Verbindung stehenden Kunstwerks (im konkreten Fall Werbeplakat für eine Tribute-Show, BGH 24.2.2022 – I ZR 2/21, GRUR 2022, 665 Rn. 58 – Tina Turner). Ein besonderer Anwendungsfall für diesen Ausnahmetatbestand ist die Straßenfotografie. Auch hier ist jedoch nicht jegliche Veröffentlichung zulässig. So ließ im Falle einer frei zugänglichen Ausstellung mit dem Titel „Ostkreuz: Westwärts. Neue Sicht auf Charlottenburg“ selbst das BVerfG offen, ob der Tatbestand des § 23 Abs. 1 Nr. 4 KunstUrhG erfüllt sei, da der Abbildung zumindest ein berechtigtes Interesse der großformatig abgebildeten Klägerin entgegengestanden habe (BVerfG 8.2.2018 – 1 BvR 2112/15, NJW 2018, 1744).

**13. Keine überwiegenden entgegenstehenden Interessen.** Entgegenstehende Interessen des Abgebildeten sind insbesondere dann anzunehmen, wenn es sich um heimlich aufgenommene Bilder handelt, die Aufnahmen die Intimsphäre berühren oder diskreditierende Darstellungen (Nacktfotos, Partyfotos) enthalten. Solche Abbildungen wären häufig mit Blick auf § 201a StGB auch strafrechtlich relevant und schon deshalb unzulässig. Zudem ist auch bei Minderjährigen in der Regel von einer überwiegenden Schutzbedürftigkeit der Abgebildeten auszugehen (Fritzsche/Knapp FamRZ 2019, 1905 (1911)). Schließlich spricht für ein überwiegendes Interesse des Abgebildeten, wenn die Darstellung Rückschlüsse auf besondere Kategorien personenbezogener Daten zulässt, wie zB die Religion, die Gesundheit oder das Sexualleben (LDA Bbg. Verarbeitung personenbezogener Daten bei Fotografien, S. 5; LfD Nds. Merkblatt Personenfotografien und DSGVO, S. 2; Benedikt/Kranig ZD 2019, 4 (7)). Grundsätzlich kann die Verarbeitung solcher besonderen Kategorien personenbezogener Daten gem. Art. 9 DS-GVO nicht auf berechtigte Interessen gestützt werden (Kahl K&R 2018, 735 (736)). In der Praxis wird es allerdings kaum Aufnahmen geben, aus denen sich nicht zumindest indirekt auch Hinweise auf die ethnische Herkunft (zB Hautfarbe), religiöse oder weltanschauliche Überzeugung (zB Kopfbedeckung, Pins) sowie zur Gesundheit (zB Brille, Rollstuhl) ergeben können. Dies gilt umso mehr als der EuGH den Begriff der besonderen Kategorien personenbezogener Daten iSd Art. 9 Abs. 1 DS-GVO weit auslegt und auch eine indirekte Offenbarung genügen lässt, EuGH 1.8.2022 – C-184/20, ZD 2022, 611; 4.7.2023 – C-252/21, ZD 2023, 664). Die Datenschutzbehörden haben diesen Umstand in ihren unterschiedlichen Hinweisdokumenten bislang nicht hinreichend thematisiert (vgl. auch Reuter/Schwarz ZUM 2020, 31 (33)). Allerdings soll nach Erwgr. 51 der DS-GVO die Verarbeitung von Lichtbildern nicht per se als Verarbeitung besonderer Kategorien von personenbezogenen Daten iSv Art. 9 DS-GVO anzusehen sein. Daher ist im konkreten Einzelfall sorgfältig zu prüfen, inwiefern die Anwendung von Art. 9 DS-GVO tatsächlich sachgerecht ist (so auch Lauber-Rönsberg AfP 2019, 373 (374)). Insbesondere wenn auf einem Bildnis Personen mit oder ohne Brille, Rollstuhl oder Kopftuch abgebildet sind, ohne dass diese Merkmale im Fokus der Aufnahme oder dem Kontext der Veröffentlichung oder sonstigen Verarbeitung stehen, kann man die Anwendung der strengen Anforderungen des Art. 9 DS-GVO mit guten Argumenten verneinen. Darüber hinaus ist auch nach Art. 9 Abs. 2 lit. e DS-GVO die Verarbeitung zulässig, soweit sie sich auf personenbezogene Daten bezieht, die die betroffene Person offensichtlich öffentlich gemacht hat. Zwar kann man schwerlich argumentieren, dass ein aus religiösen Gründen angelegtes Kopftuch, ein Rollstuhl oder eine Brille von dem Betroffenen „offensichtlich öffentlich" gemacht wurden. In anderen Fällen – zB einem Parteiabzeichen oder einem religiösen Schmuckstück – kann der Verweis auf diesen Tatbestand jedoch durchaus fruchtbar sein. Im Ergebnis sollten die genannten Gesichtspunkte in jedem Fall in die Interessenabwägung eingestellt und im Zweifel eine andere Rechtsgrundlage in Erwägung gezogen werden.

**14. Widerspruchsrecht.** Im Fall der Rechtfertigung aufgrund berechtigter Interessen gem. Art. 6 Abs. 1 S. 1 lit. f DS-GVO besteht ein Widerspruchsrecht der Abgebildeten nach Art. 21 Abs. 1 DS-GVO. Übt einer der Abgebildeten sein Widerspruchsrecht aus, darf der Verantwortliche die Bilder nicht mehr nutzen. Etwas anderes gilt nur dann, wenn er zwingende schutzwürdige Gründe die Verarbeitung nachweisen kann, welche die Interessen, Rechte und Freiheiten der betroffenen Person überwiegen, oder wenn die Verarbeitung der Geltendmachung, Ausübung oder Verteidigung von Rechtsansprüchen dient.

## II. Checkliste Einwilligungserklärung bei Nutzung von Foto- oder Videoaufnahmen

Da eine Einwilligungserklärung insbesondere hinsichtlich des Verwendungszwecks und des Umfangs der Datennutzung sehr viele Variablen enthält, werden die einzelnen Anforderungen nachstehend im Rahmen einer Checkliste dargestellt. Ein vollständiges Muster am Beispiel der Nutzung von Mitarbeiterfotos ist in → Form. H. I. 1. enthalten.

Voraussetzung für das Vorliegen einer wirksamen Einwilligung ist, dass diese freiwillig, für den bestimmten Fall, in informierter Weise und in Form einer unmissverständlichen Willenserklärung abgegeben wurde (Art. 4 Nr. 11 DS-GVO). Daraus ergeben sich eine Reihe von Angaben, die in der Einwilligungserklärung zwingend enthalten sein müssen. Die Checkliste dient vor diesem Hintergrund als Hilfestellung bei der Formulierung, Dokumentation und Überprüfung einer Einwilligungserklärung in die Nutzung von Personenbildnissen. Eine allgemeine Checkliste zur Überprüfung der Wirksamkeit von Einwilligungen ist in → Form. I. II. zu finden.

Voraussetzung einer wirksamen Einwilligung ist gem. Art. 4 Nr. 11 DS-GVO, dass der Betroffene diese in „informierter Weise" erklärt hat. Dies erfordert zunächst die Nennung des Verantwortlichen sowie des Verarbeitungszweckes (Erwgr. 42 S. 4 DS-GVO). Ob darüber hinaus jedoch auch alle Pflichtinformationen aus Art. 13 DS-GVO zur Wirksamkeit der Einwilligung zwingend erforderlich sind, ist umstritten. In jedem Fall muss die Einwilligung jedoch Informationen zur Art der Daten, einen Hinweis auf das Widerrufsrecht, ggf. einen Hinweis auf die automatisierte Entscheidungsfindung iSv Art. 22 DS-GVO sowie ggf. einen Hinweis auf die Verarbeitung in Drittstaaten enthalten (Gola/Heckmann/Schulz DS-GVO Art. 7 Rn. 37; NK-DatenschutzR/Klement DS-GVO Art. 7 Rn. 72; Taeger/Gabel/Arning/Rothkegel DS-GVO Art. 4 Rn. 339. Zur Vermeidung unnötiger Risiken empfiehlt sich jedoch, sämtliche Pflichtinformationen aus Art. 13 DS-GVO in die Einwilligungserklärung aufzunehmen (Kühling/Buchner/Buchner/Kühling DS-GVO Art. 7 Rn. 59; Taeger/Gabel/Arning/Rothkegel DS-GVO Art. 4 Rn. 339. Bei der Formulierung der Einwilligungserklärung ist nicht nur das Gebot der Einfachheit und Verständlichkeit, sondern auch der Empfängerhorizont der jeweiligen Adressaten zu berücksichtigen (BeckOK DatenschutzR/DS-GVO Art. 7 Rn. 66; Taeger/Gabel/Arning/Rothkegel DS-GVO Art. 4 Rn. 349).

### Checkliste Einwilligungserklärung bei Nutzung von Foto- oder Videoaufnahmen

☐ Nennung des Verantwortlichen[1]
☐ Darstellung Verwendungszwecke[2] zB
- Dokumentation/interne Verwendung/Redaktion/Werbung
- Veröffentlichung (Printmedien, Website, soziale Netzwerke, TV)

☐ Kategorien[3] personenbezogener Daten, zB
- Foto-/Videoaufnahmen
- ggf. Nutzung unter Nennung des Namens (soweit einschlägig)

– ggf. Erhebung von Metadaten (Datum, Uhrzeit, GPS-Daten)
– ggf. besondere Kategorien personenbezogener Daten (zB Hinweise auf ethnische Herkunft, Religion, Gesundheit)

☐ Empfänger[4] der Daten
– ggf. Einbindung von Auftragsverarbeitern/gemeinsamen Verantwortlichen
– ggf. Weitergabe an Kooperationspartner
– ggf. Weitergabe an die Presse

☐ Freiwilligkeit[5]

☐ Bestehen des Widerrufsrechts[6] und dessen Folgen

☐ weitere Pflichtinformationen[7] aus Art. 13 DS-GVO
– ggf. Kontaktdaten Datenschutzbeauftragter
– Angaben zur Dauer der Verarbeitung
– Bestehen von Betroffenenrechten einschließlich des Beschwerderechts bei der Aufsichtsbehörde
– ggf. Bestehen einer automatisierten Entscheidungsfindung gem. Art. 22 DS-GVO

☐ Unterschrift[8]

## Anmerkungen

**1. Verantwortlicher.** Bei der Bestimmung des Verantwortlichen kommt es darauf an, wer letztlich über die Anfertigung und Verwendung der Aufnahmen – und damit über die Zwecke und Mittel der Verarbeitung der personenbezogenen Daten – entscheidet. Bei Auftragsarbeiten ist daher abzugrenzen, ob diese Rolle dem Auftraggeber, dem Fotografen oder beiden zukommt. So ist zunächst denkbar, dass der Fotograf in datenschutzrechtlicher Hinsicht als Auftragsverarbeiter für den Auftraggeber tätig wird (so für die Anfertigung von Schülerfotos zB BayLfD Foto- und Videoaufnahmen in der Schule, insbesondere im Schulunterricht). Soweit in der Literatur dagegen argumentiert wird, dass ein professioneller Fotograf nie als Auftragsverarbeiter tätig werde, da der Fotograf allein für die Auswahl der technischen Parameter (Kamera, Objektiv, Licht) sowie den kreativen Prozess der Aufnahme (Auswahl Bildausschnitt, Kameraeinstellungen, anschließende Bildbearbeitung) verantwortlich sei (Seiler DSRITB 2019, 183 (185 f.)), greift das in dieser Allgemeinheit zu kurz. Denn es dürfte datenschutzrechtlich wenig relevant sein, ob der Fotograf die Daten auf der Speicherkarte einer Canon oder einer Nikon speichert und welches Licht er im Studio verwendet hat. Zudem ist eine Auftragsverarbeitung auch nicht grundsätzlich ausgeschlossen, wenn dem Auftragsverarbeiter ein gewisser Spielraum bei der Wahl der eingesetzten Mittel verbleibt (Kühling/Bucher/Hartung DS-GVO Art. 28 Rn. 30, Paal/Pauly/Martini DS-GVO Art. 28 Rn. 36). Daher ist hier vielmehr auf den Einzelfall abzustellen und in der jeweiligen Konstellation genau zu prüfen, wer konkret über den Zweck und die Mittel der Aufnahme von Personenbildnissen entscheidet. Lädt beispielsweise ein Kindergarten einen professionellen Fotografen zur Erstellung von Einzelporträts und Gruppenfotos ein, kann es durchaus sein, dass der Fotograf – anders als in dem zuvor in Bezug genommenen Beispiel des BayLfD – nicht als Auftragsverarbeiter, sondern selbst als Verantwortlicher tätig wird (LfD RLP Rechtliche Anforderungen beim Fotografieren unter der DS-GVO). In diesen Fällen erfolgt jedoch auch der Vertragsschluss typischerweise nicht zwischen dem Kindergarten und dem Fotografen, sondern erst im Nachgang durch eine

Bestellung der Eltern. Lässt ein Unternehmen jedoch beispielsweise als Auftraggeber Bilder seiner Mitarbeiter für die Homepage erstellen, liegt eine Auftragsverarbeitung deutlich näher als in den komplexen Konstellationen der Kindergarten- oder Schulfotografie. Von eher begrenzter Bedeutung für die Abgrenzung der Rolle eines Fotografen als Verantwortlicher oder Auftragsverarbeiter dürfte hingegen die Frage des künstlerischen Werts der Aufnahmen sein. Denn unabhängig von der datenschutzrechtlichen Bewertung stehen dem Fotografen natürlich die Urheber- oder Lichtbildrechte an den Aufnahmen zu.

Soweit der Fotograf als Auftragsverarbeiter tätig wird, ist mit diesem eine Vereinbarung gem. Art. 28 DS-GVO zu schließen. Ist der Fotograf allerdings berechtigt, die Bilder auch zu eigenen wirtschaftlichen Zwecken zu nutzen, benötigt er dafür eine eigene Einwilligungserklärung, da eine Nutzung zu eigenen Zwecken im Rahmen der Auftragsverarbeitung nicht vorgesehen ist. Fertigt ein Fotograf mithin im Auftrag Aufnahmen von Personen an, die nicht auch seine Vertragspartner sind (zB Mitarbeiterfotos für ein Unternehmen, Veranstaltungsfotografie), sollte er sich vertraglich unbedingt absichern, sei es durch eine Vereinbarung zur Auftragsverarbeitung (→ Form. G. I. 4.), eine Vereinbarung über die gemeinsame Verantwortlichkeit (→ Form. G. V. 2.) oder eine sonstige vertragliche Regelung sowie ggf. eine eigene Einwilligung im Fall der Nutzung zu eigenen Zwecken.

Zur Nutzung von Personenbildnissen in sozialen Netzwerken und einer damit verbundenen möglichen gemeinsamen Verantwortlichkeit → Anm. 4.

**2. Darstellung der Verwendungszwecke.** Gem. Art. 6 Abs. 1 S. 1 lit. a DS-GVO erfolgt die Erteilung einer Einwilligung „für einen oder mehrere bestimmte Zwecke". Daraus folgt, dass die Darstellung der Verwendungszwecke in der Einwilligungserklärung so detailliert und verständlich wie möglich sein sollte. Diese Anforderungen ergaben sich bereits vor Geltung der DS-GVO aus der Einwilligung nach § 22 KunstUrhG, deren Umfang sich in Anlehnung an die urheberrechtliche Zweckübertragungslehre (→ Form. J. III. Anm. 1) danach richtet, was zur Erfüllung des Vertragszwecks erforderlich ist (OLG Köln 28.5.1999 – 6 W 15/99, ZUM-RD 1999, 444 (445); Schricker/Loewenheim/Götting KunstUrhG § 22 Rn. 44; → Form. J. III. Anm. 1). Die Einwilligung kann in sachlicher, räumlicher und auch zeitlicher Hinsicht beschränkt werden (LG München I 19.5.2005 – 7 O 22025/04, ZUM 2006, 937 (940)). Demnach rechtfertigt beispielsweise eine Einwilligung in die Verwendung eines Personenbildnisses, welche auf bestimmte Werbeformen beschränkt ist, nicht die Verwendung zu anderen Werbeformen (OLG Köln 5.11.2013 – 15 U 44/13, ZUM 2014, 416). Der Regelung des Verwendungszwecks in der Einwilligungserklärung kommt mithin eine essenzielle Bedeutung zu. Geregelt werden muss daher zunächst, ob lediglich eine interne Nutzung der Personenbildnisse (zB Dokumentation einer Veranstaltung) beabsichtigt ist, oder ob die Bilder veröffentlicht werden sollen. Im Falle der Veröffentlichung muss wiederum festgelegt werden, in welchem Medium die Veröffentlichung erfolgen soll (eventuell Nennung der konkreten Medien/der konkreten Publikation oder aber der relevanten Mediengattung(en)).

Mit Blick auf die Informiertheit der Einwilligung kann es je nach Adressaten der Einwilligungserklärung auch geboten sein, weitere Detailinformationen, zB über die Auffindbarkeit in Suchmaschinen oder auch die Risiken der Nutzung in sozialen Netzwerken, zu geben (vgl. Mustereinwilligungserklärung in → Form. H. I. 1.).

**3. Kategorien personenbezogener Daten.** Damit der Betroffene „in informierter Weise" über die Erteilung der Einwilligung entscheiden kann, muss er wissen, welche personenbezogenen Daten von ihm verarbeitet werden. Diesbezüglich ist zunächst zu konkretisieren, um welche Art von Aufnahmen (Foto oder Video/Porträt oder Gruppenbild etc) es sich handelt. Darüber hinaus werden bei der Aufnahme von Personenbildnissen jedoch typischerweise auch weitere Daten erhoben, die bereits für sich oder in Kombination mit den weiteren Daten einen Personenbezug aufweisen. Dazu gehört naturgemäß der Name des Abgebildeten, aber möglicherweise auch die bei der Digitalfotografie in den Fotodateien enthaltenen Metadaten (Datum, Uhrzeit, GPS-Daten).

Da Personenbildnisse oft indirekte Hinweise auf sensitive Daten iSv Art. 9 Abs. 1 DS-GVO enthalten (zB Hautfarbe, Kopfbedeckung, Brille, → Form. J. I. Anm. 13), sollte im Rahmen der Einwilligung ggf. auch auf diesen Umstand explizit hingewiesen werden (vgl. Mustereinwilligungserklärung → Form. H. I. 1.).

**4. Empfänger.** Da sich die Nutzung von Personenbildnissen nur im seltensten Fall auf eine rein interne Nutzung beschränkt, zählen zur für die Einwilligung erforderliche Kenntnis der Sachlage auch Informationen über die Weitergabe der Daten an Dritte. Dazu gehört beispielsweise der Fotograf, soweit dieser als Auftragsverarbeiter oder als mit dem Auftraggeber gemeinsam Verantwortlicher tätig wird. Weiterhin kommen typischerweise Kooperationspartner, Werbepartner und Zwischenhändler oder aber auch verbundene Unternehmen in Betracht. Schließlich werden die Personenbildnisse möglicherweise auch an die Presse weitergegeben (zB als Pressefotos oder im Rahmen einer Pressemitteilung) oder für den Auftritt in sozialen Netzwerken genutzt. Bei Letzteren ist zu berücksichtigen, dass diese im Hinblick auf das Einspielen der personenbezogenen Daten in das Netzwerk nach der Rechtsprechung des EuGH in der Sache „Fashion-ID" (EuGH 29.7.2019 – C-40/17, ZD 2019, 455) im Verhältnis zum Inhaber des Accounts als gemeinsame Verantwortliche iSd Art. 26 DS-GVO einzuordnen sind (→ Form. G. V. 1.; vgl. auch OVG Lüneburg 19.1.2021 – 11 LA 16/20, ZD 2021, 224 Rn. 13 mAnm Viehweger/Koreng). Derzeit ist äußerst fraglich, ob der Auftritt eines Unternehmens in einem sozialen Netzwerk mit Blick auf die Erhebung und Übermittlung der Nutzerdaten überhaupt datenschutzkonform möglich ist. Dies muss erst recht gelten, wenn in einem sozialen Netzwerk Personenbildnisse veröffentlicht werden. In der Einwilligungserklärung ist daher ausdrücklich und in transparenter Weise darüber zu informieren, wenn die Veröffentlichung eines Personenbildnisses in einem sozialen Netzwerk beabsichtigt ist. Zudem muss in diesem Fall auch geregelt werden, ob dabei ggf. eine Verknüpfung mit dem Account des Abgebildeten oder dessen Namensnennung erfolgt.

Soweit die Weitergabe zudem die Übermittlung der Daten in ein Drittland zur Folge hat (was zB insbesondere bei sozialen Netzwerken häufig der Fall ist), muss der Betroffene in der Einwilligung auch auf diesen Umstand sowie auf die Rechtsgrundlage der Übermittlung in das Drittland hingewiesen werden (Gola/Heckmann/Schulz DS-GVO Art. 7 Rn. 37; NK-DatenschutzR/Klement DS-GVO Art. 7 Rn. 72; Taeger/Gabel/Arning/Rothkegel DS-GVO Art. 4 Rn. 339).

**5. Freiwilligkeit.** Gem. Art. 7 Abs. 4 DS-GVO darf die Erfüllung eines Vertrages nicht von der Erteilung einer Einwilligung abhängig gemacht werden. Diese Voraussetzung ist nicht nur in Beschäftigtenverhältnissen äußerst problematisch, sondern auch in zahlreichen anderen Konstellationen, in denen zwischen dem Betroffenen und dem Verantwortlichen ein klares Ungleichgewicht besteht (→ Form. I. II. Anm. 3, 4). Bei der Nutzung von Personenbildnissen von Mitarbeitern ist daher stets sorgfältig zu prüfen, ob es sich tatsächlich um eine freie Entscheidung handelt (zB freiwillige Mitarbeit an einem Imagefilm) oder ob im Falle einer für den Geschäftsbetrieb des Verantwortlichen nahezu unverzichtbaren Nutzung nicht eine andere Rechtsgrundlage – wie eine vertragliche Regelung oder auch die Nutzung aufgrund berechtigter Interessen – in Betracht gezogen werden sollte (Uecker ZD 2019, 248 (250)). Aber auch außerhalb von Beschäftigtenverhältnissen kann das Kopplungsverbot eine zentrale Rolle spielen, wenn etwa der Zutritt zu einer Veranstaltung von der Einwilligung in die Anfertigung und Veröffentlichung von Personenbildnissen abhängig gemacht wird. Hat die betroffene Person hier tatsächlich keine wirkliche Wahl, ob sie der Anfertigung und Nutzung von Personenbildnissen zustimmt, fehlt es an der erforderlichen Freiwilligkeit. Möchte ein Veranstalter keinesfalls auf die Anfertigung von Personenbildnissen verzichten und gibt es zudem keine praktikable Möglichkeit, bereits bei der Anfertigung von Personenbildnissen diejenigen, die eine entsprechende Einwilligung nicht erteilt haben, zu identifizieren, muss der Verantwortliche eine andere Rechtsgrundlage in Erwägung ziehen. So wäre beispielsweise denkbar, die Anfertigung der Personenbildnisse nach sorgfältiger Abwägung auf die Rechtsgrundlage der berechtigten Interessen (Art. 6 Abs. 1 S. 1 lit. f DS-GVO) zu stützen, eine Veröffentlichung jedoch von der Erteilung einer entsprechenden Einwilligung abhängig zu machen.

**6. Widerrufsrecht.** Weiterhin ist der Betroffene gem. Art. 7 Abs. 3 S. 3 DS-GVO vor Abgabe der Einwilligung über das Bestehen und die Wirkung seines Widerrufsrechts zu informieren. Dies ist bei der Einwilligung zur Veröffentlichung von Personenbildnissen insofern schwierig, als die DS-GVO in Art. 7 Abs. 3 DS-GVO ein uneingeschränktes Widerrufsrecht vorsieht während nach der Rechtsprechung zur Einwilligung nach Art. 22 KunstUrhG ein Widerruf nur aus wichtigem Grund statthaft ist (→ Form. J. I. Anm. 4). Bis zur gerichtlichen oder gesetzgeberischen Klärung dieses Widerspruchs empfiehlt es sich, dem Betroffenen soweit möglich ein uneingeschränktes Widerrufsrecht einzuräumen und ihn zudem in transparenter Weise über das Vorgehen im Falle eines Widerspruchs zu informieren (vgl. Mustereinwilligungserklärung in → Form. H. I. 1.). Sollten die Folgen eines Widerrufs mit erheblichen Nachteilen für den Verantwortlichen verbunden sein (zB Neuproduktion eines vollständigen Imagefilms), empfiehlt es sich als Rechtsgrundlage statt der Einwilligung eher eine andere Rechtsgrundlage, wie zB eine Model-Release-Vereinbarung (→ Form. J. III.), zu wählen.

**7. Pflichtinformationen aus Art. 13 DS-GVO.** Folgt man der Empfehlung, sämtliche Pflichtinformationen aus Art. 13 DS-GVO in die Einwilligungserklärung aufzunehmen, wären eventuell fehlende Angaben an dieser Stelle zu ergänzen. Dies umfasst insbesondere Angaben zur Dauer der Verarbeitung, die sich unter Umständen jedoch auch aus der Darstellung der Verwendungszwecke ergeben können. Darüber hinaus wäre in der gebotenen Kürze auf die Betroffenenrechte einschließlich des Beschwerderechts bei der Aufsichtsbehörde hinzuweisen.

**8. Unterschrift.** Bei Minderjährigen müssen beide Eltern unterschreiben, und – soweit der Minderjährige bereits über die erforderliche Einsichtsfähigkeit verfügt (in der Regel ab 14 Jahren) – auch der Minderjährige selbst (→ Form. J. I. Anm. 3).

## III. Model-Release-Vereinbarung

Mit „Model Release" werden im Medienrecht typischerweise Verträge bezeichnet, in denen zwischen einer fotografierten Person (hier: „Model") und dem Vertragspartner geregelt wird, wie Letzterer die vertragsgegenständlichen Personenbildnisse verwenden darf. Der Begriff entstammt ursprünglich dem Modelbereich, wird heute jedoch unabhängig von der Profession der abgebildeten Person bei vertraglichen Regelungen über die Nutzung von Personenbildnissen verwendet. Zudem werden entsprechende Regelungen in der Praxis häufig in andere Verträge integriert. Dies können Moderations-, Schauspieler- oder Künstlerverträge (Götting/Schertz/Seitz PersönlichkeitsR-HdB/Schertz S. 230), aber auch sonstige vertragliche Vereinbarungen oder sogar Vereinssatzungen sein (LfDI BW Fotografieren und Datenschutz, S. 5). Während ein Model Release in persönlichkeitsrechtlicher Hinsicht als „Einwilligung" iSv § 22 KunstUrhG einzuordnen ist, stellt die Vereinbarung in datenschutzrechtlicher Hinsicht einen Vertrag iSv Art. 6 Abs. 1 S. 1 lit. b DS-GVO dar. Diese Rechtsgrundlage hat gegenüber der datenschutzrechtlichen Einwilligung den zentralen Vorteil, dass dieser nicht einseitig widerrufen werden kann. Während die Anforderungen an eine Einwilligung iSv Art. 6 Abs. 1 S. 1 lit. a DS-GVO detailliert geregelt sind, fehlt es an entsprechenden Vorgaben mit Blick auf die Rechtsgrundlage der Vertragserfüllung. Viel diskutiert ist hier lediglich die Voraussetzung, dass die Verarbeitung der personenbezogenen Daten zur Erfüllung des Vertrages erforderlich sein muss, was beim Model Release – dessen zentraler Gegenstand ja die Nutzung des Personenbildnisses ist – jedoch unproblematisch gegeben ist. Dennoch ergeben sich auch für eine vertragliche Vereinbarung eine Reihe von zwingend erforderlichen Inhalten, die in den folgenden Anmerkungen detailliert beschreiben werden.

**Model-Release-Vereinbarung**

zwischen

**[Name und Anschrift des Verantwortlichen]**

**– im Folgenden: „Auftraggeber" –**

und

**[Name und Anschrift des Models]**

**– im Folgenden: „Model" –**

§ 1 Vertragsgegenstand

**Gegenstand des Vertrages ist die Herstellung und Nutzung von [Foto-/Video-] Aufnahmen des Models vom [Datum] (im Folgenden „Aufnahmen"). Zu diesem Zweck räumt das Model dem Auftraggeber gem. § 2 dieser Vereinbarung entsprechende Nutzungsrechte ein. Der Auftraggeber verpflichtet sich im Gegenzug gem. § 3 zur Zahlung der vereinbarten Vergütung.**

§ 2 Rechteeinräumung

**(1) Das Model räumt dem Auftraggeber ein zeitlich und räumlich unbeschränktes Nutzungsrecht an den Aufnahmen ein. Das Nutzungsrecht ist [nicht] unterlizenzier-**

bar und [nicht] übertragbar. Das Nutzungsrecht ist inhaltlich unbeschränkt und umfasst insbesondere die folgenden Nutzungsarten: [ALTERNATIVE: Das Nutzungsrecht ist inhaltlich auf die folgenden Nutzungsarten beschränkt:]

[Nutzungsarten][1]

(2) Der Auftraggeber ist berechtigt, die Aufnahmen unter Wahrung der Persönlichkeitsrechte des Models zu bearbeiten.[2] Insbesondere hat der Auftraggeber das Recht, die Aufnahmen zu retuschieren, zu vergrößern und zu beschneiden und in andere Bilder einzufügen (Fotomontage).

(3) Das Model garantiert, über die hier eingeräumten Nutzungsrechte verfügen zu können, dh insbesondere, dass es nicht anderweitig über die entsprechenden Nutzungsrechte verfügt hat.[3]

(4) [OPTIONAL: Das Model ist mit der Nennung seines Namens/seines Künstlernamens in Verbindung mit den Aufnahmen einverstanden. Der Auftraggeber ist jedoch nicht zur Namensnennung verpflichtet. ODER: Die Namensnennung hat wie folgt zu erfolgen: ...]

§ 3 Vergütung

(1) Der Auftraggeber zahlt dem Model für die vereinbarten Leistungen eine Pauschalvergütung[4] in Höhe von [Betrag] EUR [inkl. ODER zzgl.] Umsatzsteuer. Mit dieser Pauschalvergütung sind sämtliche Leistungen des Models (einschließlich Fotoshooting und Rechteeinräumung gem. § 2 dieser Vereinbarung) vollständig abgegolten.

(2) Das Model ist verpflichtet, etwaige Sozialversicherungsbeiträge und Abgaben, insbesondere Steuern, Gebühren, Beiträge und Sonderabgaben, die auf die Vergütung entfallen, selbst zu tragen und abzuführen.

(3) Die Vergütung ist innerhalb von 30 Tagen nach dem Fotoshooting sowie ordnungsgemäßer Rechnungstellung durch das Model zahlbar.

§ 4 Schlussbestimmungen[5]

(1) Mit Unterzeichnen des Vertrages verlieren alle vorher getätigten mündlichen Absprachen ihre Gültigkeit.

(2) Sollten einzelne Bestimmungen dieser Vereinbarung unwirksam sein oder werden, so lässt dies im Zweifel die Wirksamkeit der Vereinbarung im Übrigen unberührt. Die Parteien verpflichten sich, in diesem Fall über eine wirksame und durchführbare Regelung zu verhandeln, die dem von den Parteien mit der unwirksamen beziehungsweise undurchführbaren Bestimmung verfolgten Zweck möglichst nahekommt, soweit die Bestimmungen dieser Vereinbarung ohne die unwirksame beziehungsweise undurchführbare Regelung eine unzumutbare Härte für eine der Parteien darstellen würden.

(3) Als Erfüllungsort für alle Verpflichtungen aus diesem Vertrag wird – soweit gesetzlich zulässig – [...] vereinbart. Ist das Model Kaufmann oder hat es keinen allgemeinen Gerichtsstand in der Bundesrepublik Deutschland, so wird als Gerichtsstand [...] vereinbart.

## Anmerkungen

**1. Nutzungsarten.** Analog der Zweckübertragungslehre im Urheberrecht ist es erforderlich, die beabsichtigte Nutzung – mindestens im Rahmen einer „insbesondere"-Aufzählung – so detailliert wie möglich zu beschreiben (vgl. LG Frankfurt a. M. 30.5.2017 – 2–03 O 134/16, ZUM-RD 2017, 558; Götting/Schertz/Seitz PersönlichkeitsR-HdB/Castendyk S. 750f.). Grundgedanke der Zweckübertragungslehre ist die Überlegung, dass nur die Rechte eingeräumt werden sollen, die für die Erreichung des konkreten Vertragszwecks erforderlich sind. Alle übrigen Rechte bleiben beim Rechteinhaber, hier dem Model. Die möglichst detaillierte Nennung dient mithin nicht nur dem Ausschluss von Missverständnissen, sondern auch Auslegungs- und Beweiszwecken. Beispiele für Nutzungsarten können allgemeine Formulierungen wie „redaktionelle Zwecke" und „werbliche Zwecke" sein oder aber detaillierte Angaben wie „Unternehmensbroschüre Print". Auch die Aufnahme in Bilddatenbanken sollte in diesem Kontext erwähnt werden. Das vorliegende Formular verzichtet an dieser Stelle bewusst auf Musterformulierungen für einzelne Nutzungsarten, da diese zum einen so verallgemeinert sein müssten, dass damit das Risiko einer zu weitgehenden und wiederum unpräzisen Rechteeinräumung verbunden wäre. Zum anderen unterliegen auch diese verallgemeinerten Begriffe wiederum der Auslegung. Zielführender ist es daher, dass der Verwender mit eigenen Worten die beabsichtigte Nutzung näher beschreibt.

**2. Bearbeitungsrecht.** Das Bearbeitungsrecht muss im Model-Release-Vertrag gesondert vereinbart werden, insbesondere wenn die Bearbeitung über die übliche Nachbearbeitung und Retusche von Fotografien hinausgehen soll (vgl. LG Frankfurt a. M. 30.5.2017 – 2–03 O 134/16, ZUM-RD 2017, 558). Selbst wenn ein entsprechendes Bearbeitungsrecht vereinbart ist, sind bei der Bearbeitung die Persönlichkeitsrechte des Models zu berücksichtigen. So wurde in dem zitierten Fall vor dem LG Frankfurt a. M. eine Bearbeitung eines Nacktfotos in der Form, dass die Brüste des Models für die Nutzung des Bildes auf der Internetplattform „Facebook" mit einem „Stinkefinger" abgedeckt wurden, für unzulässig erachtet.

**3. Verfügungsberechtigung.** In der Modelbranche oder in Merchandisingverträgen mit Künstlern lassen sich Agenturen oder Verlage häufig umfassende exklusive Rechte einräumen, die einer weiteren Rechteeinräumung durch den Rechteinhaber (hier das Model) verbieten. Ob solche Exklusivitätsklauseln lediglich zwischen den Vertragspartnern (hier Model und Agentur) oder auch gegenüber Dritten (hier dem Auftraggeber) wirken, ist umstritten (Götting/Schertz/Seitz PersönlichkeitsR-HdB/Castendyk S. 752f.). Vor diesem Hintergrund ist die Garantie der Verfügungsberechtigung insbesondere bei Verträgen mit bekannten Personen oder professionellen Models durchaus empfehlenswert.

**4. Vergütung.** Anstelle einer Pauschalvergütung sind auch Rabatte für die Leistungen des Fotografen denkbar, zB ein Hochzeitspaar erhält vom Hochzeitsfotografen Rabatt, wenn es dem Fotografen das Recht einräumt, die Bilder zur Bewerbung seiner Leistung zu nutzen. Weiterhin sind in der Praxis sog. TFP-Vereinbarungen („Time for Prints"/„Time for Pictures") anzutreffen, in denen das Model als Gegenleistung die urheberrechtlichen Nutzungsrechte an den Aufnahmen für den eigenen Gebrauch (zB Sedcard/Bewerbungsmappe) erhält. Bislang ungeklärt ist die Frage, ob die Rechtsgrundlage des Art. 6 Abs. 1 S. 1 lit. b DS-GVO eine bestimmte Form oder einen bestimmten Umfang an Gegenleistung erfordert. Diese Überlegung ist insofern von Bedeutung, als immer häufiger die hohen Anforderungen an eine wirksame Einwilligungserklärung sowie die Widerruflichkeit der Einwilligung mit einer vertraglichen Gestaltung umgangen werden. Analog zum Urheberrecht (vgl. §§ 32, 32a UrhG) könnte sich daher auch beim Model Release eine Angemessenheitsprüfung etablieren. Bei der Vertragsgestaltung sollten daher die eingeräumten Nutzungsrechte und die vereinbarte Vergütung in einem angemessenen, marktüblichen Verhältnis stehen. Bei einem zeitlich, räumlich und inhaltlich unbeschränkten Nutzungsrecht muss daher auch die vereinbarte Gegenleistung von entsprechendem Wert sein.

**5. Schlussbestimmungen.** Aufgrund der AGB-rechtlichen Einschränkungen der Zulässigkeit von Schriftformklauseln (→ Form. B. II. 1. Anm. 9), beschränkt sich der vorliegende Vorschlag auf die Feststellung, dass in der Vergangenheit getätigte mündliche Abreden ihre Gültigkeit verlieren. Zur salvatorischen Klausel → Form. D. III. 1. Anm. 39.

Die DS-GVO regelt in Art. 79 Abs. 2 lediglich die internationale Zuständigkeit. Die sachliche und örtliche Zuständigkeit des angerufenen Gerichts richtet sich hingegen nach den nationalen Vorschriften, bei zivilrechtlichen Streitigkeiten mithin in der Regel nach der ZPO (Gola/Heckmann/Werkmeister DS-GVO Art. 79 Rn. 10; Kühling/Buchner/Bergt DS-GVO Art. 79 Rn. 15). Daneben sieht § 44 Abs. 1 BDSG einen besonderen Gerichtsstand der Niederlassung und des gewöhnlichen Aufenthaltes vor. Weder der DS-GVO noch dem BDSG lässt sich jedoch eine grundsätzliche Einschränkung von Gerichtsstandsvereinbarungen im Rahmen von Verträgen mit Bezug zum Datenschutzrecht entnehmen. Daher sind Gerichtsstandsvereinbarungen im Rahmen des nach § 38 ZPO Zulässigen grundsätzlich möglich (Gola/Heckmann/Werkmeister DS-GVO Art. 79 Rn. 16).

Im Falle einer grenzüberschreitenden Vertragsgestaltung sollte ergänzend die Möglichkeit einer Rechtswahlklausel in Erwägung gezogen werden. Dabei ist zu berücksichtigen, dass die räumliche Anwendbarkeit der DS-GVO durch Rechtswahlklauseln nicht abdingbar ist (Kühling/Buchner/Klar DS-GVO BDSG Art. 3 Rn. 105 mwN). Eine Rechtswahl könnte jedoch im Hinblick auf unterschiedliche Anforderungen des nationalen Persönlichkeitsrechts (in Deutschland §§ 22, 23 KunstUrhG) durchaus von Relevanz sein.

## IV. Datenschutzinformation für Bildnisnutzung

Unabhängig von der Rechtsgrundlage, auf welche die Verarbeitung von Personenbildnissen gestützt wird, hat der Verantwortliche die **Informationspflichten** aus Art. 13 und 14 DS-GVO zu beachten (→ Form. F. I.; ausführlich zu den Betroffenenrechten auch Specht/Mantz DatenschutzR-HdB/Lauber-Rönsberg § 4 Rn. 129). Die Datenschutzbehörden haben jedoch erkannt, dass dies insbesondere bei einer Vielzahl von Personen äußerst problematisch sein kann. Bei **großen Menschenmengen** wie bei Sportveranstaltungen, Versammlungen oder Straßenzügen soll daher regelmäßig der Ausnahmetatbestand des Art. 14 Abs. 5 lit. b DS-GVO greifen, da die entsprechende Information unmöglich oder nur mit einem unverhältnismäßigen Aufwand realisierbar wäre (LDA Bbg. Verarbeitung personenbezogener Daten bei Fotografien, S. 9; LfDI BW Fotografieren und Datenschutz, S. 6; vgl. HmbBfDI Vermerk Fotografie, S. 7 f.; LfD RLP Rechtliche Anforderungen beim Fotografieren unter der DS-GVO). Diese Argumentation vermag vom juristischen Ansatz nur bedingt zu überzeugen. Sie zeigt jedoch, dass auch die Datenschutzbehörden bestehende Schwächen der DS-GVO erkannt haben und daher versuchen, entsprechende Lösungen anzubieten.

Bei **Veranstaltungen,** bei denen typischerweise ein geschlossener Personenkreis vorliegt, kann hingegen bereits auf der Einladung oder durch Hinweisschilder eine entsprechende Information erfolgen (LDA Bbg. Verarbeitung personenbezogener Daten bei Fotografien, S. 7; LfD RLP Rechtliche Anforderungen beim Fotografieren unter der DS-GVO). Nach umstrittener Auffassung des LfDI BW und des LfD RLP (vgl. Reuter/Schwarz ZUM 2020, 31 (34) mwN) können die Informationen auch gestuft erfolgen, dh in einem ersten Schritt werden dem Betroffenen nur die Basisinformationen (Name und Kontaktdaten des Verantwortlichen, Verwendungszweck, Rechtsgrundlage, Speicherdauer, Bestehen von Betroffenenrechten etc) mitgeteilt und bezüglich weitergehender Informationen wird auf eine Internetseite oder detaillierte Informationsblätter verwiesen (LfDI BW Fotografieren und Datenschutz, S. 6; LfD RLP Rechtliche Anforderungen beim Fotografieren unter der DS-GVO). In der Praxis dürfte diese zweistufige Information jedoch wenig relevant sein, da allein die Bereitstellung der genannten Basisinformationen dem Umfang einer klassischen Datenschutzerklärung entspricht.

Vor diesem Hintergrund wurde als Muster für die Datenschutzinformation die nachstehende Datenschutzerklärung für eine Veranstaltung gewählt.

### Datenschutzerklärung[1]

**Der/die [Name] (im Folgenden: „Veranstalter“) ist Ausrichter der Veranstaltung [Bezeichnung der Veranstaltung]. Im Rahmen der Veranstaltung werden [Foto-/Video-] Aufnahmen (im Folgenden: „Aufnahmen“) der Teilnehmer erstellt. Vor diesem Hintergrund informiert der Veranstalter die Teilnehmer nachfolgend gem. Art. 13, 14 DS-GVO über die Verarbeitung ihrer personenbezogenen Daten:**

**1. Verantwortlicher [und Datenschutzbeauftragter]**

Verantwortlicher iSv Art. 4 Nr. 7 DS-GVO ist [Name, ladungsfähige Anschrift, E-Mail-Adresse, Telefonnummer].
[Unseren Datenschutzbeauftragten erreichen Sie unter [datenschutz@example.com] oder unserer Postadresse mit dem Zusatz „der Datenschutzbeauftragte".]

2. Zwecke der Datenverarbeitung[2] und Rechtsgrundlage[3]
Die Aufnahmen werden zu Zwecken des [Zwecke] hergestellt und genutzt. Rechtsgrundlage der Verarbeitung ist Art. 6 Abs. 1 S. 1 lit. f DS-GVO. Sie dient unserem berechtigten Interesse an [Bezeichnung des berechtigten Interesses].
3. Kategorien personenbezogener Daten[4]
Aufnahmen der Teilnehmer, Ort und Zeit der Aufnahmen, […].
4. Empfänger der personenbezogenen Daten[5]
Mit der Erstellung der Aufnahmen hat der Veranstalter [Name, Kontaktdaten] als externen Fotografen beauftragt. Eine Weitergabe der Aufnahmen an Dritte findet nicht statt.
5. Speicherdauer[6]
Aufnahmen, die im Anschluss an die Veranstaltung keine Verwendung finden, werden unverzüglich gelöscht. Die verwendeten Aufnahmen werden längstens für eine Dauer von [Dauer] gespeichert und anschließend gelöscht.
6. Rechte des Abgebildeten[7]
Der Abgebildete hat gegenüber dem Veranstalter das Recht auf Auskunft (Art. 15 DS-GVO), auf Berichtigung oder Löschung (Art. 16 und 17 DS-GVO), auf Einschränkung der Verarbeitung (Art. 18 DS-GVO) sowie auf Datenübertragbarkeit (Art. 20 DS-GVO). Darüber hinaus hat der Abgebildete das Recht, sich bei einer Datenschutz-Aufsichtsbehörde über die Datenverarbeitung durch den Veranstalter zu beschweren. Dazu gehört auch die für den Verantwortlichen zuständige Datenschutzbehörde: [Name und Kontaktdaten der zuständigen Datenschutzbehörde]
Soweit wir die Verarbeitung der Aufnahmen auf berechtigte Interessen (Art. 6 Abs. 1 S. 1 lit. f DS-GVO) stützen, kann der Abgebildete aus Gründen, die sich aus seiner besonderen Situation ergeben, Widerspruch gegen die Verarbeitung einlegen (Art. 21 Abs. 1 DS-GVO).

## Anmerkungen

**1. Allgemeine Ausführungen zu den Informationspflichten.** Zur Vermeidung von Wiederholungen wird hinsichtlich allgemeiner Ausführungen zu den Informationspflichten auf → Form. F. I. verwiesen.

**2. Zweck.** Gem. Art. 13 Abs. 1 lit. c DS-GVO ist zunächst der Zweck der beabsichtigten Datenverarbeitung anzugeben. Dies dient dem Erfordernis einer fairen und transparenten Datenverarbeitung sowie zur Überprüfung des Zweckbindungsgrundsatzes aus Art. 5 Abs. 1 lit. b DS-GVO (vgl. Erwgr. 60 DS-GVO). Der Zweck sollte daher möglichst detailliert genannt werden, zB Dokumentation der Veranstaltung, Öffentlichkeitsarbeit (Website/Print/Soziale Netzwerke) etc. Insbesondere ist darüber zu informieren, ob und wenn ja, wo die Aufnahmen veröffentlicht werden sollen (Benedikt/Kranig ZD 2019, 4 (7)).

**3. Rechtsgrundlage.** In der Datenschutzerklärung ist auch die Rechtsgrundlage für die Datenverarbeitung zu nennen. Das vorliegende Muster kann selbstverständlich auch zur Anwendung kommen, wenn der Verantwortliche die Datenverarbeitung auf eine Einwilligung (Art. 6 Abs. 1 S. 1 lit. a DS-GVO) oder einen Vertrag (Art. 6 Abs. 1 S. 1 lit. b DS-GVO) stützt. In dem Fall ist an dieser Stelle die jeweilige Norm zu nennen.

**4. Kategorien personenbezogener Daten.** Der Betroffene muss weiterhin darüber informiert werden, welche konkreten personenbezogenen Daten erhoben werden – dh ob Fotografien oder Videoaufnahmen angefertigt werden und welche sonstigen Daten (Datum, Uhrzeit) gespeichert werden. Bei Veranstaltungen ist zudem denkbar, dass auch eine Zuordnung zu den Namen einzelner Teilnehmer erfolgt, worüber an dieser Stelle ebenfalls zu informieren ist. Bei besonderen Kategorien personenbezogener Daten ist zu berücksichtigen, dass deren Verarbeitung gem. Art. 9 DS-GVO grundsätzlich nicht auf berechtigte Interessen gestützt werden kann (zum Anwendungsbereich und möglichen Lösungsansätzen → Form. J. I. Anm. 13).

**5. Empfänger.** Bei Beauftragung eines Dritten, zB eines Berufsfotografen, ist je nach Inhalt der Vereinbarung ein entsprechender Vertrag zu schließen. Denkbar wären hier insbesondere eine Vereinbarung zur Auftragsverarbeitung (→ Form. G. I. 4.) oder eine Vereinbarung über die gemeinsame Verantwortlichkeit (→ Form. G. V. 2.). Zudem muss an dieser Stelle erwähnt werden, wenn eine Weitergabe an Dritte geplant ist, zB an die Presse oder soziale Netzwerke (LfD RLP Rechtliche Anforderungen beim Fotografieren unter der DS-GVO). Unklar ist bislang, wie detailliert die Angaben zu den verschiedenen Empfängern ausgestaltet werden müssen. Nach dem Wortlaut verlangt Art. 13 Abs. 1 lit. e DS-GVO die Angabe der „Empfänger oder Kategorien von Empfängern", was grundsätzlich ein Wahlrecht des Verantwortlichen zwischen diesen beiden Alternativen impliziert (Gola/Heckmann/Franck DS-GVO Art. 13 Rn. 20; Paal/Pauly/Paal/Hennemann DS-GVO Art. 13 Rn. 18) Nach anderer Auffassung (HK-DS-GVO/Ingold Art. 13 Rn. 19; NK-DatenschutzR/Dix DS-GVO Art. 13 Rn. 11) ist die Angabe einer Kategorie (zB „Presse") nur dann ausreichend, wenn die konkreten Empfänger noch nicht feststehen. Gerade im Rahmen von Veranstaltungen (zB Preisverleihungen) ist es durchaus denkbar, dass im Anschluss eine Pressemitteilung nebst Fotos veröffentlicht respektive an Nachrichtenagenturen versandt wird. In diesen Fällen ist es naturgemäß schwierig zu bestimmen, wer tatsächlich „Empfänger" ist, sodass die Angabe von Empfängerkategorien als ausreichend zu bewerten ist (Kühling/Buchner/Bäcker DS-GVO Art. 13 Rn. 30). Sofern die konkreten Empfänger dem Verantwortlichen jedoch bereits bekannt sind (zB bestimmte Medienpartner) sollten diese in der Datenschutzerklärung jedoch auch genannt werden. Im Hinblick auf den Auskunftsanspruch verlangt der EuGH die Mitteilung der Identität der einzelnen Empfänger (EuGH 12.1.2023 – C-154/21, ZD 2023, 271).

Bei der Veröffentlichung von personenbezogenen Daten muss zudem berücksichtigt werden, dass Art. 17 DS-GVO nicht nur einen Löschungsanspruch vorsieht, sondern im Sinne eines vollumfänglichen „Rechts auf Vergessenwerden" den Verantwortlichen in Abs. 2 auch dazu verpflichtet, angemessene Maßnahmen zu ergreifen, um andere Verantwortliche, die die personenbezogenen Daten verarbeiten, über den Löschungsantrag zu informieren.

*Ettig*

**6. Speicherdauer.** Weiterhin ist gem. Art. 13 Abs. 2 lit. a DS-GVO über die Speicherdauer respektive der Kriterien für deren Festlegung zu informieren. Da bei Personenbildnissen in der Regel keine Aufbewahrungspflichten gelten, sollte die Speicherdauer entsprechend dem Grundsatz der Datensparsamkeit im Zweifel eher kurz bemessen sein.

**7. Rechte des Abgebildeten.** Je nach Rechtsgrundlage (Art. 6 Abs. 1 S. 1 lit. a, b oder lit. f DS-GVO) ist gegebenenfalls auf das Widerrufsrecht und dessen Folgen (Art. 7 Abs. 3 DS-GVO) oder auf das Widerspruchsrecht (Art. 21 Abs. 1 DS-GVO) hinzuweisen. Der Hinweis auf das Widerspruchsrecht nach Art. 21 Abs. 1 DS-GVO hat gem. Art. 21 Abs. 4 DS-GVO in einer „von anderen Informationen getrennten Form" zu erfolgen. Vorliegend wurde diese Anforderung durch einen eigenen Absatz umgesetzt, eine weitere Hervorhebung (fett, kursiv, unterstrichen oÄ) wäre empfehlenswert.

Da mittlerweile mehrere Datenschutzbehörden die Auffassung vertreten, dass bei der Information über das Beschwerderecht bei einer Aufsichtsbehörde auch die für den Verantwortlichen zuständige Behörde zu nennen ist, wurde dies auch hier mit aufgenommen (vgl. Muster für Informationspflicht nach Art. 13 DS-GVO bei Fotoaufnahmen bei Veranstaltungen des LfD RLP Rechtliche Anforderungen beim Fotografieren unter der DS-GVO).

# K. Gesundheitsdatenschutz

## I. Zusammenspiel der Akteure im Gesundheitsbereich

Zur Gewährleistung einer effektiven Gesundheitsversorgung wirken verschiedenste wirtschaftliche Akteure zusammen. Sie verarbeiten und tauschen personenbezogene Daten von Patienten untereinander aus (vgl. Simon, Das Gesundheitssystem in Deutschland, 2017). Neben den sozialrechtlichen Leistungsträgern (zB Krankenkassen) und Leistungserbringern (zB Vertragsärzten), die den bereichsspezifischen datenschutzrechtlichen Regelungen der Sozialgesetzbücher (SGB) I, V und X unterliegen, findet ein Transfer personenbezogener (Gesundheits-)Daten insbesondere zwischen Apotheken, Therapeuten, Ärzten, Laboren, Herstellern von medizinischen Hilfsmitteln und den ausgewählten IT-Dienstleistern statt.

Aufgrund der Vielzahl an Spezialregelungen, Ausnahmen und Rückausnahmen ist die Einordnung eines konkreten Verarbeitungsvorgangs im Gesundheitsbereich unter die korrekte **Rechtsgrundlage** oftmals mühsam und erfordert erheblichen Rechercheaufwand. Einschlägige Rechtsgrundlagen können sich sowohl aus der DS-GVO und dem BDSG, ggf. landesgesetzlichen Regelungen (zB LKHG BW), oder, sofern die medizinische Leistung unter kirchlicher Trägerschaft erfolgt, kirchendatenschutzrechtlichen Regelungen (katholisch: KDG oder KDR-OG; evangelisch: DSG-EKD) ergeben. Darüber hinaus können einschlägige Rechtsgrundlagen auch aus den jeweiligen Sozialgesetzbüchern resultieren. Zudem sind auch stets strafrechtliche (§ 203 StGB) und berufsrechtliche Verschwiegenheitsverpflichtungen (zB Berufsordnungen der Landesärztekammern in Anlehnung an § 9 MBO-Ä) zu beachten (→ Form. K. II. 1.).

Die Verarbeitung von personenbezogenen Daten für Gesundheitszwecke ist ein elementarer Bestandteil der Gesundheitswirtschaft. Ob Fitness-Apps, die Bestellung von Medikamenten oder das Anfertigen von Analysen durch Labore: In allen Fällen werden besondere Kategorien personenbezogener Daten verarbeitet und an Dritte übermittelt. Die Rechtsprechung des EuGH hat den Anwendungsbereich von Art. 9 Abs. 1 DS-GVO noch deutlich erweitert. Entgegen der Ansicht der Datenschutzaufsichtsbehörden und bisher herrschenden Meinung fordert der EuGH keine subjektive Auswertungsabsicht, sondern lässt bereits die objektive Eignung von Daten zur Ableitung von sensiblen Informationen („Inferenzen") genügen, um diese dem Verarbeitungsverbot mit Einwilligungsvorbehalt aus Art. 9 Abs. 1 DS-GVO zu unterwerfen (EuGH 1.8.2022 – C-184/20, Rn. 126, BeckRS 2022, 18630; EuGH 4.7.2023 – C-252/21, K&R 2023, 556 mAnm Hense, Rn. 70; ähnlich zu den nach Löschung der Klartextdaten im Krebsregister noch verarbeiteten spezifischen medizinischen Daten (pseudonymisierte Daten) das VG Hamburg 27.7.2022 – 21 K 1802/21, ZD 2023, 300; zur Qualifikation von Arzneimittelbestelldaten nicht verschreibungspflichtiger Medikamente auf der Verkaufsplattform eines Apothekers als

Gesundheitsdaten vgl. Vorlagefrage des BGH 12.1.2023 – I ZR 223/19, GRUR 2023, 264, beim EuGH noch unter dem Aktenzeichen C-21/23 anhängig).

Die Übermittlung derart schützenswerter Daten muss in der Regel durch begleitende **datenschutzrechtliche Vereinbarungen** abgesichert werden. Datenübermittlungen ohne datenschutzrechtlichen vertraglichen „Begleitschutz" an Auftragsverarbeiter oder weitere Verantwortliche sind gesetzlich nicht vorgesehen. Als Mittel zur Absicherung nennt das Gesetz ausdrücklich Auftragsverarbeitungsverträge nach Art. 28 DS-GVO (→ Form. K. I. 1.) und Joint-Controller-Vereinbarungen nach Art. 26 DS-GVO (→ Form. G. V. 2.). Praktische Relevanz haben daneben die ungeschriebenen, aber systematisch als „Erst-Recht-Schluss" aus Art. 28 DS-GVO zu entnehmenden datenschutzrechtlichen Vereinbarungen zumindest über die technischen und organisatorischen Maßnahmen zwischen mehreren Verantwortlichen, die keine gemeinsamen Zwecke verfolgen („Controller-to-Controller"-Verträge; → Form. K. I. 2.). Diese Art von Verträgen kennt das europäische Datenschutzrecht bereits als Konglomerat von Standardvertragsklauseln beim Datenexport von einem Verantwortlichen in der EU zu einem Verantwortlichen in einem Staat ohne angemessenes Datenschutzniveau („Drittland"; → Form. G. VII.). Vergleichbarer Regelungen bedarf es jedoch bereits im Binnendatenverkehr innerhalb der EU. Wenn schon die Weitergabe von Daten an einen Auftragsverarbeiter die Verpflichtung zur vertraglichen Absicherung nach Art. 28 Abs. 3 DS-GVO auslöst, so muss dies in besonderer Weise für jeden nicht weisungsgebundenen weiteren Verantwortlichen gelten, nicht zuletzt um dem Ziel angemessener Informationssicherheit der Verarbeitung nach Art. 32 DS-GVO sowie der Rechenschaftspflicht nach Art. 5 Abs. 2 DS-GVO und der Pflicht zur Unterhaltung eines datenschutzrechtlichen Compliance-Management-Systems gerecht zu werden (vgl. EuGH 27.10.2022 – C-129/21, Rn. 81, ZD 2023, 28; detailliert Hense ZD 2023, 212 (214)). Überdies verpflichtet § 22 Abs. 2 BDSG unter anderem in Fällen der Verarbeitung von Gesundheitsdaten durch ärztliches Personal oder sonstigen Geheimhaltungsverpflichteten dazu, „angemessene und spezifische Maßnahmen zur Wahrung der Interessen der betroffenen Personen vorzusehen", wenn die Datenverarbeitung zum Zwecke der Gesundheitsvorsorge, medizinischen Diagnostik, Behandlung im Gesundheitsbereich, der Verwaltung von Systemen und Diensten im Gesundheitsbereich oder aufgrund eines Behandlungsvertrages erforderlich ist.

Diese Pflicht gilt insbesondere für die Übermittlung personenbezogener Daten eines Patienten an einen anderen Berufsgeheimnisträger, wenn die Datenverarbeitung zum Zweck der Gesundheitsvorsorge oder der medizinischen Diagnostik erforderlich ist (§ 22 Abs. 1 Nr. 1 lit. b BDSG). Die zu treffenden Maßnahmen mit Regelbeispielen in § 22 Abs. 2 S. 2 BDSG sind zwischen den Berufsgeheimnisträgern in einer Vereinbarung zur Datenübermittlung festzuhalten (→ Form. K. I. 2.).

Durch die operative und technische Komplexität im Gesundheitsbereich ist eine Zusammenarbeit mit spezialisierten externen Dienstleistern unerlässlich, führt jedoch zunehmend zu einer Verantwortungsdiffusion, wenn es um die Einhaltung gesetzlicher Standards geht. Bei den regelmäßig in überschaubaren beruflichen Einheiten organisierten freien Berufen wie Ärzten oder Apothekern, ist etwa die Beschäftigung von eigenem, informationstechnisch spezialisiertem Personal in der Regel nicht realistisch. Zu verschieden sind die Anforderungen an spezielle Fachexpertise, zu unergiebig ist der Arbeitsmarkt. Ebenso ist es kleinen Organisationsstrukturen nicht möglich, die gesamte Bandbreite medizinischer Dienstleistungen aus einer Hand anzubieten. Typischerweise wird daher auf externe Dienstleister zurückgegriffen, insbesondere hinsichtlich der Einrichtung einer Patientenmanagementsoftware, der Rezeptabrechnung, der Untersuchung und Auswertung von Proben durch Labore oder der Herstellung von medizinischen Hilfsmitteln.

Werden personenbezogene Daten des verantwortlichen Arztes oder Apothekers durch eine rechtlich eigenständige Stelle weisungsgebunden zu Zwecken des Verantwortlichen verarbeitet, muss hierfür eine vertragliche Grundlage geschaffen werden (Art. 28 Abs. 3 DS-GVO). Der Verantwortliche bestimmt dabei stets die Zwecke („Warum“) und Mittel („Wie“) der Verarbeitung. Der Verantwortliche kann unwesentliche Mittel zur Verarbeitung delegieren, ohne dass die Rollenverteilung zwischen Verantwortlichem und Auftragsverarbeiter darunter leidet (vgl. Artikel-29-Datenschutzgruppe WP 169 S. 17 sowie EDSA Leitlinien 07/2020 zu den Begriffen „Verantwortlicher“ und „Auftragsverarbeiter“ in der DSGVO Version 2.0 v. Juli 2021 Rn. 37, detailliert zur Abgrenzung anhand der aktuellen EDSA-Leitlinien: Taeger/Pohle/Hense ComputerR-HdB Kap. 33.2 Rn. 40). Unwesentliche Elemente sind technisch-organisatorische Fragen der Verarbeitung, wie der Einsatz bestimmter Hard- oder Software. Wie ein Handwerker über die Auswahl seiner Werkzeuge und deren Marke entscheiden darf, so ist der Auftragsverarbeiter trotz Weisungsgebundenheit im Übrigen frei, sich für ein spezifisches Set an Arbeitsmitteln- und Methoden zu entscheiden.

Die Grenze zieht das Recht jedoch dann, wenn der Empfänger selbst die wesentlichen Mittel der Verarbeitung bestimmt (zB Art der Daten, Speicherdauer, Zugang) oder aber mit der Datenverarbeitung gar eigene Zwecke verfolgt. In Fällen der Überschreitung des delegierten Handlungsspielraums durch den Auftragsverarbeiter („Funktionsexzess“) liegt keine Auftragsverarbeitung, sondern eine eigene, ggf. auch gemeinsame Verantwortlichkeit vor, und zwar unabhängig davon, ob die Verarbeitung rechtmäßig erfolgt.

Gerade in kleinen Organisationseinheiten im Gesundheitswesen, wie zB Einzelpraxen oder Apotheken, bestehen oftmals über Jahre gewachsene Strukturen der Zusammenarbeit mit Dienstleistern. Für eine zutreffende rechtliche Einordnung im Rahmen des datenschutzrechtlichen Vertragsmanagements müssen daher die bereits praktizierten Datenflüsse analysiert werden. Anschließend ist zu prüfen, ob die Daten von einem Verantwortlichen, einem Auftragsverarbeiter oder in gemeinsamer Verantwortlichkeit verarbeitet werden und ob etwa bestehende datenschutzrechtliche Vereinbarungen die tatsächlichen Gegebenheiten korrekt abbilden sowie inhaltlich rechtskonform ausgestaltet sind.

Die nachfolgende Checkliste zum „Data-Contract-Management“ führt Beispiele für typische Datenverarbeitungen in Apotheken auf und nimmt eine mögliche Einordnung der datenschutzrechtlichen Zusammenarbeit vor. Zu beachten ist, dass eine Einordnung einzelfallbezogen und nur anhand der gesetzlichen Kriterien („Hoheit über Mittel/Zwecke“) zu erfolgen hat (vgl. EDSA Leitlinien 07/2020 zu den Begriffen „Verantwortlicher“ und „Auftragsverarbeiter“ in der DSGVO Version 2.0 v. Juli 2021 Rn. 58; EuGH 29.7.2019 – C-40/17, NJW 2019, 2755 Rn. 74 – Fashion ID). Werden vertragliche Vereinbarungen entgegen der tatsächlichen Rollenverteilung geschlossen, so führt dies zumindest dann, wenn Betroffenenrechte verkürzt werden, zur Nichtigkeit dieser Vereinbarungen, (vgl. VG Mainz 20.2.2020 – 1 K 467/19.MZ, ZD 2020, 376 mAnm Blasek) und damit zur Rechtswidrigkeit der Datenverarbeitung.

## 1. Checkliste zum datenschutzrechtlichen Vertragsmanagement für Apotheken

### I. Datenflüsse analysieren, Zusammenarbeit beurteilen

1. Welche personenbezogenen Daten werden (auch) von einer anderen natürlichen oder juristischen Person, Behörde, Einrichtung oder Stelle außerhalb der Apotheke verarbeitet?
   - Kundendaten: zB Name, Geburtsdatum, Anschrift, Telefonnummer, E-Mail-Adresse, Rezeptdaten mit Arzneimitteldaten (Verordnungsdaten), Kostenträger, Versicherungsstatus, Versichertennummer, Medikation, Diagnosen, sonstige gesundheitsbezogene Daten
   - Daten des Verordners: zB Name und Anschrift des verordnenden Arztes
   - Beschäftigtendaten der Mitarbeiter der Apotheke: zB Allgemeine Personaldaten, ärztliche Bescheinigungen über Pflichtuntersuchungen, Fingerabdruck als Zugangsmöglichkeit zur Apothekensoftware
2. Welche Stellen verarbeiten diese Daten und zu welchen Zwecken?
3. Wer entscheidet über den Zweck und die wesentlichen Mittel der Datenverarbeitung?

| Beispiele für externe Dienstleister in der Apotheke | Gegenstand der Verarbeitung | Einordnung der datenschutzrechtlichen Zusammenarbeit |
|---|---|---|
| Clearingstelle eines Apothekerverbands | Übernahme des Genehmigungsverfahrens zwischen der Apotheke und den Kostenträgern hinsichtlich medizinischer Hilfsmittel;<br>Verarbeitung von Kundendaten wie Vor- und Nachname, Kontaktdaten (Adresse, Telefonnummer, E-Mail), Rezeptdaten (Verordnungsdaten), sonstigen gesundheitsbezogenen Daten | Auftragsverarbeitung[1] |
| Apothekenrechenzentrum (privatwirtschaftlich geführt) | Abrechnung der von Patienten eingereichten Verordnungen zulasten der gesetzlichen Krankenkasse und sonstiger Kostenträger (vgl. § 300 Abs. 2 SGB V)<br>Verarbeitung von:<br>Kundendaten: Vor- und Nachname, Geburtsdatum, Anschrift, Kostenträger, Versicherungsstatus, Versichertennummer, verordnender Arzt, Medikation, Hilfsmittel mit Indikation/Diagnose. Verordnerdaten: Vor- und Nachname, Anschrift, Kontaktdaten (Telefon, Telefax, E-Mail), Arztnummer<br>Personaldaten: Namenszeichen | Auftragsverarbeitung |

| Beispiele für externe Dienstleister in der Apotheke | Gegenstand der Verarbeitung | Einordnung der datenschutzrechtlichen Zusammenarbeit |
|---|---|---|
| Anbieter von Apothekensoftware | Verarbeitung von Kundendaten in einer Software mit diversem Funktionsumfang (zB Kundendatenmanagement, Rezeptkontrolle, Verwaltung elektronischer Kundenkarte bzw. Ausleihe medizinischer Geräte);<br>Möglichkeit des Zugriffs durch Fernwartung | Auftragsverarbeitung |
| Webseitenanbieter/ Anbieter des Medikamentenreservierungsservices | Möglichkeit der Onlinereservierung von Medikamenten, insbesondere mittels Uploads einer Verschreibung<br>verarbeitet werden:<br>Kontaktdaten, Medikation, ggf. Rezeptdaten (Verordnungsdaten), sonstige gesundheitsbezogene Daten | Auftragsverarbeitung |
| Anbieter Apotheken-App | Vorbestellung/Reservierung von Medikamenten über eine App, ggf. mit persönlichem Kundenlogin. Verarbeitet werden zB: Kontaktdaten, Medikation, ggf. Rezeptdaten (Verordnungsdaten), sonstige gesundheitsbezogene Daten, ggf. gerätespezifische Daten, Standortdaten | Auftragsverarbeitung[2] |
| E-Mail-Marketingdienst | Versenden von Newslettern (zB mit gesundheitsthemenspezifischen Informationen an Kundenkarteninhaber) durch externen E-Mail-Marketingdienst | Auftragsverarbeitung[3] |
| Hersteller medizinischer Hilfsmittel (zB von Maßanfertigungen, Allergenhersteller, Produzenten von Allergen-Immuntherapien etc) | Herstellung individueller Produkte auf Wunsch und Maß des Kunden<br>verarbeitet werden: Vor- und Nachname, Kontaktdaten (Adresse, Telefonnummer, E-Mail), Name und Anschrift des verordnenden Arztes, Rezeptdaten mit Arzneimitteldaten (Verordnungsdaten), sonstige gesundheitsbezogene Daten | Einzelfallentscheidung[4] |
| Labore | Übermittlung personenbezogener Daten inkl. Proben an externe Labore, zB an ein humanmedizinisches Labor zur Diagnostik von Allergien oder an ein Dentallabor zur Anfertigung von Zahnkronen oder Aufbissschienen | eigene Verantwortlichkeit[5] |

| Beispiele für externe Dienstleister in der Apotheke | Gegenstand der Verarbeitung | Einordnung der datenschutzrechtlichen Zusammenarbeit |
|---|---|---|
| Botendienst (extern) | Zustellung von Medikamenten durch Botendienst | eigene Verantwortlichkeit |
| Anbieter von Aktenvernichtung | Vernichtung von Datenträgern, Rezeptkopien etc | Auftragsverarbeitung[6] |

II. Prüfung bestehender Vereinbarungen

- Wurde bereits eine datenschutzrechtliche Vereinbarung mit dem externen Dienstleister abgeschlossen und spiegelt sie die tatsächlichen Gegebenheiten wider?[7]
- Wurden bestehende Vereinbarungen an die Anforderungen der DS-GVO angepasst? Wurden insbesondere beim Abschluss von Auftragsverarbeitungsverträgen die Mindestanforderungen des Art. 28 Abs. 3 DS-GVO berücksichtigt?[8]
- Werden dem externen Dienstleister Weisungen hinsichtlich der Verarbeitung der personenbezogenen Daten erteilt, werden die Weisungen dokumentiert und Kontrollen durchgeführt?

## Anmerkungen

**1. Einordnung als Auftragsverarbeitungsverhältnis.** Die Einordnung als Auftragsverarbeitungsverhältnis (AV) nach Art. 28 DS-GVO setzt in jedem Fall voraus, dass der Dienstleister die Daten ausschließlich weisungsgebunden und nicht für eigene Zwecke verarbeitet, → Form. K. I. Es liegt keine Datenübermittlung an den Auftragsverarbeiter vor. Einer Rechtsgrundlage nach Art. 6 DS-GVO bedarf die Datenweitergabe daher nicht. Neben dem Abschluss eines Auftragsverarbeitungsvertrages ist der Auftragnehmer ausdrücklich zur Geheimhaltung nach § 203 StGB zu verpflichten. Andernfalls bestehen Strafbarkeitsrisiken des Verantwortlichen gem. § 203 Abs. 4 S. 2 Nr. 1, sowie – im Falle einer Kettenbeauftragung – des Auftragsverarbeiters nach § 203 Abs. 4 S. 2 Nr. 2 StGB. Zudem ist der Auftragsverarbeiter innerhalb der Datenschutzinformationen nach Art. 13 bzw. Art. 14 DS-GVO zu nennen (LfD Niedersachsen FAQ – DS-GVO im Gesundheitsbereich Version 2 v. Juni 2022 Ziff. 23) → Form. K. III. 1. Im Falle eines Auskunftsanspruchs eines Patienten nach Art. 15 DS-GVO ist der Auftragsverarbeiter namentlich zu benennen (vgl. EuGH 12.1.2023 – C-154/21, ZD 2023, 271 – Österreichische Post).

**2. Apotheken-App.** App-Anbieter arbeiten mitunter intransparent und setzen zB Software-Development-Kits (SDK) ein, die Daten an Dritte übermitteln. Zu beachten ist, dass jede Verarbeitung zu eigenen Zwecken, darunter auch unspezifisch formulierte Zwecke wie „Verbesserung der Angebotsqualität" oder gar „Marketing" mit der Stellung als Auftragsverarbeiter nicht zu vereinbaren sind.

**3. Newsletter-Tracking.** Zu beachten ist, dass Newsletter-Tracking durch externe Anbieter zu einer gemeinsamen Verantwortlichkeit nach Art. 26 DS-GVO führen kann.

**4. Einzelfallentscheidung.** In der Regel wird mangels Weisungsgebundenheit des Dienstleisters für dessen konkrete Verarbeitung keine Auftragsverarbeitung vorliegen, sondern eine eigene Verantwortlichkeit. Es ist aber nicht auszuschließen, dass Leistungsbestandteile weisungsgebunden ausgeführt werden. Vertragliche Vereinbarungen müssen daher genau nach Verarbeitungsphasen und Datenkategorien differenzieren (vgl. EuGH 29.7.2019 – C-40/17, NJW 2019, 2755 – Fashion ID).

**5. Labore.** → Anm. 4. Im Falle der eigenständigen Verantwortlichkeit bedarf die Datenübermittlung an ein Labor einer eigenen Rechtsgrundlage. Auffassungen der Landesdatenschutzbehörden → Form. K. I.2 Anm. 1 und 2.

**6. Aktenvernichtung.** Anbieter von Aktenvernichtung handeln, wie auch Anbieter für die Archivierung von Daten, typischerweise weisungsbunden (LfD Niedersachsen FAQ – DS-GVO im Gesundheitsbereich Version 2 v. Juni 2022, Ziff. 23).

**7. Existenz datenschutzrechtlicher Vereinbarungen.** Bestehende datenschutzrechtliche Dokumente sind kritisch zu überprüfen. Eine Orientierung an der gewählten Bezeichnung der Vereinbarung kann nur der erste Schritt sein. Entscheidend für die Einordnung eines Verarbeitungsvorgangs sind die tatsächlichen Umstände, nicht die von den Parteien gewählten Formulierungen (VG Mainz 20.2.2020 – 1 K 467/19.MZ, ZD 2020, 376). Sanktionen nach Art. 83 Abs. 4 lit. a DS-GVO wegen eines nicht abgeschlossenen Auftragsverarbeitungsvertrages können nur vermieden werden, wenn sämtliche inhaltliche Anforderungen aus Art. 28 oder Art. 26 DS-GVO erfüllt werden. Gerade von medizinischen Dienstleistern werden jedoch erfahrungsgemäß nicht selten statt datenschutzrechtlicher Vereinbarungen lediglich Hinweise auf die berufsrechtliche Verschwiegenheitspflicht gem. § 203 StGB sowie allgemeine Informationen zum eigenen Umgang mit personenbezogenen Daten erteilt. Derartige Mängel gilt es im Rahmen eines datenschutzrechtlichen Vertragsmanagements zu identifizieren und zu beheben, wenn Sanktionen für alle an der Datenverarbeitung Beteiligten vermieden werden sollen.

**8. Aktualisierung der Verträge.** Gerade bei langfristigen geschäftlichen Beziehungen zwischen Apotheken und ihren externen Dienstleistern ist zu überprüfen, ob die bereits in der Vergangenheit (insbesondere nach altem Recht) abgeschlossenen Auftragsdatenverarbeitungsverträge nach § 11 BDSG aF an die Anforderungen des Art. 28 DS-GVO angepasst worden sind. Dies betrifft insbesondere die Dokumentationspflichten für Weisungen (Art. 28 Abs. 3 lit. a DS-GVO), Unterstützungspflichten bei der Wahrnehmung von Betroffenenrechten (Art. 28 Abs. 3 lit. e DS-GVO) sowie der Art. 32–36 DS-GVO (Art. 28 Abs. 3 lit. c, f DS-GVO) und der Hinweispflicht bei rechtswidrigen Weisungen (Art. 28 Abs. 3 S. 3 DS-GVO). Anlässlich dieser Aktualisierung sollten auch Haftungsregelungen vor dem Hintergrund der geänderten Haftungssituation des Art. 82 DS-GVO auf Risiken überprüft und ggf. vorhandene Obliegenheitspflichten aus Versicherungsverträgen erfüllt werden, um zumindest die finanziellen Auswirkungen von möglichen Rechtsverstößen zu begrenzen.

## 2. Vereinbarung zur Datenübermittlung zwischen Arzt und medizinischem Laborarzt

zwischen

[Arzt, Anschrift]
– nachstehend [Arzt] genannt –

und

[Medizinisches Labor, Anschrift]
– nachstehend [Labor] genannt –

– nachfolgend einzeln oder gemeinsam bezeichnet als „Parteien" –

Präambel

[Beschreibung der Zusammenarbeit und des Grundes für die Datenverarbeitung]

Der Arzt übermittelt dem Labor humanmedizinisches Material des Patienten zur medizinischen Diagnostik iSv Art. 9 Abs. 2 lit. h, Abs. 3 DS-GVO iVm § 22 Abs. 1 Nr. 1 lit. b BDSG. Nach Auswertung des medizinischen Materials übermittelt das Labor dem Arzt einen Befund zur weiteren Behandlung des Patienten.[1]

Die Parteien sind als solche im Rahmen der Verarbeitung der personenbezogenen Daten zu diesem Zweck eigenständige Verantwortliche iSd Art. 4 Abs. 7 DS-GVO und ihrerseits zur Einhaltung geltender Datenschutzgesetze, insbesondere der Datenschutzgrundverordnung und des Bundesdatenschutzgesetzes verpflichtet. Zur Wahrung der Interessen des Patienten sehen die Parteien in dieser Vereinbarung angemessene und spezifische Maßnahmen zum Schutz personenbezogener Daten vor.[2]

Dies vorausgeschickt vereinbaren die Parteien folgende datenschutzrechtliche Regelungen:

§ 1 Gegenstand der Vereinbarung und Grundsätze der Verarbeitung

(1) Diese Vereinbarung regelt die Rechte und Pflichten der Parteien bei der Verarbeitung personenbezogener Daten zur medizinischen Diagnostik durch das Labor zur Folgebehandlung des Patienten sowie die Übermittlung des Befundes des Labors an den Arzt.

(2) Die Parteien stellen sicher, dass die gegenseitig ausgetauschten personenbezogenen Daten des Patienten auf rechtmäßige und transparente Weise, nach Treu und Glauben sowie ausschließlich zum Zwecke der medizinischen Diagnostik verarbeitet werden. Eine weitergehende Verwendung der Daten, insbesondere in Form einer Zweckänderung, ist unzulässig. Ferner wird das Labor die Verarbeitung in inhaltlicher und zeitlicher Hinsicht auf das absolut notwendige Maß beschränken sowie für die Richtigkeit der Daten und deren Integrität und Vertraulichkeit sorgen.

(3) Sofern in dieser Vereinbarung Begriffe verwendet werden, die in Art. 4 DS-GVO legaldefiniert sind, gelten die dortigen Begriffsbestimmungen. Dies gilt insbesondere für die Begriffe „personenbezogene Daten", „Verarbeitung" und „Verantwortlicher".

§ 2 Verhältnis zu bestehenden (medizinischen) Regelungen

Diese Vereinbarung gilt ergänzend und konkretisierend zu etwaig bestehenden Regelungen (zB aus dem medizinischen Qualitätsmanagement). Im Falle von Widersprüchen zwischen dieser Vereinbarung und der für eine der Parteien zwingend geltenden gesetzlichen Regelung bzw. Richtlinie („rechtliche Gründe") haben letztere Vorrang gegenüber dieser Vereinbarung. [3]

§ 3 Umfang der Datenverarbeitung

(1) Das Labor verarbeitet die seitens des Arztes erhaltenen personenbezogenen Daten des Patienten inkl. des Probenmaterials ausschließlich zu Zwecken der medizinischen Diagnostik.

(2) Eine Datenverarbeitung durch Dritte, zB durch Übermittlung oder Offenlegung seitens des Labors an verbundene Unternehmen wie Tochtergesellschaften ist grundsätzlich nicht zulässig, es sei denn, es ist aus rechtlichen Gründen, insbesondere des Qualitätsmanagements,[4] erforderlich. Für den Einsatz von Auftragsverarbeitern findet § 9 Anwendung.

§ 4 Informationspflichten gegenüber Patienten[5]

(1) Die für beide Vertragsparteien bestehenden Informationspflichten gegenüber dem Patienten aus Art. 13 und 14 DS-GVO werden während der Phase der medizinischen Diagnostik durch den Arzt erfüllt. Der Arzt erteilt die Pflichtinformationen für die Datenverarbeitung anlässlich der Übermittlung der personenbezogenen Daten an das Labor sowie für die Übermittlung des Ergebnisses der medizinischen Diagnose (Befund) zur weiteren Behandlung des Patienten von dem Labor an den Arzt.

(2) Die Parteien legen Inhalt und Formulierung der Datenschutzinformationen in einer Anlage zu dieser Vereinbarung fest. Das Labor unterstützt den Arzt bei der Erstellung der Informationen zur laborspezifischen Datenverarbeitung und weist den Arzt bei künftigen Änderungen entsprechend hin, um ihm eine Anpassung der Datenschutzinformationen zu ermöglichen.

§ 5 Wahrung der Betroffenenrechte[6]

(1) Jede Partei ist für die Bearbeitung und Beantwortung von Anträgen auf Wahrnehmung der nach Art. 15 ff. DS-GVO bestehenden Rechte der betroffenen Personen („Betroffenenrechte") selbst verantwortlich. Die Parteien unterstützen sich im Bedarfsfall angemessen.

(2) Die Parteien informieren sich gegenseitig unverzüglich, längstens binnen einer Woche, wenn Patienten Betroffenenrechte in Bezug auf den Gegenstand dieser Vereinbarung geltend machen, die die jeweils andere Partei betreffen.

§ 6 Löschung/Vernichten von Patientendaten[7]

Die Parteien verpflichten sich, die personenbezogenen Daten, inklusive medizinischer Unterlagen und Diagnosen, nach Ablauf der gesetzlichen Aufbewahrungsfristen fachgerecht (DIN 66399) zu löschen bzw. zu vernichten. Soweit keine Aufbewahrungspflichten bestehen, löschen bzw. vernichten sie die Daten fachgerecht nach Zweckerreichung. Die Löschung bzw. Vernichtung sind zu dokumentieren.

§ 7 Technische und organisatorische Schutzmaßnamen, Rechenschaft[8]

(1) Die Parteien verpflichten sich, geeignete technische und organisatorische Maßnahmen zu ergreifen, um alle Anforderungen zur Sicherheit und Rechtmäßigkeit der Verarbeitung zu erfüllen. Diese Verpflichtung umfasst auch Maßnahmen zur Gewährleistung des Datenschutzes durch Technikgestaltung („data protection by design") und datenschutzfreundliche Voreinstellungen („data protection by default").

Insbesondere werden folgende Maßnahmen getroffen:

- Der Arzt übermittelt personenbezogene Daten des Patienten lediglich pseudonymisiert und mit einer Kennziffer versehen. Der Klarname des Patienten wird dem Labor nicht mitgeteilt.[9]
- Soweit personenbezogene Daten nicht postalisch versendet werden, erfolgt ein Datenaustausch ausschließlich hinreichend verschlüsselt (Inhalts- und Transportverschlüsselung).[10]
- Die Parteien beschränken den Zugang zu personenbezogenen Daten auf das erforderliche Mindestmaß und gewährleisten die Nachvollziehbarkeit von Eingaben, Veränderungen oder Löschungen personenbezogenen Daten. Sie dokumentieren insbesondere, durch welche Personen Änderungen vorgenommen worden sind.
- Die Parteien sensibilisieren die an der Datenverarbeitung Beteiligten, insbesondere ihre Mitarbeiter, beispielsweise durch regelmäßige Schulungen, interne Richtlinien über den Umgang mit besonderen Kategorien personenbezogener Daten und schriftlichen Vertraulichkeitsverpflichtungen zum Zwecke der Nachweisbarkeit.[11]
- Die Parteien benennen jeweils, soweit sie nicht ohnehin dazu verpflichtet sind, einen Datenschutzbeauftragten.[12]
- Soweit technische Systeme und Dienste eingesetzt werden, stellen die Parteien sicher, dass die Vertraulichkeit, Integrität, Verfügbarkeit und Belastbarkeit sowie die Wiederherstellbarkeit der personenbezogenen Daten bei technischen oder physischen Zwischenfällen gewahrt ist.
- Die Parteien richten ein Verfahren zur regelmäßigen Überprüfung, Bewertung und Evaluierung der Wirksamkeit der technischen und organisatorischen Maßnahmen ein.

(2) Die Parteien können über die vorgenannten Maßnahmen hinaus weitere treffen. Insbesondere sind sie verpflichtet, Anpassungen vorzunehmen, wenn dies der technische Fortschritt bzw. gesetzliche Änderungen erfordern. Wesentliche Änderungen sind zu dokumentieren. Eine Unterschreitung des mit vorgenannten Maßnahmen sichergestellten Schutzniveaus ist unzulässig.

(3) Die Parteien erbringen sich gegenseitig auf Verlangen den Nachweis der Einhaltung der Regelungen dieser Vereinbarung und der Einhaltung der Datenschutzgrundsätze.

§ 8 Umgang mit Datenschutzverletzungen bzw. aufsichtsbehördlichen Maßnahmen

(1) Das Labor unterrichtet den Arzt unverzüglich bei jeder Verletzung des Schutzes personenbezogener Daten oder anderen Unregelmäßigkeiten der Verarbeitung der ihm seitens des Arztes zur Verfügung gestellten personenbezogenen Daten.

(2) Das Labor unterrichtet den Arzt zudem unverzüglich über alle Kontrollhandlungen, Ermittlungen, Verfahren und andere Maßnahmen der Aufsichtsbehörden, soweit diese die seitens des Arztes übermittelten personenbezogenen Daten betref-

fen. Die Parteien stimmen die Beantwortung von Anfragen von Aufsichtsbehörden miteinander ab, soweit es rechtlich zulässig und/oder zumutbar ist.

(3) Bei Informationen über die Verletzung des Schutzes der personenbezogenen Daten der Patienten prüft der jeweils Verantwortliche der Datenverarbeitung bestehende Melde- bzw. Benachrichtigungspflichten gem. Art. 33 und 34 DS-GVO. In den gesetzlich vorgesehenen Fällen leitet der Verantwortliche die entsprechenden Schritte ein.

(4) Die Parteien informieren sich gegenseitig im Vorfeld über die jeweils geplanten einzuleitenden Maßnahmen und unterstützen sich bei Bedarf hinsichtlich der gesetzlich bestehenden Pflichten.

§ 9 Einschaltung von Auftragsverarbeitern

(1) Die Parteien können Auftragsverarbeiter beauftragen, soweit es für die Datenverarbeitung im Sinne dieser Vereinbarung zweckdienlich ist. Insbesondere gilt dies für den Einsatz technischer Dienstleister.

(2) Die Parteien stellen sicher, dass sie die Auftragsverarbeiter unter besonderer Berücksichtigung der Eignung der von diesem getroffenen technischen und organisatorischen Maßnahmen sorgfältig ausgewählt und sich von der Einhaltung der getroffenen technischen und organisatorischen Maßnahmen überzeugt haben (zB durch regelmäßige Überprüfungen).

(3) Personenbezogene Daten dürfen durch den Auftragsverarbeiter erst nach wirksamem Abschluss eines Auftragsverarbeitungsvertrags gem. Art. 28 DS-GVO verarbeitet werden.

(4) Die Parteien stellen sicher, dass die Anforderungen dieser Vereinbarung auch durch den Einsatz des Auftragsverarbeiters gewahrt werden.

(5) Jede Partei ist für die rechtmäßige Datenverarbeitung des eigens eingesetzten Auftragsverarbeiters verantwortlich und trägt das Haftungsrisiko sowohl gegenüber der anderen Partei als auch gegenüber dem Betroffenen.

§ 10 Haftung/Freistellung

(1) Die Parteien haften gegenüber betroffenen Personen nach den gesetzlichen Vorschriften.

(2) Im Innenverhältnis stellen sich die Parteien entsprechend ihres jeweiligen Verursachungsbeitrages von der Haftung frei.

§ 11 Schlussbestimmungen

Ist oder wird eine Bestimmung dieses Vertrages unwirksam, die im Falle der Wirksamkeit nicht gesetzlich verboten oder nichtig wäre und die von den übrigen Bestimmungen des Vertrages abtrennbar ist und die für die Vertragsparteien nicht so essenziell ist, dass der Gesamtcharakter des Vertrages verändert wird, so bleiben die übrigen vertraglichen Bestimmungen nach dem Willen der Parteien von ihrer Unwirksamkeit unberührt.

[Ort], den [Datum] [Ort], den [Datum]

____________________ ____________________

[Arzt] [Labor]

## Anmerkungen

**1. Datenübermittlung zwischen eigenständig Verantwortlichen.** Die Zusammenarbeit unterschiedlicher Akteure ist für eine effektive Gesundheitsversorgung unerlässlich. Arztpraxen nehmen zur Diagnostik die Leistungen externer Labore in Anspruch und Apotheken lassen medizinische Hilfsmittel von externen Dienstleistern für ihre Kunden individuell anfertigen. Um diese Leistungen erfüllen zu können, müssen regelmäßig auch personenbezogene Daten übermittelt werden.

Nach Auffassung der datenschutzrechtlichen Aufsichtsbehörden (vgl. DSK Kurzpapier Nr. 13 Auftragsverarbeitung Art. 28 DS-GVO Anh. B; BayLDA FAQ zur DS-GVO Abgrenzung Auftragsverarbeitung vom 20.7.2018 S. 2; BayLDA Auslegungshilfe Auftragsverarbeitung vom 15.5.2019; BayLDA Auslegungshilfe Auftragsverarbeitung Arzt vom 15.5.2019; LDI NRW, 28. Bericht der Landesbeauftragten für Datenschutz und zur Informationsfreiheit Nordrhein-Westfalen vom 22.6.2023 Ziff. 7.) handelt es sich bei der Datenverarbeitung durch einen Berufsgeheimnisträger bzw. ein Labor, dem ein Berufsgeheimnisträger vorsteht, nicht um ein Auftragsverarbeitungsverhältnis, sondern um eigenständige Verantwortliche (vgl. zum Themenkreis Bleckmann DuD 2019, 137 ff.). Dies betrifft beispielsweise die Datenübermittlung eines Arztes an ein humanmedizinisches Labor zum Zweck der Erbringung einer Diagnoseleistung. Die Datenübermittlung erfolgt auf Basis von Art. 9 Abs. 2 lit. h, Abs. 3 DS-GVO iVm § 22 Abs. 1 Nr. 1 lit. b BDSG. Zur Wahrung der Interessen des betroffenen Patienten sind gem. § 22 Abs. 2 BDSG „angemessene und spezifische Maßnahmen" vorzusehen.

Besonders umstritten ist die Einordnung des datenschutzrechtlichen Verhältnisses bei der Datenübermittlung an Labore, die nicht von Berufsgeheimnisträgern geleitet werden, und an gewerbliche medizinische Dienstleister, wie Hersteller medizinischer Produkte (BayLDA FAQ zur DS-GVO Abgrenzung Auftragsverarbeitung vom 20.7. 2018 S. 2; BayLDA Auslegungshilfe Auftragsverarbeitung Arzt vom 15.5.2019). Erbringt ein Dentallabor unter Leitung eines Zahntechnikers eine werkvertragliche Leistung (zB die Anfertigung einer Zahnkrone) für einen Zahnarzt – der die Leistung des Dentallabors anschließend dem Patienten direkt in Rechnung stellt – soll es sich um eine Auftragsverarbeitung handeln (vgl. LDA Hamburg Datenschutz in Arzt- und Zahnarztpraxen 2/2019 Ziff. 2; TLfDI TB 2018 S. 248). Auf diese Weise wird sichergestellt, dass Mindeststandards der Datenverarbeitung über Art. 28 Abs. 3 DS-GVO zwischen den Parteien vereinbart werden. Die gesetzliche Verpflichtung aus § 22 Abs. 2 BDSG greift in dieser Konstellation indes nicht, da Zahntechniker keine Berufsgeheimnisträger iSv Art. 9 Abs. 2 lit. h, Abs. 3 DS-GVO iVm § 22 Abs. 1 Nr. 1 lit. b BDSG sind.

Das BayLDA möchte auf eine datenschutzrechtliche Vereinbarung ebenfalls nicht verzichten. Die von der Behörde praeter legem vertretene Ansicht, wonach allein Verträge, deren Schwerpunkt die Datenverarbeitung ausmacht („Schwerpunkttheorie") unter Art. 28 DS-GVO fallen sollen überzeugt jedoch nicht. Das Gesetz kennt keine quantitative Schwelle, unterhalb derer Verantwortliche von den Anforderungen des Art. 28 DS-GVO freigestellt wären. Auch die Auffassung, wonach bei Einsatz „fremder Fachleistung" keine Auftragsverarbeitung vorliege führt für sich genommen nicht weiter, denn auch dieses Kriterium steht außerhalb des Gesetzes. Im Ergebnis dennoch zutreffend ordnet die Behörde die Fertigung individueller medizinischer Produkte, Hilfsmittel, Prothesen etc für Patienten im Auftrag von Ärzten und Zahnärzten (BayLDA FAQ zur DS-GVO Abgrenzung Auftragsverarbeitung vom 20.7.2018 S. 2; BayLDA Auslegungshilfe Auftragsverarbeitung Arzt vom 15.5.2019) nicht als Auftragsverarbeitung ein. Das BayLDA weist jedoch gleichfalls und zutreffend darauf hin, dass – selbst wenn kein Auftragsverarbeitungsvertrag zu schließen ist – „vom Verantwortlichen ggf. Zweckbindung und Vertraulichkeit zu den dabei berührten personenbezogenen Daten festzulegen" sind (BayLDA FAQ zur DS-GVO Abgrenzung Auftragsverarbeitung vom 20.7.2018 S. 2 sowie BayLDA Auslegungshilfe vom 15.5.2019 S. 2).

**2. Eigenständige Verantwortlichkeit bei fremder Fachleistung durch Berufsgeheimnisträger.** Zwischen einem Arzt und einem Labor unter Leitung eines Berufsgeheimnisträgers (zB humanmedizinisches Labor), an welches der Arzt als sog. „Einsender" personenbezogene Daten einschließlich der Proben seines Patienten sendet, besteht kein Auftragsverarbeitungsverhältnis gem. Art. 28 DS-GVO. Es handelt sich um die Inanspruchnahme einer fremden Fachleistung bei eigenständiger Verantwortlichkeit (vgl. DSK Kurzpapier Nr. 13 Auftragsverarbeitung Art. 28 DS-GVO Anh. B; BayLDA FAQ zur DS-GVO Abgrenzung Auftragsverarbeitung vom 20.7.2018 S. 2; BayLDA, Auslegungshilfe Auftragsverarbeitung Arzt vom 15.5.2019). Der Berufsgeheimnisträger handelt aufgrund seiner besonderen Fachkunde als Laborarzt weisungsfrei (LfD Niedersachsen FAQ – DS-GVO im Gesundheitsbereich Version 2 v. Juni 2022 Ziff. 23; HmbBfDI Datenschutz in Arzt- und Zahnarztpraxen von Februar 2019 Ziff. 2). Der Einsender ist nicht mehr „Herr der Daten".

Gegen eine Weisungsgebundenheit des Laborarztes an den Einsender spricht auch die zivilrechtliche Einordnung der Beauftragung des Laborarztes (HmbBfDI Datenschutz in Arzt- und Zahnarztpraxen von Februar 2019 Ziff. 2; TLfDI 1. Tätigkeitsbericht zum Datenschutz nach der DS-GVO S. 101 Punkt 5.20 und S. 247f. Punkt 7.13.): Es handelt sich nicht um eine Auftragskette, beginnend von dem Patienten über den behandelnden Arzt bis zum Laborarzt, sondern um einen separaten Behandlungsvertrag gem. § 630a BGB zwischen dem Patienten und dem Laborarzt, bei dem der Einsender zivilrechtlich lediglich als Stellvertreter des Patienten involviert ist (BGH 14.1.2010 – III ZR 188/09, NJW 2010, 1200; 14.1.2010 – III ZR 173/09, NJW 2010, 1203). Die zivilrechtliche Qualifikation als Stellvertreter lässt die Stellung des Arztes als datenschutzrechtlich Verantwortlicher jedoch unberührt (so HmbBfDI Datenschutz in Arzt- und Zahnarztpraxen von Februar 2019 Ziff. 2). Weshalb der HmbBfDI jedoch begründungsfrei von eigenen Informationspflichten des Arztes gem. Art. 13 Abs. 1 lit. e DS-GVO ausgeht bleibt unklar, denn Informationspflichten obliegen aufgrund gesetzlicher Zuweisung ausschließlich dem Verantwortlichen. Eine Pflicht zur Information über den genauen Adressaten der Daten ergibt sich allenfalls aus dem der Stellvertretung zugrundeliegenden zivilrechtlichen Auftragsverhältnis.

Der behandelnde Arzt übermittelt die Patientendaten datenschutzrechtlich als Verantwortlicher, da für diese Qualifikation die Definition des Art. 4 Nr. 7 DS-GVO maßgeblich und von der nationalen zivilrechtlichen Rechtslage unabhängig ist. Entscheidend ist, wer über die Zwecke und Mittel der Verarbeitung entscheidet (vgl. Artikel-29-Datenschutzgruppe WP 169 S. 10ff.). Der Patient entscheidet allenfalls gemeinsam mit dem behandelnden Arzt über die Zwecke der Verarbeitung seiner personenbezogenen Daten zur medizinischen Diagnostik. Bei der Entscheidung über die Mittel (zB der Einbindung eines bestimmten Laborarztes als Empfänger der Daten) ist er in der Regel nicht involviert. Diese trifft allein der Arzt (Einsender). Der Laborarzt ist in den Entscheidungsprozess nicht eingebunden. Er entscheidet erst nach Beauftragung mit der medizinischen Diagnostik auf Grundlage seiner besonderen Fachkunde weisungsfrei über die Art und Weise der Datenverarbeitung. Zudem verfolgt er eigene Zwecke aus dem Behandlungsvertrag. Die Verarbeitung von Beschäftigtendaten von Kunden und Lieferanten wiederum erfolgt davon unabhängig auf eigener Rechtsgrundlage, nach vorzugswürdiger Ansicht ist dies der Erlaubnistatbestand der Vertragsdurchführung nach Art. 6 Abs. 1 lit b DS-GVO (vgl. Gsell DSB 2022, 173 ff.).

**3. Vorrang spezialgesetzlicher Regelungen.** In den verschiedenen medizinischen Bereichen gelten teilweise unterschiedlichste Regelungen und Richtlinien, die vereinzelt auch datenschutzrechtliche Regelungen enthalten. Die Bundesärztekammer ist in gesetzlich geregelten Fällen berechtigt, verbindliche Richtlinien zu erlassen. Die Einhaltung des Standes der Erkenntnisse der medizinischen Wissenschaft wird (widerlegbar) vermutet, wenn die jeweilige Richtlinie beachtet worden ist. Die „Richtlinie der Bundesärztekammer zur Qualitätssicherung laboratoriumsmedizinischer Untersuchungen" fordert das Treffen von Regelungen, „welche die zeitnahe Verfügbarkeit der Daten sicherstellen. Dabei müssen zur Gewährleistung von Informationssicherheit und Datenschutz die Integrität der Daten gewahrt und diese vor unbefugten Zugriff geschützt werden" (vgl. Teil A Ziff. 5.3.5 der Richtlinie).

**4. Qualitätsmanagement.** Die „Richtlinie der Bundesärztekammer zur Qualitätssicherung laboratoriumsmedizinischer Untersuchungen" sieht in Teil A Ziff. 8.2 als Maßnahme der externen Qualitätssicherung im medizinischen Laboratorium die regelmäßige Teilnahme an Ringversuchen als Maßnahme der externen Qualitätssicherung vor (Details siehe Teil B Ziff. 2.2 der genannten Richtlinie).

**5. Informationspflichten.** Werden sowohl Arzt als auch Labor als Verantwortliche tätig, sind sie verpflichtet, die Informationspflichten nach Art. 12 ff. DS-GVO zu erfüllen. Den Arzt treffen aufgrund der Direkterhebung die Pflichten aus Art. 13 DS-GVO. Stattdessen hat das Labor aufgrund der indirekten Datenerhebung durch Übermittlung der personenbezogenen Daten seitens des Arztes, die Anforderungen des Art. 14 DS-GVO zu erfüllen. Mangels unmittelbaren Kontaktes zwischen Labor und dem Patienten würde die eigenständige Erfüllung der Informationspflichten für das Labor einen erheblichen Aufwand bedeuten, die Schwelle des unverhältnismäßigen Aufwands des Art. 14 Abs. 5 DS-GVO jedoch nicht überschreiten, der die Informationspflichten entfallen lassen würde. Auch für den Patienten wäre es überraschend, im Nachgang zu seinem Arztbesuch Datenschutzinformationen eines Labors zu erhalten (dazu auch LDI NRW 28. TB vom 22.6.2023 Ziff. 7.5).

Vorzugswürdig ist daher eine Vereinbarung zwischen Arzt und Labor, welche die Zuständigkeiten für die Erteilung der Informationen an den Patienten regelt. Diese wirkt grundsätzlich nur im Innenverhältnis. Verfügt der Patient aufgrund der seitens des Arztes erteilten Datenschutzinformationen jedoch bereits über die Pflichtinformationen des Art. 14 DS-GVO, entfällt die Verpflichtung des Labors gem. Art. 14 Abs. 5 lit. a DS-GVO. Da dem Arzt nicht sämtliche Informationen der Datenverarbeitung des Labors im Zusammenhang mit der medizinischen Diagnostik bekannt sein werden, sind Unterstützungspflichten bei der Anfertigung der Datenschutzinformationen zu regeln.

**6. Betroffenenrechte.** Patienten werden ihre Betroffenenrechte (→ Form. F. II.–IV.) grundsätzlich gegenüber dem Arzt als ihrer unmittelbaren Bezugsperson geltend machen. Dies gilt insbesondere, wenn in den zwischen den Parteien abgestimmten Datenschutzinformationen der Arzt als Adressat angegeben ist. Selbst bei einer Differenzierung der Zuständigkeiten innerhalb der Datenschutzinformationen kann nicht ausgeschlossen werden, dass Patienten ihre Rechte bei dem jeweils falschen Datenverarbeiter geltend machen. Um sicher zu stellen, dass der Patient alle Mitteilungen gem. den Art. 15 ff. DS-GVO erhält, sollten die Parteien vereinbaren, sich gegenseitig von der Geltendmachung von Betroffenenrechten in Kenntnis zu setzen. Zu beachten ist, dass im Falle eines Auskunftsanspruchs eines Patienten die Empfänger gem. Art. 15 Abs. 1 lit. c) DS-GVO namentlich zu benennen sind (vgl. EuGH 12.1.2023 – C-154/21, ZD 2023, 271 – Österreichische Post). Für die gegenseitige Information sollte eine angemessene Frist von nicht mehr als sieben Tagen gesetzt werden. Andernfalls besteht die Gefahr, dass der Verantwortliche die Informationen dem Betroffenen nicht mehr innerhalb der Monatsfrist des Art. 12 Abs. 3 DS-GVO erteilen kann.

**7. Vernichtung von Patientenunterlagen.** Patientenunterlagen sind zu vernichten, wenn der Verarbeitungszweck entfällt und keine Aufbewahrungspflichten bestehen. Dabei sind die umfangreichen Regelungen zu Aufbewahrungspflichten in fachspezifischen Gesetzen, Verordnungen und Richtlinien, Berufsordnungen und Bundesmantelverträgen etc zu beachten (vgl. online zugängliche Übersicht der Kassenärztlichen Vereinigung Bremen). Die Vernichtung der Unterlagen hat fachgerecht zu erfolgen (→ Form. D. IV.). Eine Orientierung bietet die DIN-Norm 66399. Patientenunterlagen und Gesundheitsdaten sind immer mindestens in der Schutzklasse 3 (sehr hoher Schutzbedarf für besonders geheime Daten) einzuordnen, deren Schutz unbedingt gewährleistet werden muss, um eine Gefahr für Leib und Leben oder für die persönliche Freiheit der Betroffenen zu vermeiden. Weiter wird für besonders sensible Daten die Sicherheitsstufe 4 empfohlen.

**8. Technische und organisatorische Maßnahmen.** Neben Art. 32 DS-GVO sind insbesondere nach § 22 Abs. 2 BDSG „angemessene und spezifische Maßnahmen zur Wahrung der Interessen der betroffenen Person vorzusehen".

**9. Pseudonymisierung.** § 22 Abs. 2 S. 1 Nr. 6 BDSG sieht als eine angemessene und spezifische Maßnahme zur Wahrung der Interessen der betroffenen Person insbesondere die Pseudonymisierung vor. Für den datenerhebenden Arzt ist eine pseudonymisierte Übermittlung an das Labor, zB durch verschlüsselte Übermittlung, ohne weiteres möglich. Inzwischen sehen auch die meisten standardisierten Formulare die Pseudonymisierung vor. Gerade im Gesundheitsbereich bleibt bei spezifischen medizinischen Daten der Personenbezug erhalten. Die Ersetzung von Klartextdaten, wie Namen, Anschrift, Geburtsdatum oder andere direkte Identifikatoren durch eine Kontrollnummer, führt nicht zu einer Anonymisierung. Das gilt insbesondere, wenn die Rückidentifizierung durch die Kontrollnummer, die einem der datenverarbeitenden Beteiligten vorliegt, noch möglich ist (vgl. VG Hamburg 28.7. 2022 – 21 K 1802/21, ZD 2023, 300 zu im Hamburgischen Krebsregister gespeicherten Daten). Das Gericht der Europäischen Union sieht hingegen bei pseudonymisierten Daten und soweit der Datenempfänger keine Mittel zur Rückidentifizierung hat, den Anwendungsbereich der DS-GVO nicht als eröffnet (EuG 26.4.2023 – T-557/20, ZD 2023, 399 – nicht rechtskräftig; EuGH C-413/23 P – anhängig). Der

Auffassung des EuG stehen jedoch die Entscheidungen des EuGH entgegen (EuGH 19.10.2016 – C-582/14, NJW 2016, 3579 zur dynamischen IP-Adresse als personenbezogenes Datum und EuGH 9.11.2023 – C-319/22, ZD 2024, 173 zur Personenbezogenheit einer Fahrzeugidentifikationsnummer für unabhängige Wirtschaftsakteure, wenn diese bei vernünftiger Betrachtung über Mittel zur Zuordnung zu einer natürlichen Person verfügen können).

Ausnahmen hinsichtlich des Erfordernisses einer Pseudonymisierung bei Datenübermittlungen kann es aufgrund von fachbereichsspezifischen Vorschriften geben, beispielsweise wenn es um die Dokumentation von T-Rezepten (Sonderrezepte für teratogene Medikamente; § 3a Abs. 7 AMVV, § 17 Abs. 6 lit. b ApBetrO) oder von Betäubungsmitteln (§ 12 Abs. 4 BtMVV) geht, bei welchem eine Pseudonymisierung nicht zulässig ist. Erforderlich ist stets eine Einzelfallprüfung.

**10. Inhaltsverschlüsselung.** Die Inhaltsverschlüsselung kann zwingend erforderlich sein (→ Form. E. II.2. Anm. 31).

**11. Sensibilisierung der Beteiligten.** Eine explizit datenschutzrechtliche Sensibilisierung der Beteiligten ist empfehlenswert. Dies gilt auch dann, wenn es sich bei den Empfängern der personenbezogenen Daten um Berufsgeheimnisträger iSd § 203 Abs. 1 StGB handelt, deren mitwirkende Personen gem. § 203 Abs. 4 S. 1 StGB zur Geheimhaltung verpflichtet sind und der Geheimnisschutz sich teilweise mit datenschutzrechtlichen Erfordernissen deckt. Dafür eignen sich praxisbezogene Schulungen sowie schriftlich niedergelegte Richtlinien und Vertraulichkeitsverpflichtungen.

**12. Benennung eines Datenschutzbeauftragten.** Die Pflicht zur Benennung eines Datenschutzbeauftragten in kleinen medizinischen Organisationseinheiten richtet sich nach Art. 37 DS-GVO und § 38 BDSG, wobei im Zweifelsfall der europarechtlichen Norm Anwendungsvorrang gebührt. Zu beachten ist, dass eine umfangreiche Verarbeitung besonderer Kategorien personenbezogener Daten eine Bestellpflicht auslöst, ganz unabhängig vom jeweiligen Schwellenwert des § 38 Abs. 1 S. 1 BDSG (derzeit 20 Personen). Die Bestellung eines Datenschutzbeauftragten wird in § 22 Abs. 2 Nr. 4 BDSG als Regelbeispiel für angemessene und spezifische Maßnahmen zur Wahrung der Interessen der betroffenen Person genannt. Um den gesetzgeberischen Empfehlungen von § 22 Abs. 2 BDSG nachzukommen, kann zwischen den Parteien jederzeit die Pflicht zur Bestellung eines fakultativen Datenschutzbeauftragten vereinbart werden.

## II. Datenschutzrechtliche Einwilligung im Gesundheitsbereich

Gesundheitsdaten stehen nach Art. 9 DS-GVO als besondere Kategorie personenbezogener Daten unter besonderem Schutz des Verordnungsgebers. Die Verarbeitung von derartigen personenbezogenen Daten zur individuellen Versorgung im Gesundheitsbereich kann aufgrund der Öffnungsklausel in Art. 9 Abs. 2 lit. h, Abs. 3 DS-GVO häufig auf § 22 Abs. 1 Nr. 1 lit. b BDSG gestützt werden. Liegen die Voraussetzungen von § 22 Abs. 1 Nr. 1 lit. b BDSG nicht vor, etwa weil die verarbeiteten Daten nicht von Personen verarbeitet werden, die Geheimhaltungspflichten unterliegen und keine sonstige Befugnisnorm des Art. 9 Abs. 2 lit. b–j DS-GVO oder der Öffnungsklausel nach Abs. 4 greift, ist eine ausdrückliche Einwilligung des Betroffenen erforderlich.

### 1. Einverständnis in die Erstellung der Honorarrechnung und den Einzug inklusive Abtretung der Honorarforderung an zahnärztliche Abrechnungsgesellschaft

Ich [Name, Anschrift, Geburtsdatum]

erkläre mit Nachfolgendem mein Einverständnis[1] und entbinde meinen Zahnarzt von der Schweigepflicht:

- Übergabe der Dokumentation
  Ich bin damit einverstanden, dass der Zahnarzt [Name, ladungsfähige Anschrift] (nachfolgend Zahnarzt) alle notwendigen Unterlagen, insbesondere meinen Namen, Anschrift, Geburtsdatum, Leistungsziffern, Rechnungsbetrag, Behandlungsdokumentation (Befunde, Behandlungsverläufe), Laborrechnungen, Formulare etc an die [Zahnärztliche Abrechnungsgesellschaft] weitergibt, damit diese die Honorarrechnung für die mir gegenüber erbrachten Behandlungsleistungen erstellt sowie zur Einziehung oder gerichtlichen Durchsetzung der Honorarforderung.
- Entbindung von der Schweigepflicht[2]
  Für den vorgenannten Zweck entbinde ich meinen Zahnarzt ausdrücklich von seiner ärztlichen Schweigepflicht.
- Zustimmung zur Forderungsabtretung[3]
  Ich bin damit einverstanden, dass mein Zahnarzt die sich aus meiner Behandlung ergebenden Honorarforderungen an die [Zahnärztliche Abrechnungsgesellschaft] abtritt [Variante: sowie ggf. an das [refinanzierende Institut]].
- Ansprechpartner bei Rechnungsfragen
  Nach Abtretung der Honorarforderung an die [Zahnärztliche Abrechnungsgesellschaft] tritt diese mir gegenüber als Forderungsinhaberin auf. Meine etwaigen Einwände gegen die Honorarforderung, auch soweit sich diese aus meiner Behandlung und Krankengeschichte ergeben, habe ich direkt gegenüber der [Zahnärztliche Abrechnungsgesellschaft] zu erheben und im Streitfall gerichtlich geltend zu machen. Mir ist bewusst, dass mein Zahnarzt in einem gerichtlichen Verfahren als Zeuge vernommen werden kann.[4]

– Übermittlung personenbezogener Daten
Überdies willige ich ein, dass meine personenbezogenen Daten, insbesondere die mich betreffenden Gesundheitsdaten, die in den oben genannten Behandlungsunterlagen und Dokumentationen enthalten sind, von meinem Zahnarzt an die [Zahnärztliche Abrechnungsgesellschaft] [Variante: sowie ggf. an das [refinanzierende Institut]] übermittelt und von dieser zum Zweck der Erstellung der Honorarrechnung sowie der Einziehung inkl. Abtretung der Honorarforderung und ggf. der gerichtlichen Durchsetzung der Forderung verarbeitet werden.[5]

Die Einwilligung kann jederzeit gegenüber dem Zahnarzt widerrufen werden. Der Widerruf hat keinen Einfluss auf die Rechtmäßigkeit der Verarbeitung, die aufgrund der Einwilligung bis zum Zeitpunkt des Widerrufs erfolgt ist.[6]
Weitere Informationen können den in der Praxis ausgehängten Datenschutzinformationen entnommen werden.[7]

| | |
|---|---|
| Ort/Datum | Unterschrift (ggf. gesetzlicher Vertreter) |

## Anmerkungen

**1. Anforderung an eine Einverständniserklärung.** Hat der Patient den Arzt befugt, Auskünfte über seinen Gesundheitszustand an bestimmte Personen oder Institutionen zu erteilen und ihn damit von seiner Schweigepflicht entbunden, entfällt das Tatbestandsmerkmal der „unbefugten Offenbarung" des § 203 Abs. 1 StGB (Lackner/Kühl/Heger StGB § 203 Rn. 18). Die strafrechtliche Schweigepflichtentbindung ist an keine Form gebunden. Im Gegensatz zu der datenschutzrechtlichen Einwilligung nach Art. 9 Abs. 2 lit. a DS-GVO wäre für eine Straflosigkeit auch eine konkludente Einwilligung möglich. Erforderlich wäre dann, dass der zustimmende Wille des Erklärungsberechtigten in dem fraglichen Verhalten hinreichend deutlich zum Ausdruck kommt. Ein passives Dulden einer bisherigen Übung des Arztes genügt nicht (BGH 20.5.1992 – VIII ZR 240/91, NJW 1992, 2348). Bei der Abrechnung privatärztlicher Leistungen durch externe (gewerbliche oder berufsständisch-privatärztliche) Verrechnungsstellen wird eine konkludente Einwilligung abgelehnt, weil dieses Verfahren „nicht so selbstverständlich oder in einem Maße üblich ist", als dass die bloße Inanspruchnahme eines Arztes als Einwilligung in die Übergabe von Patientendaten verstanden werden kann (vgl. Schönke/Schröder/Eisele StGB § 203 Rn. 35 unter Verweis auf BGH 10.7.1991 – VIII ZR 296/90, NJW 1991, 2955; OLG Karlsruhe 15.10.1997 – 13 U 8/96, NJW 1998, 831).

In strafrechtlicher Hinsicht hätte auch eine mutmaßliche Einwilligung rechtfertigende Wirkung. Datenschutzrechtlich ist ein Sonderfall der mutmaßlichen Einwilligung in Art. 9 Abs. 2 lit. c DS-GVO normiert, bei dessen Auslegung die Rechtsprechung des BVerfG zur mutmaßlichen Einwilligung (BVerfG 14.12.2001 – 2 BvR 152/01, NJW 2002, 2164ff.) herangezogen werden kann. Im Falle der Abrechnung durch eine private Verrechnungsstelle kann eine mutmaßliche Einwilligung jedoch nicht angenommen werden, da hierzu ohne Weiteres das Einverständnis des Patienten hätte abgefragt werden können (Lackner/Kühl/Heger StGB § 203 Rn. 18f. mwN; so auch das LDI NRW zum Erfordernis einer datenschutzrechtlichen Einwilligung, selbst wenn kein unmittelbarer Kontakt zwischen Labor und Patienten besteht. Vorschlag der Einholung der Einwilligung bereits durch die Arztpraxis vgl. LDI NRW 28. TB vom 22.6.2023 Ziff. 7.5). Der Arzt könne dem Patienten nicht unterstellen, dass die Einbeziehung einer solchen Verrechnungsstelle derart selbstverständlich ist, dass sich eine direkte Ansprache erübrigen würde (Schönke/Schröder/Eisele StGB § 203 Rn. 42 mwN).

Inhaltlich muss der Erklärende für eine wirksame Schweigepflichtentbindung bei der Verwendung einer formularmäßigen Einverständniserklärung in die Lage versetzt werden zu erkennen, „worin er einwilligt" und welche „Bedeutung und Tragweite seiner Entscheidung" zukommt. Er muss wissen, „aus welchem Anlass und mit welcher Zielsetzung er welche Personen von ihrer Schweigepflicht entbindet" sowie über „Art und Umfang der Einschaltung Dritter" unterrichtet werden (BGH 10.10.2013 – III ZR 325/12, NJW 2014, 141). Der Erklärende kann sein Einverständnis auch in persönlicher, zeitlicher und sachlicher Hinsicht beschränken, indem nur bestimmte Geheimnisse mitgeteilt oder diese nur an bestimmte Personen weitergegeben werden dürfen (BGH 10.10.2013 – III ZR 325/12, NJW 2014, 141).

Für die Weitergabe von Abrechnungsunterlagen anlässlich einer Abtretung bedeutet dies, dass der Patient umfassend und detailliert über die Abtretung selbst sowie der mit ihr verbundenen Rechtsfolgen informiert wird. Der Patient muss erkennen, dass ein Wechsel des Forderungsinhabers vom Arzt zur Verrechnungsstelle hin stattfinden soll und die Weitergabe der Behandlungsdaten zum Zwecke der Forderungseinziehung sowie ggf. zur klageweisen Geltendmachung erfolgt. Für letzteren Fall ist ein Hinweis dahingehend erforderlich, dass der Patient aufgrund der Abtretung in einem Prozess gezwungen sein kann, Einzelheiten seines Krankheitsverlaufs und der Behandlung gegenüber Dritten zu offenbaren, um Einwände gegen die Honorarforderung vorzubringen (BGH 10.10.2013 – III ZR 325/12, NJW 2014, 141). Nicht ausreichend für die Unterrichtung über die Abtretung an eine gewerbliche Verrechnungsstelle wäre es, dem Patienten lediglich mitzuteilen, dass die Daten „zur Abwicklung der Patientenrechnungen weitergegeben" werden (OLG Karlsruhe 15.10.1997 – 13 U 8/96, NJW 1998, 831; OLG Braunschweig 13.9.2012 – 1 U 31/11, BeckRS 2013, 18860).

**2. Verhältnis der datenschutzrechtlichen Einwilligung zur Schweigepflichtentbindung.** Die Schweigepflichtentbindung stellt als Zustimmung des Verfügungsberechtigten in die jeweilige Offenbarung ein tatbestandsausschließendes Einverständnis dar. Sie führt zu einer berechtigten Offenbarung des Geheimnisses seitens des Arztes.

Durch das Gesetz zur Neuregelung des Schutzes von Geheimnissen bei der Mitwirkung Dritter an der Berufsausübung schweigepflichtiger Personen vom 30.10.2017 (BGBl. I 3618) wurde die potenzielle Strafbarkeit schweigepflichtiger Personen gem. § 203 Abs. 1 und Abs. 2 StGB mit Inkrafttreten zum 9.11.2017 weiter eingeschränkt. Diese normative Entlastung hat zur Folge, dass der Bedarf an Schweigepflichtentbindungen objektiv zurückgeht. Mit der Neuregelung in § 203 Abs. 3 S. 2 StGB besteht nun eine Offenbarungsbefugnis für fremde Geheimnisse gegenüber sonstigen Personen, die an der beruflichen oder dienstlichen Tätigkeit der in § 203 Abs. 1 und 2 StGB genannten Geheimnisträger mitwirken, soweit dies für die Inanspruchnahme der Tätigkeit der sonstigen mitwirkenden Personen erforderlich ist. Hierbei ist irrelevant, auf welcher rechtlichen Grundlage die Mitwirkung beruht. Neben der bislang bestehenden Offenbarungsbefugnis gegenüber internen Gehilfen (§ 203 Abs. 3 S. 1 StGB) werden jetzt insbesondere auch externe Dienstleister vom Regelungsgehalt der Norm umfasst. Damit wird der jahrelange Streit um die Strafbarkeit des Einsatzes von Cloud-Computing, des Outsourcings von Daten und der Fernwartung beendet (Schönke/Schröder/Eisele StGB § 203 Rn. 46). Die Regelung gilt gleichfalls für Subunternehmer und deren Angestellte gem. § 203 Abs. 3 S. 2 Hs. 2 StGB, sofern eine lückenlose Vertragskette besteht (BT-Drs. 18/11936, 22).

Um der Reduzierung des Geheimnisschutzes entgegenzuwirken, wurde in § 203 Abs. 4 StGB der Täterkreis des potenziellen Geheimnisverrats erweitert, indem sich die Schweigepflicht nun auch auf alle mitwirkenden Personen erstreckt.

Unter „Mitwirkung an der beruflichen oder dienstlichen Tätigkeit" ist zu verstehen, dass „die mitwirkende Person unmittelbar mit der beruflichen Tätigkeit der schweigepflichtigen Person, ihrer Vorbereitung, Durchführung, Auswertung und Verwaltung befasst" sein muss (BT-Drs. 18/11936, 22). Hierunter zählt der Gesetzgeber insbesondere folgende Tätigkeiten: Schreibarbeiten, Rechnungswesen, Annahme von Telefonanrufen, Aktenarchivierung und -vernichtung, Einrichtung, Betrieb, Wartung – einschließlich Fernwartung – und Anpassung von informationstechnischen Anlagen, Anwendungen und Systemen aller Art, beispielsweise auch von entsprechend ausgestatteten medizinischen Geräten, Bereitstellung von informationstechnischen Anlagen und Systemen zur externen Speicherung von Daten sowie die Mitwirkung an der Erfüllung von Buchführungs- und steuerrechtlichen Pflichten des Berufsgeheimnisträgers (BT-Drs. 18/11936, 22).

Welche externen Dienstleistungen künftig von dieser Regelung umfasst sein sollen, wird erst die Entwicklung in der Rechtsprechung zeigen.

Überdies muss gerade das Offenbaren für die Inanspruchnahme der Tätigkeit der sonstigen mitwirkenden Person erforderlich sein. Unerheblich ist daher, ob die Mitwirkung für die Ausübung der beruflichen Tätigkeit des Berufsgeheimnisträgers im Übrigen erforderlich ist. Besteht die Mitwirkung in der Verwaltung eines Kundendatenbestands (CRM-System bzw. Patientenmanagementsystems) so ist die Übermittlung des gesamten Patienten- bzw. Kundendatenbestandes notwendig und damit zulässig. Dasselbe gilt für die externe Speicherung von Daten.

Nicht eindeutig ist, ob die Mitwirkung privatärztlicher bzw. gewerblicher Verrechnungsstellen im Rahmen der Abrechnung ärztlicher Leistungen außerhalb des Bereichs der vertragsärztlichen Versorgung, für den Befugnisnormen zur Datenübermittlung an Rechenzentren (zB § 295a SGB V) bestehen und innerhalb dessen Versichertendaten nicht zur Erstellung der Leistungsabrechnung an private Dienstleistungsunternehmen übermittelt werden dürfen (BSG 10.12.2008 – B 6 KA 37/07 R, MedR 2009, 685), in den Anwendungsbereich des § 203 Abs. 3 S. 2 StGB fällt. In dieser Konstellation überträgt der Arzt die Rechnungsstellung (Abrechnung der ärztlichen Leistungen, sog. Privatliquidation), den Honorareinzug inklusive des Schriftwechsels mit dem Patienten sowie ggf. der Krankenversicherung und sonstigen Kostenträgern auf die Verrechnungsstelle. Die Gesetzesbegründung zu § 203 Abs. 3 S. 2 StGB nennt als diesem Leistungsumfang am nächsten stehende Tätigkeiten das Rechnungswesen, die Buchführung sowie Schreibarbeiten, die im Bereich der Verwaltung der ärztlichen beruflichen Tätigkeit anfallen. Teilweise wird daher vertreten, dass die Einbeziehung ärztlicher Verrechnungsstellen von der Offenbarungsbefugnis des § 203 Abs. 3 S. 2 StGB erfasst wird (so auch zB Laufs/Kern/Rehborn ArztR-HdB/

Ulsenheimer § 145 Rn. 49; Grosskopf/Momsen CCZ 2018, 98; Lackner/Kühl/Heger StGB § 203 Rn. 25a; BeckOK DatenschutzR/Uwer Syst. F. Rn. 144).

Allerdings bedeutet die strafrechtlich unbedenkliche Weitergabe (Offenbarung) von Patienteninformationen nicht automatisch, dass diese auch datenschutzrechtlich oder berufsrechtlich zulässig ist. Gem. § 1 Abs. 2 S. 3 BDSG bleibt die Verpflichtung zur Wahrung gesetzlicher Geheimhaltungspflichten oder von Berufsgeheimnissen, die nicht auf gesetzlichen Vorschriften beruhen, von den datenschutzrechtlichen Regelungen des BDSG unberührt. Die ärztliche Schweigepflicht, die sich aus den strafrechtlichen Pflichten des § 203 StGB sowie beispielsweise aus berufsrechtlichen Regelungen nach § 9 MBO-Ä und den entsprechenden Regelungen der Berufsordnungen der Landesärztekammern ergibt, tritt damit neben die datenschutzrechtlichen Regelungen (sog. „Zwei-Schranken-Theorie“, vgl. zum Meinungsstand Dochow MedR 2019, 363 (366)).

So lässt sich der berufsrechtlichen Regelung des § 12 Abs. 2 MBO-Ä für das Verhältnis zu privatärztlichen Verrechnungsstellen entnehmen, dass die Übermittlung von Daten an Dritte zum Zweck der privatärztlichen Abrechnung nur zulässig ist, wenn die Patientin oder der Patient in die Übermittlung der für die Abrechnung erforderlichen Daten nachweisbar eingewilligt hat. Die Regelung des § 12 Abs. 2 MBO-Ä wurde bereits teilweise in den Landesärztekammern entsprechend bzw. sinngemäß als Satzung beschlossen (so zB Sächsische Landesärztekammer mit Satzungsänderung v. 2.7.2021; Ärztekammer Berlin mit Satzungsänderung v. 14.4.2021; Landesärztekammer Niedersachsen mit Satzungsänderung vom 2.4.2020; Landesärztekammer Baden-Württemberg mit Satzungsänderung v. 22.4.2020). Auf die datenschutzrechtliche Rechtsgrundlage wirkt sich die Neuregelung des § 203 Abs. 3 S. 2 StGB bei der Übermittlung personenbezogener Daten an eine privatärztliche Verrechnungsstelle nicht aus. Die durch die Neuregelung bewirkte Erweiterung der Geheimhaltungsverpflichtung auf sonstige Personen durch § 203 Abs. 4 StGB bleibt aufgrund der gem. § 203 Abs. 1 Nr. 7 StGB ohnehin bestehenden Geheimhaltungspflicht ohne Effekt. Die Anwendung des § 22 Abs. 1 Nr. 1 lit. b BDSG ist daher wegen der Verarbeitung durch einen Geheimnisträger nicht von Vornherein ausgeschlossen. Allerdings sind die in § 22 Abs. 1 Nr. 1 lit. b BDSG aufgeführten Zwecke bei einer Verarbeitung durch eine privatärztliche Verrechnungsstelle wohl nicht einschlägig (Für das Einwilligungserfordernis auch LfD Niedersachsen FAQ – DS-GVO im Gesundheitsbereich Version 2 v. Juni 2022 Ziff. 6).

Bei der Datenweitergabe von Gesundheitsdaten kann es zwischen den unterschiedlichen Rechtsregimen jedoch zu Verflechtungen kommen, da sich strafrechtliche (§ 203 Abs. 3 StGB) und berufsrechtliche (§ 9 Abs. 4 MBO-Ä) Tatbestände („Offenbaren eines fremden Geheimnisses“) sowie der datenschutzrechtliche Verarbeitungsprozess („Übermittlung“, „Offenlegung durch Übermittlung“ von personenbezogenen Daten) überschneiden können. Ein Auseinanderfallen der Regelungsbereiche ist denkbar, wenn aufgrund erfolgter Pseudonymisierung zwar noch personenbezogene Daten gem. Art. 4 Nr. 5 DS-GVO verarbeitet werden, eine Bezugnahme zum Geheimnisherren jedoch ausgeschlossen sein kann. Das Gericht der Europäischen Union sieht hingegen – entgegen der bisherigen Rechtsprechung des EuGH – bei pseudonymisierten Daten und soweit der Datenempfänger keine Mittel zur Rückidentifizierung hat, den Anwendungsbereich der DS-GVO nicht als eröffnet (→ Form. K. I. 2. Anm. 9)

Zudem bewirkt die Neuregelung des § 203 Abs. 3 S. 2, Abs. 4 StGB, dass die sonstigen mitwirkenden Personen einer eigenen Geheimhaltungsverpflichtung unterliegen. Folglich kann eine Verarbeitung von Gesundheitsdaten, wenn sie für einen in § 22 Abs. 1 Nr. 1 lit. b BDSG aufgeführten Zweck erforderlich ist, auch datenschutzrechtlich ohne zusätzliches Einwilligungserfordernis zulässig sein.

Exemplarisch ist dies bei einem IT-Dienstleister wie dem Anbieter einer Patientenverwaltungssoftware der Fall. Der externe Dienstleister wirkt an der Patientenverwaltung mit. Die Offenbarung der Patientendaten, zumindest im Sinne der Ermöglichung der Kenntnisnahme, ist jedenfalls zu diesem Zweck erforderlich. Es handelt sich somit bei dem IT-Dienstleister um eine sonstige mitwirkende Person iSd § 203 Abs. 3 S. 2 StGB. Hinsichtlich der ihm bekannt gewordenen Daten ist dieser selbst gem. § 203 Abs. 4 S. 1 StGB zur Geheimhaltung verpflichtet. Zu dieser Geheimhaltung wurde er zudem durch die ihn beauftragende Arztpraxis (§ 203 Abs. 4 S. 2 Nr. 1 StGB) verpflichtet (andernfalls würde dies zu einer Strafbarkeit des Berufsgeheimnisträgers führen). Ein ähnlicher Schluss ergibt sich aus der berufsrechtlichen Regelung des § 9 Abs. 4 MBO-Ä. Datenschutzrechtlich ist die Verarbeitung durch den Dienstleister zu Zwecken der Verwaltung von Systemen und Diensten im Gesundheitsbereich erforderlich und die Daten werden durch sonstige Personen, die einer dem ärztlichen Personal entsprechenden Geheimhaltungspflicht unterliegen (vgl. § 203 Abs. 3 S. 2, Abs. 4 StGB), gem. § 22 Abs. 1 Nr. 1 lit. b BDSG verarbeitet. Die in § 22 Abs. 2 BDSG zu treffenden angemessenen und spezifischen Maßnahmen zur Wahrung der Interessen der betroffenen Personen können in dem zwischen Arztpraxis und IT-Dienstleister zu schließenden Auftragsverarbeitungsvertrag gem. Art. 28 DS-GVO getroffen werden. Gleichfalls ist in diesem oder in einer separaten Verpflichtung zur Vermeidung von Strafbarkeitsrisiken des Arztes gem. § 203 Abs. 4 S. 2 Nr. 1 StGB der IT-Dienstleister zur Geheimhaltung zu verpflichten. Über die im Zusammenhang mit dem IT-Outsourcing verarbeiteten personenbezogenen Daten ist der Patient mittels Datenschutzinformationen zu informieren.

**3. Zustimmungserfordernis bei Forderungsabtretung.** Nicht von § 203 Abs. 3 S. 2 StGB erfasst ist die Zession ärztlicher (Honorar-) Forderungen, zB an eine Verrechnungsstelle, da in diesem Fall keine Mitwirkung an der beruflichen Tätigkeit des Arztes erfolgt, sondern eine eigene Forderung beigetrieben wird. Ohne Einwilligung des Patienten verstößt die Abtretung nach ständiger Rechtsprechung des BGH gegen § 203 Abs. 1 StGB, da sie gem. § 402 BGB die Preisgabe von anvertrauten Geheimnissen zur Folge hat, und ist damit nichtig (BGH 6.6.2019 – IX ZR 272/17, NJW 2019, 2156; BSG 27.6.2018 – B 6 KA 38/17 R, MedR 2019, 238 mit Verweis auf BGH 17.2.2005 – IX ZB 62/04, NJW 2005, 1505; 10.10.2013 – III ZR 325/12, NJW 2014, 141; LSG Thüringen 21.8.2019 – L 1 JVEG 99/19, BeckRS 2019, 22377).

Innerhalb des Regelungsregimes der ärztlichen Schweigepflicht ist jedenfalls für die Abtretung aus strafrechtlicher Sicht das Einverständnis des Patienten erforderlich (vgl. BGH 10.10.2013 – III ZR 325/12, NJW 2014, 141; LSG Thüringen 21.8.2019 – L 1 JVEG 99/19, BeckRS 2019, 22377). Datenschutzrechtlich ist eine ausdrückliche Einwilligung gem. Art. 9 Abs. 2 lit. a DS-GVO erforderlich, da bei der Abtretung ua auch Gesundheitsdaten verarbeitet werden (Ashkar/Zieger ZD 2016, 58 (60f.); so auch im Verhältnis ärztliches Labor zu externer privatärztlichen Abrechnungsstelle vgl. LDI NRW 28. TB vom 22.6.2023 Ziff. 7.5; beachte aber VG Mainz 20.2.2020 – 1 K 467/19.MZ, ZD 2020, 376ff., das sich auf die Rechtsgrundlage des Art. 6 Abs. 1 S. 1 lit. b bzw. lit. f DS-GVO stützt, allerdings außerhalb des Anwendungsbereichs von Art. 9 – Daten).

**4. Vernehmung des Zahnarztes als Zeugen in einem Zivilprozess.** Nach § 385 Abs. 2 ZPO darf ein Arzt das Zeugnis nicht verweigern, wenn er von der Verpflichtung zur Verschwiegenheit entbunden wurde. Wird die erteilte Schweigepflichtentbindung widerrufen, ist eine neuerliche Schweigepflichtentbindung seitens des Patienten (bezogen auf das konkrete Verfahren) dann erforderlich, sofern der Patient den Arzt als seinen Zeugen benennt. Die Entbindung von der Schweigepflicht gilt nur für dasjenige Verfahren, in welchem sie erteilt wurde (BGH 28.10.1992 – 3 StR 367/92, NJW 1993, 803; OLG Frankfurt a. M. 11.1.2005 – 3 Ws 1003/04, NStZ-RR 2005, 235; BeckOK StGB/Weidemann § 203 Rn. 41).

**5. Anforderungen an die datenschutzrechtliche Einwilligung.** Die Anforderungen an die datenschutzrechtliche Einwilligung in die Verarbeitung von Gesundheitsdaten sind in Art. 9 Abs. 1 lit. a, Art. 7 und Art. 4 Nr. 11 DS-GVO geregelt. Im Unterschied zu dem strafrechtlichen Einverständnis ist eine ausdrückliche Einwilligung erforderlich. Eine konkludente Zustimmung genügt nicht. Der Patient muss für den bestimmten Fall, in informierter Weise und unmissverständlich erklären, dass er mit der Verarbeitung der konkret betroffenen personenbezogenen Daten einverstanden ist. Informiert ist die Einwilligung nach dem Verständnis der europäischen Aufsichtsbehörden dann, wenn sie in Kenntnis der Identität des Verantwortlichen, des jeweils mit der Einholung der Einwilligung verfolgten Zwecks jedes Verarbeitungsvorgangs, der Art der erhobenen Daten, des Rechts zum Widerruf der Einwilligung, ggf. der Informationen über die Verwendung der Daten für eine automatisierte Entscheidungsfindung, der möglichen Risiken von Datenübermittlungen ohne Vorliegen eines Angemessenheitsbeschlusses und ohne geeignete Garantien gem. Art. 46 DS-GVO sowie in Kenntnis jedes Empfängers der Daten erklärt wird (EDSA Leitlinien 05/2020 zur Einwilligung gemäß Verordnung 2016/679, Version 1.1 vom 4.5.2020, Ziffer 3.3.1.; vgl. auch DSK Orientierungshilfe der Aufsichtsbehörden für Anbieter von Telemedien, März 2019, S. 8).

**6. Hinweis auf das Widerrufsrecht vs. Widerruf der Schweigepflichtentbindung.** Datenschutzrechtlich ist gem. Art. 7 Abs. 3 S. 3 DS-GVO – im Unterschied zum strafrechtlich relevanten Einverständnis – vor Abgabe der Einwilligung auf das Widerrufsrecht hinzuweisen. Ein Widerruf der Einwilligung in die Offenbarung des strafrechtlich geschützten Geheimnisses ist jederzeit möglich. Die Wirkung tritt allerdings nur für die Zukunft ein. Die bereits erfolgte(n) Abtretung(en) werden nachträglich jedoch nicht unwirksam (Laufs/Kern/Rehborn ArztR-HdB/Kern/Rehborn § 74 Rn. 65).

**7. Verweis auf Datenschutzinformationen.** Nach Art. 13 DS-GVO muss der Arzt als Verantwortlicher seine Patienten bei Erhebung ihrer personenbezogenen Daten über die Datenverarbeitung informieren. Es müssen daher auch Informationen für den Fall der Abtretung von Honorarforderungen enthalten sein. Ausreichend ist die Information darüber, wo der Patient die Datenschutzinformationen einsehen kann. Die Einholung einer Zustimmung zu den Datenschutzinformationen ist nicht erforderlich und verstößt gegen Art. 5 Abs. 1 lit. a DS-GVO (EDSA Binding Decision 5/2022 on the dispute submitted by the irish SA regarding WhatsApp Ireland Limited (Art. 65 GDPR), Adopted on 5.12.2022). Überdies würde eine Zustimmung zu den Datenschutzinformationen dazu führen, dass die Datenschutzinformationen der Klauselkontrolle des AGB-Rechts unterliegen (KG 27.12.2018 – 23 U 196/13, ZD 2019, 272 (274); KG Berlin 21.3.2019 – 23 U 268/13, ZD 2020, 310; ÖOGH

23.11.2022 – 7 Ob 112/22d, ZD 2023, 404 (405)). Keinesfalls sollte die Formulierung so gewählt werden, dass der Patient bestätigt, die Datenschutzinformationen gelesen oder zur Kenntnis genommen zu haben. Dies verstößt gegen § 309 Nr. 12 lit. b BGB und ist unwirksam (KG 20.12.2019 – 5 U 9/18, MMR 2020, 239 (240); vgl. auch ÖOGH 23.11.2022 – 7 Ob 112/22d, ZD 2023, 404 (405)).

## 2. Datenschutzrechtliche Einwilligungserklärung in die Verarbeitung von personenbezogenen Daten zur Anlage einer Kundenkarte[1]

Angaben des Kunden:[2]
Name, Vorname: ______________________
Geburtsdatum: ______________________
Adresse: ______________________
Tel./Mobil: ______________________
E-Mail: ______________________
Hausarzt: ______________________
Krankenkasse: ______________________
Zuzahlungsbefreiung: ☐ ja______________ ☐ nein______________
befreit bis: ______________________
sonstiges: ______________________
(zB Allergien, Unverträglichkeiten)
Raucher: ☐ ja/nein ☐

gesetzlicher Vertreter/Bevollmächtigter*:

______________________________________
(Anrede, Name/Vorname, Anschrift)[3]

* Die angegebene/n Person/en ist/sind zur Einlösung von Rezepten des Vollmachtgebers gegenüber der Apotheke und zur Abholung von Medikamenten sowie der Zuzahlungsnachweise bevollmächtigt. Die Vollmacht bleibt in Kraft, bis der Apotheke das Erlöschen der Vollmacht von dem Vollmachtgeber angezeigt wird (Widerruf).

Mit meiner Unterschrift erkläre ich mich einverstanden, dass die Apotheke[4] [Name der Apotheke, Gesellschaftsform, Anschrift, Telefon-/Faxnummer, E-Mail-Adresse] meine zuvor genannten personenbezogenen Daten sowie weitere gesundheitsbezogene Daten, die ich innerhalb unserer Beratungsgespräche mitteile, wie zB Rezeptdaten, Erkrankungen, Wechselwirkungen und Allergien, verarbeitet und in diesem Zusammenhang eine Kundenkartei führt.

Diese Datenverarbeitung dient der kundenorientierten, effektiven Beratung und Betreuung, insbesondere hinsichtlich etwaiger Arzneimitteltherapien, Arzneimittelrisiken und Wechselwirkungen sowie der Verwaltung von (Zu-)Zahlungen und der Nutzung des Rabatt- und Prämiensystems. Des Weiteren dient die Verarbeitung der Daten dazu, einen Nachweis über geleistete Zuzahlungen zur Vorlage bei der Krankenkasse[5] und über die getätigten Aufwendungen gegenüber dem Finanzamt[6] zu erstellen.

Ebenso werden die in der Kundenkartei gespeicherten Daten zur telefonischen oder persönlichen Rücksprache mit dem behandelnden Arzt[7] und der Krankenkasse verarbeitet.

Überdies bin ich damit einverstanden, dass die Apotheke im Falle von Kostenübernahmeanträgen die hierfür erforderlichen Daten an meine Krankenkasse weiterleitet.[8]

Die Einwilligung kann jederzeit ohne Angabe von Gründen mündlich, per E-Mail oder postalisch unter den zuvor genannten Kontaktdaten widerrufen werden. Dies hat keinen Einfluss auf die Rechtmäßigkeit der Verarbeitung, die aufgrund der Einwilligung bis zum Zeitpunkt des Widerrufs erfolgt ist.

Weitere Informationen können den in der Offizin ausgehängten Datenschutzinformationen entnommen werden.[9]

| | |
|---|---|
| Ort/Datum | Unterschrift (ggf. gesetzlicher Vertreter) |

## Anmerkungen

**1. Kundenkarte/Kundenkartei.** In der Praxis differenzieren Apotheken erfahrungsgemäß hinsichtlich der Bezeichnung danach, ob tatsächlich eine physische Karte ausgegeben wird („Kundenkarte“) oder eine rein interne Kundenkartei geführt wird. Sofern keine Ausgabe einer physischen Karte erfolgt, wird häufig derselbe Leistungsumfang als „Kundenkartei“ bezeichnet. Es ist stets eine individuelle Betrachtung vorzunehmen und die Formulierung des Einwilligungstextes an den jeweiligen Leistungsumfang anzupassen. Neben allgemeiner zusätzlicher Beratungsmöglichkeiten bei dafür erforderlicher Kenntnis des Krankheitsverlaufs, werden auch Rabattsysteme, Newsletter (zB Einladung zu Informationsveranstaltungen für Diabetiker) und sonstige Serviceleistungen zur Kundenbindung angeboten.

**2. Individuelle Gestaltung der Einwilligungserklärung.** Der Umfang der zu verarbeitenden Daten ist vom Funktionsumfang der Kundenkarte abhängig und damit individuell anzupassen. Da für die Verarbeitung besonderer Kategorien personenbezogener Daten ausschließlich Art. 9 DS-GVO die Rechtsgrundlage bildet, ist ein Rückgriff auf die Rechtsgrundlagen des Art. 6 DS-GVO gesperrt und damit auch einer weniger bürokratischen Abwicklung als notwendig zur Erfüllung eines „Vertrages über eine Kundenkarte“ der Riegel vorgeschoben.

**3. Bevollmächtigung.** Gesundheitsbezogene Daten, wie beispielsweise die Medikation einer bestimmten Person, sind gem. Art. 9 DS-GVO besonders geschützt und dürfen nur eingeschränkt verarbeitet werden. In der Praxis stehen Apotheken häufig vor der Herausforderung, dass Kunden ihre Medikamente nicht selbst abholen (können), die Medikamente jedoch nicht ohne weiteres einer dritten Person aushändigen dürfen. Gleiches gilt für die Abholung von Zuzahlungsnachweisen zur Einlösung bei der Krankenkasse bzw. dem Finanzamt, aus denen ebenfalls Rückschlüsse auf den Gesundheitszustand gezogen werden können. Eine ausdrücklich dokumentierte Bevollmächtigung einer oder mehrerer Personen zu diesen Zwecken schafft die nötige Rechtsgrundlage und erleichtert die Arbeitsabläufe. Es handelt sich um eine Bevollmächtigung gem. § 167 Abs. 1 Alt. 2 BGB. Zugleich erfüllt sie die Anforderungen des Art. 9 Abs. 2 lit. a iVm Art. 7 DS-GVO sowie einer Einverständniserklärung in die Offenbarung fremder Geheimnisse iSd § 203 StGB. Der Kunde willigt ausdrücklich ein, dass der als bevollmächtigt benannten Person die ihn betreffenden Medikamente und Zuzahlungsnachweise übergeben und damit auch gesundheitsbezogene Daten offenbart werden dürfen. Die Einwilligungserklärung dient zudem als Nachweis iSd Art. 7 Abs. 1 DS-GVO.

**4. Nennung des Verantwortlichen.** Für eine informierte Einwilligung ist nach Auffassung der europäischen Aufsichtsbehörden (EDSA Leitlinien 05/2020 zur Einwilligung gemäß Verordnung 2016/679, Version 1.1 vom 4.5.2020, Ziffer 3.3.1; vgl. auch DSK Orientierungshilfe der Aufsichtsbehörden für Anbieter von Telemedien, März 2019 S. 8) der Verantwortliche zu nennen. Die Apotheke kann durch eine Einzelperson in der Regel als eingetragener Kaufmann/-frau betrieben werden. Nach § 8 ApoG können mehrere Personen eine Apotheke aber auch in der Rechtsform einer Gesellschaft bürgerlichen Rechts oder einer OHG betreiben. Faktisch scheidet die GbR jedoch aus, da sie beim Betrieb eines Handelsgewerbes von Gesetzes wegen zu einer offenen Handelsgesellschaft wird (§ 105 HGB).

**5. Befreiungsantrag bei der gesetzlichen Krankenkasse.** Versicherte haben gem. § 62 Abs. 1 S. 1 SGB V während jedes Kalenderjahres nur Zuzahlungen bis zur Belastungsgrenze zu leisten. Die Belastungsgrenze liegt bei zwei Prozent der Bruttoeinkünfte zum Lebensunterhalt aller im Haushalt lebenden Personen pro Kalenderjahr. Bei chronisch Kranken liegt die Grenze bei einem Prozent (Ausnahmen und Sonderregelungen in § 62 SGB V). Berechnungsgrundlage ist die Summe der gesetzlichen Zuzahlungen für Leistungen der gesetzlichen Krankenversicherung. Nach Vorlage entsprechender Nachweise stellt die Krankenkasse nach erfolgtem Antrag auf Zuzahlungsbefreiung für das laufende Jahr gem. § 62 Abs. 3 SGB V eine Befreiungsbescheinigung aus.

**6. Ermäßigung der Einkommensteuer durch außergewöhnliche Belastungen.** Nach § 33 EStG können Krankheitskosten, die zum Zwecke der Heilung oder Linderung einer Krankheit aufgewendet worden sind, steuerlich abgesetzt werden, wenn die individuelle Belastungsgrenze überschritten wurde. Auch hierfür sind entsprechende Nachweise erforderlich, die seitens der Apotheke ausgestellt werden können.

**7. Kontaktaufnahme mit dem verordnenden Arzt.** Rücksprachen mit dem Verordner werden insbesondere bei verschreibungspflichtigen Medikamenten erforderlich, um beispielsweise Unklarheiten betreffend der auf dem Rezept angegebenen Dosierungen zu klären. Apotheker sind zum einen gem. § 203 StGB zur Verschwiegenheit verpflichtet. Zum anderen ist für die Kontaktaufnahme eine datenschutzrechtliche Rechtsgrundlage erforderlich. Eine Befreiung von der strafrechtlichen Verschwiegenheitspflicht (Schweigepflichtentbindung; → Form. K. II. 1. Anm. 1) ist vorliegend nicht erforderlich, da es sich bei der Kontaktaufnahme mit dem verordnenden Arzt und der Offenbarung, dass der Kunde das Rezept dieses Arztes (inklusive dessen Inhalts bzw. Rückschlüsse zu Erkrankungen) in einer Apotheke einlösen möchte, diesem gegenüber nicht um ein Geheimnis iSd § 203 Abs. 1 StGB handelt. Im Falle einer (ohne erforderliche Rücksprache) erfolgenden gesundheitsgefährdenden Medikation (zB Überdosierung) wäre bei grundsätzlicher Einwilligungsfähigkeit des Kunden gem. Art. 9 Abs. 2 lit. c DS-GVO eine Einwilligung nach Art. 9 Abs. 2

lit. a DS-GVO einzuholen. Je nach Auslegung des Begriffs der „Gesundheitsvorsorge" oder der „Versorgung oder Behandlung im Gesundheitsbereich" könnte die Verarbeitung auch auf Art. 9 Abs. 2 lit. h, Abs. 3 DS-GVO iVm § 22 Abs. 1 Nr. 1 lit. b BDSG gestützt werden.

**8. Kostenübernahmeanträge.** Ist kein Preis für Hilfsmittel bzw. Einzeldosen von Arzneimitteln vereinbart, muss die gesetzliche Krankenkasse die Preisberechnung der Apotheke genehmigen. Zu diesem Zweck sendet die Apotheke einen Antrag auf Kostenübernahme inkl. Rezeptkopie an die gesetzliche Krankenkasse des Versicherten. Bedient sich die Apotheke zu diesem Zweck einer Clearingstelle, muss diese als Empfänger der Daten erwähnt werden.

**9. Verweis auf Datenschutzinformationen.** Nach Art. 13 DS-GVO muss der Apotheker als Verantwortlicher seine Kunden bei Erhebung ihrer personenbezogenen Daten über die Datenverarbeitung informieren. Es müssen daher auch Informationen für den Fall der Eröffnung eines Kundenkontos bzw. einer Kundenkartei bereitgestellt werden. Diese können auch in der Offizin der Apotheke ausgehängt werden. Eine aktive Zustimmung zum Erhalt bzw. zur Kenntnisnahme der Datenschutzinformationen ist von der betroffenen Person jedoch nicht einzuholen (vgl. → Form. K. II. 1. Anm. 7; KG 27.12.2018 – 23 U 196/13, ZD 2019, 272 (274); 21.3.2019 – 23 U 268/13, ZD 2020, 310; 20.12.2019 – 5 U 9/18, MMR 2020, 239 (240); ÖOGH 23.11.2022, 7 Ob 112/22d, ZD 2023, 404 (405)).

## 3. Zustimmung zur Datenübermittlung an den Hausarzt sowie vom Hausarzt an andere Leistungserbringer

Ich [Name, Anschrift, Geburtsdatum]
stimme zu, dass mein Hausarzt[1] [ Name, Anschrift]
- mich betreffende Behandlungsdaten und Befunde bei anderen Ärzten und Leistungserbringern[2] zum Zweck der Dokumentation und meiner weiteren Behandlung anfordert,[3]
- die für die Behandlung erforderlichen Daten und Befunde an die mich (weiter-) behandelnden Ärzte (zB Zahnärzte, Psychotherapeuten, Krankenhäuser, MVZ, humanmedizinische Labore) und Leistungserbringer (zB Apotheken, Rehabilitationseinrichtungen, Heil-[4] und Hilfsmittelerbringer,[5] Erbringer häuslicher Krankenpflege etc) übermittelt,[6]
- im Falle eines Hausarztwechsels von einem anderen Hausarzt in die oben genannte Hausarztpraxis, die bei dem bisherigen Hausarzt über mich gespeicherten Unterlagen vollständig anfordert,
- im Falle eines Hausarztwechsels zu einem neuen Hausarzt, dem neuen Hausarzt die über mich gespeicherten Unterlagen vollständig übermittelt.[7]

__________________ __________________________

Ort/Datum Unterschrift (ggf. gesetzlicher Vertreter)

Variante: Datenschutzrechtliche Einwilligung in die Datenweitergabe an sonstige Empfänger (zB Dentallabor)[8]

Ich [Name, Anschrift, Geburtsdatum]

willige ein, dass mein Zahnarzt [Name, Anschrift] meine personenbezogenen Daten, insbesondere die mich betreffenden Gesundheitsdaten, wie Behandlungsunterlagen, Zahn- und Gebissabdrücke, Röntgenbilder etc an das Dentallabor [Name, Anschrift] übermittelt, soweit dies für die Anfertigung der für meine weitere zahnärztliche Behandlung benötigten Hilfsmittel (zB Zahnkrone, Aufbissschiene, Inlays, Prothesen, Implantate etc) erforderlich ist.[9]

Die Einwilligung kann jederzeit gegenüber dem Zahnarzt widerrufen werden. Dies hat keinen Einfluss auf die Rechtmäßigkeit der Verarbeitung, die aufgrund der Einwilligung bis zum Zeitpunkt des Widerrufs erfolgt ist.[10]

Weitere Informationen können den in der Praxis ausgehängten Datenschutzinformationen entnommen werden.[11]

____________________ ______________________________

Ort/Datum Unterschrift (ggf. gesetzlicher Vertreter)

## Anmerkungen

**1. Hausarzt.** Die vertragsärztliche Versorgung gliedert sich gem. § 73 Abs. 1 S. 1 SGB V in die hausärztliche und die fachärztliche Versorgung. An der hausärztlichen Versorgung nehmen grundsätzlich (Sonderregelungen in § 73 Abs. 1a S. 2 ff. SGB V) nach der Legaldefinition des Begriffs „Hausärzte" in § 73 Abs. 1a S. 1 SGB V folgende Ärztegruppen teil: Allgemeinärzte, Kinder- und Jugendärzte, Internisten ohne Schwerpunktbezeichnung, die die Teilnahme an der hausärztlichen Versorgung gewählt haben, Ärzte, die nach § 95a Abs. 4 und 5 S. 1 SGB V in das Arztregister eingetragen sind und Ärzte, die am 31.12.2000 an der hausärztlichen Versorgung teilgenommen haben. Die hausärztliche Versorgung beinhaltet insbesondere
- die allgemeine und fortgesetzte ärztliche Betreuung eines Patienten in Diagnostik und Therapie bei Kenntnis seines häuslichen und familiären Umfeldes; Behandlungsmethoden, Arznei- und Heilmittel der besonderen Therapierichtungen sind nicht ausgeschlossen,
- die Koordination diagnostischer, therapeutischer und pflegerischer Maßnahmen einschließlich der Vermittlung eines aus medizinischen Gründen dringend erforderlichen Behandlungstermins bei einem an der fachärztlichen Versorgung teilnehmenden Leistungserbringer,
- die Dokumentation, insbesondere Zusammenführung, Bewertung und Aufbewahrung der wesentlichen Behandlungsdaten, Befunde und Berichte aus der ambulanten und stationären Versorgung,
- die Einleitung oder Durchführung präventiver und rehabilitativer Maßnahmen sowie die Integration nichtärztlicher Hilfen und flankierender Dienste in die Behandlungsmaßnahmen.

Von dem Begriff zu trennen ist die besondere hausärztliche Versorgung (sog. hausarztzentrierte Versorgung), die in § 73b SGB V geregelt ist. Die Regelung des § 73 Abs. 1b SGB V gilt entsprechend im Rahmen der hausarztzentrierten Versorgung nach § 73b SGB V (KassKomm/Rademacker SGB V § 73 Rn. 17a).

Aufgrund der Lotsenfunktion des Hausarztes (vgl. BT-Drs. 14/1245, 56; BT-Drs. 14/1977, 149) sollte dieser ursprünglich zu Zwecken der Dokumentation und zur weiteren Behandlung der Patienten auch datenschutzrechtlich dazu ermächtigt werden, Behandlungsdaten und Befunde der von ihm betreuten Patienten von parallel behandelnden Leistungserbringern, wie zB Fachärzten zu erheben und diese Daten im Falle eines Hausarztwechsels auch an den neuen Hausarzt zu transferieren (vgl. BT-Drs. 12/3937, 12). Gleichfalls war der Hausarzt ermächtigt, die für die Behandlung erforderlichen Daten und Befunde an die den Versicherten behandelnden Leistungserbringer zu übermitteln. Voraussetzung für die Rechtmäßigkeit war jedoch die schriftliche Einwilligung des Versicherten (vgl. § 73 Abs. 1b SGB V in der Fassung bis zum 10.5.2019).

Mit dem TSVG wurde § 73 Abs. 1b SGB V neu gefasst und wurden damit die datenschutzrechtlichen Befugnisse der Hausärzte und der anderen behandelnden Leistungserbringer herausgelöst (BT-Drs. 19/8351, 178). Der Datenaustausch zwischen einem Hausarzt und einem anderen Leistungserbringer bzw. zwischen zwei Hausärzten bei einem Hausarztwechsel beurteilt sich datenschutzrechtlich nun ausschließlich nach der DS-GVO und dem BDSG. Eine Einwilligung ist für die Verarbeitung von Behandlungsdaten nach § 22 Abs. 1 Nr. 1 lit. b BDSG nicht mehr einzuholen, wenn die Verarbeitung dieser Daten für die Behandlung eines Patienten erforderlich sind und von ärztlichem Personal, durch sonstige Personen, die einer entsprechenden Geheimhaltungspflicht unterliegen, oder unter deren Verantwortung verarbeitet werden. Dies gilt auch, wenn die Verarbeitung durch mehrere an der Behandlung beteiligte Ärzte erfolgt (BT-Drs. 19/8351, 178).

Mit der Neufassung werden daher in § 73 Abs. 1b SGB V nur noch die vertragsärztlichen Pflichten der Hausärzte und Leistungserbringer für eine koordinierte hausärztliche Betreuung geregelt. Wie bisher unterliegt die Datenübermittlung von Leistungserbringer an Hausarzt und umgekehrt, sowie zwischen Hausärzten bei einem Hausarztwechsel dem Zustimmungserfordernis des Versicherten als Ausdruck von dessen Souveränität (BT-Drs. 19/8351, 178; LfD Niedersachsen FAQ – DS-GVO im Gesundheitsbereich Version 2 vom Juni 2022 Ziff. 2).

**2. Leistungserbringer.** Zu den (sonstigen) Leistungserbringern im Vierten Kapitel des SGB V zählen niedergelassene Ärzte, Zahnärzte, Psychotherapeuten, Apotheker und MVZ, sowie Krankenhäuser, Rehabilitationseinrichtungen, Heil- und Hilfsmittelerbringer und Erbringer häuslicher Krankenpflege. Des Weiteren zählen dazu: pharmazeutische Unternehmer, Lieferanten von enteraler Nahrung sowie die in §§ 132–134a SGB V aufgeführten sonstigen Leistungserbringer (KassKomm/Krasney SGB V § 69 Rn. 16).

**3. Anforderung von Behandlungsdaten und Befunden.** Nach Zustimmung des Versicherten sind die behandelnden Leistungserbringer verpflichtet, die den Versicherten betreffenden Behandlungsdaten und Befunde zum Zwecke der bei dem Hausarzt durchzuführenden Dokumentation und der weiteren Behandlung zu übermitteln (gem. § 73 Abs. 1b S. 1 SGB V). Erfolgt dies nicht, kann dem Hausarzt die Befugnis eingeräumt werden, die entsprechenden Leistungserbringer zur Übermittlung der Unterlagen aufzufordern.

**4. Heilmittelerbringer.** Heilmittel werden gem. §§ 32, 124 SGB V als Dienstleistungen von nichtärztlichen Leistungserbringern erbracht. Dazu zählen beispielsweise Leistungen der Physiotherapie, der Stimm-, Sprech- und Sprachtherapie, der Ergotherapie, Podologie und Ernährungstherapie. Die Rechtsprechung definiert Heilmittel als alle ärztlich verordneten, persönlich zu erbringenden medizinischen Dienstleistungen, die einem Heilzweck dienen oder einen Heilerfolg sichern und nur von entsprechend ausgebildeten Personen mit berufspraktischen Erfahrungen erbracht werden dürfen (BSG 8.7.2015 – B 3 KR 5/14 R, BeckRS 2015, 72724; 28.6.2001 – B 3 KR 3/00 R, BeckRS 2001, 41747 = BSGE 88, 204; Krauskopf/Wagner SGB V § 32 Rn. 4).

**5. Hilfsmittelerbringer.** Hilfsmittel werden als Sachleistungen gewährt, soweit sie gem. § 33 SGB V erforderlich sind, um den Erfolg der Krankenbehandlung zu sichern, einer drohenden Behinderung vorzubeugen oder eine Behinderung auszugleichen, soweit die Hilfsmittel nicht als allgemeine Gebrauchsgegenstände des täglichen Lebens anzusehen oder nach § 34 Abs. 4 SGB V iVm der VO über Hilfsmittel von geringem therapeutischem Nutzen oder geringem Abgabepreis in der GKV vom 13.12.1989 (BGBl. I 2237), geändert durch VO vom 17.1.1995 (BGBl. I 44) ausgeschlossen sind. Zu den Hilfsmitteln zählen beispielsweise Hörhilfen, Körperersatzstücke oder orthopädische Hilfsmittel.

**6. Übermittlung erforderlicher Behandlungsdaten.** Nach Zustimmung des Versicherten ist der Hausarzt nach § 73 Abs. 1b S. 2 SGB V verpflichtet, die für die Behandlung erforderlichen Daten und Befunde an die den Versicherten behandelnden Leistungserbringer zu übermitteln.

**7. Übermittlung von Daten bei Hausarztwechsel.** Nach Zustimmung des Versicherten ist der bisherige Hausarzt gem. § 73 Abs. 1b S. 3 SGB V verpflichtet, dem neuen Hausarzt die bei ihm über den Versicherten gespeicherten Unterlagen vollständig zu übermitteln.

**8. Datenschutzrechtliches Einwilligungserfordernis.** Soweit datenschutzrechtlich keine Verarbeitungsbefugnis nach § 22 Abs. 1 Nr. 1 lit. b BDSG besteht und auch keine andere Befugnisnorm des Art. 9 Abs. 2 lit. b bis j DS-GVO, ggf. iVm nationalem Recht bzw. aufgrund der generellen Öffnungsklausel des Art. 9 Abs. 4 DS-GVO einschlägig ist, bedarf es einer ausdrücklichen Einwilligung gem. Art. 9 Abs. 2 lit. a DS-GVO für die Offenlegung durch Übermittlung von Gesundheitsdaten an sonstige Empfänger. Dies ist bei Laboren der Fall, die nicht unter ärztlicher Leitung stehen (zB Dentallabor im Sinne eines gewerblich betriebenen Zahntechniklabors gem. § 1 Abs. 1 und 2 iVm Anlage A Ziff. 37 HwO) oder bei Hilfsmittelerbringern.

**9. Anforderungen an die datenschutzrechtliche Einwilligung.** → Form. K. II. 1. Anm. 5.

**10. Widerruf der Schweigepflichtentbindung.** → Form. K. II. 1. Anm. 6.

**11. Verweis auf Datenschutzinformationen.** Nach Art. 13 DS-GVO muss der Arzt als Verantwortlicher seine Patienten bei Erhebung ihrer personenbezogenen Daten über die Datenverarbeitung informieren. Es müssen daher auch Informationen für den Fall der Abtretung von Honorarforderungen enthalten sein. Eine aktive Zustimmung zum Erhalt bzw. zur Kenntnisnahme der Datenschutzinformationen ist von Patienten jedoch nicht einzuholen (→ Form. K. II. 1. Anm. 7; KG 27.12.2018 – 23 U 196/13, ZD 2019, 272 (274); 21.3.2019 – 23 U 268/13, ZD 2020, 310; 20.12.2019 – 5 U 9/18, MMR 2020, 239 (240); ÖOGH 23.11.2022, 7 Ob 112/22d, ZD 2023, 404 (405)).

## III. Transparenz und Informationspflichten

Der Verantwortliche ist für die Einhaltung des Transparenzgrundsatzes sowie der weiteren in Art. 5 Abs. 1 DS-GVO genannten Grundsätze verantwortlich. Er hat demzufolge der betroffenen Person Datenschutzinformationen zu übermitteln (Art. 12 ff. DS-GVO) sowie Maßnahmen zu treffen, die ein dem Verarbeitungsrisiko angemessenes Schutzniveau gewährleisten. Um das Sicherheitsrisiko im Rahmen der Datenverarbeitung seitens der eigenen Mitarbeiter minimieren zu können, müssen unternehmensintern personelle Maßnahmen gem. Art. 32 Abs. 4 DS-GVO in Form einer Richtlinie zum Umgang mit personenbezogenen Daten getroffen werden (→ Form. D. II.).

Neben der Verarbeitung von Gesundheitsdaten auf der Website (zB Medikamentenreservierung auf einer Apotheken-Website) werden in den Praxen und Apotheken vor Ort umfangreich (Gesundheits-)Daten der Patienten und Kunden verarbeitet. Datenschutzinformationen sollten daher sowohl in der Arztpraxis als auch in der Apotheke als Aushang nicht fehlen und auf Wunsch des Patienten oder Kunden sollte eine Kopie zur Verfügung gestellt werden. Datenschutzinformationen müssen regelmäßig aktualisiert werden, wenn sich die Datenverarbeitung verändert.

### 1. Datenschutzinformationen über die Verarbeitung von Kundendaten in der Apotheke

Sehr geehrte Kundin, sehr geehrter Kunde,

wir möchten Sie nachfolgend über die Verarbeitung Ihrer personenbezogenen Daten in unserer Apotheke informieren.[1] Für Begrifflichkeiten wie zB „personenbezogene Daten" oder „Verarbeitung" sind die gesetzlichen Definitionen aus Art. 4 DS-GVO maßgebend. Wir behalten uns vor, die Datenschutzerklärung mit Wirkung für die Zukunft anzupassen, insbesondere im Fall der Erweiterung unserer Services oder der Änderung der gesetzlichen Grundlagen bzw. der entsprechenden Rechtsprechung. Wir empfehlen Ihnen, die Datenschutzerklärung von Zeit zu Zeit zu lesen.

§ 1 Geltungsbereich

Die Datenschutzerklärung gilt für die Verarbeitung Ihrer Daten in unserer Apotheke. Sie erstreckt sich nicht auf die Datenverarbeitung durch andere Dienstleister und Dritte.

§ 2 Verantwortlicher[2]

Für die Verarbeitung Ihrer personenbezogenen Daten im Geltungsbereich dieser Datenschutzerklärung ist verantwortlich:
[Apotheke ODER Inhaber e. K., Anschrift, Telefonnummer, E-Mail]

§ 3 Fragen zum Datenschutz

Sollten Sie Fragen zum Thema Datenschutz in unserer Apotheke haben, können Sie sich an die im Abschnitt „Verantwortlicher" genannten Kontaktdaten [ODER] an unseren Datenschutzbeauftragten [ENDE DER ALTERNATIVE] wenden: [Datenschutzbeauftragter mit Anschrift, Kontaktdaten]

§ 4 Ihre Rechte

Sie haben die folgenden Rechte im Hinblick auf die Sie betreffenden personenbezogenen Daten, die Sie uns gegenüber geltend machen können:
- Recht auf Auskunft: Sie können Auskunft nach Maßgabe von Art. 15 DS-GVO[3] über Ihre personenbezogenen Daten verlangen, die wir verarbeiten.
- Recht auf Berichtigung: Sollten die Sie betreffenden Angaben nicht (mehr) zutreffend sein, können Sie nach Art. 16 DS-GVO eine Berichtigung verlangen. Sollten Ihre Daten unvollständig sein, können Sie eine Vervollständigung verlangen.
- Recht auf Löschung: Sie können nach Maßgabe von Art. 17 DS-GVO die Löschung Ihrer personenbezogenen Daten verlangen.
- Recht auf Einschränkung der Verarbeitung: Sie haben nach Maßgabe von Art. 18 DS-GVO das Recht, eine Einschränkung Ihrer personenbezogenen Daten zu verlangen.
- Recht auf Widerspruch gegen die Verarbeitung: Sie haben das Recht, aus Gründen, die sich aus Ihrer besonderen Situation ergeben, jederzeit gegen die Verarbeitung Ihrer personenbezogenen Daten, die aufgrund von Art. 6 Abs. 1 S. 1 lit. e oder lit. f DS-GVO erfolgt, nach Art. 21 Abs. 1 DS-GVO Widerspruch einzulegen. Wir werden Ihre Daten in diesem Fall nicht weiterverarbeiten, es sei denn, wir können zwingende schutzwürdige Gründe für die Verarbeitung nachweisen, die Ihren Interessen, Rechten und Freiheiten überwiegen, zudem, wenn die Verarbeitung der Geltendmachung und Ausübung von oder der Verteidigung gegen Rechtsansprüche dient (Art. 21 Abs. 1 DS-GVO). Außerdem steht Ihnen nach Art. 21 Abs. 2 DS-GVO das Recht zu, jederzeit Widerspruch gegen die Verarbeitung Sie betreffender personenbezogener Daten zum Zwecke der Direktwerbung einzulegen; dies gilt auch für ein etwaiges Profiling, soweit es mit solcher Direktwerbung in Verbindung steht. Wir weisen Sie auf das Widerspruchsrecht in dieser Datenschutzerklärung im Zusammenhang mit der jeweiligen Verarbeitung hin.
- Recht auf Widerruf Ihrer Einwilligung: Soweit Sie für eine Verarbeitung Ihre Einwilligung erteilt haben, steht Ihnen nach Art. 7 Abs. 3 DS-GVO ein Widerrufsrecht zu.
- Recht auf Datenübertragbarkeit: Sie haben das Recht, die Sie betreffenden personenbezogenen Daten, die Sie uns bereitgestellt haben, in einem strukturierten, gängigen und maschinenlesbaren Format zu erhalten („Datenübertragbarkeit") sowie das Recht auf Weiterübermittlung dieser Daten an einen anderen Verantwortlichen, wenn die Voraussetzung des Art. 20 Abs. 1 lit. a, b DS-GVO vorliegen (Art. 20 DS-GVO).

Sie können Ihre Rechte durch Mitteilung an die im Abschnitt „Verantwortlicher" genannten Kontaktdaten [ODER] gegenüber den von uns benannten Datenschutzbeauftragten [ENDE DER ALTERNATIVE] geltend machen.

Wenn Sie der Ansicht sind, dass die Verarbeitung Ihrer personenbezogenen Daten gegen Datenschutzrecht verstößt, haben Sie zudem nach Art. 77 DS-GVO das Recht, sich bei einer Datenschutzaufsichtsbehörde eigener Wahl zu beschweren.

Hierzu gehört auch die für den Verantwortlichen zuständige Datenschutzaufsichtsbehörde: [zuständige Behörde].[4]

§ 5 Verarbeitung und Weitergabe personenbezogener Daten zu vertraglichen Zwecken

Die Verarbeitung personenbezogener Daten und insbesondere von Gesundheitsdaten in unserer Apotheke erfolgt grundsätzlich nur soweit dies im Rahmen der Anbahnung, Begründung, Durchführung und/oder Beendigung des Versorgungsvertrages mit Ihnen erforderlich ist.[5] Die Verarbeitung der Daten findet auf Basis der Rechtsgrundlage der Art. 6 Abs. 1 bzw. Art. 9 DS-GVO oder direkt auf Grundlage einschlägiger Gesetze (zB BDSG, SGB V) statt.

Nach der Zweckerreichung (zB Vertragsabwicklung) werden die personenbezogenen Daten bzw. Gesundheitsdaten für eine weitere Verarbeitung gesperrt bzw. gelöscht, soweit wir nicht aufgrund einer von Ihnen erteilten Einwilligung (zB Einwilligung in die Verarbeitung der personen- und gesundheitsbezogenen Daten im Rahmen einer Kundenkarte/Kundenkartei), einer vertraglichen Vereinbarung, einer gesetzlichen Ermächtigung (zB § 14 Transfusionsgesetz, § 257 HGB, § 147 AO) oder aufgrund berechtigter Interessen (zB Videoüberwachung) zu einer weiteren Aufbewahrung und im jeweiligen Zusammenhang erforderlichen Verarbeitung berechtigt bzw. verpflichtet sind.

Eine Weitergabe Ihrer personenbezogenen Daten an andere Personen, Unternehmen oder Stellen, insbesondere von Gesundheitsdaten an Dritte findet grundsätzlich nicht statt, es sei denn, wir sind hierzu gesetzlich verpflichtet oder Sie haben in eine solche Weitergabe gem. Art. 6 Abs. 1 S. 1 lit. a bzw. 9 Abs. 2 lit. a DS-GVO eingewilligt.

Darüber hinaus kann eine Weitergabe insoweit erfolgen, wenn

- es für die Begründung, Durchführung oder Beendigung von Rechtsgeschäften mit unserer Apotheke erforderlich ist (Art. 6 Abs. 1 S. 1 lit. b DS-GVO bzw. Art. 9 Abs. 2 lit. h, Abs. 3 DS-GVO iVm § 22 Abs. 1 Nr. 1 lit. b BDSG) oder
- ein Unterauftragnehmer oder Erfüllungsgehilfe, den wir ausschließlich im Rahmen der Erbringung der von Ihnen gewünschten Angebote oder Dienste einsetzen, diese Daten benötigt (solche Hilfspersonen sind, soweit Ihnen nicht ausdrücklich etwas anderes mitgeteilt wird, nur insoweit zur Verarbeitung der Daten berechtigt, als dies für die Erbringung des Angebots oder Services notwendig ist, Art. 9 Abs. 2 lit. h, Abs. 3 DS-GVO iVm § 22 Abs. 1 Nr. 1 lit. b BDSG) oder
- eine vollstreckbare behördliche oder gerichtliche Anordnung (Art. 6 Abs. 1 S. 1 lit. c bzw. Art. 9 Abs. 2 lit. f DS-GVO) vorliegt oder
- wir von Gesetzes wegen (Art. 6 Abs. 1 S. 1 lit. c bzw. Art. 9 Abs. 2 lit. f DS-GVO) hierzu verpflichtet sind oder
- die Verarbeitung erforderlich ist, um Ihre lebenswichtigen Interessen oder die einer anderen natürlichen Person zu schützen (Art. 6 Abs. 1 S. 1 lit. d bzw. Art. 9 Abs. 2 lit. c DS-GVO) oder
- es für die Wahrnehmung einer Aufgabe erforderlich ist, die im öffentlichen Interesse liegt oder in Ausübung öffentlicher Gewalt erfolgt (Art. 6 Abs. 1 S. 1 lit. e DS-GVO bzw. Art. 9 Abs. 2 lit. i DS-GVO iVm § 22 Abs. 1 Nr. 1 lit. c BDSG) oder
- wir zur Verfolgung überwiegender berechtigter Interessen zur Weitergabe befugt bzw. sogar verpflichtet (Art. 6 Abs. 1 S. 1 lit. f DS-GVO) sind.

Für folgende Zwecke werden in unserer Apotheke personenbezogene Daten und Gesundheitsdaten verarbeitet:[6]

1. Dokumentationspflichten bei der Abgabe von Arzneimitteln
Im Rahmen unserer pharmazeutischen Tätigkeit unterliegen wir gesetzlichen Dokumentationspflichten, zB bei der Abgabe von Betäubungsmitteln und Transfusionen. Dies dient dem Zweck der ordnungsgemäßen Arzneimittelversorgung und der Sicherheit im Verkehr mit Arzneimitteln. Die Verarbeitung Ihrer personenbezogenen Daten, wie zB Name, Adresse, Art und Menge des Arzneimittels, erfolgt lediglich insoweit, wie es für die Erfüllung der Dokumentationspflicht erforderlich ist. Rechtsgrundlage dafür ist Art. 9 Abs. 2 lit. i DS-GVO iVm § 22 Abs. 1 Nr. 1 lit. c BDSG[7] und den jeweiligen Fachgesetzen (zB § 14 Transfusionsgesetz; § 12 Abs. 4 BtMVV).
Unternehmensbezogene Unterlagen müssen von uns aufgrund der gesetzlichen Vorgaben des HGB und der AO aufbewahrt werden. Rechtsgrundlage für die Verarbeitung ist Art. 6 Abs. 1 S. 1 lit. c DS-GVO iVm § 257 HGB bzw. § 147 AO.

2. Rezeptabrechnung über Apothekenrechenzentren[8]
Wir sind gesetzlich gem. § 302 Abs. 1 SGB V verpflichtet, die Verordnung des Arztes mit der Diagnose und den erforderlichen Angaben über den Befund den gesetzlichen Krankenkassen anzugeben.
Bei der Abgabe von Fertigarzneimitteln, die Sie aufgrund ärztlicher Verschreibung (Rezept) erhalten, nehmen wir zur Abrechnung der verordneten Arzneimittel gegenüber Ihrer gesetzlichen Krankenkasse gem. § 302 Abs. 1 SGB V ein Rechenzentrum[9] in Anspruch. Dabei werden die auf dem Rezept angegebenen personenbezogene Daten wie Name, Adresse, Geburtsdatum, Krankenversichertennummer und Medikation verarbeitet. Rechtsgrundlage für die Verarbeitung ist § 300 Abs. 2 SGB V.

3. Apothekensoftware
Zur Verwaltung unseres Warenwirtschaftssystems nutzen wir eine Apothekensoftware des Anbieters [Name/Firmierung, Anschrift]. Dabei werden die auf Ihrem Rezept angegebenen Daten verarbeitet.
Rechtsgrundlage für die Datenverarbeitung ist Art. 9 Abs. 2 lit. h, Abs. 3 DS-GVO iVm § 22 Abs. 1 Nr. 1 lit. b BDSG. Wir löschen Ihre Daten grundsätzlich nach Beendigung unserer gesetzlichen Aufbewahrungspflichten, es sei denn, Sie haben in eine längerwährende Speicherung eingewilligt (zB im Rahmen der Kundenkarte, vgl. 4.).

4. Kundenkarte [ODER] Kundenkartei[10]
Sie haben die Möglichkeit, bei uns eine Kundenkarte [ODER] die Aufnahme in unsere Kundenkartei [ENDE DER VARIANTE] zu beantragen. Mit Ihrer gesondert erklärten Einwilligung stimmen Sie der Verarbeitung Ihrer personen- und gesundheitsbezogenen Daten, wie zB Rezeptdaten, Erkrankungen, Allergien, erworbene Arzneimittel, Hilfsmittel etc zu.
Zweck der Verarbeitung ist die effektive Betreuung und Beratung durch die Mitarbeiter der Apotheke, insbesondere hinsichtlich der Arzneimitteltherapie, Arzneimittelrisiken und Wechselwirkungen. Die Datenverarbeitung dient überdies dazu, Nachweise über geleistete Zuzahlungen zur Vorlage bei der Krankenkasse[11] und über Aufwendungen gegenüber dem Finanzamt[12] für unsere Kunden zu

erstellen, sowie im Falle von Kostenübernahmeanträgen[13] die erforderlichen Daten direkt an die Krankenkasse weiterzuleiten.

Rechtsgrundlage für die Datenverarbeitung ist Art. 6 Abs. 1 S. 1 lit. a DS-GVO, bzw. – soweit es sich um gesundheitsbezogene Daten handelt – Art. 9 Abs. 2 lit. a DS-GVO.

Ihre Einwilligung können Sie jederzeit ohne Angabe von Gründen und mit Wirkung für die Zukunft widerrufen. Der Widerruf hat keinen Einfluss auf die Rechtmäßigkeit der Verarbeitung, die aufgrund der Einwilligung bis zum Zeitpunkt des Widerrufs erfolgt ist. Wir möchten Sie allerdings darauf hinweisen, dass nach Ausübung Ihres Widerrufsrechts keine Serviceleistungen, die mit der Kundenkarte/Kundenkartei verbunden sind, mehr erbracht werden können.

Sollten Sie länger als drei Jahre keine Leistungen von uns in Anspruch genommen haben, löschen wir die im Zusammenhang mit Ihrer Kundenkartei gespeicherten Daten automatisch.[14]

5. [OPTIONAL: Grippeschutzimpfung

Im Rahmen Ihrer Schutzimpfung gegen Grippe verarbeiten wir personenbezogene Daten wie Namen, Anschrift, Geburtsdatum, Gesundheitszustand (insbesondere Angaben zu akuten und chronischen Erkrankungen, Allergien, Reaktionen nach vorhergehenden Impfungen, Blutgerinnungsstörungen oder einer bestehenden Schwangerschaft) sowie Versichertennummer und Krankenversicherer nach Ihren Angaben, um die Grippeschutzimpfung bei Ihnen durchführen zu können.

Rechtsgrundlage der Datenverarbeitung ist Art. 9 Abs. 2 lit. h DSGVO i.V.m. §§ 630a, 630f BGB i.V.m. § 132j Abs. 4 SGB V. Zur Gewährleistung der unverzüglichen Kontaktaufnahme mit Ihnen bei einem eventuellen Chargenrückruf zu gewährleisten, erheben wir die Rufnummer und/oder E-Mail-Adresse gemäß Art. 6 Abs. 1 S. 1 lit. c DSGVO i.V.m. § 21 Abs. 2 ApBetrO. Eine Löschung Ihrer Daten erfolgt nach 10 Jahren. Im Rahmen der Durchführung der Grippeschutzimpfung werden personenbezogene Daten der Patienten in anonymisierter und aggregierter Form ausgewertet und weiterverarbeitet. Zweck dieser Statistiken ist die Erfüllung der gesetzlich vorgeschriebenen wissenschaftlichen Begleitung der Durchführung der Grippeschutzimpfungen im Rahmen des Modellvorhabens.[15]

Rechtsgrundlage für die Datenverarbeitung ist Art. 9 Abs. 2 lit. j DSGVO iVm § 27 BDSG iVm § 132j Abs. 7 SGB VV. Die Teilnahme an den Impfungen ist freiwillig. Bei Nichtbereitstellung Ihrer Daten ist jedoch die Durchführung der Impfung nicht möglich.]

5. Weitere Serviceangebote durch externe Dienstleister und Dritte

Für die Fertigung und Lieferung individueller medizinischer Produkte,[16] wie zB Allergene, Kompressionsstrümpfe, Augenpflaster, Blisterstreifen und weiterer Hilfsmittel bedient sich unsere Apotheke externer Dienstleister, wie [AUFZÄHLUNG DER DIENSTLEISTER].[17] Für die Inanspruchnahme der Leistungen kann die Verarbeitung von personenbezogenen Daten, insbesondere von Gesundheitsdaten wie Befunddaten, Körpermaße bei Maßanfertigungen etc erforderlich sein.

Rechtsgrundlage für die Datenverarbeitung ist Art. 9 Abs. 2 lit. h, Abs. 3 DS-GVO iVm § 22 Abs. 1 Nr. 1 lit. b BDSG soweit die Datenverarbeitung zum Zweck der Gesundheitsvorsorge bzw. Ihrer Behandlung erforderlich ist und die Verarbeitung durch eine zur Geheimhaltung verpflichtete Person erfolgt. Im Üb-

rigen basiert die Datenverarbeitung auf Ihrer Einwilligung gem. Art. 9 Abs. 2 lit. a DS-GVO. Im Falle einer gesonderten Einwilligung kann diese jederzeit ohne Angabe von Gründen und mit Wirkung für die Zukunft widerrufen werden. Der Widerruf hat keinen Einfluss auf die Rechtmäßigkeit der Verarbeitung, die aufgrund der Einwilligung bis zum Zeitpunkt des Widerrufs erfolgt ist.
Wir speichern Ihre Daten entsprechend der gesetzlich bestehenden Aufbewahrungspflichten. Im Falle Ihres Widerrufs löschen wir Ihre Daten, sofern keine gesetzlichen Aufbewahrungspflichten entgegenstehen.

6. Videoüberwachung[18]
Im Eingangsbereich sowie im Verkaufsraum unserer Apotheke haben wir Videoüberwachungskameras installiert. Rechtsgrundlage für die Verarbeitung ist Art. 6 Abs. 1 lit. f DS-GVO. Unser berechtigtes Interesse an der Videoüberwachung besteht in der Prävention und Repression von Straftaten, wie Diebstählen, Einbrüchen und Vandalismus. Die Aufnahmen werden maximal 72 Stunden gespeichert. Danach werden die Aufnahmen gelöscht. Zur Aufklärung von Straftaten können die Aufzeichnungen an Strafverfolgungsbehörden weitergeleitet werden.
Sie können der beschriebenen Verarbeitung widersprechen, sofern Sie berechtigte Gründe haben, die sich aus Ihrer besonderen Situation ergeben. Sie können Ihr Widerspruchsrecht ausüben, indem Sie uns über die unter Verantwortlicher angegebenen Kontaktdaten eine Mitteilung zusenden.[19]

[OPTIONAL: Hinweise zu elektronischer Werbung oder Gewinnspielen.]
[VARIANTE: Patienteninformationen über die Verarbeitung Ihrer Daten in unserer Arztpraxis

Sehr geehrte Patientin, sehr geehrter Patient,

wir möchten Sie nachfolgend über die Verarbeitung Ihrer personenbezogenen Daten in unserer Arztpraxis informieren. Für Begrifflichkeiten wie zB „personenbezogene Daten" oder „Verarbeitung" sind die gesetzlichen Definitionen aus Art. 4 DS-GVO maßgebend. Wir behalten uns vor, die Datenschutzerklärung mit Wirkung für die Zukunft anzupassen, insbesondere im Fall der Erweiterung unserer Leistungen oder der Änderung der gesetzlichen Grundlagen bzw. der entsprechenden Rechtsprechung. Wir empfehlen Ihnen, die Datenschutzerklärung von Zeit zu Zeit zu lesen.

§ 1 Geltungsbereich

Die Datenschutzerklärung gilt für die Verarbeitung Ihrer Daten in unserer Arztpraxis. Sie erstreckt sich nicht auf die Datenverarbeitung durch andere Dienstleister und Dritte.

§ 2 Verantwortlicher

Für die Verarbeitung Ihrer personenbezogenen Daten im Geltungsbereich dieser Datenschutzerklärung ist verantwortlich:

[Arzt, Anschrift, Telefonnummer, E-Mail]

§ 3 Fragen zum Datenschutz

Sollten Sie Fragen zum Thema Datenschutz in unserer Arztpraxis haben, können Sie sich an die im Abschnitt „Verantwortlicher" genannten Kontaktdaten [ODER] an unseren Datenschutzbeauftragten [ENDE DER ALTERNATIVE] wenden:

[Datenschutzbeauftragter mit Anschrift, Kontaktdaten]

§ 4 Ihre Rechte

Sie haben die folgenden Rechte im Hinblick auf die Sie betreffenden personenbezogenen Daten, die Sie uns gegenüber geltend machen können:
- Recht auf Auskunft: Sie können Auskunft nach Maßgabe von Art. 15 DS-GVO über Ihre personenbezogenen Daten verlangen, die wir verarbeiten.
- Recht auf Berichtigung: Sollten die Sie betreffenden Angaben nicht (mehr) zutreffend sein, können Sie nach Art. 16 DS-GVO eine Berichtigung verlangen. Sollten Ihre Daten unvollständig sein, können Sie eine Vervollständigung verlangen.
- Recht auf Löschung: Sie können nach Maßgabe von Art. 17 DS-GVO die Löschung Ihrer personenbezogenen Daten verlangen.
- Recht auf Einschränkung der Verarbeitung: Sie haben nach Maßgabe von Art. 18 DS-GVO das Recht, eine Einschränkung Ihrer personenbezogenen Daten zu verlangen.
- Recht auf Widerspruch gegen die Verarbeitung: Sie haben das Recht, aus Gründen, die sich aus Ihrer besonderen Situation ergeben, jederzeit gegen die Verarbeitung Ihrer personenbezogenen Daten, die aufgrund von Art. 6 Abs. 1 S. 1 lit. e oder lit. f DS-GVO erfolgt, nach Art. 21 Abs. 1 DS-GVO Widerspruch einzulegen. Wir werden Ihre Daten in diesem Fall nicht weiterverarbeiten, es sei denn, wir können zwingende schutzwürdige Gründe für die Verarbeitung nachweisen, die Ihren Interessen, Rechten und Freiheiten überwiegen, zudem, wenn die Verarbeitung der Geltendmachung und Ausübung von oder der Verteidigung gegen Rechtsansprüche dient (Art. 21 Abs. 1 DS-GVO). Außerdem steht Ihnen nach Art. 21 Abs. 2 DS-GVO das Recht zu, jederzeit Widerspruch gegen die Verarbeitung Sie betreffender personenbezogener Daten zum Zwecke der Direktwerbung einzulegen; dies gilt auch für ein etwaiges Profiling, soweit es mit solcher Direktwerbung in Verbindung steht. Wir weisen Sie auf das Widerspruchsrecht in dieser Datenschutzerklärung im Zusammenhang mit der jeweiligen Verarbeitung hin.
- Recht auf Widerruf Ihrer Einwilligung: Soweit Sie für eine Verarbeitung Ihre Einwilligung erteilt haben, steht Ihnen nach Art. 7 Abs. 3 DS-GVO ein Widerrufsrecht zu.
- Recht auf Datenübertragbarkeit: Sie haben das Recht, die Sie betreffenden personenbezogenen Daten, die Sie uns bereitgestellt haben, in einem strukturierten, gängigen und maschinenlesbaren Format zu erhalten („Datenübertragbarkeit") sowie das Recht auf Weiterübermittlung dieser Daten an einen anderen Verantwortlichen, wenn die Voraussetzung des Art. 20 Abs. 1 lit. a, b DS-GVO vorliegen (Art. 20 DS-GVO).

Sie können Ihre Rechte durch Mitteilung an die im Abschnitt „Verantwortlicher" genannten Kontaktdaten [ODER] gegenüber dem von uns benannten Datenschutzbeauftragten [ENDE DER ALTERNATIVE] geltend machen.

Wenn Sie der Ansicht sind, dass die Verarbeitung Ihrer personenbezogenen Daten gegen Datenschutzrecht verstößt, haben Sie zudem nach Art. 77 DS-GVO das Recht, sich bei einer Datenschutzaufsichtsbehörde eigener Wahl zu beschweren. Hierzu gehört auch die für den Verantwortlichen zuständige Datenschutzaufsichtsbehörde: [zuständige Behörde].[20]

§ 5 Verarbeitung und Weitergabe personenbezogener Daten zu vertraglichen Zwecken

Die Verarbeitung personenbezogener Daten und insbesondere von Gesundheitsdaten (zB Befunde, Anamnesen, Diagnosen, Therapievorschläge) in unserer Arztpraxis erfolgt grundsätzlich nur soweit dies im Rahmen der Anbahnung, Begründung, Durchführung und/oder Beendigung des Behandlungsvertrages mit Ihnen erforderlich ist. Die Verarbeitung der Daten findet auf Basis der Rechtsgrundlage der Art. 6 Abs. 1 bzw. Art. 9 DS-GVO oder auf Grundlage einschlägiger Gesetze (zB BDSG, SGB V) statt.

Nach der Zweckerreichung (zB Vertragsabwicklung) werden die personenbezogenen Daten bzw. Gesundheitsdaten für eine weitere Verarbeitung gesperrt bzw. gelöscht, soweit wir nicht aufgrund einer von Ihnen erteilten Einwilligung, einer vertraglichen Vereinbarung, einer gesetzlichen Ermächtigung (zB § 630f BGB, § 28 RöV) oder aufgrund berechtigter Interessen zu einer weiteren Aufbewahrung und im jeweiligen Zusammenhang erforderlichen Verarbeitung berechtigt bzw. verpflichtet sind.

Eine Weitergabe Ihrer personenbezogenen Daten an andere Personen, Unternehmen oder Stellen, insbesondere die Weitergabe von Gesundheitsdaten an Dritte findet grundsätzlich nicht statt, es sei denn, wir sind hierzu gesetzlich verpflichtet oder Sie haben in eine solche Weitergabe wirksam eingewilligt (Art. 6 Abs. 1 S. 1 lit. a bzw. 9 Abs. 2 lit. a DS-GVO).

Darüber hinaus kann eine Weitergabe insoweit erfolgen, wenn

- es für die Begründung, Durchführung oder Beendigung von Rechtsgeschäften erforderlich ist (Art. 6 Abs. 1 S. 1 lit. b DS-GVO bzw. Art. 9 Abs. 2 lit. h, Abs. 3 DS-GVO iVm § 22 Abs. 1 Nr. 1 lit. b BDSG) oder
- ein Unterauftragnehmer oder Erfüllungsgehilfe, den wir ausschließlich im Rahmen der Erfüllung des Behandlungsvertrags einsetzen, diese Daten benötigt (solche Hilfspersonen sind, soweit Ihnen nicht ausdrücklich etwas anderes mitgeteilt wird, nur insoweit zur Verarbeitung der Daten berechtigt, als dies für Ihre Behandlung notwendig ist, Art. 9 Abs. 2 lit. h, Abs. 3 DS-GVO iVm § 22 Abs. 1 Nr. 1 lit. b BDSG) oder
- eine vollstreckbare behördliche oder gerichtliche Anordnung (Art. 6 Abs. 1 S. 1 lit. c bzw. Art. 9 Abs. 2 lit. f DS-GVO) vorliegt oder
- wir von Gesetzes wegen (Art. 6 Abs. 1 S. 1 lit. c bzw. Art. 9 Abs. 2 lit. f DS-GVO) hierzu verpflichtet sind oder
- die Verarbeitung erforderlich ist, um Ihre lebenswichtigen Interessen oder die einer anderen natürlichen Person zu schützen (Art. 6 Abs. 1 S. 1 lit. d bzw. Art. 9 Abs. 2 lit. c DS-GVO) oder
- es für die Wahrnehmung einer Aufgabe erforderlich ist, die im öffentlichen Interesse liegt oder in Ausübung öffentlicher Gewalt erfolgt (Art. 6 Abs. 1 S. 1 lit. e DS-GVO bzw. Art. 9 Abs. 2 lit. i DS-GVO iVm § 22 Abs. 1 Nr. 1 lit. c BDSG) oder

– wir zur Verfolgung überwiegender berechtigter Interessen zur Weitergabe befugt bzw. sogar verpflichtet (Art. 6 Abs. 1 S. 1 lit. f DS-GVO) sind.

Für folgende Zwecke werden in unserer Praxis personenbezogene Daten und Gesundheitsdaten verarbeitet:[21]

1. Behandlung
   Wenn Sie uns zum Zwecke einer ärztlichen Behandlung konsultieren, verarbeiten wir Ihren Namen, Ihre Anschrift, Ihre Telefonnummer sowie weitere personenbezogene Daten, die Sie uns im Gespräch mitteilen. Hierzu zählen insbesondere Gesundheitsdaten im Rahmen der Erstanamnese bzw. welche wir im Rahmen der Durchführung des Behandlungsvertrags erhalten (zB Anamnesen, Diagnosen, Therapievorschläge und Befunde, Arztbriefe, aktuelle Beschwerden etc).
   Rechtsgrundlage der Datenverarbeitung ist Art. 9 Abs. 2 lit. h, Abs. 3 DS-GVO iVm § 22 Abs. 1 Nr. 1 lit. b BDSG iVm § 630a BGB (Behandlungsvertrag). Die Verarbeitung der vorgenannten Daten ist für die Erfüllung des Behandlungsvertrages erforderlich. Wenn Sie uns die erforderlichen Informationen nicht zur Verfügung stellen, kann eine Behandlung nicht erfolgen.
   Wir speichern Ihre Daten entsprechend der gesetzlichen Aufbewahrungspflichten. Im Falle Ihrer Patientenakte beträgt diese zehn Jahre nach Ablauf des Kalenderjahres, in dem Ihre Behandlung beendet wurde (vgl. Ziff. 2).

2. Elektronische Patientenakte
   Zur Erfüllung unserer Dokumentationspflichten nach § 630f Abs. 1 BGB iVm § 57 Abs. 1 BMV-Ä führen wir eine elektronische Patientenakte, in der wir sämtliche aus fachlicher Sicht für die derzeitige und künftige Behandlung wesentlichen Maßnahme und deren Ergebnisse aufzeichnen, insbesondere die Anamnese, Diagnosen, Untersuchungen, Untersuchungsergebnisse, Befunde, Therapien und ihre Wirkungen, Eingriffe und ihre Wirkungen, Einwilligungen und Aufklärungen sowie Arztbriefe.
   Zur Führung der elektronischen Patientenakte bedienen wir uns des externen Dienstleisters [Name/Firmierung, Anschrift des Anbieters], der zum Zwecke der Pflege und Wartung bei technischen Problemen unter Umständen Kenntnis von personenbezogenen Daten erhalten kann. Im Übrigen wurden die Mitarbeiter unserer externen Dienstleister auch zum vertraulichen Umgang mit personenbezogenen Daten sowie zur Geheimhaltung verpflichtet.[22]
   Rechtsgrundlage für die Führung einer elektronischen Patientenakte durch einen externen Dienstleister sind § 630f BGB, Art. 9 Abs. 2 lit. h, Abs. 3 DS-GVO iVm § 22 Abs. 1 Nr. 1 lit. b BDSG.
   Die Patientenakte bewahren wir aufgrund unserer gesetzlichen Verpflichtung nach § 630f Abs. 3 BGB für die Dauer von zehn Jahren nach Abschluss Ihrer Behandlung auf, sofern nicht nach anderen Vorschriften abweichende Aufbewahrungsfristen bestehen.

3. Vor- und Nachbehandlung
   Zum Zwecke der Diagnostik sowie der effektiven Behandlung und Versorgung kann es erforderlich sein, dass wir Gesundheitsdaten, wie zB Befunde, Diagnosen, Anamnesen oder Therapievorschläge von anderen Ärzten anfordern, bei denen Sie in Behandlung sind oder waren.
   In diesem Zusammenhang kann es sein, dass wir Befunde auch an andere Leistungserbringer (zB Fachärzte) übermitteln.[23]

Rechtsgrundlage für die Datenverarbeitung ist Art. 9 Abs. 2 lit. h, Abs. 3 DS-GVO iVm § 22 Abs. 1 Nr. 1 lit. b BDSG.[24] Darüber hinaus verarbeiten wir Ihre personenbezogenen Daten sowie Gesundheitsdaten nur, sofern Sie in die Datenverarbeitung eingewilligt haben. Im Falle Ihrer Einwilligung ist Rechtsgrundlage der Verarbeitung Art. 9 Abs. 2 lit. a DS-GVO.[24]
Ihre Einwilligung kann jederzeit ohne Angabe von Gründen und mit Wirkung für die Zukunft widerrufen werden. Der Widerruf hat keinen Einfluss auf die Rechtmäßigkeit der Verarbeitung, die aufgrund der Einwilligung bis zum Zeitpunkt des Widerrufs erfolgt ist.

4. Terminerinnerung
Um Sie an Ihren Untersuchungstermin zu erinnern, senden wir Ihnen eine Erinnerung per [SMS, E-Mail, etc.]. Dazu verarbeiten wir Ihren Namen und Ihre [Telefonnummer oder E-Mail-Adresse]. Rechtsgrundlage der Verarbeitung ist Art. 6 Abs. 1 S. 1 lit. a DS-GVO.[25]
Ihre Einwilligung kann jederzeit ohne Angabe von Gründen und mit Wirkung für die Zukunft widerrufen werden. Der Widerruf hat keinen Einfluss auf die Rechtmäßigkeit der Verarbeitung, die aufgrund der Einwilligung bis zum Zeitpunkt des Widerrufs erfolgt ist.

5. Weitere Empfänger im Rahmen der vertragsärztlichen Versorgung
Des Weiteren unterliegen wir diversen gesetzlichen Verpflichtungen, die uns verpflichten, personenbezogene Daten unserer Patienten, die gesetzlich krankenversichert sind, an Institutionen zu übermitteln (§ 100 SGB X).
Hierzu zählen
– die Kassenärztliche Vereinigungen sowie die Krankenkasse (insbesondere zu Abrechnungszwecken, §§ 294 ff. SGB V) und
– der Medizinische Dienst der Krankenversicherung zur Erstellung gutachterlicher Stellungnahme für die Krankenkasse (§ 275 SGB V)
– die Träger der Unfallversicherung (Berufsgenossenschaften) im Rahmen von Unfallheilverfahren (§§ 201, 203 SGB VII) oder bei dem Verdacht von Berufskrankheiten (§ 202 SGB VII).

## Anmerkungen

**1. Datenschutzinformation in Arztpraxis bzw. Apotheke.** Die Arztpraxis bzw. die Apotheke hat die Datenschutzinformationen gem. Art. 12 Abs. 1 DS-GVO in präziser, transparenter, verständlicher und leicht zugänglicher Form in einer klaren und einfachen Sprache zu übermitteln. Erteilt werden müssen die Informationen bei der Direkterhebung nach Art. 13 DS-GVO zum Zeitpunkt der Erhebung der personenbezogenen Daten. In Betracht kommen hierbei insbesondere der Moment des Ausfüllens eines Patientenaufnahmebogens, das Einlösen eines Rezeptes oder das Beantragen einer Kundenkarte in der Apotheke.

Als zentrale Stelle der Information empfiehlt sich ein Aushang im Bereich der Patientenaufnahme oder im Wartebereich der Arztpraxis bzw. in der Offizin der Apotheke, sowie die Ausgabe eines Papierexemplars auf Wunsch des Betroffenen. Eine mündliche Information der betroffenen Person ist theoretisch möglich, wird aber aufgrund des Umfangs an Informationen schwierig umzusetzen sein. Eine aktive

Zustimmung zum Erhalt bzw. zur Kenntnisnahme der Datenschutzinformationen ist von der betroffenen Person jedoch nicht einzuholen (→ Form. K. II. 1. Anm. 7; KG 27.12.2018 – 23 U 196/13, ZD 2019, 272 (274); 21.3.2019 – 23 U 268/13, ZD 2020, 310; 20.12.2019 – 5 U 9/18, MMR 2020, 239 (240); ÖOGH 23.11.2022, 7 Ob 112/22d, ZD 2023, 404 (405)).

Inhaltlich hat die Arztpraxis bzw. die Apotheke iSd Art. 13 DS-GVO darüber zu informieren, welche gesundheitsbezogenen Daten, zu welchem Zweck, wie lange und auf Basis welcher Rechtsgrundlage verarbeitet werden, insbesondere, ob diese Daten an einen Dritten übermittelt werden. Verantwortliche im Gesundheitsbereich stehen vor der diffizilen Aufgabe, ihre – teilweise auf gesetzlichen Verpflichtungen beruhenden – Datenflüsse zu analysieren, um ihre Patienten und Kunden über diese informieren zu können.

Typische Verarbeitungen von personenbezogenen Daten und Gesundheitsdaten in der Arztpraxis sind zunächst die Datenerhebung im Rahmen eines Anamnesebogens, der für die Behandlung des Patienten erforderlich ist, sowie die Speicherung der Daten in einer elektronischen Patientenakte. Daneben ist der Arzt zur Auskunftserteilung gegenüber Leistungsträgern verpflichtet (vgl. § 100 SGB X), soweit dies für die Durchführung von dessen Aufgaben erforderlich und gesetzlich zulässig ist. Folglich knüpft sich ein breites Spektrum an gesetzlichen Befugnisnormen an.

**2. Kontaktdaten des Verantwortlichen.** Es sind die Kontaktdaten des datenschutzrechtlich Verantwortlichen zu nennen (Art. 13 Abs. 1 lit. a DS-GVO). Die Apotheke kann durch eine Einzelperson, in der Regel als eingetragener Kaufmann/-frau, betrieben werden. Nach § 8 ApoG können mehrere Personen eine Apotheke aber auch in der Rechtsform einer Gesellschaft bürgerlichen Rechts oder einer OHG betreiben. Faktisch scheidet die GbR jedoch aus, da sie beim Betrieb eines Handelsgewerbes zu einer Offenen Handelsgesellschaft wird (§ 105 HGB).

**3. Auskunft nach Art. 15 DS-GVO.** Auskünfte aus der Patientenakte sind dem Patienten umfangreich zu erteilen. Zu beachten sind auch die Regelungen nach § 630g BGB (Zur Auskunft aus der Patientenakte auch LfD Niedersachsen FAQ – DS-GVO im Gesundheitsbereich Version 2 vom Juni 2022 Ziff. 34 ). Im Falle eines Auskunftsanspruchs eines Patienten nach Art. 15 DS-GVO ist der Auftragsverarbeiter namentlich zu benennen (vgl. EuGH 12.1.2023 – C-154/21, ZD 2023, 271 – Österreichische Post).

**4. Beschwerderecht bei einer Behörde.** Die deutschen Aufsichtsbehörden fordern teilweise die konkrete Benennung der zuständigen Datenschutz-Aufsichtsbehörde (zB LDI NRW Umsetzungshilfe zu den Datenschutzhinweisen vom 12.9.2022; LfD Niedersachsen FAQs Informationspflichten vom 9.11.2018; LfDI Rheinland-Pfalz Die Informationspflichten des Verantwortlichen vom Januar 2018). Jedenfalls in diesen Ländern sollte die konkret zuständige Aufsichtsbehörde in den Datenschutzinformationen explizit angegeben werden.

**5. Rezeptdaten.** In der Apotheke liegen die Verarbeitungstätigkeiten schwerpunktmäßig in der Verarbeitung der Rezeptdaten und der Rezeptabrechnung mittels Apothekenrechenzentren sowie in der Verarbeitung personenbezogener Daten anlässlich einer Kundenkarte bzw. innerhalb einer Kundenkartei im Rahmen weiterer Serviceangebote und der Videoüberwachung.

**6. Verarbeitungstätigkeiten.** Die nachfolgend exemplarisch genannten Verarbeitungstätigkeiten finden typischerweise in einer Apotheke statt. Im Einzelfall ist stets eine Analyse der Verarbeitungstätigkeiten vorzunehmen und dann individuelle Datenschutzinformationen zu erstellen.

**7. Verarbeitung im Bereich der öffentlichen Gesundheit.** Die Ausnahmeregelung nach Art. 9 Abs. 2 lit. i DS-GVO erlaubt die Verarbeitung von personenbezogenen Daten im Rahmen von Maßnahmen, die dem Gesundheitsschutz der Bevölkerung dienen. Es soll dadurch die Bevölkerung vor Gesundheitsgefahren geschützt werden und ein hoher Qualitäts- und Sicherheitsstandard im Gesundheitsbereich gewährleistet werden. Um die Bevölkerung vor Gesundheitsgefahren zu schützen, müssen auch Melde- und Dokumentationspflichten eingehalten werden. Diese Dokumentations- und Meldepflichten wurden in den speziellen Fachgesetzen konkretisiert. Zu beachten ist, dass der Zweckbindungsgrundsatz eingehalten wird und dass die Daten nicht zu anderen Zwecken durch Dritte verarbeitet werden. Es müssen zudem ausreichende und angemessene Maßnahmen zur Wahrung der Rechte und Freiheiten der Betroffenen ergriffen werden. National wird die Verarbeitung im Bereich der öffentlichen Gesundheit in § 22 Abs. 1 Nr. 1 lit. c BDSG umgesetzt und diese Regelung um die Einhaltung von berufsrechtlichen und strafrechtlichen Vorgaben zur Wahrung des Berufsgeheimnisses ergänzt.

**8. Rechtsgrundlage der Rezeptabrechnung.** Für die Inanspruchnahme von Rechenzentren bestehen Ermächtigungsgrundlagen im SGB V. Die Abrechnung der Ärzte basiert auf § 295 SGB, die der Krankenhäuser auf § 301 SGB V, die der Hebammen und Entbindungspfleger auf § 301a SGB V. Für alle sonstigen Leistungserbringer, wie Apotheken, greift die Rechtsgrundlage des § 302 SGB V. Soweit die Apotheke eine vertragliche Vereinbarung mit einer privaten Krankenkasse geschlossen hat, kann sie auch direkt mit dieser abrechnen.

**9. Angabe des Rechenzentrums.** Erfolgt die Abrechnung über ein konkretes Rechenzentrum, ist dieses gem. Art. 13 Abs. 1 lit. e DS-GVO anzugeben.

**10. Kundenkarte/Kundenkartei.** Apotheken differenzieren hinsichtlich der Bezeichnung danach, ob tatsächlich eine physische Karte ausgegeben wird („Kundenkarte“). Wird keine physische Karte ausgegeben wird häufig derselbe Leistungsumfang als „Kundenkartei“ bezeichnet. Es ist stets eine individuelle Betrachtung vorzunehmen und die Formulierung des Einwilligungstextes an den jeweiligen Leistungsumfang anzupassen. Neben allgemeiner zusätzlicher Beratungsmöglichkeiten bei dafür erforderlicher Kenntnis des Krankheitsverlaufs, werden auch Rabattsysteme, Newsletter (zB Einladung zu Informationsveranstaltungen für Diabetiker) und sonstige Serviceleistungen zur Kundenbindung angeboten.

**11. Befreiungsantrag bei der gesetzlichen Krankenkasse.** Versicherte haben gem. § 62 Abs. 1 S. 1 SGB V während jedes Kalenderjahres nur Zuzahlungen bis zur Belastungsgrenze zu leisten. Die Belastungsgrenze liegt bei zwei Prozent der Bruttoeinkünfte zum Lebensunterhalt aller im Haushalt lebender Personen pro Kalenderjahr. Bei chronisch Kranken liegt die Grenze bei einem Prozent (Ausnahmen und Sonderregelungen in § 62 SGB V). Berechnungsgrundlage ist die Summe der gesetzlichen Zuzahlungen für Leistungen der gesetzlichen Krankenversicherung. Nach Vorlage entsprechender Nachweise stellt die Krankenkasse auf Antrag auf Zuzahlungsbefreiung für das laufende Jahr gem. § 62 Abs. 3 SGB V eine Befreiungsbescheinigung aus.

**12. Ermäßigung der Einkommensteuer durch außergewöhnliche Belastungen.** Nach § 33 EStG können Krankheitskosten, die zum Zwecke der Heilung oder Linderung einer Krankheit aufgewendet worden sind, steuerlich abgesetzt werden, wenn die individuelle Belastungsgrenze überschritten wurde. Auch hierfür sind entsprechende Nachweise erforderlich, die seitens der Apotheke ausgestellt werden können.

**13. Kostenübernahmeanträge.** Ist kein Preis für Hilfsmittel bzw. Einzeldosen von Arzneimitteln vereinbart, muss die gesetzliche Krankenkasse die Preisberechnung der Apotheke genehmigen. Zu diesem Zweck sendet die Apotheke einen Antrag auf Kostenübernahme, inkl. Rezeptkopie, an die gesetzliche Krankenkasse des Versicherten. Bedient sich die Apotheke zu diesem Zweck einer Clearingstelle, muss diese als Empfänger der Daten erwähnt werden.

**14. Speicherdauer bei Einwilligung.** Die einmal erteilte Einwilligung gilt mangels gesetzlicher Regelung grundsätzlich unbefristet. Die Einwilligung erlischt, insbesondere da der Kunde die Möglichkeit zum Widerruf der Einwilligung hat, selbst nach dem Ende der Vertragsbeziehung, in deren Rahmen sie erteilt wurde, jedenfalls nicht innerhalb einer überschaubaren Zeit allein durch Zeitablauf (vgl. BGH 1.2.2018 – III ZR 196/17, GRUR 2018, 545). Nach dem Grundsatz der Datenminimierung (Art. 5 Abs. 1 lit. c DS-GVO), der eine dem Zweck angemessene Verarbeitung erfordert, könnte eine dauerhafte Speicherung aber jedenfalls in denjenigen Fällen fraglich sein, in denen Kunden die Leistungen aus der Kundenkarte seit über drei Jahren nicht mehr in Anspruch genommen haben (zB Umzug).

**15. Modellvorhaben.** Aktuell handelt es sich um ein regionales Modellvorhaben zur Durchführung von Grippeschutzimpfungen in Apotheken (Stand August 2023). Gemäß § 132j Abs. 7 SGB V ist das Modellvorhaben nach anerkannten wissenschaftlichen Standards zu begleiten und auszuwerten.

**16. Einsatz externer Dienstleister.** Für die Fertigung und Lieferung von individuellen medizinischen Produkten müssen externe Dienstleister herangezogen werden, die diese Fachleistung für die Apotheke übernehmen. Zu diesem Zweck werden personenbezogene Daten an den externen Dienstleister übermittelt. Rechtsgrundlage kann dafür die ausdrückliche Einwilligung gem. Art. 9 Abs. 2 lit. a DS-GVO oder, bei Erforderlichkeit der Datenverarbeitung, § 22 Abs. 1 Nr. 1 lit. b BDSG sein. Bei Einholung einer Einwilligung müssen auch deren Anforderungen aus Art. 7 DS-GVO erfüllt werden. Zudem muss dem Kunden der Hinweis nach Art. 13 Abs. 2 lit. e DS-GVO gegeben werden, dass bei Nichterteilung oder Widerruf der Einwilligung keine Fertigung der individuellen medizinischen Produkte mehr möglich ist.

**17. Benennung der Dienstleister.** Nach Art. 13 Abs. 1 lit. e DS-GVO müssen die Empfänger oder Kategorien von Empfängern der personenbezogenen Daten genannt werden.

**18. Videoüberwachung.** Im Eingangsbereich sowie in der Offizin wird häufig auf Videoüberwachungstechnik zurückgegriffen, da sich aufgrund der Art der Produkte (zB Grundstoffe zur Herstellung von Betäubungsmitteln) häufig Einbrüchen oder im Bereich der freiverkäuflichen Produkte (Handauslage) Diebstähle ereignen. Nachdem § 4 BDSG für nichtöffentliche Stellen durch das BVerwG (27.3.2019 – 6 C 2.18, ZD 2019, 372 mAnm Lachenmann), mangels Öffnungsklausel in der DS-GVO für europarechtswidrig erklärt wurde, ist der Einsatz von Videoüberwachung in der Apotheke oder Arztpraxis an Art. 6 Abs. 1 S. 1 lit. f DS-GVO zu messen. Für die Zulässigkeit der Videoüberwachung dürfen im Rahmen einer Abwägung die berechtigten Interessen des Betroffenen (Kunde, Patient) nicht überwiegen. Sowohl Kriminalitätsprävention als auch Strafverfolgung stellen jedenfalls berechtigte Interessen des Verantwortlichen an einer Überwachung dar. Allerdings sollte in der Vergangenheit ein entsprechendes Schutzbedürfnis (zB durch eine hohe Anzahl an Diebstählen oder Einbrüchen) dokumentiert worden sein. Insbesondere sind einsetzbare mildere Mittel nicht außer Acht zu lassen. Zur Videoüberwachung von Firmengeländen → Form. H. III.

**19. Hervorhebung des Hinweises zum Widerspruchsrecht.** Bei der Verarbeitung personenbezogener Daten auf Grundlage des Art. 6 Abs. 1 S. 1 lit. e oder lit. f DS-GVO muss bei der Erhebung der Daten auf das jederzeitige Widerspruchsrecht hingewiesen werden. Dieser Hinweis muss gem. Art. 21 Abs. 4 DS-GVO in von den restlichen Informationen hervorgehobener Weise platziert werden.

**20. Aufsichtsbehörde.** → Anm. 2.

**21. Verarbeitungstätigkeiten.** Die nachfolgend exemplarisch genannten Verarbeitungstätigkeiten finden typischerweise in einer Arztpraxis statt. Im Einzelfall ist stets eine Analyse der Verarbeitungstätigkeiten vorzunehmen und sind dann individuelle Datenschutzinformationen zu erstellen.

**22. Geheimhaltungserfordernis des § 22 Abs. 1 Nr. 1 lit. b BDSG.** Das Geheimhaltungserfordernis steht dem Einsatz externer Dienstleister nicht entgegen, da diese seit dem 9.11.2017 als sonstige mitwirkende Personen iSd § 203 Abs. 3 S. 2 StGB gelten und gem. § 203 Abs. 4 StGB eigenen Geheimhaltungspflichten unterliegen (ausführlich → Form. K. II. 1. Anm. 2).

**23. Einzelfall und individuelle Beurteilung.** Der Umfang der verarbeiteten Daten und welche zusätzlichen Unterlagen wie zB Befunde und Therapievorschläge im Regelfall durch die Arztpraxis angefordert werden, ist in jeder Praxis im Einzelfall zu prüfen und sollte auf die einzelnen Verarbeitungstätigkeiten in der Arztpraxis abgestimmt sein. Es empfiehlt sich hier eine grundlegende Analyse der von der Arztpraxis durchgeführten Verarbeitungstätigkeiten und eine daraus folgende Ableitung von zusätzlichen Informationen von zB Laboren, Ärzten, etc für die Diagnostik und Vor- und Nachbehandlung.

**24. Rechtsgrundlage für die Datenverarbeitung.** → Form. K. II. 2.

**25. Terminerinnerung.** Bereits bei der Terminerinnerung können besondere Kategorien personenbezogenen Daten verarbeitet werden. Insbesondere beim postalischen Versand müssen diese Daten ausreichend geschützt werden (zB Briefumschlag; LfD Niedersachsen FAQ – DS-GVO im Gesundheitsbereich Version 2 vom Juni 2022 Ziff. 29). Beachtet werden muss bei der Einholung der Einwilligung, dass der Patient eine Kontaktmöglichkeit angibt auf die ausschließlich der Patient selbst Zugriff hat (zB personalisierte E-Mail-Adresse).

## 2. Richtlinie zu Datenschutz und Datensicherheit in der Apotheke

**1. Bedeutung und Ziel der Richtlinie**

**Diese Richtlinie[1] regelt den Umgang mit personenbezogenen Daten durch die Mitarbeiter in der [Apotheke mit Anschrift, Kontaktdaten] (nachfolgend „Apotheke" genannt) unter Datenschutz- und Datensicherheitsgesichtspunkten. Sie ist**

Grundlage für einen rechtskonformen und nachhaltigen Schutz personenbezogener Daten in der Apotheke. Die Richtlinie schützt die Rechte der betroffenen Personen. Sie gilt auch für den Umgang mit der seitens der Apotheke eingesetzten IT-Infrastruktur, die den Mitarbeitern als Arbeitsmittel bei der Erfüllung ihrer Aufgaben zur Verfügung steht (zB Apothekensoftware).
Ziel ist es, die Integrität, Verfügbarkeit und Vertraulichkeit der IT-Systeme auf Dauer zu gewährleisten und einen sicheren Umgang mit personenbezogenen Daten in der Apotheke sicherstellen zu können. Um dieses Ziel zu erreichen, sind die nachfolgenden Regelungen, ua zu Datenschutz und Datensicherheit und zu den technischen und organisatorischen Maßnahmen, von allen Mitarbeitern in der Apotheke zu beachten.

2. Geltungsbereich
Diese Richtlinie ist von allen Mitarbeitern bei der Nutzung von dienstlicher IT und im Umgang mit personenbezogenen Daten zu beachten. Die in der Richtlinie enthaltenen Vorgaben regeln jeglichen Umgang mit personenbezogenen Daten, unabhängig davon, ob dies auf elektronische Weise oder in Papierform erfolgt. Verstöße gegen die Inhalte der Richtlinie führen zu rechtlichen Konsequenzen für die Mitarbeiter der Apotheke. Für Anpassungen und Aktualisierungen der Richtlinie ist die Apothekenleitung zuständig.

3. Bestellung eines Datenschutzbeauftragten
Die Apotheke hat einen externen Datenschutzbeauftragten bestellt. Die Kommunikation mit diesem erfolgt direkt über die Apothekenleitung, sofern hier keine explizite anderweitige Regelung getroffen wird. Datenschutzrechtliche Anliegen sind an die Leitung zu richten, die sich sodann ggf. mit dem Datenschutzbeauftragten in Verbindung setzt.[2]

4. Schulung und Sensibilisierung der Mitarbeiter
Mitarbeiter der Apotheke ist es untersagt, personenbezogene Daten unbefugt zu verarbeiten. Alle Mitarbeiter sind zum vertraulichen Umgang mit personenbezogenen Daten und zur Einhaltung der Datenschutzvorschriften und Datenschutzgrundsätze verpflichtet (Vertraulichkeitsverpflichtung). Diese Verpflichtung gilt auch für Auszubildende, Praktikanten und Aushilfen.
Zur Gewährleistung der Einhaltung datenschutzrechtlicher Bestimmungen trägt die Apotheke dafür Sorge, dass die Mitarbeiter im Umgang mit datenschutzrechtlichen Themen und eventuellen Neuerungen regelmäßig geschult werden und Anweisungen zum richtigen Umgang mit IT-Systemen erhalten.[3] Die Teilnahme an diesen Schulungen ist für die Mitarbeiter verpflichtend. Sollten Mitarbeiter verhindert sein, wird ein Ersatztermin oder eine Aufzeichnung zur Verfügung gestellt.

5. Verarbeitung von personenbezogenen Daten
Grundsätzlich ist die Verarbeitung von personenbezogenen Daten verboten, außer sie ist durch eine gesetzliche Norm erlaubt. Gem. Art. 6 DS-GVO können personenbezogene Daten verarbeitet werden, wenn:
a) Die betroffene Person ihre Einwilligung zu der Verarbeitung der sie betreffenden personenbezogenen Daten für einen oder mehrere bestimmte Zwecke gegeben hat.
b) Die Verarbeitung für die Erfüllung eines Vertrags oder für vorvertragliche Zwecke erforderlich ist.

c) Die Verarbeitung zur Erfüllung einer rechtlichen Verpflichtung, der der Verantwortliche unterliegt, erforderlich ist.
d) Die Verarbeitung zum Schutz von lebenswichtigen Interessen der betroffenen Person oder einer anderen natürlichen Person erforderlich ist.
e) Die Verarbeitung für die Wahrnehmung einer Aufgabe erforderlich ist, die im öffentlichen Interesse liegt oder in Ausübung öffentlicher Gewalt erfolgt, die dem Verantwortlichen übertragen wurde.
f) Die Verarbeitung zur Wahrung der berechtigten Interessen des Verantwortlichen oder eines Dritten erforderlich ist, sofern nicht die Interessen oder Grundrechte und Grundfreiheiten der betroffenen Person, die den Schutz personenbezogener Daten erfordern, überwiegen, insbesondere dann, wenn es sich bei der betroffenen Person um ein Kind handelt.

Die Rechtsgrundlage für die Verarbeitung von besonderen Kategorien personenbezogener Daten ist in Art. 9 DS-GVO geregelt. Grundsätzlich untersagt Art. 9 Abs. 1 DS-GVO die Verarbeitung von besonderen Kategorien personenbezogener Daten, außer es greift ein Ausnahmetatbestand des Abs. 2. Gesundheitsdaten sind grundsätzlich nur in begrenztem Umfang zu verarbeiten. Wenn keine gesonderte gesetzliche Grundlage besteht, ist eine ausdrückliche Einwilligung vom Kunden einzuholen. Bei Fragen haben sich die Mitarbeiter an die Apothekenleitung oder an den Datenschutzbeauftragten zu wenden.

6. Zweckbindungsgrundsatz
Durch den Zweckbindungsgrundsatz gem. Art. 5 Abs. 1 lit. b DS-GVO ist geregelt, dass personenbezogene Daten nur für festgelegte, eindeutige und legitime Zwecke und nicht in einer mit diesen Zwecken nicht zu vereinbarenden Weise weiterverarbeitet werden dürfen. Bei Wegfall des Zweckes ist eine Verarbeitung der Daten nicht mehr zulässig. Eine Änderung des Zweckes der Verarbeitung ist nur zulässig, wenn dies mit dem ursprünglichen Zweck der Verarbeitung zu vereinbaren ist. In diesem Fall ist eine Prüfung der Zweckkompatibilität im Einzelfall durchzuführen. Bei Fragen hat sich der Mitarbeiter an die Apothekenleitung zu wenden.

7. Besondere Kategorien personenbezogener Daten
Besondere Kategorien personenbezogener Daten, wie zB Gesundheitsdaten, sind grundsätzlich nur mit Einwilligung des Betroffenen gem. Art. 9 Abs. 2 lit. a DS-GVO oder ausnahmsweise aufgrund einer expliziten gesetzlichen Erlaubnis, im Fall von Gesundheitsdaten gem. Art. 9 Abs. 2 lit. h oder lit. i DS-GVO iVm § 22 Abs. 1 Nr. 1 lit. b BDSG zu verarbeiten oder zu nutzen. Für die Verarbeitung von Gesundheitsdaten im Rahmen der Kundenkarte ist eine ausdrückliche Einwilligung gem. Art. 9 Abs. 2 lit. a DS-GVO einzuholen. Zudem ist darauf zu achten, dass hinreichende technische und organisatorische Maßnahmen[4] zum Schutz dieser besonderen Kategorien personenbezogener Daten in der Apotheke vorliegen, zB Schutz des Zugangs zur Apothekensoftware mittels Passwörter oder Chipkarten oder die geschützte Auslieferung von Medikamenten etc.

8. Anlage einer Kundenkarte [ODER] Kundenkartei
Das Anlegen einer Kundenkarte für Kunden in der Apotheke ist nur mit einer gesondert erklärten Einwilligung des Kunden in die Verarbeitung seiner personen- und gesundheitsbezogenen Daten, wie zB Rezeptdaten, Erkrankungen, Allergien, erworbene Arzneimittel, Hilfsmittel etc zulässig. Zu diesem Zweck halten

wir eine vorformulierte Einwilligungserklärung bereit, die vom Kunden – vor Anlage des Kundenkontos – ausgefüllt werden muss.
Ohne die Einwilligung des Kunden dürfen keine Daten des Kunden im Rahmen der Kundenkarte verarbeitet (zB im System gespeichert) werden.
Die Einwilligung des Kunden muss zu Dokumentationszwecken in dem dafür bestimmten Ordner abgeheftet werden.[5]

9. Umgang mit Kunden im Rahmen der Beratung in der Apotheke
Bei der Beratung der Kunden in der Apotheke findet ein Austausch zwischen den Mitarbeitern und den Kunden statt und es werden personenbezogene Daten und insbesondere auch Gesundheitsdaten erhoben bzw. verarbeitet. Die Mitarbeiter verpflichten sich hier zu einem besonders sorgfältigen Umgang mit den sensiblen Daten. Sicherheitsabstände zwischen den Kunden sind einzuhalten, um die Vertraulichkeit im Beratungsgespräch gewährleisten zu können. Auf diesen Sicherheitsabstand sind die Kunden hinzuweisen. Sollte das Beratungsgespräch umfangreicher sein, empfiehlt es sich, dieses Gespräch in einem abgetrennten und geschützten Raum durchzuführen. Wenn der Kunde personenbezogene Daten mitteilt, dann muss sichergestellt sein, dass dem Kunden Informationen über die Verarbeitung dieser Daten jederzeit auf Nachfrage zur Verfügung gestellt werden. Die Informationen sind sowohl mündlich durch die Mitarbeiter als auch durch einen Hinweis auf eine schriftliche Datenschutzerklärung möglich.
Die von den Kunden übergebenen Unterlagen, wie zB Rezepte, sind sorgfältig abzulegen und unter keinen Umständen offen am Verkaufspult aufzubewahren. Dies gilt auch für alle sonstigen Dokumente, die personenbezogene Daten enthalten. Die Apothekenleitung stellt sicher, dass den Mitarbeitern ausreichende Mittel zur Sicherung von Unterlagen, zB Schubladen, Aktenvernichter etc zur Verfügung stehen.

10. Erfüllung der Informationspflichten
In der Apotheke sind den betroffenen Personen bei Erhebung der Daten umfassende Informationen über die Verarbeitung ihrer personenbezogenen Daten zur Verfügung zu stellen. Diese Informationspflicht ergibt sich aus den Art. 13 und 14 DS-GVO. Dadurch ist eine transparente Verarbeitung gegenüber den Betroffenen sichergestellt. Von der Information umfasst sind ua die Zwecke, für die die personenbezogenen Daten verarbeitet werden, die Rechtsgrundlage der Verarbeitung sowie Informationen über mögliche Empfänger oder über eine Übermittlung der personenbezogenen Daten in ein Drittland. Die Datenschutzinformationen sind den betroffenen Personen mittels Aushangs an einer gut sichtbaren Stelle in der Offizin auszuhängen oder direkt am Verkaufspult auszulegen. Der Mitarbeiter hat sich über die Verarbeitungstätigkeiten zu informieren und diese Informationen auf Nachfrage auch den Kunden zur Verfügung zu stellen.

11. Rechte von Betroffenen
Den Kunden stehen Rechte hinsichtlich der Verarbeitung ihrer personenbezogenen Daten zu. Dabei handelt es sich um folgende Rechte:
- Recht auf Auskunft: Nach Maßgabe von Art. 15 DS-GVO können die Betroffenen Auskunft über ihre personenbezogenen Daten verlangen, die von der Apotheke verarbeitet werden.
- Recht auf Berichtigung: Jeder Betroffene kann eine Berichtigung nach Art. 16 DS-GVO verlangen. Es kann auch eine Vervollständigung verlangt werden.

- Recht auf Löschung: Gem. Art. 17 DS-GVO können die betroffenen Personen eine Löschung ihrer personenbezogenen Daten verlangen.[6]
- Recht auf Einschränkung der Verarbeitung: Nach Maßgabe von Art. 18 DS-GVO hat der Einzelne das Recht, eine Einschränkung der Verarbeitung seiner personenbezogenen Daten zu verlangen.
- Recht auf Widerspruch gegen die Verarbeitung: Die betroffenen Personen haben das Recht, aus Gründen, die sich aus ihrer besonderen Situation ergeben, jederzeit gegen die Verarbeitung ihrer personenbezogenen Daten, die aufgrund von Art. 6 Abs. 1 S. 1 lit. e oder lit. f DS-GVO erfolgt, nach Art. 21 Abs. 1 DS-GVO Widerspruch einzulegen. Die Daten werden in diesem Fall nicht weiterverarbeitet, es sei denn, es können zwingende schutzwürdige Gründe für die Verarbeitung nachgewiesen werden, die gegenüber den Interessen, Rechten und Freiheiten der Betroffenen überwiegen, zudem, wenn die Verarbeitung der Geltendmachung und Ausübung von oder der Verteidigung gegen Rechtsansprüche dient (Art. 21 Abs. 1 DS-GVO). Außerdem steht den betroffenen Personen nach Art. 21 Abs. 2 DS-GVO das Recht zu, jederzeit Widerspruch gegen die Verarbeitung sie betreffender personenbezogener Daten zum Zwecke der Direktwerbung einzulegen; dies gilt auch für ein etwaiges Profiling, soweit es mit solcher Direktwerbung in Verbindung steht.
- Recht auf Widerruf der Einwilligung: Soweit für eine Verarbeitung die Einwilligung erteilt wurde, steht den betroffenen Personen nach Art. 7 Abs. 3 DS-GVO ein Widerrufsrecht zu.
- Recht auf Datenübertragbarkeit: Betroffene haben das Recht, die sie betreffenden und bereitgestellten personenbezogenen Daten in einem strukturierten, gängigen und maschinenlesbaren Format zu erhalten („Datenübertragbarkeit") sowie das Recht auf Weiterübermittlung dieser Daten an einen anderen Verantwortlichen, wenn die Voraussetzungen des Art. 20 Abs. 1 lit. a, b DS-GVO vorliegen (Art. 20 DS-GVO).
- Wenn die betroffene Person der Ansicht ist, dass die Verarbeitung ihrer personenbezogenen Daten gegen Datenschutzrecht verstößt, hat sie zudem nach Art. 77 DS-GVO das Recht, sich bei einer Datenschutzaufsichtsbehörde eigener Wahl zu beschweren. Hierzu gehört auch die für den Verantwortlichen zuständige Datenschutzaufsichtsbehörde.

In der Apotheke müssen geeignete Maßnahmen getroffen werden, um die Rechte der betroffenen Personen zu gewährleisten. Alle Informationen, die sich zB aus dem Recht auf Auskunft ergeben, müssen den Betroffenen in präziser, transparenter, verständlicher und leicht zugänglicher Form in einer klaren und einfachen Sprache zur Verfügung gestellt werden.

Für die Bearbeitung bzw. Beantwortung von Betroffenenrechten ist in der Apotheke eine verantwortliche Stelle definiert. Diese verantwortliche Stelle ist in direkter Absprache mit der Apothekenleitung dafür zuständig, dass betroffene Personen ihre Rechte ausüben können.[7] Eine eigenständige Beantwortung bzw. Bearbeitung von Betroffenenanfragen durch den Mitarbeiter ist nicht erlaubt. Es muss immer eine interne Absprache mit der verantwortlichen Stelle in der Apotheke vorgenommen werden, um ein einheitliches Vorgehen sicherzustellen und auf zB wiederholte oder exzessive Anfragen von Betroffenen richtig reagieren zu können.

Der Mitarbeiter hat den jeweiligen Antragsteller bei jeder Anfrage eines Betroffenen zu identifizieren. Die Betroffenenrechte können nur von der betroffenen Person selbst ausgeübt werden. Die Identifizierung ist deshalb besonders wichtig, da in der Apotheke besondere Kategorien von personenbezogenen Daten verarbeitet werden und diese einen besonderen Schutz genießen. Bei Verstößen können für die Apotheke und auch die Mitarbeiter hohe Sanktionen drohen. Betroffene sind bei telefonischen Anträgen bzw. Anfragen ausschließlich auf den Schriftweg zu verweisen.[8]

Wenn die Apotheke nicht in der Lage ist, die betroffene Person zu identifizieren, kann die Erfüllung der Betroffenenrechte verweigert werden. Dies kann auch gerechtfertigt sein, wenn es sich um einen (nachweislich) offenkundig unbegründeten oder – insbesondere im Fall von häufiger Wiederholung – exzessiven Antrag handelt.

12. Allgemeine Maßnahmen für Mitarbeiter zur informationstechnischen Sicherheit

Die von der Apotheke getroffenen technischen und organisatorischen Maßnahmen dienen dazu, dass ein dem Risiko der Datenverarbeitung angemessenes Schutzniveau gewährleistet wird. Das Schutzniveau ist bei der Verarbeitung von Gesundheitsdaten grundsätzlich höher als bei der Verarbeitung von sonstigen personenbezogenen Daten, die nicht unter die besondere Kategorie personenbezogener Daten fallen. Technik und Organisation der Datenverarbeitung werden so gestaltet, dass die Grundsätze für die Verarbeitung personenbezogener Daten, zB Rechtmäßigkeit, Transparenz, Datenminimierung, Vertraulichkeit und Integrität, realisiert werden.

Die für die Apotheke festgelegten technischen und organisatorischen Maßnahmen sind den Mitarbeitern offen zu legen und von diesen einzuhalten. Bei Rückfragen zur Einhaltung dieser Maßnahmen haben sich die Mitarbeiter an die Apothekenleitung oder an den Datenschutzbeauftragten zu wenden.

13. Berücksichtigung des Grundsatzes der Datenminimierung bei der Verarbeitung von Kundendaten

Ein zentraler Grundsatz der DS-GVO, den es bei der Verarbeitung von Daten in der Apotheke einzuhalten gilt, ist der Grundsatz der Datenminimierung. Der Grundsatz zielt darauf ab, dass nur Daten, die für den Zweck angemessen und erheblich sind, sowie ausschließlich jene Daten, die für die Verarbeitung notwendig sind, verarbeitet werden. Es sind so wenige Daten wie möglich zu verarbeiten. Beispielweise kann es ausreichen, dass beim Anlegen eines neuen Kunden ein Kontaktdatum, wie zB die Telefonnummer, erhoben wird. Die Erhebung der E-Mail-Adresse zur Kontaktaufnahme zusätzlich zur Telefonnummer ist in diesem Fall unter Umständen nicht notwendig. Die Angabe weiterer personenbezogener Daten ist für den Kunden dann immer nur eine weitere freiwillige Angabe.

Es sind Instrumente wie die Pseudonymisierung und Anonymisierung im Rahmen der Verarbeitung von personenbezogenen Daten zu nutzen, wenn dies aufgrund der Art der Verarbeitung möglich ist. Für die Bestellung von medizinischen Hilfsmitteln reicht die Kundennummer als Zuordnungselement aus und es sind darüber hinaus keine Klarnamen der Kunden an den externen Dienstleister für Bestellungen weiterzugeben.

Auch sog. „Freifelder“ im System bieten Platz für umfassende Zusatzinformationen zum Kunden. Es sind von den Mitarbeitern nur die Daten zu erheben, die für die Beratung und Betreuung der Kunden notwendig sind.

14. Medikamentenlieferdienst/Botendienst
Werden Medikamente an Kunden durch einen apothekeneigenen Botenlieferdienst (also durch Mitarbeiter der Apotheke) ausgeliefert, ist in besonderem Maße auf den Schutz personenbezogener Daten und insbesondere Gesundheitsdaten zu achten.
Alle Mitarbeiter haben dafür Sorge zu tragen, dass Dritte keine Möglichkeit haben, von Gesundheitsdaten (zB dem Inhalt der verpackten Medikamente) Kenntnis zu erlangen. Es muss sichergestellt sein, dass die technisch-organisatorischen Maßnahmen, die sich ua aus § 17 Abs. 2 ApBetrO ergeben, eingehalten werden. Dabei ist auf Folgendes zu achten:
- getrennte Verpackung der Arzneimittel für jeden Empfänger
- Arzneimittel sind mit Namen und Anschrift zu versehen
- Verwendung undurchsichtiger Verpackungsmaterialien
- zuverlässige Auslieferung an die jeweiligen Empfänger
- keine Aushändigung der Medikamente an Nachbarn ohne vorherige ausdrückliche Einwilligung.

15. Nutzung der IT-Systeme
Die eingesetzten IT-Systeme, insbesondere die Apothekensoftware, sind regelmäßig durch die vom Softwareanbieter bereitgestellten Updates auf dem aktuellen Stand zu halten.[9] In der Apotheke sind Sicherheitsmaßnahmen zu treffen und notwendige Verfahren festzulegen. Diese sind den Mitarbeitern in den regelmäßigen Schulungen mitzuteilen und von diesen einzuhalten.
Die Nutzung von IT-Systemen in der Apotheke ist nur zu dienstlichen Zwecken zulässig.[10] Ausnahmen davon bedürfen der Zustimmung der Apothekenleitung. Auf den Hardware-Geräten darf nur Software installiert werden, die von der Apothekenleitung oder den zuständigen Personen aus der IT-Abteilung freigegeben wurde.
In der Apotheke gibt es ein Berechtigungs- und Rollenkonzept. Der jeweilige Mitarbeiter hat nur Zugriff auf die Systeme, die er zur Erfüllung seiner Aufgaben benötigt.
Bei der Verwendung und dem Einsatz der IT-Systeme müssen die Mitarbeiter alle geltenden Rechtsvorschriften zu Datenschutz und Datensicherheit sowie sonstige interne Richtlinien einhalten. Dies gilt auch für die Einführung von neuen IT-Systemen in der Apotheke.
Innerhalb der Apothekensoftware sind die zu unterschiedlichen Zwecken erhobenen personenbezogenen Daten getrennt voneinander zu verarbeiten. Bei Einwilligung in die Datenverarbeitung im Rahmen der Kundenkarte ist diese vom Kunden erklärte Einwilligung im System zu dokumentieren.
Für die in der Apotheke eingesetzten IT-Systeme sind Verantwortliche festzulegen. Anwendungen und IT-Systeme sind nach ihrem Schutzbedarf zu klassifizieren. Der Verantwortliche legt fest, wer unter welchen Voraussetzungen auf Informationen zugreift bzw. Anwendungen und IT-Systeme nutzt.[11] Ziel ist es, Daten ihrem Schutzbedarf entsprechend zu verarbeiten und geeignete technische und organisatorische Maßnahmen zu treffen.

16. Zugriffsbeschränkungen zu eingesetzten Systemen (Apothekensoftware)
Die Nutzung von IT-Systemen ist grundsätzlich nur nach Authentifizierung (Passwort, Chipkarte etc) des jeweiligen Mitarbeiters möglich.
Es ist den Mitarbeitern verboten, Passwörter gegenüber Kollegen oder gegenüber Dritten offenzulegen. Es ist eine Passwort-Mindestlänge von zehn Zeichen einzuhalten. Zur Verstärkung der eingesetzten Passwörter empfiehlt sich die Verwendung von Großbuchstaben, Sonderzeichen oder Ziffern. Bei der Vergabe eines Initial-Passworts an die Mitarbeiter ist dieses Passwort unverzüglich durch den Mitarbeiter zu ändern. Der Einsatz von einfachen Passwörtern wie Vor- und Familienname, Geburtstage, Namen von Angehörigen oder triviale Zahlenkombinationen ist verboten.

17. Maßnahmen zum Schutz vor unbefugten Zugriffen Dritter auf personenbezogene Daten in der Apotheke
Die Apotheke trifft ausreichende Maßnahmen, die verhindern, dass unbefugte Dritte Zugriff auf IT-Systeme oder sonstige Einsicht in personenbezogene Daten erhalten.
Der Arbeitsplatz ist so zu gestalten, dass Kunden bzw. Dritte keinen Einblick in personenbezogene Daten erhalten. Besonders vertrauliche Informationen genießen einen besonderen Schutz. Jeder Mitarbeiter hat seinen Benutzeraccount am PC bzw. in der Apothekensoftware beim Verlassen seines Arbeitsplatzes abzumelden oder diesen zu „sperren", sodass bei der erneuten Nutzung des PC bzw. der Software eine Anmeldung über das jeweilige Benutzerkonto notwendig ist.
Die Hardware sowie Unterlagen wie zB Rezepte in Papierform sind in der Offizin und an allen sonstigen Stellen, an denen Kunden Zugang haben, so auszurichten bzw. so abzulegen, dass Kunden keine Möglichkeit der Einsichtnahme in das System haben. Dasselbe gilt auch für Behandlungsräume.

18. Vernichtung von Patientenunterlagen
Für die Vernichtung von Akten sind in der DIN 66399 Regeln festgesetzt. Es gibt drei Schutzklassen (1–3) und sieben Sicherheitsstufen (1–7). Gesundheitsdaten fallen unter Schutzklasse 3 und mindestens Sicherheitsstufe 4, was bedeutet, dass ein sehr hoher Schutzbedarf für besonders sensible und vertrauliche Daten besteht. Die Sicherheitsstufe ist in Abhängigkeit der Sensibilität der personenbezogenen Daten auszuwählen.
Diese Klassifizierung ist bei der Anschaffung von Aktenvernichtern und bei der Auswahl von Entsorgungsunternehmen zu berücksichtigen. Die Mitarbeiter sind dazu verpflichtet, Unterlagen ordnungsgemäß zu vernichten.

19. Umgang mit Datenschutzverletzungen („Datenpanne")/Sicherheitsvorfällen
Wurden personen- und gesundheitsbezogene Daten unberechtigten Dritten unrechtmäßig offenbart[12] oder sind diese anderweitig abhandengekommen und ist dieser Vorfall den Mitarbeitern bekannt, so ist darüber unverzüglich die Apothekenleitung zu informieren. Die Apothekenleitung hat diesen Vorfall gegenüber dem Datenschutzbeauftragten zu melden. Wenn den Mitarbeitern ein Zwischenfall hinsichtlich einer Funktionsbeeinträchtigung von IT-Systemen, zB durch Schadsoftware bekannt ist, der den Betrieb der Apotheke und die Verarbeitung personenbezogener Daten gefährdet, so ist dieser Vorfall umgehend gegenüber der Apothekenleitung anzuzeigen.

Es sind zunächst alle Informationen rund um die Datenpanne zu sammeln und es ist eine ausführliche Dokumentation[13] darüber zu erstellen. Sicherheitslücken sind umgehend zu schließen. Durch eine klare Rollenverteilung der Mitarbeiter bei einer Datenpanne ist der Umgang in solchen Situationen eindeutig geregelt. Der für eine Datenpanne festgelegte Ablauf unterstützt die Leitung und die Mitarbeiter bei der Bewältigung der Datenpanne. Die Mitarbeiter haben einen genauen Ablaufplan, welche Schritte im Falle einer Datenpanne einzuhalten sind. Eine Meldung[14] bei der Aufsichtsbehörde und die Information der Betroffenen erfolgt ausschließlich durch die Apothekenleitung, ggf. nach vorheriger Abstimmung mit dem Datenschutzbeauftragten.

20. Aktualität der Richtlinie
Die Richtlinie wird in Bezug auf technische und organisatorische Maßnahmen regelmäßig überprüft und aktualisiert und an aktuelle Entwicklungen im Bereich Datenschutz und Technik angepasst. Die vorgenommenen Änderungen werden sofort wirksam. Die Apothekenleitung informiert die Mitarbeiter über die vorgenommenen Änderungen.

21. Rechtsfolgen bei Verstoß gegen diese Richtlinie
Bei Verstößen gegen diese Richtlinie drohen den Mitarbeitern arbeitsrechtliche Konsequenzen. Ein Verstoß kann auch zu straf- oder ordnungswidrigkeitsrechtlichen Sanktionen führen oder zivilrechtliche Ansprüche begründen.

## Anmerkungen

**1.** Datenschutz und Datensicherheit in der Apotheke. Durch die zunehmende Digitalisierung im Gesundheitswesen ist es besonders wichtig, dass personenbezogene Daten und insbesondere Gesundheitsdaten von Patienten ausreichend geschützt werden. Bei der Verarbeitung von personenbezogenen Daten in der Arztpraxis/Apotheke muss ein hohes Maß an Datenschutz und Datensicherheit gewährleistet werden. Für den Behandelnden (zB Arztpraxis oder Erfüllungsgehilfen der Arztpraxis) ergibt sich aus dem Behandlungsvertrag die selbstständige Nebenpflicht, bei der Verarbeitung von Patientendaten den Grundsatz der Zweckbindung einzuhalten (LG Flensburg 19.11.2021 – 3 O 227/19, GuP 2022, 114). Diese Anforderung gilt für die Verarbeitung von Daten der Kunden bzw. Patienten sowie für Mitarbeiterdaten.

Um Datenschutz und Datensicherheit in der Praxis garantieren zu können muss ein Konzept für die Umsetzung bzw. Erreichung der gesetzten Ziele im Bereich Datenschutz und Datensicherheit vorliegen und es müssen Regelungen für Mitarbeiter zum Umgang mit personen- und gesundheitsbezogenen Daten festgelegt werden. Es liegt grundsätzlich im Ermessen der Arztpraxis/Apotheke bzw. des Verantwortlichen, welche Maßnahmen zur Gewährleistung der Datensicherheit ergriffen werden. Letztlich ist aber entscheidend, dass ein den Risiken geeignetes Schutzniveau in der Arztpraxis/Apotheke umgesetzt wird. Es gibt zahlreiche Möglichkeiten zur Umsetzung von Maßnahmen zu Datenschutz und Datensicherheit. Jedes Unternehmen im Gesundheitsbereich muss für sich seine „best practice“ in Abhängigkeit des Schutzbedarfs der personenbezogenen Daten finden. Die getroffenen Maßnahmen müssen regelmäßig auf den Stand der Technik überprüft und angepasst werden, insbesondere ist auch die Sicht von möglichen externen Angreifern zu berücksichtigen. Gefundene Mängel in der Datensicherheit sind umgehend zu beseitigen (vgl. BlnBDI TB 2021 S. 98).

Einer der entscheidendsten Faktoren bei der Umsetzung von Datenschutz und Datensicherheit ist die Unterstützung und der richtige Umgang mit Datenschutz und Datensicherheit durch die Mitarbeiter. Es muss ein Problembewusstsein für Datenschutz bei den Mitarbeitern geschaffen werden. Dadurch kann langfristig Datenschutz und Datensicherheit im Unternehmen gewährleistet werden. Mitarbeitern können in Form einer Richtlinie bestimmte Regeln und Anweisungen zu Datenschutz und Datensicherheit auferlegt werden. Die Mitarbeiter sind verpflichtet, die Anweisungen dieser Richtlinie einzuhalten und personenbezogene Daten ausschließlich im Sinne dieser Richtlinie zu verarbeiten. Im Mittelpunkt steht die Wahrung der Rechte und Freiheiten der betroffenen Personen bei der Verarbeitung der Daten durch die Mitarbeiter der Arztpraxis/Apotheke.

Bei dem Muster handelt es sich um eine Richtlinie zu Datenschutz und Datensicherheit für Mitarbeiter in einer Apotheke. Das Muster kann aber auch (nach individueller Anpassung) als Grundlage für eine Richtlinie zu Datenschutz und Datensicherheit in einer Arztpraxis dienen.

**2. Kommunikation mit dem Datenschutzbeauftragten.** Wenn das datenschutzrechtliche Anliegen den Mitarbeiter selbst betrifft, kann dieser natürlich direkt Kontakt mit dem Datenschutzbeauftragten aufnehmen und es muss nicht die Apothekenleitung einbezogen bzw. darüber informiert werden.

**3. Schulung der Mitarbeiter.** Mitarbeiter müssen regelmäßig geschult werden. Mindestens einmal jährlich sind die Mitarbeiter daher zum Umgang mit personenbezogenen Daten und zu aktuellen Themen im Datenschutz zu schulen. Insbesondere ist in diesen Schulungen das Problembewusstsein der Mitarbeiter für die Verarbeitung von Gesundheitsdaten zu stärken. Änderungen in der Richtlinie zu Datenschutz und Datensicherheit sind den Mitarbeitern zu kommunizieren, um den Schutz der personenbezogenen Daten gewährleisten zu können. Im Rahmen der Schulungen sind die Mitarbeiter regelmäßig darauf hinzuweisen, dass sie sich auf den vertraulichen Umgang mit personenbezogenen Daten verpflichtet haben und was das für sie bedeutet. Ändern sich die Aufgaben innerhalb der Organisation, dann sollte die Vertraulichkeitsverpflichtung geprüft bzw. ggf. aktualisiert werden (vgl. DSK Kurzpapier Nr. 19 Unterrichtung und Verpflichtung von Beschäftigten auf Beachtung der datenschutzrechtlichen Anforderungen nach der DS-GVO S. 3 vom 29.5.2018).

**4. Kundenkartei.** Hinreichende technische und organisatorische Maßnahmen sind bei der Übermittlung von Unterlagen aus der Kundenkartei (zB Arztberichte, Rezepte) zu berücksichtigen. Die Übermittlungskanäle müssen dem Stand der Technik entsprechen und ein sicheres Verschlüsselungsverfahren aufweisen (zB Inhaltsverschlüsselung bei E-Mails). Von der Übermittlung von besonderen Kategorien von personenbezogenen Daten via Fax ist abzuraten, da dies nicht mehr dem Stand der Technik entspricht (LfD Niedersachsen FAQ – DS-GVO im Gesundheitsbereich Version 2 vom Juni 2022 Ziff. 31, 32).

**5. Einwilligungserklärung.** Wird die Einwilligung schriftlich in Papierform eingeholt, kann diese auch eingescannt und in der elektronischen Patientenakte oder in der elektronischen Kundenkartei abgelegt werden. Eine zwingende Aufbewahrung in Papierform ist nicht notwendig. (LfD Niedersachsen FAQ – DS-GVO im Gesundheitsbereich Version 2 vom Juni 2022 Ziff. 7).

6. **Recht auf Löschung vs. Aufbewahrungspflichten.** Alle Mitarbeiter sind darüber zu informieren, dass Betroffene das Recht auf Löschung ihrer personenbezogenen Daten haben. Diesem Recht stehen jedoch eine Vielzahl von Aufbewahrungspflichten in der Apotheke gegenüber. Gerade im Gesundheitswesen gibt es umfassende gesetzliche Aufbewahrungspflichten, die meist eine sehr lange Aufbewahrungspflicht von zehn bis 30 Jahren vorsehen).

7. **Bereitstellung der Information.** Der Prozess zur Beantwortung von Auskunftsbegehren kann in der Apotheke auch standardisiert werden. Zur Lösungsfindung empfiehlt sich die Rücksprache mit dem externen Anbieter der jeweils eingesetzten Kundenmanagementsoftware, um zu klären, ob die Software ggf. automatisch die relevanten Informationen gem. Art. 15 DS-GVO herausfiltern kann und ob sich hieraus ein Standardschreiben entwickeln lässt. Bevor Informationen an den Kunden übermittelt werden, muss eine Prüfung durch einen zuständigen Mitarbeiter oder die Apothekenleitung stattfinden.

8. **Identitätsprüfung.** In der Praxis kann es vorkommen, dass ein Kunde eine telefonische Auskunft zu Informationen aus seiner Kundenkartei wie zB zu Zuzahlungsnachweisen, Rezepten etc haben möchte. Für die Feststellung der Identität müssen ausreichende Maßnahmen (zB Abfrage von Geburtsdatum, Adresse oder eines sonstigen Identifikationsmerkmals) vom Verantwortlichen getroffen werden. Liegen diese nicht vor und werden personenbezogene Daten einem unberechtigten Dritten offengelegt, kann das einen Verstoß gegen Art. 32 DS-GVO darstellen, wie die niederländische Datenschutzbehörde (AP) im Verfahren gegen die Sociale Verzekeringsbank SVB (Niederlande) entschieden hat und ein Bußgeld verhängt hat (https://www.autoriteitpersoonsgegevens.nl/en/current/social-insurance-bank-fined-for-inadequate-identity-checks).

9. **Regelmäßige Aktualisierung.** Das Fehlen von Updates stellt in der Praxis einen der häufigsten Fälle dar, der Datenpannen verursacht und unberechtigten Dritten Zugriff auf das System ermöglicht. Mitarbeiter müssen an ihren Arbeitsplätzen Updates verpflichtend durchführen und es muss sichergestellt werden, dass dies ohne großen Aufwand möglich ist.

10. **Verwendung der E-Mail-Adresse zu privaten Zwecken.** Wenn die Mitarbeiter eine eigene (personalisierte) E-Mail-Adresse haben, muss geregelt werden, ob diese Adresse auch für private Zwecke genutzt werden darf. Im Fall der privaten Nutzung von Kommunikationsdiensten wie Messengern und E-Mail gingen gewichtige Stimmen in der Kommentarliteratur (Schönke/Schröder/Eisele StGB § 206 Rn. 8a) und insbesondere Datenschutzaufsichtsbehörden davon aus, dass der die Infrastruktur bereitstellende Arbeitgeber mitunter zum Telekommunikationsdiensteanbieter werde (Orientierungshilfe der Datenschutzaufsichtsbehörden zur datenschutzgerechten Nutzung von E-Mail und anderen Internetdiensten am Arbeitsplatz, Stand: Januar 2016, S. 4). Nach der neuesten Rechtsprechung des EuGH (5.6.2019 – C-142/18, MMR 2019, 517 ff. – SkypeOut; 16.6.2019 – C-193/18, MMR 2019, 514 ff. – Gmail) erscheint diese Auffassung jedoch nicht mehr vertretbar. Dies galt insbesondere für die Anwendung der Strafvorschriften des § 88 TKG aF sowie des § 206 StGB (Fokken NZA 2020, 629 ff.). Mit Inkrafttreten des TTDSG am 1.12.2021 ist das Fernmelde-

geheimnis nunmehr in § 3 TTDSG, mit einem neuen, eigenständigen personellen Anwendungsbereich geregelt. Der Streit um die Diensteanbieterstellung des Arbeitgebers besteht jedoch weiterhin (Dieckhoff/Assion ZD 2023, 371; → Form. V. III. 1.). Eine Prüfung im Einzelfall ist ratsam und aufgrund der datenschutz- und persönlichkeitsrechtlichen Komponente der Kommunikationsvorgänge weitergehend eine separate Regelung der Nutzung in einer eigenen E-Mail-Richtlinie empfehlenswert (→ Form. D. III. 1.).

**11. Zugriffsbeschränkungen.** Der Verantwortliche bestimmt, wer Zugriff auf welche IT-Systeme bekommt und wer welche Daten abrufen und insbesondere abändern kann. Es muss analysiert werden, wer welche personenbezogenen Daten überhaupt zur Aufgabenerfüllung benötigt und welche personenbezogenen Daten besonders vertraulich zu behandeln sind.

**12. Falschversand.** Im Falle eines Falschversands von Gesundheitsdaten eines Kunden an einen unberechtigten Dritten ist der Vorfall vom Verantwortlichen unverzüglich zu prüfen und es sind technische und organisatorische Maßnahmen zu treffen, um solche Vorfälle in Zukunft zu vermeiden. Neben der Zurverfügungstellung von ausreichend zeitlichen Ressourcen für die Beschäftigen im Rahmen der Versendung der Dokumente und der regelmäßigen Prüfung von bestehenden Adressdaten, ist es wichtig, dass laufende Vorgänge bis einschließlich der Kuvertierung abgeschlossen werden und Stichprobenkontrollen eingeführt werden. Bei wiederholtem Falschversand ist ein Vier-Augen-Prinzip möglich (LfD Niedersachsen FAQ – DS-GVO im Gesundheitsbereich Version 2 vom Juni 2022 Ziff. 27).

**13. Dokumentation von Datenpannen.** Eine Meldung von Verletzungen des Schutzes personenbezogener Daten muss gem. Art. 33 DS-GVO nur an die Aufsichtsbehörde gemeldet werden, wenn die Verletzung zu einem Risiko für die Rechte und Freiheiten der betroffenen Person führt (→ Form. C. VI. 1.). Wenn dieses Risiko als hoch eingeschätzt wird, müssen auch die betroffenen Personen darüber informiert werden (→ Form. C. VI. 2.). Liegt kein Risiko der Rechte und Freiheiten der betroffenen Person vor bzw. konnte das Risiko rechtzeitig durch Abhilfemaßnahmen eingeschränkt werden, muss keine Meldung bei der Aufsichtsbehörde erfolgen. Datenschutzverletzungen und Datenpannen sollten dennoch dokumentiert werden (→ Form. C. VI. 3.). Folgende Fragen stellen sich im Zuge einer Datenpanne: Wer muss bei der Datenpanne in der Apotheke informiert werden? Wer kann Sicherheitslücken schließen? Wer prüft, welche Daten betroffen sind? Sind besondere Kategorien von personenbezogenen Daten betroffen? Diese Dokumentation muss auch alle ergriffenen Maßnahmen einschließlich aller im Zusammenhang mit der Verletzung des Schutzes personenbezogener Daten stehenden Fakten enthalten. Das ist notwendig, um im Nachhinein bei Kontrollen von Behörden oder Anfragen von Betroffenen auf ausreichende Informationen über den Vorfall zurückgreifen zu können. Hierfür kann auch eine standardisierte Checkliste verwendet werden, in der alle wesentlichen Informationen enthalten sind (→ Form. C. VI. 4.).

**14. Meldung von Datenpannen.** → Form. C. VI.

## IV. Datenschutz in der klinischen und nichtklinischen Forschung

Pharmazeutische Forschung basiert auf der Verarbeitung von sensiblen Gesundheitsdaten von am Forschungsvorhaben teilnehmenden Patienten. Die Kategorien der verarbeiteten Daten sind ausgesprochen vielfältig und reichen von Befunden über Körperbilder und Vitaldaten bis hin zu Gewebeproben und genetischen Informationen. Die besondere Beachtung des Datenschutzrechts ist vor dem Hintergrund der erhöhten Sensibilität der Patientendaten selbsterklärend.

Die generelle Rollenverteilung und Pflichtenzuweisung der Beteiligten in der pharmazeutischen und Medizinprodukte-Forschung ist komplex und in weiten Teilen regulatorisch über das AMG, das MPDG sowie über die jeweiligen Europäischen Rechtsakte (Verordnung (EU) 536/2014 über klinische Prüfungen mit Humanarzneimitteln („Clinical Trials Regulation“, „CTR“), Verordnung (EU) 2017/745 über Medizinprodukte (Medical Devices Regulation, MDR), Verordnung (EU) 2017/746 über In-vitro-Diagnostika (IVDR)) in Verbindung mit jeweiligen Durchführungsrechtsakten sowie über einschlägige Branchen- und Ethikkodizes (zB WMA Deklaration von Helsinki-Ethische Grundsätze für die medizinische Forschung am Menschen, Leitlinie (CPMP/ICH/135/95) zur guten klinischen Praxis (sog. ICH-GCP, DIN EN ISO 14155:2012-01)) streng reglementiert.

Die Einhaltung der medizinethischen Standards und der regulatorischen Vorgaben wird vor der Durchführung eines Forschungsvorhabens von sog. Ethik-Kommissionen geprüft und anschließend überwacht. Zunehmend prüfen diese Ethik-Kommissionen auch das datenschutzrechtliche Set-up von Forschungsvorhaben. Vor diesem Hintergrund muss bei der Planung und der Durchführung von Forschungsvorhaben den datenschutzrechtlichen Vorgaben ein besonderes Augenmerk gewidmet werden. Dies fängt bereits bei der Vertragsgestaltung an. Stets muss dabei berücksichtigt werden, dass in der pharmazeutischen Forschung regelmäßig besonders sensible Patientendaten verarbeitet werden.

Nach dem regulatorischen Regime in der klinischen Forschung ist der pharmazeutische Unternehmer oder Medizinproduktehersteller (der „Sponsor“ einer klinischen Studie) in der Regel „eine Person, ein Unternehmen, eine Einrichtung oder eine Organisation, die bzw. das die Verantwortung für die Einleitung, das Management und die Aufstellung der Finanzierung einer klinischen Prüfung (bzw. einer sog. Leistungsstudie für In-Vitro-Diagnostika) übernimmt“ (vgl. § 4 Nr. 24 AMG in Verbindung mit Art. 2 Abs. 2 Nr. 14 CTR bzw. Art. 2 Nr. 49 MDR und Art. 2 Nr. 57 IVDR). In weiten Bereichen der pharmazeutischen Forschung setzen Sponsoren spezialisierte Auftragsforschungsagenturen (sog. Contract Research Organizations, CRO) ein, deren Aufgabengebiet im Zusammenhang mit einem Forschungsvorhaben ausgesprochen vielfältig sein kann. Dieses Aufgabengebiet kann von vorbereitenden Unterstützungsleistungen für ein konkretes Studienvorhaben (zB einzelne präklinische Leistungen, wie etwa die Auswahl von am Studienvorhaben teilnehmenden Prüfärzten) über die reine Analyse der eigentlichen Studiendaten (die beim Studienvorhaben erhobenen Patientendaten), bis hin zur umfassenden wissenschaftlichen Planung und anschließender teilweiser oder vollständiger Durchführung des Studienvorhabens im Auftrag des pharmazeutischen Unternehmers oder des Medizinprodukteherstellers (dem sog. Sponsor des Studienvorhabens) reichen.

Neben Sponsor und CRO gibt es weitere wesentliche Beteiligte. In klinischen und nichtklinischen Studienvorhaben wird stets an Patientendaten geforscht bzw. werden diese analysiert. Diese Daten erhält der Sponsor von an der Studie teilnehmenden Ärzten der jeweiligen Patienten (den sog. Prüfern) bzw. von Kliniken (sog. Prüfstellen) in der Regel – und im Falle der klinischen Forschung auf Basis deren informierter Einwilligung. Während der Sponsor in der Regel mit dem Patienten in keinem Vertragsverhältnis steht, werden in der Praxis zwischen Sponsor und Prüfer regelmäßig Prüfarztverträge geschlossen.

Je nach konkreter Ausgestaltung eines Forschungsvorhabens ist es denkbar, dass der Prüfer/die Prüfstelle gemeinsamer Verantwortlicher mit dem Sponsor oder vom Sponsor getrennt Verantwortlicher ist. Eine gemeinsame Verantwortung von Sponsor und Prüfer kommt etwa in Fällen in Betracht, in denen dem Prüfer eine eigene Entscheidungsbefugnis über die Auswahl und Analyseverfahren von Patientendaten zusteht.

Es kommt zur Bestimmung des Verhältnisses von Sponsor und Prüfer nach den allgemeinen Abgrenzungskriterien des Art. 4 Nr. 7 DS-GVO bzw. des Art. 26 DS-GVO (ebenfalls → Form. G. I.; → Form. G. V.) darauf an, inwieweit Sponsor und Prüfer über Mittel und Zwecke der Datenverarbeitung anlässlich der Studie (teilweise) entscheiden (siehe hierzu auch DSK Kurzpapier Nr. 13 Auftragsverarbeitung, Art. 28 DS-GVO, S. 4 und Kurzpapier Nr. 16 Gemeinsam für die Bearbeitung Verantwortliche, Art. 26 DS-GVO, S. 4).

Die genauen Leistungspflichten der CRO werden regelmäßig in Auftragsforschungsverträgen zwischen Sponsor und CRO festgelegt. Diese Verträge sind in der Regel typengemischte Verträge, die sowohl Dienstleistungs- als auch ggf. werkvertragliche Elemente beinhalten können. Bei der Vertragsgestaltung im Rahmen des Studiensetups ist schon dem Auftragsforschungsvertrag zwischen Sponsor und CRO, als in der Regel erstem Vertragsverhältnis des Sponsors, ein besonderes Augenmerk zu widmen. Nur anhand der jeweils von der CRO geschuldeten Leistungen innerhalb des konkreten Studienprojekts lässt sich das datenschutzrechtliche Verhältnis zwischen Sponsor und CRO ermitteln. In der Regel wird die CRO jedoch als Auftragsverarbeiter des Sponsors tätig.

Kein Tätigwerden als Auftragsverarbeiter käme nur dann in Betracht, wenn die CRO selbst (statt des Sponsors) Mittel und Zwecke der Datenverarbeitung anlässlich der Studie festlegt. Dies kann etwa dann der Fall sein, wenn die CRO einen für das Studienvorhaben stets notwendigen Prüfplan (das sog. Protocol) in eigener Verantwortung gestaltet, auswählt, welche Daten von Patienten erhoben werden und wie diese zu analysieren sind oder, wenn die CRO die datenschutzrechtliche Rechtsgrundlage für die Verarbeitung der Patientendaten schafft, indem sie etwa ein Einwilligungsformular in vollständig eigener Verantwortung erstellt.

Zur genauen Abgrenzung, ob die CRO als Auftragsverarbeiter oder als eigener Verantwortlicher agiert, gelten ebenfalls die allgemeinen Abgrenzungskriterien des Art. 4 Nr. 7 DS-GVO bzw. des Art. 26 DS-GVO (→ Form. G. I.; → Form. G. V.). Ist die CRO mit dem Sponsor danach als getrennt oder gemeinsam mit dem Sponsor Verantwortlicher zu qualifizieren, hat das mannigfaltige regulatorische Konsequenzen und kann etwa zu schwierigen Abgrenzungsproblemen führen, wenn zu ermitteln ist, wer tatsächlich regulatorisch für die Durchführung der Studie verantwortlich – und damit Sponsor der Studie – ist.

Zuletzt ist der an der Studie teilnehmende Patient einer der wichtigsten Akteure in der pharmazeutischen und Medizinproduktforschung. Denn letztlich werden dessen Daten anlässlich einer ärztlichen Behandlung durch den Prüfarzt erhoben und dann in der Regel sowohl zum Zweck der Behandlung durch den Prüfarzt verarbeitet und darüber hinaus zum Zwecke der Durchführung der Studie in pseudonymer Form an den Sponsor bzw. die CRO übermittelt und von diesen weiterverarbeitet und ausgewertet.

Im Rahmen der klinischen Prüfung, die gemäß den nationalen gesetzlichen Vorgaben gem. §§ 4 Abs. 23 und 40ff. AMG in Verbindung mit den Regelungen der CTR durchgeführt wird, bedarf es für den Zweck der Durchführung der Studie gem. § 40b Abs. 6 AMG ausdrücklich der (datenschutzrechtlichen) Einwilligung des Patienten, die neben das generelle Erfordernis der Studieneinwilligung als solche tritt. Das Europäische Recht kennt dieses strenge (datenschutzrechtliche) Einwilligungserfordernis übrigens nicht. Im Rahmen der klinischen Prüfung, die sich nur nach den Europäischen regulatorischen Vorgaben bestimmt (nämlich, weil der Antrag zur Durchführung einer klinischen Prüfung direkt bei der EMA gestellt wird, können auch gesetzliche Rechtsgrundlagen in Betracht gezogen werden. Näheres erläutert der EDSA in seiner Stellungnahme 3/2019 zu den Fragen und Antworten zum Zusammenspiel der Verordnung über klinische Prüfungen und der Datenschutz-Grundverordnung, permanent herunterladbar unter https://edpb.europa.eu/sites/default/files/files/file1/edpb_opinionctrq_a_final_de.pdf).

Ob auch im nichtklinischen Bereich und im Bereich der forschenden Zweitverwertung von Gesundheitsdaten eine Einwilligung des Patienten als Rechtsgrundlage zur Datenverarbeitung erforderlich ist, ist derzeit noch ungeklärt. Auf nationaler Ebene kommt eine Verarbeitung auf der Rechtsgrundlage des Art. 9 Abs. 2 lit. i oder j DS-GVO in Verbindung mit §§ 27 und 22 Abs. 2 BDSG in Betracht (siehe auch Stellungnahme der Zentralen Ethikkommission bei der Bundesärztekammer v. 23.11. 2022 „Bereitstellung und Nutzung von Behandlungsdaten zu Forschungszwecken", dort S. 14f.; Deutsches Ärzteblatt, März 2023).

Die Patientendaten sind stets an der Quelle, dh beim Prüfarzt, der den Patienten rekrutiert hat und diesen anlässlich der Studie auch behandelt, für die Zwecke der Studie zu pseudonymisieren. Eine anschließende Weitergabe und -verarbeitung darf sodann nur noch mit pseudonymen Daten erfolgen. Eine Durchbrechung der Pseudonymisierung ist nur in ganz begrenzten Ausnahmefällen, wie bspw. beim Monitoring des Forschungsvorhabens durch den Sponsor, zulässig. Diese strenge Pseudonymisierungsanforderung gilt unbedingt und sowohl im regulierten Bereich der klinischen Forschung (§ 40b Abs. 6 AMG), als auch im Bereich der nichtklinischen Forschung (zB Art. 9 Abs. 2 lit. i DS-GVO iVm §§ 27 und 22 Abs. 2 Nr. 6 BDSG) und erstreckt sich auf den gesamten „Lebenszyklus" der Patientendaten von der Übermittlung an den Sponsor bzw. das forschende Unternehmen über die wissenschaftliche Auswertung bis hin zur etwaigen Weitergabe an Forschungspartner oder an Zulassungsbehörden, falls die Studie der Zulassung eines Arzneimittels dient. Letztendlich dürfen die Daten auch nach Beendigung der Studie nur pseudonymisiert beim Sponsor gespeichert werden, was üblicherweise in einem sog. Trial Master File (TMF) erfolgt.

Der Rechtsrahmen der Speicherdauer von personenbezogenen Daten, die zu Studienzwecken verarbeitet werden, ist vielfältig und kann je nach konkretem Datum variieren. Speicherfristen können sich u. a. aus der MBO-Ä, dem SGB V, der RöV, der StrlSchV sowie dem MPG und dem AMG ergeben. Der TMF ist vom Sponsor gem. Art. 58 CTR für mindestens 25 Jahre nach Beendigung der klinischen Studie aufzubewahren.

## 1. Checkliste zum Datenschutz in der klinischen und nichtklinischen Forschung

Zur Bestimmung der jeweiligen Verantwortlichkeiten und des datenschutzrechtlichen Verhältnisses der Beteiligten ist eine Übersicht aller Verarbeitungsvorgänge des Forschungsvorhabens anzulegen. Mithilfe der Übersicht wird die Verantwortlichkeit einzelner Verarbeitungstätigkeiten anhand der geschuldeten Leistungen nach den Hauptverträgen festgelegt. Basierend darauf kann sodann das datenschutzrechtliche Verhältnis der Beteiligten zueinander ermittelt werden, sodass erst hierdurch die Vertragsgestaltung datenschutzrechtlich begleitet werden kann.

Checkliste zum Datenschutz in der klinischen und nichtklinischen Forschung

| Verarbeitungstätigkeit[1] | Sponsor | CRO | Prüfer/Prüfstelle | sonstige[2] |
|---|---|---|---|---|
| 1. Erstellung der Einwilligung/ Schaffung der Rechtsgrundlage | | | | |
| 2. Patientenbehandlung | | | | |
| 3. Auswahl der zu prüfenden Daten | | | | |
| 4. Datenanalyse | | | | |
| 5. Datenspeicherung | | | | |
| 6. Geplante Zweitverwertung der Daten | | | | |

### Anmerkungen

**1. Darstellung der Verarbeitungstätigkeiten.** In die vorliegende Tabelle sollen die einzelnen Verarbeitungstätigkeiten mit Bezug zu personenbezogenen Daten den jeweiligen Beteiligten des Studienvorhabens zugeordnet werden. Die Zuordnung kann unter Zuhilfenahme des Verzeichnisses für Verarbeitungstätigkeiten (→ Form. C. II.) der einzelnen Beteiligten erfolgen. Die Verarbeitungstätigkeiten sollten so detailliert wie möglich aufgeführt werden. Die Tabelle ist entsprechend in ihrer ersten Spalte um die jeweiligen konkreten Verarbeitungstätigkeiten zu erweitern. Die Zuordnung einer Verarbeitungstätigkeit zu einem Beteiligten erfolgt durch Abhaken im jeweiligen Feld.

**2. Sonstige Beteiligte.** Alle sonstigen am Studienvorhaben Beteiligten sollten so umfassend wie möglich aufgeführt werden, um ein vollständiges Bild der Zuordnung der Verarbeitungstätigkeiten zu den jeweiligen Beteiligten zu erhalten. Sonstige

Beteiligte können insbesondere Dienstleister des Sponsors oder der Prüfstelle sein, wenn sie Zugriff auf personenbezogene Daten haben. Unterauftragsverarbeiter der als Auftragsverarbeiter für den Sponsor tätigen CRO sollen hier nicht erfasst werden.

## 2. Vertragsklauseln Auftragsverarbeitung Sponsor/CRO

Ist die CRO nach der Bestimmung des datenschutzrechtlichen Verhältnisses der Beteiligten zueinander – wie in der Regel – als Auftragsverarbeiter zu qualifizieren (vgl. Lüghausen pharmind 2022, 656ff.) bedarf es selbstverständlich des Abschlusses einer Auftragsverarbeitungsvereinbarung gem. Art. 28 DS-GVO. Aufgrund der Besonderheiten in der pharmazeutischen Forschung ist es empfehlenswert, geringfügige Modifikationen eines allgemeinen Auftragsverarbeitungsvertrags vorzunehmen. Diese Modifikation betrifft insbesondere die spezifischere Darstellung der Kategorien der von der CRO zu verarbeitenden Daten sowie die Kategorien der Betroffenen. Darüber hinaus bedarf es der Sicherstellung eines gesetzlichen Pseudonymisierungserfordernisses die Patientendaten betreffend. Diese sind in der klinischen und nichtklinischen Forschung in der Regel an der Quelle, dh beim Prüfer, zu pseudonymisieren. Alle weiteren Verarbeitungstatbestände dürfen sodann nur unter Einhaltung der Pseudonymisierung erfolgen.

Die nachfolgende Kategorienaufstellung kann als Anlagen 1 und 2 zum Vertragsmuster Auftragsverarbeitung (→ Form. G. I.4.; → Form. K. I.2.) verwendet werden. Die nachfolgende Vertragsklausel ergänzt § 3 des Vertragsmusters Auftragsverarbeitung um einen Abs. 5, anschließend werden Beispiele für mögliche Anlagen dargestellt.

§ 3 Vertragsgegenstand

(1)–(4) […]

**(5) Der Auftragnehmer verarbeitet auch personenbezogene Patientendaten von Betroffenen, die an einer klinischen Studie teilnehmen. Der Auftraggeber und alle von diesem beauftragten und für diesen tätigen Dritten dürfen ausschließlich Patientendaten verarbeiten, die zuvor durch den Prüfarzt pseudonymisiert wurden. Der Auftragnehmer wird daher ebenfalls ausschließlich pseudonyme Patientendaten verarbeiten, es sei denn, dass er gesetzlich zu einer Verarbeitung von Klardaten verpflichtet oder hierfür ausdrücklich vom Sponsor bestimmt worden ist.[1] Erhält der Auftragnehmer davon Kenntnis, dass er unberechtigten Zugriff auf nicht-pseudonyme Patientendaten hat oder erhalten wird, hat er unverzüglich alle mit diesen Daten zusammenhängenden Verarbeitungsvorgänge einzustellen und den Auftraggeber hiervon unverzüglich in Textform zu unterrichten.**

[…]

## Anlage 1 – Beschreibung der besonders schutzbedürftigen Daten/Datenkategorien

| | |
|---|---|
| Der Auftragsverarbeiter hat Zugang zu den folgenden Kategorien von personenbezogenen Daten bzw. kann diese verarbeiten:[2] | |
| | |
| (1) allgemeine personenbezogene Daten | |
| a) allgemeine Informationen | ☐ Name, Vorname, Geburtsname |
| | ☐ persönliche Informationen (zB Geburtsdatum, Geburtsort, Familienstand, Staatsbürgerschaft) |
| | ☐ Adressinformationen (zB Straße, Hausnummer, Postleitzahl, Ort, Postfach) |
| | ☐ Kontaktinformationen (zB Telefonnummer, Faxnummer, Mobiltelefonnummer, E-Mail-Adresse) |
| | ☐ Identifikationsnummer (zB ID, Kundennummer, Mitarbeiternummer) |
| | ☐ Position, Abteilung, organisatorische Zuordnung |
| | ☐ Fertigkeiten, Qualifikationen (außerhalb der Beschäftigung) |
| | ☐ Bankinformationen (zB IBAN, BIC, Name des Finanzinstituts, ggf. anderer Name des Kontoinhabers) |
| b) Informationen zur Beschäftigung | ☐ Qualifikationen (zB Zeugnisse, Lebenslauf, Bewerbungsunterlagen, Ausbildungskurse, Lerngeschichte, Sprachen) |
| | ☐ Hintergrundinformationen zur Beschäftigung (zB Anfangs- und Enddatum, Probezeit, Vertragslaufzeit, Wiedereinstellung) |
| | ☐ Zeitmessung (allgemein) |
| | ☐ Krankenversicherungsinformationen (zB Name der Versicherungsgesellschaft, Name des Versicherten, Versicherungsnummer) |
| | ☐ Urlaubsinformationen (zB Gesamtzahl der Urlaubstage, Anzahl der verbleibenden Urlaubstage, Urlaubsdaten) |
| | ☐ Kommunikationsdaten (zB Telefonnummer, Faxnummer, Mobiltelefonnummer, E-Mail-Adresse) und Kommunikationsinhalt |
| | ☐ Leistung/Verhalten/disziplinäre Maßnahmen (Beurteilungen, Verwarnungen) |
| | ☐ Gehaltsinformationen (zB Gehaltshöhe, Anzahl der ausgezahlten Gehälter, Bonuszahlungen, Sonderzahlungen, Zusatzleistungen) |
| c) andere Informationen | ☐ Protokolle und Protokollinformationen (Wortprotokolle oÄ) |
| | ☐ Sprachaufnahmen |

*Lüghausen*

| | |
|---|---|
| | ☐ Videoaufnahmen |
| | ☐ andere Daten oder Datenkategorien (bitte angeben): |
| | __________ |
| | __________ |
| (2) besondere Kategorien personenbezogener Daten | |
| a) allgemeine Informationen | ☐ Krankheiten |
| | ☐ Therapie-/Behandlungsdaten |
| | ☐ Daten zur ethnischen Herkunft |
| | ☐ Daten zur sexuellen Orientierung |
| | ☐ Daten über Körperfunktionen |
| | ☐ biometrische Daten (auch biometrische Bewertungsinformationen) |
| | ☐ genetische Informationen |
| | ☐ religiöse Überzeugungen |
| b) Daten zur Beschäftigung | ☐ Krankheit/Krankenstand |
| | ☐ Gewerkschaftsmitgliedschaft |
| | ☐ Behinderungen |
| c) sonstige Informationen | ☐ andere besondere Kategorien personenbezogener Daten (bitte angeben): |
| | __________ |
| | __________ |

Anlage 2 – Beschreibung der Betroffenen/Betroffenengruppen

| | |
|---|---|
| 2. Kategorien von Betroffenen | |
| Die unter Ziffer 1 aufgeführten personenbezogenen Daten sind den folgenden Personengruppen zuzuordnen:[3] | |
| a) allgemein | ☐ Vertriebspartner (und ihre Mitarbeiter) |
| | ☐ Kunden (und ihre Mitarbeiter) |
| | ☐ Hersteller (und ihre Mitarbeiter) |
| | ☐ Lieferanten (und ihre Mitarbeiter) |
| | ☐ Logistikunternehmer (und ihre Mitarbeiter) |
| b) Informationen über Patienten | ☐ Patienten |
| | ☐ Angehörige und gesetzliche Vertreter des Patienten |
| | |

| | |
|---|---|
| c) Studien-beteiligte | ☐ Prüfarzt/Principal Investigator<br>☐ Mitarbeiter/Dienstleister des Prüfarztes/Prüfzentrums |
| d) andere Gruppen | ☐ andere betroffene Personen oder Kategorien von betroffenen Personen (bitte angeben):<br>____________________ |
| | ☐ andere Mitglieder des Studienteams, die der Studie zugeordnet sind (bitte angeben):<br>____________________ |

## Anmerkungen

**1. Pseudonymisierungserfordernis.** Das Pseudonymisierungserfordernis für personenbezogene Daten der Studienteilnehmer ergibt sich bei klinischen wie nichtklinischen Studien aus dem Gesetz: Nach § 40b Abs. 6 Nr. 1b AMG dürfen im Rahmen einer klinischen Prüfung (vom Prüfer stets initial) erhobene personenbezogene Daten, soweit erforderlich, nur pseudonymisiert zum Zwecke der wissenschaftlichen Auswertung an den Sponsor oder eine von dem Sponsor beauftragte Stelle (in der Regel die CRO) weitergegeben werden. Für nicht nach dem AMG oder dem MPDG regulierte Studien ergibt sich das Pseudonymisierungserfordernis aus § 22 Abs. 2 Nr. 6 BDSG. Die einzige bestehende Ausnahme ist, dass der Sponsor oder vom Sponsor zu beauftragende Auditoren, sog. Monitore, zum Zwecke der Überprüfung und Überwachung der Richtigkeit der Durchführung der Studie Einsicht in die Klardaten beim Prüfarzt nehmen dürfen.

Zudem handelt es sich bei der Pseudonymisierung für personenbezogene Daten der Studienteilnehmer in der Regel außerdem um eine Anforderung der gesetzlich einzubindenden Ethik-Kommissionen zur Überprüfung der Einhaltung der ethischen Anforderungen an den Stand der Wissenschaft des Forschungsprojekts (vgl. §§ 40 Abs. 3, 41 AMG). Der Stand der Wissenschaft folgt dem Grundsatz der bestmöglichen Schadensabwehr und der Risikovorsorge (BVerfG 8.8.1978 – 2 BvL 8/77, NJW 1979, 359). Dabei muss der Eintritt von Schadensereignissen nicht mit absoluter Sicherheit ausgeschlossen werden, um dem Stand der Wissenschaft zu genügen. Vielmehr muss, dem Urteil des BVerfG folgend, der Eintritt von Schadensereignissen nur soweit „technisch gegenwärtig machbar" ausgeschlossen werden. Unter Beachtung der aus der Rechenschaftspflicht des Verantwortlichen erwachsenden Sorgfaltspflichten für die gesetzeskonforme Datenverarbeitung zählen damit notwendigerweise auch Schadensereignisse aus der Verletzung des Schutzes personenbezogener Daten der Studienteilnehmer.

Das Pseudonymisierungserfordernis ist im Sinne einer Kette zu verstehen. Identifizierende Daten dürfen nur vom Prüfer erhoben oder erfasst werden. Sie dürfen sodann nur pseudonym an den Sponsor und an alle weiteren Beteiligten in dieser Kette, selbst an Aufsichts- oder Zulassungsbehörden, weitergegeben und durch diese weiterverarbeitet werden.

Es ist aus diesem Grunde bei der Prüfung und Erstellung von Studienverträgen unbedingt darauf zu achten, die Pseudonymisierungskette (ab dem Prüfarzt) nicht zu durchbrechen. Eine solche Durchbrechung wäre zB dadurch möglich, dass ein Prüfarzt im Prüfarztvertrag dazu verpflichtet wird, unterzeichnete Original-Einwilligungsformulare an den Sponsor herauszugeben. Zur Absicherung ist schon in den Prüfarztverträgen ein unbedingtes Pseudonymisierungserfordernis vorzusehen.

**2. Datenkategorien.** Anlässlich eines Forschungsvorhabens können die verschiedensten Arten von medizinischen Daten des Patienten vom Prüfarzt erhoben und durch den Sponsor (bzw. die CRO) analysiert werden. Darüber hinaus ist es eine regelmäßige Pflicht der CRO, zB im Rahmen der Akquise von Prüfärzten und im Rahmen des Set-ups einer Studie Daten von Prüfärzten (zB Stammdaten und Qualifikationsdaten) und Dienstleistern im Auftrag des Sponsors zu verarbeiten. Es lässt sich daher keine allgemeingültige individuelle Übersicht der konkret betroffenen Datenkategorien darstellen. Das hiesige Muster sieht deswegen die üblicherweise in einem pharmazeutischen oder Medizinprodukte-Forschungsvorhaben verarbeiteten Datenkategorien vor. Es sollten so detaillierte Datenkategorien wie möglich angegeben werden.

**3. Kategorien Betroffener.** Je nach Umfang der von der CRO zu erbringenden Leistungen kann die Bandbreite der Betroffenen von Verarbeitungstätigkeiten der CRO stark variieren. In der Regel verarbeitet die CRO aber jedenfalls personenbezogene Daten der Prüfärzte und deren Mitarbeiter, sowie von Dienstleistern und natürlich von an der Studie teilnehmenden Patienten. Auch hier sollten so detailliert wie möglich die Kategorien Betroffener angegeben werden. Das hiesige Muster sieht daher die üblicherweise an einem pharmazeutischen oder Medizinprodukte-Forschungsvorhaben beteiligten Betroffenenkategorien vor, die ebenfalls so detailliert wie möglich anzugeben sind.

## 3. Vertragsklausel gemeinsam Verantwortliche

Auch die datenschutzrechtliche Verantwortung in der pharmazeutischen Forschung, insbesondere das Verhältnis von Sponsor und Prüfarzt bzw. Prüfzentrum zueinander, ist nicht pauschal bestimmbar, sondern richtet sich nach den gesetzlichen Abgrenzungskriterien der Verantwortlichkeiten gemäß der DS-GVO.

Konkret richtet sich die Verantwortung nach den einzelfallspezifischen Leistungen und Pflichten der Beteiligten. Der Sponsor des Studienvorhabens ist (in der Regel bei klinischen Forschungsvorhaben gem. §§ 40 ff. AMG und §§ 24 ff. MPDG) der regulatorisch Verantwortliche und zugleich (ein) datenschutzrechtlich Verantwortlicher iSd Art. 4 Nr. 7 DS-GVO, weil er in der Regel wesentlich über Mittel und Zwecke der Datenverarbeitung zum Zweck des Forschungsvorhabens entscheidet. Sponsor ist nach § 4 Abs. 24 AMG diejenige „natürliche oder juristische Person, die die Verantwortung für die Veranlassung, Organisation und Finanzierung einer klinischen Prüfung bei Menschen übernimmt".

Neben dem Sponsor ist auch der Prüfarzt bzw. das Prüfzentrum als Verantwortlicher zu qualifizieren, da Mittel und Zwecke der Patientenbehandlung vom Prüfarzt festgelegt werden. Ist die Kooperation von Sponsor und Prüfzentrum bei der Durchführung einer Studie sodann so ausgestaltet, dass Sponsor und Prüfarzt gemeinsam den Prüfplan entwickeln oder dem Prüfarzt ein Entscheidungsspielraum im Hinblick auf die Datenerhebung und -verarbeitung eingeräumt ist, können beide als gemeinsam Verantwortliche iSd Art. 26 DS-GVO angesehen werden.

*Lüghausen*

Im internationalen Kontext wird selbst von einigen mitgliedstaatlichen Aufsichtsbehörden die nicht näher begründete – und unzutreffende – Meinung vertreten, das Prüfzentrum sei generell Auftragsverarbeiter des Sponsors. In Frankreich etwa verabschiedete die CNIL eine geänderte Version ihres vereinfachten Genehmigungsverfahrens für klinische Versuche, die sog. „méthodologie de référence 001" (MR-001). Unternehmen können diese vereinfachte Genehmigung erhalten, wenn sie sich verpflichten, die Bedingungen des MR-001 zu erfüllen. Im Gegensatz zu früheren Versionen der Methodik wird in der neuen Version der Prüfarzt ausdrücklich als Auftragsverarbeiter des Sponsors benannt, ohne dass dies näher begründet wird (CNIL, Délibération n 2018-153 du 3 mai 2018 portant homologation d'une méthodologie de référence relative aux traitements de données à caractère personnel mis en œuvre dans le cadre des recherches dans le domaine de la santé avec recueil du consentement de la personne concernée (MR-001) et abrogeant la délibération n 2016-262 du 21 juillet 2016, JORF n 0160, 13.7.2018). Bei internationalen Forschungsvorhaben ergibt sich daraus bisweilen ein erhöhter Verhandlungsaufwand sowie regelmäßig die Notwendigkeit für den Sponsor bzw. für die den Studienvertrag verhandelnde CRO, sowohl eine Dokumentation der Datenströme als auch der Rechtsgrundlagen dem Studienarzt zur Verfügung zu stellen, damit dieser sich ein eigenes Bild des Verhältnisses zum Sponsor machen kann. Im Rahmen der Vertragsverhandlungen kann dann im Einvernehmen festgelegt werden, in welchem Verhältnis die Beteiligten konkret stehen.

Das folgende Muster ist eine Vertragsklausel zur Aufnahme in einen Studienvertrag und ersetzt als Vereinbarung iSd Art. 26 DS-GVO ein oftmals anzutreffendes umfangreicheres und eigenständiges Joint Control Agreement zwischen Sponsor und Prüfarzt bzw. Prüfzentrum. Es kann verwendet werden, wenn nach einer Analyse der wechselseitig zu erfüllenden Leistungen und Pflichten und der darauf basierenden Analyse, wer über Mittel und Zwecke der Datenverarbeitung anlässlich der Durchführung der Studie entscheidet, eine gemeinsame Verantwortung vorliegt (→ Form. K. IV. 1.).

| § […] Data Protection/Joint Control | | § […] Datenschutz/Gemeinsame Verantwortung |
|---|---|---|
| 1.1 The Parties acknowledge and confirm their understanding that for the purposes of [conducting the Clinical Trial][1] the Institution and the Sponsor are joint controllers of Personal Data within the meaning of Art. 26 GDPR as stipulated hereinafter.[2] | | 1.1 Die Parteien bekräftigen ihr Verständnis, dass sie nach Maßgabe der nachfolgenden Bestimmungen zum Zweck [der Durchführung der Studie][1] gemeinsam Verantwortliche für die Verarbeitung personenbezogener Daten iSd Art. 26 DS-GVO sind.[2] |
| 1.2 The Parties process Personal Data in the course of the trial. With regard to specific processing operations, the parties define their respective internal responsibilities as follows:<br><br>The Sponsor shall be responsible with respect to all processing operations […][3] | | 1.2 Die Parteien verarbeiten bei der Durchführung der Studie personenbezogene Daten. Bezogen auf bestimmte Verarbeitungsvorgänge legen die Parteien ihre jeweilige interne Verantwortlichkeit wie folgt fest: Der Sponsor ist in Bezug auf alle Verarbeitungsvorgänge verantwortlich, die […][3] |

| | |
|---|---|
| The Institution shall be responsible with respect to all processing operations [...][3] | Die Institution ist für alle Verarbeitungsvorgänge verantwortlich, die [...][3] |
| 1.3 Unless otherwise stipulated in this Agreement, the Sponsor and the Institution fulfil their respective legal obligations by reference to their respective responsibilities according to all applicable statutory legal data protection provisions, especially – but not limited to – appropriate measures to safeguard the personal data in accordance with Art. 32 GDPR, maintaining the confidentiality of study subject related health and medical Personal Data and maintaining a written record of all processing activities that are carried out under this Agreement as required by Art. 30 GDPR. | 1.3 Sofern in diesem Vertrag nichts anderes bestimmt ist, erfüllen der Sponsor und die Institution bezogen auf die von Ihnen jeweils zu verantwortenden Verarbeitungstätigkeiten ihre jeweiligen gesetzlichen datenschutzrechtlichen Verpflichtungen, insbesondere geeignete Maßnahmen zum Schutz der persönlichen Daten gem. Art. 32 DS-GVO, die Wahrung der Vertraulichkeit von personenbezogenen Daten der Patienten sowie die Führung eines Verzeichnisses von Verarbeitungstätigkeiten gem. Art. 30 DS-GVO. |
| 1.4 The Institution acknowledges that all Study Data shall be transferred to the Sponsor in pseudonymous form only.[3] | 1.4 Die Institution verpflichtet sich, alle Studiendaten dem Sponsor nur in pseudonymer Form zu übermitteln.[3] |
| 1.5 The Institution shall process Study Data only within the purpose of [...][4], unless the Institution is obligated to different processing according to applicable national or EU statutory legal provisions. The Institution shall inform the Sponsor of such an obligation before starting the processing activities. Processing Study Data for other purposes, [...][5] except and to the extent as expressively stipulated by this Agreement or approved prior in writing by the Sponsor, is prohibited. | 1.5 Die Institution darf Studiendaten nur zum Zwecke der [...][4] verarbeiten, es sei denn, die Institution ist nach dem Unionsrecht oder dem Recht der Mitgliedstaaten zu einer anderen Verarbeitung verpflichtet. Die Institution informiert den Sponsor über eine solche Verpflichtung, bevor sie mit der Verarbeitung beginnt. Die Verarbeitung von Studiendaten für andere Zwecke [...][5] ist verboten, es sei denn, dies ist ausdrücklich in diesem Vertrag vorgesehen oder vom Sponsor zuvor schriftlich genehmigt worden. |
| 1.6 The Institution is responsible for and designated by the Sponsor as the first point of contact for the patients whose personal data is being processed under this Agreement. In the event that the Sponsor receives a request from a patient exercising rights | 1.6 Die Institution wird vom Sponsor als erste Kontakt- und Anlaufstelle für alle Anfragen der Patienten den Schutz ihrer personenbezogenen Daten, einschließlich der Geltendmachung von Betroffenenrechten und der Ausübung eines Widerrufs der Einwil- |

| | |
|---|---|
| as a data subject according to the GDPR or exercising a withdrawal of consent, the respective receiver of such request shall immediately forward the request to the Institution. The Institution will manage and respond to such patients' requests in accordance with applicable law.[6] | ligung, betreffend bestimmt. Für den Fall, dass der Sponsor eine solche Anfrage eines Patienten erhält, leitet dieser den Antrag unverzüglich an die Institution weiter. Die Institution wird eine solche Anfrage in Übereinstimmung mit den gesetzlichen Bestimmungen bearbeiten und beantworten.[6] |
| 1.7 The Parties shall notify each other promptly and without undue delay (and in any case within thirty-six (36) hours of discovery) if either Party becomes aware of a personal data breach (as defined under Art. 4 No. 12, Art. 33 of the GDPR) related to personal data processed under this Agreement.<br><br>The party in whose internal area of responsibility (in accordance with 1.2 above) a violation of the protection of personal data falls shall fulfil any notification or communication obligation in accordance with Art. 33 and 34 GDPR. | 1.7 Die Parteien benachrichtigen sich gegenseitig unverzüglich (in jedem Fall innerhalb von sechsunddreißig (36) Stunden nach Kenntniserlangung), wenn eine der Parteien Kenntnis von einer Verletzung des Schutzes personenbezogener Daten (gem. der Definition in Art. 4 Nr. 12, Art. 33 DS-GVO) im Zusammenhang mit personenbezogenen Daten erlangt, die zum Zweck der Durchführung der Studie verarbeitet werden.<br><br>Diejenige Partei, in deren internen Verantwortungsbereich (gem. vorstehender Ziff. 1.2) eine Verletzung des Schutzes personenbezogener Daten fällt, erfüllt etwaige Melde- und Benachrichtigungspflichten gem. Art. 33 und 34 DS-GVO. |
| 1.8 The parties shall be liable in their internal relationship with each other according to their fault in the cause which gives rise to external liability. This shall apply accordingly in the event of a fine imposed on one of the parties due to a violation of data protection regulations. If one party is charged with a fine which does not correspond to its fault in the cause causing the liability, the other party is obliged to indemnify it from the fine to the extent that it bears responsibility for the sanctioned infringement. The external liability of the parties remains unaffected.[7] | 1.8 Die Parteien haften im Innenverhältnis untereinander nach ihrem Verschulden an der nach außen haftungsauslösenden Ursache. Dies gilt entsprechend im Falle einer gegen eine Partei wegen eines Verstoßes gegen Datenschutzvorschriften verhängten Geldbuße. Ist eine Partei mit einer Geldbuße belastet, die nicht ihrem Verschulden an der haftungsauslösenden Ursache entspricht, ist die jeweils andere Partei verpflichtet, sie von der Geldbuße in dem Umfang freizustellen, in dem sie die Verantwortung für den sanktionierten Verstoß trägt. Die Außenhaftung der Parteien bleibt unberührt.[7] |

| | | |
|---|---|---|
| 1.9 The Institution shall provide each Patient with the Informed Consent Form prior to enrolment in the Study.[8] | | 1.9 Die Institution stellt jedem Patienten vor dessen Aufnahme in die Studie das Einwilligungsformular zur Verfügung und holt dessen Einwilligung ein.[8] |
| 1.10 The Parties shall ensure that each of its employees involved in the performance of the Study is fully informed in sufficient detail about the nature, purpose, scope of processing Personal Data (e.g. name and function, compensation, CV data) for the purpose of performing the Study and/or internal administrative purposes of the Parties and shall provide to such employees a written data protection notice.[9] | | 1.10 Die Parteien stellen sicher, dass jeder ihrer Mitarbeiter, der an der Durchführung der Studie beteiligt ist, ausreichend detailliert über Art, Zweck und Umfang der Verarbeitung personenbezogener Daten (zB Name und Funktion, Vergütung, Lebenslaufdaten) zum Zwecke der Durchführung der Studie und/oder für interne administrative Zwecke der Parteien informiert wird und stellt diesen Mitarbeitern eine schriftliche Datenschutzerklärung zur Verfügung.[9] |

## Anmerkungen

**1. Benennung des Zwecks.** Es sollten die Mittel und Zwecke der Verarbeitungsvorgänge unter gemeinsamer Verantwortung so konkret wie möglich benannt werden, um eine ausufernde gemeinsame Verantwortung bei etwaig vorliegender nur teilweiser gemeinsamer Verantwortung zu vermeiden. Es können an dieser Stelle daher auch nur einzelne Zwecke innerhalb eines Studienvorhabens aufgeführt werden. Ist zB der Prüfarzt berechtigt, in der Planung nicht berücksichtigte Patientendaten zu erheben und auszuwerten, sollte dies als Verantwortungsbereich des Prüfarztes allein definiert werden. Dasselbe gilt, wenn der Prüfarzt berechtigt ist, Studiendaten für von der Durchführung der Studie unabhängige eigene Zwecke zweit zu verwerten. Ferner sollten alle internen Verarbeitungsvorgänge des Prüfarztes und des Sponsors aufgeführt werden. Hiervon erfasst sind zB auf Seiten des Prüfarztes die Führung der Patientenakten und auf Seiten des Sponsors dessen Verarbeitungsvorgänge anlässlich der Datenanalyse und -auswertung.

**2. Gemeinsame Verantwortung.** Die Vertragsklausel geht davon aus, dass gemäß dem Studiendesign eine gemeinsame Verantwortung von Studienzentrum und Sponsor vorliegt. Zur Bestimmung des konkreten Verhältnisses von Sponsor und Studienzentrum ist daher sehr genau zu untersuchen, welcher Beteiligter welche Aufgaben bei der Durchführung des Studienvorhabens übernimmt (→ Anm. 1). Die Vertragsklausel ist dazu bestimmt, im Studienvertrag zwischen Studienzentrum und Sponsor aufgenommen zu werden. Es ist darauf zu achten, dass gem. Art. 26 Abs. 2 S. 2 DS-GVO den Betroffenen „das Wesentliche der Vereinbarung" bereitgestellt wird (→ Form. G.V). Dies betrifft insbesondere die Information der Patienten über das Prüfzentrum als „First Point of Contact". Die Bereitstellung des „Wesentlichen" kann in der Datenschutzinformation erfolgen, die stets auch Bestandteil des (zB im Falle einer klinischen Studie gem. §§ 40 ff. AMG notwendigen) Einwilligungsformulars (Informed Consent Form, „ICF") ist. Die Formulierung des ICF ist daher entsprechend anzupassen.

**3. Festlegung von Verarbeitungstätigkeiten.** Es ergibt Sinn, anhand des Verarbeitungsverzeichnisses eine möglichst klare Abgrenzung der jeweiligen Verantwortlichkeiten für einzelne Verarbeitungsvorgänge oder Studienabschnitte zu definieren, um eine möglichst zutreffende Abbildung der Haftungsverteilung im Innenverhältnis zu erhalten.

**4. Pseudonymisierungserfordernis.** → Form. K. IV.2. Anm. 1.

**5. Verbot zweckfremder Verarbeitung.** Die Regelung über das Verbot der zweckfremden Verarbeitung hat unabhängig von der datenschutzrechtlichen Einordnung der Verantwortlichkeiten der Beteiligten weniger datenschutzrechtlich, sondern vielmehr wirtschaftlich geprägten Charakter. Im Falle der gemeinsamen Verantwortung kann sich ein Spannungsfeld zwischen der Frage der wirtschaftlichen Verantwortung für die Studie und dem Interesse an deren wissenschaftlichen Wert ergeben. Die wirtschaftliche und tatsächliche Verantwortung der Beteiligten ist oftmals breiter zwischen den Beteiligten verteilt und verbleibt eher nicht allein beim Sponsor. Es ist daher opportun, den Parteien eine individuelle Berechtigung an der Auswertung der Daten zuzuschreiben. In den Text kann an der markierten Stelle daher eine Ausnahme aufgenommen werden, indem etwa eingefügt wird: „mit Ausnahme des Zweckes der eigenen wissenschaftlichen Forschung".

**6. „First Point of Contact".** Bei der gemeinsamen Verantwortung bedarf es insbesondere einer Absprache der Verantwortlichen darüber, wer Betroffenenrechte wahrnimmt. In der klinischen (aber genauso in der nichtklinischen) Forschung ist eine derartige Bestimmung aufgrund des Pseudonymisierungserfordernisses aber ohnehin zwingend notwendig. Der Sponsor darf (mit Ausnahme des stark begrenzten Monitorings) keinen Zugriff auf Patientenklardaten erhalten, die er im Falle einer Meldung eines Betroffenen aber erhalten würde. In der Regel sollte daher der Prüfarzt „First Point of Contact" für den Betroffenen sein.

**7. Haftung im Innenverhältnis.** Die Haftung der gemeinsam Verantwortlichen im Außenverhältnis, gegenüber Betroffenen, Aufsichtsbehörden und sonstigen Dritten folgt der zwingenden gesetzlichen Regelung des Art. 82 DS-GVO. Danach ordnet Art. 82 Abs. 4 DS-GVO eine gesamtschuldnerische Haftung im Außenverhältnis an. Im Innenverhältnis sieht Art. 82 Abs. 2 DS-GVO eine Haftung nach seinem jeweiligen Verursachungsbeitrag (Anteil an der Verantwortung für den Schaden), dh unter Berücksichtigung der Art und des Umfangs des Beitrages des jeweiligen Datenschutzverstoßes bzw. des hieraus resultierenden Schadens vor.

Das vorliegende Muster sieht im Sinne eines fairen Ausgleichs eine interne Haftungsverteilung nach dem gesetzlichen Konzept vor. Eine individuelle und hiervon abweichende Haftungsregelung im Innenverhältnis wäre zulässig, ist aber in der Regel hinsichtlich der Haftung für die Datenverarbeitung nicht opportun.

**8. Einwilligung.** Die Einwilligung der Studienteilnehmer ist (noch) der zentrale Erlaubnistatbestand für alle Datenverarbeitungsvorgänge anlässlich pharmazeutischer Forschungsprojekte. In der regulierten klinischen Prüfung ist sie verpflichtend (§ 40b Abs. 6 AMG, § 29 S. 2 Nr. 1 lit. b MPDG), andernfalls kann eine gesetzliche Rechtsgrundlage bestehen (z.B. nach Art. 9 Abs. 1 lit. i DS-GVO in Verbindung mit

§§ 27, 22 Abs. 2 Nr. 6 BDSG). In der Regel wird der Inhalt der Einwilligung durch den Sponsor mit der Ethik-Kommission abgestimmt. Das Studienzentrum holt anlässlich der Probandenakquise die Einwilligung ein. Sofern die Einwilligungen durch den Sponsor in der zentralen Studiendatenbank, dem sog. Trial Master File (TMF) gespeichert werden sollen, muss auch diesbezüglich das Pseudonymisierungserfordernis eingehalten werden. Die Originaldokumente müssen beim Studienzentrum verbleiben.

Die Einwilligung ist auch der richtige Ort, an dem die Betroffenen Patienten über das „Wesentliche der Vereinbarung" der gemeinsam Verantwortlichen iSd Art. 26 DS-GVO informiert werden.

**9. Informationspflichten.** Die Pflicht zur Information der Mitarbeiter des Prüfarztes bzw. des Prüfzentrums ergibt sich für die gemeinsam Verantwortlichen jeweils aus Art. 13 lit. f DS-GVO. Bei der Erstellung der Information empfiehlt sich im Falle der gemeinsamen Verantwortung stets die enge Abstimmung zwischen Sponsor und Prüfarzt, damit sichergestellt ist, dass die Betroffenen über alle Aspekte der Verarbeitung ihrer Daten und durch alle Verantwortlichen informiert sind.

## 4. Vertragsklausel getrennt Verantwortliche

Das folgende Muster ist eine Vertragsklausel zur Aufnahme in einen Studienvertrag zwischen Sponsor und Studienzentrum, wenn nach einer Analyse der von den Beteiligten zu erfüllenden Leistungen und Pflichten eine getrennte Verantwortung der Beteiligten vorliegt (→ Form. K. IV. 1.).

| § [...] Data Protection | | § [...] Datenschutz |
|---|---|---|
| 1.1 The Parties acknowledge and confirm their understanding, that for the purposes of conducting the Clinical Trial the Institution and the Sponsor are separate and individual controllers of Personal Data as stipulated hereinafter.[1] | | 1.1 Die Parteien bekräftigen ihr Verständnis, dass sie nach Maßgabe der nachfolgenden Bestimmungen zum Zweck der Durchführung der Studie jeweils getrennt Verantwortliche für die Verarbeitung personenbezogener Daten sind.[1] |
| 1.2 The Institution is the controller of Personal Data processed with respect to the source data of patients participating in the Study ("patients") (i.e. in particular medical records of the patients; "Institution's Data").[2] | | 1.2 Die Institution ist der Verantwortliche für die Verarbeitung derjenigen personenbezogenen Daten, die in den Quelldaten der an der Studie teilnehmenden Patienten („Patienten") enthalten sind (zB personenbezogene Daten in der Patientenakte und anderen Aufzeichnungen die Behandlung des Patienten betreffend; „Quelldaten").[2] |
| 1.3 The Sponsor is the controller with respect to all processing of pseu- | | 1.3 Der Sponsor ist der Verantwortliche für die Verarbeitung pseudo- |

| | |
|---|---|
| donymised personal data of patients contained in or derived of the Institution's data that is reported or transferred by any means of transmission by the Institution to the Sponsor ("Study Data"). | nymisierter personenbezogener Daten von Patienten, die in den Quelldaten enthalten sind oder von diesen abgeleitet wurden und die von der Institution an den Sponsor übermittelt wurden („Studiendaten"). |
| 1.4 Unless otherwise stipulated in this Agreement, the Sponsor and the Institution fulfil their respective legal obligations with regards to all applicable statutory legal data protection provisions, especially – but not limited to – appropriate measures to safeguard the personal data in accordance with Art. 32 GDPR, maintaining the confidentiality of study subject related health and medical Personal Data and maintaining a written record of all processing activities that are carried out under this Agreement as required by Art. 30 GDPR. | 1.4 Sofern in diesem Vertrag nichts anderes bestimmt ist, erfüllen der Sponsor und die Institution ihre jeweiligen gesetzlichen Verpflichtungen in Bezug auf alle anwendbaren Datenschutzbestimmungen, insbesondere – aber nicht beschränkt auf – geeignete Maßnahmen zum Schutz der persönlichen Daten gem. Art. 32 DS-GVO, die Wahrung der Vertraulichkeit von personenbezogenen Daten der Patienten sowie die Führung eines Verzeichnisses von Verarbeitungstätigkeiten gem. Art. 30 DS-GVO für Verarbeitungstätigkeiten, die zum Zwecke der Durchführung der Studie ausgeführt werden. |
| 1.5 The Institution acknowledges that all Study Data will be transferred to the Sponsor in pseudonymous form only.[3] | 1.5 Die Institution verpflichtet sich, dem Sponsor alle Studiendaten nur in pseudonymer Form zu übermitteln.[3] |
| 1.6 The Institution shall process Study Data only within the purpose of collecting or selecting, pseudonymising and transferring the Study Data and with the agreed-upon means only and only according to the Sponsor's instructions, unless the Institution is obligated to different processing according to applicable national or EU statutory legal provisions. The Institution shall inform the Sponsor of such an obligation before starting the processing activities. Processing Study Data for other purposes, duplicating Study Data or a selection logic for Study Data or transfer of Study Data or a selection logic for Study Data to third parties except and to the extent as expressively stipulated | 1.6 Die Institution darf Studiendaten nur im Rahmen des Zwecks der Erhebung oder Auswahl, Pseudonymisierung und Übermittlung der Studiendaten und mit den vereinbarten Mitteln und nur gemäß den Anweisungen des Sponsors verarbeiten, es sei denn, die Institution ist aufgrund des Rechts der Mitgliedstaaten oder der Europäischen Union zu einer anderen Verarbeitung verpflichtet. Die Institution informiert den Sponsor über eine solche Verpflichtung, bevor sie mit der Verarbeitung beginnt. Die Verarbeitung von Studiendaten für andere Zwecke, die Vervielfältigung von Studiendaten oder einer Auswahllogik für Studiendaten oder die Weitergabe von Studiendaten |

| | | |
|---|---|---|
| by this Agreement or approved prior in writing by the Sponsor, is prohibited.[4] | | oder einer Auswahllogik für Studiendaten an Dritte ist verboten, es sei denn, dies ist ausdrücklich in diesem Vertrag vorgesehen oder vom Sponsor zuvor schriftlich genehmigt worden.[4] |
| 1.7 The Institution is responsible for and designated by the Sponsor as the first point of contact for the patients whose personal data is being processed under this Agreement. In the event that the Sponsor receives a request from a patient exercising rights as a data subject according to the GDPR or exercising a withdrawal of consent, the respective receiver of such request shall immediately forward the request to the Institution. The Institution will manage and respond to such patients' requests in accordance with applicable law.[5] | | 1.7 Die Institution wird vom Sponsor als erste Kontakt- und Anlaufstelle für alle Anfragen der Patienten den Schutz ihrer personenbezogenen Daten, einschließlich der Geltendmachung von Betroffenenrechten und der Ausübung eines Widerrufs der Einwilligung, betreffend bestimmt. Für den Fall, dass der Sponsor eine solche Anfrage eines Patienten erhält, leitet dieser den Antrag unverzüglich an die Institution weiter. Die Institution wird eine solche Anfrage in Übereinstimmung mit den gesetzlichen Bestimmungen bearbeiten und beantworten.[5] |
| 1.8 The Parties shall notify each other promptly and without undue delay (and in any case within thirty-six (36) hours of discovery) if either Party becomes aware of a personal data breach (as defined under Art. 4 No. 12, Art. 33 of the GDPR) related to personal data processed under this Agreement. | | 1.8 Die Parteien benachrichtigen sich gegenseitig unverzüglich (in jedem Fall innerhalb von sechsunddreißig (36) Stunden nach Kenntniserlangung), wenn eine der Parteien Kenntnis von einer Verletzung des Schutzes personenbezogener Daten (gem. der Definition in Art. 4 Nr. 12, Art. 33 DS-GVO) im Zusammenhang mit personenbezogenen Daten erlangt, die zum Zweck der Durchführung der Studie verarbeitet werden. |
| 1.9 Each Party shall be responsible for any personal data breach that falls into the sphere of responsibility of such Party and shall comply with the obligations as set forth in Art. 33 and 34 GDPR. | | 1.9 Jede Partei ist für jede Verletzung des Schutzes personenbezogener Daten, die in ihren jeweiligen Verantwortungsbereich fällt, verantwortlich und erfüllt jeweils die in Art. 33 und 34 DS-GVO festgelegten Verpflichtungen. |
| 1.10 The Institution shall provide each Patient with the Informed Consent Form prior to enrolment in the Study.[6] | | 1.10 Die Institution stellt jedem Patienten vor dessen Aufnahme in die Studie das Einwilligungsformular zur Verfügung und holt dessen Einwilligung ein.[6] |

*Lüghausen*

| | |
|---|---|
| 1.11 The Institution shall ensure that each of its employees involved in the performance of the Study is fully informed in sufficient detail about the nature, purpose, scope of processing Personal Data (e.g. name and function, compensation, CV data) for the purpose of performing the Study and/or internal administrative purposes of the Sponsor and shall provide to such employees a written data protection notice.[7] | 1.11 Die Institution stellt sicher, dass jeder ihrer Mitarbeiter, der an der Durchführung der Studie beteiligt ist, ausreichend detailliert über Art, Zweck und Umfang der Verarbeitung personenbezogener Daten (zB Name und Funktion, Vergütung, Lebenslaufdaten) zum Zwecke der Durchführung der Studie und/oder für interne administrative Zwecke des Sponsors informiert wird, und stellt diesen Mitarbeitern eine schriftliche Datenschutzerklärung zur Verfügung.[7] |

## Anmerkungen

**1. Getrennte Verantwortung.** Die Vertragsklausel geht davon aus, dass auf Basis des Studiendesigns eine getrennte Verantwortung von Studienzentrum und Sponsor vorliegt. Zur Bestimmung des konkreten Verhältnisses von Sponsor und Studienzentrum ist daher sehr genau zu untersuchen, welcher Beteiligte welche Aufgaben bei der Durchführung des Studienvorhabens übernimmt. Die Vertragsklausel ist dazu bestimmt, im Studienvertrag zwischen Studienzentrum und Sponsor aufgenommen zu werden.

**2. Trennung der Verantwortlichkeiten.** Eine Trennung der Verantwortlichkeiten bedarf auch einer klaren Bestimmung, welcher Verantwortliche für welche Daten im Studienverlauf verantwortlich ist. Im Falle der getrennten Verantwortlichkeit bietet es sich an, die Trennung dort vorzunehmen, wo die originäre Verantwortlichkeit des Studienzentrums für die Verarbeitung von Patientendaten endet, dh in der Regel nach der Übermittlung der pseudonymisierten Studiendaten: Dabei erfolgen Pseudonymisierung und Übermittlung häufig in einem Arbeitsschritt über einen Erhebungsbogen (in Papierform oder elektronisch), in den die Untersuchungsdaten des Patienten eingegeben und der sodann an den Sponsor übermittelt wird (sogenannter (electronic) Case Report Form oder (e)CRF).

**3. Pseudonymisierungserfordernis.** → Form. K. IV.2. Anm. 1.

**4. Verbot der zweckfremden Verarbeitung.** Die Regelung über das Verbot der zweckfremden Verarbeitung hat weniger datenschutzrechtlich, sondern vielmehr wirtschaftlich geprägten Charakter. Da erst recht im Falle der getrennten Verantwortung in der Regel auch die wirtschaftliche Verantwortung der Studie insgesamt allein beim Sponsor verbleibt, ist es opportun, dem Sponsor auch exklusiv die Auswertung insbesondere der Studienlogik zuzuschreiben. Von dieser Regelung kann abgewichen werden, etwa wenn auch das Studienzentrum im Wege der forschenden Zweitverwertung von den Forschungserkenntnissen profitieren soll. Ein Abweichen kann aber Auswirkungen auf das Verhältnis der Beteiligten haben, wenn etwa die Zwecke der (nachgelagerten) Datenverarbeitung von Sponsor und Studienzentrum gemeinsam festgelegt werden. Dann kann eine gemeinsame Verantwortung vorliegen, die mit der Aufnahme der Vertragsklausel für gemeinsam Verantwortliche → Form. K. IV.2 geregelt werden kann.

**5. „First Point of Contact".** Anders als bei der gemeinsamen Verantwortung (im Sinne einer transparenten Vereinbarung gem. Art. 26 DS GVO) bedarf es unter datenschutzrechtlichen Gesichtspunkten nicht zwingend der Absprache der getrennt Verantwortlichen darüber, ob eine der Parteien als zentraler Ansprechpartner für die Betroffenen bestimmt wird. In der klinischen (aber genauso in der nichtklinischen) Forschung nach den Good Clinical Practice-Regeln ist eine derartige Bestimmung aber dennoch zwingend notwendig, um die strenge Pseudonymisierungsanforderung und -erhaltung nicht zu gefährden. Daher muss stets der Prüfarzt der direkte Ansprechpartner des Patienten in allen Belangen sein, der sodann alle Patientenbelange (auch den Datenschutz betreffend) pseudonymisiert an den Sponsor kommunizieren kann. Wäre der Sponsor Ansprechpartner der Studienteilnehmer, würde dies zwangsläufig zu einer Durchbrechung der strengen Pseudonymisierungsanforderung führen.

**6. Einwilligung.** → Form. K. IV.3. Anm. 8.

**7. Information.** → Form. K. IV.3. Anm. 9.

## L. Datenschutz in Vereinen, Verbänden und Stiftungen

Die DS-GVO führt nicht nur bei Unternehmen zu einem erheblichen Aufwand. Auch und gerade Vereine, Verbände und Stiftungen können stark von den Vorschriften der DS-GVO betroffen sein. Dabei ist das Spektrum sehr groß. Gerade Vereine arbeiten häufig dort mit Menschen wo sie am verletzlichsten sind und verarbeiten besonders schutzwürdige Daten. Kulturvereine, Religionsgemeinschaften, Gewerkschaften und politische Parteien verarbeiten gegebenenfalls aus den Datenkategorien des Art. 9 DS-GVO „Daten, aus denen die rassische und ethnische Herkunft, politische Meinungen, religiöse oder weltanschauliche Überzeugungen oder die Gewerkschaftszugehörigkeit hervorgehen“. Krankenhäuser, die in Vereinsträgerschaft organisiert sind, verarbeiten „Gesundheitsdaten“. Bestimmte Beratungsstellen verarbeiten „Daten zum Sexualleben oder der sexuellen Orientierung einer natürlichen Person“ (ebenfalls Art. 9 DS-GVO). Selbst bei Sport-, Jugend- und Nachhilfevereinen finden sich immer wieder Gesundheitsdaten oder Daten der nach Erwgr. 38 besonders schutzbedürftigen Kinder.

Am anderen Ende des Spektrums finden sich Verbände und Dachorganisationen mit überwiegend oder ausschließlich juristischen Personen als Mitgliedern und überschaubar vielen einschlägigen Verarbeitungsprozessen.

Die jeweiligen Datenschutz-Aufsichtsbehörden der Länder bieten inzwischen umfangreiche Leitfäden und/oder FAQs für Vereine und Verbände (zB BayLDA, www.lda.bayern.de/media/veroeffentlichungen/muster_1_verein.pdf oder LDI NRW, https://www.ldi.nrw.de/datenschutz-im-verein). Da die datenschutzrechtlichen Vorgaben für praktisch jede juristische Person gelten, sind neben eingetragenen Vereinen auch andere vergleichbare Zusammenschlüsse erfasst. Die nachfolgenden Muster sprechen in der Regel von Vereinen, können aber genauso auf sonstige Verbände oder Stiftungen angewandt werden. Das gilt natürlich auch für nicht-eingetragene Vereine. Aufgrund der Vielfalt in der Arbeit von Vereinen, Verbänden und Stiftungen können nachfolgend zwar allgemeine Muster bereitgestellt werden, diese sind aber stets an den Einzelfall anzupassen.

Als Ausgangspunkt wird nachfolgend ein mögliches Informationsschreiben eines Dachverbands an zugeordnete, aber eigenständige Vereine gewählt, in dem die vordringlichen Maßnahmen zur Umsetzung der DS-GVO beschrieben werden und das Verweise auf die weiteren relevanten und im Buch beschriebenen Muster enthält.

## I. Rundschreiben an Mitgliedsverbände durch Dachverband

Rundschreiben zur Umsetzung der Datenschutzvorgaben

Sehr geehrte Damen und Herren Vorsitzende,

als Dachverband möchten wir Sie mit diesem Schreiben über den wichtigsten Handlungsbedarf im Hinblick auf die europäische Datenschutz-Grundverordnung (DS-GVO) informieren.

Für die Einhaltung der Datenschutzvorschriften ist jeder Verein eigenständig verantwortlich.[1] Als Dachverband möchten wir Sie aber bei der Umsetzung unterstützen und Sie über den wichtigsten Handlungsbedarf informieren. Zudem stellen wir Ihnen verschiedene Muster bereit, die aber keine Rechtsberatung ersetzen können.

Die DS-GVO stellt Regeln für den Schutz personenbezogener Daten auf. Davon sind praktisch jedes Unternehmen, jeder Verein oder jede Stiftung mit Sitz in Europa betroffen. Personenbezogene Daten sind alle Informationen, mit denen eine individuelle Person identifiziert werden kann.[2] Alle Mitgliedsverbände arbeiten mit personenbezogenen Daten (zB Namen und Kontaktdaten der Mitglieder, aber auch Besucher der Websites, Empfänger der E-Mails) und müssen das Gesetz daher umsetzen.

Folgende Themen muss nach unserer Einschätzung jeder Verein (egal ob gemeinnützig und/oder eingetragen oder nicht) erfüllen:
- Bereitstellung eines Textes mit Datenschutzinformationen an die Mitglieder und ggf. an Lieferanten, Geschäftspartner und andere Kontakte im Rahmen der Vereinsarbeit (Datenschutzerklärung). Teil davon ist die Aufnahme eines Hinweises zur Datenverarbeitung in Aufnahmeformularen. Anbei übersenden wir Ihnen ein Muster.[3]
- Überprüfung der Website mit Erstellung bzw. Überarbeitung der Online-Datenschutzerklärung. Anbei übersenden wir Ihnen ein Muster.
- Abschluss von Auftragsverarbeitungsverträgen mit Dienstleistern, die personenbezogenen Daten einsehen können, insbesondere die IT-Dienstleister. Anbei übersenden wir Ihnen ein Muster.[4]
- Führen eines internen Verarbeitungsverzeichnisses, das die Datenverarbeitungsvorgänge beschreibt. Anbei übersenden wir Ihnen ein Muster, das als Grundlage dienen kann – eine individuelle Anpassung ist erforderlich, wenn in Ihrem Verein andere/zusätzliche Verarbeitungsvorgänge bestehen.[5]
- Verpflichtung der Mitglieder des Vorstands auf die Wahrung der Vertraulichkeit. Anbei übersenden wir Ihnen ein Muster.[6]
- Verabschiedung einer Organisationsanweisung zur Verarbeitung personenbezogener Daten im Verein mit Festlegung von technisch-organisatorischen Maßnahmen zur Gewährleistung der IT-Sicherheit. Anbei übersenden wir Ihnen ein Muster.[7]
- Einholung der Einwilligungen von Mitgliedern und Nichtmitgliedern zum Versand von Mailings/Newslettern. Hier handelt es sich um komplexe Fragestellun-

gen, für die kein universelles Muster bereitgestellt werden kann. Vielmehr sollte im Einzelfall geprüft werden, ob die Einholung einer Einwilligung erforderlich ist.[8]

Die vorgenannten Themen sind nur ein Teil der gesetzlichen Vorgaben, die allerdings von Außenstehenden oder den Datenschutz-Aufsichtsbehörden einfach überprüft werden können. Wenn die Themen umgesetzt sind, können weitere Verpflichtungen im Einzelfall noch umgesetzt und das Risiko von Datenschutzverstößen so minimiert werden. Denken Sie dennoch daran, dass es auch Meldepflichten gegenüber den Betroffenen/Aufsichtsbehörden bei Datenschutzvorfällen[9] geben kann und Betroffene zB Auskunftsersuchen[10] geltend machen können. Auch die Löschung nicht mehr erforderlicher Daten muss gewährleistet sein.

Sie können die von uns in der Anlage übersandten Muster als Ausgangspunkt nehmen. Bedenken Sie aber, dass sich die Vorgaben je nach Zielen und Zwecken in jedem Verein unterscheiden können. Unsere Muster sollen Ihnen die Umsetzung vereinfachen und Sie unterstützen, können aber nicht immer direkt übernommen werden. Bitte prüfen Sie die Texte sorgfältig, um den korrekten Einsatz sicherzustellen.

Mit freundlichen Grüßen
(…)

## Anmerkungen

**1. Verantwortliche Stelle.** Zur Einhaltung datenschutzrechtlicher Vorschriften ist der Verantwortliche verpflichtet, also die natürliche oder juristische Person, Behörde, Einrichtung oder andere Stelle, die allein oder gemeinsam mit anderen über die Zwecke und Mittel der Verarbeitung von personenbezogenen Daten entscheidet (Art. 4 Nr. 7 DS-GVO). Für die Muster dieses Kapitels wird von dem Normalfall eines im Vereinsregister eingetragenen Idealvereins ausgegangen. In diesem Fall ist Verantwortlicher iSd DS-GVO üblicherweise der Verein (§ 21 BGB) als juristische Person. Der Verein handelt durch seinen Vorstand, der den Verein nach außen vertritt (§ 26 BGB). Gleiches gilt zB für die Stiftung, da § 86 BGB insoweit auf die vereinsrechtlichen Regeln verweist. Das heißt, dass die Verpflichtung zur Einhaltung des Datenschutzrechts in erster Linie beim Vorstand liegt. Dieser hat sicherzustellen, dass der Verein die Vorgaben des geltenden Rechts, damit auch des Datenschutzrechts, in jeder Hinsicht erfüllt. Für Versäumnisse des Vorstands haftet der Verein (§ 31 BGB), umgekehrt kann der Vorstand dem Verein gegenüber haften, wenn er seine Verpflichtungen nicht erfüllt (ua § 31a BGB).

Auch Vereine unterliegen datenschutzrechtlichen Anforderungen. Insbesondere können sich Vereine regelmäßig nicht auf die sog. „Haushaltsausnahme" des Art. 2 Abs. 2 lit. c DS-GVO berufen. Hiernach findet die DS-GVO keine Anwendung auf die Verarbeitung personenbezogener Daten durch natürliche Personen zur Ausübung ausschließlich persönlicher oder familiärer Tätigkeiten. Vereine sind schon keine „natürliche Person", sondern juristische Personen. Hinzu kommt, dass ideelle, karitative, gemeinnützige und mildtätige Zwecke aus dem von Art. 2 Abs. 2 lit. c DS-GVO betroffenen privaten und familiären Bereich herausfallen und auch deshalb nicht unter die Ausnahme gefasst werden können (Wagner NZG 2018, 330 (333) mwN).

**2. Personenbezogene Daten im Verein.** Vereine gehen üblicherweise in breitem Umfang mit personenbezogenen Daten um. Dies betrifft einerseits typischerweise die Mitgliederverwaltung. Der Verein muss naturgemäß in gewissem Umfang Daten seiner Mitglieder verarbeiten, einerseits, um überhaupt zu wissen, wer Mitglied des Vereins (und ggf. mit welcher Funktion) ist, andererseits aber auch, um beispielsweise Vereinsbeiträge einziehen, Rundschreiben versenden und Mitgliederversammlungen einberufen zu können. Aus den jeweiligen Erfordernissen bestimmt sich demzufolge auch der Umfang der vom Verein zu speichernden Daten über seine Mitglieder. Nach dem Grundsatz des sog. Verbots mit Erlaubnisvorbehalt (Art. 5 Abs. 1 lit. a, Art. 6 DS-GVO) benötigt auch der Verein eine Rechtsgrundlage für jede Datenverarbeitung hinsichtlich seiner Mitglieder. Insofern kann sich der Verein auf den gesetzlichen Erlaubnistatbestand des Art. 6 Abs. 1 S. 1 lit. b DS-GVO berufen, wonach die Verarbeitung von personenbezogenen Daten für die Erfüllung eines Vertrags, dessen Vertragspartei die betroffene Person ist, gestattet ist. Diese Vorschrift ist auch auf die Vereinsmitgliedschaft anzuwenden (Kühling/Buchner/Buchner/Petri DS-GVO Art. 6 Rn. 30), allerdings kann darauf freilich nur diejenige Datenverarbeitung gestützt werden, die zur Vertragserfüllung – also für die Begründung, Durchführung und Beendigung der Vereinsmitgliedschaft – erforderlich ist. Welche Daten es sind, die auf dieser Grundlage verarbeitet werden dürfen, hängt damit ganz wesentlich von den Inhalten der Vereinssatzung ab. Regelmäßig werden die Beitrags- und Anschriftenverwaltung sowie den Versand von Einladungen zu vereinsrechtlich erforderlichen Versammlungen von Art. 6 Abs. 1 S. 1 lit. b DS-GVO gerechtfertigt sein (Uecker ZD 2019, 248 (250)), ohne dass es einer gesonderten Einwilligung oder dergleichen bedürfte.

Nach der Rechtsprechung des BGH steht Vereinsmitgliedern „kraft Mitgliedschaftsrechts" ein Anspruch auf Herausgabe von Mitgliederlisten zu, wenn sie ein berechtigtes Interesse hieran geltend machen können (BGH 21.6.2010 – II ZR 219/09, MMR 2011, 207; diese Rechtsauffassung hat das BVerfG bereits lange zuvor gebilligt, vgl. BVerfG 18.2.1991 – 1 BvR 185/91, BeckRS 2012, 47998; weiterführend siehe zB Abedin DSRITB 2019, 155). Aus datenschutzrechtlicher Sicht wird sich die damit einhergehende Datenverarbeitung wohl auf Art. 6 Abs. 1 S. 1 lit. b DS-GVO (Vertragserfüllung) stützen lassen, weil es um Rechte geht, die den Mitgliedern aufgrund ihrer privatautonom begründeten Mitgliedschaft wechselseitig zustehen, sodass die Datenverarbeitung letztlich auf die willentliche Entscheidung des von der Verarbeitung Betroffenen zurückgeht (vgl. BeckOK DatenschutzR/Albers/Veit DS-GVO Art. 6 Rn. 30 mwN). Die Herausgabe ist auch deshalb zur Vertragsdurchführung erforderlich, weil Mitgliedschaftsrechte ohne die Informationspflicht nicht effektiv ausgeübt werden könnten oder sogar leerliefen (OLG Hamm 26.4.2023 – 8 U 94/22, MDR 2023, 1060). Will man Art. 6 Abs. 1 S. 1 lit. b DS-GVO hingegen nicht als Grundlage ansehen, käme als weiterer Erlaubnistatbestand noch Art. 6 Abs. 1 S. 1 lit. f DS-GVO (Interessenabwägung) in Betracht. Dieser setzt allerdings eine transparente Information der Mitglieder im Vorfeld der Veröffentlichung unter Hinweis auf das Widerspruchsrecht voraus (Uecker ZD 2019, 248 (250)). In beiden Fällen wären aber auch die Grundsätze des Art. 5 DS-GVO zu berücksichtigen, insbesondere die Aspekte der Verarbeitung nach Treu und Glauben

(Art. 5 Abs. 1 lit. a) DSGVO), der Zweckbindung (lit. b)) und der Datenminimierung (OLG Hamm 26.4.2023 – 8 U 94/22, MDR 2023, 1060).

Eine gewisse Privilegierung erfährt die Verarbeitung personenbezogener Daten durch Vereine im Hinblick auf die Verarbeitung besonderer Kategorien personenbezogener Daten in Art. 9 Abs. 2 lit. d DS-GVO. Die Verarbeitung solcher Daten ist zwar grundsätzlich untersagt. Eine Ausnahme gilt aber für politisch, weltanschaulich, religiös oder gewerkschaftlich ausgerichtete Stiftungen, Vereinigungen oder sonstige Organisationen ohne Gewinnerzielungsabsicht im Rahmen ihrer rechtmäßigen Tätigkeiten und unter der Voraussetzung, dass sich die Verarbeitung ausschließlich auf die Mitglieder oder ehemalige Mitglieder der Organisation oder auf Personen, die im Zusammenhang mit deren Tätigkeitszweck regelmäßige Kontakte mit ihr unterhalten, bezieht und die personenbezogenen Daten nicht ohne Einwilligung der betroffenen Personen nach außen offengelegt werden, sofern die Verarbeitung „auf Grundlage geeigneter Garantien" erfolgt. Diese Ausnahmeregel bezieht sich jedoch nur auf interne Zwecke der Organisation, wie etwa die Mitgliederverwaltung (Kühling/Buchner/Weichert DS-GVO Art. 9 Rn. 76; Taeger/Gabel/Mester DS-GVO Art. 9 Rn. 24). Mit dieser Regelung erkennt der Gesetzgeber an, dass die Verarbeitung besonderer Kategorien personenbezogener Daten bestimmten Vereinigungen oder Organisation wesenseigen ist, man denke etwa an politische Parteien, Gewerkschaften, Kirchen, politische Stiftungen oder ähnliche Organisationen (vgl. Kühling/Buchner/Weichert DS-GVO Art. 9 Rn. 70). Privilegiert wird durch die Vorschrift allerdings nur die Verarbeitung von Daten, die jeweils mit Blick auf den Tätigkeitszweck der jeweiligen Organisation erforderlich ist (Kühling/Buchner/Weichert DS-GVO Art. 9 Rn. 74), dh etwa die Erhebung der Religionszugehörigkeit bei einer religiösen Vereinigung oder der politischen Überzeugung bei einer Partei oder Gewerkschaft.

3. **Datenschutzerklärungen im Verein.** Ein Muster zur Nutzung im Verein wird nachfolgend → Form. L. IV. dargestellt. Generell zu den Informationspflichten nach Art. 13 DS-GVO → Form. F. I.

4. **Auftragsverarbeitung im Verein.** Bedient sich der Verein externer Dritter zur Verarbeitung personenbezogener Daten, etwa durch eine Online-Mitgliederverwaltung oÄ, so setzt dies voraus, dass eine entsprechende Auftragsverarbeitungsvereinbarung mit dem jeweiligen Dienstleister geschlossen wird. Es ergeben sich insofern keine Besonderheiten für Vereine, so dass auf die allgemeine Darstellung in → Form. G. I., insbesondere das entsprechende Vertragsmuster in → Form. G. I.4. verwiesen werden kann.

5. **Verarbeitungsverzeichnis im Verein.** → Form. L. V.

6. **Verpflichtung auf das Datengeheimnis.** → Form. L. III.

7. **Technisch-organisatorische Maßnahmen.** Zur Prüfung und Dokumentation der IT-Sicherheit, deren Umfang stark nach Vereinsgröße und eingesetzten Systemen variiert, → Form. E. II. Als Prüfliste kann zudem → Form. E. II.3., → Form. E. II.4. herangezogen werden.

8. **Einwilligungen in Newsletter-Versand.** Der Versand von Newslettern ist (datenschutz-)rechtlich stets ein heikles Thema (→ Form. I. III.). Während sich bei Unternehmen eine Vielzahl an rechtlichen Kriterien entwickelt haben und insbesondere häufig eine Einwilligung in den Newsletterversand erforderlich sein wird, gibt es für

Vereine noch unterschiedliche Empfehlungen. Wenn es um Vereinsinterne Zeitschriften oder Newsletter geht, dürfte der Versand schon von Art. 6 Abs. 1 S. 1 lit. f DS-GVO gedeckt sein, sofern nicht bereits mit Blick auf die jeweilige Satzung Art. 6 Abs. 1 S. 1 lit. b DS-GVO greift. Hinsichtlich der Zusendung von Vereinszeitschriften bzw. Newslettern besteht ein berechtigtes Interesse des Vereins, seine Mitglieder zu informieren (Uecker ZD 2019, 248 (250)). Dieses Interesse überwiegt im Rahmen einer Interessenabwägung nicht zuletzt deshalb, weil auch der Erwartungshorizont der Mitglieder dem entsprechen dürfte. Wer einem Verein beitritt, will an dem Vereinsleben teilnehmen und darüber auf dem Laufenden gehalten werden; jedenfalls wird der Verein regelmäßig davon ausgehen müssen. Freilich ist ein eventueller Widerspruch des Vereinsmitglieds zu beachten und der Newsletterversand in einem solchen Fall für die Zukunft einzustellen. Für den Versand von Newslettern an externe dürfte dagegen regelmäßig eine Einwilligung erforderlich sein.

**9. Data-Breach-Notification.** → Form. C. VI.

**10. Wahrung von Betroffenenrechten.** → Form. F. II.–VI.

## II. Merkblatt Datenschutz für den Vorstand

Merkblatt zum Datenschutz

Dieses Merkblatt soll dem Vorstand von [Verein] als Leitlinie für den rechtskonformen Umgang mit personenbezogenen Daten dienen. So soll sichergestellt werden, dass die gesetzlichen Vorgaben zum Datenschutz eingehalten werden.[1]

1. Grundsätze[2]
   Das Datenschutzrecht dient dazu, die Grundrechte und Grundfreiheiten natürlicher Personen, insbesondere deren Recht auf Schutz personenbezogener Daten, zu wahren (Art. 1 Abs. 2 DS-GVO). Soweit es die Arbeit von [Verein] betrifft, sind insbesondere die personenbezogenen Daten von Vereinsmitgliedern, aber auch die Daten außenstehender Dritter, die mit dem Verein Kontakt haben, zu schützen.
   Das Datenschutzrecht gilt für „personenbezogene Daten". Das sind Informationen, die sich auf eine identifizierte oder identifizierbare natürliche Person, also einen Menschen, beziehen (Art. 4 Nr. 1 DS-GVO). Dazu gehören nicht nur Daten wie Anschrift, Geburtsdatum oder Kontonummer, sondern auch zB die Information, dass die betroffene Person Mitglied in [Verein] ist.
2. Verbot mit Erlaubnisvorbehalt[3]
   Die Verarbeitung personenbezogener Daten ist nach dem Gesetz grundsätzlich verboten und nur ausnahmsweise erlaubt.
   Unter einer Verarbeitung ist nach Art. 4 Nr. 2 DS-GVO praktisch jede IT-gestützte Nutzung von personenbezogenen Daten zu verstehen. Die Verarbeitung meint „jeden mit oder ohne Hilfe automatisierter Verfahren ausgeführten Vorgang oder jede solche Vorgangsreihe im Zusammenhang mit personenbezogenen Daten wie das Erheben, das Erfassen, die Organisation, das Ordnen, die Speicherung, die Anpassung oder Veränderung, das Auslesen, das Abfragen, die Verwendung, die Offenlegung durch Übermittlung, Verbreitung oder eine andere Form der Bereitstellung, den Abgleich oder die Verknüpfung, die Einschränkung, das Löschen oder die Vernichtung".
   Die gesetzlichen Ausnahmen vom grundsätzlichen Verbot der Datenverarbeitung ergeben sich aus Art. 6 Abs. 1 DS-GVO. Für die Arbeit von [Verein] sind vor allem drei der in der Vorschrift genannten Ausnahmetatbestände von Bedeutung: die Einwilligung der betroffenen Person (Art. 6 Abs. 1 S. 1 lit. a DS-GVO), die Erfüllung eines Vertrags mit der betroffenen Person, wozu im Fall von Vereinsmitgliedern auch die Satzung des Vereins zählen kann (Art. 6 Abs. 1 S. 1 lit. b DS-GVO) und die Interessenabwägung (Art. 6 Abs. 1 S. 1 lit. f DS-GVO).
3. Verantwortlichkeit[4]
   Für die Einhaltung des Datenschutzrechts ist [Verein] verantwortlich, was durch den Vorstand umgesetzt wird. Die Mitglieder des Vorstands müssen daher auf die Einhaltung des geltenden Datenschutzrechts achten. Sie müssen personenbezogene Daten insbesondere vertraulich behandeln und dürfen nur dann mit solchen Daten umgehen, wenn es gesetzlich erlaubt ist. Das bedeutet konkret, dass einer-

seits [der Verein] als solcher zur Datenverarbeitung befugt sein muss, etwa, weil die konkrete Datenverarbeitung aufgrund der Vereinssatzung erforderlich ist. Andererseits muss auch das jeweilige Vorstandsmitglied zur Datenverarbeitung nach der internen Aufgabenverteilung befugt sein. Diese Pflicht, die jedes Vorstandsmitglied persönlich trifft, ergibt sich unabhängig von einer förmlichen Verpflichtung auf das Datengeheimnis schon aus dem Gesetz (Art. 29 DS-GVO). Die Vertraulichkeitsverpflichtung gilt zeitlich unbefristet und insbesondere noch, wenn das jeweilige Vorstandsmitglied aus dem Vorstand ausgeschieden ist.

4. Anwendungsbereich des Datenschutzrechts
   Das Datenschutzrecht gilt zunächst für die automatisierte Datenverarbeitung, also die Datenverarbeitung durch Computersysteme. Dazu gehört beispielsweise eine digitale Mitgliederverwaltung. Daneben gilt das Datenschutzrecht aber auch für „die nichtautomatisierte Verarbeitung personenbezogener Daten, die in einem Dateisystem gespeichert sind oder gespeichert werden sollen" (Art. 2 Abs. 1 DS-GVO). Das meint jede geordnete Ablage (Art. 4 Nr. 6 DS-GVO), also etwa eine Mitgliederkartei in Papierform oder einen Ordner mit Formularen.

5. Technisch-organisatorische Maßnahmen[5]
   Personenbezogene Daten müssen geschützt werden, sodass Unbefugte keine Kenntnis von ihnen nehmen und dass sie nicht versehentlich verloren gehen können. Die Daten sind daher zu verschlüsseln, etwa, indem die Festplattenverschlüsselung des Betriebssystems auf Vereinslaptops oder -computern eingeschaltet wird. Auch sind regelmäßige Backups geboten. Sollen Daten gelöscht bzw. vernichtet werden, so muss das auf sichere Weise geschehen, etwa durch einen Schredder mit ausreichender Sicherheitsstufe oder ein professionelles Datenvernichtungsunternehmen. Es wäre mit dem Datenschutz unvereinbar, alte Dokumente mit Daten von Vereinsmitgliedern einfach in die Altpapiertonne zu werfen.

6. Rechte der betroffenen Person[6]
   [Verein] hat auch solche Rechte, die betroffenen Personen durch die Vorgaben in Kapitel 3 der DS-GVO zugebilligt werden, zu wahren. So sind betroffene Personen generell darüber zu informieren, welche Daten über sie verarbeitet werden, und auf Anfrage ist darüber individuell Auskunft zu geben. Darüber hinaus kann der betroffenen Person ein Recht auf Löschung, auf Berichtigung, auf Einschränkung der Verarbeitung und auf Datenübertragbarkeit zustehen.

7. Folgen von Verstößen[7]
   Verstöße gegen das Datenschutzrecht können für [Verein] schwerwiegende Folgen haben – aber auch für Sie persönlich.
   Fast alle Verstöße gegen das Datenschutzrecht können mit Geldbuße bestraft werden (Art. 83 DS-GVO). Diese Geldbuße kann bis zu 20.000.000 EUR pro Verstoß betragen. Geldbußen können auch gegen einzelne Vorstandsmitglieder verhängt werden. Bestimmte Verstöße gegen das Datenschutzrecht sind zudem Straftaten, die mit Gefängnis bestraft werden können (§ 42 BDSG).
   Zudem kann eine betroffene Person unter Umständen Schadensersatz für eine unzulässige Verarbeitung ihrer Daten verlangen, einschließlich Schmerzensgeld für die Persönlichkeitsrechtsverletzung (Art. 82 DS-GVO, §§ 823 ff. BGB). Die Schadensersatzpflicht kann unter Umständen auch einzelne Vorstandsmitglieder persönlich treffen.

**Im Fall einer Datenpanne, also wenn personenbezogene Daten von Vereinsmitgliedern unbefugt offengelegt werden, kann [Verein] nach Art. 34 Abs. 1 und Abs. 3 lit. c DS-GVO verpflichtet sein, die Datenpanne allen Betroffenen mitzuteilen oder sogar öffentlich bekanntzumachen.**

8. Wortlaut der Gesetze[8]
**[Es ist der Wortlaut der Art. 29, 83 Abs. 4–6 DS-GVO sowie §§ 42 Abs. 1 und 2, 43 Abs. 1 und 2 BDSG einzufügen.]**

## Anmerkungen

**1. Merkblatt.** Dass der Vereinsvorstand über seine datenschutzrechtlichen Pflichten informiert werden muss, ergibt sich nicht ausdrücklich, aber mittelbar aus der DS-GVO. So schreibt etwa Art. 32 Abs. 4 DS-GVO vor, dass der Verantwortliche und der Auftragsverarbeiter sicherzustellen haben, „dass ihnen unterstellte natürliche Personen, die Zugang zu personenbezogenen Daten haben, diese nur auf Anweisung des Verantwortlichen verarbeiten, es sei denn, sie sind nach dem Recht der Union oder der Mitgliedstaaten zur Verarbeitung verpflichtet". Aus dem Grundsatz der Rechenschaftspflicht (Art. 5 Abs. 2 DS-GVO) ergibt sich, dass der Verantwortliche für die Einhaltung der datenschutzrechtlichen Grundsätze verantwortlich ist und deren Einhaltung nachweisen können muss. Daher sollte eine solche Belehrung grundsätzlich schriftlich erfolgen und es sollte die Kenntnisnahme des Merkblatts von jedem Vorstandsmitglied schriftlich quittiert werden. Auf eine zusätzliche mündliche Unterrichtung sollte nicht verzichtet werden; → Form. C. VII. 1. Vorb. Sofern ein Datenschutzbeauftragter bestellt ist, fällt diesem gem. Art. 39 Abs. 1 lit. a DS-GVO die Aufgabe der Unterrichtung und Beratung des Verantwortlichen oder des Auftragsverarbeiters und der Beschäftigten, die Verarbeitungen durchführen, hinsichtlich ihrer datenschutzrechtlichen Pflichten zu. Die Belehrung von Vorstandsmitgliedern ähnelt der entsprechenden Belehrung von Mitarbeitern im Fall von wirtschaftlichen Unternehmen, weshalb ergänzend auf die Ausführungen in → Form. C. VII. 1. verwiesen werden kann.

**2. Datenverarbeitung im Verein.** → Form. L. I. Anm. 2.

**3. Rechtsgrundlagen der Datenverarbeitung im Verein.** → Form. L. I. Anm. 2. und → Form. C. VII. 1. Anm. 3.

**4. Verantwortlichkeit im Verein.** → Form. L. I. Anm. 1.

**5. Technisch-organisatorische Maßnahmen.** → Form. E. II.

**6. Betroffenenrechte.** → Form. F. II.–VI.

**7. Folgen von Verstößen.** Zu Bußgeldern und Strafvorschriften → Form. O. I.; zur sog. Data-Breach-Notification → Form. C. VI.

**8. Gesetzeswortlaut.** → Form. C. VII. 1. Anm. 8.

## III. Vertraulichkeitsverpflichtung für Vorstände

Sehr geehrte Vorstände,[1]

wir gratulieren Ihnen zur Wahl als neues Vorstandsmitglied von [Verein].

Da der Schutz der Privatsphäre seiner Mitglieder einen hohen Stellenwert für [Verein] genießt und wir die gesetzlichen Vorgaben einhalten möchten, ist jedes neue Vorstandsmitglied aufgefordert, sich zur Wahrung des Datengeheimnisses zu verpflichten. Als Vorstandsmitglied kommen Sie unter Umständen in erheblichem Umfang mit personenbezogenen Daten von Vereinsmitgliedern in Berührung. Daraus ergibt sich für Sie die Verpflichtung, mit diesen Daten auf verantwortungsvolle Weise umzugehen. Daher möchten wir Sie bitten, die nachfolgende Erklärung zu unterzeichnen und die unterzeichnete Fassung zu den Akten des Vereins zu nehmen.

Vertraulichkeitsverpflichtung

1. Verpflichtung

   Personenbezogene Daten, also alle Informationen, die sich auf einen benannten oder identifizierbaren Menschen beziehen, dürfen nicht unbefugt erhoben, genutzt, weitergegeben oder sonst verarbeitet werden. Ich verpflichte mich, personenbezogene Daten vertraulich zu behandeln und ausschließlich entsprechend der Satzung von [Verein] zu verarbeiten. Diese Vertraulichkeitsverpflichtung besteht auch nach Beendigung meiner Tätigkeit als Vorstand fort.

2. Hinweise[2]

   Verstöße gegen meine Vertraulichkeitsverpflichtung können nach Art. 83 der Datenschutz-Grundverordnung (DS-GVO), §§ 42 und 43 des Bundesdatenschutzgesetzes (BDSG) und anderen Gesetzen mit Geldbuße bis zu 20.000.000 EUR, Geld- oder Freiheitsstrafe geahndet werden. Eine Verletzung meiner Vertraulichkeitsverpflichtung kann zugleich eine Verletzung meiner satzungsmäßigen Pflichten darstellen und zu meiner Abberufung und/oder zu mich persönlich treffenden Schadensersatzpflichten führen. Gesetzliche Folge von Verstößen gegen meine Vertraulichkeitsverpflichtung können auch Schadensersatzansprüche der Personen, auf die die Daten sich beziehen, gegen mich persönlich sein.

[Ort, Datum, Unterschrift des Vorstandsmitglieds]

### Anmerkungen

**1. Verpflichtung auf das Datengeheimnis.** Anders als früher kennt das derzeit geltende Datenschutzrecht keine ausdrückliche Verpflichtung, Beschäftigte – und im Fall von Vereinen: Vorstandsmitglieder – auf den Datenschutz zu verpflichten. Eine solche Pflicht folgt allerdings mittelbar aus Art. 32 Abs. 4 DS-GVO (Kühling/Buchner/Bergt DS-GVO Art. 39 Rn. 12). Aus dem Grundsatz der Rechenschaftspflicht (Art. 5 Abs. 2 DS-GVO) ergibt sich, dass der Verantwortliche für die Einhaltung der datenschutzrechtlichen Grundsätze verantwortlich ist und deren Einhaltung nachweisen können muss. Daher sollte eine solche Verpflichtung grundsätzlich schriftlich erfolgen (näher → Form. L. II. Anm. 1). Die Verpflichtung von Vorstandsmitgliedern auf das Datengeheimnis ähnelt der entsprechenden Verpflichtung von Mitarbeitern im Fall von wirtschaftlichen Unternehmen, weshalb ergänzend auf die Ausführungen in → Form. C. VII. 1. verwiesen werden kann.

**2. Rechtsfolgen von Verstößen.** Zu Bußgeldern und Strafvorschriften → Form. O. I.; zur sog. Data-Breach-Notification → Form. C. VI.

## IV. Datenschutzerklärung für Mitglieder

Datenschutzerklärung für Mitglieder

Die vorliegende Datenschutzerklärung beschreibt die Verarbeitung personenbezogener Daten durch unseren Verein (dazu I.), sowohl bei Nutzung der Website[1] (dazu II.), als auch im Zusammenhang mit Ihrer Mitgliedschaft[2] (dazu III.). Sie erläutert auch die Wahlmöglichkeiten, die Sie hinsichtlich Ihrer personenbezogenen Daten haben („Ihre Rechte") und wie Sie uns kontaktieren können (dazu IV.).

I. Wer ist verantwortlich und wie kann ich den Datenschutzbeauftragten erreichen?

Der Verantwortliche[3] im Sinne der DS-GVO ist
[Name des Vereins]
[Anschrift, Telefonnummer, E-Mail]
[Vereinsregisternummer]
Für Fragen zur Verarbeitung Ihrer personenbezogenen Daten durch uns oder zum Thema Datenschutz allgemein wenden Sie sich bitte an die oben angegebenen Kontaktdaten.

II. Datenverarbeitung bei Besuch der Website des Vereins[4]

Im Folgenden informieren wir über die Verarbeitung personenbezogener Daten bei Nutzung unserer Website.

1. Verarbeitung von Daten bei Zugriff auf unserer Webseite – Logfiles
   Bei der bloß informatorischen Nutzung der Website, also der bloßen Betrachtung ohne eine Registrierung oder Mitteilung anderweitiger Informationen, verarbeiten wir die personenbezogenen Daten, die Ihr Browser an unseren Server übermittelt. Wenn Sie unsere Website betrachten möchten, erheben wir die folgenden Daten, die für uns technisch erforderlich sind, um Ihnen unsere Website anzuzeigen und die Stabilität und Sicherheit zu gewährleisten (Rechtsgrundlage ist Art. 6 Abs. 1 S. 1 lit. f DS-GVO):
   - IP-Adresse
   - Datum und Uhrzeit der Anfrage
   - Zeitzonendifferenz zur Greenwich Mean Time (GMT)
   - Inhalt der Anforderung (konkrete Seite)
   - Zugriffsstatus/HTTP-Statuscode
   - jeweils übertragene Datenmenge
   - Website, von der die Anforderung kommt
   - Browser
   - Betriebssystem und dessen Oberfläche
   - Sprache und Version der Browsersoftware.
2. Verarbeitung von Daten bei Nutzung der Webseite – Ihre Anfragen
   Sofern Sie uns eine Anfrage per E-Mail bzw. über das Kontaktformular zukommen lassen, erheben wir Ihre mitgeteilten Daten für die Bearbeitung und Beant-

wortung Ihres Anliegens. Diese Angaben speichern wir für Nachweiszecke über einen Zeitraum von bis zu sechs Jahren. Rechtsgrundlage für die Datenverarbeitung Art. 6 Abs. 1 S. 1 lit. f DS-GVO.

3. Allgemeine Informationen zum Einsatz von Cookies
Unsere Website kann sog. Cookies verwenden, die nur temporär gesetzt und mit dem Schließen Ihres Browsers automatisch gelöscht werden („Session Cookies"). Cookies sind kleine Textdateien, die auf Ihrem Endgerät abgelegt werden und die Ihr Browser speichert. Sie dienen dazu, unsere Angebote nutzerfreundlicher, effektiver und sicherer zu machen. Wir setzen ausschließlich Cookies ein, die für die korrekte Anzeige der Website erforderlich sind und die daher von Ihnen nicht abgewählt werden können.

III. Datenverarbeitung bei Ihrer Mitgliedschaft im Verein

Wenn Sie durch Ihre Mitgliedschaft unsere Vereinszwecke unterstützen möchten, verarbeiten wir verschiedene Ihrer personenbezogenen Daten zu den nachfolgend dargestellten Zwecken.

1. Mitgliederverwaltung[5]
Zum Zwecke der Mitgliederverwaltung werden Ihre Stammdaten (Name, Adresse Kontaktdaten), inklusive der von Ihnen angegebenen Bankverbindung/Kontodaten zur Beitragsverwaltung, verarbeitet. Die Rechtsgrundlage hierfür ist Art. 6 Abs. 1 S. 1 lit. b DS-GVO.
Im Rahmen Ihrer Mitgliedschaft informieren wir Sie per Post, E-Mail, ggf. Fax und Telefon über aktuelle Ereignisse, kommende Veranstaltungen und Berichte von durchgeführten Veranstaltungen, um die Vereinszwecke erfüllen zu können. Die Rechtsgrundlage hierfür ist Art. 6 Abs. 1 S. 1 lit. b DS-GVO.
Die für die Mitgliederverwaltung notwendigen, zuvor genannten Daten werden nach Ablauf von 3,5 Jahren ab dem Schluss des Jahres, in dem die Vereinsmitgliedschaft beendet wurde, gelöscht. Die für die die Beitragsverwaltung notwendigen Daten, also Name, Zeitraum der Mitgliedschaft und Bankdaten, werden zehn Jahre nach Schluss des Jahres der letzten Beitragsabrechnung gelöscht.[6]

2. Fotos und Informationen auf unserer Website[7]
Zum Zwecke der Außendarstellung können Fotos der Vereinsmitglieder von Veranstaltungen auf unserer Vereinswebseite veröffentlicht werden. Informationen zu Ihrer Einwilligung erhalten Sie bei den Veranstaltungen. Natürlich können Sie gegen die Veröffentlichung von Fotos mit Ihnen jederzeit widersprechen. Nach Ihrem Widerspruch veröffentlichen wir die Bilder nicht mehr. Informationen zu Ihren Rechten finden Sie untenstehend (IV.). Die Rechtsgrundlage hierfür ist Art. 6 Abs. 1 S. 1 lit. a DS-GVO.

3. Weitergabe Ihrer Stammdaten an den Dachverband[8]
Wir übermitteln auf freiwilliger Basis Informationen zu unseren Mitgliedern an den Dachverband, den [Name des Dachverbands], um über unsere Tätigkeiten zu informieren. Wenn Sie dies nicht wünschen, können Sie widersprechen. Informationen zu den Vorstandsmitgliedern werden zudem für die Mitgliederverwaltung und Ansprache in organisatorischen Fragen an den Dachverband übermittelt. Rechtsgrundlage hierfür ist Art. 6 Abs. 1 S. 1 lit. f DS-GVO.

**IV. Ihre Rechte als betroffene[9] Person**

**Alle betroffenen Personen haben folgende Rechte:**
- **Recht auf Auskunft (Art. 15 DS-GVO)**
- **Recht auf Berichtigung von unrichtigen Daten (Art. 16 DS-GVO)**
- **Recht auf Löschung bzw. ein Recht auf „Vergessenwerden" (Art. 17 DS-GVO)**
- **Recht auf Einschränkung der Verarbeitung personenbezogener Daten (Art. 18 DS-GVO)**
- **Recht auf Datenübertragbarkeit (Art. 20 DS-GVO).**

**Darüber hinaus steht Ihnen ein allgemeines Widerspruchsrecht zu (vgl. Art. 21 Abs. 1 DS-GVO). In diesem Fall ist der Widerspruch gegen eine Datenverarbeitung zu begründen. Sofern die Datenverarbeitung auf Grundlage einer Einwilligung erfolgt, kann Ihre Einwilligung jederzeit mit Wirkung für die Zukunft widerrufen werden.**

**Für die Ausübung der Betroffenenrechte wenden Sie sich am einfachsten an die oben genannten Kontaktdaten bzw. die im Impressum angeführte Anschrift. Darüber hinaus haben Sie das Recht zur Beschwerde bei einer Datenschutzaufsichtsbehörde.**

## Anmerkungen

**1. Informationen zu Website und Vereinsmitgliedschaft.** Das vorgeschlagene Muster für Vereinsmitglieder kombiniert Datenschutzinformationen zum Besuch der Vereinswebsite mit den Datenschutzinformationen für die Mitgliederverwaltung im Übrigen, was allerdings nicht zwingend ist. Der Verein kann ebenso gut durch zwei getrennte Erklärungen über die Datenverarbeitung beim Besuch der Website einerseits und die Datenverarbeitung bei der Mitgliederverwaltung andererseits informieren, zumal sich der Kreis der Website-Nutzer keineswegs mit dem Kreis der Vereinsmitglieder decken muss. Die Datenschutzerklärung bezüglich der Mitgliederverwaltung ist Mitgliedern bei Begründung der Vereinsmitgliedschaft auszuhändigen bzw. anderweitig zur Verfügung zu stellen (näher → Anm. 2), wohingegen die Datenschutzerklärung für die Website dort jederzeit für jeden Besucher abrufbar sein muss (→ Anm. 4).

**2. Abgestufte Informationspflichten bei der Mitgliedschaft.** Es ist Teil einer Vereinsmitgliedschaft, dass im Rahmen der Teilnahme am Vereinsleben der Verein in gewissem Umfang personenbezogene Daten seiner Mitglieder verarbeitet → Form. L. I. Anm. 2. Daraus ergibt sich regelmäßig die Folge, dass der Verein als Verantwortlicher (→ Form. L. I. Anm. 1) in der Pflicht ist, seine Mitglieder transparent und verständlich über die Datenverarbeitung zu informieren. Nach Art. 13 Abs. 1 DS-GVO müssen den Betroffenen „zum Zeitpunkt der Erhebung" der personenbezogenen Daten die Informationen bereitgestellt werden. Das heißt: Grundsätzlich müssten die unter I., III. und IV. des Musters dargestellten Informationen auf jedem Mitgliedsantrag (und ggf. anderen Interessenten-Formularen) abgebildet werden, was kaum praktikabel ist.

Daher kann ein abgestufter Ansatz gewählt werden: Auf dem Mitgliedsantrag muss ein Hinweis auf die Datenschutzerklärung abgedruckt werden. Die Datenschutzerklärung muss dann durch den Verein bereitgehalten und insbesondere den neuen Mitgliedern zur Verfügung gestellt werden. Dazu sollten die Informationen sowohl auf der Website bereitgehalten als auch Neumitgliedern per Post oder E-Mail, zB zusammen mit weiteren Dokumenten zum Verein und der Mitgliedschaft übersandt werden. Der Hinweis auf die Datenverarbeitung kann wie folgt formuliert werden: „Informationen zur Verarbeitung Ihrer personenbezogenen Daten und Ihren Rechten erhalten Sie auf Nachfrage beim Vorstand, mit Bestätigung Ihrer Mitgliedschaft und unter folgendem Link: […].“

**3. Verantwortlicher.** Verantwortlicher iSv Art. 4 Nr. 7 DS-GVO und damit Adressat der datenschutzrechtlichen Pflichten ist regelmäßig der Verein als juristische Person, für den insofern der Vorstand handelt, → Form. L. I. Anm. 1.

**4. Datenschutzerklärung für Vereinswebsite.** Jede Website muss eine Datenschutzerklärung haben, was aus Art. 13 Abs. 1 DS-GVO folgt. Die Datenschutzerklärung muss von jeder Unterseite der Website aus mit nur einem Klick abrufbar sein (Artikel-29-Datenschutzgruppe WP 260 S. 8). Daher sollte auf die Datenschutzerklärung idealerweise im Footer oder einer auf jeder Unterseite eingeblendeten Menüleiste verlinkt werden und eindeutig bezeichnet („Datenschutzerklärung“, „Datenschutz“ oder „Datenschutzinformation“) sein. Der Umfang, in dem über die Datenverarbeitung auf der Vereinswebsite informiert werden muss, ergibt sich aus dem Umfang der über die Vereinswebsite erfolgenden Datenverarbeitung, weshalb im Einzelfall genau geprüft werden sollte, in welchem Umfang Anpassungen an dem hier vorgeschlagenen Muster, das nur eine einfache Basis-Version darstellt, vorgenommen werden müssen.

Das Muster geht davon aus, dass der Verein nur eine einfache Website betreibt, die ohne zusätzliche Funktionen auskommt, also nicht einmal eine Reichweitenanalyse betreibt. Werden, wie hier angenommen, nur technisch erforderliche Cookies gesetzt (was auch bei einem Mitgliederbereich für den Zutritt zum Mitgliederbereich der Fall wäre), sind keine weiteren Schritte zum Einsatz der Cookies erforderlich, insbesondere muss kein „Cookie Consent Tool“ genutzt werden (vgl. Art. 5 Abs. 3 RL 2002/22/EG idF 2009/136/EG). Falls weitergehende Funktionen mit nicht für die Anzeige der Website erforderlichen Cookies genutzt werden, wären weitere Schritte erforderlich.

Für Einzelheiten zur Datenschutzerklärung auf Websites mit Mustern und Kommentaren zu einzelnen möglichen Funktionen kann auf → Form. F. I. 1.–7. verwiesen werden.

**5. Verarbeitung von Mitgliederdaten.** Vereine benötigen für die Verarbeitung ihrer Mitgliederdaten eine rechtliche Grundlage, wobei sich der Umfang der erlaubten Datenverarbeitung üblicherweise daraus ergeben wird, welche Datenverarbeitung mit Blick auf die Satzung und Erfordernisse der Mitgliederverwaltung erforderlich ist, inklusive des Kontakts per Brief, E-Mail oder Telefon (→ Form. L. I. Anm. 2 und 8). Bei der Verarbeitung von Mitgliederdaten sind die von Art. 5 DS-GVO aufgestellten Grundsätze zu beachten. Neben der Rechtmäßigkeit der Datenverarbeitung sind dies die Zweckbindung, die Datenminimierung, die Richtigkeit, die Speicherbegrenzung sowie die Integrität und Vertraulichkeit. Die Einhaltung dieser Grundsätze muss der Verein im Rahmen seiner Rechenschaftspflicht nach Art. 5 Abs. 2 DS-GVO nachweisen können (→ Form. A. I.). Besonderes Augenmerk ist im Verein auf die Grundsätze der Zweckbindung sowie der Integrität und Vertraulichkeit zu legen.

Nach Art. 5 Abs. 1 lit. b DS-GVO („Zweckbindung") dürfen personenbezogene Daten nur für festgelegte, eindeutige und legitime Zwecke erhoben werden und nicht in einer mit diesen Zwecken nicht zu vereinbarenden Weise weiterverarbeitet werden. Das bedeutet für die Mitgliederdaten, dass diese dem Verein grundsätzlich nur zum Zweck der Mitgliederverwaltung bzw. zu den in der Vereinssatzung festgelegten Zwecken zur Verfügung stehen und nicht zweckentfremdet verwendet werden dürfen. Insbesondere die Weitergabe von Mitgliederdaten an Dritte ist grundsätzlich unzulässig, selbst wenn beispielsweise ein Unternehmen an den Verein mit dem Argument herantritt, dass man die Mitglieder über ein Produkt informieren wolle, dass die Mitglieder gerade dieses Vereins mit Sicherheit besonders interessieren dürfte, wie es in der Praxis nicht selten vorkommt. Eine solche Datenweitergabe wäre in der Regel nur mit einer eindeutigen, vorherigen Einwilligung jedes betroffenen Mitglieds gestattet (Art. 6 Abs. 1 S. 1 lit. a DS-GVO).

Nach Art. 5 Abs. 1 lit. f DS-GVO („Integrität und Vertraulichkeit") müssen personenbezogene Daten in einer Weise verarbeitet werden, die eine angemessene Sicherheit der personenbezogenen Daten gewährleistet, einschließlich Schutz vor unbefugter oder unrechtmäßiger Verarbeitung und vor unbeabsichtigtem Verlust, unbeabsichtigter Zerstörung oder unbeabsichtigter Schädigung. Der Schutz ist durch geeignete technische und organisatorische Maßnahmen zu gewährleisten. Insofern gilt für Vereine im Grundsatz nichts anderes als für Unternehmen (generell → Form. E. II.; speziell zur Bewertung von Maßnahmen für KMU oder Vereine → Form. E. II.3.). In der Praxis ist es aber, gerade bei kleineren Vereinen, häufig zu beobachten, dass dieser Grundsatz wenig Beachtung findet und Mitgliederdaten in einfachen Excel-Tabellen auf im Vereinshaus herumliegenden Laptops ohne weitere Sicherung gespeichert sind. Dies genügt in keiner Weise dem Grundsatz der Integrität und Vertraulichkeit, der nicht nur eine verschlüsselte und passwortgeschützte Speicherung auf einem mit einem aktuell gehaltenen Betriebssystem versehenen Computer erfordert, sondern auch eine regelmäßige – ebenso sichere – Sicherung der Daten an einem physisch getrennten Ort, da Datenverlust nicht nur durch Einflussnahme auf oder Diebstahl von Computersystemen droht, sondern auch durch physische Einflussnahme, etwa einen Brand im Vereinshaus. Zur vorgeschriebenen Vertraulichkeit der Daten gehört auch, dass diese nur befugten Personen überhaupt zugänglich sind, dh typischerweise nur dem Vereinsvorstand oder anderen Vereinsmitgliedern, soweit er im Rahmen der Durchführung der Vereinzwecke erforderlich ist. Diese sind demgemäß auch auf das Datengeheimnis zu verpflichten (→ Form. L. III.).

**6. Speicherdauer.** Nach Art. 17 Abs. 1 DS-GVO hat der Verantwortliche, hier also der Verein, unter anderem dann eine Pflicht zur Löschung, wenn die personenbezogenen Daten für den Erhebungszweck nicht mehr erforderlich sind (lit. a). Dies bedeutet, dass die Daten des (ehemaligen) Vereinsmitglieds nach Ende der Mitgliedschaft grundsätzlich zu löschen sind, weil die Datenverarbeitung zur Mitgliederverwaltung nicht mehr erforderlich ist. Ausnahmen von der Pflicht zur Löschung bestehen in bestimmten, gesetzlich in Art. 17 Abs. 3 DS-GVO definierten Fällen, zB wenn die Verarbeitung im öffentlichen Interesse zur Erfüllung einer rechtlichen Verpflichtung (lit. b) oder zur Geltendmachung, Ausübung oder Verteidigung von Rechtsansprüchen (lit. e) erforderlich ist.

Für Vereine wird in der Praxis der Ausnahmetatbestand des Art. 17 Abs. 3 lit. e DS-GVO von Bedeutung sein, der etwa dann eingreifen kann, wenn noch Mitgliedsbeiträge ausstehen oder andere unerledigte wechselseitige Ansprüche bestehen können. Dies ist jedenfalls bis zum Ablauf der bürgerlich-rechtlichen Verjährungsfristen der Fall, sodass grundsätzlich eine Aufbewahrung der Daten des Mitglieds für die Dauer von 3,5 Jahren (§ 195 BGB) gerechnet ab dem Schluss des letzten Jahres der Mitgliedschaft (§ 199 Abs. 1 BGB) gerechtfertigt erscheint. Dabei gilt die Dreijahresfrist des § 195 BGB nur für die Einreichung der Klage. Danach kann es noch einige Zeit dauern, bis die Klage an den Beklagten (zB dem Verein) zugestellt wird. Daher wird ein Puffer von sechs Monaten nach Ablauf der Dreijahresfrist angeregt.

Weiterhin können gesetzliche, insbesondere steuerrechtliche, Aufbewahrungspflichten (zB §§ 238, 257 Abs. 1 Nr. 4, Abs. 4 HGB oder § 147 Abs. 1, Abs. 3 AO) dazu führen, dass eine Löschung der Daten nicht durchgeführt werden darf (vgl. auch § 35 Abs. 3 BDSG). So beträgt die Aufbewahrungsfrist für Bücher und Aufzeichnungen, Inventare, Jahresabschlüsse, Lageberichte, die Eröffnungsbilanz sowie die zu ihrem Verständnis erforderlichen Arbeitsanweisungen und sonstigen Organisationsunterlagen (§ 147 Abs. 1 Nr. 1 AO) und für Buchungsbelege (§ 147 Abs. 1 Nr. 4 AO) zehn Jahre. Ob und ggf. in welchem Umfang diese Aufbewahrungsfristen auch Mitgliederdaten betreffen, erscheint allerdings unklar. Der Sächsische Datenschutzbeauftragte hat hierzu – noch nach altem Recht – die Auffassung vertreten, dass die Daten des Mitglieds selbst unmittelbar nach Vereinsaustritt zu löschen seien, während die Daten zur Beitragsabrechnung weiter aufzubewahren seien (SächsDSB 8. Tätigkeitsbericht LT-Drs. 6/10550, 115 f.). Allerdings erscheint fraglich, ob sich die Mitgliedsdaten von den Abrechnungsdaten andererseits sinnvoll trennen lassen. Richtig dürfte es sein, zumindest die Daten, die zur Beitragsabrechnung erforderlich sind, weiter für die Dauer der zehnjährigen steuerrechtlichen Aufbewahrungsfrist zu behalten und Daten, die mit der Beitragsabrechnung in keinem Zusammenhang stehen und aus anderen Gründen bzw. auf anderer Grundlage gespeichert werden (zB auf Basis einer Einwilligung), zu löschen. In seinem Tätigkeitsbericht hat sich der SächsDSB auch zu der Frage verhalten, ob ein Interesse des Vereins an der Speicherung von Mitgliederdaten zur Wahrung seiner Geschichte datenschutzrechtlich anzuerkennen ist und hat angedeutet, dass das unter Umständen über die Interessenabwägung (§ 28 Abs. 1 S. 1 Nr. 2 BDSG aF; heute Art. 6 Abs. 1 S. 1 lit. f DS-GVO) gerechtfertigt werden könne. Insofern genüge allerdings „eine listenmäßige oder sonst strukturierte Erfassung mit Namen, Mitgliedsnummer, ggf. Funktion, Mitgliedszeiten und Wohnort (im Zeitraum der Mitgliedschaft)“, wohingegen weder „das Geburtsdatum noch die Bankverbindung“ für diese Zwecke erforderlich seien. Es kann also festgehalten werden, dass Daten zur Beitragsabrechnung der Mitglieder für jeweils zehn Jahre ab dem Ende des Entstehens der Beitragsabrechnung aufzubewahren sein dürften. Dazu gehört die Information über die Mitgliedschaft der Person im Verein mit Namen, Höhe der Beiträge, ggf. Nachweis von Ermäßigungen (wie Studentenausweis) sowie das Datum der Abbuchungen. Andere Daten sollten drei Jahre nach Beendigung der Mitgliedschaft gelöscht werden. Zur Löschung im Übrigen näher → Form. F. IV.

**7. Fotos auf Websites.** → Form. H. I. 1. und → Form. J. I.

**8. Datenübermittlung an den Dachverband.** Sofern es einen – ebenfalls als Verein organisierten – Dachverband gibt, dem der Verein zugehörig ist, so handelt es sich bei dem Dachverband um eine andere juristische Person und damit datenschutzrechtlich um einen „Dritten" nach Art. 4 Nr. 10 DS-GVO. Das hat zur Folge, dass eine Übermittlung von Informationen über die Mitglieder oder sonstige Betroffene an den Dachverband nicht ohne explizite Rechtsgrundlage gestattet ist. Für eine rechtskonforme Datenübermittlung an den Dachverband kann es in der Praxis grundsätzlich drei datenschutzrechtliche Konstruktionen geben: Die Auftragsverarbeitung, die gemeinsame Verantwortlichkeit oder die Datenübermittlung (zur grundsätzlichen Abgrenzung dieser Institute → Form. G. I. 1.).

Im Fall der Auftragsverarbeitung (→ Form. G. I.) verarbeitet der Dachverband die personenbezogenen Daten der betroffenen Person im Auftrag und weisungsgebunden nach konkreten Vorgaben des Vereins (Art. 4 Nr. 8 DS-GVO). Diese Konstruktion wird sich nur in Fällen anbieten, in denen der Dachverband als Dienstleister für den Verein auftritt, also eine Mandantentrennung zwischen den Daten der verschiedenen Ortsverbände durchführt und keine eigenen Zwecke mit der Datenverarbeitung verfolgt. Das kann beispielsweise vorliegen, wenn das Hosting einer Datenbank mit Informationen zu den Mitgliedern oder der Website durchgeführt wird. Dies betrifft nicht den im hiesigen Muster zugrundeliegenden Fall, in dem der Dachverband die Informationen über die Mitglieder zu eigenen Zwecken (Information über die Tätigkeit des Vereins) verarbeitet.

Eine gemeinsame Verantwortlichkeit (ausführlich → Form. G. V.) liegt vor, wenn die Beteiligten wesentliche Entscheidungen über die Mittel und Zwecke der Datenverarbeitung gemeinsam treffen. Die Einordnung kann im Einzelfall schwierig sein. Denn der EuGH vertritt die Auffassung, dass derjenige gemeinsam mit einem Dritten verantwortlich ist, wer diesem aus eigenem wirtschaftlichen Interesse ermöglicht, personenbezogene Daten aus der eigenen Verantwortungssphäre zu verarbeiten, sofern das Interesse des Dritten dahin geht, über die entsprechenden Daten auch für eigene wirtschaftliche Zwecke verfügen zu können (vgl. EuGH 29.7.2019 – C-40/17, NJW 2019, 2755 Rn. 71–74). Das kann bei bestimmten Vereinen unter Umständen der Fall sein, gerade bei kleineren Vereinen aber zumeist nicht, sofern die Verarbeitung von Mitgliederdaten nicht aus wirtschaftlichen Interessen heraus erfolgt, sondern ihr ideelle Interessen zugrunde liegen. Dies wird man aber im Einzelfall sorgfältig zu prüfen haben.

Typischerweise wird es sich bei der Datenübermittlung an den Dachverband um eine Offenlegung von Daten durch Übermittlung und damit um eine Datenverarbeitung iSd Art. 4 Nr. 2 DS-GVO handeln, die demgemäß dem Verbot mit Erlaubnisvorbehalt des Art. 6 DS-GVO unterfällt. Voraussetzung für die Rechtmäßigkeit ist damit, dass einer der Erlaubnistatbestände des Art. 6 DS-GVO vorliegt. Im Fall der Datenübermittlung an den Dachverband kann sich eine solche Erlaubnis insbesondere aus Art. 6 Abs. 1 S. 1 lit. b DS-GVO iVm der Satzung des Vereins (vgl. NK-DatenschutzR/Schantz DS-GVO Art. 6 Rn. 16; Kühling/Buchner/Buchner/Petri DS-GVO Art. 6 Rn. 30) ergeben, wenn eine entsprechende Regelung darin getroffen ist. Denkbar sind zB Satzungen, die eine gleichzeitige Mitgliedschaft im Verein und im Dachverband vorsehen oder die auf andere Art und Weise eine direkte Beziehung zwischen dem Vereinsmitglied und dem Dachverband begründen. Besteht eine derartige Regelung nicht, wäre noch eine Erlaubnis auf der Grundlage einer Interessenabwägung nach Art. 6 Abs. 1 S. 1 lit. f DS-GVO zu erwägen. Von diesem Fall geht auch das vorliegende Muster aus. Da im Rahmen der Interessenabwägung der Erwartungshorizont des Betroffenen („vernünftige Erwartungen", Erwgr. 47 DS-GVO) eine erhebliche Rolle spielt, ist dieser klar und transparent vor der Datenübermittlung darüber aufzuklären und auf sein Widerspruchsrecht hinzuweisen. Sollte die Interessenabwägung als Erlaubnistatbestand zu unsicher erscheinen und eine Regelung in der Vereinssatzung fehlen, wäre die Einholung einer Einwilligung nach Art. 6 Abs. 1 S. 1 lit. a DS-GVO ratsam. Überdies ist darauf hinzuweisen, dass in jedem Fall nicht nur der Verein eine Rechtsgrundlage für die Übermittlung der Daten benötigt, sondern auch der Dachverband für die in der Entgegennahme der Daten liegende Datenerhebung.

**9. Betroffenenrechte.** Dem Verein gegenüber hat der Betroffene die im dritten Kapitel der DS-GVO genannten Betroffenenrechte, die unter → Form. F. II.–VI. näher erläutert werden.

## V. Verzeichnis von Verarbeitungstätigkeiten gem. Art. 30 DS-GVO

Verzeichnis von Verarbeitungstätigkeiten gem. Art. 30 DS-GVO

§ 1 Allgemeine Angaben

| | |
|---|---|
| Namen und Kontaktdaten des Verantwortlichen[1] | [Name des Vereins] vertreten durch den Vorstand [Namen der vertretungsberechtigten Vorstandsmitglieder] [Anschrift], [Telefon], [E-Mail-Adresse] |
| Namen und Kontaktdaten des Datenschutzbeauftragten[2] | [Namen und Kontaktdaten des Datenschutzbeauftragten, sofern vorhanden] |
| Namen und Kontaktdaten eines ggf. vorhandenen Vertreters nach Art. 27 DS-GVO[3] | |

§ 2 Muster für neue Verarbeitungstätigkeiten

| | |
|---|---|
| laufende Nummer[4] | |
| Zwecke der Verarbeitung[5] | |
| Namen und Kontaktdaten eines ggf. vorhandenen gemeinsam Verantwortlichen[6] | |
| Kategorien betroffener Personen[7] | |
| Kategorien von Daten bzw. Datenarten[8] | |
| Regelfristen für die Löschung[9] | |
| Kategorien von Empfängern[10] | |
| das Drittland oder die internationale Organisation, an das oder die ggf. übermittelt wird, sowie ggf. die Dokumentierung geeigneter Garantien[11] | |
| allgemeine Beschreibung der Maßnahmen gem. Art. 32 Abs. 1 DS-GVO[12] | |

§ 3 Betrieb der Website des Vereins

| | |
|---|---|
| laufende Nummer[4] | 1 |
| Zwecke der Verarbeitung[5] | – Betrieb der Vereinswebsite zur Werbung für den Verein und die Bereitstellung von Informationen über die Aktivitäten<br>– Beantwortung von Anfragen von Dritten, insbesondere Interessenten und Mitgliedern |

| | |
|---|---|
| Namen und Kontaktdaten eines ggf. vorhandenen gemeinsam Verantwortlichen[6] | n/a |
| Kategorien betroffener Personen[7] | – Vereinsmitglieder<br>– Interessenten<br>– Website-Besucher |
| Kategorien von Daten bzw. Datenarten[8] | – Nutzerdaten im Rahmen der Anzeige der Website<br>– Name, Kontaktdaten und Inhalt einer Anfrage im Falle von Kontakt<br>– evtl. Darstellung von Fotos und Texten von Veranstaltungen im Internet |
| Regelfristen für die Löschung[9] | – Online-Nutzerdaten (Logfiles usw): 30 Tage<br>– gesandte Kontaktinformationen: sechs Jahre<br>– Informationen auf der Website: unbeschränkt bis Widerruf |
| Kategorien von Empfängern[10] | – Website-Hoster<br>– IT-Service-Dienstleister<br>– ggf. Weitergabe von Informationen an Vereinsmitglieder bei Wunsch der Kontaktperson |
| Drittland oder die internationale Organisation, an das oder die ggf. übermittelt wird, sowie ggf. die Dokumentierung geeigneter Garantien[11] | n/a |
| allgemeine Beschreibung der Maßnahmen gem. Art. 32 Abs. 1 DS-GVO[12] | – Nutzung einer HTTPS-Verschlüsselung |

§ 4 Mitgliederverwaltung

| | |
|---|---|
| laufende Nummer[4] | 2 |
| Zwecke der Verarbeitung[5] | – Verwaltung der Vereinstätigkeiten, insbes.:<br>– Information von Mitgliedern und Interessenten über Veranstaltungen<br>– Organisation der Jahresversammlung<br>- Beitragsverwaltung<br>– Pressearbeit |
| Namen und Kontaktdaten eines ggf. vorhandenen gemeinsam Verantwortlichen[6] | n/a |

| | |
|---|---|
| Kategorien betroffener Personen[7] | – Vereinsmitglieder<br>– Interessenten und Gäste<br>– Journalisten/Pressemitarbeiter |
| Kategorien von Daten bzw. Datenarten[8] | – Stammdaten (Name, Adresse, Kontaktdaten)<br>– Bankverbindung/Kontodaten<br>– Kommunikationsinhalte |
| Regelfristen für die Löschung[9] | – Beitrittserklärung und weitere Erklärungen bzgl. der Mitgliedschaft von Mitgliedern: zehn Jahre nach Ende der Mitgliedschaft<br>– Finanztransaktionen der Mitglieder: zehn Jahre nach Entstehung<br>– allgemeine Kommunikation mit Mitgliedern, Presse und Externen: idR sechs Jahre nach Entstehung |
| Kategorien von Empfängern[10] | – IT-Service-Dienstleister<br>– ggf. andere Vereinsmitglieder<br>– ggf. Presse |
| Drittland oder die internationale Organisation, an das oder die ggf. übermittelt wird, sowie ggf. die Dokumentierung geeigneter Garantien[11] | n/a |
| allgemeine Beschreibung der Maßnahmen gem. Art. 32 Abs. 1 DS-GVO[12] | – Betriebssystem auf dem jeweils aktuellen Stand<br>– Virenscanner auf dem jeweils aktuellen Stand<br>– regelmäßige Updates<br>– regelmäßige Back-ups und getrennte sichere Aufbewahrung von Back-ups<br>– Festplattenverschlüsselung des Vereins-Computers und Passwort nur Vorstandsmitgliedern bekannt<br>– Zugriffsberechtigung nur für bestimmte Vorstandsmitglieder |

§ 5 Vorstandstätigkeiten und Verwaltung

| | |
|---|---|
| laufende Nummer[4] | 3 |
| Zwecke der Verarbeitung[5] | – Verwaltung und Betrieb des Vereins mit Verwaltung des Vermögens<br>– Vorstandsitzungen und interne Besprechungen |

| | |
|---|---|
| | – Kommunikation mit Mitgliedern und Externen<br>– Durchführung von Öffentlichkeitsarbeit<br>– Vermögensverwaltung |
| Namen und Kontaktdaten eines ggf. vorhandenen gemeinsam Verantwortlichen[6] | n/a |
| Kategorien betroffener Personen[7] | – Kunden<br>– Mitarbeiter<br>– Interessenten<br>– Beschäftigte<br>– externe Berater<br>– Lieferanten<br>– Presse, Journalisten |
| Kategorien von Daten bzw. Datenarten[8] | – Adressdaten<br>– Kontaktdaten<br>– Vertragsdaten<br>– Abrechnungsdaten<br>– Qualifikationsdaten<br>– Bankverbindungsdaten |
| Regelfristen für die Löschung[9] | – Protokolle und Dokumentationen: keine Löschung<br>– Kommunikationsdaten: sechs Jahre nach Entstehung |
| Kategorien von Empfängern[10] | – IT-Service-Dienstleister<br>– ggf. andere Vereinsmitglieder<br>– ggf. Presse |
| Drittland oder die internationale Organisation, an das oder die ggf. übermittelt wird, sowie ggf. die Dokumentierung geeigneter Garantien[11] | n/a |
| allgemeine Beschreibung der Maßnahmen gem. Art. 32 Abs. 1 DS-GVO[12] | – Betriebssystem auf dem jeweils aktuellen Stand<br>– Virenscanner auf dem jeweils aktuellen Stand<br>– regelmäßige Updates<br>– regelmäßige Back-ups und getrennte sichere Aufbewahrung von Back-ups<br>– Festplattenverschlüsselung des Vereins-Computers und Passwort nur Vorstandsmitgliedern bekannt<br>– Zugriffsberechtigung nur für bestimmte Vorstandsmitglieder |

## Anmerkungen

**1. Verantwortliche Stelle.** Nach Art. 30 Abs. 1 S. 1 DS-GVO ist „jeder Verantwortliche und gegebenenfalls sein Vertreter" zur Führung eines Verzeichnisses der Verarbeitungstätigkeiten verpflichtet. Die Definition des Verantwortlichen ergibt sich aus Art. 4 Nr. 7 DS-GVO. Im Fall eines ins Vereinsregister eingetragenen Idealvereins ist verantwortliche Stelle iSd DS-GVO üblicherweise der Verein als juristische Person (§ 21 BGB), der durch seinen Vorstand, der den Verein nach außen vertritt (§ 26 BGB), handelt. Näher → Form. L. I. Anm. 1. Im Verzeichnis der Verarbeitungstätigkeiten ist der Verantwortliche gem. Art. 30 Abs. 1 S. 1 lit. a DS-GVO zu bezeichnen. Die Dokumentation dient der Feststellung des Adressaten für aufsichtsbehördliche Maßnahmen (→ Form. C. II. Anm. 7).

**2. Datenschutzbeauftragter.** Jeder Verein kann grundsätzlich einen Datenschutzbeauftragten benennen, Art. 37 Abs. 4 S. 1 DS-GVO. Zur Benennung eines Datenschutzbeauftragten ist ein Verein nur unter bestimmten Voraussetzungen verpflichtet, die sich aus Art. 37 Abs. 1 DS-GVO bzw. § 38 BDSG ergeben (näher → Form. B. I. 1.). Ist ein Datenschutzbeauftragter benannt, so ist er im Verzeichnis der Verarbeitungstätigkeiten zu bezeichnen (Art. 30 Abs. 1 S. 1 lit. a DS-GVO), um der Aufsichtsbehörde den einfachen Kontakt zu ermöglichen und so datenschutzrechtliche Fragestellungen ggf. vereinfacht klären zu können.

**3. Kontaktdaten des Vertreters.** Nach Art. 27 DS-GVO haben Verantwortliche, die nicht in der EU niedergelassen sind, die aber nach Art. 3 Abs. 2 DS-GVO unter den Anwendungsbereich der DS-GVO fallen, einen in der EU niedergelassenen Vertreter zu benennen, der nach Art. 27 Abs. 4 DS-GVO für Aufsichtsbehörden und betroffene Personen bei sämtlichen Fragen im Zusammenhang mit der Verarbeitung zur Gewährleistung der Einhaltung der DS-GVO als Anlaufstelle zu dienen hat (näher → Form. C. VIII.). Ist ein solcher Vertreter benannt, so ist er gem. Art. 30 Abs. 1 S. 1 lit. a DS-GVO im Verzeichnis der Verarbeitungstätigkeiten zu benennen. Im Fall von Vereinen, Verbänden und Stiftungen wird die Pflicht zur Bestellung eines solchen Vertreters nur äußerst selten der Fall sein.

**4. Struktur des Verzeichnisses.** Der Aufbau und die Gestaltung des Verzeichnisses werden von der DS-GVO nicht näher vorgegeben, allerdings bietet es sich in der Praxis an, das Verzeichnis so aufzubauen, dass zunächst ein Deckblatt mit allgemeinen Angaben vorangestellt wird und anschließend für jede Verarbeitungstätigkeit ein neues Blatt mit den im Muster unter § 2 genannten Angaben dahinterzuheften. Zur Vermeidung von Unklarheiten und um verschiedene, ggf. ähnliche Verfahren voneinander abzugrenzen, empfiehlt es sich weiterhin, die Verarbeitungstätigkeiten fortlaufend zu nummerieren. Erfordert eine technische Änderung an einem Verfahren Änderungen an dem entsprechenden Verzeichniseintrag, kann das jeweilige Blatt ersetzt werden. Zur Dokumentation der Aktualität des Verzeichnisses kann es außerdem ratsam sein, das jeweilige Datum der Anlage des Verzeichniseintrags zu dokumentieren, wenngleich das nicht vorgeschrieben ist.

**5. Zweck der Verarbeitung.** Nach Art. 30 Abs. 1 S. 1 lit. b DS-GVO sind die Zwecke der jeweiligen Verarbeitungstätigkeit zu benennen. Im Fall einer Software zur Mitgliederverwaltung kann der Zweck etwa schlicht die „Mitgliederverwaltung“ sein, bei einem Tool für das Online-Banking etwa die „Beitragsverwaltung“ etc.

**6. Gemeinsamer Verantwortlicher.** Gibt es einen gemeinsam mit dem Verein für die Verarbeitung Verantwortlichen iSv Art. 26 Abs. 1 DS-GVO, so ist auch dieser mit anzugeben (grundlegend → Form. G. V. und → Form. L. IV. Anm. 8). In dem Fall müssen beide Verantwortliche die Verarbeitungstätigkeit in ihrem jeweiligen Verfahrensverzeichnis führen, auch muss in einer separaten Vereinbarung nach Art. 26 Abs. 1 S. 2 DS-GVO geregelt werden, „wer von ihnen welche Verpflichtung gemäß dieser Verordnung erfüllt“. Eine gemeinsame Verantwortlichkeit wird im Fall eines Vereins selten vorliegen und kann vor allem in Fällen komplexer horizontaler oder vertikaler Vereinsstrukturen mit Dach- und Schwesterverbänden in Betracht kommen (näher → Form. L. IV. Anm. 8).

**7. Kategorien betroffener Personen.** In Art. 30 Abs. 1 S. 1 lit. c DS-GVO ist geregelt, dass das Verzeichnis der Verarbeitungstätigkeiten „eine Beschreibung der Kategorien betroffener Personen und der Kategorien personenbezogener Daten“ enthalten muss. Unter einer Kategorie betroffener Personen ist „eine Gruppe, der jemand oder etwas aufgrund bestimmter Merkmale zugeordnet wird“ zu verstehen, also etwa „Beschäftigte“ oder „Kunden“ (Kühling/Buchner/Hartung DS-GVO Art. 30 Rn. 19 mwN). Im Fall eines Vereins wird man primär an die Kategorien Mitglieder und Dritte, aber auch etwa Mitgliedschaftsbewerber oder Funktionsträger (zB Vorstände) denken können.

**8. Kategorien von Daten.** Der Begriff der Kategorien personenbezogener Daten deckt sich mit der Bezeichnung „Art der personenbezogenen Daten“ aus Art. 6 Abs. 4 lit. c DS-GVO (Kühling/Buchner/Hartung DS-GVO Art. 30 Rn. 19). Anzugeben ist vorliegend insbesondere, ob es sich um besondere Arten personenbezogener Daten nach Art. 9 DS-GVO oder Daten über strafrechtliche Verurteilungen und Straftaten nach Art. 10 DS-GVO handelt, weil sich an diese Kategorisierung besondere Rechtsfolgen knüpfen.

**9. Löschfristen.** Nach Art. 30 Abs. 1 S. 1 lit. f DS-GVO sind, wenn möglich, die vorgesehenen Fristen für die Löschung der verschiedenen Datenkategorien im Verzeichnis der Verarbeitungstätigkeiten anzugeben (näher → Form. L. IV. Anm. 6).

**10. Kategorien von Empfängern.** Nach Art. 30 Abs. 1 lit. d DS-GVO sind die Kategorien von Empfängern anzugeben, einschließlich der Empfänger in Drittländern oder internationalen Organisationen nebst weiterer ergänzender Angaben zu solchen Übermittlungen (zu letzteren näher → Anm. 11). Empfänger ist nach der Definition aus Art. 4 Nr. 9 DS-GVO eine natürliche oder juristische Person, Behörde, Einrichtung oder andere Stelle, der personenbezogene Daten offengelegt werden, unabhängig davon, ob es sich bei ihr um einen Dritten handelt oder nicht. Daraus folgt, dass auch interne Stellen des Verantwortlichen und Auftragsverarbeiter anzugeben sind, an die Daten weitergegeben werden. Dies wird für Vereine an zwei Stellen besondere Bedeutung haben: zum einen, wenn es um die Datenübermittlung an Auftragsverarbeiter, bspw. Dienstleister für die Mitgliederverwaltung oder den Newsletterversand, geht und zum anderen bei der Datenübermittlung an einen Dachverband.

**11. Drittstaatenübermittlung.** Anzugeben ist im Verzeichnis der Verarbeitungstätigkeiten nach Art. 30 Abs. 1 S. 1 lit. e. DS-GVO auch die Datenübermittlung an ein

Drittland oder eine internationale Organisation. Drittland ist jedes Land außerhalb des EWR. Für die Verpflichtung zur Angabe des Drittlandes genügt bereits die Absicht, die Daten zu übermitteln; es kommt nicht darauf an, ob die Übermittlung bereits stattfindet (→ Form. C. II. Anm. 10). Für Vereine wird dies speziell von Bedeutung sein, wenn aufgrund der Vereinsstruktur etwa Dach- oder Schwesterverbände im Ausland existieren, an die Daten, wie etwa Informationen über neu aufgenommene Mitglieder oder dergleichen, übermittelt werden sollen. Zur Absicherung internationaler Datentransfers → Form. G. VII.

**12. Technische und organisatorische Maßnahmen.** → Form. C. II. Anm. 11 und → Form. E. II.3. Insofern ergeben sich für Vereine, Verbände und Stiftungen keine Besonderheiten.

Die in den Mustern einzelner Verarbeitungsvorgänge enthaltene Beschreibung stellt eine beispielhafte Aufzählung relevanter Maßnahmen dar, die auch ein kleiner Verein umsetzen kann/sollte. Ziel ist es, leicht umzusetzende Schritte zu beschreiben, die einfach und effektiv ein gewisses Schutzniveau schaffen.

## M. Datenschutz in der Anwaltskanzlei

Die Anwaltschaft gehört traditionell zu den konservativsten Berufszweigen. Als unabhängiges Organ der Rechtspflege (§ 1 BRAO) nimmt der Rechtsanwalt eine besondere Stellung ein und hat dementsprechend besondere Verhaltenspflichten, um dieser besonderen Stellung gerecht zu werden (§ 43 S. 2 BRAO). Die Robe als fest normierte Berufstracht (§ 20 BORA) zeugt von der großen Traditionsverbundenheit. Sie hebt die Anwaltschaft aber auch aus dem gewöhnlichen Geschäftsbetrieb heraus und dokumentiert, welche Bedeutung der anwaltlichen Tätigkeit zukommt. Im Rahmen ihrer Tätigkeit befassen sich Rechtsanwälte mit den intimsten Angelegenheiten ihrer Mandanten, teilweise auch Geheimnissen, die sonst kein Mensch erfahren würde. Daher stellt die Rechtsordnung besonders hohe Ansprüche an den Umgang mit diesen Daten.

Dennoch ist der Beruf des Rechtsanwalts wie kaum ein anderer prädestiniert dafür, in all seinen Facetten digitalisiert zu werden. Denn die gesamte Tätigkeit dreht sich um den Umgang mit und die Verarbeitung und Weitergabe von Daten. In der beratenden Tätigkeit erfasst der Rechtsanwalt einen Sachverhalt, recherchiert in juristischen Quellen zur Rechtslage und verarbeitet die so gewonnenen Erkenntnisse, um sie dem Mandanten zu präsentieren. Ist der Rechtsanwalt prozessual tätig, geht es abermals darum, Informationen zum Sachverhalt zu erfassen, diese mit einer rechtlichen Bewertung zu verknüpfen und das so gewonnene Gesamtprodukt dann an das zuständige Gericht zu übermitteln. Auch im weiteren Verfahrensgang ist die Tätigkeit des Rechtsanwalts durch die Strukturierung von Informationen nach bestimmten Vorgaben und die Übermittlung derselben an die verschiedenen Akteure (Mandant, Gegenpartei, Gericht, sonstige Dritte) geprägt.

Es ist selbstverständlich, dass sich für diesen extensiven Umgang mit „Informationen" der Einsatz von „Informationstechnologie" anbietet. Im Rahmen dieses Spannungsverhältnisses beschreitet die Anwaltschaft daher den Weg der Digitalisierung. Auf der einen Seite stehen die besondere Stellung des Rechtsanwalts und das große tradierte Vertrauen in die Institution der Rechtsanwaltschaft sowie die damit verbundene Verschwiegenheit. Auf der anderen Seite wird ein professioneller und moderner Umgang mit Informationen und Daten erwartet.

Die Digitalisierung der Datenverarbeitung lässt sich mitunter schon deshalb nicht mehr vermeiden, weil die Anforderungen an die Datenverarbeitung kontinuierlich stark steigen. Der Umfang der zu beachtenden Rechtsquellen wächst rasant. Das sind zum einen Normen zu immer neuen Rechtsgebieten, sowie auf der anderen Seite die stetig wachsende Rechtsprechung. Sachverhalte werden auf Seiten des Mandanten komplexer und internationaler. Videokonferenzen, Messenger-Dienste und KI-Tools finden zunehmend Eingang in den Berufsalltag. Der Rechtsanwalt muss immer häufiger eine Kommunikation in verschiedenen Sprachen ermöglichen und Sachverhalte auch in anderen Sprach- und Rechtskreisen erfassen können, selbst wenn er letztlich nur im Anwendungsbereich deutscher Gesetze tätig sein will. Durch den Einsatz von künstlicher Intelligenz eröffnen sich neue Möglichkeiten, deren Grenzen und Implikationen aktuell noch nicht abzusehen sind. Trotz der gestiegenen Anforderungen soll die Kommunikation immer schneller und präziser erfolgen können. Denn mit der Komplexität wächst auch das Haftungsrisiko für eine falsche Beratung oder einen fehlerhaften Umgang mit Daten.

Diese Worte hätte man noch vor einigen Jahren nur auf große international tätige Anwaltskanzleien bezogen. Die Realität ist jedoch, dass diese Anforderungen inzwischen fast jeden Anwalt erreicht haben. Sie gelten bei internationalen Unternehmenstransaktionen genauso wie bei familienrechtlichen Problemen mit Beteiligten aus unterschiedlichen Rechts- und Kulturkreisen.

Der stetige Umgang mit sensiblen Daten stellt natürlich besondere Ansprüche an die Sicherheit der Datenverarbeitung. Die Digitalisierung von Prozessen ist naturgegeben immer auch eine gesteigerte Herausforderung im Hinblick auf die Gewährleistung der Datensicherheit.

Am Anfang der Entwicklung waren die Herausforderungen noch überschaubar. Die Datenverarbeitung (Aktenanlage, Mandantendaten, Speicherung von Mandanten- und Gerichtskorrespondenz) konnte weitgehend physisch innerhalb der Kanzlei erfolgen (zB in Form eines lokalen Datenservers). Für manche war sie dadurch kaum von den Papierakten unterscheidbar. Die stärkere Kommunikation und Vernetzung führen jedoch zu immer mehr Schnittstellen, an denen Daten verfügbar oder zumindest angreifbar sind. Hier kann zB genannt werden:

- Einsatz von E-Mail, Messenger-Diensten und Video-Konferenztools in der Kommunikation mit Mandanten und Dritten;
- Einsatz des besonderen elektronischen Anwaltspostfachs (beA)
- Mandatsbezogene Recherchen in juristischen Datenbanken, deren Ergebnisse mit einer konkreten Akte verknüpft werden;
- Einsatz von künstlicher Intelligenz und die potentielle Nutzung von Daten zum Trainieren der verwendeten Sprachmodelle
- Elektronische Akten, die in einem Cloud-Speicher abgelegt werden und in Auszügen mit Mandanten oder Dritten geteilt werden;
- Dienstleister zur elektronischen Verarbeitung von juristischen Dokumenten (Übersetzungsdienstleister, Anbieter einer elektronischen rechtlichen Auswertung zB als Due Diligence; Portallösungen zur Anwalt-Mandant-Kommunikation).

Daneben stehen aber auch die konventionellen Datenverarbeitungsprozesse wie Abrechnungssysteme und Forderungsinkasso, Personalakten, Arbeitszeiterfassung, Buchhaltung, interne Kommunikation usw, die ebenfalls eine immer stärkere Digitalisierung erfahren.

Diese Formen der Datenverarbeitung werfen bereits für Unternehmen, die nicht der Berufsverschwiegenheit unterliegen, besondere datenschutzrechtliche Fragen auf. Hinzu kommen für Anwaltskanzleien die spezifischen Anforderungen durch das Berufsgeheimnis und das sonstige Berufsrecht. Während immer mehr Unternehmen und Dienstleister aus dem In- und Ausland ihre Produkte so angepasst haben, dass eine DS-GVO-konforme Lösung für EU-Kunden angeboten wird, haben sich noch lange nicht alle Anbieter auf die Anforderungen des § 203 StGB und weiterer einschlägiger Vorschriften im Berufsrecht eingestellt. Dabei ist die Offenlegung von Berufsgeheimnissen an externe Dienstleister gesetzlich noch nicht so lange möglich. Erst durch die Einführung einer Ausnahme für die Offenbarung gegenüber Dienstleistern im Jahr 2018 wurde hierfür eine Möglichkeit geschaffen. Diese ist jedoch geknüpft an die Vorgabe, auch den Dienstleister nach § 203 StGB und § 43e

BRAO auf besondere Verschwiegenheit zu verpflichten. Angebote, die eine solche Verpflichtung des Anbieters beinhalten, kommen erst langsam auf.

Leider kann der Rechtsanwalt also noch lange nicht jedes Produkt verwenden, das schon die Voraussetzungen der DS-GVO erfüllt. In der Regel muss er mit dem jeweiligen Anbieter immer noch eine darüberhinausgehende Vereinbarung abschließen (→ Form. M. IV.). Vor diesem Hintergrund sollte, etwa beim Einsatz von KI-Produkten zur Bearbeitung von rechtlichen Fragestellungen, grundsätzlich darauf geachtet werden, dass keine personenbezogenen Daten im Rahmen der Anfrage übermittelt werden.

Die nachfolgenden Muster sollen Anwaltskanzleien als Orientierung für die Umsetzung der wichtigsten datenschutz- und berufsrechtlichen Anforderungen dienen.

## I. Merkblatt und Verschwiegenheitserklärung zu Datenschutz und Mandantengeheimnis für Angestellte

Neben den allgemeinen Vorgaben der DS-GVO und des BDSG zur Verschwiegenheit (→ Form. C. VII. 1.) bestehen für Rechtsanwaltskanzleien, Anwälte und deren Mitarbeiter weitere allgemeine (§§ 203, 204 StGB) und spezialgesetzliche (§ 43a Abs. 2 BRAO, § 2 BORA) Regelungen, die Rechtsanwälte dazu anhalten, Auszubildende, Referendare, Praktikanten und sonstige Mitarbeiter schriftlich zur Verschwiegenheit zu verpflichten. Die Pflichten und Rechtsfolgen sind dabei nicht deckungsgleich mit den allgemeinen Regeln der DS-GVO und des BDSG. Die Strafandrohung in § 42 Abs. 1 und Abs. 2 BDSG ist mit bis zu drei Jahren und mit bis zu zwei Jahren Freiheitsstrafe durchaus erheblich und übersteigt teilweise die Strafandrohung in § 203 und § 204 StGB. Während § 42 BDSG neben der reinen Offenlegung von personenbezogenen Daten auch noch weitere Merkmale (zB gewerbliches Handeln oder Gewinnerzielungsabsicht) fordert, reicht für die Strafvorschrift des § 203 StGB jedoch auch der Verrat von Mandantengeheimnissen in nur einem Fall und ohne Gewinnerzielungsabsicht. Während § 42 BDSG lediglich Verstöße im Zusammenhang mit personenbezogenen Daten sanktioniert, umfasst der Schutz des § 203 StGB auch weitere Geheimnisse des Mandanten, etwa Geschäftsgeheimnisse ohne jeglichen Personenbezug.

Nach § 203 Abs. 4 Nr. 1 Hs. 2 StGB ist eine Verpflichtung von Personen, die selbst Berufsgeheimnisträger nach § 203 Abs. 1 und Abs. 2 StGB sind (also zB angestellte Rechtsanwälte und Steuerberater), nicht erforderlich. Eine entsprechende Ausnahme für den Datenschutz gibt es in der DS-GVO und im BDSG dagegen nicht. Allerdings enthält § 43a Abs. 2 BRAO eine sehr weitgehende Verpflichtung für Rechtsanwälte, die von ihnen beschäftigten Personen in Textform zur Verschwiegenheit zu verpflichten und sie dabei über die strafrechtlichen Folgen einer Pflichtverletzung zu belehren. Dies gilt in gleichem Umfang für die beschäftigten Personen, die im Rahmen einer berufsvorbereitenden Tätigkeit oder einer sonstigen Tätigkeit in ihrer Kanzlei mitwirken, vgl. § 43a Abs. 2 S. 6 BRAO.

Bei der Verpflichtung auf das Datengeheimnis stellt sich bei **Personengesellschaften** die Frage, ob eine entsprechende Verpflichtung auch für Partner (also im rechtlichen Sinne den Gesellschaftern) der Gesellschaft erforderlich ist. Eine mögliche Sichtweise könnte sein, dass die Partner der Gesellschaft selbst Verantwortliche iSv Art. 4 Nr. 7 DS-GVO sind. Dies dürfte mit der „tradierten Gesamthandslehre" in Einklang stehen, nach der der Gesellschaft keine oder nur eingeschränkte Rechtspersönlichkeit zuzusprechen war. Demnach wären die Partner der Anwaltsgesellschaft wohl selbst persönlich als Verantwortliche zu sehen. Von der tradierten Gesamthandslehre hat sich die Rechtsprechung jedoch schrittweise entfernt. Nach der „modernen Gesamthandslehre" kann die Gesellschaft durchaus selbst Inhaberin von Rechten und Pflichten sein. Die Entwicklung in Richtung eigener Rechtspersönlichkeit schreitet jedoch (trotz des entscheidenden Grundsatzurteils des BGH 29.1.2001 – II ZR 331/00, NJW 2002, 1207) nur langsam voran. Insbesondere wird zum Teil noch zwischen der Innen- und Außengesellschaft unterschieden (BeckOK BGB/ Schöne § 705 Rn. 13 ff.). Gerade für den Datenschutz lässt sich also nicht zwingend ableiten, ob die Gesellschafter nun selbst Verantwortliche sind, oder ob diese iSd § 26 Abs. 8 BDSG „Beschäftigte" der Anwalts-GbR sind. Für letzteres spricht der eindeutige Trend, auch Personengesellschaften volle eigenständige Rechtspersönlichkeit zuzusprechen. Im anwaltlichen Berufsrecht wäre hier zB die Zulassungspflicht für Berufsausübungsgesellschaften zu nennen, die in manchen Fällen auch für Personengesellschaften gilt (§ 59f BRAO). Dann sind die Partner der Gesellschaft aber auch nicht von anderen Angestellten zu unterscheiden, sodass auch diese auf das Datengeheimnis zu verpflichten wären. Aus denselben Erwägungen erscheint auch eine Pflicht aus § 43a BRAO zur Verpflichtung sämtlicher Partner naheliegend.

Bei einer reinen **Bürogemeinschaft** ist nur der jeweils beauftragte Rechtsanwalt Partei des Mandatsvertrages. Daher ist dieser allein Verantwortlicher iSd Art. 4 Nr. 7 DS-GVO. Im Hinblick auf das Berufsgeheimnis gilt ebenfalls, dass die Akten des Rechtsanwalts vor dem Zugriff der anderen Rechtsanwälte aus der Bürogemeinschaft zu schützen sind (BeckOK BRAO/Römermann § 59a Rn. 225; BeckRA-HdB/Ludwig § 60 Rn. 159). Dies schließt dagegen nicht aus, dass von mehreren Anwälten gemeinsam beschäftigte Mitarbeiter Zugriff zu den Daten erhalten. Wichtig in diesem Fall ist jedoch, dass jeder Rechtsanwalt die gemeinsam eingesetzten Mitarbeiter dann selbständig verpflichtet.

Vor diesem Hintergrund empfiehlt es sich, eine Verpflichtung sämtlicher Partner, Mitarbeiter und Gehilfen (gemeint in diesem Sinne ist der Personenkreis aus § 203 Abs. 3 StGB, § 43a Abs. 2 BRAO sowie § 26 Abs. 8 BDSG) sowohl auf das Datengeheimnis (→ Form. C. VII. 1.), als auch zusätzlich auf das Berufsgeheimnis gem. § 203 StGB, § 43a BRAO und § 2 BORA vorzunehmen. Auch wenn das teilweise über die gesetzlichen Anforderungen hinausgehen kann.

Zudem können sich weitere Verschwiegenheitsverpflichtungen aus bestimmten regulierten Tätigkeitsfeldern ergeben. Als Beispiel kann hier der Umgang mit Insiderinformationen genannt werden, der nach der MAR besonders strengen Vorgaben unterliegt. Verstöße gegen diese Vorgaben können nach § 119 Abs. 3 WpHG mit bis zu fünf Jahren Freiheitsstrafe oder mit Geldstrafe sanktioniert werden.

Anwaltskanzleien, die in solchen spezialisierten Feldern tätig sind, sollten die Verschwiegenheitsverpflichtung dergestalt erweitern, dass auch die Vorgaben der Marktmissbrauchsverordnung oder der entsprechenden anderen gesetzlichen Regelungen hinreichend abgebildet sind.

### Verschwiegenheitsverpflichtung für Angestellte einer Rechtsanwaltskanzlei

**Ich bin heute von meinem Arbeitgeber darüber belehrt worden, dass ich aufgrund meiner Tätigkeit in einer Rechtsanwaltskanzlei durch die nachfolgend aufgeführten Gesetze und Vorschriften zur Verschwiegenheit verpflichtet bin und dass Verstöße gegen diese Verschwiegenheitspflichten ordnungswidrig und/oder strafbar sein können.**

**Mir sind die auf den Folgeseiten abgedruckten Bestimmungen bekanntgegeben worden. Es wurde mir erläutert, dass die Verschwiegenheitspflicht gem. § 43a Abs. 3 und § 43e BRAO, § 2 BORA und § 203 StGB über die in der DS-GVO und**

im BDSG geregelten allgemeinen Schweigepflichten hinausgehen. Ich verpflichte mich, auch insoweit Verschwiegenheit zu wahren.

Mir ist bekannt, dass

1. der Bruch der Verschwiegenheit oder die Verwertung fremder Geheimnisse[1] strafbar ist (§§ 203 Abs. 1, Abs. 4 S. 1 StGB, § 204 StGB) und mit Freiheitsstrafe bis zu einem Jahr, im Fall von § 204 StGB mit Freiheitsstrafe bis zu zwei Jahren, oder mit Geldstrafe bestraft werden kann. Die Strafdrohung erhöht sich auf Freiheitsstrafe bis zu zwei Jahren oder Geldstrafe, sofern der Täter in Bereicherungsabsicht, auch wenn sie zu Gunsten Dritter bestehen sollte, handelt, oder die Absicht hat, durch die Tat einen anderen zu schädigen.
2. sich meine Verschwiegenheitspflicht nicht nur auf fremde Geheimnisse erstreckt, sondern auf alle Tatsachen, die mir in Ausübung oder aus Anlass meiner Tätigkeit anvertraut oder bekannt werden, so auch schon auf die Tatsache, dass dem Rechtsanwalt ein bestimmtes Mandat erteilt worden ist oder auch nicht;
3. sich meine Verschwiegenheitspflicht auch erstreckt auf die internen Büroverhältnisse[2] sowie die mir bei meiner Tätigkeit bekanntwerdenden persönlichen, wirtschaftlichen und steuerlichen Verhältnisse des Rechtsanwalts und der anderen Mitarbeiter erstreckt;
4. die Verschwiegenheitspflicht gegenüber jedermann besteht,[3] so auch gegenüber Familienangehörigen, gegenüber Arbeitskollegen, soweit eine Mitteilung nicht aus dienstlichen Gründen erfolgt, und gegenüber demjenigen, der von der betreffenden Tatsache bereits Kenntnis erlangt hat; im Zweifel werde ich stets zunächst meinen Vorgesetzten fragen;
5. meine Verschwiegenheitspflicht auch nach Beendigung des Beschäftigungsverhältnisses fortbesteht.[4]

Ich bin darüber belehrt worden, dass das Gesetz für bestimmte Fälle ein Zeugnisverweigerungsrecht vorsieht, auf dass ich mich berufen kann und muss, um fremde Geheimnisse im Sinne dieser Vereinbarung zu schützen. Die gesetzlichen Bestimmungen zum Zeugnisverweigerungsrecht sind insbesondere in §§ 53, 53a StPO; § 41 BKAG; § 383 Abs. 1 Nr. 6 und Abs. 3 ZPO und § 385 Abs. 2 ZPO geregelt.[5]

Ich verpflichte[6] mich, die in diesem Dokument aufgeführten Verschwiegenheitspflichten einzuhalten. Ich werde bei Gerichten und Behörden über Tatsachen, die mir bei meiner Tätigkeit bekannt werden, ohne vorherige Genehmigung[7] des Rechtsanwalts nicht aussagen oder sonst Auskunft erteilen.

Ein Exemplar dieser Erklärung ist mir ausgehändigt worden.

[Ort, Datum, Unterschrift Mitarbeiter]

[Ort, Datum, bestätigt durch Rechtsanwalt]

Anlagen: Gesetzestexte §§ 43a, 43e BRAO, § 2 BORA, §§ 203, 204 StGB, §§ 53, 53a StPO; § 41 BKAG; § 383 Abs. 1 Nr. 6 und Abs. 3 ZPO und § 385 Abs. 2 ZPO.

## Anmerkungen

**1. Fremde Geheimnisse.** § 203 Abs. 1 StGB bezieht die Verschwiegenheitsverpflichtung auf sämtliche „Geheimnisse", die dem Verpflichteten „als Anwalt [...] anvertraut worden oder sonst bekannt geworden" sind. Auch § 43a Abs. 2 S. 2 BRAO bezieht die Pflicht auf alles, „was ihm in Ausübung seines Berufes bekanntgeworden ist". Dies gilt nicht für Tatsachen, die offenkundig sind oder ihrer Bedeutung nach keiner Geheimhaltung bedürfen. § 43a Abs 2 S. 2 BRAO enthält also zusätzlich eine Vermutung, dass Tatsachen der Geheimhaltung bedürfen.

**2. Verschwiegenheitspflicht bzgl. interner Büroverhältnisse.** Diese Pflicht ergibt sich nicht unmittelbar aus dem StGB oder der BRAO. Diese Vorschriften trennen nicht scharf zwischen Drittgeheimnissen und internen Verhältnissen der Anwaltskanzlei. Mindestens kann diese Verpflichtung aber aus Art. 5 Abs. 1 lit. f, Art. 32 Abs. 4 DS-GVO hergeleitet werden.

**3. Mitteilung (nicht) aus dienstlichen Gründen.** Dass Geheimnisse nicht an Familienangehörige weitergegeben werden dürfen, versteht sich sicher von selbst. Die Beschränkung der Kommunikation gegenüber Mitarbeitern sowie gegenüber Personen, die bereits über die geheime Information verfügen, ist jedoch ebenfalls sinnvoll. Das Offenbaren von Geheimnissen erfolgt nicht immer vorsätzlich. Oft genug geht der Offenbarende davon aus, dass der Empfänger die betreffende Information bereits kennt oder dass es schon seine Ordnung haben wird, wenn der Empfänger diese Information nun erstmalig erfährt. Um einer versehentlichen Offenlegung von Informationen vorzubeugen, sollten diese auch im engsten Kreis wirklich nur in dem erforderlichen Umfang kommuniziert werden (Weyland/Träger BRAO § 43a Rn. 19).

**4. Fortbestehen der Verschwiegenheitspflicht auch nach Beendigung des Beschäftigungsverhältnisses.** Anders als in vielen privatrechtlichen Verträgen sieht das Gesetz in § 203 StGB sowie in § 43a BRAO keine zeitliche Beschränkung für die Verschwiegenheitspflicht vor. Dies ist auch sinnvoll, da im Rahmen des Mandatsverhältnisses Privatgeheimnisse offenbart werden können, die auch Jahrzehnte danach noch geeignet sind, die Interessen des Betroffenen zu beeinträchtigen (zB Informationen im Zusammenhang mit begangenen Straftaten oder moralisch verwerflichem Verhalten).

**5. Bestätigung der Kenntnisnahme gegenüber den Verpflichteten.** Alternativ kann man sich hier auch direkt bestätigen lassen, dass der Mitarbeiter Kenntnis von den zitierten Normen erhalten hat. Dabei sind jedoch die Grenzen durch § 309 Nr. 12 lit. b BGB zu beachten. Eine einfache Bestätigung reicht nicht, vielmehr muss der Mitarbeiter die tatsächliche und zumutbare Möglichkeit gehabt haben, von den Normen Kenntnis zu nehmen (vgl. zB zu Widerrufsbelehrung BGH 15.5.2014 – III ZR 368/13, NJW 2014, 2857, sowie zur Hausordnung BGH 15.5.1991 – VIII ZR 38/90, NJW 1991, 1750). Wenn eine solche Kenntnisnahme ausdrücklich bestätigt werden soll, so empfiehlt es sich, die entsprechenden Normen im selben Dokument mit zu übergeben.

**6. Verpflichtung.** Der Rechtsanwalt ist gem. § 203 Abs. 4 S. 2 StGB sowie nach § 43a Abs. 2 S. 4 BRAO dazu verpflichtet, seine Mitarbeiter auch auf die Wahrung der Verschwiegenheit zu verpflichten.

**7. Keine Aussage ohne vorherige Genehmigung.** Die Verschwiegenheitspflicht entfällt grundsätzlich nur, wenn der Mandant den Rechtsanwalt von dieser Pflicht entbindet. Denn dieser allein ist „Herr des Geheimnisses". Dies ist auch der Fall, wenn der Rechtsanwalt durch Dritte Kenntnis von der Tatsache erlangt hat (Weyland/Träger BRAO § 43a Rn. 24; BGH 16.2.2011 – IV ZB 23/09, NJW 2011, 1077 Rn. 12). Eine Entbindung von der Verschwiegenheitspflicht kann auch konkludent durch den Mandanten erfolgen, beispielsweise liegt ein konkludentes Einverständnis des Mandanten vor, die Informationen innerhalb der Kanzlei und an alle Mitarbeiter weiterzugeben, die nach § 43a Abs. 2 S. 4 BRAO zur Verschwiegenheit verpflichtet werden müssen (§ 2 Abs. 4 BORA, Weyland/Träger BRAO § 43a Rn. 25).

Unter engen Voraussetzungen kann der Rechtsanwalt Informationen des Mandanten, die unter die Verschwiegenheitspflicht fallen würden, ohne dessen Zustimmung offenbaren. § 2 BORA nennt 3 Fallgruppen: Ausnahmen durch Gesetz und Recht, die Wahrnehmung berechtigter Interessen und die Sozialadäquanz. Unter die gesetzlichen Ausnahmen fallen insbesondere die Anzeigepflicht nach § 138 StGB unter Berücksichtigung der Einschränkung nach § 139 Abs. 3 S. 2 StGB für Rechtsanwälte oder nach §§ 6, 11 GwG für besonders gefährliche Straftaten (Weyland/Träger BRAO § 43a Rn. 27). Jedoch können nicht nur förmliche Gesetze, sondern auch allgemeine Rechtfertigungsgründe, wie §§ 32, 34, 35 StGB, sowie Satzungen und Verordnungen Einschränkungen schaffen (weitergehend dazu BeckOK BORA/Römermann § 2 Rn. 13).

## II. Datenschutzerklärung für Mandanten

Um die Informationspflichten nach Art. 13 ff. DS-GVO zu erfüllen, empfiehlt es sich, dem Mandanten bei Mandatsbeginn die Informationen zur Verarbeitung seiner Daten in der Anwaltskanzlei zur Verfügung zu stellen. Zu diesem Zweck kann das nachfolgende Muster genutzt werden.

Sofern anwaltliche Dienstleistungen über andere als die klassischen Vertriebswege, bspw. unmittelbar über das Internet, angeboten werden, muss die Datenschutzinformation diesen Umständen ggf. angepasst werden (bspw. Informationen zu Logfiles, Einsatz von Tracking-Tools, Social Media Plugins, TLS-Verschlüsselung bei Kontaktformularen etc; → Form. F. I.).

Datenschutzerklärung für Mandanten

1. Begriffliche Definitionen
   **Personenbezogene Daten sind nach Art. 4 Nr. 1 DS-GVO alle Daten, die auf Sie persönlich beziehbar sind, zB Name, Anschrift oder E-Mail-Adresse. Hinsichtlich der weiteren nachfolgend verwendeten Begriffe, wie bspw. „Verantwortlicher" oder „Auftragsverarbeiter", verweisen wir auf den Katalog der Begriffsbestimmungen in Art. 4 DS-GVO.**
2. Verantwortlicher
   **Die Verarbeitung personenbezogener Daten im Zusammenhang mit der Erbringung unserer anwaltlichen Tätigkeiten erfolgt durch die**

   **[Kanzlei Musterfrau & Mustermann[1]**
   **Musterstrasse 123**
   **12345 Stadt]**
   **(nachfolgend „wir", „uns")**
3. Datenschutzbeauftragter
   **Unseren Datenschutzbeauftragten erreichen Sie wie folgt:**

   **[Kanzlei Musterfrau & Mustermann**
   **Datenschutzbeauftragter**
   **Musterstrasse 123**
   **12345 Stadt**
   **mail@example.com]**
4. Art der verarbeiteten Daten
   **Wenn Sie uns mandatieren, verarbeiten wir im Rahmen unserer Beratungstätigkeit folgende personenbezogenen Daten:**
   - **Stammdaten (zB Name, Anschrift, Kontaktinformationen wie E-Mail, Telefonnummer und Internetadresse),**
   - **Mandatsbezogene Daten (zB Verträge, Kommunikation, Lieferscheine, Beweismittel, Zeugendaten),**
   - **Beratungsdaten (zB Inhalte von Anfragen, Beratungsdokumentation, Dokumente, Aktennotizen, Rechtsgutachten und rechtliche Einschätzungen),**

- Tätigkeitsdaten (zB Beratungsdokumentation, Leistungsnachweise, Abrechnungen sowie weitere Informationen, die für die Geltendmachung und Verteidigung Ihrer Rechte im Rahmen des Mandats notwendig sind),
- sowie weitere Daten, die Sie uns freiwillig im Rahmen des Mandatsverhältnisses mitteilen.

Soweit der Anwendungsbereich des Geldwäschegesetzes eröffnet ist, sind wir zur Verarbeitung weiterer Informationen verpflichtet, § 2 Abs. 1 Nr. 10 GwG. Der Anwendungsbereich ist eröffnet, wenn wir

a) für den Mandanten an der Planung oder Durchführung von folgenden Geschäften mitwirken:
   aa) Kauf und Verkauf von Immobilien oder Gewerbebetrieben,
   bb) Verwaltung von Geld, Wertpapieren oder sonstigen Vermögenswerten,
   cc) Eröffnung oder Verwaltung von Bank-, Spar- oder Wertpapierkonten,
   dd) Beschaffung der zur Gründung, zum Betrieb oder zur Verwaltung von Gesellschaften erforderlichen Mittel,
   ee) Gründung, Betrieb oder Verwaltung von Treuhandgesellschaften, Gesellschaften oder ähnlichen Strukturen,
b) im Namen und auf Rechnung des Mandanten Finanz- oder Immobilientransaktionen durchführen,
c) den Mandanten im Hinblick auf dessen Kapitalstruktur, dessen industrielle Strategie oder damit verbundene Fragen beraten,
d) Beratung oder Dienstleistungen im Zusammenhang mit Zusammenschlüssen oder Übernahmen erbringen oder
e) geschäftsmäßig Hilfeleistung in Steuersachen erbringen.

Dies beinhaltet u. a. Informationen zu Ihrer Identität, zu den wirtschaftlich Berechtigten, zu Zweck und Art der Geschäftsbeziehung und der durchgeführten Transaktionen, sowie zu dem Geldwäscherisiko. Bei natürlichen Personen fertigen wir zur Erfüllung unser Pflichten aus dem Geldwäschegesetz nach § 8 Abs. 2 S. 1 GwG zusätzlich eine Kopie eines amtlichen Ausweisdokumentes des Mandanten an.[2] Bei juristischen Personen werden darüber hinaus die im Geldwäschegesetz geforderten Informationen über die wirtschaftlich Berechtigten iSd § 3 GwG erhoben.[3]

5. Zweckbestimmung der Verarbeitung

Soweit nicht anders angegeben, verarbeiten wir Ihre personenbezogenen Daten, um unsere Pflichten aus den zugrunde liegenden Anwaltsverträgen zu erfüllen. Rechtsgrundlage ist Art. 6 Abs. 1 S. 1 lit. b DS-GVO. Darunter fällt insbesondere die angemessene anwaltliche außergerichtliche Beratung, die Führung von Korrespondenz mit Vertragspartnern, Gerichten und Streitgegnern, die Rechnungsstellung, die Abwicklung von evtl. vorliegenden Haftungsansprüchen sowie der Geltendmachung etwaiger Ansprüche gegen Sie. Weiterhin verarbeiten wir Ihre personenbezogenen Daten, wenn dies für die Erfüllung einer rechtlichen Verpflichtung, der wir unterliegen, erforderlich ist, bspw. aus dem Geldwäschegesetz (Art. 6 Abs. 1 S. 1 lit. c iVm §§ 10, 11, 12 Abs. 1 und Abs. 2 GwG). Ferner verarbeiten wir Ihre personenbezogenen Daten ggf. im Rahmen der folgenden Zwecke:

a) Kontaktaufnahmen: Bei einer Kontaktaufnahme mit uns per E-Mail werden die von Ihnen mitgeteilten Daten (Ihre E-Mail-Adresse, ggf. Ihr Name, Telefonnummer und weitere Angaben) von uns gespeichert, um Ihre Fragen zu bearbeiten und zu beantworten; sofern ein Mandatsverhältnis besteht, ist Art. 6 Abs. 1 S. 1 lit. b DS-GVO Rechtsgrundlage.

b) Für den Fall, dass keine Mandatsbeziehung besteht, sind unsere berechtigten Interessen an der Beantwortung der Kontaktanfrage Rechtsgrundlage nach Art. 6 Abs. 1 S. 1 lit. f DS-GVO.

c) Mandantenanschreiben: Von Zeit zu Zeit kann es vorkommen, dass wir unsere Mandanten über aktuelle Entwicklungen in der Juristerei und Rechtsprechung informieren. Dies erfolgt in langfristigen Mandatsverhältnissen in Durchführung des bestehenden Mandatsverhältnisses nach Art. 6 Abs. 1 S. 1 lit. b DS-GVO; im Übrigen aufgrund unserer berechtigten Interessen nach Art. 6 Abs. 1 S. 1 lit. f DS-GVO, um unsere Mandanten über aktuelle, für Sie relevante Entwicklungen zu informieren.

d) Weihnachts- und andere Grußkarten: Sofern wir Sie persönlich kennen und/oder Sie in einem Mandatsverhältnis mit unserer Kanzlei stehen, kann es sein, dass wir Ihnen aufgrund unserer berechtigten Interessen nach Art. 6 Abs. 1 S. 1 lit. f DS-GVO zu besonderen Anlässen, wie Weihnachten, Grußkarten zukommen lassen. Wir gehen davon aus, dass sich die Empfänger über die Grüße zu besonderen Anlässen freuen. Sollte dies nicht der Fall sein, können Sie dem Versand von Grußkarten nach Art. 21 DS-GVO widersprechen (siehe hierzu Ziff. 7).

6. Weitergabe an Dritte, Kategorien von Empfängern von Daten[4]

Wir geben Ihre Daten im Rahmen der Erfüllung unserer Pflichten aus den zugrunde liegenden Verträgen nach Art. 6 Abs. 1 S. 1 lit. b DS-GVO an Dritte weiter, sofern dies für die Abwicklung des Mandatsverhältnisses erforderlich ist. Dies betrifft insbesondere die Weitergabe an Verfahrensgegner und deren Vertreter sowie Gerichte und andere öffentliche Behörden zum Zwecke der Korrespondenz sowie zur Geltendmachung und Verteidigung Ihrer Rechte. Daneben erfolgt beispielsweise eine Weitergabe an Bankinstitute zur Zahlungsabwicklung.

Darüber hinaus setzen wir externe technische Dienstleister als Auftragsverarbeiter nach Art. 28 DS-GVO ein, die von uns sorgfältig ausgewählt und überwacht werden. Eine Weitergabe kann zudem aufgrund gesetzlicher Vorschriften, beispielsweise zur Meldung von Verdachtsfällen nach § 43 GwG, an die zuständige Behörde erfolgen. Rechtsgrundlage für die Weitergabe ist insoweit Art. 6 Abs. 1 S. 1 lit. c DS-GVO iVm § 43 GwG.

7. Rechte der Betroffenen[5]

Sie haben grundsätzlich das Recht:

- gem. Art. 7 Abs. 3 DS-GVO eine einmal erteilte Einwilligung jederzeit uns gegenüber zu widerrufen. Dies hat zur Folge, dass wir die Datenverarbeitung, die auf Ihrer Einwilligung beruhte, für die Zukunft nicht mehr fortführen dürfen. Ein Widerruf hat keinen Einfluss auf die Zulässigkeit der vorherigen Verarbeitung;
- gem. Art. 15 DS-GVO Auskunft über Ihre von uns verarbeiteten personenbezogenen Daten zu verlangen.;
- gem. Art. 16 DS-GVO die Berichtigung unrichtiger oder Vervollständigung Ihrer bei uns gespeicherten personenbezogenen Daten zu verlangen;
- gem. Art. 17 DS-GVO die Löschung Ihrer bei uns gespeicherten personenbezogenen Daten zu verlangen, soweit nicht die Verarbeitung zur Ausübung des Rechts auf freie Meinungsäußerung und Information, zur Erfüllung einer rechtlichen

Verpflichtung, aus Gründen des öffentlichen Interesses oder zur Geltendmachung, Ausübung oder Verteidigung von Rechtsansprüchen erforderlich ist;
- gem. Art. 18 DS-GVO die Einschränkung der Verarbeitung Ihrer personenbezogenen Daten zu verlangen, (1) soweit die Richtigkeit der Daten von Ihnen bestritten wird, (2) die Verarbeitung unrechtmäßig ist, Sie aber deren Löschung ablehnen, (3) wir die Daten nicht mehr benötigen, Sie jedoch diese zur Geltendmachung, Ausübung oder Verteidigung von Rechtsansprüchen benötigen;
- gem. Art. 21 DS-GVO Widerspruch gegen die Verarbeitung einzulegen:

> Soweit wir die Verarbeitung Ihrer personenbezogenen Daten auf die Interessenabwägung nach Art. 6 Abs. 1 S. 1 lit. f DS-GVO stützen, können Sie Widerspruch gegen die Verarbeitung einlegen. Bei Ausübung eines solchen Widerspruches bitten wir um Darlegung der Gründe, weshalb wir Ihre personenbezogenen Daten nicht wie von uns durchgeführt verarbeiten sollten. Im Falle Ihres begründeten Widerspruches prüfen wir die Sachlage und werden entweder die Datenverarbeitung einstellen bzw. anpassen oder Ihnen unsere zwingenden schutzwürdigen Gründe aufzeigen, aufgrund derer wir die Verarbeitung fortführen.

- gem. Art. 20 DS-GVO Ihre personenbezogenen Daten, die Sie uns bereitgestellt haben, in einem strukturierten, gängigen und maschinenlesebaren Format zu erhalten oder die Übermittlung an einen anderen Verantwortlichen zu verlangen und
- gem. Art. 77 DS-GVO sich bei einer Aufsichtsbehörde zu beschweren. In der Regel können Sie sich hierfür an die Aufsichtsbehörde Ihres üblichen Aufenthaltsortes oder Arbeitsplatzes oder unseres Kanzleisitzes wenden.

8. Dauer der Speicherung von personenbezogenen Daten bzw. Kriterien für die Speicherdauer
   Wir löschen personenbezogene Daten, nachdem und soweit die Speicherung zur Mandatsabwicklung bzw. Durchführung nicht mehr erforderlich ist und keine berechtigten Interessen oder gesetzlichen Pflichten unsererseits, wie die Pflicht zur Durchführung einer Interessenkollisionsprüfung nach § 43a Abs. 4 BRAO, oder gesetzliche Aufbewahrungspflichten (§ 147 AO, § 257 HGB, § 14b UStG) einer Löschung entgegenstehen. Eine Löschung erfolgt demnach grundsätzlich fünf bis zehn Jahre nach Ende des Mandatsverhältnisses, im Fall von titulierten Ansprüchen nach 30 Jahren.

## Anmerkungen

**1. Verantwortlicher für die Datenverarbeitung.** Bei der Frage, wer Verantwortlicher iSv Art. 4 Nr. 7 DS-GVO ist, muss je nach Rechtsform etwas differenziert werden. Bei einer Einzelkanzlei ist es der jeweilige Rechtsanwalt. Bei einer Anwaltsgesellschaft in Form einer Kapitalgesellschaft ist es die jeweilige juristische Person. Bei einer Personengesellschaft muss danach differenziert werden, ob es sich um eine reine Bürogemeinschaft oder um eine Berufsausübungsgemeinschaft handelt. Bei einer Büro-Gemeinschaft, in der lediglich die Kosten für bestimmte Ressourcen zwischen mehreren Rechtsanwälten aufgeteilt werden, im Übrigen aber der jeweilige Kanzleibetrieb eigenverantwortlich geführt wird, dürfte jeder einzelne Rechtsanwalt für sich genommen Verantwortlicher für die Datenverarbeitung sein. Üben mehrere Anwälte den Beruf jedoch so aus, dass Mandate gemeinsam angenommen und ggf. auch gemeinsam bearbeitet werden, dann dürfte die jeweilige Einheit Verantwortlicher iSv Art. 4 Nr. 7 DS-GVO sein (→ Form. M. I.).

**2. Kopieren von Ausweisdokumenten.** Das Kopieren von Ausweisdokumenten ist grundsätzlich nach § 20 PAuswG nur mit Einwilligung des Betroffenen zulässig. Hiervon abweichend schreibt § 8 Abs. 2 GwG vor, dass Verpflichtete, wie etwa Rechtsanwälte, dazu berechtigt und verpflichtet sind, vorgelegte Ausweisdokumente zu kopieren oder in anderer Form dauerhaft zu erfassen (siehe § 8 Abs. 2 GwG zu weiteren Einzelheiten). Bei der Erstellung von Ausweiskopien ist stets zu prüfen, ob alle mit der Kopie gespeicherten personenbezogenen Daten des Ausweises für den Zweck der Identifizierung und Prüfung nach dem GwG benötigt werden (vgl. dazu, § 11 Abs. 4 GwG, der regelt, welche Stammdaten Rechtsanwälte bei Neumandaten erheben müssen, siehe dazu auch BT-Drs. 14/9043, 10). Anderenfalls kann die datenschutzrechtliche Zulässigkeit der Verarbeitung am Grundsatz der Datenminimierung scheitern. Etwaige nicht erforderliche Daten, die sich auf dem Personalausweis befinden, (zB die Personalausweisnummer) sollten geschwärzt werden. Außerdem sind die betroffenen Personen über den Hintergrund und Zweck der Identitätsüberprüfung zu informieren, was mit Verweis auf die Geldwäscheprüfung im Rahmen der Mandanteninformation erfolgen kann. Einer ausdrücklichen Einwilligung des Mandanten zur Anfertigung einer Ausweiskopie bedarf es für Rechtsanwälte daher nicht. Soweit ein Mandant ein Ausweisdokument zur Erstellung einer Kopie überlässt, wird teilweise von einer konkludenten Zustimmung ausgegangen (vgl. dazu Herzog/Herzog GwG § 8 Rn. 10.12; Weyland/Baukmann GwG § 8 Rn. 28, 29).

**3. Keine Informationspflicht an wirtschaftlich Berechtigte.** Auch wenn hier Daten über wirtschaftlich Berechtigte, also nicht nur Daten des unmittelbaren Vertragspartners, verarbeitet werden, entfällt die Pflicht, die wirtschaftlich Berechtigten nach Art. 14 Abs. 1 und Abs. 2 DS-GVO zu informieren. Denn die Daten werden hier gem. Art. 14 Abs. 5 lit. d DS-GVO im Rahmen des Schutzes des Berufsgeheimnisses des jeweiligen Rechtsanwalts verarbeitet und unterfallen damit der dortigen Ausnahme.

**4. Kategorien von Empfängern von Daten.** Die Vorlage sieht lediglich einen abstrakten Verweis auf den Einsatz von externen technischen Dienstleistern, die als Auftragsverarbeiter nach Art. 28 DS-GVO eingesetzt werden, vor. Dieser nur abstrakte Verweis dürfte beim klassischen Einsatz von Massenprodukten wie externen Rechenzentren oder E-Mail-Hostern ausreichen. In solchen Fällen haben Betroffene bereits eine Vorstellung von Art und Umfang der üblichen Verarbeitungen. Wird jedoch eine Verarbeitung eingesetzt, die ggf. zu weitergehenden datenschutzrechtlichen Implikationen führt, empfiehlt es sich aus Transparenzgründen, die entsprechende Verarbeitung inkl. der Empfänger konkreter darzustellen. Denkbar wäre dies beispielsweise bei Cloud-Komplettlösungen für Anwaltskanzleien. Hier können Informationen besonders strukturiert und aufbereitet abgelegt sein. Während der Mandant hinsichtlich einer E-Mail-Korrespondenz besondere Vorgaben einfordern kann, hat er typischerweise keine Vorstellungen von und keinen Einblick in Cloud-Systeme für Anwälte.

Werden darüber hinaus Dienste außerhalb der EU genutzt, ist neben der Sicherstellung einer datenschutzrechtlich zulässigen Übermittlung (zB durch geeignete Garantien oder Standardvertragsklauseln) nach Art. 13 Abs. 1 lit. f DS-GVO eine gesonderte Information bzgl. dieser Übermittlung in Drittländer vorzunehmen. (→ Form. G. VII.).

Generell gilt es bei dem Einsatz von Dienstleistern auch die speziellen gesetzlichen Vorgaben zur Auswahl und Überwachung zu beachten. Diese finden sich für Rechtsanwälte in § 43e BRAO sowie in § 2 BORA (→ Form. M. IV.; weitergehend → Form. B. II. 1. Anm. 4).

**5. Rechte der Betroffenen.** Die Regelung des § 29 BDSG schränkt die Rechte der betroffenen Person und aufsichtsbehördliche Befugnisse im Fall von Geheimhaltungspflichten in mehrerer Hinsicht ein:

- Die Informationspflicht nach Art. 14 Abs. 1–4 DS-GVO besteht nicht, soweit durch ihre Erfüllung Informationen offenbart würden, die ihrem Wesen nach, insbesondere wegen der überwiegenden berechtigten Interessen eines Dritten, geheim gehalten werden müssen, § 29 Abs. 1 S. 1 BDSG. Auch das Recht auf Auskunft der betroffenen Person nach Art. 15 DS-GVO besteht nicht, soweit durch die Auskunft Informationen offenbart würden, die nach einer Rechtsvorschrift oder ihrem Wesen nach, insbesondere wegen der überwiegenden berechtigten Interessen eines Dritten, geheim gehalten werden müssen, § 29 Abs. 1 S. 2 BDSG. Prozessgegner und andere Dritte können somit keine Informations- und Auskunftsrechte aus Art. 14 und 15 DS-GVO geltend machen, wenn es Daten betrifft, die dem Anwaltsgeheimnis unterliegen (vgl. DAV-Merkblatt/AnwBl Online 2018, 188; Kazemi/Lenhard, Datenschutz und Datensicherheit in der Rechtsanwaltskanzlei, 3. Aufl. 2017, Rn. 37–40, Rn. 197; Borgmann/Jungk/Schwaiger Anwaltshaftung/Jungk § 24 Rn. 183; AG Köln 4.2.2015 – 134 C 174/14 Kl, ZD 2015, 340; Wichert NJW 2009, 552).
- Auch die Pflicht zur Benachrichtigung nach Art. 34 DS-GVO besteht nicht, soweit durch die Benachrichtigung Informationen offenbart würden, die nach einer Rechtsvorschrift oder ihrem Wesen nach, insbesondere wegen der überwiegenden berechtigten Interessen eines Dritten, geheim gehalten werden müssen, § 29 Abs. 1 S. 3 BDSG.
- Sofern Daten Dritter im Zuge der Aufnahme oder im Rahmen eines Mandatsverhältnisses an einen Berufsgeheimnisträger (zB Arzt, unterbeauftragte Rechtsanwälte, Steuerberater, Wirtschaftsprüfer u. a., vgl. § 203 Abs. 1 Nr. 1–7 StGB) übermittelt werden, besteht keine Pflicht der übermittelnden Stelle zur Information der betroffenen Person nach Art. 13 Abs. 3 DS-GVO, wenn nicht das Interesse der betroffenen Person an der Informationserteilung überwiegt, § 29 Abs. 2 BDSG (Paal/Pauly/Gräber/Nolden BDSG § 29 Rn. 16–17; BT-Drs. 18/11325, 100–101).
- Gegenüber den in § 203 Abs. 1, 2 und 3 StGB genannten Personen (zB Ärzte, Rechtsanwälte, Steuerberater etc) oder deren Auftragsverarbeiter bestehen die Untersuchungsbefugnisse der Aufsichtsbehörden nach Art. 58 Abs. 1 lit. e und f DS-GVO nicht, soweit die Inanspruchnahme der Befugnisse zu einem Verstoß gegen die Geheimhaltungspflichten dieser Personen führen würde. Für den Fall, dass eine Aufsichtsbehörde im Rahmen einer Untersuchung Kenntnis von Daten, die einer entsprechenden Geheimhaltungspflicht unterliegen, erlangt, gilt diese Geheimhaltungspflicht auch für die Aufsichtsbehörde. Allerdings schließt § 29 Abs. 3

BDSG nur die Befugnisse nach Art. 58 Abs. 1 lit. e und lit. f DS-GVO aus und dies nur „soweit" die Inanspruchnahme der Befugnisse zu einem Verstoß gegen die Geheimhaltungspflichten der Geheimnisträger führen würde. Demnach haben die Aufsichtsbehörden bei Anwaltskanzleien kein Recht auf Zugang zu den Kanzleiräumen (vgl. DAV-Merkblatt/AnwBl Online 2018, 188; Paal/Pauly/Gräber/Nolden BDSG § 29 Rn. 18–21; BT-Drs. 18/11325, 100–101). Zudem haben die Aufsichtsbehörden keine Zugriffsrechte und dürfen keine Einblicke in die anwaltliche Datenverarbeitung verlangen. Andere Aufsichtsmaßnahmen nach Art. 58 Abs. 1 lit. a–d DS-GVO sowie die Abhilfe-, Genehmigungs- und Beratungsbefugnisse nach Art. 58 Abs. 2 und Abs. 3 DS-GVO bestehen aber nach wie vor und können von der Aufsichtsbehörde gegenüber Geheimnisträgern wahrgenommen werden (dazu, sowie zum Problem der Umgehung der Beschränkungen der Untersuchungsbefugnisse der Aufsichtsbehörden nach Abs. 3 durch Auskunftsanordnungen BeckOK DatenschutzR/Uwer DS-GVO Art. 58 Rn. 37).

## III. Verarbeitungsverzeichnis mit Musterverfahren

Nach Art. 30 DS-GVO ist jeder Verantwortliche verpflichtet, ein Verzeichnis von Verarbeitungstätigkeiten zu führen. Das Verarbeitungsverzeichnis dient insbesondere der Umsetzung der Rechenschaftspflicht aus Art. 5 Abs. 2 DS-GVO (→ Form. C. II.).

1. Checkliste – Übliche Verarbeitung in einer Rechtsanwaltskanzlei
   - o Adressdatenbank
   - o Archivsysteme
   - o Arbeitszeitdokumentation
   - o Aufzeichnungen nach dem Geldwäschegesetz
   - o Back-up-Lösungen
   - o Barkasse
   - o besonderes elektronisches Anwaltspostfach
   - o Betriebliche Altersvorsorge
   - o Bewerbungsverfahren
   - o Bonitätsprüfungen
   - o CRM-Systeme
   - o Cloud-Lösungen (Back-up; Mandantenkommunikation; Office)
   - o Diktier- und Spracherkennungssoftware
   - o elektronische Anwaltsakten
   - o Ersthelferverzeichnis
   - o Externes Rechenzentrum
   - o externe Lohn- und Gehaltsbuchhaltung
   - o E-Mail-System
   - o Dateiserver
   - o Finanzbuchhaltung
   - o Informationsveranstaltungen
   - o Kalender
   - o Mandanten-Newsletter
   - o Messenger-Dienste
   - o Kanzleisoftware (zB Advolux, Altasoft, AnNoText, RA Micro usw)
   - o Legaltech-Dienstleister
   - o Anwaltsportale, Vermittlungs- und Akquise-Dienstleister
   - o Dokumentengeneratoren
   - o juristische Datenbanken und Recherche-Dienstleister
   - o Spezialisierte Forderungsmanagement-Dienstleister
   - o Übersetzungsdienste
   - o IT-Dienstleister (Wartung, Entsorgung etc)
   - o Personalakten (elektronisch und physisch)
   - o Social-Media-Auftritte (Facebook, LinkedIn, X, Xing)
   - o Telefonanlage
   - o Telekommunikationsgeräte (Bring your own device und Firmengeräte)
   - o Urlaubslisten

- o Versicherungsfallverzeichnis
- o Webseite
- o WLAN intern
- o WLAN Gäste

2. Beispiel Musterverfahren: Lokaler Kanzleiserver

| | |
|---|---|
| Bezeichnung | Dateiserver |
| Einsatz von Dienstleistern | – |
| Datenkategorien | Beschäftigtendaten, Mandantendaten, Interessentendaten |
| Betroffene Personengruppen | Beschäftigte, Mandanten, Interessenten |
| Verarbeitungszweck | Der Dateiserver stellt die im Betrieb vorhandenen Daten zentralisiert einem Rechnernetz zur Verfügung, auf dem diese auch unmittelbar bearbeitet werden. Hierdurch wird die Organisation des Dokumenten- und Datenbestandes vereinfacht und eine Häufung von Dokumentenversionen und das Entstehen redundanter Dokumente verhindert.<br>Die Zentralisierung des Dokumenten- und Datenbestandes gestattet uns ein zentralisiertes Rechtemanagement, um die Zugriffe zu kontrollieren und zu protokollieren.<br>Zudem ist die Erstellung von Datensicherungen eines einzigen relevanten Speicherortes einfacher und günstiger als die regelmäßige Sicherung jedes einzelnen Arbeitsplatzes. |
| Rechtsgrundlagen | – Vertragsdurchführung, Art. 6 Abs. 1 S. 1 lit. b DS-GVO bzgl. Mandanten<br>– Vertragsdurchführung, Art. 6 Abs. 1 S. 1 lit. b DS-GVO iVm § 26 Abs. 1 BDSG bzgl. Beschäftigtendaten<br>– berechtigte Interessen nach Art. 6 Abs. 1 S. 1 lit. f DS-GVO bzgl. sonstiger Personen (zB Interessenten), sofern keine Vertragsbeziehung zwischen uns und dem Betroffenen vorliegt. Entgegenstehende Interessen der betroffenen Personengruppen überwiegen nicht unser Interesse an der Einhaltung der datenschutzrechtlichen Grundsätze der Datensparsamkeit und der Datenverfügbarkeit sowie der Gewährleistung der IT-Sicherheit unserer internen Dateistrukturen. |
| Datenquellen | Eintragung und Pflege durch unser Personal bei Mandats-Anlage/Durchführung/Beendigung sowie bei Kontaktanfragen. |

| Bezeichnung | Dateiserver |
|---|---|
| Informationen an Betroffene | Allgemeine Informationen werden dem Betroffenen in der Datenschutzerklärung auf unserer Webseite zur Verfügung gestellt. Auf etwaige Widerspruchsmöglichkeiten des Betroffenen wird in der Datenschutzerklärung hingewiesen.<br>Mit jedem Angebot, ein Mandatsverhältnis mit der Kanzlei einzugehen, erhält der potenzielle Mandant zudem unser Informationsschreiben zum Datenschutz im Mandatsverhältnis. |
| Empfänger der Daten | Intern: Partner, zugriffsberechtigte Beschäftigte der Kanzlei. |
| Übermittlung an Drittland | – |
| Löschfristen | Die Löschung erfolgt, nachdem die Speicherung zur Mandatsabwicklung bzw. Durchführung nicht mehr erforderlich ist und keine berechtigten Interessen unsererseits, wie die Pflicht zur Durchführung einer Interessenkollisionsprüfung nach § 43a Abs. 4 BRAO oder gesetzliche Aufbewahrungspflichten (§ 147 AO, § 257 HGB, § 14b UStG), einer Löschung entgegenstehen. Eine Löschung erfolgt demnach grundsätzlich fünf bis zehn Jahre nach Ende des Mandatsverhältnisses, bei titulierten Ansprüchen nach 30 Jahren. Eine Löschung von Beschäftigtendaten erfolgt grundsätzlich drei Jahre und sechs Monate nach dem Ende des Jahres, in dem der Beschäftigte aus der Kanzlei ausscheidet.[1] |
| Technische und organisatorische Maßnahmen[2] | Diese sind allgemein in dem Abschnitt „Technische und organisatorische Maßnahmen“ beschrieben.<br>Zusätzlich werden für diese Verarbeitung die folgenden technischen und organisatorischen Maßnahmen getroffen:<br>– besonderes Berechtigungskonzept zur Wartung des Dateiservers[3]<br>– Verpflichtung der Beschäftigten[4] nach:<br>o Art. 5 Abs. 1 lit. f iVm Art. 32 Abs. 4 DS-GVO<br>o §§ 43°, 43e BRAO<br>o § 2 BORA<br>– mehrfache RAID-Spiegelung der verwendeten Festplatten[5]<br>– Festplattenverschlüsselung[6] (BitLocker)<br>– wöchentliches verschlüsseltes Voll-Back-up[7]; Lagerung nicht innerhalb der Kanzleiräume<br>– tägliches verschlüsseltes Remote-Back-up in deutschem Rechenzentrum<br>– Deaktivierung von USB Ports[8] |

| Bezeichnung | Dateiserver |
|---|---|
| Datenschutz-Folgenabschätzung mit Risikoanalyse[9] | nicht erforderlich |

## Anmerkungen

**1. Löschfristen im Kontext von Verjährungsvorschriften.** Daten können auch nach Beendigung von Vertragsbeziehungen weiter aufbewahrt werden, wenn sie möglicherweise zur Abwehr von Klagen des Vertragspartners benötigt werden. In der Regel entfällt dieses Bedürfnis nach Verjährung sämtlicher hypothetischer Ansprüche. Es dürfte allerdings zu früh sein, die Daten unmittelbar nach dem errechneten Termin für den Ablauf der Verjährungsfrist zu löschen. Denn eine Frist ist gem. § 167 ZPO auch dann gewahrt, wenn die Klage vor Ablauf der Verjährungsfrist erhoben und dann (nach Ablauf der Verjährungsfrist) „demnächst" zugestellt wird. Für das „demnächst" gibt es keine feste Vorgabe (Musielak/Voit/Wittschier ZPO § 167 Rn. 7). Daher empfiehlt es sich, einige Zeit nach Ablauf der Verjährungsfrist zu warten und dann notfalls noch bei dem zuständigen Gericht nachzufragen, ob eine Klage eingegangen ist. In diesem Beispiel wurde die Frist für die regelmäßige Verjährung (§§ 195, 199 Abs. 1 BGB) zugrunde gelegt und ein Sicherheitsaufschlag von sechs Monaten vorgeschlagen.

**2. Technische und organisatorische Maßnahmen.** Die zu ergreifenden Maßnahmen sind abhängig von der Kanzleigröße, dem Geschäftsmodell sowie den täglichen Arbeitsabläufen. Es sind nach dem Gedanken von Art. 25 und Art. 32 DS-GVO unter Berücksichtigung des Stands der Technik, der Implementierungskosten und der Art, des Umfangs, der Umstände und der Zwecke der Verarbeitung sowie der unterschiedlichen Eintrittswahrscheinlichkeit und Schwere der mit der Verarbeitung verbundenen Risiken für die Rechte und Freiheiten natürlicher Personen, geeignete technische und organisatorische Maßnahmen zum Schutz personenbezogener Daten zu ergreifen. In den nachfolgenden Anmerkungen werden einige Beispiele solcher Maßnahmen näher erläutert (ausf. → Form. E.).

**3. Besonderes Berechtigungskonzept.** Bei der Vorhaltung eines lokalen Dateiservers empfiehlt es sich, durch ein Berechtigungskonzept technisch festzulegen, welche Mitarbeiter- oder Mitarbeitergruppen der Kanzlei auf welche Daten (zB Mandatsakten, Personalakten, Finanzbuchhaltung) zugreifen können. In diesem Zusammenhang kann zur Absicherung auch die Implementierung von Logging und der Versionisierung von Daten in Betracht kommen (→ Form. C. II.).

**4. Verpflichtung der Beschäftigten.** Nach Art. 5 Abs. 1 lit. f iVm Art. 32 Abs. 4 DS-GVO, §§ 43a, 43e BRAO und § 2 BORA (→ Form. M. II.).

**5. Mehrfache RAID-Spiegelung der verwendeten Festplatten.** Bei der mehrfachen Spiegelung von verwendeten lokalen Festplatten (RAID) handelt es sich um eine technische Sicherheitsmaßnahme, die einem Datenverlust vorbeugen soll (→ Form. E. II. Anm. 31). Ein sog. RAID-System dient zur Organisation mehrerer Festplattenlaufwerke zu einem logischen Laufwerk, das eine höhere Ausfallsicherheit oder einen größeren Datendurchsatz erlaubt als eine einzelne Festplatte. Während die meisten in Computern verwendeten Techniken und Anwendungen darauf abzielen, Redundanzen (in Form von mehrfachem Vorkommen derselben Daten) zu vermeiden, werden bei RAID-Systemen redundante Informationen gezielt erzeugt, damit beim Ausfall einzelner Speichermedien das RAID als Ganzes seine Integrität und Funktionalität behält und nach Ersetzen der ausgefallenen Komponente durch einen Rebuild der ursprüngliche Zustand wiederhergestellt werden kann.

**6. Festplattenverschlüsselung.** Eine Festplattverschlüsselung (zB mittels BitLocker) bezeichnet das Verschlüsseln einer gesamten Festplatte oder einzelner Partitionen, um den unbefugten Zugriff auf sensible Daten zu verhindern. Hier kommen verschiedene Lösungen in Betracht, die jeweils ihre eigenen Vor- und Nachteile bieten. Die Wahl des Verschlüsselungsverfahrens hat entscheidenden Einfluss auf den Grad des erreichten Schutzes (vgl. dazu Gasteyer/Säljemar NJW 2020, 1768 (1771)).

**7. (Voll-)Sicherung/Back-up.** Die laufende Erstellung von Back-ups, dh Sicherungskopien des aktuellen Datenbestands, sollte ein fester Bestandteil jedes Konzepts zu den technischen und organisatorischen Maßnahmen sein. Technisch und auch organisatorisch können Back-ups dabei auf unterschiedlichste Weise durchgeführt werden. So kann bei einer Ein-Personen-Kanzlei die monatliche verschlüsselte Voll-Sicherung der relevanten Daten (Mandantenakten, Buchhaltung, Rechtsbeziehungen mit Dienstleistern) auf externen Datenträgern, die an einem sicheren Ort außerhalb der Kanzlei aufbewahrt werden, ausreichend sein. Bei der Komplett- oder Vollsicherung werden die jeweils zu sichernden Daten komplett auf das Sicherungsmedium übertragen. Bei größeren Kanzlei-Einheiten wird man dagegen eher auf automatisierte technische Lösungen setzen, die neben regelmäßigen Voll-Sicherungen auch täglich inkrementelle Sicherung durchführen. Bei der inkrementellen Sicherung werden, um langfristig Speicherplatz im Rahmen der Sicherung zu sparen, immer nur die Dateien oder Teile von Dateien gespeichert, die seit der letzten inkrementellen Sicherung geändert wurden oder neu hinzugekommen sind.

**8. Deaktivierung von USB-Ports.** Schnittstellen, wie zB USB-Ports, können Risiken für den Einfall von Schadsoftware und unerwünschten Abfluss von Informationen bergen. Vor diesem Hintergrund kann es sich empfehlen, etwa bei Geräten, die von mehreren Beschäftigten oder Mandanten verwendet werden oder aufgrund der Sensibilität der gespeicherten Daten besonders geschützt werden müssen, wie etwa ein Kanzlei-Server, eine Deaktivierung von Schnittstellen wie USB-Ports umzusetzen.

**9. Datenschutz-Folgenabschätzung mit Risikoanalyse.** Die Frage, ob eine Datenschutz-Folgenabschätzung vorzunehmen ist, ist abhängig vom Einzelfall sowie der Kanzleigröße, dem Geschäftsmodell sowie den täglichen Arbeitsabläufen. So wird man argumentieren können, dass eine Datenschutz-Folgenabschätzung bei einem lokalen Kanzleiserver in einer Ein-Mann-Kanzlei mit Berechtigungskonzept nicht erforderlich ist. Anders aussehen kann es bei personenstärkeren Kanzleien, die eine Vielzahl von digitalen Cloud-Lösungen einsetzen (weitergehend zur DSF → Form. C. III.).

## IV. Einsatz von Dienstleistern, beA und Legal-Tech-Produkten

Rechtsanwälte bzw. Kanzleien müssen vor dem Einsatz von Dienstleistern (zB Webhoster, Filehoster, Newsletter-Dienstleister, IT-Wartung) oder Legal-Tech-Produkten (zB Anwalt-Mandanten-Portale, Vermittlungs- und Akquise-Dienstleister, Dokumentengeneratoren, Juristische Datenbanken und Recherche-Dienstleister oder spezialisierte Forderungsmanagementdienstleister) stets prüfen, ob die betreffenden Verarbeitungen einer Vereinbarung zur Auftragsverarbeitung nach Art. 28 DS-GVO bedürfen und ob eine gemeinsame Verantwortlichkeit mit dem Dienstleister vorliegt (bspw. bei dem Betrieb von Facebook-Fanpages; → Form. G. I. 1.).

Hinsichtlich des besonderen elektronischen Anwaltspostfachs (beA) kann festgehalten werden, dass der Abschluss einer Vereinbarung zur Auftragsverarbeitung zwischen der Bundesrechtsanwaltskammer und dem jeweiligen Rechtsanwalt entbehrlich ist. Rechtsgrundlage der Datenverarbeitung ist vielmehr Art. 6 Abs. 1 S. 1 lit. e, Abs. 3 DS-GVO iVm § 3 BDSG iVm §§ 31a, 31b, 31c BRAO, § 22 Abs. 2 S. 1 RAVPV. Demnach sind Anwälte sogar verpflichtet, jedenfalls passiv, also für den Empfang von Nachrichten, das beA einsatzbereit zu halten. Daneben besteht in vielen Fällen auch eine aktive Nutzungspflicht für das beA (z. B. § 130a Abs. 3 ZPO). Trotz aller Kritik, die ggf. mit dem beA verbunden ist, wurde die seit dem 1.1.2018 bestehende passive Nutzungspflicht gem. § 31a Abs. 6 BRAO mehrfach gerichtlich bestätigt. Sowohl das BVerfG (BVerfG 20.12.2017 – 1 BvR 2233/17, NJW 2018, 288) als auch der BGH (BGH 23.5.2019 – AnwZ (Brfg) 15/19, NJW-RR 2019, 1391; BGH 10.1.2023 – VIII ZB 41/22, NJW-RR 2023, 427) haben die Nutzungspflicht als verfassungsgemäß angesehen. Das Anwaltsgericht Nürnberg (AnwG Nürnberg 6.3.2020 – AnwG I-13/19, MMR 2020, 565) hat in einem Fall, in dem sich eine Anwältin nicht an die passive Nutzungspflicht gehalten hat, eine Geldbuße von 3.000,00 EUR verhängt. Ferner ist darauf hinzuweisen, dass sich Anwälte bei einem Verstoß ggf. Haftungsansprüchen aussetzen. Der BGH hat jüngst festgestellt, dass das Wissen um die Benutzungspflicht des beA nach § 130d S. 1 ZPO zum Basiswissen eines Anwalts gehöre. Deshalb könne sich der Anwalt nicht darauf berufen, in einer Rechtsbehelfsbelehrung sei nur von einer optionalen Versandmöglichkeit als elektronisches Dokument die Rede gewesen (BGH 10.1.2023 – VIII ZB 41/22, NJW-RR 2023, 427).

Neben der Frage der datenschutzrechtlichen Zulässigkeit einer Datenübermittlung an Dritte ist zudem die Vereinbarkeit der Datenübermittlung mit § 203 und § 204 StGB sicherzustellen. Ebenso wie in allen anderen Bereichen der Wirtschaft verändert sich auch das Berufsbild der Rechtsanwaltschaft durch die immer weiter fortschreitende Digitalisierung. Beim Einsatz von Dienstleistern durch Berufsgeheimnisträger wie Rechtsanwälte, Ärzte oder Steuerberater, kommt dem Thema Geheimnisschutz eine immer größere Bedeutung zu. Dieser Tatsache trägt der relativ neue § 203 Abs. 4 Nr. 1 StGB Rechnung. Aufgrund der Überarbeitung des § 203 StGB ist nun gesetzlich geregelt, dass in Anwaltskanzleien auch „sonstige mitwirkende Personen“ eingesetzt werden können. Voraussetzung ist jedoch, dass sich diese einer speziellen Geheimhaltungsverpflichtung unterwerfen. § 203 Abs. 4 Nr. 1

StGB sieht eine Strafbarkeit des Berufsgeheimnisträgers für den Fall vor, dass eine sonstige mitwirkende Person eine Geheimhaltungspflicht missachtet und der Berufsgeheimnisträger nicht dafür Sorge getragen hatte, dass diese zuvor zur Geheimhaltung verpflichtet wird. Die Pflichten aus § 203 Abs. 4 Nr. 1 StGB werden ergänzt und erweitert durch § 43e BRAO und § 2 BORA. In § 43e BRAO wird unter anderem konkretisiert, dass Daten nur insoweit einem Dienstleister zugänglich gemacht werden dürfen, wie dies zur Inanspruchnahme seiner Dienstleistung erforderlich ist (§ 43e Abs. 1 BRAO). Der Rechtsanwalt ist verpflichtet, den Dienstleister sorgfältig auszuwählen und er hat die Zusammenarbeit unverzüglich zu beenden, wenn die Einhaltung der dem Dienstleister zu machenden Vorgaben nicht gewährleistet ist (§ 43e Abs. 2 BRAO; vgl. dazu Gasteyer/Säljemar NJW 2020, 1768 [1769]).

In Abgrenzung zu den berufsmäßig tätigen Gehilfen und den in Vorbereitung auf den Beruf tätigen Personen werden von dem Begriff der sonstigen mitwirkenden Personen diejenigen erfasst, die zwar an der beruflichen oder dienstlichen Tätigkeit der schweigepflichtigen Person mitwirken, also in diese Tätigkeit in irgendeiner Weise eingebunden werden und Beiträge dazu leisten, allerdings ohne in die Sphäre des Berufsgeheimnisträgers eingegliedert zu sein. Eine Mitwirkung an der beruflichen Tätigkeit ist nur dann gegeben, wenn die mitwirkende Person unmittelbar mit der beruflichen Tätigkeit der schweigepflichtigen Person, ihrer Vorbereitung, Durchführung, Auswertung und Verwaltung befasst ist (BT-Drs. 18/11936, 22). Unter die „sonstigen mitwirkenden Personen" wird man somit ohne Probleme technische Dienstleister subsumieren können. Der Berufsgeheimnisträger kann entweder die mitwirkende Person selbst zur Geheimhaltung verpflichten oder die Verpflichtung auf andere übertragen. In mehrstufigen Auftragsverhältnissen kann dies bedeuten, dass der Berufsgeheimnisträger die von ihm beauftragte mitwirkende Person selbst verpflichtet und sie gleichzeitig – bspw. durch eine entsprechende vertragliche Vereinbarung – verpflichtet, ihre ausführenden Mitarbeiter oder auch weitere Unterauftragnehmer, soweit der Berufsgeheimnisträger eine Unterbeauftragung gestattet, auf gleiche Weise zur Geheimhaltung zu verpflichten (vgl. BT-Drs. 18/11936, 29).

Aus den vorgenannten Erwägungen muss beim Einsatz von Dienstleistern oder Legal-Tech-Produkten, die im Rahmen einer Auftragsverarbeitung nach Art. 28 DS-GVO für die Kanzlei tätig sind (E-Mail-Provider, Cloud-Dienstleister, Plattformen zur anwaltlichen Kommunikation mit Mandanten, Newsletter-Dienstleistern sowie anderen Outsourcing-/Cloud-Produkten), stets darauf geachtet werden, neben dem Abschluss einer Vereinbarung nach Art. 28 DS-GVO auch die Verpflichtung nach § 203 Abs. 4 StGB vorzunehmen. Die Verpflichtung hat gem. § 43e BRAO mindestens in Textform zu erfolgen. Die Verletzung dieser Pflicht ist strafbewehrt, wenn die einbezogene Person unbefugt ein Geheimnis offenbart hat (vgl. BeckOK StGB/Weidemann § 203 Rn. 42 ff.). Anders als bei der Verarbeitung von personenbezogenen Daten trifft die Verantwortung zum Abschluss der Geheimhaltungsvereinbarung nach § 203 Abs. 4 StGB allein den Berufsgeheimnisträger. Daher kann nicht automatisch davon ausgegangen werden, dass auch der Anbieter von Legal-Tech-Produkten ein vergleichbares Interesse an der Erstellung und dem Abschluss einer solchen Vereinbarung hat. Auf der anderen Seite kann ein klarer Wettbewerbsvorteil für solche Anbieter bestehen, die eine ausreichende Geheimhaltungsvereinbarung proaktiv anbieten. Für solche Konstellationen kann die folgende Verpflichtung verwendet werden. Dabei kann diese Verpflichtung Teil des Hauptvertrages sein, wenn dieser mindestens in Textform abgeschlossen wird (§ 43e Abs. 3 S. 1 BRAO). In vielen Fällen bietet es sich aber auch an, diese Vereinbarung als Zusatzvereinbarung zu formulieren (auch hier wieder: mindestens in Textform).

Zusatzvereinbarung zum Vertrag über die Auftragsverarbeitung
(Verschwiegenheitsverpflichtung und Belehrung nach § 203 Abs. 4 StGB)

Aufgrund der Tatsache, dass der Auftraggeber Berufsgeheimnisträger iSd § 203 StGB ist, unterliegt die Auftragsverarbeitung nach Art. 28 DS-GVO weiteren gesetzlichen Anforderungen. Vor diesem Hintergrund vereinbaren die Parteien als Zusatzvereinbarung das Folgende:

(1) Der Auftraggeber verpflichtet hiermit den Auftragnehmer, alle im Rahmen der Vertragsdurchführung erlangten Informationen strikt geheim zu halten und vor dem Zugriff Dritter, also jeder Person, die nicht zum Auftraggeber oder Auftragnehmer gehört, zu schützen. Dies betrifft nicht nur personenbezogene Daten, sondern sämtliche fremde Geheimnisse, namentlich zum persönlichen Lebensbereich gehörende Geheimnisse oder Betriebs- oder Geschäftsgeheimnisse. [1]

(2) Der Auftragnehmer darf sich und den bei ihm berufsmäßig tätigen Gehilfen sowie den bei ihm zur Vorbereitung auf den Beruf tätigen Personen nur insoweit Kenntnis von vertraulichen Informationen verschaffen, als dies für die im Hauptvertrag festgehaltenen Verpflichtungen erforderlich ist.

(3) Der Auftraggeber belehrt den Auftragnehmer hiermit, dass der Bruch der Verschwiegenheit oder die Verwertung fremder Geheimnisse durch den Auftragnehmer für diesen strafbar ist (§ 203 Abs. 1, Abs. 4 S. 1 StGB, § 204 StGB) und mit Freiheitsstrafe bis zu einem Jahr, im Fall von § 204 StGB mit Freiheitsstrafe bis zu zwei Jahren, oder mit Geldstrafe bestraft werden kann. Die Strafandrohung erhöht sich auf Freiheitsstrafe bis zu zwei Jahren oder Geldstrafe, sofern der Auftragnehmer in Bereicherungsabsicht, auch wenn sie zugunsten Dritter bestehen sollte, handelt, oder die Absicht hat, durch die Tat einen anderen zu schädigen. Die vorstehende Strafandrohung richtet sich, soweit es sich bei dem Auftragnehmer um eine natürliche Person handelt, gegen diesen persönlich sowie in jedem Fall auch gegen die für den Auftragnehmer mitwirkenden Personen.

(4) Der Einsatz von Unterauftragnehmern ist nur zulässig, wenn es im Hauptvertrag oder individualvertraglich ausdrücklich zugelassen wird.[2] Der Auftragnehmer wird seine Mitarbeiter und Unterauftragnehmer (soweit nach dem Hauptvertrag und dem Vertrag über die Auftragsverarbeitung eine Unterbeauftragung möglich ist) zur Verschwiegenheit nach Maßgabe des Abs. 1–3 belehren und verpflichten.[3] Die Verpflichtung hat mindestens in Textform zu erfolgen.[4]

(5) Der Auftraggeber belehrt den Auftragnehmer vorsorglich, dass sich mitwirkende Personen im Falle einer entgegen Abs. 4 vorgenommenen Einschaltung weiterer Personen bei Strafandrohung von Freiheitsstrafe bis zu einem Jahr oder Geldstrafe strafbar machen, wenn diese weitere Person die Verschwiegenheit gem. Abs. 1 bricht, und die mitwirkende Person zugleich nicht dafür Sorge getragen hatte, dass erstere zur Verschwiegenheit verpflichtet wird (§ 203 Abs. 1, Abs. 4 S. 2 Nr. 2 StGB). Die Strafandrohung erhöht sich auf Freiheitsstrafe bis zu zwei Jahren oder Geldstrafe, sofern der Täter in Bereicherungsabsicht, auch wenn sie zu Gunsten Dritter bestehen sollte, handelt, oder die Absicht hat, durch die Tat einen anderen zu schädigen.

**(6) Die §§ 203, 204 StGB in ihrer aktuell geltenden Fassung sind dieser Vereinbarung als Anlage beigefügt.**

**(7) Die Verschwiegenheitsverpflichtung nach der vorliegenden Vereinbarung gilt zeitlich unbeschränkt und gilt nach Ende des zugrunde liegenden Auftragsverhältnisses fort.**

**[Textfassung von §§ 203, 204 StGB]**

## Anmerkungen

**1. Gegenstand der Geheimhaltungsverpflichtung.** Der Gegenstand der Geheimhaltungsverpflichtung ist nicht deckungsgleich mit dem Anwendungsbereich der DS-GVO. Während letztere den Schutz personenbezogener Daten bezweckt, geht der Schutzbereich der §§ 203, 204 StGB weiter. Diese umfassen sämtliche Geheimnisse des Mandanten, insbesondere also etwa auch technische Erfindungen, Kennzahlen eines Unternehmens, interne Kalkulationen oder Geschäftspläne. Der Schutz greift auch dann, wenn überhaupt kein Personenbezug gegeben ist.

**2. Einsatz von Subunternehmern.** Nach § 43e Abs. 3 Nr. 3 BRAO ist in dem Vertrag zwischen dem Rechtsanwalt und dem Auftragnehmer festzulegen, ob der Auftragnehmer Subunternehmer einsetzen darf. Daher sieht dieses Muster vor, dass der Einsatz von Subunternehmern ausdrücklich geregelt sein muss. Diese Klausel sollte kein reines Lippenbekenntnis sein. Bei vielen Dienstleistern ist selbstverständlich, dass diese Subunternehmer einsetzen. Zum Beispiel werden Angebote von Legal-Tech-Unternehmen in aller Regel nicht von diesen selbst gehostet, sondern von Dienstleistern wie Amazon Web Services oder Microsoft Azure. Es dürfte zur gebotenen Sorgfalt des Rechtsanwalts gehören, zu prüfen, ob und welche Subunternehmer eingesetzt werden (was sich in der Regel aus der Datenschutzdokumentation ergibt) und dann zu hinterfragen, ob diese ebenfalls auf die Einhaltung der gesetzlichen Vorgaben für Berufsgeheimnisträger verpflichtet sind.

**3. Gleichlautende Verpflichtung von Mitarbeitern und Subunternehmern des Auftragnehmers.** Der Auftragnehmer muss seine Mitarbeiter und etwaige Unterauftragnehmer, soweit nach dem Hauptvertrag und dem Vertrag über die Auftragsverarbeitung eine Unterbeauftragung möglich ist, gleichlautend zur Verschwiegenheit verpflichten. Zur Verpflichtung von Mitarbeitern kann das Formular zur Verpflichtung von Mitarbeitern einer Rechtsanwaltskanzlei entsprechend verwendet werden (→ Form. M. I.). Beim Einsatz von weiteren Subunternehmern des Auftragnehmers kann das vorliegende Formular entsprechend verwendet werden.

**4. Form.** Auch der Auftragnehmer muss bei der Verpflichtung von Subunternehmern die Textform einhalten (§ 43e Abs. 3 S. 2 Nr. 3 BRAO).

## N. Behördliches und verwaltungsgerichtliches Verfahren

Die Datenschutzbehörden der Länder sind, ungeachtet ihrer näheren Organisation, als **Behörden** im verwaltungsverfahrensrechtlichen Sinne (§ 1 Abs. 4 VwVfG bzw. der jeweiligen landesrechtlichen Norm) zu qualifizieren, weil sie Stellen sind, die Aufgaben der öffentlichen Verwaltung wahrnehmen. Sie sind als solche an die allgemeinen Vorschriften gebunden, die für alle Hoheitsträger gelten, so insbesondere an die **Grundrechte** des Grundgesetzes und der jeweiligen Landesverfassung. Soweit die Datenschutzbehörden mit der Durchführung der DS-GVO betraut sind, sind sie nach Art. 51 Abs. 1 S. 2 GRCh, die ihrerseits nach Art. 6 Abs. 1 EUV Teil des europäischen Primärrechts ist, darüber hinaus auch unmittelbar an die in der GRCh niedergelegten Grundrechte gebunden.

Werden die Datenschutzbehörden nach außen mit dem Ziel tätig, einen Verwaltungsakt zu erlassen oder diese Möglichkeit zu prüfen, binden sie auch die Vorschriften des (jeweiligen) **Verwaltungsverfahrensgesetzes** (§ 9 VwVfG). Daher gelten für die Tätigkeit einer Datenschutzbehörde zunächst einmal die gleichen Grundsätze, die auch sonst für jede behördliche Tätigkeit gelten, insbesondere unterliegt ihre Tätigkeit dem **Vorrang und Vorbehalt des Gesetzes,** sodass sie gegenüber Privaten nur dann und in dem Umfang tätig werden darf, wie es ein gesetzlicher **Erlaubnistatbestand** gestattet (vgl. BVerfG 28.10.1975 – 2 BvR 883/73, 379/74, 497/74, 526/74, BVerfGE 40, 237 (248 f.); 8.8.1978 – 2 BvL 8/77, BVerfGE 49, 89 (126); vgl. auch Petri/Tinnefeld MMR 2010, 157 (160 f.)).

Den Datenschutzbehörden kommt allerdings eine gewisse **Sonderrolle** zu. Denn gem. Art. 52 Abs. 1 DS-GVO handeln die Aufsichtsbehörden „bei der Erfüllung ihrer Aufgaben und bei der Ausübung ihrer Befugnisse“ aus der Verordnung „völlig unabhängig“. Dies entspricht der schon bisher geltenden Regelung aus Art. 28 Abs. 1 DS-RL, auch dort war bereits von völliger Unabhängigkeit die Rede. Auch das europäische Primärrecht schreibt vor, dass die Datenschutzaufsichtsbehörden unabhängig zu sein haben (Art. 16 Abs. 2 S. 2 AEUV; Art. 8 Abs. 3 GRCh). Insofern gehen mit der Verordnung keine wesentliche Änderung des Status der Aufsichtsbehörden einher, wenngleich es zu begrüßen ist, dass die Verordnung sich in ihrem Art. 52 DS-GVO ausführlicher dazu verhält, welche Rechte und Pflichten genau mit dem Status der völligen Unabhängigkeit einhergehen. Klar ist jedenfalls, dass der unabhängige Status der Behörden einerseits durch mannigfaltige rechtliche Bindungen eingeschränkt ist, die sich aus der DS-GVO selbst ergeben (zB Art. 60, 64 Abs. 2 DS-GVO), andererseits aber auch durch die den Behörden tatsächlich zur Verfügung gestellten Mittel begrenzt wird. Letzteres betreffend bleibt insbesondere zu hoffen, dass der appellhaft formulierte Auftrag an die Mitgliedstaaten, sicherzustellen, dass die Aufsichtsbehörden mit ausreichenden Ressourcen zur Aufgabenwahrnehmung ausgestattet werden (Art. 52 Abs. 4 DS-GVO), nicht ungehört verhallt (vgl. im Einzelnen das Gutachten von Roßnagel, Zusätzlicher Arbeitsaufwand für die Aufsichtsbehörden der Länder durch die Datenschutz-Grundverordnung, Kassel 2017, dort S. 33 f., http://suche.transparenz.hamburg.de/dataset/gutachtenzum-zusaetzlichen-arbeitsaufwand-fuer-die-aufsichtsbehoerden-der-laender-durch-d-2017). Soweit sich auch nach neuem Recht noch Auslegungsfragen ergeben, dürfte es zulässig sein, auf die bereits zu diesem Problemfeld ergangene Rechtsprechung zurückzugreifen. Insofern ist hervorzuheben, dass der EuGH (9.3.2010 – C-518/07, NJW 2010, 1265) die Bundesrepublik Deutschland verurteilt hatte, weil sie die erforderliche Unabhängigkeit der Datenschutzbehörden in Bund und Ländern nicht ausreichend gewährleistet hatte. Dem lag zugrunde, dass die Datenschutzbehörden seinerzeit als Teil der Staatsverwaltung der staatlichen Aufsicht, etwa durch das jeweils zuständige Ministerium, unterlagen. Der EuGH führte in seiner Entscheidung aus, dass eine derartige staatliche Aufsicht über die Datenschutzbehörden mit Art. 28 Abs. 1 DS-RL unvereinbar sei. Der Begriff „völlige Unabhängigkeit" in der Richtlinie sei dahingehend auszulegen, dass es der Behörde möglich sein müsse, „ihre Aufgaben ohne äußere Einflussnahme wahrzunehmen", was insbesondere „jegliche Einflussnahme seitens der kontrollierten Stelle", aber auch jede sonstige politische Einflussnahme ausschließen muss (EuGH 9.3.2010 – C-518/07, NJW 2010, 1265 (1266)). In seinem Urteil v. 16.10.2012 in Sachen Kommission/Österreich vertiefte der EuGH seine Rechtsprechung und machte deutlich, dass weder eine Fach- noch eine Rechts- oder Dienstaufsicht über die Datenschutzbehörde zulässig sei (EuGH 16.10.2012 – C-614/10, ZD 2012, 563 (565)). Letztlich ergibt sich damit aus der Rechtsprechung des EuGH das „Gebot einer Ausgliederung der Datenschutz-Aufsichtsbehörden aus der allgemeinen Staatsverwaltung" (Ehmann/Selmayr/Selmayr DS-GVO Art. 52 Rn. 9).

Wie eine europarechtskonforme Ausgestaltung der Datenschutzaufsicht in Deutschland aussehen müsste, war in der Vergangenheit Gegenstand von Diskussionen, die an dieser Stelle nicht ausführlich referiert werden können (siehe Ziebarth CR 2013, 60; Taeger K&R 2010, 330 und Petri/Tinnefeld MMR 2010, 157). Aus der DS-GVO ergeben sich in der Praxis keine Änderungen, die über den durch die Urteile des EuGH definierten Stand hinausgehen. Die DS-GVO betont aber die Unabhängigkeit der Aufsichtsbehörden noch stärker, als dies nach der Richtlinie der Fall war. Nach gegenwärtigem Recht bildet die nationale Aufsichtsbehörde sozusagen „das Gravitationszentrum im Datenschutzkosmos" (Wolff PinG 2017, 109 (109)).

Die von der DS-GVO geforderte Unabhängigkeit der Aufsichtsbehörden ist nicht frei von Zweifeln (eingehend Wolff PinG 2017, 109 (110)). Jedenfalls bedeutet ihre Unabhängigkeit nicht, dass die Datenschutzbehörden gleichsam im rechtsfreien Raum operieren, was nunmehr auch die DS-GVO betont (Erwgr. 118 und Art. 78 DS-GVO). Vielmehr unterliegt ihre Tätigkeit der **gerichtlichen Kontrolle** (EuGH 26.9.2024 – C-768/21, BeckRS 2024, 25192 Rn. 49; Ehmann/Selmayr/Selmayr DS-GVO Art. 52 Rn. 10; NK-DatenschutzR/Polenz DS-GVO Art. 52 Rn. 9) in Deutschland, da sie aufgrund von öffentlich-rechtlichen Normen handeln (§ 40 Abs. 1 VwGO), der **Kontrolle durch die Verwaltungsgerichtsbarkeit** (vgl. Ziebarth CR 2013, 60 (66)).

Die nachfolgenden Muster sollen einige typische Konstellationen im Umgang mit den Landesdatenschutzbehörden abbilden. Ein **aufsichtsbehördliches Verfahren** wird häufig dadurch veranlasst, dass eine natürliche Person („Betroffener") sich mit einer **Eingabe** an eine Aufsichtsbehörde wendet, weil er sein Persönlichkeitsrecht durch den Umgang einer Behörde oder einer nichtöffentlichen Stelle („verantwortliche Stelle") mit seinen personenbezogenen Daten verletzt sieht. Nach Art. 77 Abs. 1

DS-GVO muss jedermann die Möglichkeit haben, sich mit derartigen Eingaben an die Aufsichtsbehörde zu wenden.

Erlässt die Aufsichtsbehörde sodann gegenüber der verantwortlichen (nichtöffentlichen) Stelle nach entsprechender Anhörung (§ 28 Abs. 1 VwVfG) einen Bescheid, wozu sie im Rahmen des Art. 58 DS-GVO befugt ist, so kann die verantwortliche Stelle sich hiergegen im Wege einer Klage vor dem Verwaltungsgericht wehren. Ein Widerspruch ist gem. § 20 Abs. 6 BDSG nicht statthaft, der Klage hat also **kein Vorverfahren** voranzugehen.

Das **Verwaltungsverfahren** richtet sich in den Ländern grundsätzlich nach den deren jeweiligen Verwaltungsverfahrensgesetzen. Aus Gründen der Vereinfachung wird an dieser Stelle allerdings stets nur das Verwaltungsverfahrensgesetz des Bundes zitiert, zumal die meisten Bundesländer dessen Geltung auch für das Verwaltungsverfahren der Landesbehörden angeordnet haben (siehe zB § 1 SächsVwVfZG).

Die Datenschutzbehörden sind aufgrund europarechtlicher Vorgaben zwar unabhängig, gleichwohl unterliegt ihr Handeln als Träger der öffentlichen Gewalt der vollen Kontrolle durch die Gerichte (siehe oben). Diese Kontrolle wird, weil bzw. soweit es sich bei dem Datenschutzrecht um öffentlich-rechtliche Vorschriften handelt, vornehmlich durch die Verwaltungsgerichte ausgeübt (§ 20 Abs. 1 BDSG; § 40 Abs. 1 VwGO), in gewissem Umfang auch mittelbar durch die ordentlichen Gerichte, wenn es um datenschutzrechtliche Straf- oder Bußgeldverfahren (§ 20 Abs. 1 S. 2 BDSG) geht. Die DS-GVO räumt den Datenschutzbehörden in erheblichem Umfang **unmittelbare Eingriffsbefugnisse** gegenüber Privaten ein, indem sie zum Erlass von Verwaltungsakten und zu anderen Maßnahmen ermächtigt (vgl. Art. 58 DS-GVO). Hiergegen besteht selbstverständlich der gleiche Rechtsschutz, wie er auch gegenüber jedem anderen behördlichen Verwaltungsakt besteht. Daneben werden die Datenschutzbehörden in gewissem Umfang auch auf andere grundrechtssensible Weise tätig, etwa durch Öffentlichkeitsarbeit. Insofern handeln die Behörden nicht im rechtsfreien Raum, sondern sind insbesondere den Grundrechten der Betroffenen verpflichtet. Diese Gesetzesbindung unterliegt selbstverständlich ebenfalls gerichtlicher Kontrolle.

Hinsichtlich des klassischen Verwaltungsprozessrechts sind auch mit Blick auf das Datenschutzrecht bestimmte Konstellationen typisch. Das betrifft etwa die Anfechtungsklage gegen einen Bescheid einer Aufsichtsbehörde (→ Form. N. III.), aber auch den Antrag auf Wiederherstellung der aufschiebenden Wirkung für den Fall, dass die Behörde die sofortige Vollziehung eines Bescheids angeordnet hat (→ Form. N. II.) oder auf Feststellung der aufschiebenden Wirkung, falls sie die aufschiebende Wirkung einer Anfechtungsklage missachtet (→ Form. N. II.).

Da Maßnahmen von Aufsichtsbehörden bislang nur in verhältnismäßig geringem Umfang Gegenstand gerichtlicher Auseinandersetzungen waren, haben sich – soweit dies zu überblicken ist – noch keine als „typisch“ zu bezeichnenden Konstellationen herausgebildet. In materiellrechtlicher Hinsicht orientieren sich die nachfolgenden Formulare daher an einer Auswahl der wenigen bekannten Fälle datenschutzrechtlichen Einschlags, mit denen die Gerichte tatsächlich bereits befasst waren. Das Muster für den Antrag auf Wiederherstellung der aufschiebenden Wirkung ist dem Urteil des VG Berlin 24.5.2011 – 1 K 133.10, CR 2012, 191 nachgebildet, das Muster für den Antrag auf Erlass einer einstweiligen Anordnung folgt dem Beschluss des VG Schleswig 5.11.2013 – 8 B 50/13, ZD 2014, 102 mAnm Abel. Für den Antrag auf Wiederherstellung der aufschiebenden Wirkung wird ergänzend auf den Beschluss des OVG Schleswig 22.4.2013 – 4 MB 11/13, NJW 2013, 1977 verwiesen, der allerdings sowohl in rechtlicher als auch tatsächlicher Hinsicht zu komplex und zu außergewöhnlich war, um ihn zum Gegenstand eines Formularmusters zu machen.

## I. Eingabe an eine Aufsichtsbehörde

An die
Datenschutzbehörde […][1]

[Ort], den [Datum]

Sehr geehrte(r) Frau/Herr […],

ich zeige hiermit an, dass ich [Frau …] vertrete. Die ordnungsgemäße Originalvollmacht übersende ich anbei.[2]

Ich wende mich an Sie, weil das Recht auf informationelle Selbstbestimmung meiner Mandantin durch die [X GmbH] und die [Y OHG], beide mit Sitz in […] verletzt wurde.

I.

Meine Mandantin meldete sich am […] bei dem von der [X GmbH] betriebenen Online-Shop [www.example.com] an, um dort einige Weihnachtsgeschenke für ihre Kinder zu erwerben. Im Zuge der Anmeldung war es unter anderem erforderlich, eine E-Mail-Adresse anzugeben. Meine Mandantin gab dort ihre E-Mail-Adresse […] an, die sie erst einen Tag zuvor eingerichtet hatte. Die E-Mail-Adresse ist sonst noch niemandem bekannt und wurde von meiner Mandantin nicht anderweitig verwendet. Die neue E-Mail-Adresse hat sich meine Mandantin einrichten lassen, nachdem ihre alte Adresse infolge zu hohen Werbeaufkommens faktisch nicht mehr nutzbar war. Im Zuge der Anmeldung beim Online-Shop erteilte meine Mandantin keine Einwilligung in die Übersendung von Werbung oder in eine sonstige Nutzung ihrer E-Mail-Adresse außer zu Zwecken der Abwicklung des Kaufs.[3]

Gleichwohl erhielt meine Mandantin bereits drei Tage später die diesem Schreiben als Anlage beigefügte Werbe-E-Mail der [Y OHG]. In der E-Mail wird sie namentlich angesprochen. Meine Mandantin war hierüber verwundert, weil ihr die [Y OHG] bislang nicht bekannt war und sie mit dieser auch in keiner Geschäftsbeziehung stand. Sie rief daraufhin bei der [Y OHG] an und fragte nach, weshalb sie die Werbe-E-Mail erhalten habe. Dort teilte man ihr mit, die [Y OHG] habe ihre E-Mail-Adresse zusammen mit hundert weiteren käuflich von der [X GmbH] erworben und setze sie nun zu Werbezwecken ein.[4]

II.

Als Aufsichtsbehörde sind Sie dafür zuständig, die Einhaltung des Datenschutzrechts durch in diesem Land ansässige Unternehmen zu überwachen.[5] Das betrifft auch die [X GmbH] und die [Y OHG]. Diese Unternehmen haben datenschutzrechtliche Vorschriften missachtet:

Bei der E-Mail-Adresse meiner Mandantin handelt es sich um ein personenbezogenes Datum. Darunter sind gemäß Art. 4 Nr. 1 DS-GVO alle Informationen zu

**verstehen, die sich auf eine identifizierte oder identifizierbare natürliche Person beziehen. Das trifft auch auf die E-Mail-Adresse meiner Mandantin zu.[6]**

**Gem. Art. 6 DS-GVO ist die Verarbeitung solcher Daten nur unter den dort genannten Voraussetzungen zulässig. Unter einer Verarbeitung ist gem. Art. 4 Nr. 2 DS-GVO auch die Übermittlung an Dritte zu verstehen.**

**Eine Zustimmung meiner Mandantin lag nicht vor. Auch ansonsten ist keine gesetzliche Grundlage für die Übermittlung der Daten durch die [X GmbH] an die [Y OHG] ersichtlich, sodass die [X GmbH] die E-Mail-Adresse und mindestens auch den Namen meiner Mandantin unrechtmäßig an die [Y OHG] übermittelt hat.[7] Die [Y OHG] hat diese Daten sodann unrechtmäßig verwendet iSv Art. 4 Nr. 2 DS-GVO, indem sie meiner Mandantin Werbe-E-Mails geschickt hat. Denn es fehlt an der hierfür erforderlichen Einwilligung. Gesetzliche Erlaubnistatbestände sind offensichtlich nicht gegeben.[8]**

**Ich bitte Sie, mich über den Fortgang der Sache zu informieren.[9] Für Rückfragen stehe ich Ihnen gerne zur Verfügung.**

**Mit freundlichen Grüßen**

**Rechtsanwalt**

## Anmerkungen

**1. Aufsichtsbehörde.** Zunächst einmal gilt es, die Eingabe an die zuständige Aufsichtsbehörde zu adressieren. Für die Zuständigkeit ergibt sich aus der DS-GVO eine Neuerung. Während nach bisheriger Rechtslage für die örtliche Zuständigkeit auf die allgemeinen verwaltungsrechtlichen Grundsätze (§ 3 Abs. 1 Nr. 1 VwVfG) abzustellen war und es insofern maßgeblich auf den Sitz der verantwortlichen Stelle ankam, gilt nach neuem Recht Art. 77 DS-GVO jedenfalls im Verhältnis zum Petenten nun als lex specialis. Dieser eröffnet dem Petenten nun ein Wahlrecht, indem er anordnet, dass die betroffene Person sich „bei einer Aufsichtsbehörde, insbesondere in dem Mitgliedstaat ihres Aufenthaltsorts, ihres Arbeitsplatzes oder des Orts des mutmaßlichen Verstoßes“ beschweren kann. Dies kann sinnvoll nur dahingehend verstanden werden, dass sich der Petent mit seinem Anliegen an jede beliebige Aufsichtsbehörde wenden kann (soweit ersichtlich allgM, vgl. statt aller nur Taeger/Gabel/Moos/Schefzig DS-GVO Art. 77 Rn. 13 mwN). Davon betroffen ist aber nur die Zuständigkeit der Aufsichtsbehörde im Verhältnis zum Petenten. Die Bestimmung der im Verhältnis zur verantwortlichen Stelle zuständigen Aufsichtsbehörden richtet sich nach Art. 55 Abs. 1 DS-GVO, wonach die Aufsichtsbehörde ihre Aufgaben im Hoheitsgebiet ihres eigenen Mitgliedstaats wahrnimmt und ihre Befugnisse ebendort ausübt. Soweit dies zur Folge hat, dass die Aufsichtsbehörden mehrerer Mitgliedstaaten mit einem Sachverhalt beschäftigt werden, richtet sich deren Zusammenarbeit nach dem sog. „Kohärenzverfahren“ (Art. 60 ff. DS-GVO). Im Verhältnis zum Betroffenen bleibt es indes dabei, dass dieser nur mit derjenigen Behörde kommuniziert, bei der er die Beschwerde eingereicht hat. Hat der Petent aber sein Wahlrecht ausgeübt, so kann er sich nicht zusätzlich an weitere Aufsichtsbehörden wenden (vgl. Erwgr. 141 DS-GVO; statt aller: NK-DatenschutzR/Boehm DS-GVO Art. 77 Rn. 9). Die vom Betroffenen mit der Sache befasste Aufsichtsbehörde wird dann zur „betroffenen Aufsichtsbehörde“ iSv Art. 4 Nr. 22 lit. c DS-GVO. Die sachliche Zuständigkeit richtet sich weiter allein nach nationalem Recht, sodass in allen Ländern außer Bayern die Zuständigkeit für die Aufsicht über die Datenverarbeitung öffentlicher Stellen mit der hinsichtlich nichtöffentlicher Stellen in der Hand der gleichen Behörde liegt. In Bayern ist das Landesamt für Datenschutzaufsicht mit der Beaufsichtigung nicht öffentlicher Stellen betraut (Art. 18 Abs. 1 S. 1 BayDSG), während der Landesbeauftragte für den Datenschutz gem. Art. 15 Abs. 1 S. 1 BayDSG die Einhaltung des Datenschutzrechts bei den öffentlichen Stellen beaufsichtigt.

**2. Vollmacht.** Die Vorlage einer schriftlichen Vollmacht ist zwar grundsätzlich nur auf Verlangen der Behörde erforderlich (§ 14 Abs. 1 S. 3 VwVfG), bietet sich jedoch zur Vermeidung jedweder hierüber ansonsten ggf. zu führender Diskussion von vornherein an.

**3. Betroffenheit.** Art. 77 Abs. 1 DS-GVO schreibt vor, dass „jede betroffene Person“ das Recht auf Beschwerde bei einer Aufsichtsbehörde hat. Auch aus Art. 8 GRCh folgt bereits, dass der Einzelne das Recht hat, sich mit einer Eingabe an die nationalen Kontrollstellen zu wenden (EuGH 6.10.2015 – C-362/14, NJW 2015, 3151 Rn. 58). Damit stellt sich allerdings die Frage, ob das Beschwerderecht an eine individuelle Betroffenheit geknüpft ist (hierzu näher etwa NK-DatenschutzR/Boehm DS-GVO Art. 77 Rn. 5 oder auch Taeger/Gabel/Moos/Schefzig DS-GVO Art. 77 Rn. 5 mwN). Der in Art. 77 Abs. 1 DS-GVO genannte Begriff der „betroffenen Person“ ist auslegungsbedürftig. Nach Art. 4 Nr. 1 DS-GVO ist „betroffene Person“ eine „identifizierte oder identifizierbare natürliche Person“, wobei als identifizierbar eine Person definiert wird, „die direkt oder indirekt (...) identifiziert werden kann“. Ein fast lehrbuchmäßiger Pleonasmus. Unklar bleibt danach, ob Art. 77 DS-GVO jede Person meint, die (abstrakt) als Subjekt einer Datenverarbeitung in Betracht kommt, oder nur den, der (konkret) von einer bestimmten Datenverarbeitung tatsächlich betroffen ist. Weil die Formulierung „dass die Verarbeitung der sie betreffenden personenbezogenen Daten nicht mit dieser Verordnung vereinbar ist“ sinnlos wäre, wenn eine abstrakte Betroffenheit genügte, ist der letztgenannten Auslegung der Vorzug zu geben: Niemand kann sich über Datenverarbeitungsvorgänge beschweren, die ihn nicht betreffen (Gierschmann/Schlender/Stentzel/Veil/Koreng DS-GVO Art. 77 Rn. 11; freilich kann eine Aufsichtsbehörde aber jede Eingabe zum Anlass eigener Ermittlungen nehmen). Dem steht auch nicht der Einwand entgegen, dass ein Betroffener nicht stets wissen kann, ob und ggf. welche seiner Daten verarbeitet wurden. In diesem Fall ist zunächst auf die Ausübung seines Auskunftsanspruchs nach Art. 15 DS-GVO zu verweisen.

Gleichwohl sollte erwogen werden, ob eine Eingabe an die Aufsichtsbehörde sinnvoll erscheint. Eine andere – nach der Rechtsprechung des EuGH (12.1.2023 – C-132/21, RDV 2023, 113) parallel zur Verfügung stehende – Möglichkeit, Rechtsschutz zu erlangen, stellt der Gang zu Gericht (Art. 79 Abs. 1 DS-GVO) dar. Zu Bedenken ist in diesem Zusammenhang auch, dass Art. 57 Abs. 4 S. 1 DS-GVO eine Missbrauchsklausel enthält, wonach die Aufsichtsbehörde offenkundig unbegründete „exzessive“ Anfragen mit einer „angemessenen Gebühr“ belegen oder deren Bearbeitung verweigern kann. Nicht verschwiegen werden soll zudem, dass es nicht selten Konkurrenten sind, die ihre Wettbewerber durch anonyme Hinweise an die Aufsichtsbehörde wegen tatsächlicher oder vermeintlicher Datenschutzverstöße anschwärzen wollen. Mit der Frage, ob und unter welchen Voraussetzungen ein Anspruch auf Nennung eines solchen Hinweisgebers besteht, hat sich das VG Bremen 30.3.2010 – 2 K 548/09, RDV 2010, 129, befasst, worauf hier nur der Vollständigkeit halber hingewiesen werden soll.

**4. Begründung der Eingabe.** Die Begründung der Eingabe sollte den wesentlichen Sachverhalt und seine datenschutzrechtliche Relevanz erkennen lassen. Die Verordnung verhält sich nicht näher zu der Frage, in welchem Umfang und in welcher Intensität der Betroffene seine Eingabe zu begründen hat. Insofern kann dem Betroffenen sicherlich keine umfassende juristische Prüfung zugemutet werden, das wäre mit dem Charakter des Art. 77 Abs. 1 DS-GVO als Jedermannsrecht nicht zu vereinbaren. Andererseits wird der Betroffene den tatsächlichen Sachverhalt so zu schildern haben, dass auf Basis dessen wenigstens eine Plausibilitätsprüfung möglich ist (Gierschmann/Schlender/Stentzel/Veil/Koreng DS-GVO Art. 77 Rn. 13 mwN). Rechtliche Ausführungen des Betroffenen dürften danach durchweg entbehrlich sein. Sollte die Eingabe des Betroffenen offensichtlich unschlüssig oder unvollständig sein, wird die Aufsichtsbehörde mit Blick auf ihre aus § 25 Abs. 2 VwVfG (bzw. den entsprechenden Vorschriften des Landesrechts) folgende Beratungspflicht auf eine sachdienliche Schilderung des Sachverhalts hinzuwirken haben. Im Übrigen ist die Behörde nach allgemeinen verwaltungsrechtlichen Grundsätzen (ua § 24 Abs. 1 S. 1 VwVfG), die der EuGH ausdrücklich auch für das Europarecht anerkannt hat (EuGH 21.11.1991 – C-269/90, NVwZ 1992, 358 Rn. 14), zur Amtsermittlung verpflichtet.

**5. Örtliche Zuständigkeit der Aufsichtsbehörde; weiteres Verfahren.** Der Betroffene ist in der Wahl der Aufsichtsbehörde, bei der er seine Eingabe macht, frei (→ Anm. 1). Welche Aufsichtsbehörde für Maßnahmen gegenüber der verantwortlichen Stelle zuständig ist, ergibt sich aus Art. 55 ff. DS-GVO. Den weiteren Umgang mit der Eingabe regelt Art. 57 Abs. 1 lit. f DS-GVO. Die Behörde hat die Beschwerde entgegenzunehmen, zu prüfen und zu bescheiden (zum alten Recht OVG Münster 2.6.1993 – 25 A 2307/91, NVwZ-RR 1994, 25; VGH München 11.2.2008 – 5 C 08.277, BeckRS 2008, 27521 Rn. 2). Bleibt die Aufsichtsbehörde untätig, steht dem Betroffenen nach Art. 78 Abs. 2 DS-GVO der Rechtsweg offen. Die bislang umstrittene Frage danach, ob der Petent einen Anspruch darauf hat, dass die Behörde eine bestimmte Maßnahme ergreift, zu der die Behörde unter Umständen auch verwaltungsgerichtlich verpflichtet werden kann (siehe u. a. VG Ansbach 8.8.2019 – AN 14 K 19.272, BeckRS 2019, 30069 Rn. 25; Härting/Flisek/Thiess CR 2018, 296 (299 f.)), hat der EuGH auf eine Vorlagefrage des VG Wiesbaden (10.12.2021 – 6 K 1107/20.WI, ZD 2022, 352) zwischenzeitlich beantwortet. Hiernach soll die Aufsichtsbehörde nach Art. 57 Abs. 1 lit. f DS-GVO verpflichtet sein, sich mit Beschwerden zu befassen, den Gegenstand der Beschwerde in angemessenem Umfang zu untersuchen und den Beschwerdeführer innerhalb einer angemessenen Frist über den Fortgang und das Ergebnis der Untersuchung zu unterrichten. Gefordert wird weiter, dass die Aufsichtsbehörde eine solche Beschwerde „mit aller gebotenen Sorgfalt" bearbeitet (EuGH 26.9.2024 – C-768/21, BeckRS 2024, 25192 Rn. 32). Zugleich räumt der EuGH der Aufsichtsbehörde ein Ermessen hinsichtlich der Art und Weise ein, wie sie festgestellten Unzulänglichkeiten abhilft (EuGH 26.9.2024 – C-768/21, BeckRS 2024, 25192 Rn. 37). Darauf, dass die Behörde bestimmte Maßnahmen ergreift, hat die betroffene Person keinen Anspruch. Je nachdem, wie der jeweilige Fall gelagert ist, soll es auch nicht ausgeschlossen sein, dass die Aufsichtsbehörde „ausnahmsweise und unter Berücksichtigung der besonderen Umstände des konkreten Falles“ davon absieht, überhaupt eine Abhilfemaßnahme zu ergreifen. Insoweit führt der EuGH aus, dass ein solcher Fall namentlich dann vorliegen könnte, „wenn die festgestellte Verletzung nicht angedauert hat, beispielsweise wenn der Verantwortliche, der grundsätzlich geeignete technische und organisatorische Maßnahmen im Sinne von Art. 24 dieser Verordnung umgesetzt hatte, in Anbetracht der ihm insbesondere nach Art. 5 Abs. 2 und Art. 24 DS-GVO obliegenden Pflichten, sobald er von dieser Verletzung Kenntnis erlangt hat, die geeigneten und erforderlichen Maßnahmen ergriffen hat, damit die Verletzung abgestellt wird und sich nicht wiederholt“ (EuGH 26.9.2024 – C-768/21, BeckRS 2024, 25192 Rn. 43).

**6. E-Mail-Adresse als personenbezogenes Datum.** Bei einer E-Mail-Adresse wird es sich im Allgemeinen um ein personenbezogenes Datum handeln, weil es typischerweise möglich ist, die Adresse einer konkreten natürlichen Person zuzuordnen (zu der nach wie vor aktuellen Fragestellung, inwieweit das Zusatzwissen Dritter für den Personenbezug bedeutsam sein kann, siehe nur Bergt ZD 2015, 365 sowie die Ausführungen von Taeger/Gabel/Arning/Rothkegel DS-GVO Art. 4 Rn. 33–38, jeweils mwN; zur parallelen Diskussion bei IP-Adressen vgl. EuGH 19.10.2016 – C-582/14, MMR 2016, 842). Im Bereich des Adresshandels werden ohnehin nur selten E-Mail-Adressen isoliert verkauft. Der Regelfall ist vielmehr der Verkauf ganzer Datensätze, sodass in der Praxis schon aus diesem Grund der Personenbezug außer Frage stehen wird.

**7. Adresshandel.** Der Adresshandel zu Werbezwecken war nach der bisherigen Rechtslage nur in engen Grenzen zulässig (§ 28 Abs. 3 S. 4 BDSG aF). Unter Geltung der DS-GVO ändert sich das nicht. Der insoweit einschlägige Erlaubnistatbestand dürfte, soweit nicht eine wirksame Einwilligung vorliegt, Art. 6 Abs. 1 S. 1 lit. f DS-GVO sein, der eine Datenverarbeitung gestattet, sofern diese zur Wahrung der berechtigten Interessen des Verantwortlichen oder eines Dritten erforderlich ist, sofern nicht die Interessen der betroffenen Person überwiegen (Gola/Heckmann/Schulz, DS-GVO Art. 6 Rn. 82 ff.). Die Vorschrift erfordert also eine Abwägung, wobei der Verordnungsgeber davon ausgeht, dass die Datenverarbeitung zu Zwecken der Direktwerbung als einem berechtigten Interesse dienend angesehen werden kann (Erwgr. 47 S. 7 DS-GVO; vgl. hierzu im Einzelnen Drewes CR 2016, 721 (723 ff.)). Nach dem Willen des Verordnungsgebers wäre dabei insbesondere zu prüfen, ob der Betroffene vernünftigerweise absehen konnte, dass möglicherweise eine solche Verarbeitung erfolgen wird (Erwgr. 47 DS-GVO). Dabei wird der Information nach Art. 13 Abs. 1 lit. c DS-GVO eine wesentliche Rolle zukommen: Wird der Betroffene bei der Datenerhebung auf die beabsichtigten Nutzungszwecke (und die Rechtsgrundlage, also Art. 6 Abs. 1 lit. f DS-GVO) hingewiesen, wird die dementsprechende spätere Nutzung seiner Erwartungshaltung nicht widersprechen. Ist eine solche Information allerdings nicht erfolgt, wird man umgekehrt wohl zumeist von entgegenstehenden Interessen des Betroffenen ausgehen müssen, weil nicht vernünftigerweise abzusehen ist, dass eine zu Zwecken der Vertragsabwicklung erhobene Adresse zu Zwecken des Direktmarketings weiterverkauft wird. Das wird meist auch nicht im Interesse des Betroffenen liegen.

**8. Werbung per E-Mail.** Im Detail → Form. I. III. Nach § 7 Abs. 2 Nr. 2 UWG ist Werbung per E-Mail stets als unzumutbare Belästigung zu qualifizieren, es sei denn, es liegt eine entsprechende Einwilligung des Adressaten vor oder die Ausnahmeregelung des § 7 Abs. 3 UWG greift. Beides ist in Fällen wie dem hier zugrunde liegenden nicht der Fall, denn § 7 Abs. 3 UWG gestattet von vornherein nur E-Mail-Werbung desjenigen Unternehmens, welches das personenbezogene Datum selbst erhoben hat (§ 7 Abs. 3 Nr. 2 UWG: „für eigene ähnliche Waren oder Dienstleistungen"). Die Thematik der E-Mail-Werbung wurde auch im Entwurf der ePrivacy-VO adressiert. Im Kommissionsentwurf vom 10.1.2017 hieß es in Art. 16 Abs. 1, dass hierzu grundsätzlich die Einwilligung des Empfängers erforderlich sei, sodass die Regelung der ePrivacy-RL von 2002, die die Grundlage für die aktuelle Fassung des § 7 UWG bildet, beibehalten wäre. Eine Ausnahme vom Erfordernis der Einwilligung gilt nach Art. 16 Abs. 2 ePrivacy-VO-E, wenn der Versender die E-Mail-Adresse des Empfängers im Zusammenhang mit dem Verkauf eines Produkts oder einer Dienstleistung im Einklang mit der DS-GVO erhalten hat und der Empfänger „klar und deutlich" die Möglichkeit hat, einer werblichen Nutzung der Adresse „kostenlos und auf einfache Weise" zu widersprechen. Hinzu treten bestimmte Informationspflichten (Art. 16 Abs. 6 ePrivacy-VO-E). Dies würde im Wesentlichen der gegenwärtigen Rechtslage nach § 7 Abs. 3 UWG entsprechen. Es ist daher ratsam, die weitere Entwicklung in Bezug auf die ePrivacy-Verordnung zu verfolgen, da sich im weiteren Verlauf des Gesetzgebungsverfahrens noch Änderungen ergeben können. Zur rechtmäßigen Erhebung von E-Mail-Adressen zur Online-Werbung → Form. F. I.4.; → Form. I. III.

**9. Information des Betroffenen.** Nach Art. 77 Abs. 2 DS-GVO muss die Aufsichtsbehörde den Betroffenen darüber informieren, wie mit seiner Eingabe weiter verfahren wurde, und ihn auf die Möglichkeit eines gerichtlichen Rechtsbehelfs (Art. 78 DS-GVO) hinweisen.

## II. Antrag auf Wiederherstellung der aufschiebenden Wirkung

An das
Verwaltungsgericht […][1]

[Ort], den [Datum]

Antrag auf Wiederherstellung der aufschiebenden Wirkung

des […],

– Antragsteller –

gegen

die Datenschutzbehörde […],[2]

– Antragsgegnerin –

wegen: Wiederherstellung der aufschiebenden Wirkung eines Widerspruchs gegen eine datenschutzrechtliche Anordnung gem. Art. 58 Abs. 2 lit. d DS-GVO.

Namens und im Auftrag des Antragstellers beantrage ich, wie folgt zu beschließen:

> Die aufschiebende Wirkung des Widerspruchs des Antragstellers vom […] gegen den Bescheid der Antragsgegnerin vom […], Az. […] wird wiederhergestellt.[3]

Begründung:

A. Sachverhalt

Der Antragsteller betreibt gewerbsmäßig eine private Personal- und Stellenvermittlung. Gesetzliche Basis dieser Tätigkeit sind §§ 296 ff. SGB III. Durch die Erteilung von Vermittlungsgutscheinen wird das Gewerbe des Klägers staatlich gefördert. Der Antragsteller ist Anlaufstelle für Arbeitslose und Arbeitssuchende, die ihm durch die Agentur für Arbeit zugeführt werden.

Der Antragsteller erfasst die Bewerberdaten, erstellt hieraus ein Bewerberprofil und übermittelt dieses an potenzielle Arbeitgeber, von denen er aufgrund besonderer Sachkenntnis weiß oder vermutet, dass dort Arbeitskräfte benötigt werden. Zu diesem Zweck muss der Antragsteller selbstverständlich die personenbezogenen Daten der Arbeitssuchenden verarbeiten. Gesetzliche Erlaubnisnorm der Datenverarbeitung durch den Kläger ist § 298 SGB III. Bei den erhobenen Daten handelt es sich um das zwingende Mindestmaß, um einer wirkungsvollen Vermittlung nachzugehen.

Die Arbeitssuchenden willigen in die Verarbeitung und Übersendung ihres Kurzprofils an potenzielle Arbeitgeber schriftlich ein. Der Vertrag (Anlage AST 1) zwischen dem Antragsteller und dem Arbeitssuchenden enthält einen von dem übrigen Text abgesetzten und von dem Arbeitsuchenden gesondert zu unterschreibenden eigenen Abschnitt zum Datenschutz. Dieser enthält eine Einwilligung des Arbeitssuchenden in die Erhebung, Verarbeitung und Nutzung der Daten zum Zwecke der Vermittlung, insbesondere auch der zu diesem Zweck notwendigen Weitergabe der Daten an Dritte.

Diese Daten werden dem potenziellen Arbeitgeber erst auf ausdrücklichen Wunsch des Arbeitnehmers herausgegeben oder wenn sich die Erlangung der Stelle so weit verdichtet hat, dass eine unmittelbare und schnelle Kommunikation zwischen Arbeitgeber und Arbeitssuchenden erforderlich wird. Die Übermittlung der Daten erfolgt via E-Mail.

Am […] ordnete die Antragsgegnerin mit dem hier angegriffenen Bescheid (Anlage AST 2) an, dass der Antragsteller im Rahmen seiner Tätigkeit als Arbeitsvermittler die Bewerberdaten nur Ende-zu-Ende-verschlüsselt oder pseudonymisiert verschicken darf.

Hiergegen legte der Antragsteller mit Schreiben vom […] Widerspruch (Anlage AST 3) ein.

Auf den Widerspruch hin ordnete die Antragsgegnerin mit Bescheid vom […] (Anlage AST 4) die sofortige Vollziehung des Bescheids vom […] an, begründete dies aber nicht gesondert.

Gegen diese Anordnung der sofortigen Vollziehung richtet sich der vorliegende Antrag.

B. Rechtliche Würdigung

Der Antrag ist zulässig und begründet.

I. Zulässigkeit[4]

Der Antrag ist zulässig. Das Verwaltungsgericht […] ist das Gericht der Hauptsache, weil es gem. § 20 Abs. 3 BDSG auch für die gegen den Bescheid gerichtete Anfechtungsklage zuständig ist. Der Antrag ist auch bereits vor Erhebung der Anfechtungsklage zulässig (§ 80 Abs. 5 S. 2 VwGO). Die Anfechtungsklage gegen den Ausgangsbescheid wurde fristgerecht erhoben.

II. Begründetheit[5]

Der Antrag ist begründet. Gem. § 80 Abs. 5 S. 1 VwGO kann das Gericht die aufschiebende Wirkung der gegen einen Verwaltungsakt gerichteten Anfechtungsklage im Falle des § 80 Abs. 2 Nr. 4 VwGO ganz oder teilweise wiederherstellen. Die hierfür geltenden Voraussetzungen liegen vor.

1. Formelle Rechtswidrigkeit der Anordnung der sofortigen Vollziehung

Im Fall des § 80 Abs. 2 Nr. 4 VwGO ist der Antrag nach § 80 Abs. 5 VwGO bereits dann begründet, wenn die Anordnung der sofortigen Vollziehung durch die Behörde formell oder materiell rechtswidrig ist. Das ist hier der Fall, denn es fehlt der Anordnung an der nach § 80 Abs. 3 S. 1 VwGO erforderlichen, gesonderten schriftlichen Begründung.

2. Anfechtungsklage mit überwiegender Wahrscheinlichkeit erfolgreich[6]

Darüber hinaus ist der Antrag auch deshalb begründet, weil im Rahmen der nach § 80 Abs. 5 VwGO erforderlichen Interessenabwägung das Interesse des Antragstellers an der Aussetzung der Vollziehung gegenüber dem öffentlichen Interesse am Sofortvollzug überwiegt. Diese Interessenabwägung hat sich an den Erfolgsaussichten der Anfechtungsklage in der Hauptsache zu orientieren. Überwiegt die Wahrscheinlichkeit, dass der Bescheid im Rahmen der Hauptsacheklage aufgehoben werden wird, so ist der Antrag nach § 80 Abs. 5 VwGO begründet. So liegt der Fall auch hier. Denn gem. Art. 25 Abs. 1 DS-GVO können dem Antragsteller nur solche Maßnahmen abverlangt werden, deren Aufwand in einem angemessenen Verhältnis zum angestrebten Schutzzweck steht. In diesem Sinn ist die Vorgabe, sämtliche Daten nur noch Ende-zu-Ende-verschlüsselt zu versenden, unverhältnismäßig.

Es ist hierbei zu berücksichtigen, dass es sich lediglich um Daten aus der Sozialsphäre handelt und der Betroffene der Verarbeitung und Vermittlung gem. Art. 6 Abs. 1 S. 1 lit. a DS-GVO zugestimmt hat. Zudem ist die Übermittlung und leichte Lesbarkeit zwingende Voraussetzung zur Erfüllung des Vertrags zwischen dem Antragsteller und dem Arbeitsuchenden. Die Verschlüsselung und/oder unvollständige Übermittlung der Bewerbungsdaten würde in der Praxis dazu führen, dass keine Arbeitsstellen von Anbietern wie dem Antragsteller vermittelt werden könnten. Wie die Regelungen in §§ 296 ff. SGB III zeigen, ist die Tätigkeit von Arbeitsvermittlern wie dem Antragsteller gerade durch den Gesetzgeber gewollt und privilegiert. Diese Privilegierung hat auch Auswirkungen auf die Beurteilung der Verhältnismäßigkeit zugunsten des Antragstellers.

Es ist ferner allgemein bekannt, dass insbesondere im Ablauf einer Personalabteilung eines potenziellen Arbeitgebers nur vollständige, leicht zu bearbeitende Bewerbungen berücksichtigt werden und damit Aussicht auf Erfolg haben. Jeder weitere bürokratische Schritt und/oder jede weitere zusätzliche finanzielle Belastung der potenziellen Arbeitgeber lässt die Chance auf eine erfolgreiche Vermittlung für den Arbeitssuchenden schwinden.

Der Einsatz von Programmen zur Ende-zu-Ende-Verschlüsselung von E-Mails ist absolut unüblich. Eine gesonderte Ende-zu-Ende-Verschlüsselung von E-Mails ist auch deshalb nicht geboten, weil durch den serverseitigen Einsatz von verschlüsselten Übertragungsprotokollen (zB TLS) bereits ein Schutz während des Übertragungswegs gegeben ist. Der Antragsteller müsste sich vor der Übermittlung einer E-Mail zunächst vergewissern, dass der potenzielle Arbeitgeber eine kompatible Verschlüsselungssoftware einsetzt. Wenn dies nicht der Fall sein sollte, müsste der Antragsteller die Kompatibilität durch Erwerb der Software, die auch der Arbeitgeber einsetzt, herstellen oder den Arbeitgeber dazu bewegen, eine kompatible Software herunterzuladen und zu installieren. Dadurch würden die Chancen einer erfolgreichen Vermittlung faktisch auf null sinken. Der Antragsteller hätte keine Möglichkeit mehr, seine berufliche Tätigkeit sinnvoll weiter auszuüben. Er müsste seinen Geschäftsbetrieb letztlich einstellen. Die Anordnung verletzt deshalb auch sein Grundrecht aus Art. 12 Abs. 1 GG.

Die Anfechtungsklage gegen den Ausgangsbescheid wäre daher mit überwiegender Wahrscheinlichkeit erfolgreich, sodass die im Rahmen von § 80 Abs. 5 VwGO erforderliche Interessenabwägung hier zugunsten des Antragstellers ausgeht.

Einfache und beglaubigte Abschrift anbei.

Rechtsanwalt

## Anmerkungen

**1. Zuständiges Gericht.** Nach § 20 Abs. 1 BDSG ist für Streitigkeiten zwischen einer natürlichen oder einer juristischen Person und einer Aufsichtsbehörde der Verwaltungsrechtsweg gegeben. Für das Verfahren nach § 80 Abs. 5 VwGO ist gem. § 80 Abs. 7 S. 1 VwGO das Gericht der Hauptsache zuständig, also das in erster Instanz für ein (hypothetisches) Hauptsacheverfahren zuständige Verwaltungsgericht (§ 45 VwGO). Während nach bisheriger Rechtslage insoweit die Anwendung von § 52 Nr. 3 S. 1 VwGO zur Folge hatte, dass das Gericht zuständig war, in dessen Bezirk die den Verwaltungsakt erlassende Behörde ihren Sitz hat, so ergibt sich dies nunmehr ausdrücklich aus § 20 Abs. 3 BDSG. Der auf den Antrag folgende Beschluss kann auch vom Vorsitzenden allein erlassen werden (§ 80 Abs. 8 VwGO).

**2. Antragsgegner.** Im Hinblick auf die Akzessorietät zur Anfechtungsklage in der Hauptsache richten sich die sonstigen Sachurteilsvoraussetzungen grundsätzlich nach denen der Anfechtungsklage. Daher ergibt sich der richtige Antragsgegner auch hier aus § 78 Abs. 1 Nr. 1 VwGO, wobei § 20 Abs. 4 BDSG anordnet, dass die Aufsichtsbehörde selbst beteiligungsfähig im verwaltungsgerichtlichen Verfahren ist (VG Mainz 17.12.2020 – 1 K 778/19.MZ, BeckRS 2020, 41220 Rn. 22). Der Antrag richtet sich daher künftig nicht mehr gegen den Rechtsträger der Behörde, sondern gegen die Behörde selbst. Verfügte die Aufsichtsbehörde über eine eigene Rechtsfähigkeit, etwa weil sie als öffentlich-rechtliche Anstalt konstituiert war, so war sie bislang unmittelbar Antragsgegnerin.

**3. Antragsfassung.** Der Antrag nach § 80 Abs. 5 VwGO ist – in Abgrenzung zu demjenigen nach § 123 Abs. 1 VwGO – nur statthaft, wenn in der Hauptsache eine Anfechtungsklage zu erheben wäre, also ein belastender Verwaltungsakt iSv § 35 VwVfG vorliegt. Bei der Antragsfassung kommt es darauf an, ob der Verwaltungsakt von Gesetzes wegen sofort vollziehbar ist oder ob die Behörde seine sofortige Vollziehbarkeit angeordnet hat (§ 80 Abs. 2 S. 1 Nr. 4 VwGO). Was dies betrifft, gilt es allerdings zu berücksichtigen, dass die Anordnung der sofortigen Vollziehung gegenüber einer Behörde oder deren Rechtsträger gem. § 20 Abs. 7 BDSG ausgeschlossen ist. Weil es im Datenschutzrecht keine gesetzlich angeordnete sofortige Vollziehbarkeit von Verwaltungsakten gibt, ist, soweit es nicht um die Anforderung von Kosten geht (§ 80 Abs. 2 S. 1 Nr. 1 VwGO), mangels entsprechender Regelungen (§ 80 Abs. 2 S. 1 Nr. 3 VwGO) nur die behördlich angeordnete sofortige Vollziehbarkeit als Gegenstand eines Antrags nach § 80 Abs. 5 VwGO denkbar. Dies hat sich im Antrag dahingehend widerzuspiegeln, dass beantragt werden muss, die aufschiebende Wirkung des Rechtsmittels wiederherzustellen. Da das Widerspruchsverfahren nach § 20 Abs. 6 BDSG abgeschafft ist, kommt als solches Rechtsmittel nur die Anfechtungsklage in Betracht.

**4. Zulässigkeit des Antrags.** Die Zulässigkeitsvoraussetzungen des Antrags nach § 80 Abs. 5 VwGO richten sich im Wesentlichen nach denen der Anfechtungsklage. Die Anfechtungsklage muss in der Hauptsache gem. § 80 Abs. 5 S. 2 VwGO noch nicht erhoben sein, der Antrag nach § 80 Abs. 5 VwGO kann – obwohl es dann freilich missglückt ist, von der „Wiederherstellung" der aufschiebenden Wirkung zu sprechen – auch schon vor Klageerhebung gestellt werden.

**5. Maßstab für die Begründetheit des Antrags.** Im Fall des § 80 Abs. 2 S. 1 Nr. 4 VwGO sind im Rahmen der Begründetheit zwei Prüfungsschritte zu unternehmen: Zunächst einmal ist die behördliche Anordnung der sofortigen Vollziehung auf ihre formelle und materielle Rechtmäßigkeit hin zu untersuchen. Zeigt sich schon in diesem Schritt, dass die Anordnung der sofortigen Vollziehung rechtswidrig ist, so ist der Antrag schon aus diesem Grund erfolgreich (Kopp/Schenke VwGO § 80 Rn. 148). Zur formellen Rechtmäßigkeit der Anordnung gehört, dass diese mit einer gesonderten Begründung versehen ist. Die materielle Rechtmäßigkeit der Anordnung erfordert es, dass die Behörde im Rahmen des ihr eingeräumten Ermessens eine Abwägungsentscheidung zwischen dem Aussetzungsinteresse des Betroffenen und dem öffentlichen Interesse an der sofortigen Vollziehung des Ausgangsbescheids getroffen und begründet hat. Hier gestatten einige Verwaltungsgerichte der Behörde allerdings auch ein nachträgliches Auswechseln der Begründung, sodass materielle Fehler bei der Anordnung der sofortigen Vollziehbarkeit nicht notwendigerweise ohne Weiteres zu einer Wiederherstellung der aufschiebenden Wirkung führen müssen (vgl. hierzu Kopp/Schenke VwGO § 80 Rn. 149 mwN).

Ergibt sich in diesem ersten Prüfungsschritt noch nicht, dass der Antrag Erfolg haben muss, so hat das Gericht in einem zweiten Schritt eine Interessenabwägung zwischen dem öffentlichen Interesse an der sofortigen Vollziehung und dem Interesse des Antragstellers an der Aussetzung der sofortigen Vollziehung vorzunehmen, wobei maßgeblich die Erfolgsaussichten einer Anfechtungsklage in der Hauptsache in die Abwägung einzubeziehen sind, wie sie sich dem Gericht bei summarischer Prüfung der aktuellen Sachlage darstellen. Erweist sich demnach, dass der Ausgangsbescheid in einem Hauptsacheverfahren aufzuheben wäre, so überwiegt das Interesse des Antragstellers an der Aussetzung der Vollziehung. Umgekehrt überwiegt das öffentliche Vollziehungsinteresse, wenn die Erfolgsaussichten einer Hauptsacheklage gering sind (Kopp/Schenke VwGO § 80 Rn. 152). Sind die Erfolgsaussichten einer Hauptsacheklage vollkommen offen, so wird das Gericht in der Regel die Vollziehung auszusetzen haben, weil es – jedenfalls im Bereich von § 80 Abs. 2 S. 1 Nr. 4 VwGO – der gesetzgeberischen Grundentscheidung entspricht, dass die aufschiebende Wirkung die Regel und die sofortige Vollziehung die Ausnahme sein sollen (Kopp/Schenke VwGO § 80 Rn. 152a).

**6. Pflicht zur E-Mail-Verschlüsselung.** In diesem Muster wird der Streit um die Verpflichtung zur Ende-zu-Ende-verschlüsselten Übertragung von Daten per E-Mail zum Aufhänger genommen. Das Muster ist der Entscheidung des VG Berlin 24.5.2011 – 1 K 133.10, CR 2012, 191 nachempfunden, wobei zu beachten ist, dass das Urteil die alte Rechtslage vor Inkrafttreten der DS-GVO betraf und auch nicht rechtskräftig wurde. Wie ein solcher Rechtsstreit heute enden würde, bedarf hier keiner Klärung, insofern wird auf → Form. E. II. verwiesen. Es ist allerdings darauf hinzuweisen, dass die DSK zu dem Problemkomplex am 16.6.2021 eine Orientierungshilfe veröffentlicht hat (abrufbar zB unter https://datenschutz-hamburg.de/dsgvo-information/oh-email/). Darin wird nach verschiedenen Risikograden differenziert und die Transportverschlüsselung als Mindestanforderung für den Normalfall angesehen (vgl. auch VG Mainz 17.12.2020 – 1 K 778/19.MZ, BeckRS 2020, 41220 Rn. 29 ff.). Bei hohen Risiken soll demgegenüber eine echte Ende-zu-Ende-Verschlüsselung geboten sein.

Alternative für den Fall, dass die Behörde die aufschiebende Wirkung der Anfechtungsklage missachtet[1]

An das
Verwaltungsgericht [...]

[Ort], den [Datum]

Antrag auf Feststellung der aufschiebenden Wirkung

des [...],

– Antragstellers –

gegen
die Datenschutzbehörde [...],

– Antragsgegnerin –

wegen: Feststellung der aufschiebenden Wirkung einer Anfechtungsklage gegen eine datenschutzrechtliche Anordnung gem. Art. 58 Abs. 2 lit. d DS-GVO.

Namens und im Auftrag des Antragstellers beantrage ich, wie folgt zu beschließen:

> Die aufschiebende Wirkung der Anfechtungsklage des Antragstellers vom [...] gegen den Bescheid der Antragsgegnerin vom [...], Az. [...] wird festgestellt.

Begründung:

A. Sachverhalt

Der Antragsteller betreibt gewerbsmäßig eine private Personal- und Stellenvermittlung. Gesetzliche Basis dieser Tätigkeit sind die §§ 296 ff. SGB III. Der Antragsteller erfasst Bewerberdaten, erstellt hieraus ein Bewerberprofil und übermittelt dieses an potenzielle Arbeitgeber, von denen er aufgrund besonderer Sachkenntnis weiß oder vermutet, dass dort Arbeitskräfte benötigt werden. Die Arbeitssuchenden willigen in die Verarbeitung und Übersendung ihres Kurzprofils an potenzielle Arbeitgeber schriftlich ein. Die Übermittlung der Daten erfolgt via E-Mail.

Am [...] ordnete die Antragsgegnerin gegenüber dem Antragsteller an, dass dieser im Rahmen seiner Tätigkeit als Arbeitsvermittler die Bewerberdaten nur Ende-zu-Ende-verschlüsselt oder pseudonymisiert verschicken darf (Anlage AST 1).

Hiergegen erhob der Antragsteller mit Schriftsatz vom [...] Anfechtungsklage zum Verwaltungsgericht [...] (Anlage AST 2).

Trotz des Widerspruchs drohte die Antragsgegnerin dem Antragsteller mit Schreiben vom [...] ein Zwangsgeld zur Durchsetzung der Anordnung an (Anlage AST 3).

Daher ist nun die gerichtliche Feststellung der aufschiebenden Wirkung erforderlich.

B. Rechtliche Würdigung

Gem. § 80 Abs. 5 S. 1 VwGO kann das Gericht der Hauptsache die aufschiebende Wirkung der gegen einen Verwaltungsakt gerichteten Anfechtungsklage im Falle des

**§ 80 Abs. 2 Nr. 4 VwGO ganz oder teilweise wiederherstellen. In analoger Anwendung dieser Vorschrift hat das Gericht, wenn sich eine Behörde über eine von Rechts wegen bestehende aufschiebende Wirkung einer solchen Anfechtungsklage hinwegsetzt, das Bestehen der aufschiebenden Wirkung festzustellen. Diese Voraussetzungen liegen vor.**

**I. Zulässigkeit**

**Der Antrag ist zulässig. Das Verwaltungsgericht [...] ist das Gericht der Hauptsache, weil es gem. § 20 Abs. 3 BDSG auch für die gegen den Bescheid gerichtete Anfechtungsklage zuständig ist.**

**II. Begründetheit[2]**

**Der Antrag ist begründet. In Fällen, in denen die Behörde die aufschiebende Wirkung einer Anfechtungsklage faktisch missachtet, ist der Antrag ohne weitergehende Interessenabwägung begründet, wenn die Voraussetzungen der sofortigen Vollziehung tatsächlich nicht vorliegen. So liegt der Fall hier: Eine sofortige Vollziehung nach § 80 Abs. 2 Nr. 4 VwGO ist nicht angeordnet worden, auch ist der Ausgangsbescheid nicht von Gesetzes wegen sofort vollziehbar und kann daher (derzeit) nicht taugliche Grundlage eines Verwaltungsvollstreckungsverfahrens sein (§ 6 Abs. 1 VwVG).**

**Einfache und beglaubigte Abschrift anbei.**

**Rechtsanwalt**

## Anmerkungen

**1. Antrag auf Feststellung der aufschiebenden Wirkung.** Es ist anerkannt, dass ein Antrag analog § 80 Abs. 5 VwGO auch in Fällen faktischer Vollziehung statthaft ist, also wenn die Behörde die von Gesetzes wegen bestehende aufschiebende Wirkung einer Anfechtungsklage missachtet und Vollzugsmaßnahmen trifft (Kopp/Schenke VwGO § 80 Rn. 181). In diesen Fällen kommt eine Aussetzung der sofortigen Vollziehung nach § 80 Abs. 5 VwGO nicht in Betracht, weil diese ja bereits von Gesetzes wegen besteht. Stattdessen kann das Gericht in entsprechender Anwendung von § 80 Abs. 5 VwGO die von Rechts wegen bestehende aufschiebende Wirkung auf Antrag feststellen (Kopp/Schenke VwGO § 80 Rn. 181). Nach verbreiteter Ansicht soll analog § 80 Abs. 5 VwGO auch der Antrag zulässig sein, der Behörde die Vollziehung des Verwaltungsakts zu untersagen (Kopp/Schenke VwGO § 80 Rn. 181).

**2. Begründetheit des Antrags.** Der Antrag ist ohne weitere Interessenabwägung begründet, wenn die Behörde die aufschiebende Wirkung einer Anfechtungsklage gegen einen Verwaltungsakt missachtet, den Verwaltungsakt also trotz wirksam eingelegter Anfechtungsklage vollzieht, obgleich er weder bestandskräftig noch sofort vollziehbar ist (Kopp/Schenke VwGO § 80 Rn. 181).

## III. Klage gegen eine Anordnung der Aufsichtsbehörde

An das
Verwaltungsgericht […][1]

[Ort], den [Datum]

Klage

des […],

– Klägers –

gegen
die Datenschutzaufsichtsbehörde […],[2]

– Beklagte –

wegen: Datenschutzrechtliche Anordnung gem. Art. 58 Abs. 2 lit. d DS-GVO.

Namens und im Auftrag des Klägers erhebe ich Klage mit dem Antrag:

Der Bescheid der Datenschutzaufsichtsbehörde vom […], Az. […], wird aufgehoben.[3]

Begründung:

A. Sachverhalt

Der Klage liegt folgender Sachverhalt zugrunde:

I. Der Kläger

Der Kläger betreibt gewerbsmäßig eine private Personal- und Stellenvermittlung. Gesetzliche Basis dieser Tätigkeit sind die §§ 296ff. SGB III. Durch die Erteilung von Vermittlungsgutscheinen wird das Gewerbe des Klägers staatlich gefördert. Der Kläger ist Anlaufstelle für Arbeitslose und Arbeitssuchende, die ihm durch die Agentur für Arbeit zugeführt werden.

II. Die beanstandete Datenverarbeitung

Der Kläger erfasst die Bewerberdaten, erstellt hieraus ein Bewerberprofil und übermittelt dieses an potenzielle Arbeitgeber, von denen er aufgrund besonderer Sachkenntnis weiß oder vermutet, dass dort Arbeitskräfte benötigt werden. Zu diesem Zweck muss der Kläger personenbezogene Daten der Arbeitssuchenden verarbeiten. Gesetzliche Erlaubnisnorm der Datenverarbeitung durch den Kläger ist § 298 SBG III.

Bei alledem erhebt der Kläger von den Arbeitssuchenden nur Daten, die diese auch im Rahmen einer direkten Bewerbung auf eine Arbeitsstelle gegenüber einem potenziellen Arbeitgeber angeben. Die von dem Kläger erhobenen Daten umfassen Name, Vorname, Geburtsdatum, Anschrift, Kontaktdaten (Telefon, Fax, E-Mail), Familienstand, Nationalität, Fremdsprachen- und PC-Kenntnisse, Führerschein, Interessen sowie sonstige freiwillige Angaben des Arbeitssuchenden, die dieser selbst für berichtenswert erachtet.

Darüber hinaus werden zu diesen Daten Informationen über die Ausbildung, den beruflichen Werdegang und die zuständige Arbeitsagentur gespeichert. Schließlich erfragt der Kläger die Vorstellungen des Arbeitssuchenden zu der gewünschten Arbeitsstelle. Bei den erhobenen Daten handelt es sich um das zwingende Mindestmaß, um einer wirkungsvollen Vermittlung nachzugehen.

Der Kläger sucht auf Grundlage der ihm vom Arbeitssuchenden zur Verfügung gestellten Daten geeignete Stellen für den Arbeitssuchenden und versucht den Arbeitgebern, von denen er weiß oder vermutet, dass sie eine offene Stelle zu besetzen haben, die Vorzüge des Arbeitssuchenden zu präsentieren.

Die Arbeitssuchenden willigen in die Verarbeitung und Übersendung ihres Kurzprofils an potenzielle Arbeitgeber schriftlich ein. Der Vertrag zwischen dem Kläger und dem Arbeitssuchenden enthält einen von dem übrigen Vertrag abgesetzten und von dem Arbeitsuchenden gesondert zu unterschreibenden eigenen Abschnitt zum Datenschutz. Dieser enthält eine Einwilligung des Arbeitssuchenden in die Erhebung, Verarbeitung und Nutzung der Daten zum Zwecke der Vermittlung, insbesondere auch der zu diesem Zweck notwendigen Weitergabe der Daten an Dritte.

Beweis: Vermittlungsvertrag des Klägers,

Anlage K1

Von den erhobenen Daten werden nicht alle im ersten Schritt an den potenziellen Arbeitgeber weitergegeben. Zunächst erhält der potenzielle Arbeitgeber lediglich ein Kurzprofil. Dieses Kurzprofil enthält beispielsweise nicht die Telefonnummer oder die Anschrift.

Beweis: Musterkurzprofil,

Anlage K2

Diese Daten werden dem Arbeitgeber erst auf ausdrücklichen Wunsch des Arbeitnehmers herausgegeben oder wenn sich die Erlangung der Stelle so weit verdichtet hat, dass eine unmittelbare und schnelle Kommunikation zwischen Arbeitgeber und Arbeitssuchenden erforderlich wird. Die Übermittlung der Kurzprofile erfolgt via E-Mail.

III. Das Verwaltungsverfahren

Mit Schreiben vom […] forderte die Beklagte den Kläger auf, diverse datenschutzrechtliche Fragen bezüglich seiner Tätigkeit als Arbeitsvermittler zu beantworten.

Beweis: Schreiben der Datenschutzaufsichtsbehörde vom […],

Anlage K3

Mit Schreiben vom […] erwiderte der Kläger auf die Fragen der Beklagten unter ausführlicher Darstellung seiner Tätigkeit, der erhobenen Daten und der Verarbeitung dieser Daten, der Einwilligung in die Verarbeitung und Übersendung der Daten sowie der Notwendigkeit einer E-Mail-Übertragung der Daten.

Beweis: Schreiben des Klägers vom […],

Anlage K4

Gleichwohl erließ die Beklagte am [...] unter anderem die Anordnung, dass der Kläger im Rahmen seiner Tätigkeit als Arbeitsvermittler die Bewerberdaten nur Ende-zu-Ende-verschlüsselt oder pseudonymisiert verschicken darf.

Beweis: Anordnung der Datenschutzaufsichtsbehörde vom [...],

Anlage K5

Hiergegen richtet sich die vorliegende Klage.

B. Rechtliche Würdigung

Die zulässige Klage ist begründet, denn die angefochtene Anordnung ist rechtswidrig.

I. Bescheid rechtswidrig

Der angegriffene Bescheid der Beklagten ist rechtswidrig und verletzt den Kläger in seinen Rechten (§ 113 Abs. 1 S. 1 VwGO).[4]

Der Bescheid ist materiell rechtswidrig. Grundlage der getroffenen Anordnung kann alleine Art. 58 Abs. 2 lit. d DS-GVO sein. Hiernach kann die Aufsichtsbehörde den Verantwortlichen anweisen, Verarbeitungsvorgänge gegebenenfalls auf bestimmte Weise und innerhalb eines bestimmten Zeitraums in Einklang mit der DS-GVO zu bringen.[5]

Diese Voraussetzungen liegen nicht vor. Die Beklagte geht rechtsirrig davon aus, dass die nicht Ende-zu-Ende-verschlüsselte Übermittlung nichtpseudonymisierter Daten nicht mit Art. 25 Abs. 1 S. 1 DS-GVO vereinbar sei.[6] Der Aufwand für die von der Beklagten geforderte Verschlüsselung sämtlicher Korrespondenz mit potenziellen Arbeitgebern steht iSv Art. 25 Abs. 1 S. 1 DS-GVO außer Verhältnis zum erstrebten Schutzzweck. Im Einzelnen:

Bei der nach Art. 25 Abs. 1 S. 1 DS-GVO erforderlichen Abwägung, welche Datensicherheitsmaßnahmen erforderlich sind, müssen auch die Interessen der datenverarbeitenden Stelle berücksichtigt werden. Der Verantwortliche muss danach keine Maßnahmen ergreifen, deren Implementierungskosten außer Verhältnis zur Steigerung des Schutzniveaus stehen.

Zur Erfüllung des Vermittlungsvertrags ist es erforderlich, die Daten in einer Weise zu übermitteln, dass sie vom potenziellen Arbeitgeber gelesen, verwertet und für den Auswahlprozess berücksichtigt werden können. Dies ist jedoch nur möglich, wenn die Daten vollständig – also nicht in pseudonymisierter Form – und nicht Ende-zu-Ende-verschlüsselt übersendet werden. Eine Ende-zu-Ende-verschlüsselte Übersendung führt zu einem erheblichen und unangemessenen bürokratischen Mehraufwand, sowohl auf der Seite des Klägers als auch auf der Seite des potenziellen Arbeitgebers, da die Verschlüsselungssoftware sowohl auf Absender- als auch auf Empfängerseite identisch sein muss und trotz zeitgemäßem technischem Stand dennoch erhebliches Fehlerpotenzial beim Verschlüsseln und Entschlüsseln aufweist. Somit haben alle an der Übermittlung Beteiligten – der Kläger, der potenzielle Arbeitgeber und insbesondere der Arbeitssuchende – ein zwingendes Interesse an der unverschlüsselten Übermittlung der vollständigen Daten.

Es ist hierbei zu berücksichtigen, dass die mit der Verarbeitung der Daten verbundenen Risiken für die Rechte und Freiheiten der Betroffenen marginal sind. Bei den in Rede stehenden Daten handelt es sich lediglich um Daten mit Berufsbezug, also keine besonders sensiblen Daten. Auch haben die Betroffenen der Verarbeitung und Vermittlung zugestimmt. Zudem sind die einfache Übermittlung und leichte Lesbarkeit der Daten zwingende Voraussetzung zur Erfüllung des Vertrags zwischen dem Kläger und dem jeweiligen Arbeitssuchenden. Die Ende-zu-Ende-Verschlüsselung und/oder unvollständige Übermittlung der Bewerbungsdaten würde in der Praxis dazu führen, dass keine Arbeitsstellen von Anbietern wie dem Kläger vermittelt werden könnten.

Es ist ferner allgemein bekannt, dass insbesondere im Ablauf einer Personalabteilung eines potenziellen Arbeitgebers nur vollständige, leicht zu bearbeitende Bewerbungen berücksichtigt werden und damit Aussicht auf Erfolg haben. Jeder weitere bürokratische Schritt und/oder jede weitere zusätzliche finanzielle Belastung der potenziellen Arbeitgeber lässt die Chance auf eine erfolgreiche Vermittlung für den Arbeitssuchenden schwinden.

Hinzu kommt, dass der Kläger bereits Maßnahmen zum Schutz vor Missbrauch und zum Schutz der Persönlichkeitsrechte des Arbeitssuchenden getroffen hat. Der Kläger übermittelt nämlich lediglich Kurzprofile direkt an den potenziellen Arbeitgeber, und zwar ohne Anschrift und Telefonnummern. Er übermittelt die Daten auch nur an bestimmte Empfänger, also insgesamt an einen überschaubaren und abgrenzbaren Personenkreis.

Der Kläger wird durch die Anordnung der Beklagten in seinen Rechten aus Art. 12 Abs. 1, 2 Abs. 1 GG verletzt. Durch die angegriffene Anordnung der Beklagten kann der Kläger seine Tätigkeit als Arbeitsvermittler faktisch nicht mehr ausführen.

Rechtsanwalt

## Anmerkungen

**1. Zuständiges Gericht.** Zuständig für die Anfechtungsklage gegen eine datenschutzrechtliche Anordnung ist das Verwaltungsgericht (§ 45 VwGO), in dessen Bezirk die Aufsichtsbehörde ihren Sitz hat (§ 20 Abs. 3 BDSG).

**2. Klagegegner.** Richtiger Beklagter ist die jeweilige Aufsichtsbehörde, die nach § 20 Abs. 4 BDSG selbst beteiligungsfähig ist. Dort, wo die Aufsichtsbehörde selbst rechtsfähig ist, etwa als öffentlich-rechtliche Anstalt, war sie schon nach bisherigem Recht beteiligungsfähig.

**3. Klageart und Antrag.** Typischerweise wird es sich bei einer datenschutzrechtlichen Anordnung nach Art. 58 Abs. 2 DS-GVO um einen Verwaltungsakt iSv § 35 S. 1 VwVfG handeln, sodass die Anfechtungsklage gem. § 42 Abs. 1 Var. 1 VwGO die statthafte Klageart ist. Im Klageantrag ist deutlich zu machen, dass die Aufhebung eines Verwaltungsakts begehrt wird. Dieser sollte mit erlassender Behörde, Datum und ggf. Aktenzeichen näher konkretisiert werden. Ein Vorverfahren ist nach § 20 Abs. 6 BDSG nicht statthaft, sodass ein Widerspruchsbescheid nicht Gegenstand der Klage sein kann.

**4. Begründetheit der Klage.** Die Klage ist gem. § 113 Abs. 1 VwGO begründet, wenn der angegriffene Bescheid rechtswidrig ist und den Kläger in seinen Rechten verletzt. Beide Voraussetzungen fallen dann zusammen, wenn der Kläger zugleich auch Adressat des Verwaltungsakts ist. Denn in diesem Fall ist er wegen der sog. „Adressatentheorie“ ohne Weiteres schon dadurch in seinem aus Art. 2 Abs. 1 GG folgenden Grundrecht der allgemeinen Handlungsfreiheit verletzt, wenn und weil er Adressat eines rechtswidrigen staatlichen Akts ist (vgl. Kopp/Schenke VwGO § 42 Rn. 69 mwN). Zu prüfen ist demnach, ob der angegriffene Bescheid der Behörde von der jeweiligen Ermächtigungsgrundlage gedeckt ist (→ Anm. 5).

**5. Die Anordnung nach Art. 58 Abs. 2 lit. d DS-GVO.** Die Eingriffsbefugnisse der Aufsichtsbehörden ergeben sich aus Art. 58 DS-GVO. Nach Art. 58 Abs. 2 lit. d DS-GVO kann die Behörde den Verantwortlichen anweisen, Verarbeitungsvorgänge innerhalb eines bestimmten Zeitraums in Einklang mit der DS-GVO zu bringen. Einer solchen Anordnung kommt, weil sie die Tatbestandsvoraussetzungen von § 35 S. 1 VwVfG typischerweise erfüllen wird, regelmäßig Verwaltungsaktsqualität zu. Ihr sollte gem. § 24 VwVfG in aller Regel eine Ermittlung des Sachverhalts vorangehen. Hierfür gibt die Verordnung der Behörde in Art. 58 Abs. 1 DS-GVO verschiedene Instrumente an die Hand, deren Anwendung der verantwortlichen Stelle gegenüber ebenfalls Verwaltungsaktsqualität zukommen kann. Unter welchen Voraussetzungen eine Datenverarbeitung mit den Anforderungen der Verordnung nicht in Einklang steht, ergibt sich aus dem jeweiligen materiellen Recht. Die denkbaren Fallgestaltungen sind freilich zu zahlreich, um sie an dieser Stelle abschließend darzustellen.

**6. Pflicht zur E-Mail-Verschlüsselung.** In diesem Muster wird der Streit um die Verpflichtung zur verschlüsselten Übertragung von Daten per E-Mail zum Aufhänger genommen. Das Muster ist der Entscheidung des VG Berlin 24.5.2011 – 1 K 133.10, CR 2012, 191 nachempfunden, wobei zu beachten ist, dass das Urteil die alte Rechtslage vor Inkrafttreten der DS-GVO betraf und auch nicht rechtskräftig wurde. Wie ein solcher Rechtsstreit heute enden würde, bedarf hier keiner Klärung, insofern wird auf → Form. E. II. verwiesen. Es ist allerdings darauf hinzuweisen, dass die DSK zu dem Problemkomplex am 16. Juni 2021 eine Orientierungshilfe veröffentlicht hat (abrufbar zB unter https://datenschutz-hamburg.de/dsgvo-information/oh-email/). Darin wird nach verschiedenen Risikograden differenziert und die Transportverschlüsselung als Mindestanforderung für den Normalfall angesehen (vgl. VG Mainz 17.12.2020 – 1 K 778/19.MZ, BeckRS 2020, 41220 Rn. 29 ff.). Bei hohen Risiken soll demgegenüber eine echte Ende-zu-Ende-Verschlüsselung geboten sein.

## IV. Einstweiliger Rechtsschutz gegen die Informationstätigkeit der Aufsichtsbehörde

An das
Verwaltungsgericht […][1]

[Ort], den [Datum]

Antrag auf Erlass einer einstweiligen Anordnung

der […],

– Antragstellerin –

gegen
die Datenschutzbehörde […],[2]

– Antragsgegnerin –

wegen: Persönlichkeitsrechtsverletzung.

Namens und im Auftrag der Antragstellerin beantrage ich, wegen Dringlichkeit ohne mündliche Verhandlung im Wege der einstweiligen Anordnung wie folgt zu beschließen:

Der Antragsgegnerin wird es unter Androhung der gesetzlichen Ordnungsmittel[3] untersagt, über die Antragstellerin zu behaupten und/oder zu verbreiten, das Geschäftsmodell der Antragstellerin sei illegal, wenn dies geschieht wie in der unter […] abrufbaren Pressemitteilung vom […].[4]

Begründung:

A. Sachverhalt[5]

Die Antragstellerin hat ihren Sitz im Bundesland [X]. Sie ist eine Gesellschaft mit beschränkter Haftung. Ihr Geschäftsgegenstand ist der Handel mit Adressdaten. Sie veranstaltet Gewinnspiele über das Internet. Im Rahmen der Registrierung für ein Gewinnspiel wird ein Teilnehmer aufgefordert, sein Einverständnis zu Telefon- und E-Mail-Werbung durch die Antragstellerin und die Sponsoren des Gewinnspiels (sog. Gewinnspielsponsoren) zu erklären. Auf diese Weise erhält die Antragstellerin von den Teilnehmern Werbeeinverständnisse, die auch den Sponsoren rechtmäßige Telefon- und E-Mail-Werbung ermöglichen. Die gewonnenen Datensätze mit Werbeeinverständnissen werden über Adresslieferungsverträge an die Gewinnspielsponsoren veräußert.

Die Antragsgegnerin ist Anstalt des öffentlichen Rechts[6] und Datenschutzbehörde des Bundeslandes [Y].

Am […] veröffentlichte die Antragsgegnerin auf ihrer Website eine Pressemitteilung. In dieser Pressemitteilung heißt es über die Antragstellerin unter anderem, sie betreibe ein illegales Geschäftsmodell, weil der Handel mit Adressen natürlicher Personen nach Datenschutzrecht unzulässig sei.

Glaubhaftmachung: Pressemitteilung der Antragsgegnerin vom [...]

Anlage AST 1

Hiervon erlangte die Antragstellerin am [...] Kenntnis. Gleich am darauffolgenden Tag ließ die Antragstellerin die Antragsgegnerin unter Setzung einer Frist von drei Tagen anwaltlich auffordern, die Pressemitteilung zu löschen und sich strafbewehrt zu verpflichten, die angegriffene Behauptung künftig nicht erneut aufzustellen.

Glaubhaftmachung: Anwaltliche Abmahnung der Antragstellerin vom [...]

Anlage AST 2

Hierauf antwortete die Antragsgegnerin mit Schreiben vom [...] und teilte mit, sie halte die Pressemitteilung für rechtmäßig und werde daher keine Unterlassungserklärung abgeben.

Glaubhaftmachung: Schreiben der Antragsgegnerin vom [...]

Anlage AST 3

Daher war nun die Inanspruchnahme gerichtlicher Hilfe geboten.

B. Rechtliche Würdigung

Der Antrag ist zulässig und begründet. Nach § 123 Abs. 1 S. 2 VwGO kann das Gericht auch schon vor Klageerhebung eine einstweilige Anordnung zur Regelung eines vorläufigen Zustands in Bezug auf ein streitiges Rechtsverhältnis erlassen, wenn diese Regelung zur Abwendung wesentlicher Nachteile, zur Verhinderung drohender Gewalt oder aus anderen Gründen nötig erscheint.[7] Diese Voraussetzungen liegen vor.

I. Zulässigkeit[8]

Der Antrag ist zulässig. Er ist insbesondere statthaft, weil in der Hauptsache die allgemeine Leistungsklage zu erheben wäre. Das angerufene Gericht ist auch in der Hauptsache zuständig. Der Antrag ist nicht befristet.

II. Begründetheit[9]

Der Antrag ist auch begründet. Voraussetzung hierfür ist, dass der Antragsteller sowohl einen Anordnungsanspruch als auch einen Anordnungsgrund glaubhaft macht. Das ist hier der Fall.

1. Anordnungsanspruch

Der Antragstellerin steht gegen die Antragsgegnerin ein öffentlich-rechtlicher Unterlassungsanspruch dahingehend zu, dass es die Antragsgegnerin unterlässt, das Geschäftsmodell der Antragstellerin als illegal zu bezeichnen.

Voraussetzung eines öffentlich-rechtlichen Unterlassungsanspruchs ist ein hoheitlicher Eingriff in ein Grundrecht des Betroffenen, den dieser nicht zu dulden braucht.[10]

Die Behauptung, das Geschäftsmodell der Antragstellerin sei illegal, verletzt ihre Grundrechte aus Art. 12 Abs. 1 GG (Berufsfreiheit) sowie aus Art. 2 Abs. 1 GG (sozialer Geltungsanspruch).

a) Berufsfreiheit

Vom sachlichen Schutzbereich der grundgesetzlichen Berufsfreiheit geschützt ist jede auf Dauer angelegte, der Schaffung und Erhaltung einer Lebensgrundlage dienende Tätigkeit (BVerfG 28.3.2006 – 1 BvR 1054/01, BVerfGE 115, 276 (300)), worunter demgemäß auch der gewerbliche Adresshandel fällt.

Auf das Grundrecht der Berufsfreiheit können sich nach Art. 19 Abs. 3 GG auch inländische juristische Personen des Privatrechts berufen. Als in Deutschland ansässige GmbH nach deutschem Recht steht das Grundrecht daher auch der Antragstellerin zu.[11]

Die Äußerung der Antragsgegnerin, das Geschäftsmodell der Antragstellerin sei illegal, greift auch in den so definierten Schutzbereich der Berufsfreiheit der Antragstellerin ein. Ein Grundrechtseingriff liegt in jedem staatlichen Handeln, das ein grundgesetzlich geschütztes Verhalten ganz oder teilweise unmöglich macht (vgl. BVerfG 26.6.2002 – 1 BvR 670/91, BVerfGE 105, 279 (303)). Indem die Antragsgegnerin öffentlich behauptet, das Geschäftsmodell der Antragstellerin sei illegal, schädigt sie ihre Position am Markt und hält potenzielle Kunden und Geschäftspartner davon ab, geschäftliche Beziehungen mit der Antragstellerin einzugehen und zu pflegen, da diese stets befürchten müssen, sich an rechtswidrigem Verhalten zu beteiligen.

Dieser Eingriff in die Berufsfreiheit der Antragstellerin ist nicht gerechtfertigt und muss daher von ihr nicht geduldet werden. Nach Art. 12 Abs. 1 S. 2 GG sind Eingriffe in die Berufsfreiheit nur durch ein Gesetz oder aufgrund eines Gesetzes gestattet. Eine gesetzliche Ermächtigungsgrundlage für den Grundrechtseingriff ist nicht ersichtlich. Auch aus der Schutzpflichtendimension der Grundrechte folgt eine solche Ermächtigung nicht. Zwar ist anerkannt, dass eine Behörde in Wahrnehmung solcher Schutzpflichten legitimiert sein kann, die Öffentlichkeit über das (rechtswidrige) Verhalten Privater zu informieren und entsprechende Warnhinweise zu erteilen. Das setzt allerdings einen hinreichend gewichtigen Anlass, einen im Wesentlichen zutreffend gewürdigten Tatsachenkern und die Wahrung der gebotenen Sachlichkeit voraus (BVerfG 15.8.1989 – 1 BvR 881/89, NJW 1989, 3269 (3270)). Ein legitimierender Anlass kann indes nur angenommen werden, wenn eine Gefahr für Verfassungsrechtsgüter oder ein entsprechender, begründeter Verdacht besteht (OVG Münster 31.5.1996 – 5 B 993/95, NVwZ 1997, 302). Des Weiteren muss die Behörde bei ihrer Öffentlichkeitsarbeit den Verhältnismäßigkeitsgrundsatz strikt beachten (BVerfG 15.8.1989 – 1 BvR 881/89, NJW 1989, 3269 (3270)).

Daran fehlt es hier. Es besteht bereits kein legitimierender Anlass, weil eine Gefahr für verfassungsrechtlich geschützte Rechtsgüter nicht besteht. In Betracht kommt hier allein das Recht auf informationelle Selbstbestimmung (Art. 2 Abs. 1, Art. 1 Abs. 1 GG) der Gewinnspielteilnehmer. Dieses wird allerdings durch das Verhalten der Antragstellerin nicht verletzt, denn der Adresshandel ist rechtskonform und durch die Einwilligung (Art. 6 Abs. 1 S. 1 lit. a DS-GVO) der Gewinnspielteilnehmer gedeckt (vgl. OLG Frankfurt a. M. 27.6.2019 – 6 U 6/19, ZD 2019, 507). Überdies ist die Öffentlichkeitsarbeit der Antragsgegnerin unsachlich und unverhältnismäßig, denn selbst wenn das Geschäftsmodell der Antragstellerin rechtlich bedenklich wäre, wäre es nicht nötig gewesen, es sogleich öffentlich als „illegal" zu brandmarken. Zunächst hätte Kontakt mit der Antragstellerin aufgenommen und ein förmliches Verfahren eingeleitet werden müssen. Überdies ist die Antragsgegnerin als Datenschutzbehörde des Landes [Y] schon gar nicht für die Antragstellerin, die im Land [X] ansässig ist, zuständig.

b) Sozialer Geltungsanspruch

Darüber hinaus greift die angegriffene Äußerung auch in den sozialen Geltungsanspruch der Antragstellerin ein, der ihr als juristischer Person des Privatrechts über Art. 2 Abs. 1, 19 Abs. 3 GG zusteht. Auch dieser Eingriff ist nicht gerechtfertigt. Insofern verweise ich zur Vermeidung von Wiederholungen auf meine obigen Ausführungen.

c) Wiederholungsgefahr

Es besteht auch Wiederholungsgefahr. Einerseits dauert der Eingriff nach wie vor an, da die Äußerung bis heute noch über die Homepage der Antragsgegnerin abrufbar ist. Andererseits hat die Antragsgegnerin keine Unterlassungserklärung abgeben wollen.[12]

2. Anordnungsgrund[13]

Auch der erforderliche Anordnungsgrund ist gegeben. Der Erlass einer einstweiligen Anordnung ist nötig, um wesentliche Nachteile von der Antragstellerin abzuwenden (§ 123 Abs. 1 S. 2 VwGO). Denn weil die angegriffene Äußerung nach wie vor auf der Homepage der Antragsgegnerin abrufbar ist, besteht der Eingriff in die Grundrechte der Antragstellerin fort. Die Antragstellerin muss es nicht bis zum rechtskräftigen Abschluss eines verwaltungsgerichtlichen Hauptsacheverfahrens hinnehmen, dass sich die Antragsgegnerin weiter in derart rufschädigender Weise öffentlich über sie äußert.

Rechtsanwalt

## Anmerkungen

**1. Rechtsweg und zuständiges Gericht.** Welche Zulässigkeitsvoraussetzungen für ein gerichtliches Vorgehen gegen die Informationstätigkeit einer Datenschutzbehörde gelten, erscheint fraglich. Der deutsche Gesetzgeber hat mit § 20 BDSG einige spezielle Vorschriften für gerichtliche Auseinandersetzungen mit Aufsichtsbehörden geschaffen, die vom normalen Verwaltungsprozessrecht abweichen. Insbesondere hat er angeordnet, dass die Behörde ihrerseits selbst beteiligungsfähig ist (§ 20 Abs. 4 BDSG) und besondere Zuständigkeitsregeln geschaffen (§ 20 Abs. 3 BDSG). Diese Vorschriften sollen aber nur für Streitigkeiten „über Rechte gemäß Art. 78 Abs. 1 und 2" der DS-GVO gelten. Diese Formulierung ist ohnehin schon schief, weil sich aus Art. 78 DS-GVO keine „Rechte" ergeben, sondern dort nur die rechtsstaatliche Selbstverständlichkeit ausgesprochen wird, dass die Aufsichtsbehörden nicht im kontrollfreien Raum agieren. Ungeachtet dessen zeigt der Verweis auf Art. 78 DS-GVO aber, dass die besonderen Vorschriften aus § 20 BDSG nur für Rechtsbehelfe gelten sollen, die eine natürliche oder juristische Person „gegen einen sie betreffenden rechtsverbindlichen Beschluss" einer Aufsichtsbehörde eingelegt hat. Gegenstand einer Unterlassungsklage gegen behördliche Informationstätigkeit ist aber gerade kein „rechtsverbindlicher Beschluss", sondern ein schlicht-hoheitliches Verhalten. Demgemäß dürften die besonderen Vorschriften aus § 20 BDSG richtigerweise wohl nicht für Rechtsstreitigkeiten gelten, die eine behördliche Informationstätigkeit zum Gegenstand haben. Was diese betrifft, bleibt es bei den allgemein geltenden Vorschriften des Verfahrensrechts.

Insoweit gilt, dass für die gerichtliche Geltendmachung von Unterlassungsansprüchen gegen behördliche Äußerungen gem. § 40 Abs. 1 S. 1 VwGO der Verwaltungsrechtsweg eröffnet ist, sofern der jeweilige Amtswalter in Ausübung seines öffentlichen Amtes gehandelt hat (Wenzel/Burkhardt, Das Recht der Wort- und Bildberichterstattung, Kap. 12 Rn. 115). Das ist bei Presseerklärungen, die von einer Behörde in ihrem Namen und mit Bezug auf ihre amtliche Tätigkeit herausgegeben werden, regelmäßig der Fall (Wenzel/Burkhardt, Das Recht der Wort- und Bildberichterstattung, Kap. 12 Rn. 111). Umso mehr gilt das, wenn diese Erklärungen auf der Homepage der Behörde veröffentlicht werden. Zuständig für den Erlass einer einstweiligen Anordnung ist gem. § 123 Abs. 2 S. 1 VwGO das Gericht der Hauptsache, also grundsätzlich (§ 123 Abs. 2 S. 2 VwGO) das in erster Instanz für ein (hypothetisches) Hauptsacheverfahren zuständige Verwaltungsgericht (§ 45 VwGO). Der Antrag ist auch dann statthaft, wenn die Hauptsacheklage noch nicht erhoben ist. Da es sich bei behördlichen Äußerungen der infrage stehenden Art im Regelfall nicht um Verwaltungsakte iSd § 35 S. 1 VwVfG handelt, richtet sich die örtliche Zuständigkeit in solchen Fällen nach § 52 Nr. 5 VwGO, sodass das Verwaltungsgericht, in dessen Bezirk der Antragsgegner (→ Anm. 2) seinen Sitz hat, zuständig ist. Gem. § 123 Abs. 2 S. 3 iVm § 80 Abs. 8 VwGO kann auch der Vorsitzende allein die einstweilige Anordnung erlassen, was in der Praxis allerdings nur ausnahmsweise vorkommt.

**2. Antragsgegner.** Für die Zulässigkeit des Antrags im Übrigen und somit auch für die Frage, wer der richtige Antragsgegner ist, gelten die allgemeinen Vorschriften, wie sie für die jeweils einschlägige Hauptsacheklage gelten (Kopp/Schenke VwGO § 123 Rn. 18). Demnach ist der Antrag vorbehaltlich anderslautenden Landesrechts analog § 78 Abs. 1 Nr. 1 VwGO gegen den Rechtsträger der jeweiligen Behörde zu richten.

**3. Ordnungsmittelandrohung.** Bei Anträgen, die auf die Untersagung eines bestimmten Verhaltens gerichtet sind, ist es zulässig und üblich, bereits mit dem Unterlassungsantrag einen dahingehenden Antrag zu verbinden, dass für den Fall der Zuwiderhandlung die gesetzlichen Ordnungsmittel angedroht werden (Kopp/Schenke VwGO § 123 Rn. 40). Diese Androhung richtet sich gem. § 167 Abs. 1 S. 1 VwGO nach § 890 ZPO.

**4. Antragsfassung.** Zur Fassung des Antrags und dem weiteren Prozedere gilt allgemein, dass für den Antrag auf Erlass einer einstweiligen Anordnung gem. § 123 Abs. 3 VwGO grundsätzlich die Vorschriften der ZPO entsprechend gelten. Nach dem daher anwendbaren § 938 Abs. 1 ZPO hat das Gericht ein relativ weitgehendes Ermessen im Hinblick auf die Tenorierung, muss sich aber zumindest innerhalb des vom Antragsteller vorgegebenen Streitgegenstands halten und sollte sich zweckdienlicherweise am – hypothetischen – Hauptsachetenor orientieren. In der zivilgerichtlichen Rechtsprechung hat sich durchgesetzt, dass der Unterlassungstenor stets auf die konkrete Verletzungsform beschränkt sein muss (zB BGH 17.3.2011 – I ZR

81/09, GRUR 2011, 934). Dem wird üblicherweise dadurch Rechnung getragen, dass dem Antrag die Wendung „wenn dies geschieht, wie (…)“ angehängt wird (zB BGH 7.4.2011 – I ZR 34/09, NJW 2011, 2787). Dadurch macht der Antragsteller deutlich, dass er kein abstrakt-generelles Verbot einer bestimmten Verhaltensweise begehrt, sondern lediglich das Verbot einer konkreten, rechtsverletzenden Handlung. Dies ist einerseits deshalb von großer Relevanz, weil gesetzeswiederholende Unterlassungsanträge in der Regel unzulässig sind (BGH 24.11.1999 – I ZR 189/97, NJW 2000, 1792), andererseits auch deshalb, weil sich zumeist erst aus dem konkreten Kontext heraus die Rechtswidrigkeit oder Rechtmäßigkeit einer Handlung ergibt. Gerade im Äußerungsrecht gilt, dass eine bestimmte Äußerung niemals aus ihrem Kontext herausgerissen und isoliert beurteilt werden darf, sondern dass dabei stets der Sinnzusammenhang zu berücksichtigen ist, in dem sie steht (BVerfG 11.3. 2003 – 1 BvR 426/02, BVerfGE 107, 275 (282)).

**5. Glaubhaftmachung.** Gem. § 123 Abs. 3 VwGO iVm § 920 Abs. 2 ZPO hat der Antragsteller sowohl die Voraussetzungen des Verfügungsanspruchs als auch die des Verfügungsgrundes glaubhaft zu machen. Die Glaubhaftmachung richtet sich nach § 294 ZPO. In Fällen wie dem hier gegebenen wird eine Glaubhaftmachung in der Regel durch Vorlage von Screenshots oder Ausdrucken der beanstandeten Äußerung erfolgen. Eine dem Publikum gegenüber lediglich mündlich erfolgte Äußerung wird wohl nur durch eine eidesstattliche Versicherung von Zuhörern glaubhaft zu machen sein.

**6. Rechtliche Verfasstheit der Behörde.** Die Datenschutzbehörden der Länder sind unterschiedlich rechtlich organisiert. Dies hat, da § 20 Abs. 4 BDSG auf Streitigkeiten über schlicht-hoheitliches Handeln nicht anwendbar sein dürfte (→ Anm. 1), Auswirkungen darauf, wer der richtige Antragsgegner ist (→ Anm. 2).

**7. Abgrenzung von Sicherungs- und Regelungsanordnung.** Im Schrifttum ist die Abgrenzung der Sicherungsanordnung nach § 123 Abs. 1 S. 1 VwGO von der Regelungsanordnung gem. § 123 Abs. 1 S. 2 VwGO seit jeher umstritten. In der Praxis ist dieser Streit eher von untergeordneter Bedeutung. Nach einer allgemein anerkannten Formel ist die Sicherungsanordnung dann einschlägig, wenn es dem Antragsteller darum geht, den Status quo zu erhalten (Kopp/Schenke VwGO § 123 Rn. 7), während die Regelungsverfügung auf eine Weiterung des eigenen Rechtskreises abzielt (Kopp/Schenke VwGO § 123 Rn. 8). Bei Unterlassungsanträgen gegen Behörden wird man in der Regel davon auszugehen haben, dass eine Regelungsanordnung erwirkt werden soll, sofern die Äußerung im Internet noch abrufbar ist. Denn dann zielt der Antrag zunächst einmal maßgeblich darauf ab, die Äußerung aus dem Internet zu entfernen, was eine Änderung des Status quo bedeutet. Soll hingegen a priori verhindert werden, dass eine Äußerung veröffentlicht wird, dürfte eine Sicherungsanordnung das Ziel sein, weil es dann darum geht, den Status quo zu erhalten. In der Praxis wird zwischen den beiden Anordnungsarten zumeist nicht unterschieden (Kopp/Schenke VwGO § 123 Rn. 6).

**8. Zulässigkeit.** Der Antrag nach § 123 VwGO ist – in Abgrenzung zu dem nach § 80 Abs. 5 VwGO – immer dann statthaft, wenn in der Hauptsache eine andere Klage als die Anfechtungsklage zu erheben wäre (Kopp/Schenke VwGO § 123 Rn. 4).

**9. Begründetheit des Antrags.** Der Antrag ist begründet, wenn der Antragsteller sowohl den Anordnungsanspruch als auch den Anordnungsgrund glaubhaft machen kann. Das Gericht prüft auf der Grundlage des glaubhaft gemachten Sachverhalts summarisch, ob eine überwiegende Wahrscheinlichkeit für deren Vorliegen spricht. Liegen beide Voraussetzungen vor, muss das Gericht die Anordnung erlassen, wobei es hinsichtlich der Tenorierung eine gewisse Freiheit genießt (§ 123 Abs. 3 VwGO iVm § 938 Abs. 1 ZPO). Zu den Voraussetzungen eines öffentlich-rechtlichen Unterlassungsanspruchs → Anm. 11. Das hier gegebene Beispiel ist dem Beschl. d. VG Schleswig 5.11.2013 – 8 B 50/13, ZD 2014, 102 mAnm Abel nachgebildet, der vom OVG Schleswig mit Beschl. v. 28.2.2014 (4 MB 82/13, ZD 2014, 536) mit gewissen Einschränkungen im Wesentlichen bestätigt wurde. Im Ansatz geht das OVG jedenfalls davon aus, dass eine Aufsichtsbehörde durchaus zur Öffentlichkeitsarbeit befugt ist und sich dabei auch zu Sachverhalten äußern darf, die an sich nicht in ihrer örtlichen Zuständigkeit liegen. Dabei sei aber besondere Zurückhaltung geboten, wenn es um Fragen geht, die rechtlich umstritten seien und die insbesondere von der örtlich zuständigen Behörde abweichend beurteilt werden. Diese Zurückhaltung werde verlassen, so das OVG, wenn die eigene Position durch die Behörde „unangemessen verabsolutiert oder in skandalisierender oder diskreditierender Weise überzeichnend“ dargestellt werde „und dadurch die gebotene Sachbezogenheit“ verloren gehe.

**10. Öffentlich-rechtlicher Unterlassungsanspruch.** Gegen die rechtswidrige Informationstätigkeit einer Behörde steht dem Betroffenen ein öffentlich-rechtlicher Unterlassungsanspruch zu. Dieser setzt einen – auch durch schlicht-hoheitliches Handeln bewirkten (BVerwG 21.5.2008 – 6 C 13.07, ZUM 2010, 74 (75 f.)) – Eingriff eines Hoheitsträgers in subjektive Rechte des Betroffenen voraus, den der Betroffene nicht dulden muss (zusammenfassend OVG Münster 9.9.2013 – 5 B 417/13, DVBl 2013, 1460). Bei berufsbezogenen Äußerungen einer Behörde wird dem Betroffenen insofern häufig die grundgesetzlich geschützte Berufsfreiheit (Art. 12 GG) zur Seite stehen (näher → Anm. 12), daneben dürften abträgliche Äußerungen in aller Regel auch das Persönlichkeitsrecht (Art. 2 Abs. 1, 1 Abs. 1 GG) des Betroffenen tangieren, auf das sich jedenfalls nach der Rechtsprechung der Fachgerichte auch juristische Personen des Privatrechts berufen können (zB BVerwG 21.5.2008 – 6 C 13.07, ZUM 2010, 74 (76); eine ausführliche Darstellung dieser Rechtsfrage mit entsprechenden Nachweisen aus der Rechtsprechung findet sich bei Koreng GRUR 2010, 1065; zum Sonderproblem der Persönlichkeitsrechtsverletzung bei öffentlich-rechtlichen Körperschaften s. a. VGH Kassel 26.4.1989 – 6 TG 748/89, NJW 1990, 1005).

Eine Duldungspflicht für die mit einer behördlichen Äußerung einhergehende Beeinträchtigung des subjektiven Rechts des Betroffenen muss ihre Grundlage in einem Gesetz finden (BVerfG 24.5.2005 – 1 BvR 1072/01, BVerfGE 113, 63 (87)). Insoweit gilt bei behördlichen Äußerungen, dass diese sich zunächst an den allgemeinen Grundsätzen für rechtsstaatliches Verhalten in der Ausprägung des Willkürverbots und des Verhältnismäßigkeitsgrundsatzes zu orientieren haben. Sie dürfen insbesondere nicht auf sachfremden Erwägungen beruhen, ihnen muss also insbesondere ein im Wesentlichen zutreffender oder zumindest sachgerecht und vertretbar gewürdigter Tatsachenkern zugrunde liegen. Sie müssen außerdem sachlich gehalten sein. Rechtliche Wertungen sind auf ihre Vertretbarkeit zu überprüfen. Sofern Unsicherheiten verbleiben, müssen Marktteilnehmer auf diese verbleibenden Unsicherheiten hingewiesen werden (OVG Münster 23.4.2012 – 13 B 127/12, NVwZ 2012, 767 mwN).

Weitergehende Anforderungen gelten allerdings, wenn die behördliche Informationsmitteilung geeignet ist, als funktionales Äquivalent für eine förmliche Verbotsverfügung zu wirken, diese also in ihrer Wirkung zu ersetzen. In diesen Fällen beschränkt sich die Prüfung durch das Gericht nicht auf die Vertretbarkeit der rechtlichen Wertung. Vielmehr muss die rechtliche Beurteilung der Behörde in diesen Fällen abschließend zutreffend sein (OVG Münster 23.4.2012 – 13 B 127/12, NVwZ 2012, 767 (768)). Das bedeutet, dass in solchen Fällen eine vollständige Prüfung dahingehend zu erfolgen hat, ob die Behörde für ein hypothetisches Vorgehen gegen den Betroffenen zuständig ist und ob ihre materiell-rechtliche Wertung (hier zB die datenschutzrechtliche Unzulässigkeit einer bestimmten Datenverarbeitung) zutrifft.

**11. Berufsfreiheit.** Die Berufsfreiheit schützt grundsätzlich jede Tätigkeit, die auf Dauer angelegt ist und der Schaffung und Erhaltung einer Lebensgrundlage dient (BVerfG 28.3.2006 – 1 BvR 1054/01, BVerfGE 115, 276 (300)). Wer also gewerblich mit personenbezogenen Daten umgeht, wird sich für diese Tätigkeit jedenfalls im Grundsatz typischerweise auf den Schutz der Berufsfreiheit berufen können. Allerdings wird teilweise ein Ausschluss für solche Verhaltensweisen diskutiert, die generell verboten sind (zB OVG Münster 19.11.1985 – 13 B 2140/85, NJW 1986, 2783), dem Menschenbild des Grundgesetzes widersprechen (zB Sachs/Mann GG Art. 12 Rn. 54) oder schlechthin sozialschädlich sind (BVerfG 28.3.2006 – 1 BvR 1054/01, BVerfGE 115, 276 (301)). Letztlich kann dies hier offenbleiben. Man wird den Adresshandel ungeachtet möglicherweise bestehender (einfachgesetzlicher) Bedenken im Einzelfall nicht als generell derart schädlich brandmarken können, dass er aus dem Schutzbereich des Grundgesetzes herausfällt, zumal dies auf eine bedenkliche Einengung des Grundrechtsschutzes schon auf Schutzbereichsebene hinausliefe, die auch ein von der Verfassung ersichtlich nicht gewolltes Unterlaufen der grundgesetzlichen Schrankenregelung zur Folge hätte. Das OLG Frankfurt a. M. (27.6.2019 – 6 U 6/19, ZD 2019, 507) hat es jedenfalls für datenschutzrechtlich unbedenklich gehalten, im Rahmen des Co-Sponsorings von Gewinnspielen im Internet auf Einwilligungen zurückzugreifen.

**12. Wiederholungsgefahr.** Der öffentlich-rechtliche Unterlassungsanspruch setzt grundsätzlich voraus, dass eine Rechtsverletzung unmittelbar droht oder fortdauert. Nach der ständigen Rechtsprechung zumindest der Zivilgerichte indiziert die erstmalige rechtswidrige Äußerung eine Wiederholungsgefahr für die Zukunft, an deren Ausräumung hohe Anforderungen zu stellen sind. Hiernach soll es im Regelfall erforderlich sein, eine strafbewehrte Unterlassungs- und Verpflichtungserklärung abzugeben (statt aller BGH 8.2.1994 – VI ZR 286/93, NJW 1994, 1281 (1283)). Ob diese Grundsätze im Verwaltungsrecht mit gleicher Strenge anzuwenden sind, erscheint zweifelhaft. In der Praxis der Verwaltungsgerichtsbarkeit ist festzustellen, dass die Anforderungen an eine Widerlegung der Wiederholungsgefahr jedenfalls durch Hoheitsträger eher geringer angesetzt werden. Der VGH München hat es bspw. für ausreichend gehalten, wenn die Beklagte sowohl „gegenüber dem Kläger als auch gegenüber dem Adressatenkreis der ursprünglichen Äußerung zu erkennen [gibt], dass sie die Beanstandung als berechtigt anerkennt und nicht beabsichtigt, die Äußerung zu wiederholen" (VGH München 25.5.2010 – 7 ZB 09.2655, BeckRS 2010, 52032; ähnlich weitgehend auch VGH München 13.6.2013 – 4 CE 13.944, BeckRS 2013, 52260). Mit dem BVerwG (21.5.2008 – 6 C 13.07, ZUM 2010, 74

(76)) ist die erforderliche Wiederholungsgefahr jedenfalls dann gegeben, wenn die fragliche Äußerung noch im Internet abrufbar ist. Das VG Schleswig nimmt in seinem Beschl. v. 5.11.2013 – 8 B 50/13, ZD 2014, 102 mAnm Abel an, dass die Wiederholungsgefahr dann fortbesteht, wenn der Antragsgegner an seinen Äußerungen festhält und keine Unterlassungserklärung abgibt. Diese Auffassung hat das OVG Schleswig mit Beschl. v. 28.2.2014 – 4 MB 82/13, ZD 2014, 536 bestätigt. Nach dessen Auffassung begründet die Weigerung, eine Unterlassungserklärung abzugeben, eine in die Zukunft gerichtete Wiederholungsgefahr.

**13. Anordnungsgrund.** Der für den Erlass einer einstweiligen Anordnung erforderliche Anordnungsgrund, der ebenfalls glaubhaft zu machen ist (§ 123 Abs. 3 VwGO iVm § 920 Abs. 2 ZPO), ist dann anzunehmen, wenn dem Antragsteller bei Berücksichtigung seiner Interessen sowie dem öffentlichen Interesse bzw. dem Interesse Dritter das Abwarten einer Hauptsacheentscheidung nicht zugemutet werden kann (Kopp/Schenke VwGO § 123 Rn. 26). Gerade bei geschäftsschädigenden Äußerungen, die fortdauernd über das Internet abrufbar sind, wird man in der Regel davon ausgehen müssen, dass ein Abwarten eines verwaltungsgerichtlichen Hauptsacheverfahrens dem Betroffenen nicht zugemutet werden kann, zumal umgekehrt das öffentliche Interesse an einer dauerhaften Abrufbarkeit datenschutzbehördlicher Pressemitteilungen, anders als bspw. im klassischen Fall von Warnungen vor gefährlichen Lebensmitteln oder Produkten, eher gering sein wird.

## O. Strafverfahren und Ordnungswidrigkeiten

Auf den ersten Blick scheint sich das Sanktionsrecht rund um den Schwerpunkt-Tatbestand, die Bußgeldnorm des Art. 83 DS-GVO, zwecks Erreichung des europäischen Effektivitätsgebots radikal vereinfacht zu haben: Die lang erwartete Entscheidung des EuGH in Sachen Deutsche Wohnen SE (EuGH 5.12.2023 – C-807/21, NJW 2024, 343) liegt inzwischen ebenso vor wie der anschließend ergangene Beschluss des Kammergerichts (KG 22.1.2024 – 3 Ws 250/21 – 161 AR 84/21, RDV 2024, 109):

- Nach den amtlichen Leitsätzen des KG „können die in Art. 83 DSG-VO vorgesehenen Geldbußen unmittelbar gegen juristische Personen verhängt werden, wenn diese als für die Datenverarbeitung Verantwortliche einzustufen sind."
- Eine Verbandshaftung erfordere „weder das Verschulden eines Repräsentanten (§ 30 OWiG ) noch eine Aufsichtspflichtverletzung (§ 130 OWiG)." Vielmehr seien „Unternehmen im Deliktsbereich der DS-GVO per se schuldfähig."
- Zudem müsse der Bußgeldbescheid „die natürliche Person, der eine Pflichtverletzung ggf. zur Last fällt, nicht bezeichnen." Maßgeblich sei nur, dass irgendeine Person, die im Rahmen der unternehmerischen Tätigkeit gehandelt hat, einen Verstoß begangen hat.
- Der Beschluss des KG stellt ferner fest, dass „die vom EuGH für den Bereich der DS-GVO entwickelten sachlich-rechtlichen Grundzüge der Verbandsgeldbuße" auch das diesbezügliche nationale Verfahrensrecht „überformen, prägen und gestalten".

Damit hat sich der Anwendungsvorrang des Art. 83 DS-GVO durchgesetzt, wie ihn bereits das LG Bonn in einer früh ergangenen Entscheidung (LG Bonn 11.11.2020 – 29 OWi 1/20, ZD 2021, 154) bejaht hatte. Insgesamt ist allerdings bemerkenswert, dass der EuGH vor allem feststellt, was seitens der Aufsichtsbehörde alles *nicht* in dem Bußgeldbescheid bezeichnet werden und beim Verantwortlichen *nicht* vorliegen muss, wenn das supranationale Sanktionsregime des Art. 83 DS-GVO zugrunde gelegt wird und Bußgeldbescheide in Höhe von bis zu 2 Prozent (gem. Art. 83 Abs. 4 DS-GVO) oder 4 Prozent (gem. Art. 83 Abs. 5 DS-GVO) des Jahres-Netto-Konzernumsatzes verhängt werden.

Spätestens auf den zweiten Blick ergeben sich daher rechtsstaatliche Bedenken. Gemäß Art. 83 DS-GVO sollen die Sanktionen „wirksam, verhältnismäßig und abschreckend" sein. Inzwischen bewahrheiten sich die von DS-GVO-Beginn an bestehenden Befürchtungen, dass die Ziele der Verordnung und das Effektivitätsgebot vor allem über die Abschreckung realisiert werden sollen und das Gebot der Verhältnismäßigkeit ebenso leidet wie Rechtssicherheit und Bestimmtheit.

Selbst wer rechtspolitische Fragen im Interesse eines möglichst praxisnahen Handbuch-Beitrags einstweilen zurückstellt, begegnet unmittelbaren Anwendungsschwierigkeiten, etwa der Herausforderung, unter das „Bewusstsein einer juristischen Person" zu subsumieren. Denn nach der EuGH-Rechtsprechung verengen sich auch die subjektiven Anforderungen wie zu einem *negativen Tatbestandsmerkmal:*

So sollen „gegen einen Verantwortlichen wegen eines Verhaltens, das in den Anwendungsbereich der DS-GVO fällt, Sanktionen verhängt werden können, wenn sich dieser Verantwortliche über die Rechtswidrigkeit seines Verhaltens nicht im Unklaren sein konnte, gleichviel, ob ihm dabei bewusst war, dass es gegen die Bestimmungen der DS-GVO verstößt", so der EuGH (EuGH 5.12.2023 – C-807/21, NJW 2024, 343 Rn. 76).

In einem weiteren Urteil vom gleichen Tag hat der EuGH zudem über Vorlagefragen eines litauischen Gerichts entschieden (EuGH 5.12.2023 – C-683/21, ZD 2024, 209 mAnm Schneider), auch insoweit nochmals eine verschuldensunabhängige „strict liability" des Verantwortlichen verneint und sich ferner zu gemeinsamer Verantwortlichkeit und Auftragsverarbeitung positioniert. In beiden Rechtssachen wird dabei statt einer Begründung, wie ein Unternehmen ein Bewusstsein haben und schuldfähig sein kann, primär auf eine Reihe kartellrechtlicher Entscheidungen verwiesen. In der Literatur erfolgt dies im Übrigen bereits vergleichbar für Irrtums- und Verjährungsfragen (Ost NZWiSt 2022, 117 (118)).

Nach dem EuGH soll sich die subjektive Tatseite von Unternehmen nach dem unionsrechtlichen Vorsatz- und Fahrlässigkeitsbegriff richten – vor allem unter Verzicht auf das nach deutscher Strafrechtsdogmatik ebenfalls zentrale voluntative Element. Ohne Rücksicht auf ein Wollen wird also nur noch auf Wissen bzw. Tatsachenkenntnis abgestellt. Gerade in der Zusammenschau mit dem Verzicht auf eine konkrete Anknüpfungstat ergeben sich auch dabei jedoch schnell Friktionen: Wird keine konkrete natürliche Person als Täter festgestellt, können Überlegungen, wessen Bewusstsein maßgeblich ist und was darin vorging, kaum eine tragfähige Grundlage haben (zu vergleichbarer Kritik am VerSanG-E bereits Wehnert FS für Reuter S. 523 (530)).

Die Folgen einer Abkehr vom Grundsatz des „societas delinquere non potest" zeigten sich bereits in der Entscheidung in Sachen 1&1 (LG Bonn 11.11.2020 – 29 OWi 1/20, ZD 2021, 154 Rn. 53ff.): Auch nach Auffassung jener Kammer waren sich die „zuständigen Mitarbeiter" weder der vorgeworfenen Zuwiderhandlung noch deren Möglichkeit bewusst. Die maßgeblichen Rechtsfragen seien zuvor auch weder in Fachzeitschriften noch in Büchern behandelt worden. Dennoch sei der zugrunde liegende Verbotsirrtum und damit der Datenschutzverstoß „für das Unternehmen vermeidbar".

Im Ergebnis wird das Schuldprinzip also (vermeintlich) nicht per se in Frage gestellt. In der Praxis droht jedoch eine verwirrend ausgehöhlte Leerformel, wenn lediglich geprüft wird, ob „sich der Verantwortliche über die Rechtswidrigkeit seines Verhaltens nicht im Unklaren sein konnte".

Generalanwalt Emiliou, der sich mit den Vorlagefragen aus Litauen (EuGH 5.12.2023 – C-683/21, ZD 2024, 209 – Nationales Zentrum für öffentliche Gesundheit) zu befassen hatte, ging in seinem Schlussantrag vom 4.5.2023 transparent damit um, dass für ihn schwerlich ein Sachverhalt vorstellbar sei, der an der Hürde der Fahrlässigkeit scheitere. Diese sei daher auch kein Hemmnis für das Effektivitätsgebot und das Ziel des Unionsgesetzgebers. Die Fortgeltung des Schuldprinzips verdankt sich also dessen ohnehin bestehender Niedrigschwelligkeit.

Die zu erwartenden Anwendungsschwierigkeiten und Friktionen vergrößern sich noch, wenn man berücksichtigt, dass die entsprechenden Grundlagenfragen auch im europäischen Kartellbußgeldrecht keineswegs widerspruchsfrei geklärt sind. Auch in diesem durch Verweisungen in Bezug genommenen Rechtsgebiet liegt deshalb kein stabil übertragbares supranationales Modell-Regime der Unternehmenssanktionierung.

Der EDSA hat für das „Wie“ der Sanktionierung – die Ebene der Bußgeldberechnung – zwar inzwischen detaillierte supranationale Leitlinien vorgelegt, die wie „Sentencing Guidelines“ in fünf Schritten umsatzorientierte „überlappende Bußgeldkorridore“ etc festlegen sollen. Dem vorgelagert stellen sich aber weiterhin Probleme des „Ob“ einer Sanktion: unbestimmte objektive Tatbestandsmerkmale und zudem nun auch eine (der nationalen Dogmatik) grundlegend systemfremde subjektive Tatseite, die nichts zur Konturierung und Konkretisierung beizutragen hat.

Zudem ist zu berücksichtigen, dass die (im Gesetzgebungsverfahren bereits weit fortgeschrittene) Reform des nationalen Unternehmensstrafrechts, wie an dieser Stelle in der Vorauflage skizziert, einstweilen doch wieder gescheitert ist. Zu den wesentlichen Kritikpunkten am VerSanG-E gehörten dabei auch die hier erwähnten Fragen der (fehlenden) Handlungsfähigkeit juristischer Personen und des Schuldprinzips und sich daraus ergebende Friktionen und Anwendungsprobleme. Auswirkungen hat dies auch auf Themen wie Irrtums- und Verjährungsregelungen, die sich ebenfalls an der Schnittstelle von Unions- und nationalem Recht entscheiden.

Wenn das supranationale Regelwerk also das nationale Recht „überformen, prägen und gestalten“ soll, wie es das KG vorsieht, trifft die DS-GVO-Anwendung dabei weiterhin auf ein an natürlichen Personen – Menschen – ausgerichtetes System, das materiell wie verfahrensrechtlich mit diversen Bindegliedern und Überbrückungshilfen auf juristische Personen angepasst werden müsste, die nun aber vielfach unangewendet bleiben sollen.

Die ersten Reaktionen aus dem Bereich der Aufsichtsbehörden klingen ungeachtet all dessen, als seien mit den EuGH-Entscheidungen vom 5.12.2023 nun alle Fragen des Sanktionsrechts rund um Art. 83 DS-GVO geklärt (Roßnagel/Rost ZD 2024, 183 (186)): „Alle bisher erlassenen, aber mit Hoffnung auf eine andere Position des EuGH angefochtenen Bescheide zu Geldbußen sind nun bestätigt.“).

Die DSK betont ebenfalls, es bestehe nur noch Klarstellungsbedarf. Zu diesem Ziel empfiehlt sie in ihrer Stellungnahme vom 12.4.2024 zum BDSG-Änderungsgesetz (BT-Drs. 20/10859) „in § 41 Absatz 1 Satz 2 BDSG die Wörter ‚§§ 17, 35 und 36‘ durch die Wörter ‚§§ 17, 30 Absatz 1 und §§ 35 und 36‘ zu ersetzen.“ Die Konferenz sieht eine Lösungsstrategie ferner in Verweisen auf mehrere Normen des GWB. Welchen Ausgang das Gesetzgebungsverfahren nimmt, ist dabei noch unklar.

Der Bundesrat schlägt in seiner Stellungnahme vor, § 41 BDSG-E „klarstellend“ um Formulierungen zu ergänzen, die den eingangs dargestellten Leitsätzen des EuGH entsprechen (BT-Drs. 20/10859, 37). Die Bundesregierung hingegen „prüft das Urteil des EuGH und ist sich bewusst, dass sich zukünftig gesetzgeberischer Handlungsbedarf ergeben könnte. Eine wörtliche Übernahme der Entscheidung des EuGH in den Gesetzestext sieht sie kritisch“ (BT-Drs. 20/10859, 40). Die weitere Entwicklung bleibt abzuwarten.

Von einem traditionellen tatbestandlichen „Prüfungsschema“ ist die Subsumtion unter Art. 83 DS-GVO bei diesem Gesamtbefund weiter entfernt denn je. Daher wird in diesem Kapitel einstweilen die Darstellungsweise der 3. Aufl. beibehalten, die auf die wesentlichen Themen und Elemente einführend in Form von Anmerkungen zu einer tabellarischen Übersicht eingeht.

Die anschließend dargestellte Akteneinsicht (→ Form. O.II.) bleibt von hoher Relevanz. Im gesamten Behördenkontakt ist dabei auf die Janusköpfigkeit der Aufsicht und entsprechende Wechselwirkungen zwischen Verwaltungsbehörde und Sanktionsstelle zu achten. In der Praxis wird dabei häufig nicht die vollständige Verwaltungsakte weitergereicht, sondern selektiv nur Auszüge, worauf die Verteidigung ggf. durch Einsicht in beide Akten und mit Beiziehungsanträgen reagieren kann.
Da das Verteidigungsverhalten vor Erlass eines Bußgeldbescheids nochmals an Bedeutung gewonnen hat, wurden die Antragsmuster auf Verfahrenseinstellung im Rahmen der Anhörung in dieser Auflage vorgezogen und erweitert (→ Form. O.III.). Dem folgt das bewährte Muster eines Einspruch gegen einen Bußgeldbescheid, wobei auch die neuen EDSA-Leitlinien der Bußgeldberechnung berücksichtigt werden (→ Form. O.IV.).

Verhaltensempfehlungen im Durchsuchungsfall und das Formular der Beschwerde gegen die Durchsuchung finden sich nunmehr am Schluss des Kapitels (→ Form. O.V und VI.): Die EuGH-Rechtsprechung und das Vorgehen der Aufsichtsbehörden sind maßgeblich davon getrieben, Beweiserleichterungen zu schaffen bzw. Ermittlungsaufwand rund um die Beteiligung natürlicher Personen zu reduzieren. Daher hat sich das Risiko eingriffsintensiver Ermittlungsmaßnahmen bei lebensnaher Betrachtung abgemildert. Ein „Restrisiko" invasiver Maßnahmen bleibt jedoch bestehen, gerade wenn die Verteidigungsstrategie beispielsweise einen Mitarbeiter-Exzess in Abweichung vom grundsätzlich effektiven Compliance-Management-System anführt (Roßnagel/Rost ZD 2023, 502 (503): „Nicht selten stellt sich nach der Stellungnahme der Verteidigung iRd Anhörung nach § 55 OWiG der Sachverhalt noch einmal anders dar, als es sich im Verwaltungsverfahren abgezeichnet hat. Dies führt dann nach der Anhörung des Öfteren […] zu einer Nachschau der Polizeidienststelle vor Ort"). Auf solche möglichen Entwicklungen sollte durch angemessene Vorbereitungen im allseitigen Interesse an einem koordinierten und geordneten Ablauf rechtzeitig reagiert werden.

# I. Tabellarische Übersichten zu Sanktionsnormen

Die einleitende Zusammenstellung strafrechtlicher und ordnungswidrigkeitenrechtlicher Sanktionsmöglichkeiten dient der Übersicht über die wichtigsten Normen in Zusammenhang mit datenschutzrechtlichen Verletzungen und ist nicht als abschließende Auflistung zu verstehen. Um die Unterschiede zwischen dem supranationalen und dem nationalen Regelungsregime einprägsamer zu machen, erfolgen die Anmerkungen getrennt.

## 1.Sanktionsnormen und Anwendungsvorschriften des supranationalen Regelungsregimes

| Nr. | Norm | Sanktion | Charakter | Adressat[3] | Inhaltsbeschreibung |
|---|---|---|---|---|---|
| I. | DS-GVO | | | | |
| I.1 | Art. 83 DS-GVO[1] | Bußgeld[2] | Strafnorm | Verantwortlicher[4] | allg. Bedingungen; Tatbestände (Abs. 4–6)[7] |
| | Abs. 4[8] | | objektiver Tatbestand | aktuell (-): Leitungsperson oder Mitarbeiter?[5]<br>Auftragsverarbeiter[6] | Höhe der Geldbußen:[14] Bußgeldrahmen bis 2 Prozent des Jahresnetto-(Konzern)-Umsatzes: Verstöße insbes. gegen Verfahrensvorgaben |
| | Abs. 5[9] | | | | Bußgeldrahmen bis 4 Prozent des Jahresnetto-(Konzern)-Umsatzes: Verstöße gegen materielle Vorgaben und Betroffenenrechte |
| | Abs. 6[10] | | | Hinweis auf Verstöße von öffentlichen Stellen: Abs. 7[11] | Bußgeldrahmen bis 4 Prozent des Jahresnetto-(Konzern)-Umsatzes: Nichtbefolgung von Anweisungen der Aufsichtsbehörde gemäß Art. 58 Abs. 2 DS-GVO |
| | Abs. 2 | | Vorsatz oder Fahrlässigkeit[12] sowie (weitere) Zumessungskriterien[13]: Abs. 2 lit. a–k | | |
| | Abs. 3 | | Konkurrenz-Regelung | | |
| I.2 | Art. 84 DS-GVO | | | | andere Sanktionen[15] |

## Anmerkungen

**1. Allgemeine Bedingungen für die Verhängung von Geldbußen (Art. 83 DS-GVO).** Nach Art. 83 DS-GVO hat jede Aufsichtsbehörde sicherzustellen, dass die Verhängung von Geldbußen für Verstöße gegen die DS-GVO gem. Abs. 4, 5 und 6 „in jedem Einzelfall wirksam, verhältnismäßig und abschreckend ist". Geldbußen können je nach den Umständen im Einzelfall zusätzlich oder anstelle von Maßnahmen nach Art. 58 Abs. 2 lit. a–h und j DS-GVO verhängt werden (Abs. 2). Aus dieser Formulierung lässt sich die Schlussfolgerung ziehen, dass unter Umständen selbst ein erstmaliger Verstoß mit einer Geldbuße geahndet werden kann. Es ist umstritten, ob die Behörden – etwa mit Blick auf Anwendungsvorrang und einheitlichen Wettbewerb – sogar verpflichtet sind, Sanktionen zu verhängen, oder ob ihnen insoweit ein Ermessen zukommt (Opportunitätsprinzip). Die wohl hM hält das Opportunitätsprinzip für einschlägig (Klaas/Momsen/Wybitul Datenschutzsanktionenrecht/Cornelius § 2 Rn. 130; Paal/Pauly/Frenzel DS-GVO Art. 83 Rn. 10 ff.; Neun/Lubitzsch BB 2017, 1538 (1542); Braun ZD-Aktuell 2019, 06445). Dafür spricht, dass der Gesetzgeber über die Verweisungsnorm des § 41 Abs. 2 BDSG grundsätzlich auch das Opportunitätsprinzip gem. § 47 OWiG für anwendbar erklärt hat. Aus der expliziten Herausnahme lediglich der §§ 56–58, 87, 88, 99 und 100 OWiG aus dem Anwendungsbereich sowie der Modifizierung des § 69 Abs. 4 S. 2 OWiG lässt sich schlussfolgern, dass alle nicht genannten Normen grundsätzlich Anwendung finden sollen – somit auch das Opportunitätsprinzip. Ggf. lässt sich das Opportunitätsprinzip überdies auch ohne Anwendung des § 47 OWiG über die DS-GVO begründen (Lamsfuß/Venn ZD 2023, 508 (510)). So zeigt die Formulierung des Art. 83 Abs. 2 S. 2 DS-GVO, dass bei „der Entscheidung über die Verhängung einer Geldbuße und über deren Betrag" in jedem Einzelfall die dort genannten Zumessungskriterien gebührend zu berücksichtigen sind, dass eben nicht nur hinsichtlich der Höhe, sondern auch bereits hinsichtlich des „Ob" einer Verhängung eine Ermessensentscheidung zu treffen ist.

Hiergegen wird teilweise eingewendet, dass der Wortlaut des Abs. 2 S. 1 auch gegenteilig gelesen werden könne. Auch die Entstehungsgeschichte spreche gegen ein Entschließungsermessen (NK-DatenschutzR/Boehm DS-GVO Art. 83 Rn. 11; kritisch auch Bergt DuD 2017, 555 (556), der § 47 OWiG zumindest in seiner Allgemeinheit nicht für anwendbar hält).

Zuständig für die Überwachung der Anwendung der DS-GVO sind die Datenschutzaufsichtsbehörden. Wer die Befugnisse konkret ausübt, wird durch Landesgesetze festgelegt. So regelt bspw. § 25 Abs. 2 LDSG BW, dass der oder die Landesbeauftragte für den Datenschutz Aufsichtsbehörde iSv Art. 51 DS-GVO ist und die Befugnisse nach Art. 58 DS-GVO ausübt. In den Dienststellen der Landesdatenschutzbeauftragten sind inzwischen Bußgeldstellen eingerichtet, die für die selbstständige Bearbeitung und Durchführung von Bußgeldverfahren zuständig sind. Kenntnis von bußgeldrelevanten Vorgängen erlangt die Bußgeldstelle entweder in der Regel durch Meldungen von Bürgern oder durch Hinweise und Vorlagen der behördeninternen Fachreferate oder anderer Behörden. Mit eigenen Meldungen (mutmaßlicher) Betroffener gem. Art. 33 DS-GVO gehen die Aufsichtsbehörden in den einzelnen Bundesländern unterschiedlich um.

Die Bußgeldstelle ist Verfolgungsbehörde und hat somit im Wesentlichen im Bußgeldverfahren dieselben Rechte und Pflichten wie die Staatsanwaltschaft bei der Verfolgung von Straftaten (§ 46 Abs. 2 OWiG).

Die Anwendbarkeit des OWiG ergibt sich aus Art. 83 Abs. 8 DS-GVO und § 41 Abs. 1 S. 1 BDSG, der für Verstöße nach Art. 83 Abs. 4–6 DS-GVO die sinngemäße Anwendbarkeit der Vorschriften des OWiG anordnet, soweit nichts anderes bestimmt ist. Nach § 41 Abs. 2 BDSG gelten zudem für Verfahren wegen eines solchen Verstoßes die Vorschriften des OWiG sowie der allgemeinen Gesetze über das Strafverfahren (StPO, GVG). Hiervon explizit ausgenommen werden die §§ 56–58, 87, 88, 99 und 100 OWiG (§ 41 Abs. 2 S. 2 BDSG). Die vermeintlich klare Differenzierung in materielle und verfahrensrelevante Vorgaben ist schon in § 41 BDSG selbst nicht durchgehalten, wie etwa die Zuständigkeitsregelung in § 41 Abs. 1 S. 3 zeigt (Lamsfuß/Venn ZD 2023, 508 (509)). Zudem ergeben sich gerade in Berücksichtigung der neuen EuGH-Rechtsprechung zahlreiche ungeklärte Frage an dieser Schnittstelle zwischen Unionsrecht und dem Recht der Mitgliedstaaten, die weitere Vorlagen in den kommenden Jahren erwarten lassen.

Zwar gelten im Bußgeldverfahren wegen datenschutzrechtlichen Verstößen dieselben Prinzipien wie in jedem anderen Bußgeldverfahren. Die Bußgeldbehörden können zB auch Zeugenvernehmungen durchführen und diese zwangsweise durchsetzen sowie Durchsuchungs- und Beschlagnahmebeschlüsse erwirken und mit Amtshilfe durch die Polizei vollziehen (→ Form. O.V und VI. ). Insgesamt zeigt sich jedoch, dass das Zusammenspiel der DS-GVO mit dem deutschen Verfahrensrecht viele Fragen aufwirft und nicht kollisionsfrei gelungen ist. Auch nach der eingangs dargestellten EuGH-Rechtsprechung bleiben noch Anwendungsprobleme offen, was sich nicht zuletzt daran zeigt, dass die DSK in ihrer Stellungnahme vom 12.4.2024 zum BDSG-Änderungsgesetz (BT-Drs. 20/10859) anregt, im Zuge einer BDSG-Änderung zukünftig umfassend auf GWB-Normen zu verweisen. Allerdings ist auch das kartellrechtliche Regelungsregime – in seiner supranationalen und nationalen Gesamtschau – keine widerspruchsfreie Basis, auf die sich vollständig tragfähig aufsetzen ließe.

Neben Bußgeldverfahren gibt es zahlreiche andere aufsichtsrechtliche Maßnahmen, die gegenüber den Betroffenen ergriffen werden können. Die Einleitung eines Bußgeldverfahrens – allein oder neben weiteren Maßnahmen – ist zu befürchten, wenn Verstöße von einigem Gewicht vorliegen und/oder der Betroffene „uneinsichtig“ ist in dem Sinne, dass auf Behördenhinweise nicht reagiert wird. Allerdings ist strategisch auch jeweils sorgfältig abzuwägen, ob und ggf. wie auf abweichende Behördenpositionen reagiert wird: Hält die Behörde zB nur einen Bruchteil der eingesetzten Überwachungskameras für verhältnismäßig, mag ein vorschnelles Einlenken gerade den (vermeintlichen) Beleg liefern, dass die zuvor gelebte Unternehmenspraxis nicht den allgemeinen Vorgaben der Art. 5 und 6 DS-GVO entsprach.

Folgende Kriterien erhöhen die Wahrscheinlichkeit der Einleitung eines Verfahrens drastisch: keine Zusammenarbeit mit der Aufsichtsbehörde im Verwaltungsverfahren, leichtfertiges oder vorsätzliches Verhalten, ein großer Kreis von Betroffenen, eine große Datenmenge, Betroffenheit besonders sensibler Datenarten und wiederholte Verstöße/Mehrfachverstöße (LfDI BW 34. Tätigkeitsbericht 2018 S. 73).

Nachdem zu Beginn der neuen Sanktionsmöglichkeiten zunächst ein Wettlauf eingetreten schien, welche Aufsichtsbehörde sich mit welchem Höchstbetrag positionieren kann (vgl. in den jeweiligen Enforcement Trackern Schlaglichter wie 2020 aus Hamburg 35.250.000 EUR, sodann 2021 aus Niedersachsen: 10.400.000 EUR und 2022 aus Bremen: 1.900.000 EUR sowie erneut aus Niedersachsen: 1.100.000 EUR), hatten sich derartige „Leuchtturm-Entscheidungen" in der Wartezeit auf die EuGH-Rechtsprechung zunächst nicht ungebrochen fortgesetzt.

Die Anzahl der geführten Bußgeldverfahren schwankt je nach Bundesland weiterhin beträchtlich, ohne dass sich dies allein über Größenunterschiede oder Industriestandorte erklären ließe. Teilweise werden in den Berichte Engpässe der Personalkapazität genannt. Es drängt sich jedoch auch der Eindruck eines unterschiedlichen Umgangs mit dem Opportunitätsprinzip auf. Zudem setzen die Länder offenbar unterschiedliche Schwerpunkte. So ragen zB in Niedersachsen Bescheide zu Video-Überwachung heraus.

Verfahrensabschlüsse gegen Unternehmen waren im Zeitraum der Tätigkeitsberichte 2022 bzw. 2023 offenbar geprägt von einem Zuwarten auf die eingangs genannten EuGH-Entscheidungen. Die Zurückhaltung könnte bald ein Ende haben, obwohl weiterhin materielle und Verfahrensfragen offen sind.

„Gestärkt durch diese Rechtsprechung werden wir im kommenden Jahr einige Verfahren gegen Unternehmen beenden können" prognostiziert etwa der 39. Tätigkeitsbericht (2023) des LfDI Baden-Württemberg. Unter „Neues aus der Bußgeldstelle" (S. 74) nennt der Bericht 185 Neueingänge und 211 abgeschlossene Verfahren. Die im Berichtszeitraum erlassenen elf Bußgeldbescheide richteten sich sämtlich gegen natürliche Personen als Verantwortliche mit einer Gesamtsumme vom 15.800 EUR. Auch in Nordrhein-Westfalen wurden zB gemäß dem jüngsten Tätigkeitsbericht (2022) 85 Bußgeldbescheide erlassen mit einem Gesamtbetrag von nur 80.350 EUR. Dem standen in Nordrhein-Westfalen 868 Hinweise nach Art. 58 Abs. 1 lit. d, 26 Warnungen nach Art. 58 Abs. 2 lit. a, 20 Verwarnungen nach Art. 58 Abs. 2 lit. b und 45 Anweisungen nach Art. 58 Abs. 2 lit. d DS-GVO gegenüber.

In Rheinland-Pfalz zB wurden allerdings bei über 1.100 Beschwerden lediglich vier Bußgeldbescheide erlassen. Auch Schleswig-Holstein ragt aus dem Gesamtbild etwas heraus mit zwei Bußgeldbescheiden bei ebenfalls über 1.000 im Berichtszeitraum eingegangenen Beschwerden (mit einem Überblick zu den Tätigkeitsberichten 2022 bzw. 2023, den jeweiligen Angaben zu Meldungen, Beschwerden und Bescheiden Ihwas CCZ 2024, 41).

Zusätzlich gestärkt sehen sich die Behörden dabei im Übrigen auch durch die EDSA-Bußgeldleitlinien (→ Form. O.I. Anm. 14), die an die Stelle des DSK-Konzepts getreten sind.

**2. Bußgeld.** Die Geldbußen nach der DS-GVO sind zwar verwaltungsrechtliche Sanktionen (→ Anm. 16), können aber trotzdem auch dem Strafrecht iwS zugeordnet werden, da sie eine sanktionierende und abschreckende und damit repressive Wirkung haben, die einer Kriminalstrafe gleicht (Neun/Lubitzsch BB 2017, 1538 (1544)). Auch der Generalanwalt Emiliou hat in seinem Schlussantrag vom 4.5. 2023 im Verfahren zu den Vorlagefragen aus Litauen (EuGH 5.12.2023 – C-683/21, ZD 2024, 209 – Nationales Zentrum für öffentliche Gesundheit) betont, Geldbußen nach Art. 83 DS-GVO könnten „eine schwere Strafe darstellen" (Rn. 73). Nach diesen Ausführungen des Generalanwalts „dürften Geldbußen nach Art. 83 DSGVO […] zumindest in bestimmten Fällen eine repressive Zielsetzung verfolgen, und es dürfte ihnen aufgrund ihres hohen Schweregrads strafrechtliche Natur beigemessen werden können, so dass sie unter Art. 49 der Charta der Grundrechte der Europäischen Union fallen."

Art. 49 GRCh sieht u.a. vor: „Niemand darf wegen einer Handlung oder Unterlassung verurteilt werden, die zur Zeit ihrer Begehung nach innerstaatlichem oder internationalem Recht nicht strafbar war." Im besten Fall lassen sich auch weiterhin konkrete Verteidigungsargumente aus der Charta und dem Schuldprinzip generieren (dazu ggf. Dannecker/Dannecker NZWiSt 2016, 162). Andernfalls dürfte es den meisten Adressaten nahezu gleichgültig sein, ob zweistellige Millionenbeträge mit einem sozial-ethischen Unwerturteil (vgl. die Ausführungen des Wissenschaftlichen Dienstes des Bundestags, Ausarbeitung WD 3 – 3000 - 118/22) verbunden sind und Strafcharakter im engeren oder weiteren Sinne haben. Dass eine Ahndung als Ordnungswidrigkeit als Sanktionsform ein geringeres Eingriffsgewicht habe als eine Kriminalstrafe, ist bei umsatzbezogenen Geldbußen der hier erreichten Größenordnungen nicht mehr überzeugend.

Im Gegensatz zur Geldstrafe (§ 40 Abs. 1 StGB) als einer möglichen Sanktion im Strafverfahren ist die Geldbuße allerdings nicht nach Tagessätzen zu bemessen (siehe zur abweichenden Bemessung nach dem EDSA-Berechnungsmodell → Form. O. IV. Anm. 8). Selbst bei natürlichen Personen als Verantwortliche/Adressat kann sie im Falle ihrer Uneinbringbarkeit nicht nach § 43 StGB in Freiheitsstrafe umgewandelt werden.

**3. Adressat.** Adressaten der Bußgeldnorm nach Abs. 4 sind Verantwortliche und Auftragsverarbeiter (lit. a), Zertifizierungsstellen (lit. b) und Überwachungsstellen (lit. c). Taugliche Täter sind daher sowohl natürliche Personen, die selbst Verantwortliche oder Auftragsverarbeiter sind, wie auch juristische Personen (Löschhorn/Fuhrmann NZG 2019, 161 (169)).

**4. Verantwortlicher.** Aktuell muss von folgendem **Status quo** der Unternehmenssanktionierung ausgegangen werden: Die Bebußung nach Art. 83 DS-GVO unterscheidet sich im Ergebnis deutlich vom nationalen Regelungsregime und seiner Bebußung von Unternehmen und Unternehmensverantwortlichen nach dem Zurechnungsmodell und Rechtsträgerprinzip iSd §§ 30, 130 OWiG. Nach dem nationalen Konzept gem. §§ 30, 130 OWiG kann ein Unternehmen nur über eine Zurechnungsnorm für Handlungen von Leitungspersonen sanktioniert werden. Das nach Art. 83 DS-GVO vorrangig zu berücksichtigende supranationale Regelungsregime sieht – nach der nunmehr vorliegenden Rechtsprechung des EuGH – allerdings gemäß dem Funktionsträgerprinzip eine direkte Verbandssanktion bei tatbestandsmäßigem Verhalten eines beliebigen Mitarbeiters vor, wie eingangs dargestellt.

Diese Auffassung vertrat auch bereits das LG Bonn (11.11.2020 – 29 OWi 1/20, ZD 2021, 154). Eine Verhängung eines Bußgeldes gegen ein Unternehmen soll hiernach nicht davon abhängen, dass der konkrete Verstoß einer Leitungsperson des Unternehmens festgestellt wird. Das anwendbare europäische Recht stelle anders als das deutsche Ordnungswidrigkeitenrecht kein entsprechendes Erfordernis auf. Auch soll es nicht einmal notwendig sein, zu ermitteln, welcher Mitarbeiter den Verstoß begangen hat (Kühling/Buchner/Bergt DS-GVO Art. 83 Rn. 20).

Nach Erwgr. 150 S. 3 DS-GVO wird von einem dem Kartellrecht entlehnten, weiten funktionalen Unternehmensbegriff ausgegangen. Maßgeblich ist hiernach die „wirtschaftliche Einheit", zu der grundsätzlich sowohl Mutter- wie auch Tochtergesellschaften gezählt werden (zum Unternehmensbegriff der DS-GVO Uebele EuZW 2018, 440 (440 ff.); Gola/Heckmann/Gola DS-GVO Art. 83 Rn. 20; Räther ZHR 2019, 94 (96)). Daher kann der Unternehmensbegriff wirtschaftlich zu einer Konzernhaftung im Sinne einer Verantwortlichkeit der Konzernmutter für Verstöße der Tochtergesellschaft führen (Bergt DuD 2017, 555 (556)). Auch das LG Bonn (11.11.2020 – 29 OWi 1/20, ZD 2021, 154) folgte bereits der Auffassung, dass im Rahmen der Bußgeldbemessung der funktionale Unternehmensbegriff des europäischen Kartellrechts in Art. 101 und 102 AEUV anzuwenden sei. Bei der Bestimmung der Obergrenze einer möglichen Geldbuße müsse man somit auf den Gesamtumsatz des jeweiligen Konzerns als Unternehmen im funktionalen Sinne und nicht auf den Umsatz des betroffenen Rechtsträgers, der formaler Bußgeldadressat bleibt, abstellen. Unbeachtlich sei die in der deutschen Sprachfassung der DS-GVO vorzufindende Legaldefinition in Art. 4 Nr. 18 DS-GVO. Diese Definition des Begriffs „Unternehmen" im Sinne des einzelnen Rechtsträgers könne für Art. 83 DS-GVO nicht einschlägig sein. Dies zeige ein Vergleich mit anderen Sprachfassungen. Bei der funktionalen Betrachtungsweise soll es weniger um den rein fiskalisch motivierten Griff in möglichst tiefe Taschen gehen. Vielmehr soll eine organisierte Unverantwortlichkeit zwischen Konzerngesellschaften vermieden werden. Dabei wird von einer (vermeintlich) Weisungen erteilenden Muttergesellschaft ausgegangen, die das Marktverhalten der Tochtergesellschaft(en) trotz deren eigener Rechtspersönlichkeit bestimme. Ein Indiz für eine Einflussnahme sei dabei bereits eine Beteiligung von nahezu 100 Prozent (Dannecker/Dannecker NZWiSt 2016, 162). Entsprechend ist auch die Verteidigungslinie aufzubauen, wenn ein solches Verhältnis zwischen Mutter- und Tochtergesellschaften im konkreten Fall gerade nicht vorliegt.

Der entsprechende Hintergrund des „Durchregierens" bis in Tochter- und Enkelgesellschaften hinein ist im Übrigen auch bereits im nationalen Regelungsregime von der Rechtsprechung abgebildet und wird dort durch entsprechende weite Konstruktionen des § 130 OWiG erreicht, ggf. auch schon bei Anteilsverhältnissen von deutlich unter 100 Prozent (vgl. OLG München 23.9.2014 – 3 Ws 599, 3 Ws 600/14, CCZ 2016, 44).

Die praktische Umsetzung der Vollstreckung muss dann ohnehin wieder in Berücksichtigung des Rechtsträgerprinzips und der Limitierungen der Rechtsordnungen der Mitgliedstaaten geschehen. Ggf. erfolgt eine gesamtschuldnerische Inanspruchnahme von Konzernmutter und Tochtergesellschaften, wobei der EuGH im Kartellrecht die Kommission nur für das Außenverhältnis zuständig sieht, nicht für den anschließenden Ausgleich im Innenverhältnis (vgl. Dannecker NZWiSt 2022, 85 (89)).

Gleichzeitig hat bereits das LG Bonn (11.11.2020 – 29 OWi 1/20, ZD 2021, 154) aber auch klargestellt, dass der Umsatz zwar grundsätzlich ein geeigneter Indikator ist, jedoch nicht aus dem Blick geraten dürfe, dass die DS-GVO in Art. 83 Abs. 2 S. 2 DS-GVO in erster Linie tatbezogene Gesichtspunkte für die Bemessung aufführe. Daher sei eine „Bemessung des Bußgeldes durch Ermittlung eines sich nach dem Umsatz richtenden Grundwertes für das Bußgeld, welcher je nach Schwere des Datenschutzverstoßes mit einem Faktor multipliziert wird, […] aus diesem Grund und wegen der damit einhergehenden Fokussierung auf den Unternehmensumsatz problematisch". Aus diesem Grund erteilte das LG Bonn einem solchen Ansatz, den im vorliegenden Fall der BfDI in Anlehnung an das (inzwischen durch die EDSA-Leitlinien abgelöste) Bußgeldkonzept der Datenschutzkonferenz verfolgt hatte, auch eine klare Absage. Die Kammer begründete dies damit, dass die schematische Berechnung bei schweren Datenschutzverstößen umsatzschwacher Unternehmen und leichten Datenschutzverstößen umsatzstarker Unternehmen versage. Diese Kritik lässt sich im Kern auch noch gegenüber den EDSA-Bußgeldleitlinien fruchtbar machen, die ebenfalls eine fünfstufige Prüfung vornehmen, dabei den Umsatz-Fokus – verglichen mit dem DSK-Modell – etwas zurücknehmen, jedoch aus Verteidigungssicht immer noch kritikwürdig bleiben.

Zudem sei der Grundsatz der Verhältnismäßigkeit zu berücksichtigen. Zwar müsse die Geldbuße spürbar sein, jedoch dürfe sie „nicht als unangemessene Härte im Sinne einer überzogenen Reaktion auf den konkreten Verstoß erscheinen“. Dies ist sie jedoch immer, wenn maßgeblich an den Umsatz angeknüpft wird. Der Umsatz sagt nämlich nichts über die Leistungsfähigkeit eines Unternehmens aus. Richtigerweise müsste zumindest auf den Gewinn abgestellt werden.

Wie bereits erörtert, reicht es nach der Rechtsprechung des EuGH nun aus, dass irgendein Beschäftigter des Unternehmens oder auch ein für das Unternehmen agierender externer Beauftragter gehandelt hat (Kühling/Buchner/Bergt DS-GVO Art. 83 Rn. 20ff.). In diese Richtung weist zB auch kartellrechtliche Rechtsprechung, die sogar die Vermutung hat ausreichen lassen, dass unternehmensexternes Reinigungspersonal bei Putzarbeiten versehentlich ein Siegel der Kommission gebrochen habe. Eine Zurechnung erfolge nur dann nicht, wenn das Unternehmen nachweise, dass das Gebäude von nicht befugten Personen betreten worden war (EuG 15.12.2010 – T-141/08, EuZW 2011, 230 – E.ON Energie AG/Kommission). Der EuGH hatte die Geldbuße in Höhe von 38 Mio. EUR später bestätigt.

**5. Fraglich: Leitungspersonen und Mitarbeiter.** Nicht vom Begriff des Verantwortlichen iSd DS-GVO sind grundsätzlich die Mitarbeiter umfasst. Diese kann eine Verantwortlichkeit nur in dem Ausnahmefall treffen, wenn es sich um einen Exzess handelt, also der Mitarbeiter seine Befugnisse überschreitet und selbst zum Verantwortlichen wird (Specht/Mantz DatenschutzR-HdB/Born § 8 Rn. 23), s. auch Art. 29 DS-GVO. Fälle, die in der Praxis kontinuierlich auftreten, sind missbräuchliche Nutzungen von Dateien. Dies betrifft in mehreren Bundesländern die Sanktionierung von Polizisten bei privater Nutzung polizeilicher Datenbanken. Auch Kundendatenbanken der freien Wirtschaft wurden entsprechend zu privaten Zwecken und Kontaktaufnahmen eingesehen, im aktuellen Berichtszeitraum der Aufsichtsbehörden auch häufig Daten im Zusammenhang mit Corona-Schutzmaßnahmen (Ihwas CCZ 2024, 41 (45)).

Angesichts der Abkehr vom Rechtsträgerprinzip und der niedrigen Voraussetzungen, die der EuGH stellt, ist davon auszugehen, dass sich Verteidigungsstrategien eines Mitarbeiter-Exzesses häufen werden und nicht auf derartige Fallkonstellationen eines Missbrauchs betrieblicher Infrastruktur bzw. Datenbanken beschränkt bleiben. Ein Exzess kann immer dann vorliegen, wenn Mitarbeiter bei konkret vorgeworfenen Verarbeitungen „nicht im Rahmen der unternehmerischen Tätigkeit gehandelt“ haben.

Da grundsätzlich durch § 41 BDSG die Norm des § 14 OWiG von der sinngemäßen Anwendung der OWiG-Vorschriften nicht ausdrücklich ausgenommen worden ist, ist fraglich, inwieweit eine Modifikation des Täterkreises gegenüber Art. 83 DS-GVO erfolgen kann. Bisher konzentrieren sich Verfahren nach dem supranationalen Regelungsregime des Art. 83 DS-GVO auf die Verantwortlichen. Dabei ist auch zu berücksichtigen, dass § 30 Abs. 4 OWiG einem anschließend gesonderten Vorgehen gegen Individualpersonen nach bereits erfolgter Sanktionierung des Verbandes schon deshalb als Verfahrenshindernis entgegenstünde, weil bei der getrennten Sanktionsfindung keine angemessene Gesamtbetrachtung mehr möglich wäre. Überdies werden auch im (stets als Vorbild herangezogenen) Unionskartellrecht die für das Unternehmen natürlichen Personen nach dem Unionsbußgeldrecht nicht persönlich für Kartellverstöße sanktioniert (Dannecker NZWiSt 2022, 85 (89)).

Wenn man in Art. 83 DS-GVO auf Verantwortliche und Auftragsverarbeiter bezogene Sonderdelikte sieht, könnte strukturell allenfalls eine Strafbarkeit der Mitarbeiter als Teilnehmer in Betracht kommen. Im deutschen Ordnungswidrigkeitenrecht gilt jedoch grundsätzlich das Einheitstäterprinzip (BeckOK OWiG/Coen § 14 Rn. 1). Hiernach würde jegliches Anstiften oder Hilfeleisten eine Täterschaft begründen. Mit Aspekten einer möglichen Mit- oder Nebentäterschaft von Leitungspersonen, einer Nebenbeteiligung des Unternehmens, gar einer möglichen Garantenstellung von Mitarbeitern oder Datenschutzbeauftragten scheint sich aber bisher keine Behörde aufzuhalten. Eine Vielzahl der von jeher diskutierten Fragen aus dem Bereich des Straf- und Ordnungswidrigkeitenrechts werden im Rahmen des Art. 83 DS-GVO rigoros dem Effektivitätsgebot untergeordnet. In der Praxis setzt sich damit bislang faktisch die Ansicht durch, dass es für eine Sanktionierung von Teilnehmern an einer Grundlage fehlt (Martini/Wenzel VerwArch 2018, 296).

Ggf. besteht mit Blick auf den Effektivitätsgrundsatz aber auch schlicht kein Interesse und kein Bedarf, insbesondere bei einer Abkehr vom Rechtsträgerprinzip. Eine ähnliche Problematik stellt sich auch im Zusammenhang mit § 9 OWiG, der grundsätzlich über § 41 Abs. 1 BDSG Anwendung findet und somit Leitungspersonen ebenfalls zu tauglichen Tätern macht. Auch insoweit wird teilweise vertreten, dass die Bebußung nach Art. 83 DS-GVO abschließend und eine Sanktionierung von Leitungspersonen über § 9 OWiG unzulässig sei (Martini/Wenzel VerwArch 2018, 296; aA Specht/Mantz DatenschutzR-HdB/Born § 8 Rn. 25).

Der Datenschutzbeauftragte eines Unternehmens ist ebenfalls kein Verantwortlicher oder Auftragsverarbeiter (Kühling/Buchner/Bergt DS-GVO Art. 83 Rn. 25).

**6. Auftragsverarbeiter.** Auch Auftragsverarbeiter können natürliche und juristische Personen sein → Form. O. I. Anm. 3; generell → Form. G. I. Nach Art. 4 Nr. 8 DS-GVO ist hierunter „eine natürliche oder juristische Person, Behörde, Einrichtung oder andere Stelle, die personenbezogene Daten im Auftrag des Verantwortlichen verarbeitet" zu verstehen. Die Blankettverweisungen des Art. 83 Abs. 4 DS-GVO erstrecken sich u. a. auch auf die Pflichten gem. Art. 30 Abs. 2 und Art. 33 Abs. 2 DS-GVO. Zu beachten ist auch Art. 28 Abs. 10 DS-GVO: Danach gilt ein Auftragsverarbeiter, der unter Verstoß gegen diese Verordnung die Zwecke und Mittel der Verarbeitung bestimmt, in Bezug auf diese Verarbeitung als Verantwortlicher.

Aus Verteidigungssicht sind vermehrt Konstellationen bzw. Strategien zu erwarten, in denen sich Verantwortliche unter Verweis auf einen derartigen Verstoß der Auftragsverarbeiter zu exkulpieren versuchen. Auch die EuGH-Entscheidung über die Vorlagefragen aus Litauen (EuGH 5.12.2023 – C-683/21, ZD 2024, 209 – Nationales Zentrum für öffentliche Gesundheit) befasste sich mit Art. 28 Abs. 10 DS-GVO und betonte, dass „eine Geldbuße gegen einen Verantwortlichen auch für […] Verarbeitungsvorgänge, die von einem Auftragsverarbeiter in seinem Namen durchgeführt wurden, verhängt werden kann, es sei denn, der Auftragsverarbeiter hat im Rahmen dieser Verarbeitungsvorgänge Verarbeitungen für eigene Zwecke vorgenommen oder diese Daten auf eine Weise verarbeitet, die nicht mit dem Rahmen oder den Modalitäten der Verarbeitung, wie sie vom Verantwortlichen festgelegt wurden, vereinbar ist, oder auf eine Weise, bei der vernünftigerweise nicht davon ausgegangen werden kann, dass der Verantwortliche ihr zugestimmt hätte".

**7. Objektive Tatbestände: Art. 83 Abs. 4 bis 6 DS-GVO.** Durch die reine Verweisungstechnik ohne jede tatbestandliche Umschreibung eines Tuns oder Unterlassens bleiben die objektiven Tatbestände durchweg weitestgehend unbestimmt. In objektiver Hinsicht sei hier exemplarisch Art. 83 Abs. 4 lit. a genannt, der pauschal auf bis zu fünfzehn Bezugsnormen der „Art. 8, 11, 25 bis 39, 42 und 43" verweist. Sanktioniert werden soll dabei über die Nicht-Erfüllung hinaus überdies auch die unzureichende bzw. fehlerhafte Umsetzung. So führte Anfang 2022 in Griechenland ein Verfahren wegen einer unzureichenden Datenschutzfolgenabschätzung zu einem Bußgeldbescheid gegen das Telekommunikationsunternehmen Cosmote.

Die Tatbestände erfahren nunmehr auch weder durch ihren Charakter als Anlass- oder Anknüpfungstat von Repräsentanten noch auf subjektiver Ebene ein konkretisierendes Korrektiv. Angesichts der eingangs dargestellten EuGH-Rechtsprechung ist im Anwendungsbereich des Art. 83 DS-GVO nicht mehr von einem Inzidenz-Prüfungsschema auszugehen, wie es sich zuvor sinnvoll aus § 30 OWiG ergab mit der Rechtsform des Sanktionssubjekts bzw. Sanktionsfähigkeit des Verbandes, Anknüpfungstat des tauglichen Täterkreises, Zuwiderhandlung gegen betriebsbezogene Pflichten als objektive Bedingung der Ahndung etc.

**8. Art. 83 Abs. 4 DS-GVO.** Im Überblick sind folgende Verstöße tatbestandsmäßig: Nach Abs. 4 werden Pflichtverletzungen von Verantwortlichen und Auftragsverarbeitern, der Zertifizierungsstelle oder der Überwachungsstellen geahndet. Nach Art. 83 Abs. 4 lit. a DS-GVO sind Pflichtenverstöße von Verantwortlichen und Auftragsverarbeitern gem. Art. 8, 11, 25–39, 42 und 43 umfasst.

Exemplarisch lassen sich zB subsumieren: das Fehlen eines Auftragsverarbeitungsvertrags wie auch dessen unzureichender Inhalt (Verstoß gem. Art. 28 Abs. 3 DS-GVO; → Form. G. I.4.), unzureichende IT-Sicherheitsmaßnahmen wie das unverschlüsselte Speichern von Passwörtern oder fehlende Transportverschlüsselung (Verstoß gegen Art. 32 DS-GVO; → Form. E. II.), keine oder nur geringe datenschutzfreundliche Voreinstellungen bei erstmaliger Inbetriebnahme durch den Anwender (Verstoß gegen Art. 25 DS-GVO; → Form. C. V.5.), Dokumentationsschwächen beim Verzeichnis der Verarbeitungstätigkeiten (Verstoß gegen Art. 30 DS-GVO; → Form. C. II.), unklare Zuständigkeiten im Rahmen der gemeinsamen Verantwortlichkeit (Verstoß gegen Art. 26 DS-GVO; → Form. G. V.), fehlende Berechtigungskonzepte mit Kontrollen der Berechtigungen (→ Form. E. IV.) oder die fehlende bzw. nicht rechtzeitige Umsetzung von Betroffenenanfragen auf Auskunft, Löschung usw (Verstoß gegen Art. 15–22 DS-GVO; → Form. F.). Zweifel an der Bestimmtheit als Sanktionsnorm drängen sich bei dieser Gestaltung von jeher auf. Die Tätigkeitsberichte zeigen, dass dies die Aufsichtsbehörden nicht an der Verhängung von Bußgeldern im sechsstelligen Bereich und – bei entsprechendem Umsatz der sanktionierten Unternehmen – auch darüber hinaus hindert.

Im Rahmen von Art. 83 Abs. 4 lit. a DS-GVO ist es besonders problematisch, dass unkooperatives Verhalten unter Umständen nicht nur im Rahmen der Zumessung berücksichtigt wird, sondern eigenständig Auslöser eines Bußgeldes kann, da die Nichtbefolgung der sich aus Art. 31 DS-GVO ergebenden Kooperationspflicht eigenständig sanktioniert werden kann. In diesem Zusammenhang stellt sich insbesondere die Frage, ob bei informellen Auskunftsersuchen der Aufsichtsbehörde die Verweigerung bereits als Verstoß anzusehen ist. Eine derart weitgehende – nahezu ausufernde – Kooperationspflicht ist abzulehnen (ebenso Wenzel/Wybitul ZD 2019, 290 (291)).

Stimmen aus dem Bereich der Aufsichtsbehörden weisen jedoch bereits darauf hin, dass mangelnde Kooperation selbst zum genuinen Anknüpfungspunkt einer Sanktionierung werden könne (Roßnagel/Rost ZD 2023, 502 (503)): Der Verantwortliche „muss aufmerksam sein, wenn die Aufsichtsbehörde im Verwaltungsverfahren auf die Kooperationspflicht nach Art. 31 DS-GVO hinweist. Der Verstoß [...] ist gem. Art. 83 Abs. 4 DS-GVO mit einer Geldbuße bewehrt."). Zudem kann eine Kooperationsverweigerung – selbst für eine kurze Zeit – jedenfalls als Zumessungsfaktor Berücksichtigung finden. Es muss daher noch sorgfältiger als in anderen Rechtsbereichen abgewogen werden, welche Strategie jeweils im Verwaltungs- und im Sanktionsverfahren verfolgt wird und ob eine umfassende Kooperation in einem derart frühen Stadium sinnvoll ist.

Die Verstöße nach Art. 83 Abs. 4 lit. b DS-GVO hingegen betreffen Pflichten der Zertifizierungsstellen nach den Art. 42 und 43 DS-GVO.

Pflichten der Überwachungsstelle nach Art. 41 Abs. 4 DS-GVO werden von Art. 83 Abs. 4 lit. c DS-GVO erfasst.

**9. Art. 83 Abs. 5 DS-GVO.** Durch Art. 83 Abs. 5 DS-GVO werden Verstöße sanktioniert, die sich gegen materielle Verarbeitungsregelungen und gegen Rechte der Betroffenen bei der Übermittlung an Drittstaaten und internationale Organisationen richten.

Zunächst ist unter Art. 83 Abs. 5 lit. a DS-GVO die Sanktionierung bei Verstoß gegen die Grundsätze für die Verarbeitung einschließlich der Bedingungen für die Einwilligung gem. den Art. 5, 6, 7 und 9 DS-GVO geregelt.

Art. 83 Abs. 5 lit. b DS-GVO bezieht sich auf die Rechte der betroffenen Person gem. Art. 12–22 DS-GVO. Die französische Aufsichtsbehörde (CNIL) hat ua gegen Google wegen eines Verstoßes gegen Transparenz- und Informationspflichten ein Bußgeld iHv 50 Mio. EUR verhängt. Der Verstoß bestehe vor allem darin, dass wesentliche Informationen auf verschiedene Dokumente verteilt und erst nach mehreren Schritten zugänglich gemacht worden sind. Hierdurch sei für den Nutzer aber das Ausmaß der Verarbeitung nicht vollständig und eindeutig erkennbar. Darüber hinaus fehlten Informationen, wie zB zu Speicherdauer, weiterhin wurde die Einwilligung in personalisierte Anzeigen als unzulänglich bewertet (Brink ZD 2019, 141 (142); BeckOK DatenschutzR/Holländer DS-GVO Art. 83 Rn. 65.1).

In Art. 83 Abs. 5 lit. c DS-GVO ist die Bebußung eines Verstoßes gegen die Übermittlung personenbezogener Daten an einen Empfänger in einem Drittland oder an eine internationale Organisation gem. den Art. 44–49 DS-GVO geregelt.

Ein weiterer Verstoß liegt bei Zuwiderhandlungen gegen alle Pflichten gemäß den Rechtsvorschriften der Mitgliedstaaten, die im Rahmen des Kapitels IX erlassen wurden (Art. 83 Abs. 5 lit. d DS-GVO), vor.

Zuletzt normiert Art. 83 Abs. 5 lit. e DS-GVO einen bußgeldbewehrten Verstoß bei Nichtbefolgung einer Anweisung oder einer vorübergehenden oder endgültigen Beschränkung oder Aussetzung der Datenübermittlung durch die Aufsichtsbehörde gem. Art. 58 Abs. 2 DS-GVO oder Nichtgewährung des Zugangs zu Daten und Informationen unter Verstoß gegen Art. 58 Abs. 1 DS-GVO.

Wer Adressat des Art. 83 Abs. 5 DS-GVO ist, ergibt sich nicht aus dem Gesetzeswortlaut. Im Gegensatz zu Abs. 4 werden die Adressaten nach Abs. 5 nicht explizit benannt. Es ist davon auszugehen, dass regelmäßig Verantwortliche und Auftragsverarbeiter adressiert sind (NK-DatenschutzR/Boehm DS-GVO Art. 83 Rn. 47). Insoweit wird vielfach vertreten, dass der Wortlaut von Art. 83 Abs. 2 S. 2 lit. c–e, Abs. 3 DS-GVO dafür spreche, dass nur Verstöße des „Verantwortlichen" oder „Auftragsverarbeiters" relevant seien (Kurzböck/Weinbeck BB 2018, 1652 (1654)).

**10. Art. 83 Abs. 6 DS-GVO.** Nach Art. 83 Abs. 6 DS-GVO sind Verstöße gegen Anweisungen der Aufsichtsbehörde gem. Art. 58 Abs. 2 DS-GVO tatbestandsmäßig. Voraussetzung ist allerdings, dass die Anweisungen eindeutig und verständlich formuliert wurden (Ehmann/Selmayr/Nemitz DS-GVO Art. 83 Rn. 37).

Nach Art. 83 Abs. 6 DS-GVO wird die Nichtbefolgung einer Anweisung der Aufsichtsbehörde gem. Art. 58 Abs. 2 DS-GVO sanktioniert. Dem Wortlaut lässt sich keine Beschränkung auf Verantwortliche und Auftragsverarbeiter entnehmen. Daher wird teilweise vertreten, denkbar sei, dass auch Dritte, die eine Anweisung umzusetzen haben – so bspw. eine Leitungsperson des Verantwortlichen –, entgegen einer Anweisung handeln und dadurch zum Normadressat werden können und entsprechend mit einer Geldbuße belegt werden könnten (Kühling/Buchner/Bergt DS-GVO Art. 83 Rn. 23; Bergt DuD 2017, 555 (561)).

**11. Art. 83 Abs. 7 DS-GVO.** Nach Abs. 7 wurde es den Mitgliedstaaten überlassen zu entscheiden, ob auch öffentliche Stellen Adressat einer Geldbuße sein können. In Deutschland werden gegen Behörden und sonstige öffentliche Stellen bislang keine Geldbußen festgesetzt (§ 43 Abs. 3 BDSG). Eine Anpassung wird allerdings diskutiert. Die DSK fordert in ihrer Stellungnahme vom 12.4.2024 zum BDSG-Änderungsgesetz (BT-Drs. 20/10859) die Streichung des § 43 Abs. 3 BDSG. Es bestehe ein Bedarf zu einer Sanktionierung auch öffentlicher Stellen. Die bisherigen Bedenken, dass Geld nur von der linken in die rechte Tasche der öffentlichen Hand wandere, sollen zu kurz greifen. Ein Sanktionscharakter sei bereits erreichbar, wenn der Haushalt einer bestimmten Stelle betroffen sei.

**12. Unionsrechtliche Begriffe von Vorsatz und Fahrlässigkeit als subjektive Tatbestandsvoraussetzungen.** In subjektiver Hinsicht ist nach der EuGH-Rechtsprechung nochmals festzuhalten, dass Vorsatz und Fahrlässigkeit auch im supranationalen bzw. unionsrechtlichen Regelungsregime notwendige Voraussetzung für die Verhängung einer Geldbuße nach Art. 83 DS-GVO sind. Wie bereits die – insoweit sogar ganz transparente – Position des Generalanwalts Emiliou in seinem Schlussantrag vom 4.5.2023 (im Vorfeld des Urteils EuGH 5.12.2023 – C-683/21, ZD 2024, 209 – Nationales Zentrum für öffentliche Gesundheit) zeigt, droht in der Praxis allerdings häufig ein zumindest fahrlässiges Handeln angenommen zu werden, da keine hohen Anforderungen gestellt werden und gleichzeitig sehr umfangreiche Pflichten nach der DS-GVO bestehen. Das sei, so Emiliou, im Wesentlichen der Grund, warum vom Mindesterfordernis der Fahrlässigkeit kein Risiko für den Effet-utile-Grundsatz ausgehe. Die Konsequenz ist allerdings, dass das Schuldprinzip zur Leerformel reduziert und die fehlende Handlungsfähigkeit einer juristischen Person ebenso ausgeblendet wird wie ihr fehlendes „Bewusstsein".

Mit Blick auf die EuGH-Rechtsprechung betonen Stimmen aus dem Bereich der Aufsichtsbehörden: Die erforderliche „Kenntnis ist für die juristische Person festzustellen.“ (Roßnagel/Rost ZD 2024, 183 (187)). Angesichts des dafür intellektuell erforderlichen Bewusstseins kann eine Kenntnis und mithin fahrlässiges oder vorsätzliches Handeln jedoch nur bei einer natürlichen Person festgestellt werden. Auch das LG Bonn verzichtet in seiner Entscheidung nicht ganz auf das Vorliegen eines vorwerfbaren Verhaltens und führt aus, dass die Betroffene „schuldhaft gegen Art. 32 Abs. 1 DS-GVO verstoßen“ habe und das Unternehmen „[i]m Sinne einer Tatsachenkenntnis […] vorsätzlich“ gehandelt habe. Da sich unter eine „Kenntnis des Unternehmens“ in der Praxis nicht subsumieren lässt, werden sich solche diffusen Unterstellungen und Wissenszusammenrechnungen zukünftig häufen. Korrekturen und Konturierung durch das voluntative Element bleiben auch aus.

Nach dem unionsrechtlichen Vorsatzbegriff soll Kenntnis vielmehr „als Wissen im Sinne von ‚Haben von Informationen‘ verstanden“ werden, „welche das Unternehmen in die Lage versetzt, eine normgemäße Motivation zu bilden.“ (Klaas/Momsen/Wybitul DatenschutzsanktionenR-HdB/Cornelius § 2 Rn. 91) Ein „hat gewusst oder hätte wissen müssen“ reicht danach in vielen Entscheidung bereits zur Annahme einer vorsätzlichen Handlung (Klaas/Momsen/Wybitul DatenschutzsanktionenR-HdB/Cornelius § 2 Rn. 91). Der Übergang zur Fahrlässigkeit wird dabei in der Praxis fließend. Fahrlässigkeit wird jedenfalls angenommen bei Verarbeitungsvorgängen, von denen das Unternehmen „hätte wissen müssen“, dass diese verboten sind. Im Kartellrecht führt dies immerhin bei rechtlichen Streitfragen, die auch objektiv noch nicht von der Rechtsprechung entschieden sind, zu einer gewissen Zurückhaltung bei der Vorwerfbarkeit und Sanktionierung.

Die Zurechnungsnormen des § 30 OWiG und ggf. das Bindeglied der Aufsichtspflichtverletzung des § 130 OWiG könnten der Prüfung und Subsumtion zumindest noch gewisse Konturen verleihen, selbst im Fall der sog. anonymen Verbandsgeldbuße im selbständigen Verfahren gem. § 30 Abs. 4 OWiG. Bei aller Kritik am Vorgehen des EuGH soll nicht verkannt werden, dass auch §§ 30 und 130 OWiG Schwächen aufweisen. Auch haben unterschiedliche Rechtsordnungen andere Modelle zur Begründung von Verbandsverantwortlichkeit entwickelt (Böse ZStW 2014, 132 (136)). In all diesen Ansätzen wird jedoch zum Teil seit Jahrzehnten oder sogar über hundert Jahre um die Einzelheiten und Anwendungsprobleme bei der Haftung juristischer Personen gerungen. All dies wird nunmehr überlagert durch das alles dominierende „effet utile“-Gebot. Ermittlungen zu konkreten Personen und ihren Kenntnissen seien zu aufwendig und ineffektiv.

In der Rechtsprechung des EuGH dominieren Erwägungen, die in den USA unter der „respondeat superior“ bzw. „let the master answer“-Doktrin zusammengefasst werden (vgl. zu den respondeat superior-Parallelen Klaas/Momsen/Wybitul DatenschutzsanktionenR-HdB/Cornelius § 2 Rn. 57). Ursprünglich geht dieser Grundsatz auf das Zivil- bzw. Schadensrecht zurück und wird zunehmend im Strafrecht herangezogen (Silver Criminal Law and Philosophy 2024, 89): Da ein Unternehmen am Markt als Kollektiv bzw. verselbständigte soziale Einheit auftrete, müsse es sich das Handeln und Wissen sämtlicher Mitarbeiter zurechnen lassen. Teilweise wird darüber hinaus auch das „collective thinking“-Prinzip fruchtbar gemacht, das gar von einer Zusammenrechnung von Handeln und Wissen verschiedener Mitarbeiter ausgeht. Allerdings sind dazu selbst außerhalb des Datenschutzrechts seit Jahrzehnten noch zahlreiche Details im Fluss, um (sach)gerechte Ergebnisse zu erzielen.

Eine direkte Exkulpationsmöglichkeit in der Form, dass ein internes Compliance- bzw. Datenschutz-Management-System etabliert war, wird dabei in Zweifel gezogen (Dannecker NZWiSt 2022, 85 (94): „Grundgedanke der unionsrechtlichen Unternehmensverantwortung ist, dass jedes Unternehmen verpflichtet ist, sich so zu organisieren, dass keine Rechtsverstöße vorkommen."). Faktisch wird argumentiert, dass gerade der Verstoß die fehlende Effizienz einer installierten Compliance-Struktur indiziere.

Auch wenn sich kaum Erfolgsaussichten in der (kartellrechtlichen) Judikatur abzeichnen (Klaas/Momsen/Wybitul DatenschutzsanktionenR-HdB/Cornelius § 2, Rn. 98), sollte das Verteidigungspotential eines umfassenden Compliance- bzw. Datenschutz-Management-Systems weiterhin stets herangezogen werden, dies auch nicht erst auf der Zumessungsebene.

Denn eine Grenze der Verantwortlichkeit des Unternehmens besteht jedenfalls dann, wenn Mitarbeiter ihre Funktion und Befugnisse überschreiten und dieses Exzessverhalten dem Unternehmen nicht zuzurechnen ist (Bergt DuD 2017, 555 (556)). Hier ist auch auf den Grundgedanken der Art. 28 Abs. 10, 29 DS-GVO zu verweisen, wonach selbst zum Verantwortlichen wird, wer weisungswidrig personenbezogene Daten verarbeitet oder in anderer Weise über Zwecke und Mittel der Verwendung bestimmt (Nolde PinG 2017, 114 (119); Kühling/Buchner/Bergt DS-GVO Art. 83 Rn. 22). Je nach Sachverhalt kann sich hieraus die Argumentationslinie der Verteidigungsstrategie ergeben.

Ggf kann die Verteidigung hier auch gerade durch datenschutzrechtliche Spezifika noch Konturen und Grenzen aufzeigen: Wenn zB das erforderliche Wissen um einen Verarbeitungsvorgang nicht vollständig bei einem einzelnen Mitarbeiter vorlag, sondern atomisiert in verschiedenen Abteilungen, kann gegen eine Wissenszusammenrechnung im Sinne eines „collective thinking"-Prinzips gerade der Grundsatz der Datensparsamkeit angeführt werden, der einem beliebigen Datenaustausch über die tatbestandsrelevante unternehmerische Einheit hinaus entgegensteht. So könnten sich Fälle ergeben, in denen die Bündelung der für eine Datenverarbeitung maßgeblichen Informationen nur unter Verletzung anderer datenschutzrechtlicher Vorgaben möglich gewesen wäre. Hier lässt sich dann ggf. mit einer Pflichtenkollision argumentieren.

Nach dem „Accountability-Prinzip" (Rechenschaftspflicht, Art. 5 Abs. 2 und Art. 24 Abs. 1 DS-GVO) muss der Verantwortliche allerdings überdies nachweisen, dass er die Anforderungen nach der DS-GVO eingehalten hat (→ Form. A. I.). Stimmen aus dem Bereich der Aufsichtsbehörden betonen hier, wie in der Vorauflage bereits antizipiert: „Der Nachweis, dass die juristische Person bei der Datenverarbeitung gegen eine datenschutzrechtliche Vorgabe verstoßen hat, wird durch die Beweislastverteilung des Art. 5 Abs. 2 DS-GVO erheblich erleichtert." (Roßnagel/Rost ZD 2024, 183 (187)).

Aufgrund der in einem Ordnungswidrigkeiten- oder Strafverfahren geltenden Unschuldsvermutung darf hierin jedoch keine tatsächliche Darlegungs- und Beweislast im Bußgeld- oder Strafverfahren gesehen werden (Taeger/Gabel/Moos/Schefzig DS-GVO Art. 83 Rn. 113; Veil ZD 2018, 9 (11); aA zuvor bereits Bergt DuD 2017, 555 (560)). Dennoch sollte gerade in rechtlichen Risiko-Bereichen im Rahmen des unternehmensinternen Compliance-Systems auf eine umfassende Dokumentation geachtet werden, mit Blick auf potenziellen Verteidigungsbedarf ggf. auch überobligatorisch. Auch hier zeigt sich das bereits erwähnte Spannungsverhältnis zwischen grundlegenden Verfahrensrechten wie der Unschuldsvermutung und der Selbstbelastungsfreiheit und den weitgehenden Nachweis- und Kooperationspflichten der DS-GVO.

Weitestgehend ungeklärt war bereits bisher, wie mit Irrtümern im Regelungsregime der DS-GVO umzugehen ist, obwohl dies bei einer jungen und rechtlich derart komplexen Materie, gerade im Zusammenspiel mit dem nationalen Recht, von besonderer Bedeutung sein kann. Wenn der unionsrechtliche Vorsatz- und Fahrlässigkeitsbegriff angelegt und bei juristischen Personen nur noch auf die Kenntnis bzw. das „Bewusstsein der juristischen Person" abgestellt werden soll, haben diese Unterschiede zum nationalen dreistufigen Deliktsaufbau auch Konsequenzen für Irrtumserwägungen. Die im nationalen „Allgemeinen Teil des Strafrechts" langjährig ausgebildete Ausdifferenzierung rund um normative – wertausfüllungsbedürftige – Tatbestandsmerkmale und Parallelwertungen in der Laiensphäre findet keine unmittelbare Anwendung, zumal wenn die Anknüpfung an Kenntnisstand und Vorstellungsbild einer natürlichen (Leitungs-)Person ohnehin unterbleibt.

Das kartellrechtliche Vorbild verweist hier allein auf Rechtsprechung, insbesondere das Urteil in Sachen Schenker (EuGH 18.6.2013 – C-681/11, NZKart 2013, 147 – Schenker), das eine Relevanz von Fehlvorstellungen ablehnt, selbst bei anwaltlicher Beratung und bei einer rechtlichen Positionierung der nationalen Kartellbehörden, da letztere sich nicht verbindlich zum Unionskartellrecht äußern können.

Auch in Fällen, in denen präventiv juristische Beratung in Anspruch genommen wurde – abstrakt-generell oder hinsichtlich einer spezifischen Situation – und es dennoch zu einer Straftat oder Ordnungswidrigkeit im Unternehmen gekommen ist, hat das Argument eines unvermeidbaren Verbotsirrtums (§ 17 StGB bzw. § 11 Abs. 2 OWiG) (aktuell) wenig Aussichten auf Erfolg. In jedem Fall würden jedoch strenge Anforderungen gelten. Insbesondere muss der Rechtsberater sachkundig und ausreichend qualifiziert sein und ihm muss der gesamte Sachverhalt bekannt gewesen sein (Aichberger/Schwartz DStR 2015, 1691 (1694 ff.); Handel DStR 2017, 1945 (1949)).

Auch die Verjährung ist nicht durch die DS-GVO selbst geregelt, sodass grundsätzlich nationale Vorschriften herangezogen werden können (§ 41 Abs. 2 BDSG iVm §§ 31 ff. OWiG). In Bezug auf die Anwendung des § 31 Abs. 1 OWiG werden teilweise Bedenken geäußert, weil dieser eine Verfolgungsverjährung bereits nach drei Jahren vorsieht (Bergt DuD 2017, 555 (560)). Hierdurch könnte die geforderte Abschreckungswirkung tangiert werden, so dass sich erneut die Frage nach dem Anwendungsvorrang stellt (vgl. auch Lamsfuß/Venn ZD 2023, 508 (510)). Rein faktisch wird die Bedeutung der Verjährungsberechnung bislang dadurch reduziert, dass es sich bei Datenschutzverstößen regelmäßig um Dauerdelikte handelt (Wenzel/Wybitul ZD 2019, 290 (295); Specht/Mantz DatenschutzR-HdB/Born § 8 Rn. 66), sodass die Verjährungsfrist erst beginnt, wenn der Verstoß abgestellt wurde (§ 31 Abs. 3 S. 1 OWiG). Hierdurch kann sich der Eintritt der Verjährung weit nach hinten verschieben, insbesondere wenn die Behebung komplex und zeitaufwendig ist (vgl. Wenzel/Wybitul ZD 2019, 290 (295)). Die Diskussion wird jedoch in absehbarer Zukunft ebenso intensiv geführt werden wie andere Folgewirkungen des § 41 BDSG. Dabei kann sich überdies auch auswirken, dass bei einer nicht bezeichneten Anknüpfungstat einer Individualperson auch die Beendigung und der Beginn der Verjährung unklar bleiben. Unter Risikogesichtspunkten ist insbesondere im Rahmen der Präventivberatung eine Orientierung an den Verjährungsvorschriften der

Verordnung 2988/74 und Art. 25, 26 KartellverfahrensVO in Erwägung zu ziehen (Simitis/Hornung/Spiecker gen. Döhmann/Boehm DS-GVO Art. 83, Rn. 58; Ost NZWiSt 2022, 117 (118)).

**13. Zumessungskriterien.** Art. 83 Abs. 2 S. 2 DS-GVO legt konkrete, allerdings nicht abschließende Zumessungskriterien fest, die bei der Entscheidung über die Verhängung sowie deren Höhe gebührend zu berücksichtigen sind.

Folgende Zumessungskriterien sind in jedem Fall in die Entscheidung einzubeziehen:

Art, Schwere und Dauer des Verstoßes unter Berücksichtigung der Art, des Umfangs oder des Zwecks der betreffenden Verarbeitung sowie der Zahl der von der Verarbeitung betroffenen Personen und des Ausmaßes des von ihnen erlittenen Schadens (lit. a): Da die Begriffe „Art" und „Schwere" begrifflich sehr weit gefasst sind, lassen sie sich nicht abschließend definieren oder eindeutig voneinander abgrenzen (Ehmann/Selmayr/Nemitz DS-GVO Art. 83 Rn. 16). In diesem Kontext kann bspw. nach Tatbeiträgen differenziert werden (BeckOK DatenschutzR/Holländer DS-GVO Art. 83 Rn. 33). Im Rahmen des Zumessungskriteriums der „Schwere" bietet es sich an, die Verstöße in verschiedene „Schweregrade" einzuteilen: minder schwere, schwere und besonders schwere Verstöße (BeckOK DatenschutzR/Holländer DS-GVO Art. 83 Rn. 32; NK-DatenschutzR/Boehm DS-GVO Art. 83 Rn. 24). Bei geringfügigen Verstößen kann eine Bebußung unterbleiben oder lediglich eine Verwarnung ausgesprochen werden (vgl. Erwgr. 148 DS-GVO). Als geringfügig dürften bspw. eine nicht tagesaktuelle Version des Verarbeitungsverzeichnisses einzustufen sein, hingegen kann die zu weitreichende Überwachung von Beschäftigten, gerade im Hinblick auf Gesundheitsdaten, als schwerer Verstoß angesehen werden. In diesem Zusammenhang kann auch zu berücksichtigen sein, welche Konsequenzen sich für die betroffenen Personen ergeben. Auch die Irreversibilität des Verstoßes kann insoweit von Bedeutung sein und erschwerend ins Gewicht fallen; in Bezug auf den „Zweck der Verarbeitung" ist zu berücksichtigen, ob es sich um einen rechtmäßigen oder rechtswidrigen Zweck handelt (Ehmann/Selmayr/Nemitz DS-GVO Art. 83 Rn. 16). Auch die Dauer von Verstößen lässt sich in verschiedene Kategorien einteilen: kurze, mittlere und lange Zeiträume (BeckOK DatenschutzR/Holländer DS-GVO Art. 83 Rn. 33), wobei von langen Zeiträumen erst bei mehreren Jahren auszugehen sein dürfte.

Vorsätzlichkeit oder Fahrlässigkeit des Verstoßes (lit. b):

Da der EuGH eine strict liability im Rahmen des Art. 83 DS-GVO verneint hat, ist die Entscheidung über „Vorsatz oder Fahrlässigkeit" haftungsbegründend und kein reines Zumessungskriterium im Rahmen des Art. 83 Abs. 2 S. 2 lit b DS-GVO, wie bereits behandelt. Bei lebensnaher Betrachtung ist davon auszugehen, dass sich die Aufsichtsbehörden vielfach auf eine Unterstellung von Fahrlässigkeit beschränken und bei einer Kosten-Nutzen-Betrachtung selten Ressourcen für den ggf. aufwendigeren Nachweis eines Vorsatzes einsetzen werden.

Werden Leitungsentscheidungen gleichwohl verfahrensbekannt oder ausermittelt, wird das Verschulden eines Organs im Hinblick auf Organisations- und Aufsichtspflichten als schwerwiegender anzusehen sein als ein Verstoß auf Mitarbeiterebene, sodass das Bußgeld umso höher ausfallen wird, je eher es sich um ein Organisationsverschulden und nicht nur um das Fehlverhalten einer einzelnen Person handelt (Ehmann/Selmayr/Nemitz DS-GVO Art. 83 Rn. 17). Diese Dynamik kann sich insbesondere dann als problematisch auswirken, wenn einer bestimmten Verarbeitung eine abweichende Rechtsauffassung des Unternehmens und keine Fahrlässigkeit, sondern eine bewusste Entscheidung auf der Leitungsebene zugrunde liegt.

Beispiele von Fallkonstellationen, in denen wohl regelmäßig Vorsatz anzunehmen ist: Anweisungen oder Billigung durch die Leitungsebene zur (vermeintlich/vorgeworfenen) rechtswidrigen Verarbeitung, Handeln entgegen den Empfehlungen durch den Datenschutzbeauftragten ohne stichhaltige Begründung der Abweichung (Taeger/Gabel/Moos/Schefzig DS-GVO Art. 83 Rn. 48). Fahrlässigkeit ist demgegenüber in folgenden Fällen denkbar: Versäumnisse beim Lesen oder Anwenden interner Richtlinien, menschliches Versagen, mangelhafte oder verspätete technische Updates (Ehmann/Selmayr/Nemitz DS-GVO Art. 83 Rn. 18). Letztlich bleibt es jedoch dabei, dass die Abgrenzung von Fahrlässigkeit und Vorsatz schwierig sein kann und nach den Umständen im Einzelfall zu bestimmen ist. Insbesondere wenn man nunmehr der Rechtsprechung zu folgen hat, die eine Anknüpfung an das Handeln einer natürlichen Person nicht für notwendig hält, wird die konkrete Anknüpfung und mithin die Form des Verschuldens diffus bleiben.

Jegliche von dem Verantwortlichen oder dem Auftragsverarbeiter getroffenen Maßnahmen zur Minderung des den betroffenen Personen entstandenen Schadens (lit. c): Hinter dieser Regelung steht der Gedanke, den Verantwortlichen oder Auftragsverarbeiter zu motivieren, schnellstmöglich entstandene Schäden zu verringern bzw. schnell und umfänglich Schadensersatz zu leisten, um den Schaden der betroffenen Person so gering wie möglich zu halten (NK-DatenschutzR/Boehm DS-GVO Art. 83 Rn. 27). Dabei ist nicht zwangsläufig nur der entstandene Vermögensschaden gemeint. In Betracht kommen auch Nichtvermögensschäden (Ehmann/Selmayr/Nemitz DS-GVO Art. 83 Rn. 19; aA NK-DatenschutzR/Boehm DS-GVO Art. 83 Rn. 27). Hier wird die Verteidigung auch die Rechtsprechung zu § 82 DSGVO und die häufig überraschend niedrig angesetzten Schadenssummen im Blick behalten. Gleichwohl soll Art. 83 Abs. 2 lit. c DS-GVO nicht dazu führen, dass der geleistete Schadensersatz in vollem Umfang auf die Geldbuße angerechnet wird (Kühling/Buchner/Bergt DS-GVO Art. 83 Rn. 55).

Grad der Verantwortung des Verantwortlichen oder des Auftragsverarbeiters unter Berücksichtigung der von ihnen gem. den Art. 25 und 32 getroffenen technischen und organisatorischen Maßnahmen (lit. d): In diesem Zusammenhang können Compliance-Programme jedenfalls bußgeldmindernd berücksichtigt werden, soweit sie nicht schon bei der Tatbestandsbegründung selbst zu einer Entlastung führten (BeckOK DatenschutzR/Holländer DS-GVO Art. 83 Rn. 36). Konkret ist entscheidend, wie viele dieser technischen und organisatorischen Maßnahmen ergriffen wurden (quantitative Betrachtung) und wie ausführlich diese Maßnahmen erfolgten (qualitative Betrachtung) (NK-DatenschutzR/Boehm DS-GVO Art. 83 Rn. 28). Ebenso wie in Art. 83 Abs. 2 lit. c DS-GVO soll ein Anreiz gesetzt werden, durch Technikgestaltung und datenschutzfreundliche Voreinstellungen in Datenschutz (Art. 25 DS-GVO) und in die Datensicherheit (Art. 32 DS-GVO) zu investieren (Ehmann/Selmayr/Nemitz DS-GVO Art. 83 Rn. 20). Die besondere Bedeutung von Compliance-Bemühungen steht im Einklang mit der stetig gewachsenen Bedeutung von Compliance-Strukturen auch in anderen Bereichen (zB Tax Compliance) und entspricht der aktuellen Rechtsprechung des BGH, wonach bei der Bemessung einer Geldbuße von Bedeutung ist, ob das Unternehmen in der Folge eines Compliance-Verstoßes die entsprechenden Maßnahmen zur Verbesserung ergriffen hat, sodass zukünftig Verstöße vermieden oder jedenfalls deutlich erschwert werden. Hiernach ist von Bedeutung, inwieweit das betroffene Unternehmen seiner Pflicht, „Rechtsverletzungen aus der Sphäre des Unternehmens zu unterbinden, genügt und ein effizientes Compliance-Management installiert hat, das auf die Vermeidung von Rechtsverstößen ausgelegt" ist (BGH 9.5.2017 – 1 StR 265/16, NZWiSt 2018, 379 (387)).

Etwaige einschlägige frühere Verstöße des Verantwortlichen oder des Auftragsverarbeiters (lit. e): Bußgelderhöhend wirken einschlägige frühere Verstöße. „Einschlägigkeit" liegt erst vor, wenn die früheren Verstöße einen identischen oder zumindest vergleichbaren, ähnlichen Unrechtsgehalt aufweisen wie der gegenständliche Verstoß (BeckOK DatenschutzR/Holländer DS-GVO Art. 83 Rn. 37; Kühling/Buchner/Bergt DS-GVO Art. 83 Rn. 56). Durch wiederholende Verstöße kann auf eine mangelnde Unrechtseinsicht des Verantwortlichen oder Auftragsverarbeiters geschlossen werden. Dennoch muss beachtet werden, dass verjährte Verstöße nicht indirekt doch geahndet werden dürfen (BeckOK DatenschutzR/Holländer DS-GVO Art. 83 Rn. 37), sodass solche im Rahmen dieses Zumessungskriteriums jedenfalls nicht ohne Einschränkung zur Verhängung einer höheren Geldbuße herangezogen werden dürfen (allgemein zu der Berücksichtigung von Vorstrafen im deutschen Strafrecht, wonach auch verjährte Strafen herangezogen werden dürfen, allerdings nur eingeschränkt, sodass sie nicht nachträglich damit doch verfolgt werden und wenn diese ausreichend festgestellt sind: insbesondere BGH 22.3.1994 – 4 StR 117/94, BeckRS 1994, 07895 mwN; BGH 15.10.2015 – 3 StR 350/15, BeckRS 2015, 18993). Unabhängig von der Verjährung ist auch eine bußgeldverringernde Wirkung in Betracht zu ziehen, wenn der Verstoß lange zurückliegt.

Umfang der Zusammenarbeit mit der Aufsichtsbehörde, um dem Verstoß abzuhelfen und seine möglichen nachteiligen Auswirkungen zu mindern (lit. f): Bußgeldmindernd kann die aktive Zusammenarbeit mit der Aufsichtsbehörde berücksichtigt werden. Als positiv zu bewerten ist bspw.: die selbstständige Offenlegung eines Verstoßes durch den Verantwortlichen oder Auftragsverarbeiter, ein Hinweis des Verantwortlichen oder Auftragsverarbeiters, dass die rechtswidrige Datenverarbeitung länger als von der Aufsichtsbehörde angenommen angedauert hat oder das Zurverfügungstellen aller relevanten Informationen und Lieferung von Beweismaterial (BeckOK DatenschutzR/Holländer DS-GVO Art. 83 Rn. 38; NK-DatenschutzR/Boehm DS-GVO Art. 83 Rn. 30). Aus der grundsätzlichen Verpflichtung zur Kooperation ergibt sich ein Spannungsverhältnis im Hinblick auf grundlegende Verteidigungsrechte. Neben der Möglichkeit, das Bußgeld durch Kooperation zu verringern, ergibt sich aus Art. 31 DS-GVO eine eigenständige Kooperationspflicht. Jedoch ist ungeklärt, wie weit diese reicht. Zu beachten ist insbesondere, dass die Nichtbefolgung von Art. 31 DS-GVO gem. Art. 83 Abs. 4 lit. a DS-GVO bußgeldbewehrt ist (BeckOK DatenschutzR/Spoerr DS-GVO Art. 31 Rn. 9 f.). Daher wird jedenfalls für informelle Anfragen der Aufsichtsbehörden eine Kooperationspflicht als kritisch angesehen (Wenzel/Wybitul ZD 2019, 290 (291 f.)). Zu Recht halten Wenzel/Wybitul auch im Rahmen von förmlichen Anfragen die Verhängung eines Bußgeldes neben Anordnungen nach Art. 58 DS-GVO für unzulässig, da in Art. 83 Abs. 5 lit. e und Abs. 6 DS-GVO spezielle Fälle geregelt sind. Jedenfalls im Rahmen des Bußgeldverfahrens selbst kann keine Kooperationspflicht bestehen. Hierfür spricht zum einen, dass die Kooperation des Unternehmens ein Zumessungskriterium darstellt. Eine Milderung aufgrund von Kooperation wäre jedoch weitgehend sinnlos, wenn hierzu eine Verpflichtung bestünde. Daneben wäre kein faires Verfahren möglich und die Rechte auf Selbstbelastungsfreiheit und Waffengleichheit verletzt. Selbst wenn man der Auffassung folgt, dass eine Pflicht zur Kooperation nicht besteht, sollte gründlich abgewogen werden, ob man sich kooperativ zeigt. Neben den Zumessungskriterien der Kooperation (lit. f) und der Art und Weise des Bekanntwerdens des Verstoßes (lit. h), die das Bußgeld drastisch mindern können sind weitere Aspekte wie Reputationsschäden durch negative Medienberichterstattung zu berücksichtigen.

In dem Spannungsfeld von Kooperationspflicht und Verfahrensrechten befindet sich auch Art. 33 DS-GVO. Hieraus ergeben sich, über die allgemeine Kooperationspflicht hinaus, Meldepflichten. Nach Art. 33 DS-GVO müssen Unternehmen eine Datenpanne rechtzeitig melden (→ Form. C. VI.), andernfalls droht nach Art. 83 Abs. 4 DS-GVO ein Bußgeldverfahren. Im Gegensatz zu der – zumindest dem Gesetzestext nach – unbeschränkten Kooperationspflicht mit der Aufsichtsbehörde nach Art. 31 DS-GVO werden die Meldepflichten nach Art. 33 DS-GVO durch § 42 Abs. 4 und § 43 Abs. 4 BDSG eingeschränkt. Teilweise wird vertreten, dass das Verwendungsverbot in § 43 Abs. 4 BDSG europarechtswidrig sei (Bergt DuD 2017, 555 (560); aA mit überzeugender Argumentation Spittka DSRITB 2019, 141 (150 ff.)). Die hierdurch geschaffenen Beweisverwendungsverbote sollen dem Umstand Rechnung tragen, dass sowohl im Bußgeld- wie auch im Strafverfahren dem Recht, sich nicht selbst belasten zu müssen, große Bedeutung zukommt („Nemo-tenetur-Grundsatz", vertiefend Spittka DSRITB 2019, 141 (144)).

Umso erstaunlicher ist, dass nach Ansicht der Aufsichtsbehörden selbst bei einer Meldung einer Datenpanne der betroffene Datenschutzverstoß unter Umständen geahndet werden kann, wenn die Inhalte der Meldung auch im Rahmen des Aufsichts- oder Bußgeldverfahren hätten ermittelt werden können und der Aufsichtsbehörde bei eigener Prüfung hätten erkennbar werden können. Hier seien die in der Rechtsprechung zu § 97 InsO entwickelten Grundsätze entsprechend heranzuziehen (so Hess. LfDI, Tätigkeitsbericht 2018, S. 172). Diese Ansicht ist insbesondere deshalb höchst bedenklich, weil unmöglich für den Meldenden vorab zu bewerten sein wird, ob das Verwendungsverbot greift, er gleichzeitig aber verpflichtet ist, seinen Meldepflichten nachzukommen. Eine solche Intransparenz, die für das Unternehmen zu einem unauflösbaren Widerspruch führen würde, widerspräche dem grundlegenden und wichtigen Nemo-tenetur-Grundsatz (zu verfassungsrechtlichen Bedenken auch Eckhardt/Menz DuD 2018, 139 (142 f.)).

Ungeklärt ist bisher jedoch weiterhin, ob der Nemo-tenetur-Grundsatz trotz seiner Verankerung in der Menschenwürde überhaupt auf Unternehmen anwendbar ist (vertiefend Wenzel/Wybitul ZD 2019, 290 (292); Spittka DSRITB 2019, 141 (144 ff.)). Erneut zeigt sich die grundlegende Problematik, dass ein unmittelbares „Unternehmensstrafrecht" dem deutschen Recht fremd ist und das Gesetz derzeit keine ausreichenden prozessualen Rechte für Unternehmen bereitstellt. Problematisch ist auch, dass das Beweisverwendungsverbot – wenn es Anwendung findet – nur für den Meldepflichtigen oder Benachrichtigenden selbst (sowie seine Angehörigen) gilt. Zu denken ist daher an eine analoge Anwendung auf diejenigen natürlichen Personen, die neben einer juristischen Person als Verantwortliche betroffen sind, oder eine Lösung über eine Anschlusserklärung, ähnlich wie im Steuerstrafrecht bei einer durch das Unternehmen abgegebenen Selbstanzeige (s. vertiefend FormB RS/Schauf E. 1.01 Rn. 3 ff.).

Des Weiteren hat der deutsche Gesetzgeber in § 40 Abs. 4 S. 2 BDSG ein Auskunftsverweigerungsrecht geschaffen. Auch hiermit soll dem Spannungsverhältnis zwischen umfassenden Kooperations-, Melde- und Auskunftspflichten und der Selbstbelastungsfreiheit Rechnung getragen werden. Dem Auskunftspflichtigen wird gegenüber der Datenschutzbehörde ein Recht eingeräumt, die Auskunft auf Fragen zu verweigern, durch deren Beantwortung er sich selbst oder einen der in § 383 Abs. 1 Nr. 1–3 ZPO bezeichneten Angehörigen belasten und damit der Gefahr einer strafrechtlichen oder ordnungswidrigkeitsrechtlichen Verfolgung aussetzen würde. Die Regelung bezieht sich auf natürliche und juristische Personen.

Die aktuellen Tätigkeitsberichte deuten darauf hin, dass die Aufsichtsbehörden der jeweiligen Länder unterschiedlich mit den Meldungen umgehen (Ihwas CCZ 2024, 41 (50)). Es ergibt sich kein einheitliches Bild. Unter Risikogesichtspunkten ist von einer Verwertung auszugehen.

Kategorien personenbezogener Daten, die vom Verstoß betroffen sind (lit. g): Bußgelderhöhend ist die Betroffenheit personenbezogener Daten zu werten, da aufgrund der Sensitivität dieser Daten ein größerer Unrechtsgehalt verwirklicht ist (BeckOK DatenschutzR/Holländer DS-GVO Art. 83 Rn. 39; Kühling/Buchner/Bergt DS-GVO Art. 83 Rn. 56). In Betracht kommen neben den in Art. 8–10 DS-GVO genannten Datenkategorien weitere besonders geschützte Daten. Berücksichtigt werden kann bspw., dass bei der Verarbeitung von Daten über Kinder keine Maßnahmen getroffen werden, um diese Daten besonders zu schützen (NK-DatenschutzR/Boehm DS-GVO Art. 83 Rn. 31). Darüber hinaus gehend können Daten, deren Verbreitung unmittelbar Schaden oder Leid für Einzelne verursacht, bußgelderhöhend berücksichtigt werden. Jedenfalls bußgeldmindernd kann demgegenüber technischer Schutz wie etwa die Verschlüsselung der Daten wirken (Ehmann/Selmayr/Nemitz DS-GVO Art. 83 Rn. 24; Taeger/Gabel/Moos/Schefzig DS-GVO Art. 83 Rn. 60).

Art und Weise, wie der Verstoß der Aufsichtsbehörde bekannt wurde, insbesondere ob und ggf. in welchem Umfang der Verantwortliche oder der Auftragsverarbeiter den Verstoß mitgeteilt hat (lit. h): Zum einen soll honoriert werden, wenn die Aufsichtsbehörden durch den Verantwortlichen oder Auftragsverarbeiter informiert werden. Zum anderen kann Berücksichtigung finden, in welchem Umfang diese Informationsweitergabe erfolgt (NK-DatenschutzR/Boehm DS-GVO Art. 86 Rn. 32). Erschwerend kann sich auswirken, wenn der Verstoß durch Medienberichterstattung oder eine Anzeige bekannt wird.

Einhaltung von Maßnahmen (lit. i), die nach Art. 58 Abs. 2 DS-GVO früher gegen den für den betreffenden Verantwortlichen oder Auftragsverarbeiter in Bezug auf denselben Gegenstand angeordnet wurden: Nach Art. 83 Abs. 2 lit. i DS-GVO wird sanktioniert, wenn Weisungen nach Art. 58 Abs. 2 DS-GVO nicht befolgt werden. Im Gegensatz zu lit. e geht es hierbei nur um eigene Maßnahmen der handelnden Aufsichtsbehörde (Ehmann/Selmayr/Nemitz DS-GVO Art. 83 Rn. 27).

Einhaltung von genehmigten Verhaltensregeln nach Art. 40 DS-GVO oder genehmigten Zertifizierungsverfahren nach Art. 42 DS-GVO (lit. j): Zu Gunsten des Täters sind die Einhaltung von genehmigten Verhaltensregeln nach Art. 40 oder der Besitz einer Zertifizierung nach Art. 42 zu berücksichtigen (Kühling/Buchner/Bergt DS-GVO Art. 83 Rn. 56; dazu → Form. C. IV.).

Jegliche anderen erschwerenden oder mildernden Umstände im jeweiligen Fall wie unmittelbar oder mittelbar durch den Verstoß erlangte finanzielle Vorteile oder vermiedene Verluste (lit. k): Lit. k ist ein Auffangtatbestand für alle nicht schon in den lit. a–j genannten oder ausreichend berücksichtigten Umständen. In der Norm selbst werden bereits die unmittelbar oder mittelbar durch den Verstoß erlangten finanziellen Vorteile oder vermiedenen Verluste genannt.

Erschwerend kann weiterhin berücksichtigt werden, wenn die Arbeit der Aufsichtsbehörde aktiv behindert wird. Eine bloß passive Verweigerungshaltung darf im Hinblick auf den Nemo-tenetur-Grundsatz demgegenüber nicht erschwerend wirken, wie erwähnt (BeckOK DatenschutzR/Holländer DS-GVO Art. 83 Rn. 43). Des Weiteren kann die nachhaltige Uneinsichtigkeit belastend wirken, unabhängig davon, ob es dadurch auch zu weiteren Verstößen kommt. Mildernd kann sich eine unklare Rechtslage bezüglich der in Rede stehenden Datenverarbeitung oder widersprüchliche Aussagen verschiedener Datenschutzbehörden zu dem gleichen Verarbeitungsvorgang auswirken (Taeger/Gabel/Moos/Schefzig DS-GVO Art. 83 Rn. 67; NK-DatenschutzR/Boehm DS-GVO Art. 86 Rn. 35). So hatte bspw. das LG Bonn (11.11.2020 – 29 OWi 1/20, ZD 2021, 154) berücksichtigt, dass es keine Vorgaben für die Authentifizierung in Callcentern gab. Dies erfolgte jedoch nur bußgeldmindernd, nicht tatbestandsausschließend.

Zudem können die wirtschaftlichen Folgen – bspw. eine Einstellung des Geschäftsbetriebs/Insolvenz – sowie ein sofortiges Eingeständnis oder eine überlange Verfahrensdauer berücksichtigt werden.

**14. Höhe der Geldbußen und Bußgeld-Berechnungsmodell(e).** Durch die Datenschutzreform sollten starke Sanktionen, die „wehtun sollen", geschaffen (LIBE-Ausschuss des Europäischen Parlaments EU-Datenschutzgrundverordnung: Stand der Dinge – 10 wichtige Punkte vom 11.6.2015 S. 2) werden. Der Bußgeldrahmen wurde um ein Vielfaches angehoben. Nunmehr können Bußgelder von bis zu 20 Mio. EUR bzw. 4 Prozent des weltweiten (Konzern-)Umsatzes ausgesprochen werden. Dies ergibt sich durch den in Bezug genommenen kartellrechtlichen Unternehmensbegriff.

Bereits 2019 hatte die Konferenz der unabhängigen Datenschutzaufsichtsbehörden des Bundes und der Länder ein Konzept zur Bemessung von Geldbußen veröffentlicht. Dieses Konzept war aufgrund seiner starken Umsatz-Fokussierung von Beginn an erheblicher Kritik ausgesetzt. Bereits der erste Schritt des DSK-Modells war umsatzbezogen. In mehreren Schritten wurde ein Tagessatz als Grundwert ermittelt, der im Weiteren mit einem von der Schwere der Tatumstände abhängigen Faktor multipliziert wurde. Im Wesentlichen erfolgte erst im letzten Schritt eine Berücksichtigung täterbezogener und sonstiger Umstände. Auch das LG Bonn hatte das Modell in einigen Aspekten in Frage gestellt und betont, im Verhältnis zur Tatschuld verliere „der Umsatz umso mehr an Bedeutung, desto eindeutiger die Bewertung der Schwere des Datenschutzverstoßes anhand der tatbezogenen Umstände in die eine oder andere Richtung ausfällt" (LG Bonn 11.11.2020 – 29 OWi 1/20, ZD 2021, 154 (158)). Auch wenn das DSK-Konzept inzwischen vom EDSA-Modell abgelöst wurde, seien einige der Kritikpunkte – auch des LG Bonn – hier noch einmal zusammengefasst, da sie angesichts gewisser bestehender Parallelen weiterhin für die Verteidigung relevant sein können: Das errechnete Bußgeld sei im konkreten Fall unangemessen hoch. Der Umsatz sei zwar grundsätzlich ein geeigneter Indikator. Es dürfe jedoch nicht aus dem Blick geraten, dass der Art. 83 Abs. 2 S. 2 DS-GVO in erster Linie tatbezogene Gesichtspunkte für die Bemessung aufführe. Somit sei eine „Bemessung des Bußgeldes durch Ermittlung eines sich nach dem Umsatz richtenden Grundwertes für das Bußgeld, welcher je nach Schwere des Datenschutzverstoßes mit einem Faktor multipliziert wird, aus diesem Grund und wegen der damit einhergehenden Fokussierung auf den Unternehmensumsatz problematisch".

Insbesondere bei schweren Datenschutzverstößen umsatzschwacher Unternehmen und leichten Datenschutzverstößen umsatzstarker Unternehmen versage diese schematische Berechnung. Zudem sei mit dieser Berechnung dem Grundsatz der Verhältnismäßigkeit nicht ausreichend Rechnung getragen worden. Zwar müsse die Geldbuße spürbar sein, jedoch dürfe sie „nicht als unangemessene Härte im Sinne einer überzogenen Reaktion auf den konkreten Verstoß erscheinen". Unangemessen sei jedoch eine umsatzgekoppelte Bebußung in jedem Fall, da dieser nichts über die Leistungsfähigkeit des Unternehmens aussagt. Richtigerweise müsste zumindest auf den Gewinn und nicht den Umsatz abgestellt werden. Teile dieser Kritik lassen sich auch gegen andere Berechnungskonzepte bzw. -ansätze weiterhin fruchtbar machen.

Andere Länder entwickelten parallel zum DSK-Ansatz ebenfalls nationale Modelle (ua Niederlande, Dänemark, Lettland, vgl. Werry MMR 2022, 628 (631)). Inzwischen liegt allerdings ein EDSA-Bußgeldkonzept auf europäischer Ebene vor. Seit 24.5.2023 ist Version 2.1 angenommen. Regelmäßige Anpassungen sollen folgen. Ziel des EDSA-Modells ist die Sicherstellung einer einheitlichen Auslegung der Bestimmungen von Art. 83 DS-GVO.

Schritt 1 des EDSA-Konzepts ist aus der Sicht deutscher Strafrechtsdogmatik als Prüfung der Konkurrenzen vertraut, hier im Wege der „Ermittlung der Verarbeitungsvorgänge des Falls und Prüfung der Anwendung von Artikel 83 Abs. 3 DSGVO". Art. 83 Abs. 3 DS-GVO sieht vor, dass sich die Höhe auf den für den schwerwiegendsten Verstoß fälligen Betrag beschränkt. Unterschieden wird zwischen Gesetzeskonkurrenzen, Tateinheit und Tatmehrheit:

- Bei mehreren zu ahndenden Taten ist von Tatmehrheit auszugehen und (in einem oder mehreren Bescheiden) sind mehrere Geldbußen zu berechnen.
- Liegt eine zu ahndende Tat vor, ergibt sich bei einem Gesetzesverstoß bereits keine Konkurrenz. Es wird naturgemäß eine Geldbuße verhängt
- Werden durch eine zu ahndende Tat aber mehrere Tatbestände verletzt, so ist von Gesetzeskonkurrenz auszugehen, wenn die Tatbestände sich gegenseitig ausschließen. Dann wird nur ein Tatbestand angewandt und diesem entsprechend eine Geldbuße verhängt. Zu denken sei an den selben Schutzzweck.
- Stehen die Verstöße hingegen nebeneinander, so gehen die Leitlinien von Tateinheit bzw. „Verarbeitungseinheit" aus. Die Geldbuße wird anhand aller Verstöße berechnet, aber ist durch das gesetzliche Höchstmaß des schwersten Verstoßes begrenzt.

In Schritt 2 wird der „Ausgangspunkt für die weitere Berechnung auf der Grundlage einer Prüfung" ermittelt über drei Teilschritte:

- Einstufung in Art. 83 Abs. 4 – 6 DS-GVO
- Schwere des Verstoßes orientiert an Art. 83 Abs. 2 lit. a, b und g DS-GVO
- Umsatz

Schritt 3 sieht eine Prüfung erschwerender und mildernder Umstände vor und bezieht dabei früheres sowie gegenwärtiges Verhalten des Verantwortlichen ein.

In Schritt 4 soll das „gesetzlich einschlägige Höchstmaß" ermittelt werden.

Abschließend, in Schritt 5, wird dann der ermittelten Endbetrag an der bekannten Trias des Art. 83 Abs. 1 DS-GVO – „Wirksamkeit, Abschreckung und Verhältnismäßigkeit" – gemessen. Ggf. werden Korrekturen vorgenommen.

Zwar ist das EDSA-Bußgeldmodell nicht mehr so eng auf den Umsatz fokussiert wie der Vorläufer des DSK-Konzepts. Aufgrund der umsatzgekoppelten Berechnung der Geldbuße haben Unternehmen gleichwohl insgesamt mit deutlich höheren Geldbußen als bisher zu rechnen. Auf der anderen Seite haben die Aufsichtsbehörden weiterhin einen – wenn auch reduzierten – Ermessensspielraum.

Sind bußgeldrechtliche Konsequenzen klar berechenbar, könnte dies dazu führen, dass Unternehmen die Sanktionen einkalkulieren und pro und contra einer Tat abwägen. Werden derartige Überlegungen im Verfahren wahrnehmbar, würden sie sich jedoch höchst wahrscheinlich entsprechend (massiv) erschwerend auf die Bußgeldbemessung auswirken. Genau ein solches Einkalkulieren nachteiliger (Sanktions-)Folgen als Kavaliersdelikt soll Art. 83 DS-GVO ja nach der Intention der Verordnungsgeber verhindern.

Die Leitlinien der Bußgeldbemessung sollen neben jenen für die Anwendung und Festsetzung von Geldbußen (Artikel-29-Datenschutzgruppe WP 253) gelten, die vom EDSA gebilligt wurden und daher ebenfalls fortgelten. Rechtlich bindend, insbesondere für Gerichte, sind auch diese Leitlinien der Bußgeldbemessung nicht. Von einer Berücksichtigung durch die Aufsichtsbehörden ist jedoch auszugehen (Wybitul/König ZD 2022, 422 (423)).

**15. Art. 84 DS-GVO – andere Sanktionen.** Die Norm des Art. 84 DS-GVO selbst wie auch die Wechselwirkungen zwischen Art. 83 und 84 DS-GVO werfen zahlreiche Fragen auf. Es ist ungeklärt, welche Maßnahmen unter „andere Sanktionen für Verstöße gegen diese Verordnung" fallen, die durch die Mitgliedstaaten durch Vorschriften geregelt werden können. Insbesondere ergibt sich aus der Norm nicht, ob auch Geldbußen andere Sanktionen sein können.

Nach Art. 84 DS-GVO sollen die Mitgliedstaaten „andere Sanktionen" für Verstöße gegen diese Verordnung – insbesondere für Verstöße, die keiner Geldbuße gem. Art. 83 unterliegen – festlegen und alle zu deren Anwendung erforderlichen Maßnahmen treffen. Die Sanktionen müssen wirksam, verhältnismäßig und abschreckend sein. Grundsätzlich kann der nationale Gesetzgeber immer dann tätig werden, wenn die DS-GVO keine Regelung enthält.

Grundsätzlich kommen als weitere Sanktionsmöglichkeiten strafrechtliche (Geld- und Freiheitsstrafe) und verwaltungsrechtliche (Untersagungsverfügungen usw) Sanktionen in Betracht. Auf nationaler Ebene existieren bereits zahlreiche Straftatbestände mit datenschutz- und persönlichkeitsrechtlichem Bezug neben § 42 BDSG (zB §§ 201 ff. StGB etc), deren (gem. § 21 OWiG: alternative) Heranziehung sich in Einzelfällen sogar günstig für die Verteidigung darstellen kann, dazu sogleich I – Teil 2 der tabellarischen Übersicht.

Im Erwgr. 149 S. 2 DS-GVO wird zudem die Einziehung von Gewinnen als möglicher Regelungsgegenstand von anderen Sanktionen aufgeführt. Die Rechtslage ist insoweit aber noch unklar. Grundlegend kann von Folgendem ausgegangen werden: Die Anordnung einer Einziehung von Gewinnen iRv Art. 83 DS-GVO scheint nach derzeitiger Gesetzeslage problematisch, weil die Rechtsgrundlagen in der DS-GVO selbst hierfür nicht klar sind.

Bei Berücksichtigung der Verweisungsnorm des § 41 BDSG ergibt sich folgendes Bild: Eine Einziehung im Rahmen der Bemessung der Geldbuße nach § 17 Abs. 4 OWiG kommt nicht in Betracht, da die gesamte Vorschrift des § 17 OWiG nach § 41 Abs. 1 S. 2 BDSG keine Anwendung finden soll.

Auch gestützt auf §§ 22ff. OWiG kann keine Einziehung – etwa von Tatgegenständen – erfolgen, da es insoweit an einem Androhungsgesetz fehlt (vgl. den Wortlaut: „Als Nebenfolge einer Ordnungswidrigkeit dürfen Gegenstände nur eingezogen werden, soweit das Gesetz es ausdrücklich zuläßt.").

Nicht ausgeschlossen ist dort hingegen § 29a OWiG, der die Einziehung von Taterträgen regelt.

Bei einer unterbleibenden Heranziehung des § 30 OWiG als Zurechnungsnorm bei der Sanktionierung von Unternehmen ist auch fraglich, ob § 30 Abs. 5 OWiG anwendbar bleibt, der bei Festsetzung einer Geldbuße gegen die juristische gleichzeitig ausschließt, dass gegen sie wegen derselben Tat die Einziehung (nach den §§ 73 oder 73c StGB oder) nach § 29a OWiG angeordnet wird.

Mitunter wird allerdings betont, dass die Einziehung nach § 29a OWiG auch deshalb unzulässig sein könnte, weil es sich dabei um eine „präventiv-ordnende, kondiktionsähnliche Maßnahme eigener Art ohne pönalen Charakter" handelt, die nicht unmittelbar der repressiven Ahndung von Ordnungswidrigkeiten dient (Martini/Wagner/Wenzel VerwArch 2018, 163ff.; BeckOK OWiG/Meyberg § 29a Rn. 7 mit Verweis auf BVerfG 14.1.2004 – 2 BvR 564/95, NJW 2004, 2073; KK-OWiG/Mitsch § 29a Rn. 8; für eine Anwendbarkeit BeckOK DatenschutzR/Brodowski/Nowak BDSG § 41 Rn. 23). Die Öffnungsklausel des Art. 84 Abs. 1 S. 2 DS-GVO bezieht sich auf „Sanktionen", also eine Reaktion auf einen begangenen und zu verantwortenden Regelverstoß, repressiv und nicht präventiv (BeckOK DatenschutzR/Holländer DS-GVO Art. 84 Rn. 3).

Voraussichtlich werden sich allerdings (auch) derartige dogmatische Spitzfindigkeiten in der Praxis kaum auswirken bzw. im Ergebnis dem Effektivitätsgebot insoweit untergeordnet, als eine Berücksichtigung erlangter finanzieller Vorteile im Rahmen der Bemessung der Geldbuße stattfinden wird. Aufgrund des nunmehr beträchtlichen Bußgeldrahmens wird wohl häufig eine vollumfängliche Abschöpfung bereits durch Ausreizung der Maximalbeträge durchsetzbar sein. Die Geldbuße übernimmt die Vermögensabschöpfungsfunktion, dem nationalen Ordnungswidrigkeitenrecht durchaus vergleichbar. Ggf. kann die Verteidigung hier noch Unterschiede zwischen dem bei der Vorteilsabschöpfung maßgeblichen Netto-Prinzip und dem wirtschaftlich ungünstigeren Brutto-Prinzip bei der Einziehung, etwa gem. § 29a OWiG, sinnvoll herausarbeiten.

Denkbar ist die Heranziehung des § 29a OWiG allerdings dann, wenn die Aufsichtsbehörde von der Verhängung einer Geldbuße absieht und nur den erlangten wirtschaftlichen Vorteil abschöpfen will. Eine mögliche eigene Relevanz für § 29a (Abs. 2) OWiG kann sich ferner in Konstellationen ergeben, in denen eine andere Person als der oder die Täter durch die vorgeworfene Handlung bzw. Verarbeitung Vermögensvorteile erlangt hat.

### 2. Sanktionsnormen und Anwendungsvorschriften des nationalen Regelungsregimes

Wie bereits erwähnt kennt auch das nationale Regelungsregime Straftaten und Ordnungswidrigkeiten, die sich mit Daten als Tatmittel oder -objekt befassen. Zur Erinnerung vorab folgende grundlegende Unterscheidung des nationalen Regelungsregimes:

**Ordnungswidrigkeit (OWi):** Eine Ordnungswidrigkeit ist ein Delikt, im Rahmen dessen der Gesetzgeber eine außerstrafrechtliche Ahndung vorgesehen hat (zur Abgrenzung zur Straftat → Anm. 12). Die Sanktionierung erfolgt zuerst durch die Verwaltung (KK-OWiG/Mitsch Einl. Rn. 1). Nach § 1 Abs. 1 OWiG ist eine Ordnungswidrigkeit „eine rechtswidrige und vorwerfbare Handlung, die den Tatbestand eines Gesetzes verwirklicht, das die Ahndung mit einer Geldbuße zulässt". Ordnungswidrigkeiten stehen neben dem Strafrecht, sie wiegen weniger schwer als Straftaten (vgl. BVerfG 21.6.1977 – 2 BvR 70/75, 2 BvR 361/75, BVerfGE 45, 272).

Die Hauptrechtsfolge im OWi-Verfahren ist die Geldbuße, die im Gesetzestext auch derart bezeichnet werden muss. Andernfalls ist die Norm anderen Bereichen zuzuordnen, wie bspw. dem Strafrecht oder Disziplinarrecht (KK-OWiG/Mitsch Einl. Rn. 3).

**Straftat:** Die Straftat ist von einer bloßen Ordnungswidrigkeit zu unterscheiden, auch im Datenschutzrecht. Für die Verfolgung von Straftaten und Ordnungswidrigkeiten gelten unterschiedliche Verfahren und unterschiedliche Zuständigkeiten (vertiefend zur Abgrenzung s. BeckOK OWiG/Gerhold Einl. Rn. 1 ff.), aber auch im Übrigen sind beide Verfahren in wesentlichen Punkten voneinander abzugrenzen.

Die Kriminalstrafe als entsprechend schwerer Eingriff in die Rechtsstellung des Betroffenen beinhaltet einen ethischen Schuldvorwurf. Hingegen „wird mit der an eine Ordnungswidrigkeit geknüpften Sanktion lediglich eine nachdrückliche Pflichtenmahnung bezweckt, der der Ernst der staatlichen Strafe fehlt" (BVerfG 21.6.1977 – 2 BvR 70/75, 2 BvR 361/75, BVerfGE 45, 272). Das Strafrecht ist „ultima ratio", „wenn ein bestimmtes Verhalten über sein Verbotensein hinaus in besonderer Weise sozialschädlich und für das geordnete Zusammenleben der Menschen unerträglich, seine Verhinderung daher besonders dringlich ist" (BVerfG 26.2.2008 – 2 BvR 392/07, NJW 2008, 1137 (1138)).

Im nationalen Strafrecht gibt es als Hauptstrafen die Freiheitsstrafe (§§ 38, 39 StGB) und die Geldstrafe (§§ 40–43 StGB) (Schönke/Schröder/Kinzig StGB Vorb. §§ 38 ff. Rn. 29; BeckOK StGB/Heintschel-Heinegg § 38 Rn. 3).

Paradoxerweise kann es sich gerade als Aufgabe effektiver Verteidigung darstellen, sich auch mit den (vermeintlich) schärferen nationalen Sanktionsnormen zu befassen. Denn § 41 BDSG (iVm) § 21 OWiG sieht für das Zusammentreffen von Straftat und Ordnungswidrigkeit vor, dass nur das Strafgesetz angewendet wird, wenn eine Handlung gleichzeitig eine Straftat und eine Ordnungswidrigkeit verwirklicht.

Soweit also auch § 42 BDSG oder §§ 201 ff. StGB zur Erfassung eines Sachverhalts in Betracht kommen, könnte dies sogar zu einer milderen Sanktion führen, zumal die Staatsanwaltschaften in der Praxis zuweilen geringeren Verfolgungseifer zeigen als die Aufsichtsbehörden. Auch dieses mögliche Ergebnis führt zur Frage des Anwendungsvorrangs rund um § 41 BDSG und dazu, dass die Anwendbarkeit des § 21 OWiG teils in Zweifel gezogen wird.

| Nr. | Norm | Sanktion | Charakter | Adressat | Inhaltsbeschreibung |
|---|---|---|---|---|---|
| II. | BDSG | | | | |
| II.1 | § 42 BDSG[1] | Freiheits- oder Geldstrafe | Straftat/ Strafvorschrift | (str.) Jedermannsdelikt/ Sonderdelikt (nur Verantwortliche und Auftragsverarbeiter) | gewerbsmäßige, unberechtigte Übermittlung oder Zugänglichmachung personenbezogener Daten einer großen Anzahl an Personen (Abs. 1),[2] unberechtigte oder erschlichene Verarbeitung personenbezogener Daten gegen Entgelt oder mit Bereicherungsabsicht (Abs. 2)[3] |
| II.2 | § 43 BDSG[4] | Bußgeld | OWi/ Bußgeldvorschrift | (str.) Jedermannsdelikt ./. nur datenschutzrechtlich bzw. verbraucherkreditrechtlich Verantwortliche | vorsätzliche oder fahrlässige Verstöße[5] gegen § 30 BDSG |
| III. | StGB | | | | |
| III.1 | § 201 StGB | | Straftat | | Verletzung der Vertraulichkeit des Wortes |
| III.2 | § 201a StGB | | Straftat | | Verletzung des höchstpersönlichen Lebensbereichs durch Bildaufnahmen |
| III.3 | §§ 202a, 202b, 202c StGB | | Straftat | | Ausspähen und Abfangen von Daten |
| III.4 | § 202d StGB | | Straftat | | Datenhehlerei |
| III.5 | § 203 StGB | | Straftat | | Verletzung von Privatgeheimnissen |
| III.6 | § 206 StGB | | Straftat | | Verletzung des Post- und Fernmeldegeheimnisses |
| III.7 | § 263a StGB | | Straftat | | Computerbetrug |
| III.8 | §§ 268 f. StGB | | Straftat | | Fälschung technischer Aufzeichnungen und beweiserheblicher Daten |
| III.9 | § 270 StGB | | Straftat | | Täuschung im Rechtsverkehr bei Datenverarbeitung |
| III.10 | § 271 StGB | | Straftat | | Mittelbare Falschbeurkundung |
| III.11 | § 274 StGB | | Straftat | | Urkundenunterdrückung |

| Nr. | Norm | Sanktion | Charakter | Adressat | Inhaltsbeschreibung |
|---|---|---|---|---|---|
| III.12 | §§ 303a, 303b StGB | | Straftat | | Datenveränderung/ Computersabotage |
| III. 13 | § 355 StGB | | Straftat | | Verletzung des Steuergeheimnisses |
| IV. | OWiG | | | | |
| IV.1 | § 30 | | Zurechnungsnorm / Verbandsgeldbuße | § 30 OWiG: Juristische Personen/ Personenvereinigung | Wichtig: nach aktueller Rechtsprechung des EuGH keine Anwendung im supranationalen Regelungsregime der DS-GVO<br>Bei Verbandsgeldbußen nach nationalem Recht: Zurechnung mit der Folge einer Geldbuße gegen juristische Personen und Personenvereinigungen |
| IV.2 | 130 OWiG[6] | | OWi | § 130 OWiG: Inhaber des Betriebs oder Unternehmens und Leitungspersonen (§ 9 OWiG) | Aufsichtspflichtverletzung |
| V. | TKG | | | | |
| V.1 | §§ 148, 89, 90 TKG | | Straftat | | Verletzung des Abhörverbots, der Geheimhaltungspflicht der Betreiber von Empfangsanlagen und Missbrauch von Sende- oder sonstigen Telekommunikationsanlagen |

## Anmerkungen

**1. Allgemeines zu § 42 BDSG.** In § 42 Abs. 1 und Abs. 2 BDSG werden Straftatbestände geregelt. In den Abs. 3 und 4 des § 42 BDSG hingegen werden ergänzende verfahrensrechtliche Regelungen festgelegt.

Es ist umstritten, ob der persönliche Anwendungsbereich des § 42 BDSG nur für die Datenverarbeitung Verantwortliche und Auftragsverarbeiter erfasst (Sonderdelikt) oder der Tatbestand durch jede beliebige Person verwirklicht werden kann (Jedermannsdelikt). Entgegen dem Wortlaut, der auf ein Jedermannsdelikt hindeutet, spricht die – in diesem Abschnitt an Verantwortliche und Auftragsverarbeiter gerichtete – Regelungssystematik der DS-GVO für die Einordnung als Sonderdelikt (BeckOK DatenschutzR/Brodowski/Nowak BDSG § 42 Rn. 15; aA Kühling/Buchner/Bergt BDSG § 42 Rn. 3). Der sachliche Anwendungsbereich umfasst die Verarbeitung personenbezogener Daten durch eine in § 1 Abs. 1 des BDSG genannte Stelle unter

Zugrundelegung des Art. 2 DS-GVO. Sanktioniert werden besonders gewichtige Verletzungen des Schutzes personenbezogener Daten. Hierzu zählt insbesondere der gewerbliche Handel mit unrechtmäßig erlangten Daten. Damit erfasst die Norm ein breites Spektrum an Verstößen: zB illegaler Datenhandel von erschlichenen oder ausgespähten Zahlungs- oder Kreditkartendaten. Tat- und Schutzobjekt sind personenbezogene Daten, die nicht allgemein zugänglich sind. Daten sind nach der Rechtsprechung des BGH zu § 44 Abs. 1 iVm § 43 Abs. 2 BDSG aF diejenigen personenbezogen Daten, „die von jedermann zur Kenntnis genommen werden können, ohne dass der Zugang zu den Daten rechtlich beschränkt ist" (BGH 4.6.2013 – 1 StR 32/13, NJW 2013, 2530 (2533)). Hiernach sind bspw. Daten allgemein zugänglich, die durch die Betroffenen selbst veröffentlicht wurden, frei abrufbar sind oder auf die jedermann oder ein großer Personenkreis ohne Hürden zugreifen kann (vgl. Gola/Heckmann/Ehmann BDSG § 42 Rn. 9). Problematisch ist in diesem Zusammenhang, dass durch eine Offenlegung im Rahmen einer Straftat die Qualifizierung als „nicht öffentlich zugänglich" entfallen könnte (so BeckOK DatenschutzR/Brodowski/Nowak BDSG § 42 Rn. 28; aA Kühling/Buchner/Bergt BDSG § 42 Rn. 13). Soweit man der Gegenansicht folgen will, die auch in diesen Fällen die Daten für nicht öffentlich zugänglich qualifizieren will, kann dies allenfalls dann gelten, wenn die Rechtswidrigkeit der Veröffentlichung zumindest erkennbar ist.

Die Norm schützt vor spezifischen Verletzungen des Rechts auf informationelle Selbstbestimmung als Teil des allgemeinen Persönlichkeitsrechts (Art. 2 Abs. 1 iVm Art. 1 Abs. 1 GG; Art. 8 GRCh). Schutzzweck ist die Vertraulichkeit dieser sensiblen Daten (BeckOK DatenschutzR/Brodowski/Nowak BDSG § 42 Rn. 7). Das Vermögen ist lediglich reflexartig und somit mittelbar mitgeschützt. Welche Rechtsgüter geschützt sind, ist für die Frage von Bedeutung, ob ein Akteneinsichtsrecht als Verletzter besteht (→ Form. O.II. 2.).

Mit Ausnahme der Regelungen über die strafrechtliche Einwilligung, die durch die datenschutzrechtlichen Spezialregelungen verdrängt werden, sind die allgemeinen Rechtfertigungs-, Entschuldigungs- und Schuldausschließungsgründe anzuwenden (BeckOK DatenschutzR/Brodowski/Nowak BDSG § 42 Rn. 63).

Nach § 42 Abs. 3 BDSG handelt es sich um ein Antragsdelikt, sodass eine Straftat nur verfolgt werden kann, wenn ein Strafantrag durch einen Antragsberechtigten vorliegt. Nach S. 2 sind nur folgende Gruppen antragsberechtigt: betroffene Personen (Art. 4 Nr. 1 Hs. 1 DS-GVO), der Verantwortliche (Art. 4 Nr. 7 DS-GVO), die oder der Bundesbeauftragte (§ 8 Abs. 1 BDSG) und die Aufsichtsbehörden (Art. 51 Abs. 1 DS-GVO). Die Aufzählung ist abschließend. Zu beachten ist die als Ausschlussfrist konzipierte Antragsfrist von drei Monaten (§ 77b Abs. 1 StGB). Die Frist bestimmt sich für jeden Antragsberechtigten gesondert (§ 77b Abs. 2 StGB) und beginnt mit Ablauf des Tages, an dem der Berechtigte von der Tat und der Person des Täters Kenntnis erlangt.

Durch Abs. 4 wird ein Verwertungsverbot statuiert (→ Anm. 6 f.). Die Erfüllung der Meldepflicht nach Art. 33 DS-GVO und die Erfüllung der Benachrichtigungspflicht nach Art. 34 DS-GVO sollen nicht zu einer Verletzung des Verbots der Selbstbezichtigung (Nemo-tenetur-Grundsatz) führen (Gola/Heckmann/Ehmann BDSG § 42 Rn. 33).

**2. Gewerbsmäßige, unberechtigte Verbreitung personenbezogener Daten einer großen Zahl von Personen.** Nach Abs. 1 wird die gewerbsmäßige, unberechtigte

Verbreitung personenbezogener Daten einer großen Zahl von Personen bestraft. Erforderlich ist, dass es sich um nicht allgemein zugängliche Daten (→ Anm. 10) einer großen Zahl von Personen handelt. Es ist ungeklärt, was unter einer Vielzahl in diesem Sinne zu verstehen ist. In der Literatur werden unterschiedliche Werte vertreten (nicht unter 50: BeckOK DatenschutzR/Brodowski/Nowak BDSG § 42 Rn. 29; „jedenfalls im zweistelligen Bereich" Kühling/Buchner/Bergt BDSG § 42 Rn. 6). Teilweise wird nach Art der Zugänglichmachung unterschieden. So soll bei Zugänglichmachung auf nicht elektronischem Wege eine Zahl von 20 bis 30 Personen tatbestandsmäßig sein und bei Zugänglichmachung auf elektronischem Weg erst ab mehreren 100 Personen (Gola/Heckmann/Ehmann BDSG § 42 Rn. 8). Für eine derartige Differenzierung findet sich jedoch keine Stütze im Gesetz. Die Konkretisierung bleibt der Rechtsprechung überlassen. Es ist jedoch zweifelhaft, dass bei der großen Bedeutung, die dem Datenschutzrecht nunmehr zukommt, Gerichte hier das Tatbestandsmerkmal allzu großzügig auslegen werden, sodass jedenfalls ab 100 Personen zumindest damit gerechnet werden muss, dass Abs. 1 als einschlägig angesehen werden könnte.

Die Tathandlung nach Nr. 1 betrifft die Übermittlung an einen Dritten. Die Zugänglichmachung auf andere Art und Weise wird durch Nr. 2 erfasst. Daten sind dann übermittelt, wenn sie in den Machtbereich eines Dritten gelangt sind und dieser ohne weitere Maßnahmen auf sie zugreifen kann, so zB bei Übersendung der Daten per E-Mail (Kühling/Buchner/Bergt BDSG § 42 Rn. 17; BeckOK DatenschutzR/Brodowski/Nowak BDSG § 42 Rn. 30). Es handelt sich um ein „Weggeben" der Daten. In Abgrenzung hierzu müssen die Daten im Rahmen der Nr. 2 noch „weggenommen" werden; ausreichend ist die abstrakte Gefahr, dass ein Dritter von den personenbezogenen Daten Kenntnis erlangt (zB zum Download oder Abruf bereitstellen). Der objektive Tatbestand erfordert als allgemeine Voraussetzung, dass der Erfolg kausal und objektiv zurechenbar ist. Eine Unterlassensstrafbarkeit richtet sich nach den Regelungen des allgemeinen Teils und erfordert demnach eine Garantenstellung. Eine Übermittlung ist vom Tatbestand nur erfasst, wenn Adressat ein Dritter iSv Art. 4 Nr. 10 DS-GVO ist (BeckOK DatenschutzR/Brodowski/Nowak BDSG § 42 Rn. 32). Die Voraussetzung ist folglich insbesondere stets dann erfüllt, wenn eine Veröffentlichung (bspw. im Internet) erfolgt.

Der objektive Tatbestand des § 42 Abs. 1 BDSG erfordert sowohl im Rahmen der Nr. 1 als auch der Nr. 2 ein Handeln ohne Berechtigung („ohne hierzu berechtigt zu sein"). Ein datenschutzrechtlicher Erlaubnistatbestand kann sich aus der DS-GVO, dem BDSG oder einer anderen Norm ergeben. In diesem Zusammenhang sind insbesondere die datenschutzrechtliche Einwilligung (Art. 6 Abs. 1 lit. a DS-GVO; Art. 9 Abs. 2 lit. a DS-GVO; → Form. H. I.; → Form. I. II.; → Form. J. III.; → Form. K. II.) und die datenschutzrechtliche Interessenabwägung von Bedeutung (Art. 6 Abs. 1 lit. f DS-GVO).

Der subjektive Tatbestand ist erfüllt, wenn Vorsatz gegeben ist. Ein fahrlässiges Handeln ist im Kontext des § 42 BDSG nicht ausreichend. Aus dem Merkmal „wissentlich" ergibt sich, dass nicht jede Vorsatzform zu einer Strafbarkeit führt, sondern sicheres Wissen, also direkter Vorsatz (dolus directus 2. Grades) hinsichtlich der objektiven Tatbestandsmerkmale vorliegen muss. Der Vorsatz muss sich daher auch auf die fehlende Berechtigung erstrecken. Folglich ist ein Irrtum über das Vorliegen einer datenschutzrechtlichen Erlaubnisnorm als vorsatzausschließender Tatbestandsirrtum iSv § 16 StGB zu behandeln (Kühling/Buchner/Bergt BDSG § 42 Rn. 26).

Beide Varianten des Abs. 1 erfordern zudem ein gewerbsmäßiges Handeln (s. zur Gewerbsmäßigkeit im deutschen Strafrecht Brodowski wistra 2018, 97). Gewerbsmäßig handelt nach hM, wer sich durch wiederholte Tatbegehung eine fortlaufende Einnahmequelle von einiger Dauer und einigem Umfang verschaffen will (statt vieler BGH 9.3.2017 – 3 StR 529/16, BeckRS 2017, 107300; MüKoStGB/Maier § 260 Rn. 4). Im Rahmen der Auslegung kann auf die allgemeine Rechtsprechung zurückgegriffen werden (vgl. zB Brodowski wistra 2018, 97), sodass insbesondere eine Gewerbsmäßigkeit bereits bei der ersten Tatbegehung vorliegen kann.

Der Versuch ist nicht strafbar, da Abs. 1 weder ein Verbrechen (§ 12 Abs. 1 StGB) darstellt noch eine ausdrückliche Anordnung einer Versuchsstrafbarkeit enthält (§ 23 Abs. 1 StGB).

**3. Unberechtigtes Verarbeiten oder Erschleichen personenbezogener Daten.** Abs. 2 bestraft in Nr. 1 die unberechtigte Verarbeitung personenbezogener Daten, die nicht allgemein zugänglich sind, wenn der Täter gegen Entgelt oder in der Absicht handelt, sich oder einen anderen zu bereichern oder einen anderen zu schädigen. Hinsichtlich des Tatbestandsmerkmals des „Verarbeitens" ist umstritten, ob die weite Begriffsbestimmung des Art. 4 Nr. 2 DS-GVO teleologisch auf Verarbeitungsformen zu reduzieren ist, welche die Vertraulichkeit verletzen oder deren Verletzung intensivieren oder aufrechterhalten. Andernfalls wäre quasi jeder Umgang mit personenbezogenen Daten tatbestandsmäßig (so auch BeckOK DatenschutzR/Brodowski/Nowak BDSG § 42 Rn. 45 ff.; aA Kubiciel/Großmann NJW 2019, 1050 (1053 f.), die zwar das Ergebnis grundsätzlich begrüßen, aber die Wortlautgrenze als überschritten ansehen). Ein „Erschleichen" ist zu bejahen, wenn der Täter durch unrichtige Angaben Zugriff auf die Daten erhält.

Beide Varianten des Abs. 2 setzen voraus, dass der Täter gegen Entgelt oder in der Absicht handelt, sich oder einen anderen zu bereichern oder einen anderen zu schädigen. Ein Entgelt ist nach der Begriffsdefinition des § 11 Abs. 1 Nr. 9 StGB jede in einem Vermögensvorteil bestehende Gegenleistung. Zwischen dem Täter und irgendeinem Dritten muss das Entgelt für die Vornahme der unberechtigten Datenverarbeitung vereinbart worden sein. Unbeachtlich ist, ob die Vereinbarung rechtlich wirksam ist und tatsächlich erbracht wurde (BeckOK DatenschutzR/Brodowski/Nowak BDSG § 42 Rn. 48; Gola/Heckmann/Ehmann BDSG § 42 Rn. 22). Eine Bereicherungsabsicht liegt vor, wenn der Täter in der Absicht handelt, sich oder einen anderen zu bereichern (dolus directus 1. Grades), also sein Wille hierauf gerichtet ist (Kühling/Buchner/Bergt BDSG § 42 Rn. 47). Eine Bereicherung ist gegeben, wenn der Täter sich oder einem anderen einen unmittelbaren oder mittelbaren Vermögensvorteil verschafft. Der Vermögensvorteil muss nicht zwingend rechtswidrig sein (Kühling/Buchner/Bergt BDSG § 42 Rn. 48). Alternativ kann der Tatbestand erfüllt sein, wenn der Täter in Schädigungsabsicht handelt (Kühling/Buchner/Bergt BDSG § 42 Rn. 51). Eine solche liegt vor, wenn der Täter mit dolus directus 1. Grades einen Nachteil für einen Dritten beabsichtigt. Der Nachteil kann sowohl materieller wie auch immaterieller Natur sein. In Betracht kommen bspw. die heimliche Suche nach Kündigungsgründen, die Nutzung von Daten zur Erpressung oder Einschüchterung sowie die Absicht, jemanden in der Öffentlichkeit bloßzustellen (hierzu mit Rspr. zur alten Rechtslage Kühling/Buchner/Bergt BDSG § 42 Rn. 53). Im Übrigen ist im Gegensatz zu Abs. 1 bedingter Vorsatz (→ Anm. 5) ausreichend. Liegt keine Bereicherungs- und Schädigungsabsicht vor, muss der Vorsatz auch die Entgeltlichkeit umfassen (Kühling/Buchner/Bergt BDSG § 42 Rn. 42 ff.; BeckOK DatenschutzR/Brodowski/Nowak BDSG § 42 Rn. 49). Eine Versuchsstrafbarkeit besteht wie im Rahmen des Abs. 1 nicht.

**4. Bußgeldvorschrift des § 43 BDSG.** Nach § 43 BDSG handelt ordnungswidrig, wer vorsätzlich oder fahrlässig entgegen § 30 Abs. 1 BDSG ein Auskunftsverlangen nicht richtig behandelt oder entgegen § 30 Abs. 2 S. 1 BDSG einen Verbraucher nicht, nicht richtig, nicht vollständig oder nicht rechtzeitig unterrichtet. Nach Abs. 3 können (aktuell) gegen Behörden und sonstige öffentliche Stellen keine Geldbußen verhängt werden. Sanktioniert werden demnach Verstöße gegen die Vorschriften über Verbraucherkredite. Die Bußgeldtatbestände ergänzen die Sanktionierung von Datenschutzverstößen nach Art. 83 DS-GVO iVm § 41 BDSG und „treten im Zusammenspiel mit diesem europäisierten Sanktionenrecht an die Stelle der bisherigen Bußgeldvorschrift des § 43 BDSG aF" (BeckOK DatenschutzR/Brodowski/Nowak BDSG Vorb. § 43). In Abs. 1 sind zwei spezielle Bußgeldtatbestände nach nationalem Recht geregelt. Keine Anwendung findet insoweit § 41 BDSG, der sich ausschließlich auf Verstöße nach Art. 83 Abs. 4–6 DS-GVO bezieht, sodass die dort geregelten Modifikationen nicht anzuwenden sind.

**5. Fahrlässigkeit und Vorsatz nach nationalem Regelungsregime.** Da im nationalen Regelungsregime Verbandsgeldbußen weiterhin von der Zurechnung der Taten von natürlichen (Leitungs-)Personen über § 30 OWiG abhängen, ist auf die Fahrlässigkeit dieser Personen abzustellen: Fahrlässig handelt ein Täter, „der eine objektive Pflichtverletzung begeht, sofern er diese nach seinen subjektiven Kenntnissen und Fähigkeiten vermeiden konnte und wenn gerade die Pflichtverletzung objektiv und subjektiv vorhersehbar den Erfolg herbeigeführt hat" (BGH 20.11.2008 – 4 StR 328/08, NStZ 2009, 148; vertiefend Duttge NStZ 2006, 266). Von Bedeutung ist insbesondere die Abgrenzung von bewusster Fahrlässigkeit und bedingtem Vorsatz.

Im Fall des Vorsatzes ist für die Erfüllung des subjektiven Tatbestandes erforderlich, dass sich der Vorsatz auf die objektiven Tatbestandsmerkmale bezieht. Vorsatz ist im Rahmen des StGB das „Wissen und Wollen der Tatbestandsverwirklichung" (MüKoStGB/Joecks § 16 Rn. 13). Man unterscheidet zwischen Absicht (zielgerichtetes Wollen), direktem Vorsatz (sichere Kenntnis bzw. Wissen) und bedingtem Vorsatz (BeckOK StGB/Kudlich § 15 Rn. 17). Letzterer ist insbesondere von der bewussten Fahrlässigkeit abzugrenzen. Diese unterscheiden sich darin, „dass der bewusst fahrlässig Handelnde mit der als möglich erkannten Folge nicht einverstanden ist und auf deren Ausbleiben vertraut, während der bedingt vorsätzlich handelnde Täter den Eintritt des schädlichen Erfolges um des erstrebten Zieles willen billigend in Kauf nimmt oder sich wenigstens mit der Tatbestandsverwirklichung abfindet" (BGH 25.4.2019 – 4 StR 442/18, NStZ 2019, 608 (609) mwN).

**6. Anwendbarkeit §§ 9, 30, 130 OWiG.** Wie bereits ausgeführt kommen diese Normen im Anwendungsbereich des Art. 83 DS-GVO im unionsrechtlichen Sanktionsregime nicht zur Anwendung, so ausdrücklich der EuGH und in der Folge auch das KG. Im nationalen Regelungsregime können die Normen jedoch relevant bleiben. Dies gilt nicht nur im Kontext national geregelter Ordnungswidrigkeiten wie des § 43 BDSG. Gerade § 30 und § 130 OWiG haben vielmehr auch bei Straftaten durch Mitarbeiter unterhalb der Leitungsebene eine Brücken- bzw. Zurechnungsfunktion.

Durch § 130 OWiG besteht die Möglichkeit, bei Verstößen gegen das nationale Regelungsregime Sanktionen gegenüber Unternehmensverantwortlichen festzusetzen. Wer als Inhaber eines Betriebs oder Unternehmens (oder gleichgestellte Person nach § 9 OWiG) vorsätzlich oder fahrlässig die Aufsichtsmaßnahmen unterlässt, die erforderlich sind, um in dem Betrieb oder Unternehmen Zuwiderhandlungen gegen Pflichten zu verhindern, die den Inhaber treffen und deren Verletzung mit Strafe oder Geldbuße bedroht ist, handelt nach § 130 OWiG ordnungswidrig, wenn eine solche Zuwiderhandlung begangen wird, die durch gehörige Aufsicht verhindert oder wesentlich erschwert worden wäre. Erforderliche Aufsichtsmaßnahmen sind insbesondere die sorgfältige Auswahl von Personal, eine klare und gut strukturierte Organisation (insbesondere die Aufteilung der Verantwortlichkeiten/Zuständigkeiten), Instruktion und Aufklärung, regelmäßige Überwachung und Kontrolle (Durchführung von Stichproben) sowie die Androhung und Verhängung von Sanktionen. Durch die Vorschrift wird eine Garantenstellung kraft Organisationszuständigkeit etabliert. Die Vorschrift dient dem Ziel, dass Betriebe und Unternehmen derart organisiert werden, dass die Begehung betriebsbezogener Zuwiderhandlungen möglichst verhindert wird (KK-OWiG/Rogall § 130 Rn. 1).

Besondere Relevanz kommt in dieser Systematik der Durchgriffsmöglichkeit auf das Unternehmen nach § 30 OWiG zu. Nochmals sei betont: Dieses Bindeglieds bedarf es nur noch im nationalen Regelungsregime. So gibt es derzeit in Deutschland weiterhin kein Unternehmensstrafrecht im engeren Sinne, jedoch kann nach § 30 OWiG ein Bußgeld (Verbandsgeldbuße) verhängt werden, wenn eine Leitungsperson eine Straftat oder Ordnungswidrigkeit begangen hat und hierdurch Pflichten des Unternehmens verletzt worden sind.

## II. Anträge auf Akteneinsicht

Das Akteneinsichtsrecht ist eines der fundamentalen Rechte im Rahmen eines Verfahrens, das von wesentlicher Bedeutung für eine effektive Verteidigung ist. Durch die Akteneinsicht wird die Verteidigung überhaupt erst in die Lage versetzt, die Rechte der Mandanten durchzusetzen. Gleichzeitig ist die Akteneinsicht Grundlage für eine sachgerechte Verteidigung, da sie den Sachstand nach aktueller Verfahrenslage wiedergibt. Erst nach erfolgter Akteneinsicht kann sinnvoll über eine Verteidigungsstrategie nachgedacht werden. Dem Informationsinteresse und -bedarf auf Seiten der Verteidigung stehen jedoch zum einen die mögliche Gefährdung des Ermittlungserfolgs und zum anderen die schutzwürdigen Interessen Dritter gegenüber, wenn diese betreffende Informationen in der Akte enthalten sind und die Akte ggf. sogar an mehrere Beschuldigte, deren Verteidiger oder möglicherweise sogar Dritte (Privatpersonen oder sonstige private Stellen, die nicht Verfahrensbeteiligte sind, wie zB nicht verletzte Zeugen oder Arbeitgeber bei gegen den Arbeitnehmer erhobenen Vorwürfen) herausgegeben werden soll. Diese gegenläufigen Interessen sind in Einklang zu bringen, obwohl es häufig nicht möglich sein wird, klare Abgrenzungen vorzunehmen und allen Interessen gerecht zu werden. Insbesondere wenn Rechte Dritter betroffen sind, wird es regelmäßig eines erhöhten Argumentationsaufwands bedürfen, die vollständige Akte zu erhalten. Aufgrund der Verweisungsnorm des § 41 BDSG gelten im Rahmen von Verfahren nach Art. 83 DS-GVO die Vorschriften über das Akteneinsichtsrecht in der StPO bzw. OWiG.

### 1. Antrag auf Akteneinsicht des Beschuldigten

[Zuständige Behörde]

Strafrechtliches/Bußgeldrechtliches (Ermittlungs-)Verfahren[1] gegen […]
Az.: […]

Sehr geehrte[r] Herr/Frau […],

bezugnehmend auf unser Telefonat am […] zeige ich hiermit an, dass mich die [… GmbH/AG], vertreten durch Herrn/Frau […], […], mit der Verteidigung in dem im Betreff genannten strafrechtlichen/bußgeldrechtlichen Ermittlungsverfahren beauftragt hat. Die ordnungsgemäße Bevollmächtigung[2] wird anwaltlich versichert.

Ferner beantrage ich

Akteneinsicht[3]

und bitte um Übersendung[4] der Ermittlungsakte einschließlich etwaiger Sonderhefte, Beiakten und Beweismittelordner an meine vorstehende Kanzleianschrift. Die unverzügliche Rückgabe der Akte wird zugesichert.

**Nach Sichtung und Auswertung der Akte erlaube ich mir, wieder auf Sie zuzukommen, um das weitere Vorgehen abzustimmen.**

**Im Fall von Rückfragen stehe ich Ihnen gerne zur Verfügung.**

Mit freundlichen Grüßen
[...]

Anlage

## Anmerkungen

**1. Akteneinsicht im strafrechtlichen/bußgeldrechtlichen Verfahren.** Ein Anspruch auf Akteneinsicht kann unter den Voraussetzungen des § 29 VwVfG bereits im behördlichen Verfahren bestehen (generell → Form. N.) und nicht erst im sich eventuell anschließenden Bußgeld- bzw. Strafverfahren. In jedem Fall sollte vor jedem Tätigwerden geprüft werden – insbesondere vor Beantwortung etwaiger Fragen oder der Bereitstellung von Informationen/Unterlagen –, ob zunächst Einsicht in die Akten genommen werden kann. Dies wird regelmäßig geboten sein, um zu wissen, von welchem Sachverhalt die Behörde ausgeht, und um die Rechtslage bewerten zu können. Im Anschluss an die Akteneinsicht kann je nach Verteidigungsstrategie Kontakt mit den Behörden aufgenommen und ggf. eine Stellungnahme abgegeben werden. Eine grundlegende Frage wird in diesem Zusammenhang sein, ob eine Kooperation mit den Behörden erfolgen soll oder nicht. Insoweit ist zu beachten, dass ein kooperatives Verhalten maßgeblich bei der Bemessung der Geldbuße berücksichtigt werden kann (→ Form. O.I. Anm. 6).

**2. Vollmacht.** Das Akteneinsichtsrecht steht dem Beschuldigten bzw. Betroffenen zu. Es ist jedoch regelmäßig durch den Verteidiger wahrzunehmen, der hierzu gem. § 41 Abs. 2 BDSG iVm § 147 Abs. 1 StPO (ggf. iVm § 46 Abs. 1 OWiG) befugt ist. Hierzu ist einzige Voraussetzung, dass ein Mandatsverhältnis besteht. Der diesbezügliche Nachweis kann durch eine einfache Anzeige erfolgen (BVerfG 14.9.2011 – 2 BvR 449/11, NJW 2012, 141 (142)). Der Vorlage einer schriftlichen Vollmacht bedarf es für gewöhnlich nicht. Eine Ausnahme liegt vor, wenn Zweifel an der Mandatierung bestehen, weil bspw. bereits eine Anzeige eines anderen Verteidigers eingegangen ist. Das Gericht muss die Unstimmigkeiten aufklären. Lassen sich die Zweifel trotz angemessener Aufklärungsbemühungen nicht ausräumen, ist zum Schutz der Daten des Betroffenen vor unberechtigter Kenntnisnahme die Akteneinsicht zu versagen (AG Bad Segeberg 27.3.2019 – 31 OWi 578 Js 40620/18, BeckRS 2019, 5143).

In der Praxis dürfte diese Komplikation die Ausnahme darstellen. Zuweilen gehen Empfehlungen auch dahin, auf die Vorlage einer Vollmacht zu verzichten, um Zustellungsmöglichkeiten im Sinne des § 51 Abs. 3 OWiG bzw. § 145a Abs. 1 StPO zu vermeiden. Wenn sich aus dem konkreten Verfahren kein Anlass ergibt, dürfte es sich im vorliegenden Kontext im Regelfall nicht lohnen, Diskussionen um die Vorlage einer Vollmacht zum „Nebenkriegsschauplatz“ werden zu lassen.

**3. Anspruch auf Akteneinsicht.** Ein Anspruch auf Akteneinsicht ergibt sich im Strafverfahren (zB wegen § 42 BDSG) aus § 147 StPO und im Bußgeldverfahren aus derselben Norm über die Verweisung des § 46 OWiG.

Im Bußgeldverfahren wegen eines Verstoßes nach Art. 83 DS-GVO gelten über die Verweisungsnorm § 41 BDSG entsprechend die Vorschriften des OWiG. Über die Verweisung findet auch § 46 Abs. 1 OWiG Anwendung. Hiernach wird dem Verteidiger einer natürlichen Person im Bußgeldverfahren iVm § 147 StPO Einsicht in die Akten gewährt.

Dem Beschuldigten, der keinen Verteidiger hat, steht ein Akteneinsichtsrecht nach § 49 OWiG zu, soweit der Untersuchungszweck nicht gefährdet wird und überwiegende schutzwürdige Interessen Dritter nicht entgegenstehen. Seit der Neuregelung des § 147 StPO hat auch der unverteidigte Beschuldigte in einem Strafverfahren mit entsprechenden Einschränkungen ein unmittelbares Akteneinsichtsrecht nach § 147 Abs. 4 StPO.

Im Falle eines Unternehmens bzw. einer juristischen Person wird sich das Akteneinsichtsrecht nunmehr bereits aus der unmittelbaren Betroffenheit bzw. Adressatenstellung ergeben, andernfalls zumindest über die Verweisung in § 444 StPO in entsprechender Anwendung. Hier zeigt sich ein weiteres Beispiel dafür, dass das nationale Regelungsregime und insbesondere das Verfahrensrecht noch nicht auf die unmittelbare Adressatenstellung juristischer Personen eingerichtet sind.

Ein unbeschränktes Akteneinsichtsrecht besteht erst mit Abschluss der Ermittlungen durch die jeweilige Verwaltungsbehörde (Krenberger/Krumm/Bohnert/Krenberger/Krumm OWiG § 46 Rn. 51). Eine Versagung vor Abschluss der Ermittlungen ist nur bei Vorliegen der in Abs. 2 genannten Gründe zulässig. Es ist deshalb stets zu prüfen, ob wenigstens teilweise Akteneinsicht gewährt werden kann (KK-StPO/Zabeck § 406e Rn. 9). Über das Recht zur Einsichtnahme entscheidet diejenige Stelle, die zum jeweiligen Zeitpunkt die Verfahrensherrschaft innehat. Grundsätzlich besteht ein Recht auf Einsicht in die vollständige Akte, also sämtliche verfahrensgegenständlichen Aktenbestandteile, insbesondere auch polizeiliche Ermittlungsvorgänge, nebst etwaigen Ton- und Bildaufnahmen, die in Zusammenhang mit dem Tatvorwurf stehen. Aus dem Grundsatz der Aktenvollständigkeit folgt das Recht auf Kenntnisnahme von allen Akteninhalten, die für den Betroffenen als belastend oder entlastend von Bedeutung sein könnten (OLG Düsseldorf 22.7.2015 – IV-2 RBs 63/15, SVR 2015, 463; AG Lüdinghausen 9.2.2012 – 19 OWi 19/12 [b], BeckRS 2012, 4226). Sind maßgebliche Informationen nicht in der Ermittlungsakte enthalten, sondern in anderen Akten bzw. bei anderen Behörden, so sind auch diese zugänglich zu machen – ggf. im Wege der ergänzenden Akteneinsicht (Krenberger/Krumm/Bohnert/Krenberger/Krumm OWiG § 46 Rn. 51; VerfGH Saarland 27.4.2018 – Lv 1/18, NZV 2018, 275; zum Meinungsstreit zur Frage, ob Verfolgungsbehörde und Gericht verpflichtet sind, dem Betroffenen auch nicht bei der Akte befindliche Unterlagen zur Verfügung zu stellen Cierniak/Niehaus Anm. zu OLG Celle 10.6.2013 – 311 SsRs 98/13, NStZ 2014, 526). Über den genauen Umfang der zu gewährenden Akteneinsicht wird in der Praxis häufig gestritten, da sich dieser dem Gesetz nicht entnehmen lässt (s. vertiefend zB OLG Düsseldorf 22.7.2015 – IV-2 RBs 63/15, NZV 2016, 140).

Akteneinsicht kann mehrfach gewährt werden und das Recht besteht während des Verfahrens fort. Insbesondere wenn es nach erfolgter Akteneinsicht zu weiteren Ermittlungen gekommen ist oder die Akteneinsicht zunächst beschränkt war, kann und sollte erweiterte Akteneinsicht in die restlichen Aktenbestandteile genommen werden.

Soweit es um das Akteneinsichtsrecht des Beschuldigten geht, das durch den Verteidiger als Organ der Rechtspflege ausgeübt wird, greifen Bedenken hinsichtlich des Datenschutzes unbeteiligter Dritter regelmäßig nicht durch, da das umfassende Akteneinsichtsrecht Grundlage für eine effektive Verteidigung ist und nur auf diese Weise auch eine Waffengleichheit gewährleistet werden kann (AG Bergheim 25.2. 2019 – 48 OWi 221/19 (b), BeckRS 2019, 5142; s. zur Problematik der Akteneinsicht in Telekommunikationsakten Anm. Knauer/Pretsch NStZ 2016, 305 zu OLG Celle 24.7.2015 – 2 Ws 116/15).

Grundsätzlich ist jedoch bei der Akteneinsicht sowohl auf Seiten des Gewährenden als auch des Einsichtnehmenden ein ausreichender Datenschutz sicherzustellen. Dies ist nunmehr auch ausdrücklich im Gesetz festgelegt. Nach § 32f Abs. 4 und 5 StPO (Geltung im OWi-Verfahren über § 110c S. 1 OWiG) ist durch technische und organisatorische Maßnahmen zu gewährleisten, dass Dritte im Rahmen der Akteneinsicht keine Kenntnis vom Akteninhalt nehmen können. Die Namen der Personen, denen Akteneinsicht gewährt wurde, sollen durch technische Maßnahmen in abgerufenen Akten und auf übermittelten elektronischen Dokumenten nach dem Stand der Technik dauerhaft erkennbar gemacht werden (Abs. 4). Zudem dürfen Personen, denen Akteneinsicht gewährt wird, Akten, Dokumente, Ausdrucke oder Abschriften, die ihnen nach Abs. 1 oder 2 überlassen worden sind, weder ganz noch teilweise öffentlich verbreiten oder sie Dritten zu verfahrensfremden Zwecken übermitteln oder zugänglich machen. Insoweit erlangte personenbezogene Daten dürfen nur zu dem Zweck verwendet werden, für den die Akteneinsicht gewährt wurde. Wird anderen Personen Akteneinsicht gewährt, sind sie auf die Zweckbindung hinzuweisen (Abs. 5). Somit ist es in aller Regel zulässig, dem Mandanten Akteneinsicht in Form der Überlassung einer Kopie zu gewähren, nicht hingegen fremden Dritten, wie zB Journalisten (KK-OWiG/Lampe OWiG § 49 Rn. 6).

Die Akteneinsicht (elektronisch/in Papierform) soll kostenlos sein (BT-Drs. 18/ 9416, 56). Im Fall einer Übersendung wird in der Regel eine Pauschale verlangt (BT-Drs. 18/9416, 57), zB 12 EUR.

Wird die Akteneinsicht von der Verwaltungsbehörde gänzlich versagt oder nicht in vollem Umfang gewährt, kann nach hM ein Antrag auf gerichtliche Entscheidung nach § 62 OWiG gestellt werden, wenn die Versagung nach dem Vermerk der Verwaltungsbehörde über den Abschluss der Ermittlungen in den Akten (§ 61 OWiG) erfolgte oder die Ermittlungen jedenfalls in tatsächlicher und rechtlicher Hinsicht abgeschlossen sind (KG 20.2.2002 – 2 Ss 293/01 – 3 Ws (B) 1/02, NZV 2004, 153; AG Prenzlau 24.10.2018 – 21 OWi 691/18, NStZ 2019, 533; AG Lüdinghausen 9.2.2012 – 19 OWi 19/12 (b), BeckRS 2012, 4226). Hier kann es empfehlenswert sein, den Antrag sowohl an die zuständige Behörde als auch an das zuständige Gericht zu senden, um eine möglichst zeitnahe Bearbeitung zu gewährleisten (Krumm NJW 2017, 607 (607f.)).

Im Rahmen eines strafrechtlichen Verfahrens bestimmt § 147 Abs. 5 StPO, dass bei Versagung der Akteneinsicht durch die Staatsanwaltschaft, die nach § 147 Abs. 5 S. 1 StPO hierüber zu entscheiden hat, eine gerichtliche Entscheidung durch das nach § 162 StPO zuständige Gericht beantragt werden kann. Dies gilt allerdings ausweislich des Wortlauts nur in den ausdrücklich in § 147 Abs. 5 S. 2 StPO genannten Fällen. Es ist umstritten, ob trotz der eindeutigen Regelung eine analoge

Anwendung auch in anderen Fällen zur Gewährleistung effektiven und einheitlichen Rechtsschutzes notwendig ist. Dies wird teilweise abgelehnt (BGH 26.1.2011 – 4 BGs 1/11, NStZ-RR 2012, 16). Der Gegenmeinung ist insoweit jedoch zuzustimmen, da eine Dienstaufsichtsbeschwerde keinen ausreichenden Rechtsschutz bietet und der Beschuldigte dann schlechter gestellt wäre als der Verletzte, dem eine Rechtsschutzmöglichkeit nach § 406e Abs. 4 S. 2 StPO zusteht (LG Regensburg 24.7.2017 – 6 Qs 29/17, StraFo 2017, 451 (452); BeckOK StPO/Wessing § 147 Rn. 37; MüKoStPO/Thomas/Kämpfer § 147 Rn. 59; s. auch OLG Rostock 7.7. 2015 – 20 VAs 2/15, BeckRS 2015, 12209). Auch der BGH lässt grundsätzlich in besonderen Fällen einen Rechtsschutz in erweiterter Auslegung zu (vgl. BGH 11.11.2004 – 5 StR 299/03, BGHSt 49, 317; s. zur Problematik der entsprechenden Anwendung bei Gewährung von Akteneinsicht LG Koblenz 8.6.2020 – 10 Qs 29/20, wistra 2020, 429). Dies gilt insbesondere unter Berücksichtigung des Grundsatzes der Waffengleichheit und des fairen Verfahrens.

Ebenso umstritten ist, ob gegen alle Entscheidungen des Vorsitzenden, die das Akteneinsichtsrecht verkürzen oder gänzlich versagen, die Beschwerde zulässig ist. Teilweise wird die Ansicht vertreten, dass die Beschwerde – jedenfalls nach Eröffnung des Hauptverfahrens – nach § 305 S. 1 StPO bei Ablehnung eines Antrags auf Akteneinsicht unzulässig sei (OLG Nürnberg 18.5.2015 – 1 Ws 189/15, BeckRS 2015, 10212; OLG Naumburg 29.9.2009 – 1 Ws 602/09, BeckRS 2009, 29088; OLG Hamm 5.8.2004 – 2 Ws 200/04, NStZ 2005, 226; OLG Frankfurt a.M. 10.7.2001 – 3 Ws 656/01, NStZ-RR 2001, 374 mwN). Eine Versagung der Akteneinsicht in diesem Verfahrensstadium stehe nämlich in engem innerem Zusammenhang mit der Urteilsfällung und könne geeignet sein, den Ausgang des Verfahrens zu beeinflussen. Der Anspruch auf rechtliches Gehör und ein faires Verfahren sei insoweit durch den Revisionsgrund des § 338 Nr. 8 StPO geschützt.

Die Frage nach der Anfechtbarkeit einer versagten Akteneinsicht im Bußgeldverfahren ist insbesondere im Bereich der Verkehrsordnungswidrigkeiten höchst umstritten. Nach einer Auffassung ist die Beschwerde auch im OWi-Verfahren entsprechend für den Zeitraum ab dem Einspruch gegen einen Bußgeldbescheid (LG Limburg 26.6.2018 – 1 Qs 80/18, BeckRS 2018, 16866) unzulässig.

Nach der überzeugenden Gegenmeinung gilt der Beschwerdeausschluss in § 305 S. 1 StPO hingegen nicht bei Entscheidungen, bei denen die Beschwer durch Anfechtung des Urteils nicht mehr beseitigt werden kann, wozu auch die Versagung des Akteneinsichtsrecht zählt (LG Hanau 7.1.2019 – 4b Qs 114/18, zfs 2019, 231 mAnm Krenberger; LG Trier 14.9.2017 – 1 Qs 46/17, DAR 2017, 721; KK-StPO/Willnow § 147 Rn. 28). Die Ansicht, die eine Beschwerde in diesen Fällen für zulässig erachtet, stützt sich darauf, dass die Beschwerde schon zur Vermeidung eines später nicht mehr zu beseitigenden rechtswidrigen Zustands als zulässig zu erachten sei. Zudem stehe die Entscheidung über die Akteneinsicht insoweit nicht in einem inneren Zusammenhang mit dem späteren Urteil. Die Rechtmäßigkeit der Akteneinsicht werde bei der Urteilsfällung nicht überprüft (LG Hanau 7.1.2019 – 4b Qs 114/18, zfs 2019, 231 mAnm Krenberger; LG Trier 14.9.2017 – 1 Qs 46/17, ZD 2018, 123).

Unzulässig ist die Beschwerde jedenfalls dann, wenn sie sich gegen Entscheidungen des OLG zu den Modalitäten der Akteneinsicht richtet (BGH 6.6.2019 – StB 11/19, NStZ-RR 2019, 255; BGH 30.6.2016 – StB 18/16, BeckRS 2016, 12732). Auch im Übrigen waren Entscheidungen über die Art und Weise der Einsicht schon bisher nach § 147 Abs. 4 S. 2 StPO aF nicht anfechtbar. Insoweit ergibt sich nunmehr ausdrücklich aus § 32f Abs. 3 StPO, dass Entscheidungen betreffend die Form der Akteneinsicht nicht anfechtbar sind (OLG Hamburg 8.1.2018 – 2 Ws 229/17, wistra 2018, 229; OLG Saarbrücken 13.11.2018 – 1 Ws 258/18, NStZ 2019, 362; Geltung im OWi-Verfahren nach § 110c S. 1 OWiG).

**4. Anspruch auf Übersendung oder Überlassung der Akten.** Während das BVerfG früher offengelassen hat, ob ein Verteidiger unter den Voraussetzungen des § 147 Abs. 4 S. 1 StPO aF einen Anspruch auf Überlassung oder Übersendung der Akten hat und lediglich entschieden wurde, dass ihm zumindest ein Anspruch darauf zusteht, dass über seinen Antrag willkürfrei entschieden wird (BVerfG 14.9.2011 – 2 BvR 449/11, NJW 2012, 141 (142ff.)), ist nunmehr die Art und Weise der Akteneinsicht – sowohl in Bezug auf elektronische Akten als auch Akten in Papierform – sowie die diesbezüglich bestehenden Rechtsschutzmöglichkeiten ausdrücklich im Gesetz geregelt (§ 32f StPO). Bisher werden die Akten noch vielfach in Papierform geführt (zur Einsicht in die elektronische Akte und insbesondere zum besonderen Antrag bei Akteneinsicht durch Einsichtnahme in die elektronischen Akten in Diensträumen und dem Erfordernis der besonderen Begründung bei Antrag auf Übermittlung eines Aktenausdrucks der elektronischen Akte oder eines Datenträgers s. BeckOK StPO/Valerius § 32f Rn. 2ff.).

Nach § 32f Abs. 2 StPO (Geltung im OWi-Verfahren über § 110c S. 1 OWiG, Geltung im Rahmen der Verstöße nach Art. 83 Abs. 4–6 DS-GVO über § 41 BDSG) wird Einsicht in Akten, die in Papierform vorliegen, durch Einsichtnahme in die Akten in Diensträumen gewährt. Stehen keine wichtigen Gründe entgegen, kann die Akteneinsicht auch durch Bereitstellen des Inhalts der Akten zum Abruf oder durch Bereitstellen einer Aktenkopie zur Mitnahme gewährt werden. Auf besonderen Antrag hin werden einem Verteidiger oder Rechtsanwalt, soweit nicht wichtige Gründe entgegenstehen, die Akten auch zur Einsichtnahme in seine Geschäftsräume oder in seine Wohnung mitgegeben.

## 2. Antrag auf Akteneinsicht als Verletzter gem. § 406e StPO/§ 475 StPO

**[Zuständige Behörde]**

**Ermittlungsverfahren/Ordnungswidrigkeitenverfahren gegen […]**
**Az.: […]**

**Sehr geehrte/r Herr/Frau […],**

**in der oben bezeichneten Angelegenheit zeige ich die Vertretung der […] an. Die ordnungsgemäße Bevollmächtigung wird anwaltlich versichert. Ich beantrage**

**Akteneinsicht**

**gem. § 406e StPO[1] [bzw. (hilfsweise) gem. § 475 StPO] in die Haupt- oder Verfahrensakte einschließlich sämtlicher Beiakten, Beweismittelordner und sonstiger Beweisstücke. Ich bitte darum, die Aktenbestandteile zur Einsichtnahme an meine vorgenannte Kanzleianschrift zu übersenden. Die unverzügliche Rückgabe der Akten wird zugesichert.**

Begründung:

Meiner Mandantin steht in dem vorgenannten Verfahren als Verletzte nach § 406e StPO – zumindest aber als Dritte iSd § 475 StPO – ein Recht auf Akteneinsicht zu.

I. Akteneinsichtsrecht nach § 406e StPO

1. Verletzteneigenschaft[2]

Meine Mandantin ist Verletzte iSd § 406e StPO. Die personenbezogenen Daten meiner Mandantin könnten ebenso wie die Daten der im vorliegenden Verfahren betroffenen Personen unrechtmäßig gespeichert worden sein. Schon hieraus könnte sich die Verletzteneigenschaft ergeben. Jedenfalls aber ist gem. § 373b StPO insbesondere auch derjenige als Verletzter iSd § 406e StPO anzusehen, der aufgrund bestehender zivilrechtlicher Ansprüche ein berechtigtes Interesse an der Akteneinsicht hat.

2. Berechtigtes Interesse[3]

Auch ein berechtigtes Interesse liegt vor, da meiner Mandantin zivilrechtliche Schadensersatzansprüche zustehen.

Ein berechtigtes Interesse iSv § 406e StPO liegt vor, wenn ein schutzwürdiges rechtliches, wirtschaftliches oder ideelles Interesse des Verletzten gegeben ist, das darauf abzielt, eine laufende oder zukünftige Rechtsverfolgung oder Rechtsverteidigung zu ermöglichen bzw. die Chancen zu verbessern (MüKoStPO/Grau § 406e Rn. 4). Insoweit ist anerkannt, dass ein berechtigtes Interesse ua auch vorliegt, wenn durch die Akteneinsicht die Erfolgsaussichten zivilrechtlicher Ansprüche gegen die Täter geprüft werden sollen (BVerfG 5.12.2006 – 2 BvR 2388/06, NJW 2007, 1052 mwN).

3. Keine entgegenstehenden Gründe iSv § 406e Abs. 2 StPO[4]

Entgegenstehende Gründe iSv § 406e Abs. 2 StPO wurden bisher nicht geltend gemacht und liegen auch – soweit ersichtlich – nicht vor.

Unabhängig davon wäre jedenfalls zu prüfen, ob zumindest teilweise Akteneinsicht gewährt werden kann, da die Versagungsgründe nach § 406e Abs. 2 StPO nur Wirkung entfalten, „insoweit" Gründe entgegenstehen.

II. Akteneinsichtsrecht nach § 475 StPO[5]

Für den Fall, dass – entgegen der hier vertretenen Auffassung – eine Verletzteneigenschaft abgelehnt werden sollte, wird der Antrag hilfsweise auf § 475 StPO (Akteneinsicht für nicht am Verfahren beteiligte Privatpersonen sowie an sonstige Stellen) gestützt.

Zur Darlegung des berechtigten Interesses sowie einer etwaigen Teilakteneinsicht wird auf die vorstehenden Ausführungen verwiesen.

Mit freundlichen Grüßen
[…]

## Anmerkungen

**1. Akteneinsicht als Verletzter nach § 406e StPO.** Der durch einen Datenschutzverstoß Verletzte kann durch seinen Verteidiger Akteneinsicht beantragen (§ 406e StPO), wenn ein berechtigtes Interesse (→ Anm. 3) an der begehrten Akteneinsicht nachweisbar ist und keine überwiegenden schutzwürdigen Interessen des Beschuldigten oder anderer Personen entgegenstehen (→ Anm. 4). Für den nicht vertretenen Verletzten gilt ein Akteneinsichtsrecht entsprechend Abs. 1 und 2 (Abs. 3). In den Fällen des § 395 StPO bedarf es keiner Darlegung eines berechtigten Interesses (§ 406e Abs. 1 S. 2 StPO). Zum Begriff des Verletzten → Anm. 2. Im OWi-Verfahren ist aufgrund der in § 46 Abs. 3 S. 4 Hs. 2 OWiG geregelten Rückausnahme § 406e StPO sinngemäß anwendbar und somit über die Verweisungsnorm des § 41 BDSG auch bei Verfahren wegen eines Verstoßes nach Art. 83 DS-GVO. Das Akteneinsichtsrecht des Verletzten unterliegt bei berechtigten Schutzinteressen des Beschuldigten und Dritter, aber auch im Interesse der Wahrheitsfindung und der Verfahrensökonomie stärkeren Restriktionen als das des Beschuldigten nach § 147 StPO, denn das „Akteneinsichtsrecht ist für den Verletzten zwar ein wichtiges Informationsmittel, es ist für ihn aber nicht von der gleichen zentralen Bedeutung wie für den Beschuldigten, für dessen effektive Verteidigungsmöglichkeit es uneingeschränkt unerlässlich ist" (BT-Drs. 10/5305, 18).

Für die Gewährung der Akteneinsicht ist während des Vorverfahrens und nach rechtskräftigem Abschluss des Verfahrens die Staatsanwaltschaft zuständig (bzw. im OWi-Verfahren die zuständige Verwaltungsbehörde/Aufsichtsbehörde), im Übrigen der Vorsitzende des mit der Sache befassten Gerichts (§ 406e Abs. 5 S. 1 StPO).

Gegen eine ablehnende Entscheidung der Staatsanwaltschaft ist der Antrag auf gerichtliche Entscheidung zulässig (§ 406e Abs. 5 S. 2 StPO). Dem Betroffenen ist vor der Entscheidung rechtliches Gehör zu gewähren (BVerfG 15.4.2005 – 2 BvR 465/05, NStZ-RR 2005, 242; OLG Köln 2.4.2020 – 2 Ws 651/19, BeckRS 2020, 7539; BeckOK StPO/Weiner § 406e Rn. 18). Im OWi-Verfahren kann die gerichtliche Entscheidung gegen die Entscheidung der Verwaltungsbehörde/Aufsichtsbehörde nach § 62 OWiG (ggf. iVm § 41 BDSG) beantragt werden.

Nach § 406e Abs. 5 S. 4 StPO ist die Entscheidung des Gerichts über die Gewährung von Akteneinsicht für den Verletzten nicht anfechtbar, solange die Ermittlungen noch nicht abgeschlossen sind. Dies bedeutet im Umkehrschluss, dass nach Eröffnung des Hauptverfahrens die Beschwerde nach § 304 Abs. 1 StPO zulässig ist (OLG Naumburg 5.2.2010 – 1 Ws 44/10, NStZ 2011, 118; OLG Braunschweig 3.12.2015 – 1 Ws 309/15, NStZ 2016, 629; KG 2.10.2015 – 4 Ws 83/15 – 141 AR 417/15, NStZ 2016, 438; BeckOK StPO/Weiner § 406e Rn. 19). Zur Anfechtung berechtigt ist auch der Beschuldigte, der durch die Bewilligung der Akteneinsicht in seinen Grundrechten betroffen ist (KG 21.11.2018 – 3 Ws 278/18, NStZ 2019, 110 (111)). Dies gilt jedoch nicht im OWi-Verfahren. Aufgrund der abschließenden Regelung des § 62 Abs. 2 S. 3 OWiG ist die gerichtliche Entscheidung auch nicht nach Abschluss der Ermittlungen anfechtbar (LG Bonn 13.2.2012 – 27 Qs 03/12, BeckRS 2013, 12699; LG Bonn 27.9.2010 – 27 Qs 25/10, BeckRS 2011, 26744; Blum/Gassner/Seith/Gassner OWiG § 46 Rn. 30).

Ein bei der Entscheidung unterlaufener Verfahrensverstoß ist wohl allenfalls bei der Beweiswürdigung zu berücksichtigen, führt jedoch nach der Rspr. nicht zu einem Beweisverwertungsverbot (BGH 11.1.2005 – 1 StR 498/04, NJW 2005, 1519).

**2. Verletzteneigenschaft.** Gem. § 373 StPO reichen nunmehr unmittelbare Beeinträchtigung wie auch ein solcher Schaden.

Durchgesetzt haben sich weiterhin Vertreter einer weiten Auslegung (vgl. OLG Hamburg 21.3.2012 – 2 Ws – 12/12, wistra 2012, 397; LG Berlin 20.5.2008 – 514 AR 1/07, WM 2008, 1470; BeckOK StPO/Weiner § 406e Rn. 2; einschränkend Esser/Rübenstahl/Saliger/Tsambikakis/Corsten/Rübenstahl, Wirtschaftsstrafrecht, § 406e Rn. 6 ff.). Damit kommt eine Akteneinsicht – bei Unterstellung der Tatbegehung – auch dann in Betracht, wenn bspw. zivilrechtliche Schadensersatzansprüche im Raum stehen (BVerfG 4.12.2008 – 2 BvR 1043/08, ZIP 2009, 1270; OLG Hamburg 21.3.2012 – 2 Ws 12/12, wistra 2012, 397; KK-StPO/Zabeck Vorb. zu §§ 406d ff. Rn. 3).

Ist kein hinreichender Tatverdacht einer rechtlich relevanten Verletzung gegeben, kann auch aus diesem Grund die Akteneinsicht versagt werden (LG Köln 29.6.2004 – 106-37/04, StraFo 2005, 78).

**3. Berechtigtes Interesse iSv § 406e Abs. 1 S. 1 StPO.** Der Verletzte hat nur ein Recht auf Einsicht in die Akten, wenn er ein berechtigtes Interesse geltend machen kann und keine entgegenstehenden Gründe iSv Abs. 2 vorliegen. Die Anforderungen an die Darlegung sind umstritten. Daher sollte vorsichtshalber eine qualifizierte und schlüssige Darlegung vorgenommen werden (MüKoStPO/Grau § 406e Rn. 3). Jedoch dürfen an die Pflicht zur Substantiierung keine allzu hohen Anforderungen gestellt werden, weil dies dem Antragssteller ohne Kenntnis der Akten kaum möglich sein wird (LG Hamburg 19.6.2018 – 618 Qs 20/18, NZI 2019, 137).

Ein berechtigtes Interesse des Verletzten auf Akteneinsicht iSv § 406e StPO liegt vor, wenn ein schutzwürdiges rechtliches, wirtschaftliches oder ideelles Interesse des Verletzten gegeben ist, dessen Ziel es ist, eine laufende oder zukünftige Rechtsverfolgung oder Rechtsverteidigung zu ermöglichen bzw. die Chancen zu verbessern (MüKoStPO/Grau § 406e Rn. 4). Ein solches Interesse kann sich aus einem Informationsrecht ergeben sowie aus seinen Rechten auf Fürsorge, Gleichbehandlung und Menschenwürde nach den Art. 1 Abs. 1, 2 Abs. 2 S. 2, 3 Abs. 1, 20 Abs. 1, 103 Abs. 1 GG (OLG Braunschweig 3.12.2015 - 1 Ws 309/15, NStZ 2016, 629 (630)). Darüber hinaus besteht ein schutzwürdiges Interesse in diesem Sinne jedenfalls bei Verfolgung oder beabsichtigter Abwehr zivilrechtlicher Schadensersatzansprüche (BVerfG 5.12.2006 – 2 BvR 2388/06, NJW 2007, 1052; OLG Hamburg 21.3.2012 – 2 Ws – 12/12, wistra 2012, 397; LG Hamburg 19.6.2018 – 618 Qs 20/18, NZI 2019, 137; LG Saarbrücken 2.7.2009 – 2 Qs 11/09, MMR 2009, 639; LG Hildesheim 6.2.2009 – 25 Qs 1/09, NJW 2009, 3799 mwN; LG Düsseldorf 5.2.2002 – X Qs 10/02, wistra 2003, 239 (240); Kiethe wistra 2006, 50 (52); Göhler/Seitz/Bauer OWiG § 46 Rn. 20d; KK-StPO/Zabeck StPO § 406e Rn. 4; im OWi-Verfahren: OLG Düsseldorf 22.8.2012 – V-4 Kart 5 + 6/11 (OWi), NZKart 2013, 39 (40); AG Bonn 12.8.2015 - 52 OWi 51/15 [b], NZKart 2016, 296 (297); zur Problematik der Akteneinsicht gem. § 406e StPO zur Vorbereitung einer Zivilklage gegen eine juristische Person Asholt ZStW 2014, 925). Im datenschutzrechtlichen Kontext ist demnach grundsätzlich ein berechtigtes Interesse aus der Möglichkeit der Geltendmachung von Ansprüchen nach Art. 82 DS-GVO anzunehmen.

**4. Keine überwiegenden schutzwürdigen Interessen des Beschuldigten oder anderer Personen oder andere entgegenstehende Gründe (§ 406e Abs. 2 StPO).** Liegt ein berechtigtes Interesse vor (→ Anm. 3), kann die Akteneinsicht dennoch versagt werden, wenn entgegenstehende schutzwürdige Interessen des Beschuldigten oder anderer (natürlicher oder juristischer) Personen das Verletzteninteresse überwiegen (§ 406e Abs. 2 S. 1 StPO) und demnach das Interesse dieser Personen an Geheimhaltung größer ist als das Interesse des Verletzten an der Offenlegung der Akte (BVerfG 5.12.2006 – 2 BvR 2388/06, NJW 2007, 1052).

Zu den schutzwürdigen Interessen des Beschuldigten zählt das Interesse an der Geheimhaltung persönlicher Daten (vgl. BT-Drs. 10/5305, 18; BVerfG 5.12.2006 – 2 BvR 2388/06, NJW 2007, 1052; VerfGH Berlin 10.4.2019 – VerfGH 156/18, 156 A/18, NJW 2019, 2014), insbesondere auch in Bezug zu internen familiären Verhältnissen, dem Intimbereich, Gesundheit und Psyche (OLG Hamm 7.12.2017 – 5 Ws 541/17, BeckRS 2017, 142301; KG 21.11.2018 – 3 Ws 278/18, NStZ 2019, 110; BeckOK StPO/Weiner § 406e Rn. 6). Das Zugänglichmachen von Akten stellt für den Betroffenen einen Eingriff in das aus dem allgemeinen Persönlichkeitsrecht (Art. 2 Abs. 1 GG iVm Art. 1 Abs. 1 GG) folgende Recht auf informationelle Selbstbestimmung der Personen dar, deren persönliche Daten auf diese Weise Dritten zugänglich gemacht werden. Denn vom Persönlichkeitsrecht ist auch die aus dem Gedanken der Selbstbestimmung folgende Möglichkeit des Einzelnen umfasst, grundsätzlich selbst zu bestimmen, „wann und innerhalb welcher Grenzen persönliche Lebenssachverhalte offenbart werden" (OLG Düsseldorf 22.8.2012 – V-4 Kart 5 + 6/11 (OWi), NZKart 2013, 39 (40)). Eingriffe in Grundrechte müssen verhältnismäßig sein. Im Rahmen der Abwägung der Interessen kann demnach unter Berücksichtigung des Verhältnismäßigkeitsgrundsatzes zB die Einsicht in anonymisierte Bußgeldbescheide in Betracht kommen. Andere mildere Mittel sind bspw. eine partielle Akteneinsicht, Schwärzungen, eine Akteneinsicht unter Aufsicht oder der Hinweis auf eine Geheimhaltungspflicht (BeckOK StPO/Weiner § 406e Rn. 6).

Auch Betriebs- und Geschäftsgeheimnisse können entgegenstehende Gründe darstellen (BGH 21.2.2011 – 4 BGs 2/11, BeckRS 2011, 26971; OLG Hamm 7.12.2017 – 5 Ws 541/17, BeckRS 2017, 142301; OLG Düsseldorf 22.8.2012 – V-4 Kart 5 + 6/11 (OWi), NZKart 2013, 39 (40)). Insoweit kann jedoch die Einsicht in die um Geschäftsgeheimnisse bereinigte Fassung der Verfahrensakte und in die um Geschäftsgeheimnisse bereinigten Asservate in Betracht kommen.

Des Weiteren können sich schutzwürdige Interessen aus dem Schutz des Steuergeheimnisses gem. § 30 AO (OLG Hamm 7.12.2017 – 5 Ws 541/17, BeckRS 2017, 142301; OLG Hamm 23.4.2015 – 1 Ws 123/15, BeckRS 2015, 9558) und des Bankgeheimnisses (LG München I 26.1.2006 – 5 AR 25/05, wistra 2006, 240) ergeben. Auch die Notwendigkeit einer Versagung zur Abwehr von Gefahren für die öffentliche Sicherheit kommt in Betracht (BeckOK StPO/Weiner § 406e Rn. 6).

Die gegenläufigen Interessen von Verletztem und Beschuldigten sind gegeneinander abzuwägen, um zu bestimmen, welchem Interesse im Einzelfall der Vorrang gewährt werden muss (BVerfG 4.12.2008 – 2 BvR 1043/08, BeckRS 2009, 18693; BVerfG 5.12.2006 – 2 BvR 2388/06, NJW 2007, 1052). Die Abwägung dient dazu, „einen vertretbaren Ausgleich im schwierigen Spannungsverhältnis zwischen Datenschutz, Verteidigungsinteressen, Wahrheitsfindung, Funktionsinteressen der Strafrechtspflege und dem legitimen, verfassungsrechtlich abzuleitenden Informationsanspruch des Verletzten" zu finden (BGH 21.2.2011 – 4 BGs 2/11, BeckRS 2011,

26971). Im Rahmen der Abwägung sind die Stärke des Tatverdachts (LG Köln 25.9.2008 – 109-1/08, BeckRS 2008, 23649; LG Saarbrücken 2.7.2009 – 2 Qs 11/09, NStZ 2010, 111), das Ausmaß der Rechtsverletzung bzw. Vorliegen eines Bagatellverstoßes (LG Saarbrücken 26.8.2009 – 2 Qs 33/09, NStZ 2010, 656) sowie die Intensität des Eingriffs in Grundrechte des Beschuldigten (LG München I 12.3.2008 – 5 Qs 19/08, NStZ 2010, 110) zu berücksichtigen.

Die Akteneinsicht kann (fakultativ) nach § 406e Abs. 2 S. 2 StPO versagt werden, wenn der Untersuchungszweck gefährdet erscheint, wobei auch der Beschuldigte diesen Versagungsgrund für sich reklamieren kann (OLG Hamburg 24.10.2014 – 1 Ws 110/14, NStZ 2015, 105 (106)). Eine derartige Gefährdung ist anzunehmen, wenn durch die Aktenkenntnis des Verletzten eine Beeinträchtigung der gerichtlichen Sachaufklärung (§ 244 Abs. 2 StPO) zu besorgen ist. Hinsichtlich der Frage nach einer etwaigen Gefährdung des Untersuchungszwecks besteht jedoch ein weiter Entscheidungsspielraum (BGH 11.1.2005 – 1 StR 498/04, NJW 2005, 1519). Eine Gefährdung kann zB gegeben sein, wenn die Kenntnis des Verletzten vom Akteninhalt die Zuverlässigkeit und den Wahrheitsgehalt einer von ihm noch zu erwartenden Zeugenaussage beeinträchtigen könnte (BeckOK StPO/Weiner § 406e Rn. 8). In solchen Fällen, in denen der Verletzte auch Zeuge ist, begründet ein Akteneinsichtsrecht des Verletzten zwar stets die Gefahr einer anhand des Akteninhalts präparierten Zeugenaussage, jedoch bedarf es für eine Versagung darüber hinaus einer Abwägung im Einzelfall (LG Hamburg 23.4.2018 – 606 Qs 8/18, NStZ-RR 2018, 322 (323)). Wie sich aus dem Wortlaut ergibt, ist keine konkrete Gefahr notwendig (OLG Braunschweig 3.12.2015 – 1 Ws 309/15, NStZ 2016, 629). Eine derartige Gefahr kann jedoch „in Beweiskonstellationen, in denen die Tatschilderung des Verletzten und des Angeklagten – jedenfalls wenn es das Kerngeschehen betrifft – entscheidend voneinander abweichen, ohne dass ergänzend auf weitere unmittelbar tatbezogene Beweismittel (zB Zeugenaussagen über Geräusche oder Verletzungsbilder) zurückgegriffen werden kann“, vorliegen (OLG Braunschweig 3.12.2015 – 1 Ws 309/15, NStZ 2016, 629). Die Kenntnis des Verletzten vom Akteninhalt, die ggf. auch eine im Laufe des Ermittlungsverfahrens gemachte Aussage enthält, kann sich auf die Bewertbarkeit der Aussagekonstanz auswirken (OLG Braunschweig 3.12.2015 – 1 Ws 309/15, NStZ 2016, 629 f.). Teilweise wird daher die Ansicht vertreten, dass der Aussagekonstanz derart tragende Bedeutung beizumessen ist, dass aufgrund einer Reduzierung des gerichtlichen Ermessens auf null dem Verletzten regelmäßig eine umfassende Akteneinsicht versagt werden muss, wenn die Angaben des Zeugen zum Kerngeschehen von der Einlassung des Angeklagten abweichen, eine Aussage-gegen-Aussage-Konstellation vorliegt und somit nicht ergänzend auf weitere unmittelbar tatbezogene Beweismittel (zB Zeugenaussagen über Geräusche oder Verletzungsbilder) zurückgegriffen werden kann (OLG Hamburg 24.10.2014 – 1 Ws 110/14, NStZ 2015, 105 (107)); zumindest regelmäßig Ermessensreduzierung OLG Hamburg 23.10.2018 – 1 Ws 108/18, BeckRS 2018, 28084; LG Hamburg 23.4.2018 – 606 Qs 8/18, NStZ-RR 2018, 322 (323)). Anderer Auffassung ist insbesondere das OLG Braunschweig, das unter Umständen auch in diesen Fällen eine Akteneinsicht für möglich erachtet (OLG Braunschweig 3.12.2015 – 1 Ws 309/15, NStZ 2016, 629; vgl. auch KG 21.11.2018 – 3 Ws 278/18, NStZ 2019, 110; BeckOK StPO/Weiner § 406e Rn. 8a ff. ausführlich zum Meinungsstreit mwN).

Teilweise wird in diesem Zusammenhang in einer Zusicherung des anwaltlichen Vertreters, die Akteninhalte nicht dem Mandaten zur Verfügung zu stellen, ein Umstand gesehen, der die abstrakte Gefährdung des Untersuchungszwecks weiter entscheidend verringern kann (OLG Braunschweig 3.12.2015 – 1 Ws 309/15, NStZ 2016, 629 (630)). Hierin kann eine sicher eine praktikable Lösung gesehen werden, die sich teilweise in der Praxis wiederfindet. Zu berücksichtigen ist allerdings, dass diese weder rechtlich bindend noch tatsächlich kontrollierbar ist (Baumhöfener/Daber/Wenske NStZ 2017, 562 (565), aA mit Hinweis auf mögliche standesrechtliche und haftungsrechtliche Konsequenzen BeckOK StPO/Weiner § 406e Rn. 13).

Der Versagungsgrund der Gefährdung des Untersuchungszwecks gilt abweichend von § 147 Abs. 2 StPO auch zeitlich nach Erlass des Bußgeldbescheids bzw. nach Erhebung der öffentlichen Klage (Göhler/Seitz/Bauer OWiG § 46 Rn. 20e; Meyer-Goßner/Schmitt/Schmitt StPO § 406e Rn. 11).

Des Weiteren ist ein Versagungsgrund auch bei sonst drohender erheblicher Verfahrensverzögerung gegeben. Eine Verzögerung von wenigen Tagen ist nicht ausreichend (BeckOK StPO/Weiner § 406e Rn. 14). Es handelt sich nicht um einen zwingenden Versagungsgrund, sodass im Einzelfall auch bei erheblichen Verzögerungen eine Akteneinsicht in Betracht kommen könnte (KK-StPO/Zabeck § 406e Rn. 8).

Ausweislich des Wortlauts der Vorschrift („soweit"), hindern die Versagungsgründe das Akteneinsichtsrecht nur, soweit sie diesem entgegenstehen. Daher ist stets zu prüfen, ob zumindest partiell Akteneinsicht gewährt werden kann bzw. ob im Falle mehrerer Verletzter dem Versagungsgrund einer drohenden Verfahrensverzögerung dadurch begegnet werden kann, dass einem gemeinsamen Rechtsanwalt Akteneinsicht gewährt wird.

**5. Akteneinsicht als Dritter iSd § 475 StPO.** Auch Privatpersonen, die weder Beschuldigte noch Verletzte sind, kann ein Recht auf Akteneinsicht zustehen, wenn sie ein berechtigtes Interesse darlegen. Durch die Vorschrift soll dem Konflikt zwischen dem Informationsinteresse außenstehender Personen und dem aus dem allgemeinen Persönlichkeitsrecht nach Art. 2 Abs. 1 iVm Art. 1 Abs. 1 GG abgeleiteten Recht der Verfahrensbeteiligten auf informationelle Selbstbestimmung Rechnung getragen werden (BGH 20.6.2018 – 5 AR (Vs) 112/17, NJW 2018, 3123). Dabei kommt § 475 StPO eine Doppelfunktion zu – einerseits als gesetzliche Grundlage für Eingriffe in das Recht auf informationelle Selbstbestimmung des Betroffenen und andererseits als materielle Anspruchsgrundlage des Antragstellers. Von der Vorschrift ist dabei auch die Übermittlung einer anonymisierten Urteilsabschrift umfasst (BGH 20.6.2018 – 5 AR (Vs) 112/17, NJW 2018, 3123). Nicht anwendbar ist die Vorschrift insbesondere auf Personen, denen nach anderen Vorschriften ein Akteneinsichtsrecht zusteht wie bspw. Beschuldigte, Verletzte oder Nebenkläger und auf die Informationsübermittlung an die Presse (BeckOK StPO/Wittig § 475 Rn. 4).

Wie auch im Rahmen der Akteneinsicht nach § 406e StPO muss ein Dritter ein berechtigtes Interesse geltend machen, wobei engere Voraussetzungen gelten (OLG Köln 16.10.2014 – 2 Ws 396/14, NJOZ 2015, 740; zum berechtigten Interesse → Anm. 3). Es sind Tatsachen schlüssig darzulegen, aus denen sich Grund und Umfang der benötigten Auskunft ergeben. Aufgrund der Ausführungen muss es dem Gericht möglich sein, eine Abwägung mit den schutzwürdigen Interessen der Betroffenen vorzunehmen (LG Köln 26.9.2018 – 116 Qs 7/18, BeckRS 2018, 40756). An ein Akteneinsichtsrecht eines Dritten sind hohe Anforderungen zu stellen. Neben dem generellen berechtigten Interesse ist zusätzlich darzulegen, warum die Erteilung von Auskünften nicht ausreichen würde (LG Köln 26.9.2018 – 116 Qs 7/18, BeckRS

2018, 40756). Die Akteneinsicht stellt die Ausnahme dar (OLG Köln 16.10.2014 – 2 Ws 396/14, NJOZ 2015, 740). Ein berechtigtes Interesse kann u.a. in folgenden Fällen vorliegen: Notwendigkeit (der Vorbereitung) einer Strafverteidigung (BGH 23.8.2006 – 1 StR 327/06, StraFo 2006, 500); Klärung von Vorwürfen gegen einen Arbeitnehmer (BAG 23.10.2008 – 2 AZR 483/07, NJW 2009, 1897 (1898)); ggf. auch bei ideellen Gründen wie der Information über genaue Todesumstände (LG Bad Kreuznach 26.2.2015 – 2 Qs 19/15, BeckRS 2015, 5687).

Die Akteneinsicht ist zu versagen, wenn der hiervon Betroffene ein schutzwürdiges Interesse (→ Anm. 4) an der Versagung hat. Eine Versagung kommt insbesondere zum Schutz der Privat- und Intimsphäre sowie von Geschäfts- und Betriebsgeheimnissen in Betracht (LG Hildesheim 26.3.2007 – 25 Qs 17/06, NJW 2008, 531 (533)). Eine Entscheidung des LG Hamburg befasst sich in diesem Zusammenhang mit dem Anspruch von Privatpersonen auf Herausgabe eines teilgeschwärzten Bußgeldbescheids einer Datenschutzaufsichtsbehörde und bejahte die überwiegende Schutzwürdigkeit der Betroffenen mit Ausnahme einiger Passagen zur Zumessung der Geldbuße (LG Hamburg 28.1.2021 – 625 Qs 21/21 OWi, ZD 2022, 625).

Eine Akteneinsicht gem. § 475 StPO muss ferner zwingend unterbleiben, wenn gesetzliche Versagungsgründe entgegenstehen (§§ 479, 480 Abs. 2 StPO).

Die Entscheidung über die Gewährung von Akteneinsicht an verfahrensunbeteiligte Dritte obliegt im vorbereitenden Verfahren und nach rechtskräftigem Abschluss des Verfahrens der Staatsanwaltschaft, während der Dauer des gerichtlichen Verfahrens dem Vorsitzenden des jeweils mit der Sache befassten Gerichts (§ 480 Abs. 1 S. 1 StPO). Die Betroffenen sind vor der Entscheidung in der Regel analog § 33 StPO anzuhören (BVerfG 18.3.2009 – 2 BvR 8/08, NJW 2009, 2876; BVerfG 26.10.2006 – 2 BvR 67/06, NJW 2007, 1052; OLG Rostock 13.7.2017 – 20 Ws 146/17, ZD 2018, 182).

In den Fällen des § 475 StPO kann gem. § 480 Abs. 3 S. 1 StPO gegen die Entscheidung der Staatsanwaltschaft gerichtliche Entscheidung durch das nach § 162 StPO zuständige Gericht beantragt werden. Die Entscheidung des Gerichts ist, während die Ermittlungen noch laufen, unanfechtbar (§ 480 Abs. 3 S. 3 StPO).

Die sinngemäße Geltung von § 475 StPO ergibt sich im OWi-Verfahren aus § 49b OWiG und dementsprechend in Verfahren nach Art. 83 DS-GVO über § 41 BDSG.

## 3. Abwehr eines Akteneinsichtsantrags

Wird in einem Verfahren gegen den eigenen Mandanten durch einen Verletzten oder Dritten ein Antrag auf Akteneinsicht gestellt, wird es vielfach im Interesse des Mandanten sein, zu verhindern, dass Außenstehende vom Akteninhalt Kenntnis erlangen. Ein Anspruch auf Akteneinsicht besteht für den Verletzten wie auch einen Dritten nur, wenn die jeweiligen Voraussetzungen gem. § 406e StPO oder § 475 StPO vorliegen. Ist das nicht der Fall, sollte in einer Stellungnahme dargelegt werden, aus welchen Gründen die Akteneinsicht zu versagen ist. Neben Ausführungen zur fehlenden Verletzteneigenschaft (im Falle des § 406e StPO) und zum fehlenden berechtigten Interesse ist insbesondere auszuführen, welche schutzwürdigen Interessen des eigenen Mandanten zu berücksichtigen sind. Inhaltlich ergeben sich somit die gleichen Themenschwerpunkte wie beim Antrag auf Akteneinsicht eines Verletzten oder Dritten, jedoch aus einer anderen Perspektive.

Ermittlungsverfahren gegen [...]
Az.: [...]

Sehr geehrte/r Herr/Frau [...],

nachfolgend nehme ich zu dem Antrag auf Akteneinsicht nach § 406e StPO der [...] vom [...] Stellung. Die Einsicht in die Akten ist zu versagen, da die Antragstellerin weder Verletzte iSd § 406e Abs. 1 StPO ist noch ein berechtigtes Interesse an der Akteneinsicht darlegt wurde.

Im Einzelnen:

1. Keine Verletzteneigenschaft[1]

Es ist nicht ersichtlich, woraus sich die Verletztenstellung der Antragstellerin ergeben soll. Sie ist zwar ebenfalls Kundin meiner Mandantin, jedoch sind ihre Daten von den in Rede stehenden Vorwürfen nicht betroffen.

2. Kein berechtigtes Interesse[2]

Ein berechtigtes Interesse wurde nicht geltend gemacht, sodass hierzu nicht abschließend Stellung genommen werden kann. Nach derzeitigem Stand ist ein berechtigtes Interesse nicht ersichtlich.

3. Überwiegende schutzwürdige Interessen des Beschuldigten

Lediglich hilfsweise sei darauf hingewiesen, dass auch überwiegende schutzwürdige Interessen meiner Mandantin gegen die Gewährung von Akteneinsicht sprechen. Insbesondere sind in den Akten Betriebs- und Geschäftsgeheimnisse enthalten. Daneben sprechen auch datenschutzrechtliche Gründe entgegen, da durch Gewährung der Akteneinsicht Daten einer Vielzahl von Personen betroffen wären. Eine Abwägung kann vorliegend nicht vorgenommen werden, da eine Darlegung der Interessen durch die Antragstellerin unterblieben ist.

Mit freundlichen Grüßen
[...]

## Anmerkungen

**1.** Keine Verletzteneigenschaft. → Form. O. II. 2. Anm. 2.

**2.** Kein berechtigtes Interesse. → Form. O. II 2. Anm. 3.

## III. Anträge auf Einstellung

Ein Antrag auf Einstellung mangels Tatverdachts gem. § 170 Abs. 2 StPO (in Ordnungswidrigkeitenverfahren iVm § 46 Abs. 1 OWiG und somit in Verfahren wegen eines Verstoßes gem. Art. 83 Abs. 4–6 DS-GVO über die Verweisungsnorm § 41 BDSG) ist immer geboten, wenn bereits objektiv mit dem Fehlen eines hinreichenden Tatverdachts argumentiert werden kann. Auch um dem Trägheits- bzw. Inertia-Effekt entgegenzuwirken, ist dann bereits im Ermittlungsverfahren entsprechend vorzutragen, idealerweise bereits sogar im Verwaltungsverfahren.

Eine Einstellung bereits im frühen Stadium des Ermittlungsverfahrens bedarf jedoch eindeutiger Gründe, die keiner weiteren Ermittlungen und auch keiner weiteren rechtlichen Diskussion bedürfen, sodass der Schwerpunkt auf der Darstellung des nicht erfüllten objektiven Tatbestands liegt. Gleichwohl sollten Ausführungen zum subjektiven Tatbestand – ggf. hilfsweise – in den Schriftsatz mit aufgenommen werden. Am Tatverdacht kann es ua fehlen, wenn tatsächlich kein tatbestandsmäßiges Verhalten des Mandanten vorliegt oder wenn der Tatvorwurf aufgrund rechtlicher Gründe nicht trägt, bspw. weil die Tat verjährt ist. Die Argumentation auf der Ebene des Tatsächlichen ist dabei nicht zu unterschätzen. Unter Umständen können bereits die Klarstellung und Ergänzung des Sachverhalts zu einer anderen rechtlichen Bewertung führen. Von großer praktischer Relevanz sind auch Einstellungen nach § 153a StPO (Einstellung gegen Auflage). Allerdings ist der entsprechende Weg in OWiG-Verfahren verschlossen mit Blick auf § 47 Abs. 3 OWiG.

Im Ordnungswidrigkeitenverfahren ist zu beachten, dass Ordnungswidrigkeitentatbestände keine Ahndungspflicht begründen (zum Meinungsstreit über die Anwendbarkeit des Opportunitätsprinzips iRd Art. 83 DS-GVO → Form. O.I. Anm. 1). Es liegt im pflichtgemäßen Ermessen der Behörde, ob und in welcher Höhe eine Geldbuße zu verhängen ist. Zu berücksichtigen sind die Umstände des Einzelfalls. Von Bedeutung sind insbesondere das Prinzip der Verhältnismäßigkeit, Bedeutung und Folgen der Tat, Wiederholungsgefahr, Nachtatverhalten, Verwaltungsaufwand hinsichtlich der Sachverhaltsaufklärung sowie das Bedürfnis nach Verteidigung der Rechtsordnung. Zu beachten ist im Rahmen von Verfahren wegen eines Verstoßes nach Art. 83 Abs. 4–6 DS-GVO, dass insoweit eine Modifikation gegenüber dem nationalen Ordnungswidrigkeitenrecht gilt. Nach § 41 Abs. 2 S. 3 BDSG kann eine Einstellung durch die Staatsanwaltschaft im Zwischenverfahren nur erfolgen, wenn die Zustimmung der Aufsichtsbehörde, die den Bußgeldbescheid erlassen hat, vorliegt. Dies kann richtigerweise nur für Einstellungen aus Opportunitätsgründen gelten und nicht für Einstellungen mangels Tatverdacht, da Letztere zwingend einzustellen sind (vgl. BeckOK-OWiG/Gertler § 69 Rn. 107; BeckOK DatenschutzR/Brodowski/Nowak BDSG § 41 Rn. 33).

Der schulmäßige Aufbau sieht vor, den Antrag auf Einstellung wie folgt zu gliedern: A. Tatvorwurf aus Sicht der Ermittlungsbehörden, B. Stellungnahme – unterteilt in 1. Ausführungen in tatsächlicher Hinsicht – und 2. Ausführungen in rechtlicher Hinsicht – und C. Zusammenfassung. Allerdings kann strategisch auch geboten sein, ohne neuen Vortrag in tatsächlicher Hinsicht rein die Schwächen und Logikfehler der Vorwürfe aufzuzeigen.

## 1. Antrag auf Einstellung gem. § 170 Abs. 2 StPO (ggf. iVm § 46 Abs. 1 OWiG und ggf. iVm § 41 BDSG)

Ermittlungsverfahren gegen [...]
Az.: [...]

Sehr geehrte/r Herr/Frau [...],

in der vorgenannten Angelegenheit nehme ich Bezug auf das am [...] geführte Telefonat und gebe nach erfolgter Akteneinsicht[1] die nachstehende

Stellungnahme[2]

zur Akte.

Ferner beantrage ich, das Ermittlungsverfahren mangels hinreichenden Tatverdachts[3] nach § 170 Abs. 2 StPO[4] [iRv Art. 83 DS-GVO iVm § 46 Abs. 1 OWiG und § 41 BDSG]

einzustellen.

Begründung:

Wie nachstehend auszuführen sein wird, besteht bereits aus objektiven Gründen kein Verdacht auf strafbares Verhalten. Die wesentlichen[5] – gegen einen Tatvorwurf sprechenden – Gesichtspunkte lassen sich vorab wie folgt zusammenfassen:
- Es lag eine einstweilige Verfügung vor, die zum Zeitpunkt der Datenweitergabe vollstreckbar war.
- Eine ausdrückliche Weisung des Kunden meines Mandanten wurde durch die einstweilige Verfügung ersetzt.
- Zudem handelte mein Mandant weder vorsätzlich noch gewerbsmäßig iSv § 42 Abs. 1 BDSG.

Im Einzelnen:

A. Tatvorwurf aus Sicht der Ermittlungsbehörden[6]

Mein Mandant ist ein IT-Dienstleister, auf dessen Servern Daten für Auftraggeber gespeichert werden und der insbesondere Steuerberaterbüros als Kunden hat, mit denen jeweils Auftragsverarbeitungsverträge nach Art. 28 DS-GVO abgeschlossen sind. Ihm wird vorgeworfen, Informationen aus Steuerberatungsleistungen und Lohnbuchhaltung, die für einen Kunden – ein Steuerberaterbüro – vorgehalten wurden, unrechtmäßig und ohne Zustimmung des Kunden an ein anderes Steuerberaterbüro weitergegeben zu haben. Eine Rechtsgrundlage für die Übermittlung habe nicht vorgelegen, da das Steuerberaterbüro keine Weisung zur Übermittlung an das andere Steuerberaterbüro erteilt habe und in einem anderen Verfahren rechtskräftig festgestellt worden sei, dass eine entsprechende Übermittlung nicht statthaft sei.

Daher läge eine unerlaubte Übermittlung bzw. Zugänglichmachung nach § 42 Abs. 1 BDSG vor.

Der vorstehende Vorwurf ist in tatsächlicher und rechtlicher Hinsicht unzutreffend, da wichtige Tatsachen außer Acht gelassen wurden, die zu einer abweichenden rechtlichen Bewertung führen. Unter Berücksichtigung der nachstehend darzustellenden Erwägungen wird deutlich, dass keine Strafbarkeit nach § 42 BDSG vorliegt.

## B. Stellungnahme

Der Tatvorwurf ist in tatsächlicher (nachstehend: I.) und in rechtlicher (nachstehend: II.) Hinsicht unzutreffend.

### I. In tatsächlicher Hinsicht[6]

Aus der Ermittlungsakte ist ersichtlich, dass bislang eine wichtige Information nicht beachtet wurde, durch die bereits aus tatsächlicher Sicht der Vorwurf nicht aufrechterhalten werden kann.

Zwar ist es zutreffend, dass mein Mandant die einem Kunden zugeordneten Daten an ein anderes Steuerberaterbüro weitergab. Dies geschah allerdings aufgrund einer einstweiligen Verfügung, die gegen den Kunden meines Mandanten erlassen worden war. Zwar wurde diese in zweiter Instanz aufgehoben, jedoch hatte sie zum Zeitpunkt der Datenweitergabe Bestand und war vollstreckbar. Die durch das Gericht erlassene einstweilige Verfügung war meinem Mandanten durch einen Gerichtsvollzieher zugestellt worden.

Durch die einstweilige Verfügung wurde der Kunde meines Mandanten dazu verpflichtet, der Übertragung des Datensatzes auf das neue Steuerberaterbüro zuzustimmen. Aufgrund dessen übertrug mein Mandant die Daten an das andere Steuerberaterbüro. Vorgenannte Tatsachen wurden bei den Ermittlungen außer Acht gelassen, führen aber dazu, dass der Tatvorwurf bereits in tatsächlicher Hinsicht nicht haltbar ist.

### II. In rechtlicher Hinsicht[7]

Weiterhin ist der Tatvorwurf in rechtlicher Hinsicht nicht stichhaltig. Aufgrund der zuvor geschilderten, vom Tatvorwurf abweichenden Sachlage ergibt sich in rechtlicher Hinsicht kein strafbares Verhalten. Ein eigenmächtiges Handeln meines Mandanten lag nicht vor, sodass nicht gegen die Verpflichtung des Art. 28 Abs. 3 S. 2 lit. a DS-GVO verstoßen wurde, nur gemäß den Weisungen des Verantwortlichen zu handeln. Es ist irrelevant, dass keine ausdrückliche Weisung durch den Kunden meines Mandanten vorlag, denn die von einem Dritten erstrittene einstweilige Verfügung fingiert entsprechend § 894 ZPO die Zustimmungserklärung zur Übertragung des Datenbestands. Zwar ist in der zivilrechtlichen Literatur die analoge Anwendung der Zustimmungsfiktion nach § 894 ZPO auf eine einstweilige Verfügung streitig. Im konkreten Fall hatte jedoch das zuständige Gericht eine solche einstweilige Verfügung getroffen. Eine explizite Weisung durch den Kunden meines Mandanten war daher nicht erforderlich. Diese Rechtsauffassung wird so auch in einem ähnlichen Fall ausdrücklich vom Bayerischen Landesamt für Datenschutzaufsicht vertreten (BayLDA Tätigkeitsbericht 2017/18 S. 80 f.).

Zudem handelte mein Mandant ersichtlich weder vorsätzlich noch gewerbsmäßig. Der Vorsatz muss sich insbesondere auch auf die fehlende Berechtigung beziehen. Vorliegend durfte mein Mandant aufgrund der einstweiligen Verfügung davon ausgehen, dass eine Berechtigung gegeben war. Des Weiteren erschließt sich nicht, woraus sich vorliegend der Wille zum gewerbsmäßigen Handeln ergeben soll, da durch Übermittlung der Daten überhaupt keine Einnahmen erzielt worden sind und auch der Wille ausschließlich darauf gerichtet war, die Anordnung der einstweiligen Verfügung zu befolgen.

III. Fazit

Mein Mandant handelte bei der Datenübertragung nicht ohne oder entgegen der Weisung seines Kunden. Es lag eine einstweilige Verfügung vor, die die fehlende Weisung des Verantwortlichen ersetzte und eine Pflicht zur Übertragung der Daten begründete. Daran ändert auch die spätere Aufhebung der einstweiligen Verfügung nichts, da sie zum Zeitpunkt der Datenübertragung Bestand hatte. Zudem handelte mein Mandant weder vorsätzlich noch gewerbsmäßig. Das Ermittlungsverfahren ist daher einzustellen.

Der Unterzeichner wird sich erlauben, Sie im Nachgang zu diesem Schreiben zeitnah telefonisch zu kontaktieren, um das weitere Verfahren abzustimmen.

Für Rückfragen stehe ich Ihnen zur Verfügung.

Mit freundlichen Grüßen
[...]

## Anmerkungen

**1. Akteneinsicht.** Zur Akteneinsicht bereits → Form. O.II.

**2. Stellungnahme.** Häufig wird mit der Einleitungsverfügung eine Aufforderung zur Stellungnahme erfolgen. Es ist empfehlenswert, bei der ersten Kontaktaufnahme mit den Behörden oder dem Akteneinsichtsantrag anzukündigen, wenn beabsichtigt ist, zu den Tatvorwürfen Stellung zu nehmen. Da eine Stellungnahme üblicherweise die Kenntnis des Akteninhalts voraussetzt, ist unter Vorlage der Vollmacht unmittelbar Akteneinsicht zu beantragen (→ Form. O.II.) und ggf. ein Antrag auf Fristverlängerung zu stellen, wenn absehbar ist, dass die Frist aufgrund der Komplexität des Sachverhalts oder notwendiger Abstimmungen mit dem Mandanten mehr Zeit in Anspruch nehmen wird. Ob eine Stellungnahme zu diesem frühen Zeitpunkt sinnvoll ist, hängt von der Situation und der jeweiligen Verteidigungsstrategie ab.

**3. Hinreichender Tatverdacht.** Ein hinreichender Tatverdacht liegt vor, wenn bei vorläufiger Tatbewertung auf Grundlage des Ermittlungsergebnisses die Verurteilung in einer Hauptverhandlung wahrscheinlicher ist als ein Freispruch (BVerfG 28.3.2002 – 2 BvR 2104/01, NStZ 2002, 606; BGH 19.1.2010 – StB 27/09, NJOZ 2010, 1274 (1276) zu § 203 StPO; OLG Düsseldorf 18.4.2017 – III-2 Ws 528–577/16, BeckRS 2017, 110244; BeckOK StPO/Gorf § 170 Rn. 2). Es muss dabei sowohl die Wahrscheinlichkeit bestehen, dass eine Tat vom Beschuldigten begangen wurde, als auch, dass dieser mit den vorhandenen Beweismitteln und Erkenntnismöglichkeiten in der Hauptverhandlung entsprechend verurteilt wird. Auch aufgrund der Tatsache, dass es sich um eine Prognoseentscheidung handelt, besteht ein nicht unerheblicher Beurteilungsspielraum (BVerfG 28.3.2002 – 2 BvR 2104/01, NStZ 2002, 606; OLG Saarbrücken 17.7.2008 – 1 Ws 131/08, NStZ-RR 2009, 88). Wird ein hinreichender Tatverdacht verneint, besteht hingegen kein Ermessensspielraum. Das Verfahren ist einzustellen. Der „In dubio pro reo"-Grundsatz ist zwar nicht unmittelbar, aber jedenfalls mittelbar zu berücksichtigen (AG Freiburg 10.3.2017 – 28 Ds 620 Js 19369/16, BeckRS 2017, 107249; AG Worms 14.12.2016 – 1 Ds 3200 Js 28464/16, BeckRS 2016, 21393; krit. OLG Düsseldorf 18.4.2017 – III-2 Ws 528–577/16, BeckRS 2017, 110244).

**4. Einstellung nach § 170 Abs. 2 StPO.** Eine Einstellung nach § 170 Abs. 2 StPO hat zu erfolgen, wenn die Ermittlungen keinen genügenden Anlass zur Erhebung der öffentlichen Klage bieten. Das Verfahren ist dann ohne Verzögerungen einzustellen. Begründet der in Rede stehende Sachverhalt bereits aus rechtlichen Gründen keinen hinreichenden Tatverdacht oder besteht keine Aussicht auf erfolgversprechende Ermittlungsansätze, kann das Verfahren auch ohne weitere Ermittlungen iSd § 160 Abs. 1 StPO eingestellt werden (BeckOK StPO/Gorf § 170 Rn. 13). Daneben gibt es weitere Einstellungsmöglichkeiten.

In der strafrechtlichen Praxis von großer Bedeutung sind insbesondere Einstellungen aus Opportunitätsgründen nach § 153a StPO. In OWi-Verfahren wäre grundsätzlich § 47 Abs. 3 OWiG zu beachten und dementsprechend der Weg der Einstellung gegen Auflagen verschlossen. Ob der Streitstand rund um den Anwendungsvorrang und die fragliche Geltung des § 47 OWiG (über § 41 BDSG) in diesem Kontext zugunsten eines Betroffenen herangezogen werden kann, um opportune Lösungen im Einzelfall zu erzielen, bleibt abzuwarten.

Bei Erlass eines Bußgeldbescheids ist der erforderliche Überzeugungsgrad nicht mit demjenigen einer tatrichterlichen Verurteilungsüberzeugung vergleichbar. Ausreichend ist eine Überzeugung, die weiter geht als ein hinreichender Tatverdacht bei der öffentlichen Klage (KK-OWiG/Kurz OWiG § 65 Rn. 11; „Überzeugung minderen Grades" nach BeckOK OWiG/Sackreuther § 65 Rn. 7). Es muss zur Überzeugung der Behörde feststehen, dass eine Ordnungswidrigkeit begangen wurde, alle Ahndungsvoraussetzungen vorliegen, die Ahndung geboten ist und keine Hindernisse entgegenstehen (Krenberger/Krumm/Bohnert/Krenberger/Krumm OWiG § 65 Rn. 4).

**5. Wesentliche Gesichtspunkte vorab zusammenfassen.** Bei komplexen Fällen und dementsprechend langen Ausführungen im Schriftsatz kann eine kurze Zusammenfassung der wesentlichen Gesichtspunkte der ausführlichen Begründung vorangestellt werden. Hierdurch kann man die Struktur der Argumentation verdeutlichen und die Gründe, die für eine Einstellung sprechen, hervorheben.

In einfach gelagerten Fällen und solchen, in denen sich die Ausführungen auf lediglich ein oder zwei Punkte beschränken, ist diese Vorgehensweise nicht empfehlenswert. Denn die Stellungnahme wird dadurch unnötig in die Länge gezogen und Argumente könnten durch die kurz aufeinanderfolgende Wiederholung an Gewicht verlieren.

**6. In tatsächlicher Hinsicht.** Bei den Sachverhaltsausführungen bietet sich die Möglichkeit, den von den Behörden im Rahmen des Tatvorwurfs dargelegten Sachverhalt richtigzustellen oder zu ergänzen. Unter Umständen können hier entscheidende Weichen gestellt werden. Eine geänderte Sachlage wird häufig zu einer abweichenden rechtlichen Bewertung führen. Aus tatsächlichen Gründen fehlt es an einem hinreichenden Tatverdacht, wenn auf Grundlage der Ermittlungsergebnisse der Nachweis eines strafbaren Verhaltens nicht mit der erforderlichen Wahrscheinlichkeit geführt werden kann. Dies ist bspw. der Fall, wenn keine (oder nicht ausreichend) verwertbaren Beweise für die Täterschaft oder für Tatumstände, die ein gesetzliches Tatbestandsmerkmal ausfüllen, vorliegen (BeckOK StPO/Gorf § 170 Rn. 15). Gleiches gilt bei unbehebbaren Prozesshindernissen, die die Verfolgung der Tat dauerhaft ausschließen (MüKoStPO/Kölbel § 170 Rn. 21).

**7. In rechtlicher Hinsicht.** In den rechtlichen Ausführungen zur Begründung einer Einstellung wegen mangelnden Tatverdachts kann es ggf. sinnvoll sein, hilfsweise darzulegen, dass selbst wenn die Behörden den Ausführungen zum mangelnden Tatverdacht nicht folgen, jedenfalls eine Einstellung aus Opportunitätsgründen gerechtfertigt ist → Form. O. VI.2. Anm. 1.

## 2. Antrag auf Einstellung gem. § 47 OWiG (ggf. iVm § 41 BDSG) aus Opportunitätsgründen

Ordnungswidrigkeitenverfahren gegen […]
Az.: […]

Sehr geehrte/r Herr/Frau […],

in der vorgenannten Angelegenheit gebe ich nach erfolgter Akteneinsicht für meine Mandantin die nachstehende

Stellungnahme

zur Akte.

Ferner beantrage ich, das Ermittlungsverfahren aus Opportunitätsgründen[1] nach § 47 OWiG [in Fällen des Art. 83 DS-GVO: iVm § 41 BDSG] einzustellen.

Begründung:

I. Tatvorwurf aus Sicht der Behörde

Meiner Mandantin wird vorgeworfen, sie habe keine hinreichenden technisch-organisatorischen Maßnahmen ergriffen, um zu verhindern, dass Unberechtigte bei der telefonischen Kundenbetreuung Auskünfte zu Kundendaten erhalten können. In dem Verfahren zur Erteilung von telefonischen Auskünften wird ein Verstoß gegen Art. 32 DS-GVO gesehen.

II. Sachverhalt

Meine Mandantin ist selbstständig im Handwerkssektor mit Dienstleistungen tätig, derzeit mit ca. 500 aktiven Kunden (Verbraucher und Unternehmen). Neben meiner Mandantin persönlich sind drei Angestellte auf Minijob-Basis für sie tätig. Die Kundenbetreuung wird vorwiegend durch die drei Angestellten erbracht, da meine Mandantin in der Regel bei den Kunden persönlich vor Ort ist. Die Angestellten sind währenddessen für die Büroorganisation, Terminfindung und telefonische Anfragen zuständig.

In einem Fall, der der Datenschutz-Aufsichtsbehörde mitgeteilt wurde, soll ein Anrufer allein durch Angabe seines angeblichen Namens Informationen über einen anderen Kunden meiner Mandantin erhalten haben. Ein solcher Fall ist bei meiner Mandantin noch nie vorgekommen, zumal die verarbeiteten Daten nicht sonderlich sensibel sind und nur die jeweiligen Adressen und Vertragsdaten enthalten. Der Mitarbeiter am Telefon konnte aufgrund des fehlenden persönlichen Kontakts nicht feststellen, dass es sich um eine andere als die angebliche Person handelte.

Meine Mandantin hat umgehend Schutzmaßnahmen ergriffen, insbesondere werden nun telefonisch stets die gespeicherte Adresse sowie eine individuell zu Beginn der Leistungen vereinbarte Ziffernfolge abgefragt.

Aus vorstehend dargestelltem Sachverhalt ergibt sich– wenn man überhaupt einen Verstoß gegen Art. 32 DS-GVO bejaht – jedenfalls kein Grund für ein Bußgeld. Ich rege an, das laufende Verfahren aus Opportunitätsgründen einzustellen.

### III. Rechtliche Erwägungen

#### 1. Voraussetzungen nach Art. 32 DS-GVO

Art. 32 DS-GVO verpflichtet Unternehmen, geeignete technische und organisatorische Maßnahmen zu ergreifen, um personenbezogene Daten systematisch zu schützen. Dabei sind nach Art. 32 Abs. 1 Hs. 1 DS-GVO in jedem Einzelfall diverse Kriterien zu berücksichtigen, die dem risikobasierten Ansatz der DS-GVO Rechnung tragen. Unter Berücksichtigung „des Stands der Technik, der Implementierungskosten und der Art, des Umfangs, der Umstände und der Zwecke der Verarbeitung sowie der unterschiedlichen Eintrittswahrscheinlichkeit und Schwere des Risikos für die Rechte und Freiheiten natürlicher Personen“ sind durch jeden Verantwortlichen individuell angemessene Maßnahmen zu treffen. So lag hier der Fall, wie wir nachfolgend darstellen werden.

#### 2. Im vorliegenden Fall

Aufgrund des geringen Kundenstamms waren den Büroarbeitern in der Regel die anrufenden Personen bekannt, sodass es einen Vorfall wie den vorgeworfenen vorher nie gegeben hat. Die verarbeiteten Daten sind von geringem Umfang, nur die Privatadresse und einzelne Informationen über die handwerklichen Leistungen gehören dazu. Da es sich um ein Kleinstunternehmen handelt, bei dem kaum personenbezogene Daten verarbeitet werden, die zudem kein besonderes Risiko aufzeigen und die Kosten und der Aufwand für ein Schutzsystem zu hoch wären, werden die technisch-organisatorischen Maßnahmen als erfüllt angesehen. Zudem ist zu bedenken, dass keine allgemein gültigen Maßgaben zum Informationsschutz bei telefonischen Anfragen bestehen, keine klaren Positionierungen der Aufsichtsbehörden vorlagen und keine entsprechenden Urteile bekannt waren.

Von meiner Mandantin konnte daher nicht erwartet werden, ein höheres Schutzniveau bei telefonischen Anfragen zu treffen, insbesondere weil es sich um einen Kleinstbetrieb handelt. In der Gesamtbetrachtung regen wir die Einstellung des Verfahrens aus Opportunitätsgründen an.

Im Rahmen von Ordnungswidrigkeitentatbeständen besteht keine Ahndungspflicht. Ob und in welcher Höhe eine Geldbuße zu verhängen ist, steht im pflichtgemäßen Ermessen der zuständigen Behörde. Folgende Gesichtspunkte rechtfertigen es im vorliegenden Fall, von einer Bebußung aus Opportunitätserwägungen abzusehen:

- Es ist bereits fraglich, ob überhaupt ein Rechtsverstoß gegeben ist, da nach dem risikobasierten Ansatz nur geringe Schutzmaßnahmen zu treffen waren, der Vorfall jedenfalls äußerst geringfügig ist und nur ein Kleinstunternehmen betrifft.
- Meine Mandantin hat nach Bekanntwerden den Betroffenen sofort informiert und Maßnahmen ergriffen, um entsprechende Vorfälle zu verhindern.
- Betroffen ist nur eine Person, von der lediglich private Kontaktdaten und Informationen zu einem Vertrag über handwerkliche Leistungen bekannt wurden.
- Nach derzeitigem Stand ist dem Betroffenen kein Schaden entstanden.
- Meine Mandantin hat enorme Belastungen durch die öffentliche Diskussion des Vorfalls zu tragen, wodurch der Fortbestand des Betriebs ernsthaft gefährdet ist.

Der Unterzeichner wird sich erlauben, in den kommenden Tagen auf Sie zuzukommen, um das weitere Vorgehen telefonisch zu erörtern.

Sollten sich bereits vorab Rückfragen ergeben, stehe ich Ihnen selbstverständlich jederzeit gerne zur Verfügung.

Mit freundlichen Grüßen
[...]

## Anmerkung

**1. Einstellung aus Opportunitätsgründen.** Im Rahmen des Ordnungswidrigkeitenrechts gilt der Opportunitätsgrundsatz (§ 47 OWiG); es besteht keine Ahndungspflicht (BeckOK OWiG/A. Bücherl § 47 Rn. 1; Krenberger/Krumm/Bohnert/Krenberger/Krumm OWiG § 47 Rn. 1). Zwar wird dies teils in Frage gestellt, sowohl mit Blick auf den Anwendungsvorrang und das Effektivitätsgebot als auch den Wortlaut des Art. 83 DS-GVO, soweit es heißt, dass Geldbußen verhängt „werden" (zum Streitstand Lamsfuß/Wenn ZD 2023, 508 (Fn. 30 mwN)). Der Wortlaut kann jedoch auch für das Opportunitätsprinzip angeführt werden, wenn in Art. 83 Abs. 2 DS-GVO zwischen dem Ob („Entscheidung über die Verhängung") und dem Wie („über den Betrag") differenziert wird. Ob und in welcher Höhe eine Geldbuße zu verhängen ist, liegt damit im pflichtgemäßen Ermessen der Behörde (BeckOK OWiG/A. Bücherl OWiG § 47 Rn. 1). Das Opportunitätsprinzip rechtfertigt sich daraus, dass Ordnungswidrigkeiten, die die Rechtsordnung weniger gefährden, einen geringeren Unrechtsgehalt aufweisen und somit weniger schwer wiegen als Straftaten. Gegenüber der Einstellung aus Opportunitätsgründen hat die Einstellung des Verfahrens nach § 170 Abs. 2 StPO iVm § 46 Abs. 1 OWiG Vorrang, sodass eine Einstellung aus Opportunitätsgründen nur in Betracht kommt, wenn die Voraussetzungen für eine Einstellung nach § 170 Abs. 2 StPO nicht vorliegen.

Das Opportunitätsprinzip bietet eine Möglichkeit der frühzeitigen Beendigung des Verfahrens (§ 47 OWiG). Insoweit bedarf es einer überzeugenden Argumentation, in deren Rahmen die umfassende Darstellung der im Einzelfall zu berücksichtigenden Umstände von zentraler Bedeutung ist. Für den Verteidiger bietet sich an dieser Stelle ein großer Argumentationsspielraum. Maßgeblich sind die Umstände des Einzelfalls (BeckOK OWiG/A. Bücherl § 47 Rn. 8). Für eine Einstellung aus

Opportunitätsgründen bedarf es nicht notwendigerweise besonders außergewöhnlicher Umstände. Bei Verfahren wegen eines Verstoßes nach Art. 83 DS-GVO sind die Zumessungskriterien aus Art. 83 Abs. 2 S. 2 DS-GVO (→ Form. O.I. Anm. 6) zu berücksichtigen. Diese sind nicht abschließend, sodass weitere einschlägige Gesichtspunkte angeführt werden können (zum Meinungsstreit, ob das Opportunitätsprinzip auch im Rahmen von Verstößen nach der DS-GVO Anwendung findet, siehe auch bereits → Form. O.I. Anm. 1).

Für die Opportunitätsentscheidung ist im OWi-Verfahren bis zur Abgabe an die Staatsanwaltschaft (§ 69 Abs. 4 S. 1 OWiG) die Verfolgungsbehörde (§ 47 Abs. 1 OWiG) zuständig. Während des sich anschließenden Zwischenverfahrens liegt die Entscheidung bei der Staatsanwaltschaft (§ 69 Abs. 4 OWiG), wobei in Verfahren nach Art. 83 DS-GVO die Modifikation nach § 41 Abs. 2 S. 3 BDSG zu beachten ist, wonach eine Einstellung aus Opportunitätsgründen nur mit Zustimmung der Aufsichtsbehörde erfolgen kann. Ist das Verfahren bei Gericht anhängig und hält dieses eine Ahndung nicht für geboten, so kann es das Verfahren mit Zustimmung der Staatsanwaltschaft in jeder Lage einstellen (§ 47 Abs. 2 S. 1 OWiG) bzw. in Fällen des S. 2 auch ohne Zustimmung. Einer Zustimmung der Aufsichtsbehörde bedarf es in diesem Verfahrensstadium hingegen nicht. Der Beschluss ist nicht anfechtbar (S. 3).

## IV. Einspruch gegen Bußgeldbescheid

[Zuständige Behörde][1]

Bußgeldrechtliches Verfahren[2] gegen [...]
Az.: [...]

Sehr geehrte/r Frau/Herr [...],

in der vorgenannten Angelegenheit nehme ich Bezug auf [mein Schreiben vom .../das mit dem Unterzeichner am ... geführte Telefonat].[3]

Namens und im Auftrag meiner Mandantin lege ich gegen den Bußgeldbescheid vom [...], der meiner Mandantin am [...] zugestellt wurde,

Einspruch[4]

ein.

[EVENTUELL ZUSÄTZLICH:]

Ferner beantragen wir zur Vorbereitung einer Stellungnahme Akteneinsicht[5] in die Haupt- oder Verfahrensakte einschließlich sämtlicher Beiakten und Beweismittelordner. Wir bitten darum, die Aktenbestandteile zur Einsichtnahme an die vorstehende Kanzleianschrift zu senden. Die unverzügliche Rückgabe der Akten wird zugesichert.

[ENDE DES ZUSATZES]

Nach Sichtung und Auswertung der Ermittlungsakte werden wir ggf. eine verfahrensfördernde Einspruchsbegründung zur Akte reichen.

[VARIANTE: NACHTRÄGLICHE EINSPRUCHSBEGRÜNDUNG]:

[Zuständige Behörde]
Frau/Herr [...]
[...]
[...]

Bußgeldrechtliches Verfahren gegen [...]
Az.: [...]

Sehr geehrte/r Frau/Herr [...],

in der vorgenannten Angelegenheit nehme ich Bezug auf die bisherige Korrespondenz sowie den Einspruch vom [...] gegen den Bußgeldbescheid vom [...].

Nach Sichtung und Auswertung der Ermittlungsakte reiche ich die nachstehende

Einspruchsbegründung[6]

zur Akte.

Die wesentlichen Gesichtspunkte lassen sich vorab wie folgt zusammenfassen:

- Es liegen keine datenschutzrechtlichen Verstöße gegen Art. 5 Abs. 1 lit. e, Art. 17 und Art. 25 DS-GVO vor, da eine den Vorschriften entsprechende Löschroutine nachweislich besteht und die Speicherdauer der betroffenen Daten auf das unbedingt erforderliche Mindestmaß reduziert wurde.
- Höchst vorsorglich sei darauf hingewiesen, dass jedenfalls die Bußgeldbemessung fehlerhaft ist, da einerseits maßgebliche Zumessungskriterien nicht beachtet wurden und andererseits das bereits an sich fragliche Berechnungsmodell der Aufsichtsbehörden falsch angewendet wurde.

Im Einzelnen:

A. Tatvorwurf aus Sicht der Ermittlungsbehörde

Meiner Mandantin wird vorgeworfen, personenbezogene Daten ihrer Kundin nicht rechtzeitig gelöscht zu haben. Entsprechende technische Voreinstellungen seien unzureichend. Im Rahmen der von meiner Mandantin betriebenen Taxi-Plattform sei in einem Fall, trotz Abbestellung des Newsletters, eine Löschung der Kundendaten erst mehrere Monate später erfolgt. Zum anderen seien Kundendaten regelmäßig unverhältnismäßig lange gespeichert worden, obwohl die Dienstleistungen durch den jeweiligen Kunden über einen längeren Zeitraum nicht mehr in Anspruch genommen worden seien. Hierdurch habe meine Mandantin gegen die Grundsätze der Datenminimierung nach Art. 5 Abs. 1 lit. c DS-GVO und der Speicherbegrenzung nach Art. 5 Abs. 1 lit. e DS-GVO verstoßen sowie das Erfordernis einer datenschutzfreundlichen Technikgestaltung und datenschutzfreundlicher Voreinstellungen gem. Art. 25 DS-GVO missachtet.

B. In tatsächlicher Hinsicht

Hinsichtlich des Vorwurfs der Newsletter-Abmeldung ist richtigzustellen, dass die betreffende Kundin den Newsletter am 10.10.2018 abbestellt hat. Die Löschung der Daten der Kundin wurde entsprechend der Löschroutine im Unternehmen 14 Tage später, am 24.10.2018 – und damit zeitnah –, umgesetzt. Ein schriftlicher Nachweis ist als Anlage 1 beigefügt. Eine Speicherung erfolgte damit nach erfolgter Abmeldung nicht länger als 14 Tage.
Bereits seit Gründung des Unternehmens im Jahr 2010 bestehen ausreichende Voreinstellungen im Rahmen des IT-Systems unserer Mandantin zur Sicherstellung der datenschutzrechtlichen Anforderungen. Insbesondere besteht nachweislich eine Löschroutine. Kundendaten werden umgehend gelöscht, soweit eine Speicherung

nicht mehr erforderlich ist. Im Rahmen des Newsletters werden die Kundendaten innerhalb eines Zeitraums von 14 Tagen gelöscht. In den Fällen, in denen ein Kunde über einen längeren Zeitraum inaktiv ist, werden seine Daten ebenfalls in angemessener Zeit gelöscht. Nach der Löschroutine im Unternehmen meiner Mandantin erfolgt dies regelmäßig zum Jahresbeginn nach Ablauf der gesetzlichen Aufbewahrungsfristen. Darüber hinaus werden regelmäßig routinemäßige Überprüfungen vorgenommen, ob die unternehmensinternen Prozesse im Hinblick auf die Speicherung und Löschung von Daten dem Grundsatz der Datensparsamkeit entsprechen.

### C. In rechtlicher Hinsicht

Zur Rechtslage ist Folgendes auszuführen:

#### I. Tatbestand von Art. 83 Abs. 4 lit. a und Abs. 5 lit. a DS-GVO

Die Voraussetzungen des Art. 83 DS-GVO liegen nicht vor, da weder ein Verstoß nach Abs. 4 lit. a noch nach Abs. 5 lit. a DS-GVO gegeben ist.

##### 1. Kein Verstoß gegen Art. 5, 17 DS-GVO

Ein Verstoß gegen die Art. 5, 17 DS-GVO im Sinne einer Missachtung der Grundsätze der Datenminimierung und Speicherbegrenzung liegt nicht vor. Wie bereits dargelegt, ist durch das Löschkonzept meiner Mandantin sichergestellt, dass Daten nur so lange gespeichert werden, wie dies in Anbetracht des Zweckes erforderlich ist. Eine Löschung der im Rahmen der Newsletter-Anmeldung gespeicherten Daten innerhalb eines Zeitraums von 14 Tagen ist keine unverhältnismäßige Zeitspanne. Den Verantwortlichen muss ein zumutbarer Zeitraum zugestanden werden, die Löschung umzusetzen. Auch die Löschroutine, die bei Inaktivität eine Löschung der Daten nach Ablauf gesetzlicher Aufbewahrungsfristen vorsieht, ist keinesfalls unangemessen. Erst nach einer längeren Inaktivität des Kunden ist ersichtlich, dass dieser auf die Dienstleistungen des Unternehmens nicht mehr zugreifen möchte, sodass dann eine Speicherung nicht länger erforderlich ist.

##### 2. Kein Verstoß gegen Art. 25 DS-GVO

Auch liegt kein Verstoß gegen Art. 25 DS-GVO vor. Hiernach hat der Verantwortliche geeignete technische und organisatorische Maßnahmen zu treffen, um den Anforderungen der DS-GVO zu genügen und die Rechte der betroffenen Personen zu schützen. Meine Mandantin hat umfassende technische und organisatorische Maßnahmen etabliert, die sicherstellen, dass bei der Verarbeitung von Kundendaten die Grundsätze der Datenminimierung und Speicherbegrenzung eingehalten werden. Insbesondere liegen eine Arbeitsanweisung zur Datensparsamkeit sowie eine konkrete Prüfung des Verfahrens im Hinblick auf die tatsächlich erforderlichen Daten vor.

#### II. (Ggf. hilfsweise) Fehlerhafte Bußgeldbemessung[7]

Ob und in welcher Höhe eine Geldbuße nach Art. 83 DS-GVO zu verhängen ist, steht im pflichtgemäßen Ermessen der zuständigen Behörde. Bei der Ausübung dieses Ermessens sind die Umstände des Einzelfalls maßgeblich. Zu berücksichtigen sind insbesondere – jedoch keinesfalls abschließend – die in Abs. 2 S. 2 genannten

Zumessungskriterien. Im vorliegenden Fall sind folgende Gesichtspunkte in die Abwägung einzubeziehen, die bisher nicht (ausreichend) berücksichtigt worden sind:

1. Vorliegend wären nur wenige Personen betroffen, wenn man entgegen der hier vertretenen Auffassung einen Verstoß für gegeben erachten wollte.
2. Zudem hat meine Mandantin von Anfang an umfassend kooperiert. Alle angeforderten Informationen und Unterlagen wurden umgehend zur Verfügung gestellt und jegliche Anweisungen beanstandungslos umgesetzt.
3. In der Vergangenheit kam es zu keinerlei Verstößen.
4. Wollte man trotz der offensichtlichen Sachlage zu der Auffassung gelangen, dass die praktizierten Löschfristen unverhältnismäßig sind und somit ein Verstoß vorliegt, wäre dieser allenfalls fahrlässig begangen.
5. Letztlich handelt es sich vorliegend nicht um sensible Daten.

Hiernach erscheint im vorliegenden Fall fraglich, ob – selbst bei Annahme eines Verstoßes – eine Bußgeldverhängung überhaupt geboten ist.

Jedenfalls wurde im vorliegenden Fall das EDSA- Berechnungsmodell fehlerhaft angewendet. Insoweit wird auf das Urteil des LG Bonn 11.11.2020 – 29 OWi 1/20, BeckRS 2020, 35663 verwiesen, das umsatzfokussierten Berechnungsmodellen eine klare Absage erteilt hat. Die zentrale Anknüpfung an den Umsatz ist unzulässig. Zudem wurde bereits auf der ersten Stufe eine falsche Kategorisierung vorgenommen, da meine Mandantin – unabhängig davon, welchen Unternehmensbegriff man zugrunde legt – lediglich einen Jahresumsatz von 1,35 Mio. EUR hat. Des Weiteren wurde die Tatsache, dass es sich vorliegend nicht um sensible Daten handelt, unberücksichtigt gelassen. Die Berechnung kann daher keinen Bestand haben.

D. Zusammenfassung/Schlussbemerkung

Aufgrund der vorstehenden Ausführungen ist dem Einspruch vom […] abzuhelfen.

[EVENTUELL ZUSÄTZLICH:]

Wie bereits telefonisch besprochen, bitte ich Sie vor einer abschließenden Entscheidung über den Einspruch, die aufgrund der Einspruchsbegründung geänderte Sach- und Rechtslage mit mir nochmals telefonisch zu erörtern. Hierzu erlaube ich mir, zeitnah mit Ihnen Kontakt aufzunehmen.

[ENDE DER OPTION]

Gerne stehe ich Ihnen für Rückfragen zur Verfügung.

Mit freundlichen Grüßen
[…]

Anlage

## Anmerkungen

**1. Zuständigkeit der Aufsichtsbehörde.** Der Einspruch ist bei der zuständigen Aufsichtsbehörde einzulegen. Zuständig ist die Behörde, die den Bußgeldbescheid erlassen hat (KK-OWiG/Ellbogen § 67 Rn. 39). Hierbei wird es sich im Rahmen von

Verfahren wegen eines Verstoßes nach Art. 83 Abs. 4–6 DS-GVO in aller Regel um die für das Unternehmen oder ggf. den Betroffenen zuständige Datenschutz-Aufsichtsbehörde handeln, vgl. Art. 55 ff. DS-GVO iVm den jeweiligen Landesdatenschutzgesetzen bzw. dem BDSG.

**2. Verfahren bei Einspruch gegen einen Bußgeldbescheid.** Nach § 41 Abs. 2 BDSG gelten für Verfahren wegen eines Verstoßes nach Art. 83 Abs. 4–6 DS-GVO die Vorschriften des OWiG und der allgemeinen Gesetze über das Strafverfahren, namentlich der StPO und des GVG, entsprechend. Die §§ 56–58, 87, 88, 99 und 100 OWiG sind ausgenommen. Nach § 41 Abs. 1 S. 1 BDSG gilt für Verstöße nach Art. 83 Abs. 4–6 DS-GVO auch im Übrigen das OWiG sinngemäß. Von dieser Regelung werden in § 41 Abs. 1 S. 2 BDSG die §§ 17, 35 und 36 OWiG ausgenommen, weil die Verordnung in Art. 83 DS-GVO sowohl die Bußgeldhöhe als auch die Zuständigkeit der Aufsichtsbehörden für die Verhängung von Bußgeldern abschließend regelt (BT-Drs. 18/11325, 108). (Wie eingangs erwähnt, wird infolge der EuGH-Rechtsprechung zu Art. 83 DS-GVO inzwischen allerdings diskutiert, inwieweit auch einzelne Absätze des § 30 OWiG ausdrücklich – vermeintlich: „klarstellend" – auszunehmen sind und auf Normen des GWB verwiesen werden soll. Ua geht es hier um die Regelung der Rechtsnachfolge, die sowohl im Kontext des § 30 OWiG als auch des GWB über Jahre eine Herausforderung für die Legislative war (vgl. die Entwicklung um die sog. „Wurstlücke", Ost NZWiSt 2022, 117 (119)). Über die Gesamtrechtsnachfolge ist dort inzwischen auch die wirtschaftliche Nachfolge geregelt. All diese Fortentwicklungen müsste ein supranationales Regelungsregime, das auf § 30 OWiG verzichtet, in geeigneter Form abbilden bzw. nachzeichnen.

Ist der Einspruch nicht rechtzeitig, nicht in der vorgeschriebenen Form oder sonst nicht wirksam eingelegt, so verwirft ihn die Verwaltungsbehörde als unzulässig (§ 69 Abs. 1 S. 1 OWiG iVm § 41 Abs. 2 BDSG).

Der Einspruch muss nicht zwingend begründet werden, jedoch muss sich zweifelsfrei erkennen lassen, dass der Einspruchsführer den Bußgeldbescheid nicht hinnehmen möchte und eine Überprüfung beantragt (KK-OWiG/Ellbogen § 67 Rn. 44; Krenberger/Krumm/Bohnert/Krenberger/Krumm OWiG § 67 Rn. 25 f.). Gegen einen Bescheid, der den Einspruch als unzulässig verwirft, ist ein Antrag auf gerichtliche Entscheidung nach § 62 OWiG zulässig (§ 69 Abs. 1 S. 2 OWiG). Ist der Einspruch hingegen zulässig, nimmt die Verwaltungsbehörde eine Prüfung vor, ob der Bußgeldbescheid aufrechtzuerhalten oder zurückzunehmen ist (§ 69 Abs. 2 S. 1 OWiG). Hierzu kann sie weitere Ermittlungen anordnen oder vornehmen, von Behörden und sonstigen Stellen die Abgabe von Erklärungen über dienstliche Wahrnehmungen, Untersuchungen und Erkenntnisse verlangen sowie dem Betroffenen das Recht einräumen, sich innerhalb einer zu bestimmenden Frist zum Vorwurf zu äußern. Er ist darauf hinzuweisen, dass es ihm freisteht sich zu äußern oder nicht zur Sache auszusagen (§ 69 Abs. 2 S. 3 OWiG). Entscheidet sich die Behörde dafür, dass sie den Bußgeldbescheid nicht zurücknimmt oder verwirft, übersendet sie die Akten über die Staatsanwaltschaft an das zuständige Amtsgericht, § 69 Abs. 3 OWiG. Mit dem Eingang der Akten bei der Staatsanwaltschaft gehen die Aufgaben der Verfolgungsbehörde auf sie über (§ 69 Abs. 4 S. 1 OWiG). Sie kann weitere Ermittlungen anstellen oder das Verfahren einstellen. Nach § 41 Abs. 2 S. 3 BDSG kann eine Einstellung durch die Staatsanwaltschaft (§ 69 Abs. 4 S. 2 OWiG) nur mit Zustimmung derjenigen Aufsichtsbehörde erfolgen, die den Bußgeldbescheid erlassen hat. Richtigerweise kann das Zustimmungserfordernis nur für Einstellungen aus Opportunitätsgründen gelten, nicht hingegen bei Einstellungen wegen mangelnden Tatverdachts oder wegen sonstiger zwingender Einstellungsgründe (vgl. BeckOK OWiG/Gertler § 69 Rn. 107; BeckOK DatenschutzR/Brodowski/Nowak BDSG § 41 Rn. 33). Die Staatsanwaltschaft prüft den Bescheid in tatsächlicher und rechtlicher Hinsicht, insbesondere im Hinblick auf Verfahrenshindernisse, die Zuständigkeit der Verwaltungsbehörde, den Verfahrensgegenstand, das Bestehen des öffentlichen Interesses an der Fortführung des Verfahrens und eine hinreichende Ermittlung (KK-OWiG/Ellbogen § 69 Rn. 86 ff.).

Nimmt die Staatsanwaltschaft weder weitere Ermittlungen noch eine Einstellung vor, werden die Akten dem Richter vorgelegt. Nach § 68 OWiG sind für Einsprüche gegen Bußgeldbescheide die Amtsgerichte zuständig. Nach der Verweisung in § 41 BDSG findet auch § 68 OWiG (zuständiges Gericht) grundsätzlich Anwendung, jedoch insoweit modifiziert, als dass § 41 Abs. 1 S. 3 BDSG die Zuständigkeit den Landgerichten zuweist, wenn die festgesetzte Geldbuße einen Betrag von 100.000 EUR übersteigt. Funktional zuständig sind dann nach § 46 Abs. 7 OWiG die Kammern für Bußgeldsachen. Ungeklärt ist allerdings bislang, in welcher Besetzung (Einzelrichter oder große Strafkammer) die zuständige Kammer tätig werden muss (BeckOK DatenschutzR/Brodowski/Nowak BDSG § 41 Rn. 35 f.). Diese Sonderzuständigkeit der Landgerichte in Fällen, in denen eine Geldbuße über 100.000 EUR festgesetzt wurde, wird teilweise äußerst kritisch gesehen (s. bspw. den Beschluss der 89. Konferenz der Justizministerinnen und Justizminister 2018). Zuzustimmen ist den kritischen Stimmen insoweit, dass keine Besonderheiten des Datenschutzrechts erkennbar sind, die diese abweichende Sonderzuständigkeit als geboten erscheinen lassen und auch weitere ungelöste Fragen aufgeworfen werden. Auf der anderen Seite ist es grundsätzlich begrüßenswert, dass bei den nunmehr enorm hohen Bußgeldsummen, die verhängt werden können, ein höheres Gericht mit der Sache befasst ist und sich möglicherweise durch die Häufung derartiger Verfahren eine besondere fachliche Kompetenz der Gerichte bildet (BeckOK DatenschutzR/Brodowski/Nowak BDSG § 41 Rn. 36; Taeger/Gabel/Nolde BDSG § 41 Rn. 15 ff.). Wird der Einspruch durch Beschluss verworfen, weil das Gericht den Einspruch für unzulässig erachtet, ist die sofortige Beschwerde zulässig (§ 70 Abs. 2 OWiG). Sie wird beim Amtsgericht eingelegt (KK-OWiG/Ellbogen § 70 Rn. 38 ff.). Bestätigt das Beschwerdegericht die Unzulässigkeit des Einspruchs, ist diese Entscheidung unanfechtbar (§ 310 Abs. 2 StPO). Gegen das Urteil (§ 71 OWiG) und den verfahrensabschließenden Beschluss (§ 72 OWiG) des Amtsgerichts ist im OWi-Verfahren nur die Rechtsbeschwerde zulässig (Krenberger/Krumm/Bohnert/Krenberger/Krumm OWiG § 79 Rn. 1).

**3. Behördenkontakt.** Es ist regelmäßig empfehlenswert, dass der Rechtsanwalt bereits in einem frühen Stadium des Verfahrens mit der Behörde bzw. dem zuständigen Sachbearbeiter Kontakt aufnimmt. Insbesondere in komplexen Verfahren sind der persönliche Kontakt und Austausch wichtig. Auf diese Weise können unter Umständen wichtige Informationen gewonnen werden und man bekommt eventuell bereits einen Hinweis auf die Sichtweise der Behörde.

**4. Einspruch.** Gegen den Bußgeldbescheid kann durch den Betroffenen oder seinen Verteidiger innerhalb von zwei Wochen nach Zustellung des Bußgeldbescheids schriftlich oder zur Niederschrift bei der Aufsichtsbehörde Einspruch eingelegt werden (§ 67 Abs. 1 S. 1 OWiG iVm § 41 BDSG). Betroffener ist derjenige, gegen den sich der Bescheid richtet. Bei juristischen Personen ist der Einspruch durch die vertretungsberechtigten Organe einzulegen (Krenberger/Krumm/Bohnert/Krenberger/Krumm OWiG § 67 Rn. 6ff.). Wurde die Frist unverschuldet nicht eingehalten, kann bei Vorliegen der entsprechenden Voraussetzungen eine Wiedereinsetzung in Betracht kommen. Bereits bei der Einlegung des Einspruchs muss eine entsprechende Vollmacht des Verteidigers, die ihn auch zum Einlegen eines Einspruchs berechtigt, bestehen (KK-OWiG/Ellbogen § 67 Rn. 19). Auch eine Teilanfechtung des Bußgeldbescheids ist möglich (vgl. KK-OWiG/Ellbogen § 67 Rn. 50ff.). Der Einspruch kann auch gem. § 67 Abs. 1 S. 2 iVm § 302 StPO – vollständig oder nur teilweise – zurückgenommen werden. Eine Rücknahme sollte jedoch gut überlegt sein, da diese unanfechtbar und unwiderruflich ist und eine erneute Einlegung nicht zulässig ist. Ist der Einspruch zulässig, wird hierdurch das Zwischenverfahren eingeleitet.

**5. Akteneinsicht.** Ausführlich → Form. O. II.

**6. Einspruchsbegründung.** Die Einspruchsbegründung kann bereits mit Einlegung des Einspruchs erfolgen. Regelmäßig wird es unter Berücksichtigung der kurzen Frist zur Einlegung des Einspruchs sinnvoll sein, den Einspruch zunächst unbegründet einzulegen, um die Frist zu wahren und die Einspruchsbegründung nach erfolgter Akteneinsicht nachzureichen. Bereits bei Einlegung des Einspruchs sollte angekündigt werden, dass eine Begründung zu späterem Zeitpunkt erfolgt. Die Einspruchsbegründung sollte sorgfältig erarbeitet werden. Hierin besteht eine gute Möglichkeit, die Sichtweise des Mandanten darzulegen und möglicherweise eine Richtigstellung oder Ergänzung der Sachlage vorzunehmen, die bereits für sich zu einer anderen rechtlichen Bewertung führen kann. Darüber hinaus kann selbst bei unveränderter Sachlage jedenfalls eine abweichende rechtliche Bewertung dargelegt werden. An dieser Stelle kann ein Verfahren unter Umständen frühzeitig beendet werden. Ein Einstellungsgrund kann sich auch aus der Unbestimmtheit des Bescheids ergeben. Ist ein Bußgeldbescheid zu unbestimmt und erfüllt damit nicht seine Abgrenzungsfunktion, kann dies dessen Unwirksamkeit bedingen. Relevante Rechtsfehler sind allerdings nur gravierende Mängel. Nicht ausreichend ist, wenn lediglich die Informationsfunktion nicht ausreichend erfüllt wird (OLG Köln 16.3.2018 – III-1 RBs 84/18, DAR 2018, 338 mwN; BeckOK OWiG/Sackreuther § 66 Rn. 28ff.; KK-OWiG/Ellbogen § 67 Rn. 6a; Rebler NZV 2016, 304). Aus dem Bußgeldbescheid muss sich der Gegenstand des gerichtlichen Verfahrens in persönlicher, sachlicher und rechtlicher Hinsicht ergeben und der Umfang der Rechtskraft erkennbar sein. Insoweit ist erforderlich, „dass nach dem Inhalt des Bußgeldbescheids keine Zweifel über die Identität der Tat entstehen können, dass also zweifelsfrei feststeht, welcher Lebensvorgang erfasst und geahndet werden soll. Der Sachverhalt ist als geschichtlicher Vorgang so konkret zu schildern, dass nicht unklar bleiben kann, über welchen Sachverhalt das Gericht urteilen und gegen welchen Vorwurf sich der Betroffene verteidigen soll“ (OLG Köln 16.3.2018 – III-1 RBs 84/18, DAR 2018, 338).

**7.** (Fehlerhafte) **Bußgeldbemessung.** Grundsätzlich wird im Rahmen der Bußgeldzumessung eine Einzelfallentscheidung unter Berücksichtigung der jeweiligen Umstände vorgenommen. Der Abwägung liegt dabei unter anderem der – nicht abschließende – Katalog an Zumessungskriterien aus Art. 83 Abs. 2 S. 2 DS-GVO (zu den einzelnen Zumessungskriterien → Form. O. I. Anm. 6) zugrunde. Im Übrigen gelten die allgemeinen Zumessungsregelungen im Strafprozess bzw. Bußgeldverfahren. Im Rahmen der Zumessung bieten sich aufgrund des Charakters der Ermessensentscheidung unter Berücksichtigung der Umstände im Einzelfall gute Verteidigungschancen, denn es werden der Verteidigung Räume für Argumentation eröffnet, obgleich auch der Behörde ein weiter Ermessensspielraum eingeräumt wird. Im Rahmen einer Einspruchsbegründung sollte dargelegt werden, ob die von der Behörde herangezogenen Kriterien sowohl inhaltlich korrekt als auch angemessen bewertet worden sind. Daneben sollten mögliche weitere Kriterien aufgezeigt werden, die zugunsten des Mandanten Berücksichtigung finden könnten. Da der Kriterienkatalog der DS-GVO nicht abschließend ist, können und sollten auch jegliche weitere Argumente herangezogen werden. Insoweit kann eine Orientierung an der allgemeinen Strafzumessung nach OWiG und StPO sinnvoll sein.

## V. Checkliste: Verhaltensempfehlung bei Durchsuchungen

Die EuGH-Rechtsprechung und das Vorgehen der Aufsichtsbehörden sind maßgeblich davon getrieben, Beweiserleichterungen zu schaffen bzw. Ermittlungsaufwand rund um die Beteiligung natürlicher Personen zu reduzieren. Daher hat sich das Risiko invasiver Ermittlungsmaßnahmen bei lebensnaher Betrachtung etwas abgemildert (vgl. Roßnagel/Rost ZD 2024, 183 (186): „Die unmittelbare Verbandshaftung vermeidet die nach den nunmehr nicht mehr anwendbaren OWiG-Regelungen zur Ermittlung von Tat und Täter erforderlichen Vor-Ort-Untersuchungen, Zeugenvernehmungen und sonstigen polizeilichen Maßnahmen."). Die Entwicklung bleibt auch hier abzuwarten. Einstweilen ist vorsorglich noch in jeder Verfahrenslage zu berücksichtigen, dass Tätigkeitsberichte Durchsuchung und Beschlagnahme mitunter sogar als „typische Ermittlungsmethoden" erwähnen (vgl. Ihwas CCZ 2023, 23). Bereits Art. 58 Abs. 1 lit e und f DS-GVO sehen Ermächtigungsgrundlagen dazu vor, und Amtshilfe kann knappe personelle Ressourcen nach Bedarf ausgleichen. Bei einem eingeleiteten Bußgeldverfahren richten sich die Befugnisse über § 41 BDSG und § 46 OWiG nach der StPO. Die bereits beschriebenen Friktionen aufgrund der Verweisungsnormen sind auch in diesem Kontext zu erwarten.

Eine Durchsuchung ist ein gravierender Eingriff in die Sphäre eines Unternehmens sowie betroffener Personen und hat erhebliche Auswirkungen auf die Beteiligten. Durchsuchungsmaßnahmen kommen insbesondere in Betracht, wenn Ermittlungsbehörden einen Anfangsverdacht haben und glauben, durch die Durchsuchung weitere Beweismittel zu finden, um den Tatverdacht zu bestätigen. Teilweise werden Durchsuchungsmaßnahmen von den Behörden sogar genutzt, um ein Ermittlungsverfahren „mit einem – gelegentlich auch öffentlichkeitswirksamen – Paukenschlag" bekanntzugeben (Weitbrecht/Weidenbach NJW 2010, 2328). Für die Zulässigkeit einer Durchsuchung genügt „der über bloße Vermutungen hinausreichende, auf bestimmte tatsächliche Anhaltspunkte gestützte konkrete Verdacht, dass eine Straftat begangen worden ist und der Verdächtige als Täter oder Teilnehmer an dieser Tat in Betracht kommt. Eines hinreichenden oder gar dringenden Tatverdachts bedarf es – unbeschadet der Frage der Verhältnismäßigkeit – nicht" (BGH 26.6.2019 – StB 10/19, NStZ-RR 2019, 282). Unter bestimmten Umständen kann eine umfassende Kooperation mit den Behörden eine Durchsuchung und Beschlagnahme verhindern. Steht ein Vorwurf im Raum, sollte in der Regel den Behörden gegenüber signalisiert werden, dass alle erforderlichen Unterlagen beschafft und herausgegeben werden. Ein Unternehmen ist häufig nicht selbst Adressat des Verfahrens, da es nach deutschem Recht – zumindest nach derzeitiger Gesetzeslage – kein Unternehmensstrafrecht gibt (→ Form. O.I. Vorb.), sodass Durchsuchungen bei juristischen Personen häufig dann stattfinden, wenn gegen eine Person aus dem Unternehmen (bspw. Geschäftsführer/Vorstand) ermittelt wird oder im Rahmen eines OWi-Verfahrens gegen das Unternehmen.

Die folgende Checkliste soll eine Orientierung bieten. Die Hinweise sind nicht abschließend und es bleibt insgesamt zu berücksichtigen, dass eine professionelle, gute Beratung meist unerlässlich ist.

Die wichtigste Regel vorab: Bleiben Sie ruhig und gelassen! Sie können die Maßnahme ohnehin nicht (mehr) verhindern. Die zweitwichtigste Regel: Rufen Sie einen erfahrenen Anwalt an. Auch der kann die Durchsuchung in der Regel nicht abwenden, aber diese zumindest zum Teil kontrollieren und eine Verschlimmerung der Lage durch etwaiges Fehlverhalten verhindern. Es empfiehlt sich, für derartige Fälle die Notfalltelefonnummer eines kompetenten Verteidigers stets griffbereit zu haben (→ Anm. 3).

| | Zeitliche Einordnung | Handlungsempfehlung | Ziel/Begründung bzw. Risiko bei Nichtbefolgung |
|---|---|---|---|
| I. | VOR einer Durchsuchung | 1. Bestimmung vertretungsberechtigter Ansprechpartner innerhalb des Unternehmens[1] | Sicherstellung einer schnellen Reaktion und Geltendmachung von Rechten |
| | | 2. innerbetriebliche Anweisung/Leitfaden zum Verhalten bei Durchsuchungen[2] | Sicherstellung eines geordneten Ablaufs |
| | | 3. externer Berater/Strafverteidiger[3] | zügige professionelle Begleitung |
| II. | WÄHREND einer Durchsuchung durch das Unternehmen | 1. keine Aussage machen[4] | Verwertbarkeit im weiteren Verfahren/Korrektur ggf. nicht mehr möglich |
| | | 2. Einschaltung eines Verteidigers[5] | unrechtmäßiges Verhalten der Ermittlungsbeamten/keine Kenntnis bestehender Rechte |
| | | 3. keine Behinderung der Ermittlungen (zB Vernichtung von Unterlagen, Warnung/Beeinflussung von Beteiligten)[6] | Risiko, jegliche Kooperationsbereitschaft der Behörden zu verlieren/uU begründet das Verhalten sogar einen Haftgrund oder eigenständige Strafbarkeit |
| | | 4. den Leiter der Durchsuchung bitten, auf den Verteidiger zu warten[7] | Absicherung, dass keine Handlungen in Abwesenheit eines erfahrenen Verteidigers erfolgen |
| | | 5. Durchsuchungsbeschluss vorlegen lassen[8] | bei fehlendem Beschluss: Prüfung der Voraussetzungen von Gefahr im Verzug |
| | | 6. Namen der Beteiligten notieren[9] | notwendig für eventuelle Dienstaufsichtsbeschwerden/Ausschluss unbeteiligter Dritter |
| | | 7. Unternehmensprotokoll für Durchsuchungen einleiten[10] | geordnetes Verhalten nach Protokoll in der Stresssituation einer Durchsuchung |
| | | 8. Widerspruch gegen Durchsuchungsmaßnahme/keine Herausgabe von Informationen/Gegenständen vor Eintreffen des Verteidigers[11] | Freiwillige Herausgabe kann den Ausschluss der Beschwerdemöglichkeit sowie eines Verwertungsverbots wg. Beschlagnahmeverbot bedeuten/zudem Risiko der Strafbarkeit bei Verletzung von datenschutzrechtlichen/strafrechtlichen Vorschriften durch freiwillige Herausgabe |

| | Zeitliche Einordnung | Handlungsempfehlung | Ziel/Begründung bzw. Risiko bei Nichtbefolgung |
|---|---|---|---|
| | WÄHREND einer Durchsuchung durch den Verteidiger (keine schematische Empfehlung, abhängig vom Einzelfall) | 9. Ausweisung als Verteidiger/ Vorlage Vollmacht/Bitte, bis zum Eintreffen zu warten/ Prüfung Beschluss/ggf. Tatsachen Gefahr im Verzug aktenkundig machen | |
| | | 10. Kooperation signalisieren (zB Heraussuchen von Gegenständen), gleichzeitig keine freiwillige Herausgabe/Widerspruch gegen Sicherstellung u. Beschlagnahme[12] | Wahrung eines positiven Klimas/ Vermeidung von Zufallsfunden |
| | | 11. ggf. Einschaltung von weiteren Verteidigern für einzelne Unternehmensverantwortliche oder als Zeugenbeistände | Vermeidung unbegleiteter Aussagen von Zeugen/unrechtmäßiges Verhalten der Ermittlungsbeamten |
| | | 12. unrechtmäßigen Maßnahmen widersprechen/ Niederlegung im Durchsuchungsprotokoll/Ankündigung Rechtsmittel[13] | Möglichkeit des Entgegenkommens der Beamten |
| | | 13. Aufklärung/Beruhigung und Begleitung der Beteiligten[14] | Vermeidung von Fehlern (zB Spontanäußerungen) aufgrund der Stresssituation |
| III. | NACH Abschluss der Durchsuchung | 1. Bitte um abschließendes Gespräch[15] | Informationen zur Einschätzung der Behörden und weiterem Vorgehen erlangen |
| | | 2. Bitte um Aushändigung des Beschlagnahmeverzeichnisses[16] | Kontrolle und Dokumentation |
| | | 3. Bitte um Aushändigung des Durchsuchungsprotokolls[17] | Kontrolle und Dokumentation |
| IV. | NACH der Durchsuchung/ Rechtsmittel | 1. Beschwerde[18] | Vorgehen gegen richterlichen Beschluss |
| | | 2. richterliche Entscheidung wegen Beanstandung der Art und Weise der Durchführung[19] | Beanstandung der Art und Weise der Durchführung |
| | | 3. gerichtliche Entscheidung (insbes. bzgl. Gefahr im Verzug)[20] | Beanstandung der Annahme von Gefahr im Verzug |
| | | 4. Antrag auf Herausgabe nicht-verfahrensrelevanter Unterlagen bzw. von Kopien beschlagnahmter Unterlagen[21] | Beschaffung notwendiger Unterlagen des Mandanten, wenn diese sich weiterhin im amtlichen Gewahrsam befinden |

## Anmerkungen

**1. Bestimmung vertretungsberechtigter Ansprechpartner.** Durch die Unternehmensleitung sind Verantwortliche zu bestimmen, die im Falle einer Durchsuchung als Ansprechpartner fungieren (Durchsuchungsbeauftragter). In diesem Zusammenhang ist darauf zu achten, dass immer mindestens ein Verantwortlicher im Unternehmen oder ein Vertreter verfügbar ist. Die Verantwortlichen sind umfassend einzuweisen und über den Ablauf, Rechte und Risiken aufzuklären. Empfehlenswert ist hierfür zum einen ein Gespräch oder eine Schulung durch einen erfahrenen Strafverteidiger. Zum anderen sollten ausführliche schriftliche Unterlagen und Checklisten für den Notfall zur Verfügung gestellt werden. Alle Mitarbeiter sollten wissen, dass bei einer Durchsuchung unmittelbar der zuständige Ansprechpartner zu benachrichtigen ist und wer zuständiger Ansprechpartner ist.

**2. Innerbetriebliche Anweisung.** Unternehmensintern sollte ein Leitfaden zum Verhalten bei Durchsuchungen erstellt werden, der allen Unternehmensbeteiligten bekannt gemacht wird. Insbesondere bei sensiblen Bereichen oder solchen, die bei einer Durchsuchung möglichst schnell reagieren müssen, ist darauf zu achten, dass Mitarbeiter regelmäßig geschult werden. So ist bspw. sicherzustellen, dass der Empfang informiert ist, dass die vorab festgelegten Verantwortlichen unmittelbar nach Eintreffen der Ermittlungsbeamten zu benachrichtigen sind und wie mit den Ermittlungsbeamten umzugehen ist. Der Empfang oder ggf. Pförtner etc sollte auch darauf hingewiesen werden, dass Beamte möglicherweise darauf spekulieren könnten, erste Informationen über ein „informelles Gespräch" zu erlangen (BeckFormB Strafverteidiger/Müller-Jacobsen III.K.5. aa)). In der Anweisung sollten insbesondere die verantwortlichen Ansprechpartner und der externe Berater des Unternehmens aufgeführt sein.

**3. Externe Berater/Strafverteidiger.** Ist das Unternehmen nicht bereits durch einen Strafverteidiger anwaltlich beraten, sollte ein strafrechtlicher Berater mandatiert werden. Im Falle einer Durchsuchung bleibt keine Zeit, sich nach einem Berater zu erkundigen, vielmehr muss unmittelbar reagiert werden. Empfehlenswert ist es daher, bereits einen anwaltlichen Vertreter zu haben, der im Notfall jederzeit erreichbar ist, selbst wenn Strafrechtskanzleien regelmäßig Notfallnummern für die jederzeitige Erreichbarkeit im Internet angeben. Zwar kann der Anwalt im Laufe des Verfahrens gewechselt werden, dennoch ist es von Vorteil, wenn der Anwalt das Verfahren von Anfang an begleitet. Zudem können schon bei der Durchsuchung entscheidende Weichen gestellt werden, weswegen der richtige Anwalt von großer Bedeutung ist. Auch wenn es grundsätzliche Regeln gibt, die bei einer Durchsuchung beachtet werden sollten, gibt es keine allgemeingültigen Empfehlungen. Es ist in jedem Einzelfall zu prüfen, welche Verteidigungsstrategie sinnvoll ist. Daher ist ein erfahrener Strafverteidiger einzubinden, der umfassend über alle Rechte und Handlungsoptionen aufklären kann, mögliche Risiken und Besonderheiten des Unternehmens im Blick hat und aufgrund seiner Erfahrung individuell beraten kann.

**4. Keine Aussage machen.** Bevor der anwaltliche Vertreter eingetroffen ist, sollten keine Aussagen getätigt werden. Insbesondere sollten Spontanäußerungen vermieden werden. Beschuldigte haben das Recht, vollumfänglich zu schweigen. Zeugen müssen eine Aussage machen, allerdings nur bei Auftrag/Ladung der Staatsanwaltschaft (§§ 161a Abs. 1, 163 Abs. 3 StPO) und sind dementsprechend zu belehren. Eine Aussageverweigerung kommt aber in Betracht, wenn der Zeuge ein spezielles Zeugnisverweigerungsrecht hat oder sich selbst oder Angehörige belasten würde (§ 55 Abs. 1 StPO). Nicht selten führen die Ermittlungsbeamten bereits vor Ort Zeugenvernehmungen durch. In diesem Fall ist es ratsam, den Zeugen anzubieten, dass ein anwaltlicher Vertreter als Zeugenbeistand zur Verfügung steht. Auch Zeugen haben ein Recht auf einen Rechtsbeistand (§ 68b Abs. 1 S. 1 StPO). Hierbei kann das Unternehmen lediglich ein Angebot machen. Möchte der Mitarbeiter hingegen keinen Zeugenbeistand, ist er zu dessen Inanspruchnahme nicht verpflichtet. Der Zeugenbeistand kann den jeweiligen Mitarbeiter über seine Rechte aufklären, eingreifen, wenn zu befürchten ist, dass sich der Zeuge selbst belastet oder wenn sich die Vernehmung derart wendet, dass nicht mehr von einer Zeugenstellung, sondern von einer Beschuldigtenstellung auszugehen ist und die Beamten eine entsprechende Belehrung nicht vornehmen. Regelmäßig bewirkt allein die Tatsache, dass ein Strafverteidiger an einer Vernehmung teilnimmt, dass sich die Ermittlungsbeamten an die Vorschriften halten. Insbesondere vor dem Hintergrund, dass Durchsuchungen unangemeldet durchgeführt werden und die ganze Situation für die Betroffenen eine große Belastung darstellt und häufig besonders dramatisch erlebt werden, ist eine sinnvolle Vernehmung unter derartigen Umständen kaum möglich. Hierauf sollten auch die Ermittlungsbeamten hingewiesen werden, um ggf. zu erreichen, dass unmittelbare Vernehmungen während der Durchsuchung unterbleiben und die Zeugen zu einem späteren Termin vorgeladen werden.

**5. Strafverteidiger einschalten.** Ein Recht auf den Beistand durch einen Verteidiger steht dem Beschuldigten im Strafverfahren nach § 137 StPO zu. Das Recht auf Hinzuziehung eines Anwalts ist Ausdruck des verfassungsrechtlich garantierten Rechts auf ein faires Verfahren und gilt auch im Ordnungswidrigkeitenrecht (Krenberger/Krumm/Bohnert/Krenberger/Krumm OWiG § 46 Rn. 36). Für Verstöße nach Art. 83 DS-GVO gilt § 137 StPO (Recht des Beschuldigten auf Hinzuziehung eines Verteidigers) über § 41 BDSG iVm § 46 OWiG. Zu diesem Zweck darf der Beschuldigte telefonieren.

**6. Keine Behinderung der Ermittlungen.** In keinem Fall sollten die Ermittlungsmaßnahmen behindert werden, indem bspw. Unterlagen beiseitegeschafft oder vernichtet, auf Zeugen eingewirkt oder Zugänge erschwert werden (Weitbrecht/Weidenbach NJW 2010, 2328 (2329)). Ein solches Verhalten kann nicht nur das allgemeine Klima verschlechtern und dazu führen, dass kein Entgegenkommen vonseiten der Ermittlungsbeamten mehr zu erwarten ist (zB abwarten, bis Verteidiger eingetroffen ist, oder Ermittlungsmaßnahmen möglichst unauffällig durchführen). Darüber hinaus kann sich das Verhalten negativ auf das weitere Verfahren bis hin zur Strafzumessung (bzw. Zumessung bei Festlegung der Geldbuße) auswirken oder im schlimmsten Fall sogar eine eigenständige Strafbarkeit (zB nach den §§ 113 ff. StGB) begründen. Darüber hinaus kann ein solches Verhalten auch zur Annahme des Haftgrundes der Verdunklungsgefahr führen. Ggf. kann die organisatorische Begleitung für beide Seiten hilfreich sein. Zu denken ist hier bspw. an die Zurverfügungstellung von Raum- und Gebäudeplänen sowie von Räumlichkeiten und Kopiergeräten.

**7. Bitte, auf das Eintreffen des Strafverteidigers zu warten.** Die Ermittlungsbeamten sollten gebeten werden, erst nach Eintreffen des Rechtsanwalts mit der Durchsuchung zu beginnen (BeckStB-HdB 2019/2020/Randt Kap. O. Rn. 152). Es besteht zwar keine Verpflichtung der Ermittlungsbehörden, auf das Eintreffen eines anwaltlichen Vertreters zu warten. Dennoch wird der entsprechenden Bitte regelmäßig nachgekommen. In der Zwischenzeit sollte den Ermittlungsbeamten ein Besprechungsraum zur Verfügung gestellt werden und dem benachrichtigten Anwalt der Durchsuchungsbeschluss vorab per E-Mail oder Fax zugesendet werden.

**8. Durchsuchungsbeschluss vorlegen lassen.** Grundsätzlich ist sowohl dem Beschuldigten wie auch einem Drittbetroffenen die vollständige richterliche Durchsuchungsanordnung bei Vollzug derselben auszuhändigen (BGH 28.6.2017 – 1 BGs 148/17, NJW 2017, 2359). Nur in Ausnahmefällen kann die Bekanntgabe der (vollständigen) Gründe der Anordnung zurückgestellt werden, wenn hierdurch der Untersuchungszweck gefährdet wäre. Auch im Rahmen eines Durchsuchungsbeschlusses ist ähnlich wie bei einer Anklageschrift die Umgrenzungsfunktion zu beachten. So ist „durch geeignete Formulierungen des Durchsuchungsbeschlusses im Rahmen des Möglichen sicherzustellen, dass der Grundrechtseingriff angemessen begrenzt wird sowie messbar und kontrollierbar bleibt" (BVerfG 26.5.1976 – 2 BvR 294/76, BVerfGE 42, 212). Deshalb „hat der richterliche Durchsuchungsbeschluss die rechtliche Grundlage der konkreten Maßnahme zu schaffen und muss Rahmen, Grenzen und Ziel der Durchsuchung definieren" (BVerfG 27.5.1997 – 2 BvR 1992/92, NJW 1997, 2165 (2166)).

Der Tatvorwurf muss genau umschrieben werden. Erforderlich sind zumindest knappe, aber aussagekräftige Angaben zum Sachverhalt unter Berücksichtigung der wesentlichen Merkmale des gesetzlichen Tatbestands. Etwaige Mängel in der Beschreibung der aufzuklärenden Tat können durch die Bezeichnung der zu suchenden Beweismittel ausgeglichen werden, wenn diese Rückschlüsse auf den konkreten Tatvorwurf zulassen (BGH 10.11.2016 – 4 StR 86/16, NStZ 2018, 45). Der Betroffene muss nämlich in die Lage versetzt werden, die Durchsuchung seinerseits zu kontrollieren und etwaigen Ausuferungen im Rahmen seiner rechtlichen Möglichkeiten entgegenzutreten (BVerfG 26.5.1976 – 2 BvR 294/76, NJW 1976, 1735 (1736); BVerfG 20.2.2001 – 2 BvR 1444/00, NJW 2001, 1121 (1122)). Insbesondere ist auch bei der hier in Rede stehenden Durchsuchung in Geschäftsräumen darauf zu achten, dass die betroffene Gesellschaft genau bezeichnet ist (BVerfG 16.4.2015 – 2 BvR 440/14, NJW 2015, 2870 (2871)). In diesem Zusammenhang ist zu beachten, dass nach § 108 Abs. 1 S. 1 StPO auch sog. „Zufallsfunde" beschlagnahmt werden können. Werden bei der Gelegenheit einer Durchsuchung Gegenstände gefunden, die zwar in keiner Beziehung zu der Untersuchung stehen, aber auf die Verübung einer anderen Straftat hindeuten, so sind sie einstweilen in Beschlag zu nehmen. Gezielt darf nicht nach Zufallsfunden gesucht werden (Kusnik CCZ 2015, 22 (25)). Das Risiko einer Verschärfung der Gesamtlage durch das Auffinden von Zufallsfunden kann dadurch minimiert werden, dass streng kontrolliert wird, ob sich die Ermittlungsbeamten noch im Rahmen des Durchsuchungsbeschlusses bewegen und – soweit dies möglich ist – Unterlagen, nach denen ausweislich des Beschlusses gesucht wird, freiwillig herausgesucht werden, ohne sie freiwillig herauszugeben. Die Unterlagen werden letztlich dann herausgesucht, um ein (weiteres) Suchen durch die Ermittlungsbeamten zu verhindern. Immer wieder kommt es in der Praxis vor, dass Ermittlungsbehörden gezielt nach „Zufallsfunden" suchen. In diesen Fällen muss nach hier vertretener Auffassung regelmäßig ein Verwertungsverbot angenommen werden (so auch Sartorius Anm. zu FG Niedersachen 20.9.2018 – 11 K 267/17, NZWiSt 2019, 347 (353)).

Außerdem ist die zeitliche Komponente zu beachten. Die Durchsuchungsmaßnahme wird durch den Richter in ihren konkreten, gegenwärtigen Voraussetzungen geprüft. Mit der Zeit fehlt es an diesem sachlichen Zusammenhang. Ein Durchsuchungsbeschluss verliert daher nach sechs Monaten seine rechtfertigende Kraft (BVerfG 27.5.1997 – 2 BvR 1992/92, NJW 1997, 2165).

Für den Erlass eines Durchsuchungsbeschlusses ist regelmäßig der Richter zuständig (Richtervorbehalt). Nur wenn die Voraussetzungen einer Gefahr im Verzug nach den §§ 102, 105 Abs. 1 S. 1 StPO vorliegen, darf eine Durchsuchung ausnahmsweise auch durch die Staatsanwaltschaft und ihre Ermittlungspersonen angeordnet werden. In diesem Zusammenhang wird häufig vorschnell eine Eilkompetenz der Strafverfolgungsbehörden angenommen. Gefahr im Verzug liegt dann vor, „wenn die vorherige Einholung der richterlichen Anordnung den Erfolg der Durchsuchung gefährdet hätte" (BGH 6.10.2016 – 2 StR 46/15, NJW 2017, 1332 (1334)). Der Begriff „Gefahr im Verzug" ist eng auszulegen (BVerfG 12.3.2019 – 2 BvR 675/14, NJW 2019, 1428 (1429) auch zu den Anforderungen an einen dem Gebot der praktischen Wirksamkeit des Richtervorbehalts entsprechenden richterlichen Bereitschaftsdienst). Wird gegen die Richterzuständigkeit verstoßen, folgt daraus jedenfalls dann ein Beweisverwertungsverbot, wenn es sich um einen schwerwiegenden, bewussten oder willkürlichen Verfahrensverstoß handelt, bei dem die grundrechtlichen Sicherungen „planmäßig oder systematisch außer Acht gelassen worden sind" (OLG Düsseldorf 23.6.2016 – III-3 RVs 46/16, NStZ 2017, 177 (179); vgl. auch BVerfG 9.11.2010 – 2 BvR 2101/09, NJW 2011, 2417 (2419); BGH 18.4.2007 – 5 StR 546/06, NJW 2007, 2269; 3.8.2011 – 3 StR 210/11, NStZ 2012, 104 (105)). Ein solch schwerwiegender Verstoß ist anzunehmen, wenn Polizeibeamte zielgerichtet die Voraussetzungen einer Gefahr im Verzug selbst herbeiführen, obwohl eine richterliche Durchsuchungsanordnung ohne die Gefahr des Verlustes von Beweismitteln zu erlangen gewesen wäre (OLG Düsseldorf 23.6.2016 – III-3 RVs 46/16, NStZ 2017, 177 (179)). Ob im Einzelfall ein Verwertungsverbot anzunehmen ist, ist aufgrund einer „umfassenden Abwägung des Interesses der Allgemeinheit an der wirksamen Strafverfolgung mit dem Interesse des Betroffenen an der Einhaltung der Verfahrensvorschriften" zu prüfen (BGH 17.2.2016 – 2 StR 25/15, NStZ 2016, 551 (552)).

Ein Verwertungsverbot scheidet regelmäßig aus, wenn lediglich die Dokumentation der richterlichen Entscheidung unzureichend war (BGH 13.1.2005 – 1 StR 531/04, NStZ 2005, 392).

Die Prüfung des Durchsuchungsbeschlusses erfolgt in der Regel durch den anwaltlichen Vertreter. Auch die verantwortlichen Ansprechpartner im Unternehmen sollten vom Inhalt des Durchsuchungsbeschlusses Kenntnis nehmen. Verständnisfragen und weitere Anmerkungen sollten jedoch ausschließlich mit dem Verteidiger besprochen werden, um zu vermeiden, dass die Verantwortlichen unbewusst in ein Gespräch über den tatgegenständlichen Vorwurf verwickelt werden und eventuell ungünstige Äußerungen tätigen.

**9. Namen der Beteiligten notieren.** Wenn möglich, sollten die Namen der Beteiligten notiert werden, insbesondere wenn später gegen das Verhalten einzelner Personen zB im Wege einer Dienstaufsichtsbeschwerde vorgegangen werden soll oder auch allgemein, um bei einer möglichen Überprüfung der Rechtmäßigkeit einzelner Maßnahmen die handelnden Personen benennen zu können.

**10. Unternehmensprotokoll für Durchsuchungen einleiten.** Es sollte entsprechend der im Unternehmen vorliegenden Protokolle/Anweisungen zum Verhalten bei Durchsuchungen (→ Anm. 2) vorgegangen werden.

**11. Durchsuchung widersprechen/keine freiwillige Herausgabe.** Der Durchsuchung sollte vorsorglich widersprochen werden, um den Weg für Rechtsmittel offenzulassen. Gleichwohl ist regelmäßig die bloße Duldung einer Durchsuchung ohne ausdrücklichen Widerspruch nicht als Einwilligung zu verstehen (OLG Brandenburg 21.1.2019 – 2 VAs 7/18, BeckRS 2019, 16427). Jegliche Herausgabe von Gegenständen und Informationen sollte in Absprache mit dem Verteidiger erfolgen (→ Anm. 13). In diesem Zusammenhang ist insbesondere zu beachten, dass die Herausgabe von Unterlagen an Ermittlungsbeamte unter Umständen auch eine Strafbarkeit begründen kann, bspw. nach § 203 StGB (Dann NJW 2015, 2609; vertiefend Auffermann/Vogel NStZ 2016, 387). Eine freiwillige Herausgabe sollte dann vermieden werden und in jedem Fall eine förmliche Beschlagnahme herbeigeführt werden, der widersprochen wird. Im Hinblick auf die Weitergabe von Daten an (Ermittlungs-)Behörden – auch außerhalb von Durchsuchungen – ist zu beachten, dass zu erfragen und zu überprüfen ist, auf welche Rechtsgrundlage die Anfrage gestützt wird, wie der Tatvorwurf lautet und welche Daten zu welchem Zweck herausgegeben werden sollen. Diese kann sich bspw. aus den §§ 161a, 163 StPO ergeben oder auch aus § 95 StPO. Bei einem Auskunftsverlangen nach § 95 StPO sollte jedoch nur dann eine Herausgabe von Unterlagen erfolgen, wenn dieses auch zwangsweise durchgesetzt werden könnte. Zwar besteht häufig ein großes Interesse an einer frühzeitigen Kooperation, insbesondere auch, um mögliche Zwangsmaßnahmen zu verhindern, gleichzeitig muss darauf geachtet werden, dass Unterlagen rein formell nicht freiwillig herausgegeben werden, jedenfalls nicht ohne anwaltliche Beratung zuvor.

**12. Kooperation signalisieren/keine freiwillige Herausgabe.** Zwar sollten keinerlei Informationen und Unterlagen freiwillig und ohne Konsultation des anwaltlichen Vertreters herausgegeben werden, gleichzeitig sollten sich alle Beteiligten jedoch grundsätzlich kooperativ zeigen (Weitbrecht/Weidenbach NJW 2010, 2328). Das Unternehmen ist zu einer freiwilligen Herausgabe nicht verpflichtet. Da gegen die freiwillige Herausgabe von Unterlagen und somit formloser Sicherstellung gem. § 94 StPO später kein Rechtsmittel zur Verfügung steht, sollte hiervon abgesehen werden. Einer Sicherstellung der Dokumente und Dateien sollte zunächst widersprochen werden (Weitbrecht/Weidenbach NJW 2010, 2328 (2329)). Erforderlich ist dann eine zwangsweise Sicherstellung in Form einer Beschlagnahme. Der Beschlagnahmebeschluss ist regelmäßig mit dem Durchsuchungsbeschluss verbunden. Während der Durchsuchung ist darauf zu achten, dass nur diejenigen Unterlagen beschlagnahmt werden, die ausdrücklich im Durchsuchungsbeschluss als Beweismittel aufgeführt sind (→ Anm. 8; zur Beschlagnahme eines gesamten E-Mail-Bestandes BGH 24.11.2009 – StB 48/09 (a), MMR 2010, 444). Zu beachten sind ferner Beschlagnahmeverbote. Sowohl der Staatsanwaltschaft sowie auf deren Anordnung ihren Ermittlungspersonen steht die Durchsicht von Papieren zu (§ 110 StPO). Sind die Unterlagen zu umfangreich, um sie an Ort und Stelle durchzusehen oder fehlt die Anordnung der Staatsanwaltschaft, können die Unterlagen nach § 110 Abs. 2

S. 2 StPO zur Feststellung der potenziellen Beweiserheblichkeit und -verwertbarkeit und zur Klärung und Entscheidung, ob die vorläufig sichergestellten Unterlagen zurückzugeben sind oder eine richterliche Beschlagnahme zu erwirken ist, zur Sichtung mitgenommen werden (BVerfG 15.8.2014 – 2 BvR 969/14, NJW 2014, 3085 (3088); BGH 5.8.2003 – 2 BJs 11/03–5 – StB 7/03, NStZ 2003, 670). Selbst wenn es keine Verpflichtung zur Mithilfe gibt, kann es unter Umständen zweckmäßig sein, die im Durchsuchungsbeschluss aufgeführten Beweismittel herauszusuchen und vollständig zur Verfügung zu stellen, da auf diese Weise eine Erschöpfung des Beschlusses und dadurch ein beschleunigter Abschluss der Maßnahme erreicht werden kann und somit das Risiko von Zufallsfunden reduziert wird.

**13. Unrechtmäßigen Maßnahmen widersprechen.** Werden Unterlagen mitgenommen, die nicht vom Durchsuchungsbeschluss gedeckt sind oder wird extensiv und ganz bewusst nach Zufallsfunden Ausschau gehalten, sollte den Maßnahmen widersprochen werden. Die Beamten sollten nach einer Begründung gefragt werden. Die Begründung ist schriftlich niederzulegen.

**14. Aufklärung/Beruhigung und Begleitung der Beteiligten.** Eine sehr wichtige Aufgabe des Strafverteidigers besteht auch darin, die Beteiligten zu beruhigen. Eine Durchsuchungsmaßnahme ist häufig völlig überraschend. Für viele Beteiligte wird der Umgang mit Ermittlungsbeamten völlig neu sein. Eine Durchsuchung ist für alle Beteiligten ein großer Stressfaktor (Weitbrecht/Weidenbach NJW 2010, 2328). Die Beteiligten haben zunächst keinerlei oder nur sehr wenig Informationen und können die Lage nicht einschätzen. Die Beteiligten werden verunsichert und verängstigt, eventuell sogar panisch sein. Dann ist es auch die Aufgabe des anwaltlichen Vertreters, umfassend aufzuklären, alle Fragen zu beantworten, eine grobe Einschätzung zu geben – soweit dies möglich und in der Situation vertretbar ist – und dem Mandanten oder den verantwortlichen Personen während der Ermittlungsmaßnahme unterstützend und beratend zur Seite zu stehen. Während der gesamten Dauer der Durchsuchung können unüberlegt getätigte Äußerungen auf scheinbar nebensächliche Nachfragen der Beamten oder auch im Rahmen der Diskussion darum, welche Gegenstände aus welchen Gründen beschlagnahmt werden sollen, von den Beamten notiert werden (vgl. Kusnik CCZ 2015, 22 (28)). Auch aus diesem Grund ist es wichtig, den Mandanten zu beruhigen, aufzuklären und zu begleiten.

**15. Bitte um abschließendes Gespräch.** Es besteht kein Rechtsanspruch auf ein abschließendes Gespräch mit den Ermittlungsbeamten, dennoch sollte hierum gebeten werden. Der persönliche Austausch bietet eine gute Gelegenheit, das weitere Vorgehen zu besprechen. Ggf. ergibt sich auch die Möglichkeit, Informationen über den ersten Eindruck der Behörden zu erlangen. Falls dies nicht bereits vorab geschehen ist, sollten die zentralen Ansprechpartner und deren Erreichbarkeit sowie das Aktenzeichen abgefragt werden.

**16. Bitte um Aushändigung des Beschlagnahmeprotokolls.** Nach § 107 S. 2 StPO hat der von der Durchsuchung Betroffene auf Verlangen das Recht auf Aushändigung eines Beschlagnahmeverzeichnisses. Dieses sollte unbedingt eingefordert werden. Ein Beschlagnahmeverzeichnis ist auch auszuhändigen, wenn lediglich Kopien angefertigt worden sind (LG Stade 3.9.2001 – 12 Qs 3/01, 12 Qs 3/2001, BeckRS 2001, 17065).

**17. Bitte um Aushändigung des Durchsuchungsprotokolls.** Auch auf die Aushändigung des Durchsuchungsprotokolls besteht kein Rechtsanspruch. Empfehlenswert ist es, unmittelbar nach der Durchsuchung ein eigenes Protokoll anzufertigen.

**18. Beschwerde.** → Form. O.IV.

**19. Richterliche Entscheidung wegen Beanstandung der Art und Weise der Durchführung.** → Form. O.IV. Anm. 6. Gegen die Art und Weise der Vollstreckung (sowohl bei der richterlichen wie auch der nichtrichterlichen angeordneten Beschlagnahme/Durchsuchung) kann im Wege eines Antrags auf richterliche Entscheidung gem. § 98 Abs. 2 S. 2 StPO analog vorgegangen werden (BVerfG 13.3.2018 – 2 BvR 2990/14, BeckRS 2018, 26650; 31.8.2007 – 2 BvR 1681/07, BeckRS 2007, 26565; BGH 7.12.1998 – 5 AR (VS) 2/98, NJW 1999, 730; MüKoStPO/Hauschild § 105 Rn. 43; KK-StPO/Bruns § 105 Rn. 18; BeckOK StPO/Hegmann § 105 Rn. 28). Auf diesem Wege kann man sich gegen einzelne Handlungen der Beamten nachträglich wehren, bspw. wenn einem Beteiligten das Telefonat mit einem Verteidiger verweigert wurde. Eine in diesen Fällen fälschlicherweise eingelegte Beschwerde ist in einen Antrag auf gerichtliche Entscheidung umzudeuten (OLG Koblenz 19.6.2006 – 1 Ws 385/06, NStZ 2007, 285 (286); MüKoStPO/Hauschild § 98 Rn. 39; Meyer-Goßner/Schmitt/Köhler StPO § 98 Rn. 19).

**20. Gerichtliche Entscheidung (insbesondere hinsichtlich der Voraussetzungen einer Gefahr im Verzug).** → Form. O.IV. Anm. 6.

**21. Antrag auf Herausgabe nicht verfahrensrelevanter Unterlagen bzw. Kopien von beschlagnahmten Unterlagen.** Der alltägliche Geschäftsbetrieb wird regelmäßig nicht nur am Tag der Durchsuchung selbst empfindlich beeinträchtigt. Auch darüber hinaus können sich Störungen im Ablauf und täglichen Geschäft des Unternehmens dadurch ergeben, dass zahlreiche physische Unterlagen beschlagnahmt worden sind, sodass auf diese nicht zugegriffen werden kann. Unter Umständen befinden sich hierunter auch noch für das Verfahren letztlich unbedeutende Unterlagen, die nach näherer Betrachtung unproblematisch herausgegeben werden könnten. Benötigt der Mandant die Unterlagen, kann auf die Ermittlungsbehörden zugegangen werden und eine Herausgabe von Unterlagen, die nicht verfahrensrelevant sind, angefragt werden. Im Übrigen kann zumindest verlangt werden, dass dem Mandanten gestattet wird, Kopien anzufertigen. Eine Gefährdung des Untersuchungszwecks kann hier regelmäßig nicht vorliegen, da die Unterlagen des Mandanten diesem ja bereits bekannt sind.

## VI. Beschwerde gegen Durchsuchungs- und Beschlagnahmebeschluss

Zuständiges Gericht[1] […]
[…]
[…]

Ermittlungsverfahren gegen […]
Az.: […]

Hiermit zeige ich an, dass ich […] anwaltlich vertrete. Eine Vollmacht befindet sich beiliegend. Ich lege gegen den Durchsuchungs- und Beschlagnahmebeschluss des […] vom […]

Beschwerde[2]

ein und beantrage

1. festzustellen, dass die Anordnung der Durchsuchung der (Wohn- und) Geschäftsräume ([ggf.] sowie anderer Räume des Beschuldigten sowie seiner Person und der ihm gehörenden Sachen) rechtswidrig war,
2. den Durchsuchungs- und Beschlagnahmebeschluss[3] aufzuheben sowie
3. die beschlagnahmten Unterlagen herauszugeben.

[4. Akteneinsicht[4] in die Ermittlungsakte des o.g. Ermittlungsverfahrens.]

Begründung:

A. Sachverhalt

Mit Beschluss vom […] durch das […] wurde die Durchsuchung der Geschäftsräume meiner Mandantin sowie die Beschlagnahme sämtlicher Unterlagen und Gegenstände, die in Bezug auf den tatgegenständlichen Vorwurf von Bedeutung sein könnten, angeordnet. Zur Begründung wird Folgendes angeführt:

„Es besteht der Verdacht, dass der Beschuldigte Datenschutzverstöße begangen habe.“

Die Durchsuchung fand am […] statt und damit neun Monate nach Erlass des benannten Durchsuchungs- und Beschlagnahmebeschlusses.

B. Zulässigkeit der Beschwerde

Die Beschwerde ist zulässig. Die Durchsuchung der Räumlichkeiten meiner Mandantin stellt einen Eingriff in das Grundrecht nach Art. 13 Abs. 1 GG dar. Zwar ist die Durchsuchungsmaßnahme abgeschlossen und damit auch der Eingriff beendet, jedoch kann auch bei Erledigung des ursprünglichen Rechtsschutzziels weiterhin ein Bedürfnis nach gerichtlicher Entscheidung fortbestehen (BVerfG 5.12.2001 – 2 BvR

527/99, NJW 2002, 2456). Ein derartiges fortbestehendes Rechtsschutzinteresse ist insbesondere in Fällen tiefgreifender Grundrechtseingriffe gegeben. Hierunter fallen vornehmlich solche, die schon das Grundgesetz – wie bspw. in den Fällen des Art. 13 Abs. 2 GG – unter Richtervorbehalt gestellt hat (BVerfG 30.4.1997 – 2 BvR 817/90, NJW 1997, 2163). Liegt ein derart schwerwiegender Grundrechtseingriff vor, hat das BVerfG ein durch Art. 19 Abs. 4 GG geschütztes Rechtsschutzinteresse für die Fälle bejaht, in denen „die direkte Belastung durch den angegriffenen Hoheitsakt sich nach dem typischen Verfahrensablauf auf eine Zeitspanne beschränkt, in welcher der Betroffene die gerichtliche Entscheidung in der von der Prozessordnung gegebenen Instanz kaum erlangen kann". Demnach stellt eine Durchsuchung einen derart schwerwiegenden Eingriff dar (BVerfG 16.6.2015 – 2 BvR 2718/10, 2 BvR 1849/11, 2 BvR 2808/11, NJW 2015, 2787 (2788)). Vom Schutzbereich des Art. 13 GG sind dabei auch Geschäftsräume umfasst (BVerfG 13.10.1971 – 1 BvR 280/66, BVerfGE 32, 54; 16.4.2015 – 2 BvR 2279/13, NJW 2015, 2869). Somit besteht das Rechtsschutzbedürfnis auch im vorliegenden Fall.

### C. Begründetheit der Beschwerde[5]

Die Beschwerde ist auch begründet.

#### I. Bloße Vermutungen

Zunächst ergibt sich die Unzulässigkeit der Durchsuchung bereits daraus, dass sich der Durchsuchungsbeschluss auf bloße Vermutungen stützt. Zwar sind die Anforderungen, die an einen insoweit ausreichenden Verdacht einer Straftat gestellt werden, nicht hoch. Nach der Rechtsprechung genügt, „der über bloße Vermutungen hinausreichende, auf bestimmte tatsächliche Anhaltspunkte gestützte konkrete Verdacht, dass eine Straftat begangen worden ist und der Verdächtige als Täter oder Teilnehmer an dieser Tat in Betracht kommt" (BGH 31.7.2019 – StB 17/19, BeckRS 2019, 17948). Gleichzeitig ergibt sich hieraus eindeutig, dass bloße Vermutungen nicht ausreichen.

Vorliegend lassen sich dem Beschluss jedoch keine ausreichend konkreten Tatsachen entnehmen, auf die sich ein Verdacht stützen könnte. In diesem wird lediglich angeführt, dass anonyme Hinweise auf mögliche Datenschutzverstöße schließen lassen. Die angeblichen Hinweise sind nicht weiter konkretisiert und können daher nicht weiter überprüft werden. In dem Beschluss hätte dargelegt werden müssen, welche Hinweise den Ermittlungsbehörden vorliegen und woraus sich ergibt, dass diese vertrauenswürdig sind. Neben dem vorliegenden unzureichenden Tatverdacht ergibt sich auch aus den anonymen Hinweisen als einziger Ansatzpunkt der Behörden die Unverhältnismäßigkeit der Durchsuchungsmaßnahme. Eine solche anonyme Information kann nämlich nur dann als Grundlage für eine Durchsuchung dienen, „wenn sie von beträchtlicher sachlicher Qualität ist oder mit ihr zusammen schlüssiges Tatsachenmaterial vorgelegt worden ist" (BVerfG 14.7.2016 – 2 BvR 2474/14, BeckRS 2016, 50709). Vor allem bei einem nur vagen Verdacht wie im vorliegenden Fall ist die Verhältnismäßigkeit einer Durchsuchung wegen der Schwere des Eingriffs eingehend zu begründen (BVerfG 16.12.2014 – 2 BvR 2393/12, BeckRS 2015, 52454). Eine ausführliche Begründung kann dem Beschluss jedoch nicht entnommen werden, obwohl diese unter den gegebenen Umständen zwingend notwendig gewesen wäre.

[Ggf.: Insbesondere unter Berücksichtigung der besonderen Bedeutung des Grundsatzes der Verhältnismäßigkeit in Ordnungswidrigkeitenverfahren war die Durchsuchung vorliegend somit auch unverhältnismäßig.]

II. Verstoß gegen die Umgrenzungsfunktion

Des Weiteren wird der Durchsuchungs- und Beschlagnahmebeschluss auch seiner Umgrenzungsfunktion nicht ausreichend gerecht. Erforderlich ist jedenfalls eine gewisse Konkretisierung in tatsächlicher und rechtlicher Hinsicht. Insbesondere muss auch der Tatzeitraum erkennbar sein (BVerfG 4.4.2017 – 2 BvR 2551/12, NJW 2017, 2016). Das Tatgeschehen darf sich nicht lediglich in einer floskelhaften Beschreibung des Vorwurfs erschöpfen (BVerfG 24.3.2003 – 2 BvR 180/03, NStZ 2004, 160; 29.1.2002 – 2 BvR 1245/01, NStZ-RR 2002, 172; vgl. auch LG Wiesbaden 4.10.2016 – 2 Qs 74–77/16, BeckRS 2016, 18039). Die vorliegende Begründung, dass der Verdacht bestehe, dass Datenschutzverstöße begangen worden seien, stellt aber eine derartige floskelhafte Beschreibung dar. Weder kann ihr das konkrete Tatgeschehen – sowohl sachlich als auch zeitlich – entnommen werden, noch ist erkennbar, welche Gegenstände zu welchem Zweck im Rahmen der Durchsuchung aufgefunden werden sollen.

III. Unwirksamkeit aufgrund Zeitablaufs

Darüber hinaus hat der Durchsuchungsbeschluss seine rechtfertigende Kraft verloren, da spätestens nach Ablauf eines halben Jahres davon auszugehen ist, dass die richterliche Prüfung „nicht mehr die rechtlichen Grundlagen einer beabsichtigten Durchsuchung gewährleistet und die richterliche Anordnung nicht mehr den Rahmen, die Grenzen und den Zweck der Durchsuchung im Sinne eines effektiven Grundrechtsschutzes zu sichern vermag" (BVerfG 27.5.1997 – 2 BvR 1992/92, NJW 1997, 2165 (2166)). Im vorliegenden Fall wurde der Beschluss am […] erlassen und somit vor über neun Monaten. Durch den zeitlichen Abstand zwischen der richterlichen Entscheidung zum Erlass des Beschlusses und der tatsächlichen Durchsuchung ist der gegenwärtige Sachverhalt nicht mehr von der ursprünglichen Entscheidung gedeckt.

D. Fazit

Aus den vorgenannten Gründen ist der Beschwerde stattzugeben.

[Unterschrift Rechtsanwalt]

[ABWANDLUNG: Antrag auf richterliche Entscheidung][6]

Zuständiges Gericht […]
[…]
[…]

Ermittlungsverfahren gegen […]
Az.: […]

Hiermit zeige ich an, dass ich […] anwaltlich vertrete. Eine (Strafprozess-)Vollmacht befindet sich beiliegend.

**Ich ersuche das Gericht um Entscheidung analog § 98 Abs. 2 S. 2 StPO (ggf. iVm § 41 BDSG) und**

**beantrage,**

**den Durchsuchungs- und Beschlagnahmebeschluss aufzuheben und die beschlagnahmten Gegenstände herauszugeben.**

[Begründung]

[Unterschrift Rechtsanwalt]

## Anmerkungen

**1. Zuständiges Gericht.** Die Beschwerde ist bei demjenigen Gericht einzulegen, das den Beschluss ursprünglich erlassen hat (§ 306 Abs. 1 StPO).

**2. Beschwerde.** Zulässig ist die Beschwerde gem. § 304 StPO gegen eine ablehnende richterliche Entscheidung nach § 98 Abs. 2 S. 2 StPO in entsprechender Anwendung sowie gegen einen richterlichen Durchsuchungs- und Beschlagnahmebeschluss (BVerfG 16.6.2015 – 2 BvR 2718/10, 2 BvR 1849/11, 2 BvR 2808/11, NJW 2015, 2787 (2790); 22.1.2002 – 2 BvR 1473/01, NJW 2002, 1333; MüKoStPO/Hauschild § 105 Rn. 42). Ist hingegen das Ziel des Rechtsbehelfs, gegen die Art und Weise der Durchführung oder gegen eine nichtrichterliche Anordnung vorzugehen, muss ein Antrag auf gerichtliche Entscheidung gestellt werden. Durch die Beschwerde wird bewirkt, dass der Beschluss überprüft wird. Ziel ist es, dass die Durchsuchung im Nachhinein für rechtswidrig erklärt und der Beschluss aufgehoben wird. Die Rechtswidrigkeit der Durchsuchung kann im Strafverfahren zu einem Verwertungsverbot hinsichtlich der aufgefundenen Beweismittel führen. Dies ist allerdings kein Automatismus. Es handelt sich um eine Entscheidung im Einzelfall. Nur besonders schwerwiegende Verstöße ziehen ein Verwertungsverbot nach sich (→ Form. O.V. Anm. 8). Erfolgsaussichten bestehen insbesondere dann, wenn entweder gar kein Anfangsverdacht vorlag, bei schwerwiegenden verfahrensrechtlichen Mängeln oder wenn der Beschluss älter als sechs Monate ist (FormB RS/Schauf E.3. Rn. 1).

Die Beschwerde ist schriftlich oder zu Protokoll der Geschäftsstelle einzulegen (KK-StPO/Zabeck § 306 Rn. 1). Eine Frist besteht nicht (Meyer-Goßner/Schmitt/Schmitt StPO § 306 Rn. 4). Die Beschwerde ist bedingungsfeindlich (BeckOK StPO/Cirener § 306 Rn. 3).

Im Rahmen des Abhilfeverfahrens bei der einfachen Beschwerde wird demjenigen, der die angefochtene Entscheidung erlassen hat (Gericht, Vorsitzender oder Richter nach Abs. 3), die Möglichkeit gegeben, die eigene Entscheidung unter Berücksichtigung eines ggf. neuen Tatsachenvortrags (BeckOK StPO/Cirener § 306 Rn. 7) zu überprüfen. Hierdurch soll eine unnötige Befassung des Beschwerdegerichts verhindert werden (Meyer-Goßner/Schmitt/Schmitt StPO § 306 Rn. 7). Gegen die Abhilfeentscheidung steht dem Beschwerdegegner die Beschwerde zu (OLG Frankfurt a.M. 3.5.2011 – 3 Ws 357+421/11, NStZ-RR 2011, 290; BeckOK StPO/Cirener § 306 Rn. 11). Hilft das Gericht der Beschwerde nicht ab, ist das Ergebnis der Prüfung nur in den Akten zu vermerken. Bei Kollegialgerichten reicht die

Unterzeichnung des Vermerks durch den Vorsitzenden (Meyer-Goßner/Schmitt/Schmitt StPO § 306 Rn. 9). Die Beschwerde ist dann über die Staatsanwaltschaft an das Beschwerdegericht weiterzuleiten. Nach Abs. 2 Hs. 2 soll das sofort, spätestens vor Ablauf von drei Tagen geschehen. Die Frist beginnt mit Eingang beim Gericht (KG 27.10.2014 – 2 Ws 360/14, NStZ-RR 2015, 18). Ausweislich des Wortlauts handelt es sich lediglich um eine Sollvorschrift. Jedoch darf es trotzdem nicht zu einer erheblichen Verzögerung kommen, selbst wenn die Rechtsfolgen eines derartigen Verstoßes unklar sind (hierzu KG 27.10.2014 – 2 Ws 360/14, NStZ-RR 2015, 18; 15.3.2019 – 4 Ws 24/19 – 121 AR 47/19, BeckRS 2019, 4693 mwN).

Die bloße Mitnahme von Unterlagen zur Durchsicht nach § 110 StPO ist keine Beschlagnahme, sondern lediglich eine vorläufige Sicherstellung in Fällen, in denen aufgrund des Umfangs oder der Komplexität der Dokumente eine Mitnahme zur Feststellung der potenziellen Beweiserheblichkeit zulässig und erforderlich ist. Somit ist sie der Beschlagnahme sachlich vorgelagert und gem. § 98 Abs. 2 S. 2 StPO auch (→ Anm. 6) angreifbar (BVerfG 28.4.2003 – 2 BvR 358/03, NJW 2003, 2669 (2671) mwN). Erst wenn ein richterlicher Beschlagnahmebeschluss ergangen ist, kann hiergegen mit einer Beschwerde vorgegangen werden.

**3. Durchsuchungs- und Beschlagnahmebeschluss.** Eine gerichtliche Anordnung einer Durchsuchung oder Beschlagnahme im Ermittlungsverfahren erfolgt auf Antrag der Staatsanwaltschaft (§ 162 Abs. 1 S. 1 StPO). Im Ordnungswidrigkeitenverfahren ist die jeweilige Verfolgungsbehörde antragsbefugt (§ 46 Abs. 2 OWiG). Dies ist im Verfahren nach Art. 83 DS-GVO die zuständige Aufsichtsbehörde (§ 46 Abs. 2 OWiG iVm § 41 BDSG). Es ist umstritten, ob ein Durchsuchungsbeschluss an ein Schriftformerfordernis gebunden ist. Überzeugend ist es anzunehmen, dass – bis auf eventuelle Ausnahmefälle – die Rechtsstaatlichkeit dies gebietet, da nur so gewährleistet ist, dass sich der Beschuldigte auch gegen den Beschluss entsprechend zur Wehr setzen kann und die Überprüfung auch nur bei schriftlicher Ausführung sinnvoll und nachvollziehbar stattfinden kann (so auch BVerfG 5.8.1966 – 1 BvR 586/62, 610/63, 512/64, BVerfGE 20, 162; Park/Park Durchsuchung und Beschlagnahme § 2 Rn. 65). Durchsuchungen sowohl beim Tatverdächtigen (§ 102 StPO) wie auch bei anderen Personen (§ 103 StPO) dürfen gem. § 105 Abs. 1 StPO nur durch den Richter, bei Gefahr im Verzug auch durch die Staatsanwaltschaft und ihre Ermittlungspersonen angeordnet werden. Letzteres ist der absolute Ausnahmefall, an den strenge Anforderungen gestellt werden. Gleiches gilt auch für die Beschlagnahme. Bei einer Anordnung der Durchsuchung durch die Staatsanwaltschaft hat der Betroffene in entsprechender Anwendung des § 98 Abs. 2 S. 2 StPO die Möglichkeit, eine richterliche Entscheidung herbeizuführen. Der Durchsuchungs- und der Beschlagnahmebeschluss sind regelmäßig im richterlichen Beschluss zusammengeführt.

Die Durchsuchung muss in angemessenem Verhältnis zu der Schwere der Straftat und der Stärke des Tatverdachts stehen (BVerfG 14.7.2016 – 2 BvR 2474/14, BeckRS 2016, 50709). Danach ist insbesondere bei anonymen Hinweisen eine sorgfältige Abwägung vorzunehmen. Eine anonyme Aussage kann daher nur dann als Grundlage für eine Durchsuchung eine ausreichende Grundlage darstellen, „wenn sie von beträchtlicher sachlicher Qualität ist oder mit ihr zusammen schlüssiges Tatsachenmaterial vorgelegt worden ist" (BVerfG 14.7.2016 – 2 BvR 2474/14, BeckRS 2016, 50709).

In diesem Zusammenhang ist auch ggf. die besondere Bedeutung des Grundsatzes der Verhältnismäßigkeit in Ordnungswidrigkeitenverfahren zu beachten. In die Abwägung ist einzustellen, dass der Vorwurf einer Ordnungswidrigkeit stets weniger schwer wiegt als der einer Straftat (KK-OWiG/Lampe § 46 Rn. 13) und dass im Bußgeldverfahren das öffentliche Interesse an der Ahndung aufgrund der Geltung des Opportunitätsprinzips geringer ist als im Strafverfahren. „Daher ist im Bußgeldverfahren von Eingriffsbefugnissen in der Regel nach den Wertungen des Gesetzgebers zurückhaltender Gebrauch zu machen" (BVerfG 14.7.2016 – 2 BvR 2748/14, DAR 2016, 641). Diese Grundsätze könnten auch in Verfahren wegen Verstößen gegen Art. 83 Abs. 4–6 DS-GVO zu beachten sein.

Der Durchsuchungsbeschluss muss ausreichend konkret gefasst sein (→ Form. O.V. Anm. 8). Werden Geschäftsräume durchsucht, muss die betroffene Gesellschaft genau bezeichnet werden (BVerfG 16.4.2015 – 2 BvR 440/14, NJW 2015, 2870 (2871)). Die Anordnung muss zumindest den Tatvorwurf erkennen lassen und alle wesentlichen Tatsachen, die der Begründung des Anfangsverdachts dienen (Löwe-Rosenberg/Tsambikakis StPO § 105). Bloße Vermutungen sind nicht ausreichend (BVerfG 14.7.2016 – 2 BvR 2474/14, BeckRS 2016, 50709). Etwaige Mängel in der Beschreibung der aufzuklärenden Tat können durch die Bezeichnung der zu suchenden Beweismittel ausgeglichen werden, wenn diese Rückschlüsse auf den konkreten Tatvorwurf zulassen (BGH 10.11.2016 – 4 StR 86/16, NStZ 2018, 45). Ein gerichtlicher Durchsuchungsbeschluss muss des Weiteren auch erkennen lassen, welcher Tatzeitraum umfasst ist (BVerfG 4.4.2017 – 2 BvR 2551/12, NJW 2017, 2016). Letztendlich muss es dem Beschuldigten möglich sein, den Beschluss zu kontrollieren und etwaigen Mängeln entgegenzutreten (BVerfG 26.5.1976 – 2 BvR 294/76, NJW 1976, 1735 (1736); 20.2.2001 – 2 BvR 1444/00, NJW 2001, 1121 (1122)).

Zu beachten ist ferner auch die Einhaltung des Grundsatzes der Aktenwahrheit und der Aktenvollständigkeit, damit eine ordnungsgemäße Prüfung durch den Richter sichergestellt werden kann. Im Ermittlungsverfahren – als schriftlichem Verfahren – sind Ermittlungsmaßnahmen und deren Ergebnisse schriftlich festzuhalten (BVerfG 14.7.2016 – 2 BvR 2474/14, BeckRS 2016, 50709).

Eine Durchsuchung bei einer nichtverdächtigen Person nach § 103 StPO setzt – im Unterschied zu einer Durchsuchung nach § 102 StPO beim Tatverdächtigen – voraus, dass hinreichend individualisierte (bestimmte) Beweismittel mit Bezug zur tatgegenständlichen Straftat gesucht werden. Bei einer Durchsuchung nach § 103 StPO gelten engere Voraussetzungen als bei einem Vorgehen nach § 102 StPO. Dementsprechend hat eine hinreichende Konkretisierung der betreffenden Gegenstände zu erfolgen, die sowohl bei dem Betroffenen als auch bei den zuständigen Beamten Zweifel über die zu suchenden und zu beschlagnahmenden Gegenstände ausschließt (BGH 28.6.2018 – StB 14/18, BeckRS 2018, 15495; 21.11.2001 – StB 20/01, NStZ 2002, 215). Eine Auflistung der Beweismittel der Gattung nach genügt allerdings diesen Anforderungen, es ist nicht erforderlich, dass sie in allen Einzelheiten benannt werden (BGH 15.10.1999 – StB 9/99, NStZ 2000, 154).

Nach bisheriger Rechtslage gibt es im deutschen Recht keine unmittelbare Strafbarkeit von Unternehmen. Diese können als juristische Personen nicht Beschuldigter sein. Auch an dieser Stelle zeigen sich somit die Friktionen infolge der unzureichenden Harmonisierung, insbesondere des Verfahrensrechts. Soweit durch Art. 83 DS-GVO eine unmittelbare Sanktionierung der Verantwortlichen erfolgt und hierunter auch juristische Personen fallen, ist nicht auszuschließen, dass Durchsuchungen in den Fällen, in denen Verantwortlicher oder Auftragsverarbeiter ein Unternehmen ist, auch nach § 102 StPO iVm § 46 Abs. 1 OWiG iVm § 41 Abs. 2 BDSG angeordnet werden. (Zur Beschlagnahme von Compliance-Unterlagen aus unternehmensinternen Untersuchungen beim Nicht-Beschuldigten s. auch BVerfG 27.6.2018 – 2 BvR 1405/17, 2 BvR 1780/17, NJW 2018, 2385).

Im Hinblick auf die zeitliche Geltung eines Durchsuchungsbeschlusses ist zu berücksichtigen, dass spätestens nach Ablauf eines halben Jahres die rechtfertigende Wirkung eines Durchsuchungsbeschlusses verloren geht (BVerfG 27.5.1997 – 2 BvR 1992/92, NJW 1997, 2165). Bei einem zu großen zeitlichen Abstand zwischen Erlass und Ausführung ist davon auszugehen, dass die richterliche Prüfung nicht mehr die rechtlichen Grundlagen gewährleistet (KK-StPO/Bruns § 105 Rn. 11).

**4. Akteneinsicht.** Im Beschwerdeverfahren müssen dem Beschuldigten regelmäßig alle Tatsachen und Beweismittel offengelegt werden, auf die sich die Beschwerdeentscheidung stützt. Im Strafprozess ist ein „in camera"-Verfahren nicht mit Art. 103 Abs. 1 GG vereinbar (BGH 3.4.2019 – StB 5/19, NStZ 2019, 478 (479)). Eine Beschwerdeentscheidung im Ermittlungsverfahren darf daher nicht auf Grundlage eines Akteninhalts ergehen, der dem Beschuldigten nicht zugänglich ist, weil die Akteneinsicht durch die Staatsanwaltschaft gem. § 147 Abs. 2 StPO wegen Gefährdung des Untersuchungszwecks versagt wurde (KK-StPO/Zabeck § 309 Rn. 6). Die zunächst aus ermittlungstaktischen Gründen unterlassene Akteneinsicht ist jedenfalls nachträglich, aber noch während des gerichtlichen Verfahrens über die Rechtmäßigkeit des Eingriffs zu gewähren, weil der Beschuldigte Gelegenheit haben muss, sich gegen die Eingriffsmaßnahme und den zugrunde liegenden Vorwurf zu verteidigen. Hierzu ist notwendig, dass er von den der Entscheidung zu Grunde liegenden Tatsachen und Erwägungen Kenntnis hat (BVerfG 9.9.2013 – 2 BvR 533/13, NStZ-RR 2013, 379). Das ggf. vorhandene Interesse der Strafverfolgungsbehörden, weiter im Verborgenen zu ermitteln, muss mit dem Rechtsschutzinteresse des Betroffenen in Ausgleich gebracht werden. Das Informationsinteresse des Beschuldigten hat jedoch nicht immer Vorrang. Bei bereits beendeten Maßnahmen wie einer vollzogenen Durchsuchung kann diesen gegenläufigen Interessen dadurch Rechnung getragen werden, dass die Beschwerdeentscheidung nicht ergeht, bevor die aus sachlichen Gründen zunächst verwehrte Akteneinsicht gewährt worden ist und der Beschwerdeführer sich hat äußern können (BGH 3.4.2019 – StB 5/19, NStZ 2019, 478 (479) mwN; OLG Brandenburg 27.6.2019 – 2 Ws 112/19, BeckRS 2019, 13873). Dem Anspruch auf eine angemessene zügige Entscheidung über die Rechtmäßigkeit des beendeten Grundrechtseingriffs muss nicht mit gleicher Eilbedürftigkeit nachgekommen werden wie dem Anfechtungsbegehren, das sich gegen einen fortdauernden Eingriff richtet. Das Geheimhaltungsinteresse der Strafverfolgungsbehörden kann ein sachgerechter Verzögerungsgrund sein (BVerfG 9.9.2013 – 2 BvR 533/13, NStZ 2013, 379 (380)).

**5. Beschwerdebegründung.** Eine Begründung der Beschwerde ist zwar nicht zwingend notwendig, da diese im Gesetz nicht vorgeschrieben ist, gleichwohl dringend zu empfehlen (KK-StPO/Zabeck § 306 Rn. 10). Zulässig ist es auch, zunächst nur die Beschwerde einzulegen und eine bereits zuvor angekündigte Begründung nachzureichen. Das Gericht kann hierzu eine angemessene Frist setzen. Unterbleibt eine Fristsetzung, hat das Gericht mit einer nicht stattgebenden Entscheidung angemessene Zeit, zu warten (BVerfG 25.2.2009 – 2 BvR 2542/08, NJW 2009, 1582).

**6. Antrag auf richterliche Entscheidung analog § 98 Abs. 2 S. 2 StPO.** Nach dem ausdrücklichen Gesetzeswortlaut des § 98 Abs. 2 S. 2 StPO kann jederzeit die gerichtliche Entscheidung beantragt werden. Hat der Betroffene der Beschlagnahme nicht widersprochen, sondern den Gegenstand freiwillig herausgegeben, kann ein Widerruf der freiwilligen Herausgabe in Betracht kommen, der regelmäßig als Antrag auf gerichtliche Entscheidung gem. § 98 Abs. 2 S. 2 StPO auszulegen sein wird (Park/Park Durchsuchung und Beschlagnahme § 3 Rn. 510).

In Fällen einer Beschlagnahme- oder Durchsuchungsanordnung ist auch nachträglich die Möglichkeit eines Rechtsbehelfs entsprechend § 98 Abs. 2 StPO gegeben (BVerfG 16.6.2015 – 2 BvR 2718/10, 2 BvR 1849/11, 2 BvR 2808/11, NJW 2015, 2787 (2790); 22.1.2002 – 2 BvR 1473/01, NJW 2002, 1333; MüKoStPO/Hauschild § 105 Rn. 42; BeckOK StPO/Hegmann § 105 Rn. 28; Rabe v. Kühlewein NStZ 2015, 618). Insbesondere wenn die Ermittlungsbehörden aufgrund angenommener Eilkompetenz ohne richterlichen Durchsuchungsbeschluss die Zwangsmaßnahme angeordnet haben, kann durch einen Richter überprüft werden, ob die Voraussetzungen einer Anordnung aufgrund von Gefahr im Verzug tatsächlich vorlagen. Zuständig ist das Amtsgericht, in dessen Bezirk die ermittelnde Staatsanwaltschaft ihren Sitz hat, §§ 98 Abs. 2 S. 3, 162 StPO.

Wird das Vorliegen der Voraussetzungen einer Gefahr im Verzug im Nachhinein durch das Gericht abgelehnt und ggf. sogar eine Willkür der betreffenden Ermittlungsbeamten bei der Beurteilung der Frage der Gefahr im Verzug angenommen, kann dies zu einem Verwertungsverbot hinsichtlich der beschlagnahmten Unterlagen führen. Ein Verwertungsverbot ist jedoch nicht automatisch die Folge. Nicht jeder Verstoß gegen Beweiserhebungsvorschriften zieht ein strafprozessuales Verwertungsverbot nach sich. Ein Beweisverwertungsverbot stellt einen Ausnahmefall dar. Vielmehr bedarf es dafür übergeordneter wichtiger Gründe im Einzelfall. Danach ist die Annahme eines Beweisverwertungsverbots von Verfassungs wegen nur bei „schwerwiegenden, bewussten oder willkürlichen Verfahrensverstößen, bei denen die grundrechtlichen Sicherungen planmäßig oder systematisch außer Acht gelassen worden sind, geboten" (OLG Düsseldorf 23.6.2016 – III-3 RVs 46/16, NStZ 2017, 177 (179); vgl. BVerfG 9.11.2010 – 2 BvR 2101/09, NJW 2011, 2417 (2419); BGH 18.4.2007 – 5 StR 546/06, NJW 2007, 2269; 3.8.2011 – 3 StR 210/11, NStZ 2012, 104 (105)), → Anm. 8.

Hilft der Richter nicht ab, so ist die Beschwerde gem. § 304 StPO zulässig, → Anm. 2 (BVerfG 16.6.2015 – 2 BvR 2718/10, 2 BvR 1849/11, 2 BvR 2808/11, NJW 2015, 2787 (2790); 22.1.2002 – 2 BvR 1473/01, NJW 2002, 1333; MüKoStPO/Hauschild § 105 Rn. 42; Kusnik CCZ 2015, 22 (29)).

Werden Unterlagen im Rahmen einer Durchsuchungsmaßnahme zur Durchsicht nach § 110 StPO durch die Behörden mitgenommen, dürfen die Unterlagen nicht vor der nach § 98 Abs. 1 S. 1 bzw. Abs. 2 S. 1 StPO notwendigen richterlichen Entscheidung über die Beschlagnahme von den Ermittlungsbehörden ausgewertet oder verwertet werden (vertiefend Glock NStZ 2019, 248 (250)).

# P. Datenökonomie und Datenschutz

## I. Data Act/Datenverordnung

Der **Data Act (DA)** bzw. die **Datenverordnung** (VO (EU) 2023/2854 vom 13.12. 2023), gilt nach Art. 50 DA ab dem 12.9.2025 und ist ein weiterer gesetzgeberischer Schritt hin zu einer harmonisierten europäischen Datenwirtschaft. Sie regelt für bestimmte Anwendungsfälle u.a. die **rechtliche Zuordnung von Daten zu Nutzern,** ohne dabei ein spezifisches **Eigentumsrecht an Daten** zu definieren. Ein allgemeines Dateneigentum, das dem Sacheigentum des § 903 BGB oder dem Ausschließlichkeitsrecht des Urhebers nach § 15 UrhG an den von ihm geschaffenen Werken und des Datenbankherstellers nach § 87b UrhG an einer Datenbank iSv § 87a UrhG gleichstehen würde, wird durch den Data Act nicht begründet. Dieses Kapitel hat nicht den Anspruch, den Data Act im Detail zu erläutern, sondern soll mit den Checklisten zum Anwendungsbereich und den Erläuterungen zu den jeweiligen Kapiteln einen groben Überblick über die im Data Act festgelegten Rechte und Pflichten bieten. Auch diesbezüglich wird kein Anspruch auf Vollständigkeit erhoben, vielmehr liegt der Fokus auf dem grundlegenden Verständnis des Data Acts und seinem Bezug zum Datenschutz.

Der Data Act dient nach Erwgr. 4 DA dazu, einen harmonisierten Rahmen zu schaffen, „in dem festgelegt wird, wer unter welchen Bedingungen und auf welcher Grundlage berechtigt ist, Produktdaten oder verbundene Dienstdaten zu nutzen". Dementsprechend enthält der Data Act nach den allgemeinen Bestimmungen in Kap. I in den Kap. II bis VIII Regelungen für eine Vielzahl von Konstellationen, die sich an verschiedene Adressaten richten. Die Verordnung begründet vorwiegend Rechte für Nutzer (Zugänglichmachung von Daten, Möglichkeit der Kommerzialisierung mit ihrer Mitwirkung erhobener Daten) und Pflichten für Hersteller vernetzter Produkte, Dateninhaber und Anbieter von Datenverarbeitungsdiensten (zB Informationspflichten, Pflichten zur Zugänglichmachung von Daten für Nutzer und öffentliche Stellen) sowie Verbote im Hinblick auf die Verwendung missbräuchlicher Verhaltensweisen. Soweit keine Pflichten zur Datenbereitstellung nach dem Data Act bestehen, sondern eine Datenweitergabe freiwillig auf der Basis einer Vereinbarung, zB einer Datenlizenz (→ Form. P. II.), erfolgt, findet der Data Act nach Art. 1 Abs. 6 S. 1 DA keine Anwendung.

Obwohl sich der Data Act nach Art. 1 Abs. 2 DA **sowohl auf personenbezogene und nicht-personenbezogene Daten** erstreckt und eine Vielzahl von Verweisen auf die DS-GVO enthält (die Abgrenzung erfolgt dahingehend, dass alle Daten, die nicht personenbezogene Daten iSv Art. 4 Nr. 1 DS-GVO sind, als „nicht-personenbezogene Daten" iSv Art. 2 Nr. 4 DA gelten), steht der Data Act in seinem Anwendungsbereich neben der DS-GVO. Dies bedeutet, dass eine im Data Act festgelegte Berechtigung zur Nutzung von Daten durch Verantwortliche iSv Art. 4 Nr. 7 DS-GVO keine Rechtsgrundlage iSv Art. 6 Abs. 1 DS-GVO darstellt. Exemplarisch hierfür ist Art. 4 Abs. 12 DA, der lautet: „Handelt es sich bei dem Nutzer nicht um die betroffene Person, deren personenbezogene Daten verlangt werden, so darf der Dateninhaber personenbezogene Daten, die bei der Nutzung eines vernetzten Produktes oder verbundenen Dienstes generiert werden, dem Nutzer nur dann bereitstellen, wenn es für die Verarbeitung eine gültige Rechtsgrundlage gemäß Artikel 6 der Verordnung (EU) 2016/679 gibt und gegebenenfalls die Bedingungen des Artikels 9 jener Verordnung sowie des Artikels 5 Absatz 3 der Richtlinie 2002/58/EG erfüllt sind". Art. 1 Abs. 5 S. 3 DA legt sogar fest, dass die DS-GVO und die „im Einklang mit dem Unionsrecht erlassenen nationalen Rechtsvorschriften [...] zum Schutz personenbezogener Daten bzw. der Privatsphäre Vorrang" vor dem Data Act genießen.

Die **Umsetzung der Pflichten** nach dem Data Act liegt grundsätzlich **nicht im Aufgabenbereich der Datenschutzbeauftragten.** Allerdings ist es unter mehreren Gesichtspunkten sinnvoll, im Rahmen der Umsetzung in den verschiedenen Rollen (Hersteller vernetzter Produkte, Nutzer, Dateninhaber, Datenempfänger, öffentliche Stellen, Anbieter von Datenverarbeitungsdiensten, Teilnehmer an Datenräumen und Anbieter von Anwendungen) den Datenschutzbeauftragten hinzuzuziehen. Zum einen wird es sich bei einer Vielzahl nach dem Data Act zur Verfügung zu stellenden Daten um personenbezogene Daten und gleichzeitig bei den zugangsberechtigten Nutzern häufig auch nicht um die von der Datenverarbeitung „betroffenen Personen" iSv Art. 4 Nr. 1 DS-GVO handeln. Daher sind nach dem Data Act zur Zugänglichmachung Verpflichtete angehalten, Prozesse zu definieren, die sicherstellen, dass die strengen datenschutzrechtlichen Vorgaben eingehalten werden, insbesondere, wenn in den betroffenen Datensätzen besondere Kategorien personenbezogener Daten nach Art. 9 DS-GVO enthalten sind. Diese Prozesse sind u.a. im Verzeichnis der Verarbeitungstätigkeiten nach Art. 30 DS-GVO abzubilden. Zum anderen ist es durchaus sinnvoll, die Informationspflichten nach Art. 4 Abs. 2 und 3 DA mit den Informationspflichten nach Art. 13f. DS-GVO abzugleichen. Die in Kap. VI DA festgelegten Rechte und Pflichten ergänzen die Regelungen zur Datenportabilität nach Art. 21 DS-GVO und sind daher auch in diesem Zusammenhang zu berücksichtigen.

Kap. I DA legt in Art. 1 Abs. 3 DA den Kreis der Normadressaten fest (**Hersteller vernetzter Produkte, Nutzer, Dateninhaber, Datenempfänger, öffentliche Stellen, Anbieter von Datenverarbeitungsdiensten, Teilnehmer an Datenräumen** und **Anbieter von Anwendungen**), wobei je nach Anwendungsfall durch ein Unternehmen, eine Einrichtung oder eine Person auch mehr als eine dieser Rollen eingenommen werden kann. Kap. I enthält in Art. 2 DA zudem insgesamt 43 Definitionen, wobei im Hinblick auf die bereits in der DS-GVO definierten Begriffe „personenbezogene Daten", „betroffene Person" und „Profiling" keine Definition im Data Act, sondern ein Verweis auf die Definition in der DS-GVO erfolgt. Dasselbe gilt für die Definition weiterer Begriffe, die in anderen europäischen Rechtsakten definiert sind, wie zB das „Geschäftsgeheimnis" (Art. 2 Nr. 1 RL (EU) 2016/943), der „Datenvermittlungsdienst" (Art. 2 Nr. 11 VO (EU) 2022/868) sowie „Klein-" und „Kleinstunternehmen" (Art. 2 Abs 2 und 3 des Anhangs der Empfehlung 2003/361/EG). Zu beachten ist, dass sich die Definition des „Nutzers" (dem durch die Verordnung diverse Rechte eingeräumt werden) in Art. 2 Nr. 12 DA anders als die Definition der „betroffenen Person" in Art. 4 Nr. 1 DS-GVO nicht auf natürliche Personen beschränkt, sondern jede „natürliche oder juristische Person, die ein vernetztes Produkt besitzt oder der vertraglich zeitweilige Rechte für die Nutzung des vernetzten

Produkts übertragen wurden oder die verbundenen Dienste in Anspruch nimmt", erfasst. Soweit Nutzern im Data Act Rechte eingeräumt werden, stehen diese Rechte also nicht nur „Verbrauchern", sondern auch Unternehmen zu, auch wenn sie mit einem verpflichteten „Dateninhaber" iSv Art. 2 Nr. 13 DA in einem Konkurrenzverhältnis stehen.

Die Kap. II bis V DA legen **Rechte und Pflichten im Hinblick auf die Gestaltung von vernetzten Produkten und den Zugang zu Daten** durch Nutzer fest (siehe hierzu die Checklisten und weiteren Erläuterungen unter „Anmerkungen", → Anm. 1 und 2).

Kap. V (Bereitstellung von Daten für öffentliche Stellen, die Kommission, die Europäische Zentralbank und Einrichtungen der Union wegen außergewöhnlicher Notwendigkeit) des Data Act legt im Detail fest, in welchen Fällen und zu welchen Bedingungen Dateninhaber verpflichtet sind, öffentlichen Stellen, der Europäischen Kommission, der Europäischen Zentralbank oder einer Einrichtung der Europäischen Union Daten bereitzustellen. Eine Pflicht zur Bereitstellung ist dabei auf Fälle der „außergewöhnlichen Notwendigkeit" iSv Art. 15 DA begrenzt, die zudem von der entsprechenden Stelle nachzuweisen ist. Art. 17 DA legt die Anforderungen an das Datenverlangen, das die Pflicht zur Bereitstellung von Daten auslöst, fest. Nach Art. 17 Abs. 6 DA hat die Europäische Kommission den Auftrag, hierfür ein Musterformular zur erstellen. Art. 19 DA legt den oben genannten Stellen Pflichten auf, die sicherstellen sollen, dass die über ein Verlangen erlangten Daten nur für den Zweck des Datenverlangens genutzt werden und die Daten vor unbefugtem Zugriff geschützt werden. Art. 20 DA legt zudem fest, ob und in welcher Höhe den Dateninhabern ein Ausgleich für die Erfüllung eines Datenverlangens gewährt wird.

Kap. VI DA enthält weitreichende Pflichten für **Anbieter von Datenverarbeitungsdiensten,** Maßnahmen zu treffen, die es ihren Kunden ermöglichen, „zu einem Datenverarbeitungsdienst, der die gleiche Dienstart abdeckt, die von einem anderen Anbieter von Datenverarbeitungsdiensten erbracht wird, oder zu IKT-Infrastruktur in eigenen Räumlichkeiten zu wechseln oder gegebenenfalls mehrere Anbieter von Datenverarbeitungsdiensten gleichzeitig in Anspruch zu nehmen" (Art. 23 S. 1 DA). Die Anbieter von Datenverarbeitungsdiensten müssen insbesondere Hindernisse abbauen, die den Wechsel zu einem anderen Anbieter erschweren. Art. 24 DA enthält allerdings die wichtige Einschränkung, dass die „Artikel 23, 25, 29, 30 und 34 [..] nur für die Dienste, Verträge oder Geschäftsgepflogenheiten [gelten], die vom ursprünglichen Anbieter der Datenverarbeitungsdienste angeboten wurden. Art. 25 DA enthält Anforderungen an Vertragsklauseln der Anbieter von Datenverarbeitungsdiensten, Art. 26 DA wiederum Informationspflichten. Demnach müssen Anbieter von Datenverarbeitungsdiensten ihren Kunden „Informationen über die verfügbaren Verfahren für den Wechsel und die Übertragung von Inhalten auf den Datenverarbeitungsdienst, einschließlich Informationen über verfügbare Wechsel- und Übertragungsmethoden und -formate sowie über Einschränkungen und technische Beschränkungen, die dem Anbieter von Datenverarbeitungsdiensten bekannt sind" und einen „Verweis auf ein aktuelles Online-Register der Anbieter von Datenverarbeitungsdiensten mit Einzelheiten zu allen Datenstrukturen und Datenformaten sowie zu den einschlägigen Normen und offenen Interoperabilitätsspezifikationen, in denen die in Artikel 25 Absatz 2 Buchstabe e beschriebenen exportierbaren Daten verfügbar sind" bereitstellen. Aus der Sicht von Kunden ist insbesondere Art. 29 DA wichtig, der eine schrittweise Abschaffung von Wechselentgelten für den Vollzug eines Anbieterwechsels festlegt. Nach Art. 29 Abs. 2 DA dürfen Anbieter von Datenverarbeitungsdiensten bis zum 12.1.2027 bei den Kunden für den Vollzug des Wechsels ermäßigte Wechselentgelte erheben, die nach Abs. 3 „die Kosten, die dem Anbieter von Datenverarbeitungsdiensten im unmittelbaren Zusammenhang mit dem betreffenden Wechsel entstehen, nicht übersteigen“ dürfen. Ab dem 12.1.2027 dürfen Anbieter von Datenverarbeitungsdiensten für den Vollzug des Anbieterwechsels keine Wechselentgelte mehr erheben, Art. 29 Abs. 1 DA.

Kap. VII DA (Unrechtmäßiger staatlicher Zugang zu und unrechtmäßige staatliche Übermittlung von nicht-personenbezogenen Daten im internationalen Umfeld), Art. 32 Abs. 1 DA, regelt den Grundsatz, dass „Anbieter von Datenverarbeitungsdiensten alle angemessenen technischen, organisatorischen und rechtlichen Maßnahmen, einschließlich Verträgen, um den staatlichen Zugang zu und die staatliche Übermittlung von in der Union gespeicherten nicht-personenbezogenen Daten im internationalen Umfeld und durch Drittländer zu verhindern, wenn dies im Widerspruch zum Unionsrecht oder zum nationalen Recht des betreffenden Mitgliedstaats stehen würde“, treffen müssen. Die nachfolgenden Absätze regeln Ausnahmen und die Folgen, wenn eine solche Ausnahme greift.

Kap. VIII DA legt **Anforderungen an die Interoperabilität** (1) von Daten, von Mechanismen und Diensten für die Datenweitergabe sowie von gemeinsamen europäischen Datenräumen, (2) zu Zwecken der parallelen Nutzung von Datenverarbeitungsdiensten und (3) von Datenverarbeitungsdiensten fest (Art. 33–35 DA). Darüber hinaus werden auch Anforderungen an intelligente Verträge für die Ausführung von Datenweitergabevereinbarungen festgelegt. Hierbei handelt es sich im Wesentlichen um technische Anforderungen, die insbesondere von der EU-Kommission in Durchführungsrechtsakten weiter spezifiziert werden (können). Ein unmittelbarer Bezug zur DS-GVO besteht nicht.

Die Kap. IX bis XI DA regeln die Anwendung und Durchsetzung (Kap. IX), eine Ausnahme vom Schutzrecht des Datenbankherstellers sui generis (Kap. X) und enthalten die üblichen Schlussvorschriften u.a. mit den Regelungen, ab wann die Vorschriften des Data Act gelten (Kap. XI).

### Checklisten zum Anwendungsbereich und Pflichten nach Kapitel II DA

**Mit der folgenden Checkliste wird ermittelt, ob Herstellerpflichten nach dem Data Act im Hinblick auf „vernetzte Produkte“ bestehen.**[1]

| **Herstellerpflichten für „vernetzte Produkte“, Art. 3 Abs. 1 DA** | | |
|---|---|---|
| **I. Sachlicher Anwendungsbereich** | **Vernetztes Produkt** | |
| | • (physischer) Gegenstand<br>o der Daten über seine Nutzung oder Umgebung erlangt, generiert oder erhebt, <u>und</u><br>o der Produktdaten über einen elektronischen Kommunikationsdienst, eine physische Verbindung oder einen geräteinternen Zugang übermitteln kann, <u>und</u><br>o dessen Hauptfunktion nicht die Speicherung, Verarbeitung oder Übertragung von Daten im | ☐ |

| Herstellerpflichten für „vernetzte Produkte", Art. 3 Abs. 1 DA | | |
|---|---|---|
| | Namen einer anderen Partei – außer dem Nutzer – ist<br>• oder virtueller Assistent = Software, die<br>o Aufträge, Aufgaben oder Fragen verarbeiten kann, auch aufgrund von Eingaben in Ton- und Schriftform, mit Gesten oder Bewegungen, und<br>o auf der Grundlage dieser Aufträge, Aufgaben oder Fragen den Zugang zu anderen Diensten gewährt oder die Funktionen von vernetzten Produkten steuert, und<br>o mit einem vernetzten Produkt (s. o.) interagiert | |
| II. Personeller Anwendungsbereich | Hersteller, der<br>• zwar ein (1) Kleinstunternehmen (beschäftigt weniger als zehn Personen und Jahresumsatz bzw. Jahresbilanz übersteigt nicht 2 Mio. EUR) oder Kleinunternehmen (beschäftigt weniger als 50 Personen und Jahresumsatz bzw. Jahresbilanz übersteigt nicht 10 Mio. EUR) ist, aber (2) ein Partnerunternehmen oder verbundenes Unternehmen hat, das größer als ein Kleinunternehmen ist und (3) von diesem Partnerunternehmen oder verbundenem Unternehmen als Unterauftragnehmer mit der Herstellung oder der Konzeption eines vernetzten Produkts beauftragt wurde, oder<br>• mindestens ein Jahr als mittleres Unternehmen (größer als Kleinunternehmen, aber weniger als 250 beschäftigte Personen und entweder einen Jahresumsatz von höchstens 50 Mio. EUR oder Jahresbilanzsumme höchstens 43 Mio. EUR) eingestuft ist und das vernetzte Produkt mindestens seit einem Jahr in Verkehr gebracht wurde, oder<br>• [ein mittleres Unternehmen ist, das (1) ein Partnerunternehmen oder verbundenes Unternehmen hat, das größer als ein Kleinunternehmen ist oder (2) mit der Herstellung oder der Konzeption eines vernetzten Produkts beauftragt wurde, oder]<br>• größer als ein mittleres Unternehmen ist | ☐ |
| III. Räumlicher Anwendungsbereich | Inverkehrbringung des „vernetzten Produkts" in der Europäischen Union | ☐ |

Mit der folgenden Checkliste wird ermittelt, ob Informationspflichten nach dem Data Act im Hinblick auf „vernetzte Produkte" bestehen (Achtung: weitere Informationspflichten zB nach Art. 13 DS-GVO bleiben davon unberührt).

| Informationspflichten für „vernetzte Produkte", Art. 3 Abs. 2 DA | | |
|---|---|---|
| I. Gegenstand | Vernetztes Produkt | |
| | • (physischer) Gegenstand<br>○ der Daten über seine Nutzung oder Umgebung erlangt, generiert oder erhebt, und<br>○ der Produktdaten über einen elektronischen Kommunikationsdienst, eine physische Verbindung oder einen gerätinternen Zugang übermitteln kann, und<br>○ dessen Hauptfunktion nicht die Speicherung, Verarbeitung oder Übertragung von Daten im Namen einer anderen Partei – außer dem Nutzer – ist<br>• <u>oder</u> virtueller Assistent = Software, die<br>○ Aufträge, Aufgaben oder Fragen verarbeiten kann, auch aufgrund von Eingaben in Ton- und Schriftform, mit Gesten oder Bewegungen, und<br>○ auf der Grundlage dieser Aufträge, Aufgaben oder Fragen den Zugang zu anderen Diensten gewährt oder die Funktionen von vernetzten Produkten steuert, und<br>○ mit einem vernetzten Produkt (s. o.) interagiert<br>• <u>und</u> das Produkt wurde von einem Unternehmen hergestellt oder konzipiert, das<br>○ zwar ein (1) Kleinstunternehmen (beschäftigt weniger als zehn Personen und Jahresumsatz bzw. Jahresbilanz übersteigt nicht 2 Mio. EUR) oder Kleinunternehmen (beschäftigt weniger als 50 Personen und Jahresumsatz bzw. Jahresbilanz übersteigt nicht 10 Mio. EUR) ist, <u>aber</u> (2) ein Partnerunternehmen oder verbundenes Unternehmen hat, das größer als ein Kleinunternehmen ist <u>und</u> (3) von diesem Partnerunternehmen oder verbundenem Unternehmen als Unterauftragnehmer mit der Herstellung oder der Konzeption eines vernetzten Produkts beauftragt wurde, <u>oder</u><br>○ mindestens ein Jahr als mittleres Unternehmen (größer als Kleinunternehmen, aber weniger als 250 beschäftigte Personen und ent- | ☐ |

| Informationspflichten für „vernetzte Produkte", Art. 3 Abs. 2 DA | | |
|---|---|---|
| | weder einen Jahresumsatz von höchstens 50 Mio. EUR oder Jahresbilanzsumme von höchstens 43 Mio. EUR) eingestuft ist und das vernetzte Produkt mindestens seit einem Jahr in Verkehr gebracht wurde, oder<br>○ [ein mittleres Unternehmen ist, das (1) ein Partnerunternehmen oder verbundenes Unternehmen hat, das größer als ein Kleinunternehmen ist oder (2) mit der Herstellung oder der Konzeption eines vernetzten Produkts beauftragt wurde, oder]<br>○ größer als ein mittleres Unternehmen ist | |
| II. Anknüpfungspunkt der Pflichten | Abschluss eines Kauf-, Miet- oder Leasingvertrags | ☐ |
| III. Adressat | Verkäufer, Vermieter, Leasinggeber | ☐ |
| IV. Räumlicher Anwendungsbereich | Verkauf, Vermietung oder Leasing in der Europäischen Union | ☐ |
| V. Zeitpunkt der Informationspflicht | vor Abschluss des entsprechenden Vertrags | |

Mit der folgenden Checkliste wird ermittelt, ob Informationspflichten nach dem Data Act im Hinblick auf „verbundene Dienste" bestehen (Achtung: weitere Informationspflichten zB nach Art. 13 DS-GVO bleiben davon unberührt).

| Informationspflichten für „verbundene Dienste", Art. 3 Abs. 3 DA | | |
|---|---|---|
| I. Gegenstand | Verbundener Dienst | |
| | • digitaler Dienst (einschließlich Software)<br>○ bei dem es sich nicht um einen elektronischen Kommunikationsdienst handelt,<br>○ der zum Zeitpunkt des Kaufs, der Miete oder des Leasings so mit einem vernetzten Produkt verbunden ist, dass dieses ohne ihn eine oder mehrere seiner Funktionen nicht ausführen könnte, oder<br>○ der nach dem Zeitpunkt des Kaufs, der Miete oder des Leasings vom Hersteller oder einem Dritten mit dem vernetzten Produkt verbunden wird, um die Funktionen des vernetzten Produkts zu ergänzen, zu aktualisieren oder anzupassen<br>• oder virtueller Assistent = Software, die<br>○ Aufträge, Aufgaben oder Fragen verarbeiten kann, auch aufgrund von Eingaben in Ton- und Schriftform, mit Gesten oder Bewegungen, und | ☐ |

| Informationspflichten für „verbundene Dienste“, Art. 3 Abs. 3 DA | | |
|---|---|---|
| | ○ auf der Grundlage dieser Aufträge, Aufgaben oder Fragen den Zugang zu anderen Diensten gewährt oder die Funktionen von vernetzten Produkten steuert, und<br>○ mit einem verbundenen Dienst (s. o.) interagiert<br>• und der verbundene Dienst wird von einem Unternehmen erbracht, das<br>○ zwar ein (1) Kleinstunternehmen (beschäftigt weniger als zehn Personen und Jahresumsatz bzw. Jahresbilanz übersteigt nicht 2 Mio. EUR) oder Kleinunternehmen (beschäftigt weniger als 50 Personen und Jahresumsatz bzw. Jahresbilanz übersteigt nicht 10 Mio. EUR) ist, aber (2) ein Partnerunternehmen oder verbundenes Unternehmen hat, das größer als ein Kleinunternehmen ist und (3) von diesem Partnerunternehmen oder verbundenem Unternehmen als Unterauftragnehmer mit der Herstellung oder der Konzeption eines vernetzten Produkts beauftragt wurde, oder<br>○ mindestens ein Jahr als mittleres Unternehmen (größer als Kleinunternehmen, aber weniger als 250 beschäftigte Personen und entweder einen Jahresumsatz von höchstens 50 Mio. EUR oder Jahresbilanzsumme höchstens 43 Mio. EUR) eingestuft ist und das vernetzte Produkt mindestens seit einem Jahr in Verkehr gebracht wurde, oder<br>○ [ein mittleres Unternehmen ist, das (1) ein Partnerunternehmen oder verbundenes Unternehmen hat, das größer als ein Kleinunternehmen ist oder (2) mit der Herstellung oder der Konzeption eines vernetzten Produkts beauftragt wurde, oder]<br>○ größer als ein mittleres Unternehmen ist | |
| II. Anknüpfungspunkt der Pflichten | Abschluss eines Vertrags für die Erbringung eines verbundenen Dienstes | ☐ |
| III. Adressat | Anbieter des verbundenen Dienstes | ☐ |
| IV. Räumlicher Anwendungsbereich | Angebot in der Europäischen Union | ☐ |
| V. Zeitpunkt der Informationspflicht | vor Abschluss des entsprechenden Vertrags | |

Mit der folgenden Checkliste wird ermittelt, ob ein Dateninhaber grundsätzlich einem Nutzer gegenüber nach Art. 4 Abs. 1 DA zur Bereitstellung von Daten verpflichtet ist (Achtung: andere mögliche gesetzliche oder vertragliche Verpflichtungen bleiben davon unberührt). Die konkreten Pflichten und auch Einschränkungen ergeben sich aus den Regelungen der Kapitel II–IV.

| Pflicht zur Bereitstellung von Daten nach Art. 4 Abs. 1 DA[2] | | |
|---|---|---|
| I. Gegenstand | • Produktdaten<br>○ Daten, die durch die Nutzung eines vernetzten Produkts (siehe Checkliste zu Herstellerpflichten für „vernetzte Produkte") generiert werden, <u>und</u><br>○ die der Hersteller so konzipiert hat, dass sie über einen elektronischen Kommunikationsdienst, eine physische Verbindung oder einen geräteinternen Zugang von einem Nutzer, Dateninhaber oder Dritten – gegebenenfalls einschließlich des Herstellers – abgerufen werden können, <u>und</u><br>○ das Produkt wurde von einem Unternehmen hergestellt oder konzipiert, das<br>▪ zwar ein (1) Kleinstunternehmen (beschäftigt weniger als zehn Personen und Jahresumsatz bzw. Jahresbilanz übersteigt nicht 2 Mio. EUR) oder Kleinunternehmen (beschäftigt weniger als 50 Personen und Jahresumsatz bzw. Jahresbilanz übersteigt nicht 10 Mio. EUR) ist, <u>aber</u> (2) ein Partnerunternehmen oder verbundenes Unternehmen hat, das größer als ein Kleinunternehmen ist <u>und</u> (3) von diesem Partnerunternehmen oder verbundenem Unternehmen als Unterauftragnehmer mit der Herstellung oder der Konzeption eines vernetzten Produkts beauftragt wurde, <u>oder</u><br>▪ mindestens ein Jahr als mittleres Unternehmen (größer als Kleinunternehmen, aber weniger als 250 beschäftigte Personen und entweder einen Jahresumsatz von höchstens 50 Mio. EUR oder Jahresbilanzsumme von höchstens 43 Mio. EUR) eingestuft ist <u>und</u> das vernetzte Produkt mindestens seit einem Jahr in Verkehr gebracht wurde, <u>oder</u><br>▪ [ein mittleres Unternehmen ist, das (1) ein Partnerunternehmen oder verbundenes Unternehmen hat, das größer als ein Kleinun- | ☐ |

| Pflicht zur Bereitstellung von Daten nach Art. 4 Abs. 1 DA[2] | | |
|---|---|---|
| | ternehmen ist oder (2) mit der Herstellung oder der Konzeption eines vernetzten Produkts beauftragt wurde, oder]<br>▪ größer als ein mittleres Unternehmen ist<br>• oder verbundene Dienstdaten<br>○ Daten, die die Digitalisierung von Nutzerhandlungen oder Vorgängen im Zusammenhang mit dem vernetzten Produkt darstellen und<br>○ vom Nutzer absichtlich aufgezeichnet oder als Nebenprodukt der Handlung des Nutzers während der Bereitstellung eines verbundenen Dienstes (siehe Checkliste zu Informationspflichten für „verbundene Dienste") durch den Anbieter generiert werden, und<br>○ der verbundene Dienst wird von einem Unternehmen erbracht, das<br>▪ zwar ein (1) Kleinstunternehmen (beschäftigt weniger als zehn Personen und Jahresumsatz bzw. Jahresbilanz übersteigt nicht 2 Mio. EUR) oder Kleinunternehmen (beschäftigt weniger als 50 Personen und Jahresumsatz bzw. Jahresbilanz übersteigt nicht 10 Mio. EUR) ist, aber (2) ein Partnerunternehmen oder verbundenes Unternehmen hat, das größer als ein Kleinunternehmen ist und (3) von diesem Partnerunternehmen oder verbundenem Unternehmen als Unterauftragnehmer mit der Herstellung oder der Konzeption eines vernetzten Produkts beauftragt wurde, oder<br>▪ mindestens ein Jahr als mittleres Unternehmen (größer als Kleinunternehmen, aber weniger als 250 beschäftigte Personen und entweder einen Jahresumsatz von höchstens 50 Mio. EUR oder Jahresbilanzsumme von höchstens 43 Mio. EUR) eingestuft ist und das vernetzte Produkt mindestens seit einem Jahr in Verkehr gebracht wurde, oder<br>▪ [ein mittleres Unternehmen ist, das (1) ein Partnerunternehmen oder verbundenes Unternehmen hat, das größer als ein Kleinunternehmen ist oder (2) mit der Herstellung oder der Konzeption eines vernetzten Produkts beauftragt wurde, oder]<br>▪ größer als ein mittleres Unternehmen ist | |

| Pflicht zur Bereitstellung von Daten nach Art. 4 Abs. 1 DA[2] | | |
|---|---|---|
| II. Anwendungsbereich | Nutzer kann nicht direkt vom vernetzten Produkt oder verbundenen Dienst aus auf Produktdaten oder verbundene Dienstdaten zugreifen | ☐ |
| III. Adressat | Dateninhaber<br>• natürliche oder juristische Person,<br>• die nach dem Data Act oder nach geltendem Unionsrecht oder nach nationalen Rechtsvorschriften zur Umsetzung des Unionsrechts berechtigt oder verpflichtet ist, Daten – soweit vertraglich vereinbart, auch Produktdaten oder verbundene Dienstdaten – zu nutzen und bereitzustellen, die sie während der Erbringung eines verbundenen Dienstes abgerufen oder generiert hat | ☐ |
| IV. Datenverfügbarkeit | Dateninhaber erhält (oder kann erhalten) Produktdaten und verbundene Dienstdaten ohne unverhältnismäßigen Aufwand rechtmäßig von dem vernetzten Produkt oder verbundenen Dienst | ☐ |

## Anmerkungen

**1. Datenweitergabe von Unternehmen an Verbraucher und zwischen Unternehmen.** Kap. II („Datenweitergabe von Unternehmen an Verbraucher und zwischen Unternehmen") legt Pflichten von Herstellern „vernetzter Produkte" und Anbietern „verbundener Dienste" iSv Art. 2 Nr. 5, Nr. 6 DA fest, diese so zu gestalten, dass Nutzern „Produktdaten" und „verbundene Dienstdaten" iSv Art. 2 Nr. 15, Nr. 16 DA möglichst direkt zugänglich sind (Art. 3 Abs. 1 DA). Wenn die Nutzer nicht direkt auf die Daten zugreifen können, haben die „Dateninhaber" iSv Art. 2 Nr. 13 die entsprechenden Daten zugänglich zu machen, Art. 4 Abs. 1 DA. Dabei haben Nutzer auch das Recht, von „Dateninhabern" iSv Art. 2 Nr. 23 Data Act die Bereitstellung der „Produktdaten" und „verbundenen Dienstdaten" iSv Art. 2 Nr. 15, Nr. 16 DA an von ihnen benannte Dritte zu verlangen, Art. 5 Abs. 1 DA. Um eine Aushebelung der Pflichten nach dem Data Act zu verhindern, können Dateninhaber nach Art. 43 DA dem Nutzer nicht das Sui-generis-Schutzrecht des Datenbankherstellers nach § 87b UrhG entgegenhalten.

Ein „vernetztes Produkt" iSv Art. 2 Nr. 5 DA ist ein „Gegenstand, der Daten über seine Nutzung oder Umgebung erlangt, generiert oder erhebt und der Produktdaten über einen elektronischen Kommunikationsdienst, eine physische Verbindung oder einen geräteinternen Zugang übermitteln kann und dessen Hauptfunktion nicht die Speicherung, Verarbeitung oder Übertragung von Daten im Namen einer anderen Partei – außer dem Nutzer – ist". Von dieser Definition wird eine Vielzahl von (physischen) Produkten erfasst, unter anderem Smart-Home-Geräte aller Art (vom einfachen vernetzten Bewegungsmelder über den „intelligenten" Backofen bis zur zentralen Steuereinheit der Gebäudeautomatisierung), Computer von Pkw („Connected

Cars“) mit den angeschlossenen Sensoren, Fitness-Tracker, Wearables, Navigationsgeräte, Fahrradcomputer, Smartphones etc. Aufgrund der umfassenden Vernetzung moderner Gebrauchsgegenstände führt die Definition daher zu einem denkbar weiten Anwendungsbereich. „Produktdaten“ sind nach Art. 2 Nr. 15 DA „Daten, die durch die Nutzung eines vernetzten Produkts generiert werden und die der Hersteller so konzipiert hat, dass sie über einen elektronischen Kommunikationsdienst, eine physische Verbindung oder einen geräteinternen Zugang von einem Nutzer, Dateninhaber oder Dritten – gegebenenfalls einschließlich des Herstellers – abgerufen werden können“.

Ein „verbundener Dienst“ iSv Art. 2 Nr. 6 DA ist ein „digitaler Dienst, bei dem es sich nicht um einen elektronischen Kommunikationsdienst handelt, – einschließlich Software –, der zum Zeitpunkt des Kaufs, der Miete oder des Leasings so mit dem Produkt verbunden ist, dass das vernetzte Produkt ohne ihn eine oder mehrere seiner Funktionen nicht ausführen könnte oder der anschließend vom Hersteller oder einem Dritten mit dem Produkt verbunden wird, um die Funktionen des vernetzten Produkts zu ergänzen, zu aktualisieren oder anzupassen“. Hierunter fallen unter anderem Smartphone-Apps und Cloud-Dienste, mit denen die über „vernetzte Produkte“ generierten Daten ausgewertet und visualisiert werden können, wie eine App, die die vom Fitness-Tracker erfassten Schritte und Herzfrequenz auswertet, und den Fitnesszustand, Stress- und Schlafphasen errechnet. Da viele Funktionen „vernetzter Produkte“ erst durch die entsprechende Software, die auf einem anderen Gerät oder auch in der Cloud ausgeführt wird, arbeiten, erfasst auch diese Definition eine Vielzahl von Anwendungen und Dienstleistungen. „Verbundene Dienstdaten“ iSv Art. 2 Nr. 16 DA sind „Daten, die die Digitalisierung von Nutzerhandlungen oder Vorgängen im Zusammenhang mit dem vernetzten Produkt darstellen und vom Nutzer absichtlich aufgezeichnet oder als Nebenprodukt der Handlung des Nutzers während der Bereitstellung eines verbundenen Dienstes durch den Anbieter generiert werden“.

Grundsätzlich ergibt sich aus der Regelung in Art. 3 Abs. 1 DA der Vorrang der Möglichkeit des Nutzers, die Daten direkt von dem „vernetzten Produkt“ oder dem „verbundenen Dienst“ abrufen zu können. Die Anforderung, dass die Daten „einschließlich der für die Auslegung und Nutzung dieser Daten erforderlichen relevanten Metadaten – standardmäßig für den Nutzer einfach, sicher, unentgeltlich in einem umfassenden, strukturierten, gängigen und maschinenlesbaren Format und, soweit relevant und technisch durchführbar, direkt zugänglich“ sein sollen, bedeutet, dass es nicht genügt, dass die Daten zB in der Smartphone-App sichtbar sind, es muss vielmehr die Möglichkeit gewährt werden, die Daten abzuspeichern und zu reproduzieren. Vor Abschluss eines Kauf-, Miet- oder Leasingvertrags für ein „vernetztes Produkt“ oder eines Vertrags über die Erbringung eines „verbundenen Dienstes“ sind nach Art. 3 Abs. 2, 3 DA umfassende Informationen zu den generierten Daten und deren Nutzung bereitzustellen. Diese Pflicht trifft zwar in erster Linie den unmittelbaren Vertragspartner des Nutzers, wird aber nicht ohne die Mithilfe des Herstellers erfüllt werden können, so dass Hersteller „vernetzter Produkte“ und „verbundener Dienste“ die entsprechenden Informationen vorzuhalten und in der „Lieferkette“ zu erbringen haben. Anders als in Art. 13 f. DS-GVO wird auch nicht auf den Zeitpunkt der ersten Datenverarbeitung abgestellt, sondern auf den Abschluss des Vertrags über das „vernetzte Produkt“ oder den „verbundenen Dienst“. Im elektronischen Geschäftsverkehr ist die Erfüllung von Informationspflichten keine Neuerung, die Informationen können daher in den bekannten und bewährten

Workflows mit abgebildet werden. Eine Ausnahme für den stationären Handel ist in der Data Act nicht vorgesehen, dort kann es sinnvoll sein, die entsprechenden Informationen auf der Produktverpackung abzudrucken oder auf einen entsprechenden Beipackzettel zu verweisen.

Besteht nicht die Möglichkeit für den Nutzer, die Daten direkt von den „vernetzten Produkten" oder „verbundenen Diensten" abzurufen, „stellen die Dateninhaber dem Nutzer ohne Weiteres verfügbare Daten einschließlich der zur Auslegung und Nutzung der Daten erforderlichen Metadaten unverzüglich, einfach, sicher, unentgeltlich, in einem umfassenden, gängigen und maschinenlesbaren Format und – falls relevant und technisch durchführbar – in der gleichen Qualität wie für den Dateninhaber kontinuierlich und in Echtzeit bereit" (Art. 4 Abs. 1 DA) oder machen sie auf Verlangen des Nutzers Dritten zugänglich (Art. 5 Abs. 1 DA). Über diese Möglichkeit ist nach Art. 3 Abs. 2, 3 DA zu informieren.

Ein „Dateninhaber" ist nach Art. 2 Nr. 13 DA eine „natürliche oder juristische Person, die nach dieser Verordnung, nach geltendem Unionsrecht oder nach nationalen Rechtsvorschriften zur Umsetzung des Unionsrechts berechtigt oder verpflichtet ist, Daten – soweit vertraglich vereinbart, auch Produktdaten oder verbundene Dienstdaten – zu nutzen und bereitzustellen, die sie während der Erbringung eines verbundenen Dienstes abgerufen oder generiert hat". Zu beachten ist, dass die Pflichten nach Art. 4 und 5 DA nur für „ohne Weiteres verfügbare Daten" gelten, also „Produktdaten und verbundene Dienstdaten, die ein Dateninhaber ohne unverhältnismäßigen Aufwand rechtmäßig von dem vernetzten Produkt oder verbundenen Dienst erhält oder erhalten kann, wobei über eine einfache Bearbeitung hinausgegangen wird" (Art. 2 Nr. 15 DA).

Erfolgt die Verarbeitung von personenbezogenen Daten, die von einem „vernetzten Produkt" generiert werden und durch einen „verbundenen Dienst" verarbeitet werden, um die entsprechend vertraglich geschuldete Funktion des Produkts herzustellen, kann die Datenverarbeitung auf Art. 6 Abs. 1 S. 1 lit. b oder f DS-GVO gestützt werden und die entsprechenden Daten sind dem Dateninhaber auch rechtmäßig zugänglich. Handelt es sich um personenbezogene Daten und gibt es keine Rechtsgrundlage für deren Verarbeitung, scheidet auch eine Pflicht zur Zugänglichmachung der Daten aus. Wie oben dargestellt, stellen die Regelungen des Data Act keine Rechtsgrundlage im Sinne der DS-GVO dar. Enthalten die Daten personenbezogene Daten von anderen betroffenen Personen als dem Nutzer, der den Zugang zu den Daten begehrt, darf der Dateninhaber die entsprechenden Daten dem Nutzer oder von diesem benannten Dritten auf Verlangen des Nutzers nur zugänglich machen, wenn er sich auf eine Rechtsgrundlage nach Maßgabe der DS-GVO stützen kann. Damit wird noch einmal klargestellt, dass die DS-GVO durch den Data Act nicht verdrängt wird. Was auf den ersten Blick trivial klingt und im Data Act auch nur mit einem einzigen Satz festgelegt wird, kann in der Praxis alles andere als trivial sein. Bei vielen Produkten wie zB Smart-Home-Geräten, Navigationssystemen, Überwachungskameras etc dürfte es in der Natur der Sache liegen, dass diese Produkte nicht nur Daten der Nutzer, sondern auch weiterer betroffener Personen verarbeiten, so dass beim Dateninhaber Prozesse zu schaffen sind, die sicherstellen, dass eine Zurverfügungstellung im Einklang mit den Regelungen der DS-GVO erfolgt; dies sollte bereits die Art und Weise, wie der Zugang zu den Daten erfragt werden kann, betreffen.

Enthalten die zur Verfügung zu stellenden Daten Geschäftsgeheimnisse des Dateninhabers, ist die Pflicht zur Bereitstellung eingeschränkt und kann von der Einhaltung besonderer Maßnahmen zum Schutz der Daten und deren Vertraulichkeit abhängig gemacht werden (Art. 4 Abs. 6–8 und Art. 5 Abs. 9–11 DA). Werden Daten vom Dateninhaber nicht zugänglich gemacht, können sich Nutzer an die nach Art. 37 Abs. 1 lit. b DA zuständige Behörde wenden oder mit dem Dateninhaber vereinbaren, dass sich eine Streitbeilegungsstelle mit der Angelegenheit befasst (Art. 4 Abs. 3, 9 und Art. 5 Abs. 12 DA).

Dateninhaber dürfen die von Kap. II erfassten Daten nur auf der Grundlage eines Vertrags mit dem Nutzer nutzen und dürfen die Daten an Dritte nur zur Erfüllung ihres Vertrags mit dem Nutzer weitergeben; sie müssen die Dritten unter Umständen auch dahingehend verpflichten (Art. 4 Abs. 13 und 14 DA). Nicht-personenbezogene Daten (in diesem Fall ist der Nutzer keine natürliche Person) dürfen vom Dateninhaber auch nicht dazu verwendet werden, „um daraus Einblicke in die wirtschaftliche Lage, Vermögenswerte und Produktionsmethoden des Nutzers oder in die Nutzung durch den Nutzer auf jegliche andere Art, die die gewerbliche Position dieses Nutzers auf Märkten, auf denen dieser tätig ist, untergraben könnte, zu erlangen“, Art. 4 Abs. 13 S. 2 DA. Eine ähnliche Verpflichtung besteht auch im Hinblick auf Dritte, welche die Daten auf Verlangen des Nutzers erhalten, Art. 5 Abs. 6 DA. Bezüglich personenbezogener Daten ist wiederum allein die DS-GVO maßgeblich.

Kap. II DA legt aber nicht nur Pflichten für Hersteller „vernetzter Produkte“ und Anbieter „verbundener Dienste“ iSv Art. 2 Nr. 5, Nr. 6 DA fest, sondern enthält auch etliche Pflichten für Nutzer und Dritte, die auf Verlangen eines Nutzers „Produktdaten“ und „verbundene Dienstdaten“ iSv Art. 2 Nr. 15, Nr. 16 DA bereitgestellt bekommen. So ist Nutzern und den Dritten untersagt, Zwangsmittel zu verwenden oder „Lücken in der zum Schutz der Daten bestehenden technischen Infrastruktur des Dateninhabers ausnutzen, um Zugang zu Daten zu erlangen“ (Art. 4 Abs. 11, Art. 5 Abs. 5 DA). Zudem dürfen die Daten nicht genutzt werden, um damit Konkurrenzprodukte zu entwickeln oder „um Einblicke in die wirtschaftliche Lage, die Vermögenswerte und die Produktionsmethoden des Herstellers oder gegebenenfalls des Dateninhabers zu erlangen“ (Art. 4 Abs. 10, Art. 6 Abs. 2 lit. e DA). Für Dritte, die Daten auf Verlangen des Nutzers erhalten, gelten noch weitere Pflichten nach Art. 6 DA, die sowohl sein Verhältnis zum Nutzer als auch zum Dateninhaber regeln. Im Übrigen ist zu beachten, dass die Datenbereitstellung nach Art. 4 und 5 DA nur für den Nutzer kostenfrei ist. Für die Bereitstellung von Daten an Dritte auf Verlangen des Nutzers gelten unter Umständen die Regelungen der Art. 8 und 9 DA.

Art. 7 Abs. 1 DA sieht Ausnahmen von der Anwendbarkeit der Regelungen des Kap. II DA vor. Leider ist die Regelung alles andere als eindeutig und ohne Erwgr. 41 DA auch nicht vollständig zu erfassen (hierzu BeckOK DatenschutzR/Schemmel DA Art. 7 Rn. 5, 13). Die in den Checklisten dargestellte Auslegung der Regelung ist daher mit Vorsicht anzuwenden, im Zweifel sollte geprüft werden, wie sich die Auslegung in der Praxis entwickelt. Art. 7 Abs. 1 UAbs. 1 DA sieht für „Kleinunternehmen“ (beschäftigen weniger als 50 Personen und Jahresumsatz bzw. Jahresbilanz übersteigt nicht 10 Mio. EUR) und „Kleinstunternehmen“ (beschäftigen weniger als zehn Personen und Jahresumsatz bzw. Jahresbilanz übersteigt nicht 2 Mio. EUR) iSv Art. 2 Nr. 25 und 26 DA Ausnahmen von den Pflichten nach Kap. II DA vor. Hierbei wird wiederum nach einem Regel-Ausnahme-Prinzip verfahren. Daten, die von „vernetzten Produkten“ generiert werden, die von einem Kleinst- oder Kleinunternehmen hergestellt werden oder konzipiert werden bzw. die von einem

„verbundenen Dienst“ generiert werden, der von einem solchen Unternehmen erbracht wird, fallen grundsätzlich nicht unter Kap. II DA, es sei denn, (1) das Unternehmen ist ein Partnerunternehmen oder verbundenes Unternehmen, das wiederum kein Kleinst- oder Kleinunternehmen ist, und (2) das Unternehmern wurde von dem Partnerunternehmen oder verbundenen Unternehmen als „Unterauftragnehmer mit der Herstellung oder der Konzeption eines vernetzten Produkts oder der Erbringung eines verbundenen Dienstes beauftragt“. Die hier vorgenommene Auslegung dürfte der herrschenden Ansicht folgen, die auf die Erläuterungen in Erwgr. 41 DA und die Verbindung der Voraussetzungen für die Rückausnahme durch das Wort „und“ abstellt (BeckOK DatenschutzR/Schemmel DA Art. 7 Rn. 7, 8). Der Wortlaut der Regelung verlangt zwar nicht explizit, dass das Partnerunternehmen oder verbundene Unternehmen der „Unterauftraggeber“ sein muss, allerdings stellt genannter Erwgr. 41 DA darauf ab, dass „das Unternehmen, das einem Kleinstunternehmen oder Kleinunternehmen den Herstellungs- oder Konzeptionsauftrag erteilt hat, in der Lage [sein muss], de[n] Auftragnehmer angemessenen zu entschädigen“. Diese Regelung ergibt nur Sinn, wenn damit das Partnerunternehmen oder verbundene Unternehmen gemeint ist. Es bleibt jedoch abzuwarten, wie die Regelung in der Praxis angewendet wird. Dasselbe gilt nach Art. 7 Abs. 1 UAbs. 2 DA (1) für Daten, die durch „vernetzte Produkte“ generiert werden, die von „mittleren Unternehmen“ (größer als Kleinunternehmen, aber weniger als 250 beschäftigte Personen und die entweder einen Jahresumsatz von höchstens 50 Mio. EUR erzielen oder deren Jahresbilanzsumme sich auf höchstens 43 Mio. EUR beläuft) hergestellt werden, wenn das „mittlere Unternehmen“ diesen Status seit weniger als einem Jahr hat, und (2) „für verbundene Dienste, die von einem solchen Unternehmen erbracht werden“, sowie (3) „für vernetzte Produkte für ein Jahr nach dem Zeitpunkt ihres Inverkehrbringens durch ein mittleres Unternehmen“. Für „mittlere Unternehmen“ gibt es daher Übergangs-/Schonfristen im Hinblick auf die Pflichten nach Kap. II DA, die Pflichten werden jedoch nicht dauerhaft ausgeschlossen. Dies ist im Rahmen der Produktentwicklung bereits zu berücksichtigen. Spannend dürfte die Antwort auf die Frage werden, inwieweit die Rückausnahme (in den Checklisten in eckigen Klammern dargestellt) zur Anwendung kommt. Diese Rückausnahme ist nämlich nicht in Art. 7 Abs. 1 UAbs. 2 DA enthalten, sondern ausschließlich in Erwgr. 41 DA genannt. Dies ist insofern problematisch, als Erwägungsgründe insoweit nicht maßgeblich sind, als sie keinerlei Anhalt in dem eigentlich Normtext haben und diesem – wie hier – sogar widersprechen (siehe dazu BeckOK DatenschutzR/Schemmel DA Art. 7 Rn. 13). Ohne die Rückausnahme wären die Ausnahmeregelungen in Art. 7 Abs. 1 DA allerdings widersprüchlich, da Kleinst- und Kleinunternehmen vom Wortlaut der Norm in bestimmten Fällen schlechter gestellt würden als mittlere Unternehmen. Zu beachten ist, dass sämtliche Ausnahmeregelungen in Art. 7 Abs. 1 DA darauf abstellen, von wem ein vernetztes Produkt oder ein verbundener Dienst hergestellt oder konzipiert wurde, nicht darauf, wer Dateninhaber ist. So kann ein Kleinstunternehmen als Dateninhaber nach Kap. II DA verpflichtet sein, weil das vernetzte Produkt, welches die Daten generiert, von einem großen Unternehmen hergestellt wurde, während ein großes Unternehmen als Dateninhaber den Pflichten des Kap. II DA nicht unterliegt, weil das vernetzte Produkt, welches die Daten generiert, von einem Kleinunternehmen hergestellt wurde.

Die Verpflichtung gem. Art. 3 Abs. 1 DA gilt für „vernetzte Produkte“ und die mit ihnen „verbundenen Dienste“, die nach dem 12.9.2026 in Verkehr gebracht wurden, im Übrigen gelten die Regelungen des Kapitels ab dem 12.9.2025 (Art. 50 DA). Nach Art. 41 DA „erstellt und empfiehlt [die Europäische Kommission] vor dem 12.9.2025 unverbindliche Mustervertragsklauseln für den Datenzugang und die Datennutzung – einschließlich Bedingungen für eine angemessene Gegenleistung und den Schutz von Geschäftsgeheimnissen sowie nicht verbindliche Standardvertragsklauseln für Verträge über Cloud-Computing –, um die Parteien bei der Ausarbeitung und Aushandlung von Verträgen mit fairen, angemessenen und nichtdiskriminierenden vertraglichen Rechten und Pflichten zu unterstützen".

**2. Pflichten der Dateninhaber, die gemäß dem Unionsrecht verpflichtet sind, Daten bereitzustellen; Missbräuchliche Vertragsklauseln in Bezug auf den Datenzugang und die Datennutzung zwischen Unternehmen.** Kap. III DA gilt, „wenn ein Dateninhaber im Rahmen von Geschäftsbeziehungen zwischen Unternehmen nach Artikel 5 oder nach geltendem Unionsrecht oder nach im Einklang mit Unionsrecht erlassenen nationalen Rechtsvorschriften verpflichtet ist, einem Datenempfänger Daten bereitzustellen", Art. 12 Abs. 1 DA. „Datenempfänger" ist nach Art. 2 Nr. 14 DA „eine natürliche oder juristische Person, die zu Zwecken innerhalb ihrer gewerblichen, geschäftlichen, handwerklichen oder beruflichen Tätigkeit handelt, ohne Nutzer eines vernetzten Produktes oder verbundenen Dienstes zu sein, und dem vom Dateninhaber Daten bereitgestellt werden, einschließlich eines Dritten, dem der Dateninhaber auf Verlangen des Nutzers oder im Einklang mit einer rechtlichen Verpflichtung aus anderem Unionsrecht oder aus nationalen Rechtsvorschriften, die im Einklang mit Unionsrecht erlassen wurden, Daten bereitstellt". Art. 8 und 9 DA regeln im Wesentlichen, dass die Bedingungen, unter denen Datenempfängern Daten zur Verfügung gestellt werden, nicht-diskriminierend sein müssen und was bei dem Verlangen einer Gegenleistung für die Zurverfügungstellung von Daten zu beachten ist. Es sei noch einmal darauf hingewiesen, dass dies nur die Beziehung von Unternehmen betrifft, die Zurverfügungstellung von Daten gegenüber Nutzern und/oder Verbrauchern hat kostenfrei zu erfolgen. Art. 10 DA regelt u.a. den Zugang zu und die Folgen der Entscheidungen einer Streitbeilegungsstelle, die nach dem Data Act in den dort bestimmten Fällen angerufen werden kann. Art. 11 DA setzt die Rahmenbedingungen, unter denen Dateninhaber technische Schutzmaßnahmen anwenden dürfen, „um den unbefugten Zugang zu Daten, einschließlich Metadaten, zu verhindern und die Einhaltung der Artikel 5, 6, 8 und 9 sowie der für die Datenbereitstellung vereinbarten Mustervertragsklauseln sicherzustellen" (Art. 11 Abs. 1 S. 1 DA). Kap. III DA gilt nur in Bezug auf Datenbereitstellungspflichten nach dem Unionsrecht oder nach im Einklang mit Unionsrecht erlassenen nationalen Rechtsvorschriften, die nach dem 12.9.2025 in Kraft treten (Art. 50 DA).

Kap. IV DA regelt, dass „Vertragsklauseln in Bezug auf den Datenzugang und die Datennutzung oder die Haftung und Rechtsbehelfe bei Verletzung oder Beendigung datenbezogener Pflichten, die ein Unternehmen einem anderen Unternehmen einseitig auferlegt, [..] für letzteres Unternehmen nicht bindend [sind], wenn sie missbräuchlich sind" (Art. 13 Abs. 1 DA) und benennt zudem Regelbeispiele, wann eine Missbräuchlichkeit anzunehmen ist und welche Auswirkungen dies auf den betroffenen Vertrag im Ganzen hat. Kap. IV DA gilt für Verträge, die nach dem 12.9.2025 geschlossen wurden und ab dem 12.9.2027 für Verträge, die am oder vor dem 12.9.2025 geschlossen wurden, sofern sie (1) unbefristet sind oder (2) ihre Geltungsdauer frühestens zehn Jahre nach dem 11.1.2024 endet (Art. 50 DA).

## II. Datenlizenz

Das Thema **Datenlizenzen** wurde lange Zeit stiefmütterlich behandelt. Dies ist angesichts des enormen wirtschaftlichen Werts von Daten durchaus verwunderlich. Das Wertschöpfungspotenzial von Daten wurde bereits 2015 in einer Studie von Roland Berger Strategy Consultants für den BDI für Europa im Jahr 2025 auf 1,25 Billionen EUR geschätzt (Die Digitale Transformation der Industrie, 2015, abrufbar unter https://bdi.eu/media/presse/publikationen/information-und-telekommunikation/Digitale_Transformation.pdf). Die Europäische Kommission schätzt den Wert der Datenwirtschaft in der EU für 2025 auf 829 Milliarden EUR ein (abrufbar unter https://commission.europa.eu/strategy-and-policy/priorities-2019-2024/europe-fit-digital-age/european-data-strategy_de).

Für den öffentlichen Sektor hat es u. a. mit der **INSPIRE-Richtlinie** (RL 2007/2/EG v. 14.3.2007), der (aktualisierten) **PSI-Richtlinie** (RL (EU) 2019/1024 v. 20.6.2019) mitsamt der **Durchführungsverordnung zu hochwertigen Datensätzen** v. 21.12.2022 (DVO-HVD) und dem **Data Governance Act** (VO (EU) 2022/868 v. 30.5.2022) auf EU-Ebene in der Vergangenheit schon einige Bemühungen gegeben, eine europäische Datenwirtschaft und eine Wertschöpfung im Hinblick auf Daten der öffentlichen Hand zu etablieren. Auf nationaler Ebene wurde dies u. a. mit dem **Datennutzungsgesetz,** den **Geodatenzugangsgesetzen,** den **Umweltinformationsgesetzen,** den **E-Governmentgesetzen** sowie den **Informationsfreiheits- oder Transparenzgesetzen** (jeweils des Bundes und der Länder) umgesetzt. Für das Verhältnis von Unternehmen untereinander, zu Verbrauchen und auch der öffentlichen Hand macht der **Data Act** (VO (EU) 2023/2854 v. 13.12.2023) konkrete Vorgaben, wann und in welchem Umfang Unternehmen Daten zur Verfügung stellen müssen (→ Form. P. I.). Nachdem die öffentliche Hand Daten zunächst eher widerwillig und unter restriktiven Bedingungen und auch teilweise gegen Entgelt zur Verfügung gestellt hat, hat sich der Ansatz, Daten möglichst offen und auch kostenfrei zur Verfügung zu stellen **(Open Data),** Schritt für Schritt durchgesetzt. Auf EU-Ebene wird mittlerweile die Nutzung von Creative-Commons-Lizenzen wie der „Creative Commons Public Domain Dedication" (CC-Gemeinfreigabe, CC0) oder der „Creative Commons BY 4.0" (CC-Namensnennung, CC-BY) vorgegeben bzw. empfohlen (siehe zB Art. 4 Abs. 3 DVO-HVD), während in Deutschland (noch) die „Datenlizenz Deutschland" (mit und ohne „Namensnennung", also der Pflicht, bei der Weitergabe die Quelle der Daten anzugeben) gebräuchlich ist. Diesen Lizenzen ist gemein, dass der Nutzer der derart „lizenzierten" Daten diese kostenfrei für alle Zwecke (nicht-kommerziell wie kommerziell) verwenden darf.

Unternehmen (aber auch die öffentliche Hand) sind in der Vergangenheit häufig wie selbstverständlich davon ausgegangen, dass die im Rahmen der eigenen Geschäftsprozesse erhobenen und erstellten Daten ihnen „gehörten". Tatsächlich ist dies regelmäßig nicht der Fall. Ein spezifisches **Eigentumsrecht an Daten** gibt es nicht. Auch der **Data Act** (zu deutsch: „Daten-Verordnung") begründet lediglich ein (in vielen Fällen eingeschränktes) Zugangsrecht für Nutzer gegenüber Unternehmen, greift aber im Hinblick auf Eigentums- oder Urheberrechte nicht in die bestehenden Rechtsordnungen ein. Sind Daten auf einem Datenträger gespeichert, hat der Eigentümer des Datenträgers zwar das Recht, über den Verbleib des Datenträgers und damit auch der Daten zu entscheiden. Dieses Recht erweist sich jedoch in den Situationen, in denen Daten übermittelt oder auf sonstige Weise zugänglich gemacht werden, als wertlos. Ein urheberrechtlicher Schutz wird auch selten in Betracht kommen, da urheberrechtlich geschützte „Werke" nach § 2 Abs. 2 UrhG „nur persönliche geistige Schöpfungen" sein können. Dies ist bei Daten selten der Fall. So sind zB die von Sensoren (Wetterstationen, Gyroskopsensoren, RFID-Sensoren, Temperatursensoren etc) erhobenen Daten genauso wenig eine persönliche geistige Schöpfung wie die Angabe, wie viele Ampeln, Bäume oder Zebrastreifen es in einem beliebigen Stadtgebiet gibt. Daten, die das Ergebnis einer Analyse von Rohdaten durch KI-Software darstellen, sind ebenfalls keine persönliche geistige Schöpfung.

Um sich die Bedeutung und die notwendigen Inhalte von **Datenlizenzen** zu vergegenwärtigen, muss man sich vorab einmal über die **urheberrechtliche Einordnung von Daten** Gedanken machen. Die Frage, ob Daten **urheberrechtlich** (als Werk oder Teil eines **Werkes** im Sinne von § 2 UrhG) oder zumindest **urheberrechtsähnlich** (als **Datenbank** im Sinne von § 87a UrhG) geschützt sind, hat letztendlich einen erheblichen Einfluss auf die Lizenzierung von Daten.

Der **Urheber eines Werkes** im Sinne von § 2 UrhG hat u.a. das Recht, zu bestimmen, ob und wie das Werk veröffentlicht werden darf, ob das Werk mit einer Urheberbezeichnung zu versehen und welche Bezeichnung zu verwenden ist. Der Urheber kann die Entstellung oder eine andere Beeinträchtigung seines Werkes untersagen. Darüber hinaus liegt beim Urheber das ausschließliche Recht, das Werk in körperlicher Form zu verwerten. Der Urheber ist zudem angemessen am wirtschaftlichen Nutzen seines Werkes zu beteiligen, siehe §§ 32, 32a UrhG. Werden die vorgenannten Rechte des Urheberrechtsgesetzes verletzt, kann der Urheber (bzw. der Inhaber der Nutzungs- und Verwertungsrechte) auf Beseitigung der Beeinträchtigung und bei Wiederholungsgefahr auf Unterlassung klagen. Urheberrechtsverstöße können darüber hinaus auch strafrechtliche Konsequenzen haben. Das Urheberrecht kann entgegen der Formulierung insbesondere in anglo-amerikanischen Lizenzen nach deutschem Recht (§ 29 Abs. 1 UrhG) nicht übertragen werden, der Urheber kann aber Nutzungs- und Verwertungsrechte an den von ihm geschaffenen Werken einräumen (§ 29 Abs. 2 UrhG). Im Hinblick auf Software liegt das ausschließliche Nutzungs- und Verwertungsrecht nach § 69b UrhG beim Arbeitgeber bzw. Dienstherrn, sofern nichts anderes vereinbart wird, bezüglich anderer Werke besteht die Pflicht zur Einräumung von Nutzungs- und Verwertungsrechten im Rahmen einer Auslegung, die im Einzelfall nicht immer eindeutig sein muss. Der Grundsatz, dass dem Arbeitgeber oder Dienstherrn ein ausschließliches Nutzungs- und Verwertungsrecht zusteht, lässt sich allerdings nicht ohne Weiteres auf arbeitnehmerähnliche Personen, freie Mitarbeiter oder externe Dienstleister erstrecken. Eine Regel, dass demjenigen, der die Erstellung eines Werkes finanziert, auch per se sämtliche Nutzungs- und Verwertungsrechte zustehen, gibt es im Gegensatz zur weit verbreiteten Ansicht, dass dem so wäre, nicht. In Verträgen mit nicht abhängig Beschäftigten (aber aus Sicherheit auch in Verträgen mit abhängig Beschäftigten) ist die Einräumung von Nutzungs- und Verwertungsrechten ausdrücklich zu regeln, da ansonsten im Zweifel nur einfache Nutzungsrechte eingeräumt werden. Unabhängig davon gilt: Wenn Programmierer eine Datenbankanwendung im Rahmen eines Angestelltenverhältnisses erstellen, werden die Programmierer immer die (Mit-)Urheber bleiben, auch wenn der Arbeitgeber regelmäßig unter Heranziehung von § 43 UrhG (dessen Wortlaut aber nicht eindeutig ist) die alleinigen Nutzungs- und Verwertungsrechte an allen Werken (und nicht „nur" an dem Computerprogramm) besitzt.

Die Grundvoraussetzung für urheberrechtlichen Schutz ist das Vorliegen eines „geschützten Werkes". § 1 UrhG eröffnet den Anwendungsbereich des Urheberrechts für Werke der Literatur, Wissenschaft und Kunst. Diese Eingrenzung ist allerdings wenig ergiebig, sondern zunächst einmal unbestimmt. § 2 Abs. 1 UrhG enthält einen Beispielskatalog, in dem die „drei großen Werkgruppen" Literatur, Wissenschaft und Kunst weiter aufgegliedert werden. Nach § 2 Abs. 1 UrhG gehören zu den geschützten Werken der Literatur, Wissenschaft und Kunst u. a. **Sprachwerke,** wie Schriftwerke, Reden und Computerprogramme (zB Texte, Gedichte, Liedtexte, Software), **Werke der bildenden Künste** einschließlich der Werke der Baukunst und der angewandten Kunst und Entwürfe solcher Werke (zB Gemälde, Kunstwerke, Architektur), **Lichtbildwerke** einschließlich der Werke, die ähnlich wie Lichtbildwerke geschaffen werden (zB Fotos) und **Darstellungen wissenschaftlicher oder technischer Art,** wie Zeichnungen, Pläne, Karten, Skizzen, Tabellen und plastische Darstellungen (zB Baupläne, Stadtpläne und Landkarten). Die Aufzählung in § 2 Abs. 1 UrhG selbst begründet noch keinen Urheberschutz, sondern besagt nur rein formal, welche Werkarten urheberrechtlich geschützt werden (BeckOK UrhR/Ahlberg UrhG § 2 Rn. 1). Weitere und wichtigste Voraussetzung ist nämlich, dass es sich auch um eine **persönliche geistige Schöpfung** handelt. Das heißt, dass nur solche Schöpfungen als Werke geschützt sind, die unter die in § 2 Abs. 1 UrhG aufgezählten Werkarten fallen und zudem eine persönliche geistige Schöpfung darstellen. Als solche sind nur Erzeugnisse anzusehen, die durch ihren Inhalt oder durch ihre Form oder durch die Verbindung von Inhalt und Form etwas Neues und Eigentümliches darstellen (amtliche Begründung in BT-Drs. 4/270, 38). Ein Urheber muss etwas geschaffen haben, das mehr Eigenes enthält als eine Leistung, wie sie allgemein von jedem bzw. von jedem anderen mit vergleichbarer Ausbildung und Begabung erbracht werden (BeckOK UrhR/Ahlberg UrhG § 2 Rn. 57). In diesem Zusammenhang eine gewisse Schöpfungshöhe gefordert, womit ein Mindestmaß an geistig-schöpferischer Leistung bezeichnet wird (Dreier/Schulze/Schulze UrhG § 2 Rn. 20). Wird die Schöpfungshöhe unterschritten, liegt auch kein urheberrechtlich geschütztes Werk vor.

Sollten **Daten** einer **Werkart** nach § 2 UrhG zuordenbar sein und zudem eine persönliche geistige Schöpfung darstellen, greift der Schutz des Urheberrechts. In diesem Fall ist es jedermann ohne entsprechende **Nutzungsrechte** untersagt, die Daten zu nutzen und zu vervielfältigen. Schon der Versuch, Daten zu einer dem Urheberschutz unterliegenden „klassischen" Werkart nach § 2 UrhG zuzuordnen, erweist sich, unabhängig von der jeweiligen Art der Daten als schwierig. Abhängig davon, welche Eigenschaften Daten aufweisen und welchem Zweck ihre Verwendung dient, werden typischerweise folgende Datenarten voneinander unterschieden: Eingabedaten, Ausgabedaten, Stammdaten, Konfigurationsdaten, Rohdaten, Nutzdaten, Metadaten, volatile Daten, persistente Daten, (un)strukturierte Daten, Benutzerdaten, Profildaten, personenbezogene Daten. Bei einem weiten Verständnis der Werkarten könnten Daten allenfalls unter die sog. **kleine Münze** den **Darstellungen wissenschaftlicher oder technischer Art** nach § 2 Abs. 1 UrhG zugerechnet werden. Als kleine Münze werden Werke bezeichnet, die gerade eben noch ein Minimum an Gestaltungshöhe erreichen und deshalb von der Rechtsprechung als schutzwürdig angesehen werden. Gebrauchsanweisungen, Kataloge und Formulare, anspruchslose Unterhaltungsmusik, Erkennungsmelodien oder Werbeslogans können so urheberrechtlichen Schutz erlangen (HK UrhG/Seifert/Wirth § 2 Rn. 8). Jedoch müssen Daten auch die Merkmale einer persönlichen geistigen Schöpfung nach § 2 Abs. 2 UrhG aufweisen. Dies wird man beim einzelnen Datum selbst verneinen müssen, da nicht die schöpferische Tätigkeit im Vordergrund steht, sondern Daten einen tatsächlichen Zustand wiedergeben (sollen). Insbesondere bei durch Sensoren, Webcrawlern oder sonstige Software gesammelten Daten fehlt eine solche persönliche geistige Schöpfung vollständig.

Wahrscheinlicher als der urheberrechtliche Werkschutz ist bei Datensammlungen der **urheberrechtsähnliche Schutz** des **Datenbankherstellers** im Sinne von § 87a Abs. 2 UrhG. Geschützt wird anders als beim urheberrechtlichen Werk im Sinne von § 2 UrhG nicht die persönliche geistige Schöpfung des Urhebers, sondern eine erhebliche Investition. Der Schutz beruht auf der **Datenbankrichtlinie** (RL 96/9/EG v. 11.3.1996), man spricht hier vom **Sui-generis**-Schutz bzw. einem **urheberrechtsähnlichen Schutz.** Eine Datenbank ist nach § 87a Abs. 1 S. 1 UrhG „eine Sammlung von Werken, Daten oder anderen unabhängigen Elementen, die systematisch oder methodisch angeordnet und einzeln mit Hilfe elektronischer Mittel oder auf andere Weise zugänglich sind und deren Beschaffung, Überprüfung oder Darstellung eine nach Art oder Umfang wesentliche Investition erfordert". Die zwei wesentlichen Anforderungen sind (1) die systematische, methodische Anordnung unabhängiger Elemente, und (2) die wesentliche Investition in Beschaffung, Überprüfung oder Darstellung. Während die erste Anforderung insbesondere bei kommerziell lizenzierten Datensätzen selten problematisch sein dürfte, ist eine **wesentliche Investition** im Sinne der Definition schwieriger zu bejahen. § 87a UrhG schützt die organisatorische, technische und wirtschaftliche Leistung, die die Herstellung einer Datenbank erfordert und damit die mit dem Aufbau der Datenbank verbundene Investition. Zu berücksichtigen ist allerdings, dass nicht jede getätigte Investition relevant und schutzbegründend ist. Vielmehr erschöpfen sich die maßgeblichen Tätigkeiten, die in der Summe zu einer schutzfähigen Datenbank führen, auf die Beschaffung, Überprüfung und Darstellung von Datenbankelementen. Dabei kann die wesentliche Investition auch allein durch eine einzige dieser Tätigkeiten begründet werden. Die Investition kann dafür anfallen, bestehende Daten zu recherchieren und/oder für die Aufnahme in die Datenbank verfügbar zu machen, Daten auf ihre Richtigkeit zu überprüfen und sie in sinnvoller Weise nutzbar zu machen. Relevante Investitionen stellen damit zB Kosten für die Bereitstellung, Erhaltung, Pflege und Wartung der technischen Infrastruktur einer Datenbank dar, auch wenn dies mit der Erstellung gar nichts zu tun haben mag. Allerdings sind die Mittel und Aufwände, die für das Erzeugen der Elemente und Daten eingesetzt werden, die sich in der Datenbank befinden, insbesondere die Erhebung von Daten, den mit der Beschaffung des Inhalts dieser Datenbank verbundenen Investitionen nicht gleichzustellen. Wenn ein Unternehmen erhebliche Aufwände in den Erwerb von Sensoren tätigt, mit denen Messwerte erfasst werden, ist dies daher nicht als relevante Investition im Sinne von § 87a UrhG berücksichtigungsfähig. Die Datenerhebung und -erzeugung fällt nämlich gerade nicht unter den Schutzzweck von § 87a UrhG. Mit dem Schutz der §§ 87a und 87b UrhG soll schließlich die Investition in die Herstellung einer

Datenbank und nicht in die bloße Erfassung von Daten belohnt werden (BeckOK UrhR/Vohwinkel UrhG § 87a Rn. 44).

Handelt es sich bei Datensätzen oder Datensammlungen um eine Datenbank im Sinne von § 87a UrhG, genießt der **Datenbankhersteller** den in § 87b Abs. 1 S. 1 UrhG festgelegten Schutz an der Datenbank. Danach hat der Datenbankhersteller das ausschließliche Recht, die Datenbank insgesamt oder einen nach Art oder Umfang wesentlichen Teil der Datenbank zu vervielfältigen, zu verbreiten und öffentlich wiederzugeben. Ein Schutz vor der Entnahme eines unwesentlichen Teils der Datenbank besteht nach § 87b UrhG nicht. Ein Schutz besteht aber, wenn einzelne Elemente der Datenbank an sich anderweitigen Schutz genießen, zB, weil es sich bei einem Datensatz um ein geschütztes Lichtbild handelt. Die Beantwortung der Frage, wann ein Teil einer Datenbank wesentlich ist, ist jeweils das Ergebnis einer Prüfung im Einzelfall und kann nicht pauschal beantwortet werden. Die Wesentlichkeit der Art der Daten ist qualitativ zu bewerten und kann dazu führen, dass schon ein mengenmäßig geringer Teil von Daten in einer Datenbank als wesentlich anzusehen ist. Wann eine Entnahme von Daten ein dem Umfang nach wesentlicher Teil ist, ist wiederum eine rein mengenmäßig zu bewertende Frage.

**Datenlizenzen** sind bei dem Einkauf von Daten von Dritten (zB Datenhändlern) und bei der Zurverfügungstellung an Dritte relevant. Die meisten **Datenlizenzen** von kommerziellen Anbietern schränken die Nutzung von Daten durch den Lizenznehmer ein. Für die eigenständige Erhebung und Verarbeitung von Daten sind Datenlizenzen hingegen grundsätzlich ohne Bedeutung.

Wie oben ausgeführt, steht Urhebern und (wesentlich relevanter) den Inhabern der Nutzungs- und Verwertungsrechte das Bestimmungsrecht im Hinblick auf die Nutzung urheberrechtlich oder urheberrechtsähnlich geschützter Werke oder Schutzgegenstände zu. Möchte jemand, der nicht Urheber oder Rechteinhaber ist, ein urheberrechtlich oder urheberrechtsähnlich geschütztes Werk nutzen, müssen ihm entsprechende Nutzungsrechte eingeräumt werden. Die Einräumung erfolgt in der Regel über **Lizenzen.** Da der Begriff der Lizenz nicht rechtlich definiert ist (aber in vielen Datengesetzen wie zB dem DNG genutzt wird), variieren Umfang und Inhalt von Lizenzen erheblich. Zumeist werden in einer Lizenz nicht nur Nutzungsrechte eingeräumt, sondern weitere Regelungen zur Haftung, Gewährleistung, Vertragsstrafen etc getroffen, die eigentliche „Lizenz" im Sinne der Einräumung von Nutzungsrechten ist damit lediglich ein Teil des umfassenden (Lizenz-)Vertrags. Bei einer ungenehmigten Nutzung von urheberrechtlich geschützten Werken wie einer Software oder einer Datenbank kann der Rechteinhaber verlangen, dass die Nutzung beendet wird. Darüber hinaus bestehen regelmäßig Schadensersatzansprüche. Die Nutzer eines geschützten Werkes benötigen daher eine Lizenz, um das Werk nutzen zu dürfen. Ohne eine entsprechende Lizenz ist eine Nutzung untersagt.

**Datenlizenzen** orientieren sich häufig an **Lizenzen für Software.** Auch hier werden Nutzungszwecke und Berechtigte festgelegt. Datenlizenzen verfolgen jedoch im Kern einen anderen Zweck als Softwarelizenzen. Softwarelizenzen dienen dazu, dem Lizenznehmer ein benötigtes Nutzungsrecht einzuräumen, schließlich genießt der Softwarehersteller Urheberschutz gemäß § 69a UrhG. Ohne Zustimmung des Rechteinhabers ist es somit jedem untersagt, die Software zu nutzen; der Rechteinhaber ist durch das Urheberrecht gegenüber jedem, also **absolut,** geschützt. Die **proprietäre Datenlizenz,** also eine Lizenz, die im Gegensatz zu offenen Lizenzen nicht die uneingeschränkte und freie Nutzung der lizenzierten Daten zum Gegenstand hat, dient hingegen in erster Linie dem Schutz der die Daten bereitstellenden Partei. Denn die proprietäre Datenlizenz führt zu einer vertraglichen Beschränkung der Nutzung der lizenzierten Daten, die ohne eine vertragliche Vereinbarung uneingeschränkt möglich wäre. Dies gilt jedenfalls dann, wenn die zugrundeliegenden Daten mangels Schöpfungshöhe und Datenbankeigenschaft keinen urheberrechtlichen oder urheberrechtsähnlichen Schutz genießen. Anders als das Urheberrecht und das Recht des Datenbankherstellers begründet die **proprietäre Datenlizenz** lediglich Rechte und Pflichten zwischen Lizenzgeber und Lizenznehmer, ihre Wirkung ist daher nicht **absolut,** sondern **relativ.**

Die **Quintessenz** aus den vorstehenden Ausführungen ist, dass **Daten selten urheberrechtlich geschützt** sein werden, da es regelmäßig an einer persönlichen geistigen Schöpfung fehlt. Der **urheberrechtsähnliche Schutz** von Daten(-sätzen) als Datenbank im Sinne von § 87a UrhG wird nicht regelmäßig, aber deutlich häufiger in Betracht kommen. Ob ein solcher Schutz tatsächlich gegeben ist, ist für **Lizenzgeber** nicht einfach zu bewerten und für **Lizenznehmer** regelmäßig gar nicht nachvollziehbar, da sich für diesen selten aus den Umständen ergibt, ob der Lizenzgeber wesentliche und nach § 87a UrhG zu berücksichtigende Investitionen in die Datenbank getätigt hat. Um im Rahmen der Erstellung von **proprietären Datenlizenzen** sowohl dem Schutzbedürfnis des Lizenzgebers als auch dem Wunsche der Rechtssicherheit des Lizenznehmers Rechnung zu tragen, müssen Datenlizenzen daher sowohl den Fall berücksichtigen, dass die Daten urheberrechtlich oder zumindest urheberrechtsähnlich geschützt sind, als auch den Fall, dass die Daten eben keinen solchen Schutz genießen. **Proprietäre Datenlizenzen** sollten daher sowohl konkret Nutzungsrechte an den Daten einräumen als auch eine darüber hinausgehende Nutzung ausdrücklich untersagen. Die Untersagung ist ein vertraglich vereinbartes Verbot, ohne das bei urheberrechtlich und urheberrechtsähnlich nicht geschützten Daten grundsätzlich eine uneingeschränkte Nutzung durch den Lizenznehmer möglich wäre. Handelt der Lizenznehmer gegen die Bestimmungen der Datenlizenz und gibt lizenzierte Daten unberechtigterweise an Dritte weiter, bestehen in der Regel keine direkten Ansprüche gegen diese Dritten, da diese nicht an die vertraglichen Regelungen zwischen Lizenzgeber und Lizenznehmer gebunden sind.

Den Versuch, umfassende Datenlizenzen zu erstellen, ist bereits mehrfach unternommen worden. Ein schon weit zurückreichendes Beispiel ist die sogenannte „*Geolizenz*", ein Paket von Datenlizenzen, die federführend von der 2016 aufgelösten „*Kommission für Geoinformationswirtschaft*" als einheitliche Lizenz für die Nutzung von Geodaten erstellt wurde und die mehrere einzelne Datenlizenzen mit einheitlichen Begriffen für verschiedene Nutzungszwecke enthielt. Die nachfolgende Datenlizenz hat nicht den Anspruch, alle verschiedenen Lizenzierungsszenarien umfänglich abzudecken, sondern stellt eine **proprietäre Datenlizenz** dar, die den Ausgangspunkt für eine individuelle und dem Einzelfall entsprechende Lizenz bietet.

## Vereinbarung über die Nutzung von Daten („Datenlizenz")[1]

zwischen

[Name, postalische Adresse]

– „Lizenzgeber" –

und

[Name, postalische Adresse]

– „Lizenznehmer" –

– einzeln „Partei" und gemeinsam „Parteien" –

### § 1 Definitionen[2]

Die folgenden Begriffe haben bei ihrer Verwendung in dieser Datenlizenz die nachstehend angegebenen Bedeutungen:

„Abgeleitetes Produkt" bedeutet das Ergebnis einer wesentlichen Änderung der lizenzierten Daten und/oder der Zusammenführung der lizenzierten Daten mit einem anderen Inhalt, vorausgesetzt, dass (1) die Änderung zur Schaffung von Daten oder Produkten führt, die sich in Bezug auf Merkmale, Inhalt und Funktionalität von den lizenzierten Daten unterscheiden, und (2) die lizenzierten Daten aufgrund der Änderungen nicht aus den geänderten Daten oder Produkten abgerufen werden können.

„Auswertung" bezeichnet die Prüfung, das Testen, die Analyse oder die Verifizierung der lizenzierten Daten durch den Lizenznehmer oder im Namen des Lizenznehmers zu dem alleinigen Zweck, den Lizenznehmer in die Lage zu versetzen, festzustellen, ob die lizenzierten Daten für eine bestimmte Nutzung geeignet sind, vorausgesetzt, dass eine solche Nutzung nicht für eine kommerzielle Nutzung vorgesehen ist oder eine solche auslöst.

„Betrachten" bedeutet, lizenzierte Daten entweder über eine grafische Benutzeroberfläche, die Bildschirmdarstellung einer Software (zB geografisches Informationssystem, Tabellenkalkulation, Datenbank) oder einen Ausdruck anzusehen, zu betrachten oder zu prüfen.

„Daten"[3] oder „lizenzierte Daten" sind die in Anlage A genannten Daten

„Datenbank" bezeichnet die Sammlung von lizenzierten Daten oder anderen Daten und Materialien, die auf einer Internet-Plattform oder einem anderen Speichermedium gespeichert sind und dem Lizenznehmer auf elektronischem oder anderem Wege zugänglich sind, wenn diese Sammlung eine Datenbank im Sinne von § 87a Abs. 1 UrhG darstellt und der Lizenzgeber entweder Datenbankhersteller im Sinne von § 87a Abs. 2 UrhG ist oder aber von diesem das Recht zur Vermarktung dieser Datenbank eingeräumt bekommen hat.

„Datensatz" oder „Datensätze" ist die Summe der Daten.

„Dritter" bezeichnet jede natürliche oder juristische Person, die nicht der Lizenzgeber, der Lizenznehmer oder der Nutzer ist; zur Vermeidung von Zweifeln gelten Tochtergesellschaften und andere verbundene Unternehmen des Lizenznehmers als Dritte im Sinne dieser Datenlizenz.

„Drucken" bedeutet die Herstellung eines Textes, Bildes oder Modells durch Aufbringen von eingefärbten Schriften, Blöcken, Filamenten oder ähnlichem auf Papier oder anderes Material entweder durch direkten Druck oder indirekt durch Versatz eines Bildes auf eine Zwischenwalze oder durch Erstellung eines Modells mit Hilfe additiver oder subtraktiver Fertigungsverfahren.

„Forschung und Entwicklung" bedeutet die Nutzung lizenzierter Daten durch staatliche Stellen, Universitäten oder gemeinnützige Forschungsinstitute zur Verbesserung bestehender Dienstleistungen oder anderer Produkte und Verfahren oder zur Entwicklung neuer Dienstleistungen, Produkte und Verfahren, sofern eine solche Nutzung nicht für eine kommerzielle Nutzung vorgesehen ist oder eine solche auslöst.

„Herunterladen" bezeichnet die elektronische Übertragung lizenzierter Daten von einer online zugänglichen Plattform, die zur Erstellung einer Kopie der lizenzierten Daten auf einem anderen Medium führt (zB Übertragung von der Plattform auf die Infrastruktur des Lizenznehmers).

„Interne Verwendung" bedeutet die Nutzung der lizenzierten Daten innerhalb der Organisation des Lizenznehmers, ohne die lizenzierten Daten oder Abgeleiteten Produkte Dritten zur Verfügung zu stellen.

„Kommerzielle Nutzung" bedeutet Verkauf, Vermietung, Lizenzierung, Vertrieb, Integration in ein Produkt und jede andere Verwendung der lizenzierten Daten durch den Lizenznehmer oder in seinem Namen oder mit seiner Zustimmung, um (indirekt oder direkt) einen finanziellen Gewinn oder einen anderen kommerziellen Vorteil zu erzielen.

„Kopieren" bedeutet die Vervielfältigung oder Reproduktion der lizenzierten Daten auf einem Speichermedium mit beliebigen technischen Mitteln in Teilen oder im Ganzen.

„Neue Datensätze" ist der Oberbegriff für geänderte, erweiterte und aktualisierte Datensätze.

„Nicht-kommerzielle Nutzung" bedeutet die Nutzung der lizenzierten Daten durch den Lizenznehmer oder in seinem Namen zu anderen Zwecken als der direkten oder indirekten Erzielung eines finanziellen Gewinns oder eines anderen kommerziellen Vorteils.

„Nicht-öffentliches Netz" ist ein Netzwerk, das von außerhalb der Organisation des Lizenznehmers nicht zugänglich ist, zB ein Intranet.

„Nutzer" bezeichnet jede natürliche Person, die die lizenzierten Daten im Namen und unter der Verantwortung des Lizenznehmers nutzt, unabhängig von ihrem rechtlichen Status (zB Angestellter, freier Mitarbeiter, Auftragnehmer, Bevollmächtigter).

„Öffentliches Netz" ist eine Art von Netz, zu dem jeder, dh die Allgemeinheit einschließlich der registrierten Nutzer, Zugang hat und über das er sich mit anderen Netzen oder dem Internet verbinden kann.

„Plattform" bezeichnet jede Online-Plattform wie zB eine Website oder einen Online-Marktplatz, auf der Daten oder Dienstleistungen für Kunden entweder durch Download oder Online-Verarbeitung zugänglich gemacht werden, unabhängig davon, ob die Daten oder Dienstleistungen vom Betreiber einer solchen Online-Plattform oder von einem Verkäufer/Anbieter, der seine Dienstleistungen auf der Online-Plattform anbietet, bereitgestellt werden.

„Rechte an geistigem Eigentum" bezeichnet alle eingetragenen (unabhängig davon, ob sie bereits bei einer Behörde oder einem Amt eingetragen sind oder in Form von Anmeldungen vorliegen) Rechte an geistigem Eigentum sowie alle nicht eingetragenen Rechte an geistigem Eigentum, die gesetzlich gewährt werden, ohne dass eine Eintragung bei einer Behörde oder einem Amt erforderlich ist, sowie gleichwertige Rechte oder Klagerechte überall auf der Welt.

„Speichern" bedeutet, lizenzierte Daten (dauerhaft oder vorübergehend) auf einem Speichermedium (einschließlich – aber nicht beschränkt auf – lokale Speichergeräte, Festplatten und Cloud-Speicher) zu speichern.

„Territorium" bezeichnet das Gebiet, in dem der Lizenznehmer berechtigt ist, die lizenzierten Daten zu nutzen, wie in § 3 unten dargelegt.

„Verarbeitung" bezeichnet jeden Vorgang oder jede Reihe von Vorgängen, die mit lizenzierten Daten oder Teilen davon durchgeführt werden, unabhängig davon, ob dies mit automatischen Mitteln geschieht oder nicht, wie zB das Sammeln, Aufzeichnen, Organisieren, Speichern, Anpassen oder Ändern, Abrufen, Abfragen, Verwenden, Offenlegen durch Übermittlung, Verbreiten oder anderweitiges Verfügbarmachen, Abgleichen oder Kombinieren, Sperren, Löschen oder Vernichten.

„Zusammenführen" bedeutet, lizenzierte Daten mit anderen Inhalten in einer oder mehreren Dateien auf einem Speichermedium zu kombinieren, einschließlich – aber nicht beschränkt auf – einer Plattform.

§ 2 Gegenstand dieser Datenlizenz

(1) Vorbehaltlich der Einhaltung der Bestimmungen und Beschränkungen dieser Datenlizenz durch den Lizenznehmer und in Anbetracht der vom Lizenznehmer im Rahmen dieser Datenlizenz eingegangenen Verpflichtungen gewährt der Lizenzgeber dem Lizenznehmer das Recht, die lizenzierten Daten in Übereinstimmung mit § 3 zu nutzen.

(2) Diese Datenlizenz gewährt dem Lizenznehmer oder einem Nutzer nicht das Recht, Embleme, Warenzeichen, Marken oder Markennamen, Wortmarken, Designmarken, Bildmarken, Zeichen, eingetragene Designs, Muster oder Designmodelle des Lizenzgebers zu verwenden, es sei denn, sie sind ein integrierter Bestandteil der lizenzierten Daten.

[ALTERNATIV: (2) Diese Datenlizenz gewährt dem Lizenznehmer oder einem Nutzer nicht das Recht, Embleme, Warenzeichen, Marken oder Markennamen, Wortmarken, Geschmacksmuster, Bildmarken, Zeichen, eingetragenen Designs oder Muster des Lizenzgebers zu nutzen, mit den folgenden Ausnahmen und streng begrenzt für die festgelegten Zwecke (innerhalb – falls zutreffend – ihrer unten dargelegten Einschrankungen): [...]]

§ 3 Nutzungsrechte[4]

(1) Der Lizenzgeber gewährt dem Lizenznehmer das weltweite Recht, die lizenzierten Daten zu nutzen.

[ALTERNATIV: (1) Der Lizenzgeber gewährt dem Lizenznehmer das Recht, die lizenzierten Daten in den folgenden Gebieten zu nutzen: [...]]

(2) Das Nutzungsrecht ist nicht-ausschließlich. Soweit in dieser Datenlizenz nicht ausdrücklich etwas anderes bestimmt ist, steht es dem Lizenzgeber frei, Dritten Nutzungsrechte an den lizenzierten Daten einzuräumen.

[ALTERNATIV: (2) Das eingeräumte Nutzungsrecht ist ausschließlich. Die Ausschließlichkeit ist auf die Laufzeit dieser Datenlizenz und die in dieser Datenlizenz definierten Zwecke und Nutzungsarten beschränkt. Das Ausschließlichkeitsrecht ist ferner davon abhängig, dass der Lizenznehmer seinen Verpflichtungen gemäß § 6 nachkommt.]

(3) Der Lizenzgeber gewährt dem Lizenznehmer das dauerhafte Recht, die lizenzierten Daten zu nutzen.

[ALTERNATIV: (3) Das eingeräumte Nutzungsrecht ist auf die Laufzeit dieser Datenlizenz begrenzt und endet mit ihrer Beendigung.]

(4) Dem Lizenznehmer eingeräumte Nutzungsrechte sind nicht unterlizenzierbar.

[ALTERNATIV: (4) Vorbehaltlich der Verpflichtungen des Lizenznehmers in § 6 unten sind die in dieser Datenlizenz gewährten Nutzungsrechte an Dritte unterlizenzierbar.]

(5) Das Recht des Lizenznehmers, die lizenzierten Daten für die in dieser Datenlizenz festgelegten Zwecke zu nutzen, umfasst (und ist beschränkt auf) die folgenden Nutzungsarten:[5]
- Betrachten
- Herunterladen
- Speichern
- Kopieren
- Drucken
- Verarbeiten
- Ändern
- Zusammenführen
- Integration in seine eigenen internen Geschäftsprozesse oder Dienste
- Integration in die eigenen internen Produkte und Anwendungen
- Integration in Geschäftsprozesse für Dritte
- Integration in eigene Produkte und Anwendungen, die für Dritte bereitgestellt werden
- Integration in seine eigenen, für Dritte erbrachten Dienste
- […].

[ALTERNATIV: (5) Das Recht des Lizenznehmers, die lizenzierten Daten zu den in dieser Datenlizenz festgelegten Zwecken zu nutzen, umfasst alle bekannten und unbekannten Nutzungsarten, einschließlich – aber nicht beschränkt auf – Betrachten, Herunterladen, Speichern, Kopieren, Drucken, Verarbeiten, Zusammenführen, Integrieren in seine eigenen Produkte und Dienstleistungen oder in Produkte und Dienstleistungen Dritter.]

(6) Soweit dies nach geltendem Recht möglich ist, können die in Abs. 5 eingeräumten Rechte in allen Medien und Formaten ausgeübt werden, unabhängig davon, ob sie zum Zeitpunkt des Abschlusses dieser Datenlizenz bekannt waren oder erst in der Zukunft geschaffen werden, einschließlich – aber nicht beschränkt auf – öffentliche und nicht-öffentliche Netze, Print- und Online-Medien usw, vorbehaltlich der Einhaltung der geltenden territorialen Beschränkungen, falls vorhanden.

(7) Der Lizenzgeber gewährt dem Lizenznehmer das Recht, die lizenzierten Daten für die folgenden Zwecke[6] zu nutzen:
- Forschung und Entwicklung [jedoch beschränkt auf die Nutzung für friedliche Zwecke unter Ausschluss militärischer Zwecke]
- Nicht-kommerzielle Nutzung
- Kommerzielle Nutzung
- Nutzung nur für den internen Gebrauch
- Auswertung
- […]

(8) Während der Laufzeit dieser Datenlizenz darf der Lizenznehmer die lizenzierten Daten nicht verwenden, um direkt oder indirekt mit dem Lizenzgeber und dessen Dienstleistungen zu konkurrieren.

(9) Die lizenzierten Daten werden lizenziert, nicht verkauft. Sofern in dieser Datenlizenz nicht ausdrücklich anders angegeben, erwerben weder der Lizenznehmer noch die Nutzer oder Dritte im Rahmen dieser Lizenz das Eigentum an den lizenzierten Daten. Alle Rechte an oder im Zusammenhang mit den lizenzierten Daten sind und bleiben das ausschließliche Eigentum des Lizenzgebers. Das Vorstehende gilt nicht für abgeleitete Produkte, wenn und soweit diese Datenlizenz es dem Lizenznehmer ausdrücklich erlaubt, lizenzierte Daten zu verändern.

(10) Die Parteien sind sich einig, dass die in den vorstehenden Absätzen eingeräumten Nutzungsrechte abschließend sind und unter der Bedingung der Zahlung der Lizenzgebühren nach § 7 eingeräumt werden; eine darüber hinausgehende Nutzung durch den Lizenznehmer ist unabhängig davon, ob die Daten und Datensätze als Werk im Sinne von § 2 UrhG, insbesondere
- als Sprachwerk im Sinne von § 2 Abs. 1 Nr. 1 UrhG oder Darstellung wissenschaftlicher oder technischer Art nach § 2 Abs. 1 Nr. 7 UrhG urheberrechtlich oder
- als Datenbank nach § 87a UrhG urheberrechtsähnlich geschützt sind oder
- auch keinem solchen Schutz unterliegen, untersagt.

Der Lizenznehmer verpflichtet sich daher, die Daten nicht über den in den vorstehenden Absätzen definierten Umfang zu nutzen und wird diese Pflicht auch sämtlichen Nutzern und Dritten, denen er die Daten nach Maßgabe dieser Datenlizenz übergibt, auferlegen. Der Lizenznehmer stellt durch geeignete organisatorische Maßnahmen sicher, dass die Nutzer vor der Nutzung der lizenzierten Daten über die Bedingungen dieser Datenlizenz informiert werden und die lizenzierten Daten nicht nutzen, bevor sie die Bedingungen dieser Datenlizenz akzeptiert haben.[7] In Anbetracht des wirtschaftlichen Werts der Daten ist der Lizenznehmer dem Lizenzgeber im Falle der schuldhaften Zuwiderhandlung gegen die Regelungen dieses Absatzes zum Ersatz des entstandenen Schadens verpflichtet.[8]

(11) Der Lizenznehmer ist nicht berechtigt, diese Datenlizenz und Rechte hieraus ohne die vorherige schriftliche Zustimmung des Lizenzgebers zu übertragen oder abzutreten. Der Lizenzgeber ist nicht verpflichtet, diese Zustimmung zu erteilen.

[ALTERNATIV: (11) Vorbehaltlich der Verpflichtungen des Lizenznehmers in § 6 unten sind diese Lizenz und Rechte hieraus auf einen Dritten übertragbar/abtretbar. Für den Fall, dass der Lizenznehmer diese Datenlizenz oder Rechte an einen Dritten überträgt oder abtritt, erlischt das Recht des Lizenznehmers zur Nutzung der lizenzierten Daten und der Dritte wird mit Wirksamwerden der Übertragung/Abtretung zum Lizenznehmer. Im Falle der Übertragung/Abtretung von Rechten hat der Lizenznehmer den Lizenzgeber mindestens in Textform über die Übertragung/Abtretung zu benachrichtigen; die Benachrichtigung muss mindestens detaillierte Informationen über den Dritten (u.a. Firmenangaben) und den Zeitpunkt des Wirksamwerdens der Übertragung/Abtretung enthalten.]

[(12) Wenn und soweit die Verarbeitung von lizenzierten Daten nach den vorstehenden Absätzen zulässig ist und eine solche Verarbeitung durch oder im Namen des Lizenznehmers zu einem abgeleiteten Produkt führt, wird der Lizenznehmer Eigentümer eines solchen abgeleiteten Produkts, und das Nutzungsrecht in Bezug auf das abgeleitete Produkt wird in keiner Weise durch die Bedingungen dieser Datenlizenz eingeschränkt.]

[(13) Der Lizenznehmer ist nicht berechtigt, die lizenzierten Daten gegenüber Verbrauchern als digitale Produkte (oder Bestandteil davon) im Sinne von §§ 327ff. BGB anzubieten.][9]

§ 4 Rechtsnatur dieser Datenlizenz[10]

Sofern es sich bei den lizenzierten Daten um urheberrechtlich geschützte Daten oder um eine Datenbank handelt, werden mit dieser Datenlizenz Nutzungsrechte nach dem Urheberrechtsgesetz eingeräumt. Sind die lizenzierten Daten nicht entsprechend rechtlich geschützt, legt diese Datenlizenz die vertraglichen Bedingungen fest, unter denen der Lizenzgeber bereit ist, dem Lizenznehmer die Daten zu den in § 3 genannten Zwecken zur Verfügung zu stellen.

§ 5 Pflichten des Lizenzgebers[11]

(1) Der Lizenzgeber stellt die Daten [nach Erhalt der Lizenzgebühr nach § 7 Abs. 1] nach Maßgabe von Anlage A zur Verfügung.

(2) Der Lizenzgeber ist nicht zur Überlassung neuer Datensätze verpflichtet. Soweit neue Datensätze überlassen werden, gelten hierfür ebenfalls die Regelungen dieser Datenlizenz, insbesondere richten sich die eingeräumten Nutzungsrechte und -beschränkungen an neuen Datensätzen nach § 3.

[ALTERNATIV: (2) Der Lizenzgeber stellt neue Datensätze nach Maßgabe von Anlage A zur Verfügung.]

§ 6 Pflichten des Lizenznehmers[12]

(1) Der Lizenznehmer ist verpflichtet,

- alle mit den lizenzierten Daten gelieferten Hinweise auf die Herkunft, das Eigentum sowie Urheberrechte oder geistige Eigentumsrechte und auch diese Datenlizenz zu belassen und nicht zu entfernen oder zu verändern
- einen Hinweis aufzunehmen, dass lizenzierte Daten vom Lizenznehmer oder in seinem Namen geändert wurden, sofern Änderungen an den lizenzierten Daten im Rahmen dieser Datenlizenz erlaubt sind
- geeignete Maßnahmen zu ergreifen, um die lizenzierten Daten vor unberechtigtem Zugriff zu schützen (einschließlich – aber nicht beschränkt auf – technische und organisatorische Maßnahmen)
- keine technischen oder organisatorischen Maßnahmen zu umgehen, die zum Schutz der lizenzierten Daten vor unberechtigtem Zugriff eingerichtet wurden

- alle individuellen Zugangsdaten (Benutzername, Passwörter, Deeplinks), die für den Zugang und/oder die Nutzung der lizenzierten Daten erforderlich sind, vertraulich zu behandeln und diese individuellen Zugangsdaten ohne vorherige schriftliche Zustimmung des Lizenzgebers nicht an Dritte weiterzugeben, es sei denn, es ist in dieser Datenlizenz ausdrücklich etwas anderes vereinbart
- den Lizenzgeber unverzüglich über jede ihm bekannt gewordene Verletzung der Bedingungen dieser Datenlizenz zu unterrichten

(2) Wenn der Lizenznehmer gemäß den ihm in § 3 eingeräumten Nutzungsrechten berechtigt ist, lizenzierte Daten – ganz oder teilweise – an Dritte zu unterlizenzieren, hat er sicherzustellen, dass
- dies nur im Einklang mit den Bedingungen dieser Datenlizenz erfolgt
- der Dritte an die Bedingungen dieser Datenlizenz entsprechend gebunden ist (einschließlich des Rechts des Lizenzgebers, die Bedingungen dieser Datenlizenz gegenüber dem Dritten durchzusetzen) und dass er dem Lizenzgeber eine Mitteilung über den Dritten und eine Kopie des jeweiligen Unterlizenzvertrags (sobald dieser abgeschlossen ist) vorlegt
- er den Dritten wirksam verpflichtet, die lizenzierten Daten ohne vorherige schriftliche Zustimmung des Lizenzgebers keinem weiteren Dritten zur Verfügung zu stellen
- eine Kopie dieser Lizenz oder ihres Uniform Resource Locator (URL) mit den lizenzierten Daten oder Abgeleiteten Produkten und in jeder relevanten Dokumentation (einschließlich – aber nicht beschränkt auf – jede Lizenz- oder andere vertragliche Vereinbarung mit einer solchen dritten Partei) beigefügt wird

(3) Stellt der Lizenznehmer abgeleitete Produkte, die nach Maßgabe der Regelungen dieser Datenlizenz erstellt wurden, ganz oder teilweise Dritten zur Verfügung, so kann er die Bedingungen für die abgeleiteten Produkte frei festlegen.

[ALTERNATIV: (3) Stellt der Lizenznehmer abgeleitete Produkte – ganz oder teilweise – einem Dritten zur Verfügung, so gelten die Verpflichtungen des Lizenznehmers gemäß vorstehendem Absatz 2 entsprechend.]

(4) Der Lizenzgeber ist berechtigt, während der üblichen Geschäftszeiten an einem Geschäftstag und nach angemessener Vorankündigung (außer im Falle eines Audits zur Untersuchung eines Betrugsverdachts, für welches keine Vorankündigung erforderlich ist) alle relevanten Aufzeichnungen und/oder Informationen einzusehen und Kopien davon anzufertigen und/oder vom Lizenzgeber ernannte Agenten oder Vertreter dazu zu ermächtigen, um die Einhaltung der Verpflichtungen des Lizenznehmers aus dieser Datenlizenz zu überprüfen. Dieses Recht bleibt für fünf (5) Jahre nach Beendigung dieser Datenlizenz bestehen. Der Lizenzgeber wird sich in angemessener Weise darum bemühen, dass die Durchführung eines solchen Audits den Geschäftsbetrieb des Lizenznehmers nicht in unzumutbarer Weise stört. Der Lizenznehmer ist verpflichtet, dem Lizenzgeber auf Verlangen eine angemessene Zusammenarbeit und Unterstützung in Bezug auf das Audit zu gewähren, alle vom Lizenzgeber angemessenerweise angeforderten Informationen zu erteilen und Zugang zum Personal und/oder den Räumlichkeiten zu gewähren. Der Lizenzgeber kann seine Rechte nach diesem Absatz nicht nur durch seine eigenen Mitarbeiter, sondern auch durch externe Prüfer oder andere Vertreter ausüben. Wird ein Beauftragter oder Vertreter des Lizenzgebers ermächtigt, ein Audit im Namen des Lizenzgebers durchzuführen, so hat sich dieser Beauftragte oder Vertreter gegenüber dem

Lizenznehmer im Voraus zu verpflichten, alle erhaltenen Informationen streng vertraulich zu behandeln und diese Informationen nicht zu verwenden oder weiterzugeben, es sei denn, um dem Lizenzgeber die Ergebnisse seines Audits mitzuteilen.[13]

§ 7 Lizenzgebühren[14]

(1) Für die Zurverfügungstellung der lizenzierten Daten sowie der Einräumung der Nutzungsrechte nach dieser Datenlizenz leistet der Lizenznehmer mit Vertragsschluss eine einmalige Lizenzgebühr iHv [BETRAG] EUR (in Worten: [BETRAG IN WORTEN] EUR) zzgl. gesetzl. USt.].

[ALTERNATIV: (1) Für die Zurverfügungstellung der lizenzierten Daten sowie der Einräumung der Nutzungsrechte nach dieser Datenlizenz leistet der Lizenznehmer mit Vertragsschluss eine einmalige Lizenzgebühr entsprechend der Preisliste in Anlage B.]

[(2) Für die Bereitstellung neuer Datensätze gemäß § 5 Abs. 2 leistet der Lizenznehmer eine [monatliche/quarteilsweise/jährliche] Lizenzgebühr iHv [BETRAG] EUR (in Worten: [BETRAG IN WORTEN] EUR) zzgl. gesetzl. USt., zahlbar jeweils zu Beginn der Abrechnungsperiode.]

(3) Die Lizenzgebühr wird mit Rechnungstellung fällig und ist innerhalb von 14 Kalendertagen ab Rechnungsdatum auf das folgende Konto zu leisten: [KONTO].

§ 8 Datenqualität und -verfügbarkeit; Gewährleistung[15]

(1) Die vom Lizenzgeber geschuldete Qualität und Verfügbarkeit der lizenzierten Daten ergibt sich aus Anlage A.

(2) [individueller Text zur Gewährleistung, ggf. entsprechend eigener AGB]

§ 9 Haftung[16]

[individueller Text, ggf. entsprechend eigener AGB]

§ 10 Laufzeit und Beendigung; Wirkung der Beendigung[17]

[individueller Text]

§ 11 Anwendbares Recht/Gerichtsstand[18]

[individueller Text, ggf. entsprechend eigener AGB]

§ 12 Sonstiges[19]

[individueller Text, ggf. entsprechend eigener AGB]

## Anmerkungen

**1. Datenlizenz als Muster.** Ein „Muster“ einer Datenlizenz im Sinne eines allgemeingültigen Datenlizenzvertrags, in dem nur noch die Angaben zum Lizenzgeber, dem Lizenznehmer und den lizenzierten Daten eingetragen werden müssen und das dann verwendet werden kann, ist noch weniger möglich als bei Software. Zum einen ist dies auf die in der Vorbemerkung dargelegte Unterscheidung zwischen urheberrechtlich/urheberrechtsähnlich geschützten Werken und grundsätzlich nicht entsprechend geschützten Daten zurückzuführen, zum anderen hängt der Wert von Daten von anderen Faktoren ab als der von Software.

Da Software als urheberrechtlich geschütztes Werk absolut geschützt ist und Rechteinhaber daher bei einer unberechtigten Weitergabe an und die Nutzung durch Dritte gesetzliche Ansprüche gegen solche Dritte haben, muss aus rein rechtlicher Sicht keine umfassende Regelung zu den Folgen einer unberechtigten Weitergabe getroffen werden. Datenlizenzen zeitigen im Falle nicht geschützter Daten Rechte und Pflichten nur im Verhältnis zwischen Lizenzgeber und Lizenznehmer. Daher müssen – sofern dies vom Lizenzgeber als erforderlich erachtet wird – Regelungen getroffen werden, welche die Art und Weise sowie die Folgen einer vertragswidrigen Weitergabe der lizenzierten Daten ausdrücklich festlegen. Dabei ist davon auszugehen, dass ein Dritter, dem die Daten vertragswidrig zur Verfügung gestellt werden, regelmäßig keinen Ansprüchen des Lizenzgebers ausgesetzt ist. Aus den vorstehenden Ausführungen ergibt sich zudem, dass anders als bei einer Softwaremiete, also der nicht-dauerhaften Einräumung von Nutzungsrechten, das Nutzungsrecht an Daten nicht per se mit Beendigung der Lizenz endet, so dass bei einer Datenmiete Regelungen zu treffen sind, dass und wie diese bei Beendigung der Datenlizenz zu löschen sind.

Die Werthaltigkeit von lizenzierten Daten hängt regelmäßig von anderen Faktoren ab als bei Software. Während Software auch Wochen, Monate oder gar Jahre nach ihrer Erstellung einen Marktwert hat, können Daten schon Minuten nach ihrer Entstehung ihren ursprünglichen Wert verlieren, so dass fraglich ist, ob solche Daten über umfangreiche vertragliche Regelungen zu schützen sind.

Dementsprechend ist individuell zu prüfen, welche Regelungen dieses Musters genutzt werden können und welche weiteren, häufig sehr individuellen, Regelungen aufzunehmen sind.

**2. Definitionen.** Aufgrund des Umstands, dass es kein gesetzlich geregeltes Eigentum an Daten gibt, gibt es auch nur wenige gesetzliche Begriffsbestimmungen, auf die im Rahmen einer Datenlizenz zurückgegriffen werden kann. Dementsprechend besteht bei einer proprietären Datenlizenz im Hinblick auf eine klare Abgrenzung zwischen (vertraglich) erlaubten und verbotenen Nutzungshandlungen die Notwendigkeit, diese klare Abgrenzung durch Begriffsbestimmungen zu ermöglichen. Die hier in § 1 des Musters aufgeführte Liste von Definitionen ist entsprechend umfangreich, erhebt aber keinen Anspruch auf Vollständigkeit. Sofern die Datenlizenz im Rahmen der Individualisierung zwecks Nutzung nicht alle in § 1 dieses Musters genannten Definitionen enthält, können die „überflüssigen" Definitionen selbstverständlich entfernt werden.

**3. Daten.** Eine allgemeingültige rechtliche Definition von Daten existiert nicht. Während § 3 Nr. 3 DNG Daten ganz allgemein als „vorhandene Aufzeichnungen, unabhängig von der Art ihrer Speicherung" definiert, geht die Open Data-Verordnung des Landes NRW zB deutlich weiter ins Detail und definiert in § 2 Abs. 1 Daten als „Werte, Angaben oder formulierbare Befunde, die unabhängig von Bedeutung, Interpretation und Kontext sind und in Sammlungen strukturiert in Form von Tabellen, Listen oder Datenbanken vorliegen". In den Geodatenzugangsgesetzen wird der Begriff wiederum gar nicht definiert, sondern im Rahmen der Definition von „Geodaten" schlichtweg verwendet. Da es keine gesetzliche Definition gibt, die als allgemeingültig angesehen werden kann, wird hier daher vorgeschlagen, die (lizenzierten) Daten in einer Anlage zu beschreiben oder zu referenzieren.

**4. Nutzungsrechte.** Die Regelung ist so aufgebaut, dass Nutzungsrechte eingeräumt werden und in § 3 Abs. 10 klargestellt wird, dass eine darüber hinausgehende Nutzung untersagt ist. Mit dieser Vorgehensweise wird sichergestellt, dass unabhängig davon, ob die lizenzierten Daten geschützt sind, klar geregelt ist, welche Nutzungshandlungen erlaubt und welche untersagt sind. Die Regelung in § 3 Abs. 10 trägt damit dem Umstand Rechnung, dass es in den Fällen, in denen ein urheberrechtlicher oder urheberrechtsähnlicher Schutz nicht besteht, zumindest im Verhältnis zwischen Lizenzgeber und Lizenznehmer ein vertraglicher Schutz des Lizenzgebers vereinbart wird.

**5. Nutzungsarten.** Die Datenlizenz unterscheidet zwischen Nutzungsarten und Nutzungszwecken. Die Nutzungsarten in § 3 Abs. 5 beschreiben die erlaubten (technischen) Handlungen, während die Nutzungszwecke in § 3 Abs. 7 festlegen, zu welchen Zwecken diese Handlungen durchgeführt werden dürfen. In dem Muster sind alle in § 1 definierten Nutzungsarten aufgeführt, die nicht gestatteten Nutzungsarten sind bei der Individualisierung entsprechend zu entfernen. Sollte eine hier nicht aufgeführte Nutzungsart erlaubt werden, müsste diese individuell eingefügt werden.

**6. Nutzungszwecke.** Die Festlegung des Nutzungszwecks oder der Nutzungszwecke ist der Kern der Datenlizenz; hierdurch wird bestimmt, in welchem Umfang die lizenzierten Daten genutzt werden dürfen. In dem Muster sind alle in § 1 definierten Nutzungszwecke aufgeführt, die nicht gestatteten Nutzungszwecke sind bei der Individualisierung entsprechend zu entfernen. Sollte ein hier nicht aufgeführter Nutzungszweck erlaubt werden, müsste dieser individuell eingefügt werden.

**7. Verpflichtung der Nutzer.** Während bei urheberrechtlich geschützten Werken die einzelnen Nutzer nur aufgrund des Lizenzvertrags zwischen dem Lizenzgeber und dem Lizenznehmer eine Software überhaupt nutzen dürfen und die Nutzung zB von Beschäftigten dem Lizenznehmer regelmäßig zugerechnet wird, können nicht geschützte Daten zumindest aus der Sicht des Lizenzgebers von den Nutzern frei genutzt werden, diese unterliegen dementsprechend auch nicht den Einschränkungen der Datenlizenz. Um diese Lücke zu schließen, wird hier die Pflicht des Lizenznehmers begründet, den Nutzern die Beschränkungen der Datenlizenz aufzuerlegen. Abgesehen von Daten, die vom Lizenzgeber mit einem technischen Schutz versehen werden können, wird dies im Regelfall nur der Lizenznehmer effektiv umsetzen können.

**8. Haftung des Lizenznehmers.** Diese Regelung ist rein deklaratorischer Natur, soll aber dem Lizenznehmer vor Augen führen, dass es sich bei den in diesem Absatz festgelegten Pflichten nicht um reine Formalien handelt, sondern um wesentliche Regelungen, die die Werthaltigkeit der lizenzierten Daten für den Lizenzgeber absichern sollen.

**9. Digitale Produkte.** Mit den §§ 327–327s BGB gelten für Verbraucherverträge über digitale Produkte besondere Anforderungen, welche von dem Anbieter (das Gesetz spricht hier von „Unternehmer") solcher Produkte zu erfüllen sind. Zu diesen Anforderungen gehört nach § 327f BGB u.a. die Pflicht zur Bereitstellung von

„Aktualisierungen, die für den Erhalt der Vertragsmäßigkeit des digitalen Produkts erforderlich sind" (sogenannte „Updatepflicht"). Auch wenn diese Pflicht den Unternehmer trifft und nicht den Lizenzgeber der lizenzierten Daten, wird im Hinblick auf die Aktualität der Daten nur dieser den Unternehmer in die Lage versetzen können, seiner Pflicht nachzukommen. Da § 327f BGB den Unternehmer verpflichtet, die genannten Aktualisierungen sicherzustellen, müsste er konsequenterweise den Lizenzgeber verpflichten, die lizenzieren Daten entsprechend zu aktualisieren. Dies kann als Pflicht in § 5 dieser Datenlizenz aufgenommen werden. Wenn dies nicht erfolgt, kann es sinnvoll sein, den Ausschluss des Angebots der Daten als Teil von digitalen Produkten aufzunehmen.

**10. Rechtsnatur.** Wie in den Vorbemerkungen und unter → Anm. 1 ausgeführt, ist zweifelhaft, ob Daten urheberrechtlich oder urheberrechtsähnlich geschützt sind. Um nicht in jedem Einzelfall diesbezüglich eine Bewertung vornehmen zu müssen, stellt § 4 klar, dass die Datenlizenz im Fall eines solchen Schutzes Rechte im Sinne des UrhG einräumt, während sie ansonsten die vertraglichen Bedingungen festlegt, unter welchen der Lizenzgeber überhaupt bereit ist, die lizenzierten Daten zur Verfügung zu stellen. Damit werden beide Fälle erfasst.

**11. Pflichten des Lizenzgebers.** Grundsätzlich ist es die Pflicht des Lizenzgebers, die lizenzierten Daten zur Verfügung zu stellen. Aufgrund der Vielzahl der möglichen Arten der Zurverfügungstellung (u. a. Bereitstellung zum Download, Anbindung über eine Schnittstelle, Übermittlung per E-Mail oder auch klassisch auf einem Datenträger) sieht dieses Muster keinen „Standard" vor. Die Art und Weise der Zurverfügungstellung sollte daher in einer Anlage beschrieben oder individuell in § 5 Abs 1 aufgenommen werden. Im Standard des Musters ist in § 5 Abs 2 vorgesehen, dass die lizenzierten Daten einmalig zur Verfügung gestellt werden, die Zurverfügungstellung von neuen oder aktualisierten Daten ist in der Alternativformulierung geregelt.

**12. Pflichten des Lizenznehmers.** Bei urheberrechtlichen oder urheberrechtsähnlichen Werken gibt das Urheberrechtsgesetz zumindest ein Korsett an Pflichten des Lizenznehmers vor. Dies ist bei regelmäßig nicht geschützten Daten gerade nicht der Fall. Von daher sind die entsprechenden Pflichten des Lizenznehmers, wie zB die Weitergabe vertraglicher Verpflichtungen an Dritte oder der technische und organisatorische Schutz der lizenzierten Daten vor unberechtigtem Zugriff vertraglich zu regeln. Die Abs. 1 bis 3 dieses § 6 sind als allgemeiner Vorschlag zu verstehen, der auf den individuellen Fall anzupassen ist.

**13. Audits.** Die Einhaltung der Bestimmungen der Datenlizenz kann ohne ein Recht zum Audit nur selten überprüft werden. Das hier vorgesehene Auditrecht ist sehr weitgehend. Wenn eine technische Überprüfung möglich sein sollte, wäre dieser der Vorzug zu gewähren, dies müsste jedoch individuell formuliert werden.

**14. Lizenzgebühren.** Standardmäßig wird in dem Muster die Festlegung einer einmaligen Lizenzgebühr vorgesehen, die individuell einzutragen ist. Alternativ kann aber natürlich auch auf eine (ggf. auch rabattierte) Preisliste verwiesen werden. Solche Preislisten werden üblicherweise nach dem Nutzungszweck und der Kategorie des Lizenznehmers (zB Unternehmen, Forschungseinrichtung, öffentliche Hand) geführt. Wenn lizenzierte Daten in Endkundenprodukte wie zB Wetter-Apps oä eingebunden werden, kann natürlich auch eine Lizenzgebühr nach Maßgabe registrierter

Nutzer oder generierter Umsätze berechnet werden, in dem Fall ist jedoch auch ein Mechanismus zum Reporting und zur Kontrolle vorzusehen.

**15. Datenqualität.** In vielen Datenlizenzen findet man Formulierungen wie „provided as is without any warranty whatsoever“, also dem englischen Pendant zu „gekauft wie gesehen unter Ausschluss jeglicher Gewährleistung“. Eine solche Klausel wäre insbesondere in AGB unwirksam (BGH 4.2.2015 – VIII ZR 26/14, NJW-RR 2015, 738). Die Befürchtungen von Anbietern kommerzieller Daten, dass eine schlechte Datenqualität Gewährleistungsansprüche auslöst und Haftungsrisiken birgt, ist durchaus berechtigt. Insbesondere mittels Sensoren gewonnene Daten sind häufig von äußeren Einflüssen abhängig, namentlich u. a. dem Wetter. Jeder Nutzer kennt das Problem, dass Navigationssysteme bei Unwetter nicht so genaue Standorte anzeigen wie bei strahlendem Sonnenschein. Die anglo-amerikanische Herangehensweise, das eigene Produkt auf der einen Seite in teilweise übertriebenem Maße anzupreisen und auf der anderen Seite die Gewährleistung vollständig auszuschließen, ist insbesondere in AGB nach deutschem Recht nicht möglich. Daher sollte die Datenqualität und auch -verfügbarkeit entweder in einer Anlage, einem referenzierten Dokument oder aber individuell im Text der Datenlizenz in einer Art und Weise festgelegt werden, dass die Einhaltung der entsprechenden Anforderungen auch gewährleistet werden kann. Die Form der Gewährleistung hängt im Übrigen vom Vertragstyp ab. Wird die Nutzung der Daten dauerhaft gestattet, gelten die kaufrechtlichen Regelungen des BGB, bei einer zeitweisen Überlassung wird Mietrecht anzuwenden sein. Im Übrigen ergeben sich keine Besonderheiten, so dass auf ggf. bestehende AGB zurückgegriffen werden kann.

**16. Haftung (des Lizenzgebers).** Die Regelung ist als Platzhalter zu verstehen. Sofern vorhanden, kann ein Rückgriff auf eigene AGB erfolgen, eine Besonderheit, die bei Datenlizenzen zu berücksichtigen wäre, besteht nicht. Wenn die Datenlizenz individuell für einen Einzelfall erstellt wird, finden die strengen Vorgaben des AGB-Rechts keine Anwendung und es können weitergehende Haftungsbeschränkungen vereinbart werden.

**17. Laufzeit und Beendigung; Wirkung der Beendigung.** Diese Regelung ist individuell zu gestalten. Sollte es bei der Datenlizenz um eine einmalige Zurverfügungstellung von Daten handeln, kann auf eine Regelung verzichtet werden. Im Hinblick auf die reine Nutzung der Daten ergibt sich die Wirkung der Beendigung grundsätzlich aus § 3 Abs. 3 des Musters. Wird eine dauerhafte Nutzung erlaubt, fällt das Nutzungsrecht auch mit der Beendigung der Datenlizenz nicht weg, während es bei der nicht-dauerhaften Nutzungsrechteeinräumung mit der Beendigung entfällt. In der Datenlizenz kann individuell geregelt werden, dass im Falle einer Kündigung aus wichtigem und vom Lizenznehmer zu vertretendem Grund das Nutzungsrecht auch bei einer dauerhaften Lizenz entfällt und die lizenzierten Daten zu löschen sind.

**18. Anwendbares Recht und Gerichtsstand.** Die Regelung ist als Platzhalter zu verstehen. Sofern vorhanden, kann ein Rückgriff auf eigene AGB erfolgen. Eine Besonderheit, die bei Datenlizenzen zu berücksichtigen wäre, besteht nicht.

**19. Sonstiges.** Die Regelung ist als Platzhalter zu verstehen. Sofern vorhanden, kann ein Rückgriff auf eigene AGB erfolgen. Eine Besonderheit, die bei Datenlizenzen zu berücksichtigen wäre, besteht nicht.

# Q. Künstliche Intelligenz

Ein genauer Blick auf die KI-Verordnung zeigt, dass die Verordnung keine „neue DS-GVO" werden kann. Sie ist einerseits eine Verordnung mit Schwerpunkt im Produktsicherheitsrecht und soll anderseits KI-Systeme mit hohem Risiko einem strengen Regelwerk unterwerfen (vgl. Martini/Wendehorst/Wendehorst KI-VO Art. 1 Rn. 6; Ebers RDi 2021, 588 (588)). Somit werden zwar künftig verschiedene KI-Systeme sehr strikten gesetzlichen Vorgaben unterworfen, jedoch werden nur eine relativ kleine Anzahl von KI-Systemen von den umfangreichen Vorgaben der Hochrisiko-KI erfasst (vgl. EU-Kommission Impact Assessment accompanying the Proposal for a Regulation of the European Parliament and of the Council v. 21.4. 2021, SWD(2021) 84 final Nr. 5.4). Insofern ist es von besonderer Bedeutung, für alle EU-Unternehmen zu prüfen, ob sie einerseits überhaupt in den Anwendungsbereich der KI-VO fallen und andererseits Hochrisiko-KI anbieten oder betreiben. Bereits bei Nutzung einer KI-Software ist zu prüfen, ob der Anwendungsbereich der DS-GVO eröffnet ist, also ob personenbezogene Daten verarbeitet werden. Wenn KI-VO und DS-GVO Anwendung finden, sind auch das Verhältnis zu den datenschutzrechtlichen Pflichten und mögliche Änderungen durch die KI-VO zu bewerten.

Das vorliegende Kapitel soll zunächst eine grundlegende Prüfung ermöglichen, ob die KI-VO anwendbar ist (→ Form. Q. I.), in welche Pflichtenkategorie ein KI-System fallen wird (→ Form. Q. II.) und sodann das Verhältnis der KI-VO-Pflichten zu den datenschutzrechtlichen Normen näher beschreiben (→ Form. Q. III.).

## I. Checkliste zur Anwendbarkeit der KI-Verordnung

Die KI-VO soll einen Rechtsrahmen zu KI in der EU schaffen. Ziel der EU war es, den Spagat zwischen der Förderung der KI-Entwicklung einerseits und der Schaffung eines höheren Schutzniveaus für Anwender zu bewältigen, um so das Vertrauen in KI-Systeme zu erhöhen. Die Verordnung beinhaltet Verbote bestimmter Praktiken von KI-Systemen, die Festlegung von Anforderungen und Pflichten für KI-Systeme mit hohem Risiko sowie Transparenzpflichten für bestimmte andere KI-Systeme. Sonderregelungen sind zudem für Anbieter von General Purpose AI Models (KI-Modelle mit allgemeinem Verwendungszweck, nachfolgend: GPAI) vorgesehen.

Die vorliegende Checkliste ermöglicht es zunächst zu prüfen, ob für ein Unternehmen der Anwendungsbereich (sachlich, personell und territorial) eröffnet ist und keine Ausnahmen vorliegen. Zu beachten ist dabei, dass die Prüfung grundsätzlich nicht pro Unternehmen durchzuführen ist, sondern pro eingesetzter KI, da je nach Art eines KI-Systems/-Modells und seinem Zweck unterschiedliche Ergebnisse folgen können.

| Anwendbarkeit der KI-VO | | Auswahl |
|---|---|---|
| I. Sachlicher Anwendungsbereich | Voraussetzungen für das Vorliegen eines KI-Systems nach Art. 2; Art. 3 Nr. 1 KI-VO:[1] | ☐ |
| | – maschinengestütztes System<br>– Konzeption des Systems in einer Form, dass es mit Autonomie operieren kann und nach seiner Einführung Anpassungsfähigkeit besitzt<br>– das System kann Eingaben mit expliziten oder impliziten Zielen erhalten<br>– das System leitet für Ziele aus den Eingaben ab, wie es Ergebnisse (bspw. Vorhersagen, Inhalte, Empfehlungen oder Entscheidungen) erzeugen kann<br>– die Ergebnisse des Systems können die physische oder virtuelle Umgebung beeinflussen | ☐ |
| II. Personeller Anwendungsbereich | Unterscheidung der Arten von erfassten Unternehmen, auch zur Einteilung der Pflichten (Art. 2 Abs. 1 KI-VO): | ☐ |
| | – Anbieter[2] | ☐ |
| | – Betreiber[3] | ☐ |
| | – Einführer und Händler | ☐ |
| | – Produkthersteller | ☐ |

| Anwendbarkeit der KI-VO | | Auswahl |
|---|---|---|
| | – Bevollmächtigte von Anbietern | ☐ |
| | – betroffene Personen[4] | ☐ |
| III. Territorialer Anwendungsbereich | Einteilung der KI-Nutzung in örtliche Kriterien (Art. 2 Abs. 1 KI-VO):[5] | ☐ |
| | – Einsatz von KI-Komponenten in der EU, unabhängig von Ansässigkeit in der EU oder einem Drittstaat | ☐ |
| | – Ansässigkeit in der EU | ☐ |
| IV. Ausnahmeregelungen | kein Vorliegen von Ausnahmeregelungen nach Art. 2 Abs. 3 UAbs. 1–3, 4, 6, 8, 10, 12 KI-VO:[6] | ☐ |
| | – keine Geltung der KI-VO für alle Bereiche, die nicht unter das Unionrecht fallen, insbes. nationale Sicherheit | ☐ |
| | – keine Geltung für KI-Systeme, wenn und soweit sie ausschließlich für militärische Zwecke, Verteidigungszwecke oder Zwecke der nationalen Sicherheit in Verkehr gebracht, in Betrieb genommen oder verwendet, unabhängig von der Art der Einrichtung oder wenn ein KI-System außerhalb der EU verwendet wird und das Ergebnis in der Union entsprechend verwendet wird | ☐ |
| | – keine Geltung der KI-VO auf Behörden und Drittländer in internationalen Organisationen, soweit eine internationale Zusammenarbeit oder internationale Übereinkünfte im Bereich der Strafverfolgung und justiziellen Zusammenarbeit bestehen und sofern angemessene Garantien zum Grundrechtsschutz sichergestellt sind | ☐ |
| | – keine Geltung auf KI-Systeme oder KI-Modelle, einschließlich ihres Ergebnisses, die eigens für den alleinigen Zweck der wissenschaftlichen Forschung entwickelt und in Betrieb genommen sind | ☐ |
| | – keine Geltung der KI-VO für Forschungs-, Test- und Entwicklungstätigkeiten zu KI-Systemen oder KI-Modellen, bevor sie in den Verkehr gebracht oder in Betrieb genommen werden | ☐ |
| | – keine Geltung der KI-VO für Betreiber, die natürliche Personen sind und KI-Systeme im Rahmen einer ausschließlich persönlichen und nichtberuflichen Tätigkeit verwendet werden | ☐ |

| Anwendbarkeit der KI-VO | | Auswahl |
|---|---|---|
| | – keine Geltung der KI-VO für KI-Systeme, die als freie und quelloffene Lizenzen freigegeben wurden, es sei denn, sie werden als Hochrisiko-KI-Systeme oder als ein KI-System, das unter Art. 5 oder 50 KI-VO fällt, in Verkehr gebracht oder in Betrieb genommen | ☐ |

## Anmerkungen

**1. Definition von KI.** Die Definition von KI bzw. KI-Systemen in der KI-VO orientiert sich an der OECD-Definition, die zuletzt im November 2023 aktualisiert worden war (https://oecd.ai/en/wonk/ai-system-definition-update). Im Gegensatz zur ersten Version des Kommissionsentwurfs, der noch eine deutlich breitere Definition vorsah und den Anwendungsbereich wohl auf fast jede Software erstreckt hätte (krit. zB Rostalski/Weiss ZfDR 2021, 329 (331); Steege MMR 2022, 926 (928)) wurde nun ein engerer Definitionsansatz gewählt. Laut der Definition bestehen KI-Systeme (wie alle algorithmischen Systeme) aus drei Hauptkomponenten: Sensoren, die bestimmte Perzepte bzw. Rohdaten wahrnehmen, einer operativen Logik und Aktoren, welche Vorhersagen, Entscheidungen, Empfehlungen oder dergleichen in Handlungen oder neue Informationen umsetzen (Martini/Wendehorst/Wendehorst KI-VO Art. 3 Rn. 22). Als einschränkende Kriterien der Definition können der Verweis auf die Autonomie der Software, der Umstand, dass der Output auf den Input zurückgeführt werden muss („infers") und dass das System anpassungsfähig sein kann (zB Bomhardt/Siglmüller RDi 2024, 45 (45)). Trotz der leichten Einschränkungen in der Definition wird noch immer der zu große Umfang kritisiert (zB Becker/Feuerstack MMR 2024, 22 f.). Als risikoaverses Vorgehen wird angesichts der eher weiten Definition empfohlen, im Zweifel die Eigenschaft als KI-System anzunehmen (Bomhardt/Siglmüller RDi 2024, 45), wobei eine möglichst genaue Prüfung und Begründung im Einzelfall vorzugswürdig ist. Mit den Rechtsunsicherheiten aufgrund der offen formulierten Definition wird die Praxis nun umgehen müssen. Eine große Bedeutung kann daher den Leitlinien zukommen, die die EU-Kommission gem. Art. 96 Abs. 1 lit. f KI-VO erlassen muss und in denen eine weite Freiheit für Vorgaben bestehen kann (Martini/Wendehorst/Wendehorst KI-VO Art. 3 Rn. 51).

Abzugrenzen ist das KI-System vom KI-Modell, wobei letzteres nicht definiert wird, sondern nur in der Definition des KI-Modells mit allgemeinem Verwendungszweck in Art. 3 Nr. 63 KI-VO vorausgesetzt wird. Unterschieden werden können die Definitionen dadurch, dass sich ein KI-Modell auf einen spezifischen Algorithmus bezieht, der für die Durchführung einer bestimmten Aufgabe oder eine Gruppe von Aufgaben entwickelt wurde; währenddessen umfasst ein KI-System meist mehrere KI-Modelle und zusätzliche Komponenten, die zusammenarbeiten, um komplexe Aufgaben zu bewältigen oder umfassende Dienstleistungen zu erbringen (Martini/Wendehorst/Wendehorst KI-VO Art. 3 Rn. 26).

**2. Anbieter.** Der Schwerpunkt der Pflichten liegt bei den Anbietern von KI-Systemen. Bei einem Anbieter handelt es sich um eine Stelle, die ein KI-System oder ein GPAI entwickelt oder entwickeln lässt und es in Verkehr bringt oder in Betrieb nimmt. Der Begriff des Anbieters ist also vergleichbar mit dem Hersteller im Produktsicherheitsrecht (Bomhardt/Siglmüller RDi 2024, 45 (46)). Dem Anbieter obliegt der Schwerpunkt der Pflichten nach der KI-VO, da sich die Pflichten hinsichtlich Hochrisiko-KI primär an die Anbieter richten. Bereits im Konzeptionsprozess des KI-Systems sollten die Pflichten ab sofort berücksichtigt werden, selbst wenn gem. Art. 113 UAbs. 3 lit. c KI-VO die Pflichten für Hochrisiko-KI nach Art. 6 Abs. 1 DS-GVO erst zum 2.8.2027 und gem. Art. 113 UAbs. 2 KI-VO die Pflichten nach Art. 6 Abs. 2 iVm Anhang III KI-VO zum 2.8.2026 zu berücksichtigen sein werden. Zudem werden Unternehmen, die Anbietern von KI-Systemen lediglich Komponenten zuliefern, berücksichtigen müssen, dass der Anbieter seine Pflichten zumindest vertraglich auf die Zulieferer erstrecken wird, so dass man hier von „mittelbaren“ Anbieterpflichten sprechen kann.

3. **Betreiber.** Bereits jetzt ist eine Vielzahl europäischer Unternehmen als Betreiber einzustufen, in den nächsten Jahren dürfte der Anteil auf annähernd 100 Prozent steigen. Der Betreiber wird als eine Stelle definiert, die ein KI-System in eigener Verantwortung verwendet (zu den Ausnahmen, zB bei einer persönlichen und nichtberuflichen Tätigkeit → Anm. 6). Erforderlich ist ein bewusster Einsatz von KI, worunter eine bloße Nutzung von Ausgabedaten wohl noch nicht fällt. Jedoch fällt ein Akteur immer dann unter den Betreiber-Begriff, wenn die wesentlichen Schritte in seinem Herrschaftsbereich erfolgen, also bspw. wenn Eingabedaten verwendet werden, selbst wenn der Akteur sich für einzelne dieser Schritte dritter Dienstleister (zB Bereitsteller von Cloud-Speicherplatz oder Rechenkapazität) bedient (Martini/Wendehorst/Wendehorst KI-VO Art. 3 Rn. 83). Mithin ist jedes Unternehmen, das eine Software nutzt, die der KI-Definition der KI-VO unterfällt, als Betreiber einzustufen und hat die Pflichten einzuhalten, die speziell den Betreibern obliegen. Insbesondere wird es den Stellen obliegen, die genutzte Software auf die Einhaltung der gesetzlichen Vorgaben zu prüfen und eine Auswahl danach zu treffen, ob die Pflichten der KI-VO eingehalten sind. Dementsprechend ist es für Betreiber zu empfehlen, die Pflichtenkataloge für Anbieter zu prüfen und den Nachweis der Einhaltung zu fordern.

4. **Weitere Akteure.** Die weiteren Begriffe sollen auch Unternehmen erfassen, die KI-Systeme in der EU in Verkehr bringen oder bereitstellen, um Regelungslücken zu verhindern. Die Stellen müssen nur teilweise Pflichten erfüllen, die in den Normen explizit aufgeführt werden. Demgegenüber wurde der Begriff der betroffenen Personen (in der englischen Sprachfassung wurde der praktikablere Terminus „affected persons“ gewählt, bei dem keine Verwechslungsgefahr zur DS-GVO besteht) im Gesetzgebungsverfahren eingeführt, Art. 2 Abs. 2 lit. g KI-VO. Betroffene Personen werden durch die KI-VO nicht verpflichtet, sondern nur berechtigt, erhalten also subjektive Rechte (Becker/Feuerstack MMR 2024, 22 (23)).

5. **Territorialer Anwendungsbereich.** Der räumliche Anwendungsbereich ist denkbar weit und versucht, auch Anbieter außerhalb der EU möglichst weitgehend zu erfassen. So sind insbesondere das Inverkehrbringen, die Inbetriebnahme, das Verwenden des Ergebnisses, die Einfuhr, der Handel oder die Bevollmächtigung in der EU erfasst. Besonders zu berücksichtigen ist dabei, dass bereits die bloße Nutzung des Outputs in der EU unter die Norm fällt (Art. 2 Abs. 1 lit. c KI-VO). Da jedoch der Output nicht-körperlich ist und digital erstellt wird, dürfte eine Kontrol-

le insoweit nur schwierig möglich sein (Bomhardt/Siglmüller RDi 2024, 45 (46)). Insgesamt gilt also – wie bei der DS-GVO – ein weiter extraterritorialer Anwendungsbereich.

**6. Ausnahmen vom Anwendungsbereich der KI-VO.** Art. 2 KI-VO sieht verschiedene Ausnahmen vom Anwendungsbereich vor, die im Gesetzgebungsverfahren teilweise erst später eingefügt wurden und daher unübersichtlich gegliedert sind. Von besonderer Bedeutung ist, dass die Hochrisiko-KI nach Art. 6 Abs. 1 iVm Anhang I Abschnitt B vom Anwendungsbereich der KI-VO teilweise ausgenommen ist: Gem. Art. 2 Abs. 2 KI-VO gelten für die in Abschnitt B gelisteten Bereiche nur Art. 6 Abs. 1, Art. 102–109 und Art. 112 KI-VO, sowie unter bestimmten Umständen Art. 57 KI-VO. Die Ausnahmen sind – trotz der verschachtelten Gesetzessystematik – sinnvoll, da die betroffenen Bereiche eine Detailregulierung im jeweiligen Rechtsakt bzw. der weiteren Regulierung selbst vorsehen (ausführlich Martini/Wendehorst/Wendehorst KI-VO Art. 3 Rn. 32 ff.). Beispielsweise gibt es im EU-Luftverkehrsrecht noch keine sektorspezifischen Anforderungen, jedoch stellte die EASA bereits mit der „Artificial Intelligence Roadmap 2.0“ vor, welche Pläne für Herausforderungen des KI-Einsatzes entstehen (ausführlich mit Fokus auf Drohnen: Krumm/Meyer DSRITB 2024, 179 (192 ff.).

Weiterhin ist besonders zu beachten, dass die KI-VO nicht für KI-Systeme gilt (gemeint sind wohl zusätzlich auch die KI-Modelle), die ausschließlich für militärische Zwecke, Verteidigung und nationale Sicherheit eingesetzt werden, Art. 2 Abs. 3 UAbs. 2–3 KI-VO. Ebenso wichtig ist es, dass KI-Systeme und -Modelle nicht der Verordnung unterfallen, wenn sie für den alleinigen Zweck der wissenschaftlichen Forschung und Entwicklung (Art. 2 Abs. 6 KI-VO) oder für Forschungs-, Test- und Entwicklungstätigkeiten, bevor sie in Verkehr gebracht oder in Betrieb genommen werden (Art. 2 Abs. 8 KI-VO). Entscheidend ist dabei jeweils, dass die Systeme „ausschließlich“ bzw. „für den alleinigen Zweck“ der Sondernutzungen eingesetzt werden. Das führt zu Herausforderungen in „Dual Use“-Fällen, also wenn ein KI-System teilweise für militärische Zwecke/Forschungszwecke und teilweise für privatwirtschaftliche Zwecke eingesetzt wird. Laut Erwgr. 24 KI-VO fallen KI-Systeme mit gemischten Zwecken in den Anwendungsbereich der KI-VO, jedoch soll keine Beeinträchtigung für die ausgenommenen Bereiche bestehen. Daher ist davon auszugehen, dass die Betreiber zu militärischen Zwecken/Forschungszwecken „nicht der behördlichen Aufsicht nach der KI-VO unterliegen und auch sonst in ihren Tätigkeiten nicht aufgrund der KI-VO behindert werden dürfen“ (Martini/Wendehorst/Wendehorst KI-VO Art. 2 Rn. 6). Demgegenüber kann davon ausgegangen werden, dass die Anbieter bei einer Mischnutzung alle Vorgaben der KI-VO umsetzen müssen, auch um den Betreibern die Umsetzung der für sie geltenden Vorgaben zu ermöglichen.

## II. Checkliste zur Einordnung der Pflichten nach der KI-Verordnung

Nachfolgende Checkliste systematisiert die Vorgaben der KI-VO mit dem Ziel, eine Kontrolle zu ermöglichen, ob ein KI-System bzw. KI-Modell bestimmten neuen Vorgaben unterliegt. Die Kontrolle sollte also für jedes KI-System in einer Stelle gesondert durchgeführt werden. So kann es ermöglicht werden festzulegen, in welchen Fällen eine umfangreichere Prüfung erforderlich ist, zB weil die Herstellung oder Verwendung der KI verboten ist oder als Hochrisiko-KI eingestuft wird (zu den Abgrenzungsschwierigkeiten der beiden Kategorien vgl. Niehaus/Siems DSRITB 2024, 459). Zu beachten ist insbesondere, dass die Pflicht zur Schulung der Beschäftigten in allen Fällen einer KI-Nutzung besteht (Art. 4 KI-VO). Darüber hinaus sollte immer geprüft werden, ob ein KI-System Transparenzvorgaben unterliegt, was in verschiedenen Anwendungsfällen für Anbieter und Nutzer der Fall sein kann (Art. 50 KI-VO). Während der Anwendungsbereich für GPAI (Art. 51 ff. KI-VO) eher gering ist (die Literatur nennt meist ChatGPT bzw. deren GPT-Modelle als Anwendungsbeispiel, vgl. zB Martini/Wendehorst/Bernsteiner/Schmitt KI-VO Art. 51 Rn. 12 f.), sollte immer geprüft werden, ob die KI ein hohes Risiko aufweist (Art. 6 KI-VO) oder eine verbotene Praktik nutzt (Art. 5 KI-VO).

| Einordnung des KI-Systems/-Modells in eine Kategorie | | Auswahl |
|---|---|---|
| I. Verbotene KI[1] | Das Inverkehrbringen, die Inbetriebnahme oder die Verwendung eines KI-Systems sind nach Art. 5 Abs. 1 und 2 KI-VO verboten, soweit sie sich auf folgende Zwecke beziehen: | ☐ |
| | – Nach lit. a setzt das betreffende KI-System Techniken der unterschwelligen Beeinflussung außerhalb des Bewusstseins einer Person oder absichtlich manipulative oder täuschende Techniken ein und dadurch besteht mindestens die Möglichkeit, dass der Person, einer anderen Person oder einer Gruppe von Personen erheblicher Schaden zufügt wird. | ☐ |
| | – Nach lit. b nutzt das betreffende KI-System die Schwäche oder Schutzbedürftigkeit einer Person oder einer bestimmten Gruppe von Personen aufgrund ihres Alters, einer Behinderung oder einer bestimmten sozialen oder wirtschaftlichen Situation aus, mit dem Ziel oder der Wirkung, das Verhalten einer Person oder einer dieser Gruppe angehörenden Person in einer Weise wesentlich zu beeinflussen und durch die Beeinflussung durch das KI-System wird dieser Person oder einer anderen Person mindestens mit hinreichender Wahrscheinlichkeit ein erheblicher Schaden zugefügt. | ☐ |

| Einordnung des KI-Systems/-Modells in eine Kategorie | | Auswahl |
|---|---|---|
| | – Nach lit. c führt das betreffende KI-System eine Bewertung des sozialen Verhaltens oder persönlicher Eigenschaften/Persönlichkeitsmerkmale durch, die zu einem der folgenden Ergebnisse führt: kein Zusammenhang zu den Umständen, unter denen die Daten ursprünglich erzeugt oder erfasst wurden oder eine Schlechterstellung oder Benachteiligung bestimmter natürlicher Personen oder ganzer Gruppen von Personen in sozialen Zusammenhängen. | ☐ |
| | – Nach lit. d hat das betreffende KI-System den Zweck, die Wahrscheinlichkeit, dass eine natürliche Person eine Straftat begeht, zu bewerten oder vorherzusagen, die Risikobewertung beruht ausschließlich auf der Grundlage des Profilings einer natürlichen Person oder der Bewertung ihrer persönlichen Merkmale und Eigenschaften und das KI-System wird nicht dazu verwendet, eine menschlich durchgeführte Bewertung der Beteiligung einer Person an einer kriminellen Aktivität zu unterstützen, die sich bereits auf objektive und überprüfbare Tatsachen stützt, die in unmittelbarem Zusammenhang mit einer kriminellen Aktivität stehen. | ☐ |
| | – Das betreffende KI-System hat nach lit. e den Zweck, Datenbanken zur Gesichtserkennung durch das ungezielte Auslesen von Gesichtsbildern aus dem Internet oder von Überwachungsaufnahmen zu erstellen oder zu erweitern. | ☐ |
| | – Das betreffende KI-System dient nach lit. f am Arbeitsplatz oder in Bildungseinrichtungen der Ableitung von Emotionen einer natürlichen Person durch das System und das System soll nicht aus medizinischen Gründen oder Sicherheitsgründen eingeführt oder auf den Markt gebracht werden. | ☐ |
| | – Das betreffende KI-System ist nach lit. g ein System zur biometrischen Kategorisierung, mit dem einzelne natürliche Personen auf der Grundlage ihrer biometrischen Daten kategorisiert werden und die Kategorisierung soll die "Rasse", politische Einstellungen, Gewerkschaftszugehörigkeit, religiöse oder weltanschauliche Überzeugungen, Sexualleben oder sexuelle Ausrichtung der natürlichen Person erschließen oder ableiten. | ☐ |

| Einordnung des KI-Systems/-Modells in eine Kategorie | | Auswahl |
|---|---|---|
| | – Das System dient nach lit. h der Verwendung biometrischer Echtzeit-Fernidentifizierungssysteme in öffentlich zugänglichen Räumen zu Strafverfolgungszwecken und ist nicht erforderlich für die gezielte Suche nach Opfern von Entführung, Menschenhandel oder sexueller Ausbeutung, dem Abwenden einer konkreten, unmittelbaren Gefahr für Leben/körperliche Unversehrtheit oder eines Terroranschlags oder zum Aufspüren von Personen, die einer Straftat verdächtigt werden zur Durchführung konkret festgelegter Ermittlungen. | ☐ |
| II. Hochrisiko-KI-Systeme[2] | Das KI-System fällt unter Art. 6 Abs. 1 iVm Anh. I, da es | ☐ |
| | – als Sicherheitsbauteil eines unter die in Anh. I aufgeführten Harmonisierungsrechtsvorschriften der Union fallenden Produkts verwendet werden soll oder das KI-System selbst ein solches Produkt ist und das Produkt, dessen Sicherheitsbauteil gem. lit. a das KI-System ist, und zusätzlich<br>– das KI-System selbst als Produkt einer Konformitätsbewertung durch Dritte im Hinblick auf das Inverkehrbringen oder die Inbetriebnahme dieses Produkts gem. den in Anh. I aufgeführten Harmonisierungsrechtsvorschriften der EU unterzogen werden muss | ☐ |
| | – Anh. I ist einschlägig, da eine nachfolgend beschriebene Richtlinie oder Verordnung Anwendung findet:<br>Abschnitt A:<br>1. RL 2006/42/EG über Maschinen<br>2. RL 2009/48/EG über die Sicherheit von Spielzeug<br>3. RL 2013/53/EU über Sportboote und Wassermotorräder<br>4. RL 2014/33/EU zur Angleichung der Rechtsvorschriften der Mitgliedstaaten über Aufzüge und Sicherheitsbauteile für Aufzüge<br>5. RL 2014/34/EU für Geräte und Schutzsysteme zur bestimmungsgemäßen Verwendung in explosionsgefährdeten Bereichen<br>6. RL 2014/53/EU über die Bereitstellung von Funkanlagen auf dem Markt<br>7. RL 2014/68/EU über die Bereitstellung von Druckgeräten auf dem Markt | ☐ |

| Einordnung des KI-Systems/-Modells in eine Kategorie | | Auswahl |
|---|---|---|
| | 8. VO (EU) 2016/424 über Seilbahnen<br>9. VO (EU) 2016/425 über persönliche Schutzausrüstungen<br>10. VO (EU) 2016/426 über Geräte zur Verbrennung gasförmiger Brennstoffe<br>11. VO (EU) 2017/745 über Medizinprodukte<br>12. VO (EU) 2017/746 über In-vitro-Diagnostika | |
| | – Anh. I ist einschlägig, da eine nachfolgend beschriebene Richtlinie oder Verordnung Anwendung findet, sodass gem. Art. 2 Abs. 2 KI-VO nur Art. 102–109, Art. 112 und teils Art. 57 KI-VO Anwendung finden:<br>Abschnitt B:<br>13. VO (EG) Nr. 300/2008 über gemeinsame Vorschriften für die Sicherheit in der Zivilluftfahrt<br>14. VO (EU) Nr. 168/2013 über die Genehmigung und Marktüberwachung von zwei- oder dreirädrigen und vierrädrigen Fahrzeugen<br>15. VO (EU) Nr. 167/2013 über die Genehmigung und Marktüberwachung von land- und forstwirtschaftlichen Fahrzeugen<br>16. RL 2014/90/EU über Schiffsausrüstung<br>17. RL (EU) 2016/797 über die Interoperabilität des Eisenbahnsystems<br>18. VO (EU) 2018/858 über die Genehmigung und die Marktüberwachung von Kraftfahrzeugen und Kraftfahrzeuganhängern<br>19. VO (EU) 2019/2144 über die Typgenehmigung von Kraftfahrzeugen und Kraftfahrzeuganhängern<br>20. VO (EU) 2018/1139 zur Festlegung gemeinsamer Vorschriften für die Zivilluftfahrt und zur Errichtung einer Agentur der Europäischen Union für Flugsicherheit, insoweit die Konstruktion, Herstellung und Vermarktung von Luftfahrzeugen in Bezug auf unbemannte Luftfahrzeuge sowie deren Motoren, Propeller, Teile und Ausrüstung zur Fernsteuerung betroffen sind | |
| | Das KI-System wird von Art. 6 Abs. 2 und 3 iVm Anh. III erfasst, da es in eine der folgenden Kategorien fällt: | ☐ |

| Einordnung des KI-Systems/-Modells in eine Kategorie | | Auswahl |
|---|---|---|
| | 1. Biometrie, soweit ihr Einsatz nach einschlägigem Unionsrecht oder nationalem Recht zugelassen ist: | ☐ |
| | a) biometrische Fernidentifizierungssysteme<br>Dazu gehören nicht KI-Systeme, die bestimmungsgemäß für die biometrische Verifizierung, deren einziger Zweck darin besteht, zu bestätigen, dass eine bestimmte natürliche Person die Person ist, für die sie sich ausgibt, verwendet werden sollen. | ☐ |
| | b) KI-Systeme, die bestimmungsgemäß für die biometrische Kategorisierung nach sensiblen oder geschützten Attributen oder Merkmalen auf der Grundlage von Rückschlüssen auf diese Attribute oder Merkmale verwendet werden sollen. | ☐ |
| | c) KI-Systeme, die bestimmungsgemäß zur Emotionserkennung verwendet werden sollen. | ☐ |
| | 2. Kritische Infrastruktur<br>KI-Systeme, die bestimmungsgemäß als Sicherheitsbauteile im Rahmen der Verwaltung und des Betriebs kritischer digitaler Infrastruktur, des Straßenverkehrs oder der Wasser-, Gas-, Wärme- oder Stromversorgung verwendet werden sollen. | ☐ |
| | 3. Allgemeine und berufliche Bildung | ☐ |
| | a) KI-Systeme, die bestimmungsgemäß zur Feststellung des Zugangs oder der Zulassung oder zur Zuweisung natürlicher Personen zu Einrichtungen aller Ebenen der allgemeinen und beruflichen Bildung verwendet werden sollen. | ☐ |
| | b) KI-Systeme, die bestimmungsgemäß für die Bewertung von Lernergebnissen verwendet werden sollen, einschließlich des Falles, dass diese Ergebnisse dazu dienen, den Lernprozess natürlicher Personen in Einrichtungen oder Programmen aller Ebenen der allgemeinen und beruflichen Bildung zu steuern. | ☐ |
| | c) KI-Systeme, die bestimmungsgemäß zum Zweck der Bewertung des angemessenen Bildungsniveaus, das eine Person im Rahmen von oder innerhalb von Einrichtungen aller | ☐ |

| Einordnung des KI-Systems/-Modells in eine Kategorie | | Auswahl |
|---|---|---|
| | Ebenen der allgemeinen und beruflichen Bildung erhalten wird oder zu denen sie Zugang erhalten wird, verwendet werden sollen. | |
| | d) KI-Systeme, die bestimmungsgemäß zur Überwachung und Erkennung von verbotenem Verhalten von Schülern bei Prüfungen im Rahmen von oder innerhalb von Einrichtungen aller Ebenen der allgemeinen und beruflichen Bildung verwendet werden sollen. | ☐ |
| | 4. Beschäftigung, Personalmanagement und Zugang zur Selbstständigkeit | ☐ |
| | a) KI-Systeme, die bestimmungsgemäß für die Einstellung oder Auswahl natürlicher Personen verwendet werden sollen, insbesondere um gezielte Stellenanzeigen zu schalten, Bewerbungen zu sichten oder zu filtern und Bewerber zu bewerten. | ☐ |
| | b) KI-Systeme, die bestimmungsgemäß für Entscheidungen, die die Bedingungen von Arbeitsverhältnissen, Beförderungen und Kündigungen von Arbeitsvertragsverhältnissen beeinflussen, für die Zuweisung von Aufgaben aufgrund des individuellen Verhaltens oder persönlicher Merkmale oder Eigenschaften oder für die Beobachtung und Bewertung der Leistung und des Verhaltens von Personen in solchen Beschäftigungsverhältnissen verwendet werden sollen. | ☐ |
| | 5. Zugänglichkeit und Inanspruchnahme grundlegender privater und grundlegender öffentlicher Dienste und Leistungen: | ☐ |
| | a) KI-Systeme, die bestimmungsgemäß von Behörden oder im Namen von Behörden verwendet werden sollen, um zu beurteilen, ob natürliche Personen Anspruch auf grundlegende öffentliche Unterstützungsleistungen und -dienste, einschließlich Gesundheitsdienste, haben und ob solche Leistungen und Dienste zu gewähren, einzuschränken, zu widerrufen oder zurückzufordern sind. | ☐ |
| | b) KI-Systeme, die bestimmungsgemäß für die Kreditwürdigkeitsprüfung und Bonitätsbewertung natürlicher Personen verwendet wer- | |

| Einordnung des KI-Systems/-Modells in eine Kategorie | | Auswahl |
|---|---|---|
| | den sollen, mit Ausnahme von KI-Systemen, die zur Aufdeckung von Finanzbetrug verwendet werden. | ☐ |
| | c) KI-Systeme, die bestimmungsgemäß für die Risikobewertung und Preisbildung in Bezug auf natürliche Personen im Fall von Lebens- und Krankenversicherungen verwendet werden sollen. | ☐ |
| | d) KI-Systeme, die bestimmungsgemäß zur Bewertung und Klassifizierung von Notrufen von natürlichen Personen oder für die Entsendung oder Priorisierung des Einsatzes von Not- und Rettungsdiensten, einschließlich Polizei, Feuerwehr und medizinischer Nothilfe, sowie für Systeme für die Triage von Patienten bei der Notfallversorgung verwendet werden sollen. | ☐ |
| | 6. Strafverfolgung, soweit ihr Einsatz nach einschlägigem Unionsrecht oder nationalem Recht zugelassen ist: | ☐ |
| | a) KI-Systeme, die bestimmungsgemäß von Strafverfolgungsbehörden oder in deren Namen oder von Organen, Einrichtungen und sonstigen Stellen der Union zur Unterstützung von Strafverfolgungsbehörden oder in deren Namen zur Bewertung des Risikos einer natürlichen Person, zum Opfer von Straftaten zu werden, verwendet werden sollen. | ☐ |
| | b) KI-Systeme, die bestimmungsgemäß von Strafverfolgungsbehörden oder in deren Namen oder von Organen, Einrichtungen und sonstigen Stellen der Union zur Unterstützung von Strafverfolgungsbehörden als Lügendetektoren oder ähnliche Instrumente verwendet werden sollen. | ☐ |
| | c) KI-Systeme, die bestimmungsgemäß von Strafverfolgungsbehörden oder in deren Namen oder von Organen, Einrichtungen und sonstigen Stellen der Union zur Unterstützung von Strafverfolgungsbehörden zur Bewertung der Verlässlichkeit von Beweismitteln im Zuge der Ermittlung oder Verfolgung von Straftaten verwendet werden sollen. | ☐ |

| Einordnung des KI-Systems/-Modells in eine Kategorie | | Auswahl |
|---|---|---|
| | d) KI-Systeme, die bestimmungsgemäß von Strafverfolgungsbehörden oder in deren Namen oder von Organen, Einrichtungen und sonstigen Stellen der Union zur Unterstützung von Strafverfolgungsbehörden zur Bewertung des Risikos, dass eine natürliche Person eine Straftat begeht oder erneut begeht, nicht nur auf der Grundlage der Erstellung von Profilen natürlicher Personen gem. Art. 3 Abs. 4 RL (EU) 2016/680 oder zur Bewertung persönlicher Merkmale und Eigenschaften oder vergangenen kriminellen Verhaltens von natürlichen Personen oder Gruppen verwendet werden sollen. | ☐ |
| | e) KI-Systeme, die bestimmungsgemäß von Strafverfolgungsbehörden oder in deren Namen oder von Organen, Einrichtungen und sonstigen Stellen der Union zur Unterstützung von Strafverfolgungsbehörden zur Erstellung von Profilen natürlicher Personen gem. Art. 3 Abs. 4 RL (EU) 2016/680 im Zuge der Aufdeckung, Ermittlung oder Verfolgung von Straftaten verwendet werden sollen. | ☐ |
| | 7. Migration, Asyl und Grenzkontrolle, soweit ihr Einsatz nach einschlägigem Unionsrecht oder nationalem Recht zugelassen ist: | ☐ |
| | a) KI-Systeme, die bestimmungsgemäß von zuständigen Behörden oder in deren Namen oder Organen, Einrichtungen und sonstigen Stellen der Union als Lügendetektoren verwendet werden sollen oder ähnliche Instrumente. | ☐ |
| | b) KI-Systeme, die bestimmungsgemäß von zuständigen Behörden oder in deren Namen oder von Organen, Einrichtungen und sonstigen Stellen der Union zur Bewertung eines Risikos verwendet werden sollen, einschließlich eines Sicherheitsrisikos, eines Risikos der irregulären Einwanderung oder eines Gesundheitsrisikos, das von einer natürlichen Person ausgeht, die in das Hoheitsgebiet eines Mitgliedstaats einzureisen beabsichtigt oder eingereist ist. | ☐ |

| Einordnung des KI-Systems/-Modells in eine Kategorie | | Auswahl |
|---|---|---|
| | c) KI-Systeme, die bestimmungsgemäß von zuständigen Behörden oder in deren Namen oder von Organen, Einrichtungen und sonstigen Stellen der Union verwendet werden sollen, um zuständige Behörden bei der Prüfung von Asyl- und Visumanträgen sowie Aufenthaltstiteln und damit verbundenen Beschwerden im Hinblick auf die Feststellung der Berechtigung der den Antrag stellenden natürlichen Personen, einschließlich damit zusammenhängender Bewertungen der Verlässlichkeit von Beweismitteln, zu unterstützen. | ☐ |
| | d) KI-Systeme, die bestimmungsgemäß von oder im Namen der zuständigen Behörden oder Organe, Einrichtungen und sonstigen Stellen der Union, im Zusammenhang mit Migration, Asyl oder Grenzkontrolle zum Zwecke der Aufdeckung, Anerkennung oder Identifizierung natürlicher Personen verwendet werden sollen, mit Ausnahme der Überprüfung von Reisedokumenten. | ☐ |
| | 8. Rechtspflege und demokratische Prozesse | ☐ |
| | a) KI-Systeme, die bestimmungsgemäß von einer oder im Namen einer Justizbehörde verwendet werden sollen, um eine Justizbehörde bei der Ermittlung und Auslegung von Sachverhalten und Rechtsvorschriften und bei der Anwendung des Rechts auf konkrete Sachverhalte zu unterstützen, oder die auf ähnliche Weise für die alternative Streitbeilegung genutzt werden sollen. | ☐ |
| | b) KI-Systeme, die bestimmungsgemäß verwendet werden sollen, um das Ergebnis einer Wahl oder eines Referendums oder das Wahlverhalten natürlicher Personen bei der Ausübung ihres Wahlrechts bei einer Wahl oder einem Referendum zu beeinflussen. Dazu gehören nicht KI-Systeme, deren Ausgaben natürliche Personen nicht direkt ausgesetzt sind, wie Instrumente zur Organisation, Optimierung oder Strukturierung politischer Kampagnen in administrativer oder logistischer Hinsicht. | ☐ |

| Einordnung des KI-Systems/-Modells in eine Kategorie | | Auswahl |
|---|---|---|
| | 9. Nachfolgende Kriterien gem. Art. 6 Abs. 3 UAbs. 1 und 2 KI-VO sind nur zu prüfen, falls das Vorliegen eines Kriteriums nach Art. 6 Abs. 2 iVm Anh. III KI-VO bejaht wurde und es sich bei der Verarbeitung nicht um ein Profiling natürlicher Personen handelt (Art. 6 Abs. 3 UAbs. 3 KI-VO):<br>Das KI-System ist nicht als hochriskant einzustufen, da es kein erhebliches Risiko der Beeinträchtigung in Bezug auf die Gesundheit, Sicherheit oder Grundrechte natürlicher Personen birgt, indem es u. a. nicht das Ergebnis der Entscheidungsfindung wesentlich beeinflusst. Das ist vorliegend der Fall, da eine der folgenden Bedingungen erfüllt ist: | ☐ |
| | a) Das KI-System ist dazu bestimmt, eine eng gefasste Verfahrensaufgabe durchzuführen. | ☐ |
| | b) Das KI-System ist dazu bestimmt, das Ergebnis einer zuvor abgeschlossenen menschlichen Tätigkeit zu verbessern. | ☐ |
| | c) Das KI-System ist dazu bestimmt, Entscheidungsmuster oder Abweichungen von früheren Entscheidungsmustern zu erkennen, und ist nicht dazu gedacht, die zuvor abgeschlossene menschliche Bewertung ohne eine angemessene menschliche Überprüfung zu ersetzen oder zu beeinflussen. | ☐ |
| | d) Das KI-System ist dazu bestimmt, eine vorbereitende Aufgabe für eine Bewertung durchzuführen, die für die Zwecke der in Anh. III aufgeführten Anwendungsfälle relevant ist. | ☐ |
| III. KI-Modelle mit allgemeinem Verwendungszweck bzw. GPAI[3] | Wenn ein KI-Modell genutzt wird, ist zu prüfen, ob es mit allgemeinem Verwendungszweck verwendet wird, was zu Pflichten nach Art. 53 ff. KI-VO führen würde. Die Definition mit den Anforderungen folgt aus Art. 3 Nr. 63 KI-VO: | ☐ |
| | – das Modell weist eine erhebliche allgemeine Verwendbarkeit auf | ☐ |
| | – das Modell ist in der Lage, unabhängig von der Art und Weise seines Inverkehrbringens ein breites Spektrum unterschiedlicher Aufgaben kompetent zu erfüllen | ☐ |

| Einordnung des KI-Systems/-Modells in eine Kategorie | | Auswahl |
|---|---|---|
| | – das Modell kann in eine Vielzahl nachgelagerter Systeme oder Anwendungen integriert werden und | ☐ |
| | – es handelt sich nicht um ein Modell, das vor der Markteinführung für Forschungs- und Entwicklungstätigkeiten oder die Konzipierung von Prototypen verwendet wird. | ☐ |
| | Es handelt sich um ein GPAI mit systemischem Risiko, für das strengere Vorgaben für GPAI gelten; das ist gem. Art. 51 Abs. 1 KI-VO der Fall, wenn alternativ eine der beiden nachfolgenden Varianten vorliegt: | ☐ |
| | – das KI-Modell verfügt über Fähigkeiten mit hohem Wirkungsgrad (derzeit: wenn die kumulierte Menge der für sein Training verwendeten Berechnungen, gemessen in Gleitkommaoperationen pro Sekunde, mehr als 10^25 beträgt) und<br>– die Fähigkeiten mit hohem Wirkungsgrad werden mithilfe geeigneter technischer Instrumente und Methoden, einschließlich Indikatoren und Benchmarks, bewertet oder | ☐ |
| | – das KI-Modell verfügt nach Entscheidung der EU-Kommission oder aufgrund einer qualifizierten Warnung des wissenschaftlichen Gremiums über der Alternative 1 entsprechende Fähigkeiten | ☐ |
| IV. Transparenzpflichten für Anbieter und Betreiber bestimmter KI-Systeme[4] | Anbieter können gem. Art. 50 Abs. 1 und 2 KI-VO zur Herstellung von Transparenz verpflichtet sein; das ist der Fall, wenn: | ☐ |
| | – ein KI-System vorliegt, das für die direkte Interaktion mit natürlichen Personen bestimmt ist und<br>– das KI-System nicht für gesetzlich zur Aufdeckung, Verhütung, Ermittlung oder Verfolgung von Straftaten zugelassen ist, wenn geeignete Schutzvorkehrungen für die Rechte und Freiheiten Dritter bestehen, es sei denn, diese Systeme stehen der Öffentlichkeit zur Anzeige einer Straftat zur Verfügung | ☐ |
| | – ein KI-System, einschließlich KI-Systeme mit allgemeinem Verwendungszweck, erzeugt synthetische Audio-, Bild-, Video- oder Textinhalte und | ☐ |

| Einordnung des KI-Systems/-Modells in eine Kategorie | | Auswahl |
|---|---|---|
| | – die KI-Systeme nicht eine unterstützende Funktion für die Standardbearbeitung ausführen oder die vom Betreiber bereitgestellten Eingabedaten oder deren Semantik nicht wesentlich verändern oder wenn sie zur Aufdeckung, Verhütung, Ermittlung oder Verfolgung von Straftaten gesetzlich zugelassen sind | |
| | Betreiber können gem. Art. 50 Abs. 1 und 2 KI-VO zur Herstellung von Transparenz verpflichtet sein; das ist der Fall, wenn: | ☐ |
| | – ein KI-System stellt ein Emotionserkennungs- und biometrisches Kategorisierungssystem dar und<br>– das KI-System nicht für gesetzlich zur Aufdeckung, Verhütung oder Ermittlung von Straftaten zugelassen ist, die zur biometrischen Kategorisierung und Emotionserkennung im Einklang mit dem Unionsrecht verwendet werden, sofern geeignete Schutzvorkehrungen für die Rechte und Freiheiten Dritter bestehen | ☐ |
| | – ein KI-System erzeugt oder manipuliert synthetische Bild-, Ton- oder Videoinhalte, die ein „Deepfake" sind und<br>– die Verwendung nicht zur Aufdeckung, Verhütung, Ermittlung oder Verfolgung von Straftaten gesetzlich zugelassen ist | ☐ |
| | – ein KI-System, das Text erzeugt oder manipuliert, der veröffentlicht wird, um die Öffentlichkeit über Angelegenheiten von öffentlichem Interesse zu informieren<br>– es ist kein Kriterium einschlägig, dass die Verwendung zur Aufdeckung, Verhütung, Ermittlung oder Verfolgung von Straftaten gesetzlich zugelassen ist oder wenn die durch KI erzeugten Inhalte einem Verfahren der menschlichen Überprüfung oder redaktionellen Kontrolle unterzogen wurden und wenn eine natürliche oder juristische Person die redaktionelle Verantwortung für die Veröffentlichung der Inhalte trägt. | |
| V. Jedes KI-System[5] | es handelt sich um ein KI-System im Sinne der Definition von Art. 3 Nr. 1 KI-VO und die prüfende Stelle ist Anbieter oder Betreiber des KI-Systems | ☐ |

## Anmerkungen

**1. Verbotene KI-Systeme.** Die Norm enthält eine Auflistung von Verwendungszwecken von KI, die vollständig verboten sein soll. Das Verbot wird durch den hohen Bußgeldrahmen von bis zu sieben Prozent des weltweiten Vorjahresumsatzes (Art. 99 Abs. 3 KI-VO) betont. Aufgrund der umfangreichen Diskussionen im Gesetzgebungsverfahren (dazu zB Becker/Feuerstack MMR 2024, 22 (25)) sind die Klauseln relativ komplex und enthalten verschiedene Ausnahmen. Herzstück der KI-VO sind nicht die Verbote, sondern die Ausgestaltung der Hochrisiko-KI, so dass den Verboten nur in einzelnen Teilbereichen eine Bedeutung zukommen wird (Hacker/Berz ZRP 2023, 226 (226)). Hervorzuheben ist jedoch Art. 5 Abs. 1 lit. f KI-VO, nach dem es untersagt ist, KI-Systeme zur Ableitung von Emotionen einer natürlichen Person am Arbeitsplatz und in Bildungseinrichtungen zu verwenden, es sei denn, die Verwendung des KI-Systems soll aus medizinischen Gründen oder Sicherheitsgründen eingeführt werden. Diese Bestimmung kann sowohl auf die HR-Abteilung als auch auf die IT-Verantwortlichen Einfluss haben, die sicherstellen müssen, dass keine solchen KI-Systeme genutzt werden. Das kann auch die Analyse allgemeiner, nicht notwendig biometrischer Daten erfassen, wenn diese Analyse spezifisch zu dem Zweck erfolgt, Zustände wie Glück, Trauer, Wut oder Zufriedenheit abzuleiten (Martini/Wendehorst/Wendehorst KI-VO Art. 5 Rn. 106f.). Aus praktischer Sicht ist es mithin von Bedeutung, dann die Vorgaben zu verbotener KI vertieft zu prüfen, wenn ein System in den Bereichen zum Einsatz kommt. Für die meisten Unternehmen, die nicht in den besonderen erfassten Branchen tätig sind, dürften die Vorgaben im Alltag keine Rolle spielen.

**2. Hochrisiko-KI-Systeme.** Besondere Priorität hat die Prüfung, ob ein KI-System unter die Hochrisiko-Kategorie fällt, insbesondere für Anbieter und Betreiber. Die Struktur ist zunächst zweigeteilt zwischen, einerseits KI-Systemen, die als Sicherheitsbauteil in nach Anh. I konkret festgelegten Harmonisierungsrechtsvorschriften eingesetzt werden und andererseits KI-Systemen mit bestimmten Zwecken und Zielen zum Einsatz der KI-Systeme in Anh. III.

Erstere Gruppe ist für Unternehmen in bestimmten Branchen von Bedeutung, die aufgrund des Produktsicherheitshintergrunds bereits im Fokus besonderer rechtlicher Vorgaben standen. Zu beachten ist, dass die erste Gruppe in Teile A und B aufgeteilt ist: Für Abschnitt A finden die Vorgaben der KI-VO direkt Anwendung, während für die in Abschnitt B beschriebenen Bereiche nur einzelne Pflichten Anwendung finden (→ Q. I. Anm. 6).

Demgegenüber ist die zweite Gruppe für jedes Unternehmen und öffentliche Stelle von Relevanz, je nach Tätigkeitsbereich. Die zweite Gruppe wird zunächst über eine relativ konkrete Festlegung des Anwendungsbereichs nach Anh. III definiert. Der Anwendungsbereich wird jedoch mit durch eine Ausnahme eingeschränkt, mit der verschiedene Kriterien festlegt werden, wann die Nutzung nicht als hochriskant eingestuft wird (was aber zu konkreten Dokumentationspflichten nach Art. 6 Abs. 4 KI-VO führt). Von besonderer Bedeutung für alle Stellen ist mithin, nach Maßgabe von Anh. III zu prüfen, ob KI-Systeme entsprechend eingesetzt werden. Dabei ist zu beachten, dass die EU-Kommission den Anh. III durch delegierte Rechtsakte anpassen kann und spätestens 18 Monate nach Inkrafttreten der KI-VO – also auch

18 Monate vor der verpflichtenden Anwendung der KI-VO – Leitlinien zur praktischen Umsetzung der Vorgaben vorstellen soll, Art. 6 Abs. 5–8 KI-VO. Insofern handelt es sich bei der Einteilung um kein statisches Ergebnis, sondern es bleibt eine regelmäßige Prüfung erforderlich. Inhaltlich enthält Anh. III primär Bereiche, die nur spezielle Bereiche betreffen (zB bei öffentlichen Diensten und Leistungen, Strafverfolgung oder Rechtspflege). Konkrete Bedeutung für alle Unternehmen haben neben der (über die CER-RL 2022/2557, auf die in Art. 3 Nr. 62 KI-VO explizit verwiesen wird) kritischen Infrastruktur primär die Maßgaben im Bereich „Beschäftigung, Personalmanagement und Zugang zur Selbstständigkeit".

Ein besonderer Schwerpunkt bei der Prüfung des möglichen Einsatzes von Hochrisiko-KI besteht also in der Personalabteilung. Daher sollten KI-Systeme im HR-Bereich einer besonderen Prüfung unterzogen werden, ob und inwieweit sie bei Einstellung oder Auswahl von Bewerbern eingesetzt werden (Anh. III Nr. 4 lit. a KI-VO) oder für Entscheidungen, die die Bedingungen von Arbeitsverhältnissen, Beförderungen und Kündigungen beeinflussen, für die Zuweisung von Aufgaben aufgrund des individuellen Verhaltens oder persönlicher Merkmale oder Eigenschaften oder für die Beobachtung und Bewertung der Leistung und des Verhaltens von Personen eingesetzt werden (Anh. III Nr. 4 lit. b KI-VO). Somit wird der Auditierung der HR-Abteilung in Bezug auf den Einsatz von KI-Systemen künftig eine besondere Bedeutung zukommen.

**3. GPAI.** Die gesondert geregelten Vorgaben an KI-Modelle mit allgemeinem Verwendungszweck wurden zunächst im Entwurf des EU-Parlaments hervorgehoben (noch unter dem Titel „Basismodelle") und waren anschließend Gegenstand umfangreicher politischer Diskussionen, die die KI-VO an den Rand des Scheiterns brachten (https://netzpolitik.org/2023/ai-act-deutschland-will-basis-modelle-wie-chatgpt-nicht-regulieren/). Die finale Fassung hat nun den Begriff GPAI festgelegt und bezieht sich auf KI-Modelle, die vor allem im Bereich generativer KI der Verarbeitung zu Grunde liegen (Martini/Wendehorst/Bernsteiner/Schmitt KI-VO Art. 51 Rn. 12 f.). Dabei werden nun drei Ebenen unterschieden, und zwar die Regulierung der Modelle, ihrer Anwendungen sowie der Akteure in der Wertschöpfungskette (Hacker/Berz ZRP 2023, 226 (227)). Angesichts der nicht eindeutigen Definition von GPAI (zu den konkreten Anforderungen vgl. Martini/Wendehorst/Bernsteiner/Schmitt KI-VO Art. 51 Rn. 14 ff.) dürfte es zu empfehlen sein, zu dokumentieren, dass das KI-System/-Modell für konkrete Anwendungsfälle auf den Markt gebracht wurde (Bomhard/Siglmüller RDi 2024, 45 (50)).

**4. Transparenzpflichten für bestimmte KI-Systeme.** Die Transparenzvorgaben der KI-VO sind eng auf einzelne Anwendungsbereiche begrenzt. Sie führen also nicht dazu, dass jede Art von KI-Nutzung künftig transparent dargestellt werden müsste, sondern erfassen nur einzelne Anwendungsbereiche. Die Norm unterscheidet vier verschiedene Fälle, je zwei für Anbieter und Betreiber, die jeweils unterschiedliche Praxisrelevanz haben. Eine besondere Bedeutung haben die Vorgaben, in einzelnen Fällen offenzulegen, dass es sich um KI-Systeme handelt, soweit das nicht offensichtlich ist. Die Transparenzvorgabe zu den sog. Deepfakes durch Betreiber ist sehr weitgehend und erfasst nicht nur politische oder gesellschaftspolitisch kritische Themen (für die eine Regulierung natürlich sinnvoll ist, dazu zB Kumkar/Griesel KIR 2024, 117 (120)), sondern grundsätzlich jede Art von Erzeugnissen, die realen Verhältnissen ähneln. Diese Weite ist zu kritisieren, da so eine Vielzahl von Betreibern selbst in Fällen ohne besondere gesellschaftliche Relevanz zu erhöhten Transparenzvorgaben verpflichtet werden.

Aus datenschutzrechtlicher Sicht stehen auch die Transparenzvorgaben aus Art. 50 KI-VO neben den bestehenden datenschutzrechtlichen Offenlegungspflichten, insbesondere Art. 13 Abs. 2 lit. f, Art. 14 Abs. 2 lit. g und Art. 15 Abs. 1 lit. h iVm Art. 22 DS-GVO (Martini/Wendehorst/Martini KI-VO Art. 50 Rn. 16f.). Als weitere Transparenzvorgabe ist § 18 Abs. 3 MStV zu beachten, die für Anbieter von Telemedien in sozialen Netzwerken gelten, also Kontoinhaber mit ihrem regelmäßigen Aufenthaltsort in Deutschland (ausführlich Kern KIR 2024, 94).

**5. Pflichten und Rechte für jede Art von KI.** Jeder Einsatz eines KI-Systems durch die relevanten Akteure – unabhängig davon, ob es in eine der vorgenannten Kategorien fällt oder nicht – führt zu einer Schulungspflicht gem. Art. 4 KI-VO (ausführlich zum Umfang zB Fleck KIR 2024, 99; zum Ausbildungsaspekt Sorge KIR 2024, 77). Unternehmen haben also „nach besten Kräften sicherzustellen", dass ihr zugeordnete Anwender von KI-Systemen ausreichend geschult sind. Dabei sollen „ihre technischen Kenntnisse, ihre Erfahrung, ihre Ausbildung und Schulung und der Kontext, in dem die KI-Systeme eingesetzt werden sollen, sowie die Personen oder Personengruppen, bei denen die KI-Systeme eingesetzt werden sollen", berücksichtigt werden. Die Schulungspflichten sind also abgestuft. Personen, die intern mit KI-Systemen arbeiten, müssen abhängig von ihrer Art der Tätigkeit geschult werden. Die Vorgabe wird sich insbesondere auf technische Laien beziehen, die KI-Systeme im geschäftlichen Alltag anwenden und die darin geschult werden müssen, nicht nur die Möglichkeiten, sondern auch die Risiken und Einschränkungen zu erkennen.

## III. Vergleich der Pflichten nach der KI-VO und der DS-GVO

Die KI-VO dient nicht der Änderung oder Verschärfung der Vorschriften zur Verarbeitung personenbezogener Daten und soll die DS-GVO „nicht berühren“, Art. 2 Abs. 7 S. 2 KI-VO. Jedoch enthält sie mit Art. 10 Abs. 5 und Art. 59 KI-VO mittelbar einzelne Normen, die einen Bezug zum Datenschutz haben, auf die Art. 2 Abs. 7 S. 2 Hs. 2 KI-VO hinweist. Weiterhin folgt aus einzelnen Normen ein Datenschutzbezug, der in der Praxis noch zu Abgrenzungsschwierigkeiten führen wird. Die nachfolgenden Tabellen stellen vor, welche Normen der DS-GVO konkret von der KI-VO beeinflusst werden (1.) und welche Normen der KI-VO einen Einfluss auf die Verarbeitung personenbezogener Daten haben können (2.).

### 1. Normen der DS-GVO mit Bestimmungen der KI-VO

| Themenfeld und Norm zur Datenverarbeitung in der DS-GVO | Besondere Bestimmungen mit Einfluss auf die Verarbeitung personenbezogener Daten in der KI-VO |
|---|---|
| Rechtsgrundlagen der Datenverarbeitung, Art. 6 Abs. 1 DS-GVO | Soweit KI-Modelle von Hochrisiko-KI-Systemen mit Trainings-, Validierungs- und Testdatensätzen arbeiten, legt Art. 10 Abs. 1 KI-VO Qualitätskriterien fest. Die Norm spricht abstrakt von „Datensätzen“, so dass von den Vorgaben auch personenbezogene Daten erfasst sein können.<br>Die Norm schafft keine explizite Rechtsgrundlage für die Verarbeitung (nicht-besonderer Arten) personenbezogener Daten, kann jedoch im Rahmen der Interessenabwägung als Rechtfertigung für die Verarbeitung herangezogen werden.[1] |
| Besondere Kategorien personenbezogener Daten, Art. 9 Abs. 1 und 2 DS-GVO | Zum Zwecke der „Erkennung und Korrektur von Verzerrungen im Zusammenhang mit Hochrisiko-KI-Systemen“ auf Basis von Art. 10 Abs. 2 lit. f und g KI-VO ist es laut Art. 10 Abs. 5 KI-VO für den Anbieter zulässig, besondere Kategorien personenbezogener Daten zu verarbeiten.<br>Die neue Rechtsgrundlage setzt voraus, dass die Anbieter angemessene Vorkehrungen für den Schutz der Grundrechte und Grundfreiheiten natürlicher Personen treffen müssen, dass die Vorgaben der DS-GVO und weiterer in der Norm genannten Kriterien erfüllt werden.[2] |
| Zweckänderung bei einer Datenverarbeitung, Art. 6 Abs. 4 DS-GVO | Jeder EU-Staat soll zur Förderung von Innovationen dafür Sorge tragen, dass mindestens ein KI-Reallabor eingerichtet wird, Art. 57 ff. KI-VO. Auch der Europäische Datenschutzbeauftragte kann gem. Art. 57 Abs. 3 KI-VO ein KI-Real- |

| | |
|---|---|
| | **labor errichten. Die nationalen Datenschutzaufsichtsbehörden müssen dabei vollumfänglich die Kontrolle hinsichtlich der Verarbeitung personenbezogener Daten ausüben können, Art. 57 Abs. 10 KI-VO.**<br>**Im Rahmen der KI-Reallabore ist es gem. Art. 59 KI-VO explizit gestattet, rechtmäßig für andere Zwecke erhobene personenbezogene Daten zu verarbeiten, wenn die Verarbeitung ausschließlich für „die Zwecke der Entwicklung, des Trainings und des Testens bestimmter KI-Systeme im Reallabor" erfolgt und die Bedingungen des Vorgabenkatalogs in Art. 59 Abs. 1 lit. a–j KI-VO kumulativ eingehalten sind.[3]** |

## Anmerkungen

**1. Pflichten hinsichtlich der Verwendung von Datensätzen.** Soweit KI-Modelle von Hochrisiko-KI-Systemen mit Trainings-, Validierungs- und Testdatensätzen arbeiten, legen Art. 10 Abs. 1 und 2 iVm Erwgr. 67 KI-VO Qualitätskriterien fest. Solche Datensätze zum Training von KI unterliegen u.a. angemessenen Datenverwaltungspraktiken, beispielsweise hinsichtlich Datenaufbereitung, -bewertung und -mängeln und müssen relevant, repräsentativ, fehlerfrei und vollständig sein (Ebert/Spiecker gen. Döhmann NVwZ 2021, 1188 (1190)). Dabei ist auch normiert, dass die Marktüberwachungsbehörden uneingeschränkten Zugang zu den von den Anbietern genutzten Trainings-, Validierungs- und Testdatensätzen, auch über Anwendungsprogrammierschnittstellen (API) oder sonstige für den Fernzugriff geeignete technische Mittel und Instrumente erhalten, Art. Art. 74 KIG-E (Orssich EuZW 2022, 254 (260); krit. Ebers/Hoch/Rosenkranz/Ruschemeier/Steinrötter RDi 2021, 528 (535)).

Die Norm spricht abstrakt von „Datensätzen", so dass von den Vorgaben auch personenbezogene Daten erfasst sind. Die Vorgaben für Daten-Governance beziehen ich also gleichermaßen auf personenbezogene und nicht-personenbezogene Daten, die zum Training verwendet werden (Müller-Peltzer/Tanczik RDi 2023, 452 (456)). Insofern können sich die Vorgaben von Art. 5 DS-GVO mit Art. 10 KI-VO verbinden. Im Rahmen von KI-Training ist jedoch beispielsweise zu beachten, dass Anforderungen wie an die Fehlerfreiheit, Art 10 Abs. 3 KI-VO kaum möglich zu erfüllen sind; daher sollten Anbieter handlungsorientiert geeignete Maßnahmen ergreifen, dass die Datensätze möglichst fehlerfrei sind und datenschutzfördernde Techniken, wie zB „Differential Privacy" nutzen (Ebers/Hoch/Rosenkranz/Ruschemeier/Steinrötter RDi 2021, 528 (533)). So kann der mögliche Konflikt mit der Vorgabe der „Richtigkeit" verarbeiteter personenbezogener Daten in Art. 5 Abs. 1 lit. d DS-GVO zumindest teilweise abgewendet werden.

**2. Rechtsgrundlage zur Erkennung und Korrektur von Verzerrungen bei Hochrisiko-KI-Systemen.** Die Verarbeitung besonderer Arten personenbezogener Daten ist künftig über die in Art. 9 Abs. 2 DS-GVO aufgeführten Erlaubnistatbestände hinaus auch zulässig, wenn die Verarbeitung bei einem Anbieter von Hochrisiko-KI-Systemen eingesetzt wird, um eine Erkennung und Korrektur von „Verzerrungen" zu ermöglichen, Art. 10 Abs. 2 lit. f und g, Abs. 5 KI-VO. Die neue Rechtsgrundlage setzt voraus, dass die Anbieter angemessene Vorkehrungen für den Schutz der Grundrechte und Grundfreiheiten natürlicher Personen treffen müssen, dass die Vorgaben der DS-GVO und weiterer in der Norm genannter Kriterien eingehalten werden. Für die Norm in der KI-VO wurde kritisiert, dass sie nicht ausreichend deutlich sei, um eine konkrete Rechtsgrundlage darzustellen und eine Ergänzung durch weitere Schutzmaßnahmen notwendig sei (EDSA-EDPS, Joint Opinion 5/2021 on the proposal for a Regulation of the European Parliament and of the Council laying down harmonised rules on artificial intelligence (Artificial Intelligence Act), Juni 2021, S. 19; Ebers/Hoch/Rosenkranz/Ruschemeier/Steinrötter RDi 2021, 528 (546f.)). Jedoch sind solche Anforderungen auch in den Tatbeständen des Art. 9 Abs. 2 DS-GVO üblich, die vielfach an die nationalen Gesetzgeber gestellt werden. Solche „angemessenen Garantien" können in einer besonderen Zweckbindung der Daten, anderen materiell-rechtlichen Anforderungen oder in zusätzlichen formellen, prozeduralen, technischen oder organisatorischen Anforderungen an die Verarbeitung liegen (Kühling/Buchner/Weichert DS-GVO Art. 9 Rn. 43). Trotz der Anforderungen, die über die Erforderlichkeit der Datenverarbeitung, spricht viel für ein niederschwelliges Verständnis der „unbedingten Erforderlichkeit", wenn die Verarbeitung dem Zweck dient, Diskriminierungen zu vermeiden (Martini/Wendehorst/Braun Binder/Egli KI-VO Art. 10 Rn. 82). Ergänzend ist zu berücksichtigen, dass aufgrund der Formulierung des Gesetzes neben den explizit in lit. a–g genannten Anforderungen weitere „angemessene Vorkehrungen zum Schutz der Grundrechte und Grundfreiheiten von natürlichen Personen" umgesetzt werden müssen. Jedenfalls wird abzuwarten bleiben, wie die konkreten Schutzmaßnahmen umgesetzt werden.

**3. Zweckänderung für KI-Reallabore.** Die Art. 57ff. KI-VO sollen Innovationen im Bereich KI in der EU fördern und sehen dazu vor, dass europäische Stellen bei der Entwicklung von KI-Systemen/-Modellen unter bestimmten Voraussetzungen mehr Freiheiten erhalten sollen. Die synonymen Begriffe „Reallabor" oder „Sandboxes" entstammen der Informatik und stellen vorliegend rechtlich abgesicherte Experimentierräume (in der digitalen wie analogen Welt) für die Erprobung neuer Technologien unter regulatorischer Aufsicht und Gewährleistung angemessener Schutzmaßnahmen dar (Botta 2022, 391 (398)). Im Rahmen der KI-VO wird ein System für Reallabore geschaffen, mit dem in den einzelnen Mitgliedsstaaten und bei weiteren Stellen jeweils eigene Reallabore aufgesetzt werden können. Dabei werden die Reallabore von der zuständigen nationalen Aufsichtsbehörde geleitet und beaufsichtigt, Art. 57 Abs. 1 S. 2 KI-VO. Dabei sollen auch die nationalen Datenschutzbehörden einbezogen werden, ohne dass das Verhältnis klar ausgestaltet ist (Botta 2022, 391 (400f.)).

Im Verhältnis von Datenschutz- und KI-Vorgaben enthält Art. 59 KI-VO Bestimmungen, die es gestatten, dass im Rahmen der KI-Reallabore personenbezogene Daten rechtmäßig verarbeitet werden, die für andere Zwecke erhoben worden waren. Voraussetzung dafür ist, dass die Verarbeitung ausschließlich für „die Zwecke der Entwicklung, des Trainings und des Testens bestimmter KI-Systeme im Reallabor" erfolgt und die Bedingungen des Vorgabenkatalogs in Art. 59 Abs. 1 lit. a–j KI-VO kumulativ eingehalten sind. Daraus können ein zusätzlicher Erlaubnistatbestand zur Datenverarbeitung (wenn das KI-System für abschließend genannte öffentliche Zwecke entwickelt wird, sowie eine Erleichterung bei der Zweckänderung herausgelesen werden kann (Bomhard/Merkle RDi 2021, 276 (279)). Die Verarbeitung personenbezogener Daten wird also insbesondere gestattet, wenn ein erhebliches öffentliches Interesse gewahrt werden soll, die Verarbeitung zur Erfüllung der Anforderungen an Hochrisiko-KI-Systeme erforderlich ist, wirkliche Überwachungs- und Reaktionsmechanismen bestehen, Trennungsgebot und Zugriffsbeschränkungen beachtet werden und die Maßnahmen keine Auswirkungen auf die betroffenen Personen haben (Botta 2022, 391 (403)). Daraus folgen zudem eine Löschungspflicht, Aufbewahrungspflicht und Veröffentlichungspflicht, Art. 59 Abs. 1 lit. g–j KI-VO.

## 2. Normen der KI-VO mit Einfluss auf datenschutzrechtliche Normen

| Themenfeld und Norm zur Datenverarbeitung in der KI-VO | Einfluss auf die Verarbeitung personenbezogener Daten in der DS-GVO |
|---|---|
| Pflichten für Anbieter von Hochrisiko-KI-Systemen[1] | |
| Aufzeichnungspflichten von Ereignissen für Anbieter von Hochrisiko-Systemen unter den Anforderungen der Art. 12 Abs. 1 und 2 KI-VO<br>sowie<br>besondere Aufzeichnungspflichten bei Hochrisiko-KI-Systemen, die unter Anhang III Nr. 1 lit. a fallen, Art. 12 Abs. 3 lit. c und d KI-VO | Art. 12 Abs. 1 und 2 KI-VO sehen Aufzeichnungspflichten vor, die sich grundsätzlich auf technische Begebenheiten beziehen, aber im Einzelfall auch personenbezogene Daten enthalten können.<br>Explizit werden personenbezogene Daten nur in Art. 12 Abs. 3 lit. c und d KI-VO erfasst, die sich jedoch auf bestimmte Systeme nach Anhang III Nr. 1 lit. a KI-VO beziehen. Die spezielle Protokollierungspflicht erfasst auch die Eingabedaten und die Identität der nach der weiteren Norm des Art. 14 Abs. 5 KI-VO an der Überprüfung der Ergebnisse beteiligten natürlichen Personen. Die Bestimmung stellt eine Rechtsgrundlage nach Art. 6 Abs. 1 lit. c DS-GVO dar, aber erfordert eine besondere Berücksichtigung der Datenminimierung, Art. 25 DS-GVO. |
| Aufbewahrung automatisch erzeugter Protokolle nach Art. 12 Abs. 1 KI-VO durch Anbieter von Hochrisiko-KI-Systemen nach Art. 19 Abs. 1 KI-VO | Art. 19 Abs. 1 KI-VO verpflichtet zur Aufbewahrung der automatisch erzeugten Protokolle nach Art. 12 Abs. 1 KI-VO. Auswirkungen auf die Verarbeitung personenbezogener Daten hat Art. 19 KI-VO also dann, wenn im Rahmen von Art. 12 KI-VO personenbezogene Daten in die Protokolle Eingang gefunden haben. In diesen Fällen ist ein besonderer Fokus auf die Löschung der Protokolle/ihrer personenbezogenen Daten zu legen. |

| | |
|---|---|
| Herausgabe der automatisch erzeugten Protokolle an eine zuständige Behörde, Art. 21 Abs. 2 KI-VO | Eine weitere Pflicht für Anbieter von Hochrisiko-KI-Systemen ist die Herausgabe der Protokolle an eine zuständige Behörde. Die Norm stellt eine Rechtsgrundlage im Sinne von Art. 6 Abs. 1 lit. c DS-GVO dar. |
| Grundrechte-Folgenabschätzung für Hochrisiko-KI-Systeme für Anbieter, Art. 27 KI-VO | Im Rahmen der Grundrechte-Folgenabschätzung können auch personenbezogene Daten verarbeitet werden, zB im Rahmen der Beschreibung der natürlichen Personen und Personengruppen (Art. 27 Abs. 1 lit. c KI-VO). |
| Pflichten für Betreiber von Hochrisiko-KI-Systemen[2] | |
| Prüfpflicht von Eingabedaten der Betreiber bei Hochrisiko-KI-Systemen nach Art. 26 Abs. 4 KI-VO | Nach Art. 26 Abs. 4 KI-VO haben Betreiber von Hochrisiko-KI-Systemen die Pflicht zu prüfen, ob die ihrer Kontrolle unterliegenden Eingabedaten der Zweckbestimmung eines Hochrisiko-KI-Systems entsprechen und ausreichend repräsentativ sind.<br>Die Norm ist wohl als Rechtsgrundlage nach Art. 6 Abs. 1 S. 1 lit. c DS-GVO zu verstehen. Insbesondere Art. 25 DS-GVO und die beschäftigtendatenschutzrechtlichen Fragen werden bei der Auswahl der zu erhebenden personenbezogenen Eingabedaten eine besondere Bedeutung zukommen. |
| Protokollaufbewahrungspflichten nach Art. 26 Abs. 6 KI-VO | Nach Art. 26 Abs. 6 KI-VO sollen Betreiber von Hochrisiko-KI-Systemen die von dem System automatisch erzeugten Protokolle in ihrer Kontrolle für einen der Zweckbestimmung des Hochrisiko-KI-Systems angemessenen Zeitraum von mindestens sechs Monaten aufbewahren, jedoch nur „sofern im geltenden Unionsrecht, insbesondere im Unionsrecht über den Schutz personenbezogener Daten, oder im geltenden nationalen Recht nichts anderes bestimmt ist".<br>Bei der Norm – die nur eine Mindestaufbewahrungsdauer, keine Höchstfristen nennt – ist insbesondere Art. 17 DS-GVO mit heranzuziehen und das Verhältnis zu dokumentieren. |

## Anmerkungen

**1.** Datenschutzrechtliche Bezüge bei Anbietern von Hochrisiko-KI-Systemen. In verschiedenen Normen zu Hochrisiko-KI-Systemen sind Pflichten enthalten, die auch zu einer Verarbeitung von personenbezogenen Daten durch Anbieter führen können. Grundlegend regelt zunächst Art. 12 Abs. 1 und 2 KI-VO, dass Protokolle angefertigt werden müssen. Dabei steht die Rückverfolgbarkeit der konkreten Ereignisse der KI-Systeme ex post im Vordergrund, als eine von mehreren Maßnahmen zur Beobachtung von KI-Systemen nach dem Inverkehrbringen zur Ergänzung der technischen Dokumentation (Martini/Wendehorst/Braun Binder/Egli KI-VO Art. 12 Rn. 5).

Der Schwerpunkt der Protokolle liegt grundsätzlich auf nicht-personenbezogenen Daten, jedoch können auch personenbezogene Daten erfasst werden. Insoweit muss für die Verarbeitung im Hinblick auf den Datenminimierungsgrundsatz eine sachgerechte Protokollierung konzipiert werden, wobei die Lösung des Spannungsfelds im Einzelfall noch als „nicht eindeutig" gesehen wird (Martini/Wendehorst/Braun Binder/Egli KI-VO Art. 12 Rn. 11). Durch Art. 19 KI-VO wird jedoch klargestellt, dass die datenschutzrechtlichen Pflichten der DS-GVO grundsätzlich Vorrang haben. Die Pflichten zur Aufbewahrung von Protokollen – die parallel zu den Anbieterpflichten nach Art. 19 KI-VO ausgestaltet sind – bestehen für mindestens sechs Monate, ohne dass der Gesetzgeber Höchstfristen benennt. Die verpflichtende Aufbewahrungsdauer ist also individuell pro KI-System zu bestimmen und ist abhängig von der Zweckbestimmung. Eine Aufbewahrungsdauer von mehr als sechs Monaten muss also angemessen bzw. verhältnismäßig sein (Martini/Wendehorst/Eisenberger KI-VO Art. 19 Rn. 13) und ist daher begründungspflichtig. Das vom Gesetzgeber vorgesehene Verhältnis zum Datenschutzrecht („[u]nbeschadet des geltenden Unionsrechts oder nationalen Rechts" und „insbesondere im Unionsrecht zum Schutz personenbezogener Daten") ist unklar. Die Literatur versucht, eine „differenziert[e] Legistik" zu sehen und geht davon aus, dass einerseits andere Aufbewahrungspflichten parallel bestehen können und andererseits eine Öffnungsklausel für die nationalen Gesetzgeber für längere oder kürzere Aufbewahrungspflichten – bis zu einem Verbot – vorzusehen (Martini/Wendehorst/Eisenberger KI-VO Art. 19 Rn. 15 f.).

Im Fall von biometrischen (Echtzeit-)Fernidentifizierungssystemen nach Anhang III Nr. 1 lit. a iVm Art. 3 Nr. 41 KI-VO – zB Videoüberwachungssysteme mit automatischer Gesichtserkennung – ist es gesetzlich vorgeschrieben, bestimmte personenbezogene Daten zu verarbeiten, Art. 12 Abs. 3 lit. c und d KI-VO.

**2. Datenschutzrechtliche Bezüge für Betreiber von Hochrisiko-KI-Systemen.** Für die Betreiber der Hochrisiko-KI-Systeme sieht Art. 26 KI-VO diverse Pflichten vor, die meist in Zusammenhang mit den Anbieterpflichten nach Art. 8 ff. KI-VO zu lesen sind. Die datenschutzrechtlichen Implikationen sind für Betreiber teilweise fast höher als für Anbieter.

Von Bedeutung ist im datenschutzrechtlichen Bereich insbesondere, dass Prüfpflichten für Betreiber in Bezug auf Eingabedaten bestehen. Die Prüfpflicht von Eingabedaten der Betreiber bei Hochrisiko-KI-Systemen nach Art. 26 Abs. 4 KI-VO bedeutet einerseits, dass die Eingabedaten der Zweckbestimmung (Art. 3 Nr. 12 KI-VO) des Hochrisiko-KI-Systems entsprechen, andererseits die Eingabedaten ausreichend repräsentativ sein müssen. Eingabedaten werden von Art. 3 Nr. 33 KI-VO als die in ein KI-System eingespeisten oder von diesem direkt erfassten Daten definiert, auf deren Grundlage das System eine Ausgabe hervorbringt. Die Literatur verweist insbesondere hinsichtlich der Repräsentativität der Daten auf den engen Bezug zu den Daten-Governance-Vorgaben in Art. 10 KI-VO (Martini/Wendehorst/Eisenberger KI-VO Art. 26 Rn. 33 ff.).

Weiterhin bestehen Protokollaufbewahrungspflichten nach Art. 26 Abs. 6 KI-VO, deren Umfang auf Art. 12 KI-VO verweist. Die Pflichten beziehen sich auf die Protokolle, die unter der Kontrolle des Betreibers sind, die wohl sowohl die faktische als auch rechtliche Kontrolle meint (Martini/Wendehorst/Eisenberger KI-VO Art. 26 Rn. 44 ff.).

# R. Datenschutz in Österreich

## I. Datengeheimnis (= Mitarbeiterverpflichtungserklärung)

§ 6 Abs. 1–4 DSG normiert das Datengeheimnis. Demnach haben Arbeitgeber und ihre Mitarbeiter personenbezogene Daten (Art. 4 Nr. 1 DS-GVO) aus Datenverarbeitungen (Art. 4 Nr. 2 DS-GVO), die ihnen ausschließlich aufgrund ihrer beruflichen Tätigkeiten anvertraut wurden, **geheim zu halten.** Adressaten dieser Bestimmung sind der Verantwortliche iSd Art. 4 Nr. 7 DS-GVO (Arbeitgeber) sowie der Auftragsverarbeiter iSd Art. 4 Nr. 8 DS-GVO (Arbeitgeber) als auch deren Mitarbeiter und Personen in einem arbeitnehmerähnlichen Verhältnis (Dienstnehmer und dienstnehmerähnliche Beschäftigte). Gem. § 6 Abs. 2 DSG muss ein Arbeitgeber seine Mitarbeiter vertraglich verpflichten, personenbezogene Daten nur aufgrund seiner Anordnung zu übermitteln und das Datengeheimnis auch nach Beendigung des Arbeitsverhältnisses einzuhalten. Darüber hinaus sind nach § 6 Abs. 3 DSG die Mitarbeiter über die für sie geltenden Übermittlungsanordnungen und über die Folgen einer Verletzung des Datengeheimnisses zu belehren.

Die folgende Verpflichtungserklärung wird durch den Mitarbeiter unterfertigt, und zwar noch bevor der Mitarbeiter mit personenbezogenen Daten iSd § 6 DSG in Kontakt kommt. Einerseits kommt der Arbeitgeber dadurch seinen Pflichten gem. § 6 DSG nach und kann dies durch eine schriftliche Erklärung besser nachweisen (vgl. Art. 5 Abs. 2 DS-GVO). Andererseits erfordert die Durchsetzung von haftungs- und arbeitsrechtlichen Konsequenzen im Falle eines Verstoßes meist, dass der betroffene Mitarbeiter (nachweisbar) Kenntnis seiner Pflichten hatte.

In Punkt 1 der Erklärung wird der Inhalt der Verpflichtung und ihre Dauer angeführt, in Punkt 2 wird der Mitarbeiter auf die Folgen eines Verstoßes hingewiesen.

Der Anhang zur Mitarbeiterverpflichtungserklärung erläutert kurz die wesentlichen Begriffe bzw. Bestimmungen der DS-GVO und des DSG und ergänzt die Belehrung in Punkt 2, indem er die in Österreich einschlägigen Normen anführt, die durch einen Verstoß gegen das Datengeheimnis verletzt werden könnten. Inhalt und Umfang der im Anhang enthaltenen Gesetzesbestimmungen können dabei an den konkreten Mitarbeiter und dessen Einsatzgebiet angepasst werden und dementsprechend gekürzt oder um arbeitsspezifische Sondernormen erweitert werden. Zusätzlich können auch interne Weisungen und Vorschriften über den Umgang mit personenbezogenen Daten aufgenommen werden. Es ist zudem darauf zu achten, dass der Anhang regelmäßig auf Aktualität überprüft und bspw. im Falle einer Änderung der darin angeführten Gesetzesbestimmungen den Mitarbeitern eine aktualisierte Version nachweislich zur Kenntnis gebracht wird.

*Winklbauer*

## Mitarbeiterverpflichtungserklärung auf das Datengeheimnis

Mit der Unterzeichnung der nachfolgenden Erklärung[1] bestätigen Sie, dass Sie von ihrem Arbeitgeber, [Arbeitgeber], über die Verpflichtung zur Wahrung des Datenschutzes und zur Geheimhaltung unterrichtet wurden, dass Sie die in diesem Dokument enthaltenen Informationen erhalten haben und über die für Sie geltenden Anordnungen[2] sowie die Folgen einer Verletzung des Datengeheimnisses[3] belehrt[4] wurden.

1. Verpflichtung zur Beachtung des Datenschutzes und zur Wahrung der Geheimhaltung
   Im Rahmen der Tätigkeit für unser Unternehmen können Sie als Mitarbeiter in Kontakt mit personenbezogenen oder vertraulichen Daten kommen. Mit der nachfolgenden Erklärung verpflichten Sie sich als Mitarbeiter zur Beachtung des Datenschutzes und zur Wahrung der Geheimhaltung. Die Verpflichtung besteht umfassend. Personenbezogene Daten dürfen von Mitarbeitern selbst nicht ohne Befugnis verarbeitet und anderen Personen nicht unbefugt mitgeteilt oder zugänglich gemacht werden.
   Die einschlägigen gesetzlichen Vorschriften verlangen, dass personenbezogene Daten so verarbeitet werden, dass die Rechte der durch die Verarbeitung betroffenen Personen auf Vertraulichkeit und Integrität ihrer Daten gewährleistet werden.[5] Daher ist es Mitarbeitern nur gestattet, personenbezogene Daten in dem Umfang und in der Weise zu verarbeiten, wie es zur Erfüllung der dem Mitarbeiter übertragenen Aufgaben erforderlich ist.[6] Nach diesen Vorschriften ist es untersagt, personenbezogene Daten unbefugt oder unrechtmäßig zu verarbeiten oder absichtlich oder unabsichtlich die Sicherheit der Verarbeitung in einer Weise zu verletzen, die zur Vernichtung, zum Verlust, zur Veränderung, zur unbefugten Offenlegung oder unbefugtem Zugang führt.
   Die Mitarbeiter haben über die durch das Arbeitsverhältnis in Erfahrung gebrachten Sachverhalte, soweit diese vertraulicher Natur sind, gegenüber außenstehenden Personen oder Organisationen Stillschweigen zu bewahren, diese vor Einsichtnahme Unbefugter zu schützen und diese nicht zu verwerten oder selbst zu nutzen. Unter diese Schweige- und Geheimhaltungspflicht fallen insbesondere sämtliche Geschäftsbeziehungen, Kundenadressen, Konditionen, Preise und Kalkulationen, Fabrikationsverfahren, Rezepte, Entwicklungen, Versuche und Know-how irgendwelcher Art, EDV-Organisations- und Programmunterlagen, Anwendungspakete, Dokumente, dokumentierte Information, Zeichnungen, Fotografien, Akten, Korrespondenzen usw, die als ausschließliches Eigentum des Unternehmens zu betrachten sind, gleichgültig ob sie vom Mitarbeiter selbst angefertigt wurden oder nicht. Hierunter fallen auch Vorgänge von Drittunternehmen, mit denen Mitarbeiter dienstlich befasst sind. Jegliches Kopieren und Fotografieren für den außerbetrieblichen Gebrauch sind ohne Erlaubnis des Unternehmens unstatthaft.
   Die Verpflichtung zum Datenschutz und zur Geheimhaltung besteht auch nach der Beendigung des Beschäftigungsverhältnisses fort.
2. Verstöße gegen das Datenschutzrecht und die Verpflichtung zur Geheimhaltung
   Verstöße gegen Bestimmungen zum Datenschutz und der Geheimhaltung können mit Freiheits- oder Geldstrafe geahndet werden.[7] Verstöße können zugleich eine

Verletzung arbeits- oder dienstrechtlicher Pflichten bedeuten und entsprechende Konsequenzen bis hin zur Entlassung haben. Verstöße gegen Bestimmungen zum Datenschutz und der Geheimhaltung können zusätzlich zu sehr hohen Bußgeldern für das Unternehmen führen, die ggf. zu Ersatzansprüchen gegenüber dem Mitarbeiter sowie Strafanzeigen führen können. Sie erklären, dass Sie über die in diesem Dokument enthaltenen Verpflichtungen sowie über die Folgen eines Verstoßes dagegen unterrichtet wurden und diese zur Kenntnis genommen haben.

[Ort], [Datum] [Unterschrift]

Anhang zur
Mitarbeiterverpflichtungserklärung

Ergänzend zur oben angeführten Verpflichtungserklärung finden Sie in diesem Anhang die wichtigsten einschlägigen Bestimmungen zum Datengeheimnis und den Folgen eines Verstoßes gegen das Datengeheimnis im Gesetzeswortlaut angeführt. Sollten Sie Fragen zu Ihren Pflichten oder den Folgen einer Verletzung haben – insbesondere auch, ob ein bestimmter Umgang mit personenbezogenen Daten erlaubt ist –, dann wenden Sie sich bitte an Ihren Vorgesetzten.

Belehrung gem. § 6 Abs. 3 DSG
Datenschutzgrundverordnung (DS-GVO)

Die EU-Datenschutz-Grundverordnung (DS-GVO) legt die rechtlichen Verpflichtungen zum Datenschutz fest. Nach der DS-GVO müssen folgende Grundsätze bei der Verarbeitung personenbezogener Daten beachtet werden:
- Rechtmäßigkeit der Datenverarbeitung
- Zweckbezogenheit der Datenerfassung
- Minimierung der Daten
- Richtigkeit der Daten
- zeitliche Begrenzung der Datenspeicherung
- Wahrung der Integrität und Vertraulichkeit der Daten

Verstöße gegen die Bestimmungen der DS-GVO können für einen Arbeitgeber, aber auch für einen Mitarbeiter schwerwiegende Folgen haben. Fast alle Verstöße können mit einer Geldstrafe geahndet werden (vgl. Art. 83 DS-GVO), die bis zu 20.000.000 EUR pro Verstoß betragen kann oder für ein Unternehmen bis zu vier Prozent des weltweiten Jahresumsatzes des gesamten Konzerns, je nachdem, welcher Betrag höher ist. Geldbußen können dabei auch gegen einzelne Mitarbeiter verhängt werden. Darüber hinaus können bestimmte Verstöße gegen Datenschutzvorschriften weitere Folgen – bis hin zur Gefängnisstrafe – nach sich ziehen.

Art. 4 DS-GVO: Begriffsbestimmungen

1. „Personenbezogene Daten" sind alle Informationen, die sich auf eine identifizierte oder identifizierbare natürliche Person (im Folgenden betroffene Person) beziehen; als identifizierbar wird eine natürliche Person angesehen, die direkt oder indirekt, insbesondere mittels Zuordnung zu einer Kennung wie einem Namen, zu einer Kennnummer, zu Standortdaten, zu einer Online-Kennung oder zu einem

oder mehreren besonderen Merkmalen, die Ausdruck der physischen, physiologischen, genetischen, psychischen, wirtschaftlichen, kulturellen oder sozialen Identität dieser natürlichen Person sind, identifiziert werden kann.

2. „Verarbeitung" bezeichnet jeden mit oder ohne Hilfe automatisierter Verfahren ausgeführten Vorgang oder jede solche Vorgangsreihe im Zusammenhang mit personenbezogenen Daten wie das Erheben, das Erfassen, die Organisation, das Ordnen, die Speicherung, die Anpassung oder Veränderung, das Auslesen, das Abfragen, die Verwendung, die Offenlegung durch Übermittlung, Verbreitung oder eine andere Form der Bereitstellung, den Abgleich oder die Verknüpfung, die Einschränkung, das Löschen oder die Vernichtung.

Art. 5 DS-GVO: Grundsätze für die Verarbeitung personenbezogener Daten

(1) Personenbezogene Daten müssen

a) auf rechtmäßige Weise, nach Treu und Glauben und in einer für die betroffene Person nachvollziehbaren Weise verarbeitet werden („Rechtmäßigkeit, Verarbeitung nach Treu und Glauben, Transparenz")

b) für festgelegte, eindeutige und legitime Zwecke erhoben werden und dürfen nicht in einer mit diesen Zwecken nicht zu vereinbarenden Weise weiterverarbeitet werden; eine Weiterverarbeitung für im öffentlichen Interesse liegende Archivzwecke, für wissenschaftliche oder historische Forschungszwecke oder für statistische Zwecke gilt gem. Art. 89 Abs. 1 DS-GVO nicht als unvereinbar mit den ursprünglichen Zwecken („Zweckbindung")

c) dem Zweck angemessen und erheblich sowie auf das für die Zwecke der Verarbeitung notwendige Maß beschränkt sein („Datenminimierung")

d) sachlich richtig und erforderlichenfalls auf dem neuesten Stand sein; es sind alle angemessenen Maßnahmen zu treffen, damit personenbezogene Daten, die im Hinblick auf die Zwecke ihrer Verarbeitung unrichtig sind, unverzüglich gelöscht oder berichtigt werden („Richtigkeit")

e) in einer Form gespeichert werden, die die Identifizierung der betroffenen Personen nur so lange ermöglicht, wie es für die Zwecke, für die sie verarbeitet werden, erforderlich ist; personenbezogene Daten dürfen länger gespeichert werden, wenn die personenbezogenen Daten vorbehaltlich der Durchführung geeigneter technischer und organisatorischer Maßnahmen, die von dieser Verordnung zum Schutz der Rechte und Freiheiten der betroffenen Person gefordert werden, ausschließlich für im öffentlichen Interesse liegende Archivzwecke oder für wissenschaftliche und historische Forschungszwecke oder für statistische Zwecke gem. Art. 89 Abs. 1 DS-GVO verarbeitet werden („Speicherbegrenzung")

f) in einer Weise verarbeitet werden, die eine angemessene Sicherheit der personenbezogenen Daten gewährleistet, einschließlich Schutz vor unbefugter oder unrechtmäßiger Verarbeitung und vor unbeabsichtigtem Verlust, unbeabsichtigter Zerstörung oder unbeabsichtigter Schädigung durch geeignete technische und organisatorische Maßnahmen („Integrität und Vertraulichkeit")

Art. 29 DS-GVO: Verarbeitung unter der Aufsicht des Verantwortlichen oder des Auftragsverarbeiters

Der Auftragsverarbeiter und jede dem Verantwortlichen oder dem Auftragsverarbeiter unterstellte Person, die Zugang zu personenbezogenen Daten hat, dürfen diese Daten ausschließlich auf Weisung des Verantwortlichen verarbeiten, es sei denn, dass sie nach dem Unionsrecht oder dem Recht der Mitgliedstaaten zur Verarbeitung verpflichtet sind.

Datenschutzgesetz (DSG)

§ 1 Grundrecht auf Datenschutz

(1) Jedermann hat, insbesondere auch im Hinblick auf die Achtung seines Privat- und Familienlebens, Anspruch auf Geheimhaltung der ihn betreffenden personenbezogenen Daten, soweit ein schutzwürdiges Interesse daran besteht. Das Bestehen eines solchen Interesses ist ausgeschlossen, wenn Daten infolge ihrer allgemeinen Verfügbarkeit oder wegen ihrer mangelnden Rückführbarkeit auf den Betroffenen einem Geheimhaltungsanspruch nicht zugänglich sind.

(2) Soweit die Verwendung von personenbezogenen Daten nicht im lebenswichtigen Interesse des Betroffenen oder mit seiner Zustimmung erfolgt, sind Beschränkungen des Anspruchs auf Geheimhaltung nur zur Wahrung überwiegender berechtigter Interessen eines anderen zulässig, und zwar bei Eingriffen einer staatlichen Behörde nur auf Grund von Gesetzen, die aus den in Art. 8 Abs. 2 der Europäischen Konvention zum Schutze der Menschenrechte und Grundfreiheiten (EMRK), BGBl. Nr. 210/1958, genannten Gründen notwendig sind. Derartige Gesetze dürfen die Verwendung von Daten, die ihrer Art nach besonders schutzwürdig sind, nur zur Wahrung wichtiger öffentlicher Interessen vorsehen und müssen gleichzeitig angemessene Garantien für den Schutz der Geheimhaltungsinteressen der Betroffenen festlegen. Auch im Falle zulässiger Beschränkungen darf der Eingriff in das Grundrecht jeweils nur in der gelindesten, zum Ziel führenden Art vorgenommen werden.

(3) Jedermann hat, soweit ihn betreffende personenbezogene Daten zur automationsunterstützten Verarbeitung oder zur Verarbeitung in manuell, d. h ohne Automationsunterstützung geführten Dateien bestimmt sind, nach Maßgabe gesetzlicher Bestimmungen

1. das Recht auf Auskunft darüber, wer welche Daten über ihn verarbeitet, woher die Daten stammen, und wozu sie verwendet werden, insbesondere auch, an wen sie übermittelt werden;
2. das Recht auf Richtigstellung unrichtiger Daten und das Recht auf Löschung unzulässigerweise verarbeiteter Daten.

(4) Beschränkungen der Rechte nach Abs. 3 sind nur unter den in Abs. 2 genannten Voraussetzungen zulässig

§ 6 Datengeheimnis

(1) Der Verantwortliche, der Auftragsverarbeiter und ihre Mitarbeiter – das sind Arbeitnehmer (Dienstnehmer) und Personen in einem arbeitnehmerähnlichen (dienstnehmerähnlichen) Verhältnis – haben personenbezogene Daten aus Datenverarbeitungen, die ihnen ausschließlich auf Grund ihrer berufsmäßigen Beschäftigung anvertraut wurden oder zugänglich geworden sind, unbeschadet sonstiger gesetzlicher Verschwiegenheitspflichten, geheim zu halten, soweit kein rechtlich zulässiger Grund für eine Übermittlung der anvertrauten oder zugänglich gewordenen personenbezogenen Daten besteht (Datengeheimnis).

(2) Mitarbeiter dürfen personenbezogene Daten nur auf Grund einer ausdrücklichen Anordnung ihres Arbeitgebers (Dienstgebers) übermitteln. Der Verantwortliche und der Auftragsverarbeiter haben, sofern eine solche Verpflichtung ihrer Mitarbeiter nicht schon kraft Gesetzes besteht, diese vertraglich zu verpflichten, personenbezogene Daten aus Datenverarbeitungen nur aufgrund von Anordnungen zu übermitteln und das Datengeheimnis auch nach Beendigung des Arbeitsverhältnisses (Dienstverhältnisses) zum Verantwortlichen oder Auftragsverarbeiter einzuhalten.[8]

(3) Der Verantwortliche und der Auftragsverarbeiter haben die von der Anordnung betroffenen Mitarbeiter über die für sie geltenden Übermittlungsanordnungen[9] und über die Folgen einer Verletzung des Datengeheimnisses zu belehren.

(4) Unbeschadet des verfassungsrechtlichen Weisungsrechts darf einem Mitarbeiter aus der Verweigerung der Befolgung einer Anordnung zur unzulässigen Datenübermittlung kein Nachteil erwachsen.[10] (...)

§ 62 Verwaltungsstrafbestimmung

(1) Sofern die Tat nicht einen Tatbestand nach Art. 83 DS-GVO verwirklicht oder nach anderen Verwaltungsstrafbestimmungen mit strengerer Strafe bedroht ist, begeht eine Verwaltungsübertretung, die mit Geldstrafe bis zu 50.000 EUR zu ahnden ist, wer

1. sich vorsätzlich widerrechtlichen Zugang zu einer Datenverarbeitung verschafft oder einen erkennbar widerrechtlichen Zugang vorsätzlich aufrechterhält,
2. Daten vorsätzlich in Verletzung des Datengeheimnisses (§ 6) übermittelt, insbesondere Daten, die ihm gem. §§ 7 oder 8 anvertraut wurden, vorsätzlich für andere unzulässige Zwecke verarbeitet,
3. sich unter Vortäuschung falscher Tatsachen vorsätzlich personenbezogene Daten gem. § 10 verschafft,
4. eine Bildverarbeitung entgegen den Bestimmungen des 3. Abschnittes des 1. Hauptstücks betreibt oder
5. die Einschau gem. § 22 Abs. 2 verweigert.

(2) Der Versuch ist strafbar. (...)

§ 63 Datenverarbeitung in Gewinn- oder Schädigungsabsicht

Wer mit dem Vorsatz, sich oder einen Dritten dadurch unrechtmäßig zu bereichern, oder mit der Absicht, einen anderen dadurch in seinem von § 1 Abs. 1 gewährleisteten Anspruch zu schädigen, personenbezogene Daten, die ihm ausschließlich auf Grund seiner berufsmäßigen Beschäftigung anvertraut oder zugänglich geworden sind oder die er sich widerrechtlich verschafft hat, selbst benützt, einem anderen zugänglich macht oder veröffentlicht, obwohl der Betroffene an diesen Daten ein schutzwürdiges Geheimhaltungsinteresse hat, ist, wenn die Tat nichtnach einer anderen Bestimmung mit strengerer Strafe bedroht ist, vom Gericht mit Freiheitsstrafe bis zu einem Jahr oder mit Geldstrafe bis zu 720 Tagessätzen zu bestrafen.

Weitere Vorschriften zur Wahrung von Geschäfts- und Betriebsgeheimnissen
Strafgesetzbuch (StGB)

§ 118a Widerrechtlicher Zugriff auf ein Computersystem

Wer sich zu einem Computersystem, über das er nicht oder nicht allein verfügen darf, oder zu einem Teil eines solchen durch Überwindung einer spezifischen Sicherheitsvorkehrung im Computersystem in der Absicht Zugang verschafft (...) ist mit Freiheitsstrafe bis zu zwei Jahren zu bestrafen. (...)

§ 119 Verletzung des Telekommunikationsgeheimnisses

Wer in der Absicht, sich oder einem anderen Unbefugten vom Inhalt einer im Wege einer Telekommunikation oder eines Computersystems übermittelten und nicht für ihn bestimmten Nachricht Kenntnis zu verschaffen, eine Vorrichtung, die an der Telekommunikationsanlage oder an dem Computersystem angebracht oder sonst empfangsbereit gemacht wurde, benützt, ist mit Freiheitsstrafe bis zu zwei Jahren zu bestrafen. (...)

§ 119a Missbräuchliches Abfangen von Daten

Wer in der Absicht, sich oder einem anderen Unbefugten von im Wege eines Computersystems übermittelten und nicht für ihn bestimmten Daten Kenntnis zu verschaffen und dadurch, dass er die Daten selbst benützt, einem anderen, für den sie nicht bestimmt sind, zugänglich macht oder veröffentlicht, sich oder einem anderen einen Vermögensvorteil zuzuwenden oder einem anderen einen Nachteil zuzufügen, eine Vorrichtung, die an dem Computersystem angebracht oder sonst empfangsbereit gemacht wurde, benützt oder die elektromagnetische Abstrahlung eines Computersystems auffängt, ist, wenn die Tat nicht nach § 119 mit Strafe bedroht ist, mit Freiheitsstrafe bis zu zwei Jahren zu bestrafen. (...)

§ 122 Verletzung eines Geschäfts- oder Betriebsgeheimnisses

Wer ein Geschäfts- oder Betriebsgeheimnis offenbart oder verwertet, das ihm bei seiner Tätigkeit in Durchführung einer durch Gesetz oder behördlichen Auftrag vorgeschriebenen Aufsicht, Überprüfung oder Erhebung anvertraut oder zugänglich geworden ist, ist mit Freiheitsstrafe bis zu zwei Jahren zu bestrafen. (...)

§ 126c Missbrauch von Computerprogrammen oder Zugangsdaten

Wer ein Computerprogramm (...) oder ein Computerpasswort, einen Zugangscode oder vergleichbare Daten, die den Zugriff auf ein Computersystem oder einen Teil davon ermöglichen, mit dem Vorsatz herstellt, einführt, vertreibt, veräußert, sonst zugänglich macht, sich verschafft oder besitzt, dass sie zur Begehung einer der in Z. 1 genannten strafbaren Handlungen gebraucht werden, ist mit Freiheitsstrafe bis zu sechs Monaten oder mit Geldstrafe bis zu 360 Tagessätzen zu bestrafen.

§ 148a Betrügerischer Datenverarbeitungsmißbrauch

Wer mit dem Vorsatz, sich oder einen Dritten unrechtmäßig zu bereichern, einen anderen dadurch am Vermögen schädigt, dass er das Ergebnis einer automationsunterstützten Datenverarbeitung durch Gestaltung des Programms, durch Eingabe, Veränderung, Löschung, Unterdrückung oder Übertragung von Daten oder sonst durch Einwirkung auf den Ablauf des Verarbeitungsvorgangs beeinflusst, ist mit Freiheitsstrafe bis zu sechs Monaten oder mit Geldstrafe bis zu 360 Tagessätzen zu bestrafen. (...)

§ 225a Datenfälschung

Wer durch Eingabe, Veränderung, Löschung oder Unterdrückung von Daten falsche Daten mit dem Vorsatz herstellt oder echte Daten mit dem Vorsatz verfälscht, dass sie im Rechtsverkehr zum Beweis eines Rechtes, eines Rechtsverhältnisses oder einer Tatsache gebraucht werden, ist mit Freiheitsstrafe bis zu einem Jahr oder mit Geldstrafe bis zu 720 Tagessätzen zu bestrafen.

### Allgemeines bürgerliches Gesetzbuch (ABGB)

§ 1328a

(1) Wer rechtswidrig und schuldhaft in die Privatsphäre eines Menschen eingreift oder Umstände aus der Privatsphäre eines Menschen offenbart oder verwertet, hat ihm den dadurch entstandenen Schaden zu ersetzen. Bei erheblichen Verletzungen der Privatsphäre, etwa wenn Umstände daraus in einer Weise verwertet werden, die geeignet ist, den Menschen in der Öffentlichkeit bloßzustellen, umfasst der Ersatzanspruch auch eine Entschädigung für die erlittene persönliche Beeinträchtigung. (...)

### Bundesgesetz gegen den unlauteren Wettbewerb (UWG)

§ 11

(1) Verletzung von Geschäfts- oder Betriebsgeheimnissen. Missbrauch anvertrauter Vorlagen

Wer als Bediensteter eines Unternehmens Geschäfts- oder Betriebsgeheimnisse, die ihm vermöge des Dienstverhältnisses anvertraut oder sonst zugänglich geworden sind, während der Geltungsdauer des Dienstverhältnisses unbefugt anderen zu Zwecken des Wettbewerbes mitteilt, ist vom Gericht mit Freiheitsstrafe bis zu einem Jahr oder mit Geldstrafe bis zu 720 Tagessätzen zu bestrafen. (...)

### Telekommunikationsgesetz (TKG)

§ 161 Kommunikationsgeheimnis

(...) (3) Das Mithören, Abhören, Aufzeichnen, Abfangen oder sonstige Überwachen von Nachrichten und der damit verbundenen Verkehrs- und Standortdaten sowie die Weitergabe von Informationen darüber durch andere Personen als einen Benutzer ohne Einwilligung aller beteiligten Benutzer ist unzulässig. Dies gilt nicht für die Aufzeichnung und Rückverfolgung von Telefongesprächen im Rahmen der Entgegennahme und Abwicklung von Notrufen und die Fälle der Fangschaltung, der Überwachung von Nachrichten nach § 135 Abs. 3 StPO, der Auskunft über Daten einer Nachrichtenübermittlung nach § 135 Abs. 2 StPO, der Auskunft über Daten nach § 99 Abs. 3a FinStrG, der Auskunft über Daten nach § 11 Abs. 1 ZIFF. 7

**SNG und der Auskunft über Daten nach § 22 Abs. 2a und 2b MBG, sowie für eine technische Speicherung, die für die Weiterleitung einer Nachricht erforderlich ist.**

## Anmerkungen

**1. Erklärung.** Das DSG enthält keine Bestimmungen zur Form der Verpflichtung und Belehrung gem. § 6 Abs. 2 und 3 DSG; aufgrund der Rechenschaftspflicht in Art. 5 Abs. 2 DS-GVO ist Schriftlichkeit jedoch dringend zu empfehlen.

**2. Übermittlungsanordnungen.** Die betroffenen Mitarbeiter sind gem. § 6 Abs. 3 DSG über die für sie geltenden Übermittlungsanordnungen und über die Folgen einer Verletzung des Datenschutzgeheimnisses zu belehren. § 6 Abs. 1 DSG verpflichtet den einzelnen Mitarbeiter kraft Gesetzes unabhängig von einer (arbeits-)vertraglichen Verpflichtung zur Vertraulichkeit. Ein Mitarbeiter kann sich daher nicht auf fehlende Anweisungen des Verantwortlichen berufen. Für einen Verstoß gegen seine Vertraulichkeitspflichten kann ein Mitarbeiter unmittelbar gem. § 62 Abs. 1 Ziff. 2 DSG zur Verantwortung gezogen werden (Bresich/Dopplinger/Dörnhöfer/Kunnert/Riedl/Kunnert DSG § 6 Anm. 2). Ungeachtet dessen muss der Arbeitgeber den Mitarbeiter vertraglich verpflichten, personenbezogene Daten aus der Datenverarbeitung nur aufgrund seiner Anordnungen zu übermitteln (Knyrim/Pollirer DS-GVO Art. 90 Rn. 30).

**3. Datengeheimnis.** § 6 DSG verpflichtet Verantwortliche, Auftragsverarbeiter und ihre Mitarbeiter – das sind Arbeitnehmer (Dienstnehmer) und Personen in einem arbeitnehmerähnlichen (dienstnehmerähnlichen) Verhältnis – sowohl im privatrechtlichen als auch im öffentlich-rechtlichen Bereich (erfasst sind u.a. alle Organe, die mit Aufgaben der Bundes-, Landes- und Gemeindeverwaltung betraut sind sowie Organe anderer Körperschaften des öffentlichen Rechts) zur Geheimhaltung der ihnen ausschließlich aufgrund ihrer beruflichen Tätigkeit anvertrauten personenbezogenen Daten (Art. 4 Nr. 1 DS-GVO) aus Datenverarbeitungen (Art. 4 Nr. 2 DS-GVO). Unter Mitarbeitern in einem „arbeitnehmer-/dienstnehmerähnlichen Verhältnis" sind all jene Beschäftigten zu sehen, die iSd ASGG und des ASVG einer arbeitnehmerähnlichen oder dienstnehmerähnlichen Beschäftigung nachgehen und somit einer Sozialversicherungspflicht unterliegen (Knyrim/Pollirer DS-GVO Art. 90 Rn. 29).

**4. Belehrung.** Gem. § 6 Abs. 3 DSG ist eine Belehrung der vom Datengeheimnis betroffenen Mitarbeiter durch den Verantwortlichen und den Auftragsverarbeiter über die für sie geltenden Übermittlungsanordnungen und über die Folgen einer Verletzung des Datengeheimnisses erforderlich. Die Belehrung kann neben der schriftlichen Information auch durch organisatorische Maßnahmen wie Arbeitsanweisungen, Schulungen, Teilnahme an Weiterbildungen usw erfolgen und sollte aufgrund der Rechenschaftspflicht in Art. 5 Abs. 2 DS-GVO dokumentiert werden.

**5. Verschwiegenheit.** Das Datengeheimnis nach § 6 Abs. 1 DSG ergänzt spezifische berufliche Verschwiegenheitspflichten (für Ärzte in § 54 ÄrzteG, Rechtsanwälte in § 9 Abs. 2 RAO, Notare in § 37 NO, Mediatoren in § 18 ZivMediatG, Psychotherapeuten in § 15 PthG, Wirtschaftsprüfer und Steuerberater in § 80 WTBG, Abschlussprüfer in § 275 Abs. 1 UGB) und das Bankgeheimnis (§ 38 Bankwesengesetz) oder wird inhaltlich von diesen verdrängt (vgl. die Verschwiegenheitspflicht des Datenschutzbeauftragten gem. § 5 Abs. 1 DSG). Es geht der Verpflichtung zur Amtsverschwiegenheit gem. Art. 20 Abs. 3 B-VG vor, wonach alle Organe, die mit Aufgaben der Bundes-, Landes- und Gemeindeverwaltung betraut sind sowie Organe anderer Körperschaften des öffentlichen Rechts, zur Verschwiegenheit über alle ihnen ausschließlich aus ihrer amtlichen Tätigkeit bekannt gewordenen Tatsachen, deren Geheimhaltung im Interesse der Aufrechterhaltung der öffentlichen Ruhe, Ordnung und Sicherheit, der umfassenden Landesverteidigung, der auswärtigen Beziehungen, im wirtschaftlichen Interesse einer Körperschaft des öffentlichen Rechts, zur Vorbereitung einer Entscheidung oder im überwiegenden Interesse der Parteien geboten ist, verpflichtet sind (*Bresich/Dopplinger/Dörnhöfer/Kunnert/Riedl/Kunnert* DSG § 6 Anm. 2).

**6. Weisung des Verantwortlichen.** Es gilt der in Art. 28 Abs. 3 lit. a DS-GVO und Art. 29 DS-GVO verankerte Grundsatz, dass eine Verarbeitung personenbezogener Daten durch Mitarbeiter sowohl beim Verantwortlichen als auch beim Auftragsverarbeiter ausschließlich auf Weisung des Verantwortlichen erfolgen darf. Dies ist durch organisatorische Maßnahmen sicherzustellen (*Bresich/Dopplinger/Dörnhöfer/Kunnert/Riedl/Kunnert* DSG § 6).

**7. Verwaltungsstrafbestimmung.** Vgl. die Verwaltungsstrafbestimmung des § 62 Abs. 1 Ziff. 2 DSG, die eine Geldstrafe von bis zu 50.000 EUR vorsieht, sofern die Tat nicht einen Tatbestand nach Art. 83 DS-GVO verwirklicht oder nach anderen Verwaltungsstrafbestimmungen mit strengerer Strafe bedroht ist.

**8. Verarbeitung.** Das DSG spricht hier von „übermitteln“, während die inhaltlich korrespondierenden Bestimmungen der DS-GVO (Art. 29 DS-GVO) den weiter gefassten Begriff der „Verarbeitung“ verwendet. Es ist daher anzunehmen, dass sich § 6 Abs. 2 DSG auf jedwede anordnungswidrige Handhabung personenbezogener Daten bezieht (*Bresich/Dopplinger/Dörnhöfer/Kunnert/Riedl/Kunnert* DSG § 6 Anm. 3).

**9. Sicherheit der Verarbeitung.** Vgl. die Bestimmung des Art. 32 Abs. 4 DS-GVO, wonach der Verantwortliche und der Auftragsverarbeiter Schritte unternehmen müssen, um sicherzustellen, dass ihre Mitarbeiter (ihnen unterstellte natürliche Personen), die Zugang zu personenbezogenen Daten haben, diese nur auf Anweisung des Verantwortlichen verarbeiten, es sei denn, sie sind nach dem Recht der Union oder der Mitgliedstaaten zur Verarbeitung verpflichtet.

**10. Weigerung unzulässiger Datenübermittlung.** Gem. Art. 20 Abs. 1 B-VG und § 44 BDG müssen Mitarbeiter der öffentlichen Verwaltung datenschutzrechtswidrige Weisungen ablehnen, sofern sie von einem unzuständigen Organ erteilt wurden oder wenn sie sich im Falle der Befolgung einer gerichtlichen Straftat schuldig machen. Alle anderen datenschutzrechtswidrigen Weisungen müssen sie grundsätzlich befolgen, es sei denn, eine solche Weisung wird auf ausdrückliches Verlangen des Angewiesenen vom Anweiser nicht auch schriftlich erteilt (vgl. § 44 Abs. 3 BDG). Die Nichtbefolgung einer Weisung stellt eine schwere Dienstpflichtverletzung dar, die dienstrechtlich bzw. disziplinarrechtlich geahndet werden kann. Die Anordnung des § 6 Abs. 4 DSG ist im Lichte dieser Bestimmungen zu sehen: Aus der Nichtbefolgung einer Weisung, die auf eine Übermittlung personenbezogener Daten ohne datenschutzrechtliche Rechtsgrundlage abzielt, darf es daher zu keiner Diskriminierung des Angewiesenen und insbesondere nicht zu einer dienstrechtlichen bzw. disziplinarrechtlichen Bestrafung kommen. Aus den Erläuterungen zum Ausschussbericht des Nationalrats (1761 BlgNR 25. GP 6) ergibt sich, dass dieses Prinzip auch im Verhältnis privater Verantwortlicher zu ihren Mitarbeitern zum Tragen kommen muss (Bresich/Dopplinger/Dörnhöfer/Kunnert/Riedl/Kunnert DSG § 6 Anm. 5).

## II. Bildverarbeitung/Videoüberwachung

Nach Rechtsprechung und Literatur stellen Bildaufzeichnungen, die Personen identifizierbar erfassen, personenbezogene Daten dar (vgl. zuletzt OGH 27.11.2019 – 6 Ob 150/19f, Rn. 71). In der DS-GVO wird das Thema Bildaufzeichnung nicht explizit erwähnt, der österreichische Gesetzgeber hingegen hat dazu in den §§ 12 und 13 DSG konkrete Regelungen getroffen. Er stützt sich dabei auf Art. 6 Abs. 2 und 3 sowie Art. 23 und Kap. IX iVm Erwgr. 10 DS-GVO. Da die DS-GVO jedoch keine Öffnungsklausel für Bildverarbeitung vorsieht und § 12 DSG von den Bestimmungen der DS-GVO zumindest dem Wortlaut nach abweicht, könnte die nationale Regelung dieser Materie unionsrechtswidrig sein – eine Frage, die noch nicht abschließend geklärt ist (Müllner/Wieser jusIT 2019, 72). Seit Ende 2019 vertritt das österreichische Bundesverwaltungsgericht (BVwG) in nunmehr ständiger Rechtsprechung zur Gültigkeit von §§ 12 und 13 DSG im Lichte der DS-GVO die Rechtsmeinung, dass mangels entsprechender Öffnungsklauseln diese Bestimmungen im privaten Bereich nicht anwendbar sind (BVwG 20.11.2019 – W256 2214855-1; BVwG 25.11.2019 – W211 2210458-1; BVwG 2.3.2020 – W211 2217212-1; BVwG 20.12.2021 – W274 2242638-1; BVwG 21.4.2023 – W245 2246467/10001). Auch die österreichische Datenschutzbehörde teilte aufgrund dieser Rechtsprechung Anfang 2020 mit, §§ 12 und 13 DSG sind nicht mehr anzuwenden (außer es sprechen im Einzelfall besondere Gründe dafür). Die Datenschutzbehörde erklärte, sie werde zukünftig die Bildverarbeitungen ausschließlich auf Grundlage von Art. 5 und Art. 6 DS-GVO prüfen. Rechtliche Unklarheit herrscht weiterhin deshalb, weil in der nahezu zeitgleich mit den ersten Entscheidungen des BVwG ergangenen Entscheidung des öOGH dieser § 12 DSG noch für anwendbar hält (OGH 27.11.2019 – 6 Ob150/19f). Letztlich wird diese Frage abschließend vom EuGH zu klären sein. Aufgrund dieser in Österreich noch immer nicht abschließend beantworteten Rechtsfrage werden nachfolgend hauptsächlich die nationalen Bestimmungen der Bildverarbeitung erörtert. Verantwortliche sind, solange § 12 und § 13 DSG (zumindest teilweise) angewendet wird, gut beraten, die Rechtmäßigkeit einer Bildverarbeitung zunächst nach den Bestimmungen der DS-GVO zu beurteilen und danach zusätzlich die nationalen rechtlichen Besonderheiten zu beachten.

Die nachfolgende Darstellung beschäftigt sich mit Arbeitnehmerdaten im Kontext der Bildverarbeitung, konkret mit dem Einsatz einer Videoüberwachungsanlage in einer Betriebsstätte. Werden mittels Videoüberwachung personenbezogene Daten erhoben und handelt es sich dabei auch um Arbeitnehmerdaten, ist die Zulässigkeit dieser Vorgangsweise sowohl auf der **Ebene datenschutzrechtlicher als auch betriebsverfassungsrechtlicher Bestimmungen** zu prüfen. Die Rechtmäßigkeit muss dabei auf jeder Ebene gegeben sein. Aus der Einhaltung der datenschutzrechtlichen Bestimmungen folgt nicht automatisch die betriebsverfassungsrechtliche Zulässigkeit.

Auf **datenschutzrechtlicher Ebene** bestimmt der österreichische Gesetzgeber die Zulässigkeit einer Videoüberwachung auf Grundlage einer der in § 12 Abs. 2 DSG aufgezählten Erlaubnistatbestände. Für den Anwendungsfall der Videoüberwachung im Betrieb sind insbesondere die Ziffern 2 (Einwilligung der betroffenen Person) und 4 (im Einzelfall überwiegende berechtigte Interessen des Verantwortlichen oder eines Dritten, soweit die Verhältnismäßigkeit gegeben ist) einschlägig. Diese Erlaubnistatbestände werden in § 12 Abs. 3 DSG um Beispiele ergänzt, wobei Ziffer 2 dieses Absatzes die Zulässigkeit einer Videoüberwachung dann vorsieht, wenn sie für den vorbeugenden Schutz von Personen oder Sachen an öffentlich zugänglichen Orten, die dem Hausrecht des Verantwortlichen unterliegen, aufgrund bereits erfolgter Rechtsverletzungen oder eines in der Natur des Ortes liegenden besonderen Gefährdungspotenzials erforderlich ist. Bei dieser Ziffer handelt es sich um eine im Hinblick auf den Erlaubnistatbestand § 12 Abs. 2 Ziff. 4 DSG auf gesetzlicher Ebene vorgenommene Interessensabwägung.

Verboten sind Bildaufnahmen gem. § 12 Abs. 4 DSG u.a. dann, wenn sie ohne ausdrückliche Einwilligung den höchstpersönlichen Lebensbereich einer betroffenen Person erfassen oder zum Zweck der Kontrolle der Arbeitnehmer eingesetzt werden. Letzteres Verbot zielt auf die Leistungskontrolle der Mitarbeiter im Sinne der Einhaltung des vertraglich Geschuldeten (Anwesenheitskontrolle, Arbeitszeit, Qualitätssicherung) und nicht auf die Kontrolle von Objekten an Arbeitsstätten (zB Kassenräumen, Maschinen) ab (vgl. Grünanger/Goricnik Arbeitnehmer-Datenschutz und Mitarbeiterkontrolle/Grünanger S. 220).

Für die **betriebsverfassungsrechtliche Rechtmäßigkeit** ist in einem ersten Schritt zu prüfen, ob im Betrieb ein Betriebsrat eingerichtet ist. Davon hängt ab, ob über die Einrichtung der Videoüberwachungsanlage eine **Betriebsvereinbarung mit dem Betriebsrat** (§§ 96 Abs. 1 Ziff. 3 und 96a Abs. 1 Ziff. 1 ArbVG) oder eine **Einzelvereinbarung mit jedem Arbeitnehmer** (§ 10 Abs. 1 AVRAG) zu schließen ist.

Besteht ein Betriebsrat, ist in einem zweiten Schritt zu prüfen, welche der zwei zur Verfügung stehenden Betriebsvereinbarungsarten anzuwenden ist: § 96 Abs. 1 Ziff. 3 oder § 96a Abs. 1 Ziff. 1 ArbVG. In beiden Fällen handelt es sich um notwendige Betriebsvereinbarungen, die Videoüberwachung darf somit ohne Zustimmung des Betriebsrats nicht erfolgen. Eine Betriebsvereinbarung gem. § 96a ArbVG kann jedoch durch Entscheidung der Schlichtungsstelle erzwungen werden, wohingegen § 96 ArbVG nicht erzwingbar ist und damit als stärkere Bestimmung vorgeht, wenn ein Sachverhalt unter beiden Tatbeständen subsumierbar ist. Je nach Ausgestaltung der Videoüberwachungsanlage kann es aber auch sein, dass gar keine Betriebsvereinbarung geschlossen werden muss (Überwachung außerhalb der Arbeitszeiten; Überwachung von Maschinen oder von Bereichen, zu denen Mitarbeiter keinen Zugang haben).

**§ 96 Abs. 1 Ziff. 3 ArbVG** erlaubt die Einführung von Kontrollmaßnahmen und **technischen Systemen zur Kontrolle der Arbeitnehmer,** wenn dadurch die **Menschenwürde** der Arbeitnehmer **berührt** wird. Unerheblich ist, ob der Arbeitgeber durch die Videoüberwachung einen bestimmten Kontrollzweck verfolgt, da die bloße Überwachungseignung des Systems bereits ausreicht. Das Kriterium „Menschenwürde" ist zwar ein unbestimmter Begriff, für die Beurteilung jedoch maßgeblich: Ob die Menschenwürde berührt wird, hängt wesentlich von der konkreten Ausgestaltung und Art der Durchführung der Videoüberwachung ab und soll zB dann gegeben sein, wenn ein Arbeitnehmer den größten Teil seiner Arbeitszeit von einer Videokamera erfasst sind, ohne ihr ausweichen zu können (zB Kassierer im Supermarkt). Wird die Menschenwürde nicht berührt (wenn sich bspw. der Arbeitnehmer frei entscheiden kann, ob er einen überwachten Betriebsbereich betritt oder nicht), bedarf es keiner Betriebsvereinbarung gem. § 96 Abs. 1 Ziff. 3 ArbVG (möglicherweise jedoch nach § 96a ArbVG). Hingegen würde eine durchgehende Videoüberwachung der Arbeitsplätze (bspw. zur Messung der Arbeitsleistung) oder aber eine Überwachung sensibler Bereiche (zB Umkleide, WC und Zugangsbereich zum WC) die Menschenwürde nicht bloß berühren, sondern verletzen und wäre daher absolut unzulässig (Gerhartl RdW 2018, 189).

Wird die Menschenwürde nicht einmal berührt, so kann eine Betriebsvereinbarung dennoch nach der (zu § 96 ArbVG subsidiären) Bestimmung des **§ 96a Abs. 1 Ziff. 1 ArbVG** notwendig sein: Anwendungsfall dieser Bestimmung sind Systeme, die zur automationsunterstützten Ermittlung, Verarbeitung und Übermittlung von personenbezogenen Daten der Arbeitnehmer eingesetzt werden. Dass die Erfassung von Mitarbeiterdaten nur beiläufig erfolgt bzw. ein Nebeneffekt der (etwa zum Zwecke des Objektschutzes durchgeführten) Videoüberwachung ist, schließt deren Subsumtion unter § 96a Abs. 1 Ziff. 1 ArbVG nicht aus (Gerhartl RdW 2018, 189). Des Weiteren ist nicht relevant, ob damit ein Kontrollzweck verfolgt wird, denn die Bestimmung stellt auf die objektive Eignung der Anwendung ab. Hiervon ausgenommen bleiben die automationsunterstützte Ermittlung, Verarbeitung und Übermittlung von personenbezogenen Daten, wenn sie lediglich allgemeine Angaben zur Person des Arbeitnehmers und seiner fachlichen Voraussetzungen zum Gegenstand haben oder der Arbeitgeber zu deren tatsächlicher oder vorhergesehener Verwendung rechtlich verpflichtet ist. Als Grundlage für eine solche Verpflichtung kommen Gesetze, Normen der kollektiven Rechtsgestaltung und der Arbeitsvertrag selbst infrage (Löschnigg/Tischitz jusIT 2018, 57; Gerhartl RdW 2018, 189). Verpflichtungen im Sinne dieser Bestimmung können grundsätzlich solche nach dem Datenschutzrecht, aber auch zwingende Rechtsverpflichtungen wie die Fürsorgepflicht des Arbeitgebers sein (bspw. der Schutz der körperlichen Integrität oder vermögensrechtlicher Interessen). Das Kriterium der „allgemeinen Angaben des Arbeitnehmers" könnte etwa vorliegen, wenn eine Videoüberwachung als einzige mitarbeiterbezogene Information das Aussehen erfasst und lediglich in unsystematischen Anlassfällen (etwa bei einem gemeldeten Diebstahl) auch der Zeitpunkt des Betretens oder Verlassens des überwachten Bereichs festgestellt wird. Denn das Aussehen eines bestimmten Arbeitnehmers wird dem Arbeitgeber in der Regel bekannt sein und daher eine „allgemeine Angabe" darstellen (Gerhartl RdW 2018, 189).

Hat der erste Prüfungsschritt ergeben, dass es sich um einen **betriebsratslosen Betrieb** handelt, ist weiterhin zu prüfen, ob eine **Einzelvereinbarung mit jedem Arbeitnehmer** abzuschließen ist. Auch hier ist die Unterscheidung zwischen den beiden Betriebsvereinbarungsarten relevant: Wäre in einem Betrieb mit Betriebsrat hinsichtlich einer Videoüberwachungsanlage der Abschluss einer Betriebsvereinbarung gem. § 96 Abs. 1 Ziff. 3 ArbVG notwendig, so bedarf es gem. **§ 10 Abs. 1 AVRAG** an Stelle dieser Betriebsvereinbarung der Zustimmung jedes einzelnen Arbeitnehmers. Wäre die Videoüberwachung jedoch lediglich unter § 96a Abs. 1 Ziff. 1 ArbVG zu subsumieren (weil sie die Menschenwürde der Arbeitnehmer nicht berührt), gibt es mangels eines Gegenstücks zu dieser Bestimmung für betriebsratslose Betriebe keine Zustimmungspflicht. Die Videoüberwachungsanlage kann aus betriebsverfassungsrechtlicher Sicht ohne Mitbestimmung der Arbeitnehmer eingesetzt werden.

Bei der folgenden Darstellung handelt es sich um ein Muster, das den Einsatz einer Videoüberwachungsanlage im Betrieb sowohl in Form einer Betriebsvereinbarung (§§ 96 Abs. 1 Ziff. 3 und 96a Abs. 1 Ziff. 1 ArbVG) als auch in Form einer Einzelvereinbarung (§ 10 Abs. 1 AVRAG) regelt. In den Klammerbegriffen wird jeweils darauf hingewiesen, zu welchem „System" der jeweilige Begriff oder Absatz gehört. Das Formular ist sorgfältig auszufüllen. Der Anwender hat besonders darauf zu achten, dass nur die zu seinem gewählten Anwendungsfall gehörenden Begriffe enthalten bleiben und die anderen Begriffe und Klammern entfernt werden. Zur allgemeinen Überprüfung der Aspekte, die bei einer Videoüberwachung in Betriebsstätten zu berücksichtigen sind, kann auf die Checkliste zur Videoüberwachung (→ Form. H. III. 1.) zurückgegriffen werden.

## Betriebs- oder Einzelvereinbarung über die Videoüberwachung einer Betriebsstätte

abgeschlossen zwischen
[Name des Unternehmens]
[Adresse]
als Arbeitgeber und Betriebsinhaber
im Folgenden kurz „Arbeitgeber" genannt
und
[Im Fall einer Einzelvereinbarung:]
[Name]
[Adresse]
im Folgenden kurz „Arbeitnehmer" genannt]
[Im Fall einer Betriebsvereinbarung:
dem Betriebsrat [des/der Unternehmen/s]
im Folgenden kurz „Betriebsrat" genannt]
wie folgt:

### Präambel

(1) Diese [Betriebs]Vereinbarung regelt die Nutzung und den Umgang mit den durch die Verwendung des Videoüberwachungssystems ermittelten Daten. Dem Arbeitnehmer [im Fall einer Betriebsvereinbarung: „Den Arbeitnehmern"] soll im Zusammenhang mit den genannten Videoaufnahmen eine menschenwürdige Behandlung gewährleistet werden. Gleichzeitig soll es möglich sein, sicherheitsrelevante Vorgänge zu beobachten bzw. zu rekonstruieren.

(2) Zur leichteren Lesbarkeit wird auf die Nennung aller Geschlechter verzichtet. Es wird darauf hingewiesen, dass die verwendeten Begriffe alle Geschlechter gleichermaßen erfassen sollen.

### § 1 Geltung

Arbeitgeber und [Arbeitnehmer/Betriebsrat] schließen am heutigen Tag diese [Betriebs]Vereinbarung über die Videoüberwachung[1] im Innen- und Außenbereich des Betriebsstandorts [Standort] ab. Öffentlicher Straßenraum wird nicht erfasst.[2]

[Im Fall einer Einzelvereinbarung[3]: Diese Vereinbarung tritt mit Unterfertigung in Kraft. Sie gilt für die Dauer des Arbeitsverhältnisses zwischen dem Arbeitgeber und dem Arbeitnehmer[4]]

[Im Fall einer Betriebsvereinbarung[5]: Rechtsgrundlage dieser Betriebsvereinbarung ist § 96 Abs. 1 Ziff. 3 ArbVG.[6] Diese Betriebsvereinbarung gilt für alle Arbeitnehmer [Angestellte und/oder Arbeiter][7] des Arbeitgebers am Betriebsstandort [Standort]. Sie tritt am [Datum] in Kraft. Die Vereinbarung wird auf unbefristete Dauer abgeschlossen. Sie kann vom Arbeitgeber und vom Betriebsrat unter Einhaltung einer Kündigungsfrist von [Frist] zum [Kündigungstermin] schriftlich gekündigt werden.]

§ 2 Systembeschreibung

(1) Die an der Betriebsstätte verwendeten, fix montierten Videoüberwachungssysteme werden in der Systembeschreibung in Beilage ./A[8] hinsichtlich ihrer Funktion und Einsatzweise beschrieben. Diese Beilage ist kein integraler Bestandteil[9] dieser Vereinbarung.

(2) Der Arbeitgeber hat das Recht, die verwendeten Systeme stets auf dem aktuellen Stand der Technik zu halten. Software-Releasewechsel eines Videosystems sind umgehend dem [Arbeitnehmer/Betriebsrat] zu melden. Kommt es dabei zu einer grundlegenden Funktionsänderung des Systems, wird der Arbeitgeber die Zustimmung des [Arbeitnehmers/Betriebsrates] einholen und Beilage ./A entsprechend abändern.

§ 3 Zweck und Grund der Videoüberwachung[10]

(1) Der Arbeitgeber setzt Videoüberwachungsanlagen zu folgenden Zwecken ein:
- Die Installation soll präventiv abschreckende Wirkung entfalten und so zum Schutze des Hausrechts Straftaten wie Einbrüche, Sachbeschädigungen oder Vandalismus abwenden und den Zutritt Unbefugter unterbinden. Insbesondere findet hierfür eine Überwachung im Außenbereich statt, um die Abschreckungswirkung zu verstärken.
- Eine Überwachung mittels Videoanlage findet des Weiteren zum Schutze des Eigentums von Arbeitnehmern, Kunden und sonstigen anwesenden Personen vor Beschädigung, Diebstahl und anderen schädigenden Ereignissen sowie zum Schutze der körperlichen Sicherheit dieser Personen statt.

[Im Fall von Logistikbetrieben: – Ein weiteres Ziel der Videoüberwachungsanlage ist die Verhinderung sowie Aufklärung von Sendungsverlusten, Sendungsbeschädigungen sowie Inhaltsschmälerungen.]
- Sollte es zu Straftaten (Einbrüche, Sachbeschädigungen, usw), Unfällen oder zivilrechtlichen Ansprüchen kommen, soll die Videoüberwachungsanlage der Aufklärung dienen. Die Videoüberwachung soll primär generalpräventive Wirkung erfüllen, aber auch Beweise sichern hinsichtlich jener Handlungen, die straf- oder zivilrechtliche Konsequenzen nach sich ziehen können.

(2) Die Videoüberwachungsanlage wird insbesondere eingesetzt, weil in den letzten Jahren [eingebrochen wurde, wodurch erheblicher Sachschaden entstanden ist]; [zahlreiche Reklamationen aufgrund nicht erhaltener oder unvollständiger Warensendungen erfolgten]; [Betriebsunfälle geschahen, deren Ablauf mangels Aufzeichnung nicht nachvollziehbar waren]; [Verluste im Warenbestand auftraten, die auf Diebstähle durch Mitarbeiter hindeuten]; [anderweitige Gründe].

(3) Die im vorhergehenden Absatz genannten Gründe für die Einführung der Videoüberwachungsanlage konnten auch nicht durch die bisher ergriffenen Maßnahmen abgewendet werden. So wurde insbesondere das Betriebsgelände mit einem Zaun umgrenzt; es finden Torkontrollen statt; jede Nacht wird das Gelände mehrmals durch einen Sicherheitsmann kontrolliert, [Nennung anderweitiger Maßnahmen]. Gelindere Mittel waren daher bisher nicht erfolgreich in der Vermeidung von Straftaten und Ähnlichem.

(4) Mit der Videoüberwachung werden keine arbeitsrechtlichen Kontrollen der Arbeitnehmer durchgeführt.[11] So ist etwa die Erstellung von Profilen nicht zulässig. Zugriffe bzw. Auswertungen erfolgen nur im Anlassfall zur Sicherung von Beweisen im Rahmen von Ermittlungen aufgrund begründeter Verdachtsfälle auf Straftaten oder Vertragsverletzungen.

§ 4 Umfang der Videoüberwachung

(1) Die Videoüberwachungsanlagen werden so montiert, dass ausschließlich allgemeine Verkehrsflächen und Lagerräume der Betriebsstätte videoüberwacht werden, nicht aber fixe Arbeitsplätze (etwa Büros). Toiletten, Sanitärbereiche und Pausenräume dürfen nicht videoüberwacht werden. Bei der Montage und Justierung der Videokameras ist darauf zu achten, dass Arbeitsbereiche nur erfasst werden dürfen, wenn dies für die Erreichung der in dieser Vereinbarung angegebenen Überwachungszwecke erforderlich ist.[12]

(2) Die Videoüberwachung ist laufend möglich. Aktiviert wird die Aufzeichnung der einzelnen Videoüberwachungsanlagen jedoch erst über Bewegungen im jeweiligen Bildausschnitt. Die Aufzeichnungen sind auf Bildaufzeichnungen sowie Datum und Uhrzeit der Aufnahme beschränkt. Andere (bspw. akustische) Aufzeichnungen werden nicht durchgeführt [oder: sind technisch nicht möglich].

(3) Alle im Zusammenhang mit dieser Vereinbarung ermittelten und gespeicherten Daten werden, sofern sie nicht aus konkretem Anlass für die Verwirklichung der zugrunde liegenden und in diesem Dokument angeführten Schutz- oder Beweissicherungszwecke benötigt werden, für 72 Stunden ab dem Tag der Aufzeichnung gespeichert und danach gelöscht.[13]

(4) In Beilage ./A sind jene Kamerastandorte angeführt, an denen zum Zeitpunkt des Abschlusses dieser Betriebsvereinbarung bereits Überwachungskameras montiert, nicht aber in Betrieb genommen wurden. Sollten nach Abschluss der gegenständlichen Vereinbarung weitere Kameras installiert oder die Überwachungsbereiche einzelner Kameras verändert werden, so wird der Arbeitgeber diesbezüglich die Zustimmung des [Arbeitnehmers/Betriebsrats] einholen und Beilage ./A entsprechend ergänzen bzw. abändern.

[Im Fall einer Betriebsvereinbarung:

§ 5 Information und Transparenz

(1) Diese Betriebsvereinbarung und die Tatsache der allfälligen Aufzeichnung von personenbezogenen Daten im Zusammenhang mit der Videoüberwachung ist allen Mitgliedern des betroffenen Personenkreises – auch neu eintretenden Arbeitnehmern – vom jeweiligen Vorgesetzten zur Kenntnis zu bringen [und jederzeit im Intranet abrufbar].

(2) Es werden Hinweisaufkleber so angebracht, dass die Betroffenen vor dem Betreten eines überwachten Bereichs, insbesondere im Eingangsbereich der Betriebsstätte und [weitere Bereiche] auf das Vorhandensein einer Videoüberwachungsanlage hingewiesen werden. Musterexemplare der Hinweisaufkleber sind in Beilage ./A enthalten.]

§ 6 Zugriffsberechtigung und Verfahren bei Auswertung der Aufzeichnungen

(1) Die aufgezeichneten Daten werden so gespeichert, dass nur die zur Wartung und Administration der Videoüberwachung berechtigten Personen Zugriff haben. Diese Berechtigung haben der Leiter der IT-Abteilung, die jeweiligen Betriebsleiter sowie die Geschäftsführung der Betriebsstätte. [Im Fall einer Betriebsvereinbarung: Änderungen hinsichtlich der berechtigten Personen werden dem Betriebsrat bekannt gegeben.]

(2) Allfällige Mitarbeiter von Servicefirmen haben auf Wartungs- und Einstellungsarbeiten unter Aufsicht der berechtigten Personen beschränkten Zugriff auf die Videoüberwachungsanlage.

(3) Eine Auswertung der Videoaufzeichnungen darf ausschließlich zur Sicherung von Beweisen im Rahmen von Ermittlungen vorgenommen werden aufgrund eines begründeten Verdachts auf Handlungen, die straf- oder zivilrechtliche Konsequenzen nach sich ziehen könnten. [Im Fall einer Betriebsvereinbarung: Über eine solche Auswertung ist der Betriebsrat vorab auf eine Weise zu informieren, die einem Vertreter die Teilnahme an derselben ermöglicht.]

(4) Jeder Arbeitnehmer hat das Recht, Auskunft über alle ihn betreffenden Kontrollergebnisse zu erhalten und die ihn betreffenden Aufnahmen anzusehen. Eine Auskunft kann formlos beantragt werden. Werden aufgrund dieser Aufnahmen den Arbeitnehmer betreffende Vorwürfe erhoben, hat der Arbeitnehmer das Recht, zu diesen Vorwürfen Stellung zu nehmen. Bei Ermittlungen bzw. Verdachtsfällen auf strafbare Handlungen können die Videodaten der entsprechenden überwachten Bereiche für die Dauer der Ermittlungen bzw. des Verfahrens länger als in der in § 4 Abs. 3 genannten Frist aufbewahrt werden. In diesem Fall wird ein Datenexport [im Fall einer Betriebsvereinbarung: im Beisein des Betriebsrats] vorgenommen und protokolliert. Nach Einstellung der Ermittlungen bzw. nach Beendigung des Verfahrens wegen einer strafbaren Handlung sind die entsprechenden Videodaten unverzüglich zu löschen. Dasselbe gilt, wenn der Arbeitgeber den Fall nicht weiterverfolgt.

(5) Nach einem sicherheitsrelevanten Vorfall (zB Einbruchsdiebstahl, Sachbeschädigung etc) kann die Auswertung der Aufzeichnungen unverzüglich erfolgen, um den zuständigen (Sicherheits-)Behörden sofort die Aufzeichnung für die Fahndung zur Verfügung zu stellen.

(6) Alle Beteiligten sind zur Wahrung der Vertraulichkeit und Geheimhaltung der ihnen bekannt gewordenen Tatsachen und personenbezogenen Daten verpflichtet.

§ 7 Protokollierungspflicht[14]

Jede Einsichtnahme in die Aufzeichnungen ist in einem Protokoll unter Angabe der Namen der Einsicht nehmenden Personen, des Datums, der Uhrzeit und des

Grundes für die Einsichtnahme festzuhalten. Dies gilt auch für den Zugriff durch Techniker der Servicefirma (§ 8 Abs. 2).

§ 8 Übermittlung der personenbezogenen Daten

(1) Zu den oben genannten Zwecken wird der Arbeitgeber die personenbezogenen Daten[15] einer von der Videoüberwachungsanlage aufgenommenen Person an folgende Empfänger übermitteln:

(2) Das Unternehmen [Unternehmen], das die Videoüberwachungsanlage betreibt und wartet. Eine Vereinbarung als Auftragsverarbeiter gem. Art. 28 DS-GVO wurde abgeschlossen und das Unternehmen hat folgende Zertifizierungen vorgewiesen: [Zertifizierungen]. Im Schadensfalle nimmt dieses Unternehmen Einsicht in die Videoaufnahmen, um Feststellungen über den Täter treffen zu können. Sind relevante Aufnahmen enthalten, werden diese an die Geschäftsleitung weitergegeben, die über die weitere Verwertung entscheidet.

[ODER: (2) Der Betrieb und die Wartung der Videoüberwachungsanlage wird von der internen Abteilung [Name der Abteilung] übernommen. Im Schadensfalle werden die Videoaufnahmen nur durch den Abteilungsleiter bzw. seine Stellvertreter eingesehen, um Feststellungen über den Täter treffen zu können. Sind relevante Aufnahmen enthalten, werden diese an die Geschäftsleitung weitergegeben, die über die weitere Verwendung entscheidet.]

Anlagen:
Beilage ./A Systembeschreibung, Kamerastandorte, Muster der Hinweisschilder
[Datum, Unterschriften]

Beilage ./A Systembeschreibung
Es sind Videoaufzeichnungsgeräte des Herstellers [Firma] im Einsatz. Jede Videokamera ist einem Recorder zugeordnet. Die Videoanlage zeichnet optische Videoaufnahmen sowie Datum und Zeit der Aufnahmen auf und ist nicht zum Erstellen von Profilen geeignet.
Die Aufzeichnung der [digital/analog] aufgenommenen Bilder erfolgt digital, und zwar auf [Speichermedium, zB Festplatte]. Der Zugriff auf die Aufzeichnungen erfolgt mittels [Zugang, Berechtigung, zB HTTP-Zugriff oder direkt am Recorder durch Eingabe des Benutzernamens und des jeweiligen Passworts].
Kamerastandorte
[konkrete Aufzählung mit der jeweiligen Funktion (Zoom, schwenkbar etc)]
Muster der Hinweisaufkleber
Auf das Vorhandensein der Videoüberwachungsanlage wird durch folgende Hinweisschilder hingewiesen:
[Musterexemplar]

## Anmerkungen

**1. Videoüberwachung.** Die Zulässigkeit einer Überwachung ist gesondert sowohl datenschutzrechtlich nach DS-GVO bzw. DSG als auch arbeitsrechtlich nach dem ArbVG zu prüfen (vgl. Grünanger/Goricnik Arbeitnehmer-Datenschutz und Mitarbeiterkontrolle/Grünanger S. 211). Nach Art der Anwendung kann zwischen bloßer Bildübertragung ohne Aufzeichnung und Videoüberwachung mit Aufzeichnung der Daten unterscheiden werden. Ersteres stellt einen weniger intensiven Eingriff in die Interessen der betroffenen Person dar und es wird argumentiert, dass die Überwachung ohne Speicherung („verlängertes Auge") keine Datenverarbeitung darstellt und somit nicht in den Anwendungsbereich der DS-GVO fällt (vgl. Grünanger/Goricnik Arbeitnehmer-Datenschutz und Mitarbeiterkontrolle/Grünanger S. 203f., 212). Dagegen spricht die ausdrückliche Erwähnung der sog. „Echtzeitüberwachung" in § 13 Abs. 2 DSG, wonach diese nicht der Protokollierungspflicht unterliegt. A priori kann eine Echtzeitüberwachung somit nicht vom Anwendungsbereich der DS-GVO und des DSG ausgeschlossen sein (Knyrim/Kastelitz/Hötzendorfer/Tschohl DS-GVO Art. 6 Rn. 82). Nicht anzuwenden ist die DS-GVO, wenn keine Personen erfasst werden, weil bspw. nur maschinelle Arbeitstätigkeiten überwacht werden. Des Weiteren ist sie nicht anzuwenden, wenn erfasste Personen aufgrund der schlechten Auflösung nicht erkennbar erfasst werden (zB Wetterkamera) oder nicht identifizierbar iSd Art. 4 Nr. 1 DS-GVO sind (Grünanger/Goricnik Arbeitnehmer-Datenschutz und Mitarbeiterkontrolle/Grünanger S. 212). Vom Anwendungsbereich des § 12 DSG können die genannten Fälle jedoch erfasst sein, da die Definition des Abs. 1 sehr weit gefasst ist: Demnach ist eine „Bildaufnahme" die durch Verwendung technischer Einrichtungen zur Bildverarbeitung vorgenommene Feststellung von Ereignissen im öffentlichen oder nicht-öffentlichen Raum zu privaten Zwecken, wobei dazu auch mitverarbeitete akustische Informationen zählen. Sie umfasst somit auch Fotos und Videoaufnahmen von Digitalkameras und Smartphones. § 12 DSG stellt jedoch auf die „Feststellung von Ereignissen" ab, ein Ereignis wird als beobachtbares Geschehen einer zu erwartenden Änderung in der Außenwelt verstanden. Liegt daher kein Ereignis vor (argumentiert wird dies etwa bei Mitarbeiterporträtfotos), fällt die Verarbeitung nur in den Anwendungsbereich der DS-GVO, nicht aber in den des DSG (Grünanger/Goricnik Arbeitnehmer-Datenschutz und Mitarbeiterkontrolle/Grünanger S. 212f.). Allerdings soll der Begriff „Bildaufnahme" im DSG weit ausgelegt werden und auch bloße Aufzeichnungen erfassen, die zwar ein bestimmtes Objekt oder eine bestimmte Person zum Inhalt haben, aber nicht auf eine „Überwachung" abzielen (ErlAB 1761 BlgNR 25. GP, 8). In arbeitsrechtlicher Hinsicht stellen die Bestimmungen zur Videoüberwachung des DSG nur die erste Grenze dar (Grünanger/Goricnik Arbeitnehmer-Datenschutz und Mitarbeiterkontrolle/Grünanger S. 230f.). Darüber hinaus ist die Zulässigkeit einer Videoüberwachung nach den Bestimmungen des ArbVG zu prüfen. Gem. § 96 Abs. 1 Ziff. 3 ArbVG unterliegt die „Einführung von Kontrollmaßnahmen und technischen Systemen zur Kontrolle der AN", sofern diese Maßnahmen (Systeme) die „Menschenwürde berühren", der notwendigen Mitbestimmung, also dem Abschluss einer Betriebsvereinbarung. Diese Kriterien sind auf arbeitsrechtlicher Ebene zu beurteilen. Ist eine Form der notwendigen Mitbestimmung des Betriebsrats anzunehmen, so stellt der Abschluss einer Betriebsvereinbarung jedenfalls auch eine Prämisse für die rechtliche Zulässigkeit der Datenanwendung dar. Das Datenschutzrecht greift aber nicht in das Betriebsverfassungsrecht ein. Denn die Frage der datenschutzrechtlichen Zulässigkeit ist aus arbeitsrechtlicher Sicht für die Beurteilung und Einordnung solcher Datenanwendungen grundsätzlich irrelevant. Der Schutzzweck des Betriebsverfassungsrechts, welcher primär auf die Mitbestimmung und Wahrung der Interessen der Belegschaft gerichtet ist, geht damit über den

Zweck der Wahrung der Geheimhaltungsinteressen Betroffener, so wie er dem Datenschutzrecht zugrunde liegt, deutlich hinaus (Löschnigg/Tischitz jusIT 2018, 57).

**2. Öffentlicher Straßenraum.** Als öffentlicher Raum wird jener Bereich definiert, der jedermann ohne Einschränkung zugänglich ist und in dem Zutrittskontrollen nur aus besonderem Anlass durchgeführt werden dürfen (DSK 3.10.2007 – K600.041–044/0003-DVR/2007). Sollte öffentlicher Straßenraum doch erfasst werden, ist eine strengere Prüfung der Verhältnismäßigkeit vorzunehmen (VwGH 12.9.2016 – Ro 2015/04/0011; Thiele/Jahnel jusIT 2016, 106).

**3. Einzelvereinbarung.** Eine Einzelvereinbarung ist gem. § 10 AVRAG dann zu schließen, wenn im Unternehmen (Betrieb) kein Betriebsrat eingerichtet ist. Das heißt, wenn etwa die Schwelle der Betriebsratspflicht nicht erreicht ist oder sich kein Betriebsrat konstituiert hat. Besteht ein Betriebsrat, ist eine Vereinbarung über den Einsatz einer Videoüberwachungsanlage ausschließlich im Wege einer Betriebsvereinbarung zu schließen (notwendige Betriebsvereinbarung). Eine Einzelvereinbarung mit einem Arbeitnehmer wäre in letzterem Fall unwirksam. Die Zustimmung nach § 10 AVRAG sollte für eine gewisse Dauer vereinbart werden, da sie ansonsten jederzeit ohne Einhaltung einer Frist schriftlich widerrufen werden kann. Des Weiteren ist sie von einer allfälligen Zustimmung nach § 12 Abs. 2 Ziff. 2 DSG iVm Art. 7 DS-GVO zu unterscheiden. Datenschutzrechtlich sollte der Arbeitgeber aber ohnehin genau überlegen, ob er sich auf die Rechtsgrundlage der Einwilligung stützt, weil eine Einwilligung nach Art. 7 Abs. 3 DS-GVO jederzeit widerrufbar ist und eine Bindung der Einwilligung an eine Frist oder eine autonome Kündigungsregelung nicht möglich ist (→ Form. H. I.). Zustimmungserklärungen nach § 10 AVRAG und nach § 12 Abs. 2 Ziff. 2 DSG sollten daher nicht verbunden werden (Grünanger/Goricnik Arbeitnehmer-Datenschutz und Mitarbeiterkontrolle/Grünanger S. 233).

**4. Arbeitnehmerbegriff.** Mit Personen, welche nicht unter den Arbeitnehmerbegriff des AVRAG fallen (zB freie Dienstnehmer), ist der Abschluss einer solchen Einzelvereinbarung nach § 10 AVRAG nicht notwendig. Eine Regelung auf datenschutzrechtlicher Ebene muss natürlich trotzdem erfolgen. Man beachte aber, dass die in § 36 Abs. 2 Ziff. 3 ArbVG ausgenommenen „leitenden Angestellten" von § 10 AVRAG erfasst werden und mit diesen daher ggf. Einzelvereinbarungen geschlossen werden müssen (Neumayr/Reissner/Reissner AVRAG § 1 Rn. 3).

**5. Betriebsvereinbarung.** Datenschutz und Betriebsverfassung berühren sich nicht; eine Kompetenz für eine „Datenschutzbetriebsvereinbarung" besteht nicht. Betriebsvereinbarungen können daher weiterhin nur auf Basis der einschlägigen Tatbestände des ArbVG geschlossen werden, das auch nur die betriebsverfassungsrechtliche Ebene regelt (dazu ausf. Körber-Risak/Brodil Datenschutz und Arbeitsrecht/Körber-Risak S. 59). Die Thematik der Videoüberwachung ist daher nach wie vor auf zwei getrennten Ebenen zu betrachten und deren jeweilige Rechtskonformität getrennt zu prüfen.

**6. Kriterien des Arbeitsverfassungsgesetzes.** Damit eine Videoüberwachungsanlage dem § 96 Abs. 1 Ziff. 3 ArbVG unterliegt, muss es sich um ein technisches System handeln, egal ob die Aufnahme analog oder digital oder lediglich eine Echtzeitwiedergabe ohne Aufnahme erfolgt. Nicht erfasst sind anlassbezogene Überwachungen zu Beweissicherungszwecken (Grünanger/Goricnik Arbeitnehmer-Datenschutz und Mitarbeiterkontrolle/Grünanger S. 230). Dabei kommt es lediglich darauf an, ob die auf Dauer angelegte Vorkehrung es konkret ermöglicht, Arbeitnehmer zu überwachen. Es reicht die objektive Eignung zur Kontrolle von Arbeitnehmern, auch wenn dem Betriebsinhaber jede Kontrollabsicht fehlt (Neumayr/Reissner/Reissner ArbVG § 96 Rn. 22). Als zweites Element muss die Videoüberwachungsanlage die Menschenwürde der betroffenen Arbeitnehmer berühren. Eine Berührung der Menschenwürde liegt vor, wenn Videokameras bzw. Videoanlagen nicht ausschließlich der Überwachung von Betriebseingängen, Betriebsanlagen etc dienen, sondern auch nicht nur ausnahmsweise und mehr oder weniger zufällig die dort beschäftigten Arbeitnehmer erfassen (Reissner/Neumayr/Reissner ZellHB BV Besonderer Teil 3. BV Rn. 3.20). Wird die Menschenwürde aber nicht nur berührt, sondern sogar verletzt, ist eine Betriebsvereinbarung über eine solche Maßnahme unzulässig. Eine solche Verletzung liegt etwa vor, wenn ein Mitarbeiter ständig von einer Kamera erfasst wird, ohne sich ihr entziehen zu können oder wenn Orte, die zum höchstpersönlichen Lebensbereich gezählt werden können (zB Umkleideräume), überwacht werden (Grünanger/Goricnik Arbeitnehmer-Datenschutz und Mitarbeiterkontrolle/Grünanger S. 231). Nicht einmal berührt soll die Menschenwürde sein, wenn ein Mitarbeiter nur selten und eher zufällig in den Aufnahmebereich einer Kamera gelangt (zB Verladebereich, Zugang zu geschützten Bereichen), das Erfassen somit ein Nebenprodukt der Überwachung darstellt (Grünanger/Goricnik Arbeitnehmer-Datenschutz und Mitarbeiterkontrolle/Grünanger S. 233; Neumayr/Reissner/Reissner ArbVG § 96 Rn. 25).

**7. Verschiedene Betriebsräte.** Existieren für Angestellte und Arbeiter getrennte Betriebsräte, sind nur jene Arbeitnehmer (Angestellte oder Arbeiter) erfasst, deren Betriebsrat die Vereinbarung abschließt. Es kann daher notwendig sein, mehrere Betriebsvereinbarungen abzuschließen, um sämtliche Arbeitnehmer zu erfassen.

**8. Systembeschreibung.** Auszuführen ist die Art der Videokameras, welche Art von Speicherung (Ringspeicherung oder dauerhafte Speicherung). Wenn die Kamerasysteme auch Zoom- oder Schwenkfunktion haben sollen, muss dies besonders begründet werden (vgl. Kriterien für die Verhältnismäßigkeitsprüfung einer Videoüberwachungsanlage EGMR 17.10.2019 – 1874/13 u. 8567/13, NZA 2019, 1697). Grundsätzlich muss der Arbeitgeber solchen technischen Systemen den Vorzug geben, die den größten Schutz der personenbezogenen Daten bieten und nur technische Funktionen aufweisen, die für die Zwecke der Datenverarbeitung notwendig sind. Bereitgestellte, aber nicht notwendige Funktionen (zB unbegrenztes Bewegen und Schwenken der Videokamera, Zoom-Funktionen, Audioaufzeichnungen) müssen deaktiviert werden (EDSA-Leitlinien 3/2019 zur Verarbeitung personenbezogener Daten durch Videogeräte). Aufzeichnungssysteme, die lediglich technische Arbeitsprozesse aufnehmen/überwachen, fallen nicht unter die DS-GVO bzw. das DSG, wenn bzw. soweit dabei keine Personen aufgenommen werden und keine Rückschlüsse auf das Arbeitsverhalten betroffener Personen möglich sind.

**9. Beilage als integraler Bestandteil.** Der Arbeitgeber hat gem. § 2 Abs. 2 dieser Vereinbarung das Recht, die verwendeten Systeme stets auf dem aktuellen Stand der Technik zu halten. Ist es dazu notwendig, bspw. eine defekte Videokamera auszutauschen, muss ggf. die Systembeschreibung (hier: Beilage ./A) hinsichtlich der neuen Seriennummer bzw. hinsichtlich der Produktbezeichnung geändert werden. Damit für eine derartige „Änderung" der Systembeschreibung nicht die Zustimmung des Betriebsrats (erneut) eingeholt werden muss, sollte die Systembeschreibung kein integraler Bestandteil der Betriebsvereinbarung sein. Ansonsten käme es zu einer Änderung nicht nur der Systembeschreibung (als Beilage), sondern eben der gesamten Betriebsvereinbarung. Nimmt der Arbeitgeber gravierendere Änderungen vor, bspw. die Installation einer zusätzlichen Videokamera, ist diese – anders als eine reine Änderung der Seriennummer bzw. Produktbezeichnung der Videokamera – nicht von der Betriebsvereinbarung umfasst. Für derartige, grundlegende Funktionsänderungen des Systems hat der Arbeitgeber die Zustimmung des Betriebsrats einzuholen.

**10. Einrichtungskriterien der Videoüberwachungsanlage.** Der EuGH hat in einem Vorabentscheidungsverfahren zur Auslegung der Art. 6 Abs. 1 lit. c und Art. 7 lit. f DS-RL und der Art. 8 und 52 GRCh (EuGH 11.12.2019 – C-708/18, ZD 2020, 148 mAnm Lachenmann ZD 2020, 150) Kriterien für die Einrichtung einer Videoüberwachungsanlage auf einem Privatgrundstück (im Eigentum einer Privatperson, eines Unternehmens oder einer Wohnungseigentümergemeinschaft) festgelegt: Ohne Einwilligung der erfassten Personen sind zur Zulässigkeit insbesondere klare Zweckfestlegungen, zu denen der Schutz und die Sicherheit von Personen und Eigentum zählen, notwendig. Die Festlegung dieser Zwecke hat zu Beginn der Videoüberwachung zu erfolgen, wobei sie nicht „hypothetisch" sein dürfen, es aber auch nicht notwendig ist, dass zuvor eine Beeinträchtigung der Sicherheit oder des Eigentums stattgefunden hat. Diese Zwecke bilden ein berechtigtes Interesse im Rahmen der Interessensabwägung. Die Aufzeichnungen müssen sich dabei auf das zur Zweckerreichung absolut notwendige Maß beschränken und der Verantwortliche hat zuvor zu prüfen, ob nicht gelindere Mittel zur Zweckerreichung zur Verfügung stehen (zB Zugangsbeschränkung mittels Gegensprechanlage und Magnetkarte oder zeitliche und räumliche Einschränkungen). Ferner lässt der EuGH die „berechtigten Erwartungen einer betroffenen Person" in die Interessensabwägung einfließen, nämlich ob die betroffene Person vernünftigerweise mit einer Weiterverarbeitung der Daten rechnen kann. Wie schwer durch eine Datenverarbeitung die Grundrechte der betroffenen Personen beeinträchtigt werden, hängt dabei auch davon ab, ob die verarbeiteten Daten öffentlich zugänglich sind oder nicht. Denn die Verarbeitung von Daten aus öffentlicher Quelle ist in viel weiterem Umfang zulässig als die Verarbeitung von Daten aus einer nichtöffentlichen Quelle (vgl. Lachenmann ZD 2020, 148).

**11. Arbeitsrechtliche Kontrollen.** Hier ist insbesondere § 12 Abs. 4 Ziff. 2 DSG zu beachten, demnach eine Bildaufnahme zum Zweck der Kontrolle der Arbeitnehmer unzulässig ist. Eine Überprüfung (Leistungskontrolle) wäre somit nicht zulässig, eine anlassbezogene Kontrolle, zB wegen des konkreten Verdachts auf strafbare Handlungen, jedoch schon (Grünanger/Goricnik Arbeitnehmer-Datenschutz und Mitarbeiterkontrolle/Grünanger S. 230).

**12. Erfassung von Arbeitsbereichen.** Werden Arbeitsbereiche von Arbeitnehmern erfasst, ist die Erfassung dieser Arbeitsbereiche für den Zweck der Videoüberwachung aber nicht erforderlich, so kann (wenn technisch möglich) in die Betriebsvereinbarung aufgenommen werden, dass die (miterfassten) Arbeitsbereiche digital geschwärzt werden.

**13. Speicherdauer:** Gem. § 13 Abs. 3 DSG ist eine Speicherdauer der Bild- (und Ton-)daten von mehr als 72 Stunden möglich, muss aber verhältnismäßig sein und gesondert protokolliert und begründet werden. Letzteres hat im Rahmen des Verzeichnisses für Verarbeitungstätigkeiten zu erfolgen (Art. 30 Abs. 1 lit. f DS-GVO). Die Löschpflicht soll sich dabei am jeweiligen Zweck der Bildaufnahme orientieren, wodurch der Verantwortliche einen gewissen Ermessensspielraum erhält. Es gibt somit keine starre Höchstfrist mehr, eine länger als 72 Stunden dauernde Speicherung soll aber nicht generell zulässig sein (vgl. ErlRV 120 BlgNr 25. GP 15 und ErlAB zu §§ 12, 13 1761 BlgNR 25. GP 10).

**14. Protokollierungspflicht.** Das Meldeverfahren nach alter Rechtslage (§§ 17ff. DSG aF) entfällt nun gänzlich. Nunmehr ist der jeweilige Arbeitgeber selbst verpflichtet, ein Verzeichnis der im Betrieb eingeführten Datenverarbeitungen zu führen (§ 13 Abs. 2 DSG). Die DS-GVO enthält zudem eine Reihe neuer Pflichten für den Arbeitgeber als Verantwortlichen, wie etwa das Führen eines Verarbeitungsverzeichnis (Art. 30 DS-GVO) oder die Datenschutz-Folgenabschätzung (Art. 35 DS-GVO).

**15. Personenbezogene Daten.** Fraglich ist, ob die mittels Bildaufnahme verarbeiteten Daten besondere Kategorien personenbezogener Daten (Art. 9 DS-GVO) sind. Dagegen spricht der Erwgr. 51 DS-GVO, demnach Bilddaten „nicht grundsätzlich“ besondere Kategorien darstellen. Die Frage ist auch in Österreich noch nicht abschließend geklärt. Teilweise wird vertreten, dass Bilddaten nicht immer „sensible Daten“ seien, sondern einerseits zu prüfen ist, was auf den Bildaufnahmen zu sehen ist, und andererseits, zu welchem Zweck die Daten verarbeitet werden sollen (Knyrim/Kastelitz/Hötzendorfer/Tschohl DS-GVO Art. 6 Rn. 80). Die österreichische Datenschutzbehörde behandelt personenbezogene Bilddaten nicht per se als besondere Kategorien, sondern stellt bei der Einschätzung auf den Zweck der Datenanwendung und den Kontext ab, folgt somit einem zweckbasierten Ansatz (Bresich/Dopplinger/Dörnhöfer/Kunnert/Riedl/Kunnert DSG § 12 Anm. 2). Mehr Informationen zum Thema besondere Kategorien personenbezogener Daten im Zusammenhang mit Bildaufnahmen enthält das Kapitel zum Mediendatenschutz (→ Form. J.).

## III. Blacklist zur Datenschutz-Folgenabschätzung

Gem. Art. 35 Abs. 4 DS-GVO und Art. 57 Abs. 1 lit. k DS-GVO hat die Datenschutzbehörde eine Liste der Verarbeitungsvorgänge zu erstellen, für die **jedenfalls** eine Datenschutz-Folgenabschätzung nach Art. 35 Abs. 1 DS-GVO durchzuführen ist („**Blacklist**"). Gem. § 21 Abs. 2 DSG muss die Datenschutzbehörde diese Liste im Wege einer Verordnung im Bundesgesetzblatt kundmachen.

Diese Verordnung der Datenschutzbehörde über Verarbeitungsvorgänge, für die eine Datenschutz-Folgenabschätzung durchzuführen ist (**DSFA-V**, BGBl. II Nr. 278/2018), ist mit 10.11.2018 in Kraft getreten. Die Verordnung besteht im Wesentlichen aus einem Paragraphen (§ 2), in dem (nicht abschließend aufgezählte) Kriterien angeführt werden, bei deren Vorliegen **jedenfalls eine Datenschutz-Folgenabschätzung durchzuführen** ist. Dabei handelt es sich insbesondere um jene Verarbeitungsvorgänge, die eine Bewertung, Beobachtung bzw. Überwachung betroffener Personen zum Zweck haben, sowie um Verarbeitungen unter Nutzung neuartiger Technologien oder das Zusammenführen von Daten unterschiedlicher Zwecke und/oder Verantwortlicher, wenn dadurch Entscheidungen getroffen werden, die die betroffenen Personen nicht nur unwesentlich beeinträchtigen, und Verarbeitungen im höchstpersönlichen Lebensbereich der betroffenen Personen (vgl. Oman/Gruber Dako 2/2019, 29). In der Folge werden diese Kriterien weitgehend im Wortlaut der Verordnung wiedergegeben. Für die Durchführung der Datenschutz-Folgenabschätzung kann auf die Ausführung zur deutschen Rechtslage verwiesen werden (→ Form. C. III.), das österreichische Recht sieht hierfür kaum Abweichungen von den Vorschriften der DS-GVO vor.

Voraussetzung für die Durchführung einer Datenschutz-Folgenabschätzung ist immer, dass die Verarbeitung rechtmäßig, dh iSd Art. 6, 9 und 10 DS-GVO erfolgt und kein Fall der Verordnung der Datenschutzbehörde über die **Ausnahmen** von der Datenschutz-Folgenabschätzung (**DSFA-AV**, BGBl. II Nr. 108/2018; auch **„Whitelist" genannt**) vorliegt (§ 2 Abs. 1 DSFA-V). Die Verarbeitung muss stets rechtmäßig sein, ein Unterfallen unter den Anwendungsbereich der DSFA-V oder DSFA-AV saniert einen solchen Mangel nicht (Knyrim/Trieb DS-GVO Art. 35 Rn. 69).

**Eine Datenschutz-Folgenabschätzung ist durchzuführen, wenn zumindest eines der in Folge aufgezählten Kriterien (§ 2 Abs. 2 Ziff. 1–6 DSFA-V) erfüllt ist:**

1. **Verarbeitungen, die eine Bewertung oder Einstufung natürlicher Personen – einschließlich des Erstellens von Profilen und Prognosen – umfasst für Zwecke, welche die Arbeitsleistung, wirtschaftliche Lage, Gesundheit, persönliche Vorlieben und Interessen, die Zuverlässigkeit oder das Verhalten, den Aufenthaltsort oder Ortswechsel der Person betreffen und ausschließlich auf einer automatisierten Verarbeitung beruhen und negative rechtliche, physische oder finanzielle Auswirkungen haben können.**[1]
2. **Verarbeitungen von Daten, die zur Bewertung des Verhaltens und anderer persönlicher Aspekte von natürlichen Personen dienen und von Dritten dazu genutzt**

werden können, zu automatisierten Entscheidungsfindungen zu gelangen, die Rechtswirkung gegenüber den bewerteten Personen entfalten, oder diese in ähnlich erheblicher Weise beeinträchtigen.[2]

3. Verarbeitungsvorgänge, welche die Beobachtung, Überwachung oder Kontrolle von betroffenen Personen insbesondere mittels Bild- und damit verbundenen Akustikdatenverarbeitungen zum Ziel haben und
   a) über Netzwerke erfasste Daten betreffen oder auf eine systematische, umfangreiche Überwachung öffentlich zugänglicher Bereiche abzielen,
   b) öffentliche Orte, die gem. § 27 Abs. 2 Sicherheitspolizeigesetz (SPG), BGBl. Nr. 566/1991, von einem nicht von vornherein bestimmten Personenkreis betreten werden können, erfassen,
   c) Straßen mit öffentlichem Verkehr, die gem. § 1 Straßenverkehrsordnung 1960 (StVO 1960), BGBl. Nr. 159/1960, von jedermann unter den gleichen Bedingungen benützt werden können, erfassen,
   d) Örtlichkeiten, welche aufgrund eines Kontrahierungszwanges von jedermann betreten werden dürfen, erfassen,
   e) Örtlichkeiten, welche aufgrund des öffentlichen Interesses von jedermann betreten werden dürfen, erfassen,
   f) Bildverarbeitungen unter Einsatz von mobilen Kameras zum Zweck der Vorbeugung oder Abwehr gefährlicher Angriffe oder krimineller Verbindungen im öffentlichen und nichtöffentlichen Raum umfassen,
   g) Bild- und Akustikverarbeitungen umfassen, die dem vorbeugenden Schutz von Personen oder Sachen auf privaten, zu Wohnzwecken dienenden Liegenschaften dienen, die nicht ausschließlich vom Verantwortlichen und von allen im gemeinsamen Haushalt lebenden Nutzungsberechtigten genutzt werden, oder
   h) Kirchen, Gebetshäuser, soweit sie nicht bereits von lit. b und lit. e erfasst sind, und andere Einrichtungen, die der Religionsausübung in der Gemeinschaft dienen, erfassen.[3]
4. Verarbeitungen von Daten unter Nutzung oder Anwendung neuer bzw. neuartiger Technologien oder organisatorischer Lösungen, welche die Abschätzung der Auswirkungen auf die betroffenen Personen und die gesellschaftlichen Folgen erschweren, insbesondere durch den Einsatz von künstlicher Intelligenz und die Verarbeitung biometrischer Daten, sofern die Verarbeitung nicht die bloße Echtzeitwiedergabe von Gesichtsbildern betrifft.[4]
5. Zusammenführung und/oder Abgleich von Datensätzen aus zwei oder mehreren Verarbeitungen, die zu unterschiedlichen Zwecken und/oder von verschiedenen Verantwortlichen durchgeführt wurden, im Rahmen einer Datenverarbeitung, die über die von einer betroffenen Person üblicherweise zu erwartenden Verarbeitungen hinausgeht, sofern durch die Anwendung von Algorithmen Entscheidungen getroffen werden können, welche die betroffene Person in erheblicher Weise beeinträchtigen.[5]
6. Verarbeitungsvorgänge im höchstpersönlichen Bereich von Personen, auch wenn die Verarbeitung auf einer Einwilligung beruht.[6]

Im Zusammenhang mit Beschäftigungsverhältnissen gilt dies nicht, wenn eine Betriebsvereinbarung oder Zustimmung der Personalvertretung vorliegt. Als systematische Überwachung sind jene Vorgänge zu verstehen, die im Rahmen eines Systems oder vorab festgelegt, organisiert und methodisch erfolgen.[7]

Eine Datenschutz-Folgenabschätzung ist außerdem durchzuführen, wenn ein Verarbeitungsvorgang zwei oder mehr der nachstehenden Kriterien erfüllt (§ 2 Abs. 3 DSFA-V):

1. Umfangreiche Verarbeitung besonderer Kategorien personenbezogener Daten gem. Art. 9 DS-GVO,
2. umfangreiche Verarbeitung von personenbezogenen Daten über strafrechtliche Verurteilungen und Straftaten gem. Art. 10 DS-GVO,[8]
3. Erfassung von Standortdaten iSd § 92 Abs. 3 Ziff. 6 Telekommunikationsgesetz 2003 (TKG 2003), BGBl. I. Nr. 70/2003, die in einem Kommunikationsnetz oder von einem Kommunikationsdienst verarbeitet werden und die den geografischen Standort der Telekommunikationsendeinrichtung eines Nutzers eines öffentlichen Kommunikationsdienstes angeben,[9]
4. Verarbeitung von Daten schutzbedürftiger betroffener Personen, wie unmündige Minderjährige, Arbeitnehmer, Patienten, psychisch Kranke und Asylwerber, wobei Abs. 2 letzter Satz sinngemäß anzuwenden ist,[10] oder
5. Zusammenführung und/oder Abgleich von Datensätzen aus zwei oder mehreren Verarbeitungen, die zu unterschiedlichen Zwecken und/oder von verschiedenen Verantwortlichen durchgeführt wurden, im Rahmen einer Datenverarbeitung, die über die von einer betroffenen Person üblicherweise zu erwartenden Verarbeitungen hinausgeht, sofern diese für Zwecke erfolgen, für welche nicht alle der zu verarbeitenden Daten direkt bei der betroffenen Person erhoben wurden.[11]

## Anmerkungen

**1. Bewertung und Einstufung.** Beispiele hierfür können sein: Auskünfte von Bonitätsdatenbanken, Kreditauskunfteien oder Geldwäscherei- und Terrorismusbekämpfungs-Datenbanken; Online-Kreditanträge, Online-Einstellungsverfahren (ohne jedes menschliche Eingreifen), allgemeines Profiling im Rahmen eines „Dating-Portals“ (Knyrim/Trieb DS-GVO Art. 35 Rn. 72; vgl. Erläuterungen der DSB zur DSFA-V, 2).

**2. Bewertung des Verhaltens.** Beispiel hierfür ist das Profiling zur Entscheidungsfindung im Bereich des Banken- und Finanzsektors, Gesundheitswesens, Steuerwesens, der Versicherungen, des Marketings und der Werbung, um auf ein mögliches zukünftiges Verhalten einer betroffenen Person zu schließen (Erläuterungen der DSB zur DSFA-V, 2).

**3. Überwachung.** Die in dieser Ziffer beschriebene Überwachung stellt ein wesentliches Kriterium dar, weil die personenbezogenen Daten möglicherweise in Situationen erfasst werden, in denen die Betroffenen unter Umständen nicht wissen, wer ihre Daten erfasst und wie die Daten verwendet werden (Erläuterungen der DSB zur DSFA-V, 3).

**4. Neuartige Technologien.** Ein Beispiel hierfür ist die Kombination aus Fingerabdruck- und (biometrischer) Gesichtserkennung zum Zwecke einer verbesserten Zugangskontrolle (Erläuterungen der DSB zur DSFA-V, 3).

**5. Zusammenführung und/oder Abgleich von Datensätzen.** Beispiele hierfür sind sog. „Scoring-Methoden“, dh eine Erhebung oder Verwendung von Wahrscheinlichkeitswerten für ein bestimmtes zukünftiges Verhalten eines Betroffenen, um über die Begründung, Durchführung oder Beendigung eines Vertragsverhältnisses entscheiden zu können und bei denen in einem systematischen Verfahren zum Vergleich und zur Bewertung ein Punktesystem angewendet wird. Auskunfteien nutzen diese Methoden häufig, um ihren Kunden Bewertungen von Verbrauchern zur Verfügung zu stellen, auf deren Grundlage maßgeblich über die Begründung, Durchführung oder Beendigung eines Vertragsverhältnisses entschieden wird (vgl. GA 16.3.2023 – C-634/21; siehe auch → Anm. 1). Des Weiteren sind sog. „Fraud-Prevention-Systeme" umfasst, in welchen bspw. der Betreiber eines Onlineshops Daten zur Prävention von Betrugsfällen verarbeitet, wobei das Ergebnis der Prüfung ein Risikowert ist, der darüber entscheidet, ob einem Käufer der Rechnungskauf als Zahlungsart angeboten wird oder nicht. Entscheidend ist, dass Daten aus zwei oder mehreren Verarbeitungen „verschnitten" werden und die Verarbeitung über die vom Betroffenen üblicherweise, dh nach der Verkehrsauffassung oder den Verkehrssitten bzw. nach der Lebenserfahrung, – ohne das Vorliegen außergewöhnlicher Umstände – zu erwartenden Verarbeitungen hinausgeht (Erläuterungen der DSB zur DSFA-V, 3).

**6. Höchstpersönlicher Lebensbereich.** Darunter versteht man den Kernbereich der geschützten Privatsphäre (die Gesundheit, das Sexualleben und das Leben in und mit der Familie). Erfasst werden sollen nicht Datenverarbeitungen, die den höchstpersönlichen Lebensbereich lediglich berühren (wie bspw. das Erfassen von Daten über die Gesundheit während eines Aufnahmegesprächs), sondern Datenverarbeitungen, die im höchstpersönlichen Wirkungsbereich erfolgen. Dazu zählen etwa Bildaufnahmen in Sanitäranlagen, Bildaufnahmen von Wohnungsgängen in Mehrparteienhäusern, Datenaufzeichnungen im Rahmen von Selbsthilfegruppen etc. Das hohe Risiko für die Rechte und Freiheiten von Betroffenen lässt sich daraus ableiten, dass selbst im Falle einer Einwilligung für diese Art der Datenverarbeitung dennoch nicht ausgeschlossen werden kann, dass diese Daten – wenn auch nicht vorsätzlich, sondern bspw. durch bloße Unachtsamkeit – zum Nachteil der betroffenen Personen verwendet werden können, etwa durch Übermittlung (Erläuterungen der DSB zur DSFA-V, 3).

**7. Betriebsvereinbarung oder Zustimmung der Personalvertretung.** Der Abschluss einer Betriebsvereinbarung (§§ 96f. ArbVG, → Form. P. II.) oder die Zustimmung der Personalvertretung kann im Zusammenhang mit Beschäftigungsverhältnissen die Durchführung einer Datenschutz-Folgenabschätzung ersetzen bzw. vermeiden. Fraglich ist jedoch der Fall einer (Teil-)Datenverarbeitung, die nicht unter diesen § 2 Abs. 2 UAbs. 2 S. 1 DSFA-V fällt, weil sie nicht im Zusammenhang mit einem Beschäftigungsverhältnis steht. Denkbar wäre etwa eine Datenverarbeitung, die zum einen Beschäftigtendaten, zum anderen aber Daten von unternehmensfremden Personen verarbeitet wie zB eine Videoüberwachungsanlage an den Eingängen des Unternehmens, die auch Kunden und Lieferanten erfasst. Da die Daten dieser unternehmensfremden Personen nicht von einer Betriebsvereinbarung erfasst sein werden, ist der nicht erfasste Teil nicht von der Durchführung einer Datenschutz-Folgenabschätzung befreit, wenn die Voraussetzungen dafür vorliegen (Knyrim/Trieb DS-GVO Art. 35 Rn. 73–81).

**8. Umfangreiche Verarbeitung (§ 2 Abs. 3 Nr. 1 und 2 DSFA-V).** Ob eine solche vorliegt, kann anhand der in den Leitlinien zur Datenschutz-Folgenabschätzung der Artikel-29-Datenschutzgruppe (17/DE WP 248 Rev. 01, S. 11) ermittelten vier Faktoren bewertet werden: i) Zahl der Betroffenen, entweder als konkrete Anzahl oder als Anteil der entsprechenden Bevölkerungsgruppe; ii) verarbeitete Datenmenge bzw. Bandbreite der unterschiedlichen verarbeiteten Datenelemente; iii) Dauer oder Dauerhaftigkeit der Datenverarbeitung und iv) geografisches Ausmaß der Datenverarbeitung (Erläuterungen der DSB zur DSFA-V, 4).

**9. Standortdaten.** Darunter fällt insbesondere die Datenverarbeitung mittels GPS, dh ein auf Signalen von Satelliten beruhendes, weltweit funktionierendes Hilfsmittel zur exakten Navigation oder Ortsbestimmung. Der Verweis auf die Definition von Standortdaten nach dem TKG 2003 bedeutet nicht, dass die Adressaten dieser Norm auf jene, welche (nur) dem TKG 2003 unterliegen, eingeschränkt werden (Erläuterungen der DSB zur DSFA-V, 4).

**10. Schutzbedürftige betroffene Personen.** Das Hervorheben dieser Gruppe ist notwendig, weil zwischen den Betroffenen und dem Verantwortlichen ein Machtungleichgewicht vorliegt; dh den Personen ist es unter Umständen nicht ohne Weiteres möglich, der Verarbeitung ihrer Daten zuzustimmen bzw. zu widersprechen oder ihre Rechte auszuüben. Als schutzbedürftige Betroffene gelten Kinder bis zum vollendeten 14. Lebensjahr (bei ihnen kann nicht davon ausgegangen werden, dass sie in der Lage sind, der Verarbeitung ihrer Daten wissentlich und überlegt zu widersprechen bzw. zuzustimmen), Arbeitnehmer sowie Teile der Bevölkerung mit besonderem Schutzbedarf wie Patienten, psychisch Kranke und Asylbewerber sowie Betroffene in Situationen, in denen ein ungleiches Verhältnis zwischen der Stellung des Betroffenen und der des Verantwortlichen vorliegt, wie insbesondere Personen, für welche ein Erwachsenenvertreter bestellt wurde. Die Verarbeitung von Arbeitnehmerdaten ist von dieser Bestimmung nur insofern umfasst, als sie nicht bloß zum Zweck der Personalverwaltung erfolgt (vgl. dazu auch die Ausnahme der DSFA-AV). Die Bestimmung betreffend die Datenverarbeitung von Patienten ist nur anzuwenden, sofern sie nicht bloß von einzelnen Ärzten erfolgt (vgl. dazu auch die Ausnahme der DSFA-AV). In Bezug auf Arbeitnehmer soll § 2 Abs. 2 letzter Satz sinngemäß gelten, da dies sonst dazu führen könnte, dass eine Datenschutz-Folgenabschätzung bei Vorliegen der Voraussetzungen nach Abs. 2 letzter Satz entfallen könnte, nicht jedoch eine Datenverarbeitung nach Abs. 3 bei Hinzutreten eines weiteren Kriteriums (Erläuterungen der DSB zur DSFA-V, 4).

**11. Zusammenführung und/oder Abgleich von Datensätzen.** Im Wesentlichen entspricht dieser Punkt § 2 Abs. 2 Nr. 5 DSFA-V (→ Anm. 5) mit der Maßgabe, dass nicht alle Daten bei der betroffenen Person selbst erhoben wurden (Erläuterungen der DSB zur DSFA-V, 4).

## IV Antrag an die DSB zur Genehmigung von Verarbeitung für im öffentlichen Interesse liegende Archivzwecke, wissenschaftliche oder historische Forschungszwecke oder statistische Zwecke

Mit § 7 DSG hat der österreichische Gesetzgeber von den Öffnungsklauseln der Art. 6 Abs. 2 und 3 iVm Art. 89 DS-GVO Gebrauch gemacht. Ziel dieser Bestimmung ist, die Grundrechte auf Achtung des Privat- und Familienlebens (Art. 7 GRCh) und den Schutz personenbezogener Daten (Art. 8 GRCh) mit der Freiheit der Wissenschaft (Art. 13 GRCh) in Einklang zu bringen. § 7 DSG privilegiert die Verarbeitung von Daten für im öffentlichen Interesse liegende Archivzwecke, wissenschaftliche oder historische Forschungszwecke oder statistische Zwecke und ermöglicht eine Datenverarbeitung ohne Einbeziehung (Information, Einwilligung) der Betroffenen, wenn die in § 7 Abs. 3 DSG angeführten Voraussetzungen vorliegen. Der Antragsteller hat einen Rechtsanspruch auf Genehmigung der Verarbeitung durch die Datenschutzbehörde, wenn (i) die Einholung der Einwilligung der betroffenen Person mangels ihrer Erreichbarkeit unmöglich ist oder sonst einen unverhältnismäßigen Aufwand bedeutet; (ii) ein öffentliches Interesse an der beantragten Verarbeitung besteht; und (iii) die fachliche Eignung des Verantwortlichen glaubhaft gemacht wird. § 7 Abs. 3 DSG stellt somit eine Durchbrechung des Zweckbindungsgrundsatzes (Art. 5 Abs. 1 lit. b DS-GVO) dar und schränkt einerseits die Informationspflichten nach Art. 13 f. DS-GVO (vgl. Art. 14 Abs. 5 lit. b DS-GVO) und andererseits die Betroffenenrechte ein (vgl. Art. 17 Abs. 3 lit. d und 89 Abs. 2 und 3 DS-GVO). Die Bestimmung ist subsidiär zu den Erlaubnistatbeständen des § 7 Abs. 1 und 2 Ziff. 1 oder 2 DSG. Ein Antrag ist daher nicht notwendig, wenn die personenbezogenen Daten öffentlich zugänglich sind, bereits für eine andere Untersuchung ermittelt wurden, pseudonymisiert sind, gemäß besonderer gesetzlicher Vorschriften oder aufgrund der Einwilligung der betroffenen Person verarbeitet werden dürfen.

Der Anwendungsbereich des § 7 DSG kann sich mit dem des § 8 DSG überschneiden, wenn eine Adressdatenübermittlung zur Befragung betroffener Personen zu statistischen, historischen oder wissenschaftlichen Zwecken erfolgen soll. Soweit es sich lediglich um Adressdaten handelt, ist § 8 DSG anzuwenden, werden aber auch andere Daten herangezogen und ausgewertet, ist § 7 DSG einschlägig (vgl. Bresich/Dopplinger/Dörnhöfer/Kunnert/Riedl/Kunnert DSG § 8 Anm. 1 ff.).

An die
Österreichische Datenschutzbehörde
Barichgasse 40–42
1030 Wien

Vorab per E-Mail: dsb@dsb.gv.at

[Ort], am [Datum]

Antrag zur Übermittlung von Adressdaten gem. § 7 Abs. 3 DSG[1]

Sehr geehrte Damen und Herren,
als Verantwortlicher der Untersuchung[2] [Benennung des Forschungsprojekts etc] stelle ich den

Antrag,

die Datenschutzbehörde möge die Verarbeitung [Beschreibung der personenbezogenen Daten] für im öffentlichen Interesse liegende Archivzwecke[3] [oder] wissenschaftliche Forschungszwecke[4] [oder] historische Forschungszwecke [oder] statistische Zwecke[5] gem. § 7 Abs. 3 DSG genehmigen.[6]

Begründung:

Die Verarbeitung erfolgt im Rahmen des [Beschreibung des Projekts] zum Zweck [Beschreibung der Zwecke der Verarbeitung].[7]

Die Einholung der Einwilligung der betroffenen Personen ist mangels ihrer Erreichbarkeit unmöglich/mit einem unverhältnismäßigen Aufwand verbunden. Dies vor allem deshalb, da […].[8]

Aufgrund […][9] besteht auch ein öffentliches Interesse an der beantragten Verarbeitung. Als Verantwortlicher der Untersuchung verfüge ich/verfügen die Organe der Antragstellerin[10] über die notwendige fachliche Eignung, zumal […].[11] Auch die fachliche Eignung der zur Datenverarbeitung herangezogenen Auftragsverarbeiter […] ist gegeben, da […].[12]

Diesem Antrag ist ein Schreiben[13] des Verfügungsbefugten […] vom […] über die Datenbestände, aus denen die personenbezogenen Daten für die in diesem Antrag beschriebenen Verarbeitungsvorgänge ermittelt werden sollen, beigeschlossen. Darin erklärt[14] dieser seine Zustimmung zur Übermittlung der Datenbestände an den Antragsteller.

Mit freundlichen Grüßen
[Antragsteller]

Anlage
Erklärung des Verfügungsbefugten […] vom […]

### V.2 Anlage: Erklärung des Verfügungsbefugten gem. § 7 Abs. 4 DSG

An
[Antragsteller gem. § 7 Abs. 3 DSG]
[Adresse]

[Ort], am [Datum]

Zustimmungserklärung zur Übermittlung von Datenbeständen gem. § 7 Abs. 4 DSG

Sehr geehrte/r [Name bzw. Bezeichnung des Antragstellers],

als Verfügungsbefugter über [Beschreibung der personenbezogenen Daten] erkläre ich gem. § 7 Abs. 4 DSG, Ihnen diese Datenbestände für die geplante Untersuchung im Rahmen des [Beschreibung des Projekts] zum Zweck [Beschreibung der Zwecke der Verarbeitung] zur Verfügung zu stellen.

Mit freundlichen Grüßen
[Verfügungsbefugter][15]

## Anmerkungen

**1. Genehmigung.** Die Befugnis zum Erlass einer materiellen Regelung über die Datenverarbeitung durch nationales Recht ergibt sich aus Art. 6 Abs. 2 und 3 iVm Art. 89 Abs. 1 DS-GVO. Genehmigungen der Datenschutzbehörde nach § 7 Abs. 3 DSG sind abgabenpflichtig gem. § 78 AVG iVm §§ 1, 3 Abs. 1 und TP 1 BVwAbgV (vgl. DSB 3.8.2018 – DSB-D202.208/0001-DSB/2018).

**2. Antragslegitimation.** Antragsteller kann nur der Verantwortliche der Datenverarbeitung sein (bspw. eine Forschungseinrichtung oder ein Forscher).

**3. Archivzweck.** Der Archivzweck unterscheidet sich vom Forschungszweck dadurch, dass er nicht auf die unmittelbare Datenverwendung gerichtet ist, sondern auf eine Bereitstellung der Daten für die zukünftige Forschung abstellt, wobei sowohl private wie auch öffentliche Stellen erfasst sind (vgl. Bresich/Dopplinger/Dörnhöfer/Kunnert/Riedl/Kunnert DSG § 7 Anm. 5 f.). Das bloße Aufbewahren von Informationen, um gesetzliche Aufbewahrungspflichten zu erfüllen, ist kein Archivieren iSd Art. 89 DS-GVO bzw. § 7 DSG (Knyrim/Löffler DS-GVO Art. 89 Rn. 18).

**4. Forschungszweck.** Die „wissenschaftliche Forschung" soll nicht einen inhaltlich abgegrenzten Bereich bezeichnen – etwa in die Richtung, dass nur Grundlagenforschung erfasst und angewandte Forschung ausgeschlossen wäre –, sondern als Bereich verstanden werden, in dem eine bestimmte Methode der Vorgangsweise, nämlich eine „wissenschaftliche", angewendet wird. Wissenschaftliche Forschung im genannten Sinn kann durch Verantwortliche des öffentlichen oder des privaten Bereichs vorgenommen werden (ErlAB 1761 BlgNR 25. GP, 6).

**5. Statistische Zwecke.** Der Begriff „Statistik" wird dahingehend verstanden, dass es sich um methodologisch „wissenschaftliche Statistik" handelt, da nur unter dieser Voraussetzung eine Privilegierung sachlich zu rechtfertigen ist. Abgesehen davon soll aber dieser Begriff sowohl die sog. „amtliche Statistik" als auch sonstige (mit wissenschaftlichen Methoden durchgeführte) Statistik umfassen (ErlAB 1761 BlgNR 25. GP 6). Eine Veröffentlichung von Statistiken darf aber nicht dazu führen, dass mittels statistikexternen Informationen Rückschlüsse auf einzelne betroffene Personen gezogen werden können (Bresich/Dopplinger/Dörnhöfer/Kunnert/Riedl/Kunnert DSG § 7 Anm. 7).

**6. Genehmigung.** Eine Genehmigung ist nicht erforderlich, wenn die Datenverarbeitung für im öffentlichen Interesse liegende Archivzwecke, wissenschaftliche oder historische Forschungszwecke oder statistische Zwecke nicht personenbezogene Ergebnisse zum Ziel hat und einer der drei alternativen Ermächtigungstatbestände des § 7 Abs. 1 DSG erfüllt wird. Wird Abs. 1 nicht erfüllt, bedarf es trotzdem keiner Genehmigung, wenn die Datenverarbeitungen für im öffentlichen Interesse liegende Archivzwecke, wissenschaftliche oder historische Forschungszwecke oder statistische Zwecke § 7 Abs. 2 Ziff. 1 DSG (andere gesetzliche Vorschrift erlaubt die Verarbeitung) oder § 7 Abs. 2 Ziff. 2 DSG (Einwilligung der betroffenen Person) erfüllt. Zudem gehen die speziell auf den Wissenschafts- und Forschungsbereich zugeschnittenen Bestimmungen des FOG den Regelungen des DSG vor. Die Genehmigung kann mit der Erfüllung von Bedingungen und Auflagen verknüpft werden (spezifische Hinweis- und Informationspflichten, Datenminimierungspflichten, Auflagen zur Pseudonymisierung/Anonymisierung, Verbot zur Heranziehung von Auftragsverarbeitern, Restriktionen des eingesetzten Personals, Übermittlungsbeschränkungen). Die Genehmigungspflicht steht im Spannungsverhältnis zur verfassungsmäßig garantierten Wissenschaftsfreiheit (Art. 17 StGG; Art. 13 GRCh; DSK 27.11.2009 – K202.082/0007-DSK/2009).

Die Genehmigung nach § 7 Abs. 3 DSG bedeutet nicht automatisch deren vollumfängliche Rechtskonformität. Zusätzliche Anforderungen können sich aus anderen Gesetzen ergeben (vgl. § 7 Abs. 6 DSG). § 7 DSG stellt aber insoweit eine Sondervorschrift dar, als die Rechtmäßigkeit der Verarbeitung durch die Genehmigung gegeben ist und etwa die Bestimmungen der §§ 12 und 13 DSG zur Bildverarbeitung für diese Verarbeitungszwecke nicht anwendbar sind (Knyrim/Löffler DS-GVO Art. 89 Rn. 5). Ist der genehmigte Zweck erreicht, so sind weitere Datenverarbeitungen nicht nach der Sondervorschrift des § 7 DSG zu beurteilen, sondern unterliegen den allgemeinen Zulässigkeitsvoraussetzungen der DS-GVO (DSB 3.8.2018 – DSB-D202.208/0001-DSB/2018).

**7. Zweck der Verarbeitung.** Es muss sich dabei entweder um im öffentlichen Interesse liegende Archivzwecke, wissenschaftliche oder historische Forschungszwecke oder statistische Zwecke handeln (→ Anm. 4–6).

**8. Unmöglichkeit der Einholung der Einwilligung.** Unmöglich ist eine Einholung von Einwilligungen, wenn Aufzeichnungen von Videoüberwachungsanlagen für wissenschaftliche Forschungszwecke ausgewertet werden sollen, weil in diesem Fall der Kreis der betroffenen Personen unbestimmt ist (DSK 25.11.2011 – K202.1060005-DSK/2011). Die Datenschutzkommission hat einen unverhältnismäßig hohen Aufwand in der Vergangenheit etwa bei einer relativ großen Zahl an betroffenen Personen, die zum Teil bereits verstorben sind oder über zahlreiche Länder verteilt leben, angenommen (DSK 1.2.2005 – K202.041/0004-DSK/2005) oder das Führen von mehreren tausenden Telefongesprächen (DSK 6.7.2004 – K202.034/0002-DSK/2004). Als unmöglich und unverhältnismäßig hat die DSB das Einholen von Zustimmungen aller Personen, die in Österreich zwischen 1971 und 1988 geboren wurden und den Hauptwohnsitz in Wien, Linz und Vorarlberg hatten, beurteilt (DSK 7.9.2006 – K202.047/0009-DSK/2006) oder von einem geschätzten Personenkreis von mehr als 1.000 Eigentümern (DSB 3.8.2018 – DSB-D202.208/0001-DSB/2018). Keinen unverhältnismäßigen Aufwand stellt hingegen der postalische Versand von Ersuchsschreiben an einen überschaubaren Kreis betroffener Personen dar, von denen aktuelle Adressen verfügbar sind (DSK 16.12.2005 – K202.042/0008-DSK/2005; vgl. Bresich/Dopplinger/Dörnhöfer/Kunnert/Riedl/Kunnert DSG § 7 Anm. 22), wobei die Kontaktierung eines Betroffenenkreises von ca. 700 Personen nicht als unverhältnismäßig angesehen wurde (DSK 3.10.2007 – K202.053/0009-DSK/2007).

**9. Öffentliches Interesse.** Ein öffentliches Interesse kann etwa in der Verkehrsplanung und -sicherheit (vgl. DSB 10.8.2015 – DSB-D202.152/0002-DSB/2015; DSB 7.6.2018 – DSB-D202.207/0001-DSB/2018), der Unfallprävention (DSB 27.5.2014 – DSB D202.135/0002-DSB/2014) oder dem Schutz Kritischer Infrastrukturen (DSK 24.7.2009 – K202.048/0004-DSK/2009) liegen und wird insbesondere durch die Beauftragung einer Untersuchung durch eine öffentliche Stelle oder die Finanzierung im Wege staatlicher Forschungsförderung indiziert (Bresich/Dopplinger/Dörnhöfer/Kunnert/Riedl/Kunnert DSG § 7 Anm. 23; DSK 4.5.2004 – K202.033/0003-DSK/2004 bzw. 24.4.2001 – K202.010/002-DSK/2013). Werden besondere Kategorien von Daten (Art. 9 DS-GVO) verarbeitet, muss ein wichtiges öffentliches Interesse an der Untersuchung vorliegen: Ein solches wichtiges Interesse liegt bspw. in der Erforschung bedeutender historischer Ereignisse (vgl. DSK 25.2.2000 – K202.001/3-DSK/00; DSK 9.6.2006 – K202.043/007-DSK/2006; DSK 24.4.2001 – K202.010/002-DSK/2001; DSB 1.7.2014 – DSB-D202.134/0004-DSB/2014; DSK 18.9.2009 – K202.080/0005-DSK/2009), ferner in der Erforschung demokratiegefährdender politischer Extremismen (DSK 31.5.2006 – K202.048/008-DSK/2006), in der Untersuchung ökonomischer Zusammenhänge im öffentlichen Gesundheitswesen (DSK 10.5.2006 – K202.049/0008-DSK/2006), an der Integration von Zuwanderern aus bestimmten geografischen Regionen (DSK 7.9.2006 – K202.047/009-DSK/2006) oder es liegt darin, dass ein Thema bislang nicht oder kaum wissenschaftlich untersucht wurde (DSK 14.4.2010 – K202.086/0007-DSK/2010). Auch aus einer Entschließung einer gesetzgebenden Körperschaft kann ein solch wichtiges öffentliches Interesse hervorgehen (DSK 22.1.2002 – K202.017/002-DSK/2002). Zudem bestimmt § 7 Abs. 3 DSG bei der Verarbeitung besonderer Datenkategorien zusätzliche spezifische Anforderungen hinsichtlich der Zuverlässigkeit (Verschwiegenheit) des Forschungspersonals. Diese wird bspw. dann angenommen, wenn die betrauten Personen einer gesetzlichen Verschwiegenheitspflicht unterliegen (bspw. ÄrztG, RAO, WTBG; DSK 1.2.2005 – K202.041/0004-DSK/2005). Die Zuverlässigkeit kann aber auch durch langjährige themeneinschlägige Forschungen (DSK 7.9.2006 – K202.047/0009-DSK/2006) oder langjährig ausgeübte Leitungsfunktionen in einem sensiblen Bereich der staatlichen Verwaltung (Strafverfolgung, Extremismusbekämpfung; DSK 31.5.2006 – K202.048/0008-DSK/2006) glaubhaft gemacht werden. Auch durch die nachweisliche Belehrung über das Datengeheimnis und eine vertragliche Verpflichtung zur Einhaltung desselben kann eine sonstige Verlässlichkeit hergestellt werden (vgl. Knyrim/Löffler DS-GVO Art. 89 Rn. 80; DSK 7.9.2006 – K202.047/0009-DSK/2006).

**10. Fachliche Qualifikation bei juristischen Personen.** Bei juristischen Personen muss die fachliche Qualifikation hinsichtlich der für sie bei der Datenverwendung handelnden Personen nachgewiesen werden (DSK 9.6.2006 – K202.043/0007-DSK/2006). Es reicht jedoch, wenn diese glaubhaft gemacht wird (§ 7 Abs. 3 Ziff. 3 DSG).

**11. Fachliche Eignung.** Die Datenschutzkommission bejaht die fachliche Eignung etwa bei öffentlich-rechtlichen Forschungseinrichtungen (DSK 22.1.2002 – K202.017/002-DSK/2002), bei wissenschaftlichem Personal einer Universität (DSK 12.5.2010 – K202.094/0004-DSK/2010) oder dokumentierter Erfahrung und erfolgreicher Tätigkeit im konkreten Bereich (DSK 1.2.2005 – K202.041/0004-DSK/2005; 9.6.2006 – K202.043/0007-DSK/2006; DSB 7.6.2018 – DSB-D202.207/0001-DSB/2018). Auch Doktoranden gelten als fachlich qualifiziert, weil hier durch die universitäre Betreuung eine regelmäßige Überprüfung der fachlichen Eignung stattfindet (DSK 14.9.2007 – K202.052/0007-DSK/2007 bzw. DSK 24.4.2010 – K202.092/0003-DSK/2010). Zudem wird sie bei früherer facheinschlägiger wissenschaftlicher Tätigkeit oder einer akademischen Lehrbefugnis gegeben sein (*Knyrim/Löffler* DS-GVO Art. 89 Rn. 81 mwN). Glaubhaft gemacht kann eine Eignung durch Beischließen eines Lebenslaufs an den Antrag gem. § 7 Abs. 3 DSG (DSK 10.4.2013 – K202.120/0002-DSK/2013), durch Verweis auf wissenschaftliche Publikationen (DSK 25.11.2011 – K202.106/0005-DSK/2011) oder ein einschlägiges Studium (DSK 14.11.2008 – K202.069/0007-DSK/2008 bzw. DSK 12.5.2010 – K202.094/0004-DSK/2010).

**12. Prüfung der fachlichen Eignung.** Bei der Prüfung der fachlichen Eignung ist neben dem Antragsteller (bzw. seiner Organe) auch auf die Eignung der für die Verarbeitung herangezogenen Auftragsverarbeiter (Art. 28 DS-GVO) abzustellen (vgl. DSK 20.7.2011 – K202.103/008-DSK/2011).

**13. Erklärung des Verfügungsbefugten.** § 7 Abs. 4 DSG bestimmt, dass einem Antrag auf Genehmigung nach Abs. 3 zwingend eine solche Erklärung beigeschlossen werden muss. Es reicht hierfür ein formloses, vom Verfügungsbefugten unterfertigtes Schreiben (vgl. DSK 20.7.2011 – K202.103/0008/-DSK/2011). Alternativ kann auch ein diese Erklärung ersetzender Exekutionstitel (§ 367 Abs. 1 EO) vorgelegt werden.

**14. Kein Rechtsanspruch.** Durch die Genehmigung hat der Antragsteller keinen Rechtsanspruch auf Offenlegung der diesbezüglichen Daten durch den jeweiligen Verfügungsbefugten. Diese Offenlegung erfolgt freiwillig. Die Bestimmung des Abs. 4 dient der Prozessökonomie, da verhindert werden soll, dass die Aufsichtsbehörde Zeit in eine Genehmigung einer Verarbeitung investiert, die letztendlich mangels Kooperation des Verfügungsberechtigten scheitert (ErlRV 472 BlgNR 24. GP, 15f; *Bresich/Dopplinger/Dörnhöfer/Kunnert/Riedl/Kunnert* DSG § 7 Anm. 27).

**15. Erklärung des Verfügungsbefugten.** Die Erklärung sollte jedenfalls die Beschreibung der Datenbestände, des Projekts und der Verarbeitungszwecke enthalten, die sich möglichst genau am Inhalt des Antrags gem. § 7 Abs. 3 DSG orientieren sollte. Das Schreiben muss zudem vom Verfügungsbefugten unterfertigt werden (vgl. DSK 20.7.2011 – K202.103/0008/-DSK/2011).

# Sachverzeichnis

Fette Zahlen bezeichnen die Kapitel, magere Zahlen deren Anmerkungen


5G E. I. 1. 19

Abrechnungsdaten F. I. 3 9; G. VII. 2. 5; L. IV. 6
A/B-Testing F. I. 5. 10
Active Directory G. III. 4. 3
actus contrarius B. I. 1. 11
Ad Exchange F. I. 7.; I. VI. 3
Adhäsionsverfahren O. II. 2. 2
Administrator D. III. 3. 2, 3, 5, 6; E. I. 5 34; C. I. 55
Administratorenrechte C. I. 53; D. III. 3. 3
Adobe Analytics F. I. 5. 8
Adressbuch F. I. 2. 8
Adresshandel I. I.; N. I. 7
AdTech F. I. 7. Vorb.; I. VI.
Advertising Identifier F. I. 2. 4, 7
AGG-relevante Daten H. I. 2. 5
Akteneinsicht O. II. 1. 3; O. II. 2. 1; O. IV. 5
Aktenentsorgung C. VII. 7. 8
Aktenvernichter D. III. 2. 5
Allgemeine Geschäftsbedingungen (AGB) B. II. 2. 3
Amazon PartnerNet F. I. 7. 3
AMG K. IV. Vorb.
Änderungsdienst E. II. 2. 4
Änderungsmanagement E. II. 2. 26
Android F. I. 2. 4, 5, 7
Angemessenheit des Schutzniveaus s. Übermittlung
Anhörung B. III. 2. 2; N. Vorb.
anonymes Bewertungsportal siehe Bewertungsportal
Anonymisierung D. IV. 2. 6; E. II. 3. 21; F. I. 4. 7; D. III. 1. 28
Antiterrorlistenabgleich H. VI.
Antivirus E. II. 3. 33
Antrag auf Wiederherstellung der aufschiebenden Wirkung N. II.
– Begründetheit N. II. 5
– Zulässigkeit N. II. 4
Anwaltskanzlei M.
anwendbares Recht G. III. 3. 3; G. IV. 1. 18
Apotheke K. I. 1.; K. II. 2.; K. III. 1.; K. III. 2.
Arbeitgeber B. I. 1.; B. I. 2.; D. III. 1. 22; D. III. 2. 3; D. III. 4.; D. III. 5.; H. I. 1.; H. I. 2.; H. II.; H. IV. 2.; H. V.; H. VI.; H. VII.; H. VIII.
Arbeitnehmerüberlassung B. I. 1. 9; C. VII. 5.; I. I. 18
Arbeitsplatzrechner D. III. 3. 3
arbeitsrechtliches Rücksichtnahmegebot H. I. 1. 9, 10
Arbeitsvertrag B. I. 1. 3, 8, 11; C. VII. 1. 1; D. III. 4. 1; I. II. 4
Archivierung D. III. 1. 27; D. IV.; E. II. 2. 49; G. IV. 2. 16; I. II. 2
Archivierungspflicht C. I.
Archivierungsprozess D. IV.
Archivzwecke R. IV.
Arzt B. III. 1. 5; C. V. 3.; G. VII. 1. 14; K. I. 2; K. II. 1.
Attrappen H. III. 2. 2
Audit A. I. 10; C. IV. 1.; G. VII. 3. 14
– Aufsichtsbehörde A. III. 1. 1; A. III. 6.
– Auftragsverarbeitung C. I. 17; I. I. 4
– Datenschutzaudit C. I.; C. IV. 2.; G. III. 1. 20
– Datenschutzbeauftragter B. III. 3.
– Fachexperte C. IV. 1.
– Pflichtaudit A. III. 2. 4
– Selbstaudit C. V. 4. 3
– Vor-Ort-Audit siehe Vor-Ort-Prüfung
– Witness-Audit C. IV. 1.
– Zertifizierungen C. IV. 1.
– Zertifizierungsstelle C. IV. 1.
Auditbericht B. III. 3. 9; C. IV. 3. 12; E. III. 20
Aufbewahrungsfristen D. IV. 1.; E. II. 2. 49
Aufbewahrungspflichten D. III. 1.; D. IV.; E. II. 2. 49; F. I. 3. 6; F. II. 2. 10; F. IV. 1. 4; G. IV. 1. 13
Aufsichtsbehörde
– Anfrage A. III. 6.
– Audit A. III. 6.
– Behörde im verwaltungsrechtlichen Sinn N. Vorb.
– Bindung an Grundrechte N. Vorb.
– Bußgeld O. I. 2; O. III.
– Datenschutzpanne C. VI. 1.
– Eingabe N. I.
– Eingriffsbefugnisse N. III. 5
– Geldbuße O.

– Hausdurchsuchung **O. V.**
– Informationstätigkeit **N. IV.**
– Konsultation **C. III.5.** 7
– Maßnahmen **N.** Vorb.; **O. I.** 1
– Öffentlichkeitsarbeit **N. IV.** 10
– Sachlichkeit **N. IV.** 9
– Unabhängigkeit **N.** Vorb.
– Untersagungsanordnung **O. I.** 15
– Zurückhaltung **N. IV.** 9
– Zuständigkeit **N. I.** 1, 5; **O. IV.** 1
– Zutrittsrecht **D. III.2.** 17
**Auftragnehmerkontrolle G. III.1.** 11
– von Externen **G. III.1.** 14
**Auftragsverarbeitung G. I.**
– Änderung der Weisungsberechtigten/-empfänger **G. II.2.**
– Auditierung siehe Datenschutzaudit
– Auftragsverarbeiter **G. I.1.**
– Beendigung **G. II.6.**
– Cloud siehe Cloud Computing
– Datenschutzbeauftragter **G. I.2.**; **G. II.3.**
– Datenschutzvorfall **G. II.5.**
– Duldungspflichten **G. I.2.**
– Einzelvertrag siehe Rahmenvertrag
– externe Dienstleister **G. III.1.**
– Fernwartung **G. III.1.**
– Formulare während der Laufzeit **G. II.**
– freie Mitarbeiter **C. VII.5.**
– Hauptvertrag **G. I.4.**
– Infrastrukturnutzung siehe Infrastrukturnutzung
– Insolvenz des Auftraggebers/Auftragnehmers **G. II.6.**
– Kette **G. I.2.**; **G. II.1.**
– Kontrollrechte **G. I.2.** 6; **G. I.4.** 21, 26
– Konzern **G. I.2.**
– Löschung **G. I.4.** 32; **G. III.1.** 18; **G. I.6.** 35
– Mitwirkungspflichten **G. III.1.** 3, 21; **G. I.6.** 20
– Richtlinie **G. I.2.**
– Unterauftragnehmer **G. I.2.** 12; **G. II.1.**
– Unterauftragsverhältnisse **G. I.2.** 12; **G. II.1.**; **G. I.6.** 22, 23, 24, 25, 26
– Unternehmensrichtlinie **G. I.2.**
– Verfahrensverzeichnis **G. II.4.**
– Verträge **G. I.4.**
– Vertragsdurchführung **G. II.**
– Vertragsgestaltung **G. I.4.**
– Vertragsschluss **G. I.1.** 1, 2
– Weisungsgebundenheit **G. VI.** 7
– Weisungsrechte **G. II.2.** 2; **G. I.6.** 7
– Zertifizierungen **G. III.1.** 20; **G. VI.** 11; **G. VII.1.** 8
**Außenbereich H. III.**
**Auskunft F. II.**
**Auskunftsanspruch F. II.1.**
**Auskunftsersuchen**
– der betroffenen Person **F. II.1.**
– der Polizei **I. V.**
**Auskunftsrecht F. II.1.**
**Auskunftsverweigerungsrecht A. IV.5.** 20; **O. I.** 13
**Auslandsaufenthalte D. III.2.** 12
**Auslizenzierung C. VII.6.** 20
**Aussageverweigerungsrecht B. III.1.** 5
**Ausspähen von Daten D. III.3.** 3
**Ausweis M. II.** 2
**Authentifizierung C. I.** 52; **D. III.2.** 6; **E. II.2.** 22; **E. V.** 22; **G. III.1.** 23
**Authentifizierungsverfahren E. II.2.** 18; **G. III.1.** 20
**automatisierte Einzelfallentscheidungen C. I.** 7
**Availability Management E. I.2.** 2

**B3S C. IV.1.** 3.
**Backup C. VII.6.** 10; **D. III.1.** 17, 48; **D. III.2.** 11; **D. III.4.** 15, 20; **D. IV.** Vorb.; **E. II.3.** 31; **I. II.** 2; **M. III.** 7
**Banken und Kreditinstitute C. IV.1.** 14; **E. I.2.** 23; **G. IV.2.** 2
**Basel III E. I.2.** 21
**Basisberechtigungen** siehe Berechtigungskonzept
**beA M. IV.**
**Beiwerk J. I.** 10
**Benachteiligungsverbot B. I.1.** 10
**Benutzerkonto E. II.2.** 17; **E. IV.** 15
**Beratungsstellen C. VII.7.**
**Beratungsvertrag B. I.1.** 3; **B. II.2.**
**Berechtigungsdatenbank H. III.2.** 18
**Berechtigungskonzept E. IV.**; **H. VII.** 42
**Berechtigungsrollen A. IV.5.** 17
**Berichtigung F. III.1.**
**Berufsfreiheit N. IV.** 11
**Berufsgeheimnisträger A. IV.3.** 1; **B. I.1.**; **B. II.1.** 24; **B. II.2.** 20; **B. III.1.** 5; **C. VII.1.** 1; **C. VII.7.** 5
**Berufshaftpflichtversicherung B. II.1.** 20
**Beschäftigte B. I.1.**; **B. II.1.** 22; **C. I.** 20, 34, 12; **C. II.** 5; **C. VII.**; **D. III.**; **G. VII.3.** 3; **H.**
– Abmahnung **C. VII.1.**; **C. VII.2.**; **D. III.5.**
– Anwesenheitskontrolle **H. III.2.** 3
– Arbeitszeit **D. III.1.** 11; **D. III.4.** 11, 12, 19; **D. III.5.** 3; **H. III.2.** 10
– Ausscheiden **B. II.2.** 7; **C. I.** 34; **D. III.1.** 23, 24; **H. I.1.** 8
– Ausschluss betrieblicher Übung **D. III.1.** 41
– Berechtigungen siehe Berechtigungskonzept
– Beschäftigtendaten **D. II.** 5; **G. VII.1.** 10, 11; **H.**
– Betriebsausgaben **D. III.4.** 22
– Betriebsmittel **D. III.5.** 1, 4, 10, 17

– Beweisverwertungsverbot D. III.1. 37; H. III.2. 6; H. V.
– Bewerber H. I.2.
– Bewerbungsverfahren H. I.2.
– Datenschutzbeauftragte B. I.1.
– Direktionsrecht B. I.1. 2, 8; D. III.1. 1; D. III.2; D. III.3.; D. III.4. 1, 7; D. III.5.
– Einwilligung siehe Einwilligung
– Familienangehörige D. III.4. 16
– Fernwartung durch eigene Mitarbeiter D. III.3.
– Formulare zur Verwendung gegenüber Beschäftigten D. III.; H.
– Fragerecht H. I.1.
– Frageverbot H. I.2. 1
– freie Entscheidung zur Einwilligung H. I.1.; H. I.2. 8
– freie Mitarbeiter C. VII.5., C. VII.6.
– fristlose Kündigung D. III.3. 3
– Gehaltsabrechnung H. III.2. 3
– Geheimhaltungspflicht B. II.2. 18; C. VII.4. 1
– Geschäfts- und Betriebsgeheimnisse B. III.1. 5; B. III.2. 4; C. VII.3.; C. VII.4.; D. III.5. 7; F. II.2. 4; G. IV.2. 20
– Heimarbeiter D. III.2.
– heimliche Beobachtung D. III.3. 3
– Kontrolle der E-Mail-Kommunikation H. VII.1.
– Kündigung C. VII.1.; C. VII.2.; D. III.4. 18, 25; D. III.5.
– Kündigung aus wichtigem Grund B. I.1.
– Leiharbeiter C. VII.1.
– Leistungskontrolle H. III.2. 3; H. VII. 29
– Missbrauchskontrolle D. III.1. 29; D. III.2.; D. III.3.
– Mitarbeiterfotos H. I.1.
– Nachwirkung D. III.5. 8
– Nutzungsvereinbarung D. III.4.
– Personalnummer C. II. 5
– private Nachrichten D. III.1. 24, 41
– Privatnutzung D. III.4. 11
– Schlüssel E. IV.
– Schulung A. I. 9; B. I.1. 8; C. I. 45; C. VII.1.; D. I.2. 3; D. II. 17; D. III.2. 2, H. VIII. 44
– Screenings H. VII.
– Sicherheitsüberprüfung E. I.3.; H. VI.
– Social-Media-Arbeit D. III.5. 2
– Treuepflicht D. III.5.
– Verhaltenskontrolle H. VIII. 29
– Versterben D. III.1.
– Vertrauensbruch H. III.2. 11
– Videoüberwachung von Betrieben H. III.
Bescheid der Datenschutzbehörde N. III.
Beschwerde
– gegen Durchsuchungs- und Beschlagnahmebeschluss O. VI.
Bestandsdaten G. I.4. 34
Betäubungsmittel C. VII.7. 5
betriebliche Beschwerdestelle D. III.1.
betrieblicher Datenschutzbeauftragter siehe Datenschutzbeauftragter
betriebliches Eingliederungsmanagement (BEM) H. II.
– Arbeitsunfähigkeitsstatistik H. II.1. 23
– Betriebsvereinbarung H. II.1.
– Einladungsschreiben H. II.2.
– Gesundheitsdaten H. II.1. 17, 21, 60, 61
– Schwerbehindertenvertretung H. II.1. 43
Betriebsarzt D. III.1. 35; H. II. Vorb.
Betriebsgelände H. IV.
Betriebsorganisation E. II.2. 74
Betriebsrat A. I. 3; A. IV.5. 18; B. I.1. 2, 7; B. III.3. 10; C. I. 9; D. I.2. 3; D. III.1. 1, 31, 35, 37; D. III.3. 15; D. III.4. 1, 12, 20; D. III.5. 1; E. I.4. 4; H. II.; H. II.1. 4, 28, 29; H. III.2. 1, 9, 11, 21, 29; H. IV.2. 1, 4, 6, 16; H. V. 1, 14, 15; H. VI. 2, 5, 6, 8; H. VIII. 2, 13, 24, 41, 46, 50; I. II. 5
Betriebssystem C. II. 3
Betriebs- und Geschäftsgeheimnisse B. III.1. 5; B. III.2. 4; C. VII.3.; C. VII.4.; D. III.5. 7; F. II.2. 4; G. IV.2. 23
Betriebsvereinbarung B. III.3. 10; A. III.2. 5; A. IV.2.; A. IV.6.; D. III.1.; D. III.2.; D. III.3.
– Kündigung D. III.1. 13
– Nachwirkung D. III.1. 40
Betroffener F. I.; F. II.2.; F. III.1.; F. IV.1.; F. IV.2.; F. V.1.
Beweislast G. I.6. 39
Beweisverwertungsverbot D. III.1. 37; H. III.2. 6; H. V.
Bewerber
– Background-Checks H. I.2. 6
– Online-Bewerbungssysteme H. I.2. 9
Bewerbermanagement C. II. 1
Bezahlen mit Daten F. I.3. 8
Bilanzen E. I.3. 19
Bilanzrechtsmodernisierungsgesetz (BilMoG) E. IV. 8
Bilddatenbank H. III.4.
Bildnis siehe Foto, Personenbildnis
Binding Corporate Rules (BCR) G. VII.3.
BIOS D. III.3. 4
Black Box A. III.5.; H. III.2. 20, 22
Blockchain D. IV. Vorb.; D. IV.3. 13; G. I.3. Vorb.
Bluetooth E. II.2. 31
Bonitätsprüfung I. IV.
– Darlehen-Selbstauskunft I. IV.2.
– Haushaltsrechnung I. IV.4.
– bei Kaufverträgen I. IV.1.
– Mieter-Selbstauskunft I. IV.3.

**Bring Your Own Device (BYOD) D. III.4.**
– Besitzschutz **D. III.4.** 17
– Betriebsausgaben **D. III.4.** 22
– Ehe-/Lebenspartner **D. III.4.** 2
– Ersatzbeschaffungen **D. III.4.** 10
– Lizenzmanagement **D. III.4.** 24
– physischer Zugriff **D. III.4.** 19
– Reparaturen **D. III.4.** 10
**Briefgeheimnis A. IV.6.**
**Briefpapier D. III.1.**
**Briefpost D. III.1.**
**Broad Network Access G. VI.**
**BS 10012:2017 E. I.1.** 8
**BSI C. I.** 3; **E. I.2.** 14; **E. II.2.** 12; **G. II.5.**; **G. IV.1.**; **G. VI.**; **H. I.2.** 9
**BSI-Grundschutzkataloge A. IV.5.** 19; **C. I.** 31; **E. I.1.** 1; **G. III.1.** 12; **G. IV.1.**
**BSI-Grundschutzkompendium D. IV.2.** 1
**BSI-KritisV E. I.2.**
**BSI-Standard 200-3 E. V.** 13
**Bundesnetzagentur (BNetzA) E. I.2.** 4; **E. I.3.**
**Bußgeld** siehe Aufsichtsbehörde
**Bußgeldbescheid** siehe Aufsichtsbehörde
**Business Continuity Management (BCM) E. I.3.** 11; **E. II.2.** 60; **E. V.**
**Business Enabler E. I.5.** 41
**Business Impact Analyse (BIA) E. I.3.** 11
**Business Judgment Rule G. VI.2.** 9
**BYOD** siehe Bring Your Own Device

**Call Center G.I.4.** Vorb.
**Change Management** siehe Änderungsmanagement
**Chief Compliance Officer (CCO) A. IV.5.**
**Chief Information Security Officer (CISO) E. I.3.** 16
**Chief Privacy Officer A. II.1.** 4; **D. I.2.** 7
**China C. II.** 10
**Chipkarte D. III.2.** 6; **G. III.1.** 23
**Clinical Trials Regulation (CTR) K. IV.** Vorb.
**Cloud Act G. VI.1.**
**Cloud Computing G. I.4.**; **G. VI.**
– als Auftragsverarbeitung **G. VI.1.** 6, 7
– Broad Network Access **G. VI.1**
– Definition **G. VI.**
– Infrastructure as a Service (IaaS) **G. VI.1.** 3
– Löschung **D. IV.3.** 12
– Measured Service **G. VI.1.**
– Netzwerkzugriff **G. VI.1.**
– Platform as a Service (PaaS) **G. VI.1.** 3
– Rapid Elasticity **G. VI.1.**
– Rechenzentrum **G. VI.1.** 11
– Resource Pooling **G. VI.1.** 2
– Software as a Service (SaaS) **G. VI.1.** 3
**Cloud Services C. I.** 57; **C. VII.6.** 7
**Code of Conduct A. II.2.** 10; **A. IV.**
**Compliance A. II.1.**; **E. I.**
– Compliance-Abteilung **A. I.** 11; **A. III.2.** 5; **A. III.3.**
– Compliance-Management-System (CMS) **A. II.3.**; **A. III.2.** 1, 8
– Compliance Officer siehe Chief Compliance Officer
– Compliance-Organisation **A. II.3.** 6; **A. IV.5.** 3
– Compliance-Verstöße **A. II.1.**; **A. IV.5.**
– Garantenstellung **A. III.2.** 7
**Compliance-Beauftragter E. I.2.** 18
**Compliance-Verantwortliche A. II.2.** 7
**Confidentiality Agreement** siehe Vertraulichkeitsvereinbarung
**Contract Research Organisations (CRO) K. IV.**
**Conversion Tracking F. I.7.** 6, 10
**Cookies F. I.1.**
**CRM E. II.2.** 72; **H. VI.** 4; **I. I.**
**Customer Care D. III.5.**

**Data-Act (DA) P. I.**
**Data-Contract-Management K. I.1.** Vorb.
**Data Leak Prevention E. II.2.** 27
**Data Protection Management System (DPMS) E. I.**
**Daten P. II.** 3; **B. III.2.** 5; **G. I.4.** 34; **K. IV.2.** 2
**Datenexporte G. I.6.** 3
**Datengeheimnis A. III.1.** 2; **A. III.6.** 5; **C. I.** 20; **C. VII.1.**; **R. I.**
**Datenlizenz P. II.**
– Datenqualität **P. II.** 15
– digitale Produkte **P. II.** 9
– Haftung Lizenzgeber **P. II.** 16
– Haftung Lizenznehmer **P. II.** 8
– Laufzeit und Beendigung **P. II.** 17
– Lizenzgebühr **P. II.** 14
– Pflichten des Lizenzgebers **P. II.** 11
– Pflichten des Lizenznehmers **P. II.** 12
**Datenlöschung** siehe Datenvernichtung
**Datenmigration G. III.1.** 2
**Datenpanne C. VI.**; **C. VII.2.** 4; **D. II.** 25; **G. II.5.**; **G. I.7.** 25; **K. III.2.** 9, 13
– benachrichtigungspflichtige Stelle **C. VI.1.** 2
– Datenschutzbeauftragter **B. II.2.**
**Datenrückgabe G. III.1.** 16
**Datenschutzabteilung A. III.3.**
– Aufbau **A. III.3.**
– Dienstleister **A. III.3.**
– Kontrolleur **A. III.3.**
– Verantwortungsumfang **A. III.4.**
– Weisungsbefugnis **A. III.2.** 4
– Zuständigkeitsbereiche **A. III.4.**
**Datenschutzaudit C. I.**
– Datenschutzgütesiegel **C. IV.**
– Zertifizierung **C. IV.1.**

**Datenschutzbeauftragter**
- Abberufung **B. I.2.**
- Abwerbungsverbot **B. II.2.** 10
- Amtsniederlegung **B. II.2.** 9
- Ansprechpartner **B. III.3.** 5
- Arbeitnehmer **B. I.1.** 2
- Arbeitsbelastung **B. II.1.** 5
- Arbeitsvertrag **B. I.1.** 3
- Aufgaben **B. I.1.** 6, 8
- Aufhebungsvertrag **B. II.3.**
- auflösende Bedingung **B. I.1.** 12
- Aufsichtsbehörde **B. I.2.** 1, 3; **B. II.1.** 23
- außerordentliche Kündigung **B. II.1.** 18; **B. II.2.** 17
- Beendigung des Amtes **B. I.1.** 11; **B. II.2.** 7; **B. II.3.** 1
- Befristung der Bestellung **B. I.1.** 5
- Benachteiligungsverbot **B. I.1.** 10
- Beratungsvertrag **B. II.2.**
- Berufsgeheimnisträger **B. I.1.**; **B. II.1.** 24; **B. II.2.** 20; **B. III.1.** 5
- Berufshaftpflichtversicherung **B. II.1.** 20; **B. II.3.** 1
- Bestellung **B. I.1.** 1
- Betriebsrat **B. I.1.** 2, 7; **B. III.3.** 10
- Dienstleistungsunternehmen **B. I.1.** 3, 12; **B. II.1.** 1, 2; **B. II.2.**
- Direktionsrecht **B. I.1.** 2
- Eingliederung **B. I.1.** 9
- externer Datenschutzbeauftragter **B. II.**
- Fortbildung **B. II.1.** 6
- Geheimhaltungspflicht **B. II.1.** 4; **B. II.2.** 18
- Geschäftsführer **B. I.1.** 2
- Geschäfts- und Betriebsgeheimnisse **B. II.1.** 22
- Gewerbesteuerpflichtigkeit **B. II.1.** 13
- Haftung **B. II.1.** 10, 19, 20, 21; **B. II.2.** 3; **B. III.3.** 11
- Haftungsbeschränkung **B. II.1.** 20
- Handlungsvollmacht **B. I.1.** 2
- Hilfspersonal **B. II.1.** 4 f., 21; **B. II.2.** 5
- innerbetrieblicher Schadensausgleich **B. II.1.** 19
- Interessenkonflikt **B. I.1.** 2
- Kontrollstelle **B. I.1.** 6, 7, 10; **B. II.1.** 4, 23; **B. II.2.** 20
- Konzern **B. I.1.**; **B. II.1.** 4
- Konzerndatenschutzbeauftragter **B. I.1.**; **B. II.1.** 4
- Kündigung **B. I.1.** 11; **B. I.2.** 4; **B. II.1.** 16, 17, 18
- Kündigung aus wichtigem Grund **B. II.1.** 18; **B. II.2.** 17
- Kündigung der Bestellung siehe Beendigung des Amtes
- Kündigungsschutz **B. I.1.** 11; **B. I.2.** 4; **B. II.1.** 16
- Laufzeit **B. I.1.** 4; **B. II.1.** 16
- Leistungsfähigkeit **B. II.1.** 6
- Organisationsentscheidung **B. I.1.** 2
- organisatorische Eingliederung **B. I.1.** 9
- organisatorische Festlegungen **B. II.1.** 7 f.
- Prokura **B. I.1.** 2
- Rechnungen **B. II.1.** 14 f.
- Schadensersatz **B. II.1.** 10, 15, 19; **B. III.1.** 4
- Schulung **B. I.1.** 8; **B. II.1.** 12
- selbstständig tätige Person **B. I.1.** 2
- Tauglichkeit **B. I.1.** 2
- Trennungsprinzip **B. I.1.** 1
- Unabhängigkeit **B. I.1.** 2, 5, 10, 13; **B. II.1.** 16, 19; **B. II.2.** 13; **B. III.1.** 4; **B. III.3.** 2
- Unterschrift **B. I.1.** 1, 14; **B. I.2.** 5; **B. III.1.** 7; **B. III.3.** 12
- Unterstützungspflicht **B. I.1.** 10
- Vergütung **B. II.1.** 5, 11, 14, 15; **B. II.2.** 14
- Verschwiegenheitspflicht **B. I.1.** 1; **B. II.2.** 5
- Verschwiegenheitsverpflichtung **B. I.1.** 6; **B. II.1.** 2
- Wechsel **B. II.2.** 8
- Weisungen **B. I.1.** 8; **B. II.1.** 7; **B. II.2.** 13, 19
- Weisungsrecht **B. I.1.** 8; **B. II.1.** 8; **B. III.1.** 5
- Weiterbildung siehe Fortbildung
- Widerruf **B. I.1.** 11; **B. I.2.** 1; **B. II.2.** 7, 8; **B. II.3.** 2
- Widerruf der Bestellung siehe Beendigung des Amtes
- Zeithonorar **B. II.1.** 15
- Zeugnisverweigerungsrecht **B. I.1.** 1; **B. II.2.** 20
- Zutrittsberechtigung **B. I.1.** 10
- Zuverlässigkeit **B. II.2.** 5

**Datenschutzbehörde** siehe Aufsichtsbehörde
**Datenschutzdokumentation C. IV.3.** 3
**Datenschutzereignis C. VI.; G. II.5.**
**Datenschutzerklärung F. I.**
- Anwaltskanzlei **M. II.**
- Apotheke **K. III.1.**
- Apps **F. I.2.**
- besondere Angebote **F. I.3.**
- Hinweisgeberportal **A. IV.4.**
- Newsletter **F. I.4.**
- Online-Werbung **F. I.7.**
- Social Media **F. I.6.**
- Verein **L. IV.**
- Websites **F. I.1.**
- Webtracking **F. I.5.**

**Datenschutz-Folgenabschätzung (DSFA) A. III.7.; C. I.** 28; **C. III.; R. III.**
- Auftragsverarbeitung **G. I.3.** 5
- Blacklist (in Österreich) **R. III.**
- Durchführung **C. III.4.**
- Erforderlichkeit **C. III.2.; H. VII.** 58
- Fernwartung **D. III.3.**

– Negativlisten A. III.7. 4
– nichtautomatisierte Verfahren A. III.7. 2
– Notwendigkeit C. V.3.
– Papierakten A. III.7. 2
– Positivlisten A. III.7. 3
– Privacy Impact Assessment (PIA) E. I.3. 3
– Schwellenwertprüfung C. III.3.
– Übersicht C. III.1.
– Unterschiede zur Vorabkontrolle C. III.5. 2
– Videoüberwachung C. III.5. 4; H. III.2. 27
– Zweifelsfälle A. III.7. 7
**Datenschutzhinweise** siehe Datenschutzerklärung
**Datenschutzkonzept** C. I. 31; C. IV.2.; E. III.
**Datenschutzmanagement** A. I. 24; C. I. 21; E. I.2.; E. I.5.; G. II.5.
**Datenschutz-Managementsystem** A. I. 24; C. I. 21; E. I.2.; E. I.1. 7; E. I.5.; G. II.5.
**Datenschutzorganisation** A. III.; E. I.2.; E. I.5.; G. I.3.
– Audit C. I.
– Aufbau- und Ablauforganisation E. I.3.
– Reifegrad A. III.5.
– Risikostrategie A. III.5.
– Risikoverständnis A. III.5.
**Datenschutzpanne** siehe Datenpanne
**Datenschutzrichtlinie** C. I. 35
**Datenschutzrisiken** A. II.3. 7
**Datenschutzstrategie** A. III.3. 5
**Datenschutzverletzung** siehe Datenpanne
**Datenschutzverstoß** siehe Datenpanne
**Datenschutzvorfall** siehe Datenpanne
**Datensicherheit** A. IV.1. 6; D. III.5. 7; E.; G. I.4. 35; G. VII.3. 9
**Datensicherung** D. III.4. 15; E. II.2. 41–47
**Datensparsamkeit** siehe Datenvermeidung
**Datenträgerausfall** E. II.2. 46
**Datenträgertresor** E. II.2. 32
**Datenträgervernichtung** D. IV.3. 3; G. III.1. 18
**Datentrennung** G. III.1. 16
**Datentrennungskontrolle** E. III. 24
**Datenübertragbarkeit** F. VI.1.
**Datenverarbeitungssysteme** F. VI.1. 4; G. III.1. 2
**Datenverkehrsanalyse** F. I.5. Vorb.
**Datenvermeidung** D. III.4. 6
**Datenvernichtung** G. III.1. 18
**Datenzugriff** H. VIII. 35
**Demand Side Platform (DSP)** F. I.7.; I. VI. 3
**Detektiveinsatz** H. V.
**Deutsche Akkreditierungsstelle (DAkkS)** C. IV.1.; C. IV.3. Vorb.; C. V.4. 2
**Deutscher Corporate Governance Kodex (DCGK)** A. II.2. 8
**Dienstleisterkontrolle** G. III.1. 10
**Dienstleisterprüfung** G. III.1. 10
**Dienstleistungs-Informationspflichten-Verordnung (DL-InfoV)** B. II.1. 25; I. IV.1. 2
**Dienstleistungsunternehmen** B. I.1. 3, 9, 12; B. II.1. 1; B. II.2. 1
**Dienstvertrag** B. I.1. 3, 11; B. II.1. 2, 16; B. II.2. 2
**Digitale-Dienste-RL** F. I.3. 8
**DIN 27019** E. I.2. 7
**DIN 33450** H. III.2. 26
**DIN 66399** D. IV.3. 1, 2; G. III.1. 18
**DIN EN 1047-1** E. II.2. 32
**DIN EN ISO 14155:2012-01** K. IV. Vorb.
**Direktionsrecht** B. I.1. 2; D. III.1. 1; D. III.2.; D. III.3. 18; D. III.4. 1, 7; D. III.5.
**Dokumentation** A. I. 10; C.; E. III.; G. I.4. 10, 17; G. IV.1. 5; G. V.1. 3; H. III.4. 2; H. III.5. 1; I. V. 7, G. I.6. 8
**Dokumentenlenkung** E. II.2. 3
**Dritter** siehe verantwortliche Stelle
**Drittland** siehe Übermittlung
**Drittstaat** siehe Übermittlung
**Duldungspflicht** N. IV. 10; B. III.2. 2
**Durchsuchung** O. V.; O. VI.
**Durchsuchungs- und Beschlagnahmebeschluss** O. V. 8
**Düsseldorfer Kreis** B. I.1. 10; B. II.1. 16; F. I.2.

**E-Commerce** I. I. 10; I. IV.1. 8
**E-Commerce-RL** F. I.3. 1
**E-Discovery** D. III.1. 18
**EDV** D. III.2.; D. III.3.
**EDV-Abteilung** siehe IT-Abteilung
**EEPROM** D. IV.3. 7
**Eingabe** N. I.
**Eingabekontrolle** E. II.2. 49
**Eingliederung** B. I.1. 9
**Einspruch**
– gegen Bußgeldbescheid O. IV.
**einstweiliger Rechtsschutz**
– Anordnungsgrund N. IV. 13
– Antragsfassung N. IV. 4
– Antragsgegner N. IV. 2
– Begründetheit N. IV. 9
– Dringlichkeit N. IV. Vorb.
– einstweilige Verfügung N. IV.
– Glaubhaftmachung N. IV. 5
– konkrete Verletzungsform N. IV. 4
– örtliche Zuständigkeit N. IV. 1
– Rechtsweg N. IV. 1
– Regelungsanordnung N. IV. 7
– sachliche Zuständigkeit N. IV. 1
– Sicherungsanordnung N. IV. 7
– Tenorierung N. IV. 4
– Unterlassungsanspruch N. IV. 10
– vorläufiger Rechtsschutz N. IV.
– Zulässigkeit N. IV. 8

**Einwilligung** B.III.1. 6; K.II.1. 5
- Beschäftigte H.I.1.; C.VII.1.
- Bewerber H.I.2.
- Bildnisse H.I.1.; J.I. 3
- Bring Your Own Device (BYOD) D.III.4.
- Einwilligungsfähigkeit C.VII.7. 3
- Folgen der Verweigerung I.II. 4
- Form G.VII.4. 1; H.I.1. 7; H.I.2. 8, 9
- freie Entscheidung H.I.2. 8; I.II. 3, 4, 7
- Freiwilligkeit H.I.2. 8; I.II. 3, 4 ,7; J.II. 5
- Generaleinwilligungen I.II. 1
- Gesundheitsbereich K.II.
- Hinweis auf Widerruflichkeit F.I.1. 10; K.II.1. 6
- im Arbeitsvertrag H.I.1.; H.I.2. 7; C.VII.1.
- informierte Einwilligung G.VII.4.; H.I.1. 4; I.II. 7, 14
- in unverschlüsselte Kommunikation C.VII.7. 7
- Minderjährige I.II. 6
- Personenbildnisse J.I.
- Veröffentlichung von Mitarbeiterfotos H.I.1.
- Widerruf D.III.1. 12, 13; D.III.4. 25; F.IV.1.1. 3; G.VII.4. 10; H.I.1. 8; H.I.2. 10; I.II. 2, 12; J.II. 6

**EKEK** F.I.1. 1
**E-Mail**
- Antispam-Dienste D.III.1. 28
- Blockieren von Absendern D.III.1. 26
- bounce D.III.1. 26
- discard D.III.1. 26
- Header D.III.1. 28
- IMAP D.III.2. 3
- Logfiles D.III.1. 28
- Missbrauchskontrolle D.III.1. 29, 35
- private Nachrichten D.III.1. 17, 24, 47
- reject D.III.1. 26
- SpamCop D.III.1. 28
- Spam- und Virenfilter D.III.1. 25, 26

**E-Mail-Adresse** D.III.1. 17, 23
**Entflechtung** E.I.3. 18, 19; E.I.4. 6
**ePrivacy** F.I.1. 1; I.III.
**EPROM** D.IV.3. 6
**Ergonomie** H. VIII. 20
**Ermessensentscheidungen** D.III.5.
**ERP-System** C.I. 51
**ethnische Herkunft** H.I.2. 4
**eTracker** F.I.5. 6
**EU-Model Clauses** siehe Standardvertragsklauseln
**Euro-SOX** E.I.2. 23
**EU-Standardvertragsklauseln** siehe Standardvertragsklauseln
**EU-US Privacy Shield** siehe Privacy Framework
**Europäische Normen (EN)** C.IV.1.
**Europäischer Wirtschaftsraum (EWR)** C.II. 10
**EuroPriSe** siehe Datenschutzaudit
**externe Revision** E.I.2. 25

**Facebook** A.IV.2. 8; D.III.5. 4; H.I.1. 5
**Facebook Pixel** F.I.7. 10
**Fahrlässigkeit** O.I. 12
**familiäre Tätigkeiten** siehe persönliche Tätigkeiten
**Familienmitglieder** C.VII.7. 7; H.V.
**Fernmeldegeheimnis** C.VII.2.
**Fernwartung** D.III.3.; G.III.1.
- Arbeitsanweisung G.III. Vorb.; G.III.4.
- Auftragsverarbeitung G.III.1.
- Authentifizierungsmöglichkeit G.III.1. 23
- durch Drittunternehmen G.III.1.
- Information des Auftraggebers G.III.1. 8
- Kontrolle G.III.1. 10 f.

**Fernwartung durch eigene Mitarbeiter** D.III.3.
**Fernzugriff** C.I. 52; D.III.2. 1; D.III.3. 2, 4, 6; D.III.4. 21; G.III.1. 12
**Festplatten** C.I. 54; C.II. Vorb.; G.IV.1. Vorb.; M.III. 5, 6
**Feuerlöscher** E.II.2. 70
**Filesharing** D.III.1. 5
**Firewall** D.III.1. 25; E.I.5. 34
**FireWire** D.III.1. Vorb.
**Firmengelände** H.III.2. 22
**Firmenwert** E.I.1. 2, 3
**Flash-Speicher** D.IV.3. 8
**Fluggastdaten** A.III.5. Vorb.
**Formklausel** B.II.1. 9
**Forschungszwecke** K.IV.; R.IV.
**Forum** F.I.3. 10–12
**Foto** H.I.1.; J.I.; J.II.; J.III.; J.IV.
**FRAM** D.IV.3. 5
**Frankreich** C.III.2.
**freie Mitarbeiter**
- Auftragsverarbeitung C.VII.5.; C.VII.6.
- datenschutzrechtliche Eingliederung C.VII.6.; I.I. 18
- nahestehende Personen C.VII.6.
- Vertraulichkeitsvereinbarung C.VII.6.

**Freigabeverfahren** A.IV.5. 18
**Freistellungsverpflichtung** C.VII.5. 4; C.VII.6. 12, 21
**FTP-Server** D.III.3. 10; H.I.2. 9
**Führungszeugnis** E.I.4. 6
**Führungszeugnisprüfung** E.I.3. Vorb.
**Funktionsübertragung** siehe Auftragsverarbeitung

**GCP-V** K.IV. Vorb.
**Gebühren** B.III.2. 2
**Gefahrenabwehr** B.I.1. 8; I.V. Vorb., 4
**Geheimdienste** C.VII.6. 7; D.III.3. 6
**Geheimhaltungsinteressen** B.II.1. 22; B.III.2. 4

**Geheimhaltungspflichten** B. II.2. 18; C. VII.3.
**Geheimhaltungsvereinbarung** B. II.1. 22; H. III.2. 25
**Geheimhaltungswille** C. VII.3. 4; C. VII.4. 7; G. IV.1. 1
**Geheimnisschutz** B. II.1. 22; B. II.2. 18
**Geheimnisverrat** K. II.1. 2
**Geheimschutz** G. IV.1. 3
**Geheimschutzbeauftragter** E. I.3.
**Geheimschutzhandbuch (GHB)** E. I.3.
**geistiges Eigentum** B. III.2. 4
**Geldbuße** siehe Aufsichtsbehörde
**Geldwäschebeauftragter** A. II.1. Vorb.
**geltungserhaltende Reduktion** C. VII.6. 12, 20
**gemeinsame Datenbank** siehe Datenbank
**gemeinsame Verantwortung** G. I.1.; G. V.; I. VI.; K. IV. Vorb.; K. IV.3.
**Gemeinschaftslaufwerke** A. IV.6.
**Gerätetypen** G. III.1. 1
**Gerichtsstand** B. II.2. 3; G. III.3. 2; G. IV.1. 18
**Gerichtsstandsvereinbarung** C. VII.5. 7; C. VII.6. 17
**Geschäftsführer** A. II.1. Vorb.; B. I.1. 2; D. I.1. 3; E. I.1. 24
**Geschäftsführung** D. I.1. 3; D. I.2. 2 ff.
**Geschäftspost** D. III.1. Vorb.
**Geschäfts- und Betriebsgeheimnisse** B. III.1. 5; B. III.2. 4; C. VII.3.; C. VII.4.; D. III.5. 7; F. II.2. 4; G. IV.2. 23
- fachfremde Geheimnisse C. VII.4. 2; C. VII.6. 20

**Geschäfts- und Handelsbriefe** D. III.1. Vorb.; D. IV.1. 3
**Geschäftsunterlagen** C. VII.3. Vorb.; C. VII.4. 6
**Geschäftsvorgänge** C. VII.4. 1
**Geschäftswert** siehe Firmenwert
**Gesellschafterbeschluss** D. I.1.
**Gesellschaftsförderungspflicht** B. I.1. 3
**gesetzliche Aufbewahrungspflichten** siehe Aufbewahrungspflichten
**gestörte Gesamtschuld** B. II.1. 19
**gestufte Rechte** D. III.3. 2
**Gesundheitsdaten** B. III.2. 5; D. III.2. 1; F. II.2. 2; F. VI.1. 2; G. VII.2. 6; H. I.1. Vorb.; H. I.2. 4; H. II. Vorb.; K.
- Apothekenrechenzentren K. III.1. 5
- Aufbewahrungsfristen K. I.2. 7
- klinische Forschung K. IV.
- Kundenkarte K. II.2.; K. III.1. 10
- Rezeptabrechnung K. III.1. 8
- Weisungsgebundenheit K. I.2. 2

**Gewinnspiele** I. III. 9
**Gleichbehandlungsbeauftragter** E. I.3. 18
**Good Clinical Practice (GCP)-RL** K. IV.4. 5
**Google Ads** F. I.7. 4
**Google AdSense** F. I.7. 1
**Google Analytics** F. I.5. 2–3
**Google Drive** C. I.; D. III.4.
**Google Maps** F. I.6. 7
**Großbritannien** C. III.5. 1; D. III.2. 12, I I. VI. Vorb.
**Grundschutzkataloge** C. I. 31; E. I.1. 1
**Gruppenkonten** E. II.2. 17; E. IV. 15
**Gruppenpasswörter** E. II.2. 17
**Gutachter** C. IV.

**Hackerangriff** C. VI.3. 6
**Haftung**
- Auftragsverarbeiter C. V.2. 2; G. I.4. 29, 30
- Binding Corporate Rules (BCR) G. VII.3. 5
- Chief Compliance Officer A. III.2. 7
- Datenexporteur G. VII.2. 9
- Datenimporteur G. VII.2. 10
- Datenschutzbeauftragter B. II.1. 10, 19, 20; B. III.3. 11
- Geschäftsführer A. II.2. 4
- Geschäftsleitung A. II.2. 4
- Vorstände A. II.2. 4

**Haftungsausschluss**
- Datenschutzbeauftragter B. II.1. 19

**Handelsbriefe** D. III.1. Vorb.; D. IV.1. 3
**Handlungsvollmacht** B. I.1. 2
**Hausarzt** K. II.3. 1
**Heilmittelerbringer** K. II.3. 4
**Heimarbeit** siehe Homeoffice
**Herstellerpflichten** P. I. Vorb.
**Hilfsmittelerbringer** K. II.3. 5
**Hinweisgeber** siehe Whistleblower
**Hinweisgeberportal** A. IV.4.; A. IV.5.
- Datenschutzerklärung A. IV.4.
- Unternehmensrichtlinie A. IV.5.

**Hinweisgebersystem** A. IV.2.; A. IV.3.; A. IV.4.; A. IV.5.
- Berechtigungsrollen A. IV.5. 17
- Datenschutzerklärung A. IV.4.
- falsche Verdächtigung A. IV.5. 12
- Rollen- und Rechtekonzept A. IV.5. 17
- Unternehmensrichtlinie A. IV.5.

**Hinweispflicht** G. I.2. 11
**Homeoffice** D. III.2.
- IT-Sicherheit E. V. 16
- Mobile Office D. III.2.
- mobiler Arbeitsplatz D. III.2.
- Social Engineering E. V. 17
- Telearbeit D. III.2.
- Teleheimarbeit D. III.2.
- Unternehmensrichtlinie D. III.2.

**Host-Provider** F. I.3. 1
**Hotjar** F. I.5. 7

**IaaS** siehe Cloud Computing
**IAB** I. VI. 13

**IAF MD 1:2018 C. IV.1.** 19
**ICHGCP K. IV.** Vorb.
**iCloud D. III.4.**
**Identifikation E. II.2.** 21, 22; **G. III.1.** 26; **I. V.** 1
**Identifikationsmerkmale G. III.1.** 24; **I. V.** 1
**Identitätsdiebstahl C. III.5.** 5; **C. VI.1.** 4; **D. III.5.** 7
**Identitätsfeststellung D. II.** 11
**IDW PS 330 E. I.1.** 23
**IDW PS 340 E. I.2.** 15
**IDW PS 880 E. I.1.** 23
**IDW PS 980 A. I.** Vorb.; **A. II.** Vorb.; **A. II.3.**
**Illustrationsfotos H. I.1.** 10
**Impressum I. III.** 4
**Incident Management E. I.2.** 2
**Indien C. II.** 10
**individuelle Online-Werbung** siehe Online Behavioral Advertising (OBA)
**Information Betroffener C. IV.1.** 16; **D. II.** 22
**informationelle Selbstbestimmung B. I.1.** 8; **F. I.** Vorb.; **H. II.** Vorb.
**Informationspflicht C. VI.1.** 6; **C. VI.2.** 3; **C. VII.6.** 9; **F. IV.1.2.**; **G. I.4.** 11; **G. II.5.** 13; **H. III.2.** 26; **I. IV.3.** 11
**Informationsschutz E. I.**
**Informationssicherheit E. I.1.**12; **E. I.3.** 16; **G. III.1.** 19; **G. IV.1.** Vorb.
**Informationssicherheitsbeauftragter** siehe Chief Information Security Officer (CISO)
**Informationssicherheitskonzept E. III.** Vorb.
**Informationssicherheits-Managementsystem (ISMS) E. I.**
**Infrastructure as a Service (IaaS)** siehe Cloud Computing
**innerbetrieblicher Schadensausgleich B. II.1.** 19
**Input Management C. I.**
**Insolvenz E. I.1.** 18; **G. II.6.**
**Insolvenzverfahren G. II.6.**; **I. IV.3.** 9
**Interessenabwägung B. III.2.** 3; **C. I.** 14, 42; **H. III.** Vorb.; **H. III.2.** 6; **H. V.** 9
**Internal Investigations A. IV.6.**
**interne Ermittlungen A. IV.6.**; **D. II.** 20
**interne Revision E. I.5.** 2
**internes Kontrollsystem (IKS) A. II.1.** Vorb.; **A. II.2.** 3; **A. II.3.** 7
**Internet-Browser G. III.4.** 1
**Internet of Things E. II.2.** 29
**Inventarnummer C. II.** 2
**ISO 22 301:2019 E. V.** Vorb.
**ISO 27 000-Normenfamilie E. I.1.** 4
**ISO 27 001 A. IV.5.** 19; **C. IV.1.** Vorb.; **C. IV.1.** 17; **E. I.1.** 7; **E. I.2.** 8; **E. II.2.** 12; **E. III.** Vorb.; **E. IV.** Vorb.; **E. V.** Vorb.
**ISO 27 005 E. I.2.** 15
**ISO 27 701 C. V.1.** 1
**ISO 31 000 E. I.2.** 15
**ISO/IEC 27 001:2013** siehe Informationssicherheits-Managementsystem
**ISO/IEC 29 001 A. I.** Vorb.
**ISO/IEC 29 100 A. I.** Vorb.; **E. I.**
**ISO/IEC 29 134 A. I.** Vorb.; **C. V.2.** 1 ff.
**ISO/IEC 9001 E. II.2.** 4
**Ist-Analyse E. I.5.** Vorb.
**IT-Abteilung E. I.3.** 9; **E. IV.** 2
**IT-Compliance E. I.2.** 19
**IT-Grundschutz-Kataloge** siehe Grundschutz-Kataloge
**ITIL E. I.2.** 2
**IT-Infrastruktur E. I.1.** 9; **H. III.2.** 18
**IT-Landschaften G. VI.** Vorb.
**IT-Leiter E. I.1.** 24; **G. I.3.** Vorb.
**IT-Risikobeauftragter E. I.3.** Vorb.
**IT-Sicherheit A. IV.1.** 6; **C. V.2.**; **E. I.1.**; **E. I.1.** 7
**IT-Sicherheitsbeauftragter E. I.3.**
**IT-Sicherheitsgesetz E. I.1.**
**IT-Sicherheitskonzept C. I.** 58
**IT-Sicherheitsrichtlinie E. II.**
**IT-Sicherheitsvorfall G. II.5.**

**Joint Controller** siehe gemeinsame Verantwortung
**Joint Controllership** siehe gemeinsame Verantwortung
**Jugendamt C. VII.7.**
**juristischer Stellenbegriff** siehe verantwortliche Stelle

**Kalender D. III.1.** Vorb.
**Kalkulationen** siehe Geschäfts- und Betriebsgeheimnisse
**Kanzlei** siehe Anwaltskanzlei
**Kapitaladäquanzverordnung (CRR) E. I.2.** 22
**Karenzentschädigung B. II.1.** 22; **C. VII.4.** Vorb.; **C. VII.6.** 12
**Kartellrecht O. I.1.**
**Kartenzahlung C. VII.1.** 2
**Kaufmann C. II.** 7; **C. VII.5.** 7; **C. VII.6.** 15
**Kennwort E. II.2.** 17; **E. IV.** Vorb.
**Kernvertragstheorie F. I.3.** 4
**KI A. III.4.** 4; **C. I.** 50; **E. I.1.** 11; **Q. I.** 1
**Kinder-Daten C. I.1.** 8
**Kindeswohlgefährdung C. VII.7.** 4
**KI-Verordnung Q. I.**
– Anbieter **Q. I.** 2
– Anwendbarkeit **Q. I.**
– Ausnahmen vom Anwendungsbereich **Q. I.** 6
– Betreiber **Q. I.** 3
– GPAI **Q. II.** 3
– Hochrisiko-KI-Systeme **Q. II.** 2
– Pflichten **Q. II.**
– territorialer Anwendungsbereich **Q. I.** 5

– verbotene KI-Systeme Q. II. 1
– Vergleich zu DS-GVO Q. III.
Klage gegen Anordnung der Datenschutzbehörde N. III.
– Antrag N. III. 3
– Begründetheit N. III. 4
– Klageart N. III. 3
– Klagegegner N. III. 2
Klarnamenszwang F. I.3. 9
Klassifizierung von IT-Systemen H. VIII. 5
– Kategorie 1 H. VIII. 6, 26
– Kategorie 2 H. VIII. 7, 27
– Kategorie 3 H. VIII. 8, 28
KMU E. I.5. 32; E. II.3.
Know-how C. VII.4. 3; C. VII.6. 12; E. I.1. 2; G. IV.1. 2, 8, 15; G. IV.2. 7, 16
Kommunikationsverbindungen E. IV. 2
Konnexität B. I.1. 11, 12; B. I.2. 1; B. II.1. 17; B. II.2. 8
Konstruktionsdaten D. III.2. 1
kontinuierlicher Verbesserungsprozess (KVP) E. I.5. 12
Kontrollrechte B. III.3. 7; C. IV.2. 5; G. I.2. 6; G. I.4. 21, 26; G. III.1. 14
Kontrollstelle B. I.1. 6
Konzern A. IV.5. 5; B. I.1. Vorb.; C. I. 15; D. I.; G. IV.2. 2; H. I.2. 7
– Intercompany-Verträge E. III. Vorb.
Konzerndatenschutzbeauftragter siehe Datenschutzbeauftragter
Konzerndatenschutzrichtlinie D. I.2.
Konzernprivileg C. I. 15; G. VII.5. 5; H. I.2. 7
Kopplungsverbot G. VII.4. 10; I. IV. 8
Kostenerstattungsanspruch B. III.2. 2
Kreditkarten C. VI.2. 6
Krisen- und Notfallmanagement E. V.
Kritikalität der Daten E. II.2. 29; G. I.3. 5
Kundenbetreuung C. II. 1
Kundendaten E. IV. 4
Kundenkarte K. II.2. 1; K. III.1. 10
Kundenkartei siehe Kundenkarte
Kündigung
– Beschäftigte siehe Beschäftigte
– Datenschutzbeauftragter siehe Datenschutzbeauftragter
Kunst J. I. 12
künstliche Intelligenz (KI) siehe KI
KunstUrhG J. I. Vorb., 8

Labor K. I.2.
Laborarzt siehe Labor
LAN H. III.2. 18
Landesdatenschutzgesetz B. III.1. 4
Legaleinheit siehe verantwortliche Stelle
Legalitätsprinzip B. III.2. 2
LegalTech M. IV.
Leiharbeitnehmer H. II.1. 4; H. IV.2. 2
Leistungsbeschreibung D. III.4. 14; G. III.1. 5; H. III.2. 14
Leistungskontrolle A. IV.5. 18, H. III.2. 3, 4
Leistungsschein E. II.2. 6
Lieferantendaten G. I.3. 4
LinkedIn Insight-Tag F. I.7. 9
Lizenzierung G. III.1. 15
Lizenzmanagement D. III.4. 24
Log-Dateien C. III.4.; E. II.2. 75; E. IV. 16
Logfiles D. III.1. Vorb.; D. III.1. 28
Login-Daten D. II. 11
Löschkonzept A. IV.5.; D. IV.
– Aufbewahrung D. IV.1. 2
– Buchführungsunterlagen D. IV.1. 3
– Fristberechnung D. IV.1. 1
Löschung siehe personenbezogene Daten
Löschungsanspruch F. II.2. 10; F. IV.1. 6; F. IV.2. 3

M&A-Transaktionen G. IV.2.
Machine Learning (ML) E. I.1. 10
Managementsystem siehe Datenschutz-Managementsystem
Manager A. III.2.; D. III.5. 2; E. I.1. 24; E. I.3. 15
Man-in-the-Middle D. III.1. 16
Marketing siehe Werbung
Marktforschung E. II.2. 72
Marktstrategien C. VII.3.; C. VII.4.
Markt- und Meinungsforschung B. I.1. Vorb.
Matomo F. I.5. 4–5
Medizinprodukte K. IV.
Meldepflicht C. VI.1. 4; C. VI.3. 5; G. II.5. Vorb.
Merkblatt Datenschutz
– Anwaltskanzlei M. I.
– Verein L. II.
Microsoft 365 G. VI.2.
Miete siehe Infrastrukturnutzung
Mietvertrag I. IV.3. Vorb.
Migration G. III.1. 2
Minderjährige I. II. 6
Mindestanforderungen an das Risikomanagement (MARisk) E. I.2. 15
Minimalprinzip E. I.1. 14
Missbrauch C. VI.3. 6; D. III.1. 29; D. III.3. 12
Missbrauchskontrolle D. III.1. 29
Mitarbeiter siehe Beschäftigte
Mitarbeiterdatenschutz H.
Mitarbeiter-Screening E. I.3. Vorb.
Mitarbeiterverpflichtungserklärung R. I.
Mitbesitz D. III.4. 17
Mitbestimmung H. III.2. 29; H. IV.2. 1, 4; H. V. 14, 15

**Mitbestimmungsrecht** D. III.1. Vorb.; D. III.3. Vorb.; D. III.4. 20; D. III.5. 1; H. III.2. 29; H. IV.2. 4; H. V. 14, 15
**Mitbewohner** D. III.2. 19
**mittelbarer Besitz** D. III.4. 17
**Mitwirkungshandlung** B. I.1. 8
**mobile Datenträger** D. III.1. Vorb.
**Mobile Device Management (MDM)** C. I. 55; D. III.4. 20
**Mobile Devices** siehe mobile Endgeräte
**mobile Endgeräte** G. III.1. 1
**Mobile Office** siehe Homeoffice
**mobiler Arbeitsplatz** siehe Homeoffice
**Model Clauses** siehe Standardvertragsklauseln
**Model Release** J. III.
**Monitoring** C. III.5. 1; D. III.5. Vorb.; G. VII.3. 16; H. III.2. 18
**MPG** K. IV. Vorb.
**MPKPV** K. IV. Vorb.
**Multifunktionsgeräte** C. II. Vorb.

**Named-Admin-Konzept** E. IV.
**National Institute of Standards and Technology (NIST)** G. VI.1.
**NDA** siehe Vertraulichkeitsvereinbarung
**Need-to-know-Prinzip** E. I.1. 14
**Negativauskunft** F. II.2.1. 1, 3; F. II.2. 7
**Netzwerkdurchsetzungsgesetz (NetzDG)** F. I.3. 1
**Neubürger-Urteil** A. II.2. 4.
**Newsletter** F. I.4.; I. III.
**nichtöffentliche Stellen** B. I.1. Vorb.
**Niederlassung** F. II.1. 10; F. III.1. 8; F. IV.1. 10; F. V.1. 9; G. I.4. 5
**NIS-Richtlinie** E. I.1. 12
**Non-Disclosure-Agreement (NDA)** siehe Vertraulichkeitsvereinbarung
**notarielle Beurkundung** siehe Form
**Notebook** A. IV.6. Vorb.; D. III.2. 12; D. III.3. 4
**Notfall- und Krisenmanagement** siehe Business Continuity Management (BCM)
**Nutzungsdaten** G. I.4. 34

**Offenbarungsbefugnis** B. III.1. 7
**öffentlich bekannte Informationen** G. IV.1. 4, 9
**öffentliche Stellen** B. I.1. Vorb.; B. III.1. 4
**öffentlich-rechtlicher Unterlassungsanspruch**
- allgemeines Persönlichkeitsrecht N. IV. 10
- Persönlichkeitsrechtsverletzung N. IV. 10
- schlicht-hoheitliches Handeln N. IV. 10
- Unterlassungserklärung N. IV. 12
- Wiederholungsgefahr N. IV. 12

**on-demand self-service** G. VI.
**Online Behavioral Advertising** (OBA) F. I.7. Vorb.; I. VI.
**Online-Plattform** F. I.3. 8
**ONR 49 000** E. I.2. 15
**Open Data** P. II. Vorb.
**Opportunitätsprinzip** O. I. 1
**Opt-out** G. VII.4. 10; H. I.1. 6; H. I.2. 9; I. II. 10
**Ordnungswidrigkeit** siehe Bußgeld
**Organigramm** C. I. 1; G. VII.3. 2
**Ortsdaten** F. I.2. 10, 12
**Ortungsdienste** F. I.2. 10, 12
**OTT-Dienste** F. I.1. 1
**Outsourcing** E. II.1.; G. II.3.
**Outtasking** E. II.1.; G. II.3.

**PaaS** siehe Cloud Computing
**Passwort** E. II.2. 17; E. II.2. 18; G. III.1. 23; G. III.4. 1
**Passwort-Safe** G. III.4. 1
**Passwortverwaltung** G. III.4. 1
**Patches** H. VIII. 15
**Patch-Management** G. III.1. 20, 24
**Payment Card Industry Data Security Standard (PCI DSS)** E. II.2. 38
**PDCA** G. I.3. Vorb.
**Perfect-Forward-Secrecy** D. III.2. 15; H. I.2. 9
**Peripherie** C. II. 4
**Personal Information Management (PIM)** E. I.
**Personal Information Management System (PIMS)** E. I.
**personenbezogene Daten**
- Arten B. III.2. 5; C. VI.1. 4; C. VI.3. 5; G. I.3. 4, 5; G. V.1. 3; G. VII.4. 12; H. I.1. 3
- Auftragsverarbeitung G. I.
- Auskunft F. II.2.
- Berichtigung F. III.1.
- Einschränkung der Verarbeitung F. IV.2.
- Löschung F. IV.1. 1
- Personenbeziehbarkeit G. VII.2. 5
- Personenbezug G. VI. 5
- Personenzuordnung H. III.2. 19
- Pseudonymisierung G. IV.2. Vorb.; G. VII.2. 10
- sensitive Daten H. I.1. 3; I. II. 11, G. I.6. 16
- Sozialdaten F. VI.1. 2
- Sperrung F. II.2. 6; F. IV.2. 1
- Übermittlung siehe Übermittlung
- Übertragbarkeit F. VI.1.

**Personenbildnis** H. I.1. 10; J. I.; siehe auch Foto
- Fotograf und Verantwortlichkeit J. II. 1
- Minderjährige J. I. 3.

**Persönlichkeitsrecht** H. II. Vorb.
**Pfändung** I. IV.3. 7
**PGP-Key** H. I.2. 9
**PKI/ZDA** E. II.2. 40
**Platform as a Service (PaaS)** G. VI.1. Vorb., 3
**Polizei** H. IV.2. 12; I. V. 1, 2, 4
**Portal (Web; Online-Plattform)** F. I.3. 8

**Post** D. III.1. Vorb.; I. V. 1
**Presse** A. IV.2. Vorb.; D. III.1. 6
**Presseprivileg** A. III.7.
**Pressesprecher** H. I.1. Vorb.
**Priorisierungstabelle** G. II.5.
**Privacy by default and by design** siehe Datenvermeidung
**Privacy Framework** C. I. 3, 44; G. I.2. 16; G. VII.1. 1; G. VII.4. 6
**Privacy Policy** siehe Datenschutzerklärung
**Privacy Shield** siehe Privacy Framework
**private Nachrichten** D. III.1. Vorb., 17, 24, 48, 49
**Privatgeheimnisse** B. II.2. 20; M. I. 4
**Problem Management** E. I.2. 2
**Product Owner** D. I.2. 10
**Produktionsmaschinen** C. VII.1. Vorb.
**Projekteinzelvertrag (PEV)** E. III. 8
**Prokura** B. I.1. 2
**Protokollierung** D. III.1. 27, 28; D. III.2. 16; D. III.3. 8; E. III.; H. IV.2. 9
**Prüfbericht** C. I. 48; C. IV.3. 7, 12; E. II.2. 11
**Prüfungsausschuss** A. II.2. 5
**Prüfungsgesellschaft** G. IV.1. 14
**PS 330** E. I.1. 23
**Pseudonymisierung** siehe personenbezogene Daten

**qualifizierte elektronische Signatur** siehe Form

**Rahmenbetriebsvereinbarung** H. VIII. 1
**RAM-Speicher** D. IV.3. 4
**Rationalisierung** E. I.
**RC4** D. III.2. 15; D. III.3. 7
**Rechenschaftspflicht** A. I.; E. II.2. 75
**Rechenzentrum** C. II. 12; E. I.1. 26; G. VII.4. 3
**Rechtsabteilung** A. III.1.; G. II.5. 14
**Rechtsanwalt** B. II.3. 1; B. III.1. 5; M.
**rechtsgeschäftsähnliche Handlung** B. I.1. 1, 11; B. I.2. 1
**Reichweitenmessung** F. I.5. Vorb.
**Reifegrade** A. III.5. 1
**Religion** H. I.2. 4; I. IV.3. Vorb.
**Remarketing** F. I.7. 7
**Remote-Access/-Zugriff** siehe Fernzugriff; C. I. 52
**Remotesession** E. II.2. 55
**Rentenansprüche** B. III.1. 6
**Resource Pooling** G. VI. 2, 13
**Revision** E. I.2. 25; E. I.5. 2
**Revisionsabteilung** E. I.5.
**RFID** D. IV.3. 9
**Ringspeicher** H. III.2. 20, 22
**Risikoanalyse** D. II. 21
**Risikobeauftragter** E. I.3.
**Risikomanagement** D. I.2. 8; E. I.2. 15
**Rollen** A. IV.5.; C. I. 33, 37; C. III. Vorb.; E. I.
**Rollen- und Rechtekonzept** siehe Berechtigungskonzept
**Rollenüberdeckungen** E. I.3. 2
**Rückgabepflicht** C. VII.4. 5
**Rücksetzverfahren** E. I.1.
**Rundschreiben** L. I.
**S 60 DIS** E. II.2. 32
**S 120 DIS** E. II.2. 32
**SaaS** siehe Cloud Computing
**Sabotageschutz** E. I.2. 17
**Safe Harbor** siehe Privacy Framework
**salvatorische Klausel** C. VII.6. 18; D. III.1. 39, H. VIII. 69
**Sanktionen** O. I.
**Sarbanes Oxley Act** E. I.1. 22; E. I.2. 23
**SAS 70** E. I.1. 22
**Schadensersatz** B. II.1. 19; G. I.4. 30; A. II.2. 4; C. VIII.2. 14; F. I.1. Vorb.; G. IV.1. 19; G. IV.2. Vorb.; O. I. 13
**Schadsoftware** C. I. 53; E. II.2. 50
**Schleichwerbung** D. III.1. 8
**Schnittstellen** C. II. 4
**Schriftform** siehe Form
**Schriftformklausel** B. II.1. 9, H. VIII. 68
**schriftliche Selbstauskunft** B. III.2. 2
**Schulung** B. II.1. 12; C. VII.1. Vorb.; D. III.2. 2
**Schutzbedarfsfeststellung** E. I.1. 1
**Schwangere** B. III.1. 5
**Schwangerschaftskonfliktberater** C. VII.7.
**Schweigepflicht** B. III.1.; C. VII.7.; K. II.1. 1, 2; M. Vorb.
**Schweigepflichtentbindung** siehe Schweigepflicht
**Schwerbehinderte** H. II. Vorb.
**Scoring** I. IV.
**search warrant** G. VI.
**Secure Shell (SSH)** D. III.3.
**Secure Sockets Layer (SSL)** siehe Transport Layer Security (TLS)
**Security Information and Event Management (SIEM)** G. III.1. 14
**Selbstkontrolle** B. I.1. 6
**Selbstverpflichtung** siehe Code of Conduct
**Sell Side Platform (SSP)** F. I.7.; I. VI. 3
**sensitive Daten** siehe personenbezogene Daten
**Seriennummer** C. II. 2
**Serverhousing** siehe Infrastrukturnutzung
**Servermiete** siehe Infrastrukturnutzung
**Serverraum** H. III.2. 21
**Servicedesk** E. I.1.
**Servicetechniker** D. III.3.
**Sexualleben** H. I.2. 4
**Shared Services** E. III. Vorb.

**Sicherheitsbeauftragter** E. I.3. 16
**Sicherheitskonzept** siehe IT-Sicherheitskonzept
**Sicherheitsrollen** siehe Rollen
**Sicherheitsstufe** C. II. 11
**Sicherheitsüberprüfung** siehe Beschäftigte
**Sicherheitsvorfall** D. II. 25; G. II.5.
**Sicherungsgenerationen** E. II.2. 65
**Sicherungskopien** C. VII.6. 10
**Silobildung** E. I.1.
**SIM-Karten** D. IV.3. 10
**Skalierbares Zentrales Messverfahren (SZM)** F. I.5. Vorb.
**Smart Cards** G. III.1. 23
**S/MIME** E. II.2. 35
**Snapshot** E. II.2. 59
**Social Engineering** D. III.5. 7
**Social Media Guideline** D. III.5.
**Social Media Plugins** F. I.6. 1
**Social Sign-in** F. I.6. 8
**Software**
– Integritätsprüfung E. II.2. 54
– Lizenzierung G. III.1. 15
**Software as a Service (SaaS)** siehe Cloud Computing
**Solvabilitätsverordnung** E. I.2. 22
**Sonderzeichen** G. III.3. 1; I. V. 6
**Sorgfaltspflicht** A. II.2. 6; G. III.1. 22
**Sozialarbeiter** C. VII.7.
**Sozialdaten** siehe personenbezogene Daten
**soziale Arbeit** C. VII.7.
**soziale Netzwerke** D. III.5.; F. I.3. 1; F. I.3. 8; F. I.6. 9
**Sozialpädagogen** C. VII.7.
**Sozialrecht** B. I.1. 1
**Spam-Filter** D. III.1. 26
**Speicherdauer** A. IV.5. 20; H. III.2. 23
**Speicherfrist** A. IV.5. 20; H. III.2. 23
**Speichermedien** C. II.
**Sperrung** siehe personenbezogene Daten
**Spielbanken** H. III.2. 29
**SSAE 16** E. I.1. 22
**SSH** siehe Secure Shell
**SSL** siehe Transport Layer Security (TLS)
**Staatsanwaltschaft** I. V. 2, 4; O. I. 1; O. II.1.; O. III.2.; O. IV.; O. V. 8, 12; O. VI.
**Staatsgeheimnisse** E. I.3. 6
**Stabsstelle** E. I.5. 29
**Standardvertragsklauseln** G. I.4. Vorb.; G. VII.1. 4; G. VII.2.; G. VII.5. 4
**Standardvertragsklausel mit Ergänzungsklausel** G. I.6. 6
**Stand der Technik** E. I.1.
**Standortdaten** F. I.2. 10, 13; G. I.5.
**Statusdaten** H. VIII.
**Steuerberater** B. I.1. Vorb.; B. III.1. 5; G. IV.2. 14
**Stichproben** E. II.2. 45
**Stiftung** L.
**Storage Area Network (SAN)** E. II.2. 58
**Störerhaftung** D. III.1. 5; D. III.2. 7
**Strafbarkeit** A. II.2. 7; A. III.2. 7; B. II.1. 4; D. III.1. Vorb.; D. III.4. 16
**Straftat** B. II.1. 10; H. III.2. 10; H. V. Vorb.; I. V. 4; O. I. 12
**Strafverfahren** O.
**Strafverfolgungsbehörden** A. IV.3. 1; B. III.2. 4; I. V. Vorb.
**Subpoena** G. VI. Vorb.
**Subunternehmer** E. II.2. 9; E. III. 15; G. I.2. 12; G. I.4. 23, 36; G. II.1. 1; K. II.1. 2; M. IV. 2
**Suchmaschinen** F. IV.2. 1; H. I.1. 6
**Suchtberater** C. VII.7.

**Tablet** G. III.1. 1
**Tatbestandsirrtum** O. I. 2
**Tätigkeitsbericht** E. I.5. 19
**TCF** I. VI. 13
**TDDDG** F. I.; I. III.
**technisch-organisatorische Maßnahmen (TOM)** E. II.
**technisch-organisatorische Richtlinie** A. IV.2. 9
**Teilbesitz** D. III.4. 17
**Telearbeit** siehe Homeoffice
**telefonische Zufriedenheitsabfragen** siehe Zufriedenheitsabfragen
**Teleheimarbeit** siehe Homeoffice
**Telekommunikation** E. I.2. 3
**Telekommunikationsanbieter** E. I.2. 3
**Telekommunikationsdienste** siehe Telekommunikation
**Telekommunikationsgeheimnis**
– Diensteanbieter E. I.2. 3
– Merkblatt C. VII.2.
– Verpflichtung auf C. VII.2.
**Telekommunikationsleistungen** D. III.4. 23
**Terminalserver** D. III.4. 6
**Terrorlisten-Screening** H. VI.
**Testat** B. III.3. 9
**Textform** siehe Form
**Token** C. I. 34; G. III.1. 23
**TOM** siehe technisch-organisatorische Maßnahmen
**Traces** D. III.3.
**Transparenz** C. IV.3. 4; F. I. Vorb.; I. IV.1. 3
**Transparenzgebot** C. IV.3. 2, 4; I. IV.1. 8
**Transponder** D. III.2.
**Transport Layer Security (TLS)** C. VII.1. 4; C. VII.7. 7; D. III.1. 16; E. II.2. 38; H. I.2. 9
**Transportnetzbetreiber** E. I.2. 24
**Transportverschlüsselung** F. I.3. 7
**Treuepflicht** C. VII.3. Vorb.
– nachwirkende C. VII.6. 12

**TTDSG** siehe TDDDG
**Twitter/X** D. III.5. 2

**Übermittlung**
Angemessenheitsentscheidung G. VII. 1. 1
– Audit C. I.
– Binding Corporate Rules siehe Binding Corporate Rules
– Drittstaaten F. I.1. 9; G. VII.
– Privacy Framework siehe Privacy Framework
– Privacy Shield siehe Privacy Framework
– Safe Harbor siehe Privacy Framework
– Schutzniveau C. I. 57; C. II. 10; D. II. 7; G. VII.1. 1
– Standardvertragsklauseln siehe Standardvertragsklauseln
**Überwachung**
– in Eilfällen H. VIII. 36
– in Fällen gesetzlicher Regelung H. VIII. 33
– in Notfällen H. VIII. 34
– in Verdachtsfällen H. VIII. 32
**Überwachungsdruck** H. III.2. 2, 10, 12
**Unbundling** siehe Entflechtung
**ungleichstufiger Mitbesitz** D. III.4. 17
**unrationelle Arbeitsweisen** E. I.
**unselbstständige Zweigstelle** siehe verantwortliche Stelle
**Unterauftragnehmer** siehe Subunternehmer
**Unterlassung** C. VII.5. 5; C. VII.6. 14; N. IV.
**Unternehmensbegriff** O. I. 4
**Unternehmensorganisation** D. II. Vorb.
**Unternehmensrichtlinie**
– Auftragsverarbeitung G. I.2.
– Datenschutz für Mitarbeiter D. II.
– Datenschutz-Organisation D. I.2.
– Fernwartung durch eigene Mitarbeiter D. III.3.
– Hinweisgebersystem A. IV.5.
– Homeoffice D. III.2.
– Mobile Office D. III.2.
– Nutzung von Internet und E-Mail D. III.1.
– Social Media Guideline D. III.5.
– Telearbeit D. III.2.
– Videoüberwachung H. III.1.
**Unterrichtungspflicht** F. IV.2. 1; G. I.2. 10
**Unterschrift** siehe Form
**Unterstützungspflicht** B. I.1. 10; G. I.4. 28
**Unterzeichnung** B. III.3. 12; E. II.2. 11
**Unverletzlichkeit der Wohnung** D. III.2.; H. V. 7
**Updates** D. III.3. 3, H. VIII. 15
**Urheberrecht** D. III.4. 24; P. II. Vorb.
**USA** C. II. 10; C. III.5. 1; D. III.2. 12; G. I.2. 16; G. VII.1. 1;
**USB** C. II. 4; D. III.1.
**USB-Stick** C. II. Vorb.

**Verantwortlicher** siehe verantwortliche Stelle
**verantwortliche Stelle** L. I. 1; L. V. 1; J. II. 1
**Verarbeitungsfehler** G. III.1. 8
**Verbandsarbeit** A. III.4.; L.
**Verbandssanktionengesetz** (VerSanG) A. II.1. Vorb.; O. I. Vorb.
**Verbindungsdaten** C. VII.2.
**Verbot mit Erlaubnisvorbehalt** I. V. 3
**Verein** L.
– Auftragsverarbeitung L. I. 4
– Dachverband L. IV. 8
– Datengeheimnis L. III.
– Datenschutzerklärung L. IV.
– Fotos L. IV. 7
– Mitgliederdaten L. IV. 5
– Mitgliederlisten L. I. 2
– Risikobewertung/IT-Sicherheit E. II.3.
– verantwortliche Stelle L. I. 1
– Verarbeitungsverzeichnis L. V.
– Website L. IV. 4
**Verfahrensänderung** G. II.4. 3
**Verfahrensbeschreibung** G. III.1. 21
**Verfahrensverzeichnis** siehe Verzeichnis von Verarbeitungstätigkeiten
**Verfügbarkeit** C. V.1. Vorb., 1; E. II.2. 57, 74
**Verfügbarkeitskontrolle** E. II.2. 57
**Vergessenwerden** F. IV.1.
**Verhaltenskodex** siehe Code of Conduct
**Verhältnismäßigkeit** B. III.2. 2; D. III.1. Vorb.; E. II.2. 74; H. IV. Vorb.; H. V. 9
**Verhältnismäßigkeitsgrundsatz** H. IV.2. 11
**Verhältnismäßigkeitsprinzip** D. III.1. 32; H. III. Vorb.; H. IV.2. 15
**Verhältnismäßigkeitsprüfung** H. II. Vorb.; H. III.2. 11; H. V. 10
**Verkaufsräume** H. III. Vorb.
**Verkehrsdaten** G. I.4. 34
**Verpflichtung auf das Datengeheimnis** A. III.1. 2; C. VII.1.; G. III.2. 1; R. I.
**Verpixelung** H. I.1. 11
**Versammlungen** J. I. 11
**Verschlüsselung** D. II. 22; E. II.2. 33; G. III.4. 1
– asymmetrische Verfahren E. II.2. 35
– Bitlocker E. II.2. 74
– Datenträger D. III.2. 14
– Datenübertragung siehe Übermittlung
– Einwilligung in unverschlüsselte Kommunikation C. VII.7. 7
– E-Mail D. III.1. 16
– Entfallen des Personenbezugs G. VI. 5
– Fernwartung G. III.1. 12
– Festplatten C. I. 54
– Löschen mittels Verschlüsselung C. VII.6. 10
– Perfect-Forward-Secrecy D. III.2. 15; H. I.2. 9
– RC4 D. III.2. 15; D. III.3. 7; H. I.2. 9
– Schlüssellänge D. II. 22; G. III.4. 1

- symmetrische Verfahren **E. II.2.** 38
- Techniken **D. II.** 22
- TrueCrypt **E. II.2.** 55
- Übermittlung **I. V.** 3
- UEFI-Passwort **D. III.3.** 4
- Veracrypt **C. VII.7.** 6

**Verschlusssachenanweisungen E. I.3.** 5
**Verschwiegenheit A. I.** 8; **B. I.1.** 1, 7; **B. III.1.** 1, 3; **B. III.3.** 8; **G. IV.1.** Vorb., 12; **G. IV.2.** 14, 20; **K. II.1.** 4; **L. III.**; **M. I.** 2, 4, 6; **R. I.** 5
**Verschwiegenheitspflicht** siehe Verschwiegenheit
**Verschwiegenheitsverpflichtung** siehe Verschwiegenheit
**Vertragserfüllung (Rechtsgrundlage) F. I.3.** 4
**Vertragsmanagement E. III.** 7
**Vertragsstrafe C. VII.5.** 4; **C. VII.6.** 13; **G. IV.1.** 12; **G. IV.2.** 20; **G. I.6.** 41
- Herabsetzung **C. VII.6.** 15
- Mehrfachverstöße **G. IV.2.** 22

**vertrauliche Informationen C. VII.3.**; **C. VII.6.** 2, 6, 10; **G. IV.1.** 2, 4; **G. IV.2.** 4
**Vertraulichkeitsklauseln C. VII.4.**
**Vertraulichkeitspflichten C. VII.**; **L. III.**
**Vertraulichkeitsvereinbarung C. VII.6.**; **G. IV.1.**; **G. IV.2.**
**Vertreter gem. Art. 27 DS-GVO C. VIII.**
**Verwaltungsgericht N. III.**; **N. IV.**
- örtliche Zuständigkeit **N. III.** 1
- sachliche Zuständigkeit **N. III.** 1

**Verwaltungsstrafbestimmung R. I.** 7
**Verwaltungsverfahren N. I.** Vorb.
**Verwertungsverbot H. VIII.** 40
**Verzeichnis von Verarbeitungstätigkeiten A. I.** 4; **A. III.3.** 4; **C. II.**; **G. I.4.** 20; **H. III.2.** 28; **L. V.**; **M. III.**
**Videosharingplattformen F. I.3.** 1
**Videoüberwachung**
- akustische Überwachung **H. III.2.** 16
- Anwesenheitskontrolle **H. III.2.** 3
- Attrappen **H. III.2.** 2
- auf Firmengelände **H. III.**
- Auftragsverarbeitung **H. III.2.** 25
- Außenbereiche **H. III.2.** 12
- Benachrichtigungspflicht **H. III.2.** 19
- Berechtigungskonzept **H. III.4.**
- Beschäftigte **H. III.**
- Betriebsvereinbarung **H. III.2.**
- Betroffene **H. III.2.** 1
- Beweisverwertungsverbot **H. III.2.** 6
- Checkliste **H. III.1.**
- Datenschutzbeauftragter **H. III.2.** 27
- Datenschutz-Folgenabschätzung **H. III.2.** 27
- defekte Geräte **H. III.2.** 2
- Gesundheitswesen **K. III.1.** 6
- Information Betroffener **H. III.2.** 26
- Innenbereiche **H. III.2.** 10
- KMU **H. III.6.**
- Leistungsbeschreibung **H. III.2.** 14
- Leistungskontrolle **H. III.2.** 3
- Mitarbeiter siehe Beschäftigte
- Mitbestimmung **H. III.2.** 29
- öffentlicher Straßenraum **H. III.2.** 7
- Österreich **R. II.**
- Pausenräume **H. III.2.** 13
- Richtlinie **H. III.2.**
- Ruhebereiche **H. III.2.** 13
- Speicherdauer **H. III.2.** 23
- Standortbeschreibung **H. III.3.** 1
- Umkleidekabinen **H. III.2.** 13
- Unternehmensgrundstück **H. III.**
- Verantwortlicher **H. III.2.** 1
- verdeckte **H. III.2.** 11
- Vereine **H. III.6.**
- Verhaltenskontrolle **H. III.2.** 3
- Verhältnismäßigkeit **H. III.** Vorb.
- Verpixeln
- Vertraulichkeitsvereinbarung mit Dienstleister **G. IV.1.** Vorb.; **H. III.2.** 25
- Verzeichnis von Verarbeitungstätigkeiten **H. III.2.** 28
- Webcams **H. III.2.** 5
- Zoomfunktion **H. III.2.**; **H. III.4.**
- Zufallsfunde **H. III.5.** 2

**Vier-Augen-Prinzip A. IV.5.** 17; **C. I.** 58
**virtuelles Hausverbot H. I.1.**
**vollmachtloser Vertreter B. III.3.** 12
**Vorabkontrolle** siehe Datenschutz-Folgenabschätzung
**Vorfallskataster E. I.3.**
**Vorlagepflichten D. III.1.** Vorb.
**Vor-Ort-Audit G. VI.1.** 11
**Vor-Ort-Prüfung B. III.2.** 2 f.; **G. VI.1.** 11
**Vorsatz O. I.** 12
**Vorstand** siehe Geschäftsführung
**VPN E. II.2.** 43; **G. III.4.** 1

**Wachpersonal C. VII.1.**
**Wartung E. II.2.** 57
- Fernwartung siehe Fernwartung
- Hardware **G. I.4.** 3
- Software **G. I.2.** 1; **G. I.4.** 3
- Systemwartung **G. I.4.** 3
- Videoüberwachungssysteme **H. III.2.** 25
- Wartungszugriff **D. II.** 23

**Wasserkühlung E. II.2.** 69
**Web-Analyse F. I.5.** 1
**Webcam** siehe Videoüberwachung
**Web-Tracking F. I.5.** Vorb.
**Weisungsbefugnis A. III.2.** 4
**Weisungsberechtigte E. III.** 21; **G. II.2.** Vorb.; **G. III.1.** 7

**Weisungsbindung** G. III.1. 22
**Weisungsempfänger** G. II.2.; G. III.1. 7
**Weisungsrecht** B. I.1. 8; C. VII.5.; G. I.4. 9
**Weitergabekontrolle** E. II.2. 31
**Werbung** B. III.2. 1; D. II. 16; I. III.
– ähnliche Produkte und Dienstleistungen I. III. 5
– Bestandskunden I. I. 16
– Einwilligung I. III. 10
– E-Mail F. I.4.; I. III.
– online F. I.7.
– Online-Angebote I. VI.
– Opt-in I. III. 8
**Wettbewerb** B. I.1. Vorb.; E. I.3. 19
**Wettbewerbsverbot** C. VII.6. 12
**Wettbewerbsverhältnis** B. II.2. 10
**WhatsApp** D. III.4. 13
**Whistleblower** A. IV.2.; A. IV.3.
– Hinweisgeberportal A. IV.4.
– Hinweisgebersystem A. IV.5.
– Whistleblowing-Stelle C. VII.3. 6
**Whistleblowing** siehe Whistleblower
**Wikipedia** D. III.1. 8
**Wirtschaftsprüfer** A. II.1. 2; A. II.3.; B. I.1. Vorb.; B. III.1. 5; E. I.1. 23; E. IV. 13; G. IV.2. 14
**Wirtschaftsspionage** C. VII.6. 7; D. III.5. 7
**WMA** K. IV. Vorb.

**YouTube-Videos** F. I.6. 6

**Zeitarbeitnehmer** H. VI. 2
**Zeitgeschichte** J. I. 9
**Zertifikate** C. I. 48; C. IV.3.; E. II.2. 12; G. III.1. 20
**Zertifizierung** siehe Audit
**Zeuge** B. III.1. 3; C. VII.7. 5; I. V. 4
**Zeugnisverweigerungsrecht** I. V. 2; O. V. 4
– Compliance-Abteilung A. IV.3. 1
– Datenschutzbeauftragter B. I.1. 1
– Hinweisgeberportal A. IV.4. 2
– Sozialarbeiter C. VII.7. 5
**Zivilprozess** B. III.1. 3; H. V.; I. V. 4
**Zufallsfunde** siehe Videoüberwachung
**Zugangskontrolle** E. II.2. 16
**Zugriffsberechtigung** E. II.2. 24
**Zugriffskontrolle** E. II.2. 24
**Zugriffsrechte** C. VII.6. Vorb.; E. IV. 9; G. III.1. 9; H. IV.2. 13
**Zurückbehaltungsrecht** C. VII.4. 6
**Zuständigkeit**
– Aufsichtsbehörde N. I. 1; O. IV. 1
– Datenschutz-Abteilung A. III.1. Vorb.
– Datenschutz-Folgenabschätzung bei Auftragsverarbeitung G. I.3. Vorb.
– Datensicherung E. II.2. 61
– Verpflichtung auf das Fernmeldegeheimnis C. VII.2. 1
– Verzeichnis von Verarbeitungstätigkeiten G. I.4. 20
– Zuständigkeitsfelder A. III.1.
**Zutrittskontrolle** E. II.2. 14
**Zutrittsrecht**
– Aufsichtsbehörde D. III.2. 17
**Zuverlässigkeitsüberprüfung** I. II. 4
**Zweckbindung** A. IV.4. 1; A. IV.5. 4; G. I.4. 8
**Zwei-Faktor-Authentifizierung** C. I. 52; G. III.1. 23
**Zwei-Schlüssel-System** H. III.2. 21